BAUR/STÜRNER

SACHENRECHT

SACHENRECHT

BEGRÜNDET VON

Dr. Dr. h. c. mult. Fritz Baur†

WEILAND O. PROFESSOR
AN DER UNIVERSITÄT TÜBINGEN

FORTGEFÜHRT VON

Dr. Jürgen F. Baur

O. PROFESSOR
AN DER UNIVERSITÄT ZU KÖLN
RICHTER AM HANSEATISCHEN OBERLANDESGERICHT HAMBURG A. D.

UND

Dr. Rolf Stürner

O. PROFESSOR
AN DER UNIVERSITÄT FREIBURG
RICHTER AM OBERLANDESGERICHT KARLSRUHE

17., neubearbeitete Auflage

C. H. BECK'SCHE VERLAGSBUCHHANDLUNG
MÜNCHEN 1999

Es haben neubearbeitet:

Dr. Jürgen F. Baur
§§ 1–3, 10–13, 24–26, 49–59

Dr. Rolf Stürner
§§ 4–9, 14–23, 27–48, 60–63

Zitiervorschlag: Baur/Stürner, SachenR, 17. Aufl. 1999, § 3 Rn. 42 oder § 14 Rn. 35

CIP-Titelaufnahme der Deutschen Bibliothek

Baur, Jürgen F. / Stürner, Rolf:
Sachenrecht / Begründet von Fritz Baur. Fortgef. von Jürgen F. Baur und Rolf Stürner. –
17., neubearb. Aufl. – München : Beck, 1999
ISBN 3 406 41997 6

ISBN 3 406 41997 6

Druck der C. H. Beck'schen Buchdruckerei, Nördlingen
Gedruckt auf säurefreiem, alterungsbeständigem Papier
(hergestellt aus chlorfrei gebleichtem Zellstoff).

Das Eigentum ist ein elementares Grundrecht, das in einem inneren Zusammenhang mit der Garantie der persönlichen Freiheit steht. Ihm kommt im Gesamtgefüge der Grundrechte die Aufgabe zu, dem Träger des Grundrechts einen Freiheitsraum im vermögensrechtlichen Bereich sicherzustellen und ihm damit eine eigenverantwortliche Gestaltung des Lebens zu ermöglichen. Die Garantie des Eigentums als Rechtseinrichtung dient der Sicherung dieses Grundrechts. Das Grundrecht des Einzelnen setzt das Rechtsinstitut „Eigentum" voraus; es wäre nicht wirksam gewährleistet, wenn der Gesetzgeber an die Stelle des Privateigentums etwas setzen könnte, was den Namen „Eigentum" nicht mehr verdient. (BVerfGE 24, 367, 389)

Vorwort

Die Neuauflage des Lehrbuchs zum Sachenrecht ist dringend notwendig geworden, nachdem die letzte Auflage schon seit einiger Zeit vergriffen war. Sie bringt zwei benutzerfreundliche wichtige Neuerungen: einmal sind zum besseren Überblick und zur Erleichterung der Lektüre durchgängig Überschriften eingefügt; zum anderen ist für Verweise und Zitate auf Randnummern umgestellt. Die Register sind neu gefertigt ober überarbeitet, ein ausführliches Inhaltsverzeichnis ergänzt die Inhaltsübersicht am Anfang des Buches. Überschriften und übersichtlichere Gestaltung haben den äußeren Umfang des Werkes deutlich anwachsen lassen, der Text selbst ist nicht oder kaum gewachsen, weil sich Streichungen und Neueinfügungen ziemlich die Waage halten.

Die Neuauflage bringt das Werk auf den Stand Frühjahr 1998, zahlreiche wichtige gesetzliche Neuerungen und Entscheidungen sind noch bis Sommer 1998 berücksichtigt. Die richterliche Kontrolle kautelarjuristischer Gestaltung hat vor allem im Recht der Grundpfandrechte und der Mobiliarsicherheiten eine stärkere Überarbeitung nahegelegt. Auch die rechtstatsächlichen Teile und die Nahtstellen zum öffentlichen Recht bedurften intensiverer Bearbeitung. Neuerungen und Änderungen des Insolvenzrechts, Zwangsvollstreckungsrechts, Grundbuchrechts, des HGB und AGBG waren ebenso in Betracht zu ziehen wie europarechtliche Entwicklungen, die auch das Sachenrecht mehr und mehr beeinflussen. Ein Überblick zum Sachenrecht der neuen Bundesländer ist am Ende des Lehrbuchs in einem neuen Kapitel versucht.

Es wird gerade bei großen Lehrbüchern oft gefragt: Wer soll das alles lesen? Auch die Neuauflage versucht, die bewährte Grundkonzeption *Fritz Baurs* beizubehalten: Gesamtdarstellung möglichst aller bedeutsameren Fragen und ihrer Bezüge zu Nachbardisziplinen, Einbindung wichtiger Rechtstatsachen, ausführliche Fallbeispiele zur Veranschaulichung und Verständniskontrolle, Groß- und Kleindruck zur Wahrung des Überblicks, Übersichten zur graphischen Darstellung von Grundstrukturen. Dieses Buch will für zentrale Materien des Sachenrechts ein Lehrbuch sein, das zu einer grundsätzlicheren Befassung anregt und zur vertiefenden Lektüre wichtiger Kapitel einlädt; es soll den nachschlagenden Leser in allen Bereichen des Sachenrechts nicht im Stich lassen und dabei nicht nur Wissen, sondern Grundverständnis vermitteln. Die überaus freundliche Aufnahme der Vorauflage läßt hoffen, daß Ausbildung, Praxis sowie Wissenschaft für solche Werke nach wie vor Bedarf haben und nicht nur nach „raschem" Wissen verlangen.

Die Fülle des Materials ist auch im Sachenrecht immer schwerer ohne Irrtümer zu bewältigen. Für kritische Anregungen und Hinweise auf Unzulänglichkeiten sind die Bearbeiter stets dankbar. Für die Mithilfe bei der Aufarbei-

Vorwort

tung des Materials und in den technischen Dingen danken die Bearbeiter ihren Mitarbeitern Assessor Achim Schumacher, Assessorin Verena Sautter, Köln, und Dr. Alexander Bruns, LL.M., Dr. Robert Schumacher, LL.M., Dr. Hans Jörg Städtler, Freiburg. Beim Korrekturenlesen und Paragraphenregister haben außerdem Michael Breyer, Marc Heggen, Ilona Hölting, Tatjana Štruc, Jan Wacke, Freiburg, und Katrin Henk, Köln, wertvolle Hilfe geleistet. Das Sachregister haben Sandra Lubitz, Ulrich Mehler, Köln, und Peter Allgayer sowie Thilo Rott, Freiburg, vollkommen neu überarbeitet. Dank gebührt auch den Sekretärinnen. Anneliese Koch, Köln, und Ursula Sommermeyer, Freiburg, für die Betreuung des Manuskripts.

Köln und Freiburg, im Juli 1998
Jürgen F. Baur
Rolf Stürner

Aus dem Vorwort zur 1. Auflage

Manchem mag es überflüssig oder gar vermessen erscheinen, die beträchtliche Anzahl gut eingeführter Lehrbücher des Sachenrechts um ein weiteres zu vermehren. Aber abgesehen davon, daß sich erfahrungsgemäß lang gehegte wissenschaftliche Pläne nicht durch Zweckmäßigkeitserwägungen aufhalten lassen, glaube ich doch, einige Gründe zur Rechtfertigung anführen zu können: In diesem Lehrbuch wird die Trennung des Liegenschaftsrechts vom Fahrnisrecht betont durchgeführt; den Versuch, eine geschlossene Darstellung des Grundstücksrechts zu geben, habe ich schon in meinem 1948 erschienenen Grundriß „Grundstücksrecht" unternommen. Die damalige Konzeption wird nunmehr auf erweiterter Grundlage fortgeführt und auf das Fahrnisrecht ausgedehnt. Dabei habe ich mich bemüht, nicht nur die sog. Randgebiete des Sachenrechts voll in die Darstellung einzubeziehen, sondern auch überall den Zusammenhang der privatrechtlichen Institute mit dem öffentlichen Recht aufzuzeigen. Dem Leser soll das „Sachenrecht" in seiner heutigen Rechtswirklichkeit deutlich werden. Um dieses Ziel zu erreichen, wurden jeweils auch die Rechtstatsachen stärker als üblich verwertet.

Dieses Buch ist in erster Linie für junge Juristen geschrieben; die gewählte Darstellungsart soll es ihnen ermöglichen, sich sozusagen „langsam", „nach und nach" mit den schwierigen Fragen des Sachenrechts vertraut zu machen. Daß dieses pädagogische Bemühen zu gelegentlichen Wiederholungen, zu einer späteren Verfeinerung des früher nur grob Gezeichneten zwingt, liegt auf der Hand. Das Bestreben, neueren Problemen des Sachenrechts nachzugehen, hat zur Bildung von Schwerpunkten geführt, so z.B. bei der Darstellung des Nachbarrechts, der Grundpfandrechte und sog. atypischen Sicherungsgeschäfte. Ich hoffe, daß gerade dadurch das Buch auch der Lehre und dem versicherten Praktiker etwas zu bieten vermag.

Tübingen, im Oktober 1960
Fritz Baur

Inhaltsübersicht

Inhaltsverzeichnis XIII
Verzeichnis der Übersichten LI
Abkürzungsverzeichnis LIII

I. Abschnitt. Einführung

§ 1. Die Bedeutung des Sachenrechts im Zusammenleben der Menschen 1
§ 2. Die Regelung des Sachenrechts im geltenden Recht – Die Verschiedenartigkeit von Liegenschaftsrecht und Mobiliarsachenrecht 5
§ 3. Grundbegriffe des Sachenrechts – Die Gliederung der dinglichen Rechte 10

II. Abschnitt. Allgemeine für Liegenschafts- und Mobiliarsachenrecht gleichermaßen geltende Lehren und Institute

1. Kapitel. Strukturprinzipien

§ 4. Sachenrechtsgrundsätze 29
§ 5. Das dingliche Rechtsgeschäft 35

2. Kapitel. Der Besitz

§ 6. Die dem Besitz zugedachten Funktionen 54
§ 7. Besitzarten – Besitztatbestand – Erwerb und Verlust des Besitzes 57
§ 8. Sonderformen des Besitzerwerbs 78
§ 9. Der Besitzschutz 81

3. Kapitel. Der Schutz der dinglichen Rechte im privaten und öffentlichen Recht

§ 10. Überblick – Rechtsvermutungen 92
§ 11. Der Herausgabeanspruch 97
§ 12. Der Beseitigungs- und Unterlassungsanspruch 119
§ 13. Sonstiger Schutz dinglicher Rechte im Privatrecht und im öffentlichen Recht 130

III. Abschnitt. Liegenschaftsrecht

1. Kapitel. Das Grundbuch

§ 14. Die Funktion des Grundbuchs 143
§ 15. Die Einrichtung des Grundbuchs 146
§ 16. Die Buchungsvorgänge – Das Eintragungsverfahren 160
§ 17. Der Rang der Grundstücksrechte 177
§ 18. Das unrichtige Grundbuch – Der Widerspruch gegen die Richtigkeit des Grundbuchs – Die Grundbuchberichtigung 190

2. Kapitel. Rechtsänderungen an Grundstücken

§ 19. Begründung, Übertragung, Inhaltsänderung und Aufhebung von Grundstücksrechten 202

Inhaltsübersicht

§ 20.	Die Vormerkung	217
§ 21.	Der Grundstückskaufvertrag – Das Vorkaufsrecht	236
§ 22.	Die Übereignung von Grundstücken – Die Auflassung	247
§ 23.	Der Erwerb vom Nichtberechtigten: der öffentliche Glaube des Grundbuchs	255

3. Kapitel. Das Eigentum an Grundstücken

A. Inhalt und Bindungen

§ 24.	Das Eigentum	268
§ 25.	Die Inhaltsgestaltung des Grundeigentums durch das Privatrecht – Das Nachbarrecht	273
§ 26.	Die Inhaltsgestaltung und Beschränkung des Grundeigentums durch das öffentliche Recht – Die Eigentumsentziehung	295

B. Typisierte Sonderformen des Grundeigentums

§ 27.	Das landwirtschaftliche Grundeigentum (einschließlich Landpacht – Wasserrecht – Forstrecht – Jagd- und Fischereirecht)	305
§ 28.	Das „Unternehmenseigentum"	323
§ 29.	„Die Wohnung": Das Wohnungseigentum – Das Erbbaurecht – Das dingliche Wohnrecht – Die Wohnungsmiete – Time-Sharing	330
§ 30.	Das Bergwerkseigentum	355
§ 31.	Das Schiffseigentum	357

4. Kapitel. Nutzungsrechte an Grundstücken

§ 32.	Der Nießbrauch	360
§ 33.	Die Grunddienstbarkeit	366
§ 34.	Die beschränkte persönliche Dienstbarkeit	376
§ 35.	Die Reallast	379

5. Kapitel. Sicherungsrechte an Grundstücken

A. Die Grundpfandrechte

§ 36.	Funktion und Einteilung der Grundpfandrechte	384

B. Die Hypothek

§ 37.	Die Begründung der Verkehrshypothek	418
§ 38.	Die Übertragung der Verkehrshypothek	431
§ 39.	Der Umfang der Hypothekenhaftung	456
§ 40.	Die Verwirklichung der Hypothekenhaftung	470
§ 41.	Das Erlöschen der Hypothek	487
§ 42.	Die Sicherungshypothek (einschließlich Höchstbetrags- und Papierhypothek)	489
§ 43.	Die Gesamthypothek	497

C. Die Grundschuld

§ 44.	Hypothek und Grundschuld – Gemeinsames und Unterschiede	504
§ 45.	Die Sicherungsgrundschuld	513
§ 46.	Die Eigentümergrundschuld (Das Grundpfandrecht des Eigentümers)	538
§ 47.	Die Inhabergrundschuld – Die Rentenschuld	551

6. Kapitel. Moderne Mischformen von Gebrauchsüberlassung und Kreditsicherung. Das Leasing

§ 48.	Leasing – Immobilienleasing	554

Inhaltsübersicht

IV. Abschnitt. Mobiliarsachenrecht

1. Kapitel. Rechte an beweglichen Sachen

§ 49. Arten und Bedeutung der Rechte an beweglichen Sachen	559

2. Kapitel. Das Eigentum an Mobilien

§ 50. Inhalt, Beschränkungen und Formen des Eigentums an Mobilien	562
§ 51. Der Erwerb des Eigentums vom Berechtigten	567
§ 52. Der Erwerb vom Nichtberechtigten	590
§ 53. Andere als rechtsgeschäftliche Eigentumserwerbsgründe	616

3. Kapitel. Nutzungsrechte an beweglichen Sachen

§ 54. Der Nießbrauch an beweglichen Sachen	668

4. Kapitel. Sicherungsrechte an beweglichen Sachen

§ 55. Das Pfandrecht an beweglichen Sachen (als Legalordnung)	671
§ 56. Überblick über die nichtpfandrechtlichen Sicherungsrechte (als Wirklichkeitstatbestand)	696
§ 57. Die Sicherungsübereignung	705
§ 58. Die Sicherungsabtretung	730
§ 59. Der Eigentumsvorbehalt	741

V. Abschnitt. Die Rechte an Rechten

§ 60. Arten und Bedeutung der Rechte an Rechten	771
§ 61. Der Nießbrauch an Rechten	775
§ 62. Das Pfandrecht an Rechten	780

VI. Abschnitt. Das Grundstücksrecht der neuen Bundesländer

§ 63. Grundzüge des Grundstücksrechts der neuen Bundesländer	793
Anhang: Muster und Formulare	817
Paragraphenregister	857
Sachverzeichnis	877

Inhaltsverzeichnis

Verzeichnis der Übersichten LIII
Abkürzungsverzeichnis LX

I. Abschnitt. Einführung

§ 1. **Die Bedeutung des Sachenrechts im Zusammenleben der Menschen** 1
§ 2. **Die Regelung des Sachenrechts im geltenden Recht – Die Verschiedenartigkeit von Liegenschaftsrecht und Mobiliarsachenrecht** 5
    A. Die Stellung des Sachenrechts in der Rechtsordnung 5
        I. Sachenrecht als materielles (Privat-)Recht 5
            1. Sachenrecht im objektiven Sinne 5
            2. Sachenrecht im subjektiven Sinne – dingliches Recht 6
            3. Sachenrecht als Teil des Privatrechts 7
            4. Sachenrecht als materielles Recht 7
        II. Vorschriften des materiellen Sachenrechts außerhalb des 3. Buches des BGB 8
        III. Sachenrechtliches Internationales Privatrecht 8
    B. Der Inhalt des 3. Buches des BGB: Liegenschaftsrecht und Mobiliarsachenrecht .. 9
        I. Unterschiede 9
        II. Gesetzliche Konzeption 10
        III. Zum Gang der Darstellung 10
§ 3. **Grundbegriffe des Sachenrechts – Die Gliederung der dinglichen Rechte** .. 10
    A. Grundbegriffe 11
        I. Der Begriff „Sache" 11
            1. Die Körperlichkeit der Sache 11
            2. Zuordnungsprobleme 11
            3. Bewegliche Sachen – Grundstücke 12
        II. Funktionseinheiten von Sachen 12
            1. Wesentliche Bestandteile 12
                a) Die Grundregel des § 93 – b) Die Sonderregelung des § 94 – c) Rechtsfolge
            2. Einfache Bestandteile 14
            3. Scheinbestandteile 14
            4. Zubehör 15
            5. Vertretbare – verbrauchbare Sachen 16
        III. Nutzungen – Früchte 16
            1. Fragestellung 16
            2. Begriffe 16
    B. Gliederung der dinglichen Rechte im Überblick 17
        I. Eigentum – Besitz – Eigentumsarten –Eigentumsähnliche Rechte 18
            1. Unterscheidung zwischen Eigentum und Besitz 18
            2. Alleineigentum – Miteigentum 18
                a) Abgrenzung des Gesamthandseigentums vom Miteigentum – b) Wohnungseigentum als Miteigentum nach Bruchteilen – c) Sonstige Fälle gemeinsamer Berechtigungen
            3. Eigentumsähnliche Rechte: Das Erbbaurecht 21

Inhalt

    4. Relatives Eigentum 21
       a) Veräußerungsverbot – b) Fiduziarische Übereignung
  II. Beschränkte dingliche Rechte 22
    1. Nutzungsrechte: Dienstbarkeiten 23
       a) Nießbrauch – b) Grunddienstbarkeit – beschränkte persönliche Dienstbarkeit
    2. Verwertungsrechte 23
       a) Das Pfandrecht – b) Die Reallast
    3. Erwerbsrechte 24
       a) Aneignungsrechte – b) Dingliches Vorkaufsrecht – c) Vormerkung
    4. Anhang: Rechte an eigener Sache 25
  III. Anwartschaftsrechte 25
  IV. „Verdinglichte" relative Rechte und sonstige Rechtspositionen 28

II. Abschnitt. Allgemeine für Liegenschafts- und Mobiliarsachenrecht gleichermaßen geltende Lehren und Institute

1. Kapitel. Strukturprinzipien

§ 4. Sachenrechtsgrundsätze 29
  Vorbemerkung: Grundgedanken 29
  I. „Absolutheit" 29
    1. Umfassender Rechtsschutz gegenüber jedermann 29
    2. Personelle Unteilbarkeit 31
  II. Publizität (Offenkundigkeit) 31
    1. Die Übertragungswirkung 32
    2. Die Vermutungswirkung 32
    3. Die „Gutglaubenswirkung" 33
  III. „Spezialität" (Bestimmtheitsgrundsatz) 33
    1. für die Rechtsträgerschaft 34
    2. für das Verfügungsgeschäft 34
  IV. Übertragbarkeit 34
    1. Grundsatz und Ausnahmen 34
    2. Abdingbarkeit durch Vertrag? 34
  V. „Abstraktheit" 35

§ 5. Das dingliche Rechtsgeschäft 35
  I. Grundlagen 36
    1. Gesetzliche Regelung 36
    2. Grundbegriffe dinglicher Rechtsgeschäftslehre im Überblick 36
       a) Die Einigung – b) Die Kundbarmachung – c) Zweiseitige und einseitige Rechtsgeschäfte
  II. Die anwendbaren Vorschriften 37
    1. Die Anwendbarkeit des „Allgemeinen Teils" 37
       a) Die anwendbaren Grundregeln – b) Modifikationen – c) Zurechnung im Sachenrecht – d) Die Anwendbarkeit des AGB-Gesetzes
    2. Die Anwendbarkeit des Rechts der Schuldverhältnisse 43
       a) Die grundsätzliche Unanwendbarkeit und ihre Ausnahmen – b) Dingliche Verträge zugunsten Dritter? – c) Bereicherungsrechtliches Rückabwicklungsverbot
  III. Rechtsgeschäft und Kundbarmachung 44
    1. Das grundsätzliche Verhältnis von Rechtsgeschäft und Kundbarmachung 44
    2. Bindungswirkung der Einigung 45
       a) Immobiliarrecht – b) Mobiliarrecht
    3. Maßgeblicher Zeitpunkt für die rechtsgeschäftlichen Voraussetzungen der Einigung 46

Inhalt

IV. Das dingliche Rechtsgeschäft und sein Rechtsgrund – die „Abstraktheit" der dinglichen Rechtsgeschäfte 47
 1. Trennungs- und Abstraktionsprinzip 47
 2. Folgen der Abstraktheit 48
   a) Keine Änderung dinglicher Rechtslage durch Verpflichtungsgeschäfte – b) Unabhängigkeit dinglicher Rechtsänderungen von der Wirksamkeit des Verpflichtungsgeschäftes – c) Unabhängigkeit der dinglichen Rechtslage vom Wegfall des Verpflichtungsgeschäfts
 3. Durchbrechungen des Abstraktionsprinzips 50
   a) „Fehleridentität" – b) „Bedingungszusammenhang" – c) „Geschäftseinheit"
 4. Verfügungsgeschäfte im Schuldrecht 53

2. Kapitel. Der Besitz

§ 6. Die dem Besitz zugedachten Funktionen 54
 I. Die Schutzfunktion (Überblick) 54
 II. Die Erhaltungsfunktion (Kontinuitätsfunktion) 55
  1. Verstärkung der obligatorischen Rechtsstellung 55
    a) Besitzrecht gegenüber dem Rechtsnachfolger – b) Veräußerung bricht nicht Miete – c) Mieterschutz
  2. Ablösungsrecht 56
  3. Der Besitz als Grundlage der Ersitzung 56
 III. Die Publizitätsfunktion (Überblick) 56

§ 7. Besitzarten – Besitztatbestand – Erwerb und Verlust des Besitzes 57
 A. Überblick 57
 B. Besitzarten nach dem Grad der Sachbeziehung (Unmittelbarer und mittelbarer Besitz) 58
  I. Begriffe 58
  II. Der unmittelbare Besitz 58
   1. Der Besitztatbestand 58
     a) Tatsächliche Sachherrschaft – b) Sachen als Gegenstand des Besitzes – c) Besitz und Gewahrsam
   2. Der Erwerb des unmittelbaren Besitzes 60
     a) Originärer Erwerb des unmittelbaren Besitzes – b) Abgeleiteter Erwerb des unmittelbaren Besitzes – c) Abgeleiteter Besitzerwerb durch bloße Einigung – d) Der Besitzerwerb durch Gesamtrechtsnachfolge und durch Stellvertreter
   3. Der Verlust des unmittelbaren Besitzes 62
     a) Die Aufgabe der tatsächlichen Gewalt – b) Besitzverlust in anderer Weise
  III. Der mittelbare Besitz 63
   1. Der Tatbestand des mittelbaren Besitzes 63
     a) Begriff und Grundlagen – b) Die einzelnen Voraussetzungen des mittelbaren Besitzes – c) Ähnliche Verhältnisse i. S. d. § 868 – d) Der mittelbare Besitzer als echter Besitzer
   2. Der Erwerb des mittelbaren Besitzes 67
     a) Neuentstehung des mittelbaren Besitzes – b) Übertragung des mittelbaren Besitzes
   3. Der Verlust des mittelbaren Besitzes 69
     a) Besitzverlust des unmittelbaren Besitzers – b) Erkennbare Aufgabe des Besitzmittlungswillens – c) Entfallen des Herausgabeanspruchs
 C. Die Regelung der Besitzverhältnisse nach der sozialen Einordnung der Beteiligten: Besitzer und Besitzdiener 70
  I. Der Tatbestand der Besitzdienerschaft 70
   1. Bedeutung und Funktion 70
   2. Weisungsunterworfenheit 70
   3. Das Unterordnungsverhältnis 71
  II. Die Rechtsfolgen 72
   1. Keine Besitzereigenschaft des Besitzdieners 72
   2. Gewaltrechte des Besitzdieners gegenüber Dritten 72

Inhalt

        3. Beendigung der Besitzdienerschaft 73
        4. Die Haftung des Besitzdieners gegenüber dem Besitzer 73
    D. Besitzarten nach der Beschränkung der Besitzrechte durch andere: Alleinbesitz – Mitbesitz 73
      I. Alleinbesitz 73
      II. Mitbesitz 73
        1. Die Arten des Mitbesitzes 74
            a) Schlichter Mitbesitz – b) Gesamthänderischer Mitbesitz – c) Die Besitzverhältnisse an der Ehewohnung
        2. Die rechtliche Behandlung des Mitbesitzes 75
            a) Das Innenverhältnis – b) Das Außenverhältnis
    E. Besitzarten nach der Willensrichtung der Beteiligten: Eigenbesitz – Fremdbesitz 77
      I. Der Tatbestand 77
      II. Die Bedeutung des Eigenbesitzes und des Fremdbesitzes 78

§ 8. **Sonderformen des Besitzerwerbs** 78
    I. Besitzerwerb durch Gesamtrechtsnachfolge 78
      1. Zweck und Funktion des Erbenbesitzes 78
      2. Anwendungsfälle bei Erbfolge 79
      3. Andere Fälle der Gesamtrechtsnachfolge 79
    II. Besitzerwerb durch Stellvertreter 80
      1. Rechtsgeschäftlicher Besitzerwerb 80
      2. Keine Stellvertretung beim Erwerb der Sachherrschaft 80
      3. Besitzerwerb durch Besitzdiener 80

§ 9. **Der Besitzschutz** 81
    I. Überblick 81
      1. Der Begriff der verbotenen Eigenmacht 81
            a) Besitzentziehung und Besitzstörung – b) Gesetzlich gestattete Besitzbeeinträchtigung – c) Fehlerhafter Besitz
      2. Grundgedanke des Besitzschutzes 82
    II. Das Gewaltrecht des unmittelbaren Besitzers 83
    III. Die Besitzschutzansprüche der §§ 861–867 84
      1. Schutz des unmittelbaren Besitzes 84
            a) Possessorischer Besitzschutz und petitorische Einwendung – b) Besitzstörung ohne Besitzentziehung
      2. Schutz des mittelbaren Besitzes 86
      3. Schutz des Mitbesitzes 86
    IV. Der sog. petitorische Besitzschutzanspruch des § 1007 86
      1. Zweck und Funktion 86
      2. Die Anspruchsvoraussetzungen 87
    V. Besitzschutz auf Grund anderer privatrechtlicher Bestimmungen 88
      1. Deliktischer Schutz 88
            a) Die herrschende Meinung – b) Die weitergehende Literaturmeinung – c) Der ersatzfähige Schaden – d) Mittelbarer Besitz und Mitbesitz als sonstiges Recht – e) § 858 als Schutzgesetz – f) Konkurrenzen
      2. Der Besitz als Gegenstand eines Anspruchs aus ungerechtfertigter Bereicherung 89
            a) Leistungskondiktion – b) Eingriffskondiktion
      3. Der Besitz als Grundlage einer Widerspruchsklage (Interventionsklage) nach § 771 ZPO 90

3. Kapitel. Der Schutz der dinglichen Rechte im privaten und öffentlichen Recht

§ 10. **Überblick – Rechtsvermutungen** 92
    I. Grundlagen des Rechtsschutzes 92

Inhalt

- II. Die Rechtsvermutung zugunsten des Besitzers einer beweglichen Sache 93
  - 1. Begünstigter Besitzer 93
  - 2. Einschränkung der Vermutung 93
  - 3. Früherer Besitzer 94
  - 4. Anwendungsbereich des § 1006 94
  - 5. Beispiele 94
- III. Die an das Grundbuch geknüpfte Rechtsvermutung 95
  - 1. Geltung und Inhalt der Vermutung des § 891 95
  - 2. Widerlegbarkeit der Vermutung 96
- IV. Anwendbarkeit der §§ 1006, 891 im öffentlichen Recht? 97

§ 11. Der Herausgabeanspruch 97
- A. Überblick über die gesetzliche Regelung 97
  - I. Die zu regelnde Sachproblematik 97
  - II. Das Eigentümer-Besitzer-Verhältnis. Grundsätze 98
    - 1. Der Herausgabeanspruch 98
    - 2. Besitzerkategorien 98
      - a) Unredlicher Besitzer – b) Der Prozeßbesitzer – c) Der Deliktsbesitzer
    - 3. Ansprüche des Eigentümers wegen Verlusts und Verschlechterung der Sache 99
      - a) Keine Haftung des redlichen Besitzers – b) Haftung des unredlichen Besitzers und des Prozeßbesitzers – c) Haftung des Deliktsbesitzers
    - 4. Ansprüche des Eigentümers auf Ersatz der Nutzungen 100
      - a) Keine Herausgabepflicht des redlichen Besitzers – b) Herausgabepflicht des unredlichen Besitzers und des Prozeßbesitzers – c) Schadensersatzpflicht des Deliktsbesitzers
    - 5. Ansprüche des Besitzers auf Ersatz der Verwendungen 101
      - a) Die Arten von Verwendungen – b) Verwendungsersatzansprüche des redlichen Besitzers – c) Verwendungsersatzansprüche des unredlichen Besitzers und des Prozeßbesitzers – d) Verwendungsersatzanspruch des Deliktsbesitzers – e) Wegnahmerecht
    - 6. Die Geltendmachung des Verwendungsersatzanspruchs 102
- B. Abgrenzungsfragen 103
  - I. Anwendungsbereich der Vorschriften über das Eigentümer-Besitzer-Verhältnis 104
    - 1. Beschränkung auf den unrechtmäßigen Besitz 104
    - 2. Exzess des rechtmäßigen Fremdbesitzers 105
    - 3. Der nicht mehr berechtigte Besitzer 105
    - 4. Unrechtmäßiger Fremdbesitz 106
      - a) Grundsatz – b) Ausnahme: Exzeß des unrechtmäßigen Fremdbesitzers
  - II. Konkurrenzfragen 107
    - 1. Grundsatz: §§ 987 ff. als erschöpfende Sonderregelung 107
    - 2. Ausnahme: Fremdbesitzer-Exzeß 108
    - 3. Ausnahme: § 816 108
    - 4. Ausnahme: sonstige Fälle der Eingriffskondiktion 108
    - 5. Ausnahme: Nutzungsherausgabe bei rechtsgrundlosem Besitz 109
- C. Die Einzeltatbestände 109
  - I. Der Herausgabeanspruch 109
    - 1. Anspruchsinhaber – Anspruchsgegner 109
    - 2. Inhalt des Anspruchs 110
    - 3. Anwendbarkeit schuldrechtlicher Vorschriften 111
    - 4. Besitzverlust 112
    - 5. Verjährung 112
  - II. Der Schadensersatzanspruch 112
    - 1. Haftung des unrechtmäßigen Fremdbesitzers 112
    - 2. Bedeutung von § 991 II 112
    - 3. Beispielsfall 113

Inhalt

III. Der Anspruch auf Herausgabe der Nutzungen ... 113
    1. Grundlagen ... 113
    2. Sonderprobleme beim Fremdbesitz ... 114
IV. Der Anspruch auf Ersatz von Verwendungen ... 114
    1. Grundlagen ... 114
    2. Begriff der Verwendung ... 115
    3. Modifikation bei unrechtmäßigem Fremdbesitz ... 116
    4. Anwendungsbereich des § 999 ... 117
    5. Ausgestaltung des Verwendungsersatzanspruches nach §§ 1000 ff. ... 117

§ 12. Der Beseitigungs- und Unterlassungsanspruch ... 119
I. Überblick ... 119
    1. Funktion des § 1004 ... 119
    2. Struktur des Anspruches ... 119
    3. Reichweite ... 120
    4. Bedeutung ... 120
II. Die Beeinträchtigung ... 120
    1. Sachverhalte ... 120
    2. Schaden als Beeinträchtigung? ... 121
    3. Rechtswidrigkeit der Beeinträchtigung ... 121
        a) Privatrechtliche Duldungspflichten – b) Öffentlich-rechtliche Duldungspflichten
    4. § 1004 II BGB: Einrede oder Einwendung? ... 122
III. Der „Störer" ... 123
    1. „Handlungsstörer" ... 123
    2. „Zustandsstörer" ... 123
    3. Besondere Problembereiche ... 123
    4. Beeinträchtigung durch mehrere Störer ... 125
IV. Der Beseitigungsanspruch ... 125
    1. Inhalt ... 125
    2. Kosten der Beseitigung ... 126
    3. Verbindung mit dem Herausgabeanspruch ... 126
    4. Prozessuale Fragen ... 127
V. Der Unterlassungsanspruch ... 127
    1. Voraussetzungen ... 127
    2. Rechtsweg ... 127
    3. Prozessuale Fragen ... 128
VI. Verwandte Rechtsinstitute ... 128
    1. Im Privatrecht ... 128
        a) Grundbuchberichtigungsanspruch – b) Drittwiderspruchsklage
    2. Im öffentlichen Recht – Der polizeiliche Schutz ... 128
        a) Allgemeines – b) Auswirkungen des Polizeirechts auf das bürgerliche Recht

§ 13. Sonstiger Schutz dinglicher Rechte im Privatrecht und im öffentlichen Recht ... 130
A. Überblick ... 130
B. Weitere Rechtsschutzformen des Privatrechts ... 131
    I. Der deliktische Rechtsschutz ... 131
        1. Schadensersatz wegen Verletzung von Sachenrechten ... 131
        2. Verhältnis zum sachenrechtlichen Rechtsschutz ... 131
        3. Gefährdungshaftung ... 133
    II. Schutz aus dem Gesichtspunkt der ungerechtfertigten Bereicherung ... 133
    III. Zusammentreffen mehrerer Rechtsschutzformen ... 134
C. Rechtsschutzformen des öffentlichen Rechts ... 134
    I. Überblick ... 134
    II. Der verfassungsrechtliche Eigentumsschutz ... 134

Inhalt

    1. Die Eigentumsgarantie 134
    2. Art. 14 III GG: Schutz gegenüber Enteignungen 135
    3. Enteignende und enteignungsgleiche Eingriffe 135
        a) Enteignender Eingriff – b) „Enteignungsgleicher Eingriff"
    4. Enteignende und enteignungsgleiche Eingriffe als Fälle der „Aufopferung" 137
    5. Ergänzende Bemerkungen 138
        a) Nichteinlegung von Rechtsbehelfen – b) Haftung für normatives Unrecht? – c) Sozialbindung und Sonderopfereingriffe – d) Konsequenzen
  III. Der prozessuale Rechtsschutz 139
    1. Allgemeines 139
    2. Rechtsweg zu den Verwaltungsgerichten 139
    3. Verfassungsgerichtlicher Rechtsschutz 140
    4. Zuständigkeit der Zivilgerichte 140

III. Abschnitt. Liegenschaftsrecht

1. Kapitel. Das Grundbuch

§ 14. Die Funktion des Grundbuchs 143
  I. Allgemeines 143
    1. Bedeutung und Rechtsgrundlagen 143
    2. Das Grundbuch und andere Register 144
    3. Formelles und materielles Grundbuchrecht 144
        a) Überschneidungen von formellem und materiellem Grundbuchrecht – b) Eigenständigkeit des formellen Grundbuchrechts – c) Ort der Regelung
  II. Überblick über die Funktionen des Grundbuchs 145

§ 15. Die Einrichtung des Grundbuchs 146
  I. Überblick über die Darstellung 146
  II. Das Grundbuchamt 146
    1. Sachliche und örtliche Zuständigkeit 146
        a) Sachliche Zuständigkeit – b) Örtliche Zuständigkeit
    2. Rechtsmittel gegen Entscheidungen des Grundbuchamts 147
        a) Beschwerde – b) Weitere Beschwerde
    3. Funktionelle Zuständigkeit 148
        a) Grundbuchführung als richterliche Aufgabe – b) Die Aufgabenübertragung auf den Rechtspfleger
    4. Amtshaftung 149
  III. Das Grundstück 149
    1. Der Grundstücksbegriff 149
    2. Zusammenschreibung, Vereinigung und Zuschreibung 150
        a) Zusammenschreibung – b) Vereinigung – c) Zuschreibung
    3. Grundstücksgleiche Rechte 152
        a) Das Erbbaurecht – b) Das Wohnungseigentum – c) Gebäudeeigentum
    4. Buchungsfreie Grundstücke 152
  IV. Die eintragungsfähigen Rechte 153
    1. Der Maßstab des § 892 153
    2. Die einzelnen eintragungsfähigen Rechte und Rechtspositionen 153
        a) Rechte am Grundstück und grundstücksgleiche Rechte – b) Dingliche Rechte an Grundstücksrechten – c) Verfügungsbeschränkungen und Erwerbsverbote – d) Widerspruch – e) Vormerkung
    3. Nicht eintragungsfähige Rechte und Rechtsverhältnisse 154
        a) Nicht anerkannte Sachenrechte – b) Obligatorische Rechte und Vereinbarungen – c) Persönliche Verhältnisse – d) Absolute Verfügungsbeschränkungen – e) Rechts-

Inhalt

        geschäftliche Verfügungsbeschränkungen – f) Öffentlich-rechtliche Rechtsverhältnisse und Belastungen – g) Löschungsanspruch nach § 1179a
    4. Eintragungsfähigkeit und Eintragungsbedürftigkeit 156
  V. Äußere Form, Einteilung und Zweck des Grundbuchs 156
    1. Funktion und Inhalt des Grundbuchs 156
    2. Das Grundbuchblatt 157
        a) Bestandsverzeichnis – b) Abteilung I – c) Abteilungen II und III
    3. Realfolium und Personalfolium 158
    4. Die Publizität des Grundbuchs 159
        a) Materielle Publizität und Grundbuchinhalt – b) Formelle Publizität
  VI. Das Grundbuch in den neuen Bundesländern 160

§ 16. Die Buchungsvorgänge – Das Eintragungsverfahren 160

  I. Überblick über die Verfahrensgrundsätze 160
    1. Der Antragsgrundsatz 161
    2. Die formelle Prüfung durch das Grundbuchamt 161
        a) Bewilligungsgrundsatz – b) Voreintragungsgrundsatz
    3. Form der Eintragungsunterlagen 161
    4. Zusammenfassung 162
  II. Das Antragsprinzip 162
    1. Der Antrag 162
        a) Rechtsnatur und Form – b) Bedingungs- und Befristungsfeindlichkeit – c) Stellvertretung – d) Behördliches Ersuchen – e) Ausnahme: amtswegige Verfahrenseinleitung
    2. Antragsberechtigung 163
    3. Wirksamwerden des Antrags 164
    4. Materiellrechtliche Wirkungen des Antrags 164
    5. Antrag und Eintragungsbewilligung 164
    6. Verwirkung 164
  III. Der Bewilligungsgrundsatz 165
    1. Formelles und materielles Konsensprinzip 165
    2. Grundfragen der Eintragungsbewilligung 165
    3. Eintragungsbewilligung und materiellrechtliche Willenserklärung 165
    4. Rechtsnatur der Eintragungsbewilligung 166
    5. Der Bewilligungsberechtigte 167
        a) Bei Änderungsbewilligungen – b) Bei Berichtigungsbewilligungen – c) Bei Verfügungsbeschränkungen – d) Mittelbar Beeinträchtigte
    6. Vorlage der Auflassung 168
    7. Eintragungen ohne Bewilligung 169
    8. Eintragungsbewilligung und Grundbuchinhalt 169
  IV. Der Grundsatz der Voreintragung des Betroffenen 169
    1. Die Funktion des Voreintragungsgrundsatzes 169
    2. Geltungsbereich des Voreintragungsgrundsatzes 169
    3. Ausnahmen 169
        a) Keine Zwischeneintragung des Erben – b) Übertragung von Briefpfandrechten – c) Kettenauflassung
  V. Form 170
    1. Öffentliche Beurkundung oder Beglaubigung 170
    2. Einzelne Formfragen 171
        a) Nachweis der Erbfolge – b) Nachweis registrierter Tatsachen – c) Form des Eintragungsantrages – d) Behördliches Ersuchen
  VI. Die „Buchung" – Das Eintragungsverfahren 171
    1. Dispositionsmaxime und abgewandelte Verhandlungsmaxime 171
    2. Die Eintragung 172
        a) Eintragungsverfügung und Vollzug – b) Kenntlichmachung des Ranges – c) Löschung und Nichtmitübertragung – d) Bekanntmachung und Mitteilung – e) Die formale Bindungswirkung der Eintragung

Inhalt

    3. Die Antragsablehnung und die Prüfungspflicht des Grundbuchrichters 174
        a) Eingeschränkte materielle Prüfungspflicht – b) Die Prüfung Allgemeiner Geschäftsbedingungen
    4. Die Zwischenverfügung 175
    5. Die Gewährung rechtlichen Gehörs 176

§ 17. Der Rang der Grundstücksrechte 177
  A. Allgemeine Grundsätze 177
    I. Die wirtschaftliche und rechtliche Bedeutung des Rangs 177
      1. Die Konkurrenz mehrerer dinglich Berechtigter 177
      2. Rang und Beleihungskonditionen 177
        a) Schlechtere Bedingungen für nachrangig gesicherte Darlehen – b) Auf erstrangige Sicherheiten fixierte Kreditinstitute
      3. Die rechtliche Bedeutung des Rangs 178
    II. Grundsätze der Rangordnung 178
      1. Das Prioritätsprinzip 178
      2. Prinzip der beweglichen Rangordnung 179
        a) Keine Konsolidation – b) Eigentümergrundpfandrecht bei fehlender Forderung
      3. Rangvereinbarungen 179
  B. Die Rangordnung 180
    I. Die Regel 180
      1. Locus- und Tempusprinzip 180
      2. Die Rangentstehung 180
        a) Die Regelung der §§ 17, 45 GBO – b) Das Verhältnis zwischen §§ 17, 45 GBO und § 879 BGB
      3. Die Maßgeblichkeit der Eintragung bei nachfolgender Einigung 182
      4. Atypische Sonderfälle 182
        a) Divergenz von Eintragungszeit und räumlicher Reihenfolge in derselben Abteilung – b) Divergenz von Eintragungszeiten und Datierung in verschiedenen Abteilungen
      5. Zusammenfassung 183
    II. Ausnahmetatbestände 183
      1. Gewillkürte Rangbestimmung 183
        a) Geglückte Rangvereinbarung – b) Mißglückte Rangvereinbarung
      2. Rangverlust 184
      3. Rangunfähigkeit 185
    III. Anwendungsbeispiel 185
  C. Der Rangvorbehalt 185
    I. Der Zweck des Rechtsinstituts 185
      1. Der gesetzliche Grundgedanke 185
      2. Die Eigentümergrundschuld als Gestaltungsform der Praxis 186
    II. Die gesetzliche Regelung 187
      1. Begriff 187
      2. Entstehung 187
      3. Ausübung 187
      4. Wirkung 187
      5. Aufhebung 188
  D. Die Rangänderung 188
    I. Der Zweck des Instituts 188
    II. Die gesetzliche Regelung 189
      1. Begriff und Voraussetzungen 189
        a) Begriff – b) Voraussetzungen – c) Zustimmung Dritter oder des Eigentümers – d) Schuldrechtliche „Rangvereinbarungen"
      2. Wirkung 190
        a) Rangtausch – b) Keine Beeinträchtigung von Zwischenrechten
  E. Der Rang in den neuen Bundesländern 190

Inhalt

§ 18. Das unrichtige Grundbuch – Der Widerspruch gegen die Richtigkeit des Grundbuchs – Die Grundbuchberichtigung 190
   A. Das unrichtige Grundbuch 190
      I. Entstehungsgründe 190
         1. Das formelle Konsensprinzip 190
         2. Divergenz zwischen Einigung und Eintragung 191
         3. Rechtsänderungen außerhalb des Grundbuchs 191
         4. Fehler des Grundbuchamts 191
      II. Begriff 192
      III. Wirkungen 192
      IV. Abhilfe 193
   B. Der Widerspruch gegen die Richtigkeit des Grundbuchs 193
      I. Zweck, Wirkung und Rechtsnatur 193
         1. Zweck 193
         2. Wirkung 193
         3. Rechtsnatur 193
      II. Eintragung 194
         1. Voraussetzungen 194
            a) Bewilligung – b) Einstweilige Verfügung – c) Amtswiderspruch d) Behördliches Ersuchen – e) Antrag des Eigentümers nach § 1139
         2. Ort der Eintragung 195
         3. Widerspruch gegen Vormerkung? 195
      III. Wirkung 195
         1. Zerstörung des öffentlichen Glaubens 195
         2. Keine Vermutungswirkung 195
         3. Subjektiver Umfang der Sicherungswirkung 195
         4. Weitere Wirkungen 196
      IV. Löschung 196
         1. Voraussetzungen 196
         2. Anspruch auf Löschungsbewilligung 196
   C. Die Grundbuchberichtigung 196
      I. Grundsätze 196
         1. Der Bewilligungsgrundsatz 197
         2. Anspruch auf Abgabe der Berichtigungsbewilligung 197
         3. Die Entbehrlichkeit einer Bewilligung 197
         4. Der schuldrechtliche Berichtigungsanspruch 198
      II. Anspruchsberechtigter 198
      III. Anspruchsverpflichteter 199
         1. Person des Anspruchsgegners 199
         2. Verteidigung des Anspruchsgegners 199
            a) Bestreiten der Anspruchsvoraussetzungen – b) Einwendungen und Einreden
      IV. Der Inhalt des Anspruchs – Unabtretbarkeit 200
         1. Berichtigungsbewilligung und ihre Erzwingung 200
            a) Veräußerung des streitbefangenen Rechts – b) Berichtigungsbewilligung und Änderungsbewilligung – c) Erweiterung des Anspruchs durch §§ 895, 896
         2. Unabtretbarkeit und Unverjährbarkeit des Berichtigungsanspruchs 201
   D. Rechtslage in den neuen Bundesländern 201

2. Kapitel. Rechtsänderungen an Grundstücken

§ 19. Begründung, Übertragung, Inhaltsänderung und Aufhebung von Grundstücksrechten 202
   A. Grundsätze 202
      I. Grundfragen des Grundbuchsystems 202
         1. Das Grundbuchsystem 202

Inhalt

- 2. Beschränkung des Grundbuchsystems auf rechtsgeschäftliche Rechtsänderungen ... 202
- 3. Die dem Grundbuchsystem unterliegenden Rechtsänderungen ... 203
- 4. Grundbuchsystem und Abstraktionsprinzip ... 204
- II. Einigung und Eintragung als Voraussetzungen der Rechtsänderung ... 204
- B. Begründung und Übertragung von Grundstücksrechten ... 204
  - I. Die Einigung ... 204
    - 1. Die Einigung als dinglicher Vertrag ... 204
    - 2. Anwendbarkeit der Vorschriften des Allgemeinen Teils ... 204
      - a) Form – b) Bedingungen und Befristungen – c) Widerruflichkeit und Bindung
    - 3. Das Anwartschaftsrecht des Erwerbers ... 205
      - a) Übertragbarkeit und Pfändbarkeit – b) Das Anwartschaftsrecht als Gegenstand oder Grundlage einer Kondiktion – c) Das Anwartschaftsrecht als sonstiges Recht i. S. des § 823 Abs. 1?
    - 4. Einigung zugunsten Dritter? ... 207
  - II. Die Eintragung ... 207
    - 1. Grundsatz ... 207
    - 2. Bezugnahme auf die Eintragungsbewilligung ... 208
      - a) Rechtsbegründung mit „bewilligtem" Inhalt – b) Erwerb mit „bewilligtem" Inhalt – c) Grenzen rechtsbegründender Bezugnahme
    - 3. Mindestinhalt notwendiger Eintragung ... 208
  - III. Einigung nach Eintragung ... 208
    - 1. Inhaltliche Divergenz ... 209
    - 2. Zeitliche Divergenz ... 209
      - a) Verlust oder Beschränkung der Geschäftsfähigkeit – b) Tod eines der Beteiligten – c) Wechsel in der Rechtszuständigkeit – d) Beschränkung in der Verfügungsbefugnis
    - 3. Einigung nach Eintragung ... 212
      - a) Rechtsgeschäftliche Voraussetzungen – b) Rechtszuständigkeit – c) Verfügungsbeschränkungen
- C. Die Inhaltsänderung ... 213
  - I. Voraussetzungen ... 213
  - II. Begriff ... 214
- D. Die Aufhebung eines Rechts ... 214
  - I. Begriff ... 214
    - 1. Die Abgrenzung von verwandten Instituten ... 214
    - 2. Die Aufhebung i. S. des § 875 ... 215
  - II. Voraussetzungen ... 215
    - 1. Aufgabeerklärung ... 215
    - 2. Löschung ... 216
    - 3. Zustimmung Dritter ... 216
- E. Rechtsänderungen in den neuen Bundesländern ... 216

§ 20. Die Vormerkung ... 217

- I. Grundlagen ... 217
  - 1. Die Grundfunktion der Vormerkung ... 217
  - 2. Einzelne Formen der Vormerkung ... 218
  - 3. Zweck, Wirkung und Rechtsnatur ... 219
  - 4. Vormerkung und Widerspruch ... 220
- II. Gegenstand der Vormerkung ... 220
  - 1. Der zu sichernde Anspruch ... 220
    - a) Rechtsgrund des Anspruchs – b) Gültig entstandener und fortbestehender Anspruch – c) Auf zulässige Eintragung gerichteter Anspruch – d) Gläubiger und Schuldner des gesicherten Anspruchs
  - 2. Künftige oder bedingte Ansprüche ... 222
  - 3. Fehlen und Fortfall des gesicherten Anspruchs ... 223
  - 4. Unrechtmäßige Löschung ... 223

Inhalt

    III. Voraussetzungen 224
        1. Bewilligung 224
            a) Rechtsnatur – b) Gutgläubiger Erwerb – c) Amtsvormerkung ohne Bewilligung
        2. Einstweilige Verfügung 225
        3. Eintragung 225
    IV. Wirkungen 225
        1. Die Sicherungswirkung 225
            a) Relative Unwirksamkeit – b) Die persönliche relative Unwirksamkeit – c) Die inhaltliche relative Unwirksamkeit – d) Verfügung über das vormerkungsbefangene Recht – e) Schutz gegen tatsächliche Veränderungen und Verwendungsersatz – f) Sicherungswirkung und Vermögensübernahme – g) Baulastbestellung
        2. Die Vollwirkung 229
            a) Konkurs bzw. Insolvenz des Schuldners – b) Zwangsversteigerung – c) Vormerkung und Erbenhaftung
        3. Die Rangwirkung 229
    V. Übertragung und Erlöschen 230
        1. Übertragung 230
            a) Akzessorietät – b) Redlicher Erwerb? – c) Vertraglicher Ausschluß des Übergangs
        2. Erlöschen 231
            a) Untergang des Anspruchs – b) Weitere Erlöschensgründe
    VI. „Rechtsnatur" – Einzelfragen 232
        1. Rechtsnatur der Vormerkung 232
        2. Vormerkung und öffentlicher Glaube des Grundbuchs 232
            a) Redlicher Erwerb der vom Buchberechtigten bewilligten Vormerkung – b) Kein gutgläubiger Sekundärerwerb bei fehlendem Anspruch – c) Zeitpunkt der Gutgläubigkeit und Durchsetzung gegen den wahren Berechtigten
    VII. Das Veräußerungsverbot 234
        1. Gemeinsamkeiten von Veräußerungsverbot und Vormerkung 234
        2. Unterschiede zwischen Veräußerungsverbot und Vormerkung 234

§ 21. Der Grundstückskaufvertrag – Das Vorkaufsrecht 236

    Vorbemerkung 236
    A. Der Grundstückskaufvertrag 236
        I. Die Form 236
            1. Zweck und Anwendungsbereich 236
                a) Zweck und Grundlagen – b) Anwendungsbereich im einzelnen
            2. Nichtigkeit und Heilung 238
            3. Beurkundungsverfahren 239
            4. Arglisteinwand gegen Formmangel 239
            5. Formmangel und Rückabwicklung 239
        II. Die Gefahrtragung 240
            1. Grundregel: Übergabe der Kaufsache 240
            2. Gefahrübergang bei vorheriger Grundbucheintragung 240
        III. Rechtsmängelhaftung 240
            1. Pflicht des Verkäufers zur lastenfreien Übereignung 240
                a) Berichtigungspflicht – b) Pflicht zur Beseitigung bekannter Grundpfandrechte
            2. Öffentliche Abgaben und Lasten 241
        IV. Sachmängelhaftung 241
            1. Praktische Bedeutung 241
            2. Besonderheiten der Immobiliarmängelhaftung 242
                a) Größenzusicherung – b) Verjährung – c) Besonderheiten bei neu errichteten Gebäuden
    B. Das Vorkaufsrecht 243
        I. Grundgedanken – Arten 243
            1. Dingliches und persönliches Vorkaufsrecht 243
            2. Praktische Bedeutung 243
        II. Entstehung 244

Inhalt

    III. Wirkung 244
    IV. Gesetzliche Vorkaufsrechte 245
        1. Reichssiedlungsgesetz und Baugesetzbuch 245
        2. Andere gesetzliche Vorkaufsrechte 245
    V. Wiederkaufsrechte 246
        1. Gesetzliche Wiederkaufs- und Heimfallrechte 246
        2. Vertragliche dingliche Wiederkaufsrechte 246
    VI. Verwandte Institute 246
  C. Grundstückskauf und Vorkauf in den neuen Bundesländern 247

§ 22. Die Übereignung von Grundstücken – Die Auflassung 247

    I. Grundgedanken 247
    II. Form und Bedingungsfeindlichkeit 247
        1. Notarielle Beurkundung 247
        2. Gleichzeitige Anwesenheit beider Parteien 248
        3. Bedingungsfeindlichkeit und Sicherungsbedürfnis 248
            a) Eintragungsantrag des Notars nach Bedingungseintritt – Treuhandmodelle – b) Vormerkung bedingter Auflassungsansprüche – c) Gleichzeitige Kaufpreishypothek – d) Zulässigkeit von Rechtsbedingungen
        4. Geltung allgemeiner Grundsätze dinglicher Einigung 249
        5. Auflassungsanwartschaft, Kettenauflassung, Zwischenverfügungen ... 249
    III. Die Prüfungspflicht des Grundbuchbeamten 249
        1. Vorlage der Urkunde über das Kausalgeschäft 250
        2. Vorlage der Auflassungsurkunde 250
        3. Ehegattengeschäfte 250
    IV. Wirkung 252
    V. Genehmigungspflicht 253
        1. Bodenrechtliche Genehmigungen 253
        2. Vormundschaftsgerichtliche oder aufsichtsbehördliche Genehmigung 253
        3. Unbedenklichkeitsbescheinigung des Finanzamtes 253
        4. Häufung mehrerer Genehmigungspflichten 253
    VI. Auflassung in den neuen Bundesländern 254

§ 23. Der Erwerb vom Nichtberechtigten: der öffentliche Glaube des Grundbuchs 255

    I. Grundlagen 255
        1. Vermutungs- und Gutglaubenswirkung 255
            a) § 891 als Beweislastnorm – b) §§ 892, 893 als materiellrechtliche Rechtsscheintatbestände
        2. Gang der Darstellung 255
        3. Die praktische Bedeutung der §§ 892, 893 256
    II. Der Schutzbereich 256
        1. Gegenstand öffentlichen Glaubens 256
        2. Vom öffentlichen Glauben nicht umfaßte Tatbestände 257
            a) Tatsächliche Angaben – b) Grundbuchersichtliche persönliche Verhältnisse – c) Nicht eintragbare Rechte, Belastungen und Beschränkungen – d) Widersprüchliche Doppelbuchung – e) Unzulässige Eintragungen
    III. Geschützte Rechtsvorgänge 258
        1. Rechtsgeschäftliche Verfügungen 258
        2. Einzeltatbestände 259
            a) Erwerb eines Rechts am Grundstück bzw. Grundstücksrecht – b) Leistung an den Buchberechtigten – c) Sonstige Verfügungen des Buchberechtigten
        3. Nicht geschützte Rechtsvorgänge 259
            a) Erwerb kraft Gesetzes – b) Erwerb im Wege der Zwangsvollstreckung – c) Schuldvertrag mit Buchberechtigtem – d) Fehlendes Verkehrsgeschäft
        4. Rückabwicklung und Haftung 261

Inhalt

IV. Redlichkeit – Widerspruch	261
1. Redlichkeit	261
a) Begriff – b) Maßgebender Zeitpunkt – c) Erwerb durch Stellvertreter	
2. Widerspruch	264
V. Die Wirkung	264
1. Positiver und negativer Vertrauensschutz bei dinglichen Rechten	265
2. Negativer Vertrauensschutz bei Verfügungsbeschränkungen	265
3. Gutglaubenswirkung und Konkurs- bzw. Insolvenzbeschlag	266
VI. Gutgläubiger Erwerb in den neuen Bundesländern	266

3. Kapitel. Das Eigentum an Grundstücken

A. Inhalt und Bindungen

§ 24. Das Eigentum	268
I. Kein einheitlicher Eigentumsbegriff	268
II. Der zivilrechtliche Eigentumsbegriff	268
1. Der Bezug zu einer einzelnen Sache	269
2. Umfassendes Nutzungs- und Herrschaftsrecht des Eigentümers	269
3. Schranken des Eigentums	269
4. Das Verhältnis zu Art. 14 GG	269
III. Eigentum im verfassungsrechtlichen Sinne	270
1. Geschützte Eigentumspositionen	270
2. Eigentumsinhalt und Eigentumsschranken	271
3. Der Schutz des Eigentümers gegenüber dem regelnden Gesetzgeber	271
IV. Überblick über die folgende Darstellung	273
§ 25. Die Inhaltsgestaltung des Grundeigentums durch das Privatrecht – Das Nachbarrecht	273
A. Grundgedanken	273
B. Inhaltsbeschränkung: mangelndes Eigeninteresse	274
I. Schikanefälle	274
II. Grenzen des Eigentums in der Vertikalen	274
C. Inhaltsbeschränkung: überwiegendes Eigeninteresse	275
I. Notstand	275
1. Voraussetzungen	275
2. Folgen	276
a) Rechtmäßigkeit des Eingriffs – b) Ersatzanspruch	
3. Analoge Anwendung	277
4. Sonderproblem: Kausalität	277
II. Überbau	278
1. Grundgedanken	278
2. Tatbestand	278
3. Rechtsfolgen	279
4. Einzelfragen	279
III. Der Notweg	280
D. Das Nachbarrecht	280
Zur Einführung	280
I. Die Konzeption des Nachbarrechts	281
1. Funktion	281
2. Lösungsansätze für Interessenkollisionen	281
3. Die Bedeutung von Dienstbarkeiten	282
4. Geltungsbereich	283
II. Immissionsrecht	283
1. Imponderabilien	284

Inhalt

    2. Unwesentliche Beeinträchtigungen 284
    3. Wesentliche ortsübliche Beeinträchtigungen 285
    4. Ausgleichsanspruch 286
    5. § 14 BImSchG 286
        a) Inhalt – b) Zweck – c) Anwendungsbereich – d) Ersatzanspruch
    6. System der immissionsrechtlichen Ausgleichsansprüche 289
    7. Sonderproblem: summierte Immissionen 289
    8. Schadensersatz- und Ausgleichsansprüche für Eigentümer beweglicher Sachen? 289
    9. Nachbarschaftliches Gemeinschaftsverhältnis 290
  III. Hinweise auf sonstiges Nachbarrecht 291
    1. Nachbarrechtliche Sonderbestimmungen 291
    2. Gefährliche Anlagen 291
    3. § 909 „Gefahrbringende Vertiefung" 292
  IV. Die öffentlich-rechtliche Nachbarklage 293
    1. Rechtswidrige Bauten – Rechtsschutz 293
    2. Öffentlich-rechtliche Rechtsschutzformen 294
        a) Die Genehmigungsgegenklage – b) Klage auf bauaufsichtliches Einschreiten
    3. Besondere Probleme der öffentlich-rechtlichen Nachbarklage 295

§ 26. Die Inhaltsgestaltung und Beschränkung des Grundeigentums durch das öffentliche Recht – Die Eigentumsentziehung 295
  A. Überblick 295
  B. Eigentumsbeschränkungen durch das öffentliche Baurecht 296
    I. Bauordnungsrecht 296
    II. Bauplanungsrecht 296
    III. Bundesbaurecht 297
      1. Die Bauleitplanung 297
      2. Der Bebauungsplan 298
      3. Grundstücksbeschaffungsmaßnahmen 298
      4. Grundstücksumlegung 298
      5. Baulanderschließung 299
      6. Rechtsweg 299
      7. Sanierung 299
  C. Beschränkungen aus den Gesichtspunkten der Raumordnung und Landesplanung 299
  D. Beschränkungen wegen Natur- und Denkmalschutzes 300
  E. Eigentumsbeschränkungen im Interesse des Verkehrs 300
  F. Beschränkungen aus agrarpolitischen Gründen 302
  G. Eigentumsbeschränkungen durch Wirtschaftslenkung 302
  H. Die Enteignung 303
    I. Enteignungsbegriff 303
    II. Enteignungsgesetze 303

B. Typisierte Sonderformen des Grundeigentums

§ 27. Das landwirtschaftliche Grundeigentum (einschließlich Landpacht – Wasserrecht – Forstrecht – Jagd- und Fischereirecht) 305
  I. Überblick 305
  II. Sicherung der landwirtschaftlichen Produktionsgrundlagen 306
    1. Das sog. Grundstücksverkehrsrecht 306
        a) Genehmigungspflichtige Rechtsgeschäfte – b) Genehmigungsfreie Rechtsgeschäfte – c) Grundstücksverkehr in den neuen Bundesländern
    2. Flurbereinigung (Umlegung) 307

Inhalt

III. Sicherung des landwirtschaftlichen Betriebs 308
    1. Anerben- bzw. Höferecht 308
        a) Voraussetzungen der Hofeigenschaft – b) Freie Bestimmbarkeit des Hoferben – c) Gesetzliche Hoferbenordnung – d) Der Ehegatte als Hoferbe – e) Abfindungsanspruch weichender Erben
    2. Verbreitung des Anerbenrechts in den Bundesländern 310
    3. Hofzuweisung 311
    4. Das frühere Fideikommißrecht 311
    5. Die frühere Heimstätte 311
IV. Die Neubildung landwirtschaftlicher Betriebe – Siedlung und Bodenreform 312
    1. Zielsetzung 312
    2. Rechtsgrundlagen und Grundzüge 312
        a) Siedlungszweck – b) Siedlungsträger – c) Rechtsformen der Landbeschaffung – d) Rechtsformen der Landzuteilung – e) Kleingartenrecht
    3. Ergebnisse der Bodenreform 313
V. Das Landpachtrecht 314
    1. Bedeutung und Rechtsgrundlagen 314
        a) Wirtschaftliche Bedeutung und Erscheinungsformen – b) Rechtsgrundlagen
    2. Das zivilrechtliche Landpachtrecht 315
    3. Funktion des Landpachtverkehrsgesetzes 315
    4. Gerichtliche Zuständigkeit 315
    5. Landpacht in den neuen Bundesländern 315
VI. Anhang: Wasserrecht 315
    1. Einordnung und Regelungsbereich 315
    2. Rechtsquellen 316
    3. Gestaltungsformen wasserrechtlicher Gesetze 316
    4. Wassernutzung 317
        a) Frühere Rechtslage – b) Rechtslage unter dem Wasserhaushaltsgesetz – c) Gewässerreinhaltung
    5. Wasser- und Bodenverbände 319
    6. Wasserrecht in den neuen Bundesländern 319
VII. Anhang: Forstrecht 319
    1. Forsteigentum als privates Eigentum 319
        a) Anwendbarkeit allgemeiner Regeln – b) Berücksichtigung öffentlicher Interessen
    2. Genehmigungspflichtige Veräußerung und Vorkaufsrechte 320
    3. Bewirtschaftungsbestimmungen 320
    4. Erhaltung des Waldes 320
    5. Beschränkungen des Ausschließungsrechts 320
    6. Neue Bundesländer 321
VIII. Anhang: Jagdrecht – Fischereirecht 321
    1. Das Aneignungsrecht 321
    2. Jagdrecht und Jagdausübungsrecht 321
        a) Jagdrecht – b) Jagdausübungsrecht
    3. Jagdausübungsrecht und Grundeigentum 322
    4. Fischereirecht 322
    5. Jagdrecht in den neuen Bundesländern 323

§ 28. Das „Unternehmenseigentum" 323
I. Problemstellung 324
    1. Die verschiedenen Unternehmensbegriffe 324
    2. Unternehmensbegriff und Sachenrecht 324
II. Das Übertragungsproblem 325
    1. Das schuldrechtliche Rechtsgeschäft 325
    2. Dingliches Geschäft und Spezialität 326
        a) Erleichterungen von Übertragung und Belastung – b) Übertragung des Unternehmenskerns

Inhalt

    3. Übertragung durch Umwandlung oder Veräußerung von Geschäftsanteilen .. 327
    4. Eintritt des Übernehmers in Arbeitsverhältnisse 327
  III. Das Haftungsproblem 327
    1. Haftung bei Firmenfortführung 327
    2. Haftung bei Erwerb ohne Firmenfortführung 328
  IV. Das Schutzproblem 328

§ 29. „Die Wohnung": Das Wohnungseigentum – Das Erbbaurecht – Das dingliche Wohnrecht – Die Wohnungsmiete – Time-Sharing 330
  A. Überblick 330
    I. Sachenrechtliche Einheit von Grundstück und Gebäude 330
    II. Wohnungseigentum und Erbbaurecht als Ausnahmen 330
    III. Weitere Verdinglichungen der Wohnungsinhaberschaft 330
    IV. Wohnungsstatistik 331
  B. Das Wohnungseigentum 331
    I. Geschichte und Verbreitung 331
    II. Grundfragen rechtlicher Ausgestaltung 332
      1. Verbindung von Mit- und Sondereigentum 332
      2. Wohnungseigentum als echtes Eigentum 332
        a) Rechte des Wohnungseigentümers – b) Belastung des Wohnungseigentums – c) Zwangsvollstreckung in das Wohnungseigentum
      3. Die Rechtsbeziehungen zwischen den Wohnungseigentümern 334
        a) Wohnungseigentümergemeinschaft und ihre Organe – b) Gemeinschaftsgebundenheit des Sondereigentums – c) Instrumente gemeinschaftlicher Verwaltung – d) Rechtsverfolgung der Wohnungseigentümer – e) Lastentragung – f) Ausschluß
    III. Entstehung – Übertragung – Aufhebung des Wohnungseigentums 336
      1. Entstehung 336
      2. Übertragbarkeit 337
      3. Aufhebung der Wohnungseigentümergemeinschaft 337
    IV. Verfahrensrecht 337
    V. Wohnungseigentum in den neuen Bundesländern 337
  C. Das Erbbaurecht 338
    I. Grundlagen 338
      1. Begriff und Rechtsnatur 338
      2. Hauptsächlicher Anwendungsbereich und Ausgestaltung 338
      3. Der Erbbauzins 339
      4. „Industrieller" Anwendungsbereich 339
    II. Begründung, Übertragung, Belastung und Erlöschen des Erbbaurechts 339
      1. Begründung 339
      2. Übertragung 340
      3. Belastung 340
      4. Erlöschen 341
      5. Neue Bundesländer 341
  D. Das Wohnrecht 341
    I. Arten des Wohnrechts – Anwendungsbereich 341
      1. Wohnungsrecht des BGB 342
      2. Dauerwohn- und Dauernutzungsrecht des WEG 342
      3. Wohnungserbbaurecht 342
    II. Das Wohnungsrecht des § 1093 BGB – Überblick 342
      1. Rechtsnatur 342
      2. Unübertragbarkeit 343
      3. Inhalt und anwendbare Vorschriften 343
      4. Erlöschen 343
      5. Frühere Wohnbesitzwohnung und unentgeltliche Überlassung 343

Inhalt

  III. Das Dauerwohnrecht nach dem Wohnungseigentumsgesetz 344
    1. Uneingeschränkte Übertragbarkeit 344
    2. Gebrauchsregelung und Heimfall 344
    3. Rechtsnachfolge 344
    4. Das Dauerwohnrecht in der Zwangsversteigerung 344
    5. Schutz der Grundpfandgläubiger 344
    6. Erlöschen 345
 E. Die Wohnungsmiete 345
    1. Rechtsnatur 345
    2. Rechtsstellung des Mieters gegenüber Dritten 345
     a) Possessorischer Schutz – b) Deliktischer Schutz
    3. Rechtsstellung des Mieters gegenüber dem Vermieter und seinen Rechts-
     nachfolgern 346
     a) Kündigungsschutz – b) Schutz des Mieters gegenüber dem Erwerber – c) Schutz des Mieters bei Zwangsversteigerung – d) Schutz des Mieters bei Konkurs/Insolvenz – e) Schutz der überlebenden Familienangehörigen des Mieters
    4. Zusammenfassung 351
    5. Leihe 351
    6. Recht der Wohnraummiete in den neuen Bundesländern 351
 F. Time-Sharing oder „Ferieneigentum" 351
  I. Zweck und Verbreitung 351
  II. Rechtsnatur und rechtliche Gestaltung 352
    1. Dingliche Berechtigung 352
     a) Bruchteilswohnungseigentum – b) Dauerwohnrechte – c) Reallast
    2. Treuhand 353
    3. Vereins- oder Genossenschaftsmitgliedschaft 353
    4. Schuldrechtliche Nutzungsvereinbarung 354
  III. Das Teilzeit-Wohnrechte-Gesetz und die Time-Sharing-Richtlinie 354
    1. Vorgeschichte 354
    2. Inhalt 354
    3. Praktische Bedeutung 354

§ 30. Das Bergwerkseigentum 355
 I. Überblick 355
 II. Bergbauberechtigungen („Bergwerkseigentum") 355
    1. Konzessionssystem 355
    2. Aneignungsrecht des Bergbauberechtigten 356
 III. Bergschaden 356
 IV. Berechtsamsbuch 356
 V. Bergrecht der neuen Bundesländer 356

§ 31. Das Schiffseigentum 357
 I. Überblick 357
    1. Rechtspolitischer Hintergrund 357
    2. Anwendbarkeit immobiliarrechtlicher Grundsätze 357
     a) Registrierung – b) Numerus clausus der beschränkten dinglichen Rechte – c) Publizitätsgrundsatz
 II. Das Schiffseigentum 358
    1. Eigentum am Schiffsbauwerk 358
    2. Übereignung von Schiffen 358
     a) Seeschiffe – b) Binnenschiffe – c) Öffentlicher Glaube des Schiffsregisters
 III. Die Schiffshypothek 358
    1. Sicherungshypothek 358
    2. Ersetzungsbefugnis des Eigentümers statt Eigentümergrundschuld ... 359
    3. Zwangsvollstreckung aus der Hypothek 359
 IV. Schiffseigentum in den neuen Bundesländern 359

Inhalt

4. Kapitel. Nutzungsrechte an Grundstücken

§ 32. Der Nießbrauch 360
    I. Grundlagen – Anwendungsbereich 360
        1. Begriff 360
        2. Die Bestellung des Nießbrauchs 360
        3. Formen des Nießbrauchs 361
            a) Versorgungsnießbrauch – b) Sicherungsnießbrauch – c) Eigentümernießbrauch
        4. Der Nießbrauch im Steuerrecht 362
        5. Gang der Darstellung 362
    II. Die Rechtsstellung des Nießbrauchers 362
        1. Das Nutzungsrecht – Inhalt und Umfang 362
            a) Fruchtziehung – b) Einschränkungen des Nutzungsrechts – c) Kein Dispositionsnießbrauch
        2. Das Besitzrecht 363
        3. Der Schutz des Nießbrauchs 363
        4. Unübertragbarkeit 364
            a) Grundsatz – b) Juristische Personen und „rechtsfähige Personengesellschaften" als Nießbraucher
    III. Das gesetzliche Schuldverhältnis zwischen Eigentümer und Nießbraucher 364
        1. Erhaltungspflicht 365
        2. Lastentragungspflicht 365
        3. Ansprüche bei Verschlechterung und Verwendungsersatz 365
        4. Beendigung des Nießbrauchs 366
        5. Mietverhältnisse 366
    IV. Nießbrauch in den neuen Bundesländern 366

§ 33. Die Grunddienstbarkeit 366
    I. Grundlagen – Anwendungsbereich 366
        1. Grundbegriffe 366
            a) Grunddienstbarkeit und beschränkte persönliche Dienstbarkeit – b) Dienstbarkeit und „Gerechtigkeiten" – c) Dienstbarkeit und Baulast – d) Gesetzliche Sonderformen
        2. Anwendungsbereich 367
    II. Der Inhalt der Grunddienstbarkeit 368
        1. Die gesetzliche Inhaltsbestimmung 368
            a) Recht zur Nutzung des dienenden Grundstücks – b) Verbot der Nutzung des dienenden Grundstücks – c) Ausschluß der Ausübung von Eigentumsrechten
        2. Der Vorteil für das herrschende Grundstück 369
        3. Wettbewerbliche Dienstbarkeiten 370
            a) Grunddienstbarkeit oder beschränkte persönliche Dienstbarkeit? – b) Die Rechtsprechung zum zulässigen Inhalt – c) Die Sicherungsdienstbarkeit
        4. Inhalt und Änderungen der tatsächlichen Verhältnisse 371
            a) Grundsätzlicher Fortbestand der Grunddienstbarkeit – b) Anpassung an geändertes Bedürfnis des Berechtigten? – c) Pflicht zur schonenden Ausübung – d) Grundstücksteilungen
        5. Verpflichtung zu positivem Tun kein zulässiger Inhalt 372
        6. Abgrenzung zum Nießbrauch 373
    III. Bestellung und Erlöschen der Grunddienstbarkeit 373
        1. Bestellung und ihre Wirkung 373
            a) Einigung und Eintragung – b) Mehrere Berechtigte – c) Eigentümergrunddienstbarkeit – d) Belastung und Vermietung des herrschenden Grundstücks – e) Altrechtliche Dienstbarkeiten – f) Das Verpflichtungsgeschäft – g) Inhalt der Eintragung
        2. Erlöschen 375
    IV. Der Schutz der Dienstbarkeit 375
        1. Abwehr- und Schadensersatzansprüche 375
        2. Besitzschutzansprüche 375
    V. Dienstbarkeiten in den neuen Bundesländern 376

Inhalt

§ 34. Die beschränkte persönliche Dienstbarkeit 376
    I. Begriff und Anwendungsbereich 376
        1. Abgrenzung zu Nießbrauch und Grunddienstbarkeit 376
        2. Inhalt 376
            a) Art der Pflichtigkeit – b) Eigenes oder fremdes schutzwürdiges Interesse
        3. Anwendungsbereich 377
        4. Verpflichtung zu positivem Tun kein zulässiger Inhalt 378
    II. Anwendbare Vorschriften 378
    III. Dingliches Wohnungsrecht 379
    IV. Beschränkte persönliche Dienstbarkeit in den neuen Bundesländern 379

§ 35. Die Reallast 379
    I. Begriff und Anwendungsbereich 379
        1. Begriff 379
            a) Wiederkehrende Leistungen – b) Leistungen aus dem Grundstück – c) Systematische Einordnung
        2. Anwendungsbereich 380
    II. Entstehung, Übertragung und Untergang der Reallast 381
        1. Entstehung 381
        2. Das Grundgeschäft 382
        3. Übertragung 382
        4. Erlöschen 382
    III. Die Haftung für die Reallast 382
        1. Ausgangslage 382
        2. Haftung für das Stammrecht 382
        3. Haftung für der Reallast entfließende Einzelansprüche 383
        4. Haftung für Ansprüche aus dem Grundgeschäft 383
    IV. Reallast in den neuen Bundesländern 383

5. Kapitel. Sicherungsrechte an Grundstücken

A. Die Grundpfandrechte

§ 36. Funktion und Einteilung der Grundpfandrechte 384
    I. Begriff und wirtschaftliche Bedeutung 384
        1. Begriff und Funktion 384
        2. Grundpfandrechte und andere Kreditsicherheiten 385
            a) Personal- und Realkredit – b) Bewegliche Sachen als Kreditsicherheit – c) Übertragbare Rechte als Kreditsicherheit – d) Grundstücke als Kreditsicherheit
        3. Die typischen Verschuldungsgründe 388
            a) Produktivkredite – b) Kaufgeldkredite – c) Erbteilungs- und Abfindungskredite – d) Allzweckkredite – e) Eigene und fremde Kredite
        4. Die „typischen Geldgeber" 391
            a) Der private Grundpfandkredit – b) Hypothekenbanken und Pfandbriefanstalten – c) Sparkassen – d) Bausparkassen – e) Andere Kreditinstitute – f) Die öffentliche Hand – g) Finanzierung „aus einer Hand"
        5. Der „Wert" der Hypothek 394
            a) Verschuldungsgrenze – b) Beleihungsgrenze
        6. Die typischen Rückzahlungsmodalitäten 395
            a) Bedeutung – b) Gesetzlicher Rahmen des VerbraucherkreditG – c) Fälligkeits- und Kündigungshypotheken – d) Tilgungshypotheken
    II. Skizze der dogmatischen Grundlagen des Grundpfandrechts 398
        1. Hypothek – Grundschuld 398
        2. Gemeinsame Pfandrechtsgrundsätze 399
            a) Grundpfandrechte als dingliche Verwertungsrechte – b) Trennung von dinglicher und persönlicher Haftung – c) Publizität der Grundpfandrechte – d) Rangordnung nach Priorität

    III. Einteilung der Grundpfandrechte nach dem Grad der Akzessorietät 401
        1. Die Akzessorietät der Hypothek 402
        2. Die Abstraktheit der Grundschuld 402
        3. Die eingeschränkte Akzessorietät der Verkehrshypothek 403
        4. Die strenge Akzessorietät der Sicherungshypothek 404
        5. Zusammenfassung 405
    IV. Einteilung der Grundpfandrechte nach dem Grad der Zirkulationsfähigkeit 406
        1. Buchpfandrechte 406
        2. Briefpfandrechte 406
        3. Sicherungshypotheken als Buchhypotheken 407
        4. Inhaberbriefgrundschuld und Papierhypothek 407
        5. Grundpfandrechtliche Variationsmöglichkeiten 407
    V. Einteilung der Grundpfandrechte nach der Person des Gläubigers 408
        1. Fremd- und Eigentümergrundpfandrecht 408
        2. Das Eigentümergrundpfandrecht im System der Grundpfandrechte 409
            a) Rangwahrung und Wert der Grundpfandrechte – b) Eigentümergrundpfandrecht und Akzessorietät
        3. Terminologie des Eigentümergrundpfandrechts 409
            a) Eigentümerhypothek und Eigentümergrundschuld – b) Vorläufige und endgültige Eigentümergrundschuld – c) Ursprüngliche und nachträgliche Eigentümergrundschuld – d) Offene und verdeckte Eigentümergrundschuld
        4. Entstehungstatbestände des Eigentümergrundpfandrechts 410
            a) Bestellung einer Eigentümergrundschuld – b) Entstehungsmängel bei Fremdgrundpfandrechten – c) Tilgung und Verzicht – d) Konsolidation
        5. Erlöschen von Fremdgrundpfandrechten ohne Entstehung eines Eigentümergrundpfandrechts 413
            a) Aufhebung – b) Befriedigung durch Zwangsvollstreckung
        6. Der Eigentümer als Inhaber des Grundpfandrechts 413
            a) Rechtliche Stellung und Befugnisse – b) Eigentümergrundpfandrecht und Veräußerung des Grundstücks
        7. Rechtsnatur des Eigentümerpfandrechts 415
    VI. Einteilung der Grundpfandrechte nach der Zahl der haftenden Grundstücke ... 415
        1. Mehrfachsicherung durch Einzelgrundpfandrechte? 415
        2. Gesamthypothek und Gesamtgrundschuld 416
    VII. Grundpfandrechte in den neuen Bundesländern 416
    VIII. Grundpfandrechte und EU 416
    IX. Überblick über den Gang der Darstellung 418

B. Die Hypothek

§ 37. Die Begründung der Verkehrshypothek 418
    I. Belastungsobjekt 418
    II. Die bestimmte Geldforderung als zu sichernde Forderung 419
        1. Der Rechtsgrund der Geldforderung 419
        2. Bestimmtheit der Forderung 420
            a) Bestimmtheit des Gläubigers – b) Bestimmtheit des Schuldners und Divergenz von Schuldner und Eigentümer – c) Bestimmtheit der Geldsumme
        3. Künftige und bedingte Forderungen 422
    III. Der dingliche Bestellungsakt – Die Briefhypothek 423
        1. Die Grundelemente des dinglichen Bestellungsaktes 423
        2. Einigung und Eintragung 423
            a) Allgemeine Regeln – b) Gegenstand der Eintragung und Zulässigkeit von Bezugnahmen – c) Eintragung des Zinssatzes
        3. Briefübergabe 425
            a) Erteilung und Inhalt des Hypothekenbriefes – b) Übergabe des Hypothekenbriefes – c) Übergabesurrogate – d) Die Aushändigungsabrede – e) Übergabesurrogate bei Abtretung – f) Übergabevermutung

Inhalt

IV. Der dingliche Bestellungsakt – Die Buchhypothek 426
   1. Einigung und Eintragung, Briefausschluß und seine Eintragung 426
   2. Umwandlung der Buch- in Briefhypotheken 427
V. Besondere Sachlagen bei der Hypothekenbestellung 427
   1. Die Sicherung eines Zwischenkredits 427
      a) Hypothek zugunsten des Zwischenkreditgebers – b) Abtretung der vorläufigen Eigentümergrundschuld – c) „Zwischenkredite" der Bausparkassen – d) Sicherung durch Grundschuld als Alternative
   2. Nichtige Forderung 428
      a) Entstehen einer Eigentümergrundschuld – b) Sicherung des Bereicherungsanspruchs? – c) Schenkung einer Hypothek – d) Bordellkauf und Wucherdarlehen – e) Verbraucherschutzgesetze
   3. Schuldnermehrheit – Gläubigermehrheit 430
   4. Unterwerfung unter die sofortige Zwangsvollstreckung 430

§ 38. Die Übertragung der Verkehrshypothek 431
I. Allgemeine Grundsätze 431
   1. Die Übertragbarkeit und ihre praktische Bedeutung 431
   2. Überblick über die gesetzliche Regelung der Übertragung von Hypothek und Forderung 431
      a) Form – b) Erwerb vom Nichtberechtigten – c) Legitimation – d) Einwendungen
II. Form: Die Übertragung der Briefhypothek 432
   1. Tatbestand 432
   2. Briefübergabe 433
   3. Beglaubigung der Abtretungserklärung 434
   4. Formfreiheit der Abtretung rückständiger Nebenleistungsansprüche 434
III. Form: Die Übertragung der Buchhypothek 434
IIIa. Form – Anhang: Die Belastung der Hypothek 434
   1. Nießbrauchs- und Pfandrechtsbestellung 434
   2. Pfändung 434
      a) Briefhypothek – b) Buchhypothek
IV. Der Erwerb vom Nichtberechtigten 435
   1. Die gesetzliche Ausgestaltung redlichen Erwerbs 435
   2. Grundbuchberichtigung und Widerspruch 436
V. Der Erwerb vom Nichtberechtigten – Besonderheiten bei der Briefhypothek . 437
   1. Fragestellung 437
   2. Erwerb vom durch Abtretungserklärungen ausgewiesenen Briefbesitzer 437
   3. Divergenz von Buch und Brief 439
VI. Die Legitimation des Gläubigers 440
   1. Fragestellung und Gang der Darstellung 440
   2. Geltendmachung der persönlichen Forderung 440
   3. Geltendmachung der Hypothek 441
      a) Buchhypothek – b) Briefhypothek
   4. Leistung mit befreiender Wirkung 441
      a) Leistung an den Berechtigten – b) Leistung an den Nichtberechtigten
VII. Die Einreden und Einwendungen des Eigentümers 443
   1. Das Verhältnis zwischen ursprünglichem Hypothekengläubiger und Eigentümer 443
      a) Bestandsvernichtende oder -verändernde Einwendungen – b) Schuldnerbestimmte Einreden – c) Einreden aus Gestaltungsrechten des Schuldners – d) Eigentümerbezogene Einreden
   2. Das Verhältnis zwischen Erwerber der Hypothek und Eigentümer 444
      a) Grundsatz des Eigentümerschutzes – b) Einschränkung zugunsten des Gutglaubensschutzes
VIII. Die Abtretung von Zinsen und Nebenleistungen 446
   1. Die Abtretbarkeit des Zins- und Nebenleistungsanspruchs 447
      a) Gemeinsame Abtretung von Hypothek und Zinsen – b) Isolierte Abtretung von Hypothek oder Zinsen

    2. Die Form der Abtretung 447
        a) Grundsätzliche Formpflicht – b) Formlose Abtretung rückständiger Zinsen
    3. Die Stellung des Eigentümers gegenüber dem neuen Gläubiger 448
        a) Künftig fällig werdende Zinsen – b) Rückständige Zinsen
  IX. Der Übergang der Hypothek kraft Gesetzes 448
    1. Übergang auf den Eigentümer 448
        a) Erlöschen der Forderung – b) Verzicht des Gläubigers – c) Ablösung durch den vom Schuldner verschiedenen Eigentümer – d) Konsolidation?
    2. Übergang auf den Schuldner 449
    3. Übergang auf Dritte 450
        a) Forderungsübergang auf Grund einer Ausgleichspflicht – b) Ablösung durch Dritte
    4. Gutgläubiger Erwerb bei gesetzlichem Hypothekenübergang? 451
  X. Anhang: Verpfändung, Pfändung der Hypothek – Nießbrauchsbestellung 453
    1. Nießbrauchsbestellung an der Hypothek 453
    2. Die Verpfändung der Hypothek und Sicherungsabtretung 453
        a) Verpfändung – b) Sicherungsabtretung
    3. Die Pfändung der Hypothek 454
        a) Pfändungsbeschluß – Eintragung – Briefübergabe – b) Überweisungsbeschluß – c) Pfändung der Eigentümergrundschuld

§ 39. Der Umfang der Hypothekenhaftung 456
  I. Allgemeine Grundsätze 456
    1. Das Grundstück als wirtschaftliche Einheit 456
    2. Die Wirkungsweise der Hypothekenhaftung 457
        a) Potentielle Haftung vor Beschlagnahme – b) Haftungsaktualisierung durch Beschlagnahme – c) Prüfungsschritte zur Klärung der Hypothekenhaftung
    3. Begriff und Umfang der Beschlagnahme 459
        a) Beschlagnahme und Zwangsversteigerung – b) Beschlagnahme und Zwangsverwaltung – c) Das Verhältnis zwischen den Haftungsvorschriften des BGB und dem ZVG – d) Beschlagnahme einzelner mithaftender Gegenstände
    4. Umfang des Haftungsverbandes und Spezialität 460
    5. Gang der weiteren Darstellung 460
  II. Die Haftung des Grundstücks 460
  III. Die Haftung der Bestandteile einschließlich der Erzeugnisse 461
    1. Die potentiell haftenden Bestandteile und Erzeugnisse 461
    2. Die Aktualisierung der Haftung durch Beschlagnahme 461
    3. Enthaftung 462
        a) Vor Beschlagnahme – b) Nach Beschlagnahme
  IV. Die Haftung des Zubehörs 463
    1. Grundstückszubehör des Eigentümers 463
        a) Grundstückszubehör im Eigentum des Eigentümers – b) Anwartschaftsrechte des Eigentümers an Zubehörstücken
    2. Beschlagnahme im Wege der Immobiliarvollstreckung 464
    3. Enthaftung 464
        a) Vor Beschlagnahme – b) Nach Beschlagnahme
  V. Die Haftung der Miet- und Pachtzinsforderungen 465
    1. Grundprinzip 465
    2. Beschlagnahme 465
    3. „Freiwerden" 466
        a) Fällige Miet- und Pachtzinsforderungen – b) Verfügungen des Eigentümers – c) Verfügung über den Mietzins durch Nießbrauchsbestellung?
    4. Recht auf wiederkehrende Leistungen 468
    5. Haftung der Miet- und Pachtzinsforderungen und Kapitalerhaltungsregeln 468
  VI. Die Haftung der Versicherungsforderungen 469
    1. Der Haftungsrahmen 469
        a) Versicherungspflichten des Grundeigentümers – b) Die Rechtsstellung des Hypothekars bei Gebäudeversicherungen

Inhalt

2. Beschlagnahme der Versicherungsforderung		470
3. „Freiwerden"		470
4. Vorrang des vormerkungsgesicherten Grundstückserwerbers – Schadensersatzansprüche		470

§ 40. Die Verwirklichung der Hypothekenhaftung 470
I. Allgemeine Grundsätze 470
II. Die Fälligkeit der Hypothek – Die Pfandreife 470
1. Fälligkeitsvereinbarungen 470
   a) Befristung und Kündigung – b) Fälligkeit durch bloße Kündigung
2. Akzessorietät und Kündigung 472
3. Gesetzliche Fälligkeit 472
III. Rechte des Gläubigers vor der Pfandreife 472
1. Die gesetzliche Regelung 472
   a) Schadensersatzansprüche – b) Vorbeugender Rechtsschutz – c) Umweltrechtliche Zustandshaftung
2. Vertraglich vereinbarte Gläubigerrechte 474
IV. Die Rechte des Gläubigers nach der Pfandreife – Die Realisierung der Hypothekenhaftung 474
1. Freiwillige Leistung 474
   a) Leistung durch den Schuldner-Eigentümer – b) Leistung durch den vom Schuldner verschiedenen Eigentümer – c) Leistung durch den vom Eigentümer verschiedenen Schuldner
2. Aushändigung des Hypothekenbriefs und sonstiger Urkunden ... 475
   a) Die Berichtigungsbewilligung – b) Die Löschungsbewilligung – c) Die löschungsfähige Quittung
3. Zwangsweise Befriedigung des Gläubigers 476
   a) Verbot von Verfallklauseln – b) Sicherungsübereignung von Grundstücken? – c) Der dingliche Titel
4. Das Urteil als Vollstreckungstitel 477
   a) Der Hypothekengläubiger als Kläger – b) Der Grundstückseigentümer als Beklagter – c) Einreden und Einwendungen – d) Prozessuales
5. Die vollstreckbare Urkunde als Vollstreckungstitel und ihre kautelarjuristische Gestaltung 479
   a) Begriff und Funktion – b) Gerichtliche Rechtsverteidigung gegen die Vollstreckung – c) Bestimmtheit des Zahlungsanspruchs – d) Fallbeispiel – e) Kontrolle unter dem AGBG
6. Sonstige Vollstreckungstitel 483
V. Die Zwangsvollstreckung in das Grundstück 483
1. Grundzüge 483
2. Grundpfandrecht und Eintragung einer Zwangshypothek .. 483
3. Mobiliarzwangsvollstreckung in mithaftende Gegenstände . 483
VI. Grundpfandrechte in der Insolvenz 484
1. Insolvenz als Bewährungsprobe 484
2. Die abgesonderte Befriedigung unter der KO und VerglO .. 484
   a) Konkursabwendender Vergleich – b) Konkurs
3. Die abgesonderte Befriedigung unter der neuen InsO 485
   a) Grundzüge – b) Besonderheiten der Mithaftung des schuldnerverschiedenen Eigentümers – c) Das Insolvenzplanverfahren

§ 41. Das Erlöschen der Hypothek 487
I. Allgemeine Grundsätze 487
II. Die rechtsgeschäftliche Aufhebung 488
1. Fremdgrundpfandrechte 488
2. Eigentümergrundpfandrechte 488
3. Abgrenzung zum Verzicht 488
III. Das Erlöschen der Hypothek durch Befriedigung aus dem Grundstück 488
IV. Erlöschen durch Zuschlag 489

Inhalt

§ 42. Die Sicherungshypothek (einschließlich Höchstbetrags- und Papierhypothek) 489
    I. Allgemeine Grundsätze – Anwendungsbereich 489
        1. Strenge Akzessorietät 489
        2. Die Sicherungshypothek als Buchhypothek 490
        3. Anwendungsbereich 490
    II. Besonderheiten der Sicherungshypothek 491
        1. Grundsätzliche Geltung der allgemeinen Regeln 491
        2. Beweislast und redlicher Erwerb 491
        3. Nichtvalutierung, fehlende Forderung, Kündigung 492
        4. Forderungsabtretung und Leistung an den Buchberechtigten 492
    III. Die Höchstbetragshypothek 493
        1. Begriff, Funktion und Anwendungsbereich 493
            a) Begriff und Funktion – b) Anwendungsbereich – c) Alternativen493
        2. Die Besonderheiten der Höchstbetragshypothek 494
            a) Die Höchstbetragshypothek als Sicherungshypothek – b) Bestimmter Höchstbetrag und wechselnde Valutierung – c) Isolierte formlose Abtretung der Forderung – d) Forderungsauswechslung und Umwandlung
    IV. Die Wertpapierhypothek 495
        1. Begriff und Anwendungsbereich 495
        2. Besonderheiten der Wertpapierhypothek 496
            a) Möglichkeit zur einseitigen Bestellung – b) Übertragung der Forderung nach Wertpapierrecht – c) Grundbuchvertreter und Gläubigervertreter
        3. Verdrängung durch die Grundschuld 497

§ 43. Die Gesamthypothek 497
    I. Begriff, Grundlagen und Anwendungsbereich 497
        1. Begriff und Eigenart der Gesamthypothek – hypothekarische „Paschastellung" 497
        2. Nachteile und Gefahren 498
        3. Entstehungstatbestände 498
        4. Geltung allgemeiner Grundsätze 499
        5. Grundbucheintrag 500
    II. Tilgung und Regreß bei der Gesamthypothek 500
        1. Belastete Grundstücke desselben Eigentümers 500
            a) Fehlen und Fortfall der Forderung – b) Befriedigung im Wege der Zwangsvollstreckung
        2. Belastete Grundstücke verschiedener Eigentümer 501
            a) Fehlen und Fortfall der Forderung, gemeinsame Leistung aller Eigentümer, Verzicht – b) Leistung durch nur einen Eigentümer – c) Befriedigung im Wege der Zwangsvollstreckung
        3. Leistung des vom Eigentümer verschiedenen Schuldners 502
            a) Grundsatz: Übergang der Gesamthypothek auf den/die Eigentümer – b) Übergang auf den Leistenden bei Regreßberechtigung
        4. Sonstige Fälle 503
            a) Verzicht auf Haftung einzelner Grundstücke – b) Zusammentreffen von Gesamthypothek und Bürgschaft – c) Vereinbarungen mit einzelnen Eigentümern

C. Die Grundschuld

§ 44. Hypothek und Grundschuld – Gemeinsames und Unterschiede 504
    I. Begriff und Anwendungsbereich 505
        1. Hypothek und Grundschuld 505
        2. Anwendungsbereich von Hypotheken und Grundschuld 506
        3. Gang der Darstellung 507
    II. Die Entstehung der Grundschuld 507
        1. Einigung und Eintragung – Briefübergabe 507

Inhalt

  2. Brief- und Buchgrundschuld, Einzel- und Gesamtgrundschuld 507
  3. Mindestinhalt des Grundbucheintrags 507
 III. Die Übertragung der Grundschuld 508
 IV. Haftungsumfang und Haftungsverwirklichung 508
 V. Legitimation des Gläubigers und Verteidigung des Eigentümers 509
  1. Die Legitimation des Gläubigers 509
  2. Einwendungen und Einreden 509
   a) Bestandsvernichtende oder bestandsverändernde Einwendungen – b) Eigentümerbezogene Einreden – c) Unanwendbarkeit des § 1137
  3. Die Rechtsstellung des Zessionars der Grundschuld 510
   a) Gutglaubensschutz beim Erwerb der Grundschuld – b) Leistung mit befreiender Wirkung
 VI. Die Tilgung der Grundschuld 511
  1. Tilgung durch den Eigentümer 511
  2. Tilgung durch Dritte 511
  3. Verzicht, Aufhebung, Befriedigung durch Zwangsvollstreckung 511
   a) Der Verzicht auf die Grundschuld – b) Die Aufhebung der Grundschuld – c) Befriedigung des Grundschuldinhabers durch Zwangsvollstreckung
 VII. Anhang: Pfändung und Verpfändung der Grundschuld 512
  1. Pfändung 512
  2. Verpfändung 512

§ 45. Die Sicherungsgrundschuld 513

 I. Begriff und Anwendungsbereich 513
  1. Begriff 513
  2. Anwendungsbereich 514
   a) Sicherung einer Kreditlinie – b) Sicherung von Warenkrediten – c) Sicherung langfristiger Anlagekredite – d) Treuhandgrundschuld
 II. Grundschuld und Sicherungsabrede (Zweckerklärung) 515
  1. Massenvereinbarungen und ihre Kontrolle 516
   a) Formularmäßige Einbeziehung künftiger Forderungen – b) Formularmäßiges abstraktes Schuldversprechen und doppelte Unterwerfung – c) Sicherungsabrede und Kumulation von Schuldversprechen und Grundschuld – d) Grundschuldbestellung, Sicherungsabrede und Verbraucherschutz – e) Der Einfluß des Rechts der Europäischen Union und des EuGH
  2. Fehlen oder Wegfall der Sicherungsvereinbarung und Fehlen oder Wegfallen der gesicherten Forderung 519
   a) Fehlen oder Wegfall der Sicherungsabrede – b) Fehlen oder Wegfall der gesicherten Forderung – c) Die Einreden des Eigentümers gegen die Grundschuld
  3. Versuche zur Durchbrechung der Abstraktheit 522
   a) Geschäftseinheit – b) Bedingungszusammenhang
  4. Tilgung von Forderung und Grundschuld durch den Schuldner-Eigentümer 523
   a) Grundsätzliche Rechtsfolgen der Tilgung – b) Die Tilgungsbestimmung
  5. Der Rückgewähranspruch in der Zwangsversteigerung 525
 III. Abtretung von Forderung und Grundschuld 526
  1. Abtretung der Grundschuld 526
   a) Gemeinsame Abtretung von Grundschuld und Forderung – b) Isolierte Abtretung der Grundschuld – c) Verhältnis des Zessionars zum Eigentümer – Schuldner
  2. Isolierte Abtretung der Forderung 529
   a) Tatbestand und Folgen – b) Anspruch auf Mitübertragung der Grundschuld? – c) Vergleich zur Stellung des Schuldners bei isolierter Abtretung der Grundschuld
 IV. Divergenzfälle „auf der Passivseite" 530
  1. Die Rechtsstellung des vom Schuldner verschiedenen Eigentümers 530
   a) Der Eigentümer als Partei des Sicherungsvertrags – b) Divergenz von Sicherungsvertragsparteien und Grundschuldparteien
  2. Fälligkeit der Grundschuld und Leistungsberechtigung 532
   a) Fälligkeit der Grundschuld – b) Leistungsberechtigung des Eigentümers

Inhalt

      3. Leistung durch den Eigentümer 533
      4. Zahlung durch den Schuldner 534
  V. Sondertatbestände des Rückgewähranspruchs 535
      1. Die Verwertung des Rückgewähranspruchs 535
         a) Formen der Verwertung – b) Verwertung künftiger Rückgewähransprüche – c) Keine cessio legis bei Grundstücksveräußerung – d) Akzessorietät einer Vormerkung – e) Ausschluß der Abtretbarkeit – f) Unterschiede: Pflicht zur Abtretung der Grundschuld an einen Dritten
      2. Löschungsvormerkung und Rückübertragungsanspruch 538
      3. Aussonderungsrecht aufgrund des Rückgewähranspruchs 538

§ 46. Die Eigentümergrundschuld (Das Grundpfandrecht des Eigentümers) 538
  I. Überblick, Anwendungsbereich und Funktion 538
      1. Gang der Darstellung 538
      2. Terminologie und Entstehungsgründe 539
         a) Grundfälle – b) Sonderfälle
      3. Rangaufspeicherung und Rangrückgewähr 540
      4. Die Rechtsstellung des Eigentümers 540
      5. Pfändung der Eigentümergrundschuld 541
      6. Löschungsanspruch 542
  II. Die vom Eigentümer bestellte Grundschuld 542
      1. Zweck und Entstehung 542
      2. Verwertungsmöglichkeiten des Eigentümers 542
  III. Die vorläufige und die künftige Eigentümergrundschuld 543
      1. Die Verfügung über die vorläufige Eigentümergrundschuld 543
         a) Das Verfügungsobjekt – b) Verfügung durch den Eigentümer – c) Verfügung durch den künftigen Hypothekar
      2. Die Verfügung über die künftige Eigentümergrundschuld 545
         a) Das Objekt möglicher Verfügung – b) Grundsätzliche Unzulässigkeit der Verfügung – c) Vormerkungsfähigkeit des Anspruchs auf Übertragung einer künftigen Eigentümergrundschuld?
  IV. Die Löschungsvormerkung – Der Löschungsanspruch 546
      1. Der frühere Rechtszustand und seine Fortentwicklung 546
         a) Der frühere Rechtszustand – b) Die Einführung eines gesetzlichen Löschungsanspruchs – c) Sicherungs-, Rang- und Vollwirkung
      2. Der gesetzliche Löschungsanspruch 548
         a) Anspruchsberechtigung und Anwendungsbereich – b) Anspruchsgegner – c) Vertraglicher Ausschluß des Löschungsanspruchs – d) Löschungsanspruch gemäß § 1179b
      3. Die bewilligte Löschungsvormerkung 549
      4. Spezialfragen 550
         a) Verhältnis von Löschungsanspruch und Rückgewähranspruch – b) Der Löschungsanspruch in der Zwangsversteigerung – c) Löschungsanspruch und Rangrücktritt

§ 47. Die Inhabergrundschuld – Die Rentenschuld 551
  I. Die Inhabergrundschuld 552
  II. Die Rentenschuld 552
      1. Begriff und Anwendungsbereich 552
      2. Hinweise auf Einzelheiten 552
         a) Form – b) Inhalt – c) Haftung – d) Ablösung

6. Kapitel. Moderne Mischformen von Gebrauchsüberlassung und Kreditsicherung. Das Leasing

§ 48. Leasing – Immobilienleasing 554
  I. Wirtschaftliche Bedeutung, Begriff und Arten 554
      1. Kauf, Kauf auf Kredit und Miete 554
      2. Leasing als „modifizierte Miete" 555

Inhalt

    3. Bilanzierung und Steuerrecht 556
    4. Mobilien- und Immobilienleasing und Sachenrecht 556
  II. Das Immobilienleasing 557
    1. Funktion und Ausgestaltung 557
    2. Sachenrechtliche Kreditsicherheit und Immobilienleasing 557
    3. Vormerkung der Kaufoption 557

IV. Abschnitt. Mobiliarsachenrecht

1. Kapitel. Rechte an beweglichen Sachen

§ 49. Arten und Bedeutung der Rechte an beweglichen Sachen 559
  A. Immobiliar- und Mobiliarsachenrecht 559
  B. Die zugelassenen Typen im Mobiliarsachenrecht 560
    I. Die gesetzlichen Typen 560
      1. Nießbrauch 560
      2. Pfandrecht 560
    II. Von der Praxis entwickelte Sachenrechte 560
      1. Sicherungseigentum 560
      2. Anwartschaftsrecht 561
      3. Aufspaltung der Eigentumsfunktionen 561
  C. Der Gang der Darstellung 561

2. Kapitel. Das Eigentum an Mobilien

§ 50. Inhalt, Beschränkungen und Formen des Eigentums an Mobilien 562
  A. Der Inhalt des Mobiliareigentums 562
  B. Beschränkungen und Entzug des Mobiliareigentums 563
    I. Die Inanspruchnahme nach dem Bundesleistungsgesetz 563
    II. Beschränkung aus dem Gesichtspunkt der Wirtschaftslenkung 564
  C. Formen des Mobiliareigentums 565
    I. Übersicht 565
    II. Miteigentum nach Bruchteilen 565
      1. Abgrenzung zum Gesamthandseigentum 565
      2. Begründung von Miteigentum 565
        a) rechtsgeschäftlich: „schlichte Rechtsgemeinschaft" – b) kraft Gesetzes: Verbindung/Vermischung
      3. Sukzessionsschutz zugunsten der Miteigentümer 566
      4. Besonderheiten der Kapitalanlagegesellschaften 567

§ 51. Der Erwerb des Eigentums vom Berechtigten 567
  A. Grundgedanken 567
    I. Prinzipien der Übereignung 567
      1. Trennungs- und Traditionsprinzip 567
      2. Denkbare Kombinationen beider Prinzipien 568
    II. Durchbrechungen des Traditionsprinzips 568
    III. Gang der Darstellung 569
  B. Die Einigung 570
    I. Die Einigung als Rechtsgeschäft 570
      1. Formlosigkeit 570
      2. Bestimmtheitsgrundsatz 570
      3. Bedingte Übereignung 570
      4. Stellvertretung 571
    II. Widerruflichkeit der Einigung? 571

Inhalt

C. Einigung und Übergabe als Normalfall der Übereignung (§ 929 S. 1) 571
   I. Überblick 571
   II. Die Bestandteile der Übergabe 572
      1. Besitzaufgabe 572
      2. Besitzerwerb 573
      3. Besitzübertragungswille des Veräußerers 574
      4. Zusammenfassung 574
D. Übereignung „kurzer Hand" nach § 929 Satz 2 575
E. Übereignung durch Besitzkonstitut nach § 930 575
   I. Der Grundtatbestand 575
   II. Anforderungen an das Besitzmittlungsverhältnis 576
      1. Konkretes oder auch abstraktes Konstitut? 576
      2. Rechtsgültiges Konstitut? 577
      3. Kraft Gesetzes bestehendes Besitzmittlungsverhältnis? 577
         a) Typische Fälle – b) Sonderkonstellation: Übereignung unter Eheleuten – c) Exkurs: Standardprobleme ehelicher Eigentumsverhältnisse
      4. Konstitut durch Insichgeschäft? 581
      5. Antezipiertes Konstitut? 581
   III. Praxisrelevante Sonderfälle des § 930 582
      1. Die ausgesuchte Ware 583
      2. Der „nachträgliche Eigentumsvorbehalt" 583
F. Übereignung durch Abtretung des Herausgabeanspruchs nach § 931 584
   I. Grundgedanken 584
   II. Tatbestandsalternativen 585
      1. Veräußerer ist mittelbarer Besitzer 585
      2. Veräußerer ist besitzlos 585
   III. Abtretung gemäß §§ 398 ff. 586
   IV. Sonderfälle 586
      1. Mehrstufiger Besitz 586
      2. Wahlmöglichkeit zwischen § 930 und § 931 586
      3. Traditionspapiere 587
G. Übereignung durch und an Stellvertreter – Geschäft wen es angeht 587
   I. Unmittelbare Stellvertretung 587
   II. Mittelbare Stellvertretung 588
   III. Übereignung an den, den es angeht 589
H. Rechtspolitischer Ausblick 590

§ 52. Der Erwerb vom Nichtberechtigten 590

A. Grundgedanken 591
   I. Die gesetzliche Regelung 591
      1. Voraussetzungen 591
         a) Rechtfertigende Besitzlage – b) Guter Glaube des Erwerbers – c) Rechtsgeschäftlicher Erwerb
      2. Rechtsfolge 593
      3. Ausnahme: § 935 593
   II. Rechtspolitische Rechtfertigung 593
   III. Überblick über die Darstellung 594
B. Die rechtfertigende Besitzlage – Die Übereignungstatbestände 595
   I. Übereignung durch Einigung und Übergabe (§ 929 S. 1) 595
      1. Erfordernis der Übergabe 595
      2. Vollständiger Besitzverlust 596
      3. Guter Glaube bei Vollendung des Erwerbstatbestands 596
   II. Übereignung „kurzer Hand" (§ 929 S. 2) 596
   III. Übereignung durch Besitzkonstitut (§ 930) 597

Inhalt

  1. Bedeutung der Übergabe 597
  2. Ausschließlicher Besitz auf Erwerberseite 597
  3. Sicherungsübereignung als wichtiges Anwendungsgebiet des § 933 598
 IV. Übereignung durch Abtretung des Herausgabeanspruchs (§ 931) 599
  1. Rechtfertigende Wirkung der Besitzlagen 599
  2. Die Besitzlagen des § 934 600
   a) 1. Alternative: der nichtberechtigte Veräußerer ist mittelbarer Besitzer – b) 2. Alternative: der nichtberechtigte Veräußerer ist nicht mittelbarer Besitzer – c) „Gestörte" Besitzmittlungsverhältnisse
C. Der „Gute Glaube" 602
 I. Unredlichkeit: Begriff, Beweislast, Revisibilität 602
 II. Grobe Fahrlässigkeit 602
 III. Maßgeblicher Zeitpunkt für das Redlichkeitserfordernis 603
 IV. Gegenstand des guten Glaubens 603
 V. Redlichkeit beim Erwerb durch Stellvertreter 604
D. Die Stellung des redlichen Erwerbers 605
 I. Bereicherungsrechtlicher Ausgleich unentgeltlichen Erwerbs 605
 II. Rückerwerb des Nichteigentümers? 606
  1. Grundsatz 606
  2. Einschränkungen 606
 III. Kein Lösungsanspruch 607
E. Abhandengekommene Sachen 607
 I. Grundgedanke 607
 II. „Abhandenkommen" 607
  1. Besitzverlust 608
   a) Maßgeblichkeit des Verlustes unmittelbaren Besitzes – b) Abhandenkommen bei Untreue des Besitzdieners? – c) Verlust des (fiktiven) Erbenbesitzes
  2. Das Willensmoment beim Abhandenkommen 609
   a) Abhandenkommen bei Geschäftsunfähigkeit – b) Abhandenkommen bei Willensmängeln – c) Abhandenkommen bei Hoheitsakten – d) Abhandenkommen belasteter Gegenstände
 III. Folgen des Abhandenkommens 611
 IV. Unterausnahme: Geld – Inhaberpapiere – Versteigerungserwerb 612
  1. Gutglaubenserwerb trotz Abhandenkommens 612
  2. „Geld" und „Inhaberpapiere" 612
  3. „Versteigerung" 612
  4. Exkurs: Redlicher Erwerb nach § 898 ZPO 613
F. Der lastenfreie Erwerb 613
 I. Grundgedanke 613
 II. Voraussetzungen des § 936 614
  1. Eigentumserwerb 614
  2. Besitzlagen nach §§ 932 ff. 614
  3. Gutgläubigkeit bezüglich der Lastenfreiheit 614
  4. Kein Abhandenkommen 614
  5. Ausnahme bei Veräußerung nach § 931 615
 III. Besondere Fälle 615

§ 53. Andere als rechtsgeschäftliche Eigentumserwerbsgründe 616
 Überblick 616
A. Verbindung und Vermischung 619
 I. „Grundstücksverbindung" 619
  1. Wesentlicher Bestandteil – Scheinbestandteil 619
  2. Zwingende Rechtsfolge 620
 II. „Fahrnisverbindung" 621

Inhalt

    1. Die gesetzliche Regelung 621
    2. „Wesentlicher Bestandteil" – „Hauptsache" 621
    3. Ausgestaltung des Miteigentums 622
  III. Vermischung – Vermengung 622
    1. Tatbestand des § 948 622
    2. Gesetzlich geregelte Sonderfälle 623
B. Die Verarbeitung 624
  I. Grundgedanken 624
    1. Hintergrund der Kontroversen 624
    2. Regelungsziel 625
    3. Dispositivität der Eigentumszuweisung? 625
    4. Der Gesetzeswortlaut und seine Beschränkung auf Mobilien 626
  II. Voraussetzungen 626
    1. „Verarbeitung" 626
    2. „Neue" Sache 627
    3. Wertverhältnis 628
  III. Der Eigentumserwerb 628
    1. „Hersteller" 628
    2. Die Eigentumszuweisung beim Werk- und Werklieferungsvertrag ... 629
    3. Der verlängerte Eigentumsvorbehalt 630
C. Schuldrechtlicher Ausgleich bei sachenrechtlichem Rechtsverlust 631
  I. Grundgedanken 632
    1. Entschädigung für Rechtsverlust 632
    2. Rechtsgrundverweisung 632
    3. Konkurrierende Ansprüche 632
  II. Der Bereicherungsanspruch 634
    1. Parteien und Voraussetzungen 634
    2. „Leistungsketten" 634
        a) Wirksame Vertragsverhältnisse – b) Ganz oder teilweise unwirksame Vertragsverhältnisse – c) Irrtümliche Leistung
  III. Der Inhalt des Bereicherungsanspruchs 637
    1. Anspruchsumfang 637
    2. Schutz vor „aufgedrängter Bereicherung" 638
  IV. Die Wegnahmerechte 639
    1. Anwendbarkeit von Sondervorschriften 639
    2. Wegnahmerecht nach § 997 640
    3. Selbständiges Wegnahmerecht nach § 951 II S. 2 640
D. Eigentum an Schuldurkunden 641
  I. Grundgedanken 641
    1. Das Untrennbarkeitsprinzip 641
    2. Der wertpapierrechtliche Kontext 642
  II. Der Anwendungsbereich des § 952 642
  III. Rechtsfolgen 643
    1. Eigentumserwerb und Gläubigerstellung 643
    2. Mehrpersonenkonstellationen 643
        a) Drittbegünstigungsfälle – b) Gemeinschaftliche Berechtigung ... 643
    3. Automatismus beim Rechtsübergang 644
    4. § 952 analog bei Tilgung? 644
E. Der Fruchterwerb 645
  I. Grundlagen 645
    1. Regelungszweck und -systematik 645
    2. Abgrenzung des Regelungsbereichs 645
    3. Begrifflichkeiten der §§ 953 ff. 646
  II. Der Fruchterwerb des Eigentümers 646

Inhalt

 III. Der Fruchterwerb des dinglich Nutzungsberechtigten 647
 IV. Der Fruchterwerb der redlichen Eigen- und Nutzungsbesitzer 647
  1. Anwendungsbereich des § 955 647
  2. Voraussetzungen des Fruchterwerbs nach § 955 648
   a) Redlichkeit – b) Eigen- oder Nutzungsbesitz
  3. Rechtsfolgen 649
  4. § 935 analog? 649
 V. Der Fruchterwerb kraft Aneignungsgestattung 649
  1. Überblick 649
  2. Tatbestandsalternativen des § 956 650
  3. Rechtsnatur der Aneignungsgestattung 650
   a) Eigenarten des Erwerbstatbestandes – b) Theorienstreit – c) Rechtsgeschäftlicher Charakter der Gestattung – d) Verfügungscharakter der Gestattung
  4. Fortbestehende Verfügungszuständigkeit? 652
  5. Widerruflichkeit der Gestattung 653
  6. Bindung des Rechtsnachfolgers 653
  7. Der Fruchterwerb 654
   a) Bedeutung des Besitzes an der Muttersache – b) Umfang des Fruchterwerbs
 VI. Sonderfall: Aneignungsgestattung durch Nichtberechtigte 655
F. Die Aneignung herrenloser Sachen 656
 I. Anwendungsbereich 656
 II. Herrenlosigkeit 656
  1. Herrenlosigkeit wilder Tiere 656
  2. Herrenlosigkeit derelinquierter Sachen 657
  3. Der Dereliktionstatbestand 657
 III. Die Aneignung 658
  1. Vorrang des Aneignungsberechtigten 658
  2. Rechtmäßige Eigenbesitznahme 658
  3. Unrechtmäßige Eigenbesitznahme 658
 IV. Bienenrecht 658
 V. Anhang: Grundstücksdereliktion 659
G. Fundrecht 659
 I. Grundlagen – Systematische Einordnung 659
 II. Begriffe: „Verloren" – „Finder" 659
  1. „Verlorene Sache" 659
  2. „Finder" 660
 III. Das gesetzliche Schuldverhältnis zwischen Verlierer und Finder 660
 IV. Der Eigentumserwerb des Finders 661
  1. Voraussetzungen 661
  2. Rechtsstellung des Erwerbers 661
 V. Der sog. Verkehrsfund 662
 VI. Der Schatzfund 662
H. Die Ersitzung 663
 I. Einführung 663
  1. Anwendungsbereich – Grundgedanken 663
  2. Bedeutung der Ersitzung 663
  3. Vergleichbare Rechtsinstitute 664
   a) Tabularersitzung – b) Eigentümerausschluß durch Aufgebotsverfahren
 II. Voraussetzungen der Ersitzung 665
  1. Redlicher Eigenbesitz 665
  2. Fristablauf 665
 III. Wirkung der Ersitzung 665
  1. Eigentumserwerb und Lastenfreiheit 665
  2. Kondiktionsfestigkeit ersessenen Eigentums? 666

Inhalt

3. Kapitel. Nutzungsrechte an beweglichen Sachen

§ 54. Der Nießbrauch an beweglichen Sachen 668
- A. Grundlagen – Anwendungsbereich 668
  - I. Gesetzliche Typisierung 668
  - II. Anwendungsbereich des Nießbrauchs an beweglichen Sachen 668
- B. Besonderheiten des Nießbrauchs an beweglichen Sachen 669
  - I. Die Nießbrauchsbestellung 669
  - II. Eigentümernießbrauch 669
  - III. Nießbrauch an verbrauchbaren Sachen 670
  - IV. Nießbrauch an einem Grundstück mit Inventar – Begriff der „Einverleibung" 670

4. Kapitel. Sicherungsrechte an beweglichen Sachen

§ 55. Das Pfandrecht an beweglichen Sachen (als Legalordnung) 671
- A. Grundgedanken – Anwendungsbereich 671
  - I. Grundgedanken 671
    1. Realkredit 671
    2. Entstehungsgründe 671
    3. Grundsätze des Pfandrechts 672
       a) Akzessorietät – b) Spezialität – c) Publizität – d) Priorität
  - II. Anwendungsbereich 674
    1. Pfandleihanstalten 674
    2. Pfandrechte der Banken 674
- B. Das Vertragspfandrecht 675
  - I. Die Beteiligten – Übersicht über die Darstellung 675
  - II. Die Begründung des Pfandrechts 676
    1. Das Belastungsobjekt 676
       a) Bewegliche Sachen – b) Sachgesamtheit – c) Wertpapiere
    2. Die zu sichernde Forderung 677
       a) Akzessorietät – b) Künftige und bedingte Forderungen – c) Geldforderung oder geldwerte Forderung – d) Personenidentität
    3. Der sachenrechtliche Bestellungsakt 679
       a) Allgemeines – b) Einzelheiten – c) Gutgläubiger Erwerb des Pfandrechts – d) Besonderheiten
  - III. Die Stellung der Beteiligten vor der Pfandreife 681
    1. Begriff der Pfandreife 681
    2. Gläubigerschutz vor Pfandreife 682
    3. Gesetzliches Schuldverhältnis zwischen Gläubiger und Verpfänder 682
       a) Gläubigerrechte – b) Gläubigerpflichten
    4. Ablösungsrechte 682
  - IV. Die Pfandverwertung 683
    1. Grundgedanken 683
       a) Befriedigung des Gläubigers – b) Gesetzliche Struktur der Pfandverwertung
    2. Normalfall: Versteigerung durch den Gläubiger 684
       a) Erfordernis öffentlicher Versteigerung – b) Rechtmäßigkeitsvoraussetzungen – c) Ordnungsvorschriften – d) Erlös aus dem Pfand
    3. Sonderfälle des Pfandverkaufs 686
       a) Verwertung nach Vollstreckungsrecht: § 1233 Abs. 2 – b) Verwertung nach Parteivereinbarung: § 1245 – c) Verwertung entsprechend einer Anordnung des Gerichts: § 1246 Abs. 2
  - V. Die Übertragung des Pfandrechts 686
    1. Wirkungen der Akzessorietät 686

Inhalt

       2. Rechte des Zessionars 687
       3. Gutgläubiger Erwerb eines nicht bestehenden Pfandrechts? 687
    VI. Das Erlöschen des Pfandrechts 687
       1. Auswirkungen der Akzessorietät 687
       2. Aufhebung und Rückgabe 688
       3. Verpfänderrechte 688
  C. Das gesetzliche Pfandrecht 689
    I. Grundlagen 689
       1. Vorleistung und Sicherungsbedürfnis 689
       2. Bedeutung des § 1257 689
    II. Die Entstehung des gesetzlichen Pfandrechts 690
       1. Besitz des Gläubigers bzw. Einbringung der Sache 690
       2. Eigentum des Schuldners 690
          a) Der gutgläubige Erwerb – b) Gesetzliches Pfandrecht am Anwartschaftsrecht
    III. Die Pfandverwertung 692
    IV. Übertragung und Untergang des gesetzlichen Pfandrechts 692
  D. Das Pfändungspfandrecht 693
    I. Grundlagen 693
       1. Begründung 693
       2. Bedeutung des Pfändungspfandrechts 693
    II. Das anwendbare Recht 694
    III. Pfändung und Pfandrecht 694
       1. Verstrickung 694
       2. Akzessorietät 695
       3. Übertragung und Untergang 695
       4. Verwertung 695

§ 56. Überblick über die nichtpfandrechtlichen Sicherungsrechte (als Wirklichkeitstatbestand) 696
  A. Die atypischen Sicherungsgeschäfte 696
  B. Die Ausformung der atypischen Sicherungsgeschäfte 699
    I. Latenz der Sicherungsrechte 699
    II. Koppelung und Konkurrenz der Sicherungsrechte 700
       1. Die Koppelung 700
       2. Konkurrenz 701
    III. Bedeutung des AGB-Gesetzes 701
    IV. Wirtschaftlicher Hintergrund 702
    V. Das Mobilienleasing als Mischform von Gebrauchsüberlassung und Kreditsicherung 703
       1. Wirkungen 703
       2. Sachenrechtlicher Einschlag 704
       3. Abwicklung 705

§ 57. Die Sicherungsübereignung 705
  A. Überblick 706
    I. Grundstruktur und Wirkungen 706
       1. Wirkungen der Sicherungsübereignung 706
          a) Zeitliche Wirkung – b) Inhaltliche Wirkung
       2. Beteiligte 707
    II. Die Interessenlage 708
       1. Verhältnis zu anderen Gläubigern des Sicherungsgebers 708
       2. Verhältnis zu Gläubigern des Sicherungsnehmers 708
  B. Einzelheiten 709
    I. Anwendungsbereich – Gang der Darstellung 709

Inhalt

II. Der Übereignungstatbestand 709
    1. Übereignung durch Vereinbarung eines Besitzkonstituts 709
        a) Besitzmittlungsverhältnis – b) Fehlende Akzessorietät und bedingte Einigung
    2. Sicherungsobjekte 711
        a) Allgemeines – b) Sicherungsübereignung von Warenlagern und Bestimmtheitgrundsatz – c) Verlängerte Sicherungsübereignung
III. Der Sicherungsvertrag 713
    1. Bedeutung 713
    2. Fehlen einer inhaltlich fixierten Sicherungsabrede 714
    3. Knebelung 714
    4. Übersicherung 715
        a) Die frühere Rechtsprechung – b) Dogmatische Bedenken gegen diese Rechtsprechung – c) Zur geänderten Rechtsauffassung des BGH
IV. Die Stellung des Sicherungsnehmers gegenüber den ungesicherten Gläubigern des Sicherungsgebers 722
    1. Insolvenz 722
    2. Zwangsvollstreckung 723
    3. Anfechtungsrecht 724
    4. Vermögensübernahme 724
    5. Gläubigergefährdung 725
V. Die Stellung des Schuldners (= Sicherungsgebers) gegenüber Gläubigern des Sicherungsnehmers 726
    1. Treuhänderische Bindung des Sicherungsnehmers 726
    2. Aussonderungsrecht des Sicherungsgebers in der Insolvenz 726
    3. Drittwiderspruchsklage in der Zwangsvollstreckung 727
VI. Das Verwertungsrecht des Sicherungsnehmers 727
    1. Bedeutung des Sicherungsvertrages 727
    2. Herausgabetitel 728
    3. Verwertungsreife 729
VII. Rückfall des Sicherungsguts 729

§ 58. Die Sicherungsabtretung 730
A. Allgemeines 730
  I. Grundgedanken 730
    1. Entwicklung der Sicherungsabtretung und Nachteile der Forderungsverpfändung 730
    2. Sicherungszweck und Sicherungsvertrag 731
        a) Dingliche Rechtsinhaberschaft des Sicherungsnehmers – b) Einziehungsbefugnis des Sicherungsnehmers – c) Verwertungsreife und „stille" Zession – d) Fortfall des Sicherungszwecks
  II. Anwendungsbereich 733
    1. Eigenständige Sicherungsabtretung 733
    2. Kombinationsformen 733
    3. Singularabtretung – Globalabtretung – Mantelzession 734
    4. Gegenstand der Abtretung 734
    5. Factoring 735
        a) Echtes Factoring – b) Unechtes Factoring – c) Wirtschaftliche Faktoren – d) Problemfälle
B. Der Abtretungsvorgang 737
  I. Ausschluß der Abtretung 738
  II. Form der Sicherungsabtretung 738
  III. Abtretung künftiger Forderungen 738
    1. Bestimmtheit 739
    2. Bestimmbarkeit 739
    3. Bestimmbarkeit und formularmäßige Globalabtretung 739

Inhalt

4. Zwischenzeitliche Verfügungen und Verfügungsbeschränkungen	740
5. Erlösklauseln	740
IV. Übersicherung	740
C. Die Position des Drittschuldners	740

§ 59. Der Eigentumsvorbehalt 741
- A. Grundgedanken – Begriffliches 742
  - I. Überblick 742
    - 1. Sicherungsbedürfnis des vorleistenden Verkäufers 742
    - 2. Die Rechtspositionen von Käufer und Verkäufer 743
    - 3. Eigentumsvorbehalt als „Pfandrecht" 744
  - II. Anwendungsfälle des EV 744
  - III. Formularmäßige Bestellung des EV 745
  - IV. Übersicherung 746
- B. Einzelheiten 746
  - I. Die Entstehung und Beendigung des Eigentumsvorbehalts 746
    - 1. Schuld- und sachenrechtliche Einigung 746
      a) Verhältnis von schuld- und sachenrechtlicher Bedingung – b) Nachträglicher Vorbehalt – c) Vorbehalt und AGB
    - 2. Erlöschen des EV 748
      a) Volle Bezahlung – b) Wirksame Veräußerung der Sache – c) Verarbeitung – d) Verzicht – e) Kein Erlöschen bei Verjährung
  - II. Die schuldrechtliche Seite des Eigentumsvorbehalts 749
    - 1. Das Erfüllungsproblem 749
      a) Wahlrecht des Insolvenzverwalters? – b) Gefahrübergang – c) Recht zum Besitz
    - 2. Das Rücktrittsproblem 750
      a) Voraussetzungen – b) Folgen – c) Besonderheiten bei Verbraucherkreditgeschäften
  - III. Die sachenrechtliche Seite des Eigentumsvorbehalts 752
    - 1. Stellung des Vorbehaltsverkäufers 753
      a) Insolvenz des Vorbehaltskäufers – b) Zwangsvollstreckung gegen den Vorbehaltskäufer
    - 2. Bedingungseintritt 754
  - IV. Das Anwartschaftsrecht des Vorbehaltskäufers 755
    - 1. Position des Vorbehaltskäufers 755
    - 2. Übertragbarkeit des Anwartschaftsrechts 756
      a) Grundregel – b) Besonderheiten bei Übertragung nach § 930 – c) Rechtsänderungen nach Übertragung der Anwartschaft? – d) Anwartschaft und grundpfandrechtliche Haftung
    - 3. Der Erwerb des Anwartschaftsrechts von Nichtberechtigten 758
      a) Erwerb vom Nichteigentümer – b) Erwerb der bestehenden Anwartschaft vom Nichtberechtigten – c) Kein Erwerb einer nicht bestehenden Anwartschaft
    - 4. Das Pfändungsproblem 759
      a) Verfahren der Pfändung – b) Pfändung der eigenen Sache durch den Vorbehaltsverkäufer
    - 5. Das Schutzproblem 761
      a) Deliktischer Schutz – b) Besitzschutz, Schutz vor gutgläubigem Erwerb und Recht zum Besitz – c) Drittwiderspruchsklage
  - V. Verlängerter Eigentumsvorbehalt und Sicherungsglobalzession 763
    - 1. Funktion des verlängerten EV 763
    - 2. Kollision zwischen Waren- und Geldkreditgebern 764
  - VI. Andere Kollisionsfälle 766
    - 1. Verlängerter EV und Factoringglobalzession 766
      a) Kollision zwischen verl. EV und zeitlich vorrangiger Factoringglobalzession – b) Kollision zwischen verl. EV und zeitlich nachrangiger Factoringglobalzession

Inhalt

    2. Factoringglobalzession und Sicherungsglobalzession 768
    3. Doppelsicherung eines Lieferanten durch verl. EV und verl. SÜ 769
    4. Vermieterpfandrecht und Raumsicherungsübereignung 769

V. Abschnitt. Die Rechte an Rechten

§ 60. Arten und Bedeutung der Rechte an Rechten 771
  I. Grundlagen 771
    1. Gemeinsamkeiten beschränkter Rechte am Eigentum und an anderen Vermögensrechten 771
    2. Sedes materiae und Rechtsnatur 771
    3. Varianten konstruktiver Zuordnung 772
  II. Gemeinsame Prinzipien 773
    1. Welche Rechte sind belastbar bzw. teilbar? 773
    2. In welcher Form erfolgt die Belastung? 773
        a) Grundsatz: Form der Rechtsübertragung – b) Erschwerungen aus Publizitätsgründen – c) Belastungsform und Erlöschen der Belastung
  III. Bedeutung der Rechte an Rechten 774

§ 61. Der Nießbrauch an Rechten 775
  I. Grundlagen 775
    1. Anwendungsbereich 775
    2. Nutzbarkeit und Übertragbarkeit des belasteten Rechts 776
        a) Nutzbarkeit – b) Übertragbarkeit
    3. Die Bestellung 777
    4. Das Nutzungsrecht des Rechtsnießbrauchers 777
        a) Der Inhalt des Nutzungsrechts – b) Verfügungen des Rechtsinhabers – c) Forderungsnießbrauch und Schuldnerschutz
  II. 1. Sonderfall: Nießbrauch an Forderungen 778
    1. Unverzinsliche Forderungen 778
    2. Verzinsliche Forderungen 778
    3. Nießbrauch an Grundpfandrechten 778
  III. 2. Sonderfall: Nießbrauch an Wertpapieren 778
    1. Rektapapiere und Orderpapiere 778
    2. Inhaberpapiere und blankoindossierte Orderpapiere 778
        a) Die Bestellung des Nießbrauchs – b) Einzelfragen zum Umfang des Nutzungsrechts
  IV. Anhang: Nießbrauch an einem Vermögen und am Nachlaß 779
    1. Geltung des Spezialitätsgrundsatzes 779
    2. Gläubigerschutz 779
        a) Nießbrauch und Altforderungen – b) Haftung für Zinsen und sonstige wiederkehrende Leistungen

§ 62. Das Pfandrecht an Rechten 780
  A. Allgemeine Grundsätze 780
  I. Begriff und Erscheinungsformen 780
    1. Begriff 780
    2. Die Pfandrechtsarten 781
        a) Das vertragliche Pfandrecht – b) Das gesetzliche Pfandrecht – c) Das Pfändungspfandrecht
  II. Grundprinzipien 782
    1. Akzessorietät und Spezialität 782
        a) Akzessorietät – b) Spezialität
    2. Publizität 782
    3. Übertragbarkeit des belasteten Rechts und Form der Bestellung 782

Inhalt

B. Das Vertragspfandrecht an Rechten 783
  I. Die gesetzliche Regelung 783
    1. Die Bestellung des Pfandrechts 783
    2. Die Verwertung des Pfandes 783
    3. Schuldnerschutz und beschränkte Aufhebbarkeit 783
    4. Zusammenspiel von allgemeinen und speziellen Pfandrechtsregeln 784
  II. 1. Sonderfall: Die Verpfändung von Forderungen 784
    1. Begriffe und Beteiligte 784
    2. Die Bestellung des Pfandrechts 785
    3. Einziehung der Forderung vor Pfandreife 785
    4. Einziehung der Forderung nach Pfandreife 786
  III. 2. Sonderfall: Die Verpfändung von Wertpapieren 787
    1. Inhaberpapiere 787
    2. Orderpapiere 788
    3. Rekta- und Legitimationspapiere 788
C. Das Pfändungspfandrecht an Rechten 788
  I. Grundlagen 788
    1. Bedeutung 788
    2. Die gesetzliche Regelung 788
  II. Die Pfändung 789
    1. Der Pfändungsbeschluß und seine Zustellung 789
    2. Verstrickung und Pfändungspfandrecht 789
  III. Die Verwertung 790
    1. Geldforderungen 790
      a) Überweisung zur Einziehung – b) Überweisung an Zahlungs Statt
    2. Nichtgeldleistungsforderungen 790
    3. Zwangsvollstreckung in Rechte 791
    4. Praktische Anwendungsbeispiele 791

VI. Abschnitt. Das Grundstücksrecht der neuen Bundesländer

§ 63. Grundzüge des Grundstücksrechts der neuen Bundesländer 793
  I. Vorbemerkung 793
  II. Das Grundstücksrecht der früheren DDR 793
    1. Grundkategorien 793
      a) Sozialistisches Eigentum – b) Persönliches Eigentum
    2. Entstehungsgeschichte sozialistischen Eigentums 794
    3. Die Eigentumsideologie 795
    4. Die rechtliche Ausformung persönlichen Grundeigentums 795
    5. Beschränkte dingliche Rechte 796
    6. Grundstücksverkehrsrecht und Grundbuchrecht 796
    7. Die „faktische Sachenrechtsordnung" der früheren DDR 797
    8. Das eigene Übergangsrecht der früheren DDR 798
  III. Die Neuordnung und ihre Streitfragen 798
    1. Begründung von Privateigentum nach dem Treuhandgesetz 799
    2. Eigentum am Verwaltungs- und Finanzvermögen der öffentlichen Hand 800
    3. Eigentum bei genossenschaftlichem Vermögen 801
      a) Landwirtschaftliche Produktionsgenossenschaften und ihre Rechtsnachfolger – b) Produktionsgenossenschaften des Handwerks und Konsumgenossenschaften
    4. Feststellung und Verfügung durch Vermögenszuordnung 802
    5. Restitution und Bestandsschutz bei der Wiedergutmachung von Unrechtsakten 802
      a) Grundlinien der Restitution nach dem Vermögensgesetz – b) Bestandsschutz durch Entschädigung statt Restitution – c) Sicherung des Restitutionsanspruchs durch Ver-

Inhalt

fügungsbeschränkung und Investitionsvorrang – d) Das Entschädigungsgesetz – e) Statistische Zahlen – f) Konkurrierende zivilrechtliche Rückabwicklung?
6. Bodenreformgrundstücke 806
   a) Enteignung, Restitutionsausschluß und Entschädigung – b) Neuordnung des Bodenreformeigentums
7. Das Schicksal der Rechtsformen des DDR-Sachenrechts und die Sachenrechtsbereinigung 809
   a) Der modifizierte Fortbestand des DDR-Sachenrechts – b) Die Sachenrechtsbereinigung – c) Grundgedanken der Sachenrechtsbereinigung und wirtschaftliche Bedeutung – d) Sachenrechtliche Aspekte der Schuldrechtsanpassung – e) Meliorationsanlagen und Anpflanzungen
8. Mauergrundstücke 813
9. Die Gerechtigkeit des Grundstücksrechts der neuen Bundesländer 814

Anhang: Muster und Formulare

mit Anmerkungen

1. Normalfall: Realform 817
2. Personalfolium – Formular nach altem Württ. Recht 831
3. Deutscher Hypothekenbrief 835
3a. Deutscher Teilhypothekenbrief 836
4. Bestellung einer Briefgrundschuld 837
4a. Sicherungsvereinbarung für eine Grundschuld mit Abtretung der Rückgewähransprüche 839
5. Darlehensurkunde 843
6. Hypothekenpfandbrief 848
7a. Sicherungsübereignungsvertrag mit Übergabe 849
7b. Sicherungsübereignungsvertrag mit Übergabeersatz 852

Paragraphenverzeichnis 857
Sachverzeichnis 877

Verzeichnis der Übersichten

	Nr.	Seite
Die dinglichen Rechte – Überblick	1	27
Anwartschaftsrecht – Rechtsstellung des Erwerbers bei gestreckten = mehraktigen Erwerbsvorgängen	2	28
Sachenrechsgrundsätze – Das dingliche Rechtsgeschäft	3	53
Besitz – Funktionen – Besitzarten	4	91
Privatrechtlicher Schutz absoluter Rechte und Rechtsgüter	5	96
Ansprüche aus dem Eigentümer-Besitzerverhältnis	6	116
Allgemeiner Überblick über Rückabwicklungsverhältnisse	7	118
Öffentlichrechtlicher Schutz des Eigentums und anderer Rechte	8	141
Grundbuchsachen	9	176
Der Rang von Grundstücksrechten	10	186
Änderung rechtlich erheblicher Umstände bei mehraktigem Rechtserwerb	11	213
Die Vormerkung	12	235
Erwerb von Grundeigentum	13	254
Der öffentliche Glaube des Grundbuchs	14	267
Eigentum	15	273
Inhalt des § 906	16	283
Tabelle zulässiger und unzulässiger Immissionen	17	292
Einteilung der Grundpfandrechte	18	417
Die Realisierung der Hypotheken-(Grundschuld-)haftung	19	487
Hypothek und Sicherungsgrundschuld	20	537
Eigentumserwerb bei beweglichen Sachen	21	615
Originäre Eigentumserwerbsgründe	22	618
Pfandrecht an beweglichen Sachen	23	695
Nichtpfandrechtliche Sicherungsrechte	24	704

Abkürzungsverzeichnis*

a. A.	anderer Ansicht
aaO.	am angegebenen Ort
Abs.	Absatz
AbzG	Gesetz betr. die Abzahlungsgeschäfte (Abzahlungsgesetz) v. 16. 5. 1894 (RGBl. 450) (jetzt: s. VerbrKrG)
AcP	Archiv für die civilistische Praxis
a. E.	am Ende
a. F.	alte Fassung
AG	Aktiengesellschaft
AGB	Allgemeine Geschäftsbedingungen
AGBG	Gesetz zur Regelung des Rechts der Allgemeinen Geschäftsbedingungen v. 9. 12. 1976 (BGBl. I 3317)
AktG	Aktiengesetz v. 6. 9. 1965 (BGBl. I 1089)
ALR	Allgemeines Landrecht für die Preußischen Staaten von 1794
Alt.	Alternative
AnfG	Gesetz, betreffend die Anfechtung von Rechtshandlungen eines Schuldners außerhalb des Konkursverfahrens v. 21. 7. 1879 (RGBl. 277)
AnfG 1999	Gesetz betreffend die Anfechtung von Rechtshandlungen außerhalb des Konkursverfahrens in der ab 1. 1. 1999 geltenden Fassung
Anm.	Anmerkung
AnwR	Anwartschaftsrecht
ArbGG	Arbeitsgerichtsgesetz i. d. F. v. 2. 7. 1979 (BGBl. I 853)
AO	Abgabenordnung v. 16. 3. 1976 (BGBl. I 613)
AÖR	Archiv des öffentlichen Rechts
Arch.BürgR	Archiv für Bürgerliches Recht
arg.	argumentum
Art.	Artikel
Aufl.	Auflage
BAG	Bundesarbeitsgericht
BayObLG	Bayerisches Oberstes Landesgericht
BayObLGZ	Entscheidungen des BayObLG in Zivilsachen
BayVerfGH	Bayerischer Verfassungsgerichtshof
BauGB	Baugesetzbuch v. 8. 12. 1986 (BGBl. I 2253)
Baumbach/Hopt	Handelsgesetzbuch, 29. Aufl. 1995
Baur, Beitr. I	Beiträge zur Gerichtsverfassung und zum Zivilprozeßrecht, 1983
Baur, Beitr. II	Beiträge zum materiellen Recht und Verfahrensrecht, 1986
Baur/Grunsky, ZPrR	Zivilprozeßrecht, 9. Aufl. 1997
Baur/Stürner I, ZVR	Zwangsvollstreckungs-, Konkurs- und Vergleichsrecht, Band I: Einzelvollstreckungsrecht, 12. Aufl. 1995. Gekürzte Taschenbuchausgabe als Baur/Stürner, Zwangsvollstreckungsrecht, 1996, UTB-Reihe
Baur/Stürner II, InsolvenzR	Zwangsvollstreckungs-, Konkurs- und Vergleichsrecht, Bd. II: Insolvenzrecht, 12. Aufl. 1990, Gekürzte Taschenbuchausgabe als Baur/Stürner, Insolvenzrecht, 3. Aufl. 1991, UTB-Reihe

---

* Das allgemeine Schrifttum zum Sachenrecht ist in dieses Abkürzungsverzeichnis aufgenommen.

Abkürzungen

Baur/Stürner, Fälle	Fälle und Lösungen aus dem Zwangsvollstreckungs-, Konkurs- und Vergleichsrecht, 6. Aufl. 1989
Baur, E. Slg.	Baur, Jürgen, Entscheidungssammlung für junge Juristen (ESJ): Sachenrecht. Ausgewählte Entscheidungen mit erläuternden Anmerkungen, 3. Aufl. 1985
BB	Der Betriebs-Berater
BBauG	Bundesbaugesetz i. d. F. v. 18. 8. 1976 (BGBl. I 2256) (jetzt: s. BauGB)
Bearb.	Bearbeitung
Beitzke/Lüderitz	Familienrecht, 27. Aufl. 1992
Bem.	Bemerkung
Benda/Maihofer/Vogel	Handbuch des Verfassungsrechts, 2. Aufl. 1994
BFH	Bundesfinanzhof
BGB	Bürgerliches Gesetzbuch v. 18. 8. 1896 (RGBl. 195)
BGBl.	Bundesgesetzblatt
BGH	Bundesgerichtshof
BGHZ	Entscheidungen des Bundesgerichtshofs in Zivilsachen
BImSchG	Bundes-Immissionsschutzgesetz v. 15. 3. 1974 (BGBl. I 721) i. d. F. v. 14. 5. 1990 (BGBl. I 880)
BJagdG	Bundesjagdgesetz i. d. F. v. 29. 9. 1976 (BGBl. I 2849)
BLG	Bundesleistungsgesetz v. 19. 10. 1956 (BGBl. I 815) i. d. F. v. 27. 9. 1961 (BGBl. I 1769)
BlGBW	Blätter für Grundstücks-, Bau- und Wohnungsrecht
Bonner Kommentar	Kommentar zum Bonner Grundgesetz, 84. Lieferung 1998
BRAK-Mitt.	Mitteilungen der Bundesrechtsanwaltskammer
Brox	Erbrecht, 17. Aufl. 1998
Brox/Walker	Zwangsvollstreckungsrecht, 5. Aufl. 1996
BT-Drucks	Bundestags-Drucksache
Bülow	Recht der Kreditsicherheiten, 4. Aufl. 1997
BVerfG	Bundesverfassungsgericht
BVerfGE	Entscheidungen des Bundesverfassungsgerichts
BVerfGG	Gesetz über das Bundesverfassungsgericht i. d. F. der Bekanntmachung v. 11. 8. 1993 (BGBl. I 1473)
BVerwG	Bundesverwaltungsgericht
BVerwGE	Entscheidungen des Bundesverwaltungsgerichts
BWNotZ	Zeitschrift für das Notariat in Baden-Württemberg
CC	Code Civil
CR	Computer und Recht (Zeitschrift)
DAR	Deutsches Autorecht
DB	Der Betrieb
DepotG	Gesetz über die Verwahrung und Anschaffung von Wertpapieren – Depotgesetz v. 4. 2. 1937 (RGBl. I 171) i. d. F. der Bekanntmachung v. 11. 1. 1995 (BGBl. I 34)
ders.	derselbe
Diederichsen	Die BGB-Klausur, 9. Aufl. 1998
Dilcher	Sachenrecht in programmierter Form, 5. Aufl. 1990
Diss.	Dissertation
DJT	Deutscher Juristentag
DJT-Festschrift	Festschrift zum 100jährigen Bestehen des Deutschen Juristentags, Bd. I und II, 1960
DJZ	Deutsche Juristenzeitung
DNotZ	Deutsche Notar-Zeitschrift
DÖV	Die Öffentliche Verwaltung

Abkürzungen

DRiZ	Deutsche Richterzeitung
DRWiss	Deutsche Rechtswissenschaft
DRZ	Deutsche Rechts-Zeitschrift
DtZ	Deutsch-Deutsche Rechtszeitschrift
DVBl.	Deutsches Verwaltungsblatt
DVO	Durchführungsverordnung
DWW	Deutsche Wohnungswirtschaft
DZWir	Deutsche Zeitschrift für Wirtschaftsrecht
EG	Einführungsgesetz
eGmbH	eingetragene Genossenschaft m. beschr. Haftpflicht
EGBGB	Einführungsgesetz zum BGB v. 18. 8. 1896 (RGBl. 604) i. d. F. der Bekanntmachung v. 21. 9. 1994 (BGBl. I 2494, ber. 1997 I 1061)
Eichler I II, 1 II, 2	Institutionen des Sachenrechts, 1. Band 1954, 2. Band, 1. Halbbd. 1957, 2. Halbbd. 1960
Einf.	Einführung
EinigungsV	Vertrag zwischen der Bundesrepublik Deutschland und der Deutschen Demokratischen Republik über die Herstellung der Einheit Deutschlands – Einigungsvertrag – vom 31. 8. 1990 (BGBl. II 889)
Einl.	Einleitung
Emmerich, Schuldrecht	BGB-Schuldrecht, Besonderer Teil, 8. Aufl. 1996
Enneccerus/Nipperdey	Lehrbuch des bürgerlichen Rechts, Bd. I, Allg. Teil, 15. Aufl., 1. Halbbd. 1959, 2. Halbbd. 1960
Enneccerus/Lehmann	Lehrbuch des bürgerlichen Rechts, Bd. II, Recht der Schuldverhältnisse, 15. Aufl. 1958
ErbbauRV	Verordnung über das Erbbaurecht v. 15. 1. 1919 (RGBl. 72)
Erichsen/Badura	Allg. Verw. Recht, 10. Aufl. 1995
Erman/Bearbeiter	Erman, Handkommentar zum BGB, 9. Aufl. 1993
Esser/Schmidt I/1, I/2	Schuldrecht, Allg. Teil, Bd. I, 1. Halbbd., 8. Aufl. 1995, 2. Halbbd., 7. Aufl. 1993
Esser/Schmidt, BT II	Schuldrecht, Bes. Teil, Bd. II, 1. Halbbd., 8. Aufl. 1998
Esser/Weyers	Schuldrecht, Bes. Teil, 7. Aufl. 1991
EV	Eigentumsvorbehalt
EVO	Eisenbahn-Verkehrsordnung v. 8. 9. 1938 (RGBl. I 663)
EWiR	Entscheidungen zum Wirtschaftsrecht
FamRZ	Zeitschrift für das gesamte Familienrecht. Ehe und Familie im privaten und öffentlichen Recht
FGG	Reichsgesetz über die Angelegenheiten der freiwilligen Gerichtsbarkeit v. 17. 5. 1898 (RGBl. 189) i. d. F. v. 20. 5. 1898 (RGBl. 369, 771)
FGPrax	Praxis der Freiwilligen Gerichtsbarkeit
Fikentscher	Schuldrecht, 9. Aufl. 1997
Flume I 1	Allgemeiner Teil des Bürgerlichen Rechts, 1. Bd. 1. Teil. Die Personengesellschaft, 1977
Flume I 2	Die jur. Person ... 1983
Flume II	Allgemeiner Teil des Bürgerlichen Rechts, 2. Bd. Das Rechtsgeschäft, 3. Aufl. 1979
Forsthoff	Lehrbuch des Verwaltungsrechts, 1. Bd. Allg. Teil, 10. Aufl. 1973
FS	Festschrift
FStrG	Bundesfernstraßengesetz v. 6. 8. 1953 (BGBl. I 903) i. d. F. der Bekanntmachung v. 19. 4. 1994 (BGBl. I 854)
GBO	Grundbuchordnung v. 28. 3. 1897 (RGBl. 139) i. d. F. v. 26. 5. 1994 (BGBl. I 1114)

Abkürzungen

GBVfg.	Allgemeine Verfügung über die Einrichtung und Führung des Grundbuchs (Grundbuchverfügung) i. d. F. der Bekanntmachung v. 24. 1. 1995 (BGBl. I 114)
Gerhardt I	Mobiliarsachenrecht, 4. Aufl. 1995
Gerhardt II	Immobiliarsachenrecht, 4. Aufl. 1996
Gernhuber, Bürgerl. R.	Bürgerliches Recht, 3. Aufl. 1991
Gernhuber, Erfüllung	Die Erfüllung und ihre Surrogate, 2. Aufl. 1994
Gernhuber/Coester-Waltjen, Familienrecht	Familienrecht, 4. Aufl. 1994
GesBl.	Gesetzblatt
GewO	Gewerbeordnung i. d. F. v. 1. 1. 1987 (BGBl. I 425)
GG	Grundgesetz für die Bundesrepublik Deutschland v. 23. 5. 1949 (BGBl. 1)
v. Gierke/Sandrock	Handels- u. Wirtschaftsrecht, I., 9. Aufl., 1975
Otto v. Gierke	Deutsches Privatrecht, Bd. II, 1905
GmbH	Gesellschaft mit beschränkter Haftung
GmbH-Rdsch.	GmbH-Rundschau
Gruchot	Beiträge zur Erläuterung des Deutschen Rechts, begr. v. Gruchot
GRUR	Gewerblicher Rechtsschutz und Urheberrecht (Zeitschrift)
GS	Gedächtnisschrift/Großer Senat
Gursky	Sachenrecht (20 Probleme aus dem Sachenrecht), 4. Aufl. 1995
Gursky, Fälle und Lösungen	Fälle u. Lösungen nach höchstrichterlichen Entscheidungen, BGB-Sachenrecht, 9. Aufl. 1996
GVBl.	Gesetz- und Verordnungsblatt
GVG	Gerichtsverfassungsgesetz v. 27. 1. 1877 (RGBl. 41) i. d. F. v. 9. 5. 1975 (BGBl. I 1077)
GWB	Gesetz gegen Wettbewerbsbeschränkungen v. 27. 7. 1957 (BGBl. I 1081 i. d. Fassung der Bekanntmachung v. 20. 2. 1990
Halbs.	Halbsatz
Harms	Sachenrecht (Wiederholungs- und Vertiefungskurs, Bd. 3, 5. Aufl. 1989)
HdStR	Handbuch des Staatsrechts der Bundesrepublik Deutschland, 1987 ff.
Heck	Grundriß des Sachenrechts, 1930
Heck, Schuldrecht	Schuldrecht 1958 (Neudruck der Ausgabe von 1929)
Hedemann	Sachenrecht des Bürgerlichen Gesetzbuchs, 3. Aufl. 1960
HEZ	Höchstrichterliche Entscheidungen
HGB	Handelsgesetzbuch v. 10. 5. 1897 (RGBl. 219)
HRR	Höchstrichterliche Rechtsprechung
Hrsg.	Herausgeber
HS	Halbsatz
Hueck	Gesellschaftsrecht, 19. Aufl. 1996
Hübner AT	Allgemeiner Teil des BGB, 2. Aufl. 1996
HWB	Handwörterbuch
HWiG	Gesetz über den Widerruf von Haustürgeschäften und ähnlichen Geschäften v. 16. 1. 1986 (BGBl. I 122)
i. d. F.	in der Fassung
i. d. R.	in der Regel
InsO	Insolvenzordnung
i. S. d.	im Sinne des/der
i. S. v.	im Sinne von
i. V.	in Verbindung

Abkürzungen

i. V. m.	in Verbindung mit
JA	Juristische Arbeitsblätter
Jaeger/Bearbeiter	Kommentar zur Konkursordnung, 9. Aufl. 1971
Jauernig/Bearbeiter	Bürgerliches Gesetzbuch mit Erläuterungen, 8. Aufl. 1997
Jauernig, ZVR	Zwangsvollstreckungs- und Konkursrecht, 20. Aufl. 1996
JFG	Jahrbuch für Entscheidungen in Angelegenheiten der freiwilligen Gerichtsbarkeit und des Grundbuchrechts
JherJb.	Jherings Jahrbücher der Dogmatik des bürgerlichen Rechts
JMBl.	Justizministerialblatt
JR	Juristische Rundschau
Jura	Jur. Ausbildung (Zeitschrift)
JurAn	Juristische Analysen
JuS	Juristische Schulung
JW	Juristische Wochenschrift
JZ	Juristenzeitung
KG	Kammergericht
KG	Kommanditgesellschaft
KGJ	Jahrbuch für Entscheidungen des Kammergerichts in Sachen der Freiw. Gerichtsbarkeit
Kilger/Schmidt	Insolvenzgesetze, 17. Aufl. 1997
Kipp/Coing	Erbrecht, 14. Aufl. 1990
KO	Konkursordnung v. 10. 2. 1877 (RGBl. 351) i. d. F. v. 20. 5. 1898 (RGBl. 369, 612)
Köhler	BGB, Allgemeiner Teil, 23. Aufl. 1996
Kopp, VwGO	Verwaltungsgerichtsordnung, 10. Aufl. 1994
Kopp, VwVfG	Verwaltungsverfahrensgesetz mit Erläuterungen, 5. Aufl. 1991
KRG Nr. 45	Kontrollratsgesetz Nr. 45 v. 20. 2. 1947 (KRABl. 256)
krit.	kritisch
Krit. VSchr.	Kritische Vierteljahresschrift für Gesetzgebung und Rechtswissenschaft
KritV	Kritische Vierteljahresschrift für Gesetzgebung und Rechtswissenschaft (Neubegründung seit 1986)
KTS	Zeitschrift für Insolvenzrecht, Konkurs – Treuhand – Sanierung
LAG	Gesetz über den Lastenausgleich (Lastenausgleichsgesetz) i. d. F. v. 1. 10. 1969 (BGBl. I 1969)
Lange, Hermann	Schadensersatz, 2. Aufl. 1990
Lange, SachR	Sachenrecht, 1967
Lange/Kuchinke	Lehrbuch des Erbrechts, 4. Aufl. 1995
Lange/Scheyhing/Schiemann	Fälle zum Sachenrecht, 4. Aufl. 1998
Larenz I, II/1	Lehrbuch des Schuldrechts, I. Bd., Allg. Teil, 14. Aufl. 1987, II. Bd., Besonderer Teil, 1. Hbd., 13. Aufl. 1986
Larenz/Canaris II/2	Lehrbuch des Schuldrechts, II. Band, Besonderer Teil, 2. Halbband, 13. Aufl. 1994
Larenz/Wolf, AT	Allgemeiner Teil des Bürgerlichen Rechts, 8. Aufl. 1997
Lehmann/Hübner	Allg. Teil des BGB, 15. Aufl. 1966 (s. jetzt Hübner)
Lent/Schwab	Sachenrecht: s. Schwab/Prütting
LG	Landgericht
LM	Nachschlagewerk des Bundesgerichtshofes, hgg. v. Lindenmaier und Möhring
LPachtVG	Ges. über die Anzeige und Beanstandung von Landpachtverträgen v. 8. 11. 1985 (BGBl. I 2075)
LS	Leitsatz

Abkürzungen

LwVG	Gesetz über das gerichtl. Verfahren in Landwirtschaftssachen v. 21. 7. 1953 (BGBl. I 667)
LZ	Leipziger Zeitschrift für Deutsches Recht
MarkenG	Gesetz über den Schutz von Marken und sonstigen Kennzeichen v. 25. 10. 1994 (BGBl. I 3082, ber. 1995 I 156)
Martinek	Moderne Vertragstypen, Bd. I (Leasing und Factoring), 1991
Maunz/Bearbeiter	Maunz-Dürig Loseblatt-Kommentar zum Grundgesetz, bearbeitet von Herzog, Papier u. a. Stand: Nov. 1997
Maurer	Allg. VerwRecht, 11. Aufl. 1997
Medicus, BR	Bürgerliches Recht, 17. Aufl. 1996
Medicus, AT	Allg. Teil des BGB, 7. Aufl. 1997
Medicus, SchR I	Schuldrecht I, 10. Aufl. 1998
Medicus, SchR II	SchuldR II, 8. Aufl. 1997
MDR	Monatsschrift für Deutsches Recht
m. E.	meines Erachtens
Mill	Millionen
m. Nw.	mit Nachweisen
MSchG	Mieterschutzgesetz
Müller, Klaus	Sachenrecht, 4. Aufl. 1997
MünchKomm/Bearbeiter	Münchener Kommentar zum BGB, 3. Aufl. ab 1992
Münstermann/Hannes	Verbraucherkreditgesetz, 1991
m. w. N.	mit weiteren Nachweisen
Nachw.	Nachweise
n. F.	neue Fassung
Nds. Rpfl.	Niedersächsische Rechtspflege
NJW	Neue Juristische Wochenschrift
NJW-RR	NJW-Rechtsprechungs-Report Zivilrecht
Nörr/Scheyhing	Sukzessionen, 1983
Nüßgens/Boujong	Eigentum, Sozialbindung, Enteignung, 1987
NVwZ	Neue Zeitschrift für Verwaltungsrecht
NVwZ-RR	NVwZ-Rechtsprechungs-Report
OGH	Oberster Gerichtshof für die brit. Zone
OGHZ	Entscheidungen des Obersten Gerichtshofes für die brit. Zone in Zivilsachen
OHG	Offene Handelsgesellschaft
OLG	Oberlandesgericht
OLGZ	Entscheidungen der Oberlandesgerichte in Zivilsachen (von 1965 bis 1994)
Ossenbühl, Staatshaftungsrecht	Staatshaftungsrecht, 4. Aufl. 1991
OVG	Oberverwaltungsgericht
Palandt/Bearbeiter	Bürgerliches Gesetzbuch, Kommentar, 57. Aufl. 1998
PatG	Patentgesetz v. 5. 5. 1936 (RGBl. II 117) i. d. F. v. 16. 12. 1980 (BGBl. 1981 I 1)
Planck/Bearbeiter	Kommentar zum BGB, III. Bd. 5. Aufl., 1. Hälfte 1933, 2. Hälfte 1938
PolG	Polizeigesetz
PVG	(Preußisches) Polizeiverwaltungsgesetz v. 1. 7. 1931 (GS 77)
RabelsZ	Rabels Zeitschrift für ausländisches und internationales Privatrecht

Abkürzungen

Reinicke/Tiedtke, KaufR	Kaufrecht, 6. Aufl. 1997
Reinicke/Tiedtke	Kreditsicherung, 3. Aufl. 1994
Reuter/Martinek	Ungerechtfertigte Bereicherung, 1983
RdL	Recht der Landwirtschaft
RG	Reichsgericht
RGBl.	Reichsgesetzblatt
RG FestG	Festgabe der jur. Fakultäten zum 50jährigen Bestehen des RG in 6 Bänden, 1929
RGRK/Bearbeiter	Das Bürgerliche Gesetzbuch. Kommentar hgg. von Mitgliedern des BGH, III. Bd. 13. Aufl. 1994 ff.
RGZ	Entscheidung des Reichsgerichts in Zivilsachen
RHeimstG	Reichsheimstättengesetz v. 10. 5. 1920 (RGBl. 962) i.d.F. v. 25. 11. 1937 (RGBl. I 1291) – außer Kraft
Richardi	Wertpapierrecht, 1987
Rimmelspacher	Kreditsicherungsrecht, 2. Aufl. 1987
Rittner	Wirtschaftsrecht, 2. Aufl. 1987
RMBl.	Reichsministerialblatt
Rn.	Randnummer
Rpfleger	Der Deutsche Rechtspfleger
RPflG	Rechtspflegergesetz v. 5. 11. 1969 (BGBl. I 2065)
RSiedlG	Reichssiedlungsgesetz v. 11. 8. 1919 (RGBl. 1429)
Rspr.	Rechtsprechung
Rüthers AT	Allg. Teil des BGB, 10. Aufl. 1997
Rz.	Randziffer
s.a.	siehe auch
SAE	Sammlung arbeitsrechtlicher Entscheidungen
Schapp	Sachenrecht, 2. Aufl. 1995
ScheckG	Scheckgesetz v. 14. 8. 1933 (RGBl. I 597)
Scheyhing	s. Nörr/Scheyhing
SchiffsRG	Gesetz über Rechte an eingetragenen Schiffen und Schiffsbauwerken v. 15. 11. 1940 (RGBl. I 1499)
Schlosser	Zivilprozeßrecht, I 1983, II 1984
Schlüter	Erbrecht, 12. Aufl. 1986
Schmidt, K., HandelsR	Handelsrecht, 4. Aufl. 1994
Schmidt, K., GesellschaftsR	Gesellschaftsrecht, 3. Aufl. 1997
Schmidt-Aßmann/Bearbeiter	Besonderes Verwaltungsrecht, 10. Aufl. 1995
Schmidt-Räntsch, InsO	Insolvenzordnung mit Einführungsgesetz, 1995
Scholz/Lwowski	Das Recht der Kreditsicherung, 7. Aufl. 1994
Schwab/Prütting	Sachenrecht, 27. Aufl. 1997
Serick I	Eigentumsvorbehalt und Sicherungsübereignung, Band I: Der einfache Eigentumsvorbehalt, 1963
Serick II/1	Band II: Die einfache Sicherungsübertragung – 1. Teil 1965
Serick III	Band III: Die einfache Sicherungsübertragung – 2. Teil 1970
Serick IV/1	Band IV: Verlängerungs- und Erweiterungsformen des Eigentumsvorbehalts und der Sicherungsübertragung – 1. Teil 1976
Serick V	2. und 3. Teil zu Band IV 1, 1982
Serick VI	Sonstiges – Insolvenzrecht (Vergleich), Insolvenzrechtsreform 1987
SeuffA	Seufferts Archiv für Entscheidungen der obersten Gerichte
Slg.	Sammlung
Soergel/Bearbeiter	Bürgerliches Gesetzbuch, Kommentar, 12. Aufl. ab 1987; Bd. 6 (Sachenrecht) 1990

Abkürzungen

Staudinger/Bearbeiter	Bürgerliches Gesetzbuch, Kommentar, 13. Aufl. 1993 ff.
Stein-Jonas/Bearbeiter	Kommentar zur Zivilprozeßordnung, 21. Aufl. 1993 ff.
Stern, Staatsrecht	Stern, Das Staatsrecht der Bundesrepublik Deutschland, Band III: Allgemeine Lehren der Grundrechte, 1. Hbd. 1988, 2. Hbd. 1994
StGB	Strafgesetzbuch
Stoll	Grundriß des Sachenrechts, 1983
str.	streitig
st. Rspr.	ständige Rechtsprechung
StudK/Bearbeiter	Studienkommentar z. BGB, 2. Aufl. 1979
StVG	Straßenverkehrsgesetz v. 19. 12. 1952 (BGBl. I 837)
SÜ	Sicherungsübereignung
TA Lärm/TA Luft	Technische Anleitung zum Schutz gegen Lärm v. 16. 7. 1968, Bundesanzeiger Nr. 137 (Beilage) bzw. zur Reinhaltung der Luft v. 27. 2. 1986, Bundesanzeiger Nr. 58 (Beilage)
Tiedtke, Gutgl. Erwerb	Gutgläubiger Erwerb im bürgerl. Recht, im Handels- und Wertpapierrecht, 1985
TreuhandG	Gesetz zur Privatisierung und Reorganisation des volkseigenen Vermögens v. 17. Juni 1990 (GBl. (DDR) I, S. 300) – aufrechterhalten durch Art. 25 des EinigungsV
von Tuhr	Der Allgemeine Teil des Deutschen Bürgerlichen Rechts, Band I und II, 1910–1918
Ulmer/Brandner/Hensen	AGB-Gesetz: Kommentar zum Gesetz zur Regelung des Rechts der Allgemeinen Geschäftsbedingungen, 8. Aufl. 1997
UmstG	3. Gesetz zur Neuordnung des Geldwesens (Umstellungsgesetz) v. 20. 6. 1948 (WiGBl. Beil. Nr. 5 S. 13)
UmweltHG	Umwelthaftungsgesetz vom 10. 12. 1990 (BGBl. I 2634)
UPR	Umwelt und Planungsrecht (Zeitschrift)
UWG	Gesetz gegen den unlauteren Wettbewerb v. 7. 6. 1909 (RGBl. 499)
VBlBW	Verwaltungsblätter für Baden-Württemberg
VerbrKrG	Verbraucherkreditgesetz v. 17. 12. 1990 (BGBl. I 2840)
VerglO	Vergleichsordnung v. 26. 2. 1935 (RGBl. I 321)
VermögensG	Gesetz zur Regelung offener Vermögensfragen v. 31. 8. 1990 (BGBl. II 88) i. d. F. v. 4. 8. 1997 (BGBl. I 1974)
VersR	Versicherungsrecht
VerwRspr.	Verwaltungsrechtsprechung in Deutschland
VG	Verwaltungsgericht
VGH	Verwaltungsgerichtshof
VK	Vorbehaltskäufer
VO	Verordnung
Vorbem.	Vorbemerkung
Vortmann	Kommentar zum VerbrKrG, 1991
VVDStRL	Veröffentlichungen der Vereinigung der Deutschen Staatsrechtslehrer
VVerk.	Vorbehaltsverkäufer
VVG	Gesetz über den Versicherungsvertrag v. 30. 5. 1908 (RGBl. 263)
VwGO	Verwaltungsgerichtsordnung v. 21. 1. 1960 (BGBl. I 17) i. d. F. v. 19. 3. 1991 (BGBl. I 686)
VwVfG	Verwaltungsverfahrensgesetz v. 25. 5. 1976 (BGBl. I 1253)
WährG	1. Gesetz zur Neuordnung des Geldwesens (Währungsgesetz) v. 20. 6. 1948 (WiGBl. Beil. Nr. 5 S. 1)
Walter, G	Kaufrecht, 1987

Abkürzungen

Weber, Hj.	Kreditsicherheiten, 5. Aufl. 1997
WEG	Gesetz über das Wohnungseigentum und das Dauerwohnrecht (Wohnungseigentumsgesetz) v. 15. 3. 1951 (BGBl. I 175)
Westermann	Lehrbuch des Sachenrechts, 5. Aufl. 1966 (Nachtrag 1973)
Westermann, Schwerp.	BGB, Sachenrecht, 9. Aufl. 1994, Reihe Schwerpunkte
Westermann/ Bearbeiter	Sachenrecht Bd. I, 6. Aufl. 1990, bearbeitet von H. P. Westermann, Gursky und Pinger; Bd. II 6. Aufl. 1988, bearbeitet von Eickmann und Pinger
WG	Wechselgesetz v. 21. 6. 1933 (RGBl. I 399)
Wieling I	Sachenrecht, Band I, Sachen, Besitz und Rechte an beweglichen Sachen, 1990
Wieling, Sachenrecht	Sachenrecht, 3. Aufl. 1997
WiGBl.	Gesetz- und Verordnungsblatt des Wirtschaftsrates des Vereinigten Wirtschaftsgebietes
Wilhelm	Sachenrecht, 1993
Windscheid/Kipp	Lehrbuch des Pandektenrechts unter vergleichender Darstellung des bürgerlichen Rechts, 9. Aufl. 1906, Bd. I–III
WM	Wertpapier-Mitteilungen
Wolf, Ernst	Lehrbuch des Sachenrechts, 2. Aufl. 1979
Wolf, Manfred	Sachenrecht, 14. Aufl. 1997
Wolf/Horn/Lindacher	Komm. z. AGBG, 3. Aufl. 1994
Wolff/Bachof	Verwaltungsrecht I, 10. Aufl. 1994; II, 5. Aufl. 1987 (neu bearbeitet von Stober); III, 4. Aufl. 1978
Wolff/Raiser	Sachenrecht, 10. Aufl. 1957
WRV	Verfassung des Deutschen Reichs (Weimarer Reichsverfassung) v. 11. 8. 1919 (RGBl. 1383)
WuB	Entscheidungssammlung zum Wirtschafts- und Bankrecht
WuW	Wirtschaft und Wettbewerb
ZGes. StW	Zeitschrift für die gesamte Staatswissenschaft
ZAkDR	Zeitschrift der Akademie für Deutsches Recht
ZfIR	Zeitschrift für Immobilienrecht
ZGB	Zivilgesetzbuch der Deutschen Demokratischen Republik v. 19. 6. 1975 (GBl. I 465)
ZGR	Zeitschrift für Unternehmens- und Gesellschaftsrecht
ZHR	Zeitschrift für das gesamte Handelsrecht und Wirtschaftsrecht
ZIP	Zeitschrift für Wirtschaftsrecht
ZMR	Zeitschrift für Miet- und Raumrecht
Zöllner WPR	Wertpapierrecht, 14. Aufl. 1987
ZPO	Zivilprozeßordnung v. 30. 1. 1877 (RGBl. 87) i. d. F. v. 12. 9. 1950 (BGBl. 533)
ZRP	Zeitschrift für Rechtspolitik
ZS	Zivilsenat
ZVG	Gesetz über die Zwangsversteigerung und die Zwangsverwaltung v. 24. 3. 1897 (RGBl. 97) i. d. F. v. 20. 5. 1898 (RGBl. 369, 713)
ZVglRWiss	Zeitschrift f. Vergl. Rechtswissenschaft
ZZP	Zeitschrift für Zivilprozeß

I. Abschnitt

Einführung

§ 1. Die Bedeutung des Sachenrechts im Zusammenleben der Menschen

I. Das Sachenrecht als Teil der Rechtsordnung enthält die Regeln, die für die Beherrschung der Sachgüter durch den Menschen maßgeblich sein sollen. Wie diese Regeln ausgestaltet sind, hängt von den Grundentscheidungen ab, die in der Verfassungsordnung enthalten und in der darauf beruhenden Wirtschaftsordnung konkretisiert sind. So basiert unser geltendes Sachenrecht auf dem Grundsatz der Anerkennung des Privateigentums im Sinne einer regelmäßig freien Nutzung und Verwertung des Vermögens, eng verknüpft mit der Freiheit der Persönlichkeit, der Vertragsfreiheit, der Freiheit der Berufswahl und Berufsausübung, der Gewerbefreiheit. Es leuchtet ein, daß in Rechts- und Wirtschaftsordnungen, die diese Prinzipien nicht anerkennen, die insbesondere die staatliche Planung und Güterverteilung als maßgebendes Prinzip betrachten, auch das „Sachenrecht" einen anderen Inhalt hat als in unserer Rechtsordnung.

Man muß sich freilich von der Vorstellung frei machen, als ob zwischen der vollen Verneinung und der unbedingten Bejahung der Möglichkeit individueller Rechte an Sachgütern Übergänge nicht denkbar seien. Auch eine Verfassungsordnung, die – wie das GG – das Privateigentum bejaht, kann sich der Einsicht nicht verschließen, daß die Interessen des Eigentümers mit den Belangen des Gemeinwohls kollidieren können. Daraus folgt, daß die Freiheit des Eigentümers, sein Eigentum zu nutzen und zu verwerten, nicht schrankenlos sein kann, daß vielmehr dem Eigentum gewisse Bindungen immanent sind; sie ergeben sich aus der Rücksichtnahme auf die Bedürfnisse der im Staat organisierten Gemeinschaft wie aus der Achtung vor den berechtigten Interessen des Nächsten. So folgt in den modernen Verfassungen der Eigentumsgarantie die Betonung dieses Bindungsgehalts auf dem Fuße; Art. 14 GG sagt – in Anlehnung an Art. 153 WRV –: „Das Eigentum wird *gewährleistet,* Inhalt und Schranken werden durch die Gesetze bestimmt. Eigentum *verpflichtet.* Sein Gebrauch soll zugleich dem Wohle der Allgemeinheit dienen".

Diese dem Eigentum innewohnende Spannung zwischen „Freiheit und Bindung" muß in einer Zeit besonders fühlbar werden, die dem Staat ganz andere, viel umfassendere Aufgaben zuweist, als dies noch zu Ausgang des 19. Jahrhunderts unter dem wirksamen Einfluß einer liberalen Staatsauffassung der Fall war. Wer von der Allgemeinheit unter dem Stichwort „Daseinsvorsorge" umfassende Hilfe in allen Fährnissen des Lebens beansprucht, muß sich darüber im klaren sein, daß der Staat dem einen nur das geben kann, was er dem anderen nimmt. Mag sich auch dieser Ausgleich im allgemeinen durch Steuern, Abgaben und dergl. vollziehen und das Sacheigentum nur mittelbar berühren, so ergeben sich doch Bindungs- und Entziehungstatbestände, die nicht nur das „Vermögen" als Inbegriff aller Güter eines Menschen, sondern auch die Berechtigung an der einzelnen „Sache" betreffen. Daher werden wir uns bei der Erörterung des „Sachenrechts" immer folgenden Gesichtspunkt vergegenwärtigen müssen:

Die Regeln über die inhaltliche Ausgestaltung des Eigentums und der sog. beschränkten dinglichen Rechte finden sich nicht nur im bürgerlichen Recht, sondern in steigendem Maße auch im öffentlichen Recht. Eine Darstellung des Sachenrechts, die dieses Übergreifen des öffentlichen Rechts auf den privatrechtlichen Gehalt des Eigentums vernachlässigen wollte, wäre unvollständig, ja lebensfremd.

2 Folgendes einführendes *Beispiel* mag das Gesagte verdeutlichen:

Wenn E auf seinem Grundstück ein Gebäude errichten will, so stehen dem – sieht man von der Rücksichtnahme auf die Nachbarn einmal ab (s. unten Rn. 4, 5) – von der *Privatrechtsseite* her gesehen keine Bedenken entgegen (§ 903 S. 1 BGB).[1] Jedermann weiß aber, daß E dazu unter bestimmten, im einzelnen in den Baugesetzen der Bundesländer geregelten Voraussetzungen – *öffentlich-rechtlichen* – Baugenehmigung bedarf (dazu auch unten § 25 Rn. 44ff.). Sicher ist, daß die für die Genehmigung maßgebenden Beurteilungsmaßstäbe in einem Gesetz (im materiellen Sinne) niedergelegt sein müssen. Sicher ist auch, daß diese baurechtliche Genehmigung in erster Linie der „Gefahrenabwehr" zu dienen hat. Aber dürfen auch andere Gesichtspunkte – z.B. bauplanerischer, ästhetischer Art – verwertet werden? Auch dann, wenn solche Rücksichten nur Bauprojekte eines bestimmten Ortsgebiets, ja vielleicht sogar nur einige wenige oder gar nur *ein* Bauvorhaben betreffen? Darf die Behörde, wenn sie die Genehmigung erteilt, gleichzeitig fordern, daß ein Teil des Grundstücks zum Bau der öffentlichen Straße unentgeltlich abgetreten wird?

Diese Fragen sollen zunächst nicht beantwortet werden (s. dazu unten §§ 24, 26); sie sollen nur ein Gefühl dafür wecken, daß das „Sachenrecht" als ein Teil der Privatrechtsordnung Schritt für Schritt von öffentlich-rechtlichen Normen begleitet wird. Daraus ergibt sich – worauf jetzt schon hingewiesen werden kann – auch ein verschiedenartiger *Rechtsschutz*: Privatrechtliche Streitigkeiten – etwa zwischen zwei Grundstückseigentümern über die Grundstücksgrenze – gehören vor die *ordentlichen Zivilgerichte* (§ 13 GVG). Wegen der Verweigerung der Baugenehmigung mit dem beantragten Inhalt oder dem ungerechtfertigten Verlangen einer Grundstücksabtretung muß die *Verwaltungsgerichte* angerufen werden (§ 40, § 42 VwGO). Beansprucht E für die Enteignung eines Grundstücksteils eine Entschädigung, so ist bei Streit über deren Höhe wieder der Rechtsweg zu den *ordentlichen Zivilgerichten* gegeben (Art. 14 Abs. 3 S. 4 GG), obwohl diese Streitigkeit ihrer Natur nach dem öffentlichen Recht angehört. Der Eigentumsschutz wird also sowohl durch die ordentlichen Zivilgerichte wie durch die Verwaltungsgerichte gewährleistet, er ist „zweispurig".

3 **II.** Es entspricht der Erfahrung, daß eine schrankenlose Nutzung und Verwertung des Eigentums ein geregeltes Zusammenleben der Menschen ausschließen würde. Wollten sich alle an die Grundregel des § 903 S. 1 halten („Der Eigentümer einer Sache kann ... mit der Sache nach Belieben verfahren und andere von jeder Einwirkung ausschließen"), so wäre Kampf aller gegen alle die Folge. Auch das Privatrecht muß sich daher um eine Inhaltsbegrenzung des Eigentums bemühen, und zwar in mehrfacher Richtung:

4 **1.** Das Gesetz muß Vorschriften geben, die ein friedliches *Nebeneinanderleben* mehrerer Sacheigentümer ermöglichen. Dieser Friedensschutz muß natur-

---

[1] Paragraphen ohne Angabe des Gesetzes verweisen auf das BGB.

gemäß bei Grundstücken intensiver sein als bei beweglichen Sachen. Hierher gehört vor allem das sog. Nachbarrecht (§§ 905–924).

Beispiel: Müssen die Eigentümer von Häusern in einer sog. „Landhausgegend" dulden, daß eine Fabrik (eine Discothek) errichtet wird?

Dieser „Friedensschutz" kann sich nicht auf das Eigentum beschränken, sondern muß sich auch auf beschränkte dingliche Rechte (mit weitem Nutzungsgehalt, etwa den Nießbrauch) an einem Grundstück erstrecken, ja sogar Tatbestände erfassen, denen ein „dingliches Recht" nicht zugrunde liegt; das Gesetz hat also nicht nur den Eigentumsschutz und seine Schranken zu regeln, sondern auch einen *Besitzschutz* vorzusehen und seinen Inhalt zu umschreiben.

Wie ist im vorigen Beispiel die rechtliche Situation derer, die ein Landhaus vom Eigentümer gemietet haben?

2. Es ist eine Besonderheit des Eigentums, daß es „aufspaltbar" ist. Wir wissen aus der Lebenserfahrung, daß an *ein- und derselben Sache* mehrere Rechtsverhältnisse möglich und auch häufig sind; so wenn etwa der Eigentümer eines Hauses ein Stockwerk selbst bewohnt, an einem zweiten seinen Eltern ein Wohnrecht (§ 1093) einräumt, ein drittes vermietet, wenn er ferner – um die Mittel zum Bau des Hauses zu erhalten – mehrere Hypotheken zugunsten von Banken und Bausparkassen bestellt hat. Hier müssen die Befugnisse und Pflichten des Eigentümers zu den Inhabern der beschränkten dinglichen Rechte und dieser untereinander klar abgegrenzt werden.

Beispiel: Berührt es den Wohnungsberechtigten, den Mieter, wenn einer der Hypothekare sein Recht verwirklicht, indem er die Zwangsversteigerung betreibt? Wer hat die Kosten zu tragen, wenn in der Wohnung des Wohnungsberechtigten Reparaturen erforderlich werden? In welcher Reihenfolge sind die Hypothekare berechtigt, wenn bei einer Zwangsversteigerung des Hauses der Erlös nicht für alle ausreicht? Kommt es auf die zeitliche Reihenfolge der Darlehensgewährung oder auf die Eintragung im Grundbuch an?

Schon aus der Notwendigkeit solcher Abgrenzungen ergibt sich für den Gesetzgeber der Zwang zu einer Typisierung, und zwar in zweifacher Hinsicht:

a) Die im Sachenrecht möglichen dinglichen Berechtigungen müssen im Gesetz fixiert sein; es gilt also der sog. *numerus clausus der Sachenrechte (Typenzwang)*.

b) Der Inhalt der sonach möglichen Berechtigungen muß mindestens in den Umrissen zwingend durch das Gesetz festgelegt werden *(Typenfixierung)*.

In beiden Hinsichten wird also die Vertragsfreiheit der Beteiligten – und zwar die inhaltliche Gestaltungsfreiheit[1] – eingeschränkt. Sie sind zwar frei in ihrer Entscheidung, *ob* sie dingliche Rechte begründen wollen (Abschlußfreiheit!); *welche* Rechte aber überhaupt in Betracht kommen und *welchen* Inhalt sie haben, ist durch die Rechtsordnung – zumindest dem Typ nach und meist zwingend – geordnet (keine oder doch nur beschränkte inhaltliche Gestaltungsfreiheit!).

Beispiel: Die Befugnisse des Hypothekars sind im Gesetz zwingend umschrieben (§§ 1120 ff. BGB, § 866 ZPO): er kann Zwangsversteigerung oder Zwangsverwaltung betreiben oder gewisse „mithaf-

---

[1] S. dazu *Flume* II S. 12 ff.; *U. Huber* in JurAn 1970, 784; *Larenz,* I § 4 II a; *Walz* KritVSchr. 1988, 152 (je m. w. N.).

§ 1 II   I. Abschnitt. Einführung

tende Gegenstände" (z. B. Zubehör) verwerten lassen. Es kann aber zwischen ihm und dem Eigentümer nicht als Inhalt der Hypothek vereinbart werden, daß er auch berechtigt ist, die Nutzungen des Grundstücks zu ziehen (sog. Antichrese): Soll er dazu befugt sein, so muß ihm auch ein Nießbrauch eingeräumt werden.

8   3. Eigentum und beschränkte dingliche Rechte sind Gegenstand des Rechtsverkehrs; den Güterumsatz rechtlich zu regeln, ist eine weitere Aufgabe des Sachenrechts. Daher müssen auch die Interessen der möglichen *Erwerber* berücksichtigt werden, und zwar im wesentlichen in zwei Richtungen:

9   a) Wer das Eigentum an einem Gegenstand erwirbt, wem eine Hypothek bestellt oder abgetreten wird, wem der Nießbrauch an einem Grundstück eingeräumt wird, muß wissen, was er „erwirbt". Es würde den Rechtsverkehr, das Kreditgeschäft usw. beeinträchtigen, wenn jedesmal auf die „Quellen" des Rechts – also etwa auf den Hypothekenbestellungsvertrag – zurückgegangen werden müßte, um die Befugnisse des Erwerbers, Pfandgläubigers usw. schon in ihren Umrissen zu erkennen. Auch die Leichtigkeit und Sicherheit des Rechtsverkehrs erfordern also die *Typenbeschränkung* und den *typisierten Inhalt* der Rechte an Sachgütern.

10   Man wird sich fragen, warum das *Schuldrecht* einen solchen Typenzwang nicht kennt, also – im Grundsatz – sowohl die Abschlußfreiheit wie die inhaltliche Gestaltungsfreiheit bejaht: *Das Schuldverhältnis* ist ein rechtliches Band zwischen den Partnern, kraft dessen der Schuldner gehalten ist, dem Gläubiger eine Leistung zu erbringen (§ 241). Wechsel des Gläubigers – durch Abtretung – oder des Schuldners – durch Schuldübernahme – ist zwar nicht ausgeschlossen, aber doch nicht die Regel; wenn also eine Forderung abgetreten wird, dann muß der Erwerber sich genau erkundigen, auf welchem Rechtsgrunde sie beruht, andernfalls erlebt er die Enttäuschung, daß der Schuldner ihm Einwendungen entgegenhält (§ 404), von denen er nichts ahnt. Die *sachenrechtliche Berechtigung* ist aber – freilich mit im einzelnen verschiedener Intensität – auf den Wechsel ihres Inhabers zugeschnitten; das Gesetz muß also dem Erwerber von vornherein eine Vorstellung davon vermitteln, was er erwirbt; andernfalls wäre ein Güterumsatz oder eine Güterverwertung wenn nicht ausgeschlossen, so doch sehr erschwert.

Freilich ist zu betonen, daß dem Typenzwang und der Typenfixierung auch noch andere Erwägungen zugrunde liegen: Kennzeichen der dinglichen Rechte ist ihre *absolute Wirkung;* jedermann hat sie zu respektieren. Diese Forderung setzt aber voraus, daß der Inhalt der dinglichen Rechte für jeden anderen Rechtsgenossen erkennbar ist, er muß also typisiert sein. Auch darf dieser absolute Schutz von der Rechtsordnung nur dann gewährt werden, wenn ein echtes Bedürfnis dafür vorhanden ist;[1] es kann daher nicht den Beteiligten überlassen bleiben, dingliche Rechte beliebiger Art und beliebigen Inhalts zu schaffen. Schließlich soll der Typenzwang das Eigentum vor unübersehbaren und vielleicht untragbaren Belastungen und Beschränkungen bewahren.

11   b) Die Rücksichtnahme auf den *Erwerber* fordert noch eine weitere gesetzgeberische Entscheidung:

Ist der Rechtsinhaber (z. B. der Eigentümer) oder der Erwerber schutzwürdiger, wenn der Erwerb sich auf eine Sache bezog, die dem Veräußerer gar nicht gehörte?

Beispiel: E hat eine Schreibmaschine an M vermietet, M hat sie an X verkauft und „übereignet". Bleibt die Rechtsstellung des E durch dieses Rechtsgeschäft unberührt, so daß er die Schreibmaschine dem X wegnehmen kann, oder ist gar X Eigentümer geworden, so daß E sich nur an M halten und von ihm Schadensersatz fordern kann?

Wer hier lediglich auf Grund seines Rechtsgefühls urteilen wollte, wird vermutlich den Eigentümer (E) bevorzugen; denn es ist zunächst nicht einzusehen, warum X das Eigentum durch ein

---

[1] „Freiheitsschutz" in Ergänzung des „Vereinfachungsprinzips" (*Heck* § 23, 2a, b).

Rechtsgeschäft mit M erwerben sollte, der doch gar nicht der Eigentümer war; es gehöre – so könne man sagen – zum Risiko des X, daß er sich mit dem Nichteigentümer M eingelassen habe. Freilich wird das Urteil schwankend, wenn man sich vergegenwärtigt, daß sich E eine vertrauenswürdige Person als Mieter hätte aussuchen können.

Man wird zu keiner Entscheidung dieses Interessenwiderstreits kommen, wenn man nur die Interessen des konkreten Eigentümers und die des Erwerbers gegeneinander abwägt. Vielmehr müssen auch hier die Bedürfnisse des rechtsgeschäftlichen Sachgüterverkehrs insgesamt berücksichtigt werden: Würde dieser Rechtsverkehr nicht erheblich erschwert werden, wenn man dem Erwerber jeweils Nachforschungen darüber zumuten wollte, ob der Veräußerer wirklich der Berechtigte ist? Wie sollte er sich überhaupt eine Sicherheit über die Rechtslage verschaffen, da er doch regelmäßig keinen Einblick in die Verhältnisse des Veräußerers hat?

12

Die Rücksichtnahme auf die Sicherheit und Leichtigkeit des Verkehrs, auf die Interessen aller potentiellen Erwerber erfordert also einen Normenkomplex, den man unter den Stichworten: *Gutgläubiger Erwerb vom Nichtberechtigten* zusammenfaßt.

Anwendungsfälle dieses Grundsatzes finden wir z. B. in den §§ 932–936 (für Eigentumserwerb an beweglichen Sachen), §§ 892, 893 (für Grundeigentum und Grundstücksrechte), § 1207 (gutgläubiger Pfandrechtserwerb an beweglichen Sachen). Der Schutz des gutgläubigen Erwerbers hat in unserem Recht einen umfassenden Ausdruck gefunden; man muß sich aber vor der Auffassung hüten, als gälte er schlechthin; er greift vielmehr nur in den gesetzlich geregelten Fällen Platz, wobei die Voraussetzungen bei den einzelnen Gruppen sehr verschieden geregelt sind (vgl. etwa § 932 mit § 892!).

§ 2. Die Regelung des Sachenrechts im geltenden Recht –[1] Die Verschiedenartigkeit von Liegenschaftsrecht und Mobiliarsachenrecht

A. Die Stellung des Sachenrechts in der Rechtsordnung

I. Sachenrecht als materielles (Privat-)Recht

Das Dritte Buch des BGB ist mit „Sachenrecht" überschrieben. Schon daraus erhellt, daß unter „Sachenrecht" hier objektives Recht gemeint ist und daß dieses Rechtsgebiet dem materiellen Privatrecht angehört; dies gilt es im einzelnen zu erläutern:

1

1. Sachenrecht im objektiven Sinne

Wie der Name „Sachenrecht" besagt, sind in ihm die Rechtsverhältnisse an Sachen geregelt, und zwar sowohl in der Ruhelage (z. B. Rechte des Eigentümers, Befugnisse des Nießbrauchers) wie im Stadium ihrer Änderung (z. B. Übereignung einer Sache, Abtretung einer Hypothek).

---

[1] Über die Entwicklung des Sachenrechts s. *Wiegand* AcP 190, 112; *M. Wolf* NJW 1987, 2647; *F. Baur* JA 1987, 181 – in der höchstrichterlichen Rspr., s. *Gursky*, JZ 1991, 496ff. u. 650ff.

Freilich ist die Bezeichnung „Sachenrecht" nicht vollkommen korrekt, da in ihm auch die Rechte an Rechten geregelt sind (z.B. Nießbrauch an einer Forderung [§§ 1068–1084] oder Pfandrecht an einer Forderung [§§ 1273–1296]).

2. Sachenrecht im subjektiven Sinne – dingliches Recht

2 Von diesem *Sachenrecht im objektiven* ist das *Sachenrecht im subjektiven Sinn* zu unterscheiden; darunter versteht man die Rechtsstellung, die einer konkreten Person an einer konkreten Sache zusteht.[1] Diese – wie wir bereits sahen – typisierte Rechtsstellung wird auch als *dingliches Recht* bezeichnet und den *relativen Rechten* gegenübergestellt. Dingliche wie relative Rechte stellen Ausschnitte aus dem Bereich des subjektiven Rechts dar, für das eine vom Recht verliehene Macht kennzeichnend ist. Während aber das dingliche Recht die Herrschaftsmacht über eine Sache zum Inhalt hat, gewährt das relative Recht nur Befugnisse gegenüber einer ganz bestimmten Person. Ein besonderes Kennzeichen des dinglichen Rechts ist seine *Absolutheit:* es ist von der Rechtsordnung mit einer Wirkung gegenüber jedermann ausgestattet und von ihr gegen jeden rechtswidrigen Eingriff geschützt, jedermann hat es zu respektieren. Das Sachenrecht im subjektiven Sinne oder das dingliche Recht gehört also in den Bereich der absoluten Rechte, wie sie sich auch in anderen Rechtsgebieten (z.B. im Ehegüterrecht und im Erbrecht) finden.

3 *Der Käufer* einer ihm noch nicht übereigneten Sache kann sich also nur an den Verkäufer halten, nur von ihm Übereignung der Sache oder – falls dies nicht möglich ist – Schadensersatz fordern (§§ 440, 433), der *Eigentümer* einer Sache kann Herausgabe von jedem verlangen, der sie ihm vorenthält (§ 985), und gegen jeden vorgehen, der ihn in seiner Eigentümerstellung beeinträchtigt (§ 1004). Diese reinliche Trennung[2] zwischen absoluten und relativen Rechten verwischt sich aber bei näherem Zusehen nach einigen Richtungen:

4 a) Aus der Verletzung des dinglichen (absoluten) Rechts erwachsen Ansprüche, die sich *gegen* den Verletzer richten und damit „relativen" Charakter haben; hierunter fallen z.B. der Herausgabeanspruch nach § 985 und der Unterlassungsanspruch nach § 1004; sie sind relative Rechte mit der Besonderheit, daß sie „aus" dem dinglichen Recht erwachsen und mit ihm verbunden bleiben; das bedeutet z.B., daß der Herausgabeanspruch nicht ohne das Eigentum übertragen werden kann.[3]

5 b) Mit vielen relativen Rechten ist der unmittelbare Sachbesitz verbunden; man denke an die Mieter eines Hauses oder eines Kraftfahrzeugs. Diese Besitzüberlassung führt zu einer Verfestigung der Position des relativ Berechtigten, die ihm in manchem die Stellung eines „dinglich", „absolut" Berechtigten verleiht; so kann der Mieter sich in seiner Eigenschaft als Besitzer eines dem Eigentumsschutz angenäherten Besitzschutzes erfreuen (vgl. §§ 859–864, 1007), seine Rechtsstellung wirkt sogar gegenüber dem Grundstückserwerber (§ 571), mit dem er doch zunächst in keinerlei Rechtsbeziehungen steht, und schließlich kann er sich u.U. auch gegen die Herausgabeklage des Vermieters (Eigentümers) mit Erfolg wehren, wenn das Mietverhältnis dem sog. Mieterschutz[4] untersteht. So ist es kein Wunder, daß manche in der Grundstücksmiete – trotz ihrer Stellung im Schuldrecht mitten

---

[1] S. dazu im einzelnen *Eichler* I S. 1 ff.; ders., Rechtsidee des Eigentums, 1994, 17 ff.; *Diederichsen,* Das Recht zum Besitz aus Schuldverhältnissen, 1965; *Fabricius,* AcP 162, 456, 467 ff.; *Hübner* AT Rn. 215 ff.

[2] Zu den dogmatischen Fragen und Zweifeln, die sich hier ergeben, s. *Medicus* AT Rn. 61; *Canaris,* FS f. Flume I (1978), 371; *Weitnauer,* FS f. Larenz (1983), 706; *Hübner* AT Rn. 218 ff.; *Hadding* JZ 1986, 926; *Denk* JuS 1981, 9 u. 861; *Dubischar,* Über die Grundlagen der schulsystematischen Zweiteilung in sog. absolute und relative Rechte, Tüb. Diss. 1961; *Henke,* Die sog. Relativität des Schuldverhältnisses, 1989; *Marotzke,* Das Eigentum als absolutes Recht, JuS 1993, 916 f.

[3] Freilich nicht unbestritten! S. unten § 11 Rn. 44.

[4] Vgl. unten § 29 Rn. 64 ff.

§ 2. Die Regelung des Sachenrechts im geltenden Recht

in der Regelung relativer Rechte – mindestens ein einem dinglichen Recht angenähertes Recht sehen (s. dazu unten § 3 Rn. 47 und § 29 Rn. 61 ff.)!

3. Sachenrecht als Teil des Privatrechts

Das Sachenrecht ist *Teil des Privatrechts,* also des Rechts, das die Beziehungen der Rechtsgenossen untereinander regelt. Wie wir aber bereits sahen (§ 1 Rn. 1f.), wird das bürgerlich-rechtliche Sachenrecht auf weiten Gebieten durch Vorschriften des öffentlichen Rechts überlagert; auf ihren Einfluß ist in den folgenden Darlegungen stets hinzuweisen.

Die Lehre von einem besonderen *öffentlichen Eigentum* an sog. öffentlichen Sachen[1] wird überwiegend abgelehnt;[2] auch die Sachen, die dem Gemeingebrauch (z.B. als Straßen, Wege, Wasserstraßen) oder den eigentlichen Staatszwecken dienen (z.B. als Verwaltungsgebäude, Schulen), stehen im privatrechtlichen Eigentum öffentlich-rechtlicher Körperschaften (des Staates, der Gemeinden). Freilich ist der privatrechtliche Gehalt dieses Eigentums im Umfang der öffentlich-rechtlichen Bestimmung der Sache verdrängt. So kann z.B. das Eigentum an einer Straße auf eine Privatperson zu deren freien Verfügung und Nutzung erst übertragen werden, wenn die Widmung als Straße durch Verwaltungsakt (Entwidmung) aufgehoben worden ist. Der Eigentümer der öffentlichen Sache kann Auswirkungen des Gemeingebrauchs – entgegen §§ 903, 905, 1004 – nicht verbieten. Neben das privatrechtliche Sachenrecht tritt das dem Verwaltungsrecht zugehörige Recht der öffentlichen Sachen, wobei im Zweifel das letztere dominiert, ohne daß der Geltungsbereich des Privatrechts ganz verschwindet (vgl. BGHZ 21, 319, 327; 33, 230; BGH MDR 1961, 52; NJW 1965, 387 und sehr instruktiv BGH NJW 1990, 899 und OVG Münster, NJW 1993, 2635ff. Hamburger Stadtsiegel; weitere Nachweise s. *Soergel/Mühl* Rn. 38ff. vor § 90 BGB; *Peine* JZ 1984, 869).

Zu unterscheiden davon ist die Frage, ob Eigentum von jur. Personen des öffentlichen Rechts Grundrechtsqualität i.S. des Art. 14 I GG hat: in BVerfGE 61, 82, 100 verneint; dazu *Badura* JZ 1984, 14.

4. Sachenrecht als materielles Recht

Das Sachenrecht ist *materielles Recht,* nicht Verfahrensrecht. Wie der Rechtsschutz dinglicher Rechte zu verwirklichen ist, sagen die Verfahrensgesetze, insbesondere die Zivilprozeßordnung.

a) Freilich haben auch manche prozessuale oder doch auf den Prozeß bezogene Vorschriften ihren Platz im 3. Buch des BGB. Hierher gehören die zahlreichen Vorschriften, die die Beweislast regeln, so die Vermutungen nach § 1006, § 891, § 932 Abs. 2. Ihre Wirkung entfaltet sich im Prozeß. Hierher gehört auch die Beschränkung der Einwendungen nach § 863.

b) Andererseits finden sich im Prozeßgesetz, nämlich in der ZPO, Bestimmungen materiellrechtlichen Gehalts: so etwa in § 868 ZPO, wonach aus einer Zwangshypothek eine Eigentümergrundschuld entsteht, wenn der Vollstreckungstitel aufgehoben wird, auf dem die Zwangshypothek bisher beruhte, in § 898 ZPO, wonach die Vorschriften über den gutgläubigen Erwerb auch dann anwendbar sind, wenn die Übereignungserklärung durch gerichtliches Urteil ersetzt wird (§ 894 ZPO). Auch der Schutz des Eigentümers gegen unberechtigte Pfändungen, die sich gegen sein Eigentum richten, in § 771 ZPO und gegen Inanspruchnahme seines Eigentums im Konkurs eines anderen (§ 43 KO/§ 47 InsO) ist im Zusammenhang mit dem sachenrechtlichen Eigentumsschutz (§§ 985, 1004)

---

[1] *Papier,* Recht der öffentlichen Sachen, 2. Aufl., 1984.
[2] *Wolff/Bachof,* 9. Aufl., § 57 I b; *Pappermann/Löhr/Andriske,* R. d. öff. Sachen, 1987; *Soergel/Mühl* Rn. 36ff. vor § 90 (je m.w.N.); *Soergel/J. F. Baur* § 903 Rn. 30ff. – Freilich erlebt die Rechtsfigur des *rein* öffentlichen Eigentums teilweise kräftige Belebung; s. vor allem BVerfGE 24, 367 = *Baur,* E. Slg. Fall 12 (aufgrund gesetzlicher Regelung begründetes öffentliches Eigentum an Deichgrundstücken); BVerwGE 27, 131; *Maunz/Papier* Art. 14 GG Rn. 78–82; *Schmidt-Aßmann/Salzwedel* S. 766ff.; vgl. auch *Wernecke,* AcP 195, 445ff. (m.w.N.).

zu sehen. Der sachenrechtliche Zusammenhang (mit den Bestimmungen über das Pfandrecht) besteht auch in den Fällen der Absonderung (§§ 47 ff. KO/§§ 49 ff. InsO).[1]

II. Vorschriften des materiellen Sachenrechts außerhalb des 3. Buches des BGB

11 Das dritte Buch des BGB *enthält nicht alle materiellrechtlichen Vorschriften,* die sich auf das Sachenrecht beziehen; es gibt zahlreiche sachenrechtliche Bestimmungen in den übrigen Büchern des BGB (1), vor allem aber in sachenrechtlichen Sondergesetzen (2):

12 1. Solche Bestimmungen finden sich etwa im Allgemeinen Teil (§§ 90 ff.), im Familienrecht (vgl. z. B. §§ 1362, 1416, 1424 BGB).
2. Sachenrechtliche *Sondergesetze* sind z. B.
das Wohnungseigentumsgesetz v. 15. 3. 1951,
die Erbbaurechtsverordnung v. 15. 1. 1919,
das Gesetz über Rechte an eingetragenen Schiffen und Schiffsbauwerken v. 15. 11. 1940.
Dazu kommen zahlreiche Gesetze mit *bodenpolitischer* Tendenz, z. B.
das Reichssiedlungsgesetz v. 11. 8. 1919 mit den Bodenreformgesetzen der Länder,
das Landpachtverkehrsgesetz v. 8. 11. 1985 u. viele andere.

Es läßt sich sonach feststellen, daß die Regelung des Sachenrechts im BGB zwar ursprünglich kodifikatorische Tendenz im Sinne einer abschließenden Regelung der Materie hatte, daß diese Tendenz aber heute nicht mehr voll verwirklicht ist.

13 Dagegen ist die Regelung *gegenüber dem Landesrecht* abschließend: Landesgesetze, die Gegenstände des Sachenrechts betreffen, sind nur auf den Gebieten möglich, die das BGB ausdrücklich dafür freigibt (vgl. Art. 64–69, 106–133 EGBGB).
Freilich ist zu beachten, daß diese durch das EGBGB dem Landesrecht „vorbehaltenen Gebiete" dann später durch bundesrechtliche Sondergesetze weiter eingeschränkt oder gar beseitigt worden sind. So war z. B. das Recht der Zusammenlegung von Grundstücken (Flurbereinigung!) durch Art. 113 EGBGB ursprünglich dem Landesrecht überlassen; dieser Vorbehalt ist durch das Flurbereinigungsgesetz v. 14. 7. 1953 (i. d. F. v. 16. 3. 1976) für die Zusammenlegung landwirtschaftlicher Grundstücke beseitigt worden.
Wer einen sachenrechtlichen Lebenssachverhalt zu beurteilen hat, muß sich also vergegenwärtigen, daß er nicht alle „einschlägigen" Vorschriften im 3. Buch des BGB findet; er hat u. U. zu berücksichtigen:
einmal die sachenrechtlichen Bestimmungen des BGB, dann
die sachenrechtlichen Sondergesetze, die gewissermaßen eine Ergänzung des BGB durch späteren Rechtsstoff darstellen, sodann
sonstige Reichs- und Bundesgesetze, insbes. solche mit bodenrechtlichem Inhalt,
schließlich landesrechtliche Gesetze auf den vorbehaltenen Gebieten.
Für das *Verhältnis dieser Gesetze untereinander* gelten die allgemeinen, hierfür entwickelten Grundsätze:
Vorrang des Reichs(Bundes)rechts vor dem Landesrecht (Art. 31 GG),
Vorrang des speziellen vor dem generellen Gesetz,
Vorrang des zeitlich späteren Gesetzes.

III. Sachenrechtliches Internationales Privatrecht

14 Zum sachenrechtlichen *Internationalen Privatrecht* s. *Kegel,* Intern. Privatrecht, 7. Aufl. 1995, § 19; *Soergel/Lüderitz* Anh. II zu Art. 38 EGBGB; *Palandt/Heldrich* Anh. II zu Art. 38 EGBGB; *Firsching/*

---

[1] Dazu *Henckel* JuS 1985, 836.

von Hoffmann, Intern. Privatrecht, 4. Aufl. 1995, § 12; *Kropholler,* Intern. Privatrecht, 3. Aufl. 1997, § 54; *v. Caemmerer* in FS für Zepos, 1973, S. 25 ff. m. w. N.; *Stoll* RabelsZ 1973, 357; 1974, 450 und Internationales Sachenrecht (Staudinger EGBGB/IPR), 1996; MünchKomm/*Kreuzer,* 3. Aufl. 1998, Nach Art. 38 Anh. I; *Drobnig* RabelsZ 1974, 468 u. FS f. Kegel, 1977, 141; ausführlich einführend auch *Wilhelm,* 284 ff.

B. Der Inhalt des 3. Buches des BGB: Liegenschaftsrecht und Mobiliarsachenrecht

I. Unterschiede

Wer sich in ein neues Rechtsgebiet einarbeiten muß, tut gut daran, sich einmal Gedanken darüber zu machen, welche Gesichtspunkte *er* für ausschlaggebend erachten würde, wäre ihm die Regelung der Materie als Gesetzgeber übertragen. Bei einer solchen Überlegung würde ihm ohne Zweifel der wesentliche Unterschied in der Funktion auffallen, die Grundstücke („Liegenschaften") auf der einen Seite, bewegliche Sachen (auch sog. „Fahrnis") auf der anderen Seite im Leben zu erfüllen haben:

15

Das *Grundstück* ist die Grundlage eines jeden Daseins; es dient dem Menschen als Wohnung („jeder Mensch braucht eine Bleibe"), es liefert ihm die Nahrung und – mittelbar – die Bekleidung, es ist die Grundlage des Zusammenlebens im Sinne eines „Zueinanderkommens". Diese Feststellungen mögen banal erscheinen, machen aber doch vielleicht deutlich, daß der Gesetzgeber das Grundstücksrecht von vornherein mit anderen Augen sehen muß als das Recht der beweglichen Sachen: Das Grundstück ist für den Einzelnen wie für die Gesamtheit die Grundlage des „Vermögens" im Sinne einer Basis für jegliche menschliche Existenz. Daher sind die Liegenschaften nur schwer „marktgängig" (man trennt sich nur ungern von seinem Grund und Boden); findet ein Eigentumswechsel statt, so wird das Gesetz den Beteiligten die Bedeutung dieses Akts durch eine besondere Form vor Augen führen. Aus der Nachbarschaftslage der Grundstücke werden sich Interessengegensätze ergeben, deren Ausgleich dem Gesetzgeber obliegt. Der Allgemeinheit wird eine zweckgerechte Nutzung der Liegenschaften ein besonderes Anliegen sein, ja sie wird oft privates Grundeigentum in Anspruch nehmen müssen, um ihre Aufgaben überhaupt erfüllen zu können. So begegnen sich im Grundstücksrecht das Interesse des Einzelnen an der Erhaltung seiner Vermögensgrundlage mit den teils gleichgerichteten, teils – aus dem Gesichtspunkt des öffentlichen Wohls – in anderer Richtung tendierenden Interessen der Allgemeinheit.

Demgegenüber ist die funktionelle Bedeutung der *beweglichen Sachen* recht unterschiedlich, so unterschiedlich, daß eine gemeinsame Wertung kaum möglich ist; man denke nur an Begriffe wie: „Konsumgüter" – „Produktionsgüter" – „Geld" und wird feststellen müssen, daß sich der Gesetzgeber mit der in den einzelnen Stadien des wirtschaftlichen Kreislaufs verschiedenartigen Funktion dieser Güter kaum viel abgeben können. Er wird sich begnügen, eine für alle diese Güter mehr oder weniger passende *technische* Regelung zu treffen, die im wesentlichen das Recht des Schutzes des Eigentums und dessen Übertragung befaßt. Soweit im Interesse der Allgemeinheit Ausgleichs- oder Lenkungsaufgaben notwendig sind, wird er sich des Steuer- oder Abgabenrechts bedienen, um die gewünschten Wirkungen zu erzielen.

Wenn sonach auch die grundsätzlich notwendige unterschiedliche Behandlung von Grundvermögen und beweglichem Vermögen augenscheinlich ist, so werden wir im Verlauf unserer Erläuterungen doch dann und wann die Tendenz des Gesetzes feststellen, auch *„das Grundeigentum zu mobilisieren".* Bestellt etwa der Eigentümer eines Grundstücks eine Inhabergrundschuld, die den beleihungsfähigen Wert des Grundstücks ausschöpft, so ist damit *faktisch* das Grundeigentum mobil gemacht: durch Einigung und Übergabe des Grundschuldbriefs wechselt das Grundstück seinem Wert nach den Rechtsträger. Ähnliche Eigentümlichkeiten finden wir im Handelsrecht: ist etwa A Inhaber aller Aktien einer AG, so wechselt mit dem „Verkauf des Aktienpakets" *faktisch* auch das Eigentum an den Grundstücken, wenn auch *rechtlich* nach wie vor die AG Eigentümerin der Grundstücke bleibt. Dies hat etwa zur Folge, daß die Warnfunktion des § 313 (Form bei Grundstücksverkäufen!) bei solchen Rechtsgeschäften ins Leere stößt![1]

---

[1] Entsprechendes gilt auch für den häufigen Fall, daß das Vermögen einer zweigliedrigen Gesellschaft bürgerlichen Rechts in Grundstücken besteht. Mit Ausscheiden eines Gesellschafters geht dann das Vermögen aufgrund dessen Übernahmeerklärung auf den anderen Gesellschafter über (hierzu *Soergel/Hadding* § 730 Rz. 18 ff.; zum Ganzen kritisch *Karsten Schmidt* AcP 182, 510 ff.).

II. Gesetzliche Konzeption

16 Der Gesetzgeber des BGB hat – anders als das gemeine Recht – den funktionellen Unterschied zwischen Grundvermögen und beweglichen Sachen gesehen, sich aber doch bemüht, möglichst viel Gemeinsames „vor die Klammer zu ziehen": *Gemeinsam* geregelt sind das Recht des Besitzes, des Eigentumsinhalts, der Eigentumsarten und des Eigentumsschutzes. Eine *getrennte Regelung* findet sich:

1) im Katalog der zugelassenen Sonderrechtstypen,

2) in der Begründung, Übertragung und Aufhebung des Eigentums und der beschränkten dinglichen Rechte.

Aber auch hier will das BGB wenigstens den systematischen Zusammenhang wahren; so erklärt es sich z. B., daß im „Dritten Abschnitt" die Regeln über Erwerb und Verlust des Eigentums an *Grundstücken* und *an beweglichen Sachen* aufeinanderfolgen, obwohl die das Grundeigentum betreffenden Bestimmungen nur im Zusammenhang mit den „Allgemeinen Vorschriften über Rechte an Grundstücken" (§§ 873–902) verständlich sind.

III. Zum Gang der Darstellung

17 In diesem Lehrbuch wird das Liegenschaftsrecht vom Recht der beweglichen Sachen getrennt erörtert: Auf einen Abschnitt (II), der die allgemein im Sachenrecht geltenden Grundsätze und Institute erörtert, folgt ein Abschnitt (III), der ausschließlich dem Liegenschaftsrecht gewidmet ist; daran reiht sich die Darstellung des Mobiliarsachenrechts (IV. Abschnitt) und der Rechte an Rechten (V. Abschnitt). Die Abweichung von der Systematik des BGB, insbesondere die gesonderte Behandlung des Liegenschaftsrechts, gibt die Möglichkeit, die Besonderheiten des Liegenschaftsrechts, seine Ausgestaltung zu Sonderformen des Grundeigentums und die öffentlich-rechtlichen Bindungen zu behandeln. Ohne daß das Verständnis für die vom BGB gewählte Systematik zu leiden brauchte, soll dem Leser doch nahegebracht werden, daß das „Sachenrecht" des BGB zwar die unerläßliche Grundlage des Rechts der Sachgüter darstellt, aber keine auch nur einigermaßen erschöpfende Regelung der Gesamtmaterie enthält.

§ 3. Grundbegriffe des Sachenrechts – Die Gliederung der dinglichen Rechte

1 Das Verständnis einer jeden Materie des Rechts setzt das Verständnis gewisser immer wiederkehrender Begriffe voraus. Ihre Beherrschung ist ein unerläßliches Gebot für die Handhabung des Gesetzes, sie sind ein Hilfsmittel der juristischen Kunstsprache, ein notwendiges Handwerkszeug des Juristen. So muß sich auch der Leser des „Sachenrechts" des BGB mit solchen Grundbegriffen vertraut machen. Die Eintönigkeit eines solchen Begriffskatalogs läßt sich dadurch mildern, daß er mit einer Darstellung der Gliederung der dinglichen Rechte verbunden wird.

A. Grundbegriffe

I. Der Begriff „Sache"[1]

1. Die Körperlichkeit der Sache

Die Sache ist ein körperliche Gegenstand (§ 90), sie ist also körperlich faßbar und beherrschbar. Mit dieser Festlegung schließt das Gesetz alle anderen Vermögensbestandteile aus dem Geltungsbereich des Sachenrechts aus: Forderungen in ihren mannigfachen Erscheinungsformen, Immaterialgüterrechte (Patentrechte, Markenrechte) fallen in den Bereich des Schuldrechts (§ 413) oder folgen eigenen Regeln in Sondergesetzen. Auch Computerprogramme sind mangels Körperlichkeit keine Sachen; sie werden es aber, soweit sie faßbare Gestalt durch Speicherung in einen Datenträger gewonnen haben.[2]

2. Zuordnungsprobleme

a) Der Mensch ist als Rechtssubjekt Träger von Persönlichkeitsrechten. Sein Körper ist – obgleich Materie – kein Rechtsobjekt, keine Sache. Dies gilt in gewisser Weise auch für den Körper des toten Menschen, für den Persönlichkeitsrechte fortbestehen.[3]

Sehr umstritten ist indessen, ob abgetrennte Teile des menschlichen Körpers (wie etwa für Transplantationen entnommene Organe oder Sperma) Sachen sind, die Gegenstand von Verfügungsgeschäften sein können.[4] Nach BGHZ 124, 54 gehören solche Körperteile nur dann weiterhin zum Schutzgut „Körper", sind also keine Sachen, wenn sie zur Wahrung von Körperfunktionen des Spenders oder zur späteren Wiedereingliederung in seinen Körper dienen.[5]

b) Tiere sind nach § 90a keine Sachen. Die Bestimmungen für Sachen finden aber auf sie Anwendung – soweit nichts anderes bestimmt ist. § 90a ist eine nichtssagende Regelung,[6] welche die Selbstverständlichkeit betont, daß etwa Tierschutzgesetze Tieren als lebenden Wesen einen besonderen Schutz

---

[1] Nähere Darstellung bei *Wieling* § 2; *Eichler*, Rechtsidee des Eigentums, 1994, 11 ff., 42 ff. und in den Lehrbüchern des Allg. Teils von *Enneccerus-Nipperdey* §§ 121 ff.; *Hübner* §§ 16–20; *Lange/Köhler* §§ 33–35; *Larenz/Wolf* AT § 20; *Medicus* AT Rn. 1173; *Spyridakis*, Zur Problematik der Sachbestandteile, 1966; *Walz* KritVSchr. 1986, 131.
[2] BGHZ 102, 135; zum Problem auch: *König*, Das Computerprogramm im Recht, 1991, 71 ff.; ders. NJW 1993, 3112 f.; *Abbo Junker* NJW 1993, 824; *Niehues* JZ 1987, 453; *Bydlinski* AcP 198 (1998), 287 ff.
[3] *Hübner* AT Rn. 289; MünchKomm/*Holch* § 90 Rn. 23 m. Nw.; nunmehr § 4 TransplantationsG.
[4] *Taupitz* AcP 191, 206. Die Spende, Entnahme und Übertragung von Organen ist nunmehr im TransplantationsG vom 5. 11. 1997 geregelt (BGBl. I, S. 2631; dazu *Deutsch* NJW 1998, 777). Bei Verstorbenen ist die Organentnahme nur zulässig, wenn der Verstorbene ihr zu Lebzeiten schriftlich zugestimmt oder wenn nach dem Tod der nächste Angehörige die Zustimmung erteilt hat. Beim Lebenden ist unter anderem die Einwilligung des (volljährigen und einwilligungsfähigen) Spenders erforderlich. Organhandel wird unter Strafe gestellt.
[5] Kritisch: *Taupitz* NJW 1995, 745.
[6] S. auch *Medicus* AT Rn. 1178 a.

gewähren, auch wenn sie als Objekt des Rechtsverkehrs sachenrechtlichen Regeln unterworfen sind.

3. Bewegliche Sachen – Grundstücke

5 Das Gesetz spricht häufig von *„beweglichen"* Sachen (z. B. §§ 929, 937, 946) und von *„Grundstücken"* (z. B. §§ 873, 925, 1113). Damit sind offenbar zwei sich ausschließende Begriffe gemeint; sie werden im Gesetz nicht erläutert, die Kenntnis ihres Inhalts wird vorausgesetzt.

Auszugehen ist vom Begriff des *Grundstücks*. Er deckt sich nicht mit der sinnfälligen Einteilung des Grund und Bodens in der Natur, sondern ist juristisch-technisch aus dem Inhalt des Grundbuchs zu verstehen; Grundstück ist daher ein Teil der Erdoberfläche, der im Grundbuch als „Grundstück" geführt wird.

Daraus ergibt sich, daß ein zusammenhängendes „Grundstück" (im Sinne einer wirtschaftlichen Betrachtungsweise) aus mehreren Grundstücken im Rechtssinn bestehen kann und umgekehrt mehrere Grundstücke (im Sinne des Sprachgebrauchs) im Grundbuch zu *einem* Grundstück zusammengefaßt sein können (s. unten § 15 Rn. 20 ff.).

Alle körperlichen Sachen, die nicht *Grundstücke* sind, sind *bewegliche Sachen*. Freilich bedarf dieser Satz sofort einer Ergänzung: denn zum „Grundstück" gehören auch alle die – einstmals – beweglichen Sachen, die sein *wesentlicher Bestandteil* geworden sind (§§ 93, 94).

II. Funktionseinheiten von Sachen

6 Zwischen einzelnen Sachen bestehen in der Realität häufig Verbindungen, die teils enger, teils lockerer sind. Diese Verbindungen zwischen einzelnen körperlichen Gegenständen prägen die für den Rechtsverkehr maßgebende Funktionseinheit, die der Eigentümer nutzen, der Erwerber aus diesen Gründen erwerben will. Wer z. B. einen landwirtschaftlichen Betrieb kauft und sich übereignen läßt, kauft die „Gesamtheit", nicht die Gebäude, die Grundstücke, das Vieh, die Maschinen je für sich. Und wer ein Auto kauft, will nicht die Einzelteile erwerben, sondern die Gesamtsache Pkw, bestehend aus Karosserie, Fahrgestell, Reifen, Motor usf.

Diesen Verbindungen zwischen Sachen trägt die Rechtsordnung Rechnung, und zwar durch die Begriffe „wesentlicher Bestandteil", „einfacher Bestandteil", „Zubehör".

1. Wesentliche Bestandteile[1]

7 Hier ist die Verbindung zwischen einzelnen Sachen so eng, daß eine neue körperliche Einheit entsteht.

a) Die Grundregel des § 93

8 Die Verbindung zwischen den einzelnen Sachen ist nach der Grundregel des § 93 so intensiv, daß eine Trennung zur Zerstörung, Beschädigung oder

---

[1] S. dazu *Wieling*, Sachenrecht § 2 II 1; *Lange/Köhler* § 34 II.

Unbrauchbarkeit einzelner Teile führen würde. Ist solches anzunehmen, so sind alle Teile wesentliche Bestandteile einer einheitlichen Sache. Auf das Schicksal der Gesamtsache nach der Trennung kommt es dagegen nicht an. Deshalb ist von der Rechtsprechung zutreffend ein serienmäßig hergestellter und eingebauter Kraftfahrzeugmotor nicht als wesentlicher Bestandteil des Pkw angesehen worden (BGHZ 61, 81). Zwar ist die Gesamtsache nach der Trennung durch Ausbau des Motors nicht mehr fahrbereit. Aber weder der Austauschmotor noch die übrigen Teile des Pkw werden durch den Ausbau zerstört oder in ihrer funktionsgemäßen Bestimmung unbrauchbar.

b) Die Sonderregelung des § 94

9 Für den Bereich der Grundstücke und der Gebäude und bestimmter Einrichtungsgegenstände sowie für Erzeugnisse enthält § 94 über § 93 hinausgehende Sonderregelungen.

aa) Gebäude sind (vom Sonderfall des § 95 abgesehen) stets wesentliche Bestandteile des Grundstücks.

bb) Wesentliche Bestandteile des Gebäudes (und damit über § 94 I auch des Grundstücks) sind die zur Herstellung des Gebäudes eingefügten Sachen. Das sind vor allem Einrichtungsgegenstände, die nach heutiger Verkehrsanschauung dem betreffenden Gebäude – bezogen auf seine Zweckbestimmung – die spezifische Prägung geben.

Hierzu gehört etwa eine Heizungsanlage, auch wenn sie nachträglich eingebaut worden ist, und zwar einschließlich etwaiger Wärmepumpen (BGH NJW-RR 1990, 158), Waschbecken und Badewannen (OLG Braunschweig, Niedersächsische Rechtspflege 1955, 193), Gas- und Elektroherde (BGH NJW 1953, 1180), u. U. (je nach regional unterschiedlicher Verkehrsanschauung) auch Einbauküchen (BGH NJW-RR 1990, 587). Auch ein Notstromaggregat kann, bezogen auf die Besonderheiten eines Großhotels, „zur Herstellung eingefügt sein" (BGH NJW 1987, 3187).

cc) Erzeugnisse sind wesentliche Bestandteile des Grundstücks, solange sie mit dem Boden zusammenhängen, z.B. Getreide auf dem Halm, Obst auf dem Baum, Holz auf dem Stamm.

c) Rechtsfolge

10 Wesentliche Bestandteile „können nicht Gegenstand besonderer Rechte" sein (§ 93). Das Gebäude steht also im Eigentum des Grundstückseigentümers, auch wenn ein anderer es erbaut hat (§ 946).

Dies bedeutet u. a.:

11 aa) Dingliche Rechtsänderungen an Sachen beziehen sich stets auch auf ihre wesentlichen Bestandteile. Dies ist zwingenden Rechts, eine anders lautende Parteivereinbarung hat nur schuldrechtliche Bedeutung.

Verkauft und übereignet V seinen landwirtschaftlichen Betrieb an K, so wird K Eigentümer auch der auf dem Felde stehenden Ernte. Haben sie vereinbart, daß V die Ernte noch für sich abernten darf, so ist das nur eine schuldrechtliche, d. h. nur zwischen V und K wirksame Aneignungsgestattung; hat V allerdings abgeerntet, so wird er Eigentümer der Früchte (§ 956).

Auch durch rechtsgestaltende hoheitliche Akte (z. B. nach § 825 ZPO) kann Sondereigentum an einem wesentlichen Bestandteil nicht begründet werden (BGHZ 104, 298).[1]

12 bb) Beschränkte dingliche Rechte beziehen sich auch auf die wesentlichen Bestandteile.

Daher brauchte § 1120, der den Umfang der Hypothekenhaftung behandelt, von den wesentlichen Bestandteilen nicht ausdrücklich zu sprechen, sondern nur die vom Boden getrennten Erzeugnisse und Bestandteile zu erwähnen.

13 cc) Die §§ 93 ff. enthalten nur die Begriffsbestimmung des „wesentlichen Bestandteils". Werden mehrere Sachen wesentliche Bestandteile einer einheitlichen Sache, so kann zweifelhaft sein, wie nun die Eigentumsverhältnisse liegen. Mit diesem Problemkreis befassen sich die §§ 946–951 (s. darüber unten § 53 Rn. 3 ff.). In unserem Zusammenhang genügt zunächst die Feststellung, daß das Grundeigentum gegenüber den mit ihm verbundenen wesentlichen Bestandteilen stets dominiert (§ 946), und zwar ohne Rücksicht auf die Wertrelation.

Beispiel: Der Pächter P errichtet auf dem Grundstück des E einen wertvollen großen Silo, der über die Pachtzeit hinaus dort verbleiben soll. E wird dessen Eigentümer. Ob P nach Beendigung der Pacht Ersatz verlangen kann, richtet sich nach den zwischen E und P bestehenden vertraglichen Beziehungen (s. auch § 581 Abs. 2 mit § 547 Abs. 2 Satz 1), notfalls nach den Vorschriften über die ungerechtfertigte Bereicherung (§ 951).
V hat an K Ziegel unter Eigentumsvorbehalt (§ 455) für dessen Neubau geliefert. Ist das Dach gedeckt, so erlischt der Vorbehalt, K wird Eigentümer. Fällt er in Konkurs, so kann V die Ziegel nicht aussondern (§ 43 KO/§ 47 InsO), sondern erhält nur die Konkursquote auf seine Kaufpreisforderung.

2. Einfache Bestandteile

14 Für sie ist kennzeichnend, daß sie zu einer wirtschaftlichen Sacheinheit gehören, ohne gemäß § 93 wesentlicher Bestandteil zu sein.

Wichtigste Beispielsfälle: Serienmotor, Reifen eines Pkw. Unwesentliche Bestandteile teilen in der Regel das Schicksal der Hauptsache. Kauf und Übereignung eines Pkw beziehen sich ohne weiteres auch auf Motor, Reifen und Felgen. Das ist wohl selbstverständlich. Unwesentliche Bestandteile bleiben aber sonderrechtsfähig. Deshalb kann z. B. der Lieferant des Motors sich gegenüber dem Hersteller das Eigentum vorbehalten.

3. Scheinbestandteile

15 Das Gesetz mußte die Tatsache berücksichtigen, daß bewegliche Sachen mit einem Grundstück oft nur zu einem vorübergehenden Zweck oder in Ausübung eines dinglichen Rechts an dem fremden Grundstück verbunden werden. Sie wirken dann äußerlich als wesentliche Bestandteile, dem Interesse des Bestandteilseigentümers wird aber gegenüber dem des Grundeigentümers der Vorzug gegeben (§ 95). Die Scheinbestandteile bleiben rechtlich selbständig, mögen sie mit dem Grund und Boden noch so fest verbunden sein.

---

[1] Dazu kritisch *Gaul* NJW 1989, 2509.

Hat der Mieter eines Hauses *für die Dauer seiner Mietszeit* eine Garage errichtet, so ist sie – trotz der festen Verbindung mit dem Grund und Boden – nicht wesentlicher Bestandteil geworden (§ 95 Abs. 1 Satz 1; BGHZ 8, 1, 6; 10, 171; BGH NJW 1959, 1487 und 1960, 1003; 1984, 2878; 1985, 789). Die Übereignung der Garage folgt also den für bewegliche Sachen (§§ 929–931) geltenden Regeln (BGHZ 23, 57; BGH NJW 1976, 1539; 1987, 774)! Eine am Grundstück bestehende Hypothek erstreckt sich nicht auf die Garage, da sie nicht dem Grundeigentümer gehört (§ 1120).

Versorgungsleitungen (z.B. Gas- und Wasserleitungen) sind nur Scheinbestandteile der Grundstücke, in denen sie liegen; als bewegliche Sachen sind sie Zubehör des Werkgrundstücks (BGHZ 37, 353, 356; BGH NJW 1968, 2331: differenzierend; s.a. § 34 Rn. 8).

4. Zubehör[1]

Die Begriffsbestimmung des Zubehörs findet sich in § 97. Entscheidende Merkmale sind die der Hauptsache gegenüber dienende Funktion und eine gewisse räumliche Verbindung zu ihr, ohne daß Bestandteilseigenschaft vorliegen darf, wobei es entscheidend auf die Verkehrsanschauung ankommt (§ 97 Abs. 1 S. 2).[2] Beispiele einer „dienenden Funktion" von beweglichen Sachen im Verhältnis zu Grundstücken finden sich für gewerblich und landwirtschaftlich genutzte Grundstücke in § 98.

16

Lehrreiche Fälle aus der Praxis: BGHZ 87, 234 u. BGH NJW 1984, 2277; dazu *Dilcher* JuS 1986, 185: „Der Streit um die Glocke".

Bei Anwendung des § 98 ist Vorsicht geboten! Eine Maschine, die fest mit dem Grund und Boden verbunden ist (z.B. die Dynamomaschinen eines Kraftwerks), oder Sachen, die zur Herstellung des Gebäudes eingefügt sind (§ 94 Abs. 2, z.B. die Fahrstuhlanlage eines Hotels), sind wesentliche Bestandteile, daher nicht Zubehör. Die Getreideernte eines Landguts ist *vor* der Ernte wesentlicher Bestandteil, nach der Ernte nur insoweit Zubehör, als sie dem Eigenverbrauch und Saatgutzwecken dient; das zum Verkauf bestimmte Getreide ist also nicht Zubehör.

Das Zubehör ist rechtlich selbständig; es kann also z.B. ohne das Grundstück, dem es zugehört, übereignet werden. Dennoch berücksichtigt das Gesetz, daß es in den Wirtschaftszusammenhang der Hauptsache eingefügt ist, daher „im Zweifel" deren rechtliches Schicksal teilt: So beziehen sich Grundstückskaufverträge im Zweifel auch auf das Zubehör (§ 314). Mit der Übereignung eines Grundstücks geht auch das Eigentum an dem dem Veräußerer gehörigen Zubehör auf den Erwerber über, ohne daß es einer speziellen Übereignung der Zubehörstücke (nach §§ 929–931) bedürfte (§ 926). Eine Hypothek oder Grundschuld erfaßt auch das Zubehör (§ 1120). Ferner kann es nur zusammen mit dem Grundstück versteigert werden, ist also nicht wie eine bewegliche Sache durch den Gerichtsvollzieher pfändbar (§ 865 Abs. 2 ZPO).

17

Beispiel: Eine Ziegelei ist mit einer Hypothek belastet; sie erstreckt sich auch auf den zum Abtransport der Ziegel benützten Lastkraftwagen (§ 1120); dieser kann von einem anderen Gläubiger nicht gepfändet werden (§ 865 Abs. 2 ZPO), wohl aber vom Eigentümer der Ziegelei – nach §§ 929 bis 931 – veräußert werden (§ 1121 gestattet dies auch im Verhältnis zum Hypothekar). Verkauft der Ziegeleibesitzer seine Ziegelei, so erstreckt sich der Kaufvertrag „im Zweifel" auch auf den Last-

---

[1] Dazu *Siebert* in FS Gieseke (1958) S. 59ff.; *Kollhosser* JA 1984, 196; *Soergel/Mühl* zu § 97; *Hübner* AT Rn. 328.
[2] Hierzu BGH NJW-RR 1990, 587; OLG Celle NJW-RR 1989, 914; OLG Düsseldorf NJW 1994, 1039 – Regional unterschiedliche Auffassungen über die Zubehöreigenschaft von Einbauküchen.

kraftwagen, d. h. der Verkäufer muß im Streitfall beweisen, daß er nicht mit verkauft sein sollte (§ 314). Mit der Auflassung und Eintragung (§ 925) wird der Käufer auch Eigentümer des Kraftwagens (§ 926), ohne daß eine Übergabe nach § 929 zu erfolgen braucht.

Weitere Beispiele: BGHZ 62, 49 (Maschinen eines Baugeschäfts sind nicht Zubehör des Grundstücks, wenn dieses nicht dauernd für den Betrieb eines solchen Geschäfts eingerichtet ist) und BGH ZIP 1994, 305.

5. Vertretbare – verbrauchbare Sachen

18 Das Gesetz spricht von *vertretbaren Sachen* in § 91, von *verbrauchbaren Sachen* in § 92.

Beispiel: In BGH NJW 1985, 2403 kam es darauf an, ob Wein eine *vertretbare* Sache ist; der BGH bejaht diese Frage für Weine innerhalb derselben Lage, Gattung, desselben Jahrgangs.

Zur Bedeutung des Begriffs der *verbrauchbaren* Sache s. z. B. § 1067.

III. Nutzungen – Früchte

19 Diese Begriffe werden im Sachenrecht an verschiedenen Stellen gebraucht; so sagt etwa § 1030, daß der Nießbraucher „berechtigt ist, die Nutzungen der Sache zu ziehen"; für das Verhältnis zwischen Eigentümer und Besitzer (der die Sache herauszugeben hat) bestimmt § 987, daß vom Eintritt der Rechtshängigkeit (= Klageerhebung) an auch die Nutzungen herausgegeben werden müssen.

1. Fragestellung

Man tut gut daran, von vornherein drei Fragengruppen säuberlich zu trennen:

20 a) Was ist unter Nutzungen – Früchten zu verstehen? Diese Frage beantworten die §§ 99, 100.

b) Wer wird Eigentümer der Nutzungen und Früchte einer Sache oder eines Rechts? Die Antwort auf diese Frage findet sich für Sachfrüchte in den §§ 953–957 (s. unten § 53 Rn. 45 ff.).

c) Darf der Eigentümer die Nutzungen und Früchte behalten oder muß er sie einem anderen herausgeben? Wem „gebühren" sie? Hierüber gibt das Gesetz in § 101 eine generelle Auskunft, die aber vielfach durch Spezialregelungen modifiziert wird (z. B. §§ 593, 1039 Abs. 1 S. 2).

2. Begriffe[1]

21 a) Der Oberbegriff ist der der *Nutzungen*. Nach der Legaldefinition des § 100 umfaßt er die *Früchte* und die sog. *Gebrauchsvorteile* (dazu BGH NJW 1987, 50).

b) Bei der Begriffsbestimmung der *Früchte* muß man sich vor Augen halten, daß eine Sache (oder ein Recht) in mehrfacher Hinsicht Gegenstand der Nutzung sein kann.

---

[1] Einzelheiten s. die Lehrbücher u. Grundrisse des Allg. Teils oben Anm. 1 zu § 3 A I; zur Nutzung an Sach- und Rechtsgesamtheiten s. *Hadding* in FS Bartholomeyczik, 1973, 75, 82 ff.

Der Eigentümer kann die Sache, z.B. einen Steinbruch, selbst nutzen. Er kann ihn verpachten, dann hat der Pächter Nutzungen, aber auch der Eigentümer, denn er erhält den Pachtzins.

Daraus ergibt sich die gekünstelt wirkende Terminologie des § 99; er unterscheidet zwischen

aa) unmittelbaren Sachfrüchten: § 99 Abs. 1

Der Eigentümer bewirtschaftet sein Landgut selbst.

bb) unmittelbaren Rechtsfrüchten: § 99 Abs. 2

Der Pächter des Landguts zieht die Früchte – der Aktionär bekommt seine Dividende.

cc) mittelbaren Sach- und Rechtsfrüchten: § 99 Abs. 3

Der Eigentümer des Landguts erhält den Pachtzins – der Pächter hat ein Stockwerk des Gutshofs vermietet und erhält den Mietzins.

Das oben angedeutete Zusammenspiel der verschiedenen Gruppen von Bestimmungen, die sich auf das Fruchtrecht beziehen, mag folgendes *Beispiel* verdeutlichen:

An einer Papierfabrik, zu der ein Wald gehört, ist vom Eigentümer auf 10 Jahre zugunsten des N ein Nießbrauch bestellt. Der einer ordnungsmäßigen Wirtschaft entsprechende Ertrag des Waldes liegt bei durchschnittlich 2000 m³ jährlich. Infolge eines Windbruchs werden in einem Jahr 5000 m³ geschlagen. Eigentümer dieses Einschlags wird der Nießbraucher, und zwar mit der Trennung (§ 954 mit § 1030; die Bäume sind „Erzeugnisse" des Waldgrundstückes!). Er kann also den Holzertrag verkaufen, in der Papierfabrik verwenden usw. Er hat jedoch *schuldrechtlich* dem E den Wert der „Übermaßfrüchte" zu ersetzen (§ 1039 Abs. 1 S. 2, 3).

Setzt man an Stelle des Nießbrauchers den Pächter P, so ist für seinen Eigentumserwerb § 956, für seine Ausgleichspflicht dem E gegenüber § 581 entscheidend; denn dem P „gebühren" die Früchte nur, „soweit sie nach den Regeln einer ordnungsmäßigen Wirtschaft als Ertrag anzusehen sind" (§ 581).

Handelt es sich um einen normalen Holzeinschlag, endet aber das Pachtverhältnis, bevor das Holz verkauft oder in der Fabrik verwertet ist, so „gebührt" dem P der Holzeinschlag, da das Holz während seiner Pachtzeit geschlagen worden ist (§ 101 Nr. 1); er ist also nicht nur Eigentümer des Holzes (§ 956), sondern er darf es auch im Verhältnis zum Verpächter behalten, d. h. noch nach Beendigung der Pachtzeit wegbringen.

B. Gliederung der dinglichen Rechte im Überblick

Im Eigentum sieht das Gesetz das vollkommene dingliche Recht. Betrachtet man die Stellung des Eigentümers, so enthält sie zwei wesentliche Befugnisse, nämlich die Sache zu nutzen und sie durch Veräußerung zu verwerten. Die Eigennutzung und Eigenverwertung ist *eine,* aber nicht die einzige Form, in der der Eigentümer von seinem Eigentum Gebrauch macht. Er kann andere an der Nutzung teilhaben lassen und anderen das Verwertungsrecht übertragen, ja er kann Dritten das Recht einräumen, die ihm gehörige Sache zu erwerben; m.a.W. er hat die Möglichkeit, aus seinem Vollrecht beschränkte Befugnisse zugunsten anderer „abzuspalten", und zwar derart, daß diese ihrerseits eine dingliche Rechtsstellung erlangen. Freilich ist – wie wir schon wiederholt erörterten – diese Abspaltung nicht in beliebige, sondern nur in die vom Gesetz gestatteten Rechtstypen möglich; diese Rechtstypen finden sich im sog. Katalog der beschränkten dinglichen Rechte.

Im folgenden müssen wir uns einen Überblick über das Eigentum (die Eigentumsarten, Eigentum und Besitz) und die beschränkten dinglichen Rechte verschaffen, freilich eben nur einen Überblick, um einen ersten Eindruck zu gewinnen.

I. Eigentum – Besitz – Eigentumsarten – Eigentumsähnliche Rechte

1. Unterscheidung zwischen Eigentum und Besitz

24 Im Sprachgebrauch des täglichen Lebens wird zwischen *Eigentum und Besitz* nicht unterschieden. Das Recht trennt diese Begriffe scharf: Eigentum ist das dingliche Vollrecht, Besitz ist die tatsächliche, vom Rechtstitel unabhängige, willentliche Innehabung einer Sache, § 854 (auch der Dieb ist Besitzer!).

Freilich ist diese begriffliche Fixierung zunächst recht summarisch; denn einmal gibt es – wie wir noch sehen werden – Besitzformen, bei denen die Beziehung zur Sache sehr „vergeistigt" ist (z. B. beim mittelbaren Besitz, § 868), zum anderen gibt es Fälle tatsächlicher Innehabung, wo das Gesetz doch den Besitz verneint (sog. Besitzdiener, § 855), schließlich gewährt auch der Besitz Rechtsschutz, der in mancher Hinsicht dem des Eigentums nachgebildet ist (s. §§ 861–864, § 823 Abs. 1). Aber für einen ersten Eindruck ist diese scharfe Trennung unerläßlich.

2. Alleineigentum – Miteigentum

25 Es entspricht der Lebenserfahrung, daß ein und dieselbe Sache mehreren Eigentümern gehören kann.

So wenn A und B gemeinsam ein Grundstück als Geldanlage erwerben oder wenn A und B „ein Haus erben" oder wenn zum Vermögen einer OHG, die aus den Gesellschaftern A und B besteht, ein Geschäftshaus gehört.

a) Abgrenzung des Gesamthandseigentums vom Miteigentum

26 Schon diese Beispiele lassen ahnen, daß es sich um recht verschiedene Tatbestände handelt: bei der Erbschaft und der OHG gehört das Grundstück offenbar zu einem Vermögen, dessen Träger durch den Erbfall bzw. den Gesellschaftsvertrag verbunden sind, während im ersten Fall die Verknüpfung zwischen A und B nur darin besteht, daß sie eben dieses Grundstück, und nur dieses, zu gemeinsamem Eigentum erwerben; sonst verbindet sie nichts.

Demgemäß müssen wir zwischen *Gesamthandseigentum* und *Miteigentum* (nach Bruchteilen, schlichtem Miteigentum)[1] unterscheiden:

aa) Gesamthandseigentum

27 Für das *Gesamthandseigentum* charakteristisch ist die Zugehörigkeit einer Sache zu einem Vermögen, das mehreren zur gesamten Hand zusteht (Gesamthandsvermögen). Solche Gesamthandsvermögen ergeben sich bei der bürgerlich-rechtlichen Gesellschaft (§ 718 BGB), der OHG und KG (§§ 105 ff.,

---

[1] Über die Innehabung eines Rechts durch mehrere s. *Eichler*, Die Struktur des Eigentumsrechts, FS f. Prösler 1953, S. 220 ff.; *Fabricius*, Relativität der Rechtsfähigkeit, 1963, S. 117 ff.; *Flume*, Allg. T. d. Bürgerl. Rechts, I 1 Die Personengesellschaft, 1977, § 4; *Hennecke*, D. Sondervermögen der Gesamthand, 1976, 50 ff.; *John*, D. organisierte Rechtsperson, 1977; MünchKomm/*K. Schmidt* Rn. 5 zu § 741 (m. w. N.); *ders.* GesellschaftsR, S. 203 ff.; *Kunz*, Über die Rechtsnatur der Gemeinschaft zur gesamten Hand, 1963 (dazu *Brecher* AcP 166, 362 ff.); *Schünemann*, Grundprobleme der Gesamthandsgesellschaft, 1975; *Schulze-Osterloh*, D. Prinzip d. gesamthänderischen Bindung (1972); E. *Wolf* AcP 173, 97; Manfred *Wolf*, Die dinglichen Gesamtrechte, Tüb. Diss. 1965; *Würdinger*, Theorie der schlichten Interessengemeinschaft, 1939.

161 ff. HGB), der Gütergemeinschaft[1] (§§ 1415 ff. BGB) und der Erbengemeinschaft (§§ 2032 ff. BGB). Der Anteil des einzelnen „Gesamthänders" an den einzelnen zum Gesamthandsvermögen gehörigen Gegenständen ist sachenrechtlich nicht faßbar; daher kann über ihn auch nicht verfügt werden.

<small>A ist zusammen mit B und C Miterbe; die Bezeichnung: zu je 1/3 (oder 1/4, 3/8, usw.) bezeichnet nur den Anteil am Gesamtvermögen, also die wertmäßige Beteiligung, die sich bei der Auseinandersetzung auswirkt. A kann – wenn zur Erbschaft ein Haus gehört – nicht seinen Anteil an diesem Haus auf K übertragen.</small>

Die Nutzungs- und Verwertungsbefugnis steht nur allen Gesamthändern – oder in ihrer Vertretung einem von ihnen – zu.

<small>Nur A, B, C können als Miterben zusammen das Haus an K übereignen. Gehört es einer OHG A und B, so kann jeder Gesellschafter allein über das Haus verfügen (§ 125 HGB), aber nur namens der OHG.</small>

bb) Miteigentum

Anders beim schlichten *Miteigentum:* Hier steht jedem Miteigentümer ein bestimmter, fester Anteil an der Sache zu; er entspringt keiner räumlichen Aufteilung der Sache, ist also real nicht sichtbar und wird daher „ideeller" genannt (§§ 1008–1011). Dieser Miteigentumsanteil ist Eigentum, jeder Miteigentümer kann über ihn wie über Alleineigentum frei verfügen, kann ihn also z.B. veräußern, belasten, und zwar in derselben Form, die für Alleineigentum vorgesehen ist. Das Miteigentum entsteht kraft Rechtsgeschäfts oder kraft Gesetzes (z.B. §§ 947, 948). Da es ein Unterfall der Gemeinschaft nach Bruchteilen ist,[2] finden die §§ 741 ff. Anwendung, sofern sich in den §§ 1008–1011 nicht Sonderregeln finden.

<small>Erwerben also A und B gemeinsam ein Grundstück, so werden sie – falls sie nichts anderes vereinbart haben – Miteigentümer zu je 1/2 (§ 742). A wie B können ihren Anteil am Grundstück durch Auflassung und Eintragung im Grundbuch veräußern,[3] der Erwerber wird wieder Miteigentümer. A kann seinen Anteil allein mit einer Hypothek belasten, B kann an seinem Anteil einen Nießbrauch bestellen usw.</small>

Über *die Sache insgesamt* können A und B nur zusammen *verfügen* (§ 747 S. 2), und zwar auch zugunsten eines von ihnen (§ 1009).

<small>[1] Nicht bei der Zugewinngemeinschaft als dem geltenden gesetzlichen Güterstand; der Name ist irreführend (Etikettenschwindel!). Über die Auswirkungen der Ehe auf Besitz und Eigentum der Eheleute s. *Eichenhofer* JZ 1988, 326. – Daß die Ehegatten durch – notariellen – Ehevertrag eine Gütergemeinschaft vereinbaren und damit eine Gesamthandsgemeinschaft begründen können, schließt nicht aus, daß sie *auch* eine BGB-Gesellschaft abschließen, z.B. zum Bau und Unterhaltung eines Hauses (BGH NJW 1982, 170). Selbstverständlich können sie auch Miteigentum nach Bruchteilen vereinbaren und im Grundbuch eintragen lassen. Leben sie freilich bereits in Gütergemeinschaft und erwerben sie „Miteigentum zur Hälfte", so fällt auch dieses in das Gesamtgut (BGHZ 82, 346; s. auch BayObLG Rpfleger 1982, 18 u. DNotZ 1983, 754); s. auch *Rauscher* AcP 186, 529 (Zugewinngemeinschaft). – Zur Auseinandersetzung der Vermögensverhältnisse einer *nichtehelichen Lebensgemeinschaft* s. *Hausmann,* Nichteheliche Lebensgemeinschaften und Vermögensausgleich, 1989; *Schreiber,* Die nichteheliche Lebensgemeinschaft, 1995; *Grziwotz,* Partnerschaftsvertrag bei nichtehelicher Lebensgemeinschaft, 2. Aufl. 1994; umfangr. w. N. bei *Palandt/Diederichsen,* vor § 1297 Rn. 16 ff.
[2] Dazu *Hübner* AT Rn. 116 ff. (m. w. N.); *Flume,* A. T. d. Bürgerl. Rechts, I 1, 1977, § 8.
[3] Zur Frage, ob die Verfügungsbefugnis rechtsgeschäftlich beschränkbar ist, s. *Walter* DNotZ 1975, 518.</small>

Nur A und B zusammen können also an dem ganzen Grundstück eine Hypothek bestellen und zwar *auch* zugunsten des A.

Rechte gegen Dritte (z. B. die Herausgabeklage nach § 985 oder die Abwehrklage nach § 1004) stehen jedem Miteigentümer bezüglich der ganzen Sache zu (§ 1011), freilich nicht allein zu seinen Gunsten, sondern zugunsten aller Miteigentümer.

Hat sich X in den Besitz des Grundstücks gesetzt, so kann A allein – auch gegen den Willen des B – auf Herausgabe klagen, aber nur auf Herausgabe an A *und* B. Das gleiche gilt auch für Schadensersatz- und Bereicherungsansprüche (Beispielsfälle: BGH LM § 812 BGB Nr. 15; BGHZ 79, 245: keine Rechtskraftwirkung des die Klage *eines* Miteigentümers abweisenden Urteils gegen den anderen Miteigentümer). –

Hat der eine Miteigentümer A dem anderen B den Mitbesitz entzogen, so kann B nach § 985 Einräumung des Mitbesitzes verlangen. Wird die Rechtsstellung des B durch A auf andere Weise beeinträchtigt, so ist § 1004 Anspruchsgrundlage.

Wenn auch beim Miteigentum nach Bruchteilen kein besonderes vermögensrechtliches Band wie beim Gesamthandseigentum besteht, so läßt sich doch nicht verkennen, daß auch hier gewisse *gemeinschaftliche Belange* gegeben sind, eben solche, die die gemeinsame *eine* Sache betreffen.

So muß geklärt werden, wer die Sache verwaltet, wie sie benutzt wird u. a. m. (Beispielsfälle: BGHZ 34, 367; 62, 243: keine Herleitung von Schadensersatzansprüchen aus der Gemeinschaft).

Über die *Verwaltung und Benutzung* sagen die §§ 743–746 das Notwendige. Eine darüber getroffene Vereinbarung der Miteigentümer wirkt auch für und gegen Rechtsnachfolger, bei Miteigentum an einem Grundstück freilich *gegen* einen Rechtsnachfolger nur dann, wenn sie im Grundbuch eingetragen ist (§ 1010; Beispielsfall: BGHZ 40, 326).

In unserem Ausgangsbeispiel zeigt sich bei heftigem Sturm, daß das Dach des Hauses sofort repariert werden muß. A bestellt ohne Wissen des B den Dachdecker D. Hier kann sich zwar D nur an A halten, denn nur mit ihm hat er den Reparaturvertrag geschlossen; A ist aber befugt, von B hälftigen Ausgleich zu verlangen (§ 748); er brauchte ihn nicht vorher zu fragen, da es sich um eine zur Erhaltung des Gegenstandes notwendige Maßregel gehandelt hat (§ 744 Abs. 2). Weitere Beispielsfälle: BGH NJW 1966, 1707 (zum Ersatz von Nutzungen und Verwendungen im Verhältnis der Miteigentümer untereinander); BGHZ 101, 24.

Die lose Form der Verbindung führt zu dem Recht eines jeden Miteigentümers, „jederzeit die Aufhebung der Gemeinschaft zu verlangen" (§ 749[1]; s. aber §§ 750, 751!), wobei – falls Teilung in Natur ausgeschlossen ist (§ 752) – die Sache verkauft und der Erlös geteilt wird (§ 753).

b) Wohnungseigentum als Miteigentum nach Bruchteilen

29 Eine besondere Form des Miteigentums nach Bruchteilen[2] an einem Grundstück ist das *Wohnungseigentum* (dazu unten § 29 Rn. 5 ff.).

Diese früher als Stockwerkseigentum landesrechtlich bekannte Sonderform ist wieder geschaffen worden, um individuelles Eigentum an Wohnungen zu ermöglichen. Rechtlich ist für das Wohnungseigentum die Verbindung des

---

[1] S. dazu *Karsten Schmidt* JR 1979, 317.
[2] Mit starken Annäherungen an das Gesamthandseigentum; s. dazu unten § 29 Rn. 5 ff.

Miteigentums am Grundstück mit dem Sondereigentum an der Wohnung kennzeichnend. Der Grundsatz: superficies solo cedit (§§ 94, 946; oben § 3 Rn. 9f.) ist also hier durchbrochen.

In unserem Beispiel können also A u. B, sollten sie sich zum Bau eines Hauses entschließen, vereinbaren, daß dem A das Wohnungseigentum am 1. Stock, dem B am 2. Stock des Hauses zustehen soll.

c) Sonstige Fälle gemeinsamer Berechtigungen

Von der Gesamthandsberechtigung (Rn. 27) wie von der Mitberechtigung nach Bruchteilen (Rn. 28) sind zu unterscheiden:

aa) eine Mitberechtigung derart, daß jeder der mehreren Berechtigten ein Recht darauf hat, daß alle Berechtigten *gemeinsam* befriedigt werden (§ 432; Beispiele: oben Rn. 28 zu § 1011 und unten § 59 Rn. 45); von der Gesamthandsberechtigung (Rn. 27) unterscheidet sich diese Mitberechtigung dadurch, daß das gemeinsame Recht nicht zu einem Gesamthandsvermögen gehört;

bb) eine Gesamtberechtigung (vergleichbar § 428) derart, daß *jeder* der mehreren Berechtigten ein eigenes Recht darauf hat, daß er selbst befriedigt wird, die Befriedigung eines einzigen Berechtigten jedoch *gegen alle* wirkt; so etwa wenn ein Wohnrecht den Eltern des Hofübernehmers als Gesamtberechtigten eingeräumt wird. Eine Rechtsfigur dieser Art wird für gewisse dingliche Nutzungs- und Verwertungsrechte anerkannt (BGHZ 46, 253, 255; BGH NJW 1981, 176; OLG Hamm RPfleger 1980, 21; kritisch dazu *Reinicke* JZ 1967, 415; *Weitnauer* DNotZ 1968, 706);

cc) von einer Gesamtberechtigung irgendwelcher Art kann man nicht sprechen, wenn mehrere *selbständige* beschränkte dingliche Rechte *zu gleichem Rang* bestellt werden. Daß sich diese selbständigen Rechte dann doch *tatsächlich* gegenseitig beschränken, steht auf einem anderen Blatt (so z.B. wenn der Erlös der Zwangsversteigerung für zwei erstrangige Hypotheken nicht ausreicht!).

3. Eigentumsähnliche Rechte: Das Erbbaurecht

Der Hauptfall eines solchen „grundstücksgleichen" Rechts ist das *Erbbaurecht*.[1]

Man kann es nur aus dem mit ihm verfolgten wohnungspolitischen Zweck erklären: Manches Bauvorhaben – vor allem finanziell schwächerer Personenkreise – scheitert an den hohen Grundstückspreisen. Daher gestattet das Gesetz (ErbbaurechtsVO v. 15.1.1919), daß der Eigentümer einem Baulustigen das Recht gibt, auf seinem Grund und Boden ein Bauwerk zu errichten, ohne daß dieses wesentlicher Bestandteil des Grundstücks wird. Der Eigentümer behält also das Grundeigentum und erhält als Vergütung den sog. Erbbauzins, der Erbbauberechtigte ist Eigentümer des Gebäudes, das er wie Grundeigentum (daher „grundstücksgleiches Recht"!) veräußern und belasten kann.

4. Relatives Eigentum

Eine Aufspaltung des Eigentums zwischen mehreren derart, daß jeder von ihnen *voller* Eigentümer ist, ist streng genommen nicht möglich. Dennoch gibt es zwei Tatbestände, bei denen von einer Relativität des Eigentums gesprochen werden kann:

a) Veräußerungsverbot

Einmal dann, wenn der Eigentümer einem *Veräußerungsverbot* (§§ 135, 136)[2] zuwider über die Sache verfügt. Hier wird der Erwerber Eigentümer jeder-

---

[1] Dazu unten § 29 Rn. 28 ff.
[2] S. dazu *Denck* JuS 1981, 9 u. 861; *Ruhwedel,* Grundlagen u. Rechtswirkungen sog. rel. Verfügungsverbote, JuS 1980, 161; *Wieling* JZ 1982, 639 (ius ad rem).

mann gegenüber; jedoch im Verhältnis zu dem durch das Veräußerungsverbot Geschützten bleibt der Veräußerer Eigentümer.

A hat gegen E durch einstweilige Verfügung ein Veräußerungsverbot erwirkt. Dennoch veräußert E die Sache an K. Dieser wird zwar Eigentümer, nicht aber dem A gegenüber. A kann also von E die Übereignung verlangen und dann von K die Herausgabe fordern (vgl. dazu auch § 5 Rn. 9).

Hauptfall einer solchen relativen Berechtigung ist im Grundstücksrecht die Rechtsstellung des Erwerbers bei vormerkungswidriger Verfügung (s. darüber unten § 20).

b) Fiduziarische Übereignung

34 Ferner dann, wenn Eigentum einem anderen zu treuen Händen übertragen wird *(fiduziarische Übereignung);* hier spricht man von einer Trennung des „wirtschaftlichen" vom „rechtlichen" Eigentum.

Charakteristisch ist, daß der Treuhänder nach außen voller Eigentümer wird, daß er aber im Innenverhältnis zum Treugeber schuldrechtlich verpflichtet ist, seine treuhänderische Rechtsstellung (sein „Treuhandeigentum") nur in dem vereinbarten Sinne auszuüben.[1] Man unterscheidet:

(1) *Verwaltungstreuhand* (auch „uneigennützige – oder „fremdnützige" – Treuhand" genannt, weil der Treuhänder bei Ausübung der Eigentümerrechte nicht eigene Interessen verfolgt).
Beispiele: E – der auf eine jahrelange Forschungsreise geht – hat seine Aktien seinem Freund F zu treuen Händen übereignet, damit dieser problemlos die Eigentümerrechte ausüben kann – E (ein mittelständischer Unternehmer) will seinen Betrieb liquidieren; er überträgt sein Unternehmensvermögen dem F, damit dieser es verwertet, die Gläubiger befriedigt, den Sozialplan mit dem Betriebsrat vereinbart usw. Weiteres Beispiel: die Investmentgesellschaften (§ 50 Rn. 12) u. BGH JZ 1988, 873.

(2) *Sicherungstreuhand* (auch „eigennützige Treuhand" genannt, weil der „Treuhänder" [besser: Sicherungsnehmer] als Gläubiger des Sicherungsgebers eigene Interessen verfolgt, eben die Sicherung seiner Forderung (des dem Sicherungsgeber = Schuldner gewährten Kredits). Hauptfälle der Sicherungstreuhand sind die Sicherungsübereignung, die Sicherungsabtretung und der Eigentumsvorbehalt (unten §§ 57–59).
Beispiel: E hat der Bank B zur Sicherung eines Kredits eine ihm gehörige Maschine übereignet; E bleibt Besitzer der Maschine, B wird (nach § 930) Eigentümer. B *darf* die Maschine erst veräußern, wenn E seine Verpflichtungen nicht erfüllt. Der Treuhänder (Sicherungsnehmer) wird voller Eigentümer, er *kann* also auch über das Eigentum verfügen, selbst wenn er dadurch seinen Verpflichtungen dem Treugeber gegenüber zuwiderhandelt: Dennoch schlägt dieses Pflichtverhältnis Treuhänder/Treugeber ausnahmsweise sachenrechtlich durch, insbesondere wenn Gläubiger des Treuhänders in das Treugut vollstrecken oder der Treuhänder in Konkurs fällt. Der Treugeber kann dann „sein" Eigentum realisieren (Einzelheiten s. *Baur/Stürner,* I ZVR, Rn. 46.7 ff.; II InsolvR § 14.19 ff.; gute Darstellung der Problematik bei *Canaris,* FS Flume, 1978, 371, 410 ff.).

II. Beschränkte dingliche Rechte

35 S. die Übersicht 1 am Ende von § 3.

Wir sprachen oben von einer Abspaltung der Nutzungs- und Verwertungsbefugnisse des Eigentümers; es gilt nun näher zu erörtern, welche Rechtsformen hier möglich sind.

---

[1] S. dazu *Gernhuber,* Bürgerl. R. § 20; *ders.* JuS 1988, 355; *Lange/Scheyhing/Schiemann,* Fall 6; *Henckel,* FS Coing, 1982, II 137; *Wiegand* ebda II 565; *ders.* AcP 190, 113, 126 ff.; *Timm* JZ 1989, 13, 19 (im Zusammenhang mit § 137). Weit. Lit.-Hinweise s. MünchKomm./*Schramm* Rn. 30 ff. vor § 164; s. auch BGH DB 1993, 2378 (zum Aussonderungs- und Widerspruchsrecht des Treugebers im Konkurs des Treuhänders).

1. Nutzungsrechte: Dienstbarkeiten

Unter dem Oberbegriff „Dienstbarkeiten"[1] – die Sache ist einem anderen „dienstbar" – faßt das Gesetz sämtliche abgespaltenen Nutzungsrechte zusammen. Darunter sind aber ihrem Gehalt nach sehr unterschiedliche Nutzungsrechte zu verstehen:

a) Nießbrauch

Das umfassendste Nutzungsrecht ist der *Nießbrauch* (§§ 1030 ff.). Der Nießbraucher ist befugt, „die Nutzungen der Sache zu ziehen" (§ 1030), schließt sonach den Eigentümer davon aus. Wegen des drückenden Charakters dieses Rechts ist es unübertragbar (§ 1059; der Eigentümer soll sich nicht plötzlich einem anderen Nießbraucher gegenübersehen[2]) und erlischt spätestens mit dem Tode des Nießbrauchers (§ 1061), ist also unvererblich.

b) Grunddienstbarkeit – beschränkte persönliche Dienstbarkeit

Ein beschränktes Nutzungsrecht geben die *Grunddienstbarkeit* (§§ 1018 ff.) und die *beschränkte persönliche Dienstbarkeit* (§§ 1090 ff.). Beiden *gemeinsam* ist, daß der Eigentümer in einzelnen Befugnissen zugunsten des Dienstbarkeitsberechtigten beschränkt wird, wobei die Beschränkung bei der Grunddienstbarkeit zugunsten des jeweiligen Eigentümers eines anderen Grundstücks, bei der beschränkten persönlichen Dienstbarkeit zugunsten einer bestimmten Person erfolgt.

Beispiele: A muß, um zu seinem Grundstück a zu gelangen, über das Grundstück b des B gehen. B bestellt zugunsten des jeweiligen Eigentümers des Grundstücks a eine Grunddienstbarkeit (Wegerecht).
Das Elektrizitätswerk X AG führt eine Hochspannungsleitung über fremde Grundstücke. Deren Eigentümer bestellen – natürlich gegen Vergütung! – der X AG eine beschränkte persönliche Dienstbarkeit (Leitungsrecht).

Eine besondere Form der beschränkten persönlichen Dienstbarkeit ist das *Wohnungsrecht;* darunter versteht man das Recht, ein Gebäude oder einen Teil eines Gebäudes unter Ausschluß des Eigentümers als Wohnung zu benutzen (§ 1093); nicht zu verwechseln mit dem Wohnungseigentum einerseits, der nur schuldrechtlichen Stellung des Mieters andererseits.

2. Verwertungsrechte

Der Eigentümer kann einem anderen die Befugnis einräumen, die Sache zu verwerten, wenn bestimmte Voraussetzungen gegeben sind, insbesondere bestimmte Leistungen nicht erbracht werden. Hierunter fallen:

a) Das Pfandrecht

Das Gesetz unterscheidet zwischen dem Pfandrecht an beweglichen Sachen (§§ 1204 ff.) und Pfandrechten an Grundstücken, die in der Form der Hypo-

---

[1] Vgl. die Überschrift des 5. Abschnitts vor §§ 1018 ff.
[2] Siehe aber § 1059a und § 32 Rn. 19.

thek, Grundschuld und Rentenschuld möglich sind (§§ 1113 ff.). Sucht man nach einem verbindenden Kennzeichen, so stößt man auf die Sicherungsfunktion dieser Rechte (der Eigentümer gibt ein Pfand zur Sicherung einer Forderung; bezahlt er nicht, so wird das Pfand versteigert, verwertet). Im einzelnen ist die Sicherungsfunktion freilich verschieden ausgestaltet:

aa) Das Pfandrecht an beweglichen Sachen

Das *Pfandrecht an beweglichen Sachen* dient zur Sicherung einer Forderung und gibt dem Gläubiger das Recht, „Befriedigung aus der Sache zu suchen" (§ 1204).

bb) Grundpfandrechte

Das Pendant hierzu bei den Grundpfandrechten ist die *Hypothek;* auch sie muß dem Begriff nach der Sicherung einer Forderung dienen (§ 1113). Demgegenüber setzt die *Grundschuld* rechtlich eine zu sichernde Forderung nicht voraus (§ 1191), wenn eine solche auch praktisch meist vorhanden sein wird. Ähnliches gilt für die *Rentenschuld,* nur daß hier in bestimmten Abständen eine Geldrente zu zahlen ist, für deren Leistung das Grundstück haftet (§ 1199).

b) Die Reallast

41 Sie hat Ähnlichkeit mit der eben erörterten Rentenschuld, unterscheidet sich von ihr aber dadurch, daß die „wiederkehrenden Leistungen" nicht in Geld zu bestehen brauchen und nicht regelmäßig erbracht werden müssen (§ 1105).

Typ: „Altenteilsrecht": Der Bauer übergibt den Hof seinem Sohn, läßt sich aber durch Reallast die vereinbarten Ansprüche auf Natural- und Geldleistungen sichern.

3. Erwerbsrechte

42 Hierunter werden ihrer Funktion nach recht verschiedenartige Rechte zusammengefaßt. Gemeinsam ist ihnen nur, daß der Berechtigte unter bestimmten Voraussetzungen die Befugnis hat, das Eigentum (oder ein anderes Recht) an einer Sache zu erwerben.

Hierunter fallen:

a) Aneignungsrechte

So liegt im Jagdrecht die Befugnis, herrenlose jagdbare Tiere sich anzueignen (Einzelheiten s. unten § 27 Rn. 65 ff., § 53 Rn. 67 ff.).

b) Dingliches Vorkaufsrecht

Hier ist dem Vorkaufsberechtigten die Befugnis eingeräumt, im Fall eines Verkaufs des Grundstücks in den vom Eigentümer mit einem anderen geschlossenen Grundstückskaufvertrag einzutreten (§ 1094 mit § 504).

c) Vormerkung

Als Erwerbsrecht kann sich auch die *Vormerkung* auswirken (§§ 883 ff.). Durch sie kann der *schuldrechtliche* Anspruch auf Einräumung (oder Aufhebung) eines Rechts an einem Grundstück auch Dritten gegenüber gesichert werden.

Hat E sein Grundstück an K verkauft, aber noch nicht – durch Auflassung (§ 925) und Eintragung (§ 873) – übereignet, so kann der durch eine Vormerkung gesicherte K seinen Anspruch aus § 433 auch gegenüber einem inzwischen eingetragenen dritten Erwerber D durchsetzen (§ 888, § 883 Abs. 2).

4. Anhang: Rechte an eigener Sache

Der Überblick über die beschränkten dinglichen Rechte wäre unvollständig, würden wir nicht kurz – und daher zunächst notwendig unvollständig – auf eine Eigenart der beschränkten dinglichen Rechte hinweisen, die dem Anfänger erfahrungsgemäß Schwierigkeiten bereitet: nämlich die Rechte an eigener Sache. 43

Das Bedürfnis nach solchen Rechten an eigener Sache wird deutlich, wenn man sich vergegenwärtigt, daß mehrere beschränkte dingliche Rechte an ein und derselben Sache in einer *Rangordnung* stehen, die sich dann vor allem in einer Zwangsversteigerung auswirkt. An dieser Rangordnung muß unter gewissen Voraussetzungen auch der Eigentümer teilnehmen dürfen.

Rechte an eigener Sache *entstehen* u. a.

a) bei allen Grundstücksrechten im Falle der *Vereinigung* des beschränkten dinglichen Rechts mit dem Eigentum (§ 889); für bewegliche Sachen gilt dieser Grundsatz nur beschränkt (vgl. §§ 1063 Abs. 2, 1256 Abs. 2);

b) in zahlreichen Fällen im Grundpfandrecht, insbes. wenn die zu sichernde Forderung nicht entsteht oder erlischt (vgl. § 1163);

c) wenn der Eigentümer eines Grundstücks nach § 1196 für sich selbst eine Grundschuld bestellt.

Er kann sie dann später durch Abtretung verwerten. Weiß E z. B. noch nicht, wer ihm ein erstrangig gesichertes Darlehen geben wird, kennt er aber schon die Geldgeber der nachfolgenden Hypotheken, so läßt er für sich selbst an erster Stelle eine Grundschuld und dann die nachfolgenden Hypothekare eintragen. Findet er dann eine Bank, die ihm gegen erststellige Sicherung ein Darlehen gibt, so tritt er seine Eigentümergrundschuld an sie ab; sie erwirbt dann eine Fremdgrundschuld an erster Stelle.

Fraglich ist, ob der Eigentümer – über den Fall des § 1196 hinaus – beschränkte dingliche Rechte für sich selbst begründen kann (Eigentümerdienstbarkeit? s. unten § 33 Rn. 34; Eigentümernießbrauch? s. unten § 32 Rn. 7).

III. Anwartschaftsrechte[1]

In der heutigen Rechtspraxis spielt die „dingliche Anwartschaft" oder – häufig im selben Sinne 44 verwendet – das „dingliche Anwartschafts*recht*" eine erhebliche Rolle. Man erfaßt damit – zunächst

---

[1] Aus der reichen Literatur s. u. a. A. *Blomeyer,* Studien zur Bedingungslehre (1939) und AcP 153, 329 und 162, 193; *Eichenhofer* AcP 185, 162; *Flume* II § 42 und AcP 161, 385; *Forkel,* Grundfragen der Lehre vom privatrechtlichen Anwartschaftsrecht (1962); *Gernhuber,* Bürgerl. R. § 13 (mit weit. Lit.-Angaben); *Kupisch* JZ 1976, 417; *Lempenau,* Direkterwerb oder Durchgangserwerb bei Übertragung künftiger Rechte (1968); *von Lübtow* JuS 1963, 171; *Marotzke,* Das Anwartschaftsrecht – ein Beispiel sinnvoller Rechtsfortbildung?, 1977; *Medicus* JuS 1967, 385 u. Bürgerl. Recht § 20; *Raiser,* Dingliche Anwartschaften (1961); P. *Schwerdtner,* Anwartschaftsrechte, Jura 1980, 609, 661; *Serick,* Eigentumsvorbehalt und Sicherungsübertragung, I–IV, 1963–1968; *Sponer,* Das Anwartschaftsrecht und seine Pfändung (1965); *Wilhelm,* Sachenrecht, Rn. 1225; *Würdinger,* Die privatrechtliche Anwartschaft als Rechtsbegriff (1928).

grob gezeichnet – Fälle, wo einige Tatbestandserfordernisse für den Erwerb des dinglichen Rechts bereits verwirklicht sind, andere noch nicht.

Zum Verständnis zunächst ein *Beispiel:*

Wenn V eine Sache an K unter Eigentumsvorbehalt verkauft hat, so bedeutet dies nach § 455, „daß die Übertragung des Eigentums unter der aufschiebenden Bedingung vollständiger Zahlung des Kaufpreises erfolgt". V bleibt also bis zur Zahlung der letzten Kaufpreisrate Eigentümer, K ist aber nicht lediglich Besitzer, sondern hat, da ja die Übereignung an ihn schon – wenn auch bedingt – vorgenommen wurde, eine gewisse dingliche Rechtsstellung, die man als Anwartschaft bezeichnet. Dieses Anwartschaftsrecht wird – wirtschaftlich betrachtet – um so mehr wert sein, je geringer der Restkaufpreis ist, den K noch zu bezahlen hat. Ist K etwa schon „fast" Volleigentümer, so kann er ein legitimes Interesse daran haben, seine „Anwartschaft" auf einen anderen zu übertragen; auch mag für die Gläubiger des K eine Pfändung des Anwartschaftsrechts schon recht reizvoll sein. Schließlich muß man dem K einen Schadensersatzanspruch nach § 823 Abs. 1 zubilligen, wenn die *Sache* (und damit sein Anwartschaftsrecht) durch einen anderen schuldhaft beeinträchtigt wird. Damit sind die wesentlichen praktischen Probleme gekennzeichnet, die sich bei der rechtlichen Regelung des Anwartschaftsrechts ergeben: das *Übertragungsproblem*, das *Pfändungsproblem*, das *Schutzproblem*.

S. die Übersicht 2 am Ende von § 3.

45 *Hauptfälle* des Anwartschaftsrechts sind

1) die Stellung des Käufers unter Eigentumsvorbehalt nach § 455 (darüber s. unten § 59);

2) die Stellung des Erwerbers eines Grundstücksrechts (insbes. des Grundeigentums) nach Erklärung der bindenden Einigung (Auflassung) und Stellung des Eintragungsantrags durch den Erwerber, aber vor Eintragung im Grundbuch (s. unten § 19 Rn. 15);

3) die Stellung des Hypothekars vor Entstehung der gesicherten Forderung (s. unten § 46 Rn. 27).

Die Nennung dieser Fälle darf nicht zu dem Irrtum veranlassen, als handle es sich um eine abschließende Aufzählung aller in Betracht kommenden Tatbestände. Auch ist der mit dem Begriff „Anwartschaft" angesprochene Problemkreis keineswegs auf das Sachenrecht beschränkt (vgl. etwa die Anwartschaft des Nacherben vor dem Nacherbfall!).

46 Versucht man eine vorläufige Kennzeichnung, so wird man sagen können, daß die Anwartschaft mehr ist als eine bloße Erwerbsaussicht, weniger als das Vollrecht. Ein Teil der zum Erwerb des Vollrechts notwendigen Voraussetzungen ist vorhanden, ein anderer Teil (der Eintritt der Bedingung – die Eintragung im Grundbuch – die gesicherte Forderung) fehlt noch. Freilich ist damit noch nicht viel gewonnen. Denn nun gilt es, die Frage zu beantworten, welche Voraussetzungen des Erwerbstatbestandes schon gegeben sein müssen, damit die Anwartschaft als solche rechtliches „Eigenleben" gewinnt. Erst dann läßt sich weiter prüfen, welche Rechtsgrundsätze auf ihre Übertragung, ihren Schutz usw. anwendbar sind.

Auf die erste Frage gibt es keine allgemeingültige Antwort. Insbesondere genügt es nicht, auf die Übertragungsmöglichkeit zu verweisen, denn das wäre eine petitio principii. Mindestvoraussetzung ist vielmehr, daß die Struktur des Vollrechts *und* der Rechtsträger bereits erkennbar sind. Ist dies der Fall, so ist letzten Endes das Gewicht der – meist wirtschaftlichen – Bedürfnisse für die Anerkennung als Anwartschaftsrecht maßgebend. Wann diese Kriterien gegeben sind, läßt sich nicht allgemein, sondern nur für die einzelnen in Betracht kommenden Fälle sagen.

§ 3. Grundbegriffe des Sachenrechts

Auch für die rechtliche Behandlung der anerkannten Anwartschaftsrechte, also für das Übertragungs-, Pfändungs- und Schutzproblem, lassen sich keine allgemein gültigen Regeln aufstellen. Immerhin geht die Tendenz dahin, das Anwartschaftsrecht den für das Vollrecht geltenden Regeln zu unterwerfen, also etwa auf die Übertragung des Anwartschaftsrechts des Vorbehaltskäufers die §§ 929 bis 931 anzuwenden.

Zu bemerken ist, daß in neuerer Zeit gegen die Rechtsfigur des Anwartschaftsrechts erhebliche Einwendungen gemacht werden (*Kupisch, Marotzke, Eichenhofer* je aaO; *E. Wolf* § 7 C), ohne freilich die nahezu gewohnheitsrechtlich verfestigte Praxis beeinflussen zu können.

Übersicht 1

Die dinglichen Rechte – Überblick

Vollrechte	*Beschränkte dingliche Rechte* (numerus clausus der Sachenrechte)		
Eigentum: volle Nutzung und Verwertung (§ 903) *Berechtigungsformen:* 1. Alleineigentum 2. Berechtigung mehrerer: a) „Gesamthandseigentum" (z. B. Gesellschaft § 705) b) Miteigentum nach Bruchteilen (§§ 1008 ff.) – Sonderform: Wohnungseigentum (WEG) *Eigentumsähnliches Recht:* Erbbaurecht (ErbbaurechtsVO)	*Nutzungsrechte* I. *Nießbrauch* (§ 1030) (volles Nutzungsrecht – nicht übertragbar und nicht vererblich) II. *Grunddienstbarkeit* (§ 1018) Beschränktes zugunsten eines anderen Grundstücks bestehendes Nutzungsrecht an einem Grundstück III. *Beschränkte persönliche* Dienstbarkeit (§ 1090) Beschränktes zugunsten einer bestimmten Person bestehendes Nutzungsrecht an einem Grundstück	*Sicherungs- und Verwertungsrechte* (Pfandrechte) I. *an Grundstücken:* Grundpfandrechte 1. Hypothek (§ 1113) Sicherung des Gläubigers einer Geldforderung durch Verwertungsrecht am Grundstück 2. Grundschuld (§ 1191) zweckgleich mit der Hypothek 3. Reallast (§ 1105) II. *an beweglichen Sachen:* 1. Legaltypisch: Faustpfand: Sicherung des Gläubigers durch Verwertungsrecht an einer beweglichen Sache 2. „Atypisch", aber praktisch bedeutsam: a) Sicherungsübereignung (ersetzt Faustpfand) b) Sicherungsabtretung einer Forderung (ersetzt Verpfändung der Forderung) c) Eigentumsvorbehalt (§ 455) sichert Verkäufer einer bewegl. Sache bis zur Vollzahlung des Kaufpreises	*Erwerbsrechte* I. *Dingliches Vorkaufsrecht* Arten: 1. *rechtsgeschäftlich* vereinbart (§ 1094) 2. *gesetzlich* vorgesehen (z. B. der Gemeinde nach BauGB) II. *Ankaufsrecht* (Option) Zweckähnlich mit dem Vorkaufsrecht III. *Vormerkung* (§ 883) Sicherung des Anspruchs auf dingl. Rechtsänderung am Grundstück; z. B. des Käufers eines Grundstücks gegen Verfügungen des Verkäufers vor der Übereignung des Grundstücks an den Käufer

IV. „Verdinglichte" relative Rechte und sonstige Rechtspositionen

47 Wir hatten bereits gesehen (§ 1 Rn. 7), daß nur die im Gesetz aufgeführten dinglichen Rechte als solche anerkannt sind (Typenzwang – numerus clausus der Sachenrechte). Wir hatten weiter festgestellt, daß die unmittelbare, „absolute" Sachherrschaft Kennzeichen des dinglichen Rechts ist. Nun werden wir später an vielen Stellen die Beobachtung machen, daß das Gesetz *einzelne* Eigenschaften des dinglichen Rechts auch gewissen relativen Rechten, ja auch gewissen Rechtspositionen einräumt. Gelegentlich ist es dann so, daß die Verbindung eines relativen Rechts mit einer bestimmten Rechtsposition dem „Inhaber" dieses Rechts eine besondere „quasidingliche" Stellung einräumt.

Als Beispiel soll die Situation des Mieters einer Wohnung angedeutet werden: Als *Besitzer* der Wohnung hat er gegen Dritte einen Rechtsschutz, der dem des Eigentümers angenähert ist (s. § 9; § 29 Rn. 62f.). Die Rechtstellung, die er als *Mieter* gegenüber dem Vermieter hat, bleibt ihm auch dann erhalten, wenn der Vermieter die Sache veräußert (§ 986 II – § 571). – Ein weiteres interessantes Beispiel bietet § 746: Haben die Teilhaber einer Gemeinschaft (z.B. die Miteigentümer einer beweglichen Sache) Vereinbarungen über die Benutzung des gemeinschaftlichen Gegenstandes getroffen, so wirken diese auch für und gegen einen Erwerber des Anteils.

Es ist immer wieder versucht worden, diese „verstärkten" obligatorischen Rechte und sonstige Rechtspositionen dogmatisch in den Rang von dinglichen Rechten „hochzuhieven"; erfolglos, weil sie eben nur *einzelne* Eigenschaften des dinglichen Rechts aufweisen. So weit dies der Fall ist, haben sie „ausschnittsweise" den Charakter des dinglichen Rechts, aber auch nicht mehr.[1]

Übersicht 2

Anwartschaftsrecht = Rechtsstellung des Erwerbers bei gestreckten = mehraktigen Erwerbsvorgängen

Hauptfälle	*Vorhandene Erwerbsakte*	*Fehlende Erwerbsakte*
Auflassungsanwartschaft	Auflassung (§ 925) – Eintragungsantrag	Eintragung im Grundbuch
AnwR des Käufers bei Eigentumsvorbehalt (§ 455)	Einigung und Übergabe (§ 929)	Eintritt der Bedingung (meist mit Zahlung der letzten Rate)
AnwR des Hypothekars	Einigung und Eintragung (§ 873)	Entstehung der gesicherten Forderung

Gemeinsame Probleme: 1. Übertragungsproblem: ob? wie?
2. Pfändungsproblem: ob? wie?
3. Schutzproblem: ob? wie?

---

[1] Über den ganzen Problemkreis unterrichten gut *Canaris*, FS Flume, 1978, S. 371 und *Weitnauer*, FS Larenz 1983 S. 706, je mit weiteren umfassenden Nachweisen. Bemerkenswert ist in diesem Zusammenhang die Entscheidung des BVerfG in NJW 1993, 2035ff., wonach das Besitzrecht des Mieters an seiner Wohnung sogar der Eigentumsgarantie des Grundgesetzes unterfallen soll. Vgl. hierzu auch *Emmerich*, JuS 1993, 961ff.; *Depenheuer*, NJW 1993, 2561ff; § 29 Rn. 64.

II. Abschnitt
Allgemeine für Liegenschafts- und Mobiliarsachenrecht gleichermaßen geltende Lehren und Institute

1. Kapitel. Strukturprinzipien

§ 4. Sachenrechtsgrundsätze

Vorbemerkung: Grundgedanken

Hat der Gesetzgeber ein bestimmtes Rechtsgebiet zu regeln, so wird er sich – vor aller technischen Kleinarbeit – über die Grundgedanken, die Prinzipien klar werden müssen, die für die Gestaltung der Materie maßgebend sein sollen. Zu Beginn der Rechtsetzung muß Klarheit über die Zielsetzung bestehen. Diese rechtspolitischen Grundentscheidungen fließen aus vielen Quellen: weltanschaulich-politischen, historischen, rationalen, soziologisch-wirtschaftlichen und rein gesetzestechnischen. Die Stärke der einzelnen Quellen wird in den einzelnen Rechtsgebieten verschieden sein; so wird etwa im Familienrecht der weltanschaulich-politische Einfluß, im Handelsrecht und Arbeitsrecht der soziologisch-wirtschaftliche überwiegen. **1**

Im Sachenrecht ist „das Bekenntnis zum Privateigentum" eine weltanschaulich-politische Entscheidung. Die Gestaltung im einzelnen wird etwa in gleicher Weise von historischen, rationalen und wirtschaftlichen Momenten beeinflußt. Die hiernach vom Gesetzgeber als maßgeblich erkannten Grundsätze liegen dann – ungeachtet von Abweichungen im einzelnen – der Gesamtregelung zugrunde; für den Juristen, insbesondere den Richter und Anwalt, sind sie die Faustregeln, Gedächtnisstützen, deren er sich – meist unbewußt – bedient, lange bevor er einen Blick in das Gesetz wirft. Die Klarheit über diese Prinzipien steht am Anfang einer jeden Beschäftigung mit dem Sachenrecht. Rang und Gewicht der einzelnen Grundsätze sind verschieden, ein Gefühl hierfür läßt sich erst gewinnen, wenn man sie im einzelnen kennengelernt hat.[1] **2**

Im Sachenrecht spricht man gemeinhin von folgenden Prinzipien: „Typisierung" (beschränkte Zahl der Sachenrechte),[2] „Absolutheit", „Publizität", „Spezialität", „Abstraktheit".
S. die Übersicht 3 am Ende von § 5.

I. „Absolutheit"

1. Umfassender Rechtsschutz gegenüber jedermann

Mit dem Stichwort „Absolutheit" wird zunächst auf die Eigenart der dinglichen Rechte hingewiesen, daß sie jedermann gegenüber, eben als Auswirkung der absoluten Herrschaftsmacht des Berechtigten wirken. Praktisch bedeutet der Grundsatz einen umfassenden Rechtsschutz, der – gesetzestechnisch – für **3**

---

[1] S. *F. Baur* JA 1987, 181 (Entwicklungstendenzen im Sachenrecht); zur historischen Herkunft und Fortentwicklung eigenständiger Sachenrechtsgrundsätze *Wiegand* AcP 190, 112 ff.; zum Ganzen ferner *Wieling* I § 1 II 4; *Wilhelm* Rn. 241 ff.; *Müller* Rn. 50 ff.; *Manfred Wolf* Rn. 21 ff.; *Schreiber* Rn. 19 ff.
[2] Zu diesem Grundsatz bereits oben § 1 II 2; ferner *Stürner* AcP 194, 265 ff.; *Wiegand*, FS Kroeschell, 1987, S. 623 ff.

§ 4 I   II. Abschnitt. Allgemeine Lehren und Institute

das Eigentum als das Vollrecht vollkommen ausgestaltet ist, so daß dann bei den beschränkten dinglichen Rechten auf diese Regelung verwiesen werden kann. Überlegt man sich, wie denn der Eigentümer in seiner Rechtsstellung beeinträchtigt werden kann, so kommt man unschwer auf folgende Formen möglicher Rechtsverletzungen:

4   a) *Besitzentzug – Besitzvorenthaltung:* Schutz durch Herausgabeklage (rei vindicatio) nach § 985.

b) *Andere Beeinträchtigungen* als durch Besitzentzug (Besitzvorenthaltung): Schutz durch Beseitigungs- und Unterlassungsklage (actio negatoria) nach § 1004.

c) *Beschädigung der Sache:* Schutz durch Klage aus unerlaubter Handlung nach § 823 Abs. 1, ggf. aus haftungserleichternden Sondergesetzen (StVG, ProdHaftG, UmweltHG etc.).

d) Beeinträchtigung oder Entzug des Rechts durch *hoheitliches Handeln* einer Behörde: Schutz durch Klage vor den Verwaltungsgerichten (vgl. § 42 Abs. 2 VwGO); geschütztes „Recht" im Sinne dieser Bestimmung sind auch Privatrechte, also auch die „Sachenrechte".

In den Fällen a) und b) handelt es sich um einen sachenrechtlichen Rechtsschutz, der ohne Rücksicht auf Verschulden des Beeinträchtigenden gewährt wird; in den Fällen c) erkennen wir den deliktischen Rechtsschutz, der nur bei Verschulden des Schädigers – von den Fällen der Gefährdungshaftung abgesehen – gewährt wird.

5   Ein *Beispiel* mag in diesen absoluten Rechtsschutz einführen:

E ist Eigentümer einer Wiese. Als er eines Tages dorthin kommt, sieht er, daß A sich auf der Wiese breit gemacht und ein Wochenendhaus errichtet hat; E kann von A Herausgabe der Wiese verlangen (§ 985), auch die Beseitigung des Häuschens (§ 1004), selbst wenn A durchaus „gutgläubig" war (z.B. weil ihm ein Grundstücksmakler das falsche Grundstück verpachtet hatte). Hat A einige Obstbäume gefällt, weil er Platz für das Häuschen brauchte, so kann E zwar Herausgabe des Holzes verlangen (da weder § 955 Abs. 2 zutrifft [„an"!] noch § 957 [der Makler und sein Auftraggeber hatten keinen Besitz an *diesem* Grundstück, als sie es verpachteten]), Schadensersatz aber nur dann, wenn A mindestens leicht fahrlässig die verbotene Eigenmacht begangen und die Bäume gefällt hat (§§ 992, 823). Hat A bei Herbeischaffen des Materials für das Häuschen mit seinem Lastkraftwagen den Zaun beschädigt, so muß er nach § 7 StVG den Schaden ersetzen, auch wenn ihn kein Verschulden getroffen hat. Hat das Landratsamt den A in den Besitz der Wiese eingewiesen, so kann E dagegen die verwaltungsgerichtliche Klage erheben (§ 42 VwGO).

6   Dieser dem Eigentümer gewährte Schutz wird auf die Inhaber *beschränkter dinglicher Rechte* ausgedehnt, sofern sie eines solchen Schutzes bedürfen:

So gilt z.B. § 985 (rei vindicatio) nach § 1065 für den Nießbraucher, nach § 1227 für den Pfandgläubiger einer beweglichen Sache.

Die *actio negatoria* (§ 1004) steht u.a. nach § 1027 dem Inhaber einer Grunddienstbarkeit (und über § 1090 Abs. 2 auch dem Berechtigten einer beschränkten persönlichen Dienstbarkeit), nach § 1065 dem Nießbraucher, nach § 1227 dem Pfandgläubiger zu.

Der *Deliktsschutz* erfaßt alle beschränkten dinglichen Rechte, da mit den „sonstigen Rechten" des § 823 Abs. 1 gerade auch die beschränkten dinglichen Rechte gemeint sind.

Zu beachten ist, daß der Rechtsschutz im Verhältnis zwischen Eigentümer und Inhaber eines beschränkten dinglichen Rechts an der Sache vielfach modifiziert ist, so etwa in den §§ 1133–1135 für die Hypothek (dazu BGHZ 65, 211 als Beispiel), in §§ 1217–1221 für das Pfandrecht an beweglichen Sachen; es muß dann jeweils geprüft werden, ob und inwieweit durch diese Sonderregelungen die allgemeinen Rechtsschutzbestimmungen ausgeschlossen sind.

2. Personelle Unteilbarkeit

Die „Absolutheit" bedeutet weiter, daß die durch Gesetz eingeräumte Rechtsstellung personell unteilbar ist; es gibt also keine relativen Rechte etwa derart, daß A als Eigentümer nur bestimmte sich aus dem Eigentum ergebenden Rechte ausüben darf, B – ebenfalls als Eigentümer – die anderen *oder* daß A einem bestimmten Personenkreis gegenüber Eigentümer ist, B im Verhältnis zu allen anderen (s. dazu schon oben § 3 Rn. 32ff.). 7

Jedoch erfährt dieser Grundsatz *Ausnahmen;* 8
a) so bei der Vormerkung und den relativen Veräußerungsverboten (s. dazu schon oben § 3 Rn. 33 und Rn. 42 unter c),
b) bei der treuhänderischen Rechtsübertragung, wo man gern von formalem und wirtschaftlichem Eigentum spricht (s. oben § 3 Rn. 34).

Beispiel: E hat seinen Maschinenpark (richtiger: die ihm gehörenden einzelnen Maschinen) seiner Bank B zur Sicherheit übereignet, weil er ein ihm von B gewährtes Darlehen nicht anders sichern konnte. Hier wird „formal" die Bank Eigentümerin, was sich praktisch nur dann auswirkt, wenn E falliert (er gerät in Konkurs oder andere Gläubiger pfänden die Maschinen); dann kann die Bank ihr formales Eigentum durch Absonderung (§ 4 KO; §§ 50–52 InsO) oder durch Interventionsklage geltend machen (§ 771 ZPO). *Wirtschaftlich* bleibt E Eigentümer; d. h. er bleibt im Besitz der Maschinen und nützt sie, „wie wenn er Eigentümer wäre".

II. Publizität (Offenkundigkeit)[1]

Schon nach der tatsächlichen Gestaltung der Lebensverhältnisse sind Sachenrechte vielfach nach außen sichtbar: Der Eigentümer eines Kraftwagens wird ihn häufig selbst fahren, ihn also „besitzen"; wer auf einem Grundstück ein Haus errichtet, wird meist Eigentümer dieses Grundstücks sein. Man kann also mit einer gewissen Wahrscheinlichkeit vom Besitz – als tatsächlicher Innehabung – auf das Eigentum schließen. 9

Auf dieser Lebenserfahrung baut das Gesetz auf, variiert und typisiert sie allerdings: Der Besitz ist Publizitätsmittel nur bei beweglichen Sachen, bei Grundstücken tritt an seine Stelle eine amtliche Aufzeichnung der Grundstücke, das Grundbuch. Dem Besitz bzw. der Eintragung im Grundbuch kommen drei Funktionen zu:
die Übertragungswirkung (1),
die Vermutungswirkung (2),
die Gutglaubenswirkung (3).

---

[1] Zu dem Publizitätsprinzip, seiner gesetzlichen Fixierung, seiner Bedeutung für Praxis und Theorie insbesondere *Martinek,* Traditionsprinzip und Geheißerwerb, AcP 188 (1988), 573 und *Picker,* Mittelbarer Besitz, Nebenbesitz und Eigentumsvermutung in ihrer Bedeutung für den Gutglaubenserwerb, AcP 188 (1988), 511; *Wieling* I § 1 II 4d; zum Publizitätsprinzip und seinen vermeintlichen oder echten Durchbrechungen (Surrogation, Treuhand) *Einsele* JZ 1990, 1005 ff.

1. Die Übertragungswirkung

10 Rechtsgeschäftliche Rechtsvorgänge im Sachenrecht müssen äußerlich sichtbar werden. Daher verlangt das Gesetz
bei beweglichen Sachen die Übergabe der Sache (vgl. § 929 für die Übereignung, § 1032 für den Nießbrauch, § 1205 für das Pfandrecht),
bei Grundstücken die Eintragung der Rechtsänderung im Grundbuch (vgl. § 873 für alle Rechte an Grundstücken mit der Ergänzung in § 925 für den Eigentumsübergang an Grundstücken).
Dazu muß in allen Fällen *die Einigung* der Beteiligten über die Rechtsänderung kommen.

11 Hier wird sonach schon deutlich, daß die Rechtsänderung im Sachenrecht einen Doppeltatbestand voraussetzt, um wirksam zu sein: ein rechtsgeschäftliches Element und einen tatsächlichen, nach außen sichtbar werdenden Vorgang. Anders übrigens bei der Rechtsübertragung im Schuldrecht: die Abtretung einer Forderung verlangt nur eine Einigung zwischen altem und neuem Gläubiger (§ 398); eine Mitteilung der Abtretung an den Schuldner – dies wäre eine Möglichkeit der Publizität – ist nicht erforderlich.
Festzuhalten ist, daß diese Regelung nur für *rechtsgeschäftliche* Rechtsänderungen gilt, nicht für solche, die auf Grund Gesetzes (also insbesondere durch Erbfall) eintreten. Im Grundbuch kann also z.B. noch der Erblasser als Eigentümer eingetragen sein, während in Wahrheit das Eigentum längst auf den Erben übergegangen ist; das Grundbuch ist also unrichtig. – Später werden wir freilich feststellen müssen, daß der Publizitätsgrundsatz – bezüglich der Übertragungswirkung – durchbrochen wird, vor allem beim Eigentumsvorbehalt und der Sicherungsübereignung!

2. Die Vermutungswirkung[1]

12 Werden rechtsgeschäftliche Rechtsänderungen an einen Besitzwechsel bzw. eine Änderung des Grundbuchs geknüpft, so spricht eine gewisse Wahrscheinlichkeit dafür, daß der Besitz bzw. der Grundbuchstand auf die wahre Rechtslage hindeuten. Daher sagt § 1006 Abs. 1 S. 1, daß zugunsten des Besitzers einer beweglichen Sache dessen Eigentum an der Sache vermutet wird,
und § 891 enthält hinsichtlich des im Grundbuch Eingetragenen die Vermutung, daß er in Wahrheit der Berechtigte ist.

Man wird sich fragen, wo denn diese Vermutungen ihre Wirkung entfalten. Die Antwort lautet: im Prozeß. Trotz aller Bemühungen wird der Richter dann und wann die wahre Sachlage nicht erkunden können; es bleibt ein Rest von Unklarheit. Der Richter *muß* aber ein Urteil fällen. Es wird zugunsten der Partei lauten, für die die Vermutung spricht. Die sog. materielle Beweislast (= Gefahr, bei Unaufklärbarkeit des Sachverhalts „den Prozeß zu verlieren") trägt dann der Gegner.

13 *Beispiel:* A schreibt in einer Zeitung eine wertvolle Briefmarke zum Verkauf aus. B erfährt davon und behauptet, er sei der Eigentümer, er habe die Marke dem A vor einer Auslandsreise in Verwahrung gegeben. Er erhebt die Herausgabeklage (§ 985). Der Richter kann den Sachverhalt nicht mehr einwandfrei aufklären; die Klage des B wird abgewiesen, da zugunsten des A die Vermutung des § 1006 Abs. 1 S. 1 spricht.
Das Ergebnis wäre anders, wenn dem B der Nachweis gelänge, daß ihm die Marke auf der Reise (wenn auch nicht gerade von A) gestohlen worden war. Dann würde die Vermutung nicht zugunsten des A streiten (§ 1006 Abs. 1 S. 2), sondern zugunsten des B (§ 1006 Abs. 2).
Weitere Beispiele: BGH FamRZ 1970, 586 (dazu *Hadding* JuS 1972, 183); OLG Hamburg MDR 1974, 754; BGH NJW-RR 1989, 651.

---

[1] Einzelheiten s. § 10.

§ 4. Sachenrechtsgrundsätze　　III § 4

Ein genauer Vergleich zwischen § 1006 und § 891 wird übrigens sofort auf einen wichtigen Unterschied hinweisen: § 1006 enthält eine Vermutung nur *zugunsten des Besitzers,* während sich auf die im Grundbuch manifestierte Rechtslage *jedermann* berufen kann, so daß sich also durchaus die Vermutung auch einmal zum Nachteil des Eingetragenen auswirken kann; so z. B. wenn ein Reallastberechtigter gegen den im Grundbuch als Eigentümer Eingetragenen vorgeht (§ 1108); dieser muß die zu seinen Lasten sprechende Eigentumsvermutung widerlegen, wenn er behauptet, er sei gar nicht der Eigentümer. 14

3. Die „Gutglaubenswirkung"[1]

Sit venia verbo! Aber als Gedächtnisstütze mag es vielleicht passieren. 15

Der Rechtslogik entspräche es, nur einen Rechtserwerb vom Berechtigten zuzulassen („nemo plus iuris ad alium transferre potest quam ipse habet").[2] Damit wäre indes dem Rechtsverkehr, dem Wirtschaftsleben nicht gedient. Denn der Erwerber müßte jeweils nachprüfen, ob sein Geschäftsgegner wirklich *„der* Berechtigte" ist. Das könnte mit großen, u. U. unüberwindlichen Schwierigkeiten verknüpft sein.

Ich kaufe in einem Geschäft eine gebrauchte Schreibmaschine. Wie soll ich nachprüfen, ob der Verkäufer wirklich Eigentümer ist? Will man von mir keine detektivischen Fähigkeiten verlangen, so muß ich mich darauf verlassen können, daß der Verkäufer den Eindruck macht, er sei Eigentümer, weil er im Besitz der Sache ist.

So kennt unser Recht – übrigens ist dies nicht in allen Rechten so[3] – die Möglichkeit des redlichen Erwerbs vom Nichtberechtigten. Freilich muß sich dieser Erwerb auf ein äußeres Zeichen stützen; dies ist bei beweglichen Sachen der Besitz (§ 932), bei Grundstücksrechten der Grundbuchstand (§§ 892, 893). 16

Hier wird die Verflechtung mit der Übertragungswirkung deutlich: da das Gesetz für rechtsgeschäftliche Rechtsänderungen den Besitzwechsel bzw. die Grundbucheintragung fordert, spricht eine gewisse Wahrscheinlichkeit dafür, daß diese Zeichen die wahre Rechtslage widerspiegeln. Ist dies ausnahmsweise einmal nicht der Fall, so soll dies nicht zum Nachteil dessen, der auf den Besitz bzw. den Grundbuchstand vertraut hat, ausschlagen. Freilich ist nicht zu verkennen, daß sich daraus erhebliche Gefahren für den wahren Berechtigten ergeben: der Eigentümer einer beweglichen Sache etwa wird sich überlegen müssen, wem er die Sache (als Mieter, Entleiher, Verwahrer) anvertraut, der an einem Grundstück Berechtigte wird sich vergewissern müssen, ob das Grundbuch sein Recht auch richtig ausweist. Beachtet er diese Vorsicht nicht, so besteht die Gefahr, daß er sein Recht verliert; er ist dann auf Ersatzansprüche gegen den zu Unrecht Verfügenden beschränkt, sei es aus dem Gesichtspunkt der ungerechtfertigten Bereicherung (§ 816), sei es im Falle schuldhaften Handelns aus unerlaubter Handlung (§ 823) oder Vertragsverletzung bzw. angemaßter Eigengeschäftsführung.

III. „Spezialität" (Bestimmtheitsgrundsatz)

Dieser Grundsatz bedeutet, daß dingliche Rechte nur an bestimmten einzelnen Sachen möglich sind, sich also auf sie beziehen müssen. Mit ihm soll vor allem der Rechtsklarheit gedient werden. 17

Der gängige Sprachgebrauch hat dafür allerdings kein Verständnis: Man sagt: „E ist Eigentümer eines Unternehmens." „Die Witwe hat den Nießbrauch am Vermögen ihres Mannes." Niemand denkt

---

[1] Hierzu monographisch *Hager,* Verkehrsschutz durch redlichen Erwerb, 1990.
[2] „Niemand kann mehr an Recht auf einen anderen übertragen als er selbst hat."
[3] Vgl. die anschauliche Darstellung von *Zweigert* in RabelsZ 23, 1; ferner *Stadler,* Gestaltungsfreiheit und Verkehrsschutz durch Abstraktion, 1996, S. 249 ff., 353 ff.

daran, die einzelnen zum Unternehmen (Vermögen) gehörenden Sachen einzeln zu benennen. Die Bedeutung des Bestimmtheitsgrundsatzes wird dem normalen Bürger erst deutlich, wenn er „aus" seinem Vermögen (Unternehmen, Geschäft) eine einzelne Sache veräußern will. Dann wird ihm bewußt, daß sein Vermögen rechtlich gegliedert ist, daß es etwas anderes ist, ob man ein Grundstück, eine Maschine, eine Forderung veräußert. Er wird dann auch Verständnis zeigen, wenn man ihm sagt, daß diese Gegenstände nicht uno actu veräußert werden können.

Der Grundsatz der Spezialität gilt nur

1. für die Rechtsträgerschaft,

18   hier aber ohne Rücksicht auf die systematische Einreihung des Rechts in das Sachenrecht oder in andere Rechtsgebiete.

Er gilt also z.B. auch für die Gläubigerstellung, die im Schuldrecht geregelt ist;

2. für das Verfügungsgeschäft,

19   auch hier wieder ohne Rücksicht auf den Standort der Regelung, *nicht* für Verpflichtungsgeschäfte.

Man kann sich also wirksam *verpflichten,* sein „Geschäft" (Unternehmen, Landgut, Bücherei usw.) einem anderen zu veräußern, ohne die einzelnen Gegenstände aufzuzählen; es genügt, wenn über das Objekt des Verpflichtungsgeschäfts zwischen den Beteiligten Übereinstimmung besteht. Die Übereignung des „Geschäfts" muß aber in den Formen erfolgen, die für die einzelnen Gegenstände vom Gesetz vorgeschrieben sind; bei beweglichen Sachen ist also Einigung und Übergabe (§ 929), bei Grundstücken Auflassung und Eintragung im Grundbuch (§§ 873, 925), bei Forderungen Abtretung (§ 398), bei Patentrechten Einigung (§ 413 mit § 398) erforderlich (§ 15 Abs. 1 PatG). Ausgeschlossen sind also etwa die „Übereignung der Hälfte des Werts einer Maschine zur Sicherung eines Darlehens" oder die Bestellung einer sog. Generalhypothek an einem ganzen Vermögen. Weitere Beispiele: BGH NJW 1986, 1985; 1994, 133 u. JZ 1988, 471.

Besondere Bedeutung erlangt der Bestimmtheitsgrundsatz bei den modernen Sicherungsmitteln der Sicherungsübereignung und der Abtretung künftiger Forderungen (insbesondere beim sog. verlängerten Eigentumsvorbehalt, s. darüber unten §§ 57–59). Hier besteht auch die Gefahr, daß der Grundsatz den wirtschaftlichen Bedürfnissen (vermeintlichen und wirklichen!) geopfert wird.

IV. Übertragbarkeit

1. Grundsatz und Ausnahmen

20   Vermögensrechte (im Gegensatz zu höchstpersönlichen Rechten) sind regelmäßig übertragbar. Dieser Satz gilt auch für Vermögensrechte, die dem Schuldrecht angehören; er ist also kein typisch sachenrechtlicher Grundsatz. Aber es lassen sich einige sachenrechtliche Besonderheiten feststellen, so die, daß gewisse Rechte von der Übertragbarkeit ausgenommen sind, wie etwa grundsätzlich der Nießbrauch (§ 1059 S. 1) und die beschränkte persönliche Dienstbarkeit (§ 1092 Abs. 1 S. 1) – teilweise anders, falls sie juristischen Personen zustehen (§§ 1059a ff., 1092 Abs. 2). Die Grunddienstbarkeit steht „dem jeweiligen Eigentümer des anderen Grundstücks" zu (§ 1018), sie kann also von diesem Eigentum nicht getrennt werden und geht auf den Rechtsnachfolger im Eigentum über.

2. Abdingbarkeit durch Vertrag?

21   Schwierigkeiten macht die Frage, inwieweit die Übertragbarkeit von Sachenrechten durch Vertrag ausgeschlossen werden kann, ob also z.B. der Gläubiger einer Hypothek durch Vereinbarung mit

dem Schuldner die Abtretung der Hypothek ausschließen kann. Wir müssen uns auf einige Andeutungen beschränken:[1]

Ausgangspunkt ist § 413, der für die Übertragung von Rechten ganz allgemein die Vorschriften über die Abtretung von Forderungen, also die §§ 398–412, für entsprechend anwendbar erklärt.[2] Ist damit auch auf § 399 2. Alternative verwiesen, wonach eine Forderung nicht abtretbar ist, wenn die Abtretung durch Vereinbarung des Gläubigers mit dem Schuldner ausgeschlossen ist?[3] Bedenken gegen die Bejahung dieser Frage ergeben sich zunächst aus § 137 S. 1. Denn bei Anwendung des § 399 2. Alternative würde gerade das Ergebnis erreicht, das § 137 S. 1 vermieden wissen will. Die Einsicht, daß sich § 137 S. 1 und § 399 2. Alternative diametral gegenüber stehen, läßt sich auch nicht dadurch verwässern, daß man sagt, bei § 399 2. Alternative handle es sich um eine Inhaltsbestimmung des Rechts (so auch *Flume* II 17, 7), während es sich bei § 137 um das Hinzufügen eines Veräußerungsverbots handle, das „dem Wesen der Forderung an sich fremd ist" (so RGZ 136, 395, 399). Eine einigermaßen befriedigende Lösung läßt sich nur so finden, daß man sagt, der Gesetzgeber habe überall dort, wo eine Gläubiger-Schuldnerbeziehung (im weitesten Sinne verstanden) bestehe, einem vertraglich vereinbarten vinculum iuris absolute Wirkung verliehen und § 137 S. 1 insoweit zurücktreten lassen.

Während also etwa beim Eigentum oder der Eigentumsanwartschaft (BGH NJW 1970, 699) die Grundregel des § 137 S. 1 voll dinglich wirkende rechtsgeschäftliche Verfügungsbeschränkungen ausschließt (Ausnahme: § 12 WEG) und nur die „schuldrechtliche" Bindung in Gestalt der *Treuhand* wirksam vereinbart werden kann (hierzu § 3 Rn. 34), ist z.B. bei Pfandrechten aller Art eine vereinbarte dingliche Vinkulierung möglich. So kann bei der Hypothek und Grundschuld durch Inhaltsänderung (also durch Einigung und Eintragung, § 877) die Abtretbarkeit ausgeschlossen werden (KG MDR 1968, 768; OLG Hamm DNotZ 1968, 631).

22

Davon zu unterscheiden ist die Frage, ob sich bei der Hypothek die Vereinbarung über die Nichtabtretbarkeit der *Forderung* wegen des Akzessorietätsgrundsatzes auch auf die Hypothek auswirkt. Diese Frage dürfte bei der Sicherungshypothek infolge ihrer gesteigerten Akzessorietät (s. unten § 42 Rn. 1 ff.) zu bejahen sein; bei der Verkehrshypothek bleibt die Antwort auf die gestellte Frage zweifelhaft.

V. „Abstraktheit"

Hierunter versteht man die rechtliche Loslösung des dinglichen Rechtsgeschäfts von dem zugrundeliegenden, kausalen Rechtsvorgang. Über dieses Prinzip wird sofort bei der Darstellung des dinglichen Rechtsgeschäfts zu sprechen sein.

23

§ 5. Das dingliche Rechtsgeschäft

Lit.-Hinweis: *Beyerle,* Der dingl. Vertrag, in FS für Boehmer (1954), 164; *Brandt,* Eigentumserwerb u. Austauschgeschäft (1940); *von Caemmerer,* Rechtsvergleichung u. Reform der Fahrnisübereignung, RabelsZ 12, 675; *Coing,* Verfügungsmacht b. Rechtsgeschäften unter Lebenden und von Todes wegen, FS f. Ulmer, 1973, 460; *Heck,* Das abstrakte dingliche Rechtsgeschäft (1937); *Krause,* Das Einigungsprinzip u. die Neugestaltung des Sachenrechts, AcP 146, 312; *Lange,* Rechtsgrundab-

---

[1] S. dazu *Raible,* Vertragliche Beschränkung der Übertragung von Rechten (1969); *Schlosser* NJW 1970, 681; *Liebs* AcP 175, 1 (hier – u. bei *Soergel/Hefermehl* vor § 137 – auch weitere Nachweise); *Timm* JZ 1989, 13. – Zur „Sperrkontenvereinbarung" (bei Bankkonten) s. *Kollhosser* ZIP 1984, 389: keine dingliche Wirkung.

[2] Dazu *Scheyhing,* Sukzessionen, S. 230 ff.

[3] Der neue § 354a HGB erklärt allerdings den Ausschluß der Abtretbarkeit im Rahmen von Handelsgeschäften und bei öffentlichrechtlicher Schuldnerschaft für unerheblich, um den verlängerten Eigentumsvorbehalt und das Factoring zu ermöglichen. Von der zulässigen Vereinbarung der Unabtretbarkeit (§ 399 2. Alternative) ist die unzulässige Vereinbarung fehlender Verfügungsmacht nach Abtretung zu unterscheiden (BGH NJW 1993, 1640, 1641).

§ 5 I II. Abschnitt. Allgemeine Lehren und Institute

hängigkeit der Verfügungen im Boden- und Fahrnisrecht, AcP 146, 28; 148, 188; *Stadler,* Gestaltungsfreiheit und Verkehrsschutz durch Abstraktion, 1996; *Wiegand,* Die Entwicklung des Sachenrechts im Verhältnis zum Schuldrecht, AcP 190, 113 ff.
Die Lehrbücher von *Eichler* I S. 109; *Hübner* AT Rn. 358 ff.; *Larenz* II § 39 II; *Larenz* AT § 18 II; *Medicus* § 3; *Westermann* § 4; *Wieling* I § 1 III; *Manfred Wolf* Rn. 298 ff.; *Wolff/Raiser* § 38 II 4.
Weitere Lit. unten IV Anm. 2 und im Text.

I. Grundlagen

1. Gesetzliche Regelung

1   Eine Änderung in der Rechtszuständigkeit setzt einen rechtsgeschäftlichen Willensakt des (oder der) Beteiligten voraus. Dieser Grundsatz ist in § 413 ganz allgemein ausgesprochen, wo zur Übertragung irgendwelcher Rechte ein Vertrag (§ 398) zwischen dem Veräußerer und Erwerber gefordert wird; er gilt auch für Rechtsänderungen im Sachenrecht, freilich – wie wir sehen werden – mit erheblichen Modifizierungen.

Gehen wir zunächst vom Gesetz aus, so stellen wir fest, daß zur Übertragung des Eigentums, zur Begründung und Übertragung eines beschränkten dinglichen Rechts an einem Grundstück eine Einigung der Beteiligten über die Rechtsänderung *und* die Eintragung der Rechtsänderung im Grundbuch erforderlich sind (§ 873). Handelt es sich um die Aufhebung eines solchen Rechts, so verlangt § 875 die Aufhebungserklärung des Berechtigten *und* die Löschung des Rechts im Grundbuch. Soll das Eigentum an einer beweglichen Sache übertragen werden, so verlangt § 929 Einigung über den Eigentumsübergang *und* Übergabe der Sache. Zur Bestellung des Pfandrechts an einer beweglichen Sache ist die Einigung über die Pfandrechtsbestellung *und* die Übergabe der Sache erforderlich (§ 1205).

2. Grundbegriffe dinglicher Rechtsgeschäftslehre im Überblick

Die Lektüre des Gesetzes ist in verschiedener Hinsicht aufschlußreich:

a) Die Einigung

2   Schon die Terminologie macht stutzig: das Gesetz spricht im Sachenrecht von „Einigung", nicht von „Vertrag". Damit soll offenbar zum Ausdruck gebracht werden, daß zwar wie beim Vertrag eine Willensübereinstimmung der Parteien vorliegen muß, daß es sich aber um ein „Einigsein" besonderer Art handelt, eben um ein „Einigsein" über eine dingliche Rechtsänderung. Es soll eine scharfe Grenze zum schuldrechtlichen Vertrag gezogen werden: der Einigung fehlt offenbar jegliches verpflichtende Moment; es handelt sich um ein Rechtsgeschäft des Sachenrechts; dann aber ergeben sich sofort zwei Fragenbereiche:

aa) Nach welchen Regeln beurteilt sich das Zustandekommen, die Wirksamkeit dieser Einigung? Sind auf sie die Bestimmungen des Allgemeinen Teils (auch des Schuldrechts?) über Rechtsgeschäfte und Verträge anwendbar? S. dazu unten Rn. 5 ff.

bb) Wenn der Einigung jeder verpflichtende Gehalt fehlt, wo findet sie dann ihren Rechtsgrund? Niemand wird ohne Anlaß seine Sache übereignen. Daraus ergibt sich das Problem der Verknüpfung (oder Trennung?) von schuldrechtlich-kausalem und dinglich-abstraktem Geschäft. S. dazu unten IV.

§ 5. Das dingliche Rechtsgeschäft

b) Die Kundbarmachung

Es fällt weiter auf, daß die Einigung allein – anders als in § 398 bei der Abtretung einer Forderung – zur Rechtsänderung nicht genügt. Dazu muß ein äußerlich sichtbarer Vorgang treten, die Eintragung im Grundbuch bzw. die Übergabe der (beweglichen) Sache. Wie wir schon oben bei der Erörterung des Publizitätsgrundsatzes sahen, haben wir es mit einem Doppeltatbestand zu tun: erst die Einigung *und* die äußere Kennbarmachung bewirken die Rechtsänderung; daraus ergibt sich die Frage nach dem Verhältnis von Einigung und Kundbarmachung; wie ist etwa die Rechtslage, wenn der Veräußerer zur Zeit der Einigung noch geschäftsfähig war, nicht aber zur Zeit der Übergabe? Darüber s. unten III.

c) Zweiseitige und einseitige Rechtsgeschäfte

Keine Schwierigkeiten macht die weitere Feststellung, daß offenbar auch das Sachenrecht zweiseitige und einseitige Rechtsgeschäfte kennt. Bei den letztgenannten ist allenfalls der Adressat von Interesse: dies kann etwa bei der Aufhebung eines Rechts an einem Grundstück das Grundbuchamt oder der Begünstigte sein (§ 875 Abs. 1 S. 2), bei Aufhebung des Pfandrechts an einer beweglichen Sache der Verpfänder oder der Eigentümer (§ 1255 Abs. 1); die Aufgabe des Grundeigentums hat dem Grundbuchamt gegenüber zu erfolgen (§ 928), die Dereliktion beweglicher Sachen ist dagegen adressatlos (§ 959).

II. Die anwendbaren Vorschriften

1. Die Anwendbarkeit des „Allgemeinen Teils"

Die Einigung ist dinglicher Vertrag;[1] daraus folgt, daß die Regeln des „Allgemeinen Teils" über Rechtsgeschäfte Anwendung finden (a), sofern sie nicht durch Sonderbestimmungen des „Sachenrechts" modifiziert werden (b).

a) Die anwendbaren Grundregeln

Anwendbar sind also z.B. die Grundsätze über die Rechts- und Geschäftsfähigkeit,[2] die Willensmängel, die Form der Rechtsgeschäfte, die Perfektion der Willenserklärung, das Zustandekommen des Vertrags, seine Auslegung,[3] die Wirkung eines Gesetzesverstoßes.[4]

Da das dingliche Rechtsgeschäft auf eine Rechtsänderung gerichtet ist, also eine *Verfügung* darstellt, greifen auch die Vorschriften des Allgemeinen Teils über relative Verfügungsbeschränkungen (§§ 135, 136), über die Zustimmung zu Verfügungen Nichtberechtigter (§ 185) Platz.

---

[1] In welchem Verhältnis Einigung und Kundbarmachung (Besitzwechsel – Eintragung im Grundbuch) stehen, soll zunächst dahingestellt bleiben; s. dazu unten Rn. 30 ff.
[2] Interessanter Beispielsfall: BGH NJW 1988, 3260 (dazu unten § 55 Rn. 8).
[3] BGH WM 1978, 194.
[4] BGHZ 11, 59, 61; NJW 1983, 636; allgemein *Canaris*, Gesetzliches Verbot u. Rechtsgeschäft, 1983.

7 *Beispiele:* Übereignet der Minderjährige E sein Briefmarkenalbum an einen Briefmarkenhändler, so ist *auch* die Übereignung (nicht nur der Kaufvertrag) schwebend unwirksam; die Verfügung wird mit Genehmigung des gesetzlichen Vertreters geheilt (§§ 107, 108). Lehrreich BGHZ 78, 28, 35 (dazu *Jauernig* NJW 1982, 576 m.w.N.), wo Schenkung und Übereignung *an* den Minderjährigen unwirksam sind.

Verbietet das Gesetz den Handel mit Betäubungsmitteln, so ist auch eine dagegen verstoßende Übereignung nichtig (§ 134), ebenso die Geldzahlung als Gegenleistung (BGH NJW 1983, 636). Ob ein Verbotsgesetz nur die Nichtigkeit des Verpflichtungsgeschäftes oder – ausnahmsweise – auch die Unwirksamkeit des Erfüllungsgeschäftes als Verstoßfolge anordnet, richtet sich nach Sinn und Zweck der Verbotsnorm (BGHZ 115, 123, 130; NJW 1992, 2349, 2350). Denkbar ist schließlich das Verbot gerade des Erfüllungsgeschäftes – z.B. Verbot der Übereignung von Patientenkarteien aus § 203 Abs. 1 Nr. 1 StGB (BGHZ 116, 268, 276f.); es hat dann i.d.R. Nichtigkeit auch des Verpflichtungsgeschäftes zur Folge.

§ 1154 fordert für die Abtretung einer Briefhypothek neben der Übergabe des Hypothekenbriefs die „Erteilung der Abtretungserklärung in schriftlicher Form"; dies bedeutet, daß die Abtretungserklärung „von dem Aussteller eigenhändig durch Namensunterschrift unterzeichnet werden muß" (§ 126 Abs. 1).

8 E hat dem Antiquitätenhändler A einen wertvollen Barockschrank verkauft und übereignet, und zwar gegen billiges Geld, weil ihm A bewußt der Wahrheit zuwider gesagt hatte, es handle sich um ein Möbel, das „gerade noch zum Einheizen recht sei". Hier kann E (Kaufvertrag und) Übereignung anfechten (§ 123) mit der Folge, daß das Eigentum des A mit rückwirkender Kraft entfällt. Hat A die Sache freilich bereits an den Sammler D weiterveräußert, so ist dieser Eigentümer geworden, es sei denn, daß er die Anfechtbarkeit des Geschäfts E-A kannte oder infolge grobfahrlässiger Unkenntnis nicht kannte (§ 142 Abs. 2 mit § 932 Abs. 2). War er gutgläubig, so ist sein Eigentum unangreifbar. E kann sich nur an A halten; er kann den Erlös, den A aus dem Verkauf an D erhalten hatte, herausverlangen (§ 816 Abs. 1 S. 1) oder einen höheren Schaden nach §§ 823 Abs. 2, 992 mit § 263 StGB fordern. Hatte A den Schrank seiner Tochter geschenkt, so ist diese – im Falle ihrer Gutgläubigkeit – zwar auch Eigentümerin geworden, sie muß dem E aber den Schrank aus dem Gesichtspunkt der ungerechtfertigten Bereicherung zurückübereignen (§ 816 Abs. 1 S. 2). Die h.M. nimmt an, daß der Tatbestand des § 123 Abs. 1 regelmäßig auf das dingliche Erfüllungsgeschäft „durchschlägt", falls bereits das Verpflichtungsgeschäft unter § 123 Abs. 1 fällt; anders bei § 119: hier bedarf die Kausalität des Irrtums für das Erfüllungsgeschäft besonderer Begründung (z.B. error in objecto erst beim Erfüllungsgeschäft, Fehleridentität beim error in persona etc.).[1] Letztlich steht hinter dieser Differenzierung die Entscheidung für die unterschiedliche Rechtsfolge: der Getäuschte oder Bedrohte soll möglichst *dinglich* rückabwickeln können (§ 985!), der eigene Irrtum soll i.d.R. nur bereicherungsrechtliche Rückforderungen begründen (§§ 812ff., 818 Abs. 3).

9 A verkauft an B die Einrichtungsgegenstände seines Gaststättenbetriebes. Als B erfährt, daß A auch an C verkaufen und übereignen will, erwirkt er beim Landgericht eine einstweilige Verfügung, die dem A verbietet, „über die Einrichtungsgegenstände zu verfügen, insbesondere sie zu veräußern" (§ 938 Abs. 2 ZPO). A veräußert und übergibt trotzdem an C, dem die einstweilige Verfügung vom Anwalt des B zugestellt worden ist. Später ergeht ein rechtskräftiges Urteil zugunsten des B, das A zur Übereignung verurteilt. Nach § 985 kann jetzt B von C Herausgabe verlangen. Als das rechtskräftige Urteil die Übereignungserklärung des A an B fingiert (§ 894 ZPO), war A im Verhältnis zu B noch Eigentümer, weil die Übereignung A an C unwirksam war (§§ 136, 135 Abs. 1), nachdem C das Veräußerungsverbot kannte (§§ 136, 135 Abs. 2, 932). Diese Übereignungserklärung genügt für den Eigentumsübergang auf B, weil ein nichtbesitzender Eigentümer übereignet, dem kein schuldrechtlicher Besitzmittlungsanspruch zusteht (Beispiel nach BGHZ 111, 364ff.; hierzu *Kohler* Jura 1991, 349; zur Übereignung § 51 Rn. 37).[2]

10 Der Verkäufer V eines Grundstücks ermächtigt den Käufer K, noch vor der Eintragung des Käufers als Eigentümer das Grundstück des V mit Grundschulden zu belasten (§§ 873, 1191), und zwar „im Rahmen der Finanzierung des Kaufpreises" (BGHZ 107, 1ff.). Bestellt K nun dem H Grundschulden „zur Sicherung aller Ansprüche aus der Geschäftsverbindung", so verfügt K ohne Ermächtigung als

---

[1] Zur Problematik *Jauernig* § 123 Anm. 4; *Soergel/Hefermehl* § 142 Rn. 5; *Westermann* § 4 IV 1; *Grundmann* JA 1985, 80; siehe noch § 5 Rn. 50ff. zur Bedeutung des Abstraktionsprinzips und zu § 138!

[2] Übersicht über die Verfügungsbeschränkungen bei *Böttcher* Rpfleger 1983, 49, 187; 1984, 377; 1985, 1, 381.

Nichtberechtigter, weil die Ermächtigung des V (§ 185 Abs. 1) diese Grundschuldbestellung nicht deckt. Wollte V die Grundschuldbestellung rückwirkend genehmigen (§ 185 Abs. 2 S. 1), so wäre dies nur möglich, falls er im Zeitpunkt der – rückwirkenden – Genehmigung noch Eigentümer wäre, also nicht zwischenzeitlich an den Zweitkäufer Z veräußert hätte (hierzu BGHZ 107, 340 ff.).

b) Modifikationen

Die im Allgemeinen Teil des BGB gegebenen Regeln sind überall dort nicht anwendbar, wo sie ausdrücklich oder infolge des speziellen Charakters einer sachenrechtlichen Vorschrift ausgeschlossen sind: so können im allgemeinen auch dingliche Rechtsgeschäfte bedingt abgeschlossen werden (§§ 158 ff.), bei der Übereignung von Grundstücken schließt § 925 Abs. 2 aber eine solche Möglichkeit aus (Grund: es soll kein Zweifel bestehen, wer der Eigentümer eines Grundstücks ist!). Ferner: § 145 sagt, daß jeder, der einem anderen einen Vertragsschluß anträgt, an den Antrag gebunden ist. Diese Regel wird im Sachenrecht modifiziert; so ist nach § 873 Abs. 2 eine Einigung im rechtsgeschäftlichen Grundstücksverkehr nur bindend, d.h. nicht mehr frei widerruflich, wenn sie in bestimmter Form vorliegt; daraus folgt, daß ein formloser Antrag in solchen Fällen entgegen § 145 nicht bindend sein kann.

Zweifelhaft ist insbesondere, ob § 138 Abs. 1 und § 139 anwendbar sind: ist ein dingliches Rechtsgeschäft als solches wertneutral? Können schuldrechtliches und dingliches Geschäft in ihrer Wirksamkeit voneinander abhängen? Auf diese Fragen wird unten Rn. 51 f. und 55 ff. näher einzugehen sein.

Das Recht der *Stellvertretung* ist auf dingliche Rechtsgeschäfte anwendbar; eine Übereignung kann z.B. durch oder an einen Stellvertreter erfolgen. Zu beachten ist aber, daß bei der Übereignung beweglicher Sachen regelmäßig auch eine Übergabe, also eine Übertragung des unmittelbaren Besitzes an der Sache erforderlich ist. Ist auch hier eine Stellvertretung möglich?

Beispiel: Wenn V einen Kraftwagen an einen Bevollmächtigten B des K verkauft und übereignet, so nimmt B die Einigungserklärung des V namens des K entgegen und erklärt namens des K die Einigung. Unmittelbaren Besitz erhält K aber nur dann sofort, wenn B „Besitzdiener" für K ist (§ 855). Wenn dies nicht der Fall ist – B ist z.B. ein selbständiger Vermittler – so bedarf es noch irgendeiner Besitzvermittlung an K (s. darüber unten § 51 Rn. 41 ff.). Besitzdienerschaft und Besitzmittlung „ersetzen" also für den Realakt des Besitzerwerbes die Stellvertretung.
Interessante Fallgestaltungen kann die Anwendung des § 181 auf dingliche Geschäfte ergeben: Übereignen z.B. die Eltern ihrem 14-jährigen Sohn schenkweise einen wertvollen Perserteppich, so kann der Sohn direkt nach § 107 durch eigene Willenserklärung Eigentum erwerben (§ 929 S. 1) oder aber durch Insichgeschäft der Eltern mit sich als Vertreter des Sohnes (§§ 1629 Abs. 2 S. 1, 1795 Abs. 2, 181): teleologische Reduktion des § 181 anhand des Rechtsgedankens des § 107 (BGHZ 94, 232). Erklärt der Grundstückseigentümer als Vertreter des Hypothekengläubigers gegenüber dem Grundbuchamt die Aufgabe der Hypothek (§ 875 Abs. 1), so findet § 181 – ausnahmsweise! – analoge Anwendung (BGHZ 77, 7 ff.).

c) Zurechnung im Sachenrecht

Die Überlegungen über die Anwendbarkeit des Rechts der Stellvertretung sind in Zusammenhang zu sehen mit der allgemeinen Frage, ob und in welchem Umfang sich jemand Umstände, die in der Person eines in seinem Lebensbereich Tätigen vorliegen, auch bei sachenrechtlichen Rechtsverhältnissen zurechnen lassen muß.¹ Nach welchen Regeln haftet z.B. der Grundstückseigentümer, wenn sein Architekt beim Bau des Hauses die Standfestigkeit des Nachbargebäudes beeinträchtigt? Ist der Erwerber einer Sache unredlich i. S. des § 932 BGB, wenn zwar nicht er, wohl aber sein Stellvertreter, der für ihn das Geschäft tätigt, die Nichtberechtigung des Veräußerers kennt?

Folgende Fallgruppen sind von Bedeutung:

aa) Erwerb vom Nichtberechtigten

14 Jemand bedient sich bei der Vornahme eines dem Sachenrecht zugehörigen Rechtsgeschäfts eines Stellvertreters. Kommt es hierbei auf das Kennen oder Kennenmüssen bestimmter Umstände an (wie z. B. in § 892 Abs. 1 S. 1 oder § 932), so ist unstreitig § 166 anwendbar (BGH NJW 1982, 38, 39; BayObLG NJW-RR 1989, 907, 910; s. unten § 23 Rn. 35f., § 52 Rn. 32).

bb) Haftung des unredlichen Besitzers

15 Der unberechtigte Besitzer haftet dem Eigentümer auf Schadensersatz, wenn er bei Erwerb des Besitzes nicht in gutem Glauben war oder später von seiner Nichtberechtigung erfuhr (§ 990). Soll – wenn der Besitzer sich eines Besitzdieners bediente – *§ 166* anwendbar sein (so BGHZ 32, 53; 41, 17, 21; 83, 293, 295 – für § 819 –; *Kiefner, Schilken* aaO; *Richardi* AcP 169, 385, 393f.; *Westermann/Pinger* § 32 II 2c – jeweils mit Modifikationen im einzelnen) oder handelt es sich in § 990 um eine – abgeschwächte – quasidelikische Regelung, die zur Anwendung des *§ 831* führt (so im Ergebnis noch BGHZ 16, 259; ferner *Heck* § 69, 6; *Medicus* AT Rn. 903; *Birk* JZ 1963, 354)? Der letztgenannten Auffassung ist zu folgen, und zwar aus zwei Gründen:

(1) § 990 enthält einen *delikts*ähnlichen gestreckten Tatbestand; *ein* Element dieses Tatbestands ist die Bösgläubigkeit des Besitzers, ein *weiteres* die schuldhafte Beschädigung der Sache (§ 989).

(2) Hat sich der Besitzer durch schuldhaft verbotene Eigenmacht oder durch eine Straftat den Besitz verschafft, so haftet er nach § 992 dem Eigentümer nach Deliktsrecht. § 992 soll also eine gegenüber § 990 verschärfte Haftung des Besitzers statuieren. Wollte man im Rahmen der § 990 auf die Haftung des Besitzers die Vorschrift des § 166 anwenden, so würde dies bedeuten, daß der Besitzer in den „leichteren" Fällen des § 990 strenger haftet (nämlich ohne die Möglichkeit des Exkulpationsbeweises) als in den „schweren" Fällen des § 992, wo § 831 sicher anwendbar ist.

Beide Erwägungen zwingen zur Anwendung des § 831; der Besitzherr kann sich also – sofern er nicht selbst bösgläubig ist oder ihn selbst ein Organisationsverschulden trifft – für sein Hilfspersonal auch im Rahmen des § 990 exkulpieren. – Davon ist freilich die Frage zu unterscheiden, ob *nach* Gegebensein des Tatbestandsmerkmals der Bösgläubigkeit § 278 anzuwenden ist (so *Soergel/Mühl* Rz. 4 vor § 987 u. h. M.) oder ebenfalls § 831 (wohl richtig).

cc) Haftung aus nachbarlichem Gemeinschaftsverhältnis²

16 Zur Einführung ein *Beispiel* (in Anlehnung an BGHZ 42, 374 = *Baur*, E. Slg. Fall 17): Zwei Gebäude hatten eine gemeinsame, halbscheidig auf der Grenze stehende Giebelmauer. Eines der Gebäude wurde im Kriege zerstört. Unter Benutzung der erhalten gebliebenen Giebelmauer wurde das zerstörte Gebäude wieder aufgebaut: Durch Verschulden des Architekten – ohne jedes Verschulden des Grundstückseigentümers – wurde die Giebelmauer überbelastet. Das Nachbargebäude wurde dadurch in seiner Standfestigkeit beeinträchtigt.

Soll hier § 831 (mit der Möglichkeit der Exkulpation für das Versehen des Architekten) angewendet werden oder aber § 278, der eine solche Möglichkeit nicht kennt? Der BGH hat sich in der sehr lesenswerten, das kontroverse Schrifttum erschöpfenden Entscheidung für die erste Alternative entschieden, u. E. zu Unrecht: Zwar ist es richtig, daß aus dem Nebeneinander zweier Grundstücke sich noch kein „Gemeinschaftsverhältnis" ergibt; aus ihm folgen keine Pflichten schuldrechtlicher Art, bei deren Verletzung auch § 278 anwendbar wäre. Daher ist z. B. § 278 im Rahmen des § 909

---

¹ S. dazu *Kiefner* JA 1984, 189; *Schilken,* Wissenszurechnung im Zivilrecht, 1983; *Wetzel,* Die Zurechnung des Verhaltens Dritter bei Eigentumsstörungstatbeständen, 1971 je m. w. N.; *Baur* in VersR 1962, Beil. Karlsruher Forum, 14 (= *Baur* Beitr. II 180); *Lorenz* JZ 1994, 549; *Medicus* und *Taupitz,* Probleme der Wissenszurechnung, Karlsruher Forum 1994.

² Dazu auch unten § 25 Rn. 36 ff.

§ 5. Das dingliche Rechtsgeschäft

(Grundstücksvertiefung) nicht anwendbar (ebenso BGH NJW 1960, 335). Etwas anderes gilt aber dann, wenn das Gesetz selbst auf die Vorschriften über die Gemeinschaft (§§ 741 ff.) und damit auf ein zwischen den Eigentümern der benachbarten Grundstücke bestehendes Schuldverhältnis verweist. Dies gilt für das Miteigentum (*Beispiel*: eine im Miteigentum der Nachbarn stehende Giebelmauer) sowie für Grenzeinrichtungen (auch wenn sie im Eigentum nur eines der Nachbarn stehen), § 922 S. 4. In diesen Fällen ist daher § 278, nicht § 831 anzuwenden (a. A. BGHZ 62, 243).[1] In BGHZ 95, 144 hat dann auch der BGH für den Fall der Grunddienstbarkeit ein gesetzliches Schuldverhältnis zwischen Eigentümer und Dienstbarkeitsberechtigten angenommen.

dd) Überbaufälle

Auch hier zur Einführung ein *Beispiel* (in Anlehnung an BGHZ 42, 63 u. BGH NJW 1977, 375): 17
Der bekl. Grundeigentümer hatte beim Neubau seines Hauses ein dem Kl. als Grunddienstbarkeit zustehendes Durchfahrtsrecht durch Verengung der Zufahrt beeinträchtigt. Er selbst war schuldlos, wohl aber traf seinen Architekten ein Verschulden. Der BGH hat die Anwendbarkeit des § 278 wie die des § 831 verneint und § 166 herangezogen. Dem ist nicht zuzustimmen. § 166 gehört in den Bereich des rechtsgeschäftlichen Verkehrs, § 912 in den Bereich des Deliktsrechts; denn ohne die Vorschrift des § 912 würde der „Überbauende" auch bei leichter Fahrlässigkeit den Überbau (nach §§ 823 Abs. 1, 249) beseitigen müssen. Durch § 912 wird diese Beseitigungspflicht auf die Fälle des Vorsatzes und grober Fahrlässigkeit beschränkt. Dieser Zusammenhang des § 912 mit dem Deliktsrecht führt zur Anwendung des § 831.

Überblickt man die Fallgruppen aa)–dd) so wird sich nur schwer eine einfache *Faustregel* über die 18 Einstandspflicht des Geschäftsherrn für seine Leute im Sachenrecht finden lassen. Man kann vielleicht sagen: Die Anwendung des § 166 ist auf den rechtsgeschäftlichen Verkehr beschränkt. Weist eine sachenrechtliche Vorschrift deliktsähnliche Züge auf, so ist § 831 heranzuziehen. Besteht zwischen zwei Eigentümern ein Gemeinschaftsverhältnis, so kommt § 278 zum Zuge.

d) Die Anwendbarkeit des AGB-Gesetzes

Das AGB-Gesetz will die Mißstände beseitigen, die sich aus der Verwendung von Allgemeinen Geschäftsbedingungen (AGB) ergeben können. Das Gesetz bestätigt z.T. die Grundsätze, die die Rechtsprechung bei der auf §§ 138, 242 gestützten Inhaltskontrolle von AGB entwickelt hatte, z.T. geht es darüber hinaus. Das AGB-Gesetz gilt auch für den Bereich des Sachenrechts (ist also keineswegs auf das Schuldrecht beschränkt); aber das Ausmaß dieser Geltung kann bei manchen Fallgruppen zweifelhaft sein und ist dann meist umstritten.[2] 19

aa) Die materielle Kontrolle durch das AGBG

Hier geht es um die Auswirkungen eines Verstoßes gegen das AGB-Gesetz auf die materiellrechtliche Wirksamkeit des dinglichen Rechtsgeschäfts oder einer Verfahrenshandlung. 20

Beispiele: (1) Hat der Verkäufer den – nicht zu den Kaufleuten zählenden – Käufer nicht auf die 21 den Eigentumsvorbehalt enthaltenden AGB hingewiesen, so ist der Eigentumsvorbehalt nicht wirksam als Bestandteil des schuldrechtlichen Kaufvertrags vereinbart (§§ 2, 24 AGBG), gemäß § 6 AGBG ist der Kaufvertrag ohne die Eigentumsvorbehaltsklausel zustandegekommen. Die dingliche Übereignung ist gemäß § 6 Abs. 1 AGBG ebenfalls AGB – also unbedingt – abgegeben, so daß eine gewöhnliche Übereignung gemäß § 929 vorliegt. Anders liegt der Fall allerdings, falls zwar die Einbeziehungsvoraussetzungen des § 2 AGBG teilweise fehlen, dem Erwerber aber trotzdem erkenn-

---

[1] Übersicht der Meinungen bei *Brox* JA 1984, 182, 185 ff.
[2] S. dazu *Soergel/Stürner* § 873 Rn. 4 und *Soergel/Konzen* Rn. 22 vor § 1113; *Manfred Wolf* Rn. 302 ff.; ferner unten § 16 Rn. 61 ff.; § 40 Rn. 43 ff.; § 56 Rn. 8 u. die Hinweise bei *Gernhuber* Bürgerl. R., § 3; *Hj. Weber* § 2 IV; *Wolf/Horn/Lindacher* § 9 E 23 ff.; *M. Wolf*, AGB-Gesetz und Kreditwirtschaft, in: Arbeiten und Materialien zum Bank-, Finanz-, Börsen- und Kapitalmarktrecht, Bd. 1, 1991, S. 73.

bar war, daß der Veräußerer nur bedingt unter Geltung seiner AGB übereignen wollte; dann ist keine Erklärung auf unbedingte Übereignung abgegeben, der Veräußerer bleibt Eigentümer, mag der Käufer auch einen schuldrechtlichen Anspruch auf volle Übereignung haben. Diese Grundsätze gelten auch bei nachträglich im Lieferschein präsentierten AGB, falls der Erwerber diese AGB nicht akzeptiert, oder bei widersprechenden AGB des Käufers und Erwerbers („Abwehrklausel"; siehe ausführlicher § 59 Rn. 12).

22 (2) Die Bank A gibt dem Kaufmann B ein Geschäftsdarlehen über 100 000 DM. Sie läßt sich dafür „alle Forderungen aus Liefergeschäften des B seit 1. 1. 1992" sicherungshalber in einem Formular abtreten. Eine Begrenzung der Abtretung auf eine bestimmte Höhe oder eine schuldrechtliche Verzichtsklausel für ein bestimmtes Sicherungslimit fehlen. Weil die Klausel eine Übersicherung in beliebiger Höhe zuläßt, nahm die frühere Rechtsprechung des BGH einen Verstoß gegen § 9 AGBG an. Nicht nur die schuldrechtliche Sicherungsvereinbarung, sondern auch die Abtretung selbst als dingliches Geschäft sei unwirksam, der Darlehensvertrag gelte ohne das beigegebene Formularwerk (§ 6 Abs. 1 AGBG; BGHZ 125, 83; 120, 300 ff.; 117, 374 ff.; 109, 240; 108, 98 ff., 106 ff.; 98, 303; 94, 105). Später bahnte sich zu dieser Rspr. allerdings eine Wende an, wobei die Rechtsprechung der Senate des BGH zunächst teilweise divergierte. Die strenge Rspr. sollte auf jeden Fall nur gelten, falls die *Unbestimmtheit der Globalsicherheiten* zur potentiellen Übersicherung führt (BGHZ 124, 380 ff.; 124, 371 ff.), also nicht bei Sicherung durch *bestimmte* Sicherheiten. Die Unwirksamkeit sollte auch die dinglichen Geschäfte nicht mehr erfassen; an die Stelle des fehlenden oder „verunglückten" Rückgewähranspruchs sollte ein gesetzlicher Anspruch treten (§§ 133, 157, 242 BGB), der nach im einzelnen umstrittenen Kriterien Freigabe bei Übersicherung gewährleistet (BGH NJW 1996, 2786, 2790; 2952 – LS = ZIP 1996, 957; ZIP 1996, 542, 543; ferner NJW 1994, 1798, 1799; BGHZ 128, 295; 130, 115; zum Ganzen noch *Canaris* ZIP 1996, 1577 ff., 1109 ff.; *Serick* BB 1996, 1777 ff.; *Ganter* ZIP 1994, 257 ff.). Die Entscheidung des Großen Senats (Vorlagebeschlüsse BGH ZIP 1997, 632; 1185) bestätigt nunmehr den gesetzlichen Freigabeanspruch, der bei fehlender oder mißglückter vertraglicher Regelung greift, und die Wirksamkeit dinglicher Rechtsübertragung trotz mangelhafter Regelung der Übersicherung (BGH NJW 1998, 671 = LM Nr. 86 zu § 138 (Bb) BGB m. Anm. *Stürner*). Die Entwicklung zeigt nicht nur die Problematik richterlicher Vertragskontrolle überhaupt, sondern ihre auf Dauer untragbare Unsicherheit gerade im Bereich dinglicher Zuordnung, so daß die Rückkehr zu Trennung und Abstraktion der dinglichen Geschäfte zu begrüßen ist (s. a. § 5 Rn. 51 und § 59 Rn. 7; ferner § 57 Rn. 18 ff. und neuerdings BGH NJW 1998, 2206).

23 (3) Der Schuldner eines durch Grundschuld gesicherten Darlehens unterwirft sich auf Veranlassung des Kreditinstituts der sofortigen Zwangsvollstreckung (§ 794 Abs. 1 Nr. 5 ZPO), und zwar einmal bezüglich des dinglichen Rechts, der Grundschuld (mit Eintragung im Grundbuch, § 800 ZPO), aber auch bezüglich der schuldrechtlichen Forderung, wobei formularmäßig an Stelle der Darlehensforderung eine Forderung des Kreditinstituts aus einem vom Schuldner abzugebenden abstrakten Schuldversprechen (§§ 780, 781) tritt. Das Grundbuchamt verweigert die Eintragung, weil ein Verstoß gegen §§ 11 Nr. 15 b, 9, 3 AGB-Gesetz vorliege. Es ist zu fragen, ob in der Kombination von Schuldanerkenntnis, schuldrechtlicher und dinglicher Unterwerfung ein Verstoß gegen §§ 3, 9 AGBG liegt oder ob bei der schuldrechtlichen Unterwerfung oder bei der dinglichen Unterwerfung § 11 Nr. 15 AGBG mißachtet ist. Dabei ist § 8 AGB-Gesetz zu beachten. Käme man etwa zu der Auffassung, daß die dingliche Unterwerfung gegen § 11 Nr. 15 AGBG verstoße, so wäre diese Unterwerfungserklärung (§ 800 ZPO) nichtig. Das Kreditinstitut als Gläubiger könnte sie zur Zwangsvollstreckung nicht verwenden, sondern müßte den Schuldner-Eigentümer auf Duldung der Zwangsvollstreckung verklagen (s. unten § 40 Rn. 29 ff.). Praxis und Lehre halten die gesamte Gestaltung aber überwiegend für mit §§ 3, 9, 11 Nr. 15 AGBG vereinbar (§ 40 Rn. 43 ff. m. Nw.; § 45 Rn. 15). Festzuhalten ist, daß die Anwendung des AGBG schon ausscheidet, wo es sich um einen notariell beurkundeten Vertrag handelt (§ 1 Abs. 1 S. 2 AGBG), selbst wenn der Notar ein hauseigenes, übliches „Vertragsmuster" oder „Formblatt" o. ä. verwendet,[1] ohne daß ein Teil dies verlangt, also AGBG „stellt".

---

[1] Zu der Frage, ob das Vertragsmuster eines Notars unter die Kontrolle des AGBG fällt, vgl. *Hönn* JZ 1983, 677; *Ulmer* DNotZ 1981, 84 u. 1982, 587; *Lieb* DNotZ 1989, 274 ff.; *Kanzleiter* DNotZ 1989, 301 ff. m. Nw.; *Habersack* AcP 189, 403. Die Rechtsprechung (BGHZ 74, 204 m. Anm. *Stürner* JZ 1979, 758; BGH NJW 1982, 1035 u. 2243; DNotZ 1984, 760 m. Anm. *Stürner*; DNotZ 1990, 96 ff. m. Anm. *Bambring*) neigte schon früher zur Bejahung dieser Frage, jedenfalls dann, wenn sich ein Teil die in dem Formular enthaltene Klausel zu seinen Gunsten zunutze mache (s. a. BGHZ 118, 229, 238). Vor allem unter dem Eindruck der Schrift von *Medicus*, Zur gerichtlichen Inhalts-

bb) Die grundbuchrichterliche Prüfung

Hier ist zu fragen, inwieweit der Grundbuchrichter berechtigt und verpflichtet ist, bei der beantragten Eintragung eines rechtsgeschäftlichen Vorgangs zu prüfen, ob ein Verstoß gegen das AGB-Gesetz vorliegt, und bejahendenfalls die Eintragung zu verweigern. Oder kann er sagen: „Ich halte mich an die formalen Voraussetzungen, die die GBO für eine Eintragung aufstellt (s. unten § 16). Die Prüfung eines Verstoßes gegen das AGB-Gesetz überlasse ich im späteren Streitfall dem Prozeßrichter" (s. unten § 16 Rn. 61 ff.).[1]

24

2. Die Anwendbarkeit des Rechts der Schuldverhältnisse

a) Die grundsätzliche Unanwendbarkeit und ihre Ausnahmen

Dem dinglichen Rechtsgeschäft fehlt jedes verpflichtende Element; es bewirkt eine Rechtsänderung, verpflichtet aber nicht zu einem bestimmten Tun oder Unterlassen (§ 241). Daraus ergibt sich, daß die Regeln des Schuldrechts *grundsätzlich nicht* anwendbar sind (s. dazu BGHZ 49, 263, 264 ff.).

25

Freilich muß man sich darüber im klaren sein, daß auch das Sachenrecht Rechtsverhältnisse schuldrechtlichen Typs kennt;[2] hierunter fallen namentlich die sog. dinglichen Ansprüche (z.B. der Herausgabeanspruch nach §§ 985 ff., der Berichtigungsanspruch nach § 894), aber auch die Rechtsbeziehungen zwischen dem Träger des Vollrechts und dem Inhaber des beschränkten Rechts (z.B. zwischen Eigentümer und Nießbraucher nach §§ 1037 ff.: sog. Legalschuldverhältnis; auch für die Grunddienstbarkeit: BGHZ 95, 144). Hier sind die Regeln des Schuldrechts anwendbar, soweit dies nicht durch Sonderbestimmungen oder die Eigenart der sachenrechtlichen Beziehungen ausgeschlossen ist. Dies gilt insbesondere für den *Grundsatz von Treu und Glauben (§ 242)*.[3]

26

Beispiel (in Anlehnung an OGHZ 1, 279): Der Kläger verlangt Berichtigung des Grundbuchs (§ 894), weil sein Vater im Jahre 1926 nach dem Tod der Mutter ein zum Gesamtgut gehörendes Grundstück ohne seine – des Klägers – nach dem Gesetz nötige Zustimmung an den Bekl. (einen Bruder des Klägers) übereignet habe. Der Grundbuchberichtigungsanspruch ist verwirkt, weil sich der Kläger mehr als 20 Jahre lang untätig verhalten und damit den Anschein der Zustimmung erweckt hat (ebenso RG JW 1934, 3054; s. zuletzt auch BGHZ 122, 308 = NJW 1993, 2178 m. Nw.); andere Beispielsfälle etwa RGZ 167, 14 („nachbarschaftliches Gemeinschaftsverhältnis"; dazu unten § 25 Rn. 36 ff.); BGHZ 10, 69, 75 (Arglisteinwand gegenüber einem Anspruch aus § 985); BGHZ 49, 263: Verzugsschaden, wenn bei der Vormerkung die Eintragung des durch die Vormerkung Geschützten durch Verweigerung der Zustimmung (nach § 888) verzögert wird? S. dazu unten § 20 Rn. 37; BGHZ 68, 299: unzulässige Rechtsausübung bei Antrag auf Zwangsversteigerung zur Aufhebung von Miteigentum nach Scheidung der Ehe?; für §§ 985 ff. siehe § 11 Rn. 43 ff., für § 894 § 18 Rn. 18 ff.

27

b) Dingliche Verträge zugunsten Dritter?

Besonders umstritten ist die Frage, ob „dingliche Verträge zugunsten Dritter" (§§ 328 ff.) möglich sind.

28

---

kontrolle notarieller Verträge, 1989 (hierzu *Stürner* DNotZ 1991, 162), waren aber später Distanzierungsbewegungen des BGH zu beobachten (BGH NJW 1991, 843; 1992, 2817). Inzwischen unterstellt § 24a AGBG i. V. m. der EU-Richtlinie über mißbräuchliche Klauseln in Verbraucherverträgen vom 5. 4. 1993 (ABl. Nr. L 95/29 v. 21. 4. 93) die große Masse solcher Formularverträge unabhängig vom „Stellen" dem AGBG; krit. *Braunfels* DNotZ 1997, 356.

[1] Zu den Auswirkungen des HWiG und des VerbrKrG auf die *schuldrechtliche* Gestaltung der Bestellung von Grundpfandrechten s. §§ 37 Rn. 52 f., 45 Rn. 17–23.

[2] Dazu *Gernhuber*, Bürgerl. R., § 23; *Medicus* Rn. 436 ff.

[3] Siehe dazu *Soergel/Teichmann* § 242 Rn. 70 ff.; *Medicus* Rn. 445 ff.; *Wieling* I § 1 I 3; *Mühl* NJW 1956, 1657.

§ 5 III II. Abschnitt. Allgemeine Lehren und Institute

In die Problematik soll ein *Beispiel* aus der Rechtsprechung (BayObLG in DNotZ 1958, 639; s. ferner BGHZ 41, 95) einführen: In einem Grundstückskaufvertrag zwischen V und K wurde vereinbart, daß K an ein Kind des V eine Geldleistung erbringen solle; zur Sicherung dieser Forderung wurde eine Hypothek zugunsten des Kindes vereinbart, ohne daß es selbst zum Abschluß des Vertrags zugezogen war. Die Einigung wurde also nicht zwischen Gläubiger (Kind) und neuem Eigentümer (K), sondern zwischen V und K zugunsten des Kindes vorgenommen. Hat das Kind die Hypothek (mit der Eintragung) erworben?

Die Meinungen gehen hier sehr weit auseinander; sie reichen von einer völligen Verneinung der Anwendbarkeit (RGZ 66, 99; 124, 221; BGHZ 41, 95; BGH JZ 1965, 361; NJW-RR 1986, 849; NJW 1993, 2617; *Müller* Rn. 2380 a ff.) über eine Mittelmeinung (§ 328 sei zu bejahen, wenn es sich um ein Recht handelt, auf Grund dessen „Leistungen aus dem Grundstück" zu erbringen sind,[1] *Wolff/Raiser* § 38 II 3) zu der grundsätzlichen Bejahung (so *Westermann* § 3 II 4 und *Heck* § 10, 7; ferner *Manfred Wolf* Rn. 306).[2] Im obigen Beispiel wäre also die Hypothek nach Meinung 2 und 3 entstanden.

Die Frage ist praktisch bedeutsam für die Zuwendung von Nutzungsrechten (z.B. eines dinglichen Wohnrechts) oder Verwertungsrechten (z.B. einer Hypothek wie in unserem Beispiel) an Dritte. Zum mindesten in diesem Bereich bestehen gegen die entsprechende Anwendung der §§ 328, 331, 333 keine Bedenken, wobei freilich zu beachten ist, daß die Publizitätsvorschriften eingehalten werden müssen (das Kind erwirbt in dem obigen Beispiel die Hypothek erst, wenn es als Hypothekar im Grundbuch eingetragen ist). Bei der Grundstücksübereignung steht die Form des § 925 Abs. 1 im Wege. Dagegen dürfte eine Übereignung beweglicher Sachen zugunsten Dritter möglich sein, sofern die Publizitätsvorschriften beachtet werden (Besitzübertragung!).

c) Bereicherungsrechtliches Rückabwicklungsverbot

29 Die Anwendung des § 817 S. 2 auf §§ 985 ff. ist entgegen der h. M. zu bejahen (hierzu § 5 Rn. 52.).

III. Rechtsgeschäft und Kundbarmachung

1. Das grundsätzliche Verhältnis von Rechtsgeschäft und Kundbarmachung

30 Wie wir schon wiederholt sahen, begnügt sich das Gesetz bei einer dinglichen Rechtsänderung nicht mit einer schlichten rechtsgeschäftlichen Erklärung der Beteiligten, sondern fordert zusätzlich eine Kundbarmachung (Eintragung – Übergabe). In welchem Verhältnis stehen beide?

Sicher ist, daß erst Willenserklärung und Kundbarmachung *zusammen* die dingliche Rechtsänderung bewirken, wobei es gleichgültig ist, in welcher zeitlichen Reihenfolge die beiden Tatbestandsmomente aufeinanderfolgen; es kann also z.B. die Eintragung der Auflassung eines Grundstücks materiellrechtlich vorangehen, wie sich aus § 879 Abs. 2 ergibt.

K wird also erst Eigentümer des gekauften Grundstücks, wenn es an ihn aufgelassen ist *und* er im Grundbuch eingetragen ist.

31 Sicher ist ferner, daß die Verfügungsbefugnis noch im Zeitpunkt der Vollendung *beider* Voraussetzungen vorliegen muß.

---

[1] Oder ein Recht zur Übereignung eines Grundstücks begründet wird (Vorkaufsrecht).
[2] S. zu dem Problemkreis weiter *Kaduk*, FS Larenz 1983, 303; *Rimmelspacher*, Materiellrechtlicher Anspruch und Streitgegenstandsprobleme im Zivilprozeß, 1970, S. 129 ff.; MünchKomm-*Gottwald* § 328 Rn. 108 ff. (m.w.N.) u. schon *Vogel*, Inwieweit sind Verträge zug. Dritter mit dingl. Wirkung möglich? (Tüb. Diss. 1933) u. unten §§ 20 Rn. 19 f., 37 Rn. 12, 51 Rn. 13–17.

Hat V zugunsten des H eine Hypothek bestellt, fällt er aber vor Eintragung in Konkurs und verliert damit die Verfügungsbefugnis, so kann H die Hypothek nicht erwerben. Von diesem Grundsatz macht § 878 eine gewichtige Ausnahme; ihr Kern ist leicht verständlich: der Erwerb des Rechts soll nicht von dem mehr oder weniger prompten Arbeiten des Grundbuchamts abhängen (s. unten § 19 Rn. 35 ff.).

Sicher ist schließlich, daß Willensmoment und Kundbarmachung einander entsprechen müssen. 32

Hat V an K das Grundstück a aufgelassen, ist K aber versehentlich als Erwerber des Grundstücks b eingetragen worden, so ist er weder Eigentümer von a (mangels Eintragung) noch Eigentümer von b (mangels Auflassung) geworden. V kann von K Bewilligung der Grundbuchberichtigung bezüglich b verlangen (§ 894), das Grundbuchamt muß K als Eigentümer von a eintragen, da der daraufhin gehende Antrag noch nicht erledigt ist[1].

Es bleiben sonach zwei Fragengruppen, die problematisch sind:
Ist die Einigung als solche bereits bindend (unter 2.)?
Welcher Zeitpunkt ist maßgebend für die rechtsgeschäftlichen Voraussetzungen, insbesondere die Geschäftsfähigkeit der Beteiligten (unter 3.)?

2. Bindungswirkung der Einigung

a) Immobiliarrecht

Für dingliche Rechtsänderungen an Grundstücken und Grundstücksrechten 33 sagt § 873 Abs. 2 ausdrücklich, daß die Einigung nur bindend ist, wenn eine der dort genannten Voraussetzungen vorliegt; diesen ist gemeinsam, daß der rechtsgeschäftliche Wille schon eine bestimmte äußere Verlautbarung gefunden hat. Auch die Bindung bedeutet aber nur Ausschluß des Widerrufsrechts.

Dieser Satz macht erfahrungsgemäß dem Anfänger die größten Schwierigkeiten: 34

aa) Widerruft ein Beteiligter die *nicht bindende* dingliche Einigung, so wird diese zwar hinfällig; darin kann aber ein Verstoß gegen das Verpflichtungsgeschäft liegen, so daß der Widerrufende auf Klage des Vertragspartners (§ 433 Abs. 1 S. 1) zur Abgabe der Einigungserklärung durch das Gericht gezwungen werden kann (§ 894 ZPO).

bb) Auch die *bindende* Einigung bedeutet *keine Verfügungsbeschränkung*. Der an die Einigung Gebundene kann also materiell-rechtlich noch zugunsten eines anderen verfügen (BayObLG DNotZ 1984, 379 m. w. N.); dieser erwirbt vom Berechtigten. Nur macht sich der Verfügende schadensersatzpflichtig, wenn er mit seiner Verfügung dem schuldrechtlichen Grundgeschäft zuwidergehandelt hat.

Beispiel: E hat sich verpflichtet, dem H zur Sicherung eines Darlehens eine erstrangige Hypothek 35 zu bestellen; er hat sich mit ihm über die Bestellung der Hypothek geeinigt und ihm eine öffentlich beglaubigte Eintragungsbewilligung ausgehändigt. Die Einigung ist sonach bindend (§ 873 Abs. 2), kann also von E nicht einseitig widerrufen werden. Bestellt er dennoch dem G in formloser Einigung eine Grundschuld und wird G eingetragen, so erlangt G sein Recht an erster Stelle; der später eingetragene H wird Hypothekar an zweiter Rangstelle. E hat aber seiner Verpflichtung zuwidergehandelt, H braucht das Darlehen nicht auszubezahlen (§ 320).

---

[1] Zu der Frage, unter welchen Voraussetzungen die Form (§ 313, § 925) trotz versehentlicher Falschbezeichnung (falsa demonstratio) gewahrt ist, s. BGHZ 74, 11; 87, 150 u. BGH NJW 1986, 1867; NJW-RR 1988, 265; *Wieling* AcP 172, 297; *Köbl* DNotZ 1983, 598; *Flume* NJW 1983, 2007 u. unten § 21 Rn. 8; interessant OLG Düsseldorf NJW-RR 1995, 784 (falsa demonstratio bei Vertretung ohne Vertretungsmacht!).

b) Mobiliarrecht

36   Ob die Einigung bei der Übereignung beweglicher Sachen bindend ist, ist lebhaft umstritten. Die überwiegende Meinung (vgl. etwa BGHZ 7, 111, 115; 14, 114, 119; NJW 1979, 214) verneint diese Frage, wobei sie sich auf den Wortlaut des § 929 („... übergibt *und* beide darüber einig sind ...") und auf die Parallele zu § 873 – wo die Einigung auch nur in den Fällen des Abs. 2 ausnahmsweise bindend ist – beruft. Dieser Auffassung ist zu folgen; ein Grund, bewegliche Sachen anders zu behandeln als Grundstücksrechte, liegt nicht vor.[1]

37   *Beispiel:* V hat K einen gebrauchten, z. Zt. in Reparatur bei R befindlichen Kraftwagen verkauft, sich mit ihm über den Eigentumsübergang geeinigt und vereinbart, daß V den R veranlassen werde, den PKW unmittelbar dem K zu überbringen. Später kommen dem V Bedenken, er „kündigt den Vertrag" (ob mit Recht oder Unrecht, darf für die Frage des Eigentumsübergangs zunächst keine Rolle spielen). K wird nicht Eigentümer, auch wenn ein Angestellter des V, der von dem Gesinnungswandel seines Chefs nichts weiß, den R angewiesen hat, dem K das Fahrzeug auszuhändigen. Voraussetzung der Beendigung der Bindung ist dabei immer der Zugang der Widerrufserklärung beim Partner der dinglichen Einigung (BGH NJW 1979, 213; Westermann § 38, 4).

Ohne Widerruf, der ausdrücklich oder stillschweigend erfolgen kann, ist vom Fortbestand der Einigung auszugehen; insbesondere muß im Zeitpunkt der Übergabe kein „Rechtsfolgenbewußtsein" bestehen (BGH NJW 1995, 1085, 1086 l. Sp.; s. a. § 51 Rn. 11).

3. Maßgeblicher Zeitpunkt für die rechtsgeschäftlichen Voraussetzungen der Einigung

38   Bei der Entscheidung der Frage, welchen Einfluß der zwischen Einigung und Kundbarmachung (Eintragung – Übergabe) eintretende Tod (oder Geschäftsunfähigkeit bzw. Betreuungsbedürftigkeit) hat, ist von § 130 Abs. 2 (mit § 153) auszugehen; danach ist es für die Wirksamkeit der Willenserklärung ohne Einfluß, wenn der Erklärende nach der Abgabe stirbt oder geschäftsunfähig wird.[2] Dies bedeutet:

a) *Ist die Einigung nicht bindend erklärt,* so können die Erben bzw. der gesetzliche Vertreter sie widerrufen. Tun sie das nicht, so erfolgt die Rechtsänderung, wenn die Kundbarmachung zu der Einigung hinzutritt.

b) *Ist die Einigung schon bindend erklärt* (§ 873 Abs. 2), so bleibt sie es auch für die Erben (BGHZ 32, 367, 369) bzw. für den Betreuer (§§ 1896 ff., 1903) des Geschäftsunfähigen.

39   *Beispiele:* BGHZ 48, 351 (= *Baur,* E. Slg. Fall 3): M hat sein Grundstück 1906 (!) an A aufgelassen und dessen Eintragung im Grundbuch bewilligt. Der Eintragungsantrag ist wegen Fehlens einer staatlichen Genehmigung zurückgewiesen worden. 1965 (!) ist G als Erbe des M im Grundbuch als Eigentümer eingetragen worden. Im Jahre 1966 beantragt A seine Eintragung im Grundbuch. Mit Recht! Die Auflassung ist noch wirksam, sie kann – weil bindend erklärt – durch den Erben G nicht widerrufen werden. Auch der inzwischen durch Erbfall eingetretene Eigentumswechsel schadet nicht (s. unten § 19 Rn. 32 a. E.). – Ähnlicher Fall: BayObLG Rpfleger 1973, 296.

Hat V seinen Kraftwagen an K verkauft und sich mit ihm über den Eigentumsübergang geeinigt, jedoch den Wagen noch nicht übergeben, so hat der Betreuer des V die Möglichkeit, die

---

[1] Str. s. *Heck* § 55, 7; *v. Lübtow* ZHR 112, 257; *Schödermeier u. Woopen* JA 1985, 622; s. ferner *Gernhuber,* FS Baur, 1981, 31, 37; *Westermann* § 38, 4; *Müller* Rn. 2379 f.; *Wilhelm* Rn. 402.

[2] Zu diesem Fragenkreis s. unten § 19 Rn. 32 ff. und § 51 Rn. 11.

Einigung zu widerrufen, wenn V inzwischen wegen Geisteskrankheit unter Betreuung gestellt worden ist.
S. dazu die Übersicht 11 unten § 19.

IV. Das dingliche Rechtsgeschäft und sein Rechtsgrund – die „Abstraktheit" der dinglichen Rechtsgeschäfte[1]

1. Trennungs- und Abstraktionsprinzip

Im Sprachgebrauch des täglichen Lebens wird im allgemeinen zwischen Kauf und Übereignung nicht unterschieden.

> Wer in der Buchhandlung ein Buch kauft, bezahlt und sich gleich mitgeben läßt, wird es als lebensfremd bezeichnen, wenn ihm der Jurist sagt, es handle sich hier um einen Kaufvertrag und zwei Übereignungen (des Geldes und des Buches).

Anders wird aber auch der Laie reagieren, wenn sich zwischen Kauf und Übergabe ein längerer zeitlicher Zwischenraum legt.

> So wenn der Buchhändler das Buch erst bestellen muß und erst in etwa einer Woche zusenden will.

Diese systematische Trennung zwischen dem Verpflichtungsgeschäft (Kauf) und der dinglichen Rechtsänderung (Übereignung) bezeichnet man als *Trennungsprinzip*.

> Dabei ist zu beachten, daß das Verpflichtungsgeschäft nicht immer Kauf zu sein braucht, es kann jedes andere zu einer dinglichen Rechtsänderung verpflichtende Geschäft sein (z.B. Tausch, Gesellschaftsvertrag, Erbschaftsteilung). Auch für die dingliche Rechtsänderung ist die Übereignung nur ein Beispiel (weitere Fälle beispielsweise: Bestellung eines Erbbaurechts, einer Dienstbarkeit usw.).

Davon zu unterscheiden ist das *Abstraktionsprinzip*. Hier ist entscheidend, ob das dingliche Geschäft einer kausalen Zweckbestimmung bedarf (Frage der „inhaltlichen Abstraktion"[2]) und in seiner Wirksamkeit von der des Verpflichtungsgeschäfts abhängig ist („äußerliche Abstraktion"[2]).

Für das geltende Recht besteht kein Zweifel, daß diese Fragen zu verneinen sind, daß also die Verfügung zweckfrei und von dem kausalen Rechtsgeschäft *unabhängig* ist. Das Gesetz hat sich – unter dem Einfluß der Lehren Savignys[3] –

---

[1] Aus der überreichen Literatur s. *Flume* II § 12 I, III; *Heck* § 30; *Jahr* AcP 168, 1, 14 ff.; *Larenz* II § 39 II; *F. Baur* JA 1987, 164; *Stephan,* Abstraktionsprinzip u. Immobiliarrecht, 1978 (rechtsgeschichtlich); *Westermann* § 4; *Wieling* I § 1 III 4c; *Gernhuber,* Bürgerl. R., § 4 (allgemein zu den abstrakten u. kausalen Rechtsgeschäften); *H.P. Westermann,* Die causa im französischen u. deutschen Zivilrecht, 1964; *M. Wolf* NJW 1987, 2651; *Lindemann,* Die Durchbrechung des Abstraktionsprinzips durch die höchstrichterliche Rechtsprechung seit 1900, 1989; *Schreiber/Kreutz,* Der Abstraktionsgrundsatz, Jura 1989, 617. Zur Kritik und Reform s. außer den oben vor I genannten: *Dulckeit,* Die Verdinglichung obligatorischer Rechte (1951); *Ehmann,* Die Gesamtschuld (1972), S. 130 ff.; *Kegel,* FS f. Mann, 1977, 57; *Kupisch* JZ 1985, 101 (dazu *Weitnauer* JZ 1985, 55; beide mit Nachweisen zur Diskussion); *Buchholz* RabelsZ 50 (1986), 92; *Wiegand,* Die Entwicklung des Sachenrechts im Verhältnis zum Schuldrecht, AcP 190, 112, 119, 122, 135; *Eisenhardt,* Die Einheitlichkeit des Rechtsgeschäfts und die Überwindung des Abstraktionsprinzips, JZ 1991, 271 ff.; *Jauernig,* Trennungsprinzip und Abstraktionsprinzip, JuS 1994, 721; *Habermeier,* Das Trennungsdenken, AcP 195, 283; *Stadler,* Gestaltungsfreiheit und Verkehrsschutz durch Abstraktion, 1996; *Stürner,* Der hundertste Geburtstag des BGB – nationale Kodifikation im Greisenalter?, JZ 1996, 741 ff., 747.
[2] *Jahr* aaO; *ders.* ZRG Rom. Abt. 80, 141.
[3] Vgl. *Felgentraeger,* Savignys Einfluß auf die Übereignungslehre (1927); *Flume* II § 12 III 2.

§ 5 IV II. Abschnitt. Allgemeine Lehren und Institute

zu dem Abstraktionsgrundsatz bekannt, weil es glaubte, damit der Rechtssicherheit und Rechtsklarheit zu dienen; die Zweifel um die „causa" und ihren Bestand sollten sich nicht auf die Rechtszuständigkeit auswirken. Die dingliche Rechtsänderung sollte „zweckfrei" sein und in ihrer Entstehung wie in ihrem Bestand vom Kausalgeschäft unabhängig sein.

43 Eine andere Frage ist, ob das Abstraktionsprinzip rechtspolitisch haltbar ist. Rechtsvergleichend wird dies überwiegend für die Übereignung beweglicher Sachen diskutiert (§ 51 Rn. 1 f., 44). Dabei wird zu Recht darauf hingewiesen, daß die Interessen des Verkehrs auch ohne Abstraktionsprinzip durch die Möglichkeit redlichen Erwerbs zumindest teilweise geschützt seien und die abstrakte Übereignung beweglicher Sachen „lebensfremd" sei. Allerdings bleibt beim Abstraktionsprinzip der Vorteil besseren Gläubigerschutzes auch bei nichtredlichem Erwerb, das Abgrenzungskriterium der Redlichkeit mit seinen Fragwürdigkeiten spielt unter Geltung des Abstraktionsprinzips nicht die herausragende Rolle. Auch neigen Rechtsordnungen ohne Abstraktionsprinzip oft dazu, das Verpflichtungsgeschäft trotz seiner Mängel aufrechtzuerhalten, um die dingliche Zuordnung zu schützen; die Möglichkeit ihrer Erhaltung bei gleichzeitiger Rückabwicklung des mangelhaften schuldrechtlichen Geschäfts geht ihnen eher ab. Die modernen Sicherungsformen des Eigentumsvorbehalts und der Sicherungsübereignung sind unter dem Abstraktionsprinzip leichter und adäquater konstruierbar, die abstrakten dinglichen Immobiliarsicherheiten haben für Gläubiger und Kunden gegenüber den akzessorischen Sicherheiten alle Vorzüge und entsprechen deshalb kautelarjuristischer Praxis und europäischen Zukunftsplänen (hierzu § 36 Rn. 129). Der große Vorzug des Abstraktionsprinzips liegt letztlich in seinem höheren und überlegenen Differenzierungsgrad, der den vielgestaltigen Lebens- und Wirtschaftsbedürfnissen besser gerecht wird als die Einheitskonstruktion. Diesen Aspekt sollte die künftige Diskussion nicht übersehen – trotz des Außenseiterstatus des Abstraktionsprinzips bei Rechtsharmonisierung (zum Ganzen *Stadler*, Gestaltungsfreiheit und Verkehrsschutz durch Abstraktion, 1996). Durchbrechungen erleidet nicht nur das Abstraktionsprinzip, sondern genauso das Kausal- oder Konsensprinzip in seinem Geltungsbereich. Deshalb ist der Grundgedanke *Savignys* wegen seines Differenzierungspotentials in vielen Bereichen vielleicht doch überlebensfähig.

44 Freilich bedeutet die Abstraktheit nicht, daß eine ohne Rechtsgrund erfolgte Rechtsänderung hingenommen werden muß. Es ist vielmehr eine wesentliche Aufgabe des Instituts der ungerechtfertigten Bereicherung (§ 812), solche rechtsgrundlosen Verfügungen „rückabzuwickeln" (sog. Leistungskondiktion). Diese Rückabwicklung führt – notfalls unter gerichtlicher Hilfe – zu dem gegenläufigen dinglichen Akt.

Ist der Kaufvertrag in unserem Beispiel nichtig, so ist K zwar Eigentümer des Buches geworden, ist aber verpflichtet, es dem V auf Anfordern zurückzuübereignen (nicht nur „herauszugeben", was die Konsequenz wäre [§ 985], wenn die Übereignung von der Nichtigkeit des Kaufvertrags erfaßt worden wäre).

2. Folgen der Abstraktheit

45 Aus dem Gesagten ergeben sich folgende Konsequenzen:

a) Keine Änderung dinglicher Rechtslage durch Verpflichtungsgeschäfte

Durch den Abschluß eines Rechtsgeschäfts, das zu einer Rechtsänderung verpflichtet, wird die sachenrechtliche Position des Schuldners nicht beeinträchtigt; der Gläubiger erlangt lediglich einen schuldrechtlichen Anspruch auf Vornahme des dinglichen Rechtsgeschäfts, das zu der Rechtsänderung führt. Dies gilt auch dann, wenn der andere Teil seine Leistung schon voll erbracht hatte.

§ 5. Das dingliche Rechtsgeschäft

Beispiel: V, der eine Sache an K verkauft hat, kann sie also an D verkaufen und übereignen. D erwirbt vom Berechtigten (§ 929), auf seinen guten oder schlechten Glauben kommt es daher nicht an. K kann nur von V Schadensersatz fordern (§§ 433, 440), nicht aber Herausgabe der Sache von D (nur wenn D gekauft hat, *um* den K zu schädigen, ist er nach §§ 826, 249 zur Übereignung der Sache an K verpflichtet, der Zweitkauf ist nichtig (§ 138 Abs. 1 BGB); diese Voraussetzungen werden selten zu beweisen sein).[1]

Da die Sache vor der Übereignung noch dem V gehört, kann sie ein Gläubiger des V pfänden; K kann nicht die Widerspruchsklage nach § 771 ZPO erheben. Fällt V in Insolvenz, so ist die Sache Bestandteil der Masse; K kann seinen Anspruch auf Übereignung oder einen etwa schon geleisteten Kaufpreis nur als Insolvenzforderung geltend machen.

Es leuchtet ohne weiteres ein, daß hier der Gläubiger ein erhebliches *Sicherungsbedürfnis* hat. Dem kann rechtspolitisch nicht – wie in der Literatur z. T. versucht worden ist – dadurch Rechnung getragen werden, daß man K schon mit dem Kaufabschluß als Eigentümer dekretiert; denn damit wäre die Publizitätsfunktion des Grundbuchs wie die des Besitzes illusorisch gemacht. Das Gesetz stellt zwei Sicherungsmittel zur Verfügung, einmal die Vormerkung, zum anderen ein durch einstweilige Verfügung angeordnetes Veräußerungsverbot (§§ 136, 135).

Die bei Grundstücksrechten in Betracht kommende Vormerkung sichert den Gläubiger gegen jede ihn beeinträchtigende Rechtsänderung; sie ist aus dem Grundbuch ersichtlich, der Dritte muß also mit dem Vorhandensein fremder obligatorischer Rechte, die auf eine Rechtsänderung gerichtet sind, rechnen. Geringer ist der Schutz bei gerichtlichen Veräußerungsverboten, wenn sie bewegliche Sachen betreffen; denn hier kann sich der Dritte darauf berufen, daß er gutgläubig gewesen sei (§§ 136, 135 Abs. 2). In unserem Beispiel wird also K gut daran tun, das Veräußerungsverbot auch dem D zustellen zu lassen, falls er von dessen Existenz weiß.

b) Unabhängigkeit dinglicher Rechtsänderungen von der Wirksamkeit des Verpflichtungsgeschäftes

Die dingliche Rechtsänderung vollzieht sich unabhängig davon, ob ein kausales Geschäft überhaupt vorhanden oder rechtswirksam ist. Der Erwerber wird also Berechtigter. Er kann über die Sache weiter verfügen, ohne daß es auf das Wissen des Drittpartners von der Rechtsgrundlosigkeit des ersten Erwerbs ankommt.

Beispiel: Hat V telefonisch eine Maschine zu 170 DM angeboten und K zu 117 DM angenommen und wird – weil beide Parteien meinen, sich geeinigt zu haben – die Maschine dem K übereignet, so ist zwar der Kauf wegen Dissenses nichtig, die Übereignung aber gültig. K muß zwar – wenn V dies verlangt – das Kaufobjekt nach § 812 an V zurückübereignen, einstweilen ist er aber Eigentümer der Maschine, er kann sie an D weiterveräußern; einer seiner Gläubiger kann sie bei ihm pfänden, sie fällt bei Insolvenz des K in die Masse.

Hier tritt das Sicherungsbedürfnis des *Verkäufers* zutage. Wie im Falle des oben a) gebildeten ersten Beispiels kann *er* nun seinen Bereicherungsanspruch gegen K durch Veräußerungsverbot oder – bei Grundstücken – durch Vormerkung schützen lassen. Im übrigen gestattet das Gesetz (§ 822) einen Durchgriff gegen D, wenn dieser die Sache unentgeltlich erworben hat (eine der Stellung des Beschenkten innewohnenden Schwäche, wie sie auch in den §§ 528, 530, 816 Abs. 1 S. 2 zum Ausdruck kommt).

---

[1] Dazu *Dubischar,* Doppelverkauf und ius ad rem, JuS 1970, 6. Fälle aus der Praxis: BGH NJW 1974, 36 u. BGH NJW 1981, 2184; NJW 1988, 1716, 1717 r. Sp. (Indizien bewußter Schädigung: Überbieten, Freistellung von Ersatzansprüchen etc.).

c) Unabhängigkeit der dinglichen Rechtslage vom Wegfall des Verpflichtungsgeschäfts

49 Die dingliche Rechtsänderung ist in ihrem Bestand unabhängig davon, ob das – zunächst wirksame – Grundgeschäft später wegfällt, wobei es gleichgültig ist, ob das den Wegfall auslösende Ereignis rückwirkende Kraft hat oder nicht. Die Rückwirkung ist z. B. gegeben, wenn das Grundgeschäft wirksam angefochten wird (§ 142); keine Rückwirkung bringt die Ausübung eines gesetzlichen oder vertraglich vereinbarten Rücktrittsrechts mit sich.

Ist im vorigen Beispiel der Kaufvertrag wirksam, tritt aber V nach § 326 zurück, so bleibt K zunächst Eigentümer der Maschine; er ist nach § 327 mit § 346 lediglich verpflichtet, „die empfangene Leistung zurückzugewähren", also die Maschine an V zurückzuübereignen. Hat V den Kaufvertrag wirksam (z. B. nach § 119) angefochten, so greift § 812 mit demselben Ergebnis Platz (Interessant also, daß das Gesetz verschiedene Formen der Rückabwicklung kennt, die im konkreten Fall zu demselben Ergebnis führen können!).

3. Durchbrechungen des Abstraktionsprinzips

50 Wir hatten schon oben erörtert, daß auf dingliche Rechtsgeschäfte grundsätzlich die Regeln des Allgemeinen Teils über Rechtsgeschäfte und Verträge Anwendung finden. Diese Anwendung kann im konkreten Fall zu einer Durchbrechung des Abstraktionsgrundsatzes führen, weil *auch* das abstrakte dingliche Geschäft zu Fall kommt.

Die hier in Betracht kommenden Tatbestände kann man mit „Fehleridentität", „Bedingungszusammenhang" und „Geschäftseinheit" kurz kennzeichnen.

a) „Fehleridentität"

51 Der Fehler, der dem Grundgeschäft anhaftet, beeinträchtigt auch die Wirksamkeit des dinglichen Rechtsgeschäfts; hierunter können fallen: Mangel der Geschäftsfähigkeit, Nichtigkeit nach § 134, Anfechtbarkeit nach §§ 119, 123, Verstöße gegen §§ 2, 3, 9 AGBG.

Die Problematik der Tatbestände der §§ 119, 123, 134 ist bereits anhand von Beispielen erörtert (oben Rn. 7–10). Schwierigkeiten macht aber insbesondere die Anwendung des § 138. Zwar ist man übereinstimmend der Meinung, daß § 138 Abs. 2, also der Wuchertatbestand, auch das dingliche Geschäft des benachteiligten Vertragsteils – nicht des Wucherers! – erfaßt; das schließt man aus dem Wortlaut („... gewähren läßt, ..."), BGH NJW 1982, 2767; 1990, 384; 1994, 1275, 1470. Fraglich ist aber, ob § 138 Abs. 1 Platz greifen kann; das dingliche Geschäft – so sagt man – sei doch „sittlich neutral". In der Tat ist es schwer vorstellbar, daß etwa die bloße Einigung über den Eigentumsübergang unsittlich sein soll (BGH NJW 1973, 613, 615; 1990, 385). Andererseits kann sich der Makel der Sittenwidrigkeit – allerdings nur ausnahmsweise – aus Zweck und Wirkungen auch des dinglichen Geschäfts ergeben.[1] So ist die Rechtsprechung mehr und mehr dazu gekommen, auch das dingliche Geschäft auf seinen Wertgehalt zu überprüfen, etwa bei Sicherungsübereignungen und -abtretungen, die den Schuldner in seiner wirtschaftlichen Bewegungsfreiheit übermäßig beschränken oder auf andere Gläubiger keine Rücksicht nehmen (z. B. Gläubigerbenachteiligung und Konkursverschleppung[2], Übersicherung[3], Verleitung zum Vertragsbruch bei Globalzes-

---

[1] *Hübner* AT Rn. 503 m. w. N. In concreto lehnt dies die Rspr. allerdings häufig ab: BGH NJW 1985, 3007; 1988, 2364; NJW-RR 1989, 519; 1992, 593, 594.
[2] BGH NJW 1995, 1668 (Nichtigkeit der Forderungsabtretung).
[3] Hierzu §§ 57 Rn. 18 ff.; 58 Rn. 9; 59 Rn. 8; BGHZ 7, 111; 10, 228; 26, 185; NJW 1998, 671; ferner die teilweise durch BGH NJW 1998, 671 überholten Entscheidungen BGH NJW 1991, 354

sion¹) oder bei Zuwendungen, die den freien Willensentschluß eines anderen von vermögensrechtlichen Zuwendungen abhängig machen.² Daß Verstöße gegen das AGBG ebenfalls das schuldrechtliche und dingliche Geschäft erfassen können, ist vorne ausgeführt (Rn. 20 ff. mit Beispielen). Insbesondere bei Sicherungsgeschäften ist die Rechtsprechung, welche bei revolvierenden Globalsicherheiten die Übersicherung als Nichtigkeitsgrund für dingliche Geschäfte (§§ 138 Abs. 1 BGB, 9 AGBG) ausreichen ließ, jedoch weithin zusammengebrochen (BGH NJW 1998, 671 = LM Nr. 86 zu § 138 (Bb) m. Anm. *Stürner*) – und dies völlig zu Recht (Rn. 22). Es ist zu begrüßen, daß der BGH bei der kartellrechtlichen Kontrolle von Dienstbarkeiten bisher der Versuchung zur Durchbrechung des Abstraktionsprinzips nicht erlegen ist.³

Beispiele: Der unter Betreuung mit Einwilligungsvorbehalt (§§ 1896 ff., 1903) stehende V hat seine goldene Armbanduhr für die Hälfte des Werts bei dem Trödler K zu Geld gemacht. Da der Betreuer das Geschäft nicht genehmigt, sind Verkauf und Übereignung nichtig (§§ 1903, 108); K muß die Uhr nach § 985 zurückgeben. An dem bezahlten Kaufpreis hat V Eigentum erworben (§§ 1903 Abs. 3 S. 1, 107); er ist aber zur Herausgabe der noch vorhandenen Bereicherung verpflichtet (§§ 812, 818 Abs. 3).

M hat jahrelang als Kassierer einer Bank Geld veruntreut. Als der Revisor F die Unterschlagungen entdeckt, bestimmt ihn M durch Schenkung eines Grundstücks, von der Anzeige abzusehen. Hier ist die Übereignung sicher nichtig. Es ist einem aber nicht wohl bei dem Gedanken, daß nun M von F Berichtigung des Grundbuchs (§ 894) und Herausgabe des Grundstücks (§ 985) sollte verlangen können. Dieses Gefühl leitet über zu dem Gedanken, ob § 817 S. 2 nicht auch auf dingliche Ansprüche entsprechend anwendbar ist; die Frage ist entgegen der h. M. zu bejahen.⁴ Wollte man anders, so bedeutete dies ein verschiedenes Ergebnis, je nachdem die Nichtigkeit nur das schuldrechtliche oder *auch* das dingliche Geschäft erfaßt.

Freilich ist auch dieses Ergebnis vom Standpunkt der Rechtsklarheit aus nicht restlos befriedigend: M ist materiellrechtlich Eigentümer, ist aber weder im Grundbuch eingetragen noch kann er die Herausgabe des Grundstücks erzwingen. F ist Nichteigentümer des Grundstücks, aber als solcher im Grundbuch eingetragen; das Grundbuch ist also unrichtig.

b) „Bedingungszusammenhang"

Die Einigung über eine dingliche Rechtsänderung kann an eine – aufschiebende oder auflösende – Bedingung geknüpft werden; § 925 schließt dies lediglich für die Auflassung, also für die Einigung über den Eigentumsübergang an Grundstücken aus. So kann die Einigung auch von der Wirksamkeit des kausalen Rechtsgeschäfts abhängig gemacht werden. Eine solche Bedingung kann auch stillschweigend vereinbart sein. Jedoch kann man – will man den Abstraktionsgrundsatz nicht zur Farce machen – nicht annehmen, daß die Parteien *stets* die Wirksamkeit des dinglichen Geschäfts unter die Bedingung der Gültigkeit des kausalen Geschäfts stellen; vielmehr muß gefordert werden,

---

m. Nw. (Nichtigkeit der Sicherungsübereignung von Kraftfahrzeugen); NJW 1991, 2147 (Nichtigkeit der übersichernden Globalzession) und NJW 1996, 2786 (Übersicherung bei Sicherungsübertragung von Forderungen und Warenlagern).

[1] Hierzu § 59 Rn. 50 ff.; BGHZ 72, 308, 310 (Nichtigkeit der Abtretung als dingliches Geschäft); neuerdings BGH NJW 1991, 2147; 1995, 1668, 1669 (r. Sp.).

[2] S. dazu *Honsell,* Die Rückabwicklung sittenwidriger oder verbotener Geschäfte, 1974; *Dauner* JZ 1980, 495, 502 m. w. N.

[3] BGH NJW 1988, 2362; NJW-RR 1992, 593, 594; zustimmend *Stürner* AcP 194, 265 ff., 286 f.; s. a. § 33 Rn. 14 ff.

[4] S. dazu *Flume* II § 18, 8–10; *Medicus,* Bürgerl. R., Rn. 696, 697 m. w. N. – Der BGH beschränkt den Anwendungsbereich des § 817 S. 2 grundsätzlich auf das Bereicherungsrecht (BGHZ 35, 103, 109; 36, 395, 399; 39, 87, 91; 41, 341, 343; 63, 365, 368; BGH WM 1983, 393: Bordellpacht); dazu *Honsell* JZ 1975, 439; *Michalski* Jura 1994, 113 ff., 232 ff. Zur Frage der Vergütungspflicht bei wucherischen Leistungen s. BGH NJW 1962, 1148; BGHZ 63, 365, 368; *Medicus,* aaO Rn. 700.

daß die Parteien über die Gültigkeit des kausalen Geschäfts im Ungewissen waren.[1]

54 *Beispiele:* In einem Testament hat der Erblasser E seinem Neffen N eine Briefmarkensammlung vermacht. Unter den Beteiligten ist noch zweifelhaft, ob und inwieweit das Testament einem zuvor abgeschlossenen Erbvertrag widerspricht. Erfüllt der Erbe zunächst einmal das Vermächtnis, indem er dem N die Sammlung übereignet, so ist anzunehmen, daß auch die Übereignung nur unter der Bedingung der Gültigkeit des Vermächtnisses erfolgt sein soll.
Verkäufer V vereinbart mit Käufer K beim Verkauf eines Pkw einen Rücktrittsvorbehalt zugunsten des V (vgl. RGZ 54, 340). Eine auflösend bedingte Übereignung des Pkw (§§ 929 S. 1, 158 Abs. 2) sollte man nur bei besonderen Indizien annehmen.
Tritt der Darlehensnehmer S der Gläubigerbank G sicherheitshalber außenstehende Forderungen ab (§ 398) oder erfolgen Sicherungsübereignungen von S an G (§ 930), so stehen Abtretung und Übereignung nicht unter der aufschiebenden Bedingung des Entstehens der Darlehensforderung (BGH NJW 1991, 354 gegen BAG NJW 1967, 751 ff. und BGH NJW 1982, 275, 276 ff.; *Gerhardt* JZ 1991, 726 f.; *Jauernig* NJW 1982, 268 ff.); die Annahme der stillschweigenden Vereinbarung einer solchen Bedingung bedürfte besonderer Begründung (s. § 57 Rn. 10). Hingegen neigen Rechtsprechung (hierzu BGH NJW 1986, 977) und Literatur (hierzu §§ 57 Rn. 10 u. 45, 58 Rn. 5) zu mehr Großzügigkeit, wo es um die stillschweigende auflösende Bedingung der erfüllten gesicherten Forderung geht (sehr str.!); allerdings geht die – zulässige (BGH NJW 1984, 1184 ff.) – Formularpraxis vom unbedingten Sicherungsgeschäft aus.

c) „Geschäftseinheit"

55 Zweifelhaft und umstritten[2] ist die Frage, ob dinglich-abstraktes und kausales Rechtsgeschäft im Sinne des § 139 zu einer Einheit zusammengefaßt sein können derart, daß die Nichtigkeit des kausalen Rechtsgeschäfts auch die Nichtigkeit des dinglichen nach sich zieht. Die theoretische Bedeutung dieses Problems ist größer als die praktische. Denn vielfach wird schon der Gesichtspunkt der „Fehleridentität" oder des „Bedingungszusammenhangs" zu einer Lösung der Frage führen. Doch bleiben Fälle übrig, die zu einer Entscheidung zwingen, so vor allem dann, wenn es sich um eine – bedingungsfeindliche – Auflassung handelte oder wenn den Parteien die Gültigkeit des Kausalgeschäfts unzweifelhaft war.

56 *Beispiel* (entnommen RGZ 104, 102): E verkauft an K in notarieller Urkunde ein Grundstück und erklärt gleichzeitig die Auflassung. Später stellt sich heraus, daß der Kaufvertrag als Scheingeschäft nichtig ist (§ 117 Abs. 1). Ist hier auch die Auflassung nichtig? Der Wortlaut des § 139 stünde nicht entgegen; zwar spricht er von mehreren Teilen eines einheitlichen Rechtsgeschäfts, es ist aber längst anerkannt, daß er auch auf mehrere inhaltlich zusammengefaßte Rechtsgeschäfte anwendbar ist. Auch will es nicht recht einleuchten, daß Gläubiger des K inzwischen auf das Grundstück zugreifen konnten, ja daß es sogar bei Insolvenz des K in die Masse fällt. Andererseits muß man sich aber darüber im klaren sein, daß mit dem Abstraktionsgrundsatz gerade dem Verkehrsinteresse vor dem in § 139 zum Ausdruck gekommenen Erfolgsinteresse der Vorzug gegeben werden soll. Solange dieser Grundsatz in unserer Rechtsordnung Gültigkeit hat, wird man daher die Anwendung des § 139 in solchen Fällen verneinen müssen (ebenso BayObLG RPfleger 1969, 48; BGH NJW 1979, 1496; 1985, 3007; 1988, 2364; NJW-RR 1992, 593, 954 r. Sp.).

57 Die Fälle, in denen die Rspr. Geschäftseinheit ausnahmsweise angenommen hat, sind bisher – zu Recht – sehr selten geblieben; z.B. BGH NJW 1967, 1130 (Einheit zwischen Erbteilskauf und Erbteilsübertragung). Von der Geschäftseinheit zwischen schuldrechtlichem und dinglichem Geschäft ist die Geschäftseinheit zwischen schuldrechtlichem Geschäft und Sicherungsabrede bei Sicherungsübertragungen zu unterscheiden (BGH NJW 1994, 2885).

---

[1] *Westermann* § 4 IV 2; zurückhaltend auch BGH NJW-RR 1992, 593, 594 r. Sp.
[2] Hierzu die oben IV, vor Rn. 40, gegebenen Lit.-Hinweise.

4. Verfügungsgeschäfte im Schuldrecht

Wir haben bisher von *Sachenrechts*grundsätzen und den *dinglichen* Rechtsgeschäften gesprochen. Dies könnte den Eindruck erwecken, als gebe es Verfügungsgeschäfte nur im Sachenrecht und regle das Schuldrecht nur Verpflichtungsgeschäfte. Ein solcher Eindruck wäre – wie zahlreiche Beispiele insbesondere auch zur Sicherungsabtretung zeigen – irrig; denn auch das Schuldrecht kennt Verfügungsgeschäfte wie die Abtretung einer Forderung, die Aufrechnung usw. Auch auf diese Verfügungsgeschäfte des Schuldrechts finden die Grundsätze der Spezialität (§ 4 Rn. 17 ff.) und der Abstraktheit (oben Rn. 40 ff.) Anwendung, freilich nicht der Grundsatz der Publizität (§ 4 Rn. 9 ff.), weil eben hier die Rechtsinhaberschaft sich nicht auf eine „Sache" bezieht.

58

Übersicht 3
Sachenrechtsgrundsätze – Das dingliche Rechtsgeschäft

Sachenrechtsgrundsätze	*Auswirkungen*
I. Absolutheit	Umfassender, gegen jedermann wirkender *Schutz*: 1. § 985. 2. § 1004. 3. § 823. 4. § 812: Eingriffskondiktion. 5. öffentlich-rechtlicher Schutz: z. B. Art. 14 GG – § 42 VwGO
II. Publizität (Offenkundigkeit) P.-Mittel: 1. Besitz (bei beweglichen Sachen) 2. Grundbuch (bei unbeweglichen Sachen)	1. Übertragungswirkung: § 929 – §§ 873, 925. 2. Vermutungswirkung: § 1006 – § 891. 3. Gutglaubenswirkung: §§ 932–935 – §§ 892, 893.
III. Spezialität	Verfügungsgeschäft (im Gegensatz zum Verpflichtungsgeschäft) muß sich immer auf die *einzelnen* Vermögensbestandteile (Grundstück, bew. Sache, Forderung usw.) beziehen und ist für die einzelnen Übertragungsarten verschieden (z. B. § 929 für Mobilien, §§ 873, 925 für Immobilien, § 398 für Forderungen usw.)
IV. Übertragbarkeit	1. Alle Sachenrechte sind übertragbar (Ausnahmen: § 1059 Abs. 1, § 1092 Abs. 1 Satz 1; s. aber §§ 1059 a ff., 1092 Abs. 2) 2. Übertragung erfolgt durch dingliches Rechtsgeschäft, also nicht schon mit dem Abschluß des zugrunde liegenden Vertrags. Auf dingl. Rechtsgeschäft Allgemeiner Teil anwendbar (also z. B. Regeln über Geschäftsfähigkeit, Willenserklärungen usw.)
V. Abstraktheit	*Regel:* Dingliches Rechtsgeschäft (z. B. Übereignung) ist wirksam, auch wenn kausales Rechtsgeschäft (z. B. Kauf) fehlt oder unwirksam ist oder wegfällt. Rückabwicklung: Leistungskondiktion (§ 812) *Ausnahmen:* 1. Fehleridentität. 2. u. U. Bedingungszusammenhang oder – noch seltener – Geschäftseinheit (§ 139).

2. Kapitel. Der Besitz

§ 6. Die dem Besitz zugedachten Funktionen

1   Bei der Abgrenzung der Begriffe „Eigentum" und „Besitz" (§ 3 Rn. 24) hatten wir schon erkannt, daß dem Besitz scheinbar recht heterogene Funktionen zukommen, die man unter den Schlagworten Schutzfunktion, Erhaltungsfunktion und Publizitätsfunktion kurz, wenn auch nicht völlig zutreffend, zusammenfaßt.

Bei näherer Betrachtung entspringen diese Funktionen freilich einer einheitlichen Wurzel. Diese ist die Erkenntnis, daß der Besitz in aller Regel Ausdruck bestimmter Rechte oder Interessen ist; daher werden mit ihm die „hinter" ihm liegenden Interessen geschützt. Nach der Erfahrung des Lebens kommt im Besitz meist die Einordnung einer Sache in das Vermögen eines Menschen zum Ausdruck; daher knüpft das Recht an den Besitz bestimmte Vermutungen und verlangt für eine Rechtsänderung auch die Änderung der Besitzlage. Freilich ist diese Publizitätsfunktion des Besitzes heute bei Grundstücken und Grundstücksrechten durch das Grundbuch verdrängt, weil es die größere Sicherheit für eine zutreffende Darlegung der Rechtslage gibt.

S. die Übersicht 4 am Ende von § 9.

I. Die Schutzfunktion (Überblick)

2   Der Schutz des Besitzes kommt im Gesetz an sehr verschiedenen Stellen zum Ausdruck:

1. einmal im eigentlichen Besitzrecht der §§ 858–867; hier wird der Besitz in seiner Substanz – ohne Rücksicht auf die zugrunde liegende Rechtslage – durch Einräumung eines Gewaltrechts und der Besitzschutzklagen von der Rechtsordnung gewährleistet (s. dazu unten § 9 Rn. 1–26);

2. in § 1007 – nur für bewegliche Sachen – als Anspruch des früheren Besitzers gegen den jetzigen Besitzer, wenn der frühere Besitzer ein besseres Recht zum Besitz hat (s. dazu unten § 9 Rn. 27 ff.);

3. in § 823 Abs. 1 bei schuldhafter Beeinträchtigung des Besitzes; zwar nennt § 823 Abs. 1 den Besitz nicht ausdrücklich, aber nach allgemeiner Auffassung ist der Besitz unter gewissen Voraussetzungen als „sonstiges Recht" im Sinne dieser Bestimmung anzuerkennen (s. dazu unten § 9 Rn. 31–37);

4. in § 812 bei Vorliegen der Voraussetzungen der Leistungs- oder Eingriffskondiktion (s. dazu unten § 9 Rn. 38 f.).

Beispiel (zu 4.): Leistungskondiktion: Der Nichteigentümer V hat eine Sache an K verkauft und übergeben, aber noch nicht übereignet. Angenommen, der Kaufvertrag sei aus irgendeinem Grunde nichtig, so kann V nicht vindizieren (§ 985), da er nicht Eigentümer ist, wohl aber den Besitz kondizieren, also Herausgabe der Sache fordern.

II. Die Erhaltungsfunktion (Kontinuitätsfunktion)

Auch wer in keiner dinglichen Rechtsbeziehung zur Sache steht, hat u. U. als Besitzer ein Interesse daran, möglichst lange im Besitz der Sache zu bleiben.

So etwa der Mieter einer Wohnung, der diese mit erheblichem eigenen Aufwand renoviert hat. Wenn sein Vermieter das Haus verkauft, so wird er auf ein Räumungsbegehren (mit der Begründung, der Mietvertrag sei mit dem bisherigen Eigentümer geschlossen, gehe also ihn – den neuen Hauseigentümer – nichts an) nicht sehr erfreut reagieren.

Das Gesetz anerkennt dieses Interesse an verschiedenen Stellen und in verschiedenartiger Weise:

1. Verstärkung der obligatorischen Rechtsstellung

a) Besitzrecht gegenüber dem Rechtsnachfolger

Hat der Eigentümer eine bewegliche Sache einem anderen überlassen, so ist dieser auch einem neuen Eigentümer gegenüber – für die Zeit der Überlassung – zum Besitz berechtigt *(§ 986 Abs. 2).*

Beispiel: Hat E an M eine Schreibmaschine auf 1 Jahr für 5 DM monatlich vermietet und veräußert er die Maschine an K, so kann K die Maschine von M während der Vertragsdauer nicht herausverlangen, auch wenn ihm der Mietpreis zu niedrig erscheint.

b) Veräußerung bricht nicht Miete

Eine in der Wirkung ähnliche, in der rechtlichen Konstruktion freilich verschiedene Regelung bringt *§ 571* für die Grundstücksmiete (und -pacht), wenn der Eigentümer das vermietete (verpachtete) und dem Mieter (Pächter) bereits überlassene Grundstück an einen anderen veräußert; hier tritt der Erwerber kraft Gesetzes in das Mietverhältnis ein.

In unserem Eingangsbeispiel muß also der neue Eigentümer den Mietvertrag auf die vereinbarte Dauer oder bis zu einer möglichen Kündigung „durchhalten".

Der gleiche Gedanke liegt den §§ 57, 57a, c, d ZVG bei *Zwangsversteigerung* eines Grundstücks zugrunde, ebenso dem § 21 KO bzw. §§ 108, 110, 111 InsO bei Konkurs des Vermieters.[1]

c) Mieterschutz

Eine erhebliche Verstärkung der Stellung des Besitzers bringt schließlich das Mieterschutzrecht mit sich: Die ordentliche wie die außerordentliche Kündigung ist gegenüber dem Mieter von Wohnraum erheblich eingeschränkt (Einzelheiten s. unten § 29 Rn. 65ff.).

Die Verstärkung obligatorischer Rechte durch den Besitz hat Veranlassung zu der Überlegung gegeben,[2] inwieweit die „Verdinglichung obligatorischer Rechte" dogmatisch fruchtbar zu ma-

---

[1] Siehe dazu *Baur/Stürner* II, InsolvenzR, Rn. 9.58ff.
[2] Vergl. insbes. *Dulckeit,* Die Verdinglichung obligatorischer Rechte, 1951; *Canaris,* FS Flume, 1978, 371, 392ff., 403; *Weitnauer,* FS Larenz, 1983, 705; *Koch,* Die Mobiliarmiete – ein dingl. Recht, ZMR 1985, 187.

chen ist. In der Tat genießt das durch Besitzüberlassung verstärkte obligatorische Recht zum Besitz in vielem einen quasidinglichen Schutz. Diese Beobachtung kann aber keine Veranlassung geben, die dem Gesetz zugrundeliegende Trennung von obligatorischem und dinglichem Recht aufzugeben.

2. Ablösungsrecht

7   Die Stellung des Besitzers kann auch dadurch beeinträchtigt werden, daß ein Gläubiger des Eigentümers die Zwangsvollstreckung in die Sache betreibt. Hier gewährt § 268 Abs. 1 Satz 2 dem Besitzer ein Ablösungsrecht; während sonst geschlossener Widerspruch des Gläubigers und Schuldners eine Leistung durch einen Dritten unmöglich macht (§ 267), hat hier der Besitzer ein *Recht* zur Leistung, wenn er Gefahr läuft, durch die Zwangsvollstreckung den Besitz zu verlieren. Leistet er, so geht die Forderung des Gläubigers auf ihn über.

Verlangt der Gläubiger einer Hypothek oder Grundschuld Befriedigung aus dem Grundstück, so hat der Besitzer dasselbe Recht, auch wenn die Zwangsvollstreckung noch nicht eingeleitet ist oder – wegen §§ 57, 57a, c, d ZVG – keine Gefahr droht, daß er den Besitz verliert (§ 1150).

8   *Beispiel:* E hat sein Geschäftshaus an die Firma B verpachtet. Ein Hypothekengläubiger H droht die Zwangsversteigerung des Grundstücks an, weil E mit der Zahlung der Hypothekenzinsen und der Amortisation im Rückstand ist. Hier kann B die Hypothek ablösen mit der Folge, daß nach §§ 1150, 268 die durch die Hypothek gesicherte Forderung mit der Hypothek auf ihn übergeht (§§ 412, 401). Er ist damit Hypothekengläubiger des E geworden und kann im Wege der Grundbuchberichtigung (§ 894) von H die Bewilligung zu seiner Eintragung im Grundbuch als Hypothekar verlangen.

3. Der Besitz als Grundlage der Ersitzung

9   Die mit dem Besitz verbundenen Kontinuitätsinteressen können durch Zeitablauf so stark werden, daß der Besitz zum Vollrecht erstarkt; man spricht dann von *Ersitzung*. Ihre Voraussetzungen sind bei „Buchersitzung" (§ 900)[1] und „Fahrnisersitzung" (§§ 937–945) im einzelnen verschieden geregelt. Voraussetzung ist aber in beiden Fällen, daß der Besitzer die Sache eine längere Zeit (Grundstücke: 30 Jahre, bewegliche Sachen: 10 Jahre) im „Eigenbesitz" gehabt hat, d.h. er muß die Sache „als ihm gehörend" (§ 872), also wie ein Eigentümer besessen haben (s. unten § 53 Rn. 85 ff.).
Dazu muß bei der *Buchersitzung* 30jährige, widerspruchsfreie (§ 899) Eintragung im Grundbuch (§ 900), bei der *Fahrnisersitzung* guter Glauben an das Eigentum kommen (§ 937 Abs. 2); unten § 52 Rn. 85 ff.
Der Ersitzung kommt heute keine besondere Bedeutung mehr zu; sie wird praktisch, wenn die Einigung über den Rechtsübergang aus irgendeinem Grund fehlgeschlagen ist oder wenn der gutgläubige Erwerb nicht eingreifen kann, weil es sich z.B. um abhanden gekommene Sachen handelt (§ 935): Dem E wird ein wertvoller alter Stich gestohlen; ein Antiquar V verkauft und „übereignet" ihn an K. Dieser kann trotz Gutgläubigkeit kein Eigentum erwerben (§ 935), er kann die Sache aber ersitzen (§ 937).

III. Die Publizitätsfunktion (Überblick)

10   Mit dieser dem Besitz zugedachten Aufgabe hatten wir uns schon oben § 4 Rn. 9 ff. befaßt, als wir den Grundsatz der Publizität allgemein erörterten. Dort sprachen wir von der Übertragungswirkung, Vermutungswirkung und Gutglaubenswirkung. Für die folgenden Erörterungen über den Besitztatbe-

---

[1] Weitere Fälle s. §§ 1036 Abs. 1, 1027, 1090 Abs. 2; § 31 WEG mit § 900 Abs. 2.

stand und die Besitzarten genügt es, wenn wir uns dieser Funktion des Besitzes erinnern.

§ 7. Besitzarten – Besitztatbestand – Erwerb und Verlust des Besitzes

A. Überblick

Geht man zunächst einmal davon aus, daß Besitz „tatsächliche Sachherrschaft" bedeutet, so wirkt die Regelung des Besitzrechts in §§ 854–872 verwirrend; denn offenbar ist hier von mehreren Tatbeständen die Rede, auf die das Kennzeichen „unmittelbare Sachherrschaft" nicht paßt (vgl. § 868) oder bei denen zwar eine tatsächliche Sachbeziehung gegeben ist, Besitz aber dennoch nicht vorliegen soll (§ 855); weiter scheint es von Bedeutung zu sein, mit welcher Willensrichtung jemand besitzt (§ 872), ferner ob er die Sache allein oder mit mehreren zusammen besitzt (§ 866). 1

Will man den sich hieraus ergebenden Mißverständnissen entgehen, so muß man sich immer darüber im klaren sein, daß das Gesetz die verschiedenen Besitztatbestände nach den dem Besitz zugedachten Funktionen ausgestaltet; m.a.W. das Gesetz sieht stets hinter der jeweiligen Besitzart den mit ihr verfolgten Zweck. 2

Dies wird an einem einfachen Sachverhalt deutlich: Der landwirtschaftliche Arbeiter des Bauern hat – wenn er auf dem Felde pflügt – sicher die tatsächliche Sachherrschaft über den Pflug. Dennoch sieht das Gesetz in ihm keinen Besitzer, sondern nur einen sog. „Besitzdiener". Grund: der Arbeiter soll gegenüber dem Bauern keine Besitzschutzrechte haben, er soll nicht zur Übertragung des Besitzes an einen anderen befugt sein. (Freilich muß das Gesetz sofort wieder einen Schritt in die andere Richtung tun, wenn es in § 860 dem Besitzdiener das Selbsthilferecht gegen Dritte einräumt!)

Die Besitzarten kann man nach folgenden Gesichtspunkten gliedern: 3
I. nach dem Grad der Sachbeziehung: unmittelbarer und mittelbarer Besitz (s. unten Rn. 4 ff.),
II. nach der sozialen Einordnung des die tatsächliche Gewalt Ausübenden: Besitzer – Besitzdiener (s. unten Rn. 61 ff.),
III. nach der Möglichkeit, den Besitz allein oder nur zusammen mit anderen auszuüben: Alleinbesitz – Mitbesitz (s. unten Rn. 76 ff.),
IV. nach der Willensrichtung, mit der jemand besitzt: Eigenbesitz – Fremdbesitz (s. unten Rn. 88 ff.).

Bei der Erörterung dieser Besitzarten werden wir feststellen, daß eine „Mischung" durchaus möglich ist.

Vermietet etwa der Eigentümer E seine Sache an M, so ist M unmittelbarer Fremdbesitzer, E mittelbarer Eigenbesitzer („Mischung" der Gruppen I und IV).

B. Besitzarten nach dem Grad der Sachbeziehung (Unmittelbarer und mittelbarer Besitz)

S. die Übersicht 4 am Ende von § 9.

I. Begriffe

4   Einer natürlichen Betrachtungsweise entspräche es, nur denjenigen als Besitzer zu bezeichnen, der die Sache tatsächlich innehat; dies würde bedeuten, daß nur er die Besitzschutzrechte hätte und den Besitz weiterübertragen könnte. Nun zeigt es sich aber, daß jemand, der die tatsächliche Sachherrschaft einem anderen überlassen hat, sehr wohl ein berechtigtes Interesse haben kann, die Besitzschutzrechte gegen einen „Störer" auszuüben oder die ihm verbliebene Sachbeziehung auf einen anderen zu übertragen. Es besteht auch ein Bedürfnis dafür, daß jemand das Eigentum auf einen anderen übertragen kann, ohne den eigenen unmittelbaren Besitz aufzugeben. Das Gesetz trägt diesen Anliegen dadurch Rechnung, daß es neben dem unmittelbaren Besitz als tatsächlicher Innehabung auch die mittelbare, d.h. die durch einen unmittelbaren Besitzer (= Besitzmittler) vermittelte Sachbeziehung als Besitz anerkennt.

Unmittelbarer Besitzer ist also, wer die tatsächliche Gewalt über die Sache ausübt, mittelbarer Besitzer ist, wer den Besitz durch Vermittlung eines anderen – des unmittelbaren Besitzers – ausüben kann.

Schon hier wird deutlich, daß man beim mittelbaren Besitzer von einer eigentlichen Sachherrschaft nicht mehr sprechen kann; seine Beziehung zur Sache ist – wie man sagt – „vergeistigt".

II. Der unmittelbare Besitz

1. Der Besitztatbestand

a) Tatsächliche Sachherrschaft

5   Kennzeichnend für den Besitz ist – wie wir schon wiederholt sagten – die tatsächliche Sachherrschaft. Wann eine solche vorliegt, richtet sich nach der Auffassung des Lebens;[1] sie wird dabei verschiedene Gesichtspunkte berücksichtigen:

6   aa) eine gewisse *räumliche Beziehung* zur Sache, die freilich verschieden stark sein kann.

Beispiele: Ich bin Besitzer meines Gartens, auch wenn er einige Kilometer von der Wohnung entfernt ist – Besitzer meines Kraftfahrzeugs, auch wenn ich es auf einem öffentlichen Platz geparkt habe;

---

[1] *Joost* (GS f. Schultz, 1987, 167) definiert einheitlich für § 854 I, II u. § 856: „Möglichkeit der Gewaltausübung ohne Bruch einer fremden Besitzsphäre." *Kegel* (FS v. Caemmerer, 1978, 149) definiert: „Besitz ist Herrschaft. Herrschaft ist überwiegende Wahrscheinlichkeit, den eigenen Willen an einer Sache durchzusetzen." Aber: wonach entscheidet sich, ob eine solche „überwiegende Wahrscheinlichkeit" vorliegt?

§ 7. Besitzarten – Besitztatbestand – Erwerb und Verlust des Besitzes   B II § 7

bb) eine gewisse *Dauer* dieser Sachbeziehung. 7

Beispiel: Wer sich auf einer Bank in einem Park niederläßt, ist nicht Besitzer.[1]

Dagegen kommt es nicht darauf an, ob ein Recht zum Besitz besteht; der Besitztatbestand ist also im Verhältnis zur Rechtslage neutral.

Auch der Dieb ist Besitzer. – Wer nach Beendigung eines Mietverhältnisses die Sache dem Vermieter nicht herausgibt, bleibt Besitzer. Daraus ergibt sich, daß der Vermieter dem Mieter die Sache nicht gewaltsam wegnehmen darf, während nach § 859 Abs. 2 der – bisherige – Besitzer dem Dieb die Sache wenigstens dann gewaltsam wieder wegnehmen darf, wenn er ihn auf frischer Tat betroffen oder verfolgt hat.

b) Sachen als Gegenstand des Besitzes

Der Besitz ist nur an einer Sache möglich, freilich auch an abgrenzbaren 8
Sach*teilen* (Teilbesitz, § 865). Das Gesetz folgt hier nicht den Grundsätzen, die es für die Rechtslage an wesentlichen Bestandteilen entwickelt hat.[2]

Auch bei der Anerkennung dieses Teilbesitzes haben sich die Lebensbedürfnisse durchgesetzt: man kann doch etwa dem Mieter einer abgeschlossenen Wohnung nicht den Besitzschutz verwehren. –
Der These, daß Besitz nur an Sachen möglich sei, scheint der sog. *Rechts*besitz bei Dienstbarkeiten 9
zu widersprechen (§§ 1029, 1090):
Beispiel: Wenn E das als Grunddienstbarkeit eingetragene Recht hat, über das Grundstück des B zu gehen, so hat nicht nur E, sondern auch ein Mieter M des E die Besitzschutzrechte, wenn B etwa den Weg sperrt.[3] M wird als „Besitzer" der Grunddienstbarkeit angesehen.[4]

c) Besitz und Gewahrsam

Das BGB kennt den Begriff „Gewahrsam" nicht; er spielt aber eine Rolle für die Unterscheidung 10
zwischen Diebstahl und Unterschlagung (Wegnahme i. S. d. § 242 StGB als Bruch fremden und Begründung neuen Gewahrsams; vgl. RGSt 48, 58). Auch die §§ 808, 809 ZPO sprechen bei der Pfändung beweglicher Sachen vom „Gewahrsam". Will man den Besitzbegriff von dem des Gewahrsams abgrenzen, so muß man sich die verschiedenen Funktionen der genannten Bestimmungen vergegenwärtigen:

aa) In §§ 242, 246 StGB geht es um den strafrechtlichen Schutz der Eigentumsordnung; die Straf- 11
drohung gegen den Diebstahl will aber darüber hinaus die unmittelbare Sachbeziehung vor fremdem Zugriff schützen.[5] Gewahrsam kann daher mit dem unmittelbaren Besitz (nie mit dem mittelbaren Besitz!) identisch sein, braucht es aber nicht: Gewahrsam kann auch der Besitzdiener haben, der nach § 855 nicht Besitzer ist. Unmittelbaren Besitz an einer zum Nachlaß gehörenden Sache erhält nach § 857 auch der ortsabwesende Erbe, wenn der Erblasser unmittelbarer Besitzer war, während strafrechtlich gesehen die Haushälterin des Verstorbenen den Gewahrsam hat. Beim Gewahrsam im Strafrecht kommt es also nur und stets auf die unmittelbare Sachbeziehung an.

bb) § 808 ZPO gestattet dem Gerichtsvollzieher die Pfändung einer beweglichen Sache nur, wenn 12
der Schuldner an ihr Gewahrsam hat. Fragt man sich, warum das so geregelt ist, dann wird sofort deutlich, daß sich hier mit dem „Gewahrsam" die Vermutung der Rechtszuständigkeit verbindet: wer den Gewahrsam hat, wird in den meisten Fällen auch Eigentümer sein, so daß die Pfändung in der Regel „den Richtigen treffen wird". Gewahrsam also bedeutet hier unmittelbaren Besitz im Sinne

---

[1] A. A. *Heck* § 6, 5; *Westermann/Gursky* § 9 II 7; *Wieling* I § 4 I 1 a.
[2] S. dazu oben § 3 Rn. 7 ff.
[3] *Heck* weist in § 16 mit Recht darauf hin, daß hier meist Sachbesitz (Mitbesitz) vorliegen wird.
[4] Zum Rechtsbesitz insbesondere *Pawlowski*, Der Rechtsbesitz im geltenden Sachen- und Immaterialgüterrecht, 1961.
[5] Freilich nicht unbestritten! (vgl. *Schönke/Schröder/Eser*, StGB, 25. Aufl. 1997, § 242 Rn. 1).

des BGB (freilich nicht den noch nicht realisierten Erbenbesitz!).[1] Die Parallele zum Grundgedanken des § 1006 ist augenscheinlich.

2. Der Erwerb des unmittelbaren Besitzes

13 Setzt man den unmittelbaren Besitz mit tatsächlicher Sachherrschaft gleich, so wird § 854 Abs. 1 verständlich, wenn er sagt, daß „der Besitz einer Sache durch die Erlangung der tatsächlichen Gewalt über die Sache erworben" wird. Es fällt sofort auf, daß auf den Übertragungswillen des bisherigen Besitzers nicht abgestellt wird; der Besitz kann also ohne dessen Willen („originär") oder mit dessen Willen („abgeleitet") erworben werden; wir haben also originären (a) und abgeleiteten Besitzerwerb (b) zu unterscheiden.

14 Für die Qualität des erlangten Besitzes ist die Unterscheidung nicht von Bedeutung, wohl aber für die Möglichkeit des gutgläubigen Eigentumserwerbs an beweglichen Sachen: Hat jemand ohne seinen Willen den unmittelbaren Besitz an einer Sache verloren, so braucht er gutgläubigen Erwerb des Eigentums durch einen Dritten nicht zu befürchten; denn an abhanden gekommenen Sachen ist redlicher Erwerb von Eigentum ausgeschlossen (§ 935).

Bietet demnach § 854 Abs. 1 dem Verständnis keine allzu großen Schwierigkeiten, so wird man stutzig, wenn das Gesetz in § 854 Abs. 2 unter gewissen Voraussetzungen die bloße Einigung des bisherigen Besitzers mit dem Erwerber genügen läßt! Dieser Tatbestand bedarf eingehender Erörterung (c).

a) Originärer Erwerb des unmittelbaren Besitzes

15 Erforderlich ist die Erlangung der tatsächlichen Gewalt. Umstritten ist – hier wie beim abgeleiteten Erwerb (b) –, ob daneben ein Besitzbegründungswille des Erwerbers erforderlich ist. Die h.M.[2] bejaht diese Frage, während eine andere Auffassung die Einfügung in den Organisationsbereich des Erwerbers genügen läßt. Allzu große Bedeutung kommt dieser – wie so manch' anderer – Streitfrage nicht zu, da auch die h.M. einen generellen, juristisch nicht qualifizierten Besitzbegründungswillen genügen läßt.[3]

Beispiele: Wenn ein sechsjähriges Kind einen auf der Straße liegenden Geldbeutel aufhebt, so erlangt es unmittelbaren Besitz. Dagegen erwirbt die schöne Schläferin, der ein Verehrer einen Rosenstrauß in die Hand gibt, den Besitz erst, wenn sie sich nach dem Erwachen entschließt, den Strauß zu behalten.

16 Wesentlich ist folgender Gesichtspunkt, über den sich alle einig sind: Zur Besitz*erlangung* ist ein „Mehr an tatsächlicher Gewalt" erforderlich als zur Besitz*erhaltung;* die Erlangung des Besitzes muß nach außen erkennbar sein.[4]

Beispiele: Der Bauer, der den Pflug über Nacht auf dem Acker stehen läßt, bleibt unmittelbarer Besitzer. Läuft ihm auf seine Weide eine fremde Kuh zu, so wird er unmittelbarer Besitzer erst, wenn er sich um sie kümmert.

---

[1] Vgl. *Baur/Stürner* I, EinzelvollstreckungsR, Rn. 28.5 ff.; *Brox/Walker* Rn. 235 ff.; *Rosenberg/Gaul/Schilken* § 51 I 1.
[2] S. *Soergel/Mühl* § 854 Rn. 7–9 m.w.N.
[3] BGHZ 101, 186.
[4] So die übereinstimmende Auffassung: vgl. etwa *Soergel/Mühl* § 854 Rn. 5; MünchKomm/*Joost* § 854 Rn. 13. Zur Erkennbarkeit der Herrschaftsbeziehung s. auch BGHZ 44, 27, 32.

Der Inhaber eines Supermarktes wird unmittelbarer Besitzer eines Tausendmarkscheines, den ein Kunde in einem Lebensmittelregal liegen gelassen hat, sofern er seinen generellen Besitzwillen an „verlorenen" Gegenständen der Kunden zu erkennen gibt, indem er seinen Angestellten Weisung zur Buchführung und Verwahrung über solche Gegenstände erteilt (ähnlich BGHZ 101, 186; krit. *Westermann/Gursky* § 13 I 2; *Ernst* JZ 1988, 360). Weitere *Beispielsfälle* zum generellen Besitzwillen: OLG Celle NJW 1992, 2576 (Nebenraum einer Friedhofskapelle); OLG Koblenz NJW-RR 1994, 1351 (Besitzwille des Ehegatten an Gegenständen im Schlafzimmer der Eheleute?).

b) Abgeleiteter Erwerb des unmittelbaren Besitzes

Auch diese Form des Besitzerwerbs fällt unter § 854 Abs. 1. Hier muß zur Erlangung der tatsächlichen Gewalt noch der „Abgabewille" des bisherigen Besitzers und der „Erwerbswille" des Erwerbers treten (BGHZ 67, 209).[1] Ferner muß der bisherige Besitzer seine bisherige tatsächliche Gewalt über die Sache aufgeben (BGHZ 27, 360, 362 = *Baur*, E. Slg. Fall 1; BGH NJW 1979, 713). Freilich liegt auch hier kein rechtsgeschäftliches Handeln vor, auch hier braucht der Besitzbegründungswille nur generell zu sein. Fehlt sogar der natürliche Übertragungswille, so kann doch originärer Besitzerwerb vorliegen.

Beispiele: Die Braut (Kl.) hat ihre Aussteuer im Zimmer ihres Verlobten untergebracht, der bei seinen Eltern wohnt. Der „künftige Schwiegervater" (Bekl.) wußte davon nichts. Nach Auflösung des Verlöbnisses klagt die Braut gegen den Bekl. auf Herausgabe der Aussteuer. Das RG (RGZ 106, 135) hat die Klage abgewiesen, da der Bekl. mangels Erwerbswillens den Besitz nicht erlangt hat. —
Wer die Geldkassette in den Nachttresor einer Bank einwirft, überträgt ihr den unmittelbaren Besitz (genereller Erwerbswille); die Bank erlangt also jetzt schon das in den Allgemeinen Geschäftsbedingungen der Banken vorgesehene Pfandrecht. —
Schlüsselübergabe = Besitzübergabe? s. BGH DB 1973, 913 u. NJW 1979, 713; OLG Düsseldorf NJW-RR 1996, 839, 841 (Behalten eines Zweitschlüssels); *Soergel/Mühl* § 854 Rn. 17; s. a. unten Rn. 78 ff.

c) Abgeleiteter Besitzerwerb durch bloße Einigung

Diese Möglichkeit (§ 854 Abs. 2) verblüfft, haben wir doch bisher mit Nachdruck betont, daß zur Begründung des unmittelbaren Besitzes Erlangung der tatsächlichen Sachherrschaft erforderlich ist. Aber der Zweck, den der Gesetzgeber damit verfolgt, wird deutlich, wenn wir uns folgendes *Beispiel* betrachten:

E ist Eigentümer eines Stapels Holz, das im Walde „bei den Drei Eichen" liegt. Er will das Holz an K verkaufen und übereignen. Sollen E und K nun — bei Wind und Wetter — in den Wald marschieren, nur damit E dem K das Holz übergibt? Das will das Gesetz ihnen nicht zumuten!

Was § 854 Abs. 2 anstrebt, ist also ein *Vereinfachungseffekt*. — Das Beispiel macht auch deutlich, welche Voraussetzungen erforderlich sind, nämlich

aa) Besitz des Veräußernden;

bb) die Möglichkeit für den Erwerber, „die — alleinige[2] — Gewalt über die Sache auszuüben"; es muß sich also um sog. „offenen Besitz" handeln, d. h.

---

[1] Dazu *Damrau* JuS 1978, 519.
[2] Das bedeutet volle Besitzaufgabe durch den Veräußerer, falls *Allein*besitz übertragen werden soll (hierzu BGH NJW 1979, 715; *Gursky* JZ 1984, 604). Anders, wenn gemäß § 854 Abs. 2 nur *Mit*besitz eingeräumt wird; zutreffend *Westermann/Gursky* § 13 III 1.

der Erwerber muß ohne weitere Gestattungshandlung des bisherigen Besitzers oder eines Dritten den erlangten Besitz auch ausüben, realisieren können;

22 cc) **die Einigung der Beteiligten**; sie hat rechtsgeschäftlichen Charakter[1], unterliegt demnach in vollem Umfang den Regeln des Allgemeinen Teils über Rechtsgeschäfte, kann also z.B. wegen Willensmangels angefochten, durch Stellvertreter abgegeben werden usw. Die Einigung über den Besitzübergang, die natürlich auch stillschweigend erfolgen kann, ist von der Einigung über den Eigentumsübergang rechtlich zu unterscheiden, im konkreten Fall können aber beide zusammenfallen (BGH NJW 1979, 714).

23 In unserem obigen Beispiel liegt in der Einigung über den Eigentumsübergang auch die über die Besitzübertragung, wenn E dem K die sofortige Abfuhr des Holzes gestattet und ihm den „Holzzettel" übergibt. –
Bedeutet eine nichtige oder mit Erfolg angefochtene Einigung, daß die Sache dem früheren Besitzer abhanden gekommen, ein gutgläubiger Erwerb also nicht möglich ist (§ 935)? Geht man rein konstruktiv vor, so müßte man die Frage bejahen, freilich wird man damit dem Grundgedanken des § 935 nicht gerecht:
Ficht E im obigen Beispiel den Vertrag nach § 119 zu Recht an (z.B. error in objecto bei Kauf und Übereignung, s. § 5 Rn. 8), so fällt die Einigung mit rückwirkender Kraft weg, der Besitz ist ohne den Willen des E auf K übergegangen; es handelt sich also, wenn K das Holz abgeführt hat, um einen originären Besitzerwerb. Aber für den redlichen Erwerb eines Dritten nach § 932 muß es wohl genügen, daß E dem K die Holzabfuhr *tatsächlich* gestattet hat, daß er ihm also Vertrauen geschenkt hat. Die Rückwirkung der Anfechtung muß an diesem von E geschaffenen Tatbestand ihre Grenzen finden (zust. *Westermann/Gursky* § 13 III 2).

d) Der Besitzerwerb durch Gesamtrechtsnachfolge und durch Stellvertreter

24 Er soll wegen der darin liegenden besonderen Problematik unten § 8 Rn. 1ff. und 5ff. erörtert werden.

3. Der Verlust des unmittelbaren Besitzes

25 Die gesetzliche Regelung für den Besitzverlust findet sich in § 856; diese Bestimmung unterscheidet deutlich zwischen „Aufgabe" der tatsächlichen Gewalt und Besitzverlust „in anderer Weise".

a) Die Aufgabe der tatsächlichen Gewalt

26 Die Aufgabe der tatsächlichen Gewalt setzt – neben einer äußerlich erkennbaren *Aufgabehandlung* (BGH NJW 1979, 714) – einen entsprechenden *Willen* des Besitzers voraus, wobei dieser Wille wie bei der Besitzbegründung nicht juristisch qualifiziert zu sein braucht. Sie kann im Falle der Übergabe zum – abgeleiteten – Besitz eines anderen führen; bei einseitiger Aufgabe wird die Sache besitzlos; Erwerb eines anderen ist dann originär.

Rechtsgeschäftlichen Charakter hat die Besitzaufgabe im Falle des § 854 Abs. 2; s. dazu oben Rn. 22.

---

[1] BGHZ 16, 263; *Westermann/Gursky* § 13 III 2 m. Nw.; *Wilhelm* Rn. 325; a.A. *E. Wolf* § 2 E I b 2bb S. 83; *Wieling* I § 4 II 2b (Realakt).

b) Besitzverlust in anderer Weise

Der Besitzverlust „in anderer Weise" erfolgt *unfreiwillig*, sei es, daß der Besitz durch einen anderen entzogen wird (z.B. Diebstahl), sei es, daß der Besitzer unbewußt die tatsächliche Gewalt über die Sache verliert. 27
Bei unfreiwilligem Verlust ist die Sache „abhanden gekommen"; sie kann dann nicht gutgläubig erworben werden (§ 935).

Ist der Besitzverlust unfreiwillig, wenn die Aufgabe durch Willensmängel beeinflußt war? In einem in BGHZ 4, 10 entschiedenen Fall hatte der Eigentümer seinen Kraftwagen herausgegeben, als ihm eine – in ihrer Gültigkeit zweifelhafte – Beschlagnahmeverfügung vorgelegt worden war und der durch die Verfügung Begünstigte in Begleitung eines Polizeibeamten die gewaltsame Wegnahme des Wagens angedroht hatte. Ist diese Weggabe (Besitzaufgabe) anfechtbar (§ 123) und, wenn ja, hat die Anfechtung zur Folge, daß der Wagen i.S. des § 935 abhanden gekommen, gutgläubiger Erwerb also nicht möglich war? Der BGH (S. 33ff.) verneint diese Frage, schließt allerdings einen – natürlichen – Besitzaufgabewillen dann aus, „wenn der Wille zur Besitzaufgabe im wesentlichen unter dem Druck unerträglich wirkender Drohungen gefaßt wird" (unwiderstehliche physische oder psychische Gewalt). Freilich wird bei rechtswidriger Drohung i.S. des § 123 meist eine echte Wahl zwischen Aufgabe und Nichtaufgabe zu verneinen sein, so daß Abhandenkommen vorliegt.[1] 28

Hinzuweisen ist schließlich auf § 856 Abs. 2, wonach eine vorübergehende Verhinderung in der Ausübung der tatsächlichen Gewalt den Besitz nicht beendigt. 29

Beispiel: Der Fahrer des E benutzt ohne Wissen des E dessen Kraftwagen für einen Sonntagsausflug. An dem unmittelbaren Besitz des E ändert sich dadurch nichts (RGZ 52, 117, 118), übrigens auch nichts an seiner Haftung als Kraftfahrzeughalter (§ 7 Abs. 1 u. 3 StVG).

III. Der mittelbare Besitz[2]

1. Der Tatbestand des mittelbaren Besitzes

a) Begriff und Grundlagen

Erinnern wir uns zunächst einer schon wiederholt getroffenen Feststellung: Im Sinne des Sprachgebrauchs ist nur derjenige, der die tatsächliche Gewalt über eine Sache ausübt, Besitzer. Das Gesetz (§ 868) behandelt aber auch den, der die tatsächliche Sachherrschaft durch einen anderen ausüben läßt, als Besitzer, weil es sein Interesse, wie ein Besitzer behandelt zu werden, als schutzwürdig anerkennt. Seine Beziehung zur Sache ist freilich nur mittelbar, sie wird durch den unmittelbaren Besitzer (= Besitzmittler) vermittelt; aber diese mittelbare Sachbeziehung soll doch ebenfalls vollwertiger Besitz sein. 30

Diese Vollwertigkeit kommt – mit Durchbrechungen im einzelnen – in allen dem Besitz zugedachten Funktionen zum Ausdruck: in der Schutzfunktion, der Traditions- und Erhaltungsfunktion. Die praktisch wichtigste Bedeutung des mittelbaren Besitzes liegt in der Gleichstellung der Begründung eines Besitzmittlungsverhältnisses mit der realen Übergabe der Sache (§ 930), und hier wieder in dem Institut der Sicherungsübereignung: 31

---

[1] Dazu unten § 52 Rn. 43f..
[2] S. dazu *Wacke*, Das Besitzkonstitut als Übergabesurrogat in Rechtsgeschichte u. Rechtsdogmatik, 1974; *Wieling* I § 6; *ders.* AcP 184, 439; *Picker* AcP 188, 511, 522 (mit Darlegung der Gesetzgebungsgeschichte).

32 *Beispiele:* Will V eine Sache an K übereignen, hat er aber ein von K anerkanntes Interesse daran, zunächst den unmittelbaren Besitz an der Sache zu behalten, so kann die Übergabe dadurch ersetzt werden, daß ein den Oberbesitz (= mittelbaren Besitz) des K begründendes Rechtsverhältnis vereinbart wird (§ 930), etwa so, daß V künftig Mieter der nunmehr dem K gehörigen Sache sein will.

E muß einen Kredit aufnehmen; die Bank B ist bereit, ihm den Kredit einzuräumen, aber nur gegen Sicherheit. E könnte eine wertvolle Maschine als Sicherheit geben, benötigt sie aber natürlich weiterhin in seinem Betrieb; er kann sie also nicht verpfänden (s. § 1205 Abs. 1!). Hier kann der Effekt einer Verpfändung dadurch erreicht werden, daß E die Maschine der B „sicherungshalber" übereignet; die an sich nach § 929 erforderliche Übergabe kann dadurch ersetzt werden, daß E und B ein Besitzmittlungsverhältnis (Besitzkonstitut: constitutum possessorium), z. B. einen Leihvertrag vereinbaren.

33 Die Voraussetzungen eines solchen Besitzmittlungsverhältnisses sind im einzelnen umstritten; die Zweifel rühren vor allem daher, daß das Gesetz in § 868 einige solcher Verhältnisse aufzählt, aber eben nur als Beispiele; denn es läßt auch „ähnliche Verhältnisse" genügen.

Will man Klarheit gewinnen, so muß man zunächst versuchen, möglichst viel aus dem Wortlaut des Gesetzes herauszuholen. Analysiert man den § 868, so ergeben sich zwei *Voraussetzungen:*

einmal unmittelbarer Besitz einer Person;

ferner ein Verhältnis dieser Person zu einer anderen, aus dem sich ergibt, daß der unmittelbare Besitzer dem anderen gegenüber nur „auf Zeit" zum Besitz berechtigt oder verpflichtet ist.

34 Zur näheren Charakterisierung betrachten wir das in § 868 als Besitzmittlungsverhältnis genannte, jedermann bekannte Rechtsinstitut der Miete. Was ist für das Verhältnis Vermieter – Mieter kennzeichnend?

Einmal sicher, daß der Mieter unmittelbarer Besitzer der Sache ist, und zwar Fremdbesitzer, weil er die Sache nicht „als ihm gehörend besitzt" (§ 872),

ferner, daß er seine Besitzerstellung aus der Rechtsstellung des Vermieters ableitet,

weiter, daß sein Besitz nur auf Zeit, nämlich für die Dauer des Mietverhältnisses, begründet ist,

schließlich, daß der Vermieter nach Beendigung des Mietverhältnisses einen Anspruch auf Herausgabe der Mietsache hat.

35 *Gesamteindruck:* Der unmittelbare Besitzer (Besitzmittler) hat eine zwar selbständige, aber doch dem mittelbaren Besitzer gegenüber rechtlich untergeordnete Stellung.

In der selbständigen Stellung des unmittelbaren Besitzers liegt der Unterschied zum *Besitzdiener* (§ 855): Solange sich der Mieter im Rahmen seiner vertraglichen Befugnisse hält, braucht er keine Weisungen des Vermieters bezüglich der Benutzung der Sache entgegenzunehmen. Anders der Besitzdiener (§ 855; Typ: Arbeiter, Angestellter): Er ist in seiner – sozial abhängigen – Stellung hinsichtlich des Gebrauchs der Sache den Anordnungen seines „Chefs", des Besitzers, unterworfen.

b) Die einzelnen Voraussetzungen des mittelbaren Beistzes

aa) Unmittelbarer Fremdbesitz einer Person

36 Der Wille, die Sache als Nießbraucher, Mieter usw. zu besitzen, muß vorhanden sein (RGZ 135, 75, 78).

§ 7. Besitzarten – Besitztatbestand – Erwerb und Verlust des Besitzes   B III § 7

Dieser Wille braucht freilich nicht rechtlich qualifiziert zu sein; es genügt, wenn der Besitzmittler einen anderen als „Oberbesitzer" anerkennt.

bb) Besitzrechtsableitung

Der unmittelbare Besitzer muß seinen Besitz aus der Rechtsstellung des mittelbaren Besitzers ableiten, so der Mieter aus der Rechtsstellung des Vermieters, der Pfandgläubiger aus der Rechtsstellung des Verpfänders. Daher ist der Verkäufer, der die Sache verkauft, aber dem Käufer noch nicht übergeben hat, nicht Besitzmittler des Käufers (s. aber unten § 51 Rn. 33)! 37

Besitzrechtsableitung bedeutet *nicht,* daß der unmittelbare Besitz zunächst beim – späteren – Oberbesitzer vorhanden gewesen und dann dem – späteren – unmittelbaren Besitzer übertragen sein müsse. Es ist durchaus möglich, daß der Besitzmittler die Sache erst von einem Dritten erwirbt und sofort auf Grund eines schon vorher vereinbarten Besitzmittlungsverhältnisses dem Vertragspartner (z.B. dem Auftraggeber) mittelbaren Besitz verschafft *(sog. antezipiertes Besitzkonstitut)* oder zunächst unmittelbarer Eigenbesitzer ist, dann aber durch Vereinbarung eines Besitzkonstituts einen anderen als Oberbesitzer anerkennt (z.B. der Eigentümer eines Hauses verkauft es an K, bleibt aber als Mieter im Hause wohnen). Ist dem unmittelbaren Besitzer gestattet, ein solches Konstitut in eigenem Namen mit sich selbst als Vertreter des künftigen Oberbesitzers abzuschließen, so entsteht das Besitzkonstitut durch *Insichgeschäft* (§ 181). 38

Beispiel: K möchte auf einer Gemäldeauktion ein bestimmtes Bild kaufen. Da er mit Gebräuchen einer solchen Versteigerung wenig vertraut ist, beauftragt er den Kunsthändler H, für ihn das Gemälde zu ersteigern, zur Deckung des Kaufpreises gibt er ihm einen Blankoscheck mit (Fall der verdeckten Stellvertretung: Einkaufskommission). Hier wird das Bild zunächst an H übereignet, H muß es dann auf Grund des Geschäftsbesorgungsverhältnisses an K weiter übereignen. Dies kann durch „Ablieferung" (= Einigung und Übergabe) i.S. des § 929 Satz 1 geschehen. Vielfach besteht aber ein Interesse, daß das Eigentum *sofort* auf K übergeht (denn solange H Eigentümer ist, besteht die Gefahr, daß dessen Gläubiger das Bild pfänden). Dies kann dadurch geschehen, daß die Übereignung nach § 930 erfolgt, wobei die Einigung über den Eigentumsübergang und die über das Besitzkonstitut schon jetzt erfolgt, also – im Verhältnis zum Besitzerwerb – vorweggenommen, „antezipiert" wird (BGH NJW 1964, 398). Das gleiche Ergebnis kann durch ein Insichgeschäft nach § 181 erzielt werden; eine besondere Gestattung hierzu ist überflüssig, weil H nur eine Verbindlichkeit (aus §§ 675, 667) erfüllt, wenn er das Bild an den „Hintermann" K übereignet. Zweifelhaft ist, ob dieses Selbstkontrahieren nach außen erkennbar sein muß, etwa dadurch, daß H das Bild mit dem Namen des K versieht und dann bis zur Abholung in sein Lager stellt (s. dazu unten § 51 Rn. 30). 39

In der sog. Besitzrechtsableitung liegt, daß die Rechtsstellung des Oberbesitzers umfassender ist als die des Besitzmittlers (man spricht von einer Überordnung des Oberbesitzers), die besitzrechtliche Stellung des Besitzmittlers ist also nur ein Ausschnitt aus der gesamten Rechtsstellung des Oberbesitzers. 40

Der Eigentümer überläßt dem Nießbraucher aus dem Gesamtbereich seines Eigentums die Nutzungsbefugnis, dem Pfandgläubiger die Verwertungsbefugnis, dem Verwahrer die Aufsicht über seine Sache; der Verkäufer unter Eigentumsvorbehalt gestattet dem Käufer den Gebrauch der Sache (BGH NJW 1953, 217 = *Baur,* E. Slg. Fall 23).

Die eben getroffene Feststellung bedeutet freilich nicht, daß der Inhaber des umfassendsten Rechts nie unmittelbarer Fremdbesitzer sein könne: wenn der Eigentümer E zunächst sein Haus an M vermietet, dann aber selbst bei M in Untermiete lebt, so ist er bezüglich seines Zimmers unmittelbarer Fremdbesitzer, M ist mittelbarer Fremdbesitzer erster Stufe, E sodann – bezüglich des ganzen Hauses – mittelbarer Eigenbesitzer zweiter Stufe. 41

Mehrere Besitzmittlungsverhältnisse können also aufeinander „aufgestockt" sein (§ 871); *Heck* nennt dies sehr anschaulich „Besitzgebäude". Ebenso ist z.B. die Rechtslage, wenn der Gerichtsvollzieher bei E eine bewegliche Sache gepfändet hat, sie aber unter Anbringung eines Pfandsiegels im Gewahrsam des E beläßt (§ 808 Abs. 2 ZPO). „Besitzgebäude": E ist unmittelbarer Fremdbesitzer, der Gerichtsvollzieher – auf Grund seiner Gewahrsamspflicht – mittelbarer Fremdbesitzer 1. Stufe, der Gläubiger G – auf Grund seines durch die Pfändung erlangten Sicherungs- und Verwertungsrechts (= Pfandrechts) – mittelbarer Fremdbesitzer 2. Stufe, E schließlich – als Eigentümer – mittelbarer Eigenbesitzer dritter Stufe.[1] Zahlt E die Schuld an G zurück und hebt der Gerichtsvollzieher die Pfändung auf, so fällt das Besitzgebäude in sich zusammen, E ist wieder unmittelbarer Eigenbesitzer! – Weitere Beispielsfälle: BGH JZ 1964, 130 = NJW 1964, 398; NJW 1997, 2110, 2111 (s. a. unten Rn. 55 und § 51 Rn. 39 unter 2).

cc) Zeitliche Begrenzung

42 Die zeitliche Begrenzung der Stellung des unmittelbaren Besitzers (BGHZ 85, 265) ergibt sich deutlich aus dem Wortlaut des § 868 („auf Zeit"). Nicht erforderlich ist, daß die Sache nach Ablauf der vereinbarten Zeit gerade an den mittelbaren Besitzer zurückzugeben ist; möglich ist es durchaus, daß das Besitzmittlungsverhältnis endet, weil der unmittelbare Besitzer Eigentum erwirbt.

So in aller Regel bei Verkauf von Sachen unter Eigentumsvorbehalt. Hier erlischt das Besitzmittlungsverhältnis mit der vollständigen Zahlung des Kaufpreises von selbst.

dd) Herausgabeanspruch des mittelbaren Besitzers

43 Schon aus dem Zeitmoment ergibt sich, daß dem Oberbesitzer ein – wenn auch nur bedingter oder betagter oder von der Ausübung eines Gestaltungsrechts (z.B. Kündigung, Rücktritt) abhängiger – Herausgabeanspruch gegen den Besitzmittler zustehen muß (BGHZ 85, 265), so etwa dem Vermieter nach Ablauf der Mietzeit (§ 556 Abs. 1), dem Vorbehaltsverkäufer nach Ausübung seines Rücktrittsrechts (§§ 346 S. 1, 455).

44 Der Herausgabeanspruch braucht sich nicht gerade aus dem Rechtsverhältnis zu ergeben, das der Besitzvermittlung zugrunde liegt: Hat der geschäftsunfähige E sein Haus an M vermietet, so ist das Mietverhältnis nichtig, aus ihm kann also kein Herausgabeanspruch erwachsen. Aber E hat einen solchen Anspruch aus § 985; das ist ausreichend. Voraussetzung ist eben, daß ein Herausgabeanspruch nach der Rechtsordnung gegeben ist.

45 Von dieser *Frage* ist das umstrittene[2] Problem zu unterscheiden, *ob das Besitzmittlungsverhältnis* als solches *rechtsgültig* sein muß. Soll in unserem eben erwähnten Beispiel der mittelbare Besitz des geschäftsunfähigen E deshalb verneint, ihm also auch die Besitzschutzrechte gegen Dritte abgesprochen werden, weil der Mietvertrag nichtig ist?[3] Geht man bei Beantwortung dieser Frage von dem mit der Schaffung der Figur „mittelbarer Besitz" verfolgten Zweck aus, so muß es als Mindesttatbestand genügen, daß der Besitzmittler auf Grund eines wenn auch nur vermeintlich gültigen Rechtsverhältnisses „für" den Oberbesitzer besitzen will[4]; denn sonst würde häufig – wie unser Beispiel zeigt – die Situation des Oberbesitzers gerade dann unhaltbar sein, wenn er eines besonderen Schutzes bedarf. Freilich muß – das bringt das in § 868 geforderte „Zeitmoment" mit sich – stets ein durchsetzbarer Herausgabeanspruch gegeben sein; entfällt auch er, so kann in der Tat von einem Besitzmittlungsverhältnis nicht die Rede sein; meist besteht dann auch kein Anlaß, den – vermeintlichen – Oberbesitzer zu schützen.[5]

---

[1] S. *Baur/Stürner* I, EinzelvollstreckungsR, Rn. 28.22; *Rosenberg/Gaul/Schilken* § 51 III.

[2] Zum ganzen Fragenkreis *Schönfeld* JZ 1959, 301, 302; *Wieling* AcP 184, 439, 442 u. *Soergel/Mühl* § 868 Rn. 10; *Westermann/Gursky* § 17, 5 m. Nw.

[3] So wohl RGZ 86, 265; 98, 133 und vor allem die ältere Literatur!

[4] So im Ergebnis BGH NJW 1955, 499; WM 1985, 1433; BGHZ 85, 265; *Jauernig* § 868 Anm. 3b; h.M. Hierzu Motive III, 99: „Ferner ist zu bemerken, daß ... nicht etwa die Besitz- von der Rechtsfrage abhängt, ob gültig ... vermietet sei". S. ferner § 51 Rn. 23.

[5] Kritisch ablehnend *Wieling* aaO 448/9 (der die Notwendigkeit eines Herausgabeanspruchs verneint); unklar insoweit BGH NJW 1955, 499; BGHZ 85, 265, der aber wohl eher die freiwillige

§ 7. Besitzarten – Besitztatbestand – Erwerb und Verlust des Besitzes B III § 7

Beispiel: D hat einen gemieteten Kraftwagen unterschlagen; bevor er ihn ins Ausland weiterverkauft, läßt er ihn bei dem eingeweihten R „umfrisieren". Hier ist der Werkvertrag nichtig (§§ 134, 138); D hat aber auch keinen gültigen Herausgabeanspruch, nicht aus § 985 (weil er nicht Eigentümer ist), nicht aus § 812 (vgl. § 817 S. 2). Veräußert D den Kraftwagen durch Abtretung des Herausgabeanspruchs an den gutgläubigen K, so wird dieser nach § 934 1. Fall nicht Eigentümer (da D nicht mittelbarer Besitzer war!); Eigentumserwerb des K kommt erst in Betracht, wenn K von R den Besitz erhält und dann noch gutgläubig ist (§ 934 2. Fall). **46**

c) Ähnliche Verhältnisse i. S. d. § 868

Nachdem wir soeben die Voraussetzungen des mittelbaren Besitzes im einzelnen erörtert haben, können wir uns jetzt fragen, welche „ähnlichen Verhältnisse" als Basis des mittelbaren Besitzes § 868 wohl im Auge hat. Dabei kann – das ergibt sich aus den beispielsweise aufgeführten Rechtsverhältnissen – immer nur ein *bestimmtes* Verhältnis in Betracht kommen (BGHZ 73, 257), also nicht eine allgemeine Abrede, für einen anderen besitzen zu wollen (*konkretes* im Gegensatz zum abstrakten *Besitzkonstitut*). **47**

An diesem Erfordernis, das namentlich für die Sicherungsübereignung von Bedeutung ist, hält die Rechtsprechung mit Nachdruck fest (s. dazu unten § 51 Rn. 22, § 57 Rn. 9). Die Vereinbarung eines solchen konkreten Besitzkonstituts wird dabei allerdings häufig zur leeren Floskel, so wenn der Sicherungsgeber sagt, er wolle nunmehr die zur Sicherheit übereignete Maschine als Entleiher oder Verwahrer für den Sicherungsnehmer (z. B. die Bank) besitzen. **48**

Das „ähnliche" Verhältnis kann auf Vertrag, Gesetz oder staatlichem Hoheitsakt auf Grund eines Gesetzes beruhen: **49**

aa) *auf Vertrag:* hierher gehören etwa der Werkvertrag, Frachtvertrag, Lagerhaltungs- und Speditionsvertrag, Verkaufsauftrag (= Kommission), Verkauf unter Eigentumsvorbehalt (BGHZ 10, 69, 71; 28, 27, 28),

bb) *auf Gesetz:* elterliche Sorge (§ 1626: BGH NJW 1989, 2544) oder eheliche Lebensgemeinschaft (§ 1353: BGHZ 73, 257), Geschäftsführung ohne Auftrag (RGZ 98, 131; str.!),

cc) *auf staatlichem Hoheitsakt auf Grund eines Gesetzes:* Konkurs- und Nachlaßverwaltung, Nachlaßpflegschaft, Zwangsverwaltung, Beschlagnahme (BGH NJW 1993, 935, 936 r. Sp.).

d) Der mittelbare Besitzer als echter Besitzer

Nach dem Willen des Gesetzes (§ 868) ist auch der mittelbare Besitzer echter Besitzer. Überall wo im Gesetz von „Besitz" oder „Besitzer" die Rede ist, wird darunter auch der mittelbare Besitz verstanden. Freilich kann dies nur als Faustregel gelten. So ist z. B. in § 935 (auch in §§ 858, 869) sicher nur der unmittelbare Besitz gemeint; denn nur dem unmittelbaren Besitzer kann die Sache gestohlen werden oder sonst abhanden kommen. Ob ein solcher Ausnahmefall vorliegt, kann jeweils nur bei Auslegung der in Betracht kommenden Vorschrift festgestellt werden. **50**

2. Der Erwerb des mittelbaren Besitzes

Mittelbarer Besitz kann dadurch begründet werden, daß der in § 868 vorgesehene Tatbestand neu entsteht (a) oder ein schon bestehender mittelbarer Besitz auf einen anderen übertragen wird (b). **51**

Herausgabebereitschaft genügen läßt; wie hier *Jauernig* § 868 Anm. 3 b; *Schwab/Prütting* § 10 II 2; *Soergel/Mühl* § 868 Rn. 10; *Westermann/Gursky* § 17, 6; *Manfred Wolf* Rn. 138.

a) Neuentstehung des mittelbaren Besitzes

Überall wo sich der Tatbestand des § 868 verwirklicht, entsteht mittelbarer Besitz. Die Hauptfälle sind:

aa) Der bisherige unmittelbare Besitzer wird mittelbarer Besitzer, indem er den unmittelbaren Besitz einem anderen unter Vereinbarung eines Besitzmittlungsverhältnisses überträgt (z. B. der Eigentümer vermietet seine Sache).

bb) Der bisherige unmittelbare Besitzer behält die tatsächliche Sachherrschaft, verschafft aber einem anderen durch Vereinbarung eines Besitzmittlungsverhältnisses den mittelbaren Besitz.[1]

Hauptfall ist die *Sicherungsübereignung*: Der bisherige Eigentümer und unmittelbare Besitzer E übereignet eine Maschine sicherungshalber seiner Bank B und ersetzt die Übergabe durch Vereinbarung eines Besitzmittlungsverhältnisses (§ 930).

52 Gleichgestellt sind folgende Fälle:
(1) Das Besitzmittlungsverhältnis ist schon vereinbart, bevor der unmittelbare Besitzer den Besitz erhält (sog. antezipiertes Besitzkonstitut, s. oben Rn. 38 f.).

In dem obigen Beispiel wird vereinbart, daß der Bank das Sicherungseigentum auch an einer neuen, später von E als Ersatz angeschafften Maschine zustehen soll.

53 (2) Das Besitzmittlungsverhältnis entsteht kraft Gesetzes, z. B. durch Bestellung eines Betreuers für die volle oder teilweise Vermögenssorge (§§ 1896 Abs. 2, 1901 Abs. 1) oder die Anordnung einer Pflegschaft (§§ 1909, 1911). Hier verschafft der Besitzmittler (z. B. Betreuer) einem anderen (dem Betreuten) mittelbaren Besitz, wenn er die zum Vermögen des Betreuten gehörenden Sachen in Besitz nimmt oder für den Betreuten entgegennimmt. Entsprechendes gilt für den Konkurs- und Nachlaßverwalter.

b) Übertragung des mittelbaren Besitzes

54 Sie kann nach § 870 durch Abtretung des Herausgabeanspruchs erfolgen (§ 398), ohne daß diese Abtretung dem Besitzmittler mitgeteilt zu werden braucht.

Die Abtretung des Herausgabeanspruchs ist vor allem bedeutsam für die Übereignung einer Sache, die sich im Besitz eines Dritten befindet (§ 931). Wird hier der Anspruch aus dem Besitzmittlungsverhältnis abgetreten, so wird der Zessionar selbst dann Eigentümer, wenn der Zedent Nichtberechtigter war (§ 934 1. Fall; Einzelheiten s. unten § 52 Rn. 20 ff.).

55 Von der *Übertragung* des mittelbaren Besitzes ist die *Begründung* eines „höherstufigen" mittelbaren Besitzes zu unterscheiden; so wenn der Eigentümer E seinen an M vermieteten Pkw unter Vereinbarung eines Besitzmittlungsverhältnisses an G zur Sicherheit übereignet. Es entsteht mehrstufiger mittelbarer Besitz (hierzu BGH NJW 1959, 1537; 1964, 398; ferner oben Rn. 41 und unten § 51 Rn. 39 unter 2).

---

[1] Dies kann – wie wir schon sahen (oben Rn. 38 f.) – auch durch ein nach außen erkennbares Insichgeschäft (§ 181) geschehen.

3. Der Verlust des mittelbaren Besitzes

Der mittelbare Besitz endigt, wenn eine seiner Voraussetzungen wegfällt: 56

a) Besitzverlust des unmittelbaren Besitzers

Der mittelbare Besitz endet zunächst dann, wenn der unmittelbare Besitzer den unmittelbaren Besitz verliert, sei es, daß er ihn freiwillig aufgibt (z.B. an einen anderen überträgt), sei es, daß er ihm ohne seinen Willen entzogen wird, also abhandenkommt. Im ersten Fall kommt es für den Bestand des mittelbaren Besitzes nicht darauf an, ob der mittelbare Besitzer mit der Aufgabe einverstanden ist oder nicht.

Beispiele: Der Entleiher einer Sache veräußert sie ohne (gegen) den Willen des Verleihers an D. 57
Hier endet der mittelbare Besitz des Verleihers. Die Sache ist *nicht* abhanden gekommen, so daß D nach § 932 Eigentum erwerben kann.
Wird der bisherige unmittelbare Besitzer mittelbarer Besitzer (der Entleiher verleiht die Sache seinerseits, ohne sich als Eigentümer zu gerieren), so verliert der mittelbare Besitzer (= Erstverleiher) seinen Besitz nicht, er erlangt höherstufigen mittelbaren Besitz.

b) Erkennbare Aufgabe des Besitzmittlungswillens

Der mittelbare Besitz geht ferner dann verloren, wenn der unmittelbare 58
Besitzer erkennen läßt, daß er den Oberbesitzer nicht mehr als solchen anerkennt; es findet also ein nach außen sichtbarer Gesinnungswandel statt, ohne daß dieser gerade dem mittelbaren Besitzer gegenüber erklärt zu werden braucht.[1] Gleichgültig ist, ob sich der unmittelbare Besitzer dadurch vertragswidrig verhält oder gar eine strafbare Handlung begeht.

Beispiel: B, der die Wertpapiere des E in Verwahrung (Depot) hat, veräußert sie – indem er sie mit seinen eigenen verwechselt oder bewußt unterschlägt – an D. Damit endet der mittelbare Besitz des E auch dann, wenn B die Wertpapiere dem D sicherungshalber durch Einräumung eines Besitzkonstituts übereignet, also das bisherige Besitzmittlungsverhältnis mit E durch das neue mit D ersetzt wird.
Zweifelhaft ist, ob die Vereinbarung eines neuen Besitzmittlungsverhältnisses (B–D) stets das bisherige Besitzmittlungsverhältnis (B–E) beendet oder ob es möglich ist, daß B sowohl dem E wie dem D den Besitz vermittelt. Man bezeichnet diese Konstellation als *„mittelbaren Nebenbesitz"*. Die Rechtsprechung (RGZ 135, 75; 138, 265; BGHZ 28, 16, 27; 50, 50f.) lehnt ihn ab.[2] Das Problem spielt vor allem eine Rolle 59

aa) beim redlichen Erwerb nach § 934 (s. unten § 52 Rn. 24) und

bb) bei der Sicherungsübertragung des Anwartschaftsrechts des Vorbehaltskäufers (s. unten § 59 Rn. 35); es soll dort näher erörtert werden.

c) Entfallen des Herausgabeanspruchs

Schließlich erlischt der mittelbare Besitz, falls der Herausgabeanspruch entfällt, z.B. durch Zeitablauf, Eintritt einer auflösenden Bedingung usw. 60

Beispiel: Hat E eine Sache der Bank B sicherungshalber nach § 930 übereignet, so entfällt der mittelbare Besitz der Bank, wenn das Kreditverhältnis mit der Bank endet.

---

[1] BGH JZ 1966, 234; NJW 1979, 2038; NJW 1993, 535, 536 r. Sp.
[2] S. die Nachweise bei *Soergel/Mühl* § 868 Rn. 26 u. *Picker* AcP 188, 511, 533; *Westermann/Gursky* § 19 II 4; *Jauernig* § 868 Anm. 7; *Medicus*, Bürgerl. R., Rn. 558 ff.

C. Die Regelung der Besitzverhältnisse nach der sozialen Einordnung der Beteiligten: Besitzer und Besitzdiener[1]

I. Der Tatbestand der Besitzdienerschaft

1. Bedeutung und Funktion

61 Für den unmittelbaren Besitz ist – wie wir sahen – die tatsächliche Sachherrschaft charakteristisch. Wollte man diese Umschreibung des Elementarbegriffes „Besitz" wörtlich nehmen, so wäre jeder, der im Betrieb, Geschäft, Haushalt eines anderen – also in abhängiger Stellung – die tatsächliche Gewalt über die ihm überlassenen Sachen ausübt, Besitzer. Er wäre befugt, jedermann gegenüber (also auch gegen seinen „Chef"!) die Besitzschutzrechte auszuüben, den Besitz an Dritte zu übertragen, gegen ihn würden sich die gegen den Besitzer gerichteten Ansprüche (z.B. aus § 985) richten. Eine solche Betrachtungsweise würde der gebräuchlichen Vorstellung widersprechen; diese hat – wenn sie auch zwischen Eigentum und Besitz nicht scharf unterscheidet – doch ein feines Gefühl für die Auswirkung einer solchen Unterordnung auf die Welt der Sachgüter.

Niemand wird sagen, die Hausgehilfin sei Besitzerin der Wohnung, und zwar auch dann nicht, wenn die „Herrschaft" verreist ist; das gleiche gilt für den Arbeiter bezüglich der Maschinen und Werkzeuge, die seine Arbeitsgeräte sind, für den Kassierer einer Bank bezüglich der Gelder in seiner Kasse, den Beamten hinsichtlich des Dienstwagens, mit dem er durch die Lande fährt usw.

62 Das Gesetz trägt dieser Vorstellung Rechnung, wenn es solchen in untergeordneter Funktion tätigen Personen die Besitzerqualität abspricht (§ 855), ja absprechen muß, will es sachgerechte Ergebnisse erzielen; nicht sachgerecht wäre es, ihnen die Rechte zu geben, die mit dem Besitz verknüpft sind (Besitzschutzrechte – auch gegenüber dem Geschäftsherrn –, die dem Besitzer eingeräumte Möglichkeit der Übergabe, die für ihn sprechende Publizität), sie andererseits mit den sich aus dem Besitz ergebenden Pflichten zu belasten (man denke nur an die Haftung nach § 836!).

63 Das Gesetz löst das Problem mit einem Kunstgriff, indem es in § 855 solche Personen in untergeordneter Stellung trotz der gegebenen unmittelbaren Sachbeziehung nicht als Besitzer, sondern nur als Besitzdiener behandelt und lediglich in der weisungsbefugten, übergeordneten Person den Besitzer sieht.

2. Weisungsunterworfenheit

64 Sucht man den so in seinen Umrissen erfaßten Tatbestand näher zu konkretisieren, so gibt § 855 selbst wertvolle Anhaltspunkte; mit den Worten „für einen anderen" „in dessen Haushalt oder Erwerbsgeschäft oder in einem ähnlichen Verhältnis" bringt das Gesetz die Weisungsunterworfenheit als charakteristisches Merkmal deutlich zum Ausdruck, eine Weisungsunterworfenheit,

---

[1] *Hoche/H. Westermann*, Besitzerwerb und Verlust durch Besitzdiener, JuS 1961, 73 ff.

die als Gegenstück die jederzeitige Weisungsbefugnis des „Herrn" voraussetzt. Wie dieser jederzeit die von dem Untergebenen generell geschuldete Pflicht (z.B. zur Arbeit als Maurer) auf eine konkrete Einzelleistung fixieren darf, kann er auch die Beziehung der Arbeitnehmer zu den zur Verfügung gestellten Sachen ändern.

In der Weisungsunterworfenheit ist also das wesentliche Tatbestandsmerkmal der sog. Besitzdienerschaft zu sehen (BGHZ 16, 259; 27, 363; a. A. *Wieling* I § 4 IV 1 a, bb: „nach der Verkehrsauffassung zu erwartende willentliche Unterordnung"). Andere sprechen – ohne wesentlichen sachlichen Unterschied – von „Befehl und Gehorsam" (*Wolff/Raiser* § 6 III), von „sozialer Abhängigkeit" (*Heck* § 7, 3). Wie schon oben betont, liegt darin auch der *Unterschied zum Besitzmittlungsverhältnis;* zwar besteht auch hier ein Verhältnis von Über- und Unterordnung, aber die Stellung des Besitzmittlers wird durch den Rahmen des gewählten Vertragstyps (z. B. Leihe) bestimmt. Hält er sich in diesem vertraglich oder durch Gesetz gezogenen Rahmen, so braucht er Weisungen des mittelbaren Besitzers nicht entgegenzunehmen:

Wer auf eine Woche einen Kraftwagen mietet, braucht sich nicht daran zu halten, wenn der Vermieter später „anordnet", daß der Wagen um 22 Uhr in der Garage stehen muß. Soll eine solche Anordnung rechtsverbindlich sein, muß sie vertraglich vereinbart sein. Wie anders die Position des dienstvertraglich angestellten Fahrers, aber auch des Handlungsreisenden, dem der Geschäftsinhaber einen Kraftwagen zur Verfügung stellt!

3. Das Unterordnungsverhältnis

Worauf das Unterordnungsverhältnis beruht, ob auf privatem oder öffentlichem Recht, auf Vertrag oder unmittelbar auf Gesetz, ob es längere Zeit dauert oder nur vorübergehend ist, macht keinen Unterschied. Ebensowenig ist der Wille des Besitzdieners erforderlich, für den Besitzherrn zu besitzen (BGHZ 8, 133). Auch braucht die Unterordnung nach außen nicht erkennbar zu sein[1]; freilich liegt in der fehlenden Erkennbarkeit eine weitgehende Bevorzugung des Besitzers und eine erhebliche Gefahr für den Rechtsverkehr wegen der Durchbrechung des Publizitätsgedankens.

Beispiele: Besitzdiener sind also etwa Arbeiter und Angestellte (Grundlage: Dienstvertrag), Beamte (Grundlage: öffentlich-rechtliches Beamtenverhältnis, sog. besonderes Gewaltverhältnis), Kinder hinsichtlich der ihnen von den Eltern überlassenen Sachen, auch wenn sie selbst Eigentümer sind (Grundlage: elterliche Sorge)[2], die Ehefrau, die das Geschäft ihres plötzlich verhafteten Mannes fortführt (BGH LM § 855 BGB Nr. 3).[3] Besitzdiener ist der selbständige Leiter einer Lebensmittelfiliale, auch wenn er für den Unkundigen als Besitzer erscheint.

Da der Zug zum abhängigen Arbeitsverhältnis (auf privat- oder öffentlich-rechtlicher Grundlage) unverkennbar ist, kann man ohne allzugroße Übertreibung sagen, daß wir mehr und mehr zu einem Volk von Besitzdienern werden. Damit geht Hand in Hand, daß – entgegen der Regel des § 950 – das Eigentum an dem von uns geschaffenen Arbeitsergebnis von vornherein dem Arbeitgeber zusteht, wir arbeiten, verarbeiten für ihn!

---

[1] A.A. BGHZ 27, 363; *Soergel/Mühl* § 855 Rn. 3 u. a.; *Westermann/Gursky* verlangen Erkennbarkeit bei Besitzbegründung durch den Besitzdiener im Rahmen eines dinglichen Erwerbs.

[2] Die Eltern sind aber ihrerseits Besitzmittler der Kinder, soweit sie Sachen der Kinder verwalten (§ 1626) und besitzen! Hierzu oben Rn. 49 unter bb. Es gilt also folgende Stufung: Eigentum und mittelbarer Besitz des Kindes, unmittelbarer Besitz der Eltern, Besitzdienerschaft des Kindes. Kinder in fortgeschrittenem Alter sind hingegen u. U. unmittelbare Besitzer.

[3] Lesenswert LG Bonn FamRZ 1967, 678 m. Anm. *Bosch:* Ehefrau nimmt an ihren Mann gerichtete Briefe entgegen. Am ehelichen Hausrat besteht hingegen regelmäßig Mitbesitz (Rn. 81 f.), wobei der mitbesitzende Ehegatte dem Eigentümerehegatten den Besitz vermittelt (BGHZ 73, 257; Rn. 49 unter bb).

70 *Nicht* Besitzdiener sind die *Organe juristischer Personen;* die von ihnen ausgeübte tatsächliche Sachherrschaft wird der juristischen Person zugerechnet, so daß diese Besitzer ist (BGHZ 56, 77; 57, 166, 167, allg. Meinung z. B. *Westermann/Gursky* § 20 II 2; *Wieling* I § 4 I 3 a; a. A. aber *E. Wolf* § 2 E II b 2 S. 86). Falls der Organwalter erkennbar nicht mehr für die juristische Person besitzen will, sondern für sich selbst, verliert die juristische Person unmittelbaren Besitz, der Organwalter erwirbt – durch verbotene Eigenmacht! (§ 9 Rn. 2 ff.) – Eigenbesitz. Zum gesamthänderischen Mitbesitz unten Rn. 79 f.

II. Die Rechtsfolgen

1. Keine Besitzereigenschaft des Besitzdieners

71 Die Rechtsfolgen sind – vom Besitzdiener aus gesehen – zunächst negativ: Obwohl der Besitzdiener – allein oder neben dem „Herrn" – die tatsächliche Gewalt ausübt, ist „nur der andere Besitzer". Das bedeutet: keine Besitzschutzansprüche, kein Gewaltrecht gegenüber dem Besitzer (wohl aber nach außen, s. unten 2), keine Übertragungsbefugnis (gibt der Besitzdiener die Sache ohne Willen des Besitzers an einen Dritten, so ist sie im Rechtssinne abhandengekommen, wichtig für § 935!)[1], keine Vermutungswirkung nach § 1006.

72 Da „nur der andere Besitzer" ist, erwirbt der Besitzdiener mit Erlangung der tatsächlichen Gewalt im Rahmen seines Unterordnungsverhältnisses den Besitz für seinen „Herrn".

Dies ist bedeutsam, da auf diese Weise, wenn auch nicht rechtskonstruktiv, so doch im praktischen Ergebnis eine Stellvertretung beim Besitzerwerb ermöglicht wird (s. unten § 8 Rn. 7 f.).

Beispiele: Der bisher selbständige Lebensmitteleinzelhändler Alex Birk hat sein Geschäft an eine Filialorganisation verkauft, er bleibt Filialleiter. Wenn B einige Tage nach Geschäftsübereignung ein Regal unbefugt an K verkauft – der von dem ganzen Vorgang nichts weiß –, so wird K nicht Eigentümer, denn die Sache ist dem – nunmehrigen – Besitzer abhandengekommen (§ 935): die – nicht erkennbare – Weisungsunterworfenheit („soziale Abhängigkeit") ist stärker als der äußere Anschein bestehenden unmittelbaren Besitzes (str.).

BGHZ 8, 130: Die in einem Kino angestellte Platzanweiserin hat dort einen Brillantring gefunden. Sie hat nach der Betriebsordnung Fundgegenstände der Geschäftsleitung abzuliefern, hat sonach die tatsächliche Gewalt sowohl im Sinne des § 854 wie des § 965 für den Arbeitgeber erlangt, ist also nur Besitzdienerin und kann daher auch nicht nach § 973 Eigentum erwerben. – OLG München NJW 1987, 1830: „Später Streit um Generalsdegen".

2. Gewaltrechte des Besitzdieners gegenüber Dritten

73 Es wäre lebensfremd, dem Besitzdiener auch die Gewaltrechte gegen Dritte zu versagen. Daher bestimmt § 860, daß er diese Gewaltrechte „ausüben" darf, auch wo sie über das allgemeine Notwehrrecht hinausgehen.

Hat der Filialleiter in unserem obigen Beispiel gesehen, daß ein Kunde heimlich eine Dose Konserven eingepackt hat, so darf er ihn am Ausgang stellen und ihm die Dose – notfalls gewaltsam – abnehmen (§ 859 Abs. 2). Die gleiche Befugnis steht aber selbstverständlich einer Verkäuferin zu, auch wenn der Diebstahl sich nicht in ihrer Abteilung ereignet hat; daraus ergibt sich, daß das Gewaltrecht nicht auf die dem Besitzdiener anvertrauten Sachen beschränkt ist.

Nimmt dagegen der Eigentümer des Filialbetriebs gegen den Willen des Filialleiters die Registrierkasse mit (weil auch eine kleinere genüge), so kann sich der Filialleiter nicht dagegen wehren.

---

[1] Siehe dazu den instruktiven Fall OLG Bamberg NJW 1949, 716.

§ 7. Besitzarten – Besitztatbestand – Erwerb und Verlust des Besitzes D I § 7

Kommt es darüber zu einem Handgemenge – wollen wir annehmen, es gäbe so temperamentvolle Leute –, so ist der Filialleiter im Unrecht. Es zeigt sich also, daß die arbeitsrechtliche Frage, ob *ein Recht am Arbeitsplatz* anzuerkennen ist, besitzrechtlich nicht zu lösen ist; hier ist der Besitzdiener stets im Unrecht.

Würde übrigens der Eigentümer die Kasse nicht gewaltsam wegnehmen, sondern die Hilfe des Gerichts in Anspruch nehmen, so wäre Klagegrundlage nicht § 985 (denn der Filialleiter ist nicht Besitzer), sondern der Arbeitsvertrag. Aus ihm ergibt sich, daß der Arbeitnehmer den Weisungen des Arbeitgebers nachzukommen hat. Zur Entscheidung des Streits wäre nicht das Zivilgericht, sondern das Arbeitsgericht berufen (§ 2 Abs. 1 Nr. 3 ArbGG).

3. Beendigung der Besitzdienerschaft

Mit Beendigung der Weisungsunterworfenheit endigt auch die Stellung des Besitzdieners. Bloße Willensänderung genügt nicht; sie muß nach außen deutlich werden. 74

Beispiele: Kauft der bisherige Prokurist den Betrieb, so wird er damit Besitzer. – Hätte die Platzanweiserin im obigen Beispiel den Ring nicht abgeliefert, sondern nach Hause mitgenommen, so wäre sie damit Besitzerin geworden, die Sache wäre aber dem Eigentümer des Kinos abhandengekommen.

4. Die Haftung des Besitzdieners gegenüber dem Besitzer

Die Haftung des Besitzdieners gegenüber dem Besitzer ergibt sich aus dem Weisungsverhältnis, also z. B. aus dem Arbeitsvertrag mit seiner beschränkten Arbeitnehmerhaftung (dazu die sehr lesenswerte Entscheidung des BAG FamRZ 1975, 90 m. Anm. *Fenn* und BAG – GS – NJW 1995, 210 m. Nw.). 75

D. Besitzarten nach der Beschränkung der Besitzrechte durch andere: Alleinbesitz – Mitbesitz

I. Alleinbesitz

Hier ist die tatsächliche Sachherrschaft so ausgestaltet, daß der Besitzer alle anderen Personen ausschließt oder – anders ausgedrückt – durch andere in seiner Besitzerstellung nicht beschränkt ist. 76

Alleinbesitz ist auch der *Teilbesitz* (§ 865), den wir oben Rn. 8 schon kennenlernten.

Alleinbesitz: Der Eigentümer oder Mieter eines Hauses, eines Kraftwagens usw.
Teilbesitz: Der Mieter einer Wohnung, der Mieter einer Hauswand, die er zu Reklamezwecken verwenden will.[1]

Auch mit dem *Teilbesitz* sind alle dem Besitz zukommenden Funktionen verbunden, so etwa der Besitzschutz (auch gegen andere Teilbesitzer!) oder die Traditionswirkung (der Mieter überträgt dem Untermieter Besitz, und zwar wieder Teilbesitz, selbst wenn die Untervermietung nach dem Mietvertrag nicht gestattet war).

II. Mitbesitz

Daß hier die besitzrechtliche Lage schwieriger ist, erhellen einige Beispiele: 77

---

[1] Dazu *Soergel/Mühl* § 865 Rn. 5.

(1) Die Mieter eines Hauses haben nur *eine* Waschküche, *einen* Fahrradschuppen zur Verfügung.
(2) A und B kaufen zusammen einen Kraftwagen; da sie einander nicht trauen, nimmt A die Wagenschlüssel, B die Garagenschlüssel an sich.

Es gibt also offenbar verschiedene *Formen* des Mitbesitzes – die Stellung des Mitbesitzers ist problematisch in seinem Verhältnis zu den anderen Mitbesitzern einerseits, „nach außen" andererseits.

1. Die Arten des Mitbesitzes

a) Schlichter Mitbesitz

78 Kann jeder Mitbesitzer die tatsächliche Sachherrschaft allein ausüben, muß er dabei aber auf die anderen Mitbesitzer Rücksicht nehmen, so spricht man von schlichtem Mitbesitz.

Fälle: oben Beispiel (1). Mehrere Mieter benützen gemeinsam den Garten, ohne daß eine flächenmäßige Abgrenzung erfolgt (ist dies der Fall, dann Teilbesitz!). Den Mietern in einer Fremdenpension steht *ein* Badezimmer zur Verfügung, den Mietern eines Mehrfamilienwohnhauses nur *ein* Fahrstuhl (BGHZ 62, 244). Mehrere Personen haben zu einer Wohnung oder einem Schließfach einen Schlüssel (BGH NJW 1979, 714, 715 l. Sp.; NJW 1993, 935, 936 r. Sp.; aber kein Mitbesitz bei Schlüsselverwahrung „für den Notfall": OLG Düsseldorf NJW-RR 1996, 839, 841 l. Sp.). Mehrere Wohnungseigentümer haben nur eine beschränkte Anzahl Stellplätze (KG NJW-RR 1994, 912, 913 l. Sp.).

b) Gesamthänderischer Mitbesitz

79 Können mehrere den Besitz nur gemeinschaftlich ausüben, so spricht man von gesamthänderischem Mitbesitz.

Fälle: oben Beispiel (2). A und B hinterlegen Wertpapiere bei einer Bank derart, daß die Bank sie nur an beide gemeinsam herausgeben darf (gesamthänderischer *mittelbarer* Besitz; vgl. dazu die Möglichkeit der Verpfändung nach § 1206 1. und 2. Fall).
Die Bezeichnung „gesamthänderischer Mitbesitz" – die sich eingebürgert hat – darf nicht zu der Annahme verleiten, daß eine solche Besitzform nur (und immer) bei Gesamthandsverhältnissen möglich sei: A und B sind Miteigentümer eines Grundstücks je zur Hälfte; haben sie die Grundstücksfläche der Nutzung nach real aufgeteilt, so sind sie Teilbesitzer. Kann jeder das Grundstück benützen, so liegt schlichter Mitbesitz vor. Gesamthänderischer Mitbesitz liegt vor, wenn beide nur zusammen (Doppelschloß!) das Grundstück betreten können. Bei Bankschließfächern besteht gesamthänderischer Mitbesitz der Bank und des Kunden am Schließfach selbst, nicht aber am *Inhalt* des Schließfaches, weil insoweit der Besitzwille der Bank fehlt (OLG Düsseldorf NJW-RR 1996, 839, 840 r. Sp.; s. a. § 55 Rn. 17 unter dd).

80 Umstritten[1] sind die Besitzverhältnisse bei der OHG und KG. Die Rechtsprechung (BGH JZ 1968, 69; BGHZ 57, 166) nimmt an, daß – ähnlich wie bei der juristischen Person (s. oben Rn. 70) – die Gesellschaft selbst Besitzerin ist, indem ihr die von den geschäftsführenden Gesellschaftern ausgeübte Sachherrschaft der Gesellschaft „zugerechnet" wird. Dies mag für die OHG und KG angesichts ihrer Nähe zur juristischen Person (§ 124 HGB) angehen. Bei der Gesellschaft des bürgerlichen Rechts wird man aber nur den oder die Gesellschafter als unmittelbare Besitzer ansehen können, die die unmittelbare Sachherrschaft haben (im Ergebnis ebenso BGHZ 86, 300, 307 u. 340, 343; a. A. *Flume* aaO S. 79 ff.). Die übrigen Gesellschafter sind idR mittelbare Besitzer.
Mitbesitz ist auch zwischen *Besitzern verschiedener Besitzstufen* möglich (gestufter Mitbesitz, *Baur* NJW 1967, 22; a.A. BGHZ 85, 263 [= *Baur* E. Slg. Fall 46a] m.w.N.; bedeutsam für unten § 37 Rn. 44).

---

[1] S. dazu auch KG NJW 1977, 1160; *Soergel/Mühl* § 866 Rn. 2; *Steindorff*, FS Kronstein, 1967, S. 151 u. JZ 1968, 70; *Flume* I 1 § 6 m.w.N.; *Kuchinke* in FS f. Paulick, 1973, 45; *Lange/Scheyhing/Schiemann*, Fall 2, II 1 b.

§ 7. Besitzarten – Besitztatbestand – Erwerb und Verlust des Besitzes   D II § 7

Beispiel: A und B kaufen gemeinschaftlich ein Auto. A soll das Auto in der ihm gehörigen Garage einstellen und auch allein den Garagen- und die Autoschlüssel verwahren. Das Auto soll aber nur gemeinschaftlich benützt werden. Hier hat A unmittelbaren Besitz am PKW. Zugleich vermittelt er dem B mittelbaren Mitbesitz. A ist als unmittelbarer Besitzer teils Eigen-, teils Fremdbesitzer. Der Mitbesitz ist teils unmittelbarer (A), teils mittelbarer Besitz (B).

c) Die Besitzverhältnisse an der Ehewohnung

Entsprechend dem Grundsatz der Gleichberechtigung der Geschlechter wird an der Ehewohnung und dem Mobiliar regelmäßig schlichter Mitbesitz beider Ehegatten gegeben sein;[1] falls am Mobiliar nur ein Ehegatte Alleineigentum hat, ist der mitbesitzende andere Ehegatte Besitzmittler des Eigentümerehegatten (§ 1353).[2] An den zu seinem persönlichen Gebrauch bestimmten Sachen hat jeder Ehegatte Alleinbesitz. Dies gilt für den gesetzlichen Güterstand der Zugewinngemeinschaft wie für den Güterstand der Gütertrennung. Ist beim Güterstand der Gütergemeinschaft ein Ehegatte mit der Verwaltung betraut, so wird er regelmäßig unmittelbarer Alleinbesitzer des Gesamtguts sein; beide Ehegatten sind dann mittelbare gesamthänderische Mitbesitzer.[3]   81

Zu beachten ist, daß die Vermutungswirkung nach § 1006 durch § 1362 z. T. aufgehoben wird (Grund: die häufig unklaren Eigentums- und Besitzverhältnisse am beweglichen Ehevermögen sollen sich nicht zum Nachteil der Gläubiger auswirken).

Beispiel: Pfändet der Gerichtsvollzieher im Auftrag des Gläubigers G des Ehemanns M in der Ehewohnung ein Klavier (wozu er nach § 739 ZPO berechtigt ist), so trägt die Ehefrau trotz § 1006 Abs. 1 S. 1 die Beweislast, wenn sie mit der Behauptung intervenieren (§ 771 ZPO), sie sei Alleineigentümerin des Klaviers (§ 1362 Abs. 1). Gelingt der F allerdings der Nachweis, daß das Klavier ausschließlich zu ihrem persönlichen Gebrauch bestimmt ist, so geht die Beweislast für das Alleineigentum des M auf G über (§ 1362 Abs. 2).[4]   82

Weitere *Beispiele:* BGH NJW 1976, 238: Ehefrau muß nur den Eigentumserwerb beweisen, nicht den Fortbestand ihres Eigentums; BGH NJW 1992, 1162; 1993, 935, 936: Besitz eines Ehegatten *vor* der Ehe begründet die Vermutung des § 1006 unabhängig von § 1362 Abs. 1 auch für die Zeit der Ehe (s. a. *Baur/Stürner* I, EinzelvollstreckungsR, Rn. 19.1 ff., 19.4).[5]

2. Die rechtliche Behandlung des Mitbesitzes

a) Das Innenverhältnis

Das Gesetz enthält über den Mitbesitz nur eine einzige Vorschrift: § 866. Sie betrifft das Verhältnis der Mitbesitzer untereinander und beschränkt die Besitzschutzrechte, wo es sich „um die Grenzen des den einzelnen zustehen-   83

---

[1] OLG Celle FamRZ 1971, 28 m. w. N.; str., s. *Gernhuber/Coester-Waltjen,* Familienrecht, 4. Aufl. 1994, § 34 II 3; *Pawlowski,* Die bürgerl. Ehe als Organisation, 1983, 24; *Smid* JuS 1984, 101, 104. Zu den Besitzverhältnissen während des Scheidungsprozesses s. BGH NJW 1977, 43.
[2] BGHZ 73, 257 und oben Rn. 49 unter bb; zum Eigentumserwerb der Ehegatten bei Geschäften gemäß § 1357 nunmehr BGHZ 114, 74 und unten § 51 Rn. 27.
[3] S. zu diesen im einzelnen umstrittenen – Fragen *Soergel/Mühl* § 866 Rn. 6; *Palandt/Bassenge* § 866 Rn. 3 ff., 5; BGHZ 12, 380, 398; OLG Hamm NJW 1956, 1681.
[4] Siehe dazu unten § 51 Rn. 25.
[5] Die Besitzverhältnisse der nichtehelichen Lebensgemeinschaft behandelt *Lipp* JuS 1982, 18; keine analoge Anwendung des § 1362 auf nichteheliche Gemeinschaft (str., s. *Baur/Stürner* I, EinzelvollstreckungsR, Rn. 19.9; a. A. *Than* NJW 1995, 1458 m. Nw.).

§ 7 D II II. Abschnitt. Allgemeine Lehren und Institute

den Gebrauchs handelt". Das will besagen: Schließt ein Mitbesitzer den anderen vom Gebrauch *ganz* aus, so hat der ausgeschlossene Teilhaber die normalen Besitzschutzrechte.[1] Sind aber nur die *Grenzen* des Gebrauchs streitig, so scheidet der Besitzschutz aus, es muß auf das dem Mitbesitz zugrunde liegende Rechtsverhältnis zurückgegangen werden; dadurch soll ein – u. U. mit Brachialgewalt durchgeführter (§ 859!) – Kampf aller gegen alle verhütet werden.

84   *Beispiele:* „Paradebeispiel" ist die gemeinsame Waschküche in einem Miethaus! Läßt der Mieter A ein neues Schloß anbringen, schließt er also damit die anderen von der Benutzung der Waschküche aus, so hat jeder der anderen Mieter die Besitzschutzrechte der §§ 859 ff. (also auch das Gewaltrecht!). Behauptet A wie B, sein „Waschtag" sei der Montag einer jeden Woche, so scheidet der Besitzschutz aus. Ihr Streit muß auf Grund des Mietvertrags (Hausordnung u. dergl.) ausgetragen werden (wobei die rechtliche Konstruktion freilich schwierig ist, da zwischen den Mietern keine vertraglichen Beziehungen bestehen!; s. dazu auch *Medicus* AcP 165, 115, 138, 139). Teilweise versucht das Gesetz diese Schwierigkeit dadurch zu überwinden, daß es dem Richter eine rechtsgestaltende Aufgabe überträgt, vgl. z. B. § 43 WEG. In Eilfällen hilft in der Praxis die Rechtsfriedensfunktion der einstweiligen Verfügung (§§ 938, 940 ZPO; s. *Baur/Grunsky*, ZPrR, § 19 m. Nw.).

85   M hat sich mit seiner Lebensgefährtin F überworfen und bringt seine neue Freundin in die gemeinsame Wohnung mit, die F alleine gemietet hatte. F kann gegen M einen Anspruch aus § 862 Abs. 1 nicht geltend machen. Der grundsätzlich mögliche Anspruch gegen die Freundin aus § 862 Abs. 1 (hierzu unter b) scheitert daran, daß wegen der Einwilligung des schlichten Mitbesitzers M verbotene Eigenmacht der Freundin nicht vorliegt (§ 858 Abs. 1; hierzu § 9 Rn. 3.). Vielmehr muß F den M aus § 812 Abs. 1 S. 2, 2. Alt. (str.) auf Herausgabe des Mitbesitzes verklagen, um ihn auf diese Weise mit Anhang los zu werden. Falls F und M Mieter sind, gelten §§ 741 ff., insbesondere also § 745 Abs. 2. Im Wege der einstweiligen Verfügung könnte die Räumung durch M nicht angeordnet werden (§ 940 a ZPO), selbst wenn es zu Tätlichkeiten käme (str.; hierzu LG Bochum NJW-RR 1990, 896 und *Helle* NJW 1991, 212). Wohl aber wäre eine Regelungsverfügung gemäß § 940 ZPO denkbar, (z. B. Verbot, die neue Freundin mitzubringen). Bei Eheleuten helfen § 1361 b, § 620 Abs. 1 Nr. 7 ZPO, u. U. verhelfen §§ 1004, 823 Abs. 1 iVm §§ 938, 940 ZPO (hierzu *Medicus,* Bürgerl. R., Rn. 616 m. Nw.) zum Schutz des räumlich-gegenständlichen Bereichs der Ehe. Teilweise wird die analoge Anwendung des § 1361 b auf nichteheliche Lebensgemeinschaften vertreten (LG München I NJW-RR 1991, 834; hierzu *Schreiber* NJW 1993, 625) – sehr fraglich, weil es mangels einer Pflicht zum Zusammenleben (§ 1353) „Getrenntleben" nicht gibt (LG Hagen FamRZ 1993, 187; s. a. *Brudermüller* FamRZ 1993, 207, 210, 213).

86   § 866 gilt für den schlichten wie den gesamthänderischen Mitbesitz. Nur ist zu beachten, daß bei letzterem ein scheinbarer Streit um die Gebrauchsausschließung in Wahrheit ein Streit um die Gebrauchsgrenzen ist.

So kann ein Streit der beiden Autobesitzer (Beispiel (2) vor 1) nur auf der Grundlage der getroffenen Vereinbarungen entschieden werden.
§ 866 schließt aber Schadensersatzansprüche der Mitbesitzer nach § 823 BGB nicht aus (BGHZ 62, 243: M1 hatte den auch von M2 benutzten Lastenaufzug beschädigt. M2 konnte ihn eine Zeitlang nicht benutzen).[2]

b) Das Außenverhältnis

87   aa) Im Verhältnis nach außen stehen jedem Mitbesitzer die *Besitzschutzrechte* einschließlich des Gewaltrechts zu; freilich kann bei Besitzentziehung wieder nur Einräumung des Mitbesitzes bzw. Herausgabe der Sache an alle Mitbesitzer verlangt werden.

---

[1] BGHZ 29, 377; OLG Köln MDR 1978, 405.
[2] Ausführlicher § 9 Rn. 31 ff.

bb) Hinsichtlich der *Traditionswirkung* ist zu beachten, daß der Mitbesitzer eben nur seine Besitzerstellung, also Mitbesitz übertragen kann; wo das Gesetz Übertragung des Alleinbesitzes fordert (z. B. § 929), müssen daher alle Mitbesitzer zusammenwirken.

In unserem „Autofall" können also nur A und B zusammen einem Erwerber K den Alleinbesitz verschaffen.
Sind A und B rechtlich Miteigentümer zur Hälfte, so kann A seinen Miteigentumsanteil nach § 929 S. 1 an K veräußern, indem er ihm – neben der Einigung – den Mitbesitz verschafft, also – in unserem Beispiel – ihm den Wagenschlüssel übergibt.

cc) Die *Vermutungswirkung* (§ 1006) spricht bei Mitbesitzern für gemeinschaftliches Eigentum nach Bruchteilen (§ 741).

Beispiel: BGH NJW 1993, 935, 936.

E. Besitzarten nach der Willensrichtung der Beteiligten: Eigenbesitz[1] – Fremdbesitz

I. Der Tatbestand

§ 937 spricht bei der Regelung der Ersitzung (ähnlich § 900) davon, daß Voraussetzung des Eigentumserwerbs durch Ersitzung 10jähriger „Eigenbesitz" sei.

Den gleichen Sprachgebrauch finden wir in § 955 (Fruchterwerb des gutgläubigen Eigenbesitzers), in § 988 (Herausgabe der Nutzungen), in § 836 Abs. 3 (Haftung des Gebäudebesitzers beim Einsturz des Gebäudes). Schon die Lektüre dieser Bestimmungen zeigt uns, daß der Begriff „Eigenbesitzer" keinen Zusammenhang mit der wirklichen Rechtslage enthält, etwa so, daß nur der Eigentümer Eigenbesitzer sein könnte. § 872 macht klar, daß mit dem Begriff „Eigenbesitz" die Willensrichtung, mit der jemand besitzt, gemeinsam ist:

Eigenbesitzer ist – ohne Rücksicht darauf, ob seinem Besitz ein Recht zugrunde liegt und welches –, wer „eine Sache als ihm gehörend besitzt" (§ 872).[2] *Fremdbesitzer* ist demnach, wer die Sache nicht mit der Willensrichtung des Eigentümers, sondern mit der des Inhabers eines beschränkten dinglichen, obligatorischen oder sonstigen Rechts besitzt.

Eigenbesitzer ist also auch der Dieb, der bisherige Besitzdiener, der die anvertraute Sache unterschlägt, das Organ einer Gemeinde, das zunächst Fremdbesitzerwillen hatte, später aber für die Gemeinde Eigenbesitz ausüben wollte und diesen Gesinnungswandel nach außen kundgetan hat (BGH MDR 1971, 915 für den Fall der Buchersitzung nach § 900). *Fremdbesitzer* ist der Mieter, Entleiher, Verwahrer, Finder. Der Käufer unter Eigentumsvorbehalt ist Fremdbesitzer, ebenso der Sicherungsgeber nach Sicherungsübereignung (BGH LM § 1006 Nr. 11).

---

[1] Zum Eigenbesitz grundlegend *Ernst*, Eigenbesitz und Mobiliarerwerb, 1992; hierzu *Wieling* NJW 1993, 510.
[2] BGH NJW 1996, 1890, 1893 l. Sp.; 1981, 1518: „Eigenbesitzer ist, wer die tatsächliche Gewalt über eine Sache ausübt mit dem Willen, sie wie eine ihm gehörige Sache zu beherrschen". Die Kenntnis fremden Eigentums ist dabei unschädlich!

91 Diese „Gliederung nach Farben" *(Heck)* kann sich mit der Einteilung in unmittelbaren und mittelbaren Besitz kreuzen; der Inhaber des „obersten" mittelbaren Besitzes ist aber in aller Regel Eigenbesitzer.

Beispiele: Vermietet E sein Haus an M, mietet er aber selbst ein Zimmer bei M, so besteht folgende Besitzlage: E ist unmittelbarer Fremdbesitzer bezüglich seines Zimmers, M mittelbarer Fremdbesitzer erster Stufe, E mittelbarer Eigenbesitzer zweiter Stufe. – Ausnahmsweise kann beim Fund der oberste mittelbare Besitzer Fremdbesitzer sein, so wenn der Finder die Fundsache einer Bank in Verwahrung gibt.

II. Die Bedeutung des Eigenbesitzes und des Fremdbesitzes

92 Eine Reihe von Fällen, in denen die Unterscheidung wichtig ist, haben wir schon oben Rn. 88 ff. kennengelernt.

Dabei ist zu beachten, daß bei der Ersitzung von beweglichen Sachen (§ 937) und beim Fruchterwerb (§ 955) noch *Gutgläubigkeit* zum Eigenbesitz hinzukommen muß, während dieses Begriffsmerkmal bei der Buchersitzung (§ 900; BGH MDR 1971, 915) und der Haftung des Gebäudebesitzers (§ 836) keine Rolle spielt. Interessanter *Beispielsfall:* BGH NJW 1996, 1890, 1893 (keine Buchersitzung eingetragenen DDR-Volkseigentums, weil Eigenbesitz mit Volkseigentum unvereinbar).

93 Bedeutsam ist die Unterscheidung ferner für die Eigentumsvermutung nach § 1006: sie spricht nur für den Eigenbesitzer der beweglichen Sache.

Beispiel (in Anlehnung an BGH LM § 1006 BGB Nr. 2): Die Kl. verlangt vom Bekl. nach § 985 Herausgabe einer Zugmaschine. Der Bekl. sagt, er sei zunächst nur Verwalter der Maschine gewesen (also Fremdbesitzer), später sei ihm aber durch behördliche Verfügung das Eigentum an ihr übertragen worden. Hier greift § 1006 nicht ein; denn die Vermutung gilt nur zugunsten dessen, der Eigenbesitzer *zur Zeit des Besitzerwerbs* war (dazu BGH NJW 1984, 1456; *Mühl* JuS 1964, 238, 240).[1] Neuerer *Beispielsfall:* BGH NJW 1994, 939, 940 (Eigentumsvermutung beim Erwerb von Inhaberaktien in Eigenbesitz).

94 Keine Rolle spielt die Unterscheidung für den Besitzschutz; Fremd- und Eigenbesitzer genießen diesen Schutz in gleicher Weise, also u. U. der Fremdbesitzer auch gegen den Eigenbesitzer.

Beispiel: Ist die Besitzzeit des Mieters abgelaufen, so darf der Eigentümer die vermietete Sache nicht gewaltsam wegnehmen; tut er es, so hat der Mieter die Besitzschutzrechte nach §§ 859 ff.

§ 8. Sonderformen des Besitzerwerbs

1 Bei unseren bisherigen Erörterungen haben wir – des besseren Verständnisses wegen – zwei Sonderformen des Besitzerwerbs vernachlässigt, nämlich den Besitzerwerb durch Gesamtrechtsnachfolge, insbesondere durch Vererbung (§ 857, unten I) und den Besitzerwerb durch Stellvertreter (unten II).

I. Besitzerwerb durch Gesamtrechtsnachfolge[2]

1. Zweck und Funktion des Erbenbesitzes

2 Im allgemeinen verlangt der Erwerb des unmittelbaren Besitzes die Erlangung der tatsächlichen Gewalt, der des mittelbaren Besitzes die Begründung

---

[1] Hierzu noch § 10 Rn. 6.
[2] Dazu *Lange* Festschrift f. Felgentraeger, 1969, S. 295 ff.; *Wieling* I § 4 V 1; *Ebenroth/Frank* JuS 1996, 794; zum Erbenbesitz bei Ersitzung nach §§ 937 ff. s. § 53 Rn. 89 m. Nw.

eines Rechtsverhältnisses der in § 868 genannten Art oder die Abtretung des Herausgabeanspruchs (§ 870). Von dieser Regel macht § 857 eine bedeutsame Ausnahme: „Der Besitz geht auf den Erben über." Damit ist gesagt, daß jeglicher Besitz gleich welcher Art mit der Erbfolge auf den oder die Erben übergeht. Der Besitzerwerb ist also an das Erbrecht geknüpft.

Diese Regelung verzichtet – wie im Falle des § 854 Abs. 2 – auf die Publizität. Sie ist nur erklärlich aus dem Gedanken des Erbenschutzes: der Erbe soll die Besitzschutzrechte ausüben können, ihm ist bei Wegnahme durch einen anderen die Sache abhandengekommen (§ 935!), auch wenn er die tatsächliche Gewalt an der Sache noch nicht erlangt hat, sein „Besitz ohne Sachherrschaft", seine „vergeistigte Sachherrschaft" sich also noch nicht zu einer realen Sachherrschaft verdichtet hat.

2. Anwendungsfälle bei Erbfolge

Die hauptsächliche Bedeutung des § 857 mögen folgende Beispiele erhellen: 3

(1) Der Erblasser E – ein einsamer Junggeselle – lebt mit seiner Haushälterin H in einer gemieteten Wohnung. Nach seinem Tod findet sich ein Testament, in dem E die H als Alleinerbin einsetzt. Die H löst den Haushalt auf und verkauft einen wertvollen Flügel an K, die übrigen Sachen behält sie für sich. Später stellt sich heraus, daß das Testament gefälscht war, in Wahrheit ist ein Neffe N – der von dem Erbfall infolge einer Auslandsreise nichts erfahren hatte – alleiniger gesetzlicher Erbe. Hier kann N selbstverständlich den Nachlaß von H herausverlangen (§ 985 – § 2018: Erbschaftsanspruch oder §§ 861, 858: Besitzentziehungsanspruch), aber auch von K den Flügel; denn K hat trotz seines guten Glaubens kein Eigentum erworben (§ 935). Anders wäre die Rechtsfolge, wenn es der H gelungen wäre, sich einen Erbschein zu beschaffen (§ 2366).

Anders liegt der Fall auch dann, wenn die H wirklich Erbin geworden wäre, aber später ausschlägt (dazu *Soergel/Mühl* § 857 Rn. 4 m.w.N.).

(2) Der Erblasser war Eigenbesitzer eines Hauses, wobei die Eigentumsfrage ungeklärt war. Die Miterben leben im Ausland. Der Kläger ist durch ein vom Hause herabfallendes Mauerstück verletzt worden. Hier haften die Miterben nach § 836, auch wenn sie von dem Erbfall gar nichts wußten; denn sie sind mit dem Erbfall unmittelbare Eigenbesitzer geworden (in Anlehnung an BGH JZ 1953, 706).

(3) Erblasser E erwirbt 1994 Eigenbesitz an Goldbarren. Er verwahrt sie bei X. Er verstirbt 1995. Falls der Gläubiger G bei seinem Schuldner X pfänden will, kann Erbe D nach § 771 ZPO widersprechen und sich dabei auf §§ 857, 1006 berufen (nach BGH NJW 1993, 935, 937 l. Sp.).

Zusammenfassend kann man sonach sagen, daß einerseits der Schutz des Erben, andererseits die Verantwortung des Erben für den Nachlaß die in § 857 getroffene Regelung verlangen.

3. Andere Fälle der Gesamtrechtsnachfolge

§ 857 ist entsprechend auf andere Fälle der Gesamtrechtsnachfolge (z.B. 4 Nacherbfolge, Verschmelzung zweier Gesellschaften), dagegen nicht auf den Besitzerwerb der sog. Amtsverwalter (Konkurs- bzw. Insolvenzverwalter[1], Nachlaßverwalter, Testamentsvollstrecker)[2] anwendbar.

---

[1] Siehe dazu *Baur/Stürner* II, InsolvenzR, Rn. 10.26: § 117 KO, § 148 Abs. 1 InsO; *Jauernig/Stürner* § 2205 Anm. 2.

[2] Davon zu unterscheiden ist der Besitzerwerb des(r) Erben des Amtswalters an den verwalteten Gegenständen; hier findet nach h.M. § 857 Anwendung (*Soergel/Mühl* § 857 Rn. 3; *Westermann/*

II. Besitzerwerb durch Stellvertreter[1]

1. Rechtsgeschäftlicher Besitzerwerb

5   Stellvertretung im Sinne der §§ 164ff. ist nur bei rechtsgeschäftlichem Handeln möglich. Ein Besitzerwerb durch Stellvertreter kann daher nur dort erfolgen, wo – ausnahmsweise – auch der Besitzerwerb rechtsgeschäftlichen Charakter hat; dies ist der Fall bei:

a) § 854 Abs. 2 (Übertragung des unmittelbaren „offenen" Besitzes durch bloße Einigung),

b) § 868 (Begründung des mittelbaren Besitzes durch Vereinbarung eines Besitzmittlungsverhältnisses),

c) § 870 (Übertragung des mittelbaren Besitzes durch Abtretung des Herausgabeanspruchs).

2. Keine Stellvertretung beim Erwerb der Sachherrschaft

6   Wo der Besitz – wie im Regelfall – durch Erlangung der tatsächlichen Sachherrschaft erworben wird (§ 854 Abs. 1), kommt eine Stellvertretung nicht in Betracht, selbst wenn bezüglich der rechtsgeschäftlichen Voraussetzungen des Erwerbs (Einigung!) Stellvertretung vorlag; der Erwerber kann dann nur durch Vereinbarung eines Besitzmittlungsverhältnisses mit dem Vertreter – sei es durch ein vorweggenommenes oder nach § 181 zustandegekommenes – mittelbaren Besitz erlangen (s. dazu oben § 7 Rn. 38f.).

3. Besitzerwerb durch Besitzdiener

7   Nur dann, wenn der Stellvertreter Besitzdiener des Erwerbers ist, verschafft die Erlangung der tatsächlichen Gewalt durch den Besitzdiener dem „Herrn" den unmittelbaren Besitz; dieses Ergebnis folgt aber nicht aus den für die Stellvertretung geltenden Regeln, sondern aus § 855.

8   *Beispiel:* K schickt seinen Bürochef H – der Handlungsvollmacht hat (§ 54 HGB) – zu V, um eine Büromaschine zu kaufen. Die Rechtswirkungen des rechtsgeschäftlichen Handelns (§ 433 – Einigung nach § 929 Satz 1) treten unmittelbar bei K ein; mit der Übergabe der Maschine durch V an H erwirbt K auch den unmittelbaren Besitz.
  Wie ist die Rechtslage, wenn es beim Besitzerwerb auf *den guten Glauben* des Erwerbers ankommt (z. B. § 932 oder § 990!)? Soweit es sich um rechtsgeschäftliche Erwerbsvorgänge handelt, ist § 166 sicher anwendbar. War also in unserem Beispiel V nicht Eigentümer der Büromaschine, so erwirbt K Eigentum, wenn H redlich war und der Ausnahmetatbestand des § 166 Abs. 2 nicht zutrifft.
  Mit der umstrittenen Frage, ob § 166 auch im Rahmen des § 990 anwendbar ist, haben wir uns schon oben § 5 Rn. 15 eingehend befaßt. Wir haben dort die Frage zugunsten der Anwendung des § 831 verneint.

Gursky § 15 III; a. A. hier die 15. Aufl.). Beim Tod eines Gesellschafters einer BGB-Gesellschaft (zum Besitz § 7 Rn. 80) soll nach h. M. für den Mitbesitz im Fortsetzungsfalle nicht § 857 gelten, sondern das Anwachsungsprinzip (*Soergel/Mühl* § 857 Rn. 3); anders beim Alleinbesitz des Gesellschafters!

[1] Siehe dazu *Hoche* u. *Westermann* in JuS 1961, 73, 79; *Kiefner* JA 1984, 189; *Soergel/Mühl* § 854 Rn. 10, 11.

Ist der Stellvertreter Organ einer jur. Person oder handelsrechtlichen Personengesellschaft (OHG, KG) als Erwerberin, so erwirbt die jur. Person bzw. Handelsgesellschaft den Besitz (s. oben § 7 Rn. 70, 80). Das Ergebnis ist also dasselbe wie beim Erwerb durch Besitzdiener.

§ 9. Der Besitzschutz

Lit.-Hinweis: *Diederichsen,* Das Recht zum Besitz aus Schuldverhältnissen, 1965; *Medicus,* Besitzschutz durch Ansprüche auf Schadensersatz, AcP 165, 115; *Pieper,* Besitzrecht und Schadensersatz bei der eigenmächtigen Wegnahme von Sicherungsgut, in Festschrift zum 150jährigen Bestehen des OLG Zweibrücken, 1969, S. 231 ff.; *Schick,* Besitzschutz nach § 823 BGB? (Tüb. Diss. 1967); *Rimmelspacher,* Materiellrechtl. Anspruch und Streitgegenstandsprobleme im Zivilprozeß, 1970, 147 ff.; *Lopau,* Der Rechtsschutz des Besitzes, JuS 1980, 501; *Wieling,* Grund und Umfang des Besitzschutzes, FS v. Lübtow 1980, 565; *Schünemann,* Selbsthilfe im Rechtssystem, 1985; *Hager,* Das Erlöschen des possessorischen Anspruchs aufgrund petitorischen Titels, KTS 1989, 515; *Kollhosser,* Grundfälle zu Besitz und Besitzschutz, JuS 1992, 215, 393, 567; *Schreiber,* Possessorischer und petitorischer Besitzschutz, Jura 1993, 440; *Klinkhammer,* Der Besitz als Gegenstand des Bereicherungsanspruchs, 1997.

I. Überblick

Einen ersten Überblick über die Schutzfunktion des Besitzes hatten wir schon oben § 6 Rn. 2 gewonnen. Es wird sich nunmehr darum handeln, die Einzelheiten zu erörtern, und zwar zunächst das praktisch bedeutsame Gewaltrecht des Besitzers nach §§ 859, 860, 869 (unten Rn. 10 ff.), dann die auf dem Besitz beruhenden, sog. possessorischen Besitzschutzansprüche nach §§ 861–867 (Rn. 16 ff.), von denen vor allem der Besitzstörungsanspruch nach § 862 praktisch wichtig ist, ferner den sog. petitorischen Besitzschutz nach § 1007 (Rn. 27 ff.) und schließlich den Besitzschutz nach allgemeinen Vorschriften, also z. B. nach § 823 oder § 812 (Rn. 31 ff.).

1. Der Begriff der verbotenen Eigenmacht

Beim Gewaltrecht des Besitzers wie bei den Besitzschutzansprüchen spielt der Begriff der verbotenen Eigenmacht eine Rolle; nur wo sie vorliegt, greift die Schutzfunktion des Besitzes ein (vgl. §§ 859, 861, 862). Dieser Begriff ist daher vorweg zu erörtern.

a) Besitzentziehung und Besitzstörung

Das Gesetz gibt in § 858 Abs. 1 eine Definition: eine Besitzentziehung oder Besitzstörung, die *ohne* den Willen des unmittelbaren Besitzers geschieht, ist stets widerrechtlich, sofern nicht das Gesetz die Besitzbeeinträchtigung gestattet.

Interessant ist, daß das Gesetz das Willensmoment („ohne dessen Willen") zum Tatbestand rechnet, während die gesetzliche Eingriffsbefugnis als Rechtfertigungsgrund ausgestaltet ist!
Interessant ist weiter, daß schon § 858 Abs. 1 eine besitzrechtliche Abbreviatur des Eigentumsschutzes (§ 985: Entziehung, § 1004: sonstige Beeinträchtigung) erkennen läßt.

Die Abgrenzung zwischen Besitzentziehung und Besitzstörung ist flüssig; besondere Aufmerksamkeit ist ihr nicht zu widmen, da die hauptsächlichen Rechtsfolgen in beiden Fällen auf die Beseitigung der Beeinträchtigung – sei es durch Wiedereinräumung des Besitzes (§ 861), sei es durch Beseitigung der sonstigen (nicht in einer Entziehung bestehenden) Störung (§ 862) – gerichtet sind. Entscheidend ist, daß der unmittelbare Besitzer in seiner Sachherrschaft

§ 9 I   II. Abschnitt. Allgemeine Lehren und Institute

und der darin liegenden Sachnutzungsmöglichkeit und damit in seinen Interessen beeinträchtigt ist. Gleichgültig ist, ob die Beeinträchtigung schuldlos oder schuldhaft erfolgt ist. Nur muß sie ohne den Willen des unmittelbaren Besitzers geschehen sein.

5   Die Unterscheidung zwischen Entziehung und Störung erlangt allerdings Bedeutung beim Gewaltrecht: die Besitzkehr unterliegt zeitlichen Grenzen (§ 859 Abs. 2, 3; hierzu unten Rn. 10ff.), die Besitzwehr hingegen nicht (zutreffend *Westermann/Gursky* § 22 I 2). In den Falschparkfällen führt dies zu eigenartigen Differenzierungen (dazu unten Rn. 15).

Man streitet sich, ob das Einverständnis mit der Beeinträchtigung rechtsgeschäftlicher Natur ist. Sicher ist wohl, daß eine vorher erklärte Zustimmung bis zur Vornahme der Beeinträchtigung widerruflich ist; im übrigen wird – da es sich hierbei um einen Rechtsverzicht handelt – Geschäftsfähigkeit erforderlich sein.[1] Das Einverständnis eines Besitzdieners ist unbeachtlich, sofern er nicht Vertretungsmacht für den Besitzer hat.

b) Gesetzlich gestattete Besitzbeeinträchtigung

6   Die Widerrechtlichkeit entfällt, wenn das Gesetz die Besitzbeeinträchtigung gestattet, wobei freilich zu beachten ist, daß ein dingliches oder obligatorisches Recht auf Besitzeinräumung oder auf Duldung einer Beeinträchtigung noch keine Befugnis zu selbständiger, also ohne gerichtliche Hilfe vorgenommener Rechtsverwirklichung gibt.[2]

7   *Beispiel:* Wenn K von V auf Grund Kaufvertrags die Leistung einer Sache zu fordern hat, so darf er sie doch dem V nicht gewaltsam wegnehmen, er muß vielmehr ein Leistungsurteil erwirken; nimmt dann der Gerichtsvollzieher nach § 883 ZPO dem V die Sache weg, so begeht er keine verbotene Eigenmacht.

Als Eingriffsrechte i. S. des § 858 kommen also amtliche, auf Gesetz gegründete Akte (z. B. des Gerichtsvollziehers, der Polizei, des Gerichts), ferner Notwehr- und Selbsthilfebefugnisse nach §§ 227, 229, 859, 904 in Betracht.

c) Fehlerhafter Besitz

8   Den durch verbotene Eigenmacht erlangten Besitz bezeichnet das Gesetz als „fehlerhaft". Diese Fehlerhaftigkeit haftet dem Besitz auch im Falle der Rechtsnachfolge an, und zwar bei Gesamtrechtsnachfolge immer, bei Sonderrechtsnachfolge dann, wenn der Nachfolger im Besitz die Fehlerhaftigkeit kannte (§ 858 Abs. 2).

2. Grundgedanke des Besitzschutzes

9   Seit langem wird erörtert, auf welchen Grundgedanken sich der Besitzschutz zurückführen läßt.[3] Überwiegend wird auf die „Rechtsfriedensfunktion" abgestellt, während *Heck* (§ 3, 7) das rechtlich anerkannte Kontinuitätsinteresse als entscheidend ansieht: „Das geschützte Rechtsgut ist der Orga-

---

[1] Str., a. A. die h. M.; s. dazu *Westermann/Gursky* § 22 II und *Soergel/Mühl* § 858 Rn. 5; *Wilhelm* Rn. 343; *Müller* Rn. 130ff.; *Wieling* I § 5 II 1 b.

[2] OLG Karlsruhe JuS 1993, 420 spricht insoweit von „unmittelbar erlaubenden Regelungen", die zur Gestattung erforderlich seien.

[3] *Pawlowski*, Der Rechtsbesitz im geltenden Sachen- und Immaterialgüterrecht, 1961; *Diederichsen* aaO.

nisationswert des Besitzes." Dieser Auffassung ist zu folgen: in dem Besitz selbst steckt ein Wert, den das Gesetz schützen will. Das *Ergebnis* dieses Schutzes ist – wie das eines jeden Rechtsschutzes – die Wahrung des Rechtsfriedens.

II. Das Gewaltrecht des unmittelbaren Besitzers

Das in § 859 geregelte Gewaltrecht des unmittelbaren Besitzers – auch des Besitzdieners (§ 860) – ist die spontane Reaktion gegen verbotene Eigenmacht. Man spricht herkömmlich von Besitz*wehr*, wenn die Beeinträchtigung droht oder noch andauert (§ 859 Abs. 1), von Besitz*kehr*, wenn die Besitzentziehung durch Begründung des unmittelbaren Besitzes des Entziehers bereits vollendet ist (§ 859 Abs. 2, 3).

Die Besitzwehr ist nichts anderes als eine besondere Form der *Notwehr* (§ 227), die Besitzkehr ein speziell gestalteter Fall der *Selbsthilfe,* woraus sich auch die in § 859 Abs. 2, 3 enthaltenen zeitlichen Schranken für die Ausübung der Besitzkehr erklären.

Beispiele: (1) Sehe ich, wie sich der Dieb auf mein am Gartenzaun angelehntes Fahrrad schwingt, so darf ich ihm das Rad gewaltsam abnehmen (Problem: Darf ich ihn niederschießen? Auch hier darf nur das „erforderliche" Mittel gewählt werden, BayObLG NJW 1965, 163; s. auch OLG Koblenz MDR 1978, 141). Aber wie bei § 227 ist eine Wertabwägung zwischen gefährdetem Rechtsgut und den Folgen der Gewaltanwendung grundsätzlich nicht anzustellen, wenngleich sich bei extremem Mißverhältnis der Rechtsgüter Mißbrauchsgrenzen ergeben können; dazu *Krey* JZ 1979, 702; *Dilcher,* FS Hübner, 1984, 443; zur fehlenden Ausweichpflicht bei strafrechtlicher Notwehr BGH NJW 1989, 3027).

(2) Beobachte ich, wie der Dieb vier Wochen nach dem Diebstahl seelenruhig auf meinem Fahrrad durch die Straßen fährt, so kommt Besitzkehr nach § 859 Abs. 2 nicht mehr in Betracht (s. a. OLG Schleswig SchlHA 1987, 12). Wohl aber kann ich mich auf § 229 berufen, wenn ich dem Dieb die Sache gewaltsam wegnehme; Voraussetzung ist dann freilich, daß „obrigkeitliche Hilfe nicht rechtzeitig zu erlangen ist" und Rechtsverlust droht (§ 229). Das Gesagte gilt auch dann, wenn der nunmehrige Besitzer das Rad vom Dieb gekauft hat; denn der Herausgabeanspruch nach § 985 als Grundlage der Selbsthilfe richtet sich auch gegen ihn (§ 935). Dagegen käme eine Besitzkehr nach § 859 Abs. 2 aus dem weiteren Grunde nicht in Betracht, daß der Besitz des gutgläubigen Käufers nicht mehr fehlerhaft ist (§ 859 Abs. 4 mit § 858 Abs. 2 Satz 2).

(3) Wenn zwei Werbefirmen beide Teilbesitz an der äußeren Fläche einer Gebäudewand haben, so kann eine Werbefirma die Schilder der anderen auf ihrer Werbefläche entfernen; weil es sich aber bei der Störung um eine Besitzentziehung handelt, muß diese Besitzkehr die Zeitgrenze des § 859 Abs. 3 beachten, soll sie nicht ihrerseits eine rechtswidrige Besitzentziehung darstellen (hierzu BGH NJW 1967, 46, 48). Die Besitzkehr muß so schnell erfolgen, wie nach Lage der Dinge überhaupt gehandelt werden konnte.

(4) Einzelhandelskaufmann A erteilt der Kundin B ein Hausverbot, weil sie trotz konkreten Diebstahlsverdachts die Kontrolle verweigert (zur Zulässigkeit eines Hausverbots BGHZ 124, 39 ff.; hierzu *Graf von Westphalen* NJW 1994, 367; *Christensen* JuS 1996, 873; OLG Frankfurt NJW-RR 1995, 1330). Als B trotzdem wieder kommt und nicht freiwillig weicht, packt er sie an der Hand und bringt sie mit Gewalt hinaus; B wird am Arm leicht verletzt und verlangt Schadensersatz und Schmerzensgeld (§§ 823 Abs. 1, 847). Der Angriff auf B war durch § 859 Abs. 1 gerechtfertigt (zutreffend *Löwisch/Rieble* NJW 1994, 2596 gegen OLG Frankfurt NJW 1994, 946), so daß ein Ersatzanspruch in aller Regel nicht besteht. Entgegen dem BGH kann ein „Hausverbot" (§§ 862, 858 Abs. 1) grundsätzlich ohne besondere Rechtfertigung ergehen, weil die schlüssige Gestattung der Besitzbeeinträchtigung durch Geschäftseröffnung jederzeit widerruflich ist; es kommt also nicht darauf an, ob die AGB des A ein Hausverbot in zulässiger Weise regeln (zutreffend *Löwisch/Rieble* NJW 1994, 2596; viel zu weitgehend im Sinne eines bindenden „Verzichts" auf Besitzrechte durch Geschäftseröffnung BGHZ 124, 39, 43; wohl auch *Schwab/Prütting* § 13 II 1).

§ 9 III II. Abschnitt. Allgemeine Lehren und Institute

15 (5) Parkt A auf dem privaten Parkplatz des B, so liegt darin eine Besitzentziehung, keine anderweitige Besitzstörung, so daß die Zeitgrenze des § 859 Abs. 3 gelten muß (OVG Koblenz NJW 1988, 929, 930; LG Frankfurt NJW 1984, 183 und dazu *K. Schmidt* JuS 1984, 223; Karlsruhe OLGZ 1978, 206, 207). Übertriebene Anforderungen sind allerdings an die „sofortige" Reaktion nicht zu stellen, weshalb ein Zeitabstand von vier Stunden noch hinzunehmen sein wird; andererseits kann das prompte Abschleppen ohne auch nur kürzeres Zuwarten mißbräuchliche Besitzkehr sein (interessant AG Frankfurt NJW-RR 1989, 83, 84; ferner AG München NJW 1996, 853: 7 Stunden zu lange). Im bloßen „Zuparken" der Einfahrt liegt hingegen eine bloße Besitzstörung (zutreffend *Westermann/Gursky* § 22 I 2) ohne Zeitgrenze für die Besitzwehr. Die Kosten einer Selbsthilfe durch Abschleppen können bei rechtmäßiger Abwehr aus Geschäftsführung ohne Auftrag, § 823 Abs. 1 oder § 823 Abs. 2 i. V. m. § 859 liquidiert werden (s. unten Rn. 31 ff.; teilw. str.); fraglich, ob nur beim Fahrer oder auch aus Geschäftsführung beim Halter des Fahrzeugs (so AG Frankfurt NJW 1990, 917).[1]

III. Die Besitzschutzansprüche der §§ 861–867

1. Schutz des unmittelbaren Besitzes

16 Wie das Eigentum bedarf auch der Besitz eines Schutzes, der vor den Gerichten erzwingbar ist. Die hauptsächlichen zivilrechtlichen Ansprüche zum Schutze des *Eigentums* sind der Herausgabeanspruch nach § 985 und der Beseitigungs- und Unterlassungsanspruch nach § 1004. In Parallele zu diesen Ansprüchen stellt das Gesetz dem *Besitzer* den Besitzentziehungsanspruch (§ 861) und den Besitzstörungsanspruch (§ 862) zur Verfügung. Sie können durch Klage verwirklicht und in raschem Zugriff durch einstweilige Verfügung gesichert werden. Sie sind gewissermaßen der „Rechtsschutz des kleinen Mannes", der sich nicht auf Eigentum oder ein dingliches Recht stützen kann (also z. B. Mieter, Pächter). Dabei kommt dem Besitzstörungsanspruch (§ 862) besondere Bedeutung zu, so z. B. wenn der Mieter eines Hauses Lärmbeeinträchtigungen eines Nachbarn abwehren will.

a) Possessorischer Besitzschutz und petitorische Einwendung

17 Die Besitzschutzansprüche nach §§ 861, 862 nennt man possessorische – eine nicht sehr glückliche Bezeichnung –, weil sie unmittelbar aus dem Besitz abgeleitet werden; es wird also nicht gefragt, ob der klagende Besitzer ein Recht zum Besitz hat. Daher kann sich der Beklagte in einem solchen Prozeß auch nicht auf ein Recht zum Besitz oder auf Vornahme der störenden Handlung berufen (§ 863: Ausschluß sog. *petitorischer* Einwendungen). Dies schließt freilich nicht aus, daß auf den Besitzschutzprozeß der Prozeß über das Recht zum Besitz oder zur Berechtigung der Störung folgt, so daß ein „Sieg" im Besitzschutzprozeß später wieder in Frage gestellt werden kann.

18 Den Ablauf eines solchen Besitzschutzprozesses mögen folgende *Beispiele* verdeutlichen:
M hat von E ein Obstgrundstück nebst Gartenhäuschen gemietet. Als er von einer Urlaubsreise zurückkehrt, bemerkt er zu seinem Erstaunen, daß E sich selbst wieder auf dem Grundstück breit gemacht hat. Hier kann M gegen E auf Wiedereinräumung des Besitzes klagen (§ 861); E kann nicht einwenden, er habe das Mietverhältnis fristlos gekündigt, weil M noch keinen Pfennig Miete bezahlt habe (§ 863). Der gewonnene Prozeß hilft dem M aber nicht auf die Dauer, weil E nun seinerseits mit der oben gegebenen Begründung auf Herausgabe (§ 556 Abs. 1) klagen kann (ähnlicher Beispielsfall aus der Praxis: KG OLGZ 1968, 19 = *Baur*, E. Slg. Fall 2). E wäre auch nicht gehindert, *sofort* einen Parallelprozeß auf Herausgabe anzustrengen oder in dem Prozeß M gegen ihn *Widerklage* auf Herausgabe zu erheben. § 863 schließt also eine petitorische Widerklage nicht aus, sofern die prozessualen Voraussetzungen für die Widerklage (insbes. Zusammenhang zwischen Klage und Wi-

---

[1] Weitere Literatur zum Falschparken: *van Venrooy* NJW 1977, 1926 und JuS 1979, 102; *Hoffstetter* NJW 1978, 256; *Dörner* JuS 1978, 666; *Zeuner*, FS Flume I, 775; *Schwab/Prütting* § 13 II 2.

derklage, § 33 ZPO) gegeben sind (BGHZ 53, 166; 73, 355; BGH NJW 1979, 1359, dazu *Spiess* JZ 1979, 717; *Hagen* JuS 1972, 124; zur Widerklage s. *Baur/Grunsky,* ZPrR, Rn. 117 ff.). Die petitorische Widerklage darf aber den Besitzschutz nicht „aushebeln". Teilweise entgegen dem BGH sollte deshalb in ergänzender Auslegung der §§ 863, 864 Abs. 2 die possessorische Klage nur scheitern, wenn die petitorische Widerklage vollstreckungsmäßig endgültig durchsetzbar ist. Bei rechtsmittelfähigen Entscheidungen ist die possessorische Klage, nicht aber die petitorische Widerklage für vorläufig vollstreckbar zu erklären, nur bei formell rechtskräftiger und vollstreckungsmäßig durchsetzbarer Entscheidung über die petitorische Widerklage darf die possessorische Klage abgewiesen werden (zutreffend *Hager* KTS 1989, 515 ff.; krit. zum BGH auch *Jauernig* §§ 861–864 Rn. 7; zu weitgehend wohl *Westermann/Gursky* § 24 II 4 m. Nw.).[1]

Hat sich nicht E, sondern D in den Besitz des Gartens gesetzt, so wird M mit einer einstweiligen Verfügung zum Ziel kommen. Freilich muß M dann gegen D „possessorisch" klagen, wenn sich D nicht zufrieden gibt; dann folgt auf das Verfahren der einstweiligen Verfügung der Hauptprozeß (vgl. § 936 ZPO mit § 926 ZPO). –

§ 864 Abs. 1 bestimmt für alle Besitzschutzansprüche einjährige *Präklusion;* sie beginnt bei wiederholter oder fortdauernder Störung erst mit Vollendung der letzten Störungshandlung (BGH NJW 1995, 132). Die Formulierung des *§ 864 Abs. 2* ist nach überwiegender Auffassung wenig geglückt. Er gilt für rechtskräftige *petitorische* Leistungs- und Feststellungsurteile auch – entsprechend seinem Zweck, der Vermeidung eines sinnlosen Hin und Hers – für Urteile, die nach und *vor* der verbotenen Eigenmacht ergangen sind (statt vieler *Westermann/Gursky* § 24 II 6 m. Nw.). Eine andere Frage ist, ob zur Rechtskraft nicht allgemein die vollstreckungsmäßige Durchsetzbarkeit des petitorischen Titels treten muß, also z. B. feststehen sollte, daß §§ 721, 765 a ZPO nicht greifen (zutreffend *Hager* KTS 1989, 515, 516 ff.).

19

b) Besitzstörung ohne Besitzentziehung

Die Besitzstörung, die keine Besitzentziehung darstellt, wird i. d. R. eine *Immission* sein (hierzu § 25 Rn. 25 ff.). Die Rechtsprechung hat zwar auch schon die seelische Beunruhigung des Besitzers (Bestreiten des Besitzes, Verbote, Drohungen) als Besitzstörung betrachtet (BGHZ 20, 171), neigt aber ebensowenig wie beim Eigentumsschutz zur Anerkennung *ideeller* Immissionen als Besitzstörung (BGHZ 54, 56, 60 gegen *Baur* JZ 1969, 432).

20

Beispiele: Wird der Mieter eines in einem Landhausgebiet gelegenen Hauses durch den Lärm eines Vereinslokals beeinträchtigt, so kann er nach § 862 auf Beseitigung der Störung klagen. Eine etwaige Duldungspflicht bestimmt sich nach dem – entsprechend anwendbaren – § 906 (RGZ 105, 213, 216). Grund: Dem Besitzer kann kein stärkeres Abwehrrecht zustehen als dem Eigentümer. Dies gilt auch bei industriellen Immissionen für § 14 BImSchG (hierzu BGH NJW 1995, 132, 133).

21

Der Mieter M einer Wohnung klebt auf seinen Briefkasten einen Aufkleber: „Bitte keine Werbung, Handzettel oder dergleichen einwerfen". Als Firma F trotzdem laufend Werbezettel einwirft, erhebt M Unterlassungsklage (§ 862 Abs. 1 S. 2). Der BGH hat in solchen Fällen den Unterlassungsanspruch bejaht (BGHZ 106, 229; hierzu *K. Schmidt* JuS 1989, 495; ähnlich OLG Stuttgart NJW-RR 1996, 1516). Bei politischen Parteien und ihrer Werbung ist ein derartiger Anspruch umstritten, aber u. E. ebenfalls zu bejahen (hierzu OLG Bremen NJW 1990, 2140; LG Bremen NJW 1990, 456; *Löwisch* NJW 1990, 437 ff.; *Fuchs/Simanski* NJW 1990, 2983; BVerfG NJW 1991, 910 m. Nw.). Postwurfsendungen sind inzwischen ebenfalls als Besitzstörung abwehrbar (OLG Frankfurt NJW 1996, 934, 935 l. Sp.; z. T. anders unter altem Recht, § 59 PostO: VGH Mannheim NJW 1990, 2145; BVerwG NJW 1991, 2920; OLG Stuttgart NJW 1991, 2912 und hierzu *Kaiser* NJW 1991, 2870). Weiterer *Beispielsfall:* OLG Köln NJW-RR 1994, 557 (Besitzvorenthaltung mit Hilfe getäuschter Polizeivollzugsbeamten).

22

---

[1] Im Falle des Besitzstreites getrennt lebender Ehegatten spricht dagegen vieles für die Spezialität der §§ 1361 a, 1361 b, die auch den früheren Besitzer schützen und durch einstweilige Maßnahmen rasche Befriedung bewirken können (OLG Frankfurt FamRZ 1988, 399; OLG Düsseldorf FamRZ 1994, 390; OLG Oldenburg FamRZ 1994, 1254; vgl. auch BGH FamRZ 1982, 1200; *Jauernig* (7. Aufl. 1994) §§ 861–864 Anm. 2 c; a. A. AG Darmstadt FamRZ 1994, 109 m. Anm. *Kobusch* S. 935; *Hambitzer* FamRZ 1989, 236 ff. m. Nw.).

2. Schutz des mittelbaren Besitzes

23 Nach § 869 stehen die Besitzschutzansprüche auch dem mittelbaren Besitzer zu. Voraussetzung ist, daß ein Dritter dem unmittelbaren Besitzer gegenüber verbotene Eigenmacht begangen hat. Unter dieser Voraussetzung hat der mittelbare Besitzer *auch das Gewaltrecht* des § 859; zwar sagt das Gesetz darüber nichts, aber ein lückenloser Besitzschutz verlangt die entsprechende Anwendung des § 859.[1]

Beispiel: E hat sein Fahrrad seinem Freund F geliehen. Sieht E, wie ein Dieb eben auf dem Rad davonfährt, so kann E ihm das Rad mit Gewalt abnehmen.

24 Keine Besitzschutzrechte[2] hat der mittelbare gegen den unmittelbaren Besitzer; er ist auf seine Rechte aus dem der Besitzmittlung zugrundeliegenden Rechtsverhältnis beschränkt, während umgekehrt der unmittelbare Besitzer sich mit allen Besitzschutzrechten einer verbotenen Eigenmacht des mittelbaren Besitzers erwehren kann.

25 *Beispiel:* E hat seinen Obstgarten an P verpachtet. Erfährt E davon, daß P die Obstbäume zu Brennholz machen will, so kann er dagegen weder mit Gewalt (§ 859) noch mit der Klage aus § 862 vorgehen. Wohl aber kann er auf Grund seiner Rechtsstellung als Verpächter (§ 581 mit § 550) eine einstweilige Verfügung erwirken.

Würde E gewaltsam gegen P vorgehen, so wäre dies verbotene Eigenmacht. P hätte das Gewaltrecht nach § 859 und die Klage aus § 862.

Käme E in den Garten, als P sich gerade anschickt, die Bäume umzuschlagen, so könnte E das gewaltsam verhindern (§ 229/§ 227 BGB).

3. Schutz des Mitbesitzes

26 Hinsichtlich des Schutzes eines Mitbesitzers kann auf das oben § 7 Rn. 83 ff. Gesagte verwiesen werden.

IV. Der sog. petitorische Besitzschutzanspruch des § 1007[3]

1. Zweck und Funktion

27 Wer von einem anderen die Herausgabe einer Sache verlangt, wird sich entweder auf ein materielles Recht stützen (z.B. der Eigentümer auf § 985, der Vermieter einer Sache nach Ablauf des Mietvertrags auf § 556) oder dartun können, daß ihm gegenüber verbotene Eigenmacht begangen wurde, so daß ihm die Besitzschutzansprüche zustehen. Es sind aber Fälle denkbar – wenn sie auch sehr selten sind –, wo diese Möglichkeiten ausscheiden, wo also weder dem Kläger noch dem Beklagten ein Recht zum Besitz zusteht oder von ihm nachgewiesen werden kann. Hier will § 1007 helfen, indem er dem

---

[1] So mit Recht *Heck* § 8, 3; *Wolff/Raiser* § 20 I 2; *Westermann/Gursky* § 26 III 2; *Müller* Rn. 233 f.; a.A. z.B. *Soergel/Mühl* § 869 Rn. 4 m.w.N.; *Wieling* I § 6 IV 1; *Wilhelm* Rn. 359.

[2] Auch keinen Schadensersatzanspruch nach § 823 Abs. 1 wegen Verletzung des mittelbaren Besitzes (BGHZ 32, 194, 203; BAG FamRZ 1975, 90 (mit Anm. *Fenn*); zum Ganzen unten Rn. 36.

[3] *Canaris*, FS Flume, 1978, 371, 398; *Hörer*, D. Besitzrechtsklage, 1974; *Koch*, § 1007 BGB – Neues Verständnis auf der Grundlage alten Rechts, 1986; *Weber*, § 1007 – Prozessuale Regelungen im mat.-rechtl. Gewand, 1988; ferner *Wilhelm* Rn. 344 ff.; *Müller* Rn. 183 ff.

früheren (rechtmäßigen oder gutgläubigen) Besitzer einen Herausgabeanspruch gegen den jetzigen Besitzer in zwei Fällen einräumt, wenn der Letztgenannte *entweder* beim Besitzerwerb bösgläubig war *oder* wenn die Sache dem früheren Besitzer abhanden gekommen war. In dieser Regelung steckt der Gedanke, daß zugunsten des früheren Besitzers unter den eben genannten Voraussetzungen die Rechtsvermutung des § 1006 weiter wirkt. Man spricht daher auch von einem Herausgabeanspruch aus früherem Besitz oder aus „besserem Recht zum Besitz".[1] Zu beachten ist, daß § 1007 nur für bewegliche Sachen gilt.[2]

Die Einzelheiten werden am besten an einem *Beispiel* verdeutlicht:
E hat seinen PKW dem Autohaus R zur Aufbewahrung während eines längeren Auslandsaufenthalts übergeben. Ein Mechaniker M des R nimmt das Fahrzeug heimlich an sich und veräußert es an G.
Sicher ist, daß E den PKW von G herausverlangen könnte (§ 985 mit § 935), ebenso R von M, solange er bei diesem war (§§ 859, 861). Kann auch R den G auf Herausgabe in Anspruch nehmen (was ihm gelingen muß, damit er das Fahrzeug dem E zurückgeben kann und von einer Schadensersatzpflicht aus Vertrag frei wird)?
§ 861 scheidet aus, da G keine verbotene Eigenmacht begangen hat und § 858 Abs. 2 S. 2 nicht gegeben ist. Es greift § 1007 Platz. Zwar mag es sein, daß G beim Kauf des Wagens gutgläubig war; dann scheidet § 1007 Abs. 1 aus. Da aber der PKW dem R abhanden gekommen ist, findet § 1007 Abs. 2 Anwendung.
Wie wäre die Rechtslage, wenn nicht der Eigentümer E, sondern der Dieb D den PKW bei R eingestellt hätte? Hier fehlt ein dem Eigentümer E gegenüber wirksames Recht zum Besitz; hat R aber ein solches Recht zum Besitz gutgläubig angenommen (§ 1007 Abs. 3), so bleibt die Rechtslage unverändert.

2. Die Anspruchsvoraussetzungen

Voraussetzungen[3] in der Person *des Klägers* sind also

a) früheres Recht zum Besitz oder gutgläubige Annahme eines solchen Rechts (§ 1007 Abs. 3),

b) unfreiwilliger Besitzverlust;

in der Person *des Beklagten*

a) Bösgläubigkeit beim Besitzerwerb (§ 1007 Abs. 1) *oder*

b) Abhandenkommen der beweglichen Sache (§ 1007 Abs. 2).

Im Gegensatz zu den possessorischen Besitzschutzansprüchen kann der Beklagte alle Einwendungen aus einem Recht zum Besitz geltend machen, das Urteil führt zu einer endgültigen Klärung des Rechtsstreits. Man spricht daher hier von *petitorischem Besitzschutz* (vgl. BGH NJW 1991, 2420, 2421).
So könnte G in unserem Beispiel dartun, er habe den Wagen nicht von M gekauft, sondern auf einer Pfandversteigerung durch den Gerichtsvollzieher – also originär – zu Eigentum erworben (§ 1007 Abs. 2; zum gutgläubigen Versteigerungserwerb bei öffentlichen Auktionen gemäß § 935 Abs. 2 BGH NJW 1990, 899, 900). G könnte ferner einwenden, er habe sich mit dem Eigentümer E in Verbindung gesetzt; dieser habe ihm geschrieben, er solle den Wagen erst einmal behalten, bis er – E – von seiner Reise zurückkomme (§ 1007 Abs. 3 S. 2 mit § 986).

---

[1] *Soergel/Mühl* § 1007 Rn. 1.
[2] Die Entscheidung BGHZ 7, 208 betraf eine Ausnahmesituation.
[3] Zu den vielen Zweifelsfragen vgl. *Soergel/Mühl* § 1007 Rn. 2ff.

V. Besitzschutz auf Grund anderer privatrechtlicher Bestimmungen

1. Deliktischer Schutz[1]

a) Die herrschende Meinung

31 § 823 Abs. 1 gewährt einen Schadensersatzanspruch bei schuldhafter Verletzung „eines sonstigen Rechts", d. h. eines absoluten Rechts. Der Besitz ist kein absolutes Recht. Dennoch wird er im Sinne dieser Bestimmung einem absoluten Recht jedenfalls dann gleichgestellt, wenn er durch ein Recht zum Besitz eine Verstärkung erfahren hat.[2] Schuldhafte Verletzung des rechtmäßigen Besitzes verpflichtet also zur Leistung von Schadensersatz.

32 *Beispiele:* (1) in Anlehnung an BGH JZ 1954, 61:
Der Kl. – der im 1. Stock eines Hauses seine ärztliche Praxis betreibt – hat durch Bauarbeiten, die vom bekl. Mieter des Erdgeschosses veranlaßt und mit erheblichem Lärm verbunden waren, einen erheblichen Rückgang seiner Praxiseinnahmen erfahren. Da diese Lärmbelästigung erheblich war und auch über das nach § 906 – der also auch hier die Grenzen der Duldungspflicht festlegt! – hinzunehmende Maß hinausging, der Bekl. ferner schuldhaft – weil ohne die gebotene Rücksicht – gehandelt hat, kann der Kläger nach § 823 Abs. 1 Schadensersatz verlangen (Die Besitzstörungsklage nach § 862 würde zwar kein Verschulden voraussetzen; sie könnte aber nur auf Unterlassung der Bauarbeiten gerichtet werden, soweit sie nicht nach § 906 geduldet werden müssen. Auch hier wäre die auf § 862 gestützte einstweilige Verfügung – mit nachfolgender Klage – der zweckmäßige Rechtsbehelf).

33 (2) in Anlehnung an BGHZ 73, 355 und 79, 232:
V hat an M eine Fabrikhalle vermietet, dieser an U. V kündigt dem M – wirksam – fristlos. V nimmt dem U die Halle weg. U verlangt Nutzungsersatz. BGH: Da die Kündigung auch dem U gegenüber wirkte (§ 556 Abs. 3), U also nicht mehr nutzungsberechtigt war, konnte er auch bei verbotener Eigenmacht des V keinen Nutzungsausfall als Schadensersatz geltend machen.

b) Die weitergehende Literaturmeinung

34 Weitergehend will ein Teil der Lehre den Besitz als „sonstiges Recht" insoweit anerkennen, als Rechtsnormen dem nichtberechtigten Besitzer die Nutzung zuweisen (z. B. §§ 987 ff., §§ 721, 765 a ZPO). Trotz der Bedenken der Rechtsprechung (BGHZ 79, 238) ist diese Auffassung vorzugswürdig.[3]

Beispiel: Wenn Vermieter V dem Mieter M die Wohnung kündigt und dann in verbotener Eigenmacht den M auf die Straße setzt, so existiert ein Schadensersatzanspruch (z. B. Mehrkosten einer Ersatzwohnung) für die Zeit mögliche Vollstreckungsschutzes (§§ 721, 765 a ZPO), wie ihn M hätte beantragen können (*Medicus,* Bürgerl. R., Rn. 607; diese Abgrenzung entspricht auch dem Verhältnis possessorischer Klage und petitorischer Widerklage, oben Rn. 17 ff.).

---

[1] *Medicus* AcP 165, 115; *von Caemmerer* in DJT-Festschrift, 1960, II S. 49, 81 f.; *Raiser* in Summum ius summa iniuria, 1963, S. 145, 154 f.; *Wieser* JuS 1970, 557 u. NJW 1971, 597; *Honsell* JZ 1983, 531 ff.; *Westermann/Gursky* § 8, 4; *Müller* Rn. 180 ff.; *Gerhardt,* MobiliarsachenR, § 6, 3.

[2] So die Rechtsprechung (BGHZ 73, 355, 362; 79, 232, 237 ff.; 114, 305, 312 = NJW 1991, 2420, 2421), die *insoweit* überwiegend Zustimmung in der Literatur findet; a. A. z. B. *Müller* Rn. 180 f.

[3] Wie hier z. B. *Pieper* und *Medicus* aaO; *Medicus,* Bürgerl. R., Rn. 607; *Esser/Weyers* § 55 I 2 b; *Soergel/Zeuner* § 823 Rn. 53; a. A. hier die 15. Auflage; *Wilhelm* Rn. 365; offen insoweit BGHZ 114, 305, 312 = NJW 1991, 2420, 2421.

§ 9. Der Besitzschutz

c) Der ersatzfähige Schaden

Der ersatzfähige Schaden besteht in dem Entgang der Nutzungen, der Wertminderung, den der 35
Besitz durch die Entziehung oder Störung erfahren hat (BGH NJW 1979, 2035: Kiesabbau durch den
Störer) oder in Mehraufwendungen des Besitzers zur Beseitigung der Folgen der Besitzstörung (BGH
NJW 1984, 2570: Reparaturkosten an besitzenden Werkunternehmer bei Beschädigung des Werkes).
Soweit Ansprüche des Eigentümers und des Besitzers konkurrieren, hilft bei beweglichen Sachen
teilweise § 851, im übrigen kann sich der Schädiger schützen, indem er erst nach Restitution bezahlt
oder analog § 1281 an Eigentümer und Besitzer gemeinsam (*Medicus,* Bürgerl. R., Rn. 609; zum
ähnlichen Problem beim Eigentumsvorbehalt § 59 Rn. 45). Falls der Besitzer beim eigenmächtigen
Herausgabeberechtigten Nutzungsschaden liquidiert, ist dies natürlich nur für die Zeit rechtlich
gebilligter Nutzungsmöglichkeit denkbar (BGH NJW 1979, 1359).

d) Mittelbarer Besitz und Mitbesitz als sonstiges Recht

Der rechtmäßige mittelbare Besitz ist sonstiges Recht, allerdings nicht im Verhältnis zum unmittel- 36
baren Besitzer, weil gegenüber ihm auch §§ 861, 862 nicht gelten (BGHZ 32, 194, 203 ff.; hierzu
oben Rn. 23 ff.): vorbeugender und restituierender Rechtsschutz richten sich nach dem Besitzmittlungsverhältnis. Hingegen soll unter Mitbesitzern trotz des weitreichenden Ausschlusses der Besitzschutzrechte (§ 866; hierzu § 7 Rn. 83 ff.) deliktischer Besitzschutz greifen (BGHZ 62, 243); weil
unter Mitbesitzern anders als beim Besitzmittlungsverhältnis ein interessenangepaßtes Schuldverhältnis
nicht immer besteht, ist diese Differenzierung sachgerecht.

e) § 858 als Schutzgesetz

Falls man § 858 mit der h. M. als Schutzgesetz (§ 823 Abs. 2) betrachtet, ist sein ersatzrechtlicher
Schutzbereich anhand der zu § 823 Abs. 1 entwickelten Kriterien zu begrenzen (ähnlich *Medicus,*
Bürgerl. R., Rn. 621 m. Nw.; BGHZ 114, 305, 313 f. = NJW 1991, 2420, 2422).

f) Konkurrenzen

Soweit Folgenbeseitigungskosten Inhalt des Ersatzanspruches sind, konkurrieren u. U. Ansprüche 37
aus *Geschäftsführung ohne Auftrag,* die im Falle der Selbstbeseitigung beim Anspruch aus § 862 Abs. 1
gleich wie bei § 1004 entstehen (hierzu § 12 Rn. 22).

2. Der Besitz als Gegenstand eines Anspruchs aus ungerechtfertigter Bereicherung

a) Leistungskondiktion

Der Besitz kann Gegenstand einer Leistungskondiktion sein, wenn der eine 38
Teil ihn durch eine Leistung des anderen Teils ohne rechtfertigenden Grund
erlangt hat.

Ein Beispiel hierfür hatten wir schon oben § 6 Rn. 2 unter 4 gebildet (weiteres Beispiel RGZ 129,
307, 311).

b) Eingriffskondiktion

Der Besitz kann aber auch die Grundlage einer sog. Eingriffskondiktion[1] 39
(„in sonstiger Weise": § 812 Abs. 1) sein, freilich nur dann, wenn er durch ein

---

[1] Vgl. dazu *Isolde Kurz,* Der Besitz als möglicher Gegenstand der Eingriffskondiktion, 1969; wie hier *Gerhardt* § 6, 3 c.

– dinglich oder schuldrechtlich begründetes – Recht zum Besitz einen bestimmten „Zuweisungsgehalt" gewonnen hat.

Beispiel: M hat von E ein Geschäftshaus gemietet. D benutzt unberechtigt die Hauswand zu Reklamezwecken. M kann von D bis zur Beseitigung der Werbung (§ 862!) eine Entschädigung nach § 812 fordern. Weiteres *Beispiel:* BGH NJW 1979, 2034.

3. Der Besitz als Grundlage einer Widerspruchsklage (Interventionsklage) nach § 771 ZPO

40 Richtet sich die Zwangsvollstreckung gegen einen nicht dem Schuldner gehörenden Gegenstand, so kann der in seiner Rechtsstellung Beeinträchtigte die sog. Widerspruchsklage gegen den Vollstreckungsgläubiger anstrengen. Ihr Ziel ist es, die Zwangsvollstreckung für unzulässig zu erklären. Grundlage dieser Klage werden meist das Eigentum oder andere dingliche Rechte sein; sie kann jedoch unter gewissen Voraussetzungen auch auf das Recht zum Besitz gestützt werden. Freilich ist zu beachten, daß bei unmittelbarem Besitz des Nichtschuldners schon § 808 ZPO eine Zwangsvollstreckung verhindert und bei mittelbarem Besitz der diesem zugrunde liegende Anspruch einen Interventionsgrund nach § 771 ZPO abgibt.[1]

41 *Beispiele:* Pfändet der Gerichtsvollzieher im Auftrag des G aus einem gegen S gerichteten Titel eine im Gewahrsam des B befindliche Sache, so verstößt diese Pfändung gegen § 808 ZPO; B kann gegen die Pfändung Erinnerung einlegen und Aufhebung der Zwangsvollstreckung erreichen (§§ 766, 793 ZPO).
Hat E seine Schreibmaschine an M vermietet, dieser sie dem L ausgeliehen, so kann M nach § 771 ZPO *auf Grund seines Herausgabeanspruchs* intervenieren, wenn die Maschine bei L gepfändet wird.

42 Es werden also für eine unmittelbare Klagegrundlage aus dem Recht zum Besitz wenige Fälle übrig bleiben: Hat etwa V eine Sache an K verkauft und übergeben, aber noch nicht übereignet und wird sie jetzt bei K für eine Schuld des V an G gepfändet, so verstößt die Pfändung gegen § 808 ZPO. Hat aber K rechtsirrtümlich sich bereit erklärt, die Sache dem Gerichtsvollzieher herauszugeben (§ 809 ZPO), so ist er nicht gehindert, später nach § 771 ZPO zu intervenieren. Dabei kann aber das Anwartschaftsrecht des K ebensogut oder besser als Grundlage der Interventionsklage dienen (vgl. § 59 Rn. 48).

---

[1] Einzelheiten *Baur/Stürner* I, EinzelvollstreckungsR, Rn. 46.11; *Rosenberg/Gaul/Schilken* § 41 VI 6; *Diederichsen* S. 144 u. *Canaris* S. 396.

§ 9. Der Besitzschutz

Übersicht 4

Besitz – Funktionen – Besitzarten

A. *Allgemeine Funktionen des Besitzes*

1. *Schutz- u. Erhaltungsfunktion:*
§§ 858 bis 867 – § 1007
§ 986 Abs. 2 – § 571 – § 286 Abs. 1 S. 2

2. *Übertragungsfunktion* (bei beweglichen Sachen):
§ 854 – § 929

3. *Vermutungsfunktion* (bei beweglichen Sachen):
§ 1006

B. Besitzarten			
nach dem Grad der Sachbeziehung:	nach der sozialen Einordnung:	nach der Beschränkung durch andere:	nach der Willensrichtung des Besitzers:
unmittelbarer Besitzer: Schutzfunktion: ja Übertragungsfunktion: ja Vermutungsfunktion: ja wenn Eigenbesitzer	*unmittelbarer Besitzer* (z. B. Unternehmer) alle Funktionen	*Alleinbesitz* (z. B. Mieter einer Wohnung)	*Eigenbesitz* (z. B. Eigentümer eines PKW) wichtig für z. B. § 937 – § 955 – § 988, ferner für die Vermutungsfunktion
mittelbarer Besitzer Schutzfunktion: § 869 Übertragungsfunktion: § 870 – §§ 930, 931 mit §§ 933, 934 Vermutungsfunktion: § 1006 Abs. 3	*Besitzdiener* (z. B. Angestellter) keine Schutzfunktion gegenüber dem Besitzer, wohl aber „nach außen": § 860 keine Übertragungsbefugnis (beachte: § 935!) keine Vermutungsfunktion	*Mitbesitz* (z. B. gemeinschaftl. Mieter e. Wohnung) Schutzfunktion: ja nach außen, beschränkt nach innen: § 866 Übertragungsfunktion: ja, aber nur bezüglich des Mitbesitzes Vermutungsfunktion: ja, aber nur gestützt auf den Mitbesitz	*Fremdbesitz* (z. B. Mieter eines PKW)

3. Kapitel. Der Schutz der dinglichen Rechte im privaten und öffentlichen Recht

§ 10. Überblick – Rechtsvermutungen

I. Grundlagen des Rechtsschutzes

S. die Übersicht 5 am Ende von § 10.

1   Es ist eines der Kennzeichen des dinglich-absoluten Rechts, daß es jedermann gegenüber wirkt. Wir hatten daher schon oben § 4 Rn. 3 ff. dargestellt, daß es gegen Beeinträchtigungen jeder Art – gleichgültig ob sie durch Privatpersonen oder durch die öffentliche Gewalt erfolgen – umfassend geschützt ist; die möglichen Formen dieses Schutzes waren bereits skizziert worden (oben § 4 Rn. 3 ff.). Nunmehr gilt es, diesen Rechtsschutz im Einzelnen darzustellen. Vorweg ist noch folgendes zu bemerken:

2   1. Bei der Ausgestaltung des privatrechtlichen Schutzes der dinglichen Rechte hat der Gesetzgeber nicht überall den Weg gewählt, für alle dinglichen Rechte einheitliche Ansprüche zu normieren. Vielmehr hat er ausführlich die Ansprüche geregelt, die sich aus der Beeinträchtigung *des Eigentums* ergeben, und zwar in den §§ 985 ff. den Herausgabeanspruch, in § 1004 den Unterlassungs- und Beseitigungsanspruch. Diese Normierung wird aber bei den beschränkten dinglichen Rechten für entsprechend anwendbar erklärt (so etwa die *§§ 985 u. 1004* in § 1065 für den Nießbrauch und in § 1227 für das Pfandrecht an einer beweglichen Sache; *§ 1004* in § 1027 (§ 1090 Abs. 2) für die Grunddienstbarkeit und beschränkte persönliche Dienstbarkeit). Diese Verweisungen rechtfertigen es auch, die Darstellung des Schutzes der dinglichen Rechte „vor die Klammer zu ziehen" und ihn zu erörtern, bevor auf die Charakterisierung der einzelnen dinglichen Rechte eingegangen wird, dies umsomehr als im Kondiktions- und Deliktsrecht (§ 812–§ 823) und regelmäßig auch im Rechtsschutz des öffentlichen Rechts kein Unterschied zwischen dem Eigentum und den beschränkten dinglichen Rechten gemacht wird.

3   2. Die Ansprüche, die sich aus einer Verletzung oder Beeinträchtigung eines dinglichen Rechts ergeben, sind genormt, d. h. für alle denkbaren Fälle einheitlich ausgestaltet. Dies bedeutet aber nicht, daß die konkreten Verhältnisse des Einzelfalls außer Betracht bleiben dürfen: der genormte allgemein gegebene Anspruch kann im konkreten Fall ausgeschlossen oder modifiziert sein, sei es daß das Gesetz die Beeinträchtigung gestattet, sei es daß sich die Zulässigkeit der Beeinträchtigung aus einem besonderen zwischen den Parteien bestehenden Rechtsverhältnis ergibt.

Wer seine Sache vermietet hat, kann nicht die Herausgabeklage erheben (§ 985, § 986). – Der Eigentümer, der seinem Nachbarn ein Wegerecht eingeräumt hat, ist insoweit mit der Unterlassungsklage ausgeschlossen (§ 1004 Abs. 2).

Insofern gelten die Vorschriften über den Schutz der dinglichen Rechte immer nur *vorbehaltlich der besonderen Rechtsgestaltung im Einzelfall*.

3. Der Schutz eines dinglichen Rechts setzt den Nachweis seines Bestehens voraus: Nur wer sein Eigentum beweist, kann z.B. den Herausgabeanspruch durchsetzen. Dieser Beweis kann im Einzelfall schwierig sein; daher erleichtert ihn das Gesetz, indem es an den Besitz (bei beweglichen Sachen) und an den Grundbucheintrag (bei Grundstücksrechten) gewisse Rechtsvermutungen knüpft. Davon hatten wir schon bei der Darstellung des Publizitätsgrundsatzes gesprochen (oben § 4 Rn. 12 ff.). Im folgenden soll diese Erörterung etwas weiter ausgebaut werden.

II. Die Rechtsvermutung zugunsten des Besitzers einer beweglichen Sache[1]

1. Begünstigter Besitzer

Nach § 1006 Abs. 1 S. 1 wird zugunsten des Besitzers einer beweglichen Sache vermutet, daß er Eigentümer der Sache sei. In § 1065 wird die Vermutung auf den Nießbrauch, in § 1227 auf das Pfandrecht ausgedehnt, nirgends aber auf den Besitzer, der in Ausübung eines obligatorischen Rechts besitzt. Daraus folgt: die Vermutung streitet nur für denjenigen, der die Sache als Eigenbesitzer oder als Nießbrauchs- bzw. als Pfandbesitzer besitzt. Für den in Ausübung eines obligatorischen Rechts besitzenden Fremdbesitzer (Mieter, Pächter, Verwahrung) besteht eine entsprechende Vermutung für das Bestehen seines obligatorischen Rechts nicht (die gegenseitige Ansicht von Heck, § 34, 4 hat sich nicht durchgesetzt). Und natürlich kann ein solcher Fremdbesitzer nicht die Eigentumsvermutung des § 1006 Abs. 1 für sich in Anspruch nehmen. Das wäre sinnwidrig (OLG Düsseldorf NJW-RR 1994, 862).

Besteht ein Besitzmittlungsverhältnis (der unmittelbare Fremdbesitzer vermittelt den Besitz für den mittelbaren Besitzer), so kann die Eigentumsvermutung nur für den mittelbaren Besitzer sprechen, § 1006 Abs. 2, der Eigenbesitzer ist (BGH JZ 1969, 433), bei mehrstufigem mittelbaren Besitz für den mittelbaren Besitzer der höchsten Stufe.

2. Einschränkung der Vermutung

Die Vermutung gilt nach § 1006 Abs. 1 S. 2 nicht einem früheren Besitzer gegenüber, dem die Sache abhanden gekommen ist, es sei denn, daß es sich um Geld oder Inhaberpapiere handelt. Diese Bestimmung macht deutlich, daß die Vermutung des § 1006 auf dem Hintergrund der Eigentumsübertragung nach §§ 929, 932, 935 zu sehen ist: Normalerweise ist mit dem Erwerb des Eigenbesitzes der Eigentumserwerb verbunden (§ 929–§ 932); dies ist ausge-

---

[1] Literatur: *Picker*, Mittelbarer Besitz, Nebenbesitz und Eigentumsvermutung in ihrer Bedeutung für den Gutglaubensschutz, AcP 1988, 588; *Werner*, Grundprobleme des § 1006 BGB, JA 1983, 61; *Manfred Wolf*, Die Eigentumsvermutung des § 1006 BGB, JuS 1995, 941; *Medicus*, FS Fritz Baur, 1981, 62.

§ 10 II   II. Abschnitt. Allgemeine Lehren und Institute

schlossen bei abhandengekommenen Sachen (§ 935 Abs. 1), es sei denn, daß es sich um Geld oder Inhaberpapiere handelt (§ 935 Abs. 2). Daraus folgt ferner, daß die Vermutung nur für den Rechtserwerb *beim Erwerb des Besitzes* spricht, also dann nicht gilt, wenn der Besitzer behauptet, schon vor oder erst nach Erwerb des Besitzes das Eigentum erworben zu haben (BGH NJW 1984, 1456; ferner BGH NJW-RR 1989, 651; 1453).

Siehe dazu das Beispiel oben § 7 Rn. 93.

3. Früherer Besitzer

7   Zugunsten des früheren Besitzers einer beweglichen Sache spricht die Vermutung, daß er mit dem Besitzerwerb das Recht erworben hatte und noch innehat (§ 1006 Abs. 2; hierzu BGH NJW 1995, 1292, 1293).

Diese Vermutung wird meist erst zum Zuge kommen, wenn die zugunsten des jetzigen Besitzers sprechende Vermutung des § 1006 Abs. 1 widerlegt ist; sie kann aber auch sofort wirksam werden, wenn der jetzige Besitzer nur Fremdbesitzer ist, so daß § 1006 Abs. 1 zu seinen Gunsten gar nicht eingreift. Zu beachten bleibt freilich, daß § 1006 Abs. 3 mit Abs. 1 Platz greift, wenn der Fremdbesitzer Besitzmittler ist; dann wirkt die Vermutung zugunsten des mittelbaren Eigenbesitzers. Der unmittelbare Fremdbesitzer kann sich aber Dritten gegenüber auf die zugunsten des Oberbesitzers sprechende Vermutung berufen (*Soergel/Mühl* § 1006 Rn. 12; BGH NJW 1961, 777).

4. Anwendungsbereich des § 1006

8   Zu beachten ist, daß § 1006 nicht nur im Bereich des Sachenrechts anwendbar ist, sondern überall dort, wo es auf das Eigentum an einer beweglichen Sache ankommt, also z.B. auch bei Geltendmachung eines Schadensersatzanspruchs nach § 823 (BGH JZ 1977, 178; BGH BB 1995, 276).

5. Beispiele

9   a) Sowohl die Klägerin wie die Beklagte behaupten, Eigentümerin eines wertvollen Brillantkolliers zu sein. Die materielle Rechtslage hat sich nicht aufklären lassen, nur so viel steht fest: Die Kl. hat den Schmuck bis 1945 in Eigenbesitz gehabt; dann hat sie den Schmuck der Bekl. zur Aufbewahrung übergeben, um ihn vor den Nachkriegswirren zu sichern. Die Bekl. behauptet, die Kl. habe ihr im Jahre 1950 geschrieben, sie solle sich aus dem Schmuck für ihre sonstige Mühe bezahlt machen; der Beweis für diese Behauptung ist der Bekl. nicht geglückt. Entscheidung: Die Bekl. ist zwar unmittelbare Eigenbesitzerin; dennoch spricht § 1006 Abs. 1 nicht zu ihren Gunsten, da sie selbst nicht behauptet, beim *Besitzerwerb* Eigentum erworben zu haben. Der Nachweis *späteren* Eigentumserwerbs ist ihr nicht gelungen. Da die Vermutung des § 1006 Abs. 1 für die Bekl. nicht Platz greift, findet § 1006 *Abs. 2* zugunsten der Kl. Anwendung, d.h. es wird vermutet, daß sie Eigentümerin war und ihr Eigentum noch fortbesteht (insofern ist der Wortlaut des § 1006 Abs. 2: „während der Dauer seines Besitzes" mißverständlich!). Die Herausgabeklage ist also begründet (in Anlehnung an OGH NJW 1949, 143; weiteres Beispiel: BGH NJW 1961, 777 = *Baur*, E. Slg. Fall 38).

b) Der Kl. verlangt von der Bekl. die Herausgabe von 50 Inhaberaktien. Die Bekl. – geschiedene Ehefrau des Klägers – behauptet, der Kl. habe ihr den Nießbrauch an den Aktien eingeräumt, damit sie ihren künftigen Unterhalt aus den Erträgnissen (Dividenden) bestreite. Hier spricht zugunsten der Bekl. § 1065 mit § 1006 Abs. 1; der Kl. muß also beweisen, daß er der Bekl. beim Erwerb des Besitzes keinen Nießbrauch eingeräumt hat (vgl. ferner BGH NJW 1960, 1517).

c) E hat sein Fahrrad dem L geliehen. L wird von einem PKW des P angefahren, das Fahrrad wird beschädigt. Beide einigen sich rasch über den Schadensersatz: P zahlt an L 30 DM. Diese Zahlung ist dem Eigentümer E gegenüber wirksam erfolgt (§ 851). Während also § 1006 nur eine Vermutung *zugunsten des Besitzers* enthält, legitimiert § 851 den Besitzer als Empfangsberechtigten *zugunsten des Dritten* (= Schädigers). Zum Problem konkurrierender Ansprüche des Eigentümers und des Besitzers vgl. § 9 Rn. 31 ff. und für den EV § 59 Rn. 45.

d) BGH NJW 1975, 1269: V behauptet, er habe an K nur unter Eigentumsvorbehalt geliefert, sei also noch Eigentümer. K bestreitet dies: ihm sei unbedingt übereignet worden. Beweislast bei V! (s. unten § 59 Rn. 12 dd). Weitere Beispiele: BGH NJW-RR 1989, 651: § 1006 BGB zugunsten des Besitzers bei Streit, ob die Sache lediglich geliehen oder doch übereignet ist; OLG Düsseldorf NJW-RR 1994, 886: Alleineigentumsvermutung für einen Mitbesitzer – mit Anm. v. *Karsten Schmidt* JuS 1994, 889 f.

Über das Verhältnis der Vermutung nach § 1006 zu der Vermutung nach § 1362 s. oben § 7 Rn. 81 f.

10

III. Die an das Grundbuch geknüpfte Rechtsvermutung[1]

Die Eintragung im Grundbuch hat für die Begründung, Übertragung und Aufhebung von Grundstücksrechten (§§ 873, 875) eine ähnliche Wirkung wie die Besitzübertragung bei entsprechenden beweglichen Sachen betreffenden Rechtsvorgängen. Daraus erklärt sich die dem § 1006 verwandte Vermutung des § 891. Nur ist diese Vermutung viel umfassender ausgestaltet:

11

1. Geltung und Inhalt der Vermutung des § 891

a) Sie wirkt *für und gegen* (anders § 1006!) den durch den Inhalt des Grundbuchs Ausgewiesenen.

12

b) Sie gilt für den Bestand eines eingetragenen wie den Nichtbestand eines gelöschten Rechts; sie streitet auch dafür, daß dem das Recht zusteht, auf den es eingetragen ist.

c) Sie gilt für das Eigentum und sämtliche beschränkten dinglichen Rechte an Grundstücken. Sie gilt aber nicht für eingetragene oder gelöschte Verfügungsbeschränkungen und auch nicht für die im Grundbuch enthaltenen tatsächlichen Angaben.[2]

d) Aufmerksamkeit verdient, daß § 891 Abs. 2 nur von einem *gelöschten* Recht spricht; ist ein Recht *überhaupt nicht eingetragen,* so wird nicht vermutet, daß es nicht besteht.

§ 891 enthält keine ausdrückliche, dem § 1006 Abs. 2 entsprechende Vermutung dahingehend, daß ein gelöschtes Recht bis zu seiner Löschung dem Eingetragenen zustand. Dennoch wird eine solche Vermutung bejaht, wenn feststeht, daß die Löschung des Rechts seiner Aufhebung und nicht der Grundbuchberichtigung diente.

Beispiel (BGHZ 52, 355): Die beiden Kl. und die Bekl. waren als Miteigentümer zu 1/3 im Grundbuch eingetragen. Sie veräußerten das Grundstück an K und streiten nun um die Verteilung des Erlöses. Wenn die Bekl. behauptet, sie sei in Wahrheit Miteigentümerin zu 6/8 gewesen, so trägt sie die Beweislast.

e) Die gegenüber § 1006 umfassendere Wirkung der Rechtsvermutung des § 891 erklärt sich daraus, daß die vom Gesetz vorgesehenen Garantien für eine Übereinstimmung zwischen dem Grundbuchstand und der materiellen

---

[1] Dazu *Medicus* FS Baur, 1981, 63; *Picker* AcP 188, 558; *Staudinger/Gursky* § 1006 Rn. 20 ff.; MünchKomm/*Wacke* § 891, je m.w.N.; *Wiegand,* Der öffentliche Glaube des Grundbuchs, JuS 1975, 205.

[2] Zum Gegenstand der Vermutung vgl. im einzelnen: *Jauernig/Jauernig* § 891 Rn. 2 f.

§ 10 III   II. Abschnitt. Allgemeine Lehren und Institute

Rechtslage stärker ausgestaltet sind als bei dem entsprechenden Verhältnis zwischen Rechtslage und Besitz an beweglichen Sachen: So kann z.B. Eigentümer eines Grundstücks durch Rechtsgeschäft nur werden, wer als solcher im Grundbuch eingetragen wird (§§ 873, 925) – Eigentum an einer beweglichen Sache kann man auch erwerben, ohne daß sich die äußere Besitzlage verschiebt (z.B. durch Einigung und Besitzkonstitut nach § 930).

2. Widerlegbarkeit der Vermutung

13   Die Vermutung ist *widerlegbar*. Im Falle der positiven Vermutung (für das Bestehen des Rechts) muß zur Widerlegung nachgewiesen werden, daß das eingetragene Recht in Wahrheit nicht bestehe und auch nicht auf andere Weise, als im Grundbuch angegeben, zur Entstehung gelangt sein könne (RGZ 127, 251, 261; BGH MDR 1956, 542 u. 1977, 661; BGH NJW 1979, 1656).

Übersicht 5

Privatrechtlicher Schutz absoluter Rechte und Rechtsgüter*

Schutzgegenstand	*Schutzformen*			
	absoluter Rechtsschutz		deliktischer	Kondiktionsschutz
1. Absolute Rechte a) Eigentum	§ 985**	§ 1004 (§ 894 BGB, § 771 ZPO, § 43 KO/§ 47 InsO)	Rechtsschutz § 823	§ 812
Rechtsähnlich: aa) Name, Firma, Geschäftsbezeichnung		§ 12–§ 37 II HGB § 15 MarkenG	§ 823	§ 812? (Name ja, Firma str.)
bb) allg. Persönlichkeitsrecht		quasi neg. Anspruch (= § 1004 entspr.)	§ 823 I	§ 812? (BGHZ 20, 345, 354)***
cc) Unternehmen		quasi neg. Anspruch	§ 823 I (Rspr. einschränkend)	§ 812?
b) Beschr. dingl. Rechte (R. Schutz je nach Inhalt verschieden; Beispiel: MobiliarPfR	§ 1227 mit § 985	§ 1227 mit § 1004 (§ 805 ZPO, § 48 KO/§ 50 InsO)	§ 823	§ 812
2. Absolute *Rechtsgüter* a) Besitz	§ 861	§ 862 (§ 771 ZPO und § 43 KO/§ 47 InsO bei Herausgabeansprüchen)	§ 823 I (nur bei Recht zum Besitz; str.****)	§ 812 (bei Recht zum Besitz)
b) Leben, Gesundheit usw.		Sog. del. Unterlassungs-A. (unterscheide davon den vorbeugenden Unterlassungs-A)	§ 823 I	
3. Sonstige rechtlich anerkannte Individualbereiche, z.B. durch § 823 II, §§ 824 bis 826		sog. del. (bei § 823 II) oder quasi neg. Unterlassungs-A.	§ 823 II	

* S. hierzu auch *Gernhuber*, Bürgerl. Recht, § 23. Verfassungsrechtlicher Schutz (Art. 14 GG – Enteignung – enteignungsgleicher Eingriff) und verwaltungsrechtlicher Schutz (Art. 19 IV GG, § 40 VwGO) bleiben hier außer Betracht (s. unten Übersicht 8: am Ende von § 13).
** Zu den verschiedenen Arten der Herausgabeansprüche s. *Medicus* JuS 1985, 657.
*** Dazu *Schlechtriem*, FS Hefermehl, 1976, 445; *Lindacher* GRUR 1985, 423.
**** Zum aktuellen Streitstand s. § 9 V und *Medicus* BR Rn. 607.

IV. Anwendbarkeit der §§ 1006, 891 im öffentlichen Recht?

1. Die §§ 891, 1006 sind – wie wir schon oben § 4 Rn. 12 ff. erkannten – *Beweislastnormen*, d. h. sie entfalten ihre Wirksamkeit dann, wenn eine volle Aufklärung des Sachverhalts durch den Richter mißlingt; der Prozeß ist dann zugunsten dessen zu entscheiden, für den die Vermutung spricht. Ob diese – und andere Beweislastnormen – im öffentlichen Recht, insbesondere also im Verwaltungsprozeßrecht jeder Art,[1] anwendbar sind, hängt zunächst davon ab, ob der Verwaltungsprozeß ebenso wie der Zivilprozeß eine materielle Beweislast kennt. Diese Frage wird heute – nach anfänglichem Schwanken – allgemein mit Recht bejaht.[2] Der Untersuchungsgrundsatz ändert an der Notwendigkeit einer Regelung der materiellen Beweislast nichts; denn er besagt nur, daß das Gericht für die Sachaufklärung prozessual verantwortlich ist, nichts aber darüber, wer den Nachteil der Unaufklärbarkeit zu tragen hat.

2. Eine zweite Frage ist, ob der Standort der §§ 1006, 891 im Privatrecht ihre Anwendung im Bereich des öffentlichen Rechts ausschließt. Diese Frage ist zu verneinen: Knüpft das öffentliche Recht an privatrechtliche Begriffe wie „Eigentum", „Nießbrauch", „Pfandgläubiger" an, so ist für die Bejahung oder Verneinung ihrer Voraussetzungen im konkreten Fall das bürgerliche Recht maßgebend. Daraus folgt aber auch die Anwendbarkeit der §§ 1006 (1065, 1227), 891.[3]

Zu erwähnen ist schließlich, daß die §§ 1006, 891 im Strafrecht (Strafprozeß) nur zugunsten des Täters angewendet werden können.

§ 11. Der Herausgabeanspruch

A. Überblick über die gesetzliche Regelung

I. Die zu regelnde Sachproblematik

§ 985 sagt, daß „der Eigentümer vom Besitzer die Herausgabe der Sache verlangen kann". Diese Regelung gilt auch zugunsten des Nießbrauchers (§ 1065), des Pfandgläubigers (§ 1227) und des Erbbauberechtigten (§ 11 Abs. 1 ErbbaurechtsVO), also überall dort, wo zum Inhalt des dinglichen Rechts der Besitz an der Sache gehört (demnach z. B. nicht bei Grundpfandrechten!).

So einfach die Grundformel des § 985 klingt, so sicher ist es doch auch, daß die Ausgestaltung im Einzelnen dem Anfänger – und nicht nur ihm! – erhebliche Verständnisschwierigkeiten macht. Dies ist auf zwei Umstände zurückzuführen:

1) Einmal genügt regelmäßig die bloße Herausgabe der Sache an den Eigentümer (Nießbraucher usw.) nicht. Die Sache, die herauszugeben ist, kann beim Besitzer beschädigt worden sein, der Besitzer hat u. U. Nutzen aus ihr gezogen, Verwendungen auf sie gemacht: Wer sein gestohlenes Kraftfahrzeug nach Jahr und Tag wiederfindet, wird nicht nur das Fahrzeug herausverlangen; er wird vielmehr Ersatz des Minderwerts verlangen, ferner des Gebrauchsvorteils, den der Besitzer gehabt hat usw. Andererseits wird sich der Besitzer u. U. darauf berufen, daß er das Fahrzeug habe „generalüberholen" lassen. Das Gesetz mußte sonach neben dem Herausgabeanspruch auch den Anspruch des Eigentümers auf Schadensersatz und Herausgabe der Nutzungen wie den Anspruch des Besitzers auf Ersatz der Verwendungen regeln.

---

[1] Verfahren der Verwaltungs-, Finanz- und Sozialgerichtsbarkeit u. Verwaltungsverfahren.
[2] Siehe BVerwGE 3, 308; 5, 31; 19, 87, 94; 45, 132; *Baur*, FS Bachof 1984, 285 (m. w. N.).
[3] Ebenso *Leipold*, Beweislastregeln und gesetzliche Vermutungen, 1966, S. 191 ff.

3 2) Die zweite Schwierigkeit liegt darin, daß mit dem Herausgabeanspruch nebst den eben besprochenen „Zutaten" andere Ansprüche – etwa aus Vertrag oder unerlaubter Handlung – konkurrieren können. Wie ist diese Konkurrenz zu lösen, wenn die Voraussetzungen der einzelnen Ansprüche im Gesetz verschieden geregelt sind? Hat etwa in unserem Beispiel der Besitzer das gestohlene Fahrzeug *leicht* fahrlässig von einem Hehler gekauft und dann beschädigt, so wäre er nach § 823 Abs. 1 in Verbindung mit § 249 zum vollen Schadensersatz verpflichtet. Andererseits knüpft § 990 Abs. 1 Satz 1 die Schadensersatzpflicht an das Vorliegen von Bösgläubigkeit, also – mindestens – grober Fahrlässigkeit.

Diese Schwierigkeiten lassen es als ratsam erscheinen, im folgenden zunächst *die Grundsätze* der Regelung möglichst einfach darzustellen und erst dann die schwierigen Einzelfragen zu erörtern; Wiederholungen müssen dabei freilich in Kauf genommen werden.

S. die Übersichten 6, 7 am Ende von § 11 u. ausführlich *Gursky,* Das Eigentümer-Besitzer-Verhältnis, 5. Aufl. 1996; *Schreiber* Jura 1992, 356; ferner zur Übersicht 7 *Hanau* JA 1987, 113.

II. Das Eigentümer-Besitzer-Verhältnis. Grundsätze

1. Der Herausgabeanspruch

4 *Ziel* des Herausgabeanspruchs ist es, dem Eigentümer (Nießbraucher usw.) den Sachbesitz zu verschaffen (§ 985), wobei es gleichgültig ist, ob es sich um eine bewegliche oder unbewegliche Sache handelt. Freilich ist dieses Verlangen nicht gerechtfertigt, wenn der Besitzer dem Eigentümer gegenüber zum Besitz berechtigt ist (§ 986), gleichgültig, ob dieses Recht zum Besitz auf einem dinglichen oder obligatorischen Recht beruht; so etwa wenn der Eigentümer dem Besitzer die Sache als Pfand überlassen oder vermietet hat oder wenn dieser ein Besitzrecht an der Ehewohnung hat (BGHZ 71, 216).[1] Die Geltendmachung des Herausgabeanspruchs würde hier gegen die im konkreten Falle übernommene Pflicht zur Besitzverschaffung und Besitzbelassung verstoßen, ja man würde sie in vielen Fällen geradezu als einen Verstoß gegen Treu und Glauben empfinden.

2. Besitzerkategorien

5 Bei der Regelung des Ersatzanspruchs (wegen Verschlechterung oder Untergangs der Sache), der Herausgabe der Nutzungen, der Erstattung der Verwendungen schien es dem Gesetzgeber angezeigt zu differenzieren: der „gutgläubige", „redliche" Besitzer – der von seinem Recht zum Besitz überzeugt sein durfte – soll besser gestellt werden als der „unredliche" oder gar der, der sich durch schuldhaft verbotene Eigenmacht oder durch eine Straftat den Besitz verschafft hat.

---

[1] Nach BGHZ 64, 122, 125 und BGH NJW 1995, 2627, 2628 begründen auch Zurückbehaltungsrechte ein Recht zum Besitz im Sinne des § 986. Dem ist nicht zu folgen (vgl. *Medicus* JZ 1996, 153; ders. in MünchKomm § 986 Rn. 17; *Staudinger/Gursky* § 986 Rn. 23). Zurückbehaltungsrechte stellen Einreden dar, während § 986 Einwendung ist; sie bewirken eine Verurteilung Zug um Zug, während ein Recht zum Besitz zur Klageabweisung führt. Die noch in der Vorauflage vertretene gegenteilige Auffassung wird deshalb aufgegeben.

§ 11. Der Herausgabeanspruch A II § 11

Wer sich bei einer als vertrauenswürdig bekannten Automobilfirma unter Empfang eines Kraftfahrzeugbriefs einen PKW – der sich später als gestohlen erweist – gekauft hat, muß anders behandelt werden als derjenige, welcher auf einem Gebrauchtwagenmarkt ein Kraftfahrzeug ohne Vorlage des Kraftfahrzeugbriefes zu einem Tiefstpreis erworben hat.

a) Unredlicher Besitzer

Unredlich ist, wer beim Erwerb des Besitzes weiß oder infolge grober Fahrlässigkeit nicht weiß, daß er nicht zum Besitz berechtigt ist (§ 990 Abs. 1 S. 1 mit § 932 Abs. 2). *Unredlich* ist ferner, wer später, d. h. nach Erwerb des Besitzes, von seiner Nichtberechtigung zum Besitz erfährt (§ 990 Abs. 1 Satz 2; BGHZ 26, 256; 32, 76, 92; BGH JZ 1963, 255 mit Anm. *Isele*).[1] 6

b) Der Prozeßbesitzer

Prozeßbesitzer ist derjenige, gegen den die Klage auf Herausgabe der Sache erhoben ist (§ 989). Er ist dem unredlichen Besitzer gleichgestellt. 7

Denn ab Erhebung der Herausgabeklage durch Zustellung einer Klageschrift (§ 253 I ZPO) muß er – auch bei bisheriger Redlichkeit – seine Rechtsstellung kritischer beurteilen als zuvor, er muß damit rechnen, daß er zur Herausgabe der Sache verurteilt wird! – Ist Besitzer ein Minderjähriger, so sind §§ 828, 829 entsprechend anwendbar (str. s. *Koether-Ruchatz* NJW 1973, 1444; *Ebel* JA 1983, 296; *Medicus,* BR, Rn. 602).
Die technische Regelung des Gesetzes ist nicht gerade glücklich: es behandelt in §§ 987, 989 die Stellung des Prozeßbesitzers und verweist hierauf in § 990 beim unredlichen Besitzer.

c) Der Deliktsbesitzer

Noch ungünstiger ist die Stellung des Besitzers, der sich den Besitz schuldhaft[2] durch eine verbotene Eigenmacht oder durch eine Straftat verschafft hat; er verdient keine Gnade und haftet in vollem Umfang nach Deliktsrecht (§ 992). 8

3. Ansprüche des Eigentümers wegen Verlusts und Verschlechterung der Sache

a) Keine Haftung des redlichen Besitzers

Der *redliche* (und unverklagte) Besitzer haftet überhaupt nicht: § 993 Abs. 1 2. Halbsatz. 9

Ist in unserem „Automobilfall" der PKW bei einem Zusammenstoß Schrott geworden, so haftet der redliche Besitzer dem Eigentümer auch dann nicht, wenn er für den Unfall allein verantwortlich ist.

b) Haftung des unredlichen Besitzers und des Prozeßbesitzers

Der *unredliche* Besitzer und der Prozeßbesitzer haften für *schuldhafte* Verschlechterung oder schuldhafte Unmöglichkeit der Herausgabe: § 990 mit § 989. 10

---

[1] Zur Frage, ob die Unredlichkeit eines Besitzdieners dem Besitzer zuzurechnen ist, s. oben § 5 Rn. 15; § 8 Rn. 7, 8; sowie *Lorenz* JZ 1994, 549 ff.
[2] Zu dieser Abweichung vom Gesetzeswortlaut (§ 992 enthält das Wort „schuldhaft" nicht!) s. *Soergel/Mühl* § 992 Rn. 4 m. w. N.

§ 11 A II   II. Abschnitt. Allgemeine Lehren und Institute

Bei der 2. Alternative unseres Falles (Unredlichkeit) haftet der Besitzer also für die von ihm verschuldete Zerstörung des Fahrzeugs, nicht aber dann, wenn ihn keine Verantwortung für den Zusammenstoß trifft: Der Zufall trifft also auch hier den Eigentümer, es sei denn, daß der Besitzer mit der Herausgabe der Sache in *Verzug* geraten ist: § 990 Abs. 2 mit § 287.

Zur Haftung des Besitzers für sein Personal siehe oben § 5 Rn. 13 ff. u. *Soergel/Mühl* § 990 Rn. 19 m. w. N.

Es ist möglich, daß derjenige, der *infolge grober Fahrlässigkeit* nicht weiß, daß er zum Besitz nicht berechtigt ist, von seinem Besitzrecht innerlich überzeugt ist. Inwiefern kann man dann von einem Verschulden sprechen, wenn er „seine" Sache etwa fahrlässig beschädigt? Handelt es sich in Wahrheit um ein „Verschulden gegen sich selbst" (so etwa E. *Wolf* § 6 A I c 5 S. 250) oder um eine fiktive Anwendung der Grundsätze über die Verschuldenshaftung (so *Heck* § 68 Bem. 7)? M. E. begründet die grobe Fahrlässigkeit *beim Besitzerwerb* schon gewisse Verhaltenspflichten bezüglich der Sache, deren fahrlässige Verletzung den unredlichen Besitzer schadensersatzpflichtig macht.

c) Haftung des Deliktsbesitzers[1]

11   Der (schuldhaft) *eigenmächtige* und *„poenale"* Besitzer haftet für jeden Schaden, auch für Zufall: § 992, § 823, § 249, § 848.

Deutlich läßt sich also eine Steigerung von der Nichthaftung (Redlichkeit) über die Verschuldenshaftung (Unredlichkeit) zur Zufallshaftung (schuldhafte Eigenmacht) feststellen, ein „Gefälle", das wir sofort auch bei der Regelung des Nutzungs- und Verwendungsproblems feststellen werden.

4. Ansprüche des Eigentümers auf Ersatz der Nutzungen

a) Keine Herausgabepflicht des redlichen Besitzers

12   Der *redliche* (und unverklagte) Besitzer braucht gezogene Nutzungen nicht herauszugeben. Hat der Besitzer freilich den Besitz unentgeltlich erlangt (§ 988) oder Übermaßfrüchte gezogen (§ 993 Abs. 1 1. Halbsatz), so ist er gehalten, diese Früchte nach den Regeln über die Herausgabe einer ungerechtfertigten Bereicherung dem Eigentümer zu überlassen.

In der ersten Durchbrechung finden wir die schon oft festgestellte (vgl. z. B. § 816 Abs. 1 Satz 2; § 822) Schwäche des unentgeltlichen Erwerbs wieder. Die zweite Durchbrechung beruht auf der Billigkeitserwägung, daß auch der redliche Besitzer nur den normalen Ertrag behalten soll.

Beispiel: Dem B ist auf Grund eines Testaments, das sich später als nichtig herausstellt, der Besitz an einem Wald als Vermächtnis übergeben worden. Verlangt der wirkliche Erbe E Herausgabe des Waldes, so braucht B den normalen Holzeinschlag nur herauszugeben, soweit er noch bereichert ist (§§ 988, 818 Abs. 3). Aufwendungen des B können auch dann eine Entreicherung darstellen, wenn es sich *nicht* um ersatzfähige Verwendungen gem. §§ 994 ff. handelt (so BGH NJW 1998, 989, 990; str.!; s. a. unten Rn. 22 zur Anwendung der Saldotheorie).

Hat B den Wald von dem Nichteigentümer NE gekauft, ohne durch Einblick in das Grundbuch festzustellen, daß NE gar nicht als Eigentümer eingetragen ist (NE hatte ihm z. B. eine gefälschte Grundbuchabschrift vorgelegt), so muß er den normalen Holzeinschlag überhaupt nicht, einen außerordentlichen, z. B. durch einen Windbruch veranlaßten, nur dann herausgeben, wenn er noch bereichert ist (§ 993 Abs. 1 1. Halbsatz).

b) Herausgabepflicht des unredlichen Besitzers und des Prozeßbesitzers

13   Der *unredliche* Besitzer und der *Prozeßbesitzer* müssen alle gezogenen Nutzungen (einschließlich der Gebrauchsvorteile) herausgeben, den Wert

---
[1] Dazu *Klaus Müller* JuS 1983, 516; ferner *Wieling*, Sachenrecht, § 12 III 5.

nicht mehr vorhandener Früchte ersetzen[1] und außerdem Ersatz leisten für schuldhaft nicht gezogene Nutzungen (§ 990 mit § 987, § 100; BGHZ 39, 186).

Hat B in unserem Beispiel die Nichtigkeit des Testaments – als guter Jurist – sofort erkannt oder hat er sie infolge grober Fahrlässigkeit – als mäßiger Jurist – nicht erkannt, so hat er dem wahren Erben das noch vorhandene Holz herauszugeben, den Wert des verkauften oder verbrauchten Holzes sowie den Wert des schuldhaft nicht geschlagenen, jetzt nicht mehr brauchbaren Holzes zu erstatten. War B mit der Herausgabe der Sache in Verzug, so haftet er für Zufall (§ 990 Abs. 2 mit § 287), er hat also z. B. den Wert des einer ordnungsmäßigen Wirtschaft zuwider nicht gezogenen Holzes auch dann zu erstatten, wenn ihn kein Verschulden trifft.
Weiterer Beispielsfall: BGH MDR 1963, 587.

c) Schadensersatzpflicht des Deliktsbesitzers

Der (schuldhaft) *eigenmächtige* und *poenale* Besitzer haftet dem Eigentümer wieder nach § 823 BGH für jeden Schaden; das bedeutet hier – nach dem Grundsatz der Naturalrestitution –, daß er den Eigentümer so zu stellen hat, wie „wenn der zum Ersatz verpflichtende Umstand nicht eingetreten wäre" (§ 249 S. 1). Er muß also alle – in den Zuweisungsgehalt des Eigentums fallenden – Nutzungen erstatten, die der Eigentümer gezogen hätte, aber – da er nicht besser gestellt sein kann als der unredliche Besitzer – auch die von ihm gezogenen Nutzungen, selbst wenn der Eigentümer sie nicht hätte ziehen können. 14

5. Ansprüche des Besitzers auf Ersatz der Verwendungen

a) Die Arten von Verwendungen

Hier macht das Gesetz eine sehr subtile Unterscheidung zwischen:

aa) *notwendigen* Verwendungen. Sie können gewöhnliche oder außerordentliche sein: 15

Gewöhnliche notwendige Verwendungen, in unserem Beispielsfall: Nachpflanzen von Jungbäumen nach normalem Holzeinschlag;
außerordentliche notwendige Verwendungen: Anlegung eines Holzabfuhrwegs, der einen Einschlag erst ermöglicht;
Keine notwendigen Verwendungen sind solche, die der Besitzer *nur* für seine Sonderinteressen gemacht hat (BGHZ 64, 333, 339);

bb) *sonstige wertsteigernde* Verwendungen. Gemeint sind damit nicht notwendige Verwendungen, die im Zeitpunkt der Wiedererlangung der Sache durch den Eigentümer sich als *wertsteigernd* erweisen: 16

Verbesserung eines schon vorhandenen Holzabfuhrwegs;

cc) *sonstige nicht wertsteigernde* Verwendungen: 17

Beispiel: Bau einer Jagd- und Wochenendhütte, die jetzt – weil vom Holzwurm befallen – völlig wertlos ist.

---

[1] Der Wortlaut des Gesetzes (§ 987), das nur von „Herausgabe" spricht, ist zu eng (RGZ 93, 280, 283).

b) Verwendungsersatzansprüche des redlichen Besitzers

18   Er kann Ersatz verlangen für

aa) die *notwendigen* Verwendungen mit Ausnahme der gewöhnlichen Unterhaltungskosten (für deren Ausgleich ihm ja die Nutzungen verbleiben!): § 994 Abs. 1, § 995 Satz 2;

bb) die sonstigen *wertsteigernden* Verwendungen (§ 996);

cc) dagegen *nicht* für *sonstige, nicht wertsteigernde* Verwendungen; hier hat er lediglich das Wegnahmerecht nach § 997.

> Hat der redliche B in unserem Beispiel Jungbäume nach normalem Holzeinschlag eingepflanzt, so kann er dafür keinen Ersatz beanspruchen, da ihm der Einschlag bleibt (§ 994 I S. 2). Die Kosten für den neuen Holzabfuhrweg kann er ersetzt verlangen, ebenso die für die Verbesserung des schon vorhandenen Wegs, wenn sich die Wertsteigerung noch auswirkt. Die von ihm erstellte Jagdhütte kann er abbrechen lassen.

c) Verwendungsersatzansprüche des unredlichen Besitzers und des Prozeßbesitzers

19   Er kann für notwendige Verwendungen Ersatz beanspruchen, aber *nur* dann, wenn die Voraussetzungen einer Geschäftsführung ohne Auftrag zugunsten des Eigentümers vorlagen (§ 994 Abs. 2 mit §§ 683, 684).

> Der unredliche B muß also den Holzeinschlag als Nutzung herausgeben oder den Wert ersetzen, Ersatz für die Jungpflanzung erhält er, wenn sie dem wirklichen oder mutmaßlichen Willen des Eigentümers und seinem Interesse entsprach (§ 683) oder wenn der Eigentümer um sie bereichert ist (§ 684);

Für sonstige Verwendungen, gleichgültig, ob sie wertsteigernd sind oder nicht, besteht kein Ersatzanspruch.

> Der unredliche B kann die Kosten für die Verbesserung des Weges (obgleich wertsteigernde Verwendung) nicht ersetzt verlangen (§ 996 und BGHZ 39, 186).

d) Verwendungsersatzanspruch des Deliktsbesitzers

20   Beim (schuldhaft) *eigenmächtigen* und *poenalen* Besitzer kommen Verwendungen nur in gleichem Maße in Betracht wie beim unredlichen Besitzer (§ 850 mit §§ 994ff., 994 Abs. 2).

e) Wegnahmerecht

21   In allen Fällen (b–d) steht dem Besitzer ein *Wegnahmerecht* zu (§ 997 Abs. 1) mit Ausnahme der in § 997 Abs. 2 genannten Tatbestände (s. dazu § 53 Rn. 35).

6. Die Geltendmachung des Verwendungsersatzanspruchs

22   a) Steht dem Besitzer ein Verwendungsersatzanspruch zu, so soll er die Sache nur Zug um Zug gegen Ersatz dieser Verwendungen herausgeben müssen, er hat also ein *Zurückbehaltungsrecht* (§ 1000).

b) Andererseits soll der Eigentümer die Verwendungen erst ersetzen müssen, wenn er entweder in den Besitz der Sache gelangt ist oder die Verwendungen genehmigt hat (§ 1001 Satz 1).

c) Schließlich ist es möglich, daß der Eigentümer gar kein Gewicht auf Rückgabe der Sache legt, weil z.B. die Verwendungen, die er ersetzen müßte, viel höher sind als der Wert der Sache. Dann kann der Besitzer sich für seine Verwendungen aus der Sache befriedigen (§ 1003).

d) Der BGH vertritt die Auffassung, daß die Saldotheorie auf den Verwendungsersatzanspruch des Besitzers und den Nutzungsherausgabeanspruch des Eigentümers entsprechende Anwendung findet (BGH NJW 1995, 2627 = JZ 1996, 151 ff. m. Anm. von *Medicus;* hierzu *K. Schmidt* JuS 1996, 169; s.a. § 21 Rn. 13).

B. Abgrenzungsfragen[1]

Wir haben oben Rn. 1 ff. die Abgrenzungsschwierigkeiten schon angedeutet. Die dem Eigentümer-Besitzerverhältnis zugrundeliegende Rechtslage kann in den einzelnen Fällen so verschieden sein, daß zunächst einmal der Anwendungsbereich der §§ 985 ff. geprüft werden muß: 23

Dem E ist eine Sache von B gestohlen worden: B ist unrechtmäßiger Eigenbesitzer.

E hat ein Grundstück an B verkauft, aufgelassen und übergeben. B ist aber noch nicht im Grundbuch eingetragen: B ist rechtmäßiger Eigenbesitzer.

E hat eine Sache an B vermietet: B ist rechtmäßiger Fremdbesitzer.

E – der geschäftsunfähig ist – hat eine Sache an B vermietet: B ist unrechtmäßiger Fremdbesitzer.

Die erste Frage, die wir zu beantworten haben, ist die, ob in all diesen Fällen die §§ 985 ff. anzuwenden sind, die „Vindikationslage" also gegeben ist.

---

[1] Siehe dazu *Brox* JZ 1965, 516; *Diederichsen,* Das Recht zum Besitz aus Schuldverhältnissen, 1965; *Fikentscher* § 102 V; *Firsching* AcP 162, 440; *Gerhardt* I 65; *Haas* AcP 176, 1 (Verwendungsersatzanspruch und die aufgedrängte Bereicherung); *Georgiades,* Die Anspruchskonkurrenz ..., 1967; *Gursky,* Das Eigentümer-Besitzer-Verhältnis, 5. Aufl. 1996; *Hager* JuS 1987, 877 (Grundfälle); *Jacobs* AcP 167, 351; *Jahr* AcP 183, 725 (Schadensersatz wegen deliktischen Nutzungsentzugs); *Kaehler,* Bereicherungsrecht u. Vindikation, 1972; *Kaysers,* Der Verwendungsersatzanspruch des Besitzers bei vertragl. Leistungen, 1968; *Köbl,* Das Eigentümer-Besitzerverhältnis im Anspruchssystem des BGB, 1971; *Kohler,* Schwebende Vindikationslagen, NJW 1988, 1054; *Kraft* NJW 1963, 1849; *Klauser* NJW 1965, 513; W.E. *Krause,* Die Haftung des Besitzers nach den §§ 989–993 BGB, 1965; *Medicus* Rn. 582 ff.; *Michalski,* Anwendungsbereich, Funktion und dogmatische Einordnung des Eigentümer-Besitzer-Verhältnisses, Festschrift für Gitter 1994, 577 ff.; *Mühl* AcP 176, 396 (Vindikation u. Kondiktion); Klaus *Müller* JZ 1968, 769; ders., Deliktsrechtliche Haftung im Eigentümer-Besitzer-Verhältnis, JuS 1983, 516; F. *Peters,* Das Pfandrecht als Recht zum Besitz, JZ 1995, 390; *Pinger,* Funktion u. dogm. Einordnung des Eigentümer-Besitzerverhältnisses, 1973; *Pinger/Scharrelmann/Thissen,* D. Eigentümer-Besitzerverhältnis, 4. Aufl. 1988; *Raiser* in FS f. Wolff 1952 S. 123; JZ 1958, 681 und 1961, 529; *Schönfeld* JZ 1959, 301; *Schreiber,* Das Eigentümer-Besitzer-Verhältnis, Jura 1992, 533 ff. und 356 ff.; *Seidel,* Das Zurückbehaltungsrecht als Recht zum Besitz i.S.d. § 986 BGB, JZ 1993, 180 ff.; *Siber* DogmJ. 89, 1; *Waltjen* AcP 175, 109 (Verhältnis zur Bereicherung); *Westermann/Pinger* I § 31 II; *Wieling,* Die Nutzungen des gutgläubigen Besitzers ..., AcP 169, 137 u. MDR 1972, 645; ders. Sachenrecht § 12 I 3, II; Manfred *Wolf* AcP 166, 188 (Verwendungsersatzanspruch); *Zeuner* in FS f. Felgenträger, 1969 S. 423 ff.

§ 11 B I II. Abschnitt. Allgemeine Lehren und Institute

Ist der Anwendungsbereich der §§ 985 ff. abgesteckt, so ist das Verhältnis dieser Bestimmungen zum Vertragsrecht, Deliktsrecht und zur ungerechtfertigten Bereicherung zu prüfen.

Wie verhält sich etwa der Rückgabeanspruch des Vermieters aus § 556 (nach Beendigung des Mietverhältnisses) zur rei vindicatio (zum Herausgabeanspruch) nach §§ 985 ff.?

Rechtsprechung und Literatur zu diesen Fragen bieten ein buntes, ja gelegentlich verwirrendes Bild. Die Problematik wird häufig nur dem verständlich, der in der Materie zu Hause ist. Unsere Aufgabe wird es sein, möglichst klare Linien zu zeichnen.

I. Anwendungsbereich der Vorschriften über das Eigentümer-Besitzer-Verhältnis

1. Beschränkung auf den unrechtmäßigen Besitz

24 Seinem Wortlaut nach bezieht sich § 985 auf den rechtmäßigen wie den unrechtmäßigen Besitzer. Sieht man aber näher zu, so wird deutlich, daß die Vindikationslage *nur bei unrechtmäßigem Besitz* gegeben ist. Denn wenn die §§ 990 ff. zwischen redlichem und unredlichem Besitzer unterscheiden, so kann sich die Redlichkeit oder Unredlichkeit immer nur auf die Nichtberechtigung zum Besitz beziehen; der rechtmäßige Besitzer kann weder redlich noch unredlich sein.

Es ist das Verdienst von *Raiser*, im Anschluß namentlich an *Siber*, diese – schon früher von anderen vertretene – Abgrenzung dogmatisch gefestigt und weiter ausgebaut zu haben (a. a. O.). Der BGH ist dieser Auffassung in der grundlegenden Entscheidung BGHZ 27, 317 gefolgt (seitdem st. Rspr., etwa BGHZ 34, 122, 128 [= *Baur*, E. Slg. Fall 32] BGHZ 100, 95):

E hat seinen Traktor an M vermietet. M hat ihn bei R reparieren lassen, wozu er dem E gegenüber berechtigt, ja verpflichtet war. Da M in Konkurs fiel, hält sich R an E. Dem Wortlaut des § 994 nach würde der Verwendungsersatzanspruch des R gegen E begründet sein. Denn R hat als „Besitzer" „auf" die Maschine notwendige Verwendungen gemacht. Dennoch lehnt der BGH den Anspruch – mit Recht – ab;[1] denn R war rechtmäßiger Besitzer: er war dem M gegenüber – auf Grund des Werkvertrags – zum Besitz berechtigt, dieser dem E gegenüber – auf Grund des Mietvertrags –. Die „Vindikationslage" traf also nicht zu (vgl. § 986 Abs. 1 Satz 1).[2] R ist auf seinen Werklohnanspruch gegen M beschränkt.

25 *Rechtmäßig* ist der Besitz nicht nur dann, wenn er durch ein unmittelbar zum Eigentümer bestehendes Rechtsverhältnis gedeckt wird (sog. zweigliedriges Verhältnis), sondern auch in all den Fällen, in denen der Besitzer sein Besitzrecht von jemandem ableitet, der seinerseits dem Eigentümer gegenüber zur Überlassung des Besitzes berechtigt ist (sog. dreigliedriges Verhältnis).

---

[1] Wobei die Frage eines redlichen Erwerbs eines Unternehmerpfandrechts durch R hier zunächst nicht beantwortet werden soll (s. unten § 55 Rn. 40).

Die Vindikationslage ist auch dann nicht gegeben, wenn die §§ 677 ff. (berechtigte Geschäftsführung ohne Auftrag) anwendbar sind; denn der Geschäftsführer ist als zum Besitz berechtigt anzusehen (siehe *Soergel/Mühl* § 986 Rn. 4; Rn. 11 vor § 987).

[2] Die in der Rechtsprechung (BGH NJW 1955, 340, 341 r. Sp.; BGH FamRZ 1970, 641; BGH NJW 1979, 716) gelegentlich zu beobachtende Tendenz, die §§ 987 ff. wiederum – wenn auch nur „ersatzweise" – auf einen *rechtmäßigen* Besitzer anzuwenden, ist zu mißbilligen. Denn auf diese Weise wird die eben erst gewonnene Erkenntnis der systematischen Stellung der §§ 987 ff. grundlos wieder aufs Spiel gesetzt (*Schönfeld* JZ 1959, 304). Auch besteht für die subsidiäre Anwendung kein Bedürfnis (MünchKomm/*Medicus* Rn. 12 vor §§ 987–1003; *Staudinger/Gursky* Rn. 30 f. vor § 987 gegen *Erman/Hefermehl* Rn. 8 vor § 987; *Palandt/Bassenge* Rn. 3 vor §§ 994–1003).

Aus dem Gesagten ergibt sich eine wichtige Folgerung für die *Auslegung des* 26
§ 986; hier ist seit je streitig, ob es sich um eine *Einwendung* – die bei Vorliegen der Tatsachengrundlage im Prozeß von Amts wegen zu berücksichtigen wäre – oder um eine *Einrede* handelt (auf die der bekl. Besitzer sich zu berufen hätte, wenn sie berücksichtigt werden soll).

Der Streit ist – angesichts der in § 139 ZPO statuierten richterlichen Frage- und Aufklärungspflicht – praktisch nur noch für das Versäumnisverfahren bei Säumnis des Bekl. von Bedeutung.

Sieht man in § 986 eine die Vindikationslage fixierende, sie auf den unrechtmäßigen Besitz beschränkende Bestimmung, so folgt daraus notwendig, daß die Tatsachen, aus denen sich die Rechtmäßigkeit des Besitzes ergibt, Einwendungscharakter haben.[1]

2. Exzess des rechtmäßigen Fremdbesitzers

Aus dem Gesagten folgt weiter, daß bei *Überschreitung des Besitzrechts durch* 27
den rechtmäßigen Fremdbesitzer neben der Vertragsverletzung der Tatbestand des § 823 Abs. 1 verwirklicht sein kann, ohne daß § 993 Abs. 1 2. Halbsatz mit § 992 dem entgegenstünde.[2]

E hat sein Haus an M vermietet. M beschädigt die Wohnung schuldhaft oder er vermietet sie unerlaubt an Untermieter, die sie ruinieren, oder er richtet vertragswidrig ein Restaurant ein usw.
In einem interessanten Fall hat der BGH (BGHZ 31, 129) § 990 Abs. 1 Satz 1 angewendet, wenn der – zunächst – berechtigte Fremdbesitzer nachträglich unberechtigten Eigenbesitz ergreift und die Sache veräußert. Der Anspruch nach § 823 (Exzeß des Fremdbesitzers!) war verjährt, der BGH kommt also zur Prüfung des § 990. Es war somit zu fragen, ob die Umwandlung von Fremd- in Eigenbesitz als Besitzerwerb i. S. des § 990 Abs. 1 S. 1 anzusehen ist. Der BGH bejaht dies, zu Unrecht: Es bestand kein Anlaß, hier anders zu entscheiden als in den sonstigen Fällen der Besitzrechtsüberschreitung durch den rechtmäßigen Fremdbesitzer. Dem Kl. stand deshalb ein Anspruch aus Vertragsverletzung, nicht jedoch aus §§ 990, 989 zu (*Raiser* JZ 1961, 125; *Krause*, Die Haftung des Besitzers, S. 108; *Palandt/Bassenge* Rn. 9 vor § 987).

3. Der nicht mehr berechtigte Besitzer

Fraglich ist weiter, ob die Vorschriften des Eigentümer-Besitzer-Verhält- 28
nisses auch dann ausgeschlossen bleiben, wenn das Rechtsverhältnis, auf dem der rechtmäßige Besitz beruht, endet. Wird dann aus dem rechtmäßigen Besitz ein nicht rechtmäßiger, der deshalb nach §§ 987 ff. zu behandeln ist?

a) Vor allem die Rechtsprechung bejaht die Anwendbarkeit der §§ 987 ff.,[3] 29
und zwar selbst dann, wenn zur Zeit des Umstands, aus dem Rechtsfolgen hergeleitet werden, noch gar keine Vindikationslage bestand. Entscheidend sei, daß jetzt keine Besitzberechtigung mehr bestehe.[4] In der vielbesprochenen

---

[1] Dazu *Soergel/Mühl* § 986 Rn. 2; MünchKomm/*Medicus* § 986 Rn. 24 je m. w. N.
[2] Ganz h. M. *Staudinger/Gursky* Rn. 10 vor §§ 987–993 m. w. N.; MünchKomm/*Medicus* Rn. 11 vor §§ 987–1003; *Soergel/Mühl* Rn. 12 vor § 987.
[3] BGHZ 71, 216, 224 ff.; 75, 288, 292 f.; weiter vor allem *Staudinger/Gursky* Rn. 13 ff. vor §§ 987–993.
[4] Zuletzt BGH NJW 1996, 921; NJW 1998, 992, 993/994; ferner BGHZ 75, 288, 292; BGHZ 87, 274; zustimmend hierzu *Palandt/Bassenge* Rn. 4 vor § 994; *M. Wolf* Rn. 220.

Entscheidung BGHZ 34, 122¹ hatte ein Käufer den unter Eigentumsvorbehalt gekauften Pkw in einer Werkstatt reparieren lassen. Die Reparaturrechnung bezahlte er nicht, der Werkunternehmer (U) behielt deshalb den Pkw ein. Als der Käufer auch die Kaufpreisraten nicht bezahlte, trat der Vorbehaltskäufer vom Kaufvertrag zurück. Damit endete die Besitzberechtigung des U nach § 986 I S. 1 2. Fall; U konnte deshalb nach Ansicht des BGH Ersatz der Verwendungen (der Reparaturkosten) verlangen.

Dem ist nicht zu folgen. Der Unternehmer war im Zeitpunkt der Vornahme der Reparaturen rechtmäßiger Besitzer und kann deshalb weder als redlich noch als nicht redlich qualifiziert werden – auf diese Feststellung kommt es aber an (vgl. § 994 I, II).²

30 b) Die Frage kann deshalb nur sein, ob die §§ 987ff. für die Zeit nach Wegfall der Besitzberechtigung anwendbar sind³ oder ob allein die vertraglichen Rückabwicklungsansprüche gegeben sind.⁴ Diese Frage ist im Sinne der zweiten Alternative zu bejahen. Auch wenn ein Vertragsverhältnis beendet ist, steht die Rückabwicklung noch unter Vertragsrecht – etwa bei Ausübung eines vereinbarten oder nach §§ 325, 326 gegebenen Rücktrittsrechts unter den Sondervorschriften der §§ 346ff.

4. Unrechtmäßiger Fremdbesitz

a) Grundsatz

31 Schließlich bleibt zu erörtern, ob die §§ 985ff. *nur* den unrechtmäßigen *Eigen*besitzer (also etwa Dieb, Hehler, Käufer auf Grund nichtigen Kaufvertrags und nichtiger Übereignung) oder *auch den unrechtmäßigen Fremdbesitzer* betreffen.

E hat sein Grundstück auf Grund eines nichtigen Pachtvertrags dem B überlassen.

Die Frage ist mit der h. M. grundsätzlich im Sinne der zweiten Alternative zu bejahen. Das Gesetz gibt für eine Unterscheidung zwischen unrechtmäßigem Eigen- und Fremdbesitz keine Handhabe. Die Vindikationslage ist von Anfang an gegeben, mochte sie auch den Parteien nicht bewußt sein.

b) Ausnahme: Exzeß des unrechtmäßigen Fremdbesitzers

32 Freilich bedarf diese Feststellung einer Korrektur; denn wollte man bei Beschädigungen der Sache usw. die §§ 989, 990 anwenden, so würde der redliche *unrechtmäßige* Besitzer nicht haften (§ 993 Abs. 1 2. Halbsatz), während der rechtmäßige Besitzer nach Vertrags- und Deliktsrecht in Anspruch genommen werden könnte. Dieses Ergebnis kann nicht rechtens sein. Daher ist die Lehre

---

[1] Hierzu *Medicus* BR Rn. 587ff.; *Baur* E. Slg. Fall 32; *Ludwig Raiser* JZ 1961, 529.
[2] MünchKomm/*Medicus* Rn. 10 vor §§ 987–1003; *Soergel/Mühl* Rn. 9 vor § 994 und unten § 55 Rn. 40.
[3] So *Staudinger/Gursky* Rn. 13 vor §§ 987–993.
[4] MünchKomm/*Medicus* Rn. 19 vor §§ 987–1003; *Jauernig/Jauernig* Rn. 4ff. vor §§ 987–993.

vom sog. Fremdbesitzerexzeß entwickelt worden.[1] Aus § 991 Abs. 2 läßt sich der Rechtsgedanke entnehmen, daß der Besitzer dem Eigentümer mindestens insoweit haften soll, wie er im Falle eines zwischen ihnen bestehenden Vertrags haften müßte. Deshalb ist neben § 823 BGB, auf den sich die h. M. allein stützt, auch § 991 Abs. 2 analog heranzuziehen (s. auch unten Rn. 48). Dies wird insbesondere von Bedeutung, sobald der Anspruch aus § 823 verjährt ist (§ 852).[2] Danach haftet auch der redliche unrechtmäßige Fremdbesitzer nach §§ 991 Abs. 2, 823 BGB, wenn er die Grenzen seines vermeintlichen Besitzrechts schuldhaft überschreitet.

E hat seine Wohnung möbliert an B vermietet; der Mietvertrag ist aus irgendeinem Grunde nichtig, ohne daß B dies erkannt oder infolge grober Fahrlässigkeit nicht erkannt hat. Da die Voraussetzungen des § 992 nicht vorliegen, würde B nicht haften, wenn er die Möbel zu Kleinholz macht oder duldet, daß seine Kinder die Möbel zu Schnitzübungen benutzen. Hier überschreitet er aber das Besitzrecht, das er hätte, wenn der Mietvertrag gültig wäre. Er haftet daher nach §§ 991 Abs. 2, 823. Das gleiche würde gelten, wenn er die ihm überlassenen Möbel veräußert (RGZ 157, 132, 135 m.w.N.; BGHZ 46, 140, 146; BGH JZ 1951, 716 [= *Baur*, E.Slg. Fall 35] mit Anm. *Raiser*); BGH NJW 1973, 1790 (dazu *Medicus* JuS 1974, 221, 223).

II. Konkurrenzfragen

Wie wir unter I erarbeitet haben, ist der Anwendungsbereich der §§ 985 ff. auf den unrechtmäßigen Eigen- und Fremdbesitzer beschränkt; sie gelten nicht für den rechtmäßigen Eigen- und Fremdbesitzer, auch nicht für den Fremdbesitzer, dessen Besitzberechtigung abgelaufen ist. 33

Zu beachten ist, daß sich Konkurrenzprobleme überhaupt nicht ergeben, wenn der in Anspruch Genommene *nicht Besitzer* ist. So etwa in BGHZ 56, 73: Der Bekl. hat als Geschäftsführer einer GmbH schuldhaft das Eigentum des Kl.s beeinträchtigt, ohne Besitzer der Sache gewesen zu sein (Besitzer war nur die GmbH, s. oben § 7 Rn. 70 a. E.). Hier haftet er unmittelbar nach § 823, ohne daß die Voraussetzungen des § 992 vorzuliegen brauchen.

1. Grundsatz: §§ 987 ff. als erschöpfende Sonderregelung

Mit dieser Abgrenzung hat sich auch das Konkurrenzproblem vereinfacht. Es bleibt die Frage, ob die §§ 987 ff. in ihrem Anwendungsbereich eine erschöpfende Sonderregelung darstellen oder ob daneben das Delikts- und Konditionsrecht anwendbar bleibt.[3] 34

Die Rechtsprechung und die h. M. im Schrifttum[4] haben sich unter Berufung auf § 993 Abs. 1 2. Halbsatz für die *ausschließliche Geltung* des Vindikationsrechts entschieden (vgl. etwa RGZ 137, 206; 163, 348, 352 m.w.N.; BGH LM § 985 Nr. 8), hat aber doch einige Durchbrechungen dieses Grundsatzes konzedieren müssen, weil seine starre Anwendung zu untragbaren Ergebnissen geführt hätte.

---

[1] *Medicus*, BR Rn. 585; zu den verschiedenen Konstruktionen *Gursky*, Das Eigentümer-Besitzer-Verhältnis, S. 73 ff.
[2] So richtig W. E. *Krause* aaO S. 112, der aber zu Unrecht § 990 Abs. 1 S. 2 analog anwenden will.
[3] BGHZ 39, 186; 41, 157, 158; 56, 73, 77.
[4] *Soergel/Mühl* Rn. 14 ff. vor § 987; *Staudinger/Gursky* Rn. 30 Vorbem. zu §§ 987–993 m.w.N.; a. A. vor allem *Westermann/Pinger* I § 11 C I 3 a.

2. Ausnahme: Fremdbesitzer-Exzeß

35 Eine erste Durchbrechung[1] des Ausschließlichkeitsgrundsatzes im Verhältnis zum Deliktsrecht haben wir in dem Tatbestand des *Fremdbesitzer-Exzesses* bereits kennengelernt: auch der redliche unrechtmäßige Fremdbesitzer haftet nach §§ 991 Abs. 2, 823 auf Schadensersatz, wenn er die Grenzen seines – vermeintlichen – Besitzrechts schuldhaft überschritten hat.

3. Ausnahme: § 816

36 Hat der redliche unrechtmäßige Eigenbesitzer die Sache an einen Dritten veräußert, so greift § 990 mit § 989 nicht Platz. Er könnte also den Veräußerungserlös behalten. Hier ist *§ 816 anwendbar* (RGZ 163, 353; BGH NJW 1953, 58), und zwar gleichgültig, ob der Dritte – nach § 932, § 892 – Eigentum erworben hat oder – wegen § 935 – Eigentum nicht erwerben konnte (denn im zweiten Fall liegt in der Erhebung des Anspruches auf Herausgabe des Erlöses die – durch Nichtbefriedigung auflösend bedingte – Genehmigung der Verfügung des Eigenbesitzers).[2]

Bei Anwendung des § 816 muß man sich darüber im klaren sein, daß die §§ 987ff. nur die Fragen des Schadensersatzes und der Nutzungsherausgabe betreffen, das Ausschließlichkeitsprinzip (§ 993 Abs. 1 2. Halbsatz) sonach bezüglich der Herausgabe des Veräußerungserlöses von vorneherein keine Geltung beanspruchen kann (vgl. auch RG WarnRspr. 1920 Nr. 160). Daher ist auch der Entscheidung BGH NJW 1960, 860 zuzustimmen: Hat der *unredliche* unrechtmäßige Besitzer die Sache veräußert und der Eigentümer den Veräußerungserlös nach § 816 Abs. 1 Satz 1 herausverlangt, so kann der Besitzer doch nach §§ 989, 990 auf einen weitergehenden Schaden in Anspruch genommen werden.

4. Ausnahme: sonstige Fälle der Eingriffskondition

37 Die gleichen Grundsätze gelten in den *sonstigen* Fällen der *Eingriffskondiktion* und *beim Verbrauch der Sache* (BGHZ 14, 7 = Baur, E. Slg. Fall 33).[3]

Beispiel (in Anlehnung an BGHZ 55, 176 – „Jungbullenfall" – dazu H.P. *Westermann* JuS 1972, 18): Dem Kl. sind zwei Jungbullen gestohlen worden, die der gutgläubige Bekl. in seiner Fleischfabrik verwertete. Der Kl. kann vom Bekl. Herausgabe der Bereicherung nach §§ 951, 812 verlangen, ohne daß dem die §§ 987ff. im Wege stünden. –

---

[1] Zur sehr umstrittenen Frage, ob eine weitere Ausnahme vom Grundsatz der Ausschließlichkeit in Form der deliktischen Haftung des nicht redlichen Besitzers/des Prozeßbesitzers (neben §§ 990/989) zu bilden sei, bejahend besonders *Köbl* S. 169ff.; *Schwab/Prütting*, § 48 IV 3b; dagegen zutreffend *Staudinger/Gursky* 51ff. Vorbem. zu §§ 987–993 m.N.; *Jauernig/Jauernig* Rn. 10, 12 zu §§ 987ff.; *Palandt/Bassenge*, Rn. 3f. und 23 vor § 987.

[2] Ähnlich die h.M.: Vgl. RGZ 106, 44 (mit Klageerhebung und unbedingt!); 115, 31. In § 11 Rn. 44 auch zur Anwendbarkeit des § 281. Zum Zeitpunkt der Genehmigung s. BGHZ 56, 131: Genehmigung auch noch möglich, wenn der Eigentümer sein Eigentum später (z.B. nach § 950) verloren hat. Umfassende Nachweise bei *Merle* AcP 1983, 81. Zur Rechtslage, wenn die Veräußerung dem Eigentümer gegenüber *unwirksam* war, s. *Medicus* Rn. 599.

[3] Vgl. *Reuter/Martinek*, § 20 u. Lit. unten § 13 Rn. 10.

§ 11. Der Herausgabeanspruch

B hält sich gutgläubig für den Eigentümer einer Sache, die dem E gehört. Veräußert B die Sache an D, so steht dem E ein Schadensersatzanspruch – weil B die Sache nicht mehr herausgeben könne – nicht zu; denn die Voraussetzungen der §§ 990, 989 greifen nicht Platz. E hat aber einen Anspruch auf Herausgabe des Erlöses (§ 816).
Hat B die Sache für sich verbraucht, so kann E Ersatz des Wertes unmittelbar aus § 812 (Eingriffskondiktion!) i. V. mit § 818 Abs. 2 verlangen.

Bei *unberechtigter Untervermietung* sind zwei Fälle zu unterscheiden:
a) Der Mieter M ist rechtmäßiger Besitzer, die Untervermietung an U war aber vertragswidrig. Kann der Vermieter E auf Grund von § 812 von M die Untermietsbeträge fordern? nein: BGH NJW 1964, 1853; ja: z. B. *Diederichsen* NJW 1964, 2296; *Söllner* JuS 1967, 449. Jedenfalls steht hier keine Konkurrenz zwischen Vindikationsrecht und ungerechtfertigter Bereicherung zur Debatte, da M rechtmäßiger Besitzer ist.
b) Anders ist die Situation, wenn M unrechtmäßiger Besitzer war und an U untervermietet hat. Hier sind die Untermietsbeträge Nutzungen, die der M – falls er redlich ist – behalten darf (§ 993 Abs. 1 2. Halbsatz). – Zur Stellung des Untermieters s. oben § 9 Rn. 33.

5. Ausnahme: Nutzungsherausgabe bei rechtsgrundlosem Besitz

Eine wesentliche Durchbrechung wird in dem Fall erforderlich, daß der redliche Besitzer den Besitz rechtsgrundlos erlangt und während seiner Besitzzeit die Nutzungen gezogen hat.[1]

Beispiel (in Anlehnung an RGZ 163, 348; s. auch BGHZ 32, 76, 94; BGH MDR 1963, 577):
V hat sein Grundstück an K verkauft und aufgelassen. Später stellt es sich heraus, daß V unerkennbar geisteskrank war. K gibt das Grundstück an den Betreuer zurück, will aber die Nutzungen behalten.
Dem ersten Eindruck nach zu Recht: K war (unrechtmäßiger) redlicher Eigenbesitzer; der Anspruch auf Ersatz der Nutzungen ist nach § 993 Abs. 1 2. Halbs. ausgeschlossen.
Das Ergebnis ist aber sonderbar, wenn man sich vergegenwärtigt, daß K *auch* die Nutzungen herausgeben müßte, wenn nur der Kaufvertrag nichtig, die Auflassung aber gültig gewesen wäre (§§ 812, 818 Abs. 1); der *Eigentümer* K würde also schlechter behandelt als der *Besitzer* K. Daß dieses Ergebnis unträgbar ist, darüber ist man sich einig. Seine Korrektur versucht die eine Meinung nach § 988, indem sie den rechtsgrundlosen dem unentgeltlichen Erwerb gleichstellt (so RGZ 163, 348), die andere – richtige – Auffassung[2] wendet § 812 unmittelbar an.

C. Die Einzeltatbestände

Nachdem wir den Anwendungsbereich der §§ 985 ff. abgesteckt haben, können die Einzeltatbestände auf ihre Besonderheiten überprüft werden.

I. Der Herausgabeanspruch

S. zunächst oben Rn. 4.

1. Anspruchsinhaber – Anspruchsgegner

Träger des Anspruchs ist der Eigentümer, *Anspruchsgegner* ist der Besitzer. Daß nur der unrechtmäßige Besitzer gemeint ist, ergibt sich aus § 986: wer ein Recht zum Besitz hat, ist dem Herausgabeanspruch nicht ausgesetzt. Das Be-

---
[1] Hierzu *Larenz/Canaris* II/2 § 74 I; *Staudinger/Gursky* Rn. 34 ff. Vorbem. zu §§ 987–993; *Soergel/Mühl* Rn. 15 vor § 987; *Wieling* AcP 169, 137.
[2] *Medicus*, BR Rn. 600; *Schwab/Prütting* § 48 VIII 5 b.

sitzrecht muß dem Eigentümer gegenüber bestehen, aber es braucht nicht auf einem unmittelbaren Rechtsverhältnis zwischen Eigentümer und Besitzer zu beruhen; es genügt, wenn der unmittelbare Besitzer sein Recht zum Besitz von jemandem ableitet, der dem Eigentümer gegenüber zur Überlassung des Besitzes an ihn (den unmittelbaren Besitzer) befugt war.

Beispiele: E hat sein Landgut an P mit dem Recht der Unterverpachtung verpachtet. E kann Herausgabe weder von P noch von dem Unterpächter UP verlangen. War die Unterverpachtung nicht genehmigt oder ist sie aus irgendeinem Grunde nichtig, so kann E von UP nur Rückgabe an P fordern (§ 986 Abs. 1 Satz 2).

E hat sein Grundstück an K1 verkauft und übergeben, K1 hat es weiter an K2 verkauft und den Besitz übertragen. Auflassung ist in beiden Fällen nicht erfolgt. E kann von K2 nicht Herausgabe verlangen: K1 ist zwar im Verhältnis zu K2 nicht mittelbarer Besitzer, der Wortlaut des § 986 Abs. 1 Satz 1 trifft also nicht zu, die Bestimmung ist aber entsprechend anwendbar (so RGZ 105, 20 und BGH NJW 1990, 1914).

Weiteres Beispiel: BGH NJW 1984, 1960 (dazu K. *Schmidt* JuS 1984, 811).

40   Das Besitzrecht besteht auch gegenüber einem Rechtsnachfolger des Eigentümers einer beweglichen Sache, wenn die Eigentumsübertragung nach § 931 oder – wegen Gleichheit der Interessenlage – nach § 930[1] erfolgt ist (§ 986 Abs. 2: Erhaltungsfunktion des Besitzes! S. oben § 6 Rn. 4ff.).

2. Inhalt des Anspruchs

41   Der Anspruch ist auf *Herausgabe der Sache* gerichtet. Die Entgegennahme muß dem Eigentümer möglich gemacht werden. Geschuldet wird deshalb u. U. auch die Herausnahme der Sache etwa aus einem Lager und die Bereitstellung zur Abholung (BGHZ 104, 304, 306ff.).

Ist der Anspruchsgegner nur mittelbarer Besitzer, so kann nur Übertragung des mittelbaren Besitzes verlangt werden.

42   Die h. M.[2] gibt dem Eigentümer *wahlweise* den Anspruch auf Herausgabe der Sache (die der mittelbare Besitzer gar nicht hat!) *oder* auf Abtretung des mittelbaren Besitzes. In welche Schwierigkeiten sie gerät, zeigt BGHZ 53, 29:[3] E hat eine Kegelbahn unter Eigentumsvorbehalt dem K, der ein Hotel von B gepachtet hat, geliefert. Später verpachtet B das Hotel mit Kegelbahn an C. Da K nicht bezahlt hat, verlangt E *von B* Herausgabe der Kegelbahn. Das rechtskräftige Herausgabeurteil könnte dazu führen, daß B gemäß § 283 zum Schadensersatz verpflichtet wäre, während eine solche Verpflichtung des B nach §§ 989ff. u. U. nicht bestünde. Das zwingt den BGH, die Wertung der §§ 989ff. schon bei der Frage des Herausgabeanspruchs vorzunehmen![4]

Der Herausgabeanspruch gibt *kein Gewaltrecht;* der Eigentümer kann sich nur dann gewaltsam in den Besitz der Sache setzen, wenn die Voraussetzungen des § 859 oder des § 229 vorliegen. Er bedarf also eines Vollstreckungstitels (Urteils, gerichtlichen Vergleichs usw.), um seinen Anspruch zwangsweise realisieren zu können. Ist Eile geboten, so genügt auch eine einstweilige Verfügung. Die Zwangsvollstreckung erfolgt durch den Gerichtsvollzieher, der dem Besitzer die Sache wegnimmt (§ 883 ZPO) oder ihn – bei Grundstücken – „aus dem Besitz der Sache setzt" (§ 885 ZPO) und dem Eigentümer den unmittelbaren Besitz verschafft. Der Einwand, daß der Besitzer die Sache dringend zu seinem Lebensbedarf benötige (vgl. § 811 ZPO), greift gegenüber dem Herausgabeanspruch nicht durch, da es sich hier *nicht* um eine Zwangsvollstreckung *wegen Geldforderungen* in das bewegliche

---

[1] BGHZ 111, 142; *Wieling* Sachenrecht § 12 I 3a aa m. w. N.
[2] S. dazu BGHZ 2, 164, 166; 12, 380, 397; 53, 29; *Soergel/Mühl* § 985 Rn. 13 u. MünchKomm/*Medicus* § 985 Rn. 10.
[3] Hierzu auch *Medicus* BR Rn. 448.
[4] S. dazu *Müller-Laube* AcP 183, 215, 238 m. w. N.

§ 11. Der Herausgabeanspruch

Vermögen handelt. Doch kann ausnahmsweise Vollstreckungsschutz (§ 765a ZPO) in Betracht kommen.[1]

Ist der *mittelbare Besitzer* zur Abtretung des mittelbaren Besitzes verurteilt, so ist für die Vollstreckung § 894 ZPO maßgebend.

Anspruchsgegner ist *nicht der Besitzdiener,* auch wenn er scheinbar eine selbständige Stellung hat (der „Filialleiter" in unseren früheren Beispielen: § 7 Rn. 72 ff.).

Der gegen den Besitzer gerichtete Herausgabetitel wirkt aber auch gegen den Besitzdiener; denn dieser hat keinen eigenen Gewahrsam im Sinne des Vollstreckungsrechts (s. oben § 7 Rn. 12).

Gegenstand des Herausgabeanspruchs kann auch *Geld* sein (Geldvindikation), aber nur wenn es beim Besitzer noch individualisierbar vorhanden ist. Mit der Einzahlung der Geldscheine auf ein Bankkonto erlischt somit der Herausgabeanspruch. Der fortbestehende Geldwert kann nicht nach § 985 im Wege der sog. Geldwertvindikation herausverlangt werden (ganz h. M. vgl. *MünchKomm/ Medicus* § 985 Rn. 16 f.; *Staudinger/Gursky* § 985 Rn. 65 f. m. w. N. gegen *Westermann/Pinger* I Anh. § 30 V). Es kommen schuldrechtliche Ansprüche in Betracht (z. B. §§ 816, 823).

3. Anwendbarkeit schuldrechtlicher Vorschriften

Der Herausgabeanpruch ist ein *dinglicher,* durch das Sachenrecht geregelter Anspruch (s. oben § 2 Rn. 2). Die für den schuldrechtlichen Anspruch geltenden Regeln können nur herangezogen werden,[2] sofern nicht sachenrechtliche Sonderbestimmungen vorliegen, und auch dann nur, wenn ihre Anwendung nicht sachenrechtlichen Grundsätzen widerspricht. 43

a) So sind – wie wir schon erörterten – nicht anwendbar:

die Vorschriften über die *Abtretung* (§§ 398 ff.), denn der Anspruch kann vom Eigentum nicht losgelöst werden, zulässig ist nur eine Einziehungsermächtigung nach § 185 (BGH LM § 985 BGB Nr. 24; NJW 1983, 112);[3] erfolgt aber eine Übereignung nach § 931, so ist auch § 407 anwendbar (BGHZ 64, 123, 127); ferner ist zu beachten, daß die sog. Sekundäransprüche (auf Schadensersatz usw., §§ 987 ff.) abgetreten werden können; 44

das *Surrogationsprinzip des § 281;* zur Problematik s. *Merle* AcP 183, 81; *Medicus* BR Rn. 599; *Soergel/Mühl* § 985 Rn. 20; *Lange/Scheyhing/Schiemann* Fall 13; BGHZ 75, 203 (dazu *Franck* JuS 1981, 103).

b) Anwendbar sind dagegen z. B.

die Vorschriften über den Gläubiger- und Schuldnerverzug; daß dem so ist, ergibt sich schon aus § 990 Abs. 2. 45

Beispiel: B hat den dem E gestohlenen Kraftwagen „gutgläubig" von einem Hehler gekauft. Als sich E bei ihm als Eigentümer meldet, will B den Kraftwagen zurückgeben. E verweigert die Annahme, da der Wagen inzwischen unansehnlich geworden sei; er verlangt (zu Unrecht!) Schadensersatz in Geld. Wird der Wagen bei einem von B leicht fahrlässig hervorgerufenen Brand zerstört, so haftet B nicht: das in § 990 Abs. 1 Satz 2 mit § 989 statuierte Verschulden *jeder Art* wird im Falle des Gläubigerverzugs durch § 300 Abs. 1 auf Vorsatz und grobe Fahrlässigkeit beschränkt.

Hat umgekehrt E den B durch Mahnung in Schuldnerverzug versetzt (§ 284), so haftet B nach § 990 Abs. 2 mit § 287 Satz 2 auch für Zufall (BGHZ 85, 11);[4]

die Vorschriften über die *Erfüllung* (§ 362 Abs. 1) und über den Erfüllungsort (§ 269) mit der Maßgabe, daß die Sache an dem Ort herauszugeben ist, wo sie sich im Augenblick der Klageerhebung oder des Beginns der Unredlichkeit befindet (BGHZ 79, 211; str. s. *Gursky* JZ 1984, 609 m. w. N.).

§ 283 BGB (s. *Wallerath* JR 1970, 281 u. oben das Beispiel unter Rn. 42: Kegelbahnfall).

---

[1] Vgl. dazu *Baur/Stürner* I, ZVR, Rn. 47.2 ff.
[2] Ausführlich *Medicus* BR Rn. 445 f.
[3] *Soergel/Mühl* § 985 Rn. 2; *Staudinger/Gursky* § 985 Rn. 3.
[4] Siehe Hermann *Lange* JZ 1964, 640.

Über das Verhältnis des Herausgabeanspruchs nach § 985 zum *Erbschaftsanspruch* nach § 2018 s. *Wieling* JZ 1986, 5; ferner BGH NJW 1985, 3069.

4. Besitzverlust

46 Der Herausgabeanspruch entfällt, wenn der Besitzer *den Besitz* – mit oder ohne sein Verschulden – *verliert;* dann kann unter den Voraussetzungen der §§ 989, 990, 992 ein Schadensersatzanspruch gegeben sein.

Ist freilich der Herausgabeanspruch schon rechtshängig, so hindert eine Veräußerung der Sache durch den Besitzer den Fortgang des Prozesses nicht (§ 265 ZPO). Der bisherige Besitzer wird zur Herausgabe verurteilt; das Urteil hat Rechtskraft gegenüber dem Erwerber (§ 325 Abs. 1 ZPO) und kann gegen ihn vollstreckt werden (§ 727 ZPO), es sei denn, daß er bezüglich des Rechts des Besitzers und der Rechtshängigkeit gutgläubig war (§ 325 Abs. 2 ZPO).[1] Ist dies der Fall – z.B. weil der Erwerber nach § 932 Eigentum erworben hat und hinsichtlich der Rechtshängigkeit gutgläubig war, – so kann der bisherige Eigentümer vom – bisherigen – Besitzer Schadensersatz verlangen (§ 989). Er kann in einem solchen Fall auch schon während des Prozesses vom Herausgabeanspruch auf den Schadensersatzanspruch übergehen (§ 264 Nr. 3 ZPO).

5. Verjährung

47 Der *Eigentumsherausgabeanspruch* und die Ansprüche auf Ersatz des Schadens und der Nutzungen *verjähren* in 30 Jahren (§ 195); sofern sie auf unerlaubter Handlung beruhen (§ 992), in 3 Jahren (§ 852).[2] Die Verjährung bedeutet nicht Verlust des Eigentums, sondern gibt dem Besitzer lediglich eine Einrede:

Eigentum und Besitz können dann auf Dauer „auseinanderfallen", sofern nicht bei einem Besitzer die Voraussetzungen der Ersitzung zutreffen (§ 937).

II. Der Schadensersatzanspruch[3]

S. zunächst Rn. 9 ff..

1. Haftung des unrechtmäßigen Fremdbesitzers

48 Wir erinnern uns, daß es hier wieder nur um die Haftung des *unrechtmäßigen* Besitzers geht, ferner, daß der redliche unrechtmäßige Fremdbesitzer – ohne Rücksicht auf die Voraussetzungen des § 992 – auf Schadensersatz haftet, wenn er die Grenzen seines vermeintlichen Besitzrechts schuldhaft überschreitet (sog. Fremdbesitzerexzeß, s. oben Rn. 32, 35).

2. Bedeutung von § 991 II

49 Einer Erklärung bedarf jetzt nur noch § 991 Abs. 2. Danach haftet ein gutgläubiger (unrechtmäßiger) Fremdbesitzer für Schadenshandlungen auch dem Eigentümer gegenüber, wenn und soweit er seinem mittelbaren Besitzer gegenüber verantwortlich wäre.

V hat ein dem E gestohlenes Fahrzeug an M vermietet. Der Besitz des M ist unrechtmäßig (weil V dem E gegenüber kein Recht zum Besitz hat). Beschädigt M den Wagen schuldhaft, so haftet er dem

---

[1] Siehe dazu *Baur/Stürner* I, ZVR, Rn. 17.10 ff.; *Grunsky*, Die Veräußerung der streitbefangenen Sache, 1968; BGHZ 4, 283 und BGH MDR 1956, 542 mit Anm. *Bötticher*.

[2] Systemwidrig! Der Deliktsbesitzer soll ja nicht privilegiert werden. Abhilfe: konkurrierende Anwendung der §§ 990, 989 (vgl. MünchKomm/*Medicus* § 993 Rn. 7).

[3] S. die zusammenfassende Darstellung von Klaus *Müller* JuS 1983, 516.

§ 11. Der Herausgabeanspruch   C III § 11

V aus Mietvertrag. Dem E gegenüber würde er schon aus Fremdbesitzerexzeß haften, so daß § 991 Abs. 2 insoweit nur eine Bestätigung dieser Lehre ist.[1] Wichtig wird die Bestimmung aber, wenn im Verhältnis V–M eine Haftungsbeschränkung vereinbart war; sie wirkt dann auch gegenüber dem Anspruch des E. Hat also M in unserem Beispiel den doppelten Mietpreis an V bezahlt, dafür aber seine Haftung als Mieter für leichte Fahrlässigkeit vertraglich ausgeschlossen, so muß sich auch E diese Beschränkung entgegenhalten lassen (vgl. den lesenswerten Beispielsfall RGZ 157, 132).

3. Beispielsfall

Die Brauchbarkeit der von uns erarbeiteten Lösungen soll schließlich an einem *Beispiel* (in Anlehnung an OLG Hamburg MDR 1954, 356; dazu *Rabe* JuS 1968, 211; ähnlich BGHZ 47, 128) überprüft werden: 50

Der Kläger – ein Flüchtling – hat dem C eine wertvolle Briefmarke zur Aufbewahrung anvertraut. C hat sie dem gutgläubigen Briefmarkenhändler B zum kommissionsweisen Verkauf überlassen. B hat die Marke an K für 10 000 DM verkauft; 9000 DM hat er an C abgeliefert, 1000 DM hat er vereinbarungsgemäß als Provision behalten. Rechtslage?

a) *Ansprüche gegen K* scheiden aus: § 932 bzw. § 366 HGB, falls B als Kommissionär aufgetreten ist.

b) Ansprüche gegen C sind gegeben:

aa) aus Verletzung des Verwahrungsvertrags auf Schadensersatz;

bb) aus § 823 auf Schadensersatz: § 993 Abs. 1 2. Halbsatz mit § 992 greift hier nicht Platz, sei es, daß man mit der h. M. einen Fremdbesitzerexzeß annimmt oder mit *Raiser* auch nach beendetem rechtmäßigen (Verwahrungs-) Besitz die allgemeinen Vorschriften anwendet;

cc) aus § 687 Abs. 2 (sog. unechte Geschäftsführung ohne Auftrag), die zur Herausgabe des „Erlangten" (§ 667) führt.

c) Ansprüche gegen den Händler B:

aa) *nicht* aus §§ 989, 987: B war zwar unrechtmäßiger Besitzer (denn C war zur Überlassung des Besitzes an B nicht befugt), aber redlich; daher scheidet ein Schadensersatzanspruch aus, selbst wenn B bezüglich der Nichtberechtigung des C leicht fahrlässig gewesen sein sollte;

bb) *nicht* aus § 823, da die Voraussetzungen des § 992 nicht vorliegen und ein – etwa fahrlässiger – Fremdbesitzerexzeß ausscheidet, da C dem Händler B den Verkauf gestattet hatte (§ 991 Abs. 2; RGZ 157, 132);

cc) wohl aber aus § 816 Abs. 1 Satz 1, der durch die §§ 987 ff. nicht ausgeschlossen wird (s. oben Rn. 36). Aber bezüglich der an C abgeführten 9000 DM ist die Bereicherung weggefallen (§ 818 Abs. 3; BGHZ 47, 128). Was aber gilt bezüglich der noch vorhandenen Provision von 1000 DM? Das OLG Hamburg meint, da der Händler B an der Marke ein gesetzliches Pfandrecht für seine Provisionsforderung gutgläubig erworben hatte (§§ 366 Abs. 3 HGB mit § 397 HGB) und sich dieses Pfandrecht auch dem Eigentümer gegenüber durchgesetzt hätte, dürfe B auch die 1000 DM behalten. Richtig ist es wohl zu sagen, daß B zwar um die 1000 DM bereichert ist, aber eben nicht „ungerechtfertigt".

III. Der Anspruch auf Herausgabe der Nutzungen

S. zunächst Rn. 12 ff.; 24 ff.

1. Grundlagen

Auch hier hat uns die Erörterung der Abgrenzungsprobleme das Verständnis erleichtert. Nutzungen des rechtmäßigen Besitzers scheiden aus der Betrachtung aus; ergeben sich über ihren Umfang Streitigkeiten, so entscheidet das zwischen Eigentümer und Besitzer bestehende Rechtsverhältnis. Bei unrechtmäßigem Besitz kommt es auf die Redlichkeit oder Unredlichkeit an. Doch 51

---

[1] Im Ergebnis ebenso *Westermann/Pinger* I § 32 IV, 1 a; s. ferner *Soergel/Mühl* § 991 Rn. 3.

muß auch der redliche unentgeltliche Besitzer die Nutzungen herausgeben, um die er noch bereichert ist (§ 988); ihm stellt die Rechtsprechung den rechtsgrundlosen entgeltlichen Besitzer gleich (s. oben Rn. 38).

2. Sonderprobleme beim Fremdbesitz

So bleiben zwei Nebenfragen zu erörtern, die die Stellung des Fremdbesitzers betreffen:

52 § 991 Abs. 1 privilegiert den unredlichen Fremdbesitzer, wenn sein mittelbarer Besitzer redlich war; dieser soll dadurch vor Ersatzansprüchen des unmittelbaren Besitzers aus dem Vertragsverhältnis geschützt werden.

Der redliche V hat eine dem E gestohlene Schreibmaschine dem M vermietet, der das Eigentum des E an der Maschine nur infolge grober Fahrlässigkeit nicht erkannte. Hier braucht M dem E den Gebrauchsvorteil, der mit der Maschine verbunden war, nicht zu ersetzen, da M sich sonst aus § 541 an V halten würde. Obwohl redlich hätte also letztlich doch V Ersatz zu leisten. Das will § 991 Abs. 1 verhindern.

53 § 988 spricht nur von dem Eigenbesitzer oder vermeintlichen dinglichen Nutzungsberechtigten im Falle des unentgeltlichen Besitzererwerbs. § 988 muß aber auch gelten,

a) wenn ein vermeintlich obligatorisch Nutzungsberechtigter unentgeltlich den Besitz erlangt hat; insoweit handelt es sich nur um die Korrektur eines Redaktionsversehens (RGZ 163, 348, 353).[1]

N hat dem E einen Kraftwagen gestohlen und dem redlichen L geliehen. Hier kann E von L Nutzungsersatz nach Bereicherungsgrundsätzen fordern (§ 988).

b) Die Rechtsprechung wendet § 988 nicht nur dann entsprechend an, wenn ein rechtsgrundloser Besitzerwerb zu *Eigenbesitz* geführt hat, sondern auch wenn aus dem rechtsgrundlosen Erwerb *Fremdbesitz* erwachsen ist.

Beispiel (in Anlehnung an BGHZ 10, 350):
Dem B ist durch nichtigen Verwaltungsakt die zeitweilige Benützung des Kraftwagens des E gestattet worden. B ist also redlicher, unrechtmäßiger Fremdbesitzer. B hat Nutzungsersatz zu leisten, nach h. M. entsprechend § 988, besser wohl nach den Grundsätzen der Eingriffskondiktion (s. oben Rn. 38).

IV. Der Anspruch auf Ersatz der Verwendungen[2]

S. zunächst Rn. 15 ff.

1. Grundlagen

54 Ein Fall, bei dem der Ersatz der Verwendungen eine Rolle spielte (der – später zahlungsunfähig gewordene – Mieter hatte die gemietete Maschine einer Reparaturwerkstätte übergeben), war der Ausgangspunkt für unsere Überlegungen über die Vindikationslage (Rn. 24). Auch hier haben wir den rechtmäßigen Besitz und die Rechtslage nach beendetem rechtmäßigem Besitz

---

[1] Fortbildung dieser Rechtsprechung in BGHZ 32, 76 u. BGHZ 71, 216, 225.
[2] S. dazu bes. *Jacobs, Waltjen,* Manfred *Wolf* aaO (oben Rn. 23); *Medicus* BR Rn. 874 ff.; *Soergel/Mühl* Vorbem. vor § 994; *Lange/Scheyhing/Schiemann,* Fall 15.

ausgeschieden. Es bleibt das – vergröbert gezeichnete – Gesamtbild, daß der unrechtmäßige redliche Besitzer Ersatz der notwendigen und nützlichen, der unrechtmäßige unredliche Besitzer nur Ersatz der notwendigen Verwendungen verlangen kann.

Empfohlen wird die Lektüre von BGHZ 100, 95 = JZ 1987, 717 m. Anm. von *Brehm.*

Zu erörtern bleiben einige Einzelfragen:

2. Begriff der Verwendung

Der BGH[1] versteht darunter „Maßnahmen, die darauf abzielen, den Bestand der Sache als solcher zu erhalten oder wiederherzustellen oder den Zustand der Sache zu verbessern". Demgegenüber hatte das Reichsgericht (RGZ 152, 100, 101) unter Verwendungen alle Vermögensaufwendungen verstanden, „die einer Sache zugute kommen sollen", hatte also nicht auf den Erhaltungs- und Verbesserungszweck abgestellt.

Der Unterschied der Auffassungen zeigt sich vor allem, wenn der Besitzer auf dem fremden Grundstück einen Neubau errichtet hat.

Beispiel (BGHZ 41, 157 = *Baur,* E.Slg. Fall 34; s.a. BGH NJW 1996, 52f. mit Anm. v. *Karsten Schmidt* JuS 1996, 356, 360):
E verlangt von B, der auf dem Grundstück des E ein Wohnhaus errichtet hat, Herausgabe des Grundstücks. B macht in Höhe seiner Bauaufwendungen ein Zurückbehaltungsrecht geltend.

a) Der BGH verneint zunächst die Anwendbarkeit des § 951, weil die Vorschriften über das Eigentümer-Besitzerverhältnis dem Bereicherungsrecht – wozu auch § 951 gehört – schlechthin vorgingen. Das ist zwar in dieser Allgemeinheit nicht richtig (s. oben Rn. 36), gilt aber für Verwendungen, die der Besitzer auf die herauszugebende Sache gemacht hat. Denn wollte man hier dem Besitzer einen Ersatzanspruch nach § 951 Abs. 1 zubilligen, so würde damit die stark differenzierende Regelung der §§ 994–1003 illusorisch.[2] Hätte z.B. der unrechtmäßige Besitzer eines Hauses eine von ihm erworbene Warmwasserheizung eingebaut, so könnte er bei Anwendung des § 951 Ersatz für seinen „Rechtsverlust" verlangen, ohne daß es darauf ankäme, ob er redlicher oder unredlicher Besitzer war, ob es sich um eine notwendige oder nützliche Verwendung gehandelt hat.

b) Scheidet sonach § 951 als Anspruchsgrundlage für B aus, so ist entscheidend, ob der Neubau des Hauses eine Verwendung ist. Verneint man mit dem BGH diese Frage, so bliebe für B nur das Wegnahmerecht des § 997 (beachte: § 997 gilt ohne Rücksicht darauf, ob es sich um eine Verwendung gehandelt hat oder nicht!). B kann dieses Recht aber nicht ausüben, weil dem ein im öffentlichen Interesse erlassenes Verbot baulicher Veränderungen im Wege steht. Dem BGH bleibt daher nur übrig, dem B einen Ausgleichsanspruch nach § 242 zu gewähren.

Der Fall zeigt, daß der vom BGH zugrunde gelegte (und auch hier in der 1. u. 2. Aufl. akzeptierte) Verwendungsbegriff zu eng ist. Man wird zu der vom Reichsgericht und der früheren Literatur vertretenen Auffassung zurückkehren müssen, wonach Verwendungen Vermögensaufwendungen sind, die einer bestimmten Sache zugute kommen sollten.[3]

---

[1] BGHZ 10, 171, 177; 41, 157, 160 [= *Baur,* E. Slg. Fall 34]; 87, 104, 106; 109, 179, 182; NJW 1996, 921, 922.
[2] Zur Ablehnung des § 951 in diesem Zusammenhang s. ferner Manfred *Wolf* AcP 166, 192; *Soergel/Mühl* vor § 994 Rn. 4; *Staudinger/Gursky* vor §§ 994–1003 Rn. 39 m.w.N.; a.A. vor allem *Medicus* BR Rn. 897 sowie *Larenz/Canaris* II/2 § 74 I, 3.
[3] So mit Recht *Medicus* BR Rn. 878; s. ferner *Soergel/Mühl* § 994 Rn. 2; *Köbl* S. 305 ff.; Manfred *Wolf* AcP 166, 188, 193; *Klauser* NJW 1965, 513; wie der BGH *Westermann/Pinger* I § 33 I 2, 3; *Eichler* JuS 1965, 479, 480. S. ferner *Lange/Scheyhing/Schiemann,* Fall 14.

§ 11 C IV   II. Abschnitt. Allgemeine Lehren und Institute

„Verwendung" ist auch die Aufwendung der eigenen Arbeitskraft, wenn sie eine andere bezahlte Arbeitskraft ersetzt hat (BGH NJW 1996, 921, 922 = LM Nr. 111 zu § 249 (A) BGB m. Anm. *Stürner/Dittmann*), nicht aber der Erwerbspreis, der zur Beschaffung der Sache gemacht wurde.

In unserem Beispielsfall (oben Rn. 12) kann also B, der den Wald vom Nichteigentümer gekauft hat, Ersatz seiner Arbeitskraft verlangen, wenn er selbst die Jungbäume gesetzt hat, nicht aber Ersatz des Kaufpreises für den Wald. Hierwegen kann er sich nur an seinen Verkäufer halten (§ 440).

Verwendungen sind nach § 995 auch die Aufwendungen zur Bestreitung von *Lasten* aus privat- oder öffentlich-rechtlichem Rechtsgrund (z. B. bezahlte Hypothekenzinsen, Grundsteuern).

3. Modifikation bei unrechtmäßigem Fremdbesitz

56   Die §§ 994 ff. sind auf den unrechtmäßigen Eigenbesitzer zugeschnitten; sie gelten für den unrechtmäßigen *Fremdbesitzer* nur mit den Einschränkungen, die sich aus dem vermeintlich ausgeübten Besitzrecht ergeben (BGH LM § 994 BGB Nr. 4; BGH JZ 1959, 212).

57   Hat der Nichteigentümer NE einen gestohlenen Kraftwagen an den redlichen B verpfändet, so kann B die Kosten einer Reparatur nur nach den Grundsätzen der Geschäftsführung ohne Auftrag von E ersetzt verlangen; denn mehr könnte er auch als Pfandgläubiger nicht beanspruchen (§ 1216; *Wolff/Raiser* § 86 II; *Palandt/Bassenge* vor § 994 Rn. 3; *Soergel/Mühl* vor § 994 Rn. 6; a. A. *Wester-*

Übersicht 6

Ansprüche aus dem Eigentümer-Besitzerverhältnis

Ansprüche des Eigentümers gegen den Besitzer

gegen	bei Verlust und Verschlechterung der Sache?	auf Ersatz der Nutzungen?
redlichen Besitzer	keine Haftung: § 993 Abs. 1 2. Halbsatz	keine Herausgabe / Ausnahmen: § 988, § 993 Abs. 1, 1. Halbsatz
unredlichen und Prozeßbesitzer	Haftung für *schuldhafte* Verschlechterung oder Herausgabeunmöglichkeit: § 990 mit § 989	alle Nutzungen: § 990 mit § 987
eigenmächtigen Besitzer	Haftung für jeden Schaden, auch für Zufall: §§ 992, 823, 249, 848	alle Nutzungen

Anspüche des Besitzers gegen den Eigentümer

des	Verwendungen?	Wegnahmerecht?	Zurückbehaltungsrecht?
redlichen Besitzers	a) notwendige Verwendungen: ja: § 994 I Ausnahme: § 994 I 2 b) sonstige wertsteigernde Verwendungen: ja: § 996 c) sonstige Verwendungen: nur Wegnahmerecht, § 997	ja: § 997	ja: § 1000 S. 1
unredlichen und Prozeßbesitzers	nur notwendige Verwendungen, falls GoA: § 994 II, §§ 683, 684	ja: § 997	ja: § 1000 S. 1
eigenmächtigen Besitzers	wie oben: § 850 mit § 994 II	ja: § 997	ja; Ausnahme: § 1000 S. 2

mann/Pinger I § 33 I 5; MünchKomm/*Medicus* § 994 Rn. 31 im Anschluß an *Raiser* JZ 1958, 681). Daß B möglicherweise auch Ersatzansprüche gegen NE hat, schließt im übrigen den Verwendungsersatzanspruch gegen E nicht aus (RGZ 142, 417, 422).[1]

4. Anwendungsbereich des § 999

§ 999 befaßt sich mit dem Fall,[2] daß während des Zeitraums, der für den Ersatz der Verwendungen in Betracht kommt, entweder der *Eigentümer oder der Besitzer gewechselt* hat. Das Ergebnis ist eine Anspruchskonzentration auf die Beteiligten des Eigentümer-Besitzerverhältnisses zur Zeit der Geltendmachung des Verwendungsersatzanspruchs. 58

5. Ausgestaltung des Verwendungsersatzanspruches nach §§ 1000ff.

Der Verwendungsersatzanspruch ist in §§ 1000ff. nicht sehr zweckmäßig *ausgestaltet,* insofern er zunächst nur ein Zurückbehaltungsrecht gibt (§ 1000),[3] einen Zahlungsanspruch[4] nur, wenn der Eigentümer die Verwendungen genehmigt (dazu BGH JZ 1959, 212 = NJW 1959, 528; BGHZ 51, 250) oder die Sache zurückerhalten hat (§ 1001), und notfalls ein Befriedigungsrecht (§ 1003). 59

Die Einzelheiten lassen sich vielleicht am besten durch ein *Beispiel* erläutern. 60
H hat ein dem E gestohlenes Kraftfahrzeug an den redlichen B veräußert. B hat – was notwendig war – einen Austauschmotor einbauen lassen: Macht E die rei vindicatio geltend, so hat B einen Verwendungsersatzanspruch, da es sich nicht um „gewöhnliche Unterhaltungskosten" gehandelt hat (§ 994 Abs. 1). B hat indes nach § 1000 zunächst nur ein Zurückbehaltungsrecht. Einen Ersatzanspruch in Geld hat B erst, wenn E die Sache entweder genehmigt hat (im ersten Fall ist er wieder in den Genuß des Wagens gekommen, im zweiten Fall hat er sich mit der Reparatur einverstanden erklärt; über die Fiktion der Genehmigung s. § 1001 S. 3). Hat E den Wagen zwar zurückerhalten, die Genehmigung aber nicht erklärt, so kann er ihn dem B zurückgeben (§ 1001 Satz 2), z.B. weil ihm „die Sache zu teuer kommt". Wenn E trotz Aufforderung unter genauer Bezifferung des Ersatzanspruchs nicht genehmigt oder den Wagen ohne Genehmigung zurückgibt, so kann B sich durch Pfandverkauf des Wagens befriedigen (Einzelheiten: § 1003).
Sieht man in dem Motor des Wagens einen wesentlichen Bestandteil, so kann B auch, gleichgültig ob er redlich oder unredlich war, den Motor *wegnehmen* und sich aneignen (§ 997; beachte die Ausnahmen in § 997 Abs. 2), muß dann aber den alten Motor wieder einbauen lassen.
Weitere Beispielsfälle: BGHZ 51, 250 u. 87, 274 (dazu auch unten § 55 Rn. 40 u. *Karsten Schmidt* JuS 1983, 879; *Gursky* JZ 1984, 610).

---

[1] Dazu *von Caemmerer* in Festschrift für Rabel S. 371; *Wittmann,* Begriff u. Funktion der GoA, 1981, S. 93.
[2] Dazu *Gursky* AcP 171, 82 und BGH NJW 1979, 716 (dazu K. *Schmidt* JuS 1979, 517).
[3] Zu der Frage, ob die Einrede des Zurückbehaltungsrechts ein Recht zum Besitz gibt, s. BGH WM 1966, 1086/1088; BGHZ 64, 122; BGH WM 1985, 1421; *Diederichsen* S. 18ff.; *Canaris,* FS Flume, 1978, 371, 404; *Oesterle,* Die Leistung Zug um Zug, 1980, 117; *Roussos* JuS 1987, 2513.
[4] Dazu *Westermann/Pinger* I § 33 VI 2.

§ 11 C IV   II. Abschnitt. Allgemeine Lehren und Institute

Übersicht 7
Allgemeiner Überblick über Rückabwicklungsverhältnisse*

Art	Rechtsgrund	Rechtsfolge
I. *Rücktritt* 1. *Vertraglich* vorbehaltener (§§ 346 ff.)	Rücktrittserklärung (keine weitere Begründung) Ausschluß des R.rechts: §§ 350–355	a) *Nicht:* Aufhebung des Vertrags b) Aufhebung der vertraglichen Leistungspflichten c) Rückgewähr der beiderseitigen Leistungen §§ 346, 348, evtl. Schadensersatz nach § 347
2. Auf Grund *Gesetzes* a) bei Leistungsstörungen § 327 S. 1	Rücktrittserklärung nach §§ 325/6 Ausschluß d. Rücktrittsrechts nach §§ 350/5?? (s. Larenz I § 26)	a) *nicht:* Aufhebung des Vertrags b) Aufhebung der vertraglichen Leistungspflichten c) Rückgewähr der beiderseitigen Leistungen, auch Schadensersatz nach § 347? (*Larenz I* § 26) d) nur Bereicherung: wenn § 327 S. 2
b) bei Wandlung § 467	Wandlungserklärung (?), wenn §§ 459, 463 gegeben. Ausschluß des Rücktrittsrechts nach §§ 350/5??	wie oben a–c
c) bei Verkäufen unter Teilzahlung des Käufers nach dem VerbrKrG	Rücktrittserklärung d. Verkäufers nach §§ 13, 12 VerbrKrG	wie oben a–c

II. *Herausgabe aus Eigentum* §§ 985 ff.	Eigentümer-Besitzer-verhältnis	a) Herausgabe der Sache
		b) Schadensersatz bzw. Nutzungsersatz
		  aa) bei Rechtshängigkeit § 989/§ 990
		  bb) bei Bösgläubigkeit § 990
		  cc) deliktisch § 992
		c) Gegenrecht: Verwendungsersatzanspruch

III. *Bereicherung* §§ 812 ff.	Fehlen bzw. Wegfall der causa (Leistungskondiktion) oder unberechtigter Eingriff in fremden Rechtsbereich (Eingriffskondiktion)	a) Herausgabe der Bereicherung: §§ 812/816/818 einschl. Nutzungen und nicht-rechtsgeschäftlicher Surrogate / allenfalls Wertersatz
		b) Verschärfte Haftung auf Schadensersatz
		  aa) nach Rechtshängigkeit § 818 IV mit § 989
		  bb) bei Bösgläubigkeit oder Risiko §§ 819/820 mit § 989

* Der Leser soll sich vergegenwärtigen, daß die Ansprüche aus dem Eigentümer-Besitzer-Verhältnis nur *eines* von mehreren Rückabwicklungsverhältnissen darstellen.

§ 12. Der Beseitigungs- und Unterlassungsanspruch

Lit.-Hinweis:[1] *Offtermatt*, Dingl. Beseitigungs- u. Duldungsanspruch (1937); *Schmidt, Rudolf*, Der negatorische Beseitigungsanspruch (1924); *Baur* AcP 160, 465 (= Baur Beitr. II 117) u. JZ 1966, 381 (= Baur Beitr. II 146); *Böhm*, Unterlassungsanspruch u. Unterlassungsklage, 1979; *Forkel*, Immissionsschutz und Persönlichkeitsrecht (1968); *Heinze*, Rechtsnachfolge in Unterlassen (1974); *Henckel* und *Kötz*, Vorbeugender Rechtsschutz im Zivilrecht, AcP 174, 97 bzw. 145 (rechtsvergl.); *Henke* JA 1987, 350; *Herrmann*, Störer nach § 1004, 1987; dies. JuS 1994, 273 ff. sowie NJW 1997, 153 ff. (Zusammenhang von Natureinflüssen und Nachbarrecht); *Kübler* AcP 159, 276; *Lutter-Overath* JZ 1968, 345; H. G. *Mertens* NJW 1972, 1783; *Münzberg*, Verhalten und Erfolg als Grundlagen der Rechtswidrigkeit und Haftung (1966) S. 375 ff. u. JZ 1967, 689; *Picker*, Der negatorische Beseitigungsanspruch (1972); ders. JuS 1974, 357 u. AcP 176, 28; *Pleyer* AcP 156, 291; 161, 500; JZ 1959, 305; 1963, 95; *Schnorr von Carolsfeld* FS f. Molitor (1962) 365; *Stoll* JZ 1958, 137, 139; AcP 162, 203, 220 u. RabelsZ 1973, 357 (Schutz der Sachenrechte nach internationalem Privatrecht); *Wetzel*, Die Zurechnung des Verhaltens Dritter bei Eigentumsstörungstatbeständen (1971); *Zeuner* FS Dölle, I 1963, 295 (zur Unterlassungs- u. negativen Feststellungsklage). Weit. Lit. im Text.

I. Überblick

1. Funktion des § 1004

Für das Eigentum als „stärkstes" absolutes Recht ist ein umfassender Schutz 1 kennzeichnend. Der Entziehung oder Vorenthaltung des Besitzes begegnet der Eigentümer mit der Herausgabeklage (oben § 11). Aber damit ist nur ein schmaler Ausschnitt aus dem Gesamtbereich aller denkbaren und möglichen Beeinträchtigungen erfaßt. Neben der Herausgabeklage mußte sonach ein Rechtsbehelf entwickelt werden, der alle anderen Beeinträchtigungen als die durch Besitzentziehung und Besitzvorenthaltung zum Gegenstand hat. Dies ist der Beseitigungs- und Unterlassungsanspruch (actio negatoria) des § 1004. Er ist auf die Beseitigung einer bereits bestehenden und Unterlassung einer künftigen Beeinträchtigung gerichtet.

2. Struktur des Anspruches

a) Wie § 985 setzt auch § 1004 einen Eingriff in die Rechtsstellung des Ei- 2 gentümers voraus. Ihr Umfang ergibt sich aus § 903: Überall dort, wo die in § 903 umschriebenen, umfassenden Befugnisse des Eigentümers beeinträchtigt werden, greift der Anspruch aus § 1004 Platz, sofern es sich nicht um eine Besitzentziehung oder Besitzvorenthaltung handelt (hier: § 985).

Diese Beeinträchtigung braucht nicht schuldhaft zu erfolgen, sie muß aber rechtswidrig sein. Ist der Eigentümer zur Duldung eines Eingriffs verpflichtet, scheidet der Abwehranspruch aus. Schon die Fassung des § 903, vor allem aber auch die des § 1004 Abs. 2 macht dies deutlich.

b) Der Anspruch richtet sich gegen den Beeinträchtigenden, den „*Störer*". Die Fixierung dieses Begriffs macht dort keine Schwierigkeiten, wo die Beeinträchtigung in einem *Handeln* liegt (Handlungshaftung); anders dort, wo die Beeinträchtigung in einem *Zustand* liegt (Zustandshaftung); hier muß eine

---
[1] Vollständiger Lit.-Hinweis bei *Staudinger/Gursky* § 1004.

gewisse Verantwortlichkeit des Störers für diesen Zustand vorliegen, ohne daß damit ein Schuldvorwurf verbunden zu sein braucht (vgl. unten Rn. 14).

3. Reichweite

3 § 1004 ist bei *anderen dinglichen Rechten* für entsprechend anwendbar erklärt (vgl. z. B. §§ 1027, 1065, 1227; § 11 ErbbaurechtsVO). Darüber hinaus finden sich entsprechende Regelungen bei *anderen absoluten Rechten* oder rechtsähnlichen Positionen, so in § 12 (für das Namensrecht), in § 37 HGB (für die Firma), in § 862 (für den Besitz), in § 139 PatG (für die Erfindung), in §§ 97, 98 Urheberrechtsgesetz vom 9. 9. 1965 (BGBl. I 1273), in § 1134 (für die Hypothek), in § 16 UWG (für Unternehmensbezeichnungen) usw. In Rechtsanalogie zu diesen Vorschriften wird § 1004 auf *alle absoluten Rechte* und rechtlich geschützten Stellungen entsprechend angewendet, so etwa auf den Schutz des Persönlichkeitsrechts, des „eingerichteten und ausgeübten Gewerbebetriebes", der „privaten" und „geschäftlichen Ehre", des „Kredits" usw.[1]

4. Bedeutung

4 a) § 1004 hat heute – in seinem unmittelbaren wie in seinem entsprechenden Anwendungsbereich – eine erhebliche praktische Bedeutung, eine größere als die rei vindicatio. Dies ist einmal auf das räumliche Zusammenrücken der Menschen, die technische Entwicklung und die damit verbundenen Immissionen zurückzuführen. Zum anderen auf die durch die modernen Massenmedien (Zeitung, Rundfunk, Fernsehen) gesteigerte Einwirkungsmöglichkeit auf den persönlichen und privaten Bereich des einzelnen (z. B. BGHZ 99, 133).

b) Die Anwendung des § 1004 leidet freilich unter der unvollständigen gesetzestechnischen Ausgestaltung. Während sich der Gesetzgeber in den §§ 985 ff. um eine komplette Regelung des Herausgabeanspruchs und seiner Folgeerscheinungen bemüht hat, begnügt sich § 1004 mit einer tatbestandlich unklaren Fixierung des Anspruchs. So ist es schwierig, die Voraussetzungen und den Inhalt des Anspruchs festzulegen und ihn von anderen Schutznormen (z. B. von §§ 823, 249) abzugrenzen.

II. Die Beeinträchtigung

5 Den Anspruch aus § 1004 löst jede Beeinträchtigung des Eigentums aus, die nicht Entziehung und Vorenthaltung des Besitzes ist (hier greift § 985 als Sonderregelung ein). Die Beeinträchtigung kann aus dem *Handeln* eines anderen oder aus der *Aufrechterhaltung* eines *Zustandes* resultieren:

1. Sachverhalte

6 Mein Nachbar benützt ohne meine Zustimmung mein Grundstück als Durchgang zur öffentlichen Straße. –
Mein Nachbar hat sein geräumiges Wohnhaus zu einem lärmenden Tanzcafé ausgebaut. Bevor ich mich wehren kann, veräußert er das Grundstück. Der neue Eigentümer betreibt das Café weiter. –
Von dem höher gelegenen Grundstück des A wird bei starkem Regen Geröll und Erde auf das Nachbargrundstück des B geschwemmt; A weigert sich, durch Errichten einer Stützmauer abzuhelfen.
Ein Fotograf betritt unerlaubt ein fremdes Grundstück und macht dort Aufnahmen von einem unter Denkmalschutz stehenden Gebäude, um dann diese Aufnahmen gewerblich zu verwerten: § 1004 (so der BGH NJW 1975, 778; dazu *Schmieder* NJW 1975, 1164; *Pfister* JZ 1976, 156; *Baur* JZ 1975,

---

[1] Siehe dazu *Forkel* aaO; *Larenz/Canaris* II/2 § 86; ferner neuerdings BGH NJW 1998, 2058, 2059 (Gemeingebrauch).

493; *Kübler* FS Baur, 1981, 51; OLG Bremen NJW 1987, 1420). Gegen meinen Willen werden in meinen Briefkasten Werbedrucksachen geworfen (BGHZ 106, 229; s. a. § 9 Rn. 22 m.Nw.).

Wie schon diese Beispiele zeigen, liegt der *Hauptanwendungsbereich* des § 1004 im *Grundstücksrecht*, obwohl die Vorschrift selbst eine Beschränkung auf Grundstücke nicht kennt; aber Beeinträchtigungen des Eigentums an *beweglichen* Sachen, die nicht eine Besitzentziehung darstellen, sind selten: Die Bekl. haben das von ihnen hergestellte Mineralwasser in Flaschen abgefüllt, die der Kl. gehören. Hier ist – neben dem Herausgabeanspruch bezüglich der bei den Bekl. noch vorhandenen Flaschen – ein Unterlassungsanspruch gerechtfertigt (BGH LM § 1004 BGB Nr. 27). Ferner BAG AP 1980 Art. 9 GG Nr. 30: Unternehmer braucht Gewerkschaftsreklame auf den – ihm gehörigen – Schutzhelmen der Arbeitnehmer nicht zu dulden.

Denkbar ist auch eine Rechtsberührung, die sich als Eigentumsbeeinträchtigung auswirkt: E ist ein bekannter, privater Kunstsammler. Er ist Eigentümer eines echten „Picasso". B behauptet in Kunstsammlerkreisen, das Gemälde sei ihm in den Nachkriegswirren abhandengekommen. Hier könnte E gegen B auf Feststellung klagen, daß B nicht Eigentümer ist (§ 256 ZPO). Dies würde aber nicht ausschließen, daß B sich weiterhin seines Eigentums brüstet. Daher ist E berechtigt, gegen B nach § 1004 auf Unterlassung zu klagen (s. dazu *Staudinger/Gursky* § 1004 Rn. 17).

2. Schaden als Beeinträchtigung?

Fraglich ist, ob der einer Sache zugefügte *Schaden* unter dem Gesichtspunkt der Beseitigung einer „Beeinträchtigung" gesehen werden kann. Dies ist grundsätzlich zu verneinen, da ein eingetretener Schaden nur bei schuldhaftem Handeln zu ersetzen ist (§ 823). Ergibt sich aber aus dem schädigenden Ereignis eine weitere, fortdauernde Beeinträchtigung, so ist die Störungsquelle nach § 1004 zu beseitigen; auch kann eine drohende Schädigung mit dem Unterlassungsanspruch aus § 1004 bekämpft werden (Einzelheiten s. unten Rn. 25). 7

RGZ 127, 29, 35: setzt ein Brand auf einer Kohlenhalde auch einen Bahndamm in Brand, so liegt darin eine fortdauernde Beeinträchtigung, die zur Beseitigung, also zur Wiederherstellung des Bahndamms verpflichtet (sehr zweifelhaft: die Zerstörung des Bahndamms ist ein „Schaden", für den die Zeche nur haftet, wenn sie ein Verschulden trifft. Der Bahneigentümer kann nur eine Entfernung der Halde als der Störungsquelle aus der Nähe des Bahndamms verlangen).[1]

3. Rechtswidrigkeit der Beeinträchtigung[2]

Die Beeinträchtigung muß *rechtswidrig* sein. § 1004 Abs. 2 faßt dieses Erfordernis – aus Gründen der Beweislastverteilung – negativ: „Der Anspruch ist ausgeschlossen, wenn der Eigentümer zur Duldung verpflichtet ist". Damit soll – ähnlich wie in § 823 Abs. 1 – gesagt sein: Die Rechtswidrigkeit einer jeden Eigentumsbeeinträchtigung wird indiziert, es sei denn, daß dem Eingreifenden der Eingriff gestattet ist. 8

Diese Gestattung kann auf privatem oder öffentlichem Recht beruhen, auf einer allgemeinen gesetzlichen Vorschrift oder einem speziellen, zwischen dem Eigentümer und dem Störer gegebenen Rechtsverhältnisse oder Rechtsgrund. Das Ausmaß der Gestattung spiegelt den Bindungsgehalt, die „Schwäche" des Eigentums wider.

---

[1] Siehe dazu MünchKomm/*Medicus* § 1004 Rn. 60; Palandt/*Bassenge* § 1004 Rn. 22; Soergel/*Mühl* § 1004 Rn. 112f.; BGHZ 97, 231.
[2] Zu der hier bestehenden Streitfrage (rechtswidrig oder eben: nicht hinzunehmen) s. Staudinger/*Gursky* § 1004 Rn. 123 m.w. N.

a) Privatrechtliche Duldungspflichten

9 Sie können sich etwa ergeben aus einer einseitigen Einwilligung des Eigentümers, aus einer obligatorischen oder dinglichen Gestattung, aus einem Vertrag: A gestattet seinem Nachbarn B, Baumaterial auf seinem – des A – Grundstück zu lagern. – A hat eine Grunddienstbarkeit bewilligt, wonach der jeweilige Eigentümer des Grundstücks b die für sein Haus notwendigen Versorgungsleitungen über sein – des A – Grundstück führen darf (§ 1018).

Auch § 986 Abs. 1 Satz 1 2. Fall ist entsprechend anwendbar: Hat der Eigentümer eines Hauses seinem Mieter die Anbringung von Werbschriften an der Hauswand gestattet, so kann sich darauf auch eine Reklamefirma berufen, der der Mieter die Benützung der Wand gestattet hat (OLG Köln NJW 1955, 1072; vgl. auch BGH LM § 164 BGB Nr. 13). –

Kann sich der Störer auf eine zu seinen Gunsten ergangene einstweilige Verfügung stützen, so handelt er nicht rechtswidrig (BGH LM § 926 ZPO Nr. 1).

Die Pflicht zur Duldung kann sich unmittelbar *aus Gesetz* ergeben; Hauptanwendungsfall sind die *nachbarrechtlichen* Duldungspflichten: der Eigentümer kann vor allem Beeinträchtigungen seines Eigentums durch Einwirkungen, die vom Nachbargrundstück ausgehen, nicht mit der Unterlassungsklage begegnen, wenn diese unwesentlich oder ortsüblich sind (§ 906).[1] Weitere Eingriffsbefugnisse können sich aus dem Gesichtspunkt des Notstands (§§ 228, 904) ergeben.

b) Öffentlich-rechtliche Duldungspflichen

10 Grundlage für eine solche Duldungspflicht kann Gesetz oder ein Verwaltungsakt sein. Hierunter fällt etwa die Pflicht des Eigentümers, Luftverkehr über seinem Grundstück zu dulden oder bei einem dem Gemeingebrauch gewidmeten Grundstück die Auswirkungen des Gemeingebrauchs hinzunehmen (BGH NJW 1960, 2335; OLG Köln NJW 1998, 1405: Kein Gemeingebrauch für „Klagemauer" auf Domplatz). Eine Duldungspflicht besteht aber nicht schon deshalb, weil die Beeinträchtigung durch ein öffentliches Unternehmen (z.B. Elektrizitätswerk) erfolgt (BGHZ 66, 37). Auch schließt nicht jede Genehmigung eines Gewerbebetriebs die Rechtswidrigkeit der Störung aus (BGH NJW 1959, 2013; 1969, 234; BGHZ 41, 264, 269 u. unten § 25 Rn. 30ff.).

Schon hier wird die Relation: Eigentum – überwiegendes privates (vergl. § 14 BImSchG) oder öffentliches Eingriffsinteresse – Recht auf Entschädigung bei einem dem Eigentümer auferlegten *Sonderopfer* deutlich. Der im öffentlichen Interesse verweigerte Unterlassungsanspruch kommt umgestaltet in dem Entschädigungsanspruch wieder zum Vorschein; freilich nur dann, wenn es sich um ein „besonderes Opfer", handelt (Beispielsfall: BGH NJW 1963, 2020; siehe ferner unten § 13 Rn. 14ff.).

Von der Frage, ob ein Beseitigungs- und Unterlassungsanspruch durch Vorschriften des öffentlichen Rechts ausgeschlossen wird, ist die andere Frage zu unterscheiden, ob für einen – gegebenen – Anspruch der Zivilrechtsweg *oder* der Verwaltungsrechtsweg offen steht, so etwa wenn der Kläger sich dagegen wehrt, daß das Niederschlagswasser von einer Straße auf sein anliegendes Grundstück läuft: BGH MDR 1972, 225 (m.w.N.) und unten Rn. 26.

4. § 1004 II BGB: Einrede oder Einwendung?

11 Ähnlich wie bei § 986 (s. oben § 11 Rn. 26) ist auch hier umstritten, ob die Berufung des Störers auf ein Recht zum Eingriff eine Einrede oder Einwendung darstellt. Wie dort handelt es sich auch hier um eine Einwendung: Die Rechtswidrigkeit des Eingriffs ist materielle Anspruchsvoraussetzung, sie ist lediglich negativ gefaßt, um die Beweislast des Störers klarzustellen.[2]

---

[1] Nur unexakte Kurzformel! Genaueres s. § 25 Rn. 16ff.
[2] Umstritten; s. RGZ 144, 271 (Einrede!).

III. Der „Störer"[1]

Auch wenn § 1004 offensichtlich ein Verschulden *nicht* fordert, so leuchtet 12 doch ein, daß man jemanden auf Beseitigung einer Beeinträchtigung (und Unterlassung künftiger Störungen) nur in Anspruch nehmen kann, wenn ihm die Beeinträchtigung zugerechnet werden kann.

1. „Handlungsstörer":

Jemand hat die Einwirkung durch seine Handlung herbeigeführt (sog. 13 *Handlungshaftung*).

Mein Nachbar geht über mein Grundstück zur öffentlichen Straße.
Oder: er leitet die Abwässer seines Hauses in meinen Garten.
Oder er errichtet ein – ungenügend konstruiertes – Kohlekraftwerk, so daß ein Ascheregen auf mein Grundstück niedergeht;

2. „Zustandsstörer":

Es besteht ein das Eigentum beeinträchtigender Zustand (oder eine entspre- 14 chende Anlage), der – wenn auch nur mittelbar – auf den Willen des Störers zurückzuführen ist: *Zustandshaftung*

(so die Rechtsprechung: RGZ 155, 316; 159, 129, 136; BGHZ 14, 163; 17, 266, 291; 19, 126, 129; 28, 110 und 225; 29, 314, 317; 90, 255, 266; BGH NJW 1985, 1773):
Mein Nachbar N vermietet sein Haus an einen Unternehmer U, der mit Wissen des N ein lärmendes Tanzetablissement einrichtet; hier ist U Handlungsstörer, N Zustandsstörer (BGH LM § 1004 BGB Nr. 44 = *Baur*, E. Slg. Fall 36). – Der BGH spricht in ähnlichen Fällen von *„mittelbarem Störer"*; so BGH NJW 1982, 440: Zulieferer-LKW halten und parken auf dem Gewerbegrundstück des Bekl. mit laufendem Motor; BGH NJW 1985, 2823: Störung durch Mieter.
Ein von B in den dem A gehörigen Hafen gebrachter Lastkahn sinkt ohne Dazutun des B und versperrt die Fahrrinne. B ist verpflichtet, den Kahn heben zu lassen, auch wenn dies mit erheblichen Kosten verbunden ist (OGH NJW 1949, 623; BGH NJW 1964, 1365; OLG Köln OLGZ 1968, 24 = *Baur*, E.Slg. Fall 37). Die Gemeinde hat auf städtischem Grund Bäume gepflanzt, deren Wurzeln in die Abwasserleitung eines Nachbargrundstücks dringen und diese verstopfen (BGHZ 97, 231, 234/5; 106, 142, 144). In einem Teich haben sich Frösche angesiedelt, welche einen erheblichen Lärm entwickeln (BGHZ 120, 239, 254).
§ 1004 ist auch dann anwendbar, wenn jemand zunächst zu Recht auf fremdem Grund und Boden eine Anlage geschaffen hat, von der später Beeinträchtigungen des Grundeigentümers ausgehen (die Behörde hat einen Luftschutzstollen gebaut, den sie später verfallen läßt: BGHZ 40, 18, 21).

3. Besondere Problembereiche

Die Zurechnung macht Schwierigkeiten, wenn die Beeinträchtigung durch 15 *Naturkräfte* erfolgt,

infolge langer Regengüsse ergießt sich die Erde auf das Nachbargrundstück (Beispiel 1),
der vom Nachbarn gepflanzte Baum stürzt während eines ungewöhnlich heftigen Regens auf das Grundstück des Nachbarn, BGHZ 122, 283 (Beispiel 2).

oder in den Fällen der *Rechtsnachfolge*[2],

---

[1] Über die verschiedenen Einteilungen in Lit. u. Rspr. s. MünchKomm/*Medicus* § 1004 Rn. 32ff. m.w.N.
[2] Dazu *Brehm*, Nachfolge in dingliche Unterlassungspflichten?, JZ 1972, 225 u. *Heinze* aaO.

der Verkäufer eines Grundstücks hat eine Anlage errichtet, die den Nachbarn erst stört, als bereits der Käufer Eigentümer des Grundstücks ist (Beispiel 3),

jemand hat ein mit Giftstoffen belastetes Grundstück erworben, die erst lange Zeit nach Erwerb virulent werden[1] (Beispiel 4).

schließlich dann, wenn der Eingriff ursprünglich gerechtfertigt war, der *Rechtfertigungsgrund* aber *später weggefallen* ist.

Eine Gemeinde hat mit Zustimmung des Eigentümers eine diesen beeinträchtigende Böschung aufgeschüttet; später ist das Grundstück verkauft worden; der Käufer ist an die Einwilligung seines Vorgängers nicht gebunden (Stuttgart SeuffA 64, Nr. 111 S. 227; BGHZ 66, 37; dazu *Picker* JZ 1976, 370) (Beispiel 5).

16 Man hat mannigfache Versuche unternommen, hier eine „Garantenstellung" zu entwickeln, etwa aus der Gefahrbeherrschung oder dem nachbarlichen Gemeinschaftsverhältnis, schließlich aus dem Pflichtgehalt des Eigentums.[2] Alle diese Versuche befriedigen nicht. Der Eigentümer haftet keineswegs, etwa kraft einer aus dem Eigentum sich ergebenden Garantenstellung, für naturbedingte Störungen, die von seinem Grundstück ausgehen (BGHZ 90, 255, 266; 114, 183, 187). Aus den §§ 907, 908 läßt sich die Wertung entnehmen, daß die Einwirkung auf eine vom Menschen geschaffene oder gehaltene, jedenfalls potentiell gefährliche Anlage zurückgehen muß. Nur für Beeinträchtigungen, die auf künstlichen Veränderungen der natürlichen Beschaffenheit des Grundstücks beruhen und die eine konkrete Gefahrenquelle geschaffen haben, kann sonach eine Zustandshaftung des Eigentümers begründet werden.

Der Eigentümer eines Hanggrundstücks muß somit grundsätzlich Bodenabschwemmungen und Steine nicht entfernen, die ein wild abfließendes Regenwasser von seinem Grundstück auf die darunterliegenden Nachbargrundstücke geschwemmt hat (BGHZ 114, 183, 187, Beispiel 1: keine menschliche Verantwortlichkeit).

Der „Oberlieger" hat die auf die darunterliegenden Grundstücke herabgeschwemmte Erde nur dann zu beseitigen, wenn er oder irgendein Rechtsvorgänger die Ablösung des Erdreichs, z. B. durch Anschneiden des Steilhanges beim Bau eines Hauses, ermöglicht hatte (BGHZ 90, 255, 266; BGH NJW 1996, 659 – geschaffene Gefahrenquelle). Der Eigentümer ist nicht zur Beseitigung eines Baumes verpflichtet, der durch einen außergewöhnlichen Sturm entwurzelt wurde und auf dem Nachbargrundstück zu liegen kam (BGHZ 122, 283, Fall 2; a. A. *Larenz/Canaris* II/2 § 86 II 3 c S. 680): Er hat aber nach der Rechtsprechung das Wurzelwerk eines auf seinem Grundsück stehenden Baumes zu entfernen, der die Kanalisation des Nachbargrundstücks verstopft (BGH NJW 1990, 3195, 3196). Mit der Entwurzelung eines gesunden Baumes ist normalerweise nicht zu rechnen – also keine Gefahrenquelle – wohl aber damit, daß Wurzeln von Bäumen in die Kanalisation eindringen.

In unserem dritten Beispiel haftet der Käufer, da er die Anlage zwar nicht *hergestellt* hat, aber *hält* (vgl. den Wortlaut des § 907!); so im Ergebnis auch BGH NJW 1968, 1327. Im vierten Beispiel also keine Störerhaftung des Eigentümers, in Frage kommt aber eine Haftung nach PolizeiR s. u. § 12 Rn. 30.

Im fünften Beispiel ist die Gemeinde zur Beseitigung der Böschung verpflichtet (sie hätte sich durch eine Dienstbarkeit sichern müssen!). –

17 Ergänzend ist zu bemerken:

a) Gelegentlich wird gesagt, Störer sei auch, wer die tatsächliche oder rechtliche Möglichkeit habe, die Beeinträchtigung zu beseitigen. Das ist irrig; die Möglichkeit der Störungsbeseitigung begründet

---

[1] Sachverhalt entspr. BGH NJW 1987, 187.
[2] Dazu *Staudinger/Gursky* § 1004 Rn. 69–74.

§ 12. Der Beseitigungs- und Unterlassungsanspruch   IV § 12

keine Haftung nach § 1004, sondern die Unmöglichkeit der Beseitigung läßt eine nach § 1004 gegebene Haftung entfallen (Rechtsgedanke des § 275!).

b) Der Pflichtgehalt des Eigentums ist – wie ausgeführt – keine Grundlage für eine Beseitigungspflicht, wohl aber für eine Duldungspflicht.
Der Eigentümer eines Grundstücks kann sich z. B. nicht dagegen wehren, wenn sein Nachbar auf eigene Kosten einen Felsblock oder Baum sichert, der auf sein Grundstück zu fallen droht (s. *Baur* aaO S. 477 m. w. N. und JZ 1964, 354).

c) Im Falle der Zustandshaftung braucht der Störer nicht Eigentümer des Grundstücks zu sein, von dem die Störung ausgeht, er kann Mieter, Pächter, Nießbrauchsberechtigter sein (BGHZ 40, 18). Andererseits wird die Haftung des Eigentümers durch Vermieten usw. nicht ausgeschlossen, wenn er den beeinträchtigenden Zustand herbeigeführt hat (BGH NJW 1959, 2013) und seine Beseitigung durchsetzen könnte (BGH NJW 1967, 246; *Lutter-Overrath* aaO; *Medicus* Rn. 447).
Vgl. den oben angeführten *Beispielsfall* (Tanzetablissement); ferner BGHZ 41, 393: Haftet auch der Gläubiger, dem eine Sache zur Sicherheit übereignet ist? Der BGH verneint diese Frage, im Ergebnis zu Recht; in der Begründung wäre besser auf § 908 mit § 836 Abs. 1 abgestellt worden.
Auch weisungsgebundene Arbeitnehmer können als Störer in Anspruch genommen werden, sofern sie bei ihrer Arbeit einen Entschließungsspielraum haben (BGH DB 1979, 544), also die ihnen übertragene Arbeit auch störungsfrei hätten ausüben können.

Zusammenfassend läßt sich sonach sagen:
(1) Die actio negatoria greift Platz, wenn die Beeinträchtigung selbst auf ein menschliches Handeln oder eine Willensbetätigung zurückzuführen ist. 18
(2) Sie ist ferner dann gegeben, wenn die aktuelle oder potentielle Einwirkung von einer von Menschenhand geschaffenen Anlage ausgeht.
(3) Sie versagt, wenn die Beeinträchtigung ausschließlich auf Naturereignissen oder auf der natürlichen Beschaffenheit des Grundstücks beruht; hier muß aber der Eigentümer die Beseitigung der Gefahr durch den Gefährdeten dulden.

4. Beeinträchtigung durch mehrere Störer

Geht die Beeinträchtigung auf *mehrere Störer* zurück, so ist jeder für die Beseitigung voll verantwortlich; der Eigentümer hat die Wahl, an welchen er sich halten will (Rechtsgedanke des § 840!). 19

RGZ 162, 349, 358: Für Störungen, die von einem Steinbruch herrühren, ist der Eigentümer verantwortlich, aber auch der, der Maschinen und Personal zur Ausbeutung des Steinbruchs zur Verfügung stellt, weil er an den Steinlieferungen interessiert ist.
(Zu sog. summierten Immissionen s. unten § 25 Rn. 35.)

IV. Der Beseitigungsanspruch

1. Inhalt

Der in seinem Eigentum Gestörte kann von dem Störer „die *Beseitigung der Beeinträchtigung* verlangen". Voraussetzung ist, daß die Beeinträchtigung noch fortdauert oder ein Zustand gegeben ist, aus dem sich jederzeit neue Beeinträchtigungen ergeben können. 20

Die *Abgrenzung zum Schadensersatzanspruch aus unerlaubter Handlung* kann schwierig sein. Nach § 1004 kann *nicht* Schadensersatz verlangt werden, sondern nur der contrarius actus der störenden Tätigkeit und die Beseitigung der störenden Anlage (der „Störungsquelle") (Einzelheiten s. *Baur* aaO s. 487 ff.; näher dazu jetzt *Larenz/Canaris* II/2 § 86 V 3):

In dem „Steinbruchfall" muß der Störer die auf das Nachbargrundstück gefallenen Felsbrocken wegräumen lassen, auch wenn ihn kein Verschulden trifft. Anders ist die Rechtslage, wenn durch die Sprengung das Dach oder Fensterscheiben des Hauses beschädigt worden sind; hier kommt ein Schadensersatzanspruch nach §§ 823, 249 nur bei Verschulden in Betracht (sofern nicht die Voraussetzungen des § 14 BImSchG vorliegen). – Ist ein Damm gebrochen, so kann nach § 1004 nur die Schließung der Dammlücke, nicht aber Ersatz des Überschwemmungsschadens verlangt werden (BayObLG SeuffA 58 Nr. 106).[1]

21   Der Beseitigungsanspruch ist sonach *kein Schadensersatzanspruch*,[2] mag er auch im konkreten Fall zu demselben Erfolg (Naturalherstellung § 249) führen. Daraus ergibt sich, daß § 249 S. 2, § 251 Abs. 2 (Entschädigung in Geld) nicht anwendbar sind (BGH LM § 1004 Nr. 14).[2] Dagegen hat die Rechtsprechung den Rechtsgedanken des § 254 herangezogen, wenn der Eigentümer die Beeinträchtigung mitverursacht hat.

So hat das RG (RGZ 138, 327) in dem Haldenbrandfall die Eisenbahn für mitverantwortlich erklärt, weil der Bahndamm aus demselben Material bestand wie die Halden, das Übergreifen des Feuers also dadurch begünstigt wurde.

Von der eben erörterten Frage der Anwendbarkeit der §§ 249 ff. ist die andere zu unterscheiden, ob für den einmal *entstandenen* Beseitigungsanspruch die allgemeinen Vorschriften über den schuldrechtlichen Anspruch, also etwa die §§ 275, 280, 287 S. 2, gelten. Dies ist grundsätzlich zu bejahen; kommt also etwa der Störer mit der Beseitigung einer Beeinträchtigung in Verzug, so muß der Störer auch daraus sich ergebende weitere Beeinträchtigungen beseitigen und einen darüber hinausgehenden Schaden ersetzen (§ 287 S. 2), str. s. dazu *Picker* aaO 160 f.; *Henckel* aaO S. 130 ff.

2. Kosten der Beseitigung

22   Die *Kosten* für die Beseitigung der Beeinträchtigung treffen den Störer, denn *er* hat die Störung zu beseitigen.

Hat der Eigentümer die Störung auf seine Kosten behoben (z.B. weil er nicht warten konnte, bis der Störer sich dazu bereit erklärte), so kann er Ersatz seiner Aufwendungen aus dem Gesichtspunkt der ungerechtfertigen Bereicherung (BGHZ 97, 231 und BGH NJW 1964, 1365; dazu – kritisch – *Gursky* NJW 1971, 782) oder der Geschäftsführung ohne Auftrag fordern (RGZ 167, 55, 59; BGH NJW 1966, 1360 u. 1968, 1327; BGHZ 65, 354 u. 384; BGHZ 98, 235: Verhältnis von Verhaltens- u. Zustandsstörer u. BGHZ 106, 142: eindringende Wurzeln; OLG Köln OLGZ 1968, 24 = *Baur*, E. Slg. Fall 37).

3. Verbindung mit dem Herausgabeanspruch

23   Mit dem Anspruch auf Beseitigung der Beeinträchtigung kann ein *Herausgabeanspruch* nach § 985 verbunden sein, so z.B. wenn der Störer sich in den Besitz des Grundstücks gesetzt und auf ihm ein Gebäude errichtet hat; er muß das Gebäude auf seine Kosten beseitigen (§ 1004) und das Grundstück herausgeben (§ 985), BGH LM § 1004 Nr. 14.

---

[1] Übersicht über die hier vertretenen Auffassungen b. *Staudinger/Gursky* § 1004 Rn. 96 ff.
[2] Streitig: s. dazu MünchKomm/*Medicus* § 1004 Rn. 59; *Soergel/Mühl* § 1004 Rn. 112 f.; *Roth* AcP 180, 263, 266 m.w.N. Für die Anwendung des § 251 Abs. 2 BGHZ 62, 388, 391 (dazu *Staudinger/Gursky* § 1004 Rn. 108).

Nach h.M. gilt dies auch dann, wenn der Besitzer i.S. der §§ 989, 990 redlich war. Da er aber dann nicht zum Schadensersatz verpflichtet wäre, seine Privilegierung also vom Gesetz gewollt ist, kann er auch nicht zur Beseitigung des Gebäudes nach § 1004 gezwungen werden (str., Einzelheiten s. *Baur* aaO S. 490ff.; *Soergel/Mühl* § 1004 Rn. 111; *Manfred Wolf* JZ 1966, 467; *Lange/Scheyhing/ Schiemann* Fall 14, A IV).

4. Prozessuale Fragen

Prozessual ist der Beseitigungsanspruch in der Form der Leistungsklage gel- 24 tend zu machen, wobei die Sachlegitimation auf der Eigentümerseite durch eine Veräußerung der beeinträchtigten Sache nicht berührt wird (§ 265 ZPO, BGH LM § 265 ZPO Nr. 3). Das Urteil hat die zur Beseitigung der Beeinträchtigung erforderliche Maßnahme anzuordnen. Die Vollstreckung erfolgt nach § 887 ZPO („vertretbare Handlung": Ersatzvornahme) oder nach § 888 ZPO („unvertretbare Handlung": Beugezwang).[1]

V. Der Unterlassungsanspruch

1. Voraussetzungen

Der *Unterlassungsanspruch* – der als materiellrechtlicher zu qualifizieren ist 25 (str.) – ist gegeben, wenn „weitere Beeinträchtigungen zu besorgen" sind. Durch ihn soll eine künftige Beeinträchtigung verhindert werden. Er kann *neben* dem Anspruch auf Beseitigung der bereits erfolgten Beeinträchtigung und neben dem Anspruch auf Beseitigung der Störungsquelle Platz greifen, ist aber – entgegen dem Wortlaut des § 1004 Abs. 1 S. 2 – auch dann zuzubilligen, wenn ein *erster Eingriff* drohend bevorsteht (dazu BGHZ 2, 394; BGH LM § 1004 Nr. 27; *Münzberg* JZ 1967, 689; *Soergel/Mühl* § 1004 Rn. 168 m.w.N.).

Ich brauche nicht zu warten, bis der Nachbar mit seinem Bau die Grundstücksgrenze tatsächlich überschreitet, wenn alles dafür spricht (Baupläne), daß er dies tun will.

Beabsichtigt B in einer Landhausgegend ein Tanzkaffee zu errichten, so können die Nachbarn schon jetzt auf Unterlassung klagen – dies auch dann, wenn der Bau baupolizeilich genehmigt ist und die als Anlieger gehörten Nachbarn in dem baupolizeilichen Verfahren unterlegen sind. (Anders ist die Rechtslage nur dann, wenn es sich um einen „genehmigten Betrieb" i.S. des § 14 BImSchG handelt!; dazu unten § 25 Rn. 30).

2. Rechtsweg

Zweifelhaft kann der *Rechtsweg* sein (zu den Zivil- oder zu den Verwaltungsgerichten?), wenn die 26 Störung von einer Einrichtung der öffentlichen Hand ausgeht: Der Eigentümer wird durch den Lärm eines öffentlichen Kinderspielplatzes beeinträchtigt (BGH NJW 1976, 570: „Bolzplatz"). Sicher ist der ordentliche Rechtsweg (zu den Zivilgerichten) ausgeschlossen, wenn es sich um hoheitliche Betätigungen des Staates handelt. Aber auch bei anderen öffentlichrechtlichen Einrichtungen der Vorsorgeverwaltung geht die Tendenz der Rechtsprechung dahin, die Verwaltungsgerichtsbarkeit als für die Entscheidung der Abwehrklagen zuständig zu erachten (s. z.B. BGH NJW 1976, 570). Maßgebend sei „der öffentlichrechtliche Planungs- und Funktionszusammenhang" der Einrichtung (BVerwG NJW 1974, 817; 1973, 1710; 1988, 2396: „Feuerwehrsirene"; NVwZ 1990, 858: „Sportplatz"; NJW 1984, 989: „Kirchengeläute"; differenzierend BVerwG NJW 1994, 956). Bedient sich dagegen die Verwaltung des Privatrechts, so ist der Zivilrechtsweg gegeben (BGHZ 41, 264: „Kirmes"; *Soergel/Mühl* § 1004 Rn. 202, 208 m.w.N.), ebenso dann, wenn die Beseitigung der

---

[1] Einzelheiten vgl. *Baur/Stürner* I, ZVR Rn. 40.1 ff.

§ 12 VI II. Abschnitt. Allgemeine Lehren und Institute

durch den Privatbetrieb erfolgten Störung nur mit behördlicher Genehmigung zulässig ist (BGH DVBl 1984, 472 m. Anm. *Bettermann*).

Der Rechtsweg vor den ordentlichen Gerichten wird nicht dadurch ausgeschlossen, daß sich ein privater Störer auf einen hoheitlichen Akt berufen kann; dieser Akt ist nur Vorfrage einer Entscheidung, die einen bürgerlich-rechtlichen Anspruch zum Gegenstand hat (BGHZ 5, 76, 82). Ist der Verwaltungsakt rechtmäßig, so ist freilich die Klage aus § 1004 materiellrechtlich unbegründet, weil der Eingriff dann nicht rechtswidrig ist. Dazu auch unten § 25 Rn. 23.

3. Prozessuale Fragen

27   Der *Unterlassungsanspruch* ist – wie der Beseitigungsanspruch – im Wege der Leistungsklage[1] geltend zu machen. Ist die Klage begründet – wozu in der Regel (oben Rn. 25) auch der Nachweis der Wiederholungsgefahr gehört (§ 1004 Abs. 1 S. 2)[2] –, so ergeht ein Unterlassungsurteil. Dieses Urteil wird nach § 890 ZPO vollstreckt, also durch Ahndung einer gegen das gerichtliche Verbot verstoßenden Zuwiderhandlung.[3]

VI. Verwandte Rechtsinstitute

1. Im Privatrecht

a) *Grundbuchberichtigungsanspruch*

28   Der actio negatoria (Unterlassungs- und Beseitigungsanspruch des Eigentümers nach § 1004) ist verwandt der *Grundbuchberichtigungsanspruch* des § 894, den wir in seinen Einzelheiten unten § 18 Rn. 27 ff. kennen lernen werden. Hier klagt – grob skizziert – der durch einen falschen Grundbucheintrag in seinem Recht (Eigentum, sonstigen dinglichen Recht) Beeinträchtigte gegen den fälschlich im Grundbuch Eingetragenen auf Bewilligung der Grundbuchberichtigung. Der Anspruch hat „negatorischen Charakter" (RGZ 57, 320, 322; BGHZ 5, 76, 82).

b) *Drittwiderspruchsklage*

29   Eine ähnliche Funktion wie § 1004 im materiellen Recht erfüllt die *Drittwiderspruchsklage* nach § 771 ZPO im Zwangsvollstreckungsrecht. Hier wendet sich der durch einen Vollstreckungsakt in seiner – meist dinglichen – Rechtsstellung Betroffene gegen diesen Akt mit der Begründung, er sei nicht Vollstreckungsschuldner. Der Anspruch auf Beseitigung der Beeinträchtigung firmiert hier als Klage mit dem Antrag, die Zwangsvollstreckung für unzulässig zu erklären.[4]

2. Im öffentlichen Recht – Der polizeiliche Schutz

a) *Allgemeines*

30   Das *Polizeirecht* kennt die Haftung des Störers für eine polizeiwidrige Handlung oder einen polizeiwidrigen Zustand. § 6 bad. württ. Polizeigesetz formuliert dies z. B. wie folgt:

---

[1] Zum Inhalt des Antrages BGHZ 121, 248 ff. (250).
[2] Str. andere sehen darin eine besondere Form des Rechtsschutzbedürfnisses, also eine prozessuale Frage; s. dazu *Henckel,* Parteilehre und Streitgegenstand im Zivilprozeß (1961) S. 78 ff.; MünchKomm/ *Medicus* § 1004 Rn. 82; *Soergel/Mühl* § 1004 Rn. 156, 166 m. w. N.
[3] Einzelheiten s. *Baur/Stürner* I, ZVR Rn. 40.20 ff.
[4] Einzelheiten vergl. *Baur/Stürner* I, ZVR Rn. 46.1 ff.

"Wird die öffentliche Sicherheit oder Ordnung durch das *Verhalten* von Personen bedroht oder gestört, so hat die Polizei ihre Maßnahmen gegenüber demjenigen zu treffen, der die Bedrohung oder Störung verursacht hat" (Handlungshaftung).

§ 7 trifft eine entsprechende Bestimmung für die *Zustandshaftung,* wobei es – anders als in § 1004 – nicht darauf ankommt, ob der in Anspruch Genommene den rechts- oder ordnungswidrigen Zustand verursacht hat.

Bei drohender, auf andere Weise nicht zu beseitigender Gefahr schließlich kann sich die Polizei auch an jemanden halten, der weder Handlungs- noch Zustandsstörer ist (§ 9).

b) Auswirkungen des Polizeirechts auf das bürgerliche Recht

In der Regel wird sich die Polizei zunächst an den Handlungsstörer (auch Verhaltensstörer genannt) halten, dann an den Zustandsstörer und erst im Notfall an einen Dritten (BGH NJW 1981, 2457 m. w. N.; hier auch zum Ausgleich unter mehreren Störern: nicht § 426). 31

Es ist nicht unsere Aufgabe, diese Grundsätze des Polizeirechts näher zu entwickeln;[1] es muß jedoch auf gewisse bürgerlich-rechtliche Auswirkungen hingewiesen werden:

aa) Zunächst eine negative Feststellung: 32
Jemand wird nicht dadurch zum Störer im Sinne des § 1004, daß ihn die Polizei in Ausübung ihrer Funktion zur Beseitigung eines polizeiwidrigen Zustands veranlassen könnte; m. a. W. die „Polizeipflichtigkeit" als solche begründet keine bürgerlich-rechtliche Pflicht zur Beseitigung einer gefahrdrohenden Anlage.

Beispiel: An einem Steilhang befinden sich übereinandergestaffelt die Gärten von A, B, C. Wenn die Polizei von A und B die Anbringung von Stützmauern fordert, weil sie Felsabsturz auf eine unten vorbeiführende Straße befürchtet, so kann nicht auch C an A und B nach § 1004 das gleiche Ansinnen stellen (im Sinne des § 1004 sind die aus dem steilen Gefälle sich ergebenden Gefahren keine Beeinträchtigung des Eigentums des C; s. oben Rn. 16 ff.).

bb) Die der Polizei gegebene Ermächtigung und der dem Beeinträchtigten nach § 1004 gegebene 33
Beseitigungsanspruch können im konkreten Fall auf dasselbe Ziel gerichtet sein,
so wenn im vorigen Beispiel A die Gefahr von Steinschlag durch bauliche Maßnahmen hervorgerufen hat.

Der Ausgangspunkt und die Mittel zur Erreichung des Zieles sind aber verschieden: Die Polizei hat die Aufgabe, „die öffentliche Sicherheit oder Ordnung" zu schützen (§ 1 Abs. 1 bad. württ. Polizeigesetz). Auch wenn es sich um den polizeilichen Schutz des Einzelnen handelt, sieht sie ihn (und seine bedrohte Rechtsstellung) nur als Glied der Gesamtheit. Ein *nur* den Schutz privater Rechte betreffendes Vorgehen ist ihr daher nur subsidiär gestattet, nämlich dann, wenn der Berechtigte es beantragt und rechtzeitige gerichtliche Hilfe nicht zu erlangen ist und wenn ohne polizeiliche Hilfe die Gefahr besteht, daß die Verwirklichung des Rechts vereitelt oder wesentlich erschwert wird (§ 2 Abs. 2 bad.-württ. Polizeigesetz).[2]

Beispiel: A hat dem B in Form einer Grunddienstbarkeit den Durchgang zur Straße durch sein Grundstück a gestattet. Geraten A und B in Streit und versperrt A den Zugang so fest, daß dem B auch das „Gewaltrecht" (§ 859) nichts hilft, so muß B das ordentliche Gericht angehen und den Erlaß

---

[1] Siehe *Schmidt-Aßmann/Friauf,* 2. Abschn., Rn. 69 ff. (m. w. N.); *Drews/Wacke/Vogel/Martens,* Gefahrenabwehr, 9. Aufl. 1986; *W. Martens,* Der Schutz des einzelnen im Polizei- und Ordnungsrecht, DÖV 1976, 457; 1982, 89 (Wandlungen im Recht der Gefahrenabwehr) u. DVBl. 1981, 597 (Immissionsschutzrecht und Polizeirecht); *Pietzker* DVBl. 1984, 457 (zur Bestimmung des Störers); *Lisken/Denninger,* Handbuch des Polizeirechts, 1992, Rn. 54–70; *Schlink* NJW 1988, 1689; ferner auch *Breuer* JuS 1986, 359 ff.

[2] Zum Anspruch des einzelnen auf polizeiliches Einschreiten s. *Friauf,* aaO Rn. 63 ff.; BVerwGE 11, 95; 37, 112.

einer einstweiligen Verfügung beantragen. Die Polizei dürfte auf Antrag des B z.B. nur dann eingreifen, wenn sich in der Familie des B ein Schwerkranker befindet, der sofort ins Krankenhaus transportiert werden muß; hier käme auch gerichtliche Hilfe zu spät. –

Freilich ist nicht zu verkennen, daß der Grundsatz der Subsidiarität des polizeilichen Schutzes privater Rechte nicht mehr als eine Leitlinie sein kann, da entsprechend neuerer Auffassung über die Aufgaben der Polizei eben auch von dem Einzelnen Gefahren abzuwenden sind, durch die die öffentliche Sicherheit oder Ordnung bedroht wird (so § 1 bad.-württ. Polizeigesetz). *Letztlich* soll in solchen Fällen das Zivilgericht entscheiden; daher ist auch eine Bindung des Gerichts an polizeiliche Akte, die denselben Gegenstand betreffen und den Schutz des Einzelnen bezwecken, abzulehnen:

Hat in dem obigen Beispiel die Polizei dem A aufgegeben, den Zugang zu öffnen, und diese Öffnung notfalls gewaltsam erzwungen, so braucht sich das ordentliche Gericht bei Entscheidung des Rechtsstreits nicht um die polizeiliche Maßnahme zu kümmern. Hat das Gericht zugunsten des A entschieden (etwa weil die Grunddienstbarkeit gar nicht bestehe), so hat für die Polizei künftig der Schutz des Einzelnen (B) auszuscheiden.

Wenn daher in unserem *Beispiel* das Gericht die Grunddienstbarkeit aus irgendeinem Grund als nichtig angesehen und auch ein Notwegrecht (§ 917) verneint hat, weil B noch einen anderen – wenn auch beschwerlicheren – Zugang zur Straße habe, so darf die Polizei dem A die Beseitigung der Sperre nur dann auferlegen, wenn Gründe des öffentlichen Wohls (z.B. feuerpolizeiliche Gesichtspunkte) dies verlangen. Dann handelt freilich auch B nicht rechtswidrig, wenn er den geöffneten Zugang benützt.

§ 13. Sonstiger Schutz dinglicher Rechte im Privatrecht und im öffentlichen Recht

A. Überblick

1   Mit der rei vindicatio (§ 985) und der actio negatoria (§ 1004) haben wir den spezifisch *sachenrechtlichen* Rechtsschutz der dinglichen Rechte kennengelernt. Seine Aufgabe ist es, den im Gesetz normierten Zuweisungsgehalt dieser Rechte in concreto durchzusetzen. Ein ausschließlich sachenrechtlicher Rechtsschutz – zu dem die oben § 12 Rn. 28, 29 genannten Rechtsbehelfe treten – wäre unvollkommen; dies zeigt schon die einfache Überlegung, daß weder der Herausgabeanspruch des § 985 noch der Abwehranspruch nach § 1004 Platz greifen, wenn die Sache, die Gegenstand des Eigentums oder eines sonstigen dinglichen Rechts ist, beschädigt wird, daß ferner der gesamte zivilrechtliche Rechtsschutz versagt, wenn die dingliche Rechtsstellung durch Maßnahmen der öffentlichen Gewalt beeinträchtigt wird.

Eine Darstellung des Rechtsschutzes der dinglichen Rechte wäre daher unvollkommen, wenn sie diese Eingriffs- und Gefährdungsmöglichkeiten außer acht ließe; sie soll im folgenden versucht werden; dabei kann es sich freilich nur um eine zusammenfassende Übersicht handeln, da diese Rechtsschutzformen anderen Rechtsgebieten angehören, also nur bei deren Erörterung (im Schuldrecht, im Verwaltungsrecht) voll entwickelt werden können.

B. Weitere Rechtsschutzformen des Privatrechts

S. die Übersicht 5 am Ende von § 10.

I. Der deliktische Rechtsschutz[1]

1. Schadensersatz wegen Verletzung von Sachenrechten

Nach § 823 Abs. 1 verpflichtet die schuldhaft rechtswidrige Verletzung des Eigentums oder „eines sonstigen Rechts" zum Schadensersatz. Daß unter den Begriff des „sonstigen Rechts" gerade andere dingliche Rechte als das Eigentum fallen, ist außer Zweifel.

Die Verletzungshandlung kann tatsächlicher oder rechtlicher Art sein, so wenn die Sache zerstört (beschädigt) wird oder ein Unbefugter über die Sache verfügt.

Einen weiteren, vielfach parallel laufenden Schutz gewährt § 823 Abs. 2, wenn der Täter gegen ein Schutzgesetz verstößt; hier kommen etwa die §§ 242, 246, 249 ff., 259, 303 ff. StGB und die öffentlichrechtlichen nachbarschützenden Vorschriften[2] als Schutzgesetze in Betracht.

2. Verhältnis zum sachenrechtlichen Rechtsschutz

All das sind Binsenwahrheiten; die – uns zum Teil bekannten – Schwierigkeiten beginnen bei der Überlegung, daß der weite Deliktstatbestand des § 823 Abs. 1 (mit § 249) prima facie auch den Anwendungsbereich der rei vindicatio und der actio negatoria umfaßt, freilich immer vorausgesetzt, daß Verschulden vorliegt. Es bedarf also einer Abgrenzung des deliktischen Rechtsschutzes zu den genannten sachenrechtlichen Rechtsschutzformen:

a) *Das Verhältnis der rei vindicatio* (und des Eigentümer-Besitzer-Verhältnisses) *zum allgemeinen Deliktsrecht* ist uns bekannt (vgl. oben § 11 Rn. 23 ff.). Es bedarf nur einer zusammenfassenden Wiederholung: Im Anwendungsbereich der §§ 987 ff. – also im Verhältnis zwischen Eigentümer und *unrechtmäßigem* Besitzer – greift Deliktsrecht nur Platz, wenn der Besitzer den Besitz an der Sache durch schuldhaft verbotene Eigenmacht oder durch eine Straftat erlangt hat (§ 992), ferner dann, wenn der Fremdbesitzer die Grenzen seines vermeintlichen Besitzrechts überschreitet.

---

[1] Vergl. dazu die Lehrbücher des Schuldrechts; ferner *Hagen*, Zum Begriff der Rechtswidrigkeit im Zivilrecht, FS E. Wolf, 1985, 133; *Jahr* AcP 183, 72 (Schadensersatz wegen deliktischer Nutzungsentziehung); *Leser* AcP 183, 56 (Rechtsgüterschutz im Delikts- und Gefährdungshaftungsrecht); *Bälz*, Eingriffsschutz u. Opfersicherung im Haftungssystem des Zivilrechts (I), 1970; *Brinker*, Die Dogmatik zum Vermögensschaden, 1982; *Plum* AcP 181, 68 (Abgrenzung von Eigentumsschaden und Vermögensschaden). Zur Frage der Anwendbarkeit des § 823 I bei Vereitelung eines Grundstücksverkaufs s. *Willoweit* NJW 1975, 1190; *M.J. Schmid* NJW 1975, 2056. – Zur Ersatzfähigkeit von *Gebrauchsverlusten* s. oben § 11 Rn. 50.
[2] Dazu und *zur Beweislast* s. BGH NJW 1985, 1774.

§ 13 B I II. Abschnitt. Allgemeine Lehren und Institute

5   b) Die *actio negatoria* (§ 1004) schließt im Falle einer schuldhaften Beeinträchtigung des Eigentums den deliktischen Schadensersatzanspruch nach § 823 nicht aus. Mit ihm kann vor allem ein über die Beeinträchtigung hinausgehender – adäquat verursachter – Schaden geltend gemacht werden. Freilich beseitigt eine nach § 1004 Abs. 2 gegebene Duldungspflicht des Eigentümers auch die Widerrechtlichkeit des schädigenden Eingriffs i. S. des § 823.

Beispiel: Nimmt der Inhaber einer Großgarage auf die Nachtruhe seiner Nachbarn keinerlei Rücksicht, so kann sowohl nach § 1004 wie nach § 823 Abs. 1 in Verbindung mit § 249 Beseitigung der Lärmursachen verlangt werden; ein darüber hinausgehender Schaden (z. B. eine Gesundheitsbeeinträchtigung) kann nach § 823 Abs. 1 zu ersetzen sein. Muß der Lärm der Großgarage nach § 906 geduldet werden (weil er ortsüblich und durch zumutbare Maßnahmen nicht zu beseitigen ist), so scheiden actio negatoria und ein deliktischer Schadensersatzanspruch aus (so auch BGH LM § 906 BGB Nr. 11); in Betracht kommt aber ein nachbarrechtlicher Ausgleichsanspruch nach § 906 Abs. 2 S. 2 (s. unten § 25 Rn. 29).

6   c) Ein Schadensersatzanspruch nach § 823 muß – trotz Vorliegens der Voraussetzungen des deliktischen Tatbestands – versagt bleiben, wenn damit ein Erfolg herbeigeführt würde, der der sachenrechtlichen Güterzuweisung widerspräche. Daher kann insbesondere ein sachenrechtlich wirksamer Rechtserwerb nicht durch eine sich als Deliktsfolge ergebende Naturalrestitution in Frage gestellt werden.

Beispiele: Hat V ein Buch des E unterschlagen und an den gutgläubigen K veräußert (§ 932), so kann E das Buch nicht nach §§ 823, 249 herausverlangen, weil K beim Erwerb leicht fahrlässig gewesen sei; denn § 932 stellt auf Vorsatz oder *grobe* Fahrlässigkeit ab.

E hat ein größeres Grundstück an L zum Schein aufgelassen, L ist als Eigentümer im Grundbuch eingetragen worden; L hat dann dem Bekl. Vollmacht zur Parzellierung und Veräußerung des Grundstücks erteilt. Der Bekl. hat entsprechend gehandelt. Die Erben des E verlangen vom Bekl. Schadensersatz. Da die Veräußerungsvollmacht unter der nach § 893 geschützten Rechtsvorgänge fällt, können die Erben von dem Bekl. selbst dann keinen Schadensersatz fordern, wenn er infolge grober Fahrlässigkeit das Nichteigentum des L nicht erkannt haben sollte (RGZ 90, 395).

7   d) Zweifelhaft kann der *Schutzbereich des Eigentums* sein; z. B. BGHZ 55, 153: durch einen Dammbruch sind Binnenschiffe, die eine Mühle mit Weizen beliefern, z. T. „eingesperrt", z. T. „ausgesperrt" worden (ähnlich BGHZ 86, 152),[1] *oder* BGHZ 105, 346: Verkaufsverbot für Forellen, die Futter mit pharmakologischen Zusätzen aufgenommen hatten, *oder* OLG München NJW 1977, 438: Infolge eines Planungsfehlers ist das Dach eines Hauses fehlerhaft errichtet, *oder* BGH NJW 1977, 2264: Blockierung der Zufahrt durch Brand u. 1978, 1051 (s. dazu *Möschel* JuS 1977, 1; *Medicus*, Bürgerl. Recht Rn. 613; *Jahr* AcP 183, 725 ff.; *Freud/Barthelmess* NJW 1975, 281 u. 1977, 438; *Zeuner*, FS Flume, 1978, I, 775). Zum zeitweiligen, nicht mit Kosten verbundenen *Entzug der Nutzungsmöglichkeit* BGHZ 98, 212 (GS) und *zur Schadensberechung* s. BGH NJW 1988, 1835 und 1837.

8   e) *Die Inhaber beschränkter dinglicher Rechte* können nur den Schaden ersetzt verlangen, der gerade sie betroffen hat, also etwa der Nießbraucher bei Zerstörung der Sache nur den aus dem Entzug des Besitzes und der Nutzungen herrührenden Schaden.

Ob das *Anwartschaftsrecht* als „sonstiges Recht" i. S. des § 823 Abs. 1 anzuerkennen ist, kann nicht für alle hier in Betracht kommenden Fälle einheitlich entschieden werden. Bejaht wurde die Frage für das Anwartschaftsrecht des Vorbehaltskäufers (Einzelheiten unten § 59 Rn. 45), und teilweise für die Anwartschaft des Auflassungsempfängers (Einzelheiten unten § 19 Rn. 20).

---

[1] Dazu *Müller-Graff* JZ 1983, 860. – Zum Schutzzweck der Norm H. *Schack* JZ 1986, 305 m. w. N.

§ 13. Sonstiger Schutz dinglicher Rechte im priv. und öffentl. Recht **B II § 13**

Beispiele: E hat eine Maschine unter Eigentumsvorbehalt an K verkauft und übergeben. Wird sie von B schuldhaft zerstört, so hat B dem K Schadensersatz zu leisten; so RGZ 170, 1, 6, wo freilich nicht voll deutlich wird, ob der Schadensersatzanspruch dem K selbst zusteht oder von diesem nur – als Anspruch des E – in eigenem Namen und Interesse geltend gemacht werden kann. Konsequent wäre die Lösung, den Schadensersatzanspruch dem K zuzugestehen, dem E aber ein Pfandrecht an ihm zur Sicherung seiner Kaufpreisforderung zu gewähren; allein dafür fehlt die gesetzliche Grundlage (dazu unten § 59 Rn. 45). –
Hat in unserem Fall K das Anwartschaftsrecht sicherungshalber an seinen Gläubiger G übertragen, veräußert er aber dann die Maschine abredewidrig an X, so haftet er (K) dem G nach § 823 Abs. 1 (daneben auch aus Vertrag), so BGH LM § 823 BGB (Ad) Nr. 1.

3. Gefährdungshaftung

Nur anhangsweise sei bemerkt, daß ein Schutz dinglicher Rechte sich auch **9** aus den Gesetzen ergibt, die eine *Gefährdungshaftung* statuieren, so z.B. aus § 833 S. 1 (Beispiel: BGHZ 79, 259), § 1 HaftpflichtG, § 7 Abs. 1 StVG sowie § 1 I ProdHaftG (str.).

II. Schutz aus dem Gesichtspunkt der ungerechtfertigten Bereicherung

Schon bei der Erörterung des Besitz- und Eigentumsschutzes hatten wir auf **10** die sog. *Eingriffskondiktion* (Erwerb „in sonstiger Weise") hingewiesen (s. oben § 9 Rn. 39 und § 11 Rn. 36, 37). Die dort erörterten Gedankengänge gelten auch – und in erster Linie – für den Eingriff in das Eigentum und die beschränkten dinglichen Rechte. Neben die gesetzlich ausdrücklich geregelten Fälle der Verfügung eines Nichtberechtigten (§ 816) und des Rechtsverlusts durch Verbindung, Vermischung, Verarbeitung (§ 951) treten die unbenannten Eingriffsfälle, für die der im Widerspruch zur Güterzuordnung erfolgende Eingriff und der sich daraus ergebende Vermögenszuwachs charakteristisch sind.[1] Der Bereicherungsanspruch hat hier die Funktion einer Ergänzung des Rechtsschutzes[2] dann, wenn Schadensersatzansprüche aus unerlaubter Handlung mangels Verschuldens oder aus sog. unechter Geschäftsführung ohne Auftrag mangels Anmaßungswillens und Herausgabeansprüche aus Geschäftsführung ohne Auftrag aus Mangel am Tatbestand (namentlich weil eine entsprechende Willensrichtung des „Eingreifenden" fehlte) nicht in Betracht kommen.

„*Paradebeispiel*": Die Viehherde des Landwirtes L, der seinen Hof erst jüngst erworben hat und daher über die Grundstücksgrenzen trotz redlichen Bemühens noch nicht voll orientiert ist, hat eine seinem Nachbarn N gehörende Wiese abgeweidet. Ansprüche aus § 823, § 687 Abs. 2 scheiden aus. Auch der Gesichtspunkt der Herausgabe der Nutzungen nach §§ 987, 989, 993 kommt schon deshalb

---

[1] Im einzelnen sind die Voraussetzungen der Eingriffskondiktion sehr umstritten; s. die Nachweise bei *Loewenheim*, Bereicherungsrecht, 1989 S. 64 ff.; *Reuter/Martinek, Unger.* Bereicherung, 1983, § 7; *Koppensteiner/Kramer,* Unger. Bereicherung, 2. Aufl. 1988, § 9; ferner *von Caemmerer* FS Rabel I, 1954, 352 ff.; *Harder* FS Mühl, 1981, 267 (zur Veräußerung fremder Sachen); *Jacobs,* Eingriffserwerb u. Vermögensverschiebung, 1963; *Kellmann,* Grundsätze der Gewinnhaftung, 1969; *Larenz/Canaris* II/2 § 69; *Medicus* Rn. 704 ff.; Fritz *Schulz* AcP 105, 1; *Schlechtriem* JZ 1988, 858; *Wilburg,* D. Lehre von der unger. Bereicherung, 1934.
[2] S. dazu als Beispiel BGH NJW 1975, 778.

§ 13 C II   II. Abschnitt. Allgemeine Lehren und Institute

nicht in Betracht, weil N gar nicht Besitzer des Grundstücks war. So bleibt nur der Konditionsanspruch nach § 812 Abs. 1 Satz 1 2. Alternative.[1]

Irrtümliche Abnahme fremden Stroms: LG Aachen NJW 1984, 2421 u. KG NJW 1985, 1714; dazu *Martinek* JuS 1985, 596

III. Zusammentreffen mehrerer Rechtsschutzformen

11   Dies kommt in Betracht, wenn mehrere Personen an *einem* Schädigungstatbestand mitwirken, so etwa wenn ein dem E sicherungsübereigneter LKW von dem Besitzer B an den redlichen R veräußert wird und C dies dadurch ermöglicht hat, daß er den ihm anvertrauten Kfz-Brief dem B überlassen hat: Hier hat B jedenfalls den erzielten Kaufpreis nach § 816 herauszugeben. C haftet nach § 823, weil er an dem Entzug des Eigentums fahrlässig mitgewirkt hat. B u. C haften als Gesamtschuldner (BGH JZ 1984, 230; str.).

C. Rechtsschutzformen des öffentlichen Rechts

I. Überblick

12   Wollte man das Thema: Schutz des Eigentums und der sonstigen dinglichen Rechte im öffentlichen Recht in voller Breite erörtern, so würde dies korrekterweise eine vollständige Darstellung des Verhältnisses von Einzelnem und öffentlicher Gewalt voraussetzen. Denn der Eigentumsschutz durch öffentliches Recht ist nur in diesem Zusammenhang zu begreifen. Dies aber kann nicht unsere Aufgabe sein. Es muß genügen, einige stichwortartige und daher notwendig unvollständige Hinweise zu geben: sie sollen ein Gefühl dafür vermitteln, welche Angriffsflächen das Eigentum der öffentlichen Gewalt bietet und wie sein Schutz daher in den allgemeinen Rechtsschutz des Bürgers gegenüber dieser Gewalt eingebettet sein muß. Dies bedeutet eine Beschränkung unserer Erörterungen auf die Grundrechtsqualität des Eigentums (II) und die prozessualen Schutzgarantien (III).

II. Der verfassungsrechtliche Eigentumsschutz[2]

1. Die Eigentumsgarantie

13   Art. 14 GG sagt, daß „das Eigentum gewährleistet" wird. Er enthält eine Institutsgarantie des Eigentums (als eines Rechtsinstituts) *und* eine Garantie der Eigentumsfreiheit als eines staatsgerichteten subjektiven öffentlichen Rechts.[3] Die Institutsgarantie bedeutet, daß der Gesetzgeber zwar „Inhalt und Schranken" des Eigentums „bestimmen" kann, nicht aber das Rechtsinstitut: Eigentum in seinem durch Privatnützigkeit und grundsätzliche Verfügungsbefugnis über den Eigentumsgegenstand gekennzeichneten „Wesensgehalt" „antasten" darf (Art. 19 Abs. 2 GG).[4] In der dem Gesetzgeber eingeräumten Befugnis, Inhalt und Schranken zu bestimmten, liegt gleichzeitig der „Vorbehalt des Gesetzes" für Eingriffe in das Eigentum beschlossen; darin kommt der Freiheitsgehalt des Eigentums im Sinne eines subjektiven öffentlichen Rechts zum Ausdruck: der Staat hat sich jeden Eingriffs in das Eigentum zu enthalten, zu

---

[1] Zu der umstrittenen Frage des Umfangs der Eingriffskondiktion s. *Reuter/Martinek,* § 7 III 2; *Medicus* Rn. 719 ff.; *Jahr* aaO.

[2] Siehe dazu auch unten §§ 24, 26.

[3] Vgl. dazu *Maunz/Papier* Art. 14 Rn. 8–11; *Soergel/J. F. Baur* § 903 Rn. 151, 154; *Staudinger/Seiler,* 22, 23 vor § 903 ff.

[4] Siehe dazu vor allem BVerfGE 68, 361, 368; 50, 290, 341; 42, 263, 295; *Maunz/Papier* Art. 14 Rn. 325 ff.

dem er nicht durch ein dem GG entsprechendes Gesetz ermächtigt wird. Daraus ergibt sich, daß die Vermutung für die Unantastbarkeit des Eigentums spricht; wer die Rechtmäßigkeit des Eingriffs behauptet, hat die „Beweislast".[1]

2. Art. 14 III GG: Schutz gegenüber Enteignungen

a) Das Grundgesetz schließt die Möglichkeit der *Enteignung* nicht aus, erschwert sie aber einmal dadurch, daß sie nur zum Wohle der Allgemeinheit „zulässig" ist, zum anderen durch einen verschärften Gesetzesvorbehalt: es genügt nicht, daß überhaupt eine gesetzliche Grundlage vorhanden ist, daß ferner die Einschränkung des Eigentums ausdrücklich genannt wird (Art. 19 Abs. 1 GG), notwendig ist vielmehr weiter, daß in dem Enteignungsgesetz selbst „Art und Ausmaß der *Entschädigung*" geregelt werden (*sog. Junktimklausel*). Darin liegt nicht nur eine zusätzliche Sicherung des Eigentümers, sondern vor allem – wie in der staatsrechtlichen Literatur mit Recht betont wird – eine „Bremse" für den Gesetzgeber, die ihn von unüberlegten Enteignungsgesetzen abhalten soll.

b) Enteignung im Sinne des Art. 14 III GG ist ein final auf das Eigentum des einzelnen Bürgers ausgerichteter staatlicher Zugriff (sog. formeller Enteignungsbegriff: BVerfGE 79, 174, 179; 74, 264, 280; 72, 66, 76; 70, 198, 200; NJW 1998, 367; *Maunz/Papier* Art. 14 Rn. 147 ff. m.w.N.). Er zielt ab auf die Entziehung oder auf die Belastung von Eigentumspositionen. Kennzeichnend für die Enteignung ist sonach der konkret-individuelle Zugriff des Staates auf ein Eigentumsobjekt. Typischerweise erfolgt diese Enteignung durch Überführung auf einen begünstigten Rechtsträger durch Verwaltungsakt einer hierzu befugten Behörde (dann spricht man herkömmlicherweise von „klassischer Enteignung").

Beispiele: „*Entziehung*": Übertragung von Grundeigentum auf den Staat durch Enteignungsbeschluß zum Zwecke des Straßenbaus.
„*Belastung*": Begründung einer beschränkten persönlichen Dienstbarkeit (§ 1090) zugunsten des Staates durch Verwaltungsakt zur Duldung eines Telefonkabels.

3. Enteignende und enteignungsgleiche Eingriffe

Nun gibt es Eingriffe der öffentlichen Gewalt in den Vermögensbereich des Bürgers, die zwar dem eben genannten („formellen)" Enteignungsbegriff nicht entsprechen, die sich aber *wie eine Enteignung auswirken* („materiellrechtlicher Enteignungsbegriff"); auch sie legen dem Einzelnen ein Sonderopfer auf. Die Rechtsprechung des BGH bezeichnet sie als enteignende (a) und enteignungsgleiche Eingriffe (b):

a) *Enteignender Eingriff:*

Eine *rechtmäßige* hoheitliche Maßnahme hat unmittelbare Auswirkungen auf das Vermögen des Einzelnen mit dem Charakter eines Sonderopfers. Meist

---
[1] Auf den Bindungsgehalt des Eigentums braucht hier nicht eingegangen zu werden (s. dazu unten § 24).

handelt es sich um reale Nebenfolgen einer öffentlichen Tätigkeit, die „die Schwelle des enteignungsrechtlich Zumutbaren überschreiten" (BGHZ 91, 20; ferner BGH NJW 1986, 991).

Beispiele: Bei einem Manöver gerät das dem Kläger gehörende Holz in Brand (BGHZ 37, 44); s. ferner BGHZ 28, 310; 34, 188; 40, 355; 57, 359: „Frankfurter U-Bahn"; BGH NJW 1976, 1312: „Münchner S-Bahn"; BGHZ 57, 370: Gemeindliche Kanalisationsanlage bewirkt Grundwassersenkung und beeinträchtigt dadurch die Standfestigkeit des Hauses des Klägers (ähnlich BGH NJW 1978, 1051); BGH NJW 1965, 1907: „Buschkrugbrücke"; BGHZ 60, 119: Duldung einer Hochspannungsleitung; BGHZ 70, 212: Großbaustelle; BGHZ 72, 289: Ausschachtungen; BGHZ 80, 111: Enteignende Wirkung von Hochwasserschutzmaßnahmen; BGHZ 91, 20: übermäßige Geruchsschädigung durch öffentl. Kläranlage; BGHZ 102, 357: keine Haftung der öff. Hand für neuartige Waldschäden (s. weiter *Maunz/Papier* Art. 14 Rn. 634; *Soergel/J. F. Baur* § 903 Rn. 203 f.; *RGRK-Kreft* vor § 839 Rn. 33 ff.; *Nüßgens/Boujong* Rn. 449 ff.).

b) „Enteignungsgleicher Eingriff":

18 Die Behörde hat *rechtswidrig* – ohne Verschulden oder schuldhaft – unmittelbar in das Eigentum des Einzelnen eingegriffen, was zu einem Vermögensschaden geführt hat (BGHZ 125, 259, 264; 117, 240, 252).

Beispiele: Die lange Antenne eines Militär-LKWs hat die Hochspannungsleitung berührt; der Kurzschluß führt zu Schäden im Kraftwerk (BGH LM Art. 14 GG [Cc] Nr. 25). – Die Planungsbehörde hat ohne Rechtsgrundlage über das Grundeigentum des Klägers „faktisch" eine Bausperre verhängt (s. BGHZ 73, 161, 180; *Soergel/J. F. Baur* § 903 Rn. 234). – Die Behörde hat eine Bauanfrage rechtswidrig abgelehnt (BGHZ 125, 259, 264). – BGHZ 78, 41: rechtswidrige Unterbindung einer gewerblichen Tätigkeit.[1]

Der Begriff des enteignungsgleichen Eingriffs stammt aus der für die Enteignungsrechtsprechung des BGH grundlegenden Entscheidung BGHZ 6, 270, 290: „Es ist geboten, *unrechtmäßige* Eingriffe der Staatsgewalt in die Rechtssphäre des Einzelnen dann *wie eine Enteignung* zu behandeln, wenn sie sich für den Fall ihrer gesetzlichen Zulässigkeit sowohl nach ihrem Inhalt wie nach ihrer Wirkung als Enteignung darstellen würden und wenn sie in ihrer tatsächlichen Wirkung dem Betroffenen ein besonderes Opfer auferlegt haben" (s. die Neuformulierung in BGHZ 76, 387, 392: Fluglotsenstreik).

Zu bemerken ist, daß die Rechtswidrigkeit des Eingriffs das Sonderopfer indiziert.

19 Der Leser fragt sich unwillkürlich, warum hier nicht auf die *Staatshaftung* nach Art. 34 GG mit § 839 BGB zurückgegriffen werde, da es sich doch um Fälle eines staatlichen Unrechts – gerichtet gegen das Eigentum – handle. Nun ist zu beachten, daß die Regelung der genannten Vorschriften ein Verschulden des Beamten fordert, daß dieses Verschulden vom Geschädigten nachgewiesen werden muß – was für ihn angesichts der Undurchsichtigkeit des Staatsapparats äußerst schwierig sein kann – und daß es sich schließlich vor Gericht die Situation ergeben kann, daß zwar das „Unrecht" des staatlichen Handelns oder Unterlassens zweifelsfrei feststeht, nicht aber, wem es anzulasten ist. Schließlich bedeutet auch in manchen Fällen § 839 Abs. 3 BGB eine „Sperre". So stellt sich die Rechtsprechung des BGH zum enteignungsgleichen Eingriff – ihre Entwicklung ist in BGH NJW 1984, 1169 (= BGHZ 90, 17 = Baur, E.Slg. Fall 13 a) klar dargestellt – in Wahrheit als eine von der Rechtsprechung geschaffene und gewohnheitsrechtlich anerkannte Füllung einer Lücke: *Haftung für schuldloses staatliches Unrecht unter dem Gesichtspunkt der Aufopferung* dar. Man könnte auch von einer aufopferungsbedingten staatlichen Gefährdungshaftung[2] sprechen.

---

[1] Weitere Beispiele s. BGH NJW 1984, 2516 (schwere Verkehrsimmissionen); *Soergel/J. F. Baur* § 903 Rn. 203 ff.; *Maunz/Papier* Art. 14 Rn. 597 ff.; BGH NJW 1987, 1945 (falsch gesteuerte Ampel; dazu *Ossenbühl* JuS 1988, 193).

[2] Dazu *Heidenhain,* Amtshaftung und Entschädigung aus enteignungsgleichem Eingriff, 1965; *Leisner,* Gefährdungshaftung im öffentlichen Recht? in VVDStRL 20, 185; *Schmidt-Kammler* FS E. Wolf, 1985, 595; *Ossenbühl,* Staatshaftungsrecht, § 47.

4. Enteignende und enteignungsgleiche Eingriffe als Fälle der „Aufopferung"

Durch die Rechtsprechung des BVerfG[1] ist zweifelhaft geworden, ob die Institute des enteignenden und enteignungsgleichen Eingriffs aufrechterhalten werden können. Denn aus der engen, stark formellen Auffassung der Enteignung folgte für das BVerfG, daß es keine Enteignungsentschädigung gebe, „für die es an einer vom Gesetzgeber geschaffenen Anspruchsgrundlage fehlt" (BVerfGE 58, 300, 319; dazu *Maunz/Papier* Art. 14 Rn. 371 ff., 720). Daraus könnte man schließen: Da in Anwendung der Rechtsprechung des BVerfG der enteignende und der enteignungsgleiche Eingriff keine Enteignung im Sinne von Art. 14 GG ist, kann auch die dort vorgesehene Entschädigung in diesen Fallgruppen nicht zugesprochen werden. 20

In diesem Schluß liegt freilich auch schon der Ansatz für die Lösung des Problems: Wenn – folgt man der Rechtsprechung des BVerfG zum Enteignungsbegriff – der enteignende und der enteignungsgleiche Eingriff keine „Enteignung" sind, sondern nur von der früheren Rechtsprechung damit in Zusammenhang gebracht wurden, wenn es sich vielmehr in Wahrheit um Fälle einer richterrechtlich geschaffenen Haftungsregelung *auf der Grundlage der Aufopferung* individueller Werte handelt, dann werden die beiden genannten Institute von der Rechtsprechung des BVerfG nicht tangiert. Diesen Weg sind der BGH (BGHZ 90, 4 u. 17 [= Baur E.Slg. Fall 13a]; BGHZ 91, 20; 111, 349, 352; st. Rspr.) und die überwiegende Auffassung in der Literatur[2] gegangen: „Der Aufopferungsgedanke in seiner richterrechtlich geprägten Ausformung bietet eine hinreichende Anspruchsgrundlage, die dort zum Zuge kommt, wo es sich nicht um eine Enteignung im Sinne von Art. 14 III (ergänze: im Sinne des BVerfG) handelt" (BGHZ 90, 17, 31).

Zum besseren Verständnis des Gesagten einige Bemerkungen zu dem *Rechtsinstitut der Aufopferung:* Dieses Rechtsinstitut war in Anlehnung an die §§ 74, 75 EinlALR entwickelt worden. Danach ist der Staat verpflichtet, „denjenigen, welcher seine besonderen Rechte und Vorteile dem Wohle des gemeinen Wesens aufzuopfern genötigt wird, zu entschädigen". Die Rechtsprechung hatte daraus einen allgemeinen Grundsatz abgeleitet (RGZ 102, 390; 145, 109), der durch das – dem Einzelnen im öffentlichen Interesse auferlegte – Sonderopfer gekennzeichnet ist. So verstanden kann auch in der Enteignung ein gesetzlich geregelter besonderer Fall der Aufopferung gesehen werden. Indem aber zunächst die Rechtsprechung in den Begriff der Enteignung auch den enteignungsgleichen (schuldlos oder schuldhaft rechtswidrigen) Eingriff einbezog und damit der Entschädigungspflicht unterwarf, blieb für die Aufopferung als Rechtsgrundlage im wesentlichen der sich als „Sonderopfer" darstellende – rechtmäßige oder rechtswidrige – Eingriff in andere Güter als vermögenswerte Rechte, insbesondere die Beeinträchtigung der körperlichen Unversehrtheit. Praktischer Anwendungsbereich der Aufopferung war sonach etwa die Haftung für Impfschäden (BGHZ 9, 83; 24, 45; 31, 187), für 21

---

[1] S. vor allem BVerfGE 58, 300. S. zu dieser Entwicklung und zum Folgenden *Nüßgens/Boujong* Rn. 411 ff.; *Kreft* FS für Geiger, 1989, 399 ff.; *Faller*, AöR 115, 185 ff.

[2] Zusammenfassend jetzt *Maunz/Papier* Art. 14 Rn. 687 ff., bes. 721 ff.; *Ossenbühl*, Staatshaftungsrecht, §§ 22–31 mit umfangreichen Nachweisen; *Maurer* § 26 VI; *Schenke* NJW 1991, 1777; *Nüßgens/Boujong* Rn. 341 ff., 430 ff. Demgegenüber scheint das BVerfG von einem „Ausgleichsanspruch" auszugehen, der die Intensität eines nicht formal enteignenden Eingriffs in das Eigentum abmildert und erst verfassungsgemäß erscheinen läßt (BVerfGE 79, 174, 192; NJW 1998, 367, 368).

Schäden aus einer Salvarsanbehandlung bei Geschlechtskrankheit (BGHZ 25, 238); Einzelheiten s. *Maunz/Papier* Art. 14 Rn. 587 ff.

Nunmehr erlebt also die Aufopferung – mittelbar veranlaßt durch die Rechtsprechung des BVerfG.s – eine neue Blüte!

5. Ergänzende Bemerkungen

a) Nichteinlegung von Rechtsbehelfen

22   Wo gegen ein rechtswidriges, zu einem Sonderopfer führendes staatliches Verhalten ein Rechtsbehelf (zu den Verwaltungsgerichten) möglich wäre, fragt es sich, ob der Beeinträchtigte zunächst diesen Rechtsbehelf ergreifen muß oder darauf verzichten und sofort Entschädigung vor den ordentlichen Gerichten verlangen kann. Die Rechtsprechung des BGH hatte dieses Wahlrecht eingeräumt. Nach der jüngeren Auffassung des BGH – veranlaßt durch die Naßauskiesungsentscheidung des BVerfG (BVerfGE 58, 300) – stellt sich die Rechtslage nunmehr so dar:

aa) Handelt es sich um einen zwar rechtswidrigen, aber dem formalen Enteignungsbegriff entsprechenden Verwaltungsakt, so bleibt nur der Weg des verwaltungsrechtlichen (verwaltungsgerichtlichen) Rechtsbehelfs mit dem Ziel der Aufhebung des Akts.[1]

bb) In den anderen Fällen des enteignungsgleichen Eingriffs kann die Nichteinlegung eines *zulässigen und zumutbaren* Rechtsbehelfs ein mitwirkendes Verschulden des Geschädigten sein (so jetzt der BGH, BGHZ 90, 4 u. 17; 110, 12). Beide Voraussetzungen (Zulässigkeit u. Zumutbarkeit) sind z.B. bei schon vollzogenen staatlichen Realakten nicht gegeben,[2] ebensowenig bei Schäden durch Verzögerungen bei Erteilung von Erlaubnissen.[3] Ein mitwirkendes Verschulden durch Nichteinlegung eines Rechtsbehelfs kann hier also in der Regel dem Beeinträchtigten nicht zur Last gelegt werden.

b) Haftung für normatives Unrecht?

23   Ein Ersatzanspruch aus enteignungsgleichem Eingriff scheidet in den Fällen aus, in denen der Eingriff aufgrund eines verfassungswidrigen Gesetzes oder aufgrund einer Maßnahme erfolgt, die auf einem solchen Gesetz beruht (BGHZ 100, 136, 145; 102, 350, 359).

Entscheidend für diese Rechtsprechung ist wohl die Achtung vor der Entscheidung des parlamentarischen Gesetzgebers, der bisher eine Haftung für eigenes, von ihm begangenes normatives Unrecht nicht statuiert hat.

Was aber für die herausgehobene Stellung des parlamentarischen Gesetzgebers gilt, das gilt nicht für die mit dem Erlaß von untergesetzlichen Rechtsvorschriften befaßten Instanzen. Ohne weiteres haftet der Staat deshalb für Eingriffe, die z.B. aufgrund von rechtswidrigen Verordnungen erfolgt sind, so daß diese ihrerseits aufgrund eines verfassungsgemäßen Gesetzes ergangen sind (BGHZ 111, 349, 351).

c) Sozialbindung und Sonderopfereingriffe

24   Ein Entschädigungsanspruch wegen enteignenden oder enteignungsgleichen Eingriffs kommt nur in Betracht, wenn sich der Eingriff auf eine geschützte Rechtsposition des Eigentümers bezieht und sich nicht im Rahmen der sog. Sozialgebundenheit des Eigentums bewegt (BGHZ 73, 161; 78, 152; 90, 17, 26; 117, 249, 254).

---

[1] BVerfGE 56, 249 „Dürkheimer Gondelbahn"; *Maunz/Papier* Art. 14 Rn. 727.
[2] Dazu *Maunz/Papier* Art. 14 Rn. 724 ff.
[3] *Boujong* UPR 1984, 138.

d) Konsequenzen

Der geduldige Leser, der bis hierher unserer Darstellung der Rechtsprechung zum öffentlich-rechtlichen Eigentumsschutz gefolgt ist, wird den Eindruck gewonnen haben, daß es sich um eine höchst verwickelte Materie handelt, die nur schwer verständlich ist, und daß es an der Zeit sei, hierzu *kritisch Stellung zu nehmen*. Die enge Fassung des Enteignungsbegriffs durch die Rechtsprechung des BVerfG führt im Ergebnis zu einer Schwächung des beeinträchtigten Eigentümers und zu einer noch stärkeren Belastung der Verwaltungsgerichte („Ruck zur Verwaltungsgerichtsbarkeit"). Denn gleich ob der Beeinträchtigte primär gegen den staatlichen Akt mit den verwaltungsrechtlichen Rechtsbehelfen angehen muß (s. oben Rn. 22) oder ob er mittelbar zum Ausschluß des Einwands des mitwirkenden Verschuldens dazu gezwungen ist (oben Rn. 22), jedenfalls erschwert sich schon rein prozessual seine Stellung, weil er zwei Gerichtsbarkeiten in Anspruch nehmen muß, um im Streitfall zu seinem Recht zu kommen. Bisher konnte er sich mit einem Wertschutz („Entschädigung") begnügen, weil er sich sagte, es habe im konkreten Fall doch keinen Sinn, den Bestandsschutz durchzusetzen. Schließlich könnte es ganz vernünftig sein, sich an den Satz zu halten: „Dulde und liquidiere". Eine solche Haltung hat das Bundesverfassungsgericht jetzt für den engeren Bereich der Enteignung unmöglich gemacht.

III. Der prozessuale Rechtsschutz

1. Allgemeines

Die materielle Eigentumsgarantie wäre einem Messer ohne Schneide zu vergleichen, wenn ihr nicht ein umfassender prozessualer Rechtsschutz entspräche. Diese Bedingung erfüllt Art. 19 Abs. 4 GG, der den Rechtsweg ganz allgemein eröffnet, „wenn jemand durch die öffentliche Gewalt in seinen Rechten verletzt" wird, und bei Fehlen eines ausdrücklich gegebenen anderen Rechtswegs[1] den zu den Zivilgerichten gibt. Der gegen den Staat gerichtete Anspruch auf Rechtsschutz erhält damit Grundrechtscharakter, wird zum „formellen Hauptgrundrecht".

Nach der Rechtsprechung des BVerfG wird Art. 19 Abs. 4 GG ergänzt „durch den sich unmittelbar aus dem materiellen Grundrecht des Art. 14 I 1 ergebenden Anspruch auf einen effektiven Rechtsschutz" (BVerfGE 49, 252, 257).

2. Rechtsweg zu den Verwaltungsgerichten

Der primäre Schutz des Eigentums und der sonstigen dinglichen Rechte gegenüber Eingriffen der öffentlichen Gewalt erfolgt durch die *Verwaltungsgerichtsbarkeit*. Die – durch Art. 19 Abs. 4 GG mittelbar erzwungene – *Generalklausel* gibt in allen Fällen den Rechtsweg zu den Verwaltungsgerichten, in denen jemand Tatsachen vorbringt, aus denen sich ergibt, daß er durch einen

---

[1] Was heute freilich kaum mehr in Betracht kommt (verwaltungsgerichtliche Generalklausel!).

Verwaltungsakt in seinen Rechten verletzt ist.[1] Unter „Recht" sind sicher das Eigentum und alle sonstigen dinglichen Rechte zu begreifen, so daß dadurch ein umfassender Rechtsschutz sämtlicher dinglicher Rechte gegenüber Eingriffen der öffentlichen Gewalt gewährleistet ist.

§ 40 VwGO enthält die Generalklausel in der Formulierung, daß „der Verwaltungsrechtsweg in *allen* öffentlich-rechtlichen Streitigkeiten nichtverfassungsrechtlicher Art gegeben" ist. Was die *Klageformen* anlangt, so wird unterschieden zwischen

Anfechtungsklage: Mit ihr wird die Aufhebung eines Verwaltungsakts begehrt (§ 42 Abs. 1 VwGO): z. B. die Straßenbauverwaltung hat das Grundstück des E für Zwecke des Straßenbaus in Anspruch genommen;

Verpflichtungsklage: Mit ihr verlangt der Kläger die Verurteilung der Behörde zum Erlaß eines abgelehnten oder unterlassenen Verwaltungsakts (§ 42 Abs. 1 VwGO):

z. B. E hat die Genehmigung zur Errichtung eines Wohnhauses beantragt; der Antrag ist abgelehnt (sog. Vornahmeklage) oder überhaupt nicht beschieden worden (sog. Untätigkeitsklage);

Feststellungsklage: Sie ist subsidiär zulässig (§ 43 Abs. 2 VwGO), wenn der Kläger ein berechtigtes Interesse an der alsbaldigen Feststellung des Bestehens oder Nichtbestehens eines Rechtsverhältnisses oder der Nichtigkeit eines Verwaltungsakts hat (§ 43 Abs. 1 VwGO):

z. B. eine Kirchengemeinde will festgestellt wissen, daß der Staat auf Grund alter Rechtstitel zur Tragung der Reparaturkosten an der Kirche verpflichtet ist (Kirchenbaulast);

Leistungsklage: Mit ihr verlangt der Kl. die Verurteilung der Behörde zu einer Leistung:

z. B. Klage des Eigentümers auf Zahlung einer Entschädigung.

Leistungsklage ist auch eine gegen eine Behörde gerichtete Beseitigungs- und Unterlassungsklage – *Beispielsfälle* bei *Kopp*, VwGO, § 40 Rn. 28 – ebenso die klageweise Geltendmachung des Folgenbeseitigungsanspruchs (*Ossenbühl*, Staatshaftungsrecht, S. 225f.; *Schleeh* AöR 92, 58ff.; *Weyreuther*, Gutachten für den 47. Deutschen Juristentag, 1968; *Redecker/v. Oertzen*, VwGO, 11. Aufl. 1994, § 42 Rn. 160), dagegen *nicht* die Klage auf Vornahme eines Verwaltungsakts (Verpflichtungsklage: besonderer Klagetyp).

Für den Schutz der Sachenrechte kommen vor allem die Anfechtungs- und Verpflichtungsklagen in Betracht (zur sog. öffentlich-rechtliche Nachbarklage s. unten § 25 Rn. 43 ff.); um Popularklagen und Klagen wegen Beeinträchtigung bloßer Interessen auszuschließen, verlangt § 42 Abs. 2 VwGO, der Kläger müsse geltend machen, „durch den Verwaltungsakt oder seine Ablehnung oder Unterlassung in *seinen Rechten* verletzt zu sein".

3. Verfassungsgerichtlicher Rechtsschutz

28 Einen weiteren Schutz des Eigentums und der beschränkten dinglichen Rechte gibt die *Verfassungsbeschwerde* an das Bundesverfassungsgericht nach Art. 93 Abs. 1 Nr. 4a GG und §§ 90 ff. BVerfGG. Sie setzt die Behauptung einer Grundrechtsverletzung voraus; auch muß regelmäßig vor Anrufung des Bundesverfassungsgerichts der Rechtsweg (hier: vor den Verwaltungsgerichten) erschöpft sein (vgl. § 90 Abs. 2 BVerfGG).

4. Zuständigkeit der Zivilgerichte

29 Wird bei einer *Enteignung* die Höhe der Entschädigung streitig, so entscheiden darüber die Zivilgerichte (Art. 14 Abs. 3 S. 4 GG); ebenso bei einem enteignungsgleichen und einem enteignenden Eingriff (§ 40 II 1 VwGO u. § 48 VwVfG).

Der Rechtsweg ist bei der Enteignung also gespalten: Über die Berechtigung *der Enteignung selbst* entscheidet das Verwaltungsgericht, über die *Höhe* der Entschädigung das ordentliche Zivilgericht

---

[1] *Badura* JA 1984, 83.

§ 13. Sonstiger Schutz dingl. Rechte im priv. und öffentl. Recht   C III § 13

(Landgericht). Diese Spaltung ist im BauGB überwunden; bei den Landgerichten werden „Kammern für Baulandsachen" mit einer Mischbesetzung (3 Richter des Landgerichts, 2 Verwaltungsrichter) errichtet, die auch über die Berechtigung der Enteignung entscheiden.

Es ist nochmals (s. schon Rn. 22) darauf hinzuweisen, daß nach der neueren Rechtsprechung des BGH (BGHZ 90, 17) der verwaltungsgerichtliche Rechtsschutz insofern Vorrang hat, als im Entschädigungsprozeß (vor den ordentlichen Gerichten) die Nichteinlegung eines zulässigen und zumutbaren verwaltungsrechtlichen Rechtsbehelfs gegen den Eingriffsakt als mitwirkendes Verschulden (§ 254 BGB) anzusehen ist.

Zu beachten ist ferner, daß das ordentliche Gericht im Entschädigungsprozeß nur dann *auch* über die Vorfrage, ob ein enteignender Tatbestand gegeben ist, entscheiden darf, wenn das Verwaltungsgericht darüber nicht rechtskräftig entschieden hat (BGHZ 95, 28, 33; dazu *Papier* JZ 1986, 183).

Übersicht 8

Öffentlichrechtlicher Schutz des Eigentums und andere Rechte[1]

Schutztat-bestände	*Ort d. Regelung*	*Gegenstand d. Schutzes*	*Bindungen u. Beschränkungen*	*Gerichtl. Zuständigkeit*
1 generell: Grundrechtsschutz	Art. 14 GG: a) Institutsgarantie b) Individualrechtsgarantie (§ 13 Rn. 13)	Eigentum und andere vermögenswerte Rechte (§ 24 Rn. 10)	a) Sozialstaatsklausel (Art. 14 II) b) durch verfassungsmäßiges Gesetz angeordnete (Art. 14 I 2)	alle Gerichte. Bes.: a) *BVerfG* bei: Normenkontrolle und Verf.Beschwerde b) *VerwG.e*: bei rechtswidrigem, das Eigentum beeinträchtigenden Verhalten von Behörden
2 bei Enteignung	Art. 14 III (Voraussetzungen – Junktimklausel-Entschädigung (§ 13 Rn. 14)	Eigentum bei Legal- u. Administrativenteignung		a) *BVerfG*: bei Legalenteignung b) *VerwG.e*: bei Administrativeg (§ 13 Rn. 27) c) *ord. Ger.e*: bei Höhe der Entschädigung (Art. 14 III 4)
3 bei enteignendem und enteignungsgleichem Eingriff (§ 13 Rn. 20)	Gewohnheitsrechtlich auf Grund der Rspr. – Aufopferungsanspruch (§ 13 Rn. 20, 21)	Eigentum u. andere Rechte (§ 13 Rn. 17, 18)	nicht bei: Sozialbindung – nicht bei: verfassungsgemäßen Beschränkungen durch den Gesetzgeber (§ 13 Rn. 23, 24)	*ord. Ger.e* (§ 40 II 1 VwGO; § 13 Rn. 29), aber u. U. nach vorheriger Entscheidung der *VerwG.e* (§ 13 Rn. 22)

---

[1] Zum privatrechtl. Schutz s. Übersicht 5 (oben am Ende von § 10).

III. Abschnitt

Liegenschaftsrecht

1. Kapitel. Das Grundbuch

§ 14. Die Funktion des Grundbuchs

Lit.-Hinweis: Kommentare zur GBO von *Meikel* u. a., 7. Aufl. 1986 ff.; *Demharter,* 22. Aufl. 1997; *Kuntze/Ertl/Herrmann/Eickmann,* 4. Aufl. 1991. Ferner *Eickmann/Gurowsky,* Grundbuchrecht, 4. Aufl. 1992; *Eickmann,* Grundbuchverfahrensrecht, 3. Aufl. 1994; *Planck/Kettnaker,* Die Führung des Grundbuchs, 4. Aufl. 1960; *Haegele/Schöner/Stöber,* Grundbuchrecht, 10. Aufl. 1993; *Kehrer/ Bühler/Tröster/Schön,* Notar u. Grundbuch, 1972/1974 ff. (Losebl.), Stand 1988/1979; *Schmidt/Fröhlig,* Grundbuch lesen und verstehen, 1992; *Holzer/Kramer,* Grundbuchrecht, 1994; *Schmidt-Räntsch,* Das neue Grundbuchrecht, 1994; *Stöber,* GBO-Verfahren und Grundstückssachenrecht, 2. Aufl. 1998; *Weirich,* Grundstücksrecht, 2. Aufl. 1996, §§ 8 ff.; *Ertl* Rpfleger 1980, 1 (Entwicklungstendenzen des Grundbuchrechts) und Rpfleger 1980, 41 (Antrag, Bewilligung, Einigung); *Kollhosser* JA 1984, 558 (Funktion, Aufbau u. Inhalt des Grundbuchs) u. 714 (Grundprobleme des Grundbuchverfahrens); *Nieder* NJW 1984, 329 (Entwicklungstendenzen); *Schmitz* JuS 1994, 962; 1995, 53, 245, 333 (Wegweiser durch das Grundbuchverfahren).

Die Muster Anhang 1 u. 2 am Ende des Buches (vor dem Paragraphenregister) sollen Ihnen das Verständnis erleichtern.

I. Allgemeines

Siehe die Übersicht 9 am Ende von § 16.

1. Bedeutung und Rechtsgrundlagen

Mit den Gründen, die zu einer verschiedenartigen Regelung der Rechtsverhältnisse an Grundstücken (Liegenschaftsrecht) und an beweglichen Sachen (Mobiliarsachenrecht) führten, haben wir uns schon auseinandergesetzt (s. oben § 2 Rn. 15). Wir sahen sie in der hervorgehobenen Bedeutung des Grundeigentums für die Existenz des Einzelnen, in einer besonderen Interessenverknüpfung wie einem möglichen Interessenwiderstreit, der sich aus der „Nachbarschaft" ergibt, nicht zuletzt aber in der Notwendigkeit, daß die im Staat organisierte Gemeinschaft zur Erfüllung ihrer Aufgaben häufig des Rückgriffs auf das Grundeigentum bedarf. 1

So nimmt es nicht wunder, daß der Staat die Registrierung der Grundstücke und der sie berührenden Rechtsvorgänge zu einer ihm obliegenden Angelegenheit erklärt. Die geschichtliche[1] Entwicklung hat in dem heute geltenden *Grundbuchsystem* ihren Abschluß gefunden: Jede rechtsgeschäftliche Rechtsänderung an Grundstücksrechten bedarf zu ihrer Wirksamkeit der Eintragung im Grundbuch. 2

---

[1] Einen knappen Überblick über die Geschichte des Grundbuchs geben *Wolff/Raiser* § 26; ferner *Stewing* Rpfleger 1989, 445 ff.

§ 14 I   III. Abschnitt. Liegenschaftsrecht

3   Rechtsgrundlagen des Grundbuchrechts sind vor allem die Grundbuchordnung vom 24. 3. 1897 in der Fassung der Bekanntmachung vom 26. 5. 1994 (BGBl. I, 1114)[1] – GBO – und die Ausführungsverordnung hierzu vom 8. 8. 1935, die sog. Grundbuchverfügung, in der Fassung vom 24. 1. 1995 (BGBl. I, 114) – GBV.

4   Die praktische Bedeutung des Grundbuchrechts mögen folgende Zahlen veranschaulichen: Allein in Baden-Württemberg wurden im Jahre 1995 rund 565 000 Eigentumsänderungen und mehr als zwei Millionen andere Geschäftsvorfälle – die unter anderem Hypotheken und Grundschulden betrafen – im Grundbuch eingetragen (Quelle: Justizministerium Baden-Württemberg).

2. Das Grundbuch und andere Register

5   Die „Registrierungstendenz" hat im Liegenschaftsrecht ihren prägnantesten Ausdruck gefunden. Man darf aber nicht verkennen, daß sich diese Tendenz mehr und mehr auch auf andere Gegenstände des Vermögens ausdehnt, die der Gesetzgeber in ihrer Bedeutung dem Grundeigentum gleichstellt: So erfüllen etwa die *Schiffsregister* (Seeschiffsregister, Binnenschiffsregister, Schiffsbauwerkeregister) eine dem Grundbuch vergleichbare Funktion (SchiffsRegO i.d.F. vom 26. 5. 1994, BGBl. I, 1133 mit DVO i.d.F. vom 30. 11. 1994, BGBl. I, 3621). Eine eingeschränktere, nur der Publizität der vertraglichen Pfandrechte dienende Bedeutung haben die *Register für Pfandrechte an Luftfahrzeugen* (nach dem Gesetz über Rechte an Luftfahrzeugen vom 26. 2. 1959, BGBl. I, 57) und für *Kabelpfandrechte* (nach dem Gesetz vom 31. 3. 1925). Das Bestreben, zumindest die Sicherungsrechte an bedeutsamen Vermögenswerten publik zu machen, hat sich damit aber noch keineswegs erschöpft. So gestattet etwa das Pachtkreditgesetz vom 5. 8. 1951 (BGBl. I, 494) die Verpfändung des dem Pächter eines landwirtschaftlichen Grundstücks gehörigen Inventars durch einen beim Amtsgericht niederzulegenden Verpfändungsvertrag (praktisches Beispiel: BGH NJW 1970, 2212); dieser kann dann von jedem anderen Interessenten eingesehen werden, der sich damit einen gewissen Einblick in die Vermögensverhältnisse des Pächters verschaffen kann. Pfandrechtsregister werden weiter gefordert – und sind im Ausland zum Teil schon verwirklicht[2] – für die Verpfändung von Kraftfahrzeugen und von Warenlagern.

6   Eine interessante Entwicklung, die wohl in gleichem Maße auf eine Veränderung der wirtschaftlichen Struktur (das Grundeigentum hat nicht mehr die dominierende Stellung im Vermögen des Bürgers wie um die Jahrhundertwende) wie auf eine Steigerung (vielfach: Übersteigerung) des Sicherungsbedürfnisses der Gläubiger aller Art zurückzuführen ist. Hier würde dann die Linie von dem – praktisch kaum mehr gebräuchlichen – Faustpfandrecht des BGB (das gerade der Publizität der Sicherungsrechte an beweglichen Sachen dienen soll) über das besitzlose Sicherungseigentum zum Registerpfandrecht führen;[3] die Mobiliarhypothek würde in gewissem Umfang gleichberechtigt neben die Immobiliarhypothek treten!

3. Formelles und materielles Grundbuchrecht

7   Die Vorschriften, die die Einrichtung der Grundbuchbehörden und der Grundbücher sowie das bei der Eintragung zu beachtende Verfahren betreffen, bezeichnet man als formelles Grundbuchrecht, während das sog. materielle Grundbuchrecht sich im wesentlichen mit den Wirksamkeitsvoraussetzungen der dinglichen Rechtsänderung befaßt.

Faustregeln: Das *materielle* Grundbuchrecht (Liegenschaftsrecht) sagt, welche Voraussetzungen vorliegen müssen, damit eine dingliche Rechtsänderung eintritt; aus dem *formellen* Grundbuchrecht ergibt sich, wie die Rechtsänderung im Grundbuch zu vollziehen ist.

---

[1] Wesentlich geändert durch Ges. v. 22. 6. 1977, BGBl. I 998, und durch Ges. v. 20. 12. 1993, BGBl. I 2182 (Registerverfahrensbeschleunigungsgesetz; s. hierzu *Holzer* NJW 1994, 481 und zur Bedeutung in den neuen Bundesländern *Böhringer* DtZ 1994, 50; 130).

[2] Hierzu die Nachweise bei *Stadler*, Gestaltungsfreiheit und Verkehrsschutz durch Abstraktion, 1996, S. 122/123.

[3] Zu dieser Entwicklung *Stürner* JZ 1996, 741, 746; zur *registrierten* europäischen Mobiliarsicherheit *Kreuzer*, Melanges Overbeck, 1990, S. 613 ff., 637 ff.; *Stadler* a.a.O., S. 693 ff. m.Nw.

§ 14. Die Funktion des Grundbuchs II § 14

Das *materielle* Grundbuchrecht findet sich im BGB, das *formelle* Grundbuchrecht ist in der GBO enthalten.
Indessen: wie alle „Faustregeln", so können auch diese bestenfalls Gedächtnisstütze sein. Sieht man genauer zu, so ergibt sich folgendes:

a) Überschneidungen von formellem und materiellem Grundbuchrecht

Materielles und formelles Grundbuchrecht ergänzen sich, sind ineinander verwoben: wenn § 873 **8** zu einer dinglichen Rechtsänderung Einigung *und* Eintragung fordert, so folgt daraus, daß auch der – formale – Akt der Eintragung unerläßlicher Bestandteil der materiellrechtlichen Wirksamkeit des dinglichen Rechtsgeschäfts ist. Ja, der „Trick" des Gesetzgebers besteht gerade darin, daß er die Eintragung nicht zum bloßen deklaratorischen Folgetatbestand des dinglichen Geschäfts gemacht, sondern sie in dieses selbst einbezogen hat. Er erreicht damit – ohne alle Zwangsmaßnahmen, Strafen und dergl. –, daß das Grundbuch mit einem hohen Grad von Wahrscheinlichkeit die *wirkliche* Rechtslage an einem Grundstück *vollständig* wiedergibt.

b) Eigenständigkeit des formellen Grundbuchrechts

Trotz aller Verwobenheit von formellem und materiellem Grundbuchrecht darf die – aus verschiedenen Gründen notwendige – Eigenständigkeit des erstgenannten Rechtsgebiets nicht gering geschätzt werden. Dies bedeutet, daß es in mancher Hinsicht schärfere, in anderer Hinsicht mildere Regeln aufstellt als das materielle Liegenschaftsrecht: so kann etwa die Einigung über die Bestellung einer Hypothek *materiellrechtlich* formlos erfolgen, *formellrechtlich* verlangt das Grundbuchrecht eine öffentlich beglaubigte Eintragungsbewilligung des Eigentümers (§§ 19, 29 GBO); andererseits *begnügt* sich auch der Grundbuchrichter mit einer solchen und fordert nicht den Nachweis, daß wirklich eine Einigung zwischen Eigentümer und Hypothekar über die Bestellung des Rechts vorliegt. **9**

c) Ort der Regelung

Auch der Satz: Materielles Grundbuchrecht im BGB, formelles in der GBO! stimmt nicht ganz. So **10** ist etwa § 1115 formellrechtlicher Natur, während § 3 Abs. 1 S. 2 GBO materiellrechtliche Bedeutung hat, wie der Wortlaut selbst zeigt.

II. Überblick über die Funktionen des Grundbuchs

Das Grundbuch verwirklicht den *Publizitätsgrundsatz* im Grundstücksrecht. **11** Wir erinnern uns an die allgemeine Darstellung dieses Grundsatzes (§ 4 Rn. 9 ff.), an die „Übertragungs"-, „Vermutungs"- und „Gutglaubenswirkung" des Grundbucheintrags: die *rechtsgeschäftliche* Rechtsänderung bedarf zu ihrer Wirksamkeit der Eintragung im Grundbuch (§ 873) – der Grundbuchstand hat die Vermutung der Richtigkeit für sich (§ 891) – wer sich bei einem Rechtserwerb auf das unrichtige Grundbuch verläßt, wird in seinem guten Glauben geschützt (§ 892).

Diese Leitsätze bedürfen noch exakter Darstellung (s. unten §§ 19, 22, 23).

Schon jetzt aber wird deutlich, daß das Grundbuch Vorteile für den **12** Rechtsverkehr, aber auch erhebliche Gefahren für den Rechtsträger mit sich bringt: schon die Beschränkung des zwingenden Eintragungsgrundsatzes auf *rechtsgeschäftliche* Rechtsänderungen bringt die Gefahr eines Auseinanderklaffens zwischen wahrer Rechtslage und Grundbuchstand mit sich. Dazu kommen Fehlerquellen, die sich aus einem unexakten Arbeiten des Grundbuchamts ergeben u. a. m. M. a. W.:

Die durch die Bedürfnisse des Rechtsverkehrs veranlaßte „Gutglaubenswirkung" (§ 892) kann zu einem Rechtsverlust des bisher Berechtigten führen.

Das Gesetz muß dem Berechtigten daher die Möglichkeit geben, jederzeit die Übereinstimmung von wahrer Rechtslage und Grundbuchstand herbeizuführen; das Mittel hierzu ist der *Grundbuchberichtigungsanspruch* (§§ 894ff.); s. unten § 18 Rn. 27ff. Eine vorläufige Sicherung bietet der Widerspruch gegen die Richtigkeit des Grundbuchs (§ 899); s. unten § 18 Rn. 10ff.

13   Man muß sich also folgende Gedankenkette klar machen: Der Eintragungsgrundsatz (für alle rechtsgeschäftlichen Rechtsänderungen) zusammen mit einem minutiös ausgearbeiteten Grundbuchverfahren sichert eine hohe Wahrscheinlichkeit an Übereinstimmung von Rechtswirklichkeit und Grundbuchstand. Ein verbleibender geringer Rest von Diskrepanz zwischen wahrem Recht und Buchstand wird zugunsten des Redlichen, zulasten des Rechtsträgers vernachlässigt. Die Gefahr eines solchen Rechtsverlusts ist aber nur tragbar, wenn der Berechtigte jederzeit in der Lage ist, Rechtslage und Buchstand miteinander in Einklang zu bringen.

§ 15. Die Einrichtung des Grundbuchs

I. Überblick über die Darstellung

1   Wir bezeichnen das Grundbuch zunächst schlicht als eine amtliche Aufzeichnung der Grundstücke eines bestimmten räumlichen Bezirks und der an diesen Grundstücken bestehenden Rechtsverhältnisse. Die Darstellung muß sich also zunächst mit der Behörde befassen, die das Grundbuch führt, mit dem *Grundbuchamt* (Rn. 2ff.). Aufgezeichnet werden Grundstücke und die an ihnen bestehenden Rechtsverhältnisse; wir haben uns also über den Begriff des Grundstücks (Rn. 15ff.) und den Kreis der eintragungsfähigen Rechte (Rn. 28ff.) zu unterhalten. Daran schließt sich eine Erläuterung der äußeren Form und Einteilung des Grundbuchs (Rn. 44ff.) an. Mit dem Grundbuchverfahren, den „Buchungsvorgängen" schließlich wollen wir uns in § 16 beschäftigen.

II. Das Grundbuchamt

2   § 1 GBO sagt: „Die Grundbücher ... werden von den Amtsgerichten geführt (Grundbuchämter)". Die Führung der Grundbücher ist eine Angelegenheit der sog. freiwilligen Gerichtsbarkeit,[1] „die durch Reichsgesetz den Gerichten übertragen ist" (§ 1 FGG). Daraus ergibt sich:

1. Sachliche und örtliche Zuständigkeit

a) Sachliche Zuständigkeit

3   Das Grundbuchamt ist gerichtsorganisatorisch ein Teil (eine „Abteilung") des Amtsgerichts. Die Zuständigkeit für die Erledigung der Grundbuchsachen liegt beim Amtsgericht, sie ist ausschließlich.

---

[1] Zum Begriff und Umfang der freiw. Gerichtsbarkeit s. *Baur*, Freiw. Gerichtsbarkeit I, 1955, §§ 1, 2 u. *Baur/Wolf*, Grundbegriffe des Rechts der freiw. Gerichtsbarkeit, 2. Aufl. 1980, Kap. 1; *Brehm*, Freiw. Gerichtsbarkeit, 2. Aufl. 1993, § 1; *Habscheid*, Freiw. Gerichtsbarkeit, 7. Aufl. 1983, §§ 4, 5; *Klüsener*, Freiw. Gerichtsbarkeit 1987; *Pikart/Henn*, Lehrbuch der freiw. Gerichtsbarkeit, 1963, S. 1ff.; *Zimmermann*, Praktikum der freiw. Gerichtsbarkeit, 3. Aufl. 1988.

§ 15. Die Einrichtung des Grundbuchs

Wird ein anderes Gericht als das Amtsgericht in einer Grundbuchsache tätig, so ist dessen Akt nach überwiegender Auffassung nichtig.[1] Dies gilt jedoch nicht bei einem Verstoß gegen die Geschäftsverteilung *innerhalb* des Amtsgerichts; so wenn etwa ein nicht als Grundbuchbeamter eingeteilter Rechtspfleger eine Eintragung verfügt (str., BayObLG Rpfleger 1992, 147, 148). Ein Eintragungsantrag ist aber erst in dem Augenblick „eingegangen", in dem er der zuständigen Person (Rechtspfleger, vom Behördenvorstand bestellter Beamter oder Angestellter) des *Grundbuchamts* vorgelegt wird (§ 13 Abs. 2, 3 GBO).

Beispiel: In bedrängter Situation hat E sowohl dem H$_1$ wie dem H$_2$ eine Hypothek bewilligt. Gehen beide Eintragungsanträge zur gleichen Zeit beim Amtsgericht ein, der Antrag des H$_1$ bei der allgemeinen Geschäftsstelle des Amtsgerichts, der des H$_2$ – richtig – bei der Geschäftsstelle des Grundbuchamts, so ist die Hypothek des H$_2$ vor der des H$_1$ einzutragen (§§ 17, 45 GBO), sie erhält den Vorrang (§ 879). Verfügt der Rechtspfleger A die Eintragung, obwohl er nach dem Geschäftsverteilungsverfahren weder Grundbuchbeamter noch dessen Vertreter ist, so ändert dies an der Wirksamkeit der vollzogenen Eintragung nichts; sie kann auch nicht mit Beschwerde angefochten werden (§ 71 Abs. 2 S. 1 GBO).

4

b) Örtliche Zuständigkeit

Das Amtsgericht ist für alle in seinem Bezirk gelegenen Grundstücke örtlich zuständig (§ 1 Abs. 1 S. 2 GBO). Jedoch werden – aus Gründen der Übersichtlichkeit – grundsätzlich Grundbuchbezirke gebildet, die sich mit den Gemeindebezirken decken (§ 1 GBV). Gemäß § 1 Abs. 3 GBO kann eine Zuständigkeitskonzentration bei einem Amtsgericht für mehrere Amtsgerichtsbezirke herbeigeführt werden.

5

Nach Bundesrecht werden also die Grundbücher im Grundsatz für *sämtliche* Gemeinden eines Amtsgerichtsbezirks beim Amtsgericht geführt. Dieser Grundsatz gilt nicht in Baden-Württemberg; hier besteht in jeder Gemeinde ein staatliches Grundbuchamt, das von einem meist für mehrere Gemeinden zuständigen Notar geführt wird.[2] In den *neuen Bundesländern* ist nach einer Übergangszeit inzwischen im wesentlichen die bundeseinheitliche Regelung in Geltung (§ 144 GBO).[3]

2. Rechtsmittel gegen Entscheidungen des Grundbuchamts

Als Beschwerdegericht ist dem Amtsgericht im Instanzenzug das *Landgericht* vorgeordnet, „in dessen Bezirk das Grundbuchamt seinen Sitz hat" (§ 72 GBO); zur Entscheidung berufen ist eine – noch[4] mit drei Berufsrichtern besetzte – Zivilkammer (§ 81 Abs. 1 GBO).

6

a) Beschwerde

Rechtsmittel ist die Beschwerde (neuerdings auch bei Rechtspflegerentscheidungen, s. unten Rn. 1). Sie ist zulässig gegen Entscheidungen des Grundbuchamts, also vor allem gegen die Ablehnung von Eintragungsanträgen, jedoch *nicht* „gegen eine Eintragung" (§ 71 Abs. 2 S. 1 GBO). Dieser Ausnahmeregelung liegt der Gedanke zugrunde, daß der öffentliche Glaube des Grundbuchs (§ 892) beeinträchtigt würde, wenn die Rechtsbeständigkeit einer Eintragung oder Löschung durch eine abweichende Entscheidung des Beschwerdegerichts in Zweifel gezogen werden könnte (BGHZ 64, 194). Hier kann sich der Benachteiligte nur durch die Geltendmachung des Grundbuchberichti-

7

---

[1] *Demharter* § 1 Rn. 25 f.; über die Bedenken dagegen s. *Baur,* Freiw. Gerichtsbarkeit I, § 6 III.
[2] §§ 1 Abs. 1 Satz 3, 143 GBO, 1, 17, 29, 32 BW LFGG: Notare und Bezirksnotare; krit. *Westermann/Eickmann* § 85 III 1 m. Nw.
[3] Zum alten Rechtszustand und zum Übergangsrecht Vorauflage, § 15 VI m. Nw.; ferner § 63 Rn. 11 ff.
[4] Zu Reformplänen (Einzelrichter) siehe BR-Drucks. 13/6398 und BT-Drucks. 13/10244.

§ 15 II   III. Abschnitt. Liegenschaftsrecht

gungsanspruchs (§ 894) wehren.¹ § 71 Abs. 2 S. 1 GBO greift folgerichtig nicht, wenn eine Eintragung berichtigt werden soll, die am öffentlichen Glauben des Grundbuchs gar nicht teilnimmt (BGHZ 108, 375; BayObLG Rpfleger 1992, 147, 148).

8   *Beispiele:* Der Rechtspfleger hat einen Eigentumswechsel eingetragen, obwohl die zwischen V und K vorgenommene Auflassung an einem Formmangel litt. Hier kann der bisherige Eigentümer V nicht im Wege der Beschwerde Löschung des K als Eigentümers im Grundbuch fordern, sondern nur die Eintragung eines Widerspruchs erzwingen (§ 71 Abs. 2 S. 2 mit § 53 GBO). Dieser Widerspruch verhindert dann zunächst den gutgläubigen Erwerb durch einen Dritten (§ 892). Dann muß er gegen K den Grundbuchberichtigungsanspruch geltend machen (§ 894), der zu einer Wiedereintragung des V als Eigentümer führt. (War freilich der *Kaufvertrag* zwischen V und K wirksam, so kann K dem Berichtigungsanspruch des V entgegenhalten, daß ja V zu wirksamer Eigentumsübertragung verpflichtet sei; K kann dann die Nachholung einer wirksamen Auflassung erzwingen!).
Der Streit, ob eine Vollstreckungsunterwerfung (§ 800 ZPO) richtig eingetragen ist oder inhaltlich berichtigt werden muß, kann hingegen im Beschwerdeverfahren ausgetragen werden, weil dieses „prozessuale Nebenrecht" am öffentlichen Glauben des Grundbuchs nicht teil hat (BGHZ 108, 375f.; hierzu § 23 Rn. 9; § 40 Rn. 36ff.), obwohl es „eintragungsfähig" ist (dazu unten Rn. 28ff.).

b) Weitere Beschwerde

9   Gegen die Entscheidung des Beschwerdegerichts ist weitere Beschwerde an das *Oberlandesgericht* (Zivilsenat) möglich (§ 78 GBO); sie ist Rechtsbeschwerde; dies bedeutet, daß die Prüfung des Gerichts sich auf die Verletzung des Gesetzes durch die Vorentscheidung beschränkt, dagegen neu vorgebrachte Tatsachen außer acht zu lassen hat.²
Um divergierende Entscheidungen der höheren Gerichte in Grundbuchsachen zu vermeiden, hat das Oberlandesgericht unter den in § 79 Abs. 2 GBO genannten Voraussetzungen die weitere Beschwerde dem Bundesgerichtshof zur Entscheidung vorzulegen (Gedanke der Wahrung der Rechtseinheit! Vgl. auch § 28 FGG, § 546 Abs. 1 S. 2 ZPO).³

3. Funktionelle Zuständigkeit

a) Grundbuchführung als richterliche Aufgabe

10 Grundbuchamt ist das Amtsgericht (§ 1 GBO). Grundbuchbeamter ist der Richter, heute aber in der Regel der Rechtspfleger (s. Rn. 11). Die Tätigkeit des Grundbuchbeamten gehört in den Bereich der Rechtspflege, nicht in den der Verwaltung.⁴
Der Landgerichtspräsident als Organ der Dienstaufsicht kann also nicht etwa den Grundbuchrichter anweisen, eine Eintragung vorzunehmen oder zu unterlassen.

b) Die Aufgabenübertragung auf den Rechtspfleger

11 Durch das RechtspflegerG sind die Grundbuchsachen dem *Rechtspfleger* übertragen (§ 3 Nr. 1 h).⁵

---

¹ Zulässig ist eine „beschränkte Beschwerde" mit dem Ziel des § 71 Abs. 2 S. 2 GBO.
² Einzelheiten vgl. *Baur,* Freiw. Gerichtsbarkeit, § 31 und *Baur/Wolf,* Grundbegriffe des Rechts der freiw. Gerichtsbarkeit, 2. Aufl., Kap. 5 IV; *Demharter* § 78 Rn. 11, 19.
³ Einzelheiten vgl. *Baur,* Freiw. Gerichtsbarkeit, § 31 C V; *Demharter* § 79 Rn. 8ff., 11ff.; neuere Beispiele: BGHZ 106, 108ff.; 253, 255.
⁴ Freilich stark umstritten: vgl. etwa *Baur/Wolf* Kap. 1 III 4; *Bettermann* in: FS Lent (1975) S. 17ff.; *Bernhard* DRiZ 1981, 361; *Baur* DNotZ 1955, 507 und Juristenjahrbuch 1962/3, S. 50ff.; BayObLG Rpfleger 1992, 147, 148 m. Anm. *Meyer-Stolte.*
⁵ Zur Verfassungskonformität der Übertragung von Grundbuchsachen auf den Rechtspfleger *Böttcher* Rpfleger 1986, 201 ff.; BayObLG Rpfleger 1992, 147, 148 (Differenzierung zwischen „Rechtspflege" und „rechtsprechender Gewalt" i. S. v. Art. 92 GG).

§ 15. Die Einrichtung des Grundbuchs

Der Rechtspfleger ist ein Beamter des gehobenen Justizdienstes (§ 2). Er ist – wie der Richter – in seinen Entscheidungen sachlich unabhängig (§ 9), jedoch ist in sehr beschränktem Umfang die Vorlage an den Richter noch vorgesehen (§ 5). Gegen Entscheidungen des Rechtspflegers kann nach begrüßenswerter Neuregelung (3. Gesetz zur Änderung des RPflG vom 6. 8. 1998) das allgemein zulässige Rechtsmittel – also in Grundbuchsachen Beschwerde, §§ 71 ff. GBO – eingelegt werden (§ 11 Abs. 1). Jedes Rechtsmittel bleibt jedoch ausgeschlossen, wenn es sich um eine durch den Rechtspfleger vollzogene Eintragung handelt (§ 11 Abs. 2, 3 RPflG; § 71 Abs. 2 S. 1 GBO!).[1]

Über weitere „Grundbuchbeamte" mit beschränktem Geschäftsbereich s. § 12 c GBO.

4. Amtshaftung

Für Amtspflichtverletzungen des Grundbuchrichters, Rechtspflegers und der sonstigen Grundbuchbeamten haftet der Staat (Land) nach Art. 34 GG i. V. m. § 839 BGB. Das Richterprivileg des § 839 Abs. 2 kommt beim Grundbuchrichter *nicht* zum Tragen, da er weder Urteile erläßt noch seine Tätigkeit streitentscheidender Natur ist. Dagegen findet der Haftungsausschluß nach § 839 Abs. 1 S. 2 und § 839 Abs. 3 auch hier Anwendung.

Das Grundbuchrecht ist formales Recht mit einschneidenden materiellrechtlichen Auswirkungen; der Staatshaftung kommt daher hier besondere Bedeutung zu (s. *Baur*, Freiw. Gerichtsbarkeit, S. 71 ff.); dies mag sich aus folgendem ergeben: In unserem Beispiel oben Rn. 4 war der Antrag des H_2 vor dem des H_1 beim Grundbuchamt eingegangen, die Hypothek des H_2 hätte also vor der des H_1 im Grundbuch eingetragen werden müssen und hätte damit den ersten Rang erhalten. Hat der Grundbuchbeamte – aus Versehen oder in Verkennung der Rechtslage – die Hypothek des H_1 an erster Stelle, die des H_2 an zweiter Stelle eingetragen, so hat er damit eine sich aus §§ 17, 45 GBO ergebende, ihm dem H_2 gegenüber obliegende Amtspflicht verletzt (§ 839 Abs. 1 S. 1). H_2 konnte den Schaden nicht „durch Gebrauch eines Rechtsmittels abwenden" (§ 839 Abs. 3). Denn – wie wir wissen – ist gegen Eintragungen irgendein Rechtsmittel nicht möglich (§ 71 Abs. 2 GBO – § 11 Abs. 3 RPflG), zudem ist das Grundbuch hier richtig. H_2 kann gegen H_1 auch nicht mit der Berichtigungsklage (§ 894) vorgehen oder etwa einen Kondiktionsanspruch geltend machen: das Grundbuch ist nicht unrichtig – H_2 hat noch keine „eingriffsfähige" absolute Rechtsstellung erlangt (s. u. § 17 Rn. 17 und über Rangvereinbarungen § 17 Rn. 23 ff.). Es bleibt dem H_2 nur der Schadensersatzanspruch gegen den Staat (wobei freilich zunächst lediglich eine Feststellungsklage möglich sein wird, da sich der Schaden des H_2 regelmäßig erst herausstellen wird, wenn er in einer Zwangsversteigerung ganz oder teilweise ausfällt).

Der geschützte Personenkreis („Dritte") ist weit. Darunter fallen nicht nur diejenigen, auf deren Antrag oder in deren Interesse die Eintragung erfolgte, sondern jeder, der im Vertrauen auf die richtige Handhabung der Grundbuchgeschäfte am Rechtsverkehr teilnimmt.[2]

Unsere Gedankenkette (oben § 14 Rn. 13 a. E.) können wir also um ein weiteres Glied vervollständigen: führt ein schuldhaftes Versagen des Grundbuchbeamten zur Schädigung eines Beteiligten, so bietet die Staatshaftung einen – in Geld geleisteten – Ausgleich. Dem Staat steht bei vorsätzlichem oder grobfahrlässigem Verstoß ein Rückgriffsrecht gegen den Grundbuchbeamten zu (Art. 34 S. 2 GG).

Weitere interessante Beispiele: BGHZ 97, 184 (hierzu *Foerste* JuS 1988, 261) und BGHZ 124, 100 = NJW 1994, 650.

III. Das Grundstück

1. Der Grundstücksbegriff

Unser Gesetz – sowohl das BGB wie die GBO – setzt den Begriff „Grundstück" voraus; so spricht § 94 von den wesentlichen Bestandteilen eines

---

[1] Zur früheren Rechtslage mit ihrer „Durchgriffserinnerung" (§ 11 RPflG a. F.) *Weiß* DNotZ 1985, 524. Zum 3. RPflGÄndG 1998 und seiner Vorgeschichte *Rausch/Rokitta-Liedmann* Rpfleger 1997, 326 ff.; *Vultejus* DRiZ 1997, 477; *Rellermeyer* Rpfleger 1998, 309 ff.
[2] BGHZ 124, 100 = NJW 1994, 650.

Grundstücks, § 873 von der Übertragung des Eigentums an einem Grundstück, § 3 GBO davon, daß jedes Grundstück im Grundbuch eine besondere Stelle (Grundbuchblatt, s. auch § 1 Abs. 1 S. 1 GBO) erhält. Wir müssen uns also zunächst um ein Verständnis des Grundstücksbegriffs bemühen:

16   *Im täglichen Leben* bevorzugt man eine wirtschaftliche Betrachtungsweise und versteht demgemäß unter einem Grundstück einen Teil der Erdoberfläche, der äußerlich erkennbar abgegrenzt ist und in irgendeiner Weise genützt oder bewirtschaftet wird (sog. „Wirtschaftsgrundstück").[1]

Diesen Begriff legt unser Gesetz in aller Regel *nicht* zugrunde, sondern wählt eine *rein formale Abgrenzung,* die auf ein amtliches Verzeichnis der Grundstücke (Kataster) und auf die Eintragung als Grundstück im Grundbuch abstellt.[2]

17   Wenn man einmal von der vorübergehenden Sondersituation in den neuen Bundesländern absieht (§ 63 Rn. 12 und 54 ff.), ist grundsätzlich das gesamte Staatsgebiet vermessen, die Vermessungseinheit ist die Katasterparzelle (Flurstück). Die Parzellen werden im Kataster nach Nummern oder Buchstaben bezeichnet. Darauf baut der Grundstücksbegriff auf, ohne sich mit dem Begriff der Parzelle zu identifizieren: Zwar wird das Grundstück im Grundbuch nach der ihm im Kataster gegebenen Nummer benannt (§ 2 Abs. 2 GBO, § 6 Abs. 3a GBV), aber *entscheidend* ist, ob es im Grundbuch auf einem besonderen Grundbuchblatt oder unter einer selbständigen Nummer (bei gemeinschaftlichem Grundbuchblatt) geführt wird. Das Grundstück kann also aus *einer* oder *mehreren* (Kataster-) Parzellen bestehen (§ 6 Abs. 4 GBV); *eine* Katasterparzelle kann aber nicht mehrere Grundstücke umfassen.

18   *Grundstück im Rechtssinn* ist sonach ein katastermäßig vermessener und bezeichneter Teil der Erdoberfläche, der im Grundbuch als „Grundstück" – sei es auf einem besonderen Grundbuchblatt, sei es unter einer besonderen Nummer eines gemeinschaftlichen Grundbuchblattes – geführt wird.

19   *Beispiel:* Der völlig arrondierte Hof des Bauern A kann also *ein* Grundstück im Rechtssinn sein, obwohl er sich aus mehreren Parzellen zusammensetzt, er kann aber auch – obgleich wirtschaftlich eine Einheit – aus mehreren Grundstücken im Rechtssinn bestehen. Will A einen Bauplatz an K verkaufen (der nur einen Teil des Grundstücks ausmacht), so muß dieser vermessen werden; dann erst kann die Abschreibung im Grundbuch des A und die Eintragung als Grundstück des K erfolgen (§ 2 Abs. 3, § 7 GBO).[3] U. U. bestehen baurechtliche Genehmigungspflichten, die das Grundbuchamt vor der Eintragung zu beachten hat (§§ 19, 20 BauGB; hierzu noch §§ 22 Rn. 29, 26 Rn. 5) und zur Rechtsänderung *Groschupf* NJW 1998, 418 f.; *Finkelnburg* NJW 1998, 1, 3 f.).

2. Zusammenschreibung, Vereinigung und Zuschreibung

20   Die formale Fassung des Grundstücksbegriffs ermöglicht Besonderheiten in der Zusammensetzung der Grundstücke, die zum Teil nur formale, zum Teil aber auch materiellrechtliche Auswirkungen haben:[4]

---

[1] In wirtschaftspolitisch bestimmten Gesetzen (z. B. Landbeschaffung zum Zwecke der Siedlung) geht das Gesetz vom *Grundstück im wirtschaftlichen Sinne* aus (Beispiel: BGHZ 94, 299).

[2] Zum Ineinandergreifen von Grundbuch und Kataster s. *Bengel/Simmerding,* Grundbuch, Grundstück, Grenze, 4. Aufl. 1995; *Böttcher* Rpfleger 1989, 133 (m. w. N.).

[3] Zur Teilung eines Grundstücks *Böttcher* Rpfleger 1989, 133 ff.; zur Amtshaftung bei fehlerhafter Teilung durch den Grundbuchbeamten BGH NJW 1994, 650; zur Auflassung von Trennstücken BGHZ 90, 323, 326; BayObLG Rpfleger 1988, 60; *Soergel/Stürner* § 925 Rn. 38, 49; ferner § 22 Rn. 15 und 29, zu sog. ungeteilten Hofräumen s. BezG Erfurt DNotZ 1992, 804 m. Anm. *Frenz.*

[4] S. dazu *Röll* DNotZ 1968, 523 u. *Wendt* Rpfleger 1983, 192; ferner *Wieling* § 20 I 6 a.

§ 15. Die Einrichtung des Grundbuchs **III § 15**

a) Zusammenschreibung

Mehrere Grundstücke desselben Eigentümers, die an sich nach der Regel des § 3 Abs. 1 GBO je auf einem selbständigen Grundbuchblatt geführt werden müßten, können in ein „gemeinschaftliches Grundbuchblatt" aufgenommen werden (§ 4 Abs. 1 GBO). Dies ist ein rein grundbuchtechnischer Vorgang, der an der Selbständigkeit der Grundstücke, an ihren Belastungen usw. nichts ändert;[1] eine solche Zusammenschreibung empfiehlt sich bei klein parzelliertem Besitz eines Eigentümers.

Beispiel: Will E die auf einem gemeinschaftlichen Grundbuchblatt geführten Grundstücke mit *einer* **21** Hypothek für eine Darlehensforderung des G belasten, so kann dies nur in der Form der Gesamthypothek geschehen (§ 1132). Das Gleiche würde gelten, wenn jedes Grundstück des E auf einem besonderen Grundbuchblatt geführt würde. Aber die Vereinfachung des Verfahrens im ersten Fall ist augenscheinlich: der Grundbuchbeamte braucht in Abteilung III des gemeinschaftlichen Grundbuchblatts nur die Nummern der Grundstücke zu vermerken, die für die Hypothek haften.

b) Vereinigung

Die Vereinigung hat – anders als die Zusammenschreibung – formalrechtliche *und* materiellrechtliche Bedeutung: Mehrere Grundstücke werden zu *einem* Grundstück vereinigt; hierzu ist eine rechtsgeschäftliche Willenserklärung des Eigentümers gegenüber dem Grundbuchamt und Eintragung im Grundbuch erforderlich (§ 890 Abs. 1 BGB, § 5 GBO). Die bisher auf den einzelnen Grundstücken lastenden Rechte bestehen an diesen fort, neue Rechte können nur an dem Gesamtgrundstück begründet werden. **22**

c) Zuschreibung

Bei der Zuschreibung (§ 890 Abs. 2 BGB, § 6 GBO) wird auf eine Erklärung des Eigentümers hin ein bisher selbständiges Grundstück einem anderen, ihm gehörigen Grundstück als „Bestandteil" zugeschrieben. Auch hier bleiben die bisher bestehenden Belastungen an den einzelnen Grundstücken bestehen, jedoch mit der wichtigen Ausnahme, daß die auf dem Hauptgrundstück lastenden Grundpfandrechte sich nunmehr auch auf das Nebengrundstück erstrecken[2], dabei freilich den auf dem zugeschriebenen Grundstück schon lastenden Rechten nachgehen (§ 1131). **23**

Beispiel: E ist Eigentümer des Wohngrundstücks a, das mit einer am 1. 10. 1980 eingetragenen Hypothek zugunsten des H belastet ist. 1983 erwirbt er das danebenliegende Gartengrundstück b, auf dem noch ein Nießbrauch zugunsten der Mutter des Verkäufers lastet. Hier ergeben sich folgende Möglichkeiten: **24**
(1) Beide Grundstücke werden nach wie vor auf getrennten selbständigen Grundbuchblättern geführt.
(2) Das Grundbuchamt schreibt beide Grundstücke von Amts wegen auf ein gemeinschaftliches Grundbuchblatt zusammen.

---

[1] Ähnlich § 3 Abs. 4 GBO n.F., der § 3 Abs. 3 lit. a GBO a.F. modifiziert, s. zur a.F. *Wendt,* Rpfleger 1992, 457; s.a. unten Rn. 47–52.
[2] S. zur Zu- und Abschreibung bei Hypothekenbriefen Anhang 3 und 3a; vgl. aber auch den Sonderfall in BayObLG Rpfleger 1995, 151.

§ 15 III III. Abschnitt. Liegenschaftsrecht

(3) Auf Antrag des E werden beide Grundstücke zu *einem* Grundstück (c) vereinigt; sie verlieren damit ihre rechtliche Selbständigkeit. Die Hypothek lastet jedoch nach wie vor nur auf dem (bisherigen) Grundstück a, der Nießbrauch auf dem (bisherigen) Grundstück b.

(4) E läßt das Grundstück b dem Grundstück a zuschreiben. Die Hypothek erstreckt sich jetzt auch auf das Grundstück b (geht aber dem Nießbrauch im Range nach, selbst wenn dieser später eingetragen worden war), nicht jedoch erfaßt der Nießbrauch auch das Grundstück a.

Ob die eine oder die andere Möglichkeit gewählt wird, hängt von Zweckmäßigkeitserwägungen ab (s. a. BayObLG Rpfleger 1996, 332); so wird der Eigentümer von einer Vereinigung oder Zuschreibung absehen, wenn er beabsichtigt, den Garten später wieder zu verkaufen.

25 Eine Zuschreibung soll unterbleiben, wenn hiervon Verwirrung zu besorgen wäre (§ 6 Abs. 1 GBO).[1] Seit dem Registerverfahrensbeschleunigungsgesetz von 1993 sollen Vereinigungen und Zuschreibungen nur noch bei unmittelbar aneinandergrenzenden und im selben Grundbuchbezirk liegenden Grundstücken vorgenommen werden (§§ 5 Abs. 2, 6 Abs. 2 GBO; s. aber LG Marburg Rpfleger 1996, 341).

3. Grundstücksgleiche Rechte

26 Gewisse Rechte werden wie Grundstücke behandelt (grundstücksgleiche Rechte). Der Gesetzgeber will damit erreichen, daß sie wie Grundstücke veräußert und belastet werden können.

a) Das Erbbaurecht

Zunächst einmal gehört zu den grundstücksgleichen Rechten nach Bundesrecht das Erbbaurecht (§§ 11, 14 ff. ErbbauRV, vgl. auch nunmehr § 6 a GBO; dazu unten § 29 C, Rn. 28 ff.). Es ist daher ein *Erbbaugrundbuch* anzulegen. Auf dem Grundbuchblatt des Grundstücks (des Eigentümers) erscheint das Erbbaurecht als Belastung, im Erbbaugrundbuch dagegen werden die das Erbbaurecht betreffenden Rechtsvorgänge (z. B. Veräußerung, Belastung mit einer Hypothek) aufgezeichnet (§§ 54–60 GBV).

b) Das Wohnungseigentum

Nach § 7 WEG ist für jedes Wohnungseigentum (dazu unten § 29 B, Rn. 5 ff.) ein *Wohnungsgrundbuch* anzulegen. Das bisher für das Grundstück einheitlich geführte Grundbuchblatt splittert sich also in die verschiedenen Wohnungsgrundbücher der Wohnungseigentümer auf (§§ 7–9 WEG). Nach teilweise vertretener Ansicht ist das Wohnungseigentum als grundstücksgleiches Recht zu qualifizieren (z. B. *Staudinger/Gursky* § 890 Rn. 16), die wohl h. M. erblickt darin allerdings modifiziertes echtes Eigentum (BayObLG Rpfleger 1994, 108; *Soergel/Stürner* § 1 WEG Rn. 2a f. m. Nw.; unten § 29 Rn. 10 ff.).

c) Gebäudeeigentum

Zum Gebäudeeigentum in den neuen Bundesländern, das dem Erbbaurecht ähnelt, ausführlich § 63 Rn. 7 und 50 m. Nw.

4. Buchungsfreie Grundstücke

27 Grundstücke, die nach der Erfahrung nicht veräußert oder belastet werden, sind buchungsfrei; dies sind Grundstücke der öffentlichen Hand (Einzelheiten vgl. § 3 Abs. 2 u. 3 GBO). Soll jedoch ein solches Grundstück veräußert oder belastet werden, so muß zuvor ein Grundbuchblatt angelegt werden. Auch kann der Eigentümer die Eintragung jederzeit beantragen (§ 3 Abs. 2 GBO).

---

[1] S. dazu OLG Frankfurt a. M. Rpfleger 1993, 396 u. beispielhaft BayObLG Rpfleger 1994, 250, 456 m. Anm. *Wendt*. Zur Frage, ob ein Grundstück einem Wohnungseigentum als Bestandteil zugeschrieben werden kann, s. zuletzt (bejahend) BayObLG Rpfleger 1994, 108.

IV. Die eintragungsfähigen Rechte

1. Der Maßstab des § 892

Weder das BGB noch die GBO enthalten eine gesetzliche Bestimmung, aus der sich ergibt, welche Rechte und Rechtsverhältnisse eintragbar sind. Bei der Bestimmung des Kreises der eintragungsfähigen Rechte wird man also vom Zweck des Grundbuchs, die Rechtsverhältnisse an Grundstücken darzustellen, ausgehen müssen. Dabei wird sich freilich eine gewisse Einschränkung als erforderlich zeigen; denn es wäre zwecklos und würde zu einer Überladung des Grundbuchs führen, wollte man auch solche Rechte in das Grundbuch aufnehmen, deren Verlautbarung für den Rechtsverkehr rechtlich irrelevant ist, wie etwa die Eintragung eines Miet- oder Pachtrechts. M. a. W.: Das Kriterium dafür, „was" eintragbar ist, werden wir dem § 892 entnehmen müssen; denn dort ist der für den redlichen Rechtsverkehr maßgebende Grundbuchinhalt umschrieben.

2. Die einzelnen eintragungsfähigen Rechte und Rechtspositionen

a) Rechte am Grundstück und grundstücksgleiche Rechte

Nach dem Maßstab des § 892 sind zunächst eintragungsfähig alle dinglichen Rechte an Grundstücken und alle grundstücksgleichen Rechte[1], § 892 Abs. 1 S. 1.

b) Dingliche Rechte an Grundstücksrechten

Eintragungsfähig sind des weiteren alle dinglichen Rechte an Grundstücksrechten (§ 892 Abs. 1 S. 1); als solche kommen nur Nießbrauch und Pfandrecht an einem übertragbaren Grundstücksrecht in Betracht, z.B. Nießbrauch an einer Hypothek.

c) Verfügungsbeschränkungen und Erwerbsverbote

Einer Eintragung zugänglich sind auch die praktisch wichtigen relativen Verfügungsbeschränkungen (§ 892 Abs. 1 S. 2). Dabei ist zu unterscheiden zwischen solchen Verfügungsbeschränkungen, die dem Schutz bestimmter Personen dienen und nur diesen Personen gegenüber zur Unwirksamkeit führen (§§ 135, 136, Beschlagnahme durch Zwangsversteigerung und Zwangsverwaltung, §§ 20 Abs. 1, 146 Abs. 1 ZVG, Veräußerungsverbote auf Grund einstweiliger Verfügung, § 938 Abs. 2 ZPO), und anderen Verfügungsbeschränkungen, die zwar gegenüber jedermann wirken, jedoch auf bestimmte Zwecke (Konkurs bzw. Insolvenz, §§ 6, 7,[2] 106, 113 KO bzw. §§ 80, 81,

---

[1] Dazu oben § 3 Rn. 23 ff. und oben Rn. 26
[2] Siehe *Baur/Stürner* II, InsolvenzR, Rn. 8.6 ff. Die Terminologie ist hier uneinheitlich, überwiegend wurde § 7 KO als absoluter, aber sachlich durch den Konkurszweck beschränkter Unwirksamkeitsgrund dargestellt (so *Kuhn/Uhlenbruck* § 7 Rn. 6 a). Hierauf deutet auch der Wortlaut des neuen

21 Abs. 2 Nr. 2, 23 Abs. 3, 32 InsO, Nachlaßverwaltung, § 1984 Abs. 1 S. 1, Testamentsvollstreckung, § 2211, Nacherbschaft, §§ 2112 ff.[1]) begrenzt sind.

32 Gleichgestellt werden die in der Praxis entwickelten *Erwerbsverbote* auf Grund einstweiliger Verfügung:

Beispiel: V hat sein Grundstück an K verkauft und aufgelassen. Angenommen der Kaufvertrag sei formnichtig (§§ 313 S. 1, 125), so ist doch die formgerechte (§ 925) Auflassung für V bindend (§ 873 Abs. 2 BGB), kann also von ihm nicht widerrufen werden. Würde K im Grundbuch eingetragen, so würde er damit Eigentümer, V könnte das Eigentum nach § 812 Abs. 1 S. 1 nicht mehr kondizieren, weil Heilung des Grundgeschäftes (§ 313 S. 2) eingetreten ist. *Vor* der Eintragung aber kann V den Erlaß eines Erwerbsverbots im Wege der einstweiligen Verfügung erwirken; dieses Verbot ist ein Eintragungshindernis (BayObLG Rpfleger 1978, 306 m. Nw.; 1997, 304). Wird K dennoch eingetragen, so ist der Erwerb des Eigentums dem V gegenüber unwirksam. Wird – was zulässig ist, sobald der Erwerber selbst mit seinem Recht eingetragen wird –, das Erwerbsverbot im Grundbuch eingetragen, so wirkt es in entsprechender Anwendung des § 892 Abs. 1 S. 2 auch einem dritten redlichen Erwerber gegenüber.[2]

d) Widerspruch

33 Ebenfalls eintragungsfähig ist der Widerspruch gegen die Richtigkeit des Grundbuchs (§ 892 Abs. 1 S. 1).

e) Vormerkung

34 Schließlich gehört hierher die Vormerkung; denn sie ist nach § 883 erst wirksam, wenn sie im Grundbuch eingetragen ist.

3. Nicht eintragungsfähige Rechte und Rechtsverhältnisse[3]

a) Nicht anerkannte Sachenrechte

35 Zum einen gehören hierher solche Rechte, die nicht als dingliche Rechte an Grundstücken anerkannt sind (Grundsatz des numerus clausus der Sachenrechte!).

Die Antichrese (ein Nutzpfandrecht) z. B. ist in das BGB nicht übernommen, sie könnte daher nicht eingetragen werden (freilich läßt sich der gleiche Erfolg auch im geltenden Recht dadurch erzielen, daß einem Grundpfandgläubiger auch der Nießbrauch am Grundstück bestellt wird).

---

§ 81 InsO hin. Die Eintragungsfähigkeit ist dagegen wegen § 7 Abs. 1 Hs. 2 KO unbestritten. Die verschiedenen Arten von Verfügungsverboten behandelt *Bülow* JuS 1994, 1.

[1] Zum Nachweis des Eintritts der Nacherbfolge s. BGH NJW 1982, 2499. – Zur Unwirksamkeit der Verfügung des Vorerben s. BGH NJW 1985, 382 und *Jauernig/Stürner* § 2113 Anm. 1 d.

[2] RGZ 117, 287; 120, 118; *Habscheid*, FS Schiedermair, 1976, 245; *Foerste*, Grenzen der Durchsetzung von Verfügungsbeschränkung und Erwerbsverbot im Grundstücksrecht, 1986, S. 114 ff.; *Jahr*, GS Schultz, 1987, 117; krit. MünchKomm/*Wacke* § 888 Rn. 24; *Staudinger/Gursky* § 888 Rn. 71; befürwortend *Soergel/Stürner* § 873 Rn. 6 und § 888 Rn. 13; *Wieling* § 1 III 4 c; *Müller* Rn. 823; *Böttcher* BWNotZ 1993, 25. BayObLG Rpfleger 1997, 304 betrifft nur den Fall der Eintragung des Erwerbsverbotes *vor* Eintragung des Ersterwerbers, die nicht zulässig ist.

[3] Über die Erweiterung des Kreises der eintragungsfähigen Rechtsverhältnisse durch § 1157 S. 2 s. unten § 38 Rn. 71 ff. und § 45 Rn. 34 ff.; 61 ff.; zur Eintragung des Rechtshängigkeitsvermerks s. § 18 Rn. 42 Fn. 2.

b) Obligatorische Rechte und Vereinbarungen

Auch obligatorische Rechte, selbst wenn sie ihrer Rechtswirkung nach einen dinglichen Einschlag haben, wie Miete und Pacht, sowie sonstige obligatorische Vereinbarungen, wie etwa die Unentgeltlichkeit eines dinglichen Wohnrechts nach § 1093,[1] können nicht eingetragen werden.

36

c) Persönliche Verhältnisse

Darüber hinaus sind persönliche Verhältnisse, die – auch wenn sie eingetragen wären – keinen öffentlichen Glauben genössen, wie etwa Geschäftsunfähigkeit, Betreuung und Verehelichung, nicht eintragbar.

37

Eintragbar sind aber
aa) Angaben, die der Individualisierung des Berechtigten dienen (Name, Stand, Wohnort, vgl. § 15 GBV).
bb) Güterrechtliche Verhältnisse, die zu einer Veränderung der Rechtszuständigkeit führen, wie die Gütergemeinschaft, die Gesamthandseigentum der Ehegatten am Gesamtgut bewirkt (§ 1416).
Über die Frage, ob der Grundbuchrichter die Verfügungsbeschränkung des Ehegatten nach § 1365 im gesetzlichen Güterstand der Zugewinngemeinschaft zu beachten hat, s. unten § 22 Rn. 17 ff.

d) Absolute Verfügungsbeschränkungen

Nicht eintragungsfähig sind weiter absolute Verfügungsbeschränkungen, die schon kraft Gesetzes jedermann gegenüber wirken (so z. B. die Verfügungsbeschränkung nach § 1365 oder die im Landwirtschaftsrecht bestehenden Verfügungsbeschränkungen bei Veräußerung landwirtschaftlicher Grundstücke, s. unten § 27 Rn. 4 ff.).[2]

38

e) Rechtsgeschäftliche Verfügungsbeschränkungen

Rechtsgeschäftliche Verfügungsbeschränkungen sind nicht eintragbar, da sie nach § 137 nicht mit dinglicher Wirkung ausgestattet sind.

39

Beispiel: E hat sich seinem Nachbarn N – einem Hotelier – gegenüber verpflichtet, sein Grundstück nie an einen Konkurrenten des N zu verkaufen. Diese „Verfügungs"beschränkung ist nicht eintragbar. Verkauft E an einen anderen Gastwirt G, so wird dieser Eigentümer; N kann lediglich einen Schadensersatzanspruch gegen E geltend machen.
Besser ist die Rechtsstellung des N, wenn E sich bereit findet, dem N ein dingliches Vorkaufsrecht zu bestellen (§ 1094). Dagegen wäre es nach h. M. (str., *Stürner* AcP 194, 266, 280; s. a. § 33 Rn. 8 ff.) nicht zulässig, daß E dem N eine Grunddienstbarkeit des Inhalts bestellt, daß E das Grundstück nicht an einen Gastwirt veräußern darf (wohl aber, daß auf dem Grundstück kein Hotel betrieben werden darf).
Beachte aber die Zulässigkeit dinglicher Verfügungsbeschränkung in §§ 5 ErbbauVO, 12, 35 WEG und bei „verdinglichten" Forderungen (s. a. § 4 Rn. 21 f.)! Diese Beschränkungen sind eintragungsfähig.

---

[1] BayObLG NJW-RR 1993, 283; zu den Grenzen der „Verdinglichung" von Zusatzvereinbarungen bei dinglichen Rechten *Stürner* AcP 194, 268 f., 281 m. Nw.
[2] Ausnahme nach BayObLG Rpfleger 1994, 343: (absolute) Verfügungsbeschränkungen aus § 161 Abs. 1, 2; wegen § 161 Abs. 3 u. E. zutreffend!

f) Öffentlich-rechtliche Rechtsverhältnisse und Belastungen

40 Nicht eintragungsfähig sind ferner öffentlich-rechtliche Rechtsverhältnisse und Belastungen, wie z.B. Beschränkungen durch Baufluchtlinien, Straßenbaulasten und öffentliche Vorkaufsrechte.[1]

Obwohl gerade diese Beschränkungen für den Erwerber eines Grundstücks sehr einschneidend sein können! So wenn K ein Grundstück kauft, das laut Grundbuch völlig unbelastet ist, bei dem sich dann aber später herausstellt, daß es auf Grund örtlicher Vorschriften (Bebauungsplan) nicht bebaut werden darf. Hier ist K auf Mängelgewähransprüche gegen den Verkäufer nach §§ 459 ff. beschränkt.

g) Löschungsanspruch nach § 1179a

41 Schließlich kann auch der Löschungsanspruch nach § 1179a BGB (s. unten § 46 Rn. 33 ff.) nicht ins Grundbuch eingetragen werden: er ist gerade zur Grundbuchentlastung geschaffen!

4. Eintragungsfähigkeit und Eintragungsbedürftigkeit

42 Von der Eintragungs*fähigkeit* ist die Eintragungs*bedürftigkeit* zu unterscheiden. Wir müssen uns erinnern, daß nur *rechtsgeschäftliche* Rechtsänderungen an Grundstücksrechten zu ihrer Wirksamkeit der Eintragung bedürfen, *nicht* aber nicht-rechtsgeschäftliche, also solche, die unmittelbar auf Gesetz oder auf einem Staatsakt (z.B. Zuschlag in der Zwangsversteigerung) beruhen.

43 *Beispiel:* Will E sein Grundstück an K veräußern, so *muß* die Eigentumsänderung im Grundbuch eingetragen werden. Beerbt K den E, so wird er mit dessen Tod kraft Gesetzes Eigentümer auch des Grundstücks, selbst wenn das Grundbuch darüber zunächst keine Auskunft gibt. Freilich *kann* K als Eigentümer eingetragen werden, aber dies ist dann lediglich eine Grundbuchberichtigung.

Es gilt also die *Regel:* Alle *rechtsgeschäftlichen* Rechtsänderungen an Grundstücken sind eintragungs*bedürftig*, alle *nicht-rechtsgeschäftlichen* Rechtsänderungen sind eintragungs*frei*, aber doch eintragungs*fähig*.

V. Äußere Form, Einteilung und Zweck des Grundbuchs

1. Funktion und Inhalt des Grundbuchs

44 Das Verständnis der Grundbucheinrichtung macht dem Anfänger mangels Anschauung erfahrungsgemäß Schwierigkeiten.[2] Die Einrichtung des Grundbuchs wird aber verständlicher, wenn man sich vergegenwärtigt, was im Grundbuch enthalten sein muß, soll es seinen Zweck, ein Bild über die Rechtslage zu geben, erfüllen. Es muß Auskunft geben:

45 a) *über das Grundstück,* seine Bezeichnung, seine Größe, seine Lage,

b) *über den Eigentümer* und den *Rechtsgrund* seines Eigentumserwerbs,

Als Eigentümer ist eintragungsfähig (*„Grundbuchfähigkeit"*) jede natürliche oder juristische Person (zur ausländischen Kapitalgesellschaft OLG Hamm Rpfleger 1995, 153); ferner alle Personenverbindungen, die nach der gesetzlichen Regelung Träger von Vermögensrechten sein können; sie sind

---

[1] Dazu *Walter* JA 1981, 322; *Soergel/Stürner* § 873 Rn. 27 (mit Ausnahmen).
[2] Es empfiehlt sich, bei der Lektüre des folgenden Textes die am Ende des Lehrbuchs in Anhang 1 und 2 abgedruckten Grundbuchmuster (und die Bemerkungen dazu) heranzuziehen.

§ 15. Die Einrichtung des Grundbuchs

entweder mit ihrer Firma zu bezeichnen (so z. B. die oHG und KG; dazu BayObLG Rpfleger 1981, 192 und § 15 Abs. 1 b GBV) oder durch Angabe der einzelnen Gemeinschafter unter Angabe des sie verbindenden Rechtsverhältnisses (§ 47 GBO; z. B. Bruchteilsgemeinschaft, Erbengemeinschaft[1], Gesellschaft bürgerlichen Rechts[2] etc.). Eine gegründete, aber noch nicht im Handelsregister eingetragene und daher noch nicht rechtsfähige GmbH (AG) ist als Gründerorganisation eintragbar[3].
Nicht eintragbar ist ein Nichtrechtsfähiger (z. B. ein nichtrechtsfähiger Verein), s. *K. Schmidt* NJW 1984, 2249; *Jung* NJW 1986, 157; OLG Zweibrücken Rpfleger 1986, 12; a. A. für politische Parteien *Konzen* JuS 1989, 20 m. Nw. und *Morlok/Schulte-Trux* NJW 1992, 2058. Praktische Abhilfe bei Großorganisationen schafft die Eintragung eines *treuhänderischen* Eigentümers.

c) über die mit dem Grundeigentum *verbundenen Rechte*, also z. B. eine zugunsten des Grundstücks bestehende Grunddienstbarkeit, etwa ein Wegerecht, **46**

d) über die auf dem Grundstück ruhenden *Lasten*.

2. Das Grundbuchblatt

Diese Aufgabe wird *technisch* wie folgt bewältigt: **47**

Über jedes Grundstück – oder über mehrere zusammengeschriebene Grundstücke – wird ein Grundbuchblatt geführt (§ 3 Abs. 1 Satz 1 GBO); dieses Grundbuchblatt ist „das Grundbuch" im Sinne des BGB (§ 3 Abs. 1 Satz 2 GBO).[4]

„Grundbuch" im Sinne des materiellen Rechts ist also nicht der Band, in dem mehrere Grundbuchblätter zusammengefaßt sind! Die Grundbuchblätter können zu festen Bänden zusammengefaßt sein oder in „Loseblattform" geführt werden (§ 1 Abs. 1 Satz 1 GBO). Durch die wichtigste Neuerung des Registerverfahrensbeschleunigungsgesetzes 1993 ist eine gesetzliche Grundlage für das EDV-Grundbuch eingeführt worden (§§ 126–134 GBO).[5] Zunächst soll mit der Umstellung auf eine voll elektronische Führung in Bayern und Sachsen begonnen werden.

Das Grundbuchblatt ist – neben der *Aufschrift* (Bezeichnung des Amtsgerichts, Nummer des Bandes u. Blattes) – in mehrere „Gruppen", technisch: „Bestandsverzeichnis" und „Abteilungen" aufgegliedert (§ 4 GBV): **48**

a) Bestandsverzeichnis

Die Untergliederung beginnt mit dem Bestandsverzeichnis (§§ 6, 7 GBV). **49**
Wie sein Name sagt, soll es über den Bestand des Grundstücks oder der Grundstücke Auskunft geben.

---

[1] Beispielsfall: BayObLG Rpfleger 1990, 503 (Erbengemeinschaft mit „Untergemeinschaften").

[2] Zur BGB-Gesellschaft im Grundbuchverfahren *Eickmann* Rpfleger 1985, 85; nach BGH NJW 1997, 2754 (Scheckfähigkeit) könnte sich für die Grundbuchfähigkeit der BGB-Gesellschaft ein Wandel anbahnen; zur Rechtsfähigkeitsdiskussion zuletzt *Cordes* JZ 1998, 545.

[3] BGHZ 45, 338, 348; gleich für „KG in Gründung" BayObLG Rpfleger 1985, 353. Falls GmbH, AG oder KG entstehen, ist das Grundbuch entsprechend zu berichtigen. Von der Gründungsgesellschaft ist die Vorgründungsgesellschaft zu unterscheiden, die eine BGB-Gesellschaft *(Jauernig/Stürner* § 705 Anm. 2 d und e) und entsprechend einzutragen ist. Guter Überblick bei *Böhringer* Rpfleger 1988, 446 ff.; ferner allgemein *Jaschke,* Gesamthand und Grundbuchrecht, 1991.

[4] Bei der Buchung sog. dienender Grundstücke (Grundstücke im Miteigentum meist benachbarter Grundstückseigentümer ohne selbständige wirtschaftliche Bedeutung) muß für diese nicht unbedingt ein eigenes Grundbuchblatt angelegt werden, § 3 Abs. 4 bis 9 n. F. GBO, s. zuvor schon OLG Celle Rpfleger 1992, 473 und *Wendt* Rpfleger 1992, 457 (gegen den Wortlaut des § 3 Abs. 3 a. F. GBO); s. a. oben Rn. 20 f.

[5] S. hierzu *Holzer* NJW 1994, 481, 483; *Frenz* DNotZ 1994, 153 und *Göttlinger* DNotZ 1995, 370; *Böhringer* BWNotZ 1994, 25; *Keller* BWNotZ 1994, 73.

Es enthält daher
die laufende Nummer des Grundstücks,
die aus dem Kataster zu entnehmenden Angaben über die Gemarkung,
die Parzellennummer,
die Karte, in der die Parzelle verzeichnet ist,
die Größe des Grundstücks,
die Wirtschaftsart und
die Lage,
die mit dem Eigentum am Grundstück verbundenen Rechte.
Damit ist das Grundstück in seiner räumlichen Lage und Größe charakterisiert.

b) Abteilung I

50   Die in § 9 GBV geregelte Abteilung I kennzeichnet den Eigentümer und den Erwerbsgrund für das Eigentum.

Bei Miteigentum nach Bruchteilen sind die Anteile der Berechtigten, bei Gesamthandseigentum das Rechtsverhältnis anzugeben, auf dem das gemeinschaftliche Eigentum beruht (§ 47 GBO).

c) Abteilungen II und III

51   In §§ 10, 11 GBV erfahren die Abteilungen II und III ihre Regelung. Sie enthalten die Lasten und Beschränkungen, und zwar aus Gründen der Übersichtlichkeit,
die Abt. III die Hypotheken-, Grund- und Rentenschulden,
die Abt. II alle übrigen Lasten und Beschränkungen, also z.B. einen Nießbrauch, eine Grunddienstbarkeit, die Nacherbfolge, die Beschlagnahme durch Konkurseröffnung.

Technisch wäre es durchaus möglich, *alle* Lasten und Beschränkungen in *einer* Abteilung zusammenzufassen. Da aber Grundpfandrechte in der Praxis häufiger vorkommen als alle sonstigen beschränkten dinglichen Rechte, hat man sie in eine besondere Abteilung (III) verwiesen.

3. Realfolium und Personalfolium

52   Das eben geschilderte Bild des Grundbuchs entspricht dem Regelfall; man bezeichnet diese Form als Realfolium, weil an der Spitze die res, das Grundstück steht. Zugelassen ist aber auch die „Zusammenschreibung", bei der alle Grundstücke eines Eigentümers im Bestandsverzeichnis aufgeführt und in den Abteilungen in ihrem rechtlichen Schicksal festgehalten sind (§ 4 GBO).[1] Manche bezeichnen bereits diese – sehr häufige – Gestaltung als „Personalfolium"; sie ist aber letztlich nichts anderes als ein zusammengeführtes Realfolium. Beim „echten" Personalfolium wird das Grundbuch durch die persona, den Eigentümer gekennzeichnet. In Abt. I sind dann alle die Grundstücke aufgeführt, die dem Eigentümer im Bereich des Grundbuchamtes gehören. Das Personalfolium eignete sich für Gebiete mit überwiegend kleinparzelliertem Streubesitz und ist daher vor allem noch in Südwestdeutschland bei älteren Grundbuchblättern anzutreffen.
Der Unterschied zwischen Real- und Personalfolium liegt also im wesentlichen im Ausgangspunkt der Gliederung: beim Realfolium ist das Grundstück Ausgangspunkt, dem der Eigentümer zugeordnet ist; beim Personalfolium der Eigentümer, dem die Grundstücke zugeordnet werden. Anhang 1 zeigt ein „zusammengeschriebenes" Realfolium, Anhang 2 ein altes württembergisches Personalfolium.

---

[1] Zur „Zusammenschreibung" schon oben Rn. 20 f. Kritisch unter datenschutzrechtlichen Gesichtspunkten – Überblick über das Vermögen des Eigentümers auf einen Blick! – *Böhringer* Rpfleger 1989, 313; *Demharter* § 4 Rn. 7 f.

4. Die Publizität des Grundbuchs

Nachdem wir das Grundbuchblatt in groben Strichen gezeichnet haben, muß noch auf einige Fragen kurz hingewiesen werden, welche die Publizität des Grundbuchs und seines Inhalts (s. a. § 4 Rn. 9 ff.) betreffen.

53

a) Materielle Publizität und Grundbuchinhalt

Wer sich einen Überblick über die „Qualitäten" eines Grundstücks durch Einblick ins Grundbuch verschaffen will, wird alle die Einzelheiten ins Auge fassen, die sich aus ihm ergeben.

Ihn werden etwa die Angaben über die Wirtschaftsart genauso interessieren, wie die über die Größe des Grundstücks, den Zeitpunkt des früheren Erwerbs, die Belastung mit Grundpfandrechten u. s. f.

Damit ist aber keineswegs gesagt, daß er sich auch auf alle diese Angaben in gleicher Weise verlassen kann. In welchem Umfang seine Redlichkeit geschützt wird, ergibt sich vielmehr einzig und allein aus den §§ 892, 893. Darüber wird unten § 23 zu sprechen sein. Aber schon hier ist darauf hinzuweisen, daß es irrig wäre anzunehmen: wer in das Grundbuch Einblick nimmt, darf alles das, was er liest, für bare Münze nehmen!

54

Steht im Grundbuch, daß das Grundstück „Wald" sei, ist dieser aber längst gerodet, so kann der Erwerber des Grundstücks nicht etwa den Staat in Anspruch nehmen, „weil er zuviel bezahlt habe". Ist infolge eines Rechenfehlers – bei einwandfreier Grenzbestimmung – die Größe des Grundstücks falsch angegeben, so kann der Erwerber sich weder auf § 892 berufen noch einen Amtshaftungsanspruch geltend machen.

b) Formelle Publizität

Die Sorgfalt, die auf die Einrichtung des Grundbuchs und seine Übereinstimmung mit der materiellen Rechtslage verwendet wird, wäre weithin illusorisch, wollte man das Grundbuch als „Geheimsache" behandeln. Der Gesetzgeber verordnet das Gegenteil: Jeder *kann das Grundbuch einsehen,* „der ein berechtigtes Interesse darlegt" (§ 12 Abs. 1 GBO; § 43 GBV).[1]

55

Das Interesse braucht nicht gerade ein rechtliches zu sein, es genügt auch ein wirtschaftliches oder familiäres, ja u. U. ein allgemeines öffentliches;[2] es muß nicht bewiesen werden, es reicht aus, daß es dargelegt wird (hierzu BayObLG Rpfleger 1983, 272).

---

[1] Dazu *Schreiner* Rpfleger 1980, 51 (m. Nw.); *Böhringer* Rpfleger 1987, 181 ff.; 1989, 309 ff.; *Melchers* Rpfleger 1993, 309; BayObLG Rpfleger 1983, 272 (kein Einsichtsrecht von Maklern und Auskunfteien zur Geschäftsabwicklung); OLG Stuttgart Rpfleger 1983, 272 (Einsichtsrecht des Maklers zur Verfolgung von Provisionsansprüchen); BayObLG Rpfleger 1975, 361 (Einsichtsrecht des Personalkreditgebers); OLG Zweibrücken NJW 1989, 531 (Einsichtsrecht des Vollstreckungsgläubigers); BayObLG NJW 1993, 1142 (Einsichtsrecht des Mieters); OLG Hamm DNotZ 1986, 497 m. krit. Anm. *Eickmann* (Einsichtsrecht des künftigen Mieters); BVerfG NJW 1983, 281 (keine Privilegierung öffentlicher Bausparkassen bei Darlegung berechtigter Interessen gem. § 43 Abs. 1 GBV; hierzu *Feuerpeil* Rpfleger 1990, 450); LG Bonn Rpfleger 1993, 333 (auch Behörden bedürfen zur Einsicht eines berechtigten Interesses); LG Offenburg NJW-RR 1996, 1521 (pauschaler Vortrag einer Bank nicht ausreichend).

[2] Darunter soll auch „die demokratische Kontrollfunktion der Presse" fallen (OLG Hamm NJW 1988, 2482; neuerdings OLG Düsseldorf Rpfleger 1992, 18); hierzu *Eickmann* DNotZ 1989, 378;

§ 16 I   III. Abschnitt. Liegenschaftsrecht

56 Die Einsicht in EDV-Grundbücher wird durch die §§ 132 ff. GBO näher geregelt. Nach § 132 GBO kann auch bei einem anderen als dem örtlich zuständigen Grundbuchamt Einsicht genommen werden. Gerichten, Behörden und Notaren, dinglich Berechtigten u. a. kann ein *Online-Zugriff* eingeräumt werden, dessen Ausübung nur einer nachträglichen Kontrolle unterworfen ist (§ 133 GBO). Der Bundesjustizminister kann das Einsichtsrecht in EDV-Grundbücher näher regeln (§ 134 Satz 1 Nr. 2 GBO).

57 Das Einsichtsrecht erfaßt auch die noch nicht erledigten Eintragungsanträge, die Urkunden, auf die in einer Eintragung Bezug genommen ist (§ 12 Abs. 1 S. 2 GBO) und die Grundakten (§ 46 GBV). Für jedes Grundbuchblatt werden „Grundakten" angelegt; in ihnen werden – kurz gesagt – alle die Urkunden aufbewahrt, die sich auf die im Grundbuch enthaltenen Eintragungen beziehen (§ 24 GBV, § 10 GBO), also z. B. der Kaufvertrag und die Auflassung über ein Grundstück. Man kann sonach die Grundakten als Erläuterung des Grundbuchs bezeichnen: will man den im Grundbuch enthaltenen Rechtsvorgängen wirklich auf den Grund gehen, so muß man sie lesen!

Das Einsichtsrecht wird ergänzt durch das Recht, Abschriften zu fordern (§ 12 Abs. 2, 3 GBO), und durch das Einsichtsrecht in „grundbuchbegleitende" Verzeichnisse des Grundbuchamtes (§ 12 a GBO).

58 Das Einsichtsrecht bezeichnet man auch als Grundsatz der *formellen Publizität;* er ist die notwendige Parallele zur *materiellen Publizität,* worunter die „Übertragungs"-, „Vermutungs"- und „Gutglaubenswirkung" des Grundbucheintrags verstanden wird (s. §§ 4 Rn. 9 ff., 14 Rn. 11 ff.).

59 Das Einsichtsrecht ist auch justizförmig garantiert: Wem der Urkundsbeamte der Geschäftsstelle die Einsicht verweigert, kann die richterliche Entscheidung beantragen (§ 12 c Abs. 1 und 4 GBO) und dagegen dann Beschwerde an das Landgericht einlegen (§ 71 GBO; oben § 15 Rn. 6 ff.). Kein Recht auf vorheriges Gehör oder Beschwerde hat indessen nach bisher h. M. der betroffene Grundstückseigentümer, wenn einem Dritten die Einsicht gewährt wird (BGHZ 80, 126; str., a. A. OLG Düsseldorf Rpfleger 1992, 18).

60 Das *Datenschutzrecht* beeinflußt das Einsichtsrecht nicht unmittelbar (*Lüke* NJW 1983, 1407 u. *Lüke/Dutt* Rpfleger 1984, 253; *Böhringer* Rpfleger 1987, 182; 1989, 310; OLG Hamm DNotZ 1988, 378; zu Unrecht a. A. *Nieder* NJW 1984, 329, 336; s. aber nunmehr § 133 Abs. 5 GBO i. V. m. § 38 BDSG). Man wird jedoch davon auszugehen haben, daß die verfassungsrechtliche Gewährleistung informationeller Selbstbestimmung (BVerfGE 65,1 ff.) bei der Abwägung des berechtigten Interesses einfließen muß. Das bedeutet, daß die Praxis an das „Interesse" teilweise strengere Maßstäbe anlegen sollte (so auch *Westermann/Eickmann* § 85 V) und zumindest in Zweifelsfällen dem Betroffenen Gehör mit anschließender Beschwerdemöglichkeit zu gewähren ist – entgegen dem BGH.

VI. Das Grundbuch in den neuen Bundesländern

61 Die Probleme des Grundbuchs in den neuen Bundesländern sind in der Vorauflage (§ 15 VI) mit ihren historischen Bezügen ausführlich dargelegt. Den gegenwärtigen Rechtszustand und seine Entstehungsgeschichte behandelt § 63 Rn. 11–16, 26, 31 ff., 49 ff.

§ 16. Die Buchungsvorgänge – Das Eintragungsverfahren

I. Überblick über die Verfahrensgrundsätze

1 Das Grundbuch soll die Rechtslage an Grundstücken möglichst richtig und vollständig wiedergeben. Wie wir schon erörterten, erreicht der Gesetzgeber dieses Ziel mittelbar einmal dadurch, daß jede rechtsgeschäftliche Rechtsänderung zu ihrer Wirksamkeit der Eintragung im Grundbuch bedarf, zum an-

---

K. *Schmidt* JuS 1989, 144; ferner *Wieling* § 19 II 5 e; zum Gesamtproblem *Stürner,* Gutachten zum 58. DJT, 1990, S. A 49–A 51.

§ 16. Die Buchungsvorgänge – Das Eintragungsverfahren   I § 16

deren dadurch, daß jede unrichtige Eintragung infolge des möglichen gutgläubigen Erwerbs für den Berechtigten erhebliche Gefahren mit sich bringt; dieser hat also alles Interesse daran, Grundbuchstand und wahre Rechtslage – durch die Grundbuchberichtigung – zur Deckung zu bringen.

1. Der Antragsgrundsatz

Diese Ausnutzung der privaten Initiative zeigt sich verfahrensmäßig darin, 2 daß das Grundbuchamt regelmäßig nur *auf Antrag* tätig wird *(Antragsprinzip).* Ähnlich wie in der Mehrzahl aller Verwaltungsverfahren wartet also das Grundbuchamt einen Anstoß der Beteiligten ab, schreitet nicht von Amts wegen ein (Einzelheiten unten Rn. 7 ff.).

2. Die formelle Prüfung durch das Grundbuchamt

Liegt ein Antrag vor, so hat das Grundbuchamt zu prüfen, ob die Voraus- 3 setzungen für eine Rechtsänderung vorliegen. Das *materielle Recht* verlangt für eine wirksame Rechtsänderung – neben der Eintragung – die Berechtigung (also z.B. das Eigentum) des Verfügenden und die Einigung beider Teile über den Eintritt der Rechtsänderung (§ 873). Wollte man dem Grundbuchamt diese Prüfung auferlegen, so wäre es meist überfordert; zumindest wäre eine solche Nachprüfung sehr zeitraubend und schwierig. Das Gesetz (die GBO) begnügt sich daher mit „Surrogaten", aus deren Vorliegen man regelmäßig auch auf die materielle Wirksamkeit des dinglichen Rechtsgeschäfts wird schließen können:

a) Bewilligungsgrundsatz

Statt des Nachweises *der Einigung* begnügt sich das Grundbuchamt mit der 4 *Bewilligung* des Betroffenen, d.h. dessen, der das Recht „abgibt"; dabei geht man von dem Gedanken aus, daß nur derjenige die Eintragung eines anderen als Berechtigten bewilligen wird, der sich auch materiell über den Rechtsübergang geeinigt hat (s. unten Rn. 20 ff.).

b) Voreintragungsgrundsatz

Statt die *materielle Berechtigung* (also z.B. das Eigentum) des Verfügenden zu 5 eruieren, stellt das Grundbuchamt lediglich fest, ob der Verfügende bisher als Berechtigter im Grundbuch eingetragen war, ob m.a.W. die Voreintragung des Betroffenen gegeben ist (Grundsatz der Voreintragung des Betroffenen, unten Rn. 39 ff.). Dies beruht auf der Erwägung, daß die Vermutung des § 891 auch dem Grundbuchrichter zugute kommt, daß m.a.W. der als Berechtigter Eingetragene in aller Regel auch materiell berechtigt sein wird.

3. Form der Eintragungsunterlagen

Um eine gewisse Sicherheit zu erreichen, daß die für die Eintragung erfor- 6 derlichen Erklärungen auch wirklich abgegeben worden sind, müssen die

Eintragungsunterlagen in der Regel *öffentlich beurkundet oder beglaubigt* sein (s. unten Rn. 44 ff.).

4. Zusammenfassung

(dargestellt an einer Nießbrauchsbestellung des E zugunsten des N)

Materiellrechtliche Voraussetzungen	Grundbuchrechtliche Voraussetzungen
Eigentum des E	*Voreintragung* des E im Grundbuch
Einigung zwischen E und N über die Bestellung des Nießbrauchs	*Bewilligung* des E, daß N als Nießbraucher eingetragen werde
Formlose Einigung	Bewilligung in *öffentlich beurkundeter* oder *beglaubigter* Form
	Antrag des E oder N.

II. Das Antragsprinzip

7 Das Grundbuchamt wird regelmäßig *nicht* von Amts wegen, sondern nur auf Antrag tätig (§ 13 Abs. 1 Satz 1 GBO).

1. Der Antrag

Der Antrag veranlaßt den Grundbuchrichter zu einem Tätigwerden; er *begrenzt* aber auch den Umfang dieser Tätigkeit: Der Grundbuchrichter kann keine andere Eintragung vornehmen als die beantragte.[1] Entspricht der Antrag nach seiner Auffassung nicht der Rechtslage, so muß er ihn zurückweisen oder den Antragsteller zu einer Änderung oder Ergänzung des Antrags bewegen (§ 18 Abs. 1 GBO).

a) Rechtsnatur und Form

8 Seiner Rechtsnatur nach ist der Antrag eine *Prozeßhandlung,* die an das Grundbuchamt gerichtet ist, keine rechtsgeschäftliche Willenserklärung. Eine bestimmte *Form* ist für ihn nicht vorgeschrieben; da auf ihm aber der Zeitpunkt des Eingangs beim Grundbuchamt vermerkt werden muß (§ 13 Abs. 2 Satz 1 GBO; wichtig für die Reihenfolge mehrerer Eintragungen und damit für den späteren Rang des Rechts!), muß er in einem Schriftstück enthalten sein (ohne daß den Voraussetzungen des § 126 genügt sein muß) oder zur Niederschrift der Geschäftsstelle des Grundbuchamts erklärt werden (§ 13 Abs. 2 Satz 3 GBO; BayObLG DNotZ 1978, 240); s. ferner unten Rn. 16, 18.

b) Bedingungs- und Befristungsfeindlichkeit

9 Der Antrag ist bedingungs- und befristungsfeindlich (§ 16 Abs. 1 GBO).[2] Grund: Ob das Grundbuchamt überhaupt tätig werden soll oder nicht, soll nicht zweifelhaft sein. Der Antragsteller kann jedoch – auch stillschweigend (z. B. BayObLG Rpfleger 1988, 244) – mehrere beantragte Eintragungen voneinander abhängig machen, indem er bestimmt, daß „die eine Eintragung nicht ohne die andere erfolgen soll" (§ 16 Abs. 2 GBO). So etwa, wenn der Verkäufer beantragt, der Eigentumswechsel solle nur gleichzeitig mit der Restkaufpreishypothek zu seinen Gunsten eingetragen werden. Handelt der Grundbuchbeamte dem zuwider, so wird das Grundbuch nicht unrichtig, der Grundbuchbeamte hat aber gegen seine Amtspflichten verstoßen (§ 839).

---

[1] Das Grundbuchamt kann aber im Rahmen der Auslegung die Eintragung trotzdem selbständig fassen. Beispiel: BGHZ 47, 46; zur Auslegung allgemein *Böhringer* Rpfleger 1988, 389 ff.

[2] Beispiel: OLG Hamm NJW-RR 1992, 1299.

c) Stellvertretung

Stellvertretung bei Antragstellung ist zulässig, sie kann sich nach § 164 Abs. 1 S. 2 auch aus den Umständen ergeben (vgl. BayObLG Rpfleger 1992, 99 f.); der *beurkundende Notar* gilt als zur Stellung des Antrags ermächtigt (§ 15 GBO; Beispiele: OLG Braunschweig NJW 1961, 1362; BGHZ 72, 348, 352; zu den Grenzen BayObLG NJW-RR 1989, 1495 und LG Krefeld Rpfleger 1994, 59); darin liegt auch die Ermächtigung zur Einlegung der Beschwerde (bzw. Erinnerung), nicht aber zur Abgabe anderer Erklärungen, etwa der Eintragungsbewilligung (s. auch unten Rn. 30) oder gar zu Rangbestimmungen (BayObLG Rpfleger 1993, 13: nur bei darüber hinausgehender Ermächtigung). Zur erforderlichen Bestimmtheit der Vollmacht s. BayObLG NJW-RR 1993, 1362; 1995, 208 sowie zu den Folgen eines Verstoßes NJW-RR 1995, 209; zum Geltungszeitraum einer Vertreterbescheinigung s. OLG Frankfurt/M. Rpfleger 1995, 248.

10

d) Behördliches Ersuchen

Der Antrag wird ersetzt durch das im Gesetz vorgesehene *Ersuchen* einer Behörde auf Vornahme einer Eintragung (§ 38 GBO; s. ferner unten Rn. 48):
Ersuchen des Konkursgerichts auf Eintragung des Konkursvermerks im Grundbuch (§ 113 KO/§§ 23 Abs. 3, 32 InsO) – Ersuchen des Prozeßgerichts auf Eintragung eines Widerspruchs im Verfahren der einstweiligen Verfügung (§ 941 ZPO); hierzu *Demharter* Rpfleger 1997, 133 ff.

11

e) Ausnahme: amtswegige Verfahrenseinleitung

Ausnahmsweise wird das Grundbuchamt von Amts wegen tätig:
aa) bei Eintragung eines *Widerspruchs* oder einer *Vormerkung* nach § 18 Abs. 2 GBO (dazu unten Rn. 64 ff.) oder § 76 GBO;
bb) bei Eintragung eines *Amtswiderspruchs* oder einer *Amtslöschung* nach § 53 GBO (dazu unten Rn. 56 ff.) und § 71 Abs. 2 S. 2 GBO;
cc) in den – praktisch nicht sehr bedeutsamen – Fällen der §§ 82 ff. GBO (Zweck: Grundbuchbereinigung und -klarstellung!).[1]

12

2. Antragsberechtigung

Antragsberechtigt[2] ist der „gewinnende" wie der „verlierende" Teil wie beide zusammen (§ 13 Abs. 1 Satz 2 GBO), also z.B. bei einer Hypothekenbestellung sowohl der Eigentümer wie der Gläubiger.

13

Dieser doppelten Berechtigung kommt deshalb Bedeutung zu, weil der Antrag bis zum Vollzug der Eintragung *frei zurücknehmbar* ist (§ 31 GBO; s. a. unten Rn. 47), auch wenn der Zurücknehmende dadurch einer Verpflichtung zuwiderhandelt, ja selbst wenn die Einigung nach § 873 Abs. 2 schon bindend geworden ist, also nicht mehr widerrufen werden kann. Hätte in unserem Beispiel *nur* der Eigentümer die Eintragung der Hypothek beantragt, so könnte er – ohne Wissen des Gläubigers – den Antrag zurücknehmen und einem anderen Gläubiger eine – dann vorgehende – Hypothek bestellen. Die Rücknahme seines Antrags ist aber bedeutungslos, wenn *auch* der Gläubiger den Antrag gestellt hat. Ein Verzicht auf das Antragsrecht ist für das Grundbuchamt ohne Bedeutung (LG Frankfurt/M. Rpfleger 1992, 58; OLG Karlsruhe BWNotZ 1994, 69).
Mittelbar an der Eintragung Interessierte haben kein Antragsrecht (*Beispiele*: OLG Hamm Rpfleger 1990, 157, 158; OLG Rostock Rpfleger 1995, 15 m. krit. Anm. *Streblet*). Davon macht § 14 GBO eine Ausnahme zugunsten eines Gläubigers des Berechtigten, wenn er nur bei vorheriger, im Wege der Berichtigung erfolgter Eintragung seines Schuldners zu seinem Recht kommen kann.

---

[1] Amtswegige Berichtigung und Löschung insbesondere alter Rechte in den neuen Bundesländern gestattet teilweise auch das GrundbuchbereinigungsG; hierzu §§ 32 Rn. 17, 63 Rn. 49 ff., 53.
[2] Dazu *Böttcher* Rpfleger 1982, 52; zum Einfluß des Verlustes der Verfügungsbefugnis des Antragsberechtigten nach Stellung, aber vor Erledigung des Antrags *Venjakob* Rpfleger 1991, 284 (Ablehnung der Anwendung des § 878 – fragwürdig!).

§ 16 II III. Abschnitt. Liegenschaftsrecht

14 *Beispiel:* G hat gegen E einen Vollstreckungstitel über 10 000 DM. Er will auf dem Grundstück des E eine Zwangshypothek eintragen lassen (§ 867 ZPO). Im Grundbuch ist aber noch der verstorbene Vater V des E als Eigentümer eingetragen. Zufolge des Grundsatzes der Voreintragung (§ 39 GBO) muß das Grundbuch zuvor berichtigt werden. *Diesen* Antrag kann auch G stellen. Den Nachweis der Unrichtigkeit des Grundbuchs – den ihm § 14 GBO *nicht* abnimmt! – führt G durch einen Erbschein, dessen Ausfertigung er vom Nachlaßgericht erhält (§ 85 FGG).[1]
Weiterer Beispielsfall: LG Dortmund NJW 1960, 679.

3. Wirksamwerden des Antrags

15 Der Antrag wird mit seinem *Eingang* beim Grundbuchamt wirksam. Dieser *Zeitpunkt* ist für den späteren Rang des Rechts von entscheidender Bedeutung: § 17 GBO bestimmt nämlich, daß eine früher beantragte Eintragung vor einer später beantragten vorgenommen werden muß. Die zeitliche Reihenfolge der Anträge ist maßgebend für die Reihenfolge der Eintragungen im Grundbuch (§ 45 GBO). Nach dieser Reihenfolge aber bestimmt sich der Rang des Rechts (§ 879; s. unten § 17).

16 Daraus ergibt sich, daß der Zeitpunkt des Antragseingangs genau fixiert werden muß, und zwar nach Tag, Stunde und Minute (§ 13 Abs. 2 S. 1 GBO). Der Antrag ist dann eingegangen, wenn er einem zur Entgegennahme zuständigen Beamten des Grundbuchamts (§ 13 Abs. 3 GBO; s. schon § 15 Rn. 3f.) vorgelegt, „präsentiert" wird. Wird der Antrag zu Protokoll eines solchen Beamten erklärt, „so ist er mit dem Abschluß der Niederschrift eingegangen" (§ 13 Abs. 2 S. 3 GBO). Gleichzeitig eingegangene Anträge, die dasselbe Recht betreffen, erhalten gleichen Rang (§ 45 Abs. 1 2. Halbs. GBO).

Verstößt freilich der Grundbuchbeamte gegen § 45 Abs. 1 2. Halbs. GBO, so ist das sich aus dem Grundbuch ergebende Rangverhältnis maßgebend.

4. Materiellrechtliche Wirkungen des Antrags

17 Der Antrag soll das Grundbuchamt zu einem Tätigwerden veranlassen, er hat also in erster Linie verfahrensrechtliche Bedeutung. Ihm kommen aber auch gewisse materiellrechtliche Auswirkungen zu:
a) einmal – wie wir schon sahen (s. oben § 15 Rn. 3 f., 13) – für die Rangbestimmung des Rechts;
b) ferner für die Auswirkung von Verfügungsbeschränkungen, die den Verfügenden betreffen: eine solche ist bedeutungslos, wenn sie erst ergeht, *nachdem* der Antrag auf Eintragung beim Grundbuchamt gestellt ist und die Erklärung im Sinne des § 873 Abs. 2 bindend geworden ist (§ 878; Einzelheiten unten § 19 Rn. 35 ff.);
c) schließlich für den Zeitpunkt der Gutgläubigkeit bei einem Erwerb vom Nichtberechtigten (§ 892 Abs. 2).

5. Antrag und Eintragungsbewilligung

18 Im Antrag kann *gleichzeitig die Eintragungsbewilligung* enthalten sein (vgl. § 30 GBO; RGZ 169, 317; OLG Frankfurt Rpfleger 1980, 63), er bedarf aber dann der für diese vorgeschriebenen Form (§ 29 Abs. 1 S. 1 GBO). Umgekehrt kann in einer Eintragungsbewilligung ein Antrag liegen, wenn sich aus ihr das Begehren ergibt, das Grundbuchamt möge tätig werden.

6. Verwirkung

19 Das Antragsrecht kann grundsätzlich nicht verwirkt werden (BayObLG NJW-RR 1993, 1489; vgl. auch BGHZ 48, 351).

---

[1] Ist der Erbschein noch nicht erteilt, so kann ihn auch G beantragen (§§ 896, 792 ZPO).

III. Der Bewilligungsgrundsatz[1]

1. Formelles und materielles Konsensprinzip

Nach § 19 GBO erfolgt eine Eintragung, wenn derjenige sie bewilligt, 20 dessen Recht von ihr betroffen wird. Dieser bedeutsame Satz der GBO enthält das sog. formelle Konsensprinzip; der Grundbuchbeamte begnügt sich mit der Einverständniserklärung des Betroffenen, ohne die materiellrechtlich notwendigen Willenserklärungen – meist die Einigung (§ 873 Abs. 1), materielles Konsensprinzip – nachzuprüfen. Dem liegt, wie schon gesagt (oben Rn. 1 ff.), der Gedanke zugrunde, daß der Betroffene eine solche Erklärung nur abgeben wird, wenn er sich mit dem „gewinnenden" Teil wirklich geeinigt hat.[2]

Die Bewilligung bedarf der Form des § 29 GBO (s. unten Rn. 44 ff.) und muß das Grundstück entsprechend der Eintragung im Grundbuch bezeichnen (§ 28 GBO).[3]

2. Grundfragen der Eintragungsbewilligung

Dem Verständnis der Einzelheiten der Eintragungsbewilligung steht häufig 21 entgegen, daß folgende Fragen nicht scharf genug getrennt werden:

a) In welchem Verhältnis steht die Eintragungsbewilligung zu der (den) materiellrechtlich erforderlichen Willenserklärung(en)? (unten Rn. 23 f.)

b) Welche Rechtsnatur kommt der Eintragungsbewilligung selbst zu? (unten Rn. 25 ff.)

Ferner ist zu beachten, daß die *Richtung* der Eintragungsbewilligung verschieden sein kann: Sie kann – dies ist der Regelfall – die Herbeiführung einer Rechtsänderung bezwecken *(Änderungsbewilligung),* sie kann aber auch lediglich auf die Berichtigung des Grundbuchs gerichtet sein *(Berichtigungsbewilligung).*

Beispiele: Hat E dem H eine Hypothek bewilligt, so wird mit der Eintragung des H (und der Einigung) die Rechtsänderung, eben die Hypothekenbestellung perfekt. 22

Ist H versehentlich als Hypothekar eingetragen worden, so dient die von ihm abgegebene Löschungsbewilligung nur der Berichtigung des Grundbuchs.

Schließlich muß erwähnt werden, daß das Wort „Eintragung" in § 19 GBO auch die Löschung eines eingetragenen Rechts umfaßt; in diesem Fall spricht man von *Löschungsbewilligung.*

Beispiel: BayObLG Rpfleger 1983, 480.

3. Eintragungsbewilligung und materiellrechtliche Willenserklärung

Eintragungsbewilligung und die nach materiellem Recht erforderliche Wil- 23 lenserklärung sind scharf zu scheiden.

---

[1] Dazu *Wolfsteiner* DNotZ 1987, 67 (m. Nw.).
[2] Zur Löschung von Grundpfandrechten bei nicht erreichbarem Berechtigten s. *Wenckstern* DNotZ 1993, 547.
[3] BayObLG Rpfleger 1981, 147; DNotZ 1983, 172; gegen allzu enge Auslegung BGHZ 90, 323, 327/328; Rpfleger 1987, 452 u. zuletzt OLG Köln DNotZ 1992, 371 sowie BayObLG DNotZ 1993, 388.

Voraussetzungen und Wirkung der materiellrechtlichen Erklärungen bestimmen sich nach BGB, Voraussetzungen und Wirkungen der Eintragungsbewilligung nach Grundbuchrecht (wobei freilich – wie wir sehen werden – die Grundsätze des bürgerlichen Rechts vielfach entsprechend heranzuziehen sind).

Beispiele: E hat sich mit H wirksam über die Bestellung einer Hypothek geeinigt (§ 873 Abs. 1), hat jedoch die Eintragungsbewilligung nicht in gehöriger Form (oder im Zustand der Geschäftsunfähigkeit) abgegeben. Wird H eingetragen, so hat er die Hypothek erworben, mag auch die Bewilligung unwirksam gewesen sein.

E hat zugunsten seiner Ehefrau F eine Grundschuld bewilligt, ohne diese je zu verständigen, also sich mit ihr zu einigen. Wird die F eingetragen, so ist das Grundbuch unrichtig; denn es fehlt an einer wirksamen Einigung, obwohl die Eintragungsbewilligung in Ordnung ist.

24   Möglich ist es jedoch, daß in der materiellrechtlichen Erklärung gleichzeitig die grundbuchrechtliche Eintragungsbewilligung liegt und umgekehrt; ob dies der Fall ist, ist Auslegungsfrage. Sie wird vor allem dann zu bejahen sein, wenn auch die materiellrechtliche Erklärung dem Grundbuchamt gegenüber abzugeben ist oder doch *auch* ihm gegenüber abgegeben werden kann (vgl. z.B. §§ 875 Abs. 1 Satz 2, 876 Satz 3, 1196 Abs. 2).

Beispiele: Bewilligt der Eigentümer für sich selbst die Eintragung einer Grundschuld (§ 1196 Abs. 2), so liegt darin gleichzeitig die nach § 1196 Abs. 2 erforderliche Erklärung. Leidet diese Bewilligung an einem Formmangel, wird aber die Grundschuld eingetragen, so ist sie wirksam entstanden, weil die Erklärung nach § 1196 Abs. 2 materiellrechtlich keiner Form bedarf.

Hat E sich mit dem G über die Bestellung einer Grundschuld in notarieller Form geeinigt, fehlt aber die Eintragungsbewilligung, so ist diese in der Einigungserklärung des E mitenthalten, wenn sich aus dem Antrag ergibt, daß E sofortigen Vollzug wünscht.

Weiteres Beispiel: BGHZ 60, 46, 52f.

4. Rechtsnatur der Eintragungsbewilligung

25   Die Bestimmung der Rechtsnatur der Eintragungsbewilligung macht Schwierigkeiten einmal deshalb, weil die GBO selbst keinen Anhaltspunkt gibt:

Wie soll sich der Grundbuchrichter verhalten, wenn zwar die Eltern namens des minderjährigen Eigentümers die Einigung über die Bestellung einer Grundschuld erklärt haben, die Eintragungsbewilligung aber von dem Minderjährigen selbst abgegeben wird? (z.B. weil die Eltern inzwischen verstorben sind),

zum anderen deshalb, weil § 19 GBO selbst auf die Bewilligung des „Betroffenen" abstellt, also damit auf den materiellen Rechtsträger verweist.

26   Die Lösung wird wie folgt zu finden sein: Die Eintragungsbewilligung ist zwar eine *Willenserklärung des Verfahrensrechts* (so BGHZ 84, 202, 207: verfahrensrechtliche Lösung). Fraglich ist aber, ob die Vorschriften des BGB über Willenserklärungen entsprechende Anwendung finden; u.E. mangels verfahrensrechtlicher Regelungen zu bejahen.

Daraus ergibt sich:

27   a) Die Eintragungsbewilligung ist wie eine *einseitige amtsempfangsbedürftige* Willenserklärung zu behandeln (§ 130 Abs. 3 mit Abs. 1 u. 2; BGHZ 84, 202:[1] einschränkend). Zugang bei dem durch sie Begünstigten genügt nicht (str.; a. A. wohl OLG Hamm Rpfleger 1989, 148, 149).

---

[1] Dazu *Ertl* Rpfleger 1982, 407 (m.w.N.); *Nieder* NJW 1984, 329, 331. Schon vorher *Ertl* DNotZ 1964, 260; 1967, 399, 406, 562; Rpfleger 1980, 41, 46.

§ 16. Die Buchungsvorgänge – Das Eintragungsverfahren   III § 16

b) Sie kann *nichtig oder anfechtbar* sein (a. A. die wohl h. M.: statt aller *Demharter* § 19 Rn. 115; *Kuntze/Ertl/Herrmann/Eickmann* § 19 Rn. 184); die Anfechtung ändert aber nach Vollzug der Eintragung an der Rechtslage nichts, wenn die materiellrechtliche Erklärung (z. B. die Einigung) fehlerfrei ist. Sie ist auslegungsfähig.[1]   28

c) Sie ist eine *abstrakte* Willenserklärung, also vom Rechtsgrund, auf dem sie beruht, unabhängig.   29

Beispiel: E verlangt von dem als Nießbraucher eingetragenen N die Berichtigung des Grundbuchs mit der Behauptung, der Nießbrauch sei nicht wirksam bestellt. N bewilligt die Berichtigung, weil er sich nach § 894 dazu verpflichtet glaubt; der Nießbrauch wird gelöscht. Hier ist die Bewilligung grundbuchrechtlich wirksam, auch wenn sich herausstellt, daß der Nießbrauch rechtsgültig war, die Berichtigungsbewilligung also ohne Rechtsgrund abgegeben wurde (freilich ist nunmehr materiellrechtlich das Grundbuch unrichtig, weil in der Berichtigungsbewilligung nicht die nach materiellem Recht notwendig gewesene Aufhebungserklärung nach § 875 liegt!).

d) *Stellvertretung* ist zulässig, auch Vertretung ohne Vertretungsmacht. Ist Betroffener ein Geschäftsbeschränkter, Geschäftsunfähiger, so muß die Bewilligung durch den gesetzlichen Vertreter abgegeben werden. Nach h. M. ist auch eine Vollmacht an den beurkundenden Notar möglich;[2] dieser kann dann in einer sog. *Eigenurkunde* als Stellvertreter die Bewilligung erklären (str. BGHZ 78, 36).   30

e) Obwohl die Eintragungsbewilligung als solche keinen Einfluß auf die materielle Rechtslage hat (sofern nicht in ihr gleichzeitig die materiellrechtliche Willenserklärung steckt!), also *keine Verfügung* darstellt, ist sie doch *wie eine Verfügung zu behandeln;* denn sie bringt durch die Änderung des Buchstandes eine Änderung der Rechtsstellung mit sich. Daraus ergibt sich die entsprechende Anwendung des § 185 BGB.   31

5. Der Bewilligungsberechtigte

Zur Bewilligung berechtigt ist der in seinem Recht Betroffene.   32

a) Bei Änderungsbewilligungen

Dies ist bei einer Änderungsbewilligung der wahre Rechtsträger, wobei sich jedoch auch der Grundbuchrichter auf § 891 berufen, also den als Berechtigten Eingetragenen als solchen behandeln kann (s. auch BGHZ 66, 341).[3]

b) Bei Berichtigungsbewilligungen

Bei der Berichtigungsbewilligung ist entweder der Buchberechtigte oder der wahre Berechtigte betroffen.   33

Beispiele: Zu a). Für H ist eine Hypothek auf dem Grundstück des E eingetragen. Das Darlehen ist bereits zurückbezahlt, so daß in Wahrheit eine Eigentümergrundschuld besteht (§§ 1163 Abs. 1 Satz 2, 1177). Zur Bewilligung der Abtretung der „Hypothek" ist also E berufen (der aber wegen des Grundsatzes der Voreintragung – § 39 GBO – zuerst im Wege der Berichtigung als Inhaber der Eigentümergrundschuld eingetragen werden müßte).[4]

---

[1] Hierzu BGHZ 90, 323, 327; Rpfleger 1987, 452; BGHZ 92, 351, 355; NJW-RR 1991, 457, 458; 526, 527; zur Grenze der Eindeutigkeit BayObLG Rpfleger 1990, 363, 364; zur Beachtung gesetzlicher Auslegungsregeln OLG Stuttgart Rpfleger 1992, 154, 427 ff.; allgemein zur Auslegung von Grundbuchverfahrenserklärungen *Böhringer* Rpfleger 1988, 389 ff.

[2] Zur Reichweite von Prozeßvollmachten s. BGH Rpfleger 1992, 475.

[3] Zur Widerlegung der Vermutung zugunsten des eingetragenen Grundpfandrechtsgläubigers durch Brief und Abtretungserklärung instruktiv BayObLG NJW-RR 1991, 1398; und hierzu *Bestelmeyer* Rpfleger 1993, 279. Bei Belastungen ist der Rechtsträger auch dann Berechtigter, wenn der gesicherte Anspruch erst nach dem Tod des Rechtsträgers fällig werden soll, s. OLG Zweibrücken MDR 1992, 160.

[4] Die Praxis ist weniger streng! Vgl. zum Ganzen BGH NJW 1968, 1674; KG Rpfleger 1975, 136 (m. w. N.); BayObLG DNotZ 1990, 739, 740 und unten § 36 Rn. 119 (Beispiele).

Bewilligt H die Eintragung des Zessionars, so ist er zwar in Wahrheit nicht der Betroffene, aber der Grundbuchrichter darf ihn als solchen behandeln (§ 891), solange ihm die wahre Rechtslage nicht bekannt geworden ist (hierzu BayObLG DNotZ 1990, 739, 740).

Zu b). Ist E zu Unrecht als Eigentümer eingetragen, so ist er als „Buchberechtigter" zur Abgabe der Berichtigungsbewilligung verpflichtet.

Ist ein für N eingetragener Nießbrauch zu Unrecht gelöscht und soll er daher wieder eingetragen werden, so muß E – also der wahre Berechtigte – die berichtigungsweise Wiedereintragung des N bewilligen.

c) Bei Verfügungsbeschränkungen

34   Ist der Betroffene in der Verfügung beschränkt, so muß an seiner Stelle der zur Verfügung Berechtigte bewilligen; hierunter fallen vor allem die sog. Amtsverwalter, wie Konkurs- bzw. Insolvenz- und Nachlaßverwalter, Testamentsvollstrecker.

d) Mittelbar Beeinträchtigte

35   Der Kreis der Betroffenen wird erweitert auf die durch die Eintragung mittelbar in ihrem Recht Beeinträchtigten. Hierunter fallen

aa) diejenigen, deren Zustimmung nach materiellem Recht zur Rechtsänderung erforderlich ist (vgl. z. B. §§ 876, 1183);

bb) der Eigentümer im Falle der Löschung eines Grundpfandrechts (§ 27 GBO).

Diese praktisch bedeutsame Vorschrift beruht auf dem Gedanken, daß „hinter jedem Grundpfandrecht" potentiell ein Eigentümergrundpfandrecht steht, das z. B. im Falle der Hypothek bei Rückzahlung des Darlehens aktuell wird. Daher muß der Löschung stets *auch* der Eigentümer zustimmen, und zwar sowohl, wenn es sich um eine rechtsändernde Löschung („Aufhebung" nach § 875), als auch, wenn es sich um eine berichtigende Löschung handelt.

6. Vorlage der Auflassung

36   Die *Bewilligung genügt nicht* bei der Übereignung von Grundstücken; hier muß dem Grundbuchamt die *Auflassung* vorgelegt werden, beim Erbbaurecht die Einigung über seine Bestellung (§ 20 GBO); daneben ist nach h. M. eine Eintragungsbewilligung nicht erforderlich, sei es daß man in der Auflassung grundsätzlich die Eintragungsbewilligung mitgeteilt sieht,[1] sei es daß man mangels gegenteiliger Erklärung oder Anhaltspunkte eine entsprechende Auslegung der Auflassungserklärung befürwortet.[2]

Das Gesetz begnügt sich hier also nicht mit einem „Surrogat"! Der Grund ist unschwer in der besonderen Bedeutung des Eigentumsübergangs zu sehen. Daraus erklärt sich auch § 925 a. Es sollen also ohne rechtlichen Grund erfolgende Eigentumswechsel (§ 925 a) wie ohne gültige Auflassung vorgenommene Eigentumsumschreibungen (§ 20 GBO) verhindert werden.

Beispiel (BayObLG NJW-RR 1989, 910; *K. Schmidt* JuS 1989, 931): Aus der notariellen Beurkundung der Auflassung ergeben sich schwere Krankheit des Veräußerers und Zweifel des Notars an der Geschäftsfähigkeit (§ 104 Nr. 2). Hier muß der Grundbuchrichter die Zweifel an der Geschäftsfähig-

---

[1] So wohl RGZ 141, 374, 376 und hier die 15. Auflage; BayObLGZ 1956, 177.
[2] So eher BayObLG Rpfleger 1975, 26; *Ertl* Rpfleger 1980, 49; *Behmer* Rpfleger 1984, 306; *Demharter* § 20 Rn. 2.

§ 16. Die Buchungsvorgänge – Das Eintragungsverfahren

keit klären, ehe er einträgt. Da § 12 FGG nicht gilt (unten Rn. 49), muß er den Antragsteller auffordern, ärztliche Zeugnisse beizubringen (§ 18 GBO) und bei unbefriedigendem Ausgang den Antrag zurückweisen.
Weiteres *Beispiel:* BayObLG Rpfleger 1993, 58 (Verstoß gegen § 1149).

7. Eintragungen ohne Bewilligung

Die Bewilligung entfällt in einigen im Gesetz aufgeführten Fällen; die wichtigsten sind: § 22 GBO (kann die Unrichtigkeit des Grundbuchs durch öffentliche Urkunden nachgewiesen werden, so bedarf es keiner Berichtigungsbewilligung), §§ 885, 899 Abs. 2, 1139 BGB, § 26 GBO, § 38 GBO.[1]   37

8. Eintragungsbewilligung und Grundbuchinhalt

Die Eintragungsbewilligung öffnet nicht nur den Zugang zum Grundbuch, sie ist auch für den Inhalt des Grundbuchs bedeutsam. Um nämlich eine Überladung des Grundbuchs mit den Einzelheiten des einzutragenden Rechts zu verhindern, kann insoweit in der Eintragung auf die Eintragungsbewilligung Bezug genommen werden (vgl. etwa §§ 874, 877, 885 Abs. 2, 1115 BGB, § 49 GBO).[2] Die – zulässige – Bezugnahme bedeutet, daß die Eintragungsbewilligung als Bestandteil des Grundbuchs angesehen wird (daher die Notwendigkeit, die Grundakten genau einzusehen!).   38

IV. Der Grundsatz der Voreintragung des Betroffenen

1. Die Funktion des Voreintragungsgrundsatzes

Wie wir bereits wissen (oben Rn. 5), ersetzt die Voreintragung die Nachprüfung der materiellen Rechtsinhaberschaft des Bewilligenden. § 39 Abs. 1 GBO ist sonach im Grunde eine grundbuchrechtliche Konsequenz der Vermutungswirkung des § 891. Gleichzeitig soll damit erreicht werden, „daß der Rechtsstand des Grundbuchs nicht bloß im Endziel richtig, sondern in allen Entwicklungsstufen klar und verständlich wiedergegeben werde" (BGHZ 16, 101; RGZ 133, 279, 283).   39

2. Geltungsbereich des Voreintragungsgrundsatzes

Der Grundsatz der Voreintragung muß gewahrt werden, gleichgültig ob der Eintragung rechtsändernde oder nur berichtigende Bedeutung zukommt, gleichgültig ob sie auf Rechtsgeschäft oder einem Akt der Zwangsvollstreckung beruht.   40

3. Ausnahmen

a) Keine Zwischeneintragung des Erben

Ist der Berechtigte Erbe einer noch im Grundbuch eingetragenen Person und will er sein Recht übertragen oder aufheben, so wäre es Formalismus zu   41

---

[1] Das Handelsregister hat allerdings keine über § 32 GBO hinausgehende Beweiskraft, BayObLG DNotZ 1993, 601.
[2] Beispielsfälle: BGHZ 21, 34, 41; 47, 41; BGH NJW 1961, 2157; OLG Hamm Rpfleger 1989, 448; BayObLG NJW-RR 1989, 907, 908; s. a. § 19 Rn. 23 ff.

§ 16 V   III. Abschnitt. Liegenschaftsrecht

verlangen, daß er zuvor noch im Grundbuch eingetragen wird; denn er würde ja sofort wieder aus dem Grundbuch „verschwinden". Daher verzichtet § 40 GBO (dort noch weitere Ausnahmefälle) auf die Zwischeneintragung des Erben.[1]

Beispiel: Will der Erbe V des noch im Grundbuch eingetragenen E sein Grundstück an K veräußern, so braucht er nicht zuvor als Eigentümer eingetragen zu werden; er muß allerdings sein Erbrecht durch Erbschein oder öffentliches Testament oder Erbvertrag nachweisen (§ 35 Abs. 1 GBO), sofern nicht der Erbgang beim Grundbuchamt offenkundig ist.

Will V allerdings zugunsten des H eine Hypothek bestellen, so muß das Grundbuch zuvor durch seine Eintragung als Eigentümer berichtigt werden.

b) Übertragung von Briefpfandrechten

42   Bei Briefpfandrechten ist der Brief gewissermaßen ein im Besitz des Berechtigten befindlicher Teil des Grundbuchs. Der Hypothekar wird durch den Besitz des Briefes und öffentlich beglaubigte Abtretungserklärungen legitimiert (§ 1155); diese Legitimation genügt auch gegenüber dem Grundbuchamt (§ 39 Abs. 2 GBO), also z. B. dann, wenn der Zessionar des bisherigen Hypothekars Wert darauf legt, im Grundbuch eingetragen zu werden (§ 1154 Abs. 2); siehe noch oben Rn. 32 ff. und § 36 Rn. 119.

c) Kettenauflassung

43   Verzichtbar ist eine Voreintragung schließlich bei einer „Kettenauflassung" (s. § 19 Rn. 17).

V. Form

1. Öffentliche Beurkundung oder Beglaubigung

44   Wie wir wissen, verläßt sich der Grundbuchbeamte bei der Eintragung auf grundbuchrechtliche „Surrogate" der materiellrechtlichen Wirksamkeitsvoraussetzungen. Damit ist ein gewisses Risiko verknüpft. Um es zu vermindern, soll wenigstens sichergestellt werden, daß die Eintragungsunterlagen echt sind; das Gesetz verlangt daher grundsätzlich öffentliche Beurkundung, läßt aber in gewissen Fällen öffentliche Beglaubigung genügen (§ 29 GBO).

Die *öffentliche Beglaubigung* bezieht sich nur auf die Echtheit der *Unterschrift,* die *öffentliche Beurkundung* auch auf die Echtheit der abgegebenen *Erklärung.*

45   Als *Regel* kann man sich merken:

Eintragungsbewilligungen und sonstige *Erklärungen* bedürfen der öffentlichen Beurkundung oder der öffentlichen Beglaubigung (§ 29 Abs. 1 Satz 1 GBO).

Sonstige Eintragungsgrundlagen müssen entweder beim Grundbuchamt offenkundig oder öffentlich beurkundet sein (§ 29 Abs. 1 Satz 2 GBO).

Beruht die Eintragung auf einem Ersuchen einer Behörde, so genügt es, wenn das Ersuchen unterschrieben und mit Siegel oder Stempel versehen ist (§ 29 Abs. 3 GBO).

---

[1] Zur entsprechenden Anwendung auf andere Fälle der Gesamtrechtsnachfolge BayObLG NJW-RR 1989, 977; BezG Schwenn ZIP 1992, 214 (Treuhand); *Demharter* § 40 Rn. 9 ff. Keine Anwendung dagegen bei Sonderrechtsnachfolge (KG Rpfleger 1992, 430: Gesellschafterwechsel einer GbR unter Lebenden) und auf die Übertragung von Erbteilen (BayObLG NJW-RR 1995, 272).

2. Einzelne Formfragen

Folgende Einzelheiten sind von praktischer Bedeutung: **46**

a) Nachweis der Erbfolge

Der Nachweis der Erbfolge wird durch Erbschein oder das öffentlich beurkundete Testament des Erblassers (auch durch Erbvertrag) geführt, § 35 GBO (Beachte: das sog. privatschriftliche Testament ist zwar zunächst bequemer und billiger, im Todesfall ist aber ein Erbschein nötig, um das Grundbuch berichtigen zu können!).[1]

b) Nachweis registrierter Tatsachen

Ist die nachzuweisende Tatsache in einem Register vermerkt (z.B. die Bestellung zum Vorstand einer juristischen Person), so genügt ein *Zeugnis des Registergerichts* (§§ 32–34 GBO).

c) Form des Eintragungsantrages

Der Eintragungsantrag bedarf nur einer vereinfachten Schriftform (s. oben Rn. 8); enthält er aber **47** gleichzeitig die Eintragungsbewilligung (oder die Erteilung einer Vollmacht u.s.f.), so ist die Form des § 29 GBO einzuhalten (§ 30 GBO; oben Rn. 18). Das gleiche gilt grundsätzlich, wenn ein Eintragungsantrag zurückgenommen wird (§ 31 Satz 1 GBO; Grund: Der Eintragungsantrag hat insbesondere wegen der Rangwirkung erhebliche Bedeutung; es soll einerseits Klarheit bestehen, ob er wirklich zurückgenommen worden ist, andererseits sollen durch die notarielle Beratung vorschnelle Entscheidungen vermieden werden; zweifelhaft deswegen die Neuregelung in § 31 Satz 2 GBO, die eine Ausnahme für die Rücknahme von Berichtigungsanträgen vorsieht); s. a. oben Rn. 13.

d) Behördliches Ersuchen

Das Ersuchen der Behörde um Vornahme einer Eintragung ersetzt in den Fällen, wo das Gesetz **48** ein solches Ersuchen gestattet (und nur in diesen!), den Eintragungsantrag, die Eintragungsbewilligung (§ 38 GBO) und die sonst erforderliche Form (§ 29 Abs. 3 GBO), *nicht* aber die Voreintragung des Betroffenen! (Beispielsfälle: OLG Hamm Rpfleger 1983, 481; BayObLG NJW 1983, 1567, 1568 und DNotZ 1986, 146).

VI. Die „Buchung" – Das Eintragungsverfahren[2]

1. Dispositionsmaxime und abgewandelte Verhandlungsmaxime

Der Eintragungsantrag veranlaßt die Tätigkeit des Grundbuchamts und be- **49** stimmt gleichzeitig die Grenzen des Tätigwerdens. Das Grundbuchamt prüft, ob die für die Eintragung erforderlichen Voraussetzungen in gehöriger Form nachgewiesen sind; fehlende Eintragungsgrundlagen werden *nicht* von Amts wegen beschafft; § 12 FGG ist also nicht anwendbar.

Es gilt also die Dispositionsmaxime (Antrag bestimmt die Eintragung und ihren Inhalt, er ist zurücknehmbar) und die – abgewandelte – Verhandlungsmaxime (die Beteiligten liefern die Grundlage der Eintragung – keine Ermittlungen durch das Grundbuchamt: BayObLG Rpfleger 1982, 467 u.

---

[1] Die grundsätzliche Unabdingbarkeit des Erbscheins als Mittel zum Nachweis des Erbganges betonen BGHZ 84, 196 ff., BayObLG DNotZ 1989, 574 ff. und OLG Köln Rpfleger 1992, 342; vgl. dagegen LG Bochum Rpfleger 1992, 194, 427 m. Anm. *Peißinger*. Das Grundbuchamt hat Erbverträge und Testamente selbständig auszulegen, BayObLG Rpfleger 1995, 249.

[2] Zum Eintragungsverfahren s. *Müller* Rn. 828 ff.; ferner *Manfred Wolf* Rn. 333 ff.; *Wilhelm* Rn. 494 ff.

1983, 17; NJW-RR 1990, 721, 722; 1989, 910 und hierzu *K. Schmidt* JuS 1989, 931; *Eickmann* Rpfleger 1979, 169 ff.).

Ist ein Eintragungsantrag eingegangen, so hat das Grundbuchamt nur drei Möglichkeiten: es verfügt die Eintragung (Rn. 50 ff.), es lehnt den Antrag ab (Rn. 59 ff.) oder erläßt eine sog. Zwischenverfügung (Rn. 64 ff.).

2. Die Eintragung

a) Eintragungsverfügung und Vollzug

50 Sind alle Eintragungsvoraussetzungen gegeben, so verfügt der Grundbuchbeamte (Rechtspfleger) die Eintragung (diese Verfügung ist ein nur interner Vorgang – keine Mitteilung an die Beteiligten – keine Anfechtung!), die der Grundbuchführer vornimmt; sie wird dann von beiden unterschrieben (§ 44 Abs. 1 Satz 2 GBO).

b) Kenntlichmachung des Ranges

51 Werden mehrere dasselbe Grundstück betreffende Eintragungen am selben Tage vorgenommen, so ist ihr – dem Eingang der Anträge entsprechender – Rang kenntlich zu machen, sei es durch die räumliche Reihenfolge (in derselben Abteilung), sei es durch einen Rangvermerk, wenn die Eintragung in verschiedenen Abteilungen erfolgt (§ 45 GBO; wichtig für den Rang der Grundstücksrechte! s. unten § 17).

c) Löschung und Nichtmitübertragung

52 Wird ein Recht gelöscht, so wird ein Löschungsvermerk eingetragen (§ 46 Abs. 1 GBO). Die gleiche Wirkung hat die Nichtmitübertragung des Rechts, wenn das Grundstück auf ein anderes Blatt übertragen wird (§ 46 Abs. 2 GBO).

Beispiel: E veräußert von seinem großen, mit einer Hypothek des H belasteten Grundstück eine kleine Parzelle an den baulustigen K. H entläßt die Parzelle aus der Mithaft, d. h. er hebt seine Hypothek insoweit auf (§ 875). Bei Übertragung der Parzelle auf ihr neues Grundbuchblatt wird daher die Hypothek nicht mitübertragen; dies gilt als Löschung.

d) Bekanntmachung und Mitteilung

53 Über die Bekanntmachung der Eintragung an die Beteiligten sowie zu den Mitteilungen an andere Grundbuchämter und Behörden vgl. §§ 55–55 b GBO, §§ 39–42 GBV (Benachrichtigungen genau prüfen wegen § 839 Abs. 3! Nicht auf Benachrichtigung verzichten, wie dies vielfach formularmäßig geschieht!).

e) Die formale Bindungswirkung der Eintragung

54 Der Eintragung kommt eine formale Bindungswirkung zu, der Grundbuchrichter kann sie nicht abändern, auch wenn er erkennt, daß das Grundbuch durch sie unrichtig geworden ist. Er muß es den Beteiligten überlassen, eine Berichtigung herbeizuführen (§ 894 BGB – § 22 GBO).

Von diesem Grundsatz macht § 53 GBO zwei *Ausnahmen:*

aa) Amtslöschung bei inhaltlich unzulässigen Eintragungen

55 Inhaltlich unzulässige Eintragungen genießen nicht den Schutz des öffentlichen Glaubens, sie sind daher von Amts wegen zu löschen (§ 53 Abs. 1 Satz 2 GBO); z. B. Eintragung eines Mietrechts – Eintragung einer Hypothek ohne Angabe des Berechtigten – Eintragung eines Erbbaurechts nicht an erster Rangstelle (entgegen § 10 ErbbauRV; dazu BGHZ 51, 50). Zu Recht geht OLG Köln Rpfle-

ger 1989, 405 (mit insoweit abl. Anmerkung *Böttcher*) davon aus, daß inhaltliche Unzulässigkeit und materiellrechtliche Nichtigkeit zu unterscheiden sind und deshalb bei materiellrechtlicher Nichtigkeit gemäß §§ 134, 138, 242 BGB, 9–11 AGBG eine Amtslöschung nicht in Frage kommt. Die Gegenansicht würde materiellrechtliche Streitigkeiten allzusehr ins grundbuchrichterliche amtswegige Verfahren mit seinem Ausnahmecharakter („klare Fälle") verlagern (siehe noch unten Rn. 61 ff. und § 23 Rn. 15).

bb) Amtswiderspruch

Praktisch bedeutsamer ist die zweite Durchbrechung des Grundsatzes, die Eintragung eines *Amtswiderspruchs* nach § 53 Abs. 1 Satz 1 GBO. Sie ist unter zwei Voraussetzungen zulässig, wenn **56**

einmal das Grundbuchamt die Eintragung „unter Verletzung gesetzlicher Vorschriften vorgenommen hat"[1]

und

zum anderen durch diese Eintragung das Grundbuch unrichtig geworden ist und die Unrichtigkeit jetzt noch besteht (was z. B. nicht der Fall ist, wenn inzwischen ein redlicher Erwerb stattgefunden hat).[2] Nur wenn *beide* Voraussetzungen vorliegen, ist ein Amtswiderspruch möglich; er schließt dann den gutgläubigen Erwerb Dritter aus (§ 892).

Verfahrensrechtlich muß die Gesetzesverletzung feststehen, die Unrichtigkeit des Grundbuchs muß glaubhaft sein (BayObLG DNotZ 1982, 254/6; Rpfleger 1987, 101).[3] Unerläßlich ist die Eintragung des Widerspruchsberechtigten (BGH NJW 1962, 963; 1985, 3070; s. noch § 18 Rn. 16, 21).

Beispiele: Die X AG hat auf ihrem Grundstück für den G eine Hypothek eintragen lassen. Der Grundbuchrichter hat versäumt, sich die Vertretungsbefugnis des Vorstands durch Registerauszug nachweisen zu lassen. Zwar Verfahrensverstoß (§ 32 mit § 29 Abs. 1 S. 2 GBO)[4] – aber keine Unrichtigkeit des Grundbuchs: kein Amtswiderspruch. **57**

Im selben Fall ist das zu sichernde Darlehen nie ausbezahlt worden. Zwar Verfahrensverstoß (§ 32 mit § 29 Abs. 1 S. 2 GBO) *und* Unrichtigkeit des Grundbuchs (§§ 1163 Abs. 1 Satz 1, 1177: Eigentümergrundschuld!). Aber die Unrichtigkeit des Grundbuchs ist nicht *durch* den Verfahrensverstoß herbeigeführt worden: kein Amtswiderspruch (zweifelhaft! Manche fordern nur Ursächlichkeit der Eintragung für die Unrichtigkeit, nicht der Gesetzesverletzung; *Demharter* § 53 Rn. 25 ff.; unklar *Haegele/Schöner/Stöber* Rn. 401 ff.).

Ist die Einigung über die Hypothekenbestellung durch eine zur Vertretung der X AG nicht befugte Person – ohne Genehmigung des Vorstands (§ 177!) – erfolgt und hat diese auch die Eintragung bewilligt, so ist gegen § 32 mit § 29 Abs. 1 S. 2 GBO verstoßen *und dadurch* auch das Grundbuch unrichtig geworden: Amtswiderspruch!

Gegen die Eintragung des Amtswiderspruchs ist Beschwerde möglich; Grund: Der Widerspruch vernichtet zwar den öffentlichen Glauben, ist aber selbst nicht Gegenstand des öffentlichen Glaubens!

cc) Grenzen der Bindung

Die Bindung des Grundbuchamts an die Eintragung besteht insoweit nicht, als es sich nur um Angaben handelt, die am öffentlichen Glauben des Grundbuchs nicht teilnehmen. Daher können z.B. **58**

---

[1] Siehe dazu BGHZ 30, 255; auch bei Eintragungen im Wege der Zwangsvollstreckung kann auf dieses Erfordernis nicht verzichtet werden (*Münzberg* Rpfleger 1990, 253 gegen OLG Celle Rpfleger 1990, 112).

[2] Ebenso OLG Frankfurt Rpfleger 1978, 418; BayObLG DNotZ 1980, 745 u. Rpfleger 1981, 397 (Zuschlag in der Zwangsversteigerung); BayObLG Rpfleger 1987, 450, 451; NJW-RR 1989, 907; hierzu *K. Schmidt* JuS 1989, 1013; BayObLG Rpfleger 1993, 17.

[3] Zum Problem der Glaubhaftmachung von Gutgläubigkeit oder Böswilligkeit ausführlich *Demharter* Rpfleger 1991, 41 ff.

[4] Zu den Anforderungen an den Grundbuchantrag einer Gesellschaft s. *Böhringer* Rpfleger 1994, 449.

§ 16 VI III. Abschnitt. Liegenschaftsrecht

richtig gestellt werden: falsche Schreibweise des Namens des Berechtigten, dessen Stand, Wirtschaftsart des Grundstücks usw. Ohne die Voraussetzungen des § 53 GBO können gelöscht werden: unrichtige Testamentsvollstrecker- oder Nacherbenvermerke (§§ 51, 52 GBO, vgl. BayObLG Rpfleger 1992, 62 und KG NJW-RR 1993, 268), zu Unrecht eingetragene Widersprüche (RGZ 117, 346, 352) oder Verfügungsbeschränkungen, weil das Grundbuch insoweit keinen öffentlichen Glauben genießt; hingegen ist gegen die fehlsame Löschung dieser Eintragungen ein Amtswiderspruch nötig und möglich, weil die Löschung vom öffentlichen Glauben des Grundbuchs erfaßt ist (hierzu BayObLG Rpfleger 1987, 450 für gelöschte Vormerkung).

3. Die Antragsablehnung und die Prüfungspflicht des Grundbuchrichters

59 Liegen die Eintragungsvoraussetzungen nicht vor, so ist der *Antrag* abzulehnen (§ 18 GBO); dagegen Erinnerung bzw. Beschwerde (§ 71 GBO).[1]

Zu beachten ist, daß dem Antrag nicht teilweise stattgegeben werden kann.

Beispiel: Hat A seine Eintragung als Miteigentümer zu 1/2 beantragt, so kann ihn das Grundbuchamt nicht als Miteigentümer zu 1/4 eintragen, wenn dies seiner Auffassung nach der Rechtslage entspricht. Der Antrag muß abgelehnt werden.

Besondere Probleme bereitet die *Prüfungspflicht* des Grundbuchrichters:

a) Eingeschränkte materielle Prüfungspflicht

60 Sind zwar die grundbuchrechtlichen Voraussetzungen der Eintragung gegeben, erkennt der Grundbuchbeamte aber, daß das *materielle* dingliche Rechtsgeschäft unwirksam ist, so hat er den Antrag abzulehnen; denn er darf nicht die Hand dazu reichen, daß das Grundbuch sofort unrichtig wird (BGHZ 35, 135, 139; 106, 108, 110).[2]

Der Grundbuchrichter muß und darf nicht von sich aus nach Unwirksamkeitsgründen forschen, eine Prüfungspflicht trifft ihn nur bei Anhaltspunkten für die Unrichtigkeit des Rechtsaktes (BGH NJW 1986, 1687; *K. Schmidt* JuS 1989, 931; sehr weitgehend *Böttcher* Rpfleger 1990, 486 ff.); eine Ausnahme soll insoweit gelten, wenn sich die Zulässigkeit der Eintragung erst aus dem zugrunde liegenden materiell-rechtlichen Geschäft ergibt (s. OLG Köln Rpfleger 1992, 431 zur Eintragung eines Altenteils und hierzu *Mayer* Rpfleger 1993, 320). Für die Zurückweisung des Antrages müssen sich die Anhaltspunkte zur Überzeugung verdichtet haben (BGHZ 35, 135, 139/140; BayObLGZ 1987, 360; DNotZ 1995, 63; *Demharter* Anh. § 13 Rn. 29 ff.). Bei ernsthaften Zweifeln kommt eine Zwischenverfügung des Inhalts in Betracht, die Zweifel zu zerstreuen (BayObLG Rpfleger 1992, 152; s. auch unten Rn. 64 ff.). Bei der Unwirksamkeitsprüfung gilt zum einen die Vermutung des § 891 Abs. 1 auch für das Grundbuchamt (BayObLG DNotZ 1993, 335; OLG Zweibrücken Rpfleger 1997, 428), zum anderen ist grundsätzlich das Abstraktionsprinzip zu beachten, das regelmäßig die Nichtigkeitsgründe der §§ 134, 138, 119 BGB nicht auf das dingliche Geschäft übergreifen läßt (§ 5 Rn. 6 ff., 50 ff.; aufschlußreich BayObLG DNotZ 1990, 510: wirksame Nießbrauchbestellung bei fehlerhaftem Grundgeschäft, §§ 1643 Abs. 1, 1821 Abs. 1 Nr. 5; vgl. auch BayObLG Rpfleger 1993, 17 und OLG Oldenburg Rpfleger 1993, 330). Von dieser allgemeinen Prüfungspflicht ist aber die besondere Prüfungspflicht gemäß § 20 GBO zu unterscheiden (oben Rn. 36 und § 22 Rn. 15 f.; besondere Steitfragen ergeben sich aus § 1365 (s. § 22 Rn. 17 ff.). Das Grundbuchamt darf auch nicht entgegen besserem Wissen einen Rechtsverlust durch gutgläubigen Erwerb herbeiführen (§ 23 Rn. 38).

---

[1] Hierzu § 15 Rn. 7 und 11; ferner BGH NJW 1980, 2521 (nicht beschwerdefähige Mitteilung). Die Beschwerdeberechtigung im Eintragungsverfahren deckt sich grundsätzlich mit der Antragsbefugnis (BayObLG DNotZ 1989, 438).

[2] Zur Bindung des Grundbuchamtes an Feststellungsurteile s. BayObLG Rpfleger 1992, 101.

b) Die Prüfung Allgemeiner Geschäftsbedingungen

Ist das Grundbuchamt befugt, Allgemeine Geschäftsbedingungen auf ihre 61
Vereinbarkeit mit dem AGB-Gesetz nachzuprüfen (s. § 5 Rn. 19 ff.), so wenn
eine Hypothek eingetragen werden soll u. dabei auf die Allg. Geschäftsbedingungen des Gläubigers Bezug genommen wird (s. §§ 36 Rn. 44, 37 Rn. 28,
40 Rn. 3 f.)? Die Antwort ist äußerst umstritten.[1]

Der BGH hat die Frage bisher offengelassen (BGHZ 76, 371, 374); die Rechtsprechung der Oberlandesgerichte ist uneinheitlich (befürwortend BayObLG NJW 1980, 2818; eher zurückhaltend dann wieder OLG Köln Rpfleger 1989, 405). Man wird die AGB-Kontrolle auf *eindeutige* Fälle zu beschränken haben. Das bedeutet, daß die Unwirksamkeit nach §§ 10, 11 AGBG regelmäßig zu beachten sein wird, bei der Kontrolle nach § 9 AGBG aber Zurückhaltung geboten ist: keine „Pionierleistungen" des Grundbuchrichters!

Beispiele: In den einer Hypothekenbestellung zugrunde liegenden Darlehensbedingungen ist eine 62
gegen § 10 Nr. 6 AGBG verstoßende Zugangsfiktion bezüglich des Zugangs einer Kündigung der Hypothek durch den Gläubiger enthalten: Unwirksam und daher auch nicht im Wege der Bezugnahme eintragbar, weil das Grundbuch bezüglich der Kündigungsbestimmungen sofort unrichtig würde (BayObLG NJW 1980, 2818).

Eine Teilungserklärung, die den Inhalt künftigen Wohnungseigentums bestimmt (§ 29 Rn. 20 ff.), 63
will die Vertretung in der Eigentümerversammlung nur durch Angehörige zulassen und statuiert eine „Zwangsvertretung" durch den Verwalter für abwesende Wohnungseigentümer. Man wird die Kontrolle dieser Teilungserklärung anhand von § 138 BGB *und* § 9 AGBG für richtig halten müssen (allein für § 242 BGB BayObLG DNotZ 1989, 428 ff. m. Anm. *Weitnauer;* NJW-RR 1996, 1037; dagegen *Böttcher* Rpfleger 1990, 160; wie hier *Soergel/Stürner* § 8 WEG Rn. 3 m. Nw.; gegen AGB-Kontrolle auch OLG Hamburg FGPrax 1996, 132). Der Grundbuchrichter wäre aber mit dieser Prüfung überfordert (OLG Köln Rpfleger 1989, 405); bei fehlendem höchstrichterlichem Präjudiz kann und muß er eintragen (sehr str.!) und überläßt die Kontrolle dem Streitverfahren unter den Beteiligten (§ 43 WEG; s. a. LG Regensburg Rpfleger 1991, 1169).

4. Die Zwischenverfügung

Die sofortige Ablehnung des Antrags kann unbillig sein, wenn es sich um 64
geringfügige Mängel oder um rechtsungewandte Antragsteller handelt. Das
Gesetz (§ 18 GBO) gestattet daher dem Grundbuchamt *statt der Ablehnung* den
Erlaß einer Zwischenverfügung, durch die dem Antragsteller die Beseitigung
des Mangels innerhalb gewisser Frist auferlegt wird.

Gedanke der Fürsorge des Gerichts für die Parteien (vgl. § 139 ZPO)! Die Zwischenverfügung 65
sollte sämtliche Möglichkeiten der Beseitigung eines Eintragungshindernisses aufzeigen (OLG Frankfurt/M. NJW-RR 1993, 150). Die Zwischenverfügung ist bedeutsam, weil sie dem Antragsteller seine durch den Antrag erlangte Rechtsstellung wahren hilft (BayObLG Rpfleger 1983, 17). Geht nämlich während des Laufs der Frist ein anderer Antrag ein, der dasselbe Recht betrifft, so ist dieser zwar durch Eintragung zu erledigen, zugunsten des zuerst gestellten Antrags ist aber eine Vormerkung oder ein Widerspruch einzutragen (§ 18 Abs. 2 GBO). Die Vormerkung kommt in Betracht, wenn der erste Antrag auf eine Rechtsänderung, der Widerspruch, wenn er auf eine Berichtigung gerichtet ist.

Fehlt in unserem obigen Beispiel (Rn. 57) noch das Zeugnis des Registergerichts und hat das 66
Grundbuchamt deshalb eine Zwischenverfügung erlassen, so wird zugunsten des G eine Vormerkung eingetragen, wenn eine weitere Hypothek für D gebucht wird. Ergebnis: G erhält den ersten Rang, wenn das Registerzeugnis fristgerecht eingereicht wird.

---

[1] *Schlenker,* Die Bedeutung des AGBG im Grundbuchantragsverfahren (Tüb. Diss. 1982); *Eickmann* Rpfleger 1978, 1 ff.; *Ertl* Rpfleger 1980, 1, 7; DNotZ 1981, 49; *Böttcher* Rpfleger 1989, 408; *Wolf/Horn/Lindacher* § 9 Rn. 161; *Soergel/Stürner* § 873 Rn. 4; *Demharter* § 19 Rn. 32.

§ 16 VI   III. Abschnitt. Liegenschaftsrecht

Hat G nach Rückzahlung des durch die Hypothek gesicherten Darlehens die Löschung der Hypothek mit Zustimmung der X AG bewilligt, fehlt aber das Registerzeugnis, so wird ein Widerspruch eingetragen. Wenn G die Hypothek dennoch an D abtritt, so wird dessen gutgläubiger Erwerb dadurch ausgeschlossen. Weitere gute Beispiele: BayObLG NJW-RR 1990, 721, 722; 1989, 910; K. *Schmidt* JuS 1989, 931 (hierzu oben Rn. 36).

67   Geschäftsgewandte Antragsteller reichen – weil sie auf eine Zwischenverfügung hoffen – einen Antrag auch dann ein, wenn die Eintragungsunterlagen noch „nicht alle beieinander sind" (vgl. RGZ 126, 107). Sie wahren dadurch den Rang ihres Rechts. Ob allerdings das Grundbuchamt ablehnt oder die Zwischenverfügung erläßt, steht in seinem pflichtgemäßen Ermessen (s. dazu *Habscheid* NJW 1967, 225). Um eine Zwischenverfügung zu rechtfertigen, muß es sich aber um einen *rückwirkend behebbaren* Mangel oder um einen Mangel *grundbuchrechtlicher Art* handeln (BGHZ 27, 313; BayObLG DNotZ 1982, 438; Rpfleger 1984, 406; BayObLGZ 1988, 229; Rpfleger 1990, 197; OLG Hamm Rpfleger 1990, 292; BayObLG Rpfleger 1994, 58).

68   Da das Grundbuchamt heute vielfach zum „Büttel" staatlicher Wirtschaftslenkung geworden ist (die Veräußerung landwirtschaftlicher Grundstücke bedarf z.B. einer „Genehmigung" der Landwirtschaftsbehörde, s. § 27 Rn. 4 ff. – es ist ungewiß, ob ein staatliches Vorkaufsrecht ausgeübt wird, s. § 22 Rn. 28), die Beteiligten sich aber darüber häufig von vornherein nicht im klaren sind, kommt schon aus diesem Grunde der Zwischenverfügung erhebliche praktische Bedeutung zu (zu Genehmigungspflichten § 22 Rn. 24).

5. Die Gewährung rechtlichen Gehörs

69   Da im Regelfall der Betroffene die Eintragung bewilligen muß, spielt der Grundsatz der Gewährung des rechtlichen Gehörs nur dort eine Rolle, wo eine Eintragung ohne Bewilligung des Betroffenen erfolgt oder wo es sich um ein Beschwerdeverfahren handelt (vgl. *Ertl* Rpfleger 1979, 1, 9).

Übersicht 9

Grundbuchsachen

Sachliche Zuständigkeit	das AG (§ 1 GBO) – Aufteilung Richter – Rechtspfleger § 3 Nr. 1 h RechtspflegerG (Regel: Rechtspfleger)
Örtliche Zuständigkeit Anwendbares Recht	grundsätzlich Amtsgericht des Grundstücks, Zuständigkeitskonzentration möglich Zusammenhang mit mat. Recht des BGB: BGB enthält mat. Grundbuchrecht, GBO formelles
Aufgabenbereich des Grundbuchamts	Führung des Grundbuchs (§ 1 GBO)
Verfahrensgrundsätze	1. *Antragsprinzip* (§ 13 GBO). Ausnahmen: § 18 II – § 53 – §§ 82 ff. GBO 2. *Bewilligungsprinzip:* § 19 mit § 29 GBO: Änderungs-, Berichtigungs-, Löschungsbewilligung. Bewilligung durch den Berechtigten oder den nach dem Grundbuchstand in seinem „Recht" Betroffenen. – Bei Grundstücks*übereignung* Auflassung erforderlich (§ 20 GBO) 3. *Voreintragungsgrundsatz:* § 39 I GBO – Zusammenhang mit § 891 BGB! – Ausnahme: § 40 GBO
Entscheidung des Grundbuchamts	a) Eintragung (nicht abänderbar! nur Berichtigung nach § 894 BGB – § 22 GBO möglich; bei Fehlern Amtswiderspruch, § 53 GBO) b) Ablehnung des Antrags (§ 18 GBO) c) Zwischenverfügung (§ 18 GBO; wichtig: § 18 II GBO!)

§ 17. Der Rang der Grundstücksrechte

A. Allgemeine Grundsätze[1]

I. Die wirtschaftliche und rechtliche Bedeutung des Rangs

1. Die Konkurrenz mehrerer dinglich Berechtigter

Erinnern wir uns einen Augenblick daran, daß das Gesetz dem Eigentümer 1 die Macht verleiht, sich des ihm zustehenden Nutzungs- und Verwertungsrechts zu entäußern und es in Gestalt eines beschränkten dinglichen Rechts (eines Nutzungsrechts, z.B. Nießbrauchs oder eines Verwertungsrechts, z.B. einer Hypothek) einem anderen zu übertragen. Dies ist so lange problemlos, als nur *ein* Nutzungsrecht oder *ein* Verwertungsrecht bestellt ist. Die Lage ändert sich, wenn an ein- und demselben Grundstück mehrere beschränkte dingliche Rechte begründet sind: zwischen ihnen besteht eine Konkurrenz. Sie wird zwar in der Regel nicht aktuell, „solange alles gut geht", also etwa die verschiedenen Hypotheken vereinbarungsgemäß „bedient" (d.h. die Zins- und Amortisationsraten pünktlich bezahlt) werden. Muß aber das Grundstück – in der Zwangsversteigerung oder (und) Zwangsverwaltung – verwertet werden und reicht der Erlös für alle Beteiligten nicht aus, so wird die Konkurrenz der Rechte, ihr Verhältnis zueinander, *ihr Rang* von entscheidender Bedeutung.

Man könnte daran denken, alle beteiligten Rechte anteilmäßig zu berücksichtigen, wie dies im 2 Konkurs – dem Grundsatz nach – geschieht; dann gäbe es auch zwischen den beschränkten dinglichen Rechten keine Rangordnung. Aber ein solches Verfahren entspräche nicht der Gerechtigkeit; denn soll etwa ein Hypothekar dadurch beeinträchtigt werden, daß der Eigentümer nach Jahr und Tag auch einem anderen Gläubiger eine Hypothek bestellt, eine Situation, mit der der „erste Hypothekar" damals gar nicht rechnen konnte und auch nicht zu rechnen brauchte? Soll er es hinnehmen, mit seinem früher begründeten Recht ebenso behandelt zu werden wie die zeitlich später entstandene Hypothek, deren Inhaber die schon vorhandene Belastung kannte?

2. Rang und Beleihungskonditionen

Gesetz und Verkehr gehen daher davon aus, daß zwischen verschiedenen 3 beschränkten dinglichen Rechten eine Rangordnung besteht; sie basiert auf dem Gedanken, daß das früher begründete Recht den Vorrang vor dem zeitlich später entstandenen Recht hat. Entsprechend der unterschiedlichen, damit verbundenen Chance, bei einer zwangsweisen Verwertung des Grundstücks voll oder nur teilweise zum Zuge zu kommen, werden die Rechte bewertet:

---

[1] Neuere Literatur: *Streuer,* Rangdarstellung durch Rangvermerke, Rpfleger 1985, 388; *Böttcher,* Rangverhältnis im Grundbuchverfahren, BWNotZ 1988, 73; *Stadler,* Der Rang im Immobiliarsachenrecht – ein noch immer ungelöstes Problem, AcP 189, 427; *Wilhelm,* Der Rang der Grundstücksrechte aufgrund des Verfügungstatbestandes, insbesondere von Einigung und Eintragung, JZ 1990, 501 ff.; *Jungwirth,* Der vereinbarte Rang von Grundstücksrechten, 1990 (hierzu *Böttcher* Rpfleger 1990, 438; *Flume* JZ 1991, 133). Weitere Literaturangaben bei *Soergel/Stürner* vor § 879; *Westermann/Eickmann* vor § 96.

Eine „zweite Hypothek" bietet in dieser Richtung geringere Sicherheiten als eine „erste". Daraus werden folgende Konsequenzen gezogen:

a) Schlechtere Bedingungen für nachrangig gesicherte Darlehen

4   Die Bedingungen, zu denen Grundstücke darlehensweise beliehen werden, werden mit abnehmendem Rang für den Schuldner härter:

Zinssatz und Amortisationsquoten sind bei einer 1. Hypothek günstiger als bei der zweiten oder dritten. Denn die Nachhypothekare müssen mit dem Risiko des Ausfalls in der Zwangsversteigerung rechnen; sie verlangen also mit Recht als Risikoprämie einen höheren Zinssatz; sie zahlen auch u. U. den Darlehensbetrag nicht in voller Höhe aus, sondern berechnen ein „Damnum" („Disagio", s. § 36 Rn. 50).

Freilich wird dieses an sich selbstverständliche, für den Schuldner aber lästige „Gefälle" in der heutigen Praxis des Wohnungsbaus vor allem durch Einrichtungen der Selbsthilfe ausgeglichen: Die Bausparkassen – als genossenschaftliche Zusammenschlüsse der Bausparer – machen es sich zur Aufgabe, gerade zinsgünstige *zweite* Hypotheken auszugeben; das darin liegende Risiko wird durch eine Mischung von Ansparpflicht und breiter Streuung der Darlehen verringert. Der Staat übernahm im sog. sozialen Wohnungsbau die besonders gefährdete dritte Hypothek zu für den Schuldner günstigen Bedingungen; das Risiko wurde hier auf die Allgemeinheit abgewälzt.

b) Auf erstrangige Sicherheiten fixierte Kreditinstitute

5   Gewisse Geldinstitute werden von Staats wegen angehalten, Darlehen nur gegen erststellige Sicherheit zu gewähren. Dies gilt vor allem dem Grundsatz nach für die Sparkassen; denn bei ihnen kann „Mündelvermögen" angelegt werden, der Staat muß daher auch für eine sichere Anlage dieser Gelder sorgen. Ähnliche Grundsätze gelten für die Hypothekenbanken (s. dazu unten § 36 Rn. 28).

3. Die rechtliche Bedeutung des Rangs

6   Was die rechtliche Bedeutung des Rangs anlangt, so streitet man sich, ob er zum Inhalt des Rechts gehört, eine Eigenschaft des Rechts ist oder nur aus der besseren Lage im Konkurrenzverhältnis erwachsende Ansprüche gibt. Im wesentlichen sind dies Formulierungsfragen, aus denen praktische Konsequenzen nicht gezogen werden können. Seiner Wirkung nach erscheint der Rang als ein Faktor des Rechts*inhalts*.[1]

II. Grundsätze der Rangordnung

7   Bevor wir uns in die hier oft recht schwierigen Einzelheiten verlieren, ist es unabweisbar, sich mit den Grundgedanken vertraut zu machen und sie dem Gedächtnis einzuprägen.

1. Das Prioritätsprinzip

Die Rangordnung der Grundstücksrechte beruht auf dem Grundsatz des Vorzugs des *zeitlich früher entstandenen Rechts* vor dem später begründeten („prior tempore potior iure").

Wie wir schon sahen, entspricht diese Lösung der allgemeinen Gerechtigkeitsvorstellung, mag sie auch im konkreten Fall einmal unbillig erscheinen, weil der „fixere" Rechtsgenosse den Vorzug vor einem „geduldigen", dem Schuldner entgegenkommenden Gläubiger erhält.

---

[1] A. A. *E. Wolf* § 10 C II f., 416.

§ 17. Der Rang der Grundstücksrechte

Da sich die beschränkten dinglichen Rechte für den Rechtsverkehr aus dem Grundbuch ergeben, muß der Grundsatz der „Alterspriorität" (*Heck*) seinen Ausdruck im Grundbuch finden (Einzelheiten unten Rn. 13 ff.).

2. Prinzip der beweglichen Rangordnung

Die einmal gegebene Rangordnung ist nicht starr, fest, sondern beweglich. **8**

Soll der an zweiter Stelle eingetragene Hypothekar auf alle Zeiten diesen zweiten Rang behalten, auch wenn die erste Hypothek später – z. B. wegen Tilgung des gesicherten Darlehens – wegfällt?

Das Gesetz hat sich für die bewegliche Rangordnung entschieden,[1] aber davon in zwei Fällen aus Billigkeitsgründen *Ausnahmen* verordnet, die dann insoweit eine feste Rangordnung bewirken:

a) Keine Konsolidation

Bei *Vereinigung* von Eigentum und beschränktem dinglichem Recht geht **9** das beschränkte dingliche Recht nicht unter, sondern bleibt als solches bestehen (§ 889), hindert also im Rang nachfolgende Rechte am Aufrücken.

Beispiel: E hat dem N einen Nießbrauch, später dem H eine Hypothek bewilligt. Beerbt N den E, so bleibt sein Nießbrauch (als Recht an eigener Sache) bestehen, hindert also eine Rangverbesserung des H.

b) Eigentümergrundpfandrecht bei fehlender Forderung

Praktisch bedeutsamer ist die zweite Durchbrechung des Grundsatzes: Bei **10** der Hypothek führt die Nichtentstehung oder das Erlöschen der gesicherten Forderung *nicht* zu ihrem Untergang und damit zu einem Aufrücken der nachfolgenden Gläubiger, das Pfandrecht steht vielmehr jetzt dem Eigentümer als Eigentümerpfandrecht zu (vgl. § 1163 Abs. 1 mit § 1177; weitere Tatbestände §§ 1163 Abs. 2, 1168, 1170 Abs. 2).

Wenn wir uns daran erinnern, daß sich der 2. (und 3.) Hypothekar seinen schlechteren Rang regelmäßig hat bezahlen lassen, wird uns der Grund dieser Regelung deutlich. **11**
In der Praxis haben freilich schon früher die nachfolgenden Gläubiger ein Aufrücken dadurch erreicht, daß sie mit dem Eigentümer eine Vereinbarung trafen, in der sich dieser verpflichtete, das auf ihn übergegangene Grundpfandrecht sofort löschen zu lassen; dieser Löschungsanspruch wurde durch eine Vormerkung gesichert *(Löschungsvormerkung).* Diese Praxis war so allgemein geworden, daß der Gesetzgeber durch Ges. v. 22. 6. 1977 jedem Grundpfandberechtigten einen im Grundbuch nicht mehr eingetragenen, *gesetzlichen Löschungsanspruch* für den Fall einräumt, daß sich ein vorrangiges oder gleichrangiges Grundpfandrecht mit dem Eigentum in einer Person vereinigt (§ 1179a; Einzelheiten s. § 46 Rn. 33 ff.). Im Ergebnis ist damit bei den Grundpfandrechten die bewegliche Rangordnung wieder hergestellt.

3. Rangvereinbarungen

Der Grundsatz, daß für die Rangordnung der Entstehungszeitpunkt der **12** Rechte maßgebend ist, schließt es nicht aus, daß die Beteiligten eine abweichende Vereinbarung treffen. Dies kann geschehen:

---

[1] Siehe dazu besonders *Heck* S. 92 ff.

§ 17 B I   III. Abschnitt. Liegenschaftsrecht

a) *von vornherein:* der abweichend vereinbarte Rang muß im Grundbuch vermerkt sein (*Rangvermerk,* § 879 Abs. 3, s. unten Rn. 23 ff.);

b) *nachträglich:* dann spricht man von *Rangänderung* (§ 880, s. unten Rn. 38 ff.);

c) schließlich kann sich der Eigentümer eine Rangstelle zur späteren „Besetzung" vorbehalten (*Rangvorbehalt,* § 881; s. unten Rn. 31 ff.).

B. Die Rangordnung

S. die Übersicht 10 am Ende von § 17 B.

I. Die Regel

1. Locus- und Tempusprinzip

13   Der in § 879 enthaltene Grundsatz scheint zunächst leicht verständlich zu sein:

Die Rangordnung von Rechten, die *in derselben Abteilung* des Grundbuchs eingetragen sind, bestimmt sich nach der räumlichen Reihenfolge der Eintragungen (§ 879 Abs. 1 Satz 1: „Locusprinzip").

Sind die Rechte *in verschiedenen Abteilungen* eingetragen, so entscheidet das angegebene Eintragungsdatum; bei gleichem Datum haben die Rechte gleichen Rang (§ 879 Abs. 1 Satz 2: „Tempusprinzip").

Beispiel: (ohne Rücksicht auf die Einzelheiten des Grundbuchmusters)

II. Abteilung	III. Abteilung
2. 5. 1984 Nießbrauch für bisherigen Eigentümer N	12. 3. 1978 Hypothek für H 2. 5. 1984 Hypothek für Bank B 1. 7. 1984 Sicherungshypothek für Bauunternehmer U

Die Hypothek H geht allen anderen Rechten vor, Nießbrauch N und Hypothek B haben untereinander gleichen Rang, sie gehen beide der Sicherungshypothek U vor.

2. Die Rangentstehung

14   Hier stellt sich sofort die Frage: Wie kommt es zu dieser Reihenfolge der Eintragungen? Sie dem Zufall oder dem Ermessen des Grundbuchrichters zu überlassen, wäre offenbar willkürlich. Das maßgebende Kriterium ist die zeitliche Reihenfolge des Eingangs mehrerer Aufträge, die dasselbe Recht betreffen, beim Grundbuchamt.

a) Die Regelung der §§ 17, 45 GBO

15   Die §§ 17, 45 GBO setzen diese Grundregel folgendermaßen um:

aa) Die später beantragte Eintragung darf nicht vor Erledigung des früher gestellten Antrags erfolgen (§ 17 GBO).

bb) Werden in ein und derselben Abteilung mehrere Eintragungen vorgenommen, so erhalten sie die der Zeitfolge der Anträge entsprechende Reihenfolge (§ 45 Abs. 1 1. Halbsatz GBO).

§ 17. Der Rang der Grundstücksrechte

Diese Regel muß in zwei Fällen variiert werden:

cc) Sollen nach dem Willen der Beteiligten die in ein- und derselben Abteilung eingetragenen Rechte gleichen Rang haben, so muß dies im Grundbuch vermerkt werden (§ 45 Abs. 1 2. Halbsatz GBO; würde dies nicht geschehen, so hätte das früher eingetragene Recht den Vorrang!).

dd) Werden zwei Eintragungen in verschiedenen Abteilungen am selben Tage bewirkt, so erhalten sie gleichen Rang (§ 879 Abs. 1); dies würde aber dem Grundsatz des § 17 GBO widersprechen, wenn die Anträge zu verschiedenen Zeiten eingegangen sind; daher muß durch Rangvermerk klar gestellt werden, daß das früher beantragte Recht dem später beantragten vorgeht (§ 45 Abs. 2 GBO)[1]:

In unserem obigen Beispiel haben der Nießbrauch des N und die Hypothek der B gleichen Rang. Wäre aber der die Hypothek der B betreffende Antrag früher eingegangen, so müßte der Vorrang der Hypothek vor dem Nießbrauch vermerkt werden.

Weiteres Beispiel: BayObLG Rpfleger 1982, 334.

b) Das Verhältnis zwischen §§ 17, 45 GBO und § 879 BGB

aa) Die herrschende Meinung

Die §§ 17, 45 GBO und § 879 BGB sind nach h.M. folgendermaßen aufeinander abgestimmt: Die GBO besagt, in welcher Reihenfolge die Rechte einzutragen sind, damit sie den ihnen gebührenden Rang (eben den der zeitlichen Folge der Anträge) erhalten. Das BGB sagt, wie sich der Rang bestimmt, *wenn* die Eintragung erfolgt ist. **16**

Vergleicht man das Grundbuch mit einem Kartenwerk, so bestimmt die GBO, „wie die Karte zu zeichnen ist", das BGB, „wie die fertiggestellte Karte gelesen werden muß".

Daraus ergibt sich nach h.M., daß die Eintragung für den Rang maßgebend ist, selbst wenn das Grundbuchamt den §§ 17, 45 GBO zuwidergehandelt hat; es bleibt dann im Regelfall nur der Amtshaftungsanspruch gegen den Staat.

Beispiel: Ist die Hypothek des H_1 am 10. 4. 1984, die des H_2 am 15. 4. 1984 beantragt, trägt aber der Grundbuchbeamte H_2 vor H_1 ein, so hat die Hypothek des H_2 nach h.M. den Vorrang. Eine Korrektur dieses Versehens ist nach h.M. nicht möglich. Das Grundbuch ist nicht unrichtig (OLG Frankfurt FGPrax 1995, 17), so daß § 894 ebenso ausscheidet wie § 22 GBO.[2] Es besteht auch kein Anspruch aus ungerechtfertigter Bereicherung (so BGHZ 21, 98 [= *Baur*, E.Slg. Fall 6]). Zwar mag H_1 durch die Einigung, die Bewilligung und Antragstellung (§ 873 Abs. 2) schon eine Anwartschaft erlangt haben, deren er durch die Voreintragung des H_2 verlustig geht. Aber zweifelhaft ist schon, ob § 879 nicht eine endgültige Fixierung der Rangverhältnisse anstrebt, noch zweifelhafter – und nach überwiegender Meinung ausschlaggebend –, ob H_1 schon eine absolut geschützte Rechtsstellung erlangt hat, deren Entziehung Grundlage einer Eingriffskondiktion sein könnte (ablehnend im Ergebnis BGHZ 21, 98 [= *Baur*, E.Slg. Fall 6]; *Hoche* JuS 1962, 60; *MünchKomm/Wacke* § 879 Rn. 34; *Westermann/Eickmann* 97 II 7; *Staudinger/Kutter* § 879 Rn. 42; *Wilhelm* JZ 1990, 509; a. A. *Heck* § 41, 7 b; *Harry Westermann* [5. Aufl.] § 81 II 7 und JZ 1956, 656; *Stadler* AcP 189, 459 ff. m. Nw.; *Soergel/Stürner* § 879 Rn. 12). Vom verfehlten Rang bei fehlender Rangvereinbarung ist die unten Rn. 25 ff. zu erörternde Frage zu unterscheiden, wie sich ein Verstoß des Grundbuchbeamten gegen den schuldrechtlich oder dinglich *vereinbarten* Rang auswirkt. **17**

bb) Die vorzugswürdige abweichende Ansicht

Die geschilderte h.M. zur Rangentstehung ist allerdings nicht unbestritten. Folgt man der letztlich vorzugswürdigen Auffassung *Hecks*[3], so ist für die **18**

---

[1] Dem Notar, der mehrere Urkunden gleichzeitig vorlegt, steht dabei nicht die Befugnis zu, formlos zu bestimmen, in welcher Reihenfolge sie eingehen sollen (OLG Frankfurt/M. NJW-RR 1992, 725; s. a. § 16 Rn. 10).

[2] Auch kein Amtswiderspruch (§ 53 GBO; s. a. § 16 Rn. 56 f.); zutreffend BayObLG Rpfleger 1995, 16.

[3] *Heck,* Sachenrecht, 1930, Neudruck 1970, Exkurs 4, S. 496 ff.

Rangbildung inter partes immer nur die zeitliche Reihenfolge der Eintragung maßgeblich, wie sie sich tatsächlich abspielte (hierzu *Stadler* AcP 189, 425 ff., 443 ff.; *Soergel/Stürner* § 879 Rn. 7), § 879 hat allein Bedeutung für den gutgläubigen Dritten (§ 892).

Im geschilderten Beispielsfall käme es also darauf an, ob H_2 auch *zeitlich* vor H_1 eingetragen worden war. Dann war das Grundbuch auch nach *Heck*'scher Lehre richtig und es bleibt nur der – besser zu bejahende – umstrittene Bereicherungsanspruch. Das Grundbuch ist aber nach dieser Auffassung unrichtig, wenn H_1 zeitlich zuerst eingetragen und der später eingetragene H_2 versehentlich räumlich vor H_1 gesetzt war; hierzu unten Rn. 20 f. mit Beispielen.

3. Die Maßgeblichkeit der Eintragung bei nachfolgender Einigung

19   Um der Rechtssicherheit willen ist die Eintragung selbst dann maßgebend, wenn die zur Entstehung des Rechts erforderliche Einigung erst später erfolgt (§ 879 Abs. 2).

Ist in unserem Beispiel eine Einigung zwischen E und H_1 noch gar nicht erfolgt (denkbar, wenn etwa E auf alle Fälle seinen alten, „kulanten" Gläubiger H_1 vor dem zudringlichen H_2 sichern will), sondern ist die Hypothek lediglich auf die Eintragungsbewilligung des E hin eingetragen worden, hat H_1 Vorrang vor H_2 auch dann, wenn die Einigung erst lange nach der Eintragung beider Hypotheken erfolgt.
Das gleiche gilt übrigens auch, wenn die Hypothek des H_1 erst nach der des H_2 „valutiert" wird, das Darlehen durch H_1 also erst nach dem des H_2 an E ausbezahlt wird (vgl. § 1163 Abs. 1 S. 1).

4. Atypische Sonderfälle

Die Regel des § 879 erscheint einleuchtend, ihre Realisierung macht auch in der Praxis meist keine Schwierigkeiten. Jedoch ergeben sich *in zwei atypischen Fällen* Auslegungszweifel:

a) Divergenz von Eintragungszeit und räumlicher Reihenfolge in derselben Abteilung

20   Im ersten Sonderfall stimmen Eintragungszeit und räumliche Reihenfolge bei Eintragungen in derselben Abteilung nicht überein.

Beispiel (in Anlehnung an KGJ 41, 223): Im Grundbuch ist eine Vormerkung für H_1 eingetragen, die aber in Wahrheit schon erloschen war. Dann folgt eine am 15. 4. 1984 eingetragene Hypothek für H_2. Später gibt H_1 dem E ein Darlehen. Die von E bewilligte Hypothek wird räumlich an der Stelle der – nicht mehr bestehenden, aber nicht gelöschten – Vormerkung, also an erster Stelle am 1. 6. 1984 eingetragen.
Entscheidet hier die räumliche oder zeitliche Reihenfolge? Das KG hat sich für die zweite Auffassung entschieden (ebenso *Wolff/Raiser* § 41 Anm. 2), während das RG (HRR 1935 Nr. 1016; gleich *Westermann/Eickmann* § 97 II 2) der räumlichen Reihenfolge den Vorrang gibt. Die Meinung des KG verdient den Vorzug (vgl. *Soergel/Stürner* § 879 Rn. 6 und 7; *MünchKomm/Wacke* § 879 Rn. 15 ff.; *Wieling* § 21 I 2b, bb; *Wilhelm* Rn. 736 ff., 738; *Stadler* AcP 189, 440 ff.). Dabei muß auffallen, daß sie sich auf dem Boden der *Heck*'schen Lehre konsequent begründen läßt, während die h. M. nur durch eine teleologische Reduktion des Locusprinzips zum richtigen Ergebnis kommen kann (*Soergel/Stürner* § 879 Rn. 7 m. Nw.). Weil das Grundbuch unter Verletzung verfahrensrechtlicher Vorschriften unrichtig geworden ist, sind Amtswiderspruch (§ 53 Abs. 1 S. 1 GBO) und Grundbuchberichtigungsanspruch (§ 894) gegeben (*Stadler* AcP 189, 458).

b) Divergenz von Eintragungszeiten und Datierung in verschiedenen Abteilungen

21   Muß der Rang von Rechten bestimmt werden, die in verschiedenen Abteilungen eingetragen sind, so soll nach dem Wortlaut des § 879 Abs. 1 S. 2 das *Datum* der Eintragung entscheiden, auch wenn dieses die tatsächliche Eintragungszeit nicht richtig wiedergibt.

Beispiel: Der Grundbuchbeamte hat in unserem Beispiel oben Rn. 13 als Eintragungszeit der Hypothek B statt – wie geschehen – dem 2. 5. 1984 den 2. 5. 1983 eingetragen. Hat die Hypothek der Bank nunmehr den Vorrang vor dem Nießbrauch des N? Die durchaus h. M. bejaht diese Frage, während *Heck* S. 496 ff.; *Westermann/Eickmann* § 97 II 3 und *Wieling* § 21 I 2b, cc auch hier die wirkliche Eintragungszeit (also den 2. 5. 1984) entscheiden lassen (gleich nunmehr *Soergel/Stürner* § 879 Rn. 10; *Stadler* AcP 189, 425, 444 ff.; a. A. 15. Auflage). Die Geltung der tatsächlichen Priorität führt zu keinen unbilligen Ergebnissen, weil § 892 gutgläubige Dritte schützt. Das Grundbuch ist unrichtig mit der Rechtsfolge der §§ 53 Abs. 1 S. 1 GBO, 894 BGB.

5. Zusammenfassung

Halten wir vor Erörterung der Ausnahmetatbestände als Ergebnis fest: 22

Über den Rang von Rechten, die *in derselben Abteilung* des Grundbuchs eingetragen sind, entscheidet die *räumliche* Reihenfolge (bei Divergenz zwischen räumlicher Folge und Eintragungszeiten allerdings die letzteren).

Für den Rang von Rechten, die *in verschiedenen Abteilungen* des Grundbuchs eingetragen sind, sind die Eintragungs*daten* entscheidend (bei Divergenzen mit dem „wahren" Eintragungszeitpunkt der letztere, str.).

II. Ausnahmetatbestände

1. Gewillkürte Rangbestimmung

Die Regelung der Rangverhältnisse – wie wir sie im Zusammenspiel der §§ 17, 45 GBO bisher 23 kennenlernten – überläßt den Rang vielfach dem Zufall; denn maßgebend ist der zeitlich frühere Eingang des Eintragungsantrags beim Grundbuchamt. Ein solches Abstellen auf den Zufall kommt in der Praxis nur vor, *einmal* wenn sich der Zufall mit dem Parteiwillen deckt:
Zuerst wird bei einem Hausbau die erste Hypothek für die Kreissparkasse beantragt und eingetragen, dann die zweite Hypothek für die Bausparkasse usw.
oder wenn es sich um die Konkurrenz zwischen bewilligten Hypotheken und Zwangshypotheken oder von Zwangshypotheken untereinander handelt:
So wenn der bedrängte Schuldner dem Gläubiger H_1 eine Hypothek bewilligt, während H_2 auf Grund eines Vollstreckungstitels die Eintragung zu erreichen sucht.
Von solchen Fällen abgesehen wird aber der Rang, der den Beteiligten zukommen soll, genau geplant. Mit dieser gewillkürten Rangbestimmung wollen wir uns befassen, und zwar sowohl mit der „geglückten" (Rn. 24) wie der „mißglückten" (Rn. 25 f.):

a) Geglückte Rangvereinbarung

Die geglückte Vereinbarung eines Rangverhältnisses setzt eine Einigung[1] 24 der Parteien über den Rang, den das Recht erhalten soll, *und* die Eintragung dieses Rangverhältnisses im Grundbuch voraus (§ 879 Abs. 3 BGB, § 45 Abs. 3 2. Fall GBO).[2]

Beispiel: E vereinbart mit seinem Gläubiger H und dem Nießbraucher N, daß H eine Hypothek mit Vorrang vor einem für N zu bestellenden Nießbrauch erhalten soll. Auch wenn nun beide Anträge gleichzeitig gestellt und gleichzeitig erledigt werden, erhält H den Vorrang, wenn dies durch einen Rangvermerk – zumindest bei dem Nießbrauch des N (vgl. aber § 18 GBV) – klargestellt wird.
Unser Beispiel macht deutlich, daß die Rangbestimmung nicht nur Bestandteil der dinglichen Einigung, sondern regelmäßig auch Gegenstand des schuldrechtlichen Rechtsgeschäfts ist: E ist dem H

---

[1] Eine Rangvereinbarung kann auch stillschweigend erfolgen; *Beispiel:* BayObLG Rpfleger 1993, 13; zur formularmäßigen Rangvereinbarung und ihrer Auslegung OLG Celle ZIP 1997, 1830.
[2] Zur geglückten und mißglückten Rangvereinbarung insbesondere *Streuer* Rpfleger 1985, 388; *Jungwirth* und *Flume* aaO (mit teilw. abw. Auffassung).

zur Bestellung der Hypothek an 1. Rangstelle verpflichtet. Ob schuldrechtliche Beziehungen dieser Art auch zwischen H und N bestehen (derart, daß N verpflichtet ist, dem H den Vorrang zu überlassen), ist Tatfrage, aber nur bei dreiseitigen Verhandlungen anzunehmen.

Die besondere Rechtslage der *rechtsgeschäftlichen Rangbestimmung durch Rangvorbehalt und nachträgliche Rangänderung* soll unten bei C und D erörtert werden.

b) Mißglückte Rangvereinbarung

25 Der nicht gerade alltägliche Fall einer mißglückten Rangvereinbarung soll an einem *Beispiel* erörtert werden:
G$_1$ gewährt dem E ein Darlehen von 30 000 DM zu 7% „gegen Bestellung einer erstrangigen Buchhypothek". Der Antrag mit Eintragungsbewilligung des E wird beim Grundbuchamt eingereicht, aber infolge eines Versehens nicht erledigt. Später sagt G$_2$ dem E ein weiteres mit 9% verzinsliches Darlehen über 25 000 DM zu „gegen zweitrangige Buchhypothek". Die Hypothek des G$_2$ wird eingetragen, und zwar an erster Rangstelle. Später klärt sich das Versehen des Grundbuchamts auf, G$_1$ wird eingetragen, aber eben nur an zweiter Stelle.

Hier entsteht also folgendes Bild:

Einigung	Eintragung
für G$_1$: 1. Hypothek über 30 000 DM	für G$_2$: 1. Hypothek über 25 000 DM
für G$_2$: 2. Hypothek über 25 000 DM	für G$_1$: 2. Hypothek über 30 000 DM

26 Zunächst die *dingliche Rechtslage:*
Einigung und Eintragung über die Rangbestellung differieren: die vereinbarte Rangbestimmung ist nicht eingetragen, auf das eingetragene Rangverhältnis hat man sich nicht geeinigt. Sicher ist, daß das vereinbarte Rangverhältnis nicht entstanden ist, denn es fehlt die ihm entsprechende Eintragung. Bezüglich der eingetragenen Hypotheken liegt zwar die grundsätzliche Einigung über die Bestellung der Hypotheken vor, es fehlt aber die Einigung über die nun so verlautbarten Rang. Damit kann § 139 entsprechend angewandt werden.[1] Da aber auch für G$_1$ eine Hypothek besser ist als gar keine, wird in aller Regel die Teilnichtigkeit nicht das ganze Rechtsgeschäft erfassen. Die Hypotheken sind nach h. M. so entstanden wie sie eingetragen sind, das Grundbuch ist nicht unrichtig. Folgt man der *Heck'*schen Auffassung, so ist für den „wahren Rang" auf den tatsächlichen Eintragungszeitpunkt abzustellen (oben Rn. 18; *Stadler* AcP 189, 455 ff.), was in unserem Falle – wie meist – zum gleichen Ergebnis führen wird. §§ 53 Abs. 1 S. 1 GBO, 894 BGB greifen nur, falls gemäß § 139 ausnahmsweise keine Hypothek entstanden ist (Löschung) oder – nach *Heck'*scher Lehre – ausnahmsweise der „wahre Rang" von der Eintragung abweicht (Berichtigung); a. A. *Jungwirth* und *Flume* aaO (stets Unrichtigkeit!).

27 *Schuldrechtlich* kann E von G$_2$ einen Rangrücktritt (technisch eine Rangänderung i. S. des § 880) fordern, sei es aus der schuldrechtlichen Vereinbarung, sei es aus ungerechtfertigter Bereicherung (so *Westermann/Eickmann* § 97 III 3). Die Abtretung dieses Anspruchs soll dann G$_1$ von E in entsprechender Anwendung des § 281 fordern dürfen (so z. B. *Wilhelm* Rn. 745; krit. *Stadler* AcP 189, 463 f.; *Soergel/Stürner* § 879 Rn. 16 m. Nw.).

Ein unmittelbarer Anspruch von G$_1$ gegen G$_2$ auf Rangrücktritt kann sich aus einer vertraglichen Abrede zwischen G$_1$ und G$_2$ über die Rangbestimmung ergeben (s. oben Rn. 24.) – die große Ausnahme; sonst bleibt als Direktanspruch nur die Eingriffskondiktion, welche die h. M. auch hier zu Unrecht ablehnt (s. oben Rn. 17, Beispiel; *Soergel/Stürner* § 879 Rn. 16; *Stadler* AcP 189, 464 ff.).

2. Rangverlust

28 Auch der Rangverlust ist nur mit dem Willen des Rechtsträgers wirksam. So bleibt der Rang des Rechts bestehen, wenn das Grundbuchamt den Ver-

---

[1] Ebenso im Ergebnis MünchKomm/*Wacke* § 879 Rn. 31; *Westermann/Eickmann* § 97 III 3; *Soergel/Stürner* § 879 Rn. 15; *Wieling* § 21 I 3 a, aa; *Wilhelm* Rn. 744; *Stadler* AcP 189, 451 ff.; BGH NJW-RR 1990, 206; *K. Schmidt* JuS 1990, 499; hierzu allgemein § 19 Rn. 30 f.

§ 17. Der Rang der Grundstücksrechte   B III, C I § 17

merk des Vorrangs irrig löscht oder einen nicht bewilligten Rangrücktritt einträgt oder gar das gesamte Recht zu Unrecht löscht. Für einen redlichen Erwerber ist allerdings der Grundbuchstand maßgebend (BayObLG NJW-RR 1989, 907, 909; hierzu K. *Schmidt* JuS 1989, 1013).

Beispiele: Wurde die erstrangige Hypothek des H₁ zu Unrecht gelöscht, so erwirbt der redliche K das Grundstück ohne diese Hypothek.

Tritt der zweitrangige H₂ – nach versehentlicher Löschung der Hypothek des H₁ – seine Hypothek an den redlichen D ab, so wird dieser erstrangiger Hypothekar.

3. Rangunfähigkeit

Im Grundbuch finden sich Eintragungen, die für den Rechtsverkehr bedeutsam sind, aber keine Grundstücksrechte betreffen, z.B. Verfügungsbeschränkungen wie der Konkursvermerk, Nacherbenvermerk, ferner Widersprüche gegen die Richtigkeit des Grundbuchs u.s.f. Zwischen solchen Vermerken untereinander und im Verhältnis zu eingetragenen Rechten besteht kein Rangverhältnis; denn § 879 bezieht sich nur auf „Rechte", mit denen ein Grundstück belastet ist (s. aber § 883 Abs. 3 für die Vormerkung!). 29

Pfandrecht und Nießbrauch an – übertragbaren – Grundstücksrechten fallen dem Wortlaut nach *nicht* unter § 879 („... mit denen *ein Grundstück* belastet ist ..."), die Bestimmung ist aber entsprechend anwendbar (h.M.).

Rechte, die zu ihrer Entstehung der Eintragung nicht bedürfen, erhalten den Rang der Entstehungszeit (so bei Verpfändung oder Pfändung einer Briefhypothek); Ausnahmen vergl. § 914 Abs. 1 Satz 1; § 917 Abs. 2 Satz 2 mit § 914 Abs. 1 Satz 1: Überbau- und Notwegrenten!

III. Anwendungsbeispiel

Die Problematik des Rangs der Grundstücksrechte erhellt folgendes *Beispiel:* 30

Abt. II	Abt. III
2. 10. 80 Nießbrauch des N	2. 9. 79 Hypothek für Bank B
11. 10. 80 Grunddienstbarkeit des G	2. 10. 80 Hypothek für Bausparkasse X
	8. 5. 82 Sicherungshypothek für U

am 17. 11. 81 sind die beiden Hypotheken zu ¼ zurückbezahlt

Rangfolge: 1. Resthypothek der B und – mit Nachrang (§ 1176) – Teileigentümergrundschuld des E.
2. Resthypothek der X und – mit Nachrang (§ 1176) – Teileigentümergrundschuld des E.
2. Nießbrauch des N in gleichem Rang mit der Resthypothek der X und der Teileigentümergrundschuld des E.
3. Grunddienstbarkeit des G.
4. Sicherungshypothek des U.

C. Der Rangvorbehalt

I. Der Zweck des Rechtsinstituts

1. Der gesetzliche Grundgedanke

Die Belastung eines Grundstücks in der endgültig geplanten Form läßt sich häufig nicht von vornherein verwirklichen. Dies gilt vor allem dann, wenn 31

§ 17 C I   III. Abschnitt. Liegenschaftsrecht

zwar der Geldgeber für die zweite Hypothek bereits feststeht, der erste Hypothekar aber noch gefunden werden muß.

Praktisch wird dies vor allem bei der Bebauung eines Grundstücks, und zwar in zwei typischen Fällen:

a) E verkauft einen Bauplatz an K; er ist bereit, einen Teil des Kaufpreises „gegen zweitrangige Hypothek stehen zu lassen". Die Besetzung der ersten Rangstelle in bestimmter Höhe überläßt er dem Eigentümer, da viele Kreditinstitute – insbesondere die Sparkassen – Baugelder nur gegen erststellige Sicherheit ausleihen.

b) Der baulustige E hat in seiner Bausparkasse einen Geldgeber für die „Beleihung der 2. Hypothek" gefunden, noch nicht aber eine Bank, die zu erträglichen Bedingungen „die 1. Hypothek bereitstellt" (in Zeiten der Geldknappheit eine durchaus mögliche Erscheinung!). Hier erklärt sich die Bausparkasse damit einverstanden, daß sich E den ersten Rang (in bestimmter Höhe) vorbehält.

Das Gesetz (§ 881) entspricht diesem Bedürfnis; der Eigentümer kann sich bei der Eintragung eines Rechts den Rang für ein später einzutragendes Recht vorbehalten.

Übersicht 10

Der Rang von Grundstücksrechten

	Fehlerfreie Rangbildung	Fehlerhafte Rangbildung
Gesetzliche Rangfolge	1. Gleiche Abteilung: „Locusprinzip", § 879 Abs. 1 (Merke: 1. Abteilung: Erwerbstatbestände, Rechtsinhaber; 2. Abteilung: dingl. Belastungen; 3. Abteilung: Grundpfandrechte) §§ 17, 45 GBO 2. Verschiedene Abteilungen: „Tempusprinzip" – Datumsangabe der Eintragung (§ 879 Abs. 1); Rangvermerk bei gleichem Tag, GBO § 45 Abs. 2 Beachte: Maßgeblichkeit allein der Eintragung (§ 879 Abs. 2)	1. Regelwidrige Eintragung macht das Grundbuch nach h. M. nicht *unrichtig*, da die Eintragung für den Rang konstitutiv ist (also kein § 894 BGB!; str.) 2. Nach h. M. keine *Eingriffskondiktion* des benachteiligten Gläubigers gegen den regelwidrig vorrangigen Gläubiger (§ 879 als Rechtsgrund – fehlender Zuweisungsgehalt der Rechtsposition vor Eintragung; stv.)
Vereinbarte Rangfolge	Dingliche Einigung mit Eigentümer und Inhaber des nachrangigen Rechts *und* Eintragung (§ 879 Abs. 3), die *konstitutiv* wirkt Beachte: schuldrechtliche Verpflichtung zur Rangverschaffung ist von dinglicher Einigung über Rang zu unterscheiden	1. Abweichung Buchrang – Einigung: a) Unrichtiges Grundbuch, falls kein Recht entstanden (§ 139); § 894 auf Löschung. b) Rechtsentstehung (§ 139): gesetzl. Rang, kein unrichtiges Grundbuch. 2. Anspruch des benachteiligten Gläubigers aus schuldrechtlicher Rangvereinbarung, der analog § 281 Abtretung des Anspruchs des Eigentümers gegen den bevorzugten Gläubiger (z. B. § 812 Abs. 1) beinhalten kann. – Nach h. M. keine Eingriffskondiktion zwischen den Gläubigern!

2. Die Eigentümergrundschuld als Gestaltungsform der Praxis

32 In der Praxis wird dieser Rangvorbehalt freilich durch ein anderes Institut verdrängt: der Eigentümer läßt zu seinen Gunsten zunächst an erster Stelle eine Eigentümergrundschuld in der benötigten Höhe eintragen (§ 1196), womit der dann einzutragende zweite Hypothekar (Verkäufer bzw. Bausparkasse) einverstanden ist. Hat der Eigentümer den auf die erste Rangstelle zu setzenden Geldgeber

gefunden, so tritt er ihm seine Grundschuld ab, die dann zur Fremdgrundschuld wird und das Darlehen erstrangig sichert. Falls der Geldgeber es wünscht, kann die Grundschuld bei der Abtretung in eine Hypothek umgewandelt werden (§ 1198).

Der *Vorteil* der Eigentümergrundschuld liegt darin, daß relative Rangverhältnisse – wie sie beim Rangvorbehalt vorkommen können, s. unten Rn. 36 – vermieden werden. Ihre *Gefahr* besteht in der Möglichkeit der Pfändung durch dritte Gläubiger, auch darin, daß der Eigentümer sie zu einem anderen als dem mit dem Inhaber der 2. Rangstelle vereinbarten Zweck verwendet. Demgegenüber kann der Rangvorbehalt durch Vollstreckungsgläubiger nicht ausgenutzt werden (BGHZ 12, 238);[1] auch kann der Vorbehalt auf eine bestimmte Art von Hypothek (z. B. Baugeldhypothek) beschränkt werden.

Trotz dieses mit der Eigentümergrundschuld verbundenen Risikos hat sie sich in der Praxis durchgesetzt. Wir können uns daher bei der Darstellung des Rangvorbehalts auf das Grundsätzliche beschränken.

II. Die gesetzliche Regelung

1. Begriff

Mit dem Rangvorbehalt behält sich der Eigentümer bei Begründung eines dinglichen Rechts die Befugnis vor, künftig ein diesem Recht vorgehendes, seinem Umfang nach bestimmtes Recht eintragen zu lassen (§ 881 Abs. 1).

Der Rangvorbehalt ist Bestandteil des Eigentums,[2] kann von diesem nicht getrennt werden (§ 881 Abs. 3) und ist selbständig nicht verwertbar, auch nicht im Wege der Zwangsvollstreckung und zwar weder durch Pfändung und Überweisung nach § 857 Abs. 1 ZPO noch auf dem Wege, daß sich ein Gläubiger eine Zwangshypothek an der Stelle des Rangvorbehalts eintragen läßt (BGHZ 12, 238).

2. Entstehung

Der Rangvorbehalt entsteht durch Einigung zwischen dem Eigentümer und dem Erwerber des Rechts, das durch den Vorbehalt beschränkt wird, und durch Eintragung bei diesem Recht (§ 881 Abs. 2).

Übliche Formulierung: „Vorbehalten ist der Vorrang für eine Hypothek von ......".

Der Vorbehalt kann bedingt und befristet werden; auch kann vereinbart werden, daß die vorbehaltene Belastung von bestimmter Art sein müsse, z. B. Baugeldhypothek.

Bei einem Rangvorbehalt für ein verzinsliches Grundpfandrecht ist für die Eintragung insbesondere erforderlich, daß der Antrag den Anfangszeitpunkt für die Verzinsung bestimmt (BGHZ 129, 1 ff. = NJW 1995, 1081); fehlt diese Angabe, ist die Eintragung des Grundpfandrechts der maßgebliche Zeitpunkt.

3. Ausübung

Der Vorbehalt wird durch Einigung zwischen dem Eigentümer und dem Inhaber des später einzutragenden Rechts über die Ausnützung des Vorbehalts und Eintragung dieser Ausnutzung ausgeübt.

Formel des amtlichen Musters:

„Unter Ausnutzung des Vorbehalts mit dem Vorrange vor der Post. Abt. III, Nr. ....".

4. Wirkung

Folgen das mit dem Vorrang belastete und das durch ihn nunmehr begünstigte Recht unmittelbar hintereinander, so tritt das belastete Recht zurück.

---

[1] Siehe dazu *Jansen*, Rangvorbehalt u. Zwangsvollstreckung, AcP 152, 508.
[2] Dazu *Grunsky*, Rangfragen bei dinglichen Rechten, Tüb. Diss. 1963.

§ 17 D I III. Abschnitt. Liegenschaftsrecht

Komplizierter ist die Lage, wenn Zwischenrechte eingetragen werden, die mit einem Vorrang nicht belastet sind. Hier entstehen – nicht sehr erwünschte – relative Rangverhältnisse, da die Zwischenrechte durch den Vorrang nicht berührt werden; m. a. W. das mit dem Vorrang ausgestattete Recht hat den Vorrang vor den Zwischenrechten nur in Höhe des zurücktretenden Rechts (§ 880 Abs. 5 entsprechend). Andererseits braucht sich der Zurücktretende keine höhere Belastung als die in den Vorbehalt aufgenommene (nunmehr einschließlich der Zwischenrechte) vorgehen zu lassen (§ 881 Abs. 4).

Schon dieses Ergebnis sollte vor dem Rangvorbehalt warnen!

5. Aufhebung

37 Der Rangvorbehalt wird entsprechend § 877 durch Einigung und Löschung aufgehoben.[1]

Andere lassen einseitige Aufgabeerklärung des Eigentümers und Löschung genügen (§ 875; so z. B. *Wieling* § 21 III 3); praktische Bedeutung kommt diesem Streit nicht zu (vgl. LG Kassel NJW 1956, 424).

Wichtiger ist die Frage, ob der Rangvorbehalt durch einmalige Ausübung erlischt:

Bei Bestellung der Hypothek Nr. 1 ist ein Vorbehalt für eine Hypothek in Höhe von 20 000 DM eingetragen worden. Der Vorbehalt wird bei Eintragung der Hypothek Nr. 2 ausgeübt; die Hypothek wird später gelöscht und eine neue Hypothek (etwa zu billigerem Zins) eingetragen. Kann auch ihr der Vorrang zugeteilt werden? KGJ 40, 234 bejaht mit Recht (s. zum Streitstand *Soergel/Stürner* § 881 Rn. 10 u. 14; *Ulbrich* MittRhNotK 1995, 289, 303).

D. Die Rangänderung

I. Der Zweck des Instituts

38 Die Rangänderung kommt in ihrer Wirkung der Ausübung eines Rangvorbehalts gleich (es kommt zu einem Rangtausch). Der Anlaß für eine Rangänderung ähnelt daher den mit dem Rangvorbehalt verwirklichten Zielen.

Folgende Fälle sind in der Praxis häufig:

a) Der bisher an erster Stelle eingetretene Hypothekar (z. B. eine Bausparkasse) tritt hinter eine neu einzutragende Hypothek eines Instituts, das Darlehen nur gegen erststellige Sicherheit gibt, zurück. Will die Bausparkasse sicher gehen, daß die Gelder der 1. Hypothek auch für den Bau verwendet werden (so daß der Wert des Grundstücks sich erhöht, ihre Sicherheit also auch noch an 2. Stelle groß genug ist), so wird sie den Rücktritt nur unter dieser Bedingung erklären, was zulässig ist (vgl. *Soergel/Stürner* § 880 Rn. 4).

b) H_1 und H_2 sind in dieser Reihenfolge in Abt. III des Grundbuchs eingetragen. Nachträglich soll die Hypothek des H_1 erhöht werden; hier wird die Erhöhung an dritter Stelle eingetragen, sie erhält aber den Vorrang vor der Hypothek des H_2, wenn dieser damit einverstanden ist. (Beispiel: LG Siegen DNotZ 1964, 615).

c) Die Bank H hat dem E ein größeres hypothekarisch gesichertes Darlehen gegeben. Ihr geht ein Nießbrauches N im Range vor. Später kommen der H deswegen Bedenken; sie will die Hypothek kündigen, nimmt aber davon Abstand, als N sich bereit erklärt, „mit seinem Nießbrauch zurückzutreten".

Diese typischen Beispiele zeigen schon, daß eine Rangänderung nicht nur dann vorliegt, wenn der Rangtausch zwischen zwei schon bestehenden Rechten erfolgt (so der Wortlaut des § 880 Abs. 2!), sondern auch dann, wenn

---

[1] S. *Fabricius* Rpfleger 1956, 155 u. 301.

§ 17. Der Rang der Grundstücksrechte

das „vortretende" Recht erst eingetragen werden soll (BayObLG NJW-RR 1989, 907, 908).

II. Die gesetzliche Regelung

1. Begriff und Voraussetzungen

a) Begriff

Die Rangänderung ist ein dingliches Rechtsgeschäft über die nachträgliche Änderung des Ranges zweier oder mehrerer Rechte. **39**

b) Voraussetzungen

Voraussetzung ist die Einigung des Inhabers des zurücktretenden Rechts mit dem Berechtigten des vortretenden Rechts *und* die Eintragung im Grundbuch (§ 880 Abs. 2 S. 1).

Der Vermerk erfolgt bei beiden Rechten (§ 18 GBV), ausreichend ist aber der Änderungsvermerk bei dem zurücktretenden Recht (RG HRR 1931 Nr. 1912; KGJ 44, 260).
Ist Träger beider Rechte ein- und dieselbe Person, so genügt ihre Erklärung zusammen mit der Eintragung (KGJ 40, 241; vgl. auch OLG Hamm Rpfleger 1992, 13, 151 m. Anm. *Bestelmeyer*); daran kann ihr z.B. liegen, wenn sie die bisherige 2. Hypothek als nunmehr erste abtreten will!
Das Grundbuch wird unrichtig, wenn ein Rangvermerk ohne eine entsprechende Einigung eingetragen wird (§ 894). Falls auch die Eintragungsbewilligung fehlte (§ 19 GBO), ist ein Amtswiderspruch möglich (§ 53 Abs. 1 S. 1 GBO). Beispielsfall: BayObLG NJW-RR 1989, 907, 908; hierzu *K. Schmidt* JuS 1989, 1013.
Die Rangänderung für eine Hypothek gilt im Zweifel auch zugunsten der vorläufigen Eigentümergrundschuld bis zur Valutierung (BGHZ 60, 226; str., s. *Soergel/Stürner* § 880 Rn. 3).

c) Zustimmung Dritter oder des Eigentümers

Ist das zurücktretende Recht mit dem Rechte eines Dritten belastet (die Hypothek ist z.B. verpfändet oder gepfändet), so muß auch der Dritte zustimmen (§ 880 Abs. 3), ebenso der Eigentümer dann, wenn ein Grundpfandrecht zurücktritt (§ 880 Abs. 2 Satz 2). Grund: Hinter jedem Grundpfandrecht steckt die mögliche Eigentümergrundschuld.[1] **40**

Zwischen formfreier Zustimmung als materiellrechtlicher Erklärung und Eintragungsbewilligung des Eigentümers als des Mitbetroffenen (§§ 19, 29 GBO) ist zu differenzieren (hierzu *Soergel/Stürner* § 880 Rn. 15; BayObLG NJW-RR 1989, 911; s. a. § 16 Rn. 23 ff., 32 ff.).

d) Schuldrechtliche „Rangvereinbarungen"

Von der dinglich wirkenden Rangänderung ist der schuldrechtliche Vertrag zu unterscheiden, in dem sich ein Rangbesserer verpflichtet hat, im Falle der Zwangsversteigerung oder Zwangsverwaltung die Vorwegbefriedigung des Rangschlechteren zu gestatten. Solche Verträge sind formlos ohne Eintragung im Grundbuch gültig, wirken aber nur inter partes, verpflichten also z.B. nicht einen Zessionar des Grundstücksrechts des Rangbesseren. **41**

---

[1] Anders bei Teilung unter Rangbestimmung: § 1151; interessanter Beispielsfall: OLG Hamm ZIP 1991, 1485, 1487. S. a. § 38 Rn. 12.

2. Wirkung

a) Rangtausch

42 Das vortretende Recht erhält den Rang des zurücktretenden Rechts. Dieser Rang geht auch nicht dadurch verloren, daß das zurücktretende Recht später *durch Rechtsgeschäft* aufgehoben wird (§ 880 Abs. 4).

Zu beachten ist aber, daß dies nicht gilt, wenn das zurücktretende Recht auf andere Weise als durch Rechtsgeschäft untergeht.

b) Keine Beeinträchtigung von Zwischenrechten

43 Durch die Rangänderung werden Zwischenrechte nicht berührt (§ 880 Abs. 5):

Beispiel: Für die Grundstücksverkäuferin V ist an erster Stelle eine Restkaufpreishypothek von 10 000 DM eingetragen. Dann folgt an zweiter Stelle eine Hypothek des Finanzamts F in Höhe von 4000 DM für rückständige Steuerschulden. Die Bank B ist bereit, gegen erststellige Sicherheit ein Darlehen von 30 000 DM zu geben; sie vereinbart mit V unter Zustimmung des Eigentümers E einen Rangtausch. Dann wird noch eine Hypothek von 8000 DM zur Sicherung eines Darlehens des sozialen Wohnungsbaus (W) eingetragen.
Rangfolge: B 10 000, F 4000, B 20 000, V 10 000, W 8000.
Weiteres *Beispiel:* BayObLG Rpfleger 1985, 434.

E. Der Rang in den neuen Bundesländern

44 Hierzu Vorauflage § 17 E und nunmehr § 63 Rn. 11 f. und 49 ff.

§ 18. Das unrichtige Grundbuch – Der Widerspruch gegen die Richtigkeit des Grundbuchs – Die Grundbuchberichtigung

A. Das unrichtige Grundbuch

I. Entstehungsgründe

1 Im Verlaufe unserer Erörterungen ist uns deutlich geworden, daß ein Auseinanderklaffen zwischen der Rechtswirklichkeit und dem Grundbuchstand, also die Unrichtigkeit des Grundbuchs, viele Ursachen haben kann; es geht jetzt nur darum, einen zusammenfassenden Überblick über diese Ursachen zu gewinnen, der aber keineswegs vollständig ist:

1. Das formelle Konsensprinzip

2 Die Unrichtigkeit kann auf den *Eigentümlichkeiten des Grundbuchrechts* beruhen, insbes. auf dem sog. formellen Konsensprinzip.

§ 18. Das unrichtige Grundbuch

Das Grundbuchamt begnügt sich mit der Bewilligung des Betroffenen; die materiellrechtlich erforderliche Einigung kann von vornherein fehlen oder von Anfang an nichtig sein oder später – z.B. wegen Anfechtung nach §§ 119ff. – wegfallen. Das Grundbuch ist dann von Anfang an unrichtig oder wird später unrichtig.

2. Divergenz zwischen Einigung und Eintragung

Das Auseinanderfallen von Buchstand und Rechtsstand kann auf die Divergenz zwischen Einigung und Eintragung zurückzuführen sein; dabei können für diese Divergenz die Parteien oder das Grundbuchamt verantwortlich sein.

Beispiele:
a) V will an K die Parzelle a veräußern; infolge eines gemeinschaftlichen Irrtums geben sie als Objekt des Kaufs die Parzelle „b" an. Hier bezieht sich trotz der unrichtigen Bezeichnung Kauf und Auflassung auf „a" *(falsa demonstratio)*. Trägt das Grundbuchamt K als Eigentümer der Parzelle „b" ein, so ist das Grundbuch unrichtig (K ist weder Eigentümer von „a", weil die Eintragung fehlt, noch von „b", weil die Auflassung sich nicht auf diese Parzelle bezogen hat).
Beispiele aus der Rechtsprechung: BGH WM 1978, 194; BGHZ 87, 150; BGH NJW 1986, 1867; s. auch oben § 5 Rn. 30ff.

b) V und K haben die Verträge über „a" abgeschlossen, der Grundbuchbeamte trägt irrtümlich bei „b" ein. Hier gilt dasselbe wie oben. Auch eine vom Wortlaut der Eintragung abweichende Auslegung unter Zuhilfenahme der Eintragungsbewilligung über § 874 scheidet bei eindeutiger Eintragung aus (BGH NJW 1993, 3197; a.A. zuvor OLG Düsseldorf DNotZ 1987, 496 m. abl. Anm. *Demharter*).

3. Rechtsänderungen außerhalb des Grundbuchs

Eine hauptsächliche Quelle eines unrichtigen Grundbuchstands liegt in den Rechtsänderungen „außerhalb des Grundbuchs".

Die Regel ist, daß nur *rechtsgeschäftliche* Rechtsänderungen der Einigung und Eintragungen bedürfen, nicht dagegen solche, die kraft Gesetzes erfolgen. Außerhalb des Grundbuchs kann sich eine Rechtsänderung ergeben, z.B. in den Fällen der Gesamtrechtsnachfolge (Erbfall, Fusion zweier Aktiengesellschaften, Begründung des vertraglichen Güterstandes der Gütergemeinschaft[1]), bei einem Grundpfandrecht, wenn die gesicherte Forderung zunächst besteht, später aber – z.B. durch Erfüllung – untergeht (§§ 1163 Abs. 1 S. 2, 1177) oder wenn das Grundpfandrecht auf einen anderen übergeht (§ 1143, § 1164).

Hierher gehören auch die Tatbestände einer zu Unrecht noch oder noch nicht eingetragenen *Verfügungsbeschränkung:*

Beispiel: Zugunsten des K ist noch ein – auf einer einstweiligen Verfügung beruhendes – Veräußerungsverbot eingetragen; die einstweilige Verfügung ist längst aufgehoben,

oder

über das Vermögen des E ist Konkurs eröffnet; der Konkursvermerk ist *noch nicht* eingetragen.

4. Fehler des Grundbuchamts

Schließlich kann auch ein Versagen des Grundbuchamts zu einem unrichtigen Grundbuchstand führen.

Einen Fall dieser Art haben wir schon oben Rn. 3 erörtert. Beliebige andere lassen sich denken, so wenn etwa der Grundbuchbeamte bei Übertragung eines Grundstücks auf ein neues Blatt eine Belastung nicht mit überträgt und dadurch die Löschung (aber nicht das „Erlöschen") hervorruft (§ 46

---

[1] S. noch § 19 Rn. 2ff. mit Beispielen!

Abs. 2 GBO) oder wenn er eine Hypothek auf Bewilligung des Hypothekars löscht, obwohl der Eigentümer hätte zustimmen müssen (§ 1183 BGB, § 27 GBO).

Zu beachten ist freilich, daß nicht jeder Verfahrensverstoß ein unrichtiges Grundbuch bewirkt; auch solche Fälle (etwa Verstoß gegen §§ 17, 45 GBO bei Eintragung mehrerer Rechte) haben wir schon kennengelernt (vgl. oben § 17 Rn. 16 f.).

II. Begriff

6 Wann das Grundbuch im Sinne des Gesetzes unrichtig ist, läßt sich dem § 894 entnehmen. Danach muß sich das Auseinanderfallen von Grundbuchinhalt und wirklicher Rechtslage beziehen:

1. auf ein *Recht am Grundstück,* gleichgültig ob dies das Eigentum oder ein beschränktes dingliches Recht ist,

2. auf ein *Recht an einem solchen Recht* (Pfandrecht oder Nießbrauch),

3. auf eine *relative Verfügungsbeschränkung.*

4. Gleichgestellt werden *Vormerkungen* und *Widersprüche,* und zwar gleichgültig, ob die Vormerkung zu Unrecht eingetragen oder zu Unrecht gelöscht ist oder der Widerspruch zu Unrecht eingetragen ist.[1]

7 *Beispiele:*

zu 1) Fall der Parzellenverwechslung (oben Rn. 3); unwirksame Zwangshypothek (BGH NJW 1995, 2715).

zu 2) Auf Grund eines Pfändungsbeschlusses ist die Buchhypothek des H gepfändet worden; der Pfändungsbeschluß wurde später aufgehoben.

zu 3) Zugunsten des K ist ein Veräußerungsverbot auf Grund einstweiliger Verfügung eingetragen; die einstweilige Verfügung wurde im Instanzenzug aufgehoben.

zu 4) K hat eine Auflassungsvormerkung erwirkt; später stellt sich heraus, daß der Kaufvertrag nichtig ist: Unrichtigkeit zum Nachteil des E. Oder: Der Grundbuchbeamte löscht versehentlich die Vormerkung: Unrichtigkeit zum Nachteil des K. Das Grundbuch wird hingegen nicht unrichtig, wenn der Eigentümer trotz einer entgegenstehenden Vormerkung zugunsten eines Dritten verfügt, da die Vormerkung keine Grundbuchsperre bewirkt (OLG Hamm NJW-RR 1993, 529; s. auch § 20 Rn. 34).

Keine Unrichtigkeit im technischen Sinne liegt vor, wenn es sich um Angaben im Grundbuch anderer, insbes. tatsächlicher Art handelt, auf die sich der öffentliche Glaube des Grundbuchs nicht beziehen kann; so etwa wenn der Beruf des Eigentümers falsch angegeben oder die Wirtschaftsart oder Größe des Grundstücks (bei feststehenden, richtig wiedergegebenen Grenzen) unrichtig vermerkt ist. Solche Angaben kann das Grundbuchamt von sich aus richtigstellen.

III. Wirkungen

8 Das unrichtige Grundbuch beeinträchtigt den durch die Unrichtigkeit Betroffenen: ihm steht die Legitimation des § 891 (Vermutungswirkung) nicht zur Seite, für ihn besteht die Gefahr des Rechtsverlusts oder der Rechtsbeeinträchtigung bei Erwerb durch einen redlichen Dritten (§§ 892, 893); s. ferner §§ 900, 901, 927.

Das Ausmaß der Beeinträchtigung bzw. des Rechtsverlustes kann natürlich im Einzelfall sehr verschieden sein:

Beispiele: Ist K fälschlich als Eigentümer eines Grundstücks des E eingetragen und veräußert er es an den redlichen D, so verliert E das ihm bisher noch zustehende Eigentum an dieser Parzelle.

---

[1] Dazu RGZ 163, 62, 63; BGHZ 25, 16 und unten Rn. 26; § 20 Rn. 25 und 62 ff.

Ist im Grundbuch H noch als Hypothekar eingetragen, obwohl das durch die Hypothek gesicherte Darlehen längst zurückbezahlt ist, und tritt H die „Hypothek" an D ab, so bleibt das Eigentum des E mit der Hypothek belastet (§§ 1138, 892), D kann also die Zwangsvollstreckung in das Grundstück des E durch Zwangsversteigerung (Zwangsverwaltung) betreiben.

IV. Abhilfe

Gegen solche Gefahren muß das Gesetz Abhilfemöglichkeiten schaffen. Es tut dies: **9**

1. durch eine vorläufige, sichernde Maßnahme:
den *Widerspruch* gegen die Richtigkeit des Grundbuchs. Sein Zweck ist es, einen Erwerb im Vertrauen auf die Richtigkeit des Grundbuchs zu verhindern (Einzelheiten unten Rn. 10 ff.);

2. durch eine endgültige *Berichtigung des Grundbuchs* (unten Rn. 27 ff.).

B. Der Widerspruch gegen die Richtigkeit des Grundbuchs[1]

S. die Übersicht 12 am Ende von § 20.

I. Zweck, Wirkung und Rechtsnatur

1. Zweck

Der durch einen unrichtigen Grundbuchstand Betroffene ist verständlicher **10** Weise an einer raschen Berichtigung des Grundbuchs (§ 894) interessiert. Aber häufig ist die Rechtslage nicht so eindeutig und klar, daß er dieses Ziel rasch erreichen könnte. Er bedarf daher für die Zeit bis zur Berichtigung einer Sicherung gegen die Rechtsnachteile, die sich für ihn aus dem redlichen Erwerb eines Dritten ergeben könnten. Diese Sicherung ist der *Widerspruch,* der entweder auf Bewilligung des „Berechtigten" hin oder – so meist in der Praxis – auf Grund einer gerichtlichen einstweiligen Verfügung eingetragen wird (s. unten Rn. 13 ff.).

2. Wirkung

Unser Gesetz arbeitet nicht mit groben Mitteln; der Widerspruch führt da- **11** her *nicht* zu einer „Blockierung" des Grundbuchs, zu einer *Grundbuchsperre.* Der – möglicherweise nur – Buchberechtigte kann über das Recht verfügen, der redliche Erwerb ist aber ausgeschlossen (§ 892 Abs. 1 S. 1); s. unten Rn. 21 ff..

3. Rechtsnatur

Der Widerspruch ist seiner Rechtsnatur nach weder eine Belastung des „Buchrechts", noch eine **12** absolute oder relative Verfügungsbeschränkung des „Buchberechtigten", vielmehr eine vorläufige Sicherung eines im Grundbuch möglicherweise unrichtig oder überhaupt nicht ausgewiesenen dingli-

---

[1] Literatur bei *Soergel/Stürner* § 899 vor Rn. 1; MünchKomm/*Wacke* § 899 vor Rn. 1.

chen Rechts. Erweist sich später, daß das Grundbuch richtig war und ist, so war der Widerspruch von Anfang an bedeutungslos. Daher gibt es auch „keinen Widerspruch gegen einen Widerspruch" (RGZ 117, 346, 352).

II. Eintragung

1. Voraussetzungen

13 Der Widerspruch kann seine Funktion, den Rechtsverkehr auf die – mögliche – Unrichtigkeit des Grundbuchs hinzuweisen, nur erfüllen, wenn er im Grundbuch eingetragen ist. Die Eintragung erfolgt in folgenden Fällen:

a) Bewilligung

14 Eingetragen wird ein Widerspruch auf Grund einer Bewilligung des Betroffenen (§ 899 Abs. 2 Satz 1 2. Alt.); das ist derjenige Berechtigte oder Buchberechtigte, der nach den Vorschriften der GBO die Bewilligung der Berichtigung erteilen muß (s. oben § 16 Rn. 32 ff.).

Also der eingetragene Scheineigentümer (Buchberechtigte) SE zugunsten des wahren Eigentümers E, der wahre Eigentümer E zugunsten des H, dessen Hypothek fälschlich gelöscht ist.

Man wird sich fragen, ob denn SE bzw. E bereit sein werden, die Eintragung eines Widerspruchs zu bewilligen, wenn sie beabsichtigen, über die Frage, ob das Grundbuch wirklich unrichtig ist, zu streiten; doch gibt es solch' „honorige" Leute, die sagen: „Ich bestreite zwar die Unrichtigkeit des Grundbuchs; bis aber dieser Streit entschieden ist, bin ich bereit, einen Widerspruch eintragen zu lassen, der aufgrund gerichtlicher Verfügung ohnehin eingetragen würde."

b) Einstweilige Verfügung

15 Die Eintragung eines Widerspruchs erfolgt des weiteren auf der Grundlage einer einstweiligen Verfügung (§ 899 Abs. 2 Satz 1 1. Alt.), also einer richterlichen Anordnung nach §§ 935 ff. ZPO (s. auch § 895 ZPO).

Hier muß der Antragsteller lediglich seinen Berichtigungsanspruch glaubhaft machen (§ 936 mit § 920 Abs. 2 ZPO), nicht die Gefährdung seines Rechts (§ 899 Abs. 2 S. 2); diese folgt schon aus der Möglichkeit des redlichen Erwerbs eines Dritten (*Baur/Stürner* I, EinzelvollstreckungsR, Rn. 53.8).

c) Amtswiderspruch

16 Ein Widerspruch kann auch von Amts wegen eingetragen werden, und zwar in den in der GBO genannten Fällen; s. vor allem § 18 Abs. 2 (oben § 16 Rn. 64 ff.), § 53 (oben § 16 Rn. 56 f.).[1]

d) Behördliches Ersuchen

17 Das Grundbuchamt trägt einen Widerspruch ferner ein auf Ersuchen der zuständigen Behörde nach § 7 GrundstücksverkehrsG bei Eintragung ohne die erforderliche Genehmigung, s. *Herminghausen* DNotZ 1963, 476.

e) Antrag des Eigentümers nach § 1139

18 Schließlich erfolgt die Eintragung eines Widerspruchs auf Grund eines bloßen Antrags des Eigentümers nach § 1139; hier hat der innerhalb eines Monats seit Bestellung der Hypothek eingetragene

---

[1] Beispielsfälle: BGH NJW 1962, 963; 1985, 3070 (Eintragung des Widerspruchs*berechtigten*).

Widerspruch sogar rückwirkende Kraft! Grund: Schutz des Eigentümers bei Nichtvalutierung der Buchhypothek.

2. Ort der Eintragung

Der Widerspruch wird bei der Eintragung kundgemacht, gegen die er sich richtet, bei einem Widerspruch gegen das Eigentum jedoch wie eine Belastung in Abteilung II (§§ 12 Abs. 2, 19 GBV). 19

3. Widerspruch gegen Vormerkung?

Der Widerspruch dient der *Sicherung eines dinglichen Rechts*. Die Vormerkung ist einem dinglichen Recht insoweit gleichzustellen, als ein redlicher Erwerb möglich ist (s. unten § 20 Rn. 25 f., 52, 62 ff.; BGHZ 25, 16). 20

Beispiel: NE ist im Grundbuch zu Unrecht als Eigentümer eingetragen. Er verkauft das Grundstück an D und bewilligt ihm eine Vormerkung: D ist bösgläubig und weiß um das Eigentum des wahren Eigentümers E. Wenn D den Auflassungsanspruch an Z abtritt, würde Z die Vormerkung gutgläubig erwerben, folgt man der h. M. (BGHZ 25, 16, 24); die h. M. muß im Beispielsfall folglich die Eintragung eines Widerspruchs zugunsten des E gegen die Vormerkung zulassen. Da nach der hier vertretenen Meinung die Vormerkung in diesen Fall nicht gutgläubig erworben werden kann, ist auch ein Widerspruch nicht zulässig (§ 20 Rn. 52). Wäre hingegen D gutgläubig, so würde schon er eine Vormerkung erwerben (§ 20 Rn. 63 f.); sie ginge mit der Abtretung auf Z über. Er müßte sich durch Eintragung eines Widerspruchs gegen das Eigentum des NE rechtzeitig vor Eintragung der Vormerkung schützen.

III. Wirkung[1]

1. Zerstörung des öffentlichen Glaubens

Der Widerspruch bringt *keine Grundbuchsperre* mit sich, aber er zerstört den öffentlichen Glauben des Grundbuchs hinsichtlich der Eintragung oder Löschung, auf die er sich bezieht (§ 892). Erweist sich die Eintragung entgegen dem Widerspruch als richtig, so hat der Erwerber das Recht erworben, der Widerspruch war von Anfang an bedeutungslos. 21

In unserem Beispiel oben Rn. 3 (Parzellenverwechslung!) verhindert ein in Abteilung II des Grundbuchs des K eingetragener Widerspruch nicht, daß K das Grundstück an D veräußert oder dem H eine Hypothek bestellt. Aber der Widerspruch verhindert einen Rechtserwerb des D bzw. H nach § 892. Stellt sich später heraus, daß das Grundbuch richtig war, also gar keine Parzellenverwechslung vorlag, dann war der Widerspruch bedeutungslos.

2. Keine Vermutungswirkung

Im übrigen hat der Widerspruch in keinem Fall die Wirkung, daß etwa zugunsten des durch ihn Gesicherten die Vermutungswirkung des § 891 eingreift (sonst würde sich im übrigen auch niemand finden, der die Eintragung eines Widerspruchs *bewilligt!*), noch hat er die Wirkung, daß er die auf Grund des § 891 bestehende Vermutung zugunsten des Buchstands vernichtet (BGH MDR 1967, 749; s. a. § 23 Rn. 38). 22

In unserem Beispiel spricht also trotz Eintragung eines Widerspruchs die Vermutung für das Eigentum des K an der Parzelle b; m. a. W. V muß nachweisen, daß K nicht Eigentümer ist.

3. Subjektiver Umfang der Sicherungswirkung

Zu beachten ist ferner, daß der Widerspruch nur wirkt, wenn er zugunsten des Berechtigten eingetragen ist (BGH NJW 1985, 3070). 23

---

[1] S. noch § 23 Rn. 37 f.

Beispiel: E ist Eigentümer eines Grundstücks, V ist zu Unrecht als Eigentümer eingetragen. V veräußert an K. Zugunsten des V wird dann ein Widerspruch eingetragen, weil die Auflassung angeblich nichtig war (was aber – wie sich später herausstellt – nicht der Fall war). K veräußert an D. Falls K redlich war, erwirbt D vom Berechtigten. War K unredlich, erwirbt D gutgläubig vom Nichtberechtigten. Denn der Widerspruch zugunsten des V ist zu Unrecht eingetragen; zugunsten des E wirkt dieser Widerspruch nicht!

Ist aber der Widerspruch zu Recht eingetragen, so wirkt er auch gegen weitere Rechtsnachfolger: *Beispiel:* E hat gegen das Eigentum des NE einen Widerspruch erwirkt. Dieser wirkt im Falle der Veräußerung NE an K, aber auch bei Weiterveräußerung K an D. Ebenso wenn NE dem H_1 eine Hypothek bestellt hat und dieser sie an H_2 abtritt (dazu *Medicus*, Bürgerl. R., Rn. 551). Der Fall anders, falls der Widerspruch erst *nach* Bestellung der Hypothek H_1 eingetragen worden ist: Erwerb durch H_2 bei Redlichkeit des H_1, umstritten bei Unredlichkeit (RGZ 129, 124ff.; *Medicus*, Bürgerl. R., Rn. 551); u. E. zu verneinen, weil das Vertrauen auf die Redlichkeit des Vorerwerbs nicht geschützt ist und die Gutglaubenswirkung des Grundbuchs durch den Widerspruch gerade beseitigt wird!

4. Weitere Wirkungen

24 Weitere Wirkungen s. §§ 900 Abs. 1 S. 3, 902 Abs. 2, 927 Abs. 3 BGB, § 48 ZVG.

IV. Löschung

1. Voraussetzungen

25 Der Widerspruch ist zu löschen:

a) wenn – bei bewilligter oder vom Gericht erzwungener Eintragung – derjenige die Löschung bewilligt, zu dessen Gunsten er eingetragen ist;

b) wenn – bei erzwungener Eintragung – die gerichtliche Entscheidung aufgehoben wird, auf der er beruht (also z.B. die einstweilige Verfügung).

2. Anspruch auf Löschungsbewilligung

26 Die Bewilligung der Löschung kann erzwungen werden, wenn sich herausstellt, daß der Widerspruch zu Unrecht eingetragen wurde oder noch zu Unrecht eingetragen ist; § 894 gilt entsprechend.[1]

Erweist es sich in unserem Beispiel, daß in Wahrheit keine Parzellenverwechslung vorgelegen hat, so bedeutet der Widerspruch zwar keine rechtliche, wohl aber eine tatsächliche Beeinträchtigung des K (Wer kauft ein Grundstück, auf dessen Grundbuchblatt ein Widerspruch eingetragen ist?). K muß also den V auf Abgabe einer Löschungsbewilligung bezüglich des Widerspruchs in Anspruch nehmen können.

C. Die Grundbuchberichtigung[2]

I. Grundsätze

27 Das Verfahren, das der Gesetzgeber zur Beseitigung der Unrichtigkeit des Grundbuchs gewählt hat, wird verständlich, wenn man sich zwei Gesichtspunkte vergegenwärtigt, einen auf der Grundbuchverfassung beruhenden formalrechtlichen und einen materiellrechtlichen:

---

[1] *Soergel/Stürner* § 899 Rn. 6; BGH NJW 1969, 93; *Westermann/Eickmann* § 89 III 5 u. Münch-Komm/*Wacke* § 899 Rn. 6; ganz h. M.; für *direkte* Anwendbarkeit des § 894 etwa *Wieling* § 20 II 4 d.

[2] Siehe dazu u. a. *Wieacker* DJZ 1936, 989; *Demelius* AcP 157, 361; *Pohle* JZ 1956, 53; *Zeuner*, Die objektiven Grenzen der Rechtskraft im Rahmen rechtlicher Sinnzusammenhänge (1959) S. 133f.; *Köbler* JuS 1982, 181; Übersicht über ältere und speziellere Literatur bei *Soergel/Stürner* § 894 vor Rn. 1; MünchKomm/*Wacke* § 894 vor Rn. 1; *Westermann/Eickmann* § 89.

1. Der Bewilligungsgrundsatz

Als wichtigsten Grundsatz des Grundbuchrechts hatten wir den Bewilligungsgrundsatz kennengelernt: die Eintragung einer Rechtsänderung bedarf der Bewilligung des Betroffenen. Dieses Prinzip gilt auch im Falle der Grundbuchunrichtigkeit. Der durch die Berichtigung in seiner wirklichen Rechtsstellung oder in seiner „Buchrechtsstellung" Betroffene muß die Berichtigung bewilligen (dazu oben § 16 Rn. 21f., 29 und 33). 28

„Der wirkliche Berechtigte": Der Eigentümer bewilligt die Berichtigung des Grundbuchs durch Wiedereintragung der versehentlich gelöschten Hypothek.

„Der Buchberechtigte": Der eingetragene Nichteigentümer bewilligt die Eintragung des wahren Eigentümers.

Die Berichtigungsbewilligung erspart dem Grundbuchamt die Prüfung, ob das Grundbuch bisher unrichtig war.

2. Anspruch auf Abgabe der Berichtigungsbewilligung

Wird die Bewilligung nicht freiwillig erklärt, so muß sie erzwungen werden können. Das Gesetz gibt dem durch die Unrichtigkeit Betroffenen einen materiellrechtlichen Anspruch auf Abgabe der Berichtigungsbewilligung, den *Grundbuchberichtigungsanspruch* (§ 894). 29

Das Gesetz hat diesen Weg gewählt, weil der unrichtige Buchstand eine Beeinträchtigung des Berechtigten darstellt. Diese Beeinträchtigung muß – ähnlich wie die des § 1004 – mit materiellrechtlichen Mitteln beseitigt werden können. Der Anspruch hat negatorischen Charakter (s. oben § 12 Rn. 28). – Interessant ist sonach, daß aus einer Rechtsbeeinträchtigung ein Anspruch auf Abgabe einer formalrechtlichen Erklärung, eben der Berichtigungsbewilligung erwächst. Aber die „Beeinträchtigung" läßt sich eben nur so „beseitigen" (vgl. § 1004!).

3. Die Entbehrlichkeit einer Bewilligung

Einer Bewilligung der Berichtigung bedarf es nicht, „wenn die *Unrichtigkeit*" – in der Form des § 29 GBO – „nachgewiesen wird" (§ 22 GBO; s. auch § 25 GBO); verständlich: wenn der Betroffene die Unterlagen für den Nachweis der Unrichtigkeit in Form öffentlicher Urkunden zur Hand hat, wäre das Verlangen nach Abgabe einer Bewilligung ein superfluum; für eine Klage aus § 894 fehlte dann regelmäßig das Rechtsschutzinteresse (dazu *Furtner* DNotZ 1963, 196; OLG Zweibrücken NJW 1967, 1809). 30

Beispiele: Auf Grund einer einstweiligen Verfügung des Landgerichts ist eine Auflassungsvormerkung für K eingetragen worden. Später legt der Eigentümer V ein Urteil des Oberlandesgerichts vor, das die Entscheidung des LG aufhebt, und beantragt Löschung der Vormerkung. Diese erfolgt, ohne daß K die Löschung zu bewilligen braucht[1] (§ 25 GBO). 31
Nach der Satzung der BGB-Gesellschaft „Gewerbeobjekt X" können Gesellschafter aus wichtigem Grund durch Mehrheitsbeschluß ausgeschlossen werden; der Beschluß ist endgültig, falls nicht binnen vier Wochen Feststellungsklage auf Fortbestand der gesellschaftsvertraglichen Beziehung erhoben

---

[1] Weitere *Beispiele* s. BGHZ 39, 21 und BayObLG Rpfleger 1980, 278; 1993, 148; DNotZ 1997, 337.

worden ist. Die Gesellschafter A, B, C schließen D aus und beantragen nach 6 Wochen Grundbuchberichtigung, weil ihnen der Anteil des D zugewachsen sei (§ 738 Abs. 1 S. 1). Zwar mag der Beschluß in der Form des § 29 GBO nachweisbar sein (z. B. notarielle Beurkundung), die fehlende Klageerhebung ist es nicht. A, B und C scheitern deshalb mit ihrem Antrag nach § 22 GBO und müssen gegebenenfalls aus § 894 klagen (OLG Stuttgart NJW-RR 1990, 2757; ferner BGH Rpfleger 1990, 158 und § 19 A I 2 mit Beispielen); großzügig BayObLG Rpfleger 1992, 19; 1993, 105; OLG Schleswig Rpfleger 1992, 149: Tod eines Gesellschafter bei formlosem Gesellschaftsvertrag; OLG Frankfurt Rpfleger 1994, 106: Untergang des vorgemerkten Anspruchs).

4. Der schuldrechtliche Berichtigungsanspruch

32   Von dem dinglichen Berichtigungsanspruch ist der von der Rechtsprechung entwickelte sog. schuldrechtliche Berichtigungsanspruch zu unterscheiden; er beruht auf ungerechtfertigter Bereicherung, u. U. auch auf unerlaubter Handlung.

Beispiel (in Anlehnung an RG LZ 1924, 292 u. BGH NJW 1973, 613; s. ferner RGZ 129, 307, 311; 112, 260; MünchKomm/*Wacke* § 894 Rn. 35, 36; *Jahr* GS f. Schultz, 1987, 117, 140):
V hat sein Grundstück Mitte 1919 an den Kläger K verkauft und aufgelassen, K wurde als Eigentümer im Grundbuch eingetragen. Ende 1919 veräußert K das Grundstück an den Bekl. B, der eingetragen wird. 1921 wird K wegen Geisteskrankheit entmündigt. Der Vormund des K klagt auf Berichtigung mit der – von ihm auch nachgewiesenen – Behauptung, K sei schon Ende 1919 geisteskrank gewesen. B verteidigt sich damit, K sei nicht Eigentümer, also auch nicht zur Geltendmachung des Berichtigungsanspruchs legitimiert, da schon die erste Veräußerung V–K wegen Geisteskrankheit des K nichtig gewesen sei. Trifft diese Behauptung zu, so sind die Voraussetzungen des § 894 in der Person des K in der Tat nicht gegeben; Eigentümer wäre dann noch V. Indessen kann K seine „Buchrechtstellung" von B kondizieren, da dieser sie ohne rechtlichen Grund erlangt hat. Sie wieder zu erlangen, ist für K schon wegen § 891 (Vermutungswirkung!), § 900 (Buchersitzung!) von Bedeutung.

33   Von einem schuldrechtlichen Berichtigungsanspruch spricht man besser nicht, wenn die fehlgeschlagene Erfüllung des Grundgeschäfts oder das nichtige Grundgeschäft rückabgewickelt werden: verkauft war Grundstück X, aufgelassen und eingetragen Grundstück Y, oder der Kaufvertrag verstieß gegen § 138. Falls der Verkäufer kondiziert, findet eine volle Rückübereignung statt, die mit Grundbuchberichtigung eigentlich gar nichts zu tun hat, weil das Grundbuch nie unrichtig war (*Soergel/Stürner* § 894 Rn. 25). Die Bezeichnung paßt eher, sofern bei Doppelnichtigkeit mit § 894 eine Leistungskondiktion konkurriert, deren Anspruchsinhalt identisch (Herausgabe der Buchposition) und die praktisch bedeutungslos ist.[1]

II. Anspruchsberechtigter

34   1. Der Berichtigungsanspruch steht jedem zu, der durch den unrichtigen Grundbuchstand (s. dazu oben Rn. 6f.) in seiner Rechtsstellung beeinträchtigt ist.

2. Er muß nachweisen,

a) daß er Inhaber eines Grundstücksrechts ist,

– gleichgestellt sind, wie wir wissen, die Fälle, daß zu seinen Gunsten eine Vormerkung oder eine relative Verfügungsbeschränkung besteht (Rn. 6);

b) daß dieses Recht „nicht oder nicht richtig eingetragen oder durch die Eintragung einer nicht bestehenden Belastung oder Beschränkung beeinträchtigt ist" (§ 894).

---

[1] Aufschlußreich BayObLG Rpfleger 1992, 513: Kein Anspruch auf *Unkenntlichmachung* gelöschter Rechte (z. B. Zwangsversteigerungsvermerk etc.).

III. Anspruchsverpflichteter

1. Person des Anspruchsgegners

Anspruchsgegner ist jeder, dessen Bewilligung nach grundbuchrechtlichen Vorschriften zur Herstellung des richtigen Grundbuchstandes erforderlich ist.[1]   35

Interessant, daß sich der Gegner eines materiell-rechtlichen Anspruchs aus formalem Recht, dem Grundbuchrecht ergibt![2] Anspruchsgegner können demnach *mehrere* sein:
Beispiel: Ist für H zu Unrecht eine Hypothek eingetragen und hat B diese Hypothek gepfändet (kein gutgläubiger Erwerb möglich!), so sind dem E (wie übrigens auch einem im Range nachfolgenden Hypothekar) sowohl H wie B zur Abgabe der Berichtigungsbewilligung verpflichtet. – Hätte H die Hypothek an B *verpfändet*, so wäre gutgläubiger Erwerb des Pfandrechts möglich. Die Berichtigung des Grundbuchs hätte dann in der Weise zu erfolgen: die Hypothek wird mit der Maßgabe gelöscht, daß sie insoweit bestehen bleibt, als sie an B verpfändet ist.

Gleichgültig ist, ob der Verpflichtete an der Herbeiführung der Unrichtigkeit bewußt oder unbewußt mitgewirkt hat, ja ob er von ihr überhaupt wußte (wie der Herausgabeanspruch nach § 985 und der Unterlassungsanspruch nach § 1004 hat auch der Berichtigungsanspruch keinen deliktischen Charakter!).   36

2. Verteidigung des Anspruchsgegners

a) Bestreiten der Anspruchsvoraussetzungen

Selbstverständlich ist, daß er das Vorliegen der Anspruchsvoraussetzungen bestreiten kann. Beweisbelastet ist dann der Kläger, weil für den Bekl. das – wenn auch möglicherweise unrichtige – Grundbuch spricht (§ 891).   37

b) Einwendungen und Einreden

Er kann aber auch dartun, daß zwar das Grundbuch unrichtig ist, der Kläger aber *schuldrechtlich* verpflichtet sei, den jetzt bestehenden Grundbuchstand herbeizuführen, oder daß ihm – dem Beklagten – die Einrede des Zurückbehaltungsrechts offenstehe oder schließlich, daß das Verlangen des Klägers gegen Treu und Glauben verstoße.[3]   38

Beispiele: V hat an K wirksam verkauft, die Auflassung war nichtig. Dem Berichtigungsanspruch des V kann K entgegenhalten, V sei zur Nachholung einer wirksamen Auflassung verpflichtet.   39
K hat nach nichtigem Kaufvertrag und nichtiger Auflassung erhebliche Verwendungen auf das Grundstück gemacht. Gegenüber dem Berichtigungsanspruch macht K ein Zurückbehaltungsrecht bis zur Erstattung der Aufwendungen geltend (RGZ 114, 266). Hier ist zu bemerken, daß die h. M. auf die Stellung des Buchberechtigten die §§ 987 ff. *(wegen Verschlechterung des Grundstücks* sowie wegen *der Nutzungen und Verwendungen)* entsprechend anwendet; vgl. RGZ 114, 266; 121, 335 u. 158, 40 (Beseitigung zwischenzeitlicher Belastungen!); 133, 283; 163, 62; BGHZ 41, 30 (Nutzungen und Verwendungen) = *Baur,* E. Slg. Fall 11; s. hierzu die Tüb. Diss. von *Dallinger,* Die Pflichten des Buchbesitzers (1958) und *Medicus,* Bürgerl. R., Rn. 454.
Weitere *Beispiele:* BGH NJW-RR 1990, 847 (Grundbuchberichtigung nach Doppelnichtigkeit von Verkauf und Auflassung, Zurückbehaltungsrecht wegen gegenläufiger Schadensersatzforderungen); BGH Rpfleger 1990, 158 (Grundbuchberichtigung nach Anwachsung gemäß § 738 Abs. 1 S. 1, Zurückbehaltungsrecht wegen Auseinandersetzungsansprüchen des ausgeschiedenen Gesellschafters);

---

[1] BGHZ 41, 30, 32; BGH NJW 1996, 1890, 1891 r. Sp.
[2] Ist freilich der Buchberechtigte nicht verfügungsberechtigt, weil er in Konkurs gefallen ist, so ist der Konkursverwalter richtiger Beklagter (OLG Celle NJW 1985, 204; zum Aussonderungsrecht *Baur/Stürner* II, InsolvenzR, Rn. 14.7).
[3] BGH NJW 1974, 1651; 1988, 3261; BGHZ 122, 308 = NJW 1993, 2178; s. a. § 5 Rn. 26 f.

§ 18 C IV   III. Abschnitt. Liegenschaftsrecht

BGH NJW-RR 1989, 201 (Grundbuchberichtigung bezüglich Auflassungsvormerkung nach Anspruchsuntergang, Zurückbehaltungsrecht wegen Kaufpreiszahlung).

40   Bei der berichtigenden Löschung von Grundpfandrechten verneint die Rspr. zu Recht ein Zurückbehaltungsrecht wegen gegenläufiger Ansprüche (BGH NJW 1988, 3260, 3261; s. a. § 40 Rn. 22).

IV. Der Inhalt des Anspruchs – Unabtretbarkeit

1. Berichtigungsbewilligung und ihre Erzwingung

41   Der Anspruch ist auf die zur Berichtigung erforderliche Bewilligung gerichtet; sie muß in der Form des § 29 GBO erfolgen (vgl. § 16 Rn. 44; über die Kosten s. § 897).

Wird die Bewilligung nicht freiwillig erklärt, so muß auf ihre Abgabe geklagt werden; das rechtskräftige Urteil ersetzt sie (§ 894 ZPO).[1]

a) Veräußerung des streitbefangenen Rechts

42   Die gerichtliche Geltendmachung des Berichtigungsanspruchs hindert den Anspruchsgegner nicht, sein „Recht" zu veräußern (§ 265 ZPO); das Urteil wirkt aber Rechtskraft gegenüber dem *Rechtsnachfolger*, es sei denn, daß dieser redlich war (§ 325 ZPO); daher die Bedeutung des Widerspruchs auch in einem solchen Fall:[2]

Ist die Hypothek des H auf dem Grundstück des E zu Unrecht gelöscht worden und klagt H gegen E (der also Berechtigter ist, nicht lediglich Buchberechtigter!) auf Bewilligung der Wiedereintragung der Hypothek, so kann E das Grundstück an K während des Prozesses veräußern. Der Rechtsstreit wird zwischen H und E fortgeführt. Obsiegt H, so kann „das Urteil gegen K umgeschrieben werden" (§ 727 ZPO).[3] K kann aber nichts weder von der Unrichtigkeit des Grundbuchs noch von dem anhängigen Rechtsstreit gewußt haben (§ 325 Abs. 2 ZPO mit § 892 BGB). E kann dann dem H zum Schadensersatz verpflichtet sein (§ 823 Abs. 1; auch § 816 und § 687 Abs. 2 sind anwendbar).

b) Berichtigungsbewilligung und Änderungsbewilligung

43   Die Berichtigungsbewilligung ist von der Änderungsbewilligung scharf zu unterscheiden (s. dazu oben § 16 Rn. 21 f., 32 und 33).

c) Erweiterung des Anspruchs durch §§ 895, 896

44   §§ 895, 896 bringen eine Erweiterung des Grundbuchberichtigungsanspruchs, wobei § 895 etwa in dem Fall Platz greift, daß der zur Abgabe der Bewilligung Verpflichtete selbst noch nicht im Grundbuch eingetragen ist (z. B. weil er Erbe des „Buchberechtigten" ist).

---

[1] Für die Rechtskraftwirkung eines dem Grundbuchberichtigungsanspruch stattgebenden oder ihn abweisenden Urteils gelten die Regeln zur Rechtskraft eines Herausgabeurteils: nach Meinung des BGH wirkt die Rechtskraft eines stattgebenden (LM § 987 BGB Nr. 3) oder abweisenden Urteils (BGH NJW 1981, 1517) auch für Folgeansprüche (für Nutzungen BGH NJW 1983, 164); s. a. *Baur/Grunsky*, Zivilprozeßrecht, Rn. 233–235; *Wieling* JZ 1986, 5, 8; *Henckel*, Prozeßrecht und materielles Recht, 1970, S. 183 ff.

[2] Daher ist auch ein Rechtshängigkeitsvermerk im Grundbuch eintragbar, s. OLG Zweibrücken NJW 1989, 1098; OLG Schleswig NJW-RR 1994, 1498 jeweils m. w. Nw.; *Rahn* BWNotZ 1960, 61. Dazu genügt analog § 22 GBO der Nachweis durch öffentliche Urkunden; eine einstweilige Verfügung ist nicht erforderlich (wie hier OLG Zweibrücken u. OLG Schleswig aaO m. Nw.; *Soergel/Stürner* § 899 Rn. 14; str., a. A. z. B. OLG München NJW 1966, 1030). Interessanter *Beispielsfall* zum Rechtshängigkeitsvermerk: OLG Koblenz Rpfleger 1992, 102.

[3] Siehe dazu *Baur/Grunsky*, ZPrR, Rn. 114a; *Baur/Stürner* I, EinzelvollstreckungsR, Rn. 17.6 ff.

2. Unabtretbarkeit und Unverjährbarkeit des Berichtigungsanspruchs

Der Berichtigungsanspruch ist Ausfluß des dinglichen Rechts, auf dem er 45 beruht. Er geht daher ohne weiteres bei Veräußerung des Rechts auf den Erwerber über. Er kann daher auch *nicht* durch *Abtretung* von dem Recht, dem er zugehört, getrennt werden; möglich ist aber eine Ausübungsermächtigung (§ 185).[1]

Kraft gesetzlicher Regelung (§ 898) unterliegt der Anspruch nicht der Verjährung, wohl aber ist eine Verwirkung möglich (s. § 5 Rn. 25 ff.).

Beispiel: V hat an K ein Grundstück verkauft und aufgelassen, das laut Grundbuch mit einem Nieß- 46 brauch des N belastet ist. V hat sich verpflichtet, den nach seinen Angaben längst nicht mehr bestehenden Nießbrauch „zur Löschung zu bringen" (vgl. § 435). Als V von N Grundbuchberichtigung fordert, wendet dieser u.a. ein, V sei gar nicht aktiv legitimiert, da er nach der Übereignung des Grundstücks an K nicht mehr Eigentümer des Grundstücks sei, der Berichtigungsanspruch aber „Teil des Eigentums" sei. Dieser Einwand ist richtig; den Berichtigungsanspruch könnte K geltend machen; dieser ist aber gar nicht daran interessiert, sich mit N herumzuschlagen, da ihm V kraft Gesetzes (§ 435) und ausdrücklich vertraglicher Vereinbarung verpflichtet ist, den Nießbrauch löschen zu lassen. Hier kann K den V ermächtigen, den Berichtigungsanspruch als fremdes (des K) Recht in eigenem Namen geltend zu machen (eine andere – interessante – Frage ist die, ob K schuldrechtlich verpflichtet ist, dem V eine solche Ermächtigung zu geben!). Ermächtigt K den V, so kann dieser den Anspruch auch klageweise geltend machen (Fall der sog. Prozeßstandschaft).[2] Die Rechtskraft des im Prozeß V – N ergangenen Urteils wirkt auch für und gegen K (vgl. BGH LM § 325 ZPO Nr. 9 m. Nw.). Im übrigen ist K nicht gehindert, die Ermächtigung zu widerrufen und den Berichtigungsanspruch selbst zu erheben. –

Weil nicht abtretbar, ist der Berichtigungsanspruch auch *nicht pfändbar* (§ 851 Abs. 1 ZPO). Doch 47 gestattet die h.M.[3] – in dogmatisch wohl nicht zu begründender, aber einem praktischen Bedürfnis gerecht werdender Weise – eine Pfändung des Anspruchs mit dem Ziel einer Ermächtigung:

Beispiel: Die Pfändung des Grundbuchberichtigungsanspruchs ist möglich, wenn ein Gläubiger G in das Grundstück des nicht eingetragenen E (§ 39 GBO!) vollstrecken will (KGJ 47, 174). Hat G die Eintragung des E durch Geltendmachung des Berichtigungsanspruchs (§ 894 ZPO!) erwirkt, so kann er vollstrecken (Zwangshypothek – Zwangsversteigerung – Zwangsverwaltung).

D. Rechtslage in den neuen Bundesländern

Für die neuen Bundesländer gelten grundsätzlich die allgemeinen Vorschriften des deutschen 48 Rechts. Die Besonderheiten des Immobiliarrechts der neuen Bundesländer schildert § 63 – auch mit seinen Auswirkungen auf das Grundbuch (s. a. § 18 D der Vorauflage). Das *Grundbuchbereinigungsgesetz* vom 20. 12. 1993 (BGBl. I, 2182; geändert durch Art. 2 § 6 SachenrechtsÄndG vom 21. 9. 1994, BGBl. I, 2457) regelt die Umstellung wertbeständiger Rechte, die Löschung überholter Nießbräuche und Dienstbarkeiten, das Schicksal nicht eingetragener Rechte und die Ablösung geringwertiger Grundpfandrechte (s. a. § 63 Rn. 49 ff.).

---

[1] Vgl. zu § 985 oben § 2 Rn. 4; § 11 Rn. 44.

[2] Vgl. *Rosenberg/Schwab/Gottwald,* Zivilprozeßrecht, 15. Aufl. 1993, § 46 III; *Baur/Grunsky,* ZPrR, Rn. 88–91.

[3] Vgl. *Westermann/Eickmann* § 89 II 1; *Soergel/Stürner* § 894 Rn. 28; MünchKomm/*Wacke* § 894 Rn. 24, 25; *Baur/Stürner* I, EinzelvollstreckungsR, Rn. 31.5 mit 32.1.

2. Kapitel. Rechtsänderungen an Grundstücken

§ 19. Begründung, Übertragung, Inhaltsänderung und Aufhebung von Grundstücksrechten

A. Grundsätze
I. Grundfragen des Grundbuchsystems
1. Das Grundbuchsystem

1   Bei Grundstücken und Rechten an ihnen wechselt im allgemeinen der Rechtsträger seltener als bei beweglichen Sachen (dazu oben § 2 Rn. 15). Das Ergebnis einer solchen Rechtsübertragung oder Rechtsbegründung ist für das Vermögen der Beteiligten häufig von erheblicher Bedeutung. Das Gesetz fordert daher – in Anlehnung an das ältere deutsche Recht – eine besondere Verlautbarung der Rechtsänderung: zu der Einigung der Beteiligten muß die Eintragung treten; erst Einigung *und* Eintragung bewirken die Rechtsänderung. Anders als im Rechtsverkehr mit beweglichen Sachen gilt nicht das Traditionssystem; die Übergabe eines Grundstücks ist für die dingliche Rechtslage an ihm bedeutungslos.

2. Beschränkung des Grundbuchsystems auf rechtsgeschäftliche Rechtsänderungen

2   Dieser Grundsatz, den man – nicht sehr prägnant – Grundbuchsystem nennt, gilt nur für rechtsgeschäftliche Rechtsänderungen, nicht für solche, die unmittelbar auf Gesetz oder einem behördlichen oder richterlichen Akt beruhen, also nicht für die Fälle der Gesamtrechtsnachfolge (z.B. Erbfolge), nicht für den Zuschlag in der Zwangsversteigerung (§ 90 ZVG; richterlicher Akt), nicht für die Enteignung durch die zuständige Verwaltungsbehörde.[1]

3   Diese – uns längst vertrauten – Grundsätze bedürfen einer Verdeutlichung bei sog. *Gesamthandsrechtsverhältnissen* (s. oben § 3 Rn. 27). Ist etwa § 873 einzuhalten, wenn eine OHG gegründet werden soll und einer der Gesellschafter Grundstücke in das Gesellschaftsvermögen einbringt *oder* wenn in eine bereits bestehende Gesellschaft des bürgerlichen Rechts ein neuer Gesellschafter eintritt *oder* wenn eine OHG in eine KG umgewandelt wird *oder* schließlich wenn ein Miterbe seinen Erbanteil auf einen anderen überträgt (§ 2033)?
Einen Anhaltspunkt für die Lösung dieser Fragen gibt § 738: Bei Ausscheiden eines Gesellschafters „wächst sein Anteil am Gesellschaftsvermögen den übrigen Gesellschaftern zu". Die Rechtszuständigkeit (z.B. statt bisher 4 sind nur noch 3 Gesellschafter Inhaber des Gesellschaftsvermögens) ändert sich also, ohne daß es eines Übertragungsaktes bezüglich der einzelnen Gegenstände des Gesellschaftsvermögens bedürfte. Entsprechend wächst dem eintretenden Gesellschafter ein Anteil am Gesellschaftsvermögen zu.

---

[1] Zu bemerken ist, daß auch zur Entstehung gewisser sich *aus der Zwangsvollstreckung* ergebender Rechte an Grundstücken oder an Grundstücksrechten neben dem Vollstreckungsakt die Eintragung erforderlich ist (z.B. §§ 867 Abs. 1 S. 2, 830 Abs. 1 S. 3, 857 Abs. 6 ZPO).

Daraus läßt sich folgende *Regel* gewinnen: 4
Gesellschaftsrechtliche Rechtsvorgänge, die bei gleichbleibender Rechtsform der Gesamthand nur den personellen Bestand betreffen, fallen nicht unter § 873 (§ 925), auch wenn dadurch mittelbar die Rechtsverhältnisse an Grundstücken berührt werden. Eine rechtsgeschäftliche Übertragung ist auch nicht erforderlich, wenn dieselben Personen lediglich die Rechtsform der Gesellschaft ändern, so daß die neue Gesamthand an die Stelle der alten tritt. Soll dagegen ein Grundstücksrecht neu in das Gesellschaftsvermögen einbezogen[1] oder aus ihm ausgeschieden werden oder handelt es sich um Rechtsgeschäfte zwischen mehreren personengleichen Gesellschaften, so ist die Form des § 873 (§ 925) einzuhalten.[2]

Beispiele: § 313, § 873 (§ 925) *sind anzuwenden,* wenn ein Gesellschafter ein Grundstück in das Gesamthandsvermögen einbringt *(Jauernig/Stürner* § 706 Rn. 6) oder wenn es an ihn veräußert wird, 5
  wenn aus einer Erbengemeinschaft eine personengleiche OHG gebildet wird (BGHZ 92, 259, 263; BFH NJW 1988, 1343; *Jauernig/Stürner* § 2032 Rn. 4),
  wenn die aus A, B, C bestehende OHG ein Grundstück auf die aus denselben Personen bestehende Gesellschaft des bürgerlichen Rechts überträgt (KG NJW-RR 1987, 1321; RGZ 136, 402: die OHG A u. Co. überträgt Grundstücke auf eine aus denselben Personen bestehende Grundstücksverwaltungsgesellschaft!).
  § 313, § 873 (§ 925) sind *nicht* anwendbar,
  wenn A aus einer OHG ausscheidet und B eintritt (BGHZ 86, 367, 369 f.; Rpfleger 1990, 158; BayObLG NJW-RR 1992, 227, 228),
  wenn aus einer Gesellschaft des BGB eine OHG, aus einer OHG eine KG gebildet wird. Grund: die Identität des Sondervermögens bleibt gewahrt (Hamm OLGZ 1984, 50; *Jauernig/Stürner* § 705 Rn. 7);[3] dies gilt auch bei Umwandlung von Gesellschaftsvermögen in Alleinvermögen eines Gesellschafters durch Ausscheiden oder Anteilsübernahme (BGHZ 50, 307, 309; s. a. NJW-RR 1993, 1443). In solchen Fällen nicht rechtsgeschäftlicher Übertragung erfolgt Grundbuchberichtigung (hierzu § 18 Rn. 30 f. mit Beispiel).

3. Die dem Grundbuchsystem unterliegenden Rechtsänderungen

Der Grundsatz, daß Einigung *und* Eintragung notwendig sind, gilt für 6 *alle* Rechtsänderungen an Grundstücken. Im einzelnen unterscheidet das Gesetz:

a) die *Übertragung des Eigentums* (§ 873 Abs. 1, Sondervorschrift § 925, s. unten § 22);

b) die *Belastung eines Grundstücks* mit einem Recht (§ 873 Abs. 1; hier also ein Akt der Rechtsbegründung! z.B. Bestellung einer Hypothek);

c) die *Übertragung eines* auf diese Weise begründeten *Rechts* (§ 873 Abs. 1, z.B. Übertragung einer Hypothek);

d) *die Belastung eines beschränkten dinglichen Rechts* (§ 873 Abs. 1, z.B. Verpfändung einer Hypothek);

e) die *Änderung des Inhalts* eines Rechts (§ 877, z.B. Änderung der Kündigungsbestimmungen einer Hypothek), s. unten Rn. 42 ff.;

---

[1] Anders bei Eingehung einer Gütergemeinschaft (§ 1416)! Hier erfolgt der Gesamthandserwerb kraft Gesetzes, Eintragung im Wege der Grundbuchberichtigung. Interessant BGHZ 82, 346 ff.: sofortige Eintragung beider Ehegatten bei rechtsgeschäftlichem Erwerb, wenn anderenfalls eine sofortige Grundbuchberichtigung nötig wäre!
[2] Einzelheiten s. *Soergel/Stürner* § 925 Rn. 6 ff.; MünchKomm/*Wacke* § 873 Rn. 13–16; *Eickmann* Rpfleger 1985, 89.
[3] Zur „Grundbuchfähigkeit" eines nicht rechtsfähigen Vereins s. *Konzen* JuS 1989, 20 (m. Nw.) und § 15 Rn. 45.

§ 19 B I   III. Abschnitt. Liegenschaftsrecht

f) die *Aufhebung eines Rechts* (§§ 875, 876; z.B. die Aufhebung einer bisher bestehenden Grundschuld); hier ist nur eine einseitige Aufhebungserklärung, nicht eine Einigung erforderlich, s. unten Rn. 44 ff.

> Diese Mannigfaltigkeit braucht nicht zu erschrecken: denn – von der Aufhebung eines Rechts abgesehen – gelten für *alle* diese Vorgänge dieselben Grundsätze.

4. Grundbuchsystem und Abstraktionsprinzip

7 Die hier zu erörternden Rechtsvorgänge betreffen *nur die dingliche Rechtsänderung,* nicht die ihr zugrunde liegenden schuldrechtlichen Vorgänge (Abstraktionsgrundsatz! s. oben § 5 Rn. 40 ff.).

II. Einigung und Eintragung als Voraussetzungen der Rechtsänderung

8 Nur Einigung *und* Eintragung bewirken die Rechtsänderung; die Einigung enthält das Willensmoment, die Eintragung dessen Kundbarmachung. Beide müssen einander entsprechen.

> Schwierigkeiten können entstehen, wenn beide differieren (s. unten Rn. 28 ff.) oder wenn die Voraussetzungen für ein wirksames Verfügungsrechtsgeschäft (Geschäftsfähigkeit, Verfügungsbefugnis) sich zwischen Einigung und Eintragung ändern (Rn. 32 f.).
> Wir erörtern zunächst die Begründung und Übertragung von Grundstücksrechten (Rn. 9 ff.), dann ihre Inhaltsänderung (Rn. 42 f.), schließlich ihre Aufhebung (Rn. 44 ff.).
> Es empfiehlt sich eine vorherige, nochmalige Lektüre unserer Erörterungen zum „dinglichen Rechtsgeschäft" (oben § 5).

B. Begründung und Übertragung von Grundstücksrechten

S. die Übersicht 13 am Ende von § 22.

I. Die Einigung[1]

1. Die Einigung als dinglicher Vertrag

9 Die Einigung enthält den Rechtsentäußerungswillen des einen und den Rechtserwerbswillen des anderen Teils. Beide müssen einander entsprechen, sind also Vertrag.

> Bei der Frage, ob die Einigung allein oder nur zusammen mit der Eintragung „*der* Vertrag" ist, handelt es sich im wesentlichen um die Wahl des Standorts: Wer schon in der Einigung den Vertrag sieht, betont die rechtsgeschäftlichen Voraussetzungen der Rechtsänderung, wer die Eintragung mit einbezieht, sieht auf den beabsichtigten Erfolg. Sicher ist, daß es sich um einen gestreckten Tatbestand, einen Doppeltatbestand handelt.

2. Anwendbarkeit der Vorschriften des Allgemeinen Teils

10 Auf die Einigung finden die Vorschriften des Allgemeinen Teils über Rechtsgeschäfte und Verträge Anwendung (s. oben § 5 Rn. 5 ff., 30 ff.).

---

[1] Zur Entstehungsgeschichte des § 873 s. *Schubert,* Die Entstehung der Vorschriften des BGB über Besitz und Eigentumsübertragung, 1966, S. 118 ff.

Also gelten z. B. die Bestimmungen über die Geschäftsfähigkeit, über Willensmängel, über das Zustandekommen des Vertrags, über die Stellvertretung usw.

Hervorzuheben sind folgende Einzelheiten:

a) Form

Das Gesetz verlangt *keine* Form, ausgenommen bei der Übereignung von Grundstücken (Auflassung: § 925). Freilich wissen wir, daß *grundbuchrechtlich* eine Eintragungsbewilligung des Betroffenen in öffentlich beglaubigter oder beurkundeter Form vorliegen muß (s. oben § 16 Rn. 20 ff.). 11

b) Bedingungen und Befristungen

Die Einigung kann *bedingt* oder *befristet* sein (Ausnahme wieder bei der Auflassung, § 925 Abs. 2). Das Recht wird dann als bedingtes oder befristetes eingetragen. 12

Beispiel: E einigt sich mit K über ein dingliches Vorkaufsrecht für alle Verkaufsfälle für die Zeit bis 1. 1. 1999 (RGZ 108, 350, 356). Die Bedingung muß „genügend bestimmt" sein (hierzu BayObLG Rpfleger 1985, 188). Weiteres Beispiel: OLG Frankfurt Rpfleger 1993, 331 (auflösend bedingte Abtretung einer Grundschuld).

c) Widerruflichkeit und Bindung

Der Einigung fehlt jedes schuldrechtliche Moment; sie ist daher frei widerruflich, auch wenn damit der schuldrechtlichen Verpflichtung zuwidergehandelt wird. 13

Ausnahmsweise ist die *Einigung bindend,* wenn die in § 873 Abs. 2 genannten Voraussetzungen vorliegen. Ihnen ist gemeinsam, daß der Einigungswille schon nach außen in besonderer – notarieller – Form offenbar geworden ist (BGHZ 46, 398). Die Bindung bedeutet Ausschluß des freien Widerrufs, sie bewirkt aber keine Verfügungsbeschränkung. Sie hindert die Parteien auch nicht, die Einigung durch – formlosen – Vertrag aufzuheben.

S. dazu das *Beispiel* oben § 5 Rn. 34.

Bei bindender Einigung ist der Erwerber zwar gegen einseitigen Widerruf, nicht aber gegen *anderweitige Verfügungen* des Veräußerers geschützt (BayObLG DNotZ 1984, 579). Er kann sich dagegen durch eine Vormerkung (vgl. § 888 Abs. 1) oder durch ein im Wege der einstweiligen Verfügung (§ 938 ZPO) zu erlangendes gerichtliches Veräußerungsverbot (vgl. § 888 Abs. 2) schützen (BayObLG NJW-RR 1992, 227, 228), das aber auf Grund des schuldrechtlichen Rechtsgeschäfts (z. B. des Kaufs), nicht auf Grund der bindenden Einigung ergeht. 14

3. Das Anwartschaftsrecht des Erwerbers

Der Erwerber hat allerdings bei bindender Einigung und erteilter Eintragungsbewilligung schon insofern eine gesicherte Rechtsstellung erlangt, als mit der Stellung des Eintragungsantrags[1] beim Grundbuchamt die Rechtsänderung im Grundbuch vollzogen werden muß; den Antrag kann auch der Erwerber stellen. Er hat dann eine gesicherte Rechtsstellung, ein Anwartschaftsrecht.[2] Hier ergeben sich u. a. folgende Fragen: 15

---

[1] Gleichgestellt wird die erklärte Auflassung *und* die Eintragung einer Auflassungsvormerkung (dazu Reinicke/Tiedtke NJW 1982, 2281).

[2] Hierzu oben § 3 Rn. 44 ff.; BGHZ 45, 186; 83, 395, 399; 89, 41; 106, 108; 114, 161, 166. Zur Frage, ob Anwartschafts*recht* oder lediglich Anwartschaft, s. MünchKomm/*Wacke* § 873 Rn. 43 m. w. N.

a) Übertragbarkeit und Pfändbarkeit

16 Ist diese durch die bindende Einigung bewirkte Rechtsstellung des Erwerbers übertragbar und verpfändbar, insbes. pfändbar? *(Übertragungs- und Pfändungsproblem).* Die Frage ist mit BGHZ 49, 197; 83, 395; 89, 41; 106, 108 zu bejahen, wenn die Auflassung erklärt ist u. der Erwerber den Eintragungsantrag gestellt hat (oder eine Auflassungsvormerkung vorliegt). Dabei ist zur Übertragung Einigung erforderlich (§§ 873, 925) und die Pfändung hat nach § 857 ZPO zu erfolgen. Zu beachten ist auch, daß der Erwerber eben auch nur das Anwartschaftsrecht (bzw. ein Pfandrecht an ihm) erwirbt, das Vollrecht dagegen erst mit der Eintragung.

17 Das Anwartschaftsrecht des Auflassungsempfängers ist stark umstritten,[1] manche halten es letztlich für entbehrlich. Der Streit läßt sich am besten an folgenden *Beispielen* zur Übertragung und Pfändung darstellen:

(1) V hat sein Grundstück an K *aufgelassen,* K einige Zeit später an D, ohne daß K im Grundbuch als Eigentümer eingetragen worden war (sog. Kettenauflassung,[2] insbes. bei Parzellierungsverträgen: V verkauft sein großes Grundstück an K, der es parzelliert und die Parzellen an die Baulustigen D_1, D_2 usw. weiterveräußert). Ist V mit der Weiterauflassung durch K an D ausdrücklich einverstanden oder sieht man in der Auflassung V–K die Ermächtigung durch V zur Weiterauflassung (RGZ 89, 152, 157; 129, 150, 153; BGH DNotZ 1998, 281, 282; BayObLG NJW 1971, 514 u. DNotZ 1973, 298; NJW-RR 1991, 465), so greift § 185 Platz; die Figur des Anwartschaftsrechts braucht nicht bemüht zu werden. Darauf kommt es an, wenn K nicht als „Nichtberechtigter" verfügt, sondern – wie im Regelfall – sein Anwartschaftsrecht an D überträgt (zum Umfang der Ermächtigung s. BGH NJW 1989, 521). Jedenfalls bedarf es keiner Voreintragung des K; D kann aufgrund der Bewilligung des V sofort seine Eintragung beantragen falls er die „Auflassungskette" gemäß § 29 GBO nachweist (BGHZ 49, 197, 205; hierzu noch § 16 Rn. 43).

18 (2) Sachverhalt wie vorher mit dem Unterschied, daß D als Gläubiger des K dessen Anwartschaftsrecht (aus der Auflassung und schon gestelltem Eintragungsantrag) *pfändet.* Hier hält der BGH (BGHZ 49, 197 = *Baur,* E. Slg. Fall 5; zuletzt BGHZ 106, 108) eine Pfändung, und zwar nach § 857 ZPO für möglich mit dem Ergebnis, daß K nach Eintragung Eigentümer wird, D aber zugleich nach § 848 Abs. 2 Satz 2 ZPO kraft Gesetzes eine Sicherungshypothek erwirbt. Das Ergebnis ist praktisch nicht anders, wenn man § 848 Abs. 1 Satz 1 ZPO anwendet, D also den aus dem Kaufvertrag sich ergebenden Anspruch des K gegen V auf Eigentumsverschaffung (den Auflassungsanspruch) pfändet.[3] Auch dann würde – wie in dem vom BGH unter Anwendung des § 857 ZPO entschiedenen Fall – eine von K schon vor der Pfändung durch D bestellte Grundschuld für G der Sicherungshypothek des D im Range nachgehen, da diese Grundschuld erst mit der Eintragung entsteht, diese Eintragung aber erst nach Eintragung des K im Grundbuch möglich ist; damit aber ist die Sicherungshypothek des D schon kraft Gesetzes entstanden. G hätte sich das Anwartschaftsrecht des K oder den Übereignungsanspruch nach §§ 1274, 1287 verpfänden lassen müssen. Eine Grundschuldbestellung an dem Anwartschaftsrecht war nicht möglich.[4] Weitere interessante Beispiele: LG Fulda Rpfleger 1988, 252 m. Anm. *Böttcher* und *Kerbusch* (S. 475); BayObLG DNotZ 1997, 337; OLG Frankfurt NJW-RR 1997, 1308.

---

[1] Dazu *Hoche* NJW 1955, 652, 931; *Ronke,* Festschrift für Nottarp, 1961, S. 91; *Kuchinke* JZ 1964, 145 und 1966, 797; *Löwisch/Friedrich* JZ 1972, 302; *Medicus,* Bürgerl. R., Rn. 467 ff.; *Dieckmann,* FS Schiedermair, 1976, 93; *Westermann/Eickmann* § 92 I 6; *Soergel/Stürner* § 873 Rn. 14–14b; *Müller* Rn. 1020 ff.; *Wieling* § 20 I 2 d (abl.); *Wilhelm* Rn. 509; *Manfred Wolf* Rn. 343 ff.; *Hager* JuS 1991, 1 ff.; *Medicus* DNotZ 1990, 275 ff.

[2] Hierzu *Schneider* MDR 1994, 1057.

[3] Von der Pfändung ist die rechtsgeschäftliche Verpfändung zu unterscheiden; hierzu BayObLG DNotZ 1983, 758 (Eintragung bei der Vormerkung des Auflassungsanspruchs – Eintragung der Auflassung bedarf der Zustimmung des Pfandgläubigers) u. DNotZ 1986, 345. Die Verpfändung ist ein wichtiges Mittel bei der Kaufpreiszwischenfinanzierung (s. *Reithmann* DNotZ 1983, 716; *Stöber* DNotZ 1985, 587 und unten § 62 Rn. 25 f.). Zur Pfändung s. BayObLG Rpfleger 1985, 58 u. LG Düsseldorf m. Anm. *Münzberg* Rpfleger 1985, 305; *Baur/Stürner* I, EinzelvollstreckungsR, Rn. 31.13 ff.; *Brox/Walker* Rn. 713.

[4] S. *Wolfsteiner* JZ 1969, 154; *Münzberg,* FS Schiedermair, 1976, 439.

b) Das Anwartschaftsrecht als Gegenstand oder Grundlage einer Kondiktion

Kann das Anwartschaftsrecht selbst Gegenstand einer Kondiktion oder die Grundlage einer solchen sein? Beide Probleme sind uns schon begegnet; *das erste,* wenn der Veräußerer bei nichtigem Grundgeschäft die bindende Einigung kondiziert (Leistungskondiktion), wobei er sich zuvor durch ein im Grundbuch eintragbares *Erwerbsverbot* sichern kann (s. oben § 15 Rn. 32), *das zweite* in den Fällen, wo der im Grundbuch eingetragene Rang dem zwischen den Parteien vereinbarten nicht entspricht (s. oben § 17 Rn. 15ff., 25ff.: Eingriffskondiktion).

c) Das Anwartschaftsrecht als sonstiges Recht i. S. des § 823 Abs. 1?

Ist das Anwartschaftsrecht als sonstiges Recht i.S. des § 823 Abs. 1 BGB anzuerkennen („Schutzproblem")? Die Rechtsprechung (BGHZ 45, 186; dazu *Kuchinke* JZ 1966, 797) verneint die Frage dann, wenn der Auflassungsempfänger den Eintragungsantrag noch nicht gestellt hatte und keine Vormerkung eingetragen ist. Hat also der Eigentümer E, der das Grundstück an K bereits aufgelassen hatte, dem G – der von diesem Sachverhalt wußte – eine Grundschuld bestellt, so wird G dem K *nicht* nach § 823 Abs. 1 BGB schadensersatzpflichtig. Er kann die Grundschuld gegen den – nunmehr als Eigentümer eingetragenen – K geltend machen. Dieser Rechtsprechung ist zuzustimmen; K hätte sich eben durch eine Vormerkung sichern müssen; diese Vormerkung hätte sich auch gegenüber der Grundschuld des G durchgesetzt (s. unten § 20 Rn. 38f). Schädigt hingegen ein Dritter das Grundstück in der Zeit nach Stellung des Eintragungsantrags bzw. Eintragung einer Auflassungsvormerkung, aber vor Eintragung des Erwerbs (zB Abgraben entgegen § 909), so stellt sich die Frage, ob dem Alteigentümer oder dem „Anwartschaftsberechtigten" Ansprüche aus §§ 823 Abs. 1, Abs. 2 iVm § 909 zustehen. Der BGH hält nach Gefahrübergang (§ 446 Abs. 1) im Zeitpunkt der Schädigung, voller Kaufpreiszahlung und Eigentumseintragung des Käufers im Zeitpunkt der Liquidation den Anwartschaftsberechtigten allein für den Anspruchsinhaber (BGHZ 114, 161 = NJW 1991, 2019; hierzu *Selb* JZ 1991, 1087). Den gesamten Fragenkomplex mit seiner vom Eigentumsvorbehalt her bekannten Problematik (§ 59 Rn. 45) mußte der BGH angesichts der besonderen Fallkonstellation nicht nach allen Richtungen voll ausloten. Denkbar wären vor allem bei noch ausstehender Kaufpreiszahlung folgende Lösungsvarianten: Drittschadensliquidation durch Eigentümer bzw. Verkäufer; Ermächtigung des Erwerbers nach §§ 185 Abs. 1, 362 Abs. 2; bei eigenem Anspruch aus Anwartschaft § 432 oder § 428? Wenn man dem BGH darin folgt, daß eine deliktisch geschützte Anwartschaft vorliegt, läge die Lösung über § 432 nahe, anderenfalls wäre die konkludente Ermächtigung gemäß §§ 185 Abs. 1, 362 Abs. 2 zum Einzug an beide Vertragsparteien die brauchbare Alternative. Es wäre dann Sache der Kaufvertragsparteien, den Erlös unter Beachtung des § 446 Abs. 1 zuzuweisen und gegebenenfalls mit dem Kaufpreis zu verrechnen (ablehnend *Paulus* JZ 1993, 555).

4. Einigung zugunsten Dritter?

Zweifelhaft ist die Anwendung schuldrechtlicher Bestimmungen, insbesondere die Frage, ob *eine Einigung zugunsten Dritter* möglich ist. Die Frage ist generell zu verneinen, in Ausnahmefällen zu bejahen; zur Begründung kann auf das oben § 5 Rn. 28 Gesagte verwiesen werden.

II. Die Eintragung

1. Grundsatz

Erst Einigung und Eintragung zusammen bewirken die Rechtsänderung. Damit erreicht der Gesetzgeber – wie wir schon wiederholt sahen –, daß wirkliche Rechtslage und Buchstand in aller Regel übereinstimmen. Den Eintragungsantrag kann jeder Vertragsteil stellen, die grundbuchrechtlich erforderliche Eintragungsbewilligung muß der „Betroffene" erteilen.[1]

---
[1] Zur Frage des Rechtsschutzinteresses bei einer Klage auf Bewilligung vor Anlegung des Grundbuchs s. BGH Rpfleger 1993, 398.

2. Bezugnahme auf die Eintragungsbewilligung

23 Die Eintragung muß den Rechtsvorgang wiedergeben, auf den die Beteiligten sich geeinigt hatten. Doch beugt das Gesetz (§ 874) einer Überladung des Grundbuchs dadurch vor, daß bei der Eintragung von Rechten, die das Grundstück belasten, „zur näheren Bezeichnung des Inhalts des Rechts" auf die Eintragungsbewilligung Bezug genommen werden darf. Deren Inhalt wird dann insoweit als Bestandteil der Eintragung fingiert.

Dies ist nach mehreren Richtungen bedeutsam:

a) Rechtsbegründung mit „bewilligtem" Inhalt

24 Das Recht ist i. S. des § 873 so begründet, wie es im Grundbuch *und* in der „in Bezug genommenen" Eintragungsbewilligung zum Ausdruck kommt (BGH NJW 1992, 2885, 2886 l. Sp.; BayObLG NJW-RR 1989, 907, 908; OLG Hamm Rpfleger 1989, 448). Mit *diesem* Inhalt kann es weiter übertragen werden. Eine Divergenz zwischen Einigung und Eintragung kann sich auch aus dem Inhalt der in Bezug genommenen Eintragungsbewilligung ergeben. Die Eintragungsbewilligung kann allerdings nicht eine anderslautende, aber eindeutige Eintragung „korrigieren" (BGH NJW 1993, 3197; s. § 18 Rn. 3).

b) Erwerb mit „bewilligtem" Inhalt

25 Für den Erwerber des Grundstücks oder des beschränkten dinglichen Rechts kommt als „Inhalt des Grundbuchs" (i. S. der §§ 892, 893) auch der der Eintragungsbewilligung in Betracht.

Ergibt sich z. B. aus der Eintragungsbewilligung zur Bestellung einer Grunddienstbarkeit, daß das Fahrrecht auch für Lastkraftwagen aller Art gilt, so muß sich das auch der Erwerber des belasteten Grundstücks entgegenhalten lassen.

c) Grenzen rechtsbegründender Bezugnahme

26 Mit Hilfe der Bezugnahme können nicht Rechte, denen der Zugang zum Grundbuch versperrt ist, zum Inhalt des Grundbuchs gemacht werden, so z. B. nicht eine Hypothek, die zur Sicherung einer anderen Forderung als einer Geldforderung dienen soll (BayObLG MDR 1967, 93) oder schuldrechtliche Vereinbarungen.

3. Mindestinhalt notwendiger Eintragung

27 Die Art des Rechts (z. B. Grunddienstbarkeit: Überfahrtsrecht – Hypothek) und die Person des Berechtigten, auch eine Bedingung und Befristung müssen aus dem Grundbuch selbst ersichtlich sein,[1] im übrigen entscheidet das Ermessen des Grundbuchamts, inwieweit es von der Ermächtigung des § 874 Gebrauch macht.[2]

III. Einigung und Eintragung[3]

28 Da das Gesetz Einigung *und* Eintragung fordert und beide einander entsprechen müssen, kann sich eine Divergenz ergeben. Diese Divergenz kann einmal

---

[1] BGH NJW 1993, 3197, 3198; NJW 1961, 2157; großzügig BGH NJW 1983, 116; zu den Grenzen des „schlagwortartigen" Eintragungsvermerks BayObLG DNotZ 1991, 258; wegen ausführlicher Nachweise der Rechtsprechungskasuistik für Dienstbarkeiten siehe *Soergel/Stürner* § 1018 Rn. 41.

[2] Dazu BGHZ 21, 34; 35, 378; 47, 41; *Soergel/Stürner* § 874 Rn. 2; ferner § 1115 für die Hypothek.

[3] Dazu *Streuer* Rpfleger 1988, 513 m. Nw.

sachlich-inhaltlich sein (Einigung und Eintragung differieren dem Inhalt nach; s. unten Rn. 30f.). Schwierigkeiten können sich aber auch aus der zeitlichen Reihenfolge ergeben. Denn zwischen Einigung und Eintragung wird immer ein zeitlicher Zwischenraum liegen, auch kann die Einigung der Eintragung nachfolgen. Um die sich hieraus ergebenden Schwierigkeiten anzudeuten, sei auf die Frage hingewiesen, welche Bedeutung es hat, wenn zwischen Einigung und Eintragung eine der Parteien geschäftsunfähig oder in der Verfügung beschränkt wird oder die Rechtszuständigkeit sich ändert (der Veräußerer stirbt); s. dazu unten Rn. 32 ff.

Diesen Fragen kommt – leider – in der Praxis erhebliche Bedeutung zu, da zwischen Einigung und **29** Eintragung oft eine erhebliche Zeitspanne liegt. Dies ist z.T. auf die Überlastung namentlich großstädtischer Grundbuchämter zurückzuführen, noch mehr aber auf die Tatsache, daß der Gesetzgeber mehr und mehr dingliche Rechtsänderungen von dem Vorliegen einer staatlichen Genehmigung abhängig macht (so z.B. im Landwirtschaftsrecht). Das Grundbuchamt darf dann die Eintragung erst vornehmen, wenn die Genehmigung erteilt ist; darüber aber können Monate, ja Jahre vergehen. Auf die besonderen Probleme der *neuen Bundesländer* ist an anderer Stelle hingewiesen (§ 63).

1. Inhaltliche Divergenz

Fälle inhaltlicher Divergenz zwischen Einigung und Eintragung sind uns **30** schon wiederholt begegnet (vgl. z.B. § 18 Rn. 3). Grundsatz ist, daß weder das vereinbarte Recht (mangels Eintragung) noch das eingetragene Recht (mangels Einigung) entstanden ist. Das Grundbuch ist unrichtig; der Eingetragene muß die Berichtigung des Grundbuchs bewilligen. Er kann aber andererseits – wenn dies noch möglich ist – den Vollzug der der Einigung entsprechenden Eintragung fordern.

Beispiel: Haben sich V und K auf Übereignung der Parzelle a geeinigt und auch die Eintragung der Parzelle a auf K als Eigentümer beantragt, hat aber das Grundbuchamt den Eigentumswechsel fälschlich bei der Parzelle b eingetragen, so muß K die Berichtigung des Grundbuchs durch Wiedereintragung des V als Eigentümer von b bewilligen. Andererseits ist der die Parzelle a betreffende Eintragungsantrag noch nicht erledigt. Das Grundbuchamt muß K als Eigentümer dieser Parzelle eintragen; dies ist nicht mehr möglich, wenn V (oder seine Erben) die Parzelle a inzwischen an D veräußert haben. Auf die Redlichkeit des D kommt es dabei übrigens nicht an, da das Grundbuch bezüglich der Parzelle a richtig und nur bezüglich der Parzelle b unrichtig ist! –

Decken sich Einigung und Eintragung nur teilweise, so ist das Recht im Umfang der Übereinstimmung bei Vorliegen eines entsprechenden Parteiwillens entstanden (§ 139 entsprechend), so **31** wenn die Parteien sich über einen Nießbrauch an den Parzellen a und b geeinigt haben, das Grundbuchamt den Nießbrauch aber nur bei a einträgt: Nießbrauch an a entstanden; ebenso im umgekehrten Fall: Einigung nur über Nießbrauch an a, Eintragung bei a und b.
Weitere *Beispiele:* RGZ 123, 169: Einigung auf Verkehrshypothek – eingetragen Sicherungshypothek – entstanden Sicherungshypothek (s. unten § 37 Rn. 38f. und § 42 Rn. 4); BGH NJW 1990, 112, 114: Einigung über Wohnrecht auf 30 Jahre – Eintragung ohne Beschränkung – entstanden ein Wohnrecht über 30 Jahre; BGH NJW-RR 1990, 206: Einigung auf ersten Rang – Eintragung auf zweitem – entstanden auf zweitem Rang (str., hierzu § 17 Rn. 25ff.; BayObLG DNotZ 1998, 295: Falschbezeichnung des herrschenden Grundstücks bei Grunddienstbarkeit).

2. Zeitliche Divergenz

Die zeitliche Divergenz zwischen Einigung und Eintragung führt zu fol- **32** genden Teilfragen (s. dazu die Übersicht 11 unten nach Rn. 41):

a) Verlust oder Beschränkung der Geschäftsfähigkeit

Als problematisch erweisen sich Verlust oder Beschränkung der Geschäftsfähigkeit (Betreuungsbedürftigkeit) im Zeitraum zwischen Einigung und Eintragung (hierzu schon § 5 Rn. 33 ff.):

Beispiel: E hat sich am 1. 4. 1992 mit G über die Eintragung einer Grundschuld geeinigt, am 10. 5. 1992 wird ihm wegen plötzlich auftretender Geisteskrankheit (§ 104 Nr. 2) ein Betreuer bestellt (§ 1896), der den E vertritt (§ 1902). Der Betreuer möchte die schon beantragte, aber noch nicht vollzogene Eintragung verhindern.

Maßgebend ist § 130 Abs. 2: War die Einigung schon nach § 873 Abs. 2 bindend geworden, so bleibt sie es auch für den Betreuer. War dies nicht der Fall, so kann der Betreuer die Einigung widerrufen, wie es auch der Eigentümer E selbst hätte tun können (s. oben Rn. 13 f. und § 5 Rn. 33 ff.).

b) Tod eines der Beteiligten

Die gleiche Regelung gilt im Falle des Todes eines der Beteiligten für die Erben (§ 130 Abs. 2).

Beispielsfälle: BGHZ 32, 367, 369; 48, 351 (= *Baur*, E. Slg. Fall 3).

c) Wechsel in der Rechtszuständigkeit

33 Hier gilt der Grundsatz, daß dem Verfügenden das Recht, über das er verfügt, noch im Augenblick der *Eintragung* zustehen muß; hat die Rechtszuständigkeit zwischen Einigung und Eintragung gewechselt, so muß eine neue Einigung mit dem neuen Rechtsträger stattfinden. Dies gilt nicht, wenn die Änderung der Rechtszuständigkeit auf einem Fall der Gesamtrechtsnachfolge beruht; denn der Gesamtrechtsnachfolger tritt im gesamten Umfang in die Rechtsstellung seines Vorgängers ein.

34 *Beispiel* (in Anlehnung an BayObLG NJW 1956, 1279): Die Erbengemeinschaft ABC hat ein zum Nachlaß gehörendes Grundstück an K in notarieller Form aufgelassen (§ 925, § 873 Abs. 2). Als K eingetragen werden soll, war inzwischen – weil A, B, C den Nachlaß auseinandergesetzt hatten – A als Alleineigentümer eingetragen worden. Hier muß eine neue Auflassung zwischen dem nunmehr berechtigten A und K erfolgen. (Wäre bezüglich der ersten Auflassung schon der Eintragungsantrag gestellt gewesen, so hätte übrigens der Eigentumswechsel auf A nicht eingetragen werden dürfen: § 17 GBO!) – Weiteres *Beispiel:* BayObLG Rpfleger 1987, 110.

Ist der Verkäufer des Grundstücks V nach Erklärung der notariellen Auflassung gestorben und durch E beerbt worden, so bedarf es keiner neuen Auflassung zwischen E und K: Die Einigungserklärung des V bleibt rechtsgeschäftlich wirksam (§ 130 Abs. 2), sie ist bindend, also durch E nicht widerruflich (§ 873 Abs. 2), die Änderung der Rechtszuständigkeit ist unbeachtlich (§ 1922); s. ferner das oben § 5 Rn. 39 im Anschluß an BGHZ 48, 351 (= *Baur*, E. Slg. Fall 3) gebildete Beispiel.

Kein Wechsel in der Rechtszuständigkeit tritt dagegen ein, wenn bei einer beteiligten BGB-Gesellschaft ein Gesellschafter ausscheidet oder hinzukommt. Die Rechtszuständigkeit liegt hier bei der Gesamthand selbst, ein Rechtsübergang findet deshalb nicht statt (BayObLG NJW-RR 1992, 227 = DNotZ 1992, 155 m. Anm. *Jaschke;* s. a. oben Rn. 3 ff.).

d) Beschränkung in der Verfügungsbefugnis

Vom Wechsel der Rechtszuständigkeit ist die Beschränkung in der Verfügungsbefugnis zu unterscheiden.[1] 35

Hier wird die Befugnis des Rechtsträgers zur Verfügung über das ihm zustehende Recht – bei Aufrechterhaltung seiner Rechtsträgerschaft – beschränkt; hierunter fallen etwa die Eröffnung des Konkursverfahrens, die Beschlagnahme des Grundstücks im Zwangsversteigerungsverfahren, ein durch einstweilige Verfügung angeordnetes Veräußerungsverbot. Auch hier gilt die *Regel*, daß die Verfügungsbefugnis noch im Augenblick der Eintragung vorliegen muß. Davon macht aber *§ 878 eine bedeutsame Ausnahme:* Eine Verfügungsbeschränkung, die zwischen Einigung und Eintragung eintritt, hindert die Rechtsänderung nicht, wenn die Erklärung des – nunmehr in der Verfügung beschränkten – Berechtigten bereits bindend geworden (§ 873 Abs. 2) *und* der Eintragungsantrag gestellt war. Die Vorschrift beruht offensichtlich auf einer Billigkeitserwägung: Wenn die Parteien alles getan haben, was ihnen oblag, um die dingliche Rechtsänderung herbeizuführen, so soll die Beantwortung der Frage, ob eine *nachher* eingetretene Verfügungsbeschränkung sich noch auswirkt, nicht davon abhängen, wann das Grundbuchamt die Eintragung im Grundbuch vorgenommen hat, ob sofort oder erst nach geraumer Zeit.

Beispiel (in Anlehnung an BGHZ 28, 182): V hat dem K am 27. 10. 1993 eine Auflassungsvormerkung bewilligt (auch dieses Rechtsgeschäft fällt unter § 878, obwohl diese Bestimmung auf die Bewilligung einer Vormerkung – § 885 – nicht ausdrücklich Bezug nimmt) *und* am selben Tage Antrag auf Eintragung beim Grundbuchamt gestellt. Am 6. 11. 1993 erging zugunsten des D ein gerichtliches Veräußerungsverbot. Die Auflassungsvormerkung zugunsten des K wurde am 10. 11. 1993 eingetragen, das Veräußerungsverbot am 2. 12. 1993. Am 30. 6. 1994 wurde K als Eigentümer eingetragen. Das Veräußerungsverbot beeinträchtigt den Rechtserwerb des K nicht (§ 878); K kann daher die Löschung des Veräußerungsverbots im Grundbuch beantragen. Auf seinen guten oder schlechten Glauben bezüglich des Veräußerungsverbots kommt es nicht an.[2] Hätte allerdings ein Eintragungshindernis bestanden (z.B. fehlerhafte Vertretung) mit der Folge einer berechtigten Antragszurückweisung durch das Grundbuchamt, so könnte § 878 nicht schützen, falls zwischenzeitlich eine Verfügungsbeschränkung eintritt und erst im Erinnerungsverfahren der Fehler behoben wird: hier handelt es sich um einen neuen Antrag, der nach Verfügungsbeschränkung gestellt ist (BGH NJW 1997, 2751; hierzu *Stürner/Bormann* EWiR 1997, 887; s. a. § 44 Rn. 8; § 46 Rn. 15 ff.). Weitere *Beispiele:* Für Konkurs- bzw. Insolvenzbeschlagnahme (§§ 7, 15 KO bzw. 81, 91 neue InsO): *Baur/Stürner* II, InsolvenzR, Rn. 8.17 – 8.22 und BayObLG NJW 1961, 783; KG NJW 1975, 878; OLG Köln Rpfleger 1974, 299 u. 1975, 20; BGH NJW 1997, 2751; *Wörbelauer* DNotZ 1965, 518, 529, 580; *Klaus Müller* JZ 1980, 554. Für Beschlagnahme nach § 23 ZVG: BGH NJW-RR 1988, 127. 36

Schon aus dem Wortlaut des § 878 ergibt sich, daß die Durchbrechung der Regel nur für den *rechtsgeschäftlichen* Rechtserwerb gilt, nicht für den Erwerb im Wege der Zwangsvollstreckung (BGHZ 9, 250 = *Baur,* E. Slg. Fall 4).[3] 37

---

[1] S. dazu *Böttcher* Rpfleger 1983, 187 u. 1984, 377; *Jahr,* GS f. Schultz, 1987, 117 (eingehend zum „gerichtlichen Erwerbsverbot").
[2] So mit Recht *Rahn* NJW 1959, 97; BWNotZ 1960, 1; 1967, 269; *Schönfeld* JZ 1959, 140; NJW 1959, 1417; MünchKomm/*Wacke* § 878 Rn. 2; a. A. BGH aaO und *Seuffert* NJW 1959, 527; s. noch § 20 Rn. 68 f.
[3] Dazu kritisch *Wacke* ZZP 82, 377 u. im MünchKomm. § 878 Rn. 3; wie hier *Soergel/Stürner* § 878 Rn. 3.

§ 19 B III III. Abschnitt. Liegenschaftsrecht

Beispiel: Ein Gläubiger G des E hat auf Grund eines Urteils am 1. 3. die Eintragung einer Zwangshypothek beantragt. Am 5. 3. wurde ein gerichtliches allgemeines Veräußerungsverbot nach §§ 59, 60 VerglO (künftig: § 21 InsO) erlassen, am 5. 4. wurde der Anschlußkonkurs (künftig: allgemein das Insolvenzverfahren) über das Vermögen des E eröffnet. Hier kann sich G nicht auf § 878 berufen, wenn die Zwangshypothek am 5. 3. noch nicht eingetragen war.

§ 878 ist weiter *nicht* anwendbar, wenn die Beschränkung in einem *Erwerbsverbot* besteht (s. oben § 15 Rn. 31 f.). Denn sein Zweck ist es gerade, einen rechtsgrundlosen Erwerb zu verhindern (RGZ 120, 118, 120; KG DNotZ 1962, 400).[1] Außerdem wird ja nicht der Berechtigte in der Verfügung beschränkt, wie § 878 voraussetzt.[2]

3. Einigung nach Eintragung

38 Bisher sind wir von dem Regelfall ausgegangen, daß die Einigung der Eintragung vorausgeht. Es ist aber durchaus möglich, wenn auch nicht gerade häufig, daß die Einigung erst nach der Eintragung erfolgt.

Beispiel: E hofft, von G ein Darlehen zu erhalten. Er bewilligt zugunsten des G eine Grundschuld, die eingetragen wird. Erst bei Abschluß des Darlehensvertrags macht er dem G davon Mitteilung.

Hier ist das Grundbuch zunächst unrichtig; mit der später vorgenommenen Einigung wird es richtig, das Recht kommt jetzt zur Entstehung.

Die oben Rn. 32 ff. bei vorangehender Einigung erörterten Teilfragen sind hier wie folgt zu beantworten:

a) Rechtsgeschäftliche Voraussetzungen

39 Die rechtsgeschäftlichen Voraussetzungen (Geschäftsfähigkeit) müssen im Augenblick der Einigung vorliegen.

Ist E in unserem Beispiel nach Eintragung der Grundschuld unter Betreuung mit Einwilligungsvorbehalt (§§ 1896 ff., 1903) gestellt worden, so erwirbt G die Grundschuld nicht, wenn der Betreuer des E die Mitwirkung bei der Einigungserklärung ablehnt. G muß die Berichtigung des Grundbuchs bewilligen (obwohl er zunächst von seiner Eintragung gar nichts wußte!).

b) Rechtszuständigkeit

40 Die Rechtszuständigkeit muß im Zeitpunkt der Einigung noch vorliegen. Hat der Rechtsträger gewechselt, so muß die Einigung mit dem neuen Rechtsinhaber erfolgen:

Hat E das Grundstück an K veräußert, so muß die Einigung über die Bestellung der Grundschuld zwischen K und G erfolgen oder K der Einigung zwischen E und G zustimmen (§ 185). Hier auch eine neue *Eintragung* zu fordern (so BGH LM § 873 BGB Nr. 1), ist zuviel des Guten (ebenso *Wolff-Raiser* § 38 Anm. 27 und BGH NJW 1973, 613; dazu *Gotzler* NJW 1974, 2014 u. *Ertl* Rpfleger 1980, 41, 48).

c) Verfügungsbeschränkungen

41 Ist der Verfügende in der Zeit zwischen Eintragung und Einigung in der Verfügung beschränkt worden, so bleibt es bei der Regel, daß die Verfügungsbefugnis bei Verwirklichung *beider* Tatbestandsstücke gegeben sein muß:

Ist über das Vermögen des E nach Eintragung des G der Konkurs bzw. das Insolvenzverfahren eröffnet worden und einigen sich erst jetzt E und G über die Bestellung der Grundschuld, so hat G die

---

[1] A. A. MünchKomm/*Wacke* § 878 Rn. 25 m. Nw.
[2] Wenn man mit *Venjakob* Rpfleger 1991, 284 § 878 nur auf die Willenserklärung anwendet und den Eintragungsantrag nicht fortbestehen läßt, falls der Antragende vor Eintragung die Verfügungsbefugnis verliert (s. schon § 16 Rn. 13 f.), wäre die Bedeutung des § 878 praktisch stark reduziert – u. E. abzulehnen!

Grundschuld dem Konkurs-/Insolvenzverwalter gegenüber nicht wirksam erworben (§ 7 KO bzw. § 81 InsO). Kannte G jedoch im Augenblick der Einigung die Konkurs-/Insolvenzeröffnung über das Vermögen des E nicht, so greifen §§ 7 KO/81 InsO, 892 Abs. 2 2. Fall mit § 892 Abs. 1 S. 2 Platz: Sein redlicher Erwerb wird geschützt, es sei denn, daß im Zeitpunkt der Einigung der Konkursvermerk schon im Grundbuch eingetragen war (Einzelheiten s. *Baur/Stürner* II, InsolvenzR, Rn. 8.17 ff., insbes. 8.21.).

Übersicht 11

Änderung rechtlich erheblicher Umstände: bei mehraktigem Rechtserwerb

Wegfall der Geschäftsfähigkeit oder Tod	Wechsel der Rechtszuständigkeit	Wegfall (Beschränkung) der Verfügungsbefugnis
zwischen Einigung und Eintragung		
§ 130 Abs. 2 (aber Widerrufsmöglichkeit, sofern nicht § 873 Abs. 2)	Einigung mit neuem Rechtsträger erforderlich, sofern nicht Gesamtrechtsnachfolge	§ 878
zwischen Eintragung und (nachfolgender) Einigung		
Geschäftsfähigkeit noch im Augenblick der Einigung erforderlich	Einigung mit neuem Rechtsträger erforderlich (aber keine neue Eintragung!)	Verfügungsbefugnis noch im Augenblick der Einigung erforderlich, sofern nicht Sonderregelung, z.B. § 7 KO bzw. § 81 InsO mit § 892; beachte aber § 42 KO und künftig § 147 InsO!
zwischen Einigung und Übergabe (bei beweglichen Sachen)		
§ 130 Abs. 2 (aber Widerrufsmöglichkeit)	Einigung mit neuem Rechtsträger erforderlich, sofern nicht Gesamtrechtsnachfolge	Verfügungsbefugnis im Augenblick der Übergabe
zwischen Übergabe und (nachfolgender) Einigung (bei beweglichen Sachen)		
Geschäftsfähigkeit noch im Augenblick der Einigung	Einigung mit neuem Rechtsträger erforderlich	Verfügungsbefugnis im Augenblick der Einigung

C. Die Inhaltsänderung

I. Voraussetzungen

Das Gesetz sieht in einer Inhaltsänderung eines das Grundstück belastenden **42** Rechts eine teilweise, „substantielle" Verfügung über das Recht. Es verlangt daher, wie sich aus § 877 ergibt,

1. die *Einigung* des Berechtigten und des Grundeigentümers (§ 877 mit § 873 Abs. 1);

– die Einigung ist unter den Voraussetzungen des § 873 Abs. 2 bindend;

2. die *Eintragung* der Inhaltsänderung im Grundbuch, wobei zur näheren Bezeichnung der Inhaltsänderung auf die Eintragungsbewilligung Bezug genommen werden kann (§ 877 mit §§ 873, 874);

3. die *Zustimmung eines Dritten,* mit dessen Recht das inhaltlich zu ändernde Recht belastet ist (§ 877 mit § 876), und zwar dann, wenn die Inhaltsänderung für den Dritten rechtlich ungünstig ist;[1]

---

[1] BayObLG NJW 1960, 1155; OLG Neustadt DNotZ 1964, 344; BGHZ 91, 343, 346.

4. die *Zustimmung der im Range Gleich- oder Nachstehenden,* wenn der Umfang des Rechts erweitert wird.

Beispiel: Änderung der Einzelleistungen aus einer Reallast (OLG Frankfurt Rpfleger 1987, 312). Die fehlende Zustimmung macht allerdings nur den *Rang* (§ 879) insoweit unrichtig, die Inhaltsänderung als solche ist wirksam!

II. Begriff

43 Inhaltsänderung ist jede Änderung des dinglichen Gehalts des Rechts, die nicht Begründung, Übertragung, Belastung oder Aufhebung des Rechts ist.

Man muß sich freilich von der Vorstellung frei machen, als sei jede beliebige Inhaltsänderung zulässig; da die Zahl der zulässigen beschränkten dinglichen Rechte vom Gesetz bestimmt ist und ihr typischer Inhalt festliegt, sind nur solche inhaltliche Änderungen möglich, die *entweder* das Gesetz ausdrücklich gestattet,

z. B. die Umwandlung einer Hypothek in eine Grundschuld und umgekehrt (§ 1198), die Verlegung der räumlichen Ausübung einer Grunddienstbarkeit (§ 1023)

oder die dem vom Gesetz geprägten Gehalt des Rechts nicht zuwiderlaufen.

So wäre z. B. die Begründung eines Nutzungsrechts für den Hypothekar durch Inhaltsänderung der Hypothek unzulässig; zulässig dagegen eine Änderung der Kündigungsbestimmungen bei einer Hypothek.

Von einer Inhaltsänderung kann man auch dann nicht sprechen, wenn an Stelle des bisher begründeten Rechts ein anderes gesetzt werden soll, ohne daß das Gesetz – wie bei Hypothek und Grundschuld – eine solche Umwandlung gestattet. Hier muß das „alte" Recht aufgehoben (§ 875), das neue begründet werden (§ 873; dazu auch BayObLG Rpfleger 1967, 11).

Eine besondere Rolle spielen Inhaltsänderungen im Bereich des Wohnungseigentums (z. B. bei Verschiebung von Sondereigentumsräumen unter den Wohnungseigentümern oder Änderungen der Teilungserklärung; hierzu *Soergel/Stürner* § 10 WEG Rn. 10–10 d m. Nw.; Grundzüge des Wohnungseigentums bei § 29 Rn. 5 ff.).

D. Die Aufhebung eines Rechts

I. Begriff

1. Die Abgrenzung von verwandten Instituten

44 Daß jemand auf ein ihm zustehendes Grundstücksrecht verzichtet, wird nicht gerade häufig sein, aber immerhin vorkommen: So wird der Eigentümer eines Grundstücks u. U. auf sein Eigentum verzichten, wenn es völlig überlastet ist oder infolge hoher Steuern und Reparaturkosten „nicht mehr gehalten werden kann". Der Inhaber eines beschränkten dinglichen Rechts wird aus Entgegenkommen oder gegen eine Ablösungssumme bereit sein, sein Recht aufzuheben, wenn etwa die Nutzung oder Verwertung des Eigentums dies erfordert.

Beispiel: Der Mutter des E steht an den dem E gehörigen Grundstücken der Nießbrauch zu: Sie wird den Nießbrauch aufheben, wenn ihr Sohn ein Grundstück als Bauplatz verkaufen will.

Das Gesetz spricht von „Aufhebung" nur dann, wenn ein beschränktes dingliches Recht durch rechtsgeschäftliche Erklärung des Berechtigten beseitigt wird. Davon sind zu unterscheiden:

a) Der *Verzicht auf das Eigentum* (s. § 928);[1]

b) Die *Aufgabe eines Rechts an einem beschränkten dinglichen Recht,* also die Aufhebung des Nießbrauchs oder Pfandrechts an einem beschränkten dinglichen Recht; hierzu genügt einseitige Aufgabe-

---

[1] Aber kein Verzicht auf Miteigentum an einem Grundstück (BGHZ 115, 1 = NJW 1991, 2488; krit. *Kanzleiter* NJW 1996, 905); dies wäre mit dem Gemeinschaftsverhältnis unvereinbar! Zum Aneignungsrecht des Fiskus und Dritter nach Eigentumsverzicht BGHZ 108, 278. S. a. § 53 Rn. 75, 76.

erklärung des Berechtigten (§ 1072 mit § 1064; § 1273 mit § 1255). Eine Löschung des „Rechts am Recht" im Grundbuch ist bloße Grundbuchberichtigung, obwohl zur Begründung des Rechts die Eintragung erforderlich gewesen war (§ 873 Abs. 1; systemwidrig!).

2. Die Aufhebung i. S. des § 875

Unter *Aufhebung* eines beschränkten dinglichen Rechts versteht man den Verzicht[1] des Berechtigten auf sein Recht. 45

> Voraussetzung ist, daß das Recht besteht; ist es bereits außerhalb des Grundbuchs erloschen oder auf einen anderen übergegangen, so liegt in der Löschungs- oder Umschreibungsbewilligung des Berechtigten nur sein Einverständnis mit der Berichtigung des Grundbuchs, keine Aufhebung des Rechts i. S. des § 875.
>
> *Beispiel:* E hat die durch die Hypothek des H gesicherte Darlehensforderung in laufenden Raten getilgt (amortisiert). Hier kann H die Hypothek nicht mehr aufheben. Seine Löschungsbewilligung ist zwar grundbuchrechtlich zur Löschung der Hypothek erforderlich, da H noch als Berechtigter im Grundbuch eingetragen ist; sie genügt aber allein nicht, da die Hypothek als Eigentümergrundschuld kraft Gesetzes (§ 1163 Abs. 1 S. 2 mit § 1177) auf den Eigentümer übergegangen ist.
>
> Zu beachten ist im übrigen auch, daß für die Löschung der Hypothek *nie* die Aufhebungserklärung des H allein genügt, sondern immer die Zustimmung des Eigentümers notwendig ist (§ 1183; § 27 GBO).

II. Voraussetzungen

Die Aufhebung ist der contrarius actus zur Rechtsbegründung; wie diese erfordert sie ein Willensmoment und dessen Kundbarmachung im Grundbuch. 46

1. Aufgabeerklärung

Notwendig ist „die Erklärung des Berechtigten, daß er das Recht aufgebe" (§ 875 Abs. 1 S. 1).

> Das Gesetz fordert also keine Einigung; denn die Aufhebung wird dem Eigentümer regelmäßig nützlich sein; seiner Zustimmung bedarf es also nicht (Ausnahmen: § 1183; § 26 ErbbauRV).

Die Aufgabeerklärung ist eine einseitige, abstrakte Willenserklärung des Privatrechts; sie ist empfangsbedürftig: sie muß dem Grundbuchamt oder dem durch die Aufhebung Begünstigten gegenüber abgegeben werden (§ 875 Abs. 1 S. 2).

> Anwendbar sind also die Vorschriften über die Geschäftsfähigkeit, die Willenserklärungen, Vertretung usw. –
>
> *Beispiel:* Wenn Grundstückseigentümer E als Vertreter des Hypothekars H die Aufgabeerklärung abgibt, so ist sie analog § 181 unwirksam (BGHZ 77, 7; hierzu § 5 Rn. 12).
>
> *Bindend* (also nicht widerruflich) ist die Aufgabeerklärung nur unter den Voraussetzungen des § 875 Abs. 2 (vgl. den entsprechenden § 873 Abs. 2). Davon ist aber die bindende schuldrechtliche Verpflichtung zur Aufgabe zu unterscheiden, die sich – natürlich – nicht an § 875 Abs. 2 mißt (BGH NJW 1980, 228)!

Von der materiellrechtlichen Aufgabeerklärung ist die grundbuchrechtlich erforderliche *Löschungsbewilligung* (§ 19 GBO) zu unterscheiden. Da die erst- 47

---

[1] Untechnisch! Zum „Verzicht" bei Grundpfandrechten s. § 38 Rn. 91 ff.; § 44 Rn. 27.

genannte auch dem Grundbuchamt gegenüber abgegeben werden kann, wird sie freilich regelmäßig in der Löschungsbewilligung mitenthalten sein (BGHZ 77, 7 ff.). Ihre Voraussetzungen bestimmen sich aber auch dann ausschließlich nach materiellem Recht (s. dazu oben § 16 Rn. 23 f.).

2. Löschung

48 Notwendig ist ferner die Kundbarmachung der Aufhebung im Grundbuch, die Löschung. Sie erfolgt – wie wir wissen (vgl. § 16 Rn. 52) – durch einen Löschungsvermerk oder durch Nichtmitübertragung auf ein neues Grundbuchblatt (§ 46 GBO).

Zwischen Aufgabeerklärung und Löschung kann ein längerer zeitlicher Zwischenraum liegen. Auch kann die Aufgabeerklärung der Löschung nachfolgen. Es ergeben sich dann ähnliche Probleme, wie wir sie oben Rn. 32–41 bei der Rechtsbegründung und Rechtsübertragung besprochen haben. Hervorzuheben ist, daß auch hier § 878 anwendbar ist.

Beispiel: H hat seinem Schwiegersohn E ein durch Grundschuld gesichertes Darlehen gegeben. Als H in Vermögensverfall gerät, will er dem E Darlehen und Grundschuld „zukommen lassen": Er erläßt dem E das Darlehen und bewilligt die Löschung der Grundschuld durch Erklärung gegenüber dem Grundbuchamt. Wenn er vor der Löschung des Rechts in Konkurs bzw. Insolvenz fällt, so hindert dies die Löschung nicht, § 878 mit § 875 Abs. 2 (eine andere Frage ist, ob der Konkurs- bzw. Insolvenzverwalter nicht die Aufhebung der Grundschuld nach §§ 31, 32 KO bzw. §§ 129 ff. InsO anfechten kann: Gesichtspunkt der Gläubigerbenachteiligung).

3. Zustimmung Dritter

49 Ist das aufzuhebende Recht mit dem Recht (Nießbrauch oder Pfandrecht) eines Dritten belastet, so muß auch dieser zustimmen (§ 876).

Dies ist eigentlich selbstverständlich, da in solchen Fällen der Inhaber des beschränkten dinglichen Rechts eben nicht mehr allein Herr dieses Rechts ist. Weniger selbstverständlich ist es, daß bei Aufhebung eines subjektiv-dinglichen Rechts (z. B. einer Grunddienstbarkeit) auch solche Dritte zustimmen müssen, die ein beschränktes dingliches Recht an dem herrschenden Grundstück haben (also z. B. ein Hypothekar), § 876 Satz 2. Aber man muß sich vergegenwärtigen, daß durch die Aufhebung der Grunddienstbarkeit der Wert des herrschenden Grundstücks beeinträchtigt werden kann.

Die Zustimmung ist eine empfangsbedürftige Willenserklärung, durch die der Dritte in einem abstrakten einseitigen Rechtsgeschäft über sein Recht verfügt (OLG Düsseldorf Rpfleger 1993, 337). Fehlt die erforderliche Zustimmung des Dritten, so darf die Löschung im Grundbuch nicht erfolgen. Dies ergibt sich für den Fall des § 876 Satz 1 aus § 19 GBO, da – wie wir wissen (§ 16 Rn. 35) – auch nur mittelbar Betroffene die Eintragung (hier: Löschung) bewilligen müssen, für den Fall des § 876 Satz 2 aus der verdeutlichenden Bestimmung des § 21 GBO. Es wird also selten vorkommen, daß die Löschung ohne die notwendige Zustimmung des Dritten erfolgt. Geschieht dies einmal, so ist fraglich, ob das Grundbuch nur dem Dritten gegenüber oder schlechthin unrichtig ist. Für die zweite Auffassung, der die h. M. folgt, spricht der Wortlaut des § 876 Satz 1 und 2 („ist erforderlich"), für die erste (*Wolff-Raiser* § 39 IV) der mit dem Zustimmungserfordernis verfolgte Zweck; ihr ist daher zu folgen. Interessante Beispielsfälle: BayObLG Rpfleger 1987, 156; OLG Hamm FGPrax 1995, 10.

E. Rechtsänderungen in den neuen Bundesländern

50 Die Rechtslage in den neuen Bundesländern schildert § 63, insbesondere unter Rn. 49 ff.; weitere Hinweise in der Vorauflage § 19 E.

§ 20. Die Vormerkung

Lit.-Hinweis: *Amann,* Keine Vormerkung eigenständiger Übereignungspflichten des Erben oder des jeweiligen Eigentümers, DNotZ 1995, 252, *Jürgen F. Baur,* Die Durchsetzung einer gutgläubig erworbenen Auflassungsvormerkung, JZ 1967, 437; *Biermann,* Widerspruch und Vormerkung nach deutschem Grundbuchrecht, 1901; *Canaris,* Die Verdinglichung oblig. Rechte, FS Flume, 1978 S. 371, 381; *Dulckeit,* Die Verdinglichung obligatorischer Rechte, 1951; *Flume* II § 17, 6; *Hager,* Die Vormerkung, JuS 1990, 429 ff.; *Knöpfle* JuS 1981, 157; *Kohler,* Vormerkbarkeit eines durch abredewidrige Veräußerung bedingten Rückerwerbsanspruchs, DNotZ 1989, 339 ff.; *Kupisch* JZ 1977, 486; *Medicus,* Vormerkung, Widerspruch, Beschwerde, AcP 163, 1; *Mollenkopf,* Faktische Einwirkungen auf vormerkungsbetroffene Grundstücke, 1997; *Mülbert,* Der redliche Vormerkungserwerb, AcP 197 (1997), 335; *v. Olshausen* JuS 1976, 522; *Paulus,* Schranken des Gläubigerschutzes aus relativer Unwirksamkeit, FS Nipperdey I, 1965, S. 909; *Prinz,* Der gutgläubige Vormerkungserwerb und seine rechtlichen Wirkungen, 1989; *Reichel,* Die Vormerkung im deutschen BGB, in DogmJ 46, 59; *D. Reinicke,* Der Schutz des guten Glaubens beim Erwerb einer Vormerkung, NJW 1964, 2373; *Rosien,* Der Schutz des Vormerkungsberechtigten, Diss. Osnabrück 1994; *Sandweg,* Anspruch und Belastungsgegenstand bei der Auflassungsvormerkung, BWNotZ 1994, 5; *Siber,* Individualisierung der Forderungen bei ... Vormerkungen, DogmJ 75, 375; *Schneider* DNotZ 1982, 523 (Rang); *Schwerdtner,* Die Auflassungsvormerkung, Jura 1985, 316; *Tiedtke* Jura 1981, 354 (System. Darstellung); *Wacke,* Vorgemerkter Schwarzkauf und Bestätigung oder Novation, DNotZ 1995, 507; *Weber,* Die Anwendung der Vorschriften über Rechte an Grundstücken auf die Vormerkung, Tüb. Diss. 1962; *Werner, Olaf,* Gleichrangige Auflassungsvormerkungen, FS E. Wolf ,1985, S. 671; *Wiegand* JuS 1975, 211; *Wörbelauer,* Das unter Eigentumsvormerkung stehende Grundstück – eine res extra commercium? DNotZ 1963, 580, 652, 718; *Zagst,* Das Recht der Löschungsvormerkung und seine Reform, 1973. – Weitere Lit.-Angaben im Text u. in *Soergel/Stürner* § 883 vor Rn. 1; ferner bei *Westermann/Eickmann* § 100.

S. die Übersicht 12 am Ende von § 20.

I. Grundlagen

1. Die Grundfunktion der Vormerkung

Die dem deutschen Recht eigene Trennung von schuldrechtlichem und **1** dinglichem Geschäft bei der Begründung und Übertragung von Grundstücksrechten führt zu einem ausgesprochenen *Sicherungsbedürfnis* des einstweilen nur obligatorisch Berechtigten; denn dieser ist seines Rechtes erst sicher, wenn er im Grundbuch eingetragen ist. Bis dahin kann sein Schuldner den Anspruch auf die dingliche Rechtsänderung vereiteln, indem er z.B. das verkaufte Recht auf einen anderen überträgt. Er macht sich dann zwar schadensersatzpflichtig (z.B. nach §§ 440, 325); aber die nun geschaffene dingliche Rechtslage ist oft irreparabel.

Welche wirtschaftlichen Machtkämpfe sich hier verbergen können, mag folgendes *Beispiel* deutlich **2** machen: Das Kaufhaus K möchte verhindern, daß das benachbarte unbebaute Grundstück des V an „die Konkurrenz" veräußert wird. V und K schließen daher einen Kaufvertrag, der aber erst nach dem Tode des V durch Auflassung vollzogen werden soll. D, der ein Warenhaus betreibt, wendet sich an V, um das Grundstück zu kaufen, schlägt dessen Bedenken („das Grundstück sei ja schon verkauft") aus dem Felde und erreicht schließlich, daß V an ihn verkauft und aufläßt. Wird er eingetragen, so kann er sein Eigentum nur zu rütteln, wenn der Kaufvertrag V–D *ausnahmsweise* sittenwidrig war (§ 138 I), z.B. weil D den K bewußt überboten oder den bedenklichen V von Schadensersatzforderungen des K freigestellt hat (hierzu BGH NJW 1981, 2185 m. Nw.; s.a. BGHZ 103, 235, 241; NJW-RR 1996, 869). Dann kann K von V die Abtretung des bereicherungsrechtlichen Rückauflassungsanspruches verlangen (§§ 440 I, 325, 281, 812 I 1, 1. Alt.; aber: §§ 814, 817 S. 2!)

oder aus §§ 826, 249 bzw. §§ 1 UWG, 249 direkt die Auflassung von D fordern (str.). Im „Normalfall" des Zweitverkaufes bleibt indessen D Eigentümer, die Beweislage ist für den Erstkäufer oft schlecht.

3   Hier setzt das Institut der Vormerkung ein: mit ihr gibt das Gesetz (§§ 883 ff.) dem Anspruchsberechtigten ein *vorläufiges Sicherungsmittel,* das ihn schützt. Die Vormerkung wird im Grundbuch eingetragen und weist jeden Erwerber darauf hin, daß eine Eintragung zugunsten eines anderen bevorsteht und daß er – läßt er sich trotzdem eintragen – damit rechnen muß, sein Recht wieder zu verlieren.

2. Einzelne Formen der Vormerkung

4   Der so in groben Strichen gekennzeichnete Anwendungsbereich der Vormerkung wird nun freilich in der Praxis mannigfach variiert: zu der eben geschilderten *Auflassungsvormerkung* treten als weitere gängige Formen die *Löschungsvormerkung* und für den Bereich der Grundpfandrechte der gesetzliche *Löschungsanspruch* (s. oben § 17 Rn. 10f. und ausführlich unten § 46 Rn. 33ff.), der in seinen Wirkungen einer eingetragenen Löschungsvormerkung gleichsteht (§ 1179a Abs. 1 S. 3): hier wird im Regelfall der Anspruch eines nachrangig Berechtigten auf Löschung eines vorhergehenden Grundpfandrechts im Falle seiner Vereinigung mit dem Eigentum gesichert.

5   In ihrer Zweckrichtung unterscheidet sich die Auflassungsvormerkung erheblich von der Löschungsvormerkung und dem gesetzlichen Löschungsanspruch: erstere soll den meist recht kurzen Zeitraum zwischen Kauf und Eigentumserwerb überbrücken. Dagegen bezwecken die Löschungsvormerkung und der gesetzliche Löschungsanspruch, ein noch recht ungewisses künftiges Ereignis (das Zusammenfallen von Eigentum und Grundpfandrecht) schon jetzt zugunsten des geschützten nachrangigen Gläubigers zu „fixieren". In dieselbe Richtung weisen nun verschiedene moderne Formen der Vormerkung: ihnen ist gemeinsam, daß zwar der dingliche Rechtszustand jetzt und in naher Zukunft nicht geändert werden, daß aber doch bei Eintritt gewisser Ereignisse oder Ablauf einer gewissen Zeit eine Rechtsänderung eintreten soll; *daß sie in der Zwischenzeit nicht vereitelt werden kann,* dies soll die Vormerkung garantieren. Hierunter fallen etwa die Vormerkung des Anspruchs aus einem schuldrechtlichen *Wiederkaufsrecht* oder anderer Rückübertragunsansprüche;

Beispiel: V hat sein Geschäftshaus an seinen Sohn S übereignet, sich aber das Wiederkaufsrecht vorbehalten, falls S das Geschäft aufgibt; dieses Recht wird durch Vormerkung gesichert (RGZ 125, 242, 247; BGHZ 75, 288; 117, 390 = NJW 1992, 1683; BGH NJW 1996, 59; DNotZ 1959, 399; *Streuer* Rpfleger 1986, 245; BayObLG NJW-RR 1990, 662; DNotZ 1996, 374);[1]

---

[1] Falls Rückauflassungsanspruch und/oder Vormerkung auf die Lebenszeit des Berechtigten beschränkt sind, kommt § 23 GBO nicht zur Anwendung (BGHZ 117, 390; BGH NJW 1996, 59; *Tiedtke* DNotZ 1992, 539; *Streuer* Rpfleger 1994, 346; a.A. *Rastätter* BWNotZ 1994, 135; *Lülsdorf* MittRhNotK 1994, 135). Die Löschung erfolgt allein nach § 22 GBO bzw. § 894, wenn feststeht, daß der Rückauflassungsanspruch nicht mehr entstehen kann; s.a. unten Rn. 25. Die Umdeutung in eine Löschungsvollmacht behandelt *Amann* DNotZ 1998, 6ff.

oder die Vormerkung des Anspruchs aus einem Vorvertrag oder aus einem 6
vom Eigentümer – meist gegen Vergütung – eingeräumten *Ankaufsrecht*
(Option; dazu unten § 21 Rn. 38f.):

„Falls E aus irgend einem Grunde sein Grundstück verkauft, ist er verpflichtet, es dem A anzubieten, und zwar zu einem bestimmten Preis ..." (RGZ 154, 355; BayObLG DNotZ 1956, 206; Rpfleger 1993, 58; ähnlich BGH NJW 1981, 446); dieses Recht des A kann durch Vormerkung gesichert werden.

Andere Fälle sind die Vormerkung zum Schutze des Anspruchs aus einem 7
persönlichen Vorkaufsrecht (RGZ 104, 122), des Anspruchs auf Einräumung des
Vorrangs u.s.w.

Erhebliche praktische Bedeutung hat die Vormerkung im Rahmen einer *Grundstücksparzellierung*:

Beispiel: V hat an K ein Grundstück verkauft und aufgelassen. K soll berechtigt sein, ohne seine vorgängige Eintragung im Grundbuch das Grundstück in einzelnen Parzellen an Baulustige zu veräußern; so veräußert K eine Parzelle an B und läßt sie ihm auf. Da V bis zur Eintragung des B Eigentümer bleibt, ist das Sicherungsbedürfnis sowohl des K wie des B augenscheinlich; ihm wird durch die Vormerkung genügt (zu den recht komplizierten Einzelheiten s. *Vollkommer* Rpfleger 1968, 337).

Insgesamt halten sich bei der Verwendung des Instituts der Vormerkung berechtigtes Sicherungs- 8
bedürfnis und das ja nur zu bekannte Bestreben einer „Fixierung der Zukunft" die Waage. Dem
letztgenannten Bestreben dienen etwa die – bisher mißglückten – Versuche, auch künftige erbrechtliche Ansprüche durch Vormerkung zu sichern (BGHZ 12, 115 = *Baur,* E.Slg. Fall 7; s. unten
Rn. 15).

3. Zweck, Wirkung und Rechtsnatur

Der Zweck der Vormerkung ist also der Schutz eines Anspruchs auf eine 9
dingliche Rechtsänderung gegen seine Vereitelung durch eine Verfügung des
Schuldners. Sie führt freilich nicht zu einer Grundbuchsperre: Der Schuldner
kann über sein Recht nach wie vor verfügen, aber eine solche Verfügung ist
gegenüber dem Vormerkungsgeschützten – also *relativ* – unwirksam. Darüber
hinaus hat die Vormerkung in gewissem Umfang *Vollwirkung,* d.h. sie wird
wie ein beschränktes dingliches Recht behandelt, so vor allem im Konkurs
bzw. in der Insolvenz des Schuldners (§ 24 KO/§ 106 InsO) oder im Falle der
Haftungsbeschränkung des Erben (§ 884). Auch sichert die Vormerkung den
Rang des späteren Rechts (§ 883 Abs. 3: *Rangwirkung*).

Diese „Zwitterstellung" der Vormerkung macht ihre rechtliche Qualifika- 10
tion schwierig; ein abschließendes Urteil darüber wird uns erst am Ende unserer Erörterungen möglich sein. Hier können wir zunächst nur ihre allgemeinen Kennzeichen skizzieren: Sie rangiert einmal im schuldrechtlichen Bereich,
insofern sie den obligatorischen Anspruch auf eine dingliche Rechtsänderung
sichert, sie gehört aber auch in den Bereich des Sachenrechts, da ihre Wirkungen dinglicher Natur sind. Man kann sie daher als dinglich wirkendes Sicherungsmittel zum Schutze eines Anspruchs auf eine dingliche Rechtsänderung
bezeichnen.

In der Verknüpfung (Akzessorietät) von Anspruch und dinglichem „Recht" hat sie manche Ähn- 11
lichkeit mit der Hypothek: wie diese ist sie in ihrer Entstehung und in ihrem Bestand von dem zu
sichernden Anspruch abhängig; wie diese geht sie mit dem Anspruch auf einen neuen Rechtsträger
über. Im *Ziel* sind beide freilich verschieden: die Hypothek gibt dem Gläubiger – neben dem An-

spruch aus der gesicherten Geldforderung – ein Verwertungsrecht, die Vormerkung ermöglicht die Durchsetzung des Anspruchs auf Rechtsänderung gegenüber Dritten, die nach Eintragung der Vormerkung Rechte erworben haben, falls sie den durch die Vormerkung geschützten Anspruch beeinträchtigen.

4. Vormerkung und Widerspruch

12 Als vorläufiges Sicherungsmittel hat die Vormerkung Ähnlichkeit mit dem Widerspruch. Beide Rechtsbehelfe sind aber doch grundsätzlich zu unterscheiden: Der *Widerspruch* richtet sich gegen die Richtigkeit des Grundbuchs und schützt den wirklich Berechtigten vor Verfügungen des eingetragenen „Berechtigten" (s. oben § 18 B Rn. 10 ff.). Dagegen wendet sich die *Vormerkung* nicht gegen die Richtigkeit des Grundbuchs, sie enthält vielmehr die Ankündigung einer künftigen Rechtsänderung und schützt den obligatorischen Anspruchsinhaber vor Verfügungen des wirklich Berechtigten. Man sagt: „Die *Vormerkung prophezeit*" (nämlich eine künftige Rechtsänderung im Grundbuch), „der *Widerspruch protestiert*" (nämlich gegen die Richtigkeit des Grundbuchs).[1]

13 Freilich kann im Einzelfall zweifelhaft sein, ob die Vormerkung oder der Widerspruch der geeignete Rechtsbehelf ist; hier muß eine Kumulierung beider Rechtsbehelfe bzw. eine Umdeutung des einen Rechtsbehelfs in den anderen möglich sein.

Beispiel: Hat E sein Grundstück an K verkauft und aufgelassen und behauptet er später, er sei von K arglistig getäuscht worden und habe daher wirksam angefochten, so ist die Vormerkung der richtige Rechtsbehelf, wenn die Anfechtung *nur* den Kaufvertrag erfaßt (sie schützt dann den Anspruch auf Rückübereignung aus ungerechtfertigter Bereicherung). Ergreift die Anfechtung *auch* die Auflassung, so müßte – da dann das Grundbuch unrichtig ist – ein Widerspruch eingetragen werden. Aus einer unrichtigen Beurteilung der Rechtslage darf dem zu sichernden E kein Nachteil erwachsen. Hat er also eine Vormerkung eintragen lassen, so ist sie als Widerspruch zu behandeln, wenn das Gericht Nichtigkeit der Auflassung annimmt (RGZ 139, 353, 355; RG SeuffA 78 Nr. 168 S. 276; zust. *Heck* § 47 II 8; *Westermann/Eickmann* § 100 II 1 b).

II. Gegenstand der Vormerkung

1. Der zu sichernde Anspruch

14 § 883 kennzeichnet den durch die Vormerkung zu sichernden Anspruch: er muß auf *Einräumung* eines Grundstücksrechts oder eines Rechts an einem solchen, auf *Aufhebung* solcher Rechte, auf *Inhaltsänderung* des Rechts oder schließlich auf *Rangänderung* gerichtet sein.

Daraus ergibt sich folgendes:

a) Rechtsgrund des Anspruchs

15 Der *Anspruch* kann dem verschiedenartigsten Rechtsgrund entspringen; er kann schuldrechtlicher Natur sein (Typ: die auf Kaufvertrag beruhende Auflassungsvormerkung), er kann im Familienrecht begründet sein (so etwa wenn das Familiengericht dem einen Ehegatten nach § 1383 den Anspruch auf Übereignung eines Grundstücks zugesprochen hat), schließlich sind auch voll

---

[1] *Reichel* DogmJ 46, 66.

§ 20. Die Vormerkung

entstandene erbrechtliche Ansprüche durch Vormerkung sicherbar (z.B. ein Vermächtnisanspruch *nach* Eintritt des Erbfalls).

Dagegen können *vor* dem Erbfall erbvertragliche Ansprüche *so wenig wie testamentarische Vermächtnisse* durch Vormerkung geschützt werden (BGHZ 12, 115 [= *Baur*, E.Slg. Fall 7]; OLG Hamm, DNotZ 1956, 151; str.).[1] Auch nicht der sachenrechtliche Anspruch auf eine künftige Grundbuchberichtigung (BayObLG DNotZ 1976, 106; Widerspruch, nicht Vormerkung, u. U. aber Umdeutung: oben Rn. 13).

b) Gültig entstandener und fortbestehender Anspruch

Der Anspruch muß gültig entstanden sein und noch bestehen. **16**

Beispiel (in Anlehnung an BGHZ 54, 56): V hat an K notariell zu 175 000 DM veräußert, wirklich gewollt war ein Kaufpreis von 200 000 DM. Die von V dem K bewilligte Auflassungsvormerkung wird eingetragen. Kurze Zeit darauf wird eine Vormerkung auf Eintragung einer Grunddienstbarkeit zugunsten der G eingetragen. – Da der simulierte notarielle Vertrag nach § 117 Abs. 1 nichtig war und der wirklich gewollte Vertrag nicht durch die Eintragung des K als Eigentümers wirksam werden konnte (§§ 117 II, 125, 313 S. 2), lag der Auflassungsvormerkung keine gültige Forderung zugrunde; sie konnte auch nicht als Vormerkung eines künftigen Anspruchs (dazu unten 2 und 3) aufrechterhalten werden (*Medicus*, Bürgerl. R., Rn. 555; a. A. *Lüke* JuS 1971, 341). § 883 II griff also zu Lasten der Grunddienstbarkeitsvormerkung nicht Platz; sie kann auch nach Eintragung des K als Eigentümer im Grundbuch durchgesetzt werden (§ 888).

Hat der Verkäufer bereits aufgelassen und die Eintragung des Käufers bewilligt, so bleibt doch der **17** Eigentumsverschaffungsanspruch des Käufers bis zur Eintragung bestehen, kann also durch Vormerkung gesichert werden (vgl. die Nachweise bei MünchKomm/*Wacke* § 883 Rn. 30 und zuletzt BGH NJW 1994, 2947).

Das *Grundbuchamt* prüft grundsätzlich nicht, ob der zu sichernde Anspruch besteht; erkennt es jedoch mit Sicherheit, daß er nicht besteht und auch künftig nicht entstehen kann, hat es die Eintragung abzulehnen (vgl. BayObLG Rpfleger 1993, 328; s.a. § 16 Rn. 49 ff.).

c) Auf zulässige Eintragung gerichteter Anspruch

Der durch Vormerkung zu sichernde Anspruch muß auf eine zulässige Eintragung gerichtet sein. **18**

Unzulässig wäre es, ein künftiges Pachtrecht aus einem Vorpachtvertrag durch Vormerkung zu sichern.

d) Gläubiger und Schuldner des gesicherten Anspruchs

Der *Vormerkungsgeschützte* muß Gläubiger des zu sichernden Anspruchs sein; **19** der gesicherte Anspruch muß sich *gegen den* durch die Vormerkung betroffenen *Rechtsinhaber* oder seinen Erben[2] richten.

---

[1] Siehe dazu *Rimmelspacher* Rn. 578 ff.; *Schönfeld*, Die Vormerkbarkeit erbrechtlicher Ansprüche vor Eintritt des Erbfalls, Tüb. Diss. 1956; *Jauernig/Stürner* § 2174 Rn. 1. – Sicherbar ist der Vermächtnisanspruch nach dem Erbfall (BayObLG Rpfleger 1981, 190; BGH JZ 1991, 986 m. Anm. *Leipold*) bzw. Nacherbfall (OLG Schleswig NJW-RR 1993, 11), ferner der Anspruch aus einem Schenkungsvertrag oder ein entsprechendes bindendes Schenkungsangebot; dabei darf die Schenkung zwar erst im Todeszeitpunkt fällig, aber nicht unter der Bedingung des Überlebens des Beschenkten (§ 2301) gemacht sein (*Soergel/Stürner* § 883 Rn. 17 m. Nw.; krit. *Westermann/Eickmann* § 100 II 1 c; zur Unterscheidung zwischen überlebensbedingter Schenkung und unbedingter, im Todeszeitpunkt fälliger Schenkung *Jauernig/Stürner* § 2301 Rn. 1, 8).

[2] Hierzu BGH NJW 1997, 861 = LM 5/1997 § 883 BGB Nr. 24 *(Stürner/Bruns)* = Rpfleger 1997, 208; BayObLG Rpfleger 1997, 59; a.A. OLG Hamm DNotZ 1995, 315 m.Anm. *Amann* aaO

§ 20 II III. Abschnitt. Liegenschaftsrecht

Gläubigerstellung und Berechtigung aus der Vormerkung, Schuldnerstellung und Inhaber des durch die Vormerkung belasteten Rechts müssen also zusammenfallen.

Dies schließt nicht aus, den durch einen *Vertrag zugunsten Dritter* Begünstigten durch eine Vormerkung zu schützen; denn er kann „die Leistung fordern" (§ 328 Abs. 1; dazu *Holch* JZ 1958, 724).

20 *Beispiel* (in Anlehnung an RGZ 128, 246): E hat aus seinem landwirtschaftlichen Betrieb E-Hof einige Grundstücke an K veräußert und zu Eigentum übertragen. Dabei sind „zugunsten des jeweiligen Eigentümers des E-Hofs" Rückübertragungsansprüche vereinbart worden. Diese können durch Vormerkung gesichert werden; durch die Eigentümerstellung am E-Hof sind die aus dem Vertrag zugunsten Dritter künftig Berechtigten ausreichend gekennzeichnet (vgl. weiter BGHZ 28, 99, 103; BayObLG DNotZ 1987, 102; 1996, 374; s. a. zur alternativen und sukzessiven Berechtigung unten 2). Soll dagegen der Dritte erst später benannt werden, so ist eine Vormerkung nur zur Sicherung des Anspruchs des Versprechensempfängers (§ 335) möglich (BGH NJW 1983, 1543; dazu *Ludwig* NJW 1983, 2792 u. Rpfleger 1986, 345; *Denck* NJW 1984, 1009; OLG Oldenburg NJW-RR 1990, 273).

21 Dagegen kann eine Vormerkung *nicht zu Lasten eines erst künftig zu erwerbenden Rechts* eingetragen werden: der Anspruch auf *Abtretung* einer erst künftig entstehenden Eigentümergrundschuld läßt sich nicht durch Vormerkung sichern (RGZ 145, 343, 352; OLG Hamm NJW-RR 1990, 272), wohl aber kraft der Sondervorschrift des § 1179 der Anspruch auf *Löschung* eines solchen künftigen Rechts (s. dazu unten § 46 Rn. 32, 33 ff.); vgl. weiter auch die interessanten Entscheidungen BayObLG DNotZ 1956, 206; OLG Köln JMBl. NRW 1960, 30 und BGH NJW 1966, 1656 (Sicherung eines Ankaufsrechts), BayObLG DNotZ 1974, 174 (Auflassungsvormerkung bezüglich einer Grundstücksteilfläche auch dann zulässig, wenn im schuldrechtlichen Vertrag das Geländebestimmungsrecht einem Vertragsteil zugewiesen ist), BayObLG Rpfleger 1992, 292 (Anspruch eines Wohnungseigentümers auf Einräumung von Sondereigentum an den Räumen eines noch – nach Maßgabe einer künftigen baurechtlichen Genehmigung – zu errichtenden Gebäudes).

2. Künftige oder bedingte Ansprüche

22 Nach der ausdrücklichen Regelung in § 883 Abs. 1 Satz 2 kann durch die Vormerkung auch ein künftiger oder bedingter Anspruch gesichert werden.

Damit wird der dinglichen Sicherung künftig erst existent werdender Ansprüche auf eine dingliche Rechtsänderung ein weites Feld eröffnet; hierunter fallen etwa bedingte Ankaufs- oder Rückkaufsrechte (s. § 21 Rn. 37, 38 f.), bedingte Rückauflassungsansprüche.[1] Nach h.M. (BGH NJW 1997, 861 = Rpfleger 1997, 208; BayObLG DNotZ 1996, 374, 377) sind *bedingte* Ansprüche auf eine künftige Rechtsänderung ohne weitere Prüfung vormerkbar, während bei *künftigen* Ansprüchen[2] der „Rechtsboden so weit vorbereitet sein muß, daß ihre Entstehung nur noch vom Willen des demnächst Berechtigten abhängt" (so BayObLG NJW 1978, 700; DNotZ 1996, 374, 376; gegen diese Einschränkung *Wieling* § 22 II c). Die Berechtigung dieser Unterscheidung ist zweifelhaft; denn der bedingte (§ 158) und betagte (§ 163) Anspruch ist nur ein Unterfall des künftigen Anspruchs mit der Besonderheit, daß die Entstehung des Anspruchs von einem künftigen ungewissen Ereignis oder dem Eintritt eines Termins abhängt. Notwendig ist daher in allen Fällen eine feste, nicht mehr einseitig vom Schuldner zu beseitigende rechtsgeschäftliche Grundlage (BGH NJW 1981, 446; 1997, 861 = Rpfleger 1997, 208).

23 *Beispiel 1* (in Anlehnung an OLG Düsseldorf NJW 1957, 1282): E hat dem G eine Grundschuld zur Sicherung einer Darlehensforderung bewilligt. G hat sich zur Rückübertragung der Grundschuld auf E nach Tilgung des Darlehens verpflichtet und die Eintragung einer Vormerkung bewilligt. Diese Vormerkung ist zulässig, da sie den künftigen Anspruch des E gegen G auf Rückabtretung der Grundschuld sichert (OLG Hamm NJW-RR 1990, 272). Dieser Anspruch kann von E auch an

S. 252. Hingegen gibt es keine Ansprüche aus Vertrag zu Lasten Dritter („Anspruch gegen jeweiligen Eigentümer"); sie sind deshalb auch nicht vormerkungsfähig (BGH NJW 1993, 324, 326).

[1] Vor allem zum Schutz vor abredewidriger Veräußerung! Solche Vereinbarungen sind i.d.R. mit §§ 137, 138 vereinbar; hierzu BGH NJW 1997, 861 = Rpfleger 1997, 208; *Stürner/Bruns* LM § 883 BGB Nr. 24; *Kohler* DNotZ 1989, 339 ff.; *Timm* JZ 1989, 13 ff.

[2] Hierzu BayObLG Rpfleger 1995, 247: keine Grundbuchberichtigung bei endgültiger Anspruchsentstehung.

einen Dritten D abgetreten werden; damit geht auch die Vormerkung auf D über (§ 401 entsprechend). S. auch unten § 46 Rn. 48 ff.

Beispiel 2 (nach BGH NJW 1997, 861 = Rpfleger 1997, 208; hierzu *Jung* Rpfleger 1998, 51): A **24** verkauft und veräußert an B ein Grundstück. Falls B oder sein(e) Erbe(n) das Grundstück weiterveräußern, kann A bzw. sein(e) Erbe(n) vom Vertrag zurücktreten. Der Rückabwicklungsanspruch ist durch Vormerkung gesichert. Weder die Doppelbedingung des Anspruchs noch die Erstreckung des Anspruchs auf Erben und seine Abhängigkeit von ihrem Verhalten hindern die Vormerkungsfähigkeit. § 137 S. 1 ist nicht verletzt: es wird lediglich die gemäß § 137 S. 2 zulässige Verpflichtung nach § 883 gesichert. Im Ergebnis gestattet allerdings § 883 eine gewisse „Verdinglichung" der Verfügungsbeschränkung und relativiert damit § 137 S. 1 (s. a. § 4 Rn. 21).

Zulässig ist auch die Sicherung zweier *alternativ Berechtigter* durch zwei Vormerkungen (BayObLG DNotZ 1985, 702) oder von *„sukzessiv Berechtigten"* (BayObLG DNotZ 1985, 702, 706; NJW-RR 1990, 662) oder von mehreren gemeinschaftlich Berechtigten (BayObLG Rpfleger 1986, 371; 1993, 328).

3. Fehlen und Fortfall des gesicherten Anspruchs

Bestand der zu sichernde Anspruch von vornherein nicht, so ist trotz Eintragung auch die Vormerkung nicht entstanden.[1] Ist der Anspruch später erloschen, so erlischt damit auch die Vormerkung.[2] In beiden Fällen ist das Grundbuch unrichtig. Der durch die – unrichtige – Vormerkung Belastete kann Berichtigung des Grundbuchs verlangen; dagegen ist die Eintragung eines Widerspruchs unzulässig; denn der Zessionar des – nicht bestehenden – Anspruchs kann sich nicht auf das Grundbuch verlassen (BGHZ 25, 16; *Baur* JZ 1957, 629; *Medicus* AcP 163, 1, 3). **25**

Beispiel: V hat sein Grundstück an K verkauft und ihm eine Auflassungsvormerkung bewilligt, die auch eingetragen wurde. Später wird die nach Landwirtschaftsrecht erforderliche staatliche Genehmigung nicht erteilt. Der Kaufvertrag ist damit von Anfang an nichtig. V kann von K die Bewilligung der Grundbuchberichtigung (Löschung der Vormerkung) fordern, nicht aber die Eintragung eines Widerspruchs, da es einen redlichen Erwerb des „Anspruchs" durch einen Dritten nicht gibt, ein Widerspruch also sinnlos wäre.

4. Unrechtmäßige Löschung

Wird die Vormerkung trotz weiter bestehenden Anspruchs zu Unrecht gelöscht, so hat umgekehrt der durch die Vormerkung Geschützte einen Berichtigungsanspruch gegen den mit der Vormerkung Belasteten. Hier ist auch die Eintragung eines Widerspruchs möglich. Denn ein redlicher Erwerber würde das Recht „vormerkungsfrei" erwerben (BGHZ 60, 46, 50; NJW 1991, 1113 u. unten Rn. 62 ff.). **26**

---

[1] Also keine Vormerkung zur Sicherung eines nichtigen Anspruchs! (BGHZ 54, 56 ff.; NJW-RR 1989, 199; BayObLG Rpfleger 1993, 58; hierzu schon oben Rn. 16 f. mit Beispiel; a. A. OLG Celle DNotZ 1958, 418). Soweit ein neuer wirksamer Vertrag geschlossen wird, muß auch eine neue Vormerkung bewilligt und eingetragen werden (OLG Zweibrücken Rpfleger 1989, 495 für versagte öffentlichrechtliche Genehmigung); anders allerdings bei Bestätigung eines nichtigen Vertrages (OLG Frankfurt/M. DNotZ 1995, 539; hierzu *Wacke* aaO 507) – sehr fraglich!

[2] Dasselbe gilt, wenn der Anspruch befristet ist (OLG Frankfurt/M. NJW-RR 1993, 1489 m. w. N. = DNotZ 1994, 247 m. Anm. *Promberger*); die Verlängerung eines befristeten Ankaufsrechtes bedarf daher der Eintragung zur Erhaltung der Vormerkung. Zum vereinbarten Erlöschen bei Tod des Berechtigten BGHZ 117, 390; NJW 1996, 59 (keine Anwendung des § 23 GBO; s. a. oben Rn. 4 ff.).

§ 20 III   III. Abschnitt. Liegenschaftsrecht

Hat im vorigen Beispiel das Grundbuchamt nach erteilter staatlicher Genehmigung die Auflassungsvormerkung versehentlich gelöscht, so kann K im Wege der Berichtigung die Wiedereintragung der Vormerkung fordern; auch kann er die Eintragung eines Widerspruchs erreichen; denn wenn V vor Wiedereintragung der Vormerkung das Grundstück an D aufläßt, so wird dieser „vormerkungsfreier" Eigentümer, sofern er von dem Bestehen der Vormerkung nichts weiß.

III. Voraussetzungen

27   Neben einem gültigen, zu sichernden *Anspruch* (oben Rn. 14 ff.) ist – ähnlich wie beim Widerspruch – nötig

1. *entweder* die Bewilligung des Betroffenen
2. *oder* eine einstweilige Verfügung
3. *und* die Eintragung der Vormerkung im Grundbuch (§ 885).

1. Bewilligung

a) Rechtsnatur

28   Die Vormerkung ist einem beschränkten dinglichen Recht ähnlich. Nach der Regel des § 873 Abs. 1 wäre also Einigung beider Teile erforderlich. § 885 begnügt sich aber mit der Bewilligung des Betroffenen.

Diese Bewilligung ist eine materiellrechtliche Willenserklärung, die dem Grundbuchamt oder dem Begünstigten gegenüber abzugeben ist (BGH NJW-RR 1989, 199). Sie ist von der grundbuchrechtlichen Bewilligung nach § 19 GBO zu unterscheiden. In der Praxis werden beide Erklärungen meist zusammenfallen. Jedoch ist die Unterscheidung bedeutsam: Wenn nur die grundbuchrechtliche Bewilligung unwirksam, dagegen die materiellrechtliche Bewilligung wirksam und die Eintragung erfolgt ist, ist die Vormerkung entstanden (s. oben § 16 Rn. 28).

Eine Vormerkung, deren bewilligter Inhalt dem Wortlaut nach unzulässig ist, kann in geringerem Umfange gültig sein, sofern dieser gewollt und verlautbart ist (BGH MDR 1993, 347).

b) Gutgläubiger Erwerb

29   Da es sich um einen rechtsgeschäftlichen Begründungsakt handelt, ist *redlicher Erwerb* der Vormerkung von dem zu Unrecht eingetragenen Bewilligenden nach § 893 BGB möglich (BGHZ 28, 182, 187).

Beispiele: Für H ist an dem Grundstück des E eine Hypothek eingetragen; das Darlehen, das sie sichert, ist längst zurückbezahlt; die Hypothek steht also in Wahrheit dem E als Eigentümergrundschuld zu. Verpflichtet sich H dem D gegenüber, ihm die Hypothek abzutreten, und bewilligt er ihm eine Vormerkung, so hat D die Vormerkung erworben (RGZ 121, 44; BGHZ 57, 341, 343; BGH JZ 1981, 63 = NJW 1981, 446 = *Baur* E.Slg. Fall 8 b; s. ferner *E. Wolf* § 13 B IV c). Wird D dann später als Hypothekar eingetragen, so erwirbt er die Hypothek auch dann, wenn er *jetzt* nicht mehr redlich ist oder *jetzt* ein Widerspruch gegen die Richtigkeit des Grundbuchs bezüglich der Eintragung des H eingetragen ist (*Reinicke* NJW 1964, 2373, 2375 u. 1981, 446; BGHZ 57, 341, 343; BGH JZ 1981, 63; dazu kritisch *Goetzke/Habermann* JuS 1975, 82).[1] War bei Eintragung der Vormerkung ein bestehendes Wegerecht versehentlich gelöscht, so erwirbt der vormerkungsberechtigte Käufer (§§ 433 Abs. 1 S. 1, 883 BGB) gutgläubig lastenfrei (BGH NJW 1994, 2947).

Nach BGHZ 57, 341 erwirbt der Käufer eines Grundstücks auch dann die Auflassungsvormerkung, wenn sie von einem Scheinerben bewilligt wurde, der zwar noch nicht als Eigentümer im Grundbuch eingetragen, aber durch einen Erbschein ausgewiesen war (§ 2367).

---

[1] Zur Durchsetzung der Vormerkung noch unten Rn. 66.

§ 20. Die Vormerkung

c) Amtsvormerkung ohne Bewilligung

Über die Fälle einer Eintragung der Vormerkung von Amts wegen, also 30 ohne Bewilligung des Betroffenen s. oben § 16 Rn. 64 ff. (§§ 18 Abs. 2, 76 GBO).

2. Einstweilige Verfügung

Hier kann auf das zum Widerspruch Gesagte verwiesen werden (s. oben 31 § 18 Rn. 15). Zwar muß der zu sichernde Anspruch glaubhaft gemacht werden,[1] nicht aber dessen Gefährdung (§ 885 Abs. 1 S. 2); diese ergibt sich aus der Möglichkeit einer jederzeitigen Verfügung durch den eingetragenen Berechtigten (Beispielsfall BGHZ 39, 21).

Auf durch einstweilige Verfügungen erzwungene Vormerkungen ist § 893 auch nicht entsprechend anwendbar (keine rechtsgeschäftliche Verfügung!).[2]

Von der auf einstweiliger Verfügung beruhenden Vormerkung ist die *Vormerkung nach § 895 ZPO* zu unterscheiden! Hier ist wohl auch gutgläubiger Erwerb möglich (str.).

3. Eintragung

Sie ist für die *Entstehung* der Vormerkung konstitutiv. Die Eintragungsvor- 32 aussetzungen richten sich nach allgemeinen Grundsätzen (Antrag – Bewilligung oder einstweilige Verfügung – Voreintragung).

Über die technischen Modalitäten der Eintragung informiert § 12 Abs. 1 GBV.

Da die bewilligte Vormerkung verfügungsähnlichen Charakter hat, muß bei zeitlicher Divergenz zwischen Bewilligung und Eintragung § 878 entsprechend angewendet werden können (so *Heck* § 47 III 3; *Canaris* aaO S. 390; oben § 19 Rn. 35 ff. und BGHZ 28, 182 ff.; 33, 123, 129).

Schwierigkeiten entstehen in der Praxis dann, wenn ein Teil eines Grundstücks verkauft und eine Auflassungsvormerkung bewilligt ist, der Grundstücksteil aber noch nicht als selbständiges Grundstück eingetragen ist. Hier begnügt man sich mit der Bezugnahme auf einen Lageplan und dergl. in der Eintragungsbewilligung (BGH NJW 1972, 2270; BayObLG Rpfleger 1981, 232 u. 1982, 17 u. 335; NJW-RR 1990, 662; 724; Köln Rpfleger 1993, 350).

IV. Wirkungen

Man hat die *Sicherungswirkung* (Rn. 34 ff.) von der *Vollwirkung* (Rn. 45 ff.) 33 und der *Rangwirkung* (Rn. 48 ff.) zu unterscheiden:

1. Die Sicherungswirkung

a) Relative Unwirksamkeit

Sie ist in §§ 883 Abs. 2, 888 geregelt. Ihr Verständnis bereitet Schwierig- 34 keiten.

Um sie zu überwinden, muß man sich klar machen, daß der Gesetzgeber verschiedene Wege hätte gehen können, um die Vormerkung wirksam zu machen: das gröbste, wenngleich einfachste Mittel

---

[1] Hierzu OLG Frankfurt/M. NJW-RR 1993, 473.
[2] S. BayObLG DNotZ 1987, 618; a. A. etwa *Wieling* § 22 III 1 b; *Hager* JuS 1990, 429, 438.

wäre die *Grundbuchsperre* gewesen; diesen Weg hat der Gesetzgeber nicht gewählt[1], um den Rechtsverkehr mit Grundstücken nicht mehr als nötig zu blockieren. Der zweite Weg wäre die Übernahme der schuldrechtlichen Verpflichtung durch den Erwerber gewesen.[2] Aber auch dafür hat sich der Gesetzgeber nicht entschieden; eine solche Schuldübernahme kraft Gesetzes wäre ihm wohl systemwidrig erschienen.

So blieb nur folgende *Lösung:* Der durch die Vormerkung Betroffene bleibt zur Verfügung über sein Recht befugt (er ist Berechtigter!), seine Verfügung ist aber dem durch Vormerkung Geschützten gegenüber, also relativ unwirksam,[3] und zwar insoweit unwirksam, „als sie den Anspruch vereiteln oder beeinträchtigen würde" (§ 883 Abs. 2). Die relative Unwirksamkeit ist also eine doppelte, eine *persönliche* (nur dem Geschützten gegenüber bestehende, s. Rn. 35 ff.) und eine *inhaltliche* (nur im Umfang der Vereitelung oder Beeinträchtigung, s. Rn. 38 f.).

b) Die persönliche relative Unwirksamkeit

35   Die Verfügung ist nur demjenigen gegenüber unwirksam, „zu dessen Gunsten die Vormerkung besteht" (§ 888).

Dies bedeutet, daß der Erwerber das Recht jedermann gegenüber voll wirksam erwirbt, nur nicht dem durch die Vormerkung Geschützten gegenüber. Daraus folgt auch die Art der *Durchsetzung* des geschützten Anspruchs:

Für den Geschützten ist Rechtsträger noch der Schuldner des Anspruchs; von ihm verlangt er die zur Durchsetzung seines Rechts erforderlichen dinglichen Erklärungen (also z. B. die Einigung nach § 873 Abs. 1, die Auflassung nach § 925). Da aber der Erwerber schon im Grundbuch eingetragen ist, muß er der der Verwirklichung des geschützten Anspruchs dienenden Eintragung zustimmen (§ 888).

36   *Beispiel:* V hat sein Grundstück an K verkauft und ihm eine Auflassungsvormerkung bewilligt, die auch eingetragen wurde. Übereignet V dennoch sein Grundstück an D, so wird D jedermann gegenüber Eigentümer, nur nicht dem K gegenüber. Für diesen ist Kontrahent V noch immer als Eigentümer anzusehen, von ihm fordert und erzwingt er die Auflassung (z. B. § 433 Abs. 1 S. 1; hierzu BGHZ 111, 364, 368). D muß aber als eingetragener Eigentümer zustimmen, und zwar wegen des grundbuchrechtlichen Grundsatzes, daß der Eingetragene bewilligen muß (Grundsatz der Voreintragung!); auch diese Zustimmung kann durch gerichtliches Urteil ersetzt werden (§ 894 ZPO). Auf Grund der Auflassung mit V und der Zustimmung des D (§ 888) wird K als Eigentümer eingetragen (übrigens ohne Rückwirkung, BGHZ 99, 385, 387). Die Zustimmung des eingetragenen Dritten hat nur grundbuchverfahrensrechtliche Bedeutung (§ 19 GBO); fehlt sie und wird trotzdem eingetragen, ist das Grundbuch nicht etwa unrichtig (BayObLG NJW-RR 1990, 724).

37   Man wird sich fragen, ob sich denn jemand findet, der trotz der Vormerkung das Grundstück oder Grundstücksrecht erwerben wird. In der Tat wirkt die Vormerkung *praktisch* vielfach wie eine Grundbuchsperre. Aber es finden sich doch Ausnahmen: so kann D darauf hoffen, daß K seinem Eigentumserwerb *zustimmt* (RGZ 154, 355, 367)[4]; oder er kann sich auf die Angaben des V verlassen,

---

[1] Vgl. auch OLG Hamm NJW-RR 1993, 529, 530; in einer Sondersituation hat das BayObLG gleichwohl faktisch eine Grundbuchsperre angenommen (Rpfleger 1994, 17: keine Änderung der Teilungserklärung nach WEG, wenn für einen Anteil bereits eine Auflassungsvormerkung eingetragen ist).
[2] Darauf weist *Westermann,* 5. Aufl., § 84 IV 2 mit Recht hin.
[3] A. A. *E. Wolf* § 13 A II h S. 579 („aufschiebend bedingt unwirksam") u. *Knöpfle* aaO S. 157.
[4] Teilweise str.! Wie hier *Gursky* DNotZ 1998, 273; a.M. OLG Köln DNotZ 1998, 311 (Rangänderung zu Lasten der Vormerkung, kein „Wirksamkeitsvermerk").

daß der durch die Vormerkung geschützte Anspruch nicht oder nicht mehr besteht. Trifft diese Behauptung zu, so kann D dartun, daß die Vormerkung nicht besteht. Dasselbe gilt für sonstige Einwendungen, so etwa wenn V von dem Kaufvertrag mit K nach §§ 325, 326 zurückgetreten ist, weil K seine Vertragspflichten nicht erfüllt hat; den Einwand, daß ein wirksamer Auflassungsanspruch des K gegen V nicht mehr bestehe, kann dann auch D geltend machen. Fraglich ist, ob D dem K auch *Einreden* entgegenhalten kann, die an sich dem V zustehen.[1] Die Frage ist in Analogie zu §§ 768, 1137 zu bejahen. Die Identität möglicher Gegenrechte zwingt den Vormerkungsberechtigten aber nicht zur „Vorausklage" gegen den Schuldner des gesicherten Anspruchs, hier also K! (BGH NJW-RR 1988, 1357).

Verzögert D die Zustimmung zur Eintragung des K, zu der er nach § 888 verpflichtet ist, so soll D nach BGHZ 49, 263 dem K *nicht* nach Verzugsgrundsätzen schadensersatzpflichtig sein (a. A. mit Recht *Reinicke* NJW 1968, 788; *Weitnauer* DNotZ 1968, 708; *Medicus* Rn. 451; s. allgemein § 5 Rn. 25 ff.).

c) Die inhaltliche relative Unwirksamkeit

Die Verfügung ist – inhaltlich – nur „insoweit unwirksam, als sie den Anspruch vereiteln oder beeinträchtigen würde" (§ 883 Abs. 2). Der Gesetzgeber hat die Worte „vereiteln" – „beeinträchtigen" mit Bedacht gewählt: man muß sich die Grundbuchsituation im Augenblick der Vormerkungseintragung vergegenwärtigen; jede nachträgliche Verfügung, die diesen Stand verschlechtert, ist dem Geschützten gegenüber unwirksam. 38

In unserem Beispiel oben Rn. 36 f. ist nicht nur die Übereignung an D vormerkungswidrig und daher relativ unwirksam, sondern das gleiche gälte für die Bestellung einer Hypothek durch V zugunsten des D. D wäre also dem K nach § 888 zur Bewilligung der Löschung der Hypothek verpflichtet (BGHZ 99, 385, 388). 39

E ist der GmbH A u. Co als Gesellschafter beigetreten. Er hat sich verpflichtet, der GmbH bei Eintritt einer bestimmten Bedingung eine Grundschuld in Höhe von 50 000 DM zu bewilligen; zur Sicherung dieses Anspruchs hat er eine Vormerkung an seinem bis dahin unbelasteten Grundstück bewilligt. Später bestellt er zugunsten des H eine Hypothek von 20 000 DM und veräußert dann das Grundstück an D. Hier kann die GmbH, wenn die Bedingung eintritt, von E die Bestellung der Grundschuld, von D die Zustimmung zur Eintragung der Grundschuld nach § 888 fordern. Den Vorrang der Hypothek des H erhält die Grundschuld automatisch (§ 883 Abs. 3), ohne daß H einen Rangrücktritt bewilligen müßte.

E hat für sich eine Eigentümergrundschuld eintragen lassen (§ 1197). Dann wird zugunsten des K eine Auflassungsvormerkung eingetragen. Später tritt E die Grundschuld an X ab: hier greift die Sicherungswirkung der Vormerkung nicht ein (BGHZ 64, 316). Anders, wenn die Auflassungsvormerkung *vor* Entstehung der Eigentümergrundschuld eingetragen war (s. *Rimmelspacher* § 10 Rn. 672 u. *G. Schneider* DNotZ 1982, 523).

d) Verfügung über das vormerkungsbefangene Recht

Es muß sich schließlich um eine „Verfügung" über das Recht handeln, auf das sich die Vormerkung bezieht (§ 883 Abs. 2). Doch wird der rechtsgeschäftlichen Einwirkung die Verfügung im Wege der Zwangsvollstreckung, Arrestvollziehung und durch den Konkursverwalter gleichgestellt (§ 883 Abs. 2 S. 2). Dies bedeutet, daß auch Vollstreckungsakte dem durch die Vormerkung Geschützten gegenüber unwirksam sind. 40

Streitig und praktisch wichtig ist die Frage, ob die Auflassungsvormerkung *auch bei einer Vermietung* des Grundstücks wirkt, und zwar derart, daß der Inhaber des Auflassungsanspruchs nach Erwerb des 41

---

[1] Siehe dazu RGZ 53, 31; 144, 281; *Westermann/Eickmann* § 100 IV 4 c; *Wörbelauer* DNotZ 1963, 591 ff.; *Soergel/Stürner* § 888 Rn. 8.

§ 20 IV   III. Abschnitt. Liegenschaftsrecht

Eigentums nicht – wie sonst nach § 571 – in den Mietvertrag eintritt. Die Meinungen sind geteilt (vgl. die Nachweise in BGHZ 13, 1 [= *Baur,* E.Slg. Fall 8]). Der BGH verneint die Auswirkung der Vormerkung (BGH NJW 1989, 451), während die wohl h. M. § 883 Abs. 2 S. 1 anwendet: „sonst stünde der Mieter als schuldrechtlich Berechtigter besser als der dinglich berechtigte Nießbraucher" (so *Westermann/Eickmann* § 100 IV 3 c m. Nw.). Trotz dieses einleuchtenden Arguments erscheint die Auffassung des BGH im Ergebnis richtig: der soziale Schutz, den § 571 beabsichtigt und der sich auch aus § 57 ZVG, § 21 KO ergibt, geht dem Vormerkungsschutz vor.[1] (Dagegen greift das Argument des BGH, der Erwerber sehe ja, daß das Grundstück vermietet sei, nicht durch, da zur Zeit der Begründung der Auflassungsvormerkung das Grundstück noch nicht vermietet war).

e) Schutz gegen tatsächliche Veränderungen und Verwendungsersatz

42   Fraglich ist, ob und wie sich der durch die Vormerkung Geschützte gegen tatsächliche Veränderungen schützen kann (der Erwerber des mit der Vormerkung belasteten Waldgrundstücks beginnt den Wald abzuholzen). U. E. ist § 1004 entsprechend anwendbar. Auch § 823 Abs. 1 kann in Betracht kommen (so *Canaris* aaO, 383 m. w. N.; *Hager* JuS 1990, 437; s. a. BGH NJW 1991, 2019 und hierzu § 19 Rn. 20; a. A. OLG München NJW 1963, 301 m. abl. Anm. *Hoche; Mollenkopf,* S 42 ff., 60 ff., 75 f.). Den *quasi-dinglichen* Schutz der Vormerkung gegenüber Veränderungen am Grundstück bestätigt BGHZ 99, 385 ff.: Eingriffskondiktion (§ 812 Abs. 1 S. 2) des Vormerkungsberechtigten gegen den Inhaber einer vormerkungswidrigen Grundschuld, wenn dieser die Versicherungsforderungen für das abgebrannte Gebäude einzieht (§§ 1127 ff.; hierzu noch § 39 Rn. 65).

Hat der Erwerber Verwendungen auf das Grundstück gemacht, so sind die §§ 994 ff. entsprechend heranzuziehen (zweifelhaft; s. BGHZ 75, 288 m. w. N.; 87, 296, 297; a. A. OLG Hamburg NJW 1961, 2350).[2]

f) Sicherungswirkung und Vermögensübernahme

43   Eine interessante Nuance der Sicherungswirkung findet sich in der Rechtsprechung zu § 419:[3] Der Übernehmer eines Grundstücks haftet für die Verbindlichkeiten des Veräußerers, die bis zur Auflassung entstanden sind, wenn das Grundstück das gesamte Vermögen des Veräußerers ausmachte und der Erwerber dies wußte (RGZ 134, 121, 125; BGHZ 33, 123, 125; 93, 135, 140; *Jauernig/Stürner* § 419 Rn. 5, 12 f.). War jedoch für den Erwerber eine Auflassungsvormerkung eingetragen, so haftet er nur für die bis zur Stellung des Antrags auf Eintragung der Auflassungsvormerkung entstandenen Verbindlichkeiten. Begründung: Vollstreckungshandlungen des Gläubigers wegen später entstandener Verbindlichkeiten wären ohnehin dem durch die Vormerkung Geschützten gegenüber unwirksam gewesen (BGHZ 33, 123, 128 f.). Davon zu unterscheiden ist die Frage, welcher Zeitpunkt maßgebend ist für die Kenntnis des Erwerbers davon, daß das Grundstück das ganze Vermögen des Veräußerers ausmacht: der Zeitpunkt der Eintragung des Erwerbers als Eigentümers (so noch BGH NJW 1966, 1748) oder der Zeitpunkt der Stellung des Antrags auf Eintragung der Auflassungsvormerkung (so mit Recht BGHZ 55, 105 im Anschluß an *Reinicke* NJW 1967, 1249; s. ferner *Müller* Rn. 1171 s ff.).

g) Baulastbestellung

44   Die wirksame Bestellung einer Baulast (hierzu § 33 Rn. 3) wird man als öffentlichrechtliche Verfügung, die der Bestellung einer Grunddienstbarkeit entspricht, von der Zustimmung des Vormerkungsberechtigten abhängig zu machen haben (*Drischler* Rpfleger 1991, 234; VGH Mannheim NJW 1993, 678).

---

[1] So auch *Finger* JR 1974, 8; *Soergel/Stürner* § 883 Rn. 30; *Jauernig* § 883 Anm. 4 e; a. A. *Staudinger/Gursky* § 883 Rn. 139; *Wieling* § 22 IV 1 b, ee.

[2] S. dazu *Gursky* JR 1984, 3; *Kohler* NJW 1984, 2849.

[3] Mit Inkrafttreten der neuen Insolvenzordnung 1999 wird § 419 aufgehoben.

2. Die Vollwirkung

a) Konkurs bzw. Insolvenz des Schuldners

Der einem dinglichen Recht ähnliche Charakter der Vormerkung zeigt sich 45
im Konkurs bzw. in der Insolvenz des Schuldners: Trotz Konkurseröffnung
kann der durch die Vormerkung geschützte Gläubiger vom Konkursverwalter
die Erfüllung des Anspruchs verlangen (§ 24 KO bzw. § 106 neue InsO), also
bei Auflassungsvormerkung: die Auflassung und Eintragung (was dann zu einer Aussonderung des Grundstücks aus der Konkursmasse führt),[1] bei einer
Vormerkung auf Eintragung einer Grundschuld: die Einigung über die Bestellung und die Eintragung der Grundschuld (was eine abgesonderte Befriedigung zur Folge hat).

Beispiele: s. *Baur/Stürner* II, InsolvenzR, Rn. 9.15 u. BGHZ 79, 103 ff.

b) Zwangsversteigerung

In der Zwangsversteigerung bleibt die Vormerkung bestehen, wenn sie gegenüber dem betreiben- 46
den Gläubiger Priorität hat (§ 883 Abs. 2); sie fällt in das „geringste Gebot" (§§ 44, 52 ZVG). Gegenüber dem Versteigerungserwerber, der durch Zuschlag Eigentum erworben hat (§ 90 ZVG), kann
sie nach allgemeinen Regeln durchgesetzt werden (BGHZ 46, 124, 126 f. für Auflassungsvormerkung; BGHZ 53, 47, 49 für Vormerkung zur Neubegründung beschränkter dinglicher Rechte). Die
Auflassungsvormerkung berechtigt deshalb auch nicht zur Drittwiderspruchsklage gemäß § 771 ZPO
(BGHZ 46, 127; NJW 1994, 128). Sofern ein „vorrangiger" Gläubiger die Vollstreckung betreibt,
erlischt die Vormerkung mit dem Zuschlag (§ 91 ZVG), der Vormerkungsberechtigte hat dafür am –
überschüssigen – Versteigerungserlös Anteil.[2] Zur Vollwirkung gehört auch die Befugnis des Inhabers
einer Auflassungsvormerkung, im Falle einer Zwangsversteigerung den Gläubiger nach § 268 Abs. 1
zu befriedigen (BGH NJW 1994, 1475).

c) Vormerkung und Erbenhaftung

Der Vormerkung gegenüber kann sich der Erbe nicht auf eine Beschränkung seiner Haftung beru- 47
fen (§ 884), er muß also – ähnlich wie der Konkursverwalter – den Anspruch ohne Rücksicht auf die
von ihm durchgeführte Haftungsbeschränkung erfüllen.

3. Die Rangwirkung

Nach § 883 Abs. 3 bestimmt sich der Rang des Rechts, auf dessen Einräu- 48
mung der Anspruch gerichtet ist, nach der Eintragung der Vormerkung.
Wenn sonach das vorgemerkte Recht eingetragen wird, so wird sein Rang auf
den Zeitpunkt dieser Eintragung zurückbezogen, m. a. W. es erhält die Rang-

---

[1] Und zwar nach § 24 S. 2 KO auch dann, wenn der Konkursverwalter die Erfüllung des Vertrags
im übrigen (z. B. bezüglich der Bauverpflichtung) nach § 17 KO zu Recht abgelehnt hat (BGHZ 79,
103); Einzelheiten s. *Soergel/Stürner* § 883 Rn. 39. Immer ist die Anfechtbarkeit der Vormerkung
mitzubedenken; Beispielsfall: BGH NJW-RR 1988, 841; ausführlich *Baur/Stürner* II, InsolvenzR,
Rn. 18.34, 19.7, 19.35.

[2] Im einzelnen existieren zahlreiche Streitfragen und Probleme: rechnerische Berücksichtigung des
Nichtbestehens des vormerkungsgesicherten Anspruchs beim Bargebot und der Verteilung, Abwicklung der Gegenleistung des vorgemerkten Käufers etc.; hierzu *J. Blomeyer* DNotZ 1979, 515; *Keuk*
NJW 1968, 476; *Soergel/Stürner* § 883 Rn. 40 ff.; *Baur/Stürner* I, EinzelvollstreckungsR Rn. 36.25,
35.15.

stelle, die es eingenommen hätte, wenn es an Stelle der Vormerkung sofort eingetragen worden wäre.

> Ist z. B. dem H bei unbelastetem Grundstück eine Hypothekenvormerkung bewilligt worden und werden dann zwei andere Hypotheken eingetragen, so erhält H den ersten Rang.
>
> Technisch wird dieses automatische Einrücken des Rechts in den Rang der Vormerkung durch die Vorschrift des § 12 Abs. 1 b GBV erreicht.

49 Ein Sonderproblem sind *ranggleiche* Auflassungsvormerkungen; sie sind nach richtiger Ansicht unzulässig und nicht eintragbar (*Soergel/Stürner* § 883 Rn. 38); anders die wohl h. M.: Wirksamkeit der ersten Eigentumsübertragung (z. B. MünchKomm/*Wacke* § 883 Rn. 59; *Wieling* § 22 IV 1 c; *Palandt/ Bassenge* § 883 Rn. 29; OLG Celle VIZ 1996, 104; teilw. wird auch der Erwerb von Bruchteilseigentum aller Vormerkungsberechtigten vertreten, z. B. *Erman/Hagen* § 883 Rn. 8).

V. Übertragung und Erlöschen

50 Die Vormerkung ist akzessorisch; sie dient der Sicherung eines Anspruchs auf eine dingliche Rechtsänderung, ist also mit dem Schicksal dieses Anspruchs rechtlich verknüpft. Dies wirkt sich bei ihrer Entstehung (oben Rn. 14 ff.) ebenso aus wie bei ihrer Übertragung und ihrem Untergang.

1. Übertragung

a) Akzessorietät

51 Die Vormerkung kann nicht allein übertragen werden. Sie geht mit der Abtretung oder einem aus anderem Rechtsgrund erfolgenden Übergang des gesicherten Anspruchs entsprechend § 401 (§ 412) auf den Erwerber des Anspruchs über,[1] ohne daß es einer Eintragung des Übergangs bedürfte. Eine Eintragung wäre nur Grundbuchberichtigung.[2]

b) Redlicher Erwerb?

52 Der Erwerber des Anspruchs kann sich für den *Bestand des Anspruchs* nicht auf die Eintragung berufen.[3] Besteht der Anspruch, ist aber die Vormerkung aus irgendeinem Grunde (z. B. mangels gültiger Bewilligung) nicht entstanden, so ist zweifelhaft, ob § 892 eingreift.[4] Die Frage dürfte zu verneinen sein, da der Erwerb der Vormerkung kraft Gesetzes (§ 401) – als „Anhängsel" des Anspruchs –, nicht kraft Rechtsgeschäfts (wie dies § 892 fordert) erfolgt. Eine Parallele zur Hypothek kann nicht gezogen werden, weil bei der Abtretung des durch die Vormerkung gesicherten Anspruchs – im Gegensatz zur Hypothek (§§ 1154, 1155) – kein Publizitätserfordernis zu beachten ist.

---

[1] BGHZ 25, 23; BGH NJW 1994, 2947 f. (konkludente Abtretung des Auflassungsanspruchs; Vormerkungswirkung bei Leistung an einen Dritten, §§ 362 Abs. 2, 185 BGB).

[2] RGZ 142, 331; BayObLGZ 1995, 171.

[3] BayObLG Rpfleger 1993, 58; einhellige h. M., s. a. oben Rn. 16 f., 25.

[4] *Ja: Westermann/Eickmann* § 101 IV; *Wunner* NJW 1969, 116 ff.; BGHZ 25, 16, 23. *Nein: Baur* JZ 1957, 629; *Medicus*, Bürgerl. R., Rn. 553, 555 ff. u. AcP 163, 1, 8; *Manfred Wolf* Rn. 372; *Soergel/Stürner* § 893 Rn. 8; *Reinicke* NJW 1964, 2373, 2376; *Kupisch* aaO; *Görmer* JuS 1991, 1011, 1013. *Rimmelspacher* § 9 Rn. 626, 633 ff. differenziert, je nachdem, ob der Gläubiger als Inhaber der nicht bestehenden Vormerkung im Grundbuch eingetragen ist oder nicht.

Schließlich ist mit *Medicus,* Bürgerl. R., Rn. 557 ein Bedürfnis für die Erleichterung der Verkehrsfähigkeit von Übereignungsansprüchen zu verneinen. – Von dieser Fallgestaltung ist aber der gutgläubige Erwerb einer Vormerkung vom eingetragenen Nichteigentümer zu unterscheiden (hierzu oben Rn. 29 und unten Rn. 62 ff.)!

c) Vertraglicher Ausschluß des Übergangs

Wird bei der Abtretung des Anspruchs der Übergang der Vormerkung ausgeschlossen, so erlischt sie.[1] 53

2. Erlöschen

Aus der Sicherungsfunktion der Vormerkung und ihrem „quasidinglichen" 54
Charakter ergeben sich auch die Gründe für ihr Erlöschen.

Erlischt die Vormerkung, wird eine vorher getroffene vormerkungswidrige Verfügung voll wirksam (BGHZ 117, 390 = NJW 1992, 1683).

a) Untergang des Anspruchs

Mit dem Untergang des Anspruchs erlischt auch die Vormerkung.[2] Die Löschung im Grundbuch ist nur Grundbuchberichtigung; der durch sie Beeinträchtigte (§ 894) kann von dem als Vormerkungsberechtigten Eingetragenen die Löschung verlangen. Auch § 22 GBO ist anwendbar.[3]

b) Weitere Erlöschensgründe

Die Vormerkung erlischt weiter in folgenden Fällen: 55

aa) Aufhebung der Vormerkung

Ein Grund für das Erlöschen der Vormerkung liegt vor, wenn der durch sie geschützte Gläubiger sie aufhebt (entsprechende Anwendung von §§ 875, 876: Aufhebungserklärung und Löschung[4]). Löschung allein genügt nicht; fehlt die Aufhebungserklärung, so ist das Grundbuch unrichtig. Die Berichtigung erfolgt durch Wiedereintragung; vorheriger Widerspruch ist zulässig (s. oben Rn. 25).

Ein Recht, die Aufhebung zu verlangen, statuiert § 886, wenn dem Anspruch eine dauernde Einrede entgegensteht (BGH NJW 1989, 220, 221: Berufung auf Verjährung).
Beispiel (in Anlehnung an BGHZ 60, 46): Zugunsten der Kl. wurde 1963 eine Auflassungsvormerkung auf dem Grundstück des E eingetragen. 1964 ließ E zu seinen Gunsten eine Eigentümerbriefgrundschuld eintragen, die er im März 1970 an die Bekl. abtrat. Inzwischen war die Kl. 1968 als Eigentümerin eingetragen worden, ihre Auflassungsvormerkung war im März 1970 gelöscht worden. Die Kl. verlangt vom Bekl. Löschung der Grundschuld. 56
Voraussetzung ist das Bestehen der Vormerkung: Sie ist durch die Löschung nicht untergegangen, weil die Aufhebungserklärung der Kl. fehlte (§ 875); auch nicht dadurch, daß der gesicherte An-

---

[1] Auf den Fall der *Schuldübernahme* ist § 418 entsprechend anwendbar (*Hoche* NJW 1960, 462).
[2] BGH NJW 1981, 447; dazu *Wacke* NJW 1981, 1577 u. *H. Ebel* NJW 1982, 724; BGH NJW-RR 1989, 201; s. noch § 18 Rn. 39.
[3] KG NJW 1969, 138; BayObLG DNotZ 1976, 160. – Zum Parallelfall des Nichtentstehens wegen fehlenden Anspruchs oben Rn. 15, 25.
[4] BGHZ 60, 46; 77, 151; BGH NJW 1994, 2947, 2949 l. Sp.

spruch auf Auflassung seit der Eintragung der Kl. als Eigentümerin erloschen ist (denn es ist ein Zwischenrecht – die Eigentümergrundschuld des E – eingetragen, das außerhalb des Grundbuchs an einen Dritten vormerkungswidrig abgetreten sein konnte [BGH BB 1964, 576]). Es kommt also darauf an, ob die Vormerkung im März 1970 schon gelöscht war, als die Bekl. die Grundschuld erwarb. War dies der Fall, so hat die Bekl. – im Falle ihrer Redlichkeit – die Grundschuld „vormerkungsfrei" erworben. Andernfalls ist sie gemäß § 888 zur Bewilligung der Löschung der Grundschuld verpflichtet (vgl. oben Rn. 39).

bb) Aufhebung der einstweiligen Verfügung

57 Die Vormerkung erlischt auch durch Aufhebung der einstweiligen Verfügung, auf der sie beruht (BGHZ 39, 21 = JZ 1963, 710 mit Anm. *Rahn*; OLG Hamm Rpfleger 1983, 435);

cc) Ausschlußurteil

58 Erlöschen tritt ebenfalls ein durch Ausschlußurteil im Falle des § 887.

dd) Bedingungseintritt

59 Schließlich erlischt die Vormerkung auch durch den Eintritt einer auflösenden Bedingung, von der sie abhängig gemacht werden kann (hierzu BGHZ 117, 390, 392; BGH NJW 1996, 59); die Bedingung der Vormerkung ist von der Bedingung oder Befristung des gesicherten Anspruchs zu unterscheiden (hierzu oben Rn. 4 ff., 22 ff.). Im letzteren Fall erlöschen bei Bedingungseintritt Anspruch und damit auch Vormerkung (oben Rn. 54), im ersten Fall erlischt *nur* die Vormerkung.

VI. „Rechtsnatur" – Einzelfragen

60 Um die Aufhellung des „Begriffshimmels" bei der Vormerkung, um die Klärung der Interessenlage, namentlich aber um die Lösung der zahlreichen gesetzlich nicht geregelten Zweifelsfragen hat sich *Heck* (§ 47 seines Sachenrechts) besonders verdient gemacht. Die – freilich nicht leichte – Lektüre gerade dieses Abschnitts bei *Heck* wird dringend angeraten. Sie ist ein Musterbeispiel für die Anwendung der von der Interessenjurisprudenz entwickelten methodischen Grundsätze.

1. Rechtsnatur der Vormerkung

61 Über die Rechtsnatur der Vormerkung: ist sie ein beschränktes dingliches Recht am Grundstück? ein subjektives Recht in der Form eines „negativen Herrschaftsrechts"? ein bloßes Sicherungsmittel? hat man sich viele Gedanken gemacht.[1] Eine allen Erscheinungen und Wirkungen der Vormerkung gerecht werdende begriffliche Fixierung ist nicht geglückt. Dies nimmt bei dem Mischcharakter der Vormerkung, ihrer Zwischenstellung zwischen obligatorischem und dinglichem Bereich nicht wunder. Wir werden uns damit begnügen müssen, sie als eine im Grundbuch verlautbarte, mit gewissen dinglichen Wirkungen ausgestattete Sicherung eines auf eine dingliche Rechtsänderung gerichteten Anspruchs zu bezeichnen.

2. Vormerkung und öffentlicher Glaube des Grundbuchs

62 Im folgenden soll noch erörtert werden, in welchem Umfang die Vormerkung am öffentlichen Glauben des Grundbuchs teilnimmt; darauf sind wir zwar schon wiederholt im systematischen Zu-

---

[1] Siehe etwa *Heck* § 47 IV; *Canaris* u. *Dulckeit* aaO; *Schwab/Prütting* § 18 VIII; *Knöpfle* aaO S. 157, 158 ff.; *Westermann/Eickmann* § 100 I 2; *Wieacker*, Bodenrecht (1938) § 19 IV 2; *E. Wolf* § 13 A II a.

sammenhang eingegangen; eine Zusammenfassung der in Betracht kommenden Tatbestände dürfte aber zur Klärung beitragen.[1]

Als *Regel* kann man sich merken, daß der öffentliche Glaube des Grundbuchs *nie* den durch die Vormerkung geschützten *Anspruch* erfaßt; für ihn gilt der Satz, daß ein gutgläubiger Erwerb einer Forderung nicht möglich ist. Dagegen kommt die Anwendung der §§ 892, 893 für die Vormerkung als dinglich wirkendes Sicherungsrecht in Betracht.

Dies bedeutet im Einzelnen:

a) Redlicher Erwerb der vom Buchberechtigten bewilligten Vormerkung

Beruht die *Begründung* der Vormerkung auf einer Bewilligung des im Grundbuch Eingetragenen (also nicht auf einer einstweiligen Verfügung!), so erwirbt sie der Gläubiger des geschützten Anspruchs auch dann, wenn der Bewilligende zu Unrecht im Grundbuch eingetragen ist (Beispiel oben Rn. 29). 63

Voraussetzung ist, daß der zu sichernde Anspruch besteht. Es genügt auch nicht, daß der Anspruch später (z.B. durch Heilung des formnichtigen Vertrags nach § 313 S. 2) entsteht. Besteht der zu sichernde Anspruch nicht (oder erlischt er), ist aber die Vormerkung eingetragen, so hat der Beeinträchtigte den Berichtigungsanspruch auf Löschung der Vormerkung (oben Rn. 15, 25, 54).

Besteht der zu sichernde Anspruch, ist aber die Vormerkung *zu Unrecht gelöscht*, so kann der Gläubiger des Anspruchs Wiedereintragung der Vormerkung im Wege der Berichtigung und einstweilige Sicherung durch Widerspruch verlangen (oben Rn. 26). Denn ein gutgläubiger Erwerber könnte sich auf die Löschung der Vormerkung verlassen. 64

b) Kein gutgläubiger Sekundärerwerb bei fehlendem Anspruch

Tritt der Gläubiger den Anspruch ab, besteht aber der Anspruch oder die Vormerkung nicht, so wird der redliche Erwerber nicht geschützt. Bezüglich des Anspruchs kann er sich auf das Grundbuch nicht verlassen, die zu Unrecht eingetragene Vormerkung ist bei der Abtretung nur ein „Anhängsel" des Anspruchs (§ 401), der in § 892 geforderte *rechtsgeschäftliche* Erwerb liegt also nicht vor (oben Rn. 52). 65

c) Zeitpunkt der Gutgläubigkeit und Durchsetzung gegen den wahren Berechtigten

Hat der Gläubiger des Anspruchs von dem zu Unrecht Eingetragenen auf dessen Bewilligung hin die Vormerkung erworben (oben Rn. 63 f.), so kann er seinen Auflassungsanspruch durchsetzen, auch wenn er vor seiner Eintragung als Berechtigter die wahre Rechtslage erfährt oder nach Eintragung der 66

---

[1] S. dazu *Tiedtke*, Gutgl. Erwerb, S. 103 ff.; *Rimmelspacher* Rn. 611 ff.; *Jürgen F. Baur/Riede* JuS 1987, 380; *Hepting* NJW 1987, 865 (gutgl. Erwerb bei Vormerkung künftiger Ansprüche); *Ludwig* DNotZ 1987, 403; *Hager* JuS 1990, 429.

Vormerkung ein Widerspruch gegen die Richtigkeit des Grundbuchs eingetragen wird[1] (oben Rn. 29) oder das Grundbuch berichtigt wird. Im letzten Fall muß der nunmehr eingetragene Berechtigte entsprechend § 888 die Eintragung des Gläubigers bewilligen (vgl. RGZ 121, 44, 46).

Streitig ist, ob der durch die Vormerkung Geschützte nur den aus grundbuchtechnischen Gründen (Voreintragung!) notwendigen Anspruch aus § 888 BGB (so *Roloff* NJW 1968, 484) oder einen Anspruch gegen den wahren Berechtigten auf materiellrechtliche Zustimmung nach § 185 hat (so *Jürgen F. Baur* JZ 1967, 437). Weitere Nachweise zu dieser Streitfrage bei *Gursky*, Sachenrecht, S. 23 ff., 31 ff. u. *Rimmelspacher* § 9 Rn. 647 ff.

VII. Das Veräußerungsverbot[2]

1. Gemeinsamkeiten von Veräußerungsverbot und Vormerkung

67 Relative Veräußerungsverbote – mögen sie auf Gesetz (§ 135) oder auf gerichtlicher Anordnung (§ 136) beruhen – sind in folgender Hinsicht einer Vormerkung gleich gestellt:

a) Die verbotswidrige Verfügung ist gegenüber dem durch das Verbot Geschützten unwirksam (§ 135 Abs. 1, § 136).

b) Wer durch eine verbotswidrige Verfügung ein Grundstücksrecht erworben hat, ist dem Geschützten gegenüber verpflichtet, die grundbuchrechtliche Erklärung abzugeben, die zur Eintragung des Geschützten erforderlich ist (§ 888 Abs. 2).

2. Unterschiede zwischen Veräußerungsverbot und Vormerkung

68 Die Gleichstellung mit der Vormerkung erstreckt sich aber *nicht* auf die Vollwirkung und nicht auf die Rangwirkung. Auch bestehen Unterschiede insofern, als das Veräußerungsverbot andere Rechte (also nicht – wie die Vormerkung – nur Ansprüche schuldrechtlichen Charakters) sichern kann und zu seiner Wirksamkeit nicht der Eintragung im Grundbuch, sondern nur der Zustellung an den Schuldner bedarf; freilich ist die Eintragung zulässig und auch rätlich, weil sonst ein redlicher Dritter das Recht voll wirksam erwerben kann (§ 892 Abs. 1 S. 2).

Zu beachten ist, daß *absolute Veräußerungsverbote* jedermann gegenüber wirksam sind, also nicht unter §§ 135, 136, 888 Abs. 2 fallen, daß ferner *rechtsgeschäftlich bewilligte Veräußerungsverbote* wegen § 137 keine dingliche Wirkung haben, also auch nicht im Grundbuch eintragbar sind (OLG Koblenz DRZ 1949, 234; *Timm* JZ 1989, 13 u. *Kohler* DNotZ 1989, 339: umfassend zu § 137); jedoch ist u. U. eine Umdeutung in eine bewilligte Vormerkung oder in einen bewilligten Widerspruch möglich (*Baur* DRZ 1949, 523); auch ist eine Sicherung durch einstweilige Verfügung möglich.

69 *Beispiel* (in Anlehnung an BGHZ 28, 182 und BayObLG NJW 1954, 1120):[3] V hat am 27. 10. 1953 sein Grundstück in notarieller Urkunde an K verkauft und in derselben Urkunde eine Auflas-

---

[1] A. A. *Gœtzke/Habermann* JuS 1975, 82; *Wiegand* JuS 1975, 205, 212. S. zum ganzen *Rimmelspacher* § 9 Rn. 635 ff. m. w. N. und *Knöpfle* aaO 157, 165.

[2] Hierzu *Kohler*, Das Verfügungsverbot gemäß § 938 Abs. 2 ZPO im Liegenschaftsrecht, 1984 (Besprechung *M. Wolf* ZZP 99 [1986], 480 f.); zum *Erwerbsverbot* § 15 Rn. 32; § 19 Rn. 19, 35 ff.

[3] Dasselbe Beispiel wie oben § 19 Rn. 37; dort auch Lit.-Angaben; s. ferner OLG Köln Rpfleger 1973, 299 (Anwendung des § 878 im Falle der Aufhebung einer Vormerkung?).

sungsvormerkung bewilligt. Der Antrag auf Eintragung ging am 27. 10. beim Grundbuchamt ein und wurde am 6. 11. vollzogen.

Zwischen V und A schwebte ein Rechtsstreit darüber, ob V auf Grund eines dem A im Jahre 1949 notariell bewilligten Ankaufsrechts zur Auflassung verpflichtet sei. Am 5. 11. erließ das Gericht durch einstweilige Verfügung ein Veräußerungsverbot, das dem V am 6. 11. zugestellt wurde, am selben Tage beim Grundbuchamt einging und am 2. 12. eingetragen wurde.

Hier stehen offensichtlich das Verhältnis von Auflassungsvormerkung und Veräußerungsverbot zur Debatte. Als das Grundbuchamt am 6. 11. die Auflassungsvormerkung eintrug, war das Veräußerungsverbot durch die Zustellung an V schon wirksam geworden und dem Grundbuchamt bekannt. Es durfte daher die Auflassungsvormerkung nicht mehr eintragen, es sei denn, daß die Sondervorschrift des § 878 hier anzuwenden war. Diese Frage ist zu bejahen. Denn – wie wir wissen – kann § 878 bei *bewilligten* Vormerkungen entsprechend herangezogen werden. Da eine i. S. des § 873 Abs. 2 bindende Erklärung des V seit 27. 10. 1953 vorlag und an diesem Tage auch der Eintragungsantrag beim Grundbuchamt einging, ist der nachträgliche Erlaß des gerichtlichen Veräußerungsverbots für K bedeutungslos. K kann von A in entsprechender Anwendung des § 888 Abs. 1 die Zustimmung zu seiner Eintragung als Eigentümer verlangen (BGH JZ 1966, 526) und nach seiner Eintragung die Löschung des Veräußerungsverbots nach § 894 herbeiführen. (Die Tatsache, daß das Ankaufsrecht des A aus dem Jahre 1949 stammt, der Kaufvertrag mit K aber erst 1953 geschlossen wurde, spielt keine Rolle!).

Das *Erwerbsverbot* ist an anderer Stelle abgehandelt (§ 15 Rn. 32; § 19 Rn. 19, 35ff.).[1]

Übersicht 12

Die Vormerkung

Zweck	Dingl. Sicherung eines obligatorischen Anspruchs auf eine dingl. Rechtsänderung. Hauptfälle: Auflassungsvormerkung – Löschungsvormerkung (bzw. Löschungsanspruch)
Voraussetzungen	entweder: Bewilligung des Betroffenen (z. B. des Verkäufers) *und* Eintragung im Grundbuch oder: Einstweilige Verfügung des Gerichts
Wirkungen	1. *Sicherungswirkung:* $$K \xrightarrow{\text{Kaufvertrag v. 1. 4. 1972} + \text{Vormerkung}} V \xrightarrow{\text{Kaufvertrag v. 15. 5. 1972 u. Auflassung/Eintragung}} D$$ (also keine Grundbuchsperre!) D wird Eigentümer, aber nicht K gegenüber. Daher verlangt K von V Auflassung (§ 433 Abs. 1) und von D Zustimmung zu seiner Eintragung im Grundbuch (§§ 883 Abs. 2, 888 BGB). Ebenso, wenn V dem D eine Hypothek bestellt hätte: K verlangt von V Auflassung und von D Zustimmung zur Löschung der Hypothek 2. *Vollwirkung:* § 24 KO bzw. 106 InsO 3. *Rangwirkung:* § 883 Abs. 3 BGB
Unterschied zwischen Vormerkung und Widerspruch	Gemeinsam: Warnfunktion. Unterschied: Die Vormerkung „vermerkt" im Grundbuch eine künftige Rechtsänderung. Der Widerspruch weist auf eine – gegebene oder doch mögliche – Unrichtigkeit des Grundbuchs hin. Lehrspruch: „Die Vormerkung prophezeit" (erg. eine künftige Rechtsänderung), „der Widerspruch protestiert" (erg. gegen die Richtigkeit des Grundbuchs).

---

[1] Zur Vormerkung im Recht der neuen Bundesländer s. Vorauflage, § 20 VIII; ferner allgemein zum Recht der neuen Bundesländer § 63.

§ 21. Der Grundstückskaufvertrag – Das Vorkaufsrecht

Vorbemerkung

1   In einem Lehrbuch des „Sachenrechts" ein Kapitel über den Grundstückskauf zu finden, mag wunder nehmen.

Aber zum Verständnis des zu erörternden rechtsgeschäftlichen Eigentumsübergangs an Grundstücken durch *Auflassung und Eintragung* (s. unten § 22) erscheint es ratsam, den schuldrechtlichen Vertrag zu erläutern, auf dem die meisten Eigentumswechsel an Grundstücken basieren, eben den Grundstückskauf. Dabei ist freilich zu beachten, daß der Grundstückskauf in der Praxis zwar das wichtigste, aber nicht das einzige Grundgeschäft ist. Es kommen weiter in Betracht Tausch, Schenkung (auch in der Form der vorweggenommenen Erbfolge insbesondere im Landwirtschaftsrecht: Übergabeverträge), Nachlaßauseinandersetzung, Gesellschaftsverträge usw. Auch kann es sich nicht darum handeln, das Kaufrecht in aller Breite zu entwickeln; dessen Kenntnis wird vorausgesetzt; es sollen nur die *Besonderheiten* des Grundstückskaufs erläutert werden, nämlich hinsichtlich der Form (Rn. 2 ff.), der Gefahrtragung (Rn. 14 f.), der Rechtsmängelhaftung (Rn. 16 ff.) und der Sachmängelhaftung (Rn. 20 ff.). Daran schließt sich eine knappe Darstellung des persönlichen und dinglichen Vorkaufsrechts (Rn. 23 ff.) an.

Interessant ist der jährliche „Immobilienumsatz", der für die alten Bundesländer (ohne West-Berlin) 1995 auf 198 Milliarden DM geschätzt wurde. Davon entfielen 30,9% (= 61,1 Milliarden DM) auf Eigentumswohnungen, 26,5% (= 52,5 Milliarden DM) auf Ein- und Zweifamilienhäuser, 20,2% (= 40 Milliarden DM) auf Industrie- und Gewerbeobjekte sowie 8,8% (= 17,5 Milliarden DM) auf Wohnbauland (Quelle: FAZ-Archiv).

A. Der Grundstückskaufvertrag

Lit.-Hinweis: *Backhaus* JuS 1985, 512 (Grenzen des Formgebots); *Einsele,* Formerfordernisse bei mehraktigen Rechtsgeschäften, DNotZ 1996, 835; *Heckschen,* Die Formbedürftigkeit mittelbarer Grundstücksgeschäfte, 1987; *von Hofmann,* Das Recht des Grundstückskaufs, 1982; *Kanzleiter* DNotZ 1986, 258 (Ausschluß der Rückforderung bei Formnichtigkeit); *Korte* DNotZ 1984, 3 u. 82 (Beurkundungsumfang); *ders.*, Handbuch der Beurkundung von Grundstücksgeschäften, 1990; *Hagen* DNotZ 1984, 267; *Klein-Blenkers,* Einkommensteuerrechtliche Folgen notarieller Übertragungsverträge, MittRhNotk 1995, 221; *Pohlmann,* Die Heilung formnichtiger Verpflichtungsgeschäfte durch Erfüllung, 1992; *Reithmann* NJW 1992, 649 (Neue Vertragstypen des Immobilienerwerbs); *Schwanecke* NJW 1984, 1585 (Formzwang bei „Durchgangserwerb"?); *Stutz* MittRhNotk 1993, 205 (Der Minderjährige im Grundstücksverkehr); *Weirich,* Vertragsgestaltung im Grundstücksrecht, 2. Aufl. 1992; *Wolf* DNotZ 1995, 179 (Rechtsgeschäfte im Vorfeld von Grundstücksübertragungen und ihre eingeschränkte Beurkundungsbedürftigkeit); *Zeller,* Die Formbedürftigkeit nachträglicher Änderungen von Kaufverträgen, 1985.

I. Die Form

1. Zweck und Anwendungsbereich

a) Zweck und Grundlagen

2   In seiner ursprünglichen Fassung diente § 313 S. 1 dem „*Warnzweck*" zugunsten des Veräußerers, nicht dagegen dem Schutz des Erwerbers. Die Rechtsprechung war daher der Meinung, daß Verträge, die nur *Erwerbsverpflichtungen* des Käufers enthielten *(Kaufanwärterverträge)* formfrei gültig seien. Die Entwicklung hat aber gezeigt, daß der Erwerber mindestens ebenso schutzwürdig ist wie der Veräußerer. Durch Gesetz v. 30. 5. 1973 (das § 313 S. 1 änderte) wurde daher der Formzwang auch auf die *Erwerbsverträge* ausge-

dehnt. Dies bedeutet, daß Rechtsgeschäfte jeder Art, die zur Veräußerung oder zum Erwerb eines Grundstücks verpflichten, der notariellen Form bedürfen. Neben dem Warnzweck soll die Form auch den *Beweis* des Vertragsinhalts erleichtern. Die Abgrenzung formpflichtiger und formfreier Verträge folgt nicht immer klaren und einfachen Regeln. Wer sicher gehen will, muß eine reichhaltige Rechtsprechung aufarbeiten, die hier nur in Grundlinien wiedergegeben werden kann.

b) Anwendungsbereich im einzelnen

§ 313 erfaßt alle Verträge, durch die sich ein Teil zu einer Grundstücksübereignung oder einem Grundstückserwerb verpflichtet, also etwa auch Nachlaßauseinandersetzungen, Gesellschaftsverträge, wenn zu den Gesellschafterpflichten die Veräußerung oder der Erwerb eines Grundstücks gehört (BGH NJW 1992, 3237; 1996, 1280), oder den Eintritt in einen Grundstückskaufvertrag (BGH DNotZ 1997, 307, 308). § 313 bezieht sich auch nicht nur auf die Verpflichtungserklärung des Veräußerers (oder des Erwerbers; anders § 518 für die Schenkung;[1] *reiner* Warnzweck!), sondern auf den ganzen Vertrag, also auch auf die Willenserklärung des Käufers bzw. des Verkäufers bei Erwerbsverträgen (vgl. BGH NJW 1974, 271). Formpflichtig sind alle Vereinbarungen, aus denen sich nach dem Willen der Vertragspartner das Geschäft zusammensetzt, d. h. welche derart voneinander abhängig sind, daß sie miteinander stehen und fallen sollen (BGH NJW 1986, 248 u. BGHZ 101, 393; NJW 1989, 898). Ob ein in diesem Sinne einheitliches Rechtsgeschäft vorliegt, ist eine tatrichterliche Entscheidung (st. Rspr., BGH NJW 1994, 2885 m. w. N.); zur Formpflicht von Vereinbarungen mit Dritten BGH NJW 1991, 1031 m. Nw. **3**

Stellt man auf den Zweck des § 313 ab, so wird deutlich, daß eine Reihe von Rechtsgeschäften formbedürftig ist, die einen Grundstückskaufvertrag erst *einleiten* oder *vorbereiten*, sofern damit die in § 313 vorausgesetzte Verpflichtung entsteht: so *Vorverträge und Optionsverträge* (BGHZ 82, 398; dazu kritisch *Reinicke/Tiedtke* NJW 1982, 1430; RGZ 169, 185, 188; BGHZ 97, 147),[2] die Einräumung eines *Vorkaufsrechts* (RGZ 148, 105, 108; BGH NJW-RR 1991, 205, 206) oder eines Rückkaufsrechts (BGHZ 104, 276), *Vergleiche*, wenn der eine Teil sich dem anderen zur Veräußerung (oder zum Erwerb) eines Grundstücks verpflichtet (wobei zu beachten ist, daß der gerichtlich protokollierte Vergleich der Form genügt, § 127a), eine *unwiderrufliche Vollmacht* zur Grundstücksveräußerung oder zum Grundstückserwerb (da sie wegen des Ausschlusses des Widerrufs nach § 168 S. 2 bereits bindet, BGH FamRZ 1965, 495; DNotZ 1970, 743; NJW-RR 1993, 200), regelmäßig dagegen *nicht,* wenn der Bevollmächtigte nur von dem Verbot des Selbstkontrahierens nach § 181 befreit ist (vgl. BGH LM § 313 Nr. 2; a. A. *Flume* II § 52, 2b). *Formbedürftig* ist auch die Verpflichtung zur Übereignung eines Grundstücks im Rahmen eines *Erschließungsvertrags* (§ 124 BauGB; BGHZ 58, 386) sowie der Auftrag, für Rechnung des Auftraggebers ein Grundstück zu erwerben (str., a. A. BGH NJW 1981, 1267; BGHZ 85, 245 sowie BGH NJW 1994, 3346); u. U. auch ein sog. „Bauwerkvertrag" (BGHZ 76, 43 u. 78, 346; sehr weitgehend zuletzt BGH NJW 1994, 721; OLG Hamm NJW-RR 1995, 1045). Keiner Form bedarf die Verpflichtung, ein Grundstück nicht zu veräußern (BGHZ 103, 235, 238); auch nicht die Satzung eines Vereins (Genossenschaft usw.), die zur Übertragung von Grundstücken an die Mitglieder verpflichtet (dazu *Steindorff* ZHR 129, 21 u. *Klingsporn* DB 1967, 367); auch nicht die Verpflichtung zur Übertragung von Mitgliedschaftsrechten an Grundstücksgesellschaften (BGHZ 86, 367; BGH NJW 1996, 1280) und nicht die Verpflichtung zur Abtretung eines Auflassungsanspruches, solange der Käufer noch kein Anwartschaftsrecht erlangt hat (BGHZ 89, 41; 103, 179). **4**

Bei Verträgen, die einen lediglich *mittelbaren Zwang* zum Erwerb oder zur Veräußerung eines Grundstücks begründen, kommt es darauf an, ob im konkreten Fall ohne den Beurkundungszwang der Schutzzweck des § 313 S. 1 verfehlt würde, d. h. es ist zu fragen, ob wirtschaftliche Entschließungsfreiheit bestehen bleibt. Beurkundungszwang wird so vor allem bei Vertragsstrafen, Verfall von **5**

---

[1] Zur Abgrenzung der Handschenkung vom Schenkungsversprechen im Grundstücksrecht *Jakoby* Rpfleger 1994, 49.
[2] Zur Formbedürftigkeit sog. Reservierungsvereinbarungen s. BGHZ 103, 235 und zu deren Abgrenzung von Vorverträgen OLG Hamburg NJW-RR 1992, 20.

§ 21 A I   III. Abschnitt. Liegenschaftsrecht

Kaufpreiszahlungen oder erfolgsunabhängigen Maklerprovisionen angenommen (vgl. BGH NJW 1990, 390; 1992, 1037; NJW-RR 1990, 57). Selbst erhebliche Beeinträchtigungen der Entschließungsfreiheit führen aber noch nicht zwingend den Formzwang des § 313 herbei (BGH NJW 1980, 829; 1988, 1716; 1990, 390; NJW-RR 1988, 1196; 1993, 14). Schließlich bedarf auch die Genehmigung eines nach § 313 formbedürftigen Rechtsgeschäfts nicht der notariellen Form (§ 182 Abs. 2, st. Rspr., BGH NJW 1994, 1344 m. w. N.).

2. Nichtigkeit und Heilung

6   Die Formvorschrift bezieht sich auf den *ganzen* Vertragsinhalt. Ist nur ein Teil beurkundet, so ist im Zweifel der ganze Vertrag nichtig (§ 139),[1] sofern nicht *Heilung* des Formmangels nach § 313 S. 2 durch Auflassung und Eintragung eintritt.[2]

7   Eine gut gemeinte, aber nicht ungefährliche und in ihren Einzelheiten schwer überschaubare Regelung:

Beispiel: V hat an K *notariell* ein Grundstück verkauft. In einem *schriftlichen* „Zusatzabkommen" hat sich K zur Rückübereignung unter gewissen Bedingungen bereit erklärt. Da die zusätzliche Vereinbarung für beide Teile wesentlich ist, ist nicht nur diese, sondern das ganze Vertragswerk nichtig. Mit Einigung und Eintragung wird es im ganzen Umfang voll wirksam (BGHZ 104, 276, 278: anders, wenn die Rückübereignungspflicht erst *nach* Auflassung schriftlich vereinbart wurde!). Bedurfte aber – wie vielfach – der Vertrag der behördlichen Genehmigung und ist nur der *notarielle* Vertrag genehmigt worden, so ist der Vertrag in vollem Umfang nichtig (weil das „Zusatzabkommen" nicht genehmigt worden ist) und kann durch Auflassung und Eintragung nicht geheilt werden.[3]

8   Die Heilung nach § 313 S. 2 wirkt nicht auf den Zeitpunkt des Vertragsschlusses zurück (BGHZ 54, 56, 63). Sie setzt jedoch voraus, daß der in der zu heilenden Vereinbarung zum Ausdruck gekommene Wille der Parteien noch fortbesteht. Werden formlose Absprachen nur teilweise nachträglich beurkundet, so spricht eine Vermutung dafür, daß die Urkunde abschließend den Willen der Parteien wiedergibt (BGH NJW-RR 1993, 522).

Eine irrtümliche Falschbezeichnung des Grundstücks im notariellen Vertrag (falsa demonstratio), bedeutet keinen Formmangel (BGHZ 87, 150; dazu *Brox* JA 1984, 549, 551, 554 und oben § 5 Rn. 30 ff.).[4]

9   Der Form des § 313 bedarf *nicht die Aufhebung* eines Grundstückskaufvertrags, solange das Eigentum am Grundstück noch nicht auf den Käufer übergegangen ist oder dieser noch nicht in Anwartschaftsrecht erlangt hat (BGHZ 83, 395 = BGH NJW 1982, 1639; dazu – kritisch – *Reinicke/Tiedtke* NJW 1982, 2281; BGHZ 103, 175, 179; zuletzt einschränkend für Anwartschaftsrecht aufgrund Vormerkung BGH NJW 1993, 3323 m. Anm. *Müller-Michaels* NJW 1994, 2742 = JZ 1994, 524 m. Anm. *Tiedtke;* zur Heilung der formwidrigen Aufhebung *Pohlmann* DNotZ 1993, 355), wohl aber die Vereinbarung über die Herab- oder Hinaufsetzung des Kaufpreises (s. dazu BGH NJW 1982, 434). Nach Auflassung – aber vor Eintragung! – sind Änderungen formfrei möglich (BGH NJW 1985, 266), es sei denn, sie enthalten neue Erwerbs- oder Verkaufspflichten (BGHZ 104, 276).

---

[1] Neuere Beispiele: BGH NJW-RR 1992, 589 (Nichtbeurkundung eines Preisnachlasses); 1993, 1421 (verbundener Treuhandauftrag).

[2] Dazu ausführlich *Larenz* I § 5; BGHZ 47, 266 (§ 313 S. 2 greift auch dann Platz, wenn der Eigentumserwerb nach § 892 erfolgt u. auch dann, wenn die Parteien die Formbedürftigkeit kannten, BGH NJW 1975, 205 u. DNotZ 1980, 222); weitere *Beispiele:* BGH NJW 1994, 720; 2885.

[3] BGH DB 1981, 1922. – Früher waren in der Praxis auch sog. *Schwarzkäufe* zur Umgehung der Bestimmungen über den Preisstopp häufig (s. dazu BGHZ 11, 90). Diese Vorschriften sind durch das Bundesbaugesetz v. 23. 6. 1960 (BGBl. I 341) §§ 185, 186 Abs. 1 Nr. 65 bis 67 außer Kraft gesetzt worden. Zur Hinterziehung der Grunderwerbsteuer und „Ersparnis" von Notargebühren gibt es auch heute noch Schwarzkäufe (BGH NJW 1980, 451 u. dazu *Roth* JuS 1981, 250). Der beurkundete Vertrag ist nichtig (§ 117 Abs. 1), der fortlos geschlossene bedarf der Heilung (§§ 117 Abs. 2, 313 S. 1, 125, 313 S. 2). Hingegen bleibt der Vertrag bei „einseitigem Scheingeschäft" wirksam (OLG München NJW-RR 1993, 1168; §§ 116–118 BGB).

[4] Zur erforderlichen Bestimmtheit der Beurkundung BGH NJW 1994, 1347.

§ 21. Der Grundstückskaufvertrag – Das Vorkaufsrecht   A I § 21

Die Möglichkeit von Verweisungen (auf Karten, Pläne) usw. ist in einem Gesetz v. 20. 2. 1980 **10**
(BGBl. I 157) geregelt worden (dazu *Lichtenberger* NJW 1980, 864; *Dietlein* DNotZ 1980, 195; *Winkler* Rpfleger 1980, 169; *Arnold* DNotZ 1980, 262). Für „Neufälle" gelten §§ 9, 13, 13a BeurkG n. F., für „Altfälle" wird insoweit rückwirkende Heilung angeordnet (hierzu BGH NJW 1983, 2137; BVerfGE 72, 302, 318 ff.).

3. Beurkundungsverfahren

Zur Beurkundung des Kaufvertrags sind nach §§ 1, 60 BeurkG nur die **11**
Notare zuständig, ein Gericht nur dann, wenn der Kaufvertrag Gegenstand eines gerichtlichen Vergleichs ist (§ 127a).

Nach § 17 BeurkG trifft den Notar eine Belehrungspflicht, welche die Wirksamkeit des Vertrages sichern und die Benachteiligung unerfahrener Beteiligter vermeiden soll. Er soll auf behördliche Genehmigungserfordernisse (§ 18 BeurkG), notwendige finanzbehördliche Unbedenklichkeitsbescheinigungen (§ 19 BeurkG) und gesetzliche Vorkaufsrechte (§ 20 BeurkG) hinweisen und das Grundbuch vor der Beurkundung einsehen (§ 21 BeurkG), um sich der rechtlichen Grundlagen seiner Vertragsgestaltung zu vergewissern. Er soll bei Grundstückskaufverträgen insbesondere hinweisen auf das Vorleistungsrisiko (BGH DNotZ 1995, 407, 408 f.; 1997, 64, 65) und die Möglichkeiten seiner Absicherung (Auflassungsvormerkung – hierzu § 20 – oder treuhänderische Abwicklung durch den Notar und seine Bediensteten); auf mögliche Unwirksamkeitsgründe (BGH NJW 1993, 2617) oder bürgerlichrechtliche Genehmigungserfordernisse (BGH DNotZ 1997, 62); auf grundbuchdokumentierte Geschäftshindernisse tatsächlicher Art (BGH DNotZ 1996, 563) oder auf geschäftshindernde Belastungen (BGH DNotZ 1996, 568, 569); auf das Fehlen üblicher und zweckmäßiger Regelungen, z. B. über Erschließungsbeiträge (BGH NJW 1994, 2283) etc. Der Notar *haftet* für unterbliebene oder fehlerhafte Belehrung (§ 19 BNotO). Innerhalb Europas ist die vorsorgende Rechtspflege durch notarielle Betreuung keine Selbstverständlichkeit (hierzu *Stürner* DNotZ 1995, 343 ff.). Sie sollte im Bereich des Grundstücksverkehrs in jedem Falle erhalten bleiben.[1]

4. Arglisteinwand gegen Formmangel

Es ist noch darauf hinzuweisen, daß dem Einwand der Arglist bei Berufung auf einen Formmangel **12**
gerade bei Grundstückskaufverträgen besondere Bedeutung zukommt. Entwicklung und Ausgestaltung dieser Lehre können hier nicht erörtert werden (s. hierzu *Larenz* I § 10 III m. Nw. und BGHZ 48, 396 u. 85, 315, 318; 92, 171; NJW 1989, 167; DNotZ 97, 307, 309).

5. Formmangel und Rückabwicklung

Falls – wie oft – der leistende Teil den Formmangel kennt, steht § 814 der **13**
Leistungskondiktion entgegen (§ 812 Abs. 1 S. 1, 1. Alt.). Es bleibt nur die Kondiktion wegen Zweckfortfalls (§§ 812 Abs. 1 S. 2, 2. Alt., 815), wenn geleistet wurde, um die – später ausgebliebene – volle Gegenleistung zu provozieren und gegebenenfalls die Heilung des Kaufvertrages herbeizuführen.[2] Der Käufer kann nicht ohne weiteres alle Aufwendungen für Vertragsschluß und -abwicklung als Entreicherung absetzen (§ 818 Abs. 3; BGH NJW 1992, 1037 für Finanzierungskosten, Gebühren etc.). Die Saldotheorie des Bereicherungsrechts gilt auch, wenn der Verkäufer nur den Besitz übertragen hat, nach §§ 985, 894 rückabwickelt und Nutzungen herausverlangt (§ 988; hierzu BGH NJW 1995, 454; 1995, 2627 = JZ 1996, 151 m. Anm. *Medicus*).[3]

---

[1] Zum Verhältnis von richterlicher AGB-Kontrolle und notarieller Beurkundung s. § 5 Rn. 20 ff.
[2] Zur Sicherung der bereicherungsrechtlichen Rückabwicklung durch Erwerbsverbot s. § 15 Rn. 31 f. mit Beispiel.
[3] Zum Schicksal zwischenzeitlicher Belastungen s. § 37 Rn. 4; zur Saldotheorie noch § 11 Rn. 22.

Aufwendungen zur Vorbereitung einer Abwicklung des formnichtigen Vertrages können ausnahmsweise aus culpa in contrahendo liquidiert werden, wenn der andere Teil einen besonderen Vertrauenstatbestand geschaffen hat (zurückhaltend BGH NJW 1992, 1037, 1039 m. Nw.).

II. Die Gefahrtragung

1. Grundregel: Übergabe der Kaufsache

14 Nach der allgemeinen Regel des § 446 Abs. 1 geht die Gefahr (Preisgefahr) beim Kauf mit der Übergabe der verkauften Sache auf den Käufer über, auch wenn dieser das Eigentum noch nicht erlangt hat (Durchbrechung des in § 323 enthaltenen Grundsatzes – Auswirkung des Gefahrbeherrschungsgedankens: *Heck*, Schuldrecht § 83, 6 b). Von diesem Zeitpunkt an gebühren dem Käufer die Nutzungen und trägt er die Lasten der Sache (§ 446 Abs. 1 S. 2).

2. Gefahrübergang bei vorheriger Grundbucheintragung

15 Diese Regel gilt auch für Grundstückskäufe. Ist jedoch der Käufer *vor* der Übergabe als Eigentümer im Grundbuch eingetragen worden, so wird der Gefahrübergang auf diesen früheren Zeitpunkt vorverlegt (§ 446 Abs. 2). Es gilt dann der Satz: periculum sentit dominus (= die Gefahr trägt der Eigentümer, wobei es freilich nur auf die *Eintragung* ankommt; sie ist selbst dann maßgebend, wenn die Auflassung nachfolgt!).

§ 446 ist dispositiven Rechts; in den meisten Grundstückskaufverträgen werden ausdrückliche Vereinbarungen über den Zeitpunkt des Übergangs der Gefahr, die Nutzungen und Lasten getroffen.

III. Rechtsmängelhaftung

1. Pflicht des Verkäufers zur lastenfreien Übereignung

16 Wie jeden Verkäufer so trifft auch den Verkäufer eines Grundstücks die Rechts- und Besitzverschaffungspflicht (§ 433); die Sache ist lastenfrei zu übereignen (§ 434).[1] Über diese allgemeinen Grundsätze hinaus gelten für den Grundstückskauf einige Sonderregeln:

a) Berichtigungspflicht

17 Der Verkäufer hat auch nicht mehr bestehende, aber noch im Grundbuch eingetragene Rechte – durch Grundbuchberichtigung – „zur Löschung zu bringen" (§ 435).

Gedanke: Auch solche Eintragungen können dem Käufer – wegen eines redlichen Erwerbs Dritter – gefährlich werden. Außerdem fällt es dem Verkäufer in der Regel leichter, das Nichtmehrbestehen des Rechts nachzuweisen oder den Eingetragenen zur Bewilligung der Grundstückberichtigung zu veranlassen. Ein eigener Anspruch des Käufers (§§ 888, 883 II) steht § 435 nicht entgegen (BGH NJW-RR 1986, 310).[2]

---

[1] Zu einem Fall der Unmöglichkeit s. BGH NJW-RR 1995, 853, 854.
[2] Auch ein Miet- bzw. Pachtvertrag ist ein Rechtsmangel, BGH NJW-RR 1992, 201; MDR 1992, 51. Weiteres *Beispiel*: BGH NJW-RR 1993, 396, (Grunddienstbarkeit auch dann Rechtsmangel, wenn inhaltlich Baubeschränkung).

b) Pflicht zur Beseitigung bekannter Grundpfandrechte

Während im allgemeinen Kenntnis des Käufers vom Bestehen eines **18** Rechtsmangels die Haftung des Verkäufers ausschließt (§ 439 Abs. 1), muß der Verkäufer eines Grundstücks auch solche Grundpfandrechte „beseitigen", die der Käufer kennt (§ 439 Abs. 2).

Grund: Der Käufer will im allgemeinen ein in Abt. III „sauberes" Grundstück erwerben.
Freilich wird gerade diese Vorschrift in der Praxis meist abbedungen: der Käufer übernimmt die bestehenden Grundpfandrechte in Anrechnung auf den Kaufpreis; der Vorteil für ihn besteht darin, daß er nicht den gesamten Kaufpreis bar aufbringen muß:

Beispiel: Auf dem Hausgrundstück des V lastet eine Hypothek der Bank H in Höhe von 50 000 DM. Verkauft V das Grundstück an K zu 400 000 DM, so wird vereinbart, daß K die Hypothek in Höhe von 50 000 DM unter Anrechnung auf den Kaufpreis übernimmt. Korrekt gesagt: „übernommen" wird die durch die Hypothek gesicherte Darlehnsschuld des V; die Hypothek lastet ohnehin auf dem Grundstück, kann und braucht daher auch nicht übernommen zu werden. Es handelt sich zunächst nur um eine Erfüllungsübernahme (§§ 415 Abs. 3, 329); erst mit Genehmigung der H oder der Fiktion dieser Genehmigung nach § 416 scheidet V als persönlicher Schuldner aus; bis dahin hat er nur einen internen Schuldbefreiungsanspruch gegen K auf Grund des Kaufvertrags.

2. Öffentliche Abgaben und Lasten

Die Pflicht zur Verschaffung eines lastenfreien Grundstücks schließt nicht **19** die öffentlichen Abgaben und Lasten ein (§ 436).

Grund: Mit solchen Lasten (z. B. Grundsteuer, Anliegerbeiträge) rechnet jeder Käufer; sie sind im allgemeinen auch nicht ablösbar.
Öffentlich-rechtliche *Baubeschränkungen* können Sachmängel i. S. des § 459 sein (z. B. Bauverbote, BGHZ 67, 134, 136; 96, 385, 387; MDR 1992, 580; vgl. auch BGH NJW 1991, 2138 zum Verkauf eines ohne Baugenehmigung ausgebauten Hauses) oder Rechtsmängel (z. B. Abgabepflicht von Straßengelände an die Gemeinde, BGH NJW 1983, 275; dazu *Koller* JuS 1984, 106 m.w. N.). Die Abgrenzung ist im Einzelfall schwierig, die Rechtsprechung hierzu von allzu gedankenreichem Scharfsinn. Daneben kann eine Anfechtung wegen arglistiger Täuschung (nicht aber nach § 119 Abs. 2!) in Betracht kommen.

IV. Sachmängelhaftung

1. Praktische Bedeutung

Der Haftung für Sachmängel kommt bei Grundstückskäufen erhebliche Be- **20** deutung zu, weil die Mängel des Grundstücks, insbesondere wenn es bebaut ist, bei einer Besichtigung meist nicht offenbar werden.[1] Die Verkäufer legen daher Gewicht darauf, die Haftung für Sachmängel vertraglich abzubedingen (hierzu BGHZ 98, 100ff.), während sich umgekehrt die Käufer besonders wichtige Eigenschaften, z.B. Höhe der Mieteinnahmen (BGH NJW 1989, 1795 m. Nw.; MDR 1993, 534) oder das Fehlen bestimmter Mängel (z.B. Schwammfreiheit, s. BGH LM § 463 BGB Nr. 1) zusichern lassen (§ 463). Dabei bedarf die Zusicherung der notariellen Form (BGH NJW 1989, 2050),

---

[1] So u. a. bei Altlasten, s. dazu *Knoche* NJW 1995, 1985; BGH DNotZ 1996, 159; OLG München NJW 1995, 2566; weitere *Beispiele:* BGH NJW 1992, 2564 (guter Ruf eines Hotels – Abgrenzung zur Haftung aus c.i.c.; zur Haftung aus c.i.c. noch BGH ZIP 1995, 37) und BGH MDR 1992, 49 (frühere Nutzung als „wilde" Müllkippe).

kann aber Ergebnis der Auslegung des Vertragstextes sein (BGH NJW 1990, 902: Mietaufstellung), mündliche Zusicherungen unterliegen der Heilung (§ 313 S. 2).[1]

2. Besonderheiten der Immobiliarmängelhaftung

21 Das BGB enthält für Grundstückskäufe einige Sonderbestimmungen:

a) Größenzusicherung

Zusicherungen über die Grundstücksgröße regelt § 468.[2]

b) Verjährung

Die Mängelansprüche verjähren in einem Jahr nach der Übergabe (zu knapp!). Die 30jährige Verjährung gilt, wenn der Verkäufer den Mangel arglistig verschwiegen oder die Eigenschaft arglistig vorgespiegelt hat (§ 477 Abs. 1); nicht dagegen soll § 195 gelten, wenn es sich um einen durch positive Vertragsverletzung ausgelösten Anspruch auf Ersatz von sog. Mangelfolgeschäden handelt (BGHZ 107, 249, 252 m. Nw.), der dann kurz (§ 477 Abs. 1) verjährt.

c) Besonderheiten bei neu errichteten Gebäuden

22 Besonderheiten gelten nach der Rechtsprechung des BGH bei Kauf eines Grundstücks mit neu errichtetem Gebäude bzw. Wohnungseigentum:

aa) bezüglich der *Sachmängelansprüche:* Geltung des Werkvertragsrechts (BGHZ 101, 350, 352; 108, 164, 167). Dies führt zum Nachbesserungsrecht (§ 633) und zur fünfjährigen Verjährung (§ 638), bei „entfernteren" Mangelfolgeschäden sogar zur dreißigjährigen Verjährung (BGHZ 58, 85 ff.) der Ansprüche aus positiver Vertragsverletzung,

bb) bezüglich einer völligen *Freizeichnung* des Veräußerers von Gewährleistungspflichten: Soweit dies formularmäßig geschieht, gelten § 11 Nr. 7, 10, 11 AGBG mit ihren Beschränkungen; die Verdingungsordnung Teil B mit ihren kurzen Verjährungsfristen (2 Jahre) können nur insgesamt und nicht auf Gewährleistungsrecht beschränkt vereinbart werden (BGHZ 96, 129`ff.; § 23 Abs. 2 Nr. 5 AGBG; anders bei Verwendung durch den *Käufer:* BGHZ 99, 160!). Außerhalb des Geltungsbereiches des AGBG konnte der Gewährleistungsausschluß gegen § 242 BGB verstoßen, falls keine besondere notarielle Belehrung erfolgt war[3] (anders beim Verkauf von Altbauten![4]). Neuerdings unterstellt § 24a AGBG die große Masse gewerblicher Verkäufe dem AGBG (ausführlicher § 5 Rn. 20 ff.; zum Gewährleistungsausschluß *Kanzleiter* DNotZ 1996, 867).

---

[1] Zur Entschädigung nach § 463 S. 2 für Ausfall der Nutzungsmöglichkeit einer Wohnung s. BGH NJW 1992, 1500. Zur Zusicherungsqualität von Vereinbarungen über Erschließungskosten s. BGH NJW 1993, 2796 u. NJW-RR 1994, 76.
[2] Hierzu BGHZ 96, 283, 286 m. Anm. *Honsell* JZ 1986, 497 („ca."-Angabe).
[3] BGHZ 74, 204 m. Anm. *Stürner* JZ 1979, 758; 101, 350; 108, 164; vorsichtiger BGH NJW 1991, 843, 844.
[4] BGHZ 98, 100 ff.

B. Das Vorkaufsrecht[1]

I. Grundgedanken – Arten

1. Dingliches und persönliches Vorkaufsrecht

Schon bei Erörterung der Vormerkung hatten wir das Bestreben kennengelernt, Ansprüche auf eine künftige Rechtsänderung dinglich zu sichern. Von der gleichen Tendenz getragen ist auch das dingliche Vorkaufsrecht: Der Vorkaufsberechtigte soll befugt sein, im Falle des Verkaufs des Grundstücks durch den Eigentümer von diesem die Übereignung des Grundstücks zu den in dem Kaufvertrag mit dem Dritten vereinbarten Bedingungen zu fordern; die Rechtsstellung des Vorkaufsberechtigten gegenüber dem Dritten ist nach Eintritt des Vorkaufsfalles die gleiche wie die eines durch Vormerkung Geschützten (§ 1098 Abs. 2).

Von dem persönlichen Vorkaufsrecht der §§ 504 ff. unterscheidet sich das dingliche Vorkaufsrecht vor allem durch seine „Dinglichkeit": das persönliche Vorkaufsrecht begründet Rechtsbeziehungen nur zwischen dem Vorkaufsberechtigten und -verpflichteten, das dingliche Vorkaufsrecht ist ein dingliches Recht und wirkt daher auch gegenüber Dritten (§ 1098 Abs. 2). *Gegenstand* des persönlichen Vorkaufsrechts kann jeder „Gegenstand" (Sache oder Recht) sein (§ 504), während sich das dingliche Vorkaufsrecht nur auf Grundstücke beziehen kann.

Man muß sich von der Vorstellung freimachen, als ob dem dinglichen Vorkaufsrecht stets ein persönliches zugrunde liegen müsse. Dies *kann* der Fall sein, muß es aber nicht. Grundgeschäft des dinglichen Vorkaufsrechts kann eine Schenkung oder ein entgeltlicher Vertrag sein, demzufolge der Eigentümer gegen eine Vergütung das Vorkaufsrecht bestellt. Dieses Kausalgeschäft ist formpflichtig, § 313 S. 1 (BGH NJW-RR 1991, 205, 206), der Formfehler ist durch Bestellung und Eintragung des dinglichen Vorkaufsrechts heilbar, § 313 S. 2 (BGH DNotZ 1968, 93 f.).

Man muß sich weiter vor der Annahme hüten, daß der Vorkaufsberechtigte die absolute Sicherheit hat, später einmal das Grundstück „in die Hand zu bekommen". Denn Bedingung für die Ausübung des Rechts ist der *Verkauf* des Grundstücks. Wird es überhaupt nicht verkauft oder wechselt es zwar den Eigentümer, wird es aber z.B. verschenkt oder getauscht (BGHZ 49, 7), so kommt das Vorkaufsrecht nicht zum Zug, sofern nicht ein Umgehungsgeschäft vorliegt (BGH NJW 1964, 540; 1992, 236; hierzu auch *Schermaier* AcP 196, 256).

2. Praktische Bedeutung

In der Praxis werden dingliche Vorkaufsrechte vor allem bei zwei Tatbestandsgruppen bestellt: *einmal* bei langjährigen Miet- und Pachtverhältnissen:

Beispiel: Der Einzelhändler E verpachtet sein Ladengeschäft an ein „Filialunternehmen" fest auf 20 Jahre und räumt ihm das dingliche Vorkaufsrecht an seinem Grundstück ein;

oder bei nachbarschaftlichen Vereinbarungen etwa über die künftige räumliche Vergrößerung eines Unternehmens.

---

[1] *Schurig,* Das Vorkaufsrecht im Privatrecht, 1975; zum Schutz durch Art. 14 GG BVerfG NJW 1991, 1807.

§ 21 B II, III III. Abschnitt. Liegenschaftsrecht

Beispiel: Die Nachbarn A, B u. C eines Unternehmers K räumen diesem gegen eine Vergütung das Vorkaufsrecht an ihren Grundstücken ein.

Fast noch bedeutsamer als die rechtsgeschäftlich bestellten sind die *gesetzlichen Vorkaufsrechte*. Mit ihrer Hilfe sichert sich der Staat den – freilich nur bedingten – Zugriff auf Grundstücke, um sie dann für bestimmte Zwecke (z.B. Siedlung) zu verwenden (s. unten Rn. 34f.).

II. Entstehung

27 Das dingliche Vorkaufsrecht entsteht durch Einigung[1] und Eintragung (§§ 873, 1094). Es kann zugunsten einer Person, d.h. *subjektiv persönlich* (§ 1094 Abs. 1), aber auch zugunsten des jeweiligen Eigentümers eines anderen Grundstücks, also *subjektiv dinglich,* bestellt werden (§ 1094 Abs. 2; s. dazu BGHZ 37, 147 = *Baur,* E.Slg. Fall 44). Es ist auf *einen* Verkaufsfall durch den das Recht bestellenden Eigentümer oder seine Erben[2] beschränkt (§ 1097 1. Halbsatz), sofern es nicht *für mehrere oder alle Verkaufsfälle* bestellt ist (§ 1097 2. Halbsatz).

28 Auch die Bestellung mehrerer dinglicher Vorkaufsrechte mit verschiedenem Rang ist möglich (BGHZ 35, 146), nicht aber gleichrangige Bestellung mit der Folge des Wettlaufes um die raschere Durchsetzung (*Soergel/Stürner* § 1094 Rn. 4; a.A. z.B. OLG Hamm NJW-RR 1989, 912 m. Nw.). Das Vorkaufsrecht kann bedingt oder befristet bestellt sein (BayObLG NJW-RR 1990, 1169), auch eine beschränkte Bestellung ist zulässig (BGH NJW-RR 1991, 526). Es ist grundsätzlich unübertragbar und unvererblich, soweit nicht etwas anderes bestimmt ist, §§ 1098 Abs. 1, 514 S. 1; eine solche abweichende Bestimmung kann auch zugunsten nur einzelner Personen getroffen werden (LG Würzburg DNotZ 1992, 319; str.).

III. Wirkung

29 Die Wirkung eines dinglichen Vorkaufsrechts wird am besten durch ein *Beispiel* verdeutlicht:

E_1 hat 1980 seinem Nachbarn K – Eigentümer eines Industriebetriebs – ein dingliches Vorkaufsrecht „für alle Verkaufsfälle" eingeräumt. 1984 stirbt E_1 und wird von seinen Söhnen E_2 und E_3 beerbt. Diese verkaufen 1986 das Grundstück an D zum Barkaufpreis von 100000 DM. Hier hat K die Befugnis, das Vorkaufsrecht innerhalb einer Frist von zwei Monaten ab Mitteilung durch den Verkäufer[3] auszuüben (vgl. § 1098 Abs. 1 S. 1 mit § 510 Abs. 2). Übt er es aus (h. M.: formfrei entgegen § 313; a. A. *Wufka* DNotZ 1990, 350ff.), so kommt *kraft Gesetzes* ein Kaufvertrag zwischen E_2 und E_3 und K „unter den Bestimmungen zustande", welche E_2 und E_3 mit D vereinbart hatten (§ 1098 Abs. 1 S. 1 mit § 505 Abs. 2: Übereignungspflicht der E_2 und E_3 – Pflicht zur Zahlung des Kaufpreises von 100 000 DM durch K; dieser kann also nicht geltend machen, der Kaufpreis sei ihm zu hoch, BGH DB 1966, 73).[4] – Hatten E_2 und E_3 das Grundstück an D schon aufgelassen, war dieser auch als Eigentümer eingetragen worden (das Grundbuchamt kann die Eintragung nicht ablehnen), so

---

[1] Sie bedarf nach BGH NJW-RR 1991, 205, 206 wie das Kausalgeschäft wegen § 313 S. 1 notarieller Beurkundung; a.A. *Soergel/Stürner* § 1094 Rn. 7; *Jauernig* § 1094 Rn. 2; *Erman/Küchenhoff* § 1095 Rn. 4 und die ganz h.M., die dies nur für das Grundgeschäft (oben Rn. 24f.) annehmen. Mißverständliche Formulierung des BGH?

[2] U. E. unzutreffend OLG Stuttgart DNotZ 1998, 305 m.Anm. *Zeiß*: keine Gleichstellung von Erbgang und vorweggenommener Erbfolge.

[3] Zum Umfang dieser Mitteilungspflicht s. *Heinrich* DNotZ 1992, 771.

[4] U. U. aber Anpassung der Fälligkeit: BGH NJW 1983, 682; grundlegend zu Bindungsgrenzen BGHZ 77, 359 ff.

§ 21. Der Grundstückskaufvertrag – Das Vorkaufsrecht B IV § 21

sind nach wie vor E_2 und E_3 zur Auflassung an K verpflichtet, D muß der Eintragung des K zustimmen (Vormerkungswirkung: § 1098 Abs. 2 mit § 888 Abs. 1). War ein Teilbetrag von 40 000 DM bereits von D an E_2 und E_3 bezahlt worden, so muß K diesen Betrag dem D ersetzen (§ 1100), den Rest von 60 000 DM muß er an E_2 und E_3 entrichten. War dem D das Grundstück schon übergeben worden und muß D es dann dem K herausgeben (BGH NJW 1992, 236, 238: uU schon vor Eintragung des K), so gelten für Nutzungen und Verwendungen die §§ 990 ff. BGB entsprechend (BGHZ 87, 296 = *Baur* E.Slg. Fall 52 b).

Falls sich K entschließt, das Vorkaufsrecht nicht auszuüben (weil ihm der Kaufpreis zu hoch ist), so würde sein Recht erlöschen, wenn es nur für *einen* Verkaufsfall bestellt ist; ist es – wie hier – für *alle* Verkaufsfälle bestellt, so kann es K bei einem späteren Verkauf durch D (oder dessen Rechtsnachfolger) ausüben. 30

Wie ist die Rechtslage, wenn E_2 und E_3 von einem Verkauf an Dritte absehen, sondern vereinbaren, daß E_3 das Grundstück gegen Bezahlung von 50 000 DM an E_2 „übernimmt"? Hier handelt es sich um eine Auseinandersetzung des Nachlasses unter mehreren Miterben; E_3 ist nicht „Dritter". Das Vorkaufsrecht kann nicht ausgeübt werden (BGH LM § 1098 BGB Nr. 3; BGH BB 1970, 1073; BGHZ 13, 133 für das Verhältnis unter mehreren Miteigentümern nach Bruchteilen).[1] Verkauft aber E_3 das Grundstück an D, so ist der Vorkaufsfall gegeben. Über den Fall einer Vereitelung des Vorkaufsrechts s. BGHZ 34, 200, 204 und *Hoche* NJW 1963, 301. Vertraglich vorbehaltener Rücktritt einer Partei vom Kaufvertrag verhindert die Ausübung des Vorkaufsrechts nicht (s. BGHZ 67, 395 ff.). 31

Ist in unserem Ausgangsfall der Verkauf E_2/E_3 an D von einer staatlichen Genehmigung abhängig, so kann (und braucht) das Vorkaufsrecht erst ausgeübt (zu) werden, wenn die Genehmigung vorliegt; denn Voraussetzung ist, daß ein *gültiger* Kaufvertrag mit D abgeschlossen ist (BGHZ 14, 1; 23, 342, 344; 67, 397). 32

Man fragt sich unwillkürlich: wird jemand überhaupt bereit sein, zu verkaufen bzw. zu kaufen, wenn die Gefahr besteht, daß der Vorkaufsberechtigte von seinem Recht Gebrauch macht. Hierzu ist zu sagen, daß solche Kaufverträge vielfach in der Hoffnung abgeschlossen werden, der Vorkaufsberechtigte werde seine Befugnis nicht ausüben wollen oder können (z. B. mangels Geldmittel). Im übrigen ist das Risiko für den Verkäufer nicht allzugroß; zwar erlischt der Kaufvertrag (E_2/E_3 mit D) nicht mit der Ausübung des Vorkaufsrechts (vgl. auch § 506: „dem Vorkaufsberechtigten gegenüber"!), aber eine Haftung des Verkäufers gegenüber dem Käufer D (wegen Verletzung der Rechtsverschaffungspflicht) entfällt doch regelmäßig nach § 439. 33

IV. Gesetzliche Vorkaufsrechte

1. Reichssiedlungsgesetz und Baugesetzbuch

Sie sind ein Mittel staatlicher Bodenpolitik. Klassisches Beispiel ist das Vorkaufsrecht des *Reichssiedlungsgesetzes* v. 11. 8. 1919 i. d. F. v. 28. 7. 1961 (BGBl. I 1091): Nach §§ 4 ff. hat das gemeinnützige Siedlungsunternehmen *kraft Gesetzes* ein Vorkaufsrecht bei Verkauf landwirtschaftlicher Grundstücke bestimmter Größe, das bis 1961 dingliche Wirkung hatte (*Beispiel:* BGHZ 94, 299). 34

Ähnlichen Charakter haben die Vorkaufsrechte der *Gemeinden* nach §§ 24 ff. BauGB (s. dazu unten § 26 Rn. 7 und ausführlich *Soergel/Stürner* Vor § 1094 Rn. 13–21; ferner zur Novelle 1998 *Groschupf* NJW 1998, 418). Die Ausübung des Vorkaufsrechts durch die Behörde erfolgt durch Verwaltungsakt (§ 28 II BauGB). Das Grundbuchamt darf nicht eintragen, solange die Nichtausübung nicht feststeht (§ 22 Rn. 28).

2. Andere gesetzliche Vorkaufsrechte

Andere gesetzliche Vorkaufsrechte haben den Zweck, eine einmal gegebene zweckentsprechende Boden- bzw. Eigentumsverteilung nicht wieder rückgängig gemacht zu sehen; hierunter fällt etwa das 1980 geschaffene, rein schuldrechtliche Vorkaufsrecht des Mieters nach § 2 b *Wohnungsbindungsgesetz* sowie dasjenige nach dem neuen § 570 b. Ersteres setzt die Umwandlung einer öffentlich geförderten 35

---

[1] Davon zu unterscheiden aber der Fall des Verkaufs eines Miteigentumsanteils an einen Dritten: BGHZ 90, 174, 178.

Mietwohnung in eine Eigentumswohnung voraus,[1] während letzteres bei der Begründung von Wohnungseigentum eingreift (§ 29 Rn. 6).[2] Früher gehörte hierher z. B. das dingliche Vorkaufsrecht des *Heimstättenausgebers* nach §§ 11, 14 ff. des inzwischen abgeschafften Heimstättengesetzes v. 25. 11. 1937 bei Veräußerung einer Heimstätte; dadurch sollte sichergestellt werden, daß die einmal geschaffene Heimstätte bei Veräußerung wieder in die richtigen Hände kommt.[3]

V. Wiederkaufsrechte

1. Gesetzliche Wiederkaufs- und Heimfallrechte

36 Bodenpolitische Tendenz haben auch die *gesetzlichen* Wiederkaufs- und Heimfallrechte: so hat nach § 20 RSiedlG das *Siedlungsunternehmen* ein Wiederkaufsrecht, wenn der Ansiedler die in ihn gesetzten Erwartungen nicht erfüllt (Beispiel: BGH NJW 1986, 1993). Das gleiche Recht hat der frühere Eigentümer, wenn das Grundstück nicht innerhalb von 10 Jahren zu Siedlungszwecken verwendet wird (§ 21 RSiedlG): die Siedlungsunternehmen sollen den Grund und Boden nicht horten! (s. a. § 2 Ziff. 4, §§ 32, 33 ErbbauRV).

Zu beachten ist, daß das Wiederkaufsrecht *nicht* den Verkauf des Grundstücks durch den Eigentümer voraussetzt; notwendig ist vielmehr, daß der Tatbestand, an den das Gesetz das Wiederkaufsrecht knüpft, erfüllt wird.

2. Vertragliche dingliche Wiederkaufsrechte

37 Das BGB kennt ein *vertraglich eingeräumtes* dingliches Wiederkaufsrecht nicht. Doch kann ein persönliches Wiederkaufsrecht (dazu BGHZ 38, 369 u. *Mayer-Maly*, FS Wieacker, 1978, 424) vereinbart werden (Form: § 313!; hierzu *Wufka* DNotZ 1990, 339, 350), das durch eine Vormerkung gesichert wird und damit „quasidingliche" Wirkung erhält (s. BGHZ 58, 78, 82; BGH NJW 1980, 833; 1994, 3299 u. oben § 20 Rn. 4 ff., 22 ff.).

VI. Verwandte Institute

38 Die Praxis hat die atypische Form des *Ankaufsrechts* (Option) entwickelt;[4] es kommt in mancherlei Formen vor (hierzu BGHZ 47, 387, 388; 97, 147, 152): so als einseitiges bindendes Verkaufsangebot des Eigentümers, ferner als Vorvertrag, aus dem sich für den einen Teil das Recht ergibt, den Abschluß eines Kaufvertrags zu verlangen, schließlich als bedingter Kaufvertrag, bedingt dadurch, daß der Berechtigte (oder beide Teile, BGH NJW 1967, 153) das Wirksamwerden des Kaufvertrags fordert.[5]

39 Gemeinsam ist allen Formen, daß die Begründung des Ankaufsrechts der Form des § 313 bedarf (BGHZ 97, 147, 152 ff.; *Soergel/Stürner* § 1094 Rn. 12) und der Berechtigte durch Eintragung einer Vormerkung gesichert werden kann (s. oben § 20 Rn. 4 ff.). Die Ausübung des Ankaufsrechts ist beim bedingten Kaufvertrag und dem Kaufvorvertrag formfrei (BGHZ 97, 147, 150; *Soergel/Stürner* aaO), bei der Annahme eines Angebots ist hingegen Formpflicht gegeben (für umfassende Formpflicht *Wufka* DNotZ 1990, 353 f.; ausführlich neuerdings *Einsele* DNotZ 1996, 835, 861; *M. Wolf* DNotZ 1995, 179 ff.; s. a. *Sarninghausen* NJW 1998, 37 zu § 505 BGB).

---

[1] S. dazu *Sonnenschein* NJW 1980, 2055, 2057; *Fischer-Dieskau/Pergande/Bellinger*, Wohnungsbaurecht, § 2b WoBindG; BayObLG, NJW-RR 1992, 1039 ff.

[2] Zu weiteren Vorkaufsrechten s. *Soergel/Stürner* Vor § 1094 Rn. 26 (militärische Landbeschaffung, Natur- und Denkmalschutz u. a.) sowie speziell zu den landesrechtlichen Vorkaufsrechten s. *Grauel* MittRhNotK 1993, 243.

[3] S. dazu unten § 27 Rn. 24 und *Walter* JA 1981, 322.

[4] *Henrich*, Vorvertrag, Optionsvertrag, Vorrechtsvertrag, 1965; *Lorenz*, FS Dölle, 1963, I, 103; *Georgiades*, FS Larenz, 1973, 409; *v. Einem*, Die Rechtsnatur der Option, 1974, u. oben Rn. 2 ff.

[5] Beispiele: BGH DNotZ 1963, 230; 1968, 23; BB 1978, 731 (Ankaufsrecht mit Wertanpassungsklausel).

Von einer *Vorhand* spricht man, falls eine Pflicht zum ersten Angebot vereinbart ist (Anbietungspflicht). Nach h. M. besteht Formpflicht gemäß § 313, es kann eine Vormerkung zur Sicherung des künftigen Auflassungsanspruchs bestellt werden (*Larenz* II 1 § 44 IV 2 m. Nw.); zweifelhaft!

Keine Option ist der sog. *Belastungsvorbehalt:* Der Veräußerer eines Grundstücks vereinbart mit dem Erwerber, daß er das Grundstück auch nach der Übereignung noch mit Grundpfandrechten zur Sicherung ihm gewährter Kredite belasten darf; so wenn M seiner Frau F ein Grundstück überläßt, sich aber die weitere Belastung des Grundstücks vorbehält (s. *Dubischar* NJW 1984, 2440 u. OLG Bremen NJW 1984, 2478).

C. Grundstückskauf und Vorkauf in den neuen Bundesländern

Beim Grundstückskauf in den neuen Bundesländern gelten für neue Verträge allgemeine Regeln **40** (vgl. Art. 232 § 1 EGBGB), nur für Altverträge stellen sich Überleitungsprobleme (hierzu Vorauflage, § 21 C); altes DDR-Recht kann ebenfalls bei der Frage eine Rolle spielen, ob neben dem VermögensG zivilrechtliche Rückabwicklung greift (§ 63 Rn. 27 ff.). Möglich ist auch unter dem Recht des BGB der Kauf von Gebäudeeigentum (§ 63 Rn. 49 ff.); das SachenrechtsbereinigungsG enthält Sonderregelungen zum Kauf von Bodeneigentum durch den Gebäudeeigentümer (§ 63 Rn. 54 f.), ähnliches gilt für den Kauf von Mauergrundstücken durch Alteigentümer (§ 63 Rn. 63). Das Vorkaufsrecht des ZGB-DDR (hierzu Vorauflage § 21 C) ist übergeleitet (§ 63 Rn. 10, 51).

§ 22. Die Übereignung von Grundstücken – Die Auflassung

I. Grundgedanken

Die Sorgfalt, mit der der Gesetzgeber den Eigentumswechsel an Grundstücken behandelt wissen will, ist uns schon wiederholt – zuletzt bei der Formvorschrift des § 313 – aufgefallen. Sie zeigt sich auch beim Übereignungsvorgang: Während die dingliche Rechtsänderung im allgemeinen nur eine formlose Einigung – neben der Eintragung – fordert, schreibt § 925 für die Einigung über den Eigentumswechsel – „Auflassung" genannt – eine besondere Form vor, die an die feierliche, symbolische Rechtsübertragung im älteren deutschen Recht anknüpft (s. unten Rn. 2 ff.). Dem Grundbuchbeamten werden besondere *Prüfungspflichten* auferlegt, bevor er die Eintragung vornimmt (Rn. 13 ff.). Die *Wirkung* von Auflassung und Eintragung hat einige Besonderheiten aufzuweisen (Rn. 22 f.). Schließlich macht der Staat die Auflassung häufig aus verschiedenen, vor allem bodenpolitischen Gründen von einer Genehmigung abhängig (Rn. 24 ff.). **1**

II. Form und Bedingungsfeindlichkeit

1. Notarielle Beurkundung

Die Auflassung muß vor einem Notar oder – falls sie in einem gerichtlichen **2** Vergleich[1] erfolgt – vor dem Gericht erklärt werden (§ 925, § 127a).

Ursprünglich war nur das Grundbuchamt zuständig. Dies hatte den Vorteil, daß die Auflassung „vor dem offenen Grundbuch" erklärt werden konnte, der Stand des Grundbuchs also jedem Betei-

---

[1] Dazu *Walchshöfer* NJW 1973, 1103; BVerwG NJW 1995, 2179 (Vergleich vor Verwaltungsgericht). Der anwaltliche Vergleich (§ 1044b ZPO) ersetzt die Auflassung vor dem Notar hingegen nicht; statt aller *Geimer* DNotZ 1991, 275.

§ 22 II III. Abschnitt. Liegenschaftsrecht

ligten bekannt war. Die Zuständigkeit des Notars dient u. a. der Vereinfachung des Grundstücksverkehrs. Vorsichtige Urkundspersonen ziehen aber regelmäßig einen neuen Grundbuchauszug bei (s. § 21 Abs. 1 BeurkG und § 21 Rn. 11).

3   Die Auflassung muß *vor* einem Notar erfolgen, sie wird beurkundet.[1] Zu beachten ist, daß die materiellrechtliche Wirksamkeit der Auflassung von dieser Beurkundung unabhängig ist;[2] aber sie ist für das Eintragungsverfahren wichtig (§§ 20, 29 GBO).

2. Gleichzeitige Anwesenheit beider Parteien

4   Veräußerer und Erwerber müssen bei Abgabe der Erklärung gleichzeitig, wenn auch nicht notwendig persönlich anwesend sein.

Eine zeitlich aufeinanderfolgende Erklärung ist also – anders als in § 152 vorgesehen – nicht zulässig (Nichtigkeit gemäß § 125, BGHZ 29, 10), es sei denn, daß die Erklärung des einen Teils durch ein rechtskräftiges Urteil nach § 894 ZPO ersetzt wird (ist also z. B. der Verkäufer zur Auflassung verurteilt, so muß der Käufer *seine* Erklärung noch vor einem Notar abgeben und dabei das gerichtliche Urteil vorlegen; dazu BayObLG Rpfleger 1983, 390).

5   Da *persönliche* Anwesenheit *nicht* gefordert wird, ist Stellvertretung, auch in der Form des erlaubten Selbstkontrahierens (§ 181), zulässig. Ist die Auflassung durch einen *Vertreter ohne Vertretungsmacht* erfolgt,[3] so kann sie durch Genehmigung des Vertretenen wirksam werden (§ 177), und zwar mit rückwirkender Kraft (§ 184). Die Genehmigung kann auch noch nach der Eintragung im Grundbuch erfolgen.

Die von einem Vertreter ohne Vertretungsmacht abgegebene Auflassungserklärung ist von der *eines Nichtberechtigten* zu unterscheiden; dessen Verfügung kann durch grundsätzlich formfreie (BGH NJW 1998, 1482, 1484) Zustimmung des Berechtigten oder durch einen anderen der in § 185 genannten Tatbestände wirksam werden (s. RGZ 152, 382; BGHZ 19, 139 und oben § 19 Rn. 17).

3. Bedingungsfeindlichkeit und Sicherungsbedürfnis

6   Die Auflassung kann nicht bedingt oder befristet erklärt werden; damit soll ein bedingtes oder befristetes Grundeigentum ausgeschlossen werden (§ 925 Abs. 2). Verkauf eines Grundstücks unter Eigentumsvorbehalt (§ 455) ist also unmöglich.

Jedoch hat die Praxis – um dem Sicherungsstreben entgegenzukommen – folgende Möglichkeiten entwickelt:

a) *Eintragungsantrag des Notars nach Bedingungseintritt – Treuhandmodelle*

7   Bei Erklärung der Auflassung weisen die Parteien die die Auflassung entgegennehmende Stelle (den Notar) an, den Eintragungsantrag unter Vorlage der Auflassung erst bei Eintritt einer bestimmten Bedingung (z. B. nach Nachweis der Zahlung des Kaufpreises) zu stellen (der Eintragungsantrag selbst könnte nicht bedingt sein, § 16 Abs. 1 GBO: BGH LM § 925 BGB Nr. 3); sie können auch den

---

[1] Zur Neufassung des BeurkG im Jahre 1980 statt vieler *Arnold* DNotZ 1980, 262.
[2] BGH NJW 1983, 2933; 1992, 1101, 1102 l. Sp.; hingegen ist beim gerichtlichen Vergleich die Protokollierung Wirksamkeitsvoraussetzung (BGHZ 16, 390).
[3] Was freilich nicht als Vertreter einer noch gar nicht bestimmten Person geschehen kann (BayObLG Rpfleger 1984, 11).

Ablauf einer gewissen Frist vereinbaren und dem Notar eine entsprechende Weisung erteilen (OLG Düsseldorf NJW 1954, 1041). Oft werden Angestellte des Notars beauftragt und bevollmächtigt, die Auflassung selbst erst nach Eingang der Zahlung auf einem Treuhandkonto zu erklären und dann Eintragung zu beantragen und zu bewilligen. Solche Modelle ersetzen die Sicherungsfunktion der Auflassungsvormerkung (§ 20 Rn. 1 ff.; s. a. § 21 Rn. 11).

b) Vormerkung bedingter Auflassungsansprüche

Möglich ist es ferner, das Verpflichtungsgeschäft (den Kauf) zu bedingen (z. B. dadurch, daß der Erwerber entgegen einer vertraglichen Vereinbarung weiterveräußert) oder zu befristen und den bedingten Anspruch auf Auflassung (Rückauflassung) durch Vormerkung zu sichern (z. B. bei einem vor dem Familiengericht geschlossenen „Scheidungsvergleich"). Daraus folgt auch die Möglichkeit der *Sicherungsübereignung* von Grundeigentum (hierzu BezG Dresden ZIP 1991, 1634; BGHZ 130, 101; s. a. § 40 Rn. 25 f.).

c) Gleichzeitige Kaufpreishypothek

Schließlich kann der Verkäufer seine Kaufpreisforderung durch gleichzeitige Eintragung einer Hypothek sichern. Er stellt dann beim Grundbuchamt den Antrag auf Eintragung des Eigentumsübergangs auf den Käufer mit der Bestimmung, daß diese Eintragung nicht ohne die Hypothekeneintragung erfolgen soll (§ 16 Abs. 2 GBO).

d) Zulässigkeit von Rechtsbedingungen

Zu beachten ist, daß Rechtsbedingungen nicht unter § 925 Abs. 2 fallen, so etwa die „Bedingung" behördlicher Genehmigung oder die Vereinbarung, daß ein von Verlobten erworbenes Grundstück zum Gesamtgut der Gütergemeinschaft gehören soll, wenn der Güterrechtsvertrag schon abgeschlossen ist, die Eheschließung aber noch bevorsteht (BGH NJW 1952, 1330). Nicht wirksam wäre aber eine Auflassung „für den Fall der Scheidung" (BayObLG NJW 1972, 2131) oder unter dem Vorbehalt des Widerrufs des Prozeßvergleichs, in dem die Auflassung enthalten ist (BGH NJW 1988, 416; a. A. BVerwG NJW 1995, 2179).

4. Geltung allgemeiner Grundsätze dinglicher Einigung

Von diesen Erschwernissen abgesehen, gelten für die Auflassung alle die Grundsätze, die wir oben § 19 Rn. 9 ff. bei der Einigung erörtert haben. Entgegen einem Teil der Literatur tritt Bindungswirkung der Auflassung nur unter den Voraussetzungen des § 873 Abs. 2 ein (*Bassenge* Rpfleger 1977, 8 m. Nw.; a. A. z. B. *Jauernig* § 925 Rn. 16; s. ferner § 5 Rn. 33 ff.; § 19 Rn. 13 f.).

5. Auflassungsanwartschaft, Kettenauflassung, Zwischenverfügungen

Zur Auflassungsanwartschaft s. oben § 19 Rn. 15 ff., zur sog. Kettenauflassung bei Parzellierungsverträgen s. oben § 19 Rn. 17 und § 20 Rn. 7 f.

Zu beachten ist, daß die Auflassung allein noch zu keiner Verfügungsbeschränkung führt (BayObLG Rpfleger 1983, 249). Eine Sicherheit gegen weitere Verfügungen des Eigentümers nach der Auflassung bietet eine Auflassungsvormerkung (s. oben § 20), auch – wegen § 17 GBO! – die sofortige Stellung des Eintragungsantrags (s. oben § 16 Rn. 15 ff.).

III. Die Prüfungspflicht des Grundbuchbeamten

Wir kennen die Faustregel, daß der Grundbuchbeamte vor der Eintragung Antrag, Eintragungsbewilligung des Betroffenen und dessen Voreintragung nachzuprüfen hat (formellrechtliche Prüfung) und darüber hinaus das Grundbuch nicht durch wissentliche Eintragung unwirksamer dinglicher Geschäfte unrichtig machen darf (materielle Prüfung; s. § 16 Rn. 59 ff. m. Nw.). Die

Eintragungsvoraussetzungen sind bei der Auflassung und Eintragung des Eigentumswechsels verschärft:

1. Vorlage der Urkunde über das Kausalgeschäft

14 Die Auflassung soll nur entgegengenommen werden, wenn die Urkunde über das Grundgeschäft vorgelegt oder gleichzeitig errichtet wird (§ 925a).

Nur Ordnungsvorschrift! Keine Prüfung der Wirksamkeit des Grundgeschäfts durch das Grundbuchamt (OLG Frankfurt Rpfleger 1980, 292). *Zweck:* Konditionsfälle wegen fehlenden oder formunwirksamen Grundgeschäfts sollen möglichst vermieden werden.

2. Vorlage der Auflassungsurkunde

15 Vor Eintragung des Eigentumswechsels muß die Auflassung vorliegen (§§ 20, 29 GBO).

Ebenfalls nur Ordnungsvorschrift! *Zweck:* Eintragungen, bei denen die Auflassung fehlt oder die von ihr differieren, sollen verhütet werden (s. auch § 16 Rn. 36).

Zu beachten ist, daß das Grundstück in der *Auflassungserklärung* nicht notwendig mit der Grundbuch- oder Parzellennummer bezeichnet sein muß; es genügt die Angabe anderer Merkmale, die das Grundstück einwandfrei kennzeichnen.[1] Die Auflassung ist auch für das Grundbuchamt der Auslegung zugänglich, wobei dieses allerdings – anders als das Prozeßgericht – wegen der Formalisierung des Verfahrens die Auflassung nicht entgegen ihrem Wortlaut auslegen darf, solange dieser nicht offensichtlich unrichtig ist (BayObLG Rpfleger 1994, 344). Die *Eintragung* kann jedoch in jedem Fall erst erfolgen, wenn die katastermäßige Vermessung und Bezeichnung vorliegt („Veränderungsnachweis").[2]

In der Praxis werden häufig Verpflichtungsgeschäft (§ 313), Auflassung (§ 925), Eintragungsbewilligung (§ 19 GBO) und Eintragungsantrag (§ 13 GBO) in *einer* Urkunde – errichtet vor *einer* Urkundsperson – zusammengefaßt.

16 Bei Erwerb durch in Gütergemeinschaft lebende Ehegatten wird gelegentlich das Beteiligungsverhältnis falsch angegeben: so „Miteigentum zur Hälfte" statt „Miteigentum in Gütergemeinschaft". Nach BGHZ 82, 346 ist eine bloße Richtigstellung möglich, erneute Auflassung nicht erforderlich (so noch BayObLG DNotZ 1979, 216; a. A. *Tiedtke* FamRZ 1979, 370; *Gernhuber/Coester-Waltjen,* Familienrecht, § 38 III 2); s. auch oben § 3 Rn. 27 (Fußnote). Die Prüfung des Güterrechts obliegt dem Grundbuchamt regelmäßig nicht (BayObLG Rpfleger 1992, 341 u. OLG Karlsruhe Rpfleger 1994, 248; s. a. § 16 Rn. 60).

Bei Insichgeschäften hat das Grundbuchamt selbständig die Voraussetzungen des § 181 zu überprüfen (BayObLG Rpfleger 1993, 441).

3. Ehegattengeschäfte

17 Besondere Schwierigkeiten ergeben sich aus der Anwendung des § 1365. Hier wird – um die wirtschaftlichen Grundlagen der Familiengemeinschaft zu erhalten – das *Verpflichtungs- und Verfügungsgeschäft eines Ehegatten über sein Vermögen im ganzen* (und über die Gegenstände des ehelichen Haushalts, § 1369) in seiner Wirksamkeit von der Zustimmung des anderen Ehegatten abhängig gemacht, die keiner Form bedarf (KG NJW 1962, 1062). Ein solcher zustim-

---

[1] Zur Verurteilung zur Auflassung einer Grundstücksteilfläche s. BGHZ 90, 323; BGH NJW 1986, 1867 u. 1988, 415.
[2] Hierzu ferner § 15 Rn. 15 ff. und unten Rn. 28 f. sowie OLG Oldenburg Rpfleger 1992, 387 zum Umfang der Prüfungsbefugnis des Grundbuchgerichts bei der Übernahme von Veränderungsnachweisen der Katasterbehörden.

§ 22. Die Übereignung von Grundstücken – Die Auflassung III § 22

mungsbedürftiger Vertrag kann auch dann vorliegen, wenn er sich nur auf *ein* Grundstück[1] bezieht, sofern dieses Grundstück den wesentlichen Teil des Vermögens des Ehegatten ausmacht (BGHZ 35, 135, 143 u. 77, 293).

§ 1365 enthält eine absolute Verfügungsbeschränkung (BGHZ 40, 218), die **18** freilich – prinzipwidrig! – nur gilt, wenn die Ehegatten im Güterstand der Zugewinngemeinschaft leben.[2] Die Verfügungsbeschränkung ist im Grundbuch nicht eintragbar. Der Grundbuchbeamte hat sie von Amts wegen zu beachten, wenn konkrete Anhaltspunkte dafür gegeben sind, daß es sich bei dem Grundstück des Ehegatten um sein Vermögen im ganzen handelt (BGHZ 35, 135; 64, 246, 250). So entspricht es den allgemeinen Regeln grundbuchrichterlicher Prüfungspflicht (s. § 16 Rn. 59ff.).

„Redlichkeit" hilft dem Erwerber nichts; er kann sich also nicht darauf berufen, er habe nicht ge- **19** wußt, daß sein Vertragspartner verheiratet sei, im Güterstand der Zugewinngemeinschaft lebe und in dem Vertrag sein gesamtes Vermögen veräußere. Die h. M. macht davon in Anlehnung an die Rechtsprechung zu § 419 (BGHZ 55, 107)[3] eine Ausnahme nur dann, wenn der Vertrag nur *ein* Grundstück des Ehegatten betrifft; hier muß der Erwerber im Zeitpunkt des schuldrechtlichen Vertragsschlusses wissen, daß dieses Grundstück das ganze Vermögen des Ehegatten ausmacht (BGHZ 43, 174; 106, 253).[4]

Beispiel (BGH NJW 1991, 1739): Vater V verkauft und veräußert an seinen Sohn S in *einer* notariellen Urkunde ein Grundstück im Wert von 425 000 DM und ein Grundstück im Wert von 160 000 DM; es verbleiben verstreute Feld- und Forstgrundstücke im Wert von 60 000 DM. Mutter M verlangt von S Wiedereintragung von V im Grundbuch (§§ 894, 1368). Sie ist wegen §§ 1365, 1366 im Recht, falls die Verfügung über insgesamt 585 000 DM bei einem Gesamtvermögen von 645 000 DM eine Verfügung über das Vermögen im ganzen war. Angesichts der Gesamtgröße des Vermögens hat dies der BGH verneint.

Anzumerken bleibt, daß auch die *Belastung* eines Grundstücks des Ehegatten unter § 1365 fallen **20** kann.

Beispiel (in Anlehnung an BayObLG FamRZ 1960, 31; ferner BGHZ 123, 93; BGH FamRZ 1966, 22; OLG Celle NJW 1970, 1882): Der Arbeiter E ist Eigentümer eines Grundstücks im Werte von 6800 DM. Er nimmt von der Bank B ein Darlehen von 5000 DM auf, das durch Eintragung einer Grundschuld gesichert werden soll. Das Grundbuchamt verlangt im Wege der Zwischenverfügung, daß die Zustimmung der Ehefrau des E beigebracht wird. Wie das BayObLG meint, zu Recht. Seine Begründung: Das Grundbuchamt dürfe nicht seine Hand dazu reichen, daß das Grundbuch unrichtig wird. Dies wäre hier der Fall. Denn das Grundstück mache nahezu das gesamte Vermögen des E aus. Veräußerungsgeschäft im Sinne des § 1365 sei auch die Belastung, wenn sie den Verkehrswert des Grundstücks im wesentlichen ausschöpfe.[5]

Hätte das Grundbuchamt die Grundschuld sofort eingetragen, so wäre es darauf angekommen, ob B wußte, daß das Grundstück den wesentlichen Teil des Vermögens des E ausmachte. Bejahendenfalls wäre die Belastung schwebend unwirksam, nach Verweigerung der Genehmigung durch die Frau

---

[1] Zu beweglichem Vermögen s. § 51 Rn. 28f..
[2] Siehe zu § 1365 die Nachweise bei *Soergel/Lange* Vorbem. zu § 1365 u. Rn. 1ff.; *Gernhuber/Coester-Waltjen*, Familienrecht, § 35 II u. BGHZ 77, 293 u. BayObLG Rpfleger 1981, 62. – Nach Scheidung der Ehe s. BGH NJW 1978, 1380; nach dem Tod des Ehegatten s. BGH NJW 1982, 1099. Zur Geltung des § 1365 in der Zwangsvollstreckung s. *Baur/Stürner* I, EinzelvollstreckungsR, Rn. 19.10f. mit *Beispiel* und Nw.
[3] § 419 wird allerdings im Zuge der Insolvenzrechtsreform 1999 aufgehoben.
[4] Zur sachenrechtlichen Situation s. *Medicus*, Bürgerl. R., Rn. 537ff.; *Eickmann* Rpfleger 1981, 213; *Tiedtke* JZ 1984, 1018 u. Gutgl. Erwerb, S. 184ff.; *Liessen* NJW 1989, 497. Nicht zu berücksichtigen sind bei der Vermögensbewertung Arbeitseinkommen (BGHZ 101, 225; BGH FamRZ 1996, 792, 793) oder laufende Rentenbezüge BGH NJW 1990, 112).
[5] Unter § 1365 fällt aber nicht die Eintragung einer Auflassungsvormerkung an dem einzigen Grundstück des Ehegatten (BayObLG NJW 1976, 576; dazu *Tiedtke* FamRZ 1976, 320).

§ 22 IV   III. Abschnitt. Liegenschaftsrecht

endgültig nichtig. Das Grundbuch wäre also unrichtig. Die Eintragung eines Widerspruchs – auch eines Amtswiderspruchs nach § 53 GBO – wäre zulässig (OLG Hamm NJW 1960, 436). Sowohl E wie seine Frau (§ 1368) könnten von B die Löschung der Grundschuld im Wege der Grundbuchberichtigung verlangen, ohne daß B ein Zurückbehaltungsrecht wegen des gewährten Darlehens ausüben könnte![1]

21   Die Beispiele zeigen, daß die §§ 1365 ff. die Rechtssicherheit im Grundstücksverkehr erheblich beeinträchtigen. Praktisch führt die geschilderte Rechtsprechung dazu, daß die Banken bei einer Kredithingabe stets die Zustimmung des anderen Ehegatten verlangen und dabei auch dessen schuldrechtliche Verpflichtung fordern, und zwar auch deshalb, um die Konkurrenz des Anspruchs auf Ausgleich des Zugewinns (z.B. der Ehefrau bei Scheidung der Ehe) mit ihrem Rückzahlungsanspruch auszuschalten!

Zur Prüfungspflicht des Grundbuchrichters bei notwendiger staatlicher Genehmigung s. unten Rn. 24 ff.

IV. Wirkung

22   Auflassung und Eintragung lassen das Eigentum auf den Erwerber übergehen. Die wirtschaftliche Einheit des Grundstücks wird dadurch gewahrt, daß mit seiner Übereignung auch das Eigentum an den wesentlichen, wenn nichts anderes vereinbart, auch an den unwesentlichen Bestandteilen *und* am Zubehör des Grundstücks auf den Erwerber übergeht. Letzteres gilt freilich nur, wenn die Parteien es so wollen; daß dies aber der Fall ist, wird vermutet (§ 926 Abs. 1 S. 2). Diese Vermutung gilt nach umstrittener, aber richtiger Auffassung allerdings nur für solches Zubehör, das dem Veräußerer gehört.[2]

Das Gesetz kennt diese Einheit nicht nur bei der Auflassung, sie hat vielmehr im Schuldrecht (§ 314), im Recht der Grundpfandrechte (§§ 1120 ff.) und bei der Immobiliarvollstreckung (§§ 20 Abs. 2, 21 ZVG; hierzu Baur/Stürner I, EinzelvollstreckungsR, Rn. 34.19 ff.) weitere Parallelen.

23   Bewegliche Sachen können hier also nach Grundstücksrecht, nicht allein durch Einigung und Übergabe übereignet werden. Ist jedoch der Veräußerer nicht Eigentümer des Zubehörs, so erlangt der Erwerber das Eigentum an den Zubehörstücken nur unter den Voraussetzungen der §§ 932–935 (§ 926 Abs. 2).

Beispiel: V hat sein Fabrikgrundstück an K verkauft und aufgelassen. Mit der Eintragung wird K Eigentümer auch der Gebäude und sonstigen wesentlichen Bestandteile (§§ 93, 94), aber auch z.B. der Lastkraftwagen, die im Betrieb benützt werden, selbst wenn eines der Fahrzeuge kurzfristig an M vermietet war und auch dann, wenn die Übergabe des Betriebs erst später erfolgt. Behauptet K, ihm gehöre jetzt auch der Personenkraftwagen, den V bisher für Geschäftsfahrten benötigt hat, so sprechen für diese seine Behauptung § 314 (Einbeziehung des Zubehörs in den Kauf) und § 926 Abs. 1 S. 2 (Einbeziehung in die Übereignung); V muß daher den Gegenbeweis führen, daß die Mitübereignung nicht gewollt war.

War einer der LKW auf Abzahlung unter Eigentumsvorbehalt von D gekauft, so erwirbt K das Eigentum erst mit der Übergabe, seine Redlichkeit vorausgesetzt (§ 926 Abs. 2 mit § 932). Kannte K den Sachverhalt, so wird § 926 Abs. 1 auch auf den Erwerb des Anwartschaftsrechts anwendbar sein. Ob er nun dem D gegenüber für den restlichen Kaufpreis haftet, richtet sich nach § 25 HGB (u. U. auch nach § 419).[3]

---

[1] Siehe dazu *Gernhuber/Coester-Waltjen*, Familienrecht, § 35 V 1; *Rimmelspacher* NJW 1969, 1997; *Hermann Lange* JuS 1974, 766; *Scheld* Rpfleger 1973, 280 (m. Nw.); a. A. *Dölle*, Familienrecht I, § 52 III 3.

[2] So auch OLG Düsseldorf MDR 1993, 143 m. w. N. Zur analogen Anwendung der §§ 314, 926 auf obligatorische Berechtigungen zum Vorteil eines Grundstücks (z.B. Mitbenutzungsrechte) *Kohler* DNotZ 1991, 362.

[3] § 419 wird 1999 im Rahmen der Insolvenzrechtsreform aufgehoben.

V. Genehmigungspflicht

1. Bodenrechtliche Genehmigungen

Nicht jeder Eigentumswechsel an Grundstücken deckt sich mit den Intentionen staatlicher Bodenpolitik. **24**

So ist es – um nur *ein* Beispiel herauszugreifen – nicht erwünscht, daß ein Fabrikant landwirtschaftliche Grundstücke als Geldanlage aufkauft, zumindest dann nicht, wenn noch landbedürftige Landwirte vorhanden sind (dazu BVerfG NJW 1967, 619).

Der Staat macht daher häufig die Wirksamkeit von Kauf und Auflassung von einer staatlichen Genehmigung abhängig. Bis zu ihrer Erteilung sind die Verträge schwebend unwirksam, dann mit rückwirkender Kraft voll gültig, im Falle der Verweigerung nichtig. In der Genehmigung des einen Vertrags (z.B. des Kaufs) liegt auch die Genehmigung des ihm entsprechenden anderen (der Auflassung).

Die einzelnen Genehmigungsfälle können nur in dem systematischen Zusammenhang, in den sie gehören, erörtert werden (dazu §§ 25 ff.). Hingewiesen sei insbesondere auf die Genehmigung der Veräußerung *landwirtschaftlicher Grundstücke* bestimmter Größe durch die Landwirtschaftsbehörde; s. unten § 27 Rn. 4 ff.

2. Vormundschaftsgerichtliche oder aufsichtsbehördliche Genehmigung

Fürsorgende Funktion hat die Genehmigung des Vormundschaftsgerichts **25** bei Grundstücksgeschäften Minderjähriger (§§ 1821 f., 1643) oder Betreuer (§§ 1903 Abs. 1, 1908i Abs. 1), aber auch die Genehmigung der Aufsichtsbehörde bei Grundstücksveräußerungen durch die Gemeinden (z.B. § 92 Abs. 3 GemO BW).

3. Unbedenklichkeitsbescheinigung des Finanzamtes

Schließlich bleibt noch die Durchsetzung des rein fiskalischen Interesses des Staates bei Erhebung **26** der *Grunderwerbsteuer*. Vor Eintragung muß eine Unbedenklichkeitsbescheinigung des Finanzamts vorliegen; ihr Fehlen macht aber den Eigentumsübergang nicht unwirksam (ausführlich *Soergel/Stürner* Vor § 873 Rn. 60–63; *Palandt/Bassenge* § 925 Rn. 30).

4. Häufung mehrerer Genehmigungspflichten

Beschließt also ein gehetzter Großstadtbürger, in einer benachbarten, ländlichen Gemeinde einen **27** Bauplatz zu erwerben, so hat er dem Grundbuchamt vor Eintragung folgende Genehmigungen und dergleichen vorzulegen:

a) Genehmigung der Landwirtschaftsbehörde (hierzu § 27 Rn. 4 ff.).

b) Negativattest der Gemeinde, daß das *Vorkaufsrecht* nach §§ 24 ff. BauGB nicht bestehe oder ausgeübt werde (§ 28 I BauGB) bzw. daß die Frist zur Ausübung des Vorkaufsrechts abgelaufen sei (§ 28 II BauGB). Dieses Vorkaufsrecht besteht in Bebauungsgebieten, Umlegungsgebieten, Sanierungsgebieten etc. kraft Gesetzes oder kraft besonderer Satzung (§§ 24, 25 BauGB), um den zum Wohl der Allgemeinheit nötigen Eigentumserwerb durchsetzen zu können (§§ 24 Abs. 3, 27 a BauGB; zur Rechtsänderung *Groschupf* NJW 1998, 418, 420; *Finkelnburg* NJW 1998, 1, 4). Eines Negativattests bedarf es *nicht,* wenn der Vorkaufsfall von vorneherein ausgeschlossen ist, z.B. beim Erwerb von Wohnungseigentum oder Erbbaurechten (§ 24 Abs. 2 BauGB), bei Schenkung (BGHZ 73, 13) einschließlich vorweggenommener Erbfolge, bei Übertragung auf einen Miteigentümer **28**

(BayObLGZ 1985, 322), beim Verkauf an nahe Verwandte (§ 26 Nr. 1 BauGB), bei Veräußerungen im Vollstreckungswege (zuletzt LG Lübeck Rpfleger 1990, 159). Das Grundbuchamt kann selbständig prüfen, ob ein Vorkaufsfall von vorneherein nicht gegeben ist (BGHZ 73, 12 ff.). Erfolgt die Eintragung ohne Negativattest, ist wirksam Eigentum erworben; jedoch hat der Fristlauf zur Ausübung des Vorkaufsrechts u. U. noch nicht begonnen (§ 28 Abs. 2 BauGB)!

Beispiele: BVerwG NJW 1990, 2703 (Ausübungsvoraussetzungen); BGH NJW 1991, 293 (Ausübung bei teilweisem Bedarf); OLG Frankfurt NJW 1996, 935 (Veräußerung gegen Wertpapiere); s. ferner §§ 21 Rn. 34, 26 Rn. 7 und *Soergel/Stürner* Vor § 1094 Rn. 13–21.

29 Vom Negativattest wegen Vorkaufsrechts ist die Genehmigung der *Grundstücksteilung* im Geldungsbereich eines Bebauungsplans zu unterscheiden (§§ 19, 20 BauGB). Ihr Fehlen bewirkt Unwirksamkeit des Eigentumserwerbs und Unrichtigkeit des Grundbuchs (*Böttcher* Rpfleger 1989, 133, 140; *Soergel/Stürner* § 925 Rn. 49; zur Neuregelung 1998 *Groschupf* NJW 1998, 418 f.; *Finkelnburg* NJW 1998, 1, 3 f.; s. auch §§ 15 Rn. 15 ff., 22 Rn. 15 f.; 26 Rn. 5). Heilung durch nachträgliche Genehmigung ist ebenso möglich wie gutgläubiger Erwerb (BayObLG Rpfleger 1995, 495).

c) Unbedenklichkeitsbescheinigung des Finanzamts.

Fürwahr ein dornenvoller Weg, der noch schwieriger wird, wenn der Veräußerer etwa minderjährig ist oder das Gebiet unter Naturschutz steht usw. Hier zeigt sich, wie wichtig das Institut der Zwischenverfügung (§ 18 GBO) und die Schutzvorschrift des § 878 sind!

VI. Auflassung in den neuen Bundesländern

30 In den neuen Bundesländern gelten grundsätzlich die allgemeinen Regeln (zu Altfällen s. Vorauflage § 22 VI). Auflassungsregeln gelten auch bei Übertragung von Gebäudeeigentum (hierzu § 63 Rn. 7, 49 ff.). Zur Sicherung von Restitutionsansprüchen dient die Genehmigungspflicht nach der Grundstücksverkehrsverordnung (§ 63 Rn. 31 ff.).

Übersicht 13*

Erwerb von Grundeigentum

	Tatbestandsvoraussetzungen	Besonderheiten
Grundtatbestand §§ 873, 925	Materieller Konsens; Formpflicht (§§ 873 I, 925) Formeller Konsens (GBO §§ 13, 19) Prüfungspflicht des GBA: GBO § 20	§ 1365 bei Grundstücken von Eheleuten; „subjektive Theorie";. eingeschränkte Prüfungspflicht des GBA
Erwerb vom nicht eingetragenen Auflassungsempfänger („Kettenauflassung")	Unterscheide: Erwerb gem. §§ 873, 925, 185 (Ermächtigung zur Weiterauflassung) und Erwerb der Anwartschaft gem. § 873 II durch Auflassung (§§ 873 I, 925), späterer Eigentumserwerb durch Eintragung ohne Voreintragung des Zwischenerwerbers	Rechtsnatur der Anwartschaft: 1. Pfändbarkeit (ZPO § 857; Sicherungshypothek analog ZPO § 848 bei Erstarken zum Vollrecht) 2. Kondiktion (§ 812 I 1); Sicherung über e. V. (ZPO § 938) durch Erwerbsverbot, das Heilung des Kaufvertrags verhindert (§ 313 S. 2) 3. Schutz als absolutes Recht gem. § 823 I str.

* Lesen Sie neben § 22 noch § 19 Rn. 9 ff.

§ 23. Der Erwerb vom Nichtberechtigten: der öffentliche Glaube des Grundbuchs[1]

S. die Übersicht 14 am Ende von § 23.

I. Grundlagen

1. Vermutungs- und Gutglaubenswirkung

Das Grundbuch ist nicht lediglich ein Register aufzeichnenden Charakters. Würde man sich damit begnügen, so wäre der Einsatz großer finanzieller Mittel, die die Grundbuchorganisation erfordert, aber auch der Aufwand an minutiöser Arbeit kaum zu rechtfertigen. Das Grundbuch muß daher auch für den Rechtsverkehr nutzbar gemacht werden, ihm muß eine Rechtsscheinwirkung oder – wie wir es nannten – eine Vermutungs- und Gutglaubenswirkung zukommen. M.a.W. seine Funktion wird gerade dann bedeutsam, wenn es unrichtig ist oder doch unrichtig sein kann.

Diesen Gedanken verwirklichen § 891 (Vermutungswirkung) und §§ 892, 893 (Gutglaubenswirkung). Vom selben Gedanken ausgehend sind diese Vorschriften freilich nach Voraussetzungen und Wirkungen verschieden:

a) § 891 als Beweislastnorm

§ 891 ist eine Beweislastnorm, die gerade dann zum Zuge kommt, wenn sich die wahre Rechtslage nicht aufklären läßt: nicht beweisbelastet ist der, für den der Inhalt des Grundbuchs spricht (Einzelheiten: § 10 Rn. 11 ff).

b) §§ 892, 893 als materiellrechtliche Rechtsscheintatbestände

Die §§ 892, 893 sind Vorschriften materiellrechtlichen Gehalts. Ausgangspunkt ist das *unrichtige,* also mit der wahren Rechtslage nicht übereinstimmende Grundbuch. Wer sich im rechtsgeschäftlichen Grundstücksverkehr auf den Inhalt des Grundbuchs verläßt, wird in seinem Vertrauen hierauf geschützt; er erhält die Rechtsposition, die ihm zukäme, wenn der Grundbuchstand der wirklichen Rechtslage entspräche. Man kann auch sagen: Der Rechtsschein ersetzt das Recht.

2. Gang der Darstellung

Will man sich einen klaren Überblick über Voraussetzungen und Wirkungen der §§ 892, 893 verschaffen, so müssen folgende Fragen auseinandergehalten werden:

---

[1] Wichtige neuere Lit.: *Lutter* AcP 164, 122; *Westermann* JuS 1963, 1; *Wiegand* Jus 1975, 205 u. 1978, 145; *Tiedtke,* Gutgl. Erwerb, 1985; *Hager,* Verkehrsschutz durch redlichen Erwerb, 1990; *Wittkowski,* Die Lehre vom Verkehrsgeschäft, 1990; *Altmeppen,* Disponibilität des Rechtsscheins, 1993; weitere Lit.-Hinweise bei *Soergel/Stürner* u. MünchKomm/*Wacke* jeweils § 892 vor Rn. 1.

a) *Worauf* kann sich der Erwerber eines Grundstücks verlassen, etwa auf alle im Grundbuch enthaltenen Eintragungen? (Schutzbereich, s. unten Rn. 6 ff.).

b) Welche *Rechtsvorgänge* werden von der Rechtsscheinfunktion erfaßt, etwa nur rechtsgeschäftliche oder auch andere? (Geschützte Rechtsvorgänge, s. unten Rn. 16 ff.).

c) Wann ist ein Erwerb auf Grund unrichtigen Grundbuchs ausgeschlossen? (*Redlichkeit – Widerspruch*, s. unten Rn. 29 ff.).

d) Schließlich welche *Wirkung* ist mit der Erfüllung aller Voraussetzungen der §§ 892, 893 verknüpft? („Wirkung", s. unten Rn. 39 ff.).

3. Die praktische Bedeutung der §§ 892, 893

5   Es mag die Frage berechtigt sein, ob den §§ 892, 893 in der Praxis eine große Bedeutung zukommt. Man könnte darauf hinweisen, daß sich in der höchstrichterlichen Rechtsprechung nur selten Entscheidungen zu §§ 892, 893 finden. Dazu ist zu sagen: einmal sind Voraussetzungen und Wirkungen des redlichen Erwerbs so klar geregelt, daß für erhebliche Streitfragen wenig Raum ist; zum anderen haben die §§ 892, 893 in der Tat mehr prophylaktische Bedeutung: alle Beteiligten – das Grundbuchamt wie die, die es angeht – werden durch die Möglichkeit des redlichen Erwerbs im Vertrauen auf das unrichtige Grundbuch zu größter Sorgfalt angehalten; sie werden darauf achten, daß das Grundbuch eben möglichst selten unrichtig ist oder daß eine vorhandene Unrichtigkeit so rasch als angängig beseitigt wird. Vielleicht läßt sich dies so formulieren: Die Möglichkeit redlichen Erwerbs auf der Grundlage des unrichtigen Grundbuchs erzwingt in der Regel das richtige Grundbuch.

II. Der Schutzbereich[1]

1. Gegenstand öffentlichen Glaubens

6   § 892 spricht vom „*Inhalt*" des Grundbuchs. Prima facie könnte man also meinen, daß alles, „was im Grundbuch steht", in die Möglichkeit des redlichen Erwerbs einbezogen ist. Vergegenwärtigt man sich aber, daß Voraussetzung des redlichen Erwerbs die Unrichtigkeit des Grundbuchs, also eine Diskrepanz zwischen wirklicher und buchmäßig ausgewiesener Rechtslage ist, so wird deutlich, daß der Schutzbereich der §§ 892, 893 sich nur auf solche Tatbestände beziehen kann, die zu einer Unrichtigkeit des Grundbuchs im Rechtssinn führen können (s. oben § 18 Rn. 6 ff.), demnach

a) auf das Bestehen der im Grundbuch eingetragenen dinglichen Rechte,

b) auf das Nichtbestehen nicht eingetragener (oder gelöschter), aber eintragungsfähiger dinglicher Rechte,

c) auf das Nichtbestehen nicht eingetragener (oder gelöschter), aber eintragungsfähiger relativer Verfügungsbeschränkungen (§ 892 Abs. 1 S. 2).

7   Der Schutzbereich erstreckt sich *nicht* auf die Richtigkeit eingetragener relativer Verfügungsbeschränkungen. Ist also z.B. im Grundbuch ein Konkurs- bzw. Insolvenzvermerk (§ 113 KO bzw. §§ 23 Abs. 1, 32 neue InsO) oder ein Testamentsvollstreckervermerk (§ 2211) eingetragen, so kann sich der Verkehr nicht auf die Verfügungsbefugnis des Konkurs- bzw. Insolvenzverwalters (§ 6 Abs. 2 KO bzw. § 80 Abs. 1 neue InsO) oder des Testamentsvollstreckers verlassen (§ 2205 S. 2); es gilt die materielle Rechtslage oder ein anderer Rechtsscheinträger (z.B. § 2368); s. noch unten Rn. 41 ff.

---

[1] Hierzu noch § 15 Rn. 28 ff. (eintragungsfähige Rechte).

Beispiele: 8
zu a) F ist zu Unrecht als Eigentümer eingetragen.
zu b) Die Hypothek des H ist vom Grundbuchamt versehentlich gelöscht worden oder auf ein neues Grundbuchblatt nicht mitübertragen worden (§ 46 GBO; oben § 16 Rn. 52; BGH Rpfleger 1988, 353; weiterer Beispielsfall OLG Hamm NJW-RR 1993, 1295). Eine Sicherungshypothek nach § 848 ZPO ist nicht eingetragen (BayObLG Rpfleger 1994, 162; *Baur/Stürner* I, EinzelvollstreckungsR, Rn. 31.13).
zu c) Das zugunsten des K ergangene Veräußerungsverbot ist dem E zwar zugestellt und damit wirksam geworden, aber im Grundbuch nicht vermerkt worden.

Es gibt Institutionen des Sachenrechts, die weder ein dingliches Recht noch eine Verfügungsbeschränkung und deshalb unter die Gutglaubensregeln schwer einzuordnen sind. Die Sonderprobleme der *Vormerkung* sind an anderer Stelle schon erörtert (s. § 20 Rn. 15, 25, 29, 62 ff.). Die „dingliche" *Vollstreckungsunterwerfung* (§ 800 ZPO) als „prozessuales Nebenrecht" zum Grundpfandrecht ähnelt insoweit der Verfügungsbeschränkung, als sie dem Erwerber des Grundstücks bei fehlender Eintragung nicht entgegengehalten werden kann, sie nimmt aber nicht am guten Glauben im *Sinne einer Bestandsvermutung* teil (BGHZ 108, 372, 375 f.; s. § 40 Rn. 36 ff.). 9

2. Vom öffentlichen Glauben nicht umfaßte Tatbestände

Der Schutzbereich erstreckt sich auf folgende Tatbestände *nicht:*

a) Tatsächliche Angaben

Der öffentliche Glaube gilt nicht für tatsächliche Angaben, wie die über Wirtschaftsart und Größe des Grundstücks. Eine Ausnahme besteht für solche aus dem Kataster entnommenen Bestandsangaben, die erst die rechtliche Kennzeichnung des Grundstücks ermöglichen. 10

Beispiel: Bei einer Neuvermessung ist die Grenze eines Grundstücks irrtümlich 5 m nach Süden in das Nachbargrundstück verschoben worden. Mit diesen Grenzen ist das Grundstück nun auch im Kataster, auf das im Grundbuch verwiesen ist, enthalten. K erwirbt dann nach § 892 das Grundstück mit diesen Grenzen (s. a. BayObLG Rpfleger 1995, 495, 497), es sei denn, daß sich der von den Parteien in Augenschein genommene tatsächliche Grenzverlauf mit dem wirklichen ursprünglichen (nicht mit dem irrtümlich neuvermessenen) deckt (so mit Recht *Westermann/Eickmann* § 101 II 1 a; *Müller* Rn. 1089 ff.; RGZ 73, 125; BGH DNotZ 1966, 172; BayObLG Rpfleger 1980, 195; s. zum ganzen Fragenkreis *Lutter* AcP 164, 122, 137 ff.; BGH NJW 1976, 417: Umfang eines Wegerechts).

b) Grundbuchersichtliche persönliche Verhältnisse

Ebensowenig bezieht sich der öffentliche Glaube des Grundbuchs auf die aus dem Grundbuch ersichtlichen persönlichen Verhältnisse, so etwa Angaben, aus denen auf die Rechts- und Geschäftsfähigkeit oder auf die Verfügungsbefugnis geschlossen werden kann. 11

Beispiele: Ein Verein ist irrtümlich als „rechtsfähig" bezeichnet. – Die Eigentümerin E ist als „Fräulein" tituliert, in Wahrheit ist sie längst verheiratet, unterliegt daher u. U. der Verfügungsbeschränkung des § 1365, wenn das Grundstück das gesamte Vermögen ausmacht (hierzu § 22 Rn. 17 ff.).
Hat freilich „Fräulein E" inzwischen geheiratet und mit ihrem Mann Gütergemeinschaft vereinbart, so ist das Grundbuch unrichtig, da das Grundstück jetzt zum Gesamtgut der Gütergemeinschaft gehört (§ 1416). Hält der Erwerber K die E im Vertrauen auf das Grundbuch für die Alleineigentümerin, so greift § 892 ein.

c) Nicht eintragbare Rechte, Belastungen und Beschränkungen

Der öffentliche Glaube erfaßt auch keine nicht eintragbaren Rechte, Belastungen und Beschränkungen; hierunter fallen etwa öffentlich-rechtliche Be- 12 schränkungen und Belastungen (Bauverbote, Baulinien, Anliegerbeiträge), ferner z.B. altrechtliche Dienstbarkeiten (Art. 187 EGBGB)[1] oder Rechte, die im Grundbuch des *Berechtigten* vermerkt sind.[2]

13 *Beispiel:* K kauft von V das Grundstück a, zu dessen Gunsten eine Grunddienstbarkeit am Nachbargrundstück b im Grundbuch des V eingetragen ist, während sie im Grundbuchblatt b zu Recht gelöscht ist. Hier hat K die Grunddienstbarkeit nicht erworben (BayObLG Rpfleger 1987, 101: kein Gutglaubensschutz aufgrund des „Herrschaftsvermerks").

Steht umgekehrt dem Eigentümer des Grundstücks b seit alters her ein Wegerecht am Grundstück a zu, das im Grundbuch nicht eingetragen ist, so kann sich K nicht auf das Grundbuch berufen, es sei denn, daß landesrechtlich die Eintragungspflicht auch für solche altrechtlichen Grunddienstbarkeiten angeordnet ist (s. dazu *Palandt/Bassenge* Art. 187 EGBGB Rn. 3) oder eine bereits erfolgte Eintragung wieder zu Unrecht gelöscht war (BGHZ 104, 139).

d) Widersprüchliche Doppelbuchung

14 Zweifelhaft sind die Fälle der sog. Doppelbuchung; so, wenn z.B. die Parzelle a sowohl im Grundbuch des E_1 wie in dem des E_2 gebucht ist. Hier kann sich niemand auf den für ihn günstigen Buchstand berufen (RGZ 56, 58), da das Grundbuch als Ganzes in sich widerspruchsvoll ist (KG JW 1938, 3046). Dies bedeutet, daß nur der wirklich Berechtigte einem Dritten Eigentum (oder ein beschränktes dingliches Recht) verschaffen kann (s. dazu *Steffen,* Die Verdoppelung von Rechtsscheinträgern, 1967; ferner *Wilhelm* Rn. 515; s.a. OLG Hamm NJW-RR 1993, 1295, 1297).

e) Unzulässige Eintragungen

15 Unzulässige Eintragungen sind zu löschen (§ 53 Abs. 1 S. 2 GBO) und genießen keinen Gutglaubensschutz. Gemeint sind nur inhaltlich unzulässige Eintragungen (BGHZ 130, 159, 171: unzulässiges Sondereigentum), nicht etwa Eintragungen unter Verstoß gegen Verfahrensvorschriften (BGH NJW 1994, 2947, 2948 r. Sp.). Man muß auch inhaltliche Unzulässigkeit und materiellrechtliche Nichtigkeit (z.B. §§ 134, 138, 9–11 AGBG) unterscheiden (hierzu schon § 16 Rn. 55). Nur selten wird sich aus der Eintragung als solcher Unzulässigkeit ergeben: bei Verstößen gegen §§ 10, 11 AGBG steht z.B. nicht nachprüfbar fest, ob eine Individualvereinbarung (§ 1 Abs. 2 AGBG!) oder eine AGB vorliegt; §§ 134, 138 BGB, 9 AGBG erfordern meist Kenntnisse des Gesamtsachverhalts, die der Eintrag nicht hergibt (u.E. zu weitgehend *Westermann/Eickmann* § 101 II 1b; s.a. § 16 Rn. 59 ff. zur Prüfungspflicht des GBA).

III. Geschützte Rechtsvorgänge

1. Rechtsgeschäftliche Verfügungen

16 Die §§ 892, 893 bezeichnen die Rechtsvorgänge, bei denen redlicher Erwerb möglich ist; § 892 Abs. 1 S. 1 und § 893 1. Tatbestandsgruppe bringen Einzeltatbestände, während die Generalklausel am Ende des § 893 versteckt ist. Aus ihr läßt sich entnehmen, daß es sich stets um einen *rechtsgeschäftlichen* Vorgang handeln muß, der eine *Verfügung* über das Recht enthält. Ausgeschlossen ist also jeder Erwerb, der nicht rechtsgeschäftlicher Natur ist, aber auch jeder Vorgang, der keine Verfügung enthält, sondern etwa nur zu einer obligatorischen Berechtigung führt.

---

[1] Interessant BGHZ 104, 139 ff.: Gutglaubensschutz nach Eintragung (Art. 187 Abs. 1 S. 2, Abs. 2) und Löschung. Die Eintragung ist Grundbuchberichtigung (BayObLG Rpfleger 1990, 351; NJW-RR 1991, 1172).

[2] Siehe hierzu *Lutter* AcP 164, 122, 131 ff.

2. Einzeltatbestände

a) Erwerb eines Rechts am Grundstück bzw. Grundstücksrecht

Hier ist zunächst zu nennen der rechtsgeschäftliche Erwerb eines Rechts am Grundstück oder eines Rechts an einem solchen Recht (§ 892 Abs. 1 S. 1). 17

Beispiele: Der Scheineigentümer V veräußert das auf ihn eingetragene Grundstück an K. K wird Eigentümer (und zwar lastenfreier Eigentümer, wenn etwa die einzige bisher eingetragene Belastung zuvor irrtümlich gelöscht worden war).
Der Scheinerbbauberechtigte E bestellt dem H eine Hypothek. H ist so zu stellen wie der Hypothekar eines real existierenden Erbbaurechts (BGH WM 1963, 533; teilw. krit. *Westermann/Eickmann* § 101 II 1b).

b) Leistung an den Buchberechtigten

Des weiteren ist zu erwähnen das Bewirken einer Leistung auf Grund eines Rechts an den im Grundbuch Eingetragenen (§ 893 1. Fall). 18

Beispiel: E leistet an H, der zu Unrecht im Grundbuch als Inhaber einer Buchhypothek eingetragen ist. Er wird dadurch befreit und erwirbt die Hypothek als Eigentümergrundschuld (§§ 1163, 1177).

c) Sonstige Verfügungen des Buchberechtigten

Schließlich gehören hierher alle anderen Verfügungsgeschäfte zwischen dem Eingetragenen und einem anderen (§ 893 a. E.) – Generalklausel! 19

Beispiele: Der fälschlich eingetragene N hebt den Nießbrauch durch Erklärung gegenüber dem Eigentümer auf (§ 875).
H_1 und H_2 vereinbaren eine Rangänderung; wirksam, auch wenn dem eingetragenen H_1 die Hypothek nicht zusteht.

3. Nicht geschützte Rechtsvorgänge

a) Erwerb kraft Gesetzes

Hierunter fällt der Erwerb kraft Gesetzes, insbesondere also der Fall der *Erbfolge*. 20

Beispiel: E ist fälschlich als Eigentümer im Grundbuch eingetragen. Sein Alleinerbe S wird durch seine Eintragung im Grundbuch nicht Eigentümer, wohl aber ein Käufer K, der das Grundstück von S erwirbt. (Zweifelhaft dann, wenn S nach § 40 GBO gar nicht als Eigentümer eingetragen wird, sondern auf E im Grundbuch unmittelbar K folgt!; für gutgläubigen Erwerb die h.M., s. *Palandt/Bassenge* § 892 Rn. 13).
Abwandlung: War E Eigentümer, S aber in Wahrheit nicht Erbe, ist er aber als Eigentümer eingetragen worden, so erwirbt er das Eigentum nicht, selbst wenn er – gutgläubig – sein Erbrecht angenommen und einen Erbschein erwirkt hatte. Wohl aber wird der Käufer K Eigentümer.
Ebenso ist die Rechtslage, wenn E eingetragener Nichteigentümer und S eingetragener Nichterbe ist! Auch die Kombination aus §§ 892, 2366 ist denkbar: K erwirbt vom Scheinerben S des Nichteigentümers V gutgläubig, falls V eingetragen und S im Erbschein als Erbe ausgewiesen war.
Besondere Probleme ergeben sich, wenn an einen rechtsgeschäftlichen Tatbestand gesetzliche Rechtsfolgen knüpfen, insbesondere im Recht der Grundpfandrechte; hierzu § 38 Rn. 108 ff. Auch bei *gesellschaftsrechtlicher* Gesamtrechtsnachfolge (insbes. § 2 UmwG) bleibt gutgläubiger Erwerb ausgeschlossen; ein solcher Fall liegt aber nicht vor bei Vermögensübernahme (§ 419)[1] oder Übernahme 21

---

[1] Im Zuge der Insolvenzrechtsreform wird § 419 zum 1. 1. 1999 aufgehoben.

eines Einzelhandelsgeschäftes (§ 22 HGB), weil zahlreiche einzelne dingliche Erfüllungsgeschäfte gegeben sind (lesenswert BayObLG NJW-RR 1989, 907, 909). Hingegen ist beim Erwerb von Gesellschaftsanteilen der Erwerb gesamthänderischen Grundstückseigentums gesetzliche Folge, so daß von fälschlich eingetragenen Gesellschaftern *nicht* gutgläubig erworben werden kann (BGH NJW 1997, 860, 861).

b) Erwerb im Wege der Zwangsvollstreckung

22 Nicht geschützt ist weiter der Erwerb im Wege der Zwangsvollstreckung, es sei denn, daß eine rechtsgeschäftliche Erklärung durch ein Urteil des Richters ersetzt wird (§ 898 ZPO).

Beispiel: Hat G gegen den fälschlich als Eigentümer eingetragenen S die Eintragung einer Zwangshypothek erwirkt, so erwirbt G die Zwangshypothek nicht (BGHZ 64, 197; BB 1963, 286 = *Baur*, E.Slg. Fall 10). Betreibt G die Zwangsversteigerung und wird das Grundstück dem K zugeschlagen, so wird dieser Eigentümer (§ 90 ZVG), da es sich um einen konstitutiven Erwerb des Eigentums handelt. G muß den auf die Zwangshypothek entfallenden Erlösanteil an den wahren Eigentümer E herausgeben (§ 812; hierzu *Baur/Stürner* I, EinzelvollstreckungsR, Rn. 36.27).

c) Schuldvertrag mit Buchberechtigtem

23 Auf §§ 892, 893 kann sich nicht berufen, wer mit dem zu Unrecht Eingetragenen einen schuldrechtlichen Vertrag (Miete, Pacht) schließt.

Beispiel: S ist das einzige Kind des verstorbenen E. Er ist als Eigentümer im Grundbuch eingetragen worden und hat das Grundstück auf 20 Jahre an M vermietet. Später wird ein Testament des E gefunden, in dem er eine gemeinnützige Stiftung als Alleinerbin eingesetzt hat; diese kann von S die Berichtigung des Grundbuchs, von M die Herausgabe des Grundstücks fordern. M bleibt auf seine Ansprüche aus dem Mietvertrag gegen S beschränkt (vgl. § 541).

d) Fehlendes Verkehrsgeschäft

24 Ohne Anhalt im Wortlaut des Gesetzes wird die Anwendung der §§ 892, 893 auch dann ausgeschlossen, wenn es sich zwar um rechtsgeschäftliche Erwerbsvorgänge handelt, in Wahrheit aber für den Rechtsscheingedanken mangels eines „Verkehrsgeschäfts" kein Raum ist.

Eklatanter Fall: Der zu Unrecht eingetragene F überträgt das Eigentum an eine GmbH, deren einziger Gesellschafter er ist! Soll die „Umbuchung" aus der einen in die andere Vermögensmasse zum Rechtserwerb des F (richtiger: „seiner" GmbH) führen?
Die einzelnen hier in Betracht kommenden Fälle brauchen nicht in aller Breite erörtert zu werden (s. etwa *Soergel/Stürner* § 892 Rn. 21–25; *Lutter* AcP 164, 122, 159 ff.). Es genügt festzuhalten, daß es sich im wesentlichen um drei Gruppen handelt:

aa) Beteiligung nur einer Person

25 Der zu Unrecht Eingetragene bestellt zu seinen eigenen Gunsten ein beschränktes dingliches Recht, so etwa der redliche Nichteigentümer eine Eigentümergrundschuld nach § 1196. Diesem und ähnlichen Geschäften (Restkaufpreishypothek, Rückerwerb) fehlt der Charakter des Verkehrsgeschäfts, weil nur eine Person beteiligt ist.

bb) Beteiligung derselben Personen auf beiden Vertragsseiten

26 Die Interessenlage ist aber ebenso, wenn auf den beiden Vertragsseiten dieselben Personen beteiligt sind, wenn ihre Verbindung auch rechtlich jeweils einen anderen Charakter hat. Hierunter fallen etwa die Auflassung eines Grundstücks von einer Form der Gesamthand (z.B. Erbengemeinschaft) an die aus denselben Personen bestehende andere Gesamthandsform (z.B. OHG) oder von einer OHG an eine gesellschaftergleiche GmbH (BGHZ 78, 318, 325; BayObLG NJW-RR 1989, 907,

909). Dem steht grundsätzlich *nicht* gleich der Rechtserwerb durch einen oder einige Mitglieder, wo es auf die Gutgläubigkeit der Erwerberseite ankommt (teilw. str., s. *Soergel/Stürner* § 892 Rn. 21 ff.); MünchKomm/*Wacke* § 892 Rn. 38 ff.; krit. zum Ganzen *Wilhelm* Rn. 520 f.).

Beispiel (in Anlehnung an RGZ 117, 257, 265 [= *Baur*, E.Slg. Fall 9]): Auf dem Grundstück der Miterbengemeinschaft ABCD lastete eine Hypothek der Bank H; sie ist zu Unrecht gelöscht worden. Sodann ist das Grundstück an eine Kommanditgesellschaft aufgelassen worden, bei der A und B persönlich haftende Gesellschafter, C und D Kommanditisten sind. Die KG beruft sich auf redlichen *lastenfreien* Erwerb des Grundstücks. Zu Unrecht!

cc) Vorweggenommene Erbfolge

Im Erbfall ist der redliche Erwerb ausgeschlossen, weil der Anfall kraft Gesetzes eintritt. Das gleiche muß auch dann gelten, wenn die Erbfolge durch ein Rechtsgeschäft unter Lebenden vorweggenommen wird. 27

Beispiel (nach RGZ 123, 52): Auf dem Landgut des E lastete eine Hypothek des H, die zu Unrecht gelöscht wurde. E hat später das Landgut an seinen Sohn S durch „Gutsüberlassungsvertrag" (Hofübergabe) übereignet. Hier scheidet die Anwendung des § 892 aus, weil die „Eigentumsübertragung unter Lebenden sowohl nach ihrer tatsächlichen Gestaltung wie auch nach dem Willen der Vertragsbeteiligten die Bedeutung einer Vorwegnahme der Erbfolge hat" (RGZ 136, 148, 150; BayObLG JuS 1986, 911 u. DNotZ 1988, 781; offen BGH NJW 1982, 761; a. A. *Wilhelm* Rn. 521).

4. Rückabwicklung und Haftung

Die Rückabwicklung nach gutgläubigem Erwerb erfolgt gegenüber dem bösgläubigen bzw. fahrlässigen Veräußerer gemäß §§ 687 Abs. 2, 989, 990, 823 ff., hingegen haftet der gutgläubige Erwerber nicht aus § 823 wegen Fahrlässigkeit, weil damit § 892 Abs. 1 S. 1 unterlaufen wäre (RGZ 90, 397; s. auch § 52 Rn. 27). Der *bereicherungsrechtliche* Ausgleich vollzieht sich bei entgeltlichem Erwerb nach § 816 Abs. 1 S. 1 (der Anspruch – auf Geld – richtet sich gegen den Veräußerer), bei unentgeltlichem Erwerb nach § 816 Abs. 1 S. 2 (der Anspruch – auf Rückübertragung – richtet sich gegen den Erwerber). 28

Beispiele: S hat seine Grundstücke 1–3 der Stadt T zur Errichtung eines Altersheimes geschenkt; das Grundstück Nr. 3 war zu Unrecht auf ihn eingetragen. Hier ist T auch Eigentümer des Grundstücks Nr. 3 geworden, ist aber verpflichtet, es an den wahren Eigentümer E aufzulassen (so auch BGHZ 81, 395). Dieser Kondiktionsanspruch kann durch eine Vormerkung (nicht durch einen Widerspruch!) einstweilen gesichert werden.
Auf dem Grundstück des E ruht zugunsten des A eine Grundschuld über 100 000 DM, die nur noch zu 20 000 DM valutiert ist. A tritt die volle Grundschuld an B ab, der einredefrei gutgläubig erwirbt (§§ 1192, 1154, 1157 S. 2, 892). E kann von A gemäß § 816 Abs. 1 S. 1 Zahlung von 80 000 DM verlangen, falls B dem A die Grundschuld voll bezahlt hat (nach BGH NJW 1997, 190 – vereinfacht).

IV. Redlichkeit – Widerspruch

§ 892 schließt den Erwerb des Rechts vom Nichtberechtigten aus, wenn „ein Widerspruch gegen die Richtigkeit eingetragen (Rn. 37 f.) oder die Unrichtigkeit dem Erwerber bekannt ist" (Rn. 30 ff.). 29

1. Redlichkeit

a) Begriff

Die Anwendung des Rechtsscheingedankens setzt Redlichkeit des Erwerbers voraus. Unredlich ist der Erwerber nur, wenn er die Unrichtigkeit des 30

Grundbuchs *kennt*. Anders als beim gutgläubigen Erwerb beweglicher Sachen (§ 932 Abs. 2) schließt grobe Fahrlässigkeit die Anwendung der §§ 892, 893 nicht aus. Grund für diese Unterscheidung ist, daß nach der Meinung des Gesetzgebers das Grundbuch eine stärkere Vertrauensbasis liefert als der Besitz. Ob diese Differenzierung innerlich gerechtfertigt ist, kann bezweifelt werden. In krassen Fällen grober Fahrlässigkeit sucht die Rechtsprechung mit §§ 226, 826 zu helfen (Rechtsmißbrauch).[1] Die Position des wahren Berechtigten wird noch durch zwei weitere Gesichtspunkte verschlechtert: *einmal* wird der Erwerber nicht dadurch unredlich, daß er die Tatsachen kennt, aus denen sich die Unrichtigkeit ergibt, er muß vielmehr daraus den Schluß auf die Unrichtigkeit ziehen.[2] *Zum anderen* wird – wie sich aus der Fassung des § 892 Abs. 1 ergibt – die Redlichkeit des Erwerbers vermutet; der durch den Erwerb nach § 892 Beeinträchtigte (der wahre Berechtigte) muß also nachweisen, daß dem Erwerber die Unrichtigkeit des Grundbuchs bekannt war. Dieser Nachweis ist schon deswegen schwierig, weil es sich hier um innere Tatsachen handelt, die erfahrungsgemäß auch durch eine Parteivernehmung des Erwerbers nach §§ 445, 448 ZPO nicht aufgeklärt werden können. So bleibt dem Richter meist doch nichts anderes übrig, als aus der positiven Kenntnis der Tatsachen, die die Unrichtigkeit bewirken, den Schluß auf die Kenntnis der Unrichtigkeit des Grundbuchs seitens des Erwerbers zu ziehen.[3]

31 Dennoch bleiben Zweifel genug übrig, wie folgendes *Beispiel* zeigen mag:
E hat dem H zur Sicherung eines Darlehens eine Buchhypothek über 50 000 DM bestellt. Das Darlehen sollte in jährlichen Raten von 5000 DM zurückbezahlt werden. Als E 40 000 DM geleistet hat, tritt H – der in finanziellen Schwierigkeiten ist – die Hypothek an D ab. Ihm sagt er, die Hypothek sei noch in voller Höhe valutiert, ein Blick ins Grundbuch bestätigt dies dem D. In Wahrheit war die Hypothek durch teilweise Tilgung in Höhe von 40 000 DM zur Eigentümergrundschuld geworden (§§ 1163, 1177). E hätte Umschreibung in dieser Höhe auf sich verlangen oder einen Widerspruch eintragen lassen können. Beides hat er nicht getan (wie dies in aller Regel nicht geschieht). Hat D die Hypothek erworben? Er war sicher grob fahrlässig; denn eine Erkundigung bei E hätte ihn belehrt, ein Blick in die Eintragungsbewilligung hätte ihm gezeigt, daß es sich um eine Amortisationshypothek handelt, bei der mit einiger Sicherheit mit regelmäßigen Zahlungen gerechnet werden kann. Man kann dem E auch nicht mit dem Argument helfen, daß die Eintragungsbewilligung ja durch die Bezugnahme Teil des Grundbuchs geworden sei (§ 874). Denn abgesehen davon, daß es zweifelhaft ist, ob die Amortisationsvereinbarung zum Inhalt der Hypothek (und nicht nur der Darlehensvereinbarung) gehört, ist damit nicht der Schluß des D auf die Unrichtigkeit des Grundbuchs nachgewiesen! Immerhin würden wir in einem solchen Fall Unredlichkeit des D dann annehmen, wenn es sich um einen im Grundbuchrecht versierten Fachmann (also etwa um einen Bankier) handelt; hier spricht eine tatsächliche Vermutung für seine Unredlichkeit. Daß D die Augen verschlossen hielt, kann ihn von dem Vorwurf der Unredlichkeit nicht befreien. (Besser wäre übrigens die Position des E, wenn es sich um eine *Brief*hypothek gehandelt hätte; dann hätte er – ohne Inanspruchnahme des Grundbuchs – verlangen können, daß H die jeweiligen Zahlungen auf dem Brief quittiert. Redlicher Erwerb wäre damit ausgeschlossen gewesen, §§ 1145, 1140.) Zum guten Glauben im Recht der Grundpfandrechte ausführlich § 38 Rn. 22–78 und § 45 Rn. 54 ff.

---

[1] RGZ 117, 180, 189; BayObLG NJW-RR 1989, 907, 909.
[2] RGZ 117, 180, 187; BayObLG NJW-RR 1989, 907, 909 m. Nw.; OLG Hamm NJW-RR 1993, 1295, 1298 (Schluß auf Unrichtigkeit muß sich „aufdrängen").
[3] Zur Kenntnis der Anfechtbarkeit wegen Willensmangels s. § 142 Abs. 2; *Bauer*, GS Schultz, 1987, 21.

§ 23. Der Erwerb vom Nichtberechtigten   IV § 23

Die Redlichkeit setzt nicht voraus, daß der Erwerber das Grundbuch tat- 32
sächlich eingesehen hat. Es genügt, daß der Grundbuchstand für ihn spricht
(BGHZ 104, 139, 143). Man kann also nur sehr bedingt von einem „Schutz
des Vertrauens auf die Richtigkeit des Grundbuchs" sprechen. Der Rechtsschein wird hier zu einer Fiktion; von seinem Standpunkt aus mit Recht verwendet das Gesetz daher auch die Formulierung: „*gilt* ..... *als richtig*".

b) Maßgebender Zeitpunkt

Streng genommen müßte der Erwerber bis zur Vollendung des Erwerbs 33
redlich sein; aus ähnlichen Erwägungen, wie sie in § 878 ihren Ausdruck gefunden haben, stellt jedoch § 892 Abs. 2 auf den Zeitpunkt der Stellung des
Eintragungsantrags ab, wenn bereits alle übrigen Voraussetzungen – insbesondere also die Einigung – gegeben sind. Tritt eine solche Voraussetzung erst
nach Antragstellung ein oder wird das Grundbuch erst nach Antragstellung
unrichtig (BGH NJW 1980, 2413), ist dieser Zeitpunkt maßgebend. Ist ein
bedingtes Recht bestellt, so schadet es nicht, wenn der Erwerber im Zeitpunkt
des Bedingungseintritts nicht mehr redlich ist (str.; vgl. BGHZ 10, 69).

Beispiel: Der Vormund des im Grundbuch irrtümlich als Eigentümer eingetragenen minderjährigen 34
NE hat das Grundstück an K aufgelassen. Eintragungsantrag war gestellt. Vor Eintragung mußte aber
noch die vormundschaftsgerichtliche Genehmigung (§ 1821 Abs. 1 Nr. 1) und – da es sich um ein
landwirtschaftliches Grundstück handelte – die Genehmigung der Landwirtschaftsbehörde erteilt
werden. In der Zwischenzeit erfuhr K von der Unrichtigkeit des Grundbuchs. Hat K redlich erworben? *Dafür* spräche, daß die Genehmigung der Behörde rückwirkende Kraft hat, *dagegen* aber, daß erst
jetzt alle Voraussetzungen für die Wirksamkeit der Übereignung vorliegen. Die Rechtsprechung ist
uneinheitlich: s. einerseits RGZ 134, 283, 286, andererseits RGZ 142, 59, 62, 63. U. E. muß nach
dem mit dem § 892 Abs. 2 verfolgten Zweck bei *behördlichen* Genehmigungen auf den Zeitpunkt
abgestellt werden, in dem alle *sonstigen* materiell-rechtlichen Voraussetzungen des Rechtsgeschäfts *und*
der Eintragungsantrag vorliegen (str.; a. A. etwa *Wieling* § 20 II 3 g; zum Ganzen *Lutter* AcP 164, 122,
166 ff. m. Nw. und *Thiele,* Die Zustimmungen in der Lehre vom Rechtsgeschäft, 1966, S. 268 ff.;
Nieder NJW 1984, 329, 338).

Ein *Beispiel* zur Gutgläubigkeit bei Unrichtigkeit des Grundbuchs *nach* Antragstellung ist unten geschildert (Rn. 42).

c) Erwerb durch Stellvertreter

Ist auf der Erwerberseite ein (gesetzlicher oder rechtsgeschäftlicher) Vertre- 35
ter tätig geworden, so kommt es allein auf die Kenntnis des Vertreters an
(§ 166 Abs. 1). Nur bei einem weisungsgebundenen Bevollmächtigten kann
sich der unredliche Vollmachtgeber nicht auf dessen Redlichkeit berufen
(§ 166 Abs. 2).[1]

Dies kann zu recht unbilligen Ergebnissen führen:
Beispiel: K steht mit dem eingetragenen Nichteigentümer NE in Kaufverhandlungen. Vor ihrem
Abschluß wird K wegen Verschwendung unter Betreuung mit Einwilligungsvorbehalt (§§ 1896
Abs. 1 und 2, 1902, 1903 Abs. 1) gestellt. Dem Betreuer des K scheint das angebahnte Geschäft
günstig. Er schließt als gesetzlicher Vertreter des K das Geschäft mit NE ab. Hier wird K auch dann
Eigentümer, wenn er weiß, daß NE nicht Eigentümer gewesen war. Mit § 826 wird nur in seltenen
Fällen zu helfen sein.

---

[1] *Lehrreiches Beispiel:* BayObLG NJW-RR 1989, 907, 910. Die Kenntnis des Notars, der Vollmacht
im Eintragungsverfahren hat, behandelt KG NJW 1973, 57 ff.

§ 23 V   III. Abschnitt. Liegenschaftsrecht

36 § 166 ist für die Fälle des redlichen Erwerbs verfehlt. Hier sollte das Gesetz – wie in dem Ausnahmefall des § 166 Abs. 2 – Redlichkeit *beider,* des Vertretenen *und* des Vertreters fordern.

Juristische Personen müssen sich die Kenntnis ihrer Organmitglieder stets zurechnen lassen, wobei Bösgläubigkeit *eines* Mitglieds selbst dann reicht, wenn es selbst nicht handelt (BayObLG NJW-RR 1989, 907, 910 m. Nw.). Man wird von den allgemeinen Regeln der Wissenszurechnung auszugehen haben, die auch Fälle ausgeschiedener Organmitglieder erfassen (BGHZ 109, 330) und bei arbeitsteiliger Organisation Informationsaustausch und -speicherung voraussetzen (BGH NJW 1996, 1205, 1206; 1339; z. T. a. A. für Personengesellschaften BGH NJW 1995, 2159 – fragwürdig!). Lit.: *Medicus,* Probleme der Wissenszurechnung, Karlsruher Forum 1994, S. 4 ff.; *Taupitz,* Wissenszurechnung nach englischem und deutschem Recht, aaO S. 16 ff.; *Waltermann* AcP 192, 181; s. a. § 5 Rn. 13 ff. m. Nw.

2. Widerspruch

Lesen Sie zunächst § 18 Rn. 10 ff.

37 Der Widerspruch verhindert den redlichen Erwerb. Seine Eintragung entfaltet diese Wirkung sofort. Eine „Vorverlegung" zugunsten des Erwerbers – wie sie für die Redlichkeit in § 892 Abs. 2 enthalten ist – gibt es im Falle des Widerspruchs nicht. Auch § 878 ist nicht entsprechend anwendbar, da der Widerspruch keine Verfügungsbeschränkung ist.

38 *Beispiele:* a) E hat sein Grundstück an K verkauft und aufgelassen; K ist eingetragen worden, K läßt das Grundstück an R auf, beide beantragen die Eintragung. Bevor diese vollzogen wird, erwirkt E einen Widerspruch auf Grund einstweiliger Verfügung mit der Behauptung, er sei von K arglistig getäuscht worden und habe seine Einigungserklärung angefochten. Wird der Widerspruch (unter Verletzung des § 17 GBO!) eingetragen, so schließt er einen redlichen Erwerb des R aus.

Wird umgekehrt zunächst R als Eigentümer eingetragen und dann erst der Widerspruch, so hat R Eigentum erworben; veräußert er weiter an X, so ist für dessen Erwerb der Widerspruch bedeutungslos, denn er erwirbt vom Berechtigten.[1]

b) Ist in dem zuerst behandelten Fall der Widerspruch gegen das Eigentum des K eingetragen, so wird nicht nur ein Eigentumserwerb des R, sondern ebenso auch der Erwerb eines beschränkten dinglichen Rechts, etwa einer Hypothek vereitelt.

c) Falls das Grundbuchamt die Unwirksamkeit der Auflassung E-K kennt, darf es nicht „sehenden Auges" das Eigentum des E dem gutgläubigen Erwerb des R ausliefern und durch seine Eintragung einen Rechtsverlust herbeiführen (BayObLG Rpfleger 1994, 453 ff.; *Bestelmeyer* Rpfleger 1997, 424). Allerdings muß die Unwirksamkeit im Sinne einer Widerlegung der Vermutung nach § 891 feststehen (§ 16 Rn. 60), was bei bloßem Antrag auf Eintragung eines Widespruchs, der nach dem Antrag des R eingeht, nicht der Fall ist (hierzu OLG Zweibrücken Rpfleger 1997, 428; s. a. § 18 Rn. 22). Keinesfalls darf das Grundbuchamt entgegen § 17 GBO den Widerspruch zugunsten des E vor dem früheren Antrag des R bearbeiten und eintragen, um so die Redlichkeit des R zu zerstören.

V. Die Wirkung

39 § 892 Abs. 1 S. 1 sagt zunächst ganz allgemein, daß der Inhalt des Grundbuchs als richtig „gilt". Diese Fiktion engt jedoch das Gesetz in S. 2 bei relativen Verfügungsbeschränkungen ein: hier kann sich der Erwerber nur darauf verlassen, daß beim Schweigen des Grundbuchs eine solche Beschränkung nicht besteht.

---

[1] Zur Rechtslage, wenn R unredlich war, s. RGZ 129, 124, 127; *Medicus,* Bürgerl. R., Rn. 551 und § 18 Rn. 21 ff.

1. Positiver und negativer Vertrauensschutz bei dinglichen Rechten

Hinsichtlich eintragbarer dinglicher Rechte besteht also ein *positiver und negativer Vertrauensschutz:* eingetragene Rechte gelten als bestehend, nicht eingetragene oder gelöschte Rechte als nicht bestehend. Der Erwerber erhält die Rechtsposition, die er erlangen würde, wenn das Grundbuch die Rechtslage richtig wiedergeben würde.

2. Negativer Vertrauensschutz bei Verfügungsbeschränkungen

Bei Verfügungsbeschränkungen ist der Vertrauensschutz nur *negativ:* er kann sich nicht auf den Bestand eingetragener Beschränkungen erstrecken.

Diese Unterscheidung ist innerlich gerechtfertigt; denn die Verfügungsbeschränkung soll nur den absoluten, jedermann gegenüber wirkenden Rechtserwerb ausschließen; soll sie diese Wirkung gegenüber einem *redlichen* Dritten entfalten, muß sie eingetragen sein. Die Eintragung hat aber nicht die Aufgabe, das Rechtsverhältnis zu bezeugen, auf dessen Grundlage die Verfügungsbeschränkung besteht (s. schon Rn. 6f.).

Beispiele: (zu 1) Der im Grundbuch fälschlich eingetragene NE hat dem redlichen H eine Hypothek von 20000 DM bewilligt. Die Hypothek wird versehentlich gelöscht. Veräußert NE das Grundstück für 50000 DM an K, so wird dieser lastenfreier Eigentümer: der wahre Eigentümer E verliert sein Eigentum, H die von ihm nach § 892 erworbene Hypothek. Der für den guten Glauben maßgebliche Buchbestand richtet sich dabei – anders als der maßgebliche Zeitpunkt guten Glaubens (§ 892 Abs. 2) – nach dem Zeitpunkt der Vollendung des Rechtserwerbs (BGH NJW 1980, 2413); es kommt also nicht darauf an, ob die Hypothek vor oder nach dem Antrag auf Eigentumsumschreibung gelöscht worden ist, die Löschung muß nur vor der Eintragung des K als Eigentümer erfolgt sein. Allerdings muß K dann mindestens bis zum Zeitpunkt der Unrichtigkeit des Grundbuchs durch Löschung gutgläubig gewesen sein, also über den Zeitpunkt des § 892 Abs. 2 hinaus (oben Rn. 33f.); eine Mindermeinung verlangt Gutgläubigkeit bis zum vollendeten Rechtserwerb (offen BGH NJW 1980, 2413, 2414). Wie vollzieht sich hier der schuldrechtliche Ausgleich? Im Verhältnis E zu NE sind zunächst §§ 687 Abs. 2, 989, 990, 823 zu erwägen. Bereicherungsrechtlich gilt folgendes: nach § 816 Abs. 1 S. 1 muß NE den von K erhaltenen Kaufpreis an E herausgeben. Kann H den auf die Hypothek entfallenden Teil des Kaufpreises verlangen mit der Begründung, durch die Verfügung des NE sei sein Grundpfandrecht untergegangen? Die Frage wird nach § 816 Abs. 1 S. 1 zu bejahen sein (BGHZ 81, 395 für den Fall des § 816 Abs. 1 S. 2).

(zu 2) Der im Grundbuch eingetragene E ist Vorerbe; der Nacherbenvermerk (zugunsten des N) ist im Grundbuch nicht eingetragen worden. Veräußert E das Grundstück an K, so bleibt K auch im Fall des Eintritts der Nacherbfolge Eigentümer; § 2113 Abs. 1 wird durch § 2113 Abs. 3 mit § 892 Abs. 1 S. 2 ausgeschaltet.

War der Nacherbenvermerk zugunsten des N eingetragen und hat N der Veräußerung des Grundstücks an K zugestimmt, so wird der Eigentumserwerb des K unwirksam, wenn sich bei Eintritt der Nacherbfolge herausstellt, daß nicht N, sondern X Nacherbe ist. Denn der Nacherbenvermerk bezeugt nicht, daß N Nacherbe ist. Zu bemerken ist, daß die hier vorgeschlagene Lösung des Falles nicht über jeden Zweifel erhaben ist; denn man könnte auch argumentieren: Der Nacherbenvermerk wirkt – wie der Widerspruch, s. oben § 18 Rn. 23. – nur zugunsten des N. N aber ist nicht Nacherbe; der gesamte Eintrag ist also unrichtig, kann sonach auch den Erwerb des K nicht verhindern; auf die Zustimmung des N kommt es nicht an. Dem wäre entgegenzuhalten, daß der Nacherbenvermerk die „Redlichkeit" des K i. S. des § 2113 Abs. 1 und 3 auch dann ausschließt, wenn die Person des Nacherben unrichtig angegeben ist; denn auf jeden Fall ergibt sich aus dem Grundbuch, daß E (als Vorerbe) in der Verfügung beschränkt ist.

Weitere *Beispiele:* BGH NJW 1970, 943; dazu *Bartsch* NJW 1970, 1314; s. ferner BayObLG Rpfleger 1982, 467; 1988, 525 u. OLG Hamm Rpfleger 1984, 312 (Löschung des Nacherbenvermerks gemäß §§ 894 BGB, 22 GBO nach wirksamer Verfügung des Vorerben, §§ 2136, 2113); BayObLG Rpfleger 1994, 343 (nicht eingetragene bedingte Erbteilsübertragung, § 161 Abs. 1).

3. Gutglaubenswirkung und Konkurs- bzw. Insolvenzbeschlag

44 Die Konkurs- bzw. Insolvenzeröffnung bedeutet ein Veräußerungsverbot für den Gemeinschuldner (§ 7 KO/§ 81 InsO). Doch gelten auch hier die §§ 892, 893. Um einen redlichen Erwerb möglichst auszuschließen, muß die Konkurs-/Insolvenzeröffnung sofort im Grundbuch eingetragen werden (§ 113 KO/§§ 23 Abs. 3, 32 InsO). Der *nach* Konkurs-/Insolvenzeröffnung, aber *vor* ihrer Eintragung im Grundbuch vollzogene Rechtserwerb verschafft dem Erwerber zwar das Recht, schließt aber eine Anfechtung dieses Erwerbs durch den Konkurs-/Insolvenzverwalter nicht aus (§ 42 mit §§ 30, 31 KO bzw. § 147 mit §§ 130 ff. InsO).

45 Zu beachten ist, daß § 878 auch hier anwendbar ist (§ 15 S. 2 KO/§ 91 Abs. 2 InsO). War also die Einigung bindend geworden (§ 873 Abs. 2) *und* Eintragungsantrag gestellt, so hindert die Konkurs-/Insolvenzeröffnung die Vollendung des Rechtserwerbs durch Eintragung nicht, was aber noch nicht bedeutet, daß eine Anfechtung durch den Konkursverwalter ausgeschlossen ist, sofern die Voraussetzungen hierfür gegeben sind (§§ 30–32 KO/130 ff. InsO).

46 *Beispiel:* E hat der Großhandlung H am 20. 3. auf deren Drängen eine Hypothek zur Sicherung von Warenforderungen bewilligt; am 21. 3. ist der Antrag beim Grundbuchamt eingegangen. Am 26. 3. stellt E seine Zahlungen ein; der Konkurs bzw. das Insolvenzverfahren wird am 30. 3. auf seinen Antrag eröffnet und am selben Tage im Grundbuch eingetragen. Die Hypothek wird am 5. 4. durch Grundbucheintrag vollzogen.
Hier hat H die Hypothek erworben (§ 15 S. 2 KO/§ 91 Abs. 2 InsO mit § 878 BGB). Der Konkurs-/Insolvenzverwalter kann aber den Erwerb der Hypothek nach § 30 Nr. 2 KO/§ 131 InsO anfechten, was bedeutet, daß H ein Absonderungsrecht aus der Hypothek nicht geltend machen kann.
Weitere *Beispiele* u. Einzelheiten bei *Baur/Stürner* II, InsolvenzR, Rn. 8.16 ff., 18.21 ff., 18.29, 19.20 ff.

VI. Gutgläubiger Erwerb in den neuen Bundesländern

47 Die allgemeinen Regeln für gutgläubigen Erwerb sind zugunsten des Gebäudeeigentums und von Nutzungsrechten eingeschränkt (§ 63 Rn. 49 ff.). Die Sicherung von Restitutionsansprüchen nach dem VermG erfolgt durch Genehmigungspflicht nach der Grundstücksverkehrsverordnung und gegebenenfalls durch einstweilige Verfügung (§ 63 Rn. 31 ff.). Für „schwebende" Rechtsänderungen – kaum mehr aktuell – verweist Art. 233 § 7 EGBGB auf ZGB-DDR (hierzu Vorauflage § 23 VI; ferner § 63 Rn. 7–12).

§ 23. Der Erwerb vom Nichtberechtigten VI § 23

Übersicht 14

Der öffentliche Glaube des Grundbuchs

	Ja	Nein
Schutzbereich („worauf"?)	1. Bestand eingetragener dinglicher Rechte 2. Nichtbestand nicht eingetragener oder gelöschter dinglicher Rechte 3. Nichtbestand nicht eingetragener relativer Verfügungsbeschränkungen	1. tatsächliche und persönliche Angaben 2. nicht eintragbare Rechte, Belastungen und Beschränkungen
Geschützte Rechtsvorgänge	rechtsgeschäftliche Vorgänge, die sich auf ein Grundstücksrecht beziehen, z.B. Übereignung des Grundstücks oder Bestellung einer Hypothek durch den Nichteigentümer	1. Erwerb kraft Gesetzes 2. Erwerb durch Zwangsvollstreckung 3. bei Abschluß schuldrechtlicher Verträge 4. bei Fehlen eines „Verkehrsgeschäfts"
Redlich	bei Nichtkenntnis der Unrichtigkeit des Grundbuchs, auch wenn leicht oder grob fahrlässig	1. bei Kenntnis (maßgebender Zeitpunkt: § 892 Abs. 2) 2. bei Widerspruch
Wirkung des öffentlichen Glaubens	Inhalt des Grundbuchs gilt als richtig: Richtigkeitsfiktion in *positiver* Hinsicht (Der fälschlich als Eigentümer eingetragene V überträgt dem redlichen K das Eigentum.) *und negativer* Hinsicht (Ist die Hypothek des H versehentlich gelöscht worden, so erwirbt K das Grundstück unbelastet durch die Hypothek des H.). Hinsichtlich Veräußerungsbeschränkungen (z.B. nicht eingetragener Konkurs-/Insolvenzvermerk) nur in negativer Hinsicht.	

3. Kapitel. Das Eigentum an Grundstücken

A. Inhalt und Bindungen

§ 24. Das Eigentum

I. Kein einheitlicher Eigentumsbegriff

1 1. Mit dem Eigentum, seinem Inhalt und seiner Bedeutung befassen sich die Wirtschaftswissenschaften,[1] die Philosophie[2] ebenso, wie die Rechtswissenschaften. Angesichts der Bedeutung des Instituts „Eigentum" für das soziale und wirtschaftliche Zusammenleben von Menschen ist dies nicht weiter verwunderlich. Die Philosophie und die Wirtschaftswissenschaften fragen nach der Notwendigkeit des Eigentums, nach seiner Verbreitung bzw. seiner Verteilung. Für den Verfassungsrechtler ist der Schutz des Eigentums gegenüber Maßnahmen des Staates von Bedeutung; und für den Zivilrechtler geht es um privatrechtliche Nutzungsmöglichkeiten, die aus dem Eigentum folgen, und um den Schutz des Eigentums gegenüber Privaten.

2 2. Angesichts dieser unterschiedlichen Fragestellungen, unter denen Eigentum als Institut wissenschaftlich untersucht wird, ist es wohl nicht weiter erstaunlich, daß es einen einheitlichen, über alle Disziplinen hinweg geltenden Eigentumsbegriff nicht gibt. Das ökonomische „property right" unterscheidet sich vom Eigentumsbegriff des Verfassungsrechts; und wieder anders strukturiert ist der zivilrechtliche Eigentumsbegriff.

II. Der zivilrechtliche Eigentumsbegriff

3 **Lit.-Hinweis:** *Aicher, D.* Eigentum als subjektives Recht; *F. Baur*, Zur Wirksamkeit des Eigentumsschutzes, FS für *Meier-Hayoz*, 1982, 27; ders., Die gegenseitige Durchdringung von privatem und öffentlichem Recht im Bereich des Bodeneigentums, Festgabe für Sontis, 1977, 181; *Darmstädter*, Der Eigentumsbegriff des Bürgerlichen Gesetzbuches, AcP 151 (1950/51), 311; *Deutsch*, Das Eigentum als absolutes Recht und als Schutzgegenstand der Haftung, MDR 1988, 441; *Gast*, Wirtschaftliches Eigentum im Zivilrecht, FS für E. Wolf, 1985, 87; *Georgiades*, Eigentumsbegriff und Eigentumsverhältnis, FS für Sontis, 1977, 149; *Hattenhauer*, Über vereintes und entzweites Eigentum, in: J. F. Baur, Das Eigentum, 1989, 83ff.; *Jauernig*, Zum zivilrechtlichen Schutz des Grundeigentums in der neueren Rechtsentwicklung, FS der Juristischen Fakultät zur 600-Jahr-Feier der Ruprecht-Karl-Universität Heidelberg, 1986, 605; *Liver*, Eigentumsbegriff und Eigentumsordnung, in: Gedächtnisschrift für Gschnitzer, 1969, 247; *Meier-Hayoz*, Vom Wesen des Eigentums, Festgabe für Ofterdinger, 1969, 171; *Olzen*, Die geschichtliche Entwicklung des Eigentumsbegriffs, JuS 1984, 328; *Pawlowski*, Substanz oder Funktionseigentum, AcP 165 (1965), 385; *L. Raiser*, Funktionsteilung des Eigentums, in: FS für Sontis, 1977, 167; *Sontis*, Strukturelle Betrachtungen zum Eigentumsbegriff, FS für Larenz I, 1973, 981; *Schulte*, Freiheit und Bindung im Bodenrecht, JZ 1984, 297; *Seiler*, in: Staudinger, BGB, 13. Bearb., Vorbem. §§ 903 ff., Rn. 1 ff.

---

[1] Etwa *Schüller* (Hrsg.), Property Rights und ökonomische Theorie, 1983; *Furubotn/Pejovich*, The Economics of Property Rights, 1974.

[2] Etwa *Hegel*, Grundlinien der Philosophie des Rechts, 5. Aufl. 1995, § 45; *Ludwig Raiser*, Das Eigentum als Menschenrecht, FS für Fritz Baur, 1981, 105.

§ 24. Das Grundeigentum – Inhalt und Bindungen

Der zivilrechtliche Eigentumsbegriff wird in § 903 BGB mit Wirkung für das ganze Privatrecht festgelegt. Seine Merkmale sind:

1. Der Bezug zu einer einzelnen Sache

a) Eigentum besteht nur an körperlichen Gegenständen, an Sachen (§ 90). Der zivilrechtliche Eigentumsbegriff erfaßt also nicht alle vermögenswerten Rechte. Nicht Eigentum sind deshalb die Rechte an unkörperlichen Gegenständen, die Imaterialgüterrechte (z. B. Patente, Markenrechte), oder die Urheberrechte, auch wenn diese häufig als „geistiges Eigentum" bezeichnet werden.

b) Eigentum gibt es nur an einzelnen Sachen, nicht an Sachgesamtheiten, wie z. B. einem Warenlager oder einer Bibliothek. Auch das Unternehmen ist nicht eigentumsfähig.

2. Umfassendes Nutzungs- und Herrschaftsrecht des Eigentümers

Der Eigentümer darf, wie dies § 903 formuliert, mit der Sache nach Belieben verfahren und andere von jeder Einwirkung ausschließen, soweit nicht das Gesetz oder die Rechte Dritter entgegenstehen. *Martin Wolff* (Sachenrecht, 6. Bearbeitung, 1926, 144) hat deshalb das Eigentum als das umfassendste Herrschaftsrecht bezeichnet, das man an einer Sache haben kann. Diese oft als schrankenloses Eigentum mißverstandene Bemerkung bezieht sich auf die Stellung des Eigentums im Vergleich zu den sonstigen Rechten an einer Sache. Im Verhältnis zu ihnen ist Eigentum das umfassendste Recht. Anders als der Inhaber eines sonstigen (beschränkten) dinglichen Rechts darf der Eigentümer seine Sache in jeder Hinsicht nutzen, insbesondere darf er über sie verfügen. Demgegenüber steht, etwa dem Nießbraucher, nur die Gebrauchs-, nicht aber die Verwertungsbefugnis zu, während Pfandrechts- und Hypothekengläubiger die Sache nur verwerten, keineswegs aber sie für eigene Zwecke nutzen dürfen.

3. Schranken des Eigentums

Das Eigentum im Sinne des Bürgerlichen Gesetzbuches ist sonach ein umfassendes Recht. Es ist aber keineswegs ohne Schranken. Der Eigentümer hat die genannten Befugnisse nur, soweit nicht das Gesetz oder die Rechte anderer entgegenstehen (§ 903). Der Gesetzgeber des BGB wußte sehr wohl, daß die Nutzung des Eigentums Beschränkungen unterliegen muß, Beschränkungen, die sich aus dem Zusammenleben der Menschen ebenso wie aus den Bedürfnissen der organisierten Gemeinschaft ergeben. Die §§ 904 ff. zeigen auf, wie sich der Gesetzgeber den Ausgleich zwischen kollidierenden Interessen des Eigentümers mit den Interessen des anderen vorstellt (dazu unten §§ 25 und 26).

4. Das Verhältnis zu Art. 14 GG

Wie verhält sich nun der zivilrechtliche Eigentumsbegriff des § 903 BGB zu der Regelung, die Art. 14 GG für das Eigentum getroffen hat?

a) Hierzu läßt sich soviel sagen, daß § 903 und die folgenden Bestimmungen das zivilrechtliche Verhältnis des Eigentümers zu anderen Privatpersonen regeln. Die eigentumsrechtliche Regelung bildet einen verhältnismäßig weit gespannten Rahmen, in dem sich der einzelne bei Nutzung und Verwertung seines Eigentums bewegen kann.

b) Demgegenüber regelt Art. 14 GG das öffentlich-rechtliche Verhältnis des Eigentümers zum Staat. Art. 14 GG will die der Regelungsgewalt des Staates ausgesetzten Bürger in ihrer Rechtsposition schützen. Gleichzeitig erhält der Staat aber auch die Befugnis, Inhalt und Schranken des Eigentums durch gesetzliche Regelungen zu bestimmen. Verfassungsrechtlich stellt sich damit die Frage nach dem Eigentum unter ganz anderen Aspekten als im Zivilrecht: es geht darum, welche Positionen als Eigentum geschützt sind, und inwieweit der Staat berechtigt ist, solche Positionen inhaltlich zu bestimmen und zu beschränken.

III. Eigentum im verfassungsrechtlichen Sinne

8   Lit.-Hinweis: *Badura*, Eigentum im Verfassungsrecht der Gegenwart, 49. *Deutscher Juristentag*, Verhandlungen Bd. II, 1971; *Benda/Maihofer/Vogel* (Hrsg.), Handbuch des Verfassungsrechts, 2. Aufl., 1994, § 10; *Werner Böhme*, Eigentum aus verfassungsrechtlicher Sicht, in: *J. F. Baur*, Das Eigentum, 1989, 39; *Ehlers*, Eigentumsschutz, Sozialbindung und Enteignung, VVDStRL 51, 211; *Jörn Ipsen*, Neuere Entwicklungen der Eigentumsdogmatik, 1985; *Kimminich*, in: Bonner Kommentar, Art. 14; *Kirchhoff, P.*, Besteuerung und Eigentum, VVDStRL 39, 213; *Leisner*, Art. 14 GG „Eigentum", in: HdStR, Bd. VI, 1989, § 149; *Maurer*, Eigentumsbegriff und Eigentumsgarantie, FS für Dürig, 1990, 293; *Papier*, in: Maunz/Dürig/Herzog, GG Art. 14; *Schmidt-Aßmann*, Öffentlich-rechtlicher Grundeigentumsschutz und Richterrecht, FS der Juristischen Fakultät zur 600-Jahr-Feier der Ruprecht-Karls-Universität Heidelberg, 1986, 107; *Schmitt-Kammler*, Ungelöste Probleme der verfassungsrechtlichen Eigentumsdogmatik, FS zur 600-Jahr-Feier der Universität zu Köln, 1988, 821; *Schwabe*, Misere des Eigentumsbegriffs, FS für Werner Thieme, 1993, 251; *Stern*, Staatsrecht, Bd. III/2, § 78; weitere Literaturangaben insbesondere bei *Papier*, *Stern* und *Leisner*, a. a. O.

1. Geschützte Eigentumspositionen

9   a) Verfassungsrechtliches Eigentum sind alle Vermögensgüter, die an der Eigentumsgarantie des Art. 14 GG teilhaben sollen.[1] Diese Garantie des Eigentums ist vom Bundesverfassungsgericht,[2] wohl in Anlehnung an die Hegelsche Rechtsphilosophie,[3] in einen einleuchtenden Zusammenhang mit der persönlichen Freiheit des einzelnen gestellt worden. Eigentum soll dem Grundrechtsträger einen Freiraum im vermögensrechtlichen Bereich bewahren, der ihm die Entfaltung und eigenverantwortliche Gestaltung seines Lebens ermöglicht. Der einzelne muß die Möglichkeit haben, Vermögensgüter zu erwerben, die er ausschließlich nach eigenen Plänen nutzen kann und über die er verfügen darf. Rechte, die dem Inhaber solche Befugnisse einräumen, sind deshalb verfassungsrechtlich „Eigentum".

10 b) Die Eigentumsgarantie erfaßt in der Sprache des Bundesverfassungsgerichts[4] „grundsätzlich alle vermögenswerten Rechte, die dem Berechtigten

---

[1] BVerfGE 42, 263, 292 f.
[2] St. Rspr. BVerfGE 83, 201, 208; 68, 193, 222.
[3] *Hegel*, Grundlinien der Philosophie des Rechts, 5. Aufl. 1995, § 45.
[4] BVerfGE 83, 201, 209.

§ 24. Das Grundeigentum – Inhalt und Bindungen

von der Rechtsordnung in der Weise zugeordnet sind, daß er die damit verbundenen Befugnisse nach eigenverantwortlicher Entscheidung zu seinem privaten Nutzen ausüben darf". Unter den Eigentumsbegriff des Verfassungsrechts fallen daher nicht nur das Eigentum des bürgerlichen Rechts, sondern auch Rechte, die wie die beschränkten dinglichen Rechte nur eingeschränkte Nutzungs- und Verwertungsbefugnis beinhalten. Verfassungsrechtliches Eigentum ist nicht sachgebunden; Immaterialgüterrechte, Urheberrechte an nicht faßbaren Gegenständen werden durch Art. 14 GG geschützt. Die Eigentumsgarantie erfaßt auch Sachgesamtheiten, Vermögensmassen, Unternehmen.

2. Eigentumsinhalt und Eigentumsschranken

a) Inhalt und Schranken des Eigentums werden durch die Gesetze bestimmt (Art. 14 Abs. 1 S. 2 GG). Diese, und nicht die Verfassung, begründen und gestalten Eigentumsrechte. Der einfache Gesetzgeber bestimmt damit, ob eine Position im verfassungsrechtlichen Sinne Eigentum ist oder nicht. Erst aus einer Gesamtschau aller gesetzlichen Vorschriften, die die Stellung des Rechtsinhabers regeln, ergeben sich die Befugnisse, welche als Eigentum verfassungsrechtlich geschützt werden. Die frühere Vorstellung, daß Art. 14 GG das Eigentum schützt, „wie es das bürgerliche Recht und die gesellschaftlichen Anschauungen geformt haben", hat das Bundesverfassungsgericht in der berühmten Naßauskiesungsentscheidung[1] ausdrücklich aufgegeben. „Die bürgerlich-rechtliche Rechtsordnung enthält keine abschließende Regelung von Inhalt und Schranken des Eigentums. Bei der Bestimmung dessen, was Eigentum ist, wirken bürgerliches Recht und öffentlich-rechtliche Gesetze gleichrangig nebeneinander." 11

b) *Fritz Baur*[2] hat dieser Rechtsprechung des Bundesverfassungsgerichts vorgeworfen, sie ermögliche eine Minderung des verfassungsmäßig geschützten Eigentums durch Maßnahmen des einfachen Gesetzgebers. Dieser könne den Inhalt des Eigentums, die Befugnisse des Eigentümers mehr und mehr „abbauen". 12

3. Der Schutz des Eigentümers gegenüber dem regelnden Gesetzgeber

Damit ist die Frage nach dem Schutz des Eigentums gestellt, wie er in der Rechtsprechung des Bundesverfassungsgerichts gegenüber inhaltsbestimmenden Maßnahmen des Gesetzgebers entwickelt worden ist. Danach enthält Art. 14 GG eine Rechtsstellungsgarantie des betroffenen Eigentümers und zum anderen eine Garantie des Eigentums als Rechtsinstitut des Privatrechtsverkehrs. 13

a) *Die Rechtsstellungsgarantie:* Sie beinhaltet den Schutz des konkreten, durch die Maßnahme des Gesetzgebers betroffenen Eigentumsrechts des Einzelnen. Dieser Schutz wird relativiert durch die Befugnis des Gesetzgebers, etwa im 14

---

[1] BVerfGE 58, 300, 336; ferner BVerfGE 77, 370, 377.
[2] Seit der 13. Aufl.

Rahmen von Reformgesetzen Eigentumsrechte neu zu definieren, ja sogar sie aufzuheben. Berücksichtigen muß der Gesetzgeber dabei freilich das im Grundgesetz angelegte Spannungsverhältnis zwischen verfassungsrechtlich garantiertem Eigentum einerseits (Art. 14 I GG) und der Sozialpflichtigkeit dieses Eigentums (Art. 14 II GG) andererseits.[1] Keiner dieser Faktoren darf über Gebühr verkürzt werden; sie müssen zu einem „verhältnismäßigen Ausgleich gebracht werden". Aus dem Gebot der Sozialpflichtigkeit des Eigentums folgt, daß die Befugnis des Gesetzgebers zur Inhalts- und Schrankenbestimmung um so weiter ist, je mehr das Eigentumsobjekt in einem sozialen Bezug oder einer sozialen Funktion steht.[2] Nutzung und Verfügung bleiben nicht lediglich in der Privatsphäre des Eigentümers, sondern sie berühren die Belange anderer Rechtsgenossen, die auf die Nutzung des Eigentumsobjekts angewiesen sind. Die Regeln, etwa des Kartellrechts, gegenüber Mißbräuchen, begangen durch marktbeherrschende Unternehmen (§ 22 GWB), und über die Kontrolle von Zusammenschlüssen solcher Unternehmen (§§ 23 ff. GWB) sind, obgleich sie gravierende Eigentumsbeschränkungen beinhalten, zweifellos durch den Gedanken der sozialen Pflichtigkeit gedeckt, in der gerade das Eigentum von marktbeherrschenden Unternehmen steht.

15 b) *Die Institutsgarantie*:[3] Sie schützt das Privateigentum in seinem Kernbestand, gekennzeichnet durch Privatnützigkeit und freie Verfügung. Der Gesetzgeber darf im Rahmen seiner „Eigentum" definierenden und inhaltlich gestaltenden Tätigkeit nicht an die Stelle des Privateigentums etwas setzen, was diesen Namen nicht mehr verdient. Das wäre verfassungswidrig. Die Institutsgarantie gewährleistet damit einen verfassungsfesten Minimalbestand an Eigentum, der der Privatrechtsordnung nicht entzogen werden darf. Der Gesetzgeber darf kein Recht als „Eigentum" schaffen oder vorhandenes Eigentum inhaltlich so beschränken, daß der Inhaber diesen Eigentumsgegenstand überhaupt nicht mehr nach Maßgabe seiner individuellen Pläne nutzen kann. Verfassungswidrig war deshalb etwa eine Regelung, welche dem Eigentümer einer Wohnung deren Nutzung für eigene Zwecke auf Dauer entzogen hatte und ihn auf die Position eines Vermieters beschränkte.[4]

16 c) *Entwicklungslinien*: Die verfassungsrechtliche Gewährleistung des Eigentums gegenüber Minderungen seiner Substanz durch den „Eigentum regelnden" Gesetzgeber wird sonach letztlich der Institutsgarantie überantwortet. Die Rechtsstellungsgarantie schützt Eigentum lediglich gegenüber unverhältnismäßigen, insbesondere dem Gebot schonenden Ausgleichs zwischen Eigentumsfreiheit und Eigentumsbindung nicht entsprechenden Regelungen. Das Problem der Institutsgarantie aber ist die Art und Weise, wie sie das BVerfG handhabt: Das Gericht hat entschieden, daß privatrechtliches Eigentum in seiner Substanz betroffen ist, wenn es der Inhaber – infolge einer Mietrechts-

---

[1] BVerfGE 79, 174, 198; 72, 66, 77.
[2] BVerfGE 50, 290, 340.
[3] BVerfGE 68, 361, 368; 72, 175, 195; 83, 201, 208.
[4] BVerfGE 68, 361, 375; 79, 292, 304.

bindung – auf Dauer nicht mehr für eigene Zwecke benutzen kann.[1] Das Gericht hat aber auch entschieden, daß die Institutsgarantie nicht einmal die völlige Beseitigung von Rechtspositionen durch gesetzliche Neuregelung hindert, die bisher als Eigentum geschützt waren.[2] Es liegt auf der Hand, daß zwischen diesen Entscheidungen schwer erklärbare Diskrepanzen bestehen. Die Entwicklung, die der verfassungsrechtliche Eigentumsschutz nehmen wird, muß daher als ungewiß bezeichnet werden.

IV. Überblick über die folgende Darstellung

Im folgenden soll zunächst die Inhaltsgestaltung des Grundeigentums durch das Privatrecht erörtert werden (§ 25); Kern wird die Darstellung des Nachbarrechts sein. In § 26 soll der Einfluß des öffentlichen Rechts auf das Grundeigentum geschildert werden, wobei freilich nur die wesentlichen und charakteristischen Formen dieses Einflusses berücksichtigt werden können. Im Anschluß daran wollen wir einige typisierte Sonderformen des Grundeigentums kennenlernen, wobei wir uns freilich nicht ängstlich an den Begriff „Grund"-„eigentum" klammern: es sollen hier des Zusammenhangs halber das Erbbaurecht (als besondere Form des Eigentums an einem Gebäude) ebenso behandelt werden wie etwa das Schiffseigentum (wegen seiner dem Grundeigentum in vielem entsprechenden Regelung).

Übersicht 15

Eigentum

Ort der Regelung	Bereich	Garantie	Bindung/Beschränkung/Entzug
I. Eigentum im Rahmen des öffentlichen Rechts	Sachen, Rechte – Vermögen	Art. 14 I 1 GG Art. 19 II GG	a) Art. 14 II GG b) Art. 14 I 2 GG c) Art. 14 III (Enteignung)
II. Eigentum im Rahmen des Privatrechts	nur an Sachen = körperlichen Gegenständen		a) § 903 („soweit …") b) mangelndes Eigeninteresse § 905 c) Überwiegendes Einwirkungsinteresse (§§ 904, 912, 917/8) d) nachbarrechtlicher Ausgleich §§ 906 ff.

§ 25. Die Inhaltsgestaltung des Grundeigentums durch das Privatrecht – Das Nachbarrecht

A. Grundgedanken

Für die inhaltliche Gestaltung des Grundeigentums durch das Privatrecht ist der Versuch des Gesetzgebers kennzeichnend, die *Kollision des Eigentumsinteresses mit den Rechten anderer* ausgleichend zu regeln. Es geht hier also immer um „Nachbarrecht" in dem Sinne, daß die Befugnisse des Eigentümers gegenüber denen anderer Eigentümer oder gegenüber den Interessen dritter durch das Eigentum tangierter Personen abgegrenzt werden müssen. Die Abgrenzungs-

---
[1] Vorige Anm.
[2] BVerfGE 78, 58, 75; 83, 201, 212.

maßstäbe, die das Gesetz verwendet, sind recht verschieden: So wird auf das vernünftige Nutzungsinteresse des Eigentümers abgestellt (§§ 905, 906 Abs. 1; Schikanegedanke!), dann auf das überwiegende Interesse des anderen, der das Eigentum beeinträchtigt (§§ 904, 912, 917). Schließlich betont der Gesetzgeber, daß „gewöhnliche", also dem Durchschnitt entsprechende Beeinträchtigungen hinzunehmen sind; die Grundeigentümer werden dadurch „gleichgeschaltet": Grundstücke gleicher Lage haben auch das gleiche nachbarrechtliche Schicksal (§ 906 Abs. 2).

Als *Leitlinie* für die inhaltliche Gestaltung des Grundeigentums im Privatrecht zeichnet sich also folgender Gedanke ab:

Die grundsätzlich freie und ungebundene Stellung des Eigentümers *versagt,* wenn und soweit

ein eigenes schutzwürdiges Interesse *des Eigentümers* an der Durchsetzung seiner Rechte nicht besteht *(mangelndes Eigeninteresse)*

oder

die Interessen *des* in den Eigentumsbereich *Einwirkenden* erheblich überwiegen (hier Pflicht zur Entschädigung: §§ 904 S. 2, 912 Abs. 2, 917 Abs. 2): *überwiegendes Einwirkungsinteresse*

oder

die Einwirkungen ihrer Art und ihrem Umfang nach das Grundeigentum aller Eigentümer eines Gebiets gleichermaßen treffen *(Egalisierung der Grundeigentümer gleicher Lage).*

Diese Gliederung liegt auch den folgenden Darlegungen zugrunde, ausgenommen beim sog. *Immissionsrecht,* also dem Rechtsgebiet, das sich mit den täglichen, meist gegenseitigen Einwirkungen der Nachbarn befaßt. Seiner Regelung liegt *sowohl* der Gedanke des mangelnden Eigentinteresses *wie* der der Egalisierung zugrunde. Es muß daher notgedrungen einheitlich dargestellt werden.

Vorweg ist zu betonen, daß in den folgenden Ausführungen die Beschränkungen des Eigentums im Vordergrund stehen, die sich *aus dem bürgerlichen Recht* ergeben. Aber wir werden feststellen müssen, daß gerade hier häufig eine reinliche Trennung zwischen privatrechtlichen und öffentlichrechtlichen Regelungen schwierig, ja unmöglich ist. Häufig finden sich „Gemengelagen", die dem Verständnis Schwierigkeiten machen.

Beispiel: BGHZ 91, 20 (= NJW 1984, 1876).

B. Inhaltsbeschränkung: mangelndes Eigeninteresse

I. Schikanefälle

2 Hierunter fallen zunächst die *Schikanefälle* (§ 226) wie etwa der in RGZ 72, 251 entschiedene, wo der Vater seinem Sohn jeden Zutritt zu dem Grab der Mutter verboten hatte, das sich auf seinem Grundstück befand.

II. Grenzen des Eigentums in der Vertikalen

3 *§ 905* bezieht in das Eigentum auch den Raum über der Oberfläche und den Erdkörper unter der Oberfläche ein. Unbeschadet seines Eigentums kann jedoch der Eigentümer Einschränkungen nicht verbieten, die – weil in großer Höhe oder Tiefe vorgenommen – seine Interessen nicht mehr tangieren (§ 905 Satz 2).

Sonderregelungen gelten für die *Gewinnung von Mineralien* (s. unten § 30) und für den *Schatzfund* (s. § 984: Miteigentum zur Hälfte des Entdeckers und des Grundeigentümers, genauer: des Eigentümers der Sache, in welcher der Schatz verborgen war; vergl. unten § 53 Rn. 84).

Die h. M. gibt dem Eigentümer im Falle einer Duldungspflicht nach § 905 Satz 2 einen Schadensersatzanspruch auch ohne Verschulden des Einwirkenden (vergl. MünchKomm/*Säcker* § 905 Rn. 19; *Pleyer* AcP 160, 168, 170; *Weitnauer* DNotZ 1986, 313). M. E. wohl zu Unrecht: denn § 905 Satz 2 legt dem Eigentümer kein Sonderopfer im überwiegenden Interesse eines anderen auf (wie in § 904), sondern schränkt seine Befugnisse wegen mangelnden Eigeninteresses ein.

Beispiel: 100 m unter dem Grundstück des E wird ein Straßentunnel gebaut. E kann nicht widersprechen, wenn Sachverständige die absolute Festigkeit des Gesteins bestätigen (s. BGH NJW 1981, 573). Zeigen sich später am Hause des E Risse, so kann er Schadensersatz nur bei Verschulden (z. B. mangelhafte Ausführung des Tunnels) und Beseitigung der Beeinträchtigung für die Zukunft (§ 1004: Abwehrmaßnahmen) fordern.

Freilich kann sich aus Sonderregelungen eine Ersatzpflicht auch ohne Verschulden ergeben, so etwa aus § 33 *Luftverkehrsgesetz*.

§ 905 hat durch die unterirdische Speicherung von Gas und Öl an Aktualität gewonnen (dazu u. allgemein zur „Tiefennutzung von Grundstücken" *Jürgen F. Baur* ZHR 150 (1986), 507 ff. m. w. N.; BGHZ 110, 17 ff.).

Man hat etwa folgende Tatbestände zu unterscheiden:
1. Sonderregelungen (z. B. Bergrecht; s. unten § 30 Rn. 6) gehen dem § 905 vor.
2. Bei Eingriff in das Eigentum (nach § 905 S. 1) ohne Rechtfertigung durch § 905 S. 2 Verbietungsrecht des Eigentümers nach § 1004 – im Falle des Verschuldens Schadensersatzanspruch nach § 823 I –. Sonst Entschädigung nach § 812 (BGB LM § 905 BGB Nr. 7).
3. Eingriff in das Eigentum – aber „gedeckt" durch § 905 S. 2: kein Verbietungsrecht; aber nach h. M. Schadensersatzanspruch auch ohne Verschulden.

C. Inhaltsbeschränkung: überwiegendes Eigeninteresse

Hierunter fallen der Notstand nach § 904 (unten Rn. 5 ff.), der Überbau (unten Rn. 11 ff.), der Notweg (unten Rn. 15). Allen Tatbestandsgruppen gemeinsam ist, daß dem Eigentümer wegen des überwiegenden Gegeninteresses des Einwirkenden eine Duldungspflicht auferlegt wird; dieses Sonderopfer aber berechtigt den Eigentümer, den Ausgleich des Schadens zu fordern (Aufopferungsgedanke).

I. Notstand

1. Voraussetzungen

§ 904 schafft eine *Duldungspflicht des „Unbeteiligten":* Weder geht von ihm als Eigentümer ein rechtswidriger Angriff aus (§ 227: Notwehr) noch rührt die akute Gefahr von einer ihm gehörigen Sache her (§ 228: sog. Verteidigungsnotstand). Er muß vielmehr die Einwirkung auf sein Eigentum nur deshalb dulden, weil er Inhaber des Gegenmittels ist, m. a. W. weil durch die Einwirkung auf sein Eigentum eine Gefahr beseitigt werden kann. Freilich stellt das Gesetz – weil eben der Vorgang den Eigentümer eigentlich „gar nichts angeht" – sehr scharfe Anforderungen an die Rechtmäßigkeit des Eingriffs:

a) Die – bewußte und gewollte[1] – Einwirkung muß zur Abwendung einer *gegenwärtigen* Gefahr *notwendig* sein,

b) der von der Gefahr drohende Schaden muß gegenüber dem aus der Einwirkung dem Eigentümer entstehenden *Schaden unverhältnismäßig groß sein.*

---

[1] BGHZ 92, 357 (dazu *Konzen* JZ 1985, 181). – Zur Notstandsproblematik *Schünemann,* Selbsthilfe im Rechtssystem, 1985.

Beispiele:
Zu § 228 (Verteidigungsnotstand): Ein brennendes Haus wird von den Nachbarn eingerissen, um die Ausbreitung des Brandes auf die angrenzenden Grundstücke zu verhindern (s. auch RGZ 134, 387; OGHZ 4, 99).
Zu § 904 (Aggressiver Notstand): Das Haus des A brennt, die Häuser von C, D und E sind gefährdet, können aber gerettet werden, wenn das Haus des B eingerissen wird. Daß das Haus A zum Einsturz gebracht werden kann, ergibt sich schon aus § 228. Daß aber auch B sein Haus opfern muß (von dem keine Gefahr droht), folgt aus § 904.

Nicht erforderlich ist, daß der Schaden gerade dem Einwirkenden droht, § 904 gestattet also auch die *Nothilfe,* die man einem anderen leistet.

In unserem *Beispiel* können also auch Passanten (die Feuerwehr)[1] das Haus des B einreißen.

2. Folgen

a) Rechtmäßigkeit des Eingriffs

6 § 904 *beseitigt die Rechtswidrigkeit des Eingriffs;* wehrt sich der Eigentümer gegen den Eingriff, so handelt er rechtswidrig; seine Abwehr wäre ein rechtswidriger „Angriff", gegen den sich die auf das Eigentum Einwirkenden mit Gewalt wehren könnten (§ 227).

Will B in jener Brandnacht die Feuerwehrleute (oder Nachbarn), die sein Haus einreißen, mit Gewalt vertreiben, so können sie den Widerstand des B gewaltsam brechen. – Beabsichtigt E, eine auf seinem Grundstück gelegene, vom Einsturz bedrohte Brandmauer zu beseitigen, so kann sich A als Nachbar nicht dagegen wehren, selbst wenn möglicherweise sein Haus beschädigt wird. Denn die Gefahr, die den Straßenpassanten bei Stehenbleiben der Brandmauer droht, ist unvergleichlich größer als der Sachschaden, der jetzt vielleicht dem A erwächst (BGH LM § 904 BGB Nr. 3; s. dazu *Schnorr von Carolsfeld* in Festschrift für Molitor (1962) S. 365).

b) Ersatzanspruch

7 Der mit der Duldungspflicht belastete Eigentümer kann „*Ersatz* des ihm entstehenden *Schadens* verlangen", eine Auswirkung des Grundsatzes: „Dulde und liquidiere".

Die Feststellung der *Person des Ersatzpflichtigen* macht dann keine Schwierigkeit, wenn dem Einwirkenden auch der Erfolg der Einwirkung zugute kommen soll. Wie aber dann, wenn Einwirkender und Begünstigter zwei verschiedene Personen sind?

Ein Student S, der spät nachts heimgeht, bemerkt den Geruch ausströmenden Gases. Er schlägt mehrere Fensterscheiben ein und rettet dadurch den bereits bewußtlosen Mieter M. Soll sich der Hauseigentümer E an S („Einwirkender") oder M („Begünstigter") halten können?

8 Nach h. M. *trifft die Haftung den Einwirkenden;*[2] ist er nicht gleichzeitig der Begünstigte, so ist es seine Sache, sich im Innenverhältnis – etwa aus Auftrag (§ 670) oder Geschäftsführung ohne Auftrag (§§ 683, 670) – an diesen zu halten.

---

[1] Sofern diese nicht schon auf Grund öffentlichen Rechts zum Eingriff befugt ist (vergl. BGHZ 20, 290). Dazu auch *Kirchhof* NJW 1978, 969 u. unten Rn. 8 a. E.
[2] *Schwab/Prütting* § 27 II 4; *Jauernig/Jauernig* § 904 Anm. 3 (Rn. 5); *Palandt/Bassenge* § 904 Rn. 5; a. A. zur Haftung des Begünstigten, *Larenz/Canaris* II/2 § 85 I 1 b; *Seiler* in: Staudinger § 904 Rn. 344, auch ausführlich zum Streitstand.

§ 25. Die Inhaltsgestaltung des Grundeigentums d. das Privatrecht   C I § 25

Beispiele: E wird also von S Ersatz für die Fensterscheiben fordern; der Student kann aber von M Ausgleich (Ersatz seiner Aufwendungen: § 670) verlangen. –
Der Bekl. hat 1944/45 von der Garage des Klägers aus einen Luftschutzkeller für sich „und die Nachbarschaft" gebaut. Der Kl. verlangt vom Bekl. Ersatz der Aufräumungskosten usw. Hier kann sich der Bekl. nicht darauf berufen, daß er wesentlich *auch* für andere (nämlich die Nachbarn) tätig geworden sei; dieser Einwand würde auch dann versagen, wenn der Bekl. *ausschließlich* im Interesse der Nachbarn tätig geworden wäre. Eine Ausnahme von diesem Grundsatz hat die Rechtsprechung nur dann zugelassen, wenn der Einwirkende in *einem Abhängigkeitsverhältnis* zu einem bestimmten Auftraggeber tätig geworden war (BGH LM § 904 BGB Nr. 2; BGHZ 6, 103; RGZ 113, 301). Wäre also in unserem Beispiel der Bekl. als Bauunternehmer von den Nachbarn mit dem Bau des Luftschutzkellers beauftragt worden, so würden dem Kläger *nur* die Nachbarn haften.
Man fragt sich unwillkürlich nach dem tragenden Grund für den Satz, daß der Einwirkende, nicht aber der Begünstigte haftet, wo doch der umgekehrte Grundsatz dem Rechtsgefühl mehr entspräche. Die Antwort findet sich leicht, wenn man von der Position des beeinträchtigten Eigentümers ausgeht: für ihn besteht die Duldungspflicht dem Einwirkenden gegenüber; den Ausgleich soll er daher – ohne der oft schwierigen Frage nach dem Begünstigten nachgehen zu müssen – von diesem erhalten; vom Eigentümer aus gesehen ist der Einwirkende von der Norm begünstigt; denn ihm gegenüber versagt das Eigentum. Einwirkungs*recht* und Schadensersatz*pflicht* müssen sonach in aller Regel in ein- und derselben Person zusammenfallen. Dies muß auch dann gelten, wenn der Nothelfer zur Hilfe nach § 323 c StGB verpflichtet war.
Eine ähnliche Regelung gilt im *Polizeirecht.* Wie wir wissen (s. oben § 12 Rn. 30), muß sich die Polizei regelmäßig an den Störer halten. Davon gilt eine Ausnahme bei polizeilichem *Notstand;* liegen seine – im übrigen dem § 904 entsprechenden – Voraussetzungen vor, so kann sich die Polizei auch an Nichtstörer, also an völlig Unbeteiligte wenden (vergl. etwa § 9 bad.-württ. PolG). Es besteht aber dann eine Entschädigungspflicht (§ 55 bad.-württ. PolG), die grundsätzlich von der Anstellungsbehörde des Beamten zu erfüllen ist (§ 56 bad.-württ. PolG). Diese kann sich dann an den Störer halten und von ihm Ausgleich fordern (§ 57 bad.-württ. PolG), es haftet dann letztlich der von der Polizeipflicht Entlastete.

3. Analoge Anwendung

Schließlich ist noch anzumerken, daß § 904 über seinen Wortlaut hinaus   9
auch bei Einwirkungen auf andere Vermögensrechte als das Eigentum an Sachen anwendbar ist (s. dazu *Hubmann* JZ 1958, 489, 490). Ferner ist wie der Eigentümer so auch der Besitzer (etwa ein Pächter) zur Duldung der Einwirkung verpflichtet; ihm steht dann auch der Anspruch auf Ausgleich seines Schadens zu (RGZ 156, 187, 190).

4. Sonderproblem: Kausalität

Besonderes Gewicht hat im Rahmen des § 904 das *Kausalitätsproblem,* nämlich bei Beseitigung ei-   10
ner gemeinen Gefahr, die auch der beeinträchtigten Sache gedroht hat.
Kann in unserem Eingangsbeispiel gegen den Schadensersatzanspruch des B (nach § 904 Satz 2) eingewendet werden, das Haus des B wäre ohnehin von den Flammen ergriffen worden und sei nicht zu retten gewesen? (ähnliches Beispiel: OLG Karlsruhe NJW 1949, 585). Wir haben es hier mit dem umstrittenen Problem der sog. *überholenden Kausalität* zu tun (die schon in Gang gesetzte Kausalität: Brand des Hauses A – Übergreifen des Brandes auf das Haus B ist durch das Einreißen des Hauses B „überholt" worden); s. zu dem Problemkreis den Überblick bei *Fikentscher,* Schuldrecht Rn. 557, und namentlich *von Caemmerer,* Das Problem der überholenden Kausalität im Schadensersatzrecht (1963); *Lange,* Schadensersatz, 2. Aufl. 1990, § 4; *Larenz* I § 30 I; *Mertens,* Der Begriff des Vermögensschadens, 1967; *Niederländer* AcP 153, 41; *Zeuner* AcP 157, 441; OGHZ 1, 308; BGHZ 20, 275; 29, 207; Überblick über die Rechtsprechung s. *Palandt/Heinrichs* Vorbem. vor § 249 Rn. 73ff. Ohne die Problematik dieses Fragenbereichs behandeln zu können, wird für Fälle dieser Art die Frage vom Schadensbegriff her zu lösen sein (so mit Recht *Larenz* aaO); denn wenn das Objekt, auf das der Nothelfer eingewirkt hat, ohnehin vernichtet worden wäre, dann ist der durch den Eingriff nach § 904 Satz 1 verursachte Schaden geringfügig, in vielen Fällen sogar gleich Null.

II. Überbau[1]

1. Grundgedanken

11   Daß jemand bei Errichtung eines Baus die Grenzen seines Grundstücks überschreitet, ist nicht gerade häufig; dem wird durch gut gearbeitete Kataster, durch die Grenzzeichen (Marksteine) zwischen den Grundstücken sowie dadurch vorgebeugt, daß nach den Bauordnungen der Grundriß eines jeden neu zu errichtenden Gebäudes im Gelände durch die amtliche Stellen „eingemessen" werden muß. Dennoch kommen Überbauten bei eng ineinander verzahnten Grundstücken (z. B. in den mittelalterlichen Ortskernen) gelegentlich vor.

Wollte man schlicht den Grundsatz „superficies solo cedit" (§§ 93, 94, 946; s. oben § 3 Rn. 5, 9 f.) anwenden, so würde dies bedeuten, daß der Eigentümer des überbauten Grundstücks auch den „hinübergebauten" Gebäudeteil erwirbt, daß er weiter die Beseitigung des Überbaus als Störung seines Grundeigentums verlangen könnte (§ 1004). Eine solche Lösung wäre – wie auf der Hand liegt – wirtschaftlich nicht gerade sinnvoll, die Abbruchdrohung könnte zu ungerechtfertigten Vorteilen für den beeinträchtigten Grundeigentümer führen.

In Anlehnung an die Grundgedanken des § 904 statuiert daher § 912 eine *Duldungspflicht* des Eigentümers, freilich nicht schlechthin, sondern nur unter den weiteren *Voraussetzungen,* daß *einmal* dem Überbauenden weder Vorsatz noch grobe Fahrlässigkeit zur Last fällt und daß *ferner* der beeinträchtigte Grundeigentümer der Grenzüberschreitung nicht widersprochen hat. Gedanke: bei eigenem Verschulden oder Widerspruch des Nachbarn ist der Überbauende nicht schutzwürdig.

Besteht eine Duldungspflicht, so hat der Überbauende (bzw. sein Rechtsnachfolger) dem Nachbarn das gebrachte Opfer durch eine Rente (Überbaurente) auszugleichen (§§ 912 Abs. 2, 913, 914).

Liegen die Voraussetzungen für eine Duldungspflicht *nicht* vor, so bleibt es bei der Regel der Vertikalteilung auf der Grundstücksgrenze.

(So BGHZ 27, 204; 41, 157; 64, 333, 337; BGH NJW 1982, 756 u. 1985, 789, 791; a. A. *Hodes* NJW 1964, 2382).[2] Zur Frage der Beseitigung des Überbaus (§ 1004) s. BGHZ 62, 388; 105, 202 u. *Staudinger/Gursky* § 1004 Rn. 26/7 m. w. N.

2. Tatbestand

12   Voraussetzung ist, daß der Eigentümer eines Grundstücks (nicht der Pächter: BGHZ 15, 216) über die Grenze des Nachbargrundstücks (gleichgültig ob auf, unter oder über der Erde) gebaut,[3] daß ihn weder Vorsatz noch

---

[1] **Lit.-Hinweis:** Martin *Wolff,* Der Bau auf fremdem Boden (1900); *Bull* AcP 138, 80; *Ebel* AcP 141, 183; *Gollnick* AcP 157, 460; *Ludwig* DNotZ 1984, 541.
[2] Zu den Bedenken gegen die Auffassung des BGH s. *Soergel/J. F. Baur* § 912 Rz. 23 f.
[3] Dabei ist entscheidend, in wessen Namen und wirtschaftlichem Interesse das Gebäude errichtet wurde (BGH NJW 1983, 2022). – S. auch BGHZ 97, 292: Späteres „Neigen" der Grenzmauer.

grobe Fahrlässigkeit getroffen[1] und daß der Nachbar nicht sofort widersprochen hat.[2]

Gleichgestellt sind folgende Fälle:
a) Die beiden Grundstücke gehören zunächst demselben Eigentümer, später wird das eine veräußert (sog. *Eigengrenzüberbau;* RGZ 160, 166; 169, 172; BGHZ 64, 333; 102, 311 u. 110, 298).
b) Der Überbauende verletzt ein *am Nachbargrundstück* bestehendes Erbbaurecht oder eine Dienstbarkeit (§ 916): der Wegeberechtigte kann z. B. sein Wegerecht nicht mehr ausüben.
c) Der Bauende bleibt zwar innerhalb der Grenzen *seines* Grundstücks, überschreitet aber die zugelassenen Bauabstände oder verletzt eine auf *seinem* Grundstück lastende Dienstbarkeit (baut z. B. höher, als ihm nach Landesrecht gestattet ist, oder macht die Benützung eines auf seinem Grundstück ruhenden Wegerechts unmöglich; (BGHZ 39, 5; dazu *Kleindienst* JZ 1963, 633).
d) Gleichgestellt (bezüglich der Eigentumsverhältnisse) auch der Fall des einverständlich erfolgten Überbaus (BGHZ 62, 141) und der Fall, daß ein bebautes Grundstück geteilt wird und später verschiedene Personen Eigentümer der Teile werden (BGHZ 64, 333; 110, 298, 302).

3. Rechtsfolgen

Der Nachbar muß den Überbau[3] nach Art einer Legalservitut (einer durch Gesetz auferlegten Dienstbarkeit) *dulden,* hat also nicht den Beseitigungsanspruch (§ 1004). Der Überbau ist nicht wesentlicher Bestandteil des überbauten Grundstücks (§ 95 Abs. 1 Satz 2 entsprechend), sondern des Grundstücks, von dem aus hinübergebaut wurde, des „Stammgrundstücks" (BGH NJW 1985, 789), der Überbauende ist also *Eigentümer* auch dieses Gebäudeteils.

Die als Ausgleich für das Opfer zu gewährende *Rente* lastet auf dem Grundstück, von dem aus überbaut wurde (BGH in LM § 912 BGB Nr. 1), zugunsten des jeweiligen Eigentümers des überbauten Grundstücks (subjektiv dinglich), § 913; das Rentenrecht geht allen übrigen Rechten am Grundstück vor (§ 914 Abs. 1), ist nicht eintragbar (§ 914 Abs. 2) und ähnelt einer subjektiv dinglichen Reallast (§ 914 Abs. 3). Der Rentenberechtigte kann jederzeit verlangen, daß der Rentenpflichtige ihm den überbauten Teil seines Grundstücks *abkauft* (§ 915).

4. Einzelfragen

Durch die Überbaurente nach § 912 soll der Streit über den jeweiligen Wert der überbauten Fläche abgeschnitten werden (beachte § 912 Abs. 2 Satz 2! § 323 ZPO ist also nicht anwendbar); dieser Gesichtspunkt schließt aber den Schadensersatzanspruch des Grundeigentümers gegen den für den Überbau verantwortlichen Bauunternehmer nicht aus (BGH NJW 1958, 1288).
Einigen sich die Parteien über die Höhe der Rente nicht, so entscheidet das Gericht (zu ihrer Bemessung s. BGHZ 57, 305; 65, 395). In beiden Fällen wirkt die Festsetzung nur inter partes; auf Rechtsnachfolger erstreckt sie sich nur, wenn sie im Grundbuch eingetragen ist (§ 914 Abs. 2 Satz 2).[4]

---

[1] Zu der umstrittenen Frage, ob der Überbauende für ein Verschulden seiner Leute einzustehen hat, s. oben § 5 Rn. 17.
[2] Dazu BGHZ 59, 191.
[3] Aber nicht seine spätere Aufstockung (BGHZ 64, 273).
[4] Dazu auch BGH NJW 1983, 1112: Rente auch, wenn der Rechtsvorgänger dem Überbau zugestimmt hatte, der Verzicht auf die Rente aber nicht eingetragen war (§ 914 Abs. 2 S. 2).

III. Der Notweg

15 Auch hier ist für die gesetzliche Regelung (§§ 917, 918) der Gedanke des Sonderopfers wegen überwiegender Einwirkungsinteressen (Notwendigkeit des Zugangs zu einem öffentlichen Weg) charakteristisch; auch hier wird das Sonderopfer durch eine Rente abgegolten (§ 917 Abs. 2).

Wegen der Einzelheiten s. das Gesetz u. *Säcker/Paschke* NJW 1981, 1009; *Figge* AcP 160, 409; *Stollenwerk,* Das Notwegerecht und seine Bedeutung, DWW 1992, 238 ff. *Beispielsfälle:* BGHZ 75, 315; BGH NJW 1954, 1321 und 1964, 1321; BGH LM § 917 Nr. 2 (Zufahrt zu einem Alpengasthof); BGHZ 31, 159 (Umfang des Notwegrechts); BGH LM § 917 BGB Nr. 3 (Duldung eines unterirdischen Abwässerkanals); BGHZ 36, 187 (prozessuale Fragen); BGH NJW 1963, 1917 (Entschädigungsfragen); BGHZ 79, 307 (Verlegung eines Wegs); BGHZ 94, 160 (Rente nur, wenn der Notweg „verlangt" wurde); BGHZ 113, 32 ff. (zur Bemessung der Notwegerente).

D. Das Nachbarrecht[1]

Zur Einführung

16 Das Nachbarrecht, das in wesentlichen Teilen Immissionsrecht („Einwirkungsrecht") ist, bietet dem Verständnis erhebliche Schwierigkeiten. Sie beruhen vor allem auf der Gemengelage von öffentlichem und privatem Recht. Zur Einführung ein Beispiel aus der Rspr. des BGH, die sog. Tennisplatzentscheidung (BGH NJW 1983, 751) mit einigen Abwandlungen: Das Wohnhaus der Kl. war 1971 errichtet und 1973 bezogen worden. Unmittelbar daneben wurden 1974/5 auf Grund eines rechtskräftigen Bebauungsplans Tennisplätze errichtet. Die Kl. klagt auf Einstellung des Spielbetriebs auf Grund von § 1004 BGB.
(1) Steht dem Erfolg der Klage die Planungsentscheidung der Behörde entgegen?
(2) Stünde eine ausdrückliche Errichtungsgenehmigung (bezgl. der Spielplätze) entgegen?
(3) Wie wäre zu entscheiden, wenn die Kl. zunächst sich an die Behörde gewandt hätte und diese (und das Verwaltungsgericht) zum Nachteil der Kl. entschieden hätte mit der Begründung, die Belästigung durch das Tennisspiel sei nicht wesentlich. Wäre das Zivilgericht daran gebunden?
(4) Wie wären die gestellten Fragen zu beantworten, wenn auf dem Platz die Fahrbereitschaft der Polizei (mit Fahrbetrieb bei Tag und Nacht) eingerichtet worden wäre?
Ich hoffe, daß sich schon aus diesem Sachverhalt das Spannungsverhältnis von öffentlichem und privatem Recht im Bereich des Nachbarrechts erahnen läßt und damit die folgenden Ausführungen leichter verständlich werden.

---

[1] **Lit.-Hinweis:** *Bälz,* Rücksichtspflichten kraft sozialer Nähe – zur Dogmatik des § 906 BGB, FS Kübler, 1997, 355; Jürgen F. *Baur* GS f. Martens, 1987, 546 (Doppelgleisigkeit d. Nachbarschutzes); F. *Baur* JA 1987, 105 (Entwicklungstendenzen); *ders.* in JZ 1974, 657 (= *Baur,* Beitr. II 61); *Bayer/Lindner/Grzimetz,* Bayer. Nachbarrecht, 2. Aufl., 1994; *Bender/Dohle,* Nachbarschutz im Zivil- und Verwaltungsrecht, 1972; *P. Bitzer,* DZWir 1995, 367 ff.; *Dehner,* Nachbarrecht, 7. Aufl., 1991 ff. (Loseblattausg.); *Diederichsen,* FS für R. Schmidt, 1976, 1; *Forkel,* Immissionsschutz und Persönlichkeitsschutz, 1967; *Fritz,* NJW 1996, 573 ff.; *Gerlach,* JZ 1991, 94 f.; *Hermann, E.* NJW 1997, 153 ff.; *Jarass,* VVDStRL 50, 238 ff. (Vorgaben des Verwaltungsrechts für das private Nachbarrecht); *Jauernig,* JZ 1986, 605 (Zivilrechtl. Schutz des Grundeigentums); *Kleindienst,* D. privatrechtl. Immissionsschutz nach § 906 BGB, 1964; *Kleinlein, D.* System des Nachbarrechts, 1987; *Kunig,* GS f. Martens, 1987, 599; *Lang,* AcP 174, 381 (Immissionsschutz rechtsvergleichend); *Laufke,* Bemerkungen zum Nachbarrecht, in FS für Lange, 1970, 275; *Marburger,* Zur Reform des § 906 BGB, FS für Ritter, 1997, 901; *Mittenzwei,* MDR 1977, 99 (Ortsüblichkeit – Umweltverträglichkeit); *Mosich,* Das Grundeigentum u. seine Begrenzung nach §§ 905 u. 906 BGB, JherJb. 80, 255; *Mühl* FS f. Raiser (1974), 159; *ders.,* FS für Fritz Baur, 1981, 83 (Nachbarrecht: privat- u. öffentlichrechtlich); *Papier,* NJW 1974, 1797 (öff. Immissionen); *Peine* JuS 1987, 169 (öff. u. priv. Nachbarrecht); *Pleyer,* JZ 1959, 305; *Schapp,* Das Verhältnis von privatem und öffentlichem Nachbarrecht, 1978 (dazu *Mühl* AcP 180, 300); *Schlechtriem,* FS für Gernhuber, 1993, 407; *Staudinger/Roth,* Bemerkungen zu § 906; *Westermann,* Die Funktion des Nachbarrechts, FS für Larenz, 1973, 1003 ff.

I. Die Konzeption des Nachbarrechts

1. Funktion

Das Nachbarrecht soll ein möglichst friedliches Zusammenleben der Nachbarn sichern; es gilt nicht nur für das Verhältnis mehrerer Grundeigentümer untereinander, sondern auch für die nachbarschaftlichen Beziehungen zwischen Eigentümern und Grundstücksbesitzern (z.B. Mietern) und auch zwischen Besitzern untereinander (§ 862; BGH LM § 906 BGB Nr. 1). Das Gesetz begnügt sich nicht mit einem Hinweis auf die ausgleichende Funktion des Richters, sondern bemüht sich, in den §§ 906 ff. allgemein gültige Regeln aufzustellen. Ihr Ausgangspunkt ist die in § 903 statuierte umfassende Dispositions- und Ausschließungsbefugnis des Eigentümers und die ihr entsprechende Sanktionsnorm des § 1004: der Eigentümer kann also jede Beeinträchtigung verhindern, die ihn in seinem Eigentum stört, andererseits kann er auf seinem Grundeigentum schalten und walten, wie er will.

Daß sich diese beiden Maximen häufig nicht vertragen werden, liegt auf der Hand: der volle Eigentumsgenuß des einen würde den anderen in seiner Eigentumsnutzung stören.

Wer um Mitternacht in seinem Garten Waldhorn bläst, erfreut sich der Idylle seines Gartens, stört aber erheblich die Ruhe, die der Nachbar sucht.

2. Lösungsansätze für Interessenkollisionen

Aufgabe des Gesetzes ist also eine vernünftige *Abgrenzung* der beiderseitigen Rechte und Pflichten. Technisch bewältigt das Gesetz diese Aufgabe, indem es den Anspruch des Eigentümers nach § 1004 in gewissen Fällen *beschränkt* (s. dazu Rn. 19), z.B. bei unwesentlichen Einwirkungen, in anderen Fällen – bei überwiegendem Abwehrinteresse – *betont* (s. dazu Rn. 20). Mit dieser Beschränkung oder Betonung der actio negatoria ist dann indirekt der freie Nutzungsrahmen des anderen Nachbarn abgesteckt, soweit diese Nutzung Wirkungen nach außen hat.

Die Beschränkungen, die sich aus § 906 BGB ergeben, gelten auch dann, wenn der Beeinträchtigte seinen Anspruch nicht auf Eigentum gründet, sondern z.B. auf die Störung seines Besitzes oder seines eingerichteten und ausgeübten Gewerbebetriebs.

a) *Eingeschränkt* werden die Rechte des Eigentümers aus §§ 903, 1004 bei der Immission von „Imponderabilien", wenn sie unwesentlich (§ 906 Abs. 1) oder ortsüblich und durch geeignete Maßnahmen nicht zu verhindern sind (§ 906 Abs. 2).[1] Imponderabilien sind nicht wägbare Einwirkungen, wie sie beispielhaft in § 906 Abs. 1 aufgeführt sind. Mit dieser Vorschrift macht das Gesetz ein nachbarliches Zusammenleben überhaupt erst möglich, indem es die Belange allzu Empfindsamer unbeachtet läßt, andererseits aber das unbekümmerte Gebaren Rücksichtsloser verurteilt.

---

[1] Das ist zunächst eine grobe, nicht ganz exakte Kennzeichnung.

§ 25 D I   III. Abschnitt. Liegenschaftsrecht

„Unwesentliche Beeinträchtigungen" (§ 906 Abs. 1): Die Ölheizung des Nachbarhauses verursacht bei diesigem Wetter gelegentlich einen schwachen Ölgeruch – die Kinder des Nachbarn üben nachmittags auf dem Klavier.
„Wesentliche, aber ortsübliche und durch geeignete Maßnahmen nicht zu verhindernde Beeinträchtigungen" (§ 906 Abs. 2): Das Wohnhaus des E liegt in einem Industriegebiet; E leidet unter dem unvermeidbaren Lärm der Maschinen oder dem Ruß aus den Schornsteinen – Der landwirtschaftliche Betrieb des E liegt neben einem großen chemischen Werk; die Abgase verhindern – trotz aller technischer Bemühungen – bestimmte landwirtschaftliche Kulturen.

20 b) Eine *Betonung* der Rechte des beeinträchtigten Eigentümers bringen
§ 906 Abs. 3: Imponderabilien (z. B. Gase, Dämpfe) – selbst unwesentliche oder übliche – dürfen niemals *durch eine besondere Leitung* dem Nachbargrundstück zugeführt werden,
§ 907: die Errichtung „störender Anlagen" kann verboten, die Beseitigung schon vorhandener verlangt werden, auch wenn eine Einwirkung auf das Nachbargrundstück noch nicht erfolgt ist (s. unten Rn. 40),
§ 908: Maßnahmen gegen drohenden Einsturz des Nachbargebäudes,
§ 909: Maßnahmen gegen Vertiefung des Nachbargrundstücks (s. unten Rn. 41),
§ 910: Selbsthilferecht bei Überhang von Zweigen und dgl.
§ 911: Rechtslage bei Überfall von Früchten.

21 c) Man kann sich also als *Faustregel* merken: Regelmäßig kann der Eigentümer Einwirkungen (Immissionen) jeder Art auf sein Eigentum verhindern; davon macht das Gesetz eine Ausnahme bei nicht wägbaren Immissionen, sofern sie unwesentlich oder zwar wesentlich, aber ortsüblich und nicht zu vermeiden sind.

Die Freude über diesen recht umfassenden Schutz des Eigentums wird freilich getrübt durch die Erkenntnis, daß der Eigentümer gegenüber Immissionen der *öffentlichen Gewalt* wenig geschützt ist, ja daß er sogar die Immissionen solcher *privater* Betriebe dulden muß, die von der zuständigen Behörde genehmigt sind (§ 14 BImSchG; s. unten Rn. 30 ff.).

3. Die Bedeutung von Dienstbarkeiten

22 In Zusammenhang mit dem Nachbarrecht muß auf eine besondere Funktion der *Grunddienstbarkeit* und *beschränkten persönlichen Dienstbarkeit* hingewiesen werden: beide können einer *konkreten Ausgestaltung* der Nachbarschaftsverhältnisse dienen, sei es daß das Maß der zulässigen Immissionen erweitert, sei es daß es beschränkt wird; rein schuldrechtliche Vereinbarungen werden damit „verdinglicht" und – bei der Grunddienstbarkeit – „verewigt".[1]

Beispiele: Mehrere Grundstückseigentümer sind übereingekommen, auf ihren Grundstücken vice versa eine Grunddienstbarkeit eintragen zu lassen, wonach eine Gastwirtschaft nicht betrieben werden darf. Eine solche darf künftig auch dann nicht eingerichtet werden, wenn von ihr überhaupt keine Immissionen auf das „herrschende Grundstück" ausgehen.
Eine Siedlungsgesellschaft parzelliert Gelände. Ein Eckgrundstück ist als Tankstelle und Reparaturwerkstätte vorgesehen. Zugunsten dieses Grundstücks läßt sie – als sie noch Eigentümer aller Grundstücke ist (Eigentümergrunddienstbarkeit: RGZ 160, 166; ähnlich BGHZ 41, 209) – eine Grunddienstbarkeit auf den benachbarten Grundstücken eintragen, wonach deren Eigentümer nicht

---

[1] Siehe dazu *Westermann* in „Bauliches Nachbarrecht" (1954) S. 40.

befugt sind, gegen Immissionen aus dem KFZ-Betrieb, die das Maß des § 906 übersteigen, vorzugehen.[1]

4. Geltungsbereich

Das im folgenden zu erörternde Immissionsrecht gilt *im privatrechtlichen Bereich*. Gehen nachbarrechtliche Beeinträchtigungen von *öffentlichrechtlichen Betätigungen* des Staates, der Gemeinden usw. aus, so kommen als Schutzrechte der öffentlichrechtliche Unterlassungs- und Beseitigungsanspruch (BGHZ 72, 289, 293; BVerwG NJW 1989, 121 u. OVG Münster NJW 1984, 1982) und die Ersatzansprüche aus enteignendem und enteignungsgleichem Eingriff (s. oben § 13 Rn. 16ff.) in Betracht. 23

Freilich wird auch hier § 906 Abs. 2 entsprechend angewendet. Auch ist die Abgrenzung zwischen einer privatrechtlichen u. einer öffentlichrechtlichen Immission häufig zweifelhaft, so z.B. wenn der Anlieger einer Autobahnbaustelle durch die Staubentwicklung in der landwirtschaftlichen Nutzung seines Grundstücks beeinträchtigt wird.[2] Daher ist es angebracht, im folgenden auch öffentlichrechtliche Immissionstatbestände zu erörtern. 24

Übersicht 16

Inhalt des § 906

I. Duldungspflicht des Eigentümers:	II. Keine Duldungspflicht des Eigentümers:	III. Ausgleichsanspruch in Geld des Eigentümers:
1. bei unwesentlichen „Imponderabilien"	1. bei „Ponderabilien" BGHZ 28, 225: Steinbrocken	1. bei wesentlichen, ortsüblichen, sofern durch geeignete zumutbare Maßnahmen nicht verhinderbar (§ 906 II 2)
2. bei wesentlichen ortsüblichen, sofern durch geeignete zumutbare Maßnahmen nicht verhinderbar (aber III 1!)	2. bei wesentlichen, nicht ortsüblichen	2. bei genehmigten gefährlichen Betrieben (§ 14 BImSchG)
3. bei genehmigten gefährlichen Betrieben (aber III 2!) § 14 BImSchG	3. bei wesentlichen, ortsüblichen, sofern durch geeignete Maßnahmen verhinderbar	

II. Immissionsrecht

Sedes materiae ist § 906 Abs. 1 u. 2. Eine Duldungspflicht besteht nur, wenn es sich um Einwirkungen bestimmter Art („Imponderabilien") handelt (s. unten Rn. 26) und wenn diese nicht wesentlich (Rn. 27) *oder* ortsüblich und durch technische Maßnahmen nicht zu verhindern sind (Rn. 28, 29). Eine über den Rahmen des § 906 hinausgehende Duldungspflicht ergibt sich schließlich aus § 14 BImSchG (unten Rn. 30ff.). 25

---

[1] S. ferner BGH NJW 1970, 856; OLG Frankfurt RPfleger 1975, 59; OLG Hamm DNotZ 1986, 626 u. unten § 33 Rn. 9ff., 13ff.
[2] Weiteres instruktives Beispiel BGHZ 91, 20 = BGH NJW 1984, 1876.

1. Imponderabilien

26 Das Gesetz zählt in § 906 Abs. 1 eine Reihe solcher Einwirkungen ohne den Anspruch einer abschließenden Regelung („ähnliche Einwirkungen") auf. Kennzeichnend sind folgende Gesichtspunkte:

a) „Wägbare" feste Körper (sog. grob-körperliche Immissionen) fallen *nicht* unter die Duldungspflicht.

So etwa Steinbrocken bei Sprengungen (BGHZ 28, 225); herabfallendes Schrotblei aus benachbarter Schießanlage (BGHZ 111, 158); s. aber unten Rn. 37.

b) Die Einwirkung muß von einem anderen Grundstück oder einer auf ihm errichteten Anlage ausgehen; unmittelbare Nachbarschaft ist nicht erforderlich (RGZ 105, 213, 216).

Siehe die interessanten Beispielsfälle BGHZ 111, 63 (Lärm, der von einem Volksfest ausgeht; s. a. BGHZ 41, 264) und BGH NJW 1980, 770 (Krähenfall); chemische Pflanzenschutzmittel (BGHZ 90, 255).

c) § 906 Abs. 1 sagt weiter, daß die Einwirkung „zugeführt" werden muß; hieraus entnimmt die Rechtsprechung, daß *negative* Einwirkungen (wie Entzug der Aussicht, Versperren von Licht und Luft, Behinderung des Zugangs durch Bauzaun, vgl. etwa RGZ 98, 15) ebenso hingenommen werden müssen wie ideelle Einwirkungen[1] (z.B. RGZ 76, 130; BGHZ 95, 307: Bordellbetrieb oder Nacktbad; BGHZ 51, 396 = JZ 1969, 431 m. Anm. *Baur*: Lagerung von Baumaterialien in einem Wohngebiet; BGHZ 54, 56: Abstellen von Schrottfahrzeugen; ferner BGHZ 88, 344: „Abschatten" von Funkwellen durch ein Hochhaus; dazu *Mühl* JZ 1984, 850 u. *Jauernig* aaO).

Ausgangspunkt der Überlegungen muß sein, ob solche negativen oder ideellen Eigentumsbeeinträchtigungen unter §§ 903, 1004 fallen; bejahendenfalls muß geprüft werden, ob die Voraussetzungen vorliegen, unter denen sie nach § 906 hingenommen werden müssen. Dann wird man zu der Feststellung kommen, daß die eigentliche Problematik in §§ 903, 1004, nicht in § 906 liegt (Liegt im Eigentum ein Recht auf Beibehaltung der Aussicht? Antwort: grundsätzlich nein! Ist das Treiben in einem dem Grundstück gegenüber liegenden Bordell eine Beeinträchtigung? m. E. sicher ja!).[2]

Halten wir fest:
Als Einwirkungen (die bei Unwesentlichkeit hingenommen werden müssen), kommen nur solche in Betracht, die sich erfahrungsgemäß aus dem nachbarschaftlichen Verhältnis mehrerer Grundstücke ergeben können.

2. Unwesentliche Beeinträchtigungen

27 Solche Einwirkungen sind zu dulden, wenn sie „die Benutzung des Grundstücks nicht oder nur unwesentlich beeinträchtigen", § 906 I. Nach früher

---

[1] Dazu *Jauernig* JZ 1986, 606.
[2] So auch AG Münster NJW 1983, 2886 und die überwiegende Meinung in der Lit.; s. *Künzl* NJW 1984, 774 m. w. N. und *Staudinger/Gursky* § 1004 Rn. 55–58; *Manfred Wolf* NJW 1987, 2647, 2648; a. A. BGHZ 95, 307. Zu dem Zusammenhang zwischen Eigentums- und Persönlichkeitsschutz s. bes. *Forkel* aaO, dort S. 47 ff. auch beifallswerte Ausführungen zur *personellen* Erweiterung des Immissionsschutzes; *Beyer* aaO S. 45 ff.; *Grunsky* JZ 1970, 782 und JurA 1970, 412 ff.; *Baur* in Gedächtnisschrift für Michelakis, 1973, 59 ff. (= Baur Beitr. II 154).

§ 25. Die Inhaltsgestaltung des Grundeigentums d. das Privatrecht **D II § 25**

herrschender Rechtsprechung kam es auf das Empfinden eines „normalen Durchschnittsmenschen" an (BGHZ 111, 63, 65 im Anschluß an *Wolff/ Raiser*, § 53 II 1). Diese Rechtsprechung hat BGHZ 120, 239, 255 aufgegeben. Die Wesentlichkeit bzw. Unwesentlichkeit der Beeinträchtigung soll nunmehr in „wertender Abwägung" vorgenommen werden. Entscheidend ist deshalb nicht mehr das Empfinden eines „normalen", sondern eines „verständigen" und deshalb abwägenden Durchschnittsmenschen. Auf diese Weise fließen in die Abwägung nunmehr umweltschutzrechtliche Wertungen ein, welche dem geänderten Umweltbewußtsein der Bevölkerung Rechnung tragen (*Vieweg* NJW 1993, 2520, 2522). Dies gilt etwa für die Beurteilung von Naturlärm durch Froschgequake (BGHZ 120, 239, 255) oder von Unkrautsamenflug (OLG Düsseldorf, OLGZ 1993, 451).

Von Bedeutung für die Beurteilung der Wesentlichkeit sind ferner nach § 906 I, 2 n. F. die in Gesetzen oder Rechtsvorschriften sowie in Verwaltungsvorschriften nach § 48 BImSchG festgelegten Grenz- oder Richtwerte. Sind diese Werte eingehalten, so liegt in der Regel eine unwesentliche Beeinträchtigung vor. Auch insoweit ist die Beurteilung der Wesentlichkeit dem subjektiven Empfinden der betroffenen Durchschnittsbürger entzogen worden, verobjektiviert worden (vgl. im Ansatz bereits vor § 906 n. F. BGHZ 111, 63: die „Hinweise zur Beurteilung der durch Freizeitanlagen verusachten Geräusche" können als Entscheidungsgrundlage bei der Beurteilung von Volksfestlärm herangezogen werden).

Typische wesentliche Beeinträchtigungen sind etwa:
Der von einem Materiallager ausgehende Lärm für die Bewohner eines Einfamilienhauses (BGHZ 51, 396), ebenso der Lärm nächtlicher Bauarbeiten in einem Miethaus (BGH LM § 906 BGB Nr. 1; BGHZ 38, 61), die Geräusche einer nachts arbeitenden Zeitungsdruckerei (BGH JZ 1956, 346; dazu *Kerst* NJW 1964, 181), der Lärm eines Volksfestes (BGHZ 111, 63), die Musikdarbietungen einer Freilichtbühne (BGH JZ 1969, 635), die Geruchseinwirkungen durch eine gewerbliche Schweinemästerei (BGHZ 48, 31 = *Baur*, E. Slg. Fall 14; BGHZ 67, 252) und der Lärm eines Tennisplatzes (BGH NJW 1983, 751).[1] Sehr problematisch OLG Köln NJW 1998, 763: „behindertentypischer" Lärm; hierzu *Wassermann* NJW 1998, 730 und *Lachwitz* NJW 1998, 881.

3. Wesentliche ortsübliche Beeinträchtigungen

Auch eine *wesentliche* (!) Beeinträchtigung muß hingenommen werden, **28** wenn sie durch eine *ortsübliche* Benutzung des anderen Grundstücks herbeigeführt wird „und nicht durch Maßnahmen verhindert werden kann, die Benutzern dieser Art wirtschaftlich zumutbar sind" (§ 906 Abs. 2 Satz 1). Das Gesetz will damit sagen: Jedes Grundstück ist in eine bestimmte Umgebung eingebettet (Industrieviertel – Landhausgebiet – landwirtschaftliche Gegend usw.). Einwirkungen, die sich aus einer solchen Lage ergeben, müssen – auch wenn sie wesentliche sind – hingenommen werden; sie sind eben ortsüblich (zur Bedeutung gesetzlicher Wertungen, z.B. von Lärmschutzverordnungen, BGHZ 111, 63ff., 68). Freilich ist diese Duldungspflicht nicht unbeschränkt: Auch wesentliche ortsübliche Immissionen brauchen nicht geduldet zu wer-

---

[1] Dazu mit umfangreichen Nachweisen in Fn. 20 *Soergel/J. F. Baur* § 906 Rn. 9ff.; s. auch BVerwG NJW 1989, 1291 bei Sportlärm.

den, wenn sie durch wirtschaftlich zumutbare, technische Maßnahmen verhindert werden können (§ 906 Abs. 2 Satz 1).

Der Zweck dieser Regelung leuchtet angesichts der Lärmfreudigkeit „moderner" technischer Einrichtungen, der Luftvergiftung usw. ohne weiteres ein. Zu beachten ist, daß es für die wirtschaftliche Zumutbarkeit einer Abwehrmaßnahme nicht auf die Verhältnisse des konkreten beeinträchtigenden Betriebs, sondern auf die wirtschaftliche Leistungskraft von Betrieben „dieser Art" ankommt. Verlangt werden also: technische Möglichkeiten und Wirksamkeit der Abwehrmaßnahme – generelle wirtschaftliche Zumutbarkeit.

4. Ausgleichsanspruch

29   In zahlreichen Fällen ist eine wesentliche Einwirkung ortsüblich und durch technische oder sonstige Maßnahmen nicht zu verhindern: Der betroffene Eigentümer muß sie dulden. Dann aber kann der *Aufopferungsgedanke* Platz greifen: Wird der betroffene Eigentümer in der Nutzung seines Grundstücks „über das zumutbare Maß hinaus beeinträchtigt" (nicht notwendig in seiner Existenz vernichtet oder gefährdet!), dann kann er von dem Benutzer[1] des anderen Grundstücks einen *„angemessenen Ausgleich"* fordern (§ 906 Abs. 2 Satz 2: *nachbarrechtlicher Ausgleichsanspruch*). Ein nachbarrechtlicher Ausgleichsanspruch (analog § 906 II S. 2) kommt aber auch dann in Frage, wenn der betroffene Grundstückseigentümer gegen die Beeinträchtigung aus tatsächlichen Gründen nicht rechtzeitig vorgehen konnte (s. dazu *Soergel/J. F. Baur* § 906 Rn. 111 ff.). Beispiele: Kontaminierung von Grundstücken durch Zufuhr von chemischen Unkrautvernichtungsmitteln (BGHZ 90, 255, 262); Beeinträchtigung durch Herabfallen von Schrotblei aus benachbarten Schießanlagen (BGHZ 111, 158, 162; siehe auch BGH NJW 1990, 3195).

Bei Immissionen, die von der öffentlichen Hand ausgehen (z. B. Straßenbau) kann im Einzelfall zweifelhaft sein, ob Rechtsgrundlage der Entschädigung der privatrechtliche nachbarrechtliche Ausgleichsanspruch *oder* ein öffentlich-rechtlicher Entschädigungsanspruch (s. oben § 13 Rn. 14 ff.) ist (BGHZ 48, 98; 54, 384; 57, 370; 70, 212; 72, 289; dazu *Jauernig* JZ 1986, 605, 611(2)). In beiden Fällen steckt aber § 906 die Grenzen der entschädigungslos zu duldenden Immissionen ab (BGH aaO u. NJW 1973, 326; s. auch unten Rn. 33).

5. § 14 BImSchG

a) Inhalt

30   Eine über § 906 Abs. 1 und 2 hinausreichende Duldungspflicht enthält § 14 BImSchG. Gewisse gefährliche oder die Umwelt beeinträchtigende Anlagen bedürfen behördlicher Genehmigung; für sie ist kennzeichnend, daß sie „auf Grund ihrer Beschaffenheit oder ihres Betriebs in besonderem Maße geeignet sind, schädliche Umwelteinwirkungen hervorzurufen oder in anderer Weise

---

[1] Zum Begriff des „Benutzers" in diesem Sinn s. BGHZ 62, 186: das Zementwerk, das vermehrte Straßenbaukosten verursacht; BGHZ 62, 361: der Nachbar, der mit behördl. Genehmigung den Gehsteig vor dem Geschäft des Klägers als Ablage für Baumaterial usw. benutzt; BGH LM § 906 BGB Nr. 29: nicht der durch den „Eingriff" Begünstigte, sondern der Störer; aber BGH NJW 1966, 42: nicht der Bauunternehmer, der auf dem Grundstück ein Bauwerk errichtet! – Verjährung dieses Anspruchs in 30 Jahren (str.).

die Allgemeinheit *oder die Nachbarschaft* zu gefährden, erheblich zu benachteiligen oder erheblich zu belästigen" (§ 4 BImSchG). Diese Besorgnis führt zu einem Genehmigungsverfahren, in dem – gewissermaßen vorbeugend[1] – auch die nachbarrechtlichen Verhältnisse berücksichtigt werden; die Nachbarn können Einwendungen geltend machen (§ 10 Abs. 3, 6, 7, 10; § 9 BImSchG), werden also zu dem Verfahren zugezogen; ihnen steht auch die verwaltungsgerichtliche Klage zu.[2]

Ist die Genehmigung erteilt, so kann auf Grund der §§ 903, 906, 1004 *nicht* mehr die Einstellung des genehmigten Betriebs, sondern nur noch die Errichtung schützender Vorkehrungen oder Schadensersatz beansprucht werden (§ 14 BImSchG); Verschulden des Betriebsinhabers ist nicht Voraussetzung des Schadensersatzanspruchs.

b) Zweck

Man fragt sich unwillkürlich nach dem Grund dieser Regelung: warum soll ein sog. genehmigter Betrieb gegen Beseitigungs- und Unterlassungsansprüche aus dem Nachbarrecht gefeit sein? Die Meinung, daß hier eben ein obrigkeitlicher Akt vorliege, der durch ein Urteil des Zivilgerichts nicht wieder in Zweifel gezogen werden dürfe, bleibt an der Oberfläche. Der tiefere Grund liegt darin, daß die Immissionsfrage vorweg geprüft werden soll und zur Erteilung oder Verweigerung der Genehmigung führt. Diese Vorwegnahme bedeutet nicht nur einen Schutz der Allgemeinheit und der Nachbarn, sondern verhindert auch, daß später einmal geschaffene wirtschaftliche Werte wieder – auf ein Urteil des Zivilgerichts hin – vernichtet werden müssen.

Freilich hat dieses Verfahren auch seine Schwächen für den beeinträchtigten Nachbarn: Zwar kann die *Genehmigungsbehörde* auch nach Erteilung der Genehmigung Anordnungen zum Schutz der Allgemeinheit treffen (§ 17 BImSchG), sie kann auch unter gewissen Voraussetzungen die Stillegung des Betriebs verlangen (§ 20 BImSchG) oder die Genehmigung widerrufen (§ 21 BImSchG), die beeinträchtigten Nachbarn aber können *auf dem Zivilrechtsweg* nur schützende Vorkehrungen oder Schadensersatz verlangen (§ 14 BImSchG). Im übrigen sind sie darauf angewiesen, die Behörden zum Einschreiten zu veranlassen.

Der Vorteil der gesetzlichen Regelung besteht in der erheblich weiten Fassung der Genehmigungsvoraussetzungen, in der eben geschilderten Möglichkeit nachträglichen Einschreitens der Behörden, ferner in der Einbeziehung nicht genehmigungsbedürftiger, aber doch schädlicher Anlagen (sog. Kleinemittenten, §§ 22–25 BImSchG), schließlich – und nicht zuletzt – darin, daß auch die Anlagen der öffentlichen Hand diesen Vorschriften unterliegen, sofern sie nicht dem Hoheitsbereich (z.B. Militärflugplatz) angehören (s. §§ 2 Abs. 2, 60 BImSchG; BGHZ 59, 378; 91, 20).

---

[1] Ebenso BVerwGE 28, 131.
[2] S. dazu *Jarass* NJW 1983, 2844 u. JuS 1984, 351; *Ortloff* NJW 1983, 961.

§ 25 D II   III. Abschnitt. Liegenschaftsrecht

Beispiel: In einem Gebiet, in dem sich bisher nur Wohnhäuser und kleinere gewerbliche Betriebe fanden, will die X AG eine chemische Fabrik (Herstellung von schmerzlindernden Tabletten) errichten. Sie bedarf dazu der Genehmigung (§ 4 BImSchG). In dem Verwaltungsverfahren wenden die Nachbarn ein, ihre Grundstücke verlören an Wert, außerdem seien schädliche Abgase zu befürchten. Der erste Einwand schlägt nicht durch, den zweiten weiß die X AG mit Hilfe entsprechender Gutachten zu beseitigen. Die Behörde erteilt die Genehmigung (zumal die Gemeinde wegen der Gewerbesteuereinnahmen dauernd drängt!), die verwaltungsgerichtliche Klage der Nachbarn bleibt erfolglos. Stellt sich später heraus, daß wesentliche, nicht ortsübliche Gerüche alle Nachbarn belästigen, so können diese nur auf technische Abhilfe – soweit diese möglich und wirtschaftlich vertretbar ist – klagen, sonst nur auf Schadensersatz. Dieser aber besteht in Geld; es wird ein „Surrogat" geliefert, das die Nachteile nicht ausgleichen kann, abgesehen davon, daß der Nachweis des Schadens in solchen Fällen meist schwierig sein wird. Die Behörde freilich kann auch jetzt noch – nach erteilter Genehmigung – eingreifen.
Darstellung der Haftung nach § 14 BImSchG in BGHZ 102, 350 (keine Haftung der öff. Hand für „emittentenferne" *Waldschäden*; dazu *Dörr* JuS 1988, 733; s. a. § 27 Rn. 57 und § 13 Rn. 17).

c) Anwendungsbereich

32 § 14 BImSchG gilt nur bei Betrieben, die nach §§ 4ff. BImSchG wegen ihrer „Gefährlichkeit" einer Genehmigung bedürfen,[1] nicht bei anderen Betrieben, die aus sonstigen – z.B. baupolizeilichen – Gründen unter Genehmigungszwang gestellt sind (Beispielsfall: BGH NJW 1959, 2013).
Der oben geschilderte Einbruch in die zivilrechtliche Abwehrstellung des beeinträchtigten Grundeigentümers vertieft sich noch dadurch, daß
einmal § 14 *BImSchG* (= früher § 26 GewO) landesrechtlich auf „Eisenbahn-, Dampfschiffahrts- und ähnliche Verkehrsunternehmungen" erstreckt werden kann (Art. 125 EGBGB; landesrechtl. Gesetze bei MünchKomm/ *Säcker* Art. 125 EGBGB Rn. 3) und bundesrechtlich auf Flughafenbetriebe ausgedehnt worden ist (§ 11 LuftVerkehrsG; s.a. § 26 Rn. 18 u. 20).
ferner die Praxis den Grundgedanken des § 14 BImSchG auf sonstige „Hoheitsbetriebe" und im öffentlichen Interesse errichtete Unternehmungen ausdehnt (wobei freilich sich BGHZ 66, 37 gegen eine Verallgemeinerung solcher Tendenzen ausspricht).

Beispiele: RGZ 73, 270: Geräusche einer Rohrpostanlage; RGZ 159, 129: Einwirkung der Autobahnen; Ernteausfall durch Staubeinwirkungen beim Straßenbau: BGHZ 48, 98 (= *Baur,* E. Slg. Fall 16); RGZ 167, 14, 25: Grundwassersenkungen[2] beim Bau von Untergrundbahnen; BGHZ 60, 119: Hochspannungsleitung; nicht aber auf Garagen, selbst wenn der Eigentümer zu ihrem Bau öffentlich-rechtlich verpflichtet war (BGH NJW 1959, 1632). Der Eigentümer wird damit auf den *Aufopferungsanspruch* (oder – wie BGHZ 48, 98 [= *Baur,* E. Slg. Fall 16] sagt – „zutreffender wohl als nachbarrechtlicher Ausgleichsanspruch bezeichnet") beschränkt.[3]
Von einem privatrechtlichen *Aufopferungsanspruch* spricht man, wenn einem Eigentümer auf Grund besonderer gesetzlicher Vorschriften der ihm sonst zustehende Abwehranspruch versagt wird.
Beispiele: BGHZ 110, 17: Inanspruchnahme eines Grundstücks durch einen unterirdischen Gasspeicher; BGHZ 91, 20: Geruchsbelästigung durch öffentliche Kläranlagen.
Bei Immissionen, die von der öffentlichen Hand ausgehen (z.B. bei Straßenbauarbeiten), kann zweifelhaft sein, ob dieser privatrechtliche Aufopferungsanspruch oder ein Anspruch aus enteignendem bzw. aus enteignungsgleichem Eingriff (s.o. § 13 Rn. 17, 18) in Betracht kommt. Maßgebend

---

[1] 4. DVO zum BImSchG vom 24. 7. 1985, bereinigte Fassung BGBl 1991 I, 2044.
[2] Siehe dazu auch § 35 Wasserhaushaltsgesetz i.d.F. vom 12. 11. 1996 (BGBl. I S. 1695).
[3] S. dazu *Maunz/Papier* Art. 14 GG Rn. 393, 395; *Nüßgens/Boujong* Rn. 237 ff.; *W. Martens* in Hamburger Festschrift für Schack [1966] S. 85 ff.; *Soergel/J. F. Baur* § 903 Rn. 113 ff., 121 ff.; *Baur* JZ 1974, 657 u. MünchKomm/*Säcker* § 906 Rn. 113 ff.; RGRK/*Kreft* vor § 839 Rn. 37.

§ 25. Die Inhaltsgestaltung des Grundeigentums d. das Privatrecht **D II § 25**

ist, ob die störende staatliche Veranstaltung hoheitlich organisiert ist und nach öffentlichrechtlichen Grundsätzen betrieben wird (*Soergel/J. F. Baur* § 903 Rn. 114).
Hauptfall: Straßenverkehr auf öffentlich gewidmeten Straßen und Plätzen.

d) Ersatzanspruch

Ein Anspruch auf Schadensersatz nach § 14 BImSchG – wie auch ein Auf- **33** opferungsanspruch in dem eben dargelegten Sinne – kommt nur in Betracht, wenn die beeinträchtigende Einwirkung über den Rahmen des § 906 hinausgeht; denn bleibt sie in diesem Rahmen, dann müßte sie der Eigentümer ja ohnehin – also auch ohne die behördliche Genehmigung – erdulden (BGHZ 48, 46; 59, 378; BGH NJW 1980, 770).

In unserem Beispiel können die Nachbarn von der X AG dann keine Schadloshaltung verlangen, wenn die Geruchsbeeinträchtigung unwesentlich wäre (beides kann nach dem gegebenen Sachverhalt nicht gesagt werden!).
Zur *Beweislast* s. BGHZ 92, 143 (dazu *Emmerich* JuS 1985, 312 u. *Marburger/Herrmann* JuS 1986, 354).

6. System der immissionsrechtlichen Ausgleichsansprüche

Es fällt auf, daß das Gesetz nunmehr *zwei Ausgleichsansprüche* kennt, den auf § 906 Abs. 2 Satz 2 ge- **34** stützten und den Anspruch auf Schadensersatz nach § 14 BImSchG. Das Verhältnis dieser Ansprüche zueinander wird nur bei Betrachtung des gesamten Immissionskomplexes verständlich; er sei in Stichworten erneut verdeutlicht:[1]

a) *Unwesentliche* Beeinträchtigungen: Weder Abwehr- noch Entschädigungsanspruch.

b) *Wesentliche, nicht ortsübliche* Beeinträchtigungen: Abwehranspruch, es sei denn, daß die „einwirkende Anlage" behördlich genehmigt ist. Ist dies der Fall, dann nur Klage auf „schützende Einrichtungen" bzw. *Schadloshaltung* in Geld (§ 14 BImSchG).

c) *Wesentliche, ortsübliche,* durch technische, wirtschaftlich zumutbare Maßnahmen *zu verhindernde,* aber *nicht verhinderte* Einwirkungen: Abwehranspruch, der aber im Bereich des § 14 BImSchG – oben b) – nie auf Einstellung des Betriebs, sondern nur auf „schützende Maßnahmen" gerichtet sein kann.

d) *Wesentliche, ortsübliche* Einwirkungen, die durch technische Maßnahmen *nicht zu verhindern* sind oder zwar verhindert werden könnten, deren Behebung aber einen wirtschaftlich nicht zumutbaren Aufwand erforderte: kein Abwehranspruch, wohl aber Anspruch auf *Ausgleich* bei übermäßiger Beeinträchtigung der Grundstücksnutzung oder des Grundstücksertrags (§ 906 Abs. 2 Satz 2).

Eine nicht sehr einfache Regelung! Man kann sich als Faustregel merken: Ein *Anspruch aus § 14 BImSchG* kommt in Betracht, wenn dem betroffenen Eigentümer an sich (nach § 906 mit § 1004) ein Verbietungsrecht zustünde, dieses Recht aber zufolge der staatlichen Genehmigung nicht ausgeübt werden kann. Ein *Ausgleichsanspruch nach § 906 Abs. 2 Satz 2* ist gegeben, wenn ein Verbietungsrecht *nicht* besteht, die Einwirkung aber über den Rahmen des Zumutbaren hinausgeht.

7. Sonderproblem: summierte Immissionen

Schwierig ist die Lösung der Ausgleichs- bzw. Schadensersatzansprüche bei *summierten Immissionen* **35** (s. dazu besonders *Kleindienst* aaO – oben vor Rn. 16 Anm. 1 – S. 56 ff. u. *Palandt-Bassenge* § 906 Rn. 34 ff. sowie *Soergel/J. F. Baur* § 906 Rn. 119 jew. m. w. N.). Man versteht darunter die Fälle, in denen

a) nur mehrere Immissionen, die von mehreren Störern ausgehen, *zusammen* wesentlich sind bzw. über das zumutbare Maß hinausgehen (Beispielsfall: LG Hamburg MDR 1965, 45)

---

[1] Siehe dazu auch die Tabelle 17 (nach Rn. 42).

oder

b) mehrere Immissionen vorliegen, wobei jede einzelne ausreichen würde, den Schaden herbeizuführen.

Fraglich ist, ob die Störer anteilig oder gesamtschuldnerisch haften. Aus § 830 Abs. 1 S. 2 läßt sich das Problem nicht – im Sinne einer gesamtschuldnerischen Haftung – lösen, weil es sich bei dieser Vorschrift nur um eine Beweislastregelung handelt. Es spricht viel dafür, bei a) eine anteilige Haftung (nach dem Ausmaß der einzelnen Immissionen), bei b) eine gesamtschuldnerische Haftung der mehreren Störer anzunehmen (s. dazu BGHZ 66, 70).

8. Schadensersatz- und Ausgleichsansprüche für Eigentümer beweglicher Sachen?

Zu der umstrittenen Frage, ob die nachbarrechtlichen Schadensersatz- und Ausgleichsansprüche auch den *Eigentümern beweglicher Sachen* zustehen sollen, s. BGHZ 92, 143 (PKW's von Arbeitnehmern eines benachbarten Betriebs). Der BGH nimmt zwar als Anspruchsgrundlage nur den Verstoß gegen § 823 an, zieht aber die für die nachbarrechtlichen Ansprüche entwickelten Beweiserleichterungen heran; s. dazu *Marburger/Herrmann* JuS 1986, 354 und früher schon *Steindorff*, Slg. arbeitsrechtl. Entsch. 1966, 100; siehe auch die Regelung des UmwelthaftungsG vom 10. 12. 1990.

9. Nachbarschaftliches Gemeinschaftsverhältnis

36 Der Gedanke des *nachbarschaftlichen Gemeinschaftsverhältnisses*[1] ist von der Rechtsprechung eingesetzt worden, wenn die Anwendung der §§ 903, 906, 1004 zu unbefriedigenden Ergebnissen zu führen schien. Im wesentlichen handelt es sich um folgende Fragenkreise:

37 a) Soll § 906 Abs. 1 auch auf *grob-körperliche Immissionen* ausgedehnt werden? Dieses Problem war schon früher – namentlich im Hinblick auf den Bienenflug, also bei unbedeutenden Immissionen – erörtert worden (vgl. insbes. *Heck* § 50, 8). Der BGH bejaht diese Frage auch in einem Fall, wo bei Sprengungen in einem Gipswerk Steinbrocken auf das Nachbargrundstück fliegen: Bedeutet die Einstellung des Betriebs die Existenzvernichtung des Bekl., so könne der Beeinträchtigte nicht auf Unterlassung, sondern nur auf Schadensersatz klagen (BGHZ 28, 225).

Was den *Bienenflug* anlangt, so sagt BGHZ 16, 366, 370, daß der Nachbar den Bienenflug „im Rahmen des § 906" hinnehmen müsse, daß er aber andererseits dem Imker nicht schadensersatzpflichtig sei, wenn die Bienenvölker sich an den verwendeten chemischen Schädlingsbekämpfungsmitteln vergiften; zum Bienenflug neuerdings noch BGHZ 117, 110, 112; s. ferner OLG Karlsruhe NJW 1983, 2886: Überfall von Laub, Nadeln, Zapfen usw. – nicht § 1004, aber Geldausgleich (dazu K. *Schmidt* JuS 1984, 224). – Zum Streit um „Katzen in Nachbars Garten" s. die Entscheidungen NJW 1985, 2338–2340 u. dazu *Dieckmann* NJW 1985, 2311.

38 b) In weiteren Entscheidungen gelangt der BGH unter dem Gesichtspunkt des nachbarschaftlichen Gemeinschaftsverhältnisses zu einer im Vergleich zu der früheren Rechtsprechung erweiterten Auslegung des § 1004 (vgl. *Pleyer*, aaO): In BGH LM § 903 Nr. 2 wird ein Eigentümer zu einem gesetzlich nicht vorgesehenen Bauabstand verpflichtet, wenn der Bau hart an der Grenze schwerste Nachteile (Verbauung von Fenstern) für den Nachbarn mit sich brächte. In BGHZ 28, 110 wird der Eigentümer einer Brandmauer für ver-

---

[1] Dazu *Deneke*, D. nachbarl. Gemeinschaftsverhältnis, 1987; *Mühl* NJW 1960, 1133; FS Raiser, 1974, 159 u. FS Baur, 1981, 83, 94; *Pleyer* JZ 1959, 305; OLG Frankfurt NJW 1988, 2618.

§ 25. Die Inhaltsgestaltung des Grundeigentums d. das Privatrecht **D III § 25**

pflichtet gehalten, dem Nachbarn die Aufwendungen zu ersetzen, die dieser wegen einer kriegsbedingten Ausbauchung der dem erstgenannten gehörigen Brandmauer hatte machen müssen.

Ähnlich BGHZ 58, 149 für den Fall, daß ausnahmsweise eine beeinträchtigende Anlage hingenommen werden muß: Anspruch auf Schadloshaltung; ebenso BGHZ 68, 350 für den Fall, daß jemand ausnahmsweise an dem Abbruch einer Grenzwand gehindert ist, u. BGHZ 90, 255, 262. Der BGH spricht in diesen Fällen von einem nachbarrechtlichen Ausgleichsanspruch (s. auch BGHZ 101, 290 u. oben Rn. 29).

Die Ergebnisse, zu denen der BGH gelangt, sind durchweg zu billigen. Aber sie hätten sich auch ohne die etwas schwammige Figur des nachbarschaftlichen Gemeinschaftsverhältnisses[1] erzielen lassen. Im ersten Fall a) wäre eine entsprechende Anwendung der § 906 BGB, § 14 BImSchG in Betracht gekommen,[2] in den beiden anderen Fällen b) wäre eine Lösung möglich gewesen, wenn man den Störungsbegriff in vorsichtiger Ausdehnung der bisherigen Rechtsprechung auch auf den Entzug von Licht und Luft ausgedehnt und auf die störende Anlage abgestellt hätte. Im übrigen hat auch der BGH in BGHZ 38, 61 anerkannt, daß angesichts der Neufassung des § 906 das nachbarliche Gemeinschaftsverhältnis als Anspruchsgrundlage jedenfalls insoweit nicht mehr in Betracht kommt, als es sich um die Zuführung von Imponderabilien handelt.

III. Hinweise auf sonstiges Nachbarrecht

1. Nachbarrechtliche Sonderbestimmungen

Vollständigkeit wird nicht angestrebt; folgende Materien sind aus dem Gesetz verständlich: Überhang (§ 910; dazu BGHZ 60, 235, 241: Verhältnis zu § 1004), Überfall (§ 911), Grenzstreitigkeiten (§§ 919–923; dazu BGH NJW 1965, 37); zum Eigentum an Grenzmauern s. BGHZ 27, 197; 29, 372; 36, 46; 41, 177 und 43, 127; BGH NJW 1972, 195; *Gollnick* AcP 157, 460; *Westermann* in „Bauliches Nachbarrecht" (1954) S. 15; *Hodes* NJW 1962, 773 und 1965, 2088. **39**

Nachbarrechtliche Sonderbestimmungen – namentlich über den *Abstand* von Gebäuden, Bäumen, Sträuchern – finden sich im *Landesrecht*;[3] die bundesgesetzliche Ermächtigung findet sich in den Art. 122–125 EGBGB.

Zu beachten ist, daß der in den *Baugesetzen* vorgeschriebene Abstand *keinen privatrechtlichen* Anspruch auf Einhaltung dieser Abstände gibt; der Nachbar ist auf die verwaltungsgerichtliche Klage angewiesen (zur sog. *öffentlich-rechtlichen Nachbarklage* s. unten Rn. 43 ff.).

Umgekehrt wird ein privatrechtlicher Anspruch nicht schon deshalb ausgeschlossen, weil ein Gebäude baupolizeilich (anders nach § 14 BImSchG) genehmigt ist.

Beispiel: Ist in einem Gebiet zweistöckige Bauweise durch den Bebauungsplan vorgeschrieben und beantragt B die Genehmigung für den Bau eines 12stöckigen Wohnhauses, so kann der Nachbar A gegen die Erteilung dieser Genehmigung (Dispens) *vor dem Verwaltungsgericht klagen*. Unterliegt er, so ist er nicht gehindert, gegen B nach § 1004 mit der Behauptung *vorzugehen,* ihm werde Luft und Licht entzogen (was allerdings – wie wir wissen: Rn. 26 – nach h. M. nicht ausreicht, um der Klage zum Erfolg zu verhelfen; s. aber Rn. 44, 45).

2. Gefährliche Anlagen

§ 907 ist ein gesetzliches Beispiel für einen *vorbeugenden Unterlassungs- und Beseitigungsanspruch:* Auch wenn lästige Einwirkungen noch gar nicht vorliegen, kann doch die Errichtung einer Anlage verhindert bzw. ihre Beseiti- **40**

---

[1] Zu der umstrittenen Frage, ob das nachbarliche Gemeinschaftsverhältnis Grundlage schuldrechtlicher Pflichten sein kann, s. schon oben § 5 Rn. 16.
[2] Dazu *Jauernig* JZ 1986, 605, 608.
[3] Vgl. etwa nordrheinwestfälisches Nachbarrechtsgesetz (NachbGNW) v. 15. 4. 1969 (GVNW, S. 190), i. d. F. vom 7. 3. 1995; dazu Kommentar von *Dehner*, Loseblattslg., Stand 1996, u. *Schäfer*, 10. Aufl. 1994; Bayer. Nachbarrecht: *Meisner/Ring/Götz*, 7. Aufl. 1986; Baden-Württemberg: *Birk*, 2. Aufl., 1987; *Kühnle/Vetter-Karremann*, 16. Aufl. 1989.

§ 25 D III   III. Abschnitt. Liegenschaftsrecht

gung verlangt werden, wenn von ihr unzulässige Einwirkungen zu erwarten sind.

Beachte aber die Beschränkung dieses Anspruchs durch § 907 Abs. 1 Satz 2 und durch § 14 BImSchG.

Beispiele: BGH LM § 559 ZPO Nr. 8 (Badeanstalt); OLG München NJW 1954, 513 (Tankstelle). Eine ähnliche Funktion hat § 908 bei drohendem Gebäudeeinsturz.

3. § 909 „Gefahrbringende Vertiefung"

41 *„Gefahrbringende Vertiefung ".* § 909 hat erhebliche praktische Bedeutung, und zwar *einmal* dann, wenn durch Vertiefung (Erdaushub, Fundamentierung, Pfahlgründung usw.) das Nachbargrundstück seinen Halt verliert,

Beispiele: RGZ 132, 51; 144, 171; BGHZ 12, 75 (zu enge Auslegung!); BGH NJW 1960, 335 (Haftung für Gehilfen nach § 831; s. dazu oben § 5 Rn. 16); BGH NJW 1968, 1327 (Schaden durch Ausschachtung); BGHZ 44, 130 (Niveausenkung durch Gewicht eines Neubaus; ähnlich BGH NJW 1971, 935); BGH NJW 1980, 224 (Abbruch eines Kellers); BGHZ 63, 176 (Ausbaggerung eines Geländes); BGH NJW 1980, 1679 u. 1981, 50 (Bodenvertiefung bei Straßenbau); BGH NJW 1966, 42 (Schadensverteilung zwischen den Nachbarn); BGHZ 85, 375 (Haftung des Eigentümers und des Architekten); BGHZ 91, 282 (selbst verursachte Beeinträchtigung); BGHZ 101, 290 (Verursachung durch mehrere) u. 103, 39. – Umfangreiche Lit. u. Rspr.-Angaben bei MünchKomm/*Säcker* zu § 909;

ferner dann, wenn durch die Vertiefung der *Grundwasserspiegel* gesenkt wird und dadurch dem Nachbargebäude die Stütze entzogen wird.

42 *Beispiele:* BGHZ 57, 370 (Grundwassersenkung durch Gemeindekanalisation); BGHZ 69, 1 (Grundwasserentzug durch Baumaßnahmen des Nachbarn); RGZ 132, 51, 53; 167, 14 (zum ganzen Problemkreis *Klausing-Paul,* Häuser- und Grundstücksschäden u. s. f. [1940]; *Weber,* Häuserschäden durch Grundwassersenkung usw. 1937; *Gieseke,* Eigentum und Grundwasser (1959); MünchKomm/*Säcker* § 909 Rn. 19.

Tabelle 17
Tabelle zulässiger und unzulässiger Immissionen

	Abwehrrecht		Schadensersatz („Schadloshaltung" – „Ausgleich")
I. Grobkörperliche Immissionen:	ja	ja	(bei Verschulden: § 823)
II. Immission von Imponderabilien:			
1. Unwesentliche:	nein	nein	
2. Wesentlich, nicht ortsübliche:	ja	ja	(bei Verschulden: § 823)
sofern die Anlage nach §§ 4 ff. BImSchG genehmigt ist	nein,	ja	(Anspruch auf Schadloshaltung auch ohne Verschulden, § 14 BImSchG).
3. Wesentliche, ortsübliche:	nein		
a) technisch nicht verhinderbare:	nein	ja	(Anspruch auf Ausgleich nach § 906 Abs. 2 Satz 2)
b) technisch verhinderbare, aber Schutzeinrichtung wirtschaftlich nicht zumutbar:	nein	ja	(Anspruch auf Ausgleich nach § 906 Abs. 2 Satz 2)
c) Technisch verhinderbare, Schutzeinrichtung wirtschaftlich zumutbar:	ja	ja	(bei Verschulden: § 823)

IV. Die öffentlich-rechtliche Nachbarklage

Lit.-Hinweis: Battis, Baurechtlicher Nachbarschutz in Gebieten nach § 34 BauGB gem. Art. 14 GG und dem Gebot der Rücksichtnahme: aktuelle Bedeutung, in: FS f. Weyreuther, 1993, S. 305; *Baur, J. F.;* Das Verhältnis von verwaltungs- und zivilrechtlichem Rechtsschutz gegenüber Immissionen aus der Sicht eines Zivilisten, in: FS f. Martens, 1987, 545; *Breuer,* Baurechtlicher Nachbarschutz, DVBl. 1993, 431; *Dolderer,* Das Verhältnis des öffentlichen zum privaten Nachbarrecht, DVBl. 1998, 19 ff; *Finkelnburg/Ortloff,* Öffentliches Baurecht, Bd. II, 4. Auflage 1998, S. 208 ff. *Haag,* Öffentliches und privates Nachbarrecht, 1996; *Hagen,* Privates Immissionsschutzrecht und Öffentliches Baurecht, NVwZ 1991, 817; *Hoppenberg,* Öffentlich-rechtlicher Nachbarschutz, in: ders. (Hrsg.), Handbuch des öffentlichen Baurechts, Stand 1997; *Jarass,* Verwaltungsrecht als Vorgabe für den zivilrechtl. Nachbarschutz, VVDStRL 50, 238 ff; *Kleinlein,* Das System des Nachbarrechts, 1987; *Krebs* in Schmidt-Aßmann, Besonderes Verwaltungsrecht, 10. Auflage (1995), S. 424 ff.; *Kutscheidt,* Immissionsschutzrechtliche Vorsorge und Drittschutz, in: FS f. Redeker, 1993, S. 439; *Mampel,* Nachbarschutz im öffentlichen Baurecht. Materielles Recht, 1994, *Papier,* in Maunz/Dürig/Herzog/Scholz, Grundgesetz, Kommentar, Stand 1996, Art. 14 Rz. 82 ff.; *Preschel,* Abbau der präventiven bauaufsichtlichen Prüfung und Rechtsschutz DÖV 1998, 45; *Schlichter,* in Berliner Kommentar zum Baugesetzbuch, 2. Auflage (1995), Vorbemerkung zu den §§ 29–38; *Schlotterbeck,* Nachbarschutz im anlagenbezogenen Immissionsschutzrecht, NJW 1991, 2669; *Wasmuth,* Überlegungen zur Dogmatik des öffentlichen Nachbarrechtsschutzes, NVwZ 1988, 322; *Wiegand,* Drittschutz im Spannungsverhältnis zwischen Verfassung, Gesetz und Verwaltungskontrolle, BayVBl 1994, 609; *Wilke,* vom Abbau des Verwaltungsrechtsschutzes und von der Resistenz des Drittschutzes, in: Gedächtnisschrift für Grabitz, 1995, S. 905;

1. Rechtswidrige Bauten – Rechtsschutz

Bisher haben wir das privatrechtliche Nachbarrecht erörtert, also diejenigen Vorschriften des Bürgerlichen Rechts, die das Verhältnis der Nachbarn untereinander regeln. Wir haben aber festgestellt, daß dieses Verhältnis durch öffentlich-rechtliche Normen und Akte beeinflußt wird, so wenn ein Nachbar gegen den Inhaber einer behördlich genehmigten gefährlichen Anlage nicht den Unterlassungs- und Beseitigungsanspruch nach §§ 903, 906, 1004 BGB erheben kann (§ 14 BImSchG). Nun zeigt aber ein Blick in die Rechtswirklichkeit, daß die nachbarrechtliche Stellung des Grundeigentümers auch in anderer Weise als durch den Entzug privatrechtlicher Abwehransprüche beeinträchtigt werden kann.

Beispiele:
Fall 1: In einem qualifizierten Bebauungsplan (§ 30 BauGB) ist für ein bestimmtes Gebiet zweigeschossige Bauweise vorgeschrieben. Dennoch genehmigt die Baubehörde die Errichtung eines achtstöckigen Hochhauses.
Fall 2: Das öffentliche Baurecht sieht für ein bestimmtes Gebiet einen seitlichen Abstand der Häuser von 6 m vor. Das Bauvorhaben des A, das der Behörde angezeigt worden ist, hält diesen Mindestabstand nicht ein. Die Baubehörde unternimmt gegen den Bau nichts.

Privatrechtliche Ansprüche des betroffenen Nachbarn sind zwar denkbar, sie sind auch dann durchsetzbar, wenn – wie im Fall 1 – eine behördliche Baugenehmigung erteilt worden ist. Denn eine solche Baugenehmigung ergeht stets „unbeschadet der privaten Rechte Dritter". Ein Nachbar ist also nicht gehindert, auch in diesem Fall privatrechtliche Ansprüche auf Unterlassung des Bauvorhabens geltend zu machen.

In den dargestellten Fällen bestehen indessen solche Ansprüche nicht. In Frage kämen nur Ansprüche aus § 1004 (und aus § 862 des Nachbarn, der

Mieter ist). Sie versagen aber gegenüber solchen „Störungen" (siehe oben Rn. 26 und 39).

In Frage kommen aber Rechtsschutzmöglichkeiten des öffentlichen Rechts in Form der sog. baurechtlichen Nachbarklage.[1] Sie beruht auf folgenden Grundgedanken: im öffentlichen Baurecht finden sich auch Vorschriften, die nachbarschützenden Charakter haben. Sie dienen nicht nur der Verwirklichung öffentlicher Interessen, sondern auch dem Schutz der privatrechtlichen Interessen der Nachbarn (so z. B. Bestimmungen über Bauabstände, die Anbringung von Fenstern, die Festlegung eines Gebietes als Wohngebiet, usw.).

Entspricht das Bauvorhaben nicht diesen Festlegungen, so kann der Nachbar hiergegen den Verwaltungsrechtsweg beschreiten.

2. Öffentlich-rechtliche Rechtsschutzformen

a) Die Genehmigungsgegenklage[2]

44 Ist für den Bau eine Baugenehmigung erteilt worden, so knüpft das Nachbarrecht hieran an. Und zwar regelt die Baugenehmigung zunächst das Verhältnis zwischen Behörde und Bauwilligem, ist also ein begünstigender Verwaltungsakt; gleichzeitig aber belastet sie den Nachbarn (Verwaltungsakt mit Doppelwirkung). Die Genehmigungsgegenklage gibt dem Nachbarn die Möglichkeit, diese Belastung (nach erfolglosem Widerspruch) zu beseitigen. Setzt sich der Nachbar mit seiner Klage endgültig durch, so werden bereits ausgeführte Bauten nachträglich illegal. Die Behörde kann nach bauordnungsrechtlichen Grundsätzen deren Beseitigung anordnen, und der Nachbar kann von der Behörde eine solche Maßnahme im Wege der Verpflichtungsklage verlangen, wenn die Duldung des nunmehr gesetzwidrigen Zustandes ermessensfehlerhaft wäre.[3]

b) Klage auf bauaufsichtliches Einschreiten

45 Häufig sehen die neueren Baugesetze der Bundesländer von dem Erfordernis einer Baugenehmigung in den einfach gelagerten „Durchschnittsfällen" ab und begnügen sich mit einer Anzeige des Bauvorhabens gegenüber der zuständigen Behörde.[4] Weicht hier das Bauvorhaben von nachbarschützenden Vorschriften bauplanerischer oder ordnungsrechtlicher Art ab, so scheidet eine Klage gegen die Genehmigung aus. Eine solche ist nicht beantragt und auch nicht erteilt worden.

Erforderlichenfalls muß hier der Nachbar, sofern die Bauaufsichtsbehörde nicht einschreitet, diese notfalls mit der Verpflichtungsklage zum Einschreiten zwingen.[5] Ein entsprechender Anspruch auf Tätigwerden der Behörde steht

---

[1] Bes. *Finkelnburg/Ortloff*, Öffentliches Baurecht, Bd. II, 4. Aufl. 1998, 209 ff.
[2] Grundlegend BVerwGE 22, 129; s. a. § 80 a VwGO.
[3] *Finkelnburg/Ortloff*, a. a. O., 258 f.
[4] *Uechtritz* NVwZ 1996, 646; *Preschel* DÖV 1998, 45 ff.; *Finkelnburg/Ortloff*, a. a. O., 86 f.
[5] Hierzu bes. *Preschel*, a. a. O., und *Uechtritz*, a. a. O.

dem Nachbarn zu, wenn die Behörde mit ihrer Weigerung ihm gegenüber ermessensfehlerhaft handelt.

3. Besondere Probleme der öffentlich-rechtlichen Nachbarklage

Damit ist die Nachbarklage grob gekennzeichnet. Geht man in die Einzelheiten – was hier nicht möglich, auch nicht notwendige ist –, so zeigt sich, daß das Institut mit einer Vielzahl von Streitigkeiten belastet ist. Beispielhaft sind zu nennen: Wann hat eine baurechtliche Vorschrift nachbarschützenden Charakter?[1] Wer ist ein geschützter Nachbar?[2] Gibt es neben der Verletzung drittschützender Normen auch einen zur Klage berechtigenden Verstoß gegen ein Gebot der Rücksichtnahme?[3] Unter welchen Voraussetzungen besteht ein durch die Grundrechte vermittelter Nachbarschutz?[4]

§ 26. Die Inhaltsgestaltung und Beschränkung des Grundeigentums durch das öffentliche Recht – Die Eigentumsentziehung

A. Überblick

Lesen Sie zunächst § 24 und § 13 Rn. 12 ff..

Wie wir oben § 24 erörterten, ist es Aufgabe des Gesetzgebers, die Pflichtbindung des Eigentums zu konkretisieren, die möglichen Eigentumsbeschränkungen festzulegen und die Voraussetzungen für eine völlige Entziehung des Eigentums aus Gründen des öffentlichen Wohls zu schaffen. Das Gesetzgebungswerk, das diesen Zweck erfüllt, ist kaum übersehbar. Der Versuch, es lückenlos darzustellen, wäre von vornherein wenig aussichtsreich, auch wenig reizvoll. Es muß genügen, einige besonders bedeutsame prägnante Gesetze hervorzuheben. Dabei wird eine Gliederung nach dem Zweck, den die gesetzgeberischen Maßnahmen verfolgen, ratsam sein; freilich ist zu beachten, daß eine bestimmte Maßnahme u. U. verschiedenartige Ziele anstrebt. Mit diesem Vorbehalt läßt sich vielleicht folgende Gliederung vertreten:
Im Vordergrund steht das öffentliche *Baurecht*. Ursprünglich rein der Gefahrenabwehr dienend (Baupolizei) hat es sich mehr und mehr in Richtung auf eine das ganze Gebiet (oder Teilgebiete) einer Gemeinde umfassende Bauplanung entwickelt; Ausdruck dieser veränderten Betrachtungsweise ist das BauGB (B). Die örtliche Bauplanung findet eine Ergänzung in der weite Siedlungsgebiete umfassenden *Landesplanung* und Raumordnung (C). Ästhetische und ideelle Gesichtspunkte verfolgen *Natur-* und Denk*malschutz* (D), während die Beschränkungen des Eigentums im Interesse des *Verkehrs* und der Verkehrsmittel wieder sehr reale Belange der Allgemeinheit im Auge haben (E). *Ernährungs-* und *berufspolitischen Tendenzen* entspringen die im Landwirtschaftsrecht vorgesehenen Eigentumsbeschränkungen (F). Ein anderer Bereich kann mit dem Stichwort „Staatliche *Wirtschaftslenkung*" überschrieben werden (G). Die *Enteignung* führt zu Eigentumsentziehung. Sie kann mannigfaltigen Zwecken dienen, denen nur die Berufung auf die Notwendigkeiten des öffentlichen Wohls gemeinsam ist (H).

---
[1] BVerwG NVwZ 1987, 409; BVerwG DVBl 1994, 697 ff.
[2] *Oldiges* in *Steiner,* Besonderes Verwaltungsrecht, 5. Aufl. 1993, 575, m. N.
[3] *Oldiges,* a. a. O., 581; *Finkelnburg/Ortloff,* a. a. O., 220 ff.
[4] *Finkelnburg/Ortloff,* a. a. O., 243.

B. Eigentumsbeschränkungen durch das öffentliche Baurecht

I. Bauordnungsrecht

2   Das öffentliche Baurecht ist *ursprünglich Baupolizeirecht,* dient also der Gefahrenabwehr: es ist ein hergebrachter Grundsatz des Verwaltungsrechts, daß der Eigentümer (Besitzer) „für den polizeigemäßen Zustand" seines Eigentums einzustehen hat. Dieser Satz findet sich dem Sinn nach in allen neueren Polizeigesetzen (vgl. § 7 bad. württ. PolG). Die Polizei kann alle Maßnahmen treffen, um ihm im konkreten Fall Geltung zu verschaffen (oben § 12 Rn. 30 ff.).

Eine zivilrechtliche Parallele ist die in erster Linie dem Eigentümer obliegende *Verkehrssicherungspflicht,*[1] nur liegt die Betonung auf der Gefahrenabwehr zugunsten Einzelner, während die polizeiliche „Zustandshaftung" in erster Linie den Schutz der Allgemeinheit bezweckt.

Bedeutend ist der Unterschied allerdings nicht, da im Polizeirecht auch der Einzelne als Glied der Allgemeinheit geschützt wird: Ist das Treppengeländer in einem Mietshaus schadhaft, so kann die Baupolizei dem Eigentümer die Reparatur auferlegen und erzwingen. Stürzt ein Besucher des Hauses, so haftet der Eigentümer nach § 823 (während er den Mietern und ihren Angehörigen aus Mietvertrag [in Verbindung mit § 328: Schutzpflicht[2]] haftet).

Unbebaute Grundstücke werden selten Anlaß zu behördlichen Maßnahmen bieten. Dies ändert sich, sobald ein Grundstück bebaut werden soll: Die Feststellung, daß die sog. *Baufreiheit* zum Inhalt des Grundeigentums gehört,[3] hindert doch nicht, daß bei jedem Bau polizeiliche Gesichtspunkte (z.B. Feuerschutz, statische Festigkeit u.s.w.) berücksichtigt werden. Daher sehen die Baugesetze der Bundesländer Regelungen vor, die eine Beachtung solcher baugesetzlichen Erfordernisse durch die Bauherren sicherstellen.[4] Das Baugenehmigungsverfahren ist durch neue Bauordnungsgesetze einzelner Bundesländer, jedenfalls in Teilen, entfallen. Die Situation im einzelnen ist nunmehr außerordentlich unübersichtlich.

II. Bauplanungsrecht

3   Daß die Beachtung rein baupolizeilicher Gesichtspunkte nicht ausreicht, um ein geordnetes Bauen sicherzustellen, liegt auf der Hand: In aller Regel ist ein Gebäude Teil eines Bau- und Siedlungsgebiets; es muß in dieses Gebiet eingeordnet, an die öffentlichen Verkehrswege und die gemeindlichen Versorgungsleitungen angeschlossen und in ein gewisses vernünftiges Verhältnis zu den schon vorhandenen oder beabsichtigten Bauten gebracht werden: Die Baupolizei muß durch die *Bauplanung* ergänzt werden. Auf der Grundlage

---

[1] Siehe dazu *Larenz/Canaris* II/2 § 76 III; *Esser/Weyers* § 55 V; *Fikentscher* § 103 III und zum Verhältnis zur Amtshaftung BGHZ 32, 352.

[2] Siehe dazu *Larenz* I § 17 II; BGH NJW 1988, 2667. – Eine weitere Parallele ist die Haftung des Besitzers nach § 836.

[3] Dazu *Maunz/Papier* Art. 14 GG Rn. 60 ff.; *Nüßgens/Boujong* Rn. 39 ff. (je m.w.N.).

[4] Vgl. dazu *Ortloff* NVwZ 1995, 112 ff.; *Uechtritz* NVwZ 1996, 640 ff.; *Mampe* NVwZ 1996, 1160 ff.

eines Baugesetzes müssen die Gemeinden Ortsbausatzungen (Ortsbaupläne, Bebauungspläne) erlassen; sie fixieren die bebaubaren Flächen für bestimmte Baugebiete, legen die öffentlichen Straßen und Versorgungsleitungen fest, bestimmen die Bebauungsart (z. B. Wohngebiet, Industriegebiet), enthalten Vorschriften über die Höhe der Bauten, die Bauabstände u. s. w.

III. Bundesbaurecht

Das öffentliche Baurecht war früher weithin Landesrecht; daraus ergab sich eine unheilvolle Rechtszersplitterung. Auch waren die Baugesetze den heute gestellten Anforderungen (Zusammenballung von Industrie- und Wohngebieten auf kleinem Raum – Verkehrsprobleme) vielfach nicht mehr gewachsen. Hier sucht das *Bundesbaurecht* Abhilfe zu schaffen; es enthält die Rechtsgrundlage für alle Maßnahmen, die eine geordnete, geplante Bebauung eines Gemeindegebiets zum Ziele haben:

> Maßgebend ist das *Baugesetzbuch* (BauGB). Es löste seine Vorläufer: das Bundesbaugesetz und das Städtebauförderungsgesetz ab. Beide Gesetze wurden zum Teil inhaltlich novelliert, zum Teil unverändert in das neue BauGB übernommen.[1] Die *Neuerungen* betreffen im wesentlichen eine Stärkung des *Umweltschutzes*,[2] eine Vereinfachung des städtischen *Sanierungs-* und *Stadterneuerungsrechts*, eine Stärkung der *kommunalen Selbstverwaltung* und damit verbunden eine *Verfahrensvereinfachung* für den Bauwilligen.
> Die Gliederung des Gesetzes in „Kapitel" und „Teile" weist deutlich auf den Inhalt hin: Das *erste Kapitel* (§§ 1–135) enthält das *„Allgemeine Städtebaurecht"*, also sozusagen die Regelung der Normalfälle. Hierzu gehören die *Bauleitplanung* (§§ 1–13; unten Rn. 5, 6), deren *Sicherung* durch Veränderungssperre (unten Rn. 5), Teilungsgenehmigung und vor allem durch das gesetzliche Vorkaufsrecht der Gemeinde (unten Rn. 7), das *Enteignungsrecht* (unten Rn. 7 unter b), damit verwandt die *Baulandumlegung* (unten Rn. 8) und schließlich die *Erschließung* der Baugrundstücke (unten Rn. 9). Das *zweite Kapitel* enthält unter dem Stichwort *„Besonderes Städtebaurecht"* vor allem die Regelung der städtebaulichen Sanierungs- (§§ 136–164) und Entwicklungsmaßnahmen (§§ 165–171) und schließlich der „Erhaltungssatzung" (§§ 172–174) und der „städtebaulichen Gebote" (§§ 175–179). Das *dritte Kapitel* regelt das *Wertermittlungsverfahren* (§§ 192–199), das *Verwaltungsverfahren* (§§ 200–216) und vor allem die *gerichtliche Zuständigkeit* der Kammern (Senate) für Baulandsachen (§§ 217–232); unten Rn. 10).

1. Die Bauleitplanung

> Die Besiedlung und Bebauung des Gemeindegebiets erfolgt auf der Grundlage von *Bauleitplänen*, und zwar des *Flächennutzungsplans* (er enthält sozusagen das Programm, in dem er „für das ganze Gemeindegebiet die sich aus der beabsichtigten städtebaulichen Entwicklung ergebende Art der Bodennutzung nach den voraussehbaren Bedürfnissen der Gemeinde *in den Grundzügen*" darstellt) und des *Bebauungsplans* (rechtsverbindliche Festsetzung der baulichen Ordnung; z. B. Art und Maß der baulichen Nutzung, Mindestgröße der Baugrundstücke, Flächen für den Gemeinbedarf). Zur Sicherung der Bauleitplanung kann eine *Veränderungssperre*[3] angeordnet werden, die während einer gewissen Frist bauliche Veränderungen ausschließt. Dauert die Bausperre nicht länger als 4 Jahre, so ist sie Ausdruck einer Sozialbindung des betroffenen Grundeigentums und muß entschädigungslos hingenommen werden (dazu BGHZ 73, 161 u. 78, 152). Bei zeitlich weiter reichenden Bausperren (§ 18) sowie bei gewissen Eigentumsbeschränkungen, die sich aus dem Bebauungsplan ergeben, ist Entschädigung zu leisten; unter bestimmten Voraussetzungen kann der Eigentümer auch „Übernah-

---

[1] Lit. Hinweis: *Battis* u. a. BauGB, 5. Aufl. 1996; *Bielenberg* u. a., Städtebauförderungsrecht, 4. Aufl. 1995; *Ernst/Hoppe* Das öffentliche Bau- und Bodenrecht, Raumordnungsrecht, 2. Aufl. 1981.
[2] S. jetzt § 1 Abs. 5 Nr. 7 BauGB.
[3] S. §§ 14–18 BauGB.

me" seines Grundeigentums verlangen. Unter die Entschädigungspflicht fallen etwa der Ausweis von Grundstücken als Verkehrs- und Grünflächen, die Festsetzung von absoluten Bauverboten für bestimmte Grundstücke. Die sehr ins Detail gehende Entschädigungsregelung beruht auf dem Grundsatz, daß die Bauleitplanung als solche im Rahmen der – entschädigungslos – zu duldenden Inhaltsbestimmung des Eigentums liegt, daß aber Maßnahmen wie z. B. die eben genannten durch ihre Schwere zur Entschädigung verpflichten. Hatte also etwa ein Grundeigentümer beabsichtigt, auf seinem Grundstück ein mehrstöckiges Mietshaus zu errichten, gestattet aber der Bebauungsplan nur eine aufgelockerte Bauweise im Landhausstil, so scheidet eine Entschädigung aus. Anders dann, wenn das Grundstück in Zukunft nicht mehr bebaut werden darf oder wenn eine nach bisherigem örtlichem Baurecht zulässige Bauweise durch den neuen Bebauungsplan aufgehoben oder geändert wird (Einzelheiten vergl. §§ 39–44 BauGB: sog. Planungsschadensrecht; dazu BGH NJW 1989, 976).

Der Sicherung der Bauplanung dient auch die *Genehmigungspflicht* für die *Teilung* von Grundstücken innerhalb eines Bebauungsplans (Einzelheiten s. § 22 Rn. 29).

2. Der Bebauungsplan

6   Der *Bebauungsplan* ist das verbindliche Baustatut des von ihm umschriebenen Geländes. Entspricht ein Bauvorhaben den in ihm enthaltenen Bestimmungen, so besteht, sofern das Vorhaben nicht ohnehin genehmigungsfrei ist (s. oben § 25 Rn. 45), ein Rechtsanspruch auf Erteilung der Baugenehmigung.[1] Ausnahmebewilligungen für Bauten, die dem Bebauungsplan nicht entsprechen, sind nur in begrenztem Rahmen zulässig (§ 31 Abs. 2).

3. Grundstücksbeschaffungsmaßnahmen

7   Andere gesetzliche Maßnahmen sollen es den Gemeinden ermöglichen, das für öffentliche Zwecke oder Bauvorhaben *erforderliche Gelände* in ihre Hand zu bekommen:

a) Ein Mittel hierzu ist ein *gesetzliches Vorkaufsrecht* der Gemeinde („zum Wohle der Allgemeinheit"), das aber nach geltender Regelung (§§ 24, 25) beschränkt ist auf Flächen zur Nutzung für öffentliche Zwecke und auf Flächen in einem Umlegungs-, Sanierungs- und Entwicklungsgebiet oder anderen (künftig) bebaubaren Gebieten, sofern nicht die Gemeinde besondere satzungsmäßige Vorkaufsrechte schafft. Die Neuregelung 1998 kennt darüber hinaus das Vorkaufsrecht zugunsten Dritter (§ 27 a) und das preislimitierte Vorkaufsrecht (§ 28; zum Ganzen *Groschupf* NJW 1998, 420; *Finkelnburg* NJW 1998, 1, 4; s. a. § 22 Rn. 28).

b) Das Gesetz sieht auch die Möglichkeit einer *Enteignung* (§§ 85 ff.) vor. Sie kann der Beschaffung von Bauland für öffentliche Bauvorhaben, der Schließung von Baulücken, der Zuführung von baureifen Grundstücken an Bauwillige oder der Beschaffung von Ersatzland für die an anderer Stelle Enteigneten dienen. Das Gesetz hat verschiedene Vorkehrungen getroffen, um ein „Hamstern" von Bauland durch die Gemeinden auszuschließen; hierunter fällt vor allem ein *Anspruch auf Rückübertragung,* wenn das enteignete Grundstück nicht dem Enteignungszweck entsprechend verwendet wird (§ 102). Die *Enteignungsentschädigung* bemißt sich nach dem Verkehrswert des enteigneten Grundstücks im Zeitpunkt der Entscheidung über den Enteignungsantrag (§ 93 II; Beispiel: BGHZ 95, 28: „Folgeschäden" der Enteignung; dazu *Papier* JZ 1986, 183).

Statistik: Im Jahre 1972 waren in den Städten mit mehr als 500 000 Einwohnern 34% des Gemeindegebiets (also mehr als $^1/_3$!) im Eigentum dieser Städte;[2] in Frankfurt z. B. rund 47%. Freilich sind hier auch die Verkehrsflächen usw. eingerechnet.

4. Grundstücksumlegung

8   Der Bodenordnung dient die *Umlegung* der Grundstücke eines neuzugestaltenden Baugebiets (§§ 45–79). Ähnlich wie die Umlegung landwirtschaftlicher Grundstücke (Flurbereinigung; s. unten § 27 Rn. 10 ff.) werden die Grundstücke eines Gebiets in einen „Topf" geworfen und auf die beteiligten Grundeigentümer in der Weise neu verteilt, „daß nach Lage, Form und Größe für die bauliche oder sonstige Nutzung zweckmäßig gestaltete Grundstücke entstehen". Während des Umlegungsverfahrens ist die Verfügung über die Grundstücke oder ihre Veränderung durch Genehmigungspflichten

---

[1] Sofern auch die bau*ordnungs*rechtlichen Bestimmungen eingehalten sind.
[2] Dazu *Gaßner,* D. Freihändige Grunderwerb der öff. Hand, 1983.

§ 26. Die Inhaltsgestaltung d. Grundeigentums durch d. öffentl. Recht   C § 26

blockiert. Bei der Neuverteilung sind „den Eigentümern ... nach Möglichkeit Grundstücke in gleicher oder gleichwertiger Lage" zuzuweisen, wie sie die früheren Grundstücke hatten (§ 59). Für Flächen, die für öffentliche Zwecke in Anspruch genommen werden, ist ein Ausgleich in Geld zu leisten.[1]

In diesem Zusammenhang ist auch die Möglichkeit einer autoritativen *Grenzregelung* (Austausch von Teilen benachbarter Grundstücke) zu nennen; sie ist im öffentlichen Interesse zulässig, sofern der Wert des Grundstücks nur unerheblich geändert wird. Dabei können auch betroffene Grunddienstbarkeiten „neu geordnet werden" (§§ 80–84).

5. Baulanderschließung

Der Bebauungsplan hat ferner die Bestimmungen über die *Erschließung*[2] eines Baugebiets zu enthalten (§§ 123–135); die Verkehrsanlagen, die öffentlichen Versorgungseinrichtungen sind festzulegen. Die beteiligten Eigentümer haben einen *Erschließungsbeitrag* (Anliegerbeitrag) zu leisten; er kann nach den tatsächlich entstandenen Aufwendungen oder nach Einheitssätzen, die den Durchschnittskosten entsprechen, berechnet werden. Gesichtspunkte für die Verteilung des Aufwandes auf die beteiligten Grundstückseigentümer sind die Intensität der Nutzung, die Größe der Grundstücksfläche oder die Grundstücksbreite an der Straße (§§ 130, 131). Während nach früherem Recht die *Beitragspflicht* erst mit der tatsächlichen Bebauung eines Grundstücks entstand, wird sie jetzt auf den Zeitpunkt *vorverlegt*, in dem das Grundstück bebaut werden *darf*; damit soll erreicht werden, daß erschlossenes Baugelände auch tatsächlich bebaut wird und nicht aus Spekulationsgründen zurückgehalten wird (Einzelheiten s. § 133).   9

6. Rechtsweg

Für die Entscheidung von *Rechtsstreitigkeiten,* die sich aus dem BauGB ergeben, sind die Baulandkammern bei den Landgerichten und die Baulandsenate bei den Oberlandesgerichten zuständig. Sie entscheiden in einer Mischbesetzung (Richter der ordentlichen Zivilgerichtsbarkeit und Verwaltungsrichter) sowohl bei Anfechtung eines Verwaltungsakts (z. B. eines Enteignungsbeschlusses) wie über die Festsetzung von Entschädigungen. Damit soll eine Zweispurigkeit des Rechtswegs vermieden werden (s. §§ 217–237).   10

7. Sanierung

Die besonderen städtebaulichen *Sanierungs- und Entwicklungsmaßnahmen* waren früher im Städtebauförderungsgesetz geregelt. Sie sind inzwischen als §§ 136–171 in das BauGB übernommen. Die Sanierungsmaßnahmen dienen der Behebung städtebaulicher Mißstände. Das Instrumentarium reicht von der Genehmigungspflicht von Verträgen über Grundstücke (§§ 144, 145) über die mittelbare Erzwingung der durch die Eigentümer zu vollziehenden Sanierung (§ 148) bis zur Beauftragung von „Sanierungsträgern" (§§ 157 ff.).   11

C. Beschränkungen aus den Gesichtspunkten der Raumordnung und Landesplanung[3]

Schon bei dem Hinweis auf die Beschränkungen des Eigentums aus baurechtlichen Gesichtspunkten (oben B) wurde deutlich, daß ein fester Bestandteil des Baurechts die örtliche Bauplanung ist. Sie wird vervollständigt   12

---

[1] Beispiel (insbes. zur Bewertung der Grundstücke u. zur öffentlichen Grünfläche) BGHZ 76, 274. S. ferner *Baur,* FS Mühl 1981, 71 (= Baur Beiträge II 47: private Baulandumlegung) und BGHZ 93, 372; ferner *Dietrich,* Baulandumlegung, 2. Aufl. 1990.
[2] Über Erschließungsverträge s. § 124; *Birk* VBlBW 1984, 97 m. w. N.; ferner *Dietrich,* Baulandumlegung, a. a. O.
[3] *Krebs,* in: Schmidt-Aßmann u. a. Bes. VerwRecht, 10. Aufl. 1995, 4. Abschnitt, Rn. 34 ff.; *Wolff/Bachof/Stober* § 38 IV (m. w. N.).

299

durch die über größere Gebiete reichende Raumordnung und Landesplanung.

Die Grundsätze der Raumordnung sind in dem *Raumordnungsgesetz* des Bundes enthalten. Diese Grundsätze sind auch für die Raumordnungs- und Planungsgesetze der Länder verbindlich. Die Länder sind gehalten, für ihre Gebiete Raumordnungspläne aufzustellen.

D. Beschränkungen wegen Natur- und Denkmalschutzes[1]

13   Gesetzliche Grundlagen sind das Naturschutzgesetz des Bundes i. d. F. vom 12. 3. 1987 und die Naturschutzgesetze der Länder (z. B. bad.-württ. NatSchG i. d. F. vom 29. 3. 1995). Naturschutz und Landschaftspflege erfordern planerische und schützende Maßnahmen. Damit verbunden sind Eingriffe in das Eigentum: Das Eigentum an Naturdenkmalen, Naturschutzgebieten und Landschaftsschutzgebieten unterliegt gewissen Beschränkungen, die sich insbes. auf die tatsächliche Nutzung beziehen. Im allgemeinen wird es sich hier um gesetzlich umschriebene Eigentumsbindungen handeln (BGH LM Art. 14 GG Nr. 60 für ein Naturdenkmal „Buchendom"; BVerwGE 3, 335 bei Erklärung eines Gebiets zum Naturschutzgebiet, sofern die bisherige land- und forstwirtschaftliche Nutzung des Gebiets aufrechterhalten bleibt; BVerwGE 4, 57 bei Unterstellung eines Gebiets unter den Landschaftsschutz).

14   Freilich kann der Eingriff in das Eigentum durch die Maßnahmen der Naturschutzbehörden so tief sein, daß vom Eigentum nur das nudum ius übrig bleibt und daher eine entschädigungspflichtige Enteignung vorliegt; so etwa dann, wenn ein Wald zum Naturschutzgebiet erklärt und jede forstwirtschaftliche Nutzung untersagt wird (s. dazu auch § 47 II bad.-württ. NatSchG) oder wenn der Denkmalschutz für ein Gebäude die Pflicht zur Unterhaltung eines Museums bedeutet (BGHZ 99, 26); ferner BGH NUR 1993, 497, 498 u. *Maunz/Papier*, GG Art. 14, Rn. 432.

Beispiel eines Denkmalschutzgesetzes: Bad.-württ. Ges. i. d. F. v. 6. 12. 1983 u. dazu BGHZ 72, 211 u. BGH NJW 1980, 2299 u. 1988, 3201 m. Anm. *Ossenbühl* (Problem: enteignender Eingriff oder Sozialbindung?); *Moench* NJW 1980, 1545 (dort auch Nachweise d. Denkmalschutzgesetze der Länder). S. ferner Ges. zur Berücksichtigung des Denkmalschutzes im Bundesrecht v. 1. 6. 1980, BGBl. I 649: Änderung und Ergänzung von Bundesgesetzen, um den Denkmalschutz zu fördern.

E. Eigentumsbeschränkungen im Interesse des Verkehrs

15   Damit sind weniger die Beschränkungen gemeint, denen der Eigentümer einer dem öffentlichen Verkehr gewidmeten Sache („öffentlichen Sachen") unterworfen ist;[2] denn diese Sachen werden meist auch im privatrechtlichen Eigentum der Körperschaft, die die Widmung vorgenommen hat, stehen. Überschneidungen zwischen privatrechtlicher Eigentumsnutzung und öffent-

---

[1] S. *Breuer*, in Schmidt-Aßmann u. a., Bes. VerwRecht, 10. Aufl. 1995, 5. Abschnitt, Rn. 116 ff.; *Dilcher* FS Coing 1982, II 73; *Hofmann* JZ 1988, 265 (Naturschutz u. Verfassung); *Kolodziejcok/Recken*, Naturschutz u. Landschaftspflege (ab 1980); *Stich/Burkenne*, Denkmalrecht 1984; *Moench* NJW 1983, 1998 (Reichweite und Grenzen d. Denkmalschutzes); *Lorz*, Naturschutzrecht, 1985; *Nüßgens/Boujong* Rn. 205 ff., 219 ff.

[2] Siehe dazu *Salzwedel*, in *Schmidt-Aßmann* u. a., Bes. VerwRecht, 10. Aufl. 1995, 8. Abschnitt, Rn. 25 ff.; *Papier*, Recht d. öff. Sachen, 2. Aufl. 1984 u. zu den im Text folgenden Ausführungen *Stürner*, Privatrechtl. Gestaltungsformen bei der Verwaltung öffentl. Sachen, 1969.

§ 26. Die Inhaltsgestaltung d. Grundeigentums durch d. öffentl. Recht   E § 26

lich-rechtlichem Gemeingebrauch sind daher selten; sie kommen allenfalls in der Form vor, daß der Eigentümer der öffentlichen Sache eine nicht erwünschte Form des Gemeingebrauchs (z.B. Dauerparken) auf Grund seines Privateigentums zu inhibieren oder nur gegen Entgelt hinzunehmen sucht.

Typisch etwa BGHZ 20, 270: Hier wird für die Frage, ob ein Bahnhofsvorplatz nur gegen „Gebühr" als Taxihalteplatz benützt werden darf, mit Recht auf die Eigenschaft des Vorplatzes als öffentlicher Platz abgestellt (ähnlich BGH NJW 1965, 387 und BGHZ 19, 85: Nutzungsentgelt für einen Straßenstand).[1] s. ferner BVerwGE 5, 342: Zulässigkeit von Parkgebühren? BVerwG DVBl. 1966, 406: Zulässigkeit des Dauerparkens? BayObLG DÖV 1966, 466: Zulässigkeit von Reklamefahrten?).

In diesen Bereich gehört auch der Umfang des *Nutzungsrechts des Anliegers* **16** einer öffentlichen Straße.[2]

So war in BGHZ 22, 395 die Frage zu entscheiden, ob sich aus dem Anliegerrecht die Befugnis ergibt, einen Bauzaun zu Reklamezwecken zu vermieten, oder ob umgekehrt dieses Recht dem Straßeneigentümer zusteht; in BVerwG JZ 1983, 343 die Frage, ob sich aus dem Anliegergebrauch das Recht auf eine Parkmöglichkeit auf der öff. Straße ergibt, was gegen die Errichtung einer Fußgängerzone sprechen könnte. In BGHZ 57, 359 ging es um die Entscheidung darüber, ob der Straßenanlieger einen Anspruch aus enteignendem Eingriff geltend machen kann, wenn der bisher übliche Gemeingebrauch eingeschränkt wird. Primär handelt es sich hier offensichtlich um öffentlich-rechtliche Fragen, die mehr und mehr in den Straßen- und Wegegesetzen der Länder geregelt sind. Die Nahtstellen zum bürgerlichen Recht sind aber deutlich erkennbar.

Doch soll hiervon nicht weiter die Rede sein; einschneidend sind vielmehr die Beschränkungen, *die sich für den Grundeigentümer aus dem öffentlichen Verkehr ergeben.* Hier werden die Abwehrrechte des Eigentümers – ähnlich wie in § 906 gegenüber privatrechtlichen Immissionen – im Verhältnis zum öffentlichen Verkehr beschränkt oder ausgeschlossen; die Beschränkungen sind teils ausdrücklich im Gesetz normiert, zum Teil werden sie in Analogie zu § 14 BImSchG; § 906 BGB gewonnen.

Ausdrückliche gesetzliche Beschränkungen sind u.a. enthalten: **17**

1. in §§ 9–11 *Bundesfernstraßengesetz:* Beschränkung von Bauanlagen und Duldung von Schutzmaßnahmen entlang der Bundesstraßen.

Bezüglich der sich aus dem Straßenverkehr selbst ergebenden Einwirkungen (z.B. Lärm, Erschütterungen, Geruch) ist auf die §§ 38–43 BImSchG und die entsprechenden Ausführungsverordnungen (hierzu *Kleopfer,* Umweltrecht, 2. Aufl. 1997, § 14 Rn. 171) zu verweisen. Vielfach kennen Straßengesetze bei überpflichtmäßigen Umweltbelastungen gesetzliche Entschädigungsregelungen (z.B. § 17 Abs. 5 BFStrG i.V.m. §§ 74 Abs. 2, 75 Abs. 2 VwVfG; *Kleopfer* aaO § 14 Rn. 172). Daneben gelten für Immissionen, welche die Enteignungsschwelle übersteigen, die Gundsätze des enteignenden Eingriffs (BGHZ 54, 384; 97, 114; *Kleopfer* aaO § 14 Rn. 177ff; weitere Nachweise der sehr ausdifferenzierenden Rechtsprechung bei *Staudinger/Roth* § 906 Rn. 220), die sich am Maßstab des § 906 Abs. 2 S. 2 orientieren.

2. im *Luftverkehrsgesetz,* und zwar in § 1 („Freiheit des Luftraums" im Ge- **18** gensatz zu § 905), § 11 (Anwendung des § 14 BImSchG) und in §§ 12ff. (Baubeschränkungen in der Nähe von Flugplätzen, Entschädigung).

---

[1] Siehe dazu auch die §§ 7, 8 des Bundesfernstraßengesetzes v. 6. 8. 1953 i.d.F. 19. 4. 1994 (BGBl. I, 854) und *Pappermann/Löhr* JuS 1980, 191, 355, 580, 731, 880; 1981, 117, 269 m.w.N.; *Peine* JZ 1984, 869.
[2] Hierzu *Salzwedel* aaO Rn. 30f.; *Nüßgens/Boujong* Rn. 98ff.

§ 26 F, G   III. Abschnitt. Liegenschaftsrecht

Das *Fluglärmschutzgesetz* schafft Schutzvorkehrungen gegen Fluglärm, in den Lärmschutzbereichen bestehen Bauverbote und Baubeschränkungen (§§ 5, 6 FlugLSchG). Enteignende Bauverbote sind entschädigungspflichtig (§ 8 FlugLSchG); ausführlich *Kloepfer* aaO § 14 Rn. 189 ff. m.Nw.

19 3. in §§ 50–58 des *Telekommunikationsgesetzes* 1996 (*Scherer* NJW 1996, 2953, 2961); hier geht es um die Duldung von Telekommunikationslinien. Für sie sind in erster Linie öffentliche Verkehrswege zu benutzen; daneben können aber auch private Grundstücke in Anspruch genommen werden. Ähnliches gilt für gemeindliche Versorgungsleitungen nach § 41 BauGB.

20 4. Im Bereich des *Eisenbahnverkehrs*[1] regeln – ähnlich wie für den Straßenverkehr – § 18 Allgemeines EisenbahnG 1993 und §§ 74, 75 VwVfG Entschädigungsansprüche (dazu *Staudinger/Roth* § 906 Rn. 89 ff.); daneben bestehen landesrechtliche Regelungen (z.B. §§ 4, 5 bad.-württ. EisenbahnG) und bei enteignendem Eingriff der allgemeine Entschädigungsanspruch.

F. Beschränkungen aus agrarpolitischen Gründen

Das landwirtschaftliche Grundeigentum ist mancherlei Beschränkungen unterworfen: so bedarf die Veräußerung landwirtschaftlicher Grundstücke (in gewisser Hinsicht auch die Verpachtung) staatlicher *Genehmigung*. Auf manchen Gebieten gelten *Anbaubeschränkungen* (zu deren Rechtsgültigkeit vgl. BGH LM Art. 14 GG Nr. 49; BVerwGE 5, 171). Ein Landaustausch (*Flurbereinigung*) kann erzwungen werden. Der Testierfreiheit des Eigentümers eines landwirtschaftlichen Betriebs sind Grenzen gesetzt. Alle diese Beschränkungen sind nur im Zusammenhang mit der Darstellung des landwirtschaftlichen Grundeigentums verständlich (s. unten § 27).

G. Eigentumsbeschränkungen durch Wirtschaftslenkung

21 Über dieses weite Gebiet[2] kann nur ein ganz bescheidener Überblick gegeben werden. Das Ausmaß der rechtlichen Bindung und Beschränkung hängt hier von der wirtschaftspolitischen Grundauffassung (freie – gelenkte Wirtschaft, Privatwirtschaft – öffentliche Wirtschaft), aber auch von den jeweiligen realen Gegebenheiten ab.

Im Krieg oder sonstigen Notzeiten wird z.B. auch eine liberale Wirtschaftsauffassung zur Planwirtschaft gezwungen.[3] – Im Außenhandel mit einem staatswirtschaftlich organisierten Land gelten notwendig andere Grundsätze als mit einem auf privater Initiative aufgebautem Wirtschaftssystem.

Die in Betracht kommenden wirtschaftstheoretischen Erwägungen sind hier ebensowenig darzustellen wie die verfassungsrechtlichen Schranken einer solchen Wirtschaftslenkung.[4] Die in Betracht kommenden rechtlichen Maßnahmen betreffen meist bewegliche Sachen (z.B. Produktionslenkung, Abliefe-

---

[1] Weitere Einzelheiten s. *Kloepfer*, Umweltrecht, 2. Aufl. 1997, § 14 Rn. 180.
[2] Siehe dazu besonders *Badura*, in: Schmidt-Aßmann u.a., Bes. VerwRecht (10. Aufl. 1995) 3. Abschnitt, Rn. 77 f.; *Rittner*, Wirtschaftsrecht (2. Aufl. 1987), §§ 2, 3; *Fikentscher*, Deutsch. WirtschR Bd. 2, 1983; *Rinck/Schwark*, Wirtschaftsrecht (6. Aufl. 1986); *Steindorff*, Einführung in das Wirtschaftsrecht der Bundesrepublik Deutschland (2. Aufl. 1985); *Müller-Graff*, Unternehmensinvestitionen und Investitionssteuerung im Marktrecht (1984); heute noch lesenswert: *E. R. Huber*, Wirtschaftsverwaltungsrecht II (1954), §§ 81 ff.; *Ballerstedt*, Rechtsstaat und Wirtschaftslenkung, AöR 74, 129; *Isay*, Die jur. Technik der Wirtschaftslenkung, FS Schmidt-Rimpler (1957), S. 403; zur Wirtschaftslenkung durch Sonderabgaben s. auch *Breuer* DVBl. 1952, 485.
[3] Siehe Gesetz über die Sicherstellung von Leistungen auf dem Gebiet der gewerblichen Wirtschaft sowie des Geld- und Kapitalverkehrs v. 24. 8. 1965 (BGBl. I 920); ferner Schutzbaugesetz v. 9. 9. 1965 (BGBl. I 1232); Selbstschutzgesetz v. 9. 9. 1965 (BGBl. I 1240); Wassersicherstellungsgesetz v. 24. 8. 1965 (BGBl. I 1225).
[4] Siehe dazu die oben G in Fn. 2 Genannten.

rungszwang, Ein- und Ausfuhrlenkung [Kontingentierung],[1] Preisvorschriften, Devisenbewirtschaftung). Für das hier zu erörternde *Grundeigentum* kommen als lenkende Maßnahmen in Betracht:

a) die zahlreichen Genehmigungspflichten im Landwirtschaftsrecht (s. unten § 27),

b) die Anbaupflichten und -beschränkungen (zu der eigentumsrechtlichen Problematik s. *Nüßgens-Boujong* Rn. 187 ff.).

c) die Anordnung von Betriebsstillegungen,

d) die Einräumung von gesetzlichen Vorkaufsrechten (s. z.B. oben Rn. 7 unter a).

Die mit den einzelnen Maßnahmen verfolgten Zwecke sind recht verschieden: So soll etwa mit *Anbaupflichten* die Produktion im Interesse der Versorgung der Bevölkerung gesteigert werden, während durch Anbau*beschränkungen* das Preisniveau im privatwirtschaftlichen Interesse der Bauern beeinflußt werden soll. In unserem Zusammenhang mag genügen, einige technische Maßregeln der Wirtschaftslenkung für Grundeigentum kennengelernt zu haben.

H. Die Enteignung[2]

I. Enteignungsbegriff

Bereits in § 13 Rn. 14 ff. hatten wir uns bei der Erörterung des Eigentumsschutzes mit dem Begriff der Enteignung befaßt und dabei zwischen einem formellen und einem materiellen Enteignungsbegriff unterschieden. 22

Der *formelle Enteignungsbegriff* – wie ihn nunmehr das BVerfG bei der Auslegung des Art. 14 III GG ausschließlich zugrunde legt (BVerfGE 52, 1, 17; 58, 300) – stellt ab auf den staatlichen Zugriff auf das Eigentum meist durch Einzelakt mit dem Ziel der Enteignung oder Belastung des Eigentums. Der *materielle Enteignungsbegriff* stellt ab auf eine zu einem Sonderopfer führenden Beeinträchtigung des Eigentums des Einzelnen durch die öffentliche Gewalt. Dieser Eigentumsbegriff war die Basis der Rspr. des BGH zum enteignenden und enteignungsgleichen Eingriff. 23

Die Schwierigkeiten, die sich aus diesen unterschiedlichen Auffassungen ergeben, haben uns oben § 13 Rn. 16 ff. beschäftigt.

Im Folgenden befassen wir uns mit der sog. *klassischen Enteignung,* die im wesentlichen mit der formellen Auffassung identisch ist; „klassisch" deshalb, weil sie in dieser Form schon seit langem gesetzlich vorgesehen ist.

Enteignung im klassischen Sinn[3] ist die Entziehung des Grundeigentums durch Verwaltungsakt (ausnahmsweise durch Gesetz: sog. „Legalenteignung"; dazu BVerfGE 24, 367 = *Baur,* E. Slg. Fall 12; BVerfGE 58, 300 = NJW 1982, 24

---

[1] Beispiele BGH NJW 1956, 458; BVerwG NJW 1958, 682.
[2] Siehe dazu die Angaben zu § 24 und zu § 13 Rn. 13 ff.; ferner besonders *Schulte,* Zur Dogmatik des Art. 14 GG, 1978; *Wolff/Bachof* § 62; E.R. *Huber,* Wirtschaftsverwaltungsrecht II (1954) §§ 68 ff. m.w.N.; Hans *Huber,* Das Gemeinwohl als Voraussetzung der Enteignung, Z. f. Schweiz. Recht 84, 39; *Nüßgens/Boujong* Rn. 324 ff.
[3] Dazu *Schmidt-Aßmann* JuS 1986, 833; *Maurer,* FS G. Dürig, 293.

§ 26 H II III. Abschnitt. Liegenschaftsrecht

745, 748; BVerfGE 74, 264ff. = BVerfG NJW 1987, 1251) und dessen Übertragung auf einen anderen.

Enteignung ist auch die *teilweise* Entziehung des Eigentums, z. B. durch zwangsweise Begründung einer beschränkten persönlichen Dienstbarkeit zugunsten eines Versorgungsunternehmens, etwa eines Elektrizitätsunternehmens, das eine Fernleitung über fremde Grundstücke legt (BVerfGE 45, 297, 339; BVerfG NJW 1981, 1257; BGHZ 83, 61).

Besondere Formen der Enteignung sind die Flurbereinigung (Umlegung) und die Baulandumlegung. Die *Umlegung* will im landwirtschaftlichen Bereich *(Flurbereinigung)* die Grundstücke einer Markung zunächst „in einen Topf" einbringen und dann nach modernen betriebswirtschaftlichen Gesichtspunkten neu aufteilen (s. dazu unten § 27 Rn. 10), der ähnliche Vorgang im städtischen Bereich *(Baulandumlegung)* soll zu einer vernünftigen Gestaltung eines Baugebiets führen (s. oben Rn. 8).

II. Enteignungsgesetze

25   1. Ein *allgemeines* bundesrechtliches Enteignungsgesetz gibt es nicht. Wir kennen nur bundes- und landesrechtliche *Spezial*enteignungsgesetze und landesrechtliche *allgemeine* Enteignungsgesetze.

26   2. Enteignungsregeln auf Bundesebene enthalten z. B. § 85 BauGB, § 19 FStrG, § 11 EnWG, § 22 AEG, § 44 BWaStrG, § 30 PersBefG.

Eine Enteignung ist dann gerechtfertigt, „wenn eine öffentliche Aufgabe nicht mit den üblichen, von der Rechtsordnung zur Verfügung gestellten Mitteln verwirklicht werden kann" (BVerfG NJW 1981, 1257).[1] Interessant ist aber, daß manche der Enteignungsgesetze die Enteignung auch *zugunsten Privater* vorsehen, so etwa das Reichssiedlungsgesetz und das BauGB. Art. 14 Abs. 3 Satz 1 GG sagt, daß „eine Enteignung nur zum Wohl der Allgemeinheit zulässig" ist; dieses Allgemeinwohl (Siedlung – Wohnungsbau!) führt hier zur Begünstigung von Privatpersonen (dazu *Graulich* JZ 1986, 269 u. *Nüßgens/Boujong* Rn. 356ff.).

Enteignung zugunsten eines privaten Elektrizitätsunternehmens ist zulässig (s. BVerfGE 66, 248 u. JZ 1986, 280); auch zugunsten einer KFZ-Erprobungsstrecke? (s. BVerfGE 74, 264ff.: sog. Boxbergentscheidung; dazu *Schmidt-Assmann* NJW 1987, 1587).

27   3. Die allgemeinen Enteignungsgesetze der Länder sind vielfach dem preuß. Enteignungsgesetz v. 11. 6. 1874 (GS S. 221) nachgebildet.[2] Danach beginnt das Enteignungsverfahren mit der Verleihung des Enteignungsrechts an den begünstigten Unternehmer (z. B. eine Stadt, ein Elektrizitätswerk u. s. w.). Daran schließt sich das Planfeststellungsverfahren vor dem Regierungspräsidenten an; die Planfeststellung kann mit der verwaltungsgerichtlichen Klage angefochten werden. Erst nach Feststellung der Entschädigung[3] – im Streitfall durch das ordentliche Gericht[4] – und deren Bezahlung erfolgt die Enteignungserklärung durch den Regierungspräsidenten. Damit geht das Eigentum kraft Staatsakts originär auf den Begünstigten über; die Eintragung im Grundbuch ist lediglich Grundbuchberichtigung. Der Beschluß enthält auch die Besitzeinweisung.

Dieses Verfahren ist sehr eigentumsfreundlich, aber auch sehr langwierig. Daher kennt die Gesetzgebung (vgl. etwa das Preuß. Ges. v. 29. 7. 1922, ferner § 113 BauGB) ein vereinfachtes Enteignungsverfahren, in dem meist Enteignung und Entschädigungsfeststellung in *einem* Verfahrensabschnitt zusammengefaßt sind und eine vorläufige Besitzeinweisung (also *vor* Beendigung des Verfahrens) ausgesprochen werden kann (vgl. etwa § 116 BauGB).

4. Wird der Zweck der Enteignung nicht verwirklicht, so kann sich aus Art. 14 GG ein *Rückerwerbsrecht des früheren Grundstückseigentümers* ergeben (BGH NJW 1982, 2184 u. § 102 BauGB [„Rückenteignung"]; s. a. § 63 Rn. 28).

---

[1] Dazu BGH NJW 1989, 216 = BGHZ 105, 94; *Breuer* DVBl. 1981, 971.
[2] Kommentar von *Meyer-Thiel-Frohberg* (5. Aufl. 1959).
[3] Zu den Entschädigungsgrundsätzen s. *Nüßgens/Boujong* Rn. 384ff.
[4] Dazu *Nüßgens/Boujong* Rn. 401ff.

B. Typisierte Sonderformen des Grundeigentums

Im Anschluß an die Darstellung des Eigentumsinhalts im Allgemeinen gilt es nunmehr, einige typische Sonderformen des Eigentums kennenzulernen, wobei wir uns freilich nicht sklavisch an den Begriff „Eigentum" halten, vielmehr auch jeweils verwandte Rechtsinstitute (z. B. neben dem Wohnungseigentum auch das Erbbaurecht und das dingliche Wohnrecht) erörtern wollen.

§ 27. Das landwirtschaftliche Grundeigentum (einschließlich Landpacht – Wasserrecht – Forstrecht – Jagd- und Fischereirecht)

Lit.-Hinweis: S. die Angaben im Text; ferner *Götz* u. a., Handwörterbuch des Agrarrechts, I 1981, II 1983; *Baur*, Grundstücksrecht (1948); „Studium Generale" 11 (1958), S. 507 und JZ 1962, 695; *Kreuzer* u. a., Agrarrecht in Europa, 1983; *Kroeschell*, Bodenordnung in der modernen Gesellschaft (1961); *ders.*, Rechtsprobleme der bäuerlichen Hofübergabe, in Göttinger Festschrift für das OLG Celle (1961) S. 99; *ders.*, Landwirtschaftsrecht, 2. Aufl. 1966; *ders.*, Deutsches Agrarrecht, 1983; *ders.*, Der Wandel der Agrarstruktur in der Bundesrepublik Deutschland u. seine Auswirkungen auf das Agrarrecht, in Recht in Ost u. West (Waseda-FS), 1988, 119; *Pikalo*, Land- u. forstwirtschaftl. Grundstücksverkehrs- u. Erbrecht im westlichen Europa (1961); *Wenzel*, AgrarR 1995, 37; *Wöhrmann*, Landwirtschaftsrecht, 2. Aufl. 1966; *Frohberg* u. a. (Herausg.), FS f. Pikalo, 1979. Hingewiesen sei auf die monatlich erscheinende Zeitschrift *Agrarrecht*, 27. Jahrgang 1997 und die Zeitschrift *Recht der Landwirtschaft*, 49. Jahrgang 1997.

I. Überblick

1 Für den landwirtschaftlich genutzten Grund und Boden haben sich im Laufe der Zeit Sonderregeln entwickelt, die den wesentlichen Bestandteil des Landwirtschaftsrechts (Agrarrechts) bilden. Die Anlässe, die zu einem Eingreifen des Gesetzgebers führten, waren recht verschieden: bald lagen sie in dem Zwang, die Ernährung der Bevölkerung sicherzustellen, dann in dem Bestreben, die landwirtschaftlichen Betriebe durch gesetzgeberische Maßnahmen in ihrem Bestand zu erhalten und zu stützen; dann wieder sollten neue landwirtschaftliche Betriebe auf Kosten des Großgrundbesitzes geschaffen werden. Entsprechend den verschiedenen Ansatzpunkten sind auch die das landwirtschaftliche Grundeigentum betreffenden Gesetze keineswegs homogen, sie sind weder gesetzestechnisch noch inhaltlich aufeinander abgestimmt.

2 Eine Gliederung läßt sich vielleicht nach folgenden Gesichtspunkten treffen: Sicherung der landwirtschaftlichen Produktionsgrundlagen (unten Rn. 4 ff.), Sicherung des landwirtschaftlichen Betriebs (Rn. 13 ff.), Neubildung landwirtschaftlicher Betriebe (Rn. 25 ff.), Lenkung der landwirtschaftlichen Produktion und des Absatzes der landwirtschaftlichen Produkte (unten Rn. 35 ff.). Anhangsweise sollen dann ein kurzer Überblick über das Wasser- (Rn. 43 ff.), Forst- (Rn. 56 ff.) und Jagdrecht (Rn. 65 ff.) gegeben werden.

3 *Statistik:* Die Bodenfläche der Bundesrepublik Deutschland beträgt rund 35,70 Mill. ha mit einem Anteil von 54,7% (= 19,54 Mill. ha) an Landwirtschaft, 29,2% (= 10,43 Mill. ha) an Wald und 11,3% (= 4,02 Mill. ha) an Bauland und Verkehrsflächen (Stand 1993). Anteil der Land- und Forstwirtschaft an der gesamten erwerbstätigen Bevölkerung in den alten Bundesländern 1994: 2,9% (1960: noch 13,7%). Beitrag zum Bruttoinlandsprodukt 1993: 1,0% (s. Statistisches Jahrbuch 1996, S. 106, 168, 645 f.).

II. Sicherung der landwirtschaftlichen Produktionsgrundlagen

1. Das sog. Grundstückverkehrsrecht[1]

4   Die Veräußerung und Verpachtung von Grundeigentum ist nach allgemeinem Recht frei, d.h. keinen staatlichen Einwirkungen unterworfen.[2] Auf dem Gebiet der Landwirtschaft führte diese Freiheit vielfach zu einer unwirtschaftlichen Zerstückelung des Grundeigentums („Güterzertrümmerung"), zu einer Abwanderung von landwirtschaftlichem Grund und Boden in die Hände von Nichtlandwirten (Gefahr der Grundstücksspekulation) und zu einer Verschuldung der Betriebe.

5   Diese Vorgänge beeinträchtigen die landwirtschaftliche Erzeugung. Seit 1918 wurde daher der landwirtschaftliche Grundstücksverkehr unter staatliche Kontrolle gebracht, die seitdem nicht wieder beseitigt worden ist.[3]

Gegenwärtige Rechtsgrundlage sind das Grundstückverkehrsgesetz v. 28. 7. 1961 (BGBl. I 1091, 1652, 2000) mit den dazugehörigen Ausführungsgesetzen der Länder (z.B. bad.-württ. AusfG v. 8. 5. 1989, GBl. 143) und das Landpachtverkehrsgesetz v. 8. 11. 1985 (BGBl. I 2075). Der wesentliche Inhalt dieser Regelung ist folgender:

a) Genehmigungspflichtige Rechtsgeschäfte

6   Genehmigungspflichtig ist die *Veräußerung* (Kauf und Auflassung) landw. Grundeigentums.[4] Bis zur Erteilung der Genehmigung ist die Veräußerung schwebend unwirksam, bei Verweigerung der Genehmigung ex tunc nichtig. Die Genehmigung ist zu verweigern, wenn gewisse im Gesetz aufgeführte Versagungsgründe vorliegen; diese beziehen sich auf die *Agrarstruktur* („ungesunde Bodenverteilung"),[5] auf die Auswirkungen im Hinblick auf den landwirtschaftlichen *Betrieb* (der Vertrag darf nicht zu einer unwirtschaftlichen Betriebs- oder Grundstückszersplitterung führen),[6] auf den *Vertragsinhalt* selbst (grobes Mißverhältnis zwischen dem Wert des Grundstücks und dem versprochenen Entgelt; Beispiel: BGHZ 50, 297).

7   Der Anlaß zu dieser Regelung war ursprünglich die Not der Kriegs- und Nachkriegszeit: die Ernährungsgrundlage sollte also gesichert werden. Heute unter veränderten Umständen dient die Re-

---

[1] Siehe dazu die Kommentare von *Ehrenforth* (1965), *Lange* (2. Aufl. 1964), *Pikalo/Bendel* (1963), *Vorwerk-v. Spekkelsen* (1963), *Treutlein-Crusius* (1963) u. *Herminghausen* DNotZ 1962, 450, 522; 1963, 153, 200, 387, 464; *Baur* JZ 1962, 695; *Augustin* HWB d. AgrarR.s, I, 1981, 850 u. *Bendel* ebda 855; *C. Grimm,* Agrarrecht (1995), 2. Kap. IV; *Winkler* NuR 1987, 258 und 1988, 170 je m.w.N.; Übersicht zur neueren Rechtsprechung zum Grundstücksverkehrsrecht bei *Wenzel* AgrarR 1995, 37.

[2] Siehe dazu allerdings oben § 22 Rn. 24 ff.

[3] Darstellung der Entwicklung: *Baur,* Grundstücksrecht S. 101 ff. Zur Bedeutung des Grundstücksverkehrsrechts in der Gegenwart *H.-W. Baur* RdL 1996, 256.

[4] Gleichgestellt sind die Nießbrauchstellung und die Veräußerung eines Erbanteils an einem land- und forstwirtschaftlichen Nachlaß. – Zum Begriff „Veräußerung" s. BGHZ 87, 233; zum „landwirtschaftlichen Grundstück" (§ 1 GrdstVG) BGHZ 106, 251 und *Hötzel* AgrarR 1993, 213.

[5] Vgl. § 9 Abs. 1 Ziff. 1 GrdstVG. Beispiele: BGH NJW 1975, 2192; BGHZ 67, 330; 94, 292; 112, 86 und 116, 348.

[6] Vgl. § 9 Abs. 1 Ziff. 2 GrdstVG (Beispielsfall dazu: BGHZ 124, 217); zur Verfassungsmäßigkeit dieser Bestimmung BVerfG NJW 1969, 1475; zum Begriff des „landwirtschaftlichen Betriebs" (§ 9 Abs. 3, 5 u.a.) BGH NJW-RR 1996, 528.

gelung allgemeinen landwirtschaftspolitischen Gesichtspunkten (Verbesserung der Agrarstruktur – Erhaltung rationell zu bewirtschaftender Betriebe – Verhinderung eines „Ausverkaufs" der Landwirtschaft). Das Bundesverfassungsgericht (BVerfGE 21, 73; 87; 92; 99; 102) läßt als entscheidenden Gesichtspunkt nur die nachteilige Auswirkung des Rechtsgeschäfts *auf die Agrarstruktur* gelten (Beispiele: BGHZ 75, 81 u. 86). – Interessant BGHZ 94, 292 = NJW-RR 1986, 312: konkurrierende Agrarstrukturverbesserungsmaßnahmen.

Über die Genehmigung entscheidet meist zunächst die Landwirtschaftsbehörde; gegen ihre Entscheidung kann das *Landwirtschaftsgericht* (das ist das Amtsgericht, wobei zum Amtsrichter zwei landwirtschaftliche Beisitzer hinzutreten) angerufen werden (s. dazu Gesetz über das gerichtliche Verfahren in Landwirtschaftssachen v. 21. 7. 1953 [BGBl. I 667], geändert durch Ges. v. 8. 11. 1985 [BGBl. I 2065]).[1] Beispielsfälle: BGHZ 82, 292; BGH NJW 1982, 2251, BGHZ 94, 24 (zum Nachweis der Genehmigung gegenüber dem Grundbuchamt); 118, 367 (zur Genehmigung einer Nießbrauchsbestellung) und 123, 1 (zum Eintritt der Genehmigungsfiktion nach § 6 Abs. 2 GrdstVG).

b) Genehmigungsfreie Rechtsgeschäfte

aa) Die Genehmigungspflicht für die *Belastung* eines landwirtschaftlichen Betriebs mit Grundpfandrechten ist durch Gesetz v. 19. 12. 1960 (BGBl. I 1015) aufgehoben worden.

bb) Ursprünglich war auch die *Verpachtung* eines landw. Grundstücks genehmigungspflichtig (Art. VI KRG Nr. 45). Das Landpachtgesetz v. 25. 6. 1952 (BGBl. I 343) hatte lediglich eine Anzeigepflicht beibehalten, die der Landwirtschaftsbehörde die Möglichkeit gibt, den Vertrag zu „beanstanden". Auch das seit 1. 7. 1986 maßgebende Landpachtverkehrsgesetz hält an dieser Grundlage fest (s. unten Rn. 35 ff.).[2]

Die Beanstandungsgründe ähneln den oben a) bei der Genehmigung der Veräußerung genannten (Einzelheiten s. unten Rn. 25 ff.).

Zu beachten ist, daß durch Ges. v. 8. 11. 1985 (BGBl. I 2065) ein *besonderer Abschnitt über die Landpacht in das BGB* eingefügt wurde (§§ 585 bis 597; s. unten Rn. 37, 39).

c) Grundstücksverkehr in den neuen Bundesländern

In den neuen Bundesländern gilt das GrundstücksverkehrsG uneingeschränkt (Einigungsvertrag Anl. I Kap. VI Sachgeb. B, Erläuterungen; *Rodenbach*, in: Drygalski/Welter/Gemmeke, Immobilienhandbuch Ost, 2. Aufl. 1996, S. 85).

2. Flurbereinigung (Umlegung)

Während das Grundstücksverkehrsrecht im wesentlichen gefahrenabwehrende Tendenz hat, sucht die Flurbereinigung – als wesentlicher Teil einer der Verbesserung der Agrarstruktur gewidmeten Agrarpolitik – die Produktionsgrundlagen durch positive Maßnahmen zu *verbessern*. Rechtsgrundlage ist das Flurbereinigungsgesetz v. 14. 7. 1953 i. d. F. v. 16. 3. 1976 (BGBl. I 546).[3] Ihr Ziel ist es, in Gebieten mit zersplittertem ländlichem Grundbesitz, namentlich in Realteilungsgebieten, den Grundbesitz zunächst zusammenzulegen („in einen Topf zu werfen"), dann nach betriebswirtschaftlichen Gesichtspunkten

---

[1] Kommentare von *Lange/Wulff* (1954 mit Nachtrag 1963), *Wöhrmann/Herminghausen* (1954), *Pritsch* (1955); *Barnstedt/Steffen*, 5. Aufl. 1993.

[2] Kommentare von *Fassbender* u. a. (Landpachtrecht) 2. Aufl. 1993 und *Lange/Lüdtke-Handjery* (Landpachtrecht, landwirtschaftl. Pachtrecht d. BGB u. LandpachtverkehrsG) 4. Aufl. 1997; s. a. *Ebersbach,* Die Lenkung d. Landpachtverkehrs ..., FS Pikalo, 1979 u. *Quadflieg* HWB d. AgrarR.s, I, 1981, 631 m. w. N.

[3] Kommentare von *Lurz* (1955), *Seehusen/Schwede/Hegele* 6. Aufl. 1992, *Steuer* 2. Aufl. 1967. S. ferner *Nüßgens/Boujong* Rn. 176 ff. und *Griese* NuR 1985, 269. Zur Unternehmensflurbereinigung BVerfG NJW 1987, 1251 (Boxberg) und BVerwG NVwZ 1990, 471; s. a. *Wehr* BayVerwBl 1987, 356 und *K. Thomas* RdL 1995, 309.

neu zu gestalten und damit lebensfähige, einer maschinellen Bearbeitung zugängliche Betriebsgrößen zu schaffen.

Es handelt sich also um einen Landaustausch der Eigentümer einer Markung, wobei angestrebt wird, daß jeder Teilnehmer Grundstücke gleichen Gesamtumfangs und gleicher Bodenqualität (Bonität) zurückerhält.

11 Das Verfahren wird durch einen Flurbereinigungsbeschluß der Flurbereinigungsbehörde eingeleitet. Damit werden die beteiligten Grundeigentümer zu einer „Teilnehmergemeinschaft" (einer Körperschaft des öffentlichen Rechts!) zusammengefaßt; sie bildet sozusagen das demokratische Organ im Flurbereinigungsverfahren.[1] Das Ergebnis des Flurbereinigungsverfahrens ist in einem Flurbereinigungsplan festzuhalten, mit dessen Rechtskraft die Änderung des Rechtszustandes eintritt.[2] Auf ihm beruht daher auch die Eigentumsänderung an den betroffenen Grundstücken, eine rechtsgeschäftliche Veräußerung findet nicht statt, das Grundbuch ist entsprechend dem Flurbereinigungsplan zu berichtigen.

Die Interessen der Inhaber beschränkter dinglicher Rechte (insbes. der Grundpfandgläubiger) werden durch eine Art von Surrogation (die Belastungen werden kraft Gesetzes auf die neuen Grundstücke übertragen) gesichert.

12 Versteht man unter Enteignung rein technisch den Entzug von Land durch Staatsakt und Übertragung auf einen anderen, so ist auch die Flurbereinigung Enteignung. Stellt man auf den Gesichtspunkt des Sonderopfers ab, so ist die Flurbereinigung nicht als Enteignung anzusehen, sofern Land in gleichem Wert zugesprochen wird (BVerwGE 1, 225; BGHZ 66, 173), wohl aber dann, wenn ein „Landabzug" zugunsten öffentlicher Einrichtungen vorgenommen wird (BVerwGE 3, 156) oder wenn ein Grundeigentümer wider seinen Willen in Geld abgefunden wird (BGHZ 27, 15; 31, 49).

In den *neuen Bundesländern* gilt das FlurbereinigungsG uneingeschränkt (Einigungsvertrag Anl. I Kap. VI Sachgeb. B, Erläuterungen; zum rechtsähnlichen „Bodensonderungsverfahren" s. § 63 Rn. 54 ff.).

III. Sicherung des landwirtschaftlichen Betriebs

1. Anerben- bzw. Höferecht

13 Mit die größte Gefahr für die Erhaltung gesunder landwirtschaftlicher Betriebe ist die Zersplitterung im Erbgang, und zwar gleichgültig, ob sie „in natura" durch Aufteilung des Grundeigentums des Erblassers (Realteilung, praktiziert insbesondere in Südwestdeutschland) oder dem Werte nach erfolgt.

Beispiel: Hinterläßt E seine Kinder A, B und C, so wird der Betrieb sowohl dann gefährdet, wenn die zu ihm gehörigen Grundstücke unter A, B und C aufgeteilt werden, wie auch dann, wenn A zwar den Hof geschlossen übernimmt, B und C aber mit je $^1/_3$ des vollen Werts abfinden muß.

14 Dieses Ergebnis sucht das Anerbenrecht (Höferecht) zu vermeiden. Es entspricht in weiten Teilen Deutschlands (und Österreichs) bäuerlicher Erbsitte und beruht auf dem Grundgedanken, daß der Hof mit dem Erbfall (oder einer durch Übergabevertrag vorweggenommenen Erbfolge) auf *einen* Erben (den Anerben, Hoferben) übergeht und die sonstigen Erben (die weichenden Erben) in Geld abgefunden werden.[3]

Die wichtigste Regelung enthält die Höfeordnung v. 24. 4. 1947 für die (ehemals) britische Zone (Nordrhein-Westfalen, Schleswig-Holstein, Niedersachsen, Hamburg). Die HöfeO ist aber bundes-

---

[1] Mit freilich insgesamt recht dürftigen Rechten.
[2] Dazu *Susset,* D. Surrogationsgedanke im Flurbereinigungsrecht (Tüb. Diss. 1968).
[3] Zur Funktion des Höferechts näher BGHZ 118, 365.

§ 27. Das landwirtschaftliche Grundeigentum **III § 27**

rechtlich novelliert worden, und zwar durch Gesetz v. 29. 3. 1976 (BGBl. I 881; 1977 I 288).[1] Diese – novellierte – HöfeO i. d. F. v. 26. 7. 1976 (BGBl. I 1933) wird den folgenden Ausführungen zu Grunde gelegt.

a) Voraussetzungen der Hofeigenschaft

Voraussetzungen für die Hofeigenschaft sind: eine land- oder forstwirtschaftliche Besitzung, die von einer geeigneten Hofstelle aus bewirtschaftet wird – Alleineigentum (oder Miteigentum von Ehegatten) – ein sog. Wirtschaftswert (= Einheitswert abzüglich Wohnungswert) von mindestens 20 000 DM. **15**

Liegen diese Voraussetzungen vor, so ist ein landwirtschaftlicher Betrieb kraft Gesetzes „Hof". Das Anerbenrecht ist aber insofern *fakultativ,* als der Eigentümer die Hofeigenschaft aufheben (dazu BGHZ 101, 57; *Otte* NJW 1988, 672) oder neu begründen kann. Dies geschieht durch Erklärung gegenüber dem Landwirtschaftsgericht.[2] Die Eintragung bzw. Löschung des Hoferbenvermerkes erfolgt dann durch das Grundbuchamt auf Ersuchen des Landwirtschaftsgerichts, § 3 HöfeVfO i. d. F. v. 29. 3. 1976 (verfassungsgemäß, BVerfGE 76, 100). Die Hoferklärung muß alle Grundstücke erfassen, die Bestandteil des Hofes sind (BGHZ 106, 245). Die Hofeigenschaft entfällt kraft Gesetzes, wenn eine der Voraussetzungen (z. B. durch gewerbliche Nutzung) wegfällt (BGHZ 84, 65 u. 78; neueres *Beispiel:* OLG Oldenburg Rpfleger 1993, 149). Ferner können einzelne Grundstücke ihre Hofzugehörigkeit durch Ausgliederung verlieren (BGHZ 124, 220).

b) Freie Bestimmbarkeit des Hoferben

Der Hofeigentümer kann den Hoferben durch Verfügung von Todes wegen (oder Übergabevertrag)[3] grundsätzlich frei bestimmen;[4] dieser muß aber in der Regel „wirtschaftsfähig" sein, d. h. den Betrieb selbständig leiten können. **16**

Unter bestimmten Voraussetzungen genügte nach der Rspr. ein sog. *formloser Hofübergabevertrag* (hierzu BGHZ 12, 286; 23, 249). Auch nachdem § 7 HöfeO n. F. die formlose Hofübergabe kodifiziert hat, bleibt diese Rechtsprechung unter engeren Voraussetzungen unter neuem Recht anwendbar (BGHZ 73, 324, 329; 87, 237; 119, 387). Darüber hinaus ist sie natürlich noch für „Altfälle" von Bedeutung (näher zu dieser Frage *Sachs,* die bindende formlose Hoferbenbestimmung, 1991).

c) Gesetzliche Hoferbenordnung

Hat der Hofeigentümer eine solche Bestimmung nicht getroffen, so gilt die gesetzliche Hoferbenordnung. Auch hier ist aber indirekt die Willensrichtung des Erblassers maßgebend, insofern in der ersten Hoferbenordnung zunächst **17**

---

[1] Dazu *Dressel* NJW 1976, 1244; *Faßbender* DNotZ 1976, 393 u. 1977, 388; *Quadflieg/Weirauch* FamRZ 1977, 228; *Faßbender/Hötzel/Pikalo,* HöfeO, 3. Aufl. 1994; *Scheyhing,* HöfeO, 1967; *C. Grimm,* Agrarrecht (1995), 4. Kap.; *Kreuzer,* Landwirtschaftserbrecht in Deutsche Beiträge z. VII. Intern. Kongreß f. Rechtsvergleichung 1967, 202 u. in HWB d. AgrarR.s, I, 259; *Lüdtke-Handjery,* Hofübergabe als vertragliche und erbrechtliche Nachfolge, DNotZ 1985, 332; *Lange/Wulff/Lüdtke-Handjery,* HöfeO für die Länder Hamburg, Niedersachsen, Nordrhein-Westfalen und Schleswig-Holstein, 9. Aufl. 1991; *Wöhrmann/Stöcker,* Landwirtschaftserbrecht, 6. Aufl. 1995; *Soergel/Stürner* vor § 873 C II m. w. N. Übersicht über die neuere Rechtsprechung zum Höferecht bei *Wenzel* AgrarR 1995, 37; zu einer möglichen Reform der Hoferbfolgebestimmungen *Haselhoff* RdL 1993, 225.
[2] Vgl. zur Wirkung einer negativen Hoferklärung für die Rechtsnachfolger BGHZ 118, 356; zum Schadensersatz bei Hofaufhebung *J.-U. Lange* AgrarR 1995, 170.
[3] *Lüdtke-Handjery* DNotZ 1985, 332; dazu *Faßbender* DNotZ 1986, 67.
[4] Vgl. zur Testierfreiheit des Hofeigentümers BGHZ 118, 365.

der Miterbe berufen ist, dem der Erblasser zu seinen Lebzeiten die Bewirtschaftung des Hofes auf Dauer übertragen hat,[1] in zweiter Linie der Miterbe, der durch Ausbildung oder Beschäftigung auf dem Hof zur Übernahme prädestiniert ist. Erst in dritter Linie gilt – je nach dem Brauch – Ältesten- oder Jüngstenrecht.

d) Der Ehegatte als Hoferbe

18   Der überlebende Ehegatte kann zum Hoferben bestimmt werden. Er ist kraft Gesetzes Hoferbe, wenn Hoferben der ersten Ordnung, also Kinder, nicht vorhanden sind oder wenn es sich um einen Ehegattenhof handelt und die Ehegatten nicht gemeinsam einen Hoferben bestimmt haben (Einzelheiten § 8 HöfeO; dazu BGHZ 98, 1).

Stets kann der überlebende Ehegatte den Altenteil (Wohnungsrecht, Lebensunterhalt und Pflege) beanspruchen.

e) Abfindungsanspruch weichender Erben

19   Die weichenden Erben, also meist die Geschwister des Hoferben, sind auf einen in Geld zu zahlenden Abfindungsanspruch angewiesen.[2] Dessen Höhe kann durch den Erblasser bestimmt werden. Ist dies nicht der Fall, so ist für die gesetzliche Abfindung vom $1\frac{1}{2}$fachen Betrag des steuerlichen Einheitswerts (also nicht des Verkehrswerts, nicht des Ertragswerts!) auszugehen. An diesem Betrag ist auch der Hoferbe beteiligt, wenn er Miterbe ist.

Beispiel: A und B sind Miterben des Hofeigentümers. A ist Hoferbe. Der $1\frac{1}{2}$fache Einheitswert ist 60 000 DM. A hat an B 30 000 DM zu zahlen. Zu beachten ist die doppelte Bevorzugung des A: Der steuerliche Einheitswert ist auch heute noch erheblich niedriger als der Ertrags- und Verkehrswert – A ist an dem Betrag von 60 000 DM beteiligt; m. a. W. „er bekommt den Hof für 30 000 DM".

Zum Abfindungsergänzungsanspruch s. § 13 IV HöfeO u. BGHZ 94, 306; ferner BGHZ 115, 157 (Nachabfindungsanspruch).

2. Verbreitung des Anerbenrechts in den Bundesländern

20   Überblick über das Anerbenrecht in der Bundesrepublik Deutschland (im Einzelnen s. *Kreuzer,* HWB d. AgrarR.s I, 259):

a) die unter 1 geschilderte Regelung gilt für Nordrhein-Westfalen, Schleswig-Holstein, Niedersachsen und Hamburg. Eine ähnliche Regelung gilt im Landesteil Württemberg-Hohenzollern des Landes Baden-Württemberg.[3]

b) *Fakultatives* Anerbenrecht (nur durch Erklärung des Eigentümers und Eintragung in eine Höferolle oder Grundbuch begründet) gilt in den Ländern Bremen, Hessen, Rheinland-Pfalz und in den Landesteilen Nordwürttemberg und Nordbaden des Landes Baden-Württemberg.[3]

c) *Kein* Anerbengesetz haben Bayern, Saarland, Berlin und – nicht immer zweifelsfrei – die neuen Bundesländer.

---

[1] Während der Dauer der Bewirtschaftung ist allerdings eine anderweitige Bestimmung des Hoferben durch den Eigentümer ausgeschlossen, § 7 Abs. 2 HöfeO; vgl. auch BGHZ 125, 153 (zugleich interessanter Übungsfall).

[2] Verfassungsgemäße Regelung: BVerfG NJW 1985, 1455; zur Berechnung BGH NJW-RR 86, 1014.

[3] Die baden-württembergischen Anerbenrechte treten am 31. 12. 2000 außer Kraft (3. RBerG, GVBl. 1997, 29).

3. Hofzuweisung

Eine interessante Variante zum Anerbenrecht ist die Hofzuweisung (nach §§ 13–17 GrundstückverkehrsG): Ein Hof, der nicht dem Anerbenrecht untersteht und einer auf gesetzlicher (nicht testamentarischer, BGHZ 40, 60) Erbfolge beruhenden Erbengemeinschaft gehört, kann auf Antrag durch das Gericht *einem* der Miterben zu Alleineigentum gegen Abfindung der übrigen Miterben in Geld „zugewiesen" werden (dazu *Rötelmann* DNotZ 1964, 82).

Das Wiedererstarken des Anerbengedankens, die eben skizzierte Hofzuweisung, der Versuch, das Anerbenrecht mit Hilfe der Genehmigungspflicht nach dem Grundstücksverkehrsrecht auf kaltem Wege einzuführen (indem die Teilung des Hofes unter die Miterben nicht genehmigt wird, s. § 9 Abs. 3 GrundstückverkehrsG), all' dies weist auf die wachsende Erkenntnis hin, daß Hilfsmaßnahmen für die Landwirtschaft, insbesondere die Flurbereinigung, so lange nicht die volle Wirkung haben können, als die Gefahr besteht, daß die Höfe in jeder Generation geteilt oder mit hohen unproduktiven Abfindungsansprüchen belastet werden.

4. Das frühere Fideikommißrecht

Eine starke Bindung des Grundvermögens enthielt früher das Fideikommißrecht.[1] Das Familienfideikommiß ist ein Sondervermögen – meist land- und forstwirtschaftliches, aber auch gewerblich genutztes Grundvermögen –, das auf Grund eines Stiftungsgeschäfts oder eines Familienvertrags unveräußerlich ist und nur im Mannesstamm der Familie vererbt wird. Das Vermögen sollte die wirtschaftliche Unabhängigkeit der Familie sowie einen gewissen Lebensstandard der Angehörigen (splendor familiae) sichern und sie für den öffentlichen Dienst freistellen. Die Beseitigung der Monarchie brachte verständlicherweise auch die Auflösung der Familienfideikommisse mit sich (Art. 153 WRV), jedoch hat sich ihre Abwicklung vielfach lange hingezogen. Der Grund ist weniger in dem Beharrungsvermögen zu sehen als vielmehr darin, daß an diesen Vermögen zahlreiche nahe Verwandte und ehemalige Angestellte „hingen", die vor dem endgültigen Übergang des Fideikommißvermögens in freies Eigentum gesichert werden mußten.

5. Die frühere Heimstätte

Eine gewisse Verwandtschaft mit dem Höferecht wies das nunmehr aufgehobene Recht der Heimstätte (ReichsheimstättenG i. d. F. v. 25. 11. 1937, RGBl. I 1291; aufgehoben durch Gesetz vom 17. 6. 1993, BGBl. I 912) auf.[2] Sie diente dem „Wohn- und Wirtschaftsbedürfnis kleiner Leute" *(Boehmer)* und faßte ein „Einfamilienhaus mit Nutzgarten" („Wohnheimstätte") oder ein kleineres landwirtschaftliches oder gärtnerisches Anwesen („Wirtschaftsheimstätte") zu einer rechtlichen Einheit, der Heimstätte, zusammen.
Der soziale Zweck war die Ansiedlung und Seßhaftmachung von Angehörigen der unteren und mittleren Einkommensschichten. Eine umfangreiche Verbreitung hat indes die Heimstätte in Deutschland nicht gefunden.

---

[1] Siehe *Seelmann/Klässel,* Das Recht der Familienfideikommisse (1920); *Söllner,* FS Kaser, 1976, 657 (zur Rechtsgeschichte); *von Bar/Striewe,* Zschr. f. Neuere Rechtsgeschichte, 1981, 184 (Auflösung); *Baur* in FS Frank Vischer, 1983, 515 (= *Baur* Beitr. II 268: fideikommißähnliche Unternehmensbindungen).

[2] *Wormit/Ehrenforth,* Heimstättenrecht (4. Aufl. 1967); *Rusch,* Heimstättenrecht (2. Aufl. 1940); *Westphal* RPfleger 1981, 129 (Heimstättenerbrecht); zur Aufhebung des Reichsheimstättengesetzes s. *Hornung* Rpfleger 1994, 277; zu den Übergangsregelungen s. *Ehrenforth* NJW 1993, 2082 und *Hornung* NJW 1994, 235.

IV. Die Neubildung landwirtschaftlicher Betriebe – Siedlung und Bodenreform[1]

1. Zielsetzung

25   Siedlung und Bodenreform haben den Zweck, neue landwirtschaftliche Besitzungen zu schaffen, oder bestehende, aber unzureichend mit Land dotierte landwirtschaftliche Betriebe durch Landzulagen in ihrer Leistungsfähigkeit zu heben. Dabei umfaßt das *Siedlungsrecht* die gesetzlichen Maßnahmen zur Beschaffung und Verteilung von landwirtschaftlichen Boden an landsuchende, geeignete Bewerber. Die *Bodenreform* will zu einer gleichmäßigen Verteilung des Grundeigentums – insbesondere durch Aufteilung oder Verminderung des Großgrundbesitzes – gelangen.

Hier haben sich stets verschiedene Tendenzen unter den jeweiligen Verhältnissen verschieden stark ausgewirkt: allgemein-politische (Zerschlagung des Großgrundbesitzes als einer wirtschaftlichen und politischen Macht), agrarpolitische (Hebung des mittleren Bauernstandes, Intensivierung der landw. Erzeugung: Veredlungswirtschaft statt Ackerbau), soziale (Hebung des Lebensstandards der Kleinbauern).

2. Rechtsgrundlagen und Grundzüge

26   Rechtsgrundlagen sind das Reichssiedlungsgesetz v. 11. 8. 1919 (RGBl. 1429) i. d. F. v. 28. 7. 1961 (BGBl. III 2331-1), das Bundesvertriebenengesetz i. d. F. v. 2. 6. 1993 (BGBl. I 829) und die nach 1945 erlassenen Bodenreformgesetze der deutschen Länder.[2]

Die klassischen *Grundlagen der Siedlung* enthält das Reichssiedlungsgesetz:

a) Siedlungszweck

27   Siedlungszweck ist die Schaffung neuer bäuerlicher Betriebe oder die Hebung bestehender Kleinbetriebe auf die Größe einer selbständigen „Ackernahrung" (= Betriebsgröße, die im langjährigen Durchschnitt das Auskommen für eine mittlere bäuerliche Familie zu leisten vermag).

b) Siedlungsträger

28   Siedlungsträger sind die Siedlungsunternehmungen. Das sind gemeinnützige Unternehmungen, die das für die Siedlung benötigte Land beschaffen, an die Siedler ausgeben, für die Finanzierung der Siedlerstellen sorgen und die Beratung der Siedler übernehmen.

c) Rechtsformen der Landbeschaffung

29   Rechtsformen der Landbeschaffung sind der freihändige Kauf auf dem Grundstücksmarkt, Ausnützung des gesetzlichen Vorkaufsrechts (dazu BGHZ 94, 299 und 116, 348 sowie W. Schmitz AgrarR 1994, 390), Enteignung von Moor- und Ödland, Enteignung des Großgrundbesitzes auf Grund der Bodenreformgesetze (sei es ganz: so in der ehemaligen DDR, sei es gestaffelt unter Belassung von Restbetrieben: so in den alten Ländern der Bundesrepublik Deutschland).[3]

Auch schlecht bewirtschaftete oder „auslaufende" Höfe (d. h. Höfe ohne Hoferben) und sog. „wüste" Höfe (das sind früher selbständige landw. Betriebe, deren Betriebsgebäude noch vorhanden sind, deren Land aber veräußert oder verpachtet ist) konnten der Ansiedlung (insbes. von Vertriebenen und Flüchtlingen) dienen (s. §§ 35 ff. Bundesvertriebenengesetz).

---

[1] Dazu *Huber*, Wirtschaftsverwaltungsrecht II 1954, § 72; *Ehrenforth*, Reichssiedlungsgesetz und Grundstücksverkehrsgesetz (1965); *Haack*, ReichssiedlungsG (1935); *Münchow* HWB d. AgrarR.s, II 1982, 758; *Schiller*, Das Gesetz zur Beschaffung von Siedlungsland und zur Bodenreform (1947); *Seraphim*, Gegenwartsprobleme ländlicher Siedlung (1953). Speziell zur Bodenreform *v. Nell-Breuning* HWB d. AgrarR.s, I, 379 u. *Schwede* ebenda, I, 394, je m. w. N.

[2] Siehe dazu die Textsammlung von *Ehrenforth*, Wohn- und Siedlungsrecht (2. Aufl. 1962) und Kommentar zum Reichssiedlungsgesetz (1965); *Feuchthofen*, Das siedlungsrechtliche Vorkaufsrecht im System bodenrechtlicher Normierungen, BayVerwBl 1985, 394.

[3] Einzelheiten s. *Baur*, Grundstücksrecht S. 127 ff.

d) Rechtsformen der Landzuteilung

Rechtsformen der Landzuteilung sind Volleigentum, wobei jedoch das Siedlungsunternehmen ein **30** Wiederkaufsrecht hat, wenn der Siedler gegen seine Pflichten verstößt (Beispiele: BGHZ 97, 238; 103, 175), Heimstätteneigentum (oben Rn. 24) und Pacht, diese meist als Vorläuferin einer späteren Übereignung.

e) Kleingartenrecht

Das Kleingartenrecht ist seit geraumer Zeit durch das BundeskleingartenG v. 28. 2. 1983 (BGBl. I **31** 210) geregelt: vor allem Regelung der Kleingartenpacht im Sinne eines Schutzes des Kleingärtners (dazu BGHZ 121, 91; 119, 300; 117, 394; 108, 147; 101, 18; *Rothe,* BundeskleingartenG, 1983, und *Landfermann* NJW 1983, 2670; zur Verfassungswidrigkeit der Pachtzinsbegrenzung in § 5 Abs. 1 Satz 1 BKleinG und zur Übergangsregelung des § 16 BKleinG s. BVerfG NJW-RR 1993, 971; vgl. auch BGH NJW-RR 1995, 1296; 1996, 142, 143). Bedeutsam für ca. 1,05 Millionen Kleingärtner (Größe: nicht größer als 400 qm; Laube nicht mehr als 24 qm und nicht zum dauernden Wohnen geeignet). Die Sonderregelung für die neuen Bundesländer behandelt BGH DtZ 1997, 320.

3. Ergebnisse der Bodenreform

In den *alten Bundesländern* ist die Bodenreform im Sinne einer Enteignung des Großgrundbesitzes **32** endgültig abgeschlossen. Ihre zu hoch gesteckten Ziele wurden keineswegs erreicht; vielmehr brachte die „angemessene Entschädigung" (Art. 14 III GG) eine erhebliche Belastung der Staatskasse mit sich. Auf Dauer brachte das Flurbereinigungsverfahren größeren Erfolg.

In den *neuen Bundesländern* steht für entschädigungslose Enteignungen des Grundbesitzes durch die ehemalige DDR teilweise die Rückerstattung an: Enteignungen von Grundvermögen werden auf der Grundlage des Gesetzes zur Regelung offener Vermögensfragen vom 23. 9. 1990 i. d. F. v. 2. 12. 1994 (BGBl. I 3610) – Vermögensgesetz – aufgehoben. Ausgeschlossen bleibt allerdings die Restitution der in den Jahren 1945–49 auf besatzungsrechtlicher bzw. besatzungshoheitlicher Grundlage erfolgten zahlreichen Großenteignungen (Art. 143 GG i. V. mit Art. 41 Abs. 1 des Einigungsvertrages; § 1 Abs. 8 a VermögensG); hier bewendet es zunächst bei Rückkaufsmöglichkeiten und häufiger auch bei Ausgleichszahlungen.[1]

Interessant sind die zunehmenden Bestrebungen, mehrere Betriebe in Form einer Gesellschaft[2] **33** oder juristischen Person zu *gemeinschaftlicher Produktion* und „Vermarktung" der Erzeugnisse zusammenzufassen. Der Gesetzgeber fördert diese Entwicklung durch Beihilfen (Marktstrukturgesetz v. 16. 5. 1969, BGBl. I 423, i. d. F. v. 26. 9. 1990, BGBl. I 2134). So geht auch in den neuen Bundesländern die Tendenz zum größeren Betrieb: die Zahl der *landwirtschaftlichen Betriebe* bis zu 10 ha hat hier von 1949 (rund 1,4 Millionen) bis 1994 auf rund 280 000 abgenommen, die der größeren Betriebe (1949 rund 380 000) lag 1994 bei rund 300 000. 1994 gab es in Gesamtdeutschland noch rund 315 000 Betriebe mit mehr als 10 ha. Die *durchschnittliche Betriebsgröße* betrug 1949 in den *alten Bundesländern* 8 ha, 1994 21,4 ha. Für Gesamtdeutschland lag sie 1994 bei 29,8 ha. 1994 gab es im alten Bundesgebiet rund 310 000 Vollerwerbsbetriebe mit einer durchschnittlichen Betriebsgröße von 32,7 ha und rund 240 000 Nebenerwerbsbetriebe mit einer durchschnittlichen Betriebsgröße von 6,6 ha. Die *landwirtschaftlich genutzte Fläche* betrug in Deutschland 1994 17,3 Mill. ha. Allein in den alten Bundesländern hat sie zwischen 1951 und 1994 um 2,3 Mill. ha abgenommen. In Deutschland gab es 1994 11,8 Mill. ha Ackerland, 5,3 Mill. ha Wiesen und Weideland, 0,1 Mill. ha Rebland, 0,07 Mill. ha Obstland und 0,02 Mill. ha Gartenland. Der Anteil der Pachtflächen an der landwirtschaftlich genutzten Fläche betrug 53,3% (s. zum ganzen Statistisches Jahrbuch über Ernährung, Landwirtschaft und Forsten 1995, S. 29 f., 38, 45, 88).

In den neuen Bundesländern bewirtschafteten im Zeitpunkt des Beitritts wenige, größtenteils ehemals **34** volkseigene oder genossenschaftliche Betriebe (Stand 1989: 4730) eine landwirtschaftliche Nutzfläche von 6,17 Mill. ha, davon 4,7 Mill. ha Acker- und 1,1 Mill. ha Grünland. Diese Bewirtschaftungsform – häufig im unfreiwilligen Verbund der landwirtschaftlichen Produktionsgenossenschaften (LPG) – hatte sich als nicht ausreichend leistungsfähig erwiesen und mißachtete auch die Regeln freiheitli-

---

[1] Ausführlich § 63, insbesondere Rn. 27 ff., 39 ff.
[2] Dazu *Strom* JZ 1974, 568.

cher Grundverfassung (Art. 2, 12, 14 GG). Noch in der Übergangsphase vor dem Beitritt der neuen Länder wurde deshalb vor allem im Landwirtschaftsanpassungsgesetz vom 29. 6. 1990 (GBl. DDR I Nr. 42, S. 462) und im TreuhandG vom 17. 6. 1990 eine marktwirtschaftliche Umstrukturierung angestrebt. Ihre Ziele sind trotz wiederholter Novellierungen dieser Gesetze nach dem Beitritt noch nicht voll erreicht. Gegenwärtig bewirtschaften ca. 29 000 Betriebe (Stand 1994) ca. 5,43 Mill. ha Land (s. Statistisches Jahrbuch über Ernährung, Landwirtschaft und Forsten 1995, S. 31). Vielfach bestehen aber alte Strukturen in neuer Rechtsform fort, oft schweben noch Streitigkeiten zwischen Nachfolgegesellschaften und ausgetretenen Mitgliedern (s. a. Rn. 63.17, 63.19 f., 63.23 f., 63.27 ff. und 63.39 ff.).

V. Das Landpachtrecht

1. Bedeutung und Rechtsgrundlagen

a) Wirtschaftliche Bedeutung und Erscheinungsformen

35   Die Pacht spielt in der Landwirtschaft eine erhebliche Rolle; rund 38% der landwirtschaftlichen Nutzfläche der alten Bundesländer und über 50% der landwirtschaftlichen Nutzflächen des gesamten Bundesgebiets sind verpachtet. Dabei handelt es sich um die Verpachtung einzelner Grundstücke (namentlich *Zupacht* zu bestehenden Betrieben) oder von ganzen landwirtschaftlichen Betrieben *(Betriebspacht)*. In den neuen Bundesländern ist die Pacht für die noch laufende Übergangsphase ein privilegiertes Mittel der Gestaltung (hierzu Rn. 32 ff. und § 63 Rn. 39 ff.).

b) Rechtsgrundlagen

36   Der Gesetzgeber hatte das Recht der Landpacht ursprünglich stiefmütterlich behandelt: Im BGB war das Pachtrecht insgesamt ein Anhängsel des Mietrechts (§ 581 Abs. 2 a. F.); für landwirtschaftliche Grundstücke galten einige wenige Sondervorschriften (§§ 582–591 a. F.). Zu dieser privatrechtlichen Regelung traten später Gesetze, die staatliche Einwirkungen auf den Inhalt der Landpachtverträge aus Gründen der Sicherung der Produktionsgrundlagen ermöglichen sollten (s. oben Rn. 8).

37   Durch zwei Gesetze ist das Landpachtrecht 1986 auf eine neue Grundlage gestellt worden;[1] dies sind:

aa) Das Gesetz zur Neuordnung des landwirtschaftlichen Pachtrechts

Durch Einfügung eines neuen Abschnitts III. Landpacht in das BGB (§§ 585–597) ist dieses Rechtsgebiet zivilrechtlich sozusagen „autonom" – ohne bloße Verweisung auf das Mietrecht – gestaltet worden; das Mietrecht des BGB ist also nur dort auf die Landpacht anwendbar, wo das Gesetz dies ausdrücklich sagt (z.B. in § 586 Abs. 2 für die Sach- und Rechtsmängelhaftung des Verpächters). Anwendbar bleiben aber die Bestimmungen über das allgemeine Pachtrecht (§ 585 Abs. 2).

bb) Das Landpachtverkehrsgesetz

38   Das zweite Gesetz ist das Landpachtverkehrsgesetz (LPachtVG), genauer das Gesetz über die Anzeige und Beanstandung von Landpachtverträgen. Wie

---

[1] Vergl. den Überblick bei *Pikalo* NJW 1986, 1472; *Steffen* RdL 1986, 29; *C. Grimm*, Agrarrecht (1995), 3. Kap., u. bei *Larenz,* Schuldrecht II 1 § 49 II; ferner die Kommentare von *Faßbender* und *Lange/Lüdtke-Handjery* aaO.

schon dieser Titel sagt, ist der Sinn dieses Gesetzes die Schaffung von staatlichen Einwirkungsmöglichkeiten auf den Inhalt von Landpachtverträgen.

2. Das zivilrechtliche Landpachtrecht

Das zivilrechtliche Landpachtrecht[1] regelt vor allem die Besonderheiten, die sich aus dem Charakter der Landpacht als eines auf Grund und Boden bezogenen Dauerschuldverhältnisses ergeben, also z.B. die Schriftform des Landpachtvertrags[2] und die Möglichkeit gemeinsamer Beschreibung der Pachtsache bei Pachtbeginn – die Kündigungsschutzbestimmungen mit einem dem sozialen Mieterschutz[3] entfernt vergleichbaren Inhalt (vgl. insbes. § 595) – die Maßnahmen zur Erhaltung und Verbesserung der Grundstücke samt Gebäuden usw.[4] – die Tragung der Kosten hierfür. Wer sich diese Anliegen der gesetzlichen Regelung vor Augen hält, wird keine Schwierigkeiten haben, das Gesetz zu verstehen. Hingewiesen sei noch auf § 593, wo sich eine Bestimmung über den Fortfall oder eine wesentliche Änderung der Geschäftsgrundlage findet; wenn sich in einem solchen Fall die Vertragsparteien nicht einigen können, entscheidet das Landwirtschaftsgericht durch eine vertragsgestaltende Entscheidung.

3. Funktion des Landpachtverkehrsgesetzes

Das Landpachtverkehrsgesetz verleiht dem öffentlichen Interesse durch die Möglichkeit behördlicher Beanstandung eines Landpachtvertrags Nachdruck. Die Beanstandungsgründe finden sich in § 4 des Gesetzes; sie ähneln den bei Übereignung eines landwirtschaftlichen Grundstücks geltenden (s. oben Rn. 6f.). *Beispiel:* BGHZ 101, 95 (Verpachtung an Schweizer Landwirt).

4. Gerichtliche Zuständigkeit

Die gerichtliche Zuständigkeit ist beim *Landwirtschaftsgericht* konzentriert (es ist besetzt mit einem Amtsrichter und zwei ehrenamtlichen Richtern) und beachtlich erweitert: Sie gilt jetzt ausschließlich für alle Landpachtstreitigkeiten (§ 1 Nr. 1, 1a und 4, §§ 9, 48 LwVG), also auch für rein zivilrechtliche Streitigkeiten, z.B. über die Höhe des Pachtzinses. Weitere Instanz ist das Oberlandesgericht. Je nachdem, um welche Art von Angelegenheit es sich handelt, finden entweder die ZPO oder das FGG als Verfahrensordnung Anwendung (dazu *Steffen* RdL 1994, 88).

5. Landpacht in den neuen Bundesländern

In den neuen Bundesländern wird das Landpachtrecht des BGB gemäß Art. 232 § 3 EGBGB übergeleitet. Das Landpachtverkehrsgesetz gilt uneingeschränkt (Einigungsvertrag Anl. I Kap. VI Sachgeb. B Erläuterungen).

VI. Anhang: Wasserrecht[5]

1. Einordnung und Regelungsbereich

Das Wasserrecht ist ein Grenzgebiet zwischen Privatrecht und öffentlichem Recht. Das wird verständlich, wenn man die Interessen überdenkt, die bei

---

[1] Dessen Inhalt kann hier nur angedeutet werden; ausführlicher *Pikalo*, *Steffen*, *Grimm* und *Larenz* aaO.
[2] Dazu BGHZ 125, 175.
[3] S. unten § 29 Rn. 65ff.
[4] Zur Wiederaufbaupflicht des Verpächters bei Zerstörung von Gebäuden BGHZ 116, 334.
[5] Vgl. – namentlich zum älteren Recht – die ausführliche Darstellung bei *Wolff/Raiser* §§ 99–103 (mit Lit. Angaben). Zum neueren Recht: *Breuer*, Öffentl. u. priv. Wasserrecht, 2. Aufl. 1987; *Salzwedel*, Wasserrecht, in: *v. Münch*, Bes. Verwaltungsrecht, 8. Aufl. 1988, 737; *ders.* NVwZ 1988, 493; *Seifert* HWB d. AgrarR.s II 1982, 1030; Kommentar zum WHG von *Gieseke/Wiedemann/Czychowski*, 6. Aufl. 1992; *Sieder/Zeitler/Dahme* Bd. I WHG, 2. Aufl. 1990; zum Einfluß des EG-Rechts *Breuer* WuV 1990, 79.

seiner Regelung zu berücksichtigen sind: es geht nicht nur um die Feststellung, ob etwa an einem Flußlauf, einem See usw. überhaupt privatrechtliches Eigentum möglich ist und welchen Inhalt es habe, sondern vor allem darum, welche Rechte den Anliegern zugestanden werden sollen (Gemeingebrauch? Sondernutzungsrechte?), in welchem Umfang die Interessen der Allgemeinheit an einem geregelten „Wasserhaushalt" zu berücksichtigen sind.

Man braucht nur die Stichworte: Trinkwasser, industrielles Nutzwasser – Reinerhaltung der Gewässer einschließlich des Grundwassers – Abwasser zu nennen, um sich ein ungefähres Bild machen zu können, um welche wirtschaftlichen, technischen, finanziellen, aber auch rechtlichen Probleme es geht.

2. Rechtsquellen

44   Das Wasserrecht ist *grundsätzlich Landesrecht,* die Gesetzgebungszuständigkeit des Bundes ist auf den Erlaß von Rahmenvorschriften beschränkt (Art. 75 Abs. 1 Nr. 4 GG; s. aber auch Art. 74 Abs. 1 Nr. 18 und 21 GG). Die früheren Reichswasserstraßen (vgl. Art. 97 WRV) sind Eigentum des Bundes und unterliegen seiner Verwaltung (Art. 89 GG); dazu BVerfG DÖV 1967, 563 u. *Salzwedel* DÖV 1968, 113. Trotz der beschränkten Gesetzgebungsbefugnis des Bundes ist das Bundesrecht im Vordringen; dazu zwingen die Verhältnisse.

Als Rechtsquellen kommen in Betracht:

45   a) Bundesgesetz über die vermögensrechtlichen Verhältnisse der *Bundeswasserstraßen* vom 21. 5. 1951 (BGBl. I 352), dazu *Sievers* DVBl. 1960, 457 und in Festschrift für Gieseke (1958) S. 259 und das Bundeswasserstraßengesetz v. 2. 4. 1968 (BGBl. II 173) i. d. F. v. 23. 8. 1990 (BGBl. I 1818); dazu Komm. von *Friesecke* 3. Aufl. 1994;

46   b) das *Wasserhaushaltsgesetz* des Bundes i. d. F. der Bek. v. 23. 9. 1986 (BGBl. I 1529). Es ist ein Rahmengesetz und muß durch *Landesrecht* ergänzt werden; ein solches Gesetz ist z. B. das *Wassergesetz* für Baden-Württemberg i. d. F. d. Bek. v. 1. 7. 1988 (GBl. 269); s. ferner Wassersicherstellungsgesetz v. 24. 8. 1965 (BGBl. I 1225);

47   c) das Gesetz über die Wasser- und Bodenverbände *(Wasserverbandgesetz)* vom 12. 2. 1991 (BGBl. I 405).[1]

Der Zug zum öffentlichen Recht ist unverkennbar. So spricht etwa § 5 des bad.-württ. WG vom *„öffentlichen Eigentum"* des Landes und der Gemeinde *am Bett* eines öffentlichen Gewässers, erklärt die Vorschriften des bürgerlichen Rechts über das Grundeigentum nur insoweit für anwendbar, als „nicht die aus der Zweckbestimmung der öffentlichen Gewässer und die aus dem Wasserrecht folgenden Beschränkungen entgegenstehen", und sagt schließlich lapidar: „Über öffentliches Eigentum kann durch Privatrechtsgeschäft nicht verfügt werden" (ein Satz, der übrigens in dieser allgemeinen Fassung keine Geltung beanspruchen kann!). Zu der Verfassungsmäßigkeit solcher Regelungen s. BVerfGE 24, 367 = *Baur,* E. Slg. Fall 12 (zum Hamburg. Deichordnungsgesetz).

3. Gestaltungsformen wasserrechtlicher Gesetze

48   § 1 des Wasserhaushaltsgesetzes *unterscheidet oberirdische Gewässer* und *Grundwasser* (dazu BGHZ 69, 1). Beide bezieht es in den Geltungsbereich des Gesetzes ein.

Das frühere Landesrecht (so vor allem das preußische) unterscheidet zwischen Wasserläufen und geschlossenen Gewässern (z. B. Seen ohne Abfluß). Die Wasserläufe werden in Ströme (Wasserläufe erster Ordnung), Flüsse (Wasserläufe zweiter Ordnung) und Bäche (Wasserläufe dritter Ordnung) eingeteilt. Das *Eigentum* an Wasserläufen erster Ordnung steht dem Staat zu (also dem Bund, soweit es sich um schiffbare Ströme handelt, vgl. BGHZ 47, 117; BGHZ 49, 68; 93, 113);[2] an Wasserläufen

---

[1] *Lindemann* NVwZ 1991, 449.
[2] Beispiel für Eigentumszuwachs durch dauernde Überflutung einer Bundeswasserstraße: BGHZ 110, 148 (Trave).

§ 27. Das landwirtschaftliche Grundeigentum

zweiter und dritter Ordnung besteht – wenn die Landesrechte ein solches Privateigentum überhaupt anerkennen – Privateigentum der Anlieger, getrennt durch die Mittellinie des Flusses. Ein Privateigentum an der „fließenden Welle" ist nicht denkbar (uralte, berühmte Streitfrage!), das „Eigentum" hat hier den Charakter eines Nutzungsrechts. Geschlossene Gewässer, Teiche, Seen (ohne oberirdischen Abfluß) stehen im Eigentum des Grundeigentümers.[1]

Das Bundeswasserstraßengesetz unterscheidet zwischen Binnenwasserstraßen und Seewasserstraßen. Dabei steht auch das Eigentum an Seewasserstraßen dem Bund zu; BGHZ 102, 1; 108, 110; 107, 343 (Anlandung). 49

Neuere Landesrechte (so das genannte bad.-württ. Wassergesetz) unterscheiden zwischen öffentlichen und privaten Gewässern. An dem Bett eines öffentlichen Gewässers erster Ordnung steht das Eigentum dem Land zu, während das Bett eines Gewässers zweiter Ordnung der Gemeinde gehört, in deren Gebiet der Wasserlauf sich befindet.

Zur *Grundwassernutzung* und insbes. zu der Frage einer Entschädigung bei dem Verbot der Ausnutzung des Grundstücks mit Rücksicht auf den Schutz des Grundwassers s. BGH NJW 1978, 2290; BVerfGE 58, 300; BGHZ 84, 230 u. oben § 24 Rn. 9 ff.; ferner *Maunz-Papier* Art. 14 GG Rn. 371 a–c.

Für historisch interessierte „Spezialitätensucher" unter den Lesern: BGHZ 92, 326 (Anlandungen an einer Moselinsel); BayObLG NJW 1989, 2475 (Eigentum an Grundstück im bayerischen Teil des Bodensees).

4. Wassernutzung[2]

a) Frühere Rechtslage

Nach früherem Recht unterschied man zwischen: 50

aa) *Eigentümernutzung:* darunter fällt z. B. die Ableitung des Wassers für den eigenen Gebrauch, die Hebung des Wasserspiegels, die Einleitung von Abwässern; diese Rechte dürfen aber nur unter Berücksichtigung der Interessen der Unterlieger, Oberlieger und Gegenüberlieger ausgeübt werden;

bb) der *Gemeingebrauch:* darunter versteht man das jedermann zustehende Recht auf eine bestimmte Wassernutzung (Art. 16 des früheren württ. WasserG: „Waschen, Baden, Tränken, Schwemmen, Schöpfen . . . ." usw.);

cc) die kraft öffentlichen Rechts *verliehenen Wassernutzungsrechte,* z. B. zur Errichtung eines Kraftwerks, Einleitung größerer Mengen von Abwässern, Errichtung eines Hafens.

b) Rechtslage unter dem Wasserhaushaltsgesetz

Dieser Rechtszustand hat sich durch das Wasserhaushaltsgesetz des Bundes geändert: 51

aa) Grundsätzliche Erlaubnis- bzw. Bewilligungspflicht

§ 2 WHG geht als Regel davon aus, daß *jede Benutzung* eines oberirdischen Gewässers bzw. des Grundwassers der staatlichen *Erlaubnis* (§ 7 WHG) oder *Bewilligung* (§ 8 WHG) bedarf. Was das Gesetz als Benutzung ansieht, ist in § 3 WHG gesagt (z. B. Entnehmen und Ableiten von Wasser, Einleitung von Stoffen in das Gewässer). Das Befahren mit Wasserfahrzeugen ist hingegen keine Benutzung im Sinne des § 2 WHG (hierzu § 5 BundeswasserstraßenG).

---

[1] Der Meeresgrund steht in niemandes Eigentum. Das Meeresufer steht im Eigentum des Landes. Es ist kein Eigentum im Sinne des BGB und kann nicht Grundlage einer actio negatoria sein (s. dazu im einzelnen BGHZ 44, 27). Zum sog. Küstengewässer s. §§ 1 Abs. 1 Nr. 1 a; 3 Abs. 1 Nr. 4 a; 32 a, b WasserhaushaltsG. Den gesamten Problemkreis behandelt *Harders* Jura 1991, 63.
[2] Dazu *Hundertmark,* Die Rechtsstellung der Sondernutzungsberechtigten im Wasserrecht, 1967.

§ 27 VI   III. Abschnitt. Liegenschaftsrecht

Die *Bewilligung* verleiht einen öffentlich-rechtlichen Status und kann anders als die Erlaubnis nicht ohne weiteres widerrufen werden (§§ 5, 7, 12 WHG); sie geht mit dem Grundstück oder der Wasserbenutzungsanlage – für die sie besteht – auf den Rechtsnachfolger über (§ 8 Abs. 6 WHG).

52   *bb) Erlaubnis- und bewilligungsfreie Nutzungstatbestände*
Einer Bewilligung oder Erlaubnis bedürfen *nicht*

α) *der Gemeingebrauch*[1] im herkömmlichen Umfang, der jedoch bezüglich des Einleitens von Abwasser beschränkt ist (§§ 23, 33 WHG),

β) *der Eigentümer- (und Anlieger)gebrauch*, jedoch mit sehr wesentlichen Beschränkungen (§ 24 WHG):

keine nachteiligen Veränderungen der Eigenschaft des Wassers – keine wesentliche Verminderung der Wasserführung usw.;

γ) *alte, bereits bestehende Benutzungen* (§§ 15–17 WHG), die jedoch – bei Gefahr der Verschweigung – in das *Wasserbuch* eingetragen werden müssen.

Das *Wasserbuch* soll nicht über Eigentumsverhältnisse, sondern im wesentlichen über die bestehenden Nutzungsrechte und Unterhaltungspflichten Auskunft geben (§ 37 WHG).

c) Gewässerreinhaltung

53   Besonderes Gewicht wird auf die *Reinhaltung der Gewässer*[2] (§ 1 a WHG; einschließlich des Grundwassers) gelegt: *Haftung bei Eindringen schädlicher Stoffe* (§ 22 WHG: Gefährdungshaftung!)[3] – Genehmigungspflicht für „pipe-lines" (§§ 19 a–f WHG) – Auflagen und dergl. bei Bewilligungen (§§ 34, 35 WHG) – Festsetzung von Wasserschutzgebieten, in denen ein noch nicht näher umschriebener weitgespannter behördlicher Einwirkungsbereich besteht (§ 19 Abs. 2 WHG). Das neue *Bundesbodenschutzgesetz* wird mit seinen (grund)wasserschützenden Vorschriften *neben* das Wasserrecht treten; guter Überblick bei *Vierhaus* NJW 1998, 1262, 1263/1264.
Interessant ist die dort (§ 19 Abs. 3 WHG) zu findende Auswirkung der Junktimklausel (Art. 14 Abs. 3 Satz 2 GG):
„Stellt eine Anordnung nach Abs. 2 eine Enteignung dar, so ist dafür eine Entschädigung zu leisten." Man überläßt es also der Entscheidung des Gerichts, ob eine in dem weiten Bereich des § 19 Abs. 2 WHG erfolgende Maßnahme eine Enteignung ist. Kommt das Gericht zur Bejahung dieser Frage, so ist eine Entschädigung zu leisten. Das BVerwG (NJW 1990, 2572) hält solche sog. salvatorischen Entschädigungsklauseln allerdings grundsätzlich für verfassungswidrig, da sie insbesondere der Warnfunktion des Art. 14 Abs. 3 S. 2 GG nicht gerecht werden. Der Gesetzgeber muß im Prinzip selbst festlegen, wann eine Enteignung vorliegt, die eine Entschädigungspflicht auslöst (s. dazu *Pietzcker* JuS 1991, 369).
Nimmt das Gericht hingegen an, daß die Maßnahme lediglich eine Inhalts- und Schrankenbestimmung i. S. v. Art. 14 Abs. 1 S. 2 GG darstellt, so stellt die salvatorische Entschädigungsklausel eine ausreichende Rechtsgrundlage für einen – möglicherweise auch bei einer Inhalts- und Schrankenbestimmung verfassungsrechtlich gebotenen – Ausgleichsanspruch dar (BGHZ 126, 379; BVerwG NJW 1990, 2572, 2573 f.; NJW 1993, 2949, 2951 f.).[4]

---

[1] Siehe *Salzwedel*, Zeitschrift f. Wasserrecht 1 (1962), 73; *Wolff/Bachof/Stober* § 58 II c.
[2] Rechtsgrundlagen s. *v. Münch/Breuer*, Bes. VerwR, S. 555/6.
[3] Dazu *Larenz* VersR 1963, 593; *Baur* JZ 1964, 354 (= *Baur*, Beitr. I 95); *Diederichsen* BB 1986, 1723 u. 1988, 917 (Haftung bei sog. Altlasten, z.B. stillgelegten Deponien); s. *Assmann*, Arb. z. RVergl. 138 (1988), 136. Beispiele aus der Rechtsprechung: BGHZ 47, 1 (Tankwagenunfall); BGHZ 57, 170 (Grundwasserverunreinigung); BGHZ 57, 257 (Schadenshaftung mehrerer); BGHZ 62, 351 (Kläranlage); BGH NJW 1986, 2312 (höhere Gewalt). BGHZ 99, 24, 27; 103, 129 und 124, 394 (Streusalz).
[4] S. ferner *Völsch*, Entschädigungs- und Ausgleichsrecht in den Wassergesetzen (1993), § 19 WHG.

5. Wasser- und Bodenverbände

Die Wasser- und Bodenverbände sollen – als Körperschaften des öffentlichen Rechts – auf genossenschaftlicher Grundlage die aus dem „Wasserhaushalt" eines bestimmten Gebiets sich ergebenden Aufgaben erfüllen (Rechtsgrundlagen s. oben Rn. 47). Sie übernehmen damit z.B. die Unterhaltung der Gewässer, den Betrieb von Bewässerungsanlagen, die Abwasserbeseitigung, die Bewirtschaftung von Grund- und Oberflächenwasser, aber auch die „Förderung der Zusammenarbeit zwischen Land- und Wasserwirtschaft", etc. (vgl. § 2 WVG).

Vorläufer dieser Zusammenschlüsse sind etwa die *Deichgenossenschaften*. Die Wasserverbände der großen Industriereviere übernehmen heute die Wasserversorgung und Abwasserregulierung weiter Gebiete (so z.B. der Ruhrverband, der Lippeverband, der Wupperverband). Es handelt sich nicht mehr um freiwillige Zusammenschlüsse, sondern um öffentlich-rechtliche Körperschaften zur Erfüllung eines bestimmten Verbandszwecks. Sie können durch Beschluß der Beteiligten oder von Amts wegen errichtet werden (§§ 7 Abs. 1, 10 WVG) und entstehen durch Bekanntmachung der aufsichtsbehördlich genehmigten Verbandssatzung. Die Mitgliedschaft kann, sofern zur Erfüllung der Verbandsaufgabe erforderlich, durch die Aufsichtsbehörde erzwungen werden (§§ 9, 22 WVG). Ohnehin stehen dieser weitreichende Kontrollrechte zu (§§ 72 ff. WVG: Informationsrechte, genehmigungspflichtige Rechtsgeschäfte etc.).

6. Wasserrecht in den neuen Bundesländern

In den neuen Bundesländern gilt das WHG, im wesentlichen auch das BundeswasserstraßenG (Einigungsvertrag Anl. I Kap. XI Sachgeb. E Abschn. III 7).

VII. Anhang: Forstrecht[1]

10,43 Millionen ha von insgesamt 35,70 Millionen ha, also rund 29% der Wirtschaftsfläche der geeinten Bundesrepublik, entfallen auf die Forstwirtschaft (Statistisches Jahrbuch 1996, S. 168).

1. Forsteigentum als privates Eigentum

a) Anwendbarkeit allgemeiner Regeln

Das Eigentum an einem Wald ist privatrechtliches Eigentum, und zwar gleichgültig, ob Eigentümer der Staat oder eine sonstige Körperschaft des öffentlichen Rechts (Staatswald – Gemeindewald – Kirchenwald) oder eine Privatperson ist (Privatwald – Bauernwald). Es gelten demnach die allgemeinen Bestimmungen, also z.B. für die Übereignung die §§ 873, 925, für den Schutz des Eigentums die §§ 823, 985, 1004.

Die Beeinträchtigung eines Waldes durch chemische Abgase u. sonstige Einwirkungen richtet sich sonach nach § 906 BGB, § 14 BImSchG (siehe oben §§ 13 Rn. 17 u. § 25 Rn. 25 ff., 30 f.: „Saurer Regen"!) und zusätzlichen Bestimmungen,[2] neuerdings sind insbesondere §§ 1, 6 UmwelthaftungsG mitzuerwägen (§ 18 UmwelthaftungsG), die allerdings für Waldschäden kaum eine substantielle Änderung der Haftungsvoraussetzungen bringen dürften[3].

b) Berücksichtigung öffentlicher Interessen

Noch stärker als im Landwirtschaftsrecht kommt aber im Forstrecht das öffentliche Interesse an der Erhaltung ausreichend großer und gesunder Wald-

---

[1] Dazu *Ebersbach*, HWB d. AgrarR.s, I, 1981, 668 m.w.N.; *Kalss*, Forstrecht, 1990; *Klose/Orf*, Forstrecht, 1982; *Röper* in Schrift. d. Vereins f. Sozialpolitik 140 (1984), 319.
[2] Die Bedeutung der Probleme, die sich hier ergeben, wird in BGHZ 102, 350 deutlich. Die Entscheidung wird dringend zur Lektüre empfohlen.
[3] Hierzu insbesondere *Hager* NJW 1991, 134 ff., 135.

§ 27 VII III. Abschnitt. Liegenschaftsrecht

bestände zum Ausdruck (Einfluß des Waldes auf das Klima, die Bodenzusammensetzung [Erosion!], die Bodenfeuchtigkeit usw.).

Dieses öffentliche Interesse zeigt sich in einer Reihe von Eigentumsbeschränkungen, die den rechtsgeschäftlichen Verkehr mit Waldgrundstücken (2) und die Bewirtschaftung des Waldes betreffen (3).

Rechtsgrundlagen sind das BundeswaldG v. 2. 5. 1975 (BGBl. I 1037) und die Landeswaldgesetze.

Beispiel: Bad.-württ. Landeswaldgesetz i. d. F. v. 31. 8. 1995 (GBl. 685).

2. Genehmigungspflichtige Veräußerung und Vorkaufsrechte

59 Wie bei landwirtschaftlichen Grundstücken bedarf auch die Veräußerung forstwirtschaftlicher Grundstücke der staatlichen Genehmigung.

Die Genehmigungspflicht soll die Zersplitterung der Grundstücke und die Veräußerung an nicht fachkundige Erwerber verhüten. Es gelten ähnliche Eigentumsbeschränkungen wie beim Verkehr mit landwirtschaftlichen Grundstücken (hierzu oben Rn. 6 ff. m. Nw.; vor allem BVerfGE 21, 73 ff.).

Ähnliche Gesichtspunkte verfolgen die zahlreichen auf Grund von Sondergesetzen bestehenden Vorkaufsrechte zugunsten des Staates, aber auch der Gemeinden; doch spielen hier auch fiskalische Erwägungen – unzulässigerweise – eine Rolle.

3. Bewirtschaftungsbestimmungen

60 Die Bewirtschaftungsbestimmungen enthalten die Regelung über die Größe des Holzeinschlags (kein Raubbau!), über den Zwang zum Abholzen kranker Bestände und die Pflicht zur Aufforstung.

Es handelt sich um Eigentumsbeschränkungen, die sich in §§ 9–12 BWaldG und in den landesrechtlichen Gesetzen finden.

Mit der Sorge um eine ordnungsgemäße Bewirtschaftung der Wälder hängt auch der Gedanke, kleinere Waldparzellen zu größeren Betriebseinheiten zu vereinigen, zusammen. Dieser Tendenz kommen die Forstbetriebsverbände, Forstbetriebsgemeinschaften sowie forstwirtschaftliche Vereinigungen entgegen (§§ 15 ff. BWaldG); sie werden teils auf privatrechtlicher, teils auf öffentlichrechtlicher Grundlage errichtet.

Interessant ist, daß sich auf landesrechtlicher Grundlage noch zahlreiche Zusammenschlüsse erhalten haben, so etwa die Waldgenossenschaften (Art. 83 EGBGB[1]).

61 Auf eine zweckmäßige Bewirtschaftung wirken *mittelbar* auch diejenigen Bestimmungen des Privatrechts hin, die den Interessenkonflikt zwischen Eigentümern und Nutzungsberechtigten zu schlichten versuchen.

So wenn § 1038 für das Verhältnis zwischen Eigentümer und Nießbraucher und § 2123 für die Beziehungen zwischen Vor- und Nacherben einen *Wirtschaftsplan* vorsehen, sofern zu dem genützten Vermögen ein Wald gehört. Tendenz des Nutzungsberechtigten: möglichst viel aus dem Wald herauszuholen, Tendenz des Eigentümers (Nacherben): die Substanz zu erhalten. In diesem Zusammenhang sind auch die §§ 1039, 2133 verständlich: der Nießbraucher (Vorerbe) wird zwar Eigentümer auch der sog. Übermaßfrüchte, dies ergibt sich aus § 954; aber er ist verpflichtet, das Übermaß dem Eigentümer (Nacherben) zu ersetzen.

4. Erhaltung des Waldes

62 Der Erhaltung des Waldes dienen auch eine Reihe öffentlichrechtlicher Bestimmungen; sie befassen sich auch mit der Verhütung von Waldbränden; Einzelheiten finden sich in §§ 9–12 BWaldG und in den Waldgesetzen der Länder (z. B. §§ 78 ff. bad.württ. Landeswaldgesetz).

5. Beschränkungen des Ausschließungsrechts

63 Vielfach ist das Ausschließungsrecht des Eigentümers nach §§ 903, 1004 beschränkt, und zwar
a) durch ausdrückliche gesetzliche Regelung (z. B. §§ 37–41 bad.-württ. LandeswaldG),

---

[1] S. dazu *Dickel*, Forstzivilrecht (2. Aufl. 1917) S. 1026 ff.

b) durch altrechtliche Waldgerechtigkeiten (z.B. über das Recht der Einwohner einer Gemeinde, eine bestimmte Menge Brennholz jährlich unentgeltlich zu schlagen),[1]

c) durch eine dem Gemeingebrauch ähnliche Befugnis eines jeden, den Wald zu betreten, auch Beeren und Pilze zu sammeln usw. (§ 14 BWaldG; § 40 bad.-württ. LandeswaldG). Interessanter Beispielsfall: BVerfGE 80, 137 ff. (Reiten im Walde als Gemeingebrauch, Reitverbot nach Landeswaldrecht).

6. Neue Bundesländer

Das BundeswaldG gilt auch in den neuen Bundesländern (Einigungsvertrag Anl. I Kap. VI Sachgeb. F, Erläuterungen). **64**

VIII. Anhang: Jagdrecht – Fischereirecht[2]

1. Das Aneignungsrecht

Zivilrechtlich gesehen geht es bei der Gestaltung des Jagdrechts um die Frage, wem das Aneignungsrecht an jagdbaren Tieren zustehen soll: jedermann? dem Grundeigentümer? einem davon verschiedenen Jagdberechtigten? **65**

Diese Frage war zu allen Zeiten umstritten und umkämpft: Ursprünglich wohl Bestandteil des Grundeigentums wurde die Jagd schon frühzeitig als Recht des Königs in Anspruch genommen und von ihm an die Landesherren weiter verliehen. Der Schaden der Grundeigentümer durch die Ausübung der Jagd und durch das Wild selbst (Wildschaden) war eines der gravamina der Bauernschaft während des ganzen Mittelalters; erst die Revolutionsgesetzgebung um die Wende des 18. Jahrhunderts brachte die Beseitigung der Jagd auf fremdem Grund und Boden. Das Jagdrecht wurde wieder Bestandteil des Grundeigentums. Freilich mußte man bald erkennen, daß die damit verbundenen Kleinstjagden die Hege des Wildes beeinträchtigten. Es wurde daher – reichsrechtlich seit dem Reichsjagdgesetz vom 3. 7. 1934 – unterschieden zwischen *Jagdrecht,* das mit dem Grundeigentum verbunden ist, und dem *Jagdausübungsrecht,* das in Eigenjagdbezirken von einer gewissen Mindestgröße (75 ha) dem Eigentümer, sonst im gemeinschaftlichen Jagdbezirk nur der Jagdgenossenschaft als der Vereinigung der Grundeigentümer zusteht; diese vergibt ihr Recht meist durch Jagdpacht an einen oder mehrere Pächter.

Gegenwärtig ist das Jagdrecht durch das *Bundesjagdgesetz* i.d.F. v. 29. 9. 1976 (BGBl. I 2849) als Rahmengesetz und durch landesrechtliche Jagdgesetze (z.B. bad.-württ. Landesjagdgesetz i.d.F. v. 1. 6. 1996 [GBl. 369] mit DVO.en. – S. ferner BundeswildschutzVO v. 25. 10. 1985, BGBl. I 2040) geregelt.

2. Jagdrecht und Jagdausübungsrecht

a) Jagdrecht

Das Jagdrecht als Aneignungsrecht erstreckt sich auf „wildlebende Tiere, die der Jagd unterliegen" (§ 1 BJagdG). **66**

Das Gesetz knüpft also an die §§ 958, 960 an, durchbricht aber den dort enthaltenen Grundsatz, daß das Aneignungsrecht an herrenlosen beweglichen Sachen (also auch an wilden, in Freiheit befindlichen Tieren) jedermann zusteht,[3] und zwar insofern, als das Aneignungsrecht an *jagdbaren Tieren* nur der Jagdberechtigte hat. Was jagdbare Tiere sind, sagt § 2 BJagdG.

---

[1] Siehe dazu *Dickel* aaO S. 717; *Westermann,* Forstnutzungsrechte (1942); *Mäding/Zwanzig,* Baum, Strauch und Wald im Recht, 1963.
[2] Zusammenfassende Darstellung des Jagdrechts s. *Mantel* HWB d. AgrarR.s I 1981, 962; zum Fischereirecht *Drees* u. *Rauschning* ebda 611 ff. Zur Jagdwilderei *Wessels* JA 1984, 221. S.a. *Schwab/Prütting* § 43. Kommentare zum Bundesjagdgesetz von *Mitschke/Schäfer* (4. Aufl. 1982) und *Lorz* (2. Aufl. 1991); *Bergmann,* Fischereirecht (1966).
[3] S. unten § 53 Rn. 67 ff.

Das Jagdrecht ist untrennbar mit dem Grundeigentum verbunden und kann nicht als beschränktes dingliches Recht begründet werden (§ 3 Abs. 1 BJagdG), wohl aber ist Verpachtung möglich (§§ 11 ff. BJagdG).

b) Jagdausübungsrecht

67 Vom Jagdrecht unterscheidet das Gesetz das Jagdausübungsrecht. Im Interesse einer geordneten Hege des Wildes darf der Grundeigentümer das Jagdrecht nur ausüben, wenn ihm eine zusammenhängende Grundfläche von mehr als 75 ha gehört (Eigenjagdbezirk: § 7 BJagdG), andernfalls handelt es sich um einen gemeinschaftlichen Jagdbezirk, in dem der Jagdgenossenschaft (Vereinigung der Grundeigentümer, § 9 BJagdG) die Ausübung des Jagdrechts zusteht (§ 8 Abs. 5 BJagdG).

Praktisch bedeutet dies also, daß der Grundeigentümer mit kleinerem Grundbesitz (als 75 ha) von seinem Jagdrecht nichts hat; er ist Mitglied der Jagdgenossenschaft und an den Erträgnissen der Jagd beteiligt. Sein „Jagdrecht" ist in Wahrheit eine volltönende Fiktion, eine „juristische Finesse" (*Hedemann*).

68 Die Jagdgenossenschaft nutzt die Jagd regelmäßig durch Verpachtung (§ 10 BJagdG). Für die *Jagdpacht* – sie kann auch Eigenjagdbezirke erfassen – stellt das Gesetz (§§ 11–14) Sonderbestimmungen auf, von denen hervorzuheben sind: der Grundsatz ungeteilter Verpachtung § 11 Abs. 1 (BGHZ 115, 116), die Schriftform (§ 11 Abs. 4 Satz 1, Abs. 6), die Anzeige des Jagdpachtvertrags an die Behörde (§ 12)[1] und der Pachtschutz im Falle der Grundstücksveräußerung (§ 14).

3. Jagdausübungsrecht und Grundeigentum

69 Die zahlreichen *öffentlich-rechtlichen Beschränkungen der Jagdausübung* (z. B. Notwendigkeit eines Jagdscheins, §§ 15 ff., Jagdbeschränkungen bezüglich der Art zu jagen, § 19, bezüglich Ort und Zeit der Jagd, §§ 20 ff.) interessieren hier nicht (exemplarisch BGHZ 91, 243 und BGH NJW-RR 1996, 792: Entschädigung des Eigentümers bei fehlerhaften Abschußplänen). Von zivilrechtlicher Bedeutung ist der Ausgleich des Gegensatzes zwischen Grundeigentümer und Jagdausübungsberechtigten. Dieser Gegensatz kann sich ergeben,

a) wenn der Jagdausübungsberechtigte fremde Grundstücke *betreten* muß, um die Jagd ausüben zu können,

b) wenn durch die Ausübung der Jagd oder durch das Wild Schaden an den Grundstücken und den Früchten entsteht; im ersten Fall spricht man von *Jagdschaden* (§ 33), im zweiten von *Wildschaden* (§§ 29–32). Hier statuiert das Gesetz eine vom Verschulden unabhängige Ersatzpflicht; sie trifft den Jagdausübungsberechtigten, also die Jagdgenossenschaft bzw. den Jagdpächter, bei Schäden, die den Anliegern von Eigenjagdbezirken erwachsen, den Eigentümer bzw. Pächter des Eigenjagdbezirks (§ 29 BJagdG). Beispielsfälle: BGHZ 62, 265 u. 297.

Für die Geltendmachung des Wild- oder Jagdschadens gelten besondere Vorschriften (§ 35 BJagdG: interessant das verwaltungsrechtliche Vorverfahren!).[2]

4. Fischereirecht

70 Das Fischereirecht hat Ähnlichkeit mit dem Jagdrecht, insofern es sich um das Aneignungsrecht an herrenlosen Fischen handelt; es hängt aber auch zusammen mit dem Wasserrecht, weil Fischereiberechtigter häufig der Eigentümer des Gewässers ist.[3]

Auf eine exakte Darstellung dieses Rechtsgebiets muß hier verzichtet werden. Es sollen nur einige Grundsätze dargestellt werden, die den Landesrechten gemeinsam sind (eine bundesrechtliche Rege-

---

[1] Dies entspricht der Regelung im Landwirtschaftsrecht, s. oben Rn. 6 ff.
[2] Dazu *Bauer*, Das Verfahren in Wild- und Jagdschadenssachen, BayVerwBl. 1987, 267.
[3] *Beispiele:* OLG Frankfurt NJW 1959, 2218; OLG Stuttgart OLGZ 1969, 477 u. BayObLG NJW-RR 1995, 1044.

lung der Materie gibt es nicht); z. B. bad.württ. Fischereigesetz v. 14. 11. 1979, GBl. 466 und 1980, 36.

a) Das Fischereirecht ist das ausschließliche Recht auf Aneignung herrenloser Fische.

b) Das Recht auf Aneignung ist für die einzelnen Gewässerarten verschieden geregelt:

aa) Von einer Fischereiberechtigung kann man nur bei *Binnengewässern* sprechen: Sie steht dem Eigentümer des Gewässers zu, also bei Strömen dem Staat oder sonstiger Körperschaften des öff. Rechts, sonst den Anliegern. Verpachtung ist möglich. Findet sich auf kleiner Fläche eine große Zahl von Fischereiberechtigten (= Anliegern), so kann ein gemeinschaftlicher Fischereibezirk gebildet werden (vergleichbar dem gemeinschaftlichen Jagdbezirk).[1] Die Verwaltung dieses Bereichs obliegt regelmäßig der zuständigen Gemeinde (was auch im Jagdrecht möglich ist: vergl. § 9 Abs. 2 Satz 3 BJagdG).

bb) Die Fischerei *im offenen Meer* ist entsprechend allgemeinem Völkerrecht grundsätzlich frei (heute vielfach durch willkürliche oder vertraglich vereinbarte Ausdehnung der Grenzen der Hoheitsgewässer beeinträchtigt). Staatsvertragliche Regelungen (z. B. über Schonzeiten) finden sich in der Praxis in großer Zahl.

cc) Die *Küstenfischerei* (innerhalb der Hoheitsgewässer) steht kraft Gemeingebrauchs jedem deutschen Staatsangehörigen zu.

c) Ein *Beispiel* für die *dingliche Belastung* eines Fischereirechts gibt BGHZ 122, 93.

5. Jagdgrecht in den neuen Bundesländern

In den neuen Bundesländern gilt das BundesjagdG mit wenigen Modifikationen (Einigungsvertrag Anl. I Kap. VI Sachgeb. F Abschn. II 1 und III 1). **71**

§ 28. Das „Unternehmenseigentum"

Lit.-Hinweis: *Angermann,* Zivilrechtliche Probleme beim Unternehmenskauf, 1987; *Ballerstedt,* Unternehmen u. Wirtschaftsverfassung, JZ 1951, 486; *ders.,* FS Schilling, 1973 u. FS Duden, 1977 (Was ist Unternehmensrecht?); *Beisel/Klumpp,* Der Unternehmenskauf, 3. Aufl. 1996; *Brecher,* Das Unternehmen als Rechtsgegenstand, 1955; *ders.,* FS Schmidt-Rimpler, 1957, S. 181 ff.; *Bucher,* Deliktsrechtl. Unternehmensschutz, 1971; *Fechner, D.* wirtschaftl. Unternehmen in der Rechtsordnung, 1942; *Fikentscher,* Das Unternehmen in der Rechtsordnung, FS Kronstein, 1967, 261; *ders.,* Deutsches Wirtschaftsrecht, 1983; *Flume,* FS Beitzke, 1979, 43 (Unternehmen u. jur. Person); *Gieseke,* Die rechtl. Bedeutung d. Unternehmens, FS Heymann, 1940, Bd. II S. 122 ff.; *v. Gierke/Sandrock,* Handels- und Wirtschaftsrecht I, 1975; *v. Gierke,* Handelsrecht, 8. Aufl. 1958 u. ZHR 111, 1; *Hadding,* FS Bartholomeyik, 1973, 75, 82 u. ZGR 1982, 476; *Hellbach,* Öffentliches Interesse und Unternehmenseigentum, 1989; *Hubmann,* Das Recht am Unternehmen, ZHR 117, 41; *Isay,* Das Recht am Unternehmen, 1910; *Jacobi,* Betrieb u. Unternehmen als Rechtsbegriffe, 1926; *Koumantos,* Erwerberhaftung bei Unternehmensveräußerung, 1955; *Krause,* Unternehmen u. Unternehmung, 1954; *Meyer-Sparenberg,* Internationalprivatrechtliche Probleme bei Unternehmenskäufen, WiB 1995, 849; *Oppikofer,* Das Unternehmensrecht, 1927; *Pieper,* Vertragsübernahme u. Vertragsbeitritt, 1963; *Pisko,* Das Unternehmen als Gegenstand des Rechtsverkehrs, 1907; *Raisch,* Unternehmensrecht (Bd. I 1973); *Th. Raiser,* Das Unternehmen als Organisation, 1969 u. ZHR 144 (1980), 203; *Rinck/Schwark,* WirtschaftsR, 6. Aufl. 1989; *Rittner,* Unternehmen u. freier Beruf als Rechtsbegriff, 1962; *ders.,* WirtschaftsR, 2. Aufl. 1987, § 7; *Scherner/Willoweit,* Vom Gewerbe zum Unternehmen, 1982; *K. Schmidt,* Handelsrecht, 4. Aufl. 1994; *Nörr/Scheyhing,* Sukzessionen, 1983, S. 317 ff., 368 ff.; *Siebert,* FS Giesecke, 1958, 59 ff.; *Steindorff,* Einführung in das Wirtschaftsrecht der Bundesrepublik Deutschland, 2. Aufl. 1985, S. 36 ff.; *Wollny,* Unternehmens- und Praxisübertragungen, 3. Aufl. 1994. – Zum konzernrechtlichen Unternehmensbegriff s. Biedenkopf/Koppensteiner in Kölner Komm.

---

[1] Zur Verfassungsmäßigkeit der Übertragung aller Fischereirechte an fließenden Gewässern auf Fischereigenossenschaften durch §§ 21, 22 FischereiG Nordrh.-Westf. BVerfGE 70, 191; vgl. auch BVerfGE 71, 137 zur Fischereipacht; zu den Fischereirechten des Staates in Württemberg *Schröder* BWNotZ 1994, 97.

§ 28 I III. Abschnitt. Liegenschaftsrecht

z. AktG § 15 Rn. 5 ff. m. Nw.; *Emmerich/Sonnenschein,* Konzernrecht, 5. Aufl. 1993, § 2; *H. P. Westermann,* FS Bosch, 1976, 1029 (Familienunternehmen).

I. Problemstellung

1. Die verschiedenen Unternehmensbegriffe

1   Das Unternehmen ist ein zentraler Begriff des Handels- und Wirtschaftsrechts; er hat – aus der Begriffswelt der Volkswirtschaft übernommen – heute seinen selbstverständlichen Platz in unserem täglichen Sprachgebrauch.

Man spricht von der Veräußerung oder Verpachtung eines Unternehmens, von der Verschmelzung mehrerer Unternehmen, vom „Kampf der mittelständischen Unternehmen gegen die Konzerne" u. a. m.

2   Dagegen wird der Begriff „Unternehmen" in unserer privatrechtlichen Gesetzgebung nur selten verwendet, so etwa in §§ 15 ff. AktG, ferner bei der Regelung der Rechtsverhältnisse der Handelsvertreter (§§ 84 ff. HGB), in §§ 156 ff. InsO oder in § 151 Abs. 2 VVG; sonst spricht das Gesetz vom „Handelsgeschäft" (§§ 22, 23, 25, 27 HGB) oder vom „Erwerbsgeschäft" (§ 1822 Ziff. 3). Diese Zurückhaltung gegenüber dem Begriff „Unternehmen" ist verständlich; denn seine exakte inhaltliche Bestimmung ist bis heute nicht geglückt.

3   Über die Entwicklung der Lehre unterrichten *v. Gierke* und *Hubmann* aaO. Die Lehre *v. Gierkes* unterscheidet *drei* selbständige *rechtliche* Ausstrahlungen der Wirtschaftseinheit Unternehmen: die Betriebstätigkeit als die subjektive Seite des Unternehmens, den *„Tätigkeitsbereich mit den ihm zugehörigen Sachen und Rechten einschließlich der Verbindlichkeiten"* und schließlich die personenrechtliche Betriebsgemeinschaft. In unserem Zusammenhang kommt nur der mit Sachen und Rechten verbundene Tätigkeitsbereich in Betracht; denn er ist Gegenstand des Rechtsverkehrs, während die Betriebstätigkeit wie die Betriebsgemeinschaft ihm entzogen sind.[1]
Der den Unternehmenskern bildende Tätigkeitsbereich kann *zwingend* auf ein Grundstück reduziert sein, so in der Land- und Forstwirtschaft, während bei anderen Unternehmen die Verknüpfung des Tätigkeitsbereichs mit einem Grundstück zwar regelmäßig, aber doch nicht „nach der Natur der Sache" gegeben ist.[2] Im ersten Fall wird das Unternehmen an das rechtliche Schicksal des Grundstücks gebunden sein, während im zweiten Fall eine rechtliche Trennung möglich ist.[3]

2. Unternehmensbegriff und Sachenrecht

4   Wie läßt sich nun die rechtlich relevante Erscheinung „Unternehmen" mit den sachenrechtlichen Begriffen fassen? Gibt es ein „Unternehmenseigentum", das dem Sacheigentum einzuordnen und wie dieses zu behandeln ist?
Diese Frage stellt sich um so dringender, als das Gesetz selbst von Erwerb des Handelsgeschäfts (§ 22 Abs. 1 HGB), von einem Nießbrauch an ihm (§ 22 Abs. 2 HGB), von Fortführung eines Handelsgeschäfts (§§ 25, 27 HGB) spricht, also zu erkennen gibt, daß ein einheitlicher Übergang des Unterneh-

---

[1] Vgl. *v. Gierke* ZHR 111, 8 u. *v. Gierke-Sandrock* § 13 (auch gute Zusammenfassung der verschiedenen Auffassungen); *Raisch,* S. 78 ff., 102 ff.
[2] Immerhin ist die Verbindung von Unternehmen und Grundstück so häufig, daß es gerechtfertigt sein mag, das Unternehmenseigentum systematisch im Zusammenhang mit dem Grundeigentum zu besprechen.
[3] Ebenso im Ergebnis *v. Gierke* ZHR 111, 9.

mens unter Lebenden und von Todes wegen möglich ist. Dabei macht die Vererbung des Unternehmens rechtlich am wenigsten Schwierigkeiten, da die Gesamtrechtsnachfolge (§ 1922) ein einheitliches Einrücken des Erben in die Position des Erblassers ermöglicht. Wie aber verträgt sich die Veräußerung, der Erwerb eines Unternehmens, die Nießbrauchsbestellung an ihm mit dem das Sachenrecht beherrschenden Grundsatz der Spezialität? Und wenn man das Prinzip der Spezialität auch hier bejaht, also die Auflassung der Grundstücke, die Übereignung der beweglichen Sachen, die Abtretung der Forderungen usw. fordert, auf welche Weise kann der in dieser Form nicht faßbare Unternehmenskern[1] übertragen werden?

So viele Fragen, so viele Zweifel! *V. Gierke*[2] sieht im Unternehmen ein „eigenartiges Sondervermögen", auf dessen sachenrechtlich nicht faßbaren Kern die Vorschriften über bewegliche Sachen entsprechend anzuwenden seien. *Krause*[3] faßt das Unternehmen als „erweitertes Eigentum", *v. Godin*[4] als „eigentumsähnliches Recht", *Raisch* und *K. Schmidt*[5] als „organisierte Wirtschaftseinheit" auf. Alle diese Bezeichnungen werden nur als Versuche gewertet werden können, eine allgemeine Anschauung vom Wesen des Unternehmens zu vermitteln; unmittelbare rechtliche Folgerungen können daraus nicht gezogen werden. 5

Um hier einigermaßen Klarheit zu gewinnen, müssen wir drei verschiedene Problembereiche auseinanderhalten: das Übertragungsproblem (Rn. 6 ff.), das Haftungsproblem (Rn. 13 ff.) und das Schutzproblem (Rn. 16 ff.); davon soll nun die Rede sein.

II. Das Übertragungsproblem

Daß das Unternehmen Gegenstand des Rechtsverkehrs sein kann, ist unzweifelhaft (vgl. etwa § 22 HGB). Für diese Übertragung aber bestehen keine Sondervorschriften, es gelten die allgemeinen Grundsätze des bürgerlichen Rechts, und zwar gleichgültig, ob es sich um Veräußerung, Verpfändung, Pfändung oder Nießbrauchsbestellung handelt. 6

1. Das schuldrechtliche Rechtsgeschäft

Das schuldrechtliche Rechtsgeschäft (z.B. der Kauf) kann sich auf das Unternehmen *insgesamt* beziehen;[6] der Grundsatz der Spezialität gilt hier nicht. Der Rechtsgedanke des § 314 (die Veräußerungsverpflichtung erstreckt sich im Zweifel auch auf das Zubehör) ist entsprechend heranzuziehen; dies bedeutet, daß der Veräußerer – neben der Übertragung der einzelnen Unternehmensgegenstände – verpflichtet ist, alle Rechtshandlungen vorzunehmen, 7

---

[1] Goodwill, Geschäftserfahrungen und -geheimnisse, der Kundenstamm usw.
[2] Handelsrecht S. 73.
[3] aaO S. 26.
[4] Nutzungsrecht an Unternehmen und Unternehmensbeteiligungen (1949) S. 13.
[5] aaO § 4 I 2.
[6] BGH NJW 1988, 1968. Vgl. zum Unternehmenskauf außer der schon angegebenen Literatur noch insbesondere: *Hölters*, Handbuch des Unternehmens- und Beteiligungskaufs, 3. Aufl. 1992; *Hommelhoff*, Der Unternehmenskauf als Gegenstand der Rechtsgestaltung, ZHR 150 (1986), 254; *H. P. Westermann*, EWiR 1991, 245.

die den Erwerber voll in die Unternehmerstellung einrücken lassen,[1] und alles zu unterlassen, was den Erwerber in seiner Unternehmertätigkeit beeinträchtigt (Wettbewerbsverbot!).[2]

2. Dingliches Geschäft und Spezialität

8   Für den sachenrechtlichen Übertragungsvorgang gilt der Spezialitätsgrundsatz,[3] d.h. jeder Bestandteil des Unternehmens muß nach den für ihn geltenden Regeln übertragen (verpfändet, gepfändet, mit Nießbrauch belastet) werden, Grundstücke also z.B. durch Auflassung und Eintragung (§ 925), bewegliche Sachen durch Einigung und Übergabe (§ 929), Forderungen durch Abtretung (§§ 398 ff.),[4] Immaterialgüterrechte (Patente usw.) durch Einigung (vgl. § 413 BGB, § 15 Abs. 1 S. 2 PatentG).

a) Erleichterungen von Übertragung und Belastung

9   Die Übertragungs- und Belastungsakte werden dadurch erleichtert, daß das Gesetz selbst an verschiedenen Stellen auf die wirtschaftliche Einheit eines auf ein Grundstück bezogenen Unternehmens Rücksicht nimmt, so etwa in § 926 (mit dem Eigentum am Grundstück geht im Zweifel auch das Eigentum am Zubehör über), in den §§ 1120 ff. (die Hypothekenhaftung ergreift das Grundstück mit Bestandteilen, Zubehör, Miet-, Pachtzins- und Versicherungsforderungen). Aber diese Erleichterungen dürfen über die Geltung des Prinzips, eben der Spezialität, nicht hinwegtäuschen.

b) Übertragung des Unternehmenskerns

10   Wie ist der sachenrechtlich nicht faßbare Unternehmens*kern* zu übertragen? Manche wenden hier § 929 entsprechend an (so etwa *v. Gierke-Sandrock*, Handelsrecht § 13 IV 2), wobei sie unter „Übergabe" die Einführung des Rechtsnachfolgers in den Tätigkeitsbereich verstehen, andere § 413 mit §§ 398, 402 (so z.B. *Hubmann* aaO S. 63). Das Ergebnis ist in beiden Fällen das gleiche: bloße Einigung kann etwa bei Geschäftsgeheimnissen, Kundenstamm, Werbungsunterlagen nicht genügen, es muß noch ein in den Tätigkeitsbereich einführender Akt hinzukommen.[5] Juristisch korrekt ist die Anwendung des § 413 mit §§ 398 ff., weil § 413 die Generalklausel für die Übertragung all der Rechte (einschließlich rechtlich relevanter Positionen) enthält, für die Sonderbestimmungen nicht bestehen.
Das Persönlichkeitsrecht selbst – der „intimste Kern des Unternehmens", wie er sich z.B. beim Einzelhandelsgeschäft in der Identität von Familien- und Geschäftsname verkörpert – kann freilich nicht übertragen werden (vgl. BGHZ 32, 103 mit 85, 221; ferner *Baur/Stürner* II, InsolvenzR, Rn. 13.2 ff.), wohl aber die von der Persönlichkeit geschaffenen Werte (die Geschäftsbeziehungen, die Werbemethoden, die Geschäftsgeheimnisse).

---

[1] Vgl. *Hubmann* aaO S. 64; *Siebert* S. 63; allerdings nur insoweit, als dadurch keine Rechte Dritter beeinträchtigt werden (vgl. BGHZ 116, 268 zur Übergabe der Patientenkartei beim Praxisverkauf).

[2] Weitere Einzelheiten (z.B. Gewährleistung) vgl. *Jürgen F. Baur* BB 1979, 381; *Hommelhoff*, Die Sachmängelhaftung beim Unternehmenskauf, 1975; *Kantenwein*, Sachmängelgewährleistung beim Unternehmenskauf 1988; *Noll* WM 1985, 341; *K. Schmidt*, HandelsR, § 6 I 1, II 3; *Stengel/Scholderer* NJW 1994, 158; BGH NJW 1979, 33 (Fehlbestand an Ausrüstung); NJW 1991, 1223 (Aufklärung über Unzuverlässigkeit eines wichtigen Mitarbeiters); NJW 1995, 1547 und NJW-RR 1996, 429 (unrichtige Angaben über Umsatz und Ertragsfähigkeit).

[3] So die h.M. trotz ihrer verschiedenen Auffassungen zur Rechtsnatur des Unternehmens: vgl. nur *Westermann* § 3 II 1; *K. Schmidt*, HandelsR, § 6 I 1.

[4] Für Verpfändung usw. gilt das Entsprechende (s. dazu besonders *Hubmann* aaO S. 69 ff.); beachte auch § 25 Abs. 1 Satz 2 HGB!

[5] *Hommelhoff* S. 259; *K. Schmidt*, HandelsR § 6 I 2.

3. Übertragung durch Umwandlung oder Veräußerung von Geschäftsanteilen

Der Übertragungsakt vereinfacht sich, wenn das Unternehmen in Form einer juristischen Person oder einer *Personenhandelsgesellschaft* organisiert ist. Hier hat das Gesetz in Form der Verschmelzung und der Spaltung Übertragungsmöglichkeiten vorgesehen, die als Gesamtrechtsnachfolge ausgebildet sind (vgl. § 1, §§ 2ff., inbes. § 5 Abs. 1 Nr. 2, und §§ 123ff., insbes. § 125 UmwG); individueller Übertragungsakte bedarf es daher nicht.[1] Aber auch wo solche Sonderbestimmungen fehlen, kann mittelbar ein *einheitlicher* Unternehmensübergang erzielt werden, wenn die gesellschaftsrechtliche Beteiligung völlig wechselt, so z.B. wenn die Gesellschafter einer GmbH ihre sämtlichen Geschäftsanteile auf einen Erwerber übertragen oder wenn eine Aktiengesellschaft sämtliche Aktien einer anderen Gesellschaft erwirbt usw.

11

4. Eintritt des Übernehmers in Arbeitsverhältnisse

Bei der Veräußerung eines Unternehmens, Betriebs oder Betriebsteils tritt der Übernehmer kraft Gesetzes in die Arbeitsverhältnisse ein (§ 613a BGB. Die Vorschrift beruht auf der EG-Richtlinie 77/187/EWG vom 14. 2. 1977 [ABl. 1977, L 61, S. 26]; dazu EuGH Slg. 1994 – I, 1311 und 1996 – I, 1253; zu § 613a BGB *Belling/Collas* NJW 1991, 1919; *Gaul* DB 1980, 927; *Heinze* DB 1980, 205; *Henssler* NZA 1994, 913; *Mohrbutter* KTS 1983, 3; *Quander*, Betriebsinhaberwechsel bei Gesamtrechtsnachfolge, 1990; *Seiter*, Betriebsinhaberwechsel, 1980; *ders.* DB 1980, 877; BAG NJW 1982, 1607; 1986, 453; zur Rspr. des BAG s. *Reuter* JuS 1986, 410; ferner *Drukarczyk/Rieger* KTS 1986, 209). Es besteht eine gesamtschuldnerische Haftung des bisherigen Arbeitgebers (§ 613a Abs. 2). Die hM lehrt ein Recht zum Widerspruch des Arbeitnehmers gegen den Vertragsübergang (EuGH NZA 1993, 169 und BAG BB 1994, 505 sowie DB 1993, 1877). Nach der Meinung des BAG enthält die Vorschrift einen Bestandsschutz zugunsten der Arbeitsverhältnisse auch bei Veräußerung des Betriebs durch den Konkursverwalter (insbesondere BAG NJW 1980, 1124; 1982, 1607; 1984, 672ff.). Allerdings haftet der Erwerber bei Betriebsübergang nach Konkurseröffnung nicht für die vor Konkurseröffnung entstandenen Ansprüche der Arbeitnehmer (vgl. BAG NZA 1993, 20); zum „Splitting" bei Lohnrückständen, Sozialplanforderungen und Versorgungsanwartschaften ausführlich *Baur/Stürner* II, InsolvenzR, Rn. 9.41 ff.; zur Neufassung der EG-Richtlinie s. ZIP 1998, 1328.

12

III. Das Haftungsproblem

Es geht um die Frage, ob und in welchem Umfang der Erwerber eines Unternehmens in die Geschäftsverbindlichkeiten „eintritt".

13

Es wird hier nur ein knapper Hinweis gegeben; die Einzelheiten gehören in die Darstellungen des Handelsrechts.[2]

1. Haftung bei Firmenfortführung

Sedes materiae ist *§ 25 HGB*:[3] Die Fortführung des Unternehmens und der Firma durch den Erwerber[1] führt zu dessen Haftung für die Geschäftsverbindlichkeiten.

14

---

[1] Zum Umwandlungsrecht im einzelnen *Sagasser/Bula*, Umwandlungen, 1995.
[2] S. *K. Schmidt*, HandelsR, § 8 und *v. Gierke-Sandrock* § 16 I 3 (je m.w.N.) u. zu § 419 MünchKomm/*Möschel*, 3. Aufl. 1994.
[3] S. auch § 28 HGB.

§ 28 IV   III. Abschnitt. Liegenschaftsrecht

Den Rechtsgrund für diesen Schuldbeitritt sieht die Praxis in dem durch die Firmenfortführung begründeten Rechtsschein (BGHZ 18, 248, 250; 22, 234, 239; BGH NJW 1992, 911) oder auch in der – in der Fortführung des Geschäfts unter der bisherigen Firma liegenden, an die Öffentlichkeit gerichteten – *Erklärung,* für die bisherigen Geschäftsschulden haften zu wollen, verbunden mit dem Erwerb der Grundlage für diese Schuldenhaftung, des Geschäftsvermögens. In anderen Entscheidungen wird auch die Verkehrsauffassung herangezogen, die die Firma als Trägerin der durch den Handelsbetrieb begründeten Rechte und Verbindlichkeiten ansehe (BGHZ 29, 1; BGH NJW 1982, 1647 u. 1986, 581).[2] Eine die Schuldenhaftung ausschließende Vereinbarung wirkt nur, wenn die Voraussetzungen des § 25 Abs. 2 HGB vorliegen (s. dazu BGHZ 29, 1).

Liegen die Voraussetzungen des § 25 Abs. 1 Satz 1 HGB vor, so haftet der Erwerber des Unternehmens *neben* dem Altunternehmer nicht nur mit dem übernommenen, sondern auch mit seinem sonstigen Vermögen.[3]

2. Haftung bei Erwerb ohne Firmenfortführung

15   Führt der Erwerber die Firma *nicht* fort, so haftet der Erwerber für die bisherigen Geschäftsverbindlichkeiten nur aufgrund besonderer Tatbestände, nämlich

aa) wenn er sie übernommen hat (kumulative oder privative Schuldübernahme),

bb) wenn er die Übernahme der Verbindlichkeiten bekanntgemacht hat (§ 25 Abs. 3 HGB),

cc) wenn die Voraussetzungen des § 419 vorliegen, wenn also das übernommene Geschäftsvermögen das Gesamtvermögen des Veräußerers ausmachte (BGHZ 27, 257; 93, 135), wobei hier aber die Haftung auf das übernommene Vermögen beschränkt ist,[4] oder

dd) wenn es sich um Verbindlichkeiten handelt, die als Grundpfandlasten (Hypotheken – Grundschulden) auf den Geschäftsgrundstücken ruhen.

Der Satz, daß die Schulden eine Last des Vermögens darstellen und daher auf den Erwerber übergehen, gilt sonach bei der Veräußerung eines Unternehmens (als eines Sondervermögens) nur, wenn der Fortführungstatbestand einer der geschilderten besonderen Tatbestände vorliegt.

IV. Das Schutzproblem[5]

16   Die Entwicklung des Unternehmens zu einem dem Eigentum angeglichenen Vermögensrecht ist hier am weitesten fortgeschritten. Die Praxis hat mit ihrer Rechtsprechung zum Schutz des Rechts „am eingerichteten und ausge-

---

[1] Zur Haftung des Pächters s. BGH NJW 1984, 1186.
[2] Zu den verschiedenen Auffassungen s. *K. Schmidt,* HandelsR, § 8 I 2 a ff. (der selbst als Grundgedanken erachtet, daß die Rechtsverhältnisse dem jeweiligen Unternehmensträger zugewiesen seien; *ders.* NJW 1982, 1648).
[3] Dazu *K. Schmidt,* HandelsR, § 8 II 2. Nach der Auffassung des BGH sind die §§ 25 HGB, 419 BGB bei Veräußerungen durch einen KO-Verwalter nicht anwendbar, wohl aber bei Verkäufen durch einen Sequester (BGHZ 104, 151 = JZ 1988, 974 m. Anm. von *Gerhardt;* dazu *Baur/Stürner* II, InsolvenzR, Rn. 9.40) oder bei sonstiger Übernahme überschuldeter Unternehmen außerhalb des Konkursverfahrens (BGH NJW 1992, 911).
[4] Im Rahmen der am 1. 1. 1999 in Kraft tretenden Insolvenzrechtsreform wird § 419 aufgehoben. Zur Reform bereits *Baur/Stürner* II, InsolvenzR, Rn. 4.41 m.w.N.; zu den haftungsrechtlichen Konsequenzen *K. Schmidt* ZIP 1989, 1025 und *Canaris* ZIP 1989, 1161.
[5] Siehe dazu u.a. *Buchner* und *Hubmann* aaO; *K. Schmidt,* HandelsR, § 7, und JuS 1993, 985; *v. Gierke/Sandrock* § 15; *Larenz/Canaris* II 2 § 81; MünchKomm/*Mertens* § 823 Rn. 484 ff.

§ 28. Das „Unternehmenseigentum" IV § 28

übten Gewerbebetrieb"[1] das Unternehmen als „sonstiges Recht" im Sinne des § 823 anerkannt und damit die Schutztatbestände des Namens- und Firmenschutzes (§ 12 BGB, § 37 II HGB, § 16 UWG) und der §§ 824, 826 BGB, 1 UWG weit hinter sich gelassen. Dabei ergreift der Schutz nicht nur Eingriffe und Störungen, die sich gegen den Bestand des Unternehmens richten, sondern auch solche, die die Ausstrahlungen des Unternehmens, den „gewerblichen Tätigkeitskreis", betreffen.[2] Er umfaßt nicht nur bereits eingetretene Schädigungen des Unternehmens, sondern ermöglicht auf dem Weg über die sog. vorbeugende Unterlassungsklage[3] auch den Schutz gegen künftige *drohende* Beeinträchtigungen und die Beseitigung bereits *eingetretener*, aber in ihren Auswirkungen noch fortdauernder Störungen. Geschützt ist das Unternehmen auch gegen enteignende Eingriffe.

Vergegenwärtigt man sich den Schutz, den das Eigentum in § 1004 und § 823 gefunden hat, so ist die Parallelität augenscheinlich. Es fehlt eigentlich nur noch ein dem § 985 entsprechender „globaler" Herausgabeanspruch. **17**

Es ist hier nicht der Ort, diese Rechtsentwicklung kritisch zu würdigen.[4] Es sei nur darauf hingewiesen, daß schon der Schutz des *Sacheigentums* in manchen Fällen zu einem befriedigenden Rechtsschutz führen kann; so etwa dann, wenn gewerbliche Beeinträchtigungen mit den Mitteln des Nachbarrechts bekämpft werden können. Denn gerade hier kann *nicht* das Sacheigentum *als solches*, sondern eben nur das *einem bestimmten Zweck dienende* Eigentum geschützt werden.

Beispiel: E betreibt auf seinem Grundstück eine Fremdenpension. Der mit ihm verfeindete Nachbar N – der nicht zur Konkurrenz gehört – vertreibt die Gäste des E, indem er zu früher Stunde seine Hunde mit entsprechendem Gekläff im Garten herumtollen läßt. Hier ist der unmittelbare Schutz des § 1004 gegeben. **18**
Es bleiben also die Fälle übrig, die zwischen den Handlungen „zu Zwecken des Wettbewerbs" (§ 1 UWG) und dem Eingriff in das Sacheigentum liegen. Diese Lücke füllt die Lehre vom Recht am eingerichteten und ausgeübten Gewerbebetrieb oder – wie man kürzer sagen könnte – vom Recht am Unternehmen aus. Zu den einzelnen Fallgruppen s. *v. Gierke/Sandrock* § 15 II 4; *K. Schmidt*, HandelsR, § 7 V 4, und JuS 1993, 985, 988; *Larenz/Canaris* II 2 § 81; *Medicus*, Bürgerl. R Rn. 611 ff. (m. w. N.) u. die Übersicht 5 oben am Ende von § 10.
Zur verfassungsrechtlichen Würdigung der Eingriffe in das Unternehmenseigentum durch die *Mitbestimmungsgesetze* s. BVerfGE 50, 287, 339.

---

[1] Zur Entwicklung dieser Rechtsprechung s. statt aller *Larenz/Canaris* aaO u. *Fikentscher* § 103 II (m. w. N.) und BGHZ 86, 152, 156; ferner *Stürner*, Gutachten 58. DJT 1990, S. A 84f. m. Nw.
[2] Siehe dazu besonders BGHZ 3, 270 (gewerbeschädigende Werturteile); 8, 142 (gewerbeschädigende Tatsachenbehauptungen); 24, 200 (Boykottaufrufe); 29, 65 und 41, 123 (Unterbrechung der Stromzufuhr); BAG NJW 1989, 61 (Betriebsblockade).
[3] Siehe dazu *Larenz/Canaris* II 2 §§ 86 ff.; *Baur* JZ 1966, 381 (= *Baur* Beitr. II 146) u. oben § 12 Rn. 3; *Steindorff* JZ 1960, 583; *Zeuner* JZ 1961, 41, 45.
[4] Siehe dazu *Larenz/Canaris* II 2 § 81 IV und *Hubmann* aaO; *K. Schmidt*, HandelsR, § 7 V 2.

§ 29. „Die Wohnung": Das Wohnungseigentum – Das Erbbaurecht – Das dingliche Wohnrecht – Die Wohnungsmiete – Time-Sharing

A. Überblick

I. Sachenrechtliche Einheit von Grundstück und Gebäude

1 § 94 BGB schließt eine horizontale Teilung von Gebäuden dem Eigentum nach aus.[1] Dies bedeutet, daß im „eigenen Heim" nur wohnen kann, wer die finanziellen Mittel für den Kauf eines Grundstücks *und* für den Bau (oder Erwerb) eines Hauses aufbringen kann. Da dies immer nur einem Bruchteil der Bevölkerung möglich sein wird, müßte die überwiegende Mehrheit in fremden Häusern zur Miete wohnen. Dieser auch aus sozialen Gründen nicht befriedigende Zustand („Eigentumsstreuung") bedarf einer Auflockerung. Der Gesetzgeber hat sich daher immer wieder bemüht, die Tendenz zum Eigenheim zu fördern, freilich in recht verschiedenen Rechtsformen.

II. Wohnungseigentum und Erbbaurecht als Ausnahmen

2 Die Rechtsformen des Wohnungseigentums (s. unten Rn. 5 ff.) und des Erbbaurechts (Rn. 28 ff.) wollen auch den finanziell schwächeren Kreisen den Erwerb von Eigentum an der Wohnung ermöglichen: Mit dem Wohnungseigentum schafft das Gesetz echtes Eigentum an einer abgeschlossenen Wohnung. Das Erbbaurecht gibt dem Berechtigten die Möglichkeit, auf fremdem Grund und Boden ein eigenes Haus zu errichten. In beiden Fällen wird also das Prinzip des § 94 (superficies solo cedit) durchbrochen.

III. Weitere Verdinglichungen der Wohnungsinhaberschaft

3 Andere Rechtsformen verzichten auf die Schaffung von Eigentum; aber sie suchen die Rechtsstellung des Wohnungsinhabers zu stärken, sie zu „verdinglichen"; hierher gehören die verschiedenen Formen des dinglichen Wohnrechts (unten Rn. 45 ff.), aber auch die Wohnungsmiete; ihre Tendenz zum dinglichen Recht, die sich vor allem in der neueren Gesetzgebung zeigt, haben wir schon (oben § 6 Rn. 4 ff.) kennengelernt; sie bedarf jetzt noch einer Verdeutlichung (unten Rn. 60 ff.).

Alle erwähnten Rechtsformen werden häufig mit dem Stichwort *„Soziales Wohnrecht"* bezeichnet; in der Tat ist fast bei allen von ihnen der Gedanke, gesündere soziale Verhältnisse in der „Wohnungswirtschaft" zu erreichen, maßgebend gewesen. Dies ist bei neueren Versuchen, Teilhabe an Ferienwohnungen zu verschaffen („Time-Sharing") weniger der Fall (unten 84 ff.);

---

[1] Zur rechtspolitischen Intention *Stürner* AcP 194, 265 ff., 276; *ders.* JZ 1993, 1074 f.

immerhin geht es hier aber um die breitere Streuung von „Ferienwohnungseigentum" und damit um soziale Verteilung auf Wohlstandsniveau.

IV. Wohnungsstatistik

Ohne Rücksicht auf die rechtliche Qualifikation als Eigentum, Miete etc. standen auf 1000 Einwohner zur Verfügung: 1939 280 Wohnungen; bezogen auf das Gebiet der *alten Bundesländer* 1979 398 und 1989 424 Wohnungen. In den *neuen Bundesländern* gab es 1989 auf je 1000 Einwohner 426 Wohnungen – in allerdings sehr unterschiedlichem baulichen Zustand! Im vereinten Deutschland standen 1994 auf 1000 Einwohner 436 Wohnungen zur Verfügung. Die durchschnittliche Größe einer Wohnung betrug in den *alten Bundesländern* 1965 68,6 m^2 und 1989 86,4 m^2. 1994 war eine Wohnung in Deutschland durchschnittlich 82,5 m^2 groß. Die Wohnfläche pro Kopf der Bevölkerung belief sich im *früheren Bundesgebiet* 1965 auf 22,3 m^2, 1989 auf 36,7 m^2 und betrug 1994 im vereinten Deutschland 36,0 m^2. 1993 standen in Deutschland rund 92% aller Wohngebäude im Eigentum von Privaten, 4,3% gehörten Wohnungsunternehmen aller Art und 3,7% der öffentlichen Hand. Die Eigentumsverhältnisse sind in den *neuen Ländern* nach dem Beitritt noch im Fluß; der Einigungsvertrag (Art. 22 Abs. 4) sieht den Übergang volkseigener Wohnungen auf die Kommunen vor, die sie in die marktwirtschaftliche Wohnungswirtschaft überführen und Bildung individuellen Eigentums beschleunigt fördern sollen (s. auch § 63 Rn. 2 ff.; 21 f.). Weitere Angaben unten § 36 Rn. 37. Quellen der statistischen Angaben: Stat. Jahrbuch 1996, S. 250 f.; Bautätigkeit und Wohnungen, 1%-Stichprobe 1993, Heft 2, S. 29.

B. Das Wohnungseigentum[1]

I. Geschichte und Verbreitung

Die Rechtsfigur des Wohnungseigentums (WE) soll das Bedürfnis nach einer vermögensrechtlichen Beteiligung eines Wohnungsinhabers an einem Gebäude befriedigen, die sich als echtes Eigentum darstellt. Grob gesagt: Der Wohnungsinhaber soll durch Kauf seiner Wohnung zu deren Eigentümer werden. Eine solche Möglichkeit war in zahlreichen ausländischen Rechten – vor allem im Anschluß an die Regelung des Art. 664 Code civil – längst gegeben;[2] sie bestand bis 1900 nach Landesrecht in der Form des *Stockwerkseigentums* auch in Deutschland; erst § 93 BGB i. V. m. Art. 182 EGBGB verbot die Neubildung von Stockwerkseigentum. Der Grund lag in dogmatischen Erwägungen, aber auch in der Erfahrungstatsache, daß die im Stockwerkseigentum stehenden Häuser als „Streithäuser" galten. Erst nach dem zweiten Weltkrieg wurden die Bestrebungen nach Einführung eines Wohnungseigentums intensiviert: die Wohnungsnot verlange den Einsatz auch kleiner Kapitalien (die Rechtsform der Miete mit Baukostenzuschuß biete dem Mieter nicht genügend Sicherheit),

---

[1] **Lit.-Hinweis:** Kommentare von *Bärmann/Pick/Merle,* 7. Aufl. 1997; *Bärmann/Pick,* 13. Aufl. 1994; *Henkes/Niederführ/Schulze,* 3. Aufl. 1995; *Sauren,* 2. Aufl. 1995; *Weitnauer,* 8. Aufl. 1995; *Soergel/Stürner,* Bd. 6, 12. Aufl. 1990, WEG; *MünchKomm/Röll,* Bd. 4, 3. Aufl. 1997, WEG. Ferner: *Müller* Rn. 2219 ff.; *Wilhelm* Rn. 1043 ff.; *Manfred Wolf* Rn. 112 ff.; *Bärmann* NJW 1989, 1057 (zur Theorie des WE.srechts); *ders.,* WE, 1991; *Bärmann/Seuß,* Praxis des WE.s, 3. Aufl. 1980; *Böhringer,* Aktuelle Fragen des Wohnungseigentumsrechts, BWNotZ 1993, 153; *Börner,* Das WE und der Sachbegriff des Bürgerlichen Rechts, FS Dölle, 1963, I 201; *Eugen Huber,* Teilung des Eigentums nach schweiz. Privatrecht, in: Abh. z. schweiz. Recht, Heft 58 S. 1 ff.; *Jagenburg,* Die Entwicklung des Baubetreuungs-, Bauträger- und Wohnungseigentumsrechts seit 1989/90, NJW 1992, 282; *Jennißen,* Die Entwicklung des Wohnungseigentumsrechts in den Jahren 1994 und 1995, NJW 1996, 696; *Junker,* Die Gesellschaft nach dem Wohnungseigentumsgesetz, 1993 (krit. Bspr. Weitnauer WE 1994, 33); *Liver,* Das Miteigentum als Grundlage des Stockwerkeigentums, GS Marxer (1963); *Merle,* Das WE im System d. bürgerl. Rechts, 1979; *Paulick,* Zur Dogmatik des WE.s, AcP 152, 420; *Horst Müller,* Praktische Fragen des WE; *Röll,* Handbuch für Wohnungseigentümer und Verwalter, 6. Aufl. 1994; *ders.* DNotZ 1982, 334 (Reformfragen); *Friedrich,* Das Stockwerkeigentum (schweiz. Recht), 1965.

[2] Dazu *Wietek,* Wohnungseigentum in Frankreich, 1976; *Liver* aaO; zum Stockwerkseigentum ausführlich und mit vielen Nachweisen *Thümmel* JZ 1980, 125 u. BWNotZ 1980, 97; 1984, 5.

§ 29 B II   III. Abschnitt. Liegenschaftsrecht

eine breite Streuung von Eigentum an den Wohnungen habe günstige soziale Auswirkungen (nicht von ungefähr wird zur gleichen Zeit der Gedanke der Partnerschaft des Arbeitnehmers am Unternehmen erwogen!), die zum Wohnungsbau beigesteuerten staatlichen Mittel flössen nicht in die Taschen einiger weniger, vor allem der Wohnungsbaugesellschaften, nicht zuletzt werde damit der zumal in Städten knappe Grund und Boden günstig ausgenützt.

Diesen Erwägungen ist der Gesetzgeber in dem Gesetz über das Wohnungseigentum und Dauerwohnrecht (WEG) v. 15. 3. 1951 (BGBl. I 175)[1] gefolgt; es schafft das *Wohnungseigentum;* die gleiche Rechtsfigur wird nicht zu Wohnzwecken dienenden, also vor allem gewerblich genutzten Räumen *Teileigentum* genannt.

6   Das WE erfreut sich verbreiteter Beliebtheit: Die Zahl der Eigentumswohnungen betrug 1993 nach einer Hochrechnung des Stat. Bundesamtes rund 2,3 Millionen (Bautätigkeit und Wohnungen, 1%-Stichprobe 1993, Heft 2, S. 88f.). Mittlerweile dürfte sie aufgrund weiterer reger Bautätigkeit bei etwa 3 Millionen liegen. Interessant ist die Beobachtung, daß teilweise Grundstückseigentümer ihre bisher vermieteten Wohnungen zu Eigentumswohnungen umgestalten und veräußern (die Rendite ist bei Vermietung infolge des Mieterschutzes zu gering). Dabei schützt der Staat die Stellung der Mieter einerseits durch verbesserten Kündigungsschutz (§ 564b Abs. 2 Nr. 2[2] und 3 sowie Art. 14 Investitionserleichterungs- und WohnbaulandG v. 22. 4. 1993, BGBl. I 466), andererseits seit neuestem durch ein Vorkaufsrecht bei Begründung von Wohnungseigentum (§ 570b).[3] Darüber hinaus bestehen bei öffentlich geförderten Wohnungen Mitteilungs- und Unterrichtungspflichten (§ 2a WohnungsbindungsG) und auch hier ein Vorkaufsrecht (§ 2b WohnungsbindungsG). Interessant ist weiter, daß die „Eigentümerquote" (= Einzeleigentum + Wohnungseigentum) 1993 38,8% aller Wohnungen betrug (Stat. Jahrbuch 1996, S. 251).

II. Grundfragen rechtlicher Ausgestaltung

7   Bei der Gestaltung der Rechtsform des WE.s geht es um drei Fragenbereiche:

Wie soll das Eigentum am Grund und Boden und all den Teilen des Gebäudes gestaltet werden, die nicht im Alleineigentum eines Wohnungseigentümers (WE.er) stehen können (z. B. an der das Gebäude tragenden Stahlkonstruktion)? – hierzu Rn. 8 f.

Soll die Berechtigung an der Wohnung echtes Eigentum sein? – hierzu Rn. 10 ff.

Wie sollen die Rechtsbeziehungen der WE.er untereinander geregelt werden? – hierzu Rn. 13 ff.

1. Verbindung von Mit- und Sondereigentum

8   Wohnungseigentum ist die Verbindung des Miteigentums (nach Bruchteilen, nicht Gesamthandseigentum) am gemeinschaftlichen Grundstück mit dem Sondereigentum an der Wohnung (§ 1 Abs. 2, 3 WEG).[4]

Im *Miteigentum* stehen also vor allem der Grund und Boden (§ 1 Abs. 5 WEG) und alle „tragenden" Teile des Gebäudes sowie die gemeinschaftlichen Einrichtungen (§ 5 Abs. 2 WEG).[5]

Im *Sondereigentum* steht die Wohnung mit ihren Bestandteilen, soweit diese nicht das Gebäude tragen (also z. B. Boden, Decke, Wände, soweit es sich nicht um tragende Wände handelt).[6]

---

[1] Geändert und ergänzt durch Gesetze v. 26. 7. 1957, 30. 5., 30. 7. 1973, 17. 12. 1990, 22. 3. 1991, 24. 6. 1994.

[2] Zuletzt einschränkend BGH NJW 1994, 2542.

[3] Hierzu AG Frankfurt a. M. Rpfleger 1995, 350 m. krit. Anm. *Langheim; ders.* DNotZ 1993, 650; und *Commichau* NJW 1995, 1010. Der Mieterschutz wird neuerdings durch Genehmigungspflichten nach § 172 BauGB („Erhaltungssatzung") ergänzt; hierzu *Groschupf* NJW 1998, 418, 421f.

[4] Str., s. dazu *Merle,* Das WE im System des bürgerl. Rechts, 1979; *Weitnauer,* FS Seuss, 1987; ferner die Literaturhinweise am Anfang des Abschnitts.

[5] Zu „isolierten" Miteigentumsanteilen bei mangelhafter Begründung von Sondereigentum s. BGHZ 109, 179, 183; 130, 159, 169.

[6] *Weitnauer* § 5 Rn. 2ff.; *Soergel/Stürner* § 5 WEG Rn. 3; Beispiel: BGH NJW 1979, 2391: Zentrales Heizwerk nicht Sondereigentum; zur Bestimmtheit/Bestimmbarkeit des Sondereigentums BayObLG Rpfleger 1994, 294 u. *Böhringer* BWNotZ 1993, 154; zur Sondereigentumsfähigkeit von Kfz-Stellplätzen s. *Böhringer* aaO S. 155 m. w. N.

Daraus ergibt sich, daß *wirtschaftlich* bedeutungsvoll meist der Miteigentumsanteil ist; daher ist auch **9** *rechtlich* das Sondereigentum (an der Wohnung) untrennbar mit dem Miteigentumsanteil am gemeinschaftlichen Eigentum verbunden (§ 6 Abs. 1 WEG); Rechte, die am Miteigentum bestehen, erstrecken sich auch auf das Sondereigentum (§ 6 Abs. 2), das Sondereigentum an der Wohnung kann aufgehoben werden, ohne daß dadurch das Miteigentum entfällt (§ 4 WEG). Auch rechtlich ist daher das Miteigentum beherrschend, das Sondereigentum ist ein „Anhängsel" des Miteigentums (ebenso BGHZ 49, 250 [= *Baur*, E.Slg. Fall 40]; BGHZ 50, 56; 90, 174; 91, 343; 108, 156). Andere (z.B. *Börner*, FS Dölle, S. 201 ff.) sehen das Sondereigentum als „die Hauptsache an, der als wesentlicher Bestandteil ein Miteigentumsanteil zugeordnet" ist. Dies mag eine mögliche Alternative sein, die der Gesetzgeber hätte wählen können, aber eben nicht gewählt hat (vgl. § 3 Abs. 1, §§ 6, 7 Abs. 1, § 8 WEG; ausführlich *Soergel/Stürner* § 1 WEG Rn. 2–2 b; *Weitnauer*, WEG Vor § 1 Rn. 21 ff., 25).

2. Wohnungseigentum als echtes Eigentum

a) Rechte des Wohnungseigentümers

Das WE ist echtes Eigentum (§ 903; BGHZ 116, 392) mit der Konsequenz **10** der Ansprüche aus §§ 823, 985, 1004 bei Eigentumsbeeinträchtigung, wobei freilich diese Rechte im Verhältnis der WE.er untereinander durch §§ 14, 15 WEG beschränkt sind. Als echtes Eigentum ist das WE *frei verkäuflich und veräußerlich* (in der Form der § 313 – §§ 873, 925: § 4 WEG).

Jedoch kann – entgegen § 137 – ein Veräußerungsverbot „mit dinglicher Wirkung" vereinbart und im Grundbuch eingetragen werden (§ 12 WEG). Grund: Schutz der übrigen WE.er vor dem Eindringen unerwünschter Erwerber.[1]

Das WE ist *belastbar,* ist Gegenstand der *Zwangsvollstreckung,* kann *vermietet* oder *verpachtet werden* (§ 13 Abs. 1 WEG) und geht im Erbgang auf den oder die Erben über.

b) Belastung des Wohnungseigentums

Die Belastung ist wie bei einem normalen Miteigentumsanteil an einem Grundstück möglich (vgl. **11** z.B. §§ 1095, 1114). Was insbesondere den wichtigen Fall der Belastung mit Grundpfandrechten angeht, so kann *jedes* WE – z.B. für ein dem WE.er individuell gewährtes oder allen WE.ern zur Verfügung gestelltes, aber auf die einzelnen WE.er aufgeteiltes Darlehen – belastet werden (wünschenswert, da jeder WE.er dann nur das Risiko für sich selber trägt!), aber auch das Grundstück insgesamt durch Verfügung aller WE.er; dann entsteht ein Gesamtgrundpfandrecht an den einzelnen Miteigentumsanteilen (§ 1132: für den Kreditgeber günstig, für die WE.er gefährlich).[2] Wichtig ist, daß die WE.er bei gemeinschaftlicher Errichtung einer WE.-Anlage nur anteilmäßig haften; dagegen grundsätzlich als Gesamtschuldner für Verbindlichkeiten, die sich aus der Verwaltung der Wohnanlage ergeben (BGHZ 67, 235; 75, 26; 76, 90).

c) Zwangsvollstreckung in das Wohnungseigentum

Die Zwangsvollstreckung erfolgt wie die in Grundstücke, also durch Zwangsversteigerung, **12** Zwangsverwaltung, Eintragung einer Zwangshypothek (§§ 864 ff. ZPO). Zu beachten ist, daß zur

---

[1] Die Zustimmung darf nur aus wichtigem Grund verweigert werden (§ 12 Abs. 2 Satz 1 WEG); darüber entscheidet im Streitfall das Gericht nach § 43 Abs. 1 Ziff. 1 WEG. Beispielsfälle: BGHZ 37, 203 u. 49, 250 [= *Baur*, E. Slg. Fall 40]. Die h.M. ging lange Zeit davon aus, daß die Zustimmung auch ohne ausdrückliche Ausnahmevereinbarung nicht für Erstveräußerungen erforderlich ist; dem ist der BGH (NJW 1991, 1613) schließlich entgegengetreten, der Mangel der fehlenden Zustimmung ist nunmehr durch § 61 WEG geheilt (s.a. *Pause* NJW 1994, 501; zu § 61 einschränkend zuletzt KG Rpfleger 1995, 17).

[2] Zur Behandlung von Belastungen bei Veränderungen des Wohnungseigentums *Streuer* Rpfleger 1992, 181.

Eintragung der Zwangshypothek die Angabe aller WE.er im Antrag erforderlich ist (LG Aachen u. OLG Köln Rpfleger 1994, 496 m. Nw. u. Anm. *Sauren*).

3. Die Rechtsbeziehungen zwischen den Wohnungseigentümern

a) Wohnungseigentümergemeinschaft und ihre Organe

13 Die Rechtsbeziehungen der Wohnungseigentümer untereinander sind – wie sich aus der Natur der Sache ergibt – intensiver als beim gewöhnlichen Miteigentum nach Bruchteilen.

> Auch bei diesem hat ja das Gesetz – obwohl es an der Fiktion festhält, daß die Miteigentümer nach Bruchteilen isoliert nebeneinander stehen und durch keine persönlichen oder vertraglichen Beziehungen verbunden zu sein brauchen – nicht darauf verzichten können, einen gewissen Mindestbestand von Normen, die die Gemeinschaft der Miteigentümer angehen, zu regeln (Gebrauchsrecht: §§ 743 Abs. 2, 1010; Verwaltung des gemeinschaftlichen Gegenstandes: §§ 744–746, 1010).

Demgegenüber spricht das WEG in der Überschrift des zweiten Abschnitts (vor §§ 10 ff.) von der *„Gemeinschaft der Wohnungseigentümer"* und macht dadurch schon deutlich, daß diese Gemeinschaft mehr ist als eine bloße Vereinigung der Miteigentümer; sie ist zwar nicht rechtsfähig (BGH NJW 1977, 1686; OVG Schleswig NJW-RR 1992, 457) und nach der Rechtsprechung auch nicht grundbuchfähig (BayObLG DNotZ 1985, 428, str.), trägt jedoch körperschaftliche Züge.[1] Organe dieser Gemeinschaft sind die *Wohnungseigentümerversammlung* (§§ 23 ff. WEG)[2] und der – stets notwendige (§ 20 Abs. 2 WEG) – *Verwalter* (§§ 26–28 WEG).[3] Ihnen obliegt die Verwaltung des gemeinschaftlichen Eigentums (§ 20 WEG), wobei das erstgenannte Organ im wesentlichen beschließende, der Verwalter ausführende und die Gemeinschaft nach außen repräsentierende Funktion hat.

b) Gemeinschaftsgebundenheit des Sondereigentums

14 Von der Verwaltung des gemeinschaftlichen Eigentums ist die des *Sondereigentums* zu unterscheiden: hier ist jeder WE.er – weil eben Eigentümer – grundsätzlich frei. Dabei kann freilich nicht außer Acht bleiben, daß auch die Nutzung des Sondereigentums die anderen WE.er tangieren kann (die Badewanne rinnt; der WE.er läßt sie nicht reparieren). Daraus erklärt sich einmal der Pflichtenkatalog des § 14 WEG, zum anderen die Möglichkeit, die gegenseitigen Rechte und Pflichten festzulegen (§§ 15, 21 Abs. 5 WEG), und zwar – was wichtig ist – sowohl bezüglich des gemeinschaftlichen Eigentums wie des Sondereigentums.

---

[1] Str. s. *Bärmann*, Die Wohnungseigentümer-Gemeinschaft, 1986 u. NJW 1989, 1057, 1060; *Weitnauer*, FS Seuss, 1987; *Soergel/Stürner* § 1 WEG Rn. 2b. – Zum „werdenden Wohnungseigentümer" (Stadium zwischen Kauf-Inbesitznahme u. der späteren Eintragung im Grundbuch) s. *Röll* NJW 1989, 1070; DNotZ 1993, 315; u. BGHZ 106, 113; 107, 285; ausführlich *Soergel/Stürner* § 10 WEG Rn. 2–5 m. Nw.

[2] Die Versammlung entscheidet durch Mehrheitsbeschluß (§ 25 WEG). Stimmenthaltungen zählen nicht, s. BGHZ 106, 179. Die Vertretung durch Dritte kann auf bestimmte Personen beschränkt werden, s. BGHZ 99, 90 u. WM 1993, 656.

[3] Siehe dazu *Krebs*, Theorie u. Praxis der Verwaltung von Wohnungseigentum (Tüb. Diss. 1975); zur Geltendmachung von Ansprüchen gegen den Verwalter durch Gemeinschaftsbeschluß BGHZ 106, 222 (hierzu *Ehmann* JZ 1991, 222) und NJW 1992, 182 (hierzu *Weitnauer* JZ 1992, 1054). Juristische Personen und Personengesellschaften können Verwalter nach dem WEG sein, nicht aber eine Gesellschaft bürgerlichen Rechts oder mehrere natürliche Personen; s. *Soergel/Stürner* § 26 WEG Rn. 3 und BGHZ 107, 268 sowie KG Rpfleger 1995, 17.

c) Instrumente gemeinschaftlicher Verwaltung

Zur gemeinschaftlichen Verwaltung kennt das WEG zwei verschiedene Instrumente: soweit es um die ordnungsmäßige Verwaltung und die „laufenden Geschäfte" geht, entscheidet die Mehrheit der Wohnungseigentümer durch *Beschluß* (§ 15 Abs. 2 WEG), z.B. Schließen der Fenster bei Frost, Musizierzeiten in üblichem Rahmen, Abstellen fahruntauglicher Kfz (KG NJW-RR 1996, 586), etc. Grundlegendere Nutzungsregelungen müssen aber durch Vereinbarung bzw. *Teilungserklärung* (unten Rn. 20 ff.) in der sog. *Gemeinschaftsordnung* zum Inhalt des Sondereigentums gemacht werden (§ 15 Abs. 1 WEG),[1] z.B. Regelungen über gewerbliche Nutzungsverbote etc.; dabei können auch *Sondernutzungsrechte* einzelner am gemeinschaftlichen Eigentum begründet werden, z.B. KfZ-Stellplätze (BGHZ 73, 145 ff.; ausführlich *Soergel/Stürner* § 15 WEG Rn. 3–6; s. auch BGH JZ 1992, 368; *W. Schneider* Rpfleger 1998, 9, 53). Die Gemeinschaftsordnung ist ins Grundbuch einzutragen, soll so gegenüber Rechtsnachfolgern wirken (§ 10 Abs. 2 WEG). Sie ist in der Praxis die „Verfassung" der Eigentümergemeinschaft und enthält oft *alle* wesentlichen Regeln (Grundcharakter der Wohnlage, Verwaltung des Gemeinschaftseigentums, Zustimmung zur Vermietung, Verhältnis zum Verwalter, Wohngeld, Stimmrecht, „Geldstrafen" bei Zuwiderhandlung etc.). Interessante neuere *Beispiele*: BGH NJW 1991, 2637 (keine Festlegung von Verzugszinsen für verspätete Wohngeldzahlung durch Mehrheitsbeschluß); KG OLGZ 1994, 273 (keine Verpflichtung zu Naturaldiensten durch Mehrheitsbeschluß).

d) Rechtsverfolgung der Wohnungseigentümer

Grundsätzlich setzt die Rechtsverfolgung von Ansprüchen aus Verletzung gemeinsamen Eigentums einen Beschluß der Wohnungseigentümer voraus (BGHZ 121, 22 = NJW 1993, 727); § 21 Abs. 1 WEG verdrängt § 1011. Nur Ansprüche aus Verletzung des Sondereigentums kann der Miteigentümer alleine geltend machen.

Die Abgrenzung der Befugnisse zwischen der Gemeinschaft und dem einzelnen Wohnungseigentümer fällt besonders schwer bei *Werkmängeln*. Mängelrechte, die nur das Sondereigentum betreffen, kann jeder Eigentümer alleine verfolgen. Mängelrechte am Gemeinschaftseigentum kann der einzelne Eigentümer bis zu einem Beschluß der Wohnungseigentümerversammlung alleine verfolgen, soweit er primäre Gewährleistungsansprüche (Mangelbeseitigung, Aufwendungsersatz, Kostenvorschuß) geltend macht; über Minderung oder den „kleinen" Schadensersatzanspruch muß grundsätzlich die Gemeinschaft aller Eigentümer beschließen, es sei denn, der Mangel ist nicht behebbar. Für die Anspruchsverfolgung durch einzelne Eigentümer oder Zweiterwerber sind Ermächtigung und gewillkürte Prozeßstandschaft denkbar (zum ganzen BGHZ 110, 258 ff.; 114, 383 m. Nw. u. Anm. *Ehmann/Breitfeld* JZ 1992, 318; BGH NJW 1992, 978; 1993, 727; *Pause* NJW 1993, 553; zuletzt BGH MDR 1997, 542 = LM Nr. 97/98 zu § 633 BGB). Eine sehr filigran verteilte Zuständigkeit!

e) Lastentragung

Der Nutzungsbefugnis des einzelnen Miteigentümers entspricht die *Kostentragungspflicht* (§ 16 Abs. 2 WEG, zur Beschränkung bei baulichen Veränderungen s. Abs. 3 und *Sandweg* DNotZ 1993, 707). Für jedes Jahr errichtet der Verwalter eine Abrechnung, über welche die Wohnungseigentümer mehrheitlich beschließen (§ 28 Abs. 3 und 5 WEG); sie stellt den Betrag fällig (BGHZ 104, 197, 199 f.). Die Beitreibung ist Sache der Gemeinschaft bzw. des durch sie ermächtigten oder bevollmächtigten Verwalters oder Einzeleigentümers (BGHZ 111, 148 m. Nw.). Der Wirtschaftsplan bestimmt in Gestalt des Wohngeldes eine laufende Zahlung als Vorschuß auf die Kosten und zur Bildung von Rücklagen (§§ 21, 28 WEG); auch über ihn beschließt die Mehrheit der Eigentümer.

---

[1] Zum Ersatz von Vereinbarungen durch unangefochtene Beschlüsse der Mehrheit s. BGHZ 54, 65; 127, 99; 129, 329; OLG Düsseldorf NJW-RR 1994, 1426 und *Sauren* NJW 1995, 178 m. Nw.; s.a. *Sandweg* BWNotZ 1995, 29; ausgenommen sind Mehrheitsbeschlüsse, die in den „dinglichen Kernbereich" eingreifen.

f) Ausschluß

18 Das Gesetz erachtet ein *verträgliches Zusammenleben* der WE.er für so wichtig, daß es die Möglichkeit schafft, einen seine Pflichten schwer verletzenden WE.er zur Veräußerung seines WE.s zu zwingen (§§ 18, 19 WEG – dem Recht zur sofortigen Kündigung eines Gesellschaftsverhältnisses aus wichtigem Grunde oder der Ausschlußklage, §§ 140, 142 HGB, vergleichbar, hierzu *Götte* BWNotZ 1992, 105), dies u. U. sogar dann, wenn er nicht schuldhaft handelt (BVerfG NJW 1994, 241; bei Grundstücksgemeinschaften gilt dagegen nur § 749 Abs. 2 S. 1, vgl. BGH NJW-RR 1995, 334). – Bei Störung eines Wohnungseigentümers durch den anderen bestehen Ansprüche aus dem Gemeinschaftsverhältnis oder aus §§ 862, 1004 (OLG Frankfurt MDR 1982, 151; *Soergel/Stürner* § 14 WEG Rn. 6) neben der Möglichkeit des Veräußerungszwangs.

III. Entstehung – Übertragung – Aufhebung des Wohnungseigentums

1. Entstehung

19 Das WE entsteht

a) *durch Vertrag* mehrerer Miteigentümer und Eintragung im Grundbuch (§§ 3, 4 WEG; Form: §§ 313, 925).

Der Vertrag[1] kann – was praktisch bedeutsam ist – schon vor Errichtung des Gebäudes („... oder zu errichtenden Gebäudes ...") und selbst bei bestehendem öffentlichrechtlichem Bauverbot[2] geschlossen und im Grundbuch vollzogen werden (§§ 3 Abs. 1, 7 Abs. 4 WEG; s. *Soergel/Stürner* § 3 WEG Rn. 5);[3]

20 b) *durch Teilung* seitens des Eigentümers unter gleichzeitiger Bestellung von Sondereigentum (§ 8 WEG), sog. *Vorratsteilung*.[4]

Der Eigentümer kann also entgegen der sonstigen gesetzlichen Regelung sein Volleigentum aufspalten und die einzelnen Miteigentumsanteile (= hier Wohnungseigentumsanteile) in seiner Hand behalten.[5]

21 Grund: *Einmal* sollen die Wohnungsbauunternehmungen die Möglichkeit haben, die einzelnen Wohnungen je nach Nachfrage zu veräußern. *Zum anderen* kann der Eigentümer *vor* Veräußerung des WE.s die Abgrenzung zwischen gemeinschaftlichem und Sondereigentum vornehmen und das Verhältnis der späteren WE.er untereinander in der Gemeinschaftsordnung (oben Rn. 15) regeln (§ 8 Abs. 2 mit §§ 5 Abs. 3 und 4, 10 Abs. 2, 20 ff. WEG).[6] Dies ist einfacher, als wenn eine vertragliche Einigung zwischen vielen Parteien herbeigeführt oder später die WE.er darüber beschließen müßten. Eine Verpflichtung zur Veräußerung der so gebildeten Wohnungseigentumsanteile besteht nicht: der

---

[1] Zur Behandlung von Gründungsmängeln s. *Soergel/Stürner* § 3 WEG Rn. 9–12 und BGHZ 109, 179 (hierzu *Zimmermann* DNotZ 1991, 153); 130, 159, 168.

[2] BGHZ 110, 36 = NJW 1990, 1111.

[3] Zu weiteren Gestaltungsmöglichkeiten s. BGHZ 86, 393 (dazu *Stürner/Weber* JZ 1983, 616 u. *Moritz* JZ 1985, 216).

[4] *Soergel/Stürner* § 8 WEG Rn. 2; zur Teilung von Wohnungseigentum BGHZ 49, 250 = Baur E.Slg. Fall 40 und *Ludwig* DNotZ 1993, 158.

[5] Die Abgeschlossenheitsbescheinigung nach § 3 Abs. 2 WEG kann nach dem nunmehr ergangenen Beschluß des Gemeinsamen Senats der obersten Gerichtshöfe (NJW 1992, 3290) vor allem für *Altbauten* und ihre Teilung nicht allein aus bauordnungsrechtlichen Gründen versagt werden (so aber zuvor BVerwG NJW 1990, 848; BVerfG NJW 1990, 825 und hier die Voraufl.; die Praxis umging diese Schwierigkeit durch die Bildung von „Kellereigentum", s. BayObLG NJW 1992, 700; hierzu *Pause* NJW 1992, 671 und OLG Hamm Rpfleger 1993, 445). Zu § 3 Abs. 2 WEG s. auch BayObLG Rpfleger 1994, 498 u. OLG Köln DNotZ 1995, 79.

[6] Dazu *Peter Ulmer*, FS Weitnauer, 1980, 205; zur Inhaltskontrolle durch das Grundbuchamt s. § 16 Rn. 63.

Eigentümer kann daher auf diese Weise auch die spätere Auseinandersetzung seiner Erben (in Ergänzung einer letztwilligen Teilungsanordnung) vorbereiten.

Daß das Grundstück schon vor Begründung des WE.s mit einem Grundpfandrecht belastet ist, hindert die Entstehung des WE.s nicht; auch ist die Zustimmung des Grundpfandgläubigers nicht erforderlich. In beiden Fällen (§ 3 wie § 8 WEG) entsteht ein Gesamtgrundpfandrecht (§§ 1132, 1192; so mit Recht BGH NJW 1992, 1390; *Soergel/Stürner* § 8 Rn. 10 WEG m.w.N.).

2. Übertragbarkeit

Das Wohnungseigentum – nicht das Sondereigentum an der Wohnung allein (§ 6 Abs. 1 WEG) – ist *frei* veräußerlich (s. aber oben Rn. 10).[1] Da es sich um Eigentum an einem Grundstück handelt, sind die Formvorschriften des § 313 (für das schuldrechtliche Erwerbs- und Veräußerungsgeschäft), der §§ 873, 925 (für die Übereignung) zu beachten (§ 4 WEG).

Auch eine *Belastung* des Wohnungseigentums mit beschränkten dinglichen Rechten (insbes. mit Grundpfandrechten, Vormerkungen, Vorkaufsrechten, Dauerwohnrechten) ist möglich (oben Rn. 11).

Zur Darstellung der Rechtsverhältnisse des Wohnungseigentums wird ein *Wohnungsgrundbuch* angelegt (§ 7 WEG), in das das Wohnungseigentum und die Lasten und Beschränkungen eingetragen werden (s. § 15 Rn. 26 unter b).

3. Aufhebung der Wohnungseigentümergemeinschaft

Im Gegensatz zu § 749 ist die Aufhebung der Wohnungseigentümergemeinschaft nur durch übereinstimmende Vereinbarung *aller* WE.er (in der Form des § 4 WEG) möglich. Folge ist, daß entweder schlichte Miteigentümerstellung der bisherigen WE.er übrig bleibt oder daß nach §§ 752ff. auch die Bruchteilsgemeinschaft auseinandergesetzt wird.

Zu beachten ist, daß die Vereinigung mehrerer Wohnungseigentumsanteile in *einer* Hand nicht zu deren Aufhebung führt; sie bleiben rechtlich getrennt und können später durch Veräußerung wieder „aktiviert" werden.

IV. Verfahrensrecht

Interessant ist, daß das Gesetz für Streitigkeiten der Wohnungseigentümer untereinander das Verfahren der freiwilligen Gerichtsbarkeit gewählt hat (§§ 43ff. WEG). Dem liegt der Gedanke zugrunde, daß dieses Verfahren rascher, billiger und unter tätiger Mitwirkung des Richters (Amtsermittlungsgrundsatz: § 12 FGG) zu einem Ausgleich der Interessen (§ 44 WEG) und zu einer – u.U. gestaltenden – Entscheidung führen kann.

So gehört z.B. auch ein Schadensersatzanspruch in das Verfahren der freiw. Gerichtsbarkeit, sofern er sich gegen einen anderen WE.er (oder den Verwalter) richtet (BGHZ 59, 58; NJW-RR 1991, 907 für Delikt); ähnlich ein Streit über Sondernutzungsrechte (BGHZ 109, 396; hierzu Rn. 15). Dem ordentlichen Prozeß im Verfahren der ZPO bleiben neben den aus Aufhebung der Gemeinschaft und Entziehung des Wohnungseigentums resultierenden Streitigkeiten (§§ 43 Abs. 1 Nr. 1, 17, 18, 19 WEG) alle Verfahren, die nicht dem Katalog der § 43 Abs. 1 Nr. 1–4 WEG unterfallen, z.B. Streitigkeiten über Gegenstand, Inhalt und Umfang des Sondereigentums zwischen einzelnen Wohnungseigentümern (BGHZ 130, 159) oder Streitigkeiten mit ausgeschiedenen Wohnungseigentümern (BGHZ 106, 34).

V. Wohnungseigentum in den neuen Bundesländern

In den neuen Bundesländern kann seit dem 3. 10. 1990 Wohnungseigentum begründet werden. Das Gebäudeeigentum alten DDR-Rechts besteht fort (Art. 231 § 5, 233 § 4 EGBGB), bis es sich im

---

[1] Zur Haftung des Erwerbers von WE für rückständige Lasten und Kosten s. die gleichnamige Schrift von *Bärmann*, 1985 u. BGHZ 95, 118; 99, 358; 104, 197; 107, 285; JZ 1994, 102 m.Anm. *Junker*; zur Haftung des Veräußerers BGH NJW 1996, 725.

Rahmen der Sachenrechtsbereinigung mit dem Grundeigentum vereint (s. § 63 Rn. 7, 22, 49 ff.). Es hat mit Wohnungseigentum nur wenig Gemeinsamkeiten.

C. Das Erbbaurecht

I. Grundlagen

1. Begriff und Rechtsnatur

28 Das Erbbaurecht – seit 1919 geregelt in der ErbbaurechtsVO vom 15. 1. 1919 (RGBl. I 72, 122[1]) – ist „das veräußerliche und vererbliche Recht, auf oder unter der Erdoberfläche des – belasteten – Grundstücks ein Bauwerk zu haben" (§ 1 Abs. 1 ErbbauRV; beachte aber § 1 Abs. 2!).

29 Vom Grundeigentümer aus gesehen ist das Erbbaurecht ein beschränktes dingliches Recht, das auf seinem Grundstück lastet. Dieses beschränkte dingliche Recht wird aber seinerseits wie ein Grundstück behandelt (§ 11 ErbbauRV): es erhält ein eigenes Grundbuchblatt (Erbbaugrundbuch), es kann wie ein Grundstück belastet werden (z. B. mit Grundpfandrechten, Erbbauhypothek) und wird wie Grundeigentum geschützt (z. B. §§ 985 ff., 1004). Insbesondere aber wird das in Ausübung des Erbbaurechts errichtete oder schon bestehende Gebäude wesentlicher Bestandteil des Erbbaurechts, nicht des Grundeigentums (§ 12 ErbbauRV).

2. Hauptsächlicher Anwendungsbereich und Ausgestaltung

30 In dieser rechtlichen Eigenart liegt der Anwendungsbereich des Erbbaurechts beschlossen. Es ist in der Praxis eine Rechtsform des städtischen Wohnungsbaus, der städtischen Siedlung. Der Eigentümer des Grund und Bodens (häufig die öffentliche Hand) gibt dem Baulustigen einen Bauplatz in Erbbaurecht;[2] dies bedeutet für den Erbbauberechtigten, daß er sich den Kaufpreis für das Grundstück sparen kann, dafür allerdings dem Eigentümer eine meist in wiederkehrenden Leistungen bestehende Vergütung, den *Erbbauzins* (§ 9 ErbbauRV), zu leisten hat. Da das Erbbaurecht seinerseits belastbar ist und das zu errichtende Haus als wesentlichen Bestandteil in sich aufnimmt, kann sich der Baulustige auch wie ein Eigentümer die zur Finanzierung des Baus erforderlichen Fremdmittel beschaffen.

31 Freilich darf man die Vorteile des Erbbaurechts nicht allein vom Erbbauberechtigten her sehen.[3] Der Grundeigentümer verzichtet zwar zunächst auf den vollen Gegenwert des Grundstücks, den er beim Verkauf erhielte. Aber einmal bleibt er Eigentümer des Bodens, ihm wächst der Bodenwert zu, zum anderen erhält er den im Endergebnis meist den Kaufpreis übersteigenden Erbbauzins. Dazu kommt, daß das Erbbaurecht meist nach einer gewissen Zeit (66, 70, 99 Jahre) erlischt; das Bauwerk

---

[1] Geändert u. ergänzt durch Gesetze v. 30. 5. 1973, 30. 7. 1973, 8. 1. 1974, 29. 3. 1983, 8. 6. 1988, 20. 12. 1993, 21. 9. 1994 u. 5. 10. 1994. – Lit.: *Ingenstau*, 7. Aufl. 1994; *Knothe*, 1987; *Linde/Richter*, 1987; *von Oefele/Winkler*, 2. Aufl. 1995; *Räfle*, 1986; *Finger* BlGWB 1983, 221 (Anwendungsbereich); *Winkler* NJW 1992, 2514.

[2] Auch an Bauerwartungsland, nicht aber bei dauerndem Bauverbot (BGHZ 101, 143; 96, 385, 388).

[3] S. dazu *Stahlhake*, Vorschläge zur Neuordnung des Erbbaurechts (2. Aufl. 1962).

fällt dann dem Grundeigentümer gegen eine Entschädigung zu, die nicht dessen vollen Wert auszumachen braucht (§ 27 ErbbauRV). So kann die Belastung des Eigentums mit einem Erbbaurecht – die übrigens nur zur ersten Rangstelle erfolgen kann (§ 10 ErbbauRV; dazu BGHZ 51, 50) – auch für den Grundeigentümer durchaus lukrativ sein; insbes. dann, wenn der Eigentümer nach dem Vertrag das Recht hat, vom Erbbauberechtigten den Kauf des Grundstücks nach einer gewissen Zeit zu verlangen (sog. Kaufzwangklausel).[1]

3. Der Erbbauzins

Der dingliche, reallastgleiche Erbbauzinsanspruch mußte gem. § 9 Abs. 2 Satz 1 ErbbauRV a. F. **32** „nach Zeit und Höhe für die ganze Erbbauzeit im voraus bestimmt sein".[2] Abweichend von der Regelung für Reallasten (vgl. § 9 Abs. 1 Satz 1 ErbbauRV) genügte deshalb bloße Bestimmbarkeit nicht. Dies brachte Probleme der Wertsicherung mit sich, die dadurch gelöst wurden, daß schuldrechtlich (schon immer ohne Bestimmtheitserfordernis möglich[3]) die Anpassung vereinbart wurde und der Anspruch auf Eintragung einer Reallast bezüglich des erhöhten Erbbauzinses durch Vormerkung gesichert wurde (s. Voraufl. und *Soergel/Stürner* § 9 ErbbauRV Rn. 10).

Mit der Änderung des § 9 Abs. 2 ErbbauRV[4] ist dieser Umweg überflüssig geworden, da das Be- **33** stimmtheitserfordernis aufgehoben wurde und die Verpflichtung zur Anpassung an veränderte Umstände bei Wahrung der Bestimmbarkeit als Inhalt des Erbbauzinses verdinglicht werden kann.[5]

Übermäßigen Steigerungen des Erbbauzinses kraft Vereinbarung – namentlich wegen starker Erhöhung des Grundstückswerts – tritt § 9 a ErbbauRV entgegen (dazu z. B. BGHZ 75, 279; 87, 198; BGH NJW-RR 1989, 138; *Falk* NJW 1992, 540).

Eine *Anpassung* des Erbbauzinses an den „Geldwertschwund" gewährt die Rechtsprechung auch **34** ohne entsprechende Vereinbarung nach den Grundsätzen des Wegfalls der Geschäftsgrundlage (hierzu *Soergel/Stürner* § 9 ErbbauVO Rn. 8; BGHZ 91, 32; 94, 257; 96, 371; 97, 171; 111, 214, 216; 119, 220; Grenze eines noch tragbaren Geldwertschwundes: ca $^3/_5$!). Dieser Anspruch ist schuldrechtlicher Natur und beruht auf dem schuldrechtlichen Bestellungsvertrag (BGHZ 111, 214 für den Fall der Erbbaurechtsveräußerung).

4. „Industrieller" Anwendungsbereich

Der Anwendungsbereich des Erbbaurechts ist *nicht* auf die Errichtung von Wohnhäusern be- **35** schränkt. Zulässig ist die Bestellung mit dem allgemeinen Inhalt, „Gebäude aller Art in Übereinstimmung mit dem Bebauungsplan" errichten zu dürfen (BGHZ 101, 143, 146; 126, 12), so daß z. B. Gemeinden, die Interesse an der Ansiedlung von Industrie haben, häufig auch Industriegelände im Erbbaurecht ausgeben. Selbst Golfanlagen sind inhaltlich zulässig (BGHZ 117, 19 = WuB IV E. § 1 ErbbauVO 1.92 mit Anm. *Stürner/Bruns*).

II. Begründung, Übertragung, Belastung und Erlöschen des Erbbaurechts

1. Begründung

Der schuldrechtliche, der *Bestellung* oder dem Erwerb zugrundeliegende **36** Vertrag bedarf der Form des § 313 (§ 11 Abs. 2 ErbbauRV), die Bestellung

---

[1] Grundsätzlich zulässig! Zu ihren Grenzen (§§ 138, 242 BGB; §§ 3, 9 AGBG) BGHZ 75, 15; NJW 1989, 2129; 1991, 2141; *Demmer* NJW 1983, 1636).
[2] Meist werden Prozentsätze des Grundstückswerts vereinbart, die zwischen 4–7% liegen.
[3] Vgl. zuletzt BGH NJW 1992, 2088; 1995, 1360; OLG München NJW-RR 1994, 469; OLG Hamm NJW-RR 1996, 268 und *Soergel/Stürner* § 9 ErbbauRV Rn. 5 ff.
[4] Sachenrechtsänderungsgesetz vom 21. 9. 1994, Änderung in Kraft getreten am 1. 10. 1994; hierzu *Klawikowski* Rpfleger 1995, 145; *Eichel* MittRhNotK 1995, 193; *von Oefele* DNotZ 1995, 643 u. *Wilke* DNotZ 1995, 654.
[5] Zur Neuregelung des Erbbauzinses s. *Mohrbutter/Mohrbutter* ZIP 1995, 806; BayObLG NJW 1997, 468. Beachte auch die neue Vorschrift des § 9 Abs. 3 ErbbauRV für die Fälle der Zwangsversteigerung; hierzu *Weber* Rpfleger 1998, 5.

§ 29 C II   III. Abschnitt. Liegenschaftsrecht

selbst erfordert – formlose –[1] Einigung und Eintragung (§ 11 Abs. 1 ErbbauRV mit § 873 BGB).[2]

Das Erbbaurecht kann – im Gegensatz zu § 925 Abs. 2 – als befristetes (so in der Regel) und als aufschiebend bedingtes Recht bestellt werden, nicht aber – im Interesse des Erbbauberechtigten und seiner Gläubiger – als auflösend bedingtes (§ 1 Abs. 4 ErbbauRV; BGH BB 1961, 430).[3]

37   Freilich bietet § 2 ErbbauRV die Möglichkeit, dem Eigentümer einen gewissen bestimmenden Einfluß auf die Ausübung des Erbbaurechts einzuräumen; die durch Vereinbarung übernommenen Verpflichtungen (z.B. das Haus stets tadellos instandzuhalten) sind Inhalt des Erbbaurechts, wenn sie im Grundbuch zum Ausdruck kommen (sei es auch nur durch Bezugnahme, § 874).[4] Besonders bedeutsam ist der *Heimfallanspruch* des Eigentümers nach §§ 2 Nr. 4, 3, 4 ErbbauRV; dadurch kann ein Druck auf den Erbbauberechtigten ausgeübt werden, auch sonstige Pflichten peinlich korrekt zu erfüllen; natürlich darf das Heimfallrecht nicht treuwidrig ausgeübt werden.

38   Der Heimfallanspruch gibt einen Anspruch auf Rückübertragung des Erbbaurechts an den Eigentümer gegen Entschädigung (§ 32 ErbbauRV).[5] Der Eigentümer erwirbt das Erbbaurecht, die Belastungen des Erbbaurechts bleiben in der Regel bestehen (§ 33 ErbbauRV).

Das Erbbaurecht kann der Eigentümer auch für sich selbst bestellen (*Eigentümererbbaurecht*, BGH NJW 1982, 2381). Auch ein *Untererbbaurecht* (= Erbbaurecht am Erbbaurecht) ist zulässig (BGHZ 62, 179). Zum *Gesamterbbaurecht* s. BGH NJW 1976, 519; BayObLGZ 1995, 379; DNotZ 1985, 375; Köln RPfleger 1988, 355.

2. Übertragung

39   Das Erbbaurecht ist nach § 873 (§ 313 BGB – § 20 GBO) übertragbar.

Das Erfordernis der Zustimmung des Eigentümers kann als Inhalt des Erbbaurechts vereinbart werden, § 5 Abs. 1 ErbbauRV, deckt dann jedoch nicht den Fall einer Vorkaufsrechtsbestellung (OLG Braunschweig Rpfleger 1992, 193). Die Zustimmung kann – ähnlich wie bei § 12 Abs. 2 WEG – nicht beliebig verweigert werden, sondern ist ersetzbar (§ 7 ErbbauRV). Beispiele: BGHZ 33, 76; 100, 107.

3. Belastung

40   Das Erbbaurecht ist wie ein Grundstück belastbar; in Betracht kommt vor allem die Belastung mit Grundpfandrechten, doch sind auch andere Belastungen möglich, aber nur *im Rahmen der Befugnisse des Erbbauberechtigten*.

Daher kann z.B. zu Lasten eines Erbbaurechts, das ein *Wohn*gebäude zum Gegenstand hat, nicht eine Dienstbarkeit eingetragen werden, die dem Inhaber das Recht gibt, eine *Tank*stelle auf dem Grundstück zu errichten (BayObLG MDR 1958, 691); wohl aber ist die Bestellung einer beschränkt persönlichen Dienstbarkeit für ein Stromversorgungsunternehmen denkbar, eine Netzstation zu errichten (KG NJW-RR 1992, 214).

41   Manche Kreditinstitute dürfen nach Gesetz oder Satzung Darlehen nur gegen *mündelsichere Grundpfandrechte* (= erstrangige, innerhalb einer Beleihungsgrenze liegende Hypotheken oder Grundschulden) gewähren. Da beim Erbbaurecht das Grundstück nicht in die Haftung für das Grundpfandrecht einbezogen ist, macht die Feststellung der Mündelsicherheit Schwierigkeiten; diesen Bedenken hilft die in §§ 18–21 ErbbauRV vorgesehene Regelung ab.

---

[1] Siehe aber § 29 Abs. 1 GBO!

[2] Zur Bezeichnung des „Bauwerks" in der Einigung und Eintragung s. BGHZ 47, 190 = Baur, E. Slg. Fall 41; BGHZ 101, 143; 126, 12 = NJW 1994, 2024.

[3] Zum Verhältnis von Kausalgeschäft und dingl. Bestellung des Erbbaurechts s. BGHZ 96, 371 u. 385; *Wufka* DNotZ 1985, 651.

[4] Die als Inhalt des Erbbaurechts zulässigen Vereinbarungen sind in §§ 2, 5, 27 Abs. 1 S. 2, 32 Abs. 1 S. 2 ErbbauRV abschließend aufgezählt, s. BGHZ 109, 230, 233.

[5] Zum Anspruch auf *Heimfallvergütung* und seiner Entstehung BGHZ 111, 154; zur Höhe der Heimfallverfügung BGHZ 116, 161 = NJW 1992, 1454.

Um dem Eigentümer des Grundstücks einen gewissen Einfluß auf das Geschäftsgebaren des Erb- **42** bauberechtigten einzuräumen, kann als Inhalt des Erbbaurechts auch vereinbart werden, daß die Belastung mit Grundpfandrechten der Zustimmung des Eigentümers bedarf (§ 5 Abs. 2 ErbbauRV). Beispielsfälle: BGHZ 98, 362; NJW 1963, 36; NJW 1994, 1159; OLG Hamm NJW-RR 1995, 399.

4. Erlöschen

Das Erbbaurecht erlischt – abgesehen von dem wohl nicht gerade häufigen **43** Fall der Aufhebung[1] durch den Berechtigten (§ 875 BGB, § 26 ErbbauRV) – durch Ablauf der vereinbarten Zeit.

Hier hat der Erbbauberechtigte kein Recht, das Gebäude wegzunehmen (§ 34 ErbbauRV), wohl aber einen *Entschädigungsanspruch,* über den die Parteien schon von vornherein Bestimmungen treffen können (§ 27 Abs. 1 Satz 2 ErbbauRV). Das Gesetz gibt einen Anhaltspunkt über die Höhe der Entschädigung nur, wenn „das Erbbaurecht zur Befriedigung des Wohnbedürfnisses minderbemittelter Bevölkerungskreise bestellt ist" (§ 27 Abs. 2 ErbbauRV). In allen anderen Fällen, wo Gesetz und Parteivereinbarung schweigen, muß der Eigentümer dem Erbbauberechtigten den vollen Gebäudewert ersetzen. Zu beachten ist die Möglichkeit der Erneuerung des Erbbaurechts (§§ 31, 27 Abs. 3 ErbbauRV). Zu bemerken ist ferner, daß das Erbbaurecht *nicht erlischt:* bei Vereinigung mit dem Eigentum (§ 889), insbesondere nach Ausübung des Heimfallanspruchs (§§ 32, 33 ErbbauRV), bei Untergang des Bauwerks (z.B. durch Brand), § 13 ErbbauRV, und durch Zwangsversteigerung des Grundstücks (§ 25 ErbbauRV: Das Erbbaurecht soll durch das rechtliche Schicksal des Grundstücks nicht beeinträchtigt werden!).

5. Neue Bundesländer

In den neuen Bundesländern können seit dem 3. 10. 1990 wieder Erbbaurechte begründet wer- **44** den. Erbbaurechte sind auch als „Uraltrechte" denkbar (§ 63 Rn. 10; hierzu FLiK DtZ 1997, 146). Im Rahmen der Sachenrechtsbereinigung spielt das Erbbaurecht bei der Überführung von Gebäudeeigentum in die Rechtsformen des BGB eine wichtige Rolle (§ 63 Rn. 54ff.).

D. Das Wohnrecht

I. Arten des Wohnrechts – Anwendungsbereich

Daß der Inhaber einer Wohnung eine möglichst gesicherte, auf die Dauer **45** angelegte Rechtsstellung haben will, ist verständlich. Nicht überall ist das Wohnungseigentum, das dieser Tendenz entgegenkommt, sinnvoll. Vielfach genügt ein dingliches Nutzungsrecht, um dem Wohnungsinhaber eine von der Person des ursprünglichen Kontrahenten unabhängige – eben dingliche – Rechtsstellung zu verschaffen.

Das Bestreben nach einer solchen „Verdinglichung" ist vor allem dort lebendig und auch gerechtfertigt, wo der Wohnungsinhaber nach Übergabe seines Betriebs an seinen Nachfolger seinen Lebensabend sichern will (Wohnungsrecht als Bestandteil des sog. Altenteils) oder wo er durch eigene Leistungen die Erstellung des Gebäudes erst ermöglicht hat (Baukostenzuschuß!).

Das Gesetz stellt verschiedene Arten von Wohnrechten zur Verfügung; die Berechtigung dieser Häufung muß bezweifelt werden.

---

[1] Beispielsfall: BayObLG DNotZ 1985, 372.

1. Wohnungsrecht des BGB

46 Das Wohnungsrecht des BGB ist eine beschränkte persönliche Dienstbarkeit, die ihrem Inhaber das Recht gibt, „ein Gebäude oder einen Teil eines Gebäudes unter Ausschluß des Eigentümers als Wohnung zu benützen" (§ 1093); s. unten Rn. 49 ff.

Als beschränkte persönliche Dienstbarkeit ist das Wohnungsrecht des BGB weder vererblich noch übertragbar (§ 1092 Abs. 1); auch eine Vermietung kann nur mit Zustimmung des Eigentümers erfolgen (§ 1092 Abs. 1 Satz 2). Im Rahmen des Altenteils ist diese zeitliche und persönliche Beschränkung durchaus sinnvoll. Anders aber dort, wo das Wohnungsrecht gewissermaßen die Gegenleistung für die Überlassung eines Kapitals darstellt (Baukostenzuschuß). Hier ist die Unübertragbarkeit und Nichtvermietbarkeit ein nicht gerechtfertigter Mangel.

2. Dauerwohn- und Dauernutzungsrecht des WEG

47 Daher hat das Wohnungseigentumsgesetz (§§ 31–42) ein sog. Dauerwohnrecht, das an nicht zu Wohnzwecken dienenden Räumen Dauernutzungsrecht genannt wird (§ 31 Abs. 2 WEG), geschaffen. Wie das Wohnungsrecht des BGB ist es ein auf eine Wohnung bezogenes dingliches Nutzungsrecht, unterscheidet sich von ihm aber dadurch, daß es *veräußerlich und vererblich* ist und zu jeder sachgemäßen Nutzung, insbesondere zur Vermietung und Verpachtung, berechtigt (§ 31 Abs. 1 Satz 1 WEG: „... oder in anderer Weise zu nutzen..."); s. unten Rn. 54 ff.

Grundlage des Dauerwohnrechts kann auch das Wohnungseigentum oder ein Erbbaurecht sein.

Beispiel: Der Erbbauberechtigte ER bestellt dem M, der ihm einen erheblichen Baukostenzuschuß gegeben hat, an einer Wohnung seines Hauses ein Dauerwohnrecht.

Beispiel für eine Verbindung von Dauerwohnrecht und Dauernutzungsrecht s. BayObLG DNotZ 1960, 596.

3. Wohnungserbbaurecht

48 Das Dauerwohnrecht als Belastung des Erbbaurechts ist *zu unterscheiden* vom Wohnungserbbaurecht (§ 30 WEG): Dieses entspricht dem Wohnungseigentum; nur mit dem Unterschied, daß den Wohnungserbbauberechtigten das Erbbaurecht (nicht das Grundeigentum!) nach Bruchteilen zusteht.

Die Funktion des Wohnungserbbaurechts mag folgendes *Beispiel* zeigen:

Die Stadt E hat der Wohnbaugenossenschaft W.-GmbH ein Grundstück zur Errichtung eines 11stöckigen Wohnhauses zu Erbbaurecht überlassen (damit spart die Genossenschaft den Kaufpreis des Grundstücks). Durch Teilung (§ 30 Abs. 2 WEG) spaltet die W. das Erbbaurecht entsprechend der Zahl der Wohnungen in 11 Wohnungserbbaurechte zu je $1/11$ Mitberechtigung am Erbbaurecht und Sondereigentum an der Wohnung auf. Die Wohnungserbbaurechte veräußert sie dann an die Interessenten. Interessantes Rechtsprechungsbeispiel: BayObLG Rpfleger 1989, 503 (Wohnungserbbaurecht an Gesamterbbaurecht mit Veräußerungsbeschränkung; zu weiteren Fragen des Wohnungserbbaurechts s. a. *Rethmeier* MittRhNotK 1993, 145).

II. Das Wohnungsrecht des § 1093 BGB – Überblick

1. Rechtsnatur

49 Wir erinnern uns, daß es sich hier um das als Dienstbarkeit angesehene beschränkte dingliche Recht handelt, unter Ausschluß des Eigentümers ein Gebäude oder einen Teil eines Gebäudes (Wohnung, auch nur *ein* Zimmer) zu benutzen (§ 1093; s. a. oben Rn. 46).

Wird der Eigentümer von der Mitbenutzung nicht ausgeschlossen, so handelt es sich um eine gewöhnliche beschränkte persönliche Dienstbarkeit nach § 1090 (BayObLG Rpfleger 1981, 353). Wohnungsrecht und Mitbewohnungsrecht können auch kumuliert sein; so wenn der „Altenteiler" das ausschließliche Wohnungsrecht an zwei Zimmern und das Mitbenutzungsrecht an einem weiteren Zimmer hat. Trotz des Ausschlusses des Eigentümers als solchem bleibt neben § 1093 die Bestellung eines gleichrangigen Eigentümer-Mitbenutzungsrechts gem. § 1090 möglich, das dieselben Räumlichkeiten betrifft (OLG Saarbrücken Rpfleger 1992, 16). Ein Wohnungsrecht kann zugunsten eines (Mit-)Eigentümers bestellt werden, ohne daß dafür ein besonderes rechtliches Bedürfnis bestehen müßte (BayObLG Rpfleger 1992, 191).

2. Unübertragbarkeit

Als *Dienstbarkeit* ist das Wohnungsrecht nicht veräußerlich, nicht vererblich (§§ 1090 Abs. 2, 1061) und nur mit Zustimmung des Eigentümers der Nutzung nach übertragbar (§ 1092 Abs. 1, § 1093 Abs. 2; dazu BGHZ 84, 36: Aufnahme eines „nichtehelichen Partners"; dazu kritisch *Stürner* FamRZ 1982, 775 u. *Eckhart* FamRZ 1982, 763; u. U. Verpflichtung zur Zustimmung nach Treu und Glauben, OLG Köln NJW-RR 1995, 1358). Die Bestellung eines Wohnungsrechts kann unter § 1365 fallen (BGH NJW 1990, 112). **50**

3. Inhalt und anwendbare Vorschriften

Dem Inhalt nach hat das Wohnungsrecht große Ähnlichkeit mit dem Nießbrauch; denn das Schwergewicht liegt auch hier auf einer den Eigentümer ausschließenden Nutzung (BGHZ 46, 253, 259; 59, 51; dazu *Baur* JZ 1972, 630). Daher sind eine Reihe von Vorschriften aus dem Nießbrauchsrecht in § 1093 Abs. 1 Satz 2 für entsprechend anwendbar erklärt worden: Wichtig sind vor allem die §§ 1036 Abs. 1 (dingliches Recht zum Besitz), 1041 (Erhaltung der Wohnung auf Kosten des Wohnungsberechtigten, soweit es sich um die gewöhnliche Unterhaltung handelt; dazu BayObLG Rpfleger 1980, 385 u. DNotZ 1981, 124; zur abweichenden dinglichen Vereinbarung OLG Schleswig NJW-RR 1994, 1359), § 1050 (keine Ersatzpflicht des Wohnungsberechtigten für übliche Veränderungen oder Verschlechterungen). Nicht aber ist § 1047 entsprechend anwendbar: keine Lastentragung (s. BayObLG NJW-RR 1989, 14). Die Nutzungsbefugnis des Berechtigten kann auch Grundstücksteile erfassen, die außerhalb des Gebäudes liegen und auf die der Berechtigte angewiesen ist (z. B. Ver- und Entsorgungsleitungen; BayObLG Rpfleger 1992, 57). **51**

4. Erlöschen

Das Wohnungsrecht erlischt – außer durch Aufhebung (§ 875) und Ablauf einer etwa vereinbarten Zeit oder Eintritt einer auflösenden Bedingung (BayObLG RPfleger 1983, 61; DNotZ 1998, 299) – mit dem Tod des Berechtigten; wenn es zugunsten von Ehegatten bestellt ist, mit dem Tod des zuletzt Versterbenden. **52**
Streitig ist die Rechtslage, wenn das mit dem Wohnrecht belastete Gebäude zerstört wird. Diese nach dem Krieg bedeutsame Frage wurde überwiegend (BGHZ 7, 268; 8, 58) dahin beantwortet, daß das Wohnungsrecht mit der völligen Zerstörung des Gebäudes erlischt und der Eigentümer auch nicht verpflichtet ist, das Gebäude wieder aufzubauen oder das Wohnungsrecht an dem wieder errichteten Haus erneut einzuräumen (unbefriedigend!; anders für den Nießbrauch BGH MDR 1964, 493 u. für eine Grunddienstbarkeit [Kellerrecht] BayObLG MDR 1968, 324). Bei stationärer Pflegebedürftigkeit des Berechtigten (OLG Köln NJW-RR 1995, 1358) erlischt das Wohnrecht nicht ohne weiteres; u. U. Verpflichtung zur Vermietungserlaubnis (oben Rn. 50).

5. Frühere Wohnbesitzwohnung und unentgeltliche Überlassung

Kein dingliches Wohnrecht gab die inzwischen wieder abgeschaffte sog. Wohnbesitzwohnung.[1] Es handelte sich vielmehr um ein schuldrechtliches Dauerwohnrecht an einer bestimmten Wohnung, das **53**

---

[1] §§ 12a, 62a ff. II WoBauG i. d. F. v. 30. 7. 1980 (BGBl. I 1086) wurden durch Art. 1 Nr. 3 des WoVereinfG 1985 v. 11. 7. 1985 (BGBl. I 1277) aufgehoben, da sich das Rechtsinstitut in der Praxis

§ 29 D III III. Abschnitt. Liegenschaftsrecht

vom Eigentümer nur ausnahmsweise gekündigt werden konnte. Es war „übertragbar", freilich nur mit Zustimmung des Eigentümers (= Bauträgers). Über die Berechtigung war ein Wohnbesitzbrief auszustellen.

Schuldrechtlichen Charakter hat auch die unentgeltliche Überlassung einer Wohnung (ohne Eintragung im Grundbuch): BGHZ 82, 354 u. BGH NJW 1985, 1355; s. Rn. 82.

III. Das Dauerwohnrecht nach dem Wohnungseigentumsgesetz

1. Uneingeschränkte Übertragbarkeit

54 Wir erinnern uns, daß dieses durch §§ 31–42 WEG geschaffene Rechtsinstitut sich vom Wohnungsrecht des BGB vor allem dadurch unterscheidet, daß es ohne Zustimmung des Eigentümers veräußerlich, vererblich und miet- oder pachtweise verwertbar ist (oben Rn. 47).

2. Gebrauchsregelung und Heimfall

55 Die Einzelheiten des Gebrauchs – die beim Wohnungsrecht des BGB durch Verweisung auf das Nießbrauchsrecht geregelt sind – werden hier einer dinglich wirkenden Vereinbarung der Beteiligten überlassen (§ 33 Abs. 4 WEG), deren Abschluß mittelbar durch das Grundbuchamt erzwungen wird (§ 32 Abs. 3 WEG). Denkbar ist ein Dauerwohnrecht für mehrere Berechtigte nach Bruchteilen (§§ 741 ff.), wobei dann die zeitliche Abfolge der Nutzung interner Regelung unterliegt (§§ 745, 746); ihre Eintragungsfähigkeit ist bisher streitig (BGHZ 130, 150, 157–159; NJW-RR 1996, 1034; zum „Time-Sharing" unten Rn. 84 ff.).

Ein Einfluß des Eigentümers auf das Dauerwohnrecht kann hier – wie beim Wohnungseigentum – dadurch gesichert werden, daß sich der Eigentümer die Zustimmung bei Veräußerung (§ 35 WEG) und einen Heimfallanspruch z. B. bei nicht sachgemäßer Nutzung der Wohnung vorbehält (§ 36 WEG).

Interessant also, daß bei allen neuen, sozialen Erwägungen entsprungenen Rechtsformen (Erbbaurecht, Wohnungseigentum, Dauerwohnrecht) die Möglichkeit eines Rechtsverlusts (Heimfall, Entziehung des Rechts) gegeben ist, wenn der Berechtigte von seinem Recht einen unsachgemäßen Gebrauch macht. Man kann hier geradezu von einer privatrechtlichen Ausgestaltung des Gedankens: „Eigentum verpflichtet" sprechen.

3. Rechtsnachfolge

56 Bemerkenswert ist § 38 WEG, der für den Fall der Veräußerung des Dauerwohnrechts *oder* des Grundstücks eine – dem Rechtsgedanken des § 571 entsprechende – Rechtsnachfolge auch dann vorsieht, wenn es sich nicht um dinglich wirkende Vereinbarungen handelt (sehr str.!). Hat sich also etwa der Dauerwohnberechtigte zu einer monatlichen Vergütung von 200.– DM verpflichtet, so ist diese Abrede auch für die Rechtsnachfolger der ursprünglichen Vertragspartner maßgebend.

4. Das Dauerwohnrecht in der Zwangsversteigerung

57 Anders als das Erbbaurecht muß das Dauerwohnrecht nicht an erster Rangstelle bestellt werden. Daraus ergibt sich die Gefahr, daß es im Falle einer Zwangsversteigerung – insbes. als nachrangiges Recht – erlischt. Dem will § 39 WEG durch eine entsprechende Vereinbarung vorbeugen, die allerdings der Zustimmung der vor- und gleichrangig Berechtigten bedarf.

Freilich ist die Wirksamkeit einer Vereinbarung, daß das Dauerwohnrecht auch im Falle der Zwangsversteigerung bestehen bleiben solle, gewissermaßen vom Wohlverhalten des Wohnberechtigten abhängig, vgl. § 39 Abs. 3 WEG!

5. Schutz der Grundpfandgläubiger

58 Wird ein Grundstück nicht vermietet, sondern mit Dauerwohnrechten belastet, so könnte dies für die Grundpfandgläubiger nachteilig sein, da ihnen *Mietzins*forderungen nach § 1123 haften

---

nicht durchgesetzt hatte (so die amtliche Begründung der Bundesregierung, Drs. 10/2913 S. 12); zum Wohnbesitz *Pick* NJW 1976, 1049.

§ 29. „Die Wohnung": Das Wohnungseigentum   E § 29

würden. § 40 WEG unterwirft daher das für das Dauerwohnrecht geschuldete Entgelt einer ähnlichen Haftung.

6. Erlöschen

Das Dauerwohnrecht erlischt mit Ablauf der vereinbarten Zeit oder durch Aufhebung (§ 875), dagegen – anders als das Wohnungsrecht nach § 1093 BGB – *nicht* mit dem Tode des Berechtigten und – anders als bei der Miete – nicht durch Kündigung. Auch eine sog. außerordentliche Kündigung ist nicht vorgesehen; ihre Wirkung kann durch einen vereinbarten Heimfallanspruch erreicht werden (§ 36 WEG). 59

E. Die Wohnungsmiete

In einem Lehrbuch des „Sachenrechts" wird man eine vollständige Darstellung des Mietrechts nicht erwarten.[1] Es kann sich also hier nur darum handeln, die – privat- und öffentlich-rechtlichen – Bestimmungen aufzuzeigen, die mehr und mehr dem Mietrecht eine Tendenz zur Verdinglichung gegeben haben.[2] Diese Tendenz ist uns schon an verschiedenen anderen Stellen aufgefallen (s. oben § 2 Rn. 5 und § 6 Rn. 4 ff.), bedarf aber hier einer – knappen – zusammenfassenden Darstellung. „Das *Problem*", um das es geht, „läuft" – wie *Dulckeit* aaO S. 10 treffend sagt – „auf die Frage hinaus, ob es im System des geltenden Vermögensrechts Forderungsrechte gibt, die zwar eindeutig als solche bestimmt sind, dennoch aber schon Züge eines dinglichen Rechts an sich tragen." 60

1. Rechtsnatur

Der Abschluß des Mietvertrags begründet ein schuldrechtliches Verhältnis zwischen Vermieter und Mieter. Die Rechte und Pflichten bestehen nur zwischen diesen beiden, sie sind nicht verdinglicht. Das Mietrecht hat auch keine Außenwirkung. Die Miete ist – auch wenn sie langfristig vereinbart ist – nicht im Grundbuch eintragbar, es gibt keinen redlichen Erwerb des Mietrechts von dem zu Unrecht als Eigentümer im Grundbuch eingetragenen Vermieter. 61

Ist so die Miete vom Gesetz zweifellos als obligatorisches Recht gewollt, so trägt sie bei näherem Zusehen doch unverkennbar dingliche Züge, insbesondere wenn sie durch den unmittelbaren Sachbesitz verfestigt ist: Sie zeigt quasi-dinglichen, absoluten Charakter in ihrem Schutz gegen solche Dritte, die den Mieter in seiner Rechtsstellung beeinträchtigen (Rn. 62 f.). Sie erweist ihre Standfestigkeit aber auch gegenüber dem Vermieter und dessen Rechtsnachfolgern (Rn. 64 ff.).

2. Rechtsstellung des Mieters gegenüber Dritten

a) Possessorischer Schutz

Der Mieter als Besitzer (Teilbesitzer) des Grundstücks genießt die *Besitzschutzrechte* der §§ 859 ff. Wir haben die Besitzentziehungsklage des § 861 62

---

[1] Siehe dazu die Lehrbücher des Schuldrechts: *Emmerich/Sonnenschein*, Miete, 6. Aufl. 1991; *Gitter*, Gebrauchsüberlassungsverträge, 1988; *Gramlich*, Mietrecht, 6. Aufl. 1995; *Köhler/Kossmann*, Handbuch der Wohnraummiete, 4. Aufl. 1996; *Schmidt-Futterer/Blank*, Wohnraumschutzgesetze, 6. Aufl. 1988; *Sternel*, Mietrecht, 3. Aufl. 1988; zur Dogmatik des Wohnungsmietrechts s. z.B. *Paschke*, Das Dauerschuldverhältnis der Wohnraummiete, 1991.
[2] Dazu besonders *Dulckeit*, Die Verdinglichung obligatorischer Rechte (1951) S. 11 ff., 20 ff.; *Canaris* (zum selben Thema), FS Flume, I, 1978, 372 und *Löning*, Die Grundstücksmiete als dingliches Recht (1930) u. oben § 3 Rn. 47; § 6 Rn. 4 ff.

und die Besitzstörungsklage des § 862 als „Abbreviaturen" der dem Eigentümer zustehenden Ansprüche (§ 985, § 1004) kennengelernt, mußten freilich auch erkennen, daß diese Klagen sich nur gegen den richten, der verbotene Eigenmacht begangen hat oder begeht; demgegenüber ist die rei vindicatio – im Rahmen des oben § 11 Rn. 24 ff. Gesagten – jedem unrechtmäßigen Besitzer gegenüber gegeben.

Immerhin ist der bei der Grundstücksmiete meist in Betracht kommende Schutz des § 862 (Besitzstörungsklage) annähernd (s. §§ 862 Abs. 2, 864) so umfassend wie der Schutz des Eigentums nach § 1004, wobei dieser Besitzschutz ohnehin in entsprechender Anwendung der §§ 904 ff. näher auszugestalten ist (s. oben § 9).

Zu beachten ist, daß § 1007 – der die Tendenz zur Verdinglichung besonders deutlich zeigt – nur auf den *Fahrnis*besitz anwendbar ist (s. aber BGHZ 7, 208!).

b) Deliktischer Schutz

63 Gegen *schuldhafte Eingriffe* in seine Besitz- und Nutzungssphäre wird der Grundstücksmieter, dem der unmittelbare Besitz übergeben ist, nach § 823 Abs. 1 und § 823 Abs. 2 (mit § 858) geschützt, freilich nicht als Mieter, sondern – folgt man der h. L. – als Besitzer, weil der rechtmäßige Besitz als „sonstiges Recht" im Sinne des § 823 Abs. 1 anzuerkennen sei (oben § 9 Rn. 31 ff.).

Beispiel: M hat ein Gartenrestaurant gemietet. Sein ihm nicht wohlgesinnter Nachbar N vertreibt die Gäste durch den Lärm einer Kreissäge. Hier kann M – wenn der Lärm über den Rahmen des § 906 hinausgeht – nach § 862 auf Unterlassung, nach § 823 auf Schadensersatz klagen. Beide Klagen sind auch dann gegeben, wenn N sein Vermieter ist; M kann sich freilich dann *auch* auf Vertragsverletzung berufen.

3. Rechtsstellung des Mieters gegenüber dem Vermieter und seinen Rechtsnachfolgern

64 Die Verstärkung der Rechtsstellung des Mieters gegenüber dem Vermieter und seinen Rechtsnachfolgern entspringt einer ausgesprochen sozialen Erwägung; man kann geradezu von einem dem Mieter eingeräumten Bestandsschutz sprechen.[1] Dies gilt umso mehr, als der Erste Senat des BVerfG das mietvertragliche Besitzrecht des Mieters nunmehr als Eigentum im Sinne von Art. 14 Abs. 1 S. 1 GG einordnet und gegen die Eigentumsposition des Vermieters abwägt.[2] Ob das den Mieter schützende Grundrecht dabei richtig gewählt ist, erscheint zweifelhaft: allzu leicht entsteht der Eindruck voller Gleichrangigkeit beider Eigentumspositionen. Der Mieterschutz wäre besser in

---

[1] *F. Baur*, Jur. Jahrbuch 8, 25; *Genius*, Der Bestandsschutz des Mietverhältnisses in seiner historischen Entwicklung bis zu den Naturrechtskodifikationen, 1972; *Honsell*, Privatautonomie u. Wohnungsmiete, AcP 186, 114 (kritisch gegenüber d. Mieterschutz); *Sonnenschein* NJW 1982, 1249; *Wolter*, Mietrechtl. Bestandsschutz, 1984; zur verfassungsrechtl. Beurteilung des Mieterschutzes s. *Henschel* NJW 1989, 937; *Roellecke* NJW 1992, 1649; allgemein zur Rechtsprechung des BVerfG zum Mietrecht *Sonnenschein* NJW 1993, 161.

[2] NJW 1993, 2035; s. dazu die überwiegend kritische Literatur: *Depenheuer* NJW 1993, 2561; *Rüthers* NJW 1993, 2587; *Sternel* MDR 1993, 728; *Beuermann* GE 1993, 781; *Franke* DWW 1993, 281; *Finger* ZMR 1993, 545; *Sendler* NJW 1994, 709; *Roellecke* JZ 1995, 74; anders auch noch BVerfG WuM 1991, 466 (2. Senat).

Art. 2 GG angesiedelt, so daß dem speziellen Grundrecht des Eigentümer-Vermieters das allgemeine Grundrecht des Mieters auf einen angemessenen räumlichen Lebenbereich gegenüberstünde; die maßgeblichen Abwägungskriterien wären damit besser erfaßt.

a) Kündigungsschutz

Als ein Dauerschuldverhältnis ist die Miete regelmäßig durch jede der Vertragsparteien *kündbar*. Die Kündigung ist eine ordentliche, wenn sie unter Einhaltung der im Gesetz oder Vertrag vorgesehenen Kündigungsfristen erfolgt (§§ 564 Abs. 2, 565), sie ist eine außerordentliche, wenn wegen eines wichtigen Grundes die ordentlichen Kündigungsfristen nicht eingehalten zu werden brauchen (z. B. §§ 542, 553, 554). 65

Diese Regelung beruht auf dem Gedanken, daß sich auch auf dem Wohnungsmarkt Angebot und Nachfrage regelmäßig etwa die Waage halten werden, der exmittierte Mieter also rasch wieder anderswo Unterkunft finden könne.

Diese Voraussetzungen treffen und trafen in Deutschland – zeitlich und regional wechselnd – zumindest für preisgünstigen Wohnraum oft nicht zu, die Gründe liegen auf der Hand: Kapitalmangel zur Zeit der ersten Inflation, Konkurrenz der Rüstungsbauten nach 1933, Kriegszerstörungen mit Fluchtbewegungen und danach starker Bevölkerungszuwachs aus den osteuropäischen Ländern („Spätaussiedler"), heute teilweise eingebürgerte „Gastarbeiter", Asylbewerber etc. Der Staat mußte daher ein *Mieterschutzrecht* schaffen, das jetzt im wesentlichen aus einem Kündigungs- und Mietpreisschutz besteht. Die nach dem 2. Weltkrieg eingeführte Wohnraumbewirtschaftung konnte durch Gesetz v. 23. 6. 1966 (AbbauG, BGBl. I 389) schrittweise abgeschafft werden. 66

In unserem Zusammenhang interessiert vor allem der *Kündigungsschutz*. Er ist nunmehr in das BGB übernommen, also Dauerrecht geworden. Wesentlich ist, daß die Kündigungsbefugnis des Vermieters entsprechend dem Gedanken eines sozialen Mietrechts eingeschränkt ist.[1] In neuerer Zeit versucht das BVerfG einen angemessenen Ausgleich zwischen sozialem Mieterschutz und Vermieterinteressen zu schaffen. Seit der angesprochenen Entscheidung des BVerfG (NJW 1993, 2035) stehen sich dabei auf beiden Seiten Eigentumspositionen aus Art. 14 Abs. 1 GG gegenüber, was sich im Ergebnis allerdings bislang noch nicht zugunsten des Mieters ausgewirkt hat. 67

aa) Ordentliche Kündigung

Eine ordentliche Kündigung ist grundsätzlich nur möglich (§ 564b), wenn der Vermieter ein *berechtigtes Interesse* an der Beendigung des Mietverhältnisses hat (z. B. schuldhafte Vertragsverletzung durch den Mieter, Eigenbedarf des Vermieters, Verhinderung einer wirtschaftlichen Verwertung des Grundstücks[2]). 68

In Fällen der (häufigen) *Eigenbedarfskündigung*[3] ist das Vermieterinteresse grundsätzlich ausreichender Kündigungsgrund (BVerfGE 68, 361); die Kündigung darf eingeschränkt daraufhin überprüft werden, ob die Eigenbedarfsgründe „vernünftig und nachvollziehbar" sind. Es ist jedoch nicht Aufgabe des Gerichts, Wohnbedarf und Wohnwünsche des Eigentümers vorzuschreiben.[4] Diese insoweit

---

[1] Zur Verfassungsmäßigkeit s. BVerfGE 37, 132; 38, 348; 68, 361.
[2] BVerfG NJW 1989, 972; 1991, 3270; 1992, 105, 361, 2752.
[3] Zur neueren Entwicklung der bundesverfassungsgerichtlichen Rechtsprechung s. *Lammel* NJW 1994, 3320 und zuvor *Koch* MDR 1992, 201.
[4] Zu diesem Fragenkomplex s. aus der reichhaltigen Rechtsprechung des BVerfG v. a. NJW 1988, 1075; 1989, 3007; 1993, 1637; 1994, 309, 994, 995; NJW-RR 1993, 1357; 1994, 333 und BGHZ 103, 91; zur fremdnützigen Eigenbedarfskündigung s. BVerfG NJW 1988, 2233; 1991, 157, 158; zur Substantiierungspflicht des Vermieters s. BVerfG NJW 1992, 1379, 1877, 2752; 1994, 310 (ein-

§ 29 E   III. Abschnitt. Liegenschaftsrecht

entscheidende Selbstnutzungsabsicht findet ihre Grenzen erst im äußerst restriktiv interpretierten Rechtsmißbrauch[1] (weit überhöhter Wohnbedarf,[2] Ungeeignetheit für den subjektiven Nutzungswunsch, Alternativwohnung[3]) und in der Ernsthaftigkeit der Selbstnutzungsabsicht.[4] Dem Vermieter soll dabei seine wirtschaftliche Dispositionsfreiheit weitgehend erhalten bleiben, auch was seine sonstige Eigentumsgegenstände angeht, so daß er grundsätzlich nicht verpflichtet ist, dem Mieter eine Ersatzwohnung anzubieten oder selbst auf eine solche auszuweichen.[5] Neuerdings schränkt § 564b Abs. 2, 4, 7 (geändert durch Gesetz v. 17. 5. 1990, BGBl. I 926, und v. 20. 7. 1990, BGBl. I 1456) den Mieterschutz einerseits ein, z.B. bei öffentlichrechtlich zweckbestimmtem Wohnraum oder Umbau von Nebenräumen zu Wohnungen;[6] andererseits wird der Mieterschutz bei Verwandlung von Mietwohnungen in Eigentumswohnungen verstärkt (s. Rn. 29.5f.). Auch die *Verlängerung der Kündigungsfristen* nach § 565 wahrt den Bestandsschutz der Mieter. So ist zwar innerhalb der ersten 5 Jahre nach Überlassung des Wohnraums eine Kündigung bis zum dritten Werktag eines Kalendermonats für den Ablauf des übernächsten Monats zulässig. Nach dem Ablauf von fünf, acht und zehn Jahren nach Überlassung des Wohnraums verlängert sich aber die Kündigungsfrist um jeweils drei Monate, so daß nach zehnjähriger Mietzeit praktisch eine Kündigungsfrist von einem Jahr besteht (§ 565 Abs. 2 Satz 1 und 2; Ausnahme § 565 Abs. 3).[7] Die Verlängerung der Kündigungsfrist gilt sowohl für den Vermieter wie für den Mieter!

69   Die fortschreitende Verdinglichung des Mietrechts zeigt sich auch nicht zuletzt im neu geschaffenen § 549a (4. Mietrechtsänderungsgesetz vom 21. 7. 1993, BGBl. I 1257), durch den der Mieter bei *gewerblicher Zwischenmiete* auch dem Hauptvermieter gegenüber Bestandsschutz genießt,[8] und im neuen § 570b, der dem Mieter ein *Vorkaufsrecht* bei der Begründung von Wohnungseigentum an den vermieteten Wohnräumen einräumt (s. oben Rn. 6).

70   Einen weiteren Schutz zugunsten des Mieters enthalten die §§ 556a–c mit ihrem *Fortsetzungsanspruch,* der zusätzlich zum Kündigungsschutz nachrangig greift.

Will der Vermieter das Mietverhältnis durch ordentliche Kündigung auflösen, so kann der Mieter der Kündigung widersprechen und vom Vermieter die Fortsetzung des Mietverhältnisses verlangen, wenn die Beendigung des Mietverhältnisses für den Mieter oder seine Familie eine Härte bedeuten würde, die auch unter voller Würdigung der berechtigten Interessen des Vermieters nicht zu rechtfertigen ist (§ 556a Abs. 1; sog. Sozialklausel), wenn also etwa dem Mieter wegen einer Krankheit ein Umzug zur Zeit nicht zuzumuten ist.[9] Im Interesse klarer Rechtsverhältnisse bedarf die Erklärung des

---

schränkend LG Gießen NJW-RR 1994, 1290); zum Nachschieben von Günden im Prozeß s. § 564b Ab. 3 u. BVerfG NJW 1994, 308.

[1] Selbst willentlich herbeigeführte Bedarfsgründe stehen einer wirksamen Eigenbedarfskündigung nicht unbedingt entgegen: BVerfG NJW 1992, 3032; vgl. auch BVerfG NJW 1988, 1075; 1989, 970; 1994, 994.

[2] Zumeist zu verneinen, s. BVerfG NJW 1989, 970; 1993, 1637; 1994, 995, 2605.

[3] Ebenfalls meist zu verneinen, s. BVerfG NJW 1989, 970; 1991, 157, 158, 2273.

[4] BVerfG NJW 1990, 3259; WuM 1991, 146; die Selbstnutzungsabsicht ist allerdings dem Beweise zugänglich, s. BVerfG NJW 1990, 3259; 1993, 2165; NJW-RR 1995, 392.

[5] BVerfG NJW 1990, 309; 1992, 1220; 1994, 435; zur Erforderlichkeit einer Bedarfsvorschau BVerfG NJW 1992, 3032; 1993, 2166; NJW-RR 1993, 1357.

[6] Zur Teilkündigung von Nebenräumen zum Ausbau für die Selbstnutzung nach § 564b Abs. 2 Nr. 4 s. BVerfG NJW 1992, 494, 1498; zur Verfassungsmäßigkeit des Ausschlusses von Wohnungsteil-Eigenbedarfskündigungen s. BVerfG NJW 1994, 308.

[7] S.a. § 566 S. 2, 2. Hs.: einjähriger Kündigungsausschluß bei formlosen Mietverträgen, dazu BGHZ 99, 54; diese Kündigungsfrist gilt nach h.M. auch für den Mieter, für eine verfassungsbedingte Reduktion dagegen *Looschelders/Roth* JZ 1995, 1034.

[8] Hierzu *Gärtner* JZ 1994, 440; zur alten Rechtslage s. BVerfG NJW 1991, 2272 (Anm. *Langenberg* MDR 1993, 102); NJW 1993, 2601; BGH NJW 1991, 1815; *Scheffler* NJW 1992, 477; *Schüren* JZ 1992, 79; zur gewerblichen Untermiete allgemein s. *Heintzmann* NJW 1991, 1177.

[9] Zum Begriff der „Härte" s. BVerfG NJW-RR 1993, 1358. Die §§ 721, 794a ZPO gewähren dem Mieter zusätzlich Räumungsfristen im Vollstreckungsverfahren; ähnlich § 765a ZPO (BVerfG NJW 1991, 3207; 1994, 1719). Schutz gegen einstweilige Verfügungen bietet § 940a ZPO, der die

Mieters der Schriftform (§ 556a Abs. 5); sie muß dem Vermieter einige Zeit vor Beendigung des Mietverhältnisses zugehen (§ 556a Abs. 6).
Das Widerspruchsrecht steht dem Mieter nicht zu, wenn er selbst kündigt oder Anlaß zu einer außerordentlichen Kündigung gegeben hat (§ 556a Abs. 4). § 556a Abs. 8 (geändert durch Ges. v. 17. 5. 1990, BGBl. I 926) schließt das Widerspruchsrecht auch in den Fällen des neugefaßten § 564b Abs. 7 Nr. 1, 2, 4 und 5 aus.

bb) Außerordentliche Kündigung
Auch bei der außerordentlichen Kündigung ist der Mieter geschützt: Gemäß § 554b darf der Vermieter das Mietverhältnis nur aus einem der im Gesetz genannten Gründe fristlos kündigen. **71**

Als gesetzlich normierte „wichtige Gründe" kommen in Betracht: der vertragswidrige Gebrauch der Mietsache (§ 553; zu den verfassungsrechtlichen Anforderungen an eine fristlose Kündigung wegen Überbelegung s. BVerfG NJW 1994, 41), Zahlungsverzug des Mieters (§ 554)[1] sowie sonstige schuldhafte Pflichtverletzungen, die eine Fortsetzung des Mietverhältnisses unzumutbar machen (§ 554a).

cc) Mieterhöhung
Mieterhöhung ist kein Kündigungsgrund (§ 1 MHG), vielmehr hat der Vermieter unter bestimmten Voraussetzungen Anspruch auf Mieterhöhung (höhere ortsübliche Vergleichsmiete,[2] bauliche Änderungen, erhöhte Betriebskosten, vereinbarte „Staffelmiete" etc., s. §§ 2 ff. MHG). Es ist interessant festzuhalten, daß auch hier das BVerfG die Fachgerichte von einer vermieterfeindlichen Praxis abbringen mußte (BVerfGE 79, 80 m. Nw.: keine übertriebenen Anforderungen an die Substantiierung von Mieterhöhungsverlangen).[3] **72**

b) Schutz des Mieters gegenüber dem Erwerber
Schon das BGB sah sich dem Problem gegenüber, wie die Rechtsstellung des Mieters zu gestalten sei, wenn der Vermieter *sein Grundstück veräußert.* Sieht man in der Miete nur ein schuldrechtliches Band zwischen Vermieter und Mieter, so könnte der Erwerber des Grundstücks vom Mieter Herausgabe verlangen, der Mieter wäre auf einen Regreßanspruch gegen den Vermieter beschränkt (§ 541). Das Gesetz hätte sich – wie in § 986 Abs. 2 bei beweglichen Sachen – damit begnügen können, dem Mieter die Geltendmachung seines Besitzrechts auch gegenüber dem Grundstückserwerber zu gestatten. Dieser Weg wurde nicht gewählt; vielmehr bestimmt § 571, daß der Erwerber in das bestehende Mietverhältnis eintritt („Kauf oder besser: Veräußerung bricht nicht Miete!"),[4] wobei freilich die Besitzlage auch hier insofern eine Rolle spielt, als das Grundstück (die Wohnung) dem Mieter schon überlassen sein muß (§ 571 Abs. 1; BGHZ 65, 137). **73**

Dieser Vorgang ist in verschiedener Hinsicht interessant:

---

zwangsweise Räumung von Wohnraum nur bei verbotener Eigenmacht zuläßt. Zum rechtlichen Gehör im Räumungsprozeß s. BVerfG NJW-RR 1993, 463; 1995, 1093.
[1] Dazu BVerfGE 80, 48: Räumungsanspruch auch ohne vorausgehende Zahlungsklage.
[2] Die herrschende Rechtspraxis ermittelt die Ortsüblichkeit anhand von sog. Mietspiegeln; dies ist nach BVerfG NJW 1992, 1377 verfassungsgemäß; s. hierzu aber auch OLG Frankfurt a.M. NJW-RR 1994, 1233; zum Nachweis von Vergleichswohnungen s. BVerfG NJW 1994, 717; 1995, 40.
[3] S. auch BVerfG NJW-RR 1993, 1485.
[4] Zur gewerblichen Zwischenmiete s. nunmehr § 549a Abs. 1 Satz 2.

aa) Vertragsübernahme

74 Es handelt sich um einen Fall der sog. Vertragsübernahme, hier vom Gesetzgeber verordnet (dazu *Nörr*, Sukzessionen, 246 ff., 266 ff.)! Zu bemerken ist, daß nach inzwischen gefestigter Rechtsprechung des BGH (BGHZ 95, 88; 96, 302, 307) eine *vereinbarte* Vertragsübernahme allgemein für zulässig angesehen wird!

Interessanter *Beispielsfall*: BGH NJW 1998, 896 (Kündigungsermächtigung des Käufers schon vor Vertragseintritt bei Erwerb durch Grundbucheintragung).

bb) Haftung des Veräußerers

75 Der bisherige Vermieter rückt in die Position eines Bürgen ein (§ 571 Abs. 2); er hat gewissermaßen dafür zu haften, daß er durch die Veräußerung des Grundstücks dem Mieter einen neuen Vermieter aufgezwungen hat.

cc) Kein Gutglaubensschutz gegenüber § 571

76 § 571 gilt ohne Rücksicht darauf, ob der Erwerber von dem Bestand des Mietverhältnisses wußte oder nicht. Wäre die Miete ein beschränktes dingliches Recht und daher im Grundbuch eintragbar, könnte sich der Erwerber auf das Schweigen des Grundbuchs verlassen (§ 892). Die Besitzverhältnisse treten hier an die Stelle des Grundbuchs (daher der Überlassung in § 571 Abs. 1: Nicht das Grundbuch, sondern der Besitz am Grundstück öffnet dem Erwerber die Augen!).

77 Interessante *Beispielsfälle*: BGHZ 49, 350: Der Erwerber des Grundstücks haftet für Ersatzansprüche wegen Schäden der Mietsache, auch wenn diese schon gegen den Rechtsvorgänger begründet waren; er haftet aber nicht für Verwendungsersatzansprüche (BGH NJW 1965, 1225; dazu kritisch *Picker* NJW 1982, 8); er hat andererseits auch nicht früher entstandene Schadensersatzansprüche gegen den Mieter (BGH NJW 1989, 451).

Zum Verhältnis zwischen Auflassungsvormerkung und § 571 s. oben § 20 Rn. 41.

c) Schutz des Mieters bei Zwangsversteigerung

78 Eine ähnliche Regelung wie in § 571 für den Fall der rechtsgeschäftlichen Veräußerung treffen §§ 57, 57 a–d ZVG für die Zwangsversteigerung.

Freilich gibt § 57 a ZVG dem Ersteher das Recht, trotz Übergangs des Mietvertrags das Mietverhältnis mit gesetzlicher Kündigungsfrist zu kündigen; damit soll verhütet werden, daß den Interessenten von vornherein die Lust vergeht, mitzubieten. Andererseits gelten auch hier die Kündigungsschutzbestimmungen des § 556 a und § 564 b BGB (BGHZ 84, 90, 100; BayObLG Rpfleger 1992, 531; OLG Hamm NJW-RR 1994, 1496, str.; *Witthinrich* RPfleger 1987, 98), was die Kündigungsmöglichkeit des Erstehers erheblich einschränkt! Ferner begründet § 57 c ZVG eine Einschränkung des Kündigungsrechts, wenn der Mieter selbst finanziell zur Einrichtung der Wohnung beigetragen hat (Baukostenzuschuß).[1] Interessanter Beispielsfall: BGH NJW 1982, 221 (Darlehensrückerstattung).

d) Schutz des Mieters bei Konkurs/Insolvenz

79 Eine den § 571 BGB, § 57 ZVG entsprechende Regelung gilt, wenn über das Vermögen des Vermieters das Konkurs- bzw. Insolvenzverfahren eröffnet wird, und zwar sowohl gegenüber dem Konkursverwalter (§ 21 Abs. 1–3 KO/§§ 108, 110 InsO), wie gegenüber einem anderen, der das Grundstück vom Konkursverwalter erworben hat (§ 21 Abs. 4 KO/§ 111 InsO).[2]

e) Schutz der überlebenden Familienangehörigen des Mieters

80 Eine Vertragsübernahme auf seiten des Mieters sieht § 569 a vor: Der überlebende Ehegatte des Mieters, Familienangehörige, aber auch selbst der nichteheliche Lebensgefährte[3] treten mit dem Tod

---

[1] Siehe dazu unten § 39 Rn. 55 f. u. *Baur/Stürner* I, EinzelvollstreckungsR, Rn. 36.31.
[2] Siehe dazu *Baur/Stürner* II, InsolvenzR, Rn. 9.58.
[3] BVerfG NJW 1990, 1593; BGH NJW 1993, 999 (hierzu auch *Stintzing* JuS 1994, 550): verfassungskonforme Analogie: sehr weitgehend und mangels klarer Kontur der nichtehelichen Lebensge-

des Mieters automatisch in das Mietverhältnis mit allen Rechten und Pflichten ein (§ 569a Abs. 1 S. 1). Wollen sie das Mietverhältnis nicht übernehmen, so müssen sie dies dem Vermieter erklären (§ 569a Abs. 1 S. 2); der Eintritt in das Mietverhältnis gilt dann als nicht erfolgt. § 569a (s. auch § 569b) ist sonach ein weiterer Schritt auf dem Weg, das Mietverhältnis von der Bindung an die ursprünglichen Vertragspartner zu lösen, es somit zu verdinglichen.

4. Zusammenfassung

Insgesamt läßt sich sagen, daß die Miete einem beschränkten dinglichen Nutzungsrecht stark angenähert ist. Den absoluten Schutz nach außen besorgen die §§ 861, 862 und 823, den Schutz gegenüber einem Erwerber die § 571 BGB, § 57 ZVG, § 21 KO/§§ 108, 110, 111 InsO. Die eigentliche Schwäche der Miete liegt in dem Verhältnis zum Vermieter (freilich heute erheblich gemildert durch den Kündigungsschutz) und in dem Ausschluß der §§ 892, 893 (kein Erwerb des Miet„rechts" vom Nichtberechtigten!).

81

5. Leihe

Die *unentgeltliche* Gebrauchsüberlassung einer Wohnung ist Leihe (BGHZ 82, 354 u. BGH NJW 1985, 1355).

82

6. Recht der Wohnraummiete in den neuen Bundesländern

Seit 3. 10. 1990 gilt grundsätzlich das Kündigungsrecht des BGB (Art. 232 § 2 Abs. 1 EGBGB); Art. 232 § 2 EGBGB schafft jedoch einen Übergang von einer staatlich gelenkten Privilegierung der Mieter in der ehemaligen DDR[1] zu einem Ausgleich von Mieter- und Vermieterinteressen unter Geltung des BGB. So waren bis zum 31. 12. 1995 Eigenbedarfskündigungen nur ausnahmsweise und in Härtefällen möglich (Art. 232 § 2 Abs. 3 EGBGB), Kündigungen von Einliegerwohnungen (§ 564b Abs. 4) ebenfalls nur eingeschränkt (Art. 232 § 2 Abs. 3 S. 3 EGBGB); der Kündigungsgrund der unwirtschaftlichen Verwertung (§ 564b Abs. 2 Nr. 3) bleibt nach Art. 232 § 2 Abs. 2 EGBGB bis auf weiteres ausgeschlossen. Der Mietpreisschutz für nach dem 3. 10. 1990 neu errichteten und nichtpreisgebundenen Wohnraum richtet sich allein nach dem Gesetz zur Regelung der Miethöhe (vgl. § 11 MHG). Sonstige am 3. 10. 1990 bestehende Mietverhältnisse unterfallen besonderen Erhöhungsbeschränkungen (§§ 12–17 MHG).

83

F. Time-Sharing[2] oder „Ferieneigentum"

I. Zweck und Verbreitung

In den Staaten der westlichen Zivilisation gehört der mehrfache Urlaub bzw. Ferienaufenthalt zum Lebensstandard. Die Kapitalanlage zu Ferienzwek-

84

---

meinschaft durchaus streitträchtig. Eine Anwendung auf gleichgeschlechtliche Lebenspartner scheidet nach BGH aaO S. 1001 r. Sp. aus; a. A. AG Berlin-Wedding NJW-RR 1994, 524.

[1] Vgl. §§ 94 Abs. 1 , 97 Abs. 1 ZGB DDR: Recht auf Wohnraum unter staatlicher Lenkung und Mietpreisbindung (§ 103 ZGB), sowie auf grobe Vertragsverstöße des Mieters und Eigenbedarf beschränkte Kündigungsmöglichkeiten des Vermieters (§§ 121, 122 ZGB).

[2] Wichtige Literatur: *Gralka*, Time-Sharing bei Ferienhäusern und Ferienwohnungen, 1986; *Kohlhepp*, Teilzeiteigentum an Ferienwohnungen, 1989; *Fränzer*, Time-Sharing von Ferienhäusern, 1990; *Martinek*, Moderne Vertragstypen, Bd. III, 1993, S. 260; *Kappus,* in: von Westphalen, Vertragsrecht und AGB-Klauselwerke (Stand 1995); *Hildenbrand*, Vertragsgestaltung und Verbraucherschutz im Time-Sharing-Vertragsrecht, 1997 – Wichtige Beiträge: *Hildenbrand* NJW 1994, 1992; 1996, 3249; *Tönnes* RIW 1996, 124, 409; *Mäsch* EuZW 1995, 8ff.; *DNotZ* 1997, 180ff.; *Schomerus* NJW 1995, 359ff.; 1996, 3269ff.; *Martinek* NJW 1997, 1396f.

ken findet immer stärkere Verbreitung („Ferieneigentum"). Die Investitionskosten für Alleineigentum an einem Grundstück oder einer Wohnung sind vielfach für den einzelnen zu hoch. Die Grundidee des Time-Sharing besteht darin, durch gemeinsame Investition mehrerer Nutzer für jeden eine zeitlich begrenzte Nutzungsmöglichkeit zu schaffen, z.B. drei Wochen im Jahr, um dadurch die Kosten für den einzelnen Nutzer zu minimieren. Möglich ist auf diese Weise auch eine mehrfache Nutzungsbeteiligung, die anders als das feste Ferienalleineigentum Abwechslung garantiert. Allerdings ist der Unterschied zur Miete praktisch gering, denn der Nutzer ist anders als ein Eigentümer in Verfügung und Gebrauch nicht frei. Im Unterschied zum Mieter muß er das Kapital jedoch für lange Zeit im voraus einsetzen.

85 Die Time-Sharing-Branche ist zwar weltweit eine Wachstumsbranche, die 1994 nahezu 5 Milliarden US-Dollar erreichen konnte. In Deutschland gab es 1994 immerhin 80 024 Time-Share-Besitzer. Jedoch liegen die Objekte überwiegend im Ausland (Spanien, Mittelamerika, Florida, Ostasien etc.). Nur etwa 10% der deutschen Time-Share-Besitzer sind an den rund 43 Time-Sharing-Anlagen in Deutschland beteiligt, die ca. 20 000 in- und ausländischen Kunden gehören. Die folgende Darstellung schildert das deutsche Time-Sharing-Recht, das allerdings bisher etwas schwach entwickelt ist.

II. Rechtsnatur und rechtliche Gestaltung

86 Es existiert im deutschen Recht kein einheitliches Time-Sharing-Modell. Vielmehr gibt es eine Vielzahl von Lösungsmöglichkeiten, die dem Time-Share-Besitzer eine recht verschiedene rechtliche Beziehung zum Time-Sharing-Objekt verschaffen.

1. Dingliche Berechtigung

a) Bruchteilswohnungseigentum

87 Die Time-Sharing-Besitzer können Wohnungseigentum nach Bruchteilen (§§ 741 ff., 1008 ff.) erwerben, die zeitliche Nutzung in einer Nutzungsvereinbarung regeln (§§ 745, 749 Abs. 2) und als Inhalt des Bruchteilseigentums im Grundbuch eintragen (§§ 746, 1010). Schwierigkeiten bereiten die einheitliche Interessenvertretung in der Wohnungseigentümerversammlung (§ 25 Abs. 2 S. 2 WEG) und mögliche Aufhebungsverlangen (§§ 749 Abs. 2, 751 S. 2).

b) Dauerwohnrechte

88 Eine ähnliche rechtliche Ausgestaltung liegt der Bruchteilsberechtigung am Dauerwohnrecht (§ 31 WEG) zugrunde, die bereits vom BGH[1] abgesegnet ist.

Beispiel: Auf einem Grundstück mit Gebäude im Schwarzwald bestehen 20 Einheiten mit Wohnungseigentum oder Dauerwohnrechten. Wohnungseigentümer bzw. Inhaber der Dauerwohnrechte sind jeweils Mitglieder einer Bruchteilsgemeinschaft (§§ 741 ff., 1008 ff.), wobei jede Gemeinschaft ca. 20 Mitglieder hat. Die Nutzungsregelung sieht so aus, daß jedes Mitglied der Bruchteilsgemeinschaft die Wohnung im Jahr 2–3 Wochen benutzen darf – meist in jahreszeitlichem Turnus.

---

[1] BGHZ 130, 150, 157–159; NJW-RR 1996, 1034; s.a. oben Rn. 55.

Die Stellung der Time-Share-Besitzer wäre gefestigter, stünde jedem von ihnen ein eigenes, zeitlich begrenztes Dauerwohnrecht zu. Während die Literatur hierüber zerstritten ist, hat sich der BGH die Entscheidung noch offen gehalten.[1]

89

Letztlich nicht ausschlaggebend kann das Argument sein, der *Begriff* des Dauerwohnrechts decke keine ein- oder zweiwöchige Wohnberechtigung. Ernster zu nehmen ist der Hinweis auf eine Grundbuchverwirrung, wenn z.B. auf einem Grundstück mit 20 Wohnungseinheiten rund 1000 verschiedene Dauerwohnrechte einzutragen wären. Auch dieser Gesichtspunkt wird aber nicht tragen, falls für solche Stückelung ein sinnvolles wirtschaftliches Bedürfnis besteht. Gerade dies ist aber zu bezweifeln: die Wertigkeit der verschiedenen festzulegenden Zeitabschnitte ist jahreszeitlich bedingt auf deutschem Boden viel zu unterschiedlich, die Verdinglichung einer Rotation gerade nicht möglich. Das Bruchteilsmodell hat insoweit deutliche Vorteile, man sollte es bei ihm belassen.

c) Reallast

Denkbar wären auch zeitlich begrenzte Reallasten (§ 1105 Abs. 1) als dingliche Sicherung (vgl. unten § 35). Die Wohnungsreallast ist aber ungewöhnlich und in ihrer Zulässigkeit umstritten, ferner schwächen landesrechtliche Ablösungsmöglichkeiten dieses Rechtsinstitut.

90

2. Treuhand

Die Komplizierungen dinglicher Gestaltung lassen sich vermeiden, wenn die dingliche Rechtsposition (Wohnungseigentum, Dauerwohnrecht, Volleigentum) bei einer treuhänderischen Trägerfirma verbleibt, welche die Feriennutzung entsprechend schuldrechtlicher Vereinbarung gestaltet. Der Time-Share-Besitzer mag zwar dingliche Sicherung gegenüber Zugriffen von Gläubigern des Treuhänders haben (Aussonderungsrecht, Drittwiderspruch gemäß § 771 ZPO), gegenüber dem Treuhänder steht ihm aber letztlich nur ein schuldrechtlicher Anspruch zu, der Time-Share-Besitzer hat kein „echtes" Ferieneigentum.

91

Beispiel: (in Anlehnung an BGHZ 130, 150; NJW-RR 1996, 1034): Die Verkäuferin verkauft „Wohnrechte an einer Ferienwohnanlage". Die Holiday-Verwaltungsgesellschaft GmbH soll ein Dauerwohnrecht als Inhaberin treuhänderisch halten, von dem der Käufer 3/52 kauft. Er wird zwar in ein „Gemeinschaftsregister" eingetragen, aus dem Grundbuch soll aber die Aufteilung des Dauerwohnrechtes in Bruchteile nicht ersichtlich sein. Der BGH hat diese Gestaltung für „intransparent" gehalten, für teilnichtig erklärt (§§ 3, 6 Abs. 1 AGBG) und die Verkäuferin verurteilt, dem Käufer die Bruchteilsinhaberschaft am Wohnrecht zu übertragen, also die intransparente Treuhandlösung in die dingliche Bruchteilslösung (oben Rn. 87) überführt. Bei voller Transparenz wäre aber gegen die Treuhandlösung nichts einzuwenden.

92

3. Vereins- oder Genossenschaftsmitgliedschaft

Denkbar sind Gestaltungen, die einer juristischen Person das dingliche Vollrecht oder Wohnrecht übertragen und die Time-Share-Besitzer als Mitglieder zu satzungsmäßigen Nutzern machen. Vereine sind in Deutschland weniger geeignet, weil regelmäßig ein wirtschaftlicher Geschäftsbetrieb als Ver-

93

---

[1] Ablehnend OLG Stuttgart NJW 1987, 2023; OLG Köln NJW-RR 1992, 1333; *Weitnauer/Hauger*, WEG, 8. Aufl. 1995, Vor § 31 Rn. 11; *Soergel/Stürner*, BGB, 12. Aufl. 1990, § 31 WEG Rn. 2; MünchKomm/*Röll*, BGB, 3. Aufl. 1997, § 31 WEG Rn. 15a; *Preuß* JZ 1996, 371, 373; zustimmend *Gralka* NJW 1987, 1997; *Mäsch* DNotZ 1997, 184; offen BGHZ 130, 150; NJW-RR 1996, 1034.

einszweck ansteht (§§ 22 BGB; BayObLGZ 1989, 124). Auch das deutsche Aktienrecht kommt solchen Gestaltungszielen wenig entgegen (zusammenfassend *Mäsch* DNotZ 1997, 187, 188). Es bleibt wohl nur die Genossenschaft.

4. Schuldrechtliche Nutzungsvereinbarung

94 Am weitesten entfernt vom „Ferieneigentum" ist ein schuldrechtlich begründetes Dauernutzungsrecht, das dem zeitlich segmentierten Dauermietvertrag ähnelt. Diese Gestaltung legt den Charakter des Geschäfts als „Miete zweiter Klasse" mit Mietvorauszahlung und hohen Insolvenzrisiken offen. Eine ehrliche Lösung, die aber dem Modell seine Anziehungskraft im Markt zu nehmen geeignet ist (wiederum *Mäsch* DNotZ 1997, 188/189)!

III. Das Teilzeit-Wohnrechte-Gesetz und die Time-Sharing-Richtlinie

1. Vorgeschichte

95 Innerhalb der EU sind mit Urlaubern sehr viele unsolide und unausgewogene Time-Sharing-Verträge geschlossen worden, vielfach unter dem Recht des Urlaubsortes, insbesondere in Spanien. Auf Drängen nationaler Regierungen (Großbritannien, aber auch Deutschland) hat deshalb die Europäische Union eine Time-Sharing-Richtlinie erlassen.[1] Das Teilzeit-Wohnrechte-Gesetz 1997 (TzWrG) füllt diese Richtlinie aus[2] – oder besser gesagt: setzt ihr EG-vertragswidrig detailliertes Regelwerk[3] in deutsches Recht um.

2. Inhalt

96 Angesichts der Vielgestaltigkeit des Time-Sharing in Europa beschränkt sich das EU-Verbraucherschutzrecht auf die Regelung der *Modalitäten des Vertragsschlusses:* schriftlicher Vertrag in der Wohnsitzsprache des Käufers (§ 3 TzWrG) mit Modifikation bei notarieller Beurkundung; genaue Beschreibung der erworbenen Rechtspositionen, der Service-Leistungen und Einrichtungen sowie der Lasten (§ 4 TzWrG); Vertragsprospekt als grundsätzlich zusätzlicher Vertragsinhalt (§§ 2, 3 TzWrG); Widerrufsrecht von 10 Tagen mit Fristverlängerung bis zu 3 Monaten bei Gesetzesverstößen (§ 5 TzWrG); Anzahlungsverbot (§ 7 TzWrG).

3. Praktische Bedeutung

97 Unmittelbare sachenrechtliche Bedeutung haben Time-Sharing-Richtlinie und TzWrG nicht. Auf deutschem Boden werden sich Time-Sharing-Modelle in Grenzen halten. Der Gesetzgeber versucht dem Schutz des Verbrauchers dadurch Nachdruck zu verschaffen, daß er in § 8 TzWrG den deutschen Schutzvorschriften unabhängig von der Lage des Time-Sharing-Objekts im Ausland Geltung verschafft. Die Kontrolle des AGBG wird neben dem TzWrG fortbestehen, also insbesondere die

---

[1] Art. 3 s), 7a, 100a, 129a, 189b EGV; Richtlinie 94/47/EG, ABl. EG Nr. 280 vom 29. 10. 1994, S. 83 (= NJW 1995, 375).

[2] BGBl. 1996 I, S. 2154; zu „Altfällen" BGH IPRax 1998, 285 und *Ebke* S. 263.

[3] Art. 189 Abs. 3 EGV bzw. Art. 249 Abs. 3 Amsterdamer Vertrag lautet: „Die Richtlinie ist für jeden Mitgliedstaat, an den sie gerichtet wird, hinsichtlich des zu erreichenden Zieles verbindlich, überläßt jedoch den innerstaatlichen Stellen die Wahl der Form und der Mittel". Die Organe der EU wie auch der EuGH gehen über diese Kompetenzbeschränkung vielfach hinweg; hierzu *Stürner/Bruns*, Bewertung vertragsrelevanter Verbraucherschutzrichtlinien aus der Sicht der deutschen Rechtsprechung, in: Neues europäisches Vertragsrecht und Verbraucherschutz, 1998; zustimmend *Löber* DNotZ 1998, 319.

Kontrolle anhand §§ 3, 9 AGBG (hierzu BGHZ 130, 150; NJW-RR 1996, 1034); § 138 BGB wird weiterhin Schutz gegen verschleierte preisliche Übervorteilung bieten (BGH NJW 1994, 1344, 1346: Quadratmeterpreis von 13 800,– DM).

§ 30. Das Bergwerkseigentum[1]

I. Überblick

Wollte man den § 905 auch auf die im Boden liegenden Mineralien anwenden, so wäre nur der Grundeigentümer zu ihrem Abbau befugt. Indessen sind hier andere Mittel und Kenntnisse erforderlich als zur normalen Eigentumsnutzung; an eine Überlassung des Abbaurechts an den Eigentümer ist daher nicht zu denken. **1**

Die Verhältnisse liegen ähnlich wie beim Jagdrecht; hier würde die Freigabe der Jagd an jeden Eigentümer das Ende der Jagd bedeuten. Wie wir sahen, wird daher die Jagdausübung vom Grundeigentum getrennt. Ähnlich im Bergrecht: Neben den Grundeigentümer tritt der *Bergwerkseigentümer* als Inhaber eines *grundstücksgleichen Nutzungs-(Aneignungs-)rechts*.

Die *geschichtliche Entwicklung* des Bergrechts nimmt ihren Ausgang von einem *staatlichen* (königlichen) *Bergregal*, das nicht nur das Recht zum Eigenbau, sondern vor allem die Beleihung von Unternehmern mit dem Recht der Erzgewinnung in sich schloß. Die Regalität wurde mit Beginn der Neuzeit mehr und mehr zurückgedrängt zugunsten der *Bergbaufreiheit*, wie sie dann in klassischer Weise im preuß. Berggesetz vom 24. 6. 1865 zum Ausdruck kam: Jeder ist zum Schürfen befugt und hat im Falle des Erfolgs das Recht auf Verleihung des Bergwerkseigentums; der Staat zieht sich auf ein Aufsichtsrecht (die sog. Berghoheit) zurück. **2**

Der Beginn des 20. Jahrhunderts brachte eine *rückläufige Entwicklung;* der Staat hob die Bergbaufreiheit für Kohle und Salze, später auch für Öl, zu seinen Gunsten auf. Diese Entwicklung setzt sich fort im Sinne einer Ausdehnung der staatlichen Bergbauhoheit auf den größten Teil der abbauwürdigen Bodenschätze, freilich nicht im Sinne einer Sozialisierung (vergl. Art. 156 WRV, Art. 15 GG).

Das Bergrecht war lange Zeit Landesrecht; nunmehr ist es bundeseinheitlich geregelt im Bundesberggesetz v. 13. 8. 1980 (BGBl. I 1310; zuletzt geändert durch Gesetz v. 12. 2. 1990, BGBl. I 215).

Im folgenden können nur einige kurze Hinweise auf die sachenrechtlich bedeutsamen Besonderheiten des Bergrechts gegeben werden.

II. Bergbauberechtigungen („Bergwerkseigentum")

1. Konzessionssystem

Das Bergrecht geht von dem Grundsatz aus, daß sich das Grundeigentum nicht auf die sog. *bergfreien Bodenschätze* erstreckt; unter „bergfrei" sind die unter der Geltung des Bergrechts zu gewinnenden Bodenschätze zu verstehen. Es gilt freilich nicht (mehr) der Grundsatz, daß jeder berechtigt ist, solche bergfreie Bodenschätze aufzusuchen und zu gewinnen. Vielmehr bedarf jeder, der solche Bodenschätze aufsuchen will, der *Erlaubnis;* wer sie aufsuchen *und* gewinnen will, bedarf der *Bewilligung* oder der Verleihung des Bergwerkseigentums (Konzessionssystem). Erlaubnis und Bewilligung werden für ein bestimmtes *Feld* erteilt. Erlaubnis, Bewilligung und Verleihung sind gebundene Verwaltungsakte: wenn keine Versagungsgründe (§§ 11–13 BBergG) vorliegen, muß der Verwaltungsakt ergehen. **3**

Im Eigentum des Grundeigentümers stehen lediglich die *grundeigenen Bodenschätze;* sie sind in § 13 IV des Gesetzes aufgeführt (z.B. Kaolin; Sand und Kies sind keine Bodenschätze – vergl. die Begriffs-

---

[1] S. d. Darstellungen bei *Wolff/Raiser* §§ 95–98 (mit umf. Angaben zur früheren Lit.); *Wilhelm* Rn. 1150 ff.; *Reuß/Grotefend/Dapprich*, D. Allg. Berggesetz (11. Aufl. 1959); *Ebel/Weller*, Allg. Berggesetz (1963) mit Nachtrag (1969); *Westermann*, Freiheit des Unternehmers u. Grundeigentümers, 1973 u. Zeitschr. für Bergrecht 1975, 84; *Ströter* BB 1979, 1477 (Substanzausbeutungsverträge); *Zeiler*, FS Weitnauer, 1980, 229 (Bergschadensrecht). – Zum neuen Bergrecht s. *Schulte* NJW 1981, 88; *Dapprich/Römermann*, Bundesberggesetz, 1983; *Karpen* AöR 106, 15 u. JZ 1984, 297 ff.; *Kühne* JuS 1988, 433; *Piens/Schulte/Graf Vitzthum*, BundesbergG, 1983.

bestimmung in § 3 BBergG –, gehören also ohne weiteres dem Grundeigentümer und können von ihm ausgebeutet werden, wobei dann freilich meist andere Gebote und Verbote – z. B. des Naturschutzes – zu beachten sind!).

2. Aneignungsrecht des Bergbauberechtigten

4 Bewilligung und Verleihung verschaffen dem Bergbauberechtigten nicht das Eigentum am Grundstück, sondern ein eigentumsähnliches Aneignungsrecht im Umfang der Bewilligung oder Verleihung *unter Ausschluß des Grundeigentümers*. Dieser hat eine entsprechende Duldungspflicht. Der Konflikt zwischen Grundeigentümer und Bergbauberechtigten löst sich, wenn der Grundeigentümer dem Bergbauberechtigten durch Vertrag das Eigentum am Grundstück (bzw. ein entsprechendes Nutzungsrecht, z. B. Nießbrauch) überläßt. Kommt eine solche Vereinbarung nicht zustande, kann der Bergbauberechtigte eine zwangsweise *Grundabtretung* verlangen (§§ 77 ff. BBergG).[1] Es handelt sich um eine Enteignung, die hier auch zugunsten eines privaten Unternehmers erfolgen kann, wenn sie dem Wohl der Allgemeinheit dient. Die Grundabtretung ist auf die Einräumung eines Nutzungsrechts gerichtet (§ 81 I BBergG), auf Übertragung des Eigentums dann, wenn das Grundstück bebaut ist oder der Eigentümer selbst die Entziehung des (Voll)eigentums verlangt (§§ 81 II, 82 BBergG). Selbstverständlich ist für die Grundabtretung eine Entschädigung zu leisten.

5 Interessante *Beispielsfälle*: BVerfG NJW 1991, 1807 (landesrechtliches Vorkaufsrecht des Grundstückseigentümers gegenüber erwerbenden Bergbauunternehmen nach Stillegung des Bergbaus fällt unter Art. 14 GG); BGHZ 110, 17 (unterirdische behälterlose Speicherung als bergrechtliche Regelungsmaterie); BVerwG JZ 1990, 133 m. Anm. *Kühne* (Verhältnismäßigkeit der Beeinträchtigung des Grundeigentümers); weiterer „Altfall" in BGHZ 19, 209 ff.

III. Bergschaden

6 Den bergbauberechtigten Unternehmer trifft eine *Gefährdungshaftung*,[2] wenn beim Bergbaubetrieb ein Mensch getötet oder verletzt oder eine Sache beschädigt wird (§§ 114 ff. BBergG). Diese Regelung kommt auch dem Grundeigentümer, den Nutzungsberechtigten, Familienangehörigen usw. zugute. Das Gesetz sucht verständlicherweise Bergschäden vorzubeugen, so wenn die Behörde dem Unternehmer bestimmte Auflagen zu machen hat, andererseits der Bauherr eines später möglicherweise gefährdeten Bauwerks zu vorbeugenden Maßnahmen (z. B. einer bestimmten Stahlkonstruktion) verpflichtet wird (§§ 110 ff. BBergG), für deren Kosten wieder der bergbauberechtigte Unternehmer aufzukommen hat.[3]

IV. Berechtsamsbuch

7 Erlaubnisse, Bewilligungen und Bergwerkseigentum werden in ein *Berechtsamsbuch* und – gewissermaßen als Kataster – in eine Berechtsamskarte eingetragen. Eine Parallele zum Grundbuch besteht nur insofern, als jedem, der ein berechtigtes Interesse hat, Einsicht zu gewähren ist (§§ 75 f. BBergG).

V. Bergrecht der neuen Bundesländer

8 In den neuen Bundesländern trat das BBergG am 3. 10. 1990 in Kraft. Der Einigungsvertrag (Anl. I Kap. V SachGeb. D Abschn. III 1) sah Übergangsregelungen vor, die der Anpassung des alten Rechtszustands dienten, wie er nach dem BergG der DDR vom 12. 5. 1969 (GBl. I Nr. 5, S. 29) bestand. Diese Übergangsregelungen sind jedoch inzwischen aufgehoben worden, so daß das BBergG jetzt auch im Beitrittsgebiet uneingeschränkt gilt. Nach altem Recht erteilte Bergbauberechtigungen bestehen aber fort (siehe im einzelnen Gesetz vom 15. 4. 1996, BGBl. I 602; dazu *Philipp/Kolonko* NJW 1996, 2694).

---

[1] Das Verfahren läßt auch vorbereitende Bodenuntersuchungen zu. Beispiel: BVerfGE 77, 130 und 80, 360 („Schloß Cappenberg").

[2] Nicht aus Aufopferung, weil Anspruchsberechtigte auch andere als der Grundeigentümer sein können.

[3] Beispielsfall dazu in BGHZ 111, 263. Siehe auch *Zeiler* DB 1986, 417.

§ 31. Das Schiffseigentum

Lit.-Hinweis: *Abraham,* Das Seerecht, 4. Aufl. 1974; *Prause,* Das Recht des Schiffskredits, 3. Aufl. 1979; *Prüssmann/Rabe,* Seehandelsrecht, 3. Aufl. 1992; *Schaps/Abraham,* Das Seerecht in der Bundesrepublik Deutschland I u. II, 4. Aufl. 1978; *Soergel/Winter,* Kommentar zum SchiffsRG, Bd. 6, 1990.

I. Überblick

1. Rechtspolitischer Hintergrund

Das Schiff ist ein Beförderungsmittel und daher eine bewegliche Sache. So gesehen bestünde kein Anlaß für eine rechtliche Sonderbehandlung. Andererseits gleicht der Schiffsbau in vielem einem Hausbau – auch in finanzieller Hinsicht –, das Schiff ist vielen für längere oder kürzere Zeit ein Heim. *Diese* Betrachtungsweise hat mehr und mehr auch die Gesetzgebung beeinflußt und zu einer – wenn auch nicht völligen – Gleichstellung von Grundstücken und Schiffen geführt. Den Abschluß dieser Entwicklung bringt das Gesetz über Rechte an eingetragenen Schiffen und Schiffsbauwerken (SchiffsRG v. 15. 11. 1940, RGBl. I 1499).[1]

2. Anwendbarkeit immobiliarrechtlicher Grundsätze

Folgende dem Liegenschaftsrecht eigene Grundsätze gelten auch für die rechtliche Behandlung von Schiffen:

a) Registrierung

Schiffe und Rechte an Schiffen werden in Register eingetragen, die dem Grundbuch vergleichbar sind: Seeschiffsregister – Binnenschiffsregister – Schiffsbauwerkeregister.
Der Eintragungs*zwang* besteht für See- und Binnenschiffe von einer gewissen Größe ab, während Schiffsbauwerke immer nur auf Antrag eingetragen werden.

b) Numerus clausus der beschränkten dinglichen Rechte

Die Zahl der an Schiffen und Schiffsbauwerken möglichen Rechte ist geringer als im Grundstücksrecht. Möglich sind nur: Eigentum, Schiffshypothek (nur in der Form der Sicherungshypothek) und Nießbrauch (§§ 8, 9 SchiffsRG).
Möglich ist auch die Eintragung einer *Vormerkung,* so daß z. B. auch ein schuldrechtliches Vorkaufsrecht verdinglicht werden kann (§§ 10–14, 22 SchiffsRG), während ein echtes dingliches Vorkaufsrecht nicht möglich ist.

c) Publizitätsgrundsatz

Der Inhalt der Schiffsregister hat – entsprechend § 891 – die positive und negative *Vermutung* der Richtigkeit und Vollständigkeit für sich (§ 15 SchiffsRG).
Entsprechend §§ 892, 893 wird der redliche Erwerber in seinem *Vertrauen auf den Inhalt* des Schiffsregisters geschützt (§§ 16, 17 SchiffsRG).
Ist das Register unrichtig, so hat der davon Betroffene einen *Berichtigungsanspruch* (§ 18 SchiffsRG – vergleichbar § 894), der durch einen *Widerspruch* einstweilen gesichert werden kann (§ 21 SchiffsRG).

---

[1] Nebst SchiffsregisterO i. d. F. v. 26. 5. 1994 (BGBl. I 1133), und Schiffsregister DVO v. 24. 11. 1980 i. d. F. v. 30. 11. 1994 (BGBl. I 3631) (dazu *Hornung* Rpfleger 1981, 271).

II. Das Schiffseigentum

1. Eigentum am Schiffsbauwerk

5   Das Eigentum an einem Schiffs*bauwerk* richtet sich zunächst nach allgemeinen sachenrechtlichen Grundsätzen (§§ 947, 950). Die Übereignung eines Schiffsbauwerks erfolgt nach §§ 929 ff. Sobald jedoch eine Schiffsbauhypothek an dem Schiffsbauwerk bestellt ist (das setzt die Eintragung im Schiffsbauwerkeregister voraus), ist zum Eigentumsübergang Einigung und Eintragung erforderlich (§§ 78, 3 SchiffsRG).

2. Übereignung von Schiffen

6   Wenn man von dem Grundsatz möglichst naher Angleichung des Schiffssachenrechts an das Liegenschaftsrecht ausgeht, so sollte man meinen, daß dieses Prinzip bei der Übereignung von Schiffen streng durchgeführt wird. Dies ist aber gerade *nicht* der Fall:

a) Seeschiffe

7   Die Übereignung eines in das Seeschiffsregister eingetragenen Schiffes erfordert *nur* die Einigung, nicht die Eintragung (wie §§ 873, 925), nicht die Besitzübergabe (wie § 929), § 2 Abs. 1 SchiffsRG.
Selbstverständlich ist die Eintragung möglich und wegen der Publizitätsvorschriften (§§ 15–17 SchiffsRG) ratsam, aber sie ist nur Registerberichtigung.
Zweck dieser – das Eintragungs- wie das Traditionsprinzip durchbrechenden! – Regelung ist es, die Veräußerung eines Seeschiffes zu vereinfachen.
Das bloße Einigungsprinzip gilt auch für solche Seeschiffe, die nicht im Schiffsregister eingetragen sind (§ 929 a).

b) Binnenschiffe

8   Dagegen folgt die Übereignung eines im Register eingetragenen Binnenschiffes liegenschaftsrechtlichen Grundsätzen, fordert also Einigung und Eintragung (§ 3 Abs. 1 SchiffsRG).
Ist das Binnenschiff nicht eingetragen, so erfolgt die Übereignung nach §§ 929–931.

c) Öffentlicher Glaube des Schiffsregisters

9   Interessant ist, daß in *beiden Fällen* (a u. b) der öffentliche Glaube an die Richtigkeit und Vollständigkeit des Registers Platz greift, also auch dann, wenn der Erwerb – wie im Fall a – nur auf der Einigung beruht und zu keiner Eintragung im Register geführt hat.[1]

10   *Beispiel:* E hat den im Seeschiffsregister eingetragenen Frachter „Elise" an K verkauft und übereignet (§ 2 Abs. 1 SchiffsRG). K versäumt die – berichtigende – Eintragung im Seeschiffsregister. Ein Prokurist des E – der von der Transaktion nichts wußte – veräußert das Schiff nochmals an D. Dieser wird Eigentümer, da E noch im Register als Eigentümer eingetragen ist, – dies selbst dann, wenn D gar keinen Einblick in das Register genommen hatte.

III. Die Schiffshypothek

1. Sicherungshypothek

11   An Schiffen und Schiffsbauwerken (auch Schwimmdocks), die im Register eingetragen sind, kann eine Schiffshypothek bestellt werden (§§ 8, 24 ff. SchiffsRG). Es handelt sich um ein der Hypothek des BGB nachgebildetes *Registerpfandrecht*.
Der Formenreichtum des BGB (Verkehrshypothek – Sicherungshypothek – Grundschuld usw.) ist nicht übernommen: Das Gesetz begnügt sich mit einer streng an die Forderung geknüpften (akzesso-

---

[1] BGHZ 112, 4: Der Gutglaubenserwerb eingetragener Schiffe richtet sich *ausschließlich* nach §§ 15, 16 SchiffsRG; §§ 932 ff. BGB, 366 Abs. 1 HGB sind unanwendbar!

rischen) *Sicherungshypothek* (§ 8 Abs. 1 S. 3 SchiffsRG), die nur als *Buchhypothek* (also nicht durch Ausstellung eines Hypothekenbriefs) begründet werden kann.

2. Ersetzungsbefugnis des Eigentümers statt Eigentümergrundschuld

Die Einzelheiten der Regelung sind weithin dem Hypothekenrecht des BGB entnommen. Wesentlich ist nur der Unterschied, daß das SchiffsRG die Eigentümergrundschuld der §§ 1163, 1168, 1177 ersetzt hat durch die Befugnis des Eigentümers, die erloschene Hypothek bis zu ihrer Löschung im Register durch eine neue Hypothek zu ersetzen (§§ 57, 64 SchiffsRG). **12**

3. Zwangsvollstreckung aus der Hypothek

Die Zwangsvollstreckung aus der Hypothek erfolgt nach liegenschaftsrechtlichen Grundsätzen; als Vollstreckungsart kommt die *Zwangsversteigerung* in Betracht (§§ 870a, 864 ZPO). Geldforderungstitel werden durch Eintragung einer Schiffszwangshypothek oder durch Zwangsversteigerung vollstreckt (§§ 870a, 866 Abs. 2, 3, 867 ZPO). **13**

IV. Schiffseigentum in den neuen Bundesländern

Das SchiffsregisterG gilt seit 3. 10. 1990, wobei Einigungsvertrag Anl. I Kap. III Sachgeb. B Abschn. III 10 für den Übergang auf Art. 233 §§ 1–3 EGBGB verweist. Die Übergangsregelung für die Schiffsregisterordnung trifft Anl. I Kap. III Sachgeb. B Abschn. III 6. **14**

4. Kapitel. Nutzungsrechte an Grundstücken

§ 32. Der Nießbrauch

Lit.-Hinweis: *Frick,* Der Nießbrauch unter bürgerlich- u. steuerrechtl. Gesichtspunkten (Hohenheimer Diss. 1973); *Friedrich,* Nießbrauch in neuem Gewand, NJW 1996, 32; *Jansen/Jansen,* Der Nießbrauch im Zivil- und Steuerrecht, 5. Aufl. 1993; *Liver,* Die Servitut in der Eigentumsordnung und Eigentumslehre der deutschen, französischen und italienischen Rechtsgeschichte, Z. f. Schweiz. Recht 85 (1966), 297; *Nußbaum,* Das Nießbrauchsrecht des BGB (1919); *Petzoldt,* Grundstücksübertragung unter Nießbrauchsvorbehalt, 5. Aufl. 1993; *Pikalo,* Der Nießbrauch im Landwirtschaftsrecht, DNotZ 1971, 389; *Reiff,* Die Dogmatik der Schenkung unter Nießbrauchsvorbehalt, 1989; *Rohlff,* Nießbraucher und Vorerbe als Testamentsvollstrecker, DNotZ 1971, 518; *Schippers,* Aktuelle Fragen des Grundstücksnießbrauchs in der notariellen Praxis, MittRhNotK 1996, 197; *Schön,* Der Nießbrauch an Sachen, 1992; *Schöner,* Zur Abgrenzung von Dienstbarkeit und Nießbrauch, DNotZ 1982, 416; *Stürner,* Dienstbarkeit heute, AcP 194, 265; *Wüst,* Die Interessengemeinschaft, ein Ordnungsprinzip des Privatrechts (1958), S. 145 ff.; *Wacke,* Miete und Pacht vom Nießbraucher oder Vorerben sowie vom Nichtberechtigten, FS Gernhuber 1993, S. 489 ff.; *Wegmann,* Grundstücksüberlassung 1994. Weitere Lit.-Angaben im Text. Umfassende Lit.-Angaben bei MünchKomm/*Petzoldt* Vor § 1030 und *Soergel/Stürner* Vor § 1030.

I. Grundlagen – Anwendungsbereich

1. Begriff

1 Der Nießbrauch ist das grundsätzlich unveräußerliche und unvererbliche Recht, die Nutzungen einer Sache zu ziehen (§§ 1030, 1059, 1061).

Die Charakteristika dieses beschränkten dinglichen Rechts sind also das umfassende Nutzungsrecht und die Beschränkung auf die Person des Inhabers. Beide Kennzeichen stehen in einem inneren Zusammenhang: *weil* der Eigentümer in seinem Nutzungs- und Besitzrecht depossediert ist, soll nur der, dem er den Nießbrauch bewilligt hat, nicht ein Rechtsnachfolger als „Partner" in Betracht kommen. Freilich kann *schuldrechtlich* die Ausübung des Nießbrauchs einem anderen überlassen werden (§ 1059 S. 2).

Der Nießbrauch ist *nicht auf Grundstücke beschränkt,* sondern auch an beweglichen Sachen (§ 1030), ja sogar an einem Recht (§ 1068) möglich, sofern es übertragbar ist (§ 1069 Abs. 2).

2 *Beispiel:* G hat den Grundstückseigentümern E_1, E_2 und E_3 Darlehen zu 8% Zins gegen hypothekarische Sicherheit gegeben. G kann seiner Frau F den Nießbrauch an diesen hypothekarisch gesicherten Forderungen bestellen. Dies bedeutet, daß die Zinsansprüche der Frau zustehen.

Wenn vor § 1085 vom *„Nießbrauch an einem Vermögen"* die Rede ist, so bedeutet das nicht, daß damit der Spezialitätsgrundsatz aufgegeben sei; vielmehr sagt § 1085 ausdrücklich, daß auch in diesem Fall der Nießbrauch an jedem Vermögensstück gesondert bestellt werden muß (was in der Praxis vielfach nicht beachtet wird!).

2. Die Bestellung des Nießbrauchs

3 Die Bestellung des Nießbrauchs ist eine teilweise – weil die Nutzungsbefugnis erfassende – Übertragung des Vollrechts. Daher gelten für die Begründung des Nießbrauchs an Grundstücken die §§ 873 ff., an beweglichen Sachen die §§ 929–936 (§ 1032), an Rechten die für die Übertragung des Rechts geltenden Vorschriften (§ 1069 Abs. 1).

§ 32. Der Nießbrauch　　　　　　　　　　　　　　　　　　　　　　　　　　　I § 32

In dem obigen Beispiel sind also zur Bestellung des Nießbrauchs an den Hypotheken – unterstellt, daß es sich um Briefhypotheken handelt – erforderlich: die Einigung der Parteien über die Nießbrauchsbestellung, wobei die Erklärung des Hypothekars der Schriftform bedarf oder die Eintragung im Grundbuch erfolgen muß, und Übergabe der Hypothekenbriefe (§ 1069 Abs. 1 mit § 1154).

In der Praxis nicht selten ist – bei einkunftsträchtigen Gegenständen aus steuerlichen Gründen **4** (unten Rn. 8) – die Nießbrauchsbestellung durch Eltern an ihre *minderjährigen Kinder* oder die „Schenkung unter Nießbrauchsvorbehalt". Die Nießbrauchsbestellung zugunsten geschäftsunfähiger oder beschränkt geschäftsfähiger Kinder bringt zumindest bei Grundstücken den Rechtsnachteil des gesetzlichen Pflichtverhältnisses (unten Rn. 20 ff.) mit sich (§§ 107; 1629, 1795 Abs. 2, 181, 107) und kann deshalb wirksam ohne Ergänzungspfleger *nicht* erfolgen (zuletzt BFH NJW-RR 1990, 1035 m. Nw.; *Soergel/Stürner* § 1030 Rn. 2a; offen BGH LM § 107 BGB Nr. 7), auch nicht als Vollzug der bloß vorteilhaften Schenkung als Grundgeschäft (hierzu BGHZ 78, 28, 33 ff.). Hingegen können die Eltern den minderjährigen Kindern gemäß § 107 bzw. §§ 1629, 1795 Abs. 2, 181, 107 den nießbrauchsbelasteten Gegenstand schenken und übereignen, weil die dingliche Belastung kein Rechtsnachteil i. S. d. § 107 ist (*Soergel/Stürner* § 1030 Rn. 2b m. Nw.; MünchKomm/*Petzold* Vor § 1030 Rn. 27); dasselbe gilt bei Gleichzeitigkeit von Erwerb und Belastung, nicht aber bei Verpflichtung zur *späteren* Nießbrauchsbestellung (§ 286 Abs. 1!; zum Ganzen noch *Medicus*, Bürgerl. R., Rn. 172; BayObLGZ 1979, 49, 54 f.).

3. Formen des Nießbrauchs

Der Nießbrauch findet sich in der Praxis vor allem in zwei Formen:　　　　　　　　**5**

a) Versorgungsnießbrauch

Der sog. Versorgungsnießbrauch kann zu Lebzeiten oder nach dem Tode des Eigentümers eingeräumt werden.

Der Erblasser setzt z. B. seine beiden Söhne als Erben ein, vermacht aber seiner Frau den Nießbrauch am Nachlaß (dieser muß dann von den beiden Miterben an jedem einzelnen Nachlaßgegenstand bestellt werden). Diese Form ähnelt der Vorerbschaft (§§ 2100 ff.). Der Unterschied besteht darin, daß der *Vorerbe* zwar Eigentümer des ganzen Nachlasses wird, aber in seiner Verfügung und Verwaltung über den Stamm des Vermögens beschränkt ist (§§ 2112 ff.), so daß ihm im Ergebnis nur das Nutzungsrecht bleibt, während der *Nießbraucher* nicht zur Verfügung über das Vermögen berechtigt ist (*kein „Dispositionsnießbrauch"!*),[1] sondern von vornherein auf die Nutzungen beschränkt ist, ein Beispiel für die Gleichwertigkeit zweier gesetzlicher Regelungen desselben Lebenstatbestandes! Die Bevorzugung des Nießbrauchsvermächtnisses gegenüber der Vorerbschaft hatte lange Zeit erbschaftsteuerliche Gründe (unten Rn. 8).[2] Wird der Versorgungsnießbrauch bei Schenkung zu Lebzeiten bestellt, hindert er allerdings den Lauf der Frist für einen Pflichtteilsergänzungsanspruch gem. § 2325 (BGHZ 125, 398; *Jauernig/Stürner* 2325 Rn. 8 m. Nw.).

b) Sicherungsnießbrauch

Ein Sicherungsnießbrauch liegt insbesondere dann vor, wenn sich der Gläu- **6** biger eines Grundpfandrechts *auch* den Nießbrauch bestellen läßt, um auf diese Weise *sofort* (und nicht erst nach der Beschlagnahme) in den Genuß der Nutzungen (z. B. der Mieteinnahmen) des Grundstücks zu kommen.

Damit erhält der Gläubiger praktisch ein Nutzpfandrecht (Antichrese), das bei den Grundpfandrechten nicht in das BGB aufgenommen worden ist; darin liegt auch das Bedenkliche dieser – von der Praxis zugelassenen (RGZ 67, 378) – Form des Nießbrauchs.

---

[1] Hierzu teilw. a. A. *Friedrich* NJW 1996, 32; s. a. unten Rn. 14.
[2] S. a. § 61 Rn. 1 ff. mit umfassenden Literaturnachweisen zum Nießbrauch an Unternehmen und Unternehmensanteilen.

c) Eigentümernießbrauch

7 Ein Eigentümernießbrauch ist nach überwiegender Auffassung an Grundstücken zulässig (vgl. *von Lübtow* NJW 1962, 275 m.w.N.; *Weitnauer* DNotZ 1958, 352 u. 1964, 716; *Wilhelm* Rn. 975; *Soergel/Stürner* § 1030 Rn. 3; MünchKomm/*Petzoldt* § 1030 Rn. 21; s.a. § 29 Rn. 49 und § 54 Rn. 4).

4. Der Nießbrauch im Steuerrecht

8 Die Nießbrauchbestellung war und ist in der Praxis oft *steuerlich* motiviert. Ihre erbschaftsteuersparende Wirkung (*Soergel/Stürner* Vor § 1030 Rn. 36) ist allerdings teilweise (§ 25 ErbStG) beschnitten. Einkommensteuerlich eignet sich der Nießbrauch zur Verlagerung des Einkommens aus Nutzungen auf den einkommensschwächeren Nießbraucher (z.B. Kinder), wobei dann aber auch Werbungskosten grundsätzlich bei den Einkünften des Nießbrauchers abzusetzen sind. Bestellen also die einkommenstarken Eltern den Kindern am Mietgrundstück den Nießbrauch, so sind zwar die Einkünfte bei den Kindern mit niedrigerem Steuersatz zu versteuern, jedoch sind Gebäudeausgaben bzw. -abschreibungen in der Regel ebenfalls bei den Kindern absetzbar (kein sog. „Bruttonießbrauch"). Die Bedeutung dinglichen Nießbrauchs ist auch dadurch beeinträchtigt, daß *schuldrechtliche* Nutzungsrechte oft zum gleichen steuerlichen Effekt führen (ausführlich *Soergel/Stürner,* Vor § 1030 Rn. 25 ff.; *Brandis* JuS 1989, 784; *Petzoldt* DNotZ 1984, 294; 1985, 66; *ders.,* Grundstücksübertragungen unter Nießbrauchsvorbehalt, 5. Aufl. 1993; *Spiegelberger* ZEV 1994, 214 ff.).

5. Gang der Darstellung

9 Das Gesetz behandelt im wesentlichen zwei Fragenkomplexe: einmal die dingliche Rechtsstellung des Nießbrauchers (s. unten Rn. 10 ff.) und ferner das Verhältnis zwischen Nießbraucher und Eigentümer, das als gesetzliches Schuldverhältnis ausgestaltet ist (s. unten Rn. 20 ff.). Die Grundlinien – nicht die Einzelheiten – dieser Regelung sollen im folgenden dargestellt werden.

II. Die Rechtsstellung des Nießbrauchers

1. Das Nutzungsrecht – Inhalt und Umfang

a) Fruchtziehung

10 Der wesentliche Gehalt des Nießbrauchs ist das Nutzungsrecht des Nießbrauchers (§§ 1030 Abs. 1, 1068 Abs. 2); dieses Recht erstreckt sich gleichermaßen auf die *Sachfrüchte,*

sie werden *mit der Trennung* sein Eigentum, und zwar auch dann, wenn er nicht Besitzer der Sache ist (§ 954) oder wenn es sich um sog. Übermaßfrüchte handelt, die er dann im Innenverhältnis dem Eigentümer zu ersetzen hat (§ 1039, s. dazu das *Beispiel* oben § 3 Rn. 22 und unten § 53 Rn. 45 ff.),

11 wie auf die *Rechtsfrüchte,* z.B. auf die Mietzinsen, gleichgültig ob das Haus bei Nießbrauchsbestellung schon vermietet war oder erst später durch den Nießbraucher vermietet wird (s. §§ 100, 99).

Im ersten Fall gehen die Ansprüche auf die Mietzinsen mit der Bestellung des Nießbrauchs auf den Nießbraucher über, ohne daß es einer Abtretung der Mietzinsansprüche durch den Eigentümer bedürfte. Freilich ist eine solche Abtretung oder Pfändung auch nicht ausgeschlossen, was wegen § 1124 Abs. 2 bedeutsam sein kann (s. dazu unten § 39 Rn. 57 und *Wolff-Raiser* § 116 Anm. 4).

b) Einschränkungen des Nutzungsrechts

12 Der Nießbrauch kann nach h.M. nicht auf einzelne Nutzungen beschränkt werden (hier nur Pacht, evtl. auch beschränkte persönliche Dienstbarkeit möglich! Beispiel: BayObLG 1980, 17).

Wohl aber können aus dem Gesamtbereich der Nutzungen einzelne ausgespart werden (§ 1030 Abs. 2); diese Beschränkung hat dann dingliche Wirkung. Ob eine Dienstbarkeit (§§ 1018, 1090) oder ein Nießbrauch gegeben ist, entscheidet sich nach h.M. danach, inwieweit wesentliche Nutzungsbefugnisse beim Eigentümer verbleiben: Dienstbarkeit, falls der Schwerpunkt der Nutzungsmöglichkeit beim Eigentümer liegt, eingeschränkter Nießbrauch, falls der Schwerpunkt beim Nießbraucher liegt („materielle Abgrenzung": *Soergel/Stürner* § 1018 Rn. 12; *MünchKomm/Petzoldt* Vor § 1030 Rn. 7). Entgegen der h.M. wäre aber eine *formale* Abgrenzung vorzuziehen, die den Parteien die freie Wahl zwischen „Dienstbarkeit in Nießbrauchform" und „Nießbrauch in Dienstbarkeitsform" überläßt; Rechtsklarheit als hauptsächlicher Zweck sachenrechtlicher Typizität wäre damit ausreichend gewahrt (ausführlich *Stürner* AcP 194, 265 ff., 282; gleich schon *Schöner* DNotZ 1982, 416 ff.; s. a. § 33 Rn. 31).

Beispiel: Hat der Erblasser, der ein Miethaus mit großem Garten hinterläßt, seinen Sohn S zum **13** Alleinerben eingesetzt, so ist es durchaus möglich, daß er seiner Witwe den Nießbrauch an dem Grundstück, aber unter Ausschluß der Gartennutzung vermacht. Die Wirkung der Anordnung, daß sich der Nießbrauch auf die 2000 DM monatlich übersteigenden Mieteinnahmen *nicht* erstrecke oder nur auf einen Bruchteil der Einnahmen („Quotennießbrauch"), ist zweifelhaft: eine Mindermeinung leugnet die dingliche Wirkung, die Anordnung *verpflichte* lediglich die Witwe als Nießbraucherin, eine höhere Nutzung (als 2000 DM) an den Erben herauszuzahlen; die wohl h.M. läßt den Quotennießbrauch mit dinglicher Wirkung zu – allerdings mit reichlich komplizierten Rechtsfolgen (*Soergel/Stürner* § 1030 Rn. 10 m. Nw.; wohl zuletzt LG Wuppertal Rpfleger 1995, 209).

c) Kein Dispositionsnießbrauch

In der Nutzung liegt keine Berechtigung zur Verfügung über die Substanz **14** (wohl aber über die Früchte!); es gibt also keinen Dispositionsnießbrauch.[1]

Wenn die Verfügungsbefugnis dem Nießbraucher rechtsgeschäftlich eingeräumt ist (so BGH NJW 1982, 31, 32), so liegt darin keine dingliche Ausgestaltung des Nießbrauchs, sondern eine – zulässige – schuldrechtliche Vereinbarung zwischen Nießbraucher und Eigentümer (z. B. § 137 S. 2, §§ 185, 164, 167 etc.).

Eine Ausnahme davon macht auch § 1048 für das Inventar eines Grundstücks, weil hier eine Weggabe der Zubehörstücke und ihr Ersatz durch andere dem normalen Gang der Dinge entspricht (s. auch § 1074).

Weil sich der Nießbrauch auf das Grundstück als solches und nicht auf ein Gebäude bezieht, besteht er nach Zerstörung und Wiederaufbau eines Gebäudes auch am Neubau fort (BGH MDR 1964, 493).

2. Das Besitzrecht

Damit der Nießbraucher sein Nutzungsrecht ausüben kann, spricht ihm **15** § 1036 Abs. 1 ein Recht zum Besitz zu.

3. Der Schutz des Nießbrauchs

Der Schutz des Nießbrauchs entspricht dem des Eigentums (§ 1065 mit **16** §§ 985, 1004, ferner §§ 823, 812, 816); daneben kommen die Bestimmungen über den Besitzschutz (§§ 858 ff.) in Betracht.

Beispiel: Diebe haben sich auf dem Grundstück, an dem N der Nießbrauch zusteht, breit gemacht und sind eben dabei, die geernteten Früchte abzutransportieren: N ist Eigentümer der Früchte (§ 954), also ist § 985 unmittelbar anwendbar. Herausgabe des Grundstücks kann N nach § 1065 mit § 985 fordern.

---

[1] S. hierzu *Soergel/Stürner* § 1030 Rn. 19; teilw. a. A. *Friedrich* NJW 1996, 32.

4. Unübertragbarkeit

a) Grundsatz

17 Der Nießbrauch ist grundsätzlich *unveräußerlich* (§ 1059) und *unvererblich* (§ 1061);[1] lediglich der Ausübung nach, also schuldrechtlich kann er einem anderen überlassen werden (§ 1059 S. 2).

Der Grund für diese Regelung liegt darin, daß der Nießbrauch den Eigentümer von der Nutzung – dem hauptsächlichen Inhalt des Eigentums – ausschließt, er also nicht durch Veräußerung oder Vererbung soll „verewigt" werden können. Eine Überlassung schuldrechtlicher Art ist aber zulässig (§ 1059 S. 2); die Überlassungsbefugnis kann durch Vereinbarung und Eintragung ausgeschlossen werden (BGHZ 95, 99). Von der schuldrechtlichen Nießbrauchsüberlassung ist die bloße Vermietung oder Verpachtung zu unterscheiden; die Vermietung durch den Nießbraucher ist Eigenausübung des Nießbrauchs, der Nießbrauchsausübende ist bei Vermietung in eigenem Namen nicht untervermietender Hauptmieter, sondern gewöhnlicher Vermieter (BGHZ 109, 111, 115).

18 Umstritten sind die Pfändungsmöglichkeiten:

(1) Sicher Entgeltansprüche bei Ausübungsüberlassung.

(2) Nach BGHZ 62, 133 auch der Nießbrauch selbst (gleich BayObLG DNotZ 1998, 302; krit. *Soergel/Stürner* § 1059 Rn. 9 und 9a; *Baur/Stürner* I, EinzelvollstreckungsR, Rn. 25.10; s. a. § 60 Rn. 4 Fn. 2).

(3) Nach BGHZ 95, 99 hindert – folgerichtig – der vereinbarte Ausschluß der Gebrauchsüberlassung die Pfändung nicht.

b) Juristische Personen und „rechtsfähige Personengesellschaften" als Nießbraucher

19 Ein Nießbrauch kann zugunsten einer juristischen Person oder „rechtsfähigen Personengesellschaft" (§ 1059a Abs. 2: OHG, KG, Partnerschaft, EWIV) bestellt und damit „verewigt" werden. In diesem Falle ermöglicht der Gesetzgeber (§§ 1059a–e)[2] auch die Übertragung bzw. den Übergang bei Umwandlungen oder Betriebsübergängen und erstreckt diese Privilegierung sogar auf den schuldrechtlichen Bestellungsanspruch (§ 1059e).

III. Das gesetzliche Schuldverhältnis zwischen Eigentümer und Nießbraucher

20 Der Nießbrauch ist oft auf lange Zeitspannen – beim Versorgungsnießbrauch etwa bis zum Tode oder der Wiederverheiratung des zu Versorgenden – bestellt. Der Grundstückseigentümer kann – z.B. durch Erbgang oder Veräußerung des Grundstücks – wechseln, so daß die schuldrechtlichen Vereinbarungen zwischen Besteller und Nießbraucher nicht mehr wirken. Wenn nun etwa die Frage zu beantworten ist: Wer hat die notwendigen Reparaturen zu tragen? Wer muß die Grundsteuer bezahlen? so muß das Gesetz eine Antwort bereit halten.

21 Das Gesetz geht dabei von einem zwischen dem Eigentümer und dem Nießbraucher bestehenden, von ihm (dem Gesetz) mit Inhalt erfüllten, *gesetzlichen Schuldverhältnis* aus, das durch Parteivereinbarung modifiziert werden kann[3]; diese bedarf aber – um gegen Rechtsnachfolger des Eigentümers wirksam zu sein – der Eintragung im Grundbuch (§ 873).

---

[1] Zur Löschung im Grundbuch nach dem Tod des Nießbrauchers s. § 23 GBO und hierzu *Lülsdorf* MittRhNotK 1994, 129. Erlöschen durch Zeitablauf regeln für die neuen Bundesländer §§ 5 ff. GrundbuchbereinigungsG; s. a. § 16 Rn. 12; § 34 Rn. 1; § 63 Rn. 49 ff.

[2] Beispielsfall BGHZ 50, 307, 310 (altes Recht); ferner *Wessel* DB 1994, 1605; *Seibert* JZ 1996, 785.

[3] BGHZ 95, 99, 100; hierzu teilw. kritisch *Stürner* AcP 194, 265, 280 ff.

1. Erhaltungspflicht

Der Nießbraucher hat die Pflicht, die wirtschaftliche Bestimmung der Sache 22
zu erhalten, ordnungsgemäß zu wirtschaften (§§ 1036 Abs. 2, 1041) und die
Sache zu versichern (§§ 1045, 1046). Daraus ergibt sich das Verbot, die Sache
wesentlich umzugestalten (§ 1037).[1]

Es geht um die Erhaltung der Substanz der Sache oder – wie das Gesetz (§ 1041 S. 1) sagt – „um die Erhaltung der Sache in ihrem wirtschaftlichen Bestand"! Daher z.B. die Pflicht zur Wiederaufforstung nach Kahlschlag, selbst wenn dieser vom Eigentümer gestattet worden war (BayObLG Rpfleger 1977, 407 str.).

2. Lastentragungspflicht

Der Nießbraucher trägt die gewöhnlichen öffentlichen und privatrechtli- 23
chen Lasten (§ 1047).

Grund: Diese werden, auch wenn der Eigentümer nutzungsberechtigt ist, regelmäßig aus den Nutzungen gedeckt. Der Nießbraucher hat daher z.B. die Grundsteuer und die Hypothekenzinsen zu tragen, auch wenn nach außen nach wie vor der Eigentümer Schuldner ist (beachte den Wortlaut des § 1047: „.... dem Eigentümer gegenüber ...."!).[2]

3. Ansprüche bei Verschlechterung und Verwendungsersatz

Ein sorgloser oder gewissenloser Nießbraucher – aber auch ein solcher, der 24
möglichst viel aus der Sache „herauswirtschaften" will –, kann die vermögensrechtliche Stellung des Eigentümers erheblich gefährden. Dem sucht das
Gesetz durch den Anspruch des Eigentümers auf Sicherheitsleistung (§ 1051),
auf Unterlassung ordnungswidrigen Gebrauchs (§ 1053), ja durch gerichtliche
Sequestration (= Übertragung der Nießbrauchsausübung an einen gerichtlich
bestellten Verwalter, §§ 1052, 1054) vorzubeugen. Bei *schuldhafter* Verschlechterung oder Vernichtung der Sache haftet der Nießbraucher auf Schadensersatz (aus schuldhafter Verletzung des gesetzlichen Schuldverhältnisses
und aus § 823 Abs. 1). Jedoch fällt hierunter nicht eine normale Verschlechterung durch Abnutzung (§ 1050).

Anderseits kann der Nießbraucher Ersatz solcher Verwendungen verlangen, die über die „gewöhn- 25
liche Unterhaltung" (§ 1041 S. 2) hinausgehen, freilich nur dann, wenn entweder eine – im Grundbuch eintragbare – Vereinbarung vorliegt (BayObLG DNotZ 1986, 151) oder die Voraussetzungen der Geschäftsführung ohne Auftrag gegeben sind (§ 1049).

Beispiel: Weist das Dach des Hauses, an dem der Nießbrauch bestellt ist, einige schadhafte Ziegel 26
auf, so muß sie der Nießbraucher auf seine Kosten ersetzen lassen. Muß es insgesamt neu gedeckt
werden, so ist das Sache des Eigentümers, wobei der Nießbraucher den Eigentümer nicht zu dieser
Maßnahme zwingen kann! (anders § 536 bei der Miete und Pacht, § 581 Abs. 2!). Läßt der Nießbraucher das Dach auf seine Kosten decken, so kann er vom Eigentümer nur Ersatz fordern, wenn
die Voraussetzungen der §§ 683, 684 S. 2 mit § 670 vorliegen.

---

[1] § 1037 kann nach h.M. nicht mit dinglicher Wirkung abbedungen werden (dazu KG DNotZ 1992, 675 m. Anm. *Frank*).
[2] Dazu BayObLG Rpfleger 1988, 523.

4. Beendigung des Nießbrauchs

27 Nach Beendigung des Nießbrauchs muß der Nießbraucher (bzw. sein Erbe) das Grundstück dem Eigentümer zurückgeben (§ 1055). Handelt es sich um ein landwirtschaftliches Grundstück, so treffen ihn außerdem weithin die gleichen Pflichten wie einen Pächter, der nach Ablauf der Pachtzeit das Pachtgrundstück an den Verpächter zurückgibt (§ 1055 Abs. 2 mit §§ 596 ff.).

5. Mietverhältnisse

28 Mietverhältnisse, die der Nießbraucher begründet hat, gehen bei Beendigung des Nießbrauchs auf den Eigentümer über (§ 1056) mit gesetzlicher Kündigungsfrist. Falls §§ 1056, 571 ff. nicht greifen, weil die Mieträume nicht übergeben waren, besteht aber die mietvertragliche Haftung des Nießbrauchers und seiner Erben fort (interessantes Beispiel: BGHZ 109, 111 ff.). Ist der Nießbrauch ausnahmsweise übertragbar (§§ 1059 a ff.; hierzu oben Rn 19), gelten zugunsten des Mieters §§ 571 ff. (§ 1059 d).

IV. Nießbrauch in den neuen Bundesländern

29 In den neuen Bundesländern gibt es den neu ab dem 3. 10. 1990 bestellten Nießbrauch an Grundstücken und Gebäudeeigentum und altrechtlichen Nießbrauch aus der Zeit vor Geltung des ZGB. Das Mitbenutzungsrecht nach §§ 321 f. ZGB entspricht eher der Dienstbarkeit als dem Nießbrauch (hierzu und zum Übergangsrecht § 63 Rn. 10, 49 ff.).

§ 33. Die Grunddienstbarkeit

Neuere Lit.: *Prütting*, GS Dietrich Schultz, 1988, 287 (Wettbewerbsdienstbarkeiten); *Walter/Maier* NJW 1988, 377 (Sicherung von Bezugs- und Abnahmepflichten), je m. w. N. (auch zur Geschichte des Instituts); *Amann* DNotZ 1986, 578 (Sicherungsdienstbarkeit); *ders.* DNotZ 1989, 531 ff. (Leistungspflichten und Leistungsansprüche aus Dienstbarkeiten); *Münch,* Die Sicherungsdienstbarkeit zwischen Gewerberecht und Kartellrecht, ZHR 1993, 559 ff.; *Stürner,* Dienstbarkeit heute, AcP 194 (1994), 265; *Baetge,* Wettbewerbsbeschränkende Dienstbarkeiten in Europa, RabelsZ 59 (1995), 645 ff.

I. Grundlagen – Anwendungsbereich

1. Grundbegriffe

a) Grunddienstbarkeit und beschränkte persönliche Dienstbarkeit

1 Neben dem Nießbrauch als umfassendem dinglichem Nutzungsrecht kennt das Gesetz die Grunddienstbarkeit (§§ 1018–1029) und die beschränkte persönliche Dienstbarkeit (§§ 1090–1093). Beiden gemeinsam ist, daß der Berechtigte das belastete Grundstück „in einzelnen Beziehungen" (§ 1018) nutzen darf, also nicht insgesamt wie beim Nießbrauch. Sie unterscheiden sich dadurch, daß die Grunddienstbarkeit *dem jeweiligen Eigentümer eines Grundstücks* (man nennt es das „herrschende Grundstück"!) zusteht, während die beschränkte persönliche Dienstbarkeit einer *bestimmten* Person zukommt[1] und – wie der Nießbrauch – unveräußerlich und unvererblich ist.

---

[1] Keine „Umwandlung" einer beschränkten persönlichen Dienstbarkeit in eine Grunddienstbarkeit; notwendig ist eine Neubestellung; hierzu und zum gutgläubigen Erwerb OLG Hamm Rpfleger 1989, 448.

§ 33. Die Grunddienstbarkeit

b) Dienstbarkeiten und „Gerechtigkeiten"

Ein Wort zum Begriff Dienstbarkeit: Das Gesetz faßt darunter die Grunddienstbarkeit, den Nießbrauch und die b.p. Dienstbarkeit. Der Begriff will wörtlich verstanden werden: Das belastete Grundstück ist einem anderen oder einer bestimmten Person „dienstbar" (Übersetzung des lat. servitus). Das deutsche Recht sah die Befugnis vom Standpunkt des Berechtigten und sprach von Gerechtigkeit; sie kam in viel mannigfaltigerer Form vor, als dies heute erlaubt ist; die Beschränkung auf bestimmte Typen der Dienstbarkeiten erklärt sich aus dem Bestreben des Gesetzgebers, zu mannigfache, drückende Belastung des Grundeigentums auszuschließen (Agrarreform! Beseitigung der Hand- und Spanndienste!).

c) Dienstbarkeit und Baulast

Ein der Grunddienstbarkeit ähnliches öffentlich-rechtliches Institut ist die *Baulast*. Ihre gesetzgeberische Regelung fällt in Landeskompetenz (BVerwG NJW 1991, 713 ff.). Sie bezweckt die Sicherstellung bauplanungsrechtlicher Erfordernisse unabhängig von etwaigem Eigentümerwechsel (hierzu BVerwG NJW 1991, 713 ff.; OVG Hamburg NJW 1987, 915; *Lohre* NJW 1987, 877; *Hilgers* NJW 1988, 1366). Grundsätzlich gibt die Baulast keinen privatrechtlichen Nutzungsanspruch (BGHZ 88, 97, 99; 94, 160, 164; offen BGHZ 79, 201, 207 ff.); ausnahmsweise kann es aber gegen Treu und Glauben verstoßen, wenn der Eigentümer seine Rechte baulastwidrig geltend macht (BGHZ 79, 201, 210). Der Eigentümer eines dienenden Grundstücks, das mit einer bebauungssichernden Grunddienstbarkeit belastet ist, soll hingegen gemäß §§ 242, 1018 ff. verpflichtet sein, eine Baulast zur Förderung des Bauvorhabens zu übernehmen (BGHZ 106, 348 ff.; DNotZ 1991, 250; NJW 1992, 2885; einschränkend BGH NJW 1994, 2757 und NJW-RR 1995, 15), falls sich die Behörde zur Planungssicherung nicht mit einer Dienstbarkeit zufrieden gibt (hierzu BVerwG NJW 1991, 713, 714). Teilweise wird die Bestellung einer Baulast ähnlich wie eine privatrechtliche Verfügung behandelt (VG Schleswig-Holstein DNotZ 1986, 95: § 2113 BGB; zur Baulast nach Vormerkung s. § 20 Rn. 44)[1].

d) Gesetzliche Sonderformen

Als gesetzliche Sonderformen der Grunddienstbarkeit kann man das *Notwegrecht* (§§ 917 f.) oder landesrechtliche Notleitungsrechte (z.B. § 7 e BWNachbarrechtsG) begreifen (hierzu § 25 Rn. 15). Teilweise gelten hier §§ 1018 ff. entsprechend (für § 1020 S. 1: BGH NJW 1991, 176, 178).

2. Anwendungsbereich

Will man sich eine Vorstellung über den Anwendungsbereich der Grunddienstbarkeit machen, so genügt es zunächst, die Stichworte „Wegerecht", „Überfahrtsrecht", „Wasserleitungsrecht" zu nennen.

Wer das Wasser für sein Haus durch eine Leitung bezieht, die über ein fremdes Grundstück geführt werden muß, kann sich *nicht* damit begnügen, den *gegenwärtigen* Eigentümer des fremden Grundstücks um Gestattung zu bitten; denn dessen Rechtsnachfolger wäre an eine solche Zusage nicht gebunden, wie sich umgekehrt der Rechtsnachfolger des Wasserbeziehers nicht auf die Abmachung berufen könnte. Es bedarf also eines Rechts, das „auf beiden Seiten" *subjektiv und objektiv – dinglich* ist, eben der Grunddienstbarkeit. Sie ist dann „ewig" (s. unten Rn. 22).

Der Anwendungsbereich läßt sich wie folgt umschreiben: *Eine Gruppe* der Dienstbarkeiten hat eine echte, gewissermaßen äußerlich sichtbare Nutzung des anderen Grundstücks im Auge; darunter fällt ein Wegerecht ebenso wie etwa ein Kies- oder Wassergewinnungsrecht. Eine *andere,* äußerlich nicht in

---

[1] Zur Baulast in der Zwangsversteigerung *Drischler* Rpfleger 1986, 289; allgemein zu den zivilrechtlichen Aspekten der Baulast *Masloh* NJW 1995, 1993; *Lorenz* NJW 1996, 2612.

§ 33 II   III. Abschnitt. Liegenschaftsrecht

Erscheinung tretende *Gruppe* beinhaltet eine individuelle Gestaltung des Nachbarrechts (der Eigentümer des belasteten Grundstücks darf z. B. eine bestimmte Gebäudehöhe nicht überschreiten, vgl. dazu oben § 25 Rn. 22), eine *dritte* immer bedeutsamer werdende *Gruppe* will schließlich Wettbewerbsfragen mit Hilfe der Grunddienstbarkeit regeln.

7   *Beispiel:* Der Eigentümer eines Warenhauses vereinbart mit seinen Nachbarn – meist gegen Entgelt – eine Grunddienstbarkeit des Inhalts, daß auf deren belasteten Grundstücken niemals ein Warenhaus errichtet wird.

Wie wir sehen werden, ist gerade die Zulässigkeit *dieser* Gruppe von Grunddienstbarkeiten besonders zweifelhaft; denn die Grunddienstbarkeit hat zur unabdingbaren Voraussetzung, daß sie gewissermaßen *dem herrschenden Grundstück selbst,* nicht den jeweiligen individuellen Eigentümern mit ihren verschiedenen Bedürfnissen *von Nutzen* ist (§ 1019: praedio utilis).

II. Der Inhalt der Grunddienstbarkeit[1]

8   Das BGB verzichtet darauf, bestimmte Arten von Grunddienstbarkeiten (Wegerecht, Wasserleitungsrecht usw.) festzulegen; es begnügt sich damit, den zulässigen Inhalt *allgemein* zu umschreiben und eine zu Lasten des Eigentümers gehende Ausuferung dadurch auszuschließen, daß die Nutzung auf bestimmte *einzelne* Nutzungsmöglichkeiten beschränkt (§ 1018), dem herrschenden Grundstück als solchem vorteilhaft sein (§ 1019) und schließlich schonend ausgeübt werden muß (§ 1020).

1. Die gesetzliche Inhaltsbestimmung

9   Die Grunddienstbarkeit kann folgenden Inhalt haben:

a) Recht zur Nutzung des dienenden Grundstücks

Der Eigentümer des herrschenden Grundstücks darf das dienende Grundstück „in einzelnen Beziehungen benutzen" (§ 1018 1. Fallgruppe).

Dabei ist es gleichgültig, ob es sich um eine einzelne Sachnutzung oder um einen Gebrauchsvorteil handelt. Hierunter fallen etwa das Recht, auf dem anderen Grundstück Steine zu brechen (OLG Stuttgart Die Justiz 1964, 285), ihm Holz zu entnehmen, eine Quelle zu fassen und abzuleiten[2], oder die schon wiederholt genannten Wege-, Wasserleitungs-, Kanalisationsleitungsdienstbarkeiten.

Die Verpflichtung des Eigentümers des dienenden Grundstücks besteht hier in einem Dulden (pati).

b) Verbot der Nutzung des dienenden Grundstücks

10   Der Belastete darf auf seinem Grundstück bestimmte Handlungen *nicht vornehmen* (non facere), die er sonst nach § 903 vornehmen dürfte (§ 1018 2. Fallgruppe).

Er darf z. B. sein Grundstück überhaupt nicht oder nicht mit einer Fabrik bebauen (OLG Celle NJW 1958, 1096; BayObLG JZ 1965, 645) oder: das von ihm errichtete Gebäude darf 15 m Firsthöhe nicht überschreiten (Aussicht; dazu BGH DB 1967, 726) oder wechselseitige Grunddienstbarkei-

---

[1] Dazu *Hub,* Der Inhalt von Dienstbarkeiten (Tüb. Diss. 1966); *Prütting* u. *Walter/Maier* aaO m. w. N. – Die Abgrenzung von Grunddienstbarkeit und Nießbrauch ist unten Rn. 31 und § 32 Rn. 12 behandelt.

[2] *Beispiel:* BayObLG DNotZ 1960, 308; BGH DNotZ 1989, 562 ff.

ten zweier Nachbarn, daß bestimmte Teile der beiderseitigen Grundstücke nicht bebaut werden dürfen: „totales Bauverbot" (OLG Neustadt NJW 1958, 635) oder daß die Grundstücke nur in einer bestimmten Bebauungsart bebaut werden dürfen („Landhausstil" – „beschränktes Bauverbot": BGH JZ 1967, 322) oder ein Wohnungseigentümer darf seine Wohnung nicht selbst beziehen (LG Ravensburg Rpfleger 1992, 192) oder zugunsten des benachbarten Wohnungseigentümers ein bestimmtes Fenster nie öffnen (BGHZ 107, 289 ff.: Wohnungseigentum als herrschendes und dienendes „Grundstück"; hierzu *Amann* DNotZ 1990, 498) oder ein Grundstück darf nur zu *Fremdenverkehrszwecken* genutzt werden (BayObLG NJW 1985, 2485 und NJW 1982, 1054) oder nur vom bäuerlichen Altenteiler (BayObLG Rpfleger 1989, 401 ff. m. Anm. *Quack:* „Austragsdienstbarkeit" als Sonderfall eines „Wohnbesetzungsrechts"[1]). Dienstbarkeiten dieser und ähnlicher Art können den öffentlich-rechtlichen Bebauungsplan privatrechtlich ergänzen (dazu BGH NJW 1984, 924; BGHZ 90, 181; *Quack* Rpfleger 1979, 281; *Baur,* FS Mühl, 1981, 71). – Zu den Wettbewerbsbeschränkungen s. unten Rn. 13 ff.

Beschränkungen, die sich schon aus dem Gesetz ergeben, können Gegenstand einer Grunddienstbarkeit sein, wenn ihre Geltung oder ihr Umfang zweifelhaft ist (OLG Celle NJW 1958, 1096).

c) Ausschluß der Ausübung von Eigentumsrechten

Der Belastete darf gegen den Eigentümer des herrschenden Grundstücks **11** Rechte nicht ausüben, die ihm an sich nach § 903 mit § 1004 zuständen (§ 1018 3. Fallgruppe).

Er darf z. B. nicht auf Unterlassung klagen, obwohl von dem herrschenden Grundstück aus Rauch und Ruß in einem Maße zugeführt werden, das über die in § 906 enthaltene Duldungspflicht hinausgeht. Wie das Beispiel zeigt, handelt es sich also um vertraglich festgelegtes, dingliches Nachbarrecht.

Ein – neu errichteter – Industriebetrieb sichert sich z. B. gegen Unterlassungsklagen (oder Schadensersatzklagen, § 14 BImSchG) seiner Nachbarn dadurch, daß er sich – meist gegen Abfindung – entsprechende Grunddienstbarkeiten auf deren Grundstücken eintragen läßt. – Ein Nachbar verzichtet in einer Grunddienstbarkeit auf sämtliche Rechte – auch Schadensersatzansprüche – aus „Baumwurf" vom Nachbargrundstück (BayObLG DNotZ 1991, 253). *Weitere Beispiele:* LG Bad Kreuznach Rpfleger 1989, 448 (Duldung der Einwirkungen aus Eisenbahnbetrieb); LG Köln Rpfleger 1994, 56 (Verzicht auf Rechtsmittel gegen behördliche Bescheide).

2. Der Vorteil für das herrschende Grundstück

In allen Fällen ist erforderlich, daß die Belastung, „für die Benutzung des **12** Grundstücks des Berechtigten Vorteil bietet" (praedio utilis), § 1019.[2]

Die Vorschrift soll eine möglichst exakte, dauernde Fixierung des Inhalts der Grunddienstbarkeit ermöglichen; sie will aber auch den Belasteten vor – mit den jeweiligen Eigentumsverhältnissen am herrschenden Grundstück – variierenden Bedürfnissen sichern.

Der Vorteil für das herrschende Grundstück braucht nicht vermögenswerter Art zu sein; es genügen auch ideelle, ästhetische Interessen (Schutz der Aussicht! der Ruhe!); BGH DNotZ 1968, 28.

Auf den individuellen Nutzen eines bestimmten Eigentümers kann nicht abgestellt werden; soll dies geschehen, so kann nur eine b. p. Dienstbarkeit eingetragen werden. Die Grunddienstbarkeit muß also dem Grundstück, *so wie es gestaltet ist,* nützen.

---

[1] Hierzu noch § 34 RN. 7 ff. und ausführlich *Soergel/Stürner* § 1090 Rn. 12 ff.
[2] Dazu *Hinderling,* Ausgew. Schriften, 1982, 237; ferner *Wieling* § 25 I 2 c; *Wilhelm* Rn. 997 f.; *Müller* Rn. 1340 ff.

3. Wettbewerbliche Dienstbarkeiten

a) Grunddienstbarkeit oder beschränkte persönliche Dienstbarkeit?

13 Über die richtige Rechtsform zur Sicherung von *Wettbewerbsverboten* oder *Vertriebsbindungen* entscheidet der Vorteil für das herrschende Grundstück. Ist auf einem Grundstück ein Warenhaus errichtet, so kann auf den Nachbargrundstücken ein Verbot der Errichtung von Warenhäusern eingetragen werden, nicht aber eine entsprechende Grunddienstbarkeit dann, wenn das herrschende Grundstück ein Wohngrundstück ist und der Eigentümer in einem Stockwerk eine Wirtschaftsprüferpraxis betreibt (vgl. OLG München NJW 1957, 1765; BGH DNotZ 1956, 40); im letztgenannten Fall kommt nur eine b. p. Dienstbarkeit in Betracht, weil bei ihr auf den individuellen Nutzen für den Berechtigten abgestellt werden kann (s. aber BGH NJW 1983, 115).

b) Die Rechtsprechung zum zulässigen Inhalt

14 Moderne Formen von *Wettbewerbsverboten, Vertriebsbindungen* u. ä., die durch Grunddienstbarkeiten oder b. p. Dienstbarkeiten dinglich gesichert werden sollen, sind: Bierbezugsdienstbarkeiten – Tankstellendienstbarkeiten[1] – Fernwärmedienstbarkeiten. Das Interesse der Lieferer an solchen Dienstbarkeiten ergibt sich daraus, daß sie die Abnahme ihrer Produkte auf Dauer sichern wollen. Diesem Interesse und seiner Verwirklichung stehen allerdings rechtliche Schierigkeiten entgegen. Die Dienstbarkeit kann grundsätzlich nicht auf ein Tun des belasteten Eigentümers gerichtet sein (§ 1018; hierzu unten Rn. 29 f.). Ein Bündel von Verboten kann aber ein bestimmtes Tun des Eigentümers erzwingen. Wo liegt hier die Grenze? Die Dienstbarkeit muß nach h. M. die *tatsächliche* Benutzung des belasteten Grundstücks beschränken, nicht aber die rechtliche Verfügungsfreiheit des Eigentümers. Wie läßt sich beides für alle Fälle abgrenzen? Diese Schwierigkeiten spiegeln sich in der Rechtsprechung wider:

15 (1) Zulässiger Inhalt der Dienstbarkeit: das dem Eigentümer auferlegte *Verbot*, auf dem belasteten Grundstück eine Gaststätte oder Tankstelle zu betreiben oder bestimmte Erzeugnisse (Bier usw.) zu lagern oder zu vertreiben (BGHZ 29, 244, 249; 74, 293, 296; NJW 1988, 2362; 1988, 2364; DNotZ 1990, 169; BayObLG DNotZ 1998, 122). – Nicht zulässig das Verbot, auf dem belasteten Grundstück andere Erzeugnisse als die des Dienstbarkeitsberechtigten zu vertreiben (BGHZ 29, 244 = *Baur* E. Slg. Fall 42; 74, 293, 296).

16 (2) Zulässiger Inhalt: das alleinige *Recht* des Dienstbarkeitsberechtigten, auf dem belasteten Grundstück eine Gaststätte oder Tankstelle zu betreiben (BGHZ 29, 244, 246; 35, 378; BGH NJW 1980, 179; 1985, 2474).

17 (3) Zulässiger Inhalt im Bereich der *Fernwärmedienstbarkeit*: Das Verbot von Anlagen zur Wärmeherstellung (BGH WM 1984, 820; OLG Düsseldorf Rpfleger 1979, 304; BayObLG Rpfleger 1989, 230) – Nicht zulässig das Verbot der Energieversorgung mit allen Energiequellen außer Erdgas (BayObLG Rpfleger 1980, 279 m. Nw.; zur Fernwärmereallast § 35 Rn. 12).

c) Die Sicherungsdienstbarkeit

18 Die Rechtsprechung gestattet also das dingliche Totalverbot oder das dingliche Totalgebot, nicht aber die dingliche Selektion und Festlegung auf eine einzige Handlungsvariante. Hinter dieser Konstruktion steht der Gedanke der Sicherungsdienstbarkeit[2]: das Mehr an dinglicher Rechtsmacht wird durch eine *schuldrechtliche* Vereinbarung gebunden, die dann dem Eigentümer schuldrechtlich den Verkauf bestimmter Waren in Gaststätten oder Tankstellen oder den Betrieb bestimmter Wärmeherstellungsanlagen erlaubt, nämlich den Umsatz der Lieferungen des Inhabers der Dienstbarkeit zu seinen Konditionen. Dieser schuldrechtliche Vertrag unterliegt der Kontrolle gemäß § 138 Abs. 1 BGB mit seiner Zeitschranke von 15–20 Jahren und Teilnichtigkeit bei Zeitüberschreitung (§ 139)[3]; er ist weiter Gegenstand kartellrechtlicher Kontrolle nach §§ 1, 18, 34 GWB (dazu BGH NJW 1988,

---

[1] Siehe dazu *Joost* NJW 1981, 308 m. w. N. Umfassende Hinweise auf alle Fallgruppen in MünchKomm/*Falckenberg* § 1018 Rn. 25 ff.; *Soergel/Stürner* § 1018 Rn. 15 ff., 25 ff.

[2] Hierzu insbesondere BGHZ 74, 293, 296; NJW 1985, 2474; 1988, 2362; DNotZ 1990, 169; *Prütting*, GS Schulz, S. 287 ff.; *Walter/Maier* NJW 1988, 377; *Stürner* AcP 194, 265, 275 ff., 283; s. a. *Wieling* § 25 I 2 c, bb; *Wilhelm* Rn. 1010; *Manfred Wolf* Rn. 737.

[3] Ausführlich BGH NJW 1988, 2362 m. Nw.; NJW 1992, 2145.

2364, 2365) und nach Art. 85 EGV bzw. Art. 81 Amsterdamer Vertrag (dazu EuGH NJW 1991, 2204 [LS] = EuZW 1991, 376; *Jehle* EuZW 1991, 372; *Ebenroth/Rapp* JZ 1991, 962 ff.; BGH NJW 1992, 2145; NJW-RR 1992, 595). Nach den Grundsätzen des Abstraktionsprinzips (§ 5 Rn. 40 ff. m. Nw.) erfaßt diese Kontrolle aber im Regelfall nicht das dingliche Geschäft, so daß sich die Sittenwidrigkeit nur in Ausnahmefällen (Bedingung, Geschäftseinheit) auf die dingliche Bestellung der Grunddienstbarkeit erstreckt (BGH NJW 1988, 2362 und 2364; DNotZ 1990, 169 m. Nw.; BGH NJW-RR 1992, 593), ein Grundbuchberichtigungsanspruch nicht gegeben ist (§ 894), sondern allenfalls ein schuldrechtlicher Anspruch auf Löschung oder befristete Bestellung. Die kartellrechtliche Kontrolle kann der Grunddienstbarkeit selbst nur insoweit gelten, als gerade ihr Sicherungseffekt den Wettbewerb nachhaltig beeinflußt; dies ist eigentlich nie der Fall, weil die schuldrechtliche Sicherungsabrede der Sicherungswirkung entgegengehalten werden kann, falls und soweit der wettbewerbsbeschränkende schuldrechtliche Vertrag unwirksam ist (*Stürner* AcP 194, 265, 286 ff.; offen BGH NJW-RR 1992, 593, 595; zu Recht anders für ein *nicht* dingliches Wegenutzungsrecht eines Energieversorgungsunternehmens BGH NJW 1992, 2888).

19 Trotz kritischer Stimmen muß die Würdigung der jüngeren Rspr. positiv ausfallen (a. A. *Schwab/Prütting* § 77 VII 3; sehr engagiert MünchKomm/*Joost* § 1090 Rn. 9–20). Sie knüpft an die Tradition abstrakter dinglicher Sicherheiten an und hält den Streit um die Wirksamkeit einzelner Gestaltungen vom dinglichen Recht fern, was angesichts schwer voraussehbarer Entwicklungen vor allem des EG-Wettbewerbsrechtrichtig scheint. Das Totalgebot oder Totalverbot begründet zwar mittelbaren Handlungszwang im gewerblichen Bereich, es führt aber nicht zur unübersichtlichen Verdinglichung einzelner gewerblicher Aktivitäten, sondern wahrt die für den Grundstücksverkehr notwendige Typizität.

4. Inhalt und Änderungen der tatsächlichen Verhältnisse

20 Mit der gesetzlichen Anordnung, daß die Grunddienstbarkeit ihrem Inhalt, aber auch ihrem Maß nach (§ 1019 S. 2) dem herrschenden Grundstück nützlich sein muß, hängt die weitere Frage zusammen, wie Änderungen der tatsächlichen Verhältnisse bei dem herrschenden und bei dem dienenden Grundstück zu beurteilen sind.

21 *Beispiele:* Als das Wegerecht bestellt wurde, unterhielt der Eigentümer des herrschenden Grundstücks ein Fuhrgeschäft mit 6 Pferden. Heute hat sein Enkel 5 Lastzüge. Oder: Im eben genannten Beispiel unterhielt der Eigentümer des belasteten Grundstücks eine kleine Kutscherkneipe, sein Enkel ist Eigentümer eines Hotels garni!
Beispiel aus der Rechtsprechung: BGHZ 92, 351.

Hier gelten folgende *Grundsätze:*

a) Grundsätzlicher Fortbestand der Grunddienstbarkeit

22 Die Grunddienstbarkeit ist „*ewig*"; eine Änderung der tatsächlichen Verhältnisse auf dem herrschenden oder belasteten Grundstück beeinträchtigt sie also in ihrem Bestand nicht, sofern sie überhaupt ihrem festgelegten Inhalt nach noch ausgeübt werden kann.

Im obigen *Beispiel* kann sich der Belastete nicht gegen den Fuhrbetrieb wenden, weil er jetzt ein Hotel garni betreibe und seine Gäste belästigt werden. Der Belastete könnte dagegen *Löschung* der – materiellrechtlich bereits untergegangenen – Grunddienstbarkeit verlangen, wenn statt des Fuhrbetriebs auf dem herrschenden Grundstück nun ein Kino errichtet ist, das nach dieser Seite gar keinen Ausgang hat; denn dann wäre der Vorteil für das herrschende Grundstück auf Dauer entfallen (s. unten Rn. 39 ff. u. BGH NJW 1984, 2157).

b) Anpassung an geändertes Bedürfnis des Berechtigten?

23 Von der eben beantworteten Frage ist die andere zu unterscheiden, ob sich der Eigentümer des dienenden Grundstücks Erschwerungen gefallen lassen muß, die sich aus einer Änderung der tatsächlichen Verhältnisse auf dem herrschenden Grundstück ergeben.

So in unserem *Beispiel:* Die Benutzung des Weges durch Lastzüge?

24 Diese Frage ist grundsätzlich zu bejahen; es kommt für den Umfang der Dienstbarkeit auf das *jeweilige* Bedürfnis des Berechtigten an, nicht auf die Lage zur Zeit der Bestellung der Dienstbarkeit.[1] Freilich braucht eine Benutzung, die sich aus einer *willkürlichen* oder *völlig unvorhersehbaren* Veränderung der Verhältnisse auf dem herrschenden Grundstück ergibt, nicht hingenommen zu werden.[2]

25 Der Belastete muß also den Fuhrbetrieb mit den Lastzügen hinnehmen; denn das auf dem herrschenden Grundstück betriebene Gewerbe ist dem Typ nach dasselbe geblieben. Dagegen hätte der Belastete den Verkehr einer auf dem herrschenden Grundstück errichteten Großgarage nicht zu dulden (sehr weitgehend OLG Karlsruhe NJW-RR 1990, 663).

Zu beachten ist, daß im Grundbuch oder der Eintragungsbewilligung enthaltene ausdrückliche Beschränkungen (z. B. „Fahrrecht mit Pferdefuhrwerken") stets maßgebend bleiben. Eine nicht in das Grundbuch eingetragene Änderung des Inhalts oder Umfangs der Grunddienstbarkeit hat nur schuldrechtliche Bedeutung (BGH NJW 1963, 1247; NJW-RR 1991, 457, 458).

c) Pflicht zur schonenden Ausübung

26 Stets muß die Dienstbarkeit möglichst schonend ausgeübt werden (§ 1020 S. 1); daher kann der Belastete bei Änderung der Verhältnisse u. U. die Verlegung der Dienstbarkeit fordern (§ 1023).

In unserem Beispielsfall kann der Belastete (= Eigentümer des Hotels garni) die Verlegung des Weges auf die andere Seite des Hauses fordern, wenn dadurch seine Gäste weniger gestört werden und die Ausfahrt für den Berechtigten ebenso geeignet ist. Eine Quellendienstbarkeit kann sich in ein Förderungsrecht am Brunnen verwandeln, wenn der Eigentümer des dienenden Grundstücks die Quelle zum Brunnen fassen will (BGH DNotZ 1989, 562, 564).

27 § 1020 begründet ein *gesetzliches Schuldverhältnis* zwischen dem Dienstbarkeitsberechtigten und dem Eigentümer (BGHZ 95, 144; 106, 350). Überschreitet der Berechtigte (oder sein Pächter usw., § 278) schuldhaft seine Befugnisse, so haftet er dem Eigentümer auf Schadensersatz (BGHZ 95, 144). Der belastete Eigentümer kann aber auch nach § 1004 BGB gegen den Dienstbarkeitsberechtigten vorgehen (BGH JZ 1965, 361; zum Ganzen *Müller* Rn. 1355 ff. m. Nw.).

d) Grundstücksteilungen

28 Über den Fall der Teilung des herrschenden oder dienenden Grundstücks s. §§ 1025, 1026.

5. Verpflichtung zu positivem Tun kein zulässiger Inhalt

29 Wie sich aus der Inhaltsfixierung des § 1018 ergibt (s. schon oben Rn. 14 ff.), kann die Grunddienstbarkeit nicht auf ein Tun des Belasteten gerichtet sein (die Hand- und Spanndienste früherer Zeiten schreckten!), servitus in faciendo consistere nequit!

---

[1] BGH NJW 1960, 673; NJW-RR 1995, 15, 16 r. Sp.
[2] BGHZ 44, 171 (= *Baur,* E. Slg. Fall 43); 106, 350; BGH LM § 1018 BGB Nr. 23; DNotZ 1989, 562, 564; NJW-RR 1995, 15, 16 r Sp.

§ 33. Die Grunddienstbarkeit

Lediglich gewisse, auf ein Tun gerichtete Nebenpflichten (BGHZ 106, 348, 350) können dem Belasteten vertraglich auferlegt werden (§ 1021) oder obliegen ihm kraft Gesetzes (§ 1022).

Beispiele: Der Eigentümer des herrschenden Grundstücks kann die Verkehrssicherungspflicht am dienenden Grundstück übernehmen (§ 1021), an dem zu seinen Gunsten ein Wegerecht besteht (BayObLG DNotZ 1991, 257; zum Ganzen *Amann* DNotZ 1989, 531 ff.).

Ist einem Wasserwerk durch Grunddienstbarkeit erlaubt, auf den benachbarten Grundstücken Quellen zu fassen und abzuleiten, so hat das Wasserwerk die erforderlichen Anlagen selbst zu unterhalten (§ 1020 S. 2; sehr weitgehende Auslegung dieser Unterhaltspflicht durch OLG Köln NJW-RR 1990, 1165). Es kann aber vereinbart werden, daß dies die Nachbarn tun; durch Eintragung wird diese Pflicht verdinglicht (§ 1021). Sollen die Nachbarn verpflichtet werden, falls erforderlich, jeweils die Brunnen zu vertiefen, so muß dies in einer *Reallast* festgelegt werden.[1]

Soll umgekehrt der Eigentümer des *herrschenden* Grundstücks zu einem regelmäßigen Entgelt verpflichtet werden, so kann dies nur in Form einer Reallast (§ 1105) oder einer Rentenschuld – die aber im Gegensatz zur Reallast (§ 1105 Abs. 2!) nicht subjektiv-dinglich bestellt werden kann – geschehen.

6. Abgrenzung zum Nießbrauch

Wenn eine Nutzungsmöglichkeit das Grundstück voll ausschöpft und dem Eigentümer keine sinnvolle Nutzungsmöglichkeit bleibt, so ist nach h.M. ein Nießbrauch zu bestellen (hierzu schon § 32 Rn. 12 m. Nw.). *Beispiel:* Flächendeckende Bitumenmischanlage auf einem Grundstück (BayObLG DNotZ 1991, 254). Nach BGH NJW 1992, 1101 soll eine erschöpfende Grunddienstbarkeit jedoch dann zulässig sein, wenn sie nur einen Teil des dienenden Grundstücks belastet (a. A. BayObLG MDR 1986, 673; KG MDR 1992, 52; krit. auch *Schoch* Rpfleger 1992, 338, 339). Allerdings wird das Grundbuchamt die Abgrenzung kaum vornehmen können, weil ein solcher Sachverhalt selten feststeht; die Eintragung der beantragten Grunddienstbarkeit darf dann nicht abgelehnt werden (BayObLG DNotZ 1991, 254 m. Nw.; s.a. § 16 Rn. 59 ff. zur grundbuchrichterlichen Prüfungspflicht). Weitere Abgrenzungsbeispiele: BayObLG DNotZ 1982, 438; KG Rpfleger 1991, 411. Vorzugswürdig erscheint demgegenüber eine formale Abgrenzung, die den Parteien die Wahl des Rechtsinstituts überläßt (*Stürner* AcP 194, 265 ff., 282; § 32 Rn. 12).

III. Bestellung und Erlöschen der Grunddienstbarkeit

1. Bestellung und ihre Wirkung

a) Einigung und Eintragung

Die Grunddienstbarkeit entsteht durch Einigung und Eintragung (§ 873) auf dem Blatt des belasteten Grundstücks; Eintragung im Grundbuch des herrschenden Grundstücks ist möglich (§ 9 GBO), aber nicht notwendig und auch für § 892 bedeutungslos.[2] Die Grunddienstbarkeit ist Bestandteil des herrschenden Grundstücks und geht mit diesem auf einen Rechtsnachfolger über (§ 96), gleichgültig ob sie bei dem herrschenden Grundstück vermerkt ist oder nicht.

b) Mehrere Berechtigte

Berechtigt ist grundsätzlich der jeweilige Eigentümer des herrschenden Grundstücks (subjektiv-dingliches Recht). Möglich ist auch, eine Grunddienstbarkeit zugunsten der Eigentümer mehrerer Grundstücke in der Weise zu bestellen, daß die jeweiligen Eigentümer Gesamtberechtigte (§ 428)

---

[1] *Amann* DNotZ 1982, 396.
[2] *Beispiel:* BayObLGZ 1987, 101 (dazu *Lüke* JuS 1988, 524 u. *K. Schmidt* JuS 1988, 153); s. a. § 23 Rn. 12 f.

sind (BayObLG NJW 1966, 56; *Herget* NJW 1966, 1060; s. auch BGHZ 46, 253 u. BGH Rpfleger 1980, 464); ähnlich zugunsten von Miteigentümern oder Wohnungseigentümern (BayObLG Rpfleger 1983, 434; OLG Stuttgart NJW-RR 1990, 659; Köln NJW-RR 1993, 982, 983).

c) Eigentümergrunddienstbarkeit

34 Die Grunddienstbarkeit kann auch dann bestellt werden, wenn herrschendes und belastetes Grundstück demselben Eigentümer gehören (sog. Eigentümergrunddienstbarkeit).[1] Entgegen dem gemeinrechtlichen Satz: „Nemini res sua servit" nimmt dies die – seit RGZ 142, 234 – h.M. in Analogie zu § 1196 an (BGHZ 41, 209; NJW 1988, 2363). Ihr kommt bei der Parzellierung von Grundstücken durch Siedlungsgesellschaften usw. erhebliche Bedeutung zu: Gebäudehöhe, Bauform, Dachneigung, Umzäunung und dgl. können zu Lasten und zugunsten eines jeden Grundstücks zuvor ein für allemal dinglich festgelegt werden (*Beispiel:* BGH MDR 1971, 657).

d) Belastung und Vermietung des herrschenden Grundstücks

35 Auch eine Belastung des herrschenden Grundstücks erstreckt sich auf die Grunddienstbarkeit (etwa ein Nießbrauch, eine Hypothek). In der Überlassung des herrschenden Grundstücks an einen anderen (z.B. durch Miete oder Pacht) liegt auch die Gestattung der Ausübung der Dienstbarkeit. Das Wegerecht können also auch die Mieter ausüben, sofern dies nicht seinem festgelegten Inhalt widerspricht (vgl. BGH NJW 1967, 246).

e) Altrechtliche Dienstbarkeiten

36 Bedeutsam und zahlreich sind die sog. altrechtlichen, d.h. die bei Anlegung des Grundbuchs schon vorhandenen Grunddienstbarkeiten (vgl. Art. 184, 187 EGBGB). *Beispiele:* BGHZ 104, 139 = NJW 1988, 2037; BayObLG DNotZ 1990, 106; 1993, 598; NJW-RR 1991, 1172; OLG Düsseldorf DNotZ 1990, 109; OLG Schleswig NJW-RR 1992, 465. Falls Landesrecht nichts Abweichendes bestimmt, bestehen sie ohne Eintragung fort;[2] die Beteiligten können aber Eintragung verlangen (zum gutgläubigen Erwerb s. § 23 Rn. 12f.).

f) Das Verpflichtungsgeschäft

37 Der Grunddienstbarkeit liegt regelmäßig ein – formfreies – *Kausalgeschäft* (BGH NJW-RR 1993, 1035) zugrunde. Die Grunddienstbarkeit kann dann durch Parteivereinbarung vom Bestand dieses Kausalverhältnisses abhängig gemacht werden (BGH NJW 1974, 2123 u. *K. Schmidt* JuS 1989, 667; aber: BayObLG Rpfleger 1985, 488: „genügend bestimmt"; zum Ausnahmecharakter ferner oben Rn. 18f. m. Nw.). Neben der dinglichen Grunddienstbarkeit kann ein schuldrechtliches Nutzungsrecht zusätzlich bestehen, sein Bestand kann Bedingung der Grunddienstbarkeit sein (BayObLG NJW-RR 1990, 208).

g) Inhalt der Eintragung

38 In der Eintragung muß der Inhalt der Grunddienstbarkeit kurz, aber ausreichend bestimmt (BayObLG Rpfleger 1995, 13; DNotZ 1991, 258; OLG Hamm NJW-RR 1995, 914; OLG Düsseldorf NJW-RR 1996, 15) bezeichnet werden („Wegerecht"), im übrigen kann auf die Eintragungsbewilligung Bezug genommen werden (BGHZ 35, 378; 59, 11; BGH NJW 1981, 1781: Bezugnahme auf eine der Eintragungsbewilligung beigefügte Karte, wenn der belastete Grundstücksteil noch nicht als selbständiges Grundstück im Grundbuch eingetragen ist).
Zur Auslegung des *Umfangs* einer Dienstbarkeit s. BGH NJW 1976, 417; 1982, 1039; NJW-RR 1991, 457; BGHZ 90, 181 (Belastung mit einem Leitungsrecht, dessen Ausübung aber auf einen realen Teil des Grundstücks beschränkt ist); s.a. § 16 Rn. 28 m. Nw.

---

[1] *Schmidt-Rimpler,* Die Eigentümerdienstbarkeit (1911).
[2] Das Erlöschen altrechtlicher Dienstbarkeiten in den neuen Bundesländern regelt § 8 Grundbuchbereinigungs G; s.a. § 16 Rn. 12, § 32 Rn. 17ff., § 34 Rn. 1, § 63 Rn. 49ff.

2. Erlöschen

Die Grunddienstbarkeit erlischt durch rechtsgeschäftliche Aufhebung (§§ 875, 876), ferner – trotz Eintragung (§ 902)! – wenn eine die Ausübung des Rechts beeinträchtigende Anlage 30 Jahre bestanden hat (§ 1028): **39**

<small>Der Belastete hat den Weg überbaut – der Weg ist von der Stadt aufgekauft und zum öffentlichen Weg erklärt worden; die Wirklichkeit ist hier stärker als das Grundbuch! (§ 1028 Abs. 2).[1]</small>

Schließlich erlischt die Grunddienstbarkeit durch dauernden Wegfall des Vorteils für das herrschende Grundstück. **40**

<small>Siehe oben das *Beispiel* Rn. 22; ferner BGH NJW-RR 1988, 1229 (strenge Anforderungen!). Daß etwa der auf dem herrschenden Grundstück eingerichtete Gewerbebetrieb zerstört und *zeitweise* nicht benutzt werden kann, ändert an dem Bestand der Grunddienstbarkeit nichts (BGH DNotZ 1956, 40; NJW-RR 1991, 457). Andererseits ist der Eigentümer des *dienenden* Grundstücks nicht zu einem Wiederaufbau verpflichtet, um dadurch die weitere Ausübung der Dienstbarkeit zu ermöglichen (BGH NJW 1980, 179; BayObLG Rpfleger 1988, 246; auch oben § 29 Rn. 52).</small>

Erlöschensgrund kann endlich der Eintritt einer Bedingung oder Befristung sein (BayObLG NJW-RR 1990, 208). Nach Erlöschen besteht ein Anspruch auf Grundbuchberichtigung (§ 894, u.U. § 22 Abs. 1 GBO). **41**

IV. Der Schutz der Dienstbarkeit

1. Abwehr- und Schadensersatzansprüche

Der Berechtigte hat bei Beeinträchtigung seines Nutzungsrechts die actio negatoria wie ein Grundstückseigentümer (§ 1027). Dabei ist es gleichgültig, ob sein Recht von dem Belasteten selbst oder irgendeinem Dritten gestört wird. Bei schuldhafter Beeinträchtigung ergibt sich eine Schadensersatzpflicht aus § 823 oder aus dem gesetzlichen Schuldverhältnis zwischen Belastetem und Berechtigtem (oben Rn. 27). **42**

<small>*Beispiel:* D hat auf dem Nachbargrundstück des E ein ausschließliches Kiesausbeutungsrecht. Heimlich führt E selbst (oder X oder X mit E) Kies ab. Hier kann D auf Unterlassung (§ 1027) und auf Schadensersatz klagen.</small>

2. Besitzschutzansprüche

§ 1029 enthält den Fall eines *Rechtsbesitzes*.[2] Die Vorschriften über den Besitzschutz werden hier für entsprechend anwendbar erklärt. **43**

<small>*Beispiel:* D hat in dem obigen Beispiel sein Grundstück samt dem Kiesgewinnungsrecht an P verpachtet. Hier genießt in den Beeinträchtigungsfällen *auch* P Schutz, und zwar Besitzschutz. Dies sagt § 1029 ausdrücklich, engt freilich den Besitzschutz dadurch ein, daß P die Grunddienstbarkeit im Jahr vor der Beeinträchtigung mindestens einmal ausgeübt haben muß.
Kommt dem P – wie in unserem Beispiel – Mitbesitz am belasteten Grundstück zu, so greifen die §§ 858 ff. unmittelbar und ohne die genannte „Ausübungsvoraussetzung" des § 1029 ein (so mit Recht *Heck* aaO).</small>

<small>[1] S. a. zum GrundbuchbereinigungsG für die neuen Bundesländer oben Rn. 36 mit Fußnote.
[2] Siehe dazu besonders *Heck* § 16; ferner § 7 B II 1 b; krit. *Müller* Rn. 1395 ff.</small>

V. Dienstbarkeiten in den neuen Bundesländern

44 Dienstbarkeiten nach dem Recht des BGB können in den neuen Bundesländern als neubestellte Rechte (ab 3. 10. 1990) oder als Dienstbarkeiten vor Geltung des ZGB vorkommen. Die Überleitung der Nutzungsrechte des ZGB behandelt § 63 Rn. 10, 49 ff.; s. ferner Vorauflage § 34 V.

§ 34. Die beschränkte persönliche Dienstbarkeit

I. Begriff und Anwendungsbereich

1. Abgrenzung zu Nießbrauch und Grunddienstbarkeit

1 Die beschränkte persönliche Dienstbarkeit steht in der Mitte zwischen Grunddienstbarkeit und Nießbrauch: Mit der erstgenannten hat sie den *Inhalt* gemeinsam: Nutzung in einzelnen Beziehungen, mit dem Nießbrauch die *Bindung an* eine *bestimmte Person:* sie ist grundsätzlich unveräußerlich und unvererblich (§§ 1090, 1092).

Im Gesetz wird daher bezüglich des Inhalts der b. p. Dienstbarkeit auf das Recht der Grunddienstbarkeit verwiesen (§ 1090).

Genau wie der Nießbrauch kann die b.p. Dienstbarkeit zugunsten einer jur. Person bestellt und damit ebenfalls „ewig" werden; so läßt sich praktisch das gleiche Ergebnis erzielen wie bei der Grunddienstbarkeit. § 1092 Abs. 2 mit §§ 1059a bis 1059d schafft bei Umwandlung juristischer Personen und bei Betriebsübergängen die vom Nießbrauch bekannten Übertragungsvorschriften. § 1092 Abs. 3 erlaubt bei Versorgungsleitungen, Kommunikations- oder Verkehrsanlagen u. ä. sogar die isolierte Übertragung der b. p. Dienstbarkeit oder entsprechender Bestellungsansprüche.[1] Darin liegt eine Privilegierung „gemeinnütziger" Dienstbarkeiten.

Eine b. p. Dienstbarkeit zugunsten mehrerer Gesamtberechtigter (§ 428) ist möglich (s. BGHZ 46, 253), ebenso als Gesamtbelastung an mehreren Grundstücken (BayObLG DNotZ 1991, 254).

Die Dienstbarkeit kann auch öffentlichen Interessen dienen (BGH Rpfleger 1983, 478 und NJW 1984, 924; *Baur*, FS Mühl, 1981, 71; s.a. § 33 Rn. 10).

2. Inhalt

2 Die b.p. Dienstbarkeit kann den gleichen Inhalt haben wie die Grunddienstbarkeit, nur daß die Notwendigkeit des sog. „Grundstücksvorteils" („praedio utilis", § 1019) entfällt. Das bedeutet im einzelnen:

a) Art der Pflichtigkeit

3 Wie die Grunddienstbarkeit kann die b.p. Dienstbarkeit gerichtet sein:

aa) *auf einzelne Nutzungen*

z. B. Wasserleitungs- und Wassergewinnungsrecht, Kiesabbau, Errichtung einer Tankstelle (BGHZ 35, 378); Holznutzungsrecht – Abgrenzung zum Nießbrauch (BayObLG Rpfleger 1981, 439);

„Einzelne Nutzungen" des Dienstbarkeitsberechtigten: also nach h.M. kein Freizeitzentrum unter Ausschluß jeglicher Nutzung durch den Eigentümer (OLG Köln Rpfleger 1982, 61; ebenso BayObLG Rpfleger 1986, 255). Verbleibt dem Eigentümer keine Nutzungsmöglichkeit, ist nach h.M. ein Nießbrauch zu bestellen (hierzu BayObLG DNotZ 1991, 254; ferner § 32 Rn. 12, § 33 Rn. 31). Auch hier wäre allerdings die formale Abgrenzung vorzuziehen, die den Beteiligten die Wahl des Rechtsinstituts beläßt (*Stürner* AcP 194, 265 ff., 282).

---

[1] Zur Neuregelung *Bassenge* NJW 1996, 2777; *Seibert* JZ 1996, 785; s.a. § 32 Rn. 19. Zur Löschung der Dienstbarkeit einer vermögenslosen GmbH s. OLG Düsseldorf DNotZ 1993, 399.

bb) *auf die Nichtvornahme einzelner Handlungen* auf dem belasteten Grundstück

z. B. Verbot des Errichtens eines Hochhauses (s. a. § 33 Rn. 10);

cc) *auf den Ausschluß von Eigentümerbefugnissen* auf dem belasteten Grundstück

z. B. Duldung übermäßiger Immissionen, die vom Grundstück des Berechtigten ausgehen, Duldung von Bergschäden (s. a. § 33 Rn. 11).

b) Eigenes oder fremdes schutzwürdiges Interesse

Da der Satz, die Dienstbarkeit müsse praedio utilis sein, nicht gelten kann, könnte man meinen, daß die b. p. Dienstbarkeit irgendeinem *persönlichen* Interesse des Berechtigten dienen müsse. Indessen hat das Gesetz eine solche Voraussetzung *nicht* aufgestellt; es genügt daher jedes eigene *oder* fremde schutzwürdige Interesse, das nicht einmal vermögenswerter Art zu sein braucht.[1] Nur im Zweifel richtet sich der Umfang der b. p. Dienstbarkeit nach dem persönlichen Bedarf des Berechtigten (§ 1091).

Beispiel: X – Inhaber der Strumpffabrik X AG – stiftet 1 Million DM zur Errichtung eines Altersheimes. Die beschenkte Stadt A läßt auf seine Veranlassung zugunsten der X AG eine b. p. Dienstbarkeit des Inhalts eintragen, daß eine Aufnahme von anderen Personen als Bürgern der Stadt A verboten ist (vgl. RGZ 111, 384, 392). – Ist die Ausübung der Dienstbarkeit objektiv und dauernd unmöglich, so ist die Bestellung unwirksam (BGH NJW 1985, 1025).

3. Anwendungsbereich

Da die b. p. Dienstbarkeit den gleichen Inhalt haben kann wie eine Grunddienstbarkeit, deckt sich ihr Anwendungsbereich annähernd mit dem der Grunddienstbarkeit (BGHZ 41, 209). Wegen des Wegfalls des „Grundstücksvorteils" ist er jedoch weiter gespannt. So kommen in Betracht:

a) *Nutzungsrechte,* und zwar sowohl Ausbeutungsrechte wie Leitungsrechte[2] aller Art,

etwa die Errichtung und Duldung von Hochspannungsleitungen und -masten, Ölleitungen (man denke an die großen „pipe-lines"),[3] Wasserleitungen großen und kleinen Ausmaßes;[4]

---

[1] BGHZ 41, 209; NJW 1985, 1025.
[2] Die Versorgungsleitungen selbst sind i. d. R. Scheinbestandteile gemäß § 95 Abs. 1 S. 2 und stehen als Zubehör (§§ 97 ff.) im Eigentum des verlegenden Unternehmens (ausführlich BGHZ 37, 353 ff.; NJW 1994, 999; s. a. § 3 Rn. 15). Dienstbarkeiten und Leitungsrechte können wettbewerbsrechtlich bedenkliche Monopole schaffen; das nationale Energiewettbewerbsrecht und EU-Recht beugen dem durch Einspeisungs- und Durchleitungsrechte von Wettbewerbern vor (hierzu *Stürner* AcP 194, 265 ff., 292 m. Nw.; *Kühne/Scholtka* NJW 1998, 1902 ff.; *Baur/Moraing*, Rechtliche Probleme einer Deregulierung der Elektrizitätswirtschaft, 1994, S. 59 ff.; *Börner* RIW 1997, 475 ff.; s. a. BGHZ 119, 335; BGH NJW 1996, 3005; *Rehbinder* NJW 1996, 564).
[3] S. *Bullinger,* Die Mineralölfernleitungen (1962); *Westermann,* Aktuelles und werdendes Recht der Mineralölfernleitungen (1964); *Kindermann,* Rechtsprobleme beim Bau und Betrieb von Erdölfernleitungen (1965).
[4] Gewisse Versorgungsleitungen sind schon *kraft Gesetzes* zu dulden, ohne daß es der Bestellung einer Dienstbarkeit bedürfte (s. dazu *Kimminich* NJW 1983, 2785; BGH NJW 1994, 999). Viele

9 b) *Unterlassen gewisser Handlungen* auf dem belasteten Grundstück,

so kann z. B. eine Siedlungsgesellschaft vor Parzellierung und Verkauf des Geländes zu ihren Gunsten b. p. Dienstbarkeiten des Inhalts eintragen lassen, daß die Grundstücke nur in einem gewissen Stil, nicht in anderen bebaut werden dürfen (s. BGHZ 41, 209), daß Umgrenzungen (Zäune) zwischen den einzelnen Grundstücken nicht errichtet werden dürfen, daß eine Überlassung einer Wohnung an andere Personen als die vom Berechtigten Vorgeschlagenen nicht erfolgen darf (*Wohnungsbesetzungsrecht:* KG NJW 1954, 1245; OLG Stuttgart MDR 1956, 679; RGZ 111, 384, 396; ablehnend: OLG Düsseldorf NJW 1961, 176; für einen „Knebelungsfall" BayObLG Rpfleger 1982, 273; s. a. § 33 Rn. 10 u. ausführlich *Soergel/Stürner* § 1090 Rn. 12 ff.), daß es dem Eigentümer untersagt ist, sein Grundstück zu anderen Zwecken als zum Betrieb einer Werkstatt für Behinderte zu benutzen (BayObLG Rpfleger 1986, 10); ferner fallen hierunter *Wettbewerbsverbote* und *Fernwärmedienstbarkeiten* (s. hierzu schon oben § 33 Rn. 13 ff.);

10 c) schließlich der *Ausschluß von Rechten,* die sich aus dem Eigentum an dem belasteten Grundstück ergeben würden.

Wie bei der Grunddienstbarkeit kommt hier insbesondere eine individuelle Regelung des Nachbarrechts in Betracht. So kann in dem obigen Beispiel die Siedlungsgesellschaft zu ihren Gunsten eine b. p. Dienstbarkeit eintragen lassen, wonach gewerbliche Unternehmungen auf den später zu verkaufenden Grundstücken nicht betrieben werden dürfen (BGH NJW 1984, 924; s. a. § 33 Rn. 10, 13 ff.).

4. Verpflichtung zu positivem Tun kein zulässiger Inhalt

11 Wie die Grunddienstbarkeit kann die b. p. Dienstbarkeit nicht auf ein Handeln des Eigentümers des belasteten Grundstücks gerichtet sein. Jedoch besteht auch hier die Möglichkeit, daß der Belastete verpflichtet wird, eine auf seinem Grundstück errichtete Anlage zu unterhalten (s. dazu oben § 33 Rn. 29 f.).

So kann mit einem Wasserleitungsrecht (zugunsten eines Wasserwerks) die Pflicht für die Eigentümer der belasteten Grundstücke verbunden sein, die auf ihren Grundstücken verlegten, dem Wasserwerk gehörenden Leitungen zu unterhalten, sie im Falle der Unbrauchbarkeit also auf ihre Kosten zu erneuern.

II. Anwendbare Vorschriften

12 Für die Entstehung, den Untergang und den Schutz der b. p. Dienstbarkeit gelten die Vorschriften über die Grunddienstbarkeit entsprechend. Da jedoch auf einen *bestimmten* Berechtigten abgestellt wird, ist sie grundsätzlich *unübertragbar* und *unvererblich* (§§ 1092, 1090 Abs. 2 mit § 1061).[1]

13 Es kann jedoch vereinbart werden, daß die Ausübung der b. p. Dienstbarkeit einem anderen überlassen wird; die Überlassung der Ausübung durch den Dienstbarkeitsberechtigten erfolgt durch schuldrechtlichen Vertrag (vgl. § 32 Rn. 17).
So kann z. B. bei Bestellung der b. p. Dienstbarkeit oder später gestattet werden, daß ein Kiesausbeutungsrecht auch durch einen Pächter des Kieswerks ausgeübt werden kann. Anders als beim Nießbrauch (§ 1059 S. 2) versteht sich aber ein solches Recht zur Ausübungsgestattung nicht von selbst, sondern muß ausdrücklich eingeräumt werden (§ 1092 Abs. 1 S. 2).

Energieversorgungsunternehmen nehmen in ihre AGB Duldungspflichten für Versorgungsleitungen von Nachbarn etc. auf. Die enteignende Bestellung oder die Bestellung zur Abwendung einer Enteignung ist entschädigungspflichtig (neueres Beispiel: BGH NJW 1993, 457 ff.).

[1] *Beispielsfälle:* BGH NJW 1963, 2319 und 1964, 2296; s. a. oben Rn. 1.

§ 35. Die Reallast

Die *Nichtvererblichkeit* macht in der Praxis dann Schwierigkeiten, wenn Berechtigter eine natürliche 14
Person ist, die in Ausübung der b. p. Dienstbarkeit große Aufwendungen gemacht, z. B. eine Kiesgewinnungsanlage errichtet hat. Daher wird in der Praxis vielfach – neben der b. p. Dienstbarkeit – ein schuldrechtlicher Anspruch auf künftige Bestellung einer b. p. Dienstbarkeit zugunsten des Gesamt- oder Einzelrechtsnachfolgers des jetzigen Dienstbarkeitsberechtigten begründet; dieser Anspruch kann dann durch eine Vormerkung gesichert werden (*Beispielsfall:* BGHZ 28, 99; abl. *Wilhelm* Rn. 1014). Bei *juristischen Personen* bzw. „rechtsfähigen Personengesellschaften" helfen §§ 1092 Abs. 2, 1059 a–d und § 1092 Abs. 3 (s. oben Rn. 1).
Zur *Eigentümerdienstbarkeit* s. oben § 33 Rn. 34; BGHZ 41, 209; *Weitnauer* DNotZ 1964, 716.

III. Dingliches Wohnungsrecht

Ein Sonderfall einer b. p. Dienstbarkeit ist das dingliche Wohnungsrecht; 15
hierzu wird auf das oben § 29 Rn. 45 ff. Gesagte verwiesen.

IV. Beschränkte persönliche Dienstbarkeit in den neuen Bundesländern

Beschränkte persönliche Dienstbarkeiten im Sinne des BGB gibt es in den neuen Bundesländern 16
nur unter neuem Recht (seit 3. 10. 1990) oder als altrechtliche Dienstbarkeiten vor Geltung des ZGB. Für „überholte" Dienstbarkeiten schafft das GrundbuchbereinigungsG (§§ 5 ff.) erleichterte Löschungsmöglichkeiten, notwendige Dienstbarkeiten für Versorgungsleitungen erfahren erleichternde Sonderregelungen (§ 9 GrundbuchbereinigungsG i. V. m. der SachenrechtsdurchführungsVO; s. a. § 63 Rn. 49 ff.). Die Mitbenutzungsrechte der §§ 321, 322 ZGB und ihre Überleitung schildert § 63 Rn. 10, 49 ff. (s. a. § 34 IV der Vorauflage).

§ 35. Die Reallast[1]

I. Begriff und Anwendungsbereich

1. Begriff

Nach § 1105 ist für die Reallast kennzeichnend, daß an den Berechtigten 1
(dieses beschränkten dinglichen Rechts) *„wiederkehrende Leistungen aus dem Grundstück* zu entrichten sind".

Ein Bild von diesem Rechtsinstitut verschafft der hauptsächliche Anwendungsfall, das sog. *Alten-* 2
teilsrecht (Leibgeding, Auszug, Leibzucht): Der Bauer, der den Hof an seinen Nachfolger übergibt, läßt sich ein Altenteilsrecht einräumen, das – um gegen einen Rechtsnachfolger zu wirken – „verdinglicht" werden muß. Das Altenteil enthält üblicherweise ein Wohnrecht (zu verdinglichen als b. p. Dienstbarkeit nach § 1093), die Lieferung von Naturalien entsprechend den Bedürfnissen des Altenteilers und der Produktion des Hofes („zu Martini eine Gans"!), die Zahlung einer monatlichen Versorgungsrente und „die Pflege in kranken Tagen." Die Natural-, Geld- und Dienstleistungen können durch die Reallast gesichert, verdinglicht werden. *Beispielsfälle:* BGH NJW 1962, 2249; 1981, 2568; 1990, 3018, 3019; 1994, 1158; 1995, 2780 (ausführlich zum Altenteilsvertrag *Soergel/Stürner* § 1105 Rn. 26–28). Das Altenteilsrecht stellt zwar kein eigenständiges dingliches Recht dar, es kann jedoch nach § 49 GBO als solches im Grundbuch eingetragen werden. Es ist durch vielfältige *landes-* *rechtliche* Besonderheiten geprägt (vgl. Art. 96 EGBGB), die starke Abweichungen von Bundesrecht

---

[1] Zur Frage der Rechtsnatur (Einordnung) der Reallast s. insbes. *Heck* § 109; *von Lübtow,* FS Lehmann, I 1956, S. 352 ff.; *MünchKomm/Joost* § 1105 Rn. 4–6; ferner BayObLG MDR 1960, 50 (= *Baur,* E. Slg. Fall 45); BGH JZ 1978, 348, 349; NJW 1995, 2780, 2781 l. Sp. (dingliches Verwertungsrecht).

zur Folge haben können. Besondere Vorsicht ist deshalb geboten! (eindrucksvoll der Haftungsfall BGH NJW 1991, 2759).

a) Wiederkehrende Leistungen

3   Charakteristisch ist also für die Reallast, daß an den Berechtigten wiederkehrende Leistungen „aus dem Grundstück" zu entrichten sind. Anders als bei der Rentenschuld (§ 1199) brauchen diese nicht in Geld zu bestehen, sondern können auch Sach- oder Dienstleistungen sein, sie müssen auch *nicht regelmäßig* wiederkehren. Im Gegensatz zu den Dienstbarkeiten (Nießbrauch, Grunddienstbarkeit, b. p. Dienstbarkeit) führt die Reallast nicht zu einer Nutzungseinwirkung des Berechtigten auf das belastete Grundstück, es bleibt vielmehr dem Belasteten überlassen, wie er die Leistungen, die er zu erbringen hat, aus dem Grundstück herauswirtschaftet.

4   *Beispiel:* Will E dem K ein Kieslieferungsrecht gewähren, so kann er ihm – wie wir wissen – eine b. p. *Dienstbarkeit* bestellen; dies hat zur Folge, daß K *auf dem Grundstück des E* den Kies auf seine – des K – Kosten abbauen kann. Bewilligt E dem K eine Reallast, so bedeutet dies, daß E den Kies auf seine Kosten gewinnen muß (K auf dem Grundstück des E also nichts zu suchen hat!) und an K zu liefern hat.

b) Leistungen aus dem Grundstück

5   Der Ausdruck „aus dem Grundstück" könnte zu der Annahme verleiten, als müßte es sich um Leistungen handeln, die das Grundstück produziert. Aber daß diese Worte nicht so verstanden werden können, zeigt schon der Hinweis auf die Leistung von Diensten.

6   *Beispiel:* Wenn E der Gemeinde G eine Reallast des Inhalts bestellt hat, daß er (oder seine Rechtsnachfolger) für die Reinigung der Wasserabzugsgräben, die entlang des angrenzenden Feldwegs verlaufen, zu sorgen hat, so können diese Dienste nicht „aus dem Grundstück entrichtet" werden.

Gemeint ist, daß der Berechtigte die Zwangsvollstreckung in das Grundstück betreiben kann, wenn der Eigentümer des belasteten Grundstücks die Leistungen nicht erbringt (vgl. § 1107 mit § 1147!).

c) Systematische Einordnung

7   Aus dem Gesagten ergibt sich schon, daß die Reallast eine eigenartige Mittelstellung zwischen den Nutzungsrechten und den Sicherungsrechten an Grundstücken einnimmt: Sie kann dem Schwerpunkt nach Nutzungsrecht sein, wenn es sich um Leistungen handelt, die das Grundstück hervorbringt. Ist dies nicht der Fall – so insbesondere bei Reallasten, die auf Geld gerichtet sind –, so überwiegt von vornherein der Sicherungszweck.[1]

2. Anwendungsbereich

8   Der Anwendungsbereich der Reallast war bis zu der im Anfang des vorigen Jahrhunderts einsetzenden Ablösungsgesetzgebung umfassend. Sie diente vor allem der dinglichen Radizierung von Sach- und Dienstleistungspflichten mannigfachen Inhalts; man braucht sich nur die Begriffe:

---

[1] So mit Recht *Wieacker,* Bodenrecht S. 234.

§ 35. Die Reallast II § 35

„Zehnten", „Fronden", „Hand- und Spanndienste", im städtischen Bereich den Begriff „Rentenkauf" zu vergegenwärtigen, um eine gewisse Vorstellung über die vielfachen Formen der Grundabhängigkeit zu gewinnen. Die Bauernbefreiung brachte eine Ablösung dieser Gerechtigkeiten; sie standen der persönlichen Entfaltung und der wirtschaftlichen Entwicklung des Bauernstandes im Wege.

Das BGB hat dennoch die Reallasten in den Kreis der zulässigen beschränkten dinglichen Rechte aufgenommen, jedoch dem Landesrecht die Möglichkeit gelassen, die Begründung von Reallasten zu untersagen oder zu beschränken oder den zulässigen Umfang und Inhalt näher zu umgrenzen (Art. 113–115 EGBGB).[1]

Gegenwärtig ist der Anwendungsbereich der Reallast beschränkt; sie findet sich – wie schon erwähnt – in bäuerlichen Verhältnissen als wesentlicher Teil des *Altenteilrechts*,[2] ferner zur Sicherung von wiederkehrenden Geldleistungen, häufig in Verbindung mit Wertsicherungsklauseln (BGHZ 111, 324 m. Nw.: *Rentenreallast*).[3] Schließlich hat sie sich auch den technischen Bereich in Form der sog. *Industriereallast (Heck)* erobert.[4] 9

Beispiele: K erwirbt von V ein Grundstück gegen Bezahlung von 5000 DM und Versprechen einer lebenslänglichen Leibrente von monatlich 250 DM. Zu deren Sicherung bestellt K dem V eine Reallast (BGH NJW 1972, 814). – 10

Aluminiumwerke sind besonders „stromintensiv". Daher läßt sich R vor Errichtung eines solchen Werkes auf dem Grundstück des Elektrizitätswerkes E eine Reallast des Inhalts eintragen, daß täglich eine gewisse Mindestmenge von Strom geliefert werden muß (zur Reallast für Energie- und Warmwasserbezug BayObLG NJW-RR 1993, 530). 11

Zugunsten des Fernwärmeunternehmens F wird folgende *Fernwärmereallast* eingetragen: „Der jeweilige Eigentümer des Grundstücks hat Wärme oder Energie zur Wärmeerzeugung für Raumheizung, Klimatisierung, Bereitung von Brauchwasser nur aus der Fernheizungsanlage zu beziehen, es sei denn, daß es sich um Energiequellen handelt, die ihrer Natur nach lediglich zur kurzfristigen Wärmeerzeugung bestimmt sind" (OLG Celle JZ 1979, 268; ablehnend *Joost* JZ 1979, 467, 468; zustimmend *Soergel/Stürner* § 1105 Rn. 24 m. Nw.). Die Praxis wird allerdings die Fernwärmedienstbarkeit (§ 33 Rn. 17) oft vorziehen wegen landesrechtlicher Barrieren (Ablösungsrechte, inhaltliche Beschränkungen etc.). 12

II. Entstehung, Übertragung und Untergang der Reallast

1. Entstehung

Die Reallast entsteht durch Einigung und Eintragung. Sie kann begründet werden: 13

a) als *vererbliches und übertragbares Recht;* dies gilt, wenn sich eine andere Vereinbarung aus dem Grundbuch nicht ergibt (BayObLG DNotZ 1989, 567);

b) als *nicht vererbliches und nicht übertragbares,* also an die Person des Berechtigten gebundenes *Recht* (vgl. § 1111 Abs. 2 u. OLG Köln Rpfleger 1994, 292);

---

[1] Zusammenstellung bei MünchKomm/*Joost* § 1105 Rn. 49; *Beispielsfälle:* OLG Düsseldorf Rpfleger 1986, 366 m. krit. Anm. *Meyer-Stolte;* OLG Köln Rpfleger 1996, 190.

[2] *Beispiele:* BayObLG DNotZ 1985, 41: „Kost, Wohnung, Heizung, ärztl. Versorgung, Taschengeld", aber auch: „Kosten der standesgemäßen Beerdigung, Grabstein, Grabpflege" (ähnlich Hamm Rpfleger 1988, 247), oder: „Gewährung von Kost, Wartung und Pflege auf Lebenszeit in gesunden und kranken Tagen" (BGH NJW 1990, 3018, 3019); Pflege, „somit sie ... unter Berücksichtigung beruflicher und familiärer Verhältnisse ... zumutbar ist" (BGH NJW 1995, 2780); weitere neue *Beispiele* OLG Zweibrücken MDR 1994, 104; BayObLG Rpfleger 1993, 443; DNotZ 1994, 180, 869; OLG Köln Rpfleger 1992, 431 etc.

[3] Siehe dazu *Soergel/Stürner* § 1105 Rn. 13, 14; BGHZ 22, 54, 58 (Beamtenpension); OLG Frankfurt Rpfleger 1988, 247; OLG Oldenburg Rpfleger 1991, 450 und BayObLG Rpfleger 1993, 485 (Unbestimmtheit der „Anpassung gemäß § 323 ZPO"). Die *Erbbauzinsreallast* war früher wegen § 9 Abs. 2 S. 1 ErbbauRV nicht selbst dynamisierbar (BGHZ 111, 324, 328); deshalb konnte nur der schuldrechtliche Anspruch auf Anpassung der Reallast vorgemerkt werden (BGHZ 61, 209, 211). Zur Neuregelung ausführlich § 29 Rn. 32 ff. und BayObLG NJW 1997, 468.

[4] Siehe auch *Franz Beyerle,* Ertragsbeteiligung als dingliches Recht, JZ 1955, 257.

c) als *subjektiv-dingliches Recht* (§§ 1105 Abs. 2, 1110), das nur mit dem Eigentum am herrschenden Grundstück übertragbar ist. Beispiel: BayObLG Rpfleger 1990, 507 (subjektiv-dingliche Erbbauzinsreallast).

Wie die Grunddienstbarkeit kann auch die Reallast als *Eigentümerreallast* begründet werden. So kann etwa in dem Beispielsfall oben § 34 Rn. 9 die Siedlungsgesellschaft durch Reallasten vor dem Verkauf der Grundstücke die Reinigung der Gehwege innerhalb der Siedlung ein für alle Mal regeln.[1]

2. Das Grundgeschäft

14 Der Bestellung der Reallast liegt eine causa zugrunde (z.B. Kauf, Übergabevertrag, Schenkung oder andere Vereinbarungen, wie etwa ein Vertrag zur Sicherung des Betriebs einer gemeinsamen Heizungsanlage, s. OLG Karlsruhe NJW-RR 1992, 722). Fehlt sie oder fällt sie weg, so kann Aufhebung der Reallast aus ungerechtfertigter Bereicherung verlangt werden. Dient sie der Sicherung einer Forderung, so ist § 1163 nicht entsprechend anwendbar (str.).

3. Übertragung

15 Eine nicht subjektiv-dingliche, auch nicht an die Person des Berechtigten gebundene Reallast kann nach § 873 auf einen anderen übertragen werden. Davon zu unterscheiden ist die Übertragung der fällig gewordenen Einzelleistung; deren Abtretung erfolgt nach §§ 398 ff. (§ 1107 mit § 1159). Davon ist weiter der Fall zu unterscheiden, daß die Reallast für A, gleichzeitig aber für die Zeit nach dem Tode des A für B bestellt wird (OLG Köln OLGZ 1966, 231).

4. Erlöschen

16 Für das Erlöschen der Reallast (s. § 875) gilt die Besonderheit, daß landesrechtlich eine – jederzeit zulässige – *Ablösung* vorgesehen sein kann.

III. Die Haftung für die Reallast[2]

1. Ausgangslage

17 Die hier vom Gesetz verordnete Regelung wirkt zunächst verwirrend, weil man folgende Tatbestände zu unterscheiden hat:

a) die Reallast als solche,

b) den aus der Reallast fließenden Anspruch auf die einzelne Leistung,

c) etwaige aus dem zugrunde liegenden Schuldverhältnis sich ergebende Ansprüche.

Beispiel: In einem Altenteilsvertrag hat sich der Hofübernehmer S verpflichtet, an seinen Vater V monatlich 1000 DM zu zahlen. Eine entsprechende Reallast wurde eingetragen. Hier fließt aus der Reallast – gleichgültig, wer Eigentümer des belasteten Grundstücks ist – ein dingliches Verwertungsrecht (§ 1107) und ein gegen den Eigentümer gerichteter persönlicher Anspruch auf Zahlung von 1000 DM monatlich (§ 1108 Abs. 1). Unabhängig davon erwächst aus dem Übergabevertrag ein schuldrechtlicher Anspruch auf Zahlung von 1000 DM, der aber nur gegen den Sohn, nicht gegen einen Erwerber des Hofes geltend gemacht werden könnte.

2. Haftung für das Stammrecht

18 Die Haftung des Grundstücks für die *Reallast als Ganzes* („Stammrecht") kommt nur bei einer vertraglich oder gesetzlich vorgesehenen Ablösung oder im Falle der Zwangsversteigerung in Betracht (§ 92 ZVG).

Schutz der Reallast bei Beeinträchtigungen des Gesamtrechts nach § 1107 mit § 1134!

---

[1] Zu der Frage, ob eine Reallast zugunsten eines Dritten bestellt werden kann, s. BGH DB 1965, 660; NJW 1993, 2617 und oben § 5 Rn. 28.

[2] Dazu *Drischler* KTS 1971, 145 und *Amann* DNotZ 1993, 222.

3. Haftung für der Reallast entfließende Einzelansprüche

Für den einzelnen aus der Reallast fließenden Anspruch haftet 19
a) *einmal* das *Grundstück,* und zwar nach den für Hypothekenzinsen geltenden Regeln (§ 1107).
Im obigen Beispiel kann V also Zwangsversteigerung und Zwangsverwaltung in das Grundstück und in die nach §§ 1120 ff. mithaftenden Gegenstände betreiben; Einzelheiten s. unten § 40.
Interessantes *Beispiel:* BayObLG NJW-RR 1991, 407 (Erlöschen des Stammrechts bei Vollstreckung des Einzelanspruchs, §§ 44 I, 12 ZVG – Vorrang des Stammrechts als eingetragener dinglicher Inhalt);
b) *ferner* aber nach § 1108 auch der jeweilige Eigentümer *persönlich* für die während der Dauer sei- 20
nes Eigentums fällig werdenden Leistungen.[1]
V kann sonach auch in das übrige Vermögen des S, etwa in ein Bankkonto vollstrecken, und zwar auch dann, wenn S den Hof inzwischen an K verkauft hat, sofern nur die geltend gemachten Raten während der Eigentumszeit des S fällig geworden sind (vgl. BGH NJW 1990, 2380, 2381 r. Sp.). Gegen K kann V im Wege der Grundstücksvollstreckung auch die vor dem Erwerb liegenden Ansprüche vollstrecken!

4. Haftung für Ansprüche aus dem Grundgeschäft

Für Ansprüche aus dem schuldrechtlichen Grundgeschäft haftet nur der Vertragsgegner, nicht ein 21
Erwerber des Grundstücks, es sei denn, er habe die Verbindlichkeiten übernommen.

Beispiel: K verkauft an B sein Grundstück und läßt sich bei der Auflassung und Eintragung des B eine Reallast bestellen, die den monatlichen Rentenanspruch über 2500 DM sichern soll („Kauf auf Rentenbasis"). B verkauft und veräußert an F, der die Rentenschuld des B übernimmt (§§ 414, 415), was aber K nicht genehmigt. Als F in wirtschaftliche Nöte kommt, ersteigert E das Grundstück, wobei die Reallast des K ins geringste Gebot fällt und bestehen bleibt (§§ 44 Abs. 1, 52 Abs. 1, 91 Abs. 1 ZVG). K beansprucht den zahlungsfähigen E (§ 1108), der bezahlt. E will bei B Regreß nehmen. § 426 Abs. 1 und §§ 1108, 426 Abs. 2 S. 1 lassen dies zu. Denn B war noch Schuldner der Kaufpreisrente, die F nicht wirksam übernommen hatte; B und E waren also Gesamtschuldner, die im Innenverhältnis grundsätzlich anteilig hafteten. B muß sich bei F aus dem Kaufvertrag erholen (§ 415 Abs. 3 S. 2). Zum Ganzen BGH NJW 1991, 2899; BGHZ 58, 191; für Alleinhaftung des Ersteigerers bei fehlendem Zwischenerwerb neuerdings BGHZ 123, 178 (§ 56 S. 2 ZVG lex specialis zu § 426 Abs. 1).

IV. Reallast in den neuen Bundesländern

In den neuen Bundesländern gibt es altrechtliche Reallasten aus der Zeit vor dem ZGB und Real- 22
lasten, die nach dem 3. 10. 1990 bestellt worden sind. Die Mitbenutzungsrechte gemäß §§ 321, 322 ZGB ähneln den Dienstbarkeiten und haben mit der Reallast letztlich nichts gemein (s. a. § 63 Rn. 10, 49 ff.). §§ 5 ff. GrundbuchbereinigungsG erleichtern u. U. das Erlöschen alter Reallasten.

---

[1] Daher kein Erwerb von belasteten Grundstücken durch Minderjährige nach § 107 (statt vieler MünchKomm/*Gitter* § 107 Rn. 11; *Stürner* AcP 173, 402, 430).

5. Kapitel. Sicherungsrechte an Grundstücken

A. Die Grundpfandrechte

§ 36. Funktion und Einteilung der Grundpfandrechte

Lit.-Hinweis: *Adams,* Ökonomische Analyse der Sicherungsrechte, 1980; F. *Baur* JA 1987, 166 (Entwicklungstendenzen); *Bucholz* RabelsZ 50 (1986), 97; *Asch,* Das deutsche Hypothekengeschäft, 1932; *Blomeyer,* Karl, Hypotheken u. Grundschulden, 2. Aufl. 1990; *Büdenbender* JuS 1996, 665 (Grundsätze des Hypothekenrechts); *Bülow,* R. d. Kreditsicherheiten, 4. Aufl. 1997; *Falter,* D. Praxis d. Kreditgeschäfts, 12. Aufl. 1987; *Gaberdiel,* Kreditsicherung durch Grundschulden, 5. Aufl. 1991; *Gerhardt,* Immobiliarsachenrecht, 4. Aufl. 1996; *Habersack,* Die Akzessorietät – Strukturprinzip der europäischen Zivilrechte und eines künftigen europäischen Grundpfandrechts, JZ 1997, 857; *Hadding,* Vorüberlegungen zu einem allgemeinen Teil des Rechts der Kreditsicherheiten, FS Frotz, 1993, S. 495 ff.; *Klinckhammer/Rancke* JuS 1973, 665 (Hauptprobleme des Hypothekenrechts); *Kollhosser* JA 1979, 61 (Grundbegriffe und Formularpraktiken); *Laux,* Zwischenfinanzierung von Bausparverträgen, 5. Aufl. 1980; v. *Lübtow,* Die Struktur der Pfandrechte und Reallasten, FS H. Lehmann (1956) I S. 328; *Medicus,* Die Akzessorietät im Zivilrecht, JuS 1971, 497; *Nußbaum,* Lehrbuch des deutschen Hypothekenwesens (2. Aufl. 1921); *Paulus,* Grundfragen des Kreditsicherungsrechts, JuS 1995, 185; *Peltzer/Bell* ZIP 1993, 1757 (Besicherung von Gesellschafterkrediten mit dem GmbH-Vermögen?); *Petereit, D.* Kreditsicherung aus dem unbeweglichen Vermögen, 1978; *Reinicke/Tiedtke,* Kreditsicherung, 3. Aufl. 1994; *Reischl,* Grundfälle zu den Grundpfandrechten, JuS 1998, 125, 220, 318, 414, 516, 614; *Reithmann* NJW 1977, 661 (Grundpfandrechte in der Rechtswirklichkeit) u. DNotZ 1982, 67 (Grundpfandrechte heute); *Rimmelspacher,* Kreditsicherungsrecht, 2. Aufl. 1987; *Schaarschmidt,* Die Sparkassenkredite, 7. Aufl. 1985; *Schapp,* Zum Wesen des Grundpfandrechts, Freundesgabe Söllner, 1990, S. 477 ff.; *Scholz/Lwowski, D.* Recht d. Kreditsicherung, 7. Aufl. 1994; *Schwerdtner* Jura 1986, 259, 376 (Grundprobleme); *Rüchardt,* Handbuch des Hypothekarkredits, 3. Aufl. 1993; *Stürner,* Das Grundpfandrecht zwischen Akzessorietät und Abstraktheit und die europäische Zukunft, FS Serick, 1992, S. 377 ff.; *Weber,* Kreditsicherheiten, 5. Aufl. 1997 (m. weiteren Lit.-Nachweisen); *Dorndorf,* Kreditsicherungsrecht u. Wirtschaftsordnung, 1986; *Rastätter* DNotZ 1987, 459 (bankübliche Sicherung durch Grundpfandrechte); *Wenzel* WM 1994, 1269, 1313 (Die Auswirkungen des Registerverfahrensbeschleunigungsgesetzes für den Grundpfandrechtsgläubiger); *Westermann,* Die Grundpfandrechte, Jura 1979, 281. – Rechtsprechungsberichte: *Pikart* WM 1960, 594; 1965, 1230; 1973, 830; *Räfle* WM 1983, 806.

Über das *Recht der Kreditsicherheiten in europäischen Ländern* unterrichtet eine von *Hadding* u. *Schneider* herausgegebene Schriftenreihe: Bd. 11 Bundesrepublik Deutschland, 1976; Bd. 16 Frankreich, 1978; Bd. 18 Belgien, 1979; Bd. 24 England, 1980; Bd. 38 Schweiz, 1983; Bd. 37 USA – Bewegliche Sachen, 1983; Bd. 44 Immobiliensicherheiten, 1985; Bd. 47 Forderungsabtretung, 1986. – Über „Hypotheken auf Unternehmen" in Schweden und Finnland s. *Wenckstern* AÖR 52 (1988), 663.

I. Begriff und wirtschaftliche Bedeutung

1. Begriff und Funktion

1   Das BGB kennt den Begriff „Grundpfandrecht" nicht. Er hat sich gebildet als zusammenfassende vereinfachende Bezeichnung für die im Gesetz entwickelten Rechtsinstitute der Hypothek, Grundschuld und Rentenschuld. Diesen beschränkten dinglichen Rechten ist gemeinsam, daß der Berechtigte eine Geldforderung im Falle ihrer Nichterfüllung aus dem belasteten Grundstück im Wege der Zwangsvollstreckung beitreiben kann. Ihre Eigenart ergibt sich

schon aus dem Wortlaut der §§ 1113, 1191, 1199, wo es – insoweit übereinstimmend – heißt, daß „eine bestimmte Geldsumme aus dem Grundstück zu zahlen ist". Diese Formulierung kann nicht wörtlich genommen werden; denn „aus dem Grundstück" kann nicht bezahlt werden. Gemeint ist, daß die Substanz oder (und) die Nutzungen des Grundstücks notfalls zwangsweise zugunsten des Berechtigten verwertet werden, und zwar die Substanz im Wege der Zwangsversteigerung, die Nutzungen im Wege der Zwangsverwaltung.

Nun könnte man sagen, dies sei doch nichts Besonderes. Denn jeder Gläubiger habe das Recht, im Falle der Nichtbefriedigung seiner Forderung in das gesamte Vermögen seines Schuldners, also auch in dessen Grundstücke und ihre Nutzungen, die Zwangsvollstreckung zu betreiben, der Grundpfandberechtigte genieße also keine Sonderstellung. Die Eigenart des Pfandrechts, und damit auch des Grundpfandrechts, liegt aber darin, daß sein Inhaber den persönlichen, also nicht dinglich gesicherten Gläubigern vorgeht, die verpfändete Sache gewissermaßen für ihn „reserviert" ist, und zwar gleichgültig, wer Eigentümer des belasteten Grundstücks ist.

Zur näheren Illustration ist etwa auf die in § 10 Abs. 1 Nr. 4 (dinglich Berechtigte) und Nr. 5 (persönliche Gläubiger) ZVG enthaltene Rangordnung oder auf § 47 KO/§ 49 InsO (Recht der Pfandberechtigten auf abgesonderte Befriedigung) zu verweisen.

Aus dieser Vorzugsstellung der Grundpfandberechtigten ergibt sich die wirtschaftliche Bedeutung der Grundpfandrechte: sie dienen dem Sicherungsbedürfnis der Gläubiger in besonderer Weise, indem ihnen die Verwertungsbefugnis an einem oder mehreren Grundstücken eingeräumt ist; der Kredit, den sie gewähren, wird daher als *Grundkredit* bezeichnet.

Die Bedeutung des Grundpfandrechts wird augenscheinlich, wenn man bedenkt, daß in Deutschland gegenwärtig Grundpfandrechte in Höhe von ca. 1340 Milliarden DM eingetragen sind (s.a. Stat. Jahrbuch 1996, S. 347).

2. Grundpfandrechte und andere Kreditsicherheiten

a) Personal- und Realkredit

Das Sicherungsbedürfnis der Gläubiger ist verständlich; sie begnügen sich meist nicht mit der persönlichen Haftung des Schuldners oder eines von ihm „gestellten" Bürgen oder Mitschuldners (hier spricht man von *Personalkredit*), sondern verlangen, weil sie die Konkurrenz anderer Gläubiger fürchten, eine auf einen ganz bestimmten Gegenstand bezogene Vorzugsstellung *(Realkredit)*;[1] diese Sache wird ihnen verpfändet, dient ihrer Sicherheit.

[1] Es ist darauf hinzuweisen, daß die Terminologie leider nicht ganz einheitlich ist (wie hier z.B. *Bülow*, Recht der Kreditsicherheiten, 4. Aufl. 1997, Rn. 10): In der Praxis wird als *Realkredit* regelmäßig nur der durch *Grund*pfandrechte gesicherte Kredit bezeichnet, häufig sogar nur der *langfristige* Grundkredit, für den die Anlage eines bestimmten Kapitals durch Beleihung eines Grundstücks kennzeichnend ist. Für einen solchen Anlagekredit ist dann die „Bonität" des Grundstücks und seine Ertragsfähigkeit ausschlaggebend, während die Person des persönlichen Schuldners in den Hintergrund tritt (BGHZ 17, 89, 94: „... echter Realkredit, d.h. ein Kredit, für den der Wert des belasteten Grundstückes, nicht aber derjenige des sonstigen Schuldnervermögens oder die persönliche Kreditwürdigkeit des Schuldners entscheidend ist"). Dagegen werden *kurz- und mittelfristige* Kredite (z.B. Kontokorrent- und Warenkredite) *auch* dann als Personalkredite bezeichnet, wenn sie durch Grundpfandrechte gesichert werden! Ob aus dieser Verschiedenheit von „Anlagekredit" und „Sicherungskredit" rechtliche Folgerungen gezogen werden können (so bezüglich des Akzessorietätsgrundsatzes),

b) Bewegliche Sachen als Kreditsicherheit

5   Bei beweglichen Sachen stellt das Gesetz die Rechtsfigur des *Pfandrechts an beweglichen Sachen* (§§ 1204ff.) zur Verfügung. Für dieses ist charakteristisch, daß der Eigentümer die Sache dem Gläubiger übergeben muß (§ 1205), lästig für den Eigentümer, weil er mit dem Besitz auch die Nutzungsbefugnis verliert. Das Pfandrecht an beweglichen Sachen ist daher – wie wir sehen werden – weithin durch die *Sicherungsübereignung* abgelöst worden.

c) Übertragbare Rechte als Kreditsicherheit

6   Des weiteren dienen als Kreditsicherheiten Rechte, soweit sie übertragbar sind; Rechtsfigur ist das *Pfandrecht an Rechten* (§§ 1273ff.).

Beispiel: S verpfändet eine ihm gegen D zustehende Forderung an seinen Gläubiger G mit der Folge, daß G diese Forderung für sich verwerten kann (vgl. §§ 1281, 1282). Freilich wird in der Praxis auch dieses Rechtsinstitut durch die Vollabtretung der Forderung *(Sicherungszession)* ersetzt, weil zur Verpfändung die Anzeige an den Schuldner (D) gehören würde (§ 1280); niemand aber offenbart gerne seine Leistungsschwäche.

d) Grundstücke als Kreditsicherheit

7   Als Kreditsicherungsmittel bedeutsam sind schließlich Grundstücke. Auf sie bezieht sich das Grundpfandrecht; gesetzlich zugelassene Typen der Grundpfandrechte sind die Hypothek, die Grundschuld und die Rentenschuld. Sie sind – wie zu zeigen sein wird – in ihrer dogmatischen Ausgestaltung verschieden, in ihrer wirtschaftlichen Bedeutung und Verwendbarkeit besteht – jedenfalls zwischen Hypothek und Grundschuld – kein Unterschied. Ihre in den Augen des Kreditverkehrs hervorragende Sicherungsqualität beruht auf folgenden Umständen:

aa) Sicherungsqualität und Wertbeständigkeit

8   Grundstücke und die mit ihnen als wesentliche Bestandteile verbundenen, also in die Haftung einbezogenen Gebäude haben sich nach der Erfahrung als wertbeständig erwiesen. Zwar unterliegen auch sie gewissen Wertschwankungen, die durch die allgemeine wirtschaftliche Lage (z.B. Konjunkturschwankungen) und durch Angebot und Nachfrage auf dem Grundstücksmarkt bestimmt werden. Aber einmal halten sich diese Schwankungen meist in gewissen Grenzen, zum anderen bleiben die Grundpfandrechte auch bei Sinken der Grundstückspreise voll gesichert, wenn der Durchschnittswert des Grundstücks nicht voll mit Grundpfandrechten „ausgeschöpft" ist.

9   Schon hier wird der wirtschaftliche Unterschied zwischen *erster Hypothek* auf der einen und *zweiter* und *dritter* Hypothek auf der anderen Seite deutlich: die *erste Hypothek* wird seitens des Darlehensgebers nur in einer solchen Höhe als ausreichendes Sicherungsmittel anerkannt, wie sie nach allen Er-

muß schon von der Tatsachenwertung her zweifelhaft sein. Denn auch für den Anlagekreditgeber ist die Person des Schuldners nicht gleichgültig (nur wer die Mühen einer Grundstückszwangsvollstreckung nicht kennt, kann dies leugnen), umgekehrt legt auch der Personalkreditgeber Wert auf die Bonität des ihm gegebenen Grundpfandrechts.

§ 36. Funktion und Einteilung der Grundpfandrechte I § 36

fahrungen auch unter ungünstigsten Bedingungen bei einem Zwangsverkauf des Grundstücks durch den Kaufpreis noch gedeckt wird. Ist also z.B. der Verkaufswert eines bebauten Grundstücks zur Zeit 500 000 DM, so kann ein Gläubiger, dessen Darlehen in Höhe von 200 000 DM durch die erste Hypothek gesichert ist, mit seiner vollen Befriedigung rechnen, auch wenn infolge schlechter wirtschaftlicher Verhältnisse der Verkehrswert bis zum Augenblick der Zwangsversteigerung erheblich gesunken ist. Diese gleiche Sicherheit haben der *zweite und dritte Hypothekar* nicht, ihre Stellung ist vielmehr mit einem Risiko verknüpft, dem Risiko des ganzen oder teilweisen Ausfalls in der Zwangsversteigerung. Dieses Risiko muß der Schuldner bezahlen in Gestalt eines erhöhten Zinsfußes, der gewissermaßen auch eine Risikoprämie enthält. Macht die Gewährung von Darlehen mit zweit- oder drittrangiger Sicherheit überhaupt oder doch von solchen zu annehmbaren Bedingungen Schwierigkeiten, so greifen vielfach die Selbsthilfe der Bauherrn (Bausparkassen; s. unten Rn. 32 f.) oder die Hilfe des Staates (Förderung des Wohnungsbaus) ein: zweite oder dritte Hypotheken werden dann zu billigem Zinsfuß ausgegeben, das im Rang liegende Risiko wird auf viele Schultern (der Genossen bei den Bausparkassen) oder auf die Allgemeinheit (bei den Staatsdarlehen) abgewälzt.

bb) Sicherungsqualität und Publizität

Der Vorteil der Grundpfandrechte liegt weiter in der durch das Grundbuch **10** gewährleisteten Publizität. Wer bereit ist, gegen Bestellung eines Grundpfandrechts ein Darlehen zu gewähren, kann sich über die Eigentumsverhältnisse, die schon bestehenden Belastungen jederzeit im Grundbuch informieren. Dessen Inhalt wird meist der wahren Rechtslage entsprechen; aber selbst wenn dies nicht der Fall ist, so wird doch der Gläubiger in seinem Glauben an den Grundbuchinhalt geschützt (§§ 892, 893). Zu der grundbuchlichen Publizität tritt die tatsächliche: der künftige Hypothekar kann sich an Ort und Stelle über den Zustand des Grundstücks und der Gebäude unterrichten; mit wesentlichen Veränderungen ist im allgemeinen für die Zukunft nicht zu rechnen, zumal Versicherungsforderungen (etwa aus der Gebäudebrandversicherung) in die Haftung für das Grundpfandrecht einbezogen sind (§§ 1127–1130).

cc) Hoher Sicherungsstandard der Grundpfandrechte

Diese Vorteile sind bei den anderen Sicherungsmitteln nicht oder doch nicht in dem gleichen Maße gegeben. So ist es z.B. nicht einfach, die Vermögensverhältnisse eines *Bürgen* einigermaßen zuverlässig zu eruieren; keinerlei Gewähr ist aber dafür gegeben, daß günstige Vermögensverhältnisse sich auch in Zukunft nicht ändern. Ähnliches gilt für die *Verpfändung* und *Sicherungsabtretung von Forderungen;* ob der Drittschuldner zahlungsfähig *ist* und zahlungsfähig *bleibt,* ist eine mit Sicherheit nicht zu beantwortende Frage. Die *Verpfändung beweglicher Sachen* hat zwar den Vorteil, daß die Pfandsache in den Besitz des Gläubigers übergeht, aber auch hier droht der Wertverlust (der sich nur bei ganz bestimmten Gegenständen, wie Gold, Schmuck u. dgl. vermeiden läßt). Bei der *Sicherungsübereignung* schließlich hat der Gläubiger (Sicherungsnehmer) keine Bestandskontrolle, ja er hat nicht einmal die Gewißheit, daß ihm überhaupt Sicherungseigentum übertragen worden ist; denn sein guter Glaube an das Eigentum des Sicherungsgebers nützt ihm nichts (§ 933!). **11**

Das Grundpfandrecht ist also das Sicherungsmittel, welches das Sicherungs- **12** bedürfnis des Gläubigers am vollkommensten befriedigt. Es nimmt daher nicht wunder, daß es am meisten geschätzt wird und am weitesten verbreitet ist. Ist eine Forderung durch ein erststelliges Grundpfandrecht gesichert, so wird dies in der Wirtschaft als ein Höchstmaß an Bonität angesehen.

Gelegentlich ersetzt das Grundpfandrecht auch den Eigentumserwerb: K kann das Grundstück des V nicht erwerben (z.B. weil ein Gesetz im Wege steht). K läßt sich Grundpfandrechte an dem Grundstück in solcher Höhe bestellen, daß er „praktisch Eigentümer" ist (*Blomeyer* aaO S. 11).

Der Blick für die wirtschaftliche Bedeutung weitet sich, wenn man die typischen Verschuldungsgründe (Rn. 13 ff.), die typischen Geldgeber (Rn. 27 ff.), die Bewertung der Grundpfandrechte auf dem Kapitalmarkt (Rn. 39 ff.) betrachtet.

§ 36 I   III. Abschnitt. Liegenschaftsrecht

3. Die typischen Verschuldungsgründe

13   Die Grundpfandrechte dienen zur Sicherung von Forderungen mannigfacher Art; der Gesetzgeber macht keine Beschränkungen, verlangt im allgemeinen nur, daß die Forderung auf eine Geldsumme gerichtet ist (vgl. § 1113). Immerhin können wir gewisse typische Verschuldungsgründe feststellen.

> Sie ließen sich bei einem repräsentativen Querschnitt durch die Eintragungen in Abteilung III der Grundbücher gewinnen. Dabei ist freilich zu beachten, daß eine solche Einteilung oberflächlich ist, weil sie nicht von einem einheitlichen Bezugspunkt ausgehen kann: sie berücksichtigt einmal die Verwendung der kreditierten Gelder (z. B. produktive Kredite), dann wieder den Entstehungsgrund der gesicherten Forderung (z. B. Kaufpreisresthypothek). Auch wird nicht beachtet, daß in einem Fall das Interesse des Gläubigers an einer langjährigen Geldanlage zu einem bestimmten Zinsfuß *(Anlagekredit)*, im anderen Fall das Interesse des Schuldners an einer langfristigen Kreditgewährung überwiegen kann, wobei sich diese Interessen im Laufe der Zeit in ihrem Gewicht verschieben können.

14   *Beispiel:* E möchte eine Fabrik errichten. Er findet als Geldgeber die Hypothekenbank G. Gewährt nun G dem E ein Darlehen von 5 Millionen DM zu 6% gegen erststellige Sicherheit für beide Teile auf 10 Jahre unkündbar (§ 609a Abs. 1 Nr. 3), so mag das Anlageinteresse der G und das Kreditinteresse des E bei Abschluß des Darlehensvertrags gleich hoch sein. Sinkt im Verlauf der Kreditzeit der Zinssatz für erststellige Sicherheiten auf 5^{1}/$_{2}$%, so läge es im Interesse des E, das Darlehen zu kündigen und durch ein niederverzinsliches auszutauschen (dazu unten Rn. 47ff.).

Unter Beachtung dieser Präliminarien kann man folgende typische Verschuldungsgründe unterscheiden:

a) Produktivkredite

aa) Grundform

15   Zu nennen sind zunächst produktive, durch Grundpfandrechte gesicherte Kredite. Hier ist charakteristisch, daß der Kredit zur Erhöhung oder Erhaltung des Grundstückswerts oder zur Errichtung, Modernisierung, Verbesserung und Weiterführung des mit dem Grundstück verbundenen Betriebs dienen soll.

bb) Baugeldkredite

16   Eine Sonderform dieser Hypothek ist die Baugeldhypothek. Wird der Kredit nicht schon durch den vorhandenen Grundstückswert gedeckt, so hat der Darlehensgeber alles Interesse, die Verwendung des Kredits für den vereinbarten Zweck zu überwachen: das Darlehen wird daher in Raten entsprechend dem Fortschreiten des Baues ausbezahlt.

17   In dem obigen *Beispiel* läßt sich zwar G die Hypothek schon in voller Höhe bestellen, gibt aber das Darlehen nur in Teilbeträgen, wenn ihr jeweils der Stand des Baues durch eine Bescheinigung des Architekten (der Baubehörde) nachgewiesen ist. In manchen Fällen wartet der Kreditgeber, bis der Bau vollendet ist; in der Zwischenzeit gibt ein anderer einen *Zwischenkredit* (andere Fälle des Zwischenkredits wollen die Zeit bis zur endgültigen Darlehenszusage oder bis zur Eintragung des Grundpfandrechts im Grundbuch überbrücken).

cc) Kontokorrentkredite

18   Beziehen sich Produktivkredite oft auf eine Verbesserung oder Vermehrung des Anlagevermögens (Gebäude, Maschinen), so sichert die Kontokorrenthypothek (Kontokorrentgrundschuld) meist einen Kredit, der dem Umlaufvermögen (Beschaffung von Waren, Bezahlung der Arbeitskräfte) dient: Der

§ 36. Funktion und Einteilung der Grundpfandrechte I § 36

Gläubiger – regelmäßig eine Bank – räumt dem Schuldner einen „Kredit in laufender Rechnung" (Kontokorrentkredit) bis zu einer bestimmten Höhe ein; der Schuldner kann also sein Konto bei der Bank bis zu diesem Betrag überziehen. Das Gesetz stellt zur Sicherung solcher, u.U. täglich der Höhe nach schwankender Kredite als besondere Rechtsform die *Höchstbetragshypothek* zur Verfügung (§ 1190); sie wird freilich in der modernen Bankpraxis mehr und mehr durch die Grundschuld verdrängt.

dd) Zweckbindung und Kündigung

Für *alle* Formen der Produktivkredite ist kennzeichnend, daß sie *nicht* dem Konsum, also der Lebenshaltung des Schuldners dienen sollen. Freilich läßt sich die Verwendung des Kredits zu werbenden Zwecken – von dem Fall der Baugelder abgesehen – nur schwer kontrollieren. Vielfach suchen die Gläubiger die Einhaltung des Kreditzwecks dadurch zu erreichen, daß sie sich für den Fall eines vertragswidrigen Gebrauchs des Darlehens ein *außerordentliches Kündigungsrecht* ausbedingen (einen *gesetzlich* normierten Fall einer sofortigen Geltendmachung der Hypothek enthält § 1133 S. 2). **19**

b) Kaufgeldkredite

Eine weitere typische Verschuldungsform ist die Kaufgeldhypothek (Restkaufpreishypothek): Beim Verkauf eines Grundstücks wird vereinbart, daß der Verkäufer den Kaufpreis ganz oder teilweise stundet, der Käufer aber zur Sicherung dieser Forderung des Verkäufers ein Grundpfandrecht (Hypothek oder Grundschuld) bestellt. **20**

Dieser Vorgang hat in seiner wirtschaftlichen Bedeutung große Ähnlichkeit mit dem Eigentumsvorbehalt, der – wie wir wissen – wegen § 925 Abs. 2 bei Grundstücken nicht möglich ist: der Verkäufer läßt den Käufer mit seinem (des Verkäufers) Kapital (nämlich der gestundeten Kaufpreisforderung) „wirtschaften", während er selbst in Form des Zinses eine Rente zieht. Wird freilich für die Kaufgeldhypothek eine erststellige Sicherheit gefordert, so wird dem Käufer der Weg versperrt, gegen eine erste Hypothek einen Produktivkredit (z.B. ein Baudarlehen) aufzunehmen. Vielfach wird daher angestrebt, daß der Verkäufer auf die zweite Rangstelle zurücktritt (rechtlich in der Form des Rangvorbehalts, der Bestellung einer – später zu verwertenden – Eigentümergrundschuld oder des Rangrücktritts). Die Erkenntnis, daß dieses Vorhaben meist – wegen des Sicherungsbedürfnisses des Verkäufers – nicht gelingt, hat zur Schaffung des Erbbaurechts geführt: hier braucht der Bauherr Geld für den Erwerb des Grundstücks zunächst überhaupt nicht aufzuwenden, er bezahlt nur einen Erbbauzins (s. oben § 29 Rn. 28 ff.). **21**

c) Erbteilungs- und Abfindungskredite

Eine dritte typische Form sind schließlich die Erbteilungs- oder Abfindungshypotheken; sie werden im Gefolge einer Erbauseinandersetzung bestellt, wenn ein Miterbe das ererbte Unternehmen (den landwirtschaftlichen Betrieb) übernimmt und die anderen Miterben in Geld abfindet. Da er vielfach nicht in der Lage sein wird, diese Beträge bar zu begleichen, bestellt er zur Sicherung der gegen ihn gerichteten Forderungen Hypotheken (Grundschulden). Diese Handhabung erleichtert zwar die Auseinandersetzung unter den Miterben, ist aber wirtschaftlich bedenklich, weil die Verschuldung unproduktiv ist: dem Unternehmen werden keine neuen Werte zugeführt, es findet vielmehr ein Aderlaß an wirtschaftlicher Kraft statt. **22**

Das Ergebnis ist wirtschaftlich das gleiche, wenn der Übernehmer die Erben mit Mitteln abfindet, die ihm ein Geldgeber (z.B. eine Bank) zu diesem Zweck gegen Grundpfandsicherung zur Verfügung gestellt hat.

d) Allzweckkredite

Nicht selten werden von den Kreditinstituten sog. „Allzweckhypotheken" oder „persönliche Hypothekendarlehen" angeboten. Sie bieten rechtlich nichts Besonderes; gemeint ist damit nur, daß das **23** durch ein Grundpfandrecht gesicherte Darlehen vom Darlehensnehmer zu jedem beliebigen Zweck verwendet werden kann.

e) Eigene und fremde Kredite

24 Stets ist zu beachten, daß ein Darlehen von vorneherein zu Zwecken gegeben werden kann, die mit dem Grundstück, ja auch mit der Person des Eigentümers nichts zu tun haben. So wenn der Eigentümer mit dem von ihm bestellten Grundpfandrecht ein Darlehen sichert, das einem anderen gewährt wird; der Eigentümer erlangt damit eine einem Bürgen vergleichbare Stellung, nur daß er anders als der Bürge nicht mit seinem ganzen Vermögen, sondern nur mit dem Grundstück haftet.

25 Die eben gewonnene Erkenntnis ist auch für die rechtliche Behandlung der Grundpfandrechte von erheblicher Bedeutung, insofern man *zwei Fälle* zu trennen hat: *im ersten Fall* ist der Eigentümer *auch* der Schuldner der persönlichen Forderung (z.B. des Darlehens):

26 *Im zweiten Fall* sind Eigentümer und Schuldner verschiedene Personen, so wenn E zugunsten des Gl. eine Hypothek bewilligt, die ein Darlehen sichern soll, das Gl. dem Sohn S des E gewährt:

Es liegt auf der Hand, daß sich im zweiten Fall besondere Probleme ergeben, z.B.: Wann ist E berechtigt (verpflichtet), die „Hypothek abzulösen"? Wem steht die Hypothek nach ihrer Ablösung (= Bezahlung) durch E zu?

Dies soll hier zunächst nur angemerkt werden; die Darstellung dieser Divergenzfälle erfolgt später.

4. Die „typischen Geldgeber"

a) Der private Grundpfandkredit

Der private Grundpfandkredit tritt neben dem Institutskredit (s. unten Rn. 28–33) an Bedeutung zurück. Privatpersonen, die Geld gegen Grundpfandsicherung ausleihen wollen, bedienen sich mehr und mehr der Vermittlung der Banken, um damit das Risiko auf breitere Schultern abzuwälzen. Zu dieser Entwicklung hat nicht zuletzt ein – häufig übersteigerter – *Schuldnerschutz* beigetragen,[1] der die Durchführung der Zwangsversteigerung erheblich erschwert. So sind private Grundpfandkredite heute die Ausnahme.

b) Hypothekenbanken und Pfandbriefanstalten

Von den Anstaltskreditgebern stehen – vielleicht nicht dem Umfang der gewährten Kredite nach, wohl aber in der Zielsetzung der Bankgeschäfte – die privaten Hypothekenbanken und öffentlich-rechtlichen Pfandbriefanstalten an der Spitze. Für sie ist folgendes Geschäftsgebaren charakteristisch: Die finanziellen Mittel, die sie zur Gewährung der Darlehen benötigen, beschaffen sie sich durch die Ausgabe und den Verkauf von Schuldverschreibungen auf den Inhaber (*Pfandbriefen,* §§ 1, 5a ff. HypothekenbankG; §§ 1 ff. PfandbriefG).[2] Der Gesamtbetrag der im Umlauf befindlichen Pfandbriefe entspricht dann im Grundsatz dem Gesamtbetrag der gewährten Grundpfandkredite (§ 6 HypothekenbankG; §§ 2, 3 PfandbriefG).[3] Die Gesamtheit der Hypotheken und Grundschulden haftet für die Sicherheit der Pfandbriefe. Der *Geldgeber* hat also die Vorteile der Sicherheit (durch die mittelbare Grundstückshaftung, §§ 34a, 35 HypothekenbankG, §§ 5, 6 PfandbriefG),[4] der jederzeitigen Verwertbarkeit der Pfandbriefe (durch Verkauf an der Börse) und der garantierten Zinseinnahme. Für den *Kreditnehmer* wirkt es sich günstig aus, daß die Hypothekenbanken (Aktiengesellschaften) und öffentlich-rechtlichen Kreditanstalten in ihrem Geschäftsgebaren einer besonderen behördlichen Aufsicht unterliegen.

Der Pfandbrief (s. dazu PfandbriefG i.d.F. v. 8. 5. 1963, BGBl. I 309 u. v. 11. 3. 1974 BGBl. I 669) gilt also mit Recht als eine besonders sichere, der Spekulation kaum zugängliche Kapitalanlage; er ist mündelsicher, d.h. Mündelgeld darf in Pfandbriefen angelegt werden (§ 1807).

Anfänger verwechseln häufig Hypothekenbrief und Pfandbrief. Beide haben nichts miteinander zu tun: der *Hypothekenbrief* ist eine Urkunde, in welcher die Hypothek für den Gläubiger „verbrieft" ist; er soll die leichte Zirkulation (Abtretbarkeit) ermöglichen. Der *Pfandbrief* (s. unten Anhang 6) ist eine nach §§ 793 ff. zu beurteilende Schuldverschreibung auf den Inhaber, in dem das Kreditinstitut dem

---

[1] Siehe dazu *Baur/Stürner* I, EinzelvollstreckungsR, Rn. 35.21, 36.20f., 47.1 ff.; *Rosenberg/Gaul/Schilken* § 43 IV 2 c.
[2] S. dazu *Bellinger/Kerl,* HypothekenbankG, 4. Aufl. 1995; *Fehl,* Systematik des Rechts der Allg. Geschäftsbedingungen, 1979, 174 ff.; *Pleyer/Bellinger,* D. Recht d. Hypothekenbanken in Europa, 1981; *Pleyer* NJW 1989, 69 ff. – 1993: 23 reine Hypothekenbanken, 3 „gemischte" Hypothekenbanken (*Bellinger/Kerl,* Anhang 2, S. 579). – Zum Pfandbrief *Bellinger/Kerl,* Anhang 4, S. 590.
[3] So werden z.B. im Geschäftsbericht einer Hypothekenbank für 1993 ausgewiesen: „Bestand der Hyp.-Darlehen 26,2 Milliarden" – „Pfandbriefumlauf 25,3 Milliarden".
[4] Zum Privileg im Konkurs *Baur/Stürner* II, InsolvenzR, Rn. 36.7; ferner *Stürner,* FS Gaul, 1997, S. 739 ff.

§ 36 I   III. Abschnitt. Liegenschaftsrecht

Inhaber eine bestimmte Geldsumme zu schulden bekennt. Der *Hypothekenbrief* (s. unten Anhang 3) befindet sich also im Besitz des Hypothekengläubigers (hier der Bank), der *Pfandbrief* ist in Händen des privaten Geldgebers. –
Der *Umlauf an Hypothekenpfandbriefen* der Hypothekenbanken betrug 1993 rund 233 Milliarden DM. – Bestand der Hypothekenkredite der Hypothekenbanken (nur Bodenkreditinstitute) 1993: ca. 369 Milliarden DM (*Bellinger/Kerl,* Anhang 2, S. 579 ff.).

c) Sparkassen

31   Wie die Hypothekenbanken so stehen auch die Sparkassen unter öffentlicher Aufsicht. Auch sie dürfen in der Regel nur gegen erststellige Sicherheit Grundkredit geben. Die Mittel beschaffen sie sich nicht durch Pfandbriefe, sondern aus den Guthaben der Sparer. Für deren Einlagen haftet die öffentlich-rechtliche Körperschaft (Stadt, Kreis), die Trägerin der Sparkasse ist.

d) Bausparkassen

32   In der Beleihung von Wohnbauten – mehr und mehr aber auch von Geschäftsbauten – haben die Bausparkassen besondere Bedeutung. Ihr Hauptbetätigungsfeld ist „die zweite Hypothek". Durch gemeinschaftlichen Einsatz aller Bausparer (Gedanke der genossenschaftlichen Selbsthilfe!) soll jeweils einer Gruppe von ihnen eine zweite Hypothek zu erträglichen Zins- und Amortisationsbedingungen gewährt werden können. Das Risiko, das in der Beleihung der zweiten Hypothek liegt, wird auf die Schultern aller Bausparer verteilt.

33   Die Rechtsverhältnisse der Bausparkassen – insbesondere die zulässigen Geschäfte, der notwendige Inhalt der Bausparverträge, die Sicherung der Bausparmittel und die – recht intensive – Staatsaufsicht – sind in dem Gesetz über Bausparkassen v. 15. 2. 1991 (BGBl. I 454 – Neufassung) geregelt.[1]
Rechtlich sind die Bausparkassen als Aktiengesellschaften oder öffentlich-rechtliche Anstalten organisiert.
Zu bemerken ist, daß die Bausparkassen nicht auf zweitstellige Kreditgewährung beschränkt sind, wenn darin auch ihr hauptsächliches Aufgabengebiet liegt; sie sind also nicht gehindert, auch Darlehen gegen erststellige Sicherheit zu gewähren.
Im Jahre 1995 wurden durch die Bausparkassen rund 62 Milliarden DM ausgezahlt. Der Bestand an Bausparverträgen betrug 1995 rund 1150 Milliarden Bausparsumme (s. Stat. Jahrbuch 1996, S. 348).

e) Andere Kreditinstitute

34   Am Grundkreditverkehr nehmen weiter auch alle übrigen Kreditinstitute teil. Hier sind etwa zu nennen die *sog. Geschäftsbanken:* sie sind satzungsgemäß nicht auf den Bereich der ersten Hypothek beschränkt, ihr Aufgabengebiet ist vor allem der Großkredit für Industrie und Handel;[2] ferner die landwirtschaftlichen und mittelständischen *Genossenschaften* und *Genossenschaftsbanken,* deren ursprüngliches Arbeitsfeld die Kreditgewährung an den bäuerlichen und gewerblichen Mittelstand ist; schließlich die *Versicherungen* aller Art (einschließ-

---

[1] Vgl. zur Förderung des Bausparens das WohnungsbauprämienG i. d. F. v. 12. 12. 1996 (BGBl. III 2330-9).
[2] Im Jahre 1989 waren ca. 130 Milliarden DM Grundpfandkredite durch Geschäftsbanken zur Verfügung gestellt.

§ 36. Funktion und Einteilung der Grundpfandrechte

lich der Sozialversicherung), die einen Teil ihres Deckungsfonds in Hypotheken anlegen.

f) Die öffentliche Hand

Seit Ende des ersten, vor allem aber des zweiten Weltkriegs betätigt sich auch der *Staat* (Gemeinden, Kreise) als Grundkreditgeber. Im *Wohnungsbau* übernimmt die öffentliche Hand die Rolle eines „Lückenbüßers", d. h. sie beleiht zweite und vor allem dritte Hypotheken, für die sich wegen des damit verbundenen Risikos sonstige Geldgeber nicht mehr finden ließen, oder begnügt sich mit einer dinglichen Sicherheit, die außerhalb der sonst üblichen Beleihungsgrenze liegt; gefördert wird der sog. soziale Wohnungsbau, d. h. der Bau solcher Häuser und Wohnungen, die nach ihrem Aufwand und den geforderten Mieten den Kräften der sozial schwächeren Bevölkerungskreise entsprechen. Neben dem privaten Wohnungsbau finanziert die öffentliche Hand landwirtschaftliche und gewerbliche *Investitionen* (in der Nachkriegszeit vor allem der Vertriebenen und Flüchtlinge) sowie landwirtschaftliche und städtische Siedlungen. 35

Technisch werden die Kredite meist unter Einschaltung öffentlich-rechtlicher Kreditinstitute abgewickelt. Als *Kreditnehmer* kommen nicht nur Privatpersonen, sondern auch *Wohnungsbaugesellschaften und -genossenschaften* in Betracht. Um zu verhindern, daß sich in der Hand privater Genossenschaften und Gesellschaften privates Eigentum konzentriert, das mit öffentlichen Mitteln gefördert worden ist, strebt der Gesetzgeber die „Weiterleitung" des Wohnungseigentums als Einzeleigentum an den Endverbraucher an,[1] z. B. in Form des Kaufeigenheims (§§ 54 ff. II. WoBauG i. d. F. v. 19. 8. 1994, BGBl. I 2137). 36

In den Jahren 1949 bis 1993 wurden in Deutschland ca. 22 Millionen Wohnungen gebaut, davon rund 19 Millionen in West- und rund 3 Millionen in Ostdeutschland. Gegenwärtig stehen in Deutschland insgesamt rund 35 Millionen Wohnungen zur Verfügung.[2] Die Zahl der Mietwohnungen beläuft sich auf rund 20,1 Millionen, von denen noch rund 2,7 Millionen mit Mitteln des sozialen Wohnungsbaus gefördert werden (Stand 1993; 1950: 50% aller in diesem Jahr fertiggestellten Neubauwohnungen; 1970 ca. 25% und 1987 noch 16%; 1994 wurden Baugenehmigungen für rund 624 000 Wohnungen erteilt, während Fördermittel für rund 162 000 Wohnungen bewilligt wurden. Das entspricht einer Quote von 25,9%). Der gesamte Kapitalaufwand für den Wohnungsbau der frühen und späten Nachkriegszeit (1945–1969) betrug in den alten Bundesländern 250 Milliarden DM, wobei rund 64 Milliarden DM aus öffentlichen Mitteln stammten. An Wohngeldbeihilfen für einkommensschwache Mieter wurden 1994 ca. 6,2 Milliarden DM an ca. 3,2 Millionen Haushalte ausbezahlt. Daraus ergibt sich, daß die Leistungen der öffentlichen Hand einen erheblichen Anteil an der Gesamtfinanzierung des Wohnungsbaus ausmachen, ein Beispiel für eine praktische Durchführung des Gedankens der *Sozialstaatlichkeit* (vgl. Art. 20 Abs. 1 GG), Zahlennachweise: Stat. Jahrbuch 1996, S. 243, 247, 455, 480; Bautätigkeit und Wohnungen, 1%-Stichprobe 1993, Heft 2, S. 12, 18, 130. 37

---

[1] Während 1967 auf rund 1500 Baugenossenschaften bzw. Baugesellschaften ca. 900 000 Wohnungen entfielen, waren es 1986 noch 330 000 Wohnungen, die ca. 1200 Trägern gehörten; hierzu Wohnungswirtschaftliches Jahrbuch 1987/1988, S. 44 ff. Bedingt durch die Wiedervereinigung ist die Zahl der Genossenschafswohnungen allerdings wieder gestiegen (hierzu § 63 Rn. 3, 21 f.). So gibt es heute im vereinten Deutschland knapp 2000 Wohnungsbaugenossenschaften mit 2,2 Millionen eigenen Wohnungen.

[2] In Westdeutschland wurden 1949–1978 rund 14,7 Millionen, 1979–1993 rund 4,2 Millionen Wohnungen fertiggestellt, im Gebiet der ehemaligen DDR 1949–1978 rund 1,8 Millionen, 1979–1993 rund 1,2 Millionen Wohnungen. Gegenwärtig kommen in Deutschland pro Jahr etwa 0,5 Millionen neue Wohnungen zum vorhandenen Bestand hinzu (Zahlennachweise: Stat. Jahrbuch 1996, S. 244; Bautätigkeit und Wohnungen, 1%-Stichprobe 1993, Heft 2, S. 12).

g) Finanzierung „aus einer Hand"

38 Zu beachten ist weiter, daß dem Schuldner-Eigentümer eine Finanzierung aus einer Hand eingeräumt werden kann. Er hat es dann bei der dinglichen Haftung nur mit *einem* Gläubiger zu tun, so wenn zur Darlehenssicherung einer Sparkasse und einer Bausparkasse nur *eine* Grundschuld (zugunsten der Sparkasse) bestellt wird, die aber der Höhe nach beide Kredite deckt. Bezüglich der Sicherung des Bausparkassenkredits ist die Sparkasse dann Treuhänderin.

5. Der „Wert" der Hypothek

39 Wichtiger als die dogmatisch bedeutsame Unterscheidung zwischen Hypothek und Grundschuld (s. unten Rn. 59 ff., 73 ff.) ist für das Wirtschaftsleben der Rang; der Wert einer Hypothek bestimmt sich nach dem Maß an Sicherheit, mit welchem der Grundpfandinhaber einen Ausfall in der Zwangsversteigerung nicht zu befürchten braucht. Um diese Sicherheit auszudrücken, werden verschiedene Ausdrücke gebraucht, wie „Verschuldungsgrenze", „Beleihungsgrenze", „erste Hypothek", „erststellige Sicherheit", „mündelsicherer Grundkredit" usw.

Diese Begriffe bedürfen einer Klärung:

a) Verschuldungsgrenze

40 Die Verschuldungsgrenze bedeutet den Prozentsatz des Grundstückswerts,[1] bis zu welchem der Eigentümer sein Grundstück belasten darf; es handelt sich also um den Schutz des Eigentümers = Schuldners. Eine allgemeine Verschuldungsgrenze besteht nicht; doch ist das Landesrecht in Art. 117 Abs. 1 EGBGB ermächtigt, eine solche Grenze festzulegen.

b) Beleihungsgrenze

41 Die Beleihungsgrenze sieht das gleiche Problem vom Gläubiger aus. Eine solche Grenze ist z.B. in § 11 Abs. 2 Hypothekenbankgesetz festgelegt: die – erststellige – Beleihung darf „die ersten drei Fünftel des Wertes des Grundstücks nicht übersteigen". Ähnliche Grundsätze finden sich z.B. in den Sparkassengesetzen und -satzungen, also überall dort, wo ein Darlehen nur gegen erststellige Sicherheit gewährt werden darf.[2]

42 Es liegt auf der Hand, daß die Wertermittlung erhebliche Schwierigkeiten macht: soll der Herstellungswert (Bau- und Bodenwert), der augenblickliche Verkaufswert oder schließlich der Ertragswert zugrunde gelegt werden? § 12 Hypothekenbankgesetz spricht z.B. vom Verkaufswert, der bei der Beleihung durch Hypothekenbanken nicht überschritten werden dürfe, und fährt fort: „Bei der Feststellung dieses Wertes sind nur die dauernden Eigenschaften des Grundstücks und der Ertrag zu berücksichtigen, welchen das Grundstück bei ordnungsmäßiger Wirtschaft *jedem* Besitzer *nachhaltig*

---

[1] Zur Ermittlung des Verkehrswerts s. VO über Grundsätze f. d. Ermittlung d. Verkehrswerte von Grundstücken i. d. F. v. 6. 12. 1988 (BGBl. I 2209); *Just/Brückner*, Wertermittlung von Grundstücken, 5. Aufl. 1977; *Rössler/Langer/Simon*, Schätzung u. Ermittlung von Grundstückswerten, 6. Aufl. 1990; *Roos/Brachmann*, Ermittlung des Bauwerts von Gebäuden u. des Verkehrswerts von Grundstücken, 26. Aufl. 1991; *Kleiber/Simon/Weyer*, Verkehrswertermittlung von Grundstücken, 2. Aufl. 1994; *Rüchardt* aaO.

[2] Hierzu *Stannigel/Kremer/Weyers*, Beleihungsgrundsätze für Sparkassen, 1984.

(also auf die Dauer!) gewähren kann." Der Gesetzgeber hat in §§ 192ff. BauGB und in der VO über Grundsätze für die Ermittlung der Verkehrswerte von Grundstücken i. d. F. v. 6. 12. 1988 (BGBl. I 2209), ferner für landwirtschaftliche Grundstücke in dem Bodenschätzungsgesetz v. 16. 10. 1934 (RGBl. I 1050) und der VO über die Bewertung bebauter Grundstücke v. 10. 11. 1934 Richtlinien aufgestellt.

Als *Faustregel* kann man sich merken, daß die Beleihungsgrenze – abgesehen von Staats- und Arbeitgeberdarlehen – etwa bei höchstens 75% des geschätzten Verkehrswertes liegt. Von einer *„erstrangigen"* und damit mündelsicheren Hypothek (= „sicheren Hypothek" im Sinne des § 1807 Abs. 1 Nr. 1)[1] kann man im allgemeinen nur sprechen, wenn sie innerhalb von $1/2$–$2/3$ des Grundstückswerts liegt. **43**

6. Die typischen Rückzahlungsmodalitäten

a) Bedeutung

Ob ein Grundpfandrecht zu einem bestimmten Zeitpunkt oder nach Kündigung oder in Raten befriedigt werden muß, ist nicht nur für die individuelle wirtschaftliche Situation des Berechtigten und des Belasteten von Bedeutung, sondern kann auch gesamtwirtschaftliche Auswirkungen haben. Wird etwa ein hoher Prozentsatz der Grundpfandrechte als Kündigungshypothek (-grundschuld) bestellt, so kann bei zurückgehender Konjunktur eine massierte Kündigung von Grundpfandrechten zu einer Häufung von Zwangsversteigerungen führen mit der Folge, daß die Zahl der Interessenten geringer ist als das Angebot. Dies kann dann einen weiteren Verfall der Grundstückspreise und eine Gefährdung der zweiten und dritten Hypotheken bewirken. **44**

b) Gesetzlicher Rahmen des VerbraucherkreditG

Die Rückzahlungsmodalitäten unterliegen grundsätzlich der Vereinbarung zwischen Gläubiger und Eigentümer. Allerdings schafft das *Verbraucherkreditgesetz 1991* einen zwingenden Rahmen zum Schutze des Kreditnehmers (§ 18 VerbrKG), der auch für grundpfandrechtlich gesicherte Darlehen gilt, sofern sie nicht die gewerbliche oder berufliche Tätigkeit des Kreditnehmers finanzieren (§ 1 Abs. 1 VerbrKG). Dieser gesetzliche Rahmen bezweckt in erster Linie die *Transparenz* der Kreditbedingungen und sanktioniert die Verletzung des Transparenzgebotes mit einem gesetzlichen Vertragsinhalt, der den Darlehensnehmer begünstigt (§§ 3 Abs. 2 Nr. 2, 4 Abs. 1 S. 2 Nr. 1, 6 VerbrKG). **45**

Im einzelnen gilt folgendes (*Bülow* NJW 1991, 129 ff.; *Reinking/Nießen* ZIP 1991, 79 ff.; neuerer Rechtsprechungsüberblick *Pfeiffer/Dauck* NJW 1997, 30): Der Kreditgeber muß im *schriftlichen* Vertrag den Nettokreditbetrag, die Art und Weise der Rückzahlung, den Zinssatz mit *allen* Kosten und Vermittlungskosten, den effektiven Jahreszins, die Versicherungskosten und zu bestellende Sicherheiten angeben (§§ 4 Abs. 1 S. 4 Nr. 1, 3 Abs. 2 Nr. 2 VerbrKG). Ein Vertrag, der diese Anforderungen nicht erfüllt, ist nichtig (§ 6 Abs. 1 VerbrKG). Nach Darlehensempfang wird er indessen wirksam auf der Basis gesetzlicher Vertragsbedingungen (§ 6 Abs. 2 VerbrKG): gesetzlicher Zinssatz bei Verstößen **46**

---

[1] Vgl. dazu § 1807 Abs. 2 und die landesrechtl. Ausführungsbestimmungen dazu (*Palandt/Diederichsen* § 1807 Anm. 2 Ziff. 1), z.B. § 45 BaWüAGBGB: $1/2$ des Verkehrswertes.

gegen Zinsklarheit, Fortfall nicht angegebener Kosten, Neuberechnung der Teilzahlungen auf der Basis ermäßigter Zinsen und fortgefallener Kosten. Bei Falschangaben zum effektiven Jahreszins gilt der niedrigere Zinssatz (§ 6 Abs. 4 VerbrKG). Sicherheiten können ohne vorherige Angabe im Vertrag nur bei Großkrediten über 100 000 DM verlangt werden (§ 6 Abs. 2 S. 6 VerbrKG). Zahlreiche Vorschriften des VerbrKG gelten freilich bei grundpfandrechtlich gesicherten Krediten gerade nicht (§ 3 Abs. 2 Nr. 2 VerbrKG).

c) Fälligkeits- und Kündigungshypotheken

47 Denkbar ist ein Kredit bzw. eine Hypothek mit fixem Fälligkeitsdatum (Fälligkeitshypothek). Ein hypothekarisch gesichertes Darlehen wird z.B. fest auf 10 Jahre gegeben. Hier richten sich Gläubiger wie Schuldner auf den festgesetzten Zeitpunkt ein. Eine ordentliche Kündigung ist dann ausgeschlossen, doch werden meist außerordentliche Kündigungsgründe (z.B. bei Nichtbezahlung der Zinsen) vereinbart.

48 Bei der Kündigungshypothek hängt hingegen die Fälligkeit des Grundpfandkapitals von einer Kündigung ab, die durch den Gläubiger oder durch den belasteten Grundstückseigentümer erfolgen muß. Die Kündigungsfrist wird vereinbart.

49 Die Unterscheidung zwischen Fälligkeitshypothek und Kündigungshypothek ist uneingeschränkt allerdings nur auf der Gläubigerseite möglich. Denn der Gesetzgeber hat in § 609a BGB[1] zwingende Vorschriften geschaffen, die dem *Schuldner* die Lösung vom Darlehensvertrag erlauben. Er soll vor unbilliger Bindung geschützt sein. Darlehen mit *veränderlichem* Zinssatz kann der Schuldner jederzeit unter Einhaltung einer Kündigungsfrist von 3 Monaten kündigen (Abs. 2). Darlehen mit *festem* Zinssatz können vom Schuldner gekündigt werden:

50 aa) wenn die Zinsbindung früher endet als die Vertragsdauer (Grund: wenn der Gläubiger nicht mehr an die Zinsvereinbarung gebunden ist, soll auch der Schuldner sich einen günstigeren Kredit suchen können): Abs. 1 Nr. 1;

bb) wenn es sich um ein grundpfandlich nicht gesichertes „Verbraucherdarlehen" handelt (Abs. 1 Nr. 2);

cc) Festzinsdarlehen können vom Schuldner nach 10 Jahren gekündigt werden (Abs. 1 Nr. 3).

Stets muß der Schuldner das Darlehen binnen zwei Wochen nach Kündigung zurückzahlen, soll die Kündigung wirksam bleiben (§ 609a Abs. 3; Zweck: keine niedrigeren Verzugszinsen des säumigen Darlehensschuldners! – BGH NJW 1988, 1967, 1971).[2]

Abgesehen von diesen gesetzlich geregelten Fällen hat der Kreditnehmer bei Fälligkeitshypotheken *grundsätzlich keinen Anspruch auf vorzeitige Tilgung* (z.B. in Niedrigzinsphasen oder bei Veräußerung des finanzierten Grundstücks). Häufig wird ihm diese Möglichkeit jedoch gegen Zahlung einer Vorfälligkeitsentschädigung eingeräumt.[3] Ausnahmsweise kann aber der Kreditnehmer kündigen, wenn er das haftende Grundstück unbelastet veräußern will oder wenn er es für eine weitere Kreditaufnahme als Sicherheit benötigt, welche eine andere Bank nur einheitlich gewähren will. Die Vorfälligkeitsentschädigung darf grundsätzlich nur die Nachteile vorzeitiger Ablösung ausgleichen (BGH NJW 1998, 592; NJW 1997, 2875, 2878 und dazu *Köndgen* ZIP 1997, 1646). Oft muß der Schuldner bei Auszahlung einen Abschlag hinnehmen *(Damnum, Disagio),* der Unkosten der Bank deckt oder einen niedrigeren Normalzins ausgleicht (BGH NJW 1990, 2250). In diesem Falle kommt bei vorzeitiger Darlehensbeendigung anteilige Rückerstattung in Betracht (BGH NJW 1993, 3257; zur Berechnung BGH NJW 1995, 2778; zum Verzicht BGH NJW 1994, 379).

---

[1] Eingefügt durch Art. 5 des Ges. v. 25. 7. 1986 (BGBl. I 1169, 1172); geändert durch Art. 2 des Ges. vom 17. 12. 1990 (BGBl. I 2840). Bisheriger § 247 ist gestrichen; bleibt aber maßgebend für vor dem 1. 1. 1987 geschlossenen „Altverträge".

[2] Zum Ganzen *Kollhosser/Schweitzer* JA 1987, 345; *Häuser/Welter* NJW 1987, 17; *Hopt/Mülbert* WM 1990, Sonderbeilage 3.

[3] Hierzu *Reifner* NJW 1995, 86 u. 2945; *Weber* NJW 1995, 2951.

§ 36. Funktion und Einteilung der Grundpfandrechte   I § 36

Die *außerordentliche Kündigung* durch den Darlehensgeber entspricht bei Vertragsverletzungen oft 51
vertraglicher Vereinbarung, muß aber in AGB Billigkeitsgrenzen beachten (s. § 40 Rn. 3 ff.; unten
Rn. 56).

Die Kündigungshypothek ist für den Eigentümer gefährlich, da er bei einer
Kündigung durch den Gläubiger – ohne damit zu rechnen – binnen kurzer
Frist das Kapital aufzubringen hat, häufig zu einem Zeitpunkt, wo der Kapitalmarkt nicht „flüssig" ist.

d) Tilgungshypotheken

Diese Gefahr vermeiden die Tilgungshypotheken, bei denen man Amorti- 52
sationshypothek und Abzahlungshypothek unterscheidet. Ihnen ist der Gedanke gemeinsam, daß der Eigentümer die Kapitaltilgung in Raten, also möglichst
aus den Nutzungen des Grundstücks bestreiten soll.

Für die *Amortisationshypothek* ist kennzeichnend, daß der Schuldner gleich- 53
bleibende Jahresleistungen (Annuitäten) zu erbringen hat, die sich aus Zins
und Tilgungsleistung (Amortisation) zusammensetzen, und daß der Gläubiger
bei pünktlicher Erbringung dieser Annuitäten nicht kündigen kann. Mit fortschreitender Zeit vermindert sich der in der Annuität steckende Zinsbetrag
und wächst die Amortisation (BGHZ 67, 291).

Hierzu die Begriffsbestimmung in § 96 Nr. 1 des Lastenausgleichsgesetzes: „... wenn die Verbindlichkeit durch gleichbleibende Leistungen in der Weise zu verzinsen und zu tilgen ist, daß die bei
fortschreitender Kapitaltilgung ersparten Zinsen der Tilgung zuwachsen sollen."

Die Tilgungshypothek hat *für den Schuldner* den Vorzug, daß er bei pünktli- 54
cher Entrichtung der Raten vor plötzlicher Fälligkeit des Kapitals gesichert ist.
Für den Gläubiger besteht der Vorteil, daß er feste Tilgungspläne aufstellen und
mit dem regelmäßigen Eingang bestimmter Kapitalteile rechnen kann.

Daher ist z. B. für die auf landwirtschaftlichen Grundstücken lastenden Hypotheken der Hypothekenbanken bestimmt, daß sie „zur Hälfte aus Amortisationshypotheken bestehen" müssen, „bei denen
der jährliche Tilgungsbetrag des Schuldners nicht weniger als $1/4$% des Hypothekenkapitals beträgt"
(§ 6 Abs. 2 HypothekenbankG).

Beispiel: Sind für eine Hypothek von 100 000 DM ein Zinssatz von 6% und eine Annuität von 10% 55
vereinbart, so sind monatlich ca. 833 DM (das sind jährlich 10 000 DM) zu zahlen. Da durch die
Amortisation das zu verzinsende Kapital immer geringer wird, also ein jeweils höherer Betrag für die
Amortisation zur Verfügung steht, ist die Hypothek in 15,8 Jahren getilgt (nicht erst in 25 Jahren!).

In den AGB der Banken war vielfach die Klausel enthalten, daß die Zinsen jeweils nach dem Stand 56
des Kapitals am *Jahresende* (des vorangegangenen Tilgungsjahres, also ohne Berücksichtigung der
während des Jahres erbrachten Teilleistungen auf das Kapital) berechnet werden. Der BGH (BGHZ
106, 42; 112, 115)[1] hat solche und ähnliche Klauseln (z. B. Kapitalstand des vorausgehenden Quartals)
wegen Verstoßes gegen § 9 AGBG (Transparenzgebot) für unwirksam erklärt, vor allem wenn der
Schuldner diese ihn benachteiligende Regelung nicht klar erkennen könne (dazu *Köndgen* NJW 1989,
943; 1994, 1508, 1517; *Reifner* NJW 1989, 952; *Taupitz* JuS 1989, 520; *Metz* NJW 1991, 668
m. Nw.; zuletzt BGHZ 116, 1; NJW 1992, 180; 1097; 1108; 1995, 2286; 1997, 1068).[2] Hingegen ist

---

[1] Zu ähnlichen Gestaltungen OLG Karlsruhe NJW 1991, 362; KG NJW-RR 1990, 544; s. a. BGH
NJW 1989, 582 (keine verzögerte Wertstellung); mäßigend BGHZ 116, 1; NJW 1991, 2559, 2560.
[2] Die Grenzen der Schadenspauschalierung durch Zinserhöhung bei Rückzahlungsverzug behandeln BGH NJW-RR 1989, 41; BGHZ 112, 352, die abstrakte Schadensberechnung bei fehlender
Pauschalierung in AGB BGHZ 104, 337, 344; 115, 268; NJW 1992, 1620, 1621 (5% über Diskont-

§ 36 II   III. Abschnitt. Liegenschaftsrecht

die vierteljährliche Teilannuität in AGB zulässig, obwohl sie zur Zinsvorauszahlung entgegen § 608 führt (zutreffend BGH NJW 1993, 3261); gleiches wird für monatliche Teilannuitäten zu gelten haben.

57 *Rechtlich* bereiten – wie wir sehen werden – die Tilgungshypotheken dann Schwierigkeiten, wenn während der Tilgungszeit das Eigentum am Grundstück wechselt; hier entstehen nämlich Wertbeteiligungen (Eigentümergrundschulden) der verschiedenen Eigentümer in Höhe der von jedem geleisteten Amortisationen. Dieser Tatbestand macht vor allem bei der endgültigen Löschung der Hypothek Schwierigkeiten (s. unten Rn. 120 ff.). Sie sucht die sog. *Tilgungsfondhypothek* zu vermeiden: Hier werden die geleisteten Amortisationen in einem Tilgungsfond angespeichert; er wird erst, wenn er die volle Höhe des Kapitals erreicht hat, mit der Forderung verrechnet, so daß dann nur *eine* Eigentümergrundschuld für den letzten Grundeigentümer entsteht.

58   Die *Abzahlungshypothek* unterscheidet sich von der Amortisationshypothek dadurch, daß zwar die jährliche Tilgung in der Höhe gleich bleibt, der Zinsbetrag aber mit fortschreitender Tilgung geringer wird. Dadurch verändert sich die jährliche Annuität.

Beispiel: E erhält von der Sparkasse G eine Baugeldhypothek von 20 000 DM, verzinslich zu 6%. Wird vereinbart, daß Verzinsung und Tilgung in *einem* Betrag von jährlich 2400 DM zu leisten sind, so ist der Zins- und Tilgungsbetrag im ersten Jahr gleich hoch: je 1200 DM; im zweiten Jahr beträgt der Zins 6% von 18 800 DM = 1128 DM, die Amortisation 1272 DM. Es handelt sich also um eine Amortisationshypothek.
    Ist vereinbart, daß die Hypothek mit jährlich 1200 DM zu tilgen ist, so beträgt die Annuität im ersten Jahr 2400 DM, im zweiten Jahr 1200 + 1128 = 2328 DM. Hier haben wir es also mit einer Abzahlungshypothek zu tun.

II. Skizze der dogmatischen Grundlagen des Grundpfandrechts

1. Hypothek – Grundschuld

59   Der Zugang zum Verständnis des Grundpfandrechts wird erschwert durch die dogmatischen *Unterschiede zwischen der Hypothek und Grundschuld*. Während die Praxis des Wirtschaftslebens diese Unterschiede im wesentlichen ignoriert, also beide Sicherungsrechte als gleichwertig behandelt (allerdings ist ein starker Trend zur Grundschuld als dem einfacheren Sicherungsmittel zu erkennen), ist die rechtliche Ausgestaltung der beiden Grundpfandrechte sehr verschieden. Der *Hauptunterschied* besteht in der verschieden intensiven Verknüpfung der zu sichernden Forderung mit dem Pfandrecht: bei der Hypothek ist diese Verbindung streng durchgeführt; für Entstehung und Bestand der Hypothek als eines dinglichen Rechts ist die Existenz der zu sichernden Forderung unabdingbare gesetzliche Voraussetzung, die Hypothek erscheint gewissermaßen als untrennbares „Anhängsel" der Forderung, sie ist akzessorisch (vgl. § 1153). Auch die *Grundschuld* dient nach der Regel des Lebens der Sicherung einer Forderung; aber deren Bestand ist nach der gesetzlichen Regelung für die

---

satz entspr. § 11 Abs. 1 VerbrKG; *nicht* bei Realkrediten, s. a. Anhang 5 Ziff. II 7.1.). Bei Nichtabnahme des Darlehens einer Hypothekenbank hält die Rechtsprechung eine Schadenspauschale von 3% noch für angemessen (§§ 9, 11 Nr. 5 a AGBG; BGH NJW 1990, 981). Die Kündigung eines Tilgungsdarlehens zur sofortigen Rückzahlung in AGB bedarf besonderer qualifizierter Voraussetzungen (BGH NJW 1991, 2559, 2562; LAG Hamm ZIP 1993, 1254; s. a. § 40 Rn. 3 ff.). Für die vorzeitige Kündigung durch den Schuldner gelten beim Tilgungsdarlehen die gleichen Regeln wie beim Fälligkeitsdarlehen (oben Rn. 47 ff.).

Grundschuld nicht „begriffs-", „lebens-"notwendig; die Grundschuld ist also *nicht akzessorisch.*

<small>Die Konsequenzen des Unterschieds machen – wie wir sehen werden – der Rechtspraxis (nicht nur dem Anfänger!) große Schwierigkeiten. Daher die Tendenz der Rechtsprechung, die *Sicherungsgrundschuld* in manchen Beziehungen wieder der Hypothek anzunähern! (s. unten § 45).</small>

Auch das Gesetz anerkennt – bei aller Schärfe des dogmatischen Unterschieds – mittelbar die wirtschaftliche *Zweckgleichheit* der beiden Institute, und zwar durch die Art der *gesetzlichen Regelung*: Das Gesetz regelt in den §§ 1113–1190 ausführlich die Hypothek und sagt dann in § 1192, daß auf die Grundschuld die Vorschriften über die Hypothek entsprechende Anwendung finden, „soweit sich nicht daraus ein anderes ergibt, daß die Grundschuld nicht eine Forderung voraussetzt".

<small>In einem Stadium der gesetzgeberischen Vorarbeiten zum Grundpfandrecht des BGB war der umgekehrte Weg gewählt und die Grundschuld in ausführlicher Regelung vorangestellt worden!
Man fragt sich unwillkürlich, warum der Gesetzgeber nicht sich und der Rechtspraxis die Arbeit dadurch vereinfacht hat, daß er ein *einheitliches Grundpfandrecht* – die Hypothek *oder* die Grundschuld – geschaffen hat. Die Antwort liegt in dem Respekt des – damaligen – Gesetzgebers vor dem geschichtlich Gewordenen und den örtlich verschiedenen Kreditgewohnheiten: in einigen Teilen Deutschlands war die Hypothek, in anderen die Grundschuld das eingeführte Grundpfandrecht. Diese Gewohnheiten wollte man nicht unterdrücken. Das „Übergewicht" der akzessorischen Hypothek erklärt sich auch aus einer Vorliebe der europäischen Nachbarn zum akzessorischen Grundpfandrecht (unten Rn. 129).</small>

2. Gemeinsame Pfandrechtsgrundsätze

Trotz der Unterschiede zwischen Grundschuld (Rentenschuld) und Hypothek gelten doch allgemein gewisse Grundsätze, die für die Regelung des Grundpfandrechts schlechthin leitend sind.

a) Grundpfandrechte als dingliche Verwertungsrechte

Hypothek, Grund- und Rentenschuld charakterisieren sich als dingliches Verwertungsrecht: Sein Inhaber ist berechtigt, „wegen einer bestimmten Geldsumme" das belastete Grundstück im Wege der Zwangsvollstreckung (Zwangsversteigerung und [oder] Zwangsverwaltung) zu verwerten; der Eigentümer hat zu seinen Gunsten aus seinem Vollrecht die Verwertungsbefugnis „abgespalten".

aa) Recht zur Verwertung bei Pfandreife

Das Verwertungsrecht des Grundpfandgläubigers besteht zunächst *nur* latent, *potentiell;* erst mit der sog. Pfandreife (= Fälligkeit) wird es *aktuell:* der Berechtigte kann jetzt an Stelle des Eigentümers und unter Zuhilfenahme der Machtmittel des Gerichts das Grundstück als Pfandobjekt verwerten.

bb) Bestimmter Haftungsumfang

Das Grundpfandrecht ist seinem Umfang nach genau fixiert; §§ 1113, 1191, 1199 drücken dies mit den Worten „eine *bestimmte* Geldsumme" aus. Unzulässig sind also Grundpfandrechte, bei denen der Haftungsumfang unbestimmt ist, der künftigen Fixierung durch den Gläubiger oder einen Dritten überlassen wird.

Eine gewisse Ausnahme von diesem Grundsatz ist die Höchstbetragshypothek; sie dient – wie wir bereits wissen – der Sicherung eines Kontokorrents, dessen Eigenart eben der wechselnde Saldo (Aktiv- oder Passivsaldo) ist.

cc) Bestimmter Haftungsgegenstand

65 Auch seinem Gegenstand nach ist das Verwertungsrecht des Grundpfandberechtigten genau bestimmt: §§ 1113, 1191, 1199 bezeichnen als Pfandobjekt „ein Grundstück", wobei in den Haftungsverband auch die wesentlichen und nicht wesentlichen Bestandteile, das Zubehör und gewisse sich aus der Nutzung (Miete – Pacht) ergebende oder die Substanz des Grundstücks ersetzende Forderungen (Versicherungsforderungen) einbezogen werden. Das Grundstück ist also *in seiner wirtschaftlichen Einheit* dem Zugriff des Grundpfandgläubigers unterworfen (vgl. § 1120 mit §§ 94, 1123 Abs. 1, 1126, 1127).

66 Aus dem Satz, daß ein Grundstück Pfandobjekt sein muß, folgt, daß Pfandrechte am gesamten Vermögen oder an Vermögensinbegriffen (sog. Generalhypotheken) nicht zugelassen sind. Es gilt also das Prinzip der *Spezialität* (s. dazu schon oben § 4 Rn. 17 ff.).

67 Eine gewisse Nuancierung stellt die *Gesamthypothek* dar; hier bezieht sich das Grundpfandrecht nicht auf *ein,* sondern auf *mehrere* Grundstücke desselben oder verschiedener Eigentümer (§ 1132). Der Zweck dieses Instituts ist leicht verständlich: Will E – Eigentümer der Grundstücke a, b und c mit je einem Wert von 10000 DM – seinem Gläubiger G für eine Forderung von 15000 DM eine Hypothek bestellen, so wäre es denkbar, daß die Forderung in drei Teile zu je 5000 DM aufgespalten und jedes Grundstück in dieser Höhe belastet wird. Für den Gläubiger ist es aber günstiger, *jedes* Grundstück in *voller* Höhe (also mit 15000 DM) zu belasten; denn es könnte sich im Laufe der Zeit zeigen, daß das Grundstück a (z.B. als Baugrundstück) im Wert erheblich steigt, während die Grundstücke b und c im Werte sinken. Diesem Interesse des Gläubigers kommt das Institut der Gesamthypothek (Gesamtgrundschuld) entgegen.

dd) Abweichende Theorien zur Rechtsnatur des Grundpfandrechts

68 Die Auffassung, daß Hypothek, Grundschuld und Rentenschuld *dingliche Verwertungsrechte* seien, ist heute durchaus herrschend.[1] Freilich scheint der Wortlaut der §§ 1113, 1191, 1199: „aus dem Grundstück zu zahlen ist" auf eine andere Auffassung hinzuweisen, nämlich darauf, daß der Eigentümer die Zahlung der Geldsumme – wenn auch „aus dem Grundstück" – schulde. In der Tat wurde früher die Auffassung vertreten, daß der Eigentümer die Zahlung der Geldsumme *schulde,* aber nur mit dem Grundstück *hafte (Theorie der Realobligation)* oder daß zwar die Haftung mit dem Grundstück das primäre sei, dieser Haftung aber auch eine – nicht erzwingbare – persönliche Schuld des Eigentümers entspreche *(Theorie der dinglichen Schuld).*

b) Trennung von dinglicher und persönlicher Haftung

69 Das Grundpfandrecht lastet auf dem Grundstück, gleichgültig wer Eigentümer des Grundstücks ist (ob noch der Eigentümer z. Zt. der Bestellung des Grundpfandrechts oder ein Rechtsnachfolger). Daher ist es sehr mißverständlich, wenn in der Praxis gesagt wird, „der Käufer K eines Grundstücks

---

[1] Kritisch *Staudinger/Wolfsteiner* Einl. zu §§ 1113ff. Rn. 25 ff.; zum Theorienstreit s. ferner *Eichler* I S. 20ff.; *Westermann/Eickmann* § 110; *Wieling* § 26 I 1; *Wolff/Raiser* § 131 und besonders *von Lübtow,* Die Struktur der Pfandrechte und Reallasten, FS Heinrich Lehmann (I 1956) S. 328ff.; *E. Wolf* § 11 A, S. 431ff. Vgl. auch *Münch,* Vollstreckbare Urkunde und prozessualer Anspruch (1989), S. 110ff.: materielle Sachhaftung bei prozessualem Leistungsanspruch!

habe die auf dem Grundstück lastende Hypothek unter Anrechnung auf den Kaufpreis übernommen": Die Hypothek kann und braucht K nicht zu „übernehmen", denn sie belastet das Grundstück auch nach dem Eigentumswechsel. Gemeint ist, daß K die *persönliche Schuld* unter Anrechnung auf den Kaufpreis übernimmt, und zwar so, daß der Verkäufer V künftig nicht mehr schuldet (sog. privative, befreiende Schuldübernahme). Um dieses Ziel zu erreichen, muß der Gläubiger G mitwirken; daraus erklären sich die §§ 414–416 BGB; denn dem G kann es nicht gleichgültig sein, ob persönlicher Schuldner V oder künftig K ist.[1] Mißlingt die Mitwirkung des G, so ist K intern dem V gegenüber verpflichtet, die (persönliche) Schuld des V durch Leistung an G zu tilgen (s. auch § 415 Abs. 3 S. 2), sog. Erfüllungsübernahme.[2] Bis zu dieser Leistung bleibt V persönlicher Schuldner (über die weiteren Folgen s. § 37 Rn. 13f., § 38 Rn. 97f., § 45 Rn. 86ff.).

c) Publizität der Grundpfandrechte

Wie für die anderen beschränkten dinglichen Rechte gilt auch für Grund- **70** pfandrechte der Grundsatz der Publizität (s. oben § 4 Rn. 9ff.). Sie bedürfen also zu ihrer Entstehung der Eintragung im Grundbuch. „Heimliche" Grundpfandrechte (pignora tacita) kennt unser Recht nur ausnahmsweise, z.B. in den Fällen der § 1287 S. 2 BGB und § 848 Abs. 2 S. 2 ZPO.

Allerdings bedeutet dies nicht, daß die *nach der Entstehung* sich vollziehende Weiterentwicklung des **71** Grundpfandrechts stets korrekt aus dem Grundbuch hervorgehen müsse. Wie wir sehen werden, kennt unser Recht *einmal* die Abtretung eines Grundpfandrechts (nämlich des sog. Briefgrundrechts) außerhalb des Grundbuchs (durch Briefübergabe und schriftliche Abtretungserklärung, § 1154), *zum anderen* führt die automatisch eintretende Eigentümergrundschuld häufig zu einer Unrichtigkeit des Grundbuchs.

d) Rangordnung nach Priorität

Auch für die Grundpfandrechte sind die allgemeinen Grundsätze über den **72** Rang der Rechte – der auf der Priorität aufbaut – maßgebend (s. oben § 17 Rn. 7ff.). Es gibt also *keine Pfandrechtsprivilegien*.

Läßt sich z.B. ein Bauunternehmer, der ein Haus errichtet hat, erst an zweiter Stelle eine Hypothek eintragen, so kann er einen besseren Rang nicht damit begründen, daß *er* das Wertobjekt geschaffen habe, während die vom ersten Hypothekar gegebenen Mittel mit dessen Wissen etwa für den Geschäftsbetrieb des Eigentümers verwendet worden seien. Es zeigt sich also auch hier die formale Natur der Rangordnung, die sich nur nach der Priorität, nicht nach irgendwelchen Wertprinzipien richtet (solche kommen erst in gewissem Umfang in der Zwangsversteigerung zum Zuge, insofern Lohn- und Steuerforderungen bevorzugt noch vor den dinglichen Gläubigern befriedigt werden müssen, vgl. § 10 Nr. 2, 3 ZVG).

III. Einteilung der Grundpfandrechte nach dem Grad der Akzessorietät[3]

S. die Übersicht 18 am Ende von § 36.

Die Verknüpfung von Grundpfandrecht und Forderung bedarf nunmehr **73** genauerer Darlegung; sie ist – wie wir bereits wissen – für den Unterschied zwischen Hypothek und Grundschuld entscheidend.

---

[1] Daraus ergibt sich, daß bei einer *kumulativen* Schuldübernahme eine Zustimmung des G nicht nötig ist. Denn ihm kann es ja nur recht sein, wenn er künftig zwei Schuldner (V und K) hat.
[2] Dazu *Gernhuber*, Erfüllung § 22.
[3] Zur Akzessorietät *Gernhuber*, Bürgerl. R., § 26; *Stürner*, FS Serick, 1992, S. 377ff.; *Habersack* JZ 1997, 857; *Medicus* JuS 1971, 497; *Stadler*, Gestaltungsfreiheit und Verkehrsschutz durch Abstraktion, 1996, S. 18ff., 600ff.

1. Die Akzessorietät der Hypothek

74 Um sich den Grundsatz der Akzessorietät zu verdeutlichen, geht man am besten von der Bürgschaft aus: wenn sich der Bürge B für eine Schuld des S dem G gegenüber verbürgt, so ist es naheliegend, daß B nur bürgen will, wenn die Hauptforderung besteht, und nur solange, als diese nicht erloschen ist (§§ 765, 767). Das Bürgeninteresse fordert also die Abhängigkeit der Bürgenhaftung von dem Bestand der Hauptforderung. Andererseits verlangt aber das Gläubigerinteresse, daß mit der Abtretung der Hauptforderung auch die Rechte aus der Bürgschaft auf den Zessionar übergehen; denn der „Wert" der Hauptforderung wäre beeinträchtigt, wenn die Bürgschaft in diesem Falle erlöschen würde; daher bestimmt § 401, daß mit der Forderung auch die Rechte aus einer Bürgschaft übergehen; dies gilt für den rechtsgeschäftlichen wie für den gesetzlichen Forderungsübergang (§ 412).

75 Die gleiche Situation besteht bei der *Hypothek,* und zwar gleichgültig, ob sie zur Sicherung einer eigenen oder – wie bei der Bürgschaft – einer fremden Schuld bestellt ist: die Hypothek *entsteht* nur, wenn die zu sichernde Forderung entstanden ist; sie *besteht* als Hypothek nur so lange, als die Forderung besteht. *Mit der Abtretung* der Forderung geht auch die Hypothek auf den neuen Gläubiger über (§ 1153 Abs. 1). Forderung und Hypothek sind *untrennbar:* keine kann ohne die andere übertragen werden (§ 1153 Abs. 2). Die Hypothek ist sozusagen ein *„Anhängsel"* der Forderung.[1] Dies bringt das Gesetz schon gleich zu Beginn in § 1113 mit den Worten „wegen einer ihm zustehenden Forderung" zum Ausdruck.

76 Um die Akzessorietät der Hypothek zu mildern bzw. im Ergebnis zu beseitigen, wird in der Praxis nicht selten die Hypothek nicht für die Darlehensforderung – die in ihrem Bestand und Umfang wechseln kann –, sondern für die Forderung aus einem entsprechenden abstrakten Schuldversprechen (§§ 780, 781) bestellt, wobei allerdings sehr zweifelhaft ist, ob darin nicht ein Verstoß gegen §§ 3, 9 Abs. 2 Nr. 1, 11 Nr. 15 AGBG liegt; die h. M. wird dies eher verneinen, obgleich diese Frage bisher nur für die Kombination von Grundschuld und abstraktem Anerkenntnis vom BGH entschieden ist (BGHZ 99, 274, 282 ff.; ausführlich § 40 Rn. 45). Anders liegt der Fall auch nach h.M. wohl dann, wenn die Hypothek abstraktes Schuldversprechen aus Forderungen des Gläubigers gegen einen Dritten sichert, also Eigentümer und Schuldner der gesicherten Forderung nicht identisch sind (vgl. BGHZ 114, 9 = NJW 1991, 1677 = JZ 1991, 874 m. Anm. *Eickmann;* für strenge Maßstäbe neuerdings *Hahn* ZIP 1996, 1233).

2. Die Abstraktheit der Grundschuld

77 Diese Akzessorietät gilt für die Grundschuld *nicht*. Hier hat das Gesetz einen Grundpfandtyp geschaffen, der in seinem Entstehen und Bestehen von einer zu sichernden Forderung unabhängig ist, selbst wenn – wie dies der Regel des Lebens entspricht – auch die Grundschuld faktisch eine Sicherungsfunktion hat. Die Grundschuld kann auch ohne die Forderung, diese ohne jene abgetreten werden; § 1153 gilt also nicht.

---

[1] Allgemein zum Grundsatz der Akzessorietät *Medicus* JuS 1971, 497 u. als *Beispiel* BGH BB 1978, 931.

§ 36. Funktion und Einteilung der Grundpfandrechte   III § 36

Das Gesetz bringt die Nichtakzessorietät der Grundschuld in § 1192 Abs. 1 deutlich zum Ausdruck: „..., daß die Grundschuld nicht eine Forderung voraussetzt."

Beispiel: E hat dem G zur Sicherung eines beabsichtigten Darlehens eine Grundschuld bestellt, G ist **78** bereits als Berechtigter im Grundbuch eingetragen. Wider Erwarten kommt schon der Darlehensvertrag nicht zustande, geschweige denn die geplante Sicherungsabrede, welche die Grundschuld dem Sicherungszweck widmen sollte. Dennoch ist G Grundschuldinhaber geworden; E hat nur einen schuldrechtlichen Bereicherungsanspruch gegen G auf Rückabtretung oder Aufhebung der Grundschuld (§ 812). Hat G die Grundschuld an D abgetreten, so hat D vom Berechtigten erworben. Nur in dem Ausnahmefall, daß er die Grundschuld unentgeltlich erworben hat, richtet sich der Bereicherungsanspruch u. U. auch gegen ihn (§ 822). Im übrigen ist E auf seine Ansprüche gegen G angewiesen.
Wie ist die Rechtslage, wenn D wußte, daß ihm G eine rechtsgrundlos bestellte Grundschuld abgetreten hat? Kann ihm E diese Kenntnis entgegenhalten? Antwort: Hätte G selbst die Grundschuld klageweise geltend gemacht, so hätte E die Einrede der ungerechtfertigten Bereicherung erheben können. Diese Einrede wirkt auch dem Rechtsnachfolger D gegenüber, wenn er sie kannte oder wenn sie aus dem Grundbuch hervorgingt (§ 1157 mit § 1192). E kann dann von D verlangen, daß er auf die Grundschuld verzichte (§ 1192 mit § 1169).

Gefährlich wird die Situation, wenn G die Grundschuld an D und die – be- **79** stehende – gesicherte Forderung an X abtritt:

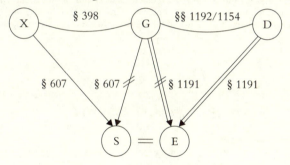

Muß E dann doppelt leisten oder korrekter ausgedrückt: schuldet er dem X den Darlehensbetrag *und* muß er die Zwangsvollstreckung aus der Grundschuld durch D dulden? Die Frage ist wie folgt zu beantworten: Dem D gegenüber ist E machtlos, sofern D nicht die Sicherungsabrede und den Verstoß des G gegen diese Abrede kannte (§§ 1192, 1157; s. unten § 45 Rn. 66 f., 68 ff.). Aus der Sicherungsabrede ergibt sich aber, daß E die Darlehensschuld nur Zug um Zug gegen die Löschungsbewilligung bezüglich der Grundschuld zu bezahlen braucht. Diese Einrede kann er auch dem X entgegenhalten (§ 404; Einzelheiten s. unten § 45 Rn. 68 ff.).

3. Die eingeschränkte Akzessorietät der Verkehrshypothek

Wollte man bei der Hypothek den Grundsatz der Akzessorietät streng **80** durchführen, so würde dies eine erhebliche Beschränkung ihrer Verkehrsfähigkeit („Umlauffähigkeit") bedeuten: der Erwerber einer hypothekarisch gesicherten Forderung müßte sich stets überzeugen, ob diese Forderung entstanden ist und noch besteht. Die Berufung auf den öffentlichen Glauben des Grundbuchs würde ihm *insoweit* nichts helfen: der Grundbuchstand würde zwar bezüglich der Hypothek als dingliches Recht zu seinen Gunsten sprechen, nicht aber bezüglich der Forderung, deren Anhängsel die Hypothek nach der Vorstellung des Gesetzes doch lediglich ist. Um diese Beeinträchti-

§ 36 III
III. Abschnitt. Liegenschaftsrecht

gung der Verkehrsfähigkeit zu vermeiden, ordnet § 1138 für den Regelfall – nämlich für die sog. Verkehrshypothek – an, daß die Vorschriften über den öffentlichen Glauben des Grundbuchs „für die Hypothek auch in Ansehung der Forderung gelten". Dies bedeutet: Soweit die Forderung als Essentiale der Hypothek vorhanden sein muß (damit auch die Hypothek besteht), beziehen sich die Grundsätze über den öffentlichen Glauben auch auf sie.

81 Mittelbar kommt damit zum Ausdruck, daß der Gesetzgeber sich der Auffassung des Verkehrs fügt, wonach nämlich der Erwerb „der *Hypothek*" (nicht: der hypothekarisch gesicherten *Forderung*!) als das Wesentliche angesehen wird. Das „Akzessorietätsdogma" (Heck) wird damit hinsichtlich der Übertragung des Rechts seines starr zwingenden Charakters entkleidet und den Bedürfnissen des Rechtsverkehrs angepaßt.

82 *Beispiel:* G hat dem E ein hypothekarisch gesichertes Darlehen in Höhe von 20 000 DM gegeben. E zahlt das Darlehen an G kurz vor dessen Tod zurück. Die Löschung der Hypothek im Grundbuch unterbleibt. Der Alleinerbe A des G tritt – in Unkenntnis der Rückzahlung – „die Hypothek" an D ab. Hier ist D *nicht* Gläubiger der Darlehensforderung geworden (denn diese war durch Erfüllung untergegangen, einen gutgläubigen Erwerb von Forderungen gibt es nicht), wohl aber Berechtigter der Hypothek (§ 1138 mit § 892). Macht er die Hypothek gegen E geltend, so spricht die Vermutung des § 891 (mit § 1138) für sein Recht. Freilich kann er nur die dingliche Klage (= Klage auf Duldung der Zwangsvollstreckung in das belastete Grundstück) erheben, *nicht* die persönliche Schuldklage (mit der Möglichkeit der Zwangsvollstreckung in das *gesamte* Vermögen des E).

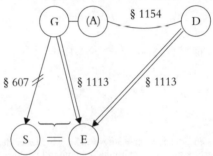

4. Die strenge Akzessorietät der Sicherungshypothek

83 Die geschilderte – der Regel entsprechende – Form der Hypothek wird anschaulich als *Verkehrshypothek* bezeichnet: sie ist durch die Lockerung der Akzessorietät so ausgestaltet, daß sie im rechtsgeschäftlichen Verkehr leicht zirkulieren kann.

Die Beteiligten haben es aber in der Hand, den Akzessorietätsgrundsatz streng durchzuführen, indem sie die Geltung der „Gutglaubensvorschriften" für die Forderung ganz ausschließen; § 1184 Abs. 1 drückt dies so aus, daß „das Recht des Gläubigers aus der Hypothek sich *nur nach der Forderung bestimmt* und der Gläubiger sich zum Beweise der Forderung nicht auf die Eintragung berufen kann". Das Gesetz (§ 1184 Abs. 1) bezeichnet diese Ausnahmeform der Hypothek als Sicherungshypothek. Diese Begriffswahl ist nicht glücklich; denn auch die Verkehrshypothek dient der Sicherung einer Forderung; charakteristisch ist eben der Ausschluß der Vorschriften über den öffentlichen Glauben für die Forderung, die starre Durchführung des Akzessorietätsgrundsatzes.

Auch die Sicherungshypothek ist *abtretbar,* also dem rechtsgeschäftlichen Verkehr zugänglich; aber der Erwerber kann die Hypothek *nur* erwerben, wenn die zu sichernde Forderung besteht. Ist dies nicht der Fall, so hilft ihm die Berufung auf das Grundbuch nichts.

<small>In dem oben Rn. 82 gebrachten Beispiel erwirbt also D – wenn es sich um eine Sicherungshypothek handelte – weder die Forderung noch die Hypothek.

Freilich sind auch bei der Sicherungshypothek die Vorschriften über den gutgläubigen Erwerb nicht ganz ausgeschlossen. Sie greifen ein, wenn die Hypothek *als dingliches Recht* mit einem Mangel behaftet ist, die Forderung aber existiert:

Besteht in dem oben Rn. 82 gewählten Beispiel die Darlehensforderung G – E noch, ist aber die Hypothekenbestellung – z.B. wegen mangelnder Einigung – nichtig, so erwirbt D auch bei der Sicherungshypothek Forderung und Hypothek, weil er sich bezüglich der Hypothek auf den Grundbuchstand berufen kann:</small>

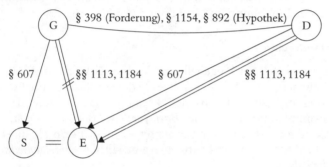

5. Zusammenfassung

Wir beobachten sonach bezüglich der Durchführung des Akzessorietätsgrundsatzes eine *Staffelung der Grundpfandrechte:*

Grundschuld: überhaupt nicht akzessorisch.

Verkehrshypothek: akzessorisch, aber mit Durchbrechung zugunsten eines auf den Bestand der Forderung vertrauenden Erwerbers.

Sicherungshypothek: streng akzessorisch, ohne Gutglaubensschutz bezüglich der Forderung.

Vom *Gläubigerinteresse* aus gesehen ist die Grundschuld die „bequemste" Sicherungsform, der Gläubiger kann die Grundschuld zunächst einmal verwerten ohne Rücksicht auf die gesicherte Forderung und die Einreden des Schuldners abwarten.

Vom *Schuldnerinteresse* aus gesehen ist die Sicherungshypothek die „sicherste" Form der Belastung; denn der Gläubiger muß das Bestehen der Forderung dartun und beweisen und der Schuldner kann der Zwangsvollstreckung in sein Grundstück nur unterworfen werden, wenn auch die zu sichernde Forderung besteht, wenn er also in Wahrheit (noch) schuldet.

IV. Einteilung der Grundpfandrechte nach dem Grad der Zirkulationsfähigkeit

1. Buchpfandrechte

86 Die Grundpfandrechte sind beschränkte dingliche Grundstücksrechte. Für diese gilt die Regel, daß sie durch Einigung und Eintragung übertragen werden können (§ 873). Daher kennt auch unser Gesetz einen Grundpfandrechtstyp, der auf diese Weise übertragen wird (§ 1154 Abs. 3); da der Grundbucheintrag hier das in die Augen fallende Zirkulationsmoment ist, sind die geläufigen Bezeichnungen: *Buchhypothek, Buchgrundschuld, Buchrentenschuld*. Das Gesetz spricht in umständlicher Ausdrucksweise von einer Hypothek (Grundschuld), bei der die „Erteilung des Hypothekenbriefs ausgeschlossen ist" (§ 1154 Abs. 3). Die Ausschließung des Briefs bedarf der Einigung der Beteiligten und der Eintragung im Grundbuch (§ 1116 Abs. 2).

2. Briefpfandrechte

87 Das Gesetz will für den Regelfall eine leichte Zirkulation des Grundpfandrechts ermöglichen, sein Inhaber soll es jederzeit durch möglichst einfache Weiterübertragung „zu Geld machen können". Daher stellt das Gesetz als weiteren Grundpfandrechtstyp die *Briefhypothek, Briefgrundschuld, Briefrentenschuld* zur Verfügung. Und zwar betrachtet es diese Form als die Regel, wie sich aus § 1116 Abs. 1, § 1154 Abs. 1 ergibt. *Das Grundpfandrecht ist also im Zweifel Briefpfandrecht.*

Der *Ausschluß* des Briefes, nicht seine Erteilung muß im Grundbuch eingetragen werden.

88 Der hauptsächliche Vorteil des Briefrechts ist die *leichte Möglichkeit der Übertragung;* sie kann – wie man sagt – außerhalb des Grundbuchs erfolgen: Zur Abtretung der Hypothek sind Einigung, schriftliche Abtretungserklärung *und* Briefübergabe erforderlich, aber auch genügend (§ 1154 Abs. 1).

Die schriftliche Abtretungserklärung – nicht die Einigung und die Briefübergabe! – kann zwar durch Eintragung der Abtretung im Grundbuch ersetzt werden (§ 1154 Abs. 2); aber dieser „Rückfall" in das Grundbuchsystem entspricht nicht der Praxis des Grundkredits.

Die *Zirkulation* des Briefrechts außerhalb des Grundbuchs erleichtert den Rechtsverkehr außerordentlich, bringt aber natürlich auch Sonderprobleme mit sich, weil der Erwerber sich jetzt nicht mehr auf den Inhalt des *Grundbuchs* verlassen kann (§§ 892, 893, 1138); vielmehr muß der Brief bezüglich der Gutglaubensvorschriften in eine Relation zum Grundbuch gebracht werden; dies versuchen die §§ 1140, 1155 (s. unten § 38 Rn. 31 ff.).

Schon damit wird deutlich, daß die leichtere Zirkulation der Grundpfandrechte mit einer gewissen *Entwertung* des Grundbuchs und mit einer *Anonymität des Berechtigten* erkauft wird: Aus dem Grundbuch ist zwar ersichtlich, *daß* das Grundstück mit einem Grundpfandrecht belastet ist und in welcher ursprünglichen Höhe, aber *nicht, wer* Inhaber des Rechts ist; dies *kann* noch der im Grundbuch als erster Berechtigter Eingetragene sein, aber auch ein ganz anderer.

89 *Beispiele:* Bestellt E dem G eine Briefhypothek, so sind zur *Begründung* der Hypothek – neben der Entstehung der Forderung – Einigung und *Eintragung,* ferner noch die Briefübergabe erforderlich, §§ 873, 1117 (s. unten § 37 Rn. 22 ff.). Ob und wie lange G Gläubiger der Hypothek ist, läßt sich *aus dem Grundbuch* nicht feststellen. Daher muß sich auch G und jeder seiner Rechtsnachfolger dem E

gegenüber durch den Brief legitimieren, wenn er seine Rechte aus der Hypothek geltend macht und der Eigentümer die Legitimation fordert (§ 1160).

E möchte für sein Unternehmen einen größeren Bankkredit aufnehmen. Da er noch nicht weiß, welche Bank ihm diesen Kredit einräumen wird, da er weiter vermeiden will, daß „die Konkurrenz erfährt, an wen er verschuldet ist", läßt er für sich selbst eine Eigentümerbriefgrundschuld (§ 1196) eintragen. Hat er den Geldgeber G gefunden, so tritt er an ihn die Grundschuld durch Einigung, Übergabe des Briefs und schriftliche Abtretungserklärung ab; dadurch wird die Eigentümergrundschuld außerhalb des Grundbuchs zur Fremdgrundschuld des G.

Das Briefpfandrecht hat den weiteren Vorteil, daß es eine Auszahlung der Darlehensvaluta Zug um Zug gegen Aushändigung des Briefs ermöglicht. Dadurch wird vermieden, daß der Eigentümer mit der Bestellung der Hypothek vorleisten muß, ohne die Sicherheit zu haben, daß ihm das Darlehen ausbezahlt wird; eine Sicherung des Eigentümers, wie sie § 1139 bei den Buchpfandrechten vorsieht, erübrigt sich.

3. Sicherungshypotheken als Buchhypotheken

Wie wir sahen, ist die Sicherungshypothek nicht auf eine leichte Zirkulation abgestimmt. Die strenge Akzessorietät, die ihr eigen ist, schließt die Abtretung zwar nicht aus, erschwert sie aber, weil der Erwerber stets – um sicher zu gehen – den Bestand der Forderung nachprüfen muß. Die Sicherungshypothek kann daher nur als Buchhypothek begründet werden (§ 1185 Abs. 1).

4. Inhaberbriefgrundschuld und Papierhypothek

Schon das „normale" Briefpfandrecht erleichtert die Zirkulationsfähigkeit erheblich. Diese kann bei der Grundschuld noch dadurch gesteigert werden, daß „der Grundschuldbrief auf den Inhaber ausgestellt wird" (§ 1195 Abs. 1). Die damit entstandene *Inhaberbriefgrundschuld* wird als Inhaberpapier behandelt; dies bedeutet, daß die Grundschuld dem Eigentum am Inhaberpapier folgt. Da Inhaberpapiere durch Einigung und Übergabe nach §§ 929 ff. übereignet werden, ist damit eine völlige Mobilisierung des Grundkredits erreicht.

Eine ähnliche Wirkung kann – groteskerweise – dadurch erreicht werden, daß für eine Schuldverschreibung auf den Inhaber oder ein Orderpapier (wie den Wechsel) eine Sicherungshypothek bestellt wird (sog. *Papierhypothek*); hier folgt die Rechtszuständigkeit ganz wertpapierrechtlichen Grundsätzen, d. h. der Eigentümer der Schuldverschreibung oder der aus dem Orderpapier Berechtigte ist auch Inhaber der Hypothek (§ 1187 S. 3).

Diese Form des Grundpfandrechts eignet sich vor allem für die Sicherung von Anleihen (Emissionen). Um sie zu erleichtern, sehen die §§ 1188, 1189 eine Bestellung ohne Angabe des Gläubigers (!) und die Einsetzung eines Vertreters der jeweiligen Gläubiger vor. Praktisch ist diese Form der Emissionssicherung allerdings ohne Bedeutung (s. § 42 Rn. 29 ff.).

5. Grundpfandrechtliche Variationsmöglichkeiten

Die Variationsbreite der Grundpfandrechtstypen ist also außerordentlich groß; ja man kann ruhig sagen, daß sie viel größer ist als das praktische Bedürfnis. Konstruktionsfreude und das Bestreben, möglichst alle überkommenen Grundpfandrechtsformen beizubehalten, haben zu diesem Ergebnis geführt.

Um einen klaren Überblick zu behalten, muß man sich stets vergegenwärtigen, daß sich zwei Einteilungskriterien überschneiden: das Akzessorietätsprinzip und die Zirkulationsfähigkeit. Geht man von dem erstgenannten Unterscheidungsmoment aus, so ergeben sich folgende Variationsmöglichkeiten:

a) die *Grundschuld* (Rentenschuld) kann sein:
   Buchgrundschuld
   Briefgrundschuld
   Inhaberbriefgrundschuld;

b) die *Verkehrshypothek* kann sein:
   Buchhypothek
   Briefhypothek;

c) die *Sicherungshypothek* kann *nur* als Buchhypothek begründet werden; als Wertpapierhypothek ist sie freilich ähnlich wie die Inhaberbriefgrundschuld „mobilisiert".

94 Die Mannigfaltigkeit wird noch dadurch verwirrender, daß die eine Rechtsform – durch Einigung und Eintragung – in die andere *umgewandelt* werden kann, so die Buchhypothek in eine Briefhypothek und umgekehrt (§ 1116 Abs. 3 mit Abs. 2), ebenso die Buchgrundschuld in eine Briefgrundschuld und umgekehrt. Es kann aber auch eine Hypothek in eine Grundschuld, eine Grundschuld in eine Hypothek verwandelt werden (§ 1198). Um die Mannigfaltigkeit voll zu machen, läßt sich auch eine Sicherungshypothek in eine gewöhnliche Hypothek und umgekehrt verwandeln (§ 1186).

Beispiel: War ein Darlehen ursprünglich durch eine Briefgrundschuld gesichert, so können E und G vereinbaren, daß die Briefgrundschuld in eine Sicherungshypothek umgewandelt wird. Dies bedarf der Einigung und Eintragung im Grundbuch. Die Parteien können dann später auch vereinbaren, daß die zunächst gesicherte Darlehens*forderung* I gegen eine andere Darlehensforderung II *ausgewechselt* wird (§ 1180)!

V. Einteilung der Grundpfandrechte nach der Person des Gläubigers

95 Hier stellt sich das *Problem der Rechte an eigener Sache,* auf das schon allgemein (oben § 3 Rn. 43) kurz hingewiesen ist.

1. Fremd- und Eigentümergrundpfandrecht

Es entspricht der Lebenserfahrung, daß der Eigentümer meist das Grundpfandrecht zugunsten eines anderen, nämlich seines Gläubigers, bestellt. Die Grundpfandrechte sind also in der Regel Fremdgrundpfandrechte (Fremdhypothek, Fremdgrundschuld).

96 Dieser Normalfall entband den Gesetzgeber aber nicht von der Verpflichtung, auch die Ausnahmefälle zu bedenken, vor allem also den Fall, daß der Eigentümer – Schuldner das Grundpfandrecht tilgt, weiter die Tatbestände, in denen bei der Hypothek die zu sichernde Forderung von vornherein nicht entstanden ist. Hier boten sich zwei extreme Möglichkeiten: *entweder* jedem Grundpfandrecht von vornherein eine feste, sozusagen reservierte Rangstelle („Wertstelle" – „Wertparzelle") zuzuweisen mit der Folge, daß bei Wegfall des Fremdgrundpfandrechts die nunmehr offene Rangstelle dem Eigentümer zusteht, *oder* in jedem Fall das Erlöschen des Rechts und das Aufrücken der Nachberechtigten zu statuieren.

97 Das BGB hat einen Mittelweg gewählt, der freilich im Ergebnis dem der festen Rangstelle sehr nahekommt: In einer Reihe von Fällen, wo *von vornherein* ein Fremdgrundpfandrecht nicht oder noch nicht zur Entstehung kommen kann (z. B. wenn bei der Hypothek die zu sichernde Forderung fehlt) oder wo es *später* – z. B. durch Tilgung seitens des Eigentümers – wegfällt, steht das Pfandrecht dem Eigentümer zu (Eigentümergrundpfandrecht: Eigentümerhypothek – Eigentümergrundschuld).

2. Das Eigentümergrundpfandrecht im System der Grundpfandrechte

a) *Rangwahrung und Wert der Grundpfandrechte*

Dem Grundsatz der festen Rangstelle wie dem Institut des Eigentümergrundpfandrechts liegt der uns schon häufig begegnete Gedanke der *verschiedenen Bewertung der Rangstellen* zugrunde: die erste Hypothek ist sicherer, daher auch im Zinssatz billiger als die zweite und dritte Hypothek. Tilgt nun der Eigentümer die erste Hypothek, so würde die Durchführung des Prinzips der beweglichen Rangordnung bedeuten, daß die zweite und dritte Hypothek aufrücken; sie würden also dann den Vorteil einer sicheren Rangstelle mit dem als Risikoprämie gedachten hohen Zinsfuß verbinden. Das war nach der Auffassung der ursprünglichen Autoren des BGB keine gerechte Lösung; daher sagt das Gesetz, daß „der Eigentümer die Hypothek erwirbt" (§ 1163 Abs. 1 S. 2). Freilich ermöglicht der gesetzliche Löschungsanspruch (§ 1179 a), wie er durch jüngere Reformen geschaffen und von der Praxis durch regelmäßige Löschungsvormerkungen veranlaßt worden ist,[1] dann doch diese „ungerechte" Lösung.

98

b) *Eigentümergrundpfandrecht und Akzessorietät*

Der enge Zusammenhang des Eigentümergrundpfandrechts mit dem *Grundsatz der Akzessorietät* ist schon angedeutet; wie wir wissen, kann eine Hypothek ohne Forderung nicht existieren. Was soll aber geschehen, wenn die zu sichernde Forderung von vornherein nicht besteht oder noch nicht besteht oder später wieder erlischt? Den Ausweg sah das Gesetz im Institut des Eigentümergrundpfandrechts: bis zum Entstehen der Forderung oder nach deren Erlöschen ist der Eigentümer Inhaber des Grundpfandrechts (§ 1163 Abs. 1), das freilich – weil eben die Forderung fehlt – nicht als Eigentümer*hypothek,* sondern als Eigentümer*grundschuld* bezeichnet werden muß (§ 1177).

99

3. Terminologie des Eigentümergrundpfandrechts

a) *Eigentümerhypothek und Eigentümergrundschuld*

Das Eigentümergrundpfandrecht ist Eigentümerhypothek, wenn dem Pfandrecht noch eine Forderung zugrundeliegt, Eigentümergrundschuld, wenn dies nicht der Fall ist.

100

Beispiele: E hat zugunsten des G für dessen Forderung gegen S eine Hypothek bestellt. Als S das Darlehen an G nicht zurückzahlt, leistet E. Damit geht die Forderung des G gegen S auf ihn über

---

[1] S. oben § 17 Rn. 10 f., § 20 Rn. 4 f. und ausführlich unten § 46 Rn. 33 ff.!

§ 36 V   III. Abschnitt. Liegenschaftsrecht

(§ 1143 Abs. 1 S. 1), mit der Forderung auch die Hypothek (§§ 412, 401). Sie ist Eigentümerhypothek, weil sie nunmehr der Sicherung der Forderung des E gegen S dient! E könnte etwa Forderung und Hypothek an X abtreten.

Zahlt S das Darlehen zurück, so erlischt die Forderung; die Hypothek geht auf E über[1] (§ 1163 Abs. 1 S. 2), sie ist jetzt Eigentümergrundschuld (§ 1177 Abs. 1).

b) Vorläufige und endgültige Eigentümergrundschuld

101   Die Eigentümergrundschuld kann vorläufig

E hat dem G eine Hypothek bestellt, das Darlehen ist aber *noch* nicht ausbezahlt

oder endgültig sein:

E hat das Darlehen zurückbezahlt.

c) Ursprüngliche und nachträgliche Eigentümergrundschuld

102   Von einer ursprünglichen Eigentümergrundschuld spricht man, wenn sie von vornherein besteht:

der Eigentümer hat z. B. für sich selbst eine Grundschuld bestellt,

von einer nachträglichen dann, wenn *zunächst* ein Fremdgrundpfandrecht gegeben war:

Das hypothekarisch gesicherte Darlehen ist zurückbezahlt worden.

d) Offene und verdeckte Eigentümergrundschuld

103   Ist die Eigentümergrundschuld aus dem Grundbuch ersichtlich, so ist sie eine offene:

So wenn der Eigentümer für sich selbst eine Grundschuld bestellt hat oder wenn eine auf ihn – nach Rückzahlung des gesicherten Darlehens – automatisch übergegangene Hypothek auch im Grundbuch als Eigentümergrundschuld eingetragen wird (Grundbuchberichtigung!, §§ 22 GBO, 894 BGB).

Läßt sich die Eigentümergrundschuld aus dem Grundbuch nicht erkennen, so spricht man von einer verdeckten Eigentümergrundschuld.

So im letzten Beispiel *bis* zur Grundbuchberichtigung!

Die Einteilungskriterien entstammen so verschiedenen Bezirken, daß Überschneidungen leicht möglich sind:

Beispiel: Bestellt E dem G eine Hypothek für ein erst zu gewährendes Darlehen, so handelt es sich in Wahrheit bis zur Auszahlung der Darlehensvaluta um eine vorläufige, ursprüngliche, verdeckte Eigentümergrundschuld.

4. Entstehungstatbestände des Eigentümergrundpfandrechts

104   Die Konstruktion des Grundpfandrechts, so wie das BGB sie nun einmal gewählt hat, fordert von uns ein eingehendes Studium des Eigentümergrundpfandrechts; wir können dieses – dem Verständnis nur schwer zugängliche –

---

[1] Sofern nicht der Ausnahmetatbestand des § 1164 zutrifft.

Rechtsinstitut nicht einfach links liegen lassen im Vertrauen darauf, daß es uns nie oder doch nur selten begegnen werde. Denn auch die Beschäftigung mit den einfachsten Fragen des Hypothekenrechts setzt die Kenntnis der Grundbegriffe dieses Rechtsinstituts voraus.

Zur Illustration einige *Beispiele:* E hat sein Grundstück mit drei Hypotheken belastet, mit der des G_1 in Höhe von 10000 DM, mit der des G_2 in Höhe von 20000 DM, mit der des G_3 in Höhe von 15000 DM. Nach 5 Jahren hat er bei jeder Hypothek ein Drittel abbezahlt, also in dieser Höhe Eigentümergrundschulden erworben. Wie ist zu verfahren, wenn E einen neuen Geldgeber Gx findet, der bereit ist, sämtliche Hypotheken „abzulösen" und *ein* Darlehen gegen *eine* Hypothek zu einem einheitlichen Zinsfuß zu gewähren? Auch wenn die Hypotheken von G_1–G_3 noch unverändert im Grundbuch eingetragen sind, ist doch offensichtlich mit deren Abtretung durch G_1–G_3 an Gx allein nicht gedient, weil sie ja schon zum Teil auf E als Eigentümergrundschulden übergegangen waren! **105**

In dem eben gebrachten Beispiel möchte ein Gläubiger des E die durch teilweise Rückzahlung entstandenen, aber im Grundbuch noch nicht ausgewiesenen Eigentümergrundschulden des E pfänden lassen. Kann er dieses Ziel erreichen? Wie muß er dabei verfahren?

Der Zugang zu den Grundsätzen des Eigentümerpfandrechts wird erleichtert, wenn man die *einzelnen Fälle seiner Anwendung* studiert:

a) Bestellung einer Eigentümergrundschuld

Der einfachste Fall ist der, daß der Eigentümer für sich selbst eine Eigentümergrundschuld bestellt (§ 1196). Es handelt sich um eine rechtsgeschäftliche, ursprüngliche, offene Eigentümergrundschuld. **106**

Zweck: Befriedigung eines späteren Kreditbedürfnisses an bevorzugter Rangstelle durch Abtretung der Eigentümergrundschuld, die dadurch zur Fremdgrundschuld oder – wenn sie umgewandelt wird – zur Fremdhypothek wird (BGH NJW 1968, 1674; *Jauernig* § 1198 Rn. 5).

b) Entstehungsmängel bei Fremdgrundpfandrechten

Weitere Fälle lassen sich unter dem Stichwort: „Entstehungsschwierigkeiten" bei Begründung eines Fremdgrundpfandrechts zusammenfassen. **107**

aa) Fehlen der Forderung oder der Briefübergabe

Zu nennen sind hier das Fehlen der Forderung,[1] § 1163 Abs. 1 S. 1 sowie die nicht erfolgte Briefübergabe, § 1163 Abs. 2.

Beide Male ist der Typ der vorläufigen, ursprünglichen, verdeckten Eigentümergrundschuld gegeben.

Freilich kann aus der vorläufigen auch eine endgültige Eigentümergrundschuld werden, so z.B. wenn die Darlehensverhandlungen scheitern oder der Brief endgültig nicht übergeben wird.

bb) Mängel des dinglichen Geschäfts?

Zweifelhaft ist, ob § 1163 Abs. 1 S. 1, Abs. 2, *entsprechend* anwendbar ist, wenn der Entstehungsmangel dem *dinglichen* Rechtsgeschäft anhaftet; so z.B. wenn der Ehemann für eine Darlehensforderung seiner Ehefrau gegen ihn eine Hypothek eintragen läßt, ohne ihr etwas davon zu sagen. Hier ist die zu sichernde Forderung vorhanden, aber es mangelt an einer wirksamen dinglichen Einigung. Die **108**

---

[1] Dem Fehlen der Forderung steht der Fall gleich, daß ihr *Rechtsgrund* nicht individualisierbar ist (§ 37 Rn. 9).

§ 36 V   III. Abschnitt. Liegenschaftsrecht

Auffassungen sind sehr geteilt;[1] gegen die h.M., die die Entstehung einer Eigentümergrundschuld verneint, spricht, daß ein Aufrücken der Nachhypothekare hier ebenso ungerechtfertigt ist wie bei Fehlen der Forderung. Zuzustimmen ist nach wie vor *Wolff/Raiser* (§ 145 I 3), die eine gültige Willenserklärung des Eigentümers genügen lassen; denn auch § 1196 begnügt sich mit einem einseitigen Rechtsgeschäft des Eigentümers; daß das Grundpfandrecht im Grundbuch nicht als Eigentümergrundschuld bezeichnet ist, kann nicht ausschlaggebend sein.[2]

c) Tilgung und Verzicht

109   Eine andere Gruppe von Fällen kann unter der Bezeichnung „Tilgung" und „Verzicht" zusammengefaßt werden.

aa) Erlöschen der gesicherten Forderung

Hierher gehört einmal das Erlöschen der gesicherten Forderung, gleichgültig aus welchem Rechtsgrund (§ 1163 Abs. 1 S. 2);

Beispiel: Der Schuldner (= Eigentümer) zahlt das gesicherte Darlehen zurück oder rechnet wirksam mit einer Gegenforderung auf.

bb) Ablösung des Grundpfandrechts

110   Des weiteren fällt in diese Fallgruppe die Ablösung des Grundpfandrechts durch den vom Schuldner verschiedenen Eigentümer (§§ 1142, 1143, 1153); hier erwirbt der Eigentümer mit der Forderung eine Eigentümer*hypothek* (§ 1177 Abs. 2).

cc) Verzicht des Hypothekars

111   Schließlich ist hier zu nennen der Verzicht des Hypothekars auf die Hypothek (§ 1168). Er bedarf einer Verzichtserklärung und der Eintragung im Grundbuch.

Der *Verzicht* auf die Hypothek läßt den Bestand der Forderung unberührt; wird nur die Forderung *erlassen*, so entsteht eine Eigentümergrundschuld nach § 1163 Abs. 1 S. 2. Von Verzicht und Erlaß ist die *Aufhebung* der Hypothek (nach §§ 875, 1183) zu unterscheiden: Sie führt – anders als Verzicht und Erlaß – *nicht* zu einer Eigentümergrundschuld, sondern zum Untergang der Hypothek. Da hinter einer jeden Hypothek potentiell eine Eigentümergrundschuld steckt, verlangt § 1183 zur *Aufhebung* der Hypothek die Zustimmung des Eigentümers.

d) Konsolidation

112   Für eine letzte Gruppe von Fällen mag schließlich das Stichwort „Konsolidation" gewählt werden:
Vereinigung von Hypothek und Eigentum in einer Person (§ 889 mit § 1177).

Beispiel: E hat für eine Schuld des S an G eine Hypothek bestellt. Später veräußerte er das Grundstück an G: Eigentümerhypothek, die nunmehr die Forderung des Eigentümers G gegen S sichert.
Bei einer Vereinigung von Gläubiger- und Schuldnerstellung entsteht die Eigentümergrundschuld nach § 1163 Abs. 1 S. 2.

---

[1] Siehe zum Stand der Meinungen MünchKomm/*Eickmann* § 1196 Rn. 3–5 (m.Nw.); *Westermann/Eickmann* § 135 I 4; *Wilhelm* Rn. 726; *Gursky,* SachenR, Fälle und Lösungen, Fall 14 sub II 4 m. Nw.; *Jauernig* § 1113 Rn. 16; *Soergel/Konzen* § 1113 Rn. 4; *Kiefner,* FS Hübner, 1984, 521.
[2] Weitergehend *Staudinger/Wolfsteiner* Einl. zu §§ 1113ff. Rn. 59f., § 1163 Rn. 13, § 1196 Rn. 4f.: Entstehung einer Eigentümergrundschuld auch ohne Willenserklärung allein aufgrund der Eintragung.

5. Erlöschen von Fremdgrundpfandrechten ohne Entstehung eines Eigentümergrundpfandrechts

Von den Fällen, in denen ein Tilgungstatbestand zum Eigentümergrundpfandrecht führt, sind die Erlöschenstatbestände zu unterscheiden. **113**

a) Aufhebung

Einen von ihnen, den Fall der rechtsgeschäftlichen Aufhebung (§ 875) haben wir soeben kennengelernt. Sie bedarf auch der Zustimmung des Eigentümers (§ 1183), der damit gewissermaßen auf seine „hinter der Hypothek liegende" Eigentümergrundschuld verzichtet.

Der grundbuchrechtliche Ausdruck des Rechtsgedankens des § 1183 findet sich in § 27 GBO: der **114**
Eigentümer muß jeder Löschung eines Grundpfandrechts zustimmen.
Mit Hilfe der sog. *Löschungsvormerkung* und des gesetzlichen *Löschungsanspruchs* erreichen nachstehende Gläubiger für den Fall, daß das ihnen vorgehende Recht Eigentümergrundschuld wird, ihr Aufrücken, indem sie – wer auch immer Eigentümer sei – die Löschung des Eigentümergrundpfandrechts erzwingen (s. oben § 17 Rn. 10 f., § 20 Rn. 4 f. und im einzelnen unten § 46 Rn. 33 ff.).

b) Befriedigung durch Zwangsvollstreckung

Wird der Gläubiger aus dem Grundstück, also durch Zwangsvollstreckung **115**
befriedigt, so erlischt die Hypothek (§ 1181).

Der Vorschrift liegt der Gedanke zugrunde, daß mit der zwangsweisen Befriedigung des einen Gläubigers aus dem Grundstück – z. B. durch Vollstreckung in das Zubehör oder Zwangsverwaltung – der Wert des Grundstücks vermindert ist, also aller Anlaß besteht, daß die nachfolgenden Gläubiger aufrücken. Dabei ist freilich zu beachten, daß bei einer *Zwangsversteigerung* des Grundstücks durch den Zuschlag auch die dem betreibenden Gläubiger nachfolgenden Rechte erlöschen (§ 52 Abs. 1 S. 2 ZVG).

Beispiele: Belastung eines landwirtschaftlichen Grundstücks: Hypothek für A 10000 DM, für B **116**
15000 DM, für C 12000 DM. Verwertet A auf Grund eines dinglichen Titels die Ernte des Grundstücks im Wege der Mobiliarzwangsvollstreckung (*Baur/Stürner*, EinzelvollstreckungsR, Rn. 28.2, 34.12, 34.29) und wird er befriedigt, so rücken B und C auf (§ 1181).
Betreibt B die Zwangsversteigerung, so fällt die Hypothek des A in das sog. geringste Gebot, bleibt also bestehen (§ 52 Abs. 1 S. 1 mit § 44 ZVG). Werden bei der Versteigerung 12000 DM erlöst, so erlischt die Hypothek des B in dieser Höhe nach § 1181, der Rest von 3000 DM und die Hypothek des C erlöschen nach § 52 Abs. 1 S. 2 ZVG. Der Erwerber D erwirbt also ein mit der Hypothek des A belastetes Grundstück (der bar zu entrichtende „Kauf"preis ist daher auch entsprechend niedriger!), die Hypotheken des B und C sind erloschen (ausführlich *Baur/Stürner*, I, EinzelvollstreckungsR, Rn. 36.2 ff.).

6. Der Eigentümer als Inhaber des Grundpfandrechts

a) Rechtliche Stellung und Befugnisse

Sedes materiae ist § 1177: Danach gelten für die Eigentümer*grundschuld* wie **117**
für die Eigentümer*hypothek* die Vorschriften, die auf eine vom Eigentümer rechtsgeschäftlich bestellte Grundschuld anwendbar sind. Dies bedeutet, daß das Eigentümergrundpfandrecht *wie ein Fremdgrundpfandrecht* zu behandeln ist, mit zwei Ausnahmen:

aa) Keine Befugnis zur Zwangsvollstreckung

118 Der Eigentümer kann als Inhaber des Eigentümergrundpfandrechts nicht selbst die Zwangsvollstreckung in sein Grundstück betreiben (§ 1197 Abs. 1).

Grund: Er könnte die nachfolgenden Gläubiger schädigen, indem er die Zwangsversteigerung zu einer Zeit betreibt, in der ein alle Hypothekare befriedigendes Gebot nicht zu erwarten ist, und dann das Grundstück selbst ersteigert; die Rechte der nachfolgenden Gläubiger erlöschen nach § 52 Abs. 1 S. 2 ZVG, ohne daß sie aus dem Erlös befriedigt zu sein brauchen. Die praktische Bedeutung dieser Vorschrift ist wegen § 1179a inzwischen beschränkt.

bb) Zinsen, Übertragbarkeit, Pfändbarkeit

119 Zinsen gebühren dem Eigentümer grundsätzlich *nicht* (§ 1197 Abs. 2).

Im übrigen kann auch der Inhaber eines automatisch entstandenen Eigentümergrundpfandrechts über sein Recht *frei verfügen,* das Recht ist Gegenstand der Pfändung u.s.w.

Beispiele: E (= S) hat das ihm von G gewährte und durch eine Buchhypothek gesicherte Darlehen zurückbezahlt; G hat ihm darüber eine öffentlich beglaubigte Quittung ausgestellt. Damit kann E dem Grundbuchamt nachweisen (§ 29 GBO), daß die Hypothek auf ihn als Eigentümergrundschuld übergegangen ist, das Grundbuch also berichtigt werden muß (§ 22 Abs. 1 S. 1 GBO). Ist die Berichtigung durchgeführt, so kann er die Grundschuld an einen neuen Gläubiger Gn abtreten und zwar in der Form des § 1154 Abs. 3 mit § 873. Um diesen umständlichen Weg zu vermeiden, wird die Zwischeneintragung des E (§ 39 Abs. 1 GBO) in der Praxis für überflüssig gehalten, E kann also an Gn abtreten, ohne zuvor als Inhaber der Eigentümergrundschuld eingetragen zu sein.[1]

Ist auch der Weg gangbar, daß der noch im Grundbuch – wenn auch zu Unrecht – eingetragene G die Hypothek (in Wahrheit: Eigentümergrundschuld) unmittelbar im Einverständnis des E an Gn abtritt? *Materiellrechtlich* handelt es sich um die Verfügung eines Nichtberechtigten (G), die aber mit Zustimmung des Berechtigten (E) wirksam ist (§ 185). *Grundbuchrechtlich* ist G als voreingetragener „Berechtigter" noch zur Verfügung, also zur Abtretung an Gn befugt (dazu oben § 16 Rn. 33).

Gn kann die dem E zustehende Eigentümergrundschuld auch pfänden, was technisch Schwierigkeiten macht, wenn E – wie meist – noch nicht als Inhaber der Eigentümergrundschuld im Grundbuch eingetragen ist (hierzu § 46 Rn. 11 ff.). Fraglich ist im Hinblick auf § 1197, ob aus der *gepfändeten* Eigentümergrundschuld die Zwangsvollstreckung betrieben werden kann. Die jetzt h.M. bejaht diese Möglichkeit, mit Recht (s. u.a. BGHZ 103, 30, 36 ff. = NJW 1988, 1026; *Baur/Stürner* I, EinzelvollstreckungsR, Rn. 32.22; *Baur/Stürner,* Fälle, Fall 10; MünchKomm/*Eickmann* § 1197 Rn. 8; s.a. § 46 Rn. 7 ff.).

b) Eigentümergrundpfandrecht und Veräußerung des Grundstücks

120 Das Eigentümergrundpfandrecht steht dem zu, der *im Augenblick der Vollendung des Entstehungstatbestandes* Eigentümer des Grundstücks ist. Es bleibt diesem auch, wenn er später das Grundstück *veräußert,* und wird dann automatisch Fremdgrundpfandrecht.

Die entstandene Eigentümergrundschuld ist also *nicht* – wie viele „Neulinge" meinen – subjektiv dinglich in dem Sinne, daß sie *dem jeweiligen Eigentümer* zustehe, auch wenn sie nicht ausdrücklich abgetreten werde!

Verwirklicht sich – wie bei der Tilgungshypothek – der Entstehungstatbestand in Raten und wechselt der Eigentümer während der Tilgungszeit mehrfach, so steht jedem der mehreren Eigentümer ein Eigentümergrundpfandrecht in Höhe der jeweils geleisteten Raten zu (s. schon oben Rn. 52 ff.).

---

[1] BGH Rpfleger 1968, 277; KG Rpfleger 1975, 136; *Demharter* § 39 Rn. 19. Daß sich aus solcher „Verkürzung" Mißhelligkeiten ergeben können, zeigt BGH NJW 1986, 1687 (dazu *Foerste* JuS 1988, 261): dort war die Voreintragung allerdings ausdrücklich beantragt und vom GBA nicht vollzogen!

Beispiel: Hat E das durch 1. Hypothek gesicherte Darlehen von 20 000 DM jährlich mit 2000 DM **121** zu tilgen, leistet er selbst 4000 DM, ein Käufer K_1 weitere 6000 DM und schließlich der Erwerber K_2 den Rest von 10 000 DM, so verteilen sich die Eigentümergrundschulden auf E, K_1 und K_2, wobei die des E und K_1 durch den Eigentumswechsel zu Fremdgrundschulden geworden sind. Hier ergeben sich drei Fragen:

(1) Können E und K_1 ihre Fremdgrundschulden gegen K_2 geltend machen? Diese Frage ist zu verneinen, und zwar weil dem regelmäßig der Inhalt und Sinn des Kaufvertrags entgegenstehen wird: E hat von K_1, K_1 von K_2 den erzielbaren Marktwert unter Anrechnung der *Resthypothek* auf den Kaufpreis erhalten; mehr soll ihnen nicht zustehen, auch nicht die auf sie übergegangenen, jetzt zu Fremdgrundschulden gewordenen Eigentümergrundschulden. Dies bedeutet, daß K_2 Aufhebung der Fremdgrundschulden fordern kann, von K_1 nach §§ 434, 439 Abs. 2 und von E nach Abtretung des Anspruchs K_1 gegen E durch K_1 an K_2 auf Grund des Kaufvertrags (§§ 434, 439 Abs. 2, 440 Abs. 1, 325 Abs. 1 S. 3, 323 Abs. 2, 281).

(2) Kann K_2 nach Zahlung der Restschuld die Löschung der *gesamten* Hypothek erwirken oder **122** muß er die Zustimmung von E und K_1 beibringen? Sicher ist, daß E und K_1 diese Zustimmung ausdrücklich – sei es schon im Kaufvertrag, sei es später – erklären können (§ 185). Auch kann die im Kaufvertrag erklärte „Übertragung" der schon entstandenen Eigentümergrundschuld auf den Erwerber in eine solche Ermächtigung nach § 185 umgedeutet werden.[1] Wie aber wenn in beiden Übertragungsfällen an die spätere Löschung der Hypothek nicht gedacht wurde? Hier bleibt *materiellrechtlich* nichts anderes übrig, als die Zustimmung von E und K_1 beizubringen, zu deren Abgabe sie auf Grund des Kaufvertrags verpflichtet sind. *Grundbuchrechtlich* genügen die Quittung des G, wenn sich aus ihr ergibt, daß K_2 *voll* bezahlt hat, und die Zustimmung des K_2 nach § 27 GBO; denn der Grundbuchrichter darf sich darauf verlassen, daß G noch in vollem Umfang Hypothekar war; § 891 (mit § 1138) gilt auch für ihn. Anders dann, wenn sich aus der Quittung ergibt, daß auch E und K_1 Zahlungen geleistet haben; hier muß der Grundbuchrichter auch die Zustimmung von E und K_1 fordern (vgl. hierzu noch § 1179b und unten § 46 Rn. 45).

(3) Wie ist das Rangverhältnis der Grundpfandrechte der drei beteiligten Eigentümer? Die Antwort **123** gibt § 1176: es geht also die Eigentümergrundschuld des K_2 der Fremdgrundschuld des K_1 und des E, die Fremdgrundschuld des K_1 der Fremdgrundschuld des E vor!

7. Rechtsnatur des Eigentümerpfandrechts

Die Rechtsnatur des Eigentümerpfandrechts ist lebhaft umstritten.[2] Die verschiedenen hier vertre- **124** tenen Auffassungen darzustellen, wäre fruchtlos; denn mehr als eine gewisse Umschreibung des wesentlichen Inhalts dieses Rechts vermag keine Theorie zu begreifen. Mit der h. M. ist es als selbständiges beschränktes dingliches Recht an eigener Sache zu betrachten. Betrachtet man das einem anderen eingeräumte Grundpfandrecht als eine Abspaltung aus der Verwertungsbefugnis des Eigentümers, so kommt diese Verwertungsbefugnis nunmehr dem Eigentümer selbst zu, wobei freilich § 1197 Abs. 1 seine Initiative im Interesse der anderen Grundpfandgläubiger beschränkt.

VI. Einteilung der Grundpfandrechte nach der Zahl der haftenden Grundstücke

1. Mehrfachsicherung durch Einzelgrundpfandrechte?

In der Regel wird für *eine* Forderung *eine* Hypothek an *einem* Grundstück **125** begründet; infolge des engen Zusammenhangs zwischen Forderung und Hypothek ist es nicht möglich, für *eine* Forderung *mehrere* Hypotheken zu bestellen.

Beispiel: Hat E dem G an dem Grundstück a eine dritte Hypothek bestellt und bietet sich jetzt die Möglichkeit, dem G für dieselbe Forderung ein erstrangiges Grundpfandrecht an dem Grundstück b einzuräumen, so kann dies keine selbständige Hypothek sein (RGZ 131, 16, 20; 132, 138).

---

[1] Siehe *Kaps* DR 1941, 412.
[2] Einen Überblick über die verschiedenen Meinungen geben *Wolff/Raiser* § 147; wie hier *Westermann/Eickmann* § 135 III; *Staudinger/Wolfsteiner* § 1177 Rn. 4f.

Wohl aber kann neben einer Hypothek eine weitere Grundschuld bestellt werden, oder es können mehrere Grundschulden eine Forderung sichern!

Sind *mehrere Forderungen* durch eine oder mehrere Grundschulden gesichert, kann der Gläubiger die Sicherheit für jede Forderung voll ausschöpfen und bei mehreren Grundschulden frei wählen (BGH NJW 1997, 2514; NJW 1998, 601: keine Pflicht zur Aufteilung oder Schonung schuldnerfremder Sicherheiten).

2. Gesamthypothek und Gesamtgrundschuld

126 Zulässig ist es aber, den Betrag der Forderung auf mehrere Hypotheken aufzuteilen oder aber eine Gesamthypothek zu bestellen. Nach der Legaldefinition des § 1132 ist die Gesamthypothek „*eine* Hypothek für *eine* Forderung an *mehreren* Grundstücken". Dabei ist es gleichgültig, ob die belasteten Grundstücke einem oder mehreren Eigentümern gehören.

Die Gesamthypothek kommt vor allem dann in Betracht, wenn die Forderung so hoch ist, daß eine Hypothek an *einem* Grundstück nicht ausreicht und sich eine Verteilung auf mehrere Hypotheken an mehreren Grundstücken nicht empfiehlt (vgl. das *Beispiel* oben Rn. 67). Der Hauptanwendungsbereich liegt daher in den Realteilungsgebieten, d.h. in Gebieten, wo herkömmlich das Grundvermögen im Erbgang unter die Miterben aufgeteilt wird.

127 Der Gesamthypothekar hat umfassende *Befugnisse*. *Heck*[1] bezeichnet ihn mit Recht als „hypothekarischen Pascha": Zwar steht ihm der Haftungsbetrag nur *einmal* zu; aber in diesem Rahmen kann er nach seinem Gutdünken

entweder alle Grundstücke verwerten

oder eines von ihnen

oder mehrere, aber nicht alle,

oder eines von ihnen zu einem Teil des Haftungsbetrages (§ 1132 Abs. 1). Er kann auch den zu sichernden Betrag nachträglich auf die einzelnen Grundstücke verteilen (§ 1132 Abs. 2; Einzelheiten s. unten § 43).

Denkbar ist auch eine Gesamtgrundschuld (§§ 1192 Abs. 1, 1132); der praktische Anreiz ist hier allerdings geringer als bei der Gesamthypothek, weil für eine Forderung – wie bereits dargelegt – auch mehrere Einzelgrundschulden bestellt werden können.

VII. Grundpfandrechte in den neuen Bundesländern

128 Seit dem 3. 10. 1990 können in den neuen Bundesländern die Grundpfandrechte des BGB bestellt werden. Aus der Zeit vor Geltung des ZGB existieren in den Grundbüchern u. U. noch altrechtliche Grundpfandrechte nach dem BGB. Die Sicherungshypothek der §§ 452 ff. ZGB und ihre Überleitung behandelt § 63 Rn. 10, 50 f., ebenso die Ablösung oder Umstellung von Altrechten nach §§ 1 ff., 10 GrundbuchbereinigungsG. § 36 VII der Vorauflage gibt einen weiteren kurzen Überblick zum Recht der früheren DDR.

VIII. Grundpfandrechte und EU

129 Die einzelnen Staaten der EU kennen überwiegend nur akzessorische Grundpfandrechte. In den romanischen Ländern stehen die Grundpfandrechte in Konkurrenz zu gesetzlichen Vorzugsrechten, die auch Grundstücke erfassen können und den Gläubigern bestimmter Forderungen privilegierte

---

[1] § 94 I 4.

§ 36. Funktion und Einteilung der Grundpfandrechte   VIII § 36

Befriedigung verschaffen. Teilweise gibt es neben den Grundpfandrechten Sicherungsrechte an Unternehmen, z.B. die floating charge in England oder das nantissement du fond de commerce in Frankreich, mit sehr unterschiedlichem Verhältnis zur Grundstückshaftung. Die Verschiedenheit der Grundpfandrechte und ihrer Sicherungswirkung erschwert die Finanzierung und Refinanzierung über die Grenze und kann im ungünstigsten Fall die Freiheit des Kapitalverkehrs beeinträchtigen und Wettbewerbsnachteile für Bankunternehmen einzelner Länder zur Folge haben. Die harmonisierenden Abhilfevorschläge sind unterschiedlich: z.B. einheitliches Grundpfandrecht nach dem Vorbild der deutschen Grundschuld („Segré-Bericht" 1966) oder wahlweise neben den nationalen Grundpfandrechten eine „Eurohypothek" nach dem Modell des schweizerischen Schuldbriefes (Kombination aus novierendem bzw. abstraktem Schuldversprechen und Grundschuld) – so die Kommission des lateinischen Notariats für EG-Angelegenheiten 1987. Eine Einheitlichkeit mit nur einem Grundpfandrecht für alle Länder wäre eher verhängnisvoll, weil sie den Wettbewerb der Rechtsordnungen um das bessere Recht abschaffen und die Lebendigkeit gewachsener, gleichwertiger Vielfalt zerstören würde. Dem Gedanken einer zusätzlichen Sicherungsform könnte man eher nähertreten, weil ihre Akzeptanz dem Markt überlassen bliebe. Man sollte die Störung des grenzüberschreitenden Kapitalverkehrs durch verschiedene nationale Sicherungsformen auch nicht überbewerten. Nicht wünschenswert wäre die grenzüberschreitende Sicherung mit Sicherungsformen fremden Rechts, weil dann die Verwirrung perfekt wäre. Interessant ist die Tendenz der Vereinheitlichungsvorschläge zur besonders verkehrsfähigen und vielseitig verwendbaren abstrakten Sicherheit, die allerdings vielfach eher Bank- als Verbraucherinteressen zu berücksichtigen scheint. Ein europäischer Teilsieg des Abstraktionsprinzips, das vielleicht doch oft die leistungsfähigere und beweglichere juristische Konstruktion bereithält als die zunächst einfacher wirkenden Einheitsmodelle? Lit.: *Stöcker,* Die Eurohypothek, Diss. Würzburg 1992; *ders.* in: Der langfristige Kredit 1991, 537ff. (Zusammenfassung); *M. Wolf* WM 1990, 1941 ff.; *Stürner,* FS Serick, 1992, S. 377ff.; *Habersack* JZ 1997, 857ff. (mit stark historischer und wenig praxisbezogener Argumentation); *Stadler,* Gestaltungsfreiheit und Verkehrsschutz durch Abstraktion, 1996, S. 600ff.; s.a. § 37 Rn. 52f., § 45 Rn. 17–23.

Übersicht 18

Einteilung der Grundpfandrechte

nach der *Akzessorietät*	nach der *Zirkulationsfähigkeit*	nach der *Person des Gläubigers*	nach der *Zahl* der haftenden Grundstücke
1. Hypothek: akzessorisch § 1113 a) streng: Sicherungshypothek § 1184 b) abgeschwächt: Verkehrshypothek § 1138 2. Grundschuld: nicht akzessorisch § 1192 (aber Sonderform: Sicherungsgrundschuld: gewisse Verbindung von Forderung und Grundschuld durch Sicherungsabrede)	1. Briefgrundpfandrechte a) Briefhypothek §§ 1116 I, 1154 I b) Briefgrundschuld § 1192 mit §§ 1116 I, 1154 I 2. Buchgrundpfandrechte a) Buchhypothek § 1116 II, § 1154 III b) Buchgrundschuld: § 1192 mit § 1116 II, § 1154 III	1. Fremdgrundpfandrechte a) Fremdhypothek b) Fremdgrundschuld 2. Eigentümergrundpfandrechte a) kraft Rechtsgeschäfts: Eigentümergrundschuld: § 1196 b) kraft Gesetzes: aa) Fehlen der Forderung bei der H.: § 1163 I 1 bb) Erlöschen der Forderung bei der H.: § 1163 I 2 cc) keine Briefübergabe bei H. oder Grundschuld: § 1163 II dd) Verzicht auf H. oder Grundschuld: § 1168 ee) Vereinigung von H. oder Grundschuld mit dem Eigentum: § 889	1. Einzelgrundpfandrecht a) EinzelH.: H. für *eine* Forderung an *einem* Grundstück b) Einzelgrundschuld: Grundschuld an *einem* Grundstück 2. Gesamtgrundpfandrecht: a) GesamtH.: H. für *eine* Forderung an *mehreren* Grundstücken: § 1132 b) Gesamtgrundschuld: Grundschuld an *mehreren* Grundstücken

IX. Überblick über den Gang der Darstellung

130 Es entspricht der gesetzlichen Regelung, im folgenden zunächst die Hypothek, dann die Grundschuld zu erörtern. Bei der Hypothek behandeln wir zunächst die Regelform: die Verkehrshypothek, dann erst die Sicherungshypothek und weitere Sonderformen der Hypothek.

Der Zugang zum Hypothekenrecht wird leichter, wenn wir uns bei der Darstellung der Verkehrshypothek an den typischen zeitlichen Ablauf eines hypothekarisch gesicherten Kredits halten, also zunächst die Begründung der Verkehrshypothek erörtern (§ 37), dann ihre Übertragung (§ 38), und uns dann den mit der freiwilligen und unfreiwilligen Tilgung der Hypothek zusammenhängenden Fragen zuwenden, nämlich dem Umfang der Hypothekenhaftung (§ 39), der Haftungsverwirklichung (§ 40) und dem Erlöschen der Hypothek (§ 41).

B. Die Hypothek

§ 37. Die Begründung der Verkehrshypothek

1 Die Hypothek ist ein beschränktes dingliches Recht, ein Verwertungsrecht. Ihre Eigenart – dadurch unterscheidet sie sich von der Grundschuld – liegt in der besonderen rechtlichen Beziehung zu der gesicherten Forderung, in der Akzessorietät (s. oben § 36 Rn. 59ff.). Daraus folgt, daß wir bei der Begründung der Hypothek nicht nur – wie etwa bei einer Grunddienstbarkeit – auf den *dinglichen* Bestellungsakt (unten Rn. 22ff.), sondern auch auf die zu sichernde Forderung (unten Rn. 5ff.) achten müssen. Zuvor ist zu prüfen, welche Vermögensbestandteile mit einer Hypothek belastet werden können (Rn. 2f.).

I. Belastungsobjekt

2 Aus § 1113 („ein Grundstück") und § 1114 ergibt sich, daß nur Grundstücke, grundstücksgleiche Rechte (z.B. Erbbaurecht, vgl. § 11 ErbbauRV) und ideelle Miteigentumsanteile (also nicht Gesamthandsanteile!) mit einer Hypothek belastet werden können.

3 *Beispiel:* Ein Wohngrundstück steht im Eigentum der Erbengemeinschaft A, B, C. Benötigt A Geld, so kann er *nicht* seinen Gesamthandsanteil mit einer Hypothek belasten. Setzen die Miterben die Erbengemeinschaft derart auseinander, daß jeder von ihnen Miteigentümer zu $^1/_3$ wird,[1] so kann A nunmehr an seinem Miteigentumsbruchteil eine Hypothek bestellen. Nicht aber kann der Alleineigentümer sein Grundstück nur zu einem „ideellen Teil" mit einer Hypothek belasten (OLG Frankfurt NJW-RR 1988, 463, 464)!

Will die Erbengemeinschaft ein hypothekarisch gesichertes Darlehen aufnehmen, so müssen *alle* Miterben die Hypothek bestellen (§ 2040). Ergibt sich dieselbe Notwendigkeit, nachdem die Erbengemeinschaft schon im Wege der Auseinandersetzung in eine Bruchteilsgemeinschaft umgewandelt worden ist, so entsteht aus einer durch alle Bruchteilseigentümer gemeinschaftlich vorgenommenen Belastung eine Gesamthypothek an den einzelnen Bruchteilen (RGZ 146, 363 = *Baur,* E.Slg. Fall 39). Einzelheiten s. unten § 43 Rn. 8ff..

4 Bei der Rückabwicklung eines nichtigen Grundstückskaufvertrages nach Bereicherungsrecht schuldet der Käufer, der das Grundstück zwischenzeitlich belastet hat, nicht Beseitigung der Belastung, sondern Wertausgleich (§ 818 Abs. 2), u.U. Zug um Zug gegen Übernahme der gesicherten Schuld (hierzu BGH NJW 1991, 917 = JZ 1991, 871 m. Anm. *Reuter;* dazu ferner *Canaris* NJW 1991, 2513).

---

[1] Dazu ist Auflassung und Eintragung erforderlich (s. a. § 19 Rn. 4f.).

II. Die bestimmte Geldforderung als zu sichernde Forderung

Aus §§ 1113, 1115 lassen sich die Anforderungen entnehmen, die das Gesetz an die zu sichernde Forderung stellt: sie muß auf Geld gerichtet sein, und zwar auf eine bestimmte Geldsumme, kann aber auch künftig oder bedingt sein (§ 1113 Abs. 2).

1. Der Rechtsgrund der Geldforderung

Die *Forderung braucht nicht schuldrechtlicher Natur zu sein*. Es können Forderungen aus jedem Rechtsgrund, sofern sie nur auf Geld gerichtet sind oder in eine Geldforderung übergehen können (also bedingte Geldforderungen sind),[1] durch eine Hypothek gesichert werden:

So z.B. der Anspruch auf Ausgleich des Zugewinns nach Beendigung des gesetzlichen Güterstands der Zugewinngemeinschaft, etwa durch Scheidung (§ 1363 Abs. 2 S. 2; dagegen ist es nicht möglich, einen etwaigen künftigen Ausgleichsanspruch schon bei Bestehen der Ehe zu sichern, und zwar schon deshalb nicht, weil gar nicht feststeht, welcher Ehegatte letztlich einen Zugewinnausgleichsanspruch hat). Ferner kann z.B. gesichert werden der Anspruch aus einem auf Geld gerichteten Vermächtnis.
Für die *Sicherung öffentlich-rechtlicher Geldforderungen* gilt folgendes:
Öffentliche Grundstückslasten i.S. von § 10 Abs. 1 Nr. 3 ZVG sind bevorzugt gesichert, da sie ohnehin auf dem Grundstück lasten. Sie haben den Rang vor den „normalen" Grundpfandgläubigern der Rangklasse 4 (§ 10 Abs. 1 Nr. 4). Die Eintragung einer Sicherungshypothek ist also nur für solche öffentlich-rechtliche Ansprüche zulässig, die nicht unter § 10 Abs. 1 Nr. 3 ZVG fallen oder die nach Ablauf der in § 10 Abs. 1 Nr. 3 bestimmten Frist nicht mehr gesichert sein werden (hier Eintragung einer bedingten Sicherungshypothek, s. § 322 Abs. 5 AO).
Während die Finanzbehörden bei der Zwangsvollstreckung wegen Steuerforderungen *in das bewegliche Vermögen* selbst Vollstreckungsbehörden sind (§§ 249 ff. AO), erfolgt die Zwangsvollstreckung wegen Steuerforderungen *in das unbewegliche Vermögen* nach den für die zivilgerichtliche Immobiliarvollstreckung maßgebenden §§ 864–871 ZPO und dem ZVG. Antragsteller ist die Finanzbehörde (§ 322 AO).

Der Rechtsgrund der Forderung muß *individualisierbar* sein.[2] Für ein- und dieselbe Forderung können *nicht* mehrere selbständige Hypotheken an einem oder mehreren Grundstücken bestellt werden (*Verbot der Doppelsicherung!* Anwendungsbereich der Gesamthypothek: s. oben § 36 Rn. 126 f.).

Zulässig ist aber, daß für eine Forderung neben der Hypothek auch eine Grundschuld bestellt wird oder daß ein Bürge haftet oder daß für den Ausfall, den ein Hypothekar künftig in der Zwangsversteigerung erleidet, eine sog. *Ausfall-Hypothek* als Höchstbetragshypothek an einem anderen Grundstück bestellt wird (RGZ 122, 327). Die Parteien können sich auf einen Forderungswechsel einigen, müssen aber gleiche Formen beachten wie bei Begründung einer Hypothek (§ 1180 Abs. 1).

---

[1] S. dazu BayObLG NJW 1967, 1373.
[2] BGH NJW 1994, 460, 461 l. Sp. Streitig ist, ob bei unbestimmtem Rechtsgrund eine Eigentümergrundschuld entsteht – so zutreffend der BGH (s. a. § 36 Rn. 107) – oder ob die Bestellung der Hypothek unwirksam ist; zur Problematik einer derartigen *Zwangshypothek Baur/Stürner*, EinzelvollstreckungsR, Rn. 13.3, 27.14, 38.9, 45.13 und *Foerste* ZZP 107 (1994), 370 ff. Die Frage des individualisierbaren Rechtsgrundes stellt sich auch bei der Mitsicherung des *bereicherungsrechtlichen Rückabwicklungsanspruchs* (unten Rn. 48).

2. Bestimmtheit der Forderung

10 Die Forderung muß bestimmt sein, und zwar nach Gläubiger (Rn. 11 f.), Schuldner (Rn. 13 f.) und Gegenstand (Rn. 15 ff.); Gegenstand muß die Leistung einer bestimmten Geldsumme sein.

a) Bestimmtheit des Gläubigers

11 Der *Inhaber* der Hypothek muß bestimmt und mit dem Gläubiger der Forderung identisch sein; genauer gesagt: Wer Berechtigter der Hypothek ist, richtet sich nach der Gläubigerstellung an der Forderung, beide Positionen können nicht auseinanderfallen (§ 1153).

Weiß der Eigentümer noch nicht, wer ihm ein Darlehen gewähren wird, so kann er keine Hypothek, sondern nur eine Eigentümergrundschuld bestellen (§ 1196: s. oben § 36 Rn. 106), die er dann durch Abtretung – evt. unter Umwandlung in eine Hypothek – verwerten kann.

Wer Gläubiger der Forderung und damit auch der Hypothek ist, muß sich bei der Bestellung der Hypothek aus dem Grundbuch ergeben (§ 1115 Abs. 1).

12 Beruht die Forderung auf einem *Vertrag zugunsten Dritter,* so kann der Begünstigte als Gläubiger eingetragen werden (BayObLG DNotZ 1958, 639 = *Baur,* E. Slg. Fall 47), also etwa eine Schwester des Hofübernehmers, zu deren Gunsten der Hofübernehmer dem Hofübergeber eine Abfindung versprochen hat, aber auch – entgegen der Meinung des BayObLG – der Hofübergeber als Versprechensempfänger (vgl. oben § 5 Rn. 28 und *Hieber* DNotZ 1958, 631).

Gläubiger können auch Gesamtgläubiger sein (BGHZ 29, 363; BGH NJW 1975, 445). Den Gläubiger- und Forderungswechsel gestattet § 1180 Abs. 2.

b) Bestimmtheit des Schuldners und Divergenz von Schuldner und Eigentümer

13 Der Schuldner der Forderung und der Eigentümer des Grundstücks brauchen nicht identisch zu sein: Es kann sich jemand (E) von vornherein für die Schuld eines anderen (S) mit seinem Grundstück „verbürgen". Solche Divergenzfälle können auch später eintreten.

14 *Beispiele* (s. die grafische Darstellung unten):
(1) E bestellt zur Sicherung einer Forderung des G gegen seinen Sohn S eine Hypothek an seinem Grundstück; hier könnte man von einem *ursprünglichen Divergenzfall* sprechen.
(2) S hat für seine eigene Verbindlichkeit dem G an seinem Grundstück eine Hypothek über 10 000 DM bestellt. Später verkauft er das Grundstück „unter Anrechnung der Hypothek auf den Kaufpreis" an E, G genehmigt aber die Schuldübernahme nicht (vgl. § 416!). Dies bedeutet, daß S persönlicher Schuldner bleibt, während E mit dem Grundstück haftet *(nachträglicher Divergenzfall).*
Hier wird sofort das Regreßproblem deutlich:
Löst der *Eigentümer* (E) die Hypothek ab, so gehen nach § 1143 (mit § 1153) Forderung und Hypothek auf ihn über (Eigentümerhypothek! s. oben § 36 Rn. 100). Dies entspricht aber nur im Beispiel (1) den Parteiabmachungen. Denn in Beispiel (2) sollte im Innenverhältnis gerade E die Hypothek ablösen, da ja der Kaufpreis entsprechend geringer bemessen war; § 1143 ist daher gemäß Abs. 1 S. 2 i. V. m. § 774 Abs. 1 S. 3 *nicht* anwendbar. Es bleibt bei der Regel des § 1163, E erwirbt die Hypothek als Eigentümergrundschuld (§ 1177).
Zahlt der *persönliche Schuldner* (S) die Schuld zurück, so erwirbt im Beispielsfall (1) E eine Eigentümergrundschuld, im Beispielsfall (2) geht die Hypothek auf S über, weil er vom Eigentümer E auf Grund des Kaufvertrags Ausgleich verlangen kann (§ 1164). Die Hypothek sichert nunmehr den Ersatzanspruch des S gegen E; es findet also neben dem Hypothekenübergang (§ 1164) eine Forderungsauswechslung kraft Gesetzes statt.

§ 37. Die Begründung der Verkehrshypothek　　II § 37

Schaubild zur Divergenz zwischen Schuldner und Eigentümer
(Beispiele oben Rn. 14)

c) *Bestimmtheit der Geldsumme*

Die Forderung muß auf Leistung einer bestimmten Geldsumme gerichtet **15** sein. Ansprüche auf Sach- und Dienstleistungen können also ebensowenig die Grundlage einer Hypothek bilden wie Forderungen auf unbestimmte Geldleistungen (Ausnahme: Höchstbetragshypothek). Unter „Geld" ist künftig nicht mehr nur inländisches Geld zu verstehen, die Eintragung kann nunmehr auch in einheitlicher EU-Währung, der Währung eines EU-Staates oder eines Staates des Europäischen Wirtschaftsraums sowie einer anderen ausländischen Währung erfolgen, soweit dies durch Rechtsverordnung zugelassen wird¹ (§ 28 S. 2, 2. Halbsatz GBO). Zur Zwangsvollstreckung in solchen Fällen treffen §§ 145a, 158a ZVG Sonderregelungen. Die Eintragung des Zinssatzes ist weiter unten behandelt (Rn. 28).

16 Diese inhaltlichen Beschränkungen machen der Praxis nach verschiedenen Richtungen Schwierigkeiten:
Gibt eine Ölgesellschaft z. B. einem Tankstelleninhaber ein Darlehen, so wird sie wenig Verständnis haben, wenn dieser kurz darauf Erzeugnisse der Konkurrenz verkauft. Die Verpflichtung, nur Benzin einer bestimmten Marke zu verkaufen, kann zwar nicht durch ein Grundpfandrecht gesichert werden (zur Dienstbarkeit s. oben § 33 Rn. 13 ff.); aber es kann – immer in den Grenzen des Wettbewerbs- und Kartellrechts – vereinbart werden, daß Darlehen und Hypothek sofort fällig werden, wenn dieser Abrede zuwidergehandelt wird.

17 *„Wertbeständige Hypotheken"*, also z. B. solche, die auf eine bestimmte Menge Goldes oder auf eine nicht zugelassene ausländische Währung lauten oder den Geldwert zu einem bestimmten Sachwert in Beziehung setzen („10 000 DM, mindestens den Marktwert von 250 dz Weizen") könnten schon *währungsrechtlich* (§ 3 Währungsgesetz) nur mit Genehmigung der Bundesbank begründet werden.² *Materiell- und grundbuchrechtlich* stehen aber meist der Bestimmtheitsgrundsatz und teilweise auch die Notwendigkeit, einen inländischen Geldbetrag als Leistungsgegenstand zu bezeichnen, entgegen (Einzelheiten vgl. *Dürkes*, Wertsicherungsklauseln, 10. Aufl. 1992 u. *Kollhosser* aaO; *Siebelt/Häde* NJW 1992, 10, 14f.).

18 Um den Schwierigkeiten bezüglich der Bestimmtheit zu entgehen, gibt der Schuldner in der Praxis häufig ein abstraktes Schuldversprechen in Höhe des zugesagten Kreditvolumens ab, das dann durch die Hypothek gesichert wird (s. § 36 Rn. 76; § 40 Rn. 45 f.).

3. Künftige und bedingte Forderungen

19 Die Forderung kann auch künftig oder bedingt sein (§ 1113 Abs. 2).

Damit kommt das Gesetz den Bedürfnissen des Rechtsverkehrs entgegen; denn meist wird die Forderung – zumal bei Buchhypotheken – erst nach Bestellung der Hypothek entstehen, der Eigentümer muß also vorleisten.
Hypotheken für bedingte Forderungen kommen etwa in Betracht, wenn eine Leistung (z. B. Werkleistung) oder ein Unterlassen (Wettbewerbsverbot!) durch eine Vertragsstrafe, diese durch eine Hypothek gesichert wird.

20 Die Einigung der Beteiligten muß sich aber stets auf eine *bestimmte* Forderung beziehen (*Westermann* JZ 1962, 302); entgegen BGHZ 36, 84 (= *Baur*, E. Slg. Fall 46; kritisch zu dieser Entscheidung auch *Wilhelm* Rn. 784) ist es daher z. B. nicht angängig, die zur Sicherung einer nicht bestehenden Forderung „aus Bauleistungen" bestellte Hypothek später zur Sicherung einer Darlehensforderung zu verwenden (zum Sonderfall der bereicherungsrechtlichen Rückabwicklung unten Rn. 48). Wohl aber kann ein Dritter, z. B. der Zessionar der bisher noch nicht valutierten Hypothek, die Valuta (das Darlehen) ausbezahlen.³

21 Solange die Forderung noch nicht entstanden ist, der Zeitpunkt oder die aufschiebende Bedingung noch nicht eingetreten sind, steht die Hypothek dem Eigentümer als Eigentümergrundschuld nach § 1163 Abs. 1 S. 1 zu. Das gleiche gilt von dem Augenblick an, in dem die auflösende Bedingung eintritt (§ 1163 Abs. 1 S. 2).

---

¹ Die Verordnung vom 30. 10. 1997 (BGBl. I 1997, 2683) nennt als zugelassene Währungen: Euro, alle EU-Währungen, Schweizer Franken, US-Dollar. Nachrangige Gläubiger müssen Währungsschwankungen einkalkulieren (hierzu § 145a Nr. 2 ZVG).
² *Beispielsfall:* BGH NJW 1960, 523. – Genehmigungsgrundsätze der Bundesbank i. d. F. v. 9. 6. 1978 BAnz 1978 Nr. 109; s. *Fricke* Jura 1987, 591; *von Maydell*, Geldschuld und Geldwert (1974) S. 372 ff.; *Immenga/Schwintowski* NJW 1983, 2841; *Kollhosser*, Wertsicherungsklauseln, 1985; *K. Schmidt*, Geldrecht, 1983.
³ Dazu *Lempenau*, Direkterwerb oder Durchgangserwerb bei Übertragung künftiger Rechte, 1968, S. 47 f.

§ 1113 Abs. 2 bedeutet also nicht, daß die für eine künftige oder aufschiebend bedingte Forderung bestellte Hypothek schon Hypothek, also Fremdgrundpfandrecht ist! Die Bestimmung des § 1113 Abs. 2 ist vielmehr in erster Linie grundbuchrechtlicher Natur, sie läßt die materiellrechtliche Regelung des § 1163 unberührt.

Von der unbedingten Hypothek für eine bedingte Forderung ist die *bedingte Hypothek* zu unterscheiden; ist letztere gewollt, so kommt eine Eigentümergrundschuld nicht in Betracht (s. dazu RGZ 122, 327).

III. Der dingliche Bestellungsakt – Die Briefhypothek

Lesen Sie zunächst § 36 Rn. 86 ff..

1. Die Grundelemente des dinglichen Bestellungsaktes

Zur Erleichterung der Zirkulationsfähigkeit hat das Gesetz die Briefhypothek geschaffen; sie ist sogar – wie sich aus der Formulierung des § 1116 ergibt – die Regel, die Buchhypothek ist die Ausnahme. 22

Die Regelform bedeutet für den Begründungsakt, daß neben die Einigung und Eintragung als normale Voraussetzungen für die Entstehung eines beschränkten dinglichen Rechts (§ 873) die Briefübergabe treten muß (§ 1117). Diese Erschwerung bringt freilich gleichzeitig den Vorteil mit sich, daß der Brief Zug um Zug gegen Aushändigung der Darlehensvaluta übergeben werden kann; vorher entsteht die Hypothek nicht, der eingetragene – künftige – Hypothekar kann auch vor diesem Zeitpunkt nicht über die Hypothek verfügen, da zur Abtretung einer Briefhypothek stets die Briefübergabe erforderlich ist (§ 1154).

Natürlich stellt sich sofort die Frage: Wie ist die Rechtslage, wenn der *eine* Teil des Begründungsakts (Einigung und Eintragung) bereits vorliegt, der *andere* Teil (die Briefübergabe) aber noch fehlt? Das Gesetz sieht hierin einen weiteren Fall der Eigentümergrundschuld (§ 1163 Abs. 2), und zwar einer ursprünglichen, vorläufigen, verdeckten Eigentümergrundschuld (s. oben § 36 Rn. 100 ff.). 23

Bei Begründung einer Hypothek kann sich also aus verschiedenen Gründen eine Eigentümergrundschuld ergeben, *einmal* wenn die Forderung noch nicht entstanden ist (§ 1163 Abs. 1 S. 1), *zum anderen* wenn der Brief noch nicht übergeben ist (§ 1163 Abs. 2), schließlich dann, wenn die dingliche Einigung nicht vorliegt, aber wenigstens ein gültiger Bestellungsakt des Eigentümers gegeben ist (vgl. zu dieser Streitfrage § 36 Rn. 108).

2. Einigung und Eintragung

a) Allgemeine Regeln

Grundsätzlich sind die §§ 873 ff. anwendbar. 24

b) Gegenstand der Eintragung und Zulässigkeit von Bezugnahmen

Besonderheiten[1] gelten nur bezüglich der Frage, wie die Hypothek im Grundbuch selbst zu *kennzeichnen* ist und inwieweit zur näheren Bezeichnung 25

---

[1] Zur Frage einer Hypothekenbestellung zugunsten eines Dritten s. oben Rn. 12 und § 5 Rn. 28.

auf die Grundakten Bezug genommen werden kann. Hier enthält § 874 die allgemeine Regel, § 1115 bringt für die Hypothek eine Klarstellung insofern, als stets im Grundbuch selbst eingetragen werden müssen:

der Gläubiger[1]
der Geldbetrag der Forderung
der Zinssatz
der Geldbetrag etwaiger anderer Nebenleistungen.[2]

26   Im übrigen kann auf die Eintragungsbewilligung Bezug genommen werden (§ 874), und zwar auch zur Bezeichnung der Forderung (§ 1115 Abs. 1 2. Hs.); dies geschieht durch die Angabe des Schuldgrundes und des Schuldners, sofern dieser vom Eigentümer verschieden ist.

> Zweck des § 1115 ist es insbesondere, das *Höchstmaß* der Belastung aus dem Grundbuchvermerk selbst ersichtlich zu machen. Soweit das geschehen ist, kann zur näheren Bestimmung aller anderen Einzelheiten als dieses Höchstmaßes, also z.B. der Nebenleistungen auf die Eintragungsbewilligung Bezug genommen werden (BGHZ 47, 41, 44). Dagegen ist es nicht möglich, durch die Bezugnahme Ansprüche zu sichern, die nicht auf Geld gerichtet sind und auch nicht in eine Geldforderung übergehen können (BayObLG NJW 1967, 1373).
>
> In dem amtlichen Muster lautet der Eintrag z. B.:
> „Fünftausend Deutsche Mark Darlehen mit 4 vom Hundert jährlich verzinslich für den Gastwirt Gerhard Schneider in Berlin. Unter Bezugnahme auf die Eintragungsbewilligung vom ... eingetragen am ...".

27   In der Eintragungsbewilligung sind meist die zahlreichen Vereinbarungen über den Zahlungsmodus (z.B. Anfang der Verzinsung: BGHZ 129, 1, 3 = NJW 1995, 1081; nicht ausreichend „Tag der Darlehensauszahlung": BayObLG DNotZ 1996, 96) und die Kündigungsgründe (ordentliche und außerordentliche) enthalten. In BGHZ 21, 34 ist der BGH mit Recht der Unsitte entgegengetreten, auf *alle* schuldrechtlichen Vereinbarungen Bezug zu nehmen, auch wenn sie weder zum Inhalt des dinglichen Rechts gehören noch Kündigungsgründe darstellen. Solche Bezugnahmen gelten dann nicht als Inhalt des Grundbuchs.

c) Eintragung des Zinssatzes

28   Der Praxis macht die Eintragung des Zinssatzes Schwierigkeiten; denn seine Höhe läßt sich nur schwer für die ganze Laufzeit des Darlehens fixieren; sie hängt von der allgemeinen Lage am Kapitalmarkt ab. Namentlich Kreditinstitute legen daher Wert darauf, einen Rahmen zu haben, innerhalb dessen sie den Zins den jeweiligen Verhältnissen entsprechend festlegen können. Schuldrechtliche Abmachungen dieser Art sind sicher grundsätzlich in den Grenzen des AGBG zulässig,[3] aber können sie – angesichts des Bestimmtheitsgrundsatzes – auch verdinglicht werden? Die Rechtsprechung ist hier der Kreditpraxis entgegengekommen, indem sie einen *gleitenden Zinssatz* (z.B. 1% über Bundesbankdiskontsatz) zuläßt, sofern ein Höchstzinssatz (z.B. 12%) angegeben wird, oder auch die Angabe eines *Zinsrahmens* (7–10%) für ausreichend hält, sofern in der Eintragungsbewilligung die Gesichtspunkte angegeben werden, nach denen der Gläubiger den Zins erhöhen kann oder ermäßigen muß (BGHZ 35, 22; 111, 324, 327; BGH NJW 1975, 1315; BayObLG NJW 1975, 1365).[4] Zinserhöhungsklauseln zur Schadenspauschalierung insbesondere bei Verzug müssen der Kontrolle der §§ 11 Nr. 5, 9 AGBG standhalten (BGH NJW-RR 1989, 41; BGHZ 112, 352; BGH NJW 1983, 1542;

---

[1] Interessante Sonderfälle: BayObLG NJW-RR 1988, 980 (keine Firma statt Gläubigername); OLG Hamm Rpfleger 1989, 17 (Rechtsinhaber, nicht Konkursverwalter oder Nachlaßverwalter); OLG Köln OLGZ 1994, 521 (Mitglieder einer Wohnungseigentümergemeinschaft).

[2] Zur Eintragung anderer Nebenleistungen ausführlich *Böttcher* Rpfleger 1980, 81 ff.

[3] Hierzu *Reifner* JZ 1995, 866 m. Nw.

[4] Zu den Zinsberechnungsklauseln s. *Baums* WM 1987 Sonderbeil. zu Nr. 15; BGH NJW 1986, 1803 (§§ 315 BGB, 9 AGBG). Zum Parallelproblem bei der eingetragenen Vollstreckungsunterwerfung (§ 800 ZPO) ausführlich BGHZ 88, 62 = NJW 1983, 2262; *Stürner/Münch* JZ 1987, 178, 181; s. a. § 40 Rn. 36 ff.

§ 37. Die Begründung der Verkehrshypothek   III § 37

s. a. § 36 Rn. 56 mit Fn. 2). Unwirksame Klauseln machen das Grundbuch insoweit u. U. unrichtig (§§ 1163, 1178). Dasselbe gilt, falls die schuldrechtliche Vereinbarung nach § 6 VerbrKG nichtig und nur auf der Basis gesetzlicher Zinsen geheilt ist (s. § 36 Rn. 45 f.).[1]

3. Briefübergabe

a) Erteilung und Inhalt des Hypothekenbriefes

Nach Eintragung der Hypothek „erteilt" das Grundbuchamt den Hypothekenbrief, d. h. es fertigt ihn an und übergibt ihn – wenn keine andere Anweisung vorliegt – dem Eigentümer (§ 60 GBO). Dieser übergibt ihn dann dem Gläubiger; erst damit entsteht die Hypothek.   29

So das Wunschbild des Gesetzgebers! Die Praxis freilich sieht ganz anders aus (s. unten Rn. 33 ff.). Der *Inhalt des Hypothekenbriefs* (s. das Muster in Anhang 3 und 3 a am Ende des Buches) ist in den §§ 56, 57 GBO vorgeschrieben und durch das Gesetz v. 22. 6. 1977 (BGBl. I 998) gegenüber früher wesentlich vereinfacht worden:[2] Kurz gesagt *muß* er alle wesentlichen Angaben über die Hypothek enthalten (§ 56 Abs. 1 Satz 2 GBO); dagegen enthält er nicht mehr eine „Kurzfassung" des Grundbuchinhalts, sondern nur noch die Nummer des Grundbuchblatts, die Nummer des zu belastenden Grundstücks sowie den Inhalt der die Hypothek betreffenden Eintragungen (hierzu BayObLG Rpfleger 1980, 429), also nicht die sonstigen beschränkten dinglichen Rechte, nicht die Löschungsvormerkungen (§ 57 GBO n. F.). Der Erwerber einer Hypothek tut also gut daran, sich eine Fotokopie des Grundbuchinhalts zu beschaffen! Spätere Veränderungen, die die Hypothek betreffen, sind nach wie vor auf dem Brief zu vermerken (§§ 62, 63 GBO, z. B. ein nachträglicher Rangrücktritt, *Gaberdiel* Rpfleger 1980, 89; a. A. *Demharter* § 62 Rn. 4 m. Nw.). Mit dem Hypothekenbrief wird – falls vorhanden – eine Schuldurkunde verbunden (§ 58 GBO; OLG Düsseldorf NJW 1961, 2263); obwohl nur Ordnungsvorschrift, führt sie doch zu einer Unterrichtung des Erwerbers der Hypothek über den Schuldgrund und sichert damit den Eigentümer im Rahmen des § 1138, so etwa dann, wenn sich eine gegen die Forderung bestehende Einwendung aus der Schuldurkunde ergibt und dadurch dem Gläubiger bekannt wird.   30

b) Übergabe des Hypothekenbriefes

Der dem Gesetz vorschwebende Regelfall ist die Übergabe des Briefs durch den Eigentümer an den Gläubiger (§ 1117 Abs. 1 S. 1). „Eigentümer" ist auch der bloße „Bucheigentümer", wenn der Hypothekar im Augenblick der Briefübergabe noch redlich ist.   31

c) Übergabesurrogate

Der körperlichen Übergabe werden nach § 1117 Abs. 1 S. 2 *gleichgestellt:*   32
Die Übergabe kurzer Hand (brevi manu traditio), § 929 S. 2,
die Vereinbarung eines Besitzkonstituts (§ 930),
die Abtretung des Herausgabeanspruchs (§ 931).

d) Die Aushändigungsabrede

Praktisch am bedeutsamsten ist der Ersatz der Übergabe durch die sog. Aushändigungsabrede (§ 1117 Abs. 2): Gläubiger und Eigentümer vereinbaren,   33

---

[1] Zur Prüfungspflicht des Grundbuchrichters s. § 16 Rn. 59 ff.
[2] Siehe ferner §§ 47–53 Grundbuchverfügung; für das maschinell geführte Grundbuch (§ 15 Rn. 47) §§ 87–89 Grundbuchverfügung.

daß der Gläubiger berechtigt sein soll, sich den Brief vom Grundbuchamt aushändigen zu lassen. *Schon* mit dieser Vereinbarung, *nicht* erst mit der Fertigstellung des Briefs oder mit dessen Aushändigung durch das Grundbuchamt an den Gläubiger, entsteht die Hypothek für den Gläubiger, sofern nur die Hypothek im Grundbuch eingetragen ist und die Forderung existiert.

Die Aushändigungsabrede ist in der Kreditpraxis die Regel: sie wird vom Gläubiger und Schuldner bei Abschluß des Kreditvertrags vereinbart (Form nicht erforderlich!); im Eintragungsantrag weist der Eigentümer das Grundbuchamt in öffentlich-beglaubigter Form an, den Brief dem Gläubiger auszuhändigen (§ 60 Abs. 2 GBO; dazu *Wörbelauer* DNotZ 1965, 518, 522; *Westermann/Eickmann* § 112 II 4 d; Anhang 4 Ziff. III).

34 *Beispiel:* E hat dem G eine Hypothek bewilligt, eine Aushändigungsabrede ist zwischen E und G nicht getroffen, E hat aber in dem – formularmäßigen – Eintragungsantrag das Grundbuchamt angewiesen, den Brief dem G auszuhändigen. Dies geschieht. Hier erwirbt G die Hypothek erst mit der Aushändigung des Briefs durch das Grundbuchamt, das als Bevollmächtigter oder Bote des Eigentümers bei der Übergabe nach § 1117 Abs. 1 S. 1 anzusehen ist (Der Fall des § 1117 Abs. 2 liegt also nicht vor!).

35 Liegt umgekehrt eine Aushändigungsabrede vor, fehlt aber die Anweisung an das Grundbuchamt, den Brief dem G auszuhändigen, so entsteht doch die Hypothek zugunsten des G mit ihrer Eintragung. G ist Eigentümer auch des Briefs (§ 952), selbst wenn das Grundbuchamt ihn dem E übersandt hat. G kann als Eigentümer von E den Brief herausverlangen (§ 985, daneben Anspruch aus der der Hypothekenbestellung zugrundeliegenden schuldrechtlichen Verpflichtung). Die Aushändigungsvereinbarung kann die Anweisung an das Grundbuchamt stillschweigend enthalten (*Demharter* § 60), was allerdings die Einhaltung der Form gemäß §§ 60 Abs. 2, 29 Abs. 1 S. 1 GBO voraussetzt.

e) Übergabesurrogate bei Abtretung

36 Den Übergabesurrogaten kommt – abgesehen von der Hypothekenbestellung – auch deshalb besondere Bedeutung zu, weil sie nach § 1154 Abs. 1 S. 1 2. Hs. auch auf die Abtretung der Hypothek anwendbar sind (s. unten § 38 Rn. 12 ff.).

f) Übergabevermutung

37 Hinzuweisen ist schließlich noch auf die in § 1117 Abs. 3 enthaltene Vermutung der Übergabe, wenn der Gläubiger im Besitz des Briefes ist.

Die Vermutung bezieht sich nur auf die Übergabe, nicht schlechthin darauf, daß dem Gläubiger auch die Hypothek zusteht; diese Vermutung ergibt sich aus § 1138 (mit § 891) und bei einer schon abgetretenen Briefhypothek aus § 1155 – *Beispiel:* BayObLG DNotZ 1974, 93.

IV. Der dingliche Bestellungsakt – Die Buchhypothek

Lesen Sie zunächst § 36 Rn. 86 ff.

1. Einigung und Eintragung, Briefausschluß und seine Eintragung

38 Die sog. Buchhypothek ist nach der Vorstellung des Gesetzgebers die Ausnahme (vgl. die Formulierung des § 1116). Neben der Einigung und Eintragung nach § 873 setzt ihre Entstehung die Einigung der Parteien über den Ausschluß des Briefs und die Eintragung des Briefausschlusses im Grundbuch voraus (§ 1116 Abs. 2). Gebräuchliche *Formeln:* „Hypothek ohne Brief", „brieflos", „Die Erteilung eines Briefs ist ausgeschlossen".

Divergenzfälle sind hier denkbar, wenn auch nicht gerade häufig: so etwa wenn die Parteien eine **39** Briefhypothek vereinbart hatten, aber ein Briefausschluß eingetragen wurde oder umgekehrt. Da die Briefhypothek nach dem Gesetz die Regel bildet, ist im Zweifel das Entstehen eines Briefpfandrechts anzunehmen, das freilich bis zur Ausstellung des Briefs Eigentümergrundschuld ist.

So ist in unserem ersten Beispielsfall (Briefhypothek vereinbart, Buchhypothek eingetragen) keine Buchhypothek entstanden (es fehlt die Einigung über den Briefausschluß), es liegt ein Fall des § 1163 Abs. 2 vor.

Hatten die Parteien eine Buchhypothek vereinbart, ist aber der Ausschluß des Briefs nicht eingetragen und ein Brief erteilt worden, so wird eine hilfsweise Einigung der Parteien auf die Briefhypothek anzunehmen sein (§ 140).

2. Umwandlung der Buch- in Briefhypotheken

Die Buchhypothek kann in eine Briefhypothek umgewandelt werden **40** (§ 1116 Abs. 3) und umgekehrt. In beiden Fällen handelt es sich um eine Inhaltsänderung; Einigung und Eintragung der Änderung (bei Umwandlung in eine Briefhypothek auch die Übergabe des Hypothekenbriefs) sind also erforderlich (§ 1116 Abs. 2, 3).

V. Besondere Sachlagen bei der Hypothekenbestellung

1. Die Sicherung eines Zwischenkredits[1]

Mitunter sagt ein Gläubiger dem Eigentümer eine Baugeldhypothek fest zu, **41** er will aber die Darlehensvaluta erst mit Fertigstellung des Baues auszahlen. Hier springt häufig ein anderer Geldgeber durch Gewährung eines Zwischenkredits ein. Die Möglichkeiten, ihn zu sichern, sind verschiedenartig:[2]

a) Hypothek zugunsten des Zwischenkreditgebers

Der Eigentümer bestellt dem Zwischenkreditgeber die Hypothek und tritt **42** ihm den Anspruch auf Auszahlung der Darlehensvaluta gegen den Geber des endgültigen Kredits ab. Nach Vollendung des Baus zediert der Zwischenkreditgeber die Hypothek an den Gläubiger gegen Auszahlung der Valuta. Schuldner und dinglich Belasteter ist der Eigentümer.

b) Abtretung der vorläufigen Eigentümergrundschuld

Der Eigentümer bestellt zugunsten des endgültigen Gläubigers eine Brief- **43** hypothek, die vor Aushändigung des Briefs und Gewährung des Kredits ihm als — vorläufige, auflösend bedingte — Eigentümergrundschuld zusteht. Sie tritt er unter Übergabe des Briefs und schriftlicher Abtretungserklärung an den Zwischenkreditgeber ab, der dadurch eine auflösend bedingte Fremdgrundschuld erlangt.[3] Regelmäßig läßt sich der Zwischenkreditgeber auch hier den

---

[1] Siehe dazu *Boehmer*, ZAkDR 1940, 173 u. 240; *Kollhosser* JA 1979, 176, 179f.; MünchKomm/ *Eickmann* § 1163 Rn. 44ff.; *Rimmelspacher* JuS 1971, 14; *Staudinger/Wolfsteiner* § 1163 Rn. 37f.; *Westermann/Eickmann* § 112 A I 4; *Wilhelm* Rn. 790; *Manfred Wolf* Rn. 666; *Robrecht* DB 1969, 868 (Kreditsicherung durch bloße Briefübergabe?); *Walberer* DNotZ 1956, 229, jeweils m.w.N.; ferner RGZ 153, 167; BGHZ 36, 84.

[2] S. dazu auch unten § 46 Rn. 22ff..

[3] BGHZ 53, 60.

§ 37 V   III. Abschnitt. Liegenschaftsrecht

Anspruch auf Auszahlung der Darlehensvaluta abtreten. Mit Übergabe des Briefs an den endgültigen Gläubiger und Auszahlung der Valuta verwandelt sich die Grundschuld von selbst in eine Fremdhypothek zugunsten des endgültigen Gläubigers (s. unten § 46 Rn. 21 ff., 27 f.).

44 Schwierigkeiten bereitet die Briefübergabe, wenn ein Teil des Darlehens bereits ausgezahlt ist und ein Zwischenkredit deshalb nur hinsichtlich des Rests gegeben werden soll. Die Bildung eines Teilbriefs (§ 61 GBO) unterbleibt regelmäßig (s. *Abel* NJW 1966, 2044). Andererseits will aber sowohl der endgültige Gläubiger als auch der Zwischenkreditgeber Eigenbesitz am ungeteilten Brief erlangen. Dies ist möglich durch die Einräumung von Mitbesitz. Mitbesitz ist auch auf verschiedenen Besitzstufen zulässig, so daß der endgültige Gläubiger als unmittelbarer Mitbesitzer dem Zwischenkreditgeber mittelbaren Mitbesitz am Brief vermitteln kann (*Baur* NJW 1967, 22; *Rahn*, Sparkasse, 1965, 328; ablehnend BGHZ 85, 263 = *Baur* E.Slg. Fall 46 a und die wohl h. M.; s. *K. Schmidt* JuS 1983, 308; s. a. § 7 Rn. 79 f.). Folgt man der ablehnenden h. M., bleibt wohl nur die treuhänderische Verwahrung durch einen Dritten, der dem endgültigen Gläubiger und dem Zwischenkreditgläubiger den Besitz vermittelt.

c) „Zwischenkredite" der Bausparkassen

45 Häufig bezeichnen Bausparkassen eine Darlehensgewährung an Bausparer *vor* der endgültigen Zuteilung (Auszahlung des Bauspardarlehens zu den günstigen Bedingungen) als „Zwischenkredit". Er hat mit der hier erörterten Form des Zwischenkredits nichts zu tun; denn er wird sofort von dem endgültigen Kreditgeber (der Bausparkasse) gegeben und durch Grundpfandrecht gesichert.

d) Sicherung durch Grundschuld als Alternative

46 Die Praxis vermeidet die geschilderten Schwierigkeiten, indem sie als Sicherheit statt der Hypothek die Grundschuld wählt (s. § 46 Rn. 22 ff.). Gerade bei der Zwischenfinanzierung zeigen sich größere Flexibilität und Verbraucherfreundlichkeit der Grundschuld![1]

2. Nichtige Forderung

a) Entstehen einer Eigentümergrundschuld

47 Nicht selten wird die Darlehensvaluta ausbezahlt, aber die Forderung erweist sich als nichtig, so etwa weil der Darlehensvertrag wegen Dissenses nichtig oder wegen eines Willensmangels wirksam angefochten wird. Hier entsteht „wenigstens" eine Eigentümergrundschuld, und zwar auch dann, wenn auch die Einigung nichtig war, sofern nur ein gültiger Bestellungsakt des Eigentümers vorlag.[2]

b) Sicherung des Bereicherungsanspruchs?

48 Problematisch ist, ob bei nichtigem, aber valutiertem Darlehensvertrag die Hypothek den Bereicherungsanspruch des Darlehensgebers sichert, also nicht Eigentümergrundschuld, sondern Fremdhypothek ist. Grundsätzlich ist ein Bereicherungsanspruch dann genügend individualisiert (oben Rn. 9) und folglich gesichert, wenn die dingliche Abrede einen entsprechenden Parteiwillen ergibt (so auch BGH NJW 1968, 1134 [= *Baur*, E.Slg. Fall 53] für das Pfandrecht an beweglichen Sachen). Bei Hypothekenbestellungen dürfte die konkrete dingliche Vereinbarung hierfür in der Regel unergiebig sein. Entgegen der herrschenden Meinung (*Palandt/Bassenge* § 1113 Rn. 15; *Jauernig* § 1113 Rn. 8; *Räfle* WM 1983, 806 m. Nw.; RG JW 1911, 653; a. A. *Wilhelm* Rn. 786; MünchKomm/ *Eickmann* § 1113 Rn. 73) und wohl auch dem BGH a. a. O., die im Regelfall zur Eigentümergrund-

---

[1] S. auch *Staudinger/Wolfsteiner* § 1163 Rn. 37 f.
[2] Hierzu § 36 Rn. 108 und oben Rn. 23; s. auch BGHZ 36, 84, 88.

schuld kommen müssen, wird man im Ergebnis *Heck* (§ 84 II 4; w.Nw. bei *Rimmelspacher* § 10 Rn. 711 ff.) folgen und grundsätzlich die Fremdhypothek bejahen können, weil der Bereicherungsanspruch gewissermaßen den Ersatz für die nicht entstandene Darlehensforderung darstellt und die Rückzahlung des Kapitals in jedem Fall geschuldet ist (so auch *Soergel/Konzen* § 1113 Rn. 15 und BGH JZ 1991, 923, 926 für – allerdings nichtakzessorische – Grundschulden); eine ergänzende Auslegung des dinglichen Bestellungsvertrages liegt deshalb nahe.

c) *Schenkung einer Hypothek*

Für die Fremdhypothek ist auch zu argumentieren, wenn der Eigentümer jemandem eine Hypothek „schenkt". Hier soll nach RGZ 88, 366 und der h.M. die Schenkung nicht durch die Bestellung der Hypothek im Sinne des § 518 geheilt sein, so daß mangels gültiger Forderung keine Hypothek, sondern eine Eigentümergrundschuld entstanden sei. Diese Lösung überzeugt nicht, da bei Bestellung einer Grundschuld anders zu entscheiden wäre (*Heck* § 84 II 3) und der Sinn des § 518 keine unterschiedliche Behandlung rechtfertigt.[1]

49

d) *Bordellkauf und Wucherdarlehen*

Beim *Bordellkauf* nahm die früher ganz h.M. an, der Kaufvertrag sei stets unwirksam (§ 138 Abs. 1), die Restkaufpreishypothek komme nicht zur Entstehung (§ 1163 Abs. 1 S. 1), es bestehe eine Eigentümergrundschuld (RGZ 68, 101; *Heck,* § 84 IV; Vorauflage § 37 V 2b). Die neuere h.M. beurteilt den Sachverhalt vor dem Hintergrund gewandelter Strafvorschriften und gesellschaftlichen Auffassungswandels wesentlich differenzierter.
Beispiel: B verkauft der A-Club GmbH ein Bordellgrundstück zum Preis von 3 Millionen DM, wobei für 1 Million eine Restkaufpreishypothek bestellt und eingetragen ist. Der Kaufpreis kalkuliert die Möglichkeit eines zuhälterischen Bordellbetriebes (§ 180a StGB) mit ein und ist *deshalb* sittenwidrig (hierzu BGHZ 63, 365 ff.; NJW-RR 1990, 750 ff.). Wegen Fehlens einer wirksamen Forderung ist eine Eigentümergrundschuld entstanden; sie verwandelt sich bei bereicherungsrechtlicher Rückübertragung des Grundstücks (§§ 812 Abs. 1 S. 1, 817 S. 2 – fragwürdig!) in eine Fremdgrundschuld und unterliegt dann ihrerseits der Kondiktion. Geht man davon aus, daß C den Kauf des zuhälterischen Bordellbetriebs mit einem Darlehen bewußt und zielgerichtet finanziert hat, so mag der Darlehensvertrag unwirksam sein (§ 138 Abs. 1; BGH NJW-RR 1990, 750 ff.). Eine Eigentümergrundschuld ist aber nur entstanden, wenn kein Bereicherungsanspruch auf Kapitalrückzahlung existiert (§ 812 Abs. 1 S. 1, 1. Alt.). Falls man mit der Rechtsprechung diesen Anspruch entgegen § 817 S. 2 bejaht – der Darlehenszweck soll nicht über § 817 S. 2 gleichsam legalisiert werden – kommt man nach hier vertretener Auffassung zur Fremdhypothek zur Sicherung des Rückabwicklungsanspruchs.

50

Beim *Wucherdarlehen* ist die Fremdhypothekenbestellung als dingliches Geschäft unwirksam, falls ein Fall des § 138 Abs. 2 vorliegt (§ 5 Rn. 51 f.; zuletzt BGH NJW 1994, 1275 r.Sp.). Eine wirksame Bestellung zur Sicherung einer bereicherungsrechtlichen Rückabwicklungsforderung bezüglich des Darlehenskapitals (BGH NJW 1962, 1148) scheidet aus (BGH NJW 1994, 1275 r.Sp.), weil eine Umdeutung des nichtigen dinglichen Bestellungsgeschäftes (§ 140) dem Zweck des § 138 Abs. 2 zuwiderliefe. Hingegen ist eine Eigentümergrundschuld entstanden – so die hier vertretene Mindermeinung (§ 36 Rn. 108 und oben Rn. 23, 47; *Gerhardt,* ImmobiliensachenR, § 8, 4; a.A. z.B. *Grunsky,* Sachenrecht, Fälle und Lösungen, 9. Aufl. 1996, Fall 14 sub II 4). Falls das Wucherdarlehen hingegen nur nach § 138 Abs. 1 unwirksam sein sollte, weil außer überhöhtem Zins keine qualifizierenden Umstände vorliegen (BGHZ 128, 257), bleibt das dingliche Bestellungsgeschäft wirksam. Ob man eine Eigentümergrundschuld (§ 1163 Abs. 1 S. 1) oder eine Fremdhypothek annimmt, hängt davon ab, wie man sich zur erörterten Frage der Sicherung des Bereicherungsanspruchs zur Rückabwicklung des Kapitals (§§ 812 Abs. 1 S. 1, 1. Alt., 817 S. 1; hierzu zuletzt BGH NJW 1995, 1152) stellt.

51

e) *Verbraucherschutzgesetze*

Ein hypothekarisch gesichertes Darlehen kann u.U. § 1 HWiG unterfallen. Falls der Darlehensnehmer widerruft (§ 2 HWiG), fällt die Darlehensrückzahlungsforderung weg, die Rückabwick-

52

---

[1] Ablehnend *Westermann/Eickmann* § 112 A II 3 m.Nw., die aber u.E. bei der Heilung den konstruktiven Aspekt überbetonen.

lungsforderung gem. § 3 Abs. 1 HWiG wird gleich zu behandeln sein wie der Rückabwicklungsanspruch aus Bereicherung (oben Rn. 48). Das bloße Versprechen eines Dritten, eine Hypothek zu bestellen, kann ebenfalls unter §§ 1 ff. HWiG fallen. Der Widerruf beseitigt seine Verpflichtung, eine bereits bestellte Hypothek ist bei fortbestehender Darlehensforderung auf den Eigentümer zu übertragen (§ 3 HWiG) und wird Eigentümergrundschuld (§ 1177 Abs. 1) oder sie ist zu löschen (§§ 875, 1183); denkbar ist auch ein Verzicht mit der Folge einer Eigentümergrundschuld (§ 1168 Abs. 1; s. a. zum Parallelproblem bei der Grundschuld § 45 Rn. 17–23).

53   Wenn ein Darlehensvertrag nach dem VerbrKG unwirksam ist (§§ 1 Abs. 1; 3 Abs. 2 Nr. 2; 4 Abs. 1 S. 4 Nr. 1; 6 Abs. 1 VerbrKG), so gilt dies auch für die Verpflichtung zur Hypothekenbestellung; die bereits vor Auszahlung bestellte Hypothek ist Eigentümergrundschuld (§ 1163). Bei Heilung des Darlehensvertrages nach Auszahlung (§ 6 Abs. 2 VerbrKG) kann eine Fremdhypothek im Umfang des vertraglichen Rückzahlungsanspruchs bestehen. Falls ein Dritter an seinem Grundstück eine Hypothek bestellt, ist *auf ihn* das VerbrKG nicht anwendbar (str., s. zum Parallelfall der Grundschuld § 45 Rn. 17–23).

3. Schuldnermehrheit – Gläubigermehrheit

54   Schuldner und Eigentümer brauchen nicht identisch zu sein (s. oben Rn. 13 f.). Es ist auch möglich, daß der Eigentümer und eine andere Person Gesamtschuldner der Forderung sind, für die eine Hypothek bestellt wird; so z. B. wenn eine bürgerlich-rechtliche Gesellschaft bestehend aus A und B Geld benötigt und A an *seinem* Grundstück eine Hypothek bestellt.

Gläubiger der Forderung und Inhaber der Hypothek muß ein- und dieselbe Person sein. Zur Sicherung *mehrerer* Gläubiger durch *eine* Hypothek s. oben Rn. 12.

4. Unterwerfung unter die sofortige Zwangsvollstreckung

55   Der Hypothekar bedarf, um aus der Hypothek in das Grundstück vollstrecken zu können, eines sog. *dinglichen Titels*. In ihm wird ausgesprochen, daß der Eigentümer verpflichtet ist, die Zwangsvollstreckung des Gläubigers in das belastete Grundstück in bestimmter Höhe zu dulden. Die nachträgliche Erwirkung eines solchen Titels – meist also eines Urteils – macht Schwierigkeiten und Kosten. Daher verlangt der Gläubiger oft schon bei der Hypothekenbestellung, daß der Schuldner sich in einer notariellen Urkunde der sofortigen Zwangsvollstreckung in das Grundstück unterwirft (§ 794 Abs. 1 Ziff. 5 ZPO). Diese Unterwerfung wirkt, wenn sie im Grundbuch eingetragen ist, auch gegen die Rechtsnachfolge im Eigentum (§ 800 ZPO). Formel: „Der jeweilige Eigentümer ist der sofortigen Zwangsvollstreckung unterworfen" (Einzelheiten unten § 40 Rn. 36 ff.).

Zum Umfang der Beurkundung s. BGHZ 73, 157.

§ 38. Die Übertragung der Verkehrshypothek

Lesen Sie zunächst oben § 36 Rn. 86 ff.

I. Allgemeine Grundsätze

1. Die Übertragbarkeit und ihre praktische Bedeutung

Die dem einzelnen zustehenden Rechte sind – von den höchstpersönlichen abgesehen – übertragbar, und zwar in der Regel – wie die Forderung – durch formlosen Vertrag (§ 413 mit § 398).[1] So erachtet es der Gesetzgeber auch als ganz selbstverständlich, daß die Hypothek – die Verkehrs- wie die Sicherungshypothek – abtretbar ist. Ja, er hat – um die Zirkulationsfähigkeit zu steigern – in der Form der Verkehrshypothek ein Grundpfandrecht geschaffen, das *dem Erwerber* weitgehende Sicherheit bietet (s. dazu schon oben § 36 Rn. 80 ff.). 1

Der *Anwendungsbereich* der Hypothekenabtretung ist in der Praxis freilich nicht sehr groß; die Bankinstitute aller Art (einschließlich der Bausparkassen) pflegen ihre Hypotheken nicht abzutreten, sondern in ihrem Portefeuille zu belassen.[2] So kommen praktisch nur Hypothekenabtretungen durch private Geldgeber vor, die eine Hypothek durch Verkauf zu Geld machen, sofern sie es nicht vorziehen, sie an ihren Kreditgeber nur zu verpfänden. 2

2. Überblick über die gesetzliche Regelung der Übertragung von Hypothek und Forderung

Die Vorschriften über die Abtretung der Hypothek wirken kompliziert, weil sie durch das Akzessorietätsdogma (*Heck*; s. dazu schon oben § 36 Rn. 73 ff., 86 ff.) verdunkelt werden: Nach der Terminologie des Gesetzes wird *nicht* die Hypothek, sondern *die Forderung* abgetreten (vgl. § 1154 Abs. 1 Satz 1). Mit der Forderung geht dann die Hypothek auf den neuen Gläubiger über (§ 1153 Abs. 1: *Heck* nennt das sehr anschaulich: „Mitlaufgebot"!), die Forderung kann nicht ohne die Hypothek, diese nicht ohne jene abgetreten werden (§ 1153 Abs. 2). 3

Übertragen wird also nach der Terminologie des Gesetzes die Forderung, die Hypothek ist lediglich ein Anhängsel der Forderung.

Nun entspricht diese Einstellung des Gesetzgebers keineswegs der des Lebens: in aller Regel ist für den Kreditverkehr nicht die Forderung das entscheidende, sondern die Hypothek als dingliches Sicherungsrecht. Dies zeigt sich schon daran, daß man schlechthin von einer ersten oder zweiten Hypothek spricht und damit den Grad der Sicherheit des Grundpfandrechts bezeichnet. Ob es sich sonst um einen kreditfähigen Schuldner handelt, mag bei Begründung des Kreditverhältnisses eine Rolle spielen; ausschlaggebend ist dieser Gesichtspunkt nicht; denn – abgesehen davon, daß eine allgemeine Kreditwürdigkeit u. U. rasch ihrer Grundlagen beraubt werden kann! – für 4

---

[1] Zum Ausschluß der Abtretbarkeit s. oben § 4 Rn. 20 ff. (m. w. N.).
[2] Es sei denn, daß sie ausnahmsweise ihre Hypotheken zur Refinanzierung benötigen.

den Gläubiger ist die Möglichkeit des Zugriffs auf das Grundstück letztlich maßgebend.

5   Dieser Grundeinstellung entsprechend spricht daher auch niemand etwa von der Abtretung einer „hypothekarisch gesicherten Forderung", sondern alle Welt nennt das Kind beim Namen: „Übertragung der Hypothek", „Pfändung der Hypothek", „Tilgung der Hypothek" usw.

Das Gesetz konnte an dieser Lebenswirklichkeit nicht vorbeigehen; auch in der von ihm getroffenen Regelung hat sich die Hypothek – das dingliche Recht – stärker erwiesen als die Forderung; das Gesetz enthält Konzessionen, die sich nach folgenden Richtungen auswirken:

a) Form

6   Während die Abtretung einer Forderung keiner Form bedarf (§ 398), muß die hypothekarisch gesicherte Forderung in der *grundbuchrechtlichen Form* abgetreten werden, wobei zwischen Buchhypothek und Briefhypothek ein erheblicher Unterschied besteht (unten Rn. 10 ff., 17).

b) Erwerb vom Nichtberechtigten

7   Beim Erwerb vom Nichtberechtigten stehen sich die §§ 398, 404 (kein gutgläubiger Erwerb einer nicht existierenden Forderung!) und §§ 892, 893 (gutgläubiger Erwerb eines nicht bestehenden, aber eingetragenen dinglichen Rechts!) diametral gegenüber. Auch bei der Entscheidung dieser Diskrepanz hat der Gesetzgeber kapituliert, wie § 1138 zeigt (s. unten Rn. 22 ff.), wobei Brief- und Buchhypothek wieder verschiedene Züge aufweisen (Rn. 31 ff.).

c) Legitimation

8   Wer Gläubiger einer Forderung zu sein behauptet, muß dies im Fall des Bestreitens beweisen. Dem angeblichen Inhaber eines dinglichen Rechts hilft § 891. Diese Bestimmung gilt im Hypothekenrecht auch für die Forderung (§ 1138); s. unten Rn. 47 ff.

d) Einwendungen

9   Nach § 404 kann der Schuldner dem neuen Gläubiger alle die Einwendungen entgegensetzen, die er dem Zedenten gegenüber hatte. Auch dieser Satz bedarf einer Korrektur, um den Wert der Hypothek als dinglichen Rechts nicht zu mindern (§§ 1156, 1157); s. unten Rn. 47 ff., 63 ff.

II. Form: Die Übertragung der Briefhypothek

1. Tatbestand

10   Die Briefhypothek ist – wie wir wissen – die Regelform; die Hypothek wird hier – grob gesprochen – im Brief verkörpert. Das muß sich auch auf die Form der Abtretung auswirken:

Stets sind *erforderlich formlose Einigung* über den Übergang der Hypothek (korrekt gesagt: über den Übergang der Forderung, s. den Wortlaut des § 1154 Abs. 1) *und Übergabe des* Hypotheken*briefs*.
Dazu muß kommen:
entweder Eintragung der Abtretung im Grundbuch,
oder „Erteilung der Abtretungserklärung" (nicht auch der Annahmeerklärung des Zessionars!)[1] „in schriftlicher Form" (§ 1154 Abs. 1, 2).

Daß Einigung und Briefübergabe notwendig sind, leuchtet ohne weiteres ein; das erste Erfordernis entspricht dem Einigungsprinzip, das zweite dem Charakter der Hypothek als Briefrecht. Daß hierzu entweder der Bucheintrag oder die schriftliche Abtretungserklärung treten muß, ergibt sich aus dem Bestreben, die Abtretungsvorgänge dokumentarisch festzuhalten; man kann jederzeit aus dem Grundbuch oder (und) den Abtretungserklärungen die zeitliche Reihenfolge der Gläubiger rekonstruieren. Die Schriftlichkeit der Erklärung muß grundsätzlich die Erklärung der Abtretung, die Bezeichnung der Forderung und der abgetretenen Zinsen (OLG Frankfurt NJW-RR 1993, 1299: Zeitpunkt), des Zedenten und des Zessionars umfassen (BGH NJW-RR 1992, 178). Diese Dokumentation wird freilich bei den sog. *Blankozessionen* nicht erreicht; hier wird nicht – wie es dem Gesetz entspräche – der Name des Zessionars in der Abtretungsurkunde angegeben, sondern offengelassen. Die Abtretung ist aber erst mit der Ausfüllung des Blanketts wirksam; in der Übergabe des Blanketts liegt regelmäßig eine Ermächtigung hierzu (RGZ 81, 257; BGHZ 22, 128 = DNotZ 1957, 649 m. Anm. *Baumgärtel*; *Dölle*, Festschrift für *Martin Wolff*, 1952, S. 23 ff.; *Westermann/Eickmann* § 120 II 1).
Die Verfügungsbefugnis des bisherigen Hypothekars muß noch in dem Augenblick gegeben sein, wo sich der Rechtserwerb vollzieht (Beispiel: OLG Frankfurt RPfleger 1968, 355).

2. Briefübergabe

Das Gesetz verweist in § 1154 Abs. 1 Satz 1 2. Halbsatz auf § 1117, fordert also die Verschaffung des unmittelbaren Besitzes am Brief durch den bisherigen Gläubiger an den Zessionar, läßt aber auch die Übergabesurrogate genügen (s. oben § 37 Rn. 29 ff.).

Beispiel: Dem G steht an dem Grundstück des E eine Briefhypothek über 100 000 DM zu. Er will an D einen *Teil* dieser Hypothek in Höhe von 50 000 DM abtreten und hat zu diesem Zweck den Hypothekenbrief beim Grundbuchamt eingereicht mit dem Antrag, einen *Teilhypothekenbrief* gemäß § 1152 BGB, § 61 GBO herzustellen. Hier wird – wenn Einigung und schriftliche Abtretungserklärung vorliegen – D schon in dem Augenblick der sog. Aushändigungsabrede (§ 1117 Abs. 2; s. oben § 37 Rn. 33 ff.) Hypothekar. Die nachträgliche Übergabe des Teilbriefs durch G oder das Grundbuchamt ist für die Abtretung der Teilhypothek bedeutungslos (weitere Beispielsfälle: OLG Köln NJW 1957, 104; BGH FamRZ 1965, 490; s. ferner *v. Prittwitz* und *Gaffron* NJW 1957, 85). Mit der Teilabtretung „außerhalb des Grundbuchs" (§ 36 Rn. 87 ff.) ist eine Rangbestimmung zwischen den Teilrechten möglich, die der Zustimmung des Eigentümers nicht bedarf (§ 1151); der Rang entsteht ohne Grundbucheintragung (entgegen § 880 Abs. 2!) durch rangbestimmende Abtretungsvereinbarung (§ 1154 Abs. 1), die Eintragung im Grundbuch erfolgt wie die Eintragung der Abtretung selbst im Wege der Berichtigung (§ 894; § 22 GBO; s. a. OLG Düsseldorf WM 1991, 1612 m. Nw.; OLG Hamm Rpfleger 1992, 340, m. Anm. *Meyer-Stolte*, S. 386; ferner Muster Anhang 3 a).
Häufig wird ein Teilbrief jedoch nicht gebildet. Die Abtretung der Teilhypothek kann dann durch Übergabe des ganzen ungeteilten Briefs (bzw. durch ein entsprechendes Übergabesurrogat) oder durch Einräumung von Mitbesitz am Brief erfolgen (s. *Rahn* Sparkasse 1965, 328; *Abel* NJW 1966, 2044; dazu *Baur* NJW 1967, 22; a. A. BGHZ 85, 263, wo ungleichstufiger Mitbesitz als Surrogat abgelehnt wird; s. oben § 37 Rn. 44).

Nach BGH NJW-RR 1993, 369 soll *Besitzerwerb von einem Dritten* nur dann ausreichen, wenn dieser als „Vertreter" des Veräußerers handelt. Dem ist jedoch mit *Reinicke/Tiedtke* NJW 1994, 345 nicht zuzustimmen, weil beim Besitzerwerb als Realakt die Vorschriften der §§ 164 ff. gerade nicht

---
[1] Hierzu BGHZ 85, 388, 392.

§ 38 III a　　　　　III. Abschnitt. Liegenschaftsrecht

gelten und z. B. auch die Regeln zum Geheißerwerb anwendbar sein müssen (s. § 51 Rn. 15). Notwendig ist nur, daß der Brief von Dritten mit Willen des abtretenden Gläubigers erlangt ist (ähnlich *Kollhosser* EWiR § 1155 BGB 1/93, 254; *Hager* ZIP 1993, 1446; s. a. unten Rn. 38).

3. Beglaubigung der Abtretungserklärung

15　Bei der Abtretungserklärung des Zedenten begnügt sich das Gesetz mit der Schriftform (§ 1154 Abs. 1 Satz 1). Eine volle Legitimation erreicht der Zessionar aber nur, wenn die Abtretungserklärung *öffentlich beglaubigt* ist (vgl. § 1155, § 1160 Abs. 1 2. Halbsatz, § 1161). Daher gibt § 1154 Abs. 1 S. 2 dem neuen Gläubiger das Recht, die öffentliche Beglaubigung der Abtretungserklärung zu fordern (*Beispiel:* BGH NJW 1972, 44).

Es wäre sonach einfacher und klarer gewesen, das Gesetz hätte von vornherein öffentliche Beglaubigung gefordert. Denn die Notwendigkeit, daß der Gläubiger sich als solcher legitimieren kann, zwingt doch in aller Regel zur öffentlichen Beglaubigung der Abtretung.

4. Formfreiheit der Abtretung rückständiger Nebenleistungsansprüche

16　Zu beachten ist, daß die Abtretung *rückständiger* Ansprüche auf *Zinsen* oder andere Nebenleistungen keiner Form bedarf (§ 1159); s. a. unten Rn. 79 ff., 86.

III. Form: Die Übertragung der Buchhypothek

17　Sie macht keinerlei Schwierigkeiten, weil hier reines Liegenschaftsrecht anwendbar ist; notwendig sind also *Einigung* und *Eintragung* (§ 1154 Abs. 3).

Auch hier bleibt zu beachten, daß die Abtretung *rückständiger* Ansprüche auf *Zinsen* oder anderer Nebenleistungen keiner Form bedarf (§ 1159).

III a. Form – Anhang: Die Belastung der Hypothek

18　Die Hypothek ist ein Vermögenswert, der nicht nur durch Vollabtretung, sondern auch durch Belastung realisiert werden kann, ja, die im Wege der Zwangsvollstreckung erzwungene Belastung ist in der Praxis mindestens ebenso wichtig wie die rechtsgeschäftliche Übertragung des Rechts.

1. Nießbrauchs- und Pfandrechtsbestellung

19　Als *rechtsgeschäftliche* Belastungsformen kommen nur Nießbrauch und Pfandrecht in Betracht (§§ 1068, 1273). Da Nießbrauchs- und Pfandrechtsbestellung als eine – der Substanz nach – teilweise Abtretung des Rechts angesehen werden, gelten auch die für die Übertragung der Hypothek maßgeblichen Vorschriften entsprechend für die Belastung (§§ 1069, 1080, §§ 1274, 1291). So wird also z. B. die Briefhypothek durch Einigung über die Verpfändung, Briefübergabe, schriftliche Verpfändungserklärung *oder* Eintragung der Verpfändung im Grundbuch verpfändet. In der Praxis tritt freilich auch hier an die Stelle der Verpfändung die Sicherungsabtretung der Hypothek.

2. Pfändung

20　Die Pfändung der Hypothek im Wege der Zwangsvollstreckung mit dem Ziel der Begründung eines Pfändungspfandrechts folgt unterschiedlichen Regeln, je nachdem, ob es sich um eine Briefhypothek oder eine Buchhypothek handelt.[1]

---

[1] Einzelheiten s. *Baur/Stürner* I, EinzelvollstreckungsR, Rn. 31.1 ff., sowie unten Rn. 118 ff. und § 62 Rn. 38 ff.

a) Briefhypothek

Bei der Briefhypothek erfordert eine Pfändung den Pfändungsbeschluß des Vollstreckungsgerichts (er ersetzt gewissermaßen die freiwillige Einigung über die Verpfändung und die schriftliche Verpfändungserklärung!) *und die Übergabe des Hypothekenbriefs* an den Gläubiger (§ 830 Abs. 1 Satz 1 ZPO). Gibt der Schuldner (also der Hypothekar) den Brief nicht freiwillig heraus, so wird er ihm vom Gerichtsvollzieher auf Grund des Pfändungsbeschlusses weggenommen.

b) Buchhypothek

Bei der Buchhypothek sind der Pfändungsbeschluß *und die Eintragung* der Pfändung *im Grundbuch* erforderlich (§ 830 Abs. 1 Satz 3 ZPO). Auch eine Vorpfändung (§ 845 ZPO) ist zulässig und im Grundbuch eintragbar (OLG Celle Nds.Rpfl. 1958, 93).[1]

Zur *Verwertung* der gepfändeten Hypothek ist noch ein gerichtlicher *Überweisungsbeschluß* erforderlich (§§ 835, 837 ZPO).

IV. Der Erwerb vom Nichtberechtigten

Lesen Sie zunächst oben § 36 Rn. 80 ff.

1. Die gesetzliche Ausgestaltung redlichen Erwerbs

Mit § 1138 will das Gesetz das Akzessorietätsdogma halten, andererseits aber doch dem Grundsatz des redlichen Erwerbs auch hier zur Geltung verhelfen. Daher wird die Gutglaubenswirkung auch auf die Forderung ausgedehnt, aber eben nur insoweit als ihr Bestand erforderlich ist, um die Hypothek zu tragen. Der Zessionar erwirbt also zwar eine Hypothek, aber nicht die persönliche Forderung schlechthin. Dies wirkt sich praktisch dahin aus, daß der redliche Erwerber gegen den Eigentümer (= Schuldner) zwar die Hypothekenklage, *nicht* aber die persönliche Schuldklage mit dem Ziele der Zwangsvollstreckung in das *ganze* Vermögen mit Erfolg erheben kann.

§ 1138 greift nur ein bei mangelnder Forderung (und gewissen gegen die Forderung gerichteten Einreden, s. unten Rn. 63 ff.), dagegen kommen die §§ 891–899 *unmittelbar* zur Anwendung, wenn der Mangel auf sachenrechtlichem Gebiet liegt. Daraus ergibt sich auch, daß § 1138 *neben* §§ 891 ff. anwendbar sein kann, nämlich dann, wenn Forderung *und* dingliches Recht nicht in Ordnung sind.

Beispiele: (a) E hat von G ein zunächst ungesichertes Darlehen erhalten, später aber auf dessen Drängen eine Buchhypothek bestellt. In diesem Augenblick war er aber bereits geschäftsunfähig. Hier ist G nicht Hypothekar geworden. Tritt er aber die Hypothek an den redlichen D ab, so erwirbt dieser die Forderung (weil diese ja dem G zustand) und die Hypothek (§ 892). *Stichwort: Mangel des dinglichen Rechts.*

(b) E hat dem G eine Buchhypothek für ein noch auszuzahlendes Darlehen über 10 000 DM eingeräumt. Ohne das Darlehen gewährt zu haben, tritt G die Hypothek an den redlichen D ab. Hier ist das dingliche Geschäft in Ordnung, aber in Wahrheit stand dem G gar keine Hypothek zu, es handelte sich vielmehr um eine Eigentümergrundschuld (§ 1163 Abs. 1 Satz 1). Dennoch erwirbt D die Hypothek (§ 1138 mit § 892), die Forderung aber nur als „Grundlage" der Hypothek. D erwirbt

---

[1] Nach wohl h. M. ist die Vorpfändung allerdings ohne Übergabe des Briefes oder Eintragung wirksam; die Eintragung ist Berichtigung (statt aller *Thomas/Putzo* § 845 Rn. 7; *Baumbach/Hartmann* § 845 Rn. 10 m. Nw.).

eine forderungslose Hypothek, nicht eine Grundschuld, wie manche meinen (s. *Wolff/Raiser* § 137 II 3). *Stichwort: Mangel der Forderung.* Würde D Klage erheben mit den Anträgen,

(1) „E zu verurteilen, 10 000 DM an D zu zahlen,

(2) wegen des Betrags von 10 000 DM die Zwangsvollstreckung in das Grundstück zu dulden",

so würde er mit dem ersten Antrag abgewiesen, dem zweiten würde stattgegeben. D muß sich also auf die Zwangsversteigerung oder (und) Zwangsverwaltung des Grundstücks beschränken, in das übrige Vermögen des E könnte er nicht vollstrecken.

26   Hätte sich – was der Regel der Kreditpraxis entspricht – E bereits wegen der persönlichen Forderung *und* der Hypothek der sofortigen Zwangsvollstreckung unterworfen, so könnte D als Rechtsnachfolger des G diesen Titel verwenden (§ 795 mit §§ 727, 799 ZPO). E könnte aber bezüglich des die persönliche Forderung betreffenden Titels mit Erfolg die Vollstreckungsgegenklage erheben, weil das Darlehen nicht ausbezahlt worden sei (§ 795 mit §§ 767, 797 Abs. 4 ZPO), nicht aber gegen den dinglichen Titel.

27   (c) Kombiniert man in den beiden obigen Beispielen den Mangel der Forderung mit dem dinglichen Mangel, so wird D dennoch Hypothekar: hinsichtlich des fehlenden dinglichen Rechts „hilft" § 892 unmittelbar, hinsichtlich der mangelnden Forderung mittelbar (durch die Verweisung in § 1138). *Stichwort: Mangel des dinglichen Rechts und der Forderung.*

28   (d) Gleich zu behandeln ist der Fall, daß Forderung und Hypothek einem anderen zustehen als dem Eingetragenen:

G hat seine Buchhypothek an Z käuflich abgetreten, Z ist als Hypothekar eingetragen worden. Z tritt die Hypothek sofort an D ab. Später ficht G die Abtretung von Forderung und Hypothek dem Z gegenüber wirksam wegen arglistiger Täuschung (§ 123) an mit der Folge, daß die Zession von Anfang an nichtig ist; dennoch erwirbt der redliche D die Hypothek (§ 892 mit § 142 Abs. 2 – § 1138 mit § 892 und § 142 Abs. 2). Die persönliche Forderung bleibt *nicht* bei G zurück, sondern ist von D erworben worden.[1]

Zur Leistung an den eingetragenen Scheingläubiger s. unten Rn. 108 ff.

2. Grundbuchberichtigung und Widerspruch

29   § 1138 verweist nicht nur auf die §§ 892, 893, sondern auch auf die Vorschriften über die Grundbuchberichtigung (§§ 894–898) und den Widerspruch (§ 899). Dies bedeutet:

a) Der Berichtigungsanspruch kann sich auch auf Unrichtigkeiten beziehen, die die Forderung oder die gegen sie bestehenden Einreden betreffen;

b) ein hinsichtlich der Forderung eingetragener Widerspruch verhindert den redlichen Erwerb der Hypothek.

30   Bei *Darlehensbuchhypotheken* erleichtert § 1139 die Eintragung eines Widerspruchs bei Nichtauszahlung des Darlehens und stattet einen binnen eines Monats seit Eintragung der Hypothek beantragten und eingetragenen Widerspruch mit rückwirkender Kraft auf den Zeitpunkt des Hypothekeneintrags aus.

Grund: Im Gegensatz zur Briefhypothek ist bei der Buchhypothek keine Zug-um-Zug Leistung möglich, der Eigentümer-Schuldner wird also durch einen unlauteren Hypothekar sehr gefährdet. Daher: keine Buchhypothek innerhalb des ersten Monats nach ihrer Eintragung erwerben!

Beachte: Die Besonderheiten des § 1139 sind auf die *Nichtauszahlung* des Darlehens beschränkt; in anderen Fällen gelten die normalen Regeln des § 899, insbesondere also auch keine Rückwirkung des Eintrags des Widerspruchs.

---

[1] Str., s. *Gernhuber*, Bürgerl. R., S. 255; *Reinicke*, Gutgl. Erwerb, S. 117, 122; *Jahr* JuS 1963, 356; *Wilhelm* Rn. 719; *Staudinger/Wolfsteiner* § 1138 Rn. 6; *Gursky*, Sachenrecht, S. 76 m. w. N.

V. Der Erwerb vom Nichtberechtigten – Besonderheiten bei der Briefhypothek

Lesen Sie zunächst § 36 Rn. 87 ff.

1. Fragestellung

Der Hypothekenbrief erleichtert die Zirkulationsfähigkeit der Hypothek, insofern er einen Rechtserwerb außerhalb des Grundbuchs ermöglicht. Andererseits ergeben sich Schwierigkeiten, wenn es um den redlichen Erwerb der Hypothek geht. Denn die §§ 892, 893 wie der auf sie verweisende § 1138 gehen vom *Grundbuch*stand aus; bei der Übertragung der Briefhypothek braucht aber das Grundbuch nicht in Anspruch genommen zu werden. *Erstes Problem* ist also: Darf sich der Erwerber einer Briefhypothek auf den bloßen Briefbesitz des Zedenten in Verbindung mit den Abtretungserklärungen verlassen (unten Rn. 32 ff.)? *Zweites Problem* ist dies: Wie ist die Rechtslage, wenn Buch und Brief differieren (unten Rn. 41 ff.)? 31

2. Erwerb vom durch Abtretungserklärungen ausgewiesenen Briefbesitzer

Das erste Problem sucht § 1155[1] zu lösen (beachte seine Stellung unmittelbar hinter der Regelung der Hypothekenabtretung!). Er besagt, daß ein Briefbesitzer, der durch eine auf einen eingetragenen Gläubiger zurückführende Reihe öffentlich beglaubigter Abtretungserklärungen ausgewiesen wird, bezüglich der Gutglaubensvorschriften (§§ 891 ff. – § 1138) ebenso behandelt wird, als wäre er im Grundbuch eingetragen. Diese „Kette" im Zusammenhang mit dem Briefbesitz ersetzt sonach den Bucheintrag. Nach Auffassung des BGH muß beim Zedenten unmittelbarer oder mittelbarer Eigenbesitz am Brief vorliegen; zutreffend hebt eine starke Literaturmeinung allein darauf ab, daß der Zedent die bloße Fähigkeit zur Besitzverschaffung („Besitzverschaffungsmacht") hat (Möglichkeit sog. *Geheißerwerbs* wie bei §§ 929 S. 1, 932).[2] 32

Wir bemängelten schon oben Rn. 15, daß das Gesetz (§ 1154) zur Abtretung die *schriftliche* Abtretungserklärung – neben der Briefübergabe – genügen läßt, zur Gutglaubenswirkung aber *öffentlich beglaubigte* Abtretungserklärungen fordert.

Beispiele: (a) G hat seine Briefhypothek an D, D an X, X an Y abgetreten und zwar jeweils in öffentlich beglaubigter (oder beurkundeter) Form. War D geisteskrank (§§ 104 Nr. 2, 105 Abs. 1), so war sowohl die Einigung G–D wie die zwischen D und X nichtig. Weder D noch X sind also Hypothekar geworden. Y hat also mit dem Nichtberechtigten kontrahiert; da aber X durch eine Kette öffentlich beglaubigter Abtretungserklärungen ausgewiesen war, hat Y – Redlichkeit vorausgesetzt – die Hypothek erworben. Dies gilt auch dann, wenn X dem Y nur eine *schriftliche* Abtretungserklärung 33

---

[1] Siehe dazu *von Moltke* AcP 142, 257 ff.
[2] BGH NJW-RR 1993, 369, 370; gleich MünchKomm/*Eickmann* § 1155 Rn. 2; *Schwab/Prütting* § 60 III 2; wie hier a. A. *Reinicke/Tiedtke* NJW 1994, 345 ff.; *Hager* ZIP 1993, 1450 f.; *Palandt/ Bassenge* § 1155 Rn. 2; *Kollhosser* EWiR § 1155 BGB 1/93, 254; s. a. oben Rn. 14 und § 51 Rn. 15, § 52 Rn. 13; ferner unten Beispiel (e).

erteilt hat; denn es kommt nur darauf an, daß *der Veräußerer X* durch eine öffentlich beglaubigte „Kette" ausgewiesen war.

An dem Ergebnis ändert sich auch nichts, wenn die Abtretung G–D im Grundbuch eingetragen war; denn auch dann führt die Reihe auf einen im Grundbuch eingetragenen Gläubiger zurück.

34 Wie ist die Rechtslage, wenn eine der öffentlich beglaubigten Abtretungserklärungen *gefälscht* war, wenn also z.B. ein Angestellter des – geschäftsfähigen – D unter Fälschung der Unterschrift seines Chefs die Hypothek öffentlich beglaubigt (also auch unter Täuschung der beglaubigenden Stelle) abgetreten hat? Diese Frage ist lebhaft umstritten; RGZ 85, 58 und 86, 262[1] lassen eine äußerlich einwandfreie, wenn auch gefälschte öffentlich beglaubigte Abtretungserklärung genügen, während *Heck* (S. 400), *Wolff/Raiser* (§ 142 Anm. 17) – mit Recht – den Tatbestand des § 1155 verneinen. Der Meinung des Reichsgerichts kann nicht gefolgt werden, weil § 1155 eben *echte* Abtretungserklärungen voraussetzt (so Braunschweig OLGZ 1983, 220 ff.; *Jauernig* § 1155 Rn. 4).

35 (b) In dem obigen Beispiel hat E (= S) die Schuld an Y zurückbezahlt; mit Recht: denn Y war ja nach § 1155 mit § 892 vollberechtigter Hypothekar geworden. Wenn wir jetzt unterstellen, daß die Abtretung X–Y wegen Geschäftsunfähigkeit des X nichtig war, so kann E doch an Y leisten; denn es greift jetzt § 1155 mit § 893 Platz. Um den Schutz des § 1155 für sich zu haben, kann der von Y in Anspruch genommene E nicht nur die Vorlage des Briefes, sondern auch die der Reihe öffentlich beglaubigter Abtretungen fordern (§ 1160), u.U. ein für Y sehr unangenehmes Verlangen, weil er ja – sofern die Abtretungen nicht auf dem Brief öffentlich beglaubigt sind – nur die Abtretungserklärung des X an ihn (Y) in Händen hat, nicht die vorangehenden. Kann er sie nicht beschaffen, so bleibt ihm nichts anderes übrig, als seine Eintragung im Grundbuch zu erwirken. In der Praxis verzichtet freilich E meist von vorneherein auf sein Recht aus § 1160!

36 (c) Wie ist weiter die Rechtslage, wenn ein bösgläubiger Nichthypothekar (N) an einen gutgläubigen D zediert und dann die Hypothek sich von diesem wieder abtreten läßt (sog. Rückerwerb des Nichtberechtigten vom Berechtigten). Auf die Redlichkeit des N beim Rückerwerb kann es nicht ankommen, weil er vom Berechtigten D erwirbt. Dennoch darf dieser Umweg nicht zu einem Erwerb des N führen; mit dem Rückerwerb durch N wird vielmehr der wahre Gläubiger G wieder Hypothekar, es wird also der frühere Zustand wieder hergestellt (s. § 23 Rn. 25; zu Differenzierungen s. unten § 52 Rn. 34).

37 (d) Zu dem nicht allzu häufigen Fall, daß die „Kette" *unterbrochen* ist, z.B. durch einen Erbfall, ist zu bemerken, daß es darauf ankommt, ob der die Unterbrechung auslösende Vorgang, also z.B. der Erbfall, materiell das Recht übertragen hätte (sofern es beim Erblasser bestanden hätte), also der weiter Verfügende wirklich Erbe war (s. dazu MünchKomm/*Eickmann* § 1155 Rn. 9; enger *Jauernig* § 1155 Rn. 8 m. Nw.).

38 (e) G ist Inhaber einer Briefhypothek am Grundstück des E. Er tritt sie nach § 1154 öffentlich beglaubigt an C ab. C gibt den Brief seinem Rechtsanwalt Dr. R zur Verwahrung. Als Bevollmächtigter des C tritt D im erlaubten In-sich-Geschäft (§ 181) die Hypothek öffentlich beglaubigt an sich selbst ab und überträgt sie dann in gleicher Weise auf F; den Brief erhält dieser von Rechtsanwalt Dr. R auf Bitten des D. E wird von F beansprucht (§§ 1113, 1147) und bestreitet den Erwerb durch F. F habe den Brief nicht von D, sondern von einem Dritten erhalten, nämlich Rechtsanwalt Dr. R. Im übrigen sei D wegen kollusiven Mißbrauchs der Vollmacht (§§ 181, 138 Abs. 1) durch die Abtretung nicht Hypothekeninhaber geworden; ein gutgläubiger Erwerb des F scheitere am fehlenden Eigenbesitz des Zedenten D am Brief, bloße Besitzverschaffungsmacht reiche nicht aus. Der BGH hält beide Argumente für stichhaltig (NJW-RR 1993, 369 ff.). Nach zutreffender Auffassung muß zum Erwerb des F wie bei §§ 929, 932 die Besitzverschaffungsmacht des Veräußerers genügen (s. oben Rn. 14 und § 51 Rn. 15, § 52 Rn. 13 unter c).

39 Einer öffentlich beglaubigten Abtretungserklärung *stehen* nach § 1155 Satz 2 *gleich:* ein im Wege der Zwangsvollstreckung erfolgter gerichtlicher Überweisungsbeschluß (§ 835 Abs. 2 ZPO: er erfolgt im Anschluß an oder gleichzeitig mit dem Pfändungsbeschluß, s. oben Rn. 20 f. und unten Rn. 128 ff.) und im Falle eines gesetzlichen Übergangs das öffentlich beglaubigte Anerkenntnis des bisherigen Hypothekars.

---

[1] Ebenso die h.M., s. MünchKomm/*Eickmann* § 1155 Rn. 12 (m.w.N.) u. *Westermann/Eickmann* § 122 IV 2b.

§ 38. Die Übertragung der Verkehrshypothek   v § 38

Beispiel: G hat seine Hypothek öffentlich beglaubigt an D, dieser ebenso an X abgetreten. Die Abtretung D–X war nichtig. Leistet E an X, so wird er nach § 1155 mit § 893 frei und erwirbt die Eigentümergrundschuld. Tritt er sie an Y ab, so erwirbt dieser vom Berechtigten, er braucht sich also gar nicht auf § 1155 mit § 892 zu berufen. Wohl aber kommt § 1155 Satz 2 (öffentlich beglaubigtes Anerkenntnis des gesetzlichen Übergangs) für die Vermutungswirkung des § 891 in Betracht. 40

3. Divergenz von Buch und Brief

Das Problem der Divergenz von Buch und Brief löst § 1140. Er besagt, daß 41 eine sich aus dem Brief ergebende Unrichtigkeit die Berufung auf die §§ 892, 893 (nicht aber auf § 891!) ausschließt. Was soll dies bedeuten? Das Gesetz hätte an sich die Möglichkeit, nur auf den Brief *oder* nur auf den Grundbuchstand abzustellen. Es wählt keine dieser Möglichkeiten, sondern trifft folgende Regelung: Maßgebend ist auch beim Erwerb einer Briefhypothek der Grundbuchstand; *der Brief genießt also für sich keinen öffentlichen Glauben* (nur im Zusammenhang mit öffentlich beglaubigten Abtretungserklärungen wird der Briefbesitzer in das Grundbuch „projiziert", § 1155). *Aber der Brief ist geeignet, den Grundbuchstand zu diskreditieren,* insofern eine aus dem Brief sich ergebende Unrichtigkeit den öffentlichen Glauben ausschließt; die gleiche Wirkung hat ein auf dem Brief vermerkter Widerspruch (§ 1140, § 1157 Satz 2). *Buch und Brief müssen also übereinstimmen,* um einen redlichen Erwerb zu ermöglichen. Dabei ist wesentlich, daß auch einem privatschriftlichen Vermerk (z. B. über eine Teilzahlung) die Wirkung des § 1140 zukommt.

§ 1140 zwingt daher einen sorgfältigen Erwerber, der in eigenem Interesse 42 sichergehen will, sowohl das Grundbuch wie den Brief einzusehen, und zwar das Grundbuch deshalb, weil der Brief allein keinen öffentlichen Glauben genießt, den Brief, weil ein Eintrag auf ihm den öffentlichen Glauben vernichtet. Auch dies ist wieder eine Erschwerung des Rechtsverkehrs, den das Institut der Briefhypothek doch gerade fördern will!

Beispiele: (a) E hat dem G eine Briefhypothek über 10 000 DM bestellt. Auf dem Brief hat G eine 43 Teilzahlung von 4000 DM quittiert, im Grundbuch ist noch die ursprüngliche Schuldsumme eingetragen. Tritt G die Hypothek an D ab, so kann sie dieser nur in Höhe von 6000 DM erwerben. Das Gleiche gilt, wenn *von Anfang an* im Grundbuch richtig 6000 DM, auf dem Brief 10 000 DM eingetragen waren; hier entscheidet der Stand des Grundbuchs, der Brief genießt keinen öffentlichen Glauben.

Wer also als Schuldner auf eine Briefhypothek Teilzahlungen leistet, muß Wert darauf legen, daß sie auf dem Brief vermerkt werden.

(b) G hat seine Hypothek an D abgetreten. Die schriftliche Abtretungserklärung ist auf dem Brief 44 vermerkt. Tritt G – der sich von D den Brief hat „für kurze Zeit" zurückgeben lassen – die Hypothek an X ab, so wird dieser nicht Hypothekar.

§ 1140 bezieht sich auch auf die Einreden des § 1157 (§ 1157 Satz 2). Er- 45 gibt sich eine Einrede allerdings nur aus der mit dem Hypothekenbrief verbundenen Schuldurkunde (§ 58 GBO), so wirkt sie dem Erwerber gegenüber nur, wenn dieser davon Kenntnis genommen hat.

Beispiel: In der Darlehensurkunde ist vereinbart, daß die Hypothek 5 Jahre unkündbar sein soll; dies ergibt sich aber weder aus dem Grundbuch noch aus dem Brief. Die Einrede wirkt daher einem Erwerber gegenüber nur, wenn sie ihm bekannt ist (§ 1157 Satz 2); denn § 1140 kann nicht eingreifen. Freilich wird der Beweis des ersten Anscheins in einem solchen Fall gegen den Erwerber sprechen (s. oben § 37 Rn. 29 f.).

46 § 1140 zeigt, wie wichtig es ist, daß Buch und Brief stets möglichst übereinstimmen; das Grundbuchrecht sucht dieses Ergebnis in den §§ 41 (Vorlage des Briefs bei Eintragungen, die eine Briefhypothek betreffen), 62 (spätere Bucheintragungen, die die Hypothek betreffen, sind auf dem Brief vermerken), 68 GBO (Übertragung der Vermerke von dem alten auf einen neuen Brief) zu erreichen.

VI. Die Legitimation des Gläubigers

1. Fragestellung und Gang der Darstellung

47 Wer Gläubiger einer Hypothek ist, ergibt sich aus dem materiellen Recht; es ist dies derjenige, in dessen Person das Hypothekenrecht wirksam begründet worden ist oder an den es rechtsgeschäftlich abgetreten oder kraft Gesetzes übergegangen ist. Diesen Entstehungs- oder Übertragungstatbestand hat zu beweisen, wer behauptet, Hypothekar zu sein. Von diesem Regelsatz müssen wir ausgehen, wenn wir uns jetzt daran erinnern, daß die Hypothek ein im Grundbuch ausgewiesenes und – bei der Briefhypothek – in einem Brief verkörpertes Recht ist. Es wird also zu prüfen sein, ob diese Tatsache die beweisrechtliche Stellung des Gläubigers erleichtert, ob und in welchem Umfang für ihn die schon oft erörterte Vermutungswirkung des Grundbuchs gilt (s. unten Rn. 52 ff.).

48 Wir müssen uns ferner darüber im klaren sein, daß es auch für den Schuldner wichtig ist, zu wissen, *wer* sein Gläubiger ist. Dies bereitet dann keine Schwierigkeiten, wenn ein Gläubigerwechsel nicht stattgefunden hat. Wie ist aber die Situation des Schuldners, wenn die Forderung abgetreten wurde, ohne daß er davon erfahren hat? Soll hier § 407 gelten mit der Folge, daß der Schuldner an den früheren Gläubiger mit befreiender Wirkung leisten kann, oder muß der Schuldner – in seinem Interesse – vor der Leistung das Grundbuch einsehen oder (und) sich den Brief vorlegen lassen? Wird er m.a.W. nur frei, wenn er an den durch Bucheintrag und Brief Ausgewiesenen leistet? (unten Rn. 57 ff.).

49 Schließlich müssen wir uns daran erinnern, daß Forderung und Hypothek zwar eng miteinander verbunden sind, daß beide aber doch verschiedene Rechtserscheinungen sind. So liegt auch – wie wir wissen – in der Geltendmachung der Forderung nicht die der Hypothek und umgekehrt. Wie wirkt sich dieses „Nebeneinander" von Forderung und Hypothek für die Legitimation des Gläubigers aus? (unten Rn. 50 f.).

2. Geltendmachung der persönlichen Forderung

50 Macht der Gläubiger die persönliche Forderung geltend, so gelten in vollem Umfang die Grundsätze des Schuldrechts. Der Gläubiger muß also z.B. nachweisen, daß in seiner Person die Forderung entstanden ist oder daß sie an ihn wirksam abgetreten ist. Der Schuldner muß – um befreit zu werden –, an den wirklichen Gläubiger leisten, sofern nicht zu seinen Gunsten die §§ 406 ff. eingreifen. Der Gläubiger kann sich nicht auf die Eintragung im Grundbuch oder den Briefbesitz berufen; ebensowenig kann der Schuldner bei Leistung an einen Nichtgläubiger dartun, er habe sich auf den Grundbuchstand oder auf die Briefvorlage verlassen. Diese Grundsätze gelten unabhängig davon, ob der Gläubiger *nur* die Forderung oder gleichzeitig *auch* die Hypothek geltend macht; es kann daher durchaus sein, daß der Gläubiger mit der einen Klage Erfolg hat, mit der anderen abgewiesen wird.

Unverständlich wirkt daher zunächst § 1161; er besagt, daß der Gläubiger 51 einer Briefhypothek auf Verlangen des Schuldners den Brief auch dann vorlegen muß, wenn er die persönliche Forderung geltend macht. Der Sinn dieser Vorschrift wird deutlich, wenn man sich vergegenwärtigt, daß der Schuldner-Eigentümer vor der *Gefahr der Doppelleistung* bewahrt werden muß; daher muß sich der Gläubiger, auch wenn er *nicht* die Hypothek, sondern die Forderung geltend macht, „hypothekarisch ausweisen"; daher kann der Schuldner bei Befriedigung des Gläubigers die Aushändigung des Hypothekenbriefs und die zur Berichtigung des Grundbuchs erforderlichen Papiere verlangen (§ 1167 mit § 1144).

3. Geltendmachung der Hypothek

Macht der Gläubiger die Hypothek geltend, so muß er sich auch in der für 52 dingliche Rechte vorgesehenen Form legitimieren:

a) Buchhypothek

Bei der Buchhypothek wird der Hypothekar durch seine Eintragung im Grundbuch legitimiert (§ 891; § 1138). Behauptet der Eigentümer, dem „Hypothekar" stehe trotz des Grundbuchstands die Hypothek nicht zu, so trifft ihn die Beweislast.

b) Briefhypothek

Handelt es sich um eine Briefhypothek, so kann der Schuldner-Eigentümer 53 fordern, daß der Hypothekar den Brief und – sofern er nicht als Gläubiger im Grundbuch eingetragen ist – die ihn legitimierende Kette nach § 1155 vorlegt (§ 1160). Damit soll sichergestellt werden, daß der Schuldner nur an den zu leisten *braucht,* an den er auch mit befreiender Wirkung leisten *kann.*

Beispiel: G hat seine ihm gegen E zustehende Briefhypothek an X, dieser an Y, dieser an Z abge- 54 treten. Die Abtretung ist unter Briefübergabe jeweils privatschriftlich erfolgt. Z will die Hypothek gegen E geltend machen. Auf Verlangen des E muß er den Brief vorlegen; dies allein genügt nicht. Da er im Grundbuch nicht eingetragen ist, bleibt ihm nichts anderes übrig, als nachträglich öffentlich beglaubigte Abtretungserklärungen von G, X und Y beizubringen. Gelingt ihm das nicht, so muß er von G Berichtigung des Grundbuchs fordern; dann erst ist er dem § 1160 entsprechend ausgewiesen!

Das gleiche gilt – wie wir wissen – nach § 1161, wenn Z nicht die Hypothek, sondern die durch 55 sie gesicherte persönliche Forderung geltend macht.

Im Sicherungsvertrag kann die Legitimation des Gläubigers erleichtert werden (s. Anhang 4 am 56 Ende des Buches). Der Verzicht auf das Vorlegungsrecht ist mit dinglicher Wirkung möglich und eintragungsfähig (OLG Frankfurt DNotZ 1977, 112).

4. Leistung mit befreiender Wirkung

Es bleibt die Beantwortung der Frage, an wen der Schuldner mit befreien- 57 der Wirkung leisten kann.

a) Leistung an den Berechtigten

Unproblematisch ist selbstredend der Fall der *Leistung an den Gläubiger.*

Und doch scheint auch dies mitunter Schwierigkeiten zu machen, wie mir die Antwort auf folgenden im mündlichen Examen gestellten *Fall* gezeigt hat: G tritt seine Briefhypothek schriftlich unter Briefübergabe an Z ab. Der Schuldner-Eigentümer E leistet an G, weil er von der Abtretung nichts erfahren hat. Später wird die Hypothekenabtretung wegen arglistiger Täuschung wirksam angefochten. Hier wäre es falsch, etwa § 407 heranzuziehen oder gar auf § 1138 mit § 893 und § 142 Abs. 2 hinzuweisen. Die Antwort ist einfach: E hat an den Berechtigten (G) geleistet; G ist durch die Anfechtung mit rückwirkender Kraft (§ 142 Abs. 1) Berechtigter geworden.

b) Leistung an den Nichtberechtigten

58   Zu erörtern sind sonach nur die Fälle der Leistung an den Nichtberechtigten. Hier stehen sich für den Fall der Abtretung zwei Normenkomplexe diametral gegenüber: in § 407 wird die Leistung des Schuldners an den Zedenten, in § 408 die an den zweiten Zessionar als wirksam anerkannt, in § 406 schließlich wird dem Schuldner die einmal gegebene Aufrechnungslage auch für die Zeit nach der Abtretung „konserviert". Anders die Regelung in § 893 (§ 1155 mit § 893): der Schuldner kann an einen Nichtberechtigten mit befreiender Wirkung nur leisten, wenn dieser – bei der Buchhypothek – im Grundbuch eingetragen, bei der Briefhypothek durch Briefbesitz und „Kette" (bzw. Bucheintrag) legitimiert ist. Wie ist diese Diskrepanz zwischen „historischer Legitimation" und „hypothekarischer Legitimation" (*Heck*) zu lösen?

59   § 1156 gibt die Antwort zugunsten der hypothekarischen Legitimation: „in Ansehung der Hypothek" werden die §§ 406–408 für unanwendbar erklärt, für die Geltendmachung der persönlichen Forderung bleiben sie also nach wie vor maßgebend. Daraus ergibt sich, daß Schuldklage und Hypothekenklage im Prozeß ein verschiedenes Schicksal haben können:

60   *Beispiele:* (1) G – im Grundbuch eingetragener Inhaber einer Briefhypothek – hat sich folgendes Schurkenstückchen ausgedacht: Er kündigt die Hypothek dem E gegenüber unter Vorlage des Hypothekenbriefs (§ 1160). Dann tritt er die Hypothek an Z wirksam ab. E leistet an G im Vertrauen auf dessen bisherige Gläubigerstellung, ohne sich gleichzeitig den Hypothekenbrief aushändigen zu lassen (§ 1144, ebenso § 1167 für den Fall, daß Schuldner und Eigentümer nicht identisch sind). Hier kann sich E nicht auf § 407 berufen, sondern muß an Z nochmals – auf Grund der Hypothek – leisten. Erhebt Z die Schuldklage neben der Hypothekenklage, so wird er mit der erstgenannten Klage abgewiesen (weil § 407 insoweit Platz greift), dagegen hat er mit der dinglichen Klage Erfolg.

61   (2) Und nun noch ein etwas realistischerer Fall: G hat – wie im vorigen Beispiel – die Briefhypothek dem E gegenüber gekündigt. Kurze Zeit darauf pfändet ein Gläubiger Z des G die Hypothek, und zwar durch Pfändungsbeschluß und Wegnahme des Hypothekenbriefs (§ 830 ZPO). Der Überweisungsbeschluß wird dem Z ausgehändigt (§ 837 ZPO). Eine Zustellung beider Beschlüsse an E unterbleibt versehentlich, sie ist bei der Pfändung einer Hypothek auch nicht Wirksamkeitsvoraussetzung (*Stein/Jonas/Brehm* § 830 ZPO Rn. 8; *Baur/Stürner* I, EinzelvollstreckungsR, Rn. 31.2). Leistet E an G, weil er von der Pfändung durch Z nichts erfahren hat (der Pfändungsbeschluß ist ihm z.B. durch sog. Ersatzzustellung – §§ 181 ff. ZPO – zugestellt worden), so könnte er sich auf § 407 berufen, wenn es sich um die Pfändung und Überweisung einer nicht durch eine Verkehrshypothek gesicherten Forderung gehandelt hätte (RGZ 87, 412, 415; *Baur/Stürner* I, EinzelvollstreckungsR, Rn. 30.19). Hier aber handelt es sich um eine Verkehrshypothek, bei ihr wird § 407 durch § 1156 ausgeschlossen. E muß daher nochmals an Z leisten. (Er hätte sich also bei der Zahlung an G den Brief vorlegen lassen sollen; dann wäre dessen mangelnde Legitimation zutage getreten!).

(3) E bestellt dem G eine Hypothek für eine Darlehensschuld. In nichtiger Abtretung tritt G an X 62
ab, der als Hypothekar eingetragen wird und den Brief besitzt. Der gutgläubige E leistet an X. Er
erwirbt die Hypothek als Eigentümergrundschuld (§§ 893, 1138, 1163), G kann ihn nicht mehr aus
§§ 1113, 1147 beanspruchen. Auch die persönliche Forderung erlischt (arg. § 1143; *Tiedtke* NJW
1997, 851; BGH NJW 1996, 1207, 1208 mit abw. Begründung; s.a. unten Rn. 113).

VII. Die Einreden und Einwendungen des Eigentümers

Die Verteidigung des Schuldners-Eigentümers gegen die Hypothek gehört 63
systematisch in den Bereich der Geltendmachung der Haftungsverwirklichung.
Aber schon hier muß ein Überblick gewonnen werden; denn unwillkürlich
fragt man sich bei der Darstellung der Übertragung der Hypothek: Welche
Rechte kann der Schuldner-Eigentümer dem neuen Hypothekengläubiger
entgegensetzen (Rn. 68ff.)? Dazu muß man sich aber vergegenwärtigen, welche Einreden und Einwendungen im Verhältnis: ursprünglicher Gläubiger –
Schuldner (Eigentümer) in Betracht kommen (Rn. 64ff.).

1. Das Verhältnis zwischen ursprünglichem Hypothekengläubiger und Eigentümer

Die Einwendungen und Einreden im Verhältnis zwischen ursprünglichem 64
Gläubiger und Eigentümer bei Geltendmachung der Hypothek – nur davon
ist die Rede, nicht von der Geltendmachung der persönlichen Forderung! –
können verschiedener Art sein:

a) Bestandsvernichtende oder -verändernde Einwendungen

Sie können den Bestand oder den Fortbestand des dinglichen Rechts in der
Person des Gläubigers betreffen. So wenn der Eigentümer geltend macht, die
Hypothekenbestellung sei unwirksam oder die Hypothek stehe wegen Fehlens
oder Wegfalls der zu sichernden Forderung ihm als dem Eigentümer zu
(§ 1163) oder die Hypothek sei auf einen anderen übergegangen (§§ 1143,
1150, 1164). Nennen wir sie bestandsvernichtende (oder -verändernde) Einwendungen.

b) Schuldnerbestimmte Einreden

Der Eigentümer kann auch die Einreden (im Sinne von Leistungsverweigerungsrechten) erheben, die dem persönlichen Schuldner zustehen, und zwar 65
ganz unabhängig davon, ob Schuldner und Eigentümer identisch sind oder
nicht. Dies besagt § 1137; er spricht bewußt nicht von Einwendungen, da diese schon unter die Tatbestandsgruppe a) fallen. Diese Art von Einreden, die
sich aus der bürgenähnlichen Stellung des Eigentümers ergeben (vgl. § 768!),
können als schuldnerbestimmte Einreden bezeichnet werden.

Hierunter fallen etwa die Einrede der Stundung, des Zurückbehaltungsrechts, des nichterfüllten Vertrags. Gewisse an sich hierunter fallende Einreden
des Schuldners kann der Eigentümer nicht geltend machen: so die Einrede der
Verjährung (§ 223 Abs. 1 für Hypotheken, Abs. 2 für Grundschulden – bzgl.

der Zinsen bleibt allerdings die Verjährungseinrede nach Abs. 3 möglich[1]); der beschränkten Erbenhaftung (§ 1137 Abs. 1 Satz 2); die Herabsetzung der Forderung durch Zwangsvergleich (§ 193 KO) oder Vergleich (§ 82 Abs. 2 VerglO; künftig § 254 Abs. 2 S. 1 InsO[2]). Verständlich, denn nach dem Sinn der Hypothekensicherung soll diese gerade in solchen Fällen aktuell werden!

c) Einreden aus Gestaltungsrechten des Schuldners

66 Aus der bürgenähnlichen Stellung des Eigentümers ergibt sich weiter, daß der Eigentümer seine „Leistung" (= Duldung der Haftungsverwirklichung) verweigern kann, solange der Schuldner anfechten oder der Gläubiger aufrechnen könnte (§ 1137 Abs. 1 Satz 1 mit § 770). Nicht gerade schön, aber doch wohl einprägsam können wir diese Einreden als Einreden aus Gestaltungsrechten (des Schuldners) bezeichnen.[3]

d) Eigentümerbezogene Einreden

67 Schließlich können sich Einreden aus dem Verhältnis zwischen dem Hypothekar und dem vom Schuldner verschiedenen Eigentümer ergeben; so etwa wenn der Gläubiger dem Eigentümer (nicht dem Schuldner!) zugesagt hatte, die Hypothek während einer gewissen Zeit nicht geltend zu machen oder zuerst Befriedigung aus der persönlichen Forderung, dann erst aus der Hypothek zu suchen oder – für die sog. Sicherungsgrundschuld wichtig – die Grundschuld zur Sicherung einer bestimmten Forderung zu verwenden und nicht an einen anderen abzutreten. Kennwort: eigentümerbezogene Einreden.

2. Das Verhältnis zwischen Erwerber der Hypothek und Eigentümer

68 Wie ist nun *die Stellung des Eigentümers gegenüber dem Erwerber der Hypothek?*
Bei der *Abtretung der Forderung* geht das Gesetz von der Regel aus, daß die Position des Schuldners durch die Abtretung nicht verschlechtert werden darf; der Schuldner kann sich gegen die Abtretung nicht wehren, er darf daher durch sie auch nicht beeinträchtigt werden. Auf dieser Erwägung beruht § 404, wonach der Einwendungsstatus des Schuldners durch die Abtretung nicht verändert wird.

---

[1] Selbst nach versäumter Vollstreckungsgegenklage (§ 767 Abs. 2 ZPO) soll der Schuldner–Eigentümer einen Bereicherungsanspruch geltend machen können, s. BGH NJW 1993, 3318 und unten § 45 Rn. 34 ff., 37.

[2] Im künftigen Insolvenzrecht unterliegen allerdings – anders als bisher (§§ 47 ff. KO, 26 VerglO) – Grundpfandrechte an *schuldnereigenen* Grundstücken dem Insolvenzplanverfahren (§§ 217, 222 Abs. 1 Nr. 1, 223, 238 InsO); s. a. § 40 Rn. 52 ff.

[3] Bei allen Einwendungen und Einreden des Eigentümers stellt sich die Frage, ob sie noch geltend gemacht werden können, wenn der Schuldner mit ihnen im Prozeß unterlegen und rechtskräftig verurteilt ist. Die Rechtskraft des Urteils gegen den persönlichen Schuldner hindert den nichtidentischen Eigentümer nicht, sich auf die Gegenrechte erneut zu berufen (gleich MünchKomm/*Eickmann* § 1137 Rn. 29); der Fall liegt gleich wie beim Bürgen (hierzu BGHZ 76, 222, 229 ff.; NJW 1987, 2076, 2077). Soweit das OLG Frankfurt NJW-RR 1988, 206, 207 für §§ 1137 Abs. 1 S. 1, 770 eine abweichende Auffassung vertritt, kann ihm nicht gefolgt werden. S. a. § 42 Rn. 26.

§ 38. Die Übertragung der Verkehrshypothek   VII § 38

An sich wäre es korrekt, diese Regel in vollem Umfang auch auf die Stellung des Eigentümers bei *Abtretung der Hypothek* anzuwenden. Denn das Gesetz sieht – wie wir längst wissen – in der Hypothekenabtretung eine Forderungsabtretung, woraus sich ohne weiteres die Anwendung des § 404 ergäbe. Andererseits kann aber auch in diesem Zusammenhang nicht daran vorbeigegangen werden, daß die Hypothek ein im Grundbuch ausgewiesenes dingliches Recht ist, das im Interesse des redlichen Rechtsverkehrs an der Gutglaubensregel teilnehmen muß. Anders ausgedrückt: es würde den Hypothekenmarkt lahmlegen, wenn der Erwerber einer Verkehrshypothek sich alle die Einwendungen und Einreden entgegenhalten lassen müßte, die im Verhältnis Zedent – Schuldner (Eigentümer) begründet waren. Aus diesem Gedanken heraus kommt das Gesetz auch hier zu einem Kompromiß: 69

a) Grundsatz des Eigentümerschutzes

Im Grundsatz bleibt es bei der Regel des § 404; der Eigentümer kann also gegenüber der Hypothekenklage des Zessionars alle die oben 1 genannten Einwendungen und Einreden geltend machen, soweit sie zur Zeit der Abtretung schon begründet waren. Für die eigentümerbezogenen Einreden (oben Rn. 67) glaubte der Gesetzgeber diesen Grundsatz in § 1157 Satz 1 noch ausdrücklich wiederholen zu müssen. 70

b) Einschränkung zugunsten des Gutglaubensschutzes

Im Verkehrsinteresse gilt jedoch diese Regel nur, wenn die Einwendung oder Einrede entweder aus dem Grundbuch oder aus dem Brief zu ersehen *oder* dem Erwerber bekannt war. 71

Diese *Durchbrechung* der Regel ist leider im Gesetz an verschiedenen Stellen enthalten: sie ergibt sich bezüglich der bestandsvernichtenden Einwendungen (oben Rn. 64) unmittelbar aus § 892 hinsichtlich der Hypothek und aus § 1138 bei fehlender Forderung, hinsichtlich der schuldnerbestimmten Einreden (oben Rn. 65) aus § 1138, ebenso bezüglich der Einreden aus Gestaltungsrechten (oben Rn. 66), während die gleiche Gutglaubensregel bei den eigentümerbezogenen Einreden (oben Rn. 67) in § 1157 Satz 2 enthalten ist.

Zu beachten ist, daß in allen Fällen der Abtretung einer Briefhypothek § 1140 von Bedeutung ist: eine auf dem Brief vermerkte Einrede oder Einwendung schließt den „einwendungsfreien" Erwerb aus (oben Rn. 41 ff.).

Beispiele: (1) G hat dem S ein Darlehen von 50000 DM zur Begründung eines Einzelhandelsgeschäfts gegeben; der Vater E des S hat dafür eine Briefhypothek zum ersten Rang bestellt. Als das Darlehen fällig wurde, gelingt es dem S, bei G eine „Prolongation um zwei weitere Jahre" zu erwirken. Auf diese Stundung könnte sich auch E berufen, wenn G vor Ablauf dieser Zeit die Hypothekenklage erhebt (§ 1137), und zwar auch dann noch, wenn S auf die Einrede der Stundung verzichten sollte (§ 1137 Abs. 2). 72

War es nicht dem S, sondern dem E gelungen, dem G die Prolongation abzutrotzen, so wirkt diese Abrede nur im Verhältnis G–E, so daß G die persönliche Schuldklage gegen S erheben könnte (es sei denn, daß die Abrede auch zugunsten des S getroffen sein sollte).

Tritt G die Briefhypothek an Z ab, so erwirbt dieser die Hypothek einredefrei, wenn ihm die Stundung nicht bekannt war, sie sich auch nicht aus dem Grundbuch oder Brief ergab (was etwa dann der Fall wäre, wenn G die Prolongation auf dem Brief vermerkt hätte).

73 Aus dem eben Gesagten ergibt sich übrigens auch ein Rückschluß auf die *Eintragungsfähigkeit* solcher Einreden: Entgegen der Faustregel, daß nur dingliche Rechte, relative Verfügungsbeschränkungen, Vormerkungen und Widersprüche eintragbar seien (s. oben § 15 Rn. 29 ff.), können auch Einreden eingetragen (oder auf sie Bezug genommen) werden, selbst wenn sie auf schuldrechtlichen Abmachungen beruhen.[1] Der Grundbuchbeamte könnte sich daher in unserem Beispielsfall nicht dagegen sträuben, die Stundungsabrede im Grundbuch einzutragen und zwar gleichgültig, ob sie zwischen G und S oder zwischen G und E getroffen worden war.

74 (2) E hat ein Grundstück an K verkauft. Da die Realisierung des Auflassungsanspruchs aus hier nicht interessierenden Gründen zweifelhaft war, hat E dem K eine Briefhypothek über 50 000 DM bestellt zur Sicherung eines angeblichen Darlehensanspruchs in dieser Höhe; in Wirklichkeit sollte damit mittelbar der Auflassungsanspruch gesichert werden. Später trat K die Hypothek an G ab, der sie jetzt gegen E geltend macht. E wendet ein:

75 (a) die Hypothekenbestellung sei nur zum Schein erfolgt. Hier handelt es sich um eine bestandsvernichtende Einwendung, die E dem G nur mit Erfolg entgegenhalten kann, wenn dieser sie kannte oder sie aus dem Grundbuch oder Brief zu ersehen war (§ 892, § 1140). Beides war nicht der Fall; die Einwendung entfällt also schon aus diesem Grunde (sie wäre im übrigen auch unbegründet, weil es den Parteien mit der Hypothekenbestellung ernst war; sie haben nur zu einem ungeeigneten Mittel gegriffen!);

76 (b) die Hypothek sei nie valutiert gewesen, in Wahrheit bestehe also eine Eigentümergrundschuld. Auch hier handelt es sich – wegen § 1163 Abs. 1 Satz 1 – um eine bestandsvernichtende Einwendung; denn es wird gesagt, daß in Wahrheit eine Eigentümergrundschuld vorliege. Dieser Einwand ist dem G gegenüber aber nur unter den gleichen Voraussetzungen wie oben Rn. 75 wirksam (§ 1138 mit § 892, § 1140).

77 (c) Schließlich legt E dar, der Gutglaubensschutz nach §§ 892, 1138, 1140 könne zugunsten des G nicht Platz greifen, weil die Abtretung K an G nur *fiduziarisch, zu treuen Händen* erfolgt sei. In einem solchen Fall müsse es aber bei der Regel bleiben, daß der Eigentümer alle die Einwendungen und Einreden dem Treunehmer (= Zessionar G) entgegenhalten könne, die gegenüber dem Treugeber (= Zedent K) begründet waren, also auch die Einwendung des Scheingeschäfts (Rn. 75) und der Nichtvalutierung (Rn. 76). Was ist von dieser Rechtsauffassung zu halten? Man wird unterscheiden müssen:[2] Handelt es sich lediglich um eine im Interesse des K erfolgte, also von G aus gesehen fremdnützige treuhänderische Übertragung der Hypothek, m. a. W. der Wirkung nach lediglich um eine Inkassozession, so ist der Standpunkt des E richtig. Anders wenn eine eigennützige, im Interesse des G erfolgte Abtretung vorgelegen hätte (etwa um eine Forderung des G gegen K zu sichern). Die Tatsache gewisser treuhänderischer Bindungen im Verhältnis G zu K würde die volle Anwendung der Regeln über die Hypothekenabtretung und den Schutz des redlichen Erwerbers nicht ausschließen (so auch OLG Hamburg MDR 1953, 171, an dessen Entscheidung unser Beispiel angelehnt ist; s. ferner *Heck* § 97 IV).

78 Entwickeln wir den Fall noch etwas weiter: Nehmen wir an, E berufe sich schließlich noch darauf, daß ihm gegen K ein Schadensersatzanspruch aus § 826 zustehe; mit dieser Schadensersatzforderung rechne er dem G gegenüber auf (§ 406). Diese Aufrechnung ist jedoch, wie sich aus § 1156 Satz 1 ergibt, unzulässig (oben Rn. 58 ff.). Bestand dagegen schon vor Abtretung die Aufrechnungslage zwischen E und K, so kann E dies einredeweise geltend machen, falls G nicht gutgläubig erworben hat (§§ 1137 Abs. 1 S. 1, 770, 1138).

VIII. Die Abtretung von Zinsen und Nebenleistungen[3]

79 Hier hat das Gesetz in §§ 1158, 1159 einige Sonderbestimmungen entwickelt, die nicht leicht verständlich sind. Sie beruhen im wesentlichen auf der Erwägung, daß üblicherweise der Eigentümer (= Schuldner) nicht jedes Mal das Grundbuch einsieht oder sich den Hypothekenbrief vorlegen läßt, wenn er

---

[1] Dieser Gesichtspunkt ist in BGHZ 21, 34 – der sich mit der Eintragungsfähigkeit schuldrechtlicher Abmachungen befaßt – nicht gesehen.
[2] Zur Treuhand s. oben § 3 Rn. 34.
[3] S. dazu *Ulrich Schwab*, Das Recht der Hypothekenzinsen und der sonstigen Nebenleistungen einer Hypothek (Tüb. Diss. 1968); *Bauch* Rpfleger 1985, 466; *Amann* DNotZ 1982, 396.

die fälligen Zinsen bezahlt. Er soll sich daher auf die „historische Legitimation" verlassen können, wenn er die fälligen Zinsen an den zahlt, den er als Gläubiger in Erinnerung hat, wenn ihm also von einer Abtretung nichts bekannt ist.

Daraus ergibt sich die für jeden Zessionar einer Hypothek *praktisch wichtige Regel,* daß er die Abtretung an ihn sofort dem Eigentümer mitteilt. Nur so kann er verhindern, daß die Zinsen nach wie vor wirksam an den Zedenten bezahlt werden. **80**

Im einzelnen sind drei Fragenbereiche zu unterscheiden: Sind Zinsen ohne die Hypothek abtretbar und in welchem Umfang? (Rn. 81 ff.). In welcher Form erfolgt die Abtretung? (Rn. 85 f.). Wie ist das Rechtsverhältnis zwischen Zessionar und Eigentümer gestaltet? (Rn. 87 f.).

1. Die Abtretbarkeit des Zins- und Nebenleistungsanspruchs

a) Gemeinsame Abtretung von Hypothek und Zinsen

Sicher ist, daß die *Hypothek mit Zinsen* abgetreten werden kann, doch ist zur notwendigen Bestimmtheit der Abtretung anzugeben, von welchem Zeitpunkt an der Zinsanspruch auf den Zessionar übergehen soll (OLG Frankfurt NJW-RR 1993, 1299 m. Nw.; s. a. oben Rn. 10 f.). **81**

b) Isolierte Abtretung von Hypothek oder Zinsen

Zulässig ist aber nach der – nicht unbestrittenen – Rechtsprechung (RGZ 74, 78; 86, 218) auch, daß das *Zinsrecht ohne die Hypothek* und umgekehrt die *Hypothek ohne das Zinsrecht* abgetreten wird. Im Ergebnis hat der Zinsgläubiger dann eine nießbraucherähnliche Stellung, jedoch mit dem Unterschied, daß der Kapitalgläubiger die Hypothek einseitig ohne Zustimmung des Zinsgläubigers – anders als nach § 1071 – aufheben und damit auch das Zinsrecht beenden kann (KG JW 1938, 2406). **82**

Beispiel: G hat dem E ein hypothekarisch gesichertes Darlehen in Höhe von 100 000 DM zu 5% verzinslich gewährt. „Um seiner Frau ein eigenes regelmäßiges Einkommen zu geben", tritt G ihr das Zinsrecht ab. Wird die Ehe zwischen G und F geschieden, so wird diese Abtretung nicht von selbst hinfällig, es sei denn, sie sei ausdrücklich oder stillschweigend nur für die Dauer der Ehe vereinbart gewesen. G ist aber durch die Abtretung des Zinsrechts nicht gehindert, die Hypothek zu kündigen, das Kapital einzuziehen und dem E eine löschungsfähige Quittung zu erteilen. **83**

Hat ein Gläubiger X des G die Hypothek gepfändet, so ist die Abtretung des Zinsrechts auch ihm gegenüber wirksam, sofern die Abtretung nicht nach dem Anfechtungsgesetz angefochten werden kann. X kann aber – nach Überweisung der Hypothek zur Einziehung – die Hypothek kündigen, das Kapital einziehen und dadurch den Zinslauf beenden (s. unten Rn. 125 ff.). **84**

2. Die Form der Abtretung

a) Grundsätzliche Formpflicht

Die Abtretung der Hypothek mit Zinsen oder von *künftig fällig* werdenden Zinsbeträgen oder des ganzen Zinsrechts erfolgt nach dem Recht der Hypothekenabtretung, also nach § 1154. **85**

b) Formlose Abtretung rückständiger Zinsen

Rückständige Zinsen dagegen werden durch formlosen Vertrag nach § 398 abgetreten; dies besagt § 1159 ausdrücklich (s. a. oben Rn. 16), wobei die die rückständigen Zinsen sichernde Hypothek insoweit nach § 401 mit übergeht(!); dieser Übergang kann durch Vereinbarung der Beteiligten ausgeschlossen werden (§ 401 ist dispositiven Rechts – die zwingende Vorschrift des § 1153 ist durch § 1159 ausgeschlossen). **86**

3. Die Stellung des Eigentümers gegenüber dem neuen Gläubiger

a) Künftig fällig werdende Zinsen

87 Bezüglich der künftig fällig werdenden Zinsbeträge stellt § 1158 für das laufende und folgende Kalendervierteljahr auf die Kenntnis des Eigentümers von der Abtretung ab. Dies mag ein *Beispiel* erhellen:

Hat E den Zins jeweils zum Ersten eines Vierteljahres zu bezahlen und tritt G die Hypothek mit Zins am 15. 6. mit Wirkung vom 1. 7. an X ab, erfährt aber E erst am 30. 7. von der Abtretung, so kann er sich dem X gegenüber darauf berufen, daß er die am 1. 7. fällige Zinsrate wirksam an G geleistet habe (§ 1158 Satz 1 mit § 407). Auch gegen die am 1. 10. fällige Zinsrate kann er mit einer Forderung, die gegen G begründet war, aufrechnen (§ 1158 2. Halbsatz mit § 406). Für spätere Zinsraten gelten dann §§ 1138, 1140.

b) Rückständige Zinsen

88 Bei der Abtretung rückständiger Zinsen gilt in vollem Umfang Abtretungsrecht, also die §§ 398 ff. (§ 1159). Der Zessionar kann sich für das Bestehen des Zinsrechts nicht auf § 892 berufen (§ 1159 Abs. 2).

IX. Der Übergang der Hypothek kraft Gesetzes

89 Bei unseren bisherigen Erörterungen war nur von der Übertragung der Verkehrshypothek *kraft Rechtsgeschäfts* die Rede. Nun sind uns aber schon häufig Tatbestände begegnet, wo ein Übergang des Grundpfandrechts *kraft Gesetzes* erfolgte. Hierauf ist im folgenden einzugehen, wobei wir einen Überblick über die Fälle gesetzlichen Hypothekenübergangs geben und dabei jeweils die rechtliche Wirkung dieser Übertragungsvorgänge erörtern.

Eine systematische Gliederung dieser Tatbestände ist schwierig; sie hängen teils mit dem Akzessorietätsdogma zusammen (so der Übergang auf den Eigentümer als Eigentümergrundschuld bei Erlöschen der Forderung, § 1163 Abs. 1 Satz 2), teils mit dem Ausgleichsgedanken bei Tilgung der Hypothek durch den nicht „letztlich Belasteten" (so wenn der vom Schuldner verschiedene Eigentümer „die Hypothek ablöst", § 1143). Am besten hält man sich an die rein formale Kategorie, auf wen die Hypothek kraft Gesetzes übergegangen ist, ob auf den Eigentümer, den Schuldner oder auf einen Dritten.

1. Übergang auf den Eigentümer

Hierzu gehören folgende Fälle:

a) Erlöschen der Forderung

90 Das Erlöschen der Forderung bewirkt den Übergang der Hypothek auf den Eigentümer (§ 1163 Abs. 1 Satz 2); Wirkung: Eigentümergrundschuld (§ 1177; s. oben § 36 Rn. 95 ff.).

b) Verzicht des Gläubigers

91 Ferner gehört hierher der Fall des Verzichts des Gläubigers auf die Hypothek; Wirkung: Eigentümergrundschuld (§§ 1168, 1177).

Der Verzicht ist dem Grundbuchamt oder dem Eigentümer gegenüber zu erklären und im Grundbuch einzutragen (§ 1168 Abs. 2 S. 1). Wirkung: Eigentümergrundschuld (§ 1177) – die persönliche

§ 38. Die Übertragung der Verkehrshypothek

Forderung des Gläubigers gegen den Schuldner bleibt bestehen. Ein Anspruch auf Verzicht steht dem Eigentümer zu, wenn der Geltendmachung der Hypothek eine peremtorische Einrede entgegensteht (§ 1169). Vom Verzicht sind *zu unterscheiden:*

aa) der *Erlaß der Forderung* mit der Wirkung des § 1163 Abs. 1 Satz 2, **92**

bb) die *Aufhebung der Hypothek* nach §§ 875, 1183 mit der Wirkung, daß das dingliche Recht erlischt, also auch nicht als Eigentümergrundschuld fortbesteht (daher das Zustimmungserfordernis des Eigentümers nach § 1183!), s. auch § 36 Rn. 111; § 41 Rn. 2 ff.,

cc) die *Löschungsbewilligung* des Gläubigers nach Tilgung der Forderung; sie hat nur grundbuchrechtliche Bedeutung[1], da materiellrechtlich die Hypothek bereits auf den Eigentümer (§ 1163 Abs. 1 Satz 2), den Schuldner (§ 1164) oder einen Dritten übergegangen ist; die Zustimmung dieser Personen ist daher zur Löschung des Grundpfandrechts erforderlich (KG OLGZ 1965, 92; s.a. § 40 Rn. 22).

Man wird sich fragen, wann denn ein *Verzicht* des Gläubigers auf das Grundpfandrecht trotz Bestehenbleibens der Forderung in Betracht kommt, der Gläubiger also seine dingliche Sicherung aufgibt. **93** Dies kann etwa der Fall sein, wenn der Gläubiger anderweit gesichert wird und daher „das Grundstück freigibt" (*Beispiel:* BGH NJW 1984, 169).

Dem Verzicht steht gleich, wenn jemand die Verbindlichkeit des Schuldners übernimmt, ohne daß **94** der Eigentümer der *Schuldübernahme* zustimmt (§ 418 Abs. 1 Satz 2, 3). *Beispiel:* E hat zur Sicherung der Forderung des G gegen S₁ eine Hypothek an seinem Grundstück eintragen lassen. Später übernimmt S₂ die Schuld mit Zustimmung des G. Hat E in die Schuldübernahme nicht eingewilligt, so verliert G die Hypothek, sie wird zur Eigentümergrundschuld.

c) Ablösung durch den vom Schuldner verschiedenen Eigentümer

Der Übergang der Forderung mit Hypothek auf den Eigentümer tritt ein, **95** wenn der vom Schuldner verschiedene Eigentümer den Gläubiger befriedigt (*Divergenzfall! Ablösungsrecht des Eigentümers!*). Wirkung: Eigentümerhypothek (§§ 1143, 1177 Abs. 2); s. § 37 Rn. 13 f.; § 40 Rn. 16 ff.

d) Konsolidation?

Schließlich ist hier zu nennen die Vereinigung des Eigentums mit der Hy- **96** pothek in einer Person (§ 889 mit § 1177 Abs. 1; § 36 Rn. 112).

Beispiel: G hat dem E ein hypothekarisch gesichertes Darlehen gegeben. Da E nicht mehr in der Lage ist, Zins und Amortisation aufzubringen, vereinbart er mit G, daß er ihm das Eigentum an dem belasteten Grundstück überträgt. Mit der Übereignung entsteht eine Eigentümer*hypothek,* die die noch bestehende Darlehensforderung des G gegen E sichert. Aber in der geschilderten Vereinbarung liegt auch die Verpflichtung des G, dem E die Schuld zu erlassen. Geschieht dies, so entsteht eine Eigentümer*grundschuld.*

2. Übergang auf den Schuldner

Auch hier handelt es sich um einen Divergenzfall: Befriedigt der vom Ei- **97** gentümer verschiedene Schuldner den Gläubiger, so tut er regelmäßig nur seine Pflicht. Die Forderung erlischt, die Hypothek geht als Eigentümergrundschuld auf den Eigentümer über (§§ 1163 Abs. 1 Satz 2, 1177). Anders liegt der Fall dann, wenn im Innenverhältnis zwischen Eigentümer und Schuldner jener zur Tilgung der Forderung verpflichtet war, dieser Pflicht aber nicht nachkam, so daß der Schuldner einspringen mußte. Daher sagt § 1164, daß die Hypothek insoweit auf den Schuldner übergeht, als er vom Eigentümer Ersatz

---

[1] S. dazu BGHZ 77, 7.

verlangen kann. Die Hypothek sichert jetzt den Ersatzanspruch des Schuldners gegen den Eigentümer, es handelt sich also gleichzeitig um eine Forderungsauswechslung kraft Gesetzes.[1]

98 *Beispiel:* Der persönliche Schuldner eines Darlehens und Eigentümer des Grundstücks S hat das Grundstück an E verkauft und übereignet, wobei E die Darlehensschuld unter Anrechnung auf den Kaufpreis übernahm.[2] Der Gläubiger G hat die Schuldübernahme nicht genehmigt (§§ 415, 416), weil ihm „E ein unsicherer Kantonist zu sein" schien. Als das Darlehen fällig ist, hält sich G an S. Diesem bleibt nichts anderes übrig, als zu zahlen. Die Hypothek geht aber nach § 1164 auf S über und sichert jetzt den Ersatzanspruch des S gegen E, der auf Grund des Kaufvertrags in Verbindung mit § 415 Abs. 3 besteht (s. oben § 36 Rn. 69; zum Parallelfall bei der Sicherung durch eine Grundschuld s. unten § 45 Rn. 74ff., 86ff.).

99 Aus § 1164 erklärt sich auch die Schuldnerschutzbestimmung des § 1165: Würde G dem Käufer E gegenüber auf die Hypothek verzichten, weil ihm S sicher genug ist, so würde er damit den künftigen Hypothekenübergang an S vereiteln. Daher erlischt in einem solchen Verzichtsfall auch die persönliche Forderung (Vorsicht für Gläubiger!).[3]

Aus dem gleichen Gesichtspunkt wird auch die Benachrichtigungspflicht des Gläubigers im Falle der Zwangsversteigerung (§ 1166) verständlich.

3. Übergang auf Dritte

a) Forderungsübergang auf Grund einer Ausgleichspflicht

100 Hier kommen zunächst alle die Fälle in Betracht, wo auf Grund einer Ausgleichspflicht bei Tilgung einer Schuld die Forderung auf den Tilgenden kraft Gesetzes ganz oder teilweise übergeht und mit ihr nach § 1153 auch die Hypothek. Hierher gehören etwa der Ausgleich unter *Gesamtschuldnern* (§ 426) oder der Forderungsübergang auf den *Bürgen* nach § 774.

101 *Beispiele:* Hat sich B für die auch hypothekarisch gesicherte Darlehensschuld des E verbürgt und befriedigt er den Gläubiger, so geht die Forderung mit der Hypothek auf ihn über. Er wird als Bürge Darlehensgläubiger und Hypothekar des E.

102 Wie ist die Rechtslage, wenn für eine Schuld des S E eine Hypothek und B eine Bürgschaft übernommen hat? Hier würden bei *Leistung des E* nach §§ 1143, 1153 Forderung und Hypothek, aber auch nach §§ 412, 401 die Bürgschaftsforderung auf E übergehen, umgekehrt würde bei *Leistung des B* dieser Gläubiger der Forderung *und* Hypothekar (§§ 774, 412, 401). Es würde also ein Wettlauf von B und E stattfinden mit dem Ziel, als erster die Darlehensforderung zu tilgen! Die Lösung dieser Frage ist sehr umstritten (vgl. etwa *Pawlowski* JZ 1974, 124; *Finger* BB 1974, 1416; *Schlechtriem*, FS v. Caemmerer, 1978, 1013; *Bayer/Wandt* JuS 1987, 271; ZIP 1989, 1047; *Bülow*, GS Schultz, 1987, 49; *Reinicke/Tiedtke*, Kreditsicherung, 3. Aufl. 1994, S. 397ff.; *Schanbacher* AcP 191, 87ff.; *Tiedtke* DNotZ 1993, 291); meist wird entsprechend § 426 Abs. 1 Satz 1, § 774 Abs. 2 ein hälftiger Ausgleich als gerechte Lösung empfunden (so auch BGHZ 108, 179 = NJW 1989, 2530 und NJW 1992, 3228 beim Zusammenfallen von Bürgschaft und Grundschuld):[4]

103 Der Filmregisseur S hat ein Filmunternehmen gegründet. Für einen Betriebskredit der Bank G an ihn bestellt E eine Hypothek an seinem Grundstück. Außerdem übernimmt das Land B die Bürgschaft. Ist S nicht in der Lage, den Kredit zurückzuzahlen, so kann G den Bürgen in Anspruch nehmen *oder* in das Grundstück aus der Hypothek vollstrecken (Zwangsversteigerung, Zwangsverwaltung). Im Innenverhältnis soll nach der h.M. ein hälftiger Ausgleich erfolgen, sofern nicht besondere andere Vereinbarungen vorliegen. Die Lösung der h.M. befriedigt nicht; im allgemeinen entspricht es dem vermutlichen Parteiwillen, den Bürgen erst in letzter Linie zu belasten; dies würde bedeu-

---

[1] RGZ 81, 71; 129, 27, 30; a. A. *Wilhelm* Rn. 839.
[2] Siehe dazu auch BGH MDR 1961, 586.
[3] Zum sog. „Regreßbehinderungsverbot" s. BGHZ 52, 59; BGH NJW 1974, 1083; *Wacke* NJW 1969, 1850 u. AcP 170, 42.
[4] Zur Rechtslage bei Sicherung durch Grundschuld u. Bürgschaft s. unten § 45 Rn. 84f.

ten, daß auf B die Hypothek, nicht aber auf E die Bürgschaftsforderung übergeht (a. A. BGH NJW 1992, 3228, 3229 l. Sp.). Leider entkräftet die vom BGH zugelassene formularmäßige Abbedingung des § 776 (BGHZ 108, 179, 183) dieses Argument häufig. Falls der Eigentümer bei Bestellung des Grundpfandrechts schuldvertraglich ausdrücklich in den Übergang der Hypothek auf den Bürgen einwilligt, geht diese Vereinbarung natürlich dem Grundsatz anteiliger Haftung der Sicherungsgeber vor (BGH NJW-RR 1991, 170, 171 für Zusammenfallen von Bürgschaft und Grundschuld).

Zu bemerken ist, daß in Fällen der oben geschilderten Art die öffentliche Hand meist nur die *Ausfallbürgschaft* übernimmt; dies bedeutet, daß der Bürge nur auf den Ausfall in Anspruch genommen werden kann, den der Gläubiger nach Inanspruchnahme des Schuldners *und* nach Realisierung der sonst bestehenden Sicherheiten, also auch der Hypothek erleidet (RG HRR 1930 Nr. 212); der Gläubiger wird also regelmäßig die Zwangsversteigerung oder Zwangsverwaltung betreiben müssen, bevor er sich an den Ausfallbürgen halten kann (zu den Grundsätzen der Ausfallbürgschaft allgemein BGH NJW 1989, 1855). 104

b) Ablösung durch Dritte

Neben den Fällen der Ausgleichspflicht kommen weiter die Tatbestände der Ablösung durch Dritte in Betracht: Bekanntlich kann auch ein anderer als der Schuldner dessen Leistung an den Gläubiger erbringen, es sei denn, daß Gläubiger *und* Schuldner widersprechen (§ 267). Dieses Widerspruchsrecht entfällt, der Dritte erhält also *ein Recht* zur Ablösung, wenn seine Rechts- oder Besitzerstellung durch die vom Gläubiger betriebene Zwangsvollstreckung gefährdet wird (§ 268). Macht er von seinem Ablösungsrecht Gebrauch, so geht die Forderung des Gläubigers auf ihn über (§ 268 Abs. 3). Dieses Ablösungsrecht wird bei Belastung des Grundstücks mit einer Hypothek in § 1150 zeitlich vorverlegt: zu seiner Entstehung ist nicht das „Betreiben der Zwangsvollstreckung" notwendig (so § 268), es genügt vielmehr, „wenn der Gläubiger Befriedigung aus dem Grundstück verlangt". 105

Beispiele: Der Mieter M einer modernen Fünfzimmerwohnung hat beim Einzug einen erheblichen verlorenen Baukostenzuschuß an den Eigentümer E bezahlt. Als E in finanzielle Bedrängnis kommt, kündigt der 2. Hypothekar G Darlehen und Hypothek zur Rückzahlung. Käme es zur Zwangsversteigerung, so bestünde die Gefahr, daß dem M die Wohnung gekündigt würde, er also den Besitz verlöre (§ 57a ZVG; daran ändert auch § 57c Abs. 1 Nr. 2 ZVG nichts, weil – wie wir annehmen wollen – der Zuschuß bereits als „durch die Mietdauer getilgt anzusehen" war, § 57c Abs. 2 ZVG). M hat daher das Recht, den G zu befriedigen (§§ 268, 1150). Dessen Forderung geht dann samt Hypothek auf M über (§ 268 Abs. 3 Satz 1 mit § 1153). G muß dem M den Hypothekenbrief übergeben und in öffentlich beglaubigter Erklärung die Umschreibung der Hypothek auf M bewilligen (§ 1150 mit § 1144). 106

E hat sein Grundstück mit einer Hypothek zugunsten der Bank B belastet. A ist Inhaber einer Auflassungsvormerkung mit Rang hinter der Hypothek. Als B die Hypothek „fällig stellt", zahlt A und verlangt von B Herausgabe des Hypothekenbriefs (§§ 1144, 1150, 268 Abs. 1, 3). Zu Recht: die nachrangige Auflassungsvormerkung steht einem verlustbedrohten Recht am Grundstück gleich und ihre konkrete Gefährdung durch drohende Zwangsversteigerung reicht aus (BGH NJW 1994, 1475). 107

4. Gutgläubiger Erwerb bei gesetzlichem Hypothekenübergang?

Abschließend soll noch auf die Frage des gutgläubigen Erwerbs beim gesetzlichen Hypothekenübergang eingegangen werden. Man kann sich nicht damit begnügen festzustellen, daß die Vorschriften über den Erwerb vom Nichtberechtigten nur im rechtsgeschäftlichen Verkehr Anwendung finden: Zwar erfolgt der Übergang des Grundpfandrechts kraft Gesetzes, zu beachten ist 108 aber, daß der Vorgang, der zu diesem Übergang führt, rechtsgeschäftlicher Natur sein kann:

109 Der ablösungsberechtigte Mieter M (§ 1150, s. oben *Beispiel* Rn. 106) leistet an den zu Unrecht durch Bucheintrag und Briefbesitz ausgewiesenen G. Sicher ist, daß der Leistungsvorgang unter § 893 fällt, so daß der Eigentümer E durch die Leistung des M an G frei wird. Aber was geschieht mit der Hypothek? Geht sie (mit der Forderung?) auf M über? oder als Eigentümergrundschuld auf E?

110 Die Schwierigkeiten rühren daher, daß sich das Gesetz bei der „Bewirkung der Leistung" an einen Nichtberechtigten im Sinne des § 893 *im allgemeinen* mit der Erlöschenswirkung begnügt, während bei den Grundpfandrechten mit dem Erfüllungstatbestand ein Rechtsübergang (auf den Eigentümer, den Schuldner, einen Dritten) verknüpft ist. Um zu sinnvollen Ergebnissen zu kommen, wird man auch diesen Rechtsübergang in den Erwerb vom Nichtberechtigten einbeziehen müssen. Dies führt zu folgender Regel:

Überall dort, wo der Voraussetzungstatbestand des gesetzlichen Rechtsübergangs unter den Schutz des Erwerbs vom Nichtberechtigten fällt, tritt auch der als Folge daran geknüpfte gesetzliche Rechtsübergang ein.[1]

Dafür einige *Beispielsfälle:*

111 *Grundfall:* G hat dem S ein Darlehen gegeben, für das E eine Buchhypothek an seinem Grundstück bestellt hat. G tritt Forderung mit Hypothek in *nichtiger* Abtretung an X ab, der als Hypothekar im Grundbuch eingetragen wird.

112 *1. Variante:* S leistet an X, also an den Scheingläubiger. Da es sich um die Befriedigung der Darlehensforderung handelt und ein Schutz des Schuldners bei Zahlung an den Nichtberechtigten nicht besteht (von den §§ 406 ff. abgesehen), erlischt die Forderung nicht (s. a. BGH NJW 1996, 1207; ferner oben Rn. 58 ff.), die Hypothek geht also nicht nach §§ 1163 Abs. 1 Satz 2, 1177 auf E über noch – im Falle eines Regreßanspruchs des S gegen E – nach § 1164 auf S.

113 *2. Variante:* E leistet an X. Hier fällt der Ablösungstatbestand unter §§ 893, 1138. E erwirbt Forderung (?) und Hypothek (§ 1143; str., s. *Tiedtke,* Gutgl. Erwerb, I 2 e). Wäre E auch persönlicher Schuldner gewesen, so hätte er jedenfalls die Hypothek nach §§ 893, 1138 erworben, und zwar als Eigentümergrundschuld; wohl auch die Forderung, die damit erlischt (zu streitigen Einzelheiten *Tiedtke* a. a. O.; *Reinicke/Tiedtke,* Kreditsicherung, S. 307; unklar BGH NJW 1996, 1207, 1208; zutreffende Kritik bei *Tiedtke* NJW 1997, 851; s. a. oben Rn. 62 und § 45 Rn. 44 ff. zur Sicherungsgrundschuld).

114 *3. Variante:* Der Mieter M des mit der Hypothek belasteten Grundstücks löst nach § 1150 die Hypothek ab. Ablösungstatbestand, der unter §§ 893, 1138 fällt! M erwirbt Forderung (?) und Hypothek (§§ 268 Abs. 3, 1153). Für den Fall, daß der Mieter M eine teilweise nicht valutierte Grundschuld voll erfüllt (§§ 268 Abs. 3, 1150, 1191, 1192), verneint die BGH gutgläubigen einredefreien Erwerb (krit. *Hager* ZIP 1997, 133), weil das Grundpfandrecht nicht rechtsgeschäftlich nach §§ 1157 S. 2, 892 erworben worden sei und § 1157 S. 2 auf § 893 gerade *nicht* verweise (BGH NJW 1997, 190, 191; s. a. NJW 1986, 1487). Die recht formale Argumentation überzeugt auf dem Boden der hier vertretenen Auffassung auch deshalb nicht, weil damit Hypothek (§§ 1138, 893) und Grundschuld unterschiedlich behandelt würden mit dem eigenartigen Ergebnis, daß der Erwerber der abstrakten Grundschuld schlechter steht als der Erwerber der akzessorischen Hypothek (zutreffend *Wolfsteiner* DNotZ 1997, 387, 391; s. a. § 44 Rn. 26).

115 *4. Variante:* Der Bürge B, der sich für das Darlehen verbürgt hat, wird von X in Anspruch genommen. B erfüllt seine Bürgschaftsverbindlichkeit an einen Nichtberechtigten; er wird nicht frei – kein „Gutglaubensschutz"! Daher auch kein Übergang von Forderung und Hypothek auf B.

---

[1] Dies beachten BGH NJW 1986, 1487; 1997, 190, 191 (m. Anm. *Wolfsteiner* DNotZ 1997, 387) nicht; ausführlich zu dem gesamten Problemkreis *Reinicke/Tiedtke* WM 1986, 813; *Rimmelspacher* WM 1986, 809; *Canaris* NJW 1986, 1488; *Medicus,* Bürgerl. R., Rn. 547; s. a. § 23 Rn. 20 f.; wie hier neuerdings MünchKomm/*Eickmann* § 1150 Rn. 29.

Unbefriedigend ist die hier getroffene Lösung bei der 1. Variante: denn wäre S mit E identisch und **116** würde S = E den X befriedigen, so könnte er sich auf §§ 893, 1138 berufen, da er dann im Zweifel „die Hypothek tilgen will". Ihm fällt dann die Hypothek als Eigentümergrundschuld zu (s. 2. Variante). Soll die Rechtslage anders sein, wenn E und S verschiedene Personen sind und S leistet? Indessen wird eben *jetzt* die Trennung von Forderung und Hypothek auf der Seite der Verpflichteten deutlich. Für S versagt der Gutglaubensschutz.

Voraussetzung des gesetzlichen Übergangs ist im übrigen, daß der Über- **117** gangstatbestand gegeben ist. Löst also ein Scheineigentümer, der sich für den Eigentümer hält, die Hypothek ab, so erwirbt der wahre, nicht der Scheineigentümer die Eigentümergrundschuld. Die §§ 892, 893 können hier nicht angewendet werden.[1]

X. Anhang: Verpfändung, Pfändung der Hypothek – Nießbrauchsbestellung

Die Hypothek in der Hand des Gläubigers ist ein u. U. beachtlicher Vermö- **118** genswert, daher als *Sicherungs- und Verwertungsobjekt* von Interesse für die Gläubiger des Hypothekars und Gegenstand der Verpfändung und Pfändung, als *Nutzungsobjekt* Gegenstand des Nießbrauchs. Allen drei Fällen ist gemeinsam, daß eine Teilabspaltung (Teilabtretung) der Befugnisse des Hypothekars stattfindet. Daher finden die Regeln über die Abtretung entsprechende Anwendung (§§ 1069, 1274), wobei bei der Pfändung die rechtsgeschäftliche Verpfändungserklärung durch Staatsakt (Pfändungs- und Überweisungsbeschluß) ersetzt wird (s. oben Rn. 18ff.).

Der Nießbrauch an einer Hypothek kommt in der Praxis selten vor, er wird – wenn ein Bedürfnis besteht – durch die Abtretung des Zinsrechts (s. oben Rn. 82ff.) ersetzt. An die Stelle der Verpfändung der Forderung tritt im Rechtsleben ihre Sicherungsabtretung. Praktische Bedeutung hat die Pfändung der Hypothek.

Dementsprechend werden hier Nießbrauch und Verpfändung der Hypothek nur in knappen Strichen aufgezeichnet.

1. Nießbrauchsbestellung an der Hypothek

Der Nießbrauch an der Hypothek ist rechtlich Nießbrauch an der – hypothekarisch gesicherten – **119** Forderung. Die Bestellung erfolgt in der Form, die für die Übertragung der Hypothek gilt, also z.B. bei der Buchhypothek durch Einigung und Eintragung, wobei die Einigung auf die Nießbrauchsbestellung gerichtet ist (§ 1069).

Dem Nießbraucher stehen die Hypothekenzinsen zu eigenem Recht zu (§ 1068 Abs. 2 mit § 1030 Abs. 1). Das Kapital dagegen unterliegt der gemeinschaftlichen Verfügung von Gläubiger und Nießbraucher (§§ 1077–1079); s. auch unten § 61.

2. Die Verpfändung der Hypothek und Sicherungsabtretung

a) Verpfändung

Auch die Verpfändung folgt den Regeln über die Hypothekenabtretung, jedoch mit der Beson- **120** derheit, daß bei der Briefhypothek die Übergabe des Briefes nicht durch Besitzkonstitut ersetzt wer-

---

[1] Im Ergebnis ebenso *Wolff/Raiser* § 140 Anm. 16; a. A. *Heck* § 44 II 4; *Westermann/Eickmann* § 119 III 3 u. § 122 V 4.

den kann (§ 1274 Abs. 1 S. 2, der auf die §§ 1205, 1206 verweist; dort aber ist die Sachverpfändung durch Besitzkonstitut ausgeschlossen). Dagegen bedarf es keiner Anzeige der Verpfändung an den Eigentümer (= Schuldner), § 1280. Für den *Inhalt* des Pfandrechts gelten die §§ 1279–1291. Hervorzuheben ist, daß der Pfandgläubiger nach der Pfandreife (= meist Fälligkeit seiner eigenen Forderung) die Hypothek „einziehen", also geltend machen kann (§§ 1283, 1282; s. zum Ganzen unten § 62 Rn. 16 ff.).

121 *Beispiel:* E hat dem G eine Briefhypothek zur Sicherung einer Schuld des S bestellt und dabei vereinbart, daß die Hypothek nicht an einen Dritten abgetreten werden soll (§ 399). Dessen ungeachtet „verpfändet" G die Hypothek an seine Bank Pf. zur Sicherung eines Kontokorrentkredits und zwar in der Form, daß er den Hypothekenbrief bei dem Notar N mit der Weisung hinterlegt, den Brief nur an die Bank Pf. und G gemeinsam herauszugeben, und der Pf. schriftlich mitteilt, er habe den Brief mit der geschilderten Weisung bei N hinterlegt. Als G den Kontokorrentkredit nicht fristgemäß abdecken kann, kündigt Pf. die Hypothek dem E gegenüber und droht Zwangsversteigerung an.

122 (1) E wendet ein, die Hypothek sei der Form nach nicht wirksam verpfändet. Da es sich um eine Briefhypothek handelt, mußte die Form des § 1154 mit § 1274 eingehalten werden: „Die Erteilung der Verpfändungserklärung in schriftlicher Form" kann in der Mitteilung über die Briefhinterlegung gesehen werden. Die Übergabe des Hypothekenbriefs ist durch den Abschluß des „Pfandhaltervertrags" mit dem Notar ersetzt (§ 1274 Abs. 1 Satz 2 mit § 1206 2. Alternative). Anzeige der Verpfändung an E ud S (entsprechend § 1280) war hier bei der Briefhypothek nicht erforderlich. Sie ist also wirksam verpfändet worden.

123 (2) E wendet weiter ein, er habe mit G die Nichtabtretbarkeit der Hypothek vereinbart. Dies müsse auch Pf. gegen sich gelten lassen: Entgegen § 137 ist eine solche Abrede bei der Forderung (§ 399) und auch bei der Hypothek wirksam. Hier ist sie nur zwischen G und E vereinbart und begründet eine Einrede i. S. des § 1157 Satz 1.[1] Einem Zessionar und damit auch einem Pfandgläubiger gegenüber wirkt sie nur, wenn sie aus dem Grundbuch ersichtlich oder dem Pfandgläubiger bekannt war (§ 1157 Satz 2).

b) Sicherungsabtretung

124 Von der Verpfändung einer Hypothek ist deren Sicherungsabtretung zu unterscheiden; ihre Wirksamkeit ist von der Rechtsprechung anerkannt (vgl. etwa RGZ 59, 190; 76, 345, 347). Sie macht den Zessionar dem Schuldner (= Eigentümer) gegenüber zum vollberechtigten Rechtsinhaber; dies bedeutet vor allem, daß der Schuldner (= Eigentümer) die gegen den Zedenten begründeten Einwendungen nicht schon deshalb auch gegenüber dem Zessionar geltend machen kann, weil diesem die Hypothek nur sicherungshalber übertragen sei; denn die Besonderheiten der Sicherungsabrede zwischen früherem Hypothekengläubiger und dem jetzigen wirken sich im Verhältnis zum Schuldner – Eigentümer nicht aus (s. oben *Beispiel* Rn. 77).

3. Die Pfändung der Hypothek[2]

125 Auch diese Regelung wird verständlich, wenn man sich vergegenwärtigt, daß die Pfändung eine zwangsweise „Teilabtretung" ist, daß ferner zur Pfändung die Überweisung hinzutreten muß mit dem Ziel, dem Pfändungspfandgläubiger die Einziehung des Rechts zu ermöglichen.

---

[1] RGZ 91, 218, 225; 135, 357, 364; *Soergel/Stürner* § 1157 Rz. 2 und oben § 4 Rn. 20 ff.
[2] Wegen der Einzelheiten muß auf die Lehrbücher des *Zwangsvollstreckungsrechts* verwiesen werden; *Baur/Stürner* I, EinzelvollstreckungsR, Rn. 31.1 ff.; *Brox/Walker* Rn. 672 ff.; ferner unten § 62 Rn. 38 ff. und *Tempel* JuS 1967, 75, 117, 167, 215.

§ 38. Die Übertragung der Verkehrshypothek

a) Pfändungsbeschluß – Eintragung – Briefübergabe

Die *Pfändung* der *Buchhypothek* setzt den Pfändungsbeschluß nach § 829 **126**
Abs. 1 ZPO und die *Eintragung* im Grundbuch voraus (§ 830 Abs. 1 Satz 3
ZPO; vgl. § 1154 Abs. 3 BGB!),[1] die Pfändung einer *Briefhypothek* den Pfändungsbeschluß und die Übergabe des Briefs (oder die Wegnahme des Briefs
durch den Gerichtsvollzieher), § 830 Abs. 1 Satz 1 und 2 ZPO; vgl. § 1154
Abs. 1 BGB!

Die Zustellung an den Drittschuldner (= Eigentümer) ist anders als bei der Pfändung nicht hypo- **127**
thekarisch gesicherter Forderungen (§ 829 Abs. 2 und 3 ZPO) nicht Wirksamkeitsvoraussetzung, aber
für das Verhältnis zwischen Eigentümer und Pfändungspfandgläubiger nicht bedeutungslos, wie sich
aus § 830 Abs. 2 ZPO ergibt (s. dazu oben das *Beispiel* Rn. 61; ferner OLG Düsseldorf NJW 1961,
1266; *Tempel* JuS 1967, 117; BGH NJW 1994, 3225, 3226).

b) Überweisungsbeschluß

Soll der Pfändungspfandgläubiger zur Verwertung der gepfändeten Hypo- **128**
thek befugt sein, so muß zu dem Pfändungsbeschluß ein Überweisungsbeschluß hinzutreten (§ 835 ZPO).

Praktisch kommt nur die Überweisung zur Einziehung, nicht die an Zahlungs Statt in Betracht,
weil hier der Pfändungspfandgläubiger das Risiko der Bonität der Hypothek übernehmen würde (vgl.
§ 835 Abs. 2 ZPO!).

Die Überweisung ist perfekt mit der Aushändigung des Überweisungsbe- **129**
schlusses an den Pfändungspfandgläubiger (§ 837 Abs. 1 ZPO). Damit erlangt
der Pfändungspfandgläubiger die Befugnis, Forderung und Hypothek geltend
zu machen. Er erhält also eine Einziehungsermächtigung, während die Hypothek ihrer Substanz nach – wenn auch durch die Pfändung beschlagnahmt und
mit dem Pfändungspfandrecht belastet – im Vermögen des Hypothekars
bleibt.[2] Daraus ergibt sich auch, daß der Eigentümer gegen den Pfändungspfandgläubiger alle Einwendungen und Einreden geltend machen kann, die
gegenüber dem Hypothekar begründet waren (§ 804 ZPO mit § 1275 BGB).
Beachte aber § 1156!

Die Gerichte haben früher i. d. R. einen äußerlich zusammengefaßten Pfändungs- und Überwei- **130**
sungsbeschluß erlassen. Diese Praxis hat jetzt der BGH für unzulässig erklärt (NJW 1994, 3225; a. A.
Stöber NJW 1996, 1180; hierzu auch *Riedel* Rpfleger 1995, 121; *Diepold* MDR 1995, 454; *Lüke* JuS
1995, 202), weil die Pfändung hypothekarisch gesicherter Forderungen erst mit der Übergabe des
Hypothekenbriefs bzw. bei Buchhypotheken mit der Grundbucheintragung (§ 830 Abs. 1 ZPO)
wirksam werde und die Überweisung eine wirksame Pfändung voraussetze. Zur Vermeidung gutgläubiger Zahlungen seitens des Drittschuldners an den Vollstreckungsgläubiger vor Briefübergabe
bzw. Eintragung (§ 836 Abs. 2 ZPO) dürfte ein entsprechender Hinweis im Überweisungsbeschluß
jedoch ausreichen (so auch *Hintzen/Wolf* Rpfleger 1995, 94).

---

[1] Zur Grundbuchberichtigung bei Mitübergang des Pfändungspfandrechtes (§§ 401, 1250) nach
Abtretung der zu vollstreckenden Forderung OLG München NJW-RR 1988, 981. Nach BGH NJW
1994, 3225, 3226 = LM § 830 ZPO Nr. 3 m. Anm. *Walker* ist die Grundbucheintragung *Wirksamkeitsvoraussetzung* von Pfändungs- und Überweisungsbeschluß; hierzu krit. *Baur/Stürner* I, EinzelvollstreckungsR, Rn. 31.3, 31.5 m. Nw.

[2] BGH NJW 1957, 1438.

§ 39 I III. Abschnitt. Liegenschaftsrecht

Beispiele:
131 (1) S. zunächst das *Beispiel* oben vor Rn. 61.
(2) Pf. hat dem G eine komplette Wohnungseinrichtung zum Preis von 50 000 DM geliefert. Als er ans Zahlen geht, stellt sich heraus, daß G nur ein bescheidenes Einkommen hat, daß ihm aber aus der Erbauseinandersetzung mit seinem Bruder E an dessen Hof eine hypothekarisch gesicherte Auseinandersetzungsforderung von 60 000 DM zusteht. Da G die Hypothek nicht freiwillig abtritt, erwirkt Pf. beim Amtsgericht als Vollstreckungsgericht auf der Grundlage eines Urteils als Vollstreckungstitel einen Pfändungs- und Überweisungsbeschluß. Der Brief wird dem G vom Gerichtsvollzieher weggenommen (§ 830 Abs. 1 Satz 2 ZPO). Damit hat Pf. ein Pfandrecht an der Hypothek erlangt, und zwar nur in Höhe von 50 000 DM,[1] sofern der Pfändungsbeschluß nichts anderes angeordnet hat.[2] Nur in dieser Höhe ist Pf. auch zur Geltendmachung der Hypothek befugt (vgl. § 1282 Abs. 1 Satz 2), d. h. Pf. kann jetzt den E (als persönlichen Schuldner) auf Zahlung und (als dinglichen Schuldner) auf Duldung der Zwangsvollstreckung in Anspruch nehmen (hat er einen dinglichen Titel – z.B. ein Urteil – gegen E erwirkt, so kann er die Zwangsversteigerung und Zwangsverwaltung betreiben, § 866 Abs. 2 ZPO). In dem Urteilsverfahren kann E aber z.B. einwenden, daß in dem Erbauseinandersetzungsvertrag mit G eine 5jährige Stundung vereinbart worden sei. Diese Einrede kann E auch dem Pf. entgegenhalten (§ 1157 Satz 1; § 1157 Satz 2 ist nicht anwendbar, weil kein rechtsgeschäftlicher Übertragungsvorgang gegeben ist!).

132 Hatte sich E bereits in dem Auseinandersetzungsvertrag der Zwangsvollstreckung aus der Hypothek in notarieller Urkunde unterworfen, so kann Pf. eine Umschreibung der Vollstreckungsklausel auf sich als Rechtsnachfolger des G verlangen (§ 727 ZPO: der Begriff der Rechtsnachfolge ist hier weit auszulegen; es macht also nichts aus, daß Pf. streng genommen nur ein Pfändungspfandrecht an der Hypothek und eine Einziehungsermächtigung erlangt hat; *Baur/Stürner* I, EinzelvollstreckungsR, Rn. 17.8). Da dieser einfache Weg gangbar ist, würde für eine Klage des Pf. auf Duldung der Zwangsvollstreckung in das Grundstück das Rechtsschutzinteresse fehlen; die Klage müßte als unzulässig abgewiesen werden.

c) Pfändung der Eigentümergrundschuld

133 Bedeutsam ist die zwangsweise Verwertung (Pfändung) der Eigentümergrundschuld; auf sie kann erst im Zusammenhang mit der Darstellung der Eigentümergrundschuld eingegangen werden (s. unten § 46 Rn. 11 ff., 25 f.).

§ 39. Der Umfang der Hypothekenhaftung[3]

I. Allgemeine Grundsätze

1. Das Grundstück als wirtschaftliche Einheit

1 „Die Hypothek lastet auf dem Grundstück." Damit ist gesagt, daß der Hypothekar in erster Linie auf das Grundstück zugreifen, es durch Zwangsversteigerung oder (und) Zwangsverwaltung verwerten darf. Daß auch die wesentlichen Bestandteile (das Haus, die noch nicht vom Grundstück getrennte Ernte) mit einbezogen sind, erachtet das Gesetz als ganz selbstverständlich (vgl. §§ 93, 94).

2 Aber darüber hinaus wäre die Verwertbarkeit des Grundstücks sehr beeinträchtigt, wenn es zugunsten des Hypothekars nicht als wirtschaftliche Einheit

---

[1] Str., s. BGH NJW 1986, 978; *Baumbach/Lauterbach*, ZPO, 54. Aufl. 1996, § 829 Rn. 46; Stein/Jonas/*Brehm* § 829 Rn. 74; *Baur/Stürner* I, EinzelvollstreckungsR, Rn. 30.21.
[2] Was in Betracht kommen kann, wenn die Bonität der Hypothek zweifelhaft ist, z.B. weil sie nicht an erster Stelle steht.
[3] Hierzu *Plander* JuS 1975, 345; *Wieling* § 28; *Wilhelm* Rn. 764 ff.; *Manfred Wolf* Rn. 636 ff.

§ 39. Der Umfang der Hypothekenhaftung

aufgefaßt würde, also nicht auch diejenigen Gegenstände von der Hypothekenhaftung ergriffen würden, die zur Bewirtschaftung des Grundstücks erforderlich sind oder die sich aus der Nutzung des Grundstücks ergeben.

Beispiel: Für eine Baumwollspinnerei, die zwangsversteigert wird, läßt sich wohl kaum ein Liebhaber finden, wenn alle Spinnereimaschinen entfernt, die Kraftanlage des Werks beseitigt, die Transportmittel veräußert sind.

Das Gesetz sieht daher zugunsten des Hypothekars[1] das belastete Grundstück als eine wirtschaftliche Einheit an. Die Hypothekenhaftung erfaßt daher
das *Grundstück,*
die wesentlichen und nicht wesentlichen *Bestandteile* einschließlich der Erzeugnisse, und zwar auch nach der Trennung (§ 1120; s. a. § 1126!),
das *Zubehör* (§ 1120),
die *Miet- und Pachtzinsforderungen* (§ 1123 Abs. 1),
schließlich die *Versicherungsforderungen* aus der Versicherung von Gegenständen, die der Hypothekenhaftung unterliegen (§ 1127 Abs. 1); sie sind gewissermaßen das Surrogat des ursprünglichen Bereichs der Hypothekenhaftung.

2. Die Wirkungsweise der Hypothekenhaftung

a) Potentielle Haftung vor Beschlagnahme

Die dem Hypothekar eröffnete Zugriffsmöglichkeit ist also umfassend. Sie könnte die wirtschaftliche Bewegungsfreiheit des Eigentümers lahmlegen, wenn sie bedeuten würde, daß der Eigentümer zu jeder Veränderung des Haftungsobjekts der Zustimmung des Hypothekars bedürfte,

etwa der Eigentümer eines landwirtschaftlichen Betriebs der Genehmigung des Hypothekars zum Verkauf der Ernte („Erzeugnis"!) oder eines nicht mehr brauchbaren Schleppers („Zubehör"!).

So ist indes die Hypothekenhaftung nicht angelegt; vielmehr bleibt der Eigentümer „Herr im Hause", er kann Erzeugnisse und Zubehör veräußern, seine Mietzinsforderungen abtreten u. s. w. Diese von der Hypothekenhaftung erfaßten Gegenstände werden dadurch „von der Haftung frei" (vgl. den Wortlaut von §§ 1121, 1123 Abs. 2). Die Haftung war also *nur potentiell,* der Hypothekengläubiger hatte die Möglichkeit, sie zu realisieren; tat er es nicht, so entfällt die Haftung der aus dem Haftungsverband entfernten Gegenstände.[2]

b) Haftungsaktualisierung durch Beschlagnahme

Die Lage ändert sich in dem Augenblick, in dem der Hypothekar die Haftung des Grundstücks (samt den mithaftenden Gegenständen) realisiert, in

---

[1] Eine andere Frage ist, ob sich der Ersteigerer auf den Haftungsverband verlassen kann, obwohl Hypothekar und Eigentümer sich auf Haftentlassung geeinigt haben und sich aus dem Zuschlagsbeschluß hierüber nichts ergibt; zutreffend bejahend BGH NJW 1996, 835, 836; s. a. unten Rn. 42f.

[2] „Enthaftungsvereinbarungen" zwischen Hypothekar und Eigentümer haben keine dingliche Wirkung (RGZ 125, 362, 365); sie wirken also sicher nicht gegenüber einem Rechtsnachfolger des *Hypothekars.* Dagegen wird sich ein Rechtsnachfolger *im Eigentum* darauf berufen können, wenn der frühere Eigentümer ihm seine Rechte aus der Vereinbarung abgetreten hatte.

§ 39 I   III. Abschnitt. Liegenschaftsrecht

dem aus der potentiellen Haftung also eine *aktuelle* wird (§ 1147). Dieser Zugriff oder – wie das Gesetz sagt – die Beschlagnahme erfolgt regelmäßig durch Zwangsversteigerung und (oder) Zwangsverwaltung, wobei freilich der Zugriffsumfang bei jeder der beiden Zwangsvollstreckungsarten verschieden ist.

7   Dies ergibt sich schon aus dem mit ihnen verfolgten Ziel: Die *Zwangsversteigerung* soll zur Verwertung der Substanz des Grundstücks führen, während die *Zwangsverwaltung* die Nutzungen des Grundstücks dem Gläubiger zuführen soll. Man kann also mit der Zwangsversteigerung etwa nicht die Mietzinsen des belasteten Hauses erfassen, mit der Zwangsverwaltung nicht das Zubehör. Häufig wird daher von *beiden* Zugriffsarten Gebrauch gemacht.

8   Die Beschlagnahme wirkt sich auf die Verfügungsbefugnis des Eigentümers aus.

aa) Versteigerungsanordnung als Veräußerungsverbot

Die Beschlagnahme durch Anordnung der Zwangsversteigerung hat die Wirkung eines relativen Veräußerungsverbots i. S. der §§ 136, 135 BGB (§ 23 Abs. 1 Satz 1 ZVG). Der Eigentümer kann also noch über das Grundstück und die von der Beschlagnahme erfaßten Gegenstände verfügen, aber diese Verfügung ist dem Hypothekengläubiger und dem Ersteher des Grundstücks gegenüber unwirksam (Erweiterung der Verfügungsbefugnis in § 23 Abs. 1 Satz 2 ZVG!).

bb) Entzug der Verwaltungs- und Nutzungsbefugnis durch Zwangsverwaltung

9   Die Beschlagnahme durch Anordnung der *Zwangsverwaltung* nimmt dem Eigentümer die Verwaltung und Benutzung (§ 148 ZVG). Diese Befugnisse gehen auf den Zwangsverwalter über.

c) Prüfungsschritte zur Klärung der Hypothekenhaftung

10 Man hat daher im konkreten Fall stets folgende Fragen zu prüfen:
    1. Wird der Gegenstand von der Hypothekenhaftung erfaßt?
    2. Ist er von der Haftung für die Hypothek frei geworden?
    3. Wie ist die Rechtslage nach der Beschlagnahme?

11 Einige *Beispiele,* die die Bedeutung dieses Fragenbereichs dartun sollen:
    (a) Auf dem Landgut des E lastet eine Hypothek des G. Die reiche Ernte des Jahres ruht in den Scheuern, sie ist bereits an das Lagerhaus K verkauft und – nach § 930 – übereignet; K hat auch den Kaufpreis schon zum größten Teil bezahlt, als auf Antrag des G die Zwangsversteigerung und Zwangsverwaltung angeordnet wird. Wird davon auch die Ernte ergriffen?

12 (b) Das „Rentenhaus" des E ist mit Hilfe eines hypothekarisch gesicherten Darlehens des G erbaut worden. Der Mieter M hat einen Baukostenzuschuß von 60 000 DM geleistet, der in Höhe von monatlich 500 DM auf die Miete angerechnet wird, also 10 Jahre „läuft". Wenn auf Antrag des G die Zwangsversteigerung des Hauses angeordnet wird, ist dann die Vereinbarung über die Anrechnung des Baukostenzuschusses auf die Miete auch dem G und vor allem einem Erwerber K des Grundstücks gegenüber wirksam?

3. Begriff und Umfang der Beschlagnahme

Noch ein Wort zum Begriff der „Beschlagnahme":[1] Wir sagten schon, daß darunter die Anordnung der Zwangsversteigerung (§ 20 ZVG) und die der Zwangsverwaltung (§ 148 ZVG) zu verstehen ist, wobei der Umfang der Beschlagnahme in jedem Fall verschieden ist.

a) Beschlagnahme und Zwangsversteigerung

Die Zwangsversteigerung erfaßt das Grundstück und die nach §§ 1120ff. mithaftenden und *noch nicht freigewordenen* Gegenstände (§ 20 Abs. 1 und 2 ZVG), jedoch *nicht* die Miet- und Pachtzinsforderungen und nicht die landwirtschaftlichen Erzeugnisse, soweit sie schon getrennt und nicht Zubehör des Grundstücks sind (§ 21 ZVG). Diese Ausnahme erklärt sich einfach daraus, daß es sich hier um die Nutzungen des Grundstücks handelt; auf sie muß mit der Zwangsverwaltung zugegriffen werden (§ 148 ZVG).

b) Beschlagnahme und Zwangsverwaltung

Demnach umfaßt die Zwangsverwaltung die Nutzungen des Grundstücks, also die natürlichen Früchte (die Ernte, gleichgültig, ob schon vom Grundstück getrennt oder nicht) und die Rechtsfrüchte, also insbesondere die Miet- und Pachtzinsforderungen (§ 148 ZVG).

Ist das Grundstück *verpachtet,* so bleiben die natürlichen Früchte (die Ernte) dem Pächter (§§ 21 Abs. 3, 148 Abs. 1 Satz 1 ZVG). Dem Hypothekar haftet dann als Ausgleich die Pachtzinsforderung, auf die er durch Zwangsverwaltung zugreifen kann.

c) Das Verhältnis zwischen den Haftungsvorschriften des BGB und dem ZVG

Diese Darlegungen lassen schon das Verhältnis zwischen den haftungsrechtlichen Bestimmungen des BGB und dem ZVG ahnen:
Das *BGB* bestimmt den Haftungsrahmen („für was" wird gehaftet?) und den Haftungsumfang („was" haftet der Hypothek?).
Das *ZVG* sagt, wie die Haftung realisiert werden kann. Dabei wird dann bezüglich des Umfangs des Zwangszugriffs (= der Beschlagnahme) auf die Bestimmung des Haftungsumfangs durch das BGB verwiesen (§ 20 Abs. 2 ZVG, § 146 mit § 20 Abs. 2 ZVG), freilich auch eine der Besonderheit des jeweiligen Zwangszugriffs Rechnung tragende Sonderregelung eingebaut (vgl. insbes. §§ 21, 148 ZVG).

Diese vom BGB zum ZVG reichende Kette wird noch dadurch verlängert, daß bei der Bestimmung des Umfangs der Zwangsversteigerung (§ 55 ZVG) und des Umfangs des Zuschlags (§ 90 Abs. 2 ZVG) auf den Umfang der Beschlagnahme und damit auf den Haftungsumfang zurückgegriffen wird. Wollen Sie also etwa feststellen, ob ein zum Hof gehöriger, aber zur Zeit der Versteigerung in Reparatur befindlicher Ackerschlepper Eigentum des Ersteigerers K geworden ist, so führt Sie § 90 Abs. 2 ZVG auf § 55 Abs. 1 ZVG, dieser auf § 20 Abs. 2 ZVG, dieser auf §§ 1120ff. BGB. Diese

---

[1] Ausführlich *Baur/Stürner* I, EinzelvollstreckungsR, Rn. 35.9ff., 37.2; *Brox/Walker* Rn. 858ff., 1004 *Rosenberg/Gaul/Schilken* §§ 62 I 3, 68 II 2.

Bestimmungen sagen Ihnen dann, daß eine vorübergehende Entfernung eines Zubehörstücks den Haftungszusammenhang nicht löst (vgl. § 1122 Abs. 1), so daß K durch den Zuschlag Eigentümer auch des Traktors geworden ist. Interessanter *Beispielsfall:* BGHZ 58, 309.

d) Beschlagnahme einzelner mithaftender Gegenstände

18 „Beschlagnahme" ist schließlich auch die Zwangsvollstreckung in einen einzelnen mithaftenden Gegenstand, sofern sie aus der Hypothek, also auf Grund des dinglichen Titels durch den Hypothekar erfolgt; in Betracht kommt etwa die Pfändung der Ernte durch den Gerichtsvollzieher (§§ 808 ff. ZPO) oder der Mietzinsforderungen durch das Vollstreckungsgericht (§§ 828 ff. ZPO).[1]

4. Umfang des Haftungsverbandes und Spezialität

19 Zu beachten ist, daß der Umfang des Haftungsverbands immer nur für die bestimmte zu realisierende Hypothek entschieden werden kann. Zubehör haftet also z. B. nicht deshalb für eine Hypothek, weil es einmal zum Haftungsbestand einer anderen Hypothek gehört hat.

5. Gang der weiteren Darstellung

20 Im folgenden wird die Haftung der einzelnen zum Haftungsverband gehörigen Gegenstände erörtert, und zwar jeweils die potentielle Haftung, das Freiwerden des Gegenstands (z. B. durch Veräußerung und Entfernung), die Aktualisierung der Haftung durch Beschlagnahme und die Wirkung dieser Beschlagnahme.

II. Die Haftung des Grundstücks

21 Der Hypothek haftet das belastete Grundstück, und zwar so, wie es in das Grundbuch aufgenommen ist (Grundstück im Rechtssinn, s. oben § 15 Rn. 18 f.). Der Eigentümer ist nicht gehindert, über das Grundstück zu verfügen, denn die Hypothek wird dadurch nicht beeinträchtigt. Er kann auch einen Teil des Grundstücks *abschreiben* lassen (§ 2 Abs. 3 GBO); die Hypothek bleibt an dem abgeschriebenen Grundstücksteil bestehen, sofern nicht der Hypothekar den abgeschriebenen Teil freigibt, d. h. die Hypothek insoweit nach § 875 aufhebt. Sie ist nunmehr an beiden Grundstücken Gesamthypothek (s. § 43).

22 Wird das belastete Grundstück mit einem anderen *vereinigt,* so bleiben die Grundpfandrechte an den Einzelgrundstücken bestehen. Wird es einem anderen *zugeschrieben,* so gilt das gleiche, nur greifen die Lasten des Hauptgrundstücks auf das zugeschriebene Grundstück über (Einzelheiten s. oben § 15 Rn. 20 ff. und Beispiel für Zuschreibung in Anhang 3).

23 *Beispiel:* Das 20 a große, mit einem Geschäftshaus bebaute Grundstück des E ist mit einer ersten Hypothek zugunsten des G belastet. K – der Nachbar des E – bittet diesen, ihm einen schmalen Streifen von insgesamt 80 qm zur Errichtung eines Restaurants käuflich zu überlassen. E – der sich davon günstige Auswirkungen auf sein Geschäft verspricht – stimmt zu; er verkauft und übereignet den Geländestreifen an K. Dieser muß vom Grundstück des E abgeschrieben und dem des K entweder zugeschrieben oder (hier kaum anzunehmen) als selbständiges Grundstück eingetragen und evtl.

---

[1] Vgl. RGZ 81, 146; 103, 137; s. a. *Baur/Stürner* I, EinzelvollstreckungsR, Rn. 28.2, 34.12, 34.29; ferner unten Rn. 27.

mit dem des K vereinigt werden. In allen Fällen bleibt die Hypothek des G bestehen, sofern G sie nicht aufhebt (das abgeschriebene Grundstück „freigibt", „aus der Pfandhaft entläßt") oder die zuständige Behörde nicht nach Art. 120 EGBGB (in Verbindung mit Landesrecht; z.B. §§ 22ff. BaWüAGBGB) ein sog. *Unschädlichkeitszeugnis* (= Bescheinigung, daß die Hypothek des G durch die lastenfreie Abschreibung der Fläche nicht beeinträchtigt wird) ausstellt.

Wird die verkaufte Fläche dem Grundstück des K *zugeschrieben,* so dehnt sich eine auf diesem Grundstück lastende Hypothek auf die zugeschriebene Fläche aus; sie hat aber Rang hinter der Hypothek des G (§ 1131). Die Hypothek des G ist auf die verkaufte Fläche von Amts wegen mitzuübertragen (§ 48 Abs. 1 Satz 2 GBO).

III. Die Haftung der Bestandteile einschließlich der Erzeugnisse

1. Die potentiell haftenden Bestandteile und Erzeugnisse

Für die Hypothek haften auch die wesentlichen und nichtwesentlichen Bestandteile einschließlich der Erzeugnisse des Grundstücks (§§ 1120, 94). 24
Nicht jedoch Scheinbestandteile! (s. § 95 und oben § 3 Rn. 15).

Also z.B. nicht eine Garage, die der Pächter des Grundstücks für die Dauer seiner Pachtzeit errichtet hat (s. oben § 3 Rn. 13).
Nicht wesentliche Bestandteile haften nur, wenn sie dem Grundstückseigentümer gehören.

§ 1120 (1. Fallgruppe) hält diese Haftung auch aufrecht, wenn die Bestandteile bzw. Erzeugnisse vom Grundstück *getrennt* werden, es sei denn, daß sie mit der Trennung in das Eigentum eines anderen als des Eigentümers oder des Eigenbesitzers des Grundstücks fallen.

Diese Regelung ist im Prinzip leicht verständlich: Erntet der Eigentümer die Erzeugnisse, so soll 25 dadurch die Sicherheit der Hypothek nicht beeinträchtigt werden. Daher die Haftungserstreckung als Grundsatz. Hat er aber das Grundstück verpachtet und dem Pächter den unmittelbaren Besitz eingeräumt oder besteht an dem Grundstück ein Nießbrauch, so werden die Früchte mit der Trennung Eigentum des Pächters (§ 956) bzw. des Nießbrauchers (§ 954). Damit entfällt die bis zur Trennung gegebene Haftung für die Hypothek. Dies ist für die *Pacht* auch völlig einleuchtend: denn dem Hypothekar haften ja die Pachtzinsforderungen (§ 1123 Abs. 1), sozusagen als Surrogat für die Haftung der Früchte. Daher ist es auch gleichgültig, ob das Grundstück vor oder nach der Bestellung mit der Hypothek verpachtet wurde.

Zweifelhafter ist die Regelung beim *Nießbrauch,* insbesondere wenn er der Hypothek im Rang 26 nachgeht. Durch den Nießbrauch werden die Früchte mit der Trennung dem Hypothekar entzogen, ohne daß – wie bei der Pacht – eine Gegenleistung dem Haftungsverband der Hypothek zuflösse. Daher nimmt ein Teil der Literatur an, daß die Regelung des § 1120 für den rangschlechteren Nießbraucher nicht gelte. Jedoch zu Unrecht; denn der Hypothekar kann das Fruchtziehungsrecht des rangschlechteren Nießbrauchers durch die Anordnung der Zwangsverwaltung unterbinden (s. zu dieser Streitfrage MünchKomm/*Eickmann* § 1120 Rn. 23 ff. m.w.N.).

2. Die Aktualisierung der Haftung durch Beschlagnahme

Wie kann der Hypothekar die potentielle Haftung der Bestandteile aktualisieren, m.a.W. wie kann er sie *beschlagnahmen?* 27
Die *Zwangsversteigerung* erfaßt nur die Substanz des Grundstücks, also auch die Bestandteile, nicht aber die getrennten land- und forstwirtschaftlichen Erzeugnisse, es sei denn, daß sie Zubehör sind (§ 21 Abs. 1 ZVG). Um auch sie zu beschlagnahmen, muß die *Zwangsverwaltung* angeordnet werden (§ 148 Abs. 1 mit § 21 Abs. 1 ZVG). Getrennte Bestandteile jeder Art können auch im Wege der *Mobiliarzwangsvollstreckung,* also durch Pfändung seitens des Ge-

richtsvollziehers auf Grund des dinglichen Titels, beschlagnahmt werden[1], es sei denn, daß sie Zubehör geworden sind (§ 865 Abs. 2 ZPO).

3. Enthaftung

28 Wie wir schon sahen, soll die Verfügungsbefugnis des Eigentümers über die mithaftenden Gegenstände nicht beschränkt sein, sofern nicht rechtzeitig eine Beschlagnahme erfolgt; m. a. W. unter gewissen Voraussetzungen *werden* Bestandteile und Erzeugnisse *von der Haftung* für die Hypothek *frei*. Diesen Vorgang regeln die §§ 1121, 1122. Sie sind nicht leicht verständlich und machen dem Anfänger erfahrungsgemäß Schwierigkeiten. Diese werden behoben, wenn man sich folgendes vergegenwärtigt: Das Ausscheiden aus dem Haftungsverband knüpft an die Beendigung der *wirtschaftlichen* Zugehörigkeit des haftenden Gegenstandes zum Grundstück an. Nach der Lebensauffassung endet aber diese Zugehörigkeit *mit der Veräußerung und Entfernung* (vom Grundstück) oder auch *mit der Entfernung allein,* sofern sie dauernd sein soll. Damit sind auch die hauptsächlichen „Freiwerdungstatbestände" erfaßt, nur daß bei der bloßen Entfernung das Gesetz noch eine Sicherung zugunsten des Hypothekars einbaut: die Erzeugnisse müssen innerhalb der Grenzen einer ordnungsmäßigen Wirtschaft vom Grundstück getrennt worden sein (§ 1122 Abs. 1), damit soll ein „kaltes Abtrennen" zum Nachteil des Hypothekars vermieden werden.

a) Vor Beschlagnahme

29 „Glatte" Fälle des Freiwerdens sind die Veräußerung und Entfernung vor einer Beschlagnahme, § 1121 Abs. 1, und die dauernde Entfernung getrennter Bestandteile und Erzeugnisse vor einer Beschlagnahme im Rahmen ordnungsgemäßer Wirtschaft, § 1122 Abs. 1.

Beispiele: E hat die Ernte seines Landguts an K übereignet; sie ist von K abtransportiert worden. Der Hypothekar G kann nicht mehr auf sie zugreifen (§ 1121 Abs. 1).

E hat die Getreideernte im Silo des Lagerhauses L eingelagert, hat sie aber noch nicht veräußert. Dennoch ist die Ernte freigeworden (§ 1122 Abs. 1).

b) Nach Beschlagnahme

30 Schwierigkeiten machen die Fälle, wo sich *zwischen* Veräußerung und Entfernung die Beschlagnahme schiebt oder wo die Beschlagnahme *vor* Veräußerung und Entfernung erfolgt, der Erwerber aber gutgläubig war, d. h. von der Beschlagnahme nichts wußte.

Hier ist zu beachten, daß die Beschlagnahme ein relatives Veräußerungsverbot i. S. der §§ 135, 136 darstellt oder – im Falle der Mobiliarvollstreckung – ein Pfändungspfandrecht des Hypothekars herbeiführt. Es kommt also in beiden Fällen auf die Redlichkeit des Erwerbers an (§§ 136, 135 Abs. 2, 936).

---

[1] Zur „Hypothekenverbandshaftung im Konkurs" s. *Baur/Stürner* II, InsolvenzR, Rn. 15.1 ff.; künftig §§ 49, 165 InsO, §§ 10 Abs. 1 Nr. 1 a, 30 d–f, 153 b und c ZVG; s. a. § 40 Rn. 52 ff.

§ 39. Der Umfang der Hypothekenhaftung

Die Redlichkeit wird hier freilich durch verschiedene, im Interesse des Hypothekengläubigers getroffene Fiktionen beeinträchtigt; die Beschlagnahme gilt nämlich als bekannt

aa) bei Kenntnis des Antrags auf Zwangsversteigerung oder Zwangsverwaltung (§ 23 Abs. 2 Satz 1, § 146 ZVG),

bb) bei Eintragung des Zwangsversteigerungs- bzw. Zwangsverwaltungsvermerks im Grundbuch (§ 23 Abs. 2 Satz 2, § 146 ZVG).

Beispiele: Über das Grundstück des E ist auf Antrag des Hypothekars G Zwangsversteigerung und Zwangsverwaltung angeordnet. E verkauft heimlich 50 Zentner Obst an den gutgläubigen K, der das Obst sofort mitnimmt. Hier hilft dem K seine Redlichkeit dann nichts mehr, wenn der Zwangsverwaltungsvermerk bereits im Grundbuch eingetragen war.

Hatte K das Obst gekauft, bezahlt und übereignet erhalten, hatte er es aber noch nicht abtransportiert, als die Beschlagnahme erfolgte, so nützt es dem K nichts, daß er keine Ahnung von der hypothekarischen Belastung des Grundstücks hatte (§ 1121 Abs. 2 Satz 1). Transportiert er aber das Obst ab, ohne von der Beschlagnahme zu wissen, so wird es pfandfrei (§ 1121 Abs. 2 Satz 2). Dies gilt freilich wiederum nicht, wenn der Zwangsverwaltungsvermerk (s. § 148 Abs. 1 S. 2 ZVG!) im Grundbuch eingetragen war.

Weitere sehr interessante *Beispielsfälle:* RGZ 143, 33 und 241; s.a. die Rechtsprechungsbeispiele zur Enthaftung des Zubehörs unten Rn. 40 ff.

IV. Die Haftung des Zubehörs[1]

1. Grundstückszubehör des Eigentümers

a) Grundstückszubehör im Eigentum des Eigentümers

Die Haftung des Zubehörs folgt aus dem Gedanken, daß dem Hypothekar der Zugriff auf die mit dem Grundstück als Kern gebildete wirtschaftliche Einheit offen stehen soll.[2] Daher bezieht § 1120, 2. Fallgruppe, das Zubehör in die Hypothekenhaftung ein, freilich nur dann, wenn es dem Eigentümer gehört.

Dabei ist es gleichgültig, ob eine Sache schon bei Bestellung der Hypothek dem Grundstückseigentümer gehörendes Zubehör ist oder dies erst später wird.

Falls es dem Grundstückseigentümer *nicht* gehört, muß sich der Eigentümer des Zubehörstückes gegen die Zwangsversteigerung bzw. Zwangsverwaltung allerdings wehren (§§ 55 Abs. 2, 37 Nr. 5 ZVG, 771 ZPO), weil sonst Versteigerung und Zuschlag bzw. die Zwangsverwaltung das fremde Zubehörstück erfassen; interessanter *Beispielsfall:* BGH NJW 1986, 59 ff.; s. zum Ganzen *Baur/Stürner* I, EinzelvollstreckungsR, Rn. 34.21 f. m. Nw.

b) Anwartschaftsrechte des Eigentümers an Zubehörstücken

Fallen *unter Eigentumsvorbehalt* gekaufte Zubehörstücke erst dann unter die Hypothekenhaftung, wenn der Kaufpreis voll bezahlt ist und damit das Eigentum auf den Käufer (= Grundstückseigentümer) übergegangen ist? Sehr zweifelhaft! Es kommt darauf an, ob man schon das *Anwartschaftsrecht* des Käufers in die Hypothekenhaftung einbezieht, insofern sich also über den Wortlaut des § 1120 hinwegsetzt (s. dazu G. *Reinicke,* Gesetzl. Pfandrechte und Hypotheken am Anwartschaftsrecht aus bedingter Übereignung, 1941, und unten § 59). Die praktische Bedeutung der Frage soll folgendes *Beispiel* erläutern:

Fabrikant E hat sich für in seiner Fabrik vorzunehmende Hebearbeiten von V einen fahrbaren Kran zum Preis von 150 000 DM unter Eigentumsvorbehalt gekauft. Das Fabrikgrundstück des E ist mit

---

[1] Dazu *Kollhosser* JA 1984, 196 (m. w. N.).
[2] S. a. § 22 Rn. 22 f.; neuere Beispielsfälle zur Zubehöreigenschaft: BGHZ 85, 234 (Kraftfahrzeugpark i. d. R. kein Zubehör); BGH NJW 1994, 864, 867 (Maschinen kein Zubehör, sofern sie auf Baustellen des Unternehmens ausschließlich eingesetzt sind); s. a. § 3 Rn. 16 f.

einer Hypothek zugunsten der Bank G belastet. Als der Kran bis auf 5000 DM bezahlt ist, übereignet E das Anwartschaftsrecht aus der bedingten Übereignung nach § 930 an einen Gläubiger X. Als E in Konkurs fällt, beanspruchen sowohl G wie X den Kran für sich, und zwar G als Hypothekar, X als Anwartschaftsberechtigter; jeder von ihnen ist bereit, die restlichen 5000 DM an V zu bezahlen.

Die Lösung des Falles ist kompliziert, weil sich zwei Fragenbereiche überkreuzen:

37 (1) Erlangt X als Erwerber des Anwartschaftsrechts mit der Restzahlung Eigentum unmittelbar von V oder nur „auf dem Umweg über E", der eine juristische Sekunde Eigentum erlangt hätte?

Bei Bejahung der 2. Alternative wäre der Kran in den Haftungsverband der Hypothek einbezogen worden. Nun tendierten aber Rechtsprechung und Literatur (s. dazu BGHZ 20, 88 m. w. N.) dahin, einen unmittelbaren Eigentumsübergang von V an X anzunehmen, das Durchgangseigentum des E also abzulehnen (Einzelheiten unten § 59 Rn. 34).

38 (2) Es kommt also jetzt darauf an, ob schon das Anwartschaftsrecht am Grundstückszubehör in den Haftungsbereich der Hypothek fällt. Bei Bejahung dieser Frage würde X mit Bezahlung des Restkaufpreises (gleichgültig durch wen) zwar Eigentum an dem Kran erwerben, aber eben belastet mit der Hypothek. Nur wenn die Voraussetzungen des „Freiwerdens" vorliegen (s. unten Rn. 40 ff.), würde die Zugehörigkeit zum Haftungsverband der Hypothek entfallen.

Entgegen dem Wortlaut des § 1120 ist der Fall im Sinne der Alternative (2) zu lösen: Das Anwartschaftsrecht aus bedingter Übereignung ist ein Vermögensrecht des Käufers, das in vieler Hinsicht dem Eigentum gleich steht und gleich behandelt wird (s. unten § 59). Es muß daher auch in die Hypothekenhaftung (wie übrigens auch in die Haftung für die gesetzlichen Pfandrechte, etwa des Vermieters) einbezogen werden (BGHZ 35, 85 = *Baur*, E. Slg. Fall 48; BGH NJW 1965, 1475 u. NJW 1970, 2212, 2215; BGHZ 92, 280; *Medicus*, Bürgerl. R., Rn. 484; *Möschel* BB 1970, 237; *Reinicke/Tiedtke*, Kreditsicherung, S. 316 f.; str.).

2. Beschlagnahme im Wege der Immobiliarvollstreckung

39 Die Beschlagnahme des Zubehörs erfolgt durch Anordnung der Zwangsversteigerung (§ 20 Abs. 2 ZVG) oder (und) Zwangsverwaltung (§ 146 ZVG), dagegen nicht durch Mobiliarzwangsvollstreckung, da § 865 Abs. 2 Satz 1 ZPO diese Vollstreckungsart bei Grundstückszubehör ausgeschlossen hat, und zwar gleichgültig, ob die Pfändung durch den dinglichen oder einen persönlichen Gläubiger erfolgt, gleichgültig ob das Grundstück belastet oder unbelastet ist; eine gegen § 865 Abs. 2 Satz 1 ZPO verstoßende Pfändung ist nach älterer Rechtsprechung schlechthin nichtig;[1] richtig: es entsteht bei wirksamer Verstrickung kein Pfändungspfandrecht.[2]

3. Enthaftung

40 Das Ausscheiden des Zubehörs aus dem Haftungsverband („Freiwerden") richtet sich nach ähnlichen Grundsätzen wie bei den Bestandteilen und Erzeugnissen (s. oben Rn. 28 ff):

a) Vor Beschlagnahme

41 Vor der Beschlagnahme erlischt die Haftung des Zubehörs durch Aufhebung der Zubehöreigenschaft im Rahmen einer ordnungsmäßigen Wirtschaft (§ 1122 Abs. 2) oder durch Veräußerung und Entfernung (§ 1121 Abs. 1).

Beispiele: Zu § 1122 Abs. 2: Der Eigentümer hat einen alten, nicht mehr benötigten und nicht mehr benutzten Schlepper zum Verkauf ausgeschrieben; weitere *Beispiele:* BGHZ 56, 298 u. 60, 267;

---

[1] RGZ 59, 87, 91; 135, 197, 206; OLG München MDR 1957, 428.
[2] Siehe *Baur/Stürner*, Fälle, Fall 15; *Baur/Stürner* I, EinzelvollstreckungsR, Rn. 28.3; *Brox/Walker* Rn. 229; *Rosenberg/Gaul/Schilken* § 49 II 6 e; *Bruns/Peters* § 28 IV 1; *Jauernig* § 22 II 3.

BGH NJW 1996, 835 (keine Aufhebung der Zubehöreigenschaft im Rahmen ordnungsmäßiger Wirtschaft durch Betriebsstillegung!).

Zu § 1121 Abs. 1: Der Eigentümer hat den einzigen Traktor an K verkauft u. übereignet. Dieser hat ihn vom Hof entfernt. *Beispiele:* BGHZ 60, 267, 270; BGH NJW 1979, 2514; dazu *Plander* JuS 1981, 565.

Endet die Haftung des Anwartschaftsrechts am Grundstückszubehör durch eine das Anwartschaftsrecht aufhebende Vereinbarung des Vorbehaltsverkäufers mit dem Vorbehaltskäufer? BGHZ 92, 280: ja. U.E.: nein. S. dazu *Wilhelm* Rn. 1244; *ders.* NJW 1987, 1785 m.w.N.; *Westermann/Eickmann* § 114 II 2 u. näher unten § 59 Rn. 37.

b) Nach Beschlagnahme

Nach der Beschlagnahme ist eine Enthaftung wieder nur bei Redlichkeit **42** des Erwerbers nach § 135 Abs. 2 mit § 136 möglich (beachte aber § 23 Abs. 2 ZVG).

Beispiel: E hat den ihm gehörigen fahrbaren Fabrikkran zur Sicherheit an X übereignet (§ 930). Dadurch ist der Kran von der Hypothekenhaftung nicht frei geworden. X kann sich auch nicht darauf berufen, daß er von der Hypothek des G an dem Grundstück des E nichts gewußt habe (§ 1121 Abs. 2 Satz 1). Der Kran wird aber frei, wenn er durch X vom Grundstück entfernt wird, bevor die Beschlagnahme erfolgt. Wird Zwangsversteigerung oder Zwangsverwaltung angeordnet und dann erst der Kran entfernt, so kommt es auf die Gutgläubigkeit des X bezüglich der Beschlagnahme an (§ 1121 Abs. 2 Satz 2; beachte aber § 23 Abs. 2 ZVG!). Erfolgen Sicherungsübereignung *und* Entfernung erst, nachdem die Beschlagnahme schon erfolgt war, so ist § 135 Abs. 2 mit §§ 136, 1121 Abs. 2 S. 2 anzuwenden (beachte aber auch hier § 23 Abs. 2 ZVG!).

Weiterer guter *Beispielsfall: v. Olshausen* JuS 1990, 816.

Das Ausscheiden aus dem Haftungsverband ist von der Frage zu unterscheiden, ob Schadensersatz- **43** ansprüche des Hypothekars bestehen (dazu § 40 Rn. 9f.). Eine haftungsentlassende Vereinbarung zwischen Hypothekar und Eigentümer wirkt gegenüber dem Ersteigerer nur, falls sie sich aus dem Zuschlagsbeschluß und den Versteigerungsbedingungen ergibt (BGH NJW 1996, 835, 836; s.a. oben Rn. 5 Fußn.). In der Tat kann der Ersteigerer nicht schlechter stehen als jeder Erwerber (§ 926 BGB und §§ 90 Abs. 2, 55 Abs. 1, 20 Abs. 2 ZVG, 1120 BGB; s.a. oben Rn. 33f. und § 22 Rn. 22f.).

V. Die Haftung der Miet- und Pachtzinsforderungen

1. Grundprinzip

Auch hier ist das Grundprinzip wieder sehr einfach: Nach § 1123 Abs. 1 **44** erstreckt sich die Hypothek auch auf die Miet- und Pachtzinsforderungen. Damit sollen dem Hypothekar auch die Rechtsfrüchte des Grundstücks nutzbar gemacht werden.

So einfach der Grundsatz ist, so kompliziert sind die Einzelheiten, die insbes. mit dem Freiwerden zusammenhängen. Denn diese Frage ist ja hier auch für den Drittschuldner (= den Mieter oder Pächter) von entscheidender Bedeutung.

2. Beschlagnahme

Die Beschlagnahme erfolgt **45**

a) durch Anordnung der Zwangsverwaltung (§ 148 Abs. 1 Satz 1 ZVG), *nicht* durch Zwangsversteigerung (§ 21 Abs. 2 ZVG),

b) durch Mobiliarzwangsvollstreckung, nämlich durch Pfändung der Miet- und Pachtzinsansprüche auf Grund des dinglichen Titels durch einen Pfändungsbeschluß des Vollstreckungsgerichts (§ 829 ZPO).

3. „Freiwerden"

46 Auch hier kann der Mietzins nicht ewig potentiell durch die Hypothek belastet sein. Wenn etwa der Vermieter den für den laufenden Monat fälligen Mietzins einzieht, so kann der Hypothekar nicht dartun, diese Zahlung sei ihm gegenüber unwirksam. Aber so einfach liegen die Tatbestände häufig nicht. Wie ist etwa die Rechtslage, wenn der Mieter den monatlich zu bezahlenden Mietzins für 6 Monate schuldig geblieben ist und jetzt die Zwangsverwaltung angeordnet wird? Oder dann, wenn der Mieter den Mietzins für 2 Jahre vorausbezahlt hat und es nun zur Zwangsverwaltung kommt? Oder wenn er einen – vor allem bis Mitte der sechziger Jahre aktuell – „abwohnbaren" Baukostenzuschuß geleistet hat?

Im einzelnen muß man folgende Fälle unterscheiden:

a) Fällige Miet- und Pachtzinsforderungen

47 Fällige Miet- und Pachtzinsforderungen werden mit dem Ablauf eines Jahres nach dem Eintritt der Fälligkeit frei (§ 1123 Abs. 2 Satz 1). Für den Fall, daß Vorauszahlung vereinbart ist, enthält § 1123 Abs. 2 Satz 2 eine Einschränkung dieser Regel.

48 *Beispiel:* Ist der Mieter den monatlich vorauszahlbaren Mietzins für 14 Monate schuldig geblieben und wird jetzt Zwangsverwaltung angeordnet, so fallen die Mietzinsrückstände für 12 Monate in die Zwangsverwaltung, die übrigen stehen dem Vermieter zu (was nicht ausschließt, daß sie der Gläubiger auf Grund eines *persönlichen* Schuldtitels pfändet!).

War der Mietzins am 1. 1. 1990 für 2 Jahre voraus zu zahlen, hat der Mieter aber am 1. 3. 1991 noch keinen Pfennig geleistet und wird an diesem Tag die Zwangsverwaltung angeordnet, so ist nicht etwa die ganze Mietzinsforderung frei geworden, weil sie schon am 1. 1. 1990 fällig war und seither schon ein Jahr vergangen ist. Hier fällt der Mietzins für die Zeit ab 1. 4. 1991 in die Zwangsverwaltung (§ 1123 Abs. 2 Satz 2).

b) Verfügungen des Eigentümers

49 Praktisch bedeutsamer ist die Frage, wie sich die Verfügung des Eigentümers über den Mietzinsanspruch dem Hypothekar gegenüber auswirkt. Solche Verfügungen sind insbes. die *Einziehung* des Mietzinses und die *Abtretung* der Mietzinsansprüche an Dritte.[1] Den Interessenkonflikt zwischen Hypothekar, Eigentümer (= Vermieter) und Mieter sucht das Gesetz auf folgende Weise zu entscheiden:

aa) Grundsatz: Wirksamkeit vor Beschlagnahme erfolgter Verfügungen

50 Regel ist, daß Verfügungen des Eigentümers über den Mietzins – sei es durch Einziehung, sei es durch Abtretung (Pfändung, Verpfändung), sei es durch Aufrechnung – dem Hypothekar gegenüber wirksam sind, sofern sie vor der Beschlagnahme erfolgen (§ 1124 Abs. 1, § 1125).[2]

---

[1] Zur Aufrechnung durch den Mieter mit einer geleisteten „Mietkaution" s. BGH Rpfleger 1979, 53.
[2] Für die Zeit *nach* der Beschlagnahme gelten die §§ 135, 136 – ohne die Möglichkeit des redlichen (beschlagnahmefreien) Erwerbs (§ 135 Abs. 2)!

Beispielsfälle: BGH NJW-RR 1989, 200; OLG Karlsruhe ZIP 1997, 1758 (Umwandlung einer Miete in eigenkapitalersetzende, mietlose Überlassung; s. a. unten Rn. 59).

bb) Ausnahme: Vorausverfügungen

Diese Regel wird jedoch in § 1124 Abs. 2 zugunsten des Hypothekars entscheidend durchbrochen: Erfolgt die Beschlagnahme, so ist die Verfügung (z.B. Einziehung, Abtretung) nur hinsichtlich des laufenden Kalendermonats wirksam, bei Beschlagnahme nach dem 15. eines Monats auch hinsichtlich des nächsten Monats. **51**

Diese Durchbrechung beruht auf dem Gedanken, daß der Hypothekar durch Vorausverfügungen des Vermieters (= Eigentümers) nicht beeinträchtigt sein soll, wenn er die Beschlagnahme erwirkt.

Beispiel: E hat sein Wohnhaus (oder ein Stockwerk) an M vermietet. Nach dem Vertrag ist der **52** Mietzins monatlich im voraus zu entrichten. E tritt den Mietzinsanspruch zur Abgeltung eines Darlehens für die Zeit v. 1. 1. 1990 – 31. 8. 1990 an X ab. Erwirkt der Hypothekengläubiger G am 20. 5. 1990 die Beschlagnahme (durch Zwangsverwaltung oder Pfändung der Mietzinsforderungen auf Grund des dinglichen Titels), so ist die Vorausverfügung dem G gegenüber mit Wirkung v. 1. 7. 1990 an unwirksam, m.a.W. der Mieter M muß den Mietzins von diesem Zeitpunkt ab an den Zwangsverwalter bzw. an G als Pfändungspfandgläubiger bezahlen.
Hätte M den Mietzins am 1. 1. 1990 ohne vertragliche Verpflichtung bis zum 31. 8. an E vorausbezahlt, so müßte er die Miete für Juli und August nochmals an G bezahlen.

Diese grundsätzliche Regelung wird dann problematisch, wenn es sich um **53** *Vorausverfügungen* handelt, die *dem Mietvertrag entsprechend* gemacht worden sind, insbesondere also dann, wenn der Mieter sich verpflichtet hatte, den Mietzins für eine lange Zeit ganz oder teilweise im voraus zu entrichten, und diese Verpflichtung auch erfüllt hatte.

Die Rechtsprechung des Reichsgerichts (vgl. statt aller RGZ 144, 194) hat eine Vorausverfügung **54** i.S. des § 1124 Abs. 2 verneint oder m.a.W. die Wirksamkeit der Vorausverfügung dem Hypothekengläubiger (Zwangsverwalter, Konkursverwalter, Erwerber) gegenüber bejaht, wenn die Vorauszahlung schon vor der Beschlagnahme im Mietvertrag vereinbart worden und tatsächlich geleistet worden war. Die neuere Rechtsprechung hat diese Einschränkung zunehmend fallen lassen, und zwar sowohl für regelmäßige periodische Vorauszahlungen als auch für Vorauszahlungen über längere Dauer (LG Hamburg Rpfleger 1995, 124; OLG Hamm NJW-RR 1989, 1421; für § 574 BGHZ 37, 346, 351; NJW 1967, 555, 556 – allerdings nur bei periodischer Vorauszahlungsverpflichtung!). Der Tendenz, grundsätzlich Vorauszahlungen mit und ohne vertragliche Verpflichtung unter § 1124 Abs. 2 zu fassen, ist grundsätzlich zuzustimmen.

cc) Baukostenzuschüsse[1]

Ein Sonderfall ist gegeben, wenn der Mieter durch seine Vorauszahlung **55** dem Eigentümer die Errichtung der Renovierung der vermieteten Räume erst ermöglicht, also das Mietobjekt mitfinanziert.

Beispiel: Fehlen dem Vermieter und Eigentümer E zur Finanzierung seines Mietwohnhauses 120 000 DM, so kann er mit den Mietern A, B, C einen Baukostenzuschuß von je 40 000 DM vereinbaren, und zwar derart, daß auf die Miete von monatlich 800 DM monatlich 400 DM angerechnet werden. Diese Form der Restfinanzierung war bis vor etwa 25 Jahren sehr verbreitet, spielt aber heute keine wesentliche Rolle mehr.
Angenommen, über das Grundstück des E wird Zwangsversteigerung und Zwangsverwaltung angeordnet (oder es wird das Konkurs- bzw. das Insolvenzverfahren eröffnet, § 21 Abs. 2 KO/§ 110

---

[1] Siehe dazu die zusammenfassende Darstellung von *Cranz* JR 1960, 124; *Wunner* NJW 1966, 2285; *Frotz* AcP 164, 309.

§ 39 V   III. Abschnitt. Liegenschaftsrecht

InsO, oder das Grundstück wird freihändig veräußert), ist die Absprache über die Verrechnung des Baukostenzuschusses dem Zwangsverwalter, dem Ersteher des Grundstücks in der Zwangsversteigerung (§ 57b ZVG), dem Konkurs-/Insolvenzverwalter, dem rechtsgeschäftlichen Erwerber des Grundstücks gegenüber wirksam?

56 Der BGH hat unter Betonung eines wirtschaftlichen und sozialen Gesichtspunkts den Mieterschutz vor den Gläubigerschutz gestellt. Der Mieter habe durch den Baukostenzuschuß zum Bau des Hauses in gleicher Weise wie der Hypothekar beigetragen. Dadurch sei der dem Hypothekar haftende Sachwert erhöht worden. Die Mietvorauszahlung sei also auch ihm gegenüber wirksam (BGHZ 6, 202 für den Fall des Konkurses; BGHZ 15, 296 für den Fall des Erwerbs in der Zwangsversteigerung und bei späterer Vereinbarung als im Mietvertrag; ebenso BGHZ 16, 31). In NJW 1959, 380 hat der BGH seine Rechtsprechung erneut bestätigt, aber deutlich darauf Gewicht gelegt, daß der als Baukostenzuschuß (Mietvorauszahlung) bezahlte Betrag tatsächlich, wenn auch nur mittelbar zum Aufbau verwendet worden sei, was im Streitfall der Mieter zu beweisen habe. Auch müsse der Baukostenzuschuß stets im Hinblick auf einen bestehenden oder erst abzuschließenden Mietvertrag geleistet werden. Die zunächst auf Grund eines anderen Rechtsverhältnisses erbrachte und zum Bau verwendete Leistung genüge nicht (BGH NJW 1967, 555).

Diese Rechtsprechung hat Zustimmung, aber auch Ablehnung erfahren. U. E. ist nicht der „Werterhöhungsgedanke" ausschlaggebend, sondern die sozial schwächere Stellung des Mieters dann, wenn er sich bei Wohnungsmangel zur Leistung von Baukostenzuschüssen gezwungen sah. Das Gesetz hat an verschiedenen Stellen (z. B. § 57c ZVG, § 557a BGB: Rückerstattung verlorener Baukostenzuschüsse nach Beendigung des Mietverhältnisses[1]) partielle Regelungen getroffen, deren Grundgedanke die Rechtsprechung des BGH[2] trägt.

c) Verfügung über den Mietzins durch Nießbrauchbestellung?

57 Eine weiter sich aus § 1124 ergebende Frage betrifft die Nießbrauchsbestellung. Teilweise bestellt der Eigentümer einem Hypothekar den Nießbrauch (*Sicherungsnießbrauch*, s. oben § 32 Rn. 6), um ihm die Miet- oder Pachtzinsen als Frucht des Rechts zuzuwenden. Wenn dieser Nießbrauch einem *nachrangigen* Gläubiger bestellt wird, so könnte dieser im Falle der Beschlagnahme der Mietzinsforderungen durch den vorrangigen Gläubiger doch den Mietzins für den laufenden Monat (u. U. auch noch für die folgenden) für sich behalten, *wenn* die Nießbrauchsbestellung eine Verfügung über den Mietzins darstellt (§ 1124 Abs. 2). Das RG (RGZ 68, 10, 13; 101, 5) hat die Frage mit Recht verneint: die Nießbrauchsbestellung ist eine Verfügung über das Grundstück, nicht über die Mietzinsansprüche. Der Rang des Nießbrauchs ergibt sich aus dem materiellen Liegenschaftsrecht; den Interessen des nachrangigen Nießbrauchers ist dadurch Genüge getan, daß er den Mietzins vor der Beschlagnahme mit Wirkung gegenüber dem Hypothekar einziehen kann (§ 1124 Abs. 1).

4. Recht auf wiederkehrende Leistungen

58 Ähnlich wie die Haftung der Mietzinsansprüche behandelt das Gesetz die Haftung eines Rechts auf wiederkehrende Leistungen, das mit dem Eigentum am Grundstück verbunden ist (§ 1126). Hauptfall ist die Haftung einer subjektiv-dinglichen Reallast.

5. Haftung der Miet- und Pachtzinsforderungen und Kapitalerhaltungsregeln

59 Die haftungsrechtliche Zuweisung der Miet- und Pachtzinsforderungen an den Hypothekengläubiger bereitet neuerdings Schwierigkeiten, wo die entgeltliche Gebrauchsüberlassung gegen Kapitalerhaltungsregeln des Gesellschaftsrechts verstößt und deshalb insbesondere im Insolvenzfalle keinen Bestand haben kann. Die Frage ist vor allem in Fällen der Betriebsaufspaltung von Bedeutung.

Beispiel (nach BGHZ 109, 55, 66): Die X GmbH mit ihren Gesellschaftern A, B und C „mietet" ein Betriebsgrundstück bei Gesellschafter A. In Wirklichkeit hat diese Gebrauchsüberlassung „Kapitalersatzfunktion": ein ordentlicher Kaufmann hätte Kapital zugeführt und nicht Grundvermö-

---

[1] Dazu eingehend *Frotz* AcP 164, 309; BGHZ 53, 35.
[2] Vgl. weiter BGH NJW 1959, 872; BGHZ 29, 289; 37, 346; *Schuster* MDR 1960, 181 (m. w. N.).

gen mietweise überlassen. Die Mietzinsansprüche dürfen deshalb nicht befriedigt werden, wenn sie aus Mitteln zu bezahlen sind, die zur Deckung des Stammkapitals notwendig sind (§ 32a GmbHG, §§ 37 Abs. 1, 32a KO bzw. §§ 143 Abs. 1, 135 InsO oder § 31 GmbHG; hierzu *Baur/Stürner* II, InsolvenzR, Rn. 34.38 ff., 34.44; bestätigend BGHZ 127, 1, 7; 127, 17, 21; 121, 31, 43). Der BGH geht davon aus, daß die nicht beitreibbaren Mietzinsansprüche gar nicht erst entstehen und deshalb auch nicht hypothekarischer Haftung unterfallen. Hätte sich also die Bank H am Grundstück des A eine Hypothek bestellen lassen, so könnte diese Hypothek die Mietforderungen nicht im Umfange der §§ 1123, 1124 erfassen (hierzu OLG Karlsruhe ZIP 1997, 1758; OLG München GmbHR 1997, 356; krit. *Uhlenbruck,* FS Heinsius, 1991, S. 841 ff., 846; *Lauer* WM 1990, 1693, 1694; *Brandes,* in Priester/Timm, Abschied von der Betriebsaufspaltung, 1990, S. 44 ff.; zum neueren Diskussionsstand: *Baumbach/Hueck,* GmbHG, 16. Aufl. 1996, § 32a Rn. 32 ff. m. Nw.). Die Rechtsprechung des BGH hat die Logik für sich und wägt die Interessen der Grundpfandgläubiger und der übrigen Gläubiger bei Betriebsaufspaltungen zutreffend ab; der Kreditgeber ist nicht überfordert, wenn er in solchen Fällen vom Wert seiner Hypothek Abstriche zu machen hat.

VI. Die Haftung der Versicherungsforderungen[1]

1. Der Haftungsrahmen

Forderungen aus der Versicherung des Gebäudes und der sonstigen für die Hypothek haftenden Gegenstände stellen in gewissem Sinn Surrogate für diese Gegenstände dar. Es ist daher nur konsequent, wenn § 1127 Abs. 1 sagt, daß diese Versicherungsforderungen in den Haftungsrahmen der Hypothek einbezogen werden. **60**

Sedes materiae sind die §§ 1127–1130. Sie werden für die Feuerversicherung von Gebäuden ergänzt durch die §§ 99–107 c VVG. Auf die Einzelheiten dieser Regelung wird hier nicht eingegangen. Es genügt, die Grundsätze darzustellen; *Beispiel:* BGH NJW 1981, 1671; ZIP 1997, 232 m. Anm. *Littbarski* EWiR 1997, 325.

a) Versicherungspflichten des Grundeigentümers

Aus dem Gesetz ergibt sich keine allgemeine Verpflichtung des Eigentümers gegenüber dem Hypothekar, das Gebäude und die mithaftenden Gegenstände zu versichern; wohl aber wird dies regelmäßig in den Beleihungsbedingungen der Kreditinstitute gefordert; Nichterfüllung berechtigt zu außerordentlicher Kündigung (s. Anhang 5 Ziff. II 6.1.2 und Anhang 4a Ziff. 6). Die neuere Rechtsprechung geht auch davon aus, daß sich aus § 1134 Abs. 2 S. 2 eine Feuerversicherungspflicht dann herleiten läßt, wenn bei Gebäudebrand der Grundstückswert das Grundpfandrecht nicht mehr decken würde (BGHZ 105, 230, 237). **61**

Bei der Gebäudeversicherung kann der Hypothekar seine Hypothek dem Versicherer anmelden. Dies bedeutet dann, daß die Verletzung von Verpflichtungen des Versicherungsnehmers (z.B. die Nichtzahlung der Prämie) keine für den Hypothekengläubiger nachteiligen Rechtsfolgen auslöst (vgl. §§ 102, 103 VVG).

b) Die Rechtsstellung des Hypothekars bei Gebäudeversicherungen

Für den praktisch wichtigsten Fall der Gebäudeversicherung gibt § 1128 dem Hypothekar schon vor der Beschlagnahme eine pfandgläubigerähnliche Stellung: Vor der Fälligkeit der Hypothek kann der Versicherer nur an den Hypothekar und den Versicherten gemeinschaftlich leisten (§ 1128 Abs. 3 mit § 1281), nach der Fälligkeit der Hypothek an den Hypothekar allein; jedoch macht § 1128 Abs. 1, 2 davon aus praktischen Gründen Ausnahmen; denn der Hypothekar legt ja meist Wert darauf, daß das Gebäude durch den Versicherten wieder hergestellt wird. Mit der Wiederherstellung scheidet die Versicherungsforderung aus dem Haftungsverband der Hypothek aus (§ 1127 Abs. 2). **62**

Häufig ist in den Versicherungsbedingungen gesagt, daß die Versicherungssumme nur zur Wiederherstellung des versicherten Gegenstandes bezahlt werden muß (§§ 97, 98 VVG). Eine solche Bestimmung ist auch gegenüber dem Hypothekengläubiger wirksam (§ 1130); dieser hat dem Versicherer gegenüber einen Anspruch, daß so verfahren werde (§ 99 VVG).

---

[1] Lit.-Hinweis: *Schorling,* Hypothekengläubiger und Feuerversicherung, ZHR 112, 12.

2. Beschlagnahme der Versicherungsforderung

63 Die Beschlagnahme (der Versicherungsforderung) erfolgt durch Anordnung der Zwangsversteigerung (s. aber § 21 Abs. 1 ZVG), Zwangsverwaltung und vorher durch Mobiliarzwangsvollstreckung auf Grund des dinglichen Titels; vor Beschlagnahme im Wege der Immobiliarvollstreckung ist auch Mobiliarpfändung auf Grund schuldrechtlichen Titels zulässig (vgl. § 865 Abs. 2 ZPO), die aber den Vorrang des Hypothekars nicht beeinträchtigt (näher *Baur/Stürner* I, EinzelvollstreckungsR, Rn. 34.28, 34.29).

3. „Freiwerden"

64 Die Versicherungsforderung wird frei durch Wiederherstellung des versicherten Gegenstandes (§ 1127 Abs. 2); im übrigen gilt für die Gebäudeversicherung § 1128, für die sonstigen Arten der Schadensversicherung § 1129, der auf die Regelung bei den Miet- und Pachtzinsforderungen verweist.

4. Vorrang des vormerkungsgesicherten Grundstückserwerbers – Schadensersatzansprüche

65 Der Käufer, der durch vorrangige *Auflassungsvormerkung* gesichert ist, kann *vor* dem nachrangigen Grundpfandrechtsgläubiger auf die Versicherungsforderung zugreifen (§§ 883, 281) und hat folgerichtig einen Bereicherungsanspruch (§ 812 Abs. 1 S. 1, 2. Alt.) gegen den Grundpfandrechtsgläubiger, der die Versicherungsforderung gemäß §§ 1127 Abs. 1, 1128 Abs. 3 eingezogen hat (BGHZ 99, 385 ff.; hierzu schon § 20 Rn. 42). Eine *analoge Anwendung* der §§ 1127 ff. auf Schadensersatzansprüche wegen Beschädigung des Grundstücks scheidet hingegen aus (BGHZ 107, 255 ff.; dazu *K. Schmidt* JuS 1989, 935). Der dingliche Gläubiger muß gegebenenfalls Ansprüche aus §§ 823 Abs. 2, 1134 ff. verfolgen (hierzu § 40 Rn. 10).

§ 40. Die Verwirklichung der Hypothekenhaftung

I. Allgemeine Grundsätze

1 Wie jede andere Forderung muß auch der „Anspruch" aus der Hypothek *fällig* sein, will der Hypothekengläubiger ihn gegen den Eigentümer geltend machen. Man spricht dann von *Pfandreife* (das Pfand-Grundstück ist reif zur Verwertung). Wann diese Pfandreife eintritt, soll unten Rn. 2 ff. dargelegt werden.

Offensichtlich ist die Stellung des Hypothekars vor der Pfandreife eine andere als die nach der Pfandreife: *vor der Pfandreife* kommt es nur darauf an, eine Gefährdung des Hypothekars etwa durch eine Verschlechterung des Haftungsobjekts auszuschließen (Rn. 9 ff.), *nach der Pfandreife* kann der Hypothekar die Hypothek geltend machen, sie notfalls auch zwangsweise realisieren (Rn. 16 ff.).

S. die Übersicht 19 am Ende von § 40.

II. Die Fälligkeit der Hypothek – Die Pfandreife

1. Fälligkeitsvereinbarungen

2 Regelmäßig wird die Fälligkeit der Hypothekenforderung und damit auch der Hypothek (Akzessorietät!) zwischen dem Gläubiger und dem Eigentü-

mer vereinbart. Dabei kommen in der Praxis folgende Möglichkeiten in Betracht:[1]

a) Befristung und Kündigung

aa) Befristung

Das hypothekarisch gesicherte Darlehen wird auf eine bestimmte Reihe von Jahren fest gegeben, die Fälligkeit tritt also *zu einem bestimmten Zeitpunkt* ein. Vor diesem Zeitpunkt kann der Gläubiger Forderung und Hypothek nicht geltend machen; wenn es sich um ein Anlagedarlehen handelt, kann auch der Schuldner entgegen § 271 Abs. 2 das Darlehen nur unter den Voraussetzungen des § 609a kündigen (s. oben § 36 Rn. 49 f.).

bb) Recht zur außerordentlichen Kündigung

Jedoch ist auch bei einer solchen Festschreibung meist vereinbart, daß der Gläubiger mit der Wirkung sofortiger Fälligkeit kündigen kann (sog. *außerordentliche Kündigung*), wenn bestimmte Voraussetzungen eintreten, der Schuldner insbesondere gewisse übernommene Verpflichtungen nicht erfüllt.

Als solche außerordentlichen Kündigungsgründe werden z. B. vereinbart:[2]
Unpünktliche Zinszahlung (bei der Amortisationshypothek auch unpünktliche Zahlung der Tilgungsraten),[3]
Nichtversicherung des Gebäudes oder der mithaftenden Gegenstände,[4]
Eröffnung des Konkurs- oder Vergleichsverfahrens über das Vermögen des Schuldners oder des Eigentümers,[5]
Anordnung der Zwangsversteigerung oder Zwangsverwaltung über das Grundstück,
Abtretung, Pfändung oder Verpfändung der Miet- und Pachtzinsforderungen,
Veräußerung des Grundstücks ohne Zustimmung des Gläubigers (dem Schuldner kann aber *nicht* wirksam auferlegt werden, das Grundstück nicht zu veräußern, § 1136).[6]
Zu beachten ist aber, daß bei einer Verkehrshypothek der Rechtsnachfolger des Eigentümers solche außerordentlichen Kündigungsgründe nur dann gegen sich gelten lassen muß, wenn sie sich aus dem Grundbuch (Bezugnahme auf die Eintragungsbewilligung zulässig) ergeben oder ihm bei Erwerb des Grundstücks bekannt waren.[7]

cc) Laufzeitvereinbarung mit zusätzlicher Kündigung

Auch wenn eine bestimmte Laufzeit der Hypothek vereinbart ist, kann die Fälligkeit zusätzlich von einer Kündigung durch den Gläubiger abhängen.

---

[1] Siehe dazu schon oben § 36 Rn. 44 ff.
[2] S. Anhang 5 am Ende des Buches.
[3] Die Rechtsprechung neigt allerdings zu Recht dazu, bei AGB qualifizierte Kündigungsvoraussetzungen zu verlangen, wie sie sich aus gesetzlichen Vorbildern ergeben: §§ 554 Abs. 2 Nr. 1 BGB; 12 Abs. 1 VerbrKrG (vorher § 4 Abs. 2 AbzG); 39 Abs. 1 S. 2 VVG; hierzu BGHZ 95, 362, 371 ff.; 96, 182, 191; 101, 380, 390; NJW 1991, 2559, 2562 (Vorfälligkeitsklausel einer Bausparkasse); LAG Hamm ZIP 1993, 1254; s. a. § 36 Rn. 52 ff.
[4] Auch als AGB unbedenklich: arg ex BGHZ 105, 230, 237; s. a. § 39 Rn. 61.
[5] Falls man verzinsliche Darlehen als gegenseitige Verträge einordnet, stellt sich die Frage, ob der Konkurs- bzw. Insolvenzverwalter durch Wahl der Erfüllung (§§ 17 KO, 103 ff. InsO) dieses vertragliche Lösungsrecht leerlaufen lassen kann (*Bruns* ZZP 110 [1997], 305 ff.).
[6] Entgegen BGHZ 76, 371 sehr bedenklich! Näheres unter Rn. 14 f.
[7] So schon *Planck/Strecker* § 1115 Erl. 5 c; § 1141 Erl. 4. Daraus ergibt sich das heikle Problem grundbuchrichterlicher Prüfungspflicht; hierzu § 16 Rn. 59 ff.

§ 40 III   III. Abschnitt. Liegenschaftsrecht

Dies bedeutet, daß die Kündigung erst nach Ablauf der festgesetzten Zeit möglich ist:

„Das Darlehen ist bis 30. 4. 1998 unkündbar; es kann vom 1. 5. 1998 an mit dreimonatiger Frist zum Quartalsende gekündigt werden."

Für eine Kündigung durch den Schuldner ist wieder § 609a zu beachten (oben § 36 Rn. 49f.).

b) Fälligkeit durch bloße Kündigung

6   Die Fälligkeit kann nach dem Vertrag der Beteiligten von einer Kündigung abhängen. Dabei kann vereinbart sein, daß mit der Kündigung Darlehen und Hypothek sofort oder nach Ablauf der Kündigungsfrist fällig werden. Neben dieser ordentlichen Kündigung kann auch hier eine außerordentliche Kündigung vorgesehen sein, so wenn der Schuldner seinen Verpflichtungen nicht nachkommt (s. oben Rn. 4).

Die Kündigung kann für beide Teile vereinbart werden, möglich ist aber auch, daß nur der Gläubiger kündigen muß, wenn er die Hypothek geltend machen will, während der Schuldner Darlehen und Hypothek jederzeit tilgen kann.

2. Akzessorietät und Kündigung

7   Aus dem Akzessorietätsgrundsatz würde sich ergeben, daß mit der Kündigung der persönlichen Forderung (z.B. des Darlehens) stets auch die Hypothek fällig wird. Das würde zu Schwierigkeiten führen, wenn Schuldner und Eigentümer nicht identisch sind. § 1141 bestimmt daher, daß die Kündigung, um auch zur Fälligkeit der Hypothek zu führen, vom Gläubiger dem Eigentümer (oder von diesem dem Gläubiger) erklärt werden muß. Es soll damit verhindert werden, daß der Eigentümer durch eine im Verhältnis Gläubiger – persönlicher Schuldner ausgesprochene Kündigung überrascht wird.

Zu beachten ist, daß bei der Briefhypothek der Hypothekenbrief bei der Kündigung auf Verlangen vorgelegt werden muß (§ 1160; s. oben § 38 Rn. 53ff.); zur Legitimation des Buchhypothekars s. §§ 891, 1138 (oben § 38 Rn. 52) und zur Legitimation des Eigentümers als Empfängers der Kündigung § 1141 Abs. 1 S. 2.

3. Gesetzliche Fälligkeit

8   Ist – was kaum je vorkommen wird – über die Fälligkeit der Hypothekenforderung *keine Vereinbarung* getroffen, so bleibt es bei der Regel des § 271 Abs. 1 (sofortige Fälligkeit), die aber – wichtig! – für Darlehensforderungen durch die in § 609 statuierte Notwendigkeit der Kündigung durchbrochen wird (s. dazu auch § 609a).

III. Rechte des Gläubigers vor der Pfandreife

1. Die gesetzliche Regelung

9   Vor der Pfandreife kann es nur darauf ankommen, dem Hypothekengläubiger die Sicherheit zu erhalten. Es muß also eine Wertminderung des Grundstücks durch seine Verschlechterung vermieden werden. Dies bezwecken die §§ 1133–1135; dabei hat § 1133 eine *schon eingetretene*, § 1134 eine *drohende*

Verschlechterung im Auge. In beiden Fällen ist es gleichgültig, ob der Eigentümer für den schlechten Zustand des Grundstücks verantwortlich ist oder nicht. Liegt Verschulden vor, so kann auch *Schadensersatz* nach § 823 Abs. 1 und 2 (mit §§ 1133–1135 als Schutzgesetzen) gefordert werden.

a) Schadensersatzansprüche

Der Eigentümer und Dritte sind bei Verstößen gegen §§ 1133, 1134 dem Hypothekengläubiger zum Schadensersatz verpflichtet. Er richtet sich auf Geldzahlung, falls die Verschlechterung des Grundstücks (RGZ 73, 333, 338; BGHZ 65, 211; 105, 230, 242) zu Ausfällen bei der Zwangsverwertung führt (z.B. wertmindernde Umbauarbeiten). Auch die Verschlechterung oder Entfernung von *Zubehörstücken* außerhalb der Regeln ordnungsmäßiger Wirtschaft kann die Ersatzpflicht auslösen (§ 1135); dabei ist zu beachten, daß Enthaftung nach §§ 1120 ff. (hierzu § 39 Rn. 40 ff.) nicht stets die Schadensersatzpflicht ausschließt, die sich selbständig beurteilt (BGH NJW 1991, 695, 696; NJW 1989, 2123 und hierzu *K. Schmidt* JuS 1989, 935; NJW 1983, 746, 747). Ein Sonderfall der „Entfernung" oder „Verschlechterung" des Zubehörs ist die einverständliche Aufhebung des Anwartschaftsrechtes des Grundstückseigentümers durch ihn und den Vorbehaltsverkäufer (BGHZ 92, 280, 292; hierzu schon § 39 Rn. 41 a.E.; ferner § 59 Rn. 37), die nach umstrittener Auffassung des BGH zur Enthaftung führt und als Maßnahme „vernünftiger Abwicklung des Kaufvertrages" rechtmäßig sein kann. Soweit Naturalrestitution möglich ist, kann bei entfernten Zubehörstücken auch eine *Rückschaffungspflicht* bestehen (RG Gruch 55, 664, 678; *v. Olshausen* JuS 1990, 816, 819 ff.). **10**

b) Vorbeugender Rechtsschutz

Als vorbeugender Rechtsschutz kommt neben der Unterlassungsklage (§ 1134 Abs. 1) der Antrag auf gerichtliche Anordnung einer Abwehrmaßregel in Betracht, z.B. der Antrag auf Anordnung des Abschlusses einer Feuerversicherung (BGHZ 105, 230, 242); Vollstreckung durch Ersatzvornahme gemäß § 887 ZPO. **11**

c) Umweltrechtliche Zustandshaftung

Neue Aktualität könnten die Vorschriften der §§ 1133, 1134 erlangen, soweit die umweltrechtliche Zustandshaftung den Wert des umweltbelasteten Grundstücks verändert und seine Verkäuflichkeit beeinträchtigt (insbesondere Lagerung gefährlicher Stoffe entgegen §§ 26 Abs. 2, 34 Abs. 2 WHG oder §§ 2 Abs. 2, 4 Abs. 2, 11 AbfallG). Die kreditierende Bank kann über §§ 1133, 1134 umweltgefährdende Grundstücksbelastungen verhindern und auf diese Weise Produktionsprozesse auf Grundstücken beeinflussen. Dies gebietet das eigene Interesse am Erhalt voller Sicherheit, zumal im Konkurs öffentlichrechtliche Pflichten zur Beseitigung akuter Störungstatbestände privilegiert zu befriedigen sein könnten (sehr str., *Stürner*, FS Merz, 1992, 563 ff.; *K. Schmidt* BB 1991, 1273 ff.; NJW 1993, 2833 ff.; ZIP 1997, 1441; *Pape* KTS 1993, 551 ff.; *von Wilmowsky* ZIP 1997, 389, 1445 ff.; BayVGH KTS 1983, 462 ff.; BVerwG NJW 1984, 2427; VGH Baden-Württemberg ZIP 1991, 393 ff.; OVG Schleswig ZIP 1993, 283 ff.; OVG Lüneburg ZIP 1993, 1174 ff.; OVG Sachsen ZIP 1995, 852 ff.; OVG Greifswald ZIP 1997, 1460) und die kreditierende Bank folglich auf quotale Befriedigung der ausgefallenen Forderung noch weniger als sonst vertrauen kann. Die Befugnisse des Kreditgebers werden allerdings nicht ausreichen, um ihn bei Nichtwahrnehmung zum haftenden öffentlichrechtlichen Störer werden zu lassen; eine solche Störerhaftung wird man nur annehmen können, wenn die kreditierende Bank wegen ihres Einflusses auf die Unternehmensführung unternehmergleiche Funktion hat (zum U.S.-amerikanischen Vorbild *Janke/Weinreich* RIW 1991, 281 ff.). Die Regelung umweltfreundlicher Produktion in den AGB des Kreditvertrages läge im Interesse der Bankkreditgeber, könnte allerdings bei der öffentlichrechtlichen Störerhaftung „schlafende Hunde wecken"! Unter der gegenwärtigen Rechtslage ist es denkbar, daß die Sanierungskosten der öffentlichen Hand bleiben, der *Mehrwert* des sanierten Grundstücks hingegen den verwertenden Grundpfandgläubigern zugute kommt; Abhilfe könnte die Privilegierung der öffentlichen Hand vor Grundpfandgläubigern schaffen (hierzu de lege ferenda *von Wilmowsky* JZ 1997, 817 ff.). **12**

2. Vertraglich vereinbarte Gläubigerrechte

13 Die §§ 1133–1135 sind im Verhältnis zum Eigentümer überwiegend „akademischer Natur". In der Rechtswirklichkeit wird der Schuldner-Eigentümer durch die Darlehensbedingungen fest an die Kandare genommen; ein Verstoß gegen solche Bestimmungen berechtigt den Gläubiger grundsätzlich zur sofortigen Kündigung (s. oben Rn. 4).

14 Eine gewisse Gefahr bedeutet für den Gläubiger immer der Eigentumswechsel; denn es ist möglich, daß der neue Eigentümer nicht so sorgfältig wirtschaftet wie der alte; daher ist die Neigung des Gläubigers, die Veräußerung oder weitere Belastung vertraglich zu unterbinden, verständlich. Dem tritt aber § 1136 entgegen, der im Gegensatz zu § 137 die *Verpflichtung,* das Grundstück nicht zu veräußern oder zu belasten, für nichtig erklärt. Mit dem Verbot solcher Vereinbarungen sucht das Gesetz die wirtschaftliche Bewegungsfreiheit des Eigentümers zu erhalten.[1]

15 Wenn die Praxis (KGJ 42, 280; BayObLG DNotZ 1981, 128) es aber für zulässig hält, daß an die Veräußerung oder weitere Belastung die *sofortige Kündbarkeit* der Hypothek geknüpft wird (s. oben Rn. 4), so macht sie das in § 1136 ausgesprochene Verbot illusorisch. U.E. sind derartige Kündigungsklauseln nichtig, weil sie eine Umgehung des § 1136 darstellen (so jetzt auch *Wieling* § 29 II a; a.A. BGHZ 76, 371; dazu *Löwe* BB 1980, 1241; *Staudinger/Wolfsteiner* § 1136 Rn. 8f.; Münch-Komm/*Eickmann* § 1136 Rn. 5 nimmt Verstoß gegen § 9 AGBG an).

IV. Die Rechte des Gläubigers nach der Pfandreife – Die Realisierung der Hypothekenhaftung

1. Freiwillige Leistung

a) Leistung durch den Schuldner – Eigentümer

16 Ist die Hypothekenforderung fällig, so wird in aller Regel der Schuldner-Eigentümer freiwillig leisten mit der Folge, daß die Hypothek als Eigentümergrundschuld auf ihn übergeht (§ 1163 Abs. 1 Satz 2 mit § 1177 Abs. 1).

b) Leistung durch den vom Schuldner verschiedenen Eigentümer

17 Hier kann der Eigentümer die Hypothek *ablösen.* Dazu ist er berechtigt, wenn die Pfandreife eingetreten ist oder der Schuldner leisten darf (§ 1142).[2]

Die Ablösung hat die Wirkung, daß Forderung mit Hypothek auf den Eigentümer übergeht (§§ 1143 Abs. 1 S. 1, 1153). Dies gilt freilich dann nicht, wenn im Innenverhältnis zwischen Eigentümer und Schuldner jener der endgültig Belastete sein sollte, so etwa dann, wenn der Eigentümer das Grundstück vom Schuldner gekauft hat und die Hypothek auf den Kaufpreis angerechnet worden war (RGZ 80, 317, 319).

---

[1] Dazu BGH MDR 1966, 756; *Lopau* BlGBW 1979, 101; allgemein *Timm* JZ 1989, 13.
[2] Das Ablösungsrecht ist *unabdingbarer* gesetzlicher Inhalt des Grundpfandrechtes; es berechtigt aber nur zu *voller* Ablösung (§ 266), nicht zu Teilleistungen (BGHZ 108, 372, 378f.; zust. *Jauernig* § 1142 Rn. 1).

§ 40. Die Verwirklichung der Hypothekenhaftung

Beispiel: S hat das mit einer Darlehensbriefhypothek in Höhe von 150 000 DM zugunsten des G belastete Haus für 350 000 DM unter Anrechnung der Hypothek auf den Kaufpreis an K verkauft. G hat die Schuldübernahme nicht genehmigt, S ist also persönlicher Schuldner geblieben (§§ 415 Abs. 2, 416 Abs. 1 S. 2). Wenn K als nunmehriger Eigentümer bei Fälligkeit den G befriedigt, so tut er in seinem Verhältnis zu S nur, was er tun mußte (§ 415 Abs. 3 S. 2). Die Forderung des G (mit Hypothek) geht also nicht auf ihn über, § 1143 Abs. 1 Satz 1 ist nicht anwendbar, wohl aber §§ 1163, 1177.[1]

18

c) Leistung durch den vom Eigentümer verschiedenen Schuldner

Wenn der Schuldner, der nicht Eigentümer ist, die Forderung tilgt, erfüllt er regelmäßig als letztlich Belasteter nur seine Pflicht. Es entsteht daher eine Eigentümergrundschuld. Die Hypothek geht nach § 1164 jedoch auf den Schuldner über, wenn er vom Eigentümer Regreß verlangen kann.

19

So in unserem obigen *Beispiel* dann, wenn S den G befriedigt hätte! S. schon oben § 38 Rn. 97 f.

2. Aushändigung des Hypothekenbriefs und sonstiger Urkunden

Leistet der Eigentümer, so kann er die Aushändigung des Hypothekenbriefs und „der sonstigen Urkunden verlangen, die zur Berichtigung des Grundbuchs oder zur Löschung der Hypothek erforderlich sind" (§ 1144; vgl. auch § 1167).

20

Solche Urkunden sind:

a) Die Berichtigungsbewilligung

Ist die Forderung mit Hypothek nach §§ 1143, 1153 auf den – mit dem Schuldner nicht identischen – Eigentümer übergegangen oder liegt der Fall der Eigentümergrundschuld nach § 1163 Abs. 1 Satz 2 vor, so bewilligt der Gläubiger die Berichtigung des Grundbuchs durch Eintragung des Eigentümers als Inhaber der Eigentümerhypothek bzw. Eigentümergrundschuld (s. auch oben § 16 Rn. 33).

21

Bei der Briefhypothek kann der Eigentümer statt dessen das *öffentlich beglaubigte Anerkenntnis* des Gläubigers fordern, daß die Hypothek kraft Gesetzes auf ihn übergegangen ist (§ 1155 S. 2); einer Berichtigung des Grundbuchs bedarf es dann nicht.

b) Die Löschungsbewilligung

Statt der Berichtigungsbewilligung kann der Eigentümer nach § 1144 die Löschungsbewilligung fordern; dies wird er z. B. dann tun, wenn der Eigentümer den nachfolgenden Gläubigern zur Löschung der auf ihn übergegangenen Hypothek verpflichtet ist (Regelfall! die nachfolgenden Gläubiger wollen aufrücken – Löschungsanspruch bzw. *Löschungsvormerkung!* s. unten § 41 Rn. 3, § 46 Rn. 33 ff.). Der Eigentümer muß dann auch seinerseits der Löschung des Rechts zustimmen (§ 875, § 27 GBO), er hebt damit die ihm zustehende Eigentümergrundschuld auf (KG OLGZ 1965, 92).

22

Der Gläubiger hat gegenüber dem Anspruch auf Löschungsbewilligung kein Zurückbehaltungsrecht wegen anderer persönlicher Ansprüche, weil anderenfalls das Grundpfandrecht zur Sicherung weiterer Ansprüche des Gläubigers dienen würde, für die es gerade nicht bestellt war (BGHZ 71, 19, 22; erweiternd auf § 894 für den Fall nichtiger Grundpfandrechtsbestellung BGH NJW 1988, 3260, 3261; s. a. § 18 Rn. 40).

---

[1] Andere nehmen nur eine Einwendung auf Grund des Kaufvertrags gegen die mit der Hypothek übergegangene Forderung an.

c) Die löschungsfähige Quittung

23 Häufig begnügt sich der Eigentümer mit einer in öffentlich beglaubigter Form erteilten löschungsfähigen Quittung; d. h. einer Quittung, die zur Löschung des Rechts führt. Aus ihr muß sich aber ergeben, *wer* geleistet hat (Schuldner-Eigentümer-Bürge), ob der Eigentümer mit dem Schuldner identisch ist und wann geleistet worden ist; denn es könnte, wenn z. B. der Schuldner die löschungsfähige Quittung vorlegt, sein, daß die Forderung mit Hypothek auf den Eigentümer oder den Bürgen übergegangen ist, weil einer dieser beiden und nicht der Schuldner geleistet hat; es müßte dann der Eigentümer bzw. der Bürge das Recht aufheben und die Löschung bewilligen, damit das Grundpfandrecht gelöscht werden kann (Beispiel: KG NJW 1973, 56; dazu *Bähr* JuS 1973, 384).

Text einer löschungsfähigen Quittung:[1] „... Ich bekenne hiermit, wegen der vorbezeichneten Hypothek von dem Grundstückseigentümer befriedigt zu sein, erkenne den kraft Gesetzes erfolgten Übergang der Hypothek auf den Eigentümer an und bewillige die Löschung der Hypothek im Grundbuch."

3. Zwangsweise Befriedigung des Gläubigers

a) Verbot von Verfallklauseln

24 Leistet der Eigentümer nicht freiwillig, so bedarf der Gläubiger eines Vollstreckungstitels. Denn er kann sich *nur im Wege der Zwangsvollstreckung* „aus dem Grundstück befriedigen" (§ 1147). Jede Art privater Vollstreckung ist ausgeschlossen; so sagt § 1149, daß vor der Pfandreife weder eine Verfallklausel noch das Recht zur Veräußerung des Grundstücks auf andere Weise als im Wege der Zwangsvollstreckung ausbedungen werden kann (Schuldnerschutz!).[2] Zu jeder Zwangsvollstreckung ist aber ein Vollstreckungstitel erforderlich.

b) Sicherungsübereignung von Grundstücken?

25 Es fragt sich, ob § 1149 rechtlichen Gestaltungen entgegensteht, welche die Sicherungsübereignung eines Grundstücks intendieren. Es ist an anderer Stelle (§ 22 Rn. 8) bereits dargelegt, daß § 925 Abs. 2 nicht die unbedingte Auflassung verhindert, die an einen vormerkungsgesicherten und bedingten schuldrechtlichen Rückauflassungsanspruch gebunden ist. §§ 1149, 1229 schützen h. M. nur vor vertragsautonomer Veränderung des Charakters der Grundpfandrechte, sie wahren ihre Typizität. Verfallklauseln mit dinglich nicht gesicherten Gläubigern bleiben zulässig (BGHZ 130, 101 ff. = NJW 1995, 2635; BayObLG DNotZ 1997, 727 m. Anm. *Eickmann;* krit. *Tiedtke* ZIP 1996, 57).

26 *Beispiel:* K erwirbt ein Grundstück von V. Die Kaufpreisfinanzierung erfolgt durch einen Kredit der Bank B, der durch Grundschulden auf dem Grundstück abgesichert ist. A leistet zusätzlich eine Bürgschaft. Er vereinbart mit K in notarieller Urkunde, daß bei einem Rückstand der Darlehensrückzahlung, der zur Kündigung des Darlehens berechtigt, sich K zur Auflassung an A verpflichtet; A erhält Insichvollmacht (§ 181) zur Auflassung (nach BGHZ 130, 101 ff.). Diese Gestaltung ist wirksam, weil sie die Typizität der Grundpfandrechte unberührt läßt. A hätte den Auflassungsanspruch gegen K auch durch Vormerkung sichern lassen können (§ 22 Rn. 8). Ebenso hätte K das Grundstück an A auflassen können mit der vormerkungsgesicherten Abrede, es nach Darlehensabwicklung wieder an K zurück zu übertragen. Ein Darlehensgeber kann sich ein Grundstück übereignen lassen, einen vormerkungsgesicherten Rückauflassungsanspruch einräumen und dem Darlehensnehmer das Grundstück vermieten, um dem Mietzins als Tilgungsrate zu verwenden. Der Schritt zum Immobilienleasing (§ 48 Rn. 8 ff.) ist nur gering. All diese Gestaltungsformen – so im Grundansatz zu Recht der BGH – wollen §§ 1149, 1229 nicht verhindern – die Grundpfandrechte müssen ihre Leistungsfähigkeit im Wettbewerb mit kautelar-juristischen Sicherungsformen beweisen.

---

[1] Nach *Scholz/Lwowski* a. a. O.; *Beispielsfall:* BayObLG FGPrax 1995, 22.
[2] Neueres *Beispiel:* BayObLG DNotZ 1993, 386.

c) Der dingliche Titel

Will der Gläubiger aus der Hypothek vollstrecken, also sein dingliches Verwertungsrecht am Grundstück ausüben, so bedarf er eines sog. dinglichen Titels.[1] Darin wird ihm die Befugnis zur Realisierung seines dinglichen Rechts attestiert. 27

Wie wir schon wiederholt erörterten, ist also die Klage „aus der gesicherten Forderung" von der Klage „aus der Hypothek" zu unterscheiden. Es kann durchaus sein, daß die Forderungsklage begründet ist, die dingliche Klage dagegen nicht, z.B. weil die Hypothek als dingliches Recht nicht wirksam begründet worden ist oder weil der Gläubiger die Hypothek gestundet hat usw.

Gewiß kann auch ein Gläubiger, der nicht durch ein Grundpfandrecht gesichert ist, die Zwangsvollstreckung in das Grundstück betreiben, also Zwangsversteigerung und Zwangsverwaltung auf Grund des persönlichen Schuldtitels erwirken. Aber er rangiert dann hinter allen Grundpfandberechtigten (vgl. § 10 Abs. 1 Nr. 4 und 5 ZVG).

Der Eigentümer ist *als solcher* nicht zu einer Leistung verpflichtet; er hat lediglich die Ausübung des Verwertungsrechts durch den Gläubiger zu dulden, hinzunehmen. Daher lautet der gegen den Eigentümer gerichtete Vollstreckungstitel *nicht* auf Leistung der Geldsumme, sondern auf „Duldung der Zwangsvollstreckung wegen der in der Hypothek genannten Geldsumme aus dem Grundstück" oder auch darauf, daß „der Gläubiger sich wegen der Geldsumme aus dem Grundstück befriedigen darf".[2] 28

Als Vollstreckungstitel kommen rechtskräftige oder vorläufig vollstreckbare *Urteile* (§ 704 Abs. 1 ZPO) und die in § 794 ZPO genannten Titel in Betracht. Praktisch wichtig sind Urteile (unten Rn. 29 ff.) und vollstreckbare Urkunden (unten Rn. 36 ff.).

4. Das Urteil als Vollstreckungstitel

a) Der Hypothekengläubiger als Kläger

Richtiger Kläger ist der Gläubiger der Hypothek. Er muß sich bei der Briefhypothek durch den Besitz des Briefes und die Eintragung im Grundbuch (bzw. die in § 1155 vorgesehene „Kette"), bei der Buchhypothek durch den Grundbucheintrag legitimieren (§ 891; s. oben § 38 Rn. 52ff.). 29

b) Der Grundstückseigentümer als Beklagter

Richtiger Beklagter ist der Eigentümer des Grundstücks. Um dem Gläubiger die Rechtsverfolgung zu erleichtern, gilt zu seinen Gunsten als Eigentümer der im Grundbuch als solcher eingetragene (§ 1148), wobei es auf den guten Glauben des Klägers nicht ankommt. Der wahre Eigentümer kann aber nach Erlaß des Vollstreckungstitels seine Einwendungen gegen die Hypothek mit der Interventionsklage nach § 771 ZPO vorbringen (§ 1148 S. 2). 30

Aus einem die materielle Rechtslage nicht richtig wiedergebenden Grundbuch können sich Schwierigkeiten ergeben: 31

---

[1] Dies gilt nach h.M. auch für Zwangshypotheken, s. dazu mit allerdings abweichender Auffassung *Holch* Rpfleger 1993, 140; ausführlich zum Ganzen *Baur/Stürner* I, EinzelvollstreckungsR, Rn. 35.4, 38.1 m. Nw.

[2] So der Formulierungsvorschlag von *Wolff/Raiser* § 139 I.

Beispiel: Hat E als Junggeselle auf sein Grundstück einen hypothekarisch gesicherten Kredit von G aufgenommen und hat er bei seiner Verheiratung mit F Gütergemeinschaft vereinbart, so ist das Grundstück nunmehr kraft Gesetzes eheliches Gesamtgut (§ 1416). Die Berichtigung des Grundbuchs ist unterblieben. Will G in das Grundstück vollstrecken, so bedarf er nach § 17 ZVG eines Titels, der sich gegen den im Grundbuch als Eigentümer eingetragenen richtet; er kann deshalb E verklagen, selbst wenn ihm bekannt ist, daß das Grundstück nunmehr E *und* F zur gesamten Hand gehört (§ 1148 S. 1). Er kann aber auch E und F als die wahren Eigentümer auf Duldung der Zwangsvollstreckung in Anspruch nehmen,[1] muß dann aber auf Grund dieses Titels nach §§ 14, 22 GBO die Berichtigung des Grundbuchs erwirken, um damit die Übereinstimmung von „Grundbucheigentümer" und Zwangsvollstreckungsschuldner i. S. des § 17 ZVG herzustellen.

Hatte G vor der Eheschließung des E schon einen Titel gegen diesen erwirkt, sind danach E und F als Eigentümer eingetragen worden, so kann G die Umschreibung des Titels gegen E und F als Rechtsnachfolger des E gemäß § 727 ZPO erwirken.

c) Einreden und Einwendungen

32 Über die Einreden und Einwendungen, die der Eigentümer gegen die Hypothekenklage geltend machen kann, haben wir uns schon oben § 38 Rn. 64 ff. eingehend unterhalten. Wir erinnern uns, daß es sich um Einwendungen und Einreden des Eigentümers selbst wie um solche des vom Eigentümer verschiedenen Schuldners handeln kann, wobei sich die letztgenannten aus der bürgenähnlichen Stellung des Eigentümers ergeben.

d) Prozessuales

33 Die *sachliche Zuständigkeit* (ist in erster Instanz das Amtsgericht oder das Landgericht zuständig?) richtet sich nach der Höhe des geltend gemachten Anspruchs (Grenze z. Zt. 10 000 DM; vgl. § 23 Nr. 1 GVG).[2] Die *örtliche Zuständigkeit* (welches *konkrete* Amts- oder Landgericht ist im konkreten Fall zur Entscheidung berufen?) ist in § 24 ZPO als ausschließliche Zuständigkeit geregelt: Zuständig ist „das Gericht der belegenen Sache".

34 In diesem Gerichtsstand *kann* gleichzeitig auch die „Schuldklage" (so die Formulierung des § 25 ZPO) erhoben werden. Werden beide Klagen erhoben,

z. B. „der Beklagte wird verurteilt,
(1) an den Kläger 20 000 DM zu bezahlen (Schuldklage),
(2) aus der im Grundbuch von Trienach Band 5 Bl. 110, 3. Abtlg. laufende Nr. 1 eingetragenen Hypothek in Höhe von 20 000 DM die Zwangsvollstreckung zu dulden" (dingliche Klage),

so handelt es sich um eine *objektive Klagenhäufung*.[3] Jeder der beiden Ansprüche kann trotz dieser Verbindung ein verschiedenes prozessuales Schicksal haben. So kann die Schuldklage Erfolg haben, während die dingliche Klage als unbegründet abgewiesen wird (z. B. weil die Hypothek als dingliches Recht nicht wirksam bestellt worden war).

35 Sind Schuldner und Eigentümer verschiedene Personen, so sind sie sog. *einfache Streitgenossen* i. S. der §§ 59–61 ZPO, wenn sie gemeinsam verklagt werden;[4] § 25 ZPO ist dann aber nicht anwendbar; d. h. der persönliche Schuldner kann im dinglichen Gerichtsstand nur verklagt werden, wenn er dort seinen Wohnsitz hat (§ 13 ZPO) oder aus anderen Gründen (vgl. z. B. § 29 ZPO) vor diesem

---

[1] Um im Falle der Verwaltung des Gesamtguts durch die beiden Ehegatten der Ehefrau den Einwand abzuschneiden (§ 771 ZPO), es handle sich nicht um eine Gesamtverbindlichkeit (vgl. § 740 ZPO; *Baur* FamRZ 1958, 253, 258).
[2] Wertgrenze mit Wirkung vom 1. 3. 1993; Art. 2 Rechtspflegeentlastungsgesetz v. 11. 1. 1993 (BGBl. I 50).
[3] Dazu *Baur/Grunsky*, ZPrR, Rn. 120.
[4] Dazu *Baur/Grunsky*, ZPrR, Rn. 122.

§ 40. Die Verwirklichung der Hypothekenhaftung   IV § 40

Gericht in Anspruch genommen werden kann. Möglich bleibt u. U. die Bestimmung des zuständigen Gerichts nach § 36 Ziff. 3, 4 ZPO.

5. Die vollstreckbare Urkunde als Vollstreckungstitel und ihre kautelarjuristische Gestaltung

Lesen Sie zunächst oben § 37 Rn. 55.

a) Begriff und Funktion

Es ist augenscheinlich, daß die vollstreckbare Urkunde[1] für den Gläubiger 36
vorteilhaft ist: in ihr unterwirft sich der Eigentümer bereits bei Bestellung der Hypothek (also in einem Augenblick, in dem er „weich ist", weil er Geld braucht!) der Zwangsvollstreckung in das Grundstück (§ 794 Abs. 1 Ziff. 5 ZPO).[2] Wird die Unterwerfungsklausel auf Grund einer entsprechenden Erklärung des Eigentümers in das Grundbuch eingetragen, so wirkt sie gegen jeden Eigentümer des Grundstücks (§ 800 ZPO).[3] Der Gläubiger braucht nach h. M. lediglich die Fälligkeit der Hypothek nachzuweisen (§§ 726, 751 ZPO) und erhält dann von dem Gericht oder Notar eine vollstreckbare, d. h. mit der Vollstreckungsklausel versehene Ausfertigung der Urkunde. Diese muß dem Eigentümer zugestellt werden (§ 795 mit § 750 Abs. 2 ZPO; beachte die Wartefrist des § 798 ZPO!).

Zu unterscheiden ist die *dingliche* Unterwerfungsklausel (wegen der Hypothek in das Grundstück) und die *persönliche* Unterwerfungsklausel (wegen der Forderung in das gesamte Vermögen).

Beispiel: BGH NJW 1981, 2756.

b) Gerichtliche Rechtsverteidigung gegen die Vollsteckung

Die gerichtliche Rechtsverteidigung ist dann der Initiative des Schuldners 37
überlassen; will er etwa geltend machen, die zu sichernde Forderung sei durch Bezahlung erloschen oder die Hypothek sei nicht wirksam begründet oder der Gläubiger habe ihm die Hypothek gestundet, so muß er gegen den Titel mit der *Vollstreckungsgegenklage* nach § 767 ZPO (mit § 795 und § 797 Abs. 4 ZPO) vorgehen;[4] d.h. er muß Klage erheben und danach trachten, ein Urteil zu erwirken, das die Zwangsvollstreckung aus der Urkunde für unzulässig

---

[1] Siehe dazu *Baur/Stürner* I, EinzelvollstreckungsR, Rn. 16.14ff. u. *Baur,* FS Demelius, 1973, S. 315ff.; *Wolfsteiner,* D. vollstr. Urkunde, 1978; *Münch,* Vollstreckbare Urkunde und prozessualer Anspruch, 1989 (hierzu *Wolfsteiner* DNotZ 1990, 605ff.; *Münzberg* ZZP 104 [1991], 227ff.); *Wolfsteiner* DNotZ 1990, 531 ff.; weitere Lit. im Text.

[2] Das muß freilich nicht immer so sein: In der Praxis beobachtet man, daß Geldgeber nicht selten auf die vollstreckbare Urkunde verzichten; zur Vermeidung von Kosten wird teilweise auch lediglich eine unwiderrufliche Vollmacht zur Unterwerfung unter die sofortige Zwangsvollstreckung vereinbart (hierzu *Dux* WM 1994, 1145).

[3] Es gibt aber keinen „gutgläubigen Erwerb" sofortiger Vollstreckbarkeit! Hierzu BGHZ 108, 372, 375 und § 23 Rn. 9.

[4] Dies gilt nunmehr auch nach der Rspr. unabhängig davon, ob die Unterwerfung aus materiellrechtlichen Gründen unwirksam ist, BGHZ 118, 229 m. Anm. *Wolf* LM Nr. 87 zu § 767 ZPO = DNotZ 1993, 235 m. Anm. *Wolfsteiner;* s.a. *Olzen* ebd. S. 211 und *Baur/Stürner* I, EinzelvollstreckungsR, Rn. 45.4 m. w. N.

erklärt. Dabei trägt im Rahmen der Vollstreckungsgegenklage der Gläubiger die Beweislast für anspruchsbegründende Tatsachen (z.B. Entstehen der Darlehensschuld durch Auszahlung), der Schuldner die Beweislast für Einwendungen und Einreden (z.B. Zahlung, Stundung, vorläufige Eigentümergrundschuld, etc.). Die prozessuale Rollenvertauschung, wie sie Folge der Vollstreckungsgegenklage ist, ändert nichts an den allgemeingültigen Grundsätzen der Beweislastverteilung.[1]

c) Bestimmtheit des Zahlungsanspruchs

38   Die Vollsteckungsunterwerfung mußte bisher ausdrücklich einem bestimmten Zahlungsanspruch gelten. Die h.M. verneinte deshalb die Möglichkeit einer Unterwerfung gemäß § 800 ZPO für Höchstbetragshypotheken mit ihrem veränderlichen Forderungsstand (§ 1190; hierzu § 42 Rn. 18 ff., 20). Zulässig war aber die Unterwerfung unter einen feststehenden Teil(zins)betrag unterhalb der Höchstbetragsgrenze,[2] wie überhaupt generell auch ein bestimmter Teilbetrag eines Grundpfandrechts unterwerfungsfähig war.[3] Die Praxis vermied die Schwierigkeiten der „Bestimmtheit" oft durch Zwischenschaltung eines bestimmten abstrakten Anerkenntnisses (§§ 780, 781), das dann seinerseits durch die Hypothek gesichert war, oder durch Vereinbarung einer forderungsunabhängigen Grundschuld. Da wertbeständige Hypotheken praktisch selten sind (s. § 37 Rn. 17) und beim gleitenden Zinssatz (s. § 37 Rn. 28) i.d.R. ein fester Unterwerfungsteilbetrag gewählt wird, stellte sich im Bereich grundpfandrechtlicher Vollstreckungsunterwerfung das Problem „wertbeständiger" Unterwerfung weniger.[4] § 794 Abs. 1 Nr. 5 ZPO i.d.F. vom 1.1.1999 verzichtet auf die ausdrückliche Erwähnung der Bestimmtheit der Geldsumme, sodaß nunmehr insoweit die allgemeinen Regeln für die Bestimmtheit prozessualer Titel zu gelten haben werden (hierzu schon *Baur/Stürner* I, Einzelvollstreckungsrecht, Rn. 14.4, 16.16).

d) Fallbeispiel

39   Die vielfachen Möglichkeiten, die sich mit der vollstreckbaren Urkunde verwirklichen lassen, möge folgendes Beispiel andeuten:
Eigentümerin eines Grundstücks ist die Erbengemeinschaft A B C; A lebt in Deutschland, B und C in Übersee. Um eine Erweiterung des Gebäudes vorzunehmen, muß ein Darlehen aufgenommen werden. Da der Darlehensgeber noch nicht feststeht, bestellt A eine Eigentümerbriefgrundschuld nach § 1196 und unterwirft die Erbengemeinschaft und jeden Rechtsnachfolger im Eigentum der sofortigen Zwangsvollstreckung aus der Urkunde. Die Genehmigung von B und C wurde vorbehalten. Als diese in beglaubigter Form erteilt wird, trägt der Grundbuchbeamte die Hypothek mit Unterwerfungsklausel ein. A tritt nun „namens und mit Vollmacht" der Erbengemeinschaft die Eigentümergrundschuld unter Umwandlung in eine Hypothek (§ 1198) an den Geldgeber G ab.
Der Erweiterungsbau übersteigt bald die finanzielle Kraft der Erbengemeinschaft. Daher veräußert sie das Grundstück an E. In dem Kaufvertrag wird vereinbart, daß die Erbengemeinschaft die Dar-

---

[1] A.A. BGH NJW 1981, 2756; NJW 1991, 1617, 1618; wie hier *Wolfsteiner* NJW 1982, 2851; *Münch* NJW 1991, 795; *Baur/Stürner* I, EinzelvollstreckungsR, Rn. 16.23 m. Nw.
[2] Hierzu BGHZ 88, 62 ff.; BayObLG NJW-RR 1989, 1467; BGHZ 108, 372, 377. Die h.M. setzt sich diesen Schwierigkeiten allerdings nur aus, weil sie den prozessualen Anspruch der Urkunde nicht vom materiellrechtlichen Anspruch trennt: nur der prozessuale Anspruch muß bestimmt sein, nicht der materiellrechtliche Anspruch; hierzu *Baur/Stürner* I, EinzelvollstreckungsR, Rn. 16.16; ausführlich *Münch*, Vollstreckbare Urkunde, S. 287 ff. m. Nw.
[3] BGHZ 108, 372 ff. („zuletzt zu zahlender Teilbetrag" einer Grundschuld).
[4] Offen BGH FamRZ 1989, 267 ff. m. Nw.; für Dynamisierung *Stürner/Münch* JZ 1987, 178 ff., 181 f.; *Baur/Stürner* I, EinzelvollstreckungsR, Rn. 16.16; *Rosenberg/Gaul/Schilken* § 10 II 2a, bb, S. 84 ff. Das Parallelproblem stellt sich bei Rentenreallasten mit Wertsicherungsklausel (§ 35 Rn. 9). Ältere Fundstellen: BGHZ 22, 54; *Pohlmann* NJW 1973, 199; *Mes* NJW 1973, 875; großzügig zur Bestimmtheit bei Bezug auf offenkundige Daten BGH NJW 1995, 1162 m. Nw. (hierzu *Münch* DNotZ 1995, 749 ff.).

§ 40. Die Verwirklichung der Hypothekenhaftung

lehensschuld an G tilgt und die Hypothek löschen läßt; dies geschieht nicht. G hält sich nunmehr an E.

E macht geltend:

(1) Die Unterwerfungserklärung sei unwirksam; denn A sei Vertreter ohne Vertretungsmacht gewesen; die Unterwerfung sei eine einseitige Willenserklärung, die nach § 180 Satz 1 durch einen Vertreter ohne Vertretungsmacht wirksam nicht abgegeben werden könne. Diesen Einwand, der die Gültigkeit der Unterwerfung betrifft, muß E durch Klage nach § 732 ZPO (BGHZ 22, 54, 56) geltend machen. Er wird freilich keinen Erfolg damit haben, da § 180 Satz 1 BGB auf die *prozessuale* Unterwerfungserklärung als Prozeßhandlung nicht anwendbar ist (RGZ 146, 308; s. a. BGH NJW 1985, 2423 und *Baur/Stürner* I, EinzelvollstreckungsR, Rn. 16.18).

(2) Die Unterwerfungsklausel sei weiter deshalb unwirksam, weil ein Gläubiger des Grundpfandrechts noch gar nicht vorhanden gewesen sei. Dieser Einwand ist wieder nach § 732 ZPO geltend zu machen; er zieht aber nicht, weil die Unterwerfungserklärung nicht einen Grundpfandgläubiger als Adressaten voraussetzt (BGHZ 64, 316, 319; NJW 1976, 567).[1]

(3) G habe ihm – dem E – erklärt, er werde – bevor er aus der Hypothek gegen ihn vorgehe – die Zwangsvollstreckung in das Vermögen der Miterben betreiben; die Hypothek sei also noch gar nicht fällig. Damit macht E eine ihm als Eigentümer gegen die Hypothek zustehende Einrede geltend. Er muß dies im Wege der Vollstreckungsgegenklage tun (§ 767 ZPO), also seinerseits die Initiative ergreifen, um die Zwangsvollstreckung aus dem Titel zu verhindern. Denn G brauchte, um eine vollstreckbare Ausfertigung der Urkunde zu erhalten, nur das Entstehen der Hypothek und – nach h. M. – deren Fälligkeit nachzuweisen; will E ein Gegenrecht (hier: Einrede der Stundung) dartun, so muß er aktiv werden (zu beachten ist, daß § 797 Abs. 4 ZPO „die beschränkende Vorschrift des § 767 Abs. 2 ZPO" ausschließt). Dies bedeutet, daß gegen die vollstreckbare Urkunde im Wege der Vollstreckungsgegenklage auch solche Angriffe vorgetragen werden können, die schon zur Zeit der Errichtung der Urkunde möglich gewesen wären. Es kann also z. B. dargetan werden, der Eigentümer sei bei der Hypothekenbestellung arglistig getäuscht worden und habe daher angefochten oder das ganze Rechtsgeschäft sei wegen Verstoßes gegen die guten Sitten nichtig).

e) *Kontrolle unter dem AGBG*

Die formularmäßige Ausgestaltung der Vertragsurkunde, die eine Vollstreckungsunterwerfung enthält, ist ein kautelarjuristisches Kunstwerk. Sie wirft allerdings vielfältige Fragen der Kontrolle unter dem AGBG auf, die noch nicht alle befriedigend geklärt sind.

aa) *Die typische kautelarjuristische Gestaltung*

Die typische Gestaltung im Zusammenhang mit einer hypothekarisch gesicherten Zahlungsforderung (meist Kreditforderung einer Bank) kann folgende Elemente enthalten: Vollstreckungsunterwerfung unter die hypothekarische Haftung (§§ 794 Abs. 1 Nr. 5, 800 ZPO; §§ 1113, 1147); Vollstreckungsunterwerfung unter die kausale Zahlungsforderung (z. B. § 607) oder – als Variante – Vollstreckungsunterwerfung unter ein abstraktes Schuldanerkenntnis (§§ 780, 781), das zusätzlich zur kausalen Forderung geschaffen wird und ebenfalls volle persönliche Haftung auslöst und damit die Vollstreckung in das gesamte Vermögen ermöglicht (§ 794 Abs. 1 Nr. 5 ZPO); abstraktes Schuldversprechen – *nicht* kausale Forderung – als hypothekarisch gesicherte Forderung mit doppelter Vollstreckungsunterwerfung, wobei dann eine Sicherungsabrede das abstrakte Schuldversprechen mit einer oder mehreren kausalen Forderungen verknüpft; Verzicht auf Nachweis der Fälligkeit im

---

[1] Die h. M. hält auch sonst die Möglichkeit einer Unterwerfungserklärung großzügig offen. So kann der *künftige* Eigentümer eine Unterwerfungserklärung abgeben, die er dann mit seiner Eintragung als Eigentümer genehmigt (§ 185 Abs. 2), so daß es ausreicht, wenn er zum Zeitpunkt der Eintragung der Unterwerfungserklärung eingetragen ist (BGHZ 108, 372, 376; s. a. *Baur/Stürner* I, EinzelvollstreckungsR, Rn. 16.20). Auch die *künftige,* aber bestimmte Forderung ist unterwerfungsfähig (BGHZ 88, 62 ff., 65); falls man den selbständigen prozessualen Anspruch als Gegenstand der Unterwerfung betrachtet (*Münch,* Vollstreckbare Urkunde, S. 276 ff.), ist dies nur konsequent (*Baur/Stürner* I, EinzelvollstreckungsR, Rn. 16.16).

Verfahren um die Klauselerteilung nach Vollstreckungsunterwerfung (§§ 797, 795, 726 Abs. 1 ZPO).

bb) *Abstraktes Schuldversprechen und Unterwerfung*

45 Die Rechtsprechung zur Zulässigkeit solcher Gestaltungen gilt ganz überwiegend der parallelen Konstruktion bei der Grundschuld (Sicherung der kausalen Forderung[en] durch Grundschuld, abstraktes Anerkenntnis, Vollstreckungsunterwerfungen, Verzicht auf Fälligkeitsnachweis; hierzu § 45 Rn. 15), jedoch lassen sich ihre Grundprinzipien weithin auf die Rechtslage bei hypothekarischer Sicherung übertragen. Der BGH hält das *abstrakte Schuldversprechen,* dessen Hauptfunktion in der Beweislastumkehr gegenüber dem Fall der Berufung auf kausale Forderungen besteht, für unbedenklich, soweit das bankmäßige Sicherungsinteresse den Gebrauch dieses gesetzlichen Instituts erheischt; es liegt dann also kein Verstoß gegen § 3 AGBG (Überraschungsklausel), § 11 Nr. 15 AGBG (unzulässige Beweislastumkehr) oder § 9 AGBG vor (BGHZ 99, 274, 284f. gegen *Stürner* JZ 1977, 638, 639; *Baur/Stürner* I, EinzelvollstreckungsR, Rn. 16.19). Auch die *Vollstreckungsunterwerfung* in Bankkreditformularen ist vom BGH akzeptiert, weil die ZPO kein Leitbild kenne, nach welchem grundsätzlich das Erkenntnisverfahren dem Vollstreckungsverfahren vorausgehen müsse (§ 9 Abs. 2 Nr. 1 AGBG); die Rechte des Schuldners sind nach Ansicht des BGH durch §§ 767, 769 und Schadensersatzpflichten der Bank[1] ausreichend gesichert (BGHZ 99, 274, 282ff. gegen *Stürner* JZ 1977, 431, 432, 639f.; *Baur/Stürner* I, EinzelvollstreckungsR, Rn. 16.19). Obwohl die Auffassung des BGH nicht überzeugt – viele Banken verzichten von sich aus auf diese Ballung von Sicherungsmitteln bei erstrangigen Grundpfandrechten, das HypothekenbankG hält zur Sicherung der Kreditgeber das bloße erstrangige Grundpfandrecht für ausreichend, „Bank" ist eben hinsichtlich der Seriosität durchaus nicht gleich „Bank" –, dürfte der Streit der Rechtsgeschichte angehören (bestätigend nunmehr BGH NJW 1991, 286; 1677; 2559, 2560f.; 1992, 971, 972). Nicht endgültig entschieden ist bisher, ob auch *andere* Kreditgeber (z.B. der Verkäufer für den Restkaufpreis etc.) gleiche formularmäßige Sicherung beanspruchen können; man würde dem BGH wenigstens hier mehr Vorsicht wünschen. Der BGH hat inzwischen – u.E. etwas spät – den Pflock dort eingeschlagen, wo bei Sicherung von Ansprüchen gegen den Schuldner, der mit dem Eigentümer *nicht* identisch ist, das abstrakte Schuldversprechen mit Unterwerfung *formularmäßig* die persönliche Mithaftung des Eigentümers auslöst (BGH NJW 1991, 1677 = JZ 1991, 874 m. Anm. *Eickmann;* NJW 1992, 972) – wenigstens für den Fall der einheitlichen Urkunde (krit. zu dieser Beschränkung *Stürner* DNotZ 1992, 97ff.).[2]

cc) *Abstrakte Hypothek*

46 Die Vereinbarkeit der „abstrakten Hypothek" (Hypothek für abstraktes Schuldversprechen, das eine oder mehrere Forderungen sichert, doppelte Unterwerfung) mit §§ 3, 9 Abs. 2 Nr. 1 AGBG ist bisher nicht abschließend entschieden (bejahend OLG Stuttgart NJW 1979, 222f.; *Wolf* Rn. 713). Sicher kann sie nicht zur Sicherung von Forderungen gegen den Schuldner dienen, der mit dem persönlich haftenden Eigentümer nicht identisch ist (arg. BGH NJW 1991, 1677). Besondere Bedenken könnten sich aber allgemein weiter daraus ergeben, daß mit dieser Konstruktion die Akzessorietät der Hypothek völlig unterlaufen wird, und zwar in einer selbst für viele Juristen überraschenden und undurchschaubaren Form.

dd) *Verzicht auf Fälligkeitsnachweis*

47 Der „Verzicht auf den Nachweis der Fälligkeit" von Grundpfandrecht oder Forderung im Klauselerteilungsverfahren für die vollstreckbare Urkunde ist u.E. mit § 11 Nr. 15 AGBG vereinbar. Die Vollstreckungsunterwerfung gilt dem prozessualen Anspruch (*Münch,* Vollstreckbare Urkunde, 1989; *Baur/Stürner* I, EinzelvollstreckungsR, Rn. 16.16) und ist grundsätzlich unbedingt. Die Verzichtsklausel stellt entweder klar, daß gar keine Bedingung – auch nicht stillschweigend – gegeben ist, oder sie verändert die Beweislast nur vorläufig für das Klauselerteilungsverfahren und läßt für eine Voll-

---

[1] Nach h.M. ist allerdings § 717 ZPO auf rechtswidrige Vollstreckung aus vollstreckbaren Urkunden nicht anwendbar: BGH WM 1977, 657; a.A. *Baur/Stürner* I, EinzelvollstreckungsR, Rn. 15.47 m. Nw.

[2] Weitere Literaturauswahl zum Problemkreis: *Kümpel* WM 1978, 746; *Kollhosser* JA 1979, 263; *Fehl,* Systematik des Rechts der AGB, 1979, 202ff.; *Reinicke/Tiedtke* Kreditsicherung, S. 292ff.; *Rastätter* DNotZ 1988, 462; *Eickmann* ZIP 1989, 137ff.; *Rainer* WM 1988, 1657ff.; *Bülow,* Recht der Kreditsicherheiten, 3. Aufl. 1993, Rn. 459ff.; *Bräunert* NJW 1991, 805ff.; *Hahn* ZIP 1996, 1233.

streckungsgegenklage die Beweislage offen (*Baur/Stürner* I, EinzelvollstreckungsR, Rn. 17.29; *Münch,* Vollstreckbare Urkunde, S. 240; *ders.* NJW 1991, 795, 801).[1]

6. Sonstige Vollstreckungstitel

Als solche kommen noch in Betracht: der gerichtliche Vergleich (§ 794 Abs. 1 Ziff. 1 ZPO) und für vollstreckbar erklärte Schiedssprüche (§ 794 Abs. 1 Ziff. 4a ZPO), ferner auch der anwaltliche Vergleich (§§ 794 Abs. 1 Nr. 4b, 796a–c ZPO). Dagegen genügt nicht ein Titel wegen der persönlichen Forderung, um die Zwangsvollstreckung „aus" der Hypothek, also mit deren Rang, zu betreiben.

V. Die Zwangsvollstreckung in das Grundstück

1. Grundzüge

Hat der Gläubiger einen dinglichen Vollstreckungstitel erlangt, so kann er die Zwangsvollstreckung in das Grundstück betreiben. Die verschiedenen Zwangsvollstreckungsarten (Zwangsversteigerung, Zwangsverwaltung) haben wir bereits oben § 39 Rn. 13 ff. bei Erörterung des Begriffs der Beschlagnahme behandelt.

Eine bedeutsame Rolle spielen die gesetzlichen Schuldnerschutzbestimmungen, deren Bedeutung und Neukodifikation durch die Rechtsprechung des BVerfG wesentlich mitgeprägt ist (*Baur/Stürner* I, EinzelvollstreckungsR, Rn. 35.21 m. Nw.). Hingewiesen sei auf § 114a ZVG, der häufig übersehen wird (s. BGHZ 99, 110 und *Baur/Stürner* I, EinzelvollstreckungsR, Rn. 36.21 mit einem *Beispiel*).

2. Grundpfandrecht und Eintragung einer Zwangshypothek

Die in §§ 866–868 ZPO genannte weitere Form der Grundstückszwangsvollstreckung, nämlich die „Eintragung einer Sicherungshypothek für die Forderung" (sog. Zwangshypothek) hat für den Hypothekengläubiger meist keine Bedeutung, da er schon über ein Grundpfandrecht verfügt; außerdem können wegen einer Forderung nicht zwei Hypotheken an demselben Grundstück begründet werden, die zusätzliche Zwangshypothek ist allenfalls an weiteren Grundstücken denkbar (z. B. BayObLG Rpfleger 1991, 53 m. Nw.; OLG Köln Rpfleger 1996, 153: Grundschuld und Zwangshypothek für Schuldanerkenntnis. Die Zwangshypothek ist regelmäßig von Interesse für persönliche Gläubiger, die auf diese Weise ein dingliches Recht am Grundstück erwerben und sich einen Rang für die künftige Vollstreckung sichern wollen.

Voraussetzungen: Vollstreckungstitel über Geldforderung (bisher mindestens 500 DM, nach der 2. Zwangsvollstreckungsnovelle 1999 1500 DM; bei Eintragung auf mehreren Grundstücken Verteilung nötig, § 867 Abs. 2 ZPO) – Vollstreckungsklausel (§ 725 ZPO; nicht im dann praktisch wichtigen Fall des Vollstreckungsbescheids, § 796 ZPO) – Zustellung des Titels (§ 750 ZPO).[2] Zwischenverfügung nach § 15 GBO hier besonders wichtig! (s. oben § 16 Rn. 64ff.).

3. Mobiliarzwangsvollstreckung in mithaftende Gegenstände

Wie wir wissen, kann in die mithaftenden Gegenstände – ausgenommen das Zubehör (§ 865 Abs. 2 ZPO) – auch im Wege der Mobiliarzwangsvollstreckung (also durch Pfändung seitens des Gerichtsvollziehers oder des Vollstreckungsgerichts) vollstreckt werden. Erfolgt eine solche Zwangs-

---

[1] Zum Problemkreis ferner *Rastätter* NJW 1991, 392 ff. m. Nw.; zuletzt OLG Hamm NJW-RR 1991, 1151, 1152 m. Nw.; DNotZ 1994, 57 m. Anm. *Münch.*

[2] Einzelheiten zur Zwangshypothek s. *Baur/Stürner* I, EinzelvollstreckungsR, Rn. 38.1 ff.; *Rosenberg/Gaul/Schilken* § 69; *Brox/Walker* § 33; *Jauernig* § 23; ferner noch § 42 Rn. 5 ff.

§ 40 VI III. Abschnitt. Liegenschaftsrecht

vollstreckung auf Grund eines dinglichen Titels, so enthält sie eine Beschlagnahme im Sinne der §§ 1121 ff. (s. dazu oben § 39 Rn. 13 ff., 24–59).

VI. Grundpfandrechte in der Insolvenz[1]

1. Insolvenz als Bewährungsprobe

52 Das Grundpfandrecht muß sich nicht nur im Konkurrenzkampf der Gläubiger in der Einzelvollstreckung bewähren, wo es dem dinglichen Gläubiger die Priorität vor persönlichen Gläubigern sichert (s. § 36 Rn. 2f.). Die „Nagelprobe" ist vielmehr insbesondere auch die Insolvenz des Schuldners oder Eigentümers als der absolute Katastrophenfall. Hier gewährt das Grundpfandrecht *abgesonderte Befriedigung* vor anderen Gläubigern. Der Aufwand bei der rechtlichen Konstruktion der Grundpfandrechte bliebe unverständlich, böten Grundpfandrechte in der Insolvenz nicht einen Sicherheitsstandard bemerkenswerter Qualität. Dieser Sicherheitsstandard ist für Kreditkonditionen der Kreditgeber von entscheidender Bedeutung, vor allem für Banken, die fremde Gelder bewirtschaften und verwenden. Der insolvenzmäßige Sicherheitsstandard ist deshalb eine Frage allgemeinwirtschaftlichen Gewichts.[2]

2. Die abgesonderte Befriedigung unter der KO und VerglO

a) Konkursabwendender Vergleich

53 Am konkursabwendenden Vergleich der VerglO sind die Hypothekengläubiger nur in Höhe eines etwaigen Ausfalls beteiligt (§ 27 VerglO). Die dingliche Haftung verwirklicht sich also unabhängig vom Vergleich ohne jeden Abstrich – im Ernstfall durch Einzelvollstreckung (vgl. § 47 VerglO). Soweit sie die persönliche Forderung nicht deckt, ist der Gläubiger Vergleichsgläubiger.

54 *Beispiel:* G hat gegen V eine Darlehensforderung über 100 000 DM, für die am Grundstück des V eine Hypothek bestellt ist. G kann trotz Vergleichseröffnung die dingliche Haftung verwirklichen (§§ 1113, 1147). Ergibt die Verwertung des Grundstücks nur 80 000 DM, so ist G mit 20 000 DM am Vergleich beteiligt, erhält also bei einer Vergleichsquote von 40% noch 8 000 DM (§§ 27, 82 Abs. 1 VerglO).

55 War V nur Darlehensschuldner, Eigentümer des belasteten Grundstücks dagegen E, so ist die gesamte Forderung über 100 000 DM Vergleichsforderung. G erhält seine Quote von 40%, also 40 000 DM. Zusätzlich kann er sich bei E aus §§ 1113, 1147 bis zur vollen Summe befriedigen; dem E ist der Rückgriff gegen V bzw. die „Vergleichsmasse" verwehrt (§ 82 Abs. 2 S. 2 VerglO; s. a. BGHZ 55, 117 ff.; *Böhle-Stamschräder,* VerglO, 9. Aufl. 1977, § 82 Bem. 5). Wenn E vor Vergleichseröffnung erfüllt, so ist er insoweit Vergleichsgläubiger (§§ 1143 Abs. 1, 607; §§ 33, 82 Abs. 1 VerglO).

b) Konkurs

56 Wenn ein Gläubiger ein Grundpfandrecht an einem massezugehörigen Grundstück hat, so kann er sich grundsätzlich aus dem Grundstück so befriedigen (§§ 1113, 1147), als gäbe es keine Insolvenz (§§ 47, 4 Abs. 2 KO), also selbst Zwangsversteigerung oder Zwangsverwaltung betreiben.

57 Der Konkursverwalter kann aber auch *seinerseits* Zwangsversteigerung oder Zwangsverwaltung beantragen (§ 126 KO: „Doppelinitiativrecht"), was die Befriedigungsaussichten des Hypothekars nicht

---

[1] *Baur/Stürner* II, Insolvenzrecht, Rn. 15.15 ff.; insbesondere *Gerhardt,* Grundpfanderecht im Insolvenzverfahren, 5. Aufl. 1990.

[2] Zur verfassungsrechtlichen Rechtfertigung *Baur/Stürner* II, Insolvenzrecht, Rn. 6.27, 6.30.

schmälert (§§ 172 ff. ZVG; *Baur/Stürner* I, EinzelvollstreckungsR, Rn. 34.10). Denkbar ist gleichermaßen die Veräußerung des belasteten Grundstücks durch den Verwalter (§ 117 KO), welche die Stellung des Grundpfandgläubigers ebenfalls unberührt läßt. Am Konkurs nimmt der Gläubiger nur in Höhe des Ausfalls teil (§ 64 KO).

Beispiel: Die Bank B hat gegen G eine Darlehensforderung über 100 000 DM, die eine Hypothek **58** am Grundstück des G sichert. B kann grundsätzlich auch nach Insolvenzeröffnung die Zwangsversteigerung des Grundstücks betreiben. Der Konkursverwalter kann zwar – zur besseren Verwertung oder bei Vergleichsaussichten – ein Moratorium erreichen (§ 30 c ZVG), aber die Verwertung nicht endgültig behindern. Erlöst die Bank 80 000 DM, so nimmt sie mit 20 000 DM am Konkurs teil und bekommt bei einer Quote von 10% noch 2 000 DM.

Wenn nicht der Gemeinschuldner G, sondern E Eigentümer des belasteten Grundstücks ist, so liegen **59** die Dinge – wie beim Vergleich – völlig anders. Die Bank B nimmt dann – § 64 KO gilt *nicht* – voll am Konkurs des G teil, kann also 100 000 DM anmelden und erhält 10 000 DM bei 10% Konkursquote (RGZ 91, 12, 13; 156, 271, 278; BGH NJW 1960, 1295, 1296). E kann neben G bzw. der Konkursmasse bis zur Höhe von fehlenden 90 000 DM voll beansprucht werden (arg. § 68 KO), der Regreß gegen G bzw. die Konkursmasse (§§ 1143 Abs. 1, 607) bleibt ausgeschlossen. Falls E schon *vor* Konkurs die Bank B befriedigt, ist er selbst Konkursgläubiger (§§ 1143 Abs. 1, 607 BGB, 3 KO); es kann sich also für den schuldnerverschiedenen Eigentümer durchaus lohnen, rechtzeitig zu zahlen (ausführlich *Gerhardt*, Grundpfandrechte, S. 53 ff. m. Nw.; ferner *Baur/Stürner* II, Insolvenzrecht, Rn. 15.18 und Rn. 11.12, 11.13 zum Parallelproblem der Bürgenhaftung).

Der *Zwangsverleich* zur Konkursbeendigung hat gleiche Wirkung wie der konkursabwendende Vergleich (§§ 64, 173, 193 S. 2 KO).

3. Die abgesonderte Befriedigung unter der neuen InsO

a) Grundzüge

Wenn das belastete Grundstück im Eigentum des Gemeinschuldners steht, **60** ändert die neue InsO konstruktiv kaum etwas, zieht allerdings den Hypothekar in beschränktem Umfang zur Kostentragung heran. Nach §§ 49, 52 InsO kann der Hypothekar die dingliche Haftung wie bisher nach dem ZVG verwirklichen, daneben steht dem Insolvenzverwalter ein Initiativrecht zu (§ 165 InsO). Nur mit dem Ausfall ist der Hypothekar Insolvenzgläubiger.

Allerdings muß der Hypothekar an die Masse 4% des Wertes der beweglichen Gegenstände ab- **61** führen, die mitversteigert werden (hierzu § 39 Rn. 16 f., 24–34) falls ein Insolvenzverwalter bestellt ist (§ 10 Abs. 1 Nr. 1 a ZVG n. F.), also – wie im Regelfall – keine sog. Eigenverwaltung stattfindet (§§ 270 ff. InsO). Der Insolvenzverwalter kann zudem ein Verwertungsmoratorium beantragen (§§ 30 d–f, 153 b und c ZVG n. F.), das den seitherigen Möglichkeiten stark erweitert. Dieses Moratorium sichert die Fortführung von Unternehmen, die Durchführung eines Insolvenzplans und die Verwertung von unzerschlagenen Einheiten der Insolvenzmasse. Während des Moratoriums muß die Insolvenzmasse aber Zinsen fortzahlen und u. U. Wertausgleich für Wertverluste leisten.

Beispiel: Auf dem landwirtschaftlichen Betriebsgrundstück des G lastet die Hypothek der Bank B **62** mit 100 000 DM. Das Grundstück sei 80 000 DM wert, der Maschinenpark im Eigentum des G noch 30 000 DM. Hier kann die Bank B grundsätzlich unberührt von der Insolvenz die Zwangsversteigerung betreiben, muß aber aus dem Versteigerungserlös 4 % des Wertes der Zubehörstücke, also 1200 DM, an die Masse abführen. Damit wird der Hypothekar bezüglich mithaftender beweglicher Gegenstände dem Mobiliarsicherheitengläubiger gleichgestellt (§§ 170 Abs. 1, 171 Abs. 1 InsO).

Insolvenzverwalter I kann indessen ein Moratorium beantragen, falls er in einem Insolvenzplan die **63** Fortführung des Unternehmens intendiert oder sich eine bessere Verwertung durch eine Betriebsgesamtveräußerung mit allen Grundstücken zusammen verspricht. Dann muß er aber die Darlehenszinsen weiter zahlen (§§ 30 d und e ZVG n. F. entgegen §§ 38, 39 Abs. 1 Nr. 1, 52 InsO) und eventuelle Wertverluste ausgleichen.

b) Besonderheiten der Mithaftung des schuldnerverschiedenen Eigentümers

64 Wenn das Grundstück nicht im Eigentum des Gemeinschuldners G steht, sondern im Eigentum des E, so gilt – wie nach bisherigem Recht – nicht § 52 InsO, sondern §§ 43, 44 InsO. Der Gläubiger kann folglich die schuldrechtliche Forderung voll zum Verfahren anmelden und sich in Höhe des ausfallenden Betrages zusätzlich voll an den Eigentümer halten. Falls der Eigentümer vor Verfahrenseröffnung tilgt, ist *er* Insolvenzgläubiger (§§ 1143 Abs. 1, 607 BGB, 44 InsO).

c) Das Insolvenzplanverfahren

65 Nach neuem Recht sind die Grundpfandgläubiger an einer vergleichsweisen Regelung durch Insolvenzplanverfahren beteiligt (§ 217 InsO). Falls der Insolvenzplan nicht anderes vorsieht, bleiben ihre Rechte unberührt (§ 223 InsO), d. h. ihre Forderungen und Sicherheiten bestehen wie bisher fort. Der Insolvenzplan kann aber auch in ihre Rechte eingreifen, sie sind dann als eine oder mehrere Gläubigergruppen am Aufstellungsverfahren beteiligt (§§ 222 Abs. 1 Nr. 1, 223 Abs. 2 InsO). Der Insolvenzplan kann insbesondere die Forderungen und dinglichen Sicherheiten durch Kürzungen oder Stundungen verändern (§§ 223 Abs. 2, 228 InsO), wenn ein entsprechender Plan angenommen und bestätigt wird (§§ 235 ff. InsO). Selbst wenn die absonderungsberechtigten Grundpfandgläubiger mehrheitlich gegen den Plan stimmen (§§ 243, 244 InsO), kann er doch in Kraft treten, falls er die Hypothekare nicht schlechter stellt als eine Liquidation (sog. Obstruktionsverbot, § 245 InsO). Umgekehrt kann ein einzelner überstimmter Hypothekar dem Plan widersprechen und seine Bestätigung verhindern, wenn er ihn schlechter stellt als die Liquidation (§ 251 InsO).

66 *Theoretisch* kann also der Insolvenzplan die Wertigkeit der Hypothek nicht beeinträchtigen. *Praktisch* hängt ihre Realisierung doch stark davon ab, wie Planwert und Liquidationswert vom Gericht angesetzt werden. Es wird abzuwarten sein, ob die Praxis ihre Aufgabe insoweit befriedigend bewältigen kann. Für Grundpfandrechte sollte gelten: „In dubio pro creditore" (zum Ganzen *Stürner,* in: Leipold, Insolvenzrecht im Umbruch, 1991, S. 46; *Städtler,* Die Effektivität von Grundpfandrechten in der Insolvenz in Frankreich und Deutschland, 1998).

67 *Beispiel:* Das Vermögen des G, Inhaber eines landwirtschaftlichen Betriebs, ist Gegenstand eines Insolvenzplanverfahrens. Auf dem Betriebsgrundstück (Wert 500 000 DM) lasten drei Hypotheken, für A zu 100 000 DM, für B zu 200 000 DM und für C zu 200 000 DM. Insgesamt hat G ungesicherte Schulden von ca. 200 000 DM. Der Plan sieht vor, daß der Betrieb fortgeführt wird. Die ungesicherten Gläubiger müssen eine Kürzung um 50% auf 100 000 DM hinnehmen und eine gestufte Stundung auf zwei Jahre (§ 224 InsO). Die gesicherten Gläubiger sollen Kürzungen von 10% (A), 20% (B) und 30% (C) hinnehmen und im übrigen vertragsgemäße Tilgung beanspruchen können (§ 223 Abs. 2 InsO). Hier zeigt sich bereits die erste Schwierigkeit: man muß u. U. für jeden Grundpfandgläubiger eine Gruppe bilden (§§ 222 Abs. 1 Nr. 1, Abs. 2, 226 InsO), will man überhaupt sachgerecht differenzieren. A kann in den Plan ebensowenig gezwungen werden wie B, falls das Grundstück auch nur noch 300 000 DM Wert erlöst (§§ 245, 251 InsO).

68 Die zweite Schwierigkeit ergibt die Stellung des C: er muß eine Kürzung von über 20% hinnehmen, falls das Insolvenzgericht davon ausgeht, der Grundstückswert sei um beispielsweise 80 000 DM gefallen und nur noch mit 420 000 DM anzusetzen (§§ 245, 251 InsO). Nach altem Recht konnte er die Werthaltigkeit selbst durch Versteigerung „austesten". Das neue Recht überantwortet ihn insoweit Richtern und Sachverständigen: die Vollstreckung wird durch sachverständige Bewertung abgelöst, wobei dann der Grundstückswert durch Mißwirtschaft später noch fallen kann! (zu verfassungsrechtlichen Bedenken *Baur/Stürner* II, Insolvenzrecht, Rn. 6.8).

Übersicht 19

Die Realisierung der Hypotheken-(Grundschuld-)haftung

I. *Voraussetzung der Realisierung*	II. *Arten der Vollstreckung*	III. *Umfang der Hypothekenhaftung*
Vorliegen eines „*dinglichen*" Titels (z.B. Urteil, Vollstreckungsbescheid, vollstreckbarer Urkunde), der die Zwangsvollstreckung aus der Hypothek (Grundschuld) in das belastete Grundstück gestattet, wenn die Hypothek (Grundschuld) fällig geworden ist (sog. Pfandreife) Davon zu unterscheiden der „*persönliche*" Schuldtitel, der zur Zwangsvollstreckung in das gesamte Vermögen berechtigt, aber kein Rangvorrecht gibt.	1. Zwangsversteigerung (Verwertung der Substanz) 2. Zwangsverwaltung (Verwertung der Nutzungen des Grundstücks) Regelung zu 1 u. 2 a) §§ 864 ff., § 869 ZPO b) ZVG 3. Mobiliarzwangsvollstreckung in die mithaftenden Gegenstände (Getrennte Bestandteile und Erzeugnisse [III 1] sowie in Forderungen [III 3, 4], nicht aber in Zubehör [III 2], § 865 II 1 ZPO	1. *Grundstück* mit allen *Bestandteilen* und *Erzeugnissen; aber:* freie Verfügungsbefugnis des Eigentümers bis zur „Beschlagnahme" durch Zwangsversteigerung (oder nach II 3): §§ 1120–1122. Faustregel: Was *vor* der Beschlagnahme vom Grundstück getrennt, veräußert und entfernt worden ist, ist von der Hypothekenhaftung frei geworden. Grundgedanke: Eigentümer bleibt freier Herr auf seinem Grundstück, bis es „ernst wird" (Beschlagnahme!) 2. Das dem Eigentümer gehörige *Zubehör* des Grundstücks, §§ 1120–1122. Faustregel wie oben 1, aber „Beschlagnahme" *auch* durch Anordnung der Zwangsverwaltung. 3. Die *Miet- und Pachtzinsforderungen* (§ 1123 Abs. 1). Beschlagnahme durch Zwangs*verwaltung* und nach II 3. Verfügungsbefugnis des Eigentümers bis zur „Beschlagnahme", aber Vorausverfügungen (also über die Zeit nach der Beschlagnahme hinaus) nur in beschränktem Umfang (§ 1124) möglich. Problem der Mietvorauszahlungen! 4. *Die Versicherungsforderungen* (z.B. Feuerversicherung) § 1127 (Surrogationsgedanke!)

§ 41. Das Erlöschen der Hypothek

I. Allgemeine Grundsätze

§ 362 sagt: „Das Schuldverhältnis erlischt, wenn die geschuldete Leistung an den Gläubiger bewirkt wird". Dieser Satz läßt sich in dieser Allgemeinheit auf die Befriedigung des Hypothekengläubigers *nicht* übertragen: denn – wie wir längst wissen – bringt in aller Regel der Tatbestand der Befriedigung des Gläubigers *kein Erlöschen* der Hypothek, sondern deren Übergang auf einen anderen

sei es den Eigentümer (§ 1163 Abs. 1 Satz 2, § 1143),
sei es den Schuldner (§ 1164),
sei es einen Dritten (§ 1150 mit § 268)

mit sich. Daneben gilt der grundstücksrechtliche Satz, daß das beschränkte dingliche Recht bei einer Vereinigung mit dem Eigentum in einer Person nicht untergeht (§ 889).

Es bleiben sonach nur wenige Erlöschenstatbestände übrig: vor allem die rechtsgeschäftliche Aufhebung (unten Rn. 2 ff.), die Befriedigung aus dem Grundstück (Rn. 5) und der Zuschlag (Rn. 6 ff.).

II. Die rechtsgeschäftliche Aufhebung

1. Fremdgrundpfandrechte

2   Die rechtsgeschäftliche Aufhebung erfolgt nach § 875 durch Aufhebungserklärung des Berechtigten und – wegen der „latenten" Eigentümergrundschuld – durch Zustimmung des Eigentümers, die dem Grundpfandgläubiger oder dem Grundbuchamt gegenüber zu erklären ist (§ 1183, s. auch § 27 GBO).

2. Eigentümergrundpfandrechte

3   Die Aufhebung kann auch durch den Eigentümer selbst erfolgen, wenn ihm das Grundpfandrecht zusteht (§ 875). Er kann zu einer solchen Aufhebung den nachstehenden oder gleichrangigen Grundpfandgläubigern, aber auch anderen Inhabern beschränkter dinglicher Rechte (z. B. einem Nießbraucher) gegenüber verpflichtet sein, und zwar im Grundpfandbereich durch das Bestehen des *gesetzlichen* Löschungsanspruchs (§ 1179a), im übrigen durch einen *vereinbarten* und durch Löschungsvormerkung gesicherten Löschungsanspruch (z. B. des Nießbrauchers), § 1179 n. F. (s. oben § 17 Rn. 10 f., § 20 Rn. 4 f. u. ausführlich unten § 46 Rn. 33 ff.). Damit hat sich der nachrangige oder gleichrangige, durch den gesetzlichen Löschungsanspruch oder die bewilligte Löschungsvormerkung geschützte Berechtigte das Aufrücken seines Rechts für den Fall des Zusammentreffens von Eigentum und Hypothek in einer Person gesichert, und zwar gleichgültig, wer in diesem Zeitpunkt Eigentümer des Grundstücks ist. Es spielt auch keine Rolle, ob das nachrangige geschützte Grundpfandrecht inzwischen den Inhaber gewechselt hat.

Im Fall des *Gleichrangs* besteht der Vorteil darin, daß der Berechtigte einen lästigen, bisher gleichberechtigten Konkurrenten (in der Zwangsversteigerung oder Zwangsverwaltung) ausschaltet.

3. Abgrenzung zum Verzicht

4   Von der Aufhebung ist der Verzicht auf die Hypothek zu unterscheiden: Er führt nicht zur Beseitigung des dinglichen Rechts, sondern läßt die Hypothek auf den Eigentümer als Eigentümergrundschuld übergehen (s. oben § 38 Rn. 91 ff.).

III. Das Erlöschen der Hypothek durch Befriedigung aus dem Grundstück

5   Wird der Gläubiger *durch Zwangsvollstreckung* aus dem Grundstück oder aus den mithaftenden Gegenständen befriedigt, so erlischt die Hypothek (§ 1181

Abs. 1, 3); verständlich, der Gläubiger hat sich nun aus der Substanz oder aus den Nutzungen des Grundstücks oder aus beiden befriedigt. Es ist auch durchaus angebracht, daß Nachhypothekare – sofern ihre Hypotheken nicht erloschen sind[1] – aufrücken; denn der Gesamtwert des Grundstücks ist jetzt ohnehin vermindert.

IV. Erlöschen durch Zuschlag

Das Zwangsversteigerungsrecht baut auf dem sog. *Übernahmeprinzip* auf; **6** d. h. die dem betreibenden Gläubiger vorgehenden Rechte sollen durch die Zwangsversteigerung nicht berührt werden; sie werden in das geringste Gebot aufgenommen (§ 44 Abs. 1 ZVG) und vom Erwerber des Grundstücks übernommen.

Dagegen erlöschen das Grundpfandrecht des betreibenden Gläubigers und die ihm nachfolgenden Rechte mit dem Zuschlag in der Zwangsversteigerung (§ 52 Abs. 1 Satz 2, § 91 Abs. 1 ZVG). Sie haben also nur die Chance, aus dem Versteigerungserlös befriedigt zu werden.[2]

Diese Regelung wird leicht verständlich, wenn man an die Stelle des Zwangsverkaufs einen frei- **7** willigen Verkauf setzt, der durch den Befriedigung verlangenden Hypothekengläubiger vorgenommen wird: Dieser Gläubiger würde darauf sehen, daß die ihm vorgehenden Rechte vom Käufer unter Anrechnung auf den Kaufpreis übernommen werden. Denn ihre Rechte kann er als Nachhypothekar nicht beeinträchtigen, auch wird es dem Käufer lieb sein, wenn er in dieser Höhe den Kaufpreis nicht bar bezahlen muß. Der betreibende Gläubiger wird aber Wert darauf legen, einen so hohen Barpreis herauszuschlagen, daß er sich aus dem Erlös befriedigen kann. Gelingt ihm das nicht, dann wird er das Grundstück lieber selbst kaufen, weil er dann die Chance einer künftigen Wertsteigerung für sich hat. Aus diesem Grunde ersteigern nicht selten Hypothekare das belastete Grundstück in der Zwangsversteigerung.[3]

Rechtstatsachen: Nach Mitteilung der Hypothekenbanken ist das Unvermögen zur Zinszahlung – **8** der hauptsächliche Grund für die Zwangsversteigerung von Familienwohnhäusern – zu einem hohen Prozentsatz auf Ehescheidungen und Arbeitslosigkeit zurückzuführen.

§ 42. Die Sicherungshypothek (einschließlich Höchstbetrags- und Papierhypothek)

Lesen Sie zunächst § 36 Rn. 83 f.

I. Allgemeine Grundsätze – Anwendungsbereich

1. Strenge Akzessorietät

Bei der *Verkehrshypothek* als der Regelform der Hypothek ist der Grundsatz **1** strenger Akzessorietät im Interesse des redlichen Verkehrs durchbrochen: Der Gutglaubensschutz bezieht sich – grob gezeichnet – auch auf die Forderung: sie wird insoweit als bestehend fingiert, als sie der Hypothek – kraft des Akzessorietätsdogmas – als Unterlage dienen muß (§ 1138).

---

[1] So im Falle der Zwangsversteigerung (s. unten Rn. 6 ff.).
[2] Hierzu der interessante *Beispielsfall* BGHZ 108, 237, 239 f.
[3] Einzelheiten zur Zwangsversteigerung s. *Baur/Stürner* I, EinzelvollstreckungsR, Rn. 35.1 ff., 36.1 ff.; *Eickmann,* Zwangsversteigerungs- und Zwangsverwaltungsrecht, 1991, §§ 8–25.

2 Anders bei der *Sicherungshypothek:* nach dem Willen des Gesetzes (§§ 1184, 1185) ist sie streng akzessorisch; § 1184 Abs. 1 sagt, daß sich bei der Sicherungshypothek „das Recht des Gläubigers aus der Hypothek *nur* nach der Forderung bestimmt und der Gläubiger sich zum Beweise der Forderung nicht auf die Eintragung berufen kann". Damit wird vor allem § 1138 ausgeschlossen und das Akzessorietätsprinzip wiederhergestellt.

3 Die vom Gesetz (§ 1184 Abs. 1) befohlene Bezeichnung „Sicherungshypothek" ist nicht glücklich. Denn auch die Verkehrshypothek dient der Sicherung einer Forderung; auch bei ihr kann die Hypothek als solche nur entstehen und bestehen, wenn die Forderung besteht. Nur zugunsten eines redlichen Erwerbers, der sich auf das Grundbuch (Brief und „Kette", § 1155) verläßt, wird eben der Bestand der Forderung kraft § 1138 fingiert. Man hätte also für die Sicherungshypothek einen anderen, sie besser kennzeichnenden Begriff finden müssen, etwa „streng angelehnte Hypothek" o. ä.

2. Die Sicherungshypothek als Buchhypothek

4 Die Sicherungshypothek ist nicht für eine häufige und rasche Zirkulation vorgesehen. Zwar kann auch sie abgetreten werden; aber der Zessionar erwirbt eben die Hypothek nur dann, wenn auch die zu sichernde Forderung besteht. Ob das der Fall ist, kann der Erwerber nur sehr schwer nachprüfen. Die Sicherungshypothek ist also im wirtschaftlichen Verkehr kein besonders attraktives Objekt. Der Gesetzgeber konnte sich mit der schwerfälligen Zirkulation durch Bucheintrag begnügen: die Sicherungshypothek kann daher *nur Buchhypothek* sein (§ 1185 Abs. 1); um den rechtsgeschäftlichen Verkehr zu warnen, muß sie im Grundbuch *als Sicherungshypothek bezeichnet* sein (§ 1184 Abs. 2).

Hier kann sich der – nicht gerade häufige – Fall ergeben, daß die Einigung der Parteien über die Art der Hypothek (Verkehrs- oder Sicherungshypothek) mit der vom Grundbuchamt getroffenen Eintragung nicht übereinstimmt (z. B. der Grundbuchbeamte vergißt die Bezeichnung: „Sicherungshypothek"); s. dazu oben § 37 Rn. 39.

3. Anwendungsbereich

5 Die Sicherungshypothek als *rechtsgeschäftlich* begründete Hypothek ist im Rechtsleben verhältnismäßig selten; dies leuchtet ein, weil meist der Hypothekar als Darlehnsgeber den Typ der Hypothek bestimmt; ihm ist aber die Sicherungshypothek als schwer übertragbares Grundpfandrecht nicht genehm. Etwas häufiger ist sie in der Sonderform der Höchstbetragshypothek (s. unten Rn. 18 ff.) und der sog. „Papierhypothek" (s. unten Rn. 29 ff.).

6 Das Gesetz hat aber die Sicherungshypothek auch als ein Mittel *zwangsweiser Sicherung* vorgesehen; so ist sie – wie wir bereits wissen – eine Art der Zwangsvollstreckung in Grundstücke: der Inhaber eines gegen den Eigentümer gerichteten vollstreckbaren Titels kann die Eintragung einer *Zwangshypothek*[1] beantragen (§§ 866–868 ZPO), wer einen Arrestbefehl erwirkt hat, die Eintragung einer *Arresthypothek* (§ 932 ZPO).[1]

---

[1] Dazu *Schanz,* Die Zwangshypothek (1933); *Nicklisch,* Wesen und Wirkung der Arresthypothek, AcP 169, 124; *Habermaier,* Die Zwangshypotheken der ZPO, 1989, s. a. § 40 Rn. 50. Zur Vollstreckung aus der Zwangshypothek und insbesondere zur bisher streitigen Frage, ob hierfür ein besonderer

Ein ähnlicher Fall ist die Eintragung einer Sicherungshypothek auf Antrag des Finanzamts auf dem 7
Grundstück eines *Steuerschuldners* (§ 322 AO). Dagegen handelt es sich bei der sog. *Bauhandwerkerhypothek*[2] des § 648 um eine rechtsgeschäftlich bestellte Sicherungshypothek, auf die der Bauunternehmer aber einen Anspruch hat (wenig praktisch! die Baugrundstücke sind meist schon bis unter das Dach belastet, ehe der Bauhandwerker zum Zuge kommt); *Beispielsfälle:* BGHZ 102, 95; 91, 139 ff. (keine ersatzlose Abbedingung in AGB!); BGH NJW 1974, 1761; OLG Celle NJW-RR 1996, 854 (kein vormerkbarer Anspruch vor Baubeginn für Architekten; str.).

Schließlich entsteht die Sicherungshypothek *kraft Gesetzes* als Surrogat eines – rechtsgeschäftlichen 8
oder durch Pfändung erlangten – Pfandrechts an einer Forderung auf Übereignung eines Grundstücks (§ 1287 Satz 2 BGB, § 848 Abs. 2 Satz 2, 3 ZPO). Auch diese Form der Sicherungshypothek ist nicht gerade häufig; denn für einen Gläubiger ist die auf Übereignung eines Grundstücks gerichtete Forderung seines Schuldners nur von Interesse, wenn der Schuldner den Gegenwert bereits bezahlt hat oder keinen Gegenwert zu leisten braucht (z.B. bei einem Vermächtnis) oder wenn der Wert des Grundstücks sehr viel höher ist als die (noch nicht erbrachte) Gegenleistung.[3]

Ein Überblick über den *Anwendungsbereich* der Sicherungshypothek ergibt 9
sonach, daß sie praktisch nur als Höchstbetragshypothek, als Zwangshypothek
und als Arresthypothek (auch für öffentlich-rechtliche Forderungen) zu finden
ist.

II. Besonderheiten der Sicherungshypothek

1. Grundsätzliche Geltung der allgemeinen Regeln

Vorweg ist zu bemerken, daß auch für die Sicherungshypothek die für die Verkehrshypothek dar- 10
gestellten Regeln gelten, sofern sich eben nicht aus der Eigenart der Sicherungshypothek etwas anderes ergibt. So gelten etwa für die Entstehung § 873 mit §§ 1113–1115, für den Übergang der Hypothek auf den Eigentümer (als Eigentümergrundschuld oder Eigentümerhypothek) die §§ 1143, 1163, 1168, für die Übertragung der Hypothek § 1154 Abs. 3 usw.
Vorweg ist weiter zu bemerken, daß die Einschränkung des redlichen Erwerbs sich nur auf die Forderung bezieht, nicht etwa auf die Hypothek als dingliches Recht.

Beispiel: Hat E seinem Gläubiger G für ein früher rechtsgültig gegebenes Darlehen eine Siche- 11
rungshypothek an seinem Grundstück bestellt, war diese Bestellung aber aus irgendeinem Grunde nichtig und tritt G die Hypothek an den redlichen Z ab, so erwirbt dieser die Forderung (weil sie wirklich bestand!) *und* die Hypothek (nach § 892).

2. Beweislast und redlicher Erwerb

Die Besonderheiten der Sicherungshypothek wirken sich zunächst auf die Beweislast aus: Der Hy- 12
pothekar kann sich – will er die Hypothek geltend machen – nicht zum Nachweis der Forderung auf die Eintragung im Grundbuch berufen. Es gilt also nicht § 1138 mit § 891 (§ 1185 Abs. 2).[4]

---

dinglicher Titel erforderlich war, s. *Holch* Rpfleger 1993, 140; *Baur/Stürner* I, EinzelvollstreckungsR, Rn. 35.4, 38.1 m. Nw. Die 2. Zwangsvollstreckungsnovelle regelt die *Vollstreckbarkeit ohne dinglichen Titel* (§ 867 Abs. 3 ZPO).

[1] Interessanter *Beispielsfall: Baur/Stürner,* Fälle, Fall 24.

[2] Literatur: *Fehl* BB 1987, 2038; *Schlechtriem,* FS Korbion, 1986, S. 359; *Motzke,* Die Bauhandwerkersicherungshypothek, 1981; *Siegburg,* Die Bauwerkssicherungshypothek, 1989; *Kohler* KTS 1989, 45 ff.

[3] *Beispiel:* OLG München RdL 1960, 178; zum Ganzen *Baur/Stürner* I, EinzelvollstreckungsR, Rn. 31.13; zur Pfändung der Anwartschaft des Auflassungsempfängers s. § 19 Rn. 16 ff.

[4] Hierzu BGH NJW 1986, 53, 54. Gegenüber dem Erwerber eines mit einer rechtsgeschäftlich bestellten Sicherungshypothek belasteten Grundstücks ist dieser Beweis auch zu erbringen, falls der Veräußerer aus der *persönlichen* Forderung schon rechtskräftig verurteilt war (BGH NJW 1960, 1348, str.; a.A. OLG Frankfurt NJW-RR 1988, 206); anders bei der Zwangshypothek, falls ein Dritter nach Eintragung Eigentum erwirbt (BGH NJW 1988, 828, 829).

§ 42 II III. Abschnitt. Liegenschaftsrecht

Wohl aber ist § 891 anwendbar, wenn der dingliche Bestand der Hypothek – also etwa die Gültigkeit der Bestellung – umstritten ist.

13 Für den *Erwerber* der Hypothek spricht nicht der Stand des Grundbuchs, wenn die Forderung nicht besteht; es gilt also nicht § 1138 mit § 892. § 892 ist aber – wie oben ausgeführt – anwendbar, wenn die Forderung besteht, die Bestellung der Sicherungshypothek aber nichtig ist und nunmehr die Forderung abgetreten wird; der Zessionar erwirbt Forderung und Hypothek.
Behauptet der Eigentümer, er oder der nicht identische Schuldner habe die Sicherungshypothek *getilgt*, so trägt er die Beweislast (BGH NJW 1986, 53, 54).[1]

14 Weiter kann der Schuldner-Eigentümer dem Zessionar alle *Einreden* aus dem persönlichen Schuldverhältnis entgegenhalten, die dem Zedenten gegenüber begründet waren. Anwendbar ist also nicht § 1138, sondern § 1137.
Dagegen bleibt § 1157 (Einreden des Eigentümers gegen die Hypothek) anwendbar.

Beispiel: Hat etwa G dem Eigentümer E die Hypothek auf 3 Jahre gestundet, so braucht sich ein Erwerber der Hypothek, der davon nichts wußte, die Einrede nur entgegenhalten zu lassen, wenn sie im Grundbuch eingetragen war (§ 1157 Satz 2).

3. Nichtvalutierung, fehlende Forderung, Kündigung

15 § 1185 Abs. 2 schließt ausdrücklich auch den § 1139 aus. Dies ist ganz verständlich, weil der Eigentümer jedem Zessionar gegenüber geltend machen kann, der Darlehensbetrag sei noch nicht ausbezahlt.
Auch die §§ 894–899 sind bezüglich der Forderung nicht anwendbar (§ 1185 Abs. 2 mit § 1138). Ist also die gesicherte Forderung nicht entstanden oder besteht sie nicht mehr, so kann und braucht z. B. kein Widerspruch eingetragen zu werden, um den redlichen Erwerb der Hypothek zu verhindern (*Beispielsfall:* KG HRR 1937 Nr. 110).
Mit der *Kündigung* der Forderung wird auch die Hypothek fällig, selbst wenn der vom Schuldner verschiedene Eigentümer davon nichts erfährt; § 1141 wird durch § 1185 Abs. 2 ausgeschlossen.

4. Forderungsabtretung und Leistung an den Buchberechtigten

16 Bei Abtretung der Forderung gilt für den Schuldner-Eigentümer die „historische Legitimation" (*Heck*), nicht die grundbuchliche; § 1185 Abs. 2 erklärt den § 1156 nicht für anwendbar. Hat also der Schuldner-Eigentümer nach der ihm nicht bekanntgewordenen Abtretung der Hypothek noch an den Zedenten geleistet, so ist diese Leistung dem Zessionar gegenüber wirksam (§ 407), die Hypothek wird zur Eigentümergrundschuld.
Fraglich ist, ob § 893 anwendbar ist, wenn der Eigentümer oder ein ablösungsberechtigter Dritter an einen im Grundbuch eingetragenen Hypothekar leistet, diesem aber nicht die Forderung zusteht. Diese Frage wird mit Recht verneint.

17 *Beispiel:* E hat für eine Darlehensverbindlichkeit des S zugunsten des G an seinem Grundstück eine Sicherungshypothek bestellt. Später hat G die Hypothek an Z abgetreten. Angenommen die Abtretung war wegen Gesetzesverstoßes nichtig. Löst E die Hypothek durch Zahlung der Hypothekensumme an Z ab, so kann er sich nicht auf § 893 berufen, weil sich die Legitimation des Gläubigers ausschließlich nach der Forderung richtet, er erwirbt daher auch nicht nach § 1143 Forderung und Hypothek. Er ist nach wie vor dem G verhaftet; ihm bleibt ein Kondiktionsanspruch gegen Z.

---

[1] Die rechtskräftige Verurteilung des *persönlichen* Schuldners hindert nach h. M. den personenverschiedenen Eigentümer nicht an der Berufung auf eine Einwendung oder Einrede (a. A. für Einreden aus § 770 OLG Frankfurt NJW-RR 1988, 206, 207). Hingegen kann bei der Zwangshypothek der neue Eigentümer nur die Einwendungen geltend machen, die dem Schuldner noch offenstehen, § 767 Abs. 2 ZPO (BGH NJW 1988, 828, 829). S. a. § 38 Rn. 64 ff.

III. Die Höchstbetragshypothek

1. Begriff, Funktion und Anwendungsbereich

a) Begriff und Funktion

Verkehrs- wie Sicherungshypothek können für eine künftige Forderung bestellt werden (§ 1113 Abs. 2); aber auch dann muß die zu sichernde Forderung (Darlehensforderung, Werklohnforderung usw.) und ihre Höhe eingetragen sein. Es gibt aber zahlreiche Rechtsbeziehungen, wo weder die konkrete zu sichernde Forderung noch deren Höhe sich schon von vornherein fixieren lassen, aber doch jetzt schon ein Bedürfnis nach Sicherung der Forderungen aus der Geschäftsverbindung vorhanden ist.   **18**

Man denke an den Kontokorrentkredit oder Diskontkredit (der Kunde darf Wechsel bis zu einer bestimmten Höhe zum Diskont vorlegen), den eine Bank ihrem Kunden einräumt, oder an einen Warenkredit, den ein Großhändler dem Detaillisten gewährt. Seltener ist der Fall, daß jemand, dem ein Vermögen zur Verwaltung anvertraut ist, etwaige künftige Schadensersatzansprüche aus schlechter Geschäftsführung durch Höchstbetragshypothek sichert („Kautionshypothek"). Schließlich kann auch ein Bedürfnis bestehen, Forderungen *aus verschiedenen Rechtsgründen,* die aus den geschäftlichen Beziehungen sich ergeben können, schon jetzt durch ein Grundpfandrecht zu sichern.

Zur Befriedigung dieser Bedürfnisse stellt das Gesetz in § 1190 die Höchstbetragshypothek zur Verfügung. Nach der Legaldefinition des § 1190 ist die Höchstbetragshypothek eine Sicherungshypothek, bei der nur der Höchstbetrag, bis zu dem das Grundstück haften soll, bestimmt, im übrigen (aber) die Feststellung der Forderung vorbehalten wird.[1] Nur der Höchstbetrag muß im Grundbuch angegeben werden (§ 1190 Abs. 1 Satz 2); dagegen ist es nicht nötig, den Schuldgrund exakt zu bezeichnen.   **19**

Formel etwa:

„Sicherungshypothek zum Höchstbetrag von 50 000 DM für Gustav Gläubiger in Stuttgart. Unter Bezugnahme auf die Eintragungsbewilligung v. 1. 10. 1991 eingetragen am 20. 10. 1991".

Die Eintragungsbewilligung könnte lauten:

„Ich Erwin Eigentümer stehe mit Gustav Gläubiger in Kreditverkehr. Zur Sicherung jedweder Forderung des Gläubigers, die sich aus diesem Kreditverhältnis schon ergeben hat oder noch ergeben wird, bewillige und beantrage ich die Eintragung einer Höchstbetragshypothek in Höhe von 50 000 DM auf meinem Grundstück ..."

Die Praktikabilität der Höchstbetragshypothek wird noch dadurch erweitert, daß mit ihr auch die Forderungen des Gläubigers gegen mehrere Schuldner gesichert werden können (vgl. RGZ 126, 272).

b) Anwendungsbereich

Trotz dieses weiten Entgegenkommens des Gesetzes gegenüber den Bedürfnissen der Wirtschaft hat sich die Höchstbetragshypothek keinen großen Anwendungsbereich sichern können. Sie hat entscheidende *Mängel.* Die hauptsächlichen sind: nach § 1190 Abs. 2 werden die Zinsen in den Höchstbetrag eingerechnet; der Gläubiger muß also bei der Kreditgewährung stets die schon aufgelaufenen und die künftigen Zinsen überschlägig berechnen, darf also in seinem Interesse den Kreditplafond nicht bis zur vollen Höhe ausschöpfen lassen; entscheidend war aber bisher, daß sich der Eigentümer wegen der Höchstbetragshypothek nach umstrittener, aber h. M. nicht ohne weiteres der sofortigen Zwangsvollstreckung unterwerfen konnte, da es an „einer *bestimmten* Geldsumme" mangelte (vgl. § 794 Abs. 1 Ziff. 5 ZPO); zulässig war die Unterwerfung unter einen ziffernmäßig bestimmten Teil der Forderung.[2] Ob § 794 Abs. 1 Nr. 5 ZPO i. d. F. vom 1. 1. 1999 Abhilfe schafft, ist fraglich (s. a. § 40 Rn. 38).   **20**

c) Alternativen

Die Höchstbetragshypothek wird daher mehr und mehr durch drei andere Institute verdrängt:

---

[1] Andere Bezeichnungen: „Höchsthypothek" – „Maximalhypothek".
[2] BGHZ 88, 62, 65; 108, 372, 377; BayObLG NJW-RR 1989, 1467; hierzu *Hornung* NJW 1991, 1649 u. *Münch* DNotZ 1990, 596 – s. a. § 40 Rn. 36 ff.

aa) Grundschuld

21 Praktisch bedeutsame Alternative ist einmal die Grundschuld; für sie gilt der Grundsatz der Akzessorietät nicht. Die beiden eben aufgezeigten Mängel der Höchstbetragshypothek bestehen bei ihr nicht. Will der Eigentümer den Kreditgeber nicht offenbaren, so läßt er für sich eine Eigentümergrundschuld als Briefgrundschuld eintragen, die er dann „außerhalb des Grundbuchs" nach Bedarf an seinen Gläubiger abtreten oder verpfänden kann (vgl. unten §§ 44, 45).

bb) Verdeckte Höchstbetragshypothek

22 Die Höchstbetragshypothek wird in der Praxis des weiteren durch die sog. verdeckte Höchstbetragshypothek verdrängt. Hier handelt es sich um eine Verkehrshypothek, die aber nach den Parteivereinbarungen *intern* wie eine Höchstbetragshypothek behandelt werden, also nur das festgestellte endgültige Guthaben des Gläubigers sichern soll (s. dazu RGZ 60, 243; 152, 213, 219; *Staudinger/Wolfsteiner* § 1113 Rn. 19 ff.; über die Bedenken gegen diese Form – wegen des nicht abdingbaren § 1163! – s. *Westermann/Eickmann* § 127 I 3 m. Nw.).

cc) Abstrakte Hypothek

23 Schließlich tritt an die Stelle der Höchstbetragshypothek nicht selten die sog. abstrakte Hypothek. Hier handelt es sich um eine (Brief)Hypothek, die ein abstraktes Schuldversprechen sichert, das seinerseits Sicherheit für wechselnde kausale Forderungen leisten soll (s. a. §§ 40 Rn. 46; 36 Rn. 76).

2. Die Besonderheiten der Höchstbetragshypothek

a) Die Höchstbetragshypothek als Sicherungshypothek

24 Die Höchstbetragshypothek ist kraft Gesetzes Sicherungshypothek, auch wenn sie – entgegen § 1184 Abs. 2 – im Grundbuch nicht als Sicherungshypothek bezeichnet ist (§ 1190 Abs. 3). Es gelten daher für sie alle die Regeln, die wir oben (Rn. 1–17) für die Sicherungshypothek entwickelt haben:
z.B. nur Buchhypothek – kein Erstrecken des Redlichkeitsschutzes auf die Forderung.
Als Hypothek unterliegt die Höchstbetragshypothek auch den allgemein für die Hypothek geltenden Vorschriften, sofern nicht ihre Charakterisierung als Sicherungshypothek und als Unterfall dieser Hypothekenart – als Höchstbetragshypothek – zu Abweichungen zwingen.
So sind etwa für die *Begründung* der Hypothek erforderlich: Einigung der Parteien über die Entstehung des Rechts, Eintragung im Grundbuch (wobei aber der Schuldgrund nur „sehr allgemein" bezeichnet zu werden braucht, s. oben Rn. 19), Entstehen der Forderung.

b) Bestimmter Höchstbetrag und wechselnde Valutierung

25 Die wesentliche Eigenart der Höchstbetragshypothek ist die, daß nur der Höchstbetrag der Haftung bestimmt ist, die jeweilige konkrete Haftung aber Schwankungen unterworfen ist.
Man denke an einen durch Höchstbetragshypothek gesicherten Kontokorrentkredit; er weist in der Regel einen täglich verschiedenen Stand auf.
Indes gilt auch für die Höchstbetragshypothek die Regel des § 1163: Nur soweit die jeweilige Forderung des Gläubigers reicht, ist die Höchstbetragshypothek wirkliche Hypothek, Fremdhypothek; in dem darüber hinausgehenden Teil ist sie *Eigentümergrundschuld* (RGZ 120, 110; 125, 133, 136).
Freilich ist diese Eigentümergrundschuld auflösend bedingt durch die weitere Ausfüllung des Haftungsrahmens bedingt. Der Eigentümer kann auch nicht Berichtigung des Grundbuchs durch seine Eintragung als Inhaber der Eigentümergrundschuld fordern (weil diesem Verlangen seine Verpflichtung aus der Sicherungsabrede entgegenstünde), er kann über diese nicht verfügen (weil er nicht als Inhaber der Eigentümergrundschuld im Grundbuch eingetragen ist), sie kann nicht gepfändet werden (RGZ 120, 110).

26 Diese stets mögliche Bestandsveränderung (zwischen Hypothek und Eigentümergrundschuld) endet in dem Augenblick, da die Forderung „festgestellt" wird (§ 1190 Abs. 1 Satz 1). Mit diesem Zeitpunkt wird der Stand der Höchstbetragshypothek als dem Gläubiger zustehende Fremdhypothek wie als Eigentümergrundschuld endgültig fixiert.
Die Feststellung wird regelmäßig durch Vertrag zwischen Gläubiger und Schuldner (z.B. bei Beendigung des Kreditverhältnisses) erfolgen, im Streitfall durch Urteil. Ein zwischen den Parteien des

Schuldverhältnisses ergangenes Urteil wirkt aber keine Rechtskraft gegen den vom Schuldner verschiedenen Eigentümer; er ist also nicht gehindert, in dem gegen ihn gerichteten „Duldungsprozeß" darzutun, daß die Forderung des Gläubigers im Vorprozeß unrichtig festgestellt worden sei (was übrigens jeder auf Duldung der Zwangsvollstreckung in Anspruch genommene, vom Schuldner verschiedene Eigentümer tun kann; es handelt sich also nicht um eine Besonderheit der Höchstbetragshypothek; s. §§ 38 Rn. 64 ff.; 42 Rn. 12 ff.).

c) Isolierte formlose Abtretung der Forderung

27 Eine weitere Besonderheit gilt für die Abtretung der Forderung: Entgegen der Regel des § 1153 gestattet § 1190 Abs. 4, daß die Forderung auch ohne die Hypothek formlos nach §§ 398 ff. übertragen wird. Eine solche Forderung scheidet dann aus dem Haftungsrahmen aus, der bisher zu ihrer Sicherung dienende Teil der Höchstbetragshypothek wird Eigentümergrundschuld.

d) Forderungsauswechslung und Umwandlung

28 Die Höchstbetragshypothek ist auch bezüglich des geschützten Forderungskreises manipulierbar: Die Forderungen können nach § 1180 wie bei jeder Hypothek (§ 37 Rn. 6 ff., 11 f.) ausgewechselt werden. Auch kann die Höchstbetragshypothek durch Einigung und Eintragung in eine gewöhnliche Sicherungshypothek oder in eine Verkehrshypothek oder in eine Grundschuld umgewandelt werden (§§ 1186, 1198).

Auch hier erweist sich die Höchstbetragshypothek als recht unhandlich, wie das folgende an RGZ 125, 133, 140 angelehnte *Beispiel* zeigen mag:

Der Bankier G hat dem E einen Kredit in laufender Rechnung in Höhe von 100 000 DM eingeräumt und zur Sicherung von E diese Höchstbetragshypothek in dieser Höhe bewilligt erhalten. Als der Kredit mit 60 000 DM in Anspruch genommen ist, tritt G „das ganze Kreditverhältnis mit E" und die volle Höchstbetragshypothek an Z ab. Die Meinung des Z, daß jetzt der volle Kreditrahmen durch die Höchstbetragshypothek für ihn gesichert sei, ist irrig: „Die Abtretung hat ... zur Folge, daß der nicht valutierte Teil (der Höchstbetragshypothek) nach wie vor zur Sicherung für künftige Forderungen des *alten* Gläubigers aus seiner Geschäftsverbindung mit dem Schuldner dient" (RG a.a.O.). Z kann nur dann die Höchstbetragshypothek in voller Höhe für sich ausnützen, wenn nach § 1180 der Forderungskreis ausgewechselt und gleichzeitig Z als neuer Gläubiger eingeführt wird.

IV. Die Wertpapierhypothek

Lesen Sie zunächst § 36 Rn. 92.

1. Begriff und Anwendungsbereich

29 Größere Industrieunternehmungen beschaffen sich vielfach nötiges Kapital durch Begebung einer Anleihe,[1] d. h. sie geben Schuldverschreibungen auf den Inhaber aus (§ 793). Dies sind ihrer rechtlichen Natur nach Inhaberpapiere, der jeweilige Eigentümer ist Gläubiger der in dem Papier verbrieften Forderung. Die Sicherung solcher Forderungen durch „gewöhnliche" Hypotheken wäre schwierig; denn einmal ist die Person des Gläubigers namentlich nicht feststellbar, zum anderen wäre bei Bestellung einer Briefhypothek der Konflikt zwischen Hypothekenbrief und der Inhaberschuldverschreibung unausweichlich. Andererseits besteht auch hier ein Bedürfnis nach grundpfandrechtlicher Sicherung.

30 Dieses Sicherungsbedürfnis befriedigt die sog. Wertpapierhypothek (§§ 1187–1189). Das Gesetz läßt als Rechtsform für die Sicherung einer Forderung aus einer Schuldverschreibung auf den Inhaber (und einem Orderpapier: Wechsel, Scheck, die Papiere des § 363 HGB)[2] *nur die Sicherungshypothek* zu (§ 1187 Satz 1 und 2).

---

[1] Bei Kapitalgesellschaften käme auch eine Erhöhung des Kapitals in Betracht. Davon wird jedoch in der Praxis vielfach aus mannigfachen Gründen (Gläubiger von Inhaberschuldverschreibungen können wieder abgeschüttelt werden, Aktionäre nicht – Verschiebung der bisherigen Mehrheitsverhältnisse usw.) kein Gebrauch gemacht.

[2] Sicherung dieser Papiere durch eine Wertpapierhypothek kommt praktisch nicht vor.

2. Besonderheiten der Wertpapierhypothek

31 Sie lassen sich wie folgt skizzieren: Zur *Bestellung* genügt bei der Schuldverschreibung auf den Inhaber die einseitige Erklärung des Eigentümers gegenüber dem Grundbuchamt (§ 1188 Abs. 1). – Die Übertragung erfolgt nach Wertpapierrecht; mit der Übereignung der Schuldverschreibung auf den Inhaber geht das Gläubigerrecht und *damit* auch die Hypothek (§ 1153) auf den Erwerber des Papiers über[1] (§ 1187 Satz 3). – Die Rechte der Gläubiger können durch einen im Grundbuch eingetragenen *Vertreter*[2] wahrgenommen werden (§ 1189).
Diese Eigenarten sind leicht verständlich.

a) Möglichkeit zur einseitigen Bestellung

32 Bei der Inhaberschuldverschreibung stehen die Gläubiger nicht fest, sie können daher im Grundbuch auch nicht angegeben werden, es sei denn, daß erster Nehmer eine Bank ist, die die Anleihe in complexu übernimmt (hier: §§ 1113, 1187 – „Emissionshaus"). Daher die Möglichkeit der Bestellung der Hypothek durch einseitige Erklärung des Eigentümers gegenüber dem Grundbuchamt (§ 1188).
Über die Form der Eintragung s. § 50 GBO.
Formel:[3] „500 000 DM Sicherungshypothek mit 4% jährlich seit dem 1. 1. 1991 verzinslich zur Sicherung der von X-Aktiengesellschaft ausgegebenen 1000 Stück Teilschuldverschreibungen auf den Inhaber zu je 500 DM Reihe A Nr. 1–1000. Unter Bezugnahme auf die Eintragungsbewilligung v. 20. 12. 1990 eingetragen am ..."

b) Übertragung der Forderung nach Wertpapierrecht

33 Inhaberschuldverschreibungen wie Orderpapiere sollen rasch zirkulieren können; diese Tendenz darf durch die Hypothek nicht beeinträchtigt werden. Daher ist hier die Akzessorietät der Hypothek in aller Reinheit verwirklicht: Mit der Forderung geht die Hypothek über, die Forderung aber wird nach Wertpapierrecht übertragen. Die Forderung trägt also hier gewissermaßen die Hypothek unsichtbar auf dem Rücken.

Beispiel: Eine dem G gehörige, durch Sicherungshypothek gesicherte, von der E. AG ausgegebene Schuldverschreibung auf den Inhaber ist von dem Angestellten D des G unterschlagen worden. Als die Schuldverschreibung zur Tilgung ausgelost ist, legt D die Schuldverschreibung zur Einlösung vor. E leistet an D. Er wird dadurch von seiner Verbindlichkeit frei; die Hypothek wird Eigentümergrundschuld (§ 793 Abs. 1 Satz 2 mit § 1163 Abs. 1 Satz 2). Hätte D die Schuldverschreibung an den redlichen X verkauft, so wäre dieser Eigentümer der Obligation, Gläubiger und Hypothekar geworden, auch wenn man in der „Unterschlagung" ein Abhandenkommen sieht (§§ 935 Abs. 2, 932, 793 Abs. 1 Satz 1 mit § 1187 Satz 3).

c) Grundbuchvertreter und Gläubigervertreter

34 Namentlich bei Inhaberschuldverschreibungen sind die Gläubiger dem Schuldner-Eigentümer nicht bekannt. Es kann daher für die jeweiligen Gläubiger ein Vertreter bestellt werden, der im Namen der Gläubiger – also als Vertreter nach §§ 164 ff. – die Hypothek geltend machen und die in der Bestellung genannten Verfügungsgeschäfte vornehmen kann; er wird im Grundbuch eingetragen:
In dem obigen Beispiel Rn. 33 ist die X-Bank AG schon vor der Emission in den Emissionsbedingungen als Vertreter i.S. des § 1189 bestellt und im Grundbuch eingetragen worden. Die Hypothek wurde zum ersten Rang bestellt. Als die E. AG eine neue Anleihe begeben will, soll auch diese erstrangig gesichert werden. Die in der Bestellungsurkunde hierzu bevollmächtigte X-Bank AG räumt der neuen Hypothek den Gleichrang ein.

35 Schon dieses Beispiel zeigt, daß der Vertreter nach § 1189 in erster Linie im Interesse des Eigentümers geschaffen ist, um ihm die Verhandlungen mit den ihm unbekannten Gläubigern zu ersparen.

---

[1] Entsprechend bei den Orderpapieren mit Indossament und Übergabe.
[2] Siehe *Hägele* KTS 1960, 145; *Westermann/Eickmann* § 128 IV.
[3] Entnommen *Demharter*, GBO, 21. Aufl. 1995, § 50 Rn. 7; s.a. *Böhringer* BWNotZ 1988, 25.

Das Reichsgericht nennt ihn „Grundbuchvertreter" (RGZ 90, 211, 213 unten). Davon zu unterscheiden ist der „Gläubigervertreter" nach dem Gesetz über die gemeinsamen Rechte der Besitzer von Schuldverschreibungen v. 4. 12. 1899; er kann mit dem Grundbuchvertreter nach § 1189 identisch sein.

3. Verdrängung durch die Grundschuld

In der Rechtspraxis ist die Wertpapierhypothek regelmäßig abgelöst durch eine Grundschuld, die 36 der Eigentümer (meist Anleiheschuldner) zugunsten eines Treuhänders als Sicherung der Anleihe bestellt. Treuhänder ist meist das die Emission vermittelnde Bankhaus. Dieses ist zwar rechtlich Inhaber der Grundschuld, darf sie aber im Innenverhältnis zu den Gläubigern nur in deren Interesse ausüben. Die Gestaltung der Sicherung der Pfandbriefgläubiger von Hypothekenbanken ist an anderer Stelle behandelt (§ 36 Rn. 28 ff.).

§ 43. Die Gesamthypothek

Lesen Sie zunächst § 36 Rn. 125 ff.

I. Begriff, Grundlagen und Anwendungsbereich

1. Begriff und Eigenart der Gesamthypothek – hypothekarische „Paschastellung"

Die Eigenart der Gesamthypothek besteht darin, daß für *ein- und dieselbe* 1 *Forderung* an *mehreren* Grundstücken *eine* Hypothek bestellt wird, und zwar derart, daß jedes dieser mehreren Grundstücke für die ganze Forderung haftet (§ 1132 Abs. 1 Satz 1). Dabei ist es gleichgültig, ob die Grundstücke einem oder mehreren Eigentümern gehören, ob der Schuldner gleichzeitig Eigentümer ist oder nicht.

Die Gesamthypothek kommt somit dem Sicherungsbedürfnis des Gläubi- 2 gers in besonderer, ja übertriebener Weise entgegen: Besteht das Grundvermögen des Schuldners aus mehreren Grundstücken, so bestünde an sich die Möglichkeit, die Forderung und damit die hypothekarische Sicherung auf die einzelnen Grundstücke aufzuteilen; damit würde freilich der Gläubiger das Risiko der Wertminderung eines der Grundstücke tragen. Wird ihm eine Gesamthypothek bestellt, so wird ihm in aller Regel jedes Risiko abgenommen: denn die etwaige Wertminderung eines Grundstücks wird durch die Wertreserven oder gar die Werterhöhung eines anderen Grundstücks ausgeglichen. Da der Gläubiger – wie ein „hypothekarischer Pascha" (*Heck*) – über den Grundstücken thront, wird er kaum je einen Verlust erleiden.

Beispiel: E nimmt von G ein Darlehen von 200 000 DM auf und bestellt eine Gesamthypothek in 3 dieser Höhe an den ihm gehörigen Grundstücken a (= ländliches Wohnhaus, Wert 180 000 DM), b (= Garten, Baugrundstück, Wert 140 000 DM), c (= Wald, Wert 50 000 DM). Angenommen das Wohnhaus ginge durch einen von der Versicherung nicht erfaßten Zufall zugrunde (z.B. Erdbeben, das Gebäudeversicherung nicht deckt) und hätte nur mehr einen Wert von 40 000 DM, so wäre G doch noch voll gedeckt (Hätte er dagegen seine Forderung auf die einzelnen Grundstücke aufgeteilt, so wäre jetzt der auf das Wohngrundstück entfallene Teil teilweise ungesichert, d.h. bei einer Zwangsversteigerung fiele G mit dem großen Teil seiner Forderung aus).

2. Nachteile und Gefahren

4 So angenehm also die Gesamthypothek für den Gläubiger ist, so unangenehm ist sie für den Eigentümer (bzw. die mehreren Eigentümer), so gefährlich für die nachrangigen Gläubiger. Denn der Gläubiger kann „nach seinem Belieben" (so sagt § 1132 Abs. 1 Satz 2 wörtlich) die Befriedigung aus jedem der Grundstücke ganz oder zu einem Teil suchen.[1] Er kann auch zuvor schon den Betrag der Forderung auf die einzelnen Grundstücke verteilen (§ 1132 Abs. 2 Satz 1).[2]

5 Man braucht nicht viel Phantasie zu haben, um sich den Zug der Büßer vorstellen zu können, der zum Gläubiger pilgert, sobald die Hypothekenhaftung realisiert werden soll: da sind einmal die verschiedenen Eigentümer der mit der Gesamthypothek belasteten Grundstücke, zum anderen die Nachhypothekare; alle bitten sie um Gnade nach dem schwäbischen Hausspruch: „Heiliger St. Florian, verschon' mein Haus, zünd' andre an". Daß der eine oder andere u. U. dieser Bitte mit einer besonderen Opfergabe Nachdruck verleihen wird, läßt sich nicht ausschließen.

6 Folgendes in Anlehnung an eine Entscheidung des OLG Köln (KTS 1958, 155; ähnlich BGH DB 1976, 866) gebildete *Beispiel* mag zeigen, daß diese Konsequenzen des Wahlrechts des Gläubigers nicht der Phantasie des Lehrbuchverfassers entspringen:

G hat als Inhaber einer Gesamthypothek von 40 000 DM an den Grundstücken des A, B und C die Zwangsversteigerung betrieben. Die Grundstücke sind versteigert und dem K zugeschlagen worden. Auf das Grundstück des A entfiel ein Erlösanteil von 40 000 DM, auf die des B und C je von 20 000 DM. *Nach dem Zuschlag* (!) übt G sein Wahlrecht nach § 1132 Abs. 1 Satz 2 (in Verb. mit § 122 ZVG) derart aus,[3] daß er nur das Grundstück des A in Anspruch nimmt. Dies bedeutet, daß der auf das Grundstück des A entfallende Erlös ganz zur Befriedigung des G verbraucht wird, während B und C die auf ihre Grundstücke entfallenden Erlösanteile behalten. A trägt also die volle „Last" der Gesamthypothek, während B und C „fein heraus sind". Da – wie wir sehen werden – die Gesamthypothek „regreßlos" ist, also eine dem § 426 Abs. 1 Satz 1 entsprechende Regelung fehlt, kann A *auf Grund der Gesamthypothek* von B und C keinen Ausgleich fordern.[4]

7 Ergänzen wir das Beispiel dahin, daß hinter der Gesamthypothek des G auf jedem der Grundstücke eine zweite Hypothek zugunsten des GA, des GB, des GC lastete, so bedeutet unser Ergebnis, daß die Hypothek des GA erlischt, die der GB und GC aber sich an dem Versteigerungserlös fortsetzen (§§ 37 Nr. 5, 52 Abs. 1 Satz 2, 92 ZVG). Daraus ergibt sich schon, daß es leichtsinnig sein kann, hinter einer Gesamthypothek mit einer Einzelhypothek zu rangieren. Als nachstellige Hypothek ist oft nur wieder eine Gesamthypothek vertretbar, weil sich dann diese auf den von der Zwangsversteigerung nicht berührten Grundstücken (bzw. dem auf sie entfallenden Erlösanteil) entsprechend ausdehnen könnte.

3. Entstehungstatbestände

8 Trotz dieser Nachteile und Gefahren läßt sich die Gesamthypothek in der Praxis nicht vermeiden, und zwar vor allem überall dort nicht, wo der Grundbesitz zersplittert ist. Denn will der Eigentümer zahlreicher kleinerer Grundstücke (man denke an die Gebiete landwirtschaftlichen Streubesitzes) ein grö-

---

[1] Hierzu BGH NJW 1986, 1487, 1488; anders bei abweichender Vereinbarung zwischen Gläubiger und Eigentümer, für die bei Zession § 1157 gilt (BGH NJW 1986, 1487, 1488); hierzu unten Rn. 36 f.

[2] *Beispiel:* OLG Celle ZIP 1997, 1830 (Rang der Einzelgrundschulden).

[3] Hierzu BGHZ 46, 246; DB 1976, 866; *Zeller/Stöber,* ZVG, 15. Aufl. 1996, § 122 Rn. 2.7.

[4] Die h. M. verneint im Regelfall die Ausgleichspflicht und knüpft sie an besondere Vereinbarung; BGHZ 108, 179, 186; NJW 1976, 2132, 2133; 2340, 2341; NJW-RR 1995, 589; statt vieler Münch-Komm/*Eickmann* § 1173 Rn. 9; *Müller* Rn. 1965; a. A. *Ehmann,* Gesamtschuld, 1972, S. 325 ff.; *Wieling* § 31 II 3 c; *Wilhelm* Rn. 833 ff., 852 f.; *Weitnauer* DNotZ 1974, 82, 85; s. a. unter II 2 b.

ßeres Darlehen aufnehmen, so wird der Gläubiger auf einer Sicherung dieses Darlehens durch eine Hypothek auf allen Grundstücken, eben eine Gesamthypothek, beharren.

Die rechtsgeschäftliche Bestellung einer Gesamthypothek erfordert für jedes Grundstück eine besondere Einigung und Eintragung. Die Hypothek am einzelnen Grundstück entsteht regelmäßig schon mit der Eintragung auf dem Grundbuchblatt des Grundstücks.[1] Die Parteien können jedoch eine abweichende Vereinbarung treffen (dazu Anhang 4 Ziff. II). 9

Auch dann entsteht eine Gesamthypothek, wenn ein mit einer Einzelhypothek belastetes Grundstück nachträglich geteilt wird oder wenn eine zunächst nur an einem Grundstück bestehende Hypothek auf ein anderes Grundstück ausgedehnt wird, dieses also mithaften soll.[2] 10

Schließlich entsteht eine Gesamthypothek auch dann, wenn ein Grundstück mehreren Miteigentümern nach Bruchteilen gehört und eine Hypothek an mehreren oder allen Miteigentumsanteilen für dieselbe Forderung begründet wird. 11

Dabei ist es gleichgültig, ob jeder Eigentümer die Hypothek an seinem Anteil für die ganze Forderung oder alle Miteigentümer gemeinschaftlich an dem Grundstück bestellen (RGZ 146, 363 = *Baur*, E. Slg. Fall 39; BGH NJW 1961, 1352; 1986, 1487, 1488; BGHZ 40, 115, 120; 103, 72, 80; 106, 19, 22) oder schließlich, ob das zunächst im Alleineigentum stehende Grundstück an mehrere Miteigentümer (nach Bruchteilen oder mehrere Wohnungseigentümer) veräußert wird (BGH NJW 1976, 2132, 2133; 2340, 2341). 12

(Sie verstehen jetzt wohl die oben § 29 Rn. 11 erörterte Gefahr für die Wohnungseigentümer, die dann besteht, wenn der Darlehensbetrag *nicht* auf die einzelnen Wohnungseigentümer aufgeteilt wird und jeder von ihnen für diesen Teilbetrag eine Hypothek an seinem Wohnungseigentum bestellt, sondern der Darlehensgeber verlangt, daß die Wohnungseigentümer *für den Gesamtbetrag* das Grundstück oder *jedes* Wohnungseigentum belasten; in diesen beiden Fällen entsteht eine Gesamthypothek!) 13

4. Geltung allgemeiner Grundsätze

Die wesentliche Besonderheit der Gesamthypothek besteht in der Haftung mehrerer Grundstücke für dieselbe Forderung, sie liegt also in der *Mehrheit der Haftungsobjekte*. Davon und von den sich hieraus ergebenden Besonderheiten abgesehen gilt normales Grundpfandrecht: Was die Akzessorietät anlangt, kann das Gesamtgrundpfandrecht also Gesamtgrundschuld, Gesamtverkehrs- und Gesamtsicherungshypothek sein. Hinsichtlich der Form der Zirkulation kann die Gesamtgrundschuld und Gesamtverkehrshypothek Brief- oder Buchrecht sein, die Gesamtsicherungshypothek nur Buchrecht. 14

Zu bemerken ist, daß eine *Gesamtzwangshypothek* nicht möglich ist (vgl. § 867 Abs. 2 ZPO; BGH NJW 1991, 2022; OLG Düsseldorf Rpfleger 1990, 60; *Baur/Stürner* I, EinzelvollstreckungsR, Rn. 38.5), wohl aber eine Gesamtsicherungshypothek gemäß §§ 128, 130 ZVG (OLG Düsseldorf Rpfleger 1989, 339). – Zu beachten ist weiter, daß der Typ der Gesamthypothek einheitlich sein 15

---

[1] Anders die h. M.: Entstehung des Gesamtgrundpfandrechts mit der letzten Eintragung, über Rechtsentstehung im übrigen entscheidet § 139; so z. B. MünchKomm/*Eickmann* § 1132 Rn. 14; *Jauernig* § 1132 Anm. 4a; OLG München DNotZ 1966, 371; BGH DNotZ 1975, 152.
[2] Zu der Frage, ob die Zustimmung des ersten Eigentümers zu der Mitbelastung erforderlich ist, wenn das zweite Grundstück einem anderen gehört, s. *Klingenstein* BWNotZ 1959, 323; *Rahn* BWNotZ 1960, 33. Zur „Nachverpfändung" allgemein H.-P. *Westermann* NJW 1970, 1023; MünchKomm/*Eickmann* § 1132 Rn. 15 ff.; *Ertl* DNotZ 1990, 684 ff.; neueres Beispiel für „verdeckte" Nachverpfändung OLG Frankfurt DNotZ 1990, 741 ff.; s. a. § 15 Rn. 20 ff.

muß; eine Gesamthypothek kann also z. B. nicht teils Verkehrs-, teils Sicherungshypothek sein. Nicht nötig ist aber, daß die Gesamthypothek auf allen belasteten Grundstücken den gleichen Rang hat (BGHZ 80, 119, 124).

5. Grundbucheintrag

16   Grundbuchrechtlich ist § 48 GBO zu beachten. Nach dem amtlichen Muster lautet der Eintrag bei einer Höchstbetragsgesamthypothek (als Sicherungshypothek):
„Sicherungshypothek zum Höchstbetrage von 5000 Deutsche Mark für die Offene Handelsgesellschaft Jonas und Co in Berlin. Das Grundstück Band 1 Blatt 9 haftet mit ..."
Zu beachten ist, daß dieser *Mithaftvermerk* nur deklaratorische Bedeutung hat: haften zwei oder mehrere Grundstücke für ein- und dieselbe Forderung, so *ist* diese Belastung eine Gesamthypothek, wegen § 892 ist die Eintragung des Mithaftvermerks aber bedeutsam.

II. Tilgung und Regreß bei der Gesamthypothek

Die besonderen Rechte *des Gläubigers* haben wir schon wiederholt skizziert.

17   Die eigentlichen Schwierigkeiten bei der Gesamthypothek liegen im Tilgungs-[1] und Regreßproblem.[2] Damit befassen sich die §§ 1143 Abs. 2, 1172–1176, 1181 Abs. 2 und 1182. Um hier einigermaßen Klarheit zu gewinnen, empfiehlt es sich, von dem einfachen Fall, daß alle belasteten Grundstücke demselben Eigentümer gehören (Rn. 18 f.), zu dem schwierigeren Tatbestand verschiedenen Eigentums (Rn. 20 ff.) und dem weiteren Fall der Zahlung durch den mit dem (den) Eigentümer(n) nicht identischen Schuldner (Rn. 29 ff.) voranzuschreiten. Dabei sind die Fälle der freiwilligen Tilgung jeweils von der zwangsweisen Tilgung durch Zwangsvollstreckung zu unterscheiden:

1. Belastete Grundstücke desselben Eigentümers

a) Fehlen und Fortfall der Forderung

18   Liegt eine der Voraussetzungen des § 1163 vor (z. B. der Schuldner – Eigentümer hat das gesicherte Darlehen zurückbezahlt), so erwirbt der Eigentümer die Gesamthypothek als *Gesamteigentümergrundschuld* (§§ 1163, 1177 Abs. 1).

b) Befriedigung im Wege der Zwangsvollstreckung

19   Befriedigt sich der Gläubiger durch Zwangsvollstreckung in ein Grundstück oder in einen mithaftenden Gegenstand, so erlischt die Hypothek nicht nur an dem Grundstück, in das der Hypothekar die Zwangsvollstreckung betrieben hat, sondern auch an allen übrigen (§ 1181 Abs. 2).
Das bedeutet für Nachhypothekare, daß die auf dem versteigerten Grundstück nachfolgende Hypothek erlischt (§ 52 Abs. 1 Satz 2 ZVG), während die nachrangigen Hypotheken an den übrigen Grundstücken aufrücken.

---

[1] Im weitesten Sinne des § 1163 verstanden!
[2] Dazu Peter *Bülow*, GS Schultz, 1987, S. 49 ff.; *Hartmaier*, Ausgleichsfragen bei mehrfacher Sicherung einer Forderung (Tüb. Diss. 1963); *Finger* BB 1974, 1416; *Reinicke/Tiedtke*, Kreditsicherung, S. 325 f.; *Schlechtriem*, FS v. Caemmerer, 1978, S. 1013.

2. Belastete Grundstücke verschiedener Eigentümer

a) Fehlen und Fortfall der Forderung, gemeinsame Leistung aller Eigentümer, Verzicht

Ist die zu sichernde Forderung nicht entstanden (§ 1163 Abs. 1 Satz 1) oder befriedigen alle Eigentümer gemeinsam den Hypothekar (§ 1163 Abs. 1 Satz 2) oder ist der Hypothekenbrief noch nicht übergeben (§ 1163 Abs. 2) oder verzichtet der Hypothekar auf die Hypothek an allen Grundstücken, so steht die Hypothek allen Eigentümern der belasteten Grundstücke gemeinschaftlich zu (§ 1172 Abs. 1, § 1175 Abs. 1 Satz 1, 1. Halbsatz), und zwar als *Gesamteigentümergrundschuld*. Gedanke: Hier hat keiner der Eigentümer eine *besondere* Leistung erbracht, es ist nur recht und billig, daß die Hypothek allen zufällt. Jeder der Eigentümer kann aber Aufteilung dieser Gesamteigentümergrundschuld verlangen (§ 1172 Abs. 2, § 1175 Abs. 1 Satz 1, 2. Halbsatz).

Streitig ist, ob diese gemeinschaftliche Eigentümergrundschuld den Eigentümern *zur gesamten Hand* zusteht (so daß sie vor Aufteilung nur gemeinschaftlich über sie verfügen können)[1] oder ob es sich um eine *Gemeinschaft nach Bruchteilen* handelt[2] (mit der Wirkung, daß jeder Eigentümer über seinen Anteil frei verfügen kann). Die letztgenannte Auffassung verdient den Vorzug, weil ein gesamthandartiges Gemeinschaftsverhältnis und das dafür charakteristische Sondervermögen zwischen den verschiedenen Eigentümern fehlen.[3]

b) Leistung durch nur einen Eigentümer

Anders ist die Lage, wenn *einer* der Eigentümer den Gläubiger befriedigt. Dann geht auf alle Fälle die Hypothek an *seinem* Grundstück auf ihn als Eigentümergrundschuld bzw. Eigentümerhypothek über (§ 1173 Abs. 1 Satz 1, 1. Halbsatz: er erhält den „Preis" für seine Leistung).
Im übrigen ist zu unterscheiden:

aa) Kein Regreßanspruch des leistenden Eigentümers

Der leistende Eigentümer kann kraft dinglicher Mithaftung keinen Ausgleich von den übrigen Eigentümern verlangen;[4] das Gesamtgrundpfandrecht selbst ist – wie man sagt – „regreßlos". Leistet ein Eigentümer alleine ohne Mitwirkung der übrigen Eigentümer, so erlischt die Hypothek an deren Grundstücken (§ 1173 Abs. 1 Satz 1, 2. Halbsatz).[5] Gedanke: diese Eigentümer haben zur Befriedigung des Gläubigers nichts beigetragen, ihnen braucht daher auch die Hypothek nicht als Eigentümergrundschuld anzufallen.

Bei der *Gesamtgrundschuld* tritt dieselbe Rechtsfolge ein, falls auf die *Grundschuld* bezahlt ist. Ist hingegen auf die *Forderung* bezahlt, so bleibt die Gesamtgrundschuld bestehen, den Eigentümern stehen

---
[1] So z.B. *Wolff/Raiser* § 148 VII 1 b m. w. N.; OLG Frankfurt DNotZ 1961, 411.
[2] So die Praxis RG JW 1938, 3236; KG JFG 16, 345, 348 = *Baur*, E. Slg. Fall 51; *Staudinger/Wolfsteiner* § 1172 Rn. 6; *Westermann/Eickmann* § 125 V 2 (m. w. N.); *Müller* Rn. 1984; *Wieling* § 31 II 3 b.
[3] So *Westermann/Eickmann* § 125 V 2; *Reinicke/Tiedtke*, Kreditsicherung, S. 325 f. u. BGH Rpfleger 1986, 58.
[4] Ganz h.M.: BGHZ 108, 179, 186; NJW-RR 1995, 589; MünchKomm/*Eickmann* § 1173 Rn. 9; a. A. z. B. *Wieling* § 31 II 3 c; *Wilhelm* Rn. 833 ff., 852 f.; s. a. oben Rn. 6 m. Nw.
[5] BGH NJW 1976, 2132, 2133; 2340, 2341.

u. U. Einreden aus der Sicherungsvereinbarung zu, die einen Verzichtsanspruch gewähren (§§ 1192 Abs. 1, 1169; ausführlich BGH NJW 1976, 2132, 2133; 2340, 2341).

bb) Regreßanspruch des leistenden Eigentümers

25 Kann der leistende Eigentümer von einem (oder mehreren) Eigentümer(n) intern Ausgleich fordern (z.B. nach § 426, wenn die Eigentümer bezüglich der persönlichen Forderung Gesamtschuldner sind), so geht die Hypothek in Höhe dieses Ersatzanspruchs auf ihn über; sie sichert jetzt in dieser Höhe den Ersatzanspruch und ist zusammen mit der Hypothek an seinem eigenen Grundstück Gesamthypothek (§ 1173 Abs. 2).[1]

26 *Beispiel:* E_1 hat sein Grundstück zugunsten des G mit einer Hypothek von 200 000 DM belastet. E_1 veräußert die Hälfte seines Grundstücks an E_2, wobei vereinbart wird, daß im Innenverhältnis jeder der beiden in gleicher Höhe für die – nunmehrige – Gesamthypothek „haften" solle. Fordert G Befriedigung und zahlt E_1 in voller Höhe, so erwirbt er gegen E_2 einen Ausgleichsanspruch in Höhe von 100 000 DM. Dies bedeutet nun hypothekenrechtlich: In Höhe des den E_1 selbst treffenden Teils von 100 000 DM geht die Hypothek des G auf E_1 als Eigentümergrundschuld über. In Höhe des Ersatzanspruchs von 100 000 DM geht die Gesamthypothek als solche auf E_1 über und sichert nunmehr diesen Anspruch.[2] E_1 kann also z.B. die Eigentümergrundschuld an X abtreten mit der Wirkung, daß sie nun Fremdgrundschuld ist, die Gesamthypothek an Y.

c) Befriedigung im Wege der Zwangsvollstreckung

27 Betreibt der Gläubiger die Zwangsvollstreckung, so gilt die erörterte Regel (oben Rn. 19), daß die Gesamthypothek an allen mit der Gesamthypothek belasteten Grundstücken erlischt (§ 1181 Abs. 1 u. 2). Davon gilt dann eine Ausnahme, wenn der Eigentümer des Grundstücks, aus dem der Gläubiger befriedigt wurde, von dem Eigentümer des anderen Grundstücks Ausgleich verlangen kann: dann erlischt zwar die Hypothek am eigenen Grundstück, die an dem fremden Grundstück geht aber auf den Ersatzberechtigten über (§ 1182 Satz 1). Dieser übergegangenen Hypothek gehen indes alle gleich- oder nachstehenden Rechte vor (§ 1182 Satz 2 a.E.).

28 *Beispiel:* Für eine Darlehensschuld des E_1 ist an den Grundstücken des E_1 und des E_2 eine Hypothek in Höhe von 50 000 DM bestellt worden; zwischen E_1 und E_2 wurde vereinbart, daß „E_2 keinen Schaden haben solle". G betreibt die Zwangsversteigerung in das Grundstück des E_2 und wird durch Zuschlag des Grundstücks an X befriedigt. Hier geht die Hypothek des G an dem Grundstück des E_1 auf E_2 über und zwar als Einzelhypothek, da sie an dem Grundstück des E_2 erloschen ist. Bestünde an dem Grundstück des E_1 eine bisher zweitrangige Zwangshypothek zugunsten des Finanzamts, so würde diese Hypothek jetzt an die 1. Stelle „rutschen", während die bisher erstrangige Gesamthypothek als auf den E_2 übergegangen nunmehr an 2. Stelle steht. (Hätte E_2 den G freiwillig befriedigt, so wäre nach § 1173 Abs. 2 die Gesamthypothek mit dem ursprünglichen ersten Rang auf ihn übergegangen.)

3. Leistung des vom Eigentümer verschiedenen Schuldners

a) Grundsatz: Übergang der Gesamthypothek auf den/die Eigentümer

29 Hier bleibt es bei der Regel des § 1172 (§ 1163), daß die Gesamthypothek auf die Eigentümer (den Eigentümer) der belasteten Grundstücke übergeht.

---

[1] Ebenso *Reinicke/Tiedtke,* Kreditsicherung, S. 328 ff.; *Beispiel* zur Gesamtgrundschuld bei Gesamtschuldnerschaft der Eigentümer BGH NJW-RR 1995, 589.
[2] Str. s. *Planck/Strecker* § 1173 Bem. 4 b β m.w.N.; *Soergel/Konzen* § 1173 Rn. 6; *Westermann/Eickmann* § 125 V 4.

b) Übergang auf den Leistenden bei Regreßberechtigung

Entsprechend § 1164 gilt aber eine Ausnahme dann, wenn der Schuldner von allen anderen oder einem beteiligten Eigentümer(n) intern Ausgleich fordern kann. Im ersten Fall steht die Gesamthypothek dem ersatzberechtigten Schuldner zu (§ 1164), im zweiten Fall geht die Hypothek an dem Grundstück des ersatzverpflichteten Eigentümers auf den leistenden Schuldner über, an den übrigen Grundstücken erlischt sie (§ 1174 Abs. 1).

Beispiel: Wie oben Rn. 28, nur mit der „Fortsetzung", daß E_1 (= Darlehensschuldner) sein Grundstück an Ex verkauft hatte, wobei die „Hypothek auf den Kaufpreis angerechnet" wurde. G hatte aber die Schuldübernahme nicht genehmigt, so daß ihm gegenüber immer noch E_1 (= S) Schuldner war. Am Fälligkeitstag muß E_1 (= S) zahlen. Da er einen Regreßanspruch gegen Ex hat, geht die Gesamthypothek an dessen Grundstück auf ihn über (§ 1174 Abs. 1); sie sichert nunmehr den Ersatzanspruch des E_1 gegen Ex; die Hypothek an dem Grundstück des E_2 erlischt (§ 1174 Abs. 1 a. E.).

Wollen wir zur Wiederholung noch die übrigen, denkbaren Modalitäten durchsprechen:

aa) Angenommen Ex – der Käufer des Grundstücks – hätte bezahlt: Er hätte dann die Hypothek an seinem Grundstück erworben, die Hypothek an dem Grundstück des E_2 wäre erloschen (§ 1173 Abs. 1).

bb) Gesetzt den Fall, E_2 hätte geleistet. Hier hätte E_2 an seinem Grundstück nach § 1173 Abs. 1 Satz 1 die Gesamthypothek erworben, die an dem Grundstück des Ex fällt ihm nach § 1173 Abs. 2 zu, weil E_2 von E_1 als dem Rechtsvorgänger des Ex Ausgleich verlangen konnte.

4. Sonstige Fälle

Die Gesamthypothek gibt noch viele Variationsmöglichkeiten; folgende seien noch hervorgehoben:

a) Verzicht auf Haftung einzelner Grundstücke

Es ist nicht selten, daß der Hypothekar einen der Eigentümer „aus der Pfandhaft entläßt", also auf die Hypothek an dessen Grundstück *verzichtet.* Nach der Regel des § 1168 müßte dann die Gesamthypothek an dem Grundstück dieses Eigentümers als Eigentümergrundschuld auf ihn übergehen; § 1175 Abs. 1 Satz 2 läßt aber die Gesamthypothek an diesem einzelnen Grundstück erlöschen, ohne daß der Eigentümer zuzustimmen braucht. Nur wenn der Gläubiger auf die Gesamthypothek an allen Grundstücken verzichtet, wird sie zur Gesamteigentümergrundschuld (§ 1175 Abs. 1 Satz 1):

In unserem Standardbeispiel haften für die Darlehensforderung des G sowohl der Schuldner E_1 wie E_2 (den intern „kein Schaden treffen soll"). Hinter der Gesamthypothek rangiert an dem Grundstück des E_1 der Gläubiger H mit einer zweiten Hypothek. H überredet den G, auf die Hypothek an dem Grundstück des E_1 zu verzichten. Dies würde bedeuten, daß die Gesamthypothek an dem Grundstück des E_1 erlischt, H also sein Ziel erreicht, indem er aufrückt! Die Gesamthypothek des G an dem Grundstück des E_2 bliebe als Einzelhypothek bestehen. Dieses unbillige Ergebnis verhindert aber § 1165 in entsprechender Anwendung. Zwar ist E_2 nicht gleichzeitig persönlicher Schuldner,[1] aber durch den Verzicht verhindert der G die Sicherung des Ausgleichsanspruchs nach § 1173 Abs. 2, falls E_2 leisten muß. Der Einwand, daß das freie Wahlrecht des G nicht beeinträchtigt werden dürfe,[2] greift nicht durch: Man braucht dieses ohnehin recht zur Korruption verleitende Wahlrecht nicht noch zu verstärken.

---

[1] In einem solchen Fall ist die Anwendung des § 1165 zweifelsfrei (RGZ 89, 77).
[2] BGHZ 52, 93, mit krit. Anm. v. *Wacke* NJW 1969, 1850; *Wilhelm* Rn. 850; *Westermann/Eickmann* § 125 V 7. Wie oben *Reinicke/Tiedtke*, Kreditsicherung, S. 326f.; offen *Jauernig* § 1173 Rn. 3.

b) Zusammentreffen von Gesamthypothek und Bürgschaft

34 Die Sicherung durch Gesamthypothek kann u. U. dem Gläubiger nicht genügen, er fordert noch die Übernahme einer Bürgschaft. Leistet der Bürge, so kann er ohne abweichende Vereinbarung von den dinglich mithaftenden Eigentümern nur hälftigen Ausgleich entsprechend §§ 426 Abs. 1 S. 1, 774 Abs. 2 verlangen (§ 38 Rn. 100 ff. m. Nw.). In dieser Höhe geht die Gesamthypothek auf ihn über (§§ 426 Abs. 2, 412, 401, 1153); im übrigen besteht eine Gesamteigentümerschuld, § 1172 Abs. 1 (fragwürdig!).

35 Möglich ist aber auch, daß einer der Eigentümer der mit der Gesamthypothek belasteten Grundstücke sich gleichzeitig für die Schuld verbürgt. Leistet er auf die Bürgschaft, so kann auch er ohne besondere Vereinbarung wiederum nur hälftigen Ersatz verlangen; die Gesamthypothek an den anderen Grundstücken geht in dieser Höhe auf ihn über (§§ 426 Abs. 2, 412, 401, 1153). An seinem Grundstück besteht eine Eigentümergrundschuld (§§ 1173 Abs. 1 S. 2 und §§ 1772 Abs. 1, 1163). Die Resthypothek an den übrigen Grundstücken wird Eigentümergrundschuld (§§ 1172, 1163), falls man nicht § 1173 Abs. 1 analog anwendet und so zum Erlöschen kommt (fragwürdig!; s. a. zum Ganzen *Westermann/Eickmann* § 125 V 4, wo aber die gleichstufige Haftung mehrerer Sicherungsgeber noch nicht berücksichtigt ist!).

c) Vereinbarungen mit einzelnen Eigentümern

36 Schließlich noch eine letzte Frage: wie wirken sich Abmachungen aus, die zwischen dem Gläubiger und *einem* der mit der Gesamthypothek belasteten Grundstückseigentümer, z.B. über die Geltendmachung der Hypothek, getroffen werden?

G sichert z.B. dem E$_2$ zu, daß er gegen ihn erst nach Ablauf von 2 Jahren vorgehen werde (oder daß er die Hypothek überhaupt erst nach diesem Zeitraum geltend machen werde).

Hier gilt zunächst die Regel, daß *dingliche*, die Gesamthypothek betreffende *Rechtsänderungen* nur *einheitlich*, also für die gesamte Gesamthypothek getroffen werden können. Daher kann z. B. „der Gläubiger nicht die Hypothek in Ansehung eines Grundstücks übertragen, in Ansehung der anderen für sich behalten; er kann sie ebensowenig an verschiedene Personen abtreten" (RGZ 63, 74, 75).

37 Umstritten[1] ist die Frage, ob bezüglich der einzelnen Grundstücke verschiedene Fälligkeitsbedingungen mit dinglicher Wirkung vereinbart werden können. Sicher zulässig sind *schuldrechtliche* Abmachungen zwischen dem Hypothekar und *einem* der Eigentümer; sie geben diesem dann eine Einrede gegen die Geltendmachung der Hypothek i.S. des § 1157 (BGH NJW 1986, 1487, 1488; s. a. BayObLG NJW 1956, 143).

In dem obigen *Beispiel* kann also E$_2$ bei einem Vorgehen von G gegen ihn einredeweise die Stundungsabrede geltend machen; einem Rechtsnachfolger des G gegenüber wirkt sie aber nur, wenn sie diesem bekannt war oder sich aus dem Grundbuch ergab (§ 1157 Satz 2: also doch verschiedenartige Eintragungen bei den verschiedenen Grundstücken!).

Hat G mit E$_2$ vereinbart, daß er die Gesamthypothek „überhaupt erst" nach zwei Jahren solle geltend machen dürfen, so liegt auch darin – mangels Eintragung – keine Inhaltsänderung der Gesamthypothek (selbst wenn man eine Einigung zugunsten Dritter – nämlich der übrigen Grundstückseigentümer – zuließe). Aber gegen eine *schuldrechtliche* Wirkung der Stundungsabrede zugunsten auch der anderen Eigentümer ist nichts einzuwenden.

C. Die Grundschuld

§ 44. Hypothek und Grundschuld – Gemeinsames und Unterschiede

Lit.-Hinweis: S. zunächst die Lit.-Hinweise vor § 36. Ferner *Blomeyer,* Karl, Eigentümerpfandrecht und Grundpfandbestellungsrecht des Eigentümers, DRWiss. 1941, 110 und 218; *Boehmer* ZAkDR 1940, 173, 241 (betr. Sicherung des Zwischenkredits); *Buchholz,* Abstraktionsprinzip u.

---

[1] Vgl. MünchKomm/*Eickmann* § 1132 Rn. 12; Soergel/*Konzen* § 1132 Rn. 9.

§ 44. Hypothek und Grundschuld – Gemeinsames und Unterschiede

Immobiliarrecht. Zur Geschichte der Auflassung und der Grundschuld, 1978; *Dempewolf* NJW 1957, 1257 u. 1959, 556 (zum Rückübertragungsanspruch); *ders.*, Der Rückübertragungsanspruch bei Sicherungsgrundschulden (1958); *Felgentraeger*, Hypothek u. Grundschuld, FS Gierke, 1950, S. 140; *Huber*, Die Sicherungsgrundschuld, 1965; *Klee*, Eigentümergrundschuld oder Fremdgrundschuld, NJW 1951, 579; *Kommans*, Die Sicherungsgrundschuld (1939); *Kowalski*, Die Grundschuld im modernen Grundbuchverkehr (1932); *Küchler*, Die Sicherungsgrundschuld (1939); *Polzin*, Die praktische Anwendung der Grundschuld, AcP 134, 219; Hj. *Weber* § 13 (mit umfassenden Lit.Angaben); *Wörbelauer* NJW 1958, 1705 u. 1513 (zur Eigentümergrundschuld). Weitere Literatur vor § 45 u. § 46 und im Text.

S. Übersicht 20 am Ende von § 45.

I. Begriff und Anwendungsbereich

Lesen Sie zunächst oben § 36 Rn. 74–79.

1. Hypothek und Grundschuld

Der wesentliche Unterschied zwischen Hypothek und Grundschuld liegt im 1 Bereich der Akzessorietät: Das Gesetz hat die Hypothek als akzessorisches, die Grundschuld als nicht akzessorisches Recht ausgestaltet. Zwar ist – wie wir wissen – auch bei der Hypothek die Akzessorietät verschieden stark ausgebaut: ganz streng bei der Sicherungshypothek, gelockert – im Interesse des redlichen Verkehrs – bei der Verkehrshypothek. Aber auch bei dieser gilt der Grundsatz, daß die Hypothek nur zur Sicherung einer – entstandenen und noch bestehenden – Forderung dienen kann und daß die Hypothek untrennbar mit dieser Forderung verbunden ist. Anders die Grundschuld: sie setzt eine durch sie gesicherte Forderung nicht voraus. Auch wenn – wie meist in der Praxis – die Grundschuld der Sicherung einer Forderung dient, führt diese Sicherungsfunktion in der Regel nicht zu grundpfandrechtlichen, „dinglichen" Konsequenzen.

§ 1192 bringt diesen Unterschied mit aller Deutlichkeit zum Ausdruck; er sagt, daß auf die Grundschuld das Recht der Hypothek entsprechende Anwendung findet, „soweit sich nicht daraus ein anderes ergibt, daß die Grundschuld *nicht eine Forderung voraussetzt*".

Diese Forderungsunabhängigkeit der Grundschuld gilt es mit Nachdruck 2 festzuhalten: Bei der Erörterung der speziellen Probleme der Sicherungsgrundschuld (unten § 45) werden wir zwar feststellen, daß die Sicherungsgrundschuld vor allem durch die Rechtspraxis in einigen Beziehungen der Hypothek angenähert worden ist, aber diese Annäherung darf doch den grundsätzlichen Unterschied nicht verwischen.

Beispiel: E hat der G-Bank zur Sicherung eines erwarteten Kredits eine Grundschuld bestellt. Ei- 3
nem nachrangigen 2. Hypothekar H gegenüber ist E zur Löschung der Grundschuld verpflichtet, sobald sie sich mit dem Eigentum in einer Person vereinigt (gesetzlicher Löschungsanspruch nach § 1179a). Wider Erwarten ist der Kredit nicht ausbezahlt worden, G weigert sich auch aus triftigen Gründen, dies in Zukunft zu tun. Daraufhin hat E den Anspruch auf Rückübertragung der Grundschuld an einen anderen Gläubiger X abgetreten, der jetzt diesen Anspruch gegen G geltend macht. H hält die Abtretung ihm gegenüber für unwirksam, weil er durch den Löschungsanspruch gesichert sei.

Bei Lösung dieses Falls muß man sich zunächst darüber im klaren sein, daß die Grundschuld wirk- 4
sam begründet ist, obwohl die zu sichernde Forderung nicht entstanden ist, und zwar als

§ 44 I III. Abschnitt. Liegenschaftsrecht

Fremdgrundschuld der G; § 1163 Abs. 1 Satz 1 ist also nicht anwendbar. Da sonach die Voraussetzung des § 1179a (Vereinigung der Hypothek mit dem Eigentum in einer Person) nicht vorliegt, kann auch der Löschungsanspruch seine Wirkung nicht entfalten. Dem E stand ein *schuldrechtlicher* Rückabtretungsanspruch gegen G zu, sei es auf Grund des nicht erfüllten Sicherungsvertrags, sei es auf Grund ungerechtfertigter Bereicherung (s. dazu unten § 45 Rn. 24ff.). Hätte sich H gegen eine Verwertung dieses Rückabtretungsanspruchs durch E sichern wollen, so hätte er sich diesen künftigen Anspruch abtreten lassen können (s. unten § 46 Rn. 48ff.).

Dieses bewußt etwas kompliziert gewählte Beispiel sollte zunächst nur dartun, daß der grundsätzliche Unterschied zwischen Grundschuld und Hypothek nicht lediglich akademische Bedeutung hat, sondern sich praktisch auswirkt.

Ähnliche *Beispiele* aus der Praxis: BGH NJW 1985, 800; OLG Hamm NJW-RR 1990, 272.

2. Anwendungsbereich von Hypotheken und Grundschuld

5   Das BGB hat zwei Typen von Grundpfandrechten geschaffen, weil sich beide Formen historisch entwickelt hatten und in der Rechtspraxis benutzt wurden. Dieser – landschaftlich verschiedenen – Übung wollte man keine Gewalt antun.

Welchen Anwendungsbereich haben beide Institute heute? Auch heute ist die landschaftliche Verschiedenheit nicht ohne Bedeutung, mehr und mehr hat sich aber das Gewicht nach der Art des Kreditgeschäfts geändert. Kurz- und mittelfristige Kredite der Kreditinstitute werden heute durchweg durch Grundschulden, und zwar in der Form der Briefgrundschuld gesichert. Namentlich ist – wie wir schon früher festgestellt haben – die Höchstbetragshypothek fast vollständig durch die Grundschuld abgelöst worden. Dagegen bedient sich der langfristige Kredit (Anlagekredit) teilweise noch der Verkehrshypothek. Freilich ist auch hier die Grundschuld stark im Vordringen, weil man in ihrer Nichtakzessorietät entscheidende Vorteile sieht: Einsatz als globales Sicherungsmittel für wechselnde Forderungen, Kostenersparnis bei Umschuldung, geringere Bewegungen im Grundbuch; der Schutz des Eigentümers ist durch eine verbraucherfreundliche Gestaltung der Sicherungsabrede letztlich nicht schlechter garantiert als bei einer Hypothek (s.a. § 36 Rn. 129).

Heute sind von allen rechtsgeschäftlich bestellten Grundpfandrechten ca. 19% Hypotheken, ca. 81% Grundschulden.[1]

6   Die „*isolierte*" Grundschuld – im Gegensatz zur der Sicherung einer Forderung dienenden Grundschuld (der sog. *Sicherungsgrundschuld*) – ist freilich selten. Sie kommt etwa vor, wenn der Eigentümer sich mit Zustimmung des Gläubigers nicht dem Zugriff in sein ganzes Vermögen, sondern eben nur dem in sein Grundstück unterwerfen will oder wenn der Eigentümer jemandem einen Wertanteil an seinem Grundstück zuwenden will, ohne daß eine Forderung besteht, die gesichert werden könnte; so etwa wenn der Vater seiner Tochter als Ausstattung eine Grundschuld an dem ihm gehörigen Grundstück schenkt. Forderungslos ist natürlich auch die rechtsgeschäftlich bestellte *Eigentümergrundschuld* (§ 1196), nur wird sie in dem Augenblick zur Sicherungsgrundschuld, wo der Eigentümer sie sicherungshalber an seinen Gläubiger abtritt. Ist sie in der Form der Briefgrundschuld bestellt und wird sie sodann

---

[1] *Adams*, Ökonomische Analyse der Sicherungsrechte, 1980, S. 11.

§ 44. Hypothek und Grundschuld – Gemeinsames und Unterschiede **II § 44**

außerhalb des Grundbuchs durch Briefübergabe und schriftliche Abtretungserklärung abgetreten, so erscheint der Gläubiger im Grundbuch nicht, er kann also – insbesondere vor der „Konkurrenz" – geheimgehalten werden.

3. Gang der Darstellung

Im folgenden werden zunächst die für die Grundschuld geltenden Regeln dargestellt (II–VII), anschließend die Besonderheiten der sog. Sicherungsgrundschuld (§ 45), letztlich die Eigenart des Eigentümergrundpfandrechts (§ 46). 7

II. Die Entstehung der Grundschuld

1. Einigung und Eintragung – Briefübergabe

Die Entstehung der Grundschuld setzt Einigung und Eintragung (§ 873), bei der Briefgrundschuld außerdem die Übergabe des Grundschuldbriefs (§ 1117) voraus, dagegen *nicht* die Entstehung der Forderung, dies auch dann nicht, wenn die Grundschuld der Sicherung einer Forderung dienen soll. Die Grundschuld ist also Fremdgrundschuld, gleichgültig ob die Forderung noch nicht entstanden ist oder überhaupt nicht mehr entstehen wird.[1] Im letztgenannten Fall hat der Eigentümer lediglich einen Anspruch auf Rückgewähr der Grundschuld, und zwar aus der Rückabwicklung des Sicherungsvertrags. Ist die Sicherungsabrede nichtig, so beruht der Anspruch auf ungerechtfertigter Bereicherung.[2] 8

Ist der Brief noch nicht übergeben, so ist die Grundschuld nach § 1163 Abs. 2 (vorläufige, verdeckte) Eigentümergrundschuld; denn § 1163 Abs. 2 hat mit dem Akzessorietätsgrundsatz nichts zu tun (RGZ 77, 106, 108). Neueres *Beispiel* zum Rechtsfehler des dinglichen Geschäfts: BGH NJW 1997, 2751 (§§ 873, 878, 1191; s.a. § 19 Rn. 35ff.).

2. Brief- und Buchgrundschuld, Einzel- und Gesamtgrundschuld

Die Grundschuld kann als Brief- oder als Buchgrundschuld, als Einzel- oder Gesamtgrundschuld bestellt werden. Auch ist die Umwandlung der Brief- in eine Buchgrundschuld und umgekehrt möglich (§ 1192 mit § 1116 Abs. 2 S. 2 – § 1116 Abs. 3); ebenso ist die Umwandlung der Grundschuld in eine Hypothek und umgekehrt durch Inhaltsänderung (§ 877) jederzeit möglich (§ 1198; Beispielsfall: BGH NJW 1968, 1674). Regelform ist auch hier die Briefgrundschuld; die Buchgrundschuld bedarf der Einigung über den Briefausschluß und der Eintragung des Briefausschlusses (§ 1116 mit § 1192). 9

3. Mindestinhalt des Grundbucheintrags

Im Grundbuch müssen Gläubiger, Geldbetrag der Grundschuld und Zinssatz angegeben werden (§ 1115); eine zu sichernde Forderung darf hier – selbst wenn es sich um eine Sicherungsgrundschuld handelt – nicht vermerkt werden; geschieht es, so ist dies ohne Wirkung.[3] 10

---

[1] Hierzu deutlich BGH NJW 1981, 1505.
[2] Zu dieser Unterscheidung ausführlich § 45 Rn. 24–33.
[3] Hierzu § 45 Rn. 34ff.

11 Hier wird ein mit der Grundschuld verbundener Vorteil gewissermaßen grundbuchrechtlich sichtbar: die Hypothek ist auf eine bestimmte Forderung festgelegt. Ist die Forderung – z. B. durch Rückzahlung – erloschen, so kann nicht beliebig eine andere neue Forderung an ihre Stelle gesetzt werden; denn mit dem Erlöschen der Forderung war eine Eigentümergrundschuld entstanden (§ 1163 Abs. 1 Satz 2), die bereits Gegenstand des Zugriffs Dritter sein oder in den Bereich eines Löschungsanspruchs (bzw. einer Löschungsvormerkung, s. unten § 46 Rn. 33 ff.) fallen konnte. Ganz anders bei der Grundschuld: hier kann die zu sichernde Forderung beliebig ausgewechselt werden, das eine Kreditverhältnis durch das eines ganz anderen Schuldners ersetzt werden[1] usw. Die Grundschuld ist so ein leicht manipulierbares Sicherungsmittel. Darin liegt für leichtfertige Eigentümer freilich auch eine Gefahr: denn der Eigentümer kann die Grundschulden an seine Gläubiger austeilen wie der Fürst die Goldstücke an die Menge. Der „Kater" kommt hinterher!

Eintragungsmuster (Briefgrundschuld):
„Zehntausend Deutsche Mark Grundschuld mit 12% jährlich verzinslich für den Rentner Herbert Müller in Berlin. Unter Bezugnahme auf die Eintragungsbewilligung vom ..."

12 Auch die *Verzinsung der Grundschuld* ist vom Zinssatz einer schuldrechtlichen Forderung unabhängig. Es kann also z. B. sein, daß für Darlehen 6% Zinsen vereinbart sind, für die Grundschuld 12% (BGH NJW 1996, 253, 256 m. Nw.). Die Sicherungsabrede gilt aber auch für diese Zinsen: sie können bei einer Sicherungsgrundschuld nur realisiert werden, wenn es der Sicherungszweck erlaubt (§ 45 Rn. 5, 9 ff.).

III. Die Übertragung der Grundschuld

13 Die Übertragung[2] der Grundschuld erfolgt nach Hypothekenrecht (§§ 1154, 1155; dazu oben § 38), nur daß § 1153 (Untrennbarkeit von Forderung und Hypothek) ausgeschlossen ist. Gesicherte Forderung und Grundschuld können also an verschiedene Personen abgetreten werden (vgl. das *Beispiel* oben § 36 Rn. 79). Die darin für den Schuldner-Eigentümer liegende Gefahr wird dadurch etwas gemildert, daß er dem Zessionar der *Forderung* entgegenhalten kann, er brauche nur gegen Aushändigung der Löschungspapiere zu zahlen, während er dem neuen *Grundschuldinhaber* die Sicherungsabrede nur entgegenhalten kann, wenn dieser sie kannte oder wenn sie aus dem Grundbuch ersichtlich war (Einzelheiten unten § 45 Rn. 54 ff.).

IV. Haftungsumfang und Haftungsverwirklichung

14 Haftungsumfang und Haftungsverwirklichung richten sich nach den für die Hypothek geltenden Vorschriften (also Haftungsumfang: §§ 1120–1130; Haftungsverwirklichung auf dinglichen Vollstreckungstitel hin durch Zwangsversteigerung,[3] Zwangsverwaltung und Mobiliarzwangsvollstreckung in die mithaftenden Gegenstände). Die dinglichen Titel sind dieselben wie bei der Hypothek, insbesondere kommt also auch die vollstreckbare Urkunde in Betracht (s. oben §§ 39, 40).

---

[1] Die Praxis sucht gelegentlich dies zu verhindern, und zwar durch die zwischen dem Grundschuldgläubiger und einem nachfolgenden Grundpfandgläubiger getroffene Vereinbarung, die Grundschuld „nur einmal zu valutieren", d. h. nur zur Sicherung *einer* bestimmten Darlehnsforderung zu verwenden; diese Vereinbarung hat nur schuldrechtliche Wirkung (s. dazu *Kolbenschlag* DNotZ 1966, 475), es sei denn, der nachrangige Gläubiger läßt sich den vormerkungsgesicherten Rückgewähranspruch abtreten (s. §§ 45 Rn. 90 ff., 46 Rn. 48 ff.).

[2] Zur Nichtabtretbarkeit der Grundschuld kraft Parteivereinbarung s. oben § 4 Rn. 20 ff.

[3] Ausführlich speziell zur Sicherungsgrundschuld *Geißler* JuS 1990, 284 ff.

V. Legitimation des Gläubigers und Verteidigung des Eigentümers

Einer Erörterung bedarf die Legitimation des Grundschuldgläubigers bei Geltendmachung der Grundschuld (Rn. 16) und die Verteidigung des Eigentümers gegen die Grundschuld (Rn. 17 ff., 20 ff.).

1. Die Legitimation des Gläubigers

Was die Legitimation des Gläubigers anlangt, so bestehen keine wesentlichen Unterschiede zur Verkehrshypothek: Bei der Buchgrundschuld kann sich der Grundschuldinhaber auf die Eintragung im Grundbuch (§ 891), bei der Briefgrundschuld auf den Brief im Zusammenhang mit der Eintragung im Grundbuch bzw. einer Kette öffentlich beglaubigter Abtretungserklärungen berufen (§ 1155). Der Unterschied zur Verkehrshypothek ist nur folgender: bei der Verkehrshypothek bezieht sich die legitimierende Kraft des Grundbucheintrags usw. auch auf die Forderung, soweit diese die Basis der Hypothek bildet, bei der Grundschuld nur auf das dingliche Recht.[1]

2. Einwendungen und Einreden

Bei der Verteidigung des Eigentümers kommen an Einreden und Einwendungen in Betracht:

a) Bestandsvernichtende oder bestandsverändernde Einwendungen

Dies sind solche, die sich gegen die Existenz des dinglichen Rechts oder gegen die Rechtszuständigkeit in der Person des die Grundschuld Geltendmachenden richten; wir haben sie schon bei der Hypothek bestandsvernichtende oder bestandsverändernde Einwendungen genannt (s. oben § 38 Rn. 64).

Auch gegen die Klage aus der Grundschuld kann also – selbstverständlich – eingewendet werden, die Grundschuld sei nicht wirksam begründet worden oder erloschen oder sie sei an einen anderen abgetreten oder sie sei durch Verzicht entsprechend § 1168 zur Eigentümergrundschuld geworden.

b) Eigentümerbezogene Einreden

Dazu gehören solche Einreden, die sich aus dem Rechtsverhältnis zwischen Eigentümer und Gläubiger ergeben (s. oben § 38 Rn. 67). Hier kommen insbesondere die Einreden aus dem Sicherungsvertrag in Betracht, wenn es sich um eine Sicherungsgrundschuld handelt.

Hierauf soll unten § 45 näher eingegangen werden. Nur kurz zur vorläufigen Information: Der Eigentümer kann z. B. einwenden, der Sicherungsvertrag sei nichtig, daher stehe ihm ein Anspruch auf Rückübertragung der Grundschuld zu, er habe also die Einrede der ungerechtfertigten Bereicherung, oder er – der Eigentümer – habe die gesicherte Darlehensschuld schon ratenweise getilgt, aus dem Sicherungsvertrag ergebe sich jetzt die Pflicht des Gläubigers zur Rückübertragung der Grundschuld auf ihn usw.

---

[1] Neuerer *Beispielsfall:* BGH NJW 1996, 1207; *Tiedtke* NJW 1997, 851; s. a. oben § 38 Rn. 57 ff., 108 ff. und unten Rn. 22.

c) Unanwendbarkeit des § 1137

19 § 1137 ist nicht anwendbar; der Eigentümer kann also nicht die Einreden des Schuldners gegen den Grundschuldgläubiger geltend machen.

Möglich ist aber, daß dem Eigentümer selbst Einreden aus dem Sicherungsvertrag zustehen (s. unten § 45 Rn. 72 ff.).

3. Die Rechtsstellung des Zessionars der Grundschuld

a) Gutglaubensschutz beim Erwerb der Grundschuld

20 Auch hier ist von dem in § 404 enthaltenen, in § 1157 S. 1 für die Hypothek besonders geprägten Grundgedanken auszugehen, daß nämlich die Position des Eigentümers durch eine Zession des Rechts nicht beeinträchtigt werden soll. Aber schon bei der Verkehrshypothek haben wir entscheidende Durchbrechungen dieser Regel festgestellt (§ 38 Rn. 71 ff.); sie ergaben sich bezüglich der bestandsvernichtenden Einwendungen aus § 892 mit § 1138, bezüglich der schuldnerbestimmten Einreden aus § 1138 und hinsichtlich der eigentümerbezogenen Einreden aus § 1157 Satz 2. Ähnlich ist die Rechtslage bei der Grundschuld, nur mit dem Unterschied, daß § 1138 hier keinen Anwendungsbereich hat.

21 Der Eigentümer kann sich also z. B. dem Zessionar der Grundschuld gegenüber nicht darauf berufen, die Grundschuld sei nicht wirksam entstanden, wenn dieser sie im Vertrauen auf das Grundbuch erworben hat (§ 892).

Besonderheiten ergeben sich auch hier wieder bei der Sicherungsgrundschuld (s. unten § 45). Hier sei andeutungsweise nur vermerkt, daß auf Einreden aus dem Sicherungsvertrag § 1157 Anwendung findet; dies bedeutet, daß sie der Erwerber dann gegen sich gelten lassen muß, wenn er sie kannte oder wenn sie sich aus dem Grundbuch oder Brief ergaben (§ 1157 Satz 2 mit § 1140).

b) Leistung mit befreiender Wirkung

22 Nur einer knappen Erörterung bedarf die Frage, an wen der Eigentümer bei Zession der Grundschuld leisten darf. Schon bei der Verkehrshypothek hatten wir festgestellt (s. oben § 38 Rn. 57 ff.), daß die bei Abtretung einer Forderung geltende „historische Legitimation" (*Heck*) der §§ 406 bis 408 in § 1156 zugunsten der hypothekarischen ausgeschlossen ist. Dasselbe gilt für die Grundschuld. Der Eigentümer kann also mit befreiender Wirkung leisten: an den wahren Berechtigten, gleichgültig ob er ausreichend legitimiert ist oder nicht, an den Nichtberechtigten, wenn er durch Grundbuch (bzw. Brief + „Kette", § 1155) ausgewiesen ist,[1] *nicht* aber an den Zedenten der Grundschuld, auch wenn er von der Zession keine Kenntnis erhalten hatte; er kann sich also nicht zu seinen Gunsten auf § 407 berufen.[2]

Auch hier ergeben sich Besonderheiten bei der Sicherungsgrundschuld, insbesondere dann, wenn Forderung und Grundschuld verschiedene Wege gehen.

---

[1] Hierzu BGH NJW 1996, 1207 f. und *Tiedtke* NJW 1997, 851; oben Rn. 16 und § 38 Rn. 57 ff., 108 ff.

[2] Hierzu BGH NJW 1976, 2213.

VI. Die Tilgung der Grundschuld

Sie kann durch den Eigentümer (Rn. 23 ff.) oder einen Dritten (Rn. 26) erfolgen.

1. Tilgung durch den Eigentümer

Tilgt der Eigentümer die Grundschuld, so entspräche es dem Zweck des § 1163 Abs. 1 Satz 2, die Grundschuld auf den Eigentümer als Eigentümergrundschuld übergehen zu lassen, also dem Eigentümer nicht lediglich einen schuldrechtlichen Anspruch auf Rückübertragung der Grundschuld zu geben. Einer einheitlichen Lösung des Tilgungsproblems bei der Hypothek und bei der Grundschuld stehen auch keine gewichtigen dogmatischen Bedenken entgegen. So ist man sich auch über das Ergebnis: die Entstehung einer *Eigentümergrundschuld* einig. Nur die Begründungen sind recht verschieden. 23

Die einen wollen § 1163 Abs. 1 Satz 2 entsprechend heranziehen (so etwa *Wilhelm* Rn. 917 f.), andere (z. B. RGZ 78, 60, 68; BGH NJW 1986, 2108, 2111) die §§ 1142, 1143 (die das Ablösungsrecht des vom Schuldner verschiedenen Eigentümers betreffen; noch anders *Manfred Wolf* Rn. 668: § 1163 und § 1143 analog), wieder andere (z. B. *Wolff/Raiser* § 156 Anm. 11) die §§ 1168, 1170, 1171. U. E. ist der Meinung des RG und des BGH der Vorzug zu geben (ebenso *Staudinger/Wolfsteiner* § 1192 Rn. 17; *Westermann/Eickmann* § 133 III; *Wieling* § 32 III 3). Der Eigentümer ist bei der Tilgung nicht zu Teilleistungen berechtigt (BGHZ 108, 372, 379; hierzu § 40 Rn. 17 Fn.). 24

Problematisch wird die Tilgungsleistung dann, wenn bei der Sicherungsgrundschuld der Eigentümer mit dem persönlichen Schuldner identisch ist: Leistet er „auf" die Grundschuld, dann wäre nach dem eben Gesagten das Ergebnis eine Eigentümergrundschuld, leistet er „auf" die Forderung, so hätte er nur einen schuldrechtlichen Anspruch aus dem Sicherungsvertrag auf Rückübertragung der Grundschuld. Wie aber läßt sich feststellen, ob der Eigentümer-Schuldner die Grundschuld oder die Forderung tilgen wollte? 25

Auch dieses Problem sei hier zunächst nur angedeutet, weil es bei der Sicherungsgrundschuld aktuell wird. Dort ist auch die Frage zu erörtern, was bei Verschiedenheit von Eigentümer und Schuldner aus der persönlichen Forderung wird, wenn der Eigentümer die Grundschuld tilgt.

2. Tilgung durch Dritte

Für den Fall der Ablösung der Grundschuld durch Dritte gilt § 1150 mit § 268. Steht dem Ablösenden ein Ablösungsrecht zu, so geht die Grundschuld auf ihn über.[1] 26

3. Verzicht, Aufhebung, Befriedigung durch Zwangsvollstreckung

Von der Tilgung der Grundschuld sind wie bei der Hypothek folgende Fälle zu unterscheiden: 27

---

[1] Hierzu BGHZ 104, 26, 29; 108, 372, 379; NJW 1986, 1487; 1997, 190, 191 (dazu noch ausführlich § 38 Rn. 108 ff. zum gutgläubigen Erwerb). Der Parallelfall bei der Hypothek ist unter § 38 Rn. 100 ff. behandelt. Zahlt ein *nicht* ablösungsberechtigter Dritter auf die Grundschuld, so entsteht eine Eigentümergrundschuld (Saarbrücken OLGZ 1967, 102; *Coester* NJW 1984, 2548, 2550; offen BGH NJW 1983, 2502, 2503; MünchKomm/*Eickmann* § 1191 Rn. 129). Zur Tilgung der persönlichen Forderung durch Dritte s. § 45 Rn. 96.

a) Der Verzicht auf die Grundschuld

Abzugrenzen von der Tilgung ist zunächst der Verzicht auf die Grundschuld; hier ist hinsichtlich der Voraussetzung und Wirkung § 1168 anzuwenden; der Eigentümer erwirbt die Grundschuld (BGHZ 108, 237, 246). Dem Verzicht steht bei der Sicherungsgrundschuld der Fall des § 418 Abs. 1 S. 2 gleich.[1]

b) Die Aufhebung der Grundschuld

28 Scharf von der Tilgung zu unterscheiden ist des weiteren die Aufhebung der Grundschuld; sie bestimmt sich nach §§ 875, 876, bedarf der Zustimmung des Eigentümers (§ 1183, s. auch § 27 GBO) und führt zum Untergang des Rechts.

c) Befriedigung des Grundschuldinhabers durch Zwangsvollstreckung

29 Schließlich ist die freiwillige Tilgung der Grundschuld gedanklich klar zu trennen von der Befriedigung des Grundschuldinhabers durch Zwangsvollstreckung in das Grundstück oder in die mithaftenden Gegenstände. Hier erlischt die Grundschuld (§ 1181).

VII. Anhang: Pfändung und Verpfändung der Grundschuld

1. Pfändung

30 Auf die Zwangsvollstreckung in eine Grundschuld finden nach § 857 Abs. 6 ZPO die Vorschriften über die Pfändung der Hypothek entsprechende Anwendung. Es gilt also das oben § 38 Rn. 125 ff. Gesagte.[2]

Besonderheiten gelten für die Pfändung einer Eigentümergrundschuld; darauf soll erst unten § 46 Rn. 11 ff. bei der Behandlung der Eigentümergrundschuld eingegangen werden.

2. Verpfändung

31 Nach § 1291 gelten für die Verpfändung einer Grundschuld die Vorschriften über das Pfandrecht an einer Forderung. Auch in der Verpfändung der Grundschuld wird also eine „Teilabtretung" gesehen. Dies bedeutet etwa, daß für den Verpfändungsakt die Vorschriften über die Abtretung gelten (§ 1274; Einzelheiten oben § 38 Rn. 120 ff.).

Beispiel: BGHZ 60, 174.

---

[1] BGH BB 1966, 601 = WM 1966, 577, 579 (a. A. *Wilhelm* Rn. 930). Nach Abtretung des Rückgewähranspruchs (§§ 45 Rn. 26 ff., 90 ff.; 46 Rn. 48 ff.) durch den Sicherungsgeber an einen Dritten bleibt die Zustimmung des Eigentümers maßgeblich, nicht die des Zessionars (BGH NJW 1992, 110; str., a. A. *Scholz* NJW 1966, 1739).

[2] Dazu ferner *Stöber* BB 1964, 1457; *Huber* BB 1965, 609 und OLG Saarbrücken OLGZ 1967, 102; BGH NJW 1987, 1026 (Fortsetzung des Pfandrechts am Anspruch auf Versteigerungserlös, falls Grundschuld in das geringste Gebot fällt).

§ 45. Die Sicherungsgrundschuld

Lit.-Hinweis: Siehe oben vor § 36 u. § 44; ferner *Gaberdiel,* Kreditsicherung durch Grundschulden, 5. Aufl. 1991; *Clemente,* Die Sicherungsgrundschuld, 2. Aufl. 1991; *ders.,* Die Sicherungsabrede der Sicherungsgrundschuld, ZIP 1990, 969; *Eickmann,* Aktuelle Fragen der Sicherungsgrundschuld, ZIP 1989, 137; *ders.,* Die in der Zwangsversteigerung bestehenbleibende Grundschuld, FS Merz, 1992, S. 49; *Rahn,* Verkehrshypothek und Sicherungsgrundschuld, BWNotZ 1959, 265; *Jäckle* JZ 1982, 50; *Jestädt,* GS Schultz, 1987, 149 (vor allem zum Rückgewähranspruch); *Kollhosser,* Neue Probleme bei der Abtretung und Verpfändung von Grundschulden, JA 1979, 232; *Lamb* JA 1987, 1; *Lopau* NJW 1972, 2253 und JuS 1976, 315; 553; *Matschl* NJW 1962, 2132; *Petri,* Die Grundschuld als Sicherungsmittel für Bankkredite (1975); *Reinicke/Tiedtke,* Kreditsicherung, 3. Aufl. 1994, S. 336ff.; *Reithmann* NJW 1977, 661 u. DNotZ 1982, 67, 70; *Scholz,* Der sicherungsrechtliche Rückgewähranspruch als Mittel der Kreditsicherung, FS Möhring, 1965, S. 419ff.; *Seckelmann,* Die Grundschuld als Sicherungsmittel (1963); *Serick,* Eigentumsvorbehalt und Sicherungsübereignung, Bd. II, 1966, § 28; *Tietdke,* Die Sicherungsgrundschuld, Jura 1980, 407; *ders.,* Zur weiten Sicherungsabrede bei Bestellung der Grundschuld durch eine Personengesellschaft oder den persönlich haftenden Gesellschafter, NJW 1991, 3241; *ders.,* Zur Anlaßrechtsprechung des Bundesgerichtshofs im Grundschuldrecht, ZIP 1997, 1949; *Hj. Weber,* Der Rückübertragungsanspruch bei der nicht valutierten Grundschuld, AcP 169, 237; *Wilhelm,* Sicherungsgrundschuld und Einreden gegen Dritterwerber, JZ 1980, 625.

S. Übersicht 20 am Ende.

I. Begriff und Anwendungsbereich

1. Begriff

Mit dem Begriff „Sicherungsgrundschuld" soll eine Grundschuld bezeichnet 1 werden, die zur Sicherung einer Forderung bestellt worden ist. Das Gesetz kennt diesen Begriff nicht; mit gutem Grunde, denn nach seiner Vorstellung (§ 1192) sollte ja für die Grundschuld gerade ihre Forderungsunabhängigkeit charakteristisch sein. So will der Begriff zunächst nur sagen, daß in der Praxis auch die Grundschuld – genau wie die Hypothek – der Sicherung einer Forderung dient. Mit der Zeit hat der Begriff aber auch eine rechtlich-substantielle Bedeutung erfahren, insofern aus der lebenstatsächlichen Verknüpfung von Grundschuld und Forderung rechtliche Folgerungen gezogen wurden; sie laufen im Ergebnis auf eine Annäherung von Verkehrshypothek und Sicherungsgrundschuld hinaus.

Am weitesten in dieser Richtung geht *Heck* (SachenR, § 100). Von der Theorie der „Zweckge- 2 meinschaft" ausgehend, plädiert er für eine der Gesamtschuld ähnliche Verknüpfung von „Schuld" und „Haftung". Dies führt dazu, daß sich rechtliche Vorgänge in dem Bereich der Forderung unmittelbar auf den der Grundschuld auswirken und umgekehrt. Bei Divergenzfällen soll sich das Innenverhältnis nach § 426 richten, Ergebnisse, die sich dann dem Recht der Hypothek sehr annähern.

Die Theorie der Zweckgemeinschaft wird zwar meist abgelehnt, aber in vielen Zweifelsfragen 3 kommt – wie wir sehen werden – die h. M. zu den gleichen Ergebnissen wie die *Heck*'sche Konzeption.

Von der einen wie der anderen Auffassung aus ist jedoch die Bezeichnung *„Sicherungsgrundschuld"* unglücklich. Denn sie erinnert unwillkürlich an die Sicherungshypothek und erweckt damit die Vorstellung, als hätte man es hier mit einer Rechtsform der Grundschuld zu tun, die – wie die Sicherungs*hypothek* – durch eine besonders enge Verknüpfung von Grundpfandrecht und Forderung ausgezeichnet ist. Davon kann indes keine Rede sein. Mit diesem Vorbehalt wird der nun einmal eingebürgerte Begriff auch in den folgenden Darlegungen verwendet.

2. Anwendungsbereich

4 Die Sicherungsgrundschuld wird in mannigfaltiger Ausgestaltung im Kreditgeschäft verwendet. Ihr Hauptanwendungsbereich war ursprünglich die Sicherung des kurz- und mittelfristigen Kredits. Heute ist sie jedoch auch beim langfristigen Anlagekredit im Vordringen (s. a. § 44 Rn. 5).

Ohne damit Vollständigkeit zu erreichen, können folgende Anwendungsfälle angeführt werden:

a) Sicherung einer Kreditlinie

5 Grundschulden dienen häufig der Sicherung eines Kreditverhältnisses zwischen *Bank* und Kunden, dem ein gewisser „Kreditplafond", eine „Kreditlinie" eingeräumt ist. Die Ausnützung des Kredits im einzelnen schwankt, die Grundschuld wird in Höhe des eingeräumten Kredits bestellt. Dabei wird die Grundschuld meist verzinslich bewilligt; Kapital und Zinsen sichern aber *insgesamt* den jeweiligen Darlehensbetrag einschließlich der Zinsen und Kosten (etwa der Rechtsverfolgung). Es ist also durchaus möglich, daß der in Anspruch genommene Kredit anders verzinslich ist als die Grundschuld (BGH NJW 1996, 253, 256; § 44 Rn. 12), ja daß der Kreditzins entsprechend den Verhältnissen am Kapitalmarkt in seiner Höhe wechselt, während der Grundschuldzins unverändert bleibt.

In dieser Form hat die Grundschuld die Höchstbetragshypothek in der Praxis ersetzt (hierzu § 42 Rn. 20; *Beispiel:* BGH NJW 1991, 1286).

Der Eigentümer kann mit der Grundschuld auch die Forderung des Gläubigers gegen einen Dritten (persönlichen Schuldner) sichern, der Gläubiger muß bei formularmäßiger Gestaltung allerdings die Grenzen der Vorhersehbarkeit beachten (ausführlich Rn. 15 m. Nw.).

b) Sicherung von Warenkrediten

6 Grundschulden werden eingesetzt zur Sicherung eines vom Lieferanten an den ständigen Abnehmer eingeräumten sog. Warenkredits. Hier wird meist vereinbart, daß die Grundschuld nicht nur die Kaufpreisforderungen sichern soll, sondern auch alle anderen sich aus den Geschäftsbeziehungen ergebenden Ansprüche, z. B. aus Verzugsschaden, Schadensersatz wegen Nichterfüllung usw.

c) Sicherung langfristiger Anlagekredite

7 Auch zur Sicherung eines langfristigen Anlagekredits werden Grundschulden verwendet. Hier decken sich meist die Höhe der Grundschuld mit der Höhe des gewährten Darlehens, die Annäherung an die Verkehrshypothek ist besonders augenscheinlich. Dabei kann vereinbart werden, daß Darlehen und Grundschuld nach einer bestimmten Zeit oder nach Kündigung in voller Höhe fällig werden. Möglich ist aber auch, daß das Darlehen in laufenden Raten amortisiert wird; die Grundschuld übernimmt dann die Funktion der Tilgungshypothek, z. B. zur Kaufpreisfinanzierung.

Interessanter neuerer *Beispielsfall:* BGH NJW 1998, 453 (Grundschuld zur Kaufpreisfinanzierung beim Erwerb durch Minderjährigen – Unanwendbarkeit des § 1821 Abs. 1 Nr. 1 BGB).

d) Treuhandgrundschuld

8 Schließlich dient die Sicherungsgrundschuld als sog. Treuhandgrundschuld der Sicherung von Forderungen mehrerer Gläubiger gegen den Schuldner (z. B. mehrere Banken geben einem Schuldner Kredit: Konsortialkredit); die Grundschuld wird zugunsten eines Treuhänders bestellt. In dieser Form hat die Sicherungsgrundschuld in der Praxis auch die Hypothek zur Sicherung der Forderungen aus Inhaberschuldverschreibungen (§§ 1187–1189) verdrängt.[1]

---

[1] *Huber* aaO S. 68 ff.; s. a. § 42 Rn. 36.

II. Grundschuld und Sicherungsabrede (Zweckerklärung)

S. die Übersicht 20 am Ende von § 45.

Die Grundschuld ist – wie wir wissen – anders als die Hypothek nicht von dem Entstehen und dem Fortbestehen einer Forderung abhängig. Dennoch läßt sich nicht leugnen, daß auch die Grundschuld einem bestimmten „Zweck", meist einem „Sicherungszweck" dient. In der Praxis ist sie in aller Regel in Erfüllung eines Kreditvertrags (z.B. Darlehensvertrag, Kaufvertrag) bestellt. Diese Zweckbestimmung wird üblicherweise in einer „Zweckerklärung" (Sicherungsabrede – Sicherungsklausel) niedergelegt.[1] Dadurch wird die Grundschuld zwar nicht zu einem akzessorischen Grundpfandrecht, aber die Geltendmachung des dinglichen Rechts wird doch dem Gläubiger erschwert, weil er als eigennütziger *Treuhänder* einer schuldrechtlichen Bindung seiner weitergehenden dinglichen Rechtsmacht unterliegt,[2] wie sich dies ganz ähnlich bei Sicherungsübereignung oder Sicherungsabtretung gestaltet (§§ 57 Rn. 15 ff., 58 Rn. 2 ff.). 9

Die Sicherungsabrede bestimmt, wann der Gläubiger von seiner dinglichen Rechtsmacht Gebrauch machen darf, also aus der Grundschuld vorgehen kann („Verwertungsreife"). Dazu ist es notwendig, den *Kreis der gesicherten Forderungen* festzulegen (unten Rn. 14). Oft schafft sich der Gläubiger zusätzliche Sicherheit und Vollstreckungserleichterungen für den Fall der Verwertungsreife (unten Rn. 15). Die Sicherungsabrede regelt das *Schicksal der Grundschuld,* falls eine zu sichernde Forderung nicht entsteht oder fortfällt (unten Rn. 26 ff.), und sie ist der *Rechtsgrund* dafür, daß der Gläubiger die Grundschuld behalten darf (unten Rn. 24 f.). Meist enthält sie auch Regelungen über Modalitäten und Wirkung der Erfüllung (unten Rn. 41 ff.). 10

Beispiel:[3] Die Bank B gewährt dem Schuldner S ein Darlehen über 100 000 DM auf 4 Jahre zum Zinssatz von jährlich 7%. Sie läßt sich am Grundstück des S eine Grundschuld über 100 000 DM bei 15% Jahreszins bestellen. Nach der Sicherungsabrede darf B von der Grundschuld nur Gebrauch machen, wenn S die Zinsen nicht bezahlt oder nach Ablauf von 4 Jahren das Darlehen nicht tilgt; weitere Forderungen sind durch die Grundschuld nicht gesichert. Diese Sicherungsabrede ist der Rechtsgrund dafür, daß B die Grundschuld erhält und behält. Wenn S gar kein Darlehen bekommt oder das Darlehen zurückzahlt, so muß B die Grundschuld an S „zurückgeben". Falls B aus der Grundschuld vorgeht, obwohl S stets pünktlich zahlt, so kann sich S gegen diese Inanspruchnahme auf die Sicherungsabrede berufen. Wenn S an B zahlt, so zahlt er regelmäßig vereinbarungsgemäß auf die Darlehensforderung, die Grundschuld bleibt also unberührt, bis sie rückgewährt wird. Auch die Zinsen der Grundschuld laufen unabhängig vom Schicksal der Darlehensforderung weiter, sie dienen der Sicherung der Darlehensforderung mit Zinsen genau gleich wie der Kapitalbetrag der Grundschuld, wobei sie nicht verjähren, weil sie gestundet sind (§ 202 BGB). 11

Wesen und Wirkung der Sicherungsabrede ist Gegenstand vielfältiger literarischer Erörterung.[4] Die folgende Darstellung versucht, einen Überblick 12

---

[1] S. Anhang 4a.
[2] BGH NJW 1989, 1732, 1733.
[3] BGH ZIP 1993, 257.
[4] Auswahl: s. die oben vor Rn. 1 Genannten; ferner *Buchholz* AcP 187, 107; *Clemente* NJW 1988, 408; *Gernhuber*, Bürgerl. Recht, § 26; MünchKomm/*Eickmann* § 1191 Rn. 13 f.; *Puplick*, Rechtsprobleme der Sicherungsvereinbarungen bei Grundschulden, 1988; *Schwerdtner* Jura 1986, 259, 370;

§ 45 II III. Abschnitt. Liegenschaftsrecht

über den Stand der kautelarjuristischen Rechtsentwicklung und ihrer dogmatischen Aufbereitung zu geben.

1. Massenvereinbarungen und ihre Kontrolle

13 Die Sicherungsvereinbarung (SV) kann – rechtspraktisch eher selten – in einem *individuellen* Vertrag zwischen dem Grundschuldgläubiger und dem Eigentümer vereinbart werden, auch auf der Basis einseitig vorformulierter Klauseln des Kreditgebers („ausgehandelt"[1]). Üblich ist indessen die Vereinbarung in *formularmäßig* festgelegten Klauseln. Die Praxis errichtet gewöhnlich eine Grundschuldbestellungsurkunde mit grundbuchrechtlichen Erklärungen, Schuldanerkenntnis und Vollstreckungsunterwerfung; sie ist notariell beurkundet (§§ 794 Abs. 1 Nr. 5 ZPO, 29 GBO; s. Anhang 4). Daneben steht die schriftliche Sicherungsvereinbarung mit dem übrigen Klauselwerk (s. Anhang 4a). Die Abgrenzung des Inhalts beider Urkunden ist nicht stets zwingend und bei der richterlichen Kontrolle muß das „Gesamtpaket" beurteilt werden, weshalb eine einheitliche Darstellung erfolgt. Alle Klauseln müssen natürlich den Bestimmungen des AGBG standhalten. In Betracht kommen insbes. § 2 (deutliche Einbeziehung), § 3 (inhaltlich außergewöhnliche Klauseln), § 5 (Auslegungszweifel zu Lasten des Verwenders), § 9 (Benachteiligung gegen Treu und Glauben), § 11 Ziff. 15 (Veränderung der Beweislast).[2]

a) Formularmäßige Einbeziehung künftiger Forderungen

14 Problematisch ist einmal, ob formularmäßig alle künftigen Forderungen des Gläubigers gegen den *Besteller* wirksam in den Haftungsbereich einbezogen werden können. Der BGH (BGHZ 101, 29 m. w. N.) bejaht diese Frage. Zulässig ist auch die formularmäßige Sicherung einer *fremden* Schuld, aber nicht soweit die Grundschuld der Sicherung *aller künftigen* Forderungen des Gläubigers gegen den mit dem Eigentümer nicht identischen Kreditnehmer dienen soll und der Anlaß des Sicherungsgeschäftes eine solche weitergehende Klausel nicht nahelegt oder rechtfertigt;[3] dies gilt auch bei nicht zweckgebundenen Darlehen (BGH NJW 1992, 1822). Es ist Sache des Kreditgebers, gegebenenfalls darzutun und zu beweisen, daß dem Eigentümer die weitergehende Sicherungsabrede aufgrund besonderer Hinweise oder Umstände geläufig oder transparent war.[4] Inhaltlich ergeben sich weithin *einheitliche Regeln für die*

Staudinger/Wolfsteiner Vorbem. zu §§ 1191 ff. Rn. 17 ff.; *Rastätter* DNotZ 1988, 465; *Sostmann* DNotZ 1995, 260, je m. w. N.

[1] § 1 Abs. 2 AGBG. Beispiel für eine konkludente Zweckbestimmung: LG Karlsruhe DNotZ 1995, 892.

[2] Beschränkung des Anwendungsbereichs des AGBG bei Kaufleuten (§ 24).

[3] Die Rspr. löst diese Fälle über § 3 AGBG, da Inhalt und Umfang der Zweckerklärung nicht gesetzlich festgelegt seien (§ 9 Abs. 2 Nr. 1 AGB), s. BGHZ 83, 56; 98, 256; 99, 203; 100, 82; 101, 29; 102, 152, 158; 106, 19, 22 ff.; 109, 197 ff.; NJW 1990, 392, 393; 1991, 1286, 1287; 1991, 3141, 3142; 1994, 2145; 1995, 1674; NJW-RR 1992, 1521; NJW 1996, 191, 192; 1997, 2320, 2321; ZIP 1997, 1538; *Tiedtke* NJW 1991, 3241 (gesellschaftsrechtliche Verknüpfungen). Demgegenüber erfolgt die ähnliche Kontrolle bei Bürgschaft und Schuldbeitritt über § 9 AGBG (BGHZ 130, 19, 31; 132, 6, 9; NJW 1996, 249); dazu kritisch *Keim* DNotZ 1996, 283 ff.; *Staudinger/Wolfsteiner* Vorbem. zu §§ 1191 ff. Rn. 30 ff.; *Tiedtke* ZIP 1997, 1949; *Schmitz-Valckenberg* DNotZ 1998, 581.

[4] Während normalerweise der Eigentümer, der sich auf die Sicherungsabrede beruft, dartun und beweisen muß, daß die gesicherte Forderung noch nicht fällig oder nicht entstanden oder erfüllt ist (BGHZ 109, 197, 204; 114, 57, 71 = JZ 1991, 923, 926; NJW 1986, 53, 54; KTS 1991, 461, 464), ist bei zulässiger Einbeziehung *künftiger* Forderungen der Gläubiger für Umfang und Höhe darlegungs- und beweisbelastet (BGH NJW 1991, 1286, 1287; NJW-RR 1986, 1459); darin liegt ein gewisser Schutz des Eigentümers.

Dritthaftung aufgrund Bürgschaft, Schuldübernahme oder Grundschuld (BGHZ 130, 19, 31; 132, 6, 9; NJW 1996, 249; 924).

b) Formularmäßiges abstraktes Schuldversprechen und doppelte Unterwerfung

Zweifelhaft ist auch, ob ein abstraktes Schuldversprechen (§§ 780, 781) zusätzlich zur kausalen Darlehensforderung formularmäßig wirksam abgegeben werden kann und damit verbunden die doppelte Vollstreckungsunterwerfung auf Duldung der Vollstreckung aus der Grundschuld in das Grundstück (§§ 794 Abs. 1 Nr. 5, 800 ZPO) und auf Vollstreckung aus dem Schuldanerkenntnis in das gesamte Vermögen (§ 794 Abs. 1 Nr. 5 ZPO). Im Rahmen hypothekarischer Haftung ist auf diese Fragen bereits ausführlich eingegangen (s. § 40 Rn. 43 ff.). Die Rechtsprechung hält diese Konstruktion für zulässig, soweit der Schuldner mit dem Eigentümer identisch ist (BGHZ 99, 274, 284 ff.; NJW 1991, 286; 1677; 2559, 2560 f.; 1992, 971, 972) und bankmäßige Sicherungsbedürfnisse gegen Schuldnerinteressen abzuwägen sind. Hingegen ist die formularmäßige persönliche Haftung des Eigentümers, der vom Schuldner verschieden ist, zumindest nicht über ein Schuldanerkenntnis mit Unterwerfungsklausel in der Grundschuldbestellungsurkunde wirksam herbeizuführen (BGH NJW 1991, 1677; kritisch zu diesem formalen Ansatz *Stürner* DNotZ 1992, 97 ff.). Wegen der näheren Begründung und weiterer Einzelfragen (insbesondere formularmäßiger Verzicht auf Fälligkeitsnachweis bei der Klauselerteilung für die Unterwerfung) kann ebenso wie wegen der Kritik an den Ausführungen zur hypothekarischen Sicherung verwiesen werden (§ 40 Rn. 43 ff. m. Nw.). Zu Recht geht der BGH davon aus, daß sich die Formpflicht notarieller Unterwerfung nicht auf die Zweckerklärung zum Umfang gesicherter Forderungen erstreckt, so daß eine formlose nachträgliche Erweiterung denkbar ist (BGH NJW 1997, 2320); dies wird unabhängig davon zu gelten haben, wie sich das Klauselwerk zwischen notarieller Grundschuldbestellungsurkunde und schriftlicher Vereinbarung aufteilt. 15

c) Sicherungsabrede und Kumulation von Schuldversprechen und Grundschuld

Abstraktes Schuldversprechen und Grundschuld stehen als Sicherungsmittel nebeneinander, wobei das Schuldanerkenntnis die Sicherheit der Grundschuld verstärken soll (BGH NJW 1990, 392, 393). Soweit die Grundschuld bei der Vollstreckung teilweise ausfällt, kann der Gläubiger auf jeden Fall für diesen ausgefallenen Betrag aus dem Schuldversprechen mit Vollstreckungsunterwerfung weitervollstrecken (BGH NJW 1991, 286; NJW-RR 1987, 59; ZIP 1992, 104 bei fehlender Eintragung der Grundschuld). Eine andere Frage ist, ob der Gläubiger das Schuldanerkenntnis kumulativ zur Grundschuld verwerten kann, wenn diese voll befriedigt ist, um es als Sicherheit für weitergehende kausale Forderungen einzulösen. Der BGH hebt für die Zuordnung zu Recht auf das Gesamtbild ab (BGHZ 99, 272, 280 f.; NJW 1988, 707, 708). Er gestattet vor allem dann keine Weitervollstreckung aus der Unterwerfung in das Anerkenntnis, wenn das Anerkenntnis für den Grundschuldbetrag in einer Grundschuldbestellungsurkunde abgegeben war; anders bei „additiver" Zuordnung beider Sicherheiten. In Formularverträgen müßte allerdings § 5 AGBG im Zweifel zur Entscheidung *gegen* die Kumulation führen. 16

d) Grundschuldbestellung, Sicherungsabrede und Verbraucherschutz[1]

Ob Grundschuldbestellung und Sicherungsabrede außer unter das AGBG auch noch unter andere Verbraucherschutzgesetze fallen können, ist teilweise umstritten. Der BGH hat jüngst die Anwendbarkeit des HWiG auf die Sicherungsabrede bejaht (BGH NJW 1996, 55 ff; s. aber BGH NJW 1996, 191, 192), hingegen eine Anwendung des VerbrKrG abgelehnt (BGH NJW 1997, 1442 ff.). 17

Beispiel: (1) M mietet von V eine Fabrikhalle und braucht zum Ausbau seines Unternehmens Kredite. Die Bank B gewährt zunächst 1 Million DM Kredit, will aber für weitere 2 Millionen DM eine 18

---

[1] Hierzu sehr weitgehend *Bülow* NJW 1996, 2889 ff.

§ 45 II   III. Abschnitt. Liegenschaftsrecht

Sicherheit. Im Hause und in der Wohnung der verwitweten V vereinbart man schriftlich, daß V eine Grundschuld zur Kreditsicherung stellen werde (nach BGH NJW 1996, 55 ff. – vereinfacht und verändert!). Wenn V die Zusage reut, so kann sie – falls sie nicht in selbständiger Erwerbstätigkeit vermietet hat (§ 6 Nr. 1 HWiG) – ihre Zusage widerrufen, und zwar binnen einer Woche nach schriftlicher Belehrung (§§ 1 Abs. 1, 2 Abs. 1 HWiG). War die Grundschuld schon bestellt, aber über das Widerrufsrecht nicht belehrt, bleibt der spätere Widerruf mit der Folge der Rückgewähr der Grundschuld gemäß § 3 Abs. 1 HWiG (s. unten Rn. 26 ff.).

19 Wenn der widerrufsberechtigte Verbraucher selbst die Grundschuld als Sicherheit bestellt hat und das zugrunde liegende Haustürgeschäft widerruft, so ist auch die Sicherungsabrede i. d. R. unwirksam (§ 139; ausführlicher *Bülow* NJW 1996, 2889, 2890).

20 (2) Die Bank B gewährt A ein Darlehen über 230 000 DM, um zur Existenzgründung einen Sattelschlepper zu kaufen. E erklärt die persönliche Schuldmitübernahme und bestellt eine Grundschuld an seinem Grundstück in Höhe von 40 000 DM. Er unterwirft sich persönlich und dinglich der sofortigen Vollstreckung; als A nicht zahlt, vollstreckt B, und E wehrt sich durch Vollstreckungsgegenklage (§ 767 ZPO). Ob es sich um ein Verbraucherkreditgeschäft handelt, beurteilt sich allein in der Person des E, so daß § 3 Abs. 1 Nr. 2 VerbrKrG nicht greift. Wurde bei der Mitverpflichtung des E § 4 Abs. 1 S. 4 Nr. 1 VerbrKrG mißachtet, so ist sein Schuldbeitritt unwirksam (§ 6 Abs. 1 VerbrKrG; BGH NJW 1997, 654; 1443), und zwar ohne die Heilungsmöglichkeit nach § 6 Abs. 2 VerbrKrG. Hingegen fallen weder Sicherungsvertrag noch Grundschuldbestellung unter § 1 VerbrKrG, so daß die Klage gegen die Vollstreckung aus der Grundschuld scheitert (BGH NJW 1997, 1442, 1443 r. Sp.; str.!).

21 Wenn der Schuldner eines Verbraucherkredits selbst die Grundschuld bestellen soll und Unwirksamkeit nach §§ 4 Abs. 1 S. 4 Nr. 1, 3 Abs. 2 Nr. 2, 6 Abs. 1 VerbrKrG eintritt, so ist auch die Sicherungsabrede unwirksam (§ 139), und der Schuldner kann die Grundschuldbestellung verweigern oder Rückgewähr der bereits bestellten Grundschuld nach § 812 Abs. 1 S. 1 1. Alt. verlangen (unten Rn. 24). Falls der Kredit ausbezahlt ist, gilt der Darlehensvertrag mit geändertem Inhalt ebenso wie bei Großkrediten die Sicherungsabrede als geheilt (§ 6 Abs. 2 VerbrKrG). Den Parallelfall bei der Hypothek behandelt § 37 Rn. 52 f.

e) Der Einfluß des Rechts der Europäischen Union und des EuGH

22 Sowohl das AGBG als auch das HWiG und das VerbrKrG beruhen auf Richtlinien der Europäischen Union oder müssen ihnen entsprechen (hierzu die Sammlung *Hommelhoff/Jayme*, Europäisches Privatrecht, 1993, Nr. 2, 4, 7). Über die richtlinienkonforme Anwendung nationalen Rechts entscheidet der EuGH auf Vorlage (Art. 177 Abs. 1 litt. b) EGV bzw. Art. 234 Amsterdamer Vertrag; hierzu *Heß* ZZP 108 [1995], 59 ff., 74).

23 Während Sicherungsabreden über eine Grundschuld unter die EG-Widerrufsrichtlinie fallen (BGH NJW 1996, 55, 56), findet die EG-Verbraucherkreditrichtlinie weithin keine Anwendung (Art. 2 Abs. 3 Verbraucherkreditrichtlinie; wohl auch BGH NJW 1997, 1442, 1443). Hingegen ist die EG-Richtlinie über mißbräuchliche Klauseln mit ihrer Generalklausel (Art. 3) und ihrem Katalog auf Grundschuldbestellungsvereinbarungen und Sicherungsabreden anwendbar. Wegen der Abreden über dingliche Sicherheiten ist – anders als bei Personalsicherheiten[1] – eine Vorlage an den EuGH bisher nicht erfolgt; sie könnte aber in Zukunft anstehen, so daß europäischer Einfluß auf das Recht der Grundschuld nicht auszuschließen ist. Er sollte das Abstraktionsprinzip unberührt lassen und nur der Kontrolle der Sicherungsabrede und der Begleitvorschriften einer Grundschuldbestellung gelten.

---

[1] BGH NJW 1996, 930 (Vorlagebeschluß); EuGH NJW 1998, 1295 (u. E. verfehlt!); BGH NJW 1998, 1939; 2356 (abschließende Entscheidungen).

2. Fehlen oder Wegfall der Sicherungsvereinbarung und Fehlen oder Wegfallen der gesicherten Forderung

Die Grundschuld kann ohne wirksame Sicherungsabrede bestellt sein oder die gesicherte Forderung kann fehlen oder untergehen. Beide Fälle sind sorgsam zu trennen.

a) Fehlen oder Wegfall der Sicherungsabrede

Zuerst ist zu prüfen, welche Wirkung das Fehlen[1] oder der spätere Wegfall der Sicherungsabrede hat, wobei zunächst zur Vereinfachung Identität von Schuldner und Eigentümer unterstellt sein soll.[2] Der Schuldner-Eigentümer hat dann wegen der rechtsgrundlos bestellten Sicherheit einen Anspruch aus ungerechtfertigter Bereicherung (§ 812 Abs. 1 S. 1, 1. Var. oder Abs. 1 S. 2, 1. Var.), der nach Wahl des Eigentümers auf Rückübertragung der Grundschuld, auf Verzicht oder auf Aufhebung gerichtet ist (BGHZ 108, 237, 242 f.; NJW 1985, 800). Macht der Grundschuldinhaber die Grundschuld geltend, so kann ihm die Einrede der ungerechtfertigten Bereicherung entgegengehalten werden (vgl. § 821).

Der bereicherungsrechtliche Anspruch des Eigentümers auf Rückübertragung wird durch Abtretung der Grundschuld an ihn nach § 1154 erfüllt. Mit vollzogener Abtretung erwirbt der Eigentümer die Grundschuld. Wählt der Eigentümer als Anspruchsinhalt den Verzicht (§§ 1169, 1168), so geht die Grundschuld mit der Verzichtserklärung und ihrer Eintragung auf den Eigentümer über; dessen Eintragung im Grundbuch ist dann nur Grundbuchberichtigung. Die Aufhebung erfolgt gegebenenfalls nach §§ 875, 1183.

Beispiel: S. oben Rn. 21.

b) Fehlen oder Wegfall der gesicherten Forderung

aa) Der Rückgewähranspruch

Ist die Sicherungsabrede zwar wirksam, besteht aber die zu sichernde Forderung von vornherein nicht oder kommt sie nicht zur Entstehung (Nichtvalutierung), so findet nicht, wie manche meinen, das Recht der Bereicherung Anwendung,[3] sondern Vertragsrecht. Ob man §§ 320 ff. anwenden will (Einrede des § 320 gegen die Grundschuld, Rückgewähranspruch nach Rücktritt aus §§ 346 S. 1, 326)[4] oder – wohl besser – einen aus der treuhänderischen Abrede folgenden vertraglichen Rückgewähranspruch (§§ 133, 157) annimmt, ist eine mehr konstruktive Frage mit kaum praktischer Auswirkung. Weithin Einigkeit besteht heute darin, daß die *Erfüllung der gesicherten Forderung(en)* oder die Beendigung des Kreditverhältnisses einen vertraglichen Rückgewähran-

---

[1] Hiervon ist zu unterscheiden die Nichtigkeit der (dinglichen) Grundschuldbestellung (z.B. wegen Wuchers), BGH NJW 1982, 2767: Grundbuchberichtigungsanspruch!

[2] Zum Divergenzfall unten Rn. 72 ff.

[3] Z.B. *Westermann/Eickmann* § 131 III 4; zur Sicherungsabrede als Rechtsgrund der Grundschuldbestellung BGH NJW 1989, 1732, 1733 l. Sp.; NJW-RR 1996, 235.

[4] So wohl BGH BB 1967, 1144 = WM 1967, 955; dazu insbesondere *Jäckle* JZ 1982, 50; gegen §§ 320 ff. *Wilhelm* Rn. 859 (mit anderem dogmatischem Ansatz).

spruch auslösen.[1] Der Rückgewähranspruch kann der Grundschuld einredeweise entgegengehalten werden.[2] Jedenfalls entsteht bei gestörtem Sicherungsverhältnis oder gestörtem bzw. beendeten Kreditverhältnis niemals „automatisch" eine Eigentümergrundschuld, weil § 1163 Abs. 1 S. 1 *nicht* anwendbar ist.

27 *Beispiel:* Die Bank G hat dem E einen Kredit von 100 000 DM in laufender Rechnung eingeräumt. E hat in dieser Höhe der G eine Grundschuld bestellt. Sie steht der G auch dann zu, wenn der Kredit überhaupt noch nicht in Anspruch genommen ist; wenn er zwar voll gewährt war, aber von E teilweise zurückbezahlt ist; wenn die Bank sich weigert, dem E weiterhin Kredit zu gewähren und sie das Kreditverhältnis wirksam gekündigt hat. Im letztgenannten Fall steht dem E ein vertraglicher Anspruch auf Rückgewähr der Grundschuld zu (BGH NJW 1989, 1732, 1733 l. Sp.). Im zweiten Fall entsteht ein aktueller Anspruch auf teilweise Rückgewähr, wenn durch Rückzahlung eines Teils der Forderung endgültig eine Übersicherung eingetreten ist (BGHZ 109, 240, 247; NJW 1981, 571; 1984, 169, 171; 1994, 1796, 1797; 1996, 253, 255; NJW-RR 1990, 455; 1990, 588, 589), wobei im Zweifel der teilweise Fortfall des Sicherungszwecks anzunehmen und nur in Ausnahmefällen von einer vertraglich gewollten Übersicherung auszugehen ist (BGH NJW-RR 1990, 455; s. a. unten Rn. 31 ff.). Im ersten Falle existiert ein aktueller Rückgewähranspruch nur, wenn die Nichtentstehung der Forderung endgültig feststeht.

bb) Entstehung und Inhalt des Rückgewähranspruchs

28 Der vertragliche Anspruch auf Rückgewähr geht inhaltlich wie der bereicherungsrechtliche Anspruch (oben Rn. 24 f.) nach Wahl des Eigentümers (§ 262) auf Rückübertragung der Grundschuld (§ 1154), auf Verzicht (§§ 1169, 1168) oder auf Aufhebung (§§ 875, 1183).[3] Der Anspruch auf Rückgewähr entsteht nach h. M. schon mit Abschluß des Sicherungsvertrages, und zwar aufschiebend bedingt durch den Fortfall des Sicherungszwecks, z. B. durch die Tilgung der gesicherten Forderung.[4]

29 Er kann daher auch schon vor Bedingungseintritt verwertet, also abgetreten, verpfändet und gepfändet werden (dazu unten Rn. 90 ff.), was die Interessen nachrangiger Gläubiger beeinträchtigt, die auf Löschung (§ 1179 a) hoffen (hierzu § 46 Rn. 48 ff.). Hat der Sicherungsnehmer (die Bank) nach Tilgung des Kredits die Grundschuld formgerecht (§ 1154) an den Sicherungsgeber (Eigentümer) zurückabgetreten und soll später die Grundschuld für einen neuen Kredit verwendet werden, so genügt nicht, daß der Sicherungsgeber den Brief und die damalige Rückabtretungserklärung der Bank zurückgibt; es bedarf einer Abtretung in der Form des § 1154. Haben Bruchteilseigentümer eine Grundschuld bestellt, so steht ihnen der Rückgewähranspruch gemeinschaftlich (§§ 741 ff., 747 S. 2) zu (BGHZ 103, 72, 79; NJW-RR 1990, 1202).

30 Grundsätzlich trägt der Sicherungsgeber die Darlegungs- und Beweislast für die Voraussetzungen des Rückgewähranspruchs und damit für das Nichtbestehen der gesicherten Forderung. Anderes gilt jedoch, wenn Höhe oder Identität der Forderung bei Bestellung der Grundschuld nicht feststehen, wie dies z. B. auch bei Kontokorrentschulden regelmäßig der Fall ist.[5]

cc) Gestaltung des Rückgewähranspruchs durch AGB

31 Die *inhaltliche Gestaltung* des Rückgewähranspruches unterliegt grundsätzlich der Vertragsfreiheit. Bei – regelmäßig üblicher – *formularmäßiger* Gestaltung

---

[1] BGH NJW 1989, 1732, 1733 l. Sp.; 1982, 2768, 2769; NJW-RR 1989, 173, 175 l. Sp.; NJW 1992, 1620; auch *Westermann/Eickmann* § 133 II 2. Zur Rechtslage bei Hinterlegung durch den Sicherungsnehmer s. BGH NJW-RR 1994, 847 m. Nw.

[2] BGH NJW-RR 1987, 1291.

[3] Zum Ganzen BGH NJW 1985, 800, 801; NJW-RR 1994, 847, 848 l. Sp.; OLG Hamm NJW-RR 1990, 272, 273.

[4] BGH NJW 1982, 2768, 2769; 1985, 800; ZIP 1986, 900; BGHZ 106, 375, 378; NJW 1989, 1732, 1733; 1991, 1821; NJW-RR 1994, 847 r. Sp.

[5] BGH NJW 1992, 1620; s. a. oben Rn. 14.

§ 45. Die Sicherungsgrundschuld II § 45

sind aber die Grenzen des § 9 AGBG zu beachten. Der *Ausschluß der Rückübertragung* kann den Sicherungsgeber grob unbillig benachteiligen. Hingegen ist eine *Freigabeklausel* mit bestimmter Deckungsgrenze nicht zu verlangen.

Beispiele: (1) Eigentümer E belastet sein Grundstück mit einer erstrangigen Grundschuld für G 1 über 50 000 DM und einer zweitrangigen Grundschuld für G 2 über 100 000 DM. G 1 schließt für den Fall der Darlehenstilgung in seinen AGB Rückübertragung aus und beschränkt den Rückgewähranspruch generell auf Verzicht oder Aufhebung. Als das Darlehen G 1 getilgt ist, die Grundschuld aber unverändert für G 1 fortbesteht, betreibt G 2 die Zwangsversteigerung. Beim Zuschlag an A fällt die Grundschuld G 1 ins geringste Gebot und bleibt bestehen (§§ 44 Abs. 1, 52 Abs. 1 ZVG); der Wert der fortbestehenden Belastung wird beim Bargebot des A berücksichtigt (§ 49 Abs. 1 ZVG). Der Rückgewähranspruch in Gestalt des Verzichts oder der Aufhebung würde A entlasten und E unberücksichtigt lassen, obwohl er die Darlehensschuld getilgt und für das Grundstück wegen der Belastung weniger erlöst hatte. E muß deshalb die Übertragung der Grundschuld an sich verlangen können, um bei A die Grundschuld geltend machen zu können (nach BGHZ 106, 375 ff.). **32**

(2) Die Bank B gewährt S einen Kredit in Höhe von 200 000 DM. Sie läßt sich eine Grundschuld in Höhe von 200 000 DM am Grundstück des S bestellen. Die formularmäßige Sicherungsabrede muß keine ausdrückliche Freigabeklausel enthalten. Nach ständiger Rechtsprechung reichte es bisher auch aus, wenn in AGB Freigabe dem billigen Ermessen der Bank überlassen war, ohne daß genaue Valutierungsgrenzen festgelegt waren (BGH NJW 1981, 571 ff.; 1994, 1796, 1797; BGHZ 109, 240, 247). Die Rechtsprechung zur Bewertung und zur Deckungsgrenze bei veränderlichen Mobiliarsicherheiten mit all ihren Streitfragen (s. a. § 5 Rn. 22 und § 57 Rn. 18 ff.) fand hier keine Anwendung, weil der Fall *unbestimmter* Sicherheit gerade nicht gegeben war und ein besonderes Schutzbedürfnis des Sicherungsgebers deshalb fehlte. Dies galt auch, wenn B neben der Grundschuld noch Mobiliarsicherheiten oder Bürgschaften als zusätzliche Sicherheit hielt (BGH NJW 1994, 1796, 1797 f.; 1996, 253, 255 r. Sp.) oder wenn der Vs verschiedene E die Sicherheiten gewährte. Seit der Entscheidung BGH NJW 1998, 671 ff. (GS) zu revolvierenden Globalsicherheiten wird man allerdings davon auszugehen haben, daß sich auch bei Gundschulden der vertragliche Freigabeanspruch mit der Erfüllung gesicherter Forderungen fortlaufend aktualisiert und *nicht mehr* dem Ermessen des Sicherungsnehmers überlassen bleiben darf (§ 9 Abs. 1 AGBG oder § 138 Abs. 1 BGB). Die *Deckungsgrenze* darf neben der gesicherten Forderung Kosten und Zinsschwankungen miteinkalkulieren, wird aber 115% selten oder nie übersteigen. Der *Schätzwert* der Sicherheiten kann bei kombinierten Sicherheiten (z. B. Grundschuld, Sicherungsabtretung, Sicherungsübereignung etc.) insoweit eine Rolle spielen, als die Unterwertigkeit eines Teils des Sicherungsguts eine höhere Besicherung durch Grundschulden rechtfertigen mag (s. a. Anhang 4a Zif. 4 und 5). **33**

c) Die Einreden des Eigentümers gegen die Grundschuld

Die Rechte („Einreden") des Eigentümers aus dem Sicherungsvertrag bzw. aus ungerechtfertigter Bereicherung ergeben sich aus den schuldrechtlichen Beziehungen zwischen Grundschuldinhaber und Eigentümer. Aber sie richten sich „gegen die Grundschuld" (so der Wortlaut des § 1157 Satz 1!). Sie können also – trotz ihrer schuldrechtlichen Herkunft – auch einem Zessionar der Grundschuld entgegengehalten werden, vorausgesetzt, daß sie sich aus dem Grundbuch oder Brief ergeben oder dem Zessionar bekannt sind (§ 1157 Satz 2; Einzelheiten unten Rn. 54 ff.). **34**

Dies führt dazu, daß solche Einreden auch im Grundbuch eingetragen oder auf dem Brief vermerkt werden können.[1] Denn § 1157 Satz 2 gibt insoweit den Grundbuchberichtigungsanspruch und den **35**

---

[1] So *Palandt/Bassenge* § 1191 Rn. 25; *MünchKomm/Eickmann* § 1191 Rn. 53; *Staudinger/Wolfsteiner* § 1191 Rn. 5 f.; a. A. OLG Köln OLGZ 1969, 419 (dagegen *Huber* BB 1970, 1233 und *Lopau* JuS 1972, 502). Das OLG Köln will den Mangel der Eintragungsfähigkeit durch die Eintragung eines vereinbarten Abtetungsverbotes ausgleichen; dieser Weg ist zwar gangbar (s. § 4 Rn. 21 f.), aber wegen fehlender Bereitschaft des Kreditgebers kaum praktikabel (*Lopau* aaO).

Widerspruch, obwohl das Grundbuch nicht unrichtig, sondern die eingetragene Grundschuld einredebehaftet ist.

36 In dem obigen *Beispiel* Rn. 27 fürchtet E nach Kündigung des Kreditverhältnisses durch G, daß diese die – nicht mehr valutierte – Grundschuld an einen Dritten abtritt. E erwirkt im Wege der einstweiligen Verfügung die Eintragung eines Widerspruchs (§ 1157 Satz 2 mit § 899), obwohl streng genommen die Vormerkung zur Sicherung des Rückgewähranspruchs der konsequente Rechtsbehelf wäre;[1] indes wird die Wahl des einen oder des anderen Rechtsbehelfs möglich sein. Allerdings setzt der Widerspruch die konkrete, „aktuelle" Einrede voraus, während zur Vormerkung der künftige Rückgewähranspruch genügt! Denn zu beachten bleibt, daß die Sicherungsabrede als solche nicht im Grundbuch eingetragen, die Grundschuld auch nicht als „Sicherungsgrundschuld" im Grundbuch bezeichnet werden kann (BGH NJW 1986, 53, 54; *Erman/Räfle* § 1191 Rn. 7; *Palandt/Bassenge* § 1191 Rn. 13; str., a. A. z. B. *Wilhelm* Rn. 904 ff.; *ders.* JZ 1980, 625; MünchKomm/*Eickmann* § 1191 Rn. 41); dies würde die Grundschuld als akzessorisches Recht kennzeichnen, das sie nicht ist. Eintragbar sind nur die sich aus dem Sicherungsvertrag ergebenden Einreden (§ 1157), also die konkret entstandenen Einreden und nicht das einredebegründende Rechtsverhältnis selbst (*Huber*, Sicherungsgrundschuld, S. 140; *Serick* aaO § 28 III m. Nw.).

37 *Verjährt* die gesicherte Forderung, kann sich der Grundschuldinhaber aufgrund des § 223 Abs. 2 trotzdem aus der Grundschuld befriedigen. Etwas anderes gilt allerdings nach Abs. 3 für die Verjährung von Zinsen und anderen wiederkehrenden Leistungen; erfolgt insoweit die Zwangsvollstreckung dennoch, so steht dem Schuldner auch dann ein Bereicherungsanspruch aus Eingriffskondiktion zu, wenn er die Einrede der Verjährung erst nach der Vollstreckung erhebt. § 222 Abs. 2 Satz 1 steht dem mangels freiwilliger Leistung nicht entgegen, und dies selbst dann nicht, wenn der Schuldner Zahlungen leistet, um die Zwangsvollstreckung abzuwenden (BGH NJW 1993, 3318; s. a. § 38 Rn. 65).

3. Versuche zur Durchbrechung der Abstraktheit

38 Vielfach wird versucht, die Grundschuld in ihrer Entstehung enger an die Forderung anzulehnen, also auf Umwegen doch zu einer der Hypothek angenäherten Regelung zu kommen.

a) Geschäftseinheit

39 Den Versuch, dies mit der Annahme einer Geschäftseinheit nach § 139 zu erreichen, hat schon RGZ 145, 155 mit Recht abgelehnt.[2] Auch ist es nicht möglich, die Verwertungsbefugnis des Grundschuldinhabers *dinglich* auf die Höhe des Bestands der Forderung zu begrenzen (KG JW 1932, 1759).

b) Bedingungszusammenhang

40 Dagegen wird es teilweise für zulässig erachtet, das Entstehen, die Gültigkeit oder das Erlöschen der gesicherten Forderung ausdrücklich zur Bedingung des Entstehens oder Bestehens der Grundschuld zu machen.

Abgesehen davon, daß ein Gläubiger sich kaum je auf eine solche Bedingung einlassen wird, besteht gegen diese Lösung das Bedenken, daß hier – entgegen dem Gesetz (§ 1192) – doch eine ding-

---

[1] Zur Vormerkungsfähigkeit des – aufschiebend bedingten oder künftigen – Rückgewähranspruches OLG Hamm NJW-RR 1990, 273; *Erman/Räfle* § 1191 Rn. 32; *Palandt/Bassenge* § 1191 Rn. 25; MünchKomm/*Eickmann* § 1191 Rn. 93. Die Eintragung bedarf der Bewilligung des Grundschuldinhabers, also des Gläubigers der Fremdgrundschuld, wohingegen für die Vormerkung eines künftigen Anspruchs die Bewilligung des Eigentümers genügt, solange noch eine Eigentümergrundschuld besteht. S. a. § 20 Rn. 22 ff. und § 46 Rn. 48 ff.
[2] S. a. § 5 Rn. 55 ff.

lich wirkende Abhängigkeit der Grundschuld von der zu sichernden Forderung begründet wird (zum Diskussionsstand MünchKomm/*Eickmann* § 1191 Rn. 19 m. w. N.).

Halten wir nochmals als *Ergebnis* fest: Das Fehlen oder die Unwirksamkeit der Sicherungsabrede oder der gesicherten Forderung ändert an dem Entstehen und Fortbestehen der Grundschuld nichts; § 1163 Abs. 1 Satz 1 ist nicht anwendbar.

4. Tilgung von Forderung und Grundschuld durch den Schuldner-Eigentümer

a) Grundsätzliche Rechtsfolgen der Tilgung

Tilgung der Forderung und Tilgung der Grundschuld lösen verschiedene Rechtsfolgen aus. Wenn der Schuldner-Eigentümer die *Grundschuld* tilgt, so entsteht eine Eigentümergrundschuld (§ 44 Rn. 23 ff. m. Nw.). Tilgt hingegen der Schuldner-Eigentümer die *Forderung,* so bleibt nach den vorherigen Überlegungen (oben Rn. 26 ff.) die Grundschuld bestehen, es aktualisiert sich nur der Rückgewähranspruch (Rückübertragung, Verzicht, Aufhebung) aus der Sicherungsabrede.

b) Die Tilgungsbestimmung

Wenn der Schuldner-Eigentümer leistet, so mag also oft unklar sein, ob er die Forderung oder die Grundschuld tilgt. Die damit verbundene Unklarheit über die Rechtsfolge einer Zahlung ist mißlich. Es ist deshalb besonders wichtig, brauchbare Richtlinien dafür zu finden, wann der Schuldner-Eigentümer „auf" die Grundschuld,[1] wann er „auf" die Forderung leistet.

Die Meinungen gehen hier auseinander. Die h. M. läßt im allgemeinen den Willen des Zahlenden entscheiden; möglich sei, daß danach Forderung *und* Grundschuld getilgt werden sollten (dazu *Seibert* JuS 1984, 526). – Von der materiellen Wirkung der Tilgung ist die prozessuale Frage der *Beweislast* zu unterscheiden. Die Beweislast für die Leistung auf die Forderung trägt der Schuldner (§ 362). Beruft sich der Eigentümer auf seine Leistung auf die Grundschuld, gilt dasselbe. Macht er gegen die Grundschuld den Fortfall des Sicherungszwecks wegen Erfüllung der ursprünglich gesicherten Forderung geltend, ist er beweisbelastet (BGHZ 109, 197, 204; 114, 57, 71 = JZ 1991, 923, 926; NJW 1986, 53, 54); anders, wenn der Grundschuldinhaber offene, später entstandene Forderungen behauptet (oben Rn. 14) oder Forderungen unbestimmter Höhe gesichert sind (oben Rn. 28 ff.).

aa) Vertragliche Vereinbarung vor einseitiger Tilgungsbestimmung

In erster Linie entscheidet die vertragliche Vereinbarung der Beteiligten, die das Bestimmungsrecht des Zahlenden (§ 366 Abs. 1) bindend beseitigt.[2] Fehlt

---

[1] Zur Tilgung der Grundschuld durch einen Dritten s. § 44 Rn. 26 m. Nw.
[2] So nunmehr allgemein BGHZ 91, 375, 379; NJW-RR 1995, 1257; *Jauernig/Stürner* § 366 Rn. 4; a. A. grundsätzlich *Gernhuber,* Erfüllung, § 7 I 5: schuldrechtliche Bindung des Schuldners bei fortbestehendem Bestimmungsrecht; *Staudinger/Wolfsteiner* Vorbem. zu §§ 1191 ff. Rn. 43 ff. Die abweichende Rechtsprechung zum Verhältnis Forderungs- und Grundschuldtilgung, die dem Zahlenden trotz vertraglicher Vereinbarung ein abweichendes Bestimmungsrecht belassen hat (BGH NJW 1976, 2132, 2133; MDR 1971, 120), erscheint vor diesem zutreffenden allgemeinen Grundansatz nicht haltbar. Möglich ist auch eine nachträgliche Tilgungsvereinbarung (BGH NJW 1969, 2237).

eine Vereinbarung, ist die ausdrückliche oder schlüssige Leistungsbestimmung des Zahlenden ausschlaggebend (§ 366 Abs. 1).[1]

45 So wird in den Beleihungsbedingungen der Banken meist ausdrücklich Zahlung auf die Forderung vereinbart: „Alle Zahlungen werden ausschließlich auf die durch die Grundschuld gesicherten Forderungen geleistet; eine Verrechnung auf Zinsen und Kapital der Grundschuld erfolgt nur, wenn hierzu eine besondere schriftliche Vereinbarung getroffen worden ist". Freilich mag die Vereinbarung individualvertraglich stillschweigend abbedungen sein, wenn der Eigentümer und Schuldner später „auf die Grundschuld" leistet und der Gläubiger nicht widerspricht (hierzu BGH MDR 1971, 120). Die Vereinbarung betrifft auch nicht den Fall der drohenden Vollstreckung aus der Grundschuld (BGH NJW 1986, 2108; NJW-RR 1987, 1350), die den Eigentümer stets zur Leistung auf die Grundschuld berechtigt. Einzelrechtsnachfolger auf der Gläubiger- oder Schuldnerseite sind an die Tilgungsvereinbarung nicht gebunden (str., s. OLG Bamberg Rpfleger 1963, 199).

46 Soweit zulässigerweise auf die Grundschuld geleistet wird, ist beim Schuldner-Eigentümer der *Wille zur Doppeltilgung* anzunehmen, so daß eine Eigentümergrundschuld entsteht *und* die Forderung erlischt.[2]

Hingegen bleibt ohne besondere Doppeltilgungsbestimmung die Forderung grundsätzlich bestehen, falls der vom Schuldner verschiedene Eigentümer leistet! (hierzu BGHZ 105, 154, 157; 80, 228, 230; NJW 1980, 2198; 1987, 838, 839; NJW-RR 1990, 813, 814; NJW 1991, 1821; ausführlich unten Rn. 82 ff. und 86 ff.).[3]

bb) Fehlende Tilgungsbestimmung

47 Fehlt eine vertragliche Vereinbarung oder ein besonderer Wille des Leistenden oder lassen sich diese Umstände nicht feststellen, so sind nach der Interessenlage folgende Fälle zu unterscheiden:

(1) Andauernder Kreditvertrag

Im Rahmen eines noch andauernden Kreditvertrags geleistete Zahlungen des Schuldners auf sein Konto berühren den Bestand der Grundschuld nicht. Denn in solchen Fällen liegt in dem Nichtentstehen der Eigentümergrundschuld der von den Parteien ausgenützte Vorteil der Grundschuld gegenüber der Hypothek.[4]

Auch wenn das Kreditverhältnis mit einer Schlußzahlung beendet wird, wird diese in der Regel auf die Forderung geleistet. Denn es kann schwerlich als Parteiwille unterstellt werden, daß die vor Beendigung erbrachten Leistungen rechtlich eine andere Wirkung haben sollten als die Schlußzahlung.

(2) Tilgung eines langfristigen Anlagekredits in einer Summe

48 Wird ein langfristiger Anlagekredit in *einer* Summe getilgt, so will der Schuldner-Eigentümer in aller Regel auf Forderung *und* Grundschuld leisten, es entsteht eine Eigentümergrundschuld.[5]

---

[1] Hierzu BGH NJW 1976, 2340, 2341; 1983, 2502, 2503; 1987, 838, 839; ZIP 1995, 1404; NJW-RR 1989, 1036, 1037.
[2] BGH NJW 1980, 2198; 1987, 838, 839 r. Sp.; 1992, 3228, 3229 l. Sp.; BGHZ 80, 228, 230; 105, 154, 157. Interessanter *Beispielsfall*: BGH NJW 1996, 1207, 1209: Leistung an Buchgläubiger (§ 893) soll nicht gleichzeitig von persönlicher Schuld befreien; krit. *Tiedtke* NJW 1997, 851, 852; s. a. § 38 Rn. 62, 108 ff.; ferner § 44 Rn. 22.
[3] Zum ganzen Problemkreis *D. Reinicke* WM 1987, 485.
[4] So auch BGH NJW 1983, 2502 unter II 2 b bb; NJW-RR 1993, 386, 389.
[5] So BGH BB 1969, 698; DNotZ 1981, 389. Der Konkursverwalter des mit dem persönlichen Schuldner identischen Grundstückseigentümers zahlt stets auf die Grundschuld (BGH NJW 1994, 2692), weil er das Absonderungsrecht zu berücksichtigen hat.

Beispiel: E = S hat zu einem Erweiterungsbau seiner Fabrik von G eine Million DM auf 6 Jahre gegen erststellige Grundschuld erhalten. Wenn E nach Ablauf dieser Zeit an G leistet, so soll *auch* die Grundschuld unmittelbar getilgt werden.

Beachte im übrigen für die *Fälligkeit* der Grundschuld § 1193! § 1142 kann auf die Grundschuld also nicht unmittelbar angewandt werden.[1] Doch ist die vertragliche Verknüpfung mit der Fälligkeit der Forderung entsprechend § 1142 Abs. 1 möglich; diese Verknüpfung kann durch Bezugnahme auf die Eintragungsbewilligung zum Grundschuldinhalt gemacht werden. Häufig wird auch die Grundschuld sofort fällig gestellt.

(3) Periodische Zahlungen bei langfristigem Anlagekredit

Zweifelhaft bleiben letztlich die Fälle, wo zwar ein langfristiger Anlagekredit vorliegt, der Schuldner aber zu periodischen Zahlungen verpflichtet ist, also ein der Tilgungshypothek entsprechendes Gebilde vorliegt. Hier wird im Zweifel eine Anrechnung der Amortisationszahlungen nur *auf die Forderung* gewollt sein.[2]

Denn mit der Grundschuld wollen die Parteien gerade die Nachteile der Amortisations*hypothek* (bei Wechsel des Eigentümers während der Laufzeit des Darlehens verschiedene Eigentümergrundschulden, die bei Eigentumswechsel jeweils zu Fremdgrundschulden werden – Schwierigkeiten bei der Löschung oder bei der Verwertung des Grundpfandrechts für eine neue Kreditgewährung) vermeiden.

5. Der Rückgewähranspruch in der Zwangsversteigerung

Der Rückgewähranspruch des Schuldner-Eigentümers besteht auch im Falle der Zwangsversteigerung fort. Er richtet sich bei Erlöschen der Grundschuld auf Ausfolge des Erlöses und entsprechende Berücksichtigung im Teilungsplan (§ 114 ZVG),[3] bei Fortbestehen i. d. R. auf Rückübertragung.

Beispiele: Das Grundstück des E ist mit einer Grundschuld des G über 100 000 DM belastet, die nur noch mit 50 000 DM durch ein Darlehen an E valutiert ist. Der vorrangige Hypothekar H betreibt die Zwangsversteigerung, Z erhält den Zuschlag. Der Erlös deckt die Hypothek des H, es verbleiben 70 000 DM, die an Stelle des Grundstücks für die Grundschuld haften (Surrogationsprinzip, vgl. § 92 Abs. 1 ZVG; *Baur/Stürner* I, EinzelvollstreckungsR, Rn. 36.25). Der Sicherungsvertrag verpflichtet G als Treuhänder des E zur vollen Wahrung der Rechte aus der Grundschuld im Versteigerungsverfahren, falls nicht – wie oft in AGB – anderes vereinbart ist. Erhält G 70 000 DM, so kann E den „Übererlös" von 20 000 DM von G herausverlangen. E kann aber auch schon im Verteilungsverfahren seinen Anspruch geltend machen (BGH NJW 1975, 800; 1977, 247, 248; 1981, 1505, 1506; 1986, 2108, 2111; 1992, 1620; BGHZ 108, 237, 247/248; Rpfleger 1991, 381, 382).

Wenn die vorrangige Grundschuld des G nicht mehr voll valutiert ist und der nachrangige Hypothekar H die Zwangsversteigerung betreibt (hierzu BGH NJW-RR 1989, 173 ff.), so bleibt die Grundschuld des G bestehen (§§ 44 Abs. 1, 52 Abs. 1 ZVG), Z zahlt umso weniger (§ 49 ZVG), was letztlich E wirtschaftlich belastet. Der Rückgewähranspruch des E gegen G bleibt bestehen (BGH NJW-RR 1990, 1202 m. Nw.). Löst Z die Grundschuld des G voll ab – worum G nach der Sicherungsabrede mangels abweichender Vereinbarung besorgt sein muß –, so kann E auch in diesem Falle den „Übererlös" von 50 000 DM aufgrund des Rückgewähranspruchs herausverlangen. Falls G diesen Übererlös nicht realisiert und trotzdem volle Löschung bewilligt, so hat E keinen Bereicherungsanspruch gegen Z auf den Übererlös, um den Z bereichert ist (§ 812 Abs. 1 S. 1, 2. Alt.); denn der Rückgewähranspruch hat keinen Zuweisungsgehalt, in den Z eingegriffen hätte (BGH NJW 1993, 1919; 1974, 2279, 2280; z. T. a. A. *Lopau* JuS 1976, 315). E kann sich allenfalls bei

---
[1] Vgl. *Räbel* NJW 1953, 1247, 1248.
[2] Wie hier OLG Hamm NJW-RR 1990, 272, 273; a. A. *Rimmelspacher* § 12 Rn. 800 ff.: Zahlung auf Forderung *und* Grundschuld.
[3] Teilw. str., *Zeller/Stöber*, ZVG, 15. Aufl. 1996, § 114 Rn. 7.5 und 7.7; aufschlußreich BGH Rpfleger 1986, 312, 313; *Mayer* Rpfleger 1986, 443.

G erholen, falls G aus Verletzung der Sicherungsvereinbarung Schadensersatz schuldet (sehr str.; *Baur/Stürner* I, EinzelvollstreckungsR, Rn. 36.39 m. Nw.).

53 Streitig ist, ob der Grundschuldinhaber auch um die zu seiner Sicherung nicht notwendigen *Zinsen* der Grundschuld in der Zwangsversteigerung treuhänderisch besorgt sein muß. Sorgt er für ihre Berücksichtigung, erfaßt der Rückgewähranspruch ihre Auskehrung (BGH NJW 1981, 1505 ff.). Eine Verpflichtung des Grundschuldinhabers besteht insoweit indessen nicht, weil bei vorausgegangener Rückgewähr § 1197 Abs. 2 dem Eigentümer Zinsen ebenfalls nicht zugestehen würde (OLG München NJW 1980, 1051 m. Anm. *Vollkommer;* str., s. a. *Eckelt* WM 1980, 454; *Stöber* ZIP 1980, 976; *Baur/Stürner* I, EinzelvollstreckungsR, Rn. 36.37 m. Nw.). Meist findet sich eine den Grundschuldgläubiger befreiende Formularklausel (s. a. Anhang 5 Ziff. II, 8.4).

III. Abtretung von Forderung und Grundschuld

54 Bei der Hypothek sind Forderung und Grundpfandrecht untrennbar miteinander verbunden (§ 1153). Dieser Satz gilt für die Grundschuld nicht (§ 1192). Es gilt auch nicht die Regel des § 401, wonach „Pfandrechte" mit der Forderung übergehen; denn § 401 beschränkt sich bewußt auf die Nennung der *Hypothek,* weil die Grundschuld eben nicht mit der Forderung „mitlaufen" soll. Es ist also durchaus möglich, daß Forderung und Grundschuld verschiedene Wege gehen.

55 Eine Trennung von Forderung und Grundschuld führt zu Komplikationen und ist daher unerwünscht. Ziff. 21 Abs. 3 S. 2 der alten AGB der Banken bestimmte: „Grund- und Rentenschulden wird die Bank freihändig ... nur zusammen mit der gesicherten Forderung verkaufen und nur in einer im Verhältnis zu ihr angemessenen Höhe" (dazu BGH NJW 1982, 2768). Die Neufassung 1993 (NJW 1992, 3278) überläßt solche Regelungen den AGB zu den einzelnen Sicherheiten (hierzu *Merkel* WM 1993, 725, 732; *Hoeren* NJW 1992, 3263, 3264 l. Sp. unten).

1. Abtretung der Grundschuld

a) Gemeinsame Abtretung von Grundschuld und Forderung

56 Forderung und Grundschuld können gemeinsam abgetreten werden. Die Abtretung der *Forderung* richtet sich nach §§ 398 ff., die Abtretung der *Grundschuld* nach § 1192 mit §§ 1154 ff.[1]

Bleiben Forderung und Grundschuld auch künftig in einer Hand, so wird die Rechtsstellung des Schuldner-Eigentümers durch die Abtretung nicht wesentlich berührt. Denn die Einwendungen und Einreden, die er dem Zedenten gegenüber aus dem Sicherungsverhältnis hatte, wirken nach § 404 (bezüglich der Forderung) und im Rahmen des § 1157 (bezüglich der Grundschuld) auch gegenüber dem Zessionar.[2] Der Zessionar tritt zwar nicht in die Sicherungsabrede mit dem ursprünglichen Grundschuldinhaber und Zedenten ein, so daß nach Erfüllung der Forderung ein vertraglicher Rückgewähranspruch nicht besteht; jedoch folgt ein solcher Anspruch nach Erledigung des Sicherungszwecks aus §§ 1192, 1169.[3]

---

[1] Für Vertretergeschäfte gelten die allgemeinen Grundsätze, s. BGH NJW-RR 1993, 369, 370 zum Vollmachtsmißbrauch bei der Abtretung einer Grundschuld zur Sicherung von Drittschulden; ferner § 38 Rn. 38.

[2] Bezüglich der Grundschuld freilich mit der Einschränkung, daß sie dem Zessionar bekannt oder im Grundbuch eingetragen waren: BGHZ 103, 72, 81 f.; *Derleder* JuS 1971, 90, 93.

[3] Hierzu BGH NJW 1985, 800, 801; s. a. BGHZ 108, 237, 243: anders bei vertraglicher Schuldübernahme des Rückgewähranspruches.

§ 45. Die Sicherungsgrundschuld

Ziff. 21 Abs. 2 der alten AGB-Banken gestattete die Verwertung von Forderungen und Grundschulden, die der Bank als Sicherheit hafteten, schon vor Verwertungsreife, falls die Erhaltung der Sicherheit gefährdet war. Sie konnte also dann die Grundschuld mit Forderung (Ziff. 21 Abs. 3 AGB-Banken alt) schon vor Verwertungsreife abtreten. Entsprechende Regelungen überlassen AGB-Banken 1993 nunmehr einzelnen AGB.

b) Isolierte Abtretung der Grundschuld

Anders ist die Rechtslage, wenn der bisherige Gläubiger nur die Grundschuld abtritt.[1] Dabei muß zuvor die Frage geprüft werden, wann er dies dem Schuldner-Eigentümer gegenüber tun *darf* (daß er es *kann,* ergibt sich aus seiner Stellung als Inhaber der Grundschuld!), wann er also die Grundschuld durch Abtretung verwerten darf, ohne gleichzeitig die Forderung mitzuübertragen. Die Beantwortung dieser Frage ergibt sich aus dem Sicherungsvertrag; im allgemeinen wird anzunehmen sein, daß die Verwertung durch Abtretung mit der Fälligkeit der gesicherten Forderung im Innenverhältnis Gläubiger-Eigentümer (= Schuldner) zulässig wird. Vorher widerspricht sie, wenn nichts anderes vereinbart ist, dem Sicherungsvertrag.[2]

Das Verwertungsverbot vor Verwertungsreife ist allerdings im Regelfall als schuldrechtliche Bindung dinglicher Rechtsmacht zu deuten (hierzu BGH NJW 1982, 2768, 2769), nicht als dinglich wirkendes Abtretungsverbot (§ 399), das grundsätzlich auch denkbar wäre (s. § 4 Rn. 21 f.), aber der Eintragung bedürfte. Der Verstoß gegen die Bindung der Sicherungsabrede begründet Schadensersatzpflichten aus positiver Vertragsverletzung, z.B. bei Doppelinanspruchnahme als Folge isolierter Abtretung (BGH NJW 1982, 2768, 2769; NJW-RR 1987, 139, 141 r. Sp.). Bei Verwertung durch Abtretung nach Verwertungsreife handelt der Sicherungsnehmer vertragsmäßig: die gesicherte Forderung erlischt in Höhe des erzielten Erlöses (BGH NJW 1982, 2768, 2769 r. Sp.; WM 1989, 488), der Rückgewähranspruch des Eigentümers geht unter (BGH NJW 1979, 717) und kann dem Sicherungsnehmer auch bei Rückerwerb der verwerteten Grundschuld nicht mehr entgegengehalten werden. Bei der Verwertung muß der Sicherungsnehmer die Interessen des Eigentümers an möglichst günstiger Verwertung wahren, will er Schadensersatzpflichten vermeiden. Es besteht aber keine Verpflichtung des Gläubigers, Teilleistungen des mehrfach schuldenden Schuldners gerade auf die gesicherten Forderungen zu verrechnen oder zuerst auf Sicherheiten des Schuldners zuzugreifen (BGH NJW 1997, 2514; hierzu *Clemente* EWiR 1997, 975); natürlich sind abweichende Abreden denkbar.

Von der Frage der Verwertungsvoraussetzungen der Grundschuld ist die andere zu unterscheiden, ob sich der Gläubiger nur oder in erster Linie aus der Grundschuld befriedigen muß oder ob er sofort aus der persönlichen Forderung in das ganze Vermögen vollstrecken darf, ob m.a.W. mit Fälligkeit der Forderung die Grundschuld *als erfüllungshalber* hingegeben gilt. Die Bejahung dieser Frage hätte zur Folge, daß in der Tat der Gläubiger *zunächst* die Zwangsvollstreckung aus der Grundschuld versuchen müßte, bevor er gegen den Schuldner aus der persönlichen Forderung vorgeht. Eine solche vorgängige Verwertungs*pflicht* bezüglich der Grundschuld entspricht in aller Regel nicht dem Parteiwillen, schon wegen der Komplikationen, die mit einer Zwangsversteigerung verbunden sind.[3]

c) Verhältnis des Zessionars zum Eigentümer – Schuldner

Tritt der bisherige Gläubiger die Grundschuld „isoliert" an einen Erwerber ab, so hat der Inhalt des Sicherungsvertrags für das Verhältnis des Eigentümers (= Schuldners) zum Zessionar keine unmittelbare Bedeutung. Freilich gilt

---

[1] Zum Leistungsort für die Verpflichtung zur Grundschuldabtretung s. BGH NJW 1995, 1546 (Gläubigersitz).
[2] Vgl. BGH NJW 1979, 717; NJW-RR 1987, 139, 141 l. Sp.
[3] Ausführlich *Kowalski* a.a.O. S. 26; ganz h.M.

dieser Satz nur sehr cum grano salis. Denn jetzt kommt die schon vorher erörterte (unter Rn. 34 ff.) eigenartige Funktion des § 1157 zum Durchbruch: die – zur Zeit der Abtretung schon bestehenden[1] – Einreden des Schuldners (= Eigentümers) aus dem mit dem Zedenten geschlossenen Sicherungsvertrag waren in diesem Verhältnis *auch* gegen die Grundschuld gerichtet. Sie wirken also als „eigentümerbestimmte" Einreden auch gegen den Zessionar, sofern sie sich aus dem Grundbuch (Brief) ergeben oder dem Zessionar bekannt sind (§ 1157 Satz 2).

62 Zunächst ein einfaches *Beispiel:* Der Gläubiger G hatte sich seinem Schuldner E gegenüber verpflichtet, die Grundschuld erst zu verwerten, wenn seit Kündigung der Forderung 3 Monate vergangen sind. Entgegen dieser Abrede tritt G die Grundschuld sofort an Z ab, der sie gegen E geltend macht. Hier kann E die Einrede der Stundung auch dem Z entgegenhalten, wenn Z die Abmachung kannte oder sie sich aus dem Grundbuch ergab[2] (daher auch die Zulässigkeit der Eintragung eines Widerspruchs s. oben Rn. 35).

63 Zweifelhaft und umstritten[3] ist die Frage, ob sich aus der *Kenntnis des Zessionars*, es habe sich bei der ihm abgetretenen Grundschuld bisher um eine *Sicherungsgrundschuld* gehandelt, Folgerungen für die Schlechtgläubigkeit ergeben, ob daraus insbesondere eine Informationspflicht folgt, ob weiter der Zessionar sich wegen der Kenntnis des Sicherungscharakters der Grundschuld *spätere* Zahlungen des Schuldners an den Zedenten entgegenhalten lassen muß.

Vorweg ist mit der Rechtsprechung und h. M.[4] zu betonen, daß der Zessionar einer Grundschuld nicht schlechter gestellt werden darf als der Erwerber einer Verkehrshypothek, der durch §§ 1138, 1156 in seinem Vertrauen auf das Grundbuch geschützt wird.[5] Daraus ergibt sich:

aa) Keine Informationspflicht des Zessionars

64 Es besteht keine Informationspflicht des Zessionars darüber, ob die bisher gesicherte Forderung voll bestanden hat, ob der Zedent nach dem Sicherungsvertrag schon zur Verwertung der Grundschuld berechtigt war, ob der Eigentümer die Rückübertragung der Grundschuld verlangen konnte (deutlich BGHZ 103, 72, 82: positive Kenntnis; es reicht nicht, daß der Erwerber „mit Einreden aus dem Sicherungsvertrag hätte rechnen müssen").

bb) Unerheblichkeit späterer Zahlungen an den Zedenten

65 Auch wenn der Zessionar den bisherigen Sicherungscharakter der Grundschuld kannte, sind ihm gegenüber spätere Zahlungen des Schuldners (= Eigentümers) an den Zedenten bedeutungslos. Es bleibt dabei, daß die Leistung nur an den Grundschuldinhaber erfolgen kann. Denn die Einrede aus dem Sicherungsvertrag muß im Zeitpunkt der Grundschuldabtretung schon bestehen; ihre spätere Aktualisierung aufgrund der schon bestehenden Sicherungsabrede reicht nicht aus (BGHZ 85, 388; BGH DB 1976, 1619; NJW-RR 1987, 139, 140; *Westermann/Eickmann* § 132 III 2 c).

---

[1] BGHZ 85, 388 (dazu kritisch *Wilhelm* NJW 1983, 2917) = *Baur* E.Slg. Fall 52 b; BGH NJW-RR 1987, 139, 140.
[2] Verabredungen zwischen G und Z haben keinerlei Auswirkungen auf das Verhältnis G zu E (BGH NJW 1974, 185).
[3] Siehe dazu besonders: *Buchholz* AcP 187, 107, 128; *Küchler* a.a.O. S. 94 ff., 100 ff.; *Rahn* a.a.O. S. 270 ff.; *Huber* a.a.O. S. 141 ff. u. BB 1970, 1233; *Lopau* NJW 1972, 2253; *Baden* JuS 1977, 75; *Reinicke/Tiedtke*, Kreditsicherung, S. 357 ff.; *Tiedtke*, Gutgl. Erwerb S. 144 ff.
[4] Hierzu BGHZ 59, 1, 2 f.; 103, 72, 82; *Huber* a.a.O. S. 135; *Staudinger/Wolfsteiner* § 1157 Rn. 20, 22; *Westermann/Eickmann* § 132 III 2; a. A. nunmehr *MünchKomm/Eickmann* § 1191 Rn. 49 ff., 51.
[5] Gegen diese Argumentation *Lopau* a.a.O. Stark zum Eigentümerschutz tendierend *Wilhelm* Rn. 904 ff. und JZ 1980, 625; *MünchKomm/Eickmann* § 1191 Rn. 51.

§ 45. Die Sicherungsgrundschuld

cc) Kenntnis des Sicherungszwecks und des einredebegründenden Tatbestandes

Kannte der Zessionar den Sicherungscharakter der Grundschuld *und* die Tatsache der Nichtvalutierung[1] oder einen bereits bestehenden Rückübertragungsanspruch oder ergab sich dies aus dem Grundbuch (Brief), so wirken die daraus sich ergebenden Einreden auch ihm gegenüber (§ 1157 Satz 2). Erforderlich sind also Kenntnis des Sicherungszwecks und des einredebegründenden Tatbestandes (BGHZ 103, 72, 82). Die Einrede der ungerechtfertigten Bereicherung gegen den Zessionar kommt in Betracht, wenn der Grundschuldbestellung kein Sicherungsvertrag zugrunde lag und der Zessionar die Grundschuld unentgeltlich erworben hat (§ 822; so BGHZ 108, 237, 243). **66**

Beispiel: Eine kleinere Privatbank G hat dem E einen Kredit in laufender Rechnung in Höhe von 100 000 DM zur Verfügung gestellt, und zwar gegen Bestellung einer Grundschuld in dieser Höhe. Um selbst Kredit zu erhalten, tritt sie die Grundschuld an Z – eine in Kreditsachen erfahrene Bank – ab; in diesem Zeitpunkt war die Grundschuld nur in Höhe von 50 000 DM valutiert. Später fällt G in Konkurs; Z macht die Grundschuld in voller Höhe geltend. Mit Recht! Zwar ist anzunehmen, daß Z als in Kreditsachen erfahrene Bank den Sicherungscharakter der Grundschuld kannte. Das brauchte sie aber nicht zu veranlassen, sich zu erkundigen, ob die Grundschuld in voller Höhe valutiert war und ob sie nach dem zugrunde liegenden Vertrag (G–E) schon verwertet werden konnte. Denn dazu wäre sie auch beim Erwerb einer Verkehrshypothek nicht verpflichtet gewesen. Auch wenn das Kreditverhältnis G–E bereits beendigt gewesen wäre, E also einen Rückübertragungsanspruch gegen G gehabt hätte, wäre Z Inhaberin der Grundschuld geworden, freilich einredebelastet (§ 1157), wenn sie den Rückübertragungsanspruch gekannt oder dieser sich aus dem Grundbuch ergeben hätte (s. BGHZ 59, 1; 103, 72, 82).[2] **67**

Ein redlicher einredefreier Erwerb soll nicht in Betracht kommen, wenn die Zession kraft Gesetzes erfolgt ist, z. B. nach § 1150 (BGH NJW 1986, 1487; NJW 1997, 190, 191; in dieser Allgemeinheit nicht richtig; s. oben § 38 Rn. 108 ff., 114).

2. Isolierte Abtretung der Forderung

a) Tatbestand und Folgen

Die Trennung von Forderung und Grundschuld kann sich – wie eben – daraus ergeben, daß der bisherige Gläubiger nur die Grundschuld abtritt. Sie kann aber auch in der Weise zustande kommen, daß der Gläubiger die Forderung an eine andere Person zediert. In beiden Fällen ist die Situation des Eigentümers nicht so hoffnungslos, wie sie zunächst zu sein scheint. Denn *dem Gläubiger der Forderung gegenüber* – auch dem Zessionar (§ 404) – kann der Schuldner alle Einwendungen und Einreden aus dem Sicherungsvertrag entgegenhalten. Er kann – auf Zahlung in Anspruch genommen – verlangen, daß ihm Zug um Zug die für die Umschreibung bzw. Löschung der Grundschuld erforderlichen Urkunden ausgehändigt werden[3] (Rückgewähranspruch: § 273); dazu ist der Gläubiger nicht in der Lage, wenn die Grundschuld an einen anderen abgetreten ist. Zwar ist § 1144 nicht unmittelbar anwendbar; aber der gleiche Rechtsgedanke ergibt sich aus der Sicherungsabrede. **68**

---

[1] *Reinicke/Tiedtke* a. a. O. S. 357 wollen § 1157 keinesfalls anwenden, wenn die Grundschuld nicht valutiert ist, „aber noch valutiert werden kann" (woher weiß man das?).
[2] BGHZ 66, 165, 172 verzichtet auf die Kenntnis des Einredetatbestandes für den Sonderfall, daß eine Forderung aus Verbraucherkreditgeschäft (damals: Abzahlungsgeschäft) mit Grundschuld gesichert und der Zessionar am Geschäft wirtschaftlich beteiligt war. Der Gedanke verminderten Schutzes „nahestehender" Personen erscheint verallgemeinerungsfähig (*Westermann/Eickmann* § 132 III 2b), wenngleich er einmal mehr dem Sachenrecht Klarheit nimmt.
[3] BGH NJW 1982, 2768, 2769; 1987, 838, 839; 1991, 1821.

b) Anspruch auf Mitübertragung der Grundschuld?

69 Bei isolierter Abtretung der Forderung geht zwar die Grundschuld als abstraktes Sicherungsrecht nicht kraft Gesetzes auf den Zessionar über (Unanwendbarkeit des § 401). Aus dem der Abtretung zugrundeliegenden Schuldverhältnis kann sich aber ein *Anspruch auf Mitübertragung* der dinglichen Sicherheit ergeben (*Jauernig/Stürner* § 401 Rn. 5); dies gilt auch in Fällen gesetzlichen Forderungsübergangs, z.B. gemäß §§ 774, 426 (BGHZ 92, 374, 378; 88, 228, 232; 110, 41, 43; NJW-RR 1993, 386, 390; 1995, 589; hierzu noch unter Rn. 82 ff.). Die Divergenz auf der Gläubigerseite kann also nicht stets durch isolierte Forderungsabtretung willkürlich herbeigeführt werden.[1]

c) Vergleich zur Stellung des Schuldners bei isolierter Abtretung der Grundschuld

70 Dem *Zessionar der Grundschuld gegenüber* bestimmt sich die Rechtsstellung des Eigentümers nach § 1157; dies bedeutet, daß die Abreden aus dem Sicherungsvertrag auch ihm entgegengehalten werden können, wenn er sie kannte oder sie sich aus dem Grundbuch ergaben (hierzu oben Rn. 61 ff.). Selbst wenn der Eigentümer nach Trennung von Forderung und Grundschuld sonach aus der Grundschuld in Anspruch genommen wird, ist er doch vor einer Gefahr der Doppelinanspruchnahme gesichert. Die Einrede des endgültigen Fortfalls des Sicherungszwecks gibt dem Eigentümer gegen den Zessionar der Grundschuld zudem den Rückgewähranspruch aus § 1169.[2]

71 Vergegenwärtigen wir uns das eben (Rn. 67) gebrachte *Beispiel:* Ist E von Z in Anspruch genommen, so kann der Konkursverwalter der G den Kredit von 50 000 DM nicht gegen E geltend machen. Zwar ist mit der Zahlung des E an Z (auf die Grundschuld) nicht auch die Forderung der G gegen E aus Darlehen erloschen; aber die Klage des Konkursverwalters der G scheitert schon an dem formalen Grunde, daß er die Löschungspapiere für die Grundschuld nicht aushändigen kann (§§ 273, 404: Rückgewähranspruch). Abgesehen davon kann E mit seiner Schadensersatzforderung aus Verletzung des Sicherungsvertrags (er hat im Ergebnis 100 000 DM [an Z] zahlen müssen, obwohl er nur 50 000 DM Kredit erhalten hat) aufrechnen (§§ 53 ff. KO, 94 ff. InsO).

IV. Divergenzfälle „auf der Passivseite"

1. Die Rechtstellung des vom Schuldner verschiedenen Eigentümers

72 Für den Fall, daß Eigentümer und Schuldner nicht identisch sind, sind – wie wir wissen – im Recht der Hypothek ausreichende Bestimmungen getroffen. Sie betreffen etwa die Kündigung (§ 1141), das Ablösungsrecht (§ 1142, § 1144), den Übergang der Forderung mit Hypothek bei Tilgung der Hypothek durch den Eigentümer (§§ 1143, 1153), den Übergang der Hypothek auf den leistenden Schuldner, sofern er vom Eigentümer Regreß verlangen kann (§ 1164). Alle diese Situationen können sich auch bei der Sicherungsgrundschuld ergeben, ohne daß das Gesetz irgendeine Regelung getroffen hätte.

---

[1] Zur Frage, ob durch die isolierte Abtretung der gesicherten Forderung der Sicherungszweck entfällt, so daß der Sicherungsgeber Rückgewähr der Grundschuld verlangen kann, s. BGH DNotZ 1992, 51.

[2] Hierzu BGH NJW 1985, 800, 801; BGHZ 108, 237, 243 und oben Rn. 56 im rechtsähnlichen Fall.

§ 45. Die Sicherungsgrundschuld

a) Der Eigentümer als Partei des Sicherungsvertrags

Verhältnismäßig einfach ist die Situation dann, wenn der Eigentümer Partei 73
des Sicherungsvertrags ist; dann stehen die Rechte und Einreden, die sich aus
dieser Abrede ergeben, auch dem Eigentümer zu.

Beispiel: G hat dem S einen Kredit in laufender Rechnung gegeben; in der Sicherungsabrede hat sich E zur Bestellung einer Grundschuld zur Sicherung dieses Kredits verpflichtet. Ist das Kreditverhältnis beendet, so steht dem E der Rückübertragungsanspruch gegen G zu (hierzu BGH NJW 1989, 1732, 1733 l. Sp.; oben Rn. 26 ff. und 34 ff.). Er kann dies dem G auch einredeweise entgegenhalten. Aus dem Sicherungsvertrag zwischen E und G soll keine Verpflichtung des G folgen, anderweitige Sicherheiten des S zu erhalten bzw. nicht freizugeben (BGH NJW-RR 1987, 1291, 1292; ähnlich BGH NJW 1997, 2514 – zweifelhaft! Argument aus § 1165?).

b) Divergenz von Sicherungsvertragsparteien und Grundschuldparteien

Wie aber ist die Rechtslage, wenn der *Eigentümer nicht Partei des Sicherungs-* 74
vertrags ist?

Hier sind zwei typische Entstehungstatbestände zu unterscheiden. Der Schuldner kann dem Gläubiger eine ihm zustehende oder von ihm zu beschaffende Fremdgrundschuld am Grundstück eines Dritten abtreten (BGHZ 88, 228, 230/231) oder neu bestellen lassen (primäre Divergenz von Sicherungsvertragsparteien und Grundschuldparteien). Oder aber der Eigentümer des belasteten Grundstücks, der ursprünglich Partei der Sicherungsabrede war, veräußert das Grundstück bei Fortbestehen der Grundschuld an einen Dritten (sekundäre Divergenz von Sicherungsvertragsparteien und Grundschuldparteien).

aa) Primäre Divergenz

Wenn der Schuldner die Grundschuld an einem fremden Grundstück als Si- 75
cherheit gibt und mit dem Forderungsgläubiger eine entsprechende Sicherungsvereinbarung abschließt, so steht bei Fortfall des Sicherungszweckes dem
Schuldner der Rückgewähranspruch zu. Die abredewidrige Verwertung kann
er mit einem Unterlassungsanspruch unterbinden, ebenso besteht ein vertraglicher Schadensersatzanspruch.

Beispiel (nach BGH NJW 1989, 1732 ff.): G gibt S ein Darlehen. Zur Sicherheit tritt S seine 76
Fremdgrundschuld am Grundstück des E ab (§ 1154). Mit Erfüllung der Darlehensschuld kann S Zug um Zug (§ 273) Rückabtretung der Grundschuld verlangen (BGH NJW 1991, 1821). G darf auf die Grundschuld ohne Mitwirkung des S weder verzichten noch darf er in ihre Löschung einwilligen. Ein abredewidriger Verzicht bzw. die abredewidrige Löschung sind dinglich wirksam, verpflichten aber zum Schadensersatz.
Der Eigentümer E hat im Beispielsfall keinen vertraglichen Rückgewähranspruch gegen G und keine Einrede gegen die Grundschuld aus einer – nicht existenten – Sicherungsabrede mit G. Eine andere Frage ist, ob sich G als Zessionar nicht die Einrede aus der Sicherungsvereinbarung des E mit dem Zedenten S entgegenhalten lassen muß (§ 1157 S. 2) und ob aus dieser Einrede nicht ein gesetzlicher Verzichtsanspruch resultiert (hierzu oben Rn. 56 ff. m. Nw.).

bb) Sekundäre Divergenz

Wenn der Schuldner-Eigentümer oder der Eigentümer, der mit dem Gläu- 77
biger eine Sicherungsabrede hat, das belastete Grundstück veräußert, so kann

der neue Eigentümer Rechte aus der Sicherungsvereinbarung nur geltend machen, wenn er in die Sicherungsabrede rechtsgeschäftlich eingetreten oder doch wenigstens der Rückgewähranspruch aus der Sicherungsabrede an ihn abgetreten ist,[1] oder aber wenn die Sicherungsabrede einen Vertrag zugunsten Dritter enthält.[2]

78 *Beispiel:* Der Schuldner-Eigentümer E veräußert sein Grundstück an K, das mit einer kreditsichernden Grundschuld zugunsten des G belastet ist. Hat K die Grundschuld ohne Anrechnung auf den Kaufpreis übernommen, weil E dem K erklärt hatte, sie sei infolge der Beendigung des Kreditverhältnisses „löschungsreif", so hat K den Rückübertragungsanspruch nur, wenn er ihm von E abgetreten wurde. Ohne Abtretung ist nach wie vor E Gläubiger des Rückgewähranspruchs und kann ihn alleine geltend machen (s. a. BGHZ 104, 26, 30; 106, 375, 378). K bleibt dann nichts anderes übrig, als sich im Innenverhältnis an E als Verkäufer zu halten (§§ 434, 439 Abs. 2, 440 Abs. 1, 325 Abs. 1 S. 3, 323 Abs. 2, 281).

79 Wurde die Grundschuld auf den Kaufpreis angerechnet, so bedeutet das nichts anderes, als daß K bis zur Höhe der Grundschuldsumme für die weitere Kreditaufnahme durch E haften soll und nach Beendigung des Kreditverhältnisses dem E gegenüber verpflichtet ist, den Kredit an G abzudecken. In der kaufvertraglichen Übernahme der Grundschuld unter Anrechnung auf den Kaufpreis liegt i. d. R. die stillschweigende Abtretung des Rückgewähranspruchs gegen G (BGH NJW 1991, 1821, 1822; 1983, 2502). S. a. § 38 Rn. 97 f. zum Parallelfall bei der Hypothek.

2. Fälligkeit der Grundschuld und Leistungsberechtigung

80 Wann *muß* und wann *kann* der vom Schuldner verschiedene Eigentümer leisten?

a) Fälligkeit der Grundschuld

Die Fälligkeit der Grundschuld richtet sich nach den bei Bestellung des dinglichen Rechts getroffenen, in das Grundbuch aufgenommenen Vereinbarungen; fehlen solche, so gilt § 1193.

Die Fälligkeit der Grundschuld hängt also nicht von der Forderung ab; u. E. besteht aber kein Bedenken, durch eine eingetragene Vereinbarung die Fälligkeit der Grundschuld an die der persönlichen Forderung zu knüpfen.[3] Regelmäßig wird *sofortige* Fälligkeit vereinbart und eingetragen.

b) Leistungsberechtigung des Eigentümers

81 Nach § 1142 Abs. 1 ist der Eigentümer zur Leistung an den Gläubiger berechtigt, wenn der persönliche Schuldner zur Leistung berechtigt ist. Diese Vorschrift ist nicht anwendbar. Denn da der Schuldner nach § 271 Abs. 2 im Zweifel stets zur Leistung berechtigt ist, so würde dies bedeuten, daß auch der Eigentümer stets die Grundschuld tilgen könnte. Ein Befriedigungsrecht hat der Eigentümer erst, wenn die Grundschuld fällig geworden (s. oben Rn. 80) oder das Sicherungsverhältnis zwischen Gläubiger und Schuldner beendet ist.

---

[1] So BGH NJW 1990, 576 (insoweit in BGHZ 109, 197 nicht abgedruckt); 1986, 2108, 2109 (Eintritt in die Sicherungsvereinbarung); 1983, 2502, 2503.

[2] *Beispiel:* BGH NJW 1992, 1390 zur Freistellungsverpflichtung einer Bank zugunsten eines Grundstückserwerbers.

[3] A. A. *Huber* a. a. O. S. 140; *Soergel/Konzen* § 1191 Rn. 2 und die wohl h. M.

§ 45. Die Sicherungsgrundschuld

Zu der interessanten Frage, ob nicht der Eigentümer von sich aus nach einer gewissen Zeit eine Beendigung des Sicherungsvertrags herbeiführen kann (kann man ihm zumuten, ad infinitum für den dem Schuldner gewährten Kredit zu haften?), s. *Räbel* NJW 1953, 1248.

3. Leistung durch den Eigentümer[1]

Zahlt der vom Schuldner verschiedene Eigentümer, so leistet er „auf" die *Grundschuld,* er erwirbt diese als Eigentümergrundschuld (s. oben § 44 Rn. 23ff., § 45 Rn. 42ff.). Die persönliche Forderung bleibt bestehen.[2] Anders als in § 1143 vorgesehen, geht aber die gesicherte Forderung nicht kraft Gesetzes auf ihn über,[3] weil diese Vorschrift Akzessorietät voraussetzt; auch § 426 Abs. 2 ist nicht analog anwendbar, weil Schuldner und Eigentümer nicht „gleichstufig" haften.[4] Wohl aber gesteht die h.M. dem Eigentümer einen *Anspruch* gegen den Gläubiger auf Abtretung der gesicherten Forderung zu, teilweise nur bei bestehendem Rückgriffsrecht im Innenverhältnis, teilweise ohne Rücksicht auf ein Rückgriffsrecht.[5]

82

Sehr weit geht RGZ 150, 371, 374 mit interessanter Begründung: „Ihrer wirtschaftlichen Natur nach stehen Sicherungsabtretung einer Eigentümergrundschuld und Bestellung einer Hypothek für die persönliche Schuld einander so nahe, daß der Schuldner aus der Grundschuld, der den Gläubiger befriedigt, ein Recht darauf hat, durch Abtretung der Forderung gegen den persönlichen Schuldner ebenso gestellt zu werden wie der in der gleichen Lage befindliche Hypothekenschuldner." Das KG und neuerdings wohl auch der BGH verknüpfen den Anspruch auf Abtretung mit dem Rückgriffsrecht des Eigentümers gegen den Schuldner (KG NJW 1961, 414; BGH NJW 1994, 2692 r. Sp.). Im übrigen hat der BGH die Frage des Anspruchs auf Abtretung bisher offengelassen (BGHZ 88, 228, 231; 105, 154, 158; 108, 179, 184).[6] Soweit der Schuldner gegen eine doppelte Liquidation des Gläubigers nicht als Sicherungsgeber die Sicherungsabrede einwenden kann (oben Rn. 75f.), läßt der BGH die *Arglisteinrede* (§ 242) greifen (BGHZ 105, 154, 158), um Doppelzahlung zu vermeiden. Ein Anspruch auf Abtretung der persönlichen Forderung steht dem Eigentümer natürlich dann nicht zu, wenn er im Innenverhältnis zum Schuldner zur Leistung verpflichtet war (vgl. für den entsprechenden Fall der Hypothek oben § 40 Rn. 17f.).

83

Geht mit der Abtretung der Forderung des Gläubigers gegen den Schuldner an den Eigentümer auch eine *zusätzlich gestellte Bürgschaft* auf den Eigentümer über? Der BGH hat die Frage der Zuordnung von Bürgschaft und Grundschuld im Sinne gleichgeordneter Haftung entschieden, falls eine Vereinbarung fehlt (BGHZ 108, 179, 182ff.; NJW 1982, 2308; 1992, 3228; s.a. § 38 Rn. 100ff.).

84

Beispiel: Die Bank G gibt dem S ein Darlehen über 70000 DM. Dieses Darlehen sichert B mit einer Bürgschaft, E mit einer Grundschuld an seinem Grundstück. Wenn E bei Eintritt des Sicherungsfalles zuerst beansprucht wird, so bleibt ohne Abtretung der gesicherten Forderung die Tilgung alleine „an ihm hängen". Falls zuerst der Bürge B beansprucht würde, ginge mit der gesicherten Hauptforderung (§ 774 Abs. 1) die Grundschuld *nicht* auf ihn über (fehlende Akzessorietät gemäß § 401!); anders nur, falls ein Anspruch auf Abtretung der Grundschuld bestünde (BGHZ 92, 374, 378; hierzu oben Rn. 69) und die Abtretung auch vollzogen würde. Die sichernde Haftung träfe sonach nach Zufall den Sicherungsgeber, der zuerst beansprucht wird – gerade umgekehrt wie beim Zusammenfallen von Bürgschaft und Hypothek, wo der zuerst beanspruchte Sicherungsgeber wegen

85

---

[1] Zur Leistung durch einen Dritten s. § 44 Rn. 26 m. Nw.
[2] BGHZ 80, 228, 230 = *Baur,* E. Slg. Fall 52c; 105, 154, 157; BGH NJW 1980, 2198; 1987, 838, 839; 1991, 1821; NJW-RR 1990, 813, 814; ganz h.M.; s.a. oben Rn. 46.
[3] Für entsprechende Anwendung des § 1143 dagegen *Wilhelm* Rn. 922ff.
[4] BGHZ 105, 154, 157/158 (dazu *Oehler* JuS 1989, 604; *Tiedtke* JZ 1988, 1006); 108, 179, 184, 187; s.a. zu § 426 Abs. 2 noch oben Rn. 1ff. m. Nw.
[5] *Westermann/Eickmann* § 133 III und V; *Palandt/Bassenge* § 1191 Rn. 33; *Erman/Räfle* § 1191 Rn. 45.
[6] BGH NJW 1982, 2308 betraf den Fall vereinbarter Abtretung.

des Mitübergangs der akzessorischen Sicherheiten den anderen Teil endgültig belasten könnte (hierzu BGHZ 108, 179, 184/185; ausführlich § 38 Rn. 100ff. m. Nw.), also „den letzten die Hunde beißen". Der BGH hat sich für die Teilung der sichernden Haftung nach dem Rechtsgedanken des § 426 Abs. 1 in beiden Fällen entschieden, so daß mit oder ohne Anspruch des Eigentümers auf Abtretung des gesicherten Anspruchs immer nur ein Anspruch gegen den Bürgen auf *anteiligen* Ausgleich entsteht. Nur bei abweichender Vereinbarung zwischen Bürge und Gläubiger führt der Mitübergang der Bürgschaft nach Forderungsabtretung (§ 401) zur endgültigen Haftung des Bürgen (so BGH NJW 1982, 2308; s. a. BGHZ 108, 179, 183), wie umgekehrt eine Vereinbarung zwischen Gläubiger und Eigentümer über die Abtretung der Grundschuld an den Bürgen zur endgültigen Haftung des Eigentümers führt (BGH NJW-RR 1991, 170, 171). Vieles spricht allerdings entgegen der h. M. für den grundsätzlichen Vorrang der dinglichen Haftung und die Subsidiarität der Bürgenhaftung (hierzu § 38 Rn. 100ff.). Nachdem der BGH indessen den formularmäßigen Ausschluß des § 776 zuläßt (zuletzt BGHZ 108, 179, 183) und deshalb die gesetzliche Stufung der Sicherheiten meist abbedungen ist, verliert dieses Argument an Gewicht.

4. Zahlung durch den Schuldner

86 Leistet der vom Eigentümer verschiedene Schuldner, so erlischt nur die gesicherte Forderung.[1] Der Grundschuldinhaber ist aber auf Grund des Sicherungsvertrags zur Rückübertragung der Grundschuld verpflichtet, und zwar an den Schuldner dann, wenn dieser – etwa als früherer Eigentümer – Partei des Sicherungsvertrags ist.[2] Ist dies nicht der Fall, so steht der Rückübertragungsanspruch dem Eigentümer zu.[3] Er kann aber auf Grund des Innenverhältnisses verpflichtet sein, diesen Anspruch dem Schuldner abzutreten; damit wird praktisch ein dem § 1164 entsprechendes Ergebnis erzielt.[4]

87 *Beispiele:* Hat S (= E) das belastete Grundstück an K veräußert und war dabei vereinbart worden, daß K den von G gewährten Kredit – unter Anrechnung auf den Kaufpreis – abdeckt, hat aber G den S in Anspruch genommen, so kann S von G die Abtretung der Grundschuld an sich auf Grund des Sicherungsvertrags verlangen (falls nicht K in den Sicherungsvertrag eingetreten und der Rückgewähranspruch an ihn abgetreten ist – hierzu oben Rn. 77ff.).

88 E hat dem G eine Grundschuld bestellt. Als Darlehensnehmer tritt S auf, wobei zwischen E und S vereinbart wird, daß das Darlehen dem E zugute kommen und dieser auch zur Rückzahlung an G verpflichtet sein soll. Muß S an G zahlen, so kann S von E die Abtretung des Rückübertragungsanspruchs fordern. Einen „Direktanspruch" des S gegen G auf Übertragung der Grundschuld (*Dieckmann* a. a. O.) verneint die h. M. Hat G die Grundschuld bereits an E übertragen, so richtet sich der Anspruch des S gegen E auf Übertragung der Grundschuld.

89 Ein *Sonderfall* ist gegeben, wenn der vom Schuldner S verschiedene Eigentümer E des belasteten Grundstücks gleichzeitig Gesamtschuldner der Forderung ist und der Gläubiger G den persönlichen Schuldner S beansprucht (BGHZ 88, 228 f.; hierzu *Reinicke/Tiedtke* NJW 1981, 2145). Soweit hier S gegenüber E gemäß § 426 ausgleichsberechtigt ist und die Forderung des G gegen E auf ihn übergeht, besteht ein Anspruch des S gegen G auf Abtretung der sichernden Grundschuld (hierzu schon oben Rn. 69).

---

[1] Hat der Gläubiger mehrere Forderungen gegen den Schuldner (von denen nicht alle gesichert sein müssen!), dann steht dem Eigentümer kein Anspruch auf die Einhaltung einer bestimmten Tilgungsreihenfolge zu, s. BGH NJW 1993, 2043; 1997, 2514, 2515.

[2] Ausführlich oben Rn. 74ff.

[3] Oben Rn. 73.

[4] Hierzu *Planck/Strecker* § 1192, 6g; *Küchler* a. a. O. S. 53ff.; *Palandt/Bassenge* § 1191 Rn. 34; weitergehend will *Dieckmann*, Freundesgabe Söllner, 1990, S. 24ff., 32f., dem Schuldner direkt gegen den Gläubiger einen Abtretungsanspruch gewähren; so jetzt auch *Wieling* § 33 IV 2c.

V. Sondertatbestände des Rückgewähranspruchs

1. Die Verwertung des Rückgewähranspruchs[1]

a) Formen der Verwertung

Der Rückgewähranspruch[2] nach Erledigung des von den Parteien vereinbarten Sicherungszwecks[3] kann durch den Eigentümer verwertet werden, sei es durch *Abtretung* oder durch *Verpfändung*. Bedeutsam ist auch die *Pfändung* durch einen bisher dinglich nicht gesicherten Gläubiger. Gegen eine solche Verwertung bestehen keine Bedenken; dabei erfolgt die formlose[4] Abtretung nach §§ 398 ff., die Verpfändung nach §§ 1273 ff., die Pfändung und Überweisung nach § 857 ZPO.[5] Mit der Verpfändung und Pfändung (+ Überweisung) ist der Pfandgläubiger berechtigt, die Übertragung der Grundschuld auf den Eigentümer zu verlangen, er selbst erhält ein sog. Ersatzpfandrecht an der Eigentümergrundschuld entsprechend § 1287.[6]

90

Beispiel: Pf. – ein Gläubiger des E – weiß, daß der G-Bank eine Sicherungsgrundschuld an dem Grundstück des E zusteht. Er weiß auch, daß E seine Schulden an die G-Bank getilgt hat. Er läßt auf Grund eines Vollstreckungstitels den Rückübertragungsanspruch des E gegen G pfänden und sich zur Einziehung überweisen (Beschluß des Amtsgerichts als Vollstreckungsgericht – Zustellung des Beschlusses an G als Drittschuldner und E als Schuldner, § 857 ZPO mit §§ 829, 835 ZPO). Auf Grund dieser Stellung kann Pf. an Stelle des E den Rückübertragungsanspruch geltend machen (§§ 1279, 1282). E erwirbt dann die Grundschuld als Eigentümergrundschuld, Pf. ein Pfandrecht an dieser Eigentümergrundschuld.[7] Falls allerdings G den Rückgewähranspruch nicht durch Rückübertragung gemäß § 1282 erfüllt, sondern einfach verzichtet oder aufhebt, entsteht kein Ersatzpfandrecht (so BGHZ 108, 237, 247 – zweifelhaft beim Verzicht!), der Pfandgläubiger Pf. hat dann nur einen Schadensersatzanspruch gegen G (§ 280).

91

Genauso wie sich der Rückgewähranspruch nach Zwangsversteigerung an einen Ersteher Z auf die fortbestehende Grundschuld des G oder bei Erlöschen auf den Erlös erstrecken würde (hierzu oben Rn. 50 ff.), blieben auch die Rechte des Pfandgläubigers Pf. nach Versteigerung gewahrt: das Pfandrecht entstünde dann analog § 1287 an der von G auf E übertragenen Fremdgrundschuld, falls die Grundschuld des G bestehen geblieben wäre; bei Erlöschen könnte Pf. als Pfandgläubiger des Rückgewähranspruchs auf den Versteigerungserlös zugreifen, soweit dieser Erlös auf die erloschene Grundschuld entfiele (hierzu BGHZ 108, 237, 247 f.; BGH NJW 1987, 1026, 1027; 1992, 1390; Rpfleger 1991, 381, 382 mit dem Sonderfall der gewillkürten Prozeßstandschaft des Grundschuldgläubigers zugunsten des Pfändungsgläubigers).

92

---

[1] Dazu *Dempewolf* und *Hoche* a.a.O.; *Rimmelspacher* Rn. 836 ff.; *Huber* a.a.O. S. 190 ff., 201 ff.; *Scholz*, Der sicherungsrechtliche Rückgewährsanspruch, in Festschrift Möhring, 1965, S. 419 ff.; *Weber* AcP 169, 237; *Westermann/Eickmann* § 133 II 2; ferner *Manfred Wolf* Rn. 706; *Müller* Rn. 2115 a ff.

[2] Er beinhaltet den Anspruch des Eigentümers auf Rückübertragung *oder* (nach seiner Wahl) auf Verzicht auf die Grundschuld *oder* auf ihre Aufhebung (ausführlich oben Rn. 24 f., 26 ff.).

[3] Also verschieden je nachdem, ob nur *eine* bestimmte Forderung oder alle gegenwärtigen und künftigen Forderungen aus einem Kreditverhältnis gesichert sein sollen (s. dazu BGH NJW 1986, 2108 und allgemein oben Rn. 14 f.).

[4] BGH Rpfleger 1991, 381.

[5] BGH NJW 1975, 980; BGHZ 108, 237, 245; *Baur/Stürner* I, EinzelvollstreckungsR, Rn. 32.24 m. Nw.

[6] Hierzu BGHZ 108, 237, 246 m. Nw.; *Hoche* NJW 1959, 413, 414; *Schneider* JW 1938, 1630; *Dempewolf* NJW 1959, 556; *Huber* a.a.O. S. 206 ff.; *Serick* III S. 246 ff.

[7] Dazu § 46 Rn. 7 ff.; zur Verwertung BGH MDR 1961, 675; *Dempewolf* NJW 1959, 556.

b) Verwertung künftiger Rückgewähransprüche

93 Fraglich ist, ob ein Rückgewähranspruch schon *vor Beendigung des Kreditverhältnisses* übertragen oder sonst verwertet werden kann. Diese Frage ist zu bejahen. Zwar handelt es sich hier erst um einen zukünftigen[1] Anspruch, der aber schon hinreichend gekennzeichnet ist.

94 Die Problemlage ist ähnlich der bei der künftigen Eigentümergrundschuld im Falle einer Hypothek (s. unten § 46 Rn. 29 ff.). Es handelt sich um einen künftigen Vermögenswert, der jetzt schon einem anderen zugewendet oder von ihm in Beschlag genommen wird. Schwierigkeiten entstehen dann, wenn sich mehrere Gläubiger des Eigentümers um diesen künftigen Vermögenszuwachs ihres Schuldners streiten:

95 *Beispiel* (in Anlehnung an BGH DNotZ 1958, 383):[2] E hat dem G zur Sicherung eines Kredits eine Grundschuld bestellt. Am 21. 5. trat E seinen nach Abdeckung des Kredits entstehenden Rückübertragungsanspruch an X ab. Am 17. 7. desselben Jahres hat Pf. – ein Gläubiger des E – denselben Rückübertragungsanspruch gepfändet und sich zur Einziehung überweisen lassen. Im Anschluß an das RG nimmt der BGH[3] an, daß der bedingte Rückübertragungsanspruch (richtig: der künftige Rückübertragungsanspruch) mit seiner Abtretung an X schon aus dem Vermögen des E ausgeschieden sei; damit aber sei die zeitlich spätere Pfändung dieses Anspruchs durch Pf. „ins Leere gegangen", der Anspruch stehe unbelastet durch ein Pfandrecht des Pf. dem X als Zessionar zu. – Wäre das Grundstück des E zwangsversteigert oder durch den Konkursverwalter des E freihändig veräußert worden, so würde sich der Rückübertragungsanspruch des X auf einen entsprechenden Teil des Erlöses erstrecken (BGHZ 108, 237, 247/248; NJW 1992, 1620; Rpfleger 1991, 381, 382; ausführlich oben Rn. 50 ff.).

c) Keine cessio legis bei Grundstücksveräußerung

96 Der Rückübertragungsanspruch geht nicht automatisch auf den Erwerber des Grundstücks über; doch wird eine Abtretung gewollt sein, wenn der Erwerber die durch die Grundschuld gesicherte persönliche Schuld übernimmt (hierzu BGH NJW 1991, 1821, 1822; 1990, 576; 1986, 2108, 2109; 1983, 2502; s. oben IV 1 b bb m. Nw.).[4] Soweit an nachrangige Grundpfandgläubiger abgetreten ist, geht er nicht etwa als „Nebenrecht" (§ 401) mit der Abtretung des nachrangigen Grundpfandrechtes mit über, sondern bedarf gesonderter rechtsgeschäftlicher Abtretung (BGHZ 104, 26, 29/30).

d) Akzessorietät einer Vormerkung

97 Ist für den Rückgewähranspruch eine Vormerkung bewilligt und eingetragen (OLG Hamm NJW-RR 1990, 273; oben Rn. 36), so geht die Vormerkung mit dem abgetretenen Anspruch auf den Zessionar über (§ 401; s.a. § 20 Rn. 51 ff.).

---

[1] In der Rspr. auch als aufschiebend bedingt bezeichnet: BGH NJW 1977, 247; NJW-RR 1994, 847 r. Sp.; andererseits BGH NJW 1985, 800; s. zum ganzen Fragenkreis oben Rn. 28 ff. m. Nw. und *Huber* a. a. O. S. 182 ff.; *Serick* III S. 246 ff.; *Gerhardt* ZIP 1980, 165, 168; *Reinicke/Tiedtke*, Kreditsicherung, S. 385 f. Die Abtretung des künftigen Rückgewähranspruchs spielt vor allem auch zur Sicherung nachrangiger Grundpfandrechtsgläubiger eine Rolle: BGHZ 104, 26/27; 110, 108, 109; ausführlicher unten Rn. 100 und § 46 Rn. 48 ff.

[2] Weitere Fälle des „Mehrfachzugriffs" auf den Rückgewähranspruch: BGH NJW 1985, 800 (hierzu *K. Schmidt* JuS 1985, 314); BGH Rpfleger 1986, 312; BGHZ 104, 26, 29 (hierzu *K. Schmidt* JuS 1988, 906).

[3] RGZ 143, 113, 117; BGH DNotZ 1958, 383; NJW 1985, 800; BGHZ 104, 26, 29; ähnlich OLG Schleswig EWiR 1997, 355 *(Mankowski)*.

[4] Ähnlich, wenn ein Dritter die persönliche Forderung (nicht die Grundschuld!; hierzu § 44 Rn. 26) im Einverständnis mit dem Schuldner-Eigentümer tilgt (OLG Schleswig EWiR 1997, 355 m. Anm. *Mankowski*). Zur Schuldübernahme nach Abtretung des Rückgewähranspruchs an einen Dritten s. BGH NJW 1992, 110 und § 44 Rn. 27 mit Fn.

§ 45. Die Sicherungsgrundschuld

Übersicht 20

Hypothek und Sicherungsgrundschuld

Tatbestand	Hypothek	Grundschuld
I. Entstehungsmängel	1. Einwendungen gegen *dingl. Einigung* gem. §§ 1113, 873 (z. B. § 123): persönl. Forderung ohne Hypothek 2. Einwendungen gegen *Forderung*; Eigentümergrundschuld, §§ 1163 I, 1177 I	1. Einwendungen gegen *dingl. Einigung* gem. §§ 1191, 873: persönl. Forderung ohne Grundschuld 2. Einwendungen gegen Grundverhältnis a) Fehlen der Forderung: vertragl. Rückgewähranspruch b) Fehlen einer Sicherungsvereinbarung: § 812 I Merke: keine durch Existenz der Forderung auflösend bedingte Grundschuld (arg. § 1192 I)
II. Tilgung	1. durch den Schuldner – Eigentümer: §§ 1163 I 2, 362 I, 1177 I; 2. durch den Schuldner: §§ 1163 I 2, 362 I, 1177 I; ausnahmsweise § 1164 3. durch den Eigentümer: §§ 1143, 1177 II	1. durch Schuldner – Eigentümer: a) der Forderung; Erlöschen der Forderung, § 362 I; vertragl. Rückgewähranspruch b) der Grundschuld: Eigentümergrundschuld (§ 1143); Erlöschen auch der Forderung. Merkregel: Tilgung nach Vereinbarung (z. T. str.) oder Parteiwille (§ 366 I); Forderung bei periodischen Zahlungen; Forderung und Grundschuld bei Volltilgung 2. durch Schuldner (und Nichteigentümer): Zahlung auf Forderung; vertragl. Rückgewähranspruch des Schuldners oder des Eigentümers als Partei des Sicherungsvertrages 3. durch Eigentümer: auf Grundschuld; Eigentümergrundschuld und Anspruch auf Abtretung der Forderung (str.)
III. Abtretung	1. Abtretung der Forderung unter Formpflicht (§ 1154) 2. Akzessorietät, §§ 1153, 401	1. Abtretung von Forderung und Grundschuld a) Forderung, §§ 398 ff. Formfreiheit b) Grundschuld, §§ 1192, 1154, Formpflicht Merke: *Keine* Akzessorietät 2. Abtretung *nur* der Forderung: u. U. Anspruch gegen Zedenten auf Abtretung *auch* der Grundschuld 3. Abtretung *nur* der Grundschuld: entspricht der Sicherungsabrede ab Fälligkeit (Verwertung)
IV. Gutgläubiger Erwerb	1. Kein gutgläubiger Erwerb der nicht existierenden Forderung (§§ 398 ff.; Ausnahme: § 405) 2. Bei existierender Forderung gutgläubiger Erwerb der Hypothek trotz dinglichen Begründungsfehlers: § 892 3. Gutgläubiger Erwerb der Hypothek (ohne Forderung!) bei fehlender Forderung (§§ 1138, 892) Sicherung: Widerspruch, §§ 899, 894	1. Kein gutgläubiger Erwerb der Forderung 2. Gutgläubiger Erwerb der Grundschuld gem. § 892
V. Fortbestand von Einwendungen und Einreden	1. *Einwendungen* gegen Hypothek fallen unter IV 2, gegen die Forderung unter IV 3 2. *Einreden* gegen die Forderung (z. B. Stundung): §§ 1138, 1137, 892 3. *Einreden* gegen die Hypothek: §§ 1157, 892 (z. B. Stundung)	1. Einwendungen und Einreden gegen die Forderung: § 404 2. Einwendungen gegen die Grundschuld (z. B. dingl. Bestellungsfehler): § 892 3. Einwendungen gegen die Forderung: Verstoß gegen Sicherungsabrede kann dem Zessionar entgegengehalten werden, §§ 1157, 892 Sicherung: Vormerkung des künftigen Rückübertragungsanspruchs; Widerspruch (Eintragung der konkret entstandenen Einrede)

e) Ausschluß der Abtretbarkeit

98 Der Ausschluß der Abtretbarkeit bzw. ein Zustimmungsvorbehalt des Grundschuldgläubigers sind grundsätzlich individualvertraglich möglich (§ 399). In AGB bzw. Formularklauseln dürfte ein Verstoß gegen § 9 AGBG vorliegen, falls die Abtretungsbeschränkung den Eigentümer als Sicherungsgeber an der weiteren Beleihung seines Grundstücks hindert, weil er nachrangigen Gläubigern nicht die zusätzliche Sicherheit des Rückgewähranspruches verschaffen kann, der die Löschung des vorrangigen Rechts sicherstellt (§ 1179a; hierzu § 46 Rn. 48 ff.). Anders liegt der Fall, wenn der Schuldner der gesicherten Forderung eine Fremdgrundschuld zur Sicherheit überträgt: hier überwiegt das Interesse der Bank an der Klarheit über den Gläubiger des Rückübertragungsanspruchs das Interesse des Schuldners an freier Abtretbarkeit (BGHZ 110, 241 ff. m. Nw.); s. a. oben Rn. 31 ff.

f) Unterscheide: Pflicht zur Abtretung der Grundschuld an einen Dritten

99 Von der geschilderten Verwertung des Rückübertragungsanspruchs ist zu unterscheiden die vom Grundschuldgläubiger einem Dritten zugesagte – und durch Vormerkung gesicherte – Abtretung der Grundschuld im Falle ihrer Nichtmehrvalutierung (BayObLG RPfleger 1983, 267).

2. Löschungsvormerkung und Rückübertragungsanspruch

100 Es leuchtet ein, daß nachrangige (oder auch gleichrangige) Grundpfandgläubiger es verhindern wollen, daß der Rückübertragungsanspruch an einen anderen abgetreten wird und ihnen damit ein Aufrücken im Rang unmöglich gemacht wird. Es ergibt sich die Frage, inwieweit der abgetretene Rückgewähranspruch und eine zu ihren Gunsten eingetragene Löschungsvormerkung oder ein Löschungsanspruch ineinandergreifen. Diese Frage kann erst beantwortet werden, wenn wir uns mit diesen Instituten näher befaßt haben (s. unten § 46 Rn. 48 ff.).

3. Aussonderungsrecht aufgrund des Rückgewähranspruchs

101 Im Konkurs des Kreditgebers gibt der Rückgewähranspruch dem Sicherungsgeber bzw. Treugeber ein Recht auf Aussonderung der Grundschuld (§§ 43 KO, 47 InsO). Entsprechend ist bei einer Pfändung § 771 ZPO anwendbar (Einzelheiten s. *Rimmelspacher* § 12 Rn. 843; ferner *Baur/Stürner* I, EinzelvollstreckungsR, Rn. 46.8; II, InsolvenzR, Rn. 14.24).

§ 46. Die Eigentümergrundschuld
(Das Grundpfandrecht des Eigentümers)

Lit.-Hinweis: S. zunächst Lit.-Hinweis vor § 36, § 44 u. § 45; ferner *Hirsch*, Übertragung der Rechtsausübung, 1910 I S. 445; *Lorenz*, Weitere Fragen zur konkursrechtlichen Problematik der Eigentümergrundschuld, KTS 1962, 28; *Oberneck*, Die Eigentümerhypothek im Lichte der Praxis, Gruchot 47, 306; *Sottung*, Die Pfändung der Eigentümergrundschuld, 1957; *Zawar* NJW 1976, 1823 (zur Rspr.).
Lesen Sie zunächst oben § 36 Rn. 95 ff.

I. Überblick, Anwendungsbereich und Funktion

1. Gang der Darstellung

1 Wir haben uns schon oben § 36 Rn. 95 ff. recht eingehend mit dem Eigentümergrundpfandrecht auseinandergesetzt und dort auch die Hauptanwendungsfälle erörtert. Dies war damals notwendig, um einen Eindruck von dem Unterschied zwischen Fremdgrundpfandrecht und Eigentümergrundpfandrecht zu vermitteln. So wird es jetzt nur noch notwendig sein, nach einem kurzen wiederholenden Überblick (Rn. 2–14) die vom Eigentümer bestellte Eigentümergrundschuld darzustellen

§ 46. Die Eigentümergrundschuld **I § 46**

(Rn. 15 ff.) und dann die Fragen zu erörtern, die mit der Verfügung über die vorläufige und künftige Eigentümergrundschuld zusammenhängen (Rn. 19 ff.). Schließlich sind noch einige besondere Probleme der Löschungsvormerkung und des Löschungsanspruchs zu erörtern (Rn. 33 ff.).

2. Terminologie und Entstehungsgründe

a) Grundfälle

Wir hatten uns oben § 36 Rn. 100 ff. um eine möglichst klare Terminologie bemüht: Das Eigentümergrundpfandrecht ist *Eigentümerhypothek,* wenn dem dem Eigentümer zustehenden Grundpfandrecht eine gegen einen anderen gerichtete Forderung zugrundeliegt (Typ: § 1143), *Eigentümergrundschuld,* wenn dies nicht der Fall ist (Typ: § 1163). Die Eigentümergrundschuld ist *vorläufig* (z. B. § 1163 Abs. 2) oder *endgültig* (z. B. § 1163 Abs. 1 Satz 2), sie ist *ursprünglich* (z. B. § 1196) oder *nachträglich* (z. B. § 1163 Abs. 1 Satz 2), sie ist *verdeckt* (z. B. § 1163) oder *offen* (z. B. § 1196). 2

Man kann auch noch eine andere Einteilung wählen[1] und unterscheiden zwischen den Fällen eines *abgeleiteten* – nämlich aus einem bisherigen Fremdgrundpfandrecht hervorgegangenen – Eigentümergrundpfandrechts und den Fällen einer *ursprünglich offenen* (§ 1196) und *ursprünglich verdeckten* (z. B. § 1163 Abs. 1 Satz 1, Abs. 2) Eigentümergrundschuld.

Wir erinnern uns auch, daß wir die materiellen Entstehungsgründe zu katalogisieren versucht hatten; wir sprachen von dem Fall der rechtsgeschäftlichen Bestellung (§ 1196), der Begründung unter den Stichworten „Entstehungsschwierigkeiten" (Fehlen der Forderung, Mangel der Briefübergabe), „Tilgung" (Erlöschen der gesicherten Forderung, Ablösung, Verzicht) und schließlich „Konsolidation" (Vereinigung von Hypothek und Eigentum in einer Person nach § 889).

b) Sonderfälle

Nun gilt es – der Vollständigkeit halber – noch einige weitere, freilich nicht sehr häufige Fälle anzuschließen:

aa) Gescheiterte privative Schuldübernahme

Dem Verzicht des Gläubigers auf die Hypothek (§ 1168) steht es gleich, wenn der Gläubiger einer durch Hypothek gesicherten Forderung einer Schuldübernahme zustimmt, der Grundeigentümer aber mit dem Wechsel des Schuldners nicht einverstanden ist (§ 418 Abs. 1 Satz 2, 3). 3

Beispiel: E hat für eine Schuld des S dem G eine Hypothek bewilligt. Später wird die Schuld des S durch Ü übernommen. G ist damit einverstanden, nicht aber E. Ergebnis: Eigentümergrundschuld (§ 418 mit § 1168). Grund: Man kann dem E nicht zumuten, für einen neuen Schuldner Ü zu haften, dessen Qualitäten er ja nicht kennt. Daraus ergibt sich auch, daß § 418 nur für die befreiende, privative Schuldübernahme gilt, nicht für die Schuldmitübernahme (= kumulative Schuldübernahme); hier haftet E für die Schuld des S weiter, aber auch nur für diese.[2]

bb) Aufgebotsverfahren

Unbekannte Hypothekengläubiger können im Wege des sog. Aufgebotsverfahrens mit ihren Rechten ausgeschlossen werden (§§ 1170, 1171). Geschieht dies, so erwirbt der Eigentümer die Hypothek (§§ 1170 Abs. 2, 1171 Abs. 2 mit § 1163 Abs. 1 Satz 2). 4

cc) Titelfortfall bei Zwangs- und Arresthypothek

Wir haben schon wiederholt das Rechtsinstitut der Zwangshypothek (§§ 866 ff. ZPO) und der Arresthypothek (§ 932 ZPO) kennengelernt. Hier kann es sein, daß der Vollstreckungstitel, auf Grund dessen die Hypothek eingetragen wurde, später aufgehoben oder doch seine Vollstreckbarkeit beseitigt wird. Nach §§ 868, 932 Abs. 2 ZPO erwirbt dann der Eigentümer die Hypothek als Eigentümer*hypothek,* wenn trotz des Wegfalls des Titels oder seiner Vollstreckbarkeit die Forderung weiterbesteht, und als Eigentümer*grundschuld,* wenn die Forderung nicht bestanden hat oder weggefallen ist (§ 1163; s. a. *Baur/Stürner* I, EinzelvollstreckungsR, Rn. 38.8, 38.9, 52.20). 5

---

[1] *Blomeyer* a. a. O. S. 116.
[2] Zum Parallelfall bei der Grundschuld s. § 44 Rn. 27.

3. Rangaufspeicherung und Rangrückgewähr

6   Überblickt man alle Fälle einer Eigentümergrundschuld, so kann man sie vielleicht unter den Stichworten „Rangaufspeicherung" und „automatische Rangrückgewähr" zusammenfassen: Der Eigentümer kann für sich selbst (§ 1196), er kann für andere den Rang aufspeichern. Hat das Fremdgrundpfandrecht seine Schuldigkeit getan, so will das Gesetz in aller Regel kein Aufrücken der Nachberechtigten, es gewährt vielmehr automatisch den Rang an den Eigentümer zurück,[1] und zwar an den Eigentümer im Augenblick des automatischen (= gesetzlich angeordneten) Übergangs. Das Eigentümergrundpfandrecht erwirbt also nicht derjenige, der zwar zur Zeit der Bestellung des Grundpfandrechts Eigentümer war, später aber das Eigentum an einen anderen übertragen hatte (s. oben § 36 Rn. 120 ff.). Das Eigentümergrundpfandrecht ist auch nicht „Zubehör" des Eigentums in dem Sinne, daß es mit dem Eigentum weiterwandert, es wird vielmehr bei Veräußerung des Eigentums Fremdgrundpfandrecht (s. oben § 36 Rn. 120 ff.).

4. Die Rechtsstellung des Eigentümers

7   Der Inhaber des Eigentümergrundpfandrechts hält ein Stück seines Eigentums in seinen Händen (vgl. oben § 36 Rn. 124). Er kann darüber verfügen (z. B. durch Übertragung und Verpfändung),[2] es kann durch seine Gläubiger im Wege der Pfändung beschlagnahmt und verwertet werden.

Daß diese „Verwertung" bei den künftigen und vorläufigen Eigentümergrundschulden nicht ganz einfach ist, werden wir unten Rn. 19 ff. sehen.

8   Auf dieses Grundpfandrecht des Eigentümers (gleichgültig, ob es Eigentümerhypothek oder Eigentümergrundschuld ist, ob es schon als solches aus dem Grundbuch ersichtlich ist oder ob noch das Fremdgrundpfandrecht eingetragen ist), findet das Recht der Grundschuld Anwendung (§ 1177). Freilich wird die Rechtsstellung des Eigentümers durch § 1197 beschränkt: er kann *weder* von sich aus die Zwangsvollstreckung betreiben[3] *noch* Zinsen in Anspruch nehmen. Grund: Er soll durch eine Zwangsversteigerung nicht das Erlöschen der nachrangigen Grundpfandrechte erreichen können (§ 52 Abs. 1 Satz 2 ZVG);[4] als Nutzungsberechtigter müßte er in der Regel die Zinsen aus

---

[1] Hierher gehört auch die von *K. Blomeyer* a.a.O. S. 128 mitgeteilte Beobachtung, daß sich der Eigentümer, auf den die Hypothek als Eigentümergrundschuld übergegangen ist, zwar vom bisherigen Hypothekar die Berichtigungspapiere aushändigen läßt, die Berichtigung bzw. Löschung aber auf lange Zeit unterläßt. Er behält damit einen nach außen nicht ersichtlichen Vermögenswert in der Hand. Es kommt auch vor, daß er einem neuen Gläubiger diese Papiere samt der erforderlichen Abtretungserklärung übergibt, ohne daß sich dieser im Grundbuch eintragen läßt.
[2] *Beispiele* oben § 36 Rn. 119.
[3] Dies hindert aber nicht die Vollstreckungsunterwerfung und ihre Eintragung nach § 800 ZPO, da sie nach Abtretung der Eigentümergrundschuld Bedeutung erlangen kann (vgl. auch BGHZ 64, 316, 319; BGH NJW 1976, 567 und oben § 40 Rn. 41).
[4] Hierzu grundlegend BGHZ 64, 316, 319: „Selbstbetrieb mit dem Zweck der Ausschaltung nachrangiger Gläubiger".

§ 46. Die Eigentümergrundschuld

dem Ertrag seines Grundstücks „an sich selbst zahlen".[1] Diese Beschränkungen fallen indessen bei einer Verwandlung in eine Fremdgrundschuld wieder fort, wobei der Anlaß der Verwandlung letztlich gleich ist.

Beispiele: (1) Dem E steht an seinem Grundstück eine zu 8% verzinsliche (aus einer Hypothek hervorgegangene) Eigentümergrundschuld zu. Wenn ein Gläubiger Pf. des E die Eigentümergrundschuld pfändet und sich zur Einziehung überweisen läßt, so ist fraglich, ob die Vollstreckungsschranke des § 1197 Abs. 1 auch für ihn gilt.[2] § 1197 Abs. 1 hindert die Zwangsvollstreckung in das Grundstück durch Pf. nach allg. Meinung sicher nicht, wenn Pf. sich die Eigentümergrundschuld *an Zahlungs Statt* überweisen läßt (§§ 835, 837 ZPO – §§ 1291, 1282 Abs. 1 Satz 3 BGB); dann wird er – weil es sich um eine „Abtretung" handelt – Fremdgrundpfandgläubiger. Er trägt dann allerdings auch das Risiko der Verwertung dieses Pfandrechts. Aber nach der hier vertretenen Auffassung greift § 1197 auch dann nicht ein, wenn die Überweisung an Pf. *zahlungshalber* erfolgt (BGHZ 103, 30, 37 u. *Jestädt,* GS Schultz, 1987, 163).

(2) Der Eigentümer E hat bei der Bank B ein Darlehen über 50 000 DM genommen, das mit 5% zu verzinsen ist und vierteljährlich gekündigt werden darf. E tilgt das Darlehen planmäßig, die erstrangige Tilgungshypothek für das Darlehen auf dem Grundstück des E wird zur „versteckten" Eigentümergrundschuld (§§ 1163 Abs. 1 S. 2, 1177 Abs. 1). Wenn nunmehr das Grundstück auf Betreiben des ungesicherten Gläubigers G zwangsversteigert wird, so fällt die Eigentümergrundschuld des E in das geringste Gebot und bleibt bestehen (§§ 44 Abs. 1, 52 Abs. 1 ZVG); hat der Ersteigerer Z für 150000 DM ersteigert, liegt der Bargebot nur 100000 DM (§ 49 ZVG). Mit dem Eigentumswechsel durch Zuschlag (§ 90 ZVG) wird die Eigentümergrundschuld zur Fremdgrundschuld mit E als Gläubiger und Z als belastetem Eigentümer (oben Rn. 6). Für die Zinsen und die Fälligkeit gelten die früheren Darlehensbedingungen (§ 1177 Abs. 1 S. 2; BGHZ 67, 291; 71, 206); Z muß diese Belastung bei seinem Gebot einkalkulieren.

5. Pfändung der Eigentümergrundschuld

Das oben gebrachte, erste Beispiel legt die Frage nahe, wie denn eine Eigentümergrundschuld gepfändet werden kann, insbesondere dann, wenn sie im Grundbuch noch gar nicht als solche erscheint:

Beispiel: Pf. erfährt, daß sein im übrigen bis „über den Schornstein hinaus" verschuldeter Kunde E die Hypothek des G an seinem Grundstück in Höhe von 20 000 DM schon ganz (oder zur Hälfte) zurückbezahlt hat. Pf. möchte auf diesen Vermögenswert zugreifen, im Grundbuch ist aber noch G als Inhaber der Hypothek eingetragen.

Die Pfändung erfolgt durch *Pfändungsbeschluß* entsprechend § 857 Abs. 1, 2 mit § 829 ZPO; dieser Beschluß muß dem Schuldner (= Eigentümer) zugestellt werden. Die Eintragung der Pfändung im Grundbuch oder die Wegnahme des Briefs sind nur erforderlich, um einen redlichen (unbelasteten) Erwerb Dritter auszuschließen.

Entgegen der hier vertretenen Auffassung wendet die h. M.[3] auf die Pfändung einer Eigentümergrundschuld das Recht der Pfändung der Hypothek (also § 857 Abs. 6 mit § 830 ZPO) an. Das erschwert die Pfändung, weil zu ihrer Wirksamkeit dann die Übergabe oder Wegnahme des Hypothekenbriefs (§ 830 Abs. 1 Satz 1 ZPO) oder – bei der Buchhypothek – die Eintragung im Grund-

---

[1] Dazu BayObLG Rpfleger 1979, 100, 101 unter Hinweis auf die Motive; ausführlich zu § 1197 Abs. 2 *Bayer* AcP 189, 470 ff.
[2] S. dazu eingehend *Baur/Stürner,* Fälle, Fall 10; *Baur/Stürner* I, EinzelvollstreckungsR, Rn. 32.22 u. oben § 36 Rn. 119.
[3] Siehe BGH NJW 1961, 601; BGHZ 58, 298 (dahingestellt gelassen in BGH NJW 1979, 2045) und die Nachweise bei *Baur/Stürner* I, EinzelvollstreckungsR, Rn. 32.19 ff. und *Baur/Stürner,* Fälle, Fall 10; *Brox/Walker* Rn. 737 ff.; *Tempel* JuS 1967, 215, 268; s. aber OLG Hamburg Rpfleger 1976, 371.

buch (§ 830 Abs. 1 Satz 3 ZPO) erforderlich ist (s. oben § 38 Rn. 125 ff.). Das ist schwierig, wenn – wie meist – im Grundbuch noch der Hypothekar als Berechtigter eingetragen ist. Daher müssen dann auch der dem Eigentümer zustehende Berichtigungsanspruch und der Anspruch auf Herausgabe des Briefs gepfändet und zur Einziehung überwiesen werden. Bei Teileigentümergrundschulden sind die daraus entstehenden Schwierigkeiten fast unüberwindbar (vgl. RGZ 59, 313, 318); die für die h. M. vorgebrachten Gründe halten sich im wesentlichen an den Wortlaut des § 857 Abs. 6 ZPO, indem argumentiert wird, auch die Eigentümergrundschuld sei eben eine „Grundschuld" (dagegen *Baur/Stürner* I, EinzelvollstreckungsR, Rn. 32.19 ff.; *Rosenberg/Gaul/Schilken* § 58 III 1 b).

6. Löschungsanspruch

14 Zu bemerken ist, daß die Verwertung der Eigentümergrundschuld vielfach an der Löschungsvormerkung bzw. dem Löschungsanspruch scheitert. Damit wird für nachrangige Gläubiger ihr Aufrücken für den Fall der Vereinigung von Eigentum und Grundpfandrecht gesichert (s. oben §§ 17 Rn. 10 f., 20 Rn. 4 f. und vor allem unten Rn. 33 ff.).

II. Die vom Eigentümer bestellte Grundschuld

1. Zweck und Entstehung

15 Mit dem Zweck dieses Rechtsinstituts haben wir uns schon wiederholt befaßt: es dient in gleichem Maße der Vorbereitung künftiger Kreditaufnahme durch den Eigentümer (Rangwahrung) wie – bei Begründung als Briefeigentümergrundschuld – dem Geheimhaltungsinteresse des Eigentümers.[1]

Nach § 1196 Abs. 2 ist zur Bestellung eine diesen Willen kundgebende, materiellrechtliche Erklärung des Eigentümers gegenüber dem Grundbuchamt und die Eintragung im Grundbuch notwendig.

16 *Grundbuchrechtlich* sind die Eintragungsbewilligung des – voreingetragenen – Eigentümers in öffentlich beglaubigter oder beurkundeter Form (§§ 19, 29 GBO) und der Eintragungsantrag erforderlich. Demgegenüber setzt die materiellrechtliche Erklärung keine Form voraus, sie kann in der Eintragungsbewilligung enthalten sein. Ist die Bestellungserklärung nichtig oder wird sie angefochten, so ist das Grundbuch unrichtig.

17 Nach § 1196 Abs. 2 2. Halbsatz findet auch § 878 Anwendung; dies bedeutet: Hat der Eigentümer die Bestellungserklärung dem Grundbuchamt gegenüber abgegeben und den Eintragungsantrag gestellt, so entsteht mit der Eintragung die Eigentümergrundschuld, auch wenn der Eigentümer vor der Eintragung in der Verfügung beschränkt worden ist; anders, falls ein fehlerhafter Antrag zurückgewiesen wird, die Verfügungsbeschränkung eintritt und erst dann ein richtiger neuer Antrag erfolgt (hierzu BGH NJW 1997, 2751; *Stürner/Bormann* EWiR 1997, 887; ferner § 19 Rn. 35 ff.).

Entgegen § 1117 entsteht die *Briefeigentümergrundschuld* schon mit der Verlautbarung im Grundbuch, nicht erst mit der Ausstellung des Briefs; § 1163 Abs. 2 hat hier also – verständlicherweise – keinen Anwendungsbereich.

Mit der Bestellung der Eigentümergrundschuld kann der Eigentümer auch die Abgabe eines Angebots zum abstrakten Schuldversprechen zugunsten eines künftigen Fremdgrundschuldgläubigers verbinden (§ 780).[2]

2. Verwertungsmöglichkeiten des Eigentümers

18 Nach Bestellung der Eigentümergrundschuld hat der Eigentümer weitgespannte Verwertungsmöglichkeiten: er kann sein Recht *als Grundschuld* an

---

[1] Siehe dazu auch *Eickmann* NJW 1981, 545; *Polzin* AcP 134, 233. – Zur gleichzeitigen Vollstreckungsunterwerfung s. BGHZ 64, 316, 319; NJW 1976, 567 und ausführlich § 40 Rn. 41.

[2] Hierzu BGH NJW 1976, 567; 1991, 228, 229. Auch die Vollstreckungsunterwerfung unter das Anerkenntnis als künftige Forderung kann sofort abgegeben werden! Zur kautelarjuristischen Gestaltung ausführlich §§ 40 Rn. 36 ff.; 45 Rn. 15.

einen anderen – meist seinen Gläubiger – *abtreten* mit der Folge, daß eine Sicherungsgrundschuld in dem oben § 45 besprochenen Sinne entstehen kann,[1] oder an ihn verpfänden. Er kann ferner das Recht unter *Umwandlung in eine Hypothek* einem seiner Gläubiger abtreten,[2] wobei – sofern es sich um ein Buchrecht handelt – auch die Form der Sicherungshypothek möglich ist. *Nicht zulässig* – weil im Gesetz nicht vorgesehen – ist aber die Umwandlung der Eigentümergrundschuld in eine *Eigentümerhypothek;* § 1198 ist insoweit nicht anwendbar.

III. Die vorläufige und die künftige Eigentümergrundschuld

Das Eigentümergrundpfandrecht ist ein Vermögenswert in der Hand des Eigentümers. So ist es kein Wunder, daß in der Praxis die Tendenz besteht, eine Verfügung des Eigentümers auch über die vorläufige oder künftige Eigentümergrundschuld zu ermöglichen, sei es in der Form freiwilliger Abtretung oder Verpfändung, sei es durch aufgezwungene Verfügung im Wege der Pfändung. 19

1. Die Verfügung über die vorläufige Eigentümergrundschuld[3]

a) Das Verfügungsobjekt

Eine vorläufige Eigentümergrundschuld entsteht, wenn die Hypothek für eine künftige oder bedingte Forderung bestellt wird (§ 1113 Abs. 2) oder die zu sichernde Forderung noch nicht entstanden (§ 1163 Abs. 1 Satz 1) oder der Brief noch nicht übergeben ist (§ 1163 Abs. 2). Hier steht dem Eigentümer eine auflösend bedingte Eigentümergrundschuld, dem „Hypothekar" ein Anwartschaftsrecht zu, das mit voller Erfüllung des Entstehungstatbestandes sich automatisch in eine Hypothek verwandelt. 20

b) Verfügung durch den Eigentümer

Sicher ist, daß dieses künftige Vollrecht des Hypothekars durch zwischenzeitliche Verfügung des Eigentümers nicht beeinträchtigt werden kann (Rechtsgedanke des § 161). *Zweifelhaft,* aber zu bejahen ist die Frage, ob der Eigentümer über sein vorläufiges Recht verfügen kann: Zwar kann der Eigentümer über die *Buch*eigentümergrundschuld wegen der Ordnungsvorschrift des § 39 GBO (Grundsatz der Voreintragung) „technisch" nicht verfügen 21

---

[1] Die Praxis gestattet die rechtsgeschäftliche Abtretung der Eigentümergrundschuld mit rückwirkendem Zinsbeginn, der vor der Abtretung liegt (hierzu BayObLG NJW-RR 1987, 1418; OLG Celle Rpfleger 1989, 323); ähnlich der BGH für den Fall, daß die Verzinslichkeit nach Abtretung rückwirkend vereinbart und eingetragen wird (BGH NJW 1986, 314), wobei dann aber § 1119 zu beachten ist! § 1197 Abs. 2 schützt also nicht die nachrangigen Gläubiger gegen spätere Zinsberechnung!
[2] *Beispielsfall:* BGH NJW 1968, 1674.
[3] Siehe dazu MünchKomm/*Eickmann* § 1163 Rn. 44 ff. m.w.N.; *Reinicke/Tiedtke,* Kreditsicherung, S. 388 ff.

(denn der Hypothekar ist ja schon als Berechtigter im Grundbuch eingetragen!);[1] anders aber bei dem Briefrecht.

aa) Abtretung zur Sicherung eines Zwischenkredits

22 Die Möglichkeit der Abtretung einer vorläufigen Eigentümergrundschuld verwendet die Praxis zur Sicherung sog. Zwischenkredite; davon war schon oben § 37 Rn. 41 ff. die Rede. Die Einzelheiten soll folgendes *Beispiel* zeigen:

E hat von der Bank G einen Kredit zum Neubau seines Hauses in Höhe von 50 000 DM zugesagt erhalten und ihr auch bereits eine erste Hypothek (als Briefrecht) bestellt. Die Bank darf nach ihrer Satzung das Darlehen erst ausbezahlen, wenn das Haus im Rohbau fertig gestellt ist. Daher sucht E einen Zwischenkreditgeber und findet ihn in der Person des Zw. Diesem tritt er seine – vorläufige – Eigentümergrundschuld schriftlich unter Übergabe des Hypothekenbriefs und gleichzeitig auch den Anspruch auf Auszahlung des Darlehens gegen G ab. Befindet sich der Brief bereits in der Hand des G, so kann die Übergabe durch Abtretung des Herausgabeanspruchs (§ 985) nach § 1154 Abs. 1 Satz 1, 2. Halbs. mit §§ 1117 Abs. 1 Satz 2, 931 ersetzt werden; denn bis zur Vollvalutierung durch G ist E noch Eigentümer des Briefs, § 952.[2] Zw. ist sonach Inhaber einer auflösend bedingten Fremdgrundschuld und des „Auszahlungsanspruchs" gegen G; er kann den Zwischenkredit an E geben. Ist der Rohbau beendet, so zahlt G den Kreditbetrag an Zw. als Zessionar des E aus (wobei Zw. ihm Zug um Zug den Hypothekenbrief übergibt, falls G ihn nicht ohnehin schon in Händen hat); damit erfüllt G sein Darlehensversprechen, die durch die Hypothek zu sichernde Forderung entsteht, die auflösende Bedingung tritt ein, die Rechtsstellung des Zw. als Inhaber der vorläufigen Fremdgrundschuld endet automatisch.

23 An dem Ergebnis würde sich auch dann nichts ändern, wenn E das Grundstück nach Empfang des Zwischenkredits an E₁ veräußert hätte. Zwar wäre die Eigentümergrundschuld – hätte E sie nicht an Zw. abgetreten – mit dem Eigentumswechsel zu einer vorläufigen Fremdgrundschuld geworden; aber auch diese wäre auflösend bedingt gewesen (durch die Auszahlung der Darlehensvaluta seitens des G), RGZ 153, 167. Durch die Abtretung an Zw. hat sich daran nichts geändert.

Zur Rechtslage bei teilweiser Valutierung und bei *Buch*grundpfandrechten s. oben § 37 Rn. 43 f.

24 Soll – wie heute in der Regel – der endgültige Kredit durch eine Grundschuld gesichert werden und wird eine Zwischenfinanzierung nötig, so kommen folgende weitere Möglichkeiten in Betracht:

(1) Die Grundschuld wird für Zw. eingetragen; sie sichert den Zwischenkredit. Mit Auszahlung der Darlehensvaluta durch G an Zw. tritt Zw. die Grundschuld an G ab (entspricht dem Vorgang oben § 37 Rn. 42 bei Bestellung einer Hypothek).

(2) E bestellt die Grundschuld sofort für G. E, G und Zw. vereinbaren, daß G für die Zeit der Zwischenfinanzierung die Grundschuld treuhänderisch für Zw. hält und den Darlehensbetrag später unmittelbar an Zw. bezahlt (s. *Kollhosser* JA 1979, 176, 180).

bb) Verpfändung und Pfändung

25 Was für die Abtretung der vorläufigen Eigentümergrundschuld gilt, ist auch für die Verpfändung und Pfändung[3] zu sagen: das Anwartschaftsrecht des „Hypothekars" kann durch das Pfandrecht eines Gläubigers an der vorläufigen Eigentümergrundschuld nicht beeinträchtigt werden, wie aus § 161 Abs. 1 Satz 2 zu entnehmen ist.

26 Ist sonach auch eine Pfändung zulässig, so wird freilich der Gläubiger des E auf Grund des Pfändungsbeschlusses seine Eintragung im Grundbuch nicht erreichen können (§ 39 GBO!); auch wird ihm die Briefwegnahme nicht gelingen, da der Brief sich meist schon bei dem Hypothekar befindet.

---

[1] Siehe aber RGZ 120, 110 für den Fall, daß unter Verstoß gegen § 39 GBO eine Eintragung erfolgt ist; ferner BayObLG Rpfleger 1970, 24; OLG Hamm DNotZ 1982, 257.

[2] Siehe dazu BGHZ 53, 60 (diese Form der Zwischenfinanzierung soll – als Abtretung eines künftigen Rechts – sogar möglich sein, wenn G noch nicht im Grundbuch eingetragen ist); *Boehmer* ZAkDR 1940, 173 und 242.

[3] S. dazu *Baur/Stürner* I, EinzelvollstreckungsR, Rn. 32.19 ff.; *Staudinger/Wolfsteiner* § 1163 Rn. 107.

Aber abgesehen davon, daß nach der hier vertretenen Auffassung (s. oben Rn. 12 f.) zur Pfändung der Eigentümergrundschuld schon der Pfändungsbeschluß genügt, kann auch nach h. M. der Pfändungsbeschluß dann von Bedeutung werden, wenn sich später herausstellt, daß die Darlehensvaluta endgültig nicht ausbezahlt wird, die eingetragene Hypothek *endgültig* Eigentümergrundschuld ist.[1]

c) Verfügung durch den künftigen Hypothekar

Der als „Hypothekar" Eingetragene, aber in Wahrheit nur Anwartschaftsberechtigte wird durch die Verfügung über die vorläufige Eigentümergrundschuld seitens des Eigentümers nicht gehindert, unter gleichzeitiger Abtretung der künftigen Forderung über seine Rechtsstellung zu verfügen, und zwar in der Form des § 1154. Der Zessionar erwirbt dann die Hypothek in dem Augenblick, in dem die Darlehnsvaluta an den Eigentümer ausbezahlt wird, wobei es gleichgültig ist, ob diese Auszahlung durch den Zedenten oder durch den Zessionar erfolgt (s. oben § 37 Rn. 20). 27

Hat der Zedent das Recht der Wahrheit zuwider als schon valutiertes Vollrecht veräußert, so erhält der Zessionar – seine Redlichkeit vorausgesetzt – eine forderungslose Hypothek schon im Augenblick der Abtretung (§ 1138). Damit erlischt auch das Recht dessen, an den der Eigentümer die vorläufige Eigentümergrundschuld abgetreten hatte. Zwar ist die Darlehensvaluta nicht ausbezahlt worden, die auflösende Bedingung also nicht eingetreten, aber § 1138 bringt zugunsten des redlichen Verkehrs dieselbe Wirkung hervor. 28

2. Die Verfügung über die künftige Eigentümergrundschuld

a) Das Objekt möglicher Verfügung

Hinter jeder Hypothek steht latent eine Eigentümergrundschuld; dies war eine Feststellung, die wir schon häufig getroffen haben. Die Sicherungsgrundschuld kann durch Rückübertragung ebenfalls zur Eigentümergrundschuld werden. Es fragt sich, ob diese künftige Eigentümergrundschuld – wie sie etwa bei Erlöschen der hypothekarisch gesicherten Forderung, bei Tilgung der Grundschuld durch den Eigentümer, bei Verzicht auf die Grundschuld oder Rückübertragung *künftig* entstehen kann – schon Gegenstand einer Verfügung (Abtretung, Verpfändung, Pfändung) sein kann. 29

Um Mißverständnissen vorzubeugen: hier geht es nicht um eine bereits entstandene, aber im Grundbuch noch nicht als solche ausgewiesene Eigentümergrundschuld. Eine solche ist – wie wir wissen (s. oben Rn. 7 ff., 11 ff.) – jeglicher Verfügung durch den Eigentümer zugänglich; Schwierigkeiten können sich nur aus grundbuchtechnischen Gründen (Voreintragung! Briefvorlage!) ergeben.

b) Grundsätzliche Unzulässigkeit der Verfügung

Die Zulässigkeit einer Verfügung über künftige Eigentümergrundschulden wird heute allgemein im Anschluß an RGZ 145, 343, 353 *verneint;*[2] die Begründung schwankt: die einen verweisen auf grundbuchrechtliche Schwierigkeiten, andere auf die Gefährdung der Übersichtlichkeit und Klarheit des Grundbuchs (so das RG a.a.O.), andere schließlich meinen, die Anwartschaft auf die künftige Eigentümergrundschuld sei bei der Hypothek Bestandteil des 30

---

[1] Siehe dazu *Tempel* JuS 1967, 217. Weitere Nachweise oben § 37 Rn. 41 ff. u. oben Rn. 11 ff.
[2] BGHZ 53, 60, 64; *Palandt/Bassenge* § 1163 Rn. 17 m. Nw.

Eigentums und könne von diesem nicht getrennt werden (so *Wolff/Raiser* § 146 III 1 c).

31 Von den hier wiedergegebenen Begründungen überzeugt nur die erstgenannte: einer Verfügung über die künftige Eigentümergrundschuld stehen in der Tat unüberwindbare *technische* Schwierigkeiten entgegen: bei einem Buchgrundpfandrecht müßte die Abtretung im Grundbuch eingetragen werden (§ 1154 Abs. 3), bei einem Briefgrundpfandrecht der Brief übergeben werden (§ 1154 Abs. 1, 2). Dagegen stünden einer *Pfändung* nach der hier vertretenen Meinung diese Hindernisse nicht im Wege, da zur Beschlagnahme i. S. eines Veräußerungsverbots Eintragung bzw. Briefwegnahme nicht erforderlich sind; nur die den redlichen Erwerb nach §§ 135 Abs. 2, 136 verhindernde Eintragung kann nicht vollzogen werden.[1]

c) Vormerkungsfähigkeit des Anspruchs auf Übertragung einer künftigen Eigentümergrundschuld?

32 Die Unverfügbarkeit der künftigen Eigentümergrundschuld hat nach h. M. zur Folge, daß ein Anspruch auf Übertragung der künftigen Eigentümergrundschuld ebenfalls nicht vormerkungsfähig sein soll (OLG Hamm NJW-RR 1990, 272), soweit die Eigentümergrundschuld aus der Hypothek entsteht. Hingegen hält man allgemein die Vormerkung des Rückgewähranspruchs bei der Fremdgrundschuld für zulässig (OLG Hamm NJW-RR 1990, 272, 273; s. a. §§ 20 Rn. 22 f.; 45 Rn. 36; ferner unten Rn. 48 ff.). Darin liegt zwar ein gewisser Widerspruch. Soweit man aber grundbuchrechtliche Schwierigkeiten wie bei der Verfügung über die künftige Eigentümergrundschuld für ausschlaggebend hält, erscheint die Differenzierung sachgerecht: der Schuldner des Rückgewähranspruchs bei der Grundschuld steht im Grundbuch, der Schuldner des Rückgewähranspruchs der künftigen Eigentümergrundschuld nicht. Allerdings sprechen die frühere Löschungsvormerkung und § 1179 n. F. auch hier für mehr Großzügigkeit, weil eine entsprechende Löschungsvormerkung eintragbar war und – eingeschränkt – noch heute ist!

IV. Die Löschungsvormerkung – Der Löschungsanspruch[2]

33 Über den Inhalt und Zweck dieser Institute haben wir uns schon wiederholt unterhalten (s. oben § 17 Rn. 10 f., § 20 Rn. 4 f., § 41 Rn. 3).
Die durch das Gesetz v. 22. 6. 1977 (BGBl. I 998) neugestaltete Rechtslage bietet dem Verständnis erhebliche Schwierigkeiten. Diese lassen sich nur dadurch beheben, daß man zunächst den früheren Rechtszustand und seine Entwicklung darstellt.

1. Der frühere Rechtszustand und seine Fortentwicklung

a) Der frühere Rechtszustand

34 Nachrangige (aber auch gleichrangige) Berechtigte haben ein verständliches Interesse an einer Verbesserung ihrer Rechtsstellung in dem Fall, daß ein vorgehendes (oder konkurrierendes gleichrangiges) Recht auf den Eigentümer übergeht, was z. B. dann der Fall ist, wenn eine Hypothek durch Tilgung zur Eigentümergrundschuld wird (§ 1163) oder die Fremdgrundschuld durch

---

[1] A. A. z. B. *Staudinger/Wolfsteiner* § 1163 Rn. 106 (m. w. N.).
[2] **Lit.-Hinweis:** *Hadding/Welter* JR 1980, 89; *Jerschke* DNotZ 1977, 708; *Kissel* NJW 1977, 1760; *Kollhosser* JA 1979, 61, 176, 232; *Mohrbutter* KTS 1978, 17; *Rambold* Rpfleger 1995, 284; *Schapp* JuS 1979, 544; *Stöber* Rpfleger 1977, 399, 425; *Soergel/Konzen* Bem. zu §§ 1179 ff.; *Teichmann,* Wegfall der Eigentümergrundschuld oder Löschungsanspruch als gesetzlicher Inhalt der Hypothek, 1968; *H. Westermann,* Vorschläge zur Reform des Hypotheken- und Grundbuchrechts, 1972; *ders.,* FS Sontis, 1977, 253; *ders.,* Der Anspruch auf Löschung eines Grundpfandrechts nach § 1179a BGB als dinglicher Anspruch, FS Hauß, 1978, 395; *Westermann/Eickmann* § 124 III; *Wieling* § 30, 3 und 4; *Wilhelm* Rn. 747 ff.; *Manfred Wolf* Rn. 671 ff.; *Zagst,* Das Recht der Löschungsvormerkung und seine Reform, 1973; *Weirich* Jura 1980, 127.

Übertragung auf den Eigentümer übergeht (Rückgewähranspruch aus der Sicherungsabrede). Daher haben sie schon früher regelmäßig mit dem Eigentümer bei der Bestellung ihres Rechts *vereinbart,* daß der Eigentümer verpflichtet sein soll, das vorgehende (oder gleichrangige) Recht zu löschen (richtiger: aufzuheben), wenn sich dieses Recht mit dem Eigentum in einer Person vereinigt. Der sich aus dieser Vereinbarung ergebende Anspruch wurde regelmäßig durch eine im Grundbuch einzutragende Vormerkung: die sog. Löschungsvormerkung gesichert. Nach Voraussetzungen und Wirkungen waren für diese Löschungsvormerkung die §§ 883 ff. maßgebend mit der Besonderheit, daß sich der Löschungsanspruch auf ein erst künftig dem Eigentümer zufallendes Recht beziehen konnte (§ 1179 a.F.).

Im Grundpfandbereich wurde die Eintragung solcher Löschungsvormerkungen zur Regel: insbesondere nachrangige Grundpfandgläubiger sicherten sich dadurch ihr künftiges Aufrücken. Diese Praxis hatte unerfreuliche Auswirkungen, vor allem in grundbuchtechnischer Hinsicht: Das Grundbuch wurde durch die Vielzahl der Löschungsvormerkungen (jährlich ca. 1 Million) unübersichtlich – die Notwendigkeit, die Löschungsvormerkung auf dem Grundpfandbrief des betroffenen Rechts zu vermerken, machte erhebliche Schwierigkeiten. 35

b) Die Einführung eines gesetzlichen Löschungsanspruchs

War im Grundpfandbereich die Eintragung von Löschungsvormerkungen ohnehin die Regel geworden, so lag es nahe, jedem Gläubiger eines nachstehenden (oder gleichrangigen) Grundpfandrechts einen gesetzlichen, nicht eintragungspflichtigen Löschungsanspruch als Inhalt seines Grundpfandrechts zuzubilligen. M.a.W. die bisherige Praxis wurde nunmehr zur gesetzlichen Regel, aber mit dem wesentlichen Unterschied, daß die Eintragung im Grundbuch und der Vermerk auf dem Brief entfallen. Dies ist der Sinn des § 1179 a. 36

Nun war aber zu beachten, daß auch andere Berechtigte (z.B. Nießbraucher) ein Interesse an der Löschung eines künftig auf den Eigentümer übergehenden Rechts haben können. Hier beließ es die neue Regelung (§ 1179 n.F.) beim bisherigen Rechtszustand, d.h. bei der vom Eigentümer bewilligten Löschungsvormerkung zur Sicherung des vereinbarten Löschungsanspruchs. 37

Schließlich bleibt zu beachten, daß die Neuregelung am 1. 1. 1978 in Kraft getreten ist. Vorher begründete Löschungsvormerkungen „leben nach altem Recht weiter", und zugunsten vorher begründeter nachrangiger Altrechte können weiterhin Löschungsvormerkungen alten Rechts eingetragen werden (BGHZ 80, 119, 122). Hingegen besteht zugunsten später eingetragener begünstigter Rechte der gesetzliche Löschungsanspruch, auch wenn die betroffenen vorrangigen Rechte Altrechte sind (BGHZ 80, 119 ff.; 99, 363 ff.). Diese Übergangsregelung ist verfassungsmäßig (ausführlich BGHZ 99, 363 ff.; 370 ff.; hierzu K. Schmidt JuS 1988, 154). 38

c) Sicherungs-, Rang- und Vollwirkung

Die Wirkung des gesetzlichen Löschungsanspruchs ist dieselbe wie die einer bewilligten Vormerkung (§ 1179 a Abs. 1 S. 3), also Sicherungswirkung: relative Unwirksamkeit einer Verfügung, durch die der Löschungsanspruch ver- 39 eitelt oder beeinträchtigt würde (§ 883 Abs. 2 S. 1 u. 2),[1] Rangwirkung: Rangänderungen, die das zu löschende Recht betreffen, sind dem Löschungsgläubiger gegenüber unwirksam, Vollwirkung: auch der Konkursverwalter ist dem Löschungsgläubiger gegenüber zur Löschung verpflichtet (s. oben § 20 Rn. 33 ff.).

Im folgenden werden zunächst die Besonderheiten des gesetzlichen Löschungsanspruchs (Rn. 40 ff.), dann die der bewilligten Löschungsvormerkung (Rn. 46 ff.) und schließlich einige Spezialfragen (Rn. 48 ff.) erörtert.

2. Der gesetzliche Löschungsanspruch

a) Anspruchsberechtigung und Anwendungsbereich

40 Der Löschungsanspruch ist *Inhalt des Grundpfandrechts* (Hypothek, Grund- oder Rentenschuld), steht also dem jeweiligen Gläubiger gegen den Eigentümer als Inhaber einer gleich- oder vorrangigen Eigentümergrundschuld zu (BGHZ 93, 363, 370). Er ist ein gegenwärtiger Anspruch, wenn zur Zeit der Eintragung des „begünstigten" Rechts der Vereinigungsfall bereits eingetreten ist, er ist ein künftiger Anspruch, wenn die Vereinigung erst später eintritt (§ 1179 a Abs. 1 S. 1). Als Vereinigungsfälle gelten nicht die vorläufige Eigentümergrundschuld wegen „Nochnichtentstehens" der Forderung (§ 1179 a Abs. 2 S. 1 mit § 1163 Abs. 1 S. 1) und wegen „Nochnichtübergabe" des Briefes (§ 1179 a Abs. 2) – einleuchtend, weil ja hier in der Regel nur eine vorübergehende Vereinigung stattgefunden hat –, ferner nicht die rechtsgeschäftlich bestellte Eigentümergrundschuld (§ 1196 Abs. 3) – ebenfalls einleuchtend, weil der Eigentümer sie ja später durch Abtretung zu Kreditzwecken verwerten will.[2]

41 Hat freilich eine solche Abtretung an einen Kreditgeber stattgefunden und ist später die Grundschuld an den Eigentümer – z.B. nach Tilgung des Kredits – zurückgefallen, so wird damit der Löschungsanspruch ausgelöst (BGHZ 99, 363, 367 f.; § 1196 Abs. 3).[3] Dies führt zu Schwierigkeiten, da ein Kreditgeber, dem eine Eigentümerbriefgrundschuld abgetreten werden soll, nicht sicher sein kann, ob sie schon einmal abgetreten war oder nicht, also mit dem Löschungsanspruch belastet ist oder nicht. Daraus folgt eine Entwertung der früheren Vorteile der Eigentümerbriefgrundschuld (s. dazu und zur Bedeutung dieser Regelung für die Zwischenfinanzierung *Kollhosser* JA 1979, 179 f. u. 232; *Hadding/Welter* JR 1980, 89, 91).

b) Anspruchsgegner

42 Zur Löschung (= Aufhebung) *verpflichtet* ist der Eigentümer, aber nur bezüglich der während seines Eigentums bestehenden Vereinigungen (§ 1179 a Abs. 1 S. 1 u. 2).

Beispiele: Hypothek des H_1 an dem Grundstück des E_1 zur Sicherung eines diesem gewährten Darlehens von 10 000 DM. „Hinter" H_1 wird eine Hypothek für H_2 eingetragen.

---

[1] *Beispielsfall:* BGHZ 99, 363, 367 (Abtretung der Eigentümergrundschuld).
[2] Hierzu BGHZ 108, 237, 241; 99, 363, 367 f. § 1196 Abs. 3 gilt analog, wenn sich *alle* Grundpfandrechte, die ein Grundstück belasten, mit dem Eigentum vereinigen (BGH DNotZ 1998, 289)!
[3] Nach wohl richtiger Meinung unabhängig davon, ob die abgetretene Grundschuld auch valutiert war (OLG Celle Rpfleger 1986, 398 ff.)! Offen BGHZ 99, 363, 368.

§ 46. Die Eigentümergrundschuld IV § 46

(1) E_1 bezahlt das Darlehen an H_1 zurück. Schuldner des Löschungsanspruchs des H_2 ist E_1.

(2) E_1 veräußert das Grundstück an E_2, nachdem er 6000 DM an H_1 zurückbezahlt hatte. Den Rest bezahlt dann E_2 an H_1 zurück. Bezüglich der 6000 DM ist E_1 nunmehr Inhaber einer Fremdgrundschuld, aber der Vereinigungsfall war während seines Eigentums eingetreten, E_1 ist daher zur Löschung der Fremdgrundschuld verpflichtet. In Höhe von 4000 DM ist E_2 Inhaber einer Eigentümergrundschuld, die er zu löschen hat. Hatte E_1 nach Rückzahlung der 6000 DM das Eigentum *und* die entstandene Eigentümergrundschuld auf E_2 übertragen, so hat H_2 die Wahl, ob er den Löschungsanspruch gegen E_1 oder gegen E_2 geltend machen will (so die h. M. im Hinblick auf den Wortlaut des § 1179a Abs. 1 S. 2: „... wegen der zur Zeit seines Eigentums *bestehenden* Vereinigungen"; s. *Westermann*, FS Hauß, 1978, S. 395, 405 f.; *Palandt/Bassenge* § 1179a, Rn. 3).

(3) E_2 zahlt das gesamte Darlehen zurück. Er allein ist als Inhaber der Eigentümergrundschuld (§ 1163 Abs. 1 S. 2) zu deren Löschung verpflichtet.

c) *Vertraglicher Ausschluß des Löschungsanspruchs*

Der gesetzliche Löschungsanspruch kann beim begünstigten Recht durch Vereinbarung ganz oder für einen bestimmten Vereinigungsfall ausgeschlossen werden; dies bedarf der Eintragung im Grundbuch (§ 1179a Abs. 5). 44

Damit soll vor allem eine nochmalige Valutierung eines getilgten Grundpfandrechts ermöglicht werden (dazu *Kollhosser* JA 1979, 232; s. a. BGHZ 93, 363, 372/373). Der Ausschluß kann auch einseitig durch den Eigentümer (= Grundschuldbesteller) erfolgen (OLG Düsseldorf NJW 1988, 1798 m. Nw.; zur Auslegung einer solchen Erklärung s. BayObLG NJW-RR 1992, 306 = DNotZ 1992, 306). Bei einer Gesamthypothek ist er gegenständlich beschränkt möglich (BGHZ 80, 119, 125).

d) *Löschungsanspruch gemäß § 1779b*

§ 1179b betrifft den Löschungsanspruch zugunsten des eingetragenen Gläubigers des zu löschenden Rechts selbst. 45

Der Sinn dieser Vorschrift ist zunächst schwer verständlich, da es sich hier weder um ein Aufrücken im Rang noch um die Ausschaltung eines Konkurrenten handelt. Die Vorschrift bringt eine Verfahrenserleichterung zugunsten des Kreditinstituts, die ihm vor allem bei Amortisationsgrundpfandrechten die Nachprüfung ersparen soll, wer Inhaber der (teilweise ehemaligen?) Eigentümergrundschuld ist, ob sie etwa außerhalb des Grundbuchs auf einen anderen übergegangen ist usw. Denn die Ausstellung einer Berichtigungs- oder Löschungsbewilligung an den falschen Inhaber kann schadensersatzpflichtig machen (zum „ratenweisen" Anfall der Eigentümergrundschuld § 36 Rn. 120 ff.). Das Institut kann dann eine sog. abstrakte Löschungsbewilligung ausstellen u. selbst von dem derzeitigen Eigentümer Zustimmung zur Löschung verlangen (s. dazu *Jerschke* a. a. O. S. 721 f. m. w. N.; *Kollhosser* JA 1979, 178 f.; *Westermann/Eickmann* § 124 III 3 l; zum kautelarjuristischen Vorläufer dieser Regelung BGH NJW 1980, 228).

3. Die bewilligte Löschungsvormerkung

Nach früherem Recht konnte die Vereinbarung auf Löschung eines beschränkten dinglichen Rechts im Falle der Vereinigung mit dem Eigentum von dem Eigentümer mit jedem Dritten getroffen und durch im Grundbuch eingetragene Löschungsvormerkung gesichert werden. 46

Nach § 1179 n. F. ist nunmehr der Anwendungsbereich dieser bewilligten Löschungsvormerkung beschränkt. *Berechtigter* kann nämlich nur sein:

a) der Inhaber eines beschränkten dinglichen Rechts mit Ausnahme eines Grundpfandrechts (zu dessen gesetzlichem Inhalt ja der Löschungsanspruch gehört);

Beispiel: N, zu dessen Gunsten ein Nießbrauch eingetragen werden soll, vereinbart mit E die Löschungsverpflichtung für den Fall, daß die vorrangige Hypothek des H zur Eigentümergrund-

549

schuld wird. Weitere Beispiele: BayObLG DNotZ 1980, 483; NJW 1981, 2582; KG DNotZ 1980, 487.

47   b) der Inhaber eines Anspruchs auf Einräumung eines solchen Grundstücksrechts oder auf Übertragung des Eigentums am Grundstück.

Beispiel: V hat an K ein Grundstück verkauft, das bereits mit einer Hypothek des H belastet ist, und in dem Kaufvertrag zugesagt, daß er die Hypothek löschen lassen werde, wenn das Darlehen an H zurückgezahlt sei. Die dann eingetragene Löschungsvormerkung verhindert, daß V nach Erwerb der Hypothek als Eigentümergrundschuld diese an einen Dritten D abtritt oder daß sie von einem Gläubiger Gl. des V gepfändet wird usw. V ist dann zur Löschung verpflichtet; D bzw. Gl. müssen zustimmen (§ 888).

4. Spezialfragen

a) Verhältnis von Löschungsanspruch und Rückgewähranspruch

48   Besonderer Erörterung bedarf das Verhältnis von *Löschungsanspruch und Rückübertragungsanspruch bei der Grundschuld*. Bei der Grundschuld entsteht der den Löschungsanspruch auslösende Vereinigungsfall, wenn der Eigentümer auf die Grundschuld leistet,[1] wenn der Inhaber der Grundschuld auf sie verzichtet[2] (BGHZ 108, 237, 240) oder wenn der auf Grund der Sicherungsvereinbarung oder aus ungerechtfertigter Bereicherung sich ergebende Rückübertragungsanspruch bereits zu einer Rückabtretung der Grundschuld an den Eigentümer geführt hat[3] (BGHZ 99, 363, 366). Der Löschungsanspruch kann aber nicht verhindern, daß der Eigentümer den Rückübertragungsanspruch an einen Dritten abtritt oder daß ein Gläubiger des Eigentümers diesen pfändet.[4] Will sich der Inhaber des Löschungsanspruchs auch gegen solche Eventualitäten sichern, so bleibt nichts anderes übrig, als daß er sich den – künftigen – Rückübertragungsanspruch durch den Eigentümer abtreten[5] und durch eine vom Grundschuldgläubiger zu bewilligende Vormerkung sichern läßt (OLG Hamm NJW-RR 1990, 272).[6] Solche Abtretungen an nachrangige Grundschuldgläubiger dienen aber im Zweifel nur der Rangverbesserung (Verstärkung der Sicherheit), nicht der Erweiterung des Kreditrahmens (für AGB BGHZ 110, 108 ff.).[7]

49   *Beispiele:* (1) Das Grundstück des E ist mit der Grundschuld des G_1 über 100 000 DM und der Grundschuld des G_2 über 200 000 DM belastet. Beide Grundschulden sichern ein Darlehen. Wenn E das Darlehen des G_1 zurückzahlt, so entsteht ein Rückübertragungsanspruch, dessen Erfüllung eine Eigentümergrundschuld entstehen läßt, so daß dann zugunsten des G_2 § 1179a greifen könnte. Falls aber E den Rückgewähranspruch an den neuen Gläubiger G_3 überträgt oder die Grundschuld „umvalutiert", ist G_2 wehrlos. Er muß sich deshalb den künftigen, genau definierten Rückgewähranspruch abtreten lassen und seinen Anspruch vormerken (§ 883), wozu die Bewilligung des G_1 erforderlich ist; dann ist jede Verfügung des G_1 unwirksam – auch jede Vollstreckungsmaßnahme –,

---

[1] Hierzu oben §§ 44 Rn. 23 ff.; 45 Rn. 41–49; 82 ff.
[2] Hierzu § 44 Rn. 27; § 45 Rn. 24 ff.
[3] Hierzu § 45 Rn. 24 ff., 72 ff.
[4] Ausführlich § 45 Rn. 93 ff. m. Nw.
[5] Zur Abtretbarkeit § 45 Rn. 90–95; zum Ausschluß der Abtretbarkeit in AGB § 45 Rn. 98.
[6] Hierzu §§ 20 Rn. 22 f.; 45 Rn. 36; s. a. KG Rpfleger 1976, 128; *Zagst* a.a.O. S. 137 f.
[7] Zum formularmäßigen Ausschluß der Abtretbarkeit oben § 45 Rn. 98 und BGHZ 110, 241 ff. m. Nw.

welche die Ansprüche des G_2 vereitelt. Bei Grundschulden greift also der Vereinfachungseffekt des § 1179a nur sehr eingeschränkt!

(2) Das Grundstück des E ist mit Grundschulden für G_1 über 50 000 DM, G_2 über 70 000 DM und G_3 über 100 000 DM belastet. G_2 läßt sich den Rückgewähranspruch des E gegen G_1 abtreten. G_3 vereinbart die Abtretung der Rückgewähransprüche bezüglich aller vorrangiger Grundschulden; sollten diese Ansprüche bereits abgetreten sein, wird der Anspruch des E auf Rückabtretung dieser Rückgewähransprüche abgetreten. Wenn G_1 erfüllt und G_2 die Grundschulden des G_1 auf sich übertragen läßt und neu valutiert, so ist G_3 nicht ausreichend geschützt. Der an G_3 abgetretene Anspruch des E gegen G_2 hat eine Neuvalutierung der Grundschuld G_1 nicht ausgeschlossen. Der Rückgewähranspruch schützt *nicht* die Interessen nachrangiger Gläubiger (BGHZ 108, 237, 244). Die Abtretung des Anspruchs E–G_2 auf Rückabtretung der Rückgewähransprüche E–G_1 hätte nur für den Fall gegriffen, daß E die Schuld bei G_2 erfüllt hätte, ehe die Schuld E–G_1 getilgt war; auch dieser Rückabtretungsanspruch hindert G_2 nicht an der vollen Ausnutzung seiner Position (Beispiel abgewandelt und vereinfacht nach BGHZ 104, 26 ff.). Die kautelarjuristische Bewältigung des Aufrückens nachrangiger Grundschuldgläubiger ist also nicht ohne Probleme! **50**

(3) Das Grundstück des E ist mit einer Grundschuld für G_1 über 50 000 DM und für G_2 über 100 000 DM belastet. E tritt G_2 den Rückgewähranspruch gegen G_1 ab, der Anspruch wird vorgemerkt. Später überträgt G_2 die Grundschuld auf die Bank B. Sie wird nicht „automatisch" Gläubigerin des Rückgewähranspruchs, weil § 401 hier nicht gilt; B hätte sich also den Rückgewähranspruch gesondert abtreten lassen müssen (hierzu § 45 Rn. 96; BGHZ 104, 26, 29/30). **51**

(4) Wenn im vorhergehenden Beispiel G_2 den Rückgewähranspruch geltend macht, so kann er sich über 100 000 DM erstrangig befriedigen. Er kann nicht etwa Sicherheiten über 150 000 DM ausnützen, um weitere Forderungen gegen E abzudecken. Dem steht die Sicherungsabrede mit E entgegen. Etwas anderes kann nur gelten, wenn sich dies aus der Formularklausel ausdrücklich und klar ergibt (§ 5 AGBG) oder ein Individualvertrag vorliegt (BGHZ 110, 108 ff.).[1] **52**

b) Der Löschungsanspruch in der Zwangsversteigerung

Wie wir bereits wissen (s. oben Rn. 39) hat der Löschungsanspruch dieselben Wirkungen wie eine auf Bewilligung hin eingetragene Löschungsvormerkung. Die damit verbundene Vollwirkung (s. oben § 20 Rn. 45 ff.) bedeutet, daß der Inhaber des Löschungsanspruchs diesen auch noch in der *Zwangsversteigerung* durchsetzen kann. Nach Zuschlag und Erlöschen des vorrangigen Rechts geht der Löschungsanspruch dahin, daß der bisherige Eigentümer den auf die Eigentümergrundschuld entfallenden Betrag dem Löschungsberechtigten insoweit überläßt, als er diesem zustehen würde, wenn die Eigentümergrundschuld schon vor dem Zuschlag gelöscht worden wäre (BGHZ 108, 237, 240; 99, 363, 365; *Soergel/Konzen* § 1179a Rn. 18; *Eickmann*, Zwangsversteigerungs- und ZwangsverwaltungsR, 1991, § 21 III). Der vollstreckungsrechtlichen Reichweite des § 1179a entspricht die vollstreckungsrechtliche Wirkung des *Rückgewähranspruchs* bei Grundschulden: soweit an den nachrangigen Grundschuldgläubiger abgetreten ist, gilt – wie dargestellt – der Anspruch nicht dem auf die rückzuübertragende Grundschuld entfallenden Erlös (s. a. § 45 Rn. 50 ff.), sondern der besserrangigen Berücksichtigung wie im Erlöschensfalle („Aufrücken"). **53**

c) Löschungsanspruch und Rangrücktritt

Zum Löschungsanspruch im Falle des *Rangrücktritts* eines Grundpfandrechts s. § 1179a Abs. 4; *Stöber* Rpfleger 1978, 604; *Kollhosser* JA 1979, 176, 181; OLG Celle DNotZ 1978, 628. **54**

§ 47. Die Inhabergrundschuld – Die Rentenschuld

Beide Rechtsinstitute haben miteinander gemein, daß sie Unterarten der Grundschuld sind – und in der Rechtspraxis kaum vorkommen. Aus beiden Gründen haben wir sie uns für den Schluß aufgespart. **1**

---

[1] S. die Formularpraxis Anhang 4 Ziff. VI und Anhang 4a Ziff. 2 am Ende des Buches.

I. Die Inhabergrundschuld

2   Nach § 1195 kann bei einer Briefgrundschuld der Brief auf den Inhaber ausgestellt werden. Damit soll eine Zirkulation des Briefs als Inhaberpapier – also durch Einigung und Übergabe – ermöglicht werden (§ 1195 Satz 1 mit §§ 793 ff. mit §§ 929 ff.).

3   Die Rechtsform der Inhabergrundschuld sollte der Kapitalbeschaffung durch Industriewerke usw. dienen. Sie ist so wenig wie die Wertpapierhypothek (s. oben § 42 Rn. 29 ff.) besonders praktisch geworden, weil die einem Treuhänder bestellte Grundschuld demselben Bedürfnis besser gerecht wird. Immerhin ist interessant, daß die beiden Rechtsinstitute, die *praktisch* vertauschbar verwendet werden können, *dogmatisch* an den beiden entgegengesetzten Flügeln des Grundpfandrechts zu finden sind: Die Wertpapierhypothek hat ihre Position auf dem äußersten rechten Flügel strenggläubiger Akzessorietät (die Hypothek ist hier ein Anhängsel der als Inhaberpapier beliebig zirkulierbaren Forderung), während die Inhabergrundschuld den modernen linken Flügel völliger Nichtakzessorietät ziert; das eine Mal zirkuliert die Forderung als Inhaberpapier (Orderpapier) mit der Hypothek auf dem Rücken, das andere Mal das zum Inhaberrecht gewordene Grundpfandrecht.

II. Die Rentenschuld

1. Begriff und Anwendungsbereich

4   Nach § 1199 Abs. 1 ist die Rentenschuld eine Grundschuld, durch die das Grundstück mit einer Rente, d. h. einer in regelmäßig wiederkehrenden Terminen zu zahlenden bestimmten Geldsumme, belastet ist. Der Gläubiger hat also nur Anspruch auf diese Rente, die notfalls im Wege der Zwangsvollstreckung aus dem Grundstück beigetrieben werden kann. Demgegenüber hat der Eigentümer das Recht, die Rentenschuld durch Zahlung einer Ablösungssumme zu tilgen (§ 1201 Abs. 1). Damit soll eine „ewige" Belastung des Grundeigentums mit einer Rente verhindert werden; die Ablösungssumme muß daher von vornherein festgelegt und im Grundbuch angegeben werden (§ 1199 Abs. 2).

5   Der Anwendungsbereich der Rentenschuld ist gering; sie wird in der Praxis durch die Tilgungshypothek und die Reallast (s. oben § 35) verdrängt; diese ist besonders deshalb vorteilhafter, weil bei ihr der Eigentümer für die jeweils fälligen Leistungen auch persönlich haftet (§ 1108). Der Reallastberechtigte braucht also nicht stets die Zwangsvollstreckung *in das Grundstück* zu betreiben, wenn eine Leistung nicht freiwillig erbracht wird, sondern er kann in das sonstige Vermögen des Eigentümers vollstrecken; dies ist bei der Rentenschuld nicht möglich.

2. Hinweise auf Einzelheiten

a) Form

6   Die Rentenschuld kann als Buch-, Brief-, Inhaberbriefrentenschuld begründet werden, die Reallast nur als Buchrecht, das aber im Gegensatz zur Rentenschuld subjektiv dinglich begründet werden kann (§ 1110). Die Rentenschuld kann in ein anderes Grundpfandrecht umgewandelt werden (§ 1203), die Reallast nicht.

b) Inhalt

7   Die Rentenschuld ist auf eine *regelmäßig* wiederkehrende *Geld*leistung gerichtet, die Reallast auf regelmäßig oder unregelmäßig wiederkehrende Geld-, Natural- oder Dienstleistungen. Trotz der Unterschiede entspricht die Geldrentenreallast ihrer Funktion nach der Rentenschuld.

c) Haftung

8   Bei der Rentenschuld haftet der Eigentümer nur „mit" dem Grundstück (d. h. er muß die Zwangsvollstreckung in das Grundstück dulden), während bei der Reallast der Eigentümer für die während seiner Eigentumszeit fällig werdenden Leistungen auch persönlich haftet, § 1108.

d) Ablösung

Bei der Rentenschuld muß stets eine Ablösungssumme festgelegt sein, bei der Reallast nur dann, **9** wenn dies landesrechtlich vorgeschrieben ist. Wird die Rentenschuld abgelöst, so geht sie auf den Eigentümer über (§ 1200 Abs. 2), während die Reallast erlischt.

Beispielsfall: BGH NJW 1980, 2198 f.

6. Kapitel. Moderne Mischformen von Gebrauchsüberlassung und Kreditsicherung. Das Leasing

§ 48. Leasing – Immobilienleasing

Literatur: *a) Wichtige Gesamtdarstellungen: Martinek,* Moderne Vertragstypen, Bd. I: Leasing und Factoring, 1991; *Canaris,* Bankvertragsrecht, 2. Aufl. 1981, Rn. 1710 ff.; *Larenz/Canaris,* Lehrbuch des Schuldrechts, Besonderer Teil, Bd. II 2, 13. Aufl. 1994, § 66; *Gitter,* Gebrauchsüberlassungsverträge, 1988; *Reinicke/Tiedtke,* Kaufrecht, 6. Aufl. 1997, Rn. 1503 ff.; *Graf von Westphalen,* Der Leasingvertrag, 4. Aufl. 1992; MünchKomm/*Habersack* 3. Aufl. 1995, Nach § 515 „Finanzierungsleasing"; *Assies* WiB 1995, 497 (neue Entwicklungen);
b) Wichtige Beiträge: Canaris NJW 1982, 305 (Finanzierungsleasing und Wandlung); *ders.* AcP 190 (1990), 410 (Grundprinzipien und Rechtsnatur); *ders.* ZIP 1993, 401 (Finanzierungsleasing und VerbrKrG); *Coester-Waltjen* Jura 1980, 123, 186 (Grundstruktur, Schutzgesetzgebung); *Dietz* AcP 190 (1990), 235 (Betriebswirtschaftliche Grundlagen); *Ebenroth* JuS 1985, 425 (Leistungsstörungen); *Emmerich* JuS 1990, 1 (Grundprobleme); *Gerhardt,* FS K. H. Schwab, 1990, S. 139 (Insolvenz); *Häsemeyer,* FS Serick, 1992, S. 153 (Insolvenz); *Kronke* AcP 190 (1990), 383 (Rechtsvergleichung); *Lieb* WM 1992, Beil. 6 (Risikoverteilung); *Meincke* AcP 190 (1990), 358 (Steuerrecht); *H. Roth* AcP 190 (1990), 292 (Inhaltskontrolle); *Tiedtke* JZ 1991, 907 (Sachmängelhaftung); *Graf von Westphalen* BB 1991, 149 ff. (Sale and Lease-Back); *ders.* NJW 1993, 3225 (VerbrKrG).

I. Wirtschaftliche Bedeutung, Begriff und Arten

1. Kauf, Kauf auf Kredit und Miete

1   Das Leasing stammt aus der amerikanischen Wirtschafts- und Rechtspraxis und hat in letzter Zeit auch hierzulande erhebliche Bedeutung erlangt. „Lease" heißt: den Gebrauch überlassen, vermieten, verpachten, aber auch mieten, pachten. Auf den ersten Blick handelt es sich also schlicht um einen Miet- oder Pachtvertrag. Das ist in der Tat der Ausgangspunkt: Benötigt z.B. jemand für sein Unternehmen oder „privat" auf längere Zeit einen PKW, so kann er ihn beim Hersteller oder Händler kaufen. Reichen seine finanziellen Mittel nicht aus, so kann er bei einem Kreditinstitut einen Kredit aufnehmen oder den PKW beim Händler auf Abzahlung kaufen; er muß dann allerdings in der Regel eine Sicherheit leisten, sei es daß er der Bank den PKW zur Sicherheit übereignet, sei es daß ihm der Verkäufer den PKW nur unter Eigentumsvorbehalt liefert. Er kann aber auch einen ganz anderen Weg gehen: Er mietet sich den Wagen bei einem Mietwagenunternehmen; dies wird er vor allem dann tun, wenn er den PKW nur auf beschränkte Zeit braucht. Er hat den Vorteil, daß er den Kaufpreis nicht aufzubringen braucht, also „flüssig" bleibt und seine Eigenkapitalbasis stärkt, dazuhin – wenn er den Wagen für seinen Beruf oder sein Gewerbe benötigt – den Mietzins als Betriebsaufwendung steuerlich absetzen kann.[1] Freilich wird der Mietzins, den er zu bezahlen hat, nicht gerade niedrig sein; denn der Vermieter muß ja den Kaufpreis, den

---

[1] Hier ist allerdings § 39 Abs. 2 Nr. 1 AO zu beachten (dazu *Graf von Westphalen* BB 1988, 1829 und unten Rn. 5).

er bezahlt hat, wieder „hereinbringen"; außerdem muß er dem Mieter den Wagen stets gebrauchsfähig zur Verfügung halten und trägt die Gefahr einer Zerstörung oder eines Diebstahls. Schließlich will er auch etwas verdienen.

2. Leasing als „modifizierte Miete"

Damit haben wir wesentliche Gesichtspunkte für das Verständnis des Leasinggeschäfts schon kennengelernt: Es handelt sich grundsätzlich um die *Vermietung*[1] einer Sache vom Leasinggeber (Lg.) an den Leasingnehmer (Ln.). Dabei erfolgt die Gebrauchsüberlassung entweder auf die Dauer der regelmäßigen Gebrauchszeit *(Vollamortisationsvertrag)* oder eines Teils der Gebrauchszeit, wobei dann der Lg. gegenüber dem Ln. ein *Andienungsrecht* zu einem bestimmten Restkaufpreis haben kann oder ein *Rückgaberecht* zur eigenen Verwertung, manchmal gepaart mit einem *Optionsrecht* des Ln. auf Kauf zum Restwert *(Teilamortisationsvertrag).* Anders als bei der Miete geht es bei dieser gängigen Form des Leasing streng genommen nicht um den Austausch von Nutzung und Wert der Nutzung, sondern der Nutzung steht als Gegenleistung die Zahlung des eingesetzten Kapitals einschließlich einer Gewinnspanne des Lg. gegenüber; für den Ln. hat das Leasing Finanzierungsfunktion *(Finanzierungsleasing).*[2] Das „Amortisationsrisiko" trägt dabei der Ln.: der Lg. hat zwar stets den Gebrauch zu überlassen, er haftet aber nach dem Vertrag nicht für Mängel, auch nicht für Reparaturen, und trägt nicht die Gefahr des Untergangs usw. Nach der Rspr. des BGH[3] muß jedoch dann vereinbart werden, daß der Lg. seine etwaigen Mängelgewährsprüche gegen den Hersteller abtritt; bei Wandlung gegenüber dem Hersteller wird der Leasingvertrag im Verhältnis zum Lg. rückabgewickelt (Wegfall der Geschäftsgrundlage).[4]

2

Leasingverträge mit *Verbrauchern* unterliegen nunmehr den Schutzvorschriften des Verbraucherkreditgesetzes (siehe dazu *Martinek* a. a. O. S. 109 ff.; *Graf von Westphalen* NJW 1993, 3225). § 3 Abs. 2 Nr. 1 VerbrKrG setzt zwar für Finanzierungsleasingverträge einige Vorschriften außer Kraft, insbesondere § 4 Abs. 1 S. 1–3 VerbrKrG (Schriftformerfordernis) und § 7 VerbrKrG (Widerrufsrecht) bleiben aber in Geltung, ebenso § 12 VerbrKrG mit seinem Kündigungsschutz (BGH NJW 1996, 2033, 2035 l. Sp.). Umstritten ist, ob für Mängelansprüche gegen den Hersteller § 9 VerbrKrG gelten soll und damit der Weg über die Lehre vom Wegfall der Geschäftsgrundlage hinfällig wird (hierzu *Martinek* a.a.O. § 5 II 2; *Larenz/Canaris* § 66 IV 3; *Lieb* WM 1991, 1533; *Graf von Westphalen* BB 1994, Beilage 6, S. 11 ff.). Mit dem Gedanken der Amortisation nicht so recht zu vereinbaren ist es, wenn der BGH bei verspäteter Rückgabe § 557 BGB anwenden will (BGHZ 107, 123; str.).

3

Als *„sale and lease back"* bezeichnet man Gestaltungen, bei denen der Ln. das spätere Leasinggut zu Eigentum hat, an den Lg. veräußert und dann „zurückleast". Solche Maßnahmen erlauben eine Liquiditätsverbesserung und haben – dazu gleich – u. U. steuerliche Vorteile. Beim sog. *Herstellerleasing* ist der Hersteller Lg., das Leasing ersetzt den Verkauf auf Abzahlungskreditbasis. Zum *Internationalen Leasing* existiert ein Unidroit-Übereinkommen (hierzu *Dageförde,* Internationales Finanzierungsleasing, 1992; *Ferrari* JZ 1998, 9 ff., 14 f.).

---

[1] Dies ist zwar umstritten (vgl. die Nachweise bei *Martinek* aaO, S. 65 ff.; *Larenz/Canaris* aaO § 66 II; *Reinicke/Tiedtke* aaO Rn. 1514 ff.; MünchKomm/*Habersack* Nach § 515 Rn. 21 ff.), entspricht aber der Rspr. des BGH: BGHZ 68, 118, 123; 81, 298; 96, 103, 106; 97, 135, 139; 106, 304, 308; st. Rspr.
[2] Zum Wesen der Finanzierungsleasing BGH NJW 1996, 2033 m. Nw.
[3] BGHZ 94, 44, 47; 97, 135, 140; 104, 232; 106, 304, 309.
[4] BGHZ 81, 298; 94, 44; 97, 135; 109, 139.

3. Bilanzierung und Steuerrecht

4 Das Leasinggut erscheint in der Bilanz des Lg.s auf der Aktivseite in Höhe der Anschaffungs- oder Herstellungskosten und wird nach der erfahrungsgemäßen Nutzungsdauer abgeschrieben. Beim Ln. erscheint die Leasingrate als Aufwand in der Gewinn- und Verlustrechnung, nicht dagegen die gesamte Leasingverbindlichkeit auf der Passivseite der Bilanz.

5 Die erwünschte *einkommen- und körperschaftsteuerliche* Wirkung ist allerdings an bestimmte einschränkende Voraussetzungen gebunden, die eine *ungerechtfertigte* Besserstellung gegenüber der normalen Abschreibung eines Wirtschaftsgutes beim Ln. verhindern sollen. Der Leasingvertrag muß so ausgestaltet sein, daß das maßgebliche „wirtschaftliche Eigentum" (§ 39 Abs. 2 Nr. 1 AO) dem Lg. tatsächlich noch zugerechnet werden kann (BFHE 97, 466, 483 = NJW 1970, 1148). Mehrere Leasingerlasse des Bundesfinanzministeriums (guter Überblick bei MünchKomm/*Habersack* Nach § 515 „Leasing" Rn. 17–20 m. Nw.) befassen sich – getrennt nach Immobilien- und Mobilienleasing und nach Voll- und Teilamortisation – mit dieser Frage; sie legen für die steuerrechtliche Zurechnung des Wirtschaftsgutes beim Lg. Voraussetzungen vor allem für die Nutzungsdauer und die Gestaltung der „Anschlußabreden" fest. Bei Immobilien wird bei der Zurechnung zwischen Grund und Boden und Gebäude unterschieden; beim sog. „*Spezialleasing*" von Gebäuden, die ganz auf die Bedürfnisse des Ln. zugeschnitten sind, erfolgt stets die Zurechnung der Gebäude beim Ln. Die steuerlichen Rahmenbedingungen sind für die zivilrechtliche Vertragsgestaltung vielfach ausschlaggebend, bestimmen aber nicht die zivilrechtliche Einordnung (hierzu BGH NJW 1996, 2033, 2034 r. Sp.: selbständige Beurteilung des Finanzierungsleasing i. S. v. § 3 Abs. 2 Nr. 1 VerbrKrG).

4. Mobilien- und Immobilienleasing und Sachenrecht

6 Ist Gegenstand des Leasings eine unbewegliche Sache, so spricht man – wie wir bereits gesehen haben – von Immobilienleasing, bei beweglichen Sachen von Mobilienleasing. Obwohl der Leasingvertrag seinem Typ nach als Mietvertrag dem Schuldrecht angehört, besteht doch bei beiden Arten ein enger Zusammenhang mit dem Sachenrecht, und zwar einmal, weil die sonst übliche Eigentumsverschaffung auf der Grundlage eines Kaufvertrags abgelöst wird durch eine schuldrechtliche Gebrauchsüberlassung, zum anderen weil damit die sonst nötige Kreditsicherung durch ein Grundpfandrecht oder den Eigentumsvorbehalt oder die Sicherungsübereignung entfällt, wobei aber – und das ist der dritte Zusammenhang mit dem Sachenrecht – die eben genannten Kreditsicherungsmittel gewissermaßen zur Hintertür wieder hereinkommen können, und zwar dann, wenn der Lg. sich „refinanzieren" muß, also Kredit braucht, um die an den Ln. „verleaste" Sache überhaupt erwerben oder herstellen zu können. Solche Kredite erhält der Lg. aber nur dann, wenn er Sicherheiten bieten kann. Dazu dient dann in der Regel gerade das Eigentum an der Sache, die er dem Ln. zum Gebrauch überlassen hatte!

Unter Rn. 8 ff. behandeln wir das Immobilienleasing. Die Ausführungen zum Mobilienleasing finden Sie in § 56 Rn. 10 ff.

7 Investitionen durch Leasing werden für Ende 1994 auf 228 Milliarden DM geschätzt. Abgeschlossene Leasingverträge: Im Jahre 1986 allein 23 Milliarden DM, im Jahre 1988 ca. 31 Milliarden DM, im Jahre 1995 ca. 58 Milliarden DM, davon ca. 10,6 Milliarden DM Immobilienleasing.

II. Das Immobilienleasing

1. Funktion und Ausgestaltung

Wie unsere bisherigen Überlegungen zu den Grundpfandrechten gezeigt haben, geht das Gesetz von der Vorstellung aus, daß sich ein Baulustiger die nötigen Fremdmittel zum Erwerb des Grundstücks und (oder) zum Bau des Gebäudes durch Kredite beschafft, die er durch Bestellung eines Grundpfandrechts sichert. Mit dieser Vorstellung bricht das Immobilienleasing: Der Lg. erwirbt das Grundstück und baut auf seine Kosten das Gebäude, das er dann langfristig an den Ln. „verleast". 8

In der Praxis handelt es sich oft um gewerblich genutzte Grundstücke, u. U. mit den zugehörigen maschinellen und sonstigen Einrichtungen. Die Werte, um die es hier geht, können sehr hoch sein; so wenn etwa ein Kernkraftwerk (Gundremmingen – Blöcke B und C) auf „Leasingbasis" errichtet wurde! – In der Praxis beobachtet man auch folgende Lösung: Ist der Ln. bereits Eigentümer des Grundstücks, so könnte der Lg. darauf kein Gebäude errichten, das in sein Eigentum fiele (wesentlicher Bestandteil!). Deshalb bestellt der Ln. dem Lg. ein Erbbaurecht; das vom Lg. errichtete Gebäude wird wesentlicher Bestandteil des Erbbaurechts (§ 12 ErbbauVO). Das Erbbaurecht wird durch Grundpfandrechte zur Sicherung der Refinanzierungsmittel belastet (s. § 29 Rn. 28 ff. und 40 ff.). Dabei handelt es sich um eine Sonderform des „sale and lease back", weil nicht das Grundstück, sondern „nur" das Erbbaurecht vom Ln. an den Lg. verkauft wird. 9

Ist ein Gebäude „verleast", so kann zweifelhaft werden, wie sich das Vermieterpfandrecht des Lg.s verhält zu einem Sicherungseigentum einer Bank, an die der Ln. sein im Gebäude befindliches Warenlager übereignet hat (s. dazu H. *Weber/Raunter* NJW 1988, 1571).

2. Sachenrechtliche Kreditsicherheit und Immobilienleasing

Wir sagten schon, daß die „normalen" Sicherungsmittel gewissermaßen durch die Hintertüre wieder hereinkommen: Der Lg. sichert die Kredite, die er aufnehmen muß, einmal durch Grundpfandrechte zugunsten des Kreditgebers (meist einer Bank) und ferner durch eine im voraus erfolgte Sicherungsabtretung der Mietzinsforderung gegen den Ln. 10

Wenn wir uns daran erinnern, daß die Haftung für das Grundpfandrecht nicht nur das Grundstück, sondern auch die Bestandteile und das Zubehör erfaßt und in gewissem Umfang auch die Miet- und Pachtzinsforderungen (s. oben § 39), so wird verständlich, daß sich hier „im Ernstfall" erhebliche Kollisionen zwischen Lg., Ln. (= Mieter!), kreditierender Bank und Lieferanten (etwa der Maschinen) ergeben können!

3. Vormerkung der Kaufoption

Ein weiterer Bezug zum Sachenrecht entsteht, wenn sich der Ln. vom Lg. das Recht einräumen läßt, nach Ablauf der vertraglichen Nutzungsdauer (oder bei Eintritt eines anderen Umstandes) das Eigentum an dem Grundstück zu erwerben, und dieser künftige Anspruch durch eine Vormerkung gesichert wurde (s. dazu § 20 Rn. 22 ff., § 21 Rn. 38 f.). 11

In der Praxis beobachtet man auch den umgekehrten Fall, daß sich der Ln. verpflichtet, das Grundstück unter bestimmten Voraussetzungen zu erwerben. In beiden Fällen ist die Form des § 313 zu beachten.

Beispiele: (1) Die A-AG, eine Ziegelei, schließt mit der Immobilienleasing GmbH I einen Vertrag, nach dem die I-GmbH ein Grundstück mit Fabrikationsanlage an die A-AG für 30 Jahre „verleast". 12

Die A-AG baut aber die Fabrikanlage als Generalunternehmer der I-GmbH selbst; sie übernimmt im Generalunternehmervertrag die Mängelhaftung gegenüber der I-GmbH (vereinfacht BGHZ 106, 305 ff.). Als die Gebäude später tatsächlich mangelhaft sind, macht die A-AG Mietmängel gegenüber der I-GmbH geltend; diese beruft sich auf stillschweigenden Gewährleistungsausschluß. Der BGH hat die Klage abgewiesen. Zwar könne der Ln. gegen den Lg. grundsätzlich Mietgewährleistung geltend machen. Die Mietmängelhaftung dürfe aber ausgeschlossen werden, falls sich der Ln. beim Hersteller aus abgetretenen Ansprüchen schadlos halten könne (s. Rn. 2 m. Nw.). Wenn der Ln. selbst Hersteller sei, müsse man den stillschweigenden Haftungsausschluß folglich als möglich betrachten; dies selbst dann, wenn Ansprüche des Ln. gegen seine Subunternehmer verjährt seien.

13   (2) Nehmen wir an, die I-GmbH finanziert die Baukosten mit einem Darlehen der D-Bank AG und bestellt am geleasten Grundstück eine Grundschuld. Die Maschinenanlagen der A-GmbH sind unter Eigentumsvorbehalt von C gekauft. Hier erstreckt sich die Haftung für die Grundschuld zwar nicht auf das Eigentum an den Anlagen, wohl aber auf die Anwartschaft (§§ 97, 98, 1120). Wenn die D-Bank AG die Zwangsversteigerung betreibt, so erwirbt der Ersteher mit dem Zuschlag auf jeden Fall die Anwartschaftsrechte (§§ 20 Abs. 2, 55 Abs. 1, 90 Abs. 2 ZVG). Falls sich C nicht wehrt (§§ 771 ZPO, 37 Nr. 5 ZVG), wird das *Eigentum* an den Maschinen mitversteigert (§§ 55 Abs. 2, 90 Abs. 2 ZVG) und C kann sich nur noch an den Erlösanteil halten (hierzu § 39 Rn. 33 ff. und *Baur/Stürner* I, Einzelvollstreckungsr, Rn. 34.21 f.). Die Haftung für die Grundschuld erfaßt auch die Leasing- (= Mietzins)raten (§§ 1123 ff.), über die dann die I-GmbH nicht einfach wirksam verfügen kann (§ 39 Rn. 44 ff.). Man sieht: das „Leasing" mündet hier in vielen Fällen in wohlbekannte Fragenbereiche sachenrechtlicher Kreditsicherung.

14   (3) Wenn das Leasingverhältnis nach 30 Jahren endet, so kann der A-AG eine „Option" auf Übernahme des Grundstücks mit Anlagen eingeräumt sein (§ 21 Rn. 38 f.). Die A-AG kann diesen künftigen Auflassungsanspruch gegen die I-GmbH durch Vormerkung sichern (§ 20). War der I-GmbH am Grundstück der A-AG nur ein Erbbaurecht bestellt, so wäre es bei gewöhnlicher Vertragsgestaltung wie das Leasing auf 30 Jahre befristet, für den Erlöschensfall ist dann eine Restentschädigung für die Gebäude zu zahlen (§ 27 ErbbauVO, s. a. § 29 Rn. 28 ff., 43), die nunmehr an die A-AG als Grundstückseigentümer fallen.

IV. Abschnitt
Mobiliarsachenrecht

1. Kapitel. Rechte an beweglichen Sachen

§ 49. Arten und Bedeutung der Rechte an beweglichen Sachen

A. Immobiliar- und Mobiliarsachenrecht

Grund und Boden sind die Grundlage eines jeden menschlichen Daseins,[1] mit seiner Hilfe lassen sich die Urbedürfnisse des Menschen: Wohnung, Nahrung und Bekleidung befriedigen. Weil jedermann um diesen Zusammenhang weiß oder ihn doch ahnt, ist die Einstellung der meisten Menschen zum Grundeigentum eine ganz andere als die zu beweglichen Sachen; man kann vielleicht in einem Schlagwort sagen: Mag man in seinem Verhältnis zu seinem beweglichen Vermögen noch so „modernistisch" sein, die Beziehung zum Grundstück ist meist konservativ! Wirtschaftlich gesehen: im Vergleich zum Markt der Produktions- und Verbrauchsgüter spielt der Grundstücksmarkt eine unbedeutende Rolle. All' das muß sich auch auf die rechtliche Regelung auswirken: Die Grundstücke und ihre Eigentümer werden sorgsam aufgezeichnet, Rechtsänderungen an ihnen bedürfen besonderer Formen, das Grundeigentum genießt besonderen Schutz. Die Nutzung der Grundstücke führt zu Interessengegensätzen mit den Nachbarn, mit den öffentlichen Gemeinwesen. Daher mußte der Gesetzgeber das Grundeigentum auch inhaltlich gestalten, im Verhältnis mehrerer Grundeigentümer untereinander wie in dem zur öffentlichen Hand. 1

Anders bei den beweglichen Sachen. Schon ihre Funktion ist wechselnd, manipulierbar: das Buch in der Buchhandlung hat offenbar eine andere Funktion als in der Hand des Lesers oder in den Regalen eines Lesesaals. Der Lastzug eines Speditionsunternehmens ist offenbar anders zu beurteilen als das Auto des Rennfahrers, die Spinnereimaschine schließlich anders als die Rohbaumwolle oder die fertigen Tischtücher. Wie immer man auch diese verschiedenen Funktionen, ja den Funktionswechsel bezeichnen mag (Produktions- und Konsumgüter; Anlage- und Umlaufvermögen usw.), sicher ist, daß das Recht dieser Mannigfaltigkeit *nicht* nachgehen kann. Es muß sich mit der Statuierung *technischer* Regeln begnügen, die im wesentlichen den Güter*umlauf* und den Güter*schutz* betreffen. Von einer inhaltlichen Gestaltung des Eigentums an beweglichen Sachen (etwa entsprechend dem typischen Verwen- 2

---
[1] Siehe dazu schon oben § 2 Rn. 15.

dungszweck) muß es absehen. Diese Art des Eigentums widerstrebt jedem irgendwie gearteten Ordnungsdenken.

3   Freilich bestätigen auch hier Ausnahmen die Regel: Hauptfälle der Bestandteils- und Zubehöreigenschaft sind die Einfügung einer beweglichen Sache in den Verband eines Grundstücks – bei Kauf (§ 314), Übereignung (§ 926) und Verpfändung (§§ 1120 ff.) von Grundstücken wird auf die Verbindung von beweglichen Sachen mit dem Grundstück zur Erfüllung bestimmter Zwecke Rücksicht genommen. Aber dies sind doch nur sehr schwache Ansätze einer materialen Regelung, im allgemeinen muß sich der Gesetzgeber mit der Festlegung eines Mindestbestands formaler, von der jeweiligen Funktion der beweglichen Sache unabhängiger Regeln begnügen.

B. Die zugelassenen Typen im Mobiliarsachenrecht

I. Die gesetzlichen Typen

4   Auch im Recht der beweglichen Sachen gilt der „numerus clausus der zugelassenen Sachenrechte", ist also die inhaltliche Gestaltungsfreiheit der Vertragspartner eingeschränkt. Freilich dient hier diese Typenbeschränkung nicht dem Schutz des Eigentümers vor übermäßigen Beschränkungen seines Eigentums, sondern ausschließlich dem Verkehrsinteresse an klar abgegrenzten, genormten Sachenrechtstypen. Die Auswahl ist im Vergleich zum Liegenschaftsrecht geringer: das Gesetz kennt als beschränkte dingliche Rechte an beweglichen Sachen nur
ein Nutzungsrecht, den Nießbrauch,
ein Sicherungsrecht, das Pfandrecht.

1. Nießbrauch

Der *Nießbrauch* an *einzelnen* beweglichen Sachen kommt in der Praxis kaum vor, allenfalls in der Form des Nießbrauchs an Inhaberpapieren (wobei es sich streng genommen um einen Nießbrauch an der in dem Papier verbrieften Forderung handelt). Häufiger ist der Nießbrauch an einem *Vermögen*, zu dem bewegliche Sachen gehören (s. unten § 61).

2. Pfandrecht

Das *Pfandrecht* an beweglichen Sachen verwirklicht die Sicherungs- und Verwertungsfunktion des Eigentums. Es ist als Besitzpfandrecht ausgestaltet, nimmt damit also dem Eigentümer praktisch auch die Nutzungsmöglichkeit. Gerade deshalb ist es heute durch das Sicherungseigentum verdrängt.

II. Von der Praxis entwickelte Sachenrechte

5   Die Rechtspraxis hat diesen numerus clausus gesprengt, und zwar nach zwei Richtungen:

1. Sicherungseigentum

An die Stelle der Verpfändung beweglicher Sachen ist regelmäßig die *Sicherungsübereignung* getreten: Der Gläubiger wird mittels Übereignung durch Besitzkonstitut (§ 930) Eigentümer der Sache, der Schuldner behält unmittelbaren Besitz und Nutzung. Indes ist dieses Eigentum des Gläubigers „latent", es entfaltet seine Wirkung erst, wenn der Schuldner nicht leistet oder wenn

§ 49. Arten und Bedeutung der Rechte an beweglichen Sachen   C § 49

andere Gläubiger auf die übereignete Sache im Wege der Zwangsvollstreckung oder des Konkurses zugreifen. Es liegt auf der Hand, daß sich aus dieser bloßen Sicherungsfunktion des Eigentums besondere Probleme ergeben, die sowohl das Verhältnis zwischen Sicherungsnehmer (= Gläubiger) und Sicherungsgeber (= Schuldner) wie auch die Beziehungen zwischen Sicherungsnehmer und Dritten betreffen.

Zum *ersten* Problemkreis gehört etwa die Frage, wann der Gläubiger die ihm zur Sicherheit übereignete Sache verwerten darf, und in welcher Form; zum *zweiten* die Frage, ob dem Gläubiger bei Pfändung der Sache durch Dritte die Drittwiderspruchsklage nach § 771 ZPO oder nur ein Recht auf vorzugsweise Befriedigung nach § 805 ZPO zusteht; Einzelheiten s. unten § 57.

2. Anwartschaftsrecht

Besondere Bedeutung erlangt im Mobiliarsachenrecht das *Anwartschaftsrecht,* hier in der Form der Rechtsstellung des Käufers, der die Kaufsache unter Eigentumsvorbehalt, also unter der aufschiebenden Bedingung voller Zahlung des Kaufpreises übereignet erhalten hat. Schon oben § 3 Rn. 44 hatten wir festgestellt, daß sich hier vor allem drei Problemgruppen ergeben,
    das Übertragungsproblem (kann der Käufer das Anwartschaftsrecht auf einen Dritten übertragen? in welcher Form? mit welcher Wirkung?),
    das Pfändungsproblem (kann ein Gläubiger des Käufers das Anwartschaftsrecht pfänden? in welcher Form?),
    schließlich das Schutzproblem (wie wird der Käufer bei Eingriffen Dritter geschützt?).
    Einzelheiten s. unten § 59.

3. Aufspaltung der Eigentumsfunktionen

Mit der Sicherungsübereignung und dem Anwartschaftsrecht aus bedingter Übereignung sind Probleme angesprochen, die Wissenschaft und Praxis besonders beschäftigen. Trotz aller dogmatischen Verschiedenheiten haben sie einen gemeinsamen Ausgangspunkt: In ihnen offenbart sich das Bestreben, Sicherungsfunktion und Nutzungsfunktion des Eigentümers so sinnvoll aufzuspalten, daß die eine durch die andere möglichst wenig beeinträchtigt wird:
Beim *Eigentumsvorbehalt* ermöglicht der Verkäufer dem Käufer die sofortige Nutzung (wie wenn dieser schon Eigentümer wäre), „behält sich" aber selbst bis zur Erfüllung seines Kaufpreisanspruchs „das Eigentum vor".
Die *Sicherungsübereignung* beläßt dem Schuldner Besitz und Nutzung, verschafft aber dem Gläubiger die Stellung des Eigentümers, um seine Forderung gegen den Schuldner zu sichern.
Die ähnliche Interessenlage gestattet es, die beiden Rechtsinstitute in unmittelbarem Zusammenhang zu erörtern (s. unten §§ 57, 59).

C. Der Gang der Darstellung

Wir folgen der bei der Erörterung der Grundstücksrechte gewählten Gliederung und besprechen zunächst das Eigentum an Mobilien (§ 50), anschließend die Erwerbsarten, und zwar sowohl den rechtsgeschäftlichen wie den gesetzlichen Erwerb, den Erwerb des Eigentums vom Berechtigten wie den vom Nichtberechtigten (§§ 51–53). In einem dritten Kapitel folgt die Darstellung des Nießbrauchs als des einzigen Nutzungsrechts an einer beweglichen Sache (§ 54), in einem vierten Kapitel schließlich die Erörterung der Sicherungsrechte an Mobilien, die uns vom Pfandrecht als Legalordnung (§ 55) zur Sicherungsübereignung (§ 57) und zum Eigentumsvorbehalt (§ 59) führt.

2. Kapitel. Das Eigentum an Mobilien

§ 50. Inhalt, Beschränkungen und Formen des Eigentums an Mobilien

Lesen Sie zunächst oben §§ 24, 26.

A. Der Inhalt des Mobiliareigentums

1   Die oben unter § 24 zu § 903 BGB und Art. 14 GG entwickelten Grundsätze gelten auch für das Mobiliareigentum. So wirkt etwa die in Art. 14 GG enthaltene Instituts- und individuelle Rechtsstellungsgarantie auch zugunsten des Eigentums an beweglichen Sachen, der in Art. 14 Abs. 2 GG normierte Bindungsgehalt erfaßt auch das Mobiliareigentum,[1] ebenso der in Art. 14 Abs. 3 enthaltene Schutz gegen Enteignungen.

Indessen werden diese Grundsätze beim Mobiliareigentum viel weniger aktuell und sichtbar als beim Eigentum an Grundstücken. Hierfür gibt es verschiedene Gründe:

2   **I.** Beim Mobiliareigentum ist die Möglichkeit von Konflikten mit dem Interesse anderer und dem der Allgemeinheit geringer als beim Grundeigentum; dessen Ausstrahlungen sind so stark, daß – wie wir wissen – mit der Inhaltsbestimmung schon (fast naturgemäß) auch Bindungen und Beschränkungen zugunsten der Nachbarn wie der Allgemeinheit gegeben sind. Demgegenüber wirkt sich der Gebrauch des Eigentums an beweglichen Sachen mehr – um ein Schlagwort zu gebrauchen – in der „Intimsphäre" des Eigentümers aus, die Interessen anderer oder aller werden durch seine Nutzung nicht oder nicht wesentlich berührt. Wo dies doch der Fall ist, zeigt sich der Interessenkonflikt nicht in aller Deutlichkeit, es ist daher auch viel schwieriger, ihn zu lösen.

Dafür einige *Beispiele*: Wie der Landwirt die von ihm geernteten Kartoffeln verwertet, ob er sie verkauft, an seine Schweine verfüttert oder zu Sprit brennt, kann der Allgemeinheit meist gleichgültig sein. Die Situation ändert sich erst in Notzeiten, wo u. U. ihre Verwertung als menschliche Nahrung gesichert werden muß.

Was ein Fabrikant herstellt, wie er seine Produkte vertreibt und an wen, ist vom Standpunkt der Öffentlichkeit aus ohne Interesse. Sein wirtschaftliches Verhalten wird erst dann rechtlich relevant, wenn er in unzulässiger Weise die Interessensphären anderer tangiert (etwa: unlauterer Wettbewerb!) oder wenn gerade seine Erzeugnisse für die Versorgung der Allgemeinheit benötigt werden.

3   Die Beispiele zeigen, daß Gebrauch und Nutzung beweglicher Sachen im allgemeinen weder die Interessen anderer noch die der organisierten Gemeinschaft berühren. Interessenkonflikte sind selten. Wo sie auftreten, muß der Gesetzgeber sie durch ein Einwirken *auf das Verhalten* des Eigentümers zu

---

[1] Die für die Eigentumsbeschränkung beim Grundeigentum entwickelten Grundsätze (s. oben § 24) gelten auch für das Mobiliareigentum (BGH NJW 1965, 1080, 1082; ebenso BVerfGE 20, 351: Tötung tollwutverdächtiger Hunde), freilich mit den sofort zu erörternden Besonderheiten (Rn. 2–4).

lösen suchen. Nur in Fällen akuter oder chronischer Notlagen wird der Staat das Mobiliareigentum mit Beschlag belegen. Die Intensität des Zugriffs kann dann sehr verschieden sein, sie reicht von der Enteignung über den Entzug der Nutzung zu der zwangsweisen Regelung von Produktion und Verteilung („Bewirtschaftung").

Dieser Ausnahmezustand ist in einer *Planwirtschaft* der normale. Hier unterliegt der Wirtschaftsablauf staatlicher Normierung; die Beschränkungen des Eigentums – sofern man überhaupt noch von Eigentum sprechen kann – liegen auf der Hand.

II. Bewegliche Sachen sind in aller Regel fungibel: die eine Sache kann durch eine gleichartige ersetzt werden. Daß der Staat zur Erfüllung seiner öffentlichen Aufgaben gerade die eine konkrete Sache *dieses* Eigentümers benötigt, wird selten sein. Es genügt daher, wenn dem Gemeinwesen *die Mittel* zur Verfügung stehen, um den notwendigen Bestand an beweglichen Sachen *durch Kauf* zu erwerben. M.a.W. das Mittel zur Beschaffung eines öffentlichen Mobiliarvermögens ist *nicht* die Enteignung, sondern die Steuer! **4**

Wird eine Straße vom Staat in eigener Regie gebaut und benötigt die Behörde dazu ein ganz bestimmtes Grundstück, so bleibt letzten Endes nur die Enteignung. Niemand aber wird daran denken, die zum Bau der Straße nötigen Maschinen einem privaten Bauunternehmer im Wege der Enteignung wegzunehmen; sie werden eben vom Staat mit Hilfe der ihm zur Verfügung stehenden Mittel aus öffentlichen Abgaben gekauft.

Aus all' dem folgt, daß der Staat das Mobiliarvermögen seiner Bürger regelmäßig nur mittelbar – als Bestandteil des Gesamtvermögens – durch Steuern und sonstige Abgaben in Anspruch nimmt. Damit wird eine generalisierende, alle treffende Wirkung erzielt, das Odium des Einzeleingriffs, Sonderopfers, das für die Enteignung kennzeichnend ist, entfällt.

Mittelbar können freilich auch die Steuern zu einer Eigentums- und Vermögensumschichtung führen. So kann eine sog. „Erdrosselungssteuer"[1] praktisch den Effekt einer Enteignung haben; Beispiel ist etwa eine hohe Erbschaftsteuer, die die Eigentümer zur Weggabe wertvoller Vermögensstücke zwingt (England!).

Im folgenden werden daher nur wenige Eigentumsbeschränkungen bei beweglichen Sachen zu erörtern sein. Als Typ der Enteignung im technischen Sinne werden die nach dem Bundesleistungsgesetz möglichen Maßnahmen dargestellt (Rn. 5), daran anschließend einige Beschränkungen, die sich aus dem Gesichtspunkt der Wirtschaftslenkung ergeben (Rn. 6).

B. Beschränkungen und Entzug des Mobiliareigentums[2]

I. Die Inanspruchnahme nach dem Bundesleistungsgesetz

Nach § 2 BLG können bewegliche Sachen zum Gebrauch oder zur Nutzung, aber auch zu Eigentum „angefordert" werden. Voraussetzung ist, daß die Inanspruchnahme durch das öffentliche Interesse gefordert wird, wobei einer der in § 1 BLG angeführten Tatbestände gegeben sein muß. Voraussetzung ist weiter, daß der Bedarf nicht auf andere Weise oder nicht rechtzeitig oder nur mit unverhältnismäßigen Mitteln gedeckt werden kann. Die Inanspruchnahme ist also stets gegenüber der **5**

---

[1] Vgl. z.B. BVerwG NJW 1958, 960.
[2] Die im Rahmen des Strafprozesses möglichen Beschränkungen des Eigentums sind hier nicht darzustellen (vgl. etwa *Roxin*, Strafverfahrensrecht, 24. Aufl. 1995, § 65; *Peters*, Strafprozeß, 4. Aufl. 1985, § 14 I, 10 u. § 31 IV; *Eser*, Die strafrechtlichen Sanktionen gegen das Eigentum, 1969).

§ 50 B II   IV. Abschnitt. Mobiliarsachenrecht

Beschaffung mit privatrechtlichen Mitteln subsidiär (§ 3 BLG). Auch wo diese Voraussetzungen vorliegen, sind „die Interessen der Allgemeinheit und der Beteiligten gerecht abzuwägen" (§ 3 Abs. 3 Satz 1 BLG). Produktions- und Handelsbetriebe dürfen nicht angefordert werden (also keine Sozialisierung auf kaltem Wege! § 3 Abs. 5 BLG). Der Lebensbedarf des Betroffenen darf nicht beeinträchtigt werden (§ 3 Abs. 6 Satz 2 BLG).

Die Inanspruchnahme beschränkt sich nicht auf bewegliche Sachen; sie erfaßt auch Grundstücke; nur können diese *auf Grund des Bundesleistungsgesetzes nicht enteignet* werden; die Anforderung hat sich also hier auf Gebrauch und sonstige Nutzung zu beschränken.

Interessant ist, daß bei beweglichen wie unbeweglichen Sachen auch die *Unterlassung* des Gebrauchs, bei Grundstücken die Duldung von Einwirkungen gefordert werden kann (§ 2 Abs. 1 Nr. 6 u. 7 BLG):

In der Nähe einer militärischen Radarstation kann also z. B. die Verwendung einer privaten Funkstation verboten werden.

Die Inanspruchnahme erfolgt in einem in den §§ 35 ff. BLG geregelten Verwaltungsverfahren, dessen Kern ein schriftlich erlassener, zugestellter Leistungsbescheid ist (§§ 36, 37 BLG); dieser Leistungsbescheid kann vor den Verwaltungsgerichten angefochten werden (§ 40 VwGO). Auf Grund des Leistungsbescheides geht das Eigentum „originär" an den Leistungsempfänger über (Einzelheiten vgl. § 13 BLG).

Interessant ist die Kombination von öffentlich-rechtlichem Erwerbsvorgang und dem Leistungsakt des Pflichtigen, auf den nach §§ 17, 18 BLG in verschiedener Hinsicht die Vorschriften des bürgerlichen Rechts Anwendung finden, so etwa dann, wenn der Leistungspflichtige nicht oder schlecht erfüllt (vgl. § 17 Abs. 2 BLG).

§ 20 BLG statuiert die *Entschädigungspflicht*. Die Nutzungs- und Gebrauchsentschädigung richtet sich nach dem Entgelt, das für vergleichbare Leistungen im Wirtschaftsverkehr üblich ist, die Entschädigung für die Eigentumsentziehung nach dem gemeinen Wert. Auch darüber hinausgehende Vermögensnachteile sind im Rahmen der Wiederbeschaffungskosten zu ersetzen (§ 21 BLG).

II. Beschränkung aus dem Gesichtspunkt der Wirtschaftslenkung

6   Über dieses weite Gebiet haben wir schon oben in § 26 Rn. 21 und – speziell für den landwirtschaftlichen Bereich – in § 27 Rn. 25 ff. gesprochen; hierauf wird verwiesen.

Die bewegliche Sachen betreffenden wirtschaftslenkenden Maßnahmen sind mehr und mehr abgebaut worden; auch preisrechtliche Vorschriften bestehen – abgesehen von solchen für gewisse landwirtschaftliche Produkte – kaum mehr. Aber mit dem Gesetz über die Sicherstellung von Leistungen auf dem Gebiet der gewerblichen Wirtschaft v. 22. 12. 1959 (BGBl. I 785) sind Blankettnormen geschaffen, die in Notzeiten eine gelenkte Wirtschaft und die damit verbundenen Eigentumsbeschränkungen ermöglichen. –

Auf einen anderen Zusammenhang muß noch hingewiesen werden: Die staatliche Wirtschaftslenkung und Preisbildung ist weithin verschwunden; vielfach sind an ihre Stelle aber Maßnahmen der in Kartellen, Konzernen usw. organisierten Wirtschaft getreten, die häufig den gleichen Effekt haben (Wer eine Zahnpasta zum Festpreis von 4 DM, das Benzin zum „Festpreis" von 1,20 DM kauft, für den ist es gleichgültig, ob die staatliche Behörde, ein Preiskartell, der Monopolist oder der Hersteller des Markenartikels diesen Festpreis vorgeschrieben hat!). Freilich sind bei der „Wirtschaftslenkung durch die Wirtschaft" ganz andere Motive maßgebend. Verständlicherweise sucht der Staat Einfluß zu nehmen; gesetzliche Grundlage ist insbes. das sog. Kartellgesetz (Gesetz gegen Wettbewerbsbeschränkungen) i. d. F. v. 20. 2. 1990 (BGBl. I 235). –

Aufmerksam gemacht sei schließlich auf die Beschränkungen des Eigentums, die sich aus den zur Verwirklichung der Europäischen Wirtschaftsgemeinschaft geschlossenen und durch Gesetz innerstaatlich für verbindlich erklärten Verträgen ergeben.[1]

---

[1] S. dazu *Steindorff*, Einführung in das Wirtschaftsrecht der Bundesrepublik Deutschland, 2. Aufl. 1985, S. 27 ff.; *Rinck/Schwark*, Wirtschaftsrecht, 6. Aufl. 1986, §§ 7 ff.; *Rittner*, Wirtschaftsrecht, 2. Aufl. 1987, S. 54 ff.; *Schweitzer/Hummer*, Europarecht, 5. Aufl. 1996; *Oppermann*, Europarecht, 1991, S. 6.

C. Formen des Mobiliareigentums

Lesen Sie zunächst § 3 Rn. 25 ff. Lit.-Hinweis: *Gerhardt*, Mobiliarsachenrecht (Besitz – Eigentum – Pfandrecht) 4. Aufl. 1995.

I. Übersicht

Wie das Eigentum an Grundstücken kann auch das Mobiliareigentum Alleineigentum, Gesamthandseigentum oder Miteigentum nach Bruchteilen sein. Wir erinnern uns, daß für das Gesamthandseigentum die Zugehörigkeit einer Sache zum Vermögen einer Gesamthandsgemeinschaft charakteristisch ist, während beim Miteigentum nach Bruchteilen jedem der mehreren Eigentümer ein ideeller Anteil an der Sache zusteht, der selbst rechtlich wieder als Eigentum behandelt wird, faktisch aber eine Wert- und Gebrauchsbeteiligung an der gemeinsamen Sache darstellt. Die oben unter § 3 Rn. 25 ff. entwickelten Grundsätze gelten auch für das Miteigentum nach Bruchteilen an einer beweglichen Sache. 7

II. Miteigentum nach Bruchteilen

Das Miteigentum nach Bruchteilen an beweglichen Sachen beruht selten auf Rechtsgeschäft, häufiger auf Gesetz: 8

1. Abgrenzung zum Gesamthandseigentum

Die Eigenart der Mobilie schließt Miteigentum und Mitgebrauch ohne gemeinsame Zweckbindung regelmäßig aus. Ist aber die Erreichung eines gemeinsamen Zwecks vereinbart, so liegt eine Gesellschaft des bürgerlichen Rechts (u. U. auch des Handelsrechts) vor; die zur Zweckverwirklichung beschafften beweglichen Sachen stehen dann im Gesamthandseigentum, nicht in schlichtem Miteigentum.

Beispiele: Die Studenten A, B und C beschließen eine gemeinsame Griechenlandfahrt und kaufen zu diesem Zweck einen gebrauchten Kraftwagen Baujahr 1979. Er soll nach Beendigung der Fahrt wieder veräußert werden. Hier handelt es sich um eine Gesellschaft des bürgerlichen Rechts (Gelegenheitsgesellschaft),[1] der Kraftwagen steht in Gesamthandseigentum. –
A – Kraftfahrer – und B – bisher kaufmännischer Angestellter – wollen gemeinsam ein Fuhrunternehmen betreiben. Sie kaufen einen Lastzug, mit dem sie hauptsächlich Monierеisen vom Ruhrgebiet nach Süddeutschland befördern: offene Handelsgesellschaft (§ 105 Abs. 1 HGB mit § 1 Abs. 2 HGB n. F.), auch wenn A und B keinen auf die Errichtung einer OHG abzielenden Gesellschaftsvertrag geschlossen haben. – Gesamthandseigentum am Lastzug, auch wenn dieser das einzige Vermögensstück der Gesellschaft darstellt.

2. Begründung von Miteigentum

a) rechtsgeschäftlich: „schlichte Rechtsgemeinschaft"

Man fragt sich unwillkürlich, ob denn überhaupt durch Vertrag begründetes Miteigentum nach Bruchteilen an einer beweglichen Sache denkbar ist, da doch regelmäßig irgendeine Zweckbindung vorliegen wird. In der Tat ist die 9

---

[1] Siehe *Palandt/Thomas* § 705 Rn. 14 u. 44.

Abgrenzung von schlichter Rechtsgemeinschaft und Gesellschaft beim gemeinschaftlichen Erwerb schwierig. Als Anhaltspunkt für eine Unterscheidung wird die Gebrauchsregelung gelten können: ist der Gebrauch unter die Gemeinschafter aufgeteilt und beschränkt sich die Gemeinsamkeit des Zwecks auf das „Halten" der gemeinschaftlichen Sache, so liegt eine schlichte Rechtsgemeinschaft (also Miteigentum nach Bruchteilen) vor:

> Die in Bürogemeinschaft stehenden Rechtsanwälte A und B (jeder von ihnen betreibt seine Praxis allein, nur das Büro ist gemeinsam) kaufen gemeinsam die Entscheidungen des Reichsgerichts in Zivilsachen, wobei jeder die Hälfte des Kaufpreises beisteuert. Ergebnis: Miteigentum zur Hälfte.

b) kraft Gesetzes: Verbindung/Vermischung

10 Miteigentum nach Bruchteilen *kraft Gesetzes* entsteht durch Verbindung und Vermischung beweglicher Sachen verschiedener Eigentümer, also in den Fällen der §§ 947, 948.

> Auf Einzelheiten ist unten § 53 A einzugehen. Hier zunächst zum Verständnis nur ein Beispiel: Die Getreidegroßhandlungen A und B lagern ihr Getreide im Silo der Mühle C ein. Wenn A 25 to, B 50 to einlagert, so ist A am Gesamtbestand Miteigentümer zu $^1/_3$, B zu $^2/_3$. C ist lediglich Verwahrer (Lagerhalter, § 467 HGB) und unmittelbarer Besitzer. Ist er berechtigt, auf Anweisung des A und des B Getreide an Dritte abzugeben, so verfügt er namens des A *und* des B über die Gesamtsache (s. auch § 469 HGB). –
>
> Ein praktisch besonders wichtiger Fall der Entstehung von Miteigentum ist die *Sammelverwahrung von Wertpapieren* nach §§ 5 ff. DepotG: Wertpapiere, die einer Bank zur Verwahrung übergeben sind, werden regelmäßig nicht gesondert verwahrt (Streifbanddepot), sondern gemeinsam mit gleichen Wertpapieren anderer Kunden (Vorteile bei der Verwaltung der Wertpapiere, z.B. Einzug der Zinsen und Dividenden). Häufig erfolgt diese Sammelverwahrung nicht bei der Bank selbst, sondern bei einer Wertpapiersammelbank (Girosammeldepot; Begriffsbestimmung: § 1 Abs. 3 DepotG). Jeder Kunde erwirbt Miteigentum an den verwahrten Wertpapieren derselben Art und zwar bestimmt sich der Bruchteil nach dem Nennbetrag seines Wertpapiers. Über die Miteigentumsanteile kann die Geschäftsbank (für ihre eigenen Kunden) durch sog. Effektenschecks verfügen (Effektengiroverkehr).[1]

3. Sukzessionsschutz zugunsten der Miteigentümer

11 § 1010 besagt, daß bei Miteigentum *an Grundstücken* Verwaltungs- und Benutzungsregelungen, die die gemeinschaftliche Sache betreffen, gegen Sonderrechtsnachfolger nur wirken, wenn sie im Grundbuch eingetragen sind. Eine entsprechende Regelung ist *bei beweglichen Sachen* natürlich nicht möglich. So sehen wir das eigenartige Ergebnis, daß *schuldrechtliche* Vereinbarungen der Miteigentümer (ja, eine mit Stimmenmehrheit getroffene Verwaltungs- und Benutzungsordnung) dem Sonderrechtsnachfolger gegenüber wirksam sind (§ 746), also dingliche Wirkung haben (Sukzessionsschutz). Dabei ist es gleichgültig, ob der Rechtsnachfolger ins Bild gesetzt war oder nicht; § 936 ist also weder unmittelbar noch mittelbar anwendbar (obwohl die h.M. in der Beschränkung „eine echte Belastung des Miteigentumsanteils" sieht).[2]

---

[1] Dazu grundsätzlich *Zöllner*, D. Zurückdrängung des Verkörperungselements bei den Wertpapieren, in FS f. Raiser (1974) S. 249; Nachweise s. unten 53 Rn. 12; *Walz*, KritV 1986, 136, 160. – Nach *Zöllner*, WPR § 1 III 2; § 26 V 5 wird in der Praxis der Effektenscheck mehr und mehr durch sog. „Lieferlisten" der Geschäftsbanken ersetzt.

[2] Vgl. *Wolff/Raiser*, § 88 I 1; *Heck* § 71, 4 (besonders zu § 1010); vgl. auch *Staudinger/Langhein* § 746 Rn. 1, 8.

Hätten in unserem obigen Beispiel die beiden Anwälte A und B vereinbart, daß die Auseinandersetzung des Miteigentums an der Entscheidungssammlung bis zum Tod (oder der Berufsaufgabe) beider Parteien ausgeschlossen sein soll, so wirkt diese Abrede auch gegenüber dem K, an den B seine Praxis verkauft hat (§ 751 Satz 1), nicht jedoch gegenüber einem Gläubiger des B, der dessen Miteigentumsanteil gepfändet und sich zur Einziehung hat überweisen lassen (§ 751 Satz 2), ebenso nicht gegenüber einem Vertragspfandgläubiger (§ 1258 Abs. 2 Satz 2 2. Halbsatz).

4. Besonderheiten der Kapitalanlagegesellschaften

Hingewiesen sei schließlich noch auf die Besonderheiten, die sich aus der Beteiligung an einer *Kapitalanlagegesellschaft* (Investmentgesellschaft) ergeben.[1] Das von der Kapitalanlagegesellschaft mit Mitteln der Einleger beschaffte Sondervermögen steht entweder im treuhänderischen Eigentum der Gesellschaft oder *im Miteigentum* der Anteilsinhaber (§ 6 Abs. 1 Satz 2 d. Ges.). Im letzten Fall kann die Aufhebung der Gemeinschaft nicht verlangt werden, auch nicht durch einen Pfandgläubiger (§ 11 Abs. 1). Die „Ansprüche" der „Anteilsinhaber" werden aber in Anteilsscheinen verbrieft, die Order- oder Inhaberpapiere sein können (§ 18 Abs. 1). Mit der Übertragung des Anteilsscheins geht der Miteigentumsanteil an dem Sondervermögen über (§ 18 Abs. 3); dieser Anteil ist auch pfändbar und verpfändbar (§ 18 Abs. 3 S. 2).[2]

12

§ 51. Der Erwerb des Eigentums vom Berechtigten

Lit.-Hinweis: *Avenarius*, Übereignung besitzloser Sachen und Vindikationszession, JZ 1994, 511; *M. Bauer* FS f. Bosch (1976), 1 (Publizitätsfunktion des Besitzes bei Fahrnisübereignung); von *Caemmerer*, Rechtsvergleichung und Reform der Eigentumsübertragung, RabelsZ 12, 675; *ders.*, Übereignung durch Anweisung zur Übergabe, JZ 1963, 586; *Ernst*, Eigenbesitz und Mobiliarerwerb, 1992; *Früh*, Dingliche Ansprüche in der Fallbearbeitung, JuS 1995, 221; *Gottheiner*, Z. Eigentumsübergang beim Kauf bewegl. Sachen, RabelsZ 18, 350; *Gursky* JZ 1991, 497 (Würdigung der neueren höchstrichterlichen Rechtsprechung); *Hinderling*, Die Bedeutung d. Besitzübertragung für den Rechtserwerb im Mobiliarsachenrecht, Zschr. f. SchweizR 111 (1970), 159; *Hübner*, Der Rechtsverlust im Mobiliarsachenrecht (1955); *Kohler*, Vertrag und Übergabe, Arch. BürgR 18, 1; *Krause*, Das Einigungsprinzip und die Neugestaltung des Sachenrechts, AcP 145, 312; *Kupisch*, Durchgangserwerb oder Direkterwerb, JZ 1976, 417; von *Lübtow*, Das Geschäft „für den es angeht" u. sog. „antezipierte Besitzkonstitut", ZHR 112, 227; *Martinek*, Traditionsprinzip und Geheißerwerb, AcP 188, 573; *Picker* AcP 188, 511 (dazu oben § 4 Rn. 9 Anm. 1); *Schmitz* JuS 1975, 451 u. 572, 717; 1976, 169; *Süß*, Das Traditionsprinzip – Ein Atavismus des Sachenrechts, in FS f. Martin Wolff (1952) S. 141; *Wacke*, D. Besitzkonstitut als Übergabesurrogat in Rechtsgeschichte und Rechtsdogmatik, 1974; *Wiese* FS f. Herschel 1982 S. 283 (zum Eigentum an Briefen). Weitere Lit. im Text.

A. Grundgedanken

S. die Übersicht 21 am Ende von § 52.

I. Prinzipien der Übereignung

1. Trennungs- und Traditionsprinzip

Das Prinzip, nach dem der Gesetzgeber des BGB die Übereignung beweglicher Sachen geregelt hat, kommt in § 929 Satz 1 deutlich zum Ausdruck: Ge-

1

---

[1] Gesetz v. 16. 4. 1957 (BGBl. I 378) i. d. F. v. 14. 1. 1970. Lit. bei *Zöllner*, WPR, § 30 u. *Canaris*, Bankvertragsrecht, Anm. 1094 ff.
[2] Einzelheiten s. *Zöllner* u. *Canaris* aaO.

fordert werden ein reales Moment, nämlich die Übergabe der Sache durch den Eigentümer an den Erwerber, *und* ein rechtsgeschäftliches Moment: Eigentümer und Erwerber müssen darüber einig sein, daß das Eigentum übergehen soll.[1] Damit bringt das Gesetz zwei Grundsätze zum Ausdruck:

a) Den Übereignungseffekt bringt nicht schon – was durchaus denkbar wäre und auch in anderen Rechtskreisen geltendes Recht ist – das schuldrechtliche Grundgeschäft (z.B. der Kauf) mit sich, sondern ein davon unabhängiges dingliches Veräußerungsgeschäft; m.a.W. das Gesetz bekennt sich zum Trennungsprinzip (s. dazu oben § 5 Rn. 40ff.).[2]

b) Es genügt zur Übereignung nicht schon eine Einigung von Veräußerer und Erwerber über den Eigentumsübergang, vielmehr muß dazu die Besitzverschaffung[3] treten.

2. Denkbare Kombinationen beider Prinzipien

2   Beide Fragenbereiche müssen auseinandergehalten werden, wenngleich mannigfache Kombinationen denkbar sind und in anderen Rechtsordnungen auch vorkommen:

a) *Erste Kombination:* Mit dem Kaufvertrag geht auch das Eigentum über: sog. *reines Vertragsprinzip* (also: weder Trennungsprinzip noch Notwendigkeit einer Tradition!); so im französischen Recht (Art. 711, 1138 Abs. 2, 1583 cc).[4]

b) *Zweite Kombination:* Zum schuldrechtlichen Grundgeschäft, das gleichzeitig den Eigentumsübergang bewirkt, muß noch die Übergabe der Sache hinzutreten (also: kein Trennungsprinzip, aber Traditionsprinzip); so die Regelung im preuß. ALR.[5]

c) *Dritte Kombination:* Neben dem Grundgeschäft ist die dingliche Einigung notwendig, nicht aber die Übergabe der Sache (also: Trennungsprinzip, aber keine Übergabe); so das geltende deutsche Recht für die Übertragung aller Rechte, für die keine Sonderbestimmungen bestehen, § 413 mit §§ 398ff.

d) *Vierte Kombination:* Schuldrechtliches und dingliches Geschäft sind zu trennen – zur dinglichen Einigung muß die Übergabe (Eintragung) hinzutreten, um das Eigentum zu übertragen (also Trennungsprinzip *und* Traditionsprinzip); so das geltende deutsche Recht für die Übereignung[6] beweglicher Sachen.

II. Durchbrechungen des Traditionsprinzips

3   An dem Trennungsprinzip – also der Trennung von schuldrechtlichem und dinglichem Geschäft – und damit verbunden an dem Abstraktionsprinzip – der gegenseitigen rechtlichen Unabhängigkeit der beiden Geschäfte – hält das Gesetz unerbittlich fest; dagegen ist das Traditionsprinzip erheblich durchbrochen:

---

[1] Der Einigungswille kann sich auch aus den Umständen ergeben, vgl. den instruktiven Fall BGH NJW 1990, 1913 mit Anmerkung von *Karsten Schmidt* JuS 1990, 846 zum Eigentumserwerb durch Aushändigung von Geldscheinen.
[2] S. dazu bes. *Larenz* II/1 § 39 II.
[3] Hier von „Vollziehungsmoment" zu sprechen – wie das vielfach geschieht – ist nicht ratsam: Die Besitzübergabe ist nicht Vollzug der Einigung.
[4] Art. 711: „La propriété des biens s'acquiert et se transmet par l'effet des obligations" (dazu *Ferid/Sonnenberger*, D. franz. Zivilrecht, Bd. 2, 2. Aufl. 1986, § 2, 3 B 109ff.).
[5] Dies auch der rechtspolitische Vorschlag von *Larenz* II/1 § 39 II d.
[6] Auch für die Bestellung beschränkter dinglicher Rechte an beweglichen Sachen.

§ 51. Der Erwerb des Eigentums vom Berechtigten A III § 51

1. Ist der Erwerber bereits im Besitz der Sache, so genügt die bloße Einigung über den Eigentumsübergang: sog. *Übereignung kurzer Hand* (brevi manu traditio): § 929 Satz 2.

V hat an K ein Fernsehgerät vermietet; „mit dem Essen kommt der Appetit": K beschließt, es zu kaufen (womit V übrigens von vornherein gerechnet hatte!). Hier eine Übergabe zu verlangen, wäre offenbar zu viel des Guten. Es genügt die bloße Einigung (die übrigens auch bedingt sein kann, wenn K das Gerät unter Eigentumsvorbehalt auf Abzahlung kauft).

2. Will der bisherige Eigentümer den Besitz der Sache behalten, so kann an die Stelle der Übergabe die Vereinbarung eines Besitzmittlungsverhältnisses treten: sog. Übereignung durch *Besitzkonstitut* (constitutum possessorium): § 930.

Hauptfälle sind die Sicherungsübereignung: S übereignet eine Maschine, die er gar nicht entbehren kann, an seinen Gläubiger G (verpfänden kann er sie ihm nicht, denn dazu müßte er ihm die Maschine realiter übergeben: § 1205 – *reines* Traditionsprinzip –).

3. Ist die zu übereignende Sache im Besitz eines Dritten, so kann an die Stelle der Übergabe die Abtretung des Herausgabeanspruchs treten: Übereignung durch *Abtretung des Herausgabeanspruchs:* § 931.

V hat seine Schreibmaschine an M vermietet. Er veräußert sie an K (der an der Fortsetzung des Mietverhältnisses interessiert ist). Es genügt, daß V den Herausgabeanspruch abtritt und sich mit K über den Eigentumsübergang einigt.

Es gibt noch zahlreiche andere Durchbrechungen des Traditionsprinzips, auf die wir nach und 4
nach zu sprechen kommen werden. Schon die eben angeführten berechtigten aber zu zwei Fragen:

a) Sind die Durchbrechungen so gewichtig, daß sie Zweifel an der Geltung des Traditionsprinzips in unserer Rechtsordnung rechtfertigen?

b) Empfiehlt es sich, in einer künftigen Gesetzgebung am Abstraktionsgrundsatz und am Traditionsgrundsatz festzuhalten?

Beide Fragen werden nicht immer säuberlich auseinandergehalten. Die erste Frage betrifft die Auslegung des geltenden Rechts, die zweite zwingt zur Erörterung rechtspolitischer Fragen.

Zu a) Heck[1] – der diese Frage am klarsten gesehen hat – meint, das Gesetz beruhe zwar auf der Traditions*maxime,* kenne aber nicht den Traditions*zwang.* Er will damit sagen, die Besitzänderung entspreche zwar dem Regelfall; wenn die Parteien sich aber mit der *bloßen* Einigung begnügen, so stehe dem kein gesetzliches Hindernis im Wege!

Dem kann nicht zugestimmt werden: Für das geltende Recht hat es dabei zu bleiben, daß zur Eigentumsübertragung einer der Tatbestände der §§ 929 bis 931 vorliegen muß.[2] Bloße Einigung über den Eigentumsübergang genügt daher nur bei der Übereignung kurzer Hand (§ 929 Satz 2), in allen übrigen Fällen muß zu der Einigung die Übergabe oder ein sog. Übergabesurrogat hinzutreten, um die Übereignung zu bewirken.[3]

Zu b) Zu der *rechtspolitischen* Frage der Beibehaltung oder Aufgabe des Abstraktions- und Traditionsgrundsatzes § 5 Rn. 43 sowie unten Rn. 44.

III. Gang der Darstellung

Wir wollen zunächst einige für die Einigung geltende Grundsätze wiederholen (Rn. 6ff.), uns 5
dann dem Normalfall der Übereignung durch Einigung und Übergabe zuwenden (Rn. 12ff.) und dann die Sonderfälle der §§ 929 Satz 2 bis 931 erörtern (Rn. 20, 21ff., 35ff., 41ff.). Abschließend wollen wir uns dann einige rechtspolitische Fragen vorlegen (Rn. 44).

---

[1] § 56.
[2] Ebenso *Larenz* II/1 § 39 II d.
[3] Vgl. freilich Ausnahmetatbestände wie unten Rn. 25 u. 37.

B. Die Einigung

Hier handelt es sich im wesentlichen um eine auf die Übereignung beweglicher Sachen zugeschnittene Verdeutlichung der schon oben § 5 gegebenen Darstellung.

I. Die Einigung als Rechtsgeschäft

6 Die Einigung i.S. der §§ 929 ff. ist ein dem Sachenrecht zugehöriges Rechtsgeschäft und Bestandteil des Übereignungstatbestandes. Die Vorschriften des Allgemeinen Teils finden auch auf die Einigung Anwendung, so etwa die Bestimmungen über die Rechts- und Geschäftsfähigkeit, über Rechtsgeschäfte und Verträge, über Bedingung, Stellvertretung, Einwilligung und Genehmigung.
Im einzelnen:

1. Formlosigkeit

7 Die Einigung ist *formlos* gültig. Sie kann schon in dem Abschluß des Grundgeschäfts liegen, wenn sie rechtlich auch von ihm zu trennen ist, so namentlich bei den Hand- und Barkäufen des täglichen Lebens. Erfolgt die Übergabe erst einige Zeit nach Abschluß des Grundgeschäfts, so wird es *im allgemeinen* dem Willen der Parteien entsprechen, daß auch die Einigung erst bei der Übergabe erklärt wird; dies kann dann auch stillschweigend geschehen.

Beispiel: K hat bei V eine Schreibmaschine ausgesucht, gekauft und bar bezahlt. Hier liegt im Kauf auch die Einigung über den Eigentumsübergang, auch wenn V die Maschine durch seinen Lieferwagen dem K erst später ins Haus bringt.
Hat K die Maschine käuflich bei dem Versandgeschäft V bestellt und V diese Bestellung bestätigt (womit der Kaufvertrag abgeschlossen ist), so liegt die Einigung erst in der Zusendung der Maschine und ihrer billigenden Annahme durch K (RGZ 102, 38, 40).

2. Bestimmtheitsgrundsatz

8 Die Einigung muß sich auf *bestimmte* Sachen beziehen (Spezialitätsgrundsatz; s. oben § 4 Rn. 17 ff.). Sachgesamtheiten („Warenlager") müssen in ihrem Bestand bestimmbar sein (was vor allem bei der Übereignung eines Teils eines Gesamtbestandes bedeutsam ist, BGH JZ 1988, 471).

Das Problem der Bestimmtheit des Gegenstandes der Übereignung spielt bei der Sicherungsübereignung eine besondere Rolle und soll dort näher erörtert werden (s. unten § 57 Rn. 12, 13).

3. Bedingte Übereignung

9 Daß *bedingte Übereignungen* (im Gegensatz zu § 925 Abs. 2!) zulässig sind, ergibt sich aus § 455: Eigentumsvorbehalt. Hier liegt der Übereignungs*tatbestand* abgeschlossen vor, aber das Eigentum geht erst mit Eintritt der *aufschiebenden* Bedingung (der Zahlung des Kaufpreises) über; Einzelheiten s. unten § 59.

Die Einigung kann einverständlich im Wege der Bedingung auch von der Billigung der übereigneten Ware durch den Käufer abhängig gemacht werden.

§ 51. Der Erwerb des Eigentums vom Berechtigten   C I § 51

Ein Beispielsfall der *auflösend* bedingten Übereignung kann – je nach der Parteiabrede – bei der Sicherungsübereignung vorliegen, dann nämlich, wenn mit Rückzahlung des gesicherten Darlehens das Eigentum automatisch an den Schuldner (= Sicherungsgeber) zurückfallen soll.

4. Stellvertretung

Stellvertretung ist sicher bei der Einigungserklärung möglich; sicher auch 10 dann, wenn die Übergabe durch rechtsgeschäftliche Erklärungen (§§ 930, 931) ersetzt wird;[1] dagegen *nicht,* wenn es sich um die Übertragung des unmittelbaren Besitzes nach § 854 Abs. 1 handelt; doch kann hier der gleiche Effekt erzielt werden, wenn der Stellvertreter Besitzdiener des Erwerbers ist (§ 855) oder ein Besitzkonstitut vorliegt (Einzelheiten s. schon oben § 8 Rn. 5ff. und unten bei den einzelnen Übereignungstatbeständen).

II. Widerruflichkeit der Einigung?

Lebhaft umstritten ist die Frage, ob bereits *die Einigung* als solche *bindend,* 11 also nicht widerruflich ist. Wir haben uns mit diesem Fragenkreis schon oben § 5 Rn. 36f. auseinandergesetzt.

Zur Wiederholung ein *Beispiel:* E hat kurz vor seinem Tode ein wertvolles Bild unter seinem Wert an K verkauft und mit ihm vereinbart, daß er es sich jederzeit abholen könne. Hier liegen Kaufvertrag und Einigung bereits vor, die Übergabe ist noch nicht erfolgt. Stirbt E, so wird die Wirksamkeit seiner Einigungserklärung dadurch nicht beeinträchtigt (§ 130 Abs. 2). Übergeben die Erben (oder eine Hausangestellte auf Weisung der Erben oder auch noch des Erblassers) das Bild, so ist K Eigentümer geworden. Die Erben können sich aber vor der Übergabe von der Einigung – dem anderen Vertragsteil erkennbar – lossagen; denn sie ist für sie ebensowenig bindend, wie sie es für den Erblasser war (BGH NJW 1978, 696). Daß die Einigung frei widerruflich ist, mag verblüffen; aber ihr fehlt eben jedes schuldrechtliche Moment.

Sie bleibt auch dann widerruflich, wenn die Erben des E durch den Widerruf ihrer Verpflichtung aus dem Kaufvertrag zuwiderhandeln u. daher später u. U. wieder zur Abgabe der Einigungserklärung verurteilt werden (§ 894 ZPO). Die Gegenmeinung[2] beachtet § 873 Abs. 2 nicht, der eben den Fall einer bindenden Einigung als *Ausnahmefall* behandelt.

Daraus ergibt sich, als *„ungeschriebenes Tatbestandsmerkmal"* der Übereignung, daß der Eigentumsübertragungswille noch im Zeitpunkt der Übergabe fortbestehen muß (h. M.: vgl. *Staudinger/Wiegand* § 929, Rn. 71–84 m. w. N.). Ein aktuelles Rechtsfolgebewußtsein wird aber nicht verlangt.[3]

C. Einigung und Übergabe als Normalfall der Übereignung (§ 929 S. 1)

I. Überblick

Mit Recht geht das Gesetz in § 929 Satz 1 als Normalfall des Übereig- 12 nungstatbestandes von der Übergabe der Sache durch den Eigentümer an den Erwerber aus. Diese Art des Übereignungsvorgangs entspricht dem durchschnittlichen Lebensstatbestand.

---

[1] Auch bei der Übertragung des Besitzes nach § 854 Abs. 2.
[2] *Heck* § 55, 7; *Westermann/H. P. Westermann* I § 38, 4; vgl. auch *Otte,* Jura 1993, 643 mit Besprechung des berühmten „Bonifatiusfalls" (RGZ 83, 223).
[3] Vgl. BGH NJW 1995, 1085, 1086; s. a. § 5 Rn. 37.

§ 51 C II   IV. Abschnitt. Mobiliarsachenrecht

Jedoch zeigt schon die Erfahrungstatsache, daß bei vielen Übereignungen irgendwelche „Mittelspersonen" (Besitzdiener, Besitzmittler) tätig werden, daß das Tatbestandserfordernis der Übergabe der Sache *durch* den Eigentümer *an* den Erwerber nicht wörtlich verstanden zu werden braucht. Man wird das Traditionsprinzip also nicht übersteigern dürfen und mehr auf den Grundgedanken des § 929 Satz 1 achten müssen. Offenbar kommt es entscheidend darauf an:

1. daß die „Eigentümerseite"[1] den unmittelbaren Besitz aufgibt,
2. daß die „Erwerberseite"[1] ihn erhält und
3. daß dieser Erwerb auf Veranlassung des Eigentümers erfolgt ist.

II. Die Bestandteile der Übergabe

1. Besitzaufgabe

13   Die *Aufgabe des Besitzes* durch die „Eigentümerseite" kann so erfolgen, daß der Eigentümer selbst den Besitz überträgt (Normalfall), daß er seinen Besitzdiener oder auch den unmittelbaren Besitzer (seinen Besitzmittler) anweist, die Sache dem Erwerber zu übergeben.

Beispiele: V übergibt das gekaufte Buch dem K. –
V weist seinen Angestellten A an, das telefonisch gekaufte Buch dem K zu überbringen (dabei können auch mehrere Besitzdiener des V hintereinander tätig werden: so wenn V die telefonische Bestellung seinem Filialleiter A 1 weitergibt und dieser den Angestellten A 2 mit der Überbringung betraut). –
V weist den M, dem er das Buch ausgeliehen hatte, an, es dem K auszuhändigen. (Davon ist die Übereignung durch Abtretung des Herausgabeanspruchs nach § 931 zu unterscheiden, so wenn M weiterhin im unmittelbaren Besitz des Buches bleiben, K jetzt aber schon Eigentümer werden soll.)

14   Als ausreichende Besitzaufgabe ist es auch anzusehen, wenn der bisherige Eigentümer seinen *Besitzdiener* zum unmittelbaren Besitzer macht oder wenn er umgekehrt künftig Besitzdiener des Erwerbers sein will. Hier vollzieht sich die Übergabe durch eine Aufhebung bzw. Begründung des in § 855 geforderten Abhängigkeitsverhältnisses.[2]

Beispiele: GH überläßt seinem reisenden Angestellten R den von diesem bisher benützten Firmenwagen zu Eigentum. –
R – der bisher seinen Kraftwagen auf den Werbereisen benutzt hat – veräußert ihn an seinen „Chef" GH, fährt ihn aber weiter „im Auftrag der Firma".

Eine Aufgabe des Besitzes durch den bisherigen Eigentümer liegt schließlich auch in folgenden Fällen vor:

Der bisherige Eigentümer weist seinen Besitzdiener an, künftig den Weisungen des Erwerbers zu folgen.

V hat sein Geschäft (Vertrieb von Waren durch Reisevertreter[3]) an K verkauft. Er setzt die Reisevertreter davon in Kenntnis und bittet sie, künftig die Anweisungen des K auszuführen. Damit sind auch die von den Reisevertretern benützten Firmenkraftwagen übergeben!

---

[1] Man erlaube zunächst diesen ungenauen Ausdruck!
[2] Nicht durch bloße „Einigung", wie *Süß* aaO S. 151, 152 und *MünchKomm/Quack* § 929 Rn. 158 meinen; wie hier *Westermann/H. P. Westermann* I § 40 III 2 m. N.
[3] Richtig: Reisende Angestellte.

Der bisherige Eigentümer beauftragt seinen Besitzmittler, mit dem Erwerber ein Besitzmittlungsverhältnis zu vereinbaren; der Besitzmittler kommt diesem Auftrag nach (RGZ 103, 151; BGH NJW 1959, 1536, 1539 II; BGHZ 92, 280, 288).

Beispiel (in Anlehnung an RGZ 103, 151): V hat 50 Kisten Ölsardinen bei L eingelagert. Er veräußert sie an K, setzt L davon in Kenntnis und weist ihn an, „das weitere mit K zu vereinbaren". K schließt mit L einen Lagervertrag ab. Damit ist die Übergabe i. S. des § 929 Satz 1 vollzogen (beachte: es handelt sich hier nicht um eine Übereignung nach § 931; denn es wird nicht der Herausgabeanspruch aus dem Vertragsverhältnis V-L abgetreten, sondern ein neuer Lagervertrag zwischen K und L begründet!).

Schließlich genügt es sogar, wenn der unmittelbare Besitzer, der dem Eigentümer *nicht* den mittelbaren Besitz vermittelt (etwa als Finder), doch auf Geheiß des Eigentümers dem Erwerber die Sache übergibt[1] oder dem Erwerber künftig den Besitz vermittelt (sog. *Geheißerwerb*). 15

E hat ein großes Wäschepaket bereitgestellt, das er dem Jugendsozialwerk e. V. geschenkt hatte und das von diesem abgeholt werden sollte. D stiehlt dieses Paket. E teilt den Sachverhalt in der Presse mit und bittet den D, „den guten Zweck nicht zu vereiteln". D übersendet das Paket durch die Post an das Jugendsozialwerk.

2. Besitzerwerb

Der Erwerb des Besitzes kann liegen in der Erlangung der unmittelbaren Sachherrschaft[2] durch den Erwerber (Normalfall) oder durch den Besitzdiener oder Besitzmittler des Erwerbers. 16

Beispiele: V übergibt das gekaufte Buch an K. –
K läßt das telefonisch bei V gekaufte Buch durch seinen Angestellten A bei V abholen. –
V (Buchhandlung) übergibt das von K (Leihbibliothek) gekaufte Buch auf dessen Weisung an M, der es sich schon von K geliehen hatte.

Weitere Fälle – die sich schon aus unseren Erörterungen zu I und II ergeben – sind der Besitzerwerb durch den Besitzdiener, der zum unmittelbaren Besitzer wird:

Der Reiseangestellte R erwirbt den Firmenkraftwagen käuflich,

ferner der Besitzerwerb durch Übertritt des Besitzdieners oder Besitzmittlers in die Herrschaftssphäre des Erwerbers:

Geschäftsverkauf durch V an K und Mitteilung davon an die Reisevertreter. –
Abschluß eines Lagervertrags durch den Lagerhalter mit dem Erwerber auf Veranlassung des Veräußerers.

Zweifelhaft[3] ist die Rechtslage, wenn die Übergabe auf Weisung des Erwerbers an eine Person erfolgt, die dem Erwerber nicht den mittelbaren Besitz 17

---

[1] So die h. M.: BGH NJW 1979, 2037; 1973, 141; BGHZ 36, 56, 60; s. *von Caemmerer* JZ 1963, 586; *Martinek* AcP 188, 573 (oben § 4 Rn. 9); *Ernst*, aaO, S. 87.
[2] Siehe dazu oben § 7 Rn. 13 ff.
[3] Siehe dazu *MünchKomm/Quack* § 929 Rn. 146; *Staudinger/Wiegand* § 929 Rn. 50–54; *Martinek* AcP 188, 573 m. w. N.; *Wolf* § 5 A IV c 2 S. 221 f.; *Wieling* JZ 1977, 291, 294 und Sachenrecht § 9 VIII; zur Rechtsprechung *Gursky* JZ 1991, 496, 498.

vermittelt, so in dem nicht seltenen Fall des Geheißerwerbs: der Erwerber weist den Veräußerer an, die Sache sofort an den Abkäufer des Erwerbers (also an einen Dritten) zu übergeben. Hat damit der Erwerber Besitz erlangt?

Beispiel: K hat bei V eine Maschine fest gekauft und bereits bezahlt. Nach einigen Tagen weist K den V an, die Maschine an D, dem er sie weiterverkauft hat, zu übersenden. V kommt dieser Weisung nach. Man kann nicht sagen, daß sich hier die Übereignung unmittelbar im Verhältnis V–D vollzieht. Denn einmal kann es sein, daß V gar nicht weiß, ob D Käufer, Mieter, Verwahrer u.s.w. der Maschine ist. Zum anderen kann K ein Interesse daran haben, an D unter Eigentumsvorbehalt zu liefern (weil er z.B. an ihn auf Abzahlung verkauft hat). Man muß also davon getrennte Übereignungsvorgänge V – K und K – D annehmen. K kann aber Eigentum nur erworben haben, wenn die Übergabe der Sache von V an D (der nicht notwendig Besitzmittler des K wird) auch ihm – dem K – zugerechnet werden kann. Dies wird bejaht, obwohl K den Besitz in keiner Form erhält. Den damit verbundenen Widerspruch zum Traditionsprinzip kann man nur dann beseitigen, wenn man die Einräumung der Weisungsbefugnis bezüglich der Sache durch V an K als Vereinbarung eines Besitzmittlungsverhältnisses ansieht (kritisch dazu *Tiedtke* JZ 1989, 179. S. auch BGHZ 36, 56; *von Caemmerer* JZ 1963, 586; *Wadle* JZ 1974, 689; zusammenfassend zum sog. „Streckengeschäft" s. *Padeck,* Jura 1987, 460; differenzierend: *Jauernig/Jauernig* § 929 Rn. 17).

Weitere Beispielsfälle für den *Geheißerwerb:*[1] BGH NJW 1986, 1166; 1974, 1132 u. 1982, 2371 (Kettenhandel-Streckengeschäft; s. die plastische Darstellung durch *Karsten Schmidt* JuS 1982, 858 u. *Martinek* AcP 188, 615); *Hager* ZIP 1993, 1446 (= Besprechung von BGH ZIP 1993, 98).

3. Besitzübertragungswille des Veräußerers

18 Der Erwerber muß den Besitz *auf Veranlassung des bisherigen Eigentümers* erlangt haben. Dieser Besitzübertragungswille des einen Partners ist aber ebensowenig rechtsgeschäftlicher Natur wie der Besitzerwerbswille des anderen (s. dazu oben § 7 Rn. 15 und 26).

Der Besitzübergang ist jedoch dann rechtsgeschäftlicher Natur, wenn er nach § 854 Abs. 2, also durch bloße Einigung, erfolgt (Paradebeispiel: Übertragung des Besitzes am Holz im Walde; s. oben § 7 Rn. 19 u. BGH NJW 1979, 714). Hier wird also das Eigentum durch zwei Einigungen übertragen, die Einigung über den Eigentumsübergang und die über die Besitzübertragung. Beide können in eins zusammenfallen, sind aber auch getrennt denkbar:

Bei einer Holzauktion im Grunewald erhält K von dem Waldeigentümer V den „Zuschlag" (= Abschluß des Kaufvertrags), gegen Bezahlung des Kaufpreises wird ihm der „Holzzettel" ausgehändigt (= Einigung) und dann am Ende der Auktion die „Abfuhrgenehmigung" (= Übergabe nach § 854 Abs. 2) erteilt.

4. Zusammenfassung

19 Die vielen Modalitäten der Übergabe sind verwirrend; erfahrungsgemäß belasten sie das Gedächtnis in unfruchtbarer Weise. Man muß sich daher immer wieder das Grundprinzip vergegenwärtigen: Besitzaufgabe des bisherigen Eigentümers und seiner „Trabanten" – Besitzerwerb auf der Erwerberseite, und zwar auf Veranlassung des Eigentümers. In RGZ 137, 23, 25 (= *Baur,* E. Slg. Fall 19) drückte das RG dies so aus: „Es muß eine Übertragung des Besitzes, d. h. der tatsächlichen Gewalt, stattfinden; der Veräußerer darf also *nicht* mehr *den geringsten Rest eines Besitzes* (im Sinne der tatsächlichen Gewalt) in der Hand behalten (1. Voraussetzung), und der Erwerber muß in vollem Umfang den Besitz ergreifen (2. Voraussetzung). Dazu muß der Wille des Veräußerers kommen, daß der Erwerber den Besitz ergreife, weil sonst verbotene Eigenmacht vorliegen würde" (3. Voraussetzung).

---

[1] S. hierzu *Flume,* FS E. Wolf, 1985, 61; *Medicus,* BR Rn. 563 ff.; *v. Olshausen* JZ 1975, 29; *Picker* NJW 1974, 1790.

D. Übereignung „kurzer Hand" nach § 929 Satz 2

I. Wenn der Erwerber schon im Besitz der Sache ist, genügt die Einigung 20 über den Eigentumsübergang; hier hat der Vereinfachungseffekt das Traditionsprinzip besiegt oder – wie *Süß* aaO S. 151 sagt – „der Fremdbesitz wird zum Eigenbesitz" (ergänze: zu der Änderung ist der Besitzer auf Grund der Einigung befugt). Dabei ist es gleichgültig, ob der Erwerber unmittelbarer oder mittelbarer Besitzer ist, ob er bisher dem Veräußerer den mittelbaren Besitz vermittelt hat, von wem er den Besitz erlangt hat.

Beispiele: V veräußert die bisher an K vermietete Sache an K (Wäre K Besitzdiener des V, so fiele die Übereignung unter § 929 Satz 1; s. oben Rn. 16–18). –
V veräußert die an K vermietete Schreibmaschine – die dieser dem L geliehen hatte – an K (der also nur mittelbarer Besitzer ist) *oder* an L. –
Dem V ist eine Schreibmaschine gestohlen worden. Später stellt es sich heraus, daß sie vom „Schreibmaschinenverleih" K erworben war,[1] der sie an M vermietet hatte (also kein Besitzmittlungsverhältnis V – K!). Gegen Zahlung eines „Abstandes" ist V einverstanden, daß K die Maschine behält.

II. Auch eine *antezipierte Einigung* ist ausreichend, wenn die Einigung zur Zeit der Besitzerlangung nicht widerrufen ist.[2]

Beispiel: V hat sein Buch dem K geliehen; K kann es nicht mehr finden; er weiß nicht, ob er es „verlegt" oder verliehen hat oder ob es ihm gestohlen worden ist. Dem K ist die Angelegenheit peinlich: er ersetzt dem V den Wert des Buches und vereinbart mit ihm, daß er es behalten darf, wenn er es wieder „findet" (hatte er es noch in Besitz: Übereignung nach § 929 Satz 2; hatte er es verloren: antezipierte Übereignung nach § 929 Satz 2; war es ihm gestohlen: Übereignung nach § 931!).

E. Übereignung durch Besitzkonstitut nach § 930

Lesen Sie zunächst § 7 Rn. 30 ff.

Diesem Übergabesurrogat kommt vor allem bei der Sicherungsübereignung (unten § 57) praktische Bedeutung zu; aus den mannigfachen Äußerungen des Sicherungsstrebens ergeben sich auch die zu erörternden Komplikationen. Es empfiehlt sich daher, zunächst den Grundtatbestand möglichst einfach darzustellen und dann erst die verwickelten Sonderformen zu behandeln.

I. Der Grundtatbestand

Wie § 929 Satz 2 entspringt auch § 930 dem *Vereinfachungsprinzip:* Will der 21 bisherige Eigentümer den unmittelbaren Besitz an der Sache noch eine Zeitlang behalten, sie aber doch jetzt schon veräußern (z. B. weil er Geld braucht), so würde die Anwendung des § 929 Satz 1 dazu nötigen, daß er die Sache dem Erwerber übergibt; damit würde er ihm das Eigentum verschaffen. Der Erwerber könnte sie dann an den bisherigen Eigentümer vermieten, müßte diesem also wieder die Sache aushändigen. Hier ist es viel einfacher, daß der Veräußerer die Sache behält und mit dem Erwerber den seiner künftigen

---

[1] Kein *Eigentumserwerb:* § 935!
[2] *Staudinger/Wiegand* § 929 Rn. 119; *Westermann/H. P. Westermann* I § 40 IV.

Rechtsstellung entsprechenden Vertrag abschließt; damit wird er zum Fremdbesitzer, der Erwerber wird mittelbarer Eigenbesitzer und Eigentümer. Nach außen wird diese Änderung in der Besitzerstellung freilich ebensowenig sichtbar wie bei der Übereignung kurzer Hand. Die Entsprechung ist augenscheinlich: im Falle des § 929 Satz 2 wird der Erwerber als bisheriger Fremdbesitzer zum Eigenbesitzer, bei der Übereignung nach § 930 der Veräußerer als bisheriger Eigenbesitzer zum Fremdbesitzer. Läßt man einmal alle Sondertatbestände außer Ansatz, so geht es in beiden Fällen um die unmittelbare Sachnutzung: Bei § 929 Satz 2 will der bisherige Sachnutzer Eigentümer werden, bei § 930 der bisherige Eigentümer Sachnutzer bleiben!

Der Grundtatbestand des § 930 ist sonach einfach: Will der bisherige Eigentümer im Besitz der Sache bleiben, so muß er mit dem Erwerber – neben der Einigung – ein Besitzmittlungsverhältnis im Sinne des § 868 vereinbaren.

Da § 868 neben Nießbrauch, Pfandrecht, Pacht, Miete und Verwahrung auch „ähnliche Verhältnisse" als Besitzmittlungsverhältnisse bezeichnet, hatten wir uns oben § 7 Rn. 35 ff. um die charakteristischen Kennzeichen eines solchen „ähnlichen" Verhältnisses bemüht, nämlich: unmittelbarer oder mittelbarer Fremdbesitz[1] – Besitzrechtsableitung – zeitlich beschränkter Fremdbesitz – Herausgabeanspruch. Diese Charakteristika gilt es festzuhalten, wenn nunmehr die zahlreichen Zweifelsfälle zu erörtern sind. Sie können mit folgenden Schlagworten beschrieben werden: konkretes oder auch abstraktes Konstitut? Rechtsgültiges Konstitut? Kraft Gesetzes bestehendes Besitzmittlungsverhältnis? Konstitut durch Insichgeschäft? Antezipiertes Konstitut?

II. Anforderungen an das Besitzmittlungsverhältnis

1. Konkretes oder auch abstraktes Konstitut?

22 § 868 verlangt die Vereinbarung eines *bestimmten* Besitzmittlungsverhältnisses. Diesem Erfordernis kann auch in der Praxis ohne weiteres genügt werden, wenn die Position, die der Veräußerer bezüglich der Sache künftig haben soll, sich in einem bestimmten Nutzungs- oder Sicherungstyp (z. B. als Nießbraucher oder Pfandgläubiger) festlegen läßt. Anders aber ist die Lage bei der Sicherungsübereignung, wo der Sicherungsgeber die Sache nach wie vor „wie ein Eigentümer" nutzen will und das Eigentum des Erwerbers erst zum Vorschein kommen soll, wenn es „ernst wird", wenn also der Sicherungsgeber seinen Verpflichtungen nicht nachkommt, insbes. in Konkurs fällt oder die Sache von anderen Gläubigern gepfändet wird. Auch hier genügt die bloße Erklärung, daß der Sicherungsgeber die Sache künftig für den Erwerber besitzen wolle (abstraktes Konstitut), nicht.[2] Ausreichend ist aber der Sicherungs-

---

[1] Daher genügt es auch im Falle des § 930, daß der Veräußerer mittelbarer Besitzer ist und dem Erwerber einen „höherstufigen" mittelbaren Besitz verschafft.
Beispielsfall RG LZ 1920, 235: V hat seinen Kraftwagen dem Gl. verpfändet und dann dem K unter Abschluß eines Leihvertrags übereignet. Gl. ist unmittelbarer Pfandbesitzer, V mittelbarer Leihbesitzer (1. Stufe), K mittelbarer Eigenbesitzer 2. Stufe. Eine Übereignung nach § 931 kommt hier nicht in Betracht, weil V nach „Auslösung" des Autos es wieder – nunmehr als unmittelbarer Fremdbesitzer – benützen sollte!

[2] H. M., z. B. BGH NJW 1953, 217 (= Baur, E.Slg. Fall 23); NJW 1979, 2308; *Westermann/H. P. Westermann* § 41 II 2 b; *Jauernig/Jauernig* § 930 Rn. 11; *Palandt/Bassenge* § 930 Rn. 6; *Soergel/Mühl* § 930 Rn. 12; MünchKomm/*Quack* § 930 Rn. 25; kritisch zur h. M. *Staudinger/Wiegand* § 930 Rn. 14 ff.

§ 51. Der Erwerb des Eigentums vom Berechtigten

vertrag, sofern darin bestimmte Rechte und Pflichten der Parteien hinsichtlich des Sicherungsguts festgelegt sind (s. oben § 7 Rn. 47f.; unten § 57 Rn. 9). Die Festlegung kann inzwischen wohl auch durch allgemeine Bezugnahme auf das Institut der Sicherungsübereignung geschehen („Übereignung zur Sicherheit"). Die notwendigen Mindestrechte und -pflichten der Parteien ergeben sich in diesem Fall aus der umfangreichen Rechtsprechung und der Verkehrssitte.[1]

2. Rechtsgültiges Konstitut?

Mit der Frage, ob das Besitzmittlungsverhältnis rechtsgültig sein muß, haben wir uns schon oben § 7 Rn. 45 befaßt. Wir sagten, daß es genügt, wenn — bei nichtigem Vertragsverhältnis — irgendein Herausgabeanspruch besteht *und* der Veräußerer den Erwerber als Oberbesitzer anerkennt. In der Regel wird der Nichtigkeitsgrund allerdings auch die Einigung erfaßt haben, so daß die Übereignung aus diesem Grunde nichtig ist: **23**

Wenn z. B. der geschäftsunfähige S seine Briefmarkensammlung dem Gläubiger G zur Sicherheit übereignet hat, indem er als Besitzmittlungsverhältnis Leihe vereinbarte, so hat G mittelbaren Besitz nicht erlangt; denn ihm steht gegen S keinerlei Herausgabeanspruch zu (weder aus Vertrag noch aus § 985 noch aus § 812). Außerdem ist auch die Einigung nichtig. Das Eigentum an der Sammlung ist daher auch nicht auf G übergegangen.

3. Kraft Gesetzes bestehendes Besitzmittlungsverhältnis?

a) Typische Fälle

Wie wir wissen (s. § 7 Rn. 47ff.), können „ähnliche Verhältnisse" i. S. des § 868 auch unmittelbar auf Gesetz beruhen; hierunter fallen etwa das Verhältnis zwischen Eltern und Kind bezüglich des Kindesvermögens, zwischen Testamentsvollstrecker und Erben, zwischen Konkursverwalter und Gemeinschuldner.[2] **24**

Die Frage ist nun, ob schon das Entstehen eines solchen Besitzmittlungsverhältnisses kraft Gesetzes als ausreichende Grundlage für eine Übereignung nach § 930 angesehen werden kann. Der Wortlaut des § 930 scheint eine Verneinung der Frage zu fordern; er darf indessen nicht über Gebühr strapaziert werden. Denn entscheidend ist, daß eine Rechtslage besteht, aus der heraus der Besitzmittler (Veräußerer) den Oberbesitz des Erwerbers künftig anerkennt.[3]

Beispiel: In einer Familie ist es Tradition, daß der „Silberkasten", der seit Generationen „Familieneigentum" ist, von den Eltern der ältesten Tochter zum 16. Geburtstag geschenkt wird. Die Einigung als nur vorteilhaftes Rechtsgeschäft kann die Tochter abschließen (§ 107). Aber als Bestandteil des Kindesvermögens untersteht auch dieses Vermögensstück künftig der elterlichen Ver-

---

[1] *Soergel/Mühl* § 930 Rn. 32; *Palandt/Bassenge* § 930 Rn. 7; MünchKomm/*Quack* § 930 Rn. 38; offengelassen in BGH NJW 1979, 2308.
[2] Zur Besitzlage im Konkurs s. *Karsten Schmidt* KTS 1984, 345, 387.
[3] Ähnlich RGZ 108, 122; ablehnend RGZ 126, 21, 25; vgl. auch *Jauernig/Jauernig* § 930 Rn. 13ff.

waltung; die Eltern sind also unmittelbare Fremdbesitzer (Verwaltungsbesitzer), die Tochter ist mittelbare Eigenbesitzerin. Die Eltern wissen auch ganz genau, daß sie den Silberkasten der Tochter mit Erreichen der Volljährigkeit herausgeben müssen. Dies genügt, um den Tatbestand des § 930 zu erfüllen (so auch BGH NJW 1989, 2542).[1]

Bei kraft Gesetzes entstehenden Besitzmittlungsverhältnissen reicht also die bloße Einigung aus, um den Eigentumsübergang nach § 930 zu bewirken.

b) Sonderkonstellation: Übereignung unter Eheleuten

25 Ähnlich kompliziert sind *Übereignungsvorgänge zwischen Ehegatten*. In dem Güterstand der Zugewinngemeinschaft, der gesetzlicher Güterstand ist, und dem Güterstand der Gütertrennung wird man Mitbesitz der Ehegatten an den zum gemeinsamen Gebrauch bestimmten Sachen, insbes. dem Hausrat annehmen müssen, Alleinbesitz dagegen an den Sachen, die zum persönlichen Gebrauch bestimmt sind (s. oben § 7 Rn. 81 f.). Im letztgenannten Fall kann sich also eine Übereignung nach § 929 Satz 1 oder 2 vollziehen:

Der Ehemann schenkt z. B. seiner Frau die ihm gehörige Goetheausgabe; die Frau stellt sie in ihren Bücherschrank (§ 929 Satz 1). Oder: die Ausgabe stand bisher schon im Bücherschrank der Frau; sie soll nunmehr der Frau zu Eigentum gehören (§ 929 Satz 2).

Wie aber, wenn sich an den Besitzverhältnissen überhaupt nichts ändert?

Der Mann schenkt der Frau einen wertvollen Teppich, der im gemeinsamen Wohnzimmer liegt, oder er übereignet ihr den Teppich zur Sicherheit für die Rückzahlung eines Darlehens, das ihm die Frau aus ihrem Vermögen gegeben hat, oder als Ausgleich für Arbeitsleistungen, die die Frau im Geschäft des Mannes erbracht hat. Eine Übereignung nach § 929 Satz 1 kommt nicht in Betracht, weil der Mann als Veräußerer ja im Mitbesitz bleibt, also seinen Besitz nicht aufgibt. Versuche, hier einen mittelbaren Besitz der Frau nach § 868 zu begründen, also die Übereignung nach § 930 zu beurteilen,[2] wirken reichlich gezwungen. Hier ist vielmehr einer der Tatbestände gegeben, wo man sich mit der *bloßen Einigung* der Ehegatten über den Eigentumsübergang begnügen muß.[3]

Die Besorgnis, daß *dadurch* Manipulationen zuungunsten der Gläubiger Tür und Tor geöffnet werden, ist nicht begründet. Denn einmal sprechen zugunsten der Gläubiger die Eigentumsvermutung des § 1362 und vollstreckungsrechtlich die Vorschrift des § 739 ZPO, zum anderen bleibt den Gläubigern der Nachweis offen, die Übereignung zwischen den Ehegatten sei zum Zwecke der Benachteiligung der Gläubiger erfolgt (§§ 1 ff. AnfG; §§ 29 ff. KO/§§ 129 ff. InsO).

Beispiel: G hat einen Vollstreckungstitel über 2000 DM gegen den Ehemann M erwirkt. Der Gerichtsvollzieher pfändet den in der ehelichen Wohnung liegenden Teppich. Dazu ist der Gerichtsvollzieher nach § 739 ZPO befugt; für ihn genügt es festzustellen, daß sich der Teppich im Besitz eines der Ehegatten oder im Mitbesitz beider befindet (§ 739 ZPO mit § 1362 BGB). Behauptet die Ehefrau F im Interventionsprozeß (§ 771 ZPO) gegen den Gläubiger G, sie sei Alleineigentümerin des Teppichs, so muß sie ihren Eigentums*erwerb* beweisen (BGH NJW 1976, 238). Gelingt ihr der Nachweis, daß M ihr den Teppich zu Weihnachten geschenkt hat, so bleibt dem G die Einrede, die Schenkung sei zum Zwecke der Gläubigerbenachteiligung erfolgt (vgl. insbes. § 3 Abs. 1 Ziff. 4

---

[1] Zu den mannigfachen Problemen, die bei den Schenkungen der Eltern an ihre minderjährigen Kinder entstehen, vgl. die gleichnamige Schrift von *von Lübtow* (1949) u. *Stürner* AcP 173, 402.
[2] So aber BGHZ 73, 253 (= *Baur*, E. Slg. Fall 19a); s. zum gesamten Bereich *Walter*, Eigentumserwerb in der Ehe, 1981 u. JZ 1981, 601.
[3] *Staudinger/Wiegand* § 930 Rn. 27; *Westermann/H. P. Westermann* I § 41 II 3.

§ 51. Der Erwerb des Eigentums vom Berechtigten   E II § 51

AnfG bzw. § 4 Abs. 1 AnfG 1999).[1] Trotz ihres Eigentums muß dann F die Zwangsvollstreckung des G hinnehmen.[2]

c) Exkurs: Standardprobleme ehelicher Eigentumsverhältnisse

In diesem Zusammenhang ein Hinweis auf zwei weitere Fragenkreise:

aa) Für den Güterstand der Zugewinngemeinschaft bestimmt § 1370, daß Haushaltsgegenstände, die an Stelle von nicht mehr vorhandenen oder wertlos gewordenen Gegenständen angeschafft werden, in das Eigentum des Ehegatten fallen, dem die ersetzten Gegenstände gehört hatten. Hier handelt es sich um eine Surrogation, wobei es nicht darauf ankommt, mit wessen Mitteln die Gegenstände beschafft wurden und an wen der Veräußerer Eigentum übertragen hat: 26

Die von der Ehefrau in die Ehe eingebrachte Tischwäsche ist nach einiger Zeit brüchig geworden. Der Ehemann kauft Ersatz. Auch wenn *ihm* übereignet wird, so erwirbt die Ehefrau das Eigentum nach § 1370 (Beispielsfälle: OLG Nürnberg FamRZ 1964, 297; BayObLG FamRZ 1970, 31).

Wie ist die Rechtslage an Hausrat, der während der Ehe angeschafft wird, aber keinen bisherigen Haushaltsgegenstand ersetzt? 27

Beispiel: An Stelle des noch voll brauchbaren „Spatzenbretts" (= Vorrichtung zur Herstellung des schwäbischen Nationalgerichts) tritt die glas- und chromfunkelnde Küchenmaschine. Wem gehört sie? Soll es darauf ankommen, wer sie bezahlt hat? Wie läßt sich das im Streitfall sicher nachweisen? Soll sie dem gehören, dem sie übereignet wurde?

Anstelle entsetzlicher Konstruktionen wird man auch hier letztlich[3] auf den Willen der beiden Ehegatten abzustellen haben, ohne Rücksicht darauf, wer den Gegenstand zunächst vom Veräußerer zu Eigentum übertragen erhalten hat. Im Zweifel ist Miteigentum beider Ehegatten anzunehmen,[4] wenn es sich um gemeinschaftlich zu benützende oder zu dem gemeinschaftlichen Haushalt gehörende Dinge handelt, sonst Alleineigentum des Ehegatten, der die Sache in Gebrauch hat.

In unserem Beispiel ist also darauf abzustellen, wer nach den Abmachungen der Ehegatten Eigentümer der Maschine werden sollte. Läßt sich eine solche Vereinbarung nicht feststellen, so ist Miteigentum beider Ehegatten anzunehmen.

Handelt es sich um Erwerb im Rahmen eines Schlüsselgewaltsgeschäfts nach § 1357, so nimmt die h.M. Miteigentum nach Bruchteilen beider Ehegatten an, sofern nicht § 1370 eingreift (s. *Baur,* FS Beitzke, 1979, 111; *Käppler* AcP 179, 146; *Mikat* FamRZ 1981, 1128; *Pawlowski,* Die bürgerl. Ehe als Organisation, 1983, 18; *Wacke* NJW 1979, 2585/91 u. FamRZ 1980, 13; *Walter,* Eigentumserwerb in der Ehe, 1981, 10 ff. u. JZ 1981, 601). Der BGH wendet in seiner Entscheidung BGHZ 114, 74 (79) = NJW 1991, 2283 § 1357 Abs. 1 nicht auf dingliche Rechtsgeschäfte an, sondern bejaht bei Veräußerung von Hausratsgegenständen an einen Ehepartner gegebenenfalls eine Übereignung an

---

[1] In der Neufassung des Anfechtungsgesetzes – nach der Insolvenzrechtsreform – ist eine Spezialregelung für Ehegattenschenkungen (im Sinne von § 3 I Ziff. 4 AnfG) nicht mehr vorgesehen. Es gilt dann allgemein § 4 I AnfG 1999. (S. auch *Baur/Stürner* I, ZVR Rn. 26.30).

[2] Vgl. zu dieser Regelung eingehend *Baur* FamRZ 1958, 253 und *Baur/Stürner* I, ZVR Rn. 19.3 ff.; *Gernhuber/Coester-Waltjen,* Familienrecht, § 22 II; *Reinicke,* DB 1965, 961; *Soergel/Lange* Rn. 2 zu § 1362. – Es wird auch angenommen, daß § 1362 BGB, § 739 ZPO verfassungswidrig seien (*Brox* FamRZ 1981, 1125 m.w.N.), u.a. mit dem Argument, es sei kein sachlicher Grund dafür vorhanden, Ehegatten in vollstreckungsrechtlicher Hinsicht schlechter zu stellen als Personen in nichtehelicher Lebensgemeinschaft. Aber diese Überlegung könnte nur dazu führen, auch auf solche Gemeinschaften § 1362 BGB und § 739 ZPO anzuwenden (so z.B. MünchKomm/*Wacke* § 1362 Rz. 11).

[3] S. dazu *Dörr* NJW 1989, 810.

[4] Und zwar Miteigentum nach Bruchteilen, nicht Gesamthandseigentum, wie das OLG München NJW 1972, 542 annimmt (man kann nicht auf kaltem Wege eine – partielle – Gütergemeinschaft begründen!).

§ 51 E II   IV. Abschnitt. Mobiliarsachenrecht

den, den es angeht, als Geschäft des täglichen Lebens – vgl. hierzu: *Coester-Waltjen,* FamRZ 1991, 923; a. A. *Lüke,* JR 1992, 287; hinsichtlich nichtehelicher Lebensgemeinschaften siehe: *Leipold,* FS für Gernhuber, 1993, 705.

28 bb) Während das Surrogationsprinzip des § 1370 den Vermögensstatus eines jeden Ehegatten – freilich nur in bescheidener Weise – aufrecht erhalten will, läßt sich das Gesetz in §§ 1365–1369 den *Schutz der Familienhabe* angelegen sein. Daher bedarf ein Ehegatte, der im Güterstand der Zugewinngemeinschaft über sein Vermögen im ganzen verfügen will, zu dem Verpflichtungs- und Verfügungsgeschäft der Zustimmung des anderen Ehegatten (§§ 1365–1368; s. oben § 22 Rn. 17ff.).[1] Das gleiche gilt für Verpflichtungs- und Verfügungsgeschäfte über *Gegenstände des ehelichen Haushalts* (§ 1369). Fehlt diese Zustimmung endgültig, so sind Verfügungs- und Verpflichtungsgeschäft unwirksam. Dem Erwerber hilft es nichts, daß er redlich war, gleichgültig ob er gar nicht wußte, daß sein Vertragspartner verheiratet war, oder ob er an die Zustimmung des anderen Ehegatten glaubte.

29 Die – vom Standpunkt des Verkehrsinteresses aus gesehen recht merkwürdigen – Konsequenzen[2] dieser Regelung mag folgendes *Beispiel* deutlich machen:

E, der mit seiner Frau F im gesetzlichen Güterstand der Zugewinngemeinschaft lebt, veräußert in bedrängter finanzieller Situation das ihm gehörige Radiogerät an K zum Kaufpreise von 500 DM. Als F – die einige Zeit verreist war – von der Veräußerung erfährt, verweigert sie ihrem Manne gegenüber die Zustimmung; damit sind Kauf und Übereignung unwirksam (§ 1369 Abs. 3 mit § 1366 Abs. 4). Sowohl F wie E sind berechtigt, das Radiogerät von K herauszuverlangen (§ 1368 – § 985), ohne daß diesem ein Zurückbehaltungsrecht wegen seines Rückforderungsanspruchs aus § 812 (bezahlter Kaufpreis!) zustünde (str. s. *Soergel/Lange* Rn. 14 zu § 1368; *Beitzke/Lüderitz,* FamR, § 14 II, je m. w. N.[3]). An diesem Ergebnis würde sich nichts ändern, wenn E dem K auf Frage gesagt hätte, er sei nicht verheiratet oder er lebe mit seiner Frau in Gütertrennung (str., s. *Beitzke/Lüderitz* § 14 II 2 m. w. N.). Eine Zustimmung der F ist aber nicht erforderlich, wenn E im Rahmen des § 1357 gehandelt hat; denn dann ist auch die F zur Erfüllung verpflichtet.

Hat das Radiogerät nicht dem E, sondern der F (oder dem E *und* der F) gehört, so ist § 1369 seinem Wortlaut nach nicht anwendbar („ihm gehörende"); nach dem Sinn dieser Bestimmung ist es aber geboten, ihn entsprechend heranzuziehen (ebenso OLG Köln MDR 1968, 586; str.). War das Gerät im Mitbesitz beider Ehegatten, so greift § 935 (kein gutgläubiger Erwerb bei abhandengekommenen Sachen!) Platz. Dies ist bedeutsam für den Fall, daß K das Gerät bereits an D weiter veräußert hat. Denn das Fehlen der Zustimmung des anderen Ehegatten verhindert zwar den Eigentumserwerb des K, nicht aber den des redlichen D; demgegenüber wirkt sich der Makel des Abhandenkommens nach § 935 auch gegen andere, nachfolgende Erwerber aus (Beispielsfall: BayObLG FamRZ 1965, 331; dazu *Gernhuber/Coester-Waltjen,* § 35 I 8).

cc) *Hausrat nach Ehescheidung: Alleineigentum* eines Ehegatten kann notfalls nach § 985 herausverlangt werden, sofern nicht familiengerichtliche Zuteilung an den anderen Ehegatten nach § 9 HausratsVO erfolgt (konstitutiver Eigentumserwerb im Verfahren der freiwilligen Gerichtsbarkeit!). Im *Miteigentum* der Ehegatten stehender Hausrat wird auf Antrag durch den Familienrichter nach § 8

---

[1] Wobei § 1365 auch dann eingreift, wenn der das ganze Vermögen darstellende Gegenstand nicht ein Grundstück ist (wie oben § 22 Rn. 17), sondern ein anderer Vermögensgegenstand (z. B. ein Aktienpaket); s. zur Stellung des „gutgläubigen" Vertragspartners *Reinicke,* Gutgl. Erwerb S. 184 ff. m. w. N.

[2] Siehe die Lehrbücher des Familienrechts von *Gernhuber/Coester-Waltjen,* § 35 III und *Beitzke/Lüderitz* § 14 II sowie *Medicus* BR Rn. 541; *Pawlowski,* Die bürgerl. Ehe als Organisation, 1983, 32; *Tiedtke* JZ 1984, 1018.

[3] Zu den schwierigen prozessualen Fragen, die sich hier ergeben, s. *Baur* FamRZ 1958, 253, 256 und 1962, 508, 510; *Fenge* FS Wahl, 1973, 475; *Rimmelspacher* aaO (vor § 9) S. 158 ff.

HausratsVO verteilt[1] (konstitutiv). S. auch §§ 621 Abs. 1 Nr. 7, 621a ZPO. – Regelung *bei Getrenntleben:* § 1361a BGB mit § 18a HausratsVO (*Vogel* FamRZ 1981, 839 m. w. N.).

Nach diesem Exkurs nun zurück zur Übereignung durch Besitzkonstitut!

4. Konstitut durch Insichgeschäft?

Schon oben § 7 Rn. 38 hatten wir festgestellt, daß ein Besitzmittlungsverhältnis auch auf dem Wege des § 181 durch Insichgeschäft begründet werden kann, wenn der Vertreter dazu befugt ist oder damit nur eine Verbindlichkeit dem Vertretenen gegenüber erfüllt. **30**

Diese Konstruktion wird – neben dem antezipierten Konstitut (Rn. 31) und dem „Geschäft wen es angeht" (unten Rn. 43) – häufig in den Fällen der Geschäftsbesorgung für andere, der mittelbaren Stellvertretung gewählt, um einen alsbaldigen Eigentumsübergang auf den „Hintermann" zu erzielen (vgl. das Beispiel oben § 7 Rn. 39).[2]

Hauptfall ist die Einkaufskommission; der Kommissionär wird – als mittelbarer Stellvertreter – zunächst Eigentümer der gekauften Sache; er überträgt aber das Eigentum durch Insichgeschäft auf den Kommittenten, wodurch er nur eine ihm obliegende Verpflichtung erfüllt (§ 384 Abs. 2 2. Halbsatz HGB). Freilich muß dieser Übereignungswille äußerlich in Erscheinung treten, z.B. dadurch daß der Kommissionär die gekaufte Sache mit dem Namen des Kommittenten versieht oder – gesetzlich geregelter Sonderfall beim Kauf von Wertpapieren – das Stückeverzeichnis an ihn absendet (vgl. § 18 DepotG). Damit macht der Kommissionär das Insichgeschäft äußerlich sichtbar.[3]

5. Antezipiertes[4] Konstitut?

Hauptanwendungsfall dieser Rechtsfigur ist die Sicherungsübereignung von Warenlagern mit wechselndem Bestand. **31**

Beispiel: S hat dem G (= seiner Bank) sein in bestimmten Räumen untergebrachtes Warenlager zur Sicherheit für einen eingeräumten Kontokorrentkredit übereignet. Weder dem S noch dem G wäre damit gedient, wenn dieses Warenlager nun „einfriert". S muß verkaufen, damit er seine Schuld nach und nach abdecken kann; dazu hat ihn G auch ermächtigt (§ 185), sofern der Verkauf „im normalen Geschäftsgang" erfolgt. Beide Parteien wollen aber, daß die „neu auf Lager gekommenen Gegenstände" als Sicherheit dienen. Eine gesetzliche Surrogation,[5] die zweckmäßig wäre, ist nicht vorgesehen.

Für solche Fälle wurde die Übereignung durch vorweggenommenes Konstitut entwickelt.

---

[1] Zur Geschichte dieser VO *Schubert* JZ 1983, 939.
[2] Dazu besonders *MünchKomm/Schramm* § 164 Rn. 145 ff. (m. w. N.).
[3] *Westermann/H. P. Westermann* I § 43 IV; *Staudinger/Wiegand* § 930 Rn. 34. – Zum Eigentumserwerb von Effekten (z.B. Aktien) durch Vermittlung einer Bank s. *Canaris*, Bankvertragsrecht, 3. Aufl. 1988, Anm. 865 ff.; *Wolter*, Effektenkommission u. Eigentumserwerb, 1979; *Zöllner*, WPR § 29 II.
[4] Didaktisch besser und dem heutigen Sprachempfinden wohl angemessener als die Bezeichnung: antizipiertes Konstitut. Denn bei „anti" denkt man heute meist an eine Gegnerschaft o. dgl.; damit hat dieses Rechtsinstitut nichts zu tun. Im übrigen ist – dies an die Adresse der Sprachkritiker – „antezipiert" historisch ebensogut begründet wie „antizipiert"; denn es gab im antiken Latein neben *anticipare* auch die Form *antecapere*, s. den Thesaurus linguae Latinae u. die anderen lat. Wörterbücher.
[5] Vgl. z.B. §§ 1370, 2019, 2041.

Dabei sind zweierlei antezipiert:

a) die Einigung; wir wissen, daß sie vor der Übergabe liegen kann und bestehen bleibt, wenn sie nicht widerrufen wird;

b) die Vereinbarung des Besitzmittlungsverhältnisses: die Parteien sind sich jetzt schon darüber einig, daß der Sicherungsgeber die von ihm neu erworbenen Gegenstände für den Sicherungsnehmer verwahren soll.

Diese Rechtsfigur wird heute allgemein für zulässig gehalten. Streitig und zweifelhaft ist nur, ob eine Kenntlichmachung dieses Vorgangs (etwa durch Übersendung von Rechnungsdurchschlägen über die neu angeschafften Waren an den Sicherungsnehmer) erforderlich ist.

> Das RG (vgl. etwa RGZ 73, 415, 418; 140, 223, 231) hatte eine „nach außen erkennbare Ausführungshandlung" gefordert (ähnlich BGHZ 21, 52; BGH MDR 1958, 509) und dies damit begründet, daß „an dem Erfordernis der Erkennbarkeit des Eigentumsübergangs grundsätzlich festzuhalten" sei (RGZ 140, 231).

Die Begründung, daß der Eigentumsübergang nach außen erkennbar sein müsse, kann nicht überzeugen. Denn es ist gerade die Eigenart der Surrogattatbestände der §§ 929 Satz 2 bis 931, daß sie nach außen *nicht* sichtbar werden, sondern sich durch Vereinbarungen der Parteien vollziehen. Ein „Erkennbarmachen" kann daher nur durch den Bestimmtheitsgrundsatz gefordert werden; es muß feststehen, welche künftig vom Sicherungsgeber erworbenen Gegenstände von der antezipierten Übereignung erfaßt werden.[1]

> Davon ist die weitere Frage zu unterscheiden, ob der Sicherungsgeber (S) noch in dem Augenblick, wo er den unmittelbaren Besitz an der Ware von dem Lieferanten erhält, den Willen haben muß, Besitzmittler des Erwerbers zu sein. Die h. M. (vgl. *Staudinger/Wiegand* § 930 Rn. 33) bejaht diese Frage, wohl zu Recht, weil die Konstruktion des Besitzmittlungsverhältnisses auf den Willen des Besitzmittlers abstellt (gegen die h. M. *Lempenau*, Direkterwerb oder Durchgangserwerb bei Übertragung künftiger Rechte 1968, S. 53 ff.).

32 Der Erwerb des Sicherungsnehmers – wir nehmen diesen Hauptanwendungsfall des antezipierten Konstituts stellvertretend für alle – vollzieht sich auf dem Weg über den Erwerb des Sicherungsgebers; dieser ist – wenn auch nur eine „logische Sekunde" lang – Eigentümer geworden, sog. „Durchgangserwerb". Dies kann dazu führen, daß die zur Sicherheit übereignete Sache mit einem Pfandrecht belastet in das Eigentum des Sicherungsnehmers gelangt:

> S hat sein „gegenwärtiges und künftiges" Warenlager, das sich in bestimmten Räumen befindet, seinem Gläubiger G zur Sicherheit übereignet. Nach einem halben Jahr ist der ursprüngliche Bestand des Warenlagers völlig ausgewechselt. Ist das im Eigentum des G stehende Lager mit einem Vermieterpfandrecht zugunsten des Hauseigentümers E belastet, wenn S mit seinen Mietzinsraten in Verzug ist? Die Frage ist zu bejahen: denn *zunächst* war S Eigentümer geworden.

III. Praxisrelevante Sonderfälle des § 930

Unter diesem Stichwort sollen einige Gruppen von Sonderfällen des § 930 besprochen werden, die in der Praxis nicht selten sind:

---

[1] Ähnlich im Ergebnis jetzt die h. M. S. die Nachweise bei *MünchKomm/Quack* § 930 Rz. 36; *Serick* II § 20; *Staudinger/Wiegand* § 930 Rn. 32; *Westermann/H. P. Westermann* I § 41 III 2.

§ 51. Der Erwerb des Eigentums vom Berechtigten

1. Die ausgesuchte Ware

Darunter sollen die Fälle verstanden werden, daß jemand eine Ware beim Verkäufer bereits ausgesucht, fest gekauft und u. U. sogar schon bar bezahlt hat, daß sie aber aus irgendwelchen Gründen

„Dekorationsstück" – „zu groß, um gleich mitgenommen zu werden" – „wird durch unseren Monteur bei Ihnen angebracht"

zunächst noch beim Verkäufer bleibt. Ist der Käufer schon Eigentümer geworden?

Die Frage hat praktische Bedeutung: Man denke nur, daß ein Gläubiger des Verkäufers diese Ware pfändet oder der Verkäufer in Konkurs fällt oder der Lieferant des Verkäufers von seinem Eigentumsvorbehalt Gebrauch machen will.

Eine für alle Fälle gültige Antwort läßt sich nicht geben; es kommt auf die Umstände und Vereinbarungen des Einzelfalls an. Gewisse Anhaltspunkte lassen sich jedoch geben:

a) Beim *Spezieskauf* liegt in der Regel eine Übereignung nach § 930 vor, wenn der Erwerber eine Ware ausgesucht, gekauft und bereits bezahlt hat; denn hier hat der Käufer ein schutzwürdiges Interesse daran, sofort Eigentümer zu werden.[1] Das in § 930 geforderte Besitzmittlungsverhältnis liegt in der Übernahme der Verwahrungs- oder Beförderungspflicht durch den Verkäufer.

Wie wirkt sich dieser Eigentumserwerb auf den Übergang der sog. Preisgefahr nach §§ 446, 447 aus? Man könnte sagen, der Verkäufer habe zwar nicht übergeben, aber doch schon voll übereignet, also alle seine Pflichten aus dem Kaufvertrag erfüllt, es gelte jetzt der Satz: casum sentit dominus! *Larenz*[2] will dies dann annehmen, wenn der Käufer auch die wirtschaftliche Nutzung der Sache erhalten hat. Indessen werden die Verwahrung für den Käufer und die Beförderung zum Käufer in der Regel noch Nebenpflichten des Kaufvertrags, dieser also vorher noch nicht voll erfüllt sein, so daß es auf die körperliche Übergabe an den Käufer (§ 446) bzw. an die Transportperson (§ 447) ankommt. Das Ergebnis, daß der Käufer bereits Eigentümer ist, die Preisgefahr aber noch beim Verkäufer liegt, ist auch interessegemäß, da der Regelung des § 446 der Gefahrbeherrschungsgedanke zugrunde liegt.[3]

b) Beim *Gattungskauf* kann eine Übereignung erst nach Konkretisierung der für den Käufer bestimmten Stücke erfolgen; daher wird in der Regel § 929 Satz 1 anzuwenden sein. Ein Besitzkonstitut nach § 930 wird nur ausnahmsweise gegeben sein:

K hat bei V – einer Maschinenfabrik – 5 Motoren eines bestimmten Typs gekauft. V teilt nach einiger Zeit dem K – der Wiederverkäufer ist – mit, daß 5 Motoren bestimmter Nummern „auf Abruf bereit stünden" und bittet gleichzeitig um Bezahlung. K bestätigt das Schreiben und überweist den Kaufpreis. Hier wird eine Übereignung nach § 930 vorliegen; das Besitzmittlungsverhältnis liegt in der Verwahrungspflicht bis zum Abruf.

2. Der „nachträgliche Eigentumsvorbehalt"

Der Eigentumsvorbehalt bedeutet, daß das Eigentum unter der aufschiebenden Bedingung vollständiger Bezahlung des Kaufpreises übertragen wird

---

[1] *Heck* § 57 V.
[2] II/1 § 42 II a.
[3] Die Sonderregelung für Grundstücke in § 446 Abs. 2 zwingt u. E. nicht zu einer anderen Lösung.

(§ 455). Ist die Sache bereits unbedingt übereignet, so bedeutet nach der Auffassung der Rechtsprechung ein „nachträglicher (vereinbarter) Eigentumsvorbehalt" eine Rückübereignung der Sache an den Verkäufer nach § 930 und eine sich daran anschließende bedingte Übereignung an den Käufer nach § 929 Satz 2. Dabei hält die Rechtsprechung die Vereinbarung der Parteien, daß der Käufer in Zukunft als Vorbehaltskäufer besitzen solle, nicht ausreichend für ein Besitzmittlungsverhältnis nach § 930 mit § 868 (BGH NJW 1953, 217 [= *Baur*, E. Slg. Fall 23], unter Bezugnahme auf RGZ 49, 170; 54, 396; in BGHZ 42, 53, 58 offen gelassen).

Die Literatur[1] lehnt mit Recht diese die Parteiabmachung ignorierende Lösung ab. Es steht in der Tat nichts im Wege, daß die Parteien nachträglich denselben Rechtszustand, wie er bei vorherigem Eigentumsvorbehalt bestünde, vereinbaren. Selbstverständlich können Rechte Dritter, die in der Zwischenzeit schon begründet worden waren, durch die Rückübereignung nicht beeinträchtigt werden.

Auch der BGH (BGHZ 98, 160 [dazu *Henckel* JZ 1987, 359]) hält eine Bestätigung des Käufers, es sei unter Eigentumsvorbehalt geliefert worden, für wirksam (sog. Bestätigungs- oder Feststellungsvertrag); dazu schon *Baur* FS Böttcher 1969, 1 = *Beiträge* I 151.

Vom nachträglichen Eigentumsvorbehalt ist der Fall zu unterscheiden, daß im Kaufvertrag von einer Lieferung unter Eigentumsvorbehalt nicht die Rede war, der Verkäufer aber *bei der Lieferung* den Eigentumsvorbehalt deutlich zum Ausdruck bringt. Damit liegt eine Einigung über einen unbedingten Eigentumsübergang nicht vor, der Käufer erwirbt – wenn er den auf bedingte Übereignung gerichteten Antrag des Verkäufers annimmt – aufschiebend bedingtes Eigentum (Anwartschaft); wenn er den auf bedingte Übereignung gerichteten Antrag nicht annimmt, überhaupt kein Eigentum, also nicht einmal die Anwartschaft (BGH NJW 1953, 217 [= *Baur*, E. Slg. Fall 23] mit Anm. *Raiser*). Daß der Verkäufer bei der zweiten Alternative seiner im Kaufvertrag enthaltenen Verpflichtung zuwiderhandelt, ändert an der sachenrechtlichen Beurteilung des Vorgangs nichts. Der Käufer mag auf unbedingte Übereignung klagen, wenn er sich mit der Stellung eines Anwartschaftsberechtigten nicht zufrieden gibt (Einzelheiten unten § 59 Rn. 10).

F. Übereignung durch Abtretung des Herausgabeanspruchs nach § 931[2]

I. Grundgedanken

35 Auch § 931, der als weiteres Übergabesurrogat die Abtretung des „Anspruchs auf Herausgabe der Sache" einführt, entspricht dem *Vereinfachungsprinzip:* wenn ein Dritter die Sache in Besitz hat, soll er sie nicht dem Veräußerer zurückgeben müssen,[3] damit sie dieser dem Erwerber übergeben kann, der sie dann dem Dritten wieder aushändigt.

Ferner gibt § 931 dem Veräußerer die Möglichkeit, die Sache zu übereignen, auch wenn er dem Erwerber nicht den unmittelbaren Besitz verschaffen kann.

---

[1] Vgl. *Raiser* NJW 1953, 217; *Serick* I S. 93 f.; *Deneke* JuS 1988, 965 m.w.N.
[2] Siehe dazu *Neumeyer* in Festschrift f. Lange (1970) S. 305 ff.
[3] Wozu er u. U. gar nicht verpflichtet wäre, z. B. wenn er die Sache auf bestimmte Zeit gemietet hat.

II. Tatbestandsalternativen

Offenbar umfaßt § 931 – ohne daß dies in seinem Wortlaut zum Ausdruck käme – zwei Tatbestandsgruppen,
einmal die, daß der Veräußerer (z. B. der Vermieter) mittelbarer Besitzer ist,
zum anderen die, daß nur ein Herausgabeanspruch nach § 985, aber kein Besitzmittlungsverhältnis besteht (Eigentümer – Dieb).
Daraus ergibt sich die Frage, welcher Anspruch nun eigentlich abgetreten wird: der Anspruch aus § 985 in beiden Fällen oder im ersten Fall der Anspruch aus dem Besitzmittlungsverhältnis? Die Beantwortung der Frage ist streitig;[1] um Klarheit zu gewinnen, müssen beide Tatbestandsgruppen getrennt erörtert werden:

1. Veräußerer ist mittelbarer Besitzer

Ist der *Veräußerer mittelbarer Besitzer,* so kann nach § 870 der mittelbare Besitz durch Abtretung des Herausgabeanspruchs, der sich aus dem Besitzmittlungsverhältnis ergibt, aber noch nicht fällig zu sein braucht, auf den Erwerber übertragen werden. Die Abtretung *dieses* Anspruchs in Verbindung mit der Einigung führt auch die Übereignung i. S. des § 931 herbei.[2] Gemeint ist weder die Abtretung des Anspruchs aus § 985 noch die kumulierte Abtretung der Ansprüche aus § 985 *und* aus dem Besitzmittlungsverhältnis.[3] BGH NJW 1959, 1538: „Nach dem Sinn des § 931 BGB kann im Fall eines Besitzmittlungsverhältnisses die Abtretung des Herausgabeanspruchs zum Zwecke der Eigentumsübertragung nichts anderes bedeuten als die nach § 870 BGB für die Besitzübertragung erforderliche Abtretung des Herausgabeanspruchs ...., des schuldrechtlichen Herausgabeanspruchs" auf Grund des Besitzmittlungsverhältnisses.

Mit der so vorgenommenen Übereignung steht dann dem Erwerber auch der Anspruch aus § 985 zu.

2. Veräußerer ist besitzlos

Ist der Veräußerer *nicht mittelbarer Besitzer,*[4] so kann nur die Abtretung des Herausgabeanspruchs mit dem Eigentum in Betracht kommen. Hier aber ergeben sich zwei Bedenken:

a) ein *praktisches:* Wie soll die Übereignung erfolgen, wenn niemand die Sache in Besitz hat? (sie ist verloren und von niemandem gefunden);

b) ein *rechtslogisches:* Wenn der Eigentümer nicht mittelbarer Besitzer ist, dann hat doch das ihm verbliebene Eigentum im wesentlichen keinen anderen Inhalt als eben den Eigentumsherausgabeanspruch. Wenn er sich also über den

---

[1] *Staudinger/Wiegand* § 930 Rn. 13 ff.
[2] BGH in NJW 1959, 1536 u. die h. M.; s. auch *Soergel/Mühl* § 931 Rn. 4 m. w. N.
[3] So RGZ 52, 385, 394; *Oertmann* AcP 113, 78, 90.
[4] Was auch der Fall ist, wenn das Besitzmittlungsverhältnis nichtig ist.

Eigentumsübergang geeinigt hat, dann liegt darin denknotwendig auch die Abtretung des Herausgabeanspruchs.[1] In diesem Fall genügt also *bloße Einigung*, um dem Erwerber das Eigentum zu übertragen.[2]

III. Abtretung gemäß §§ 398 ff.

38 Die Abtretung des Herausgabeanspruchs kann auch stillschweigend erfolgen, sie wird häufig mit der Einigung zusammenfallen.[3] Eine Mitteilung der Abtretung an den unmittelbaren Besitzer ist nicht erforderlich; denn es sind die §§ 398 ff. anwendbar, die eine solche Mitteilung nicht fordern:

V hat sein Radiogerät bei R in Reparatur. Er übereignet es nach §§ 931, 870 an K. Damit ist K Eigentümer und gleichzeitig mittelbarer Besitzer geworden. Freilich ist dadurch weder das Zurückbehaltungsrecht des R (§§ 404, 273) noch dessen Unternehmerpfandrecht berührt worden (§ 936 Abs. 3); *die Rechtsstellung des unmittelbaren Besitzers wird also durch die Veräußerung nach § 931 nicht beeinträchtigt* (s. auch § 986 Abs. 2).

Hat R das Gerät nach der Reparatur an V herausgegeben (weil er von der Übereignung an K nichts wußte), so hat er damit auch dem K gegenüber wirksam erfüllt (§ 407; daher hätte sich eine Mitteilung der Übereignung an R empfohlen!). K kann aber von V die Herausgabe des Geräts verlangen, und zwar sowohl auf Grund des Kaufvertrags („Nachwirkungen"!) wie aus § 816 Abs. 2.

Zur Ergänzung: Das Werkunternehmerpfandrecht des R ist durch die Ablieferung an V untergegangen (§ 647 mit § 1257 und § 1253). R kann sich wegen der Reparaturkosten nur an V halten, denn nur mit diesem hat er den Werkvertrag abgeschlossen. R ist auch nicht berechtigt, die Reparaturkosten als Aufwendungsersatz (§ 1001) von K zu verlangen; denn im Verhältnis K – R hat es an der Vindikationslage gefehlt; R war rechtmäßiger Besitzer (vgl. zu diesem Fragenkreis *Raiser* JZ 1958, 681; *Schönfeld* JZ 1959, 301 und oben § 11 Rn. 12, 18 und 54 ff.).

Auch die Abtretung eines *künftigen Herausgabeanspruchs* aus dem Besitzmittlungsverhältnis genügt (s. RGRK/*Pikart* § 931 Rn. 31), ebenso eines *bedingten*, wobei zu beachten ist, daß die Rechtsstellung des Erwerbers von der Bedingung abhängt und die „Bedingungsfreiheit" auch nicht redlich erworben werden kann (etwa in entsprechender Anwendung des § 936!).

IV. Sonderfälle

1. Mehrstufiger Besitz

39 Liegt *mehrstufiger mittelbarer* Besitz vor (V hat seine Sache an M 1, dieser an M 2 vermietet), so tritt der Veräußerer (V) seinen aus dem Besitzmittlungsverhältnis sich ergebenden Anspruch gegen den nächststufigen Besitzer (M 1) ab.

2. Wahlmöglichkeit zwischen § 930 und § 931

Vielfach besteht zwischen dem Weg des § 930 und dem des § 931 eine Wahlmöglichkeit; der Veräußerer als mittelbarer Besitzer begründet zugunsten des Erwerbers einen mittelbaren Besitz nächster Stufe (§ 930) *oder* tritt ihm den Anspruch nach § 870 ab.

Beispiel: V hat eine Schreibmaschine an M vermietet; will er sie an K veräußern, so kann zu dessen Gunsten ein weiteres Besitzmittlungsverhältnis (V–K) begründet *oder* der Herausgabeanspruch gegen M abgetreten werden. Das erste wird gewollt sein, wenn V nicht endgültig aus den die Maschine

---

[1] So mit Recht *Westermann*/H. P. *Westermann* I § 42 II 4 b; *Staudinger*/*Wiegand* § 931 Rn. 14; im Ergebnis ebenso *Soergel*/*Mühl* § 931 Rn. 4; *Wolff*/*Raiser* § 67 II 2; ferner E. *Wolf* § 5 A VII c 4 S. 227.

[2] Das gilt auch für den Fall der Übereignung besitzloser Sachen (z. B. eines gesunkenen Schiffes). Dazu *Westermann*/H. P. *Westermann* § 42 II 3 und *Staudinger*/*Wiegand* § 931 Rn. 17; a. A.: RGRK/*Pikart* § 931 Rn. 9; vgl. hierzu *Avenarius* JZ 1994, 511 f.

[3] Hierzu *Soergel*/*Mühl* § 931 Rn. 7.

betreffenden Rechtsbeziehungen ausscheiden soll (so im Fall der Sicherungsübereignung an K), dagegen wird § 931 in Betracht kommen, wenn V die Maschine endgültig veräußert.

(Im übrigen käme hier – wie wir wissen, s. oben Rn. 14f., 18f. – auch eine Übereignung nach § 929 Satz 1 in Betracht, wenn M auf Veranlassung des V mit K einen Mietvertrag abschließt!).

3. Traditionspapiere[1]

Im Handelsrecht ist es in gewissen Fällen möglich, Waren in einem Traditionspapier zu verkörpern. Dies sind Orderpapiere, durch deren Übergabe in Verbindung mit einem Indossament die körperliche Übergabe der Ware ersetzt wird; die dingliche Einigung muß dazu kommen. Hierher gehören der Orderlagerschein (§ 475g HGB), der Ladeschein (§ 448 mit §§ 444ff. HGB) und das Konnossement (§ 647 mit §§ 642ff. HGB). Neben der Möglichkeit der *Tradition* haben diese Papiere auch den Vorteil der *Legitimation* des Erwerbers, die bei Übereignung nach § 931 nicht gegeben ist. **40**

Beispiel: V in Heilbronn hat an K in Düsseldorf 150 to Salz verkauft. Er verlädt es auf den Kahn des selbständigen Rheinschiffers F, der einen Orderladeschein (auch Binnenkonossement genannt) ausstellt. Diesen mit seinem Indossament versehenen Ladeschein übersendet V dem K. Dies hat „dieselbe Wirkung wie die Übergabe des Gutes" (§ 448 HGB). Kommt die Einigung über den Eigentumsübergang hinzu, so wird K Eigentümer (§ 929 Satz 1). Er kann die Ware, während sie „noch schwimmt", an D weiterveräußern. D ist dann auch „zum Empfang des Gutes" legitimiert (§ 446 HGB). Der Inhalt des Ladescheins ist maßgebend für das Rechtsverhältnis zwischen D und F (§ 444 Abs. 3 HGB). Es gilt also die typisch *wertpapierrechtliche Einredebeschränkung*; insbes. braucht sich D Einreden aus der Person seines Vormanns K – entgegen § 404 BGB – nicht entgegenhalten zu lassen (Weiterer Beispielsfall: BGHZ 36, 329).

Die Ausstellung eines der genannten Traditionspapiere hindert aber nicht die Übereignung des in dem Papier verkörperten Guts nach § 929 Satz 1 und nach § 931, wobei freilich im Falle des § 931 das Traditionspapier übergeben werden muß (so BGHZ 49, 160).

Zu beachten ist, daß weder das *Frachtbriefdoppel* noch der Lieferschein[2] noch der Kraftfahrzeugbrief[3] Traditionspapiere sind: Auf dem Frachtbriefdoppel wird die Annahme des Frachtguts durch die Eisenbahn bestätigt; es handelt sich also um eine Beweisurkunde. In der Übergabe des Doppels an den Erwerber wird aber regelmäßig die Abtretung nach § 931 liegen. Dies gilt nach der Rechtsprechung (RGZ 102, 96) namentlich dann, wenn der Kaufvertrag mit der Klausel: „Netto Kasse gegen Frachtbriefduplikat" geschlossen wurde; denn in einem solchen Fall ist die Zugumzugleistung (Geld gegen Eigentumsverschaffung nach § 931) augenscheinlich.

G. Übereignung durch und an Stellvertreter – Geschäft wen es angeht

I. Unmittelbare Stellvertretung

Mit den Besonderheiten, die sich bei der Übereignung durch und an Stellvertreter ergeben, haben wir uns wiederholt beschäftigt; es genügt jetzt, die Ergebnisse noch einmal zusammenzufassen: **41**

1. Bei der *Einigung* ist die Stellvertretung unproblematisch; hier finden – es handelt sich ja bei der Einigung um einen Vertrag – die §§ 164ff. unmittelbare Anwendung.

---

[1] Siehe dazu *Serick* in Festschrift für Schmidt (1959) S. 315ff.; *Zöllner*, WPR § 25 IV; *Karsten Schmidt*, Handelsrecht, § 23 III; *Westermann/H. P. Westermann* I Anhang zu § 42; *Hager* WM 1980, 666; *Tiedtke* WM 1979, 1142/6 (Lagerschein u. gutgl. Erwerb); BGH NJW 1979, 2037.
[2] RGZ 103, 151, 153; BGH NJW 1971, 1608 („Durchhandeln" einer Ware mit Hilfe von Lieferscheinen).
[3] BGH NJW 1970, 653 u. 1978, 1854.

2. Auch bei der Übergabe ist Stellvertretung möglich, *wenn* sie in einem Rechtsgeschäft besteht (§ 854 Abs. 2!) oder durch ein Rechtsgeschäft ersetzt wird (§ 930, § 931).

3. Bedeutet – wie im Regelfall des § 929 Satz 1 – Übergabe körperliche Verschaffung des unmittelbaren Besitzes an der zu veräußernden Sache, so ist Stellvertretung im rechtstechnischen Sinn nicht denkbar, weil sich die §§ 164ff. nur auf Willenserklärungen beziehen. Jedoch kann praktisch der *Effekt* einer unmittelbar den Veräußerer bzw. den Erwerber berührenden Besitzveränderung erzielt werden, wenn der Stellvertreter auf der Veräußerer- oder Erwerberseite als Besitzdiener oder als Besitzmittler auftritt.

Beispiele:
(1) In der Buchhandlung des V verkauft dessen Angestellter A (§ 56 HGB!) dem K ein Buch gegen Barzahlung (Stellvertretung auf der Veräußererseite durch Besitzdiener).
(2) Der selbständige Handelsvertreter H verkauft Waren des V in dessen Namen an K (Stellvertretung auf der Veräußererseite durch Besitzmittler).
(3) In dem obigen Beispiel (1) kauft ein Angestellter D des K in dessen Namen das Buch (Stellvertretung auf der Erwerberseite durch Besitzdiener).
(4) Nehmen wir an, daß D nicht Angestellter ist, sondern ein guter Bekannter des K, der das Buch im Namen des K bei V kauft, um es gleich selbst zu lesen: Stellvertretung auf der Erwerberseite durch Besitzmittler (Leihe).
(5) V beauftragt seinen Angestellten A, in seinem – des V – Namen seinen gebrauchten PKW gegen bar zu verkaufen. A verkauft und übereignet den Wagen an K, aber nicht gegen bar, sondern gegen Übernahme von Wechseln („Drei-Monatsakzepten"). Er versäumt auch, den Wagen nur unter Eigentumsvorbehalt zu verkaufen. Ein Gläubiger G des K läßt den Wagen pfänden. V „tobt"! Rechtslage?
A war Bevollmächtigter und Besitzdiener des V; die Vollmacht war aber auf einen Verkauf gegen bar beschränkt. Daher ist der von A namens des V geschlossene Kaufvertrag schwebend unwirksam und nach Verweigerung der Genehmigung („tobt"!) unwirksam (§ 177). Die Beschränkung der Vollmacht kann sich aber nicht auf die Übereignung beziehen, denn diese hat keinen „schuldrechtlichen Gehalt". Auch § 139 (Geschäftseinheit!) ist nicht anwendbar (Abstraktionsgrundsatz!). A hat den PKW als Besitzdiener des V auf dessen Weisung an K übergeben; daß A die Weisung des V nicht korrekt befolgt hat, ändert daran nichts. K ist also Eigentümer geworden, wenn auch rechtsgrundloser. Die Interventionsklage des V wäre unbegründet.
(Beachte, daß in dem einfach gelagerten Fall zahlreiche Rechtsprobleme stecken, die die gewählte Lösung nicht über jeden Zweifel erhaben erscheinen lassen: Auswirkung der Vollmachtsbeschränkung auch auf die Übereignung? – Geschäftseinheit? – unkorrekter Weisungsvollzug des Besitzdieners? – Anspruch auf Rückübereignung nach § 812 als Grundlage für eine Interventionsklage?).

II. Mittelbare Stellvertretung

42 1. *Auf der Veräußererseite:* Hier vollzieht der mittelbare Stellvertreter die Einigung in eigenem Namen, aber mit Ermächtigung des Eigentümers (§ 185), die Besitzübergabe als dessen Besitzdiener oder Besitzmittler:

V ermächtigt seinen Angestellten A (Besitzdiener) oder den Inhaber eines Kunsthauses H (Besitzmittler), ein wertvolles Bild in eigenem Namen auf einer Gemäldeauktion zu veräußern.

2. *Auf der Erwerberseite:* Der mittelbare Stellvertreter erwirbt selbst Eigentum an der „für" den Geschäftsherrn erworbenen Sache. Wie wir wissen, besteht aber ein berechtigtes Interesse des Geschäftsherrn, das Eigentum sofort übertragen zu erhalten, sei es durch Insichkonstitut nach §§ 181, 930 (s. oben

Rn. 30), sei es durch antezipierte Einigung und antezipiertes Besitzkonstitut nach § 930 (s. oben Rn. 31).

III. Übereignung an den, den es angeht[1]

Fraglich ist, ob in den eben behandelten Fällen der mittelbaren Stellvertretung auf der Erwerberseite der Geschäftsherr („Hintermann") dann sofort unmittelbar – also ohne Durchgangseigentum des Vertreters – Eigentum erwirbt, wenn der Vertreter für den erwerbsbereiten Hintermann erwerben will und dem Veräußerer die Person des Erwerbers gleichgültig ist. **43**

Zur Einführung ein *Beispiel* (in Anlehnung an RGZ 100, 190): Der Bräutigam K hat im Auftrag seiner Braut B mit deren Geld bei V Möbel für die künftige eheliche Wohnung gekauft. Er ist dabei nicht als Stellvertreter nach außen hervorgetreten. Es läßt sich auch nicht feststellen, daß er vorher oder nachher die Möbel (durch antezipiertes oder Insichkonstitut) an B übereignet hat.
Hier ist sicher, daß der *Kaufvertrag* zwischen V und K zustandegekommen ist. Ist die B Eigentümerin geworden?

Die Möglichkeit einer „Übereignung wen es angeht" wird heute allgemein bejaht, besonders bei den Kaufgeschäften des täglichen Lebens (so RGZ 100, 190, 192), wenn sie gegen Barzahlung abgewickelt werden. Hier ist es in der Tat dem Veräußerer in aller Regel gleichgültig, an wen er übereignet, ob an den ihm gegenüber als Geschäftspartner Auftretenden oder an den, den nach den internen Beziehungen zwischen dem Beauftragten und dem Auftraggeber die Lasten und Vorteile des Geschäfts treffen sollen. Eine Durchbrechung des in § 164 Abs. 2 enthaltenen Grundsatzes ist sonach gerechtfertigt, weil der Veräußerer hier nicht schutzbedürftig ist.

So etwa RGZ 100, 190, 192. Freilich vermischt diese Rechtsprechung häufig das „Geschäft wen es angeht" mit den Voraussetzungen des antezipierten und Insichkonstituts (s. z.B. RGZ 99, 208, 209; 140, 223, 229).

Man kann also feststellen: Der Wille des nicht erkennbar in fremdem Namen handelnden Beauftragten, für den Geschäftsherrn zu erwerben, verschafft diesem unmittelbar Eigentum, wenn dem Veräußerer die Person des Erwerbers gleichgültig ist (und der Erwerber den Besitz erlangt, wozu es schon genügt, daß der Mittelsmann Besitzdiener oder Besitzmittler des Erwerbers ist; Einzelheiten hierzu s. oben § 51 Rn. 16f.).

Zu beachten ist, daß diese Grundsätze für das schuldrechtliche Geschäft nicht gelten; denn hier hat der Verkäufer ein Interesse daran, den aus dem Kaufvertrag Berechtigten und Verpflichteten zu kennen.[2]

Eine Ausnahme von diesem Grundsatz und eine Hinwendung zum *schuldrechtlichen* Geschäft wen es angeht, findet sich in der Entscheidung des BGH in NJW 1955, 587, 590. Doch muß schon der exzeptionelle Sachverhalt (Prozeß der Volkswagensparer!) vor einer Verallgemeinerung dieser Entscheidung warnen.

---

[1] Siehe dazu *von Lübtow* ZHR 112, 227 ff.; weitere Nachweise bei *Larenz/Wolf*, AT § 46 Rn. 79 ff.; *Westermann/H. P. Westermann* § 43 IV 3.
[2] Umstritten: so wie hier *Schwab/Prütting*, § 32 IV; a. A.: *MünchKomm/Schramm*, § 164 Rn. 47; vgl. auch BGH NJW 1955, 587 (590).

H. Rechtspolitischer Ausblick[1]

44 Nachdem wir uns durch die gegenwärtige gesetzliche Regelung hindurchgearbeitet haben, soll nochmals der Frage nachgegangen werden, ob bei einer *künftigen* Neuregelung des Sachenrechts an dem Abstraktionsgrundsatz und dem Traditionsprinzip festzuhalten ist. Diese Frage soll hier nur für das Recht der beweglichen Sachen beantwortet werden.

I. Das *Abstraktionsprinzip:* Was soll mit ihm erreicht werden? Ihm liegt der Gedanke der Sicherheit und Leichtigkeit des Geschäftsverkehrs zugrunde. Wenn A an B und B an C veräußert hat, so soll der Eigentumserwerb des C nicht durch etwaige Mängel in den persönlichen schuldrechtlichen Beziehungen zwischen A und B in Frage gestellt werden. Was schuldrechtlich zwischen A und B vereinbart wurde, interessiert C nicht.

Dieses Prinzip hat sicher den großen Vorzug der Rechtsklarheit. Andererseits wird ihm – nicht ohne Grund – „Lebensfremdheit" vorgeworfen. Das „Trennungsprinzip" (Trennung von schuldrechtlichem und dinglichem Geschäft) und das Abstraktionsprinzip (gegenseitige Unabhängigkeit dieser Rechtsgeschäfte) haben sich im Handel und Wandel nie durchgesetzt, sie gelten als Reservat lebensuntauglicher Jurisprudenz. Indessen sprechen gewichtige Gründe für die Trennung von dinglichem und schuldrechtlichem Geschäft und die Unabhängigkeit dieser beiden Rechtsgeschäfte. Zwar könnten die Interessen des Rechtsverkehrs durch die Möglichkeit des redlichen Erwerbs ausreichend geschützt werden: Auch wenn Kauf und Übereignung zu einem Rechtsgeschäft zusammengezogen werden, braucht den Dritterwerber C die Gültigkeit dieses Geschäfts (zwischen A und B) nicht zu kümmern. Demgegenüber geht es im Interesse eines Gläubigers des Erwerbers (B) nicht an (worauf *Flume* II § 12 III 3 mit Recht hinweist), die Wirksamkeit seiner Vollstreckung von der Gültigkeit des Kausalgeschäfts abhängig zu machen.[2]

II. Bei der Frage nach der Beibehaltung des *Traditionsprinzips* geht es offenbar um die Publizität des Erwerbsvorgangs. Die Argumentation, daß schon im geltenden Recht der Traditionszwang von der Regel zur Ausnahme geworden sei (§§ 929 Satz 2, 930, 931; § 854 Abs. 2), genügt nicht; denn man könnte der Auffassung sein, daß künftig die Notwendigkeit eines realen Vollzugsaktes wieder stärker betont werden müßte.[3] In der Tat wäre eine bessere Kenntlichmachung des Erwerbsvorgangs nach außen wünschenswert. Aber die gesetzgeberische Verwirklichung eines solchen Wunsches scheitert einmal an der Kompliziertheit der Erwerbsvorgänge in der Wirtschaft, zum anderen an eingebürgerten Instituten wie dem der Sicherungsübereignung.

Wenn an Erwerbsvorgängen auf beiden Seiten mehrere selbständige oder unselbständige Personen beteiligt sind, so macht es – wie wir wissen – nach geltendem Recht erhebliche Schwierigkeiten, den für die Übereignung maßgebenden Übergabeakt festzustellen; er wird vielfach nach außen gar nicht sichtbar. Bei der Sicherungsübereignung schließlich treten Eigentumsverschiebungen ein, ohne daß selbst den Beteiligten Nahestehende davon wissen. Der Schluß vom Besitz auf das Eigentum ist heute noch weniger gerechtfertigt denn je. So wird denn auch im praktischen Leben die Übergabe allenfalls als Indiz für eine erfolgte Übereignung und – bei der Gattungsschuld – als eine vorgenommene Konkretisierung angesehen. Das Schwergewicht liegt aber im Vertragsschluß, der Kauf *und* Eigentumsübergang enthält, unbedingt bei Barzahlung, bedingt bei Kreditkäufen. Es ist angebracht, daß eine künftige Neuordnung an dieser Gestaltung der Rechtstatsachen nicht vorbeigeht. Bei Mobiliarsicherheiten wird die internationale Tendenz zur *Publizität durch Registrierung* zu beachten sein (hierzu § 14 Rn. 5 und 6).

§ 52. Der Erwerb vom Nichtberechtigten

Lit.-Hinweis: S. die vor § 51 genannten Darstellungen. Ferner: *Boehmer,* Grundlagen der Bürgerlichen Rechtsordnung, II 2, 1952, § 23; *Braun,* JZ 1993, 391 (§ 935 I 2 BGB ist zu eng formuliert);

---

[1] *Larenz* II/1 § 39 II; *Westermann/H. P. Westermann* I § 4 III; *Wieling,* Sachenrecht, § 1 III 1 d und die Literatur oben § 51; a. A. insbes. *Wacke* aaO (vor Rn. 1).

[2] Weitere Argumente zu dieser recht komplexen Frage s. auch schon oben § 5 Rn. 43 sowie *Stadler,* Gestaltungsfreiheit und Verkehrsschutz, 1996.

[3] Vgl. dazu *Larenz* II/1 § 39 II d.

Canaris, D. Vertrauenshaftung im deutschen Privatrecht, 1971; *Derleder* JuS 1979, 477; *Deutsch* JZ 1978, 385; *Ernst,* Eigenbesitz und Mobiliarerwerb, (1992); *ders.* in: FS für Gernhuber, 1993, 95 (Ist der gutgläubige Mobiliarerwerb eine Rechtsscheinwirkung?); *Frotz,* Gutgläubiger Mobiliarerwerb und Rechtsscheinprinzip, in FS f. Kastner, 1972, S. 131; *Giehl,* Der gutgläubige Mobiliarerwerb – Dogmatik und Rechtswirklichkeit, AcP 161, 357; *Hager,* ZIP 1993, 1446 (Streckengeschäft und redlicher Erwerb); *Hager,* Verkehrsschutz durch gutgläubigen Erwerb, 1990; *Hübner,* Der Rechtsverlust im Mobiliarsachenrecht, 1955; *Koller* JZ 1972, 646 (gutgl. Erwerb bei Miteigentumsanteilen; dazu ferner *Tiedtke,* Gutgl. Erwerb S. 55 ff.); *von Lübtow,* Hand wahre Hand, im FS d. Berliner jur. Fakultät zum 41. DJT, 1955, S. 120 ff.; *Michalski* AcP 181, 384; *Müller,* Horst, Gedanken zum Schutz des guten Glaubens in rechtsvergl. Sicht, ZSchr. f. RVergl. 4 (1963), 2; *Müller,* Wulf, Heimlicher Gutglaubenserwerb, AcP 137, 86; *Musielak* JuS 1992, 713 (Eigentumserwerb an beweglichen Sachen nach § 932 ff. BGB); *Olzen* Jura 1990, 505 (zur Geschichte des gutgläubigen Erwerbs); *Peters,* Der Entzug des Eigentums an beweglichen Sachen durch gutgläubigen Erwerb, (1991); *Picker* AcP 188, 511 (Mittelb. Besitz, Nebenbesitz u. Eigentumsvermutung in ihrer Bedeutung für den Gutglaubenserwerb); *Roussos* Jura 1987, 403; *Rebe* AcP 173, 186 (zu § 935); *Siehr,* D. gutgl. Erwerb bewegl. Sachen, ZVglRWiss 80 (1981), 273 (rechtsvergleichend); *Söllner* FS Coing, 1982, II, 363; *Tiedtke,* Gutgl. Erwerb, S. 1 ff.; *Urbanczyk,* Erlanger FS für Schwab 1990, 23; *Wellspacher,* Das Vertrauen auf äußere Tatbestände, 1906; *Westermann,* Die Grundlagen des Gutglaubensschutzes, JuS 1963, 1; *Wiegand* JuS 1974, 201 u. 545; 1978, 145; *Wilburg,* FS Baltl, 1978, 557; *Zweigert,* Konrad, Rechtsvergleichend-Kritisches zum gutgl. Mobiliarerwerb, in RabelsZ 23, 1 (Zw. gibt einen besonders anschaulichen, auch für den Anfänger gut lesbaren Überblick über die Regelung im ausländischen Recht).

A. Grundgedanken

Das Verständnis für die Regelung, wonach der gutgläubige Erwerber vom Nichteigentümer Eigentum erwerben kann, macht erfahrungsgemäß erhebliche Schwierigkeiten. Denn für eine unbefangene, natürliche Betrachtung würde der Satz, daß niemand „mehr an Recht auf den anderen übertragen kann, als er selbst hat" (nemo plus iuris ad alium transferre potest quam ipse habet),[1] eine stärkere Überzeugungskraft haben als die Gutglaubensregel. Diese mag im Grundstücksrecht einleuchten, weil dort ein ausgefeiltes Grundbuchsystem dafür sorgt, daß in aller Regel die wahre Rechtslage mit dem Grundbuchstand übereinstimmt; wo dies nicht der Fall ist, hat der Rechtsträger stets die Möglichkeit, diese Übereinstimmung zu erzwingen (Grundbuchberichtigung). So hat der Schutz des Vertrauens auf den Grundbuchstand eine innere Rechtfertigung.

Anders ist die Lage im Mobiliarsachenrecht; hier ist es eine Erfahrungstatsache, daß Eigentum und unmittelbarer Besitz häufig auseinanderfallen:

E vermietet seine Schreibmaschine an M, leiht sein Buch an L aus, gibt seine Uhr dem R zur Reparatur, verkauft sein Rundfunkgerät an K unter Eigentumsvorbehalt.

Es mag angehen, den Besitz mit der Eigentumsvermutung auszustatten (§ 1006); denn damit ist nur eine Beweisregel aufgestellt, die das materielle Recht unangetastet läßt. Die Einstellung des Gesetzes aber, daß der Erwerber vom Nichtberechtigten Eigentum erwerben könne, sofern nur eine sein Vertrauen rechtfertigende Besitzlage gegeben sei, erscheint gewagt.

Bevor wir uns um eine Rechtfertigung dieser Regelung bemühen (II), ist es am Platze, eine knappe Darstellung der Materie zu geben (I), wobei zunächst auf alle Einzelheiten verzichtet wird.

S. die Übersicht 21 am Ende von § 52 und *Gernhuber* Bürgerl. R., § 8 (allg. zum Rechtsschein).

I. Die gesetzliche Regelung

1. Voraussetzungen

In BGHZ 10, 81 ist ihr Grundprinzip plastisch umschrieben: „Voraussetzung für den gutgläubigen Erwerb des Eigentums an einer beweglichen Sache ist neben dem guten Glauben der auf dem Besitz beruhende Rechtsschein."

---

[1] Dig. 50. 17. 54.

Voraussetzungen des Erwerbs vom Nichtberechtigten sind also neben der Einigung:

a) Rechtfertigende Besitzlage

3   Zunächst muß – als Trägerin des Rechtsscheins – eine bestimmte Besitzlage vorliegen. Sie muß so beschaffen sein, daß der Erwerber in dem Veräußerer mit Fug den Eigentümer sehen kann. Diese Voraussetzung sieht das Gesetz als gegeben an, wenn der Veräußerer die Sache dem Erwerber übergibt (§ 932 Abs. 1 Satz 1 mit § 929 Satz 1) oder schon vor der Veräußerung übergeben hat (§ 932 Abs. 1 Satz 2 mit § 929 Satz 2), ferner dann, wenn der Veräußerer dem Erwerber den mittelbaren Besitz an der Sache abtritt (§ 934 1. Fall). Es fällt auf, daß die Veräußerung durch Besitzkonstitut (§ 930) und durch Abtretung des Herausgabeanspruchs (ohne Verschaffung des mittelbaren Besitzes) ausgespart sind; hier läßt das Gesetz einen redlichen Erwerb nur zu, wenn „dem Erwerber die Sache von dem Veräußerer übergeben wird" (§ 933) oder „wenn er den Besitz der Sache von dem Dritten erlangt" (Abtretung des bloßen Herausgabeanspruchs: § 934 2. Fall). Daraus ergibt sich, daß eine rechtfertigende Besitzlage *beim Veräußerer* allein nicht genügt (denn diese wäre auch beim Erwerb durch Besitzkonstitut gegeben), sondern daß der Erwerber eine bestimmte Form des Besitzes *erlangt* haben muß. Welche dies ist, scheint schwer allgemein feststellbar zu sein; denn bei Übereignung durch Besitzkonstitut z. B. genügt Erwerb des mittelbaren Besitzes nicht (§ 933), wohl aber bei Veräußerung durch Abtretung des mittelbaren Besitzes (§ 934 1. Fall)! Immerhin läßt sich sagen: Der Erwerber muß Besitz erlangen,[1] und zwar eine solche Form des Besitzes, daß sie jeden irgendwie gearteten Besitz des Veräußerers ausschließt[2] (ebenso BGHZ 56, 123, 129).

b) Guter Glaube des Erwerbers

4   *Zweite Voraussetzung* ist der gute Glaube des Erwerbers an das Eigentum des Veräußerers. Vgl. die Legaldefinition in § 932 Abs. 2. Kenntnis und grobfahrlässige Unkenntnis der Nichtberechtigung des Veräußerers schließen also den Erwerb aus (beachte den Unterschied zu § 892!). Dabei wird, wie sich aus der Fassung des § 932 Abs. 1 Satz 1 („es sei denn, daß ...") ergibt, die Redlichkeit vermutet (Beweisregel).

c) Rechtsgeschäftlicher Erwerb

5   Geschützt wird nur der rechtsgeschäftliche Erwerb (sog. „Verkehrsrechtsgeschäft"). Im Gegensatz dazu stehen der originäre Eigentumserwerb und der Eigentumserwerb kraft Gesetzes (s. unten § 53). Für Verkehrsschutz- und Rechtsscheingedanken ist auch dann kein Raum, wenn das veräußerte Gut

---

[1] Daraus erklärt sich § 934 2. Fall!
[2] Damit wird der Unterschied zwischen § 933 und 934 1. Fall verständlich.

nicht wirklich seinen Inhaber wechselt (Rechtssubjektwechsel).¹ Beim Erwerb im Wege der Zwangsvollstreckung ist § 898 ZPO zu beachten.

2. Rechtsfolge

Liegen diese Voraussetzungen vor, so erlangt der Erwerber Eigentum, und zwar unbelastetes Eigentum (§ 936). Dabei ist es gleichgültig, ob er entgeltlich oder unentgeltlich erworben hat (s. aber § 816 Abs. 1 Satz 2: Ausgleich durch Anspruch aus ungerechtfertigter Bereicherung!). 6

3. Ausnahme: § 935

Diese Grundregel gilt jedoch dann nicht, „wenn die Sache gestohlen worden, verloren gegangen oder sonst abhandengekommen ist" (§ 935 Abs. 1). Unfreiwilliger Besitzverlust des Eigentümers verhindert also den redlichen Erwerb! Jedoch wird diese Ausnahme wieder durch eine „Unterausnahme" durchbrochen, die Grundregel also wiederhergestellt: Unfreiwilliger Besitzverlust schadet nicht, wenn er sich auf Geld oder Inhaberpapiere bezog oder auch auf andere Sachen, wenn diese „im Wege öffentlicher Versteigerung veräußert werden" (§ 935 Abs. 2). 7

Zum Abschluß dieser Einführung einige *Beispiele:*
(1) E hat seine vor kurzem gekaufte Armbanduhr dem R zu einer Garantiereparatur gebracht. R verwechselt sie mit einer fabrikneuen Uhr und veräußert sie an K. K ist – Redlichkeit vorausgesetzt – Eigentümer geworden.
(2) Der Gehilfe G des R „unterschlägt" die Uhr. Sie ist – weil G nur Besitzdiener ist – damit abhandengekommen (Einzelheiten s. unten Rn. 39). K, dem G die Uhr verkauft, ist nicht Eigentümer geworden.
(3) Dasselbe Beispiel wie (2), nur daß G die Uhr ins Leihhaus L bringt, also verpfändet. L hat kein Pfandrecht erworben (§ 1207 mit § 935 Abs. 1). Wenn aber L – nachdem das Pfand „verfallen" ist, weil G das Darlehen nicht zurückbezahlt hat – die Uhr öffentlich versteigert (§ 1235 Abs. 1), so wird der Ersteigerer K Eigentümer (§ 1244; beachte, daß § 935 in § 1244 nicht erwähnt ist!).

II. Rechtspolitische Rechtfertigung

Wie steht es um die *Rechtfertigung dieses Prinzips?*² Was veranlaßt unsere Rechtsordnung, die Interessen des Erwerbers gegenüber denen des Eigentümers zu bevorzugen? Bedeutet das Prinzip des redlichen Erwerbs nicht faktisch eine „Enteignung" des Eigentümers? Wenn man aber schon dem Erwerber den Vorzug gibt, warum nicht auch dann, wenn der Besitzverlust des Eigentümers unfreiwillig war? 8

Eine voll befriedigende Antwort auf diese Fragen ist bisher nicht gelungen. Man kann sich nicht einfach mit einem Rückzug auf die Rechtsgeschichte begnügen und sagen, es handle sich um nichts anderes als um eine Fortsetzung des deutschrechtlichen „Hand wahre Hand"-Grundsatzes („Wo Du Deinen

---

¹ Vgl. *Staudinger/Wiegand* vor § 932 ff. Rn. 44; MünchKomm/*Quack* § 932 Rn. 24; *Tiedtke* a. a. O. S. 6 ff.; zum Parallelproblem im Immobiliarrecht siehe § 23 Rn. 24 ff.; zum Rückerwerb unten Rn. 34.
² Siehe dazu bes. *von Lübtow, Hübner, Zweigert* aaO; *Gernhuber* BürgerlR. § 8 I.

Glauben gelassen hast, mußt Du ihn suchen"). Denn abgesehen davon, daß dieser historische Anknüpfungspunkt zweifelhaft ist,[1] liegt allein in der Zitierung der Geschichte keine Rechtfertigung der Gegenwart. Auch der daran anknüpfende Veranlassungsgedanke (verwandt der Gedanke der Gefahrtragung) befriedigt nicht; er vermag zwar die in §§ 932 ff. gegebene Einzelregelung zu erklären,

> Gutgläubiger Erwerb nur dort, wo der Eigentümer die rechtfertigende Besitzlage veranlaßt hat, nicht dort, wo der Besitzverlust unfreiwillig war (aber mit der Unterausnahme für Geld usw.!),

gibt aber keine Begründung dafür, warum nun die Eigentümerinteressen hintangesetzt sind. Denn darin, daß man sein Eigentum besten Glaubens aus der Hand gibt, liegt doch kein Verschulden gegen sich selbst, das den Rechtsverlust rechtfertige.[2]

Heck[3] und ihm folgend *Wolff/Raiser*[4] und *Zweigert*[5] stellen auf das *allgemeine* Interesse an der *Sicherheit und Leichtigkeit des Verkehrs* ab, also auf das Verkehrsinteresse. Dieses Interesse gebe einen zureichenden Grund für die Schwächung des Eigentums ab, die eben in der für jeden gegebenen Gefahr bestehe, das Eigentum an freiwillig weggegebenen Sachen zu verlieren. Diese Begründung leuchtet ein. Faßt man den Gedanken noch etwas schärfer, so sind für die Rechtfertigung zwei Erwägungen ausschlaggebend:

9 1. Einmal die Einsicht, daß es dem Erwerber einer beweglichen Sache in aller Regel ohne Einblick in den Lebensbereich des Veräußerers unmöglich ist, festzustellen, ob dieser Eigentümer ist oder nicht.

> Wenn mir jemand (V) Briefmarken verkauft, so ist es mir nicht zumutbar, ja meist unmöglich nachzuprüfen, ob V seinerseits die Marken gekauft und schon bezahlt hat oder ob sie ihm unter Eigentumsvorbehalt geliefert sind oder ob er nur eine Verkaufskommission hat oder ob sie ihm gar nur zur Schätzung überlassen sind. Wollte man anders entscheiden, so würden in der Tat Handel und Wandel gelähmt sein, ganz abgesehen von den detektivischen Fähigkeiten, die man vom Käufer erwarten müßte. Ja, um sicher zu gehen, müßte der Käufer auch frühere Erwerbsvorgänge nachprüfen, bis er feststellen kann, daß bei einem der Rechtsvorgänger die Voraussetzungen der Ersitzung gegeben sind (s. unten § 53 Rn. 88 f.).

10 2. Die andere Erwägung ist die, daß der Eigentümer immerhin die Zuverlässigkeit dessen, dem er die Sache anvertraut, eher abschätzen kann als der Erwerber.

M. a. W.: Nur eine Kumulierung des Gedankens der Sicherheit des rechtsgeschäftlichen Verkehrs mit dem Vertrauensgedanken vermag eine einigermaßen zufriedenstellende Rechtfertigung des Redlichkeitsprinzips abzugeben.

III. Überblick über die Darstellung

11 Wir gehen vom Regelfall der §§ 932–934 ff. aus und erörtern zunächst die den redlichen Erwerb rechtfertigende Besitzlage bei den einzelnen Übereignungsvorgängen (Rn. 12 ff.), dann den Begriff

---

[1] Dazu *Zweigert* aaO S. 11; *Heck* § 58 I.
[2] So mit Recht *Zweigert* aaO S. 13.
[3] § 58 I 1.
[4] § 68 II 1.
[5] aaO S. 14.

des „guten Glaubens" (Rn. 25 ff.) und die Stellung des redlichen Erwerbers (Rn. 33 ff.). Anschließend ist der Ausnahmetatbestand der abhandengekommenen Sache zu erörtern (Rn. 36 ff.). Darauf folgt die Darstellung des lastenfreien Erwerbs (Rn. 51 ff.).

B. Die rechtfertigende Besitzlage – Die Übereignungstatbestände

Für den Veräußerer muß der Rechtsschein des Besitzes sprechen; diese – 12 gängige – Bemerkung bedeutet freilich nicht allzuviel. Denn das Gesetz sagt nicht allgemein, wann eine Besitzlage diese rechtfertigende Kraft hat, sondern gibt seine Meinung für jeden der einzelnen Übereignungstatbestände kund. So bleibt auch uns nichts anderes übrig, als dieser Methode zu folgen.

I. Übereignung durch Einigung und Übergabe (§ 929 S. 1)

1. Erfordernis der Übergabe

Übergibt der Veräußerer die fremde Sache dem Erwerber, so erwirbt die- 13 ser – Gutgläubigkeit vorausgesetzt – Eigentum (§ 932 Abs. 1 Satz 1 mit § 929 Satz 1).[1]

Als Formen der Übergabe kommen alle diejenigen in Betracht, die wir oben § 51 Rn. 12 ff. erörtert hatten: also z.B. auch Übergabe *durch* den Besitzdiener oder den Besitzmittler des Veräußerers, sofern die Übergabe auf Geheiß des Veräußerers erfolgt ist – Übergabe *an* den Besitzdiener und Besitzmittler des Erwerbers.

Beispiele:
a) NE[2] an K und weist seinen Angestellten A (oder den Lagerhalter L) an, die Sache dem K (oder dessen Angestellten) zu übergeben.
b) NE weist in dem obigen Beispiel den Lagerhalter L an, mit K einen neuen Lagervertrag abzuschließen; dem kommt L nach. Damit ist K Eigentümer geworden (Die Begründung mittelbaren Besitzes des K durch Vertrag mit dem bisherigen Besitzmittler des NE wird als Übergabe gewertet: BGH NJW 1959, 1536, 1539). –
c) Fraglich ist, ob gutgläubiger Erwerb auch dann eintritt, wenn der Veräußerer *nicht* mittelbarer Besitzer ist, der unmittelbare Besitzer aber doch auf sein Geheiß die Sache dem Erwerber übergibt (sog. *Geheißerwerb*).[3]
In dem vom OLG München in NJW 1957, 875 entschiedenen Fall lieferte E drei unter Eigentumsvorbehalt an NE verkaufte Maschinen auf Geheiß des NE – der also noch nicht Eigentümer war – unmittelbar an K. Dieser hielt NE für den Eigentümer. Hier hatte der Veräußerer NE weder unmittelbaren noch mittelbaren Besitz. Im Anschluß an *Wolff/Raiser* § 69 II 2a ist redlicher Erwerb des K zu bejahen. Auch wenn E nicht Besitzmittler des NE ist, so muß es genügen, wenn der unmittelbare Besitzer (E) dem – wirklich vorliegenden – Geheiß des Veräußerers zur Besitzübergabe nachkommt (str. s. auch BGHZ 36, 56, 60; NJW 1979, 203 u. 1973, 141 und die oben § 51 Rn. 17 a. E. Genannten).
Eigenartig ist die Fallgestaltung in BGH NJW 1974, 1132: M hat in eigenem Namen Hemden des E an K verkauft; K hat den Kaufpreis an M bezahlt. E hat die Hemden an K geliefert, weil er annahm, M habe in seinem – des E – Namen den Kaufvertrag abgeschlossen. Der BGH verneint den Eigentumsübergang an K nach § 929 S. 1, weil K den M als Übereigner ansah, bejaht aber Eigen-

---
[1] Zum gutgläubigen Erwerb von Miteigentumsanteilen s. *Koller* JZ 1972, 646; *Tiedtke,* Gutgl. Erwerb S. 55 ff.
[2] „NE" = Nichteigentümer.
[3] Hierzu besonders *Westermann/Gursky* I § 47 I 1; *Martinek* AcP 188, 573, 622 ff.

§ 52 B II   IV. Abschnitt. Mobiliarsachenrecht

tumserwerb des K nach § 932 Abs. 1 S. 1, weil K davon ausgehen durfte, daß E auf Geheiß des Verkäufers M geliefert habe. Der Eigentümer E also als *vermeintliche* „Geheißperson" des Nichteigentümers M!; s. dazu die berechtigte Kritik von *Weitnauer* NJW 1974, 1729, 1732 u. *Picker* NJW 1974, 1790; *Medicus,* BürgerlR, Rn. 564; s. ferner *Martinek* AcP 188, 627 m.w.N.; *Soergel/Mühl* § 932 Rn. 6; *Jauernig* § 932 Rn. 15; dem BGH aber zustimmend *Staudinger/Wiegand* § 932 Rn. 24; *Westermann/Gursky* I § 47 I 1 a; vgl. auch BGH ZIP 1993, 98 mit Anm. *Hager* ZIP 1993, 1446.

d) Davon ist der Fall zu unterscheiden, daß der Erwerber weiß, daß der Veräußerer nicht Eigentümer ist, er aber einen der Veräußerung zustimmenden Dritten für den Eigentümer hält:
NE hat eine Sache an M vermietet. M veräußert die Sache an K. Dieser weiß, daß M Nichteigentümer ist, hält aber den der Veräußerung zustimmenden NE für den Eigentümer.
Nach BGHZ 10, 81 ist hier eine ausreichende Besitzlage gegeben, weil NE als zustimmender Nichteigentümer im mittelbaren Besitz der Sache war. Dagegen würde es nicht genügen, wenn in Wahrheit ein solches Besitzmittlungsverhältnis nicht bestand, der Erwerber aber irrtümlich ein solches annahm.

2. Vollständiger Besitzverlust

14 Wie im Falle des Erwerbs vom Berechtigten (s. oben § 51 Rn. 19) ist auch hier notwendig, daß der Veräußerer „nicht mehr den geringsten Rest eines Besitzes" zurückbehält.

Beispiel: Der Juwelier NE veräußert den in einem Stahlfach unter seinem Alleinverschluß befindlichen Schmuck dadurch an den redlichen K, daß er ihm den Schlüssel übergibt, sich aber das Recht vorbehält, mit Hilfe eines zweiten Schlüssels einzelne Schmuckstücke zur Umarbeitung zu entnehmen. K ist nicht Eigentümer geworden.

3. Guter Glaube bei Vollendung des Erwerbstatbestands

15 Der gute Glaube des Erwerbers muß in dem Augenblick gegeben sein, in dem der volle Erwerbstatbestand – Einigung und Übergabe – vorliegt; war die Übereignung bedingt (Eigentumsvorbehalt!), so braucht die Redlichkeit nicht mehr bei Bedingungseintritt vorzuliegen (BGHZ 10, 69, 72; 30, 374, 377; s.a. Rn. 28).

II. Übereignung „kurzer Hand" (§ 929 S. 2)

16 Hier ist erforderlich, daß der Erwerber den Besitz von dem Veräußerer erlangt hat *und* im Augenblick der Einigung noch gutgläubig ist (§ 932 Abs. 1 Satz 2).

Beispiel:
(1) NE veräußert die bisher an K vermietete Sache an diesen.
(2) Daß K *noch* unmittelbarer Besitzer ist, ist nicht erforderlich; so wenn im vorigen Beispiel K die Sache dem L geliehen hatte oder die Sache verloren hatte.

Regel ist, daß Veräußerer, früherer Besitzer (von dem der Erwerber den Besitz erlangt hat) und vermeintlicher Eigentümer ein- und dieselbe Person ist (BGH LM § 932 Nr. 6):

NE hat 10 Pferde an V vermietet, der zwei von diesen dem K leiht. Später veräußert V die Pferde an K mit Zustimmung des NE. K weiß, daß V Nichteigentümer ist, hält aber den NE für den Eigentümer. Hier sind zwar Veräußerer und vermeintlicher Eigentümer verschiedene Personen; dennoch ist K Eigentümer geworden, da er seinen Besitz von dem vermeintlichen Eigentümer ableitet.

§ 52. Der Erwerb vom Nichtberechtigten **B III § 52**

BGHZ 56, 123: D hat an Sch einen Bagger unter Eigentumsvorbehalt geliefert. Sch hat die Anwartschaft hieraus an den Bekl. sicherungshalber übertragen. Später hat die Kl. – eine Finanzierungsbank – den Kaufpreis an D bezahlt, sich von D den Bagger mit Zustimmung des Sch (den die Kl. nach Zahlung des Kaufpreises für den Eigentümer hielt) übertragen lassen, nachdem sie zuvor mit Sch einen Sicherungsvertrag geschlossen hatte.
Mit Zahlung des Kaufpreises durch die Kl. war der Bekl. als Inhaber der Anwartschaft Eigentümer geworden. Die Kl. konnte sonach nur nach §§ 932 ff. Eigentum erwerben. Da die Kl. durch den Sicherungsvertrag mit Sch bereits mittelbare Besitzerin war, kommt § 932 Abs. 1 S. 2 in Betracht. Daß die Kl. wußte, daß D nicht Eigentümer war, stört nicht, da sie den zustimmenden Sch für den Eigentümer hielt (s. oben Rn. 13, d). Der Eigentumserwerb scheidet aber aus, weil die „Veräußererseite" (nämlich Sch) den unmittelbaren Besitz behält (dazu *Wieser* JuS 1972, 567 u. *Wacke* JuS 1973, 683).

III. Übereignung durch Besitzkonstitut (§ 930)

1. Bedeutung der Übergabe

Übereignung durch Besitzkonstitut seitens des Nichteigentümers führt *nicht* 17
zum Eigentumserwerb. Der Erwerber kann erst dann Eigentümer werden,
wenn ihm die Sache von dem Veräußerer übergeben wird *und* er in diesem
Augenblick noch gutgläubig ist (§ 933).

Das Gesetz hält also die Vereinbarung des Besitzkonstituts hier für bedeutungslos, behandelt den Fall also wie den einer antezipierten Einigung mit
später nachfolgender Besitzübergabe (§ 929 Satz 1).

Man fragt sich unwillkürlich nach der Rechtfertigung für die Zurückstellung dieser Besitzart;[1] denn der Rechtsscheingedanke scheint doch auch hier durchzugreifen: der Erwerber verläßt sich wie in den anderen Übereignungsfällen auf den Besitz des Veräußerers; der Unterschied liegt nur darin, daß er diesen Besitz beim Veräußerer beläßt und sich mit dem mittelbaren Besitz begnügt. Die Begründung, daß er damit eben dem Veräußerer ebensoviel Vertrauen schenke wie der Eigentümer, überzeugt nicht. Auch die Erwägung *Boehmers,* daß heimliche Transaktionen und Schiebungen verhindert werden sollen, ist als Rechtfertigung nicht ausreichend, wenngleich damit ein erwünschtes *Ergebnis* der Regelung richtig gekennzeichnet wird. In Wahrheit folgt das Gesetz mit dieser Regelung dem den §§ 932ff. zugrundeliegenden Gedanken, daß die Besitzlage des *Erwerbers* so sein müsse, daß sie jede Art von Besitz des Veräußerers ausschließt. Der durch den Besitz des Veräußerers verursachte Rechtsschein muß also zum Alleinbesitz des Erwerbers im Verhältnis zum Veräußerer führen. M.a.W. das Erwerbsinteresse muß durch eine Festigung der Besitzlage des Erwerbers verstärkt sein, um zum Rechtserwerb zu führen.

2. Ausschließlicher Besitz auf Erwerberseite

Unter „Übergabe" i.S. des § 933 ist die Verschaffung des ausschließlichen 18
Besitzes an die Erwerberseite i.S. des § 929 S. 1 zu verstehen (dazu oben
§ 51 Rn. 12ff., 19).

Nach BGHZ 67, 207 genügt einseitige Wegnahme auch dann nicht, wenn der Veräußerer bereits bei der Veräußerung den Erwerber zur Wegnahme ermächtigt hatte; dazu mit Recht kritisch *Damrau* JuS 1978, 519; *Staudinger/Wiegand* § 933 Rn. 21, 22 sowie *Musielak* JuS 1992, 718.

Auf der Veräußerer- und der Erwerberseite können Hilfspersonen (Besitzdiener-Besitzmittler) tätig sein, sofern nur die Übergabe auf das Veräußerungsgeschäft zurückzuführen ist *und* die „Veräußererseite" „nicht mehr den

---
[1] Siehe dazu besonders *Picker* aaO; *Heck* § 59, 4; *Boehmer,* aaO; *Wacke* aaO.

geringsten Rest eines Besitzes in der Hand behält" (RGZ 137, 23, 25 = *Baur,* E. Slg. Fall 19; BGH NJW 1959, 2206 u. 1979, 714; JZ 1978, 104/5).

Beispiele: NE hat eine Maschine an K veräußert, sich aber unter Vereinbarung eines Mietverhältnisses vorbehalten, die Maschine „bis zum Eintreffen eines Ersatzes" weiter zu benutzen. Später übergibt NE die Maschine einem Angestellten des K (Besitzdiener)[1] oder auf Weisung des K an M, an den K sie vermietet hatte.[2] War K zu diesem Zeitpunkt noch redlich, so hat er Eigentum erhalten.

NE hat eine Baumaschine des E an Gl. zur Sicherheit unter Vereinbarung eines Besitzmittlungsverhältnisses übereignet. Später hat NE die Maschine dem B übergeben, der weder Besitzdiener noch Besitzmittler des Gl. war. Gl. hat kein Eigentum erworben, auch wenn er nachträglich mit der Benutzung der Maschine durch B einverstanden war (in Anlehnung an BGH JZ 1978, 104; dazu *Deutsch* JZ 1978, 385).

3. Sicherungsübereignung als wichtiges Anwendungsgebiet des § 933

19   Das Hauptanwendungsgebiet des § 933 liegt auf dem Gebiet der Sicherungsübereignung, insbesondere bei Entscheidung des Interessenkonflikts zwischen Sicherungsübereignung und Eigentumsvorbehalt:

S hat sein in bestimmten Räumen befindliches Warenlager an G zur Sicherheit übereignet. Einige der darin befindlichen Waren standen noch unter dem Eigentumsvorbehalt des E. An ihnen hat G – ungeachtet seiner Redlichkeit – kein Eigentum erworben.

Aus § 933 ergibt sich der Satz: *Der Eigentumsvorbehalt geht der Sicherungsübereignung vor.* Wird allerdings der Sicherungsgeber später Eigentümer – z.B. weil er an E den Kaufpreis für die unter Eigentumsvorbehalt gelieferten Sachen bezahlt hat –, so wird dann auch der Sicherungsnehmer Eigentümer (§ 185 Abs. 2 2. Fall).

Fraglich ist, ob die nach § 933 nicht zum Erfolg führende „Übereignung" der noch unter Eigentumsvorbehalt stehenden Sachen in eine Übertragung der dem Vorbehaltskäufer (= Sicherungsgeber) zustehenden Anwartschaft umgedeutet werden kann. Daß die Anwartschaft aus bedingter Übereignung an den Sicherungsgeber übertragen werden kann – und zwar in den Formen der Übertragung des Eigentums, also auch nach § 930 –, ist sicher (BGHZ 10, 69, 72; 28, 16, 21). Sicher ist weiter, daß hierzu eine Zustimmung oder Benachrichtigung des Vorbehaltsverkäufers nicht erforderlich ist und daß bei Bedingungseintritt das volle Eigentum vom Verkäufer auf den Erwerber des Anwartschaftsrechts übergeht, ohne daß der Vorbehaltskäufer „dazwischen" sog. Durchgangseigentum erworben hat (BGHZ 20, 88, 100 = *Baur,* E.Slg. Fall 24; 28, 16, 22). Zweifelhaft bleibt aber die Frage, ob in der – zunächst wirkungslosen – „Übereignung" der noch unter Eigentumsvorbehalt stehenden Sachen eine Übertragung des Anwartschaftsrechts gesehen werden kann (Umdeutung, § 140).

---

[1] Freilich darf die Besitzübergabe nicht nur symbolisch erfolgen: OLG München NJW 1970, 667 (kurze Probefahrt durch einen Angestellten des Erwerbers); OLG Frankfurt BB 1976, 573 (Anbringung von Schildern).
[2] Dieses Beispiel macht deutlich, daß auch der Erwerb des mittelbaren Besitzes (den M dem K vermittelt) genügt, sofern nur keinerlei Besitz beim Veräußerer zurückbleibt! (BGH NJW 1978, 696 unter Hinweis auf BGH NJW 1959, 1536).

§ 52. Der Erwerb vom Nichtberechtigten

Beispiel (in Anlehnung an BGH LM § 929 BGB Nr. 11 a): S – Inhaber einer Geflügelfarm – hat den jeweiligen Bestand an Geflügel samt den „Zugängen" seinem Gläubiger G zur Sicherung übereignet. Die Küken bezog S von V, der sie unter Eigentumsvorbehalt lieferte. S fällt in Konkurs. G behauptet, ihm stehe als Sicherungseigentümer auch an den noch unter Eigentumsvorbehalt stehenden Hühnern ein Absonderungsrecht zu, sobald der restliche Kaufpreis bezahlt sei.
Eigentum hat G an den noch dem V gehörigen Hühnern zunächst sicher nicht erworben (§ 933). Auch hat – was möglich gewesen wäre – S nicht das Anwartschaftsrecht (dessen Inhaber er ja war) nach § 930 auf G übertragen. Aber in der mißlungenen Eigentumsübertragung steckt als mindestens gewollt die Übertragung der Anwartschaft; „denn die Anwartschaft ist ein dem Eigentum wesensgleiches Recht, sie ist nicht etwas anderes, sondern ein Weniger, so daß der Erwerber, dem der Veräußerer das Volleigentum deshalb nicht übertragen kann, weil noch ein Eigentumsvorbehalt besteht, wenigstens die Anwartschaft auf das Eigentum erhält" (BGH aaO).[1]
Häufig wird versucht, die für den Sicherungsnehmer sich aus § 933 ergebenden Gefahren dadurch zu umgehen, daß man die Übereignung nach § 929 Satz 1 (und damit nach § 932 Abs. 1 Satz 1!) zu erzielen sucht: Der Schuldner übergibt das Warenlager einem Angestellten (= Besitzdiener!) oder „Treuhänder" (= Besitzmittler) des Gläubigers; ihm bleibt aber gestattet, den Bestand des Warenlagers auszuwechseln. Dieser Umgehungsversuch wird meist schon an der mangelnden Redlichkeit der Mittelsperson scheitern,[2] abgesehen davon ist zweifelhaft, ob dem Schuldner nicht ein „Restbesitz" bleibt.[3]

IV. Übereignung durch Abtretung des Herausgabeanspruchs (§ 931)

Bei der Übereignung durch Abtretung des Herausgabeanspruchs sind – wie wir wissen (s. o. § 51 Rn. 36 ff.) – zwei Fälle zu unterscheiden: *einmal* der, daß der Veräußerer mittelbarer Besitzer ist und den Anspruch aus dem Besitzmittlungsverhältnis an den Erwerber abtritt, der dadurch mittelbarer Besitzer wird, *zum anderen* der, daß der Veräußerer nur einen – wirklichen oder vermeintlichen – Herausgabeanspruch ohne Besitzmittlungsverhältnis abtritt.

1. Rechtfertigende Wirkung der Besitzlagen

§ 934 gesteht dem mittelbaren Besitz die Rechtsscheinwirkung zu (1. Alternative); fehlt mittelbarer Besitz, so wird der Erwerber nur Eigentümer, „wenn er den Besitz der Sache von dem Dritten erlangt" *und* zu diesem Zeitpunkt noch redlich ist (2. Alternative).

An dieser Regelung verblüfft, daß das Gesetz *hier* dem mittelbaren Besitz die den redlichen Erwerb rechtfertigende Kraft zugesteht, während es diese in § 933 versagt; das führt zu recht sonderbaren Ergebnissen:[4]
NE hat die ihm nicht gehörige Maschine an K nach § 930 veräußert. K ist nicht Eigentümer geworden.
Hat NE die Maschine an M vermietet und sie dann nach § 931 an K übereignet, so ist K Eigentümer geworden (§ 934 1. Alternative). Hätte NE dagegen die Maschine durch Vereinbarung eines weiteren Besitzkonstituts übereignet (M unmittelbarer Besitzer, NE mittelbarer Besitzer 1. Stufe, K mittelbarer Besitzer zweiter Stufe), so hätte K das Eigentum nicht erlangt!

---
[1] Weitere Ausführungen zum Anwartschaftsrecht aus § 455 s. unten § 59 Rn. 32 ff. – Im übrigen würde § 185 Abs. 2 (2. Tatbestandsgruppe) dem G nichts helfen, weil inzwischen Konkurs eröffnet wurde (§ 15 KO; s. *Baur/Stürner* II InsolvR Rz. 8.12 ff. m. w. N.).
[2] So mit Recht *Boehmer* aaO S. 32; s. auch oben § 8 Rn. 8.
[3] So *Westermann/Gursky* I § 48 I 1.
[4] Siehe dazu vor allem *Boehmer* aaO S. 32 ff.; Rechtfertigung des „Wertungswiderspruchs" zwischen § 933 u. § 934 1. Alternative durch *Michalski* AcP 181, 384, 420 ff. (im Ergebnis überzeugend).

§ 52 B IV   IV. Abschnitt. Mobiliarsachenrecht

Diese willkürlich erscheinende Regelung ist immer wieder angegriffen worden. Man wird sie als vom Gesetz gewollt hinnehmen müssen (dazu BGHZ 50, 45, 51 = *Baur*, E.Slg. Fall 20), wobei wir wieder einmal als unterscheidendes Kennzeichen festhalten können, daß es dem Gesetz entscheidend auf den völligen Besitzverlust des Veräußerers ankommt: dies ist bei § 934 1. Alternative der Fall, nicht dagegen bei § 933!

2. Die Besitzlagen des § 934

a) 1. Alternative: der nichtberechtigte Veräußerer ist mittelbarer Besitzer

21 Hier wird der Erwerber mit der Abtretung des Herausgabeanspruchs Eigentümer, sofern er redlich ist. Der Herausgabeanspruch ist der sich aus dem Besitzmittlungsverhältnis ergebende;[1] er muß wirklich gegeben, nicht bloß behauptet sein.

Zweifelhaft ist folgender Fall (vgl. BGH NJW 1959, 1536): NE hat einen ihm nicht gehörigen Baukran zur Sicherheit nach § 930 dem G übereignet; G ist nicht Eigentümer geworden (§ 933). Nun überträgt G – der auch Geld braucht – das Sicherungseigentum an seinen Geldgeber D, indem er den Herausgabeanspruch gegen NE abtritt. D ist dann Eigentümer geworden, wenn ein Herausgabeanspruch G gegen NE bestand. Dies wird verneint,[2] weil die mißglückte Übereignung NE – G auch die Unwirksamkeit des Besitzmittlungsverhältnisses nach sich gezogen habe. Dieser Schluß ist nicht zwingend; denn die Parteien hatten ein legitimes Interesse an einer Verwahrungspflicht des NE bis zum Zeitpunkt einer evtl. Übergabe, die dann zum Eigentumserwerb des G geführt hätte (§ 933). Auch war G im Verhältnis zu NE schuldrechtlich zur Verwertung befugt.

Zweifelhaft (weil der BGH sich nicht mit dem Problem des Nebenbesitzes auseinandersetzt) auch BGHZ 50, 45 (= *Baur*, E.Slg. Fall 20): Kl. hat eine Fräsmaschine unter Eigentumsvorbehalt an H geliefert. H hat die Maschine an C zur Sicherheit nach § 930 übereignet, wobei er sich dem C gegenüber als Eigentümer ausgab. C hat kein Eigentum erworben (§ 933). C tritt seine Rechte nach § 931 an die Bekl. ab, die nach Meinung des BGH nach § 934 Eigentümerin wird (Besprechung des Falls: Hermann *Lange* JuS 1969, 162; *Medicus* BR Rn. 559–561 u. Anm. bei *Baur* E.Slg. Fall 20).

b) 2. Alternative: der nichtberechtigte Veräußerer ist nicht mittelbarer Besitzer

22 Hier genügt die Abtretung des angeblichen oder wirklichen Herausgabeanspruchs nicht; der Erwerber muß Besitz erlangen, wobei auch mittelbarer Besitz genügt (BGH DB 1969, 436; NJW 1978, 696), und zwar muß ihm der Besitz auf Grund des Veräußerungsgeschäfts verschafft sein.

Vgl. das *Beispiel* oben § 7 Rn. 46. Verblüffend ist auch hier wieder, daß die Verschaffung des mittelbaren Besitzes durch den dritten Besitzer genügen soll, was nicht ausreicht, wenn der Veräußerer selbst den mittelbaren Besitz *nach § 930* dem Erwerber übertragen würde (§ 933!). Zur Begründung dieser Gesetzeslage kann man nur wieder betonen, daß es dem Gesetz eben nicht nur auf die rechtfertigende Besitzlage beim Veräußerer, sondern auch darauf ankommt, daß beim Veräußerer „nicht der geringste Rest eines Besitzes zurückbleibe".

c) „Gestörte" Besitzmittlungsverhältnisse

23 Damit hängt die weitere Frage zusammen, wie sich der redliche Erwerb gestaltet, wenn der Besitzmittler die Richtung seines Besitzwillens ändert (aa)

---

[1] BGH NJW 1959, 1536; 1979, 2037: zwar mittelbarer Besitz gegeben, aber Namenslagerschein mit besonderer Vereinbarung ausgestellt (dazu kritisch *Karsten Schmidt*, Handelsrecht, § 24 III 4).

[2] Z. B. von *Wolff/Raiser* § 69 II 2 d; unentschieden gelassen in BGH NJW 1959, 1538; anders BGHZ 50, 45, 48 f. = *Baur*, E. Slg. Fall 20.

oder seine Funktionen für zwei mittelbare Besitzer ausübt oder auszuüben scheint (bb):

aa) Veränderter Besitzerwille

Der mittelbare Besitzer verliert trotz Fortbestehen des ihn stützenden Rechtsverhältnisses den Besitz, wenn der Besitzmittler seine „Besitzergesinnung" ändert und zu erkennen gibt, daß er nunmehr für einen anderen besitzen will. Dann ist auch ein Eigentumserwerb dieses anderen nach § 934 2. Alternative möglich.

Beispiel: E hat seine Uhr dem R zur Reparatur gegeben. Er verliert den Reparaturschein, den NE findet. NE veräußert die Uhr unter Übergabe des Scheins an den redlichen K. Damit ist K noch nicht Eigentümer geworden (§ 934 2. Alternative). Wenn K aber von R bestätigt erhält, daß dieser ihm die Uhr gegen Übergabe des Scheins und Zahlung der Kosten herausgeben werde, so hat er jetzt durch den Erwerb des mittelbaren Besitzes Eigentum erworben, selbst wenn R etwa gegen die sich aus dem Werkvertrag dem E gegenüber bestehenden Sorgfaltspflichten verstoßen haben sollte.

bb) Das Problem des „Nebenbesitzes"

Fraglich ist die Lösung dann, wenn die Besitzbeziehung des bisherigen mittelbaren Besitzers noch nicht gelöst ist, sondern neben der des „neuen" mittelbaren Besitzers andauert (s. dazu auch oben § 7 Rn. 58, 59).[1]

Beispiel (in Anlehnung an RGZ 135, 75 u. 138, 265): V veräußert an NE unter Eigentumsvorbehalt einen Posten Zucker, lagert ihn aber „der Sicherheit halber" bei dem Lagerhalter L ein; dieser stellte dem V Lagerscheine aus. NE übereignete unter Abtretung seiner angeblichen Herausgabeansprüche gegen L diesen Zucker an K. L stellte auch diesem Lagerscheine aus, lieferte aber nach wie vor auf Anweisung des V Zucker an die Abnehmer des NE aus.

Das RG bejaht den Eigentumserwerb des K, indem es betont, daß durch die Begründung des neuen Besitzmittlungsverhältnisses (L–K) das bisherige Besitzmittlungsverhältnis (L–V) zerstört worden sei; ebenso BGH NJW 1979, 2037. Demgegenüber betonen *Wolff/Raiser* (§ 69 Anm. 22) und *Wieling* I § 6 III 3b, daß hier mittelbarer Nebenbesitz (des V und K) vorliege; dies bedeute, daß V noch eine besitzrechtliche Position behalten hat und daher ebenso schutzwürdig sei wie K; dessen Eigentumserwerb sei darum zu verneinen.

U. E. ist zu unterscheiden:

(1) Unproblematisch ist der Fall, daß der Besitzmittler erkennbar die besitzrechtliche Beziehung zu dem bisherigen mittelbaren Besitzer endgültig löst; hier erlischt dessen mittelbarer Besitz (oben Rn. 23).

(2) Schwierigkeiten entstehen dann, wenn der Besitzmittler (L) neben dem neuen mittelbaren Besitzer (K) nach wie vor den bisherigen mittelbaren Besitzer (V) als solchen anerkennt, also – bewußt oder unbewußt – ein Doppelspiel treibt. Ist damit das Besitzmittlungsverhältnis L–V beendet und redlicher Erwerb des K nach § 934 2. Alternative möglich? (ja: RG aaO). Verneint man diese Frage, so ergibt sich die weitere: Soll es zum Eigentumserwerb des K nach § 934 2. Alternative genügen, daß er jedenfalls *auch* mittelbaren Besitz erhält oder hindert der bestehenbleibende mittelbare Besitz des V den Eigentumserwerb des K? Die Lösung des Reichsgerichts scheitert daran, daß L nach wie vor auch den Weisungen des V folgt. Bestehen sonach zwei Besitzmittlungsverhältnisse (des V *und* des K), so sind in der Tat V und K gleich schutzwürdig; der Eigentumserwerb des K ist also zu verneinen. Eigentum hätte K nur erwerben können, wenn er den unmittelbaren Besitz erlangt oder L seine Besitzbeziehung zu V abgebrochen hätte.[2]

---

[1] Dazu *Michalski* AcP 181, 384, 398 ff.; *Medicus* FS Hübner 1984, 611; *Picker* AcP 188, 513, 533 ff. (kritische, diese Lösung ablehnende Darstellung); *Tiedtke* WM 1979, 1143, 1981, 1097 u. Gutgl. Erwerb S. 36; *Roussos* Jura 1987, 403.

[2] Zur gesamten Problematik besonders *Picker* aaO, der die Schwächen der Nebenbesitzlösung erkannt hat, dessen eigener Vorschlag aus „der vermutungsbegründenden Sachbeziehung der Gegner" freilich auch erhebliche Zweifel erweckt.

Eigentumserwerb wäre in unserem Fall auch ausgeschlossen, wenn K seinerseits den Zucker unter Abtretung seines Herausgabeanspruchs nach § 870 an D veräußert hätte; hier läge zwar der Fall der 1. Alternative des § 934 vor; aber der noch bestehende mittelbare Besitz des V würde den Eigentumserwerb des D verhindern.

C. Der „Gute Glaube"

I. Unredlichkeit: Begriff, Beweislast, Revisibilität

25 Erwerb vom Nichtberechtigten ist nur kraft Rechtsgeschäfts und nur bei Redlichkeit des Erwerbers möglich. Anders als im Grundstücksrecht (§ 892) umfaßt die Unredlichkeit hier Kenntnis *und* grob fahrlässige Unkenntnis des Nichteigentums des Veräußerers. Der Eigentümer, der den Rechtserwerb angreift, hat die Unredlichkeit zu beweisen (§ 932 Abs. 1 Satz 1: „es sei denn, daß ...").

Ob der Erwerber redlich oder unredlich war, läßt sich nur im konkreten Fall unter Würdigung aller Umstände entscheiden. Dabei ist *prozessual* folgendes zu beachten:

1. Vorsatz und grobe Fahrlässigkeit sind Rechtsbegriffe. Ob sie im konkreten Fall vom Richter richtig verstanden worden sind, kann auch in der Revisionsinstanz nachgeprüft werden.

2. Dagegen ist die Frage, ob der Erwerber vorsätzlich oder grobfahrlässig gehandelt hat, der Entscheidung des Tatrichters überlassen und in der Revisionsinstanz nur beschränkt nachprüfbar (BGHZ 10, 14, 16; BGH NJW 1981, 226; 1994, 2022; *Baur/Grunsky* Rn. 224).

3. Kann der Richter auf Grund einer Beweisaufnahme und bei Würdigung aller tatsächlichen Umstände sich keine feste Überzeugung von der Redlichkeit oder Unredlichkeit des Erwerbers bilden, so greift die Beweislastregel ein (sog. materielle Beweislast). Er hat dann zuungunsten dessen zu entscheiden, der den redlichen Erwerb verneint hat. Die Beweislastverteilung bedeutet aber nicht, daß er nur die Beweisanträge des Beweisbelasteten zu berücksichtigen hätte.

Beispiel: NE hat sich bei der „Mietwagenzentrale E" einen PKW auf 14 Tage gemietet. Er veräußert den Wagen an K. Landgericht und Oberlandesgericht haben dies als „grobfahrlässige Unkenntnis" bezeichnet, weil K nicht die Übergabe des Kraftfahrzeugbriefes gefordert habe (der bei E lag!). Sind sie dabei von dem richtigen Begriff der groben Fahrlässigkeit ausgegangen, so kann die Subsumtion der tatsächlichen Umstände unter diesen Begriff nicht vom Revisionsgericht (BGH) nachgeprüft werden.

Hatte NE einen gefälschten Kraftfahrzeugbrief an K übergeben, so wird es bedeutsam sein, ob K infolge grober Fahrlässigkeit diese Fälschung nicht erkannt hat. Zur Klärung dieser Frage kann und muß das Gericht die von K wie von E angebotenen Beweismittel (Zeugen usw.) verwerten. Läßt sich der Sachverhalt nicht restlos aufklären, so hat es im Urteil von der Redlichkeit des K auszugehen.

4. Zur „Unredlichkeit" im Falle der *Anfechtbarkeit wegen eines Willensmangels* s. § 142 Abs. 2 u. dazu BGH NJW 1988, 482.

II. Grobe Fahrlässigkeit

26 *Grobfahrlässig* ist nach der gängigen Formel der Erwerber, wenn er „die erforderliche Sorgfalt nach den gesamten Umständen in ungewöhnlich grobem Maße verletzt und dasjenige unbeachtet gelassen hat, was im gegebenen Fall jedem hätte einleuchten müssen" (BGHZ 10, 14, 16 = *Baur*, E. Slg. Fall 21). Zweifelhaft kann im konkreten Fall der Umfang der Nachprüfungs- und Informationspflicht sein.

Dabei kommt es auf die Person des Erwerbers (versierter Geschäftsmann oder harmloser Zeitgenosse), die des Veräußerers (vertrauenerweckender, geachteter Bürger – lichtscheues Subjekt) ebenso an wie auf die Art des Geschäfts (Verkehrsgeschäft des täglichen Lebens – Kreditgeschäft) und allgemein bekannte Erfahrungsregeln (s. dazu etwa RGZ 143, 14; 147, 321; BGHZ 10, 69, 74; BGH LM § 932 BGB Nr. 12; BGH NJW 1961, 777: Zur Frage des Rechtsirrtums; BGH JZ 1978, 400: Bösgläubigkeit der Hausbank, die die desolaten finanziellen Verhältnisse des Sicherungsgebers kennt; BGH NJW 1982, 38 u. 1981, 1271: Schlechtgläubigkeit des Testamentsvollstreckers als „Insiders").

Beispiele: Bei hochwertigen Investitions- oder Konsumgütern ist mit einem EV des Vorlieferanten zu rechnen. Die Veräußerung ist dem Händler indessen innerhalb des normalen Geschäftsgangs gestattet (§ 185). Wer also in einem gut bekannten Rundfunkgeschäft ein Radio kauft, braucht sich um einen EV nicht zu kümmern. Anders ist die Situation aber in Fällen, in denen die Ware zur Kreditsicherung (BGH LM § 365 HGB Nr. 1) oder unter dem Einkaufspreis (BGH LM § 455 BGB Nr. 23) erworben wird. Hier darf sich der Erwerber nach Lage des Falles nicht mit der Versicherung des Verkäufers begnügen, die Ware sei bezahlt, sondern muß je nach Lage der Dinge weitere Nachforschungen anstellen und Nachweise verlangen (*Soergel/Mühl* § 932 Rn. 15). Beim Erwerb einer Partie von Blusen, die aus Stoffen des Lieferanten hergestellt worden sind, ist stets mit einem verlängerten Eigentumsvorbehalt des Stofflieferanten zu rechnen. Schließt der Erwerber in seinen AGB die Abtretung der Kaufpreisforderung des Veräußerers an den Lieferanten aus, so nimmt er in Kauf, einen verlängerten Eigentumsvorbehalt des Lieferanten zu vereiteln (§ 399 BGB). Erkundigt er sich nicht nach den Eigentumsverhältnissen, so handelt er grob fahrlässig (BGHZ 77, 274 = *Baur* E. Slg Fall 26 a; beachte aber § 354 a HGB!). Den Bauherrn aber, der den Einbau von unter verlängertem EV gelieferten Waren durch den Bauunternehmer duldet, soll nach BGH DB 1991, 159 keine Erkundigungspflicht treffen. Er haftet nicht einmal für „leichte Fahrlässigkeit" auf Schadensersatz nach § 823.

Wer eine Ware sich sicherungsübereignen läßt, braucht sich nicht zu erkundigen, ob sie etwa schon anderweit sicherungsübereignet ist (BGH JZ 1970, 187 u. 1972, 27). Die sich somit ergebende Differenzierung zwischen Sicherungsübereignung und Eigentumsvorbehalt ist aber zweifelhaft (*Staudinger/Wiegand* § 932 Rn. 64).

Wer ein Kraftfahrzeug ohne Übergabe des Kraftfahrzeugbriefs erwirbt, handelt in aller Regel grob fahrlässig (BGHZ 10, 69, 74; 30, 374, 380; 68, 323, 325; BGH JZ 1965, 219; BGH NJW 1970, 653 u. 1981, 227).[1] – Besondere Fallgestaltung OLG Düsseldorf NJW 1985, 2484 (dazu *Mittenzwei* NJW 1986, 2472). Es bestehen Nachforschungspflichten im Gebrauchtwagenhandel bei fehlender Halterangabe im Kfz-Brief (BGH NJW 1994, 2022; BGH JuS 1996, 458 mit Anm. *K. Schmidt;* ähnliche Fallgestaltung: BGH NJW 1993, 1649 mit Anm. *K. Schmidt* in JuS 1993, 868).

27 War der Erwerber nur *leicht* fahrlässig, so ist er nicht aus dem Gesichtspunkt der unerlaubten Handlung (§ 823 Abs. 1) zur Rückübereignung an den früheren Eigentümer verpflichtet. Zwar sind auch rechtliche Einwirkungen „Verletzungen des Eigentums" i.S. des § 823 Abs. 1; aber die Anwendung dieser Bestimmung in Fällen *leichter* Fahrlässigkeit würde die in § 932 Abs. 2 vorgesehene Beschränkung auf Vorsatz und *grobe* Fahrlässigkeit illusorisch machen (BGH JZ 1956, 490 und BGHZ 37, 363, 368).

III. Maßgeblicher Zeitpunkt für das Redlichkeitserfordernis

28 Der Erwerber muß im *Augenblick* der letzten Erwerbshandlung redlich sein; dagegen braucht bei aufschiebend bedingter Übereignung Redlichkeit im Zeitpunkt des Bedingungseintritts nicht mehr gegeben zu sein (BGHZ 10, 69, 73; s.a. Rn. 15).

IV. Gegenstand des guten Glaubens

29 Die Redlichkeit führt nur dann zu einem Rechtserwerb, wenn sie sich auf das mangelnde Eigentum des Veräußerers bezieht, *nicht* aber dann, wenn sie

---
[1] Dazu *Schlechtriem* NJW 1970, 2088.

§ 52 C V   IV. Abschnitt. Mobiliarsachenrecht

die Geschäftsfähigkeit oder Verfügungsbefugnis des Veräußerers betrifft. Jedoch macht zum letztgenannten Punkt § 366 HGB eine Ausnahme, wenn ein Kaufmann im Betriebe seines Handelsgewerbes eine ihm nicht gehörige Sache unbefugt veräußert.[1]

Beispiele: E hat seinen Photoapparat dem NE geliehen. Dieser veräußert ihn an K, dem er vorschwindelt, er sei zwar nicht Eigentümer, aber E habe ihm erlaubt, den Apparat bei günstiger Gelegenheit zu veräußern: kein Erwerb des K.
Anders dann, wenn E den Apparat dem Photohändler NE zur Reparatur gegeben und dieser ihn veräußert hat: Erwerb des K. War der Apparat dem E gestohlen worden, so tritt jedoch auch hier kein Eigentumserwerb des K ein; denn § 935 ist auch im Rahmen des § 366 HGB anzuwenden.
Gleichgültig ist es, ob im Falle des § 366 HGB der veräußernde Kaufmann an seine Verfügungsbefugnis glaubt oder deren Nichtbestehen kennt, gleichgültig auch, ob eine dem Kaufmann erteilte Verfügungsbefugnis wirkungslos war (z. B. weil sie ihm vom Nichteigentümer erteilt war).
Läßt sich im Prozeß nicht feststellen, ob der Erwerber den veräußernden Kaufmann für den Eigentümer gehalten oder ihn nur für verfügungsbefugt angesehen hat, so kann das Gericht den Erwerb auf Grund beider Bestimmungen bejahen (vgl. BGH NJW 1959, 1080).

Halten wir fest: § 932 bezieht sich nur auf den guten Glauben an das Eigentum, nicht auf die Geschäftsfähigkeit, nicht auf die Verfügungsbefugnis (Ausnahme § 366 HGB).[2]

30 Davon zu unterscheiden sind die Fälle, daß der Veräußerer zwar Eigentümer ist, aber *in der Verfügung* durch das Gesetz oder eine gerichtliche Anordnung (relatives Veräußerungsverbot) beschränkt ist.[3] Auch hier wird meist der gute Glaube des Erwerbers an das Fehlen der Verfügungsbeschränkung geschützt (vgl. §§ 135 Abs. 2, 136; 2113 Abs. 3), nicht jedoch im Falle der Konkurseröffnung (Umkehrschluß aus § 7 Abs. 1 2. Halbsatz KO/§ 81 Abs. 1, S. 2 InsO) und nicht in den Fällen der §§ 1365, 1369 (absolute Veräußerungsverbote!).

31 Man hat also folgende Fälle zu unterscheiden, die für den Neuling im Sachenrecht zusammengestellt werden sollen:

Der Veräußerer ist Eigentümer	Eigentumserwerb nach §§ 929 ff.
Der Veräußerer ist nicht Eigentümer, aber zur Verfügung befugt	Eigentumserwerb nach § 185 (bzw. § 6 Abs. 2 KO oder § 80 Abs. 1 InsO, § 2205 Satz 2 BGB usw).
Der Veräußerer ist nicht Eigentümer, geriert sich aber als solcher	Eigentumserwerb nach §§ 932–934
Der Veräußerer ist nicht Eigentümer und nicht verfügungsbefugt, geriert sich aber als verfügungsbefugt.	Ausnahmsweise Eigentumserwerb nach § 366 HGB mit §§ 929 ff. BGB.
Der Veräußerer ist Eigentümer, aber in der Verfügung beschränkt	Eigentumserwerb ohne relative Unwirksamkeit in den gesetzlich geregelten Fällen (z. B. §§ 135 Abs. 2, 136).

V. Redlichkeit beim Erwerb durch Stellvertreter

32 Zu prüfen bleibt, wer beim *Eigentumserwerb durch Stellvertreter* (s. dazu oben § 51 Rn. 41 ff.) gutgläubig sein muß, der Vertreter oder der Vertretene. Die

---

[1] Dazu BGH NJW 1975, 735 u. ausführlich *Karsten Schmidt,* Handelsrecht, § 22; *Bülow* AcP 186, 576; *Bosch* JuS 1988, 439.
[2] Über den Ausschluß der Redlichkeit bei Bankiers s. § 367 HGB:
[3] Zu den Verfügungsverboten: *Bülow* JuS 1994, 1.

Antwort gibt § 166: Entscheidend kommt es auf die Person des Vertreters an (§ 166 Abs. 1). Nur wo ein Bevollmächtigter nach bestimmten Weisungen des Vollmachtgebers gehandelt hat, müssen beide redlich sein (§ 166 Abs. 2).

Beispiele: Der Betreuer B des unter Betreuung mit Einwilligungsvorbehalt gestellten K kauft zur Geldanlage von NE Wertpapiere. War B redlich, so erwirbt K selbst dann Eigentum, wenn er das Nichteigentum des NE kannte, ja selbst dann, wenn er den B auf den Erwerb von NE hingewiesen hatte (§ 166 Abs. 2 bezieht sich nur auf die Vollmacht!). –
Der redliche K erwirbt durch seinen redlichen Bevollmächtigten V von NE eine Maschine, die er an seinen Angestellten A (Besitzdiener) oder den Mieter der Maschine M (Besitzmittler) übergeben läßt. Es schadet nicht, daß A oder M bösgläubig waren, denn es kommt nur auf die Stellvertretung *bei der Einigung* an (RGZ 137, 23, 27 f. = *Baur*, E.Slg. Fall 19). –

§ 166 ist entsprechend anwendbar in Fällen der gesetzlichen Surrogation (§§ 1370, 1646) und bei der „Übereignung wen es angeht".

Kaufen die Eltern mit Mitteln der minderjährigen Tochter vom Nichtberechtigten eine Schreibmaschine, so wird die Tochter Eigentümerin, wenn *beide* Elternteile (Gesamtvertretung!) redlich waren.
Einer *juristischen Person* wird die Bösgläubigkeit ihres Organmitglieds als eigene zugerechnet.[1] Dies gilt auch dann, wenn das betreffende Organmitglied an dem Rechtsgeschäft nicht beteiligt war, und sogar, wenn es vor dessen Abschluß ausgeschieden ist.[2] Streitig ist allerdings die Begründung für die Wissenszurechnung. Teilweise wird § 166 Abs. 1 herangezogen,[3] die Gegenansicht beruft sich auf den in § 31 BGB zum Ausdruck gelangten allgemeinen Rechtsgedanken (s. auch oben § 5 Rn. 13; § 23 Rn. 36).[4]

D. Die Stellung des redlichen Erwerbers

I. Bereicherungsrechtlicher Ausgleich unentgeltlichen Erwerbs

Liegen die Voraussetzungen der §§ 932–934 vor und ist die Sache auch 33 nicht abhandengekommen (§ 935), so erwirbt der Redliche volles Eigentum. Dabei ist es gleichgültig, ob er entgeltlich oder unentgeltlich erworben hat; jedoch steht bei unentgeltlichem Erwerb dem Eigentümer ein Kondiktionsanspruch nach § 816 Abs. 1 Satz 2 zu; er ist auf die Rückübereignung der Sache gerichtet.

Beispiel: NE hat bei L eingelagertes, dem E gehöriges Getreide an G durch Abtretung des Herausgabeanspruchs als Sicherheit für ein ihm gewährtes Darlehen übereignet. G hat Eigentum erworben (§§ 931, 934 1. Alternative). E hat gegen NE – abgesehen vielleicht von Ansprüchen aus Vertragsverletzung oder unerlaubter Handlung – einen Anspruch aus § 816 Abs. 1 Satz 1. Steht dem E ein Anspruch gegen G aus § 816 Abs. 1 S. 2 zu? Die Beantwortung dieser Frage hängt offensichtlich davon ab, ob G „unentgeltlich" einen rechtlichen Vorteil erlangt hat (§ 816 Abs. 1 Satz 2), verneinendenfalls, ob der dem NE gewährte Kredit das „Erlangte" i. S. von § 816 Abs. 1 S. 1 ist.
Sicher liegt § 816 Abs. 1 Satz 2 nicht vor. Denn wie man auch immer das Verhältnis zwischen Darlehen und Sicherungsübereignung beurteilen mag, jedenfalls hat G das Getreide nicht unentgeltlich, also ohne Gegenleistung erlangt. Problematischer ist die Beurteilung des Anspruchs aus § 816 Abs. 1 Satz 1 gegen NE. Kann man sagen, NE habe „durch" die Sicherungsübereignung des Getrei-

---
[1] BGHZ 20, 149, 153; 41, 282, 287.
[2] BGHZ 109, 327, 331 f. (str.).
[3] *Soergel/Leptien* § 166 Rn. 4 f.; offen *MünchKomm/Schramm* § 166 Rn. 19 f.
[4] *K. Schmidt*, GesellschaftsR, § 10 V 2 b.

des die Darlehenssumme erlangt? M.E. nein. Durch die Sicherungsübereignung hat NE nur den in der Nutzung des Darlehens liegenden Vorteil „erlangt"; *den* muß er herausgeben.[1]

II. Rückerwerb des Nichteigentümers?

34   Das letztgenannte Beispiel führt uns zu dem Problem des sog. *Rückerwerbs des Nichtberechtigten.*

Nehmen wir an, NE hätte seine Darlehensschuld an G zurückbezahlt, fällt nun das Eigentum an NE zurück, der damit zum Eigentümer würde, oder an E?

1. Grundsatz

Als Ausgangspunkt ist festzuhalten, daß der redliche Erwerber Eigentum erworben hat, daß er also als Berechtigter verfügt, wenn er das Eigentum weiter überträgt, daß ein Dritter also vom Berechtigten erwirbt und Eigentümer wird, selbst wenn er wußte, daß der Veräußerer vom Nichtberechtigten erworben hatte, daß schließlich auch der ursprüngliche „Nichtberechtigte" Eigentum erlangt, wenn er die Sache von dem redlichen Erwerber zurückerwirbt.

2. Einschränkungen

Gerade der letztgenannte Satz muß aber – schon das Rechtsgefühl fordert dies – Einschränkungen unterliegen,[2]

a) und zwar einmal dann, wenn der Rückerwerb sich *nur als Rückabwicklung* des Rechtsverhältnisses zwischen dem Nichteigentümer und dem „Redlichen" darstellt, gleichgültig ob diese Rückabwicklung auf Rücktritt, Wandlung, ungerechtfertigter Bereicherung beruht:

NE hat eine dem E gehörige Maschine an den redlichen K veräußert. Dieser wandelt wegen eines Sachmangels. Mit Vollzug der Wandlung wird E Eigentümer, nicht NE!
War die Verfügung des NE ohne rechtlichen Grund erfolgt und setzt NE den Kondiktionsanspruch durch, so fällt das Eigentum an E;[3]

b) ferner dann, wenn der *Eigentumserwerb* des K von vornherein *nur „vorläufig"* sein sollte; so wenn der Nichteigentümer die fremde Sache seinem – redlichen – Gläubiger nach §§ 929, 931 zur Sicherheit übereignet hatte. Mit der Tilgung des Darlehens fällt das Eigentum an der Sache an den ursprünglichen Eigentümer zurück, und zwar gleichgültig, ob man die Sicherungsübereignung von vornherein als – durch die Rückzahlung des Darlehens –

---

[1] Siehe zu diesem Problemkreis *von Caemmerer,* Bereicherungsausgleich bei Verpfändung fremder Sachen, in Festschrift für *Lewald* (1953) S. 433 ff.; *Krawielicki* DogmJb. 81, 257.

[2] Siehe dazu *Krapp,* Der Rückerwerb des Nichtberechtigten (Mainzer Diss. 1955); *Nüssgens,* Der Rückerwerb des Nichtberechtigten (1939); *Gernhuber* JuS 1988, 363; *Wiegand* JuS 1971, 62; *Lopau* JuS 1971, 233; weitere Nachweise bei *Gursky* S. 58 ff.; a.A.: *MünchKomm/Quack* § 932 Rn. 62 ff.; *RGRK/Pikart* § 932 Rn. 34; *Palandt/Bassenge* § 932, Rn. 17.

[3] Zu der Frage, ob dieser Anspruch nicht dem NE, sondern dem E zusteht, s. BGHZ 37, 363, 367; *von Caemmerer,* Festschrift f. *Boehmer* (1954) S. 145 ff.; *Grunsky* JZ 1962, 207; *Schlosser* JuS 1963, 141; *Wiethölter* JZ 1963, 286.

auflösend bedingt ansieht oder ob man dem Sicherungsgeber nur einen schuldrechtlichen Rückübereignungsanspruch zugesteht;

c) schließlich dann, wenn der bösgläubige Nichteigentümer zugunsten des Redlichen nur verfügt hatte, um durch den Rückerwerb das Eigentum zu erhalten (anfänglich beabsichtigter Rückerwerb).

Aber auch mit diesen Einschränkungen bleiben genug Zweifel, wie etwa folgender Fall zeigt: E war dem Geschäft des NE als stiller Teilhaber beigetreten und hatte diesem als Einlage 10 Aktien übereignet. Später hatte er bemerkt, daß er bei Eintritt in das Geschäft einem nach § 119 Abs. 2 erheblichen Irrtum unterlegen war, und hatte auch die Übereignung wirksam angefochten. Bevor er einen Titel auf Herausgabe erwirken und den Gerichtsvollzieher mit der Wegnahme beauftragen konnte, hatte NE die Aktien seinem Gläubiger G an Erfüllungsstatt übereignet. G ist ungeachtet der Anfechtung – Redlichkeit hinsichtlich der Anfechtbarkeit vorausgesetzt – Eigentümer geworden (§ 932 mit § 142 Abs. 2). G veräußert die Aktien weiter. Dem NE ist die Sache später peinlich geworden, es gelingt ihm, *diese* 10 Aktien (oder 10 Aktien derselben AG) auf dem Markt zu erwerben. Bevor er sie dem E zurückgeben kann, pfändet sie einer seiner Gläubiger. Obwohl diese Aktien nach Ansicht des NE Surrogat der von E hingegebenen sein sollten, wird ein Rückfall des Eigentums an E nicht möglich sein.

III. Kein Lösungsanspruch

Unser Recht kennt auch *keinen Lösungsanspruch*,[1] weder – zugunsten des ursprünglichen Eigentümers – beim Erwerb nach §§ 932–934, noch – zugunsten des Erwerbers – bei abhandengekommenen Sachen (§ 935). 35

Beispiele: E hat wertvollen, alten Familienschmuck dem NE zur „Auffrischung" gebracht. NE veräußert den Schmuck an K. E wäre bereit, dem K den bezahlten Kaufpreis, ja den Wert des Schmuckes zu ersetzen, wenn dieser ihm den Schmuck zurückgibt. *Erzwingen* kann er einen solchen Vorschlag nicht.

War der Schmuck dem E gestohlen worden, so kann er ihn von dem redlichen K herausverlangen (§ 935), ohne daß dieser den Ersatz des bezahlten Kaufpreises von E beanspruchen könnte.

E. Abhandengekommene Sachen

I. Grundgedanke

§ 935 Abs. 1 schließt den Erwerb bei unfreiwilligem Verlust des unmittelbaren Besitzes durch den Eigentümer oder seinen Besitzmittler aus. Die Tatsache, daß der Eigentümer seine Sache nicht weggegeben hat, läßt sein Erhaltungsinteresse schutzwürdiger erscheinen als das Erwerbsinteresse. Jedoch muß das Eigentümerinteresse hinter den Bedürfnissen des Rechtsverkehrs zurücktreten, wenn Geld oder Inhaberpapiere abhandengekommen sind oder die Sache im Wege öffentlicher Versteigerung veräußert worden ist (§ 935 Abs. 2). 36

II. „Abhandenkommen"

Das Gesetz bringt zunächst zwei konkrete Beispiele des Abhandenkommens: „gestohlen worden – verlorengegangen." Eine Analyse dieser beiden 37

---

[1] Wohl aber das Schweizer Recht! BGHZ 100, 321 (dazu *Hohloch* JuS 1988, 157).

Begriffe bringt das Ergebnis, daß es auf zwei Momente ankommt, auf den Verlust des *unmittelbaren* Besitzes und auf die *Unfreiwilligkeit* dieses Verlustes. Abhandengekommen ist eine Sache also dann, wenn sie „dem unmittelbaren Besitzer *ohne* seinen Willen aus dem Besitz gekommen" ist.[1]

1. Besitzverlust

a) Maßgeblichkeit des Verlustes unmittelbaren Besitzes

38 Entscheidend ist der Verlust des unmittelbaren Besitzes (auch des unmittelbaren *Mit*besitzes) durch den Eigentümer oder den Besitzmittler (§ 935 Abs. 1 Satz 2). Ist der Eigentümer mittelbarer Besitzer und gibt der Besitzmittler den Besitz auf, so ist die Sache nicht abhandengekommen.

Beispiele: Das Fahrrad des E wird gestohlen. –
E hat sein Fahrrad seinem Freund F geliehen. Diesem wird das Rad entwendet. Der Käufer K des Diebes erwirbt kein Eigentum (§ 935).
Hat dagegen F das Rad an K veräußert, so erwirbt dieser Eigentum (§ 932). Daß E dadurch seinen mittelbaren Besitz verloren hat, ist bedeutungslos.
Fraglich ist die Anwendung des § 935, wenn die Sache dem unmittelbaren Besitzer abhandenkommt, der dem Eigentümer keinen mittelbaren Besitz vermittelt:
E hat sein Rad dem R zur Reparatur gegeben. R hat es veruntreut und an den Hehler H (der also – weil bösgläubig – kein Eigentum erwarb) veräußert. Dort wird es gestohlen. Der Dieb verkauft das Rad an den redlichen K.
Die h.M.[2] bejaht den redlichen Erwerb, wohl zu Unrecht. Zwar spricht für sie der Wortlaut des § 935 Abs. 1 Satz 2, aber er ist angesichts der Tendenz des Gesetzes, bei unfreiwilligem Besitzverlust redlichen Erwerb auszuschließen, zu eng. Die Möglichkeit redlichen Erwerbs ist also zu verneinen.[3]

b) Abhandenkommen bei Untreue des Besitzdieners?

39 Eine weitere praktisch bedeutsame Streitfrage ist mit der Stellung des Besitzdieners verbunden: Ist die Sache abhandengekommen, wenn *der Besitzdiener* sie veruntreut, sie also ohne den Willen des Besitzers für sich verwendet oder an andere weggibt?

Die h.M.[4] bejaht diese Frage, während andere[5] die Möglichkeit redlichen Erwerbs zugestehen, wenn der Besitzdiener *nach außen* eine dem Besitzmittler vergleichbare Stellung hatte. Der h.M. ist zu folgen; darauf, ob der Rechtsverkehr jemanden nach dem äußeren Anschein für einen unmittelbaren Besitzer halten kann, stellt das Gesetz bei der Ermittlung der wahren Besitzlage nirgends ab. Nach § 855 ist ja nur der Besitzherr unmittelbarer Besitzer.

---

[1] So die nicht gerade schöne, aber treffende und inzwischen klassisch gewordene Formulierung von Martin *Wolff* in *Wolff/Raiser* § 69 I 1.
[2] OLG Düsseldorf JZ 1951, 269; *Raiser*, ebenda; *Heck* S. 255; *Staudinger/Wiegand* § 935 Rn. 6; *Westermann/Gursky* I § 49 I 5.
[3] Ebenso Martin *Wolff* in der 9. Aufl. seines Lehrbuchs (§ 69 I 2); *Westermann* § 49 I 5 in der 5. Aufl.; vgl. auch *Braun* JZ 1993, 391.
[4] Vgl. etwa RGZ 71, 248, 252; 106, 4, 6 = *Baur*, E.Slg. Fall 22; *Schwab/Prütting* § 9 V; *Westermann/Gursky* I § 49 I 6 m.w.N.
[5] Z.B. *Soergel/Mühl* § 935 Rn. 2; *Schmelzeisen* AcP 136, 149; *Westermann* § 49 I 6 in der Vorauflage; *Staudinger/Wiegand* § 935 Rn. 14.

§ 52. Der Erwerb vom Nichtberechtigten

Beispiele: Der Verkäufer NE in einem Radiofachgeschäft des E hat einen kleinen Taschenempfänger mit nach Hause genommen, ihn zunächst selbst benützt, dann aber an den redlichen K veräußert. K ist nicht Eigentümer geworden.

Das Ergebnis ist nicht anders, wenn NE unselbständiger Reisevertreter des E war und das Vorführgerät an K veräußerte.

Anders ist die Rechtslage dann, wenn die Sondervorschriften der §§ 54–56 HGB Platz greifen, wenn also NE in unserem ersten Beispiel das Gerät im Laden des E an K weisungswidrig veräußerte. Hier hat K Eigentum auf Grund *gesetzlicher* Veräußerungs*vollmacht* erworben.

Zweifelhaft ist schließlich noch der Fall, daß der Besitzdiener zwar vom Geschäftsherrn mit der Übergabe der Sache betraut ist, dabei aber – bewußt oder unbewußt – weisungswidrig handelt: der Reise„vertreter" NE muß seine Geschäfte in eigenem Namen abschließen, ist aber nicht Eigentümer der Waren, muß sich auch in jeder Hinsicht den Direktiven des E fügen. Er hat die Weisung, nur gegen Barzahlung zu übereignen. Dennoch übereignet er dem K die Ware, obwohl dieser in Raten zahlt. M.E. wird die generelle Befugnis zur Besitzübergabe nicht durch unkorrekten Vollzug im Einzelfall aufgehoben.[1] K ist daher – Redlichkeit vorausgesetzt – Eigentümer geworden (s. auch das Beispiel (5) oben § 51 Rn. 41).

§ 935 ist dagegen nicht anwendbar, wenn das Organ einer juristischen Person oder einer OHG (KG) den Besitz außerhalb seiner Geschäftsführungs- und Vertretungsbefugnis weggibt; denn das Organ übt die tatsächliche Sachherrschaft für die juristische Person aus (s. oben § 7 Rn. 70, 80).

c) Verlust des (fiktiven) Erbenbesitzes

Der unmittelbare Besitz des Erblassers geht nach § 857 auf den *Erben* über, auch wenn dieser die tatsächliche Gewalt an der Sache noch nicht ausübt, ja nicht ausüben kann. Veräußert also jemand eine zum Nachlaß gehörige Sache, so ist sie abhanden gekommen, wenn der Erbe unmittelbarer Besitzer nach § 857 geworden ist. Ein Eigentumserwerb ist nur möglich, wenn dem Veräußerer als Scheinerben ein Erbschein ausgestellt war (§ 2366): **40**

Der Erblasser E hat in einem Testament von 1977 seinen Sohn S als Alleinerben eingesetzt. Als er 1980 stirbt, veräußert S – ohne sich einen Erbschein ausstellen zu lassen – eine wertvolle Sammlung alter Kupferstiche an K. 1982 wird ein Testament von 1979 gefunden, in dem E – weil er sich mit S überworfen hatte – den Neffen N zum Alleinerben beruft. Damit ist das Testament 1977 widerrufen (§ 2258). N ist von Anfang an Eigentümer des gesamten Nachlasses und unmittelbarer Besitzer auch der Sammlung geworden. K ist nicht Eigentümer geworden, weil die Sache dem N abhandengekommen ist (§§ 857, 935).[2] Dabei ist es gleichgültig, ob S als Erbe aufgetreten ist oder nicht. Hätte S andererseits einen Erbschein ausgestellt erhalten, so hätte K Eigentum an der Sammlung erworben, gleichgültig, ob S als Erbe auftrat oder nicht und ob er im ersten Fall dem K den Erbschein vorlegte (a. A. *Parodi* AcP 185, 365).

2. Das Willensmoment beim Abhandenkommen

Der Besitzverlust muß unfreiwillig sein, die Sache muß *ohne* (nicht notwendig: gegen) den Willen des unmittelbaren Besitzers aus dem Besitz gekommen sein. Wenn es sich auch hier um einen sog. „tatsächlichen", also nicht „rechtsgeschäftlichen" Willen handelt, so werden mit dieser Feststellung doch erhebliche Zweifel, die vor allem den Einfluß der Geschäftsunfähigkeit (a), der Willensmängel (b) und hoheitlicher Maßnahmen (c) betreffen, nicht ausgeräumt. **41**

---

[1] § 185 Abs. 1 ist nicht anwendbar, da NE den Rahmen der Ermächtigung überschreitet.
[2] Zu der Frage, ob Verfügungen des vorläufigen Erben (nach Erbfall, vor der Ausschlagung) ebenso zu behandeln sind, s. *Kipp/Coing* § 90 Anm. 8; *Lange/Kuchinke* § 5 III 4; *Erman/Schlüter* § 1953 Rn. 2; *MünchKomm/Leipold* § 1953 Rn. 4 (je m.w.N.).

§ 52 E II   IV. Abschnitt. Mobiliarsachenrecht

a) Abhandenkommen bei Geschäftsunfähigkeit

42   Meist wird gesagt, Besitzweggabe durch *Geschäftsunfähige,* nicht aber durch Geschäftsbeschränkte begründe Abhandenkommen. Dies mag als *Faustregel* angehen, sagt aber auch nicht mehr. Es kommt entscheidend auf die Fähigkeit an, sich über die Bedeutung der Besitzweggabe ein zutreffendes Bild machen zu können.[1]

Abhandenkommen: Ein 5jähriges Kind „schenkt" einem Fremden das Kinderfahrrad – Ein Geisteskranker veräußert einen wertvollen Familienschmuck.
Nichtabhandenkommen: Eine unter Betreuung mit Einwilligungsvorbehalt gestellte Person verschenkt ihre Brieftasche ohne die Einwilligung des Betreuers. – Ein 17jähriger schenkt seiner Braut einen ihm von seinen Eltern leihweise überlassenen Ring (beachte: *hier* geht es nur um die Frage: abhandengekommen oder nicht, dagegen *nicht* darum, ob die Übereignung gültig war!).

b) Abhandenkommen bei Willensmängeln

43   Sehr umstritten ist der Einfluß der *Willensmängel.* Sicher ist, daß es – abgesehen vom Fall des § 854 Abs. 2 – auf die Anfechtung und ihre Wirkung nicht ankommen kann, denn die Besitzweggabe ist keine Willenserklärung und kann ihr auch nicht gleichgesetzt werden. Wenn der BGH aber in BGHZ 4, 10, 34 ff. ein Abhandenkommen nur bei unwiderstehlicher physischer Gewalt oder einem gleichstehenden seelischen Zwang annimmt, so kann dem nicht gefolgt werden; denn abgesehen davon, daß – wie der BGH selbst sagt – „die Grenzen zwischen Wegnahme und erpreßter Übergabe nicht immer leicht zu ziehen sind", ist mit *Heck*[2] bei Weggabe *unter Drohung* stets Abhandenkommen anzunehmen; wenn – wie § 123 dies fordert – der unmittelbare Besitzer widerrechtlich durch die Drohung zur Besitzaufgabe gezwungen wurde, so ist (im Gegensatz zum Irrtum und zu der arglistigen Täuschung) dem Besitzer die Zwangslage bewußt; eine *freie* Willensbestimmung liegt daher nicht vor.

Es muß gleichgültig sein, ob der Eigentümer mit vorgehaltener Pistole oder durch die Drohung, sein Haus anzuzünden oder ihn wegen einer Straftat anzuzeigen, zur Weggabe seines wertvollen Schmucks veranlaßt wurde.

c) Abhandenkommen bei Hoheitsakten

44   Zweifelhaft ist auch der Einfluß *staatlicher Hoheitsakte.* Hier hat man zu unterscheiden:

aa) Ist der staatliche Hoheitsakt *rechtmäßig,* so liegt kein Abhandenkommen vor, gleichgültig ob der Betroffene die Sache weggegeben hat oder ob sie ihm weggenommen wurde:
Der Gerichtsvollzieher pfändet auf Grund eines Urteils die dem Schuldner gehörige Sache, veräußert sie dann an K und behält den Erlös für sich.
Die Verwaltungsbehörde nimmt auf Grund des Bundesleistungsgesetzes dem Eigentümer den Kraftwagen „zur Nutzung" weg. Veräußert sie ihn an K, so wird dieser Eigentümer. Unterschlägt aber ein Angestellter der Behörde den Wagen und verkauft ihn an K, so versagt der Schutz des § 932, weil der Wagen der Behörde abhandengekommen ist. Daß sie dem Eigentümer u. U. keinen mittelbaren Besitz vermittelte, ändert daran nichts (s. oben Rn. 38).

---

[1] S. zu dieser Frage insbesondere *Hübner* aaO (Lit.-Hinweis), S. 116; *Flume* II § 13, 11 d; *Soergel/Mühl* § 935 Rn. 2; *Westermann/Gursky* § 49 I 3; vgl. OLG München NJW 1991, 2571.
[2] § 60, 5; ihm folgend *Westermann/Gursky* § 49 I 3.

bb) Ist der hoheitliche Akt *gesetzwidrig* und daher vor den Verwaltungsgerichten *anfechtbar,* so ist er doch bis zu seiner Aufhebung wie ein gültiger Verwaltungsakt zu respektieren. Die Besitzbegründung der Behörde auf Grund eines solchen Verwaltungsakts ist daher zunächst rechtmäßig, ein Abhandenkommen scheidet aus.[1]

cc) Ist der Verwaltungsakt dagegen *nichtig* (s. §§ 43, 44 VwVfG[2]), so liegt Abhandenkommen vor; es fehlt eine öffentlich-rechtliche Befugnis des Eingreifenden.[3] Entsprechendes gilt auch für sog. „Nichtverwaltungsakte".[4] Dabei ist es gleichgültig, ob die Behörde auf Grund eines solchen Verwaltungsakts die Sache wegnimmt oder der unmittelbare Besitzer sie ihr übergibt:

Der mit gewerberechtlichen Fragen befaßte Angestellte NE eines Landratsamts beschafft sich ein Formular für die Beschlagnahme eines PKW nach dem Bundesleistungsgesetz, fälscht die Unterschrift des Landrats und benützt in einem unbewachten Augenblick den Dienststempel. Er begibt sich aufs Dorf zu dem Landwirt E, „beschlagnahmt" dessen PKW und veräußert ihn an K. Es liegt ein sog. Nichtverwaltungsakt vor. Der PKW ist abhandengekommen; dabei kann es keinen Unterschied machen, ob NE den Kraftwagen wegnimmt oder E ihn herausgibt.[5]

d) Abhandenkommen belasteter Gegenstände

Grundsätzlich ist auf den Willen des unmittelbaren Besitzers abzustellen. Ist **45** der Eigentümer aber mit der Wegnahme der Sache bei dem unmittelbaren Besitzer einverstanden oder nimmt er sie selbst vor, so ist die Sache nur dem Besitzer, nicht aber – was selbstverständlich ist – dem Eigentümer abhandengekommen. Diese Unterscheidung kann von Bedeutung sein, wenn dem Besitzer ein beschränktes dingliches Recht zum Besitz zusteht;[6] dies bleibt dann auch einem redlichen Erwerber gegenüber bestehen:

E hat seinem Gläubiger G Schmuck verpfändet. Später nimmt X auf Veranlassung des E oder E selbst dem G den Schmuck heimlich weg und veräußert ihn an K, der von den Vorgängen nichts wußte. Hier ist K zwar Eigentümer geworden, aber das Pfandrecht des G ist nicht untergegangen (s. unten Rn. 51 ff.).

III. Folgen des Abhandenkommens

Das *Abhandenkommen verhindert* einen redlichen Erwerb, und zwar haftet **46** dieser Makel der Sache *dauernd* an, so daß auch spätere Erwerber kein Eigentum erhalten, es sei denn die Voraussetzungen der Ersitzung lägen vor oder die Sache sei im Wege öffentlicher Versteigerung veräußert worden (Beispiel: OLG München NJW 1987, 1830).

Im originären Eigentumserwerb an abhandengekommenen Sachen liegt heute die Bedeutung des Instituts der Ersitzung (s. § 53 Rn. 86).

---

[1] Sehr umstritten, vgl. statt aller BGHZ 4, 10 ff. u. *Palandt/Bassenge* § 935 Rn. 3 m. w. N.
[2] Dazu s. *Maurer* § 10 Rn. 31 ff. – mit Beispielen.
[3] *Staudinger/Wiegand* § 935 Rn. 17; vgl. auch *Palandt/Bassenge* § 935 Rn. 3; a.A. *MünchKomm/Quack* § 935 Rn. 14.
[4] Wohl allg. M.: s. nur *MünchKomm/Quack* aaO; zur Begrifflichkeit *Kopp* VwVfG § 43 Rn. 22 u. 28 f.
[5] Wie hier *Westermann/Gursky* I § 49 I 4.
[6] Wozu im Sinne des § 936 auch das Anwartschaftsrecht des Käufers unter Eigentumsvorbehalt gehört (s. unten Rn. 54 und § 59 Rn. 46).

IV. Unterausnahme: Geld – Inhaberpapiere – Versteigerungserwerb

1. Gutglaubenserwerb trotz Abhandenkommens

47 In diesen Fällen (§ 935 Abs. 2) kehrt das Gesetz zu den allgemeinen Regeln über den redlichen Erwerb zurück. Von dem Makel des Abhandenkommens wird also abgesehen. Redlichkeit des Erwerbers und einer der in §§ 932–934 genannten Übereignungstatbestände müssen aber gegeben sein.

> Dies übersieht der Anfänger nur zu gern! Es ist also keineswegs so, daß man an gestohlenem Geld usw. „schlechthin" Eigentum erwerben könne.
> Wie die Erfahrung zeigt, ist es auch nicht überflüssig zu betonen, daß § 935 Abs. 2 nichts mit dem Erwerb von *Falschgeld* zu tun hat: Wer Falschgeld erwirbt, wird dessen Eigentümer. Da es aber nicht Geld ist, kommen ihm dessen Eigenschaften ungeachtet aller Redlichkeit nicht zu. Dagegen spielt es bei „echtem" Geld keine Rolle, ob es schon rechtmäßig in den Verkehr gelangt war oder etwa in den Kellern der Bundesbank gestohlen und dann an Redliche übereignet worden ist (*Prost* JZ 1969, 786; *Mann* JZ 1970, 212 [unter Hinweis auf § 794]; *Fögen*, Geld- und Währungsrecht, 1969, S. 22 [einschränkend]). S. ferner H. *Ebel* JZ 1983, 175.

2. „Geld" und „Inhaberpapiere"

48 Unter „*Geld*" ist in- und ausländisches Geld zu verstehen. *Inhaberpapiere* sind Inhaberschuldverschreibungen (§§ 793 ff.), Inhaberaktien (§ 10 AktG), Inhaberinvestmentanteilscheine, Inhabermarken (§ 807), *nicht* aber Orderpapiere (vgl. aber § 365 HGB, Art. 16 II WG, Art. 21 ScheckG), *nicht* Legitimationspapiere nach § 808.

> *Beispiele:* E verliert seine Fahrkarte (§ 807); der Finder NE veräußert sie an K. K wird Eigentümer.
> NE stiehlt das Sparbuch des E (§ 808) und veräußert es an K. Hier wird K schon deshalb nicht Eigentümer, weil das Eigentum am Sparbuch mit der Gläubigerstellung untrennbar verbunden ist (§ 952). Davon zu unterscheiden ist die Frage, ob die Sparkasse an K wirksam bezahlen kann; sie ist zu bejahen (§ 808).[1] K muß aber den abgehobenen Betrag an E herausgeben (§ 816 Abs. 2).
> E ist Inhaber eines blanko-indossierten (also den Indossatar nicht nennenden) Wechsels (Art. 13 Abs. 2 WG). Dieser wird ihm gestohlen. NE veräußert ihn an den redlichen K. Dieser wird Eigentümer des Papiers und Gläubiger der Forderung aus dem Wechsel (Art. 16 Abs. 2 WG).

3. „Versteigerung"

49 Auch hier ist manche Gelegenheit zu Mißverständnissen gegeben: Mit dem Begriff „öffentliche Versteigerung" verweist das Gesetz auf die Legaldefinition in § 383 Abs. 3, meint also nur eine Versteigerung im Rahmen des bürgerlichen Rechts. Daraus ergibt sich:

a) Bei der öffentlichen Versteigerung nach § 383 Abs. 3 handelt es sich um einen rechtsgeschäftlichen Erwerb, der Ersteigerer muß redlich sein.

b) Wird die öffentliche Versteigerung im Rahmen einer Zwangsvollstreckung, also nach den Bestimmungen der ZPO (§§ 814 ff. ZPO) vorgenommen, so erwirbt der Ersteigerer originär durch staatlichen Hoheitsakt; auf seine Redlichkeit kommt es nicht an (RGZ 156, 395, 398).[2]

---

[1] Anders bei Kenntnis der Bank von der Nichtberechtigung (s. *Zöllner* WPR, § 28 III 2a). S. ferner unten § 53 Rn. 38 f.
[2] Einzelheiten vgl. *Baur/Stürner* I, ZVR Rn. 29.3 ff.

Beispiele (sie zeigen, daß hier diverse Versteigerungsarten in Betracht kommen können):[1]

aa) NE hat einen dem E gestohlenen Wagen Orangen an D verkauft. Als D die Annahme verweigert, läßt NE die Orangen nach § 383 (mit § 372 Satz 1 mit § 373 Abs. 2 HGB) versteigern. K – der von der Herkunft der Orangen nichts ahnt – erhält den Zuschlag. Er wird Eigentümer (§ 935 Abs. 2).

bb) Bei gleichem Ausgangssachverhalt sind die Orangen bei NE von dessen Gläubiger G gepfändet worden. In der Versteigerung durch den Gerichtsvollzieher (§ 817 ZPO) erwirbt K die Orangen: Eigentumserwerb ohne Rücksicht auf seine Redlichkeit.

cc) NE hat eine dem E gestohlene Perlenkette an seinen Gläubiger G verpfändet. G hat kein Pfandrecht erworben (§ 1207 mit § 935). Läßt G die Kette versteigern, so wird der Ersteigerer K Eigentümer, aber nicht nach § 935 Abs. 2, sondern nach § 1244; denn G versteigert nicht als angeblicher Eigentümer, sondern als angeblicher Pfandgläubiger. K muß bezüglich dieses Pfandrechts redlich sein.

dd) In dem Postamt NE wurde ein Stockschirm gefunden. Die Post läßt ihn als „Fundsache" gemäß §§ 979–982 versteigern. Der Ersteigerer K *kann* gar nicht redlich sein; denn er weiß, daß es sich um eine verlorene Sache handelt; er braucht es aber nicht zu sein. Denn hier liegt in der durch das Gesetz erlaubten Versteigerung die gesetzliche Ermächtigung zur Verfügung. –

4. Exkurs: Redlicher Erwerb nach § 898 ZPO

Ist der Verkäufer[2] (Nichteigentümer) zur Übereignung einer beweglichen Sache rechtskräftig verurteilt und nimmt sie der Gerichtsvollzieher weg, um sie dem Käufer zu übergeben (§ 897 ZPO), so wird der Käufer Eigentümer, wenn er redlich ist; denn Urteil und Wegnahme durch den Gerichtsvollzieher ersetzen hier die rechtsgeschäftliche Einigungserklärung und den Übergabeakt des Verkäufers. Der Käufer, nicht der Gerichtsvollzieher, muß redlich sein (RGZ 90, 192, 198).

50

F. Der lastenfreie Erwerb

I. Grundgedanke

§ 936 ermöglicht den lastenfreien Erwerb einer beweglichen Sache. Dem redlichen Erwerber wäre in aller Regel wenig gedient, wenn ihm zwar das Eigentum an der Sache zufallen würde, wenn sie ihm aber durch den Inhaber eines beschränkten dinglichen Rechts wieder entzogen werden könnte. Als solche beschränkte dingliche Rechte kommen – bei beweglichen Sachen – Nießbrauch und Pfandrecht in Betracht.

51

E hat seine Uhr seinem Gläubiger G verpfändet. G gibt sie dem R zur Reparatur. R veräußert sie an den redlichen K. Durch die Übergabe an R ist das Pfandrecht des G nicht erloschen (§ 1253). K hat aber lastenfreies Eigentum erworben. Wäre das Pfandrecht des G bestehen geblieben, so müßte K die Uhr dem G zur Verwertung des Pfandes herausgeben (§ 1227 mit § 985).

---

[1] Zur freiwilligen Versteigerung (Auktion, z.B. von Gemälden) s. *v. Hoyningen-Huene* NJW 1973, 1473. Auch hier ist gutgläubiger Erwerb an abhandengekommenen Sachen möglich, BGH NJW 1990, 899.

[2] Oder sonst jemand, gegen den ein Anspruch auf Übereignung besteht.

II. Voraussetzungen des § 936

1. Eigentumserwerb

52 Der Erwerber muß *Eigentum* erlangen, wobei es gleichgültig ist, ob er vom Eigentümer oder vom Nichteigentümer auf Grund der §§ 932ff. Eigentum erwirbt.

> Im obigen Beispiel erwirbt K das Eigentum nach § 932, die Lastenfreiheit nach § 936. Wäre die Sache abhandengekommen, so würde der Eigentumserwerb an § 935 scheitern, dann käme aber auch kein *lastenfreier* Erwerb in Betracht. Denn § 936 Abs. 1 Satz 1 sagt: „... mit dem Erwerb des Eigentums".

2. Besitzlagen nach §§ 932 ff.

Der Erwerber muß *dieselbe Besitzposition* erhalten wie beim Erwerb von Nichtberechtigten nach §§ 932–934 (§ 936 Abs. 1 Satz 2, 3), und zwar auch dann, wenn das Eigentum vom Berechtigten abgeleitet wird.

> *Beispiel* (Vermieterpfandrecht): E wohnt bei V zur Miete. Er ist seit Monaten den Mietzins schuldig. Er verkauft und übereignet die ihm gehörige Standuhr an K, vereinbart aber mit ihm, daß er sie noch 3 Monate behalten darf. Hier hat K sofort Eigentum erlangt (§ 930), lastenfreies aber erst, wenn ihm die Standuhr von E übergeben wird und er dann noch redlich ist (§ 936 Abs. 1 Satz 3 mit § 933).

3. Gutgläubigkeit bezüglich der Lastenfreiheit

Der Erwerber muß bezüglich der Lastenfreiheit gutgläubig sein (§ 936 Abs. 2). Unredlich ist er, wenn er die dingliche Belastung kannte oder infolge grober Fahrlässigkeit nicht kannte. Prozessual wird Redlichkeit zunächst vermutet; die Widerlegung dieser Vermutung kann sich aus den Umständen ergeben. Nicht angebracht ist es aber – wie dies BGH NJW 1972, 43 u. die wohl h.M. tun – Bösgläubigkeit regelmäßig anzunehmen, wenn jemand bei einem Mieter in dessen Räumen eine Sache erwirbt; der Skeptizismus, daß alle Mieter schlechte Zahler seien, ist unbegründet. Die Gegenmeinung muß dann ganz auf die Voraussetzungen des § 560 abstellen.

Über den Ausschluß der Redlichkeit bei Bankiers s. § 367 HGB!

4. Kein Abhandenkommen

Die Sache darf dem Inhaber des dinglichen Rechts nicht abhandengekommen sein (entsprechende Anwendung des § 935!).

> § 935 spielt hier also eine doppelte Rolle: Ist die Sache dem Eigentümer abhandengekommen, so ist kein Eigentumserwerb möglich, damit auch kein lastenfreier Erwerb (oben Rn. 52). – Ist sie zwar nicht dem Eigentümer, wohl aber dem Inhaber des beschränkten dinglichen Rechts abhandengekommen, so erhält der Erwerber zwar Eigentum, aber kein lastenfreies:
>
> E hat seinen Kraftwagen bei R zur Reparatur gegeben. Da er die Rechnung nicht bezahlen kann und befürchtet, daß R sein Werkunternehmerpfandrecht geltend macht (§ 647), holt er den Kraftwagen heimlich weg und veräußert ihn an K. Dieser wird Eigentümer, das Pfandrecht des R bleibt aber bestehen.

5. Ausnahme bei Veräußerung nach § 931

Das beschränkte dingliche Recht erlischt nicht, wenn die Veräußerung 53
nach § 931 erfolgt und der Inhaber des dinglichen Rechts die Sache besitzt;
hier weist der Rechtsschein dieses Besitzes den Erwerber auf die Möglichkeit
des Vorhandenseins eines beschränkten dinglichen Rechts hin (§ 936 Abs. 3).

Beispiele: E mußte bei Auszug aus der Wohnung seine Schreibmaschine dem Vermieter V zurücklassen, weil er den Mietzins noch nicht bezahlt hatte. Veräußert er die Maschine nach § 931 an K, so bleibt doch das Vermieterpfandrecht des V bestehen. Das gleiche gilt, wenn E seinen bei R in Reparatur befindlichen Kraftwagen an K verkauft und nach § 931 übereignet.[1]

III. Besondere Fälle

1. § 366 HGB (guter Glaube an die Verfügungsbefugnis) ist auch hier an- 54
wendbar (§ 366 Abs. 2 HGB).

2. § 936 erfaßt – neben dem Nießbrauch – Pfandrechte aller Art, das vertragliche wie das gesetzliche und das Pfändungspfandrecht

Beispiel: G hat für eine ihm zustehende Forderung durch den Gerichtsvollzieher bei S einen Musikschrank gepfändet; der Gerichtsvollzieher beläßt das Pfandstück nach Anbringung einer Siegelmarke bei S (§ 808 Abs. 2 Satz 2 ZPO). S entfernt die Siegelmarke (Verstrickungsbruch, § 136 StGB)

Übersicht 21

Eigentumserwerb bei beweglichen Sachen

Erwerbsart: Einigung (E.) + Übergabe	E. + brevi manu traditio:	E. + Besitzkonstitut	E. + Abtretung des Herausgabeanspruchs
I. Erwerb vom Berechtigten	ja (§ 929 S. 1)	ja (§ 929 S. 2)	ja (§ 930)	ja (§ 931)
II. 1. Erwerb vom Nichtberechtigten	ja (§ 932 I)	ja (§ 932 I)	nein (§ 933) (erst später mit Besitzerlangung)	nein (§ 934) es sei denn: a) Abtretung des Anspruchs nach § 868 oder b) später mit Besitzerlangung
2. Erwerb vom Nichtberechtigten bei Abhandenkommen usw. a) bew. Sachen (mit Ausnahme von b)	nein	nein	nein	nein
b) Geld, Inhaberpapiere (§ 935 II)	ja (wie II 1)	ja (wie II 1)	nein (wie II 1)	nein (wie II 1)

---

[1] Zu der Frage, ob § 936 Abs. 3 auch auf den besitzenden *Eigentümer* anzuwenden ist, s. *Westermann/Gursky* § 50, 3. –

und veräußert den Schrank an den redlichen K. Dieser erwirbt unbelastetes Eigentum (RGZ 161, 109, 119, 120).

55 3. § 936 Abs. 3 ist darüberhinaus entsprechend zum *Schutz des Anwartschaftsrechts* aus (aufschiebend oder auflösend) bedingter Übereignung anwendbar (nach § 161 Abs. 1, 3 mit § 934).

S. unten § 59 Rn. 3 und Rn. 46; ferner MünchKomm/*Quack* § 936 Rn. 5; *Staudinger/Wiegand* § 936 Rn. 2, 16; *Medicus* Rn. 462; undifferenziert *Soergel/Mühl* § 936 Rn. 3; *Palandt/Bassenge* § 936 Rn. 1.

4. Gehört die veräußerte Sache in den Haftungsbereich eines Grundpfandrechts, so gelten die Sondervorschriften der §§ 1120–1122 (s. dazu oben § 39 Rn. 28 ff. und 40 ff.).

§ 53. Andere als rechtsgeschäftliche Eigentumserwerbsgründe

Überblick

1 Der unter dem Stichwort „originärer" oder „ursprünglicher" Eigentumserwerb zusammengefaßten Tatbestandsgruppe ist nur ein negatives Moment gemeinsam, nämlich das, daß der Erwerb des Eigentums hier *nicht* auf dem rechtsgeschäftlichen Willen von Rechtsvorgänger und Rechtsnachfolger beruht, sondern unmittelbar auf Gesetz. Die Gründe aber, die den Gesetzgeber veranlaßt haben, hier ohne Rücksicht auf den Willen der Beteiligten einen Eigentumserwerb zu dekretieren, sind mannigfach, eine gemeinsame Grundlinie läßt sich nicht feststellen.

I. Einen ersten gesetzlichen Erwerbstatbestand könnte man mit dem Stichwort „*Untrennbarkeit*" versehen. Hierunter fallen die Verbindung (§§ 946, 947) und Vermischung (§ 948). Für sie ist charakteristisch, daß das Eigentum des einen in dem Eigentum des anderen oder in dem Miteigentum beider aufgeht, weil eine Feststellung des Gegenstandes des bisherigen Eigentums überhaupt nicht mehr möglich ist:

E lagert 5 to Weizen in dem Silo des M ein, in dem sich bereits 100 to anderer Eigentümer befinden.

oder

weil eine Trennung vielleicht noch möglich, aber wirtschaftlich sinnlos wäre und daher vom Gesetz inhibiert wird:

Abbruch eines Hauses, um das Eigentum an den Mauersteinen wieder zu realisieren!

Es geht also m. a. W. hier darum, die Konsequenzen aus der Bestandteilseigenschaft einer Sache zu ziehen (s. unten Rn. 3 ff.).

Freilich muß der Rechtsverlust, den der eine hier erleidet, irgendwie ausgeglichen werden. Dieser Ausgleich kann sachenrechtlich erfolgen, indem Miteigentum der bisherigen Eigentümer an der gemeinschaftlichen Sache (Sachbestand) angeordnet wird; er kann auf vertraglicher Vereinbarung, schließlich aber auch auf Bereicherungsrecht beruhen (s. unten Rn. 23 ff.).

II. Verwandt mit dem eben erörterten Tatbestand ist der der *Verarbeitung* (§ 950). Nur geht es hier nicht um den Interessenkonflikt mehrerer Sacheigentümer, sondern um den Konflikt des Sacheigentümers mit den Interessen dessen, der durch seine *Arbeitsleistung* (im weitesten Sinne verstanden) die Sache umgestaltet, „verarbeitet" hat. Soll hier der Sacheigentümer oder der Verarbeiter den Vorzug haben? Diese Frage soll unten Rn. 13 ff. beantwortet werden.

<small>Der Schreiner verarbeitet fremdes Holz und fremde Beschläge zu einem neuen Schreibtisch. – Der Maler skizziert auf der Speisekarte des Restaurants die markanten Gesichter der Honoratiorenrunde am Nebentisch.</small>

Wenn das Gesetz in § 950 den Verarbeiter sachenrechtlich bevorzugt, so kann das auch hier nicht bedeuten, daß die Interessen des Stoffeigentümers entschädigungslos unter den Tisch fallen. Hier muß ein Ausgleich gewährt werden, dessen Grundlage wieder Vertrags- oder Kondiktionsrecht sein kann (s. unten Rn. 23 ff.).

III. In gewissem Zusammenhang mit dem Problem der Sachverbindung steht die Verbindung einer Sache mit einem Recht, insbesondere einem Forderungsrecht. Stichwort: Eigentum an Schuldurkunden (unten Rn. 37 ff.).

IV. Ein den bisherigen Tatbeständen entgegengesetztes Problem ergibt sich aus der *Sachtrennung:*

„Der Apfel ist ab" – Wem soll er gehören?

Die Antwort scheint leicht zu sein: dem Eigentümer der Muttersache. Aber so einfach ist das Problem nicht immer zu lösen. Denn häufig ist die Sachnutzung vom Sacheigentum getrennt, so etwa, wenn der Eigentümer das Grundstück verpachtet oder an ihm einen Nießbrauch bestellt hat. Soll das Eigentum an der Frucht dem Sacheigentümer oder dem Nutzungsberechtigten zufallen, ja vielleicht sogar einem Besitzer, der sich gutgläubig für den Eigentümer hält, ohne es zu sein? Diese Fragen sollen unten Rn. 45 ff. erörtert werden (vgl. §§ 953–957).

V. Die bisherigen Gruppen weisen unter den Stichworten: „Sachverbindung" – „Sachverarbeitung" – „Sachtrennung" noch eine gewisse Verwandtschaft auf. Sie verbindet nichts mit einer nächsten Gruppe, die unter dem Stichwort *„Aneignungsrecht"* steht: Gewisse Sachen sind von Natur herrenlos, z.B. Tiere in freier Wildbahn, oder sind durch den Eigentümer herrenlos geworden (Dereliktion, Aufgabe: § 959). Wer darf sich solche herrenlosen Sachen aneignen? Jeder? (§ 958) oder nur bestimmte Aneignungsberechtigte? (z.B. Jagdberechtigte). Darüber unten Rn. 67 ff.

VI. Eine gewisse Ähnlichkeit damit hat der *Eigentumserwerb des Finders.* Zwar ist die verlorene Sache nicht herrenlos, auch darf der Finder sie nicht behalten, sondern muß sie abliefern. Aber wenn der Verlierer sich verschweigt, dann erwirbt der Finder – quasi als Aneignungsberechtigter – das Eigentum (§§ 973 ff.; unten Rn. 77 ff.).

2 **VII.** Beim Eigentumserwerb des Finders spielt der Gedanke der Belohnung für die geleistete Eigentumshilfe eine Rolle; ein wenig kommt aber doch auch hier schon der *Beharrungsgedanke* zum Durchbruch. Dieser tritt nun bei der *Ersitzung* (§§ 937–945) ganz in den Vordergrund: Wer über lange Jahre hinweg sich redlich für den Eigentümer gehalten hat, soll es auch von Gesetzes wegen werden (unten Rn. 85 ff.).

Übersicht 22

Originäre Eigentumserwerbsgründe (nicht vollständige Übersicht)

	Grundstücksverbindung (§ 946)	*Fahrnisverbindung* (§ 947)	*Vermischung* (§ 948)	*Verarbeitung* (§ 950)	*Fruchterwerb* (§§ 953–957)
ratio:	Unmöglichkeit oder Unwirtschaftlichkeit der Trennung	dito	dito	Höherbewertung der Herstellerleistung	Notwendigkeit, Eigentum an Nutzungen einer Sache zu bestimmen. Ausschlaggebend: Nutzungsnähe
Tatbestand:	Verbindung beweglicher Sachen mit Grundstück	Verbindung beweglicher Sachen miteinander	Vermischung beweglicher Sachen	Verarbeitung zu neuer Sache	Trennung des Erzeugnisses von der „Muttersache"
primäre Rechtsfolge:	Eigentumserwerb des Grundeigentümers (§ 946)	a) Miteigentum der mehreren bisherigen Alleineigentümer oder b) Alleineigentum des Eigentümers der Hauptsache (§ 947)	a) Miteigentum der mehreren bisherigen Alleineigentümer oder b) Alleineigentum des Eigentümers des Hauptbestandes (§ 948)	Eigentum des Herstellers (§ 950), sofern der Hersteller nicht „für" einen anderen (z. B. den Vorbehaltsverkäufer bei verlängertem EV) herstellt	Eigentumserwerb des a) obligatorisch Nutzungsberechtigten (§ 956) b) dinglich Nutzungsberechtigten (§ 954) c) Eigentümers der Muttersache (§ 953)
sekundäre Rechtsfolge:	Kondiktion § 951 = Ausgleich für den Rechtsverlust, den der bisherige Eigentümer der beweglichen Sache erleidet, durch Geld. § 951 ist Rechtsgrundverweisung, verweist also auf § 812	dito	dito	dito	–

A. Verbindung und Vermischung

Lit.-Hinweis: S. § 3 A I. Anm. 1; *Tobias,* Eigentumserwerb durch Verbindung AcP 194, 371; ferner Martin *Wolff,* D. Bau auf fremdem Boden, 1900; *Wieling* JZ 1985, 5 ff.

Lesen Sie zunächst § 3 Rn. 6 ff.

Für die hier zu behandelnden Tatbestände ist – wie wir wissen – die *Untrennbarkeit* kennzeichnend. Im einzelnen sind folgende Fallgruppen zu unterscheiden: 3

1. Verbindung einer beweglichen Sache mit einem Grundstück (Stichwort: *„Grundstücksverbindung"*, § 946, s. unten Rn. 4 ff.).

2. Verbindung einer beweglichen Sache mit einer anderen beweglichen Sache (Stichwort: *„Fahrnisverbindung"*, § 947, s. unten Rn. 8 ff.).

3. Vermischung (von Flüssigkeiten) und Vermengung (fester beweglicher Sachen) (Stichwort: *„Vermischung"*, § 948, s. unten Rn. 11 f.).

I. „Grundstücksverbindung"

1. Wesentlicher Bestandteil – Scheinbestandteil

Die Verbindung einer beweglichen Sache mit einem Grundstück als dessen 4 wesentlicher Bestandteil führt zu einem Verlust des Eigentums und der beschränkten dinglichen Rechte an ihr (§§ 946, 949).

Mit dem Begriff „wesentlicher Bestandteil" verweist das Gesetz auf die §§ 93 bis 96. Nur wenn eine bewegliche Sache im Sinne dieser Bestimmungen zum wesentlichen Bestandteil wird, tritt der originäre Rechtserwerb des Grundstückseigentümers und damit der Rechtsverlust des Fahrniseigentümers ein. Wenn auch in der Regelung als ganzer der Gedanke steckt, die wirtschaftliche Einheit des Grundstücks auch rechtlich zu sichern, so gilt dieser Grundsatz doch nicht ausnahmslos, sondern nur in der im Gesetz normierten Einzelausgestaltung (s. oben § 3 Rn. 6 ff.).

Wenn der Nießbraucher auf dem Grundstück ein Gebäude errichtet, so wird damit zwar eine wirtschaftliche Einheit erstellt; dennoch wird das Haus nicht wesentlicher Bestandteil des Grundstücks (§ 95 Abs. 1 Satz 2); es bleibt „bewegliche Sache", muß daher z.B. nach §§ 929 ff. übereignet werden.

Das gleiche gilt, wenn der Mieter oder Pächter zu einem vorübergehenden Zweck – also etwa für die Dauer seiner Mietzeit – auf dem ihm überlassenen Grundstück ein Haus errichtet (§ 95 Abs. 1 Satz 1) oder in ein dem Eigentümer gehörendes Haus ihm gehörige Sachen mit der gleichen Zweckrichtung einfügt.

Beispiel (in Anlehnung an BGHZ 23, 57): P baute auf dem Grundstück des E als Pächter ein Holzhaus. Nach Ablauf der Pachtzeit zog er aus, seine Familie blieb aber dort wohnen. K erwarb das Grundstück von E zu Eigentum und ist nun der Meinung, er sei auch Eigentümer des Holzhauses geworden.

Das Haus stand zunächst im Eigentum des P; denn es war nach dessen erkennbarem Willen nur für die Dauer seiner Pachtzeit errichtet (§ 95 Abs. 1 Satz 1). Fraglich ist, ob das Haus in dem Zeitpunkt wesentlicher Bestandteil des Grundstücks geworden ist, in dem das Pachtverhältnis P–E endete. Bejaht man diese Frage, so wäre E Eigentümer auch des Holzhauses geworden und hätte das Eigen-

§ 53 A I   IV. Abschnitt. Mobiliarsachenrecht

tum an ihm zusammen mit dem Grundstück auf K übertragen. Indessen meint der BGH, daß der sich auf § 95 Abs. 1 Satz 1 gründende Ausschluß der Bestandteilseigenschaft nicht mit dem ursprünglichen Zweck der Verbindung (hier: mit dem Pachtverhältnis) ende. P sei vielmehr Eigentümer geblieben. Er hätte das Eigentum nach § 929 auf E übertragen müssen, wenn dieser Eigentümer hätte werden sollen. (Im übrigen könnte sich K auch nicht auf § 892 berufen, denn § 892 besagt nichts darüber, ob ein sich äußerlich als wesentlicher Bestandteil darstellendes Gebäude auch wirklich wesentlicher Bestandteil ist!).

Weitere Beispiele s. BGHZ 8, 1; BGH LM § 95 BGB Nr. 5 u. *Soergel/Mühl* § 946 Rn. 6.

2. Zwingende Rechtsfolge

5   Für den Eigentumserwerb des Grundstückseigentümers ist es gleichgültig, wer die Verbindung vorgenommen hat, mit wessen Mitteln, gleichgültig auch, ob der Handelnde redlich war oder nicht oder mit welcher Willensrichtung er tätig geworden ist. Auch ein übereinstimmender Wille der Beteiligten vermag die Rechtsfolgen der §§ 946, 949 nicht auszuschließen; diese sind also zwingenden Rechts.

Durch die Presse ging eine Meldung, daß ein Bauarbeiter sich auf seinem Grundstück ein Haus *völlig* aus gestohlenem Material errichtet hat. Dieser „tüchtige" Mann ist Eigentümer des Hauses geworden. Im übrigen, wenn es in der Pressemeldung weiter hieß: die Geschädigten gingen nun daran, das Haus wieder „abzumontieren", also z. B. das Dach abzudecken usw., so taten sie Unrecht. Sie haben zwar selbstverständlich einen Anspruch auf Schadensersatz (§§ 823, 249, 251), sind aber nicht mehr Eigentümer der Sachen und haben auch kein Selbsthilferecht.[1] Sie können auch solche – unter Eigentumsvorbehalt gelieferten – Sachen, die noch nicht eingebaut sind, nicht eigenmächtig wegholen.[2]

6   Die zwingende Natur der §§ 946, 949 ist natürlich vor allem den Baustofflieferanten und den Bauhandwerkern ein Dorn im Auge; denn sie verhindert die Fortdauer eines Eigentumsvorbehalts auch dort, wo technisch eine Trennung der unter Eigentumsvorbehalt gelieferten Sache leicht möglich wäre (z. B. das Waschbecken wird abmontiert, das Dach abgedeckt, der Fahrstuhl ausgebaut). Der Eigentumsvorbehalt erlischt mit dem Einbau bzw. der Einfügung. Die Bauhandwerkerhypothek des § 648 hilft wenig, da sie meist erst zum Zuge kommt, wenn das Grundstück schon mit den Baugeldhypotheken „bis über den Schornstein belastet ist". Dies hat den Gesetzgeber zu einer Neuregelung der Bauhandwerkersicherung veranlaßt. Nach dem (durch Gesetz vom 27. 4. 1993) neu eingefügten § 648a steht dem Bauhandwerker ein Leistungsverweigerungsrecht zu, wenn sich der Werkbesteller weigert, ihm in Höhe des voraussichtlichen Vergütungsanspruchs Sicherheit zu leisten. Vorteilhaft am „neuen" § 648a ist zum einen, daß der Anspruch auf Sicherheitsleistung (anders als der aus § 648) *nicht erst nach* Baubeginn besteht und daß er *unabdingbar ist,* zum anderen, daß durch die (nicht notwendig dingliche) Sicherung nun auch die *Finanzmittel des Bestellers,* der ja oft nicht selbst Grundeigentümer ist, zur Sicherheit dienen. Von Interesse dürfte hier vor allem eine *Auszahlungsgarantie* der das Vorhaben finanzierenden Bank sein.[3] Für Baustofflieferanten gilt § 648 überhaupt nicht. Sie können sich u. U. dadurch sichern, daß sie sich einen Teil der Forderungen des Bauunternehmers gegen den Bauherrn abtreten lassen (vgl. BGHZ 26, 178), was aber dann versagt, wenn diese Forderungen zuvor schon an andere (z. B. die Bank des Unternehmers) abgetreten sind.[4]

7   *Sonderbestimmungen* gelten für das *Erbbaurecht* (das Gebäude ist wesentlicher Bestandteil des Erbbaurechts, nicht des Grundstücks, s. oben § 29 Rn. 28 ff.) und die Rechtsverhältnisse beim *Überbau* (beim erlaubten Überbau ist der über die Grenze gebaute Gebäudeteil wesentlicher Bestandteil des Grundstücks, von dem aus der Überbau erfolgte, s. oben § 25 Rn. 13).

---

[1] Auch Wegnahmerechte nach § 951 Abs. 2 Satz 2 können nur *gerichtlich* verwirklicht werden (§ 258 Satz 2).
[2] S. dazu *Pieper,* Besitzrecht und Schadensersatz bei der eigenmächtigen Wegnahme von Sicherungsgut, in Festschrift zum 150jährigen Bestehen des OLG Zweibrücken (1969) S. 231 ff.
[3] *Palandt/Thomas* § 648a Rn. 1; *Slapnicar/Wiegelmann,* Neue Sicherheiten für den Bauhandwerker, NJW 1993, 2903; *Gutbrod,* DB 1993, 1959.
[4] Das Gesetz über die Sicherung von Bauforderungen vom 1. 6. 1909 (RGBl. 449) hat keine praktische Bedeutung erlangt.

§ 53. Andere als rechtsgeschäftliche Eigentumserwerbsgründe   A II § 53

II. „Fahrnisverbindung"

1. Die gesetzliche Regelung

Werden bewegliche Sachen zu einer einheitlichen Sache verbunden *und* 8 sind sie nunmehr deren wesentliche Bestandteile, so läßt sich zunächst sagen, daß die bisherigen Sacheigentümer ihr Eigentum verlieren (§ 93).

Wer aber Eigentümer der neuen einheitlichen Sache wird, kann nicht mit derselben entschiedenen Klarheit gesagt werden:

a) Ist eine der mehreren Sachen als *Hauptsache* anzusehen, so erwirbt ihr Eigentümer das Alleineigentum an der ganzen Sache (§ 947 Abs. 2).

Bestanden an seinem Eigentum beschränkte dingliche Rechte, so erstrecken sie sich nun auf die einheitliche Sache (§ 949 Satz 3), während die beschränkten dinglichen Rechte, die an den übrigen Sachen begründet waren, erlöschen (§ 949 Satz 1).

b) Kommt keiner dieser Sachen die Eigenschaft als Hauptsache zu, so entsteht *Miteigentum* der bisherigen Sacheigentümer (§ 947 Abs. 1 1. Halbsatz). Die Höhe der Miteigentumsanteile bestimmt sich nach dem Wertverhältnis, das die Sachen zur Zeit der Verbindung hatten (§ 947 Abs. 1 2. Halbsatz).

Beschränkte dingliche Rechte, die an den bisher selbständigen Sachen bestanden, setzen sich an dem Miteigentumsanteil fort (§ 949 Satz 2).

Diese – trockene – Darstellung der Rechtslage läßt nicht die Problematik ahnen, die in ihr steckt. Dabei geht es praktisch wieder um die Fortdauer bzw. den Untergang der Sicherungsrechte, insbes. des Eigentumsvorbehalts:

E hat dem Motorradfabrikanten F Motoren unter Eigentumsvorbehalt geliefert; F baut sie in die Motorräder ein. Er fällt in Konkurs. 200 Motorräder sind noch auf Lager. E möchte die Motoren als sein Eigentum aussondern.

2. „Wesentlicher Bestandteil" – „Hauptsache"

Die rechtlichen Schwierigkeiten stecken offensichtlich einmal in dem Begriff 9 „wesentliche Bestandteile einer einheitlichen Sache", ferner – wenn man diese Voraussetzung im konkreten Fall bejaht – in dem Begriff der „Hauptsache".

Die Vorbehaltsverkäufer werden in erster Linie darum kämpfen, daß schon das Merkmal „wesentliche Bestandteile einer einheitlichen Sache" verneint wird. Denn dann behalten sie ihr Eigentum (wenn man einmal von der Problematik des § 950 absieht). Ist jedoch dieses Merkmal zu bejahen, dann wird der Kampf um den Begriff „Hauptsache" fortgesetzt; denn beenden sie ihn siegreich, dann sind sie wenigstens Miteigentümer!

Die Entscheidung dieser Fragen fällt häufig besonders deshalb schwer, weil die moderne Serienfabrikation die beliebige Auswechslung der Teile der Gesamtsache ermöglicht, weil ferner die Fixierung einer Sache als Hauptsache nicht immer leicht ist.

Ist der Motor eines Kraftwagens dessen wesentlicher Bestandteil, wo er doch binnen kurzem durch einen anderen ersetzt werden kann? Der Reifen eines Kraftwagens?
Was ist bei einem Kraftwagen die „Hauptsache"? der Motor? das Fahrgestell?

Die Rechtsprechung ist uneinheitlich;[1] die Tendenz geht jedoch dahin, schon die Eigenschaft als wesentlicher Bestandteil zu verneinen[2] oder doch von der Feststellung einer Hauptsache (i.S. des § 947 Abs. 2) abzusehen, damit also Miteigentum der Zulieferer zu bejahen:

a) Dabei kommt der Rechtsprechung ihre Auffassung zuhilfe, daß man sich starr an den Wortlaut des § 93 zu halten hat, daß es also nicht auf das Schicksal der Gesamtsache nach einer Trennung ankommt, sondern nur auf die in Frage stehende (bisherige) Einzelsache.

So wurde schon die Eigenschaft als wesentlicher Bestandteil verneint bei dem serienmäßigen Motor eines Kraftfahrzeugs (BGHZ 18, 226; 61, 80), bejaht aber bei dem Motor eines ins Schiffsregister eingetragenen Schiffes (BGHZ 26, 225; Grund: Gleichstellung des Schiffs mit dem Grundstück; dann aber § 94 Abs. 2!).[3]

b) Ob eine von den mehreren verbundenen Sachen sodann als Hauptsache anzusehen ist und welche, darüber entscheidet die Verkehrsauffassung. Dabei kommt es nach der Rechtsprechung darauf an, ob die übrigen Bestandteile fehlen könnten, ohne daß das Wesen der Sache dadurch beeinträchtigt würde (BGHZ 20, 159, 163 [= *Baur*, E. Slg. Fall 28] unter Hinweis auf OGHZ 2, 389; 3, 348).

Eine nicht unbedenkliche Formulierung, die für die Beurteilung einer Sache als „Nebensache" praktisch nur dann Raum läßt, wenn es sich um schmückendes Beiwerk und dgl. handelt! So hat der BGH aaO das Aluminiumgehäuse eines medizinisch-technischen Apparats nicht als Nebensache behandelt. Diese Rechtsprechung zeigt deutlich das Bestreben, möglichst den Untergang des Eigentums zu verneinen und Miteigentum anzunehmen.

3. Ausgestaltung des Miteigentums

10 Auf das *Miteigentum* an der gemeinschaftlichen Sache finden die §§ 1008, 1009 Abs. 1, 1011 und die Vorschriften über die Gemeinschaft (§§ 741–758) Anwendung.

So kann jeder Miteigentümer jederzeit die Aufhebung der Gemeinschaft verlangen (§ 749); sie muß hier durch Verkauf erfolgen (§ 753).
Die Entstehung des Miteigentums wird nicht dadurch ausgeschlossen, daß sich das Wertverhältnis der Anteile nicht mehr sicher feststellen läßt (BGH MDR 1958, 687). Im Zweifel sind dann die Anteile gleich (§ 742).[4]

III. Vermischung – Vermengung

1. Tatbestand des § 948

11 Die Vorschriften über die „Fahrnisverbindung" finden entsprechende Anwendung auf die Vermischung (von Flüssigkeiten) oder die Vermengung (von festen beweglichen Sachen). Voraussetzung ist, daß die verschiedenen Eigen-

---

[1] Siehe die Zusammenstellung bei *Soergel/Mühl* § 93 Rn. 8 ff. u. *Soergel/Mühl* § 947 Rn. 3, 4; *Serick*, Verbindungsklauseln als Kreditsicherungsmittel, BB 1973, 1405.
[2] OLG Köln NJW 1991, 2570; *Stürner* EWiR 1992, 379.
[3] Dazu *Graue* BB 1959, 1282.
[4] A.A. BGH aaO; wie oben *Weitnauer* FS Baur, 1981, 709; ferner *Reinicke/Tiedtke*, KaufR Rn. 1248 ff. u. unten § 59 Rn. 55.

tümern gehörigen Sachen überhaupt nicht oder nur mit unverhältnismäßigen Kosten getrennt werden können (§ 948).

E wirft versehentlich 1 DM in die Kassette des A, in der sich bereits 99 Ein-DM-Stücke befinden; untrennbar: denn das dem E gehörige Stück läßt sich nicht mehr feststellen.

E liefert unter Eigentumsvorbehalt an K Stahlstangen, der sie zusammen mit eigenen lagert. Eine Materialprüfung würde vermutlich eine Trennung ermöglichen: unverhältnismäßige Kosten.

Ergebnis der Verweisung auf § 947 ist, daß

a) Miteigentum der mehreren Sacheigentümer entsteht, sofern nicht

b) ein „Bestand" als Hauptsache anzusehen ist.

Ist bei gleichartigen Sachen eine Sache dann als „Hauptsache" anzusehen, wenn sie zahlenmäßig das Übergewicht hat[1] oder kommt auch dann Miteigentum in Betracht?[2] Erwirbt also in unserem obigen Beispiel A Alleineigentum an sämtlichen 1-DM Stücken oder entsteht Miteigentum zwischen E und A im Verhältnis 1 zu 99? Ein sachliches Bedürfnis zur Bevorzugung des mengenmäßigen Übergewichts besteht nicht, § 947 Abs. 2 kommt also hier nicht zur Anwendung. –

Bei der *Geldvermengung* ergibt sich eine weitere Schwierigkeit: Entsteht Miteigentum mehrerer an dem Gesamtbestand, so müßte ein Teilungsvertrag abgeschlossen werden (§§ 749, 752), erst dann könnte jeder Miteigentümer wieder über „sein" Geld verfügen. Das ist umständlich; *Heck* (§ 62, 3) gibt daher jedem Miteigentümer ein einseitiges Sonderungsrecht.[3] E darf also in unserem Beispiel die 1 DM eigenmächtig der Kasse entnehmen.

2. Gesetzlich geregelte Sonderfälle

Sonderfälle, die besonders gesetzlich geregelt sind, sind das *Sammellagergeschäft* und die *Sammelverwahrung*.

a) Für die *Sammellagerung* von Waren (Getreide, Kohle u. dgl.) ist sedes materiae § 469 HGB. Diese Bestimmung enthält zunächst ein Verbot der Vermischung: der Lagerhalter ist dazu nur befugt, wenn die beteiligten Einlagerer ausdrücklich einverstanden sind. Liegt ein solches Einverständnis vor, so wird doch im Regelfall der Lagerhalter nicht Eigentümer (es entsteht vielmehr nach § 469 Abs. 2 HGB mit der Einlagerung – nicht erst der Vermischung – Miteigentum der Einlagerer), er ist aber befugt, die Auseinandersetzung unter den Miteigentümern selbständig durchzuführen, indem er jedem von ihnen den ihm gebührenden Anteil aushändigt.

b) Für die *Sammelverwahrung von Wertpapieren* gelten die §§ 5 ff. DepotG (dazu schon oben § 50 Rn. 10). Auch hier ist Sammelverwahrung nur mit Ermächtigung des Hinterlegers zulässig (§ 5 DepotG). Interessant ist wiederum, daß Miteigentum der Hinterleger am Gesamtbestand gleichartiger verwahrter Wertpapiere nicht erst mit der Vermengung, sondern schon mit dem Eingang der Papiere beim Sammelverwahrer entsteht (§ 6 DepotG). Auch hier findet sich wieder ein Fall gesetzlich geregelter *Gefahrengemeinschaft* (vgl. § 7 Abs. 2 DepotG).[4]

---

[1] *Medicus* JuS 1983, 896.

[2] *Palandt/Bassenge* § 948 Rn. 3.

[3] Ihm folgen *Westermann/Gursky* § 52 III c und *Wolff/Raiser* § 72 Anm. 22; *Soergel/Mühl* § 948 Rn. 3.

[4] *Zöllner*, Wertpapierrecht, 15. Aufl. 1992, § 1 III; *Canaris*, Bankvertragsrecht, 3. Aufl. 1988, Rn. 2080 ff.; *Hueck/Canaris*, Recht d. Wertpapiere, 12. Aufl. 1986, § 1 III 1; *Meyer-Cording*, Wertpapierrecht, 3. Aufl. 1992, A VII; *H. P. Westermann* RabelsZ 49 (1985), 214. – Zur sog. Sammelurkunde s. *Pleyer*, FS Werner, 1984, 639.

B. Die Verarbeitung

Lit.-Hinweis: *von Caemmerer,* Verlängerter Eigentumsvorbehalt und BGH, JZ 1953, 97; *Dolezalek,* Plädoyer für die Einschränkung des § 950 BGB (Verarbeitung), AcP 195 (1995), 392; *v. Lambsdorff,* Ersatzaussonderungsanspruch trotz Verarbeitung und Weiterveräußerung unter Eigentumsvorbehalt gelieferter Waren, EWiR 1989, 1017; *Laufke,* Zum Eigentumserwerb nach § 950 BGB, FS für Hueck, 1959, S. 69 ff.; *Nickel,* Verbindung, Vermischung, Verarbeitung in der Produkthaftpflichtversicherung, VersR 1990, 702; *Nierwetberg,* Rechtspositionen von Lieferant und Produzent nach Verarbeitung im verlängerten Eigentumsvorbehalt, NJW 1983, 2235; *Schmidt, K.,* Ersatzaussonderung bei Eigentumsvorbehalt, JuS 1990; 237; *Schricker,* Zur urheberrechtlichen und eigentumsrechtlichen Beurteilung wissenschaftlicher Arbeitsmaterialien, EWiR 1991, 85; *Stürner,* Zum gesetzlichen Eigentumsverlust bei Einbau von Motoren in technische Geräte, EWiR 1992, 379; *Wadle,* Das Problem der fremdwirkenden Verarbeitung, JuS 1982, 477; *Wagner,* Teilbarkeit der Herstellereigenschaft in § 950, AcP 184 (1984), 14; *Wiegand,* Entwicklung des Sachenrechts im Verhältnis zum Schuldrecht, 1990, S. 112; *Zeuner,* fremdwirkende Verarbeitung als Zurechnungsproblem, JZ 1955, 195.

I. Grundgedanken

1. Hintergrund der Kontroversen

13 Wie kaum eine andere Vorschrift des BGB hat § 950 Anlaß zu Kontroversen und Mißdeutungen gegeben. Grund dafür war und ist, daß man seine Auslegung sowohl sozialpolitischen wie wirtschaftspolitischen Interessen dienstbar machen zu können glaubte; *sozialpolitischen,* insofern man in dieser Vorschrift eine Handhabe in der Auseinandersetzung zwischen Kapital und Arbeit sah (Entscheidung zugunsten der Arbeit), *wirtschaftspolitischen,* weil man – übrigens seit alters her – die Begünstigung des Verarbeiters zu Lasten des Stoffeigentümers als verfehlt erachtet und daher darauf drängt, die Entscheidung des Gesetzgebers zu annullieren. Dabei treten die Interessen des Herstellers häufig in den Hintergrund. Der Kampf spielt sich häufig zwischen den Lieferanten des „Stoffes" und den Gläubigern des Herstellers ab; diese haben sich nämlich die „neue Sache", also das Produkt des Herstellers, zur Sicherung eines Kredits übereignen lassen, den sie dem Hersteller gewährt haben; dies kann ein Lieferantenkredit oder ein Bankkredit sein. Schon *Heck*[1] hat mit Recht bemerkt: „Der Eigentumserwerb durch Spezifikation ist in der Regel für die Gläubiger des Erwerbenden wichtiger als für ihn selbst"!

Zur Einführung ein *Beispiel:*

Der Schreinermeister H, der 10 Gesellen und Hilfsarbeiter beschäftigt, stellt Wohnzimmer her. Die Materialien werden ihm unter Eigentumsvorbehalt geliefert und zwar erhält er das Holz von dem Sägewerk S, die Fourniere von F, die Beschläge von B. Als er in Konkurs fällt, sind noch 10 Wohnzimmer auf Lager. Der Konkursverwalter nimmt sie nach § 950 für die Masse in Anspruch, während sich die Lieferanten S, F und B darauf berufen, daß ein verlängerter Eigentumsvorbehalt vereinbart gewesen sei; in ihren „Allgemeinen Lieferungsbedingungen" – die H akzeptiert habe – heiße es nämlich, daß H die Möbelstücke „für den Lieferanten" herstelle. Diese Vereinbarung müsse dem § 950 vorgehen. 1. Problem: Ist § 950 disponibel? Wenn ja, wer ist nun Eigentümer der Wohnzimmer? (2. Problem).

---

[1] § 62, 4.

2. Regelungsziel

Sicher ist – und auch heute kaum mehr bezweifelt –, daß § 950 *keine sozialpolitische Entscheidung* getroffen hat, also nichts darüber aussagt, ob und in welcher Form die Arbeiter an dem Ertrag ihrer Arbeit zu beteiligen sind. Abgesehen davon, daß eine solche Stellungnahme dem Gesetzgeber des Jahres 1900 völlig fern lag, würde § 950 auch keine Regelung enthalten, die eine rechtspraktische Lösung dieses Interessenkonfliktes ermögliche.

§ 950 *will also nur den Interessenkonflikt zwischen Stoffeigentümer und Verarbeiter (Hersteller) entscheiden,* und zwar zugunsten des Verarbeiters. Wenn man darin eine Anerkennung der Höherwertigkeit der „Arbeit" gegenüber dem verarbeiteten Stoff sieht, so ist das nur bedingt richtig: denn einmal kommt es nicht auf die Leistung dessen an, der die neue Sache tatsächlich produziert hat (den oder die Arbeiter), sondern auf die Leistung des Herstellers, wir würden heute sagen: des Unternehmers. In ihr steckt aber in aller Regel nicht nur manuelle und geistige Arbeit mehrerer (einschließlich der Organisationsleistung des Herstellers), sondern vor allem auch der Einsatz von *Kapital.* Auch dieser wird also mit der Wertentscheidung des § 950 honoriert. Ferner: Es ist möglich, daß auch in dem „Stoff" bereits Arbeit steckt; so, wenn Halbfertigfabrikate geliefert werden, die der Hersteller dann veredelt. Hier liegt dann der Interessenkonflikt zwischen zwei – vom Standpunkt der Arbeit her gesehen – gleichwertigen Parteien. Dennoch spricht das Gesetz dem Veredler das Eigentum zu.

So hat man insgesamt den Eindruck, daß das Gesetz den „gordischen Knoten" durchhauen wollte und dem Hersteller – teils in Anerkennung der Arbeitsleistung, teils weil hier eben eine „andere", „neue" Sache in den Rechtsverkehr tritt – den Vorzug gegeben und damit den sonst geltenden Grundsatz durchbrochen hat, daß eine stoffliche Veränderung der Sache das Eigentum nicht berührt.

3. Dispositivität der Eigentumszuweisung?

Damit ist freilich noch nichts darüber ausgesagt, ob § 950 unabdingbar, zwingenden Rechts ist, ob es also unmöglich ist, „für einen anderen herzustellen" oder ob – wie *Flume*[1] will – die Bestimmung im konkreten Fall ihren Anwendungsbereich dann verliert, wenn der vom Gesetzgeber entschiedene Interessenkonflikt nicht besteht, weil ihn die Parteien durch eine entsprechende Vereinbarung gelöst haben. *Flume* hat recht, wenn er sagt, daß man sich bei Beantwortung dieser Frage von allzu doktrinären Erwägungen fernhalten müsse. Aber der Gesetzgeber selbst gibt hier Rätsel auf: Die Stellung des § 950 – zwischen Verbindung, Vermischung einerseits, dem Eigentum an Schuldurkunden andererseits, lauter Vorschriften, deren zwingender, zuordnender Charakter außer Frage steht – deutet darauf hin, daß auch hier ein originärer Eigentumserwerb zwingend geregelt werden sollte. Andererseits wurde bei

---

[1] *Flume,* Der verlängerte und erweiterte Eigentumsvorbehalt, NJW 1950, 841.

den gesetzgeberischen Vorarbeiten zu § 950 diskutiert, ob man einen Zusatz einfügen solle, daß auch *der* Eigentümer werde, der „herstellen läßt", ob man also die Fremdwirkung der Spezifikation im Gesetz verankern solle. Dieser Zusatz wurde als „selbstverständlich" unterlassen.[1] Nun könnte man sich über die Gesetzesmaterialien hinwegsetzen, wenn sie nicht im Gesetz selbst mittelbaren Ausdruck gefunden hätten: in § 651 verpflichtet das Gesetz nämlich beim Werk*lieferungs*vertrag (der Unternehmer stellt den Stoff) den Unternehmer zur Übereignung der hergestellten Sache an den Besteller. Eine solche Verpflichtung fehlt beim Werkvertrag (der Besteller liefert den Stoff); damit wird aber anerkannt, daß § 950 beim Werkvertrag nicht gilt, m.a. W. der vereinbarte Vertragstyp stärker ist als die originären Eigentumserwerb dekretierende Vorschrift des § 950.

Daraus kann man m.E. nur folgenden *Schluß* ziehen: § 950 enthält zwar einen originären Eigentumserwerbsgrund, vertragliche Abmachungen zwischen dem Lieferanten des Stoffes und dem Hersteller gehen aber vor.[2]

Die wohl h.M. in der Literatur[3] geht von der grundsätzlichen Zuordnung des Arbeitsergebnisses zum Hersteller aus, kommt aber dann zu ähnlichen Ergebnissen, indem sie entweder in gewissem Rahmen eine „Fremdwirkung" der Spezifikation oder eine Übereignung der neuen Sache durch antezipiertes Besitzkonstitut an den Stofflieferanten zuläßt (verlängerter Eigentumsvorbehalt). Die Rechtsprechung ist nicht einheitlich, behilft sich aber meist mit einer weitherzigen Auffassung des Begriffs „Hersteller" (vgl. z.B. BGHZ 14, 114, 117; 20, 159 = *Baur*, E.Slg. Fall 28; MünchKomm/ *Quack* § 950 Rn. 22 ff)

4. Der Gesetzeswortlaut und seine Beschränkung auf Mobilien

16 § 950 setzt voraus, daß durch die Verarbeitung eine neue bewegliche Sache hergestellt wird und daß der Wert der Verarbeitung nicht erheblich geringer ist als der Wert des Stoffes.

Diese Tatbestandsmerkmale gilt es jetzt zu erörtern. – Bemerkt sei, daß es eine dem § 950 entsprechende Vorschrift bei der „Verarbeitung" von *Grundstücken* nicht gibt: Wer auf einem nahezu wertlosen fremden Grundstück ein exzellentes Haus errichtet oder aus Ödland blühende Gärten macht, wird *dadurch* nicht Eigentümer des Grund und Bodens. Deshalb konnten auch Künstler, die großflächig Teile der Berliner Mauer bemalt hatten, keine Ansprüche geltend machen, als diese später abgerissen und versteigert wurden (KG GRUR 1994, 212; insoweit in der Revision von BGH NJW 1995, 1556 bestätigt).

II. Voraussetzungen

1. „Verarbeitung"

17 Zum Eigentumserwerb nach § 950 ist zunächst erforderlich, daß durch Verarbeitung oder Umbildung eines Stoffes eine neue Sache (s. unten Rn. 18)

---

[1] Protokolle III 239 ff.
[2] Ebenso im Ergebnis *Flume* aaO; *Soergel/Mühl* § 950 Rz. 3; *Reinicke/Tiedtke*, KaufR Rn. 1184 ff.; *Dolezalek* AcP 195, 392; *Laufke*, FS Hueck, 1959, S. 69 (74).
[3] *Westermann/Gursky* § 53 III 2 (ihm folgend *Medicus* BR Rn. 517 ff.: es komme darauf an, ob die Verarbeitung typischerweise fremdbestimmt sei); E. *Wolf* § 4 G III e S. 198; *Bülow* Rn. 1288 f.; *Brecher* in Festschrift f. Lange (1970) S. 123, 157; *Rimmelspacher* § 4 171; *Wadle* JuS 1982, 477; *Walter*, KaufR § 10 V 2b.

hergestellt wird. Mit beiden Voraussetzungen verweist das Gesetz auf die Verkehrsauffassung.

Die Begriffe „Verarbeitung" – „Umbildung" deuten schon nach dem Sprachgebrauch auf eine Arbeitsleistung, die auf eine *Veränderung* des bearbeiteten Stoffes gerichtet ist.

Darin liegt der Unterschied zu bloßen Reparaturen oder zur Erhaltung einer Sache (vgl. OGHZ 3, 348).

Die Verarbeitung wird meist eine manuelle und eine mehr oder minder intensive geistige Leistung voraussetzen. Es genügt aber auch eine im wesentlichen geistige Arbeit:

So wenn ein Chemiker durch ein bestimmtes Verfahren *ohne erhebliche körperliche Arbeit* aus einem oder mehreren Stoffen eine neue Sache herstellt.

Daß die Verarbeitung *keine rechtsgeschäftliche Tätigkeit,* sondern ein sog. Realakt ist, braucht wohl kaum betont zu werden. Daher kommt es weder auf die Geschäftsfähigkeit des Verarbeitenden an noch auf die Willensrichtung, mit der er verarbeitet, noch auf seine Redlichkeit, wenn er fremden, z.B. gestohlenen Stoff verwendet. Auch Stellvertretung ist nicht denkbar. Daher sind auch die Versuche, in entsprechender Anwendung der §§ 164 ff. oder durch eine nach dem Willen des Herstellers „fremdbestimmte" Spezifikation den Eigentumserwerb bei einem anderen als dem Hersteller eintreten zu lassen, zum Scheitern verurteilt.

Der Dieb, der aus gestohlenem Silber wertvolles Geschirr herstellt, wird dessen Eigentümer.
Wer als Verarbeiter mit einem anderen vereinbart, daß diesem das Eigentum an der neuen Sache zustehen soll, handelt nicht als dessen Vertreter, auch nicht – entsprechend § 868 – als dessen Besitzmittler. Sein Wille, ihn zum Eigentümer zu machen, ist nicht entscheidend; es kommt daher auch nicht darauf an, ob er diesen Willen im Verlauf der Arbeit ändert. Eigentümer wird der andere, weil die vertragliche Vereinbarung dem § 950 vorgeht. Diese Bestimmung enthält nur eine „Ersatzzuordnung" (s. oben Rn. 13 ff.).

Kraft gesetzlicher Fiktion gelten als Verarbeitung auch die in § 950 Abs. 1 Satz 2 genannten Tätigkeiten.

Unser Karikaturist, der auf einer Speisekarte die Honoratiorenrunde am Nebentisch mit dem Zeichenstift festhält, wird Eigentümer des Bildes.

2. „Neue" Sache

Die verarbeitete Sache muß *neu* sein.[1] Wir stellten schon fest, daß dieses Ergebnis der Arbeit der entscheidende Ansatzpunkt für die gesetzgeberische Wertung war. Auch hier ist die Verkehrsauffassung maßgebend. Dabei wird häufig die Bezeichnung des Produkts mit einem anderen Namen einen Hinweis geben.

Stoff + Futter + Knöpfe = Anzug. – Holz + Furniere + Beschläge = Schrank. – Brennwein + Weindestillat = Weinbrand (BGHZ 56, 88; dazu *Medicus* BR Rn. 520).
Ein frisch lackiertes Auto mag „wie neu" sein, aber es *ist* nicht neu.

18

---

[1] Siehe dazu *Hofmann* NJW 1961, 1246.

Ein „Jungkalb" wird durch Mästung zwar ein „Mastkalb", ist aber keine „neue Sache" (BGH NJW 1978, 697).

Die Neuheit der hergestellten Sache liegt nach BGH NJW 1995, 2633 (zu Komplettmotoren verarbeitete Motorblöcke) in ihrer eigenständigen, gegenüber der Ausgangssache weitergehenden Funktion.[1]

3. Wertverhältnis

19   Der Hersteller erwirbt kein Eigentum, „wenn der Wert der Verarbeitung erheblich geringer ist als der Wert des Stoffes", und zwar des Stoffes, so wie ihn der Bearbeiter vorfindet.[2]

Benutzt also der Hersteller ein Halbfertigfabrikat, so ist dessen Wert Ausgangspunkt der Wertberechnung, nicht der Wert des dazu benutzten Rohprodukts:
Z.B. Tierhaut – *Rohleder* – Schuhe. Stahl – *Kurbelwellen* – Maschine.

Das Wertverhältnis wird ermittelt, indem man vom Wert der neuen Sache den Wert des Stoffes (oder der Stoffe) abzieht; das Ergebnis ist der Wert der Verarbeitung (BGHZ 56, 88; 46, 117; BGH NJW 1995, 2633: wesentlicher Minderwert der Verarbeitung jedenfalls bei einem Verhältnis von 60 : 100).

Auch hier können sich erhebliche Schwierigkeiten ergeben; denn in unserer arbeitsteiligen Wirtschaft ist es nicht selten, daß Zulieferer sämtliche Teile einer neuen Maschine unter Eigentumsvorbehalt liefern; die Leistung des Herstellers besteht in der mehr oder weniger schöpferischen Art des Zusammenbaus und der dabei anfallenden manuellen Arbeit. Da es für das Wertverhältnis nicht auf den tatsächlichen Verkaufspreis des Produkts, sondern auf seinen objektiven – notfalls durch Sachverständige festzustellenden – Wert ankommt, würde der Hersteller nicht Eigentümer werden, wenn seine Leistung wertmäßig erheblich geringer ist als der Wert der unter Eigentumsvorbehalt gelieferten Stücke. Auch wenn die Zulieferer keinen verlängerten Eigentumsvorbehalt vereinbart haben, so würden dennoch *sie*, nicht der Hersteller Eigentümer der Maschine werden (§ 947). Das ist aber nicht gewollt. Denn dadurch, daß die Zulieferer von dem verlängerten Eigentumsvorbehalt abgesehen haben, haben sie deutlich zu erkennen gegeben, daß der Hersteller Eigentümer des Produkts werden soll. Von der hier vertretenen Auffassung aus muß auch insoweit die vertragliche Abmachung den in § 950 an den Eigentumserwerb gestellten Anforderungen vorgehen.

III. Der Eigentumserwerb

20   Liegen die Voraussetzungen des § 950 vor, so wird der Hersteller Eigentümer der neuen Sache. Das Eigentum des Stofflieferanten erlischt, ebenso die an dem Stoff etwa bestehenden dinglichen Rechte (§ 950 Abs. 2). Der Ausgleich für den Rechtsverlust des Stoffeigentümers ergibt sich entweder aus den vertraglichen Vereinbarungen der Beteiligten oder aus ungerechtfertigter Bereicherung (§ 951 s. unten Rn. 23ff.).

1. „Hersteller"

Wer *„Hersteller"* ist, bestimmt sich nach dem Sprachgebrauch und der Verkehrsanschauung. Sie bezeichnen als Hersteller *nicht* denjenigen, der die manuelle oder sonstige Arbeit an der neuen Sache geleistet hat, sondern den Inhaber des Betriebs, aus dem die neue Sache hervorgegangen ist. Um zu dieser

---

[1] S. hierzu Anm. von *K. Schmidt* JuS 1995, 1133.
[2] So mit Recht *Westermann/Gursky* § 53 II 4; *Wolff/Raiser* § 73 Anm. 7.

Feststellung zu gelangen, braucht man nicht das Problem der „fremdwirkenden Spezifikation" zu lösen, man braucht auch nicht eine Parallele zu der Besitzdienerschaft des § 855 zu ziehen, wie dies vielfach geschieht. Denn Sprachgebrauch wie Verkehrsanschauung sehen eben als Hersteller weder den Arbeiter noch den Erfinder, dessen Erfindung die Herstellung des Produkts ermöglicht, noch den leitenden Angestellten, dessen organisatorische Fähigkeit sich in der Gestaltung des Arbeitsgangs auswirkt, sondern den Eigentümer des Unternehmens, des Betriebs an.[1]

In diesem Ergebnis ist man sich einig, die Begründungen freilich differieren.[2] Verfehlt ist es jedenfalls, auf den Willen des Betriebsangehörigen abzustellen oder zur Begründung anzuführen, dieser habe eben durch den Arbeitsvertrag seine eigene Rechtssphäre eingeschränkt. Auf all' das kommt es nicht an. § 950 ist weder eine soziale Tat des Gesetzgebers zugunsten des Arbeitnehmers noch Ausdruck einer „Knechtung" der Arbeiter. Vielmehr will die Vorschrift sine ira et studio nur den Interessenkonflikt zwischen Stoffeigentümer und Hersteller entscheiden, ohne für die „Herstellerseite" dazu Stellung zu nehmen, ob es gerecht ist, dem Unternehmer den Ertrag fremder Arbeitsleistung zuzusprechen. Daß dies so sein *müsse*, war für den Gesetzgeber des Jahres 1900 ohne jeden Zweifel.

Eine andere Frage ist, ob dieser damals selbstverständliche Ausgangspunkt auch für uns heute noch so selbstverständlich ist, ob also nicht den Arbeitnehmern ein Anteil am Unternehmensertrag zukommen soll. Dieses viel diskutierte Problem – nicht zu verwechseln mit der sozialen und wirtschaftlichen Mitbestimmung der Arbeitnehmer – kann aber jedenfalls *nicht sachenrechtlich* am einzelnen Arbeitsprodukt gelöst werden. Daran denkt auch niemand. In Betracht kommt allenfalls eine Beteiligung am Unternehmen als solchem (z.B. Arbeitnehmeraktien) oder am Unternehmensgewinn (Gewinnbeteiligung).

Da es auf die Willensrichtung des Arbeitnehmers bei Herstellung des Produkts nicht ankommt, wird er auch nicht Eigentümer der Sachen, die er heimlich im Betrieb für sich anfertigt. Nimmt er das Material mit nach Hause, so ist er Hersteller und wird Eigentümer, obwohl er das Material gestohlen hat, also nach § 823 (mit § 992) zu Schadensersatz verpflichtet ist. Sein Arbeitgeber kann aber aus diesem Gesichtspunkt nicht die Herausgabe der hergestellten Sache verlangen, sondern nur Ersatz des Materials in Geld (§ 251).

2. Die Eigentumszuweisung beim Werk- und Werklieferungsvertrag

Für den *Werkvertrag* ist charakteristisch, daß der Unternehmer aus dem Stoff des Bestellers eine neue Sache anfertigt:

Der Schneider fertigt aus dem vom Kunden gebrachten Stoff einen neuen Anzug. – Der Zimmermann schneidet aus dem vom Bauherrn gelieferten Holz das Gebälk des Hauses.

Wer soll nun hier Eigentümer der neu hergestellten Sache sein, der Besteller oder der Werkunternehmer? Man ist sich vollkommen darüber einig, daß dies nur der Besteller sein könne; denn es bestehe keinerlei Anlaß, dem Werkunternehmer das Eigentum zuzusprechen, der ohnehin durch ein gesetzliches Pfandrecht nach § 647 geschützt sei (eine Vorschrift im übrigen, die gerade von dem Eigentumserwerb des Bestellers ausgeht!). Man urteilt also vom erwünschten Ergebnis her, die Begründungen sind freilich recht verschieden. Der BGH (BGHZ 14, 114, 117; 20, 159, 163 = Baur E. Slg. Fall 28) stellt hier etwas mißverständlich auf die Verkehrsauffassung zum Begriff des Herstellers ab, obgleich danach eher der Werkunternehmer als

---
[1] Anders sind die Verhältnisse in der Universität: Nicht die Universität, sondern der forschende Hochschullehrer erwirbt Eigentum an dem Forschungsmaterial (BGHZ 112, 243).
[2] Siehe die Nachweise bei *Soergel/Mühl* § 950 Rz. 7; *Laufke* aaO.

„Hersteller" anzusehen sein dürfte.¹ Der Besteller wird vom BGH deshalb als „Hersteller" angesehen, weil er typischerweise „herstellen läßt".

Nach der hier vertretenen Ansicht ist der Werkunternehmer zwar „Hersteller" i. S. d. § 950, die Werkvertragsabrede geht jedoch – als vertragliche Regelung des Interessenkonflikts zwischen Hersteller und Stoffeigentümer – der gesetzlichen Eigentumszuweisung des § 950 vor. Bei der Regelung des Typs „Werkvertrag" geht das Gesetz davon aus, daß der Besteller Eigentümer der angefertigten neuen Sache ist, sein Stoffeigentum sich also im Eigentum an dem Werkstück fortsetzt.

> Diese Auffassung scheint freilich zu versagen, wenn der vereinbarte Werkvertrag nichtig ist, so z. B. wenn ein Geschäftsunfähiger aus seinem Stoff einen Anzug anfertigen läßt. Der Besteller wäre also gerade dann nicht geschützt, wenn er besonders schutzwürdig ist. Aber dieses Ergebnis ist überall dort festzustellen, wo ein Nichtgeschäftsfähiger sich oder seine Vermögenswerte einem anderen vertraglich anvertraut; das hat gerade dazu geführt, die Rechtsfigur der faktischen Verträge zu entwickeln. So kann man es auch hier genügen lassen, wenn der Geschäftsunfähige „die Einsicht in die sozialtypische Bedeutung des Verhaltens" hat!²

Auch beim *Werklieferungsvertrag* mag der Unternehmer den Willen haben, „für" den Besteller die neue Sache anzufertigen. Aber dieser Wille ist in aller Regel nicht Gegenstand der vertraglichen Vereinbarungen. Dies macht schon § 651 deutlich, wenn er den Unternehmer verpflichtet, die hergestellte Sache dem Besteller zu übereignen. In der Tat besteht auch kein Anlaß für eine Vereinbarung der Parteien, dem Unternehmer, der selbst den Stoff zur Verfügung stellt, das Eigentum an dem Ergebnis seiner Arbeit zu versagen.

> Doch kann auch hier im Einzelfall etwas anderes vereinbart sein, so etwa dann, wenn der Besteller den Preis des Werkstücks schon zuvor voll bezahlt hat. Hier ist davon auszugehen, daß schon der Stoff an den Besteller übereignet wird (§ 930) und ferner § 950 durch die Parteivereinbarungen ausgeschlossen ist. Das Werkstück steht also stets im Eigentum des Bestellers.

3. Der verlängerte Eigentumsvorbehalt³

22 Die Praxis hat die Abrede des Vorbehaltsverkäufers mit dem Vorbehaltskäufer für zulässig erklärt, daß der Hersteller (= Vorbehaltskäufer) „für den Vorbehaltsverkäufer" die neue Sache anfertigt, dessen vorbehaltenes Eigentum sich also am Werkstück fortsetzt. Die Begründungen sind freilich – je nach dem Ausgangspunkt – sehr verschieden; man beruft sich auf einen weiteren Begriff des Herstellers (so der BGH) oder auf den Willen des Verarbeitenden (so die ältere Literatur) oder auf eine entsprechende Anwendung des § 868 (*Zeuner*)⁴ oder sieht in der Abrede ein antezipiertes Besitzkonstitut.⁵

> Der Unterschied der Auffassungen wirkt sich bei der Entscheidung der Frage aus, ob der Hersteller Durchgangseigentum erwirbt: nein bei den beiden erstgenannten Meinungen, ja bei den zuletzt genannten.

---

[1] So auch *Schwab/Prütting*, § 38 III 3.
[2] *Larenz/Wolf*, AT § 30 Rn. 26 ff.
[3] Dazu unten im Zusammenhang § 59.
[4] Auch *Schwab/Prütting* § 38 III 2.
[5] S. dazu *Serick* IV 1 S. 115 ff. (m. w. N.) u. ZIP 1982, 507.

Von der hier entwickelten Auffassung aus ist mit *Flume* (aaO) der Vorrang der vertraglichen Lösung des Interessenkonflikts vor dessen gesetzlicher Entscheidung auch für die Behandlung dieser Frage maßgebend. Daraus ergibt sich:

a) Hat nur *ein* Stofflieferant sich das Eigentum verlängert vorbehalten, so wird er entsprechend § 947 Miteigentümer der hergestellten Sache, und zwar im Verhältnis des Wertes seiner Stofflieferung zum Wert des Endprodukts.[1]

b) Besteht ein verlängerter Eigentumsvorbehalt *mehrerer* Stofflieferanten, so erwerben sie Miteigentum entsprechend dem Wertverhältnis ihrer Stofflieferungen.[2] Denn nachdem § 950 durch die vertragliche Abmachung ausgeschaltet ist, kommt § 947 zum Zug. Ist eine der Sachen als Hauptsache anzusehen, so wird deren Eigentümer auch Eigentümer des Endprodukts (§ 947 Abs. 2).

Es soll nicht verschwiegen werden, daß in dieser Lösung – ebenso im übrigen auch bei den anderen Lösungsversuchen[3] – eine weitere Problematik steckt: Die Übereignung unter Eigentumsvorbehalt führt dazu, daß der Käufer ein Anwartschaftsrecht erhält, dessen wirtschaftliches Gewicht der Höhe der bereits geleisteten Zahlungen entspricht. Die Frage ist, ob auch nach Herstellung des Produkts das Eigentum (Miteigentum) des (der) Stofflieferanten durch die Vollzahlung des Kaufpreises auflösend bedingt ist, ob also m.a.W. der Käufer sein Anwartschaftsrecht, das er vor der Verarbeitung sicher hatte, auch an der neuen Sache behält. Man wird die Frage im Ergebnis mit *Flume* aaO bejahen, darf freilich über die sich hier ergebenden konstruktiven Schwierigkeiten[4] nicht im unklaren sein (so z.B. dann, wenn einer der mehreren Stofflieferanten [= Miteigentümer des Endprodukts] schon befriedigt ist, die anderen nicht).

C. Schuldrechtlicher Ausgleich bei sachenrechtlichem Rechtsverlust

Lit.-Hinweis: *Baur/Wolf,* Bereicherungsansprüche bei irrtümlicher Leistung auf fremde Schuld – Das Wegnahmerecht des Nichtbesitzers, JuS 1966, 393; *Beuthien/Weber,* Unger. Bereicherung u. Aufwendungsersatz, 1976, 65ff.; *Beuthien,* Leistung und Aufwendung im Dreiecksverhältnis, JuS 1987, 841; *Berg,* Bereicherung durch Leistung und in sonstiger Weise in den Fällen des § 951 Abs. 1 BGB, AcP 160, 505; *von Caemmerer,* Bereicherung u. unerl. Handlung, in FS für Rabel, I 1954, S. 333ff.; *Canaris,* D. Bereicherungsausgleich im Dreipersonenverhältnis, FS Larenz 1973, 799; *Götz,*

---

[1] Ebenso *Serick* I S. 107f., 447f.; s. auch BGHZ 46, 117. Der Verarbeiter ist also als Miteigentümer beteiligt. S. zu den bei a) u. b) denkbaren Fallgestaltungen bes. *Wagner* AcP 184, 14.
[2] Ebenso *Flume* aaO; s. zu den einzelnen hier denkbaren Fallgestaltungen *Serick* IV 1 S. 230ff.; ferner BGH BB 1972, 197 u. BGHZ 46, 117. Zulässig ist auch hier eine Vereinbarung, daß der Verarbeiter als Miteigentümer beteiligt ist; zulässig ist weiter die Vereinbarung eines Miteigentumsanteils, der sich aus dem Verhältnis der Summe des Rohstoff- und Verarbeitungswerts zum Wert anderer Stofflieferungen ergibt, so daß einem Lieferanten ein um den Verarbeitungswert höherer Miteigentumsanteil zuwächst. Bedenken hinsichtlich der Bestimmbarkeit äußert der BGH (aaO S. 121), soweit bei der Berechnung des Miteigentumsanteils die Lohn- und Betriebskosten zugrunde gelegt werden. Diese Bedenken überzeugen aber zumindest hinsichtlich der Lohnkosten nicht, weil diese für einen sachkundigen Dritten in gleicher Weise wie die Rohstoffkosten berechnet werden können (dazu *Scholz/Lwowski* Rn. 1024ff., 1028f.).
[3] Eine ähnliche Problematik werden wir unter § 59 Rn. 49ff. beim Zusammentreffen von verlängertem Eigentumsvorbehalt (der Warenlieferanten) und der Globalzession (zugunsten der Banken) kennen lernen.
[4] Siehe dazu auch *Soergel/Mühl* § 950 Rz. 10; *Laufke* aaO S. 77ff. (dort auch zu der Rechtslage, wenn nur ein Teil der Zulieferer unter verlängertem Eigentumsvorbehalt geliefert hat); *Serick* IV/1 S. 159f.

D. Vergütungsanspruch gem. § 951 I 1 BGB, 1975; *Hadding,* FS Mühl, 1981, 225, 260; U. *Huber,* Bereicherungsansprüche bei Bau auf fremdem Boden, JuS 1970, 342, 515; *Jakobs,* Eingriffserwerb und Vermögensverschiebung, 1964; *Koppensteiner/Kramer,* Ungerechtfertigte Bereicherung, 2. Aufl. 1988; *Kupisch,* Gesetzespositivismus im Bereicherungsrecht, 1978; *Larenz* FS v. *Caemmerer,* 1978, 209; *Loewenheim,* Bereicherungsrecht, 1989; *Lorenz,* Bereicherungsausgleich beim Einbau fremden Materials, FS Serick, 1992, 255; *Mauser,* Die Voraussetzungen des Vergütungsanspruchs gemäß § 951 Abs. 1 BGB, Tüb. Diss. 1965; *MünchKomm/Quack* vor § 951 (umfassende Literaturangaben); *Reimer,* Die aufgedrängte Bereicherung, 1990; *Reuter/Martinek,* Unger. Ber., 1983, §§ 8, 10; *Rothoeft* AcP 163, 215; *Scheyring,* Zum Bereicherungsanspruch nach § 951 BGB, JZ 1956, 14; ders., Leistungskondiktion und Bereicherung „in sonstiger Weise", AcP 157, 371, 381; *Schlechtriem,* Rechtsprechungsübersicht zum Bereicherungsrecht, JZ 1984, 509ff., 555ff.; *Sturm,* Zum Bereicherungsanspruch nach § 951 Abs. 1 Satz 1 BGB, JZ 1956, 361; *Thielmann* AcP 187, 23 (Subsidiaritätsdogma im Bereicherungsrecht); *Weitnauer,* Zwischenbilanz im Bereicherungsrecht, DB 1984, 2496; *Wieling,* Vom untergegangenen schlafenden und aufgewachten Eigentum bei Sachverbindungen, JZ 1985, 511; *Manfred Wolf,* Die Verwendungsersatzansprüche des Besitzers im Anspruchssystem, AcP 166, 188, 199.

I. Grundgedanken

1. Entschädigung für Rechtsverlust

23 In den Fällen der „Grundstücksverbindung" (§ 946), der „Fahrnisverbindung" und „Vermischung" (§§ 947, 948) sowie der „Verarbeitung" (§ 950) tritt ein Rechtsverlust desjenigen ein, dessen Eigentum in dem des anderen aufgeht. Dieser Rechtsverlust ist in einigen Fallgruppen in der *Unmöglichkeit* begründet, die früheren Eigentumsverhältnisse wiederherzustellen (z. B. in den Fällen der Vermischung), in anderen Fällen wäre eine solche Trennung zwar möglich, aber aus dem Gesichtspunkt der Erhaltung der einmal geschaffenen wirtschaftlichen Einheit *untunlich*.

Das Opfer des Eigentumsverlustes soll freilich entschädigt werden. Denn wenn das Gesetz den Untergang des Eigentums des einen in dem Eigentum des anderen statuiert, so will es die geschaffene *wirtschaftliche* Einheit auch *sachenrechtlich* einheitlich behandeln, nicht aber den neuen Eigentümer auf Kosten des „alten" entschädigungslos bereichert lassen. An die Stelle des – verloren gegangenen – Eigentums tritt ein Anspruch aus ungerechtfertigter Bereicherung; § 951 sagt dies recht anschaulich: der „Rechtsverlust" wird „in Geld vergütet". Das Eigentum als dingliches Recht wirkt nunmehr in dem rein schuldrechtlichen Bereicherungsanspruch fort.

Man kann eine Parallele zu dem öffentlich-rechtlichen Aufopferungsanspruch ziehen: dessen Gegenstand ist ein Ausgleichsanspruch gegen den Begünstigten, weil der Aufopfernde im Interesse des öffentlichen Wohls einen Eingriff in seine persönliche Sphäre oder sein Vermögen dulden mußte, der die jedem zugemutete Opfergrenze überschritt. In den §§ 946–950 ordnet der Gesetzgeber einen Rechtsverlust im allgemeinen Interesse an der einheitlichen rechtlichen Behandlung neu entstandener wirtschaftlicher Einheiten an. Auch hier besteht kein Anlaß, dieses Opfer entschädigungslos zu fordern.

Tritt so an die Stelle des Eigentums der Bereicherungsanspruch (auf Geldersatz), so darf diese scheinbar befriedigende Lösung nicht darüber hinwegtäuschen, daß der schuldrechtliche Anspruch kein vollwertiges Surrogat des Eigentums ist. Dies wird sofort augenscheinlich, wenn der Bereicherte in Vermögensverfall gerät; das verlorengegangene Eigentum repräsentiert sich dann u. U. noch in einer minimalen Konkursquote (während der Eigentümer hätte aussondern können, § 43 KO/§ 47 InsO!). Daraus ergibt sich die Tendenz des Gesetzes wie der Rechtspraxis, schon den Eigentumsverlust nach Möglichkeit zu begrenzen; erinnert sei daran, daß bei der Grundstücksverbindung in den

Fällen des § 95 die Eigenschaft als wesentlicher Bestandteil trotz fester Verbindung negiert wird (der Bau des Nießbrauchers, des Mieters), daß bei der Fahrnisverbindung, der Vermischung und Vermengung in erster Linie Miteigentum der bisherigen Sacheigentümer entsteht, daß schließlich bei der Verarbeitung mit mannigfacher aber doch zu einem einheitlichen Ergebnis führender Begründung eine „Fremdwirkung" zugelassen wird. In diesen Fällen wird zwar u.U. das Objekt des Eigentums oder dessen rechtliche Form verändert:

an die Stelle des gelieferten Rohmaterials tritt die neue Sache (§ 950) – aus Alleineigentum wird Miteigentum (§ 947 Abs. 1),

das bisherige Eigentum setzt sich aber doch wieder in Eigentum fort, für einen bereicherungsrechtlichen Ausgleich ist kein Raum.

2. Rechtsgrundverweisung

Eine unbefangene Lektüre des § 951 scheint zunächst keine Schwierigkeiten zu entdecken: Wer nach §§ 946–950 einen Rechtsverlust erleidet, soll einen bereicherungsrechtlichen Ausgleich in Geld fordern können. Aber hier setzen schon die Zweifel ein: Soll § 951 einen selbständigen Bereicherungstatbestand schaffen und nur bezüglich des Inhalts des Bereicherungsanspruchs auf das allgemeine Konditionsrecht verweisen (Rechts*folgen*verweisung)? Oder ist in § 951 das *gesamte* Bereicherungsrecht gemeint, so daß auch die in § 812 normierten Voraussetzungen der ungerechtfertigten Bereicherung – insbesondere die Rechtsgrundlosigkeit – vorliegen müssen (Gesamtverweisung, Rechts*grund*verweisung)?[1]

Die Rechts*grund*verweisung bedeutet eine Verweisung auf das *gesamte* Bereicherungsrecht (nach Voraussetzungen und Wirkungen). In der Regel handelt es sich um einen Fall der Bereicherung „in sonstiger Weise",[2] die – wenn auch nicht ganz zutreffend – meist als Eingriffskondiktion (zum Unterschied von der Leistungskondiktion) bezeichnet wird. Ihr Ansatzpunkt ist hier die Fortwirkung des Eigentums in dem Bereicherungsanspruch; „unrechtmäßig ist die Bereicherung deshalb, weil sie der in dem Eigentum liegenden Güterzuweisung widerspricht" („Bereicherung aus fremdem Gut": *von Caemmerer*). Anders als die Leistungskondiktion – für die die Rückabwicklung einer zwar gewollten, aber fehlgeschlagenen, weil der causa entbehrenden Güterverschiebung kennzeichnend ist – bezweckt also die Eingriffskondiktion einen Ausgleich bei Inanspruchnahme fremden Guts. Die Verwandtschaft mit dem deliktischen, schuldhaften Eingriff in eine fremde Vermögenssphäre nach §§ 823 ff. ist nicht zu übersehen. Es ist daher nicht von ungefähr, daß in § 951 Abs. 2 gerade auch auf das Deliktsrecht hingewiesen und betont wird, daß sein Anwendungsbereich durch § 951 nicht beschränkt werde.

3. Konkurrierende Ansprüche

Der Eingriff in fremdes Vermögen findet – grob skizziert – eine *dreifache Ahndung,* wobei die Voraussetzungen und Wirkungen sich stetig steigern:

---

[1] So im Anschluß an *v. Caemmerer* aaO die h.M. (vgl. etwa BGHZ 40, 272 [= *Baur,* E.Slg. Fall 29]; 41, 157, 159; 55, 176; *Soergel/Mühl* § 951 Rn. 1).
[2] § 812 Abs. 1 Satz 1 2. Fallgruppe; s. *Palandt/Bassenge* § 951 Rn. 2 f. m.w.N.

§ 53 C II   IV. Abschnitt. Mobiliarsachenrecht

a) *Eingriffskondiktion* bei schuldlosem Eingriff in eine fremde Vermögenssphäre, der zu einem der Güterzuweisung widersprechenden Ergebnis führt.[1]
Folge: Herausgabe des Erlangten (§§ 812, 816), Vergütung des Wertes (§ 951 mit § 818 Abs. 2).
b) *Deliktischer Anspruch* bei schuldhaft-rechtswidrigem Einbruch in fremdes Vermögen. *Folge:* voller Schadensausgleich (also nicht nur Wertersatz wie bei a).
c) Anspruch aus sog. *Geschäftsanmaßung* (unechter Geschäftsführung ohne Auftrag, § 687 Abs. 2) bei wissentlich unbefugtem Eingriff in fremde Rechte. *Folge:* Herausgabe des erzielten Gewinns.[2]

Beispiele: Der „Motorradfan" M bastelt aus mehreren Einzelteilen auf dem Schrottplatz des E *ohne jedes Verschulden* einen „schnellen Renner": § 950–§ 951 Abs. 1 – § 818 Abs. 2: Ersatz des Wertes der Einzelteile.
Handelte M *fahrlässig*, so hat er dem E auch einen über den Wert der Einzelteile hinausgehenden, adäquat verursachten Schaden zu ersetzen: § 950–§ 951 Abs. 2 – § 823 – §§ 249 ff.
Wußte M, daß er fremde Einzelteile verarbeitet, so hat er das Motorrad an E herauszugeben: § 950– § 687 Abs. 2–§ 681 Satz 2–§ 667, kann freilich dann den Wert seiner Arbeitsleistungen von E ersetzt verlangen: § 687 Abs. 2 Satz 2 mit § 684 Satz 1.

II. Der Bereicherungsanspruch

1. Parteien und Voraussetzungen

26   *Gläubiger* des Bereicherungsanspruchs ist, wer durch die Verbindung usw. einen Rechtsverlust erlitten hat, also regelmäßig *der Eigentümer* (u. U. aber auch der Inhaber eines untergegangenen beschränkten dinglichen Rechts); *Schuldner* des Anspruchs ist derjenige, zu dessen Gunsten die Rechtsänderung eingetreten ist, also z.B. im Fall der Grundstücksverbindung der Eigentümer des Grundstücks, im Falle der Verarbeitung der Hersteller. Rechtsverlust auf der einen, Rechts„gewinn" auf der anderen Seite müssen ohne rechtlichen Grund erfolgt sein. § 951 ist daher nicht anwendbar, wenn die beiden Beteiligten durch ein vertragliches Band verbunden sind, das den verlierenden Teil zur Preisgabe seines Eigentums verpflichtet hat.[3]

2. „Leistungsketten"

27   Diese so einfach erscheinende Rechtslage wird dann verwickelt, wenn an dem zu der Rechtsänderung führenden Vorgang mehrere beteiligt sind.

Beispiel (in Anlehnung an BGHZ 56, 228, 239 u. BGH NJW 1954, 793): E – eine Baumaterialiengroßhandlung – hat Baumaterial unter Eigentumsvorbehalt an den Bauunternehmer U geliefert, der damit ein Gebäude auf dem Grundstück der Bekl. B errichtet hat. U ist in Konkurs gefallen. Die Kl. E will sich nach § 951 an die Bekl. B halten.

---

[1] Wie jeder Versuch einer überschauenden Darstellung so hat auch dieser einige Ungenauigkeiten im Gefolge: vgl. insbes. zur Typenlehre der Eingriffskondiktion *von Caemmerer* aaO; *Fikentscher* § 99 IV; *Gernhuber,* Bürgerl. R, § 45; *Medicus* Rn. 703 ff.; *Emmerich,* Schuldrecht BT, § 17 I; *Larenz/Canaris* II/2 § 69; *MünchKomm/Lieb* § 812 Rn. 182 ff.; *Staudinger/Lorenz* § 812 Rn. 25 ff.; weitere Lit. oben zu § 13 Rn. 10. – Zu beachten ist, daß die Eingriffskondiktion auch in Betracht kommt, wenn der Eigentümer irrtümlich eigenes Material für das fremde Grundstück verwendet; sie setzt also *nicht* notwendig *rechtswidriges* Eingreifen voraus (s. *Larenz/Canaris* II/2 § 69 I 1b; *Medicus* aaO; *MünchKomm/Lieb* § 812 Rn. 204 ff.).

[2] Siehe dazu *von Caemmerer* aaO S. 359; *Emmerich,* Schuldrecht § 12 IV; *Frank* JuS 1981, 102; *Medicus* BR § 417 ff.

[3] Oder wenn der Anspruch aus § 951 vertraglich abbedungen war (BGH NJW 1959, 2163 u. NJW 1967, 1223).

§ 53. Andere als rechtsgeschäftliche Eigentumserwerbsgründe   C II § 53

a) Wirksame Vertragsverhältnisse

Der Rechtsverlust, den der Baumaterialienhändler hier erleidet, findet seinen rechtlichen Grund in dem Vertragsverhältnis zwischen ihm und dem Bauunternehmer. Er ist auch dem Grundstückseigentümer gegenüber nicht rechtsgrundlos erfolgt, da der Bauunternehmer von dem Händler ermächtigt war, die Baumaterialien einzubauen. Eine Versionsklage – einen Durchgriff über die vertraglich Beteiligten hinaus – kennt unser Recht im allgemeinen nicht. 28

Ebenso ist die Interessenlage, wenn jemand sein Eigentum kraft vertraglicher Verpflichtung, die einem anderen gegenüber besteht, selbst preisgibt, so z. B. wenn ein Installateur auf Grund eines mit einem Bauunternehmer geschlossenen Vertrags sein eigenes Material in ein fremdes Grundstück einbaut (Beispiel: BGH LM § 812 BGB Nr. 14; OLG Hamm, NJW-RR 1992, 1105 ff.).

Das Ergebnis ist nicht anders, wenn man die Rechtsgedanken der §§ 985, 986 zur Auslegung des § 951 heranzieht (§ 951 als Rechtsfortwirkung der mit dem Eigentumsverlust untergegangenen rei vindicatio!): Da U dem E gegenüber sowohl zum Besitz als auch zur Weiterveräußerung der Materialien an B berechtigt war, wäre auch B rechtmäßiger Besitzer geworden und als solcher keinem Herausgabeanspruch des E ausgesetzt gewesen; dann kann dem E aber auch kein Bereicherungsanspruch gegen B aus § 951 zustehen.

Einigkeit besteht also über die *erste Regel:* Der Anspruch aus § 951 ist nicht gegeben, wenn der „Gewinn" des B seine Rechtfertigung in den gültigen Vertragsverhältnissen E–U und U–B findet.

War das Vertragsverhältnis E–U wirksam, U aber zur Weiterveräußerung bzw. zum Einbau nicht oder nur unter einer Bedingung ermächtigt, so sind nur Ansprüche aus dem Vertragsverhältnis E gegen U gegeben, nicht aber ein Anspruch des E aus ungerechtfertigter Bereicherung gegen B.[1]

b) Ganz oder teilweise unwirksame Vertragsverhältnisse

Weniger eindeutig ist dagegen die Rechtslage, wenn eines der beiden Vertragsverhältnisse unwirksam ist. 29

aa) *Unwirksamkeit des Vertrags E–U.* Die h. M.[2] ist der Auffassung, daß die Eingriffskondiktion subsidiär der Leistungskondiktion sei. Sie kommt daher zu dem Ergebnis, daß hier nur eine Leistungskondiktion des E gegen U, dagegen kein Durchgriff nach § 951 des E gegen B in Betracht komme. Die Rückabwicklung muß also im Verhältnis zwischen Baumaterialienhändler und Bauunternehmer erfolgen.

Zweite Regel sonach: Ist das Vertragsverhältnis zwischen dem das Eigentum verlierenden Partner (E) und dem den Einbau vornehmenden Partner (U) unwirksam, so kann sich jener (E) nur an diesen (U), nicht an den Dritten (B) halten.

---

[1] *Palandt/Bassenge* § 951 Rn. 6; *Larenz/Canaris* II/2 § 70 II 2a; *Medicus* BR Rn. 729.
[2] BGHZ 40, 272 = *Baur*, E.Slg. Fall 29 (dazu *Baur/Wolf* JuS 1966, 393); 36, 30 (dazu *Berg* JuS 1964, 137); *von Caemmerer* aaO S. 373; *Koppensteiner/Kramer*, Unger. Bereicherung, 2. Aufl. 1988, § 11; *Loewenheim* aaO S. 59 ff.; *Soergel/Mühl* § 951 Rn. 3, 4; vgl. ferner *Scheyhing* aaO.

§ 53 C II   IV. Abschnitt. Mobiliarsachenrecht

Das Ergebnis ist im Normalfall nicht anders, wenn man wieder die §§ 985, 986 entsprechend anwendet: Zwar hätte E dann vor dem Einbau einen Vindikationsanspruch gegen B gehabt, aber nur sofern B das Baumaterial nicht redlich nach §§ 932 ff. erworben hätte.

Wäre freilich ein solcher Eigentumserwerb – wegen § 935 – nicht möglich gewesen, so bleibt dem E die Eingriffskondiktion gegen B; so wenn U das dem E gestohlene Material in das Grundstück des B eingebaut hat; denn *vor* dem Einbau hätte E gegen B nach § 985 vorgehen können; B hätte sich weder auf redlichen Erwerb noch auf den mit U geschlossenen gültigen Vertrag berufen können (vgl. zu den kontroversen Auffassungen *Medicus* BR Rn. 730; ferner *Weitnauer* DNotZ 1968, 706, 707; *Denck* JuS 1981, 9, 10).

Weiteres Beispiel (in Anlehnung an BGHZ 56, 131):
Der Kl. ist Leder gestohlen worden, das von dem – redlichen – Bekl. gekauft und an Kunden weiterverkauft wurde, wo es verarbeitet wurde. Hier hätte die Kl. das Leder vor der Verarbeitung nach § 985 herausverlangen können; nach der Verarbeitung hat sie einen Anspruch auf Wertersatz nach §§ 951, 812 gegen die Kunden des Bekl. Sie kann aber auch nach § 816 den Erlös aus dem Verkauf der Lederwaren vom Bekl. beanspruchen; die Genehmigung wird nach Meinung des BGH nicht dadurch ausgeschlossen, daß die Kunden des Bekl. schon nach § 950 Eigentum erworben hatten. (Parallelfälle: BGHZ 47, 128; 55, 176). Im übrigen kann der Bekl. nicht den Kaufpreis abziehen, den er an den Lieferanten des Leders bezahlt hat; das hätte er auch der rei vindicatio gegenüber nicht einwenden können (BGHZ 55, 176: „Jungbullenfall").

30   bb) *Unwirksamkeit des Vertrags U–B.* Hier kommt nach inzwischen allgemeiner Ansicht lediglich ein Anspruch U–B aus § 812 Abs. 1 S. 1 1. Alt., nicht jedoch ein „Durchgriff" E–B in Betracht. Im Verhältnis E–U verbleibt es bei den vertraglichen Ansprüchen.[1]

Ein Durchgriff E gegen B ließe sich nur erwägen, wenn man den Rechtsgedanken der §§ 985, 986 anwenden wollte. Aber auch dann stünde dem E gegen B nur ein Anspruch auf Rückgabe an U zu (§ 986 Abs. 1 Satz 2), und auch dieser Anspruch könnte durch den redlichen Erwerb des B nach §§ 932 ff. ausgeschlossen sein. Freilich darf B auch dann seinen „Erwerb" letztlich nicht behalten, weil das Kausalverhältnis zwischen U und B unwirksam ist.

Dritte Regel sonach: Ist das Vertragsverhältnis zwischen dem den Eigentumsverlust herbeiführenden Teil (U) und dem das Eigentum gewinnenden Teil (B) unwirksam, so besteht nur ein Bereicherungsanspruch des U gegen B, nicht ein solcher des E gegen B.

31   cc) *Unwirksamkeit beider Verträge.* Auch in den Fällen des sog. Doppelmangels ist nach heute h.M. ein unmittelbarer Anspruch E–B ausgeschlossen,[2] denn das Vertrauen des B, nur mit seinem „Vertragspartner" abrechnen zu müssen, ist schutzwürdig. Deshalb wird ausschließlich innerhalb der beiden Leistungsbeziehungen abgewickelt.

c) Irrtümliche Leistung

Wie ist die Rechtslage, wenn der verlierende Teil (E) *irrig* meint, er sei dem gewinnenden Teil (B) kraft Vertrags zur Leistung verpflichtet, während in Wahrheit nur Vertragsbeziehungen zwischen ihm (E) und dem Unternehmer (U), sowie zwischen diesem (U) und dem Auftraggeber (B) bestehen?
Beispiel (in Anlehnung an BGHZ 40, 272 [= *Baur*, E.Slg. Fall 29]; s. auch 36, 30): B beauftragt U mit dem Einbau von Heizkörpern. U bestellt diese bei E. E, der annimmt, es sei ein Vertrag mit B zustande gekommen, liefert die Heizkörper auf die Baustelle. U baut sie ein. E verlangt nunmehr von B

---

[1] *Palandt/Bassenge* § 951 Rn. 6; *Wolff/Raiser*, § 74 I 2; *Staudinger/Gursky* § 951 Rn. 7 m.w.N.
[2] *Medicus* BR Rn. 670; *Reuter/Martinek* § 8 II; *Erman/Hefermehl* § 951, Rn. 6; *Staudinger/Gursky* § 951 Rn. 8.

§ 53. Andere als rechtsgeschäftliche Eigentumserwerbsgründe   C III § 53

Bezahlung des Kaufpreises oder doch zumindest eine Vergütung in Höhe des Wertes der Heizkörper.
Hier könnte man an eine Leistungskondiktion E gegen B denken.[1] Die überwiegende Meinung[2] versagt jedoch mit Recht einen solchen Anspruch; denn B ist in seinem Vertrauen darauf zu schützen, daß es sich um eine Leistung seines Vertragspartners U gehandelt hat.

III. Der Inhalt des Bereicherungsanspruchs

Zum Inhalt des Bereicherungsanspruchs sagt § 951 Abs. 1   **32**
positiv, daß er auf eine Vergütung in Geld gerichtet ist,
negativ, daß die Wiederherstellung des früheren Zustandes nicht verlangt werden kann.
Das Gesetz will damit die einmal geschaffene wirtschaftliche Einheit erhalten; jedoch räumt es in verschiedenen Fällen ein Wegnahmerecht ein und gibt damit den von ihm selbst betonten Grundsatz wieder auf (s. unten Rn. 34 ff.).

1. Anspruchsumfang

Der *Vergütungsanspruch* in Geld ist auf *Wertersatz* gerichtet (§ 818 Abs. 2 mit § 951 Abs. 1 Satz 1). Es wird also nicht der dem Entreicherten erwachsene Schaden ersetzt. Andererseits kann dessen Verlust geringer sein als die Bereicherung des anderen. Maßgebend ist also immer die beim Bereicherten eingetretene objektive Vermögensvermehrung.[3]

Beispiele:
a) U nimmt die dem E gehörigen Dachziegel – ohne jedes Verschulden – zum Bau seines Hauses. Wenn sich der eigene Bau des E durch das Fehlen der Ziegel verzögert, so kann er doch den dadurch entstandenen Schaden nicht erstattet verlangen (Schaden geht über die Bereicherung des U hinaus).
b) Haben die Dachziegel für E keinen Wert gehabt (sie waren bei dem Bau übrig geblieben), so kann E doch von U deren Wert beanspruchen (BGHZ 17, 236: Bereicherung ist höher als die Entreicherung).[3]

Maßgebend ist die Vermögensvermehrung im Augenblick des Eigentumsverlusts, also z.B. bei Vollendung des Bauwerks (BGHZ 10, 171; BGH LM § 951 Nr. 9; BGH NJW 1954, 265; 1962, 2293). Nutzungen aus dem Bauwerk können nicht beansprucht werden (BGH NJW 1961, 452; s. aber auch BGHZ 37, 356 u. 64, 322).[4]
Die Erwerbskosten des Bereicherten berechtigen nicht zur Entreicherungseinrede nach § 818 Abs. 3. Der Bereicherungsschuldner kann also hier ebensowenig wie im Falle des § 816 denjenigen Betrag absetzen, den er selbst für die Leistung aufgewendet hat (BGHZ 47, 130; 55, 176).

---

[1] So *Weitnauer* DNotZ 1968, 706, 707.
[2] BGHZ 40, 272, 278 m.w.N. [= *Baur,* E.Slg. Fall 29]; vgl. weiter *Serick* IV/1 II 2.
[3] *Staudinger/Gursky* § 951 Rn. 24 ff.; *Reuter/Martinek,* § 15 II.
[4] Wie hier: *Palandt/Bassenge* § 951 Rn. 16; a.A.: *MünchKomm/Quack* § 951 Rn. 18; differenzierend: *Staudinger/Gursky* § 951 Rn. 31.

Hat B Material, das D dem E gestohlen hatte, für seinen Bau verwendet und geht E nach § 951 gegen B vor, so kann B nicht einwenden, daß er das Material dem Dieb D bezahlt habe.

2. Schutz vor „aufgedrängter Bereicherung"

33 Wie ist die Rechtslage, wenn dem „gewinnenden" Teil die Bereicherung aufgezwungen war?[1]

Beispiel (in Anlehnung an BGHZ 23, 61; weiteres Beispiel BGH NJW 1959, 2163): P hat von E ein landwirtschaftliches Grundstück gepachtet. Trotz der Vereinbarung im Pachtvertrag, daß massive Gebäude nur mit Genehmigung des E errichtet werden dürfen, hat P ein massives Haus errichtet und zwar nicht nur zu einem vorübergehenden Zweck (§ 95 Abs. 1 S. 1!). Nach Beendigung des Pachtverhältnisses verlangt P Wertersatz nach § 951.

Der BGH hat § 1001 Satz 2 entsprechend angewandt; der Grundeigentümer könne den Bereicherungsanspruch des Erstellers dadurch abwehren, daß er dem Ersteller das Bauwerk zum Abbruch zur Verfügung stelle, und zwar jedenfalls dann, „wenn ihm ein Bauwerk aufgedrängt werden soll, das er nur unter Aufwendung erheblicher Kosten zu einem Ertragswert umgestalten kann". Andere[2] geben dem Bereicherten eine Einrede nach § 1004, weil ihm ein Beseitigungsanspruch zustehe.[3] Ferner wird versucht, dem Eigentümer dadurch zu helfen, daß die Höhe des Bereicherungsanspruchs von dem für ihn realisierbaren Wert abhängig gemacht wird, wobei ein subjektiver Maßstab anzulegen sei.[4]

Man wird zu unterscheiden haben:

a) *Ist die Beseitigung erfolgt,* so ist die Bereicherung (§ 818 Abs. 3) und damit auch der Vergütungsanspruch nach § 951 BGB entfallen.

b) *Vor der Beseitigung* ist die Geltendmachung des Vergütungsanspruchs rechtsmißbräuchlich, wenn der Eigentümer die Beseitigung verlangt (BGH NJW 1965, 816) und verlangen kann, sei es kraft Vertrags (positive Vertragsverletzung in Verbindung mit § 249 BGB, wie im obigen Beispiel), sei es nach § 1004. Denn der „verlierende Teil" kann keine Vergütung für ein Werk verlangen, zu dessen Beseitigung er verpflichtet und auch aufgefordert ist.

c) Besteht ausnahmsweise eine Beseitigungspflicht nicht – wie in dem in BGHZ 41, 157 [= *Baur*, E.Slg. Fall 34] entschiedenen Fall –, so kann gleichwohl ein Vergütungsanspruch nach § 951 nicht gegeben sein. Denn die Fälle der aufgedrängten Bereicherung lassen sich als eine Einmischung in den Rechtskreis des Eigentümers gegen dessen Willen kennzeichnen. Aus § 996 BGB sowie aus den Vorschriften über die Geschäftsführung ohne Auftrag i. V. m. § 670 BGB läßt sich der allgemeine Gedanke entnehmen, daß die Verpflichtung zum Wertersatz entfällt, *wenn* diese Einmischung unbefugt und unter Verstoß gegen die erforderliche Sorgfalt erfolgt.[5]

---

[1] Vgl. zur aufgedrängten Bereicherung: *Soergel/Mühl* § 951 Rn. 12; *Feiler,* Aufgedrängte Bereicherung bei den Verwendungen des Mieters und Pächters, 1968; *Loewenheim* S. 100 ff.; *Haas* AcP 176, 1; *Koller* DB 1974, 2385, 2458; *Larenz,* FS von Caemmerer, 1978, 210; *Medicus* BR Rn. 899, 952; *Reuter/Martinek* § 15 III 2.

[2] S. zum ganzen Problemkreis auch *von Caemmerer* FS v. Caemmerer, 1978, 210; S. 366.

[3] BGH LM, § 951, Nr. 21; *Baur* AcP 160, 465, 492.

[4] Dazu *Palandt/Bassenge* § 951 Rn. 21; *Wieling* I § 11 II 5a, aa; *Reuter/Martinek* § 15 III 2; *Klauser* NJW 1958, 47; 1965, 513, 516.

[5] Vgl. BGHZ 39, 186, 189 und *Staudinger/Gursky* § 951 Rn. 46ff.

Liegen diese Voraussetzungen nicht vor, ist also ein Bereicherungsanspruch gegeben, so ist der Eigentümer als Schuldner des Vergütungsanspruchs dadurch zu schützen, daß der Umfang des Anspruchs auf den dem Eigentümer zugeflossenen und verbleibenden wirtschaftlichen Nutzen des Werks (z.B. des Gebäudes) beschränkt wird.[1] Oberste Grenze des Vergütungsanspruchs ist stets der Wert der Aufwendungen, die der verlierende Teil gehabt hat.

Von diesem Problem ist das andere, sofort zu erörternde zu unterscheiden, ob der Ersteller ein Wegnahmerecht hat.

IV. Die Wegnahmerechte[2]

1. Anwendbarkeit von Sondervorschriften

§ 951 Abs. 1 Satz 2 schließt einen Anspruch des Entreicherten auf Wiederherstellung des früheren Zustands im Interesse der Erhaltung der geschaffenen wirtschaftlichen und rechtlichen Einheit aus. Ein solcher Grundsatz wird nicht überall rein durchgeführt. In zahlreichen Fällen gibt vielmehr das Gesetz dem zeitweilig Nutzungsberechtigten das Recht, „eine Einrichtung, mit der er die Sache versehen hat, wegzunehmen", so in § 547a dem Mieter (Pächter, § 581 Abs. 2), in § 601 Abs. 2 Satz 2 dem Entleiher, in § 1049 Abs. 2 dem Nießbraucher, in § 1093 Abs. 1 Satz 2 mit § 1049 Abs. 2 dem Wohnungsberechtigten, in § 1216 Satz 2 dem Pfandgläubiger, in § 2125 Abs. 2 dem Vorerben. Der gedankliche Zusammenhang, in dem dieses Wegnahmerecht steht, ist folgender: Wenn der zeitweilig Nutzungsberechtigte Verwendungen auf die Sache gemacht hat, so mußte das Gesetz Bestimmungen darüber treffen, ob sein Vertragspartner (z.B. der Vermieter) diese Verwendungen zu ersetzen hat. Hier sagt das Gesetz z.B. in § 547 Abs. 1 Satz 1, daß notwendige Verwendungen zu ersetzen sind, an anderer Stelle (z.B. in § 1049 Abs. 1) verweist es auf die Bestimmungen über die Geschäftsführung ohne Auftrag. Auf alle Fälle sollte aber eine „Einrichtung", mit der die Sache versehen worden war, weggenommen werden können.

Beispiele: Der Mieter hat – ohne daß vertragliche Bestimmungen darüber bestanden – die Wohnung modernisiert und u.a. einen elektrischen Boiler im Bad eingebaut. Er kann diesen Boiler wieder wegnehmen, gleich ob darin eine notwendige Verwendung zu erblicken war (§ 547 Abs. 1), gleich ob der Boiler wesentlicher Bestandteil geworden war oder nicht. Er hat dann freilich das Badezimmer auf seine Kosten „in den vorigen Stand zu setzen" (§ 258 Satz 1). War die Wohnung schon an den Vermieter zurückgegeben, so hat der Mieter einen Anspruch auf Gestattung der Wegnahme (§ 258 Satz 2). Weiteres Beispiel BGHZ 81, 146.

Unter „Einrichtung" wird man eine noch körperlich faßbare Verwendung zu verstehen haben, die der Hauptsache untergeordnet ist. Einrichtungen sind also z.B. Waschbecken, Badewannen, auch Ziersträucher im Garten u. dgl., nicht Tapeten, auch nicht ein auf dem Grundstück errichtetes Gebäude (dazu BGHZ 101, 37, 41).

---

[1] Die Wertberechnung richtet sich regelmäßig nach dem Ertragswert (vgl. etwa BGHZ 10, 171, 180; *Soergel/Mühl* § 951 Rn. 16). Der Verkaufswert, der bei objektiver Berechnung kaum vom Ertragswert abweichen wird, ist nur maßgeblich, wenn der Verkauf vor Zahlung des Bereicherungsausgleichs erfolgt ist.
[2] Dazu *Wieling* JZ 1985, 511, 515; *Reuter/Martinek* § 12 II.

§ 951 Abs. 2 Satz 1 läßt das Wegnahmerecht bestehen. Der Entreicherte kann statt des Vergütungsanspruchs das Wegnahmerecht geltend machen. Erst mit dessen tatsächlicher Ausübung erlischt der Vergütungsanspruch (BGH NJW 1954, 265).

2. Wegnahmerecht nach § 997

35 Das *Verwendungsproblem* hat uns auch bei der Erörterung des *Eigentümer-Besitzerverhältnisses* beschäftigt (§ 11 Rn. 54 ff.). Hier gewährt § 997 dem Besitzer ein „Abtrennungs- und Aneigungsrecht", wenn er mit der Sache des Eigentümers eine andere Sache als wesentlichen Bestandteil verbunden hatte. Auch diese Form des Wegnahmerechts wie überhaupt die Bestimmungen über den Ersatz von Verwendungen (§§ 994 ff.) bleiben bestehen (§ 951 Abs. 2 Satz 1).

Freilich ist zu beachten, daß sich das Wegnahmerecht nach § 997 von dem eben erörterten der zeitweilig Nutzungsberechtigten in 3 Punkten unterscheidet:

a) Der Anwendungsbereich des § 997 ist beschränkt auf den unrechtmäßigen *Eigen*besitzer, gilt also *nicht* für den rechtmäßigen Fremdbesitzer, und für den unrechtmäßigen Fremdbesitzer nur, wenn der Vertragstyp, auf dessen Grundlage er zu besitzen glaubt, ein solches Wegnahmerecht kennt (s. oben § 11 Rn. 56).

b) Ein Recht zur Wegnahme nach § 997 ist auch dann gegeben, wenn es sich nicht um eine „Einrichtung" handelt.

c) Das Wegnahmerecht ist ausgeschlossen in den Fällen des § 997 Abs. 2

Beispiel: Der redliche vermeintliche Erbe S–E hat das zum Nachlaß gehörige Haus bewohnt. Er hat die Zimmer neu tapezieren lassen (was dringend notwendig war), Doppelfenster angebracht und den Badeofen durch einen Boiler ersetzt. Nach 5 Jahren muß er das Haus an den wahren Erben herausgeben. Ersatz für die Tapeten kann er nicht beanspruchen (§ 994 Abs. 1 Satz 2), die Doppelfenster kann er nicht wegnehmen, weil sie für ihn wertlos sind (§ 997 Abs. 2), wohl aber für sie Geldersatz nach § 996 beanspruchen, den Boiler kann er wegnehmen, sofern ihm nicht der wahre Erbe den Zeitwert ersetzt (§ 997 Abs. 2).

3. Selbständiges Wegnahmerecht nach § 951 II S. 2

36 Schließlich schafft § 951 Abs. 2 Satz 2 noch ein eigenständiges Wegnahmerecht: In den Fällen der „Grundstücksverbindung" und „Fahrnisverbindung" kann die „verbundene" Sache weggenommen werden, auch wenn der „Entreicherte" nicht Besitzer der Hauptsache war.[1] Auch hier ist dann aber

---

[1] Anderer Ansicht ist der BGH in BGHZ 40, 272, 280 [= *Baur*, E.Slg. Fall 29]. Er will auch das Wegnahmerecht aus § 951 Abs. 2 Satz 2 nur dem Besitzer zugestehen, gegenüber § 997 BGB freilich mit der Erweiterung, daß die Verbindung nicht nur vom Besitzer, sondern auch von einem Dritten vorgenommen sein könne. Dem steht jedoch der Sinn und Zweck des § 997 entgegen, der die „expropriierende Wirkung" der §§ 946 ff. durch Gewährung eines Wegnahmerechts ausgleichen soll (Motive III 414). Das Wegnahmerecht aus § 997 ist deshalb ein „Rechtsfortwirkungsrecht". Die Beschränkung auf den Besitzer hat demgegenüber nur zufällige, aus dem systematischen Zusammenhang (Eigentümer-Besitzer!) zu erklärende Bedeutung, die im Rahmen des § 951 Abs. 2 Satz 2 entfällt. Als „Rechtsfortwirkungsrecht" steht deshalb das Wegnahmerecht aus § 951 Abs. 2 Satz 2 ebenso wie der „Rechtsfortwirkungsanspruch" aus § 951 Abs. 1 Satz 1 jedem zu, der „einen Rechtsverlust erleidet". § 951 Abs. 1 Satz 2 steht dem nicht entgegen, wie der BGH meint. Diese Bestimmung schließt den *Anspruch* auf Wiederherstellung des früheren Zustandes aus. Dabei bleibt es trotz des Wegnahmerechts, das lediglich ein Gestaltungsrecht verbunden mit einem Duldungsanspruch

§ 997, insbesondere dessen Abs. 2 anwendbar, so daß die Wegnahme durch Anbieten des Wertersatzes verhindert werden kann.

Ferner ist zu beachten, daß das Wegnahmerecht des Dritten entfällt, wenn er auch keinen Vergütungsanspruch nach § 951 Abs. 1 geltend machen könnte.

In unserem letzten Beispiel kann sich also der Installateur (der den Badeofen ersetzt hat) nur an S–E halten, nicht an den wahren Erben, er kann daher diesem auch nicht den Boiler wegnehmen. Anders wenn der Installateur einen gestohlenen Boiler angebracht hätte. Hier könnte der frühere Eigentümer des Boilers das Wegnahmerecht ausüben.[1]

Gemeinsam ist allen Wegnahmerechten, daß sie *nur schuldrechtliche Ansprüche* darstellen. Sie gewähren daher auch kein Aussonderungsrecht im Konkurs des Eigentümers.

D. Eigentum an Schuldurkunden

Lit.-Hinweis: *Schlechtriem*, Zivilrechtliche Probleme des Kfz-Briefs, NJW 1970, 1993 u. insbes. 2088; *Zöllner*, Die Zurückdrängung des Verkörperungselements bei den Wertpapieren, in FS für Raiser (1974) S. 249 (m.w.N.); *Weimar*, Das Schuldurkundeneigentum, MDR 1975, 992.

I. Grundgedanken

1. Das Untrennbarkeitsprinzip

Die Tatbestände der „Grundstücksverbindung" (§ 946) und der „Fahrnisverbindung" (§§ 947, 948) berücksichtigen nur die Verbindung mehrerer Sachen zu einer wirtschaftlichen Einheit, die sie auch rechtlich sichern wollen. Die gleiche Interessenlage kann auch bei der Verbindung einer Sache mit einem Recht gegeben sein, und zwar überall dort, wo eine Urkunde (Sache) in irgend einer Form einem Recht zugeordnet ist, sei es, daß das Recht in der Urkunde selbst verbrieft ist (wie etwa bei den Inhaberpapieren), sei es daß die Urkunde nur für Beweiszwecke errichtet ist (wie ein Schuldschein), sei es schließlich, daß sie auch Legitimationszwecken dient (wie z.B. ein Sparbuch). Hier wäre es nicht angängig, das in der Urkunde zum Ausdruck kommende Recht und das Sacheigentum an der Urkunde auseinanderfallen zu lassen. Die Urkunde ist doch irgendwie nur ein „Anhängsel", ein wesentlicher Bestandteil (wenn auch nicht im technischen Sinne) des Rechts. Diesen Gedanken bringt § 952 zum Ausdruck, wenn er das Eigentum an Schuldurkunden und Urkunden „über andere Rechte, kraft deren eine Leistung gefordert werden kann", dem Gläubiger der Forderung oder – allgemein gesprochen – dem Inhaber des Rechts zuspricht, und zwar sowohl für den Augenblick der Ausstellung der Urkunde, wie bei jeder späteren Übertragung des Rechts: der Rechtsinhaber ist stets Eigentümer der Urkunde.

37

(§ 258 Satz 2) gewährt. Im Hinblick auf die Tragung der Wegnahmekosten (§ 258 Satz 1) kommt dem erhebliche Bedeutung zu (s. zum Ganzen noch MünchKomm/*Quack* § 951 Rn. 25 m.w.N.; *Soergel/Mühl* § 951 Rn. 22).

[1] Im einzelnen vieles streitig: Vgl. z.B. *Soergel/Mühl* § 951 Rn. 22; *Reuter/Martinek* § 12 II, je m.w.N.

2. Der wertpapierrechtliche Kontext

38 Freilich muß § 952 – um voll verstanden werden zu können – in dem weiteren Zusammenhang des Wertpapierrechts gesehen werden:[1] Das Gesetz kennt Wertpapierformen, bei denen das Recht derart in dem Papier verkörpert ist, daß zur Übertragung des Rechts ein sachenrechtlicher Vorgang notwendig, aber auch ausreichend ist. Dies gilt für *Inhaberpapiere* (z.B. Schuldverschreibungen auf den Inhaber, Inhaberaktien) wie für *Orderpapiere* (z.B. Wechsel, Scheck):[2] bei jenen ist zur Übertragung des Rechts Einigung und Übergabe des Papiers nach §§ 929 ff., bei diesen Einigung, Indossament und Übergabe erforderlich. Der Zusammenhalt zwischen Recht und Papier wird hier also schon durch die sachenrechtliche Übertragungsform sichergestellt. Man sagt: „Das Recht aus dem Papier folgt dem Recht am Papier".[3]

39 Für alle anderen Wertpapiere (also die Rektapapiere) und die Schuldurkunden bleibt es bei der Regel des § 952; man faßt sie in dem Satz zusammen: „Das Recht am Papier folgt dem Recht aus dem Papier".

§ 952 ist also die *Grundregel*, die für die Übertragung von Inhaber- und Orderpapieren geltenden Bestimmungen enthalten einen Ausnahmetatbestand. Daraus folgt, daß § 952 auch auf Inhaber- und Orderpapiere insoweit anwendbar ist, als der Ausnahmetatbestand nicht reicht: wird also z.B. eine Wechselforderung nicht durch Einigung, Indossament und Übergabe, sondern nach §§ 398 ff. durch Abtretung übertragen, was zulässig ist, so bestimmt sich das Eigentum an der Wechselurkunde nach § 952. Das gleiche gilt, wenn ein protestierter Wechsel nach Art. 20 Abs. 1 Satz 2 WG übertragen wird. Hier tritt also § 952 gewissermaßen als „Lückenbüßer" wieder in Funktion.

Noch ein Wort zu den *Rektapapieren:* auch für sie ist charakteristisch, daß das Recht in dem Papier verkörpert ist, so daß zur Entstehung des Rechts die Ausstellung des Papiers und – meist – auch zur Übertragung des Rechts die Übergabe des Papiers erforderlich ist. Aber im Gegensatz zu den Inhaber- und Orderpapieren *fehlt der Umlaufzweck;* daher ist Inhaber des Rechts der in ihm benannte Gläubiger. Das Nichtabheben auf den Umlauf des Papiers (und damit des Rechts) schließt freilich eine Einzelrechtsnachfolge nicht aus; aber sie erfolgt nicht nach sachenrechtlichen Grundsätzen. Beispiel eines Rektapapiers ist der Hypothekenbrief: zur Entstehung der Briefhypothek – wie zu ihrer Abtretung – ist die Übergabe des Hypothekenbriefs notwendig (§§ 1117, 1154). Aber damit allein ist der Briefbesitzer noch nicht Hypothekar geworden (vgl. § 873–§ 1154). Erst wenn die weiteren Voraussetzungen für die Hypothekenbegründung oder -abtretung vorliegen, wird der Hypothekar auch Eigentümer des Briefs, und zwar nach § 952.

Vielfach werden zu den Rektapapieren insgesamt auch die sog. qualifizierten Legitimationspapiere des § 808 gerechnet, also z.B. die Sparbücher.[4] Aber dies ist mindestens mißverständlich: denn hier besteht das Recht (z.B. die Forderung gegen die Sparkasse) auch ohne das Papier. Dieses dient nur dem Ausweis des Gläubigers und gibt dem Schuldner die Möglichkeit, an den Papierinhaber mit befreiender Wirkung zu leisten. Das Eigentum am Papier richtet sich nach der Gläubigerstellung; wie für die Rektapapiere gilt also auch für die Legitimationspapiere § 952.

II. Der Anwendungsbereich des § 952

40 § 952 gilt für Schuldscheine jeder Art, gleichgültig ob sie nur – wie in der Regel – Beweiszwecken dienen oder konstitutive Wirkung äußern, wie etwa

---

[1] Dazu *Zöllner* WPR § 3 m.w.N.
[2] „Scheckkarten", „Kreditkarten" sind keine Schecks, sondern wohl Legitimationspapiere (s. *Reifner* NJW 1987, 630; *Weller*, D. Kreditkartenverfahren, 1986).
[3] Zu den Veränderungen, die sich aus der Sammelverwahrung vieler Wertpapiere ergeben, s. *Pleyer*, Eigentumsrechtl. Probleme bei Effektengiroverkehr, 1985; *Hueck/Canaris* § 1 III; *Zöllner* WPR § 1 III; *Zöllner* in FS Raiser (1974) 249; ferner oben § 53 Rn. 12.
[4] Dazu *Zöllner* WPR § 28, insbes. II; § 2 II 2 c u. d; *Richardi* WPR 1987, § 10.

§ 53. Andere als rechtsgeschäftliche Eigentumserwerbsgründe D III § 53

Schuldversprechen. In § 952 Abs. 2 ist der Anwendungsbereich erweitert auf Urkunden über Rechte jeder Art, kraft deren eine Leistung gefordert werden kann, wobei die Grundpfandrechte besonders genannt werden. Die in § 952 Abs. 2 gewählte Formulierung darf nicht zu der Annahme verleiten, daß nur Urkunden über schuld- und sachenrechtliche Ansprüche gemeint seien. Vielmehr fallen darunter auch Urkunden über Mitgliedschaftsrechte (z.B. der GmbH-Anteilschein), über sachenrechtliche Rechtsverhältnisse (z.B. der Pfandschein, der Kraftfahrzeugbrief, BGH NJW 1964, 1413 = *Baur,* E.Slg. Fall 30; BGH NJW 1978, 1854; *Schlechtriem* NJW 1970, 2088).

Dagegen keine Anwendung des § 952 auf gerichtliche und notarielle Urkunden, die keinen Anspruch verbriefen; ebensowenig auf das Eigentum an anderen „Akten" (z.B. einer Behörde, eines Unternehmens. Wem gehören z.B. die Akten des Betriebsrats eines Unternehmens?).

III. Rechtsfolgen

1. Eigentumserwerb und Gläubigerstellung

§ 952 statuiert die sachenrechtliche Verbindung von Gläubigerstellung und Papiereigentum. Dabei ist es gleichgültig, wer das Papier in Besitz hat. 41

Beispiele:

a) G hat seine Forderung gegen die Sparkasse S an Z'ar nach § 398 abgetreten. Damit ist Z'ar auch Eigentümer des Sparkassenbuchs geworden, auch wenn es noch im Besitz des G oder der S oder eines Dritten ist, und kann es vindizieren (BGH MDR 1972, 775; BB 1972, 1343).

b) In längeren Verhandlungen hat S schließlich anerkannt, dem G 10000 DM zu schulden. Das Schuldanerkenntnis ist Eigentum des G, auch wenn es sich noch in den Händen des Rechtsanwalts X befindet, der seinen Inhalt formuliert hat.

Eigentümer wird der Gläubiger (= Rechtsinhaber) mit der *Entstehung* seines Rechts und der Ausstellung der Urkunde, also bei künftigen und aufschiebend bedingten oder befristeten Rechten erst mit Eintritt des künftigen Ereignisses, sofern nicht eine Übereignung der Urkunde schon zuvor nach §§ 929 ff. erfolgt ist.

Zu beachten ist, daß es *nicht* auf die *Fälligkeit* des Rechts ankommt; der Gläubiger, dessen Darlehensforderung erst nach 5 Jahren fällig wird, ist doch jetzt schon Inhaber der zur Sicherung bestellten Hypothek und damit Eigentümer des Hypothekenbriefs!

2. Mehrpersonenkonstellationen

Schwierigkeiten können sich ergeben, wenn auf der Gläubigerseite *mehrere Personen beteiligt* sind: 42

a) Drittbegünstigungsfälle

Eine solche Situation ergibt sich häufig bei Anlage eines Sparguthabens, Giro- oder Wertpapierkontos auf den Namen eines Dritten. Hier kann schon zweifelhaft sein, wer Gläubiger der Forderung gegen die Bank ist, ob der Einzahlende oder der als Kontoinhaber Bezeichnete.[1] Ist ein Vertrag zugunsten

---

[1] Vgl. dazu *Canaris* NJW 1973, 825; BGHZ 21, 148; BGH DB 1965, 1590; BGH NJW 1967, 101; OLG Frankfurt NJW 1986, 64 u. OLG Koblenz NJW 1989, 2545.

des Dritten gewollt, so ist der Dritte Gläubiger der Forderung (§ 328), damit auch Eigentümer des Sparbuchs, selbst wenn dem Versprechensempfänger nach § 335 das Recht zusteht, die Leistung an den Dritten zu fordern.

b) Gemeinschaftliche Berechtigung

Steht das in der Urkunde verkörperte Recht mehreren gemeinschaftlich zu, so steht die Urkunde im gemeinschaftlichen Eigentum, und zwar richtet sich die Form dieses Eigentums nach der Art der gemeinschaftlichen Berechtigung an der Forderung.

Beispiele:

aa) War G Inhaber eines Sparguthabens bei der Bank S und ist er von seinen Kindern K_1 und K_2 beerbt worden, so sind sie auch Gesamthandseigentümer des Sparbuchs.

bb) Hat G sein Sparguthaben an D verpfändet, wobei die besondere Form der §§ 1279, 1280 zu beachten ist (Übergabe des Sparbuchs also weder erforderlich noch genügend),[1] so bleibt G Eigentümer des Sparbuchs, D erlangt kraft Gesetzes ein Pfandrecht an ihm (§ 952 Abs. 1 Satz 2).

cc) Sind G_1 und G_2 bei einem von S verschuldeten Unfall zu Schaden gekommen und verspricht S in einem Schuldschein an beide zusammen 1000 DM zu zahlen, so sind sie Gesamtgläubiger (§ 428) und Miteigentümer je zur Hälfte des Schuldscheins.

3. Automatismus beim Rechtsübergang

43 Mit dem *Übergang* des in der Urkunde verkörperten Rechts geht auch das Eigentum an ihr auf den neuen Rechtsträger über, wobei es wieder gleichgültig ist, wo sich die Urkunde befindet, gleichgültig auch, ob der Rechtsübergang auf Rechtsgeschäft oder auf Gesetz beruht.

Beispiele:

a) S hat seinem Gläubiger G einen Schuldschein ausgestellt, B hat sich für die Verbindlichkeit verbürgt. Leistet B, so geht die Forderung des G gegen S auf ihn über (§ 774 Abs. 1 Satz 1); damit wird B auch Eigentümer des Schuldscheins.

b) Steht dem G eine Briefhypothek von 10 000 DM an dem Grundstück seines Schuldners S zu und zahlt dieser das Darlehen in Höhe von 5000 DM zurück, so erwirbt S mit der Eigentümergrundschuld in dieser Höhe auch hälftiges Miteigentum am Brief (RGZ 59, 313, 318; 69, 36, 40), wobei freilich § 1145 zu beachten ist.

4. § 952 analog bei Tilgung?

44 Das letzte Beispiel leitet zu der Frage über, ob § 952 auch anwendbar ist, wenn der Schuldner die in der Urkunde verbriefte Forderung *getilgt* hat, ob er also damit auch Eigentümer der Schuldurkunde wird. Sicher ist, daß er einen schuldrechtlichen Rückgabeanspruch nach § 371 hat, fraglich und streitig, ob er automatisch Eigentümer des Papiers geworden ist. Diese Frage ist zu bejahen, da § 952 auf den Erlöschenstatbestand entsprechend anwendbar ist.[2]

---

[1] In der „Verpfändung" des Sparbuchs ohne Anzeige an die Bank nach § 1280 wird im Zweifel eine Sicherungsabtretung zu sehen sein (s. aber RGZ 51, 83!).
[2] So wie hier: *Wieling* § 9 IX 1 b; *Erman/Hefermehl* § 952 Rn. 6; a. A.: *Palandt/Bassenge* § 952 Rn. 4 m. w. N. und noch *Jauernig/Stürner* § 371 Rn. 1.

E. Der Fruchterwerb

Lit.-Hinweis: *Raape*, Aneignungsüberlassung, DogmJ 74, 179 und AcP 136, 210; *Schnorr von Carolsfeld*, Soziale Ausgestaltung des Erwerbs von Erzeugnissen, AcP 145, 27.

I. Grundlagen

1. Regelungszweck und -systematik

Bisher hatten wir uns mit Rechtsfragen befaßt, die sich aus der Sach*verbindung* ergeben. Die Eigentumsproblematik stellt sich aber auch bei der Sach*trennung,* nämlich dann, wenn Erzeugnisse oder sonstige (bisher) wesentliche Bestandteile von der „Muttersache" getrennt werden, also ihr eigenes Leben beginnen. Wer soll ihr Eigentümer sein? Diese Frage ist leicht zu beantworten, wenn die Muttersache vom Eigentümer selbst bewirtschaftet wird: natürlich – so wird man sagen – wird dieser Eigentümer. Aber so einfach sind die Verhältnisse nicht immer gelagert. Das Recht kennt mannigfache Nutzungsverhältnisse an fremder Sache, dingliche (z.B. den Nießbrauch), schuldrechtliche (z.B. die Pacht). Das Gesetz mußte aber auch an die – freilich nicht allzu häufigen – Fälle denken, in denen jemand nur glaubt, Eigentümer oder Nutzungsberechtigter zu sein, ohne daß ihm diese Rechtsstellung wirklich zukommt.

45

Alle diese Sachlagen behandelt das Gesetz in den §§ 953–957. Dabei arbeitet es technisch mit einer Art „Schachtelprinzip", das dem Anfänger Schwierigkeiten macht: es geht von dem Grundtatbestand aus, daß der Eigentümer die Sache selbst nutzt (§ 953). Ihm geht aber ein dinglich Nutzungsberechtigter vor (§ 954), verständlich, weil der Eigentümer sich seines Nutzungsrechts begeben hat. Den Vorrang vor dem Eigentümer und dem Nutzungsberechtigten haben der redliche Eigenbesitzer und der redliche Fremdbesitzer, der in Ausübung eines vermeintlichen dinglichen Nutzungsrechts besitzt (§ 955). Vor allen Genannten rangiert der schuldrechtliche Aneignungsberechtigte (also z.B. der Pächter), § 956, auch wenn er sein Recht redlich von einem Nichtberechtigten herleitet (§ 957).

Man muß also eigentlich im konkreten Fall das Gesetz „von hinten herein lesen": wenn etwa ein obligatorisch Aneignungsberechtigter die Sache in Besitz hat, so wird er Eigentümer der Früchte (§ 956), ein dinglich Nutzungsberechtigter oder der Eigentümer der Muttersache scheiden dann für den Fruchterwerb von vornherein aus! Technisch bringt das Gesetz die Abstufung durch die Ausdrücke „soweit nicht..." – „unbeschadet" zum Ausdruck.

2. Abgrenzung des Regelungsbereichs

Die §§ 953 ff. klären *nur die Eigentumsfrage* an den von der Muttersache getrennten Erzeugnissen, sie sagen *nichts darüber,*

46

a) ob der Erwerber der Früchte sie auch behalten darf, ob sie ihm – in der Diktion des Gesetzes gesprochen – auch *„gebühren".* Diese Frage beantwortet sich nach den Vereinbarungen der Parteien oder – mangels einer solchen Abmachung – nach dem Vertragstyp, den die Parteien gewählt haben, letztlich nach § 101.

Beispiel: Daß der am 1. 10. abziehende Pächter Eigentümer der Getreideernte geworden ist, ist unzweifelhaft. Darf er sie auch ganz mitnehmen? Antwort: bei Fehlen einer anderweitigen Vereinbarung s. §§ 591, 594 (weitere Bestimmungen dieser Art z.B. §§ 1039, 2133, 987, 988, 990);

b) ob der Erwerber der Früchte durch die Fruchtziehung gegen seine vertraglichen Verpflichtungen verstoßen hat und u. U. – obwohl er Eigentümer der Früchte geworden ist – schadensersatzpflichtig wird.

Schlägt der Nießbraucher eines Waldes mehr Holz, als einer ordnungsmäßigen Wirtschaft entspricht, so wird er zwar Eigentümer des Holzes; der Einschlag gebührt ihm aber nicht, „soweit er den Regeln einer ordnungsmäßigen Wirtschaft zuwider erfolgt ist" (§ 1039); er ist dem Eigentümer schadensersatzpflichtig, wenn er schuldhaft gegen seine Pflichten als Nießbraucher verstoßen hat (§ 1039 Abs. 1 Satz 2: ... „unbeschadet seiner Verantwortlichkeit für ein Verschulden").

3. Begrifflichkeiten der §§ 953 ff.

47 Die Erzeugnisse „und sonstigen Bestandteile" müssen nach der Trennung *Sachen* sein. §§ 953 ff. erfassen also solche Früchte nicht, die keine Sacheigenschaft haben.

Also z. B. nicht die Zinsen einer Darlehensforderung (unmittelbare Rechtsfrucht: § 99 Abs. 2) oder den Pachtzins bei Verpachtung eines Grundstücks (mittelbare Sachfrucht: § 99 Abs. 3; s. oben § 3 Rn. 22).

Wer hier fruchtziehungsberechtigt ist, bestimmt sich nach der Quelle, aus der diese Früchte entspringen.

Dies ist etwa bei Darlehenszinsen der Darlehensgläubiger, bei Pachtzinsen der Verpächter. Ist aber an dem Recht ein Nießbrauch bestellt, so stehen dem Nießbraucher die mittelbaren Sach- und Rechtsfrüchte zu, auch wenn das Rechtsverhältnis (z. B. der Pachtvertrag) vor Beginn des Nießbrauchs geschlossen war (§§ 1068, 1030, 577, 571).

Für die Anwendung der §§ 953 ff. ist es gleichgültig, ob die Muttersache ein Grundstück oder eine bewegliche Sache ist.

Nach ihnen bestimmt sich also z. B. auch das Eigentum an den Jungtieren einer Schafherde (vgl. § 90a S. 3), die ihr Eigentümer dem N zum Nießbrauch gegeben hat!

Das Gesetz spricht von „Erzeugnissen" und „sonstigen Bestandteilen". Was Erzeugnis einer Sache ist, richtet sich nach der Verkehrsauffassung, ohne daß es auf eine naturwissenschaftliche Definition ankäme. So ist der gefällte Obstbaum Erzeugnis des Grundstücks, obwohl man ihn naturwissenschaftlich gesehen kaum als dessen natürliche Frucht ansehen könnte.

Unter Bestandteilen sind zunächst die (bisher) wesentlichen Bestandteile zu verstehen. Nicht wesentliche Bestandteile werden von der Regelung nur getroffen, wenn sie zuvor schon dem Eigentümer der Muttersache gehörten. Scheinbestandteile (§ 95) werden überhaupt nicht erfaßt.

Pachtet jemand ein Grundstück auf 10 Jahre, um eine Baumschule zu errichten, so gehören die Jungbäume im Boden, aber auch nach der Trennung stets dem Pächter (§ 95 Abs. 1 Satz 1).

II. Der Fruchterwerb des Eigentümers

48 Diesen Normalfall regelt § 953: Eigentümer der getrennten Erzeugnisse und Bestandteile wird *mit der Trennung* der Eigentümer der Muttersache, gleichgültig, wer die Erzeugnisse getrennt hat, gleichgültig auch, ob der Eigentümer die Muttersache besitzt (sofern nicht ein sonstiger Nutzungsberechtigter vorgeht!), gleichgültig schließlich, wem das Verdienst an dem Erzeugnis zukommt (es gilt also das Trennungsprinzip, nicht das Produktionsprinzip!).

Dem Eigentümer des Obstgrundstücks gehören die Äpfel, auch wenn sie ein Dieb bricht – auch dann, wenn der Nachbar die Bäume versehentlich auf dem fremden Grundstück gepflanzt hat.

Zu beachten ist, daß *Pfandrechte,* die an der Muttersache bestehen, sich auch an den getrennten Erzeugnissen fortsetzen (vgl. § 1120, § 1212), jedoch meist mit der Möglichkeit des „Freiwerdens" (vgl. §§ 1121, 1122).

III. Der Fruchterwerb des dinglich Nutzungsberechtigten

1. Hat der Eigentümer ein *dingliches* Nutzungsrecht abgespalten, so steht damit auch das Fruchterwerbsrecht dem Nutzungsberechtigten zu. *Diesem,* nicht dem Eigentümer, fällt das Eigentum an den Erzeugnissen *mit der Trennung* zu (§ 954), wobei es wiederum gleichgültig ist, wer die Trennung vornimmt.

Der Umfang des Fruchterwerbs bestimmt sich nach dem Inhalt des eingeräumten Nutzungsrechts. Als solche Rechte kommen vor allem in Betracht der Nießbrauch an Sachen (§§ 1030ff.), das Nutzpfandrecht an beweglichen Sachen (§ 1213), das Erbbaurecht, Grunddienstbarkeiten und beschränkte persönliche Dienstbarkeiten, soweit sie Nutzungsrechte enthalten (vgl. oben § 33 Rn. 9ff.; § 34 Rn. 2ff.).

Beispiel: Hat E zugunsten des D an seinem Grundstück ein Kiesausbeutungsrecht als beschränkte persönliche Dienstbarkeit begründet, so wird D Eigentümer des gewonnenen Kieses, auch wenn nicht er selbst, sondern ein Dritter (oder der Eigentümer) unberechtigt Kies entnommen hat.

2. Ist die Muttersache mit einem *Pfandrecht* belastet (z.B. mit einer Hypothek), so stellt sich die Frage, ob das Erzeugnis von der Pfandhaftung erfaßt wird. Bei Grundpfandrechten hat sich § 1120 (durch den „Soweit-Satz") für eine Verneinung der Frage entschieden, auch wenn das Nutzungsrecht rangschlechter ist als das Grundpfandrecht (s. oben § 39 Rn. 24ff.). Anders beim Pfandrecht an beweglichen Sachen: § 1212 sagt, daß das Pfandrecht sich auch auf die Erzeugnisse erstreckt; das bedeutet aber nur, daß ein *rangbesseres* Pfandrecht einem rangschlechteren Nießbrauch vorgeht.

IV. Der Fruchterwerb der redlichen Eigen- und Nutzungsbesitzer

1. Anwendungsbereich des § 955

§ 955 statuiert den Fruchterwerb dessen, der die Muttersache redlich im Eigenbesitz hat oder redlich in Ausübung eines nicht bestehenden Nutzungsrechts besitzt. Die hauptsächlichen Anwendungsfälle sind die der mißlungenen Eigentumsübertragung oder der nichtgeglückten Nutzungsrechtsbestellung:

V hat sein Grundstück an K verkauft und aufgelassen; K ist im Grundbuch als Eigentümer eingetragen worden. Das Rechtsgeschäft war – wie sich später herausstellt – nichtig, weil V unter Betreuung mit Einwilligungsvorbehalt gestellt war und sein Betreuer die Transaktion nicht genehmigt hat (§§ 1896, 1903).

B hat seinen Hof seinem Neffen übergeben, sich selbst aber den Nießbrauch an einer Obstwiese vorbehalten. Die Bestellung des Nießbrauchs war – wie wir unterstellen – wegen Dissenses nichtig.

Hier hatte das Gesetz zu regeln, ob der vermeintliche Eigentümer bzw. Nießbraucher Eigentümer der Früchte wird. Davon ist wieder die Frage zu unterscheiden, ob er auch die von ihm gezogenen Früchte behalten darf oder sie dem Eigentümer herausgeben muß; die Antwort hierauf findet sich in den Bestimmungen über die Rückabwicklung der Rechtsbeziehungen, z.B. in den §§ 987ff.

Beispiel: Hat V in dem obigen ersten Beispiel das Grundstück dem K geschenkt, so wird K – seine Redlichkeit vorausgesetzt – zwar nach § 955 Eigentümer der Früchte, muß sie aber nach § 988 – weil unentgeltlicher Eigenbesitzer – an V (bzw. seinen Betreuer) „herausgeben", d.h. übereignen.

§ 53 E IV   IV. Abschnitt. Mobiliarsachenrecht

War K unredlich, so wird nicht er, sondern V Eigentümer der Früchte (§ 953). Da er sie aber in Besitz hat, muß er sie dem V (bzw. seinem Betreuer) herausgeben, d. h. den Besitz übertragen (§ 985).

Vorweg ist schließlich zu bemerken, daß sich das Fruchtziehungsrecht nach § 955 *nur auf Früchte der Sache* im Sinne des § 99 Abs. 1 bezieht, nicht dagegen auf sonstige wesentliche Bestandteile.

K kann also die Obsternte des Grundstücks zu Eigentum erwerben, auch die Steine eines auf dem Grundstück befindlichen Steinbruchs, nicht dagegen das Abbruchmaterial eines Hauses.

2. Voraussetzungen des Fruchterwerbs nach § 955

a) Redlichkeit

51   Redlich ist der Besitzer, wenn er seine Nichtberechtigung (mangelndes Eigentum bzw. mangelndes dingliches Nutzungsrecht) weder kannte noch infolge grober Fahrlässigkeit nicht kannte (§ 932 Abs. 2). Maßgebender Zeitpunkt ist der Besitzerwerb; spätere grobe Fahrlässigkeit schadet nicht; nur nachfolgende positive Kenntnis des „Rechtsmangels" hindert den Eigentumserwerb (§ 955 Abs. 1 Satz 2). Die Beweislast für die Bösgläubigkeit liegt bei dem, der den Rechtserwerb angreift.

In unserem ersten Bsp. macht es also nichts aus, wenn K nachträglich Bedenken hat, ob V wirklich voll geschäftsfähig war. Nur wenn er erfährt, daß V unter Betreuung mit Einwilligungsvorbehalt gestellt ist und sein Betreuer die Übereignung des Grundstücks nicht genehmigt hat, wird der Fruchterwerb ausgeschlossen.

Anders als in §§ 932 ff. bezieht sich die Redlichkeit nicht auf das Eigentum dessen, der die Sache – vermeintlich wirksam – veräußert oder an ihr ein Nutzungsrecht bestellt hat. § 955 verlangt nur redliches Vertrauen auf die *eigene* Rechtsstellung des Fruchterwerbers. Denn es geht ja hier nicht darum, ob das Eigentum (Nutzungsrecht) an der Substanz (dem Grundstück) erworben wurde.

In unseren Beispielen hat weder K noch B Eigentum bzw. Nießbrauch erworben. Veräußert allerdings K das Grundstück weiter an D, so wird dieser nach § 892 dessen Eigentümer; sein Fruchterwerb richtet sich dann nach § 953!

b) Eigen- oder Nutzungsbesitz

Der Fruchterwerber muß die Muttersache im Eigen*besitz* bzw. Nutzungs*besitz* haben, und zwar im Augenblick der Trennung. Es genügt auch mittelbarer Eigenbesitz, es sei denn, daß der Besitzmittler selbst fruchtziehungsberechtigt ist.[1] Nach § 955 Abs. 3 schadet kurzzeitiger, unfreiwilliger Besitzverlust nicht.

Bei der Lektüre des § 955 ist zu beachten, daß das Gesetz zunächst nur auf den Eigenbesitz abstellt (§ 955 Abs. 1 Satz 1). Ist der Eigenbesitzer nicht zum Eigenbesitz berechtigt oder ein anderer kraft dinglichen Rechts fruchtziehungsberechtigt, so kann sich der Eigenbesitzer doch auf seine Redlichkeit berufen (§ 955 Abs. 1 S. 2).

---

[1] *Wolff/Raiser* § 77 III 2.

3. Rechtsfolgen

Ist der Eigenbesitzer oder Nutzungsbesitzer redlich, liegen also die eben erörterten Voraussetzungen vor, so erwirbt er das Eigentum an den Sachfrüchten mit der Trennung, wobei es wieder nichts ausmacht, wer die Trennung vorgenommen hat.

Zu beachten ist, daß § 955 auch dem Eigentümer oder dem Nutzungsberechtigten selbst zugute kommen kann, jenem, wenn er ein fremdes Nutzungsrecht schuldlos oder leicht fahrlässig nicht kennt, diesem, wenn er von einem ihm vorgehenden Nutzungsrecht nichts ahnt oder die Grenzen seines dinglichen Nutzungsrechts redlich überschreitet:

Während einer längeren Abwesenheit des E hat sein Bevollmächtigter V dem D ein Kiesausbeutungsrecht in Form einer beschränkten persönlichen Dienstbarkeit bestellt. D – ein Bauunternehmer – macht aber z. Zt. davon keinen Gebrauch. Als E zurückkehrt, beutet er die Kiesgrube aus. § 955 greift Platz.
Entsprechendes gilt, wenn dem D als dem Ausbeuter der Kiesgrube ein Nießbrauch des N vorgeht (freilich ist hier angesichts des Grundbuchs Redlichkeit nur schwer vorstellbar).

4. § 935 analog?

Erwogen wurde auch, ob § 935 entsprechend angewandt werden kann:[1]

Der Landstreicher D stiehlt ein Huhn des E, veräußert es nach einer Stunde als „Rassehuhn" an den redlichen K, bei dem es sofort wacker Eier legt.

Wie schon das Beispiel zeigt, kommt dem Problem keine überragende Bedeutung zu. Mit der h. M. ist der Eigentumserwerb *von Bestandteilen* der gestohlenen Sache *zu verneinen,* der *Frucht*erwerb *zu bejahen,* und zwar auch dann, wenn die Frucht in nuce schon im Augenblick des Diebstahls vorhanden war:

K erwirbt also das Eigentum an allen Eiern, die das Huhn bei ihm legt.

V. Der Fruchterwerb kraft Aneignungsgestattung

1. Überblick

Nutzung durch den Eigentümer und den schuldrechtlich dazu Berechtigten (z.B. den Pächter) sind im Leben die häufigsten Fälle der Sachnutzung. Das Gesetz mußte sich daher des Fruchterwerbs des obligatorisch Berechtigten besonders annehmen. Dies geschieht in § 956 mit der sog. *Aneignungsgestattung*: Das Gesetz wählt den allgemeinen Ausdruck „Gestattung" und will damit sagen, daß es sich um die – nicht zu einem dinglichen Recht führende – Überlassung des Fruchtziehungsrechts durch einen dazu Befugten handelt, sei es durch den Eigentümer (§ 953) oder den dinglich Nutzungsberechtigten (§ 954) oder den redlichen Eigen- oder Nutzungsbesitzer (§ 955), sei es schließlich durch jemanden, der selbst nur durch eine Aneignungsgestattung fruchtziehungsberechtigt ist:

---

[1] Vgl. *Westermann/Gursky* § 57 II 3 c u. *Medicus* BR Rn. 603.

Der Eigentümer (Nießbraucher, redliche Eigenbesitzer) verpachtet ein Grundstück an P. P verpachtet es weiter („unter") an X.

Die Gestattung selbst ist nicht mit dem schuldrechtlichen Vertrag, auf dem sie beruht, identisch; dieser Vertrag ist lediglich die causa, auf der die Gestattung beruht. § 581 Abs. 1 Satz 1 bringt diesen Sachverhalt für die Pacht ganz anschaulich zum Ausdruck, wenn er den Verpächter verpflichtet, „dem Pächter ... den Genuß der Früchte ... zu gewähren". Dieses „Gewähren" ist nichts anderes als die Aneignungsgestattung des § 956 Abs. 1 Satz 1.

2. Tatbestandsalternativen des § 956

55 a) In dem *einen Fall* ist dem Berechtigten der Besitz an der Muttersache oder an den zur Trennung bestimmten Erzeugnissen (zu diesem zweiten Fall s. unten Rn. 63) überlassen. Hier erwirbt er das Eigentum an den Erzeugnissen bereits *mit der Trennung,* wird also insoweit einem dinglichen Nutzungsberechtigten gleichgestellt.

Der Pächter des Landguts erwirbt alle Erzeugnisse des Guts mit der Trennung, gleich wodurch und von wem diese herbeigeführt wurde.
Ist eine fruchttragende bewegliche Sache unter Eigentumsvorbehalt geliefert, so liegt darin eine Aneignungsgestattung an den Vorbehaltskäufer.

b) Bei der *zweiten Fallgruppe* ist dem Berechtigten der Besitz an der Muttersache nicht eingeräumt, sei es daß dies von vornherein nicht der Fall war, sei es daß er den – zunächst überlassenen – Besitz später wieder verloren hat.[1] Hier erwirbt er das Eigentum erst mit der Besitzergreifung.

Der Eigentümer E eines Obstbaumgrundstücks hat einem Bauern B „den Gras- und Obstertrag" verpachtet. Das Eigentum am Gras erwirbt B mit dem Abmähen, das an der Obsternte mit dem Pflücken. Äpfel, die der Wind geschüttelt hat, fallen zunächst in das Eigentum des E, der Pächter B ist aber berechtigt, sie sich anzueignen, was durch Besitzergreifung geschieht.
Die Rechtslage ist ebenso, wenn B sich während einer längeren Abwesenheit des E eigenmächtig in den Besitz des Grundstücks gesetzt hat; dann ist er zwar im Besitz der Muttersache, aber dieser war ihm nicht „überlassen".

Kennzeichnend für die *erste Fallgruppe* (a) ist also – neben der stets erforderlichen Aneignungsgestattung – die Ableitung des Besitzes vom Gestattenden *und* die Fortdauer des Besitzes. Die *zweite Fallgruppe* (b) ist durch entsprechende negative Merkmale gekennzeichnet: entweder fehlt es an der Besitzüberlassung oder an der Fortdauer des Besitzes.

3. Rechtsnatur der Aneignungsgestattung

a) Eigenarten des Erwerbstatbestandes

56 Die rechtliche Einordnung der Aneignungsgestattung macht Schwierigkeiten; diese beruhen auf verschiedenen Eigenarten dieses Vorgangs:

aa) Einmal wird dem durch die Gestattung Begünstigten, ohne daß ihm ein dingliches Recht an der Muttersache zustände, doch ein zum Eigentum an

---

[1] Kurzfristige Unterbrechung schadet nicht (§§ 955 Abs. 3, 940 Abs. 2 entsprechend).

den getrennten Früchten führendes Erwerbsrecht eingeräumt; der Gestattende ist nicht lediglich verpflichtet, ihm die getrennten Früchte zu übereignen, er konzediert ihm vielmehr ein Fruchtziehungsrecht.

bb) Zum anderen handelt es sich hier um einen „gestreckten Erwerbstatbestand": Zu der Gestattung muß die Trennung der Früchte bzw. die Besitzergreifung an ihnen hinzukommen.

Solche gestreckten Erwerbsvorgänge sind uns nichts Neues: man denke an das zeitliche Aufeinanderfolgen von Einigung (Auflassung) und Eintragung (§ 873), von Einigung und Übergabe (§ 929), an die Abtretung künftiger Forderungen. Wie in diesen Fällen, so ergibt sich auch hier die Frage, welche Auswirkung ein zwischen Gestattung und Trennung liegender Verlust der Verfügungsbefugnis und der Rechtszuständigkeit hat.

cc) § 956 spricht davon, daß der Eigentümer einem anderen die Aneignung gestattet. Bedeutet dies, daß es sich um ein einseitiges Verfügungsgeschäft des Gestattenden oder um eine vertragliche, der Übereignung beweglicher Sachen vergleichbare Übereinkunft handelt?

b) Theorienstreit

Hierzu werden zwei Theorien vertreten. Die sog. *Übertragungstheorie*[1] sieht in § 956 nur einen gesetzlich besonders geregelten Fall einer Übereignung künftiger Sachen. Die Einigungsofferte liegt in der Gestattung, die Annahme in der Fortsetzung des Besitzes an der Muttersache durch den Begünstigten bis zur Trennung (1. Fallgruppe) bzw. in der Besitzergreifung an der Frucht (2. Fallgruppe). Demgegenüber meint die im Schrifttum überwiegende *Aneignungstheorie*[2] (auch Erwerbs- oder Anwartschaftstheorie genannt), daß durch die Gestattung als einseitiges Rechtsgeschäft dem durch sie Begünstigten ein dingliches Aneignungsrecht oder Erwerbsrecht eingeräumt werde.

Entsprechend der in diesem Lehrbuch verfolgten Methode, zweifelhafte Rechtsfragen nicht aus dem Bekenntnis zu einer bestimmten Theorie zu lösen (vorbildlich dazu BGHZ 27, 360), sehen wir davon ab, die eine oder andere Auffassung für richtig zu erklären und ziehen es vor, uns ohne einen solchen Anhalt durch das Gestrüpp der Zweifelsfragen hindurchzuschlagen. Nur so viel läßt sich vielleicht vorneweg sagen: die Aneignungstheorie wirkt weniger gekünstelt als die Übertragungstheorie; denn letztere muß rein tatsächliche Vorgänge wie Besitz bzw. Besitzergreifung als Rechtsgeschäfte behandeln, was auf eine Fiktion hinausläuft.

57

c) Rechtsgeschäftlicher Charakter der Gestattung

Sicher ist, daß die Gestattung eine *empfangsbedürftige Willenserklärung* des Gestattenden ist; sie kann also z. B. wegen Gesetzesverstoßes nichtig, wegen Willensmangels anfechtbar sein usw. Auch § 130 Abs. 2 ist anwendbar.

58

Stirbt der Gestattende nach Abgabe der Erklärung, aber vor Zugang an den Empfänger, so wird doch die Gestattung wirksam. Ob sie durch die Erben widerrufen werden kann, richtet sich nach § 956 Abs. 1 Satz 2 (s. unten Rn. 61).

Ohne Einfluß auf den Fruchterwerb ist es, wenn der Fruchtziehungsberechtigte nach Empfang der Gestattungserklärung geschäftsunfähig oder in der Geschäftsfähigkeit beschränkt wird: Er wird dennoch Eigentümer der Früchte (zu einem anderen Ergebnis kommt die Übertragungstheorie; aber ich sehe auch nicht *einen* Gesichtspunkt, der hier gegen den Eigentumserwerb des in seiner Geschäftsfähigkeit Beeinträchtigten spräche!).

---

[1] *Palandt/Bassenge* § 956 Rn. 1 m. w. N.
[2] *Wolff/Raiser* § 77 Anm. 26; *Westermann/Gursky* § 57 III 2b; *Schwab/Prütting* § 41 V 3; Münch-Komm/*Quack* § 956 Rn. 2 m. w. N.

d) Verfügungscharakter der Gestattung

59 Sicher ist weiter, daß die Aneignungsgestattung *Verfügung* ist.

Doch ist mit dieser Feststellung nicht allzuviel gewonnen. Es bleiben folgende Fragen zu beantworten: worüber wird verfügt? Wer ist zur Verfügung berechtigt? Ist der Verfügende oder sein Rechtsnachfolger an die Verfügung gebunden?

Gehen wir von dem Normalfall aus, daß der Eigentümer einem anderen die Fruchtziehung gestattet, so liegt darin eine Abspaltung des im Eigentum liegenden Fruchtziehungsrechts, also eine *Teilverfügung* über das Eigentum. Dasselbe gilt mutatis mutandis bei der Gestattung durch einen dinglich Nutzungsberechtigten. Schwieriger ist die Erklärung dort, wo die Gestattung durch den redlichen Eigen- bzw. Nutzungsbesitzer erfolgt (§ 955) oder durch den, der selbst kraft Gestattung (§ 956) fruchtziehungsberechtigt ist; hier steht dem Gestattenden *nur* das Fruchtziehungsrecht zu; über dieses verfügt er durch die Aneignungsgestattung.

Diese Verfügung ist – wie alle anderen Verfügungen – *abstrakt*, von dem Vorhandensein und der Gültigkeit des Grundgeschäfts (z.B. Pacht, Leihe) unabhängig. Fehlt ein solches, so greift bis zum Widerruf durch den Gestattenden (§ 956 Abs. 1 Satz 2) Kondiktionsrecht ein, für die nach dem Widerruf gezogenen Früchte ist § 985 anwendbar.

Aus dem eben Gesagten ergibt sich auch, *wer zur Gestattung berechtigt ist:* der Eigentümer (§ 953), der dinglich Nutzungsberechtigte (§ 954), der redliche Eigen- bzw. Nutzungsbesitzer (§ 955), der nach § 956 Aneignungsberechtigte selbst (§ 956 Abs. 2); dabei ist entsprechend dem „Schachtelprinzip" die Reihenfolge der Berechtigung umgekehrt wie die eben gebrachte Aufzählung.

4. Fortbestehende Verfügungszuständigkeit?

60 Fraglich bleibt, *wann die Rechtszuständigkeit* und *Verfügungsbefugnis* vorliegen muß, ob im Augenblick der Gestattung oder auch noch im Augenblick der Trennung der Früchte bzw. der Besitzergreifung.

E hat sein Landgut an P verpachtet. Später veräußert er es an K oder er fällt in Konkurs (vgl. den interessanten Beispielsfall BGHZ 27, 360 [= *Baur*, E.Slg. Fall 1]; dazu *Denck* JZ 1981, 331).

Die Meinungen gehen hier weit auseinander, und zwar auch innerhalb der beiden Theorien: so vertreten etwa *Wolff/Raiser* und *Westermann*, die beide die Aneignungstheorie für richtig halten, verschiedene Auffassungen: *Westermann*[1] hält den Zeitpunkt der Gestattung für entscheidend, während *Wolff/Raiser* auf die Trennung bzw. Besitzergreifung abstellen.[2]

Mit BGHZ 27, 360, 366 (= *Baur*, E.Slg. Fall 1) ist davon auszugehen, daß *regelmäßig* die Rechtszuständigkeit und Verfügungsbefugnis in dem Augenblick gegeben sein muß, in dem die Verfügung wirksam werden soll. Dies ist eine allgemeine Regel, die freilich gelegentlich durch Ausnahmen durchbrochen

---

[1] § 57 III 2c, bis zur 5. Auflage (anders jetzt aber *Westermann/Gursky* § 57 III 2c; so auch *Planck/Brodmann* § 956 Anm. 2).
[2] § 77 IV 4.

wird (vgl. § 878 BGB, § 15 Satz 2 KO/§ 91 Abs. 2 InsO). Der Gestattende überläßt mit der Aneignungsgestattung sein Fruchtziehungsrecht. Dieses Recht ist keine konstante Größe. Ob es besteht und noch besteht, zeigt sich erst in dem Augenblick, wo es realisiert werden kann, also mit der Trennung bzw. Besitzergreifung der Früchte. Auch bei der Gestattung des Fruchterwerbs (gestreckter Erwerbstatbestand) kommt es also für die Frage der Rechtszuständigkeit und der Verfügungsmacht auf den Augenblick der Fruchtziehung an.

Ist der Gestattende nach der Gestattung in Konkurs gefallen oder ist sein Recht beschlagnahmt oder hat er gar sein Recht (z.B. Nießbrauch, Pacht) verloren, so wirken sich diese Verfügungsbeschränkung oder der Rechtsverlust auch auf den Fruchterwerb des durch die Gestattung Begünstigten aus. Zum selben Ergebnis kommen die Rspr. und die h. Lit.[1] (vgl. statt aller BGHZ 27, 360, wo mit Recht ausgeführt ist, daß auch die Rechtsfigur des Anwartschaftsrechts hier zu keinem anderen Ergebnis führt).

Davon ist freilich die sofort (Rn. 62) zu erörternde Frage zu unterscheiden, ob ein Rechtsnachfolger des Gestattenden an die Gestattung gebunden ist, ob also der Wechsel in der Rechtszuständigkeit[2] *ausnahmsweise* für den Fruchterwerb des Begünstigten bedeutungslos ist.

5. Widerruflichkeit der Gestattung

Die Gestattung ist *widerruflich;* ähnlich wie die Einigung enthält sie kein schuldrechtliches Element. Der Widerruf ist auch dann wirksam, wenn der Widerrufende damit einer vertraglichen Verpflichtung zuwiderhandelt. Dies kann zu einer Klage auf Gestattung oder zu einem Schadensersatzanspruch führen. 61

Eine Gemeinde hat den Obstertrag eines ihr gehörenden Grundstücks auf 10 Jahre an P verpachtet. Nach 5 Jahren kündigt sie den Pachtvertrag, weil sie das Grundstück für Bebauungszwecke benötigt. Die Kündigung des Pachtvertrags ist unwirksam, wirksam aber der darin liegende Widerruf der Gestattung. Ergebnis: Schadensersatzpflicht der Gemeinde.

Die Aneignungsgestattung ist jedoch dann *unwiderruflich,* wenn der Eigentümer zur Gestattung verpflichtet ist *und* der Begünstigte die ihm überlassene Sache besitzt (§ 956 Abs. 1 Satz 2). Besitz und schuldrechtliche Berechtigung haben dann die Position des Begünstigten so gefestigt, daß sie ihm nicht mehr einseitig entzogen werden kann (Anwartschaftsrecht).

6. Bindung des Rechtsnachfolgers

Aus dieser Entscheidung des Gesetzgebers muß auch die Frage beantwortet werden, ob auch ein Nachfolger in der Rechtszuständigkeit (z.B. der Erwerber des Grundstücks) oder in der Verfügungsmacht (z.B. der Konkursverwalter) an die Aneignungsgestattung gebunden ist, ob m.a.W. dieser Wechsel sich auf das Fruchtziehungsrecht auswirkt oder nicht. Die Bindung ist zu bejahen, wenn die Verpflichtung zur Gestattung auch den Rechtsnachfolger trifft *und* der Begünstigte im Besitz der Sache ist. 62

---

[1] *MünchKomm/Quack* § 956 Rn. 6 m.w.N.
[2] Im Konkurs-/Insolvenzfall in der Verfügungsbefugnis.

Gebunden ist daher sicher der Erbe, da auf ihn die Gestattungsverpflichtung übergeht; ebenso der Erwerber des verpachteten Grundstücks, weil er nach §§ 581, 571 in das Pachtverhältnis eintritt; in gleicher Weise der Konkurs- bzw. Insolvenzverwalter aber nur im Falle des § 21 KO (bzw. §§ 108, 110 f. InsO) oder wenn er nach § 17 KO/§ 103 InsO die Vertragserfüllung gewählt hat; schließlich jeder andere Rechtsnachfolger, wenn er die Verpflichtungen aus dem der Gestattung zugrunde liegenden Vertragsverhältnis durch Schuldübernahme übernommen hatte oder die Gestattung genehmigt (§ 185; RGZ 78, 35).

In allen anderen Fällen ist die Bindung zu verneinen.[1]

Beispiel: E hat dem K auf Grund eines Abholzungsvertrags gestattet, ein bestimmtes Waldstück abzuholzen. Bevor dies geschehen ist, veräußert E den Wald an D. Dieser ist an die Gestattung nicht gebunden, auch wenn man annimmt, daß dem K der (Teil-)Besitz an den abzuholzenden Bäumen eingeräumt war; denn die Gestattungsverpflichtung ist nicht auf D übergegangen. Auch § 986 Abs. 2 ist nicht entsprechend anwendbar.[2]

7. Der Fruchterwerb

a) Bedeutung des Besitzes an der Muttersache

63 Hat der hierzu Berechtigte die Aneignung gestattet, so erwirbt der Begünstigte das Eigentum an den „Erzeugnissen und sonstigen Bestandteilen der Sache". Dabei macht es – wie wir bereits wissen – einen Unterschied, ob dem durch die Aneignungsgestattung Berechtigten der Besitz an der Muttersache überlassen ist oder nicht; im ersten Fall erwirbt er die Früchte mit der Trennung, im zweiten Fall mit der Besitzergreifung an den Erzeugnissen. Die Überlassung des Besitzes an der Muttersache erfolgt nach § 854, also durch Übergabe seitens des Gestattenden (Abs. 1) oder durch bloße Einigung im Falle des § 854 Abs. 2; in beiden Fällen ist erforderlich, daß „kein Stück" des unmittelbaren Besitzes bei dem Gestattenden verbleibt (BGHZ 27, 360 = *Baur,* E.Slg. Fall 1).

Zweifelhaft ist die Antwort auf folgende Fragen:

aa) Genügt die Einräumung des unmittelbaren *Teilbesitzes* an den zu trennenden Erzeugnissen? E hat dem K Holz auf dem Stamm verkauft, Einschlag und Abfuhr gestattet. Hier wird K erst mit der Besitzergreifung an den gefällten Stämmen Eigentümer.

Wie aber ist die Rechtslage, wenn die zu fällenden Stämme im Einverständnis des E schon mit dem Namenszeichen des K versehen waren? Hierin wird man eine Einräumung des sog. unmittelbaren Teilbesitzes sehen dürfen mit dem Ergebnis, daß K Eigentümer der Stämme mit der Trennung wird, gleichgültig von wem diese Trennung vorgenommen wurde (RGZ 108, 269, 271 f.).

bb) Genügt auch *mittelbarer Besitz* des Aneignungsberechtigten? Sicher dann nicht, wenn der unmittelbare Besitzer ein dem mittelbaren Besitzer vorgehendes Fruchterwerbsrecht innehat, so wenn der Nießbraucher die Sache an einen Pächter verpachtet hat. Aber auch wenn dies nicht der Fall ist, genügt mittelbarer Besitz dann nicht zur Bejahung der ersten Alternative des § 956 Abs. 1 Satz 1, wenn der Gestattende unmittelbarer Besitzer bleibt.

Beispiel (in Anlehnung an BGHZ 27, 360 [= *Baur,* E.Slg. Fall 1]): P hat seinem Gläubiger G die Aberntung verschiedener von ihm gepachteter Felder gestattet. Selbst wenn man hier den G als mittelbaren Besitzer der Felder ansieht, kann doch sein mittelbarer Besitz nicht dem unmittelbaren

---

[1] A. A. E. *Wolf* § 4 J III c 3 gg S. 213.
[2] Manches str. s. *Palandt/Bassenge* § 956 Rn. 2; *Soergel/Mühl* § 956 Rn. 4.

gleichgestellt werden, da P als Gestattender in unmittelbarem Besitz bleibt. BGHZ 27, 360, 363 verweist hier mit Recht auf die Parallele zu § 929 Satz 1, wo – wie wir wissen – der Veräußerer jede Spur unmittelbaren Besitzes verlieren muß. G wird also Eigentümer der Ernte dieser Felder erst mit der Besitzergreifung.

b) Umfang des Fruchterwerbs

Umfang und Art des Fruchterwerbs richten sich nach dem Inhalt der Gestattung. Diese wird meist der schuldrechtlichen Verpflichtung des Gestattenden entsprechen. So hat der Verpächter nach § 581 den Genuß der Früchte zu gewähren, „soweit sie nach den Regeln einer ordnungsmäßigen Wirtschaft als Ertrag anzusehen sind". 64

Gehört zu einem verpachteten Landgut ein Wald, so wird der Pächter nicht Eigentümer eines vertragswidrigen Kahlschlags. Eigentümer ist der Verpächter geworden, der das Holz nach § 985 herausverlangen und daneben Schadensersatz fordern kann.

Zum Schluß ein *Beispiel,* das zeigen soll, wie stark die „Gemengelage" verschiedener „Fruchtanwärter" sein kann: 65

E hat sein Landgut an P verpachtet. E ist stark verschuldet. Einer seiner Gläubiger läßt einen großen Weizenschlag einige Wochen vor der Ernte pfänden. Die Pfändung von „Früchten auf dem Halm" ist zulässig (§ 810 ZPO). Auch ist E Eigentümer des Weizens vor der Trennung. Dennoch ist die Pfändung nicht zulässig, da E das Grundstück mit Früchten nicht in Besitz hat (§ 808 ZPO) und ferner die Früchte mit der Trennung in das Eigentum nicht des E, sondern des P fallen. P kann sowohl die Erinnerung nach § 766 ZPO einlegen wie Widerspruchsklage nach § 771 ZPO erheben.[1]

Pfändete ein Gläubiger des P die Früchte, so kann E – obwohl er Eigentümer des Grundstücks ist – nicht nach § 771 ZPO vorgehen. Denn mit der Trennung wird P Eigentümer, E kann die Gestattung auch nicht widerrufen. Es bleibt ihm nur – wegen seines Verpächterpfandrechts (das sich nach § 592 S. 1 auch auf die noch nicht getrennten Früchte erstreckt; *Erman/Schopp* § 592 Rn. 3) – die Klage auf vorzugsweise Befriedigung nach § 805 ZPO, wenn P mit der Bezahlung des Pachtzinses im Rückstand ist.[2]

VI. Sonderfall: Aneignungsgestattung durch Nichtberechtigte

1. Der Fruchterwerb durch Aneignungsgestattung setzt – wie wir wissen – voraus, daß der Gestattende selbst fruchtziehungsberechtigt ist, also Eigentümer, Nießbraucher, redlicher Eigen- oder Nutzungsbesitzer ist. Wie ist aber die Rechtslage, wenn der Gestattende zur Gestattung gar nicht berechtigt *ist,* der Begünstigte ihn aber gutgläubig für berechtigt *hält?* Die Antwort hierauf gibt § 957: Der Begünstigte wird Eigentümer der Früchte, wenn er 66

entweder im Falle der Überlassung des Besitzes an der Muttersache[3] in diesem Zeitpunkt gutgläubig war und auch bis zur Trennung den Rechtsmangel nicht erfährt

oder im Falle des Nichtbesitzes an der Muttersache bei der Besitzergreifung hinsichtlich der Gestattungsberechtigung in gutem Glauben ist.

Das Gesetz sagt nichts darüber, ob der gute Glaube in dem *Besitz* des Verfügenden seine Rechtfertigung finden muß. Dies wird allgemein bejaht, wobei

---

[1] Ebenso im Ergebnis *Palandt/Bassenge* § 956 Rn. 3.
[2] Vgl. *Baur/Stürner* I, ZVR Rn. 46.30 ff.
[3] Wobei auch hier die Einräumung des Teilbesitzes an den Erzeugnissen genügt.

man sich auf die Konstruktion des Rechtsscheinsgedankens beruft (vgl. etwa § 932). Ergebnis ist, daß ein Nichtberechtigter, der weder Besitz an der Muttersache noch Teilbesitz an den Erzeugnissen hat, dem Redlichen kein Aneignungsrecht verschaffen kann (RGZ 108, 269).

> Zieht man einen Vergleich mit dem redlichen Nutzungsbesitzer (§ 955), so ist der Unterschied freilich frappierend: dieser braucht nur bezüglich des von ihm ausgeübten Nutzungsrechts redlich zu sein, gleichgültig ob er sein vermeintliches Recht von einem Besitzer der Muttersache ableitet oder nicht! Die Diskrepanz ist wohl nur damit zu erklären, daß mit § 955 in erster Linie die Fälle der fehlgeschlagenen Eigentums- bzw. Nutzungsrechtsübertragung getroffen werden sollten, hier also der „Verfügende" regelmäßig auch der Rechtsinhaber ist.
>
> 2. Wie oben (Rn. 53) im Bereich des § 955 stellt sich auch hier die Frage der entsprechenden Anwendbarkeit des § 935. Sie ist wie dort zu beantworten.

F. Die Aneignung herrenloser Sachen

I. Anwendungsbereich

67 § 958 sagt, daß Eigentum erwirbt, wer eine herrenlose bewegliche Sache in Eigenbesitz nimmt. Der Anwendungsbereich dieser Vorschrift ist gering: die Güter dieser Erde sind verteilt, „in festen Händen" – wo der Mensch noch Lebensraum für herrenlose Sachen, insbesondere das Wild läßt, hat er das Ancignungsrecht an ihnen typisiert und in Form des Jagd- und Fischereirechts bestimmten Personen (z. B. dem Grundeigentümer) oder anderen Personengruppen zugesprochen (s. oben § 27 Rn. 65 ff.). Ein weiteres Aneignungsrecht dieser Art ist im Bergwerkseigentum enthalten (s. oben § 30). So beschränkt sich das jedermann zustehende Aneignungsrecht, von dem § 958 spricht, auf solche herrenlosen Sachen, die keinem besonderen Aneignungsrecht unterliegen (§ 958 Abs. 2), also z. B. auf nicht jagdbare Tiere, auf Fische des Meeres, ferner auf Sachen, die der bisherige Eigentümer derelinquiert hat (§ 959).

II. Herrenlosigkeit

1. Herrenlosigkeit wilder Tiere

68 Herrenlos *sind* wilde Tiere, die sich in Freiheit befinden (§ 960 Abs. 1 Satz 1).

> Der Begriff „wild" hat nichts mit Gefährlichkeit zu tun. Wild ist ein Tier, das sich seiner Art nach der Beherrschung durch den Menschen entzieht. Selbst wenn dies der Fall ist, so ist es doch dann nicht herrenlos, wenn es sich nicht in Freiheit befindet, also insbesondere in Umzäunungen (geschlossenen Wildgattern, Teichen und dgl.) gehalten wird (§ 960 Abs. 1 Satz 2). Bricht es aus, so wird es wieder herrenlos (§ 960 Abs. 2). Über gezähmte wilde Tiere s. § 960 Abs. 3. Das Eigentum an einem gezähmten oder gefangenen wilden Tier geht, falls es entläuft, dann nicht verloren, wenn es unverzüglich und ausdauernd verfolgt wird.[1]
>
> Beachte: „Nicht-wilde" Tiere (Haustiere) werden nicht dadurch herrenlos, daß sie streunen und verwildern.

---

[1] LG Bonn NJW 1993, 940; vgl. hierzu *Brehm/Berger* JuS 1990, 14; *Avenarius* NJW 1993, 2589.

§ 53. Andere als rechtsgeschäftliche Eigentumserwerbsgründe   F II § 53

2. Herrenlosigkeit derelinquierter Sachen

Herrenlos *wird* jede bewegliche Sache, wenn der Eigentümer den Besitz an ihr aufgibt in der Absicht, auf das Eigentum zu verzichten (§ 959, Dereliktion = Eigentumsaufgabe). 69

Beispiele: Die weggeworfene Zigarette – die Zeitung, die man im Zugabteil liegen läßt. *Nicht* aber: das Schmuckstück, das man so gut versteckt hat, daß man es nicht mehr findet; nicht: die verlorene Sache, auch dann nicht, wenn man die Suche nach ihr aufgegeben hat, weil man an ihr Auffinden nicht mehr glaubt; Sammelgut, das zu caritativen Zwecken bereit gestellt wird, ist an die Veranstalter der Sammlung übereignet und nicht derelinquiert.[1] Umstritten ist die Frage der Dereliktion durch Bereitstellen von Sperrmüll auf der Straße. Das LG Ravensburg (NJW 1987, 3142) hat darin ein Übereignungsangebot an den Betreiber der Abfallwirtschaft gesehen. Vertreten wird auch, daß das abfallrechtliche Dereliktionsverbot in Verbindung mit § 134 eine wirksame Dereliktion verhindert.[2] U. E. ist diese Wertung zweifelhaft, weil jemand, der seinen Haushalt von nicht mehr benötigten Gegenständen „entrümpelt", im Zweifel gar nichts dagegen hat, daß diese noch von beliebigen Personen genommen und weiterer Verwendung zugeführt werden. Für Gegenstände, die zwar entsorgt, aber vor unbefugtem Zugriff geschützt werden sollen (z.B. persönliche Dokumente), gibt es schließlich geeignetere Entsorgungsmöglichkeiten als die Bereitstellung auf offener Straße! Auch sind die öffentlich-rechtliche Pflichtwidrigkeit und die eigentumsrechtliche Wirksamkeit der beabsichtigten Eigentumsaufgabe u. E. voneinander zu trennen.[3]

3. Der Dereliktionstatbestand

Schon der Wortlaut des § 959 weist darauf hin, daß wir es wieder mit einem Doppeltatbestand zu tun haben, einem Willensmoment und einer realen Veränderung in der Außenwelt. 70

a) Der zur Verfügung über das Eigentum Berechtigte muß den Willen haben, dieses sein Eigentum aufzugeben.

Darin wird eine einseitige, nicht empfangsbedürftige Willenserklärung gesehen, die z.B. nach §§ 119 ff. anfechtbar sein kann, Geschäftsfähigkeit voraussetzt u. s. w.

b) Dazu muß die Aufgabe des Besitzes kommen, die Sache muß also *besitzlos* werden.

Daher läßt sich folgender Fall nicht mit §§ 959, 958 lösen: E hat eines seiner Bücher, das er leichtsinnigerweise nicht mit seinem Namen gezeichnet hat, seinem Chef L geliehen. Als er lange Zeit nicht zurückerhält, wagt er nicht, ihn an die Rückgabe zu erinnern. Schließlich denkt er sich: „Mag er es behalten"! Hier fehlt es sowohl an der Kundbarmachung des Aufgabewillens, wie an der Aufgabe des mittelbaren Besitzes. L ist auch nicht nach § 929 Satz 2 Eigentümer geworden, da eine Einigung über den Eigentumsübergang nicht vorliegt. E bleibt also Eigentümer, obwohl er innerlich auf das Eigentum verzichtet hat!
Im übrigen sind Fälle denkbar, wo die Eigentumsaufgabe der Besitzaufgabe nachfolgt: so wenn E ein Buch versehentlich im Zugabteil liegen läßt, nach einigem Nachdenken aber dann doch nicht dorthin zurückkehrt, um es zu holen, etwa in der Erwägung, es sei eine gute Tat, auf diese Weise ordentliche Lektüre „unter die Leute kommen zu lassen".
Schließlich sei noch bemerkt, daß mit einer Anfechtung der Eigentumsverzichtserklärung nach §§ 119 ff. die weggegebene Sache nicht abhandengekommen i. S. des § 935 ist.[4]

---

[1] *Schwab/Prütting* § 42 II.
[2] MünchKomm/*Quack* § 959 Rn. 4.
[3] Palandt/*Bassenge* § 959 Rn. 1; BayObLG Rpfleger 1983, 308.
[4] Zweifelhaft aber, ob nicht „verloren": besitzlos, aber nicht herrenlos!

III. Die Aneignung

1. Vorrang des Aneignungsberechtigten

71 Die Aneignung herrenloser Sachen steht in erster Linie dem Aneignungsberechtigten zu, also z.B. an jagdbaren wilden Tieren dem Jagdberechtigten, an Fischen dem Fischereiberechtigten. Diese Vorhand des Aneignungsberechtigten vor jedem anderen Okkupanten ergibt sich schon aus der Fassung des § 958 Abs. 2.

2. Rechtmäßige Eigenbesitznahme

72 Wenn ein Aneignungsrecht nicht besteht und die Aneignung auch nicht gesetzlich verboten ist (wie z.B. bei Singvögeln), so erwirbt das Eigentum jeder, der die herrenlose Sache in Eigenbesitz nimmt. Diese Inbesitznahme ist – im Gegensatz zu der Dereliktion – kein Rechtsgeschäft, so daß auch Kinder, Geschäftsunfähige auf diese Weise Eigentum erwerben können, sofern sie nur die Fähigkeit haben, die Sache „als ihnen gehörend" zu besitzen (§ 872).

3. Unrechtmäßige Eigenbesitznahme

73 Wer eine Sache in Eigenbesitz nimmt, die dem Aneignungsrecht eines anderen unterliegt, wird sicher nicht Eigentümer (§ 958 Abs. 2); sicher ist weiter, daß er ein „sonstiges Recht" i.S. des § 823 Abs. 1 verletzt, also zur Herausgabe und zum Schadensersatz verpflichtet wird.[1] Fraglich sind aber die Rechtsverhältnisse an dem widerrechtlich angeeigneten Gut, also z.B. an dem Reh, das der Wilderer erlegt hat: die h.M. meint, daß die Sache weiter herrenlos bleibt, bis der Aneignungsberechtigte sie in Besitz nimmt oder ein gutgläubiger Dritter sie erwirbt[2] (RGSt 39, 427; s. auch BGH LM § 242 StGB Nr. 9 jetzt auch so *Westermann/Gursky* § 58 IV). Nach der Gegenansicht[3] entsteht automatisch Eigentum des Jagdberechtigten, sobald das Wild überhaupt von jemandem in Besitz genommen wird. Dabei wird argumentiert, die Herrenlosigkeit habe ihren Grund in der mangelnden Bestimmtheit und tatsächlichen Beherrschbarkeit. Diese Bedingungen würden jedoch mit der befugten oder unbefugten Inbesitznahme entfallen. Dieser Auffassung ist zu folgen. Die Beute des Wilderers bleibt in seinen Händen nicht herrenlos. An der vom Nichtberechtigten okkupierten Sache ist daher auch Diebstahl möglich (*Wessels* JA 1984, 221).

IV. Bienenrecht[4]

74 Mit dem Bienenrecht befassen sich die §§ 961–964. Sie behandeln die Sonderprobleme des Bienenschwarms:

1. Von wann ab ist er herrenlos, also der Okkupation durch jedermann unterworfen? Antwort: § 961.

2. Darf der Eigentümer den Schwarm verfolgen, auch wenn er dadurch fremde Interessen beeinträchtigt? Antwort: § 962.

3. Wie ist die Rechtslage, wenn sich der ausgezogene Schwarm mit einem anderen oder mit einem fremden Bienenvolk vereinigt? Antwort: §§ 963, 964.

Wichtiger als diese Fragen sind die Rechtsprobleme, die sich aus der Beeinträchtigung der Bienen durch die Industrie (chemische Abgase) oder durch die modernen chemischen Schädlingsbekämp-

---

[1] BGH MDR 1958, 325.
[2] § 932 ist also entsprechend anwendbar.
[3] *Wilhelm*, Sachenrecht, Rn. 465.
[4] *Schwerdtner*, Handbuch des Bienenrechts, 1989, Teil 1 D; *Gercke* NuR 1991, 59.

§ 53. Andere als rechtsgeschäftliche Eigentumserwerbsgründe G I, II § 53

fungsmittel ergeben. Die Bedeutung dieser Problematik erhellt etwa aus den Entscheidungen des BGH im LM § 831 (Fc) Nr. 6 (unsachgemäße Anwendung von Pflanzenschutzmitteln) und in BGHZ 16, 366 (sachgemäße Verwendung). Im ersten Fall hat der BGH einen Schadensersatzanspruch aus Delikt bejaht, im zweiten Fall einen Aufopferungsanspruch verneint (s. dazu *Schack* JuS 1963, 263; ferner RGZ 159, 68).

V. Anhang: Grundstücksdereliktion

Anhangsweise sei auf die *Dereliktion von Grundstücken* und ihre Okkupation hingewiesen (s. a. § 19 **75** Rn. 44): Nach § 928 ist zur Dereliktion die Erklärung des Verzichts des Eigentümers gegenüber dem Grundbuchamt und die Eintragung des Verzichts im Grundbuch erforderlich; dingliche Rechte am Grundstück (z. B. Grundpfandrechte) werden dadurch nicht berührt (s. auch §§ 58, 787 ZPO). Das Aneignungsrecht[1] an dem herrenlosen Grundstück steht dem Fiskus zu; er wird dadurch Eigentümer, daß er sich in das Grundbuch eintragen läßt (§ 928 Abs. 2). Beispiel: BayObLG RPfleger 1983, 308.

Dereliktionen kommen bei völlig überschuldeten oder unrentablen Grundstücken („Das Schloß **76** der Ahnen") vor. Freilich kann sich der Eigentümer dadurch nicht den persönlichen Verbindlichkeiten, die durch Grundpfandrechte gesichert sind, entziehen. Nur der Hypothekenklage ist er nach der Dereliktion nicht mehr ausgesetzt (s. dazu auch §§ 58, 787 ZPO). Daß sich daraus rechtliche Komplikationen ergeben können (der frühere Eigentümer zahlt das Darlehen zurück; Konsequenz? oder der Fiskus als neuer Eigentümer tilgt die Verbindlichkeit: § 1143?), liegt auf der Hand; erhebliche praktische Bedeutung haben sie indes nicht (Beispiel: KG NJW 1989, 42).

Zur streitigen Möglichkeit der Aufgabe des Miteigentums an einem Grundstück vgl. BGHZ 115, 1.

G. Fundrecht[2]

I. Grundlagen – Systematische Einordnung

Dem Finder einer verlorenen Sache legt das Gesetz Pflichten im Interesse **77** des Verlierers auf, die denen aus einer Geschäftsbesorgung ohne Auftrag (§§ 677 ff.) entsprechen. Als gesetzliches Geschäftsbesorgungsverhältnis gehört das Fundrecht systematisch in das Schuldrecht. Die Regelung im Sachenrecht rechtfertigt sich nur deshalb, weil dem Finder – gewissermaßen als globaler Ersatz für seine Verdienste um die Sache – nach gewisser Zeit das Eigentum an der Sache zufällt; das Gesetz regelt damit also einen originären Eigentumserwerbsgrund. Die Aussicht, Anwartschaft auf diesen Eigentumserwerb ist schon mit dem Fund verbunden, freilich mit der praktisch besonders wichtigen Ausnahme bei sog. Verkehrsfunden (§§ 978 ff.)

II. Begriffe: „Verloren" – „Finder"

1. „Verlorene Sache"

Versucht man eine Definition vom Sprachgebrauch her, so ist zunächst si- **78** cher, daß der Verlierer die verlorene Sache noch als sein Eigentum betrachtet; negativ läßt sich also zunächst sagen, daß die Sache durch den Verlust *nicht*

---

[1] Hierzu BGHZ 108, 278; keine Aneignungspflicht, deshalb ist auch ein Verzicht möglich, s. LG Hamburg NJW 1966, 1715.
[2] Literatur: *Mittenzwei*, Fundbesitz als Gegenstand des Deliktsschutzes und der Eingriffskondiktion, MDR 1987, 883; *Schreiber*, Eigentumserwerb durch Fund, Jura 1990, 446; *Linus*, Das Fundrecht des BGB, 1994.

herrenlos geworden sein darf; bei Dereliktion scheidet also „Verlust" aus. Charakteristisch ist nach dem Sprachgebrauch weiter, daß der Verlierer nicht weiß, wo die Sache ist. Mit einem so unbestimmten Begriff des „Verlierens" wäre rechtlich aber nichts anzufangen, da er auch die Fälle des „Verlegens" mitumfassen würde. Man muß also wohl oder übel nach einem handfesten Kriterium Ausschau halten; dies ist der Besitz: die Sache muß *besitzlos* geworden sein. Begriff der verlorenen Sache also: „besitzlos, aber nicht herrenlos".

Verloren: Der Schlüssel, der bei Benutzung des Taschentuchs auf die Straße fällt – der von einem 5jährigen Kind weggeworfene Geldbeutel – das Diebesgut, das der Dieb wegwirft – ein gestohlener Omnibus, den der Dieb stehen läßt! So OLG Hamm NJW 1979, 725; dazu *Gottwald* JuS 1979, 247 – die derelinquierte Sache nach Anfechtung der Dereliktion[1] – das entliehene Buch, das der Entleiher wegwirft, weil er sich über seinen Inhalt empört hat.[2]

Nicht verloren: Das Buch, das der Eigentümer in seiner Bibliothek nicht mehr finden kann – die Brille, die „das Haus verschluckt hat" – die Schmuckkassette, die ein Übervorsichtiger vor einer Auslandsreise in seinem Garten vergräbt und dann nicht mehr „finden" kann; s. a. § 7 Rn. 16 und unten Rn. 83.

2. „Finder"

79 Entscheidend für das „Finden" als Akt der Geschäftsbesorgung ist nicht das „Entdecken" des verlorenen Gegenstandes, sondern das „Ansichnehmen" (§ 965 Abs. 1), das „in Besitz nehmen".[3]

Finder des Geldscheins, der in einem „Supermarkt" von einem Kunden entdeckt wird, ist der Inhaber des Markts, an den das Geld vom Kunden abgeliefert wurde (BGHZ 101, 193: „genereller Besitzerwerbswille").

Das Kind, das einen Brillantring auf der Straße liegen sieht und einen Erwachsenen darauf hinweist, der ihn dann an sich nimmt, erhält keinen Finderlohn; der Erwachsene ist der Finder.

Der Besitzdiener, der im Rahmen seiner Aufgaben einen Gegenstand „findet", nimmt ihn für den Geschäftsherrn in Besitz, dieser wird Eigentümer nach 6 Monaten (BGHZ 8, 130 [= *Baur*, E.Slg. Fall 31]: „Fund der Platzanweiserin" – bezogen auf die ursprünglich geltende Jahresfrist, § 973 a. F.)

Das Rechtsgefühl scheint in diesen Fällen anders zu entscheiden, beruhigt sich aber, wenn man in dem Fund die Geschäftsbesorgung für den Verlierer sieht (Bedenken bei *Kegel*, FS v. *Caemmerer*, 1978, 149, 169) und zur ersten Fallgruppe neuerdings *Gursky* JZ 1991, 496, 497 m. N. und *Dubischar* JuS 1989, 703.

III. Das gesetzliche Schuldverhältnis zwischen Verlierer und Finder

80 1. Mit der Ansichnahme der verlorenen Sache durch den Finder entsteht ein gesetzliches Schuldverhältnis des Typs Geschäftsbesorgung. Parteien sind der Finder und der „Empfangsberechtigte" (§ 965 Abs. 1); wer das ist, bestimmt sich nach materiellem Recht.

Der Empfangsberechtigte ist nicht immer mit dem Verlierer identisch: Hat der Dieb den gestohlenen Brillantring verloren, so ist empfangsberechtigt der Eigentümer. Freilich wird der Finder seiner Verpflichtungen ledig, wenn er den Ring an den Verlierer herausgibt (§ 969).

2. Den *Finder* treffen Anzeige-, Verwahrungs- und Herausgabe*pflichten* (§§ 965 bis 967).

---

[1] Siehe oben § 53 Rn. 70 letzter Absatz.
[2] Die Begriffe „verloren" und „abhandengekommen" decken sich also nicht immer.
[3] Zum Fundbesitz s. *Mittenzwei* MDR 1987, 883; kritisch dazu: *Wilhelm*, Sachenrecht Rn. 573 ff.

§ 53. Andere als rechtsgeschäftliche Eigentumserwerbsgründe G IV § 53

Stets *Anzeigepflicht* an den bekannten Empfangsberechtigten ohne Rücksicht auf den Wert der Fundsache. Ist der Verlierer oder sein Aufenthalt unbekannt, Anzeigepflicht an die zuständige Behörde, wenn die Fundsache mehr als 10 DM wert ist (§ 965 Abs. 2; irrig also die verbreitete Meinung, geringwertige Gegenstände dürfe der Finder stets behalten!).

Ablieferungspflicht an den Empfangsberechtigten (§ 985 – §§ 681 Satz 2, 667) oder an die zuständige Behörde (§ 967); mit der letztgenannten Möglichkeit kann sich der Finder stets seiner Pflicht zur Verwahrung (§ 966) und zur Rückgabe an den Empfangsberechtigten entledigen, ohne seine Rechte zu verlieren (§ 975).

Haftungsbeschränkungen des Finders auf Vorsatz und grobe Fahrlässigkeit (§ 968): Gefälligkeitsleistung!

3. Der Finder kann Ersatz seiner Aufwendungen (§ 970) und einen Finderlohn (§ 971) beanspruchen.

Zurückbehaltungsrecht – Zahlungsanspruch nur, wenn der Empfangsberechtigte die Sache wieder erlangt oder Aufwendungen und Finderlohn genehmigt (§ 972).

IV. Der Eigentumserwerb des Finders

1. Voraussetzungen

§ 973 statuiert einen originären Eigentumserwerb des Finders, wenn seit der **81** Anzeige des Fundes bei der zuständigen Behörde sechs Monate verstrichen sind *und* der Empfangsberechtigte weder sein Recht bei der Polizeibehörde angemeldet hat noch dem Finder bekannt geworden ist. Zum Ablauf der Frist muß also ein Verschweigenstatbestand hinzukommen.

Besonderheiten beim sog. Kleinfund s. § 973 Abs. 2.

Auch dann, wenn vor Ablauf der Sechsmonatsfrist der Empfangsberechtigte bekannt geworden ist oder er seine Rechte bei der Behörde angemeldet hat, kann der Finder Eigentum erwerben, wenn der Empfangsberechtigte die in § 974 vorgesehene Frist („Wollen Sie meine Finderansprüche befriedigen?") hat verstreichen lassen.

Befindet sich die verlorene Sache oder an ihrer Stelle der Versteigerungserlös bei der Behörde, so wird dadurch der Eigentumserwerb des Finders nicht gehindert. Der Finder hat einen Anspruch gegen die Behörde (Staat) auf Herausgabe, der öffentlich-rechtlicher Natur ist (VGH Bremen DVBl. 1956, 628).

Für großzügige Finder s. § 976.

2. Rechtsstellung des Erwerbers

Der Eigentumserwerb ist originär. Gleichgültig ist, ob der Verlierer auch **82** Eigentümer der Sache war. Beschränkte dingliche Rechte an der Sache erlöschen. Die Rechtsstellung des Finders *vor* dem Eigentumserwerb kann man als Anwartschaft bezeichnen; sie ist veräußerlich (§§ 929 ff. entsprechend) und vererblich. Rückwirkend auf den Zeitpunkt des Fundes ist der Erwerb indes nicht.[1]

Der Eigentumserwerb des Finders ist noch 3 Jahre lang „mit einer Hypothek belastet": Jeder, der einen Rechtsverlust erlitten hat (also insbesondere der Eigentümer), hat während dieser Zeit einen Anspruch gegen den Finder (bzw. die Behörde im Falle des § 976) aus ungerechtfertigter Bereicherung auf „Herausgabe des durch die Rechtsänderung Erlangten" (§ 977), also in erster Linie auf Rückübereignung der Fundsache oder auf Wertersatz.

---

[1] Streitig, aber wohl h. M.: *Staudinger/Ring* § 973 Rn. 4; *Schwab/Prütting* § 45 IV 4 m. w. N.

Beispiel: Der wertvolle (500 DM) deutsche Schäferhund „Ajax" ist seinem Herrn E entlaufen und von F als streunender Hund eingefangen worden. F setzt eine Anzeige in die Zeitung (30 DM) und hat tägliche Futterkosten von 3 DM. Nach 2 Monaten meldet sich E. Als er aber 210 DM Aufwendungen und den Finderlohn bezahlen soll, läßt er die Frist nach § 974 verstreichen. F wird Eigentümer. Dennoch kann E noch 3 Jahre lang Rückgabe des Hundes (gegen Ersatz der Aufwendungen) verlangen.

Insgesamt ist also die Rechtsstellung des Finders recht dürftig ausgestaltet. Es empfiehlt sich auf alle Fälle, die gefundene Sache sofort der Polizeibehörde abzuliefern, um jeglicher Haftung aus Verwahrung zu entgehen!

V. Der sog. Verkehrsfund

83   Sonderrecht gilt, wenn eine Sache in den Räumen einer Behörde, in den Beförderungsmitteln einer Behörde oder in öffentlichen Verkehrsmitteln[1] gefunden wird. Der Finder ist zwar zur Ablieferung verpflichtet, Finderlohn erhält er aber nur, wenn die gefundene Sache mindestens 100 DM wert ist (Einzelheiten s. § 978; dazu BGHZ 101, 186, 192; *Bassenge* NJW 1976, 1486; *Eith* MDR 1981, 189).

VI. Der Schatzfund

84   Wer einen Schatz entdeckt und in Besitz nimmt, erwirbt Miteigentum zur Hälfte; die andere Hälfte fällt dem Eigentümer der Sache zu, in der der Schatz verborgen war (§ 984). Für den Begriff „Schatz" enthält § 984 eine Legaldefinition: „eine Sache, die so lange verborgen gelegen hat, daß der Eigentümer nicht mehr zu ermitteln ist".

Im Gegensatz zur herrenlosen Sache ist also nicht Voraussetzung, daß der Eigentümer sie je derelinquiert hat; anders als beim Fund ist auch nicht unbedingt nötig, daß die Sache „besitzlos" war.

Unter den Begriff „Schatz" fallen also etwa Silbermünzen aus dem Jahre 1750, die beim Ausschachten eines alten Kellers gefunden werden, aber auch ein Ring mit der Jahreszahl 1898, der 1975 beim Pflügen eines Grundstücks zutage kommt.

Die Begriffsbestimmung des § 984 darf nicht zu eng aufgefaßt werden. Auch Gegenstände, die möglicherweise nie in jemandes Eigentum gestanden haben, fallen darunter, wie ausgegrabene Fossilien und sonstige Altertumsfunde (hier greifen aber meist landesrechtliche Ausgrabungs- bzw. Denkmalschutzgesetze ein, die häufig auf ein Schatzregal des Staates hinauslaufen).[2] Zum Begriff der verborgenen Sache vgl. OLG Köln JuS 1992, 966 mit Anm. von *K. Schmidt.*

Der Entdecker erwirbt Miteigentum, wenn die Sache in Besitz genommen ist; ob durch ihn oder einen anderen, ist gleichgültig. Gleichzeitig fällt die andere Miteigentumshälfte dem Eigentümer der „Muttersache" zu.

Entscheidend kommt es also hier – anders als im Fundrecht – auf die Entdeckung an. Dieses Verdienst wird sachenrechtlich belohnt. Der Gedanke der Fürsorge um die Sache scheidet hier aus.

Beispiele: E hat sein Ruinengrundstück 1975 an K verkauft und übereignet, der durch den Bauunternehmer U ein Bürogebäude errichten läßt. Als der Baggerführer B den Keller aushebt, entdeckt er eine Schmuckkassette, aus deren Inhalt sich ergibt, daß es sich um Schmuck der Eltern des E handelt, den diese dort im zweiten Weltkrieg eingegraben hatten. Kein Schatzfund! Eigentümer ist E (nicht K) als Erbe seiner Eltern.

Entdeckt B einen Beutel mit Goldmünzen – Prägezeit 1809 –, so handelt es sich um einen Schatz. Miteigentümer werden K (nicht E) und B je zur Hälfte (K nicht als Bauherr, sondern als Eigentümer des Grundstücks, nicht U als Unternehmer). Anders wäre der Fall zu entscheiden, wenn K auf dem Grundstück einen Schatz vermutet und danach hätte suchen lassen, RGZ 70, 308; BGHZ 103, 101 (Anm. *Gursky* in JZ 1988, 668): „Lübecker Schatzfund". – S. ferner BVerfG NJW 1988, 2593; dazu *Schroeder* JZ 1989, 676.

---

[1] Nach h. M. keine analoge Anwendung der §§ 978ff. auf den Fund in Kaufhäusern, Banken etc.; s. a. oben Rn. 78 und § 7 Rn. 16.

[2] Vgl. Art. 73 EGBGB und die landesrechtlichen Ausgrabungs- bzw. DenkmalschutzG; *Beispiele:* BVerfG NJW 1988, 2593; BVerwG DÖV 1965, 634.

H. Die Ersitzung

I. Einführung

1. Anwendungsbereich – Grundgedanken

Wer eine bewegliche Sache 10 Jahre redlich im Eigenbesitz hat, erwirbt an ihr Eigentum (§ 937); guter Glaube (fides), Eigenbesitz (possessio) und Zeitablauf (tempus) führen also zu einer Eigentumsveränderung kraft Gesetzes.

Hat dieses Institut heute überhaupt noch einen Anwendungsbereich oder ist es lediglich ein historisches Relikt[1] aus einer Zeit, in der der Ausschluß des redlichen Erwerbs vom Nichtberechtigten und die mangelhafte Registrierung der Erwerbsvorgänge im Grundstücksverkehr zur Anerkennung des Ersitzungsgedankens zwangen? In der Tat hat die Möglichkeit redlichen Erwerbs (§§ 892, 893; §§ 932ff.) die Bedeutung der Ersitzung erheblich eingeschränkt; sie ist heute nur noch in atypischen Fallgruppen wirksam: so beim Erwerb abhanden gekommener Sachen (§ 935), bei Veräußerung durch oder an Geschäftsunfähige; kurz gesagt, in all' den Fällen, in denen der Besitzer sich bei abgeleitetem oder ursprünglichem Erwerb redlich für den Eigentümer hält, ohne es zu sein.

E hat ein Buch verloren; F hält es für derelinquiert und „eignet es sich an".
V bietet dem K ein dem E gehöriges Gemälde zum Kauf an mit der unwahren Behauptung, er sei zum Verkauf und zur Übereignung ermächtigt oder bevollmächtigt. Vom Fall des § 366 HGB abgesehen wird K nicht Eigentümer des Gemäldes, er kann es aber ersitzen.

Der Eigentumserwerb durch Ersitzung beruht auf dem *Beharrungsinteresse* des Eigenbesitzers. Dazu kommt das allgemeine Bedürfnis, nach Ablauf einer gewissen Zeit die Diskrepanz zwischen wirklicher und vermeintlicher Rechtslage zu beseitigen und die aus dem Zeitablauf resultierenden Beweisschwierigkeiten auszuräumen. Darin gleicht die Ersitzung anderen Instituten, bei denen der Zeitablauf zu einem Vorteil des einen Teils und zu einem Rechtsverlust oder einer Rechtsbeeinträchtigung des anderen Teils führt, so der Verjährung und den (sogleich zu behandelnden) Instituten der Tabularersitzung und des Ausschlusses des Eigentümers im Wege des Aufgebotsverfahrens.

2. Bedeutung der Ersitzung

Die geringe Zahl von gerichtlichen Entscheidungen zum Ersitzungsrecht läßt erkennen, daß das Institut in unserer Rechtsordnung keine besondere Bedeutung hat. Anders ist dies in allen Rechtsordnungen, die einen gutgläubigen Erwerb nicht kennen; hier hat die Ersitzung eine Ersatzfunktion. Sie verschafft dem Käufer[2] – bei meist recht kurzer Ersitzungsfrist – das Eigentum, das er durch das Veräußerungsgeschäft zu erlangen glaubte, aber nicht erwerben konnte.
So etwa im gemeinen Recht, wo freilich zu fides, possessio, tempus noch die weiteren Voraussetzungen: res habilis (z.B. keine gestohlenen Sachen!) und titulus (ein dem Erwerb des Besitzes rechtfertigender Grund, z.B. Kauf) hinzukommen mußte. Dort versagte die „ordentliche" Ersitzung also gerade in den Fällen, wo sie heute aktuell wird! Man kannte daher noch das Institut der außerordentlichen Ersitzung, wobei die Ersitzungszeit mit der Verjährung der rei vindicatio zusammenfiel (30 Jahre). Der Funktion nach ist also unsere heutige Ersitzung eher mit der außerordentlichen Ersitzung des gemeinen Rechts vergleichbar.

---
[1] Hierzu *Luig*, FS der Rechtswissenschaftlichen Fakultät Köln 1988, S. 95ff.
[2] Oder einem anderen „Erwerber".

3. Vergleichbare Rechtsinstitute

a) Tabularersitzung

87 Eine Parallelerscheinung zur Mobiliarersitzung ist die sog. Tabularersitzung des Grundstücksrechts: 30jährige – zu Unrecht bestehende – Eintragung als Eigentümer[1] im Grundbuch verbunden mit ebenso langem Eigenbesitz verschafft dem Eingetragenen das Eigentum (§ 900 Abs. 1). Gutgläubigkeit ist hier – im Gegensatz zur Ersitzung beweglicher Sachen – nicht erforderlich.[2]

Beispiel: V hat 1928 sein Grundstück an K verkauft und aufgelassen, K ist als Eigentümer im Grundbuch eingetragen worden. Als V 1960 stirbt, greifen seine Erben den Eigentumserwerb des K an (das Grundstück hat inzwischen einen außerordentlich hohen Wert erlangt!). Sie weisen nach, daß das Veräußerungsgeschäft damals wegen Fehlens einer behördlichen Genehmigung nichtig war. K ist jedoch inzwischen Eigentümer geworden (§ 900 Abs. 1; entsprechendes würde gelten, wenn V dem K einen Nießbrauch eingeräumt hätte, § 900 Abs. 2).

b) Eigentümerausschluß durch Aufgebotsverfahren

Von der Buch- oder Tabularersitzung ist der *Ausschluß des Eigentümers* im Wege des *Aufgebotsverfahrens* (§ 927 BGB mit §§ 977–981 ZPO) zu unterscheiden. Während bei der Tabularersitzung Eigenbesitz und Grundbucheintragung übereinstimmen, ist für den Eigentümerausschluß charakteristisch, daß Eigenbesitz und Grundbuchstand differieren. Freilich muß dieser Grundbuchstand besonderer Art sein: entweder ist der wahre Eigentümer überhaupt nicht eingetragen oder er ist zwar eingetragen, aber gestorben oder verschollen und der Grundbuchstand ist seit 30 Jahren unverändert.

Beispiel:[3] E ist 1905 nach Amerika ausgewandert. Er hat seine Grundstücke seinem Bruder B zur Verwaltung übergeben. B ist 1920 gestorben. Sein Sohn S, der von der Abmachung zwischen seinem Vater und E nichts wußte, hat die Grundstücke als eigene bewirtschaftet. Als er 1960 eines der Grundstücke belasten will, stellt sich heraus, daß E noch eingetragen ist. Da S das Grundstück mehr als 30 Jahre im Eigenbesitz hat, E verschollen ist und während 30 Jahren kein Grundbucheintrag erfolgt ist, kann der jetzige Eigentümer (vielleicht ein Enkel des E als dessen Erbe) ausgeschlossen werden. S kann sich nach Rechtskraft des Ausschlußurteils als Eigentümer im Grundbuch eintragen lassen und erwirbt dadurch Eigentum.

Die komplizierten Voraussetzungen des § 927 werden einigermaßen verständlich, wenn man sich vergegenwärtigt, daß das Gesetz keine generelle Ersitzung *gegen* das Grundbuch zulassen will (also keine „Contratabularersitzung"). Wäre also in unserem Beispiel E 1928 nach den USA ausgewandert, dort bei bester Gesundheit und in Briefwechsel mit seinen deutschen Verwandten, so böte sich für S keine Möglichkeit, seinen Eigenbesitz zum Eigentum zu verfestigen.

Zu bemerken ist schließlich, daß sich auch im Grundstücksrecht eine Dauerdivergenz zwischen Eigentum und Besitz ergeben kann. So z. B. dann, wenn der Auflassungsanspruch des Käufers (= Besitzers) aus einem Grundstückskaufvertrag nach 30 Jahren verjährt ist, der Käufer also nicht mehr die Übereignung des Grundstücks erzwingen kann, umgekehrt aber auch der Verkäufer (= Eigentümer) nicht mit der rei vindicatio den Besitz herausverlangen kann; zwar ist dieser Anspruch nicht verjährt (§ 902 Abs. 1 Satz 1), aber der Käufer kann auf Grund des Kaufvertrags sein Recht zum Besitz geltend machen.

Kehren wir nach diesem Ausflug in verwandte Rechtsgebiete wieder zur Ersitzung beweglicher Sachen zurück und prüfen nun die Voraussetzungen, wobei wir auf allzu eingehende Details verzichten wollen.

---

[1] Oder als Nießbraucher, Wohnungsberechtigter (vgl. § 900 Abs. 2).

[2] Dazu *Hofmeister,* Grundbuch u. Ersitzung, in Schweiz. Zschr. f. Beurkundungs- und Grundbuchrecht, 1978, 321.

[3] Das in der Praxis begegnet ist! Weitere Beispielsfälle: OLG Bamberg NJW 1966, 1413; BGHZ 76, 169 u. BGH NJW 1980, 2529.

II. Voraussetzungen der Ersitzung

1. Redlicher Eigenbesitz

Für den *Eigenbesitz* kommt es auf die Willensrichtung des Besitzers an (§ 872; s. oben § 7 **88** Rn. 88 ff.). Geschäftsfähigkeit ist nicht erforderlich, ebensowenig ein Rechtsgrund, auf den sich der Besitz gründet (also kein iustus titulus!).

Die *Redlichkeit* bezieht sich – wie in § 955 – auf das vermeintliche Eigentum des Ersitzenden, nicht etwa – wie in § 932 – auf die Rechtsstellung eines etwaigen Vorgängers im Besitz. Beim Erwerb des Besitzes schadet auch grobe Fahrlässigkeit, später nur positive Kenntnis des eigenen Nichtrechts.

In dem Beispiel oben Rn. 85 a. E. weiß K, daß V nicht Eigentümer ist. Dennoch ist er redlich, wenn er ihn für veräußerungsermächtigt hält, damit also ohne grobe Fahrlässigkeit an seine eigene Rechtsstellung als Eigentümer glaubt (§ 937 Abs. 2).

Bemerkt sei, daß auch *mittelbarer Eigenbesitz* ausreicht, so wenn K das Gemälde einem Kunstverein als „ständige Leihgabe" überläßt.

2. Fristablauf

Zweite Voraussetzung ist der Ablauf einer *zehnjährigen Ersitzungsfrist.* Sie beginnt mit Erfüllung des **89** Tatbestandes des redlichen Eigenbesitzes, also meist mit dem Erwerb des Besitzes, wobei dem Ersitzenden die Vermutung des § 938 zugute kommt: Olim possessor et hodie possessor, interea possessor.

Das Gesetz hat sich große Mühe gegeben, alle Eventualitäten zu regeln, die sich während des Ablaufs dieser Zeit ereignen können:

a) Der wichtigste Fall ist der der *Rechtsnachfolge,* so wenn in unserem Beispiel K das Gemälde – diesmal unterstellt, es sei gestohlen – an D weiter veräußert oder von ihm beerbt wird. Das Gesetz (§ 943) kennt – was das Verständnis nicht gerade erleichtert – keine automatische Rechtsnachfolge in der Ersitzungszeit. Dies bedeutet, daß bei D die Voraussetzung des redlichen Eigenbesitzes gegeben sein muß, daß die bei K abgelaufene Ersitzungszeit zu seinen Gunsten anzurechnen zu können.

Wäre also in unserem Beispiel K redlich und glaubt auch D ohne grobe Fahrlässigkeit an seine Rechtsstellung, so findet Anrechnung statt.

War K unredlich, so kann erst bei dem redlichen D die Ersitzungszeit zu laufen beginnen, und zwar wenn er Erbe des K ist, erst mit der Begründung redlichen Eigenbesitzes durch D[1]; denn zuvor geht der Besitz auf den Erben in der Form über, wie er bei K bestand, also als unredlicher Eigenbesitz (§ 857).

Über die Rechtslage bei Erbschaftsbesitz s. § 944 und dazu die Bemerkungen bei *Soergel/ Mühl.*

b) Die Ersitzungsfrist kann aus den gleichen Gründen wie die Verjährungsfrist *gehemmt* sein (§ 939 mit §§ 202 ff.), so z. B. wenn der Eigentümer aus gewissen tatsächlichen oder rechtlichen Gründen sein Eigentum nicht geltend machen kann.

c) Die Ersitzungsfrist wird durch gewisse Ereignisse *unterbrochen* mit der Folge, daß die vor der Unterbrechung abgelaufene Frist unbeachtlich wird (§ 942). Solche Ereignisse sind länger dauernder Verlust des Eigenbesitzes (§ 940) oder Klageerhebung gegen den Ersitzungsbesitzer oder dessen Besitzmittler (§ 941), selbstverständlich auch nachträgliche Kenntnis des Nichtrechts (§ 937 Abs. 2 2. Alternative).

III. Wirkung der Ersitzung

1. Eigentumserwerb und Lastenfreiheit

Wirkung der Ersitzung ist der Erwerb des Eigentums (§ 937 Abs. 1), und zwar des lastenfreien Ei- **90** gentums, sofern die Redlichkeit sich auch auf das Fehlen des beschränkten dinglichen Rechts bezog (§ 945). Möglich ist auch eine isolierte Ersitzung der Lastenfreiheit.

---

[1] Teilweise neuerdings sehr str.! Zum Ganzen *Knütel,* FS H. Lange, 1992, S. 903; *Krämer* NJW 1997, 2580; *Finkenauer* NJW 1998, 960 („Bernsteinzimmer-Mosaik").

§ 53 H III   IV. Abschnitt. Mobiliarsachenrecht

Beispiel: Die E hat der L ihren Schmuck für die „Ballsaison" geliehen. L braucht Geld und verpfändet ihn an G, der damit ein Pfandrecht erwirbt (§ 1207). Später holt L sich den Schmuck heimlich bei G ab und veräußert ihn an K, dem sie unter Vorlage einer gefälschten Vollmacht glaubhaft vorschwindelt, die Eigentümerin E habe sie zur Veräußerung bevollmächtigt. Hier hat K kein Eigentum erworben, auch das Pfandrecht des G besteht nach wie vor. Aber K wird nach 10 Jahren unter den Voraussetzungen der §§ 937 ff. lastenfreier Eigentümer.

Hätte L ihren eigenen Schmuck dem G verpfändet, so wäre K nach § 929 von Anfang an Eigentümer geworden, sein Eigentum wäre aber mit dem Pfandrecht des G belastet gewesen. Die Lastenfreiheit kann K ersitzen.

2. Kondiktionsfestigkeit ersessenen Eigentums?

91   An den originären Eigentumserwerb des Ersitzungsbesitzers knüpft sich eine berühmte Streitfrage, nämlich die, ob das ersessene Eigentum sich auch gegenüber Ansprüchen aus Vertrag oder ungerechtfertigter Bereicherung durchsetzen kann, ob es also seinen Rechtsgrund in sich trägt.

Zur Einführung zwei *Beispiele:*

E, der unerkannt geisteskrank ist, hat seinen Brillantring an K verkauft und übereignet. Nach 10 Jahren wird K – sofern die Voraussetzungen der §§ 937 ff. gegeben sind – Eigentümer, die rei vindicatio des E ist also ausgeschlossen; bleibt der – erst in 30 Jahren verjährende – Kondiktionsanspruch (jetzt gerichtet auf Übereignung des Ringes, obwohl E nur den Besitz „geleistet" hatte!) bestehen?

E hat seine Bibliothek an M vermietet, sie ihm dann aber nach § 929 Satz 2 übereignet, war aber zu diesem Zeitpunkt geschäftsunfähig. Kann er sie auch noch nach 10 Jahren „aus" dem – gültigen – Mietvertrag herausverlangen?

Man könnte die Streitfrage[1] auf sich beruhen lassen, weil sie – wie die Beispiele zeigen – keine große praktische Bedeutung hat (immerhin mußte sich das RG mit ihr in RGZ 130, 69 [= *Baur,* E.Slg. Fall 27] befassen). Aber sie ist interessant aus 2 Gründen:

(1) Einmal deshalb, weil sie uns in ähnlicher Form schon wiederholt begegnet ist; Stichworte: Endgültige Fixierung der Rangverhältnisse durch die Eintragung? (s. oben § 17 Rn. 14 ff.). – Schuldrechtlicher Ausgleich des Eigentumserwerbs nach §§ 946–950? Antwort des Gesetzgebers: § 951! (s. oben § 53 Rn. 23 ff.).

(2) Zum anderen deshalb, weil sie die Erscheinung illustriert, daß sich aus dem verschiedenen Lauf von Verjährungsfrist und Ersitzungsfrist rechtliche Diskrepanzen (*Heck:* „Rechtskrüppel") ergeben.

Das Rechtsgefühl spricht dafür, dem Eigentumserwerb kraft Ersitzung „absolute" Wirkung zuzusprechen. Aber das führt zu unhaltbaren Ergebnissen:

Wäre in unserem ersten Beispiel nur der Kaufvertrag E-K nichtig gewesen, nicht aber die Übereignung, so wäre K sofort Eigentümer geworden, aber 30 Jahre lang dem Leistungskondiktionsanspruch des E ausgesetzt, was – nach der Theorie der endgültigen Wirkung der Ersitzung – nicht der Fall wäre, wenn er auch das Eigentum nicht erlangt, also hätte ersitzen müssen. (Manche umgehen diese Schwierigkeit allerdings dadurch, daß sie auch bei der ersten Variante einfach Ersitzungsrecht sinngemäß anwenden und nach 10 Jahren den Kondiktionsanspruch versagen!)

oder

S schenkt die nicht abhandengekommene Sache des E dem B. B wird Eigentümer (§ 932), muß aber die Sache 30 Jahre lang dem E nach § 816 Abs. 1 Satz 2 herausgeben. Wäre die Sache durch den geschäftsunfähigen E dem B geschenkt worden, so hätte – nach der Theorie der endgültigen Wirkung der Ersitzung – B nach 10 Jahren unantastbares Eigentum erworben!

Das sind in der Tat untragbare Ergebnisse. Man wird also die in RGZ 130, 69 (= *Baur,* E.Slg. Fall 27) akzeptierte Lösung bejahen müssen:

a) Vertragliche Rückgabeansprüche werden durch die Ersitzung ebensowenig berührt wie Bereicherungsansprüche, wenn der Erwerber den Besitz ohne rechtlichen Grund erlangt hat (Leistungskondiktion).

---

[1] Zur h.M. vgl. vor allem *Westermann/Gursky* § 51 III; a.A.: *Schwab/Prütting* § 39 VI; *Palandt/Bassenge* vor § 937 Rn. 2, der sich darauf beruft, daß § 937 keine Verweisung auf das Bereicherungsrecht enthalte wie die §§ 951, 977.

§ 53. Andere als rechtsgeschäftliche Eigentumserwerbsgründe   H III § 53

In unseren beiden Beispielen bleiben also der Käufer K bzw. der Mieter M – obwohl sie Eigentümer geworden sind – zur Rückgabe (richtig: Rückübereignung) der Sache verpflichtet.

b) Die sog. Eingriffskondiktion versagt dagegen; d. h. der Eigentümer, dessen Herausgabeanspruch nach § 985 durch die Ersitzung entfallen ist, kann sich nun nicht auf § 812 Abs. 1 Satz 1 2. Alternative berufen.

Beispiel: D hat einen gestohlenen Brillantring des E an den redlichen K verkauft. Nach 10 Jahren kann E den Ring weder auf Grund von § 985 noch nach § 812 von K herausverlangen.

3. Kapitel. Nutzungsrechte an beweglichen Sachen

§ 54. Der Nießbrauch an beweglichen Sachen[1]

A. Grundlagen – Anwendungsbereich

I. Gesetzliche Typisierung

1   Als beschränkte dingliche Rechte an beweglichen Sachen sieht das Gesetz nur den Nießbrauch und das Pfandrecht vor, also *ein* Nutzungsrecht und *ein* Sicherungsrecht. Angesichts der Mannigfaltigkeit der beschränkten dinglichen Rechte an Grundstücken dünkt dieses Angebot des Gesetzgebers recht bescheiden. Aber diese Zurückhaltung ist in der Natur der beweglichen Sache begründet: Anders als das Grundstück ist die Mobilie kurzlebig, dazu meist auf die Individualität einer bestimmten Person zugeschnitten. Einer differenzierenden Typisierung von Nutzungs- und Sicherungsrechten ist daher ein enger Rahmen gesteckt. Es gibt eben faktisch nur die Möglichkeit, einem anderen an Stelle des Eigentümers die Sachnutzung oder das Verwertungsrecht zu übertragen.

Mit dem Nießbrauch im allgemeinen und seiner Ausgestaltung an Grundstücken haben wir uns schon oben § 32 befaßt. So bleibt hier nur übrig, die Besonderheiten des Nießbrauchs an beweglichen Sachen zu erörtern (B).

II. Anwendungsbereich des Nießbrauchs an beweglichen Sachen

2   Der *Anwendungsbereich* des Fahrnisnießbrauchs ist gering. Ein Nießbrauch an einer *einzelnen* beweglichen Sache ist in der Praxis so gut wie unbekannt. Es bleibt der Nießbrauch an einem Vermögen, dessen Bestandteile (auch) bewegliche Sachen sind, an einer Sachgesamtheit oder an dem Zubehör eines Grundstücks, das einem Nießbraucher überlassen ist (§ 1031). Dabei besteht an den als Vermögen oder Sachgesamtheit zusammengehörigen Sachen nicht ein einheitliches Nießbrauchsrecht, sondern es muß an jeder Sache ein selbständiges, in seiner rechtlichen Existenz völlig unabhängiges Nießbrauchsrecht begründet werden; selbst dann, wenn das betreffende Kausalgeschäft die Bestellung des Nießbrauchs an einem Vermögen oder an einer Sachgesamtheit als Ganzes zum Gegenstand hat.[2]

Beispiele für die Nießbrauchsbestellung an beweglichen Sachen:

E hat seiner Frau F testamentarisch den Versorgungsnießbrauch an seinem Vermögen vermacht. Zu dem Vermögen gehören auch bewegliche Sachen (Zubehör der Grundstücke, die Wohnungseinrichtung usw.). –

E – der neben einem ausgedehnten Viehhandel auch ein Transportunternehmen betreibt – hat seinem Gläubiger G das Fuhrunternehmen mit 8 Lastzügen verpfändet und den Nießbrauch an ihm auf 5 Jahre bestellt (dadurch sollen die Schulden des E an G langsam abgetragen werden). G ist nun berechtigt, das Fuhrunternehmen des E auf eigene Rechnung zu betreiben.

---

[1] Lit.-Hinweis s. oben in § 32 und unten § 61; ferner *Müller*, Rn. 2988 ff. (14. Kapitel: Nießbrauch an beweglichen Sachen); *Schön*, Der Nießbrauch an Sachen, 1992; *Wiedemann*, Die Übertragung und Vererbung von Mitgliedschaftsrechten bei Handelsgesellschaften, 1965, § 17; *Karsten Schmidt*, Handelsrecht, § 6 III 3 m. w. N.

[2] Einzelheiten hierzu vgl. *Müller*, Rn. 2993 ff.; *Erman/Michalsky* § 1030 Rn. 2.

Das letztgenannte Beispiel deutet auf den *Nießbrauch an einem Handelsgeschäft* (vgl. § 22 Abs. 2 HGB), *an einem Unternehmen* hin (s. dazu oben § 28). Die Problematik dieses Vorgangs beruht weniger in der Nießbrauchsbestellung; sie erfolgt für die einzelnen Teile des Unternehmens nach den für sie geltenden Regeln (Einigung und Übergabe bei beweglichen Sachen usw.), wozu freilich auch die Einweisung in den sachenrechtlich nicht faßbaren Unternehmenskern kommen muß. Schwierigkeiten ergeben sich vielmehr daraus, daß der Nießbraucher regelmäßig das Geschäft in eigenem Namen betreibt, also Unternehmer wird (BGH NJW 1975, 210 = LM § 930 BGB Nr. 12), obwohl ihm die Substanz des Unternehmens nicht zu Eigentum gehört. Seine für die Durchführung des Geschäftsbetriebs erforderliche Verfügungsfreiheit wird regelmäßig dadurch erweitert, daß ihm an verbrauchbaren Sachen das Eigentum zusteht (§ 1067) und bezüglich anderer Gegenstände des Umlaufvermögens die Verfügungsermächtigung eingeräumt wird (sog. Dispositionsnießbrauch; s. auch § 1048). Mit Zustimmung des Eigentümers darf er die bisherige Firma fortführen (§ 22 Abs. 2 HGB). Die Haftung für die bisher begründeten Geschäftsverbindlichkeiten richtet sich nach § 25 HGB; für neu begründete Verbindlichkeiten haftet nur das Vermögen des Nießbrauchers, zu dem allerdings auch die verbrauchbaren Sachen des dem Nießbrauch unterliegenden Vermögens und der aus dem Unternehmen gezogene Reingewinn gehören.[1]

Beispielsfall: BGH NJW 1975, 210 (= LM § 930 BGB Nr. 12).

Zur Erstreckung des Nießbrauchs auf wesentliche bzw. unwesentliche Bestandteile einer Sache siehe Müller, Rn. 2995 ff.

B. Besonderheiten des Nießbrauchs an beweglichen Sachen

I. Die Nießbrauchsbestellung

Nach § 1032 finden auf die Nießbrauchsbestellung die für die Übereignung beweglicher Sachen geltenden Vorschriften entsprechende Anwendung. Notwendig sind also Einigung über die Nießbrauchsbestellung und Übergabe bzw. deren Ersetzung. Auch redlicher Erwerb des Nießbrauchs (analog §§ 932 ff.[2]) und Ersitzung (analog §§ 937 ff.) sind möglich. 3

Beispiel: E hat der N den Nießbrauch an seinem Vermögen eingeräumt. Zu diesem gehört eine Schreibmaschine, die nicht im Eigentum des E stand; er hatte sie an M vermietet. Ist N redlich, so erwirbt sie an der Maschine den Nießbrauch (§ 1032 mit §§ 931, 934), der dem wahren Eigentümer X gegenüber auf die Nießbrauchszeit wirksam ist (beachte aber § 816 Abs. 1 Satz 2 BGB!).

Der Nießbraucher ist zwar zum unmittelbaren Besitz der Sache berechtigt (§ 1036 Abs. 1); aber weder zu seiner Bestellung noch zu seiner Ausübung ist erforderlich, daß er je den unmittelbaren Besitz erhält (BGH DNotZ 1954, 399, 402). In unserem Beispiel ist N also auch Nießbraucher, wenn sie die Sache dem M beläßt, wozu sie übrigens für die Dauer der mit E vereinbarten Mietszeit verpflichtet ist (§ 1065 mit § 986).

II. Eigentümernießbrauch

Anders als der Grundstückseigentümer (§ 32 Rn. 7) kann der Eigentümer einer beweglichen Sache zu seinen Gunsten ein Nießbrauchsrecht nicht bestellen.[3] 4

---

[1] Zu den sehr komplizierten Einzelheiten vgl. die unten in § 61 Genannten; ferner *M. Wolff* in Ehrenbergs Handbuch IV 1, 18; *Soergel/Stürner* § 1085 Rz. 6–8 (Nießbrauch am Unternehmen), § 1068 Rz. 7–9 b (Nießbrauch an Gesellschaftsanteilen).
[2] Vgl. *Soergel/Stürner* § 1032 Rn. 1.
[3] Streitig, so wie hier die wohl h. M.: MünchKomm/*Petzold* § 1032 Rn. 21 m. w. N.; Schön a.a.O. S. 225 f.

III. Nießbrauch an verbrauchbaren Sachen

5 Der Nießbrauch an *verbrauchbaren Sachen* (§ 92) wird vom Gesetz in Eigentum des Nießbrauchers umgedeutet (§ 1067), gleichgültig, ob dies dem Willen der Parteien entspricht oder nicht. Der Nießbraucher hat damit die Möglichkeit, über die Sache zu verfügen, ist aber zum Wertersatz nach Nießbrauchsbeendigung verpflichtet (§ 1067). Zu ersetzen ist dabei vom Nießbraucher nicht notwendig der Wert der Sache zur Zeit der Nießbrauchsbestellung, die Höhe der Rückerstattungspflicht ist parteidisponibel. Es kann also auch Erstattung des Werts zum Zeitpunkt der „Nießbrauchsbeendigung oder von Sachen gleicher Art und Güte" vereinbart werden.

IV. Nießbrauch an einem Grundstück mit Inventar – Begriff der „Einverleibung"

6 Wenn der Nießbrauch an einem Grundstück samt Inventar bestellt ist, kann der Nießbraucher, ohne Eigentümer zu sein, über das *Inventar* im Rahmen der ordnungsmäßigen Wirtschaft verfügen (gesetzliche Verfügungsermächtigung). Er hat aber Ersatz zu beschaffen, der mit der *Einverleibung* in das Eigentum des Inventareigentümers übergeht (§ 1048 Abs. 1 Satz 2).[1]

Hier ist vielleicht der – zwar nicht systematisch, aber für das Verständnis – richtige Ort, einige Worte zu dem *Begriff der Einverleibung* zu sagen:
Das Gesetz gebraucht diesen Begriff hier beim Nießbrauch (§ 1048) und in dem entsprechenden Fall bei der Pacht (§ 582a Abs. 2 S. 2). Das Eigenartige dieses Vorgangs besteht darin, daß der Nießbraucher (Pächter) zunächst an dem Ersatzgegenstand selbst Eigentum erwirbt, der bisherige Inventareigentümer – also meist der Grundeigentümer – aber in dem Augenblick der Einverleibung den Ersatzgegenstand zu Eigentum erhält. Dabei kommt es nicht darauf an, ob dies dem Willen des Nießbrauchers entspricht, sofern er nur die Einverleibung in das Inventar vorgenommen hat. Beispielsfall: BGHZ 35, 53.

Beispiel: Der Nießbraucher N eines Landguts hat den dem Grundeigentümer E gehörenden Ackerschlepper und eine Milchkuh altershalber verkauft. Das landwirtschaftliche Lagerhaus V_1 verkauft ihm einen neuen Schlepper auf Abzahlung unter Eigentumsvorbehalt, eine Kuh kauft er bei dem Viehhändler V_2. Beide Stücke nimmt er auf dem Hof in Gebrauch. Damit wird E Eigentümer der Kuh (nicht aber, wenn diese gestohlen war!). Das Eigentum am Schlepper fällt ihm mit Zahlung der letzten Rate zu, und zwar auch dann, wenn N den Schlepper für sich behalten und dem E nur den Erlös aus dem Verkauf des alten Schleppers überlassen wollte.

Ähnlich wären die Fragen zu entscheiden, wenn es sich um den Nießbrauch an einem gewerblichen Unternehmen gehandelt hätte (§ 582a Abs. 2 S. 2 in entsprechender, § 1048 in unmittelbarer Anwendung!).

Eine entsprechende Bestimmung findet sich für den Fall der *Vorerbschaft* in § 2111 Abs. 2, hier aber im Rahmen einer umfassenden Surrogation,[2] ferner in § 1370 (s. oben § 51 Rn. 26ff.).

---

[1] Zu dem Fall, daß das Inventar zum Schätzwert übernommen wird, s. § 1048 Abs. 2.
[2] Siehe dazu *Baur* JZ 1958, 465, 467f. (= *Baur* Beitr. II 235); *Soergel/Harder* § 2111 Rn. 4 m.w.N.

4. Kapitel. Sicherungsrechte an beweglichen Sachen

§ 55. Das Pfandrecht an beweglichen Sachen

(als Legalordnung)

Lit.-Hinweis: MünchKomm/*Damrau*, Komm. z. §§ 1204ff.; *Reinicke/Tiedtke*, Kreditsicherung, 4. Auflage 1994; *Serick*, Deutsche Mobiliarsicherheiten, Aufriß und Grundgedanken, 1988; Staudinger/*Wiegand* Komm. zu §§ 1204ff.; Hj. *Weber*, Kreditsicherheiten, 5. Auflage 1995, § 6; *Witt*, D. Pfandrecht am Inventar des landwirtschaftl. Betriebs (Hohenheimer Diss 1974); *Wacke* aaO (oben vor § 51); *Bülow*, Recht d. Kreditsicherheiten, 4. Auflage 1997.

S. die Übersicht 23 am Ende von § 55.

A. Grundgedanken – Anwendungsbereich

I. Grundgedanken

1. Realkredit

Schon bei der Erörterung der Grundpfandrechte (s. oben § 36) hatten wir erkannt, daß Kredit in aller Regel nur gegen eine dingliche Sicherung gewährt wird, also Realkredit ist; der Personalkredit – auch der durch eine Bürgschaft verstärkte – tritt demgegenüber zurück. Als Realkredit wird nicht nur der durch ein Grundpfandrecht, sondern auch der durch Hingabe einer beweglichen Sache als eines Faustpfandes gesicherte Kredit bezeichnet.[1] Auch für dieses Fahrnispfand ist charakteristisch, daß dem Gläubiger zur Sicherung seiner Forderung ein *dingliches Verwertungsrecht* an der verpfändeten Sache eingeräumt wird. Dieses Verwertungsrecht gibt dem Gläubiger ein Vorzugsrecht gegenüber den ungesicherten Gläubigern, und zwar sowohl im Fall der Zwangsvollstreckung (§ 805 ZPO) wie im Konkurs des Eigentümers (§§ 48 KO/50 InsO: Absonderungsrecht). Es wird bei Fälligkeit der gesicherten Forderung durch Verkauf des Pfandes ausgeübt (§§ 1228ff.).

1

2. Entstehungsgründe

Nach der *Art der Entstehung* unterscheidet man:

2

a) das rechtsgeschäftlich *bestellte Pfandrecht – „Faustpfand"*

E gibt dem G, der ihm mit 50 DM aushilft, seine Uhr zum Pfand. – E trägt – in schwerer wirtschaftlicher Bedrängnis – seine Uhr ins Pfandleihhaus und erhält dort ein durch ein Pfandrecht an der Uhr gesichertes Darlehen;

b) das gesetzliche Pfandrecht: das Pfandrecht entsteht ohne jede Willenseinigung der Parteien, wenn die gesetzlichen Voraussetzungen erfüllt sind;

---

[1] Über den uneinheitlichen Sprachgebrauch s. oben § 36 Rn. 4.

E lebt bei V zur Miete. Als er seinen Mietzins nicht bezahlt, macht V von seinem gesetzlichen Vermieterpfandrecht Gebrauch (§ 559). – E hat den Kommissionär K mit dem Kauf einer seltenen Goldmünze beauftragt. Als E die Kosten des Ankaufs und die Provision nicht bezahlen kann, übt K sein gesetzliches Pfandrecht – an der noch ihm gehörigen Sache! – aus (§§ 397, 398 HGB);

c) das *Pfändung*spfandrecht.

G läßt bei seinem Schuldner S auf Grund eines Vollstreckungstitels dessen Klavier pfänden und erwirbt damit ein Pfändungspfandrecht, das ihn zur Versteigerung der Sache berechtigt.

Das Gesetz wendet bei Regelung dieser Pfandrechte folgende *Technik* an: Das rechtsgeschäftliche Pfandrecht wird in den §§ 1204–1256 ausführlich geregelt. Diese Vorschriften werden dann auf das gesetzliche Pfandrecht für entsprechend anwendbar erklärt (§ 1257). Für das Pfändungspfandrecht gelten in erster Linie die §§ 803 ff. ZPO; ob daneben noch die Vorschriften über das Vertragspfandrecht entsprechend gelten und in welchem Umfang, ist umstritten.

Wir folgen dieser Einteilung, behandeln also zunächst das rechtsgeschäftliche Pfandrecht (B), dann das gesetzliche (C) und schließlich das Pfändungsrecht (D).

3. Grundsätze des Pfandrechts

3   Wie das Grundpfandrecht ist auch das Pfandrecht an beweglichen Sachen typisiert, der Vereinbarung der Parteien sind Schranken gesetzt (Beschränkung der Vertragsfreiheit i. S. einer inhaltlichen Gestaltungsfreiheit). Für diese Typisierung sind gewisse Grundsätze maßgebend, die entweder dem Wesen des Pfandrechts immanent sind oder durch die Interessen der Beteiligten oder auch der dinglich nicht gesicherten Gläubiger gefordert werden. Als solche *Pfandrechtsprinzipien* hatten wir bei den Grundpfandrechten die Akzessorietät, die Spezialität, die Publizität und die Priorität kennen gelernt (s. oben § 36 Rn. 62 ff.). Diese Grundsätze gelten mit gewissen Abwandlungen auch für das Pfandrecht an beweglichen Sachen. Aus der Legaldefinition des Pfandrechts in § 1204 Abs. 1 (Belastung einer beweglichen Sache zur Sicherung einer Forderung mit einem Verwertungsrecht des Gläubigers) ergeben sich die Akzessorietät und die Spezialität des Pfandrechts an beweglichen Sachen:

a) Akzessorietät

4   Das Pfandrecht ist *streng akzessorisch:* es kann nur entstehen, wenn die zu sichernde Forderung besteht (§ 1204 Abs. 1; beachte aber § 1204 Abs. 2!) – es kann nur zusammen mit der Forderung übertragen werden und geht mit der Übertragung der Forderung auf den neuen Gläubiger über (§ 1250) – es erlischt mit der Forderung, zu deren Sicherung es bestellt ist (§ 1252).

Die Rechtsfigur des Eigentümerpfandes bei Nichtentstehen oder Erlöschen der Forderung (vgl. § 1163!) ist hier unbekannt. Dafür besteht auch kaum ein Bedürfnis, da mehrere Pfandrechte an ein- und derselben Sache selten sind. Das Aufrücken etwaiger nachfolgender Gläubiger kann hingenommen werden. Auch bei Vereinigung von Eigentum und Pfandrecht entsteht kein Eigentümerpfandrecht (§ 1256 Abs. 1 S. 1; beachte aber die Ausnahmefälle in § 1256 Abs. 1 S. 2 und Abs. 2).

b) Spezialität

Auch für das Pfandrecht an beweglichen Sachen gilt der Grundsatz der *Spe-* 5
zialität: als Pfand können nur einzelne Sachen dienen; das Gesetz kennt kein
„Generalpfandrecht" am gesamten beweglichen Vermögen des Schuldners,
kein Pfandrecht an einer Sachgesamtheit.

Doch ist eine zusammenfassende Bezeichnung mehrerer verpfändeter Sachen unschädlich; das Gesetz selbst spricht in § 559 Abs. 1 Satz 1 von den „eingebrachten Sachen" des Mieters und meint damit offenbar einen möglicherweise wechselnden Bestand von Sachen (§ 560 Satz 1). Daher lassen sich auch *Warenlager* mit wechselndem Bestand verpfänden, vorausgesetzt, daß die Übergabe auch der künftig in das Warenlager aufgenommenen Sachen den §§ 1205, 1206 entsprechend erfolgt:

S hat sein Warenlager seinem Gläubiger G in der Weise verpfändet, daß einem Angestellten A des G die Schlüssel übergeben wurden. A gibt auf Anfordern des S die im täglichen Geschäftsverkehr benötigten Waren an diesen heraus und nimmt die neu eingekauften in das Warenlager auf (vgl. auch RGZ 77, 201, 207).

Zu beachten ist ferner, daß der Spezialitätsgrundsatz ein *Gesamtpfandrecht*
(vergleichbar der Gesamthypothek) nicht ausschließt; jede der mehreren Sachen (gleich ob sie einem oder mehreren Eigentümern gehören) haftet dann
für die ganze Forderung (§ 1222); dem Gläubiger steht das Wahlrecht zu, an
welche Sache er sich halten will.

Von einem *„irregulären Pfandrecht"* spricht man, wenn die „Pfand"sache in das Eigentum des Gläubigers übergehen und nach Tilgung der Schuld an den Schuldner zurückübereignet werden soll. So z.B. wenn der Pächter einer Gastwirtschaft dem Verpächter – etwa einer Brauerei – eine Kaution in Geld stellt, die Ansprüche des Verpächters gegen den Pächter bei Beendigung des Pachtverhältnisses sichern soll. Hier finden *intern* die §§ 1204ff. BGB entsprechende Anwendung (Beispiel: OLG Koblenz BB 1974, 199; Einzelheiten Hj. *Weber* § 7 III).

Kein Pfandrecht wird auch durch das sog. *Flaschenpfand* begründet: Der Lieferant bleibt Eigentümer der Flaschen (des „Leerguts" – der „Mehrwegpackung"). Das „Pfandgeld" sichert den Anspruch des Lieferanten auf Rückgabe des Leerguts (Einzelheiten s. *Kollhosser/Bork* BB 1987, 909; *Martinek* JuS 1987, 514 je m.w.N.).

c) Publizität

aa) Regelfall: Besitz

Publizitätsmittel des Pfandrechts an beweglichen Sachen ist der Besitz. Beim 6
Vertragspfand werden an das Erfordernis der Übergabe strengere Anforderungen gestellt als bei der Übereignung: die Verpfändung durch Besitzkonstitut ist
ausgeschlossen – die Verpfändung durch Abtretung des Herausgabeanspruchs
aus einem Besitzmittlungsverhältnis muß dem Besitzmittler angezeigt werden
(§ 1205 Abs. 2). – Bei Rückgabe der verpfändeten Sache an den Verpfänder
oder Eigentümer erlischt das Pfandrecht, auch wenn der Pfandgläubiger dies
nicht wollte, ja sogar wenn er einen entgegengesetzten Willen zum Ausdruck
brachte (§ 1253).

Diese scharfen Anforderungen an die Publizität waren der Anlaß für die Entwicklung der Sicherungsübereignung und auch des Eigentumsvorbehalts in ihren mannigfachen Erscheinungsformen. Im übrigen ist auch bei einigen vertraglichen und bei den gesetzlichen Pfandrechten das Publizitätsprinzip abgeschwächt:

bb) Registereintrag

In gewissen Fällen läßt das Gesetz die Eintragung des Pfandrechts in ein öffentliches Register genügen *(Registerpfandrecht)*. Hierher gehören z.B. das Kabelpfandrecht (für die Verpfändung von Hochseekabeln nach dem Gesetz vom 31. 3. 1925, RGBl. I 37), das Pfandrecht an Luftfahrzeugen nach dem Ges. über Rechte an Luftfahrzeugen vom 26. 2. 1959, BGBl. I 57 (Eintragung in das Register für Pfandrechte an Luftfahrzeugen; dazu *Wendt* MDR 1963, 448), auch das Pfandrecht an dem Inventar eines Pächters nach dem Pachtkreditgesetz v. 5. 8. 1951, BGBl. I 494 (schriftlicher Verpfändungsvertrag, Niederlegung beim Amtsgericht); Beispiel: BGHZ 54, 319.

cc) „Einbringung"

Pfandrechte ohne Besitz des Pfandgläubigers sind ferner einige gesetzliche Pfandrechte, so die des Vermieters, Verpächters und Gastwirts an den *eingebrachten* Sachen ihrer Vertragsgegner.

d) Priorität

7 Für mehrere beschränkte dingliche Rechte an derselben beweglichen Sache gilt der Grundsatz der *Priorität;* dabei ist stets die Zeit der Bestellung maßgebend (§ 1209).

Freilich sind mehrere beschränkte dingliche Rechte an ein- und derselben beweglichen Sache viel seltener als bei Grundstücken; diese gewähren an sich schon einen breiteren Nutzungs- und Sicherungsspielraum als bewegliche Sachen. Dazu kommt, daß das Grundbuch eine leichte Sichtbarmachung ermöglicht, während der Besitz als Publizitätsmittel eben grundsätzlich unteilbar ist. Immerhin kommen etwa Konkurrenzen zwischen Vermieterpfandrecht und Pfändungspfandrecht[1] sowie zwischen mehreren Pfändungspfandrechten in der Praxis vor.

II. Anwendungsbereich

8 Das Vertragspfand hat in der Praxis einen nicht allzu breiten, aber doch nicht unbedeutenden Anwendungsbereich:

1. Pfandleihanstalten

Hierher gehört zunächst der Kleinkredit des täglichen Lebens gegen Hingabe eines Faustpfandes, kommerzialisiert in dem Gewerbe der *Pfandleihanstalten*.

Hier gilt die VO über den Geschäftsbetrieb der gewerblichen Pfandleiher vom 1. 2. 1961 (BGBl. I 58 i.d. F. v. 30. 5. 1976, BGBl. I 1335), die sich vor allem mit gewerbepolizeilichen Grundsätzen befaßt, aber auch in das Pfandrecht des BGB eingreift, so wenn die Ausstellung eines Pfandscheins (Legitimationspapiers i.S. des § 808) gefordert wird (§ 6) oder der Pfandverkauf gegenüber den Vorschriften des BGB modifiziert wird oder schließlich das Recht des Pfandgläubigers auf die Verwertung der Pfandsache beschränkt, der Zugriff auf das übrige Vermögen des Schuldners also ausgeschlossen wird (§ 5). Als Grundsatz ist festzuhalten, daß es sich auch hier um die Hingabe eines Darlehens gegen Bestellung eines Pfandes handelt.

2. Pfandrechte der Banken

Wirtschaftlich wichtig ist das Pfandrecht der Banken an Wertpapieren, Edelmetallen und Waren. Es kommt praktisch in zwei Formen vor:

a) Hingabe eines Darlehens gegen Bestellung eines Pfandes an den genannten Gegenständen (sog. Lombarddarlehen).

---

[1] Siehe hierzu RGZ 60, 70; BGHZ 27, 227; *Baur/Stürner* I ZVR Rn. 46.35.

Der Kaufmann S nimmt bei der Bank G ein Darlehen von 10 000 DM auf und verpfändet als Sicherheit seine bereits im Depot der Bank befindlichen Wertpapiere.[1]

b) Pfandrecht der Banken auf Grund ihrer Allgemeinen Geschäftsbedingungen (Nr. 14 AGB Banken und Nr. 21 AGB Sparkassen):[2]

Beispiel: K hat seinem überseeischen Verkäufer V durch seine Bank B ein Akkreditiv[3] gegen Konnossement (§ 647 HGB) gestellt (K = Akkreditivsteller, V = Akkreditivempfänger, B = Akkreditivbank). Die Filiale (oder Korrespondenzbank der B) in Übersee zahlt den Kaufpreis gegen Übergabe des indossierten Konnossements an V aus und übersendet das Traditionspapier an B. Damit erlangt die B ein Pfandrecht an der Ware, das ihr Sicherheit für ihre Ansprüche aus Geschäftsbesorgung (§§ 675, 670) gibt, die durch die „Bevorschussung" des Kaufs entstanden sind.

Eine ausdrückliche Verpfändung ist nicht erforderlich, da sich das Pfandrecht der Bank bereits aus ihren Allgemeinen Geschäftsbedingungen ergibt.

Nach BGH NJW 1988, 3260 III 2 soll das Pfandrecht der Bank auch dann entstehen, wenn der Kunde zur Zeit der Vereinbarung der AGB geschäftsfähig war, nicht aber später bei Abschluß einer ausdrücklichen Sicherungsvereinbarung (m. E. bedenklich, weil die Bank durch den Anschein der Sicherungsvereinbarung zum Ausdruck brachte, daß sie sich nicht auf das AGB-Pfandrecht beruft. Damit wird auch dem Schutz der Geschäftsunfähigen Rechnung getragen).

Eine ähnliche Regelung findet sich auch in § 50 der Allgemeinen Deutschen Spediteurbedingungen. – Zu dem Vinkulationsgeschäft: Sicherungsübereignung durch Abtretung des Herausgabeanspruchs s. *Scholz/Lwowski* Rn. 501 f.

B. Das Vertragspfandrecht

I. Die Beteiligten – Übersicht über die Darstellung

Im Normalfall bestellt der Schuldner seinem Gläubiger an einer ihm gehörigen Sache das Pfandrecht; Schuldner, Eigentümer, Verpfänder sind also ein und dieselbe Person. Notwendig ist ein solches Zusammenfallen in einer Person aber nicht; so kann man sich ohne weiteres vorstellen, daß der Eigentümer seine Sache für eine fremde Schuld zum Pfand gibt. Seine Stellung ist dann ähnlich der eines Grundstückseigentümers, der für eine fremde Schuld ein Grundpfandrecht bestellt. Eine weitere Spaltung kann sich daraus ergeben, daß jemand eine ihm nicht gehörige Sache für die eigene oder fremde Schuld verpfändet. Im komplizierten Fall stehen also auf der Passivseite: der Schuldner, der Eigentümer der Pfandsache und der Verpfänder.

9

Beispiele:
S verpfändet seine Briefmarkensammlung seinem Gläubiger G (Normalfall).

---

[1] Siehe dazu *Canaris,* Bankvertragsrecht, Rz. 1360 ff.; *Karsten Schmidt,* Handelsrecht, § 21 II 2.
[2] Die Pfandklausel ist nicht anwendbar bei der Bank treuhänderisch überlassenen Vermögenswerten: BGH NJW 1985, 1954; BGH ZIP 1987, 1436, 1439. – Zum Einfluß des AGB-Gesetzes auf die Allg. Geschäftsbedingungen der Banken s. BGH NJW 1983, 2701; 1988, 3260 III 2; *Wolf/Horn/Lindacher-Wolf* § 9 P 3–5 m. w. N.; s. a. unten § 62 Rn. 4 f.
[3] Dokumentenakkreditiv = widerrufliche und unwiderrufliche Anweisung des Schuldners (Käufers) an seine Bank, sich gegenüber dem Gläubiger (Verkäufer) widerruflich oder unwiderruflich zur Zahlung des Akkreditivbetrags gegen Einreichung der die gekaufte Ware repräsentierenden Dokumente (z. B. des Konnossements) zu verpflichten; dazu *Zahn,* Zahlung und Zahlungssicherung im Außenhandel, 6. Aufl. 1986; *Canaris,* Bankvertragsrecht, Rz. 916 ff.; *Eisemann/Schütze,* D. Dokumentenakkreditiv im Intern. Handelsverkehr, 3. Aufl. 1989 – Beispiele aus der Praxis: BGHZ 101, 84; BGH NJW 1985, 550 u. 1989, 159.

§ 55 B II   IV. Abschnitt. Mobiliarsachenrecht

E verpfändet seine Sammlung für eine Schuld des S an dessen Gläubiger G (1. Komplikation auf der Passivseite).
V verpfändet eine ihm von E zur Ansicht überlassene Sammlung für eine Schuld des S an G (2. Komplikation auf der Passivseite).
Das Verständnis wird dadurch erschwert, daß die Rechtsbeziehungen der Beteiligten der Passivseite zum Pfandgläubiger und die zwischen den Beteiligten untereinander geklärt werden müssen:

1. Der *Schuldner* wird in seiner Stellung zum Gläubiger durch die Bestellung des Pfandes nicht berührt; er kann den Gläubiger, der von ihm Befriedigung verlangt, nicht auf die Verwertung des Pfandes verweisen (Ausnahme: § 777 ZPO, wenn Schuldner und Eigentümer dieselbe Person sind, sog. beneficium excussionis realis).
Zwischen *Verpfänder* und Pfandgläubiger entsteht ein gesetzliches Schuldverhältnis (§§ 1214 ff.), das z. B. den Gläubiger zur Verwahrung (§ 1215), den Verpfänder zum Ersatz der Aufwendungen (§ 1216) verpflichtet. Auffallend und wenig glücklich ist, daß dieses Schuldverhältnis nicht zum Eigentümer begründet wird; denn *er* ist doch der eigentlich Betroffene.
Das Interesse des *Eigentümers* wird deutlich, wenn es um die Verwertung des Pfandes geht (wichtig §§ 1234, 1237 Satz 2, § 1241).

2. Die Beziehungen *zwischen den Beteiligten auf der Passivseite* richten sich nach den jeweils zwischen ihnen bestehenden Rechtsverhältnissen; so kann der, der eine ihm nicht gehörige Sache verpfändet, dem Eigentümer aus § 823 oder aus Vertragsverletzung zum Schadensersatz verpflichtet sein. Ferner: wer seine Sache als Pfand für die Schuld eines anderen zur Verfügung stellt (der E für den S), ist in aller Regel berechtigt, Ersatz seiner Aufwendungen zu fordern, also z. B. den Wert des Pfandes, falls es versteigert wird (§ 670). Befriedigt er den Pfandgläubiger, so gehen Forderung und Pfandrecht auf ihn über (§§ 1225, 1249; es entsteht also hier ein Pfandrecht an der eigenen Sache, § 1256 Abs. 2).
In den folgenden Darlegungen werden wir von dem Normalfall ausgehen, daß Schuldner, Eigentümer und Verpfänder ein- und dieselbe Person sind. Im übrigen folgt der Gang der Darstellung dem zeitlichen Ablauf eines Pfandrechtsverhältnisses in der täglichen Praxis, beginnt also mit der Bestellung des Pfandrechts (Rn. 10 ff.), führt über die Stellung der Beteiligten vor Beginn des Verwertungsrechts (= Pfandreife, Rn. 20 ff.) zu der Verwertung selbst (Rn. 24 ff.) und behandelt schließlich noch die Übertragung (Rn. 31 f.) und das Erlöschen des Pfandrechts (Rn. 32 ff.).

II. Die Begründung des Pfandrechts

10   Ähnlich wie die Hypothek ist das Pfandrecht an beweglichen Sachen als akzessorisches dingliches Verwertungsrecht ausgestaltet. Die Darstellung kann daher der oben § 37 bei der Hypothek gegebenen folgen: zunächst sind die möglichen Belastungsobjekte aufzuzeigen (1), dann ist die zu sichernde Forderung näher zu präzisieren (2) und schließlich auf den sachenrechtlichen Bestellungsakt einzugehen (3).

1. Das Belastungsobjekt

a) Bewegliche Sachen

Gegenstand des Pfandrechts können *bewegliche Sachen* (§ 1204) und das *Miteigentum an einer beweglichen Sache* (§ 1258) sein. Das Pfandrecht erfaßt auch die wesentlichen Bestandteile der Sache, nicht aber ihr Zubehör (anders bei der Hypothek!).

Wesentliche Bestandteile können nicht Gegenstand eines selbständigen Pfandrechts sein (anders § 810 ZPO: Pfändung der Früchte auf dem Halm!), wohl aber das Zubehör (anders § 865 Abs. 2 ZPO). Vertrags- und Pfändungspfandrecht sind hier nicht sehr harmonisch aufeinander abgestimmt: Der Inhaber eines Vollstreckungstitels kann also Früchte auf dem Halm pfänden, nicht aber das Zubehör eines Grundstücks! Umgekehrt kann der Eigentümer eines Grundstücks seinem Gläubiger nicht die noch auf dem Feld stehende Ernte verpfänden,[1] wohl aber das Zubehör eines Grundstücks!

---

[1] Hier allenfalls Umdeutung in eine Gestattung des Pfandrechtserwerbs entsprechend §§ 956, 957; vgl. *Wolff/Raiser* § 161 IV 1.

§ 55. Das Pfandrecht an beweglichen Sachen   B II § 55

Auch unpfändbare Sachen (§ 811 ZPO) können verpfändet werden, sofern die Verpfändung nicht gegen die guten Sitten verstößt. Grund: Die *Ver*pfändung beruht auf dem freien Willensentschluß des Schuldners (*Fenn* FamRZ 1971, 110; s. ferner OLG Frankfurt NJW 1973, 104).

Beispiele: (1) E – Eigentümer eines zugunsten des H hypothekarisch belasteten Landguts – hat seinem Gläubiger G einen der beiden Traktoren des Guts verpfändet. Die Bestellung des Pfandrechts ist wirksam. § 865 Abs. 2 ZPO greift nicht Platz. Aber die Hypothek hat sich auch auf den Traktor erstreckt, geht also dem Pfandrecht des G vor. Durch die Verpfändung ist der Traktor nicht von der Hypothekenhaftung frei geworden, es sei denn, daß der Ausnahmetatbestand des § 1122 Abs. 2 (Aufhebung der Zubehöreigenschaft im Rahmen ordnungsmäßiger Wirtschaft) Platz greift. H könnte gegen G einen Anspruch auf Rückschaffung des Traktors auf das Grundstück haben.[1] Außerdem erfaßt eine von H erwirkte Beschlagnahme des Grundstücks auch den Pfandgegenstand, selbst wenn er sich bei G befindet. G hätte nur dann ein der Hypothek vorgehendes Pfandrecht an dem Schlepper erworben, wenn die Voraussetzungen des gutgläubigen Vorrangerwerbs nach § 1208 vorgelegen hätten (grobe Fahrlässigkeit des G wird hier aber meist zu bejahen sein, weil G ein Blick ins Grundbuch zuzumuten war). Die Hypothekenhaftung erlischt freilich dann, wenn das Pfandstück durch G im Wege der Pfandveräußerung verwertet wird, weil dann die Voraussetzungen des § 1121 Abs. 1 oder (und) die des § 1244 vorliegen. –

(2) Der Schriftsteller S hat in Geldnot seine Schreibmaschine einem Darlehensgeber G verpfändet. Wirksam, obwohl eine Pfändung nach § 811 Ziff. 5 ZPO ausgeschlossen gewesen wäre!

b) Sachgesamtheit

Wegen des Spezialitätsgrundsatzes ist die Verpfändung einer *Sachgesamtheit* 11 als solcher nicht möglich. Wohl aber ist eine zusammenfassende Bezeichnung mehrerer verpfändeter Sachen zulässig (s. oben Rn. 5).

c) Wertpapiere

Inhaber- und Orderpapiere werden nach sachenrechtlichen Grundsätzen verpfändet (§§ 1292, 1293); bei allen *übrigen Wertpapieren* und den lediglich der Legitimation oder dem Beweis dienenden Papieren ist das Pfandrecht nach den Grundsätzen des Rechts zu bestellen, das sie verkörpern:

S bestellt dem G ein Pfandrecht an der ihm gehörigen Schuldverschreibung auf den Inhaber durch Einigung und Übergabe.
Übergibt er ihm sein Sparbuch als „Pfand", so entsteht dadurch kein Pfandrecht an der Forderung gegen die Sparkasse, da die Verpfändung der Anzeige an das Institut bedurft hätte (§ 1280). G kann sich jedoch dem S gegenüber auf die wirksame Sicherungsabrede berufen, solange S das ihm von G gegebene Darlehen nicht getilgt hat, was freilich den S nicht hindert, sein Guthaben bei der Sparkasse abzuheben, sofern er sich ausreichend legitimieren kann, und auch den Zugriff eines anderen Gläubigers D auf die Forderung (etwa durch einen Pfändungs- und Überweisungsbeschluß, §§ 829, 835 ZPO) nicht ausschließt.

2. Die zu sichernde Forderung

a) Akzessorität

Das Pfandrecht muß der „Sicherung einer Forderung" dienen (§ 1204), ist 12 also – wie die Hypothek – akzessorisch. Besteht die zu sichernde Forderung – auch als künftige oder bedingte – nicht, so entsteht kein Pfandrecht. Es erlischt mit der Forderung (§ 1252) und geht mit ihr auf den Zessionar über, ohne

---

[1] Str.; dafür: *Staudinger/Scherübl* § 1135 Rn. 6; dagegen: *MünchKomm/Eickmann* § 1135 Rn. 16.

daß es einer Übergabe der Pfandsache bedürfte (§ 1250). Das Institut des Eigentümerpfandrechts ist hier bei Fehlen oder Erlöschen der Forderung unbekannt.

Zweifelhaft sind einige, nicht allzu häufige Fälle, die an *Beispielen* aufgezeigt werden sollen:
(1) G hat dem S ein Darlehen gegeben, das dieser durch Verpfändung von Wertpapieren sichert. Ist das Darlehen aus irgendeinem Grunde nichtig, so fragt es sich, ob das Pfand nunmehr den *Bereicherungsanspruch* sichert. Die Frage ist zu bejahen (BGH NJW 1968, 1134 = *Baur*, E.Slg. Fall 53; andere wollen dem G nur ein Zurückbehaltungsrecht einräumen; s. auch oben § 37 Rn. 48).
(2) G hat mit S um 50 DM gewettet, S hat die Wette verloren und dem G seine Uhr zum Pfand gegeben, weil er kein Bargeld bei sich hatte. Nach dem Sinn des § 762 kann die *Naturalobligation* durch ein Pfandrecht nicht verstärkt werden: kein Pfandrecht des G an der Uhr.
(3) S hat dem G ein Pfandrecht eingeräumt mit der Abrede, daß G sich nur an dieses Pfand halten kann und S nicht befugt ist, das Pfand durch Tilgung der Schuld abzulösen. Hier fehlt in Wahrheit eine zu sichernde Forderung; das Pfandrecht des G ist nicht entstanden (BGH NJW 1957, 672).
(4) *Beweislast,* wenn im Prozeß behauptet wird, die gesicherte Forderung sei später erloschen, s. BGH JZ 1986, 686 (mit Anm. *Baumgärtel*) = NJW 1986, 2426.

b) Künftige und bedingte Forderungen

13 Das Pfandrecht kann – wie die Hypothek (§ 1113 Abs. 2) – für eine *künftige oder bedingte Forderung* bestellt werden (§ 1204 Abs. 2). Da aber ein Eigentümerpfandrecht hier unbekannt ist, entsteht das Pfandrecht für die künftige und bedingte Forderung schon mit der Bestellung des Pfandes, nicht erst mit der Forderung (BGHZ 86, 340, 346;[1] BGH NJW 1983, 1619). Daher ist der Pfandberechtigte jetzt schon zum Besitz des Pfandes befugt, er ist nach § 1227 durch einen Unterlassungs- und Herausgabeanspruch geschützt, der Rang des Pfandrechts bestimmt sich – wie übrigens auch bei der noch nicht valutierten Hypothek – nach der Zeit seiner Bestellung (§ 1209).

Wir erinnern an die Allg. Geschäftsbedingungen der Banken Nr. 14 Abs. 2, wonach das Pfand für „alle bestehenden, künftigen und bedingten Ansprüche" der Bank gegen ihren Kunden haftet (oben Rn. 8). Notwendig ist nur, daß die künftige Forderung in ihrem Entstehungsgrund bestimmbar ist; dagegen braucht die Höhe der Forderung – anders als bei der Hypothek: § 1113 Abs. 1 – nicht einmal bestimmbar zu sein; insofern ist also das Pfandrecht an beweglichen Sachen freier gestaltet als die Höchstbetragshypothek!

Beispiel: S hat von seiner Bank G einen Betriebsmittelkredit in laufender Rechnung zugesichert erhalten; er hat zur Sicherung den wertvollen Schmuck seiner Frau V mit deren Einverständnis verpfändet. Das genügt zur Entstehung des Pfandrechts. Das Pfand haftet für die aus dem Kreditverhältnis entstehenden Forderungen in voller Höhe, selbst wenn der zunächst in Aussicht genommene „Kreditplafond" später überschritten wird.
Weiteres Beispiel BGH NJW 1988, 3260 III 2 (dazu die Bedenken § 55 Rn. 8 a. E.).

c) Geldforderung oder geldwerte Forderung

14 Anders als bei der Hypothek braucht die gesicherte Forderung nicht auf Geld gerichtet zu sein, sie muß nur im Augenblick des Pfandverkaufs in eine Geldforderung übergehen können (§ 1228 Abs. 2 Satz 2).

Beispiel: V hat dem K die Lieferung einer Sache versprochen. Zur Sicherung bestellt V dem K ein Pfandrecht an seinem Wertpapierdepot. Das Pfandrecht sichert den Anspruch auf Lieferung, der nach

---

[1] Dazu *Damrau* JR 1983, 290.

§ 325 bzw. § 326 in einen Geldanspruch übergehen kann (andere Möglichkeiten des Übergangs: §§ 280, 283).

d) Personenidentität

Gläubiger der zu sichernden Forderung und Inhaber des Pfandrechts muß ein- und dieselbe Person sein. Dagegen können – wie wir bereits wissen – Pfandeigentümer, Verpfänder und Schuldner verschiedene Personen sein. Ähnlich wie bei der Hypothek (§ 1137) und Bürgschaft (§ 768) können dann Verpfänder und Pfandeigentümer dem Pfandgläubiger auch die Einreden entgegenhalten, die dem Schuldner zustehen (§ 1211). 15

3. Der sachenrechtliche Bestellungsakt

a) Allgemeines

Die rechtsgeschäftliche Bestellung beschränkter dinglicher Rechte stellt sich als eine Teilrechtsabspaltung aus dem Eigentum dar. Entsprechend der Übertragung des Eigentums bedarf daher auch die Bestellung des Pfandrechts der Einigung und Übergabe (§ 1205). Die Anforderungen an die Publizität der „Übergabe" sind jedoch im Interesse anderer Gläubiger des Verpfänders *verschärft*: 16

Eine Verpfändung *durch Besitzkonstitut* (entsprechend § 930) ist *nicht* möglich (die ständige Praxis überschreitet diese Schranke durch das Institut der Sicherungsübereignung).

Ein Ersatz der Übergabe *durch Abtretung des Herausgabeanspruchs* (entsprechend § 931) erfordert mittelbaren Besitz des Verpfänders *und* Anzeige der Verpfändung an den Besitzmittler (§ 1205 Abs. 2).

Andererseits sind im Verhältnis zur Übereignung auch *Erleichterungen* vorgesehen: während die Übereignung nach § 929 voraussetzt, daß der Veräußerer „keinen Rest eines Besitzes behält", ist Verpfändung durch Einräumung eines *qualifizierten, gesamthänderischen Mitbesitzes* zulässig, und zwar derart, daß die verpfändete Sache unter Mitverschluß von Gläubiger und Verpfänder steht *oder* die Sache sich im Besitz eines Dritten befindet, der sie nur an Gläubiger und Verpfänder gemeinschaftlich herausgeben darf (§ 1206). Diese Möglichkeit ist eine Konzession des Gesetzgebers an das gegenseitige Mißtrauen der Beteiligten: Weder Gläubiger noch Verpfänder können dann einseitig über den Pfandgegenstand verfügen oder auf ihn einwirken!

b) Einzelheiten

Im folgenden sollen einige Einzelheiten der Übergabe und Übergabesurrogate stichwortartig erläutert werden: 17

aa) *Übergabe* = Übertragung des unmittelbaren Besitzes i. S. des § 854 Abs. 1 u. 2: z. B. Übergabe sämtlicher Schlüssel zu dem Raum, in dem sich die Pfandsache befindet, an den Gläubiger oder dessen Besitzmittler oder Besitzdiener (z. B. einen Angestellten), nicht aber an einen Besitzdiener des Verpfänders, es sei denn, daß dieser bezüglich der Pfandsache ausschließlich den Weisungen des Gläubigers, nicht mehr denen des Verpfänders zu folgen hat (RGZ 77, 201, 208 ff.): Wirksam ist also eine Pfandrechtsbestellung an einem in einem bestimmten Raum befindlichen Warenbestand des

§ 55 B II IV. Abschnitt. Mobiliarsachenrecht

Schuldners derart, daß die Schlüssel dem Angestellten A des S ausgehändigt werden und dieser – kraft Weisung des allein dazu befugten G – Waren nur freigeben darf, sofern entsprechende neue Vorräte in das Lager aufgenommen werden.

Weitere interessante Entscheidungen: RGZ 103, 100 (heimliche Zurückbehaltung eines Schlüssels durch den Verpfänder); 118, 250 (Besitzerwerb durch Stellvertreter); 74, 146 (Anbringung bloßer Pfandzeichen genügt – im Gegensatz zu § 808 Abs. 2 Satz 2 ZPO – nicht).

bb) *Übergabe kurzer Hand* ist möglich (§ 1205 Abs. 1 Satz 2), und zwar auch dann, wenn der Gläubiger sich nur im mittelbaren Besitz der Sache befindet, sofern nur ein Dritter, *nicht* der Verpfänder, Besitzmittler ist (s. dazu *Rittner* JZ 1965, 274).

cc) *Abtretung des Herausgabeanspruchs* aus dem Besitzmittlungsverhältnis nach § 870 (nicht Abtretung eines sonstigen Herausgabeanspruchs!) *und* Anzeige der Verpfändung an den Besitzmittler sind ausreichendes Übergabesurrogat (§ 1205 Abs. 2). Anzeige = empfangsbedürftige Willenserklärung (a. A. E. *Wolf* § 8 B III b S. 341: „Wissenserklärung"). Bloße Kenntnis des Besitzmittlers von der Verpfändung genügt nicht (vgl. RGZ 89, 289). – Zur Möglichkeit einer weiteren Verpfändung *(„Nachverpfändung")* s. *Palandt/Bassenge* § 1205 Rn. 8 u. OLG Frankfurt RPfleger 1989, 191.

dd) Ersatz der Übergabe durch Einräumung des *qualifizierten Mitbesitzes* (erster Stufe), § 1206 1. Alternative. Das Gesetz spricht von „Mitverschluß" und meint damit, daß nur Gläubiger und Verpfänder gemeinsam (nicht jeder für sich) Zugang zu dem Pfandgegenstand haben (sog. gesamthänderischer Mitbesitz):

E verpfändet seinen Kraftwagen dem G in der Weise, daß er (E) den Wagenschlüssel behält und dem G den Zündschlüssel aushändigt. Daß der Pkw in der Garage des E bleibt, hindert die Entstehung des Pfandrechts nicht.

Zweifelhaft ist die Rechtslage bei der Verpfändung des Inhalts eines *Stahlkammerfachs* (Safes, Schrankfachs), das der Verpfänder bei einer Bank gemietet hat: Zwar können regelmäßig Bank und Mieter das Schrankfach nur gemeinsam öffnen, insofern besteht am Schrankfach selbst Mitbesitz; *am Inhalt* aber steht dem Kunden (= Mieter, s. RGZ 141, 99) der alleinige Besitz zu.[1] Eine Verpfändung kann also nur so erfolgen, daß dem Gläubiger bezüglich des Faches Mitbesitz (neben der Bank), bezüglich des Inhalts (z. B. einer in das Fach eingelegten Kassette) Alleinbesitz oder gesamthänderischer Mitbesitz eingeräumt wird.

ee) Ersatz der Übergabe durch Einräumung des *qualifizierten Mitbesitzes erster Stufe* (BGHZ 86, 300, 310) und *zweiter Stufe* (mittelbaren Mitbesitzes): Erforderlich ist der Besitz eines Dritten (des sog. *Pfandhalters*), der den Pfandgegenstand nur an den Gläubiger und Verpfänder gemeinschaftlich herausgeben darf (§ 1206 2. Alternative):

S hat bei der Bank B einige Wertpapiere im Depot. Er kann die Wertpapiere seinem Gläubiger G dadurch verpfänden, daß er die B anweist, die Papiere künftig nur an G und S gemeinsam herauszugeben. Daß B künftig weiß, sie verwahre nun verpfändete Wertpapiere, ist nicht erforderlich (RG JW 1938, 867, 869). Daher ist der meist gebrauchte Ausdruck „Pfandhaltervertrag" zu eng; er paßt nur für eine Vereinbarung des Verpfänders (und u. U. des Gläubigers) mit dem Pfandhalter, daß dieser künftig die Sache als Pfand des G besitzen und nur an beide herausgeben soll, so wenn in unserem Beispiel S die Papiere der Bank mit einer entsprechenden Abrede übergeben hätte.

Besonders häufig ist die *Verpfändung von Wertpapieren,* die bei einer Bank im *Depot* liegen, an die Bank selbst zur Sicherung von Krediten, die die Bank ihrem Kunden einräumt. Dieses Pfandrecht steht der Bank schon auf Grund der Allg. Geschäftsbedingungen zu (Ziff. 14; s. oben Rn. 8). Befinden sich die Wertpapiere in Sammelverwahrung einer Wertpapiersammelbank, so muß der Miteigentumsanteil an dem Sammeldepot (§ 6 DepotG) verpfändet werden (s. dazu *Opitz,* JW 1928, 2603). Über die Verpfändung von verwahrten Wertpapieren zur *Refinanzierung* von Darlehen, die die Bank ihrerseits aufnimmt, s. § 12 DepotG.

---

[1] Str. vgl. die Nachweise bei *Bülow* Rn. 410. Daher hat die Bank am Inhalt des Fachs kein Pfandrecht bezüglich anderer Forderungen als der aus der Miete des Faches, es sei denn, daß der Kunde der Bank den Alleinbesitz zum Zweck der Verpfändung eingeräumt hat. – Zur Übereignung des Inhalts eines Schrankfachs s. OLG Oldenburg NJW 1977, 1780 (dazu *Karsten Schmidt* JuS 1978, 54 u. *Werner* JuS 1980, 175).

c) Gutgläubiger Erwerb des Pfandrechts

Der Pfandgläubiger kann regelmäßig nicht mit Sicherheit feststellen, ob der **18** Verpfänder auch Eigentümer des Pfandgegenstandes ist. Um die Verpfändung von beweglichen Sachen überhaupt praktisch zu machen, mußte das Gesetz (§ 1207) die Möglichkeit eines *gutgläubigen Erwerbs* des Pfandrechts vom Nichtberechtigten vorsehen.[1] Dies geschieht durch Verweisung auf die entsprechenden Bestimmungen über den gutgläubigen Eigentumserwerb: §§ 932, 934, 935 (§ 933 fällt aus, weil ein Pfandrechtserwerb durch Besitzkonstitut nicht möglich ist!). Dabei ist § 932 auf die Einräumung qualifizierten Mitbesitzes erster Stufe, § 934 auf die Verschaffung qualifizierten Mitbesitzes zweiter Stufe entsprechend anzuwenden.

S hat die seiner Ehefrau E gehörigen Wertpapiere bei der Bank B in Verwahrung gegeben. Verpfändet er die Wertpapiere nach § 1206 2. Alternative an seinen Gläubiger G, so erwirbt dieser ein Pfandrecht, sofern er redlich war (Das gleiche gilt übrigens für die Bank selbst nach Nr. 14 der Allg. Geschäftsbedingungen, sofern sie redlich war;[2] vgl. auch § 4 Abs. 3 DepotG und für das Pfandrecht nach § 50 Abs. a der Allg. Deutschen Spediteurbedingungen BGHZ 17, 1). – Weit. Beispiele: BGHZ 86, 300; BGH NJW 1981, 226 u. 227. Zur Beweislast s. BGH NJW 1982, 38.

d) Besonderheiten

Von dem redlichen Erwerb des Pfandrechts nach § 1207 sind folgende Tat- **19** bestände zu *unterscheiden:*

aa) Erwerb des Pfandrechts vom Nichtberechtigten in Kenntnis von dessen Nichtberechtigung, aber im Vertrauen auf dessen *Verfügungsmacht:* nur im Rahmen des § 366 HGB möglich, der aber wieder durch § 367 HGB eingeschränkt wird!

bb) Gutgläubiger *Erwerb des Vorrangs* vor einem schon bestehenden beschränkten dinglichen Recht an der verpfändeten Sache nach § 1208.

G hat bei S eine diesem gehörige Sache durch den Gerichtsvollzieher pfänden lassen, der eine Pfandmarke anbringt. S entfernt sie und verpfändet die Sache einem anderen Gläubiger D. Dessen Pfandrecht geht – Redlichkeit des D vorausgesetzt – dem des G – das nicht erloschen ist! – vor.

cc) Gutgläubiger Erwerb des Eigentums bei *Veräußerung* des Pfandgegenstandes im Wege der Pfandverwertung, ohne daß dem Veräußerer ein Pfandrecht zusteht: § 1244 (s. unten Rn. 27; wichtig vor allem, wenn abhandengekommene Sachen verpfändet worden waren, der Gläubiger also gemäß § 1207 mit § 935 kein Pfandrecht erwerben konnte!).

III. Die Stellung der Beteiligten vor der Pfandreife

1. Begriff der Pfandreife

Mit dem *Begriff der Pfandreife* hatten wir uns schon bei der Hypothek befaßt **20** (§ 40) und festgestellt, daß damit der Zeitpunkt gekennzeichnet ist, in dem der

---

[1] Dazu *Reinicke/Tiedtke* JA 1984, 202 m.w.N. S. 208 auch zum Erwerb eines Pfandrechts auf Grund Allg. Geschäftsbedingungen (s. unten Rn. 40; BGHZ 68, 323; 74, 87, 277; BGH NJW 1988, 3260 III 2); *Tiedtke*, Gutgl. Erwerb, S. 60 ff.

[2] Beschränkung der Redlichkeit durch § 367 HGB!

Gläubiger befugt ist, das Pfand zu verwerten. Dieser Zeitpunkt tritt mit der *Fälligkeit* der gesicherten Forderung ein (§ 1228 Abs. 2 Satz 1); ist die Forderung ursprünglich nicht auf Geld gerichtet, so tritt nach § 1228 Abs. 2 S. 2 die Pfandreife erst ein, wenn sich die Forderung in eine Geldforderung verwandelt hat (z. B. nach §§ 280, 283, 325 BGB).

2. Gläubigerschutz vor Pfandreife

21 *Vor der Pfandreife* geht es zunächst – ähnlich wie bei der Hypothek – darum, den Pfandgläubiger zu sichern. Da er ein Recht zum Besitz hat, schützt ihn das Gesetz (§ 1227) wie den Eigentümer einer Sache, also entsprechend den §§ 985 ff. (Herausgabe, Nutzungen, Schadensersatz) und § 1004 (Abwehr- und Beseitigungsanspruch).

Beispiel: S hat eine Sache des E dem – redlichen – G verpfändet. Als E den S zur Rede stellt, holt S die Sache bei G heimlich weg und gibt sie dem E zurück. Da G nach § 1207 ein Pfandrecht erworben hat, kann er die Sache von E herausverlangen (§ 1227 mit § 985). Gegen S hat er einen Schadensersatzanspruch wegen schuldhafter Verletzung des der Verpfändung zugrunde liegenden Vertrags und aus § 823 Abs. 1 (s. dazu RGZ 100, 274, 278).

3. Gesetzliches Schuldverhältnis zwischen Gläubiger und Verpfänder

22 Anders als bei der Hypothek folgen gesetzgeberische Aufgaben aus der Tatsache, daß der Pfandgläubiger im Besitz des Pfandgegenstandes ist (während bei den Grundpfandrechten der Eigentümer das Grundstück weiter besitzt und nutzt!): Zwischen Gläubiger und Verpfänder entsteht ein *gesetzliches Schuldverhältnis*, dessen Inhalt dem Verwahrungsvertrag in vieler Hinsicht ähnlich ist.

a) Gläubigerrechte

Der Gläubiger ist zum *Besitz* und zum Ziehen der *Nutzungen* (wenn ein Nutzungspfandrecht vereinbart ist, vgl. §§ 1213, 1214) berechtigt; er kann Ersatz der Verwendungen verlangen (§ 1216).

Über das Recht des Notverkaufs bei drohendem Verderb oder Wertminderung s. §§ 1219 bis 1221. Die hier vorgesehene Versteigerung führt anders als bei der Hypothek (§ 1133) nicht zu einer sofortigen Befriedigung des Gläubigers, vielmehr tritt der Erlös an die Stelle des Pfandes (§ 1219 Abs. 2 Satz 1). Der Verpfänder kann diese Versteigerung dadurch abwenden, daß er eine andere Sicherheit anbietet (§ 1218).

b) Gläubigerpflichten

Der Gläubiger hat das Pfand sorgfältig (§ 276) *zu verwahren*, §§ 1215, 1217 (Verjährung des Schadensersatzanspruchs s. § 1226) und nach Erlöschen des Pfandrechts *zurückzugeben* (§ 1223).

4. Ablösungsrechte

23 Schon vor der Pfandreife – nämlich dann wenn der Schuldner zur Tilgung seiner Schuld berechtigt ist (§ 271!) – können der Verpfänder (§ 1223 Abs. 2), der Pfandeigentümer und jeder sonstige durch die künftige Veräußerung des

Pfandes Beeinträchtigte (§ 1249) das Pfand ablösen. Es handelt sich um den gleichen Rechtsgedanken, der uns schon im Grundpfandrecht begegnet ist (§§ 1150, 268).

Mit der Ablösung gehen Forderung und Pfandrecht auf den Ablösenden über (§§ 1225, 1249 mit §§ 268 Abs. 3, 1250). Beispielsfall: OLG Celle NJW 1968, 1139 = *Baur,* E.Slg. Fall 54.

Auch hier ergeben sich – ähnlich wie bei den Grundpfandrechten[1] – Ausgleichsprobleme, namentlich

a) im Verhältnis *zwischen Bürgen und Pfandeigentümer:* Erwirbt der zuerst ablösende Bürge Forderung nebst Pfandrecht (§§ 774 Abs. 1, 1250)? oder umgekehrt der Pfandeigentümer (Verpfänder) nach §§ 1225 Satz 1, 1249, 268 Abs. 3 mit §§ 412, 401 die Forderung gegen den Bürgen? Der Bürge ist zu bevorzugen.[2]

b) im Verhältnis *mehrerer Pfandeigentümer untereinander:* Hier wird im allgemeinen der Rechtsgedanke der §§ 774 Abs. 2, 426 entsprechend angewendet, was zu einem anteiligen Ausgleich führt.[3]

IV. Die Pfandverwertung

1. Grundgedanken

a) Befriedigung des Gläubigers

Seiner Zweckbestimmung nach führt das Pfandrecht zu einer Verwertung **24** des Pfandgegenstandes durch Verkauf und zu einer Befriedigung des Gläubigers aus dem Erlös (§§ 1228 Abs. 1, 1247). Freilich ist der Gläubiger nicht verpflichtet, das Pfand zu versilbern; er kann sich auch an das sonstige Vermögen des Schuldners halten (Ausnahme: § 777 ZPO bei Identität von Schuldner und Eigentümer und auch erst in der Zwangsvollstreckung!).

Eine naheliegende Lösung wäre die Vereinbarung der Beteiligten, daß dem Gläubiger bei Nichtbezahlung der Schuld das Eigentum an der Sache zufallen (lex commissoria: *Verfallpfand*) oder übertragen werden soll.[4] Das Gesetz verbietet aus Gründen des Schuldnerschutzes solche Klauseln, sofern sie *vor* der Pfandreife vereinbart werden (§ 1229).

b) Gesetzliche Struktur der Pfandverwertung

Das Gesetz hat das Verständnis für die Regelung der Pfandverwertung nicht **25** gerade leicht gemacht, und zwar *einmal* durch die *Vielfalt der Verwertungsformen:*
Privatverkauf des Gläubigers (Normalform § 1233 Abs. 1),
Verwertung nach Vollstreckungsrecht (§ 1233 Abs. 2),
Verwertung nach Parteivereinbarung (§ 1245),
Verwertung entsprechend einer Entscheidung des Gerichts (§ 1246),

---

[1] Dazu § 38 Rn. 100 ff. und § 45 Rn. 84 f.
[2] Sehr umstritten; so wie hier: RGRK/*Kregel* § 1225 Rn. 6; a.A.: MünchKomm/*Damrau* § 1225 Rn. 10 m.w.N. Der BGH hat beim Verhältnis von Bürgschaft und *Grundschuld* eine anteilige Ausgleichspflicht der Sicherungsgeber untereinander angenommen, also aus § 776 keine Vorzugsstellung des Bürgen abgeleitet; s. oben § 38 Rn. 100 ff. und § 45 Rn. 84 f.
[3] BGH WM 1991, 329.
[4] MünchKomm/*Damrau,* Bem. zu § 1229.

§ 55 B IV   IV. Abschnitt. Mobiliarsachenrecht

zum anderen dadurch, daß eine Reihe von Schutzvorschriften zugunsten des Schuldners und Pfandeigentümers erlassen sind, diese aber verschiedene Wirkungskraft haben: zum Teil handelt es sich um Rechtmäßigkeitsvorschriften des Pfandverkaufs, teilweise um bloße Ordnungsvorschriften, deren Nichtbeachtung sich auf dessen Rechtmäßigkeit nicht auswirkt.

2. Normalfall: Versteigerung durch den Gläubiger

a) Erfordernis öffentlicher Versteigerung

26 Das Gesetz ermächtigt den Pfandgläubiger zur Veräußerung des Pfandgegenstandes, ohne daß dieser einen allgemeinen Vollstreckungstitel gegen den Schuldner oder einen Duldungstitel gegen den Eigentümer erwirkt zu haben braucht (§§ 1228 Abs. 1, 1233 Abs. 1). Freilich darf sich der Gläubiger nicht einen individuellen Käufer suchen – das könnte zu „Durchstechereien" und damit zu einer Schädigung des Schuldners und Eigentümers führen –, sondern er muß die Sache im Wege *öffentlicher Versteigerung* veräußern (§ 1235 Abs. 1); damit ist der Zutritt für eine Mehrzahl von Bietern gewährleistet.

Ein beschränkt freihändiger Verkauf ist bei Pfändern, die einen Börsen- oder Marktpreis haben, zugelassen (§ 1235 Abs. 2 mit § 1221; ferner § 1240 Abs. 2).

Die Tatsache, daß es sich um den Verkauf durch öffentliche Versteigerung (§ 383 Abs. 3) handelt, darf nicht darüber hinwegtäuschen, daß *Verkäufer* der Pfandgläubiger ist: er schließt – vertreten durch die Versteigerungsperson – den Kaufvertrag mit dem Erwerber ab (Zuschlag: § 156) und übereignet ihm das Pfandobjekt nach §§ 929 ff. durch Einigung und Übergabe (Fall einer gesetzlichen Verfügungsermächtigung).

Beispiel für die Mängelhaftung (§ 461): BGHZ 96, 214.

b) Rechtmäßigkeitsvoraussetzungen

27 § 1243 zählt die *Rechtmäßigkeitsvoraussetzungen* dieses Verkaufs auf:
   Pfandrecht,
   Pfandreife (§ 1228 Abs. 2),
   kein Verkauf einer größeren Zahl von Pfändern als nötig (§ 1230 Satz 2),
   öffentliche Bekanntmachung der Versteigerung (§ 1237),
   öffentliche Versteigerung (§ 1235),
   bei Gold- und Silbersachen Erreichen des Metallwerts (nicht des Verkehrswerts des Pfandgegenstandes!).

Nicht alle diese Rechtmäßigkeitsvoraussetzungen sind aber unerläßlich: ist nämlich der Ersteher bezüglich des etwa nicht bestehenden Pfandrechts oder einer anderen Rechtmäßigkeitsvoraussetzung redlich, so wird er nach § 1244 Eigentümer, wenn folgende *Mindestvoraussetzungen* erfüllt sind:
   öffentliche Versteigerung (§ 1233 Abs. 2 mit §§ 814 ff. ZPO oder § 1235)
   oder
   freihändiger Verkauf durch einen Makler oder dgl. bei Pfändern, die einen Börsen- oder Marktpreis haben (§ 1235 mit 1221; für Gold- oder Silbersachen s. § 1240 Abs. 2).

Sinn dieser Regelung ist, daß eine Mindestgewähr für eine korrekte Pfandverwertung gegeben sein muß.

Beispiel: Bei dem Juwelier E ist eine wertvolle goldene Uhr gestohlen worden. Auf verschiedenen Umwegen ist sie schließlich bei dem redlichen S gelandet (kein Eigentumserwerb: § 935). S verpfändet die Uhr seinem Gläubiger G (kein Pfandrechtserwerb: § 1207 mit § 935). G läßt die Uhr öffentlich versteigern (§ 1235 Abs. 1), wobei die öffentliche Bekanntmachung des Versteigerungstermins versehentlich unterbleibt. Der Ersteher K wird Eigentümer, wenn er bezüglich des Pfandrechts des G und der unterbliebenen Bekanntmachung redlich war; daß es sich um eine gestohlene Uhr gehandelt hat, schadet nicht (§ 1244), ebensowenig, daß sie unter dem Metallwert zugeschlagen wurde (§ 1240 Abs. 1 ist in § 1244 nicht als unerläßliche Rechtmäßigkeitsvoraussetzung aufgeführt!).

Hat der Versteigerer den Zuschlag verweigert, weil der Metallwert nicht erreicht wurde, und veräußert er nun (namens des G) die Uhr *freihändig* gemäß § 1240 Abs. 2 an K, so wird dieser Eigentümer, obwohl die Uhr einst dem E gestohlen war (§ 935 Abs. 2 würde diesen Schluß nicht rechtfertigen, da es sich jetzt nicht um eine öffentliche Versteigerung handelt, wohl aber § 1244, der allgemein den § 935 nicht erwähnt!). Voraussetzung ist jetzt freilich, daß der Goldwert erreicht wird (§ 1240 Abs. 2). In der Tat eine dornenvolle Regelung!

Angenommen G hätte die Uhr vor der Pfandreife freihändig veräußert, indem er sich als ihr Eigentümer ausgab, so würden die §§ 932 ff. unmittelbar, also auch § 935 eingreifen.

c) Ordnungsvorschriften

Bloße Ordnungsvorschriften sind:

die Androhung des Pfandverkaufs, § 1234 Abs. 1
Benachrichtigung von der Versteigerung, § 1237 Satz 2
Einhaltung einer Monatsfrist, § 1234 Abs. 2
Mitteilung des Versteigerungsergebnisses, § 1241

bei schuldhaftem Verstoß
Schadensersatzpflicht: § 1243 Abs. 2

Verkauf nur gegen Barzahlung und kassatorische
Klausel, § 1238 Abs. 1

nicht bezahlter Kaufpreis gilt
dem Pfandgläubiger gegenüber
als bezahlt, § 1238 Abs. 2

Verstöße gegen Rechtmäßigkeits- oder Ordnungsvorschriften werden geheilt, z.B. wenn der Eigentümer den freihändigen Verkauf nachträglich genehmigt (BGH NJW 1995, 1350, 1351 m.w.N.).
Beachte: Pfandgläubiger und Eigentümer können bei der Versteigerung mitbieten (§ 1239); beide sind daran interessiert, daß das Pfand nicht unter seinem Wert zugeschlagen wird.[1]

d) Erlös aus dem Pfand

Wenn der Ersteher den Erlös an den Versteigerer als den Vertreter des Pfandgläubigers bezahlt, so entrichtet er damit den Kaufpreis und bringt die Kaufpreisforderung des Pfandgläubigers zum Erlöschen. Das Gesetz mußte aber vor allem auch die Frage regeln, wie sich diese Zahlung auf das Verhältnis zwischen Gläubiger und Pfandeigentümer auswirkt. Damit befaßt sich der nicht ganz leicht verständliche § 1247:

aa) Soweit der Pfanderlös dem Pfandgläubiger zu seiner Befriedigung gebührt, „gilt die Forderung als von dem Eigentümer berichtigt" (§ 1247 Satz 1). Es wird so angesehen, als habe der Pfandeigentümer den Gläubiger befriedigt (was er in der Tat ja mittelbar dadurch getan hat, daß *sein* Eigentum versteigert worden ist!). Dies bedeutet z.B., daß bei Auseinanderfallen von Pfandeigentümer und Schuldner die Forderung des Gläubigers gegen den Schuldner auf den Pfandeigentümer übergeht (§ 268 Abs. 3 Satz 1, § 1249).

bb) Was heißt aber „gebührt"? Damit will das Gesetz sagen, daß der Erlös nur dann dem Gläubiger zufallen soll, wenn und soweit ihm Forderung und Pfandrecht zustanden. Dann war das Pfandrecht zu Recht realisiert worden.

War dies nicht der Fall, so soll der Grundsatz der *Surrogation* gelten: „der Erlös tritt an die Stelle des Pfandes" (§ 1247 Satz 2), fällt also in das Eigentum des Pfandeigentümers, u.U. („soweit") in das Miteigentum von Gläubiger und Pfandeigentümer. Für eine Surrogation dieser Art kommen vor allem folgende Fälle in Betracht: die Pfandforderung besteht nicht – das Pfandrecht ist nicht entstanden (z.B. weil es sich um eine gestohlene Sache gehandelt hat) – der Erlös übersteigt die gesicherte Forderung.

---

[1] Zu den hier auftretenden konstruktiven Schwierigkeiten s. *Soergel/Mühl* § 1239 Rn. 4.

Beispiel: Die dem Juwelier E gestohlene, dem G für eine Schuld des S verpfändete Uhr ist von K für 100 DM ersteigert worden; K wurde Eigentümer (§ 1244). Aber der Erlös „gebührt" nicht dem G, weil ihm kein Pfandrecht zustand. Eigentümer der 100 DM wird also E, obwohl sie von K an G übereignet wurden (§ 1247 ist stärker als § 929!). Nach der Vermengung mit eigenem Geld des G gilt § 948 mit § 947.

Hat K kein Eigentum an der Uhr erlangt (z. B. weil er das Nichtbestehen des Pfandrechts kannte, § 1244 mit § 932), so bleibt E Eigentümer der Uhr, kann sie also von K vindizieren. Genehmigt E die Versteigerung (§ 185), so kann er den Erlös von G nach § 816 (entsprechend) herausverlangen.

Überstieg bei völlig rechtmäßigem Pfandverkauf der Erlös von 100 DM die Forderung von nur 70 DM, so entsteht an dem Erlös Miteigentum von G und E im Verhältnis 7 : 3. Teilung durch G, indem er 70 DM für sich behält und 30 DM an E auszahlt.

3. Sonderfälle des Pfandverkaufs

30 Das Gesetz gestattet verschiedene Abweichungen vom Normalfall.

a) Verwertung nach Vollstreckungsrecht: § 1233 Abs. 2

Der Gläubiger erwirkt gegen den Pfandeigentümer einen Titel (Urteil, Vollstreckungsbescheid) auf Duldung der Zwangsvollstreckung in die Pfandsache; dieser mit Vollstreckungsklausel versehene Titel ist vergleichbar dem Duldungstitel des Hypothekengläubigers gegen den Grundeigentümer (dort Normalfall). Ein allgemeiner, auf Zahlung gerichteter Vollstreckungstitel genügt nicht. Eine Pfändung nach §§ 808 ff. ZPO ist nicht erforderlich. Die Pfandverwertung erfolgt dann durch den Gerichtsvollzieher nach den Vorschriften der ZPO: §§ 814 ff., also wie wenn die Pfandsache zuvor durch den Gerichtsvollzieher wirksam gepfändet worden wäre.

b) Verwertung nach Parteivereinbarung: § 1245

Das Gesetz erlegt den am Pfandverkauf Beteiligten keinen Zwang auf: Sie können abweichende Vereinbarungen treffen, die den Pfandverkauf erschweren oder erleichtern. Gewisse Mindestvoraussetzungen eines geregelten Pfandverkaufs sind aber auch hier – vor Eintritt der Pfandreife – unabdingbar (§ 1245 Abs. 2).

c) Verwertung entsprechend einer Anordnung des Gerichts: § 1246 Abs. 2

Entscheidung des Gerichts (§ 166 FGG), wenn eine abweichende Art des Pfandverkaufs den Interessen der Beteiligten entspricht und eine Einigung hierüber nicht erzielt werden konnte.

Beispiele: E (= S) hat dem G seine wertvolle Geige verpfändet. Eine „normale" Versteigerung verspricht aus verständlichen Gründen keinen dem Wert der Geige entsprechenden Erfolg. E will, daß die Geige einem Fachgeschäft zum kommissionsweisen Verkauf überlassen wird, G sträubt sich dagegen. E kann das Amtsgericht anrufen.

Hätte G einen Duldungstitel gegen E erwirkt, so hätte das Vollstreckungsgericht auf Grund von § 825 ZPO noch weiterreichende Möglichkeiten. Es könnte z. B. die Geige dem G zu einem fest bestimmten Preis zu Eigentum überlassen.

V. Die Übertragung des Pfandrechts

1. Wirkungen der Akzessorität

31 Das Pfandrecht an beweglichen Sachen ist *streng akzessorisch*. Daher geht mit der Übertragung der gesicherten Forderung – und nur mit dieser – das Pfandrecht auf den neuen Gläubiger über (§ 1250 Abs. 1, vgl. § 401); dabei ist es gleichgültig, ob der Übergang der Forderung auf einer – formlos möglichen[1] – Vereinbarung zwischen Zedent und Zessionar, auf einem gerichtlichen Akt (z. B. Überweisungsbeschluß nach § 835 Abs. 2 ZPO) oder auf Gesetz (z. B. auf § 1249) beruht. Der Übergang des Pfandrechts kann zwar

---

[1] Also anders als bei der Hypothek: § 1154!

zwischen Zedent und Zessionar vertraglich ausgeschlossen werden,[1] hat dann aber das Erlöschen des Pfandrechts zur Folge (§ 1250 Abs. 2).

Beispiel: Haben in unserem letzten Beispiel („Die Meistergeige") E und G vereinbart, daß das Pfandrecht nicht auf einen Zessionar übergehen soll, so hat das nur schuldrechtliche Bedeutung (§ 137). Tritt G die Forderung an Z ab, ohne den Übergang des Pfandrechts auszuschließen, so erhält Z auch das Pfandrecht, G wird aber dem E schadensersatzpflichtig. Hält sich G an die Abmachung, so erlischt das Pfandrecht.

2. Rechte des Zessionars

Der Zessionar kann – weil ihm das Pfandrecht mit der Übertragung der Forderung zusteht – das Pfand vom Zedenten herausverlangen (§ 1251 Abs. 1). Er tritt in das gesetzliche Schuldverhältnis zum Verpfänder ein (§ 1251 Abs. 2).

3. Gutgläubiger Erwerb eines nicht bestehenden Pfandrechts?

Fraglich ist, ob ein gutgläubiger Erwerb eines nicht bestehenden Pfandrechts durch den Zessionar möglich ist. Dies ist sicher dann zu verneinen, wenn die gesicherte Forderung nicht besteht. Wie aber dann, wenn nur das Pfandrecht nicht gegeben ist?

S hat eine ihm von E vermietete Schreibmaschine seinem Gläubiger G verpfändet. G hatte kein Pfandrecht erworben, weil er das Nichteigentum des S kannte (§ 1207 mit § 932). Er tritt seine Forderung an den redlichen Z ab und übergibt ihm das Pfand.

Die h. M. verneint jeden gutgläubigen Erwerb, stellt Z also schlechter als den Erwerber einer Sicherungshypothek (§ 892). Dem ist zu folgen. Nach der im BGB gewählten Konstruktion kommt gutgläubiger Erwerb nur dort in Betracht, wo ihn das Gesetz ausdrücklich zuläßt oder wo ein einer gesetzlichen Regelung entsprechender Vertrauenstatbestand gegeben ist: der Erwerber eines Pfandes erwirbt das Pfand, weil (und wenn) er die Forderung erwirbt, nicht aber durch Besitzübergabe des Zedenten.[2]

VI. Das Erlöschen des Pfandrechts

1. Auswirkungen der Akzessorität

Als akzessorisches Recht erlischt das Pfandrecht „mit der Forderung, für die es besteht" (§ 1252). Ein Eigentümerpfandrecht entsteht nicht.

Wie ist die Rechtslage, wenn das Pfandrecht für einen Kreis von mehreren gegenwärtigen und künftigen Forderungen oder einen Kredit in laufender Rechnung bestellt ist und die gesicherten Forderungen zunächst einmal getilgt sind? Das Pfandrecht erlischt nicht, solange das Kreditverhältnis fortbesteht (§ 1204 Abs. 2). Das gleiche gilt, wenn *eine* dieser mehreren Forderungen *ohne* das Pfandrecht abgetreten wird, § 1250 Abs. 2 ist also dann nicht anwendbar.[3] –

Das Pfandrecht erlischt auch im Fall der *Konfusion,* d. h. wenn Gläubiger- und Schuldnerstellung zusammenfallen. Komplizierter liegt der Fall der sog. *Konsolidation,* wenn Eigentum und Pfandrecht sich in einer Person vereinigen (BGHZ 27, 227, 233). Auch hier bekennt sich das Gesetz zu der Grundregel, daß das Pfandrecht erlischt (§ 1256 Abs. 1 Satz 1); dies gilt jedoch dann nicht, wenn die Forderung, für welche das Pfandrecht besteht, mit dem Recht eines Dritten belastet ist oder der Eigentümer an dem Fortbestand ein rechtliches Interesse hat (§ 1256 Abs. 1 Satz 2, Abs. 2). Ist Eigentümer und Schuldner ein- und dieselbe Person, so geht § 1252 zwar nicht dem § 1256 Abs. 1 Satz 2, wohl aber dem § 1256 Abs. 2 vor.[4]

---

[1] Anders § 1153 Abs. 2 1. Fall.
[2] Dazu *Reinicke/Tiedtke* JA 1984, 202, 211; *Tiedtke,* Gutgl. Erwerb, S. 62.
[3] So mit Recht *Westermann/Gursky* § 67 I 1 a; *Soergel/Mühl* § 1252 Rn. 3.
[4] Str. s. *Soergel/Mühl* § 1256 Rn. 3.

E = S hat dem G Wertpapiere verpfändet. Später beerbt G den E als dessen Alleinerbe. Forderung und Schuld, Pfandrecht und Eigentum fallen in einer Person zusammen. Das Pfandrecht erlischt auch dann, wenn G wegen eines noch bestehenden zweitrangigen Pfandrechts zugunsten des D ein Interesse an seinem Fortbestehen hat.

2. Aufhebung und Rückgabe

34 Trotz Fortbestehens der Forderung erlischt das Pfandrecht, wenn der Gläubiger es *aufhebt* (§ 1255) oder wenn er das Pfand dem Verpfänder oder Eigentümer *zurückgibt*, und zwar auch dann, wenn er sich dabei die Fortdauer des Pfandrechts vorbehält (§ 1253 Abs. 1).

Der Sinn dieser Regelung ist augenscheinlich: Das Pfandrecht soll Besitzpfandrecht sein und bleiben. Die Möglichkeit, durch Pfandhingabe und sofortige Rückgabe den Effekt eines besitzlosen Pfandrechts zu erreichen (Sicherungsübereignung!), soll abgeschnitten werden.

Die Rückgabe muß *freiwillig* und darf nicht nur vorübergehend erfolgt sein, und zwar an den Verpfänder oder Eigentümer; Rückgabe an den vom Eigentümer verschiedenen Schuldner bringt das Pfandrecht nicht zum Erlöschen.

Beachte die Vermutung des § 1253 Abs. 2 und das Recht auf Rückgabe in § 1254!

Beispiel: E hat seine Schreibmaschine dem G verpfändet. Später überredet er den G zur Rückgabe, um mit der Maschine arbeiten zu können. Das Pfandrecht erlischt, auch wenn beide Teile meinen, es bleibe bestehen; keine Umdeutung in eine Sicherungsübereignung; denn diese ist ein „Mehr" gegenüber der Pfandrechtsbestellung.

Anders dann, wenn E die Frau des G zur Herausgabe der Maschine unter der falschen Vorspiegelung veranlaßt hat, G sei damit einverstanden, oder wenn G sie dem E zur Vornahme einer Reparatur kurzfristig überlassen hat oder wenn G sie dem R zur Vornahme einer Reparatur übergeben hat.

Der Juwelier J hat ihm gehörige Juwelen, die in einem Stahlkammerfach der Bank B lagerten, derart an G verpfändet, daß er ihm seinen Schlüssel zum Stahlfach übergab. Gestattet G dem J, jeweils die zur Bearbeitung benötigten Juwelen aus dem Tresor zu holen, und überläßt er der Bank mit einer entsprechenden Weisung den Schlüssel, so liegt darin keine Rückgabe, selbst wenn J abredewidrig die Juwelen nach Bearbeitung nicht in den Safe zurücklegt.

3. Verpfänderrechte

35 Nach Erlöschen des Pfandrechts hat der Verpfänder das Recht, vom Pfandgläubiger das Pfand zurückzuverlangen (§ 1223 Abs. 1). Das gleiche Recht steht aber auch dem Eigentümer zu (§ 985).

Aus dieser Regelung ergeben sich zwei umstrittene Fragen, zu denen der BGH in BGHZ 73, 317 Stellung genommen hat (unter vollst. Zitierung der Literatur):

a) Kann der Pfandgläubiger vom Verpfänder nur Zahlung Zug um Zug gegen Rückgabe der Pfandsache verlangen? In Anwendung von § 273 wird diese Frage bejaht (dazu *Oesterle* JZ 1979, 634; *Denck* JuS 1981, 9).

b) Gilt dies auch dann, wenn der Verpfänder weder Eigentümer noch diesem gegenüber zu Besitz berechtigt ist? Der BGH bejaht auch diese Frage, da der Pfandgl. die internen Verhältnisse zwischen Eigentümer und Verpfänder nicht kennen könne. Nach der in der Lit. wohl h.M. kann der gegenüber dem Eigentümer nicht zum Besitz berechtigte Verpfänder nur Herausgabe an den Eigentümer verlangen (s. zum Problem *Müller-Laube* AcP 183, 215).

C. Das gesetzliche Pfandrecht

I. Grundlagen

1. Vorleistung und Sicherungsbedürfnis

Das Gesetz – BGB, HGB, sowie Sondergesetze – kennt zahlreiche Fälle gesetzlicher Pfandrechte. Versucht man einen gemeinsamen Grund für die Schaffung dieser Pfandrechte aufzuspüren, so stößt man auf folgende Erscheinung: für manche Vertragsverhältnisse ist die Vorleistung des einen Vertragsteils typisch, wenn auch nicht rechtsnotwendig, so etwa die des Vermieters und Verpächters, der den gemieteten (gepachteten) Raum zur Verfügung stellt, des Spediteurs und Frachtführers, der das Gut zur Beförderung übernommen hat. Aus dieser typischen Vorleistung ergibt sich ein Sicherungsbedürfnis des Leistenden. Dazu kommt, daß in einigen Fällen die Vorleistung einem bestimmten Gut des anderen Vertragsteils zugute kommt, so die Tätigkeit des Werkunternehmers, aber auch – in einem weiteren Sinne – die des Lagerhalters und der Beförderungspersonen aller Art. Eine Sicherung des Leistenden durch Zug um Zug-Leistung ist in diesen Fällen praktisch ausgeschlossen. Das Gesetz gestattet daher dem Vertragsteil, der seine Vertragspflichten bereits erfüllt hat, einen Zugriff auf die in seinen Herrschaftsbereich gelangten Sachen des anderen Vertragsteils. Dieser Herrschaftsbereich kann sich im Besitz des Gläubigers manifestieren; dann spricht man von gesetzlichen *Besitz*pfandrechten. Hierunter fallen etwa das Pfandrecht des Werkunternehmers (§ 647), des Lagerhalters (§ 475b HGB), des Kommissionärs (§ 397 HGB), des Spediteurs (§ 464 HGB), des Frachtführers (§ 441 HGB). In anderen Fällen ist das Herrschaftsverhältnis des Gläubigers locker, es genügt, wenn die Sachen „eingebracht" werden, d.h. auf das Grundstück des Gläubigers (beim Vermieter- und Verpächterpfandrecht, § 559) oder in seine Betriebssphäre (beim Pfandrecht des Gastwirts, § 704) geschafft werden. Diese Pfandrechte nennt man *besitzlose* (oder Einbringungspfandrechte).

Die Unterscheidung zwischen besitzlosen und Besitzpfandrechten spielt eine Rolle bei der Frage des gutgläubigen Erwerbs eines gesetzlichen Pfandrechts.

2. Bedeutung des § 1257

§ 1257 unterwirft diese gesetzlichen Pfandrechte den Vorschriften über das vertragliche Pfandrecht, deutet aber schon durch seine Formulierung („ein kraft Gesetzes *entstandenes* Pfandrecht") an, daß der Entstehungstatbestand sich nach den Spezialbestimmungen richtet. Diese gehen aber ganz allgemein, nicht nur bei Beurteilung der Entstehung des Pfandrechts, den allgemeinen Regeln des Vertragspfandrechts vor. Fragt man sich, was dann für die Anwendung des Vertragspfandrechts übrig bleibt, so sind dies vor allem die Grundsätze über Akzessorietät und die Verwertung des Pfandes.

Die *praktische Bedeutung* des gesetzlichen Pfandrechts zeigt sich neben der Möglichkeit der Verwertung vor allem beim Zugriff anderer Gläubiger auf das Pfand, sei es im Wege der Einzelzwangsvollstreckung (vgl. § 805 ZPO), sei es im Konkurs-/Insolvenzfall (§§ 49 Abs. 1 Nr. 2 KO/50 InsO).

II. Die Entstehung des gesetzlichen Pfandrechts

1. Besitz des Gläubigers bzw. Einbringung der Sache

38   Hier verlangen die Sondertatbestände neben dem Bestand einer zu sichernden Forderung den Besitz des Gläubigers oder – bei den besitzlosen Pfandrechten – die Einbringung der Sache. Für die Sicherung künftiger Forderungen finden sich gelegentlich ausdrückliche Vorschriften (z.B. in § 559 Satz 2).

> Bei den *besitzlosen* Pfandrechten (also beim Vermieter-, Verpächter- und Gastwirtepfandrecht) sind unpfändbare Sachen vom Pfandrecht ausgenommen (§§ 559 S. 3, 581 Abs. 2, 704 S. 2), *nicht* dagegen bei den Besitzpfandrechten. Der Grund für die verschiedene Behandlung liegt wohl darin, daß sich der Schuldner bei den Besitzpfandrechten freiwillig des Besitzes begeben hat (s. *Fenn* FamRZ 1971, 110).
>
> Das Bestehen eines gesetzl. Pfandrechts (z.B. des Vermieters) schließt die Begründung eines Pfändungspfandrechts (Pfändung der Sachen im Auftrag des Vermieters) nicht aus (OLG Frankfurt MDR 1975, 228).

2. Eigentum des Schuldners

39   Die gesetzlichen Pfandrechte setzen *Eigentum* des Schuldners an der Pfandsache voraus; das ergibt sich schon aus der jeweiligen Formulierung des Gesetzes. Freilich ergeben sich hier zwei Sonderprobleme, die vor allem mit der Entwicklung des Instituts des Eigentumsvorbehalts zusammenhängen, nämlich: Ist ein gutgläubiger Erwerb des gesetzl. Pfandrechts möglich (Rn. 40)? Erstreckt sich das gesetzliche Pfandrecht auch auf die Anwartschaft des Käufers aus bedingter Übereignung (Rn. 41)?

> Zur Einführung ein *Beispiel:*
>
> K läßt sein unter Eigentumsvorbehalt von V gekauftes Kraftfahrzeug bei R reparieren. Er geriert sich dabei als Eigentümer. Später stellt sich heraus, daß er weder die Raten an V noch die Reparaturrechnung an R bezahlen kann. R macht sein gesetzliches Pfandrecht geltend (praktische Fälle dieser Art etwa OLG Celle NJW 1953, 1471; LG München 1957, 1237 und 1960, 44).
>
> Gleicher Fall wie eben, nur daß K dem R auf Befragen mitgeteilt hat, er habe den Wagen auf Abzahlung gekauft, aber bereits zu „75% bezahlt". Hat R ein gesetzliches Pfandrecht an der Anwartschaft erlangt?

a) Der gutgläubige Erwerb

40   Er ist sicher abzulehnen bei den besitzlosen Pfandrechten, da hier jede Entsprechung zu §§ 1207, 932ff. fehlt. Der Vermieter erwirbt also z.B. kein Pfandrecht an einer Schreibmaschine, die sich der Mieter geliehen hatte oder die seiner Frau gehört (es sei denn, daß diese – wie in aller Regel – den Mietvertrag mit abgeschlossen hat).

Redlicher Erwerb ist dagegen möglich bei den Besitzpfandrechten, also dann wenn der Schuldner die Sache dem Gläubiger übergeben hat. Auf den

Wortlaut des § 1257 („entstandenes Pfandrecht") kann sich die Gegenmeinung angesichts des § 366 Abs. 3 HGB mit Grund nicht berufen; denn § 366 Abs. 3 HGB setzt einen Erwerb des gesetzlichen Pfandrechts im Glauben an das vermeintliche Eigentum als selbstverständlich voraus.

Die hier vertretene Auffassung ist in der Literatur weit verbreitet,[1] während der BGH dezidiert, aber nicht überzeugend den redlichen Erwerb des Pfandrechts verneint (BGHZ 34, 122, 124, 127 [= *Baur*, E.Slg. Fall 32]; 34, 153 [= *Baur*, E.Slg. Fall 55]; 87, 274, 280), sofern es nicht rechtsgeschäftlich bestellt ist, was auch in Allgemeinen Geschäftsbedingungen geschehen kann (BGHZ 68, 323, 326; BGH NJW 1981, 227; Karsten *Schmidt* JuS 1977, 764; 1987, 655 u. *Medicus* Rn. 594 u. *Picker* NJW 1978, 1417).

Man muß das Problem auch im Gesamtzusammenhang mit dem Schutz des Werkunternehmers R sehen, wenn K zahlungsunfähig wird:

aa) Anspruch auf *Verwendungsersatz* nach §§ 994 ff. scheidet aus, weil R berechtigter Besitzer war; s. oben § 11 Rn. 24 ff. Anders freilich BGHZ 34, 122; 51, 250; 87, 274, dazu (m. w. N.) *Karsten Schmidt* JuS 1987, 655; *Reinicke/Tiedtke*, Kreditsicherung, 3. Aufl. 1994, S. 281 f.

bb) *Bernöhr* ZHR 135, 144 will aus der Reparaturpflicht, die K dem V gegenüber übernommen hat, eine Art Ermächtigung des V an K sehen, das Werkunternehmerpfandrecht des R zu begründen (entspr. § 185). Allein das widerspricht dem Willen des V, der ja von den Lasten der Reparatur gerade nicht betroffen sein will (wie *Bernöhr* aber auch *Medicus* Rn. 594).

In unserem ersten Beispiel hat also R das Pfandrecht erworben, sofern man nicht meint, er sei grob fahrlässig gewesen, weil er sich den Kraftfahrzeugbrief nicht habe vorlegen lassen.

b) Gesetzliches Pfandrecht am Anwartschaftsrecht

Dieser Fragenkreis ist uns schon oben § 39 Rn. 33 ff. begegnet, als es darum **41** ging, zu entscheiden, ob auch Zubehör, das vom Grundstückseigentümer unter Eigentumsvorbehalt gekauft wurde, der Hypothekenhaftung unterliegt. Wir hatten dort die Frage bejaht. Um das gleiche Problem geht es hier. Anerkennt man, daß das Anwartschaftsrecht ein aus dem Eigentum abgespaltenes, eigentumsähnliches Recht ist, so muß man daraus folgern, daß sich auch das gesetzliche Pfandrecht darauf erstreckt.[2] Mit Erwerb des Volleigentums – also dem Eintritt der Bedingung durch Zahlung der letzten Rate – verwandelt sich – in entsprechender Anwendung des § 1287 – das Pfandrecht am Anwartschaftsrecht in ein Pfandrecht an der Sache selbst. Damit geht das gesetzliche Pfandrecht Pfand- und Sicherungsrechten vor, die zeitlich nach ihm am Anwartschaftsrecht oder an der Sache selbst entstanden sind.

Beispiel: M wohnt bei E zur Miete. Er hat sich ein wertvolles Stereogerät auf Abzahlung gekauft. Als 9 von insgesamt 10 Raten bezahlt sind, pfändet ein Gläubiger G des M Anwartschaftsrecht und Sache (entsprechend der h. L.: Theorie der Doppelpfändung; s. unten § 59 Rn. 41). Mit Bezahlung der letzten Rate (gleich ob durch M, E oder G) erwirbt M das Volleigentum, aber belastet mit dem gesetzlichen Vermieterpfandrecht des E; dieses geht dem Pfändungspfandrecht des G vor.

Hätte M das Anwartschaftsrecht sicherungshalber nach § 930 auf G übertragen, so würde dieser mit Vollzahlung des Kaufpreises Eigentümer, aber belastet mit dem gesetzlichen Pfandrecht des E.[3]

---

[1] *MünchKomm/Damrau* § 1257 Rn. 3 m. w. N.; a. A.: *Palandt/Thomas* § 647 Rn. 3; *Palandt/Bassenge* § 1257 Rn. 2.

[2] Unstreitig, vgl.: *Palandt/Bassenge* § 929 Rn. 39; als erster *Raiser*, Dingliche Anwartschaften, 1961, S. 97 ff.; ferner BGH NJW 1965, 1475.

[3] Zum Verhältnis von Vermieterpfandrecht und Sicherungseigentum s. unten § 59 Rn. 65.

III. Die Pfandverwertung

42 Da § 1257 für das gesetzliche Pfandrecht ganz allgemein auf die für das Vertragspfandrecht geltenden Regeln verweist, wird auch das gesetzliche Pfand nach den §§ 1228 ff. – also in erster Linie durch Privatverkauf im Wege öffentlicher Versteigerung – verwertet. Freilich greifen einige Sonderbestimmungen Platz, die hier nur angedeutet werden können.

Hierher gehören etwa das Selbsthilferecht des Vermieters nach § 561, das eine künftige Pfandverwertung sichern soll, die dem Einkaufskommissionär gegebene Möglichkeit, auch eigene (für den Kommittenten eingekaufte) Sachen nach den Regeln des Pfandverkaufs zu verwerten (§ 398 HGB), die Abkürzung der Wartefrist des § 1234 in § 368 HGB, ferner die Sonderbestimmungen in §§ 9–12 des Pachtkreditgesetzes v. 5. 8. 1951 (gesetzliches Pfandrecht des Verpächters und Inventarpfandrecht des Kreditinstituts haben gleichen Rang; der Verpächter kann einer Verwertung des Inventars nicht widersprechen).

Von solchen Sonderbestimmungen abgesehen ist aber das für das Vertragspfand geltende *Verwertungsrecht strikt einzuhalten.* Irrig ist also insbesondere die weit verbreitete Vorstellung, als dürfe der Gläubiger bei einem gesetzlichen Pfandrecht den Pfandgegenstand unter Anrechnung des Werts auf seine Forderung für sich behalten oder durch freihändigen Verkauf verwerten.

IV. Übertragung und Untergang des gesetzlichen Pfandrechts

43 1. Auch für das gesetzliche Pfandrecht gilt die Regel des § 1250, daß mit der *Übertragung der Forderung* das Pfandrecht auf den Zessionar übergeht. Hat also z.B. der Werkunternehmer seine Forderung aus der Reparatur eines Kraftwagens an seine Bank abgetreten, so steht nunmehr auch das gesetzliche Pfandrecht der Bank zu.

44 2. Das Vertragspfandrecht *erlischt* u.a. dann, wenn der Gläubiger die Sache dem Vertragspartner oder Eigentümer zurückgibt (§ 1253). Diese Regel kann für die besitzlosen Pfandrechte (also z.B. des Vermieters) nicht gelten, wohl aber für Besitzpfandrechte, so etwa dann, wenn der Werkunternehmer die reparierte Sache dem Eigentümer zurückgibt, obwohl die Reparaturrechnung noch nicht bezahlt ist (RGZ 134, 116, 119, 120).

Daneben finden sich wieder zahlreiche Sonderbestimmungen, so in §§ 560, 561 Abs. 2 Satz 2 für das Vermieterpfandrecht (Beispiele: BGH NJW 1963, 147 u. OLG Karlsruhe NJW 1971, 624), in § 397 HGB (auch unfreiwilliger Besitzverlust am Kommissionsgut beendet das gesetzliche Pfandrecht des Kommissionärs!),[1] in § 441 Abs. 3 HGB (auch nach Ablieferung des Frachtguts bleibt das Pfandrecht des Frachtführers bestehen, wenn er es innerhalb von 3 Tagen gerichtlich geltend macht!).

Entsprechend der Eigenart des jeweiligen Vertragsverhältnisses wird also die für das Vertragspfandrecht geltende Rückgaberegelung teils zum Nachteil, teils zum Vorteil des Gläubigers modifiziert.

---

[1] A.A. mit Nachweisen zum Meinungsstand: *Altmeppen,* ZHR 157 (1993), 541.

D. Das Pfändungspfandrecht

I. Grundlagen

1. Begründung

Das BGB regelt nur das vertragliche und das gesetzliche Pfandrecht. Dazu **45** tritt auf Grund einer in § 804 Abs. 2 ZPO enthaltenen Verweisung das Pfändungspfandrecht. Wie die beiden anderen Pfandrechtsarten hat es seine Bezeichnung nach der Art seiner Begründung erhalten; § 804 Abs. 1 ZPO sagt dies sehr plastisch: „Durch die Pfändung erwirbt der Gläubiger ein Pfandrecht an dem gepfändeten Gegenstand". Die Pfändung ist der staatliche Vollstreckungsakt bei der Zwangsvollstreckung in das bewegliche Vermögen (§ 803 Abs. 1 Satz 1 ZPO); sie ersetzt gewissermaßen die freiwillige vertragliche Verpfändung durch den Schuldner. Durch das Pfändungspfandrecht erlangt der Gläubiger im Verhältnis zu anderen Gläubigern dieselbe Rechtsstellung wie bei einem durch Vertrag erworbenen Pfandrecht (§ 804 Abs. 2 ZPO). Der Rang seines Pfandrechts richtet sich – auch im Verhältnis zu vertraglichen und gesetzlichen Pfandrechten – nach dem Grundsatz der Priorität (§ 804 Abs. 3 ZPO); im Konkurs bzw. in der Insolvenz des Schuldners steht ihm ein Recht auf abgesonderte Befriedigung zu (§ 49 Abs. 1 Nr. 2 KO mit § 48 KO bzw. § 50 Abs. 1 InsO), was insbesondere bedeutet, daß der Erlös aus der Verwertung des Pfandes in Höhe seiner Forderung ihm zusteht (§§ 4 Abs. 2, 127 KO bzw. §§ 166, 170 InsO).[1] Die Pfändung ermöglicht dem Gläubiger die zwangsweise Verwertung der Sache durch öffentliche Versteigerung (§§ 814 ff. ZPO).[2]

2. Bedeutung des Pfändungspfandrechts

An praktischer Bedeutung übertrifft das Pfändungspfandrecht bei weitem die beiden anderen **46** Pfandrechtsarten, und zwar sowohl in der Form der Pfändung beweglicher Sachen durch den Gerichtsvollzieher (§§ 808 ff. ZPO) wie in der der Pfändung von Forderungen durch einen Pfändungsbeschluß des Gerichts (§§ 828 ff. ZPO). Denn überall dort, wo der Schuldner einer Geldforderung nicht freiwillig leistet, muß dem Gläubiger der zwangsweise Zugriff auf das Vermögen des Schuldners eröffnet werden. Dieses gliedert sich aber in aller Regel in bewegliche Sachen (Pfändung durch den Gerichtsvollzieher), Forderungen und sonstige Vermögensrechte (Pfändung durch Beschluß des Amtsgerichts als Vollstreckungsgerichts) und Grundstücke (Verwertung durch Zwangsversteigerung und Zwangsverwaltung). –

Die Einzelheiten der Zwangsvollstreckung in bewegliche Sachen können hier nicht dargestellt werden; das ist Sache der Lehrbücher und Grundrisse des Zwangsvollstreckungsrechts.[3] Hier kann es sich nur darum handeln, den Zusammenhang des Pfändungspfandrechts mit den pfandrechtlichen Vorschriften des BGB aufzuzeigen.

---

[1] Nach § 166 Abs. 1 InsO darf jedoch der absonderungsberechtigte Gläubiger das Pfand im Insolvenzfall grundsätzlich nicht mehr selbst verwerten, wenn es der Insolvenzverwalter in seinem Besitz hat (Ausnahme: §§ 170 Abs. 2, 173 InsO).

[2] Beispiel: BGH NJW 1987, 1880 mit Anm. *Krüger* JuS 1989, 182.

[3] Unter (vielen) anderen: *Baur/Stürner* I ZVR, 12. Aufl. 1995; *Lippross*, Vollstreckungsrecht, 7. Aufl. 1994.

II. Das anwendbare Recht

47 Aus § 804 ZPO läßt sich eindeutig entnehmen, daß das Pfändungspfandrecht den beiden anderen im BGB enthaltenen Pfandrechten als drittes an die Seite gestellt werden sollte. Daraus ergibt sich, daß die pfandrechtlichen Bestimmungen des BGB anwendbar sind, soweit nicht die Sonderbestimmungen des Zwangsvollstreckungsrechts (z. B. über die Verwertung in §§ 814 ff. ZPO) eingreifen oder vollstreckungsrechtliche Besonderheiten eine abweichende Beurteilung fordern.

> Das damit gegebene Problem der *Rechtsnatur des Pfändungspfandrechts* ist nach wie vor streitig,[1] die überkommene *rein privatrechtliche Auffassung* sieht in ihm eine dritte Art eines privatrechtlichen Pfandrechts, das sich von den beiden anderen nur durch die Art der Begründung unterscheidet. Die gemischte *privat-öffentlich-rechtliche Theorie*, die überwiegend vertreten wird, fordert auch für das Pfändungspfandrecht die wesentlichen Voraussetzungen des privatrechtlichen Pfandrechts, nämlich insbesondere das Bestehen der Forderung und das Eigentum des Schuldners am Pfandgegenstand (kein gutgläubiger Erwerb!), betont aber, daß die Verwertung des Pfandes auf dem öffentlich-rechtlichen Akt der Verstrickung beruht und solange rechtmäßig ist, als dieser Akt nicht auf einen Rechtsbehelf hin aufgehoben ist. Demgegenüber ist schließlich eine *öffentlich-rechtliche Theorie* der Auffassung, daß das Pfändungspfandrecht rein öffentlich-rechtlicher Natur ist: „Mit jeder wirksamen Beschlagnahme entsteht auch ein Pfändungspfandrecht; weitere Voraussetzungen brauchen nicht erfüllt zu sein."[2]
>
> Zur Kritik dieser Auffassungen wird auf *Baur/Stürner* I ZVR Rn. 27.6 ff. verwiesen. Nur so viel sei hier gesagt: Die öffentlich-rechtliche Theorie beruht auf einer Überbewertung des staatlichen Vollstreckungszugriffs und auf der keineswegs bewiesenen These, daß sich das Prozeßrecht *schlechthin* von allen Bindungen an das materielle Recht gelöst habe und in allen seinen Ausstrahlungen öffentlich-rechtlicher Natur sei. Sie ist mit dem Wortlaut (§ 804 ZPO) und der Vorstellung des Gesetzes schlechterdings unvereinbar. Demgegenüber wird die vorsichtig abwägende gemischte privat-öffentlich-rechtliche Theorie der besonderen Eigenart des Vollstreckungszugriffs gerecht, ohne dem Sinn und Wortlaut des Gesetzes Gewalt anzutun und den Zusammenhang mit dem allgemeinen Pfandrecht zu zerreißen.

III. Pfändung und Pfandrecht

1. Verstrickung

48 Die *Pfändung* ist ein staatlicher Hoheitsakt und bewirkt die *Verstrickung* der gepfändeten Sache. Der strafrechtliche Schutz der Verstrickung findet sich in § 136 StGB. Zivilrechtlich enthält die Pfändung ein Veräußerungsverbot i. S. der §§ 135, 136.

> *Beispiel:* G hat auf Grund eines auf Zahlung von 600 DM lautenden Urteils durch den Gerichtsvollzieher ein Stereogerät bei S gepfändet. Entfernt S das Pfandzeichen eigenmächtig, so macht er sich strafbar (§ 136 StGB); die Verstrickung bleibt bestehen. Veräußert er aber das Gerät dem redlichen K, so erwirbt dieser auch dem G gegenüber Eigentum (§ 136 mit § 135 Abs. 2 mit § 932), und zwar unbelastetes (§ 936), also auch frei vom Pfändungspfandrecht.

---

[1] Zum Streitstand ausführlich BGHZ 128, 75, 82 ff.
[2] *Lüke,* JZ 1957, 239, 240.

2. Akzessorität

Mit der Pfändung erwirbt der Gläubiger ein privatrechtliches Pfandrecht, aber nur, wenn die Forderung des Gläubigers besteht[1] und die gepfändete Sache dem Schuldner gehört.

49

Zur Rechtslage bei der Pfändung eigener Sachen des Gläubigers (z.B. der Abzahlungsverkäufer pfändet auf Grund eines Zahlungstitels beim Käufer seine unter Eigentumsvorbehalt gelieferte Sache!) s. BGHZ 15, 171, 173; 39, 97; *Baur/Stürner* I ZVR 27.13; s.a. § 59 Rn. 42.

3. Übertragung und Untergang

Aus der Akzessorietät des Pfändungspfandrechts ergibt sich, daß es mit der Forderung auf einen Rechtsnachfolger übergeht (§ 1250) und mit dem Untergang der Forderung erlischt (§ 1252).

50

4. Verwertung

Die *Verwertung* der Pfandsache erfolgt im Regelfall durch öffentliche Versteigerung seitens des Gerichtsvollziehers, die in der äußeren Form und den Schutzvorschriften in vielem der Pfandversteigerung des BGB gleicht (s. §§ 814ff. ZPO). Anders als hier tritt aber der Gerichtsvollzieher nicht als Ver-

51

Übersicht 23

Pfandrecht an beweglichen Sachen

Arten	Begründung	Verwertung	Erlöschen des Pfandrechts
I. 1. Rechtsgeschäftliches Pfandrecht an Sachen	Einigung + Übergabe § 1205 BGB	Versteigerung § 1228	a) mit Erlöschen der Forderung § 1252 b) mit Rückgabe der Sache § 1253
2. rechtsgeschäftliches Pfandrecht an Forderungen	Übertragungsform: § 1274 + § 1280	Einziehung durch den Pfandgläubiger § 1282	Erlöschen der Forderung § 1273 Abs. 2 mit § 1252
II. 1. Pfändungspfandrecht an Sachen	Pfändung durch den Gerichtsvollzieher § 808 ZPO	Versteigerung § 814 ZPO	a) Erlöschen der Forderung b) Aufhebung der Pfändung
2. Pfändungspfandrecht an Forderungen	Pfändungs- und Überweisungsbeschl. §§ 829, 857 ZPO	Einziehung durch den Pfandgläubiger § 835 ZPO	a) Erlöschen der Forderung b) Aufhebung des Pfändungsbeschlusses
III. Gesetzliche Pfandrechte	a) durch Einbringung z.B. § 559 (sog. Einbringungspfandrechte) b) durch Besitzerlangung z.B. § 647 (sog. ges. Besitzpfandrechte)	Versteigerung § 1257 mit § 1228	wie oben I 1

---

[1] Oder ihr Bestand auf Grund eines unanfechtbaren Titels nicht mehr angezweifelt werden kann *Baur/Stürner* I ZVR Rn. 27.13.

treter des Gläubigers auf, sondern als staatliches Vollstreckungsorgan. Der Ersteher erwirbt daher auf Grund staatlichen Hoheitsakts Eigentum auch dann, wenn ein Pfändungsrecht in Wahrheit dem Gläubiger nicht zustand (zu dieser wieder sehr umstrittenen Frage s. RGZ 156, 395; *Baur/Stürner* I ZVR Rn. 29.7; *Stein/Jonas/Münzberg* § 814 Rn. 1 f.).

Nach § 825 ZPO sind auf gerichtliche Anordnung auch andere Verwertungsarten möglich; wird danach die Versteigerung durch einen privaten Auktionator vorgenommen, so erfolgen Verkauf und Übereignung nach privatrechtlichen Grundsätzen; dies gilt auch dann, wenn der Auktionator auf der Grundlage des § 305 AO bestellt ist (BGHZ 119, 75, 78 f.).

Der Eigentümer, dessen beim Schuldner befindliche Sache für eine fremde Schuld gepfändet wurde, ist im übrigen nicht rechtlos: Bis zur Beendigung der Versteigerung und Ablieferung des Erlöses durch den Gerichtsvollzieher an den Gläubiger kann er die Beseitigung der Zwangsvollstreckung durch Drittwiderspruchsklage erreichen (§ 771 ZPO). Danach kann er den Erlös vom Gläubiger fordern (§ 812: Eingriffskondiktion; vgl. RGZ 156, 395, 399, 400 und zu der Streitfrage *Günther* AcP 178, 456 m. w. N.).

§ 56. Überblick über die nichtpfandrechtlichen Sicherungsrechte

(als Wirklichkeitstatbestand)

A. Die atypischen[1] Sicherungsgeschäfte

1 I. Will der Schuldner einem Gläubiger die Verwertungsbefugnis an einem zu seinem Vermögen gehörenden Gegenstand übertragen, so ist die dafür vom Gesetz zur Verfügung gestellte Regelform *das Pfandrecht* (Grundpfandrecht – Pfandrecht an beweglichen Sachen – Pfandrecht an Forderungen und sonstigen Rechten). Der Typenzwang dieser *Legalordnung* ist gerade hier von besonderer Bedeutung: für den Gläubiger, weil das Pfandrecht ihm eine an bestimmte Voraussetzungen geknüpfte, genau umschriebene Rechtsstellung gibt, für den Schuldner, weil ihm schon der vom Gesetz vorgesehene Begründungsakt die Belastung seines Vermögensgegenstandes durch Übertragung der Verwertungsbefugnis an den Gläubiger deutlich vor Augen führt, weil ferner die vorgesehenen Verwertungsformen einen gewissen Schuldnerschutz enthalten. Die Publizität ist – namentlich im Interesse anderer Gläubiger – streng durchgeführt: die Grundpfandrechte sind aus dem Grundbuch ersichtlich – das Pfandrecht an beweglichen Sachen ist ein Besitzpfandrecht, das ein Besitzkonstitut ausschließt – die Verpfändung von Forderungen setzt eine Mitteilung an den Schuldner voraus.

All' dies spricht dafür, die Pfandrechtsformen als abschließende, zwingende Regelung anzusehen.[2] Um so erstaunlicher ist – vom Standpunkt einer geset-

---

[1] Unter „atypischen" Sicherungsgeschäften verstehen wir solche, die im Gesetz nicht als „Typus" ausgestaltet sind.

[2] *Schubert* („Die Entstehung der Vorschriften des BGB über Besitz und Eigentumsübertragung" 1966, S. 163) weist freilich nach, daß die 1. u. 2. Kommission ein Verbot der Sicherungsübereignung durch Besitzkonstitut abgelehnt haben; ferner *Gaul* AcP 168, 351, 357 ff.; *Picker* AcP 188, 511, 522.

zestreuen Rechtsanwendung aus – die Beobachtung, daß sich die *Rechtswirklichkeit* schon bald über die Legalordnung hinweggesetzt hat. Zwar blieb das System der Grundpfandrechte unangetastet. An die Stelle der Verpfändung beweglicher Sachen trat aber mehr und mehr die Sicherungsübereignung; die Verpfändung von Forderungen wurde verdrängt durch die Sicherungsabtretung. Ausschlaggebend für diese Entwicklung waren zwei recht heterogene Momente, die wir vielleicht mit den Schlagworten „Nutzungsinteresse" und „Geheimhaltungsinteresse" des Schuldners umschreiben können:

1. Die Aufspaltung der Rechtsstellung des Eigentümers in Nutzungsbefugnis und Verwertungsbefugnis ist uns schon wiederholt begegnet. Während die Einrichtung des Grundbuchs es ohne weiteres ermöglicht, daß dem Grundeigentümer – auch nach Übertragung des Verwertungsrechts an den Grundpfandgläubiger – die volle Nutzungsbefugnis verbleibt, bietet sich beim Pfandrecht an beweglichen Sachen eine solche Möglichkeit nicht, da eine Pfandrechtsbestellung durch Besitzkonstitut ausgeschlossen ist: Wer seine Sache einem anderen zum Pfand hingibt, verliert damit *auch* die Nutzungsmöglichkeit. Dies ist für den Schuldner dann unträglich, wenn er die zu verpfändende Sache für seine Lebensführung, die Fortführung seines Unternehmens oder Betriebs benötigt. Auch für den Gläubiger ist die Übertragung des unmittelbaren Besitzes meist ohne Interesse, ja geradezu lästig. Das Gesetz gibt ihm in der Form des Pfandrechts mehr, als er zur Sicherung seiner Gläubigerstellung benötigt. Schuldner- wie Gläubigerinteresse tendieren also zu einem besitzlosen Pfandrecht. Da das BGB diese Rechtsfigur im Rahmen der rechtsgeschäftlich bestellten Pfandrechte nicht entwickelt hat, war das Bestreben nach einer adäquaten Lösung verständlich. Sie wurde in der Sicherungsübereignung gefunden: dem Gläubiger wird sicherungshalber das Eigentum und damit auch das Verwertungsrecht übertragen, dem Schuldner bleibt der unmittelbare Besitz und die *Nutzungsbefugnis*. Es geniert die Beteiligten wenig, daß bei dieser Lösung dem Gläubiger mehr zufällt, als er eigentlich braucht, nämlich das *volle* Eigentum, während er doch nur das Verwertungsrecht benötigt. Aber dieses „Mehr" behindert die wirtschaftlichen Interessen der Beteiligten nicht.

2. Niemand ist entzückt, wenn er die Verpfändung von Vermögensteilen offenbaren muß. Bei den Grundpfandrechten läßt sich eine Eintragung im Grundbuch nicht vermeiden; aber die damit erzwungene Publizität ist doch nur beschränkt, nämlich auf diejenigen, die das Grundbuch wirklich einsehen. Dagegen wird die Verpfändung von Teilen des beweglichen Vermögens durch die Verlagerung des unmittelbaren Besitzes auf den Gläubiger für jedermann sichtbar; der „Ausverkauf" spielt sich gewissermaßen vor aller Augen ab. Besonders peinlich ist, daß die Verpfändung von Forderungen den Drittschuldnern mitgeteilt werden muß. Das *Geheimhaltungsinteresse* des Schuldners als Sicherungsgeber tendiert also hier zu einer Lösung, die ihn nach wie vor als „solvent" erscheinen läßt: zur Sicherungsübereignung durch Besitzkonstitut und zur Sicherungsabtretung von Forderungen. Freilich wird sofort deutlich,

daß diese verschwiegene Lösung ernste Gefahren für *den* (gesicherten) Gläubiger wie für *die* (anderen) Gläubiger mit sich bringt: für den ersteren, weil er der Sicherungsabrede zuwiderlaufende Verfügungen des Schuldners (nach §§ 932 ff.) nicht verhindern kann, für letztere, weil sie nicht erkennen können, daß ihr Schuldner wesentliche Teile seines beweglichen Vermögens sicherungshalber bereits weggegeben hat, eine ausreichende Kreditbasis also nicht besteht.

S veräußert eine Maschine, die er seiner Bank sicherungsübereignet hat, abredewidrig an einen redlichen Käufer K (§ 932) oder zieht abgetretene Forderungen ein (§ 407) und verbraucht das Geld für sich.
G_1–G_x liefern dem S auf Kredit, weil sie nicht wissen, daß S sein großes Warenlager und seinen Maschinenpark bereits der Bank B zur Sicherheit übereignet hat.

4 **II.** Die eben aufgezeigten Gefahren haben die Entwicklung der Institute: „Sicherungsübereignung" und „Sicherungsabtretung" nicht verhindern können. Offenbar haben die Bedürfnisse der – in Deutschland chronisch unterkapitalisierten – Wirtschaft die Legitimierung und Ausformung dieser Institute erzwungen.[1]

Dagegen anzugehen ist schwierig, solange man keine rechtspolitisch besseren, dogmatisch einwandfreien Lösungen anzubieten hat.[2] Auch läßt sich nicht verkennen, daß der Gesetzgeber mit dem Eigentumsvorbehalt (§ 455) eine Art besitzlosen Pfandrechts geschaffen hat: Wenn der Verkäufer die Kaufsache dem Käufer unter der aufschiebenden Bedingung vollständiger Bezahlung des Kaufpreises übereignen und übergeben kann, so wird damit in der Sache ein besitzloses Pfandrecht anerkannt. Der Verkäufer bleibt Eigentümer und sichert mit dem im Eigentum steckenden Verwertungsrecht seine Kaufpreisforderung, der Käufer erhält den unmittelbaren Besitz und die Nutzungsbefugnis; nach außen wirkt er als Eigentümer. Die Publizität wird kraft gesetzlicher Zulassung ebenso vernachlässigt wie dies bei der Sicherungsübereignung geschieht.[3] Schließlich hat das Gesetz mittelbar in § 223 Abs. 2 auch die Sicherungsübereignung abgesegnet; denn wenn „zur Sicherung eines Anspruchs ein Recht übertragen" wird, dann ist das eben keine Bestellung eines Pfandrechts!

Die Interessenlage ist bei beiden Instituten recht ähnlich: Im Falle der *Sicherungsübereignung* überträgt der Sicherungsgeber (= Schuldner) dem Sicherungsnehmer (= Gläubiger) das Eigentum und damit das Verwertungsrecht, behält aber selbst den unmittelbaren Besitz und die Nutzungsbefugnis. Beim *Eigentumsvorbehalt* behält der Verkäufer (= Gläubiger der Kaufpreisforderung) das Eigentum und damit das Verwertungsrecht, überträgt aber dem Käufer (= Schuldner) den unmittelbaren Besitz und die Nutzungsmöglichkeit. Im ersten Fall *kann* die Rechtsstellung des Sicherungsgebers auf Rückgewinnung des Eigentums nach Tilgung der gesicherten Forderung als Anwartschaftsrecht ausgestaltet sein, im zweiten Fall *hat* das Gesetz die Position des Käufers, mit Vollzahlung des Kaufpreises das

---

[1] *Meier-Hayoz* JZ 1981, 417. Immerhin ist das Sicherungseigentum in bestimmten Gesetzen anerkannt; so z. B. in § 6 Abs. 1 S. 3 VerglO: „... zur Sicherung übertragenes Eigentum ..."
[2] *Heck,* Sachenrecht § 107, 3: „Was vorliegt, ist ein Gewohnheitsrecht."
[3] Skeptisch gegenüber der Bedeutung der Publizität im Kreditsicherungsrecht *Adams* (unten § 57 Rn. 4) S. 179 ff.; grundsätzlich zu §§ 933, 934 *Picker* AcP 188, 511, 522, 548 (oben § 52 Rn. 24); s. a. §§ 14 Rn. 5 f. und § 52 Rn. 44.

Eigentum zu erwerben, als Anwartschaftsrecht behandelt (§ 455). Die Ähnlichkeit beider Institute ist so stark, daß manche in dem sog. nachträglichen Eigentumsvorbehalt – Verkäufer und Käufer vereinbaren *nach* unbedingter Übereignung nachträglich einen Eigentumsvorbehalt – eine Sicherungsübereignung sehen! (s. oben § 51 Rn. 34).

S. die Übersicht 24 am Ende von § 56 u. *Gernhuber*, Bürgerl. R., §§ 28 ff.

B. Die Ausformung der atypischen Sicherungsgeschäfte

Der Eigentumsvorbehalt ist im Gesetz vorgesehen, die Sicherungsübereignung und Sicherungsabtretung sind gewohnheitsrechtlich anerkannt. In dieser Situation bleibt nur übrig, diese Erscheinungen des Rechtslebens institutionell auszuformen. Damit haben sich Rechtswissenschaft und Rechtsprechung in steigendem Maße beschäftigt, und zwar sowohl mit der schuldrechtlichen Beziehung der Beteiligten (Darlehnsvertrag mit Sicherungsabrede zwischen Sicherungsgeber und Sicherungsnehmer, Kaufvertrag beim Eigentumsvorbehalt) wie mit der Fixierung ihrer dinglichen Rechtsstellung.

Welche Rechte hat etwa der Sicherungsnehmer im Konkurs des Sicherungsgebers? Oder: ist der Käufer der unter Eigentumsvorbehalt gelieferten Sache befugt, schon *vor* Erlangung des Volleigentums an der Sache über sein Anwartschaftsrecht (auf Erlangung dieses Eigentums) zu verfügen? Können sich seine Gläubiger dieses Anwartschaftsrechts im Wege der Zwangsvollstreckung bemächtigen? u. a. m.

Dabei lassen sich sofort zwei Beobachtungen machen:

I. Latenz der Sicherungsrechte

Die genannten atypischen Sicherungsabreden geben *latente Sicherungsrechte;* das will besagen: Sie entfalten ihre Wirksamkeit erst, wenn der Schuldner seine Verbindlichkeit nicht erfüllt und damit den Gläubiger zwingt, sein Verwertungsrecht auszuüben, *oder* wenn der gesicherte Gläubiger in Konkurrenz zu anderen Gläubigern tritt, die auf das Sicherungsobjekt zugreifen, also im Zwangsvollstreckungs- oder Konkursfall. Erst jetzt muß das atypische Sicherungsrecht „funktionieren".

K bezahlt die mit V vereinbarten Kaufpreisraten nicht. In welcher Form kann nun V von seinem vorbehaltenen Eigentum Gebrauch machen?
K erfüllt dem V gegenüber alle Verbindlichkeiten pünktlich. Aber ein anderer Gläubiger G des K hat die noch nicht voll bezahlte, daher noch dem V gehörende Kaufsache pfänden lassen und will sie versteigern.

Aus dieser Latenz ergeben sich Gefahren für den Schuldner wie vor allem für dritte Gläubiger: für den Schuldner, weil seine Rechtsstellung durch das Eigentum des Gläubigers beseitigt werden kann,

der Verkäufer tritt vom Kaufvertrag zurück und nimmt die verkaufte Sache wieder an sich;

für andere Gläubiger, weil ihnen das Zugriffsobjekt durch den gesicherten Gläubiger entzogen werden kann, ohne daß sie von dem Bestehen eines solchen Sicherungsrechts wußten (pignora tacita).

Die Gefährdung *des Schuldners* muß durch eine entsprechende Gestaltung des Innenverhältnisses zwischen Gläubiger und Schuldner auf ein vertretbares Maß zurückgeführt werden.

Schwieriger ist die Berücksichtigung der Interessen *anderer* ungesicherter *Gläubiger*. Denn ihnen geht das Sicherungseigentum (das vorbehaltene Eigentum) des gesicherten Gläubigers vor. Sie stehen also von vornherein auf verlorenen Posten, nachdem die atypischen Sicherungsrechte nun einmal anerkannt sind. Dennoch sah sich die Rechtsprechung genötigt, in extremen Fällen ihren Interessen den Vorzug zu geben. Sie tat dies unter Heranziehung der §§ 138, 826 etwa dann, „wenn die ausbedungene Sicherung durch ihren Umfang und ihre Undurchsichtigkeit (!) die von dem Sicherungsnehmer bewußt in Kauf genommene, nicht ganz fernliegende Gefahr mit sich bringt, daß später nichtsahnende Kreditgeber zu Schaden kommen (Gläubigergefährdung)", RGZ 136, 247, 254.

Eine interessante Entwicklung! Das Pfandrecht des BGB ist gerade auch im Interesse der anderen Gläubiger von dem Gedanken der Publizität beherrscht. Mit der Zulassung der atypischen Sicherungsrechte hat sich die Rechtsprechung über die mit den pignora tacita verbundenen Bedenken bewußt hinweggesetzt. Später mußte sie sich dann doch mit den Schäden auseinandersetzen, die sich aus der Vernachlässigung der Publizität ergeben, und suchte in krassen Fällen eine Abhilfe – vor allem durch die Annahme der Sittenwidrigkeit oder auch durch Heranziehung des Tatbestandes der Vermögensübernahme (§ 419).

Etwas grob gezeichnet ergibt sich also folgendes *Bild*:[1]

Pfandrecht des BGB: Verwirklichung der Publizität. Atypische Sicherungsrechte: Außerachtlassung der Publizität. Unwirksamkeit der atypischen Sicherungsrechte: bei krassen Verstößen gegen die Publizität.

Man kann diese Rechtsprechung nicht gerade als sehr folgerichtig bezeichnen; eher muß man die Weisheit rühmen, die den Pfandrechtsgrundsätzen des BGB zugrunde liegt! Die skizzierte Entwicklung ist ein Musterbeispiel einer Erscheinung, mit der sich der Jurist immer wieder auseinanderzusetzen hat: Soll und darf er den vermeintlichen oder auch wirklichen Bedürfnissen der Wirtschaft nachgeben, auch auf die Gefahr hin, daß sich daraus Komplikationen ergeben, die zunächst überhaupt nicht zu sehen oder nicht voll zu überblicken sind? So sicher es ist, daß die Rechtsanwendung sich den Belangen der wirtschaftlichen Entwicklung nicht in den Weg stellen, ja umgekehrt sie gerade fördern soll, so gewiß ist doch, daß überkommene Rechtsprinzipien mit dem in ihnen verkörperten Gerechtigkeitsgehalt nicht vernachlässigt werden dürfen. Es mag in der Eigenart wirtschaftlichen, kaufmännischen Denkens liegen, daß auch Rechtssätze an dem wirtschaftlichen Nutzen, den sie bringen, gemessen und daher als entsprechend manipulierbar angesehen werden. Es ist Sache des Juristen, die Grenzen aufzuzeigen, die einer solchen Denkweise gesetzt sind.

II. Koppelung und Konkurrenz der Sicherungsrechte

7 Die zweite Beobachtung, die wir bei der Ausformung der atypischen Sicherungsrechte machen können, ist die einer Koppelung, aber auch einer Konkurrenz dieser Rechte:

1. Die Koppelung

Mehrere Sicherungsrechte werden zugunsten ein- und desselben Gläubigers miteinander verbunden. Hierunter fällt vor allem der verlängerte Eigentumsvorbehalt: Der Lieferant der Waren sichert sich auch nach deren Weiterverar-

---

[1] Dazu grundsätzlich *Dorndorf,* Kreditsicherungsrecht und Wirtschaftsordnung, 1986.

beitung bzw. Weiterverkauf, indem er mit dem Käufer vereinbart, daß die Verarbeitung „für ihn erfolgt" (Ausschluß des § 950!)[1] und daß die Forderung aus dem Weiterverkauf im voraus an ihn abgetreten wird (Sicherungsabtretung). Wenn man in der Verarbeitungsklausel eine Übereignung durch antezipiertes Besitzkonstitut sieht, so folgen hier aufeinander: Eigentumsvorbehalt – Sicherungsübereignung – Sicherungsabtretung (verlängerter Eigentumsvorbehalt).

Mit der Ablösung der einen Sicherungsform durch die andere bezweckt der Warengläubiger eine dauernde Verhaftung des Sicherungsobjekts ohne Rücksicht auf seinen „juristischen Aggregatzustand" zu seinen Gunsten, in Wahrheit also eine Surrogation des einen Sicherungsobjekts durch das andere.

2. Konkurrenz

Sicherungsrechte verschiedener Gläubiger beziehen sich auf dasselbe Sicherungsobjekt. Der Hauptfall ist das Zusammentreffen des verlängerten Eigentumsvorbehalts des Warenlieferanten mit der Sicherungsabtretung der – künftigen – Außenstände zugunsten des Geldkreditgebers (meist einer Bank).

Beispiel: S, der ein gut gehendes, aber kapitalschwaches Einzelhandelsgeschäft mit Elektromaschinen betreibt, hat von seiner Bank B einen Kredit in laufender Rechnung in Höhe von 200 000 DM eingeräumt erhalten und ihr sämtliche gegenwärtigen und künftigen Forderungen aus dem Verkauf von Elektromaschinen abgetreten (sog. Globalzession). Waschmaschinen bezieht S von der Fa. C unter verlängertem Eigentumsvorbehalt. Als S in Zahlungsschwierigkeiten kommt, sind etwa 50 Waschmaschinen auf Abzahlung verkauft. Die noch ausstehenden Kaufpreisforderungen gegen die Käufer der Waschmaschinen nehmen sowohl die B wie C in Anspruch.
Der Kampf zwischen Warenlieferanten und Banken um die Entscheidung dieser Rechtsfrage – hinter der „faustdicke" wirtschaftliche Interessen stecken – ist immer noch im Gange. Die Partie steht – wenn diese Formulierung erlaubt ist – zur Zeit 1 : 0 für die Warenlieferanten; denn in BGHZ 30, 149 ist die Globalzession künftiger Kundenforderungen an eine Bank als sittenwidrig und nichtig bezeichnet worden, „soweit sie nach dem Willen der Vertragsparteien auch solche Forderungen umfassen soll, die der Schuldner seinen Lieferanten auf Grund verlängerten Eigentumsvorbehalts künftig abtreten muß und abtritt".
Die Machtkämpfe um diese Konkurrenzfrage werden mit einem erheblichen Aufwand an Gutachten und Aufsätzen ausgetragen. Der junge Jurist sei darauf hingewiesen, daß manchen Stimmen dieser Literatur mit großer Skepsis und Zurückhaltung zu begegnen ist, da sie vielfach nur den Interessenstandpunkt in mehr oder weniger „wissenschaftlicher" Form zum Ausdruck bringen.

III. Bedeutung des AGB-Gesetzes

Sicherungsrechte werden meist in *Allgemeinen Geschäftsbedingungen* (AGB) festgelegt, die der eine Vertragsteil (Kreditgeber – Vorbehaltskäufer usw.) einseitig festlegt. Das AGB-Gesetz v. 9. 12. 1976 (BGBl. I 3317) sucht den anderen Vertragsteil vor ungerechtfertigten Benachteiligungen zu schützen. Dabei ist der Schutz von Nichtkaufleuten intensiver ausgestaltet als der von Kaufleuten (Voll- und Minderkaufleuten) und Behörden (§ 24 AGBG).
Die Diskussion über die Auswirkungen des AGB-Gesetzes im Bereich der Sicherungsrechte ist in vollem Gang.[2] Bisher läßt sich folgendes sagen:

8

---

[1] Vgl. § 53 Rn. 20 f.
[2] *Wolf/Horn/Lindacher* AGBG, 3. Aufl. 1994, § 9 „Sicherungsrechte"; *Ulmer/Brandner/Hensen* AGBG, 8. Aufl. 1997, Anh. 9–11 Rn. 650 ff. (Sicherungsklauseln); *Löwe/Graf v. Westphalen/Trinkner*, AGBG, 2. Aufl. Bd. III 1985; Die (novellierten) AGB der Banken und Sparkassen sind abgedruckt bei *Baumbach/Hopt* HGB, Anh. 8 und 8 a.

§ 56 B IV   IV. Abschnitt. Mobiliarsachenrecht

1. Das AGB-Gesetz ist auf formularmäßige Sicherungsgeschäfte anwendbar, und zwar sowohl auf den schuldrechtlichen wie auf den sachenrechtlichen Teil (s. *Löwe* JuS 1977, 421; *Medicus* Rz. 67 ff. und oben § 5 Rn. 19 ff.).

2. Bei Sicherungsverträgen *mit Nichtkaufleuten* sind insbes. zu beachten: § 2 (Wirksamwerden der AGB), § 3 (keine überraschenden Klauseln; der einfache EV beim Ratenkauf ist keine überraschende Klausel, wohl aber der erweiterte und verlängerte EV), § 4 (Vorrang der Individualabrede – mündlich oder schriftlich!) und die Generalklausel des § 9 (unangemessene treuwidrige Benachteiligung: hier kommt es ganz auf die Ausgestaltung in den einzelnen AGB an!).

3. Bei *Sicherungsverträgen mit Kaufleuten* bleiben u. a. die Bestimmungen über die überraschenden Klauseln (§ 3), den Vorrang der Individualabrede (§ 4) und die Generalklausel des § 9 anwendbar. Die Auswirkungen können nur von Fall zu Fall bestimmt werden. So werden z. B. branchenübliche Erweiterungs- und Verlängerungsformen des EV.s weder „überraschend" noch „treuwidrig unangemessen" sein, sofern sie nicht im konkreten Fall eine Übersicherung enthalten (hierzu § 57 Rn. 18). Anders u. U. in Altfällen gegenüber Minderkaufleuten. Versuche, Interessenkollisionen, die im Bereich der Sicherungsgeschäfte – z. B. zwischen Waren- und Kreditgläubigern (s. unten § 59 Rn. 50 ff.) – entstehen, mit Hilfe des AGB-Gesetzes zu lösen, ergeben oft keine neuen inhaltlichen Gesichtspunkte gegenüber dem herkömmlichen Maßstab des § 138 Abs. 1 BGB (s. aber § 57 Rn. 22).

IV. Wirtschaftlicher Hintergrund

9   Zum Abschluß dieses knappen Überblicks über die atypischen Sicherungsgeschäfte noch einige Worte zu den *wirtschaftlichen Tatsachen,* die zu ihrer Begründung geführt haben:

Der Regelung des BGB liegt die Vorstellung zugrunde, daß der Kredit in allen wesentlichen Fällen Grundkredit oder Personalkredit sein könne, also durch Grundpfandrechte oder durch das Vertrauen auf die Leistungsfähigkeit des Darlehensnehmers selbst oder eines von ihm gestellten Bürgen gesichert werde. Soweit bewegliche Sachen verpfändet werden sollten, dachte man an die Verpfändung von Wertpapieren oder in Traditionspapieren verkörperten Waren, auch an die Fälle des Kleinkredits durch kurzfristige Verpfändung (Leihhaus!). Diese Vorstellung entsprach schon bald nicht mehr der Wirklichkeit. Ursächlich waren der Vermögensschwund durch Krieg und Nachkriegsereignisse (Inflation!), mangelnde Konstanz der Wirtschaftslage (wirtschaftliche Depressionen!), schließlich die Tatsache, daß vielen Unternehmungen ein ausreichender Fundus an Grundstücken oder sonstigem Kapital fehlte. So blieb nichts anderes übrig, als das Umlaufvermögen selbst zu Kreditzwecken heranzuziehen. Aus der Tatsache, daß es sich hier eben um Vermögensbestandteile handelt, mit denen der Unternehmer arbeiten muß, die sich also schon wegen des sich immer wieder vollziehenden Umlaufs nicht zu einer Verpfändung eignen, ergeben sich alle die rechtlichen Schwierigkeiten, die wir schon angedeutet haben und mit denen wir uns im folgenden auseinandersetzen müssen. Obwohl diese Schwierigkeiten eigentlich vorauszusehen waren und im Laufe der Zeit immer augenscheinlicher wurden, hat die Wirtschaft auf den nicht pfandrechtlichen Sicherungsgeschäften beharrt. Ihre Problematik zeigt sich vor allem im Konkurs: sein Grundgedanke ist die par condicio creditorum, die Ausschaltung des Prioritätsprinzips – wie es im Pfand- und Zwangsvollstreckungsrecht gilt – zugunsten einer Gleichbehandlung aller Gläubiger. Demgegenüber führen Eigentumsvorbehalt, Sicherungsübereignung und Sicherungsabtretung auch unter neuem Recht zu einer Bevorzugung bestimmter Gläubigergruppen. Sie bewirken, daß eine Insolvenzmasse, die für alle Gläubiger zur Verfügung stünde, häufig nicht oder nur in ganz bescheidenem Umfang vorhanden ist. Die Leidtragenden sind die nicht gesicherten Gläubiger (z. B. Handwerker, Baustofflieferanten) und die in der Konkurrenz der verschiedenen Sicherungsrechte Unterlegenen. So haben die atypischen Sicherungsrechte nicht nur die Pfandrechtsprinzipien aus den Angeln gehoben, sondern das Rechtsinstitut der Insolvenz häufig zur Nutzlosigkeit verurteilt (dazu Baur/Stürner II, InsolvenzR, Rn. 4.7 ff.). Die neue InsO schafft nur beschränkt Abhilfe. Sie läßt die Stellung des Vorbehaltsverkäufers unberührt und zieht die übrigen Sicherungsgläubiger zur Kostenbeteiligung heran (§§ 50, 51, 166 ff. InsO), nimmt ihnen auch die Verwertungshoheit. Ob dies der Massearmut entgegenwirkt, wird abzuwarten sein. Man muß allerdings sehen, daß sich das Sicherungsbedürfnis der Kreditgläubiger nur schwer zurückdrängen läßt, weil die Möglichkeit voller Absicherung von Risikokapital eine wirtschaftlich sinnvolle und durchaus tragende Funktion hat. Ein *Richtlinienentwurf der EU* vom 23. 4. 1998 plant den teilweise obligatorischen Eigentumsvorbehalt (ABl v. 3. 6. 1998, Teil C 168/13, Art. 4).

V. Das Mobilienleasing als Mischform von Gebrauchsüberlassung und Kreditsicherung[1]

Bitte, lesen Sie zu der allgemeinen Charakterisierung des Leasingvertrags zunächst die Ausführungen oben § 48 Rn. 1 ff.

1. Wirkungen

Auch das Mobilienleasing erspart dem Leasingnehmer (Ln.) den Kauf der Sache und die andernfalls erforderliche Aufnahme eines Kredits. Er ist Mieter (unmittelbarer Besitzer) der Sache und hat dem Leasinggeber (Lg.) für die Gebrauchsüberlassung Mietzinsraten zu bezahlen. Der Bezug zum Sachenrecht ist also zunächst ein „negativer": Der Leasingvertrag ist kein Kreditsicherungsgeschäft wie der Kauf auf Abzahlung unter Eigentumsvorbehalt oder die Sicherungsübereignung zur Sicherung eines Kredits. 10

Infolgedessen entsteht auch kein Anwartschaftsrecht des Ln.s wie das des Käufers unter Eigentumsvorbehalt (s. unten § 59 Rn. 18 ff.). – Der Leasingvertrag ist ein Kreditvertrag, der dem Verbraucherkreditgesetz unterliegt (§ 48 Rn. 2 f.).

Da der Ln. nicht Eigentümer ist, beschränkt sich sein *Rechtsschutz*[2] im Verhältnis zu Dritten auf die Bestimmungen über den Besitzschutz (§§ 861, 862, 1007 – deliktisch § 823; s. oben § 9), im Verhältnis zum Lg. auf den mit ihm abgeschlossenen Vertrag und die Bestimmungen des BGB über den Mietvertrag.

Zu bemerken ist in diesem Zusammenhang, daß Gewährleistungsansprüche regelmäßig ausgeschlossen sind und sowohl die Gefahr des zufälligen Untergangs als auch die Reparaturkosten den Ln. treffen. Als Ausgleich tritt der Lg. meist seine Ansprüche gegen Lieferanten und sonstige Dritte an den Ln. ab.[3]

Schutz gegen *Pfändung* durch Gläubiger des Lg.s: §§ 809, 766 ZPO – auch § 771 ZPO.

Rechtslage im *Konkurs*/in der *Insolvenz:* a) des Ln.s: nach altem Recht[4] Fortbestand des Vertrags mit den Kündigungs- bzw. den Rücktrittsrechten der §§ 19, 20 KO und nach Vertragsbeendigung Aussonderungsrecht des Lg.s nach § 43 KO. Nach neuem Recht ist zwischen Immobilienleasing[5] und Leasing beweglicher Sachen zu unterscheiden: für das Immobilienleasing bleibt die Rechtslage insofern unverändert, als der Vertrag mit Wirkung für die Insolvenzmasse fortbesteht (§ 108 Abs. 1 S. 1 InsO). Wenn der Leasinggegenstand zur Zeit der Eröffnung des Verfahrens dem Ln. noch nicht überlassen war, können sowohl der Verwalter als auch der andere Teil zurücktreten (§ 109 Abs. 2 InsO). War dagegen die Immobilie dem Ln. überlassen, hat nur der Verwalter ein besonderes Kündigungsrecht (§ 109 Abs. 1 InsO). Das Kündigungsrecht des Lg.s wird durch § 112 InsO zusätzlich eingeschränkt. Das Mobilienleasing unterliegt nunmehr dem Wahlrecht des Insolvenzverwalters, § 103 InsO (arg. e contrario § 108 Abs. 1 InsO).[6]

b) des Lg.s: nach altem Recht Wirksamkeit des Leasingvertrags gemäß § 21 KO, sofern das Leasinggut bei Verfahrenseröffnung bereits überlassen war (andernfalls § 17 KO). Unter Geltung der

---

[1] Ausführliche Literaturzusammenstellung zum Finanzierungsleasing MünchKomm/*Habersack* nach § 515 (S. 473 f.).
[2] *S. Walz* in WM Sonderbeilage 10/1985 zu Heft 48/1985.
[3] S. dazu *Reinicke/Tiedtke,* KaufR, Rn. 1527 ff.; *Fehl* in BB Beilage 6 zu Heft 14/1988 u. Beilage 10 zu Heft 14/1985; Beispiele: BGH NJW 1982, 105; u. BGHZ 94, 44; 95, 170; § 48 Rn. 2 m. w. Nw.
[4] Zur Geltung alten und neuen Rechts vgl. Art. 103, 104 EGInsO.
[5] Hierzu § 48 Rn. 1 ff.
[6] *Häsemeyer,* Insolvenzrecht, 2. Aufl. 1998, Rn. 20.45 ff.; *Schmidt-Räntsch,* InsO, § 108 Rn. 2.

InsO bleibt für das Immobilienleasing die Rechtslage im wesentlichen unverändert, §§ 108 Abs. 1, 110, 111 InsO; die „Verleasung" beweglicher Sachen ist dagegen nunmehr grundsätzlich dem Wahlrecht des Insolvenzverwalters gem. § 103 InsO zugänglich, soweit keine Drittfinanzierung mit Sicherungsübereignung vorliegt (§ 108 Abs. 1 Satz 2 InsO).[1]

Schließlich erschöpft sich der Rechtsschutz des Ln. im Verhältnis zu einem dritten Erwerber der geleasten Sache in § 986 Abs. 2.

2. Sachenrechtlicher Einschlag

11 Das Sachenrecht kommt wieder zum Vorschein, wenn es um die „Refinanzierung" des Lg.s geht, also um die Sicherung der Kredite, die der Lg. braucht, um die zu vermietende Sache herzustellen oder zu erwerben. Hier kommen dann als Sicherungsformen in Betracht: der Eigentumsvorbehalt (im Verhältnis zum Lieferanten der Sache), die Sicherungsübereignung (im Verhältnis zu einer den Kaufpreis finanzierenden Bank) und die Sicherungsabtretung der

Übersicht 24

Nichtpfandrechtliche Sicherungsrechte

Arten	Wirtschaftliche Funktion (Spaltung von Nutzungs- u. Verwertungsfunktion des Eigentums)	Grundlage	Vorzug des Sicherungsnehmers	Verwertung des Sicherungsgegenstandes
I. Sicherungsübereignung	Kreditsicherung	a) kausal: Sicherungsvertrag b) dinglich: meist § 930	a) Zwv: § 771 ZPO (Interventionsklage) b) Ko/Ins: §§ 48 KO/50, 51 Nr. 1 InsO (Absonderungsrecht)	nach Sicherungsvertrag; meist: Wegnahme und Verkauf
II. Sicherungsabtretung (auch künftiger Forderungen, soweit bestimmbar)	a) Kreditsicherung b) verlängerter Eigentumsvorbehalt (s. III 2)	a) kausal: Sicherungsvertrag b) dinglich: § 398	a) Zwv: § 771 ZPO b) Ko/Ins: §§ 48 KO/50, 51 Nr. 1 InsO	Einzug der Forderung beim Drittschuldner
III. Eigentumsvorbehalt (EV) Formen: 1. einfacher EV 2. Verlängerter EV	Sicherung der Kaufpreisforderung	a) kausal: Vereinbarung im Kaufvertrag b) dinglich: aufsch. Bed. Übereignung (§ 455)	a) Zwv: § 771 ZPO b) Ko/Ins: §§ 43 KO/47 InsO (Aussonderungsrecht)	nach Rücktritt (§ 455) Rücknahme der Kaufsache gegen Rückzahlung des Kaufpreises

Terminologie

A. „Gläubigerseite"
  1. Sicherungsnehmer (bei I, II)
  2. Vorbehaltsverkäufer (bei III)

B. „Schuldnerseite"
  1. Sicherungsgeber (bei I, II)
  2. Vorbehaltskäufer (bei III)

---

[1] Die neu geschaffene Möglichkeit vorzeitiger Vertragsbeendigung gemäß § 103 Abs. 1 InsO soll eine zu Sanierungszwecken erforderliche Veräußerung des Leasingguts erleichtern. Kritisch zur Ausnahme bei Refinanzierungssicherung *Häsemeyer* aaO Rn. 20.56 m. w. N.

– künftigen – Mietzinsforderungen gegen den Ln. (sowohl als verlängerter Eigentumsvorbehalt als auch im Rahmen eines Sicherungsvertrags).

3. Abwicklung

Beim Mobilienleasing wird vielfach verabredet, daß der Lg. nach Ablauf der Vertragsdauer verpflichtet ist, die Leasingsache an den Ln. zu übereignen, wobei die Grundsätze für die Bestimmung des Preises schon jetzt festgelegt werden. Die Übereignung erfolgt dann nach § 929 S. 2. Eine Sicherung des Ln.s gegen anderweitigen Verkauf und die Übereignung bietet ein Veräußerungsverbot im Wege der einstweiligen Verfügung und die Berufung auf § 986 Abs. 2.[1]

12

Es kann auch vereinbart sein, daß der Ln. nach Ablauf der Grundmietzeit eine Verlängerung zu niedrigeren Sätzen verlangen kann (vgl. BGH WM 1988, 1203, 1204).

§ 57. Die Sicherungsübereignung

Lit.-Hinweis: *Becker-Eberhard,* Zur Anwendbarkeit des § 419 BGB auf die Sicherungsübereignung, AcP 185, 429; *v. Bülow,* Übereignung beweglicher Sachen zur Sicherheit, Jura 1987, 509; *Derleder,* Sicherungsübereignung und Wertausschöpfung, BB 1969, 725; *Gaul,* Lex commissoria und Sicherungsübereignung, AcP 168, 351; *ders.,* Neuere „Verdinglichungs"-Tendenzen zur Rechtsstellung des Sicherungsgebers bei der Sicherungsübereignung, FS für Serick, 1992, S. 105; *Gerhardt,* Sicherungsübereignung und Pfändungsschutz, JuS 1972, 696; *ders.,* Die neuere Rechtsprechung zu den Mobiliarsicherheiten, JZ 1986, 672 und 763; *Göbel,* Übersicherung und Freigabeklauseln in vorformulierten Kreditsicherungsverträgen, 1993; *Henckel,* Zur Dogmatik der besitzlosen Mobiliarsicherheiten, FS für Zeuner, 1994, S. 193; *Paulus,* Probleme und Möglichkeiten der institutionellen Ausformung der Sicherungsübereignung, JZ 1957, 7 und 41; *Reich,* Funktionsanalyse und Dogmatik bei der Sicherungsübereignung, AcP 169, 247; *Reinicke/Tiedtke,* Begründung des Sicherungseigentums, DB 1994, 2173; *dies.,* Übersicherung und Freigabeklauseln bei der Sicherungsübereignung, WiB 1994, 497; *v. Rintelen,* Der Übergang nichtakzessorischer Sicherheiten bei der Forderungszession, 1996; *K. Schmidt,* Zur Akzessorietätsdiskussion bei Sicherungsübereignung und Sicherungsabtretung, FS für Serick, 1992, S. 329; *Seeker,* Die Übersicherung des Geldkreditgebers bei Sicherungsübertragungen 1995; *Tiedtke,* Bestimmtheit der zu übereignenden Sachen bei teilweiser Sicherungsübereignung von Sachgesamtheiten – Neue Tendenzen in der Rechtsprechung des BGH, WiB 1995, 197; *Weber,* Reform der Mobiliarsicherheiten, NJW 1976, 1601; *ders.,* Die Rechtsprechung des BGH zu Freigabeklauseln bei Kreditsicherheiten, WM 1994, 1549; *Westermann,* Interessenkollisionen und ihre richterliche Wertung bei Sicherungsrechten an Fahrnis und Forderungen, 1954.

Das Formular eines SÜ-Vertrags (unten Anh. 7 a/b) soll Ihnen einen Einblick in die Praxis geben.

---

[1] S. MünchKomm/*Medicus* § 986 Rn. 15.

A. Überblick

I. Grundstruktur und Wirkungen

1. Wirkungen der Sicherungsübereignung

1   Das Institut der Sicherungsübereignung (SÜ) hat sich gewohnheitsrechtlich gegen das Mobiliarpfandrecht durchgesetzt. Anstelle einer Verpfändung übereignet der Schuldner dem Gläubiger eine ihm gehörige bewegliche Sache zur Sicherung einer gegen ihn[1] gerichteten Forderung des Gläubigers. Die Übereignung erfolgt regelmäßig durch Einigung und Vereinbarung eines Besitzkonstituts (§ 930). Dies hat zur Folge, daß dem Schuldner unmittelbarer Besitz und Nutzungsmöglichkeit verbleiben, während auf den Gläubiger das volle Eigentum übergeht. Diese Eigentumsübertragung unterscheidet sich von einer im Güterumsatz vorgenommenen nach zwei Richtungen:

a) Zeitliche Wirkung

2   Nach der Absicht der Parteien ist die Übereignung *nur vorläufig:* Erfüllt der Schuldner seine Verbindlichkeit, so soll das Eigentum an ihn zurückfallen, sei es, daß der Gläubiger dann zur Rückübereignung auf Grund des Sicherungsvertrags verpflichtet ist, sei es, daß die Übereignung von vornherein durch die Tilgung der Verbindlichkeit auflösend bedingt ist. Der Gläubiger soll die Sache erst dann verwerten dürfen, wenn der Schuldner seine Verbindlichkeit nicht erfüllt. Verfügt der Gläubiger vorher über die Sache, so ist die Verfügung zwar sachenrechtlich voll wirksam, er verstößt aber schuldrechtlich gegen die mit dem Schuldner getroffene Sicherungsabrede. Diese Bindung des Sicherungseigentümers, die man auch als treuhänderische bezeichnet, unterscheidet seine Rechtsstellung wesentlich von der des endgültigen Eigentümers im Güterumsatz.

Ist die SÜ *auflösend bedingt* erfolgt, so wird die Verfügungsbefugnis des Sicherungsnehmers durch § 161 Abs. 2 mit Abs. 1 beschränkt.

b) Inhaltliche Wirkung

3   Der Sicherungseigentümer hat weder den unmittelbaren Besitz noch die Nutzungsbefugnis. Darauf kommt es ihm auch nicht an. Was er anstrebt, ist die im Eigentum steckende *Vorzugsstellung gegenüber* allen *anderen,* dinglich nicht gesicherten *Gläubigern* (§ 771 ZPO, §§ 48 KO/50 InsO) und die Befriedigungsmöglichkeit bei Verzug des Schuldners. Er will den *Sachwert* gegenüber den anderen Gläubigern und dem Schuldner für sich reserviert sehen. Auf seine formale Stellung als Eigentümer legt er demgegenüber keinen Wert. Daraus ergibt sich, daß er sachenrechtlich mehr erhält als nach Intention der Parteien wirtschaftlich gewollt ist, nämlich das volle Eigentum anstelle eines –

---

[1] Oder gegen einen anderen.

aus rechtstechnischen Gründen – nicht möglichen Pfandrechts. Dieser nicht gewollte „Überschuß" an Rechtsmacht muß sich sowohl im Verhältnis von Gläubiger und Schuldner

Anwendung von Pfandrechtsnormen, wo der Sicherungsvertrag schweigt?

wie auch auf die rechtlichen Beziehungen zu den übrigen Gläubigern auswirken:

Soll z.B. dem Sicherungseigentümer im Konkurs des Schuldners nur ein Absonderungsrecht (wie einem Pfandgläubiger) zugesprochen werden?

2. Beteiligte

An der SÜ sind unmittelbar nur der *Schuldner* (= Sicherungsgeber) und der *Gläubiger* (= Sicherungsnehmer) beteiligt. Ihre Interessen sind zunächst gleichgerichtet,[1] da es dem Schuldner auf die Erlangung des Kredits, dem Gläubiger auf eine befriedigende Kapitalanlage und eine ausreichende Sicherung ankommt. Indessen kann sich eine Spannung schon von vornherein dadurch ergeben, daß der wirtschaftliche Spielraum des Schuldners durch den Sicherungsvertrag und die SÜ über Gebühr eingeengt wird („Übersicherung" – „Knebelung" – „Aussaugung"); daraus ergibt sich das Problem der Anwendung des § 138 und des § 9 AGBG (s. unten Rn. 17ff.). Ein echter Interessengegensatz entsteht – wie beim Pfandrecht – in aller Regel dann, wenn der Schuldner seine Verbindlichkeit gegenüber dem Gläubiger nicht erfüllt und dieser daher die übereignete Sache verwerten will. Er ist zwar Eigentümer der Sache, aber der Schuldner hat sie im unmittelbaren Besitz. Die Verwertung setzt also die Besitzerlangung durch den Gläubiger voraus. Für die Pfandverwertung hat der Gesetzgeber – wie wir wissen – eingehende Vorschriften aufgestellt (s. oben § 55 Rn. 24ff.), die im wesentlichen dem Schutz des Schuldners dienen. Für die SÜ fehlt eine solche Regelung; sie wird aus der Sicherungsvereinbarung und den mit der SÜ verfolgten Zwecken zu entwickeln sein (s. unten Rn. 41ff.).

Ein Interessengegensatz kann sich ferner ergeben, wenn der Gläubiger vor der Pfandreife über die ihm zur Sicherheit übereignete Sache weiter verfügt. Eine solche Verfügung ist sicher sachenrechtlich wirksam.[2] Sie verstößt aber gegen den Sicherungsvertrag, wenn die Übereignung an den Dritten endgültig sein soll. Wie aber wenn der Gläubiger seinerseits bei dem Dritten Kredit aufnimmt und ihm das Sicherungsgut zur Sicherheit weiter übereignet?

---

[1] So mit Recht *Westermann,* Interessenkollisionen (1954) S. 9.
[2] Beachte aber § 986 Abs. 2, wenn der Sicherungsgeber im Besitz der Sache ist! Beachte ferner § 161 Abs. 2 bei auflösend bedingter SÜ!

II. Die Interessenlage[1]

1. Verhältnis zu anderen Gläubigern des Sicherungsgebers

5   Häufig kollidiert das Sicherungsinteresse des Sicherungsnehmers mit dem Zugriffs- und Verwertungsinteresse anderer Gläubiger des Sicherungsgebers und zwar sowohl in der Zwangsvollstreckung als auch im Konkurs- bzw. Insolvenzfall.

Der gesicherte Gläubiger muß Gewicht darauf legen, daß sich seine bevorzugte dingliche Rechtsstellung durchsetzt, während die ungesicherten Gläubiger eine Beschränkung des Sicherungsnehmers auf die Höhe der gesicherten Forderung anstreben müssen, so daß ein freier Rest des Sachwerts ihnen zugute kommt (dazu unten Rn. 30 ff.).

Die SÜ gewährt ein heimliches Pfandrecht, sie ist nach außen nicht erkennbar. Der Schuldner erscheint weiterhin als kreditwürdig. Darin liegt eine *Gefährdung* aller Gläubiger; sie läßt sich nicht vermeiden, weil sie mit der SÜ notwendig verknüpft ist. Immerhin kann aber dieser „Normaltatbestand" überschritten sein, so wenn etwa der Schuldner auf Veranlassung des Gläubigers den übrigen Gläubigern seine Vermögenslage verschleiert. Daraus ergibt sich dann das Problem, ob die SÜ nach § 138 nichtig ist oder gar der gesicherte Gläubiger den anderen ungesicherten Gläubigern gegenüber aus § 826 schadensersatzpflichtig wird (s. unten Rn. 35 ff.).

2. Verhältnis zu Gläubigern des Sicherungsnehmers

6   Schließlich kann sich noch ein Interessengegensatz zwischen *dem Schuldner* und *den Gläubigern des Sicherungsnehmers* ergeben. Zwar ist dieser formal Eigentümer des Sicherungsguts, seine Gläubiger könnten also zugreifen. *Wirtschaftlich* betrachtet ist aber der Sicherungsnehmer nur Pfandgläubiger, der Schuldner (= Sicherungsgeber) ist „Eigentümer" geblieben; dies kommt auch rechtlich darin zum Ausdruck, daß die zur Sicherheit übereignete Sache nach Tilgung der gesicherten Forderung an den Schuldner zurückfallen soll. Ein Zugriff durch Gläubiger des Sicherungsnehmers würde diesen Rückfall vereiteln. Es wird also zu prüfen sein, ob die Interessen des Schuldners, seine Berufung auf die „wahre" Rechtslage berücksichtigt werden können (s. unten Rn. 38 ff.).

---

[1] *Adams*, Ökonomische Analyse der Sicherungsrechte – Ein Beitrag zur Reform der Mobiliarsicherheiten, 1980; *Blaurock*, Die Sicherheitenfreigabe nach deutschem Recht, in: Sicherheitenfreigabe und Unternehmenssanierung, 1994, S. 3 ff.; *Dorndorf*, Kreditsicherheiten und Wirtschaftsordnung, 1986; *Bülow*, Jura 1987, 509; *Schwab/Prütting* § 34; *Gaul*, Neue „Verdinglichungs"-Tendenzen – Zur Rechtsstellung des Sicherungsgebers bei der Sicherungsübereignung, FS f. Serick, 1992, 105; *Henckel*, Zur Dogmatik der besitzlichen Mobiliarsicherheiten, FS f. Zeuner, 1994, 193; *Paulus*, JuS 1995, 185; *Pfeiffer*, ZIP 1997, 49; *Karsten Schmidt*, Zur Akzessorietätsdiskussion bei Sicherungsübereignung und Sicherungsabtretung, FS f. Serick, 1992, 329; *Secker*, Die Übersicherung des Geldkreditgebers bei Sicherungsübertragungen, 1995; *Wiegand/Brunner*, NJW 1995, 2513.

B. Einzelheiten

I. Anwendungsbereich – Gang der Darstellung

1. Die SÜ dient vor allem der Sicherung von Krediten, insbesondere von *Bankkrediten*. Über- 7
eignet werden einzelne Gegenstände (z. B. eine wertvolle Maschine, ein Kraftfahrzeug) oder
eine Sachgesamtheit, insbes. ein Warenlager. Im letztgenannten Fall ergeben sich besondere Schwierigkeiten: das Warenlager muß ja – auch im Interesse des Gläubigers! – „umgesetzt"
werden. Rechtlich bedeutet dies, daß der Gläubiger den Schuldner zu Veräußerungen des
Sicherungsguts im Rahmen eines ordentlichen Geschäftsbetriebs ermächtigt (§ 185); andererseits legt
er Gewicht darauf, daß Neuzugänge zum Warenlager der SÜ unterfallen, ihm also von vornherein durch antezipiertes Konstitut übereignet werden. Diese Lieferungen erfolgen aber regelmäßig
unter Eigentumsvorbehalt. Eine Übereignung durch den Schuldner an den Gläubiger ist also
gar nicht möglich; immerhin wird der Gläubiger daran interessiert sein, daß ihm das aus dem Eigentumsvorbehalt sich ergebende Anwartschaftsrecht des Käufers (= seines Schuldners) übertragen
wird.

Bankübliches Muster:
„Soweit der Sicherungsgeber Eigentum oder Miteigentum an dem Sicherungsgut hat, überträgt er
der Bank das Eigentum oder Miteigentum. Soweit der Sicherungsgeber ein Anwartschaftsrecht auf
Eigentumserwerb (aufschiebend bedingtes Eigentum) an den von seinen Lieferanten unter Eigentumsvorbehalt gelieferten Waren hat, überträgt er hiermit der Bank dieses Anwartschaftsrecht. Eigentum, Miteigentum und Anwartschaftsrecht an dem bereits vorhandenen Sicherungsgut gehen mit
Abschluß des Sicherungsvertrages und an dem noch einzulagernden Sicherungsgut mit dessen Einlagerung auf die Bank über."[1]

Häufig wird die SÜ „*verlängert*", nämlich dann, wenn der Schuldner die übereigneten Sachen verarbeitet (Ausschluß des § 950) oder sie weiterveräußert (Abtretung der Ansprüche aus den Kaufverträgen); die Vertragsklausel lautet dann etwa wie folgt:

„Macht der Kreditnehmer von der Verkaufsbefugnis Gebrauch, so ... tritt er ... schon hiermit seine Ansprüche aus den Kaufverträgen an die Bank ab."

Da auch der Eigentumsvorbehalt regelmäßig durch die Vorausabtretung der sich aus dem Verkauf
der Waren ergebenden Forderungen „verlängert" wird, wird die Konkurrenz zwischen den beiden
Vorausabtretungen (an die Bank bzw. an die Warenlieferanten) sofort deutlich! Mit diesem Tatbestand werden wir uns näher zu befassen haben (s. unten § 59 Rn. 50–55).

2. Unsere Überlegungen zur Interessenlage und zum Anwendungsbereich der SÜ haben uns schon
erkennen lassen, daß es einigermaßen schwierig sein wird, sich in diese Materie einzuarbeiten. Es
wird vielleicht am besten sein, wenn wir dem zeitlichen Ablauf eines SÜ-Verhältnisses folgen und
daher zunächst den sachenrechtlichen Vorgang der Bestellung des Sicherungsrechts erörtern
(Rn. 8 ff.), dann die ihm zugrunde liegende Sicherungsvereinbarung (Rn. 15 ff.), anschließend die
Stellung des Sicherungsnehmers gegenüber konkurrierenden ungesicherten Gläubigern des Sicherungsgebers (Rn. 30 ff.), im Zusammenhang damit die Rechte des Schuldners gegenüber Gläubigern
des Sicherungsnehmers (Rn. 38 ff.) und schließlich das Verwertungsrecht des Sicherungsnehmers
(Rn. 41 ff.) und den Rückfall des Sicherungsguts an den Schuldner (Rn. 45).

II. Der Übereignungstatbestand

1. Übereignung durch Vereinbarung eines Besitzkonstituts

Die SÜ kann in einer der in §§ 929 ff. enthaltenen Formen erfolgen; prak- 8
tisch bedeutsam ist allein die *Form des § 930,* also Einigung und Vereinbarung
eines Besitzkonstituts; denn der Schuldner soll ja den unmittelbaren Besitz an
der Sache und damit die Nutzungsmöglichkeit behalten.

---

[1] S. dazu auch die in BGHZ 28, 16, 17 beurteilte Formel.

a) Besitzmittlungsverhältnis

9 Das vereinbarte *Besitzmittlungsverhältnis* muß konkret sein (§ 868); es genügt nicht die Abrede, daß der Schuldner künftig für den Gläubiger besitzen solle (s. oben § 7 Rn. 47f., § 51 Rn. 22). Ausreichend ist aber als Grundlage der Sicherungsvertrag, wenn sich aus ihm die Rechte und Pflichten der Beteiligten hinsichtlich des Sicherungsguts ergeben.

> Um dem Erfordernis des konkreten Konstituts zu genügen, wird in der Praxis etwa folgende Formulierung gewählt: „Die Übergabe des Sicherungsgutes an die Bank wird dadurch ersetzt, daß der Sicherungsgeber es für die Bank sorgfältig unentgeltlich verwahrt. Soweit Dritte unmittelbaren Besitz am Sicherungsgut erlangen, tritt der Sicherungsgeber bereits jetzt seine bestehenden und künftigen Herausgabeansprüche an die Bank ab."

b) Fehlende Akzessorietät und bedingte Einigung

10 Die Sicherungsübereignung ist – anders als das Pfandrecht – nicht akzessorisch.[1] Tritt der Sicherungsnehmer die Forderung ab, so geht deshalb das Sicherungseigentum nicht nach § 401 automatisch auf den Zessionar über. Der Zedent ist jedoch u. U. zur Eigentumsübertragung (nach § 931) verpflichtet.[2]

> *Beispiel:* Die Bank Gl. hat dem S ein Darlehen von 20 000 DM gegen SÜ einer Maschine gewährt, der Vater des S hat außerdem eine sebstschuldnerische Bürgschaft übernommen. Als S am Fälligkeitstag nicht zahlt, tilgt der Bürger V das Darlehen. Damit geht die *Forderung* der Gl. gegen S auf den V über (§ 774), *nicht* aber (entsprechend §§ 412, 401) das Sicherungseigentum an der Maschine. Gl. ist aber im Verhältnis zu S zur Übertragung des Sicherungseigentums berechtigt, wenn dies im Sicherungsvertrag vereinbart ist. Formel: „Zahlt ein Bürge oder ein Dritter an die Bank, so verpflichtet sie sich, sofern nicht eine Abrede des Sicherungsgebers mit ihr entgegensteht, die Sicherungsrechte auf den Dritten zu übertragen."[3]

Ist die Forderung nicht entstanden (oder durch Rückzahlung erloschen), so hat der Sicherungsgeber üblicherweise einen *schuldrechtlichen* Anspruch auf Rückübereignung aus der Sicherungsabrede.[4]

Im Sicherungsvertrag könnte jedoch auch vereinbart werden, daß die Sicherungsübereignung durch Entstehen der zu sichernden Forderung aufschiebend bzw. durch Fortfall des Sicherungszwecks auflösend bedingt wird. Über das Institut der Bedingung wird damit die Sicherheit mit der zu sichernden Forderung verbunden, ein Akzessorietätsersatz. Dann entsteht Sicherungseigentum erst mit der Begründung der zu sichernden Forderung. Nach Erfüllung der gesicherten Forderung fällt das Eigentum am Sicherungsgut automatisch an den Sicherungsgeber zurück. Der Sicherungsgeber ist dann gegenüber Verfügungen des Sicherungsnehmers durch § 161 Abs. 2 geschützt (beachte aber § 161 Abs. 3 mit §§ 936 Abs. 3; s. a. § 52 Rn. 55 und § 59 Rn. 46). Ob solches vereinbart ist, ist Auslegungssache. Auf eine ausdrückliche Abrede

---

[1] Hierzu instruktiv: *Karsten Schmidt,* Zur Akzessorietätsdiskussion bei der Sicherungsübertragung und Sicherungsabtretung, FS f. Serick, 1992, 329.
[2] RGZ 91, 277, 280; BGH DB 1967, 548; *Scholz,* NJW 1962, 2228.
[3] Vgl. Muster des Deutschen Genossenschaftsverlags, Ziff. 10, Anh. 7b.
[4] Ausführlich *Behrens,* Die Rückabwicklung des Sicherungseigentums bei Erledigung oder Nichterreichung des Sicherungszwecks, 1989.

kommt es hier zwar nicht an (*K. Schmidt* a.a.O. S. 339), in der Tendenz zutreffend ist jedoch die Feststellung des BGH, es gebe keinen allgemeinen Rechtsgrundsatz des Inhalts, daß die Sicherungsübereignung stets durch den Sicherungszweck bedingt sei.[1] Man kann deshalb nicht alleine aufgrund der Parallele zum Eigentumsvorbehalt (§ 455) eine solche Bedingung als im Zweifel vereinbart ansehen.[2] Dazu bedarf es speziellerer Wertungen und Fallbindungen (vgl. *K. Schmidt* a.a.O. S. 346).

2. Sicherungsobjekte

a) Allgemeines

Sicherungsobjekte können sein: eine *einzelne* bewegliche Sache (auch eine solche, die erst *künftig* vom Sicherungsgeber erworben wird), die zu einer *Sachgesamtheit* zusammengefaßten Sachen, insbes. ein Warenlager, ferner sogar ein *Anwartschaftsrecht* aus bedingter Übereignung. 11

Beispiele: SÜ einer einzelnen Maschine und der Maschine, die künftig an ihre Stelle tritt.
SÜ eines Warenlagers, gleichgültig, ob der Sicherungsgeber Eigentümer oder nur Anwartschaftsberechtigter (aus § 455) ist, mit der Abrede, daß der Schuldner zur Veräußerung von Gegenständen des Warenlagers im Rahmen des normalen, ordnungsmäßigen Geschäftsbetriebs ermächtigt ist (§ 185), „Neuzugänge" aber wieder der SÜ unterfallen, und zwar wieder gleichgültig, ob der Schuldner mit „Zugang" voller Eigentümer oder – bei Lieferung unter Eigentumsvorbehalt – nur Anwartschaftsberechtigter wird.
Zur Übertragung des Anwartschaftsrecht s. BGHZ 20, 88 (unmittelbarer Eigentumsübergang vom Vorbehaltskäufer auf den Sicherungsnehmer bei Bedingungseintritt = Tilgung des Kaufpreises), unten § 59 Rn. 34 ff. sowie oben § 52 Rn. 19.
Von der Sicherungsübertragung der *Anwartschaft* durch den Vorbehaltskäufer ist zu unterscheiden die SÜ der *Sache* durch den Vorbehaltsverkäufer (nach § 931), z.B. an seine Bank; diese SÜ hat natürlich nur solange Bestand, wie der Kaufpreis noch nicht bezahlt ist. Aber meist wird die Kaufpreisforderung auch an die finanzierende Bank abgetreten.

b) Sicherungsübereignung von Warenlagern und Bestimmtheitsgrundsatz

Besondere Probleme ergeben sich bei der *SÜ von Warenlagern* hinsichtlich des *Bestimmtheitsgrundsatzes:*[3,4] Einigung und Besitzübergabe müssen sich auf bestimmte Sachen beziehen. Wird ein Warenlager in seinem gegenwärtigen und künftigen Bestand zur Sicherheit übereignet, so können sich Zweifel ergeben 12

aa) bezüglich der von der SÜ körperlich erfaßten Sachen

sowie

bb) hinsichtlich der verschiedenen Form der Zugehörigkeit der übereigneten Sachen zum Vermögen des Sicherungsgebers.

---

[1] BGH JZ 1991, 732 mit Anm. *Gerhardt.*
[2] So noch die Vorauflage im Anschluß an *Serick,* EWiR 1991, 147 f.
[3] Die gleichen Probleme finden sich bei der Sicherungsabtretung künftiger Forderungen und beim verlängerten Eigentumsvorbehalt (s. unten § 58 Rn. 19 f.).
[4] Siehe dazu besonders *Staudinger/Wiegand* Anh. zu §§ 929 Rn. 93 ff.; *Serick* II 1 § 21 S. 148 ff.; *Soergel/Mühl* § 930 Rn. 38 ff.

§ 57 B II   IV. Abschnitt. Mobiliarsachenrecht

Zu aa) das „ganze Warenlager"? – ein prozentual bestimmter Teil des Warenlagers? – das Warenlager in Höhe der gesicherten Forderung? – der in einem bestimmten Raum untergebrachte Teil des Warenlagers?

Zu bb) nur die im Eigentum des Sicherungsgebers stehenden Gegenstände? – auch Anwartschaftsrechte? Müssen die in der einen oder der anderen Rechtsform im Warenlager befindlichen Sachen voneinander abgegrenzt werden?

13 Faßt man den gegenwärtigen *Standpunkt der Rechtsprechung* zu diesem Problemkreis zusammen, so ergeben sich folgende *Grundsätze:*

(1) Bei einer SÜ müssen die übereigneten Sachen *im Vertrag bestimmt* bezeichnet werden. Bloße Bestimmbarkeit genügt nicht (RGZ 132, 183, 187; BGHZ 28, 16, 19; BGHZ 73, 253, 254; BGH JZ 1988, 471). Hinreichende Bestimmtheit liegt dann vor, wenn es infolge der Wahl einfacher äußerer Kriterien für jeden, der die Parteiabreden kennt, ohne weiteres ersichtlich ist, welche individuell bestimmten Sachen übereignet worden sind (BGH NJW 1992, 1161; 1996, 2654).

(2) Das Erfordernis der bestimmten Bezeichnung bezieht sich aber nur auf die Fixierung der von der SÜ erfaßten Sachen, nicht auf ihre *rechtliche Qualifizierung* (als dem Schuldner jetzt schon gehörige oder künftig in sein Eigentum fallende und ihm nur dem Anwartschaftsrecht nach zustehende Sachen).

Diese Rechtsprechung wird deutlich durch die Tendenz gekennzeichnet, den Umfang des Sicherungsguts für den Konfliktfall (also insbesondere im Konkurs und beim Vollstreckungszugriff anderer Gläubiger) möglichst klar zu kennzeichnen. Dagegen kann sie irgendeine Publizität des Sicherungsvorgangs nicht erreichen; denn darauf ist das Institut der SÜ schon seinem Ursprung nach nicht angelegt. Richtig wäre es wohl, die gleichen Grundsätze wie bei der Sicherungsabtretung künftiger Forderungen anzuwenden (§ 58 Rn. 19 ff.), also die *Bestimmbarkeit* in dem Sinne genügen zu lassen, daß der Sicherungsvertrag genaue Kriterien darüber enthalten muß, ob eine Ware im Augenblick des Zugangs beim Schuldner von der SÜ erfaßt wird oder nicht.[1]

Ausreichend ist die Übereignung des ganzen Warenlagers, der gesondert gelagerten und mit einem auf die SÜ hinweisenden Schild versehenen Waren, der gemeinsam gelagerten, jedoch abweichend markierten Sachen (vgl. BGH NJW 1992, 1161 f.), vor allem aber – in der Praxis besonders bedeutsam – der in einem besonderen Raum gelagerten Waren (sog. *Raumsicherungsvertrag*). Eine räumliche Abgrenzung ist zwar die Regel, jedoch nicht erforderlich, wenn eine eindeutige Feststellung der übereigneten Sachen auf andere Weise möglich ist (BGH NJW 1994, 133).

Nicht genügend ist eine Bezeichnung durch einen Prozentsatz („die Hälfte des Warenlagers") oder durch eine Wertangabe („in Höhe der jeweils bestehenden Forderung").

Auf die *rechtliche Qualifizierung* wird in BGHZ 28, 16 (im Gegensatz zu BGHZ 21, 52) kein Gewicht mehr gelegt. Insbesondere ist eine Aufteilung in „Anwartschaftssachen" und „Eigentumssachen" nicht erforderlich. Der BGH begründet dies zunächst damit, daß das Anwartschaftsrecht eine bloße Vorstufe des Eigentums sei. Wichtiger ist wohl der andere Gesichtspunkt, daß eine rechtliche Qualifizierung weder vom Standpunkt der Parteien des Sicherungsvertrags aus noch zum Schutze anderer Gläubiger erforderlich ist. Ausschlaggebend ist aber schließlich die rechtspolitische Erwägung, daß eine rechtliche Qualifizierung die SÜ von Warenlagern praktisch unmöglich machen würde (BGHZ 28, 16, 25).[2]

---

[1] A. A. *Möschel* NJW 1981, 2273, der im Gegenteil auf eine Verschärfung des Bestimmtheitsgrundsatzes drängt.

[2] Schwierigkeiten bereitet auch die *Besitzlage,* wenn der Vorbehaltskäufer sein Anwartschaftsrecht auf einen Dritten nach § 930 BGB zur Sicherheit überträgt.

c) Verlängerte Sicherungsübereignung

Meist vereinbaren die Parteien ausdrücklich, daß – etwa bei der SÜ eines **14** Warenlagers – die Ersatzstücke für ursprüngliches Sicherungsgut ebenfalls von der SÜ erfaßt werden oder daß die Forderungen aus dem Weiterverkauf im voraus dem Sicherungsnehmer abgetreten werden (sog. „verlängerte" SÜ). Was gilt aber, wenn eine solche Vereinbarung fehlt? Soll hier eine *dingliche Surrogation* (etwa in Anlehnung an § 2041 BGB) Platz greifen?[1]

Beispiele: (1) S hat dem Gl. einen Kraftwagen nach § 930 BGB zur Sicherheit übereignet. Abredewidrig veräußert S den Wagen (nach §§ 433, 929, 932) an D. Steht die Kaufpreisforderung automatisch dem Gl. zu (und dient jetzt der Sicherung der Forderung des Gl. gegen S) oder kann Gl. nur die Abtretung der Kaufpreisforderung nach § 816 Abs. 1 S. 1 erzwingen?
(2) Wenn umgekehrt Gl. den Wagen (nach § 931) an X veräußert hat und dann in Konkurs fällt, kann S die Kaufpreisforderung nach §§ 43 KO/47 InsO aussondern oder nach §§ 46 KO/48 InsO Ersatzaussonderung verlangen, da er das Eigentum an dem Wagen – stünde er noch im Sicherungseigentum des Gl. – hätte aussondern können? (s. unten Rn. 39).
(3) Wenn der dem Gl. zur Sicherheit übereignete Wagen von Y schuldhaft beschädigt wird, so steht der Ersatzanspruch nach § 823 Abs. 1 dem Gl. als Eigentümer zu. Was gilt, wenn S seine Schuld an Gl. tilgt? Steht jetzt der Ersatzanspruch automatisch dem S zu oder kann er nur dessen Abtretung auf Grund des Sicherungsvertrags verlangen?

Die Antwort auf diese Fragen hängt davon ab, ob man eine *dingliche Surrogation* im Sachenrecht über die gesetzlich geregelten Fälle (z. B. §§ 1048 Abs. 1, 1247, 1287 BGB, auch §§ 46 KO/48 InsO, § 392 Abs. 2 HGB) hinaus zuläßt (s. dazu *M. Wolf* a.a.O. u. RGZ 153, 366; BGH NJW 1959, 1223). Die h. M. verneint, wohl mit Recht. Freilich sollte man nicht so sehr darauf abstellen, ob der Sicherungsnehmer das Sicherungsgut *unmittelbar* vom Sicherungsgeber erhalten hat, als vielmehr auf die in § 816 enthaltene Entscheidung des Gesetzgebers. Eine dingliche Surrogation könnte allenfalls für die sog. Entziehungssurrogation (oben [1] und [3]) und bei Ersatzbeschaffungen für Warenlager und ähnliche Vermögensinbegriffe in Betracht kommen (s. dazu BGH LM § 930 BGB Nr. 12).

III. Der Sicherungsvertrag[2]

1. Bedeutung

Der Sicherungsvertrag grenzt die Rechte und Pflichten der an der SÜ Be- **15** teiligten (also meist des Gläubigers und Schuldners, aber auch des Gläubigers und eines Dritten, der für den Schuldner „einspringt") ab. Er ist *nicht* mit dem Rechtsgeschäft (z.B. dem Darlehen) identisch, dem die gesicherte Forderung entspringt, mögen beide Verträge häufig auch zu einem Rechtsakt verbunden sein.

Die Sicherungsabrede enthält z. B. die Pflicht des *Sicherungsgebers,* das Sicherungsgut ordnungsmäßig zu behandeln und zu versichern,[3] dem Sicherungsnehmer Anzeige bei Pfändung des Sicherungsguts durch Dritte zu machen; ferner kann sie Auskunft geben über die Art der *Verwertung* des Guts bei Fälligkeit der gesicherten Forderung, über die Pflicht des Sicherungsnehmers zur Rückübereignung nach Tilgung der Schuld u. s. w.[4]

---

[1] Zur dinglichen Surrogation allgemein s. *Gernhuber* Bürgerl. R., § 49; *Strauch,* Mehrheitlicher Rechtsersatz, 1972; M. *Wolf* JuS 1975, 643, 710; 1976, 32, 104.
[2] S. dazu bes. *Gaul,* Lex commissoria u. Sicherungsübereignung, AcP 168, 351; *Scholz/Lwowski* Rn. 106ff., 550ff. S. a. zum Parallelfall bei der Grundschuld § 45 Rn. 9ff.
[3] Worüber dann der Versicherer dem Sicherungsnehmer einen sog. Sicherungsschein ausstellt.
[4] „Sicherungstreuhand": *Gernhuber* JuS 1988, 358; *Soergel/Mühl* § 930 Rn. 29–31 u. 52, 53; zu den Pflichten des Sicherungsnehmers s. auch BGHZ 32, 67 u. BGH NJW 1966, 2009 (Pflicht zur ordnungsmäßigen Verwertung).

Ist die Sicherungsabrede *nichtig,* so erfaßt deren Nichtigkeit die SÜ nicht automatisch. Dies gilt, entgegen der noch in der Vorauflage vertretenen Ansicht, auch dann, wenn die SÜ nach § 930 vollzogen wurde. Mit der im BGB angelegten grundsätzlichen Trennung zwischen Grund- und Verfügungsgeschäft ist eine Lösung unvereinbar, welche die Gültigkeit des Sicherungsvertrages im Rahmen des Besitzmittlungsverhältnisses nach § 930 zur Voraussetzung der Wirksamkeit der SÜ macht.[1] Dem Sicherungsgeber steht aber ein Anspruch auf Rückübereignung aus ungerechtfertigter Bereicherung zu (Leistungskondiktion). Das gleiche gilt bei späterem Fortfall einer zunächst wirksam zustandegekommenen Sicherungsabrede. Ist die Sicherungsabrede gültig, ist aber die zu sichernde Forderung endgültig nicht entstanden oder wieder erloschen, so ergibt sich die Pflicht zur Rückübereignung aus dem Sicherungsvertrag, sofern die Parteien nicht das Bestehen der Forderung zur Bedingung der Übereignung gemacht haben (s. oben Rn. 10).

Ist die gesicherte Forderung verjährt, so ist § 223 Abs. 2 anwendbar; dies bedeutet, daß die Verjährung der Forderung die Stellung des Sicherungseigentümers, insbesondere sein Verwertungsrecht, nicht berührt (BGHZ 34, 191, 195; s. auch BGHZ 70, 96).

2. Fehlen einer inhaltlich fixierten Sicherungsabrede

16 Zweifelhaft ist die Rechtslage, wenn die Parteien eine ausdrückliche Sicherungsabrede nicht getroffen haben. Können dann die für das Verhältnis von Gläubiger und Verpfänder gegebenen Bestimmungen entsprechend angewendet werden?[2] Die Frage läßt sich nicht mit einem schlichten ja oder nein beantworten. Entscheidend ist zunächst die Eigenart des konkreten Sicherungsverhältnisses. Wo sich auch daraus nichts entnehmen läßt, können die Vorschriften des Pfandrechts entsprechend herangezogen werden, jedoch mit der Besonderheit, daß die Rechtmäßigkeitsvoraussetzungen einer Pfandverwertung hier nur eine interne, für das Verhältnis zwischen Sicherungsnehmer und Sicherungsgeber maßgebende Bedeutung haben.

Beispiel: S hat dem G eine wertvolle Maschine zur Sicherung eines Darlehens ohne inhaltlich fixierte Sicherungsabrede übereignet. Ist die Forderung zur Rückzahlung fällig, so wird G zur Androhung der Veräußerung verpflichtet sein (§ 1234 entsprechend). Veräußert G die Maschine freihändig an D, so ist D Eigentümer geworden. Kann S nachweisen, daß bei einer Veräußerung im Wege öffentlicher Versteigerung oder bei einer Ausschreibung ein wesentlich höherer Erlös erzielt worden wäre, so kann G schadensersatzpflichtig sein.

Zweifelhaft ist, ob die Vereinbarung einer Verfallklausel wirksam ist. Die Frage ist – wie *Gaul* AcP 168, 151 nachgewiesen hat – zu verneinen; das Verbot der Verfallklausel (§ 1229) gilt auch für die SÜ (anders frühere Auflagen u. *Serick* III S. 480 ff. [m. w. N.]; *Rimmelspacher* § 6 Rn. 352 ff.: Abrechnungspflicht des Sicherungsgebers nach Verfall).

3. Knebelung

17 Der Sicherungsvertrag kann wegen Sittenwidrigkeit nichtig sein (§ 138). In dem hier interessierenden Zusammenhang (Verhältnis Sicherungsgeber – Si-

---

[1] So aber *Jauerig/Jaurnig* § 930 Rn. 39; wie hier: *Staudinger/Wiegand* Anh. 90 zu §§ 929 ff.
[2] S. *Lange* NJW 1950, 570 (VI); *Serick* I S. 60 ff. und III S. 454 ff.

cherungsnehmer) kommt insoweit insbesondere der Tatbestand der Knebelung in Betracht. Davon zu unterscheiden sind andere Tatbestände der Sittenwidrigkeit, die sich aus der Mißachtung anderer – ungesicherter – Gläubiger ergeben (sog. „Gläubigergefährdung"). Die Tatbestände der Knebelung und der Gläubigergefährdung sind lediglich Leitbilder von Verstößen gegen § 138 bzw. § 826, ersetzen jedoch nicht die gebotene Einzelfallprüfung (vgl. BGH NJW 1955, 1272; NJW 1991, 353f.). Eine sittenwidrige Knebelung liegt vor, wenn der Sicherungsvertrag dem Gläubiger einen so weitgehenden Einfluß auf die Geschäfts- und Lebensführung des Schuldners einräumt, daß diesem praktisch jegliche Freiheit für eigene wirtschaftliche und kaufmännische Entscheidungen genommen wird (BGHZ 19, 12, 18). Dabei genügt grobe Fahrlässigkeit des Sicherungsgebers.

4. Übersicherung[1]

Eine Übersicherung liegt vor, wenn der Wert der Sicherheiten den Betrag der zu sichernden Forderung nicht nur vorübergehend so weit übersteigt, daß zwischen Sicherheit und Forderung kein ausgewogenes, die beiderseitigen Interessen berücksichtigendes Verhältnis besteht.[2] Bei der (antezipierten) SÜ von Warenlagern mit wechselndem Bestand stellt sich das Problem der *nachträglichen Übersicherung*.[3] Weil bei der Warenlager-SÜ auch diejenigen Sachen automatisch in den Sicherheitenbestand fallen, welche der Sicherungsgeber (als Ersatz für die veräußerte Ware) erst später erwirbt, besteht die Gefahr des einseitigen Anwachsens der Sicherheiten im Verhältnis zur gesicherten Forderung.[4]

18

a) Die frühere Rechtsprechung

Dieses Problem der Übersicherung hat der BGH (seit dem Grundsatzurteil des VIII. ZS vom 29. 11. 1989, BGHZ 98, 303) bis in die jüngste Zeit dadurch zu lösen versucht, daß die Aufnahme von sog. *qualifizierten Freigabeklauseln* in die Sicherungsvereinbarung verlangt wurde (BGHZ 124, 371, 376ff.). Hierunter verstand man eine vertragliche Regelung mit folgenden Merkmalen:
(1) die Festlegung einer Deckungsgrenze, d.h. eines Betrages, bis zu dem der gesicherte Kredit durch den Wert der Sicherheit gedeckt sein muß,

19

---

[1] Ausführlich *Bülow*, Kreditsicherheiten, Rn. 944 ff; zu aktuellen Entwicklungen *Canaris* ZIP 1996, 1577; *Nobbe* ZIP 1996, 657; *Pfeiffer* ZIP 1997, 49; *Serick* BB 1996, 1777; *Trapp*, NJW 1996, 2914.
[2] Vgl. BGH NJW 1994, 1796, 1798; 1998, 2047 m. Nw.
[3] Dieses Problem stellt sich insbesondere dann, wenn die SÜ (wie in der Praxis häufig) durch Vorausabtretung der Forderungen aus dem (gestatteten) Weiterverkauf „verlängert" wird. Das Risiko der nachträglichen Übersicherung besteht ebenso bei der Globalzession und beim erweiterten bzw. verlängerten Eigentumsvorbehalt, weshalb der BGH an die SÜ von Warenlagern mit wechselndem Bestand auch dieselben Rechtmäßigkeitsanforderungen stellt: BGHZ 117, 374, 377 f.
[4] Der Sicherungsgeber könnte sich dadurch vor nachträglicher Übersicherung schützen, daß er einen Teil seiner Waren in anderen, nicht von der Sicherungsvereinbarung erfaßten Räumen lagert. Das setzt aber die Vorhaltung zusätzlicher kostenintensiver Lagerkapazität voraus, weshalb dieser *praktische* Übersicherungsschutz in vielen Fällen keine zumutbare Alternative zum *rechtlichen* Übersicherungsschutz ist.

(2) die Verpflichtung des Sicherungsnehmers zur Freigabe der die Deckungsgrenze übersteigenden Sicherheiten,
(3) die *ermessensunabhängige* Ausgestaltung der Freigabepflicht.

Sicherungsübereignungen aufgrund von Sicherungsverträgen, die keine jenen Anforderungen entsprechende Freigabeklausel enthielten, sollten nach (bisher) etablierter Rspr. des BGH *insgesamt von Anfang an* unwirksam sein. Ihre gerichtliche Mißbilligung erfolgte am Maßstab der §§ 9 AGBG und 138 BGB.

b) Dogmatische Bedenken gegen diese Rechtsprechung

20 Das Bestreben dieser Rspr., eine Ausuferung der SÜ zu verhindern, war verständlich; sie hatte auch den Erfolg, daß vor allem Großgläubiger einer stärkeren Pflichtbindung unterworfen wurden. Indessen war sie dogmatisch höchst angreifbar. Die Bedenken, die schließlich zu einer Wende in der höchstrichterlichen Rechtsauffassung geführt haben, können hier nur kurz umrissen werden:

aa) Entbehrlichkeit der ausdrücklichen Freigabeverpflichtung

21 Aus Gründen des Schutzes der Sicherungsgeber war der von der Rspr. verfügte Zwang zur *ausdrücklichen* Vereinbarung von Freigabeklauseln nicht geboten: Bereits aus der Natur des Sicherungsvertrages als Treuhandverhältnis folgt, daß der Sicherungsnehmer als Treuhänder dem Sicherungsgeber diejenigen Sicherheiten herauszugeben hat, die er zur Sicherung seines Kredits nicht mehr benötigt.[1] Der Freigabeanspruch ist damit jedem Sicherungsvertrag immanent, so daß es gar keiner ausdrücklichen Vereinbarung hierüber bedarf.

bb) Unangemessenheit der Gesamtnichtigkeit

22 Die Rechtsfolge der *Gesamtnichtigkeit* war sowohl hinsichtlich ihrer dogmatischen Ableitung (1) als auch hinsichtlich ihrer Wirkung (2) verfehlt:
(1) In dogmatischer Hinsicht ist die selbstverständliche Annahme der Nichtigkeit von Grundgeschäft (Sicherungsabrede) und Verfügungsgeschäft (SÜ) nach § 138 überzogen. Die Erstreckung der Unwirksamkeit des Kausalgeschäfts auf das Verfügungsgeschäft stellt eine Durchbrechung des Abstraktionsprinzips dar (hierzu § 5 Rn. 19 ff., 22, 51). Eine solche darf aber nicht schematisch, sondern nur ausnahmsweise bei besonders eklatanten Verstößen gegen das Gebot der Vertragsgerechtigkeit erfolgen. Bei bloß mangelnder Vorsorge gegen nachträgliche Übersicherung ist eine solche Bewertung aber nicht gerechtfertigt.
Darüber hinaus war selbst die Anwendung des § 138 auf das Grundgeschäft, den Sicherungsvertrag, nicht geboten.[2] Von einer gegen die guten Sitten verstoßenden Sicherungsabrede kann allenfalls dann die Rede sein, wenn sie von vornherein geradezu auf nachträgliche Übersicherung „angelegt" ist. Da § 138 BGB somit nur ausnahmsweise einschlägig ist, wurden die Sicherungsabreden vom BGH überwiegend am Maßstab des § 9 AGBG gemessen. Danach war die Rechtsfolge der Gesamtnichtigkeit aber noch weniger zwingend: Die AGBG-Widrigkeit einer Vertragsklausel führt nämlich in aller Regel gemäß § 6 Abs. 1 AGBG zur bloßen Nichtigkeit der unangemessenen nachteiligen Klausel und nur ausnahmsweise gemäß § 6 Abs. 3 AGBG zur Unwirksamkeit des gesamten Rechtsgeschäfts. Im Normalfall müßte man somit unter Anwendung des § 9 AGBG konsequenterweise zur bloßen Klauselnichtigkeit statt zur Gesamtnichtigkeit des schuldrechtlichen Geschäfts kommen. Eine Unwirksamkeit von Grund- *und* Verfügungsgeschäft kommt hier erst recht nicht in Betracht.

23 (2) Die *Wirkung* der anfänglichen und vollständigen Nichtigkeit von Sicherungsgeschäften sah sich dem Einwand des Übermaßverbots und der Schutzzweckverfehlung ausgesetzt.

---

[1] *Serick*, ZIP 1995, 789, 792; BGH NJW 1996, 2092 f.
[2] *Canaris*, ZIP 1996, 1109, 1122; vgl. auch BGH XI. ZS ZIP 1996, 957, 960.

Abgesehen von den Fällen krasser Rücksichtslosigkeit erschien es auch unter dem Gesichtspunkt des verfassungsrechtlichen *Übermaßverbots*[1] bedenklich, den Sicherungsnehmer als nunmehr ungesicherten Gläubiger zu behandeln. Er wurde dadurch übermäßig belastet, daß ihm die *gesamte* Sicherheit aus der Hand geschlagen wurde und nicht nur der Teil, den er zur Sicherung seines Kredits nicht mehr benötigte. Solches traf den Sicherungsnehmer nach bisheriger Rspr. sogar in Fällen, in denen eine nachträgliche Übersicherung gar nicht eingetreten war, der Sicherungsgeber also einen Freigabeanspruch gar nicht hätte geltend machen können! Begünstigt waren hierdurch die ungesicherten Konkursgläubiger. Deren Schutz ist aber durch das AGBG nicht bezweckt.

c) Zur geänderten Rechtsauffassung des BGH

Die mit revolvierenden Globalsicherheiten befaßten Senate haben die erforderliche Änderung der bisherigen Rechtsprechung in diversen Anfrage- und Antwortbeschlüssen eingehend diskutiert[2] und schießlich gem. § 132 Abs. 3 und 4 GVG den Großen Senat (GS) angerufen.[3] Dieser hat über die streitigen Rechtsfragen nunmehr verbindlich entschieden.[4] Diese Klärung wurde wegen ihrer überragenden praktischen Bedeutung allgemein mit Spannung erwartet, denn sie betrifft die nähere Ausgestaltung des bereits im Vorfeld des Beschlusses von allen Senaten anerkannten vertragsimmanenten „gesetzlichen" Freigabeanspruchs, insbesondere die Frage der Deckungsgrenze. 24

Zum besseren Verständnis der Problematik sollen einige Erläuterungen zum Thema „Deckungsgrenze" vorangestellt werden (aa); anschließend sollen die dem GS zur Entscheidung vorgelegten Lösungsvorschläge des IX. und XI. ZS skizziert werden (bb). Erst vor diesem Hintergrund soll dann der (nunmehr maßgebliche) Beschluß des GS dargestellt werden (cc).

aa) Deckungsgrenze und Bewertungsarten

Die Deckungsgrenze ist (wie schon gesagt) der Betrag, bis zu dem die gesicherte Forderung durch den Wert der Sicherheiten gedeckt sein muß. Die vertraglich mögliche (und empfehlenswerte) Vereinbarung einer Deckungsgrenze setzt somit voraus, daß die zur Verfügung gestellten Sicherheiten *bewertet* werden. Diese Bewertung kann auf zweierlei Weise erfolgen: Zum einen unter Bezugnahme auf den Wert des Sicherungsguts bei Übereignung, zum anderen bezogen auf den sog. realisierbaren Wert. Letzterer meint den im Sicherungsfall bei einer Verwertung zu erzielenden Erlös. Da der Sicherungsfall bei Vertragschluß ein ungewisses und zeitlich nicht absehbares Ereignis ist, läßt sich die Wertentwicklung des Sicherungsguts kaum vorhersehen, wohingegen sich der „Gestehungswert" im Zeitpunkt der Übereignung unschwer ermitteln läßt. Regelmäßig wird der bei Verwertung realisierbare Wert deutlich unter dem Wert im Zeitpunkt der Übereignung liegen.[5] Der praktischen 25

---

[1] So zutreffend *Canaris,* FS für Steindorff, S. 519, 547 ff.
[2] Vgl die zwischen den Zivilsenaten ausgetauschten Anfrage- und Antwortbeschlüsse: XI. ZS v. 23. 1. 1996, NJW 1996, 1213; XI. ZS v. 16. 4. 1996, ZIP 1996, 957; IX. ZS v. 11. 7. 1996, ZIP 1996, 1426 =NJW 1996, 2790; IX. ZS v. 11. 7. 1996, WM 1996, 1439 = NJW 1996, 2786; VII. ZS v. 10. 10. 1996, ZIP 1997, 234 = NJW 1997, 651.
[3] Durch Beschl. des IX. ZS v. 6. 3. 1997 (lesenswert wegen seiner knappen Zusammenfassung der Literaturmeinungen), ZIP 1997, 632 = NJW 1997, 1570 und Beschl. des XI. ZS v. 13. 5. 1997, ZIP 1997, 1185.
[4] Beschluß des GS v. 27. 11. 1997, ZIP 1998, 235 = NJW 1998, 671 = LM Nr. 86 zu § 138 (BG) BGB m. Anm. *Stürner;* s. a. BGH NJW 1998, 2206 (abschließende Entscheidung).
[5] Vgl. hierzu die sehr anschaulichen Erläuterungen von *Canaris,* ZIP 1996, 1577, 1580.

Bewertungsschwierigkeiten wegen wird aber häufig auf den Übereignungswert abgestellt und dem Ausfallrisiko durch entsprechende Erhöhung der Deckungsgrenze Rechnung getragen. Diese kann bei solchem Vorgehen je nach Werthaltigkeit und Wertstabilität des Sicherungsguts – von der Rspr. unbeanstandet[1] – auch deutlich über den häufig vereinbarten 120% des Nominalwerts liegen.

bb) Die Lösungsvorschläge der vorlegenden Senate

Einigkeit zwischen den Senaten bestand im Zeitpunkt der Vorlagen bereits in folgenden Punkten: Auf das Erfordernis einer *ausdrücklichen* Vereinbarung der Freigabepflicht sollte künftig zugunsten des (inzwischen allgemein anerkannten) vertragsimmanenten Freigabeanspruchs verzichtet werden. Dieser Freigabeanspruch sollte auch, unabhängig von Vorhandensein und Ausgestaltung entsprechender Klauseln, stets eine *strikte Verpflichtung* zur Freigabe überschießender Sicherheiten beinhalten. Der Sicherungsnehmer hat also allenfalls (analog § 1230) ein Ermessen, *welche* von mehreren Sicherheiten er freigibt, nicht jedoch, *ob* er Sicherheiten freigibt oder nicht.

In dieser Ausgestaltung ist der Freigabeanspruch gesetzliches Leitbild i. S. d. § 9 Abs. 2 Nr. 1 AGBG bzw. ein wesentliches Recht i. S. d. § 9 Abs. 2 Nr. 2 AGBG. Das bedeutet, daß die formularvertragliche Reduzierung des Freigabeanspruchs auf einen bloßen Anspruch auf (der Billigkeit entsprechende) Prüfung des Freigabeanspruchs wegen Verstoßes gegen § 9 AGBG unwirksam ist, was gem. § 6 Abs. 2 AGBG den „gesetzlichen" (strikten) Freigabeanspruch eingreifen läßt.

Klärungsbedarf verblieb aber hinsichtlich der Deckungsgrenze. Dabei ging es vor allem um die Frage, wie die Höhe der Deckungsgrenze festgestellt werden soll, wenn der Vertrag hierzu keine Angaben enthält.[2]

(1) Der Vorschlag des IX. Senats

26 Der IX. Senat betonte die Notwendigkeit einer *festliegenden* Deckungsgrenze. Ohne Deckungsgrenze würde offenbleiben, wann eine anspruchsbegründende Übersicherung vorliege. Dadurch würde die Verwirklichung des Freigabeanspruchs unzumutbar erschwert. In Zweifelsfällen wollte der IX. ZS die Deckungsgrenze in ergänzender Vertragsauslegung nach § 157 festlegen. Die so entstehende Vermutungsregel leitete er wie folgt ab: Wenn der Sicherungsnehmer (entgegen seiner Obliegenheit) darauf verzichte, die Deckungsgrenze und die Bewertung des Sicherungsguts zum Gegenstand des Vertrages zu machen, dürfe der Sicherungsgeber davon ausgehen, daß die zur Verfügung gestellten Sicherheiten als vollwertig akzeptiert würden. Anders ausgedrückt: Im Zweifel sollten Deckungsgrenze und Kreditlinie zusammenfallen.[3]

Da sich der im Sicherungsfall zu realisierende Wert der Sicherheiten im Voraus kaum ermitteln läßt, wollte der IX. ZS das Sicherungsgut nach dem Nominalwert der Forderungen bzw. dem Warenwert im Zeitpunkt der Übereignung bewerten: Bei Waren sei dies, falls ein solcher existiere, ihr Markt- oder Börsenpreis, andernfalls ihr Einkaufspreis oder (bei selbstproduzieren Waren) ihr Her-

---

[1] BGH ZIP 1996, 17; ZIP 1996, 957, 960.
[2] Der VII. ZS wollte gar soweit gehen, die ausdrückliche Vereinbarung einer Deckungsgrenze jedenfalls in Fällen eines branchenspezifisch hohen Ausfallrisikos als Wirksamkeitsvoraussetzung zu behandeln. Unterbleibe in solchen Fällen eine ausdrückliche Regelung, so sei dies auf die spätere Verweigerung der Freigabe geradezu angelegt und müsse daher zur Gesamtnichtigkeit gem. § 138 führen (ZIP 1997, 234 f.). Nur aus diesem Grunde haben die vorlegenden Senate die Frage gem. § 132 Abs. 2 und 3 GVG nach der Erforderlichkeit einer *ausdrücklichen* Regelung der Deckungsgrenze gestellt.
[3] BGH IX. ZS WM 1996, 1439, 1442 = NJW 1996, 2786, 2789 unter Berufung auf *M. Wolf* LM § 9 AGBG (Cg) Nr. 29.

stellungspreis.[1] Zuzüglich eines zulässigen Pauschalaufschlages für die im Sicherungsfall vom Sicherungsnehmer zu tragenden Verwertungskosten ergab sich nach diesem Vorschlag eine Deckungsgrenze i. H. v. 110% bezogen auf den Wert des Sicherungsguts im Zeitpunkt der SÜ.

(2) *Der Vorschlag des XI. Senats*

Der XI. ZS lehnte es dagegen ab, im Wege ergänzender Vertragsauslegung eine für die ungeregelten Fälle allgemein gültige Deckungsgrenze festzulegen. Gegen die Sicherheitenbewertung nach dem Übereignungswert wandte er ein, daß für den Sicherungsnehmer allein der (schlecht vorhersehbare) *realisierbare* Wert von Interesse sei. Zweck der Sicherheiten sei es schließlich, sich im Sicherungsfall zu bewähren. Ihre Bewertung nach dem Übereignungswert diene demgegenüber nur der Vereinfachung, tauge aber schon deshalb nicht zur schematischen Konkretisierung der Deckungsgrenze, weil der realisierbare Wert sicherungsübereigneter Waren in der Krise des Schuldners regelmäßig weit unter ihrem Marktpreis oder Einkaufspreis liege und auch die Ausfallrisiken von Branche zu Branche sehr verschieden seien. Da die vom IX. ZS vorgeschlagene Ergänzung regelmäßig (und im Widerspruch zum Gebot interessengerechter Auslegung) zu einer Untersicherung der Sicherungsnehmer führen würde, sollte die Deckungsgrenze nach dem Votum des XI. ZS nicht unterschiedslos festgelegt werden, sondern der richterlichen Bewertung des Einzelfalls überlassen bleiben. 27

cc) Der Beschluß des Großen Senats

Da im GS Mitglieder aller Senate vertreten sind (§ 132 Abs. 5 GVG), verwundert es auch nicht, daß seine Entscheidung eine Synthese wichtiger Gedanken beider Vorlagebeschlüsse ist. Die Meinung des IX. ZS hat sich insoweit durchgesetzt, als sich der GS nicht für eine einzelfallbezogene, sondern für eine abstrakt-generelle Festlegung der Deckungsgrenze entschieden hat. Nicht durchgesetzt hat sich aber die Idee, die abstrakt festgelegte Deckungsgrenze auf den Nominalwert/Übereignungswert des Sicherungsguts zu beziehen. Hier schloß sich der GS der Kritik des XI. ZS an, derzufolge sich eine solche, regelmäßig zur Untersicherung der Kreditgeber führende Auslegung verbietet. Der GS legt die Deckungsgrenze darum bei 110% des *realisierbaren Werts* fest und ergänzt diese (für sich allein genommen noch nicht aussagekräftige) Marge dann um eine, dem § 237 S. 1 entlehnte, widerlegliche Bewertungsregel, die verhindern soll, daß der Freigabeanspruch in der Praxis leerläuft. Die mit der Ermittlung des realisierbaren Werts verbundene Ungewißheit wird beseitigt, indem an den *Schätzwert* sicherungsübereigneter Ware und den *Nennwert* vorausabgetretener Forderungen angeknüpft wird. 28

Als Gleichung formuliert:
Deckungsgrenze = 110% vom realisierbaren Wert = 150% vom Schätz-/Nennwert

Die Deckungsgrenze von 110% des (ungewissen) realisierbaren Werts gilt also dann als erreicht, wenn der Schätzwert sicherungsübereigneter Waren sowie der Nennwert vorausabgetretener Forderungen die gesicherte Forderung um mehr als 50% übersteigt
Hierzu im einzelnen:

Als *Schätzwert* bezeichnet man den geschätzten *aktuellen* Verkehrswert. Bei Waren, die einen Marktpreis haben, ist dies in diesem Zusammenhang ihr Marktpreis *im Zeitpunkt der Entscheidung über* 29

---
[1] BGH IX. ZS WM 1996, 1439, 1442 = NJW 1996, 2786, 2789.

das Freigabeverlangen. Bei Waren, die keinen Marktpreis haben, wird im Interesse einer möglichst einfachen und schnellen Durchsetzung des Freigabeanspruchs auf ihren Einkaufspreis bzw. Herstellungswert abgestellt statt auf ihren aktuellen Verkehrswert. Das erspart dem Anspruchsteller ein zeit- und kostenaufwendiges Sachverständigengutachten.

29 a Sinn und Zweck des Sicherungsvertrages ist es, den Kreditgeber im Falle der Insolvenz des Kreditnehmers zu sichern. Dem entspricht die Deckungsgrenze von 110% bezogen auf den realisierbaren Wert.

Das berechtigte Sicherungsinteresse des Sicherungsnehmers ist aber nicht alleinbestimmend für das Vertragsverhältnis; sondern es ist auszugleichen gegen das sog. „Dispositionsinteresse", d. h. das Interesse des Sicherungsgebers, im Falle dringenden Kreditbedarfs möglichst rasch und einfach an überschießende, aber noch gebundene Sicherungen heranzukommen, um sie erneut als Kreditunterlage zu nutzen. Dieses Freigabeinteresse wird dann akut, wenn der Vertragspartner des bestehenden Kreditverhältnisses auf der Grundlage des bestehenden Sicherheitenvolumens keinen weiteren Kredit gewähren will oder wenn der Kreditnehmer ein Interesse daran hat, weiteren Kreditbedarf bei einer anderen Bank zu decken (etwa weil diese günstigere Konditionen bietet). Auch gesunde Unternehmen sind keineswegs immer gleich liquide, so daß die möglichst rasche und günstige Deckung aufkommenden Kreditbedarfs mitunter, insbesondere bei hohem Wettbewerbsdruck, existenznotwendig werden kann. In einem solchen Liquiditätsengpaß kann sich die Verweigerung der Sicherheitenfreigabe auch als „Eigentor" für den (an sich an einem größtmöglichen Sicherheitenvolumen interessierten) Kreditgeber erweisen.

29 b Die Festlegung der Deckungsgrenze auf 110% bezogen auf den *realisierbaren Wert* würde dem Dispositionsinteresse des Sicherungsgebers noch nicht gerecht, weil sich jener im Voraus nie mit Sicherheit feststellen läßt (s. oben Rn. 25). Könnte aber über die Voraussetzungen eines Freigabeanspruchs ohne alle Vorgaben gestritten werden, könnten die Banken (die ein verständliches Interesse an der Minimierung ihres Insolvenzausfallrisikos haben) die Freigabe zunächst einmal stets unter Hinweis auf verbleibende Verwertungsrisiken verweigern. Die gerichtliche Geltendmachung des Freigabeanspruchs wäre dann oft mit unüberwindlichen Beweisschwierigkeiten verbunden, zumindest aber erheblich erschwert. Deshalb hat der GS, auf eine Anregung aus der Literatur hin,[1] die auf den (schwer zu bestimmenden) Zerschlagungswert bezogene 110%-Grenze durch eine widerlegliche Vermutung zu dessen Bestimmung ergänzt.[2] Damit ist er dem Einwand des IX. ZS gefolgt, daß ein ohne Vorgaben allein der richterlichen Einzelfallbeurteilung überlassener Freigabeanspruch in der Praxis kaum realisierbar wäre. Die Analogie zu § 237 S. 1 ist gerechtfertigt, weil sich in den §§ 232 ff. sowohl die gesetzgeberischen Vorstellungen über den Sicherungswert bestimmter Gegenstände als auch eine Abwägung zwischen den widerstreitenden Interessen von Sicherungsgeber und -nehmer offenbaren.[3] In § 237 S. 1 ist bestimmt, daß mit beweglichen Sachen nur in Höhe von *zwei Dritteln* ihres Schätzwerts Sicherheit geleistet werden kann.

29 c Die Sicherheitsleistung durch Verpfändung einfacher Forderungen hatte der historische BGB-Gesetzgeber zwar nicht vorgesehen; für sie muß aber dasselbe gelten wie für sicherheitsübereigneten Waren. Die im Rahmen von Globalsicherungsverträgen vorausabgetretenen Forderungen sind das

---

[1] Vgl. *Liebelt-Westphal,* ZIP 1997, 230 ff. (lesenswert!), dessen Gedanken von den vorlegenden Senaten schon in ihren Anrufungsbeschlüssen aufgegriffen wurden; BGH XI. ZS ZIP 1997, 1185, 1189; BGH IX. ZS ZIP 1997, 632, 640 = NJW 1997, 1570, 1576.
[2] BGH GS ZIP 1998, 235 (242 f.) = NJW 1998, 671 (676 f.).
[3] *Schwab,* WM 1997, 1883, 1890.

Surrogat der im Geschäftsgang zulässigerweise weiterveräußerten Waren. Deshalb geht die Vermutungsregel analog § 237 S. 1 hier dahin, daß mit Forderungen in Höhe von zwei Dritteln ihres *Nennwerts* Sicherheit geleistet werden kann.

Aus dieser Zwei-Drittel-Regel ergibt sich der pauschale Risikoaufschlag von 50%. Der läßt erkenne, daß bereits die Väter des BGB das Dispositionsinteresse des Sicherungsgebers berücksichtigt haben. Aus den Motiven ergibt sich nämlich, daß ihnen durchaus bewußt war, daß die Verwertung von Sicherungsgut oft nur die Hälfte des Verkehrswerts erbringt und sie sich gleichwohl für einen Risikozuschlag von nur 50% entschieden haben.[1]

Macht der Sicherungsnehmer geltend, daß er bei Freigabe der die 50%-Marke übersteigenden Sicherheiten *untersichert* sei, muß er das nach seiner Behauptung konkret höhere Ausfallrisiko substantiiert darlegen und beweisen. An diesen Nachweis stellt der GS strenge Anforderungen. Der allgemeine Hinweis auf die Erfahrungstatsache, daß bei der Verwertung des Sicherungsguts oft nur die Hälfte des Verkehrswerts erzielt werde, soll nicht ausreichen. Zur Durchsetzung eines von § 237 S. 1 abweichenden Abschlags ist vielmehr der „Nachweis konkreter Tatsachen erforderlich, die belegen, daß der gesetzliche Abschlag den besonderen Verhältnissen der Branche oder des Sicherungsgebers überhaupt nicht gerecht wird." Die konkret geltende Deckungsgrenze unterliegt dann gemäß § 287 ZPO einer die vorgebrachten Umstände des Einzelfalls berücksichtigenden richterlichen Schätzung.[2]

29 d

Die gesamten vorstehenden Ausführungen gelten nur für die Fälle *nachträglicher* Übersicherung. Eine *anfängliche* Übersicherung führt nach wie vor gemäß § 138 zur Nichtigkeit des Sicherungsvertrages.[3]

29 e

Zuletzt sei noch auf einige Einzelheiten hingewiesen, die bei der Berechnung der Sicherungswerte und der Bemessung des Risikoaufschlags zu beachten sind:

29 f

(1) *Berücksichtigungsfähigkeit des Sicherungsguts*
Von der Summe der Sicherungswerte sind Sicherheiten insoweit abzuziehen, als sie durch Rechte Dritter gemindert sind. Das gilt z. B. für unter Eigentumsvorbehalt gelieferte Ware, sofern sie noch nicht (vollständig) bezahlt ist, sowie für Forderungen, die einredebehaftet oder aufrechenbar sind.

(2) *Steuerliche Behandlung der Verwertung*
In dem Risikoaufschlag von 50% sind die (erlösmindernden) Verwertungskosten bereits enthalten, nicht aber eine beim Sicherungsnehmer anfallende Belastung mit Umsatzsteuer, denn bei Verabschiedung des BGB existierte noch keine Mehrwertsteuer. Bislang sind Sicherungsnehmer in der Insolvenz im Hinblick auf Umsatzsteuerbelastung insofern besser gestellt, als daß sich die Masse für die im Verwertungsfall anfallende und gemäß §§ 58 Nr. 2, 60 Abs. 1 Nr. 2 KO als Massekosten zu begleichende Umsatzsteuer u. U. nicht beim vorsteuerabzugsberechtigten Sicherungsnehmer erholen kann; im Gegensatz dazu ist der Sicherungsnehmer bei Verwertung außerhalb des Insolvenzverfahrens gemäß § 18 Abs. 8 Nr. 2 UStG i. V. m. § 51 Abs. 1 Satz 1 Nr. 2 Umsatzsteuerdurchführungsverordnung zur Abführung der Umsatzsteuer verpflichtet. Diese Situation wird sich aber mit Inkrafttreten der neuen InsO insofern ändern, als bei insolvenzmäßiger Verwertung eine Entlastungsmöglichkeit zugunsten der Masse geschaffen wird (§§ 170 Abs. 2, 171 Abs. 2 S. 3 InsO). Deshalb erhöht sich der pauschale Risikoaufschlag nach § 237 S. 1 um den geltenden gesetzlichen Mehrwertsteuersatz (also auf 66%). Die Deckungsgrenze erhöht sich, falls es bei dem jetzt geltenden Mehrwertsteuersatz bleibt, auf 126%.[4]

---

[1] *Liebelt-Westphal*, ZIP 1997, 230, 231 unter Berufung auf Motive I, S. 390.
[2] BGH GS ZIP 1998, 235 (243) = NJW 1998, 671 (677).
[3] BGH GS ZIP 1998, 235 (239) = NJW 1998, 671 (674); NJW 1998, 2047.
[4] BGH GS ZIP 1998, 235 (241) = NJW 1998, 671 (675).

IV. Die Stellung des Sicherungsnehmers gegenüber den ungesicherten Gläubigern des Sicherungsgebers

30 Als pfandähnliches Recht muß sich auch das Sicherungseigentum in der Konkurrenz mit den anderen Gläubigern des Sicherungsgebers, also in der Insolvenz und in der Zwangsvollstreckung bewähren. Allgemein gesehen erscheint der Sicherungsnehmer als „beatus possidens", der die Angriffe der anderen Gläubiger abwehrt. Freilich werden die ungesicherten Gläubiger bemüht sein, diese starke Rechtsstellung des Sicherungsnehmers zu Fall zu bringen. Sie werden sich auf die Bestimmungen des Anfechtungsrechts berufen oder dartun, daß die Sicherungsübereignung nach § 138 nichtig sei oder sogar nach § 826 zum Schadensersatz verpflichte.

Beispiel:
S hat seinem Gläubiger G im März 1993 sein – in bestimmten Räumen untergebrachtes – Warenlager sicherungsübereignet. Im Januar 1999 wird S zahlungsunfähig. Ein weiterer Gläubiger W ist sich nicht sicher, ob S zahlungsunwillig oder -unfähig ist. Daher läßt er ihm bei Ausbleiben überfälliger Zahlungen durch seinen Anwalt die Antragstellung beim Insolvenzgericht androhen. Da S tatsächlich zahlungsunfähig und W nicht gesichert ist, bleibt diesem nicht viel anderes übrig, als seine Drohung im Februar 1999 wahrzumachen. Als über das Vermögen des S das Insolvenzverfahren eröffnet wird, beansprucht G das Warenlager unter Berufung auf sein Eigentum für sich. Der Insolvenzverwalter I teilt dem G jedoch auf sein Herausgabeverlangen hin mit, daß er, der Insolvenzverwalter, nach der seit Jahresbeginn geltenden neuen InsolvenzO allein verwertungsberechtigt sei und ihm daher allenfalls später den um die Verwertungskosten geminderten Verwertungserlös auskehren könne. Im übrigen behalte er sich vor, die SÜ auf ihre Wirksamkeit zu überprüfen.
I würde das Warenlager gerne im Interesse der ungesicherten Gläubiger zur Insolvenzmasse ziehen. Eine Insolvenzanfechtung (§§ 129 ff. InsO) kommt hier zeitlich nicht in Frage, darum stellt I in der Hoffnung, sich gegenüber G auf eine Vermögensübernahme (§ 419)[1] berufen zu können, Nachforschungen über die Vermögensverhältnisse des S im Zeitpunkt der SÜ an G an. Zu seiner Genugtuung stellt er fest, daß S dem G seinerzeit nicht nur sein Warenlager übereignet, sondern sämtliche Vermögenswerte, einschließlich aller gegenwärtigen und künftigen Forderungen, übertragen hatte. I beschließt, sich wegen anfänglicher Übersicherung und Gläubigergefährdung auf die Nichtigkeit der SÜ gem. § 138 zu berufen.

1. Insolvenz

31 Nach neuem wie nach altem Recht[2] steht dem Sicherungsnehmer in der Insolvenz des Sicherungsgebers ein *Absonderungsrecht* zu, und zwar nunmehr ausdrücklich (§§ 50, 51 Nr. 1 InsO). Da der Sicherungsnehmer Eigentümer ist, müßte ihm eigentlich ein Aussonderungsrecht (§§ 43 KO/47 InsO) zugebilligt werden. Aus praktischen Gründen wird er aber wie ein Pfandberechtigter behandelt.[3]

Dies bedeutet, daß der Sicherungsnehmer das Sicherungsgut *nicht* als Eigentümer aus der Masse herausnehmen kann. Der Gegenstand wird vielmehr

---

[1] § 419 wird zwar mit Inkrafttreten der InsO am 1. 1. 1999 aufgehoben, er gilt aber nach dem aus Art. 170 EGBGB hergeleiteten allgemeinen Grundsatz, wonach Änderungen des Schuldrechts bereits entstandene Schuldverhältnisse unberührt lassen, für alle Vermögensübernahmen aus der Zeit vor dem 1. 1. 1999 fort.
[2] Gemäß § 48 KO, ständige Rspr.: BGH NJW 1978, 632.
[3] Dazu *Serick* ZIP 1982, 507.

wertet und der Sicherungsnehmer aus dem Verwertungserlös vorweg befriedigt. Nach neuem Recht kann der Sicherungsnehmer auch nicht mehr vom Insolvenzverwalter die Herausgabe verlangen, um die Verwertung selbst vorzunehmen.[1] Die Verwertung bleibt nach § 166 InsO in der Hand des Insolvenzverwalters,[2] der den um die Verwertungskosten geminderten Verwertungserlös an den Sicherungseigentümer auskehrt (§§ 170 Abs. 1, 171 InsO). Die Verwertung durch den Insolvenzverwalter ist regelmäßig günstiger für die Insolvenzmasse und das Ziel des Insolvenzverfahrens, notleidende Unternehmen möglichst zu sanieren.[3] Das Verwertungsrecht des Insolvenzverwalters verhindert, daß die absonderungsberechtigten Gläubiger verwertungsreife Gegenstände an sich ziehen, ohne auf die Interessen der übrigen Gläubiger Rücksicht zu nehmen. Es gehört deshalb zu den besonders wichtigen Neuerungen.

31a Neu ist auch die Verteilung der Kostenlast durch §§ 170f. InsO. Die Bearbeitung der Absonderungsrechte verursacht erfahrungsgemäß erhebliche Kosten. Unter Geltung des alten Rechts wurde es allgemein als unbillig empfunden, daß diese Kosten nicht von den gesicherten Gläubigern selbst getragen wurden, sondern aus der Insolvenzmasse aufgebracht werden mußten, was die (ohnehin mäßige) Quote der ungesicherten Gläubiger zusätzlich minderte. Der Abzug dieses Teils der Kosten (einschließlich anfallender Umsatzsteuer, § 171 Abs. 2 S. 3 InsO) von den erwirtschafteten Verwertungserlösen entlastet die Insolvenzmasse erheblich und ist im Hinblick auf die verbesserte Verteilungsgerechtigkeit sehr zu begrüßen.[4]

31b Das Schuldnervermögen einschließlich der Sicherungsrechte kann auch abweichend von den gesetzlichen Regeln verwertet werden, und zwar durch einen von den Beteiligten beschlossenen und gerichtlich bestätigten *Insolvenzplan*. Dieses neugeschaffene Institut ist die wohl wichtigste Errungenschaft der Insolvenzrechtsreform. Durch den Insolvenzplan können sämtliche gesetzlichen Regelungen über die konkursmäßige Zwangsverwertung und Erlösverteilung abbedungen werden (§ 217 InsO)! Dieses Institut gibt den Beteiligten einen verfahrensmäßigen Rahmen für die einvernehmlich-privatautonome Bewältigung der Unternehmensinsolvenz. Dabei beugt das akribisch geregelte Insolvenzplanverfahren (§§ 218–253 InsO) der Gefahr vor, daß sich einzelne Interessengruppen verfahrenszweckwidrige Sondervorteile verschaffen.[5]

2. Zwangsvollstreckung

32 Die *Zwangsvollstreckung* ungesicherter Gläubiger in das Sicherungsgut wird zunächst dadurch ermöglicht, daß der Schuldner unmittelbarer Besitzer ist:

---

[1] Nach altem Recht stand das Verwertungsrecht gem. § 127 Abs. 2 KO regelmäßig dem Absonderungsberechtigten zu.

[2] Nach neuem Recht ist die Überlassung eines Gegenstandes zur Verwertung rein fakultativ (§ 170 Abs. 2 InsO).

[3] Vgl. hierzu sehr anschaulich unter Hinweis auf die Gesetzgebungsmaterialien, *Schmidt-Räntsch*, InsO, § 166 InsO, Anmerkungen 2 und 3: „Wenn nach der Eröffnung eines Konkursverfahrens die zur Sicherung übereigneten Sachen von den gesicherten Gläubigern aus dem Unternehmensverbund herausgelöst werden, verliert das insolvente Unternehmen häufig Betriebsmittel, die für eine Fortführung unentbehrlich sind; die Chancen für eine Sanierung des Schuldners auf der Grundlage eines Zwangsvergleichs oder für eine Gesamtveräußerung werden erheblich beeinträchtigt oder ganz vereitelt. (…) Die neue Vorschrift vermeidet die geschilderten Nachteile. (…) Den Gläubigern wird dadurch der Zugriff auf die wirtschaftliche Einheit des schuldnerischen Unternehmens verwehrt. Vorhandene Chancen für eine vorübergehende oder dauernde Fortführung des Unternehmens bleiben erhalten. Darüber hinaus wird dem Insolvenzverwalter ermöglicht, durch eine gemeinsame Veräußerung zusammengehöriger, aber für verschiedene Gläubiger belasteter Gegenstände einen höheren Verwertungserlös zu erzielen (…)."

[4] *Schmidt-Räntsch,* InsO, § 170 Anm. 1; § 171 Anm. 4.

[5] Zum Insolvenzplan im einzelnen: *Schmidt-Räntsch,* InsO, Einführung Rz. 103–119 sowie Anmerkungen zu § 217 InsO (lesenswert!).

Der Gerichtsvollzieher hat bei der Pfändung beweglicher Sachen nur auf den Gewahrsam des Schuldners zu achten (§ 808 ZPO) und braucht sich nicht um die Eigentumsverhältnisse zu kümmern. Es bleibt der Initiative des Sicherungsnehmers überlassen, die Pfändung durch Anrufung des Gerichts zu beseitigen. Er tut dies, indem er die Interventionsklage (Drittwiderspruchsklage) nach § 771 ZPO erhebt und damit erreicht, daß „die Zwangsvollstreckung in das Sicherungsobjekt für unzulässig erklärt wird".

Konsequent wäre es freilich, dem Sicherungseigentümer – entsprechend der Rechtslage im Konkurs bzw. künftig generell in der Insolvenz – nur ein Recht auf vorzugsweise Befriedigung zu geben (§ 805 ZPO). Dies würde bedeuten, daß die gepfändete Sache verwertet wird, der Erlös aber dem Sicherungseigentümer in Höhe seiner Forderung zufällt. Wenn die h. M. dennoch ein Interventionsrecht gibt, den Sicherungsnehmer also *hier* als „vollen" Eigentümer behandelt, so mit Recht, weil man dem Sicherungsnehmer keine andere Verwertungsart aufdrängen kann, als ihm nach dem Sicherungsvertrag zukommt.

3. Anfechtungsrecht

33   Die erste Verteidigungsmöglichkeit der ungesicherten (Konkurs-)Gläubiger gibt die Berufung auf das Anfechtungsrecht.

Ab 1. 1. 1999 gilt anstelle des Anfechtungsrechts *im* Konkursverfahren (§§ 29ff. KO) das neue Insolvenzanfechtungsrecht (§§ 129ff. InsO). *Außerhalb* des Insolvenzverfahrens gilt künftig das gleichzeitig in Kraft tretende *neue* Anfechtungsgesetz.[1] Will man den Inhalt der diversen Anfechtungsvorschriften[2] grob skizzieren, so geht es darum, eine Rechtshandlung des Schuldners, die die *übrigen* Gläubiger *benachteiligt* hat, unter bestimmten Voraussetzungen rückgängig zu machen.

Beispiel: S schuldet G die Rückzahlung eines ungesicherten Darlehens i. H. v. 5000 DM. Als S trotz wiederholter Mahnung nicht bezahlt, drängt G ihn zur SÜ eines Computers. 8 Tage später stellt S die Zahlungen ein, 1 Woche darauf wird über sein Vermögen das Konkursverfahren eröffnet. Hier kann der Konkursverwalter K dem Absonderungsbegehren des G nach § 48 KO die Anfechtungseinrede aus § 30 Nr. 2 KO entgegenhalten; denn G hat innerhalb von 10 Tagen vor der Zahlungseinstellung eine Sicherung erhalten, „die er nicht zu beanspruchen hatte". Damit steht aber noch nicht fest, ob es dem K gelingt, den Computer zur Konkursmasse zu ziehen, denn G kann die Anfechtung dadurch entkräften, daß er beweist, ihm sei „eine Absicht des Gemeinschuldners, ihn vor den übrigen Gläubigern zu begünstigen, nicht bekannt gewesen."

Nach Inkrafttreten der InsO wird sich G indessen nicht mehr auf seine mangelnde Kenntnis berufen können, denn § 131 Nr. 1 InsO sieht diese „Entlastungsmöglichkeit" bei sehr kurz vor Zahlungseinstellung getätigten Sicherungsgeschäften nicht mehr vor.

4. Vermögensübernahme

34   Eine weitere Verteidigungsmöglichkeit der ungesicherten Gläubiger bietet (vorerst noch)[3] § 419 BGB. Jedenfalls für Neufälle[4] entfällt mit Außerkrafttreten des § 419 ab 1. 1 1999 deren Möglichkeit, sich auf eine *Vermögensübernahme* durch den Sicherungsnehmer zu berufen. Der Gesetzgeber hat gesprochen! Eine vergleichbare Gläubigerschutzvorschrift ist nach neuem Recht nicht vorgesehen. Der Gesetzgeber folgt damit der im Schrifttum vielfach gegen § 419 vorgebrachten Kritik, vor allem aber einem Wunsch der Banken.[5]

---

[1] Verkündet als Art. 1 des Einführungsgesetzes zur InsO, BGBl. I 1994, S. 2911.
[2] Die mit der Anfechtung einer Willenserklärung nach §§ 119ff. nichts zu tun haben!
[3] Hierzu *Bülow,* a.a.O. Rn. 1027.
[4] Zur Fortgeltung für Altfälle vgl. *Palandt/Heinrichs* § 419 Rn. 1 sowie oben Rn. 30.
[5] *Palandt/Heinrichs,* ebenda im Anschluß an *Grub* ZIP 1994, 1650.

§ 57. Die Sicherungsübereignung

Die Vermögensübernahme i. S. des § 419 ist nach zutreffender neuerer Rechtsprechung des BGH (BGHZ 80, 296; NJW 1986, 1985; BB 1993, 323) eine Sicherungsübereignung jedenfalls dann, wenn sie den übrigen Gläubigern die Zugriffsmöglichkeit endgültig nimmt und für sie kein faßbarer Vermögenswert zugeflossen oder noch vorhanden ist.

Freilich ist die dergestalt eröffnete Zugriffsmöglichkeit für die ungesicherten Gläubiger nicht immer befriedigend; denn als „Last" des übernommenen Vermögens können nur solche Forderungen angesehen werden, die schon vor der Vermögensübernahme begründet waren. Ferner kann der Sicherungseigentümer seine eigenen Forderungen vorweg befriedigen, damit also die Haftungsgrundlage mindern, sofern diese Forderungen vor dem Übernahmezeitpunkt entstanden waren (§ 419 Abs. 2 Satz 2; s. *Serick* III S. 188 ff. und *Medicus*, BR Rn. 524).

Beispiel in Anlehnung an BGH MDR 1954, 284:
Die Bank B hat dem S ein Darlehen von 100 000 DM gewährt und sich im Anschluß daran das gesamte Geschäftsvermögen – das im wesentlichen das Vermögen des S insgesamt darstellt – im Werte von 150 000 DM zur Sicherheit übereignen lassen. Wenn sich nun ein ungesicherter Gläubiger X an B hält, so kann die Bank sich in Höhe ihrer Forderung zunächst aus dem Vermögen befriedigen und braucht nur den Rest des Vermögens an X herauszugeben. Denn die Forderung der B aus Darlehen ist *vor* der Übertragung des Vermögens begründet worden. Hätte die B *nachher* dem S noch ein weiteres Darlehen in Höhe von 20 000 DM bewilligt, so bliebe dieser Betrag außer Ansatz, d. h. die B wäre insoweit ungesichert.

5. Gläubigergefährdung

Als heimliches Sicherungsgeschäft bringt die SÜ eine Gefährdung solcher 35 Gläubiger mit sich, die auf den äußeren Anschein vertrauen und den Schuldner für kreditwürdig halten. Dies kann zur Sittenwidrigkeit des Sicherungsvertrages führen, wenn die Umstände des Einzelfalles ein solches Urteil tragen, so etwa, wenn der Schuldner mit Wissen des Gläubigers anderen Gläubigern gegenüber die SÜ verheimlicht.

Vorweg ist zu betonen,[1] daß der Tatbestand des § 138 von dem des § 826 zu unterscheiden ist:
§ 138 ist die maßgebliche Norm für die Beurteilung der Wirksamkeit der SÜ, werden dessen Voraussetzungen bejaht, so gehört das Sicherungsgut zum Vermögen des Schuldners und damit im Konkurs- bzw. Insolvenzfall zur Masse.
§ 826 knüpft an das Verhalten des Sicherungsnehmers gegenüber den ungesicherten Gläubigern an. Bei Bejahung seiner Voraussetzungen kann der Sicherungsnehmer diesen gegenüber schadensersatzpflichtig sein (RGZ 143, 48).

Nachdem die Rechtsprechung sich anfangs bemüht hatte, typische Fallgrup- 36 pen von Verstößen gegen § 138 einerseits und § 826 andererseits zu skizzieren (vgl. RGZ 136, 247), begnügt sie sich inzwischen mit einer Würdigung des Einzelfalles, wobei die „Knebelung"[2] und die „Gläubigergefährdung" (z. B. BGHZ 10, 228; 20, 43; BGH NJW 1970, 657) gewisse unverbindliche Leitbilder darstellen (BGH NJW 1991, 353, 354), die aber ineinander übergehen können.

Bei der Knebelung wird die Rücksichtslosigkeit gegenüber dem Schuldner, bei der Gläubigergefährdung auf die Rücksichtslosigkeit gegenüber anderen Gläubigern abgestellt. Dabei genügt zur Anwendung des § 138 schon grobe Fahrlässigkeit, während § 826 Vorsatz (auch bedingten Vorsatz) voraussetzt (RGZ 143, 48, 51; BGHZ 10, 228, 233).

---

[1] Dazu besonders RGZ 136, 247; BGHZ 10, 228, 232; *Koller* JZ 1985, 1013; *Serick* III S. 101 ff.; *Medicus*, BR Rn. 626.
[2] In seltenen Fällen kann auch eine Übersicherung den Tatbestand des § 138 erfüllen (s.o. Rn. 17, 29 e).

Die Pflicht zur Rücksichtnahme auf die Interessen anderer Gläubiger enthält nach der Rspr. u. a. die konkrete Pflicht, die Auswirkungen der SÜ auf das Vermögen des Schuldners zu *prüfen*. So ist ein Vertrag, durch den der Schuldner sein letztes zur Gläubigerbefriedigung taugliches Vermögen überträgt, regelmäßig sittenwidrig, wenn dadurch gegenwärtige oder künftige Gläubiger über die Kreditwürdigkeit des Schulners getäuscht werden. Je wahrscheinlicher ein baldiger Konkurs des Schuldners ist, desto sorgfältiger muß die Prüfung durch den Kreditgeber ausfallen, will er sich nicht dem Vorwurf der Kredittäuschung ausgesetzt sehen (vgl. BGH NJW 1995, 1668).

37 Das Bestreben dieser Rspr., eine Ausuferung der SÜ zu begrenzen (Stichwort „Konkurs des Konkurses"), ist rechtspolitisch nicht zu beanstanden; sie hat auch den Erfolg, daß vor allem Großgläubiger bei weitreichenden SÜ die bereits vorhandene ungesicherte Verschuldung des Kreditnehmers und die Auswirkungen der SÜ auf die Befriedigungschancen der übrigen Gläubiger aktiv zu prüfen und zu berücksichtigen haben. In dogmatischer Hinsicht bestehen indes Bedenken:
(1) Das Verhältnis zur Gläubiger- und Konkursanfechtung ist nach wie vor ungeklärt. Wären die Anfechtungsvorschriften als abschließende Sonderregelung aufzufassen, so bliebe für die Anwendung von §§ 138, 826 kein Raum.[1]
(2) Wie schon im Rahmen der Übersicherungsproblematik erörtert (s. oben Rn. 22), bestehen auch für die Fälle der Gläubigerbenachteiligung Bedenken unter dem Gesichtspunkt des Abstraktionsprinzips. Dies steht der Nichtigkeit von Grund- und Verfügungsgeschäft entgenen, falls nicht ein besonders gravierender Verstoß gegen das Rücksichtnahmegebot, wie z. B. eine vorsätzliche Kredittäuschung, vorliegt.

V. Die Stellung des Schuldners (= Sicherungsgebers) gegenüber Gläubigern des Sicherungsnehmers

1. Treuhänderische Bindung des Sicherungsnehmers

38 Der Sicherungsnehmer wird Eigentümer des Sicherungsguts. Aber ihm ist „mehr" übertragen, als ihm nach den Vorstellungen der Parteien zukommen soll: Gewicht gelegt wird nur auf das Verwertungsrecht und – in Konkurrenz zu anderen Gläubigern – auf die im Eigentum liegende Bevorzugung in der Zwangsvollstreckung und im Konkurs bzw. in der Insolvenz. Im übrigen ist der Sicherungsnehmer dem Sicherungsgeber treuhänderisch gebunden: ihm gegenüber darf er mit dem Sicherungsgut nicht „nach Belieben verfahren" (§ 903), sondern nur in den durch den Sicherungsvertrag gesteckten Grenzen. Diese Bindung hat auch Außenwirkungen, nämlich dann, wenn der Sicherungsnehmer selbst in Konkurs bzw. Insolvenz fällt (Rn. 39) oder wenn seine Gläubiger in das Sicherungsgut vollstrecken (Rn. 40): Der Sicherungsgeber wird dann so gestellt, als gehöre der Gegenstand der Sicherungsübereignung eben doch wirtschaftlich zu seinem Vermögen.

2. Aussonderungsrecht des Sicherungsgebers in der Insolvenz

39 Im *Konkurs bzw. in der Insolvenz* des Sicherungsnehmers gewährt eine ständige Rechtsprechung dem Sicherungsgeber ein *Aussonderungsrecht* nach § 43 KO (RGZ 94, 305, 307). Dieses Recht kann sich freilich gegenüber dem Besitz-

---

[1] Dazu *Serick* III S. 149 ff.

recht des Konkursverwalters erst durchsetzen, wenn der Schuldner die durch die SÜ gesicherte Forderung durch Leistung an die Konkursmasse tilgt oder der Sicherungszweck in anderer Weise weggefallen ist.[1] An dieser Rechtslage ändert die neue InsO nichts (§ 47 InsO).

3. Drittwiderspruchsklage in der Zwangsvollstreckung

Eine *Zwangsvollstreckung* von Gläubigern des Sicherungsnehmers in das Sicherungsgut wird bei beweglichen Sachen[2] nur selten in Betracht kommen, da die Pfändung beweglicher Sachen Gewahrsam (= unmittelbaren Besitz) des Schuldners voraussetzt (§ 808 ZPO), der unmittelbare Besitz aber gerade beim Sicherungsgeber bleibt. Wo aber eine Pfändung doch erfolgt (z.B. wenn der Sicherungsnehmer das Sicherungsgut an sich gezogen hat), gibt die Rechtsprechung dem Sicherungsgeber die Interventionsklage nach § 771 ZPO (RGZ 79, 121; 91, 12, 14; s. auch OLG Karlsruhe NJW 1977, 1069; dazu Karsten *Schmidt* JuS 1977, 624). 40

Beispiel: S hat dem G eine Maschine zur Sicherung eines Darlehens übereignet. Da G erfährt, S verschleudere sein Vermögen, hat er die Maschine sich von S geben lassen. Wird sie bei G von dessen Gläubiger D gepfändet, so kann S nach § 771 ZPO erwirken, daß die Zwangsvollstreckung für unzulässig erklärt wird, sofern er die zu sichernde Forderung tilgt (§ 161 Abs. 2 mit § 161 Abs. 1). War G freilich schon zur Verwertung der Maschine befugt (z.B. weil die Darlehensforderung bereits fällig geworden und nicht erfüllt worden war), so entfällt für S auch die Interventionsklage (so auch BGHZ 72, 141).

VI. Das Verwertungsrecht des Sicherungsnehmers

1. Bedeutung des Sicherungsvertrages

Die Voraussetzungen des Verwertungsrechts und die Verwertung selbst bestimmen sich *nach dem Sicherungsvertrag* (RGZ 83, 50, 53; 143, 113, 117; BGH NJW 1980, 226). 41

So lautet ein bei Bankkredit übliches Muster:[3]
Die Bank ist befugt, bei Vorliegen eines wichtigen Grundes, insbesondere, wenn Sicherungsgeber oder Schuldner ihren Verpflichtungen der Bank gegenüber nicht nachkommen, die Gegenstände in ihren unmittelbaren Besitz zu nehmen. In diesem Fall ist es der Bank auch gestattet, die Gegenstände auf Kosten des Sicherungsgebers an anderer Stelle einzulagern. Macht die Bank hiervon Gebrauch, so beschränkt sich ihre Verantwortlichkeit auf sorgfältige Auswahl des Verwahrers (Hinterlegung nach § 691 Satz 2 BGB). Kommt der Sicherungsgeber seinen Verbindlichkeiten bei Fälligkeit nicht nach, so ist die Bank befugt, unter tunlichster Rücksichtnahme auf den Sicherungsgeber zu beliebiger Zeit an einem ihr geeignet erscheinenden Ort auf einmal oder nach und nach zu verwerten. Die Bank ist berechtigt, die Gegenstände zu einem angemessenen Preis selbst zu übernehmen. Der Sicherungsgeber ist verpflichtet, auf Verlangen der Bank das Sicherungsgut zu verwerten, oder bei der Verwertung mitzuwirken. Der Sicherungsgeber hat alles, was er bei der Verwertung erlangt (einschließlich Umsatzsteuer), unverzüglich an die Bank herauszugeben. Einen etwa verbleibenden Überschuß hat die Bank dem Sicherungsgeber unverzüglich auszuzahlen, soweit er nicht Dritten zusteht.

---

[1] Siehe *Rimmelspacher* § 8 Rn. 502ff.; *Baur/Stürner* II, InsolvenzR Rn. 14.24; *Serick* III S. 291 ff.
[2] Wohl aber bei der Sicherungsabtretung von Forderungen.
[3] Muster des Deutschen Genossenschafts-Verlags, s. Anh. 7b.

42 Fehlt eine ausdrückliche Vereinbarung, so können die Vorschriften über die *Pfandverwertung entsprechend* herangezogen werden (vgl. BGHZ 124, 380, 391), wobei jedoch die in den §§ 1233 ff. enthaltenen Vorschriften nur interne Bedeutung haben, d. h. sich nur auf das Verhältnis zwischen Sicherungsgeber und Sicherungsnehmer auswirken.[1] Die Verwertung muß daher in der Regel durch öffentliche Versteigerung erfolgen;[2] andernfalls kann der Sicherungsnehmer dem Sicherungsgeber schadensersatzpflichtig werden.

2. Herausgabetitel

43 Will und darf der Sicherungsnehmer das Sicherungsgut verwerten, so muß er es in aller Regel dem Sicherungsgeber zuvor *wegnehmen*. Dies darf selbstverständlich nicht gewaltsam erfolgen, der Sicherungsnehmer bedarf vielmehr eines Herausgabetitels (meist eines Urteils, das seine Grundlage in dem Sicherungsvertrag[3] hat). Auf Grund dieses Titels holt der Gerichtsvollzieher das Sicherungsgut beim Schuldner ab und übergibt es dem Gläubiger (§ 883 ZPO).

Der Sicherungsnehmer ist freilich nicht gehindert, sich auf den Standpunkt eines ungesicherten Gläubigers zu stellen, einen Zahlungstitel zu erwirken und die Zwangsvollstreckung nach §§ 808 ff. ZPO zu betreiben. Daß er selbst Eigentümer der Sachen ist, in die vollstreckt wird, hindert die Pfändung nicht.[4]

In unserm *Beispiel* („Maschine") erwirkt G gegen S ein Urteil auf Rückzahlung des Darlehens und läßt die Maschine durch den Gerichtsvollzieher pfänden. Hier besteht für G die Gefahr, daß S sich gegen die Pfändung unter Berufung auf § 811 Ziff. 5 ZPO wendet, was bei der Realisierung eines Herausgabetitels nicht möglich gewesen wäre.[5] Andererseits hat das Vorgehen auf Grund des Zahlungstitels den Vorteil, daß G auch noch andere Gegenstände pfänden lassen kann, wenn die Verwertung der Maschine zur Befriedigung der Forderung nicht ausreicht. Schließlich ist dem G jede Verantwortung für die korrekte Verwertung abgenommen, wenn sie durch den Gerichtsvollzieher nach Vollstreckungsrecht erfolgt; auch überträgt der Gerichtsvollzieher originäres Eigentum an den Ersteher.

---

[1] Dazu *Serick* III S. 454 ff. S. a. oben Rn. 16.

[2] Str., s. *Serick* III S. 457 ff.; *Soergel/Mühl* § 930 Rn. 59 m. w. N. Zur Frage der Wirksamkeit einer Verfallklausel *Ulmer/Brandner/Hensen-Brandner,* Anhang §§ 9–11 Rn. 662, u. *Soergel/Mühl* § 930 Rn. 60–62; ferner oben Rn. 16.

[3] Andere (z. B. *Rimmelspacher* § 6 Rn. 364) wenden auch § 985 an (bei der SÜ der Anwartschaft § 985 entsprechend).

[4] Zu den konstruktiven Fragen, die sich hier ergeben, s. *Baur/Stürner* I, ZVR Rn. 27.12 f. und *Furtner* MDR 1963, 445 m. w. N.

[5] § 811 ZPO greift nur bei der Zwangsvollstreckung *wegen Geldforderungen* ein. Es ist umstritten, ob die Berufung auf § 811 ZPO im obigen Beispiel versagt, weil gegenüber einem – ebenfalls möglich gewesenen – Herausgabetitel § 811 ZPO nicht Platz gegriffen hätte; s. dazu *Baur/Stürner* I, ZVR Rn. 23.3 (m. w. N.) u. *Baur/Stürner,* Fälle, Fall 4. Diese Streitfrage dürfte nun entschieden sein: Der Gesetzgeber hat im Rahmen der (am 1. 1. 1999 in Kraft tretenden) 2. Zwangsvollstreckungsnovelle § 811 ZPO um einen zweiten Absatz ergänzt, in dem unter Eigentumsvorbehalt verkaufte Gegenstände ausdrücklich vom Pfändungsschutz des § 811 Abs. 1 Nr. 1, 4 und 5–7 ZPO ausgenommen werden. Der Vorbehaltskäufer kann sich folglich gegenüber dem aus seiner Kaufpreisforderung vorgehenden Vorbehaltsverkäufer nicht mehr darauf berufen, daß er die auf Abzahlung gekauften Gegenstände für seinen persönlichen Mindestbedarf oder für berufliche Zwecke benötigt. Aus dem Fehlen einer entsprechenden Regelung für das Sicherungseigentum läßt sich e contrario schließen, daß eine solche Einschränkung des Pfändungsschutzes hier nicht gewollt ist (vgl. noch § 59 Rn. 42).

§ 57. Die Sicherungsübereignung

Bei Gefahr im Verzug kommt als Sicherungsmittel die einstweilige Verfügung in Betracht; sie ordnet dann meist die Herausgabe des Sicherungsguts an den Gerichtsvollzieher oder einen Sequester als Verwahrungspersonen an.

3. Verwertungsreife

Selbst wenn der Sicherungsvertrag dem Gläubiger den *freihändigen Verkauf* gestattet, so ist doch Voraussetzung, daß der Schuldner gegen Vertragspflichten verstößt, insbesondere mit der Tilgung der gesicherten Forderung in Verzug gerät. Veräußert der Gläubiger das Sicherungsgut, ohne daß die Pfandreife vorliegt, so ist die Verfügung zwar sachenrechtlich wirksam, der Gläubiger macht sich dem Schuldner aber wegen Verletzung des Sicherungsvertrags schadensersatzpflichtig. **44**

Davon ist die Frage zu unterscheiden, ob der Gläubiger das Sicherungsgut seinerseits *zu Kreditzwecken* verwenden, also sicherungshalber an einen Kreditgeber (meist nach § 931) übertragen darf. Hier sind verschiedene Fälle zu unterscheiden:

a) Ist die gesicherte Forderung bereits fällig und der Gläubiger zum freihändigen Verkauf befugt, so kann er die Sache auch zur Sicherheit weiterübereignen.

b) Zweifel entstehen auch dann nicht, wenn der Sicherungsvertrag dem Sicherungsnehmer die „Weitergabe" der Sicherheit gestattet.

c) Fehlt eine solche Vereinbarung, so ist eine weitere SÜ an den Kreditgeber des Sicherungsnehmers zwar sachenrechtlich wirksam,[1] kann aber einen Vertragsverstoß im Verhältnis der Sicherungsparteien des ersten Sicherungsverhältnisses darstellen. Der Sicherungsgeber ist in einem solchen Fall durch § 986 Abs. 2 geschützt.

Beispiel: G hat dem S am 2. 1. 1978 ein am 1. 7. 1980 zur Rückzahlung fälliges Darlehen von 50 000 DM gegen SÜ einer Maschine gegeben. Da G selbst Geld benötigt, übereignet er die Maschine zur Sicherung eines am 1. 12. 1979 zurückzuzahlenden Kredits an D. Zahlt G an D nicht, so kann D nicht von S Herausgabe verlangen; denn S kann auch dem D gegenüber einwenden, daß er zur Herausgabe der Sache zur Verwertung noch nicht verpflichtet sei (§§ 931, 986 Abs. 2). Das gleiche gilt, wenn die Übereignung von G an D nach § 930 erfolgt ist (D ist dann mittelbarer Besitzer 2. Stufe), da auch hier § 986 Abs. 2 entsprechend anzuwenden ist (BGH NJW 1990, 1914).

VII. Rückfall des Sicherungsguts[2]

Fällt der Sicherungszweck weg (meist durch Befriedigung des Gläubigers), so ist die Eigentümerstellung des Sicherungsnehmers nicht mehr gerechtfertigt. Er ist auf Grund des Sicherungsvertrags zur Rückübereignung an den Sicherungsgeber verpflichtet. War freilich die SÜ auflösend bedingt, so erstarkt das Anwartschaftsrecht des Sicherungsgebers wieder zu vollem Eigentum (§ 158 Abs. 2; s. dazu oben Rn. 10; BGH NJW 1984, 1184 = *Baur* E.Slg. Fall 26b u. BGH NJW 1986, 977). **45**

Im letztgenannten Fall entspricht das Anwartschaftsrecht des Sicherungsgebers während der Schwebezeit (also von der SÜ bis zum Wegfall des Sicherungszwecks) dem Anwartschaftsrecht des Vorbehaltskäufers bei der Übereignung unter Eigentumsvorbehalt.

Dieses Anwartschaftsrecht des Sicherungsgebers (bei auflösend bedingter SÜ) bzw. sein Rückgewähranspruch kann schon während des Laufs der ersten SÜ als Sicherungsgegenstand für ein anderes Kreditverhältnis verwendet werden; man spricht dann von *Anschlußsicherung oder Anschluß-SÜ*.[3]

---

[1] Sofern es sich nicht um eine auflösend bedingte SÜ handelt und § 161 Abs. 2 eingreift!
[2] S. dazu *Serick* III S. 385 ff.; *Medicus*, BR Rn. 504; *Soergel/Mühl* § 930 Rn. 78, 79.
[3] S. dazu *Picot* BB 1979, 1264; *Morman*, Ehrengabe f. Heusinger, S. 185 m. w. N.

§ 58. Die Sicherungsabtretung

Lit.-Hinweis: *Beuthien,* Verlängerter Eigentumsvorbehalt und Globalabtretung, BB 1971, 375; *Buchholz,* Können Sicherungszessionen und Sicherungsübereignung akzessorisch gestaltet werden?, Jura 1990, 300; *Bülow,* Recht der Kreditsicherheiten, 4. Auflage, 1997; *Canaris,* Verlängerter Eigentumsvorbehalt und Forderungseinzug durch Banken, NJW 1981, 249; *Gerhardt,* Die neue Rechtsprechung zu den Mobiliarsachenrechten – Teil 2, JZ 1986, 736; *Hadding/Schneider,* Die Forderungsabtretung, insbes. zur Kreditsicherung, 1986; *Hennrichs,* Kollisionsprobleme bei der (Voraus-) Abtretung zukünftiger Forderungen, JZ 1993, 225; *Kaduk,* Verlängerter Eigentumsvorbehalt und Globalzession als konkurrierende Gläubigerrechte, in: FS für Larenz (1973) 683; *Roth/Fitz,* Stille Zession, Inkassozession, Einziehungsermächtigung, JuS 1985, 188; *Schmidt, K.,* Zur Akzessorietätsdiskussion bei der Sicherungsübereignung und Sicherungsabtretung, in: FS für Serick (1992), 329; *Scholz/Lwowski,* Das Recht der Kreditsicherung, 7. Auflage, 1994, insbes. Rdnr. 619 ff.; *Serick,* Eigentumsvorbehalt und Sicherungsübertragung, Band III 1970.

Vorbemerkung zur Systematik:

Die Sicherungsabtretung von Forderungen und anderen Rechten ersetzt in der Rechtswirklichkeit in weitem Umfang die *Verpfändung* dieser Rechte. Von diesem Rechtsinstitut sprechen wir erst unten § 62 bei der Erörterung der „Rechte an Rechten". Systematisch wäre es daher richtig, die Sicherungsabtretung der Darstellung des Pfandrechts an Rechten als Wirklichkeitstatbestand folgen zu lassen. Nun entsprechen aber Problematik und Ausgestaltung der Sicherungsabtretung weithin den bei der SÜ erörterten Fragen. Dazu kommt, daß in der Praxis des Rechtslebens die Sicherungsabtretung häufig mit der SÜ und vor allem mit dem Eigentumsvorbehalt gekoppelt ist. Diese Feststellung rechtfertigt es, dieses Institut hier im Rahmen der Sicherungsgeschäfte an beweglichen Sachen zu erörtern, obwohl Forderungen und andere Rechte sicher nicht als Fahrnis bezeichnet werden können.

A. Allgemeines

I. Grundgedanken

1   Man spricht von Sicherungsabtretung, wenn der Schuldner seinem Gläubiger zur Sicherung der gegen ihn gerichteten Forderung eine ihm gegen einen Dritten zustehende Forderung (oder ein sonstiges Recht) abtritt.[1] Das Institut entspricht der SÜ nach dem Anlaß zu seiner Entwicklung (1.) und dem Charakter als Sicherungsgeschäft (2.):

1. Entwicklung der Sicherungsabtretung und Nachteile der Forderungsverpfändung

Die Verpfändung einer Forderung – als das vom Gesetz vorgesehene Sicherungsgeschäft – setzt neben einem Verpfändungsvertrag eine Anzeige an den Drittschuldner voraus (§ 1280).

Diese Anzeige (von der Verpfändung der Forderung) kann die Kreditwürdigkeit des Schuldners mindern, sie setzt seine geschäftliche Bonität in den Augen des Drittschuldners und darüber hinaus im geschäftlichen Verkehr her-

---

[1] Um Mißverständnisse zu vermeiden: Sicherungsgeber kann auch ein Nichtschuldner sein (z. B. tritt der Vater V als Sicherheit für die Forderung der Bank gegen seinen Sohn S eine Forderung (oder Grundschuld) ab, die ihm (V) gegen seinen Darlehensschuldner DS zusteht).

ab. Dazu kommt, daß der Pfandgläubiger einer Forderung vor der Fälligkeit der gesicherten Forderung (= Pfandreife) nur zusammen mit dem Schuldner zur Einziehung der verpfändeten Forderung berechtigt (§ 1281), er also auf die Mitwirkung des Schuldners angewiesen ist; an dem eingezogenen Gegenstand der Forderung erwirbt er nur ein Pfandrecht (vgl. §§ 1287, 1288). Diese Schwierigkeiten haben zur Entwicklung des Instituts der Sicherungsabtretung geführt, wobei die Bedenken, die sich namentlich aus der Vernachlässigung der Publizität ergeben, die gleichen sind wie bei der SÜ.

Der Klarheit halber sprechen wir künftig von
Gläubiger (G) = Sicherungsnehmer (z.B. kreditgewährende Bank)
Schuldner (S) = Sicherungsgeber = Gläubiger der sicherungshalber abgetretenen Forderung (z.B. Kreditnehmer der Bank)
Drittschuldner (DS) = Schuldner der sicherungshalber abgetretenen Forderung.

2. Sicherungszweck und Sicherungsvertrag

Für das Verhältnis zwischen Sicherungsnehmer und Sicherungsgeber ist – wie bei der SÜ – der *Sicherungszweck* charakteristisch, gleichgültig ob dieser in einem ausdrücklich vereinbarten Sicherungsvertrag zum Ausdruck kommt oder nicht: 2

a) Dingliche Rechtsinhaberschaft des Sicherungsnehmers

Der Sicherungsnehmer erhält materiellrechtlich mehr als das von den Beteiligten erstrebte Sicherungs- und Verwertungsrecht, er wird *Inhaber* des sicherungshalber abgetretenen Rechts (einschließlich der bestellten Sicherheiten, § 401; BGH NJW 1993, 1641). Verfügt er entgegen der Sicherungsvereinbarung über das Recht, so ist die Verfügung voll wirksam, sie bedeutet aber im Verhältnis zum Sicherungsgeber eine Pflichtverletzung.

Freilich ist – wie bei der SÜ (s. oben § 57 Rn. 10) – zu beachten, daß auch die Sicherungsabtretung auflösend bedingt erfolgen kann; dann ist § 161 Abs. 2 zu beachten; § 161 Abs. 3 ist auch bei Redlichkeit eines vom Sicherungsnehmer erwerbenden Dritten nicht anwendbar.
Die wirtschaftliche Zugehörigkeit des abgetretenen Rechts zum Vermögen des Sicherungs*gebers* wird deutlich, wenn Gläubiger des Sicherungs*nehmers* auf dieses Recht zugreifen: Der Sicherungsgeber hat dann im Konkurs bzw. in der Insolvenz ein Aussonderungsrecht, im Fall der Zwangsvollstreckung die Widerspruchsklage nach § 771 ZPO (s. oben § 57 Rn. 38ff.).
Davon zu unterscheiden ist die Rechtsstellung des Sicherungs*nehmers* bei Zugriff von Gläubigern des Sicherungs*gebers* auf das Sicherungsobjekt. Hier wird – zumindest im Konkurs- bzw. Insolvenzfall – der *Pfandcharakter* der Sicherungsabtretung deutlich: der Sicherungsnehmer kann hinsichtlich der ihm abgetretenen Forderung abgesonderte Befriedigung fordern; im Zwangsvollstreckungsfall steht auch ihm die Berufung auf § 771 ZPO offen (s. oben § 57 Rn. 30ff.).

b) Einziehungsbefugnis des Sicherungsnehmers

Unter welchen Voraussetzungen der Sicherungsnehmer *zur Einziehung* der sicherungshalber abgetretenen Forderung (Recht) *befugt* ist, bestimmt sich nach dem Sicherungsvertrag. Schweigt er, so kann § 1282 mit § 1228 Abs. 2 (Pfandreife!) entsprechend angewendet werden, jedoch – wie bei der SÜ – nur mit Wirkung im Innenverhältnis der Parteien des Sicherungsvertrags: Ein 3

Verstoß beeinträchtigt die Wirksamkeit der Einziehung nicht, da der Sicherungsnehmer nach außen voller Gläubiger der Forderung ist (s. oben § 57 Rn. 16).

c) Verwertungsreife und „stille" Zession

4   Mit dem Eintritt der Pfandreife oder den sonstigen im Sicherungsvertrag vorgesehenen Umständen ist der Sicherungsnehmer auch in seinem Verhältnis zum Sicherungsgeber zur Geltendmachung und Einziehung der Forderung berechtigt. Er realisiert damit sein Verwertungsrecht. Ist bezüglich der Verwertung im Sicherungsvertrag keine Regelung getroffen, so erfolgt die Pfandverwertung in Analogie zu den Pfandrechtsvorschriften (BGHZ 124, 380, 391). Ob er dazu auch *verpflichtet* ist, also auf die ursprüngliche (= gesicherte) Forderung gegen den Sicherungsgeber erst zurückgreifen darf, wenn er mit aller Sorgfalt versucht hat, sich aus der abgetretenen Forderung zu befriedigen,[1] richtet sich nach dem Inhalt des Sicherungsvertrags. Ist darin nichts gesagt, so wird man keine *Pflicht* des Gläubigers annehmen können, sich zunächst aus der abgetretenen Forderung zu befriedigen. Ihm bleibt vielmehr die Wahl zwischen der Befriedigung aus der abgetretenen Forderung oder dem Vorgehen aus der gesicherten Forderung in das Vermögen des Sicherungsgebers.

Häufig vereinbaren die Parteien, daß der Zedent (= Sicherungsgeber) trotz der Abtretung weiterhin zum Einzug berechtigt sein soll. Man spricht dann – nicht sehr glücklich[2] – von *stiller Zession*. Rechtlich handelt es sich um eine – dem Drittschuldner nicht mitgeteilte – Abtretung und um eine Einziehungsermächtigung nach § 185, die der Zessionar dem Zedenten einräumt (BGHZ 4, 153, 164; 32, 357) und die regelmäßig frei widerruflich ist (BGHZ 82, 283, 290); sie berechtigt den Zedenten auch, Einzahlung des Betrags auf *sein* Bankkonto zu fordern und die Forderung in eigenem Namen klageweise geltend zu machen (so BGH NJW 1978, 698 u. BGHZ 82, 283, 288).[3] Ob der Zedent den eingezogenen Betrag an den Zessionar abzuführen hat, richtet sich nach der Sicherungsvereinbarung.[4]

---

[1] Siehe *Larenz* I § 18 I; BGHZ 26, 185, 194; *Serick* II § 25, V § 64.

[2] Denn die Sicherungsabtretung ist nach ihrem Zweck meist eine „stille". Gemeint ist, daß die Abtretung auch noch im Augenblick der Geltendmachung der Forderung dem Drittschuldner nicht kundgetan wird: Der Sicherungsgeber zieht die Forderung ein, als sei er noch Gläubiger!

[3] Die Einziehungsermächtigung berechtigt den Sicherungsgeber – also z.B. den Vorbehaltskäufer beim verl. EV. –, die dem Sicherungsnehmer (Vorbehaltsverkäufer) abgetretene Forderung einzuziehen, auch einzuklagen; zu anderen Verfügungen – also z.B. zu einer Abtretung – *nicht*, es sei denn, daß der Ermächtigende dies gestattet habe (BGHZ 82, 283 = NJW 1982, 571). Wann eine solche weitergehende Ermächtigung anzunehmen ist, ist namentlich im Zusammenhang mit dem Factoring streitig (s. unten Rn. 11 ff.). – Zu den Bedenken gegen die Zulässigkeit der Einziehungsermächtigung s. *Rüßmann* JuS 1972, 169; *Medicus* Rn. 30; *Gernhuber*, Erfüllung § 24. Zur Einziehungsermächtigung u. Inkassozession s. *Henckel* FS f. Larenz, 1973, 643 u. *Scheyhing*, Sukzessionen, S. 186 ff. – Zur prozessualen Geltendmachung (Prozeßstandschaft) s. *Brehm* KTS 1985, 1; *Baur/Grunsky*, ZPrR, Rn. 89, 90 m. w. N.

[4] Siehe *Dempewolf*, Das Einziehungs- und Verwertungsrecht des Zedenten, DB 1958, 1091; *Reich*, Die dogmatische Stellung der Ermächtigung (Tüb. Diss. 1962).

Beispiel (in Anlehnung an BGHZ 66, 150): G hat sich zur Sicherung des dem S gewährten Kredits dessen Lohnanspruch gegen DS sicherheitshalber abtreten lassen, den S aber ermächtigt, seinen Lohn weiter in Empfang zu nehmen. Ein anderer Gläubiger X des S pfändet den Lohnanspruch des S und erhält von DS den pfändbaren Teil des Lohnes ausgehändigt. Als G davon erfährt, „deckt sie die Abtretung auf" und verlangt von X die empfangenen Beträge heraus. Zu Recht (§§ 812, 816), freilich unter Abzug der Zwangsvollstreckungskosten.

Jedoch verneint die Rechtsprechung die Wirksamkeit der Sicherungsabtretung, wenn das Einziehungsrecht auf die Dauer *nur* dem Zedenten zusteht (RGZ 92, 105, 108; 160, 204, 207; BGHZ 26, 185, 193; BGH LM § 398 BGB Nr. 9a).

Von einer *offenen Zession* spricht man, wenn sie dem Drittschuldner mitgeteilt wird (wichtig wegen §§ 407–409 BGB).

d) Fortfall des Sicherungszwecks

Fällt der Sicherungszweck weg, so ist der Sicherungsnehmer zur Rückabtretung 5 der Forderung an den Sicherungsgeber auf Grund des Sicherungsvertrags verpflichtet. Der Rückfall tritt automatisch ein, wenn die Sicherungsabtretung durch den Wegfall des Sicherungszwecks auflösend bedingt war. Fehlt ein Sicherungsvertrag, so beruht die Pflicht zur Rückübertragung auf ungerechtfertigter Bereicherung.

Beispielsfälle: BGH LM § 857 ZPO Nr. 8; BGH NJW 1982, 275 u. BGH NJW 1983, 1735; OLG Frankfurt BB 1984, 2225.

II. Anwendungsbereich

Der Anwendungsbereich der Sicherungsabtretung im modernen Kreditver- 6 kehr ist umfassend.[1] Man kann eine eigenständige Form (Rn. 7) von der mit anderen Sicherungsgeschäften verbundenen Sicherungsabtretung (Rn. 8) unterscheiden. Was den Umfang der abgetretenen Forderungen anlangt, so lassen sich Singularabtretung, Globalabtretung und Mantelzession feststellen (Rn. 9). Gegenstand der Abtretung kann eine auf Geld oder auf eine andere Leistung gerichtete Forderung und schließlich ein anderes Recht sein (Rn. 10).

1. Eigenständige Sicherungsabtretung

Von einer eigenständigen Sicherungsabtretung kann man sprechen, wenn 7 eine oder mehrere Forderungen als alleiniges Sicherungsmittel zur Sicherung eines Kredits dienen.

Die Bank B gewährt dem S einen Kredit in laufender Rechnung in Höhe von 50 000 DM. S tritt zur Sicherheit die gegenwärtigen und künftigen Forderungen gegen seine Abnehmer mit den Anfangsbuchstaben A–F an die Bank ab.

2. Kombinationsformen

Vielfach ist die Sicherungsabtretung mit anderen Sicherungsgeschäften derart 8 verknüpft, daß sie als Surrogat des ursprünglichen Sicherungsgegenstandes in Erscheinung tritt, so namentlich bei der verlängerten SÜ (s. oben § 57 Rn. 7) und dem verlängerten Eigentumsvorbehalt (s. unten § 59 Rn. 6 und 49): Der

---

[1] Hierzu *Gernhuber,* Bürgerl. R., § 29; *Bülow,* Kreditsicherheiten, Rn. 1174.

Sicherungsgeber (Vorbehaltskäufer) bleibt zur Veräußerung des Sicherungsguts (Kaufgegenstandes) berechtigt (§ 185), tritt aber schon im voraus den sich aus der Veräußerung ergebenden Kaufpreisanspruch an den Sicherungsnehmer (Vorbehaltsverkäufer) ab, wobei dann meist der Sicherungsgeber wieder ermächtigt wird, diesen Anspruch einzuziehen (BGHZ 72, 15; 94, 105; *Flume* JZ 1960, 636).

Es liegt auf der Hand, daß die eigenständige und die mit einem anderen Sicherungsgeschäft gekoppelte Sicherungsabtretung miteinander kollidieren können; so z.B. wenn ein Geschäftsmann seine gegenwärtigen und künftigen „Außenstände" an seine Bank abtritt, der Vorbehaltsverkäufer aber nur unter verlängertem Eigentumsvorbehalt liefert. Dieser Zusammenprall der Sicherungsinteressen von Geldkreditgebern einerseits und Warenkreditgebern andererseits wird uns noch erheblich zu schaffen machen (s. unten § 59 Rn. 50 ff.).

3. Singularabtretung – Globalabtretung – Mantelzession

9 Singularabtretung ist die sicherungshalber erfolgte Abtretung *einer* Forderung. Im Falle der *Globalabtretung* werden *alle* im Geschäftsbetrieb des Schuldners begründeten, gegenwärtigen und künftigen Forderungen (oder eine bestimmte Gattung) an den Gläubiger abgetreten.

Hier werden sich Schwierigkeiten aus dem Gesichtspunkt der *Bestimmtheit* des Gegenstandes der Abtretung ergeben (s. unten Rn. 19 f.).
Formel: „Als Sicherheit ... tritt die Firma hiermit der Bank ihre sämtlichen gegenwärtigen und künftigen Forderungen aus Warenlieferungen ... gegen die Kunden mit den Anfangsbuchstaben ... bis ... ab.
Die gegenwärtigen Forderungen der Firma gegen diese Kunden gehen mit Unterzeichnung dieses Vertrags, die künftigen mit ihrer Entstehung auf die Bank über."
Die Globalabtretung kann zu einer *Übersicherung* führen und dann gegen § 138 oder § 9 AGBG verstoßen (s. unten Rn. 22 und § 57 Rn. 18 ff.).

Von der Globalzession ist die *Mantelzession*[1] zu unterscheiden: Hier *verpflichtet* sich der Sicherungsgeber, dem Sicherungsnehmer jeweils Listen von Forderungen gegen Drittschuldner mindestens in Höhe des zu sichernden Kredits zu übersenden; erst mit der Übersendung solcher Forderungsverzeichnisse (oder von Rechnungsdurchschriften) werden die in ihr enthaltenen Forderungen an den Sicherungsnehmer abgetreten.

Formel: „Die Firma *verpflichtet* sich, der Bank zur Sicherung ihrer Ansprüche ... laufend Forderungen abzutreten und dafür zu sorgen, daß der Gesamtbetrag der jeweils abgetretenen Forderung stets um ... v. H. höher ist als ..." (= der Kreditbetrag).
Zu der in der Praxis gelegentlich zu beobachtenden *Blankozession* – die Person des Zessionars bleibt zunächst offen, der Empfänger der Urkunde darf den Zessionar bestimmen (sich selbst oder einen anderen) – s. *Scheyhing*, Sukzessionen, § 2 II 1; *Serick* II § 27 VI 1.

4. Gegenstand der Abtretung

10 Die Forderung, die *Gegenstand* der Abtretung ist, kann *auf Geld* oder *auf eine andere Leistung* gerichtet sein. Der Sicherungsabtretung zugänglich ist aber auch *jedes andere Recht,* sofern es übertragbar ist.

---

[1] Vgl. *Scholz/Lwowski,* Recht der Kreditsicherung, Rn. 693.

Beispiele:
Es werden zur Sicherheit abgetreten

a) eine *auf Geld* gerichtete Forderung (Normalfall);

b) ein *auf Übereignung eines Grundstücks* gerichteter Anspruch aus einem Kaufvertrag, wobei der Schuldner (= Sicherungsgeber = Käufer des Grundstücks) den Kaufpreis bereits bezahlt hat. Setzt der Sicherungsnehmer diesen Anspruch durch, so wird er mit Auflassung und Eintragung Eigentümer des Grundstücks (§ 1287 ist also nicht anwendbar), aber eben nur sicherungshalber. Fällt der Sicherungszweck weg, so ist er zur Übereignung des Grundstücks an den Schuldner verpflichtet. Ob er – falls der Schuldner die gesicherte Forderung nicht erfüllt – das Grundstück behalten darf oder ob er es in bestimmter Weise verwerten muß (z.B. durch Versteigerung), richtet sich nach dem Sicherungsvertrag; im Zweifel wird eine Versteigerung durchzuführen sein (vgl. § 1287 Satz 2);

c) eine dem Schuldner an einem fremden Grundstück zustehende *Briefgrundschuld*. Die Abtretung hat in der Form des § 1154 zu erfolgen (Einigung, schriftliche Abtretungserklärung bzw. Grundbucheintragung *und* Übergabe des Grundschuldbriefs); zur Abtretung einer vorläufigen Eigentümergrundschuld mit dem Ziel einer Zwischenfinanzierung s. oben § 37 Rn. 41 ff.;

d) der *Anteil des Schuldners an einer OHG*. Die Abtretung eines solchen Anteils ist nicht möglich (§ 719 BGB mit § 105 Abs. 2 HGB), sie kann aber umgedeutet werden in die Abtretung des Anspruchs auf den Reingewinn und das künftige Auseinandersetzungsguthaben.

5. Factoring[1]

Fraglich ist, ob das heute vielfach praktizierte „Factoring" zu den Sicherungsgeschäften zu zählen ist.[2] Factoring bedeutet, daß ein Unternehmer („Anschlußkunde") seine Forderungen („Außenstände") gegen seine Abnehmer an einen Factor (meist eine Bank oder bankähnliche Factoringgesellschaft) abtritt. Der Factor zieht die Forderungen sodann als eigene ein. Damit erspart sich der Unternehmer Debitorenbuchhaltung und Mahnwesen. Zudem erhält er sofort den Gegenwert der abgetretenen Forderungen unter Abzug von banküblichen Zinsen und Gebühren (ca. 0,5–1,5%), den sog. Barvorschuß. 11

Factoring kommt nicht in Betracht, wenn die Abtretung der Forderung vertraglich ausgeschlossen ist (§ 399; vgl. BGH WM 1991, 556).

Wenn die Bemühungen des Factors, die Forderung beim Schuldner einzuziehen, erfolglos bleiben, stellt sich die Frage, wer das Risiko der Uneinbringlichkeit der Forderung (Delkredere) trägt. Je nachdem, wie die Risikoverteilung im Vertrag geregelt ist, unterscheidet man „echtes" oder „unechtes" Factoring. Beim echten Factoring trägt der Factor das Risiko der Bezahlung der Forderungen durch die Abnehmer; dafür erhält der Factor eine Risikoprämie. Beim unechten Factoring bleibt das Zahlungsrisiko dagegen beim Unternehmer. Der Factor soll sich in erster Linie aus den ihm abgetretenen Forderungen befriedigen; erst wenn dies mißlingt, kann er auf den Unternehmer zurückgreifen und von diesem Rückzahlung des Barvorschusses verlangen. Die rechtliche Einordnung des Factoring ist streitig: die h.M. sieht im

---

[1] Hierzu *Blaurock* ZHR 142, 325; *ders.* JA 1989, 273; *Glomb,* Finanzierung durch Factoring, 1969; *Bülow,* Recht der Kreditsicherheiten, 4. Aufl. 1997, Rn. 1139 ff.; *Canaris,* Bankvertragsrecht, Rn. 1652 ff.; *Gerhardt* JZ 1986, 740; *Larenz/Canaris* II/2 § 65; *Ehling,* Zivilrechtliche Probleme ... des Factoringgeschäfts ..., 1977; *Martinek,* Moderne Vertragstypen, Bd. I (Leasing und Factoring) 1991; *Rimmelspacher,* Kreditsicherungsrecht, 2. Aufl. 1987, Rn. 459 ff.; *Serick* Bd. IV § 52 II 2b, V § 70; *Picker* JuS I 1988, 375; *Soergel/Huber* Rn. 104 ff. vor § 433.

[2] Die Antwort auf diese Frage ist für Kollisionsfälle von großer Bedeutung.

echten Factoring einen Forderungskauf, im unechten einen Darlehensvertrag, *Canaris*, ordnet beide Factoringarten als Darlehensvertrag ein, während andere entweder eine kaufvertragliche oder geschäftsbesorgungsvertragliche Einordnung für beide Arten befürworten. Im einzelnen:

a) Echtes Factoring

12 aa) Nach ganz h.M. stellt die schuldrechtliche Seite des echten Factoring einen Forderungskauf dar,[1] während es sich bei der dinglichen Seite i.d.R. um eine offene Globalabtretung handelt. Diese Globalabtretung steht in aller Regel unter der aufschiebenden Bedingung, daß der Factor die jeweilige Forderung ankauft.

bb) *Canaris* befürwortet demgegenüber eine Einordnung als Darlehensvertrag in Verbindung mit einer Abtretung der Forderung an Erfüllungs Statt. Grund dafür soll sein, daß der Factor – im Gegensatz zum normalen Käufer einer Forderung – nicht deshalb an deren Erwerb interessiert sei, weil er mit ihr wirtschaften wolle, sondern allein deshalb, weil er an den Zinsen, die der Kunde für die Zeit zwischen der Verfügung über die Gutschrift und der Fälligkeit der abgetretenen Forderung zu entrichten habe, verdienen und zudem eine Risikoprämie für die Übernahme des Delkredere kassieren wolle.[2]

cc) Die geschäftsbesorgungsvertragliche Sichtweise wird mit der Ähnlichkeit zum Kommissionsgeschäft begründet, weil die Versorgung des Kunden mit Liquidität und die Übernahme des Delkredere fremdnützige Tätigkeiten seien.

dd) Die zur Begründung der rechtlichen Einordnung vorgebrachten Argumente sind im einzelnen sehr speziell und dem jungen Juristen, der sich mit Bankvertragsrecht wenig befaßt, schwer zugänglich. Die Einordnung als Geschäftsbesorgungsvertrag ist jedenfalls abzulehnen, weil sie die fremdnützige Tätigkeit des Factors überbewertet und dabei übersieht, daß es dem Factor in erster Linie darauf ankommt, aus Erwerb und Einziehung der Forderung Gewinn in der Form der einbehaltenen Provision zu erzielen. Außerdem würde die Anwendung des Geschäftsbesorgungsrechts konsequenterweise dazu führen, daß der Factor weisungsgebunden, auskunfts- und rechenschaftspflichtig, herausgabe- und verzinsungspflichtig wäre, §§ 665–668.[3] Das ist jedoch eindeutig nicht der Fall.

Diskutabel sind daher allein die herrschende Deutung des echten Factoring als Forderungskauf und die davon abweichende Sicht von *Canaris*. Für uns mag hier die Feststellung genügen, daß auch *Canaris* über § 365 hinsichtlich der praktisch wichtigen Gewährleistung des Anschlußkunden für den Bestand der Forderung zur Anwendbarkeit des Kaufrechts kommt.

b) Unechtes Factoring

13 Nach h.M. handelt es sich beim unechten Factoring um einen (atypischen) Darlehensvertrag gem. § 607 (sog. Kreditgeschäft) verbunden mit einer (atypischen) Sicherungsabtretung, die gleichzeitig erfüllungshalber erfolgt.[4] Für den, der mit *Canaris* bereits das echte Factoring als Darlehensvertrag ansieht, muß dies beim unechten Factoring erst recht gelten, weil es hier dem Factor offen-

---

[1] BGHZ 69, 254, 257f.; 100, 353, 358; *Serick*, IV § 52 II 2c, d, e, S. 546ff.; *Ehling*, aaO S. 55; *Martinek*, a.a.O., § 10 II 1 a; *Jauernig/Stürner*, § 398 Rn. 30.
[2] *Canaris*, Bankvertragsrecht, Rn. 1655 i.V.m. 1532; *Larenz/Canaris* II/2 § 65 II 2b.
[3] *Martinek*, a.a.O. § 10 II 1 c.
[4] BGHZ 58, 364, 367; 61, 317, 324f.; 100, 353, 358; *Serick*, IV § 52 II 2b, S. 546ff.; *Martinek*, a.a.O., § 10 II 2c; *Canaris*, Bankvertragsrecht, Rn. 1655, 1686.

sichtlich noch weniger um den Erwerb der Forderung als solche geht. Die Abweichung gegenüber der kaufvertraglichen Einordnung des echten Factoring wird damit begründet, daß die Übernahme des Zahlungsrisikos durch den Anschlußkunden kennzeichnend für eine andere Interessenlage sei. Hier stehe die Gewährung eines Kredits und dessen Sicherung im Vordergrund. Das unechte Factoring ist danach als Sicherungsgeschäft anzusehen.

Ein Teil der Literatur[1] sieht das unechte ebenso wie das echte Factoring mit der Begründung als Kaufvertrag an, daß sich die Sach- und Rechtslage im wesentlichen gleiche. Die abweichende Verteilung des Zahlungsrisikos soll nach dieser Auffassung keine andere rechtliche Einordnung rechtfertigen. Bei der Belastung des Anschlußkunden mit dem Delkredere handle es sich lediglich um die Vereinbarung einer gegenüber § 437 Abs. 1 (Haftung für den *Rechtsbestand* der Forderung) erweiterten Haftung (für die Zahlungsfähigkeit/-bereitschaft des Schuldners).

Diejenigen, die das echte Factoring als Geschäftsbesorgung ansehen, tun dies beim unechten erst recht. Der Factor verwalte die Forderungen (ohne Übernahme eines Risikos) treuhänderisch, wofür er eine Provision erhalte.[2]

Mit der h.M. ist das unechte Factoring als Sicherungsgeschäft anzusehen und rechtlich als Darlehensvertrag einzuordnen. Maßgeblich ist, daß die Risikoverteilung nicht der eines Kaufvertrages sondern der eines Darlehensvertrages entspricht: Der Anschlußkunde muß den Barvorschuß bei Uneinbringlichkeit der Forderung zurückzahlen. Er erhält folglich diesen Betrag nicht endgültig, sondern nur für eine bestimmte Zeit, es sei denn, der Factor erhält von dem Drittschuldner den entsprechenden Gegenwert. Das Element der Geschäftsbesorgung ist auch hier nicht prägend für den Charakter des Vertrages.

c) Wirtschaftliche Faktoren

Factoring ist eine Kreditart, die vor allem von kleinen und mittleren Betrieben in Anspruch genommen wird. Erfaßt werden in der Regel nur Forderungen mit einer Laufzeit von bis zu 80 Tagen. Das Risiko des Factors ist erfahrungsgemäß nicht größer als beim normalen Bankkreditgeschäft. Der Umsatz der im Deutschen Factoring-Verband zusammengeschlossenen Unternehmen wächst beständig. **14**

d) Problemfälle

Im Zusammenhang mit dem Factoring ergeben sich zwei viel und kontrovers diskutierte Fragen: **15**
(1) Kann der Sicherungsgeber (z.B. der Darlehensnehmer und Sicherungsübereigner, der Vorbehaltskäufer beim verl. EV) die ihm im voraus abgetretene Forderung gegen seinen Abnehmer auf Grund einer ihm erteilten Einziehungsermächtigung nochmals – vor allem an einen Factor – abtreten?
(2) Wie ist das Verhältnis zwischen einer Globalzession der Kundenforderungen an den Vorbehaltsverkäufer und der Globalzession derselben Forderungen an den Factor?
Diese Fragen werden unten unter § 59 Rn. 56 ff. untersucht.

B. Der Abtretungsvorgang

Hier bedarf es einiger Hinweise auf den Gegenstand der Abtretung, ihre Form und die Besonderheiten, die bei der Zession künftiger Forderungen bestehen. **16**

---

[1] Vgl. *Blaurock,* ZHR 142, 325, 341; *Bette-Marvede,* BB 1979, 121, 128; *Schmitz,* NJW 1978, 201.
[2] *Glomb,* a.a.O., S. 83.

I. Ausschluß der Abtretung

Während jede Sache veräußerlich ist, kann die *Abtretung* von Forderungen grundsätzlich[1] *ausgeschlossen* oder beschränkt sein. Der Grund hierfür liegt in der Rücksicht auf die Person des Zedenten oder auf die Belange des Drittschuldners.

Hierher gehören etwa die Abtretungsverbote der §§ 399, 400 (auf den Zedenten zugeschnittene Leistung – Ausschluß der Abtretung durch Vereinbarung von Gläubiger und Schuldner[2] – unpfändbare Forderung). Umstritten ist, welche Wirkung der rechtsgeschäftliche Abtretungsausschluß nach § 399 2. Alt. hat. Während die h. M.[3] die Abtretung für *absolut* unwirksam hält, plädiert eine im Vordringen begriffene Auffassung mit beachtlichen Argumenten für die *relative* Unwirksamkeit.[4]

Die Abtretungsschranken gelten auch für die Sicherungsabtretung. Ob an ihre Stelle eine unwiderrufliche Einziehungsvollmacht (oder Einziehungsermächtigung) zugunsten des Sicherungsnehmers treten kann, hängt von dem mit dem Abtretungsverbot verfolgten Zweck ab (vgl. RGZ 148, 146, 147; BGH LM § 392 HGB Nr. 1: keine Umgehung des § 392 Abs. 2 HGB durch Erteilung einer Einziehungsvollmacht seitens des Kommissionärs an den Sicherungsnehmer).

II. Form der Sicherungsabtretung

17   Für die *Form* der Sicherungsabtretung gilt normales Abtretungsrecht: formloser Vertrag zwischen Zedent und Zessionar genügt im Regelfall (§ 398); eine Mitwirkung des Drittschuldners ist nicht erforderlich. Ausnahmsweise ist für die Abtretung und damit auch für die Sicherungsabtretung eine Form vorgeschrieben, so etwa bei der Abtretung von Grundpfandrechten (§ 1154), von GmbH-Anteilen (§ 15 GmbHG), von Namensaktien (§ 68 AktG) usw.[5]

III. Abtretung künftiger Forderungen

18   Besondere Schwierigkeiten ergeben sich bei der Sicherungsabtretung *künftiger* Forderungen – in der Praxis häufig bei der Globalzession von Forderungen an eine Bank oder an einen unter verlängertem Eigentumsvorbehalt liefernden Fabrikanten:

---

[1] Nach der praktisch außerordentlich wichtigen Vorschrift des § 354a HGB können neuerdings bei beiderseitigen Handelsgeschäften und bei Verträgen, in denen der Schuldner eine Person des öffentlichen Rechts oder ein öffentlich-rechtliches Sondervermögen ist, also bei Geschäften mit der Öffentlichen Hand, Abtretungsverbote nicht wirksam vereinbart werden.

[2] *Beispielsfälle:* BGHZ 40, 156 ff.; 56, 173 u. 228; BGHZ 70, 299: Einzelforderungen, die in ein Kontokorrent eingestellt werden, sind nicht abtretbar, wohl aber der Schlußsaldo nach Beendigung des Kontokorrentverhältnisses (BGHZ 70, 86); dazu *Serick* BB 1978, 873 u. V § 67 II u. *Baur/Stürner* I, ZVR Rn. 30.7.

[3] BGHZ 108, 172, 176; *Lüke* JuS 1995, 90, 92 m. w. N.

[4] *Canaris*, FS für Serick, 1992, 9 ff.; *Wagner*, JZ 1994, 227 ff. m. w. N.

[5] Formerfüllung auch durch bestätigten Insolvenzplan, § 254 Abs. 1 S. 2 InsO.

1. Bestimmtheit

Es ist unzweifelhaft, daß eine künftige Forderung abgetreten werden kann, wenn sie *bestimmt* bezeichnet ist:

S sagt zu G: Ich habe mein Baugrundstück dem DS zum Preis von 30 000 DM fest zugesagt; übermorgen wird der Kaufvertrag beurkundet. Ich trete dir diese Kaufpreisforderung im voraus zur Sicherheit ab.[1]

2. Bestimmbarkeit

Das Erfordernis der Bestimmtheit ergibt sich aus dem Grundsatz, daß Gegenstand und Wirkung einer Verfügung eindeutig feststehen müssen. Im Sachenrecht wird die Durchsetzung dieses Prinzips durch das Erfordernis einer Besitzveränderung (bzw. des Grundbucheintrags) unterstützt. Anders bei der Abtretung von Forderungen. Hier ist *allein der Vertrag* das den Gegenstand der Verfügung bestimmende Moment.

Spricht so manches dafür, bei Abtretung künftiger Forderungen, an dem Erfordernis der Bestimmtheit festzuhalten, so haben Rechtsprechung und Schrifttum[2] sich doch mit einer bloßen *Bestimmbarkeit* begnügt: Es ist ausreichend, wenn im Augenblick der Abtretungserklärung der Entstehungsgrund der künftigen Forderung und der Umfang der Abtretung so fixiert sind, daß im Zeitpunkt des Entstehens der Forderung auch die Person des Drittschuldners und der Inhalt der Forderung zweifelsfrei bestimmt werden können:

S sagt zu G: „Ich verkaufe Rundfunkgeräte. Ich trete dir *in vollem Umfang* alle künftigen Forderungen *aus dem Verkauf solcher Geräte* ab." Veräußert dann S ein Gerät für 600 DM (= Inhalt des abgetretenen Kaufpreisanspruchs) an DS (= Schuldner des Kaufpreisanspruchs), so wird aus einer bisher nur bestimmbaren Forderung eine bestimmte.[3]

3. Bestimmbarkeit und formularmäßige Globalabtretung

Hatte die Rechtsprechung erst einmal die Bestimmbarkeit genügen lassen, so war vorauszusehen, daß Waren- und Geldkreditgläubiger in ihren *Allgemeinen Geschäftsbedingungen* weiten Gebrauch von der Zession künftiger Forderungen machen würden. Das Reichsgericht sah sich gezwungen „zu bremsen": Es verlangte daher, daß die Bestimmbarkeit *in jedem Fall* gewährleistet sein müsse, „in dem die Verkaufsbedingungen denkbarerweise eingreifen könnten". Eine Abtretung wäre daher z.B. nichtig, wenn die Allg. Geschäftsbedingungen nur von Forderungen aus der *Weiterveräußerung* bestimmter Waren sprechen, nichts aber darüber besagen, wie Forderungen aus dem *Einbau* von Waren in ein fremdes Grundstück zu behandeln seien (RGZ 155, 26, 29). Diese Rechtsprechung[4] hatte den guten Sinn, formularmäßige Globalzessionen zu verhindern. Der BGH hat sich von ihr abgewandt (BGHZ 7, 365 [= *Baur*, E. Slg. Fall 25]): es genüge „zur Rechtswirksamkeit der Abtretung einer von der allgemeinen Vorausabtretung mitumfaßten Einzelforderung, wenn *diese* Forderung genügend individualisierbar" sei.[5] Damit hat der BGH vor allem dem formularmäßigen verlängerten Eigentumsvorbehalt wieder Tür und Tor geöffnet.

---

[1] Zur Sicherungsabtretung in der jeweiligen Höhe der zu sichernden Forderung s. BGH NJW 1965, 2197 m. Anm. Manfred *Wolf* NJW 1966, 107.

[2] Freilich keineswegs unisono; s. etwa P. *Schwerdtner* NJW 1974, 1785 (m.w.N.).

[3] Vgl. z.B. RGZ 136, 100, 103; 149, 96, 100; BGHZ 7, 365, 367; 70, 86; 79, 16, 21; 98, 303, 314 (zur Abtretung von Teilforderungen; dazu *Scheyhing*, Sukzessionen, 1983, § 8.

[4] Vgl. zu ihr *Westermann*, Interessenkollisionen (1954) S. 18ff.; *Flume* NJW 1950, 841ff.; *von Caemmerer* JZ 1953, 97.

[5] Ebenso BGHZ 26, 185, 189; 70, 86, 89; 71, 75; *Serick* I S. 36 u. V § 58 II, III; zurückhaltender BGHZ 26, 178; auch in BGHZ 98, 303 spricht der BGH von „Bestimmtheitserfordernis".

§ 58 C I, II   IV. Abschnitt. Mobiliarsachenrecht

4. Zwischenzeitliche Verfügungen und Verfügungsbeschränkungen

21 Streitig ist weiter die Frage, ob die abgetretene künftige Forderung unmittelbar in der Person des Zessionars entsteht oder „durch den Zedenten" auf den Zessionar übergeht.[1] Eine eindeutige Antwort wird sich schwer finden lassen, es kommt auf die Interessenlage an. Grundsätzlich sind die Abtretung zuwiderlaufende Verfügungen des Zedenten, Vollstreckungsmaßnahmen oder Verfügungsbeschränkungen unwirksam wegen der mit der Vorausabtretung eintretenden Bindung an diese Verfügung (so BGHZ 32, 367, 370; 70, 86, 94; 88, 205; 104, 351, 353; 109, 368, 372); insofern entsteht also die Forderung unmittelbar beim Zessionar. Falls allerdings der Rechtsgrund für die abgetretene Forderung im Zeitpunkt der Abtretung noch gar nicht bestanden hat, soll u. U. anderes gelten.[2] Allgemein bestimmt sich die Rechtsstellung des Schuldners nach der Person des Zedenten, § 404 (insofern „geht die Forderung durch den Zedenten hindurch"!).

5. Erlösklauseln

Zu den sog. „Erlösklauseln" (auch der vom Zedenten – mit Zustimmung des Zessionars – beim Schuldner eingezogene Betrag soll in das Eigentum des Zessionars fallen) s. *Serick* IV/§ 41 III u. § 53.

IV. Übersicherung

22 Die formularmäßige Sicherungsglobalzession birgt die Gefahr einer nachträglichen Übersicherung. Hier gelten im Wesentlichen die gleichen Grundsätze wie für die Sicherungsübereignung. (s. oben § 57 Rn. 18 ff.).[3]

C. Die Position des Drittschuldners

23 I. Sie ergibt sich aus allgemeinem Zessionsrecht. So wird die bisherige Rechtsstellung des Schuldners durch die Zession nicht beeinträchtigt (§ 404), er kann an den Zedenten wirksam leisten, wenn er von der Zession nichts erfährt (§ 407) oder wenn – wie häufig – der Sicherungsgeber (= Zedent) zur Einziehung ermächtigt ist (§ 185). Die Frage der Gültigkeit der Abtretung ist für ihn bedeutungslos, wenn ihm die Abtretung angezeigt wurde und er nunmehr an den Zessionar leistet (§ 409; Beispielsfall: BGH BB 1967, 187 u. JZ 1978, 351) usw.

24 II. Der Erörterung bedarf eine Einzelfrage: Bei „zweifelhaften" Schuldnern (= Zedenten) läßt sich der Gläubiger die Abtretung vom Drittschuldner häufig „*bestätigen*". Darin kann liegen:

1. ein Verzicht des Drittschuldners auf ein mit dem Schuldner nach § 399 vereinbartes Abtretungsverbot (BGH LM § 406 BGB Nr. 2; vgl. auch BGH NJW 1964, 243; *Strecker* BB 1965, 479);

---

[1] Vgl. zu der Streitfrage *Lempenau* aaO (oben § 3 Rn. 44 ff.) S. 89 ff.; *Larenz* I § 34 III; *Stoll* ZHR 128, 239, 246; *Scheyhing*, Sukzessionen, 1983, 183 ff.; *Gernhuber*, Bürgerl. R § 29 I 7.

[2] Vgl. für die Insolvenz: BGH NJW 1955, 544 (interessant dazu *Medicus* JuS 1967, 385); BGHZ 106; 236; 241; 109, 368, 372; für die Abfindungsforderung bei nachträglicher Abtretung des Gesellschaftsanteils: BGHZ 88, 205, 208; 104, 351, 353.

[3] Mit der Maßgabe, daß die Grenze der noch zulässigen Übersicherung bei der Globalzession höher sein kann: Die Verwertbarkeit von Forderungen ist in höherem Maße risikobehaftet als die Verwertung von Sachen, da sie von der Zahlungsfähigkeit und -willigkeit des Drittschuldners abhängen und häufig zudem Einwendungen des Drittschuldners ausgesetzt sind, die insbesondere dann relevant werden, wenn die Sicherheit sich bewähren soll, nämlich im Falle in eine Krise geratenen Unternehmens (BGHZ 130, 115, 124 m. w. N.). Deshalb kann das Sicherungsbedürfnis des Kreditgebers hier je nach den Umständen des Einzelfalles größer sein, so daß selbst eine Übesicherung von 100% zulässig sein kann (BGH WM 1996, 56, 57). Allerdings hat der Sicherungsnehmer seinen konkreten höheren Sicherungsbedarf darzutun und zu beweisen! (BGH NJW 1998, 671, 677; § 57 Rn. 29 d).

2. der Abschluß eines Auskunftsvertrags, wenn der Drittschuldner weiß, daß der Gläubiger dem Schuldner auf Grund dieser Bestätigung Kredit gewähren wird (BGH in BB 1957, 1120);

3. dagegen im Zweifel *kein* abstraktes Schuldversprechen mit der Wirkung, daß dem Drittschuldner die Einwendungen aus dem Rechtsverhältnis zu seinem Gläubiger (= dem Sicherungsgeber) abgeschnitten sind.[1]

§ 59. Der Eigentumsvorbehalt

Lit.-Hinweis:
Eigentumsvorbehalt: *Banke,* Das Anwartschaftsrecht aus Eigentumsvorbehalt in der Einzelzwangsvollstreckung (1991); *v. Behr,* Wertverfolgung – Rechtsvergleichende Überlegungen zur Abgrenzung kollidierender Gläubigerinteressen (1986); *Blomeyer,* Eigentumsvorbehalt und gutgläubiger Erwerb, AcP 153, 239; *ders.,* Die Rechtsstellung des Vorbehaltskäufers, AcP 162 (1968) 193; *ders.,* Das Besitzrecht des Vorbehaltskäufers auf Grund des Kaufvertrages, JZ 1968, 691; *v. Bülow,* Recht der Kreditsicherheiten (4. Aufl. 1997); *ders.,* Kauf unter Eigentumsvorbehalt, Jura 1986, 169 und 234; *P. Bydlinski,* Rücktritt vom Eigentumsvorbehalt, JZ 1986, 1028; *Derleder,* Zu den Sanktionen des EVB bei Leistungsstörungen auf der Käuferseite, ZHR 139, 20; *Eichenhofer,* Anwartschaftslehre und Pendenztheorie, AcP 185, 162; *Flume,* Rechtsstellung des Vorbehaltskäufers, AcP 161, 383; *Forkel,* Grundfragen der Lehre vom privatrechtlichen Anwartschaftsrecht, 1962; *Georgiades,* Eigentumsanwartschaft bei Vorbehaltskauf (1963); *Gerhardt,* Die neuere Rechtsprechung zu den Mobiliarsicherheiten, JZ 1986, 672 und 736; *Gernhuber,* Freiheit und Bindung des Vorbehaltskäufers nach Übertragung seines Anwartschaftsrechts, in: FS für F. Baur (1981) 31; *Graf Lambsdorff/Hübner,* Eigentumsvorbehalt und AGB-Gesetz, 1982; *Grunsky,* Sicherungsübereignung, Sicherungsabtretung und EV in der Zwangsvollstreckung und im Konkurs des Schuldners, JuS 1984, 497; *Gursky,* Neue höchstrichterliche Rechtsprechung zum Mobiliarsachenrecht, JZ 1997, 1094, 1099ff.; *Henke,* Bedingte Übertragungen im Rechtsverkehr und Rechtsstreit, 1959; *Henckel,* Zur Dogmatik der besitzlosen Mobiliarsicherheiten, in: FS für Zeuner 1994, 193; *Hoffmann,* Die Formen des Eigentumsvorbehalts, Jura 1995, 457; *Honsell,* Aktuelle Probleme des Eigentumsvorbehalts, JuS 1981, 705; *Huber, U.,* Eigentumsvorbehalt im Synallagma, ZIP 1987, 750; *Hübner, U.,* Zur dogmatischen Einordnung der Position des Vorbehaltskäufers, NJW 1980, 729; *Jork,* Factoring, verlängerter Eigentumsvorbehalt und Sicherungsglobalzession in Kollisionsfällen, JuS 1994, 1019; *Krüger,* Das Anwartschaftsrecht – ein Faszinosum, JuS 1994, 905; *Kupisch,* Durchgangserwerb oder Direkterwerb?, JZ 1976, 417; *Lange,* Eigentumsvorbehalt und Herausgabeanspruch des Vorbehaltskäufers, JuS 1971, 511; *Lieb,* EVB und Abwehrklausel, in: FS für Baumgärtel (1990) 311; *Marotzke,* Anwartschaftsrecht – ein Beispiel sinnvoller Rechtsfortbildung? (1977); *ders.,* Der Eigentumsvorbehalt im neuen Insolvenzrecht, JZ 1995, 803; *Misera,* Zum Eigentumsvorbehalt im klassischen römischen Recht, in: FS Serick (1992); *Müller-Laube,* Die Konkurrenz zwischen Eigentümer und Anwartschaftsberechtigten um die Drittschutzansprüche, JuS 1993, 529; *Raiser,* Dingliche Anwartschaften (1961); *Reinicke/Tiedtke,* Kreditsicherung (3. Aufl. 1994); *Schmidt, K.,* Nachträglicher Eigentumsvorbehalt trotz unwirksamer AGB, JuS 1982, 938; *Serick,* Eigentumsvorbehalt und Sicherungsübertragung – Neue Rechtsentwicklungen, 2. Aufl. 1993; *ders.,* Eigentumsvorbehalt und Sicherungsübertragung, 6 Bde. (1963–1989); *Steckermeier,* Der Eingriff in die rechtsgeschäftlichen Grundlagen der Anwartschaft aus Vorbehaltsübereignung zu Lasten des Zweiterwerbers, 1993; *Stoll,* Bemerkungen zu Eigentumsvorbehalt und Sicherungsübertragung, ZHR 128, 239; *Thamm,* Der Eigentumsvorbehalt im deutschen Recht, 4. Aufl. 1977; *Weber, H.J.,* Reform der Mobiliarsicherheiten, NJW 1976, 1601; *ders.,* Kreditsicherheiten, 5. Auflage 1997; *M. Wolf,* Inhaltskontrolle von Sicherungsgeschäften, in: FS für F. Baur (1981) 147; *M. Wolf/Haas,* Das Prioritätsprinzip im Konflikt zwischen Waren- und Geldkreditgebern, ZHR 154 (1990) 64.

Verlängerter Eigentumsvorbehalt: *v. Caemmerer,* Verlängerter EVB und BGH, JZ 1953, 97; *Flume,* Der verlängerte und erweiterte EVB, NJW 1950, 841; *ders.,* Zur Problematik des verlängerten EVB, NJW 1959, 913; *Serick,* Konfliktloses Zusammentreffen mehrerer Verarbeitungsklauseln, BB 1975, 381; *ders.,* EVB und Sicherungsübertragung – Neue Rechtsentwicklungen, 2. Aufl. 1993;

---

[1] Zu der Frage, ob der Drittschuldner dem Zessionar Einwendungen *aus dem Sicherungsvertrag* entgegenhalten kann (grundsätzlich nicht!), s. *Willoweit* NJW 1974, 975.

Wadle, Das Problem der fremdwirkenden Verarbeitung, JuS 1982, 477; *Wagner,* Teilbarkeit der Herstellereigenschaft in § 950 BGB?, AcP 184, 14; *ders.,* Zur Kollision von verlängertem EVB und eingeschränktem Abtretungsverbot, JZ 1988, 698.

Verlängerter Eigentumsvorbehalt und Globalzession: *Esser,* Globalzession und verlängerter EVB, JZ 1968, 281, 529; *ders.,* § 138 BGB und die Bankpraxis der Globalzession, ZHR 135 (1971) 320; *Reinicke/Tiedtke,* Kreditsicherung 246 ff.; *K. Schmidt,* Factoring – Globalzession und verlängerter EVB, DB 1977, 65; *Serick,* Probleme bei mehrfacher Abtretung künftiger Forderungen, BB 1960, 141; *ders.,* EVB und Sicherungsübertragung IV (1976) 346.

A. Grundgedanken – Begriffliches

I. Überblick

1. Sicherungsbedürfnis des vorleistenden Verkäufers

1 Nach §§ 433, 320 haben Verkäufer und Käufer ihre Vertragspflichten Zug um Zug zu erfüllen, der Verkäufer die Pflicht zur Übereignung und Übergabe der Sache, der Käufer zur Bezahlung des Kaufpreises und zur Abnahme der Kaufsache. Dieser Regelfall schließt abweichende Vereinbarungen der Parteien nicht aus: der Käufer kann zur Vorleistung des Kaufpreises verpflichtet sein, umgekehrt der Verkäufer zur ganzen oder teilweisen Kreditierung des Kaufpreises. In dem häufigen zweiten Fall besteht ein ausgesprochenes Sicherungsbedürfnis des Verkäufers: er gibt die Kaufsache aus der Hand, ohne sicher zu sein, daß er auch den Kaufpreis erhält. Das Pfandrecht scheidet als Sicherungsrecht aus, denn es ist Besitzpfandrecht. So bleibt – freilich nur bei beweglichen Sachen (§ 925 Abs. 2!) – die Möglichkeit, daß der Verkäufer die Sache zwar dem Käufer bereits übergibt, sich aber das Eigentum „vorbehält", bis der Kaufpreis bezahlt ist. Für die Auslegung eines solchen Eigentumsvorbehalts (EV.s) gibt das Gesetz (§ 455) eine sachen- und eine schuldrechtliche *Vermutung:*

a) Die Übertragung des Eigentums erfolgt unter der aufschiebenden Bedingung vollständiger Zahlung des Kaufpreises.

b) Der Verkäufer ist zum Rücktritt vom Vertrag berechtigt, wenn der Käufer mit der Zahlung in Verzug kommt.

Augenscheinlich haben wir wieder eine Form der *Rechtsteilung* vor uns, wie sie uns schon wiederholt begegnet ist: der Vorbehaltsverkäufer (VVerk.) behält das im Eigentum steckende Sicherungs- und Verwertungsrecht, der Vorbehaltskäufer (VK) erhält den Besitz und das Nutzungsrecht an der verkauften Sache. Damit ist den Interessen beider Teile gedient: der Verkäufer kann verkaufen, ohne auf sofortiger Bezahlung des Kaufpreises bestehen zu müssen, der Käufer erhält die Sachnutzung, auch wenn er den Kaufpreis nicht sofort bezahlen kann.[1]

---

[1] *Adams* (§ 57 Rn. 5) sagt mit Recht, daß der EV auch dort, wo keine kreditweise Lieferung vereinbart ist, die Bedeutung einer Vereinfachung und Kostenersparnis hat, weil er eine strikte Zug um Zugleistung überflüssig macht (S. 163). Zum *Richtlinienentwurf der EU* s. § 56 Rn. 9.

2. Die Rechtspositionen von Käufer und Verkäufer

Der Verkäufer bleibt zunächst Eigentümer; er kann Angriffe auf sein Eigentum durch andere, namentlich die Gläubiger des VK.s abwehren (Sicherungsfunktion!), er kann die Sache wieder an sich ziehen, wenn der VK seine Pflichten (Zahlungspflicht, vereinbarte Obhutspflicht usw.) nicht erfüllt (Verwertungsfunktion!). Andererseits ist der Übereignungstatbestand schon gegeben: die Parteien haben sich über den Eigentumsübergang geeinigt, der Besitz ist übertragen (§ 929). Aber die Eigentumsübertragung ist aufschiebend bedingt erfolgt; die Bedingung ist die vollständige Zahlung des Kaufpreises. Daraus ergibt sich:

a) Der Käufer hat bereits eine gesicherte Rechtsstellung: er ist gesichert gegen nachteilige Handlungen (§ 160 Abs. 1) und Verfügungen (§ 161 Abs. 1 Satz 1) des VVerk.s[1] (und gegen dessen Gläubiger: § 161 Abs. 1 Satz 2); als rechtmäßiger unmittelbarer Besitzer hat er die einem solchen zukommenden Schutzrechte (§ 986 – §§ 858 ff.), als Anwartschaftsberechtigter ist er nach § 823 – §§ 985 ff. – § 1004 geschützt.

Aber darin erschöpft sich seine Rechtsstellung nicht: man kann an der Tatsache nicht vorbeigehen, daß seine Position wirtschaftlich um so wertvoller wird, je geringer der Kaufpreisrest ist, den er noch zu begleichen hat:

Beträgt der Kaufpreis für eine unter EV gelieferte Maschine 1000 DM, wurden 100 DM anbezahlt und betragen die monatlichen Raten 100 DM, so läßt sich die „Wertverteilung" wie folgt grafisch darstellen:

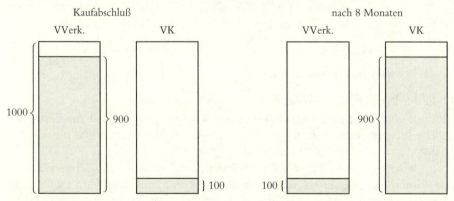

Dieser wirtschaftliche Wert kann also schon recht attraktiv sein, für den VK selbst, der über diesen Wert verfügen möchte, vor allem aber für seine Gläubiger, die auf ihn zugreifen wollen. Der Gedanke der Rechtsteilung und die wirtschaftliche Betrachtungsweise haben dazu geführt, in der Stellung des VK.s ein *Anwartschaftsrecht* (AnwR) zu sehen, das in vieler Hinsicht – wie wir sehen werden – dem Vollrecht gleichgestellt wird.

Der VK kann über das AnwR verfügen, seine Gläubiger können es pfänden usw.

---

[1] S.a. § 53 Rn. 54 und § 59 Rn. 46.

4 b) So sicher daher die Position des VK.s und dessen, der von ihm das AnwR erworben oder es durch Zwangsvollstreckung beschlagnahmt hat, zu sein scheint, zu beachten bleibt doch immer, daß diese Rechtsstellung, dieses AnwR von dem Bestand des Kaufvertrags abhängt: Tritt etwa der VVerk. wegen Zahlungsverzugs des VK.s vom Kaufvertrag zurück, so fällt damit auch das AnwR in sich zusammen; denn die Bedingung: „vollständige Bezahlung des Kaufpreises" kann nicht mehr eintreten!

Hat also in unserem Beispiel der VK das AnwR an der Maschine nach 7 Monaten an D veräußert oder an seinen Gläubiger G als Sicherheit übertragen, kommt er aber mit der 8. Rate in Verzug und tritt der VVerk. daraufhin vom Kaufvertrag zurück, so entfällt auch das AnwR des D (G).

Sieht man mit der h. M. in dem AnwR ein dingliches Recht, so haben wir es sonach mit der Erscheinung zu tun, daß der Bestand eines dinglichen Rechts kraft der vereinbarten Bedingung rechtlich mit dem Schicksal eines schuldrechtlichen Vertrags, eben mit dem Fortbestand des Kaufvertrags, unlösbar verknüpft ist.

3. Eigentumsvorbehalt als „Pfandrecht"

5 Der Sache nach ist auch der EV ein *heimliches Pfandrecht,* ähnlich wie die SÜ. Mit ihm sind daher die gleichen Gefahren verbunden, wie wir sie bei der SÜ kennengelernt haben, insbesondere für andere ungesicherte Gläubiger, die ihrem Schuldner auf den äußeren Anschein hin Kredit einräumen. Immerhin hat *diese* Form eines pignus tacitum – im Gegensatz zur SÜ und Sicherungsabtretung – in § 455 eine legale Grundlage. Mittelbar wird damit eine Rechtfertigung auch für jene atypischen Sicherungsinstitute gegeben.

II. Anwendungsfälle des EV

6 In der Praxis findet sich der EV in verschiedenen *Formen:*

1. als *einfacher EV* in der Grundform des § 455: der VK soll im Besitz der Sache bleiben, er soll sie nicht weiterveräußern. Hierunter fallen die Vorbehaltsverkäufe an Letztverbraucher aller Art;

2. als *verlängerter EV:* Der VK ist Händler, er „lebt also vom Weiterverkauf" der unter EV gelieferten Ware. Dieser Weiterverkauf wird ihm daher vom VVerk. gestattet (§ 185).[1] Der VVerk. sucht sich aber weiter zu sichern, indem er sich die Forderungen aus dem Weiterverkauf im voraus abtreten läßt[2] (Sicherungsabtretung) und bei einer Verarbeitung den § 950 ausschließt. Der EV wird also um die „Surrogate" verlängert;

3. als *Kontokorrentvorbehalt:* Hier sichert das vorbehaltene Eigentum nicht nur die konkrete Kaufpreisforderung, sondern alle Forderungen des VVerk. aus der Geschäftsverbindung mit dem VK. § 455 ist dann also zu lesen: „unter der

---

[1] Dazu eingehend Serick I S. 153 ff., IV/1 S. 3 ff. u. V S. 262 ff.
[2] Der Vorbehaltskäufer ist dann ermächtigt, die Forderung einzuziehen.

aufschiebenden Bedingung vollständiger Zahlung aller Forderungen aus der Geschäftsverbindung des VVerk.s mit dem VK": *erweiterter EV;*[1]

4. als *Konzernvorbehalt:*[2] Gesichert sind hier nicht nur die Forderungen des VVerk. gegen den VK, sondern auch die anderer Lieferanten des VK.s, die dem gleichen Konzern angehören wie der VVerk. (erweiterter EV);

5. als *nachgeschalteter EV:*[3] Hier veräußert der VK, ohne den bestehenden EV des VVerk.s offenzulegen, meist aufgrund einer Vereinbarung mit dem VVerk., die Sache wiederum unter EV an den Kunden. Dieser erhält ein Anwartschaftsrecht am Eigentum des VVerk.s. Mit Bezahlung seiner Schuld wird dann der Kunde Eigentümer;

6. als *weitergeleiteter EV:*[4] Hier legt der VK bei der Veräußerung den bestehenden EV des VVerk.s dem Kunden offen. Der Kunde wird dann erst Eigentümer, wenn die Verbindlichkeit des VK.s gegenüber dem VVerk. getilgt ist. In der Praxis selten (vgl. aber BGH NJW 1991, 2285).

III. Formularmäßige Bestellung des EV

Verkäufe über die Lieferung von Waren unter EV werden in der täglichen Praxis formularmäßig festgelegt. Das auf diese Weise den Gerichten über § 9 AGBG eingeräumte Überprüfungsrecht geht an Intensität über die Kontrolle nach § 138 BGB hinaus (BGHZ 94, 105, 112). Dabei geht der Bundesgerichtshof von folgenden Grundsätzen aus:

1. Im Verkehr zwischen Kaufleuten[5] ist auch der verlängerte EV in der Form des Kontokorrentvorbehalts[6] nicht zu beanstanden (BGHZ 94, 105, 112; 98, 303, 307): Denn diese Ausgestaltung entspricht den im Handelsverkehr geltenden Gewohnheiten und Gebräuchen. Auf sie ist nach § 24 AGBG angemessen Rücksicht zu nehmen.

2. Den vom Vorbehaltskäufer auf den Zweiterwerber weitergeleiteten oder besser weiterzuleitenden EV des VVerk.s betrachtet der Bundesgerichtshof erheblich kritischer. Er mag als einfacher EV noch zulässig sein. Dann sichert er lediglich die Forderung des VVerk.s gegen den Käufer aus der konkreten Transaktion. Der Erwerber kann dann damit rechnen, daß die Verpflichtung des VK.s aus

---

[1] Dazu BGHZ 94, 105, 112; *Serick* V § 59; § 60.
[2] Konzernvorbehalte sind nach dem durch Art. 33 Nr. 17 EGInsO neu ins BGB eingefügten § 455 Abs. 2 BGB nichtig. Damit folgt der Gesetzgeber den Bedenken, die schon unter der Geltung des alten Rechts gegen die Wirksamkeit (fehlende Transparenz, unbillige Benachteiligung des Schuldners und seiner ungesicherten Gläubiger) dieser Klauseln vorgetragen wurden, vgl. hierzu: *Schmidt-Räntsch,* InsO, Art. 33 EGInsO, Rn. 16 ff. Bei Konzernvorbehalten, die vor dem 1. 1. 1999 vereinbart wurden, gilt der Grundsatz aus Art. 170 EGBGB (Änderungen des Schuldrechts lassen bestehende Schuldverhältnisse unberührt: zum Parallelproblem bei § 419 s. oben § 57 Rn. 30). Das heißt, daß bei „alten" Konzernvorbehalten die Wirksamkeit genau geprüft werden muß, deren etwaige Unwirksamkeit aber nicht mit § 455 Abs. 2 begründet werden darf.
[3] Hierzu *Serick* I 79 ff.; *Staudinger/Honsell* § 455 Rn. 68 f.
[4] Hierzu *Serick* I 79 ff.; *Staudinger/Honsell* § 455 Rn. 68 f.
[5] Im nichtkaufmännischen Bereich wird der erweiterte EV überwiegend als mit § 9 AGBG nicht vereinbar angesehen, s. OLG Frankfurt NJW 1981, 130; *Ulmer/Brandner/Hensen* AGBG Anh. §§ 9–11 Rn. 657; *Wolf/Horn/Lindacher* AGBG § 9 E 33; *Westermann/H. P. Westermann* I § 39 V 1.
[6] Der Konzernvorbehalt wird dagegen auch im kaufmännischen Bereich wegen des oft namentlich nicht bestimmten Kreises der verbundenen Gläubiger und der fehlenden Beziehungen zur Geschäftsverbindung VVerk. – VK als mit § 9 AGBG schwerlich vereinbar betrachtet (*Ulmer/Brandner/Hensen* Anh. §§ 9–11 Rn. 657a; *Wolf/Horn/Lindacher* § 9 E 37).

dem von ihm zu bezahlenden Kaufpreis gedeckt werden kann, er also Eigentümer der Sache mit Bezahlung des Kaufpreises wird.

Sichert indessen der weitergeleitete EV als erweiterter EV alle gegenwärtigen und künftigen Forderungen im Verhältnis zwischen Vorbehaltsverkäufer und Vorbehaltskäufer, so kann der Zweitkäufer nicht damit rechnen, mit der Bezahlung des Kaufpreises Eigentum zu erwerben. Er wird unter diesen Umständen den Kaufvertrag nicht abschließen. Diese Form des EV.s führt dazu, daß der Vorbehaltskäufer keinen Käufer findet, obgleich nach Sinn und Zweck des Vertrags mit dem Vorbehaltsverkäufer gerade der Weiterverkauf ihn in die Lage versetzen soll, seine Verpflichtungen gegenüber dem Vorbehaltsverkäufer zu erfüllen. Er wird deshalb unangemessen i. S. des § 9 AGBG benachteiligt (BGH NJW 1991, 2285).

IV. Übersicherung

8   Hinsichtlich der Übersicherung gilt beim EV das unter § 58 Rn. 22 und § 57 Rn. 18 ff. Gesagte.

B. Einzelheiten

I. Die Entstehung und Beendigung des Eigentumsvorbehalts

1. Schuld- und sachenrechtliche Einigung

9   Der Wortlaut des § 455 könnte darauf schließen lassen, daß sich der Verkäufer das Eigentum *einseitig* vorbehalten kann und damit doch im Rahmen seiner Verkäuferpflichten bleibt. Eine solche Annahme wäre irrig. Vielmehr ist zu unterscheiden:

a) Verhältnis von schuld- und sachenrechtlicher Bedingung

10   Um seine schuld- *und* sachenrechtlichen Wirkungen entfalten zu können, muß der EV im Kaufvertrag *und* in der sachenrechtlichen Einigung erklärt werden. Nur wenn im Kaufvertrag die Lieferung unter EV vereinbart ist, hat der Verkäufer mit der aufschiebend bedingten Übereignung seiner hauptsächlichen Verkäuferpflicht genügt. Fehlt die Vereinbarung, so braucht der Käufer eine bedingte Übereignung nicht hinzunehmen, er kann unbedingte Eigentumsübertragung verlangen.

Haben die Parteien im Kaufvertrag über den EV nichts gesagt, erklärt aber der Verkäufer *einseitig* vor oder bei Übergabe der Sache den EV,[1] so erwirbt der Käufer nur bedingtes Eigentum, wenn er sich mit dem Vorbehalt einverstanden erklärt (darin liegt dann auch eine nachträgliche Änderung des Kaufvertrags). Tut er dies nicht, so fehlt es überhaupt an einer wirksamen Einigung, der Käufer wird nicht Eigentümer (BGH NJW 1953, 217 [= *Baur*, E. Slg. Fall 23] mit Anm. *Raiser;* BGHZ 64, 395); er mag dann auf unbedingte Übereignung klagen.

Zur Frage, ob der Käufer dann aber zu Recht mit dem Verlangen des Verkäufers nach sofortiger Bezahlung des Kaufpreises konfrontiert werden kann (§ 320 BGB) s. *Lieb,* FS Baumgärtel, 1991, 311.

---

[1] Was durch *deutliche* Erklärung zu geschehen hat (BGHZ 64, 395, 397; BGH NJW 1979, 213 u. 2199).

b) Nachträglicher Vorbehalt

11 Ist weder im Kaufvertrag noch bei Einigung und Übergabe von einem EV die Rede gewesen, so kann ihn der Verkäufer *nicht nachträglich* dadurch festlegen, daß er auf einer Rechnung oder dgl. erklärt, die Lieferung sei unter EV erfolgt. Wohl aber ist es möglich, daß die Parteien jetzt noch einen EV vereinbaren (Einzelheiten zu dieser streitigen Frage s. oben § 51 Rn. 34); sie erhalten dann schuld- und sachenrechtlich dieselbe Rechtsstellung, wie wenn der EV schon im Kaufvertrag erklärt worden wäre.[1]

c) Vorbehalt und AGB

12 Für die tägliche Praxis – die den EV formularmäßig auf Grund Allg. Geschäftsbedingungen festlegt – bedeuten diese Grundsätze:

aa) Der EV ist schuld- und sachenrechtlich wirksam, wenn *dem Abschluß des Kaufvertrags* Allg. Geschäftsbedingungen, die den EV enthalten, wirksam zugrunde gelegt sind, wobei bei Geschäften mit Nichtkaufleuten § 2 AGBG zu beachten ist (§ 5 Rn. 21 und § 56 Rn. 8). Ein besonderer Hinweis des Verkäufers auf die Vorbehaltsklausel ist nur nötig, wenn diese Klausel bei Geschäften dieser Art nicht üblich ist: Wer z.B. eine elektrische Waschmaschine auf Abzahlung kauft, braucht auf den Vorbehalt des Eigentums in den Lieferbedingungen nicht besonders hingewiesen zu werden; s. dazu BGHZ 42, 53, 55.
Ist die Übereignung zeitlich nach Abschluß des Kaufs erfolgt, so erstreckt sich der im Kauf ausgesprochene EV stillschweigend auch auf die dingliche Einigung, ohne daß er nochmals ausdrücklich erklärt werden muß.

bb) Legt der Verkäufer den EV erst *der Lieferung* (etwa durch formularmäßigen Vermerk auf dem Lieferschein) zugrunde, so muß der Vorbehalt des Eigentums wirksam Bestandteil der Einigung geworden sein (s. oben Rn. 10). Dies wird bei Geschäften mit Kaufleuten regelmäßig der Fall sein, wenn der Abnehmer deutlich auf den EV hingewiesen worden ist und nicht widersprochen hat (s. BGH NJW 1979, 213 u. 2199; 1982, 1749 u. 1751, wo der „Zugang" der Erklärung des VVerk.s an eine zur Vertragsgestaltung befugte Person und die Zumutbarkeit der Kenntnisnahme durch den VK. als ausreichend bezeichnet werden); bei Geschäften mit Nichtkaufleuten ist wieder § 2 AGBG zu beachten. Ist der EV wirksam vereinbart, so liegt darin auch eine nachträgliche Änderung des Kaufvertrags.

cc) Ein erst *nach Übergabe* erklärter EV ist ohne Bedeutung. In dem Schweigen des Käufers kann nicht das Einverständnis mit einem „nachträglichen EV" gesehen werden (s. oben § 51 Rn. 34).

dd) Behauptet der Verkäufer, er habe unter EV geliefert, sagt aber der die Sache besitzende Käufer, ihm sei unbedingt übereignet worden, so trägt der Verkäufer die Beweislast (§ 1006; BGH NJW 1975, 1269; BGHZ 64, 395).

ee) Besonders problematisch ist die Geltung des EV.s bei *kollidierenden AGB* der Parteien. Die AGB des Verkäufers enthalten den EV in seinen verschiedenen Formen. Die AGB des Käufers sagen, daß er nur bei Geltung seiner AGB den Vertrag abschließe *(Abwehrklausel)*[2] (dabei ist es möglich, daß diese AGB zum EV gar nichts sagen oder aber den EV des Verkäufers ausdrücklich ausschließen). Auf der schuldrechtlichen Ebene kommt dann ein Kaufvertrag mit dem übereinstimmenden Inhalt beider Willenserklärungen zustande. Das Ergebnis ist, daß der EV schuldrechtlich in aller Regel[3] nicht vereinbart ist. Spricht der Verkäufer dennoch (abredewidrig) den EV vor oder bei Lieferung aus, so kann er nur wirksam sein, wenn der Käufer widerspruchslos davon Kenntnis nimmt (oben bb), oder

---

[1] A.A. BGH NJW 1953, 217 (= *Baur*, E.Slg. Fall 23); wie oben *Raiser* aaO m.w.N.; *Larenz* II/1 § 43 II a; *Serick* I S. 92 ff.; *Walter*, KaufR, § 10 II 3 u. auch BGHZ 98, 160, 165.
[2] Hierzu grundlegend *Lieb* FS für Baumgärtel, 1991, S. 311 ff.
[3] Allenfalls in begrenzten Ausnahmefällen kann ein EV als schuldrechtlich vereinbart angesehen werden, wenn dies branchenüblich ist, und wenn der Käufer einen EV des Verkäufers nicht ausdrücklich ausgeschlossen hat (dazu BGH NJW 1985, 1838, 1840; *Ulmer* in *Ulmer/Brandner/Hensen*, AGBG § 2 Rn. 106; *Wolf* in *Wolf/Horn/Lindacher*, AGBG § 2 Rn. 79 ff.).

wenn der Käufer – z. B. aus langjähriger Geschäftsverbindung – wußte, daß der Verkäufer überhaupt nur liefern würde, wenn wenigstens der einfache EV gälte.[1]

2. Erlöschen des EV

a) Volle Bezahlung

13 Normaler Erlöschenstatbestand ist die vollständige Bezahlung des Kaufpreises. Dabei ist es gleichgültig, ob die Leistung durch den Käufer oder einen Dritten (§ 267) erbracht wird.

V hat dem K eine Maschine zum Preis von 20 000 DM auf Abzahlung unter EV geliefert. Als 15 000 DM bezahlt sind, übereignet K sein Anwartschaftsrecht sicherungshalber nach § 930 an seine Bank B. K kann die letzte Rate von 5000 DM nicht aufbringen; daraufhin springt B ein und leistet den Kaufpreisrest. Damit tritt die Bedingung ein, B erlangt unmittelbar (also ohne Durchgangseigentum des K!) Eigentum (so BGHZ 20, 88 [= *Baur*, E. Slg. Fall 24]; a. A. RGZ 140, 223).

Gleichgültig ist ferner, ob bei Eintritt der Bedingung der Übereignungswille beim VVerk. noch vorhanden ist, ob der VVerk. inzwischen die Geschäftsfähigkeit oder Verfügungsbefugnis verloren hat (*Serick* I S. 411 f.).

Hat ein Dritter geleistet, der dem VVerk. dazu verpflichtet war (z. B. ein Bürge), und ist auf ihn die Kaufpreisforderung übergegangen (z. B. nach § 774), so ist der VVerk. in der Regel verpflichtet, sein Eigentum auf den Dritten zu übertragen (BGHZ 42, 53, 56).

b) Wirksame Veräußerung der Sache

Der EV erlischt mit der Weiterveräußerung der Sache, wenn der VVerk. den VK dazu ermächtigt hat (§ 185)[2] – was regelmäßig der Fall ist, wenn der VK Wiederverkäufer ist, da sie dann Zweck des Geschäfts ist (BGH NJW 1991, 228) – *oder* wenn der Erwerber gutgläubig ist (§ 932).

Beispiele:
(1) Radiowerk V liefert Geräte an den Radiohändler K unter EV. Es entspricht der Natur der Sache, daß K zur Weiterveräußerung ermächtigt ist. Der Kunde D des K erwirbt also Eigentum an dem von ihm gekauften Gerät, selbst wenn er wußte, daß K noch nicht Eigentümer des Geräts geworden war. Ist auch die Lieferung an D unter EV erfolgt (nachgeschalteter EV), so hat D ein Anwartschaftsrecht erworben (s. oben Rn. 6). Ihm fällt das Volleigentum zu, wenn *er* den Kaufpreis an K bezahlt hat. Man kann nicht argumentieren: Das AnwR hänge *auch* von dem Kaufvertrag V-K ab, erstarke also erst dann zum Volleigentum, wenn *auch* K an V geleistet habe. Zu solchen Bedingungen würde sich kein vernünftiger Käufer D bereit finden; dies weiß auch V; seiner Veräußerungsermächtigung ist daher ein diesem Ergebnis entsprechender Inhalt zu geben (so im Ergebnis auch BGHZ 56, 34).

(2) K hat die unter EV gelieferte Maschine vor Zahlung aller Raten an D veräußert, der den K ohne grobe Fahrlässigkeit für den Eigentümer hielt. D erwirbt nach § 932 Eigentum. Besondere Erkundigungspflichten, deren Verletzung die Redlichkeit ausschließt, bestehen nur bei Kauf gewisser neu-

---

[1] S. dazu BGH NJW 1985, 1838; 1982, 1749 u. 1751; 1986, 2948; sowie 1989, 3213; *Gerhardt*, W. JZ 1986, 673; *Schlechtriem* Gedächtniskolloquium f. v. Caemmerer, 1985, 15; *De Lousanoff* NJW 1985, 1921; *Wolf* in *Wolf/Horn/Lindacher* AGBG § 2 Rn. 72 ff., je m. w. N.; *Ulmer/Brandner/Hensen-Ulmer* AGBG § 2 Rn. 106; noch weitergehend *Lieb*, FS für Baumgärtel, 1991, S. 311, 320.

[2] Zum Widerruf einer solchen Ermächtigung s. BGHZ 14, 114 u. BGH NJW 1969, 1171. – Zum Umfang der Ermächtigung BGHZ 72, 15 u. 75, 391; BGHZ 104, 129 = JZ 1988, 926 m. Anm. H. J. *Weber* (Veräußerung durch „Sale-and-Lease-Back-Verfahren": Veräußerung und Zurückvermietung durch den Erwerber an den Veräußerer); BGH JZ 1989, 198 (Veräußerung und Rückverkauf an den Veräußerer zu erhöhten Preisen); vgl. BGHZ 102, 293, 308. – Zur sog. *Verbrauchsermächtigung* s. *Wochner* BB 1981, 1802.

§ 59. Der Eigentumsvorbehalt

wertiger Sachen, die erfahrungsgemäß häufig auf Abzahlung gekauft werden (z.B. Kraftfahrzeuge, teuere Rundfunk- und Fernsehgeräte u. dgl.).[1]
Die Beispiele zu 2a und b lehren uns, daß zwischen Veräußerung der *Sache* und Übertragung der *Anwartschaft* scharf zu unterscheiden ist.

c) Verarbeitung

Der EV erlischt ferner durch Verarbeitung (§ 950),[2] kann sich aber – beim verlängerten EV – an der neu hergestellten Sache fortsetzen (s. oben § 53 Rn. 15, 22) mit der Konsequenz des Sicherungseigentums an der neu hergestellten Sache (s. unten Rn. 49). **14**

d) Verzicht

Weiterer Erlöschenstatbestand ist der Verzicht des VVerk. auf den EV (BGH NJW 1958, 1231 u. 1978, 696, 2b).

Dieser Verzicht auf den EV berührt den Bestand der Kaufpreisforderung nicht.[3]
Streitig ist, ob in der Pfändung der unter EV gelieferten Sache durch den VVerk. ein Verzicht des VVerk.s auf den EV zu sehen ist (s. RGZ 79, 241, 244; BGHZ 15, 171, 173; *Lüke* JZ 1959, 114; *Serick* I S. 319 ff. m.w.N.). Die Frage ist zu verneinen (s. unten Rn. 42).

e) Kein Erlöschen bei Verjährung

Der EV erlischt *nicht*, wenn die Kaufpreisforderung verjährt ist; dies bedeutet, daß der VVerk. die Sache auf Grund seines Eigentums vom VK herausverlangen und verwerten kann (§ 223 Abs. 2; BGHZ 34, 191; BGHZ 48, 249 u. 70, 96; BGH NJW 1979, 2195; Hermann *Lange* JuS 1963, 59 u. 1971, 511, 515; *Stoll* ZHR 128, 239, 246; Klaus *Müller* DB 1970, 1209; *Dilcher* JuS 1979, 331; Frank *Peters* JZ 1980, 178; *Tiedtke* DB 1980, 1477; *Wadle* Jura 1982, 102).

II. Die schuldrechtliche Seite des Eigentumsvorbehalts[4]

Man kann die hier sich ergebenden Fragen mit den Stichworten „Erfüllungsproblem" und „Rücktrittsproblem" kennzeichnen.

1. Das Erfüllungsproblem

a) Wahlrecht des Insolvenzverwalters?

Der VVerk. hat mit der Übergabe der Sache und der aufschiebend bedingten Übereignung noch *nicht* erfüllt. Er schuldet die Verschaffung vollen Eigentums.[5] **15**
Im Falle der Insolvenz des VVerk. ist das (nach altem Recht umstrittene) Wahlrecht des Insolvenzverwalters durch § 107 Abs. 1 InsO nunmehr aus-

---

[1] Die Rspr. stellt z.T. schärfere Anforderungen; vgl. RGZ 143, 14, 18; BGHZ 10, 14, 17 [= *Baur*, E.Slg. Fall 21]; BGH BB 1969, 1455; s. auch oben § 52 Rn. 26.
[2] Auch durch Vermischung und Verbindung (BGHZ 26, 178); *Serick* I S. 447 ff.; *Thamm* BB 1990, 866.
[3] *Serick* I S. 435 ff.; s. ferner *Rimmelspacher* § 8 Rn. 518 ff.
[4] Hier können nur die Grundsätze dargestellt werden, Einzelheiten vgl. *Larenz* II/1 § 43 II b, III; *Fikentscher* a.a.O., Rn. 756; *Walter*, KaufR, S. 460 ff.
[5] Sehr streitig, so vor allem die Rspr. des BGH, zuletzt NJW 1967, 2203, 2204 und *Jauernig/ Jauernig* § 929 Rn. 35.

drücklich abgeschafft.¹ Der VK kann vom Insolvenzverwalter die Erfüllung des Kaufvertrages verlangen. Der ab 1. 1. 1999 geltenden Vorschrift wird schon jetzt Vorwirkung zugesprochen.²

Im Falle der Insolvenz des VK bleibt es beim Wahlrecht des Insolvenzverwalters, §§ 103 Abs. 1, 107 Abs. 1 InsO. Wählt er Erfüllung,³ so ist der Kaufpreis (in voller Höhe) als Masseschuld zu begleichen. Lehnt er die Erfüllung ab, so kann der VVerk. die Sache aussondern (§ 47 InsO).

b) Gefahrübergang

16   Die Gefahr geht nach §§ 446, 447 auf den VK über; daß das Eigentum vorbehalten wurde, spielt keine Rolle.

c) Recht zum Besitz

17   Der VK hat dem VVerk. gegenüber ein Recht zum Besitz, freilich nur solange der VVerk. nicht wirksam zurückgetreten ist. Dagegen endet das Besitzrecht des VK.s *nicht* schon dann, wenn er in Zahlungsverzug gekommen oder in Konkurs gefallen ist. Der VVerk. kann also nicht gleichzeitig am Vertrag festhalten und die Kaufsache – gewissermaßen als Druckmittel – einstweilen nach § 985 zurückholen (BGHZ 54, 214 und JZ 1989, 199).⁴

Fraglich ist, worauf sich das Besitzrecht des VK.s gründet: (nur) auf den Kaufvertrag oder (auch) auf die Eigentumsanwartschaft als dingliches Recht? (s. dazu BGHZ 10, 69; 34, 191, 197; *Blomeyer* AcP 153, 239; *Bauknecht* NJW 1955, 1252).

2. Das Rücktrittsproblem

a) Voraussetzungen

18   § 455 gibt dem VVerk. im Zweifel ein Rücktrittsrecht, „wenn der VK mit der Zahlung in Verzug kommt".⁵ Im Gegensatz zu § 326 bedarf es also für die Ausübung des Rücktrittsrechts (wohl aber für die Geltendmachung des Schadensersatzanspruchs wegen Nichterfüllung!) keiner Fristsetzung unter Ablehnungsandrohung.

Der VVerk. ist keineswegs auf das Rücktrittsrecht beschränkt; er kann u. a. auch auf dem Zahlungsanspruch beharren, sich einen Vollstreckungstitel beschaffen und in das Vermögen des Schuldners – auch in die unter EV verkaufte Sache selbst – vollstrecken. Er kann auch eine Nachfrist⁶ nach § 326 setzen und dann Schadensersatz wegen Nichterfüllung verlangen (BGHZ 54, 214, 220).

---

¹ Kritische Würdigung dieser Vorschrift bei *Marotzke,* JZ 1995, 803. Schon unter der Geltung alten Rechts hatte die Rspr. das nach dem Wortlaut des § 17 KO gegebene Wahlrecht des Konkursverwalters unter Berufung auf die §§ 161, 242 verneint und so die als unbillig empfundene Zerstörung des Anwartschaftsrechts des VK vermieden.

² *Bülow,* Kreditsicherheiten Rn. 727.

³ Aufschlußreich BGH NJW 1998, 992: Weiterveräußerung bedeutet nicht ohne weiteres Wahl der Erfüllung, u. U. Haftung der Masse aus §§ 989, 990.

⁴ Vgl. zu der Streitfrage *J. Blomeyer* JZ 1968, 691 u. DB 1969, 2117; *Honsell* JuS 1981, 705/9; *Klaus Müller* DB 1969, 1493; *Lange* JuS 1971, 511.

⁵ Auch mit der Nichteinlösung eines erfüllungshalber hingegebenen Wechsels (BGHZ 96, 182, 194).

⁶ *Muß* er eine Nachfrist setzen?; s. *P. Bydlinski,* JZ 1986, 1028.

b) Folgen

Der Rücktritt hat zur Folge: 19

aa) Die Bedingung der vollständigen Bezahlung des Kaufpreises kann nicht mehr eintreten, damit entfallen das AnwR des VK.s – auch wenn es inzwischen auf einen anderen übertragen sein sollte (BGHZ 75, 221, 225/6) – und sein Besitzrecht, freilich letzteres nur Zug um Zug gegen Rückgewähr der erbrachten Leistungen (BGH NJW 1986, 424).

bb) Die beiderseitigen Leistungen sind nach den §§ 346ff. zurückzugewähren, der VK hat also die Kaufsache zurückzugeben, der VVerk. muß den Kaufpreis unter Abzug einer Entschädigung für die Nutzung und Abnutzung der Sache (§ 347 Satz 2) erstatten (dazu BGH NJW 1984, 2937). Aufwendungen kann der VK ersetzt verlangen, soweit ihm nicht die Nutzungen verbleiben (§§ 347 S. 2, 994ff.; dazu BGHZ 44, 237).

c) Besonderheiten bei Verbraucherkreditgeschäften

Diese Regelung kann für den „kleinen Mann" erhebliche Gefahren mit sich bringen: er läuft Gefahr, die gekaufte Sache *und* den größten Teil des Kaufpreises (wegen einer zuvor vereinbarten hohen Nutzungsentschädigung) zu verlieren. Vor diesen Gefahren suchte ihn das *Abzahlungsgesetz* v. 16. 5. 1894 m. ÄndG v. 1. 9. 1969 u. 16. 5. 1974 nach Möglichkeit zu schützen. Dessen Regelung ist durch das am 1. Januar 1991 in Kraft getretene *Verbraucherkreditgesetz*[1] vom 17. 12. 1990 abgelöst worden. 20

aa) Geltungsbereich

Es erfaßt im Rahmen seines umfassenden Geltungsbereichs natürlich auch Teilzahlungskäufe, die Verbraucher beim Handel tätigen (vgl. auch § 13 I VerbrKrG). Angesprochen wird der Händler vom Gesetz in seiner Eigenschaft als eine Person, die in Ausübung ihrer gewerblichen oder beruflichen Tätigkeit einen Kredit in Form eines Zahlungsaufschubs gewährt (Kreditgeber) und der Käufer als eine natürliche Person, die diesen Kredit nicht für ihre gewerbliche oder selbständige berufliche Tätigkeit in Anspruch nimmt (Verbraucher) (§ 1 VerbrKrG). 21

Zu beachten ist, daß das Verbraucherkreditgesetz, anders als das frühere Abzahlungsgesetz, nicht an die „fehlende" Kaufmannseigenschaft des Käufers anknüpft. Es kommt auf den Begriff des Verbrauchers an.

bb) Qualifizierte Rücktrittsvoraussetzungen

Abweichend von § 455 BGB[2] kann der kreditgewährende Vorbehaltsverkäufer erst dann wegen Zahlungsverzugs des Käufers zurücktreten, wenn dieser mit mindestens zwei Ratenzahlungen im Gesamtvolumen von mindestens 22

---

[1] S. hierzu die Kommentare zum VerbrKrG von *Walter Münstermann/Rudi Hannes*, 1991 und von *Jürgen Vortmann*, 1991; *Bülow*, 2. Aufl. 1993; *v. Westphalen/Emmerich/v. Rottenburg*, 2. Aufl. 1996; *Bruchner/Ott/Wagner-Wieduweit*, 2. Aufl. 1995; *Lwowski/Peters/Gößmann*, 2. Aufl. 1994; ferner *Drescher*, Verbraucherkredit und Bankenpraxis, 1994. Zur Anwendung des Verbraucherkreditgesetzes bei Grundpfandrechten § 36 Rn. 45 f.

[2] Begründung zum Regierungsentwurf, BT-Drucks. 11/5462, S. 28; *Vortmann*, aaO § 13 Rn. 3; *Münstermann/Hannes* § 13 Rn. 682.

§ 59 B III   IV. Abschnitt. Mobiliarsachenrecht

10% bzw., bei längerer Laufzeit (über 3 Jahre) mit 5% in Verzug ist, der Verkäufer ihm eine Nachfrist von zwei Wochen mit der Erklärung gesetzt hat, daß er bei Nichtzahlung innerhalb Fristsetzung die gesamte Restschuld verlangt, und wenn schließlich auch diese Frist verstrichen ist (§ 13 I i.V.m. § 12 I VerbrKrG).

cc) Rücknahme der Kaufsache

23 Rücknahme der gelieferten Kaufsache durch den Vorbehaltsverkäufer gilt als Ausübung des Rücktrittsrechts (§ 13 III VerbrKrG). Diese Bestimmung will, wie schon früher § 5 AbzG, verhindern, daß der Käufer Besitz und Nutzung der Sache verliert und gleichwohl für die Zahlung des Kaufpreises haftet. Deshalb ist nach § 13 III VerbrKrG den Interessen des Käufers auch dann gedient, wenn der Verkäufer ihm im gegenseitigen Einvernehmen den gewöhnlichen Verkaufswert der Sache im Zeitpunkt der Wegnahme vergütet. Die Rücktrittsfiktion greift dann nicht. Wiederansichnehmen liegt vor, wenn der Käufer auf Veranlassung des Verkäufers Besitz und Nutzungsmöglichkeiten verliert, z.B. durch Pfandverwertung (vgl. BGHZ 55, 59), durch Verkauf an einen Dritten (BGHZ 45, 111), sogar schon durch Erhebung der Herausgabeklage (BGH NJW 1965, 2391, jeweils zu § 5 AbzG).

dd) Rückabwicklung

24 Im Rücktrittsfall ist die beiderseitige Rückgewährpflicht zwingend vorgeschrieben (§ 13 II VerbrKrG). Maßgebend sind für die Rückabwicklung nunmehr die §§ 346 bis 354 und 356. Bei der vom Vorbehaltskäufer gemäß §§ 347 Satz 2, 987 zu zahlenden Nutzungsvergütung ist auf die inzwischen eingetretene Wertminderung Rücksicht zu nehmen (§ 13 II Satz 3 VerbrKrG).

ee) Einwendungsdurchgriff bei verbundenen Geschäften

25 Das Verbraucherkreditgesetz regelt unter der Bezeichnung „verbundene Geschäfte" den sog. Einwendungsdurchgriff des Vorbehaltskäufers gegenüber dem finanzierenden Kreditinstitut im Rahmen eines sog. finanzierten Abzahlungsgeschäfts[1] (§ 9 III VerbrKrG). Die Rücktrittsfiktion des § 13 III greift auch im Verhältnis zwischen finanzierendem Kreditinstitut und Käufer ein, wenn das Kreditinstitut den finanzierten Gegenstand an sich nimmt (§ 13 III Satz 2 VerbrKrG). Erfaßt werden muß in solchen Fällen aber über die Regelung des VerbrKrG hinaus auch das kaufvertragliche Verhältnis zum Verkäufer.[2] Es geht nicht an, daß in solchen Fällen das Kreditverhältnis endet, der Käufer aber weiterhin aus dem Kaufvertrag zur Bezahlung des Kaufpreises verpflichtet bleibt.

III. Die sachenrechtliche Seite des Eigentumsvorbehalts

Hier gilt es zunächst die Rechtsstellung des VVerk.s darzustellen. Die Position des VK.s (das Anwartschaftsrecht) soll gesondert erörtert werden (unten Rn. 32 ff.).

---

[1] Hierzu *Dauner/Lieb,* WM Sonderbeilage Nr. 6/1991; *Gernhuber,* Bürgerliches Recht § 17 II.
[2] So zutreffend *Münstermann/Hannes* § 13 Rn. 751.

§ 59. Der Eigentumsvorbehalt B III § 59

1. Stellung des Vorbehaltsverkäufers

Der VVerk. ist bis zum Eintritt der Bedingung Eigentümer und mittelbarer 26
Besitzer der Kaufsache. Er kann sie an einen Dritten veräußern (§ 931 oder –
seltener – § 930), ohne daß dadurch freilich die Position des VK.s beeinträchtigt wird (§ 161 Abs. 1, § 986 Abs. 2). Die Sicherungsfunktion seines Eigentums entfaltet sich im Konkurs/in der Insolvenz des VK.s (a) und bei einer gegen diesen gerichteten Zwangsvollstreckung (b).

a) Insolvenz des Vorbehaltskäufers

Im *Konkurs* des VK.s hat der VVerk. ein *Aussonderungsrecht* (§ 43 KO), sofern er nach § 455 wirksam zurückgetreten ist. Dies steht ihm auch nach Inkrafttreten der InsO gem. § 47 InsO zu.

Einzelheiten:

aa) Sondert der VVerk. aus, so hat er den erhaltenen Kaufpreis an die Masse zurückzugewähren, 27
hat aber andererseits einen Anspruch auf Nutzungsentschädigung (§ 13 II VerbrKrG, § 347 Satz 2
BGB) und auf Schadensersatz wegen Nichterfüllung des Kaufvertrags (§§ 26 Satz 2 KO, 103 Abs. 2
S. 1 InsO).[1]

bb) Hat der VK vor Konkurseröffnung/Eröffnung des Insolvenzverfahrens oder der Konkursverwalter/Insolvenzverwalter nach seiner Eröffnung die Aussonderung des VVerk.s dadurch vereitelt, 28
daß er die unter EV gelieferte Ware *unberechtigt*,[2] aber wirksam (§ 932) an einen Dritten veräußert
hat, so ist der Tatbestand der *Ersatzaussonderung*, §§ 46 KO, 48 InsO[3] gegeben: Der VVerk. kann die
Forderung aus dem Verkauf der Sache aus der Konkurs- bzw. Insolvenzmasse aussondern.

Beispiel (in Anlehnung an BGHZ 30, 176; 27, 306; 40, 156; 56, 228):
Die Kl. hat eine Badezimmereinrichtung an VK unter verlängertem EV geliefert. VK hat die Einrichtung im Neubau des DS eingebaut, wobei zwischen VK und DS vereinbart war, daß die Forderung hieraus nicht abtretbar sei. (Diese Vereinbarung ist wirksam, obwohl VK die künftige Forderung schon zuvor an die Kl. als VVerk. abgetreten hatte; str.) Kurze Zeit darauf fällt VK in Konkurs. Die Kl. verlangt vom Konkursverwalter den Erlös aus dem Geschäft VK-DS:
Der verlängerte EV ging „ins Leere", weil die Forderung VK – DS kraft Parteivereinbarung (§ 399 2. Fall) nicht abtretbar war. Gerade deshalb war die Veräußerung der Badezimmereinrichtung an DS unberechtigt; denn die Kl. hatte einer Veräußerung nur unter der Voraussetzung zugestimmt, daß ihr kraft des verlängerten EV.s die Kaufpreisforderung VK-DS abgetreten war. Dies war aber wegen § 399 2. Fall nicht möglich. Hatte VK sonach unberechtigt veräußert und war DS auch als gutgläubig i. S. der §§ 366 HGB, 932 BGB anzusehen (BGHZ 77, 274 = Baur E.Slg. Fall 26 a), so war die Kl. als VVerk. zur Ersatzaussonderung befugt: m. a. W. über den Weg der §§ 46 KO bzw. 48 InsO ist dann doch das mit dem verlängerten EV erstrebte Ziel erreicht.
Anhangweise sei bemerkt, daß umstritten ist, ob DS nicht deshalb der Kl. aus § 823 Abs. 1 haftet, 29
weil er als Konsequenz des mit VK vereinbarten Abtretungsverbots damit rechnen mußte, daß VK
das von der Kl. gelieferte Material unberechtigt in das Haus einbaut (s. dazu BGHZ 56, 228, 237

---

[1] Siehe dazu *Lent* in Festschrift f. Lehmann (1956) S. 837; *Baur/Stürner* II InsolvenzR Rn. 9.9 ff.; *Serick* I S. 342 ff.; BGHZ 15, 333, 335.

[2] BGH NJW 1953, 217 [= *Baur*, E.Slg. Fall 23]; BGHZ 27, 306 u. 30, 176, 181; 68, 199. Unberechtigt ist die Veräußerung jedenfalls dann nicht, wenn der VVerk. mit dem Weiterverkauf im normalen Geschäftsgang einverstanden war (ebenso BGHZ 73, 259 für den Fall der Einstellung der Forderungen aus dem Weiterverkauf in ein Kontokorrent).

[3] Siehe dazu *Baur/Stürner*, Fälle, Fall 20 und besonders *Serick* I S. 347 ff. Die wohl h. M. hält die Wirksamkeit der Verfügung nicht für erforderlich. Läßt man die Wirksamkeit durch nachträgliche Genehmigung des Ersatzaussonderungsberechtigten genügen (vgl. *Henckel* JuS 1985, 836, 840; *Kilger/K. Schmidt* Anm. 6 zu § 46), reduziert sich allerdings die Bedeutung des Meinungsstreits (*Baur/Stürner* II InsolvenzR Rn. 14.31).

gegen *Huber* NJW 1968, 1905; bestätigt BGH DB 1991, 159; ferner *Koppensteiner* JuS 1972, 373 u. *Jakobs* JuS 1973, 152; zum Schadensersatzanspruch des VVerk.s gegen den VK aus § 823 Abs. 1 vgl. BGHZ 109, 297, 300). Ein Ersatzaussonderungsanspruch scheidet hingegen aus, wenn der Vorbehaltskäufer trotz Verarbeitungsverbots die Sache weiterverarbeitet und dann veräußert. Denn dann hat er originär Eigentum erworben, handelt bei der Weiterveräußerung als Berechtigter (BGH NJW 1989, 3213).

cc) Oben § 57 Rn. 31 hatten wir *bei der SÜ* festgestellt, daß dem Sicherungsnehmer im Konkurs bzw. in der Insolvenz des Sicherungsgebers nur ein *Absonderungsrecht* zugebilligt wird, während das *vorbehaltene Eigentum* ein *Aussonderungsrecht* gibt, obwohl doch in beiden Fällen der Sicherungscharakter im Vordergrund steht. Diese Prinzipwidrigkeit wird wenigstens für den *verlängerten und erweiterten EV* vermieden, wenn man hier der Tatsache Rechnung trägt, daß es nicht mehr um die Rücknahme der Kaufsache geht, sondern der Sicherungszweck ausschließlich dominiert. Dann aber ist die *Absonderung* der richtige Rechtsbehelf (so BGH JZ 1971, 505 für den verl. EV und BGH JZ 1971, 506 für den erw. EV; dazu *Gravenhorst* JZ 1971, 494 u. *Serick* BB 1978, 1477 u. ZIP 1982, 507; *Baur/Stürner* II InsolvenzR Rn. 14.8; *Jauernig* ZVR § 45 I 1 a). Das stellt für das Insolvenzverfahren § 51 Ziff. 1 i.V.m. § 50 Abs. 1 InsO nunmehr ausdrücklich fest, war aber bisher schon geltendes Recht.

b) Zwangsvollstreckung gegen den Vorbehaltskäufer

30   Der VK hat Gewahrsam (= unmittelbaren Besitz) i.S. des § 808 ZPO an der ihm unter EV verkauften Sache. Daher ist es verständlich, daß seine Gläubiger auch auf die Kaufsache im Wege der Pfändung zugreifen. Diesen Zugriff kann der VVerk. durch die Drittwiderspruchsklage (§ 771 ZPO) bekämpfen;[1] durch Urteil wird die Zwangsvollstreckung in die Sache für unzulässig erklärt.

Der Gläubiger des VK.s kann die Widerspruchsklage freilich dadurch abwehren, daß er den Restkaufpreis an den VVerk. bezahlt (§ 267), damit den Eigentumsübergang herbeiführt und seine Pfändung rettet.[2]

Von der Sachpfändung ist die *Pfändung des AnwR.s* zu unterscheiden: Hier pfändet der Gläubiger des VK.s bewußt dessen Anwartschaft, nicht die – noch dem VVerk. gehörende – Sache (unten Rn. 41).

2. Bedingungseintritt

31   Mit der Zahlung des Restkaufpreises tritt die Bedingung ein, der VVerk. verliert sein Eigentum, das AnwR des VK.s erstarkt zum Volleigentum. Irgendeine Zustimmung des VVerk.s oder seine weitere Erfüllungsbereitschaft sind nicht erforderlich.

Damit ist freilich das Problem noch nicht gelöst, ob – falls der VK sein AnwR auf einen Dritten übertragen hat – der Dritte unmittelbar vom VVerk. Eigentum erlangt oder nur auf dem Umweg über den VK („Durchgangseigentum für eine logische Sekunde"!); dazu unten Rn. 34.

---

[1] H.M. vgl. BGHZ 54, 214, 218; *Baur/Stürner* I ZVR Rn. 46.6; *Westermann/H. P. Westermann* § 39 III 3 c.

[2] *Soergel/Mühl* § 455 Rn. 80; dagegen *Raiser*, Dingliche Anwartschaften, 1961, S. 91 AbsonderungsR.

IV. Das Anwartschaftsrecht des Vorbehaltskäufers

1. Position des Vorbehaltskäufers

Häufig sind zugunsten des Erwerbers eines dinglichen Rechts alle rechtsgeschäftlichen Erwerbshandlungen vorgenommen, ohne daß doch damit das Recht schon begründet oder übertragen worden ist. Erinnern wir uns an die Position des im Grundbuch noch nicht eingetragenen Auflassungsempfängers, an die Lage des Hypothekars, dem der Brief noch nicht übergeben ist. Eine vergleichbare Rechtsstellung kommt auch dem VK, also demjenigen zu, dem beim Kauf aufschiebend bedingt Eigentum übertragen wurde.

Der Rechtsordnung stellt sich das Problem, ob sie das Besondere dieser Situation anerkennen oder einfach feststellen soll, daß das Recht eben noch nicht erworben ist. Im Gesetz selbst finden sich nur verhältnismäßig schwache Ansatzpunkte, so etwa in § 878 und in den §§ 160–162 zugunsten des bedingt Berechtigten. Aber hier handelt es sich im wesentlichen um einen Schutz gegen ein gegenläufiges Verhalten des anderen Teils oder gegen Verfügungsbeschränkungen, denen er zwischenzeitlich unterworfen wurde. Daraus ergibt sich aber wenig für die Beantwortung der Frage, ob die Rechtsstellung des Erwerbers schon als subjektives Recht, als dingliches Recht (welchen Charakters?) anzuerkennen ist. Dennoch hat sich – mindestens für die hier zu erörternde Stellung des VK.s – mehr und mehr die Ansicht durchgesetzt, die diese Fragen bejaht und – freilich ziemlich farblos – von einem *Anwartschaftsrecht* spricht.

Kaum ein Problem des bürgerlichen Rechts ist so eingehend diskutiert worden wie dieses. Literatur[1] und Rechtsprechung sind kaum mehr zu überblicken. Die Lösung wird durch das Ineinandergreifen dogmatischer (AnwR und numerus clausus der Sachenrechte?), systematischer (Einordnung als Pfandrecht? als Teilrecht mit dem Charakter des Vollrechts?) und wirtschaftlicher Gesichtspunkte erschwert. Wie so häufig haben schließlich die wirtschaftlichen Erwägungen den Ausschlag gegeben: Man kann und will an der Tatsache nicht vorbeigehen, daß die Rechtsstellung des VK.s bereits einen wirtschaftlichen Wert darstellt (vgl. die grafische Darstellung Rn. 3), die eines besonderen Schutzes bedarf und für den VK und dessen Gläubiger nutzbar gemacht werden muß. Die Einzelheiten der Rechtsentwicklung sollen hier nicht dargestellt werden. Wir begnügen uns, den gegenwärtigen Stand zu kennzeichnen: der BGH spricht von einem dem Vollrecht „ähnlichen Recht" (BGHZ 20, 88, 99 [= *Baur*, E. Slg. Fall 24]), „einer bloßen Vorstufe des Eigentums"; das AnwR sei „im Vergleich zum Eigentum kein aliud, sondern ein wesensgleiches minus" (BGHZ 28, 16, 21; 30, 374; 35, 85, 89; BGH in LM § 929 BGB Nr. 11a). Es ist zuzugeben, daß dies eher eine Bildersprache ist als eine exakte juristische Begriffsbildung. Immerhin deutet sie die Wertung des Vorgangs als eine *Rechtsteilung* an, wie sie schon *Heck* (§ 21) mit Recht vertreten hat: das Eigentum ist dem Interessengehalt nach aufgeteilt, wobei beim VVerk. die Sicherungsfunktion, beim VK die Nutzungsfunktion des Eigentums im Vordergrund steht. Die Einzelheiten werden sich nur aus einer Abwägung der Interessen des VVerk.s, des VK.s und der Allgemeinheit lösen lassen. –

---

[1] Nur einige Hinweise: Zunächst die oben § 3 Rn. 44 Fn. 1 Genannten; ferner *Eichenhofer* AcP 185, 162 (Anwartschaft oder Pendenz?); *Gernhuber*, Bürgerl. R. § 13 u. FS Baur, 1981, 31; *Holtz*, Das AnwR aus bed. Übereignung als Kreditsicherungsmittel (1932); *Schwab/Prütting* § 33 II 2; *Marotzke*, D. AnwR ein Beispiel sinnvoller Rechtsfortbildung?, 1977; G. *Reinicke* MDR 1959, 613; U. *Hübner* NJW 1980, 729 (dogmatische Einordnung); *Rimmelspacher* § 5; *Rühl*, EV und Abzahlungsgeschäft (1930); *Schreiber* NJW 1966, 2333; *Serick* I S. 206 ff., 241 ff.; *Stoll* ZHR 128, 239; *Sponer* Das Anwartschaftsrecht und seine Pfändung, S. 81 ff.; *Wieacker* ZAkDR 1938, 590; *Krüger* JuS 1994, 905.

§ 59 B IV   IV. Abschnitt. Mobiliarsachenrecht

Im folgenden sind zu erörtern das Übertragungsproblem (Rn. 34 ff.), der Erwerb des AnwR.s vom Nichtberechtigten (Rn. 38 ff.), das Pfändungsproblem (Rn. 41 ff.) und das Schutzproblem (Rn. 44 ff.).

2. Übertragbarkeit des Anwartschaftsrechts

a) Grundregel

34   Daß der VK seine Rechtsposition auf einen anderen *übertragen* kann, ist seit langem anerkannt (vgl. etwa RGZ 101, 185, 187);[1] ebenso, daß diese Übertragung nicht als Verfügung eines Nichtberechtigten i. S. des § 185 anzusehen ist und in den Formen der Eigentumsübertragung (§§ 929 ff.), nicht etwa nach §§ 398, 413 zu erfolgen hat.[2] Zweifelhaft war nur die Frage, ob der VVerk. zustimmen müsse, wenn der Eigentumserwerb mit Eintritt der Bedingung, also mit vollständiger Bezahlung des Kaufpreises, *unmittelbar* beim Erwerber der Anw. (also ohne Durchgangseigentum des VK.s) eintreten soll. RGZ 140, 223 hatte ein solches Einverständnis gefordert, der BGH ist in BGHZ 20, 88[3] [= *Baur*, E. Slg. Fall 24] von einer solchen Voraussetzung abgerückt.

Die Problematik soll folgendes in Anlehnung an BGHZ 20, 88 gebildetes *Beispiel* deutlich machen: VVerk. hat an VK einen Lkw. unter EV auf Abzahlung verkauft. VK hat nach Zahlung einiger Raten den Lkw. an seinen Gläubiger G zur Sicherheit für eine Darlehnsforderung nach § 930 übereignet, wobei klargestellt wurde, daß VK noch nicht Eigentümer des Lkw. war. Der VVerk. war von der Sicherungsübertragung des Anwartschaftsrechts nicht verständigt worden. D, ein weiterer Gläubiger des VK, D hat den Lkw. bei VK pfänden lassen, G erhebt nach Zahlung des Kaufpreisrestes Drittwiderspruchsklage nach § 771 ZPO gegen D.

Unterwirft man – mit der älteren Rechtsprechung und Lehre – die Verfügung des VK dem § 185 oder fordert man mit RGZ 140, 223, 226, daß der VVerk. mit dem unmittelbaren Eigentumsübergang auf G einverstanden sein müsse, so setzt sich das Pfändungspfandrecht des D auch gegenüber dem Eigentum des G durch; denn VK hätte Durchgangseigentum erlangt, damit wäre das Pfändungspfandrecht des D voll wirksam geworden.

Bedarf es dagegen einer irgendwie gearteten Mitwirkung des VVerk. zur Übertragung des AnwR.s nicht, überträgt vielmehr der VK das ihm zustehende Recht mit all' seinen „Eigenschaften" an G, so tritt auch der Eigentumserwerb unmittelbar und unbelastet durch das Pfändungspfandrecht des D bei G ein. So der BGH aaO und zwar mit Recht: Die Interessen des VVerk.s stehen nicht entgegen; er kann nach wie vor bei Zahlungsverzug des VK.s vom Kaufvertrag zurücktreten, damit den Eigentumserwerb des G verhindern und sein Eigentum auch ihm gegenüber durchsetzen.[4]

Allgemeininteressen werden durch den Vorgang nicht in stärkerem Maß berührt als bei jeder SÜ. Ergebnis sonach: Dem G steht gegen D die Drittwiderspruchsklage zu (§ 771 ZPO), und zwar sicher

---

[1] Und zwar auch dann, wenn zwischen VVerk. und VK vereinbart war, daß der VK nur mit Zustimmung des VVerk.s über das Anwartschaftsrecht verfügen dürfe; denn diese Vereinbarung hat nach § 137 nur schuldrechtliche Wirkung (BGH NJW 1970, 699). – Hat VK sein Anwartschaftsrecht auf einen Dritten übertragen, so kann er mit oder ohne Zustimmung des Dritten mit dem VVerk. nicht mehr vereinbaren, daß der EV nunmehr auch andere Forderungen des VVerk.s gegen ihn sichern soll (BGHZ 75, 221 = *Baur*, E. Slg. Fall 24 a m. Anm. *Forkel* NJW 1980, 774; *Loewenheim* JuS 1981, 721 sowie *Kübler* ZIP 1980, 63 und unten Rn. 36).

[2] Vgl. die Darstellung der Rechtsentwicklung in BGHZ 20, 88; bei G. *Reinicke* MDR 1959, 613, 614 und *Serick* I S. 241 ff.; ferner oben § 52 Rn. 19.

[3] Ebenso BGHZ 28, 16, 22 und 35, 85, 87 (= *Baur*, E.Slg. Fall 48).

[4] Die geschilderten konstruktiven Schwierigkeiten entstehen nicht, wenn man – mit *Lempenau* aaO (§ 3 Rn. 44, Fn.) S. 79–84 – annimmt, daß die Pfändung des Anwartschaftsrechts durch D mit der zeitlich vorgehenden Übertragung des Anwartschaftsrechts an G „nicht in Einklang steht" (§ 185 Abs. 2 Satz 2). Die Pfändung kann daher nicht wirksam werden. – Grundsätzliche Kritik an der Lehre von der Übertragung des Anwartschaftsrechts durch *Kupisch* JZ 1976, 417 (dazu *Wittmann* in „Rechtstheorie" 1978, 43).

nach Zahlung der letzten Rate, also nach Übergang des Eigentums auf ihn, nach h. M. auch schon vorher auf Grund des Anwartschaftsrechts (s. unten Rn. 48).

b) Besonderheiten bei Übertragung nach § 930

Schwierigkeiten macht die *Besitzlage,* wenn der VK *sein Anwartschaftsrecht* 35 einem Dritten D zur Sicherheit nach § 930 überträgt. Sind der VVerk. und der Sicherungsnehmer D *mittelbare Nebenbesitzer* derart, daß ein Besitzmittlungsverhältnis *sowohl* zwischen VK und VVerk. *als auch* zwischen VK und D besteht (so u. a. *Westermann* NJW 1956, 1298) *oder* haben wir es mit einem „Besitzgebäude" zu tun, so daß VK unmittelbarer Fremdbesitzer, der Sicherungsnehmer D mittelbarer Fremdbesitzer 1. Stufe, der VVerk. mittelbarer Eigenbesitzer 2. Stufe ist? (so u. a. BGHZ 28, 16, 27; *Zunft* NJW 1957, 455).

Beide Lösungsversuche haben ihre Schwächen: Die Theorie vom *mittelbaren Nebenbesitz* beachtet nicht, daß die Herausgabeansprüche des VVerk.s und des D (als Grundlage des mittelbaren Besitzes!) in der Regel sich gegenseitig ausschließen, daß außerdem D gar nicht mittelbarer *Eigen*besitzer wird (er fühlt sich ja nur als Inhaber des Anwartschaftsrechts!). Die Theorie der *Besitzstufung* kann nur unzulänglich erklären, auf welchem Weg sich D in das schon bestehende Besitzmittlungsverhältnis VK-VVerk. einschieben kann, insbesondere welches Besitzmittlungsverhältnis der Beziehung D-VVerk. zugrunde liegen soll (Reicht es aus, daß die Rechtsstellung des D als Erwerbers der Anwartschaft von der Entwicklung der Rechtsbeziehungen zwischen VVerk. und VK abhängt und D denselben Schranken unterliegt wie jeder Inhaber eines bedingten Rechts?). Die Lösung ist zweifelhaft, weil das Anwartschaftsrecht auch besitzrechtlich sich nur schwer in das überkommene Begriffsschema eingliedern läßt. U. E. verdient trotz der geschilderten Bedenken die „Besitzstufung" den Vorzug vor der „Besitzspaltung", einmal weil sie die Frage nach der Geltung des § 1006 Abs. 3 (Eigentumsvermutung) richtig zu lösen vermag, und zum anderen, weil sie dem VVerk. die Besitzschutzrechte nach § 869 BGB auch dann wahrt, wenn D den *unmittelbaren* Besitz an der Vorbehaltssache erhält.

c) Rechtsänderungen nach Übertragung der Anwartschaft?

Sind Änderungen (im weiten Sinne verstanden) des Kaufvertrags und der dinglichen Einigung 36 zwischen VVerk. und VK, die sich „belastend" auf das AnwR auswirken, noch möglich, wenn das AnwR auf einen Dritten übertragen ist? Mit dieser Frage setzt sich *Gernhuber* in der FS Baur, 1981, 31 auseinander. In der Rspr behandelt der BGH das Teilproblem, ob noch vereinbart werden kann, daß der EV nunmehr auch andere Forderungen des VVerk.s gegen den VK sichern soll, verneinend (BGHZ 75, 221 [= *Baur,* E.Slg. Fall 24 a]).

d) Anwartschaft und grundpfandrechtliche Haftung

Interessant BGHZ 92, 280 (= NJW 1985, 376): VK. D hat beim VVerk. DB einen LKW unter 37 EV gekauft, der Zubehör des – mit einer Grundschuld der Bank Kl. belasteten – Grundstücks des D wurde. DB übertrug mit Zustimmung des D das Eigentum an dem LKW auf die bekl. Bank zur Sicherung eines Kredits, den die bekl. Bank dem D gewährt hatte. D fiel in Konkurs. BGH: Die Grundpfandhaftung des Anwartschaftsrechts nach § 1120 zugunsten der Bank Kl. (s. oben § 39

Rn. 33 ff.) ist mit der Aufhebung des Anwartschaftsrechts durch die Vereinbarung DB–D beendet (dazu mit Recht kritisch *Kollhosser* JZ 1985, 370 u. *Tiedtke* NJW 1985, 1305; u. E. übersieht der BGH die Bedeutung des Prioritätsprinzips bei Sicherungsrechten und des Publizitätsprinzips, wie dies in § 1121 I ["... entfernt ..."] zum Ausdruck kommt; s. ferner *Marotzke* AcP 186, 490; *Reinicke* JuS 1986, 957; *Tiedtke* NJW 1988, 28; *Wilhelm* NJW 1987, 1785; *Ludwig* NJW 1989, 1458).

3. Der Erwerb des Anwartschaftsrechts von Nichtberechtigten[1]

In diesem Zusammenhang sind verschiedene Tatbestände zu unterscheiden:

a) Erwerb vom Nichteigentümer

38   Der Erwerber hält den nichtberechtigten Veräußerer redlich für den Eigentümer und läßt sich die Sache von ihm unter EV – also aufschiebend bedingt – übereignen. Damit hat er entsprechend § 932 ein Anwartschaftsrecht erworben, das mit Bezahlung des Restkaufpreises an den Veräußerer zum Volleigentum erstarkt. Maßgebender Zeitpunkt für die Redlichkeit ist der der Einigung und Übergabe (BGHZ 10, 69, 72; 30, 374, 377).

Beispiel (in Anlehnung an BGHZ 10, 69): S hat eine ihm gehörige Maschine an G zur Sicherheit für ein ihm gegebenes Darlehen übereignet. Er veräußert dann – unter Verschweigung dieses Sachverhalts – die Maschine auf Abzahlung unter EV an VK. Damit erwirbt VK ein Anwartschaftsrecht und wird mit der Restzahlung Eigentümer, auch wenn er inzwischen erfahren hat, daß S nicht Eigentümer war.

Zweifelhaft ist, ob er schon auf Grund des AnwR.s ein dem G gegenüber wirkendes Besitzrecht hat (nein: BGH aaO; ja: *Medicus*, BR Rn. 465; OLG Karlsruhe NJW 1966, 885, dazu – ablehnend, wie der BGH – Hans *Stoll* JuS 1967, 12, 15 ff.). Der bejahenden Auffassung ist zu folgen. Der BGH kommt im übrigen zum selben Ergebnis, indem er dem VK die exceptio doli gibt: Müßte VK jetzt die Maschine an G als an den Eigentümer herausgeben, so könnte er doch in dem Augenblick umgekehrt die rei vindicatio gegen G erheben, wo er den restlichen Kaufpreis an S bezahlt hat.[2]

b) Erwerb der bestehenden Anwartschaft vom Nichtberechtigten

39   Anders ist die Rechtslage, wenn eine Sache zwar unter EV veräußert ist, nunmehr aber nicht der Inhaber des AnwR.s, sondern ein Nichtberechtigter über dieses Anwartschaftsrecht verfügt. Hier erhält der Erwerber – Redlichkeit vorausgesetzt – das AnwR,[3] das jedoch in seinem Bestand noch von dem Vorbehaltskauf abhängt:

VVerk. hat an VK eine Nähmaschine unter EV verkauft. VK leiht die Nähmaschine der L, die dem redlichen D vorschwindelt, *sie* habe die Maschine „auf Abzahlung" bei VVerk. gekauft. Hier erwirbt D das Anwartschaftsrecht. Tritt jedoch VVerk. vom Kaufvertrag mit VK zurück, weil die Raten nicht bezahlt werden, so erlischt das AnwR des D.

---

[1] Siehe dazu *Blomeyer* AcP 153, 239; *Bauknecht* NJW 1955, 1251; *Diederichsen*, Das Recht zum Besitz aus Schuldverhältnissen, 1965, 123, 129; *Flume* AcP 161, 385, 394 ff.; *Georgiades*, Eigentumsanwartschaft, 1963, S. 42 ff., 129 ff.; U. *Hübner* NJW 1980, 729, 732; *Larenz* II/1 § 43 II c; *Medicus*, BR Rn. 474 f.; *Raiser*, Dingliche Anwartschaften (1961) S. 35 ff.; *Serick* I S. 267 ff.; *Tiedtke*, Gutgl. Erwerb S. 58.

[2] Auch *Stoll* aaO läßt das Besitzrecht des VK.s gegenüber G wirken, indem er auf den Sinn des Gutglaubensschutzes (§ 932) abstellt.

[3] A. A. *Flume* II § 42, 4 c; *Medicus*, BR Rn. 475; *Wiegand* JuS 1974, 201, 211; *Westermann/Gursky* § 45 III 1 a; wie hier *Raiser*, Dingliche Anwartschaften, S. 38; *Wieling* I, § 17 IV 1 b aa; *Palandt/Bassenge* § 929 Rn. 46; *Soergel/Mühl* § 929 Rn. 76.

c) Kein Erwerb einer nicht bestehenden Anwartschaft

Redlicher Erwerb eines AnwR.s ist jedoch ausgeschlossen, wenn ein solches **40** überhaupt nicht besteht; denn da die Bedingung nicht eintreten kann, könnte das AnwR auch nicht zum Volleigentum erstarken:

> E hat sein Moped dem L geliehen. L sagt dem redlichen D, er habe das Moped für 800 DM bei VVerk. gekauft, es seien noch 200 DM Raten zu bezahlen. D kauft das Rad für 400 DM und verspricht, die Restraten an VVerk. zu leisten. Als er dies tut, stellt sich der Schwindel heraus. D hat weder AnwR noch Eigentum erworben.
>
> Das Ergebnis ist verblüffend, weil D Eigentum erworben hätte, wenn L sich als Eigentümer aufgespielt hätte (§ 932)! Aber D hat eben nur an ein bedingtes Recht geglaubt; er muß es hinnehmen, wenn die Bedingung überhaupt nicht eintreten *kann*.[1]

4. Das Pfändungsproblem[2]

a) Verfahren der Pfändung

Das AnwR des VK.s stellt für dessen Gläubiger einen attraktiven Vermö- **41** genswert dar, namentlich dann, wenn bereits ein großer Teil der Kaufpreisraten an den VVerk. geleistet ist. Es ist sonach kein Wunder, daß sie auf dieses Vermögensobjekt ihres Schuldners im Wege der Zwangsvollstreckung zugreifen wollen. Dabei schätzen sie die Gefahr, daß das AnwR durch einen Rücktritt des VVerk.s wieder in sich zusammenfallen könnte, gering ein; denn notfalls zahlt der pfändende Gläubiger den Kaufpreisrest an den VVerk. (zunächst)[3] aus eigener Tasche, erwirkt damit den Eintritt der Bedingung und das Volleigentum seines Schuldners (= des VK.s) und beseitigt schließlich damit auch die Möglichkeit einer Interventionsklage des VVerk.s nach § 771 ZPO.

So sicher es also ist, daß das AnwR einem Vollstreckungszugriff der Gläubiger des VK.s offen stehen muß, so zweifelhaft und umstritten ist die Frage, *wie* dieser Vollstreckungszugriff erfolgen soll: in der Form der Sachpfändung (§ 808 ZPO)? in der Form der Rechtspfändung (§ 857 ZPO)? oder schließlich als Sach- und Rechtspfändung (sog. Doppelpfändung)? In der Tat werden alle diese Auffassungen vertreten (hierzu insbes. BGH NJW 1954, 1325 u. *Eichenhofer* AcP 185, 162, 179 ff.). Die h. M. hat sich für die Doppelpfändung entschieden: *mit der Pfändung des AnwR.s* nach § 857 ZPO (Zustellung eines Pfändungsbeschlusses an den VK als „Schuldner" und den VVerk. als „Drittschuldner", wobei die letztgenannte Zustellung die entscheidende ist, § 829 Abs. 3 ZPO) verhindere der Gläubiger Verfügungen über das AnwR und beseitige damit einen Widerspruch des VVerk.s und VK.s gegen die Zahlung des Restkaufpreises nach § 267. *Die Sachpfändung* verschaffe dem Pfändungspfandgläubiger zwar zunächst kein Pfändungspfandrecht, da der Schuldner (= VK) noch nicht Eigentümer der Sache sei, wohl aber in dem Augenblick, wo das Eigentum mit Bedingungseintritt auf den VK übergehe. Die Pfändung des AnwR.s allein genüge hierzu nicht, da sich das Pfandrecht an der Anwartschaft nicht an der Sache als Sachpfandrecht fortsetze.

Dieser – reichlich komplizierte – Weg ist m. E. auch dogmatisch nicht haltbar: Das AnwR des VK.s ist ein „anderes Vermögensrecht" i. S. des § 857 Abs. 1 ZPO, muß und kann also nur in der

---

[1] S. *Schnorr v. Carolsfeld*, Krit. VSchr. 66, 184; *Stoll* ZHR 128, 239, 249.
[2] S. *Fenn* AcP 166, 510, 513 und AcP 170, 460; *Baur/Stürner* I ZVR Rn. 32.14 ff.; *Baur/Stürner*, Fälle, Fall 9; *Flume* AcP 161, 385, 402 ff.; *Georgiades* aaO S. 72 ff.; *Henke* aaO S. 21 ff.; *Letzgus* aaO S. 30 ff.; *Schwab/Prütting* § 33 II 5; *G. Reinicke* MDR 1959, 613, 616; *Rimmelspacher* § 5 Rn. 220 ff.; *Serick* I S. 303 ff.; *Sponer* aaO.
[3] Rückgriffsanspruch des Gläubigers gegen seinen Schuldner – den VK – zwar nicht aus § 788 ZPO, wohl aber nach §§ 683, 670 BGB (s. die Nachweise bei *Serick* I S. 312 f.).

Form der Rechtspfändung gepfändet werden (so jetzt auch BGHZ 49, 197, 203 [= *Baur,* E. Slg. Fall 5] für die Pfändung der Auflassungsanwartschaft). Zwingt man den Gläubiger, *auch* die Sache selbst zu pfänden, so veranlaßt man ihn zu einem Zugriff auf eine Sache, von der er genau weiß, daß sie *nicht* zum Vermögen seines Schuldners gehört, also zu einem rechtswidrigen[1] Eingriff in die Rechtsstellung eines anderen. Die Meinung, eine Sachpfändung sei nötig, weil sich das Pfandrecht am AnwR nach Bedingungseintritt nicht als Pfandrecht an der Sache fortsetzen könne, ist mit *Letzgus* aaO abzulehnen; es ist auf die rechtsähnlichen Fälle des § 1287 BGB, § 847 ZPO zu verweisen. Der Mangel der Publizität (fehlender Besitz des Pfandgläubigers) kann nicht entscheidend sein, trägt die neuere Lehre doch auch kein Bedenken, ein gesetzliches Pfandrecht an der Anwartschaft (z. B. des Vermieters an Anwartschaftssachen des Mieters) nach Bedingungseintritt als Pfandrecht an der Sache fortbestehen zu lassen (s. oben § 55 Rn. 41). Auch kann der Pfändungspfandgläubiger der Anwartschaft die Sache nach Zahlung des Restkaufpreises dem VK durch den Gerichtsvollzieher entsprechend § 847 ZPO wegnehmen lassen.

Zusammenfassend läßt sich sonach sagen: Die h. M. empfiehlt dem Gläubiger des VK.s eine Pfändung des AnwR.s *und* der Sache; damit geht er bloßen Sachpfandgläubigern im Falle des Bedingungseintritts vor. Nach der hier vertretenen Auffassung genügt eine Pfändung des AnwR.s. Der Rang mehrerer Anwartschaftspfändungen richtet sich nach dem Präventionsprinzip, die zeitlich frühere Anwartschaftspfändung geht bloßen Sachpfändungen vor.

b) Pfändung der eigenen Sache durch den Vorbehaltsverkäufer

42   Besondere Probleme[2] ergeben sich dann, wenn *der VVerk. selbst* in seine eigene Sache, die sich beim VK befindet, nach § 808 ZPO vollstreckt, sei es wegen der Kaufpreisforderung, sei es wegen anderer Forderungen, die ihm gegen den VK zustehen.

aa) Die Problematik ist zunächst *vollstreckungsrechtlicher Art:* Kann der Gläubiger überhaupt in seine eigene Sache vollstrecken? Erwirbt er ein Pfändungspfandrecht an ihr, obwohl die Kaufsache noch zu seinem Vermögen, nicht zu dem des VK.s gehört? Die vollstreckungsrechtliche Zulässigkeit der Pfändung ist zu bejahen, da § 808 ZPO rein formal auf den Gewahrsam des Schuldners abstellt. Der VVerk. erwirbt zwar kein Pfändungspfandrecht – da die Sache eben keine fremde ist –, aber Grundlage der Verwertung ist die – durch den Pfändungsakt bewirkte – Verstrickung; da der VVerk. der einzige wäre, der die Pfändung nach § 771 ZPO beseitigen könnte, hindert ihn vollstreckungsrechtlich nichts, die Sache zu verwerten und sich dadurch für seine Kaufpreisrestforderung zu befriedigen. § 811 Abs. 2 ZPO i. d. F. der 2. Zwangsvollstreckungsnovelle sieht nunmehr die Pfändung eigener Sachen ausdrücklich vor.[3]

---

[1] Daß die Sachpfändung *vollstreckungsrechtlich* zulässig ist, weil § 808 ZPO nur auf den Gewahrsam des Schuldners abstellt, ändert daran nichts (s. auch *Tiedtke* NJW 1972, 1404).

[2] Siehe dazu *Baur/Stürner* I ZVR Rn. 27.13, Beispiel 2; *Wacke* JZ 1987, 381; *Georgiades* aaO S. 76 ff.; *Letzgus* aaO S. 51 ff.; *Serick* I S. 319 ff.

[3] Art. 1 Nr. 15 der 2. Zwangsvollstreckungsnovelle vom 17. 12. 1997, BGBl. 1997, I, 3039 ff.: Der neu eingefügte § 811 Abs. 2 ZPO verbessert die Rechtsstellung des VVerk.s, indem er den (in diesem Zusammenhang lange umstrittenen) Pfändungsschutz des VK.s bei der Durchsetzung von Kaufpreisforderungen abschafft, sofern der Eigentumsvorbehalt urkundlich nachgewiesen wird. Dagegen ist auch unter sozialstaatlichen Gesichtspunkten nichts einzuwenden. Zwar gilt § 811 ZPO nur bei der Forderungspfändung. Der VVerk. konnte Einwänden aus § 811 ZPO daher durch Vollstreckung des Herausgabeanspruchs ausweichen. Bei der bloßen Herausgabevollstreckung in das vorbehaltene Eigentum kann der VVerk. aber teilweise leer ausgehen, nämlich dann, wenn die Verwertung des vorbehaltenen Eigentums nicht zur Deckung des Restkaufpreises reicht und er deshalb darauf angewiesen ist, auch in andere Gegenstände/Forderungen zu vollstrecken. Der nichtkaufmännische Ratenkäufer ist durch das Verbraucherkreditgesetz und ggf. durch Ansprüche auf Sozialleistungen hinlänglich geschützt. Das Verbraucherkreditgesetz schützt auch die Empfänger von gewerblichen Existenzgründungskrediten bis 100 000 DM (§§ 1 Abs. 1 2. HS, 3 Abs. 1 Nr. 2). Anders beurteilt der Gesetzgeber die Schutzwürdigkeit des Sicherungsgebers bei der SÜ (arg. e contrario § 811 Abs. 2; s.

bb) Eine andere Frage ist, wie sich die Zwangsvollstreckung des VVerk.s *materiell-rechtlich* auswirkt. Verstößt der VVerk. nicht gegen seine Verkäuferpflichten, wenn er die Kaufsache dem VK wegnehmen läßt, bevor dieser voller Eigentümer geworden ist (§ 160)? Dieses Bedenken hat man früher dadurch auszuräumen versucht, daß man in der Pfändung einen Verzicht des VVerk.s auf sein Eigentum sah (RGZ 66, 344, 348; 79, 245), so daß – nach vollständiger Erfüllung der Verkäuferpflicht – ein Schadensersatzanspruch weder nach § 160 noch nach § 325 in Betracht kommt. Doch bedarf es einer solchen doch reichlich willkürlichen Konstruktion nicht, da der VVerk. mit einem zwangsweisen Vorgehen nur die ihm verbliebene Verwertungsbefugnis ausübt (so mit Recht *Letzgus* aaO S. 62ff.).

Eine andere gewichtigere Frage ist, ob die Vollstreckung des VVerk.s in seine eigene Sache zur Befriedigung seiner Kaufpreisforderung nicht geeignet ist, die Schutzvorschriften zu umgehen, die das Verbraucherkreditgesetz zugunsten des VK.s enthält, insbesondere die Pflicht des VVerk.s, die empfangenen Raten an den VK zurückzugewähren (s. oben Rn. 23). Ein solches Ergebnis läßt sich dadurch vermeiden, daß man zwar nicht in der Pfändung, wohl aber in der Wegnahme und Verwertung der Kaufsache eine „Wiederansichnahme" i. S. des § 13 III VerbrKrG sieht, mit der Folge, daß dann der VVerk. die ihm durch das Verbraucherkreditgesetz für den Fall des Rücktritts auferlegten Verpflichtungen zu erfüllen hat (BGHZ 15, 171). Dabei ist es gleichgültig, ob der VVerk. oder ein Dritter die Kaufsache ersteigert (BGHZ 55, 59) oder ob sie dem VVerk. nach § 825 ZPO zugewiesen wird;[1] denn entscheidend ist für die Anwendung des § 13 III VerbrKrG, daß dem VK die Nutzung der Kaufsache durch den VVerk. entzogen wurde.

5. Das Schutzproblem[2]

In diesen Fragenbereich sollen zwei *Beispiele* einführen:
(1) Ein vom VVerk. an den VK unter EV verkaufter Pkw. ist bei einem von S verschuldeten Verkehrsunfall zerstört worden. Steht *auch* dem VK ein Schadensersatzanspruch zu? Wenn ja, in welchem Umfang?
(2) Der VK hat entgegen der mit dem VVerk. getroffenen Vereinbarung das AnwR an dem Pkw. seinem Gläubiger G verpfändet, indem er ihm den Pkw. – entsprechend § 1274 Abs. 1 Satz 2 – übergeben hat. Kann der VVerk. Rückgabe des Pkw. an den VK verlangen (§ 986 Abs. 1 Satz 2) mit dem Ergebnis, daß das Pfandrecht des G an der Anwartschaft erlischt (§ 1278 mit § 1253)?

Die beiden Beispiele zeigen, daß es im wesentlichen um den Deliktsschutz des AnwR.s (Rn. 45) und um die Besitzerstellung des VK.s und der Personen geht, die das Besitzrecht von ihm ableiten (Rn. 46 f.).

a) Deliktischer Schutz

Daß das AnwR des VK.s als „*sonstiges Recht*" i. S. des *§ 823 Abs. 1* zu behandeln ist, wird zu Recht allgemein angenommen (vgl. RGZ 170, 1, 6; OLG Celle NJW 1960, 967).

Um so zweifelhafter ist der *Inhalt* des Schadensersatzanspruchs.[3] Nehmen wir an, in unserem Beispiel (1) sei der Kaufpreis 10 000 DM gewesen und der VK habe im Zeitpunkt des Unfalls bereits 4000 DM abbezahlt gehabt. Besteht der Schaden des VK.s in diesem Wert seines AnwR.s (und dem Schaden aus dem Entzug des Besitzes und der Nutzung), so daß VK 4000,[4] VVerk. 6000 von S beanspruchen könnte,

---

oben § 57 Rn. 43). Für kaufmännische VK gilt § 811 ZPO, der lediglich die persönliche Arbeitsleistung schützt, ohnehin nicht.
[1] Einzelheiten s. BGHZ 15, 241; 22, 123; 39, 97; 45, 111; *Honsell* JuS 1981, 705, 711/2 (m. w. N.); *Lüke* JZ 1959, 114 ff.; *Serick* I 186 ff. (m. w. N.).
[2] S. dazu *Flume* AcP 161, 399 und *Flume* II § 42, 4 e; *Eichenhofer* AcP 154, 162, 186; *Georgiades* aaO S. 46 ff.; *Gernhuber*, Bürgerl. Recht § 13 V; *Raiser* aaO S. 82 ff.; *Reinicke/Tiedtke*, KaufR, Rn. 1157; *Serick* I S. 273 ff.; 277 ff.
[3] Zum Streitstand vgl. *Müller-Laube* JuS 1993, 529 ff.
[4] Wenn man den Nutzungsschaden einmal außer Betracht läßt.

oder

kann VK den *vollen* Schaden ersetzt verlangen mit der Begründung, daß er ja dem VVerk. gegenüber zur vollen Bezahlung des Kaufpreises nach wie vor verpflichtet sei (§ 446),

oder

kann VK 4000 DM als eigenes Recht, 6000 DM als einen fremden Anspruch des VVerk. liquidieren (so anscheinend RGZ 170, 1, 6, 7)?

Keine der Lösungen ist voll beifallswert, namentlich deshalb, weil die erste die weiter bestehende Pflicht des VK zur Zahlung des Restkaufpreises außer acht läßt, während die beiden anderen Lösungen eine Gefährdung des VVerk.s bedeuten (wenn nämlich VK den gesamten Schaden einzieht, den Kaufpreisanspruch des VVerk.s aber nicht erfüllt).[1]

Systemsentsprechend wäre die Lösung, den Schadensersatzanspruch voll dem VK zuzugestehen, dem VVerk. aber ein Pfandrecht an ihm zur Sicherung seiner Kaufpreisrestforderung einzuräumen; allein dafür fehlt die gesetzliche Grundlage. Sachgemäß ist eine entsprechende Anwendung des § 432 mit der Folge, daß der Schädiger den Substanzschaden an den VVerk. und den VK gemeinschaftlich zu leisten hat.[2]

b) Besitzschutz, Schutz vor gutgläubigem Erwerb und Recht zum Besitz

46   Bezüglich des weiteren Schutzes des AnwR.s sind verschiedene Tatbestandsgruppen zu unterscheiden:

aa) Unproblematisch ist der *Besitzschutz* nach §§ 858 ff. und § 1007.

bb) Dem VVerk. als Eigentümer gegenüber ist der VK nach § 986 zur Verweigerung der Herausgabe berechtigt. Dies gilt auch dann, wenn der VVerk. die Kaufsache nach § 931 einem Dritten übereignet hat (§ 986 Abs. 2). Wußte der Erwerber nicht, daß die Sache an den VK unter EV verkauft ist, so ist § 936 Abs. 3 (nach § 161 Abs. 1, 3 mit § 934) entsprechend anzuwenden: das AnwR bleibt auch dem redlichen Erwerber gegenüber bestehen.[3]

47   cc) Zweifelhaft und umstritten ist die Frage, ob das AnwR dem VK ein dingliches, jedermann gegenüber wirkendes *Recht zum Besitz* gibt. Sie wird bedeutsam einmal beim gutgläubigen Erwerb eines AnwR.s vom Nichteigentümer (s. oben Rn. 38 ff.), ferner in den Fällen, wo ein Dritter seine Besitzerstellung vom VK ableitet (Beispiel (2)). Trotz gewisser Bedenken[4] ist ein solches der Stellung des Eigentümers ähnliches Besitzrecht zu bejahen.[5] Seine Anerkennung entspringt einem praktischen Bedürfnis: Die Übertragung des Anwartschaftsrechts ist für den Erwerber nur sinnvoll, wenn er zugleich die mit diesem verbundenen Befugnisse dinglich gesichert erlangt.[6] Dafür spricht

---

[1] Wobei recht schwierige Rechtskraftprobleme hier außer Betracht bleiben sollen (s. dazu *Flume* II § 39, 3 f. m. w. N.).

[2] Auch die entsprechende Anwendung des § 1281 wäre erwägenswert (s. dazu *Medicus* AcP 165, 115, 142 ff.; *Gernhuber* aaO § 13 V 4; *Hadding* FS E. Wolf, 1985, 107; *Walter,* KaufR, § 10 IV 3). Allgemein zu konkurrierenden Ansprüchen des Eigentümers und des Besitzers gegen den Schädiger § 9 Rn. 31 ff., sowie § 19 Rn. 20 für die ähnliche Problematik beim Grundstückskauf, wenn ein Dritter das Grundstück nach Stellung des Eintragungsantrages, aber vor Eintragung des Erwerbers schädigt.

[3] Einzelheiten s. *Serick* I S. 444 ff.; *Medicus,* BR Rn. 462–465 f.; s. a. § 52 Rn. 555.

[4] Siehe BGHZ 10, 69; *Lempenau* aaO (oben § 3 Rn. 44, Fn.) S. 34 ff.; *Hans Stoll* JuS 1967, 12, 15 ff.; *Gudian* NJW 1967, 1786.

[5] *Bauknecht* NJW 1955, 1251; *Schnorr v. Carolsfeld* aaO S. 179; *Georgiades* aaO S. 53 f.; *Jahr* AcP 183, 725, 753; *Raiser* aaO S. 75 ff.; OLG Karlsruhe JZ 1966, 272.

[6] Die Bedenken, die Hans *Stoll* im Hinblick auf die Interessen des VVerk.s vorbringt, rechtfertigen keine andere Beurteilung. Der VVerk braucht der Übertragung der Anwartschaft nicht zuzustimmen.

ferner, daß das Gesetz auch sonst dem Inhaber eines beschränkten dinglichen Nutzungs- oder Verwertungsrechts die Befugnisse des Eigentümers „entsprechend" zugesteht (vgl. § 1065, § 1227).

Die aus der Doppelberechtigung (des VVerk.s und VK.s) sich ergebenden Schwierigkeiten lassen sich auch hier durch eine entsprechende Anwendung des § 432 oder dadurch ausschalten, daß man die rei vindicatio des VVerk.s auf die Herausgabe an den VK beschränkt (§ 986 Abs. 1 Satz 2).[1]

c) Drittwiderspruchsklage

Auf das Anwartschaftsrecht kann auch eine Drittwiderspruchsklage nach § 771 ZPO gestützt werden; so in dem – nicht sehr praktischen – Fall, daß die Sache sich beim VVerk. befindet und dort von dessen Gläubiger gepfändet wird (vgl. BGHZ 55, 20, 26 – dazu *Medicus*, BR Rn. 466), aber auch – in dem praktisch wichtigeren – Fall, daß der VK sein Anwartschaftsrecht sicherungshalber einem Dritten übertragen hat und nunmehr ein Gläubiger des VK.s die Sache pfändet; s. *Baur/Stürner* I ZVR Rn. 46.6; *Serick* I § 12 I 2 und III 5; *Paulus* JZ 1957, 45 und in Festschrift für Nipperdey I, 909, 927; ferner *Lempenau* aaO, der wegen der Schwebelage (der VVerk. kann ja noch zurücktreten und damit das Anwartschaftsrecht vernichten) nicht § 771 ZPO, sondern § 773 ZPO anwenden will.

Zum Schutz von *Pfandrechten* an der Anwartschaft gegen Sachpfändungen durch Dritte s. *Frank* NJW 1974, 2211.

48

V. Verlängerter Eigentumsvorbehalt und Sicherungsglobalzession

Mit der Problematik des verlängerten Eigentumsvorbehalts (verl. EV) haben wir uns schon wiederholt befaßt. Im folgenden sollen daher nur die bisherigen Ergebnisse kurz zusammengefaßt (Rn. 49) und dann auf das Verhältnis zwischen verl. EV und Globalzession eingegangen werden (Rn. 50 ff.).

1. Funktion des verlängerten EV

Mit dem verl. EV sucht der VVerk. die Surrogate, die sich aus einer *Weiterverarbeitung* oder (und) aus einer *Weiterveräußerung* der Vorbehaltsware ergeben, für sich zu sichern (oben Rn. 6). Der Eigentumserwerb des VK.s als Hersteller nach § 950 kann durch Vereinbarung zwischen VVerk. und VK zugunsten des ersteren ausgeschlossen werden (§ 53 Rn. 22). Möglich ist es ferner, daß der VK die Forderung, die sich aus dem Weiterverkauf der Vorbehaltsware gegen einen dritten Käufer ergibt, im voraus an den VVerk. abtritt (§ 58 Rn. 8). In beiden Fällen ist es schließlich zulässig, die Verlängerung in Allgemeinen Geschäftsbedingungen des VVerk.s auszusprechen, sofern sie den Rechtsbeziehungen zwischen VVerk. und VK zugrundegelegt und die vorausabzutretenden Forderungen genügend bestimmbar bezeichnet sind (§ 58 Rn. 19 f.). Ausgeschlossen sind derartige Klauseln, wenn die Abtretung der Forderung des VK.s gegen den dritten Käufer vertraglich oder durch Gesetz ausgeschlossen ist (vgl. BGHZ 40, 156, 162; 73, 259 – für den Fall des Kontokorrentvorbehalts; BGHZ 77, 274 = *Baur*, E. Slg, Fall 26a, vertragliches Abtretungsverbot, und oben § 58 Rn. 16).

49

Auch wenn dem VK nur schuldrechtliche Ansprüche zuständen, könnte der VVerk. sich gegen deren Abtretung regelmäßig nicht zur Wehr setzen. Der Ausschluß der Abtretung (§ 399) wird kaum jemals anzunehmen sein.

[1] S. dazu *Medicus* AcP 165, 115, 142 ff.; *Raiser* aaO S. 76; *Serick* I 275 ff.

2. Kollision zwischen Waren- und Geldkreditgebern

50 Die Problematik der atypischen Sicherungsgeschäfte wird bei dem Zusammenprall von „globaler" Sicherungsabtretung künftiger Kundenforderungen (meist zugunsten einer Bank) und der Vorausabtretung der aus der Veräußerung von Vorbehaltswaren sich ergebenden Kaufpreisforderungen (zugunsten des VVerk.s) besonders deutlich: Die Sicherungsabtretung, die in dem verl. EV liegt, bezieht sich dann häufig auf dieselben Forderungen, die der VK schon seiner Bank im voraus abgetreten hatte.

Beispiel (in Anlehnung an BGHZ 30, 149): Die Fa. L – eine Lederfabrik – hat ihrer Bank B durch einen Sicherungsvertrag v. 15. 10. 1952 ihre gegenwärtigen und künftigen Forderungen gegen ihre Abnehmer zur Sicherung eines Bankkredits abgetreten. Die zur Verarbeitung benötigten Häute bezog die L u. a. von dem Häutelieferanten V. Den Lieferungen lagen die Allg. Geschäftsbedingungen des V zugrunde, die den verl. EV – also ebenfalls die Abtretung der Forderungen der L gegen ihre künftigen Abnehmer – enthielten. Bankkredit und Warenkredit waren noch nicht abgedeckt, als L in Konkurs fiel.

51 Es geht offenbar um die – intensiv diskutierte[1] – Frage, ob dem Geld- oder Warenkreditgeber der Vorzug zukommt. Der BGH hat die Frage seit BGHZ 30, 149 im Ergebnis zugunsten der Warenkreditgeber beantwortet. Er geht zwar im Prinzip von dem Grundsatz der Priorität aus; er meint aber, die Abtretung der künftigen Kundenforderungen an den Geldkreditgeber sei wegen Sittenverstoßes (§ 138 Abs. 1) nichtig, wenn die Parteien der Globalabtretung sich in „zu mißbilligender Gesinnung" über die mit den Warenlieferanten getroffenen Abmachungen – also den verlängerten EV – hinweggesetzt hätten[2] (sog. *Vertragsbruchtheorie*). In späteren Entscheidungen (etwa BGHZ 56, 173, 179) läßt der BGH das subjektive Element der Vorwerfbarkeit zurücktreten. Die Rechtsprechung nimmt Sittenwidrigkeit sogar dann an, wenn der Geldkreditgeber den Kreditnehmer formularmäßig verpflichtet hatte, den Kredit zur Bezahlung der Lieferantenschulden zu verwenden.

So lautet etwa die Klausel in der Entscheidung BGH NJW 1968, 1516/7: „Der Sicherungsgeber verpflichtet sich, den Kredit (den die Bank gibt) in erster Linie zur Ausräumung des verlängerten EV.s zu verwenden". Nach Meinung des BGH wird der Vorwurf der Sittenwidrigkeit dadurch nicht ausgeräumt.

52 Anders dagegen dann, wenn die Globalabtretung die vom verlängerten EV erfaßten Forderungen *von vornherein* nicht einbeziehen oder erst nach Erlöschen des verlängerten EV.s wirksam werden soll (sog. *dingliche Verzichtsklausel*).[3]

---

[1] Literaturnachweise bei *Gernhuber*, BürgerlR § 29; *Medicus*, BR Rn. 525–530; *Scheyhing*, Sukzessionen, S. 145 ff.; *Serick* III S. 18 ff.; IV §§ 47 ff.; V S. 50. Gute Übersicht über die Probleme u. die Lösungsmöglichkeiten bei *Gernhuber*, Bürgerl. R aaO; eingehend *Wolf/Haas*, ZHR 154, 64 ff.; ferner *Adams* und *Dorndorf* aaO (§ 57 Rn. 5); *Bülow*, Kreditsicherheiten, Rn. 1412 ff.

[2] Ebenso u. a. BGH NJW 1968, 1516; BGHZ 55, 34.

[3] BGH NJW 1974, 942; BGHZ 72, 308, 310; BGH NJW 1991, 2144, 2147; *Serick* IV § 49 II u. III. – Die Sittenwidrigkeit wird aber nicht beseitigt durch eine sog. *schuldrechtliche Teilverzichtsklausel* (BGHZ 72, 308, 311; *Serick* V § 71).

§ 59. Der Eigentumsvorbehalt

Folgt man der Rechtsprechung, so wäre in unserem Beispiel die Globalabtretung zugunsten der Bank nichtig. Der Lieferant V könnte die an die Bank B bezahlten Beträge nach § 816 Abs. 2 herausverlangen, dies freilich nur dann, wenn die Kunden an die Bank als Zessionarin, nicht aber wenn sie an die Bank als Zahlstelle der L geleistet hatten, die Globalzession also ihnen gegenüber nicht aufgedeckt war! (so BGHZ 53, 138). War aber L verpflichtet, ihren Kunden gegenüber die Bank als ausschließliche *Zahlstelle* anzugeben, so steht dies praktisch einer Zahlung an die Bank als Zessionarin gleich. Da die Globalzession aber nichtig ist, haben die Kunden an die Bank als Nichtberechtigte geleistet; die Bank muß die an sie bezahlten Beträge daher an V herausgeben (BGHZ 72, 316).

Die hier geschilderte Lösung ist inzwischen Gemeingut einer gefestigten Rspr. geworden. Dennoch bleibt zu prüfen, ob sie rechtspolitisch tragbar ist.

Die Lösungen sind mannigfaltig und weisen so zahlreiche Schattierungen im einzelnen auf, daß hier nur eine grobe Skizze möglich ist:

Es liegt nahe, vom *Prioritätsprinzip* auszugehen: Wenn die künftige Forderung schon mit ihrer Abtretung aus dem Vermögen des Zedenten ausscheidet und bei Verwirklichung ihres Entstehungstatbestandes unmittelbar in der Person des Zessionars entsteht, dann kann nur die zeitlich frühere Sicherungsabtretung eine – künftige – Forderung auf den Zessionar übertragen; der zweite Sicherungszessionar kann nichts erwerben, da ein redlicher Erwerb nicht existenter Forderungen bekanntlich ausgeschlossen ist. Die Anwendung dieses Prioritätsgrundsatzes bedeutet praktisch, daß eine Globalzession zugunsten einer Bank solche – künftige – Forderungen nicht erfassen kann, die bereits auf Grund eines verl. EV.s an einen Warenlieferanten abgetreten worden waren. Andererseits ergreift sie diejenigen Forderungen gegen künftige Abnehmer des Schuldners, die sich auf *zeitlich spätere* – ebenfalls unter verl. EV erfolgte – Warenlieferungen beziehen. M. a. W.: die Globalzession höhlt den verl. EV im Laufe der Zeit aus. In unserem Beispiel kann sich also die Sicherungsabtretung zugunsten der Bank nicht Forderungen aus dem Verkauf von Waren durch den Schuldner unterwerfen, die an den Schuldner bereits vor dem 15. 10. 1952 unter verl. EV geliefert worden waren. Sie kann ihre Wirksamkeit erst für Lieferungen nach diesem Zeitpunkt entfalten. Letztlich ergibt sich also aus diesem Prinzip eine Bevorzugung des Bankkredits zum Nachteil des Warenkredits. **53**

Dieses Ergebnis wird vielfach als ungerecht empfunden; es sei nicht einzusehen, warum der VVerk. das Surrogat der in seinem Eigentum stehenden Vorbehaltsware dem Bankkreditgläubiger zur Verfügung stellen müsse. Eine Bevorzugung des Warenlieferanten sei auch gerechtfertigt: die Forderung aus dem Verkauf der Vorbehaltsware trete an die Stelle des vorbehaltenen Eigentums, sei dessen Surrogat (sog. *Surrogationsprinzip*),[1] der VVerk. stehe der abgetretenen Forderung näher als der Globalzessionar (sog. *Näherprinzip*). Schließlich verstoße eine Globalzession gegen das Gesetz und die guten Sitten, wenn sie sich auch auf Forderungen aus dem Weiterverkauf von Waren beziehe, die unter verl. EV geliefert worden waren; denn der VK sei vom VVerk. zur Veräußerung der ihm verkauften Waren nur ermächtigt, wenn er dem VVerk. auch den Gegenwert aus dem Weiterverkauf (= die Forderung) verschaffen könne. Die Globalzession, die auch solche Forderungen erfasse, mute also dem VK eine Täuschung des VVerk.s, einen Vertragsbruch, ja sogar eine strafbare Handlung zu (sog. *Vertragsbruchtheorie*). Dieser von *Flume* entwickelten Auffassung[2] folgt auch der BGH, wenn er freilich auch mehr und mehr das subjektive Element zurücktreten läßt (vgl. z. B. BGHZ 56, 173, 179). Dabei ist zu beachten, daß die *Flume*sche Auffassung eine Kombination mehrerer Prinzipien darstellt: *Flume* geht an sich vom Prioritätsgedanken aus; die zeitlich frühere Globalzession versage aber zufolge des Vertragsbruchsprinzips gegenüber dem verl. EV. Freilich beziehe sich dieser verl. EV *nicht* unter allen Umständen auf die *ganze* Forderung aus dem Weiterverkauf der Ware, sondern nur auf den Teil, dem der Wert der Vorbehaltsware im Zeitpunkt der Lieferung entspricht. Soweit dies nicht der Fall sei, greife wieder das Prioritätsprinzip (zugunsten des Globalzessionars) Platz. **54**

Innerlich verwandt ist dieser Betrachtungsweise das *Teilungsprinzip*:[3] Eine Aufteilung der Forderung (gegen den dritten Abnehmer) entsprechend dem Wert der gelieferten Ware soll nicht nur dann erfolgen, wenn mehrere VVerk. miteinander in Konkurrenz treten, sondern auch beim Zusammenprall von Geld- und Warenkreditgläubigern. Man dürfe ja nicht übersehen, daß auch der Geldkreditgeber seinen Teil zum Weiterverkauf der Waren beigetragen habe; denn der gewährte Kredit könne zur Bestreitung der allgemeinen Geschäftsunkosten, der Werbung usw. verwendet worden sein. Es **55**

---

[1] Näher entwickelt von *Picker* JuS 1988, 379 („surrogativer Notschutz des Sacheigentums").
[2] NJW 1950, 841/7 u. 1959, 913/8.
[3] *Erman* BB 1959, 1109; *Beuthien* BB 1971, 375; *Esser* JZ 1968, 281, 529; ZHR 135, 320; abgelehnt in BGHZ 32, 361.

komme also darauf an, „was von der einzelnen Seite wirklich an Wert in die Forderung eingeflossen ist."[1]

Den Gegenpol bildet schließlich die Meinung, daß das Verhalten des Schuldners in sich widerspruchsvoll sei, beide Vorausabtretungen daher keine Rechtswirkung entfalten könnten. –

Bei dem Versuch einer Lösung spricht vieles für den Teilungsgedanken, den *Erman* im Anschluß an *Flume* entwickelt hat: bei jeder Forderung gegen den Drittabnehmer soll festgestellt werden, zu welchen Teilen eine Leistung des VVerk.s, des Bankkreditgläubigers und des VK.s selbst (Eigenkapital – Arbeit!) enthalten ist. Was u. E. gegen diesen Vorschlag spricht, ist die Unmöglichkeit, mit einiger Sicherheit Gesichtspunkte für eine solche Teilung zu entwickeln.[2]

Eine Lösung muß von den Prinzipien des geltenden Rechts ausgehen; nur so läßt sich auch dem Gebot der Rechtssicherheit Rechnung tragen: VVerk. wie Globalzessionar gehören zur Gruppe der gesicherten Gläubiger. Bei einer Konkurrenz gesicherter Gläubiger hat unsere Rechtsordnung aber überall auf dem Prioritätsprinzip aufgebaut; es gilt für die Rangordnung mehrerer Vertragspfandgläubiger (Faustpfand-Grundpfandgläubiger) ebenso wie für das Verhältnis mehrerer Pfändungspfandgläubiger. Obwohl man sich über den nicht immer durchschlagenden Gerechtigkeitsgehalt dieses Prinzips einig war und ist, hat der Gesetzgeber es bevorzugt, weil es zu sicheren, einfachen und damit praktikablen Ergebnissen führt. Solange man sich also nicht dazu entschließt, gesetzgeberisch den verl. EV ebenso auszuschalten wie die Globalzession[3] oder zu einer formalen Teilung einer jeden Forderung zu kommen, ist es gerechtfertigt, an dem *Prioritätsprinzip*[4] festzuhalten.[5]

VI. Andere Kollisionsfälle

56 Folgende Kollisionsfälle haben Ähnlichkeit mit der eben dargestellten Kollision zwischen verlängertem EV und der Sicherungsglobalzession:

1. Verlängerter EV und Factoringglobalzession

a) Kollision zwischen verl. EV und zeitlich vorrangiger Factoringglobalzession

57 Zum Institut des Factoring und zum Unterschied zwischen echtem und unechtem Factoring s. o. zunächst § 58 Rn. 12 f. Wenn ein VK im Rahmen des verl. EV dem VVerk. Forderungen abtritt, die er (als Anschlußkunde) zuvor bereits dem Factor abgetreten hatte, kollidieren die Interessen des VVerk.s mit denen des Factors, was insbesondere im Konkurs des VK.s Bedeutung erlangt. Die Frage, wie diese Kollisionsfälle zu lösen sind, ist von erheblicher wirtschaftlicher Tragweite und wird nach wie vor kontrovers diskutiert. Im Kern geht es darum, ob hier nach denselben Grundsätzen vorzugehen ist wie beim Aufeinandertreffen von verl. EV und Sicherungsglobalzession.

---

[1] Formulierung *Sericks* in BB 1960, 141; ähnlich *Esser* aaO; *Lempenau* aaO S. 71 ff.
[2] Die sich aus dem Bestimmtheitsprinzip ergebenden Bedenken betont mit Recht *Serick* BB 1960, 141, 146; *Serick* V § 58; wie oben BGHZ 32, 361; dagegen aber *Esser* aaO.
[3] Versuche in dieser Richtung sind gemacht worden, sind aber offenbar aussichtslos.
[4] So auch nachdrücklich *Wolf/Haas*, ZHR 154, 64 ff.
[5] In diesem Zusammenhang ist darauf hinzuweisen, daß die Waren- und Geldkreditgeber im Konkurs nicht selten gemeinsame Sache machen, indem sie ihre Sicherheiten in einen *Pool* einbringen, der die Aussonderungsrechte gegen den Konkursverwalter geltend macht; dies vor allem dann, wenn die beiderseitigen Sicherungsrechte im laufenden Konkursverfahren nicht sicher abgrenzbar sind. Die interne Auseinandersetzung wird dann zwischen den Kreditgebern vereinbart (s. dazu BGH NJW 1989, 895: „Sicherheitenverwertungsvertrag" = JZ 1989, 197 m. Anm. *Tipke*; *Weitnauer* FS Baur, 1981 S. 709 ff.; *Marx* NJW 1978, 246; *Jaeger/Henckel* § 15 Rn. 72 f.; *Rimmelspacher*, Kreditsicherungsrecht, Rn. 532 ff.; *Stürner* ZZP 94, 263, 274; *Hess*, Miteigentum der Vorbehaltslieferanten u. Poolbildung, 1985; *Serick* KTS 1989, 743).

aa) Echtes Factoring

Beim echten Factoring sind sich die Rspr. und ein Großteil der Lehre einig, daß die Vertragsbruchtheorie keine Anwendung findet. Es soll vielmehr ausschließlich das Prioritätsprinzip gelten, mit der Folge, daß die Factoringglobalzession wirksam ist. **58**

Der BGH und die h. L. verneinen im Anschluß an *Serick* die Parallele zur kreditsichernden Globalabtretung und damit die Sittenwidrigkeit des Factoring-Vertrages. Es handle sich hier um einen echten Forderungskauf durch den Factor. Auch mache es keinen wesentlichen Unterschied, ob der Anschlußkunde seine Außenstände zulässigerweise kraft der ihm erteilten Einziehungsermächtigung von seinen Abnehmern bar entgegennehme oder für deren Übertragung einen Barvorschuß erhalte.[1]

Auch für *Canaris,* der das echte Factoring nicht als Kauf- sondern als Darlehensvertrag einordnet, ist ausschlaggebend, daß der Anschlußkunde von dem Factor einen Barvorschuß und damit in ähnlicher Weise Geld für die Ware erhält, als hätte er selbst die Forderung unmittelbar von seinem Schuldner eingezogen.[2]

bb) Unechtes Factoring

Beim unechten Factoring, bei dem der Anschlußkunde selbst das Zahlungsrisiko trägt, ist die Lösung sehr umstritten. Der BGH und ein Teil der Lehre[3] sehen das unechte Factoring als ein Kreditgeschäft an, das nach den Grundsätzen der Vertragsbruchtheorie zu behandeln sei. Im Falle des unechten Factoring ist danach eine mit späteren verl. Eigentumsvorbehalten kollidierende Factoringglobalzession wegen Sittenwidrigkeit nichtig. **59**

Die Gegenansicht, die sich im Schrifttum immer mehr durchzusetzen scheint, löst die Kollision dagegen ebenso wie beim echten Factoring.[4] Gegen die Lösung der Rspr. wird unter anderem vorgebracht, daß ebenso wie beim echten Factoring der Factor der zedierten Forderung weitaus näher stehe als der durch gewöhnliche Sicherungsglobalzession gesicherte Kreditgeber, weil die Zession eben nicht nur zu Sicherungszwecken stattfinde, sondern auch erfüllungshalber. Hinzu komme, daß der Factor die einzelnen Forderungen umsatzkongruent bevorschusse, was ihn ebenso nahe an der Forderung stehen lasse wie den VVerk. Dessen Bevorzugung sei daher nicht zu rechtfertigen.[5]

Dieser Auffassung ist zu folgen. Ungeachtet der dogmatischen Bedenken, die gegen die Vertragsbruchtheorie als korrigierende Einschränkung des gesetzlich verankerten Prioritätsprinzips bestehen, ist deren Anwendung hier auch sachlich nicht zu rechtfertigen. Bei der Lösung der Kollisionsfrage **60**

---

[1] BGHZ 69, 254, 258; 100, 353, 358; *Rimmelspacher* Rn. 459 ff.; *Blaurock* ZHR 142, 325 u. 143, 71; *Gerhardt* JZ 1986, 740; *Gernhuber* Bürgerl. R., § 29 IV 2; *Martinek* § 11 III; *Serick* ZHR 143, 68; ders. NJW 1981, 749 u. 1715; *Pottschmidt-Rohr,* Kreditsicherungsrecht, 3. Aufl. 1986, Rn. 690; *Peters-Wiechmann* ZIP 1982, 1407.
[2] *Canaris* NJW 1981, 249; *Larenz/Canaris* II/2 § 65 III S. 91.
[3] BGHZ 69, 254, 257; 82, 50, 64; *Serick* § 52 IV 5a; *Martinek* § 11 V; *Soergel/Huber* vor § 433 Rn. 111.
[4] Insbesondere *Canaris,* Bankvertragsrecht, Rn. 1686 und NJW 1981, 249, 250 f.; *Larenz/Canaris* II/2 § 65 III 2; *Blaurock* ZHR 142, 340 f.; *MünchKomm/Mayer-Maly* § 138 Rn. 91; *Reinicke/Tiedtke,* Kreditsicherung, 3. Aufl. 1994, S. 251 ff.; *Rimmelspacher* Rn. 479; *Staudinger/Honsell* § 455 Rn. 78.
[5] *Larenz/Canaris,* II/2 § 65 III 2.

kommt es nicht auf die rechtliche Einordnung des unechten Factoring an, sondern darauf, ob der VVerk. unangemessen benachteiligt wird. Das ist für das unechte Factoring ebenso zu verneinen wie für das echte. Auch beim unechten Factoring erhält der VK einen Geldbetrag etwa in Höhe seiner Kundenforderung. Es ist nicht von entscheidendem Gewicht, daß er diesen Betrag möglicherweise wieder an den Factor zurückzahlen muß. Der VVerk. hat ebensoviel oder -wenig die Chance, daß der VK den erhaltenen Betrag zu seinen Gunsten verwendet. Das Risiko, daß dieser Betrag nicht an ihn fließt (etwa weil der VK zuvor in Konkurs fällt), trägt er hier wie dort im selben Maße.[1]

b) Kollision zwischen verl. EV und zeitlich nachrangiger Factoringglobalzession

61　Liegt der Fall ausnahmsweise so, daß die Globalzession im Rahmen des verl. EV früher stattfindet als die Factoringglobalzession, muß durch Auslegung des Vertrages ermittelt werden, ob die vom VVerk. erteilte Einziehungsermächtigung auch den Forderungseinzug im Wege des Factoring (d.h. Entgegennahme des Barvorschusses gegen die Abtretung der Forderung an den Factor) umfaßt. Schweigt der Vertrag hierzu, soll nach h.M. das echte Factoring erlaubt sein, das unechte dagegen nicht.[2]

62　Richtigerweise sollte man jedoch auch hier echtes und unechtes Factoring gleichbehandeln, mit der Folge, daß diese Abweichung vom gewöhnlichen Forderungseinzug stets gestattet ist, allerdings aufschiebend bedingt durch die tatsächliche Zahlung des Barvorschusses an den VK.[3] Maßgeblich sind insoweit dieselben Argumente wie bei der Diskussion über die Anwendung der Vertragsbruchtheorie auf die zeitlich vorrangige Factoringzession. Die Interessen des VVerk.s sind beim echten Factoring nicht berührt, weil er aufgrund des endgültig geleisteten Barvorschusses wirtschaftlich nicht anders gestellt wird als bei entsprechender Zahlung des Zweitkäufers selbst.[4] Dieser Gesichtspunkt ist jedoch auch beim unechten Factoring ausschlaggebend. Die Tatsache, daß der Factor u.U. einen Rückzahlungsanspruch hat, ändert hieran nichts, da dies die Befriedigungschancen des VVerk.s nicht wesentlich schmälert.[5]

2. Factoringglobalzession und Sicherungsglobalzession

63　Hier streiten sich eine Factoringbank und eine andere Kreditbank. Die Vertragsbruchtheorie ist folglich bereits deshalb nicht anwendbar, weil es hier um den Konflikt zweier Geldkreditgeber (nicht um den zwischen Geld- und Warenkreditgebern) geht. Es bleibt damit grundsätzlich beim Prioritätsprinzip:

---

[1] *Canaris* NJW 1981, 249, 250; *Reinicke/Tiedtke,* a.a.O., S. 254.
[2] BGHZ 72, 15, 19f.; 82, 50, 54f.; *Serick* § 52 V 2b; *Martinek* § 11 V.
[3] Zutreffend *Bülow,* Kreditsicherheiten Rn. 1489.
[4] BGHZ 72, 15, 20ff.; *Serick* § 52 V 2b; *Bülow,* Kreditsicherheiten Rn. 1488; *Martinek* § 11 IV 1.
[5] *Bülow,* Kreditsicherheiten Rn. 1489.

a) Eine zeitlich frühere Factoringglobalzession geht einer nachfolgenden Sicherungszession vor, gleichgültig, ob echtes oder unechtes Factoring vorliegt.[1]

b) Bei einer zeitlich vorrangigen Sicherungszession ist – wie beim verl. EV – die vom Sicherungsnehmer erteilte Einziehungsermächtigung dahingehend auszulegen, ob die Abtretung der Forderung gegen die Drittschuldner an den Factor gestattet ist oder nicht (BGHZ 75, 391; modifiziert in BGHZ 82, 283). Es spricht nichts dagegen, hier dieselben Grundsätze anzuwenden wie bei der Kollision mit einem zeitlich vorrangigen verl. EV.[2] Eine Gestattung der Factoringzession durch den anderen Kreditgeber ist daher aufschiebend bedingt durch tatsächliche Zahlung des Barvorschusses anzunehmen. Zwar ist zu bedenken, daß der Geldkreditgeber – anders als ein VVerk. – am Zugriff auf die gesamte Forderung interessiert ist. Ob dies jedoch, wie der BGH für eine durch Factoringgebühren um 16,5% geminderte Forderung entschieden hat, zur Unzulässigkeit der Factoringzession führen kann, ist angesichts der Tatsache zweifelhaft, daß es dem Sicherungsnehmer auch ansonsten freisteht, die Ware unter Einstandspreis zu verkaufen.[3]

3. Doppelsicherung eines Lieferanten durch verl. EV und verl. SÜ

Vereinbart ein Warenlieferant mit seinem Abnehmer einen verl. EV, eine **64** SÜ des Warenlagers und die Abtretung der Forderungen aus der Veräußerung aller Waren, so ist dies wegen Gefährdung der übrigen Gläubiger sittenwidrig.[4]

4. Vermieterpfandrecht und Raumsicherungsübereignung

Kollisionsfälle können auch entstehen zwischen Vermieterpfandrecht und **65** der SÜ aller Gegenstände, die jetzt und in Zukunft in einen bestimmten Raum eingebracht werden. Auch hier entsteht das Problem, daß bei Wahrung der Priorität das Vermieterpfandrecht diejenigen Gegenstände nicht mehr erfaßt, die erst nach Begründung der Raumsicherungsübereignung in das Lager gebracht worden sind. Das Pfandrecht des Vermieters würde dann im Laufe der Zeit ausgehöhlt werden.

In BGHZ 117, 200 hatte der BGH den Fall zu entscheiden, daß ein Mieter M einer Bank B zur Sicherheit sämtliche Rechte an allen Waren übertragen hatte, „die sich gegenwärtig in den Geschäftsräumen befinden oder künftig dorthin verbracht werden." In diesen Räumen wurden auch unter EV gelieferte Waren untergebracht. Der BGH hat entschieden, daß auch an der Anwartschaft an diesen Waren ein vorrangiges Vermieterpfandrecht entsteht und zwar auch dann, wenn die Waren erst *nach* Abschluß des Sicherungsvertrages in die Miete räume gelangten.
Dies ist unproblematisch, wenn die SÜ im Wege des antezipierten Besitzkonstituts erfolgt, weil dann der M mit Zahlung der letzten Rate für eine logische Sekunde Eigentümer wurde und dadurch das Vermieterpfandrecht am Anwartschaftsrecht sich auf die Sache selbst erstreckte. Wenn allerdings die SÜ sich dergestalt vollzieht, daß M der B sein Anwartschaftsrecht an den einzubringenden Sachen

---
[1] *Rimmelspacher* Rn. 482; *Gernhuber* BürgerlR § 29 IV 3; *Martinek* § 11 VII.
[2] Zutreffend *Larenz/Canaris* II/2 § 65 III 4; *Martinek* § 11 VII.
[3] *Larenz/Canaris* II/2 § 65 III 4a.
[4] BGH NJW 1977, 2261.

überträgt, ist die Lösung schwieriger. Dogmatisch konsequent wäre es, der B bei Zahlung der letzten Rate ein vom Vermieterpfandrecht freies Volleigentum zu gewähren (so auch BGH a.a.O.), weil hier die Anwartschaft unmittelbar zum Vollrecht erstarkt, ohne daß M jemals Eigentümer werden konnte. Der BGH gelangt jedoch zum Vorrang des Vermieterpfandrechts mit der Begründung, daß derjenige, der das Eigentum durch Erstarken eines ihm übertragenen Anwartschaftsrechts erwerbe, nicht besser stehen dürfe als jener, dem der Sicherungsgeber das volle Eigentum übertragen konnte.[1]

---

[1] Dazu *Nicolai*, JZ 1996, 219; *Fischer,* JuS 1993, 542 ff.; s. a. § 55 Rn. 41.

V. Abschnitt
Die Rechte an Rechten

§ 60. Arten und Bedeutung der Rechte an Rechten

Lit.-Hinweis: *Bülow*, Recht der Kreditsicherheiten, 4. Aufl. 1997, Rn. 538 ff.; *Dulckeit*, Die Verdinglichung obligatorischer Rechte, 1951, S. 53 ff.; *Forkel* NJW 1983, 1764 (Lizenzen); *Hellwig*, Die Verpfändung und Pfändung von Forderungen, 1883; *Hirsch*, Übertragung der Rechtsausübung, 1910; *Forkel*, Gebundene Rechtsübertragungen, I, 1977; *Heck* §§ 120 ff.; *Hadding/Schneider* (Herausgeber), Gesellschaftsanteile als Kreditsicherheit, 1979; *Ludwig* DNotZ 1992, 339 (Verpfändung des Auflassungsanspruchs); *Riedel*, Abtretung und Verpfändung von Forderungen und anderen Rechten, 1982; *H. J. Weber*, Sicherungsgeschäfte, § 15; *Westermann/Gursky* §§ 71 ff. Weitere Lit. im Text.

I. Grundlagen

1. Gemeinsamkeiten beschränkter Rechte am Eigentum und an anderen Vermögensrechten

Daß aus der Rechtsstellung *des Eigentümers* beschränkte dingliche Rechte in 1 Form von Nutzungs- und Sicherungsrechten abgespalten werden können, ist bei unbeweglichen und beweglichen Sachen leicht vorstellbar. Schwieriger ist das Verständnis der Rechtsteilung bei der Begründung derartiger beschränkter Rechte *an anderen Vermögensrechten* als dem Eigentum an Grundstücken und an beweglichen Sachen; und zwar einmal deshalb, weil diese Rechte sich in aller Regel nicht auf einen körperlich sichtbaren Gegenstand beziehen (z.B. die Forderung des Gläubigers gegen den Schuldner), zum anderen aus dem Grund, weil die Struktur dieser Rechte äußerst vielgestaltig ist (man vergleiche eine Darlehensforderung mit dem Urheberrecht an einem Schriftwerk oder dem Anteil eines Gesellschafters an einer GmbH). Man erleichtert sich die Vorstellung, wenn man – etwas gewaltsam – von beschränkten dinglichen Rechten am *Sacheigentum* einerseits und von solchen am Forderungs„*eigentum*", Urheber*eigentum* usw. spricht (eine solche Ausdrucksweise ist zwar unserer zivilistischen Nomenklatur fremd, aber auf anderen Rechtsgebieten durchaus gebräuchlich; man denke nur daran, daß unter den Eigentumsschutz des Art. 14 GG auch andere Vermögensrechte als Sacheigentum einbezogen werden!). Hat man mit dieser Begriffsvereinheitlichung eine gemeinsame Basis gefunden, dann wird auch augenscheinlich, daß der „Eigentümer" anderer Vermögensrechte aus seinem „Eigentum" die Nutzungsbefugnis oder die Verwertungsbefugnis abspalten kann.

Der Gläubiger einer verzinslichen Forderung kann sein Nutzungsrecht (den Zinsbezug) einem Nießbraucher übertragen – der Aktionär kann das Verwertungsrecht einem Gläubiger überlassen.

2. Sedes materiae und Rechtsnatur

Bei einer solchen Betrachtungsweise wird es auch verständlich, daß das Ge- 2 setz die beschränkten dinglichen Rechte an Rechten im „Sachen"recht gere-

§ 60 I V. Abschnitt. Die Rechte an Rechten

gelt hat, obwohl die belasteten Rechte selbst ihren Standort an einem anderen Ort des „Rechtsgebäudes" haben (die Forderungen im Schuldrecht, das Aktienrecht im Aktiengesetz, das Urheberrecht im Urheberrechtsgesetz u.s.w.). Denn die typischen Nutzungs- und Sicherungsformen sind eben beim Sacheigentum dieselben wie beim „Rechtseigentum": gängige Nutzungsform ist der Nießbrauch, übliche Sicherungsform das Pfandrecht. Daher regelt das Gesetz den Nießbrauch an Rechten (§§ 1068–1084) und das Pfandrecht an Rechten (§§ 1273 bis 1296) im Bereich des „Sachenrechts".

3   Umstritten ist die Frage, welchen *Rechtscharakter* diese beschränkten Rechte haben: Sind sie *stets* dinglicher Natur oder nur dann, wenn das belastete Recht seinerseits dinglichen Charakter hat?
Ist das Pfandrecht an einer Forderung ein relatives Recht wie die Forderung selbst – das Pfandrecht an einer Grundschuld dingliches Recht?
Von unserer Betrachtungsweise aus gesehen, zeigt es sich, daß diese Fragestellung falsch ist: Beurteilt man die Bestellung eines beschränkten Rechts als Abspaltung aus dem Recht, so liegt es auf der Hand, daß der „Rechtseigentümer" nur das Recht so abspalten kann, wie es ihm selbst zusteht, also z.B. der Gläubiger einer Forderung eben nur einen „Teil" des relativen Rechts. Im Verhältnis zum belasteten Recht dagegen hat das beschränkte Recht dinglichen Charakter; dies zeigt sich etwa darin, daß es auch bestehen bleibt, wenn das Recht auf einen anderen übertragen wird; hätte es relativen Charakter, so würde es dem Erwerber gegenüber nicht wirken.[1]

Beispiel: K hat von V ein Grundstück gekauft und den Auflassungsanspruch dem G verpfändet. Verkauft V das Grundstück vertragswidrig an D und wird dieser nach Auflassung als Eigentümer eingetragen, so ist G dem D gegenüber genau so machtlos wie der Inhaber K des Stammrechts selbst (relatives Recht!). Tritt dagegen K seinen Auflassungsanspruch an Z ab, so bleibt das Pfandrecht des G bestehen (dingliches Recht!).

3. Varianten konstruktiver Zuordnung

4   Die Möglichkeit der Abspaltung von Teilrechten erlaubt reiche Variationen; die Teilrechte können sein:
nebeneinander gereiht: Der Gläubiger bestellt an *seiner Forderung* gegen den Schuldner dem N einen Nießbrauch, seinem Gläubiger P ein Pfandrecht. – Parallele: E bestellt an seinem Grundstück (= Grundeigentum) dem N einen Nießbrauch, dem P eine Hypothek,
hintereinander gestaffelt: G bestellt an seiner Forderung dem P ein Pfandrecht; später pfändet ein weiterer Gläubiger D dieselbe Forderung,
aufeinander aufgebaut: E hat seinem Gläubiger G für eine zu 10% verzinsliche Darlehensforderung eine Hypothek bestellt. G muß auf Grund eines Vertrags dem N einen Nießbrauch an dieser Hypothek bestellen. Ein Gläubiger D des N will sich den Zinsbezug, der dem N durch den Nießbrauch ermöglicht wird, nicht entgehen lassen, und pfändet den Nießbrauch seiner Ausübung nach[2] (§ 1059 Satz 2 BGB; § 857 Abs. 3 ZPO). Dies bedeutet – zunächst ohne

---

[1] Gleicher Auffassung, wenn auch mit im einzelnen verschiedener Begründung *Heck* § 120, 3; *Thiele,* Die Zustimmungen in der Lehre vom Rechtsgeschäft, 1966, S. 35; *Wolff/Raiser* §§ 120 I, 175 I; *Westermann/Gursky* § 71 I 2.

[2] Der Nießbrauch selbst ist nicht pfändbar, weil er nicht übertragbar ist (§§ 1059 Satz 1, 1059b). A.A. BGHZ 62, 133: Die Überlassung des Nießbrauchs an einen anderen sei zulässig (§ 1059 S. 2); daher auch nach § 857 Abs. 3 ZPO die Pfändung. Der Pfändungspfandgläubiger könne freilich nicht den Nießbrauch verwerten, sondern nur die Nutzungen in Anspruch nehmen. Der praktische Unterschied zwischen den beiden Auffassungen besteht vor allem darin, daß bei Pfändung des Nieß-

alle rechtlichen Details –, daß die Zinsen an D abzuführen sind. Ist D befriedigt, so steht der Zinsbezug wieder dem N zu. Erlischt auch der Nießbrauch (z.B. mit dem Tode des N), so fallen die Zinsen – wie ursprünglich – dem G zu.

II. Gemeinsame Prinzipien

Aus der Vorstellung der Abspaltung oder Rechtsteilung[1] ergeben sich gemeinsame Grundlinien für Nießbrauch und Pfandrecht an Rechten: 5

1. Welche Rechte sind belastbar bzw. teilbar?

Die Belastung ist Teilabtretung, nämlich Abtretung entweder des Nutzungsrechts oder des Verwertungsrechts. Daraus folgt, daß nur solche Rechte belastet werden können, die *übertragbar* sind: § 1069 Abs. 2, § 1274 Abs. 2. 6

Belastbar sind also z.B. Forderungen, Grundpfandrechte, Aktienrechte, Anteile an einer GmbH, Patentrechte (§ 15 PatG), Marken (§ 27 MarkenG), der Anteil eines Miterben (§ 2033 Abs. 1 Satz 1), nunmehr auch der – bis 1990 grundsätzlich unübertragbare – Schmerzensgeldanspruch (§ 847 Abs. 1).
Nicht belastbar sind insbesondere unpfändbare Forderungen (denn sie können auch nicht abgetreten werden, § 400), ferner der Nießbrauch als solcher (§ 1059 Satz 1).

Zu beachten ist, daß das Gesetz – systemwidrig, aber verständlich – zwischen der Verpfändbarkeit (durch Vertrag) und der Pfändbarkeit (durch einen Akt der Zwangsvollstreckung) von Rechten unterscheidet: so kann eine Forderung, deren Abtretung durch Vereinbarung zwischen dem Gläubiger und Schuldner ausgeschlossen wurde (§ 399; beachte den neuen § 354a HGB!), nicht *ver*pfändet, wohl aber *ge*pfändet werden (§ 851 Abs. 2 ZPO; Grund: Der Vollstreckungsgläubiger soll durch derartige Abreden in dem Zugriff auf das Vermögen seines Schuldners nicht beeinträchtigt werden!). Gleiches gilt bei der Pfändung des Nießbrauchs (oben Rn. 4), wenn die Ausübungsüberlassung (§ 1059 S. 2) mit dinglicher Wirkung ausgeschlossen worden ist (BGHZ 95, 99, 102; s.a. § 32 Rn. 17f.). Ebenso ist der Anteil an einer Gesellschaft des BGB oder an einer OHG grundsätzlich – d.h. mangels abweichender vertraglicher Gestaltung oder Disposition aller Gesellschafter[2] – nicht verpfändbar (§ 719 BGB, § 105 Abs. 2 HGB), wohl aber pfändbar (§ 859 ZPO, § 725 BGB).[3] 7

2. In welcher Form erfolgt die Belastung?

a) Grundsatz: Form der Rechtsübertragung

Als inhaltliche Teilabtretung erfolgt auch die Belastung mit Nießbrauch oder Pfandrecht in der Form der Übertragung des Rechts (§ 1069 Abs. 1, § 1274 Abs. 1 Satz 1), eine Feststellung, die eigentlich nichts Neues bietet, wenn man daran denkt, daß das Gesetz für die Begründung und Übertragung von Grundstücksrechten eine einheitliche Form angeordnet hat (§ 873) und 8

---

brauchs selbst dessen Aufhebung der Zustimmung des Pfändungspfandgläubigers bedarf (wie der BGH die ganz h.M.; zu der Streitfrage BayObLG DNotZ 1998, 302; *Soergel/Stürner* § 1059 Rn. 8–9a u. oben § 32 Rn. 18).

[1] *Heck* § 120.
[2] Zur Verpfändung von Anteilen an Personengesellschaften ausführlich MünchKomm/*Damrau* § 1274 Rn. 70–72b m.Nw.; *Hadding*, in: Hadding aaO S. 37ff.; *Rümker* WM 1973, 626 (Kommanditanteil). Von der Verpfändung des Anteils ist die Verpfändung der Auseinandersetzungs- und Gewinnansprüche zu unterscheiden, die auch abtretbar sind (§ 717 Abs. 2).
[3] Zur Pfändung von Anteilen an Personengesellschaften *Smid* JuS 1988, 613 m. Nw.; *Jauernig/Stürner* §§ 723–728 Rn. 9ff.; *Baur/Stürner* I, EinzelvollstreckungsR, Rn. 32.6ff.; *Rosenberg/Gaul/Schilken* § 58 III 3a–c; BGHZ 97, 392; ferner § 62 Rn. 53.

bei den beweglichen Sachen nach demselben Grundsatz verfahren ist (vgl. §§ 929 ff. – § 1032 – § 1205).

9 So wird also etwa eine Briefhypothek durch Übergabe des Hypothekenbriefs und Einigung über die Verpfändung mit schriftlicher Verpfändungserklärung (bzw. Eintragung im Grundbuch) verpfändet (§ 1274 Abs. 1 Satz 1 mit § 1154). Der Nießbrauch an einer Inhaberaktie wird durch Einigung und Übergabe bestellt. Die Verpfändung des Anteils an einer GmbH bedarf der gerichtlichen oder notariellen Beurkundung des Verpfändungsvertrags (§ 15 Abs. 3 GmbHG).[1]

b) Erschwerungen aus Publizitätsgründen

Aus Gründen der Publizität gelten zwei Erschwerungen:

aa) Erfordernis körperlicher Übergabe

10 Ist zur Vollübertragung des Rechts die Übergabe der Sache erforderlich, so kann bei der Verpfändung diese Übergabe nur in der Form erfolgen wie die Verpfändung einer beweglichen Sache, also nach §§ 1205, 1206. Dies bedeutet insbes., daß Besitzkonstitut und schlichte Anspruchsabtretung ausgeschlossen sind (§ 1274 Abs. 1 Satz 2).

So kann die Briefhypothek zwar durch Einräumung des Besitzkonstituts (und schriftliche Abtretungserklärung) *übertragen* werden (arg. § 1154 Abs. 1 Satz 1 2. Halbsatz mit § 1117 Abs. 1 Satz 2 mit § 930), *nicht* aber verpfändet werden.

bb) Verpfändungsanzeige

11 Bei der Verpfändung einer Forderung genügt nicht der schlichte Verpfändungsvertrag zwischen Gläubiger und Pfandgläubiger, vielmehr muß der Gläubiger dem Schuldner die Verpfändung anzeigen (§ 1280).

Dieses Erfordernis hat in der Praxis dazu geführt, daß die Verpfändung von Forderungen durch die – meist „versteckte" – Sicherungsabtretung ersetzt wird (kein Gläubiger will seinem Schuldner offenbaren, daß er selbst gezwungen ist, seine Rechte seinem Gläubiger zu verpfänden); s. oben § 58.

c) Belastungsform und Erlöschen der Belastung

12 Zu beachten bleibt, daß nur die Begründung des Rechts am Recht sich nach der Übertragungsform des Rechts richtet, nicht aber sein weiteres Schicksal. Hier ist dann Nießbrauchs- bzw. Pfandrecht maßgebend.

So erlischt das Pfandrecht an einer Hypothek mit dem Untergang der Forderung, zu deren Sicherung es bestellt war (§ 1273 Abs. 2 mit § 1252); war das Pfandrecht an der Hypothek im Grundbuch eingetragen, so wird das Grundbuch unrichtig.

Der Nießbrauch an einer Forderung erlischt spätestens mit dem Tod des Nießbrauchers (§ 1068 Abs. 2 mit § 1061).

III. Bedeutung der Rechte an Rechten

13 Die Rechte an Rechten sind im praktischen Leben viel bedeutsamer als die etwas stiefmütterliche Behandlung im BGB (und auch im akademischen Un-

---

[1] Zur Verpfändung des GmbH-Anteils MünchKomm/*Damrau* § 1274 Rn. 51–69; *Mühl*, in: Hadding aaO S. 219 ff.; *Rodewald* GmbH Rdsch 1995, 418; zur Pfändung *Baur/Stürner* I, EinzelvollstreckungsR, Rn. 32.10 und als *Beispiel* BGHZ 104, 351.

terricht!) erwarten läßt. Der Grund ist leicht ersichtlich: Unser Sachenrecht sieht als typische Bestandteile des Vermögens die unbeweglichen und beweglichen Sachen an; es mag damit die durchschnittliche Lebenswirklichkeit des ausgehenden 19. Jahrhunderts getroffen haben. Seitdem hat sich die Vermögenszusammensetzung wesentlich verschoben: nur ein geringer Prozentsatz der Bevölkerung ist Grundeigentümer, dagegen ist das „Forderungskonto" wesentlich gestiegen.

Man denke an die Lohn- und Gehaltsforderungen der Millionen in abhängiger Stellung Arbeitenden – an den Groß- oder Einzelhändler, der mit einem geringen Aufwand an „Sachen" einen hohen Umsatz erzielt, also auch viele „Forderungen" hat – an die Ausweitung des Wertpapierbestandes u.s.w.

Daraus folgt, daß das „Recht" als Gegenstand der Abspaltung von Nutzungs- und Sicherungsrechten eine erhebliche Bedeutung erlangt hat. Das gilt etwa im Bereich des Vermögensnießbrauchs, der Verpfändung im Rahmen Allgemeiner Geschäftsbedingungen,[1] vor allem aber für den Zugriff im Wege der Zwangsvollstreckung: Die Lohn- und Gehaltspfändungen übertreffen an Zahl und wirtschaftlichem Gewicht die Zwangsvollstreckungen in Grundstücke und bewegliche Sachen.[2] Ferner ermöglicht § 857 ZPO den Zwangszugriff in alle Rechte und erlaubt damit die Vollstreckung auch in *alle* anderen Vermögensrechte, die nicht Grundstücke, bewegliche Sachen und Geldforderungen sind. Damit wird das *gesamte* Vermögen des Schuldners dem Zugriff des Gläubigers eröffnet. 14

Zu beachten ist, daß auch *öffentlichrechtliche Leistungsansprüche* verpfändet und mit einem Nießbrauch belastet werden können, soweit sie übertragbar (pfändbar) sind. 15

§ 61. Der Nießbrauch an Rechten

I. Grundlagen

1. Anwendungsbereich

In der Praxis kommt der Nießbrauch an Rechten – wie der an beweglichen Sachen (s. oben § 54 Rn. 2) – meist im Rahmen eines Versorgungs- oder Sicherungsnießbrauchs an einem Vermögen, Sondervermögen, Unternehmen oder Unternehmensteil[3] vor. 1

---

[1] Besonders wichtig AGB-Banken 1993 Ziff. 14; dazu § 62 Rn. 5f.
[2] *Baur/Stürner* I, Einzelvollstreckungsrecht, Rn. 4.2, 4.3.
[3] Siehe dazu *v. Godin*, Nutzungsrecht an Unternehmen und Unternehmensbeteiligungen (1949); *Flume*, AT d. Bürgerl. Rechts, I 1, 1977, § 17 VI (Nießbrauch an der Mitgliedschaft); *Baur* JZ 1958, 465 (= *Baur* Beitr. II 235: Unternehmensnutzungen bei Vorerbschaft u. Testamentsvollstreckung); *K. Schmidt*, Handelsrecht, 4. Aufl. 1994, § 6 III 3; *Teichmann*, ZGR 1972, 1 (Nießbrauch an Beteiligungen an einer Personengesellschaft); *Gösele*, Nießbrauch als Ertragsbeteiligung am Unternehmen und an Anteil einer Personengesellschaft (Tüb. Diss. 1964); *Bökelmann*, Nutzungen u. Gewinn beim Unternehmensnießbrauch, 1971 (dazu *Grunsky* BB 1972, 585); *Sudhoff* NJW 1974, 2205 (Nießbrauch am Gesellschaftsanteil); *Fichtelmann*, Der Nießbrauch an Unternehmungen u. Beteiligungen, DStR 1974, 267, 300 u. 341; *Westermann*, Personengesellschaften, 4. Aufl. 1979, Rn. 334ff.; *Kreifels*,

§ 61 I V. Abschnitt. Die Rechte an Rechten

Wir erinnern uns, daß jemand zwar verpflichtet werden kann, an einem Vermögen (z. B. einem Nachlaß) einen Nießbrauch zu bestellen, daß aber die Begründung selbst an den einzelnen Gegenständen des Vermögens erfolgen muß:

Beispiel: Hat E seinen Sohn S als Alleinerben eingesetzt, seiner Frau F aber den Nießbrauch an der Erbschaft vermacht und gehören zu der Erbschaft u. a. Aktien, Anteile an einer GmbH, Grundpfandrechte, so muß an jedem einzelnen dieser Rechte durch S der Nießbrauch zugunsten der F bestellt werden.

2. Nutzbarkeit und Übertragbarkeit des belasteten Rechts

2   Das Recht, das dem Nießbrauch unterworfen werden soll, muß nutzbar und übertragbar sein.

a) Nutzbarkeit

3   Das zu belastende Recht muß nutzbar sein, denn der Rechtsnießbrauch berechtigt dazu, die Nutzungen des Rechts zu ziehen (§ 1068 Abs. 2 mit § 1030 Abs. 1). Jedoch darf der Begriff „nutzbar" nicht zu eng gefaßt werden. Es genügt, daß der Gegenstand, auf den das genutzte Recht gerichtet ist, genutzt werden kann.

So wenn zu der Erbschaft des E ein Anspruch auf Übereignung eines Hauses gehört, an dem nun der F der Nießbrauch bestellt werden muß (s. unten Rn. 13).

b) Übertragbarkeit

4   Weitere Grundvoraussetzung der Nießbrauchbestellung ist die Übertragbarkeit des unterworfenen Rechts, denn – wie wir bereits wissen – ist die Begründung des Nießbrauchs an einem Recht nichts anderes als eine Teilübertragung des Rechts (Nutzteilung: *Heck*), § 1069 Abs. 2.

aa) Anteil an einer Personalgesellschaft

5   Daher ist z. B. ein Nießbrauch an dem *Anteil an einer Personalgesellschaft* (Gesellschaft des BGB, OHG, KG) grundsätzlich nicht möglich (§ 719); anders jedoch dann, wenn der Gesellschaftsvertrag die Übertragung und Belastung zuläßt (*Beispiele* s. BGHZ 58, 316 u. BGH DB 1975, 439 = MDR 1975, 385: Nießbrauch an einem Kommanditanteil; BFH NJW 1995, 1918, 1919: Nießbrauch am Anteil einer BGB-Gesellschaft) oder alle Gesellschafter zustimmen. Beim Nießbrauch am Anteil einer Personalgesellschaft ist allerdings streitig, ob die Nießbrauchbestellung zu einer Aufspaltung der Mitgliedschaftsrechte führt (dabei wieder streitig die Art der Aufteilung: Ertragsrechte – übrige Mitgliedschaftsrechte oder laufende Rechtswahrnehmung – substanzverändernde Rechtswahrnehmung)[1] oder

---

FS Hengeler, 1972, 158; *Faber* BWNotZ 1978, 151 (Anwendungsbereich); *Bender*, Nießbrauch und Unterbeteiligung an Personengesellschaftsanteilen, DB 1979, 1445; *Hadding/Schneider* (Herausgeber), Gesellschaftsanteile als Kreditsicherheit, 1979; *Flössner*, Die Zurechnung der Einkünfte beim Nießbrauch, 1979; *Petzoldt*, GmbHRdsch 1980, 197 (Nießbrauch am Gewinnstammrecht); *Blaurock*, Unterbeteiligung und Treuhand an Gesellschaftsanteilen, 1981, S. 135 ff.; *Petzoldt*, GmbHRdsch 1987, 381, 433 (Nießbrauch am Kommanditanteil und GmbH-Geschäftsanteil); *Ulmer*, FS Fleck, 1988, S. 383 (Abspaltungsverbot und Nießbrauch an OHG- bzw. KG-Anteil); *Paus* BB 1990, 1675 (steuerliche Fragen des Unternehmensnießbrauchs); *Schön*, Der Nießbrauch am Gesellschaftsanteil, ZHR 158 (1994), 229 ff.; *Gschwendtner* NJW 1995, 1875; ferner *K. Schmidt*, Gesellschaftsrecht, 3. Aufl. 1997, § 61 II; *Soergel/Stürner* § 1068 Rn. 7–9 b m. Nw.

[1] So wohl die derzeitig in der Praxis favorisierte Lösung mit der Folge, daß der Nießbraucher einkommensteuerlich Mitunternehmer ist (ausführlich BFH NJW 1995, 1918, 1919; s. a. BGH NJW

§ 61. Der Nießbrauch an Rechten   I § 61

ob der Gesellschafter dem „Nießbraucher" den Gesellschaftsanteil treuhänderisch überträgt.[1] Vom Nießbrauch am Gesellschaftsanteil ist dann wiederum der Nießbrauch am Gewinnanspruch oder Gewinnstammrecht[2] zu unterscheiden; er bedarf – ebenfalls umstritten – wegen § 717 S. 2 keiner Mitwirkung der übrigen Gesellschafter. Die konstruktiven Schwierigkeiten rühren vom Zusammenprall des gesellschaftsrechtlichen „Abspaltungsverbots" mit einem Rechtsinstitut des BGB, das eine Abspaltung gerade intendiert.

bb) GmbH-Geschäftsanteil

Bei der Bestellung eines Nießbrauchs an einem GmbH-Geschäftsanteil verbleiben alle Verwaltungsrechte einschließlich des Stimmrechts zwingend beim Anteilsinhaber (OLG Koblenz NJW 1992, 2163 u. *Soergel/Stürner* § 1068 Rn. 8; kritisch *MünchKomm/Petzold* § 1068 Rn. 34, der für eine Angleichung an den Nießbrauch am Anteil einer Personalgesellschaft eintritt). **6**

3. Die Bestellung

„Die Bestellung des Nießbrauchs an einem Recht erfolgt nach den für die Übertragung des Rechts geltenden Vorschriften" (§ 1069 Abs. 1: Abspaltungsgedanke). **7**

Demnach kommt gutgläubiger Erwerb des Rechtsnießbrauchs von einem Nichtberechtigten nur dort in Betracht, wo auch bei der Übertragung des belasteten Rechts der Publizitätsgedanke gälte: so wenn der fälschlich als Inhaber einer Buchgrundschuld Eingetragene an der Grundschuld einen Nießbrauch bestellt.

4. Das Nutzungsrecht des Rechtsnießbrauchers

Der Rechtsnießbraucher darf die Nutzungen des Rechts ziehen (§ 1068 Abs. 2 mit § 1030 Abs. 1). **8**

a) Der Inhalt des Nutzungsrechts

Man muß also jeweils feststellen, welche Nutzungen das Recht abwirft; sie stehen dann nicht dem Inhaber des belasteten Rechts, sondern dem Nießbraucher zu: **9**
z. B. bei einer verzinslichen Forderung das Zinsrecht, bei einer Aktie das Dividendenbezugsrecht, bei der Pacht eines landwirtschaftlichen Grundstücks die Sachfrüchte, und zwar mit der Trennung, sofern der Rechtsnießbraucher im Besitz des Grundstücks ist.

b) Verfügungen des Rechtsinhabers

Der Nießbrauch kann durch Verfügungen des Inhabers des belasteten Rechts *nicht beeinträchtigt* werden: Tritt dieser das Recht ab, so bleibt die Belastung des Rechts mit dem Nießbrauch bestehen, sofern nicht redlicher lastenfreier Erwerb eintritt: § 892 bzw. § 936 (etwa bei Inhaberpapieren). Hebt er das Recht auf oder ändert er es inhaltlich ab, so ist die Verfügung dem Rechtsnießbraucher gegenüber nur wirksam, wenn er zugestimmt hat (§ 1071).[3] **10**

c) Forderungsnießbrauch und Schuldnerschutz

Die Rechtsstellung des Schuldners eines mit einem Nießbrauch belasteten Anspruchs soll durch die Nießbrauchsbestellung ebensowenig beeinträchtigt werden wie bei einer Vollabtretung des Rechts; **11**

1989, 3152, 3155 r. Sp.); Kritik und Einzelheiten bei *Soergel/Stürner* § 1068 Rn. 7 e und f; *MünchKomm/Petzold* § 1068 Rn. 16 ff.
[1] Einkommensteuerlich voll wirksam; Nachteil: Treugeberposition des Gesellschafters; *Soergel/Stürner* § 1068 Rn. 7 d.
[2] Einkommensteuerlich ohne den erwünschten „Unternehmereffekt"; BFH NJW 1976, 1656; krit. *Soergel/Stürner* § 1068 Rn. 7 b; *Jauernig/Stürner* §§ 718–720 Rn. 9.
[3] Also relative Unwirksamkeit! (str. s. *Heck* § 120, 10).

diesen Gedanken verwirklicht § 1070; zahlt also der Schuldner einer verzinslichen Forderung die Zinsen nach wie vor an seinen Gläubiger, weil er von der Nießbrauchsbestellung nichts erfahren hat, so wird er frei (§ 1070 mit § 407).

II. 1. Sonderfall: Nießbrauch an Forderungen

12   Sondervorschriften enthält das Gesetz für den Nießbrauch an Forderungen (§§ 1074–1080). Hier mußte vor allem entschieden werden, wem das *Einziehungsrecht* zusteht, ob dem Nießbraucher, dem Gläubiger oder beiden zusammen. Das Gesetz unterscheidet:

1. Unverzinsliche Forderungen

13   Bei unverzinslichen Forderungen ist der Nießbraucher zur Einziehung der Forderung ermächtigt (§ 1074 mit Umkehrschluß aus § 1076: Fall einer gesetzlichen Einziehungsermächtigung). Mit der Leistung des Schuldners an den Nießbraucher erwirbt der Gläubiger den geleisteten Gegenstand, der Nießbraucher den Nießbrauch an ihm (§ 1075: Fall einer gesetzlichen Surrogation).

Diese Regelung wird verständlich, wenn man sich klar macht, daß der Nießbraucher von der unverzinslichen Forderung „nichts hat". Er muß daher Gewicht darauf legen, daß die Forderung bald eingezogen wird, damit er den geleisteten Gegenstand nutzen kann; daher sein selbständiges Einziehungsrecht.

In unserem *Standardbeispiel* gehört zum Nachlaß des E ein Anspruch auf Übereignung eines Grundstücks gegen V. An diesem Anspruch steht der F nunmehr der Nießbrauch zu. Zieht F den Anspruch – durch Auflassung seitens des V und Eintragung im Grundbuch – ein, so wird S (= Erbe des E) kraft Gesetzes Eigentümer des Grundstücks, F wird Nießbraucherin; ihre Eintragung im Grundbuch ist Berichtigung.

2. Verzinsliche Forderungen

14   Bei verzinslichen Forderungen steht dem Rechtsnießbraucher schon das Zinsrecht zu. Es besteht also kein Anlaß, ihm ein Alleineinziehungsrecht zuzubilligen; hier ist die gemeinsame Berechtigung hinsichtlich des Stammrechts die richtige Lösung (Einzelheiten s. §§ 1077–1079).

3. Nießbrauch an Grundpfandrechten

15   Zu beachten bleibt, daß der Nießbrauch an einem Grundpfandrecht (also auch an der Grund- und Rentenschuld) wie ein Forderungsnießbrauch behandelt wird (vgl. § 1080 für Grund- und Rentenschulden; für die Hypothek ergibt sich dasselbe schon aus der Akzessorietät).

Beispiel: Dem Erblasser E stand an dem Grundstück des X eine Hypothek zur Sicherung eines – aus Gefälligkeit – unverzinslichen Darlehens zu. Sein Erbe S hat dem Testament entsprechend seiner Mutter F den Nießbrauch an dieser Hypothek bestellt. F kündigt die Hypothek und zieht das Darlehen ein. Sie wird Eigentümerin des Geldes (also hier – weil verbrauchbare Sache – ausnahmsweise keine Surrogation! § 1075 Abs. 2), muß es aber bei Beendigung des Nießbrauchs an S zurückbezahlen (§ 1067).

III. 2. Sonderfall: Nießbrauch an Wertpapieren

1. Rektapapiere und Orderpapiere

16   Für Rektapapiere und Orderpapiere, die nicht blanko indossiert sind, gilt nichts Besonderes. So kann etwa an einer Namensaktie der Nießbrauch durch Einigung über die Nießbrauchsbestellung und Übergabe des indossierten Papiers bestellt werden (§ 68 AktG).

2. Inhaberpapiere und blankoindossierte Orderpapiere

17   Sonderbestimmungen trifft das Gesetz für Inhaberpapiere und die ihnen gleichgestellten blankoindossierten Orderpapiere (§§ 1081–1084), also für alle die Wertpapierrechte, die durch Übereignung des Papiers übertragen werden.

a) Die Bestellung des Nießbrauchs

Die Bestellung des Nießbrauchs erfolgt durch Einigung und Übergabe; die Besonderheit liegt hier nur darin, daß als Übergabeform die Einräumung des Mitbesitzes genügt (§ 1081 Abs. 2). **18**

b) Einzelfragen zum Umfang des Nutzungsrechts

Der *Besitz* am Papier steht dem Eigentümer und Nießbraucher gemeinschaftlich zu (§§ 1081 Abs. 1, 1082), das *Dividendenrecht* dem Nießbraucher allein. **19**

Sehr streitig ist die Frage, wer bei *Inhaberaktien* das Stimmrecht ausüben darf (s. dazu die Nachweise bei *Soergel/Stürner* § 1068 Rn. 9 a; *MünchKomm/Petzold,* § 1068 Rn. 34). Die gegenseitige Abhängigkeit von Stammrecht und Nutzungsrecht spräche für gemeinsame Stimmrechtsausübung, jedoch ist aus Gründen der Praktikabilität mit der h. M. das Stimmrecht des Aktionärs vorzuziehen; der Nießbraucher kann sich durch Vollmacht und entsprechende schuldrechtliche Stimmrechtsvereinbarungen weitergehende Rechte verschaffen (str., s. a. BGH NJW 1987, 780).

Beispiel: Der F steht der Nießbrauch an einer dem S gehörigen Inhaberschuldverschreibung des Landes Baden-Württemberg zu. S wie F haben Anspruch auf gemeinschaftlichen Besitz an dem Papier (§ 1081 Abs. 1 Satz 1, 1082), die Zinsscheine hat F als Nießbraucherin und damit als Inhaberin des Zinsrechts allein in der Hand. Kündigt der Anleiheschuldner die Anleihe, so sind F und S gemeinsam zur Einziehung befugt (§ 1077 mit § 1083). Der eingezogene Betrag ist mündelsicher anzulegen (z. B. in mündelsicheren Schuldverschreibungen), der F ist daran wieder der Nießbrauch zu bestellen (§ 1083 Abs. 2 mit § 1079). **20**

IV. Anhang: Nießbrauch an einem Vermögen und am Nachlaß

1. Geltung des Spezialitätsgrundsatzes

In den §§ 1085 ff. spricht das Gesetz vom „Nießbrauch an einem Vermögen" und „an einer Erbschaft" (§ 1089),[1] wobei praktisch nur die letztgenannte Form vorkommt. Wie wir wissen, ist das ein recht ungenauer Ausdruck; das Gesetz berichtigt sich denn auch sofort selbst dahin, daß dieser Vermögens- und Nachlaßnießbrauch nichts anderes ist als die Zusammenfassung der an den einzelnen Gegenständen eines Nachlasses (Vermögens) bestellten Nießbrauchsrechte. Die Bezeichnung ist auch deshalb recht global, weil der Nießbrauch etwa an einem Nachlaßgegenstand nicht dadurch endet, daß dieser – z. B. durch Veräußerung – ausscheidet. **21**

2. Gläubigerschutz

Wenn sich nun das Gesetz doch mit dem Nießbrauch an einem Vermögen (Nachlaß) befaßt, so aus dem naheliegenden Grund, daß durch die Nießbrauchsbestellung die Rechtsstellung der Gläubiger des Vermögensinhabers beeinträchtigt wird. Die Problemlage ist ähnlich wie in § 419 BGB (Vermögensübernahme),[2] § 25 HGB (Geschäftsübernahme) und § 1967 BGB (Erbfall). Ähnlich ist auch die vom Gesetz gewählte, hier nur anzudeutende Lösung: „Die Schulden sind eine Last des Vermögens." **22**

---

[1] Kein Vermögensnießbrauch ist aber der Nießbrauch am Anteil einer Erbengemeinschaft, für den §§ 2033 Abs. 1, 1069 gelten; hierzu oben § 60 Rn. 6f. und ausführlich *Soergel/Stürner* § 1089 Rn. 4 m. Nw.
[2] § 419 wird durch die am 1. 1. 1999 in Kraft tretende Insolvenzrechtsreform aufgehoben.

§ 62 A I   V. Abschnitt. Die Rechte an Rechten

a) Nießbrauch und Altforderungen

23   Vor der Nießbrauchsbestellung begründete Forderungen können ohne Rücksicht auf den Nießbrauch in das Vermögen vollstreckt werden (§ 1086), der Nießbraucher muß allerdings vollstreckungsrechtlich zur Duldung der Zwangsvollstreckung verurteilt sein (§§ 737, 738 ZPO).
   Im Innenverhältnis zwischen Nießbraucher und Besteller besteht eine gegenseitige Mitwirkungspflicht bei Erfüllung solcher Verbindlichkeiten (Einzelheiten s. § 1087).

b) Haftung für Zinsen und sonstige wiederkehrende Leistungen

24   Zinsen und sonstige wiederkehrende Leistungen werden erfahrungsgemäß aus den Nutzungen des Vermögens bestritten. Daher haftet der Nießbraucher für sie persönlich mit seinem eigenen Vermögen. Im Innenverhältnis zwischen Nießbraucher und Besteller lastet die Zinspflicht auf dem Nießbraucher (Einzelheiten s. § 1088).

Lesenswerte, die ratio des Gesetzes gut darstellende Entscheidung: RGZ 153, 29.

§ 62. Das Pfandrecht an Rechten

A. Allgemeine Grundsätze

Lit.-Hinweis: S. § 60 und weitere Angaben im Text.

I. Begriff und Erscheinungsformen

1. Begriff

1   Gliedert man die Vermögensbestandteile in Grundstücke, bewegliche Sachen und „sonstige Rechte", so befaßt sich das Pfandrecht an Rechten mit dieser dritten Gruppe von Vermögensrechten. Die Mannigfaltigkeit dieser Rechte ist augenscheinlich (s. dazu schon oben § 60 Rn. 1 ff.). Sie können absolute Rechte sein (wie Grundpfandrechte, Urheberrechte) oder relative Rechte (wie Forderungsrechte aller Art).
   Während es sich beim Nießbrauch an einem Recht um die Abspaltung des Nutzungsrechts handelt, wird bei dem Pfandrecht an einem Recht die Verwertungsbefugnis aus der Substanz des Rechts ausgegliedert.

2   Die Verwertungsmöglichkeit ist bei den einzelnen Arten dieser Rechte sehr verschieden: so können etwa Urheberrechte durch Veräußerung der in ihnen enthaltenen vermögensrechtlichen Befugnisse verwertet werden. Dagegen erfolgt die Verwertung von auf Geld gerichteten Forderungen durch ihre Einziehung und Verwendung des Erlöses zugunsten des Gläubigers. Daraus ergibt sich schon, daß – anders als bei Grundstücken und beweglichen Sachen – der Pfandverkauf nicht die einzige Form der Verwertung sein kann.

2. Die Pfandrechtsarten

Auch das Pfandrecht an Rechten kann vertragliches, gesetzliches und Pfändungspfandrecht sein.

a) Das vertragliche Pfandrecht

Das vertragliche Pfandrecht an Forderungen ist weitgehend durch die Sicherungsabtretung abgelöst worden. Von Bedeutung ist das Forderungs- und Wertpapierpfand auf Grund der Allgemeinen Geschäftsbedingungen der Banken.[1]

Ziff. 14 Abs. 1 dieser Bedingungen lautet: „Der Kunde und die Bank sind sich darüber einig, daß die Bank ein Pfandrecht an den Wertpapieren und Sachen erwirbt, an denen eine inländische Geschäftsstelle im bankmäßigen Geschäftsverkehr Besitz erlangt hat oder noch erlangen wird. Die Bank erwirbt ein Pfandrecht auch an den Ansprüchen, die dem Kunden gegen die Bank aus der bankmäßigen Geschäftsverbindung zustehen oder künftig zustehen werden (zum Beispiel Kontoguthaben)."

Unter diese Neuregelung fallen damit nicht mehr sonstige Rechte, wie etwa Anwartschaftsrechte oder immaterialgüterrechtliche Nutzungsrechte (vgl. zuvor Ziff. 19 Abs. 2 a. F.). Umfassend geblieben ist allerdings die neue Fassung der AGB-Sparkassen (Ziff. 21 Abs. 1 n. F.),[2] die sich aber immerhin auf Werte beschränken, die im bankmäßigen Geschäftsverkehr in die Verfügungsmacht der Bank gelangt sind, um so den Anforderungen der §§ 3, 9 AGBG gerecht zu werden (hierzu BGHZ 93, 71, 75; NJW 1983, 2701; ferner *Wolf/Horn/Lindacher*, AGBG, 3. Aufl., § 9 Rn. P2). Die Verpfändung erfaßt ausdrücklich auch Ansprüche des Kunden gegen die Bank selbst („Pfandrecht an eigener Schuld": BGHZ 93, 71, 75; 95, 149, 154; NJW 1988, 3262). Bei „offenen" Treuhandkonten des Bankkunden besteht kein Pfandrecht nach AGB-Banken (Ziff. 14 Abs. 3 AGB-Banken; s. zuvor schon BGHZ 61, 72, 77; NJW 1985, 1954; 1988, 263, 265; 1991, 101); anders bei „versteckten" Treuhandkonten, wo auch die spätere Offenlegung des Treuhandcharakters das Pfandrecht nicht beseitigt, falls die Bank nicht einwilligt. Gegenüber dem Bürgen entsteht allerdings wegen noch nicht fälliger Bürgschaftsforderungen (§ 765) kein Pfandrecht, weil damit der Rahmen der Bürgschaft gesprengt wäre (Ziff. 14 Abs. 2 AGB-Banken; s. a. BGHZ 92, 295, 300; NJW 1991, 100). Unklarheiten über den Umfang der Verpfändungserklärung gehen zu Lasten des Verwenders der AGB, § 5 AGBG (hierzu BGH NJW 1973, 514; NJW-RR 1990, 109; OLG Köln NJW-RR 1990, 485). Ziff. 14 AGB-Banken und Ziff. 21 AGB-Sparkassen konnten bisher praktische Bedeutung insbesondere auch erlangen, wenn vertragliche Globalsicherheiten einer Inhaltskontrolle nicht standhielten und nichtig waren (hierzu BGH NJW 1995, 1085, 1086 und § 5 Rn. 22 sowie § 57 Rn. 18 ff. m. Nw.); durch die neue Entscheidung BGH NJW 1998, 671 verliert diese Möglichkeit ihre Bedeutung. § 357 Abs. 1 HGB (Maßgeblichkeit des Zustellungssaldos bei Kontokorrentpfändung) geht Ziff. 14 AGB-Banken vor (BGH NJW 1997, 2322, 2323).

b) Das gesetzliche Pfandrecht

Das gesetzliche Pfandrecht an Rechten spielt nur eine geringe Rolle (vgl. etwa §§ 233, 1287 BGB, §§ 756, 758 HGB).

c) Das Pfändungspfandrecht

Um so bedeutsamer ist das Pfändungspfandrecht, also der Zugriff auf diese Vermögensrechte im Wege der Zwangsvollstreckung.

---

[1] Die AGB der Banken wurden zum 1. 1. 1993 neu gefaßt (Abdruck in NJW 1992, 3278; besprochen von *Hoeren* NJW 1992, 3262).
[2] Abgedruckt in NJW 1993, 840; besprochen von *Aden* NJW 1993, 832.

II. Grundprinzipien

9 Für das Pfandrecht an Rechten gelten zunächst die allgemeinen Pfandrechtsgrundsätze (s. oben § 55 Rn. 3 ff.) und ferner die für die Rechte an Rechten entwickelten Gedanken (s. oben § 60 Rn. 5 ff.).

1. Akzessorietät und Spezialität

10 Die Grundsätze der Akzessorietät und Spezialität sind auch hier wirksam; denn § 1273 Abs. 2 verweist auf das Pfandrecht an beweglichen Sachen.

a) Akzessorietät

11 Die zu *sichernde Forderung* kann auch künftig oder bedingt sein (§ 1273 Abs. 2 mit § 1204), wenn sie nur *bestimmbar* ist; der Rang des Pfandrechtes richtet sich dabei nach dem Zeitpunkt der Bestellung des Pfandrechtes, mag auch die gesicherte Forderung erst später entstehen (§§ 1273 Abs. 2, 1209; BGHZ 93, 71, 75 f.). Mit der gesicherten Forderung – und nur mit ihr – geht das Pfandrecht auf einen neuen Gläubiger über (§ 1273 Abs. 2 mit § 1250). Mit der Forderung erlischt auch das zu ihrer Sicherung bestellte Pfandrecht (§ 1273 Abs. 2 mit § 1252).

b) Spezialität

12 Das Pfandrecht muß an einem bestimmten Vermögensrecht entstehen; Generalpfandrechte sind auch hier ausgeschlossen.

Während aber künftige *Sachen* schon deshalb nicht verpfändet werden können, weil der Besitz an ihnen noch nicht übertragen werden kann, sind künftige *Rechte* dann verpfändbar, wenn sie auch schon abtretbar wären.[1] Die Rechtsfigur eines Pfandrechts zur Sicherung einer *künftigen* Forderung an einem *künftigen* Recht ist also möglich:

13 *Beispiel:* S – Inhaber eines Ingenieurbüros – hat sich unter Übernahme einer hohen Vertragsstrafe einem Industrieunternehmen U gegenüber verpflichtet, eine bestimmte von ihm gemachte Erfindung bis zu einem gewissen Zeitpunkt „ausführungsreif" zu machen. Zur Sicherung der etwaigen künftigen Ansprüche auf Bezahlung der Vertragsstrafe verpfändet er U gegenüber das „künftige Patentrecht" oder auch den Anspruch auf Erteilung des Patents (vgl. § 15 Abs. 1 PatG).

2. Publizität

14 Auch der Grundsatz der Publizität findet – wenn auch nur in beschränktem Maße – Anwendung (s. §§ 1274 Abs. 1 Satz 2 und § 1280; dazu oben § 60 Rn. 10 f.).

3. Übertragbarkeit des belasteten Rechts und Form der Bestellung

15 Aus dem Abspaltungsgedanken ergibt sich, daß ein Pfandrecht nur an übertragbaren Rechten bestellt werden kann (§ 1274 Abs. 2 – entsprechend § 1069

---

[1] Siehe dazu *Larenz* I § 34 III und oben §§ 55 Rn. 5 und 58 Rn. 18 ff.; ferner *Jauernig/Stürner* § 398 Rn. 9 f.

Abs. 2), daß ferner seine Bestellung sich nach der *Übertragungsform* richtet (§ 1274 Abs. 1 – entsprechend § 1069 Abs. 1). Bei der Zwangsvollstreckung in Rechte wird die Übertragung durch einen Akt des Gerichts (Pfändungs- und Überweisungsbeschluß) ersetzt.[1]

B. Das Vertragspfandrecht an Rechten

I. Die gesetzliche Regelung

Hier bedarf das System des Gesetzes einer Erläuterung: In § 1273 Abs. 2 wird zunächst der Grundsatz aufgestellt, daß auf das Vertragspfandrecht an Rechten die für das rechtsgeschäftliche Sachpfandrecht geltenden Vorschriften Anwendung finden. Die in den §§ 1274 ff. enthaltenen *Sondervorschriften* sollen jedoch den Vorrang haben. **16**

1. Die Bestellung des Pfandrechts

Für sie gilt – wie wir bereits wissen – die Übertragungsform[2] mit der Verschärfung der Publizität in § 1274 Abs. 1 Satz 2 und § 1280. **17**

2. Die Verwertung des Pfandes

Während beim Sachpfand der Privatverkauf durch öffentliche Versteigerung die regelmäßige Verwertungsform ist (§ 1235 Abs. 1), ordnet § 1277 die Vollstreckungsform als Regel an. Der Pfandgläubiger bedarf also eines gegen den Rechtsinhaber gerichteten Duldungstitels. **18**

Wie die Verwertung dann erfolgt, richtet sich nach den Vorschriften des Zwangsvollstreckungsrechts (s. unten Rn. 38 ff.).

Freilich wird diese Regelform wieder durch Ausnahmen in den wichtigsten Fällen des Vertragspfandrechts durchbrochen: so bedarf es keines Vollstreckungstitels bei der Verwertung von Forderungen aller Art einschließlich der Grundpfandrechte (§ 1282: Einziehung durch den Pfandgläubiger!), von Inhaberpapieren (§ 1293: Anwendung der Regeln des Sachpfandrechts). **19**

3. Schuldnerschutz und beschränkte Aufhebbarkeit

Die Sondervorschriften betreffen ferner den Schutz des Schuldners, der von der Verpfändung nichts erfahren hat (§ 1275, entsprechend § 1070 beim Nießbrauch) und die Beschränkung der Aufhebung des Rechts durch seinen Inhaber (§ 1276, entsprechend § 1071). **20**

Beispiel: G hat Pf. an seiner Forderung gegen S ein Pfandrecht bestellt. Will Pf. nach Pfandreife (unten Rn. 30 ff.) die Forderung bei S einziehen (§ 1282), so kann S dem Pf. z. B. entgegenhalten, G

---

[1] Einzelheiten s. *Baur/Stürner* I, EinzelvollstreckungsR, §§ 30–32; *Jauernig*, ZVR, §§ 19, 20; ferner unten Rn. 38 ff.

[2] Lesenswerte *Beispiele:* BayObLG NJW 1959, 1780 (Verpfändung eines Miterbenanteils) und NJW 1976, 1895 (Verpfändung eines Auflassungsanspruchs); BGH ZIP 1984, 1118 ff.; 1986, 722 (Verpfändung einer Sparbuchforderung: Anzeige gemäß § 1280; keine Übergabe des Sparbuches nötig; s. a. unten Rn. 37); BGH NJW 1996, 1675 (Verpfändung einer Schuldbuchforderung; s. a. unten Rn. 34 f.).

§ 62 B II   V. Abschnitt. Die Rechte an Rechten

habe die Forderung aus anfechtbarem Geschäft erworben (§§ 1275, 404, 142 Abs. 1, 123 Abs. 1; hierzu BGHZ 93, 71, 78 ff.).

4. Zusammenspiel von allgemeinen und speziellen Pfandrechtsregeln

21 Das Zusammenspiel der Sondervorschriften mit den entsprechend anwendbaren Regeln des Sachpfandrechts soll an einem *Beispiel* deutlich werden:
S, der von der Bank G einen – nach einmonatiger Kündigung zur Rückzahlung fälligen – Kredit zur Weiterentwicklung von Erfindungen erhalten hat, will der G ein bereits erteiltes Patent verpfänden. Da Patente übertragbar sind (§ 15 Abs. 1 Satz 2 PatG), können sie auch verpfändet werden, und zwar in der Übertragungsform. Da für die Übertragung eines Patents keine besonderen Vorschriften gelten, genügt der schlichte Verpfändungsvertrag (§ 1274 Abs. 1 Satz 1 mit § 413 mit § 398; *Bernhardt/Kraßer*, Lehrbuch des Patentrechts, 4. Aufl. 1986, § 40 II, III 1). Die Pfandreife, also das Recht zur Verwertung des Pfandes, tritt mit Fälligkeit der gesicherten Forderung – hier also 1 Monat nach Kündigung des Darlehens – ein (§ 1273 Abs. 2 mit § 1228 Abs. 2 Satz 1). Will G nunmehr das Patent verwerten, so muß er gegen S einen Duldungstitel erwirken (§ 1277 Satz 1), z.B. Urteil, vollstreckbare Urkunde; ein allgemeiner, auf Rückzahlung des Kredits lautender Titel genügt nicht. Auf Grund des Duldungstitels ergeht ein Pfändungsbeschluß des Vollstreckungsgerichts (§ 857 Abs. 1 u. 2 mit § 829 ZPO).[1] Die Verwertung erfolgt durch den Überweisungsbeschluß des Gerichts (§ 857 Abs. 1 mit § 835 ZPO), wobei das Gericht hier eine bestimmte Art der Verwertung anordnen kann (§ 857 mit § 844 ZPO), z. B. Veräußerung des verpfändeten Patents durch einen damit beauftragten Patentanwalt.[2]

22 Hätte S den Kredit an G zurückbezahlt, so wäre damit das Pfandrecht an dem Patent erloschen (§ 1273 Abs. 2 mit § 1252). Falls die Bank die Darlehensforderung gegen S an Z abgetreten hätte, so wäre damit auch das Pfandrecht auf Z übergegangen (§ 1250). Wäre das Patent durch einen dritten D beeinträchtigt worden, so stünde auch der G die Unterlassungsklage zu (§ 1273 Abs. 2 mit § 1227 BGB mit § 139 PatG; *Bernhardt/Kraßer* aaO §§ 35 VI a 1; 36 II 1). Schließlich bleibt zu bemerken, daß das Pfandrecht der G von einer Veräußerung des Patents durch S nicht beeinträchtigt worden wäre; als dingliches Recht belastet es auch den Rechtsnachfolger; ein lastenfreier Erwerb (entsprechend § 936) kommt hier nicht in Betracht.

II. 1. Sonderfall: Die Verpfändung von Forderungen

Hier gelten die Sondervorschriften der §§ 1279 bis 1290. Sie betreffen vor allem die Bestellung des Pfandrechts (Rn. 25 f.), die Einziehung der Forderung vor der Pfandreife (Rn. 27 ff.) und nach der Pfandreife (Rn. 30 ff.).

1. Begriffe und Beteiligte

23 Zu beachten ist, daß hier drei Personen beteiligt sind: der Pfandgläubiger, der Gläubiger und der Schuldner. Die Klarheit der Terminologie wird dadurch beeinträchtigt, daß diese Personen bei dem entsprechenden Vorgang im Vollstreckungsrecht als Gläubiger, Schuldner und Drittschuldner bezeichnet werden (vgl. § 829 ZPO):

BGB: Pfandgläubiger *gesicherte Forderung* → Gl. *verpfändete Forderung* → S
ZPO: Gläubiger *vollstreckte Forderung* → S *gepfändete Forderung* → DS

24 Die Vorschriften über die Verpfändung von Forderungen gelten auch für die Verpfändung von *Grundpfandrechten* (§ 1291 für die Grundschuld und Rentenschuld; dasselbe ergibt sich für die Hypothek aus der Akzessorietät). Bei der Verpfändung eines *Kontokorrentkontos* durch den Gläubiger des Kontos und gleichzeitigen Kreditnehmer können Pfandgläubiger und Schuldner in der Person der kreditgebenden Bank und der Bank als Schuldner des Kontos zusammenfallen (BGHZ 93, 71, 76; 95,

---

[1] Ob dies noch notwendig ist, ist streitig; wie hier RGZ 103, 139; *Jauernig* § 1277 Rn. 1. Das rechtsgeschäftliche Pfandrecht bleibt jedenfalls für den Rang maßgeblich!
[2] Einzelheiten dazu s. *Göttlich* MDR 1957, 11; *Hubmann*, FS H. Lehmann, 1956, S. 812; ferner zum Ganzen *Baur/Stürner* I, EinzelvollstreckungsR, Rn. 32.32 ff.; s. a. unten Rn. 54 (zur Pfändung).

149, 154; NJW 1988, 3260, 3262 r. Sp. a. E.: „Pfandrecht an eigener Schuld" aufgrund AGB-Banken; s. a. oben Rn. 6).

2. Die Bestellung des Pfandrechts

Die Bestellung des Pfandrechts erfolgt nach den für die Übertragung des Rechts geltenden Vorschriften (§ 1274 Abs. 1), dazu muß aber die Verpfändungsanzeige[1] des Gläubigers an den Schuldner erfolgen, § 1280 (vgl. den entsprechenden Vorgang in § 1205 Abs. 2, oben § 55 Rn. 16 ff.). 25

Beispiel: Gl. will seiner Bank P eine Buchgrundschuld verpfänden, die ihm am Grundstück des S bestellt ist. Die Verpfändung wird im Grundbuch eingetragen (§ 1274 Abs. 1 Satz 1 mit §§ 1154 Abs. 3, 873). Entgegen seiner Zusage zeigt Gl. die Verpfändung dem S nicht an. P hat dennoch das Pfandrecht erworben; denn die Anzeige ist nach § 1280 nur erforderlich bei der Verpfändung solcher Forderungen, zu deren Übertragung der Abtretungsvertrag genügt, was bei der Buchgrundschuld gerade nicht der Fall ist. Bei der Verpfändung einer Briefgrundschuld muß zur schriftlichen Verpfändungserklärung die Briefübergabe treten (§§ 1291, 1274 Abs. 1 S. 1, 1154 Abs. 1).[2]

Die *Verpfändung des Auflassungsanspruchs* (hierzu *Ludwig* DNotZ 1992, 339) folgt §§ 1274, 398 und bedarf nicht der Form des § 313 (BayObLG NJW 1976, 1895; hierzu *Ertl* DNotZ 1977, 81), wohl aber der Anzeige gemäß § 1280. War für den Anspruch auf Auflassung eine Vormerkung bestellt, so kann – nicht muß – ein Verpfändungsvermerk eingetragen werden (BayObLG NJW 1968, 705), der den Pfandgläubiger später gegen seine Nichtberücksichtigung bei Anspruchserfüllung in gewissem Umfange schützt (str., s. zuletzt BayObLG NJW-RR 1987, 793 ff. und unten Rn. 29). Die Verpfändung des Auflassungsanspruchs kommt vor allem in Betracht, wenn eine Zwischenfinanzierung nötig wird, der Grundstückskäufer aber noch nicht im Grundbuch eingetragen ist, etwa weil die endgültige Vermessung fehlt. Von der Verpfändung des Auflassungsanspruchs ist die *Verpfändung der Auflassungsanwartschaft* zu unterscheiden, die praktisch allerdings zum gleichen Ergebnis führt (hierzu § 19 Rn. 18, *Beispiel* 2). Die Verpfändung der Auflassungsanwartschaft muß jedoch wie ihre Übertragung nach §§ 873, 925 erfolgen (s. a. BayObLG DNotZ 1986, 345, 346, 350). 26

3. Einziehung der Forderung vor Pfandreife

Vor der Pfandreife ist die Situation des Pfandgläubigers ähnlich der des Rechtsnießbrauchers bei einer verzinslichen Forderung (s. oben § 61 Rn. 12 ff.): Pfandgläubiger und Gläubiger sind nur gemeinschaftlich zur Einziehung berechtigt (§§ 1281, 1283–1286). An dem vom Schuldner geleisteten Gegenstand erwirbt der Gläubiger das Eigentum, der Pfandgläubiger ein Pfandrecht.[3] Geht der verpfändete Anspruch auf die Übereignung eines Grundstücks, so fällt dem Pfandgläubiger kraft Gesetzes eine Sicherungshypothek in Höhe seiner Forderung zu (§ 1287: Fall einer Surrogation, entsprechend § 1075 Abs. 1 beim Nießbrauch). 27

Beispiel (in Anlehnung an BayObLGZ 1968, 705): Gl. hat auf Grund eines Kaufvertrags von S die Übereignung eines Grundstücks zu fordern; den Kaufpreis hat er bereits bezahlt. Er verpfändet seinen Anspruch an seine Bank P für eine erst in einem Jahr fällige Darlehensforderung. P kann schon jetzt Auflassung an ihn und Gl. fordern. Eingetragen wird aber nur Gl. als Eigentümer (würden P und Gl. eingetragen, so müßte das Grundbuch sofort wieder durch die Alleineintragung des Gl. berichtigt werden!). P erwirbt kraft Gesetzes eine Sicherungshypothek, deren Eintragung Gl. im Wege der 28

---

[1] Zur Verpfändungsanzeige durch schlüssiges Verhalten oder durch einen Bevollmächtigten aufschlußreich OLG Köln NJW-RR 1990, 485, 486.
[2] Hierzu BGH NJW 1973, 514 (Sonderfall der Verpfändung einer Briefgrundschuld in AGB-Banken); s. a. § 38 Rn. 120 ff. und § 44 Rn. 31.
[3] Hierzu BGH NJW 1997, 2111 (Einziehung einer Inhaberschuldverschreibung).

§ 62 B II   V. Abschnitt. Die Rechte an Rechten

Berichtigung bewilligen muß. Auf dem Grundstück bereits eingetragene Grundpfandrechte gehen im Range vor, selbst wenn sie erst nach der Verpfändung des Auflassungsanspruchs begründet worden waren.

29   Wenn im Beispielsfalle nach Verpfändung die Auflassung entgegen §§ 1281, 1282 an Gl. alleine erfolgt oder aufgrund einer vor Verpfändung erfolgten Auflassung die Eintragung des Gl. als Eigentümer erfolgen soll, so stellt sich die Frage nach dem Schutz der P. Zwar entsteht unabhängig von der Mitwirkung der P kraft Gesetzes eine Sicherungshypothek (teilw. str.!), bis zur Eintragung der Hypothek oder eines Widerspruchs (§§ 894, 899) besteht aber die Gefahr gutgläubigen Erwerbs durch einen Dritten (§ 892). Sofern für den Auflassungsanspruch eine Vormerkung eingetragen und bei dieser Vormerkung ein Pfändungsvermerk angebracht war, verhindert er nach h. M. nicht den gutgläubigen Erwerb des Dritten (str.!). Man versucht dieses Ergebnis dadurch zu vermeiden, daß man die Mitwirkung des Pfandrechtsgläubigers P bei der Eintragung des Eigentumsübergangs auf Gl. oder die gleichzeitige Eintragung der Sicherungshypothek für P verlangt. Der Verpfändungsvermerk verschafft dabei dem Grundbuchamt die Kenntnis von der Verpfändung und führt zum verfahrensmäßigen Schutz (zuletzt BayObLG NJW 1987, 793 ff. m. Nw.).[1]

4. Einziehung der Forderung nach Pfandreife

30   Mit der Pfandreife, also der Fälligkeit der gesicherten Forderung, verstärkt sich die Rechtsstellung des Pfandgläubigers: Er allein ist jetzt zur Einziehung der Forderung ermächtigt, der Schuldner kann nur an ihn leisten (§ 1282 Abs. 1 Satz 1). Mit der Einziehung tritt wieder dingliche Surrogation ein (§ 1287): der Gläubiger erlangt Eigentum an dem geleisteten Gegenstand, der Pfandgläubiger ein Pfandrecht (bzw. eine Sicherungshypothek) an ihm. Das Pfand kann er durch Pfandverkauf verwerten. Ist Geld vom Schuldner eingezogen worden, so gilt die Forderung des Pfandgläubigers als vom Gläubiger berichtigt (§ 1288 Abs. 2 entsprechend § 1247). Surrogation greift hier nur bezüglich des Überschusses Platz, was freilich selten praktisch werden wird, weil die Einziehungsermächtigung des Pfandgläubigers nur soweit reicht, als sie zu seiner Befriedigung erforderlich ist (§ 1282 Abs. 1 Satz 2).

31   *Beispiele:* (a) Gl. hat von S eine wertvolle, noch anzufertigende Spezialmaschine gegen Vorkasse gekauft und den Übereignungsanspruch an seinen Kreditgeber P verpfändet. Nach Fälligkeit seiner Forderung verlangt P von S Lieferung (Fall einer gesetzlichen Einziehungsermächtigung, § 1282).[2] Mit Übereignung der Maschine an P wird Gl. Eigentümer, P erhält ein Pfandrecht an ihr. Dieses kann er nach den Regeln über den Pfandverkauf, also in erster Linie durch öffentliche Versteigerung verwerten. Da es sich aber um eine Spezialmaschine handelt, wird etwa ein freihändiger Verkauf nach Vereinbarung (§ 1245) oder zufolge einer Anordnung des Gerichts (§ 1246) in Betracht kommen.

32   (b) P hat gegen Gl. eine Forderung von 10 000 DM. Zur Sicherung verpfändet ihm Gl. eine Darlehensforderung gegen S in Höhe von 15 000 DM, verzinslich zu 6% (das Pfandrecht erstreckt sich auf die Zinsen, § 1289; P und Gl. können aber auch vereinbaren, daß das Zinsrecht selbst dem P zusteht – Antichrese –, wofür freilich keine Vermutung spricht, § 1273 Abs. 2 Satz 2). Nach Fälligkeit seiner Forderung (Pfandreife) macht P die Forderung des Gl. gegen S geltend, wozu er aber nur in Höhe von 10 000 DM ermächtigt ist (§ 1282 Abs. 1 Satz 2); er kann auch verlangen, daß Gl. ihm die Forderung in dieser Höhe an Zahlungs Statt abtritt (§ 1282 Abs. 1 Satz 3), was er freilich nur tun

---

[1] Wichtige Literatur und Rechtsprechung zu den hier nur angedeuteten zahlreichen Streitfragen, die den juristischen Scharfsinn herausfordern: BayObLGZ 1967, 295 ff.; 1985, 332 ff.; DNotZ 1983, 758; LG Passau Rpfleger 1992, 426; MünchKomm/*Damrau* § 1274 Rn. 29–36 (umfassende Darstellung); *Stöber* DNotZ 1985, 587 ff.; *Reithmann* DNotZ 1986, 352 ff.; *J. Blomeyer* Rpfleger 1970, 228.
[2] Stattdessen könnte P auch nach den Vorschriften der Zwangsvollstreckung vorgehen (§ 1277!). Gl. bleibt Inhaber der Forderung und könnte Leistung zwar nicht an sich, aber doch an P verlangen (BGH NJW-RR 1991, 537).

wird, wenn S absolut solvent ist; denn mit dieser Abtretung erlischt seine Forderung gegen Gl. (§ 364 Abs. 1). Macht P von seiner Einziehungsermächtigung Gebrauch und leistet S an ihn, so gilt seine Forderung gegen Gl. als von diesem berichtigt (§ 1288 Abs. 2). Das Pfandrecht an der Restforderung in Höhe von 5000 DM erlischt (§ 1273 mit § 1252).

Als Folge des Prioritätsgrundsatzes (§§ 1273 Abs. 2, 1209) erwähnt § 1290 eigens das alleinige Einziehungsrecht des jeweils erstrangigen Gläubigers (Beispiel: OLG Köln NJW-RR 1990, 485).

III. 2. Sonderfall: Die Verpfändung von Wertpapieren

Das Wertpapierpfandrecht – namentlich in der Form der Verpfändung von Aktien – ist die wohl bedeutsamste und häufigste Form des rechtsgeschäftlichen Pfandrechts an Rechten (Lombardkredit). 33

1. Inhaberpapiere

Das Pfandrecht an Inhaberpapieren ist nach § 1293 wie das Pfandrecht an beweglichen Sachen zu behandeln. Das gilt sowohl für die *Bestellung* des Pfandes: 34

in der Form der Übergabe nach § 1205 (BGH NJW 1997, 2111) und § 1206, für den gutgläubigen Erwerb nach §§ 1207, 1208,

wie für den Inhalt, insbesondere die *Verwertung* des Pfandes:

im Wege des Privatverkaufs durch öffentliche Versteigerung (§ 1235 Abs. 1) oder – häufiger – des freihändigen Verkaufs durch einen Makler (§ 1235 Abs. 2 mit § 1221). Daneben ist die Verwertung nach Zwangsvollstreckungsrecht (§ 1233 Abs. 2) oder – falls möglich – durch Einziehung der im Papier verkörperten Forderung zulässig (§ 1294).

Beispiel: Gl. ist Eigentümer von 5 Inhaberaktien der S-Werke AG in Höhe von je 1000 DM und von 4 Inhaberschuldverschreibungen über je 1000 DM des Landes S. Er hat die Papiere bei seiner Bank P im Depot. Räumt ihm P einen Kredit von 10000 DM ein, so stünde ihr schon nach den Allgemeinen Geschäftsbedingungen der Banken ein Pfandrecht zu (oben Rn. 4ff. m. Nw.). Meist verlangen die Banken aber eine ausdrückliche Verpfändung.[1] Da die Bank im unmittelbaren Besitz der Papiere ist, erfolgt sie nach § 1205 Abs. 1 Satz 2, also durch formlosen Verpfändungsvertrag.[2] Zahlt Gl. das Darlehen bei Fälligkeit nicht zurück (Pfandreife), so kann P die Papiere verwerten. Da sie einen Börsenpreis haben, wird P einen Börsenmakler mit dem Verkauf der zur Deckung der Verbindlichkeiten erforderlichen Papiere beauftragen, also z.B. der 5 Aktien, wenn diese zu einem Kurs von 220 an der Börse gehandelt werden. Von dem Erlös von 11000 DM gebühren der P 10000 (§ 1247 Satz 1). Der überschießende Betrag von 1000 DM ist dem Gl. auszubezahlen (§ 1247 Satz 2). Das Pfandrecht an den übrigen Wertpapieren erlischt. 35

Wären die Inhaberschuldverschreibungen gerade zur Rückzahlung fällig geworden, so hätte die P die Forderung gegen das Land S einziehen können (§ 1294).

Auf die Dividenden- und Zinsscheine der Aktien und Inhaberpapiere erstreckt sich das Pfandrecht der P nur, wenn sie ihr übergeben worden sind (§ 1296).

Weitere *Beispiele:* OLG Frankfurt ZIP 1993, 1855; BGH NJW 1996, 1675 (Verpfändung von Schuldbuchforderungen).

---

[1] S. *Schütz* S. 453 Muster 359. S. zum Ganzen *Krafft/Hönn,* Aktien und Wandelschuldverschreibungen als Kreditsicherheit, in: *Hadding/Schneider,* Gesellschaftsanteile als Kreditsicherheit, 1979; ebda *Heinsius,* 187 (ausl. Aktien); *Kreutz,* 241 (Investmentzertifikate); *Pick,* 257 (Anteile an Immobilienfonds).

[2] Liegen die Wertpapiere bei einer Wertpapiersammelbank, so wird der Miteigentumsanteil des Gl. an dem Gesamtbestand verpfändet (dazu Nachweise bei *Zöllner,* WPR, § 1 III; *Hueck/Canaris,* Recht der Wertpapiere, 12. Aufl. 1986, § 1 III 1 u. oben § 50 Rn. 10, § 53 Rn. 12 unter b).

2. Orderpapiere

36 Seltener ist die Verpfändung von Orderpapieren. Sie erfolgt nach § 1292 durch Einigung über die Bestellung des Pfandrechts, Indossament (s. Art. 19 WG)[1] und Übergabe des Papiers (§§ 1205, 1206). Für die Verwertung gilt nichts besonderes (also Verwertung nach Vollstreckungsrecht, § 1277, freihändiger Verkauf bei Papieren mit Börsen- oder Marktpreis, § 1295, *oder* Einziehung der in dem Papier verbrieften Forderung, §§ 1282, 1294).

3. Rekta- und Legitimationspapiere

37 Rekta- und Legitimationspapiere schließlich werden nach der Übertragungsform verpfändet, wobei jedoch § 1280 (Anzeige an den Schuldner) und § 1274 Abs. 1 Satz 2 zu beachten sind.
S. die *Beispiele* oben Rn. 25: Verpfändung einer Buchgrundschuld, und § 60 Rn. 10: Verpfändung einer Briefhypothek); ferner: Gl. – augenblicklich in Geldnöten – hat dem P sein Sparbuch „als Pfand übergeben". Die Übergabe des Sparbuchs war nicht nötig, da das Sparbuch lediglich Legitimationspapier ist (§ 808). Nötig wäre aber die Anzeige nach § 1280 an die Sparkasse S gewesen (BGH ZIP 1984, 1118 ff.; 1986, 722; oben Rn. 17 mit Fn. 2). Ein Pfandrecht an der Forderung gegen S ist nicht entstanden. P kann sich lediglich dem Gl. gegenüber auf die wirksame Sicherungsabrede berufen, was ihm aber nichts hilft, wenn etwa D die Forderung des Gl. gegen die S pfändet! Die mißglückte Verpfändung kann auch nicht in eine Sicherungsabtretung der Forderung umgedeutet werden (zweifelhaft).

C. Das Pfändungspfandrecht an Rechten[2]

I. Grundlagen

1. Bedeutung

38 Mit der Möglichkeit der Pfändung von Rechten eröffnet das Gesetz dem Gläubiger den Zugriff auf alle die Bestandteile des Schuldnervermögens, die nicht Grundstücke und bewegliche Sachen sind. Wie wir schon oben § 60 Rn. 13 erörterten, übertreffen die Rechtspfändungen – namentlich die Lohn- und Gehaltspfändungen – bei weitem die Sachpfändungen. Das Pfändungspfandrecht an Rechten ist das praktisch wichtigste Recht an einem Recht!

39 *Beispiel:* G, der von S 5000 DM zu fordern hat, sieht sich nach pfändbaren Vermögensgegenständen seines Schuldners S um. In der Wohnung des S findet der Gerichtsvollzieher außer unpfändbarem Hausrat (§ 811 ZPO) nur ein unter Eigentumsvorbehalt gekauftes Fernsehgerät, auf das erst die Anzahlung und eine Rate geleistet sind (G sieht daher davon ab, das Anwartschaftsrecht zu pfänden!). S ist aber ordentlich verdienender Vorarbeiter im Betrieb des DS1 (G = Gläubiger, S = Schuldner, DS = Drittschuldner). Außerdem hat S bei der Sparkasse DS2 ein Sparguthaben von 2000 DM. G läßt den pfändbaren Teil der Lohnforderung und die Forderung gegen die Sparkasse pfänden.

2. Die gesetzliche Regelung

40 Die Zwangsvollstreckung in Rechte ist in den §§ 803–807, §§ 828–863 ZPO geregelt; und zwar behandelt das Gesetz zunächst die Pfändung und

---

[1] Statt des offenen Pfandindossaments ist auch ein verdecktes möglich, das sich äußerlich von einem Vollindossament nicht unterscheidet: Indossiert also der Pfandgläubiger den Wechsel weiter, so erwirbt der redliche Indossatar die vollen Rechte aus dem Wechsel, nicht nur die Stellung eines Pfandgläubigers (dazu *Zöllner*, WPR, § 14 VII; *Brox*, Handels- und Wertpapierrecht, 12. Aufl. 1996, Rn. 578, 579).

[2] Ausführliche Darstellung mit Nachweisen bei *Baur/Stürner* I, EinzelvollstreckungsR, §§ 27, 30–32; *Brox/Walker*, ZVR, §§ 17–26; *Jauernig*, ZVR, §§ 19, 20; *Rosenberg/Gaul/Schilken*, §§ 54–58.

§ 62. Das Pfandrecht an Rechten   C II § 62

Verwertung von Geldforderungen und Herausgabeansprüchen als die praktisch häufigsten Fälle (§§ 829–856 ZPO), und wendet dann diese Vorschriften auf die Pfändung anderer Rechte in § 857 ZPO entsprechend an.

Dies braucht nicht zu verwirren; denn das BGB verfährt bei der Abtretung ähnlich: In den §§ 398 bis 411 regelt es die Abtretung von Forderungen. In § 413 wird diese Regelung auf die Übertragung aller anderen Rechte entsprechend angewendet, sofern nicht Sondervorschriften bestehen.

Wie bei der Pfändung beweglicher Sachen, wird auch hier die subsidiäre Geltung der Pfandrechtsbestimmungen des bürgerlichen Rechts vorausgesetzt. Die Problematik entspricht der oben § 55 Rn. 47 erörterten.

Im folgenden können nicht alle Einzelheiten der Pfändung von Rechten erörtert werden; dies ist Sache der Lehrbücher des Zwangsvollstreckungsrechts. Es muß genügen, die Grundsätze aufzuzeigen.

II. Die Pfändung

1. Der Pfändungsbeschluß und seine Zustellung

Forderungen und andere Rechte sind im Gegensatz zu Grundstücken und **41** beweglichen Sachen nicht körperlich faßbar. Die Pfändung als Beschlagnahme des Rechts erfolgt daher durch einen Pfändungsbeschluß des Gerichts; er enthält ein an den Schuldner gerichtetes Verfügungsverbot und ein an den Drittschuldner gerichtetes Zahlungsverbot. Der Pfändungsbeschluß muß, um wirksam zu werden, dem Drittschuldner zugestellt werden. Damit ist die Pfändung bewirkt (§ 829 Abs. 3 ZPO).

Die Parallele zum vertraglichen Pfandrecht an Rechten wird bei näherem Zusehen deutlich: der gerichtliche Beschluß ersetzt gewissermaßen die Einigung von Pfandgläubiger und Rechtsinhaber über die Verpfändung; wie die Anzeige nach § 1280 richtet er sich an den Drittschuldner.
Die Pfändung erweist sich also als eine erzwungene Teilabtretung (nicht abtretbare Rechte sind daher grundsätzlich nicht pfändbar, § 851 ZPO). Daraus ergeben sich auch Besonderheiten für die Verpfändung von Grundpfandrechten (§§ 830, 857 Abs. 6 ZPO).

2. Verstrickung und Pfändungspfandrecht

Die Pfändung bewirkt die Verstrickung der Forderung und verschafft dem **42** Gläubiger ein Pfandrecht an ihr, vorausgesetzt, daß seine eigene Forderung gegen den Schuldner besteht bzw. rechtskräftig festgestellt („tituliert") ist und die gepfändete Forderung dem Schuldner zusteht.[1]

Aus der Verstrickung der Forderung ergibt sich ein relatives Veräußerungsverbot i.S. der §§ 135, 136; Verfügungen des Schuldners über das Recht sind dem Gläubiger gegenüber unwirksam. Das gleiche gilt von Zahlungen des Drittschuldners an den Schuldner, sofern nicht zu seinen Gunsten §§ 407, 1275 Platz greifen.

Beispiel: Gl. pfändet am 5. 1. die Lohnforderung des S gegen DS. Der Pfändungsbeschluß wird DS **43** noch am 5. 1. zugestellt, wobei aber nicht er selbst, sondern seine Lebensgefährtin E die Zustellung entgegennimmt („Ersatzzustellung": § 181 ZPO und BGHZ 111, 1 ff.), ihm aber wegen eines augenblicklichen Zwistes den Vorgang verschweigt. Tritt S seine Forderung am 6. 1. an den Gläubiger B ab, so ist diese Abtretung unwirksam, auch wenn S und B nichts von der Pfändung wußten, weil auch die Ehefrau des S ihrem Mann und B die Zustellung des Pfändungsbeschlusses verschwiegen hat; denn einen gutgläubigen Erwerb von Forderungen gibt es nicht (§§ 829 Abs. 1 S. 2 ZPO; 136, 135

---

[1] Zu Einzelheiten statt vieler *Baur/Stürner* I, EinzelvollstreckungsR, Rn. 30.15 ff., 27.11 ff.

§ 62 C III V. Abschnitt. Die Rechte an Rechten

BGB). Zahlt hingegen DS am 6. 1. seinem Mitarbeiter S den Lohn aus, so kann er sich gegenüber dem Zahlungsverlangen des Gl. (§§ 835, 836 ZPO) auf die gutgläubige Erfüllung gegenüber S berufen (§§ 1275, 407), falls man ihm das Wissen seiner nichtehelichen Lebensgefährtin nicht zurechnet. Hat DS am 6. 1. überwiesen und am 7. 1. von der Pfändung erfahren, muß er die Überweisung an S nicht zurückrufen (*Beispielsfälle:* BGHZ 86, 337 ff.; 105, 358 ff.).

44 Beim praktisch wichtigen *Girokonto* führt der vereinbarte Kontokorrent zur Unpfändbarkeit der Einzelforderungen, die in das Konto einzustellen sind; pfändbar sind aber die künftigen periodischen Aktivsalden, der Zustellungssaldo und der Anspruch auf Auszahlung eines Tagesguthabens (zum Ganzen BGHZ 93, 315, 323; 84, 371 ff. und 325 ff.; 80, 172 ff.; *Baur/Stürner* I, EinzelvollstreckungsR, Rn. 30.7 f.; Fälle, Fall 7; *Ehlenz/Diefenbach,* Pfändung in Bankkonten, 3. Aufl. 1990).

III. Die Verwertung

1. Geldforderungen

45 Anders als das Vertragspfandrecht an Rechten (§ 1282) gibt der Pfändungsbeschluß allein dem Gläubiger noch nicht das Recht, Erfüllung an ihn allein zu fordern. Dazu bedarf es eines gerichtlichen *Überweisungsbeschlusses* (der in der Praxis meist zusammen mit dem Pfändungsbeschluß ergeht), § 835 ZPO. Diese Überweisung kann nach Wahl des Gläubigers zur Einziehung oder an Zahlungs Statt ergehen (§ 835 Abs. 1 ZPO):

a) Überweisung zur Einziehung

46 Bei der Überweisung zur Einziehung ist der Gläubiger ermächtigt und verpflichtet (§ 842 ZPO), die Forderung des Schuldners gegen den Drittschuldner im eigenen Namen geltend zu machen. Es handelt sich also um den Fall einer auf Richterakt beruhenden Einziehungsermächtigung. Die Forderung selbst geht nicht auf den Gläubiger über, sondern bleibt Bestandteil des Schuldnervermögens (BGHZ 24, 329, 332). Im Verhältnis Gläubiger-Schuldner wirkt die Überweisung zur Einziehung nur erfüllungshalber, die Forderung des Gläubigers gegen den Schuldner bleibt also bestehen, bis der Gläubiger sich aus der Leistung des Drittschuldners befriedigt hat.

b) Überweisung an Zahlungs Statt

47 Anders bei der Überweisung an Zahlungs Statt (§ 835 Abs. 2 ZPO). Hier geht die Forderung des Schuldners gegen den Drittschuldner auf den Gläubiger über (Fall eines Forderungsübergangs durch Richterakt). Im Verhältnis Gläubiger-Schuldner ist jener befriedigt, wenn die überwiesene Forderung nur überhaupt besteht. Das Risiko der Beitreibungsmöglichkeit beim Drittschuldner geht also zu Lasten des Gläubigers (§ 835 Abs. 2 ZPO). Schon dieses Risiko macht die Überweisung an Zahlungs Statt zur seltenen Ausnahme!

2. Nichtgeldleistungsforderungen

48 Die eben dargestellten Regeln gelten für die Pfändung und Verwertung von *Geld*forderungen. Ist der Anspruch nicht auf Geld, sondern auf Leistung oder Herausgabe anderer Sachen gerichtet, so muß – wie in § 1287[1] – der Surroga-

---
[1] Siehe oben Rn. 27 ff., 30 f.

tionsgedanke Platz greifen: Mit der Leistung an die „Verwaltungsperson" (Gerichtsvollzieher – Sequester) erwirbt der Schuldner Eigentum an der geleisteten Sache, der Gläubiger ein Pfandrecht (bei Grundstücken: eine Sicherungshypothek) an ihr (§§ 847 bis 849 ZPO). Die weitere Verwertung erfolgt nach den Vorschriften über die Verwertung gepfändeter Sachen (öffentliche Versteigerung durch den Gerichtsvollzieher – Zwangsversteigerung und Zwangsverwaltung des Grundstücks), §§ 847 Abs. 2, 848 Abs. 3 ZPO.

Praktisch wird diese Form des Vollstreckungszugriffs insbesondere dann, wenn der Schuldner als Partner eines mit dem Drittschuldner geschlossenen gegenseitigen Vertrags vorgeleistet hat oder wenn er die Leistung des Drittschuldners unentgeltlich zu fordern hat.

Beispiel: In dem Testament des E ist DS als Erbe eingesetzt. Dem S ist ein Wohngrundstück vermacht. Ein Gläubiger G des S pfändet den Auflassungsanspruch. Auflassung und Übergabe haben dann an einen gerichtlich bestellten Sequester zu erfolgen. S wird als Eigentümer im Grundbuch eingetragen; G erhält kraft Gesetzes eine Sicherungshypothek in Höhe seiner Forderung. Er kann jetzt die Zwangsversteigerung oder Zwangsverwaltung in das Grundstück betreiben. 49

Der rechtsähnliche Fall der rechtsgeschäftlichen *Verpfändung* des Auflassungsanspruchs ist an anderer Stelle behandelt (oben Rn. 26, 28 f.). Von der Verpfändung und Pfändung des Auflassungsanspruchs ist die Pfändung oder Verpfändung der *Auflassungsanwartschaft* zu unterscheiden (dazu § 19 Rn. 18; oben Rn. 29; *Baur/Stürner* I, EinzelvollstreckungsR, Rn. 31.15 m. Nw.). 50

3. Zwangsvollstreckung in Rechte

Die Zwangsvollstreckung in Rechte, die sich nicht als Forderungen (Ansprüche) darstellen, macht Abweichungen von den eben dargestellten Regeln erforderlich: Regelmäßig wird ein Drittschuldner fehlen, für die Pfändung ist dann die Zustellung des Verfügungsverbots an den Schuldner erforderlich und ausreichend (§ 857 Abs. 2 ZPO). Die Verwertung kann – falls die Art des Rechts dies zuläßt – zur Einziehung oder an Zahlungs Statt erfolgen. Abgesehen davon sind gerichtliche Anordnungen z.B. über die Veräußerung des gepfändeten Rechts möglich (§ 857 Abs. 5 ZPO). 51

Eine besondere Bedeutung hat die *Pfändung des Anwartschaftsrechts* des Käufers aus bedingter Übereignung erhalten (s. dazu § 3 Rn. 44, § 59 Rn. 41 ff.; *Baur/Stürner* I, EinzelvollstreckungsR, Rn. 32.14 ff.; Fälle, Fall 9).

4. Praktische Anwendungsbeispiele

Zum Abschluß einige *Beispiele,* die wenigstens eine gewisse Vorstellung von der praktischen Wirksamkeit des Pfändungspfandrechts an Rechten vermitteln sollen: 52

(a) Dem S steht an dem Grundstück des DS eine Briefhypothek in Höhe von 20 000 DM zu. Als S selbst in Geldschwierigkeiten kommt, pfändet sein Gläubiger G die Hypothek und läßt sie sich zur Einziehung überweisen. Dazu ist einmal der Pfändungs- und Überweisungsbeschluß erforderlich (§§ 829, 835 ZPO). Ferner muß aber die Übergabe des Briefs an den Gläubiger erfolgen (§ 830 ZPO; vgl. § 1154 BGB!). Wird der Brief nicht freiwillig herausgegeben, so muß ihn der Gerichtsvollzieher dem Schuldner S wegnehmen und dem Gläubiger G übergeben (sog. Hilfsvollstreckung). Als „Einziehungsermächtigter" kann G nunmehr – falls die Hypothek fällig ist – die Zwangsvollstreckung in das Grundstück betreiben, also nach Erwirkung eines Duldungstitels die Zwangsversteigerung, Zwangsverwaltung oder die Einzelzwangsvollstreckung in die für die Hypothek mithaftenden Gegenstände (Zubehör u.s.w.).[1]

---
[1] Einzelheiten s. oben § 38 Rn. 125 ff.

§ 62 C III   V. Abschnitt. Die Rechte an Rechten

53 (b) S ist persönlich haftender Gesellschafter der Fa. S u. Co. Der Gläubiger G des S pfändet den *Anteil* des S *am Gesellschaftsvermögen* (§ 105 Abs. 2 HGB mit § 859 Abs. 1 ZPO), wobei die KG als „Drittschuldner" anzusehen ist, ihren vertretungsbefugten Geschäftsführern also der Pfändungsbeschluß zugestellt werden muß (BGHZ 97, 392, 397). Nach Erlaß des Überweisungsbeschlusses kann G den Anspruch auf den Gewinnanteil geltend machen (nicht aber sonstige Gesellschafterrechte ausüben – BGHZ 116, 229!). Unter den Voraussetzungen des § 135 HGB ist er berechtigt, die Gesellschaft zu kündigen und das Auseinandersetzungsguthaben in Anspruch zu nehmen.[1]

54 (c) Einziger pfändbarer Vermögensbestandteil des S ist ein *Patent,* über dessen Verwertbarkeit noch kein Urteil möglich ist. Der Gläubiger G des S läßt das Patent pfänden (Pfändungsbeschluß – Zustellung nur an S, § 857 Abs. 2 ZPO). Das Gericht kann das Patent dem G auf Antrag „zur Einziehung", also zur Verwertung überweisen. Es kann aber auch die Veräußerung des Patents, z.B. durch einen Patentanwalt, anordnen (§§ 857 Abs. 5, 844 ZPO). Man wird es schließlich auch für zulässig erachten, daß das Gericht dem Gläubiger eine – u. U. zeitlich befristete – Lizenz zuspricht.[2]

55 (d) Die Pfändung einer *Eigentümergrundschuld* ist an anderer Stelle im Zusammenhang erörtert (§ 46 Rn. 7–13, 25 f., 29 ff.).

56 (e) Die Pfändung eines *Miterbenanteils* läßt sich am besten anhand eines *Beispiels* erläutern (nach BGHZ 52, 99):[3]

R hat seiner Gläubigerin – der Bank B – 1961 seinen Anteil an einer Erbengemeinschaft verpfändet (möglich, weil der Miterbenanteil übertragbar ist, § 1274 Abs. 2 mit § 2033 Abs. 1 Satz 1 – notarielle Form des Verpfändungsvertrags erforderlich, § 1274 Abs. 1 Satz 1 mit § 2033 Abs. 1 Satz 2). 1962 wurde derselbe Miterbenanteil des R durch die Stadt X gepfändet (möglich: § 859 Abs. 2 ZPO – Pfändung durch Pfändungsbeschluß des Vollstreckungsgerichts: § 857 Abs. 1 mit § 829 ZPO). Nachdem die zum Nachlaß gehörenden Grundstücke versteigert und der den übrigen Miterben zustehende Teil des Erlöses an diese ausbezahlt war, blieb der Anteil des R übrig; er wurde bei Gericht hinterlegt. Um ihn streiten sich jetzt die Bank B (als Vertragspfandgläubigerin) und die Stadt X (als Pfändungspfandgläubigerin). Zu prüfen ist, ob sich die beiden Pfandrechte an dem Erlösanteil (richtiger: an der Forderung gegen die Hinterlegungsstelle) fortgesetzt haben (dingliche Surrogation). Dies kann bezüglich des Pfandrechts der B zweifelhaft sein, da § 1258 Abs. 3 (der gemäß § 1273 Abs. 2 BGB nach h.M. auch auf das Pfandrecht an einem Miterbenanteil anwendbar ist) nur davon spricht, daß dem Pfandgläubiger ein Pfandrecht an dem Surrogat „gebührt", also den Schluß nahelegt, daß der B nur ein Anspruch auf Einräumung eines Pfandrechts an dem hinterlegten Betrag zusteht. Wäre dies richtig, so ginge das Pfändungspfandrecht der X vor (zeitliche Priorität!). Der BGH hat sich aber mit Recht über den Wortlaut hinweggesetzt und für beide Pfandrechte eine dingliche Surrogation angenommen mit dem Ergebnis, daß das zeitlich früher begründete Vertragspfandrecht des B dem Pfändungspfandrecht der X vorgeht.

---

[1] S. dazu *Wiedemann,* Die Übertragung und Vererbung von Mitgliedschaftsrechten bei Handelsgesellschaften, 1965, § 18; *Hadding,* Pfandrecht u. Nießbrauch an der Mitgliedschaft in einer OHG oder KG als Kreditsicherheit, in *Hadding/Schneider* (Herausgeber), Gesellschaftsanteile als Kreditsicherheit, 1979, S. 37 ff.; *Mühl,* ebda 129 (Geschäftsanteil einer GmbH); BGH NJW 1982, 2773; 1993, 1002; BGHZ 97, 392; 116, 222 (Pfändung des Anteils an einer BGB-Gesellschaft); ferner *Vossius* BB 1988 Beil. 5 zu Heft 13; s.a. § 60 Rn. 6 m. Nw.

[2] Einzelheiten s. *Hubmann,* FS H. Lehmann, 1956, S. 812; *Göttlich* MDR 1957, 11; *Baur/Stürner* I, EinzelvollstreckungsR, Rn. 32.32 ff.; s.a. oben Rn. 21, 22 *(Beispiel).*

[3] Zur Pfändung des Miterbenanteils ferner BGH NJW 1967, 200; 1972, 1045; BayObLG NJW 1959, 1780; OLG Frankfurt Rpfleger 1979, 205; *Liermann* NJW 1962, 2189; *Baur/Stürner* I, EinzelvollstreckungsR, Rn. 37.12.

VI. Abschnitt
Das Grundstücksrecht der neuen Bundesländer

§ 63. Grundzüge des Grundstücksrechts der neuen Bundesländer

I. Vorbemerkung

Es kann nicht darum gehen, das Immobiliarsachenrecht der neuen Bundesländer umfassend darzustellen. Dieses Kapitel kann nur die Regelungsfelder beschreiben und eine grobe Vorstellung der Grundlinien und wichtigsten Streitfragen vermitteln. Während die Überleitung des Mobiliarsachenrechts der früheren DDR in das Recht des BGB kaum Schwierigkeiten bereitet hat und der alte Rechtszustand insoweit Rechtsgeschichte ist, wird die Überleitung des Immobiliarsachenrechts wahrscheinlich eine gute Generation beschäftigen. Hier hat sich – ähnlich wie im Recht der Wiedergutmachung der Nachkriegszeit – ein Sonderrechtsgebiet herausgebildet, das nur noch Spezialisten in Teilen beherrschen. Es gibt dementsprechend viel Spezialliteratur bis hin zu Spezialzeitschriften. Trotzdem verdient das Grundstücksrecht der neuen Bundesländer als Maßstab der Bewährung rechtsstaatlicher Grundsätze und als Maßstab der Bewährung überkommener sachenrechtlicher Gestaltungsprinzipien durchaus wissenschaftliches Interesse, und die Bewältigung des historischen Konfliktes verschiedener Eigentumsordnungen und -ideologien hat letztlich hohen Lehrwert. Es wäre deshalb falsch, dieses Kapitel der jüngeren Rechtsgeschichte und Zeitgeschichte in einem Lehrbuch einfach zu übergehen und als rechtstechnische Sondermaterie zu vergessen. So soll dieses Kapitel nicht nur einen Überblick schaffen und den handwerklichen Einstieg in ein schwieriges Spezialgebiet ermöglichen, sondern auch dokumentieren, wie eng das zunächst mehr mathematisch und systematisch wirkende Sachenrecht ideologischen Grundpositionen zugeordnet ist, deren Bedeutung man leicht vernachlässigt, wenn man im wohlgeordneten Gefüge einer freiheitlichen Gesellschaft zu leben gewohnt ist. Vielleicht vermag vor diesem Hintergrund dieses Kapitel auch das Interesse der jüngeren Generation zu wecken.

1

II. Das Grundstücksrecht der früheren DDR[1]

1. Grundkategorien

Das Recht der früheren DDR unterschied das sozialistische Eigentum und das persönliche Eigentum (§§ 17ff. ZGB-DDR, §§ 22ff. ZGB-DDR). Dabei handelte es sich um einen gegenständlich sehr weit gefaßten Eigentumsbegriff, der nicht nur Sachen umfaßte, sondern auch sonstige Gegenstände und Vermögenswerte.

2

---

[1] **Literaturauswahl:** *v. Craushaar,* Grundstückseigentum in den neuen Bundesländern, DtZ 1991, 359; *Heuer,* Grundzüge des Bodenrechts der DDR, 1990; *Horn* (Hrsg.), Das Zivil- und Wirtschaftsrecht der DDR, RWS-Dokumentation 1, 1990; *Kroeschell,* Die ländliche Eigentumsordnung in der DDR, FS Rittner, 1991, S. 323f.; *Oehler,* Grundstücke in der DDR – Eigentum und Nutzung, 1990; *Rodenbach/v. Seldeneck,* Grundstücks- und Immobilienrecht in der DDR, 1990; *Rohde* u.a., Bodenrecht (Lehrbuch), 1989; *J. Schmidt-Räntsch,* Eigentumsordnung, Rechtsträgerschaft und Nutzungsrechte an Grundstücken, RWS-Skript 238, 2. Aufl. 1993; *Stürner,* Sachenrechtsbereinigung zwischen Restitution, Bestandsschutz und Rechtssicherheit, JZ 1993, 1074; *Becker-Eberhard,* Der Übergang vom Sachenrecht der DDR zur Sachenrechtsordnung der Bundesrepublik Deutschland in den sog. neuen Bundesländern, Jura 1994, 577; guter Überblick bei *Eickmann,* Grundstücksrecht in den neuen Bundesländern, 3. Aufl. 1996, Rn. 2–21; *Etzbach,* Grundstücks- und Immobilienrecht, in: Clemm u.a., Rechtshandbuch Vermögen und Investitionen in der ehemaligen DDR, Stand März 1996, Rn. 1ff., 39ff.

a) Sozialistisches Eigentum

3   Das sozialistische Eigentum zerfiel wiederum in drei Kategorien (§§ 18, 19 ZGB-DDR): Volkseigentum, Eigentum sozialistischer Genossenschaften und Eigentum gesellschaftlicher Organisationen der Bürger.
   Rechtssubjekt des *Volkseigentums* war der sozialistische Staat, der aber durch sog. *Rechtsträger* repräsentiert wurde, die in einer treuhänderähnlichen Stellung die Eigentumsbefugnisse wahrnahmen (z.B. volkseigene Betriebe, Kombinate, staatliche Organe und Einrichtungen etc.).[1] Rechtssubjekte des *Eigentums sozialistischer Genossenschaften* waren z.B. landwirtschaftliche Produktionsgenossenschaften (LPG), Produktionsgenossenschaften des Handwerks (PGH), gemeinnützige Wohnbaugenossenschaften (GWG) etc. Zum *Eigentum gesellschaftlicher Organisationen* rechnen vor allem das Parteivermögen und das Vermögen von Massenorganisationen, zu dem aber auch organisationseigene Betriebe (OEB) mit erheblicher wirtschaftlicher Bedeutung gehören.

b) Persönliches Eigentum

4   Unter persönliches Eigentum fielen nach der Rechtsordnung der DDR zunächst Arbeitseinkünfte, Ersparnisse, Ausstattungsgegenstände und Gegenstände persönlichen Bedarfs, Urheber- und Erfinderrechte usw., aber auch „Grundstücke und Gebäude zur Befriedigung der Wohn- und Erholungsbedürfnisse des Bürgers und seiner Familie" (§ 23 Abs. 1 ZGB-DDR). Persönliches Eigentum konnte auch das „überwiegend auf persönlicher Arbeit" beruhende Eigentum von Handwerkern und Gewerbetreibenden sein.

2. Entstehungsgeschichte sozialistischen Eigentums[2]

5   Volkseigentum und genossenschaftliches Eigentum verdankten ebenso wie das Eigentum gesellschaftlicher Organisationen ihre Entstehung vielfach dem hoheitlichen Zugriff auf früheres Privateigentum. Dies gilt für landwirtschaftliches Grundeigentum, das 1945 in der sog. Bodenreform enteignet wurde, aber auch für Grundeigentum von Wirtschaftsunternehmen, das – durch die späteren Verfassungen der Länder und der DDR bestätigt – noch in der Besatzungszeit enteignet worden war. Hinzu kamen spätere Enteignungen anläßlich von Verstaatlichungen von Betrieben, Vermögenseinziehungen nach Straftaten, sog. illegalen Übersiedlungen, Baulandbeschaffungsmaßnahmen usw. Insgesamt waren diese Enteignungen überwiegend oder doch häufig von Ideologisierung und Willkür geprägt.

---

[1] Hierzu § 19 ZGB–DDR und die Anordnung über die Rechtsträgerschaft an volkseigenen Grundstücken, GBl. DDR II, Nr. 68, S. 433.
[2] Hierzu eindrucksvoll *Kiethe,* Restitution, Entschädigung und Investitionen in der ehemaligen DDR, in: Clemm u.a., Rechtshandbuch, Rn. 153 ff.; *Messerschmidt,* in: Fieberg/Reichenbach/Messerschmidt/Neuhaus, VermögensG, 2. Aufl. 1996, vor § 6 Rn. 57 ff.; *Wasmuth,* in: Clemm, Rechtshandbuch, EinfVermG (Nr. B 100), Rn. 20 ff.

3. Die Eigentumsideologie

Die Funktion des Eigentums war eingebunden in ein Gesellschaftsbild, das durch die „Macht der Arbeiterklasse", das „sozialistische Eigentum an Produktionsmitteln" und „die Leitung und Planung der Volkswirtschaft durch den sozialistischen Staat" bestimmt war (§ 6 Abs. 1 ZGB-DDR). Das sozialistische Eigentum war Instrument der Herrschaft der Arbeiterklasse, wie sie ihren Willen durch die Organe der sozialistischen Einheitspartei artikulierte. In diesem Staatsgefüge mit stark totalitären und kollektivistischen Tendenzen hatte persönliches Eigentum nur eine Komplementärfunktion: es sollte nicht etwa die Wirtschaftsordnung prägend mitgestalten, sondern nur eine rechtliche Organisationsform für den engeren persönlichen Lebensbereich vorgeben. Damit ist der Gegensatz zur Eigentumsordnung der Bundesrepublik beschrieben: hier spielt das Privateigentum an Grund und Boden und an Produktionsmitteln als Grundvoraussetzung einer Marktwirtschaft eine unverzichtbare Rolle. Es sind die Bürger, die durch Verträge über die Güterzuweisung entscheiden und damit Eigentum zuordnen, die staatliche Rechtsordnung gibt nur die Regeln für den Güteraustausch vor, setzt Mißbrauchsschranken gegen Monopolisierung und Ausnutzung wirtschaftlicher und intellektueller Überlegenheit und garantiert dem Bürger einen sozialen Mindeststandard.

4. Die rechtliche Ausformung persönlichen Grundeigentums

Obwohl das Produktivvermögen fast ganz und das Grundvermögen zu einem guten Teil im sozialistischen Eigentum standen, verblieb der Eigentumsbildung des Bürgers nicht bloß der Bereich des persönlichen Volleigentums an Grundstücken (§ 295 ZGB-DDR). Neben das Volleigentum trat das *dingliche Nutzungsrecht* des Bürgers an volkseigenen Grundstücken oder genossenschaftlich genutztem Boden (§§ 287 ff., 291 ff. ZGB-DDR). Dieses Nutzungsrecht entstand durch Verleihung oder Zuweisung,[1] über die grundsätzlich eine Urkunde auszustellen war. Es war im Grundbuch eintragungsfähig, die Eintragung hatte aber keine konstitutive Bedeutung. Das Nutzungsrecht verschaffte dem Rechtsinhaber *Gebäudeeigentum* unabhängig vom Eigentum am Grund und Boden. Über dieses Gebäudeeigentum war ein Grundbuchblatt anzulegen, es war veräußerlich, vererblich (§§ 289, 293 ZGB-DDR) und hypothekarisch belastbar (§ 452 Abs. 1 S. 2 ZGB-DDR). Für den Fall nicht bestimmungsgemäßer Nutzung konnte das Nutzungsrecht entzogen werden mit der Folge entschädigungspflichtigen Heimfalls bzw. einer Veräußerungspflicht für Gebäudeeigentum (§§ 290, 294 ZGB-DDR). Eine gewisse Ähnlichkeit des Gebäudeeigentums mit dem Erbbaurecht der Bundesrepublik ist gegeben, allerdings mit dem großen Unterschied, daß das Nutzungsrecht in Entstehen und Schicksal überwiegend von staatlicher Lenkung abhängig war.

---

[1] Z.B. § 19 Abs. 2 LPG-Gesetz; § 1 NutzungsverleihungsG vom 14. 12. 1970; § 7 Verordnung über Nutzungsrechte für Arbeitergenossenschaften vom 21. 11. 1963 etc.

§ 63 II   VI. Abschnitt. Das Grundstücksrecht der neuen Bundesländer

8   Das Sachenrecht der DDR kannte aber auch Vorschriften, die den *Vorrang sozialistischen Eigentums* vor dem persönlichen Eigentum im Kollisionsfalle sicherten. Soweit nämlich z. B. volkseigene Betriebe, Genossenschaften oder ähnliche Organisationen Land in persönlichem Eigentum überbauten, blieben die Gebäude unabhängig vom Bodeneigentum Volkseigentum bzw. Eigentum der sozialistischen Genossenschaften (§§ 459 Abs. 1 ZGB-DDR, 27 S. 1 LPG-Gesetz). Am Bodeneigentum entstand ein Anteil sozialistischen Miteigentums, falls am Grundstück werterhöhende Maßnahmen vorgenommen worden waren.

9   Eine besondere Regelung galt für *Gebäude zur Erholung* (Wochenendhäuser bzw. „Datschen"). Das Land wurde aufgrund schuldrechtlicher Überlassungsverträge zur Verfügung gestellt (§§ 312 ff. ZGB-DDR). An den Wochenendhäusern entstand Gebäudeeigentum, das dem Recht beweglicher Sachen folgte (§ 296 ZGB-DDR).

5. Beschränkte dingliche Rechte

10   Bei den beschränkten dinglichen Rechten ist zunächst festzuhalten, daß bis zum Inkrafttreten des ZGB-DDR am 1. 1. 1976 im wesentlichen alle beschränkten dinglichen Rechte bestellt werden konnten, wie sie dem BGB entsprachen (sog. „Uraltrechte"). Nach dem Inkrafttreten des ZGB gab es im wesentlichen nur noch drei Kategorien beschränkter dinglicher Rechte: Mitbenutzungsrechte, Hypotheken und Vorkaufsrechte. *Mitbenutzungsrechte* an Grundstücken konnten grundsätzlich ohne Eintragung nur durch Vertrag mit dem Nutzungsberechtigten und – bei dauernder und starker Beeinträchtigung – dem Eigentümer bestellt werden (§ 321 ZGB-DDR), nur Wege- oder Überfahrtsrechte oder rechtlich besonders privilegierte Mitbenutzungsrechte waren einer Grundbucheintragung zugänglich (§ 322 ZGB-DDR). Auf den Erwerber des belasteten Grundstücks gingen alle Nutzungslasten über (§ 297 Abs. 2 ZGB-DDR), für den berechtigten Nachbarn des herrschenden Grundstücks gab es den Übergang eingetragener Rechte und den Übergang kraft Vereinbarung aller Beteiligten (§ 322 ZGB-DDR). Als *Grundpfandrecht* sahen §§ 452 ff. ZGB-DDR nur die streng akzessorische Hypothek vor, die im Grundbuch eingetragen werden mußte. Ein Unterfall der Hypothek war die „Aufbauhypothek" (§§ 456 ff. ZGB-DDR), die Bankkredite sicherte und Vorrang vor anderen Hypotheken hatte. Das *dingliche Vorkaufsrecht*, das im Grundbuch einzutragen war (§§ 306 ff. ZGB-DDR), beinhaltete eine Anbietungspflicht, deren Mißachtung ein Übertragungsrecht des Berechtigten gegenüber dem Erwerber auslöste. Der Berechtigte schuldete dem Erwerber die Kaufpreiserstattung. Kennzeichnend für das Vorkaufsrecht war die sehr rasche Präklusion.

6. Grundstücksverkehrsrecht und Grundbuchrecht

11   Der Grundstücksverkehr der früheren DDR unterlag – entsprechend der herrschenden Staats- und Gesellschaftsideologie – voller staatlicher Kontrolle. Grundstückserwerb und Belastungen des Grundstücks bedurften regelmäßig staatlicher Genehmigung (§§ 285, 289 Abs. 2, 293 Abs. 1, 297 Abs. 1

§ 63. Grundzüge des Grundstücksrechts der neuen Bundesländer II § 63

S. 2, 306 Abs. 1, 312 Abs. 1, 322 Abs. 1, 453 Abs. 1 ZGB-DDR). Ihre Voraussetzungen und ihr Verfahren regelte die Grundstücksverkehrsverordnung vom 15. 12. 1977 (GVVO).

Das Grundbuchrecht war – wenigstens nach dem Papier – bis 1952 weithin gleich wie in der Bundesrepublik, weil die GBO gemeinsam fortgalt. 1952 übernahmen Verwaltungsbehörden, nämlich die Räte der Kreise, Abteilung Kataster, die Grundbuchführung. Am 1. 1. 1976 traten mit dem ZGB die Grundbuchdokumentationsordnung[1] (GDO) und die Grundbuchverfahrensordnung[2] in Kraft. Der Aufbau des Grundbuchs übernahm grob die herkömmliche Einteilung: Abteilung 0 (Bestandsverzeichnis), Abteilung 1 (Grundstückseigentum bzw. Gebäudeeigentum, für das ein eigenes Grundbuchblatt anzulegen war), Abteilung 2 (Nutzungsrechte, Mitbenutzungsrechte, Vorkaufsrechte, altrechtliche beschränkte dingliche Rechte aus der BGB-Zeit), Abteilung 3 (Sicherungshypothek, Aufbauhypothek, altrechtliche BGB-Grundpfandrechte). Die Publizitätsfunktion des Grundbuchs war im Recht der früheren DDR nicht voll verwirklicht. Die Übertragungsfunktion der Eintragung entsprach zwar vielfach der Regelung des ZGB (§§ 297 Abs. 2, 306 Abs. 1 S. 2, 453 Abs. 1 S. 3 ZGB-DDR), hatte aber bei vielen dinglichen Rechtsänderungen keine konstitutive Bedeutung, z. B. bei Nutzungsrechten (§§ 287 ff., 291 ff. ZGB-DDR), teilweise bei Mitbenutzungsrechten (§§ 321, 322 ZGB-DDR) oder volkseigenen Miteigentumsanteilen (§ 459 ZGB-DDR). Die Gutglaubenswirkung (§§ 7, 8, 9, 16 GDO) war bei Volkseigentum ausgeschlossen. Das Auseinanderfallen der Buch- und Rechtslage war nicht selten. Hinzu kommt, daß die Liegenschaftsdienste die Flurkarten nicht immer sorgfältig führten und fortschrieben, in vielen Regionen waren sie auf einem nicht mehr aktuellen Stand. Die alten Grundakten vor der Rechtsänderung 1976 sind teilweise aufbewahrt und archiviert.

7. Die „faktische Sachenrechtsordnung" der früheren DDR[3]

Nicht selten hielten sich die Organe der früheren DDR nicht an ihr eigenes Recht, obwohl es mit seiner staatsgelenkten Eigentumsordnung bereits viel Raum für Partei- und Behördenwillkür ließ. Oft regierte zusätzlich schlichte Unordnung mit starken Abweichungen von den Regeln des ZGB. Es entsprach nämlich vielfacher Übung, fremde Grundstücke ohne Verleihung dinglicher Nutzungsrechte einfach zu bebauen bzw. bebauen zu lassen, so daß Gebäudeeigentum nach dem Recht der DDR nicht entstehen konnte.

So errichteten Mitglieder von landwirtschaftlichen Produktionsgenossenschaften auf LPG-Flächen Gebäude, LPG übertrugen Gebäude auf ihrem Boden an Bürger oder sie überließen Flächen an Kommunen, die sie durch Bürger bebauen ließen. Grundstücke flüchtiger Bürger („Westgrundstücke") kamen durch Überlassungsverträge mit staatlichen Verwaltern in den Besitz von DDR-Bürgern, die sie bebauten oder Gebäude grundlegend umbauten. Auf Wochenendgrundstücken entstanden mit Billigung der Behörden gewöhnliche Wohnhäuser. Flächen wurden zur Bebauung zugewiesen und die Verleihung eines Nutzungsrechts angekündigt, die dann aber nie erfolgte (sog. „hängende Fälle").

Bebauungsaktivitäten von staatlichen Stellen, Betrieben oder Genossenschaften erstreckten sich oft auf ein oder viele Privatgrundstücke ohne Klärung von Eigentum und Eigentumsgrenzen und ohne irgendeinen Nutzungsvertrag. Gebäudeeigentum konnte deshalb nach DDR-Recht nicht entstehen. Mieter von Grundstücken waren häufig zu eigener Sanierung bis hin zum Neubau gezwungen. Auch gewerbliche Grundstücke, die Handwerker oder Kleingewerbetreibenden zur Nutzung überlassen waren, wurden oft überbaut, ohne daß Gebäudeeigentum entstehen konnte.

Man muß dabei sehen, daß die gewöhnlichen Bürger der DDR meist nicht die freie Wahl zu rechtlich einwandfreier Gestaltung hatten. Wer überhaupt zu einem Gebäude kommen wollte, mußte sich mit den Realitäten abfinden, die es Nepotismus, Willkür und Zufall überließen, welche „Erwerbschance"

---

[1] Grundbuchdokumentationsordnung vom 6. 11. 1975, GBl. DDR I 1975, 697, geändert durch Gesetz vom 28. 6. 1990, GBl. DDR I, 524.
[2] Grundbuchverfahrensordnung vom 30. 12. 1975, GBl. DDR I 1976, 42.
[3] Hierzu *Stürner* JZ 1993, 1074, 1076 f.; *Vossius*, Sachenrechtsbereinigungsgesetz, 1995, Rn. 9 ff.

sich im einzelnen bot. Ob man Grund und Boden als persönliches Eigentum erwerben konnte, ob Gebäudeeigentum mit einem korrekt geschaffenen Nutzungsrecht, ob nur eine „faktische Nutzungsposition" mit behördlicher Zulassung oder Duldung – all das lag nicht in der Gestaltungsmacht des Bürgers ohne besondere Stellung in der Hierarchie.

8. Das eigene Übergangsrecht der früheren DDR

17   Die ohnehin schon komplizierte Rechtslage der früheren DDR verliert noch dadurch weiter an Übersichtlichkeit, daß im Jahr des Beitritts die DDR selbst noch eine Vielzahl von Rechtsänderungen schuf, die den Beitritt und den Übergang in eine Marktwirtschaft mit Privateigentum erleichtern sollten, sich dann aber meist als unzureichend oder ungenügend erwiesen und den Beitritt deshalb nur in stark modifizierter Form oder überhaupt nicht überlebten. Man muß diese letzte Schicht früheren DDR-Rechts aber gerade im Grundstücksrecht doch häufig in Rechnung stellen. Aus der Fülle dieser Rechtsnormen[1] verdienen einige besondere Erwähnung: Verordnung zur Umwandlung von volkseigenen Kombinaten, Betrieben und Einrichtungen in Kapitalgesellschaften (Umwandlungsverordnung vom 1. 3. 1990); Gesetz über die Rechte der Eigentümer von Grundstücken aus der Bodenreform (Bodenreformgesetz vom 6. 3. 1990); Gesetz über die Gründung und Tätigkeit privater Unternehmen und über Unternehmensbeteiligung (Unternehmensgesetz vom 7. 3. 1990); Gesetz über den Verkauf volkseigener Grundstücke (Verkaufsgesetz vom 7. 3. 1990, sog. „Modrow-Gesetz"); Verordnung über die Gründung, Tätigkeit und Umwandlung von Produktionsgenossenschaften des Handwerks (Produktionsgenossenschaften- und Handwerksverordnung vom 8. 3. 1990); Gesetz zur Privatisierung und Reorganisation des volkseigenen Vermögens (Treuhandgesetz vom 17. 6. 1990); Gesetz über die strukturelle Anpassung der Landwirtschaft an die soziale und ökologische Marktwirtschaft der DDR (Landwirtschaftsanpassungsgesetz vom 29. 6. 1990); Gesetz über das Vermögen der Gemeinden, Städte und Landkreise (Kommunalvermögensgesetz vom 6. 7. 1990); Gesetz über die Übertragung volkseigener Güter, staatlicher Forstbetriebe und anderer volkseigener Betriebe der Land- und Forstwirtschaft in das Eigentum der Länder und Kommunen (Übertragungsgesetz vom 22. 7. 1990); Gesetz über die Übertragung des Eigentums und die Verpachtung volkseigener landwirtschaftlich genutzter Grundstücke an Genossenschaften, Genossenschaftsmitglieder und andere Bürger (Landverwertungsgesetz vom 22. 7. 1990); Gesetz über die Umwandlung volkseigener Wohnungswirtschaftsbetriebe in gemeinnützige Wohnungsbaugesellschaften und zur Übertragung des Grundeigentums an die Wohnungsgenossenschaften (Wohnungswirtschaftsumwandlungsgesetz vom 22. 7. 1990); Gesetze zur Änderung und Ergänzung des Zivilgesetzbuches der DDR (Zivilrechtsänderungsgesetze vom 28. 6. 1990 und 23. 7. 1990). Teilweise sehen sich manche Gesetze der DDR-Endphase und ihr Vollzug auch dem Verdacht ausgesetzt, zugunsten bestimmter Kreise noch rasch vollendete Tatsachen geschaffen zu haben.

III. Die Neuordnung und ihre Streitfragen

18   Der Gesetzgeber der Bundesrepublik hatte nach dem Beitritt der neuen Bundesländer zwei verschiedene Aufgaben zu bewältigen. Einmal mußte er die Folgen des Unrechts beseitigen, durch das sozialistisches Eigentum geschaffen oder Privateigentum fremder Nutzung zugeführt worden war. Zum anderen mußte er die reichlich undifferenzierten Rechtsformen einer staatsgelenkten Planwirtschaft und die Unordnung des faktischen Sachenrechts in die klareren und transparenteren marktwirtschaftlichen Rechtsformen der Bundesrepublik überführen. Der Gesetzgeber hat diese Aufgaben sukzessive und in einer kaum überschaubaren Vielzahl von Gesetzen zu bewältigen versucht, über die nunmehr ein Überblick gegeben sein soll. Er muß

---

[1] Gute Darstellung bei *Eickmann*, Grundstücksrecht in den neuen Bundesländern, 3. Aufl. 1996, S. XXIII ff., XXIX ff.

§ 63. Grundzüge des Grundstücksrechts der neuen Bundesländer   III § 63

Vergröberungen notgedrungen in Kauf nehmen und teilweise auf weiterführende Literatur verweisen. Der Einigungsvertrag (Art. 21, 22, 25, 41 EV) und die Verfassung (Art. 135a Abs. 2, 143 Abs. 3 GG) geben für die gesetzlichen Regelungen einen gewissen, meist allerdings recht groben Rahmen vor.

1. Begründung von Privateigentum nach dem Treuhandgesetz[1]

Nach dem Treuhandgesetz waren rund 13 000 volkseigene Betriebe (Kombinate, Wirtschaftseinheiten) in Kapitalgesellschaften zu verwandeln (§§ 11 Abs. 1 und 2, 23 TreuhG) mit der Folge, daß an volkseigenen Grundstücken in ihrer Rechtsträgerschaft Privateigentum im Sinne des BGB entstand. Inhaber sämtlicher Anteile an den Kapitalgesellschaften war die Treuhandanstalt (§ 1 Abs. 4 TreuhG); sie war eine rechtsfähige bundesunmittelbare Anstalt des öffentlichen Rechts (§ 2 Abs. 1 TreuhG) mit der Aufgabe, Unternehmen zu sanieren, durch (Anteils-)Veräußerung zu privatisieren oder gegebenenfalls abzuwickeln bzw. zu liquidieren. Die Entflechtung und Spaltung großer Einheiten war und ist durch ein besonderes Gesetz erleichtert.[2] Soweit volkseigene Betriebe an volkseigenen Grundstücken nur Nutzungsrechte innehatten, also nicht Rechtsträger waren, bestand gleichwohl die Möglichkeit des Eigentumserwerbes[3] durch die Kapitalgesellschaft. Neben dieser wichtigen Aufgabe waren der Treuhandanstalt u. a. die Privatisierung von ausgesondertem Militärvermögen, die Privatisierung volkseigenen landwirtschaftlichen[4] und forstwirtschaftlichen Grundvermögens und die Privatisierung des Vermögens des Ministeriums für Staatssicherheit anvertraut[5] mit entsprechenden Folgen treuhänderischen Privateigentums.[6]

19

Inzwischen hat die Treuhandanstalt ihre Aufgaben vor allem bei der Unternehmensprivatisierung weithin erledigt und ist in „Bundesanstalt für vereinigungsbedingte Sonderaufgaben" (BvS) umbenannt. Ihre Anteile an Verwaltungsgesellschaften sind mit entsprechenden Aufgaben teilweise auf den Bund (Bundesministerium der Finanzen) übertragen. Bei der neuen Bundesanstalt verbleibt nur noch ein kleinerer Aufgabenbereich, der vor allem die Verwertung von Grundstücken betrifft und durch eine Bodenverwertungs und -verwaltungs GmbH (BVVG) wahrgenommen wird.

20

---

[1] Literaturhinweis: Kommentierung bei *Busche*, in: Clemm u. a., Rechtshandbuch, Nr. B 200; guter Überblick bei *Kiethe*, in: Clemm u. a., Rechtshandbuch, Rn. 123 ff.; *v. Drygalski/Welter/Gemmeke*, Immobilienhandbuch Ost, 2. Aufl. 1996, S. 10 ff; s. auch *Rittner*, Die Privatisierung von Unternehmen und Grundstücken in der ehemaligen DDR, FS Sonn, 1993, S. 1095.

[2] Gesetz über die Spaltung der von der Treuhandanstalt verwalteten Unternehmen vom 5. 4. 1991; abgedruckt bei Clemm u. a., Rechtshandbuch, Nr. 230 A.

[3] Fünfte Durchführungsverordnung zum Treuhandgesetz vom 12. 9. 1990, abgedruckt bei Clemm u. a., Rechtshandbuch, Nr. 205 A; Beispielsfall: BVerwG ZIP 1994, 909.

[4] Hierzu § 1 Abs. 6 TreuhG und Gesetz über die Übertragung des Eigentums und die Verpachtung volkseigener landwirtschaftlich genutzter Grundstücke an Genossenschaften, Genossenschaftsmitglieder und andere Bürger (Landverwertungsgesetz vom 22. 7. 1990; siehe schon unter Rn. 17) Überblick bei *Kiethe*, in: Clemm, Rechtshandbuch, Rn. 104, und *Faßbender*, daselbst, Rn. 243 ff. Interessante Beispielsfälle zum umstrittenen Schicksal volkseigener landwirtschaftlicher Güter oder Nutzflächen: BGH NJW 1994, 2487; NJW 1998, 1707; DtZ 1997, 325.

[5] Problematischer Beispielsfall BGH DtZ 1997, 54.

[6] Folgeprobleme der Abwicklung des *DDR-Parteivermögens* behandeln BGH NJW 1998, 1709 und 1711.

2. Eigentum am Verwaltungs- und Finanzvermögen der öffentlichen Hand[1]

21 Zunächst einmal ist festzuhalten, daß Volkseigentum an die Körperschaft oder ihre Rechtsnachfolgerin zurückzuübertragen ist, auf deren Kosten es begründet worden war (Art. 21 Abs. 3 Einigungsvertrag). Hat also z.B. der Zentralstaat dadurch Volkseigentum geschaffen, daß er Gemeindevermögen eingezogen hat, so hat die betroffene Gemeinde einen *Restitutionsanspruch*. Für *Verwaltungsvermögen,* also öffentliche Sachen, die der öffentlichen Verwaltung unmittelbar zur Erfüllung ihrer Aufgaben dienen (Verwaltungsgebäude, Schulen, Krankenhäuser etc.), bestimmt Art. 21 Abs. 2 Einigungsvertrag den unmittelbaren Eigentumserwerb des grundgesetzlich zuständigen Verwaltungsträgers. Verworren ist die Situation nach wie vor beim *Finanzvermögen* der öffentlichen Hand, soweit es nicht – wie etwa das Vermögen volkseigener Betriebe unter dem Treuhandgesetz – von besonderen gesetzlichen Regelungen erfaßt ist. Grundsätzlich untersteht es nach Art. 22 Abs. 1, 2 Einigungsvertrag der Treuhandverwaltung des Bundes und soll durch Gesetz zwischen Bund und Ländern hälftig geteilt werden, wobei die Länder die Kommunen und Landkreise angemessen zu beteiligen haben. Es ist aber fraglich, inwieweit kommunales Finanzvermögen nicht bereits ohne gesetzliche Regelung im Eigentum der Gemeinden und Landkreise steht, weil der genaue Umfang der Fortgeltung des alten Kommunalvermögensgesetzes vom 6. 7. 1990 (hierzu oben Rn. 17) letztlich unklar ist: es gilt nur in den Grenzen der Art. 21, 22 Einigungsvertrag und des Vertrages über die Währungsunion vom 18. 5. 1990. Einigkeit besteht darüber, daß kommunales Finanzvermögen im Eigentum der Kommunen steht, soweit es den Üblichkeiten der alten Bundesländer entspricht; streitig bleibt dagegen die Rechtslage für weitergehendes Finanzvermögen, insbesondere für frühere kommunal unterstellte Betriebe und ihr Grundeigentum.

22 Im Eigentum der Kommunen stehen die Grundstücke und Gebäude *volkseigener Betriebe der Wohnungswirtschaft* (Art. 22 Abs. 4 Einigungsvertrag), allerdings mit der Auflage, dieses Eigentum zu privatisieren; ob dies durch Wohnungsbaugesellschaften mit kommunaler Beteiligung, durch zweckgebundene Veräußerung von Wohnungseigentum oder Erbbaurechte geschieht, bleibt den Kommunen überlassen. Eine besondere Regelung hat der Gesetzgeber für Wohnungen in Volkseigentum geschaffen, soweit *Genossenschaften der Wohnungswirtschaft* Rechtsträger waren: hier bleibt das Eigentum nicht in der Hand der Kommunen, vielmehr werden die Wohnungsgenossenschaften nach dem Gesetz zur Regelung vermögensrechtlicher Angelegenheiten der Wohnungsgenossenschaften[2] Ei-

---

[1] Guter Überblick bei *Lange,* DtZ 1991, 329 ff.; *Schmidt/Räntsch,* Eigentumszuordnung, Rechtsträgerschaft und Nutzungsrechte an Grundstücken, 2. Aufl. 1993, S. 26 ff.; *Eickmann,* Grundstücksrecht, Rn. 23 ff., 30 ff.; *von Drygalski,* in: von Drygalski/Welter/Gemmeke, Immobilienhandbuch Ost, 2. Aufl. 1996, S. 13 ff.; *Etzbach,* in: Clemm u. a., Rechtshandbuch, Rn. 23 ff. Mit den Aktiva des Verwaltungs- und Finanzvermögens gehen auch konnexe Passiva (z. B. Werklohnforderungen) über (BGH NJW 1998, 1701; DtZ 1997, 128, 130; einschränkend für Nutzerverbindlichkeiten BGH DtZ 1997, 50).

[2] I. d. F. vom 26. 6. 1994 (BGBl. I, 1438); hierzu *Bundschuh,* in: Clemm u. a., Rechtshandbuch, Nr. B 172; *Eickmann,* Grundstücksrecht, Rn. 42. Mit der *Altschuldenhilfe* für Wohnungsunternehmen (G vom 23. 6. 1993, BGBl. I, 944) verbindet sich eine quotale Privatisierungs- und Veräußerungspflicht (§ 5 AltSchHG), deren Erlös einem sog. Erblastentilgungsfonds zufließt (ausführlich *Wahlen/Klockzin* DtZ 1997, 370).

gentümer der von ihnen genutzten Grundstücke. Ob der Bund die neuen Bundesländer an den Nachfolgegesellschaften von *Energieversorgungsunternehmen* beteiligen muß, ist bisher offen geblieben (hierzu BVerfG NJW 1998, 219).

3. Eigentum bei genossenschaftlichem Vermögen

a) Landwirtschaftliche Produktionsgenossenschaften und ihre Rechtsnachfolger[1]

Die LPG sind nach dem Landwirtschaftsanpassungsgesetz in Genossenschaften (§§ 23 ff. LwAnpG) oder Personen- oder Kapitalgesellschaften (§§ 23 a, 34 LwAnpG) überführt oder aufgelöst worden. Soweit die LPG überhaupt genossenschaftliche Eigentümer von Grundstücken waren, ging das Eigentum mit der Umwandlung auf die Nachfolgegesellschaft über. Austretende oder kündigende Mitglieder konnten übereignete Grundstücke rückübereignet verlangen (§ 46 LwAnpG). Meist hatte die LPG allerdings nur Nutzungsrechte an Privateigentum (§ 18 LPGG), so daß bloß Rückgabe des Besitzes anstand. Über die Gesetzmäßigkeit der Abfindung ausscheidender Mitglieder bzw. der Auseinandersetzung schweben zahlreiche Rechtsstreitigkeiten.

Schwierigkeiten bereitete die Stellung von Nichtmitgliedern, deren Land vom Rat in Nutzungsverträgen übernommen und der LPG zur Verfügung gestellt worden war („Landeinbringer"). Die Rechtsprechung des BGH geht nicht davon aus, daß die heutigen Landkreise und neuen Bundesländer Rechtsnachfolger der alten Räte sind und verneint deshalb Ersatzansprüche (Werterhaltung etc.) der Landeinbringer gegen die Landkreise und die neuen Bundesländer; aus dem Vertrag zwischen Rat und LPG kann der Landeinbringer aber abgetretene Rechte geltend machen.[2] Soweit an Gebäuden Sondereigentum entstand, weil Bodeneigentum und Nutzungsrecht auseinanderfielen (§ 27 LPGG), ist zur Vereinheitlichung ebenso ein Bodenordnungsverfahren herbeizuführen wie zur Neuordnung wirtschaftsfähiger Flächen (§§ 43 ff., 64 LwAnpG). Sondereigentum der LPG an Waldbeständen erlischt (§ 64a Abs. 1 LwAnpG) zugunsten des Bodeneigentümers, so daß sich die Frage des Verwendungsersatzes analog § 994 BGB stellt. Umgekehrt kann eine LPG bzw. ihre Nachfolgerin bei Nutzung fremder Flächen Nutzungsentgelt schulden (§§ 988 BGB; 33 ZGB-DDR; aufschlußreich BGH NJW 1998, 1707); sie haftet uU allgemein für „Altschulden" (hierzu BGHZ 124, 1 und BVerfG NJW 1997, 1975). Gründungsfehler vor allem in der Übergangszeit erschweren teilweise eine geordnete Fortführung (Beispielsfall BGH NJW 1998, 229 mit Ablehnung einer Heilung).

b) Produktionsgenossenschaften des Handwerks und Konsumgenossenschaften

Soweit Produktionsgenossenschaften des Handwerks Eigentümer von Grundstücken waren, sind nunmehr die aus ihrer Umwandlung neu hervorgegangenen Personen- oder Kapitalgesellschaften Eigentümer; die Umwandlung konnte bis Ende 1992 nach fortgeltendem DDR-Übergangsrecht erfolgen (hierzu oben Rn. 17). Konsumgenossenschaften hatten entweder genossenschaftliches Eigentum oder Volkseigentum in Rechtsträgerschaft inne. Ihr Volkseigentum unterfällt der Treuhandverwaltung des Bundes (Art. 22

---

[1] Hierzu die Kommentierung *Schweizer,* in: Kimme/Peé/Schmidt-Räntsch, Offene Vermögensfragen, Stand März 1996, LwAnpG; *Faßbender,* in: Clemm u. a., Rechtshandbuch, Rn. 185 ff.; *Nies,* in: Clemm u. a., Rechtshandbuch, Nr. B 500; *Schweizer* DtZ 1991, 279 ff.
[2] Aufschlußreich BGHZ 127, 285; 127, 297 ff.; aber auch BGH NJW 1998, 1705. Gegenläufige Ansprüche der LPG behandelt BGH DtZ 1997, 118.

Einigungsvertrag) und fällt nicht analog § 11 Abs. 2 TreuhandG den Genossenschaften zu.[1]

4. Feststellung und Verfügung durch Vermögenszuordnung[2]

26 Die geschilderten sehr komplizierten Regelungen zur Eigentumsneuordnung haben große Rechtsunsicherheit und viele Streitigkeiten zur Folge, die den Grundstücksverkehr und die Investitionstätigkeit stark hemmen und beeinträchtigen. Der Gesetzgeber hat deshalb im Vermögenszuordnungsgesetz[3] ein Verfahren geschaffen, das die Eigentumszuordnung durch *Zuordnungsbescheid* feststellt (§§ 2 ff. VZOG), die Verfügung über als „volkseigen" eingetragene Grundstücke vor endgültiger Klärung und Abwicklung der Eigentumsfragen erlaubt (§ 8 VZOG) und die Eigentumszuweisung für besondere investive Vorhaben gestattet (§§ 9, 10 VZOG). Unter diese Regelung fallen – grob gesagt – alle Grundstücke, deren Zuordnung sich nach Art. 21, 22 Einigungsvertrag oder dem Treuhandgesetz richtet, wobei im Bereich des Treuhandgesetzes die Zuständigkeit bei der früheren Treuhandanstalt und jetzt bei der BvS liegt, im übrigen bei der Oberfinanzdirektion. Der bestandskräftige Zuordnungsbescheid ist Grundlage einer *Grundbuchberichtigung* (§§ 3, 4 VZOG, 38 GBO). Die Verfügungsermächtigung des Rechtsträgers ehemals volkseigener Grundstücke oder Gebäude (§ 8 VZOG) erhält das Grundeigentum trotz ungeklärter Rechtslage dem Grundstücksverkehr und läßt dem „wahren" öffentlichen (?) Berechtigten nur das Surrogat; sie berechtigt auch zur schuldrechtlichen Besitzüberlassung und Verfolgung pacht- bzw. mietrechtlicher Ansprüche.[4]

5. Restitution und Bestandsschutz bei der Wiedergutmachung von Unrechtsakten

27 Während die bisher geschilderten Gesetze und Regelungen der Umverteilung und Privatisierung sozialistischen Eigentums dienen, ist es Aufgabe des Gesetzes zur Regelung offener Vermögensfragen[5] (Vermögensgesetz) und seiner Begleitgesetze, Unrechtsakte der Besatzungszeit und der DDR-Ära auszugleichen. Dieser Ausgleich konnte durch Restitution oder Entschädigung erfolgen. Der Gesetzgeber wählte letztendlich eine ebenso differenzierte wie umstrittene Lösung, die beide Elemente kombiniert.

---

[1] Sehr str.; s. *E. Habscheid*, VIZ 1993, 198 und BGH NJW 1998, 1713, 1714; zum Schicksal ihres genossenschaftlichen Eigentums BGH DtZ 1997, 350.
[2] Hierzu die Kommentierungen von *Schmidt/Leitschuh,* in: Rädler/Raupach/Bezzenberger, Vermögen in der ehemaligen DDR, Teil 3 B II; *Schmidt-Räntsch/Hiestand,* in: Clemm u. a., Rechtshandbuch, Nr. 170 B; *Schmidt-Habersack,* in: Kimme, Offene Vermögensfragen, Nr. 33; guter Überblick bei *Schmidt-Räntsch* ZIP 1991, 973 ff.; *ders.,* Eigentumszuordnung, Rechtsträgerschaft und Nutzungsrechte an Grundstücken, 2. Aufl. 1993, S. 20 ff.; *Eickmann,* Grundstücksrecht, Rn. 54. ff.
[3] Gesetz über die Feststellung der Zuordnung von ehemals volkseigenem Vermögen i. d. F. vom 29. 3. 1994 (BGBl. I, 709). Neuerer *Beispielsfall:* BVerwG DtZ 1997, 318.
[4] Beispielsfälle: BGH ZIP 1995, 1220 ff.; DtZ 1996, 140; ZIP 1998, 1324 ff. (Verlust von Privateigentum nach § 8 VZOG a. F. und n. F.?).
[5] I. d. F. vom 4. 8. 1997 (BGBl. I 1975); hierzu *Messerschmidt* NJW 1997, 2725 ff.

a) Grundlinien der Restitution nach dem Vermögensgesetz[1]

Das Vermögensgesetz ordnet im Einklang mit der gemeinsamen Erklärung vom 15. 6. 1990 und Art. 41 Einigungsvertrag grundsätzlich die Restitution von diskriminierenden Enteignungen,[2] enteignungsgleichen Maßnahmen,[3] Erwerbsakten aufgrund unlauterer Machenschaften[4] und Maßnahmen gegen Republikflüchtlinge an (§ 1 VermG; hierzu schon Rn. 5). Soweit hiervon Grundeigentum[5] oder dingliche Rechte betroffen waren, gehen sie mit der Unanfechtbarkeit der Entscheidung über die Rückübertragung auf die alten Rechtsinhaber über, das Grundbuch ist zu berichtigen (§ 34 VermG).[6] Bei der Rückgabe von Unternehmen (§§ 6ff. VermG i. V. m. Unternehmensrückgabeverordnung) bleibt gegebenenfalls die juristische Person Eigentümer, die Rückgabe erfolgt durch Anteilsübertragung. Der Restitutionsberechtigte muß einen Wertausgleich leisten für Wertsteigerungen (z.B. Bebauung, Modernisierung, Instandsetzung etc.; hierzu § 7 VermG) und sich den Untergang früherer dinglicher Rechte bzw. Belastungen bei der Überführung in Volkseigentum anrechnen lassen (§§ 18ff. VermG i. V. m. Hypothekenablöseverordnung). Im übrigen tritt der Berechtigte in alle Rechtsverhältnisse zu Dritten ein (§§ 16ff. VermG).

28

b) Bestandsschutz durch Entschädigung statt Restitution

Der Restitutionsberechtigte kann grundsätzlich immer Entschädigung wählen (§ 8 VermG). Wenn die Rückübertragung von Grundstücken aus Gründen des *Bestandsschutzes* ausgeschlossen bleibt, kann der Ausgleich durch Übereignung eines Ersatzgrundstückes erfolgen; falls dies nicht möglich ist, bleibt nur die Entschädigung (§ 9 VermG).

29

Der Bestandsschutz betrifft zunächst einmal redliche natürliche Personen, Religionsgemeinschaften und gemeinnützige Stiftungen;[7] sie müssen allerdings bis zu einem Stichtag (18. 10. 1989) Eigentum oder dingliche Nutzungsrechte erworben (§ 4 Abs. 2 VermG) oder vorher wenigstens eine

30

---

[1] Hierzu die Kommentierungen *Wasmuth/Wellhöfer/Kiethe/Flotho/Windthorst*, in: Clemm u.a., Rechtshandbuch, Nr. B 100; *Fieberg/Reichenbach/Messerschmidt/Neuhaus*, Vermögensgesetz, Stand 1996; *Kimme* u.a., Offene Vermögensfragen, Bd. 1 und 2, 1993; *Säcker* (Hrsg.), Vermögensrecht, 1995; *Barkam* u.a., in: Rädler/Raupach/Bezzenberger, Vermögen in der ehemaligen DDR, Teil 3, Stand 1996; guter Überblick bei *Eickmann*, Grundstücksrecht, Rn. 72ff.; zuletzt *Messerschmidt* NJW 1997, 163ff.; 2725ff.; *Kleinlein* DtZ 1997, 178.

[2] BVerwG NJW 1994, 2105; 1994, 2106; 1996, 1296. Bemerkenswert BVerfG NJW 1998, 1697 und BVerwG NJW 1994, 2712: keine „Rückenteignung" bei Fortfall des Zwecks einer DDR-Enteignung außerhalb des Vermögensgesetzes; ähnlich BGH NJW 1998, 222ff.

[3] BVerwG NJW 1993, 2822; 1995, 2049ff. (staatliche Übernahme nach Kostenunterdeckung).

[4] BVerwG NJW 1995, 2741; 1996, 1909; 1997, 476; ZIP 1996, 972ff. (Vermögensveräußerung und Ausreiseantrag).

[5] Auch Bodenreformeigentum: BVerwG NJW 1995, 3137; aber keine *schuldrechtlichen* Nutzungsrechte: BVerwG ZIP 1996, 606ff.

[6] Aufschlußreich BGH NJW 1996, 2030: vorläufiger Eigentumsübergang bei sofortiger Vollziehbarkeit, obwohl das Gesetz nur Vormerkung oder Widerspruch vorsieht; Eigentümer-Besitzer-Verhältnis zwischen Berechtigtem und Verfügungsberechtigtem; s. a. BGH DtZ 1997, 224.

[7] Zur Verfassungsmäßigkeit dieser Regelung BVerfG DtZ 1995, 239 (Vereinbarkeit mit Art. 14 GG); BVerfG NJW 1995, 2281 (personelle Beschränkung).

schutzwürdige Position erreicht haben (aktenkundige Erwerbsanbahnung, Erwerb aufgrund § 1 des sog. Modrow-Gesetzes – hierzu Rn. 17 –, Erwerb nach wesentlichen Investitionen).[1] Die Anforderungen an die Redlichkeit[2] formuliert § 4 Abs. 3 VermG: sie bleibt ausgeschlossen bei wissentlicher Abweichung von geltenden Vorschriften und Üblichkeiten,[3] bei korruptionsbedingtem Erwerb oder bei Ausnutzung einer Zwangslage oder Täuschung.[4] Im übrigen kann sich der Bestandsschutz darauf gründen, daß eine Rückübertragung von der „Natur der Sache her" nicht mehr möglich ist (§ 4 Abs. 1 S. 1 VermG), was dann § 5 VermG teilweise näher präzisiert: investitionsintensive Nutzungsänderung öffentlichen Interesses, Gemeingebrauch, Wohnungs- und Siedlungsbau,[5] Eingliederung in ein Unternehmen usw.

c) Sicherung des Restitutionsanspruchs durch Verfügungsbeschränkung und Investitionsvorrang

31 Der Restitutionsanspruch ist öffentlich-rechtlicher Natur; über ihn entscheiden die zuständigen Behörden (Ämter zur Regelung offener Vermögensfragen, §§ 22 ff. VermG) auf Antrag durch Verwaltungsakt (§ 30 VermG). Der Gesetzgeber hat für Anträge eine Ausschlußfrist geschaffen (§ 30a Abs. 1 VermG: 31. 12. 1992), aber schon vorher in der sog. Anmeldeverordnung[6] kürzere Anmeldefristen bestimmt (§ 3 AnmeldeVO: 13. 10. 1990 bzw. 31. 3. 1991).

32 Grundsätzlich führt der Restitutionsantrag zu einer Verpflichtung des Verfügungsberechtigten, dingliche Verfügungen und langfristige schuldrechtliche Verträge ohne Zustimmung des Restitutionsberechtigten zu unterlassen (§ 3 Abs. 2 VermG). Man ist sich inzwischen über die zivilrechtliche Natur dieses Anspruchs einig[7] und deutet sie im Sinne einer allgemeinen Veränderungssperre.[8] Aus der zivilrechtlichen Einordnung folgt die einstweilige Verfügung ordentlicher Gerichte als Sicherungsmittel (Veräußerungsverbot, Unterlassungsgebot etc., § 938 Abs. 2 ZPO); hingegen ist der Widerspruch gegen die Eintragung des Verfügungsberechtigten ebenso verfehlt – das Grundbuch ist nicht unrichtig – wie die Eintragung einer Vormerkung – der Restitutionsanspruch richtet sich nicht gegen den Eingetragenen, sondern gegen die öffentliche Hand.[9] Eine zusätzliche Sicherung des Restitutionsberechtigten liegt darin, daß in den neuen Bundesländern Verfügungen über Grundstücke einer Genehmigung nach der Grundstücksverkehrsverordnung (GVO)[10] bedürfen,

---

[1] Zur Verfassungsmäßigkeit der Stichtagsregelung BVerwG NJW 1995, 2738; 1996, 1767; kritisch zum Ausschluß der Restitution bei Bestehen von Nutzungsrechten *Kohler* VIZ 1992, 261.

[2] Ausschlaggebend ist allein die Redlichkeit des gegenwärtigen Rechtsinhabers: BVerwG NJW 1995, 2740.

[3] Aber „zivilrechtliche" Wirksamkeit des zugrundeliegenden Rechtsgeschäfts keine Redlichkeitsvoraussetzung: zuletzt BVerwG NJW 1996, 1361; ausführlich unten Rn. 37 f.

[4] BVerwG NJW 1996, 409: Beweislast für Redlichkeit liegt beim Erwerber, falls greifbare Anhaltspunkte für Unredlichkeit bestehen.

[5] Hierzu BVerwG NJW 1996, 867 ff. („komplexer Wohnungsbau"); BVerwG ZIP 1997, 1087 ff. = DtZ 1997, 298 (Lebensfähigkeit eines Unternehmens).

[6] Kommentierung von *Wasmuth*, in: Clemm, u. a. Rechtshandbuch, Nr. B 140.

[7] BGHZ 124, 147; offen BGHZ 121, 347, 355.

[8] BGHZ 126, 1 ff. (Baumaßnahmen größeren Umfangs).

[9] Zum Ganzen *Wasmuth*, in: Clemm u. a., Rechtshandbuch, § 3 VermG Rn. 305 ff.; *Eickmann*, Grundstücksrecht, Rn. 67 ff.; *Kohler* NJW 1991, 465; *ders.* VIZ 1992, 308; ferner KG NJW-RR 1998, 880.

[10] I. d. F. vom 20. 12. 1993, geändert am 4. 7. 1995 (BGBl. I, 895); zu ihrer staatslenkerischen Zielsetzung während der DDR-Zeit siehe oben Rn. 11; Kommentierung *Schmidt-Räntsch*, in: Clemm u. a., Rechtshandbuch, Nr. B 430; zur geringfügigen Änderung 1997 *Messerschmidt* NJW 1997, 2728.

die grundsätzlich nicht erteilt wird, wenn ein nicht präkludierter Restitutionsantrag gestellt ist; die fehlende Genehmigung führt so zur Grundbuchsperre (§ 2 Abs. 2 GVO).

Weil die Verfügungsbeschränkungen über eine Vielzahl von Grundstücken Investitionen und Grundstücksverkehr lahmlegen könnten, gibt es von der Verfügungssperre Ausnahmen: Erhaltungs- und Instandsetzungsmaßnahmen (§ 3 Abs. 3 S. 2–5 VermG); Veräußerungen durch die Treuhandanstalt bei Vorbehalt der Rückübertragung (§ 3c VermG); Veräußerung aufgrund eines Investitionsvorrangbescheides nach dem *Investitionsvorranggesetz*.[1] Das letzte Gesetz, dessen Geltung bis 31. 12. 1998 verlängert ist, gestattet Verfügungen, Vermietung oder Baumaßnahmen zugunsten besonderer investiver Zwecke, die der Sicherung und Erhaltung von Arbeitsplätzen, der Schaffung oder Erhaltung von Wohnraum oder der Schaffung von Infrastrukturmaßnahmen dienen. An die Stelle des Rückübertragungsanspruches tritt der Anspruch auf den Gegenwert (§ 16 InVorG). Die Rechtsprechung des Bundesverwaltungsgerichts versagt dem Investor den Rechtsschutz bei Erteilung oder Aufhebung des Investitionsvorrangbescheides, weil er nur „mittelbar-tatsächlich" begünstigt sei – sehr fraglich![2]

d) Das Entschädigungsgesetz[3]

Soweit Restitutionsberechtigte die Entschädigung wählen (§§ 6 Abs. 7, 8 Abs. 1 VermG) oder eine Rückübertragung aus Gründen des Bestandsschutzes entfällt, regelt das Entschädigungsgesetz ihre Entschädigung; es ist im Rahmen des Entschädigungs- und Ausgleichsleistungsgesetzes nach langen rechtspolitischen Auseinandersetzungen erlassen worden. Die *Höhe* der Entschädigung (§ 3 EntschG) richtet sich nach einem Vielfachen des zuletzt festgestellten Einheitswertes, gegebenenfalls ist ein Hilfswert nach dem Reichsbewertungsgesetz vom 16. 10. 1934 i.d.F. des Bewertungsgesetzes der DDR vom 18. 9. 1970 festzulegen. Das Vielfache beträgt z.B. bei landwirtschaftlichen Flächen das 3-fache, bei Mietwohngrundstücken das 4,8-fache, bei Einfamilienhäusern das 7-fache etc. Eine soziale Degression schafft bei höheren Abfindungsbeträgen gestaffelt höhere Kürzungsbeträge (§ 7 EntschG), um die Kosten der Entschädigung sozial verträglich niedrig zu halten.

Die Entschädigung erfolgt durch einen *Entschädigungsfonds* (§ 9 EntschG), den das Bundesamt zur Regelung offener Vermögensfragen als Sondervermögen des Bundes verwaltet. Er soll aus vielerlei Quellen gespeist werden (§ 10 EntschG): Veräußerungserlöse der Treuhandanstalt; 50% des Finanzvermögens des Bundes nach Art. 22 Abs. 1 Einigungsvertrag; nicht restituiertes Verwaltungsvermögen (Art. 21 Einigungsvertrag) zum 1,3-fachen Einheitswert; die Wertausgleichsbeträge der Restitution (§ 7 VermG); nicht beanspruchte, unter das Vermögensgesetz fallende Werte; Veräußerungserlöse aus dem Verkauf von volkseigenen Grundstücken an dingliche Nutzungsberechtigte (Sachenrechtsänderung, unten Rn. 54 ff.) sowie Nutzungsentgelte von Nutzungsberechtigten; endlich: Zuschüsse aus dem Bundeshaushalt ab 1. 1. 2004. Der Entschädigungsfonds soll also überwiegend aus Zugewinnen getragen werden, die sich bei der Verwertung von Grundstücken realisiert haben oder noch realisieren werden. Weil er gegenwärtig noch nicht oder nicht voll finanzierbar erscheint und oft erst durch künftige Zuflüsse aufgefüllt werden soll, werden über die Entschädi-

---

[1] Gesetz über den Vorrang von Investitionen bei Rückübertragungen nach dem Vermögensgesetz vom 14. 7. 1992 (BGBl. I, 1268) in der Neufassung vom 8. 8. 1997 (BGBl. I 1997); Kommentierung von *Uechtritz*, in: Clemm u.a., Rechtshandbuch, Nr. B 130; zur Neufassung *Messerschmidt* NJW 1997, 2726/2727. Neuerer *Beispielsfall:* BVerfG DtZ 1997, 319 (Kammer).
[2] BVerwG NJW 1995, 672 ff.; zum Schadensersatzanspruch des Investors BGH DtZ 1997, 287.
[3] Hierzu die Kommentierung von *Fieberg/Reichenbach* u.a., VermögensG, Stand 1996; *Zimmermann,* in: Clemm u.a., Rechtshandbuch, Nr. B 110; *Motsch/Rodenbach/Löffler/Schäfer/Zilch,* Kommentar zum Entschädigungs- und Ausgleichsleistungsgesetz, 1995, Teil 2, Art. 1 EALG; guter Überblick bei *Schmidt-Preuß* NJW 1994, 3249.

§ 63 III   VI. Abschnitt. Das Grundstücksrecht der neuen Bundesländer

gungssummen Schuldverschreibungen mit einem (vielfachen) Nennwert von 1000 DM ausgestellt, die ab 1. 1. 2004 mit 6% verzinst und in fünf Jahresraten zurückgezahlt werden sollen (§ 1 EntschG; Schuldverschreibungsverordnung vom 21. 6. 1995, BGBl. I, 846). Alles in allem eine sehr zukunftsorientierte Finanzierung, die sich sehr auf das Prinzip Hoffnung stützt und konkrete rechnerische Voraussagen nur schwer zuläßt.

e) Statistische Zahlen

36   Nach Angaben des Bundesamtes zur Regelung offener Vermögensfragen wurden Anträge auf Rückübertragung von 2,26 Millionen Immobilien, Grundstücken und Grundstücksteilen gestellt. 1,57 Millionen Fälle (69,4%) waren am 30. 9. 1996 bereits erledigt. Die Erledigungsquoten der einzelnen Bundesländer schwanken stark: z. B. Mecklenburg-Vorpommern 90,2%, Brandenburg 58%.

f) Konkurrierende zivilrechtliche Rückabwicklung?

37   Die Rückabwicklung nach dem Vermögensgesetz mit seinen Ausschlußtatbeständen stellt die Frage nach der Konkurrenz zur Rückabwicklung nach §§ 894, 985 BGB, wenn die Rechtsakte nach dem Recht der DDR unwirksam waren. Solche Unwirksamkeit könnte insbesondere gegenüber dem redlichen „Rechtsinhaber" eine zivilrechtliche Rückabwicklung ermöglichen, die § 4 Abs. 2 VermG gerade verhindern will.

38   Während das BVerwG Rechtsfehler im Rahmen enteignender Maßnahmen überwiegend für unerheblich erklärt und auch in solchen Fällen der (Nicht-)Rückabwicklung nach dem Vermögensgesetz Vorrang einräumt,[1] betonte die Rechtsprechung des BGH ursprünglich stärker die Bedeutung eigenständiger zivilrechtlicher Rückabwicklung, hält nunmehr aber Rechtsfehler für unerheblich, die „bei wertender Betrachtung in einem engeren inneren Zusammenhang mit dem vom Vermögensgesetz tatbestandlich erfaßten Unrecht" stehen[2] (z. B. Zuständigkeitsmängel handelnder Behörden, Formmängel bei Vollmacht etc.). Es bleiben allerdings Fälle zivilrechtlicher Rückabwicklung, in denen es an einer enteignenden Maßnahme völlig fehlt[3] oder ein Erwerbstatbestand wie z. B. bei verdeckter treuhänderischer Überlassung streng genommen nicht gegeben ist.[4] Ohne Zweifel hat die Auffassung des BGH die Gesetze der Logik für sich, die der Gesetzgeber etwas mißachtete, als er die Erwerbstatbestände des DDR-Rechts „nachzeichnete" und ihre Willkür und Unordnung wenig in Rechnung stellte. Der Gesetzgeber hat nunmehr ausdrücklich Heilungsvorschriften für frühere DDR-Unrechtsakte geschaffen, um die einheitliche Geltung des Vermögensgesetzes zu gewährleisten.[5] Diese „Heilung" ist die bittere Konsequenz eines das DDR-Unrecht nachzeichnenden sachenrechtlichen Übergangsrechts (hierzu unten Rn. 64 ff.).

6. Bodenreformgrundstücke

a) Enteignung, Restitutionsausschluß und Entschädigung

39   In der sowjetischen Besatzungszone wurden 1945 alle „Großgrundbesitzer" mit über 100 ha Land und alle „Kriegsverbrecher", „Naziführer" und „führen-

---

[1] Insbesondere BVerwG NJW 1995, 1506; 1996, 1361.
[2] BGHZ 130, 231 ff.; DtZ 1997, 221; DtZ 1997, 158, 159; DtZ 1997, 162 etc. Zur Problematik *Tropf* WM 1994, 89 ff.; *Hagen/Frantzen*, Grundstücksübertragungen in den neuen Bundesländern, 1994; s. a. BGHZ 118, 34 und hierzu BVerfG NJW 1997, 447; ferner BVerfG NJW 1998, 221.
[3] BGH NJW 1996, 1890 ff. (fehlende Enteignung – keine Ersitzung von Volkseigentum; hierzu *Stadler* DtZ 1997, 82); ähnlich BGH DtZ 1997, 350; DtZ 1997, 195.
[4] Zuletzt BGH ZIP 1996, 688. Dort auch Ausführungen zum unwirksamen Erwerb gemäß § 4 Abs. 2b VermG (sog. „Modrow-Gesetz"); s. a. BGH VIZ 1997, 158, 159; 345 f.
[5] Art. 237 § 1 EGBGB n. F. 1997 (Wohnraummodernisierungsgesetz vom 17. 7. 1997); nach Art. 237 § 2 EGBGB unterliegen verbleibende zivilrechtliche Rückabwicklungsansprüche der Präklusion zum 30. 9. 1998; hierzu *Messerschmidt* NJW 1997, 2725, 2727; zu den Entwürfen und zum vorgesetzlichen Diskussionsstand *Messerschmidt* NJW 1997, 163, 165; *Schmidt-Räntsch* ZIP 1996, 1858; *Grün* ZIP 1996, 1860; zur Verfassungsmäßigkeit BVerfG vom 3. 7. 1998 – 1 BvR 13/98, ZIP 1998, A 65 Nr. 168.

den Personen" des NSDAP-Regimes entschädigungslos enteignet, wobei die Einordnung als Kriegsverbrecher u. ä. oft subjektiv und willkürlich war.

3 298 000 ha Land waren so einem „Bodenfonds" zugeführt, zu ca. 34% fiel er volkseigenen Gütern **40** zu, den Rest erhielten sog. Bodenreformbauern in Größenordnungen von durchschnittlich 8,1 ha. Grundlage dieser Enteignungen waren Verordnungen der Landes- und Provinzverwaltungen der SBZ, die aber durch Befehle der Sowjetischen Besatzungsmacht zumindest nachträglich legitimiert wurden; sie berief sich hierbei auf das Potsdamer Abkommen vom 2. 8. 1945 sowie alliierte Kontrollratsgesetze und Kontrollratsdirektiven.[1]

Beim Beitritt der neuen Bundesländer haben die Vertreter der DDR auf ei- **41** ne Regelung Wert gelegt, die es ausschloß, die Enteignungen rückgängig zu machen (Art. 41 Abs. 1 EinigungsV; gemeinsame Erklärung vom 15. 6. 1990 Ziff. 1). Inwieweit die Sowjetunion hieran ein elementares Interesse hatte, ist bis heute nicht voll geklärt.[2] Art. 143 Abs. 3 GG und § 1 Abs. 8a VermG erfüllen mit ihrem Restitutionsausschluß die Vorgaben des Einigungsvertrages. Das Bundesverfassungsgericht hat mehrfach die Verfassungsmäßigkeit dieses Restitutionsausschlusses bejaht und festgehalten, er verletze nicht die als unveränderbar garantierten *Kernelemente* des Gleichheitssatzes und des Eigentumsschutzes (Art. 79 Abs. 3, 1, 20 GG; Art. 3, 14 GG).[3]

Man kann allerdings der Kritik[4] die Berechtigung insofern nicht ganz absprechen, als der *volle* **42** Restitutionsausschluß sich aus der Entstehungsgeschichte nur schwer *zwingend* begründen läßt und insbesondere die beschränkte Rückgabe des Eigentums an jahrhundertealten Familiensitzen bei fehlenden Vertrauensschutztatbeständen ein Gebot elementarer Gerechtigkeit gewesen wäre, dessen Mißachtung mit rechtsstaatlichen Vorstellungen kaum vereinbar erscheint. Das BVerwG legt den Ausschluß der Restitution tendenziell *weit* aus: es genügt, wenn Enteignungen auf Anregungen der sowjetischen Besatzungsmacht zurückgingen, mögen sie auch von deutschen Stellen – u. U. exzessiv und willkürlich – ausgeführt worden sein.[5] Der Restitutionsausschluß kann nicht dadurch unterlaufen werden, daß im Zivilrechtsweg bei Prüfung der §§ 894, 985 BGB die Enteignungen für nichtig erachtet werden.[6]

Die *Entschädigung* ist im Ausgleichsleistungsgesetz[7] geregelt. Es verweist die **43** enteigneten Eigentümer grundsätzlich auf die Regelungen des Entschädigungsgesetzes (§ 2 AusglLeistG) mit seiner Einheitswertregelung, seiner sozialen Degression und seinen Schuldverschreibungen gegen den Entschädigungsfonds als bundeseigenes Sondervermögen (hierzu oben Rn. 35). Eine

---

[1] Hierzu vor allem *Wasmuth,* in: Clemm u. a., Rechtshandbuch, Rn. 20 ff., 36 ff. m. Nw.; s. a. oben Rn. 5.

[2] Hierzu die Chronologie der Bundesregierung zur Frage der Enteignungen von 1945–1949 in der sowjetisch besetzten Zone in Zusammenhang mit den deutsch-deutschen Verhandlungen über offene Vermögensfragen; abgedruckt bei *Motsch/Rodenbach/Löffler/Schäfer/Zilch,* EALG, 1995, Vor AusglLeistG, Rn. 21.

[3] BVerfGE 84, 90ff. = NJW 1991, 1597ff.; NJW 1996, 1666ff.; NJW 1996, 2722ff.; NJW 1997, 449, 450 und hierzu *Wassermann* NJW 1997, 438; s. a. EKMR NJW 1996, 2291.

[4] Insbesondere *Wasmuth* NJW 1993, 2476; DÖV 1994, 986; a. A. z. B. *Sendler* DÖV 1994, 401; aufschlußreich *Papier* NJW 1997, 2841 ff., 2844 ff., und *von Schlieffen* NJW 1998, 1688.

[5] BVerwG NJW 1994, 2777, 2778; NJW 1995, 1303 ff.; zum Ganzen *Messerschmidt* NJW 1997, 163, 166 m. Nw.

[6] BGH NJW 1996, 591 ff. m. Nw.

[7] Hierzu die Kommentierungen bei *Motsch/Rodenbach/Löffler/Schäfer/Zilch,* EALG, 1995; *Zimmermann,* in: Clemm u. a., Rechtshandbuch, Nr. B 115; *Knolle,* in: Fieberg/Reichenbach, VermögensG, Stand 1996.

Neuerung bringt aber die Möglichkeit des *Flächenerwerbs* früher volkseigener Flächen durch langfristige, selbstbewirtschaftende Pächter (§ 3 Abs. 1–4 AusglLeistG), zu denen als „Wiedereinrichter" auch enteignete Eigentümer gehören können. Nicht selbst bewirtschaftende enteignete Eigentümer können nur nachrangig erwerben (§ 3 Abs. 5 AusglLeistG), die Kaufobergrenze (§ 3 Abs. 3 AusglLeistG) ist bei ihnen gegenüber selbstbewirtschaftenden Pächtern halbiert. Nach dem Jahr 2003 ist für nicht veräußerte Flächen ein „Nachschlagserwerb" mit stark gelockerter Kaufobergrenze möglich (§ 3 Abs. 3 AusglLeistG).

44 Der Kaufpreis entspricht grob dem Entschädigungswert (dreifacher Einheitswert 1935, in der Regel unter dem halben Verkehrwert; § 3 Abs. 7 AusglLeistG). Bei Gebäuden muß der Verkehrswert berücksichtigt werden. Eine Flächenerwerbsverordnung[1] regelt Einzelheiten des Flächenerwerbs. Man wird mit einem vergünstigten Flächenerwerb von ca. 850 000 ha zu rechnen haben, davon 650 000 ha Pächtererwerb und 180 000–200 000 ha Erwerb durch nicht selbstwirtschaftende Alteigentümer. Insgesamt ist die Flächenerwerbsmöglichkeit geeignet, die Härten des Restitutionsausschlusses etwas abzumildern, wenngleich nicht zu kompensieren. Der verbilligte Erwerb durch Pächter – oft LPG-Nachfolger – und Neueinrichter kann eine EU-rechtlich bedenkliche Beihilfe darstellen, weshalb die EU-Kommission ein Prüfungsverfahren eingeleitet hat (Art. 92 ff. EGV).

45 Wichtig ist, daß der Restitutionsausschluß *nicht* für Wiedergutmachungsansprüche von Bürgern gilt, die Opfer *nationalsozialistischer Verfolgung* waren; für sie gilt stets das Vermögensgesetz entsprechend (§ 1 Abs. 6, 8a VermG). Ob die Aufhebung enteignender Maßnahmen durch die Sowjetunion bzw. die Russische Föderation zur Rückabwicklung der Bodenreformenteignungen führen müßte (§ 1 Abs. 7, Abs. 8a VermG), könnte noch zu einer schwierigen Streitfrage werden.

b) Neuordnung des Bodenreformeigentums

46 Soweit Bodenreformgrundstücke an „Neubauern" übertragen worden waren, galten für ihr Schicksal bei personellem Wechsel die Besitzwechselverordnungen der DDR:[2] als Übernehmer kamen nur besonders qualifizierte Personen in Betracht; fehlten sie, so fiel das Grundstück in den staatlichen Bodenfonds bzw. Volkseigentum zurück. Das Bodenreformgesetz vom 6. 3. 1990[3] versuchte in der Endphase der DDR, das Bodenreformeigentum einfach in gewöhnliches Eigentum zu verwandeln. Es hatte dabei aber nicht zureichend beachtet, daß die Zuteilungsvorschriften oft unbeachtet geblieben waren mit teilweise willkürlichen Ergebnissen und daß vor allem auch Grundbucheintragungen unterblieben waren.

47 Der Gesetzgeber hat sich in Art. 233 §§ 11–16 EGBGB zur Entwirrung nach zwei Grundsätzen entschlossen. Es erfolgt zunächst eine *Eigentumszuweisung* (Art. 233 § 11 EGBGB), um dieses Grundvermögen verkehrsfähig zu halten; Eigentümer ist bei Eintragungsanträgen bis zum 2. 10. 1990, wer ein Besitzwechseldokument vorlegen kann, im übrigen der eingetragene Rechtsinhaber bzw. seine Erben. Ein *besseres Recht* am Grundstück kann aufgrund der „Nachzeichnung" der Zuteilungskriterien der früheren Besitzwechselverordnungen der DDR bestehen (Art. 233 § 12 EGBGB); dieses bessere Recht gibt einen schuldrechtlichen Anspruch auf Übertragung des Eigentums (Art. 233 § 11 Abs. 3 EGBGB).

---

[1] Verordnung vom 18. 12. 1995, BGBl. I, 2072; hierzu *Heller/Quandt/Sannwald*, Flächenerwerbsverordnung, 1996; *Witt*, Flächenerwerb in den neuen Bundesländern, 1996.
[2] Besitzwechselverordnung vom 21. 6. 1951 (GBl. I Nr. 78, S. 629); Erste Besitzwechselverordnung vom 7. 8. 1975 (GBl. I Nr. 35, S. 629); Zweite Besitzwechselverordnung vom 7. 1. 1988 (GBl. I Nr. 3, S. 25).
[3] GBl. DDR I 1990, S. 134.

§ 63. Grundzüge des Grundstücksrechts der neuen Bundesländer **III § 63**

Auf einzelne Regeln zur Anspruchssicherung, Rückabwicklung und Verjährung bzw. Präklusion **48** kann hier nicht eingegangen werden.[1] Etwas fragwürdige Ergebnisse entstehen, wenn letztendlich die öffentliche Hand Inhaber des besseren Rechts ist.[2]

7. Das Schicksal der Rechtsformen des DDR-Sachenrechts und die Sachenrechtsbereinigung

a) Der modifizierte Fortbestand des DDR-Sachenrechts[3]

Der bundesrepublikanische Gesetzgeber konnte weder die Formen ding- **49** licher Rechte der früheren DDR (oben Rn. 7–10) noch die faktische Sachenrechtsordnung der DDR einfach ignorieren (oben Rn. 13 ff.), ebensowenig das DDR-Übergangsrecht (oben Rn. 17). Vielmehr mußte er zumindest für eine Übergangszeit von den Gegebenheiten dinglicher Rechtszuordnung ausgehen, wie er sie vorgefunden hatte, und gleichzeitig darauf achten, möglichst rasch Verkehrsfähigkeit und Beleihbarkeit herzustellen. Zu diesem Zweck traf er in mehreren Gesetzesinitiativen zwei grundsätzliche Maßnahmen, die sich in Art. 231 § 5 EGBGB und Art. 233 §§ 1–10 EGBGB niederschlagen. Einmal bestimmte er den Fortbestand der dinglichen Rechtsformen des ZGB-DDR, verordnete aber weitgehend die künftige Anwendung des BGB-Rechts auf diese Rechtsformen. Zum anderen leitete er noch unfertige oder bloß faktische Tatbestände in das Recht der DDR über.

Diese Vorgehensweise läßt sich zunächst anhand des *Gebäudeeigentums* am **50** besten darstellen. Das aufgrund von dinglichen Nutzungsrechten bestehende Gebäudeeigentum (§§ 287 ff., 291 ff. ZGB-DDR; oben Rn. 7 ff.) besteht fort (Art. 231 § 5 Abs. 1 und 2 EGBGB); es gelten – ähnlich wie für das Wohnungseigentum – die Vorschriften des BGB (Art. 233 § 4 Abs. 1 EGBGB), also für die Eigentumsübertragung §§ 873, 925, für Grundpfandrechte §§ 1113 ff. BGB. Das dem Gebäudeeigentum zugrunde liegende dingliche Nutzungsrecht ist als Grundstücksbelastung einzutragen, wenngleich gutgläubiger lastenfreier Erwerb des Grundstücks bis zum einem Stichtag (31. 12. 1999) nicht möglich ist bzw. allenfalls ein entschädigungspflichtiger Aufhebungsanspruch gegeben ist (Art. 231 § 5 Abs. 3, 233 § 4 Abs. 2 EGBGB). Das dingliche Nutzungsrecht ist wesentlicher Bestandteil des Gebäudeeigentums (Art. 231 § 5 Abs. 2 EGBGB), geht aber nicht mit dem Gebäude unter, sondern erlaubt sogar die Neubegründung von Gebäudeeigentum (Art. 231 § 5 Abs. 1 S. 2, 233 § 4 Abs. 3 EGBGB). Die Behandlung des Gebäudeeigentums im Grundbuch ist in einer besonderen *Gebäudegrundbuchverfügung*

---

[1] Ausführlich *Gollasch/Kröger*, in: Clemm u. a., Rechtshandbuch, Nr. B 400; s. a. die einschlägigen BGB-Kommentare; zu Art. 233 § 13 n. F. EGBGB *Böhringer* Rpfleger 1998, 1 ff.
[2] Interessante neuere *Beispiele:* BGH NJW 1998, 224 (Nachrangigkeit einer Vormerkung zugunsten des Landes als Inhaber besseren Rechts); BGH DtZ 1997, 224; DtZ 1997, 193; DtZ 1997, 121; BVerfG DtZ 1997, 88 (Kammer); BGH DtZ 1997, 58, 59.
[3] Außer den Kommentaren zum BGB insbesondere *Eickmann*, Grundstücksrecht, Rn. 126 ff.; *v. Drygalski/Welter/Gemmeke*, Immobilienhandbuch Ost, 2. Aufl. 1996; *Etzbach*, in: Clemm u. a., Rechtshandbuch, Syst. Darst. V; zum EigentumsfristenG vom 20. 12. 1996 (BGBl. I, 2028) *Böhringer* DtZ 1997, 42 (Verlängerung der Gutglaubensfristen).

geregelt.[1] Für viele Fälle „faktischer Nutzung" (hierzu Rn. 13 ff.) schuf erst der ordnende bundesrepublikanische Gesetzgeber ein Recht zum Besitz (Art. 233 § 2a EGBGB).[2] Er konzipierte Gebäudeeigentum ohne dingliches Nutzungsrecht (Art. 233 § 2b EGBGB, § 8 i. V. m. § 459 ZGB-DDR), das ebenfalls dem Grundstücksrecht unterliegt und für das ebenfalls ein Grundbuchblatt anzulegen ist; auch dieses Gebäudeeigentum ist als Belastung des Grundstücks im Grundbuch einzutragen (Art. 233 § 2c EGBGB). Für echte Wochenendhäuser (oben Rn. 9) bewendet es beim Recht der beweglichen Sachen (Art. 231 § 5 Abs. 1 S. 2, Art. 233 §§ 2a Abs. 7, 2b EGBGB, §§ 296 Abs. 1, 312 ff. ZGB-DDR).

51   Bei den *beschränkten dinglichen Rechten* bereitet die Fortgeltung der „Uraltrechte" nach dem BGB (oben Rn. 10) kaum Schwierigkeiten (vgl. Art. 233 § 6 Abs. 2 EGBGB für Grundpfandrechte). Hingegen müssen die Altrechte umgestellt werden: grundsätzlich bleiben sie mit altem Inhalt und Rang bestehen (Art. 233 § 3 Abs. 1 EGBGB). Auf Vorkaufsrechte finden aber nunmehr BGB-Vorschriften Anwendung (Art. 233 § 3 Abs. 4 EGBGB, §§ 1094 ff. BGB). Die akzessorische ZGB-Hypothek wird nach dem Recht der Sicherungshypothek übertragen (Art. 233 § 6 EGBGB). Der Rang bestimmt sich nach dem Eintragungszeitpunkt, der Vorrang von Aufbauhypotheken bleibt erhalten, für Zinsänderungen bis zu einem Zinssatz von 13% (Art. 233 § 9 EGBGB). Mitbenutzungsrechte, denen der Eigentümer zustimmen mußte, werden als dingliche Rechte übergeleitet und können allgemein eingetragen werden (Art. 233 § 5 Abs. 1, 3 EGBGB). Der gutgläubige lastenfreie Erwerb bei fehlender Eintragung ist aufgrund einer Stichtagsregelung stark eingeschränkt (Art. 233 § 5 Abs. 2 EGBGB). Zukunftsträchtig ist die Ermächtigung an den Landesgesetzgeber, die inhaltliche Überleitung in die Belastungsformen des BGB zu regeln (Art. 233 § 5 Abs. 4 EGBGB).

52   Die Überleitung des Sachenrechts stellt die *Grundbuchämter* der neuen Bundesländer vor besonders schwierige Aufgaben. Der Gesetzgeber hat deshalb einige Maßnahmen getroffen, welche die Arbeit der Grundbuchämter erleichtern und die Grundbücher entlasten sollen.

53   Das *Grundbuchbereinigungsgesetz*[3] behandelt die Umstellung wertbeständiger Rechte (z. B. Roggen- oder Feingoldhypothek), das Erlöschen alter Dienstbarkeiten, das Erlöschen nicht eingetragener Nutzungsrechte, die Ablösung von Grundpfandrechten unter 10 000,– DM und die Behandlung von Leitungsdienstbarkeiten für Versorgungsunternehmen; nähere Ausführungsvorschriften finden sich zusätzlich in der *Sachenrechtsdurchführungsverordnung*.[4] Die *Grundbuchvorrangsverordnung*[5] gestattet die vorgezogene Bearbeitung „investiver" Grundbuchanträge (Dringlichkeitsbescheinigung; Investitionsvorrangbescheid, hierzu oben Rn. 33), wobei aber jeweils bei gleichem Grundbuch § 17 GBO zu beachten bleibt.

---

[1] Hierzu die Kommentierung von *Schmidt-Räntsch/Sternal/Baeyens,* in: Clemm u. a., Rechtshandbuch, Nr. B 443.
[2] Beispiele: BGHZ 125, 125, 134; BGH NJW 1997, 459; NJW 1998, 1713; DtZ 1997, 348; DtZ 1997, 323, 324.
[3] Vom 20. 12. 1993 (BGBl. I, 2182) i. d. F. vom 21. 9. 1994 (BGBl. I, 2457, 2491); hierzu die Kommentierung *Schmidt-Räntsch,* in: Clemm u. a., Rechtshandbuch, Nr. B 425; *Böhringer,* in: Eickmann, Sachenrechtsbereinigung, Nr. 30.
[4] Vom 20. 12. 1994 (BGBl. I, 3900).
[5] Vom 3. 10. 1994 (BGBl. I, 2796).

b) Die Sachenrechtsbereinigung[1]

54 Das Sachenrechtsbereinigungsgesetz verfolgt zwei Ziele (§ 3 SachenR-BerG): einmal soll das Auseinanderfallen von Grundeigentum und Gebäudeeigentum überwunden oder doch in Rechtsformen der alten Bundesrepublik überführt werden; zum anderen soll das Verhältnis von Grundstücksnutzern und Grundstückseigentümern auch in den Fällen geklärt werden, in denen gesondertes Gebäudeeigentum gar nicht entstehen konnte. Das Sachenrechtsbereinigungsgesetz mit seinen 123 Paragraphen gilt demnach (§§ 1, 4 ff., 9 SachenRBerG) grundsätzlich für alle rechtlichen und tatsächlichen „Nutzungen": Gebäudeeigentum, dingliches Nutzungsrecht, Bebauung anläßlich vertraglicher Überlassung, Bebauung mit Billigung staatlicher Stellen, Fälle unterbliebener Bestellung eines Nutzungsrechts etc. (siehe auch oben Rn. 13 ff.). Grundsätzlich hält das Gesetz zwei Bereinigungsmöglichkeiten bereit (§§ 14 ff. SachenRBerG): *Grundstückskauf* durch den Nutzer (§§ 61 ff. SachenRBerG) oder *Bestellung eines Erbbaurechtes* zugunsten des Nutzers (§§ 32 ff. SachenRBerG). Im Regelfall liegt das Wahlrecht beim Nutzer (§ 15 SachenRBerG). Ausnahmen gelten bei geringfügigen Werten (nur Kauf), Verzug des Nutzers (Übergang des Wahlrechts, § 16 SachenRBerG), besonderen wirtschaftlichen Interessen des Eigentümers (§§ 29, 81 ff. SachenRBerG).

55 Weil der *Bodenwert* beim Kauf und beim Erbbauzins gleichermaßen eine Rolle spielt, ist ein gemeinsames Verfahren zur Wertbestimmung vorgesehen (§§ 19 ff. SachenRBerG). Die von der Sachenrechtsbereinigung *erfaßten Flächen* können eine Neubestimmung notwendig werden lassen, z. B. bei unvermessenen Grundstücken, räumlich unbestimmten Nutzungsrechten oder Nutzungen, Übergrößen etc. Hier regeln §§ 21 ff. die räumliche Zuordnung. Als „Vorschaltverfahren" kann ein *Bodensonderungsverfahren*[2] dienen, das nach Art einer Flurbereinigung unklare Vermessungs- und Rechtsverhältnisse neu ordnet (insbesondere §§ 85 SachenRBerG, 4 BodensonderungsG).

56 Wählt der Nutzer den *Grundstückskauf*, so hat er einen Anspruch auf Abschluß eines Kaufvertrags gesetzlich vorskizzierten Inhalts, §§ 61 ff. SachenRBerG ersetzen sozusagen den Vorvertrag. Regelmäßiger Kaufpreis ist der halbe Verkehrswert (§ 68 SachenRBerG) mit Erhöhungen bei kurzer Restnutzungsdauer, Nutzungsänderungen zu gewerblichen Zwecken etc. (§§ 69 ff. SachenRBerG) und Ermäßigungen bei staatlichen oder genossenschaftlichen Wohnungsgrundstücken (§ 73 SachenRBerG). Unter Umständen bestehen

---

[1] Hierzu die Kommentare *Czub/Schmidt-Räntsch/Frenz*, Sachenrechtsbereinigungsgesetz, Stand 1995; *Vossius*, Sachenrechtsbereinigungsgesetz, 1995; *Eickmann* (Herausgeber), Sachenrechtsbereinigung, Stand 1996; ferner *Gemmeke*, in: v. Drygalski/Welter/Gemmeke, Immobilienhandbuch Ost, 2. Aufl. 1996, S. 147 ff.; *Etzbach/v. Falkenhayn/Faßbender/Hammel/Knauber/Messerschmidt*, in: Clemm u. a., Rechtshandbuch, Nr. B 410; siehe auch die Überblicke *Eickmann* DNotZ 1996, 139; *Grün* NJW 1994, 2641; *Stürner* JZ 1993, 1074 ff.; *Czub*, Sachenrechtsbereinigung – Kleiner Leitfaden, 1994; zur Verfassungsmäßigkeit *v. Brünneck* Neue Justiz 1994, 150. Neuere Rechtsprechungs*beispiele*: BGH NJW 1997, 457; BGHZ 131, 368 = NJW 1996, 916; DtZ 1997, 354, 355 (Ausschluß des unredlichen Nutzers, §§ 29, 30 SachenRBerG).

[2] Gesetz über die Sonderung unvermessener und überbauter Grundstücke nach der Karte – Bodensonderungsgesetz (BoSoG) – vom 20. 12. 1993 (BGBl. I, 2182); Kommentierung durch *Thön*, in: Eickmann, Sachenrechtsbereinigung, Nr. 40 (Zitat § 1 Rn. 36); zu beachten die Sonderungsplanverordnung vom 2. 12. 1994 (BGBl. I, 3701).

bei nachträglichen Änderungen Nachzahlungspflichten. Für dingliche Rechte am Grundstück bestehen zahlreiche Sonderregelungen (§§ 62 ff. SachenRBerG). Die Rechtsfolge des Erwerbs besteht nicht etwa im Fortfall getrennten Gebäudeeigentums; vielmehr ordnet das Gesetz (§ 78 SachenRBerG) die Koppelung der Verfügungsbefugnis an und die Pflicht zur Aufhebung des Gebäudeeigentums (§ 875 BGB), sobald es unbelastet ist.

57 Bei der *Wahl des Erbbaurechts* hat der Nutzer einen Anspruch auf Bestellung des Erbbaurechts gesetzlich vorskizzierten Inhalts (§§ 42 ff. SachenRBerG). Der Erbbauzins schwankt zwischen 2% des Verkehrswertes (Eigenheime, Mietwohngebäude) und 3,5% (gewerbliche Grundstücke etc.) und mehr, beträgt also die Hälfte des üblichen Erbbauzinses (§ 43 SachenRBerG). Das Gesetz gewährt zahlreiche Ermäßigungs- und Erhöhungsmöglichkeiten (Ermäßigung in der Eingangsphase, Erhöhung bei Nutzungsänderung, Veräußerung etc., §§ 44 ff. SachenRBerG). Das Erbbaurecht währt 90 Jahre bei Ein- und Zweifamilienhäusern, 80 Jahre bei staatlichem oder sozialem Wohnungsbau, 50 Jahre bei gewerblicher oder landwirtschaftlicher Nutzung (§ 53 SachenRBerG). Aufwendig sind die Vorschriften zur Sicherung der Erstrangigkeit des Erbbaurechts (§ 10 ErbbauVO), die bei Rangrücktritt der Inhaber dinglicher Rechte zwischen Belastungen des Grundstücks und Gebäudeeigentums unterscheiden müssen (§§ 33 ff. SachenRBerG). Die Reallast am Erbbaurecht, die den Erbbauzins sichert, muß gegebenenfalls hinter Grundpfandrechten zurücktreten, die der Bausubstanz zugute kommen (§ 52 Abs. 2 SachenRBerG, § 9 Abs. 3 Nr. 2 ErbbauVO). Denkbar sind mehrere Erbbaurechte an einem Grundstück, Gesamterbbaurechte und Wohnungserbbaurechte (§§ 39 ff. SachenRBerG).

58 Das individualvertragliche Modell des Gesetzgebers wird ergänzt durch ein notarielles *Vertragshilfeverfahren* (§§ 87 ff. SachenRBerG), das auf Antrag eingeleitet wird und entweder mit einer beurkundeten Einigung (§ 98 SachenRBerG) oder einem Abschlußprotokoll (§ 99 SachenRBerG) endet. Im letzten Falle schließt sich auf Klage ein gerichtliches Verfahren an, das in seiner Entscheidung einen bestimmten Vertragsinhalt feststellt.

c) Grundgedanken der Sachenrechtsbereinigung und wirtschaftliche Bedeutung

59 Versucht man, die Grundsätze der Sachenrechtsbereinigung zusammenzufassen, ergeben sich folgende Gesichtspunkte: Einheitlichkeit des Sachenrechts in allen Bundesländern, Vorrang des Bestandsschutzes zugunsten der „Nutzer", marktkonforme Entgeltlichkeit durch Halbwertregelung, Deregulierung der Rechtsbereinigung durch Verweis an parteiautonome Einigung. Die Einheitlichkeit des Sachenrechts rechtfertigt sich aus dem Bedürfnis, im ganzen Bundesgebiet voll verkehrsfähige Sachenrechtstypen einzuführen, die marktwirtschaftlicher Wertigkeit entsprechen und transparente Parteiautonomie verwirklichen. Ob die deregulierte Überleitung Parteien und Rechtspflege nicht überfordert, wird die Zukunft zu zeigen haben; immerhin schätzt man etwa 300 000 Regelungsfälle mit einem Wertvolumen von ca. 15 Milliarden DM.

d) Sachenrechtliche Aspekte der Schuldrechtsanpassung

Das Schuldrechtsanpassungsgesetz[1] regelt das Schicksal von Nutzungsverträgen, die den Nutzern nicht den quasidinglichen Schutz des Sachenrechtsbereinigungsgesetzes verschaffen. Hierher gehören „zu anderen persönlichen Zwecken als Wohnzwecken abgeschlossene Nutzungsverträge", sog. „Überlassungsverträge zu Wohn- und gewerblichen Zwecken" und Miet- und Pachtverträge, die zur Bebauung führten (§ 1 SchuldRAnpG). Der gegenüber dem Sachenrechtsbereinigungsgesetz verminderte Schutz wird damit begründet, daß bei diesen Rechtsverhältnissen der vorübergehende Charakter stets deutlich gewesen sei und ein voller eigentumsähnlicher Vertrauensschutz deshalb ausscheide. Grundsätzlich werden diese Rechtsverhältnisse in das Miet- und Pachtrecht übergeführt (§ 6 Abs. 1 SchuldRAnpG). Mit Ende des Vertragsverhältnisses geht Gebäudeeigentum in das Eigentum des Grundstückseigentümers über; nur Scheinbestandteile bleiben im Eigentum des Nutzers (§ 11 SchuldRAnpG). Dieser Übergang ins BGB-Recht wird aber zeitlich abgefedert. Es gibt einen langen *Bestandsschutz* mit Kündigungsschutzfristen, die zwischen 2000 und 2020 auslaufen (§§ 23–26, 38–40, 49 SchuldRAnpG) und nur in Sonderfällen Durchbrechungen dulden. Der Eigentümer muß für *Investitionen* während der Nutzungszeit grundsätzlich entschädigen (§§ 12ff. SchuldRAnpG). Der Nutzer muß grundsätzlich ein Nutzungsentgelt bezahlen (§§ 20, 35, 47, 51 SchuldRAnpG), für Erholungsgrundstücke gilt die Nutzungsentgeltverordnung 1993 (zur Änderung 1997 *Grün* DtZ 1997, 306). Endlich hat der Nutzer ein *Vorkaufsrecht* (§ 57 SchuldRAnpG).

Eine Sonderstellung nehmen die Erholungsgrundstücke mit Wochenendhäusern ein, für die ein Nutzungsrecht verliehen war. Sie fallen zwar nicht unter die Sachenrechtsbereinigung, folgen aber mit dem Anspruch des Nutzers auf eine Erbbaurechtsbestellung im *Erholungsnutzungsrechtsgesetz*[2] einem ähnlichen Regelungsmuster.

e) Meliorationsanlagen und Anpflanzungen

§ 27 LPGG ließ an Beregnungs- und Bewässerungsanlagen („Meliorationsanlagen") und sogar an Anpflanzungen der LPG selbständiges Sondereigentum ähnlich dem Gebäudeeigentum zu. Letztendlich bestimmen das Gesetz zur Regelung der Rechtsverhältnisse an Meliorationsanlagen (MeAnlG)[3] und das Gesetz zur Regelung des Eigentums an von landwirtschaftlichen Produktionsgenossenschaften vorgenommenen Anpflanzungen[4] den künftigen Eigentumsübergang auf den Grundstückseigentümer, lassen aber eine Übergangszeit.

8. Mauergrundstücke

Das Schicksal der für den Mauer- und Grenzbau enteigneten Grundstücke regelt das Gesetz über den Verkauf von Mauer- und Grenzgrundstücken an die früheren Eigentümer (MauerG).[5] Die früheren Eigentümer können die Grundstücke zu 25% des Verkehrswertes zurückkaufen, wenn der Bund (!) sie nicht für eigene öffentliche Zwecke verwenden oder im öffentlichen Interesse an Dritte veräußern will. Im Veräußerungsfalle erhält der Eigentümer ersatzweise 75 % des Verkehrswertes.

Stichtag für Rückerwerbsanträge: 31. 1. 1997.

---

[1] Gesetz zur Anpassung schuldrechtlicher Nutzungsverhältnisse an Grundstücken im Beitrittsgebiet vom 21. 9. 1994 (BGBl. I, 2538); hierzu *Rövekamp*, Schuldrechtsanpassung, 1995; s. a. BGHZ 131, 368 = NJW 1996, 916; BGH NJW 1997, 457 (Abgrenzung Sachenrechtsbereinigung – Schuldrechtsanpassung; hierzu *Schnabel* DtZ 1997, 376); BGH DtZ 1997, 321, 322 (Umbau und Bebauung).
[2] Gesetz zur Bereinigung der im Beitrittsgebiet zu Erholungszwecken verliehenen Nutzungsrechte vom 21. 9. 1994 (BGBl. I, 2548).
[3] Vom 21. 9. 1994 (BGBl. I, 2550).
[4] Vom 21. 9. 1994 (BGBl. I, 2538).
[5] Vom 19. 7. 1996, BGBl. I, 98; hierzu *Blumenwitz* NJW 1996, 3118ff.; *Wassermann* NJW 1996, 3134ff.; *Messerschmidt* NJW 1997, 163ff.; 2726.

9. Die Gerechtigkeit des Grundstücksrechts der neuen Bundesländer

64 Man liest selten oder nie eine Gesamtdarstellung des Grundstücksrechts der neuen Bundesländer, und wenn – wie hier – der Versuch gemacht wird, zweifelt man sofort an seinem übersichtlichen Gelingen: der Flickenteppich vieler Regelungen ergibt nur schwer ein Gesamtbild, man könnte bei der Vielfalt gesetzgeberischer Maßnahmen fast von einem Grundsatz der „Stückelung" sprechen. Meist sind die einzelnen Gesetze in sich schlüssig. Die eigentliche Problematik liegt im Gesamtvergleich.

65 Dazu einige *Beispiele* – zunächst aus der Sicht des früheren Eigentümers. Wenn das Eigentum durch Enteignung der Jahre 1945–1949 verloren gegangen ist, erfolgt grundsätzlich keine Rückabwicklung, sondern Entschädigung anhand der Einheitswerte mit sozialer Degression; der frühere Eigentümer ist grundsätzlich nur nachrangig und beschränkt zum Rückerwerb gegen Entschädigungswert berechtigt. Hat der Eigentümer zu DDR-Zeiten sein Eigentum durch Enteignung oder staatliche Manipulation verloren, kann er es zurückfordern und schuldet nur Wertausgleich für Wertsteigerungen. Muß der enteignete Eigentümer einem redlichen Erwerber oder dinglich Berechtigten weichen, bekommt er nur Entschädigung anhand der Einheitswerte. Ist das Eigentum einfach mit Duldung der Behörden bebaut und und nicht enteignet worden, kann der redliche Nutzer Kauf zum halben Verkehrswert verlangen, so daß der Eigentümer immerhin den halben Verkehrswert erlöst. Bei Mauergrundstücken muß der frühere Eigentümer 25% des Verkehrswertes zum Rückerwerb einbringen, bekommt aber u.U. bei fehlender Rückabwicklung bis zu 75% des Verkehrswertes.

66 Auch aus der Sicht der Nutzer bzw. Neueigentümer ergeben sich starke Ungleichheiten. Wer einfach aus Volkseigentum persönliches Eigentum erworben hat, bleibt grundsätzlich unbelastet, obwohl er auf keinen Fall den heutigen Verkehrswert bezahlt hat.[1] Wer nur ein dingliches oder faktisches Nutzungsrecht mit Gebäudeeigentum erlangte, muß die Hälfte des Verkehrswertes berappen. Wer aufgrund eines Nutzungsvertrages baute, muß sein Gebäude nach einer Übergangszeit gegen Entschädigung zurückgeben etc.

67 Alle diese Ungleichheiten beruhen darauf, daß der Gesetzgeber Restitution, Bestandsschutz und Entschädigung auf der Grundlage der von der früheren DDR gewährten „Rechtspositionen" beurteilt und damit Recht, Unrecht und Unordnung der DDR „nachzeichnet". Die Positionen, auf die der unterschiedliche Bestandsschutz, die unterschiedliche Rückabwicklung und die unterschiedliche Entschädigung beruhen, waren aber nicht in rechtsstaatlicher Freiheit erworben, sondern oft willkürlich und zufällig verteilt und zugewiesen. So schreibt das neue Sachenrecht einen guten Teil vergangenen Unrechts fort. Ein Ansatz, der dies vermeidet, hätte Restitution, Bestandsschutz und Entschädigung überall gleich beurteilen und zur Finanzierung der Entschädigung einen Wertanteil beim endgültigen Eigentümer gleichmäßig abschöpfen müssen.[2] Der Gesetzgeber hat diesen Ansatz nicht gewählt, weil ihm anfänglich der Überblick fehlte und später der politische Mut zur Konsequenz. Zu einer Korrektur ist es jetzt zu spät, selbst das Bundesverfassungsgericht kann allenfalls noch ganz grobe Ungleichheiten glätten – falls es hierzu überhaupt bereit ist, nachdem jede Teilkorrektur neue Ungleichheiten schafft.

---

[1] Zur denkbaren Unwirksamkeit von Schiebungsgeschäften (stark unterwertige Veräußerung nach „Modrow-Gesetz", s. Rn. 17) BGH DtZ 1995, 169; BezG Potsdam DtZ 1994, 33.
[2] Hierzu auch *Papier* NJW 1997, 2841, 2846.

68 Man kann dem Gesetzgeber für sein Gesetzeswerk bei aller Anerkennung seines Bemühens uneingeschränktes Lob nicht zollen. Es hat sich bereits eine unübersichtliche rechtliche Subkultur herausgebildet, die sich der Kontrolle anhand allgemeiner Maßstäbe entzieht. Der Trend des BGH zur Rückabwicklung nach allgemeinen zivilrechtlichen Regeln (hierzu Rn. 37 f.) ist Ausdruck eines berechtigten Unbehagens an einer Neuordnung, die vielfach Unrechtsakte und Unordnung zum Ausgangspunkt rechtlicher Differenzierung gewählt hat. Die Heilung fehlerhafter DDR-Enteignungsmaßnahmen durch Art. 237 § 1 EGBGB 1997 setzt einen fragwürdigen Schlußpunkt.

Anhang

(Muster und Formulare mit Bemerkungen)

Anhang 1
Normalfall: Realfolium

Muster[1]
(Vorderseite)

Amtsgericht Köln

Grundbuch

von

Worringen

Grundbuchblatt-Nr. 0100

---

[1] Es handelt sich um das amtliche Muster gemäß § 22 der Grundbuchverfügung Anlage 1. Die Rechtsgrundlagen für die Einrichtung der Grundbücher sind in den §§ 14, 15 dargestellt (s. insbes. § 15 Rn. 44 ff.).

Anh. 1

Amtsgericht Köln		Grundbuch von Worringen			Blatt 0100		Bestandsverzeichnis		
Laufende Nummer der Grundstücke	Bisherige laufende Nummer der Grundstücke	Bezeichnung der Grundstücke und der mit dem Eigentum verbundenen Rechte						Größe	
		Gemarkung (Vermessungsbezirk)	Karte		Liegenschaftsbuch	Wirtschaftsart und Lage	ha	a	m²
			Flur	Flurstück					
a		a	b		c/d	e	4		
1	2				3				
1		Worringen	1	100		Freifläche Alte Neußer Landstraße		10	10
2	1	Worringen	1	101		Weg Alte Neußer Landstraße			90
3	1	Worringen	1	102		Gebäude- und Freifläche Alte Neußer Landstraße 100		9	10
4		Worringen	1	200		Landwirtschaftsfläche Alte Neußer Landstraße		5	00
5		Worringen	1	310		Gartenland		2	00
6	3,5	Worringen	1	102		Gebäude- und Freifläche Alte Neußer Landstraße 100		11	10
			1	310		Gartenland			
7 --- zu 6		1/10 Miteigentumsanteil an dem Grundstück Worringen	1	110		Weg Alte Neußer Landstraße		1	00

Anh. 1

	Bestand und Zuschreibungen		Abschreibungen	
Zur laufenden Nummer der Grundstücke		Zur laufenden Nummer der Grundstücke		
5	6	7	8	
1	Aus Blatt 0200 am 5. Januar 1993. Neumann Götz	2	Nach Blatt 0001 am 15. April 1993. Neumann Götz	
1,2,3	Lfd. Nr. 1 geteilt und fortgeschrieben gemäß VN Nr. 100/93 in Nrn. 2 und 3 am 15. April 1993. Neumann Götz			
4,5	Aus Blatt 0250 am 10. Mai 1993. Neumann Götz			
3,5,6	Lfd. Nr. 5 der Nr. 3 als Bestandteil zugeschrieben und unter Nr. 6 neu eingetragen am 9. Juni 1993. Neumann Götz			
7 zu 6	Aus Blatt 0300 am 12. Juli 1993. Neumann Götz			

Anh. 1

Amtsgericht Köln **Grundbuch von** Worringen **Blatt** 0100 **Erste Abteilung** 1

Laufende Nummer der Eintragungen	Eigentümer	Laufende Nummer der Grundstücke im Bestandsverzeichnis	Grundlage der Eintragung
1	2	3	4
1	M ü l l e r, Friedrich, geb. am 5. Juli 1944, Alte Neußer Landstraße 100, 5000 Köln 71	1	Aufgelassen am 14. Oktober 1992, eingetragen am 5. Januar 1993. Neumann Götz
		4,5	Aufgelassen am 11. November 1992, eingetragen am 10. Mai 1993. Neumann Götz
		7/zu 6	Das bisher in Blatt 0300 eingetragene Eigentum aufgrund Auflassung vom 15. April 1993 und Buchung gemäß § 3 Abs. 3 GBO hier eingetragen am 12. Juli 1993. Neumann Götz
2a) b)	S c h u m a c h e r, Ute geb. Müller, geb. am 12. Mai 1966, Grundermühle 7, 51515 Kürten M ü l l e r, Georg, geb. am 6. März 1968, Kemperbachstraße 48, 51069 Köln - in Erbengemeinschaft -	4,6,7	Erbfolge (33 VI 250/94 AG Köln), eingetragen am 7. Dezember 1994. Neumann Götz

Anh. 1

Laufende Nummer der Eintragungen	Eigentümer	Laufende Nummer der Grundstücke im Bestandsverzeichnis	Grundlage der Eintragung
1	2	3	4

Anh. 1

| Amtsgericht Köln | | Grundbuch von Worringen | Blatt 0100 | Zweite Abteilung | 1 |

Laufende Nummer der Eintragungen	Laufende Nummer der betroffenen Grundstücke im Bestandsverzeichnis	Lasten und Beschränkungen
1	2	3
1	4, 6, 7	Nießbrauch für Müller, Gerhard, geb. am 23. April 1918, Alte Neußer Landstraße 100, 50769 Köln, befristet, löschbar bei Todesnachweis. Unter Bezugnahme auf die Bewilligung vom 15. April 1993 - URNr. 400/93 Notar Dr. Schmitz in Köln - eingetragen am 12. Juli 1993. Neumann Götz
2	4, 6	Widerspruch gegen die Eintragung des Eigentums[1] des Friedrich Müller zugunsten des Josef Schmitz, geb. am 26. Juli 1940, Rochusstraße 300, 50827 Köln. Unter Bezugnahme auf die einstweilige Verfügung des Landgerichts Köln vom 30. Juli 1993 - 10 O 374/93 - eingetragen am 3. August 1993. Neumann Götz
3	4	Dienstbarkeit (Wegerecht) für den jeweiligen Eigentümer des Grundstücks Flur 1 Nr. 201 (derzeit Blatt 0250). Unter Bezugnahme auf die Bewilligung vom 11. November 1992 - URNr. 2231/92 Notar Dr. Schneider in Köln - eingetragen am 4. August 1993. Neumann Götz

---

[1] "Eigentümers" im amtlichen Muster (wohl Versehen).

Anh. 1

Laufende Nummer der Spalte 1	Veränderungen		Löschungen	
		Laufende Nummer der Spalte 1		
4	5	6	7	
		2	Gelöscht am 31. August 1993. Neumann Götz	

Anh. 1

| Amtsgericht Köln | | Grundbuch von Worringen | Blatt 0100 | Dritte Abteilung | 1 |

Laufende Nummer der Eintragungen	Laufende Nummer der belasteten Grundstücke im Bestandsverzeichnis	Betrag	Hypotheken, Grundschulden, Rentenschulden
1	2	3	4
1	3,4,5,6	10.000,00 DM 5.000,00 DM	Grundschuld – ohne Brief – zu zehntausend Deutsche Mark für die Stadtsparkasse Köln in Köln; 18% Zinsen jährlich; vollstreckbar nach § 800 ZPO. Unter Bezugnahme auf die Bewilligung vom 19. April 1993 - URNr. 420/93 Notar Dr. Schmitz in Köln - eingetragen am 9. Juni 1993. Gesamthaft: Blätter 0100 und 0550. Neumann　　　　　　　　　　　　　　Götz
2	4,6	20.000,00 DM - 5.000,00 DM 15.000,00 DM	Hypothek zu zwanzigtausend Deutsche Mark für Bundesrepublik Deutschland (Wohnungsfürsorge); 12% Zinsen jährlich; 2% bedingte Nebenleistung einmalig. Unter Bezugnahme auf die Bewilligung vom 6. Oktober 1993 - URNr. 1300/93 Notar Dr. Schmitz in Köln -. Vorrangsvorbehalt für Grundpfandrechte bis zu DM 100.000,00; bis 20% Zinsen jährlich; bis 10% Nebenleistungen einmalig; inhaltlich beschränkt. Eingetragen am 15. November 1993. Neumann　　　　　　　　　　　　　　Götz
3	4,6,7	100.000,00 DM	Grundschuld zu einhunderttausend Deutsche Mark für Inge Müller geb. Schmidt, geb. am 12. Mai 1952, Alte Neußer Landstraße 100, 50769 Köln, 18% Zinsen jährlich. Unter Bezugnahme auf die Bewilligung vom 3. Januar 1994 - URNr. 2/94 Notar Dr. Klug in Köln -; unter Ausnutzung des Rangvorbehalts mit Rang vor III/2. Eingetragen am 17. Januar 1994. Neumann　　　　　　　　　　　　　　Götz

Anh. 1

Veränderungen			Löschungen		
Laufende Nummer der Spalte 1	Betrag		Laufende Nummer der Spalte 1	Betrag	
5	6	7	8	9	10
2	20.000,00 DM	Dem Recht Abt. III Nr. 3 ist der vorbehaltene Vorrang eingeräumt. Eingetragen am 17. Januar 1994. Neumann Götz	2	5.000,00 DM	Fünftausend Deutsche Mark gelöscht am 4. Oktober 1994. Neumann Götz
3	100.000,00 DM	Gepfändet mit den Zinsen seit dem 30. Juni 1994 für die Haftpflicht-Versicherungs-Aktiengesellschaft in Köln wegen einer Forderung von DM 65.800,00 mit 9% Zinsen aus DM 59.600,00 seit dem 18. Juni 1992. Gemäß Pfändungs- und Überweisungsbeschluß des Amtsgerichts Köln vom 15. Juni 1994 - 183 M 750/94 - eingetragen am 20. Juni 1994. Neumann Götz	3 3a 3b	20.000,00 DM 60.000,00 DM 20.000,00 DM	Pfändungsvermerk vom 26. Juli 1994 gelöscht am 4. Oktober 1994. Neumann Götz
1	5.000,00 DM	Das Recht ist gemäß § 1132 Abs. 2 BGB derart verteilt, daß die hier eingetragenen Grundstücke nur noch haften für fünftausend Deutsche Mark. Die Mithaft in Blatt 0550 ist erloschen. Eingetragen am 1. Juli 1994. Neumann Götz			

825

Anh. 1

Amtsgericht Köln		Grundbuch von Worringen	Blatt 0100	Dritte Abteilung	1 R
Laufende Nummer der Eintragungen	Laufende Nummer der belasteten Grundstücke im Bestandsverzeichnis	Betrag		Hypotheken, Grundschulden, Rentenschulden	
1	2	3		4	
4	4	8.200,00 DM		Zwangssicherungshypothek zu achttausendzweihundert Deutsche Mark für die Schmidt & Müller oHG, Kölm, Wienerplatz 2, 51065 Köln, mit 8% Zinsen jährlich aus DM 7.180,00 seit dem 20. Oktober 1994. Gemäß Urteil des Amtsgerichts Köln vom 2. November 1994 - 115 C 1500/94 - eingetragen am 1. Dezember 1994. Neumann Götz	
5	4, 6, 7	30.000,00 DM		Sicherungshypothek zum Höchstbetrag von dreißigtausend Deutsche Mark für die Stadt Köln - Amt für Wohnungswesen. Unter Bezugnahme auf die Bewilligung vom 3. November 1994 - URNr. 1400/94 Notar Dr. Schmitz in Köln - eingetragen am 5. Dezember 1994. Neumann Götz	

Anh. 1

		Veränderungen		Löschungen	
Laufende Nummer der Spalte 1	Betrag		Laufende Nummer der Spalte 1	Betrag	
5	6	7	8	9	10
3 3 3a 3b	100.000,00 DM 20.000,00 DM 60.000,00 DM 20.000,00 DM	Das Recht ist geteilt in zwanzigtausend Deutsche Mark erstrangig –, sechzigtausend Deutsche Mark zweitrangig –, zwanzigtausend Deutsche Mark drittrangig –. Eingetragen am 1. August 1994. Neumann Götz			
3a	60.000,00 DM	Abgetreten mit den Zinsen seit dem 17. Januar 1994 an die Kölner Bausparkasse Aktiengesellschaft in Köln. Eingetragen am 1. August 1994. Neumann Götz			

Fortsetzung auf Einlegebogen

Anh. 1

Bemerkungen zur „Aufschrift":

Das Grundbuch**blatt** ist das „Grundbuch" im Sinne der GBO und des BGB. Es besteht aus der Aufschrift, dem Bestandsverzeichnis und den drei Abteilungen.

Oben ist die **Aufschrift** wiedergegeben. Aus ihr ergibt sich
   das Grundbuchamt (Amtsgericht Köln),
   der Grundbuchbezirk (Worringen),
   die Nummer des Grundbuchblatts (Nummer 0100).

Zu beachten ist, daß die als Charakterisierung gewählte Bezeichnung „Realfolium" nicht eindeutig ist. In einem engeren Sinn kann man von Realfolium nur sprechen, wenn für *ein Grundstück ein* Grundbuchblatt angelegt ist. Dies ist bei dem abgedruckten Muster nicht der Fall, da hier mehrere Grundstücke eines Eigentümers zusammengeschrieben sind. Dennoch kann man – in einem weiteren Sinn – auch hier die Bezeichnung Realfolium wählen, da – anders als beim Personalfolium (s. Anhang 2) – an der Spitze des Grundbuchblatts die Grundstücke, nicht der Eigentümer stehen (s. a. § 15 Rn. 52).

Bemerkungen zum Bestandsverzeichnis und zur „Ersten Abteilung":

Das **Bestandsverzeichnis** gibt Auskunft über den Bestand an Grundstücken, die vermessungstechnischen Daten und die Größe der Grundstücke.

Die **erste Abteilung** enthält die Angaben über die Eigentumsverhältnisse.

Will man sich ein Bild über die Eigentumslage machen, so muß man das Bestandsverzeichnis **und** die erste Abteilung heranziehen.

1. Gegenwärtige Eigentümer der Grundstücke „Gebäude und Freifläche Alte Neußer Landstraße 100" mit zugeschriebenem „Gartenland" sowie der Landwirtschaftsfläche „Alte Neußer Landstraße" sind Ute Schumacher und Georg Müller in Erbengemeinschaft. Außerdem sind sie 1/10 Miteigentümer des gemeinsamen Weges. Grundsätzlich muß für ein im Miteigentum stehendes Grundstück ein eigenes Grundbuchblatt angelegt werden; von dieser Regel enthält § 3 Abs. 4 bis 9 GBO Ausnahmen für „dienende" Grundstücke, wie gemeinschaftliche Hofeinfahrten, Wege und dergl. (s. a. § 15 Rn. 47ff.).

2. Die Eintragungen in der ersten Abteilung erlauben einen gewissen Überblick über die *Entwicklung* der Eigentumsverhältnisse; dabei ist zu beachten, daß für *gelöschte Eintragungen* nicht die Vermutungs- und Gutglaubenswirkung des Grundbuchs gilt.

Der frühere Eigentümer Friedrich Müller erwarb am 5. 1. 1993 die Freifläche mit 10,1 a (Nr. 1) durch Auflassung und Eintragung, wobei sich der genaue Vorgang aus den Grundakten ergibt. Dieses Grundstück wurde am 15. 4. 1993 aufgeteilt in ein Wegegrundstück mit 0,9 a (Nr. 2) und ein Gebäude- und Freiflächengrundstück mit 9,1 a (Nr. 3). Das Wegegrundstück mit 0,9 a (Nr. 2) wurde gleichzeitig auf ein anderes Grundbuchblatt übertragen, das über sein weiteres Schicksal Auskunft gibt (z. B. öffentliche Verkehrsfläche etc.). Am 10. 5. 1993 erwarb Friedrich Müller zusätzlich die Landwirtschaftsfläche mit 5,0 a (Nr. 4) und das Gartenland mit 2,0 a (Nr. 5) ebenfalls durch Auflassung und Eintragung. Dem Grundstück Gebäude- und Freifläche (Nr. 3) wurde sodann am 9. 6. 1993 das Gartenland (Nr. 5) zugeschrieben, so daß ein neues Grundstück „Gebäude- und Freifläche mit Gartenland" von 11,1 a entstand (Nr. 6). Als Miteigentum von 1/10 ist der Anteil am gemeinsamen Wegegrundstück diesem Hauptgrundstück zugeordnet. Der Miteigentumsanteil stammt vermutlich aus der Teilung der Freifläche von 10,1 a (Nr. 1) am 15. 4. 1993, bei der 0,1 a übrig blieben und in Miteigentum an einem gemeinsamen Wegegrundstück eingebracht wurden; der Bezug auf § 3 Abs. 3 GBO entspricht altem Recht, heute wären § 3 Abs. 4 und 5 GBO zu zitieren.

Am 7. 12. 1994 wurden die heutigen Eigentümer der drei Grundstücke (Landwirtschaftsfläche mit 5 a, Gebäude-, Freifläche und Gartenland mit 11,1 a, 1/10 Wegemiteigentum) eingetragen, nachdem sie durch Erbfolge Eigentümer geworden waren.

Bemerkungen zur „Zweiten Abteilung":

Die zweite Abteilung gibt Auskunft über alle Grundstücksbelastungen (mit Ausnahme der Grundpfandrechte, die sich in der dritten Abteilung finden) sowie über die Verfügungsbeschränkungen des Eigentümers einschließlich Vormerkungen und Widersprüchen, die sich auf das Eigentum beziehen.

1. Alle drei Grundstücke sind mit einem Nießbrauch für Gerhard Müller belastet, der am 15. 4. 1993 bewilligt und am 12. 7. 1993 eingetragen worden ist – vermutlich ein Nießbrauch zugunsten eines älteren Verwandten.

2. Der Widerspruch gegen das Eigentum von Friedrich Müller beruht auf einstweiliger Anordnung (§ 899, § 938 ZPO) und ist am 3. 8. 1993 eingetragen und bereits am 31. 8. 1993 gelöscht worden.

3. Die Landwirtschaftsfläche mit 5 a (Nr. 4) – und nur sie – ist mit einer Grunddienstbarkeit in Gestalt eines Wegerechtes belastet.

Bemerkungen zur „Dritten Abteilung":

Die dritte Abteilung gibt Auskunft über die Grundpfandrechte. Bei der Lektüre dieser Abteilung ist besonders darauf hinzuweisen, daß man stets das Schicksal der „Laufenden Nummer" (z. B. 1) verfolgt und beachtet, welche Grundstücke belastet sind, was sich aus der Spalte 2 ergibt.

1. Verfolgen wir die laufende Nr. 1. Die Grundschuld über 10 000,– DM war am 9. 6. 1993 Gesamtgrundschuld auf Nr. 3, 4, 5 und weiteren Grundstücken der Blätter 0100 und 0550. Die Zuschreibung von Nr. 5 zu Nr. 3 ließ Nr. 6 ebenfalls am 9. 6. 1993 entstehen, so daß sich die Gesamtgrundschuld auf Nr. 4, 6 und die weiteren Grundstücke der Blätter 0100 und 0550 erstreckte. Am 1. 7. 1994 erfolgte eine Haftungsaufteilung unter Haftentlassung, weshalb Nr. 4 und 6 nur noch für 5 000,– DM zu haften haben.

2. Die laufende Nr. 2, nämlich die Hypothek über 20 000,– DM, kam am 15. 11. 1993 ins Grundbuch mit einem Vorrangvorbehalt für Grundschulden bis 100 000,– DM. Am 17. 1. 1994 wurde dieser Vorrangvorbehalt ausgenützt durch Eintragung der Grundschuld Nr. 3. Am 4. 10. 1994 sind 5 000,– DM gelöscht worden (Nichtvalutierung, Erfüllung etc.). Es verblieben also 15 000,– DM.

3. Ein turbulentes Schicksal hat die laufende Nr. 3, nämlich die Grundschuld über 100 000,– DM an Nr. 4, 6, 7, eingetragen mit Rang vor Nr. 2 am 17. 1. 1994. Sie ist zugunsten der Haftpflichtversicherungs-AG gepfändet worden, der Pfändungsvermerk am 20. 6. 1994 ins Grundbuch eingetragen worden. Am 1. 8. 1994 erfolgte die Eintragung einer Aufteilung in 20 000,– DM (Nr. 3), 60 000,– DM (Nr. 3a) und 20 000,– DM (Nr. 3b), wobei alle drei Grundschulden nach wie vor vom Pfändungsvermerk erfaßt waren. Die gepfändete Grundschuld Nr. 3a hat die Gläubigerin an die Kölner Bausparkasse AG abgetreten, was gleichzeitig mit der Teilung am 1. 8. 1994 eingetragen wurde. Der Pfändungsvermerk an allen drei Grundschulden ist schließlich am 4. 10. 1994 gelöscht worden.

4. Die Zwangssicherungshypothek über 8 200,– DM mit laufender Nr. 4 belastet nur die Landwirtschaftsfläche (Nr. 4) und ist am 1. 12. 1994 eingetragen worden.

5. Wiederum alle Grundstücke bzw. Grundstücksanteile belastet die laufende Nr. 5 als Sicherungshypothek der Stadt Köln, eingetragen am 5. 12. 1994.

6. Gegenwärtige Rangverhältnisse sonach:

Am Grundstück „Gebäude und Freifläche mit Garten" (Nr. 6):

Erster Rang: Grundschuld Stadtsparkasse Köln über 5 000,– DM
Zweiter Rang: Grundschuld Inge Müller über 20 000,– DM
Dritter Rang: Grundschuld Kölner Bausparkasse AG über 60 000,– DM
Vierter Rang: Grundschuld Inge Müller über 20 000,– DM
Fünfter Rang: Hypothek Bundesrepublik über 15 000,– DM
Sechster Rang: Sicherungshypothek Stadt Köln über 30 000,– DM

Am Grundstück „Landwirtschaftsfläche" (Nr. 4):

Erster Rang: Grundschuld Stadtsparkasse Köln über 5 000,– DM
Zweiter Rang: Grundschuld Inge Müller über 20 000,– DM
Dritter Rang: Grundschuld Kölner Bausparkasse AG über 60 000,– DM
Vierter Rang: Grundschuld Inge Müller über 20 000,– DM
Fünfter Rang: Hypothek Bundesrepublik über 15 000,– DM
Sechster Rang: Zwangssicherungshypothek über 8 200,– DM
Siebter Rang: Sicherungshypothek Stadt Köln über 30 000,– DM

Anh. 1

Miteigentumsanteil am Weg (Nr. 7):
Erster Rang: Grundschuld Inge Müller über 20 000,– DM
Zweiter Rang: Grundschuld Kölner Bausparkasse AG über 60 000,– DM
Dritter Rang: Grundschuld Inge Müller über 20 000,– DM
Vierter Rang: Sicherungshypothek Stadt Köln über 30 000,– DM

Anhang 2

Personalfolium – Formular nach altem Württ. Recht[1]

Amtsgerichtsbezirk Tübingen

Grundbuchamt Tübingen

Grundbuchheft

Nr. 35

Eigentümer: *Sinner Johannes, Weingärtner in Tübingen.*

Den 24. April 1924.
Maier.

Zahl der Seiten: *5.*

Den 24. April 1924.
Maier

---

[1] Die Grundbücher in Baden-Württemberg werden inzwischen nach dem Muster Anhang 1 neu angelegt; s.a. § 15 Rn. 52.

Anh. 2

Abteilung I   Verzeichnis der

Lfd. Nr.	Aktennach-weisung	Markung		Bezeichnung des Grundstücks				Zeit u. Grund des Erwerbs	Erwerbspreis und sonstige Wertangaben
				Benützungs- oder Kulturart; Lage	Flächengehalt				
					ha	a	qm		
1	2	3		4	5			6	7
1	Güterbuch 33 Bl.347 Meßurkunde 1866/67 Nr. 1	Tbg. XV	3298	<u>Weilerhalde</u> Weinberg, Öde und Baumland		26	28	a) Auflassung und Kaufvertrag vom 9. April 1924 Den 24. April 1924. Maier.	a) Am 9. April 1924, Kaufpreis 250,– RM Den 24. April 1924 Maier. b) Schätzung vom 27. Mai 1925 300,– RM Den 7. Juni 1925 Maier.
2	Heft 506 I 4 Meß-urkunde 1903 Nr. 3	Tbg. II	847/3	<u>Königstraße</u> Bauplatz		18	77	a) Auflassung vom 10. Feburar 1925 auf Grund Tauschvertrags vom 8. Februar 1925. Den 25. Februar 1925 Maier.	a) Schätzung vom 27. Mai 1925 500,– RM Den 7. Juni 1925 Maier.

Anh. 2

Grundstücke		Abteilung II Lasten und Beschränkungen des Eigentums	
Rechte, die dem jeweiligen Eigentümer des Grundstücks zustehen	Änderungen und Löschungen	Art der Belastung Mitbelastete Grundstücke	Änderungen und Löschungen
8	9	1	2
a) Überfahrtsrecht an Parzelle 847/8 s. Serv. Bd. I 29. Den 24. April 1924 Maier.		a) Persönliche Dientsbarkeit zugunsten der Stadtgemeinde Tübingen betreffend Dulden einer Elektrizitätsleistung. Unter Bezugnahme auf die Bewilligung vom 2. Mai 1927, GA 35/<u>21</u>. Den 30. August 1927 Maier.	

Anh. 2

Abteilung III. Hypotheken, Grundschulden, Rentenschulden

Lfd. Nr.	Betrag		Bezeichng. der belasteten Grundstücke nach der lfd. Nr. der Abtlg. I Mitbelastete Grundstücke	Art der Belastung (Hypothek, Grund- oder Rentenschuld)	Veränderungen			Löschungen zu Spalte 1 bis 4		
					Betrag	Eintragung von Veränderungen	Löschung von Veränderungen	Betrag		Eintragung
	RM	Rpf			RM	Rpf			RM	Rpf	
1	2		3	4	5	6	7	8		9
1	5000	–	Nr. 1 und 2	Hypothek für eine Darlehensforderung des Wilhelm Müller, Kaufmann in Stuttgart im Betrage von fünftausend Reichsmark verzinslich zu 4%, sofort vollstreckbar gegen den jeweiligen Eigentümer. Unter Bezugnahme auf die Eintragungsbewilligung vom 2. Januar 1928, GA 35/<u>22.</u> Den 15. Februar 1928 Maier.						

Anhang 3

Muster[1]

Deutscher Hypothekenbrief
über

Noch gültig für
15 000 DM.

Schönberg, den 9. Juli 1981   <u>20 000</u> Deutsche Mark

(Unterschriften)

eingetragen im Grundbuch von
Waslingen (Amtsgericht Schönberg)
Band *3* Blatt *82* Abteilung III Nr. *3 (drei)*

Inhalt der Eintragung:
Nr. 3: 20 000 (zwanzigtausend) Deutsche Mark Kaufpreisforderung mit fünf vom Hundert jährlich verzinslich für Josef Schmitz in Waslingen, geboren am 20. März 1931. Unter Bezugnahme auf die Eintragungsbewilligung vom 1. Dezember 1978 eingetragen am 16. Februar 1979.

Belastetes Grundstück:
Das im Bestandsverzeichnis des Grundbuchs unter Nr. 1 verzeichnete Grundstück.

Schönberg, den 20. Februar 1979   *Amtsgericht*

(Siegel oder Stempel)   (Unterschriften)

Dem belasteten Grundstück ist am 14. November 1980 das im Bestandsverzeichnis unter Nr. 3 verzeichnete Grundstück als Bestandteil zugeschrieben worden. Infolge der Zuschreibung ist das belastete Grundstück unter Nr. 4 des Bestandsverzeichnisses neu eingetragen worden.[2]

Schönberg, den 13. März 1981   *Amtsgericht*

(Siegel oder Stempel)   (Unterschriften)

Von den vorstehenden 20 000 DM sind 5 000 (fünftausend) Deutsche Mark nebst den Zinsen seit dem 1. Juli 1981 mit dem Vorrange vor dem Rest abgetreten an den Ingenieur Hans Müller in Waslingen. Die Abtretung und die Rangänderung sind am 7. Juli 1981 im Grundbuch eingetragen. Für den abgetretenen Betrag ist ein Teilhypothekenbrief hergestellt.[3]

Schönberg, den 9. Juli 1981   *Amtsgericht*

(Siegel oder Stempel)   (Unterschriften)

---

[1] Amtliches Muster nach § 52 Grundbuchverfügung Anlage 3; zum Briefinhalt ausführlich § 37 Rn. 30.
[2] Zur Zuschreibung s. §§ 15 Rn. 23 ff.; 39 Rn. 22 ff.
[3] Zum Teilbrief Anhang 3 a und § 38 Rn. 12 f.

Anhang 3 a

Muster[1]

Deutscher Teilhypothekenbrief
über

5 000 Deutsche Mark

Teilbetrag der Hypothek von 20 000 Deutsche Mark

eingetragen im Grundbuch von
Waslingen (Amtsgericht Schönberg)
Band *3* Blatt *82* Abteilung III Nr. *3 (drei)*

Der bisherige Brief über die Hypothek von 20 000 Deutsche Mark lautet wie folgt:

Deutscher Hypothekenbrief
über
20 000 Deutsche Mark

eingetragen im Grundbuch von
Waslingen (Amtsgericht Schönberg)
Band *3* Blatt *82* Abteilung III Nr. *3 (drei)*

Inhalt der Eintragung:
Nr. 3: 20 000 (zwanzigtausend) Deutsche Mark Kaufpreisforderung mit fünf vom Hundert jährlich verzinslich für Josef Schmitz in Waslingen, geboren am 20. März 1931. Unter Bezugnahme auf die Eintragungsbewilligung vom 1. Dezember 1978 eingetragen am 16. Februar 1979.

Belastetes Grundstück:
Das im Bestandsverzeichnis des Grundbuchs unter Nr. 1 verzeichnete Grundstück.

Schönberg, den 20. Februar 1979   Amtsgericht

(Siegel oder Stempel)   (Abschrift der Unterschriften)

Dem belasteten Grundstück ist am 14. November 1980 das im Bestandsverzeichnis unter Nr. 3 verzeichnete Grundstück als Bestandteil zugeschrieben worden. Infolge der Zuschreibung ist das belastete Grundstück unter Nr. 4 des Bestandsverzeichnisses neu eingetragen worden.

Schönberg, den 13. März 1981   Amtsgericht

(Siegel oder Stempel)   (Abschrift der Unterschriften)

Die vorstehende Abschrift stimmt mit der Urschrift überein.
Von den 20 000 DM sind 5 000 (fünftausend) Deutsche Mark nebst den Zinsen seit dem 1. Juli 1981 mit dem Vorrange vor dem Rest abgetreten an den Ingenieur Hans Müller in Waslingen. Die Abtretung und die Rangänderung sind am 7. Juli 1981 im Grundbuch eingetragen.[2]
Über diese *5 000 (fünftausend) Deutsche Mark* ist dieser Teilhypothekenbrief hergestellt worden.

Schönberg, den 9. Juli 1981   Amtsgericht

(Siegel oder Stempel)   (Unterschriften)

---

[1] Amtliches Muster nach § 52 Grundbuchverfügung Anlage 4; zum Teilbrief ausführlich § 38 Rn. 12f.

[2] Der ursprüngliche Brief ist oben Anhang 3 abgedruckt; auch auf ihm ist die Teilabtretung vermerkt; zur Bedeutung des Vermerks s. § 38 Rn. 31 ff.

Anhang 4

Bestellung einer Briefgrundschuld[1]
mit Übernahme der persönlichen Haftung und Abtretung der Rückgewähransprüche

Verhandelt am: 18. 10. 1987 (*Achtzehnten Oktober 1987*)
in *Stuttgart, Werastraße 20*
Vor mir *dem Notar Ulrich Klug mit dem Amtssitz in Stuttgart*
erschien *der Gastwirt Karl Schuldig, wohnhaft in Stuttgart, Moserstraße 53* – nachstehend: Besteller –

I. Eintragungsbewilligung und Eintragungsantrag mit Unterwerfung unter die Zwangsvollstreckung in das Grundstück

Nach Unterrichtung über den Grundbuchinhalt werden folgende Erklärungen beurkundet:
Der Besteller **bewilligt** und **beantragt** unwiderruflich, auf dem im Grundbuch von Waslingen
des Amtsgerichts *Schönberg* Band *3* Blatt 82 Flur Flurstück 77
Bauplatz 17 ar 43 qm
verzeichneten Grundstück – nachstehend: Grundbesitz –
eine **Grundschuld** von DM *100 000.–*
in Worten: Deutsche Mark *einhunderttausend*
für die X-Bank, Stuttgart, Königstraße 2[2]

– nachstehend: Bank –

wie folgt einzutragen:
1. Die Grundschuld ist von heute an mit 14 vom Hundert jährlich zu verzinsen.[3] Die Zinsen sind jeweils am ersten Tag des folgenden Kalenderjahres nachträglich zu entrichten.
2. Die Grundschuld ist fällig.[4]
3. Der Besteller verzichtet bei Geltendmachung der Grundschuld auch mit Wirkung gegen den jeweiligen Eigentümer/Erbbauberechtigten auf die Vorlage des Grundschuldbriefes sowie von Abtretungserklärungen und sonstigen Urkunden zum Nachweis des Gläubigerrechts.[5]
Die Grundschuld soll folgende Rangstelle erhalten:

Dritte Abteilung. 1. Rangstelle.[6]

Ist diese Rangstelle nicht sofort erreichbar, so ist der Notar berechtigt, die Eintragung an nächstoffener Rangstelle zu beantragen.
Wegen des Grundschuldbetrages und der Zinsen **unterwirft sich der Besteller der sofortigen Zwangsvollstreckung** in den belasteten Grundbesitz in der Weise, daß die Zwangsvollstreckung aus dieser Urkunde gegen den jeweiligen Eigentümer/Erbbauberechtigten zulässig ist. Der Besteller bewilligt und beantragt unwiderruflich die Eintragung dieser Unterwerfungserklärung in das Grundbuch.[7]

---

[1] In Anlehnung an das Formular des Bankverlages Köln. Stand 1997.
[2] Bei Bestellung einer Eigentümerbriefgrundschuld lautet der Text: „für ihn".
[3] Der Zinssatz der abstrakten Grundschuld (s. § 44 Rn. 12) kann so hoch gewählt werden, daß er gegebenenfalls Zinsschwankungen, Schadenspauschalen (s. § 36 Rn. 56 mit Fn. 2) etc. des Darlehensvertrages mit absichert. Bei der akzessorischen Briefhypothek bereitet der schwankende Zinsbetrag größere Schwierigkeiten (§ 37 Rn. 28).
[4] S. § 45 Rn. 80; anders bei der Briefhypothek: § 36 Rn. 44 ff.
[5] Vgl. § 38 Rn. 53 ff.; § 44 Rn. 16.
[6] S. § 17.
[7] Dazu §§ 37 Rn. 55; 40 Rn. 36 ff.; 45 Rn. 15. Auch der Eigentümer, der eine Eigentümergrundschuld bestellt, kann die Vollstreckungsunterwerfung miterklären; s. § 46 Rn. 8 m. Nw.

Anh. 4

II. Entstehung der Grundschuld bei mehreren Pfandobjekten

Falls der belastete Grundbesitz aus mehreren Pfandobjekten besteht und die Eintragung der Grundschuld nicht an allen Pfandobjekten zugleich, d.h. an demselben Tage erfolgt, erklärt der Besteller: Die Grundschuld soll in diesem Fall an denjenigen Pfandobjekten, an denen sie jeweils eingetragen wird, bereits mit der Eintragung unabhängig vom weiteren Vollzug der Urkunde entstehen.[8]

III. Aufträge an den Notar

Der Besteller beauftragt den Notar, von dieser Urkunde zugunsten der Bank Gebrauch zu machen, und erteilt dem Notar Vollmacht zum Empfang von Zustellungen und Erklärungen aller Art, die mit der Begründung dieser Grundschuld in unmittelbarem Zusammenhang stehen.[9]

Die Bank ist berechtigt, sich den Brief vom Grundbuchamt aushändigen zu lassen. Der Brief ist an die Bank auszuhändigen.[10]

Der Notar wird ferner beauftragt, der Bank sofort eine vollstreckbare Ausfertigung dieser Urkunde zu erteilen.[11] Im übrigen ist der jeweilige Gläubiger berechtigt, weitere Ausfertigungen auf Kosten des Bestellers zu verlangen.

IV. Kosten

Alle bei der Errichtung und Durchführung dieser Urkunde entstehenden Kosten trägt der Besteller.

V. Zustellungsvollmacht

Bei mehreren Bestellern ist jeder einzelne Zustellungsbevollmächtigter für alle anderen.

VI. Abtretung der Ansprüche auf Rückgewähr vor- und gleichrangiger Grundschulden[12]

Der Besteller tritt zusätzlich seine Ansprüche auf Rückübertragung vor- und gleichrangiger Grundschulden und Grundschuldteile nebst Zinsen und Nebenrechten, seine Ansprüche auf Erteilung einer Löschungsbewilligung, einer Verzichtserklärung, einer Nichtvalutierungserklärung sowie seine Ansprüche auf Auszahlung des Übererlöses im Verwertungsfall, soweit ihm diese Ansprüche gegenwärtig oder zukünftig zustehen, an die Bank ab. Von dem Entstehen dieser Ansprüche wird er der Bank unverzüglich Mitteilung machen. Zugleich geht der Anspruch auf Aushändigung des Grundschuldbriefes oder auf dessen Vorlage beim Grundbuchamt zur Bildung eines Teilbriefes auf die Bank über.[13]

VII. Übernahme der persönlichen Haftung mit Unterwerfung unter die Zwangsvollstreckung[14]

Zugleich übernimmt

der Besteller

für die Zahlung eines Geldbetrages in Höhe des Grundschuldbetrages und der Zinsen die persönliche Haftung, aus der der jeweilige Gläubiger ihn/sie schon vor Vollstreckung in den Grundbesitz in Anspruch nehmen kann. Mehrere Schuldner haften als Gesamtschuldner. Jeder Schuldner unterwirft sich wegen dieser Haftung der sofortigen Zwangsvollstreckung aus dieser Urkunde in sein gesamtes Vermögen.

VIII. Zustimmung der Ehegatten

Der Ehegatte des Bestellers stimmt den in dieser Urkunde abgegebenen Erklärungen des anderen Ehegatten zu.[15]

---

[8] § 43 Rn. 9.
[9] Hierzu § 16 Rn. 10 und 30.
[10] Vgl. § 37 Rn. 33 ff.
[11] § 40 Rn. 43 ff.
[12] Zum Rückgewähranspruch und seiner Abtretung §§ 44 Rn. 8; 45 Rn. 24 ff., 41 ff.; 50 ff., 72 ff., 90 ff.; 46 Rn. 48 ff. Die Abtretung der Rückgewähransprüche ist häufig nicht in der Grundschuldbestellungsurkunde, sonden nur in der Sicherungszweckerklärung bzw. Sicherungsvereinbarung geregelt (Anhang 4a).
[13] Vgl. § 38 Rn. 12 f. zum Anspruch auf Mitwirkung bei der Errichtung eines Teilbriefes.
[14] Ausführlich §§ 40 Rn. 43 ff.; 45 Rn. 15. Nach h.M. unbedenklich, soweit Schuldner und Eigentümer identisch sind; bei Divergenz zumindest in der Grundschuldbestellungsurkunde formularmäßig nicht möglich. Die Praxis muß also insoweit auf ein getrenntes Formular ausweichen (zweifelhafter Effekt der Rechtsprechung!).
[15] Dazu § 22 Rn. 17 ff.

Anhang 4a

Sicherungsvereinbarung für eine Grundschuld mit Abtretung der Rückgewähransprüche[1]

An (Name und Anschrift der Bank)   Sicherungsgeber (Name und Anschrift)[2]

....

Bezeichnung der Grundschuld

Grundbuch/Wohnungsgrundbuch/Erbbaubuch von   des Amtsgerichts

....

Band	Blatt	Flur	Flurstück	Abt. III lfd. Nr.
......	......	......	......	......

über DM   in Worten: Deutsche Mark

....

Eigentümer/Erbbauberechtigte(r) des belasteten Grundstücks (Name und Anschrift)[2]

....

Für die obengenannte Grundschuld gelten ergänzend zu den in den Grundschuldbestellungsurkunden getroffenen Regelungen folgende Vereinbarungen:

1. Sicherungszweck[3]

☐ Sicherung eigener Verbindlichkeiten des Sicherungsgebers

Die Grundschuld, die Übernahme der persönlichen Haftung sowie die Abtretung der Rückgewähransprüche dienen der Sicherung aller bestehenden, künftigen und bedingten Ansprüche, die der Bank mit ihren sämtlichen in- und ausländischen Geschäftsstellen aus der bankmäßigen Geschäftsverbindung gegen den Sicherungsgeber zustehen. Hat der Sicherungsgeber die Haftung für die Verbindlichkeiten eines anderen Kunden der Bank übernommen (zum Beispiel als Bürge), so sichert die Grundschuld die aus der Haftungsübernahme folgende Schuld erst ab ihrer Fälligkeit.

☐ Sicherung von Verbindlichkeiten eines Dritten

Die Grundschuld sowie die Abtretung der Rückgewähransprüche dienen der Sicherung der Ansprüche, die der Bank aus

---

[1] In Anlehnung an das Formular des Bankverlags Köln. Stand 1997. Zur Sicherungszweckerklärung ausführlich § 45 Rn. 9 ff., 72 ff.

[2] Der Sicherungsgeber kann mit dem Eigentümer identisch sein (hierzu § 45 Rn. 73); denkbar ist aber auch, daß der Sicherungsgeber eine Grundschuld an einem fremden Grundstück als Sicherheit zur Verfügung stellt (dazu § 45 Rn. 74 ff.).

[3] Der Schuldner wird regelmäßig mit dem Sicherungsgeber identisch sein und dann eine Sicherheit am eigenen Grundstück (§ 45 Rn. 9 ff.) oder an einem fremden Grundstück (§ 45 Rn. 74 ff.) stellen. Denkbar ist aber auch, daß ein vom Schuldner verschiedener Sicherungsgeber an seinem Grundstück eine Grundschuld bestellt (§ 45 Rn. 73) oder – ganz ausnahmsweise – seine Grundschuld an einem fremden Grundstück zur Verfügung stellt.

Anh. 4a

Bezeichnung der Forderung

gegen

Kreditnehmer (Name und Anschrift)

zustehen, und zwar auch dann, wenn die vereinbarte Kreditlaufzeit verlängert wird.[4]

2. Erweiterung des Haftungsumfanges durch Abtretung der Ansprüche auf Rückgewähr vor- und gleichrangiger Grundschulden[5]

(1) Falls der Grundschuld gegenwärtig oder künftig andere Grundschulden im Rang vorgehen oder gleichstehen, werden der Bank hiermit die Ansprüche auf Rückübertragung vor- und gleichrangiger Grundschulden und Grundschuldteile nebst Zinsen und Nebenrechten, die Ansprüche auf Erteilung einer Löschungsbewilligung, einer Verzichtserklärung, einer Nichtvalutierungserklärung sowie die Ansprüche auf Auszahlung des Übererlöses im Verwertungsfalle abgetreten. Sollten diese Rückgewähransprüche an vorrangigen Grundschulden bereits anderweitig abgetreten sein, wird hiermit der Anspruch auf Rückübertragung dieser Ansprüche abgetreten.

(2) Die Abtretung erfolgt mit der Maßgabe, daß die Bank sich bei Fälligkeit des Rückgewähranspruchs auch aus der ihr dann abzutretenden Grundschuld befriedigen darf, wobei diese Grundschuld zusätzlich zu der oben genannten Grundschuld als weitere Sicherheit für ihre Forderungen dient. Für diese weitere Grundschuld gelten die Bestimmungen dieser Sicherungsvereinbarung entsprechend.[6]

(3) Die Bank ist befugt, die Abtretung der Rückgewähransprüche dem Rückgewährverpflichteten anzuzeigen.

(4) Bei Briefgrundschulden wird ferner der Anspruch auf Aushändigung der Grundschuldbriefe und der Anspruch auf deren Vorlegung beim Grundbuchamt zur Bildung von Teilbriefen abgetreten.[7]

(5) Auf Verlangen der Bank wird der Sicherungsgeber alle Erklärungen abgeben, die zur Geltendmachung der vorstehend abgetretenen Ansprüche erforderlich sind. Die Bank ist berechtigt, bei vor- und gleichrangigen Grundschuldgläubigern Auskünfte über die durch diese Grundschulden gesicherten Ansprüche einzuholen.

3. Verwertung der Sicherheiten[8]

(1) Die Bank darf die Grundschuld durch Zwangsversteigerung verwerten, wenn der Kreditnehmer fällige Zahlungen auf die durch die Grundschuld gesicherten Forderungen trotz Nachfristsetzung nicht erbracht hat und die Bank aufgrund der getroffenen Vereinbarungen oder aufgrund gesetzlicher Bestimmungen zur Kündigung der gesicherten Forderung berechtigt ist. Entsprechendes gilt, wenn ein Kredit zum vereinbarten Rückzahlungstermin nicht getilgt wird.

(2) Die Bank ist berechtigt, den Antrag auf Zwangsverwaltung zu stellen, wenn der Kreditnehmer mit einem Betrag, der einem Prozent des Grundschuldnennbetrages entspricht, im Verzug ist.

(3) Aus der Übernahme einer persönlichen Haftung darf die Bank die Zwangsvollstreckung betreiben, wenn der Kreditnehmer fällige Zahlungen trotz Nachfristsetzung nicht erbracht hat.

(4) Zwangsvollstreckungsmaßnahmen wird die Bank mit einer Frist von einem Monat schriftlich androhen.

---

[4] Die Einbeziehung aller künftigen Forderungen wäre u. U. nicht mit § 3 AGBG vereinbar, falls Schuldner und Sicherungsgeber nicht identisch sind; dazu § 45 Rn. 14.
[5] Hierzu § 46 Rn. 48ff.; ferner §§ 44 Rn. 23ff.; 45 Rn. 24ff., 41ff., 50ff., 72ff., 90ff.
[6] Fragwürdig! Ausführlich § 46 Rn. 48–53.
[7] S. § 38 Rn. 12ff.
[8] Hierzu §§ 36 Rn. 52ff., 40 Rn. 4; ferner § 45 Rn. 58ff.

Anh. 4a

4. Sicherheitenfreigabe[9]

(1) Nach Befriedigung ihrer durch die Grundschuld gesicherten Ansprüche ist die Bank verpflichtet, die Grundschuld nebst Zinsen und sonstigen Rechten an den Sicherungsgeber freizugeben. Die Bank wird diese Sicherheiten an einen Dritten übertragen, falls sie hierzu verpflichtet ist. Dies ist z. B. der Fall, wenn der Sicherungsgeber zugleich Kreditnehmer ist und ein Bürge die Bank befriedigt hat oder ein Anspruch auf Rückgewähr der Grundschuld an einen Dritten abgetreten worden ist.

(2) Die Bank ist schon vor vollständiger Befriedigung ihrer durch die Grundschuld gesicherten Ansprüche verpflichtet, auf Verlangen nachrangige Grundschulden oder Grundschuldteile freizugeben, wenn und soweit der Grundschuldbetrag die gesicherten Ansprüche übersteigt.

(3) Sind für die durch die Grundschuld gesicherten Ansprüche noch weitere Sicherheiten bestellt worden (z. B. Grundschulden an anderen Pfandobjekten, Sicherungsübereignungen, Forderungsabtretungen), so ist die Bank über ihre Freigabeverpflichtung in Absatz 2 hinaus verpflichtet, auf Verlangen nach ihrer Wahl die Grundschuld oder auch etwaige Sicherheiten an den jeweiligen Sicherungsgeber ganz oder teilweise freizugeben, sofern der realisierbare Wert sämtlicher Sicherheiten

☐ % der gesicherten Ansprüche der Bank nicht nur vorübergehend überschreitet. Sofern kein Prozentsatz eingesetzt und auch anderweitig nichts anderes vereinbart worden ist, ist ein Satz von 100% maßgeblich.

(4) Die Bank wird bei der Auswahl der freizugebenden Sicherheiten auf die berechtigten Belange des Sicherungsgebers und des Bestellers zusätzlicher Sicherheiten Rücksicht nehmen.

5. Bewertung der Grundschuld[10]

(1) Soweit keine abweichende Vereinbarung getroffen worden ist, wird zur Ermittlung des realisierbaren Wertes der Grundschuld von deren Nominalbetrag zuzüglich der in der Rangklasse des Grundschuldkapitals bis zum Zeitpunkt des Freigabeverlangens entstandenen Grundschuldzinsen – höchstens jedoch für vier Jahre – ausgegangen. Von diesem Wert wird wegen eines etwaigen Mindererlöses im Verwertungsfall (insbesondere wegen etwaiger Vorlasten) ein Sicherungsabschlag in Höhe von

☐ % vereinbart. Sofern ein Prozentsatz nicht eingetragen ist, wird kein Abschlag vorgenommen.

(2) Der Sicherungsgeber und die Bank können eine Änderung des Sicherungsabschlages verlangen, wenn der tatsächliche Wert der Grundschuld infolge von zwischenzeitlichen Veränderungen von dem vorstehend ermittelten Wert abweicht.

6. Versicherung des belasteten Grundbesitzes und Verpfändung der Ansprüche aus der Zubehörversicherung[11]

(1) Die auf dem belasteten Grundbesitz befindlichen Gebäude und Anlagen sowie das Zubehör werden – soweit nicht bereits geschehen – auf Kosten des Sicherungsgebers gegen alle Gefahren versichert, wegen derer die Bank einen Versicherungsschutz für erforderlich hält. Wenn dies nicht oder nicht ausreichend geschieht, darf die Bank selbst die Versicherung auf Kosten des Sicherungsgebers abschließen.

(2) Die Ansprüche aus den bestehenden oder künftig noch abzuschließenden Zubehörversicherungen werden der Bank hiermit für den oben bestimmten Sicherungszweck verpfändet. Die Bank ist berechtigt, im Namen des Versicherungsnehmers der Versicherungsgesellschaft die Verpfändung anzuzeigen.[12]

---

[9] Dazu § 45 Rn. 26 ff., 31 ff. Teilweise sind diese Regelungen überflüssig, soweit sie Deckungsgrenzen festlegen.
[10] Nicht notwendig, vgl. § 45 Rn. 31 ff.
[11] Hierzu § 39 Rn. 60 ff.
[12] Die Verpfändung erklärt sich aus dem beschränkten Anwendungsbereich des § 1128 und dem beschränkten Zugriff auf Versicherungsforderungen über Zubehör (§ 1129); hierzu § 39 Rn. 60 ff.

7. Auskünfte und Besichtigung

Die Bank kann die Erteilung aller Auskünfte und Nachweise sowie die Aushändigung der Urkunden verlangen, die sie für die Verwaltung und Verwertung der Grundschuld benötigt. Sie darf solche Auskünfte, Nachweise und Urkunden auch bei Behörden, Versicherungsgesellschaften und sonstigen Dritten auf Kosten des Kreditnehmers einholen. Die Bank ist berechtigt, das belastete Grundstück, die Gebäude sowie das Zubehör zu besichtigen und in alle den belasteten Grundbesitz betreffende Unterlagen Einblick zu nehmen.

8. Anrechnung von Zahlungen[13]

Die Bank wird alle Zahlungen auf die durch die Grundschuld gesicherten Forderungen verrechnen, soweit nicht im Einzelfall berechtigterweise auf die Grundschuld selbst geleistet wird.

Ergänzend gelten die Allgemeinen Geschäftsbedingungen der Bank, die in jeder Geschäftsstelle eingesehen werden können und die auf Wunsch zugesandt werden.

Ort, Datum   Unterschrift des Sicherungsgebers

....

Erklärung des/der Eigentümer(s)/Erbbauberechtigten[14]

Der obigen Erklärung stimme(n) ich/wir als Eigentümer/Erbbauberechtigte(r) des belasteten Grundbesitzes zu, insbesondere bin ich/sind wir mit der Abtretung der in Nr. 2 genannten Ansprüche einverstanden.

Ort, Datum   Unterschrift(en) des/der Eigentümer(s)/Erbbauberechtigten

....

---

[13] Hierzu § 45 Rn. 42 ff. m. Nw.
[14] Wesentlich beim Auseinanderfallen von Sicherungsgeber und Eigentümer (s. § 45 Rn. 74 ff.)!

Anhang 5

Darlehensurkunde

I. Darlehnsvertrag[1]   Nr.

Darlehnsnehmer (Name/Anschrift, Geburtsdatum)   Bank

_____   _____

Darlehnsnehmer und Bank schließen folgenden Vertrag:

1. Höhe des Darlehns

Die Bank stellt dem Darlehnsnehmer ein Darlehn zur Verfügung in Höhe von   DM _____

2. Verwendungszweck:

3. Konditionen:[2]

3.1 Verzinsung: Das Darlehn ist ab dem Tag der Auszahlung mit _____ % jährlich zu verzinsen.
Dieser Zinssatz ist ☐ variabel ☐ festgeschrieben bis zum _____.
Die Bank kann den Zinssatz – bei einer Zinsfestschreibung frühestens mit deren Ablauf – ändern, wenn dies wegen der Entwicklung am Geld- oder Kapitalmarkt erforderlich ist. Änderungen werden bekanntgegeben.

☐ Die Zinsen werden aus dem jeweiligen Darlehnssaldo berechnet.   ☐ Die Zinsen werden berechnet aus dem Darlehnssaldo jeweils zum _____; bis zum ersten auf die vollständige Auszahlung folgenden Stichtag werden die Zinsen aus dem jeweiligen Darlehnssaldo berechnet.[3]

Die Zinsen sind fällig am _____ eines jeden

☐ Monats   ☐ Kalendervierteljahres   ☐ Kalenderhalbjahres   ☐ Kalenderjahres

3.2 Auszahlung: Das Darlehn wird zu einem Auszahlungskurs von ____ % ausgezahlt. Das Disagio beträgt   ./. DM _____
Es ist fällig:
☐ in voller Höhe bei Auszahlung des Darlehns oder eines ersten Teilbetrags   ☐ anteilig bei jeder Teilauszahlung   ☐ unabhängig vom Tag der Auszahlung am _____

3.3 Bearbeitungsgebühr: Die einmalige, sofort fällige, nicht laufzeitabhängige Bearbeitungsgebühr beträgt _____% vom Darlehnsbetrag.   ./. DM _____

3.4 Kosten, Nebenleistungen, Nettokreditbetrag:
Außer dem Disagio und der Bearbeitungsgebühr werden einbehalten:
☐ Beitrag für Restkreditversicherung   ./. DM _____
☐ Wertermittlungskosten   ./. DM _____
☐ _____   ./. DM _____
☐ _____   ./. DM _____
Nettokreditbetrag: DM _____
Der Nettokreditbetrag wird dem Girokonto Nr. _____ ganz oder in Teilbeträgen gutgeschrieben.

---

[1] In Anlehnung an das Formular des DG-Verlags, Stand 1997.
[2] Die Auflistung der Angaben soll § 4 Abs. 1 VerbrKrG Rechnung tragen; hierzu § 36 Rn. 45 f.
[3] Zum Transparenzgebot bei der Zinsberechnung laufend rückzahlbarer Darlehen s. § 36 Rn. 52 ff. m. Nw.

Anh. 5

Sonstige Kosten:
☐ Lebensversicherungsbeiträge monatl./viertelj./halbj./jährl.   DM _____
☐ Abschlußprovision für Bausparvertrag   DM _____
☐ Ansparraten für Bausparvertrag   DM _____
☐ _____   DM _____
☐ Bereitstellungsprovison von _____ % pro _____
  auf den ab _____ nicht zur Auszahlung kommenden
  Betrag bis zur vollen Auszahlung, jeweils fällig mit den Zinsen.
☐ Einmalige Abstandsprovision von _____ % auf den endgültig
  nicht zur Auszahlung kommenden Darlehnsteilbetrag. Den Vertragsparteien
  bleibt der Nachweis vorbehalten, ein Schaden sei wesentlich niedriger oder
  höher oder überhaupt nicht entstanden.
☐ Jährlicher Verwaltungskostenbeitrag   DM _____

Weitere sonstige Kosten z. B. Sachversicherungsprämie, sofern Versicherung Bedingung für das Darlehn
☐ Barauslagen   DM _____
☐ _____   DM _____
☐ _____   DM _____
☐ Notar- und Grundbuchkosten gem. gesetzlichen Bestimmungen

4. **Anfänglicher effektiver Jahreszins:** _____ %. Hierbei wurde verrechnet:
   _____ auf einen Zeitraum von _____ Jahren;
   _____ auf einen Zeitraum von _____ Jahren.

5. **Darlehnsrückzahlung:** Das Darlehn ist wie folgt zurückzuzahlen:[4]

5.1 ☐ in voller Höhe am _____
5.2 ☐ in Raten von DM _____ jeweils fällig am _____, erstmals am _____
5.3 ☐ in Höhe von _____ % jährlich vom ursprünglichen Darlehnsbetrag zuzüglich der durch Tilgung ersparten Zinsen. Demnach beträgt die Leistungsrate aus Zins und Tilgung in den Fällen von 5.2 bzw. 5.3 z. Zt. DM _____
    jeweils fällig am _____, erstmals am _____
    Bei Zinsänderungen können die Leistungsraten entsprechend geändert werden. Die neuen Leistungsraten werden bekanntgegeben.
5.4 ☐ in gleichbleibenden Raten
    für Zins- und Tilgung von DM _____ jeweils fällig am _____, erstmals am _____
    mit vorrangiger Verrechnung auf die Zinsen.
    Soweit nichts anderes vereinbart wurde, werden fällige Beträge (z. B. Zinsen oder Leistungsraten) dem o. a. Girokonto belastet.

6. **Gesamtbetrag**
6.1 ☐ Eine Angabe ist wegen **variabler Konditionen** nicht möglich.
6.2 Alle vom Darlehnsnehmer zu leistenden Teilzahlungen einschließlich Tilgung, Zinsen und Kosten (soweit bezifferbar) belaufen sich
    ☐ für die Zeit der **Zinsfestschreibung** auf   DM _____
      Der **Restkredit** beträgt zum Zeitpunkt des Ablaufs der Zinsbindung   DM _____
    ☐ bei einer **Zinsfestschreibung** für die **Gesamtlaufzeit** auf   DM _____
    Bei der Berechnung wurde ein Auszahlungszeitpunkt zum 1. des auf den Abschluß des Darlehnsvertrags folgenden Monats angenommen.
    Die endgültige Höhe des Restkredits hängt vom tatsächlichen Auszahlungszeitpunkt ab.

7. **Sicherheiten:** Neben den der Bank bereits bestellten und aufgrund der nach Nr. 14 Abs. 1 der Allgemeinen Geschäftsbedingungen der Bank[5] haftenden Sicherheiten stellt der Darlehnsnehmer der Bank mit gesonderten Vereinbarungen noch folgende Sicherheiten, die nicht nur dieses Darlehn, sondern alle bestehenden und künftigen Ansprüche[6] der Bank absichern:
   ....
   _____

---

[4] Zu den Rückzahlungsmodalitäten ausführlich § 36 Rn. 44 ff.
[5] Zu Nr. 14 Abs. 1 AGB-Banken vgl. § 62 Rn. 5 f.
[6] Bei Identität von Schuldner und Sicherungsgeber unproblematisch; vgl. § 45 Rn. 14.

Anh. 5

Bei einer Verschlechterung oder erheblichen Gefährdung der Vermögenslage des Darlehnsnehmers, eines Mithaftenden oder eines Bürgen oder bei einer Veränderung des Sicherungswerts der im Vertrag vorgesehenen zu bestellenden Sicherheiten, durch die das Risiko der ordnungsgemäßen Rückführung des Darlehns gegenüber dem Zustand bei Vertragsabschluß nicht unwesentlich erhöht wird, kann die Bank vom Darlehnsnehmer die Bestellung zusätzlicher geeigneter Sicherheiten nach ihrer Wahl verlangen, auch wenn bisher keine Bestellung von Sicherheiten vereinbart war. Das gleiche gilt, wenn die Angaben über die Vermögensverhältnisse des Darlehnsnehmers, eines Mithaftenden oder eines Bürgen sich nachträglich als unrichtig herausstellen.

Das Darlehn kann erst in Anspruch genommen werden, wenn sämtliche Bedingungen erfüllt sind, die vorgesehenen Sicherheiten bestellt wurden und die Bank deren Ordnungsmäßigkeit geprüft hat.

Ort, Datum   Ort, Datum

_____

Darlehnsnehmer   Bank

Falls im Hinblick auf den Güterstand der Ehegatten eine Mitwirkung des anderen Ehegatten erforderlich ist, z. B. insbesondere bei der Bestellung von Sicherheiten, erteilt dieser hiermit seine **Zustimmung**.[7]

[8]

_____

Ort, Datum

II. Allgemeine Darlehnsbedingungen[9]

1. Ausschluß der Übertragbarkeit
Der Anspruch auf Auszahlung des Darlehns ist nur mit Zustimmung der Bank abtretbar oder verpfändbar.

2. Darlehnskonto
Die Bank wird für den Darlehnsnehmer ein Darlehnskonto einrichten.

3. Konditionenanpassung
3.1 Die Bank wird frühestens ein Vierteljahr, spätestens jedoch einen Monat vor Ablauf der Festschreibungszeit neue, für Darlehen dieser Art bei ihr dann übliche Konditionen durch schriftliche Mitteilung festlegen.

3.2 Widerspricht ein Darlehnsnehmer schriftlich binnen .... den neuen Konditionen, so ist das Darlehen am Ende der Festschreibungszeit zurückzuzahlen. Die Bank wird bei Mitteilung der neuen Konditionen auf die Bedeutung des Widerspruchs und seines Unterbleibens besonders hinweisen.

3.3 Ist eine Mitteilung nach Nr. 3.1 unterblieben, so hat der Darlehnsnehmer die bisher geschuldeten Leistungen fortzuentrichten. In diesem Fall kann der Darlehnsnehmer eine Neufestsetzung jederzeit verlangen und die Bank sie jederzeit vornehmen. Widerspricht ein Darlehnsnehmer dann nach Nr. 3.2, so ist das Darlehen binnen eines Monats nach Ablauf der Widerspruchsfrist zurückzuzahlen.

3.4 Die Nummern 3.1 bis 3.3 gelten für weitere Festschreibungszeiten entsprechend.

4. Kündigungsrecht des Darlehensnehmers
Der Darlehensnehmer kann das Darlehen ganz oder teilweise unter Einhaltung einer Kündigungsfrist von einem Monat zum Ende der jeweiligen Festschreibungszeit kündigen, solange keine neue Vereinbarung über den Zinssatz getroffen ist (Konditionenanpassung). Das Kündigungsrecht des Darlehensnehmers nach Ablauf von zehn Jahren nach § 609a Abs. 1 Nr. 3 BGB bleibt unberührt.

5. Kündigungsrecht der Bank
5.1 Die Bank kann das Darlehen grundsätzlich nicht kündigen.

_____

[7] Hierzu § 22 Rn. 17 ff.

[8] Das Widerrufsrecht gemäß § 7 VerbrKrG entfällt bei Realkrediten (§ 3 Abs. 2 Nr. 2 VerbrKrG).

[9] Es handelt sich um eine Zusammenstellung gängiger Klauseln, die verschiedenen Mustern entnommen sind.

Anh. 5

5.2 Die Bank ist jedoch berechtigt, das Darlehen ohne Einhaltung einer Kündigungsfrist ganz oder zum Teil zurückzufordern, wenn
    5.2.1 der Darlehensnehmer mit mindestens zwei aufeinander folgenden für dieses Darlehen fälligen Zahlungen in Höhe von mindestens einem Viertel der für ein Jahr geschuldeten Leistung nach Mahnung unter Hinweis auf das Kündigungsrecht länger als einen Monat im Rückstand bleibt,[10]
    5.2.2 ein Darlehensnehmer, Bürge oder Garant die Zahlungen einstellt oder über sein Vermögen das Vergleichs- oder Konkursverfahren beantragt wird,
    5.2.3 die Zwangsversteigerung oder Zwangsverwaltung des Beleihungsobjektes oder eines seiner Teile angeordnet oder das Beleihungsobjekt ohne Einwilligung der Bank veräußert wird,[11]
    5.2.4 die vereinbarte Grundschuld oder eine sonstige Sicherheit auch nach Fristsetzung unter Hinweis auf das Kündigungsrecht nicht verschafft worden ist,
    5.2.5 der Darlehensnehmer eine sonstige Verpflichtung aus dieser Urkunde auch nach Fristsetzung unter Hinweis auf das Kündigungsrecht nicht erfüllt und dadurch wesentliche Interessen der Bank beeinträchtigt. Die Fristsetzung ist entbehrlich, soweit nach den Umständen nicht mehr mit einer Erfüllung zu rechnen ist,
    5.2.6 ein sonstiger, im Verhalten des Darlehensnehmers liegender wichtiger Grund vorliegt.

6. Weitere Verpflichtungen des Darlehensnehmers
6.1 der Darlehensnehmer ist verpflichtet,[12]
    6.1.1 bei Bauvorhaben das Gebäude nach den der Bank vorgelegten Plänen zu errichten und baurechtlich abnehmen zu lassen,
    6.1.2 das Gebäude samt Zubehör zum vollen – soweit möglich zum gleitenden – Neuwert gegen Feuer-, Leitungswasser- und Sturmschäden versichert zu halten und der Bank die Versicherungsansprüche für Zubehör durch Hypothekensicherungsschein zu verpfänden,
    6.1.3 das Beleihungsobjekt nach den Grundsätzen ordnungsgemäßer Wirtschaftsführung in gutem Zustand zu erhalten und vor einer wesentlichen Änderung des Gebäudes, seiner Nutzung oder des Zubehörbestandes die Einwilligung der Bank einzuholen,
    6.1.4 der Bank die Besichtigung des Beleihungsobjektes zu gestatten,
    6.1.5 der Bank auf Verlangen Auskünfte und Nachweise über die Grundstücksverhältnisse sowie über seine wirtschaftlichen Verhältnisse zu geben und Jahresabschlüsse, zu deren Aufstellung er gesetzlich verpflichtet ist, unverzüglich vorzulegen,
    6.1.6 alle Kosten und Auslagen, die mit dem Darlehen zusammenhängen, zu tragen.
6.2 Der Darlehensnehmer hat dafür einzustehen, daß die Verpflichtungen nach Nr. 6 auch dann erfüllt werden, wenn ihm das Beleihungsobjekt nicht gehört.

7. Entschädigung in besonderen Fällen
7.1 Soweit der Darlehnsnehmer mit Zahlungen, die er aufgrund des Darlehnsvertrags schuldet, in Verzug kommt, ist der geschuldete Betrag mit 5% über dem jeweiligen Diskontsatz der Deutschen Bundesbank zu verzinsen, wenn nicht im Einzelfall die Bank einen höheren oder der Darlehnsnehmer einen niedrigeren Schaden nachweist.[13]
7.2 Wird das Darlehen vor Ablauf einer Festschreibungszeit durch Kündigung seitens der Bank fällig, hat der Darlehensnehmer den durch die vorzeitige Rückzahlung entstehenden Schaden zu ersetzen.

8. Sicherheiten, Zweckbestimmung
8.1 Zur Sicherung aller Ansprüche der Bank aus diesem Darlehensverhältnis sowie aus etwaigen anderen – auch künftigen – Rechtsverhältnissen dienen die der Bank zu verschaffende Grundschuld und das abzugebende Schuldversprechen.[14]
8.2 Ansprüche auf Rückgewähr der Grundschuld können nur mit Zustimmung der Bank abgetreten werden.[15]

---

[10] Dazu § 40 Rn. 3f. m. Nw.
[11] Nicht unproblematisch! Hierzu § 40 Rn. 4, 13ff.
[12] S. §§ 39 Rn. 60ff., 40 Rn. 9ff.
[13] Vorbild ist § 11 Abs. 1 VerbrKrG, der aber für Realkreditverträge ohne besondere Vereinbarung gerade nicht gilt (§ 3 Abs. 2 Nr. 2 VerbrKrG); s. a. § 36 Rn. 56 mit Fn. 2.
[14] Hierzu Anhang 4 und §§ 40 Rn. 43ff., 45 Rn. 15.
[15] Diese Klausel ist problematisch, falls Sicherungsgeber und Eigentümer identisch sind! Dazu § 45 Rn. 98.

8.3 Die Bank ist berechtigt, aber nicht verpflichtet, Teile des Beleihungsobjektes sowie Grundstückszubehör aus der Haftung für die Grundschuld zu entlassen[16] und Rangänderungen zu bewilligen[17] sowie ähnliche im Rahmen der bei ihr üblichen Sicherheitenverwaltung liegende Maßnahmen zu treffen.

8.4 Die Bank ist nicht verpflichtet, in Zwangsvollstreckungsverfahren einen Grundschuldbetrag geltend zu machen, der über ihre persönlichen Forderungen hinausgeht, und kann in Verteilungsverfahren auf etwaige Mehrerlöse verzichten.[18]

9. Refinanzierung
Die Bank ist berechtigt, im Falle der Refinanzierung die Darlehnsforderung abzutreten und die vom Darlehnsnehmer bestellten Sicherheiten an die Refinanzierungsstelle zu übertragen.[19]

10. Teilunwirksamkeit
Sollten sich Erklärungen – auch die einzelner Beteiligter – als unwirksam erweisen, bleiben die übrigen Erklärungen gleichwohl wirksam.

11. Mehrere Darlehensnehmer
Mehrere Darlehensnehmer haften als Gesamtschuldner.

---

[16] Zum Umfang der Haftung § 39.
[17] Dazu § 17 Rn. 40.
[18] Hierzu § 45 Rn. 50 ff.
[19] Dazu § 45 Rn. 56 f.

Anhang 6

Originalhypothekenpfandbrief; nicht zu verwechseln mit dem Hypothekenbrief (s. oben § 36 Rn. 30)! Schon der Wortlaut weist den Hypothekenpfandbrief deutlich als Schuldverschreibung auf den Inhaber aus („... schuldet dem Inhaber ... 10 000 DM ...").

Anhang 7a

Sicherungsübereignungsvertrag – mit Übergabe[1]

Sicherungsübereignungsvertrag mit Übergabeersatz | Zur bankinternen Bearbeitung Nr.

Sicherungsgeber (Name, Anschrift) | Bank

Sicherungsgeber und Bank schließen folgenden Sicherungsvertrag:

1 Zur Sicherung **aller bestehenden, künftigen und bedingten Ansprüche** der Bank oder eines die Geschäftsverbindung fortsetzenden Rechtsnachfolgers der Bank gegen

Schuldner[1]

oder dessen Gesamtrechtsnachfolger und – bei einer Firma oder Gesellschaft – gegen deren Gesamtrechtsnachfolger
aus der Geschäftsverbindung, insbesondere
- **aus** laufender Rechnung und aus der Gewährung von Krediten jeder Art, Wechseln, Schecks, Lieferungen oder Leistungen,
- **aus** Bürgschaften sowie sonstigen **Verpflichtungserklärungen für Dritte,** jeweils ab deren Fälligkeit, sowie
- **aus** im Rahmen der üblichen Bankgeschäfte **von Dritten erworbenen Forderungen,** Wechseln und Schecks,
auch wenn die Sicherheit anläßlich einer bestimmten Kreditgewährung bestellt wird,

übereignet der Sicherungsgeber der Bank die auf der Rückseite dieser Urkunde bezeichneten Gegenstände mit Bestandteilen und Zubehör[2].

2 Der Sicherungsgeber erklärt,
- daß er Eigentümer dieser Gegenstände ist und
- daß er frei über diese Gegenstände verfügen kann.

Der Sicherungsgeber ist zur Abgabe dieser Erklärung nicht berechtigt, wenn die Gegenstände ihm unter Eigentumsvorbehalt geliefert und bei Abgabe der Erklärung noch nicht restlos bezahlt oder bereits anderweitig sicherungsübereignet sind.

3 Sicherungsgeber und Bank sind sich darüber einig, daß das Eigentum an den auf der Rückseite dieser Urkunde bezeichneten Gegenständen mit Bestandteilen und Zubehör auf die Bank übergeht.

Die Übergabe wird durch folgende Vereinbarung ersetzt:
- Die Bank beläßt dem Sicherungsgeber die als Sicherheit dienenden Gegenstände zur unentgeltlichen Verwahrung in seinem unmittelbaren Besitz und gestattet ihm, vorbehaltlich eines Widerrufs, ihre weitere Benutzung.
  Der Sicherungsgeber verpflichtet sich, die Gegenstände sachgemäß zu lagern, pfleglich zu behandeln und instand zu halten.
- Befinden sich die Gegenstände im Besitz Dritter, so tritt der Sicherungsgeber hiermit die Herausgabeansprüche gegen die Dritten an die Bank ab.

4 Sollte der Sicherungsgeber entgegen der in Nr. 2 abgegebenen Erklärung nicht Eigentümer der Gegenstände sein, überträgt er hiermit sein Anwartschaftsrecht bzw. seinen Anspruch auf Rückübertragung des Eigentums auf die Bank. Erwirbt der Sicherungsgeber gleichwohl später das Eigentum an diesen Gegenständen, so geht im Augenblick des Eigentumserwerbs das Eigentum auf die Bank über.
Im Fall der Übertragung des Anwartschaftsrechts und des späteren Eigentumserwerbs wird die Übergabe durch die Vereinbarung gemäß Nr. 3 Abs. 2 dieses Vertrags ersetzt.
Der Sicherungsgeber tritt hiermit seine Ansprüche gegen die Vorbehalts- oder Sicherungseigentümer im voraus an die Bank ab, insbesondere etwaige Ansprüche aus Gewährleistung, auf Rückgewähr des Geleisteten, Schadensersatz oder Mehrerlös bei Verwertung des Sicherungsguts.
Die Bank ist befugt, eine Restschuld für Rechnung des Sicherungsgebers zu bezahlen.

---

[1] Handelt es sich um mehrere Schuldner und soll die Sicherheit auch zur Sicherung der Ansprüche gegen einzelne Schuldner dienen, so ist dies gesondert auszuhandeln und durch einen Zusatz, wie z. B. „und gegen jeden einzelnen von ihnen", zum Ausdruck zu bringen.
[2] Bei der Übereignung von Kraftfahrzeugen ist der Kfz-Brief zu den Akten der Bank zu nehmen.

---

[1] Formular des Deutschen Genossenschafts-Verlags eG, Wiesbaden. Stand 1997.

Anhang 7a

6 Falls der realisierbare Wert aller Sicherheiten die Deckungsgrenze nicht nur vorübergehend übersteigt, hat die Bank auf Verlangen des Sicherungsgebers Sicherheiten nach ihrer Wahl freizugeben; Näheres regelt Nr. 16 der AGB.

7 Zahlt ein Bürge oder ein anderer Dritter an die Bank, so verpflichtet sie sich, sofern nicht eine Abrede des Sicherungsgebers mit ihr entgegensteht, die Sicherungsrechte auf den Dritten zu übertragen.

8 Ist der Sicherungsgeber nicht zugleich Schuldner der persönlichen Forderung der Bank, so dienen seine Zahlungen oder Erlöse aus der Verwertung der Sicherungsgegenstände bis zur vollständigen Befriedigung der Bank als Sicherheitsleistung.

9 Alle im Zusammenhang mit diesem Vertrag entstehenden Auslagen und Nebenkosten – auch aus der Beauftragung der zuständigen genossenschaftlichen Treuhandstelle – tragen Sicherungsgeber und Schuldner als Gesamtschuldner.

10 Jede Änderung oder Ergänzung dieses Vertrags oder eine Vereinbarung über dessen Aufhebung bedarf, um Gültigkeit zu erlangen, der Schriftform.

11 Sollten einzelne Bestimmungen dieses Vertrags nicht Vertragsbestandteil geworden oder unwirksam sein bzw. nicht durchgeführt werden, so bleibt der Vertrag im übrigen wirksam. Soweit Bestimmungen nicht Vertragsbestandteil geworden oder unwirksam sind, richtet sich der Inhalt des Vertrags nach den gesetzlichen Bestimmungen.
Die Vereinbarungen dieses Vertrags treten an die Stelle früherer Vereinbarungen, soweit sie von diesen abweichen.

12 Ergänzend gelten die **Allgemeinen Geschäftsbedingungen** der Bank (AGB). Die AGB können in den Geschäftsräumen der Bank eingesehen werden; auf Verlangen werden sie ausgehändigt.

Ort, Datum	Ort, Datum
Sicherungsgeber	Bank

Falls im Hinblick auf den Güterstand der Ehegatten eine Mitwirkung des anderen Ehegatten erforderlich ist, erteilt dieser hiermit seine **Zustimmung**.

Ort, Datum

Die Unterschrift(en) unter diesem Vertrag
☐ wurde(n) vor mir von dem/den Sicherungsgeber(n) geleistet. ☐ wurde(n) von mir geprüft.

Er/Sie hat/haben sich ausgewiesen durch (Urkunde)
☐ ist/sind mir persönlich bekannt und bereits legitimiert.

Nr.	ausstellende Behörde	Ausstellungsdatum

Ort, Datum	Mitarbeiter der Bank

[1] Vgl. hierzu jetzt § 57 Rn. 18 ff.

Anhang 7a

Verzeichnis der übereigneten Gegenstände

Genaue Bezeichnung der Gegenstände	Zeitwert DM

Quittung
Der Empfang der oben aufgeführten Gegenstände wird hiermit bestätigt.

Ort, Datum	Bank

Rückgabequittung
Der Rückerhalt der oben aufgeführten Gegenstände wird hiermit bestätigt.

Ort, Datum	Sicherungsgeber

Anhang 7b

Sicherungsübereignungsvertrag – mit Übergabeersatz[1]

Sicherungsübereignungsvertrag mit Übergabe

Zur bankinternen Bearbeitung
Nr.

| Sicherungsgeber (Name, Anschrift) | Bank |

Sicherungsgeber und Bank schließen folgenden Sicherungsvertrag:

1 Zur Sicherung **aller bestehenden, künftigen und bedingten Ansprüche** der Bank oder eines die Geschäftsverbindung fortsetzenden Rechtsnachfolgers der Bank gegen

Schuldner[1]

oder dessen Gesamtrechtsnachfolger und – bei einer Firma oder Gesellschaft – gegen deren Gesamtrechtsnachfolger
aus der Geschäftsverbindung, insbesondere
- **aus** laufender Rechnung und aus der Gewährung von Krediten jeder Art, Wechseln, Schecks, Lieferungen oder Leistungen,
- **aus** Bürgschaften sowie sonstigen **Verpflichtungserklärungen für Dritte,** jeweils ab deren Fälligkeit, sowie
aus im Rahmen der üblichen Bankgeschäfte **von Dritten erworbenen Forderungen,** Wechseln und Schecks,
auch wenn die Sicherheit anläßlich einer bestimmten Kreditgewährung bestellt wird,
übereignet der Sicherungsgeber der Bank die auf der Rückseite dieser Urkunde bezeichneten Gegenstände mit Bestandteilen und Zubehör.

2 Der Sicherungsgeber erklärt,
- daß er Eigentümer dieser Gegenstände ist und
- daß er frei über diese Gegenstände verfügen kann.
Der Sicherungsgeber ist zur Abgabe dieser Erklärung nicht berechtigt, wenn die Gegenstände ihm unter Eigentumsvorbehalt geliefert und bei Abgabe der Erklärung noch nicht restlos bezahlt oder bereits anderweitig sicherungsübereignet sind.

3 Sicherungsgeber und Bank sind sich darüber einig, daß das Eigentum an den auf der Rückseite dieser Urkunde bezeichneten Gegenständen mit Bestandteilen und Zubehör auf die Bank übergeht.
Der Sicherungsgeber übergibt die Gegenstände der Bank, die den Empfang auf dem für den Sicherungsgeber bestimmten Exemplar gesondert bestätigt.

4 Der Sicherungsgeber verpflichtet sich, die der Bank übereigneten Gegenstände für die Dauer der Übereignung gegen diejenigen Gefahren, für die der Bank ein Versicherungsschutz erforderlich erscheint, auf Kosten des Sicherungsgebers an anderer Stelle in ausreichender Höhe zu versichern und dies der Bank auf Verlangen jederzeit, insbesondere durch Vorlegen der Versicherungsscheine, nachzuweisen.
Der Sicherungsgeber tritt hiermit seine gegenwärtigen und künftigen Ansprüche gegen den jeweiligen Versicherer an die Bank ab. Der Sicherungsgeber wird bei dem Versicherer beantragen, der Bank einen Sicherungsschein zu erteilen[2].

5 Die Bank wird für diejenige Sorgfalt einstehen, welche sie in eigenen Angelegenheiten anzuwenden pflegt; sie haftet daher nur für grobes Verschulden. Der Bank ist es auch gestattet, die Gegenstände auf Kosten des Sicherungsgebers an anderer Stelle einzulagern. Macht die Bank hiervon Gebrauch, so beschränkt sich ihre Verantwortlichkeit auf sorgfältige Auswahl des Verwahrers (Hinterlegung bei einem Dritten nach § 691 Satz 2 des Bürgerlichen Gesetzbuchs).
Kommt der Sicherungsgeber seinen Verbindlichkeiten bei Fälligkeit nicht nach, so ist die Bank befugt, die Sicherheiten ohne gerichtliches Verfahren unter tunlichster Rücksichtnahme auf den Sicherungsgeber zu beliebiger Zeit an einem ihr geeignet erscheinenden Ort auf einmal nach und nach zu verwerten.
Die Bank ist berechtigt, die Gegenstände zu einem angemessenen Preis selbst zu übernehmen.
Der Sicherungsgeber ist verpflichtet, auf Verlangen der Bank das Sicherungsgut zu verwerten oder bei der Verwertung mitzuwirken. Der Sicherungsgeber hat alles, was er bei der Verwertung des Sicherungsguts erlangt (einschließlich Umsatzsteuer), unverzüglich an die Bank herauszugeben.
Einen etwa verbleibenden Überschuß hat die Bank dem Sicherungsgeber unverzüglich auszuzahlen, soweit er nicht Dritten zusteht.

---

1 Handelt es sich um mehrere Schuldner und soll die Sicherheit auch zur Sicherung der Ansprüche gegen einzelne Schuldner dienen, so ist dies gesondert auszuhandeln und durch einen Zusatz, wie z. B. „und gegen jeden einzelnen von ihnen", zum Ausdruck zu bringen.
2 Antrag nach Vordruck 241 030 oder 242 04*).

---

[1] Formular des Deutschen Genossenschafts-Verlags eG, Wiesbaden. Stand 1997.

5 Werden Gegenstände als Bestandteile oder Zubehör eingefügt, so einigen sich Sicherungsgeber und Bank schon jetzt, daß das Eigentum bzw. das Anwartschaftsrecht an den neu eingefügten Gegenständen im Zeitpunkt der Einfügung unmittelbar auf die Bank übergeht; die Übergabe wird durch die Vereinbarung gemäß Nr. 3 Abs. 2 dieses Vertrags ersetzt.

6 Der Sicherungsgeber verpflichtet sich,

6.1 auf Verlangen der Bank die Gegenstände in einer der Bank zweckmäßig erscheinenden Weise zu kennzeichnen;

6.2 auf Verlangen der Bank die als Sicherheit dienenden Gegenstände von anderen Gegenständen getrennt zu halten;

6.3 die Gegenstände ohne vorherige Zustimmung der Bank nicht aus den auf der Rückseite dieser Urkunde bezeichneten Räumen zu entfernen; überläßt er gleichwohl die Gegenstände einem Dritten, so tritt der Sicherungsgeber hiermit im voraus alle Ansprüche aus der Gebrauchsüberlassung an die Bank ab;

6.4 der Bank jederzeit Zutritt zu den Gegenständen zu gewähren, ihr Auskunft zu erteilen und ggf. Schriftstücke zur Einsicht vorzulegen;

6.5 die Sicherungsübereignung jedem Dritten bekanntzugeben, der das Sicherungseigentum der Bank beeinträchtigen könnte;

6.6 die Bank unverzüglich von drohenden bzw. eingetretenen Beeinträchtigungen des Sicherungseigentums (z. B. Beschädigung, Pfändung) zu benachrichtigen.

7 Der Sicherungsgeber verpflichtet sich, die der Bank übereigneten Gegenstände für die Dauer der Übereignung gegen diejenigen Gefahren, für die der Bank ein Versicherungsschutz erforderlich erscheint, in ausreichender Höhe zu versichern und dies der Bank auf Verlangen jederzeit, insbesondere durch Vorlegen der Versicherungsscheine, nachzuweisen.

Der Sicherungsgeber tritt hiermit seine gegenwärtigen und künftigen Ansprüche gegen den jeweiligen Versicherer an die Bank ab. Der Sicherungsgeber wird bei dem Versicherer beantragen, der Bank einen Sicherungsschein zu erteilen.

Wenn der Sicherungsgeber für keinen ausreichenden Versicherungsschutz sorgt oder die Prämie nicht pünktlich zahlt, ist die Bank berechtigt, dies auf Gefahr und Kosten des Sicherungsgebers zu tun.

8 Die Bank ist befugt, bei Vorliegen eines wichtigen Grundes, insbesondere, wenn Sicherungsgeber oder Schuldner ihren Verpflichtungen der Bank gegenüber nicht nachkommen, die Gegenstände in ihren unmittelbaren Besitz zu nehmen. In diesem Fall ist es der Bank auch gestattet, die Gegenstände auf Kosten des Sicherungsgebers an anderer Stelle einzulagern. Macht die Bank hiervon Gebrauch, so beschränkt sich ihre Verantwortlichkeit auf sorgfältige Auswahl des Verwahrers (Hinterlegung bei einem Dritten nach § 691 Satz 2 des Bürgerlichen Gesetzbuchs).

Kommt der Sicherungsgeber seinen Verbindlichkeiten bei Fälligkeit nicht nach, so ist die Bank befugt, die Sicherheiten ohne gerichtliches Verfahren unter tunlichster Rücksichtnahme auf den Sicherungsgeber zu beliebiger Zeit an einem ihr geeignet erscheinenden Ort auf einmal oder nach und nach zu verwerten.

Die Bank ist berechtigt, die Gegenstände zu einem angemessenen Preis selbst zu übernehmen.

Der Sicherungsgeber ist verpflichtet, auf Verlangen der Bank das Sicherungsgut zu verwerten oder bei der Verwertung mitzuwirken. Der Sicherungsgeber hat alles, was er bei der Verwertung des Sicherungsgutes erlangt (einschließlich Umsatzsteuer), unverzüglich an die Bank herauszugeben.

Einen etwa verbleibenden Überschuß hat die Bank dem Sicherungsgeber unverzüglich auszuzahlen, soweit er nicht Dritten zusteht.

Für den Fall, daß die Bank das Recht zur Benutzung der Gegenstände widerruft, ist der Sicherungsgeber trotzdem verpflichtet, die für die Verwahrung der Gegenstände bis dahin benutzten Räume und Einrichtungen sowie etwa notwendiges Arbeitspersonal bis auf weiteres, mindestens bis zur Verwertung der Gegenstände oder bis zur Befriedigung der Bank wegen aller Ansprüche zur Verfügung zu stellen.

9 Falls der realisierbare Wert aller Sicherheiten die Deckungsgrenze nicht nur vorübergehend übersteigt, hat die Bank auf Verlangen des Sicherungsgebers Sicherheiten nach ihrer Wahl freizugeben; Näheres regelt Nr. 16 der AGB.

10 Zahlt ein Bürge oder ein anderer Dritter an die Bank, so verpflichtet sie sich, sofern nicht eine Abrede des Sicherungsgebers mit ihr entgegensteht, die Sicherungsrechte auf den Dritten zu übertragen.

11 Ist der Sicherungsgeber nicht zugleich Schuldner der persönlichen Forderung der Bank, so dienen seine Zahlungen oder Erlöse aus der Verwertung der Sicherungsgegenstände bis zur vollständigen Befriedigung der Bank als Sicherheitsleistung.

12 Alle im Zusammenhang mit diesem Vertrag entstehenden Auslagen und Nebenkosten – auch aus der Beauftragung der zuständigen genossenschaftlichen Treuhandstelle – tragen Sicherungsgeber und Schuldner als Gesamtschuldner.

13 Jede Änderung oder Ergänzung dieses Vertrags oder eine Vereinbarung über dessen Aufhebung bedarf, um Gültigkeit zu erlangen, der Schriftform.

14 Sollten einzelne Bestimmungen dieses Vertrags nicht Vertragsbestandteil geworden oder unwirksam sein bzw. nicht durchgeführt werden, so bleibt der Vertrag im übrigen wirksam. Soweit Bestimmungen nicht Vertragsbestandteil geworden oder unwirksam sind, richtet sich der Inhalt des Vertrags nach den gesetzlichen Bestimmungen.

Die Vereinbarungen dieses Vertrags treten an die Stelle früherer Vereinbarungen, soweit sie von diesen abweichen.

---

[1] Vgl. hierzu jetzt § 57 Rn. 18 ff.

Anhang 7b

15 Ergänzend gelten die **Allgemeinen Geschäftsbedingungen** der Bank (AGB). Die AGB können in den Geschäftsräumen der Bank eingesehen werden; auf Verlangen werden sie ausgehändigt.

Ort, Datum	Ort, Datum
Sicherungsgeber	Bank

Falls im Hinblick auf den Güterstand der Ehegatten eine Mitwirkung des anderen Ehegatten erforderlich ist, erteilt dieser hiermit seine **Zustimmung**.

Ort, Datum

Die Unterschrift(en) unter diesem Vertrag
☐ wurde(n) vor mir von dem/den Sicherungsgeber(n) geleistet.   ☐ wurde(n) von mir geprüft.

Der/Die Sicherungsgeber   hat/haben sich ausgewiesen durch (Urkunde)
☐ ist/sind mir persönlich bekannt und bereits legitimiert.   ☐

Nr.	ausstellende Behörde	Ausstellungsdatum

Ort, Datum	Mitarbeiter der Bank

Hiermit verzichte ich auf das mir an den auf der Rückseite dieser Urkunde bezeichneten Gegenständen jetzt und in Zukunft zustehende Vermieter- oder Verpächterpfandrecht.

Ort, Datum	Vermieter/Verpächter

Anhang 7b

Verzeichnis der übereigneten Gegenstände		
Genaue Bezeichnung der Gegenstände z. B. bei Maschinen: Fabrikat, Fabrik-Nr. und Motor-Nr.; bei Kraftfahrzeugen: Fabrikat, Typ, Fahrgestell-Nr. und polizeiliches Kennzeichen; bei Tieren: Ohrmarken-Nr. o. ä.	Genauer Aufbewahrungsort, ggf. Lageskizze beifügen	Zeitwert DM

Paragraphenregister

(Die Ziffern hinter den einzelnen Vorschriften verweisen auf die Paragraphen des Werkes und die jeweiligen Randnummern)

Bürgerliches Gesetzbuch
§ 12: § 12, 3; § 28, 16
§ 22: § 29, 93
§§ 90 ff.: § 2, 12; § 3, 2; § 24, 4
§ 90 a: § 3, 4; § 53, 47
§ 91: § 3, 18
§ 92: § 3, 18; § 54, 5
§§ 93 ff.: § 3, 5, 8 ff.; § 53, 4
§ 93: § 3, 5, 8 ff.; § 22, 23; § 25, 11; § 29, 5; § 39, 1; § 53, 8 f.
§ 94: § 3, 5, 9, 29; § 15, 15; § 22, 23; § 25, 11; § 29, 1 f.; § 36, 65; § 39, 1, 24; § 53, 9
§ 95: § 3, 9, 15; § 25, 13; § 34, 8 (Fn.); § 39, 24; § 53, 4, 23, 33, 47
§ 96: § 33, 32
§§ 97 ff.: § 34, 8 (Fn.)
§ 97: § 3, 16; § 48, 13
§ 98: § 3, 16; § 48, 13
§ 99: § 3, 20, 22; § 32, 11; § 53, 47, 50
§ 100: § 3, 20 f.; § 11, 13; § 32, 11
§ 101: § 3, 20, 22; § 53, 46
§ 104: § 16, 36; § 19, 32; § 38, 33
§ 105: § 38, 33
§ 107: § 5, 7, 12, 52; § 32, 4; § 51, 24
§ 108: § 5, 7, 52
§§ 116 ff.: § 21, 7 (Fn.)
§ 117: § 5, 56; § 20, 16; § 21, 7 (Fn.)
§§ 119 ff.: § 18, 2; § 53, 70; § 57, 33 (Fn.)
§ 119: § 5, 8, 49, 51; § 7, 23; § 16, 60; § 21, 19; § 52, 34
§ 123: § 5, 8, 51; § 7, 28; § 52, 43; § 62, 20
§ 125: § 15, 32; § 20, 16; § 21, 7 (Fn.); § 22, 4

§ 126: § 5, 7; § 16, 8
§ 127 a: § 21, 4, 11; § 22, 2
§ 130: § 5, 38; § 16, 27; § 19, 32, 34; § 51, 11; § 53, 58
§ 131: § 57, 33
§ 133: § 5, 22
§ 134: § 5, 7, 51; § 7, 46; § 16, 55, 60; § 23, 15; § 53, 69
§ 135: § 3, 33; § 5, 6, 9, 47; § 15, 31; § 20, 67 f.; § 39, 8, 30, 42, 50 (Fn.); § 46, 31; § 52, 30 f.; § 55, 48; § 62, 42 f.
§ 136: § 3, 33; § 5, 6, 9, 47; § 15, 31; § 20, 67 f.; § 39, 8, 30, 42, 50 (Fn.); § 46, 31; § 52, 30 f.; § 55, 48; § 62, 42 f.
§ 137: § 4, 21; § 15, 39; § 20, 22 (Fn.), 24, 68; § 29, 10; § 32, 14; § 38, 123; § 40, 14; § 55, 31; § 59, 34 (Fn.)
§ 138: § 5, 11, 19, 46, 51; § 7, 46; § 16, 55, 60, 63; § 18, 33; § 20, 2, 22 (Fn.); § 23, 15; § 29, 31 (Fn.), 97; § 33, 18; § 37, 50 f.; § 38, 38; § 56, 6; § 57, 4 f., 17, 19, 22, 25, 29 e, 30, 35 ff.; § 58, 9; § 59, 7, 51
§ 139: § 5, 11, 55 ff.; § 17, 26; § 19, 31; § 21, 6; § 33, 18; § 43, 9 (Fn.); § 45, 19, 21, 39; § 51, 41
§ 140: § 37, 39, 51; § 52, 19
§ 142: § 5, 8, 49; § 23, 30 (Fn.); § 38, 57; § 52, 25, 34; § 62, 20
§ 145: § 5, 11
§ 152: § 22, 4
§ 153: § 5, 38
§ 156: § 55, 26
§ 157: § 5, 22; § 57, 26
§§ 158 ff.: § 5, 11

§ 158: § 5, 54; § 20, 22; § 57, 45
§§ 160 ff.: § 59, 3, 32, 42
§ 161: § 15, 38 (Fn.); § 23, 43; § 46, 21, 25; § 52, 55; § 57, 2, 4 (Fn.), 10, 40, 44 (Fn.); § 58, 2; § 59, 3, 15 (Fn.), 26, 46
§ 163: § 20, 22
§§ 164 ff.: § 8, 5; § 38, 14; § 42, 34; § 51, 41; § 53, 17
§ 164: § 16, 10; § 32, 14; § 51, 43
§ 166: § 5, 14 f., 17 f.; § 8, 8; § 23, 35; § 52, 32
§ 167: § 32, 14
§ 168: § 21, 4
§ 177: § 16, 57; § 22, 5; § 51, 41
§ 180: § 40, 40
§ 181: § 5, 12; § 7, 38 f., 51 (Fn.); § 8, 6; § 19, 46; § 21, 4; § 22, 5, 16; § 32, 4; § 38, 38; § 40, 26; § 51, 30, 42
§ 182: § 21, 5
§ 184: § 22, 5
§ 185: § 5, 6, 10; § 11, 44; § 16, 31; § 18, 45; § 19, 17, 20, 40; § 20, 51 (Fn.), 66; § 21, 7 (Fn.); § 22, 5; § 32, 14; § 36, 119, 122; § 40, 41 (Fn.); § 51, 31, 42; § 52, 19, 26, 31, 39 (Fn.); § 53, 62; § 55, 29, 40; § 57, 7, 11; § 58, 4, 8, 23; § 59, 6, 13, 34
§ 195: § 11, 47; § 21, 21
§§ 202 ff.: § 53, 89
§ 202: § 45, 11
§ 222: § 45, 37
§ 223: § 38, 65; § 45, 37; § 56, 4; § 57, 15; § 59, 14
§ 226: § 23, 30; § 25, 2
§ 227: § 9, 7, 11, 25; § 25, 5 f.

857

Paragraphenregister Zahlen = Paragraphen und zugehörige Randnummern

§ 228: § 12, 9; § 25, 5
§ 229: § 9, 7, 12, 25; § 11, 42
§§ 232 ff.: § 57, 29b
§ 233: § 62, 7
§ 237: § 57, 28, 29b ff.
§ 241: § 1, 10; § 5, 25
§ 242: § 5, 19, 22, 26; § 11, 55; § 16, 55; § 21, 22; § 29, 31 (Fn.); § 33, 3; § 45, 83; § 59, 15 (Fn.)
§ 247 a. F.: § 36, 49 (Fn.)
§§ 249 ff.: § 12, 21; § 53, 25
§ 249: § 5, 17, 46; § 11, 3, 11, 14; § 12, 4, 20 f.; § 13, 3, 5 f.; § 20, 2; § 53, 5, 33
§ 251: § 12, 21; § 53, 5, 20
§ 254: § 12, 21; § 13, 29
§ 256: § 12, 6
§ 258: § 53, 34, 36 (Fn.)
§ 262: § 45, 28
§ 266: § 40, 17 (Fn.)
§ 267: § 6, 7; § 38, 105; § 59, 13, 30, 41
§ 268: § 6, 7 f.; § 20, 46; § 38, 105 ff., 114, § 41, 1; § 44, 26; § 55, 23, 29
§ 269: § 11, 45
§ 271: § 40, 3, 8; § 45, 81; § 55, 23
§ 273: § 45, 68, 71, 76; § 51, 38; § 55, 35
§ 275: § 12, 17, 21
§ 276: § 55, 22
§ 278: § 5, 15 ff.; § 33, 27
§ 280: § 12, 21; § 45, 91; § 55, 20
§ 281: § 11, 36 (Fn.), 44; § 17, 27; § 20, 2; § 36, 121; § 39, 65; § 45, 78
§ 283: § 11, 42, 45; § 55, 20
§ 284: § 11, 45
§ 286: § 32, 4
§ 287: § 11, 10, 13, 45; § 12, 21
§ 300: § 11, 45
§ 313: § 2, 15; § 3, 15; § 5, 31 (Fn.); § 15, 32; § 19, 5; § 20, 16, 63; § 21, 2 ff., 6 ff., 20, 25, 27 (Fn.), 29, 37, 39; § 22, 1, 15; § 29, 10, 19, 23, 36, 39; § 48, 11; § 62, 26
§ 314: § 3, 17; § 22, 22 f.; § 28, 7; § 49, 3

§ 315: § 37, 28 (Fn.)
§ 320 ff.: § 45, 26
§ 320: § 5, 35; § 45, 26; § 59, 1, 10
§ 323: § 21, 14; § 36, 121; § 45, 78
§ 325: § 11, 30; § 20, 1 f., 37; § 36, 121; § 45, 78; § 55, 14, 20; § 59, 42
§ 326: § 5, 49; § 11, 30; § 20, 37; § 45, 26; § 55, 14; § 59, 18
§ 327: § 5, 49
§§ 328 ff.: § 5, 28
§ 328: § 5, 28; § 20, 19; § 26, 2; § 53, 42
§ 329: § 21, 18
§ 331: § 5, 28
§ 333: § 5, 28
§ 335: § 20, 20; § 53, 42
§§ 346 ff.: § 59, 19, 24
§ 346: § 5, 49; § 7, 43; § 45, 26
§ 347: § 59, 19, 24, 27
§ 356: § 59, 24
§ 362: § 11, 45; § 19, 20; § 20, 51 (Fn.); § 41, 1; § 45, 43
§ 364: § 62, 32
§ 365: § 58, 12
§ 366: § 45, 44
§ 371: § 53, 44
§ 383: § 52, 49; § 55, 26
§§ 398 ff.: § 4, 21; § 11, 44; § 28, 8, 10; § 35, 15; § 38, 88; § 42, 27; § 45, 56, 90; § 51, 2, 38; § 53, 39; § 62, 40
§ 398: § 4, 11, 19; § 5, 1, 3, 54; § 7, 54; § 28, 10; § 36, 79, 84; § 38, 1, 6 f., 86; § 53, 41; § 58, 17; § 59, 34; § 62, 21, 26
§ 399: § 4, 21; § 38, 121, 123; § 45, 59, 98; § 52, 26; § 58, 11, 16, 24; § 59, 28, 47 (Fn.); § 60, 7
§ 400: § 58, 16; § 60, 6
§ 401: § 6, 8; § 20, 23, 51 f., 65; § 36, 74, 100; § 38, 86, 102, 126 (Fn.); § 43, 34 f.; § 45, 54, 69, 85, 96 f.; § 46, 51; § 55, 23, 31; § 57, 10; § 58, 2
§ 402: § 28, 10

§ 404: § 1, 10; § 36, 79; § 38, 7, 9, 68 ff.; § 44, 20; § 45, 56, 68, 71; § 51, 38, 40; § 58, 21, 23; § 62, 20
§§ 406 ff.: § 38, 50, 59, 112; § 44, 22
§ 406: § 38, 58, 78, 87
§§ 407 ff.: § 58, 4
§ 407: § 11, 44; § 38, 48, 57 ff., 87; § 42, 16; § 44, 22; § 51, 38; § 56, 3; § 58, 23; § 61, 11; § 62, 42 f.
§ 408: § 38, 58
§ 409: § 58, 23
§ 412: § 6, 8; § 20, 51; § 36, 74, 100; § 38, 102; § 43, 34 f.; § 55, 23; § 57, 10
§ 413: § 3, 2; § 4, 19, 21; § 5, 1; § 28, 8, 10; § 38, 1; § 51, 2; § 59, 34; § 62, 21, 40
§§ 414 ff.: § 36, 69
§ 414: § 35, 21
§ 415: § 21, 18; § 35, 21; § 36, 69; § 38, 98; § 40, 18
§ 416: § 21, 18; § 37, 14; § 38, 98; § 40, 18
§ 418: § 20, 53 (Fn.); § 38, 94; § 44, 27; § 46, 3
§ 419: § 20, 43; § 22, 19, 23; § 23, 21; § 28, 13 (Fn.), 15; § 56, 6; § 57, 30, 34; § 61, 22
§ 426: § 12, 31; § 35, 21; § 38, 100, 102; § 43, 25, 34 f.; § 45, 2, 69, 82, 85, 89; § 55, 23
§ 428: § 3, 30; § 19, 20; § 33, 33; § 34, 1; § 53, 42
§ 432: § 3, 30; § 19, 20; § 59, 45, 47
§ 433: § 2, 3; § 3, 42; § 5, 34, 46; § 8, 8; § 20, 29, 36; § 21, 16; § 57, 14; § 59, 1
§ 434: § 21, 16; § 36, 121; § 45, 78
§ 435: § 18, 46; § 21, 17
§ 436: § 21, 19
§ 437: § 58, 13
§ 439: § 21, 18, 33; § 36, 121; § 45, 78
§ 440: § 2, 3; § 5, 46; § 11, 55; § 20, 1 f.; § 36, 121; § 45, 78

Zahlen = Paragraphen und zugehörige Randnummern **Paragraphenregister**

§ 446: § 19, 20; § 21, 14 f.; § 51, 33; § 59, 16, 45
§ 447: § 51, 33; § 59, 16
§ 455: § 3, 13, 44 f.; § 6, 43; § 22, 6; § 51, 9, 34; § 52, 19 (Fn.); § 56, 4; § 57, 10 f.; § 59, 1 ff., 5 f., 9, 18, 22, 26
§ 455 (Fassung 1999): § 59, 6 (Fn.)
§§ 459 ff.: § 15, 40
§ 459: § 21, 19
§ 461: § 55, 26
§ 463: § 21, 20
§ 468: § 21, 21
§ 477: § 21, 21
§§ 504 ff.: § 21, 24
§ 504: § 3, 42, § 21, 24
§ 505: § 21, 29
§ 506: § 21, 33
§ 510: § 21, 29
§ 514: § 21, 28
§ 518: § 21, 3; § 37, 49
§ 528: § 5, 48
§ 530: § 5, 48
§ 536: § 32, 26
§ 541: § 11, 52; § 23, 23; § 29, 73
§ 542: § 29, 65
§ 547: § 3, 13; § 53, 34
§ 547a: § 53, 34
§ 549a: § 29, 69, 73 (Fn.)
§ 550: § 9, 25
§ 553: § 29, 65, 71
§ 554: § 29, 65, 71; § 40, 4 (Fn.)
§ 554a: § 29, 71
§ 554b: § 29, 71
§ 556: § 6, 43; § 9, 18, 33; § 11, 23
§§ 556a ff.: § 29, 70
§ 556a: § 29, 70, 78
§ 557: § 48, 3
§ 557a: § 39, 56
§ 559: § 55, 2, 5, 36, 38
§ 560: § 52, 52; § 55, 5, 44
§ 561: § 55, 42, 44
§ 564: § 29, 65
§ 564b: § 29, 6, 68, 70, 78, 83
§ 565: § 29, 65, 68
§ 566: § 29, 68 (Fn.)
§ 569a: § 29, 80
§ 569b: § 29, 80
§ 570b: § 21, 35; § 29, 6, 69

§§ 571 ff.: § 32, 28
§ 571: § 2, 5; § 3, 47; § 6, 4; § 20, 41; § 29, 56, 73 ff.; § 53, 47, 62
§ 574: § 39, 54
§ 577: § 53, 47
§ 581: § 3, 13, 22; § 9, 25; § 32, 26; § 53, 34, 54, 62, 64
§ 581 a. F.: § 27, 36
§§ 582 ff. a. F.: § 27, 36
§ 582a: § 54, 6
§§ 585 ff.: § 27, 8, 37, 39, 42
§ 585: § 27, 37
§ 586: § 27, 37
§ 591: § 53, 46
§ 592: § 53, 65
§ 593: § 3, 20; § 27, 39
§ 594: § 53, 46
§ 595: § 27, 39
§§ 596 ff.: § 32, 27
§ 601: § 53, 34
§ 607: § 36, 25 f., 79, 84; § 40, 44, 55, 59, 64; § 58, 13
§ 608: § 36, 56
§ 609: § 40, 8
§ 609a: § 36, 14, 49 f.; § 40, 3, 5, 8
§ 613a: § 28, 12
§ 633: § 21, 22
§ 638: § 21, 22
§ 647: § 51, 38; § 52, 52; § 53, 21; § 55, 36
§ 648: § 42, 7; § 53, 6
§ 648a: § 53, 6
§ 651: § 53, 15, 21
§§ 665 ff.: § 58, 12
§ 667: § 11, 50; § 53, 25, 80
§ 670: § 25, 8; § 32, 26; § 53, 33; § 55, 8 f.; § 59, 41 (Fn.)
§ 675: § 7, 39; § 55, 8
§§ 677 ff.: § 11, 24 (Fn.); § 53, 33, 77
§ 677: § 6, 39
§ 681: § 53, 25, 80
§ 683: § 11, 19; § 25, 8; § 32, 26; § 59, 41 (Fn.)
§ 684: § 11, 19; § 32, 26; § 53, 25
§ 687: § 11, 50; § 13, 10; § 18, 42; § 23, 28, 42; § 53, 25

§ 691: § 57, 41
§ 704: § 55, 36, 38
§ 717: § 61, 5
§ 718: § 3, 27
§ 719: § 58, 10
§ 719: § 60, 7; § 61, 5
§ 725: § 60, 7
§ 738: § 18, 31, 39; § 19, 3
§§ 741 ff.: § 3, 28; § 5, 16; § 8, 85; § 29, 55, 87 f.; § 45, 29; § 53, 10
§ 741: § 7, 87
§ 742: § 3, 28; § 53, 10
§§ 743 ff.: § 3, 28
§ 743: § 29, 10
§§ 744 ff.: § 29, 13
§ 744: § 3, 28; § 57, 10
§ 745: § 7, 85; § 29, 55, 87
§ 746: § 3, 47; § 29, 55, 87; § 50, 11
§ 747: § 3, 28; § 45, 29
§ 748: § 3, 28
§ 749: § 3, 28; § 29, 18, 24, 87; § 53, 10 f.
§ 750: § 3, 28
§ 751: § 3, 28; § 29, 87; § 50, 11
§§ 752 ff.: § 29, 24
§ 752: § 3, 28; § 53, 11
§ 753: § 3, 28; § 53, 10
§ 762: § 55, 12
§ 765: § 36, 74; § 62, 6
§ 767: § 36, 74; § 40, 45
§ 768: § 20, 37; § 38, 65; § 55, 15
§ 769: § 40, 45
§ 770: § 38, 66, 78; § 42, 13 (Fn.)
§ 774: § 37, 14; § 38, 100, 102; § 43, 34; § 45, 69, 85; § 53, 43; § 55, 23; § 59, 13
§ 776: § 45, 85; § 55, 23 (Fn.)
§ 780: § 5, 23; § 36, 76; § 40, 38, 44; § 45, 15; § 46, 17
§ 781: § 5, 23; § 36, 76; § 40, 38, 44; § 45, 15
§§ 793 ff.: § 36, 30; § 47, 2; § 52, 48
§ 793: § 42, 29, 33
§ 807: § 52, 48
§ 808: § 52, 48; § 53, 39; § 55, 8; § 62, 37
§§ 812 ff.: § 5, 8

Paragraphenregister Zahlen = Paragraphen und zugehörige Randnummern

§ 812: § 5, 44; § 5, 48f., 52; § 6, 2; § 7, 46, 85; § 9, 1, 38f.; § 11, 37f.; § 13, 10; § 15, 32; § 20, 2, 42; § 21, 13; § 23, 22; § 25, 3; § 32, 16; § 36, 78; § 37, 50f.; § 39, 65; § 45, 21, 24, 52; § 51, 23, 29, 41; § 53, 24f., 29f., 91; § 55, 51; § 58, 4
§ 814: § 20, 2; § 21, 13
§ 815: § 21, 13
§ 816: § 4, 16; § 5, 8, 48; § 11, 12, 36f., 42, 50; § 13, 10f.; § 18, 42; § 23, 28, 42; § 32, 16; § 51, 38; § 52, 6, 33, 48; § 53, 25, 29, 32, 91; § 54, 3; § 55, 29; § 57, 14; § 58, 4; § 59, 52
§ 817: § 5, 29, 53 (Fn.); § 7, 46; § 20, 2; § 37, 50f.
§ 818: § 5, 8, 52; § 11, 12, 37f., 50; § 21, 13; § 37, 4; § 53, 25, 32f.
§ 819: § 5, 15
§ 821: § 45, 24
§ 822: § 5, 48; § 11, 12; § 36, 78; § 45, 66
§§ 823 ff.: § 23, 28; § 53, 24
§ 823: § 3, 24, 44; § 4, 4ff., 16; § 5, 8, 17; § 6, 2; § 7, 75, 85f.; § 9, 1, 14f., 24 (Fn.), 31ff., 36; § 11, 3, 11, 14, 27, 32f., 35, 42, 50; § 12, 4, 7f.; § 12, 20; § 13, 2ff.; § 18, 42; § 19, 20; § 20, 42; § 23, 42; § 25, 3, 25; § 26, 2; § 27, 57; § 28, 16f.; § 29, 10, 63, 81; § 32, 16, 24; § 33, 42; § 39, 65; § 40, 9; § 52, 26f.; § 53, 5, 20, 25, 73; § 55, 9, 21; § 56, 10; § 57, 14; § 59, 3, 29, 45
§ 824: § 28, 16
§ 826: § 5, 46; § 20, 2; § 23, 30, 35; § 28, 16; § 38, 78; § 56, 6; § 57, 5, 17, 30, 35ff.
§ 828: § 11, 7
§ 829: § 11, 7
§ 830: § 25, 35
§ 831: § 5, 15ff.; § 8, 8; § 25, 41

§ 833: § 13, 9
§ 836: § 7, 62, 88, 92; § 12, 17; § 26, 2 (Fn.)
§ 839: § 13, 19; § 15, 12f.; § 16, 9, 53
§ 840: § 12, 19
§ 847: § 9, 14; § 60, 6
§ 848: § 11, 11
§ 850: § 11, 20
§ 851: § 9, 35; § 10, 9
§ 852: § 11, 47
§ 853: § 11, 32
§ 854: § 3, 24
§§ 854 ff.: § 7, 1
§ 854: § 7, 5 (Fn.), 13ff., 26, 72; § 8, 2, 5f.; § 51, 10, 18, 41, 44; § 52, 43; § 53, 63; § 55, 17
§ 855: § 3, 24; § 5, 12; § 7, 1, 11, 35, 61ff.; § 8, 7f.; § 51, 10, 14; § 52, 39; § 53, 20
§ 856: § 7, 5 (Fn.), 25ff.
§ 857: § 7, 11; § 8, 1ff.; § 52, 40; § 53, 89
§§ 858 ff.: § 6, 2; § 32, 16; § 33, 43; § 59, 3, 46
§ 858: § 7, 50, 85; § 8, 3; § 9, 3, 7f., 14, 28, 36; § 29, 63
§§ 859 ff.: § 2, 5; § 7, 84, 94; § 29, 62
§ 859: § 7, 7, 73, 83; § 9, 1f., 4, 7, 10ff., 23ff., 28; § 11, 42; § 12, 33
§ 860: § 7, 2, 73; § 9, 1, 10
§§ 861 ff.: § 3, 24; § 9, 1
§ 861: § 8, 3; § 9, 2, 4, 16ff., 28, 36; § 29, 62, 81; § 56, 10
§ 862: § 7, 85; § 9, 1f., 4, 14, 16f., 20ff., 25, 32, 36f., 39; § 25, 17, 43; § 29, 18, 62f., 81; § 56, 10
§ 863: § 2, 9; § 9, 17f.
§ 864: § 9, 18f.; § 29, 62
§ 865: § 7, 8, 76
§ 866: § 7, 1, 77ff., 83f.; § 9, 26, 36
§ 868: § 3, 24; § 7, 1, 30ff.; § 8, 2, 5; § 51, 21f., 24f., 34; § 53, 17, 22; § 57, 9
§ 869: § 7, 50; § 9, 1, 23ff.; § 59, 35

§ 870: § 7, 54; § 8, 5; § 51, 36, 38f.; § 52, 24; § 55, 17
§ 871: § 6, 41
§ 872: § 6, 9; § 7, 1, 34, 88f.; § 53, 72, 88
§§ 873 ff.: § 3, 16; § 32, 3; § 37, 24; § 53, 39
§ 873: § 3, 42; § 4, 10, 19; § 5, 1, 10f., 33, 35f., 38; § 10, 11f.; § 14, 8, 11; § 15, 15, 32; § 16, 3, 13, 17, 20, 23; § 17, 17; § 19, 3ff., 13, 16, 24, 32, 34f., 42ff., 46; § 20, 28, 35, 69; § 21, 27; § 22, 11; § 23, 45; § 27, 57; § 29, 10, 23, 36, 39; § 31, 7; § 32, 21; § 33, 32; § 35, 15; § 36, 86, 89, 119; § 37, 22, 38; § 42, 10; § 44, 8; § 51, 11, § 53, 56; § 60, 8; § 62, 25f.; § 63, 50
§ 874: § 16, 38; § 18, 3; § 19, 23, 27, 42; § 23, 31; § 29, 37; § 37, 25f.
§ 875: § 5, 1, 4, 12; § 10, 11; § 16, 24, 29, 35, 52; § 17, 37; § 19, 6, 43, 45f., 48; § 20, 55f.; § 23, 19; § 29, 43, 52, 59; § 33, 39; § 35, 16; § 36, 111, 113; § 37, 52; § 38, 92; § 39, 21; § 40, 22; § 41, 2f.; § 44, 28; § 45, 25, 28; § 63, 56
§ 876: § 16, 24, 35; § 19, 6, 42, 49; § 20, 55; § 33, 39; § 44, 28
§ 877: § 4, 22; § 16, 38; § 17, 37; § 19, 6, 42; § 44, 9
§ 878: § 5, 31; § 16, 13 (Fn.), 17; § 19, 35ff., 48; § 20, 32, 69; § 22, 29; § 23, 33, 37, 45f.; § 44, 8; § 46, 17; § 53, 60; § 59, 32
§ 879: § 5, 30; § 15, 4; § 16, 15; § 17, 12f., 15ff., 21, 24, 29; § 19, 42
§ 880: § 17, 12, 27, 36, 38ff., 42f.
§ 881: § 17, 12, 31, 33f., 36
§§ 883 ff.: § 3, 42; § 20, 3; § 46, 34

Zahlen = Paragraphen und zugehörige Randnummern **Paragraphenregister**

§ 883: § 3, 42; § 15, 34; § 17, 29; § 20, 9, 14, 16, 22, 24, 29, 34, 38ff., 46, 48; § 21, 17; § 39, 65; § 46, 39, 49
§ 884: § 20, 9, 47
§ 885: § 16, 37f.; § 19, 36; § 20, 27f., 31
§ 886: § 20, 55
§ 887: § 20, 58
§ 888: § 3, 42; § 5, 27; § 19, 14; § 20, 16, 34ff., 39, 56, 66ff.; § 21, 17, 29; § 46, 47
§ 889: § 3, 43; § 17, 9; § 29, 43; § 36, 112; § 38, 96; § 41, 1; § 46, 2
§ 890: § 15, 22f.
§§ 891ff.: § 38, 23, 32
§ 891: § 2, 9; § 4, 12, 14; § 10, 11ff.; § 14, 11; § 16, 5, 32f., 39, 60; § 18, 8, 22, 32, 37; § 23, 1ff.; § 36, 82, 122; § 37, 37; § 38, 8, 40f., 52; § 40, 7, 29; § 42, 12; § 44, 16
§ 892: § 1, 12; § 4, 16; § 11, 36; § 12, 3; § 14, 11f.; § 15, 7f., 28ff., 54; § 16, 17, 56; § 17, 18, 21; § 18, 8, 11, 21, 42; § 19, 25, 41; § 20, 52, 62, 65, 68; § 21, 6 (Fn.); § 23, 1ff.; § 29, 76, 81; § 31, 4; § 33, 32; § 36, 10, 82, 84, 88; § 38, 7, 24ff., 31, 35, 40f., 71, 75ff., 88, 114, 117; § 42, 11, 13; § 43, 16; § 44, 20f.; § 52, 4, 25; § 53, 4, 51, 85; § 55, 32; § 61, 10; § 62, 29
§ 893: § 1, 12; § 4, 16; § 13, 6; § 15, 54; § 18, 8; § 19, 25; § 20, 29, 31, 62; § 23, 1ff.; § 29, 81; § 31, 4; § 36, 10, 88; § 38, 7, 29, 31, 35, 40f., 57f., 62, 109f., 113f., 116f.; § 42, 16f.; § 45, 46 (Fn.); § 53, 85
§§ 894ff.: § 14, 12; § 38, 29; § 42, 15
§ 894: § 5, 26f., 32, 52; § 6, 8; § 12, 28; § 15, 7f., 13; § 16, 29, 54; § 17, 17, 20f., 26, 39; § 18, 6, 10, 26, 29ff.; § 20, 5 (Fn.), 54, 69; § 21, 13; § 22, 19; § 23, 43; § 33, 18, 41; § 36, 103; § 38, 12; § 40, 22; § 62, 29; § 63, 37, 42
§ 895: § 18, 44
§ 896: § 18, 44
§ 897: § 18, 41
§ 898: § 18, 45
§ 899: § 6, 9; § 14, 12; § 16, 37; § 18, 14f.; § 38, 29f.; § 45, 36; § 62, 29
§ 900: § 6, 9; § 7, 88, 90, 92; § 18, 8, 24, 32; § 53, 87
§ 901: § 18, 8
§ 902: § 18, 24; § 33, 39; § 53, 87
§ 903: § 1, 2f.; § 2, 7; § 12, 2; § 24, 3, 5ff.; § 25, 17, 19, 26, 30, 36, 43; § 27, 63; § 29, 10; § 33, 10f.; § 50, 1; § 57, 38
§§ 904ff.: § 24, 6; § 29, 62
§ 904: § 9, 7; § 12, 9; § 25, 1, 3ff.
§§ 905ff.: § 1, 4
§ 905: § 2, 7; § 25, 1, 3; § 26, 18; § 30, 1
§§ 906ff.: § 25, 17
§ 906: § 9, 21, 32; § 12, 9; § 13, 5; § 25, 1, 18ff., 22, 24, 25ff., 33f., 36ff., 43; § 26, 16f.; § 27, 57; § 29, 63; § 33, 11
§ 907: § 12, 16; § 25, 20, 40
§ 908: § 12, 16f.; § 25, 20, 40
§ 909: § 5, 16; § 19, 20; § 25, 20, 41
§ 910: § 25, 20, 39
§ 911: § 25, 20, 39
§ 912: § 5, 17; § 25, 1, 11, 14
§ 913: § 25, 11, 13
§ 914: § 17, 29; § 25, 11, 13f.
§ 915: § 25, 13
§ 916: § 25, 12
§ 917: § 12, 33; § 17, 29; § 25, 1, 15; § 33, 4
§ 918: § 25, 15; § 33, 4
§§ 919ff.: § 25, 39
§ 922: § 5, 16
§ 925: § 3, 17, 42; § 4, 10, 19; § 5, 11, 28, 31 (Fn.), 53; § 10, 12; § 15, 32; § 19, 4ff., 11f., 16, 34; § 20, 35; § 22, 1ff., 10, 14f.; § 27, 57; § 28, 8; § 29, 10, 19, 23, 36; § 31, 7; § 36, 21; § 40, 25; § 59, 1, 9; § 62, 26; § 63, 50
§ 925a: § 16, 36
§ 926: § 3, 17; § 22, 22f.; § 28, 9; § 39, 43; § 49, 3
§ 927: § 18, 8, 24; § 53, 87
§ 928: § 5, 4; § 19, 44; § 53, 75
§§ 929ff.: § 3, 15, 17, 46; § 31, 5, 8; § 32, 3; § 36, 92; § 47, 2; § 51, 6, 31; § 52, 31; § 53, 4, 38, 41, 82; § 55, 26; § 57, 8; § 59, 34; § 60, 8
§ 929: § 3, 17; § 4, 10, 19; § 5, 1, 12, 21, 36, 46, 54; § 7, 32, 39, 87; § 10, 6; § 22, 6; § 28, 8, 10; § 31, 7; § 37, 32; § 38, 32, 38; § 51, 1, 3ff., 12ff., 20f., 25, 33f., 39ff., 44; § 52, 3, 13, 16ff., 34; § 53, 4, 56, 63, 70, 90f.; § 55, 16, 29; § 56, 12; § 57, 14; § 59, 2
§ 929a: § 31, 7
§ 930: § 3, 34; § 5, 54; § 7, 31f., 39, 51, 60; § 10, 12; § 11, 40; § 37, 32; § 39, 11, 36, 42; § 49, 5; § 51, 3ff., 10, 21ff., 24f., 32ff., 39, 41f., 44; § 52, 3, 17, 19ff., 52; § 53, 21; § 55, 16, 41; § 57, 1, 8, 13 (Fn.), 14f., 44; § 59, 13, 26, 34f.; § 60, 10
§ 931: § 7, 54; § 11, 40, 44; § 37, 32; § 46, 22; § 50, 3ff.; § 51, 10, 13f., 20f., 35f., 38ff., 44; § 52, 20f., 33f., 53; § 54, 3; § 55, 16; § 57, 10f., 14, 44; § 59, 26, 46
§§ 932ff.: § 1, 12; § 22, 23; § 31, 9 (Fn.); § 52, 8, 11, 16f., 31, 33, 35, 47, 52; § 53, 29f., 51, 85; § 54, 3; § 55, 27, 40

861

Paragraphenregister

Zahlen = Paragraphen und zugehörige Randnummern

§ 932: § 1, 12; § 2, 9; § 4, 16; § 5, 8f., 13f.; § 7, 23, 57; § 8, 8; § 10, 6; § 11, 6, 36, 46, 50; § 13, 6; § 22, 23; § 23, 30; § 38, 32, 38; § 42, 33; § 52, 3f., 13, 16, 19, 25, 27, 29, 34, 38, 44, 52; § 53, 51, 66, 73 (Fn.), 88, 91; § 55, 18, 29, 32, 48; § 56, 3; § 57, 14; § 59, 13, 28, 38, 40

§ 933: § 36, 11; § 52, 3, 17ff., 52; § 55, 18; § 56, 4 (Fn.)

§ 934: § 7, 46, 59; § 52, 3, 20f., 23f., 33, 55; § 54, 3; § 55, 18; § 56, 4 (Fn.); § 59, 46

§ 935: § 6, 9; § 7, 14, 23, 27f., 50, 71f.; § 8, 2f.; § 9, 12, 28, 30; § 10, 6; § 11, 36; § 42, 33; § 51, 20 (Fn.), 29; § 52, 7, 29, 33, 35f., 38ff., 47, 49, 52; § 53, 29, 53, 66, 70, 85; § 55, 18f., 27

§ 936: § 39, 30; § 50, 11; § 51, 38; § 52, 6, 45 (Fn.), 51ff., 55; § 53, 53 (Fn.); § 55, 48; § 59, 46; § 61, 10; § 62, 22

§§ 937ff.: § 6, 9; § 53, 2, 90f.; § 54, 3

§ 937: § 6, 9; § 7, 88, 92; § 11, 47; § 53, 85, 88ff., 91 (Fn.)

§ 938: § 53, 89
§ 939: § 53, 89
§ 940: § 53, 55 (Fn.), 89
§ 941: § 53, 89
§ 942: § 53, 89
§ 943: § 53, 89
§ 944: § 53, 89
§ 945: § 53, 90

§§ 946ff.: § 3, 13; § 11, 30; § 53, 23f., 36 (Fn.), 91

§ 946: § 3, 10, 13, 29; § 25, 11; § 53, 1, 3ff., 23, 37

§ 947: § 3, 28; § 31, 5; § 50, 10; § 53, 1, 3, 8f., 11f., 19, 22f., 37; § 55, 29

§ 948: § 3, 28; § 50, 10; § 53, 1, 3, 11f., 23, 37; § 55, 29

§ 949: § 53, 4ff., 8

§ 950: § 7, 69; § 31, 5; § 53, 1, 9, 13ff., 19ff., 25, 29; § 56, 7; § 57, 7; § 59, 6, 14, 49

§ 951: § 3, 13; § 11, 37, 55; § 13, 10; § 53, 5 (Fn.), 20, 23ff., 32ff., 91

§ 952: § 37, 35; § 46, 22; § 52, 48; § 53, 37ff., 44

§§ 953ff.: § 3, 20; § 53, 1, 45ff.

§ 953: § 53, 45, 48, 50f., 54, 59

§ 954: § 3, 22, § 27, 61; § 32, 10, 16; § 39, 25; § 53, 45, 49, 54, 59

§ 955: § 4, 5; § 7, 88, 92; § 53, 45, 50ff., 54, 55 (Fn.), 59, 66, 88

§ 956: § 3, 11, 22; § 39, 25; § 53, 45, 54ff., 61, 63; § 55, 10 (Fn.)

§ 957: § 4, 5; § 53, 45, 66; § 55, 10 (Fn.)

§ 958: § 27, 66; § 53, 1, 67, 71, 73

§ 959: § 5, 4; § 53, 1, 67, 69f.

§ 960: § 27, 66; § 53, 68
§§ 961ff.: § 53, 74
§ 962: § 53, 74
§ 963: § 53, 74
§ 964: § 53, 74
§§ 965ff.: § 53, 80
§ 965: § 7, 72; § 53, 79f.
§ 966: § 53, 80
§ 967: § 53, 80
§ 968: § 53, 80
§ 969: § 53, 80
§ 970: § 53, 80
§ 971: § 53, 80
§ 972: § 53, 80
§§ 973ff.: § 53, 1
§ 973: § 7, 72; § 53, 81
§ 973 a. F.: § 53, 79
§ 974: § 53, 81f.
§ 975: § 53, 80
§ 976: § 53, 81f.
§ 977: § 53, 82, 91 (Fn.)
§§ 978ff.: § 53, 77
§ 978: § 53, 83
§§ 979ff.: § 52, 49
§ 984: § 25, 3; § 53, 84

§§ 985ff.: § 5, 26f., 29; § 10, 2f.; § 11, 23, 31, 33, 39ff.; § 12, 4; § 29, 29; § 55, 21; § 59, 3

§ 985: § 2, 3f., 10; § 3, 28; § 4, 4ff., 13; § 5, 8f., 27, 44, 52; § 6, 2; § 7, 44, 46, 61, 73, 93; § 8, 3; § 9, 3, 12, 16, 28; § 11, 1, 4, 24, 42, 45; § 12, 2, 5, 23; § 13, 1; § 18, 36; § 21, 13; § 27, 57; § 28, 17; § 29, 10, 62; § 32, 16; § 37, 35; § 46, 22; § 51, 23, 29, 35f.; § 52, 51; § 53, 28ff., 50, 59, 64, 80, 91; § 55, 21, 35; § 57, 43 (Fn.); § 59, 17; § 63, 37, 42

§ 986: § 3, 47; § 6, 4; § 9, 30; § 11, 4, 24, 26, 29, 39f.; § 12, 9, 11; § 29, 73; § 51, 38; § 53, 28ff., 62; § 54, 3; § 56, 10, 12; § 57, 4 (Fn.), 44; § 59, 3, 26, 44, 46f.

§§ 987ff.: § 9, 34; § 11, 24 (Fn.), 28ff., 34, 36f., 44, 50; § 13, 4; § 18, 39; § 53, 50

§ 987: § 3, 19; § 11, 7, 13, 50; § 13, 10; § 53, 46; § 59, 24

§ 988: § 7, 88; § 11, 12, 38, 51f.; § 21, 13; § 53, 46, 50

§§ 989ff.: § 11, 42

§ 989: § 5, 15; § 11, 7, 10, 27, 32, 35 (Fn.), 36f., 45f., 47 (Fn.), 50; § 12, 23; § 13, 10; § 23, 28, 42

§§ 990ff.: § 11, 24; § 21, 29

§ 990: § 5, 15; § 8, 8; § 11, 3, 6f., 10, 13, 27, 32, 35 (Fn.), 36f., 45ff.; § 12, 23; § 23, 28, 42; § 53, 46

§ 991: § 11, 32, 35, 49f., 52

§ 992: § 4, 5; § 5, 8, 15; § 11, 8, 11, 27, 32f., 46ff., 50; § 13, 4; § 53, 20

§ 993: § 11, 9, 12, 27, 32, 34, 36ff., 50; § 13, 10

§§ 994ff.: § 11, 55f.; § 20, 42; § 53, 35; § 55, 40; § 59, 19

§ 994: § 11, 18ff., 24, 29, 60; § 53, 35; § 63, 24

§ 995: § 11, 18, 55

§ 996: § 11, 18f.; § 53, 33, 35

Zahlen = Paragraphen und zugehörige Randnummern **Paragraphenregister**

§ 997: § 11, 18, 21, 55, 60; § 53, 35 f.
§ 999: § 11, 58
§§ 1000 ff.: § 11, 59
§ 1000: § 11, 22, 59 f.
§ 1001: § 11, 22, 60; § 51, 38; § 53, 33
§ 1003: § 11, 22, 60
§ 1004: § 2, 3 f., 7, 10; § 3, 28; § 4, 4 ff.; § 7, 85; § 9, 3, 16, 37; § 10, 2 f.; § 12, 1 ff.; § 13, 1, 5; § 18, 29, 36; § 20, 42; § 25, 3, 11, 13, 16 ff., 26, 30, 34, 36 ff., 43; § 27, 57, 63; § 28, 17 f.; § 29, 10, 18, 29, 62; § 33, 11; § 32, 16; § 33, 27; § 53, 33; § 55, 21; § 59, 3
§ 1006: § 2, 9; § 4, 12 ff.; § 7, 12, 71, 81 f., 87, 93; § 8, 3; § 9, 27; § 10, 5 ff., 11 ff.; § 52, 1; § 59, 12, 35
§ 1007: § 2, 5; § 6, 2; § 9, 1, 27 ff.; § 29, 62; § 56, 10; § 59, 46
§§ 1008 ff.: § 3, 28; § 29, 87 f.; § 53, 10
§ 1009: § 3, 28; § 53, 10
§ 1010: § 3, 28; § 29, 13, 87; § 50, 11
§ 1011: § 3, 28, 30; § 29, 16; § 53, 10
§§ 1018 ff.: § 3, 36 (Fn.), 38; § 33, 1, 3 ff.
§ 1018: § 4, 20; § 12, 9; § 32, 12; § 33, 1, 8 ff., 14, 29
§ 1019: § 33, 7 f., 12, 20; § 34, 2
§ 1020: § 33, 4, 8, 26 f., 30
§ 1021: § 33, 29 f.
§ 1022: § 33, 29
§ 1023: § 19, 43; § 33, 26
§ 1025: § 33, 28
§ 1026: § 33, 28
§ 1027: § 4, 6; § 6, 9 (Fn.); § 10, 2; § 12, 3; § 33, 42
§ 1028: § 33, 39
§ 1029: § 7, 9; § 33, 43
§§ 1030 ff.: § 3, 37; § 53, 49
§ 1030: § 3, 19, 22, 37; § 32, 1, 10 ff.; § 38, 119; § 53, 47; § 61, 3, 8
§ 1031: § 54, 2

§ 1032: § 4, 10; § 32, 3; § 54, 3; § 60, 8
§ 1036: § 6, 9 (Fn.); § 29, 51; § 32, 15, 22; § 54, 3
§§ 1037 ff.: § 5, 26
§ 1037: § 32, 22 (Fn.)
§ 1038: § 27, 61
§ 1039: § 3, 20, 22; § 27, 61; § 32, 10; § 53, 46
§ 1041: § 29, 51; § 32, 22, 25
§ 1045: § 32, 22
§ 1046: § 32, 22
§ 1047: § 29, 51; § 32, 23
§ 1048: § 32, 14; § 54, 2, 6; § 57, 14
§ 1049: § 32, 25; § 53, 34
§ 1050: § 29, 51; § 32, 24
§ 1051: § 32, 24
§ 1052: § 32, 24
§ 1053: § 32, 24
§ 1054: § 32, 24
§ 1055: § 32, 27
§ 1056: § 32, 28
§ 1059: § 3, 37; § 4, 20; § 32, 1; § 32, 17; § 33, 13; § 60, 4, 6 f.
§§ 1059 a ff.: § 4, 20; § 32, 19; § 32, 28; § 34, 1, 14
§ 1059 a: § 3, 37; § 32, 19
§ 1059 b: § 60, 4 (Fn.)
§ 1059 d: § 32, 28
§ 1059 e: § 32, 19
§ 1061: § 3, 37; § 29, 50; § 32, 1, 17; § 34, 12; § 60, 12
§ 1063: § 3, 43
§ 1064: § 19, 44
§ 1065: § 4, 6; § 10, 2, 5, 9, 15; § 11, 1; § 12, 3; § 32, 16; § 54, 3; § 59, 47
§ 1067: § 3, 18; § 54, 2, 5; § 61, 15
§§ 1068 ff.: § 2, 1; § 60, 2
§ 1068: § 32, 1, 10; § 38, 19, 119; § 53, 47; § 60, 12; § 61, 3, 8
§ 1069: § 32, 1, 3; § 38, 19, 118 f.; § 60, 6; § 61, 4, 7, 21 (Fn.); § 62, 15
§ 1070: § 61, 11; § 62, 20
§ 1071: § 38, 82; § 61, 10; § 62, 20
§ 1072: § 19, 44
§§ 1074 ff.: § 61, 12

§ 1074: § 32, 14; § 61, 13
§ 1075: § 61, 13, 15; § 62, 27
§ 1076: § 61, 13
§§ 1077 ff.: § 38, 119; § 61, 14
§ 1077: § 61, 20
§ 1079: § 61, 20
§ 1080: § 38, 19; § 61, 15
§§ 1081 ff.: § 61, 17
§ 1081: § 61, 18 ff.
§ 1082: § 61, 19 f.
§ 1083: § 61, 20
§§ 1085 ff.: § 61, 21
§ 1085: § 32, 2
§ 1086: § 61, 23
§ 1087: § 61, 23
§ 1088: § 61, 24
§ 1089: § 61, 21
§§ 1090 ff.: § 3, 38; § 33, 1
§ 1090: § 4, 6; § 6, 9 (Fn.); § 7, 9; § 10, 2; § 13, 15; § 29, 49 f.; § 32, 12; § 34, 1, 12
§ 1091: § 34, 6
§ 1092: § 4, 20; § 29, 46; § 29, 50; § 34, 1; § 34, 12 ff.
§ 1093: § 1, 6; § 3, 38; § 15, 36; § 29, 46, 49 ff., 59; § 35, 2; § 53, 34
§§ 1094 ff.: § 63, 51
§ 1094: § 3, 42; § 15, 39; § 21, 27
§ 1095: § 29, 11
§ 1097: § 21, 27
§ 1098: § 21, 23 f., 28 f.
§ 1100: § 21, 29
§ 1105: § 3, 41; § 29, 90; § 33, 30; § 35, 1, 13
§ 1107: § 35, 6, 15, 17 ff.
§ 1108: § 4, 14; § 35, 17, 20 f.; § 47, 5, 8
§ 1110: § 35, 13; § 47, 6
§ 1111: § 35, 13
§§ 1113 ff.: § 3, 40; § 36, 60; § 42, 10; § 63, 50
§ 1113: § 3, 40; § 36, 1, 13, 25 f., 64 ff., 75, 82, 84; § 37, 2, 5, 19 ff.; § 38, 38, 62; § 40, 44, 54 ff.; § 42, 18, 32; § 46, 20; § 55, 13
§ 1114: § 29, 11; § 37, 2
§ 1115: § 14, 10; § 16, 38; § 37, 5, 11, 25 f.; § 44, 10

863

Paragraphenregister Zahlen = Paragraphen und zugehörige Randnummern

§ 1116: § 36, 86f., 94; § 37, 22, 38, 40; § 44, 9
§ 1117: § 36, 89; § 37, 22, 31ff.; § 38, 12; § 44, 8; § 46, 17, 22; § 53, 39; § 60, 10
§ 1119: § 46, 18 (Fn.)
§§ 1120ff.: § 1, 7; § 22, 22; § 28, 9; § 35, 19; § 39, 14, 17; § 40, 10; § 44, 14; § 49, 3; § 52, 55
§ 1120: § 3, 12, 15, 17; § 36, 65; § 39, 3, 24ff., 33ff., 43; § 48, 13; § 53, 48f.; § 59, 37
§§ 1121ff.: § 50, 51
§ 1121: § 3, 17; § 39, 5, 28ff., 41f.; § 53, 48; § 55, 10; § 59, 37
§ 1122: § 39, 17, 28f., 41; § 53, 48; § 55, 10
§§ 1123ff.: § 48, 13
§ 1123: § 29, 58; § 36, 65; § 39, 3, 5, 25, 44ff., 59
§ 1124: § 32, 11; § 39, 50ff., 59
§ 1125: § 39, 50
§ 1126: § 36, 65; § 39, 3, 58
§§ 1127ff.: § 20, 42; § 36, 10; § 39, 60
§ 1127: § 36, 65; § 39, 3, 60ff.
§ 1128: § 39, 62ff., 64
§ 1130: § 39, 62
§ 1131: § 15, 23; § 39, 23
§ 1132: § 15, 21; § 29, 11, 22; § 36, 67, 126f.; § 43, 1ff., 4, 6
§§ 1133ff.: § 4, 6; § 40, 9, 13
§ 1133: § 36, 19; § 40, 9ff.; § 55, 22
§§ 1134ff.: § 39, 65
§ 1134: § 12, 3; § 35, 18; § 39, 61; § 40, 9ff.
§ 1135: § 40, 10
§ 1136: § 40, 4, 14f.
§ 1137: § 20, 37; § 38, 65f., 72, 78; § 42, 14; § 44, 19; § 55, 15
§ 1138: § 18, 8; § 36, 80, 82, 122; § 37, 30, 37; § 38, 7f., 22ff., 31ff., 52, 57, 62, 71ff., 87f., 113ff.; § 40,

7; § 42, 1f., 12ff.; § 44, 20; § 45, 63; § 46, 28
§ 1139: § 16, 37; § 18, 18; § 36, 90; § 38, 30; § 42, 15
§ 1140: § 23, 31; § 36, 88; § 38, 41ff., 71ff., 87; § 44, 21
§ 1141: § 40, 7; § 42, 15; § 45, 72
§ 1142: § 36, 110; § 40, 17; § 44, 24; § 45, 48, 72, 81
§ 1143: § 18, 4; § 36, 100, 110; § 37, 14; § 38, 62, 64, 89, 95, 102, 113; § 40, 17f., 21, 55, 59, 64; § 42, 10, 17; § 43, 17; § 44, 24; § 45, 72, 82; § 46, 2; § 53, 76
§ 1144: § 38, 51, 60, 106f.; § 40, 20ff.; § 45, 68, 72
§ 1145: § 23, 31; § 53, 43
§ 1147: § 35,6; § 38, 38, 62; § 39, 6; § 40, 24, 44, 54ff.
§ 1148: § 40, 30f.
§ 1149: § 16, 36; § 40, 24ff.
§ 1150: § 6, 7f; § 38, 64, 105ff., 109, 114; § 41, 1; § 44, 26; § 45, 67; § 55, 23
§ 1151: § 17, 40 (Fn.); § 38, 12
§ 1152: § 38, 12
§ 1153: § 36, 59, 75, 77, 110; § 37, 11, 14; § 38, 3, 86, 100ff., 106, 114; § 40, 17, 21; § 42, 27, 31; § 43, 34f.; § 44, 13; § 45, 54, 72; § 55, 31 (Fn.)
§§ 1154ff.: § 45, 56
§ 1154: § 5, 7; § 16, 42; § 20, 52; § 23, 28; § 32, 3; § 36, 71, 82ff., 119; § 37, 22, 36; § 38, 3, 10, 12, 15, 17, 32, 38, 85, 122, 126; § 44, 13; § 45, 25, 28f., 76; § 46, 22, 27, 31; § 53, 39; § 55, 31 (Fn.); § 58, 10, 17; § 60, 9f.; § 62, 25, 52
§ 1155: § 16, 42; § 20, 52; § 36, 88; § 37, 37; § 38, 15, 32ff., 41, 53, 58; § 40, 21, 29; § 42, 3; § 44, 13, 16, 22

§ 1156: § 38, 9, 59ff., 78, 129; § 42, 16; § 44, 22; § 45, 63
§ 1157: § 15, 35 (Fn.); § 23, 28; § 36, 78f.; § 38, 9, 41, 45, 70f., 114, 123, 131; § 42, 14; § 44, 20f., 37; § 45, 34ff., 56, 61, 66f., 70, 76
§ 1158: § 38, 79, 87
§ 1159: § 35, 15; § 38, 16f., 79, 86ff.
§ 1160: § 36, 89; § 38, 15, 35, 53f., 60; § 40, 7
§ 1161: § 38, 15, 51, 55
§ 1163: § 3, 43; § 16, 33, 57; § 17, 10, 19; § 18, 4; § 19, 45; § 23, 18, 31; § 31, 12; § 35, 14; § 36, 98ff., 107ff.; § 37, 14, 21, 23, 28, 39, 50f.; § 38, 25, 62, 64, 76, 89ff., 97, 112; § 40, 16ff.; § 41, 1; § 42, 10, 22, 25, 33; § 43, 17 (Fn.), 18, 20, 29, 35; § 44, 4, 11, 23f.; § 45, 26, 41; § 46, 2ff., 10, 17, 20, 34, 40, 43; § 55, 4
§ 1164: § 18, 4; § 36, 100 (Fn.); § 37, 14; § 38, 64, 92, 97ff., 112; § 40, 19; § 41, 1; § 43, 30; § 45, 72, 86
§ 1165: § 38, 99; § 43, 33; § 45, 73
§ 1166: § 38, 99
§ 1167: § 38, 51, 60; § 40, 20
§ 1168: § 17, 10; § 31, 12; § 36, 111; § 37, 52; § 38, 91; § 42, 10; § 43, 33; § 44, 17, 24, 27; § 45, 25, 28
§ 1169: § 36, 78; § 38, 91; § 43, 24; § 45, 25, 28, 56, 70
§ 1170: § 17, 10; § 44, 24; § 46, 4
§ 1171: § 44, 24; § 46, 4
§§ 1172ff.: § 43, 17
§ 1172: § 43, 20, 29, 34f.
§ 1173: § 43, 22ff., 28, 32f., 35
§ 1174: § 43, 30f.
§ 1175: § 43, 20, 33

Zahlen = Paragraphen und zugehörige Randnummern **Paragraphenregister**

§ 1176: § 17, 30; § 36, 123
§ 1177: § 16, 33, 57; § 17, 10; § 18, 4; § 19, 45; § 23, 18, 31; § 31, 12; § 36, 99f., 110, 112, 117; § 37, 14, 52; § 38, 90f., 95ff., 112; § 40, 16, 18; § 43, 18; § 46, 8ff.
§ 1178: § 37, 28
§ 1179: § 20, 21; § 41, 3; § 46, 32, 37, 46
§ 1179 a. F.: § 46, 34
§ 1179a: § 15, 41; § 17, 11; § 20, 4; § 36, 98, 118; § 41, 3; § 44, 3f.; § 45, 29, 98; § 46, 36ff.
§ 1179b: § 36, 122; § 46, 45
§ 1180: § 36, 94; § 37, 9, 12; § 42, 28
§ 1181: § 36, 115f.; § 41, 5; § 43, 17, 19, 27; § 44, 29
§ 1182: § 43, 27
§ 1183: § 16, 35; § 18, 5; § 19, 45f.; § 36, 111ff.; § 37, 52; § 38, 92; § 41, 2; § 44, 28; § 45, 25, 28
§ 1184: § 36, 83f.; § 42, 2ff., 24
§ 1185: § 36, 91; § 42, 2, 4, 12ff.
§ 1186: § 36, 94; § 42, 28
§§ 1187ff.: § 42, 30ff.; § 45, 8
§ 1187: § 36, 92; § 42, 30ff.
§ 1188: § 36, 92; § 42, 31f.
§ 1189: § 36, 92; § 42, 31, 34f.
§ 1190: § 36, 18; § 40, 38; § 42, 19ff., 24, 26f.
§ 1191: § 3, 40; § 5, 10; § 36, 1, 64ff., 79; § 38, 114; § 44, 8
§ 1192: § 23, 28; § 29, 22; § 36, 60, 77ff., 127; § 38, 114; § 43, 24; § 44, 1, 9ff.; § 45, 1, 40; § 45, 54, 56
§ 1193: § 45, 48, 80
§ 1195: § 36, 92; § 47, 2
§ 1196: § 3, 43; § 16, 24; § 17, 32; § 23, 25; § 33, 34; § 36, 89, 106ff.; § 37, 11; § 40, 39; § 44, 6; § 46, 2, 6, 15ff., 40f.

§ 1197: § 20, 39; § 36, 118f., 124; § 45, 53; § 46, 8f., 18 (Fn.)
§ 1198: § 17, 32; § 19, 43; § 36, 94; § 40, 39; § 42, 28; § 44, 9; § 46, 18
§ 1199: § 3, 40; § 35, 3; § 36, 1, 64f., 68; § 47, 4
§ 1200: § 47, 9
§ 1201: § 47, 4
§ 1203: § 47, 6
§§ 1204ff.: § 3, 40; § 36, 5; § 55, 2, 5
§ 1204: § 3, 40; § 55, 3f., 10ff., 33; § 62, 11
§ 1205: § 4, 10; § 5, 1; § 7, 32; § 36, 5; § 38, 120; § 51, 3; § 55, 5f., 16f.; § 60, 8, 10; § 62, 25, 34ff.
§ 1206: § 7, 79; § 38, 120, 122; § 55, 5, 16ff.; § 60, 10; § 62, 34, 36
§ 1207: § 1, 12; § 52, 7, 49; § 53, 90; § 55, 18ff., 27, 32, 40; § 62, 34
§ 1208: § 55, 10, 19; § 62, 34
§ 1209: § 55, 7, 13; § 62, 11, 32
§ 1211: § 55, 15
§ 1212: § 53, 48f.
§ 1213: § 53, 49; § 55, 22
§§ 1214ff.: § 55, 9
§ 1214: § 55, 22
§ 1215: § 55, 9, 22
§ 1216: § 11, 57; § 53, 34; § 55, 9, 22
§§ 1217ff.: § 4, 6
§ 1217: § 55, 22
§ 1218: § 55, 22
§§ 1219ff.: § 55, 22
§ 1219: § 55, 22
§ 1221: § 55, 26f.; § 62, 34
§ 1222: § 55, 5
§ 1223: § 55, 22f., 35
§ 1225: § 55, 9, 23
§ 1226: § 55, 22
§ 1227: § 4, 6; § 10, 2, 5, 15; § 11, 1; § 12, 3; § 52, 51; § 55, 13, 21; § 59, 47; § 62, 22
§§ 1228ff.: § 55, 1, 42
§ 1228: § 55, 14, 20, 24ff.; § 58, 3; § 62, 21
§ 1229: § 40, 25f.; § 55, 24; § 57, 16

§ 1230: § 55, 27; § 57, 25
§§ 1233ff.: § 57, 42
§ 1233: § 55, 25ff.; § 62, 34
§ 1234: § 55, 9, 28, 42; § 57, 16
§ 1235: § 52, 7; § 55, 26f.; § 62, 18, 34
§ 1237: § 55, 9, 27f.
§ 1238: § 55, 28
§ 1239: § 55, 28; § 62, 19
§ 1240: § 55, 26f.
§ 1241: § 55, 9, 28
§ 1243: § 55, 27f.
§ 1244: § 52, 7, 49; § 55, 10, 19, 27, 29
§ 1245: § 55, 25, 30; § 62, 31
§ 1246: § 55, 25, 30; § 62, 31
§ 1247: § 55, 24, 29; § 57, 14; § 62, 30, 35
§ 1249: § 55, 9, 23, 29, 31
§ 1250: § 38, 126 (Fn.); § 55, 4, 12, 23, 31, 33, 43, 50; § 62, 11, 22
§ 1251: § 55, 31
§ 1252: § 55, 4, 12, 33, 50; § 60, 12; § 62, 11, 22, 32
§ 1253: § 51, 38; § 52, 51; § 55, 6, 34, 44; § 59, 44
§ 1254: § 55, 34
§ 1255: § 5, 4; § 19, 44; § 55, 34
§ 1256: § 3, 43; § 55, 4, 9, 33
§ 1257: § 51, 38; § 55, 2, 37, 40, 42
§ 1258: § 50, 11; § 55, 10; § 62, 56
§§ 1273ff.: § 2, 1; § 36, 6; § 45, 90; § 60, 2
§ 1273: § 19, 44; § 38, 19; § 60, 12; § 62, 10f., 16, 21f., 32, 56
§§ 1274ff.: § 62, 16
§ 1274: § 19, 18; § 38, 19, 118ff.; § 59, 44; § 60, 6ff.; § 62, 14f., 17, 21, 25f., 37, 56
§ 1275: § 38, 129; § 62, 20, 42f.
§ 1276: § 62, 20
§ 1277: § 62, 18, 21, 30 (Fn.), 36
§ 1278: § 59, 44

Paragraphenregister Zahlen = Paragraphen und zugehörige Randnummern

§§ 1279 ff.: § 38, 120; § 62, 22
§ 1279: § 45, 91; § 53, 42
§ 1280: § 36, 6; § 38, 120, 122; § 53, 42; § 55, 11; § 58, 1; § 60, 11; § 62, 14, 17, 25 f., 37, 41
§ 1281: § 9, 35; § 36, 6; § 39, 62; § 58, 1; § 59, 45 (Fn.); § 62, 27, 29
§ 1282: § 36, 6; § 38, 120, 131; § 45, 91; § 46, 9; § 58, 3; § 62, 19 f., 29 ff., 36, 45
§§ 1283 ff.: § 62, 27
§ 1283: § 38, 120
§ 1287: § 19, 18; § 36, 70; § 42, 8; § 45, 90, 92; § 55, 41; § 57, 14; § 58, 1, 10; § 59, 41; § 62, 7, 27, 30, 48
§ 1288: § 58, 1; § 62, 30, 32
§ 1289: § 62, 32
§ 1290: § 62, 32
§ 1291: § 38, 19; § 44, 31; § 46, 9; § 62, 24 f.
§ 1292: § 55, 11; § 62, 36
§ 1293: § 55, 11; § 62, 34
§ 1294: § 62, 34, 36
§ 1295: § 62, 36
§ 1296: § 62, 35
§ 1353: § 7, 81, 85
§ 1357: § 7, 81 (Fn.); § 51, 27, 29
§ 1361 a: § 9, 18 (Fn.); § 51, 29
§ 1361 b: § 7, 85; § 9, 18 (Fn.)
§ 1362: § 2, 12; § 7, 81 f.; § 10, 10; § 51, 25
§ 1363: § 37, 6
§§ 1365 ff.: § 22, 21; § 51, 28
§ 1365: § 15, 37 f.; § 16, 60; § 22, 17 ff.; § 23, 11; § 29, 50; § 51, 28; § 52, 30
§ 1366: § 22, 19; § 51, 29
§ 1368: § 22, 19 f.; § 51, 29
§ 1369: § 22, 17; § 51, 28 f.; § 52, 30
§ 1370: § 51, 26 ff., 31 (Fn.); § 52, 32; § 54, 6
§ 1383: § 20, 15
§§ 1415 ff.: § 3, 27
§ 1416: § 2, 12; § 15, 37; § 19, 4 (Fn.); § 23, 11; § 40, 231

§ 1424: § 2, 12
§ 1626: § 7, 49, 68 (Fn.)
§ 1629: § 5, 12; § 32, 4
§ 1643: § 22, 25; § 16, 60
§ 1646: § 52, 32
§ 1795: § 5, 12; § 32, 4
§ 1807: § 36, 29, 43
§ 1821: § 16, 60; § 22, 25; § 23, 34
§ 1822: § 22, 25; § 28, 2
§§ 1896 ff.: § 5, 38, 52; § 19, 39
§ 1896: § 7, 53; § 19, 32; § 23, 35; § 53, 50
§ 1901: § 7, 53
§ 1902: § 19, 32; § 23, 35
§ 1903: § 5, 38, 52; § 19, 32, 39; § 22, 25; § 23, 35; § 53, 50
§ 1908 i: § 22, 25
§ 1909: § 7, 53
§ 1911: § 7, 53
§ 1922: § 19, 34; § 28, 4
§ 1967: § 61, 22
§ 1984: § 15, 31
§ 2018: § 8, 3; § 11, 45
§ 2019: § 51, 31 (Fn.)
§§ 2032 ff.: § 3, 27
§ 2033: § 19, 3; § 60, 6; § 61, 21 (Fn.); § 62, 56
§ 2040: § 37, 3
§ 2041: § 51, 31 (Fn.); § 57, 14
§§ 2100 ff.: § 32, 5
§ 2111: § 54, 6
§§ 2112 ff.: § 15, 31; § 32, 5
§ 2113: § 23, 43; § 33, 3; § 52, 30
§ 2123: § 27, 61
§ 2125: § 53, 34
§ 2133: § 27, 61; § 53, 46
§ 2136: § 23, 43
§ 2205: § 23, 7; § 52, 31
§ 2211: § 15, 31; § 23, 7
§ 2258: § 52, 40
§ 2301: § 20, 15 (Fn.)
§ 2325: § 32, 5
§ 2366: § 8, 3; § 23, 20; § 52, 40
§ 2367: § 20, 29
§ 2368: § 23, 7

Abfallgesetz
§ 2: § 40, 12
§ 11: § 40, 12

Abgabenordnung
§ 39: § 48, 1 (Fn.), 5
§§ 249 ff.: § 37, 8
§ 305: § 55, 51
§ 322: § 37, 7 f.; § 42, 7

Abzahlungsgesetz
§ 4: § 40, 4 (Fn.)
§ 5: § 59, 23

AGB-Gesetz
allg.: § 5, 19 ff., 51; § 37, 28; § 45, 13, 17, 22
§ 1: § 5, 23; § 23, 15; § 45, 13 (Fn.)
§ 2: § 5, 21, 51; § 45, 13; § 56, 8; § 59, 12
§ 3: § 5, 23, 51; § 29, 31 (Fn.), 92, 97; § 36, 76; § 40, 45 f.; § 45, 13 f.; § 56, 8; § 62, 6
§ 4: § 56, 8
§ 5: § 45, 13, 16; § 46, 52; § 62, 6
§ 6: § 5, 19 f.; § 29, 92; § 57, 22, 25
§ 8: § 5, 23
§§ 9 ff.: § 16, 55; § 23, 15
§ 9: § 5, 22 f., 51; § 16, 61, 63; § 23, 15; § 29, 31 (Fn.), 97; § 36, 56, 76; § 37, 28; § 40, 15, 45 f.; § 45, 13 f., 31, 98; § 56, 8; § 57, 4, 19, 22, 25; § 58, 9; § 59, 7; § 62, 6
§ 10: § 16, 61 f.; § 23, 15
§ 11: § 16, 61; § 23, 15
§ 11 Nr. 5: § 37, 28
§ 11 Nr. 5 a: § 36, 56 (Fn.)
§ 11 Nr. 7: § 21, 22
§ 11 Nr. 10: § 21, 22
§ 11 Nr. 11: § 21, 22
§ 11 Nr. 15: § 5, 23; § 36, 76; § 40, 45, 47; § 45, 13
§ 23: § 21, 22
§ 24: § 5, 19; § 45, 13 (Fn.); § 56, 8; § 59, 7
§ 24 a: § 21, 22

AGB Banken
allg.: § 36, 56; § 62, 24
Nr. 14: § 55, 8, 13, 17, 18; § 62, 5 f.
Nr. 19 a. F.: § 62, 6
Nr. 21 a. F.: § 45, 55, 57

Zahlen = Paragraphen und zugehörige Randnummern **Paragraphenregister**

AGB Deutsche Kassenvereine
§ 17: § 53, 12

AGB Sparkassen
Nr. 21: § 55, 8; § 62, 6f.

Aktiengesetz
§ 10: § 52, 48
§§ 15 ff.: § 28, 2
§ 68: § 58, 17; § 61, 16

Allg. Deutsche Spediteurbedingungen
§ 50: § 55, 8, 18

Allgemeines Eisenbahngesetz
§ 18: § 26, 20
§ 22: § 26, 26

Altschuldenhilfegesetz
allg.: § 63, 22 (Fn.)
§ 5: § 63, 22 (Fn.)

Anfechtungsgesetz
§§ 1 ff.: § 51, 25
§ 3: § 51, 25

Anfechtungsgesetz (Fassung 1999)
§ 4: § 51, 25

Anmeldeverordnung
allg.: § 63, 31
§ 3: § 63, 31

Arbeitsgerichtsgesetz
§ 2: § 7, 73

Ausgleichsleistungsgesetz
allg.: § 63, 43
§ 2: § 63, 43
§ 3: § 63, 43 f.

Bad.-Württ. Ausführungsgesetz zum BGB
§§ 22 ff.: § 39, 23

Bad.-Württ. Ausführungsgesetz zum Grundstücksverkehrsgesetz
allg.: § 27, 5

Bad.-Württ. Fischereigesetz
allg.: § 27, 70

Bad.-Württ. Gemeindeordnung
§ 92: § 22, 25

Bad.-Württ. Landesgesetz über die freiwillige Gerichtsbarkeit
§ 1: § 15, 5 (Fn.)
§ 17: § 15, 5 (Fn.)
§ 29: § 15, 5 (Fn.)
§ 32: § 15, 5 (Fn.)

Bad.-Württ. Landesjagdgesetz
allg.: § 27, 65

Bad.-Württ. Landeswaldgesetz
allg.: § 27, 58 ff.
§§ 37 ff.: § 27, 63
§ 40: § 27, 63
§§ 78 ff.: § 27, 62

Bad.-Württ. Nachbarrechtsgesetz
§ 7 e: § 33, 4

Bad.-Württ. Naturschutzgesetz
§ 47: § 26, 14

Bad.-Württ. Polizeigesetz
§ 1: § 12, 33
§ 2: § 12, 33
§ 6: § 12, 30
§ 7: § 12, 30; § 26, 2
§ 9: § 12, 30; § 25, 8
§ 55: § 25, 8
§ 56: § 25, 8
§ 57: § 25, 8

Bad.-Württ. Wassergesetz
allg.: § 27, 46, 49
§ 5: § 27, 47

Baugesetzbuch
§ 1: § 26, 4 (Fn.)
§§ 15 ff.: § 26, 5 (Fn.)
§ 18: § 26, 5
§ 19: § 15, 19; § 22, 29; § 26, 5
§ 23: § 15, 19; § 22, 29
§§ 24 ff.: § 21, 34; § 22, 28
§ 24: § 22, 28; § 26, 7
§ 25: § 22, 28; § 26, 7

§ 26: § 22, 28
§ 28: § 21, 34; § 22, 28
§ 30: § 25, 43
§ 31: § 26, 6
§ 34: § 26, 6
§ 35: § 26, 6
§§ 39 ff.: § 26, 5
§ 41: § 26, 19
§§ 45 ff.: § 26, 8
§ 59: § 26, 8
§§ 80 ff.: § 26, 8
§§ 85 ff.: § 26, 7
§ 85: § 26, 25
§ 93: § 26, 7
§ 102: § 26, 7, 27
§ 113: § 26, 27
§ 116: § 26, 27
§§ 123 ff.: § 26, 9
§ 124: § 21, 4; § 26, 9 (Fn.)
§ 130: § 26, 9
§ 131: § 26, 9
§ 133: § 26, 9
§§ 136 ff.: § 26, 11
§ 144: § 26, 11
§ 145: § 26, 11
§ 148: § 26, 11
§§ 157 ff.: § 26, 11
§§ 192 ff.: § 26, 4; § 36, 42
§§ 217 ff.: § 26, 10

Bausparkassengesetz § 36, 33

Berggesetz (DDR)
allg.: § 30, 8

Beurkundungsgesetz
§ 1: § 21, 11
§ 9: § 21, 10
§ 13: § 21, 10
§ 13 a: § 21, 10
§ 17: § 21, 11
§ 18: § 21, 11
§ 19: § 21, 11
§ 20: § 21, 11
§ 21: § 21, 11; § 22, 2
§ 60: § 21, 11

Bodenschätzungsgesetz
allg.: § 36, 42

Bodensonderungsgesetz
§ 4: § 63, 55

867

Paragraphenregister

Zahlen = Paragraphen und zugehörige Randnummern

Bundesbaugesetz
§ 185: § 21, 7 (Fn.)
§ 186: § 21, 7 (Fn.)

Bundesberggesetz
allg.: § 30, 2
§ 3: § 30, 3
§§ 11 ff.: § 30, 3
§ 13: § 30, 3
§§ 75 f.: § 30, 7
§§ 77 ff.: § 30, 4
§ 81: § 30, 4
§ 82: § 30, 4
§§ 110 ff.: § 30, 6
§§ 114 ff.: § 30, 6

Bundesdatenschutzgesetz
§ 38: § 15, 60

Bundesfernstraßengesetz
§ 7: § 26, 15 (Fn.)
§ 8: § 26, 15 (Fn.)
§§ 9 ff.: § 26, 17
§ 17: § 26, 17
§ 19: § 26, 26

Bundesgesetz über die vermögensrechtl. Verhältnisse der Bundeswasserstraßen
allg.: § 27, 45

Bundesimmissionsschutzgesetz
§ 2: § 25, 31
§§ 4 ff.: § 25, 32
§ 4: § 25, 30 f.
§ 9: § 25, 30
§ 10: § 25, 30
§ 14: § 9, 21; § 12, 10, 20, 25; § 25, 21, 24 f., 30 ff., 38 ff., 43; § 26, 16 ff.; § 27, 57; § 33, 11
§ 17: § 25, 31
§ 20: § 25, 31
§ 21: § 25, 31
§§ 22 ff.: § 25, 31
§§ 38 ff.: § 26, 17
§ 48: § 25, 27
§ 60: § 25, 31

Bundesjagdgesetz
allg.: § 27, 65 ff., 71
§ 1: § 27, 66
§ 2: § 27, 66

§ 3: § 27, 66
§ 7: § 27, 67
§ 8: § 27, 67
§ 9: § 27, 67, 70
§ 10: § 27, 68
§§ 11 ff.: § 27, 66, 68
§ 11: § 27, 68
§ 12: § 27, 68
§ 14: § 27, 68
§§ 15 ff.: § 27, 69
§ 19: § 27, 69
§§ 20 ff.: § 27, 69
§§ 29 ff.: § 27, 69
§ 29: § 27, 69
§ 33: § 27, 69
§ 35: § 27, 69

Bundeskleingartengesetz
allg.: § 27, 31
§ 5: § 27, 31
§ 16: § 27, 31

Bundesleistungsgesetz
§ 1 ff.: § 50, 5
§ 13: § 50, 5
§ 17: § 50, 5
§ 18: § 50, 5
§ 20: § 50, 5
§ 21: § 50, 5
§§ 35 ff.: § 50, 5

Bundesverfassungsgerichtsgesetz
§§ 90 ff.: § 13, 28

Bundesvertriebenengesetz
allg.: § 27, 26
§§ 35 ff.: § 27, 29

Bundeswaldgesetz
allg.: § 27, 58 ff., 64
§§ 9 ff.: § 27, 60, 62
§ 14: § 27, 63
§§ 15 ff.: § 27, 60

Bundeswasserstraßengesetz
allg.: § 27, 45, 49, 55
§ 5: § 27, 51
§ 44: § 26, 26

BundeswildschutzVO
allg.: § 27, 65

Code civil (Frankreich)
Art. 664: § 29, 5

Art. 711: § 51, 2
Art. 1138: § 51, 2
Art. 1583: § 51, 2

Depotgesetz
§§ 5 ff.: § 50, 10; § 53, 12
§ 1: § 50, 10
§ 4: § 55, 18
§ 5: § 53, 12
§ 6: § 53, 12; § 55, 17
§ 7: § 53, 12
§ 12: § 55, 17
§ 18: § 51, 30

EG-Vertrag
Art. 3: § 29, 95 (Fn.)
Art. 7 a: § 29, 95 (Fn.)
Art. 85: § 33, 18
Art. 100 a: § 29, 95 (Fn.)
Art. 129 a: § 29, 95 (Fn.)
Art. 177: § 45, 22
Art. 189: § 29, 95 (Fn.)
Art. 189 b.: § 29, 95 (Fn.)

EG-Richtlinie über mißbräuchliche Klauseln
allg.: § 45, 23
Art. 3: § 45, 23

EG-Verbraucherkreditrichtlinie
allg.: § 45, 22 f.
Art. 2: § 45, 23

EG-Widerrufsrichtlinie
allg.: § 45, 22 f.

weitere EG-Richtlinien
allg.: § 28, 12; § 29, 95 (Fn.)

Einführungsgesetz zum BGB
Art. 64 ff.: § 2, 13
Art. 73: § 53, 84 (Fn.)
Art. 83: § 27, 60
Art. 96: § 35, 2
Art. 106 ff.: § 2, 13
Art. 113 ff.: § 35, 8
Art. 113: § 2, 13
Art. 117: § 36, 40
Art. 120: § 39, 23
Art. 122 ff.: § 25, 39
Art. 125: § 25, 32
Art. 170: § 56, 10 (Fn.); § 57, 30; § 59, 6 (Fn.)

Zahlen = Paragraphen und zugehörige Randnummern

Paragraphenregister

Art. 182: § 29, 5
Art. 184: § 33, 36
Art. 187: § 23, 12; § 33, 36
Art. 231 § 4: § 63, 50
Art. 231 § 5: § 29, 27; § 63, 49 f.
Art. 232 §§ 1 ff.: § 29, 83
Art. 232 § 1: § 21, 40
Art. 232 § 3: § 27, 42
Art. 233 §§ 1 ff.: § 31, 14; § 63, 49 ff.
Art. 233 § 4: § 29, 27
Art. 233 § 7: § 23, 47
Art. 233 §§ 11 ff.: § 63, 47
Art. 237 § 1: § 63, 38 (Fn.), 68
Art. 237 § 2: § 63, 38 (Fn.)

Einführungsgesetz zur InsO
Art. 1: § 57, 33 (Fn.)
Art. 103 f.: § 55, 10 (Fn.)

Einigungsvertrag
Art. 21: § 63, 18, 21, 26, 35
Art. 22: § 29, 4; § 63, 18, 21, 25 f., 35
Art. 25: § 63, 18
Art. 41: § 27, 32; § 63, 18, 28, 41
Anl. I Kap. III Sachgeb. B Abschn. III 6: § 31, 14
Anl. I Kap. III Sachgeb. B Abschn. III 10: § 31, 14
Anl. I Kap. V Sachgeb. D Abschn. III 1: § 30, 8
Anl. I Kap. VI Sachgeb. B, Erläuterungen: § 27, 9, 12, 42
Anl. I Kap. VI Sachgeb. F Abschn. II 1: § 27, 71
Anl. I Kap. VI Sachgeb. F Abschn. III 1: § 27, 71
Anl. I Kap. VI Sachgeb. F, Erläuterungen: § 27, 64
Anl. I Kap. XI Sachgeb. E Abschn. III 7: § 27, 55

Energiewirtschaftsgesetz
§ 11: § 26, 26

Entschädigungsgesetz
§ 1: § 63, 35
§ 3: § 63, 34

§ 7: § 63, 34
§ 9: § 63, 35
§ 10: § 63, 35

Erbbaurechtsverordnung
allg.: § 2, 12; § 3, 31
§ 1: § 29, 28, 36
§ 2: § 21, 36; § 29, 37
§ 3: § 29, 37
§ 4: § 29, 37
§ 5: § 15, 39; § 29, 37 (Fn.), 39, 42
§ 7: § 29, 39
§ 9: § 29, 30, 32 f.; § 63, 57
§ 9 a. F.: § 29, 32; § 35, 9 (Fn.)
§ 9 a: § 29, 33
§ 10: § 16, 55; § 29, 31; § 63, 57
§ 11: § 11, 1; § 12, 3; § 15, 26; § 29, 29, 36; § 37, 2
§ 12: § 29, 29; § 48, 9
§ 13: § 29, 43
§§ 14 ff.: § 15, 26
§§ 18 ff.: § 29, 41
§ 25: § 29, 43
§ 26: § 19, 46; § 29, 43
§ 27: § 29, 31, 37 (Fn.), 43; § 48, 14
§ 31: § 29, 43
§ 32: § 21, 36; § 29, 37 (Fn.), 38, 43
§ 33: § 21, 36; § 29, 38, 43
§ 34: § 29, 43

Erbschaftssteuergesetz
§ 25: § 32, 8

FGG-Gesetz über die Angelegenheiten der freiwilligen Gerichtsbarkeit
§ 1: § 15, 2
§ 12: § 16, 36, 49; § 29, 25
§ 28: § 15, 9
§ 85: § 16, 14
§ 166: § 55, 30

Fluglärmschutzgesetz
§§ 5 f.: § 26, 18
§ 8: § 26, 18

Flurbereinigungsgesetz
allg.: § 2, 13; § 27, 10 ff.

Gerichtsverfassungsgesetz
§ 13: § 1, 2

§ 23: § 40, 33
§ 132: § 57, 24 ff.

Gesetz gegen Wettbewerbsbeschränkungen
§ 1: § 33, 18
§ 18: § 33, 18
§ 22: § 24, 14
§§ 23 ff.: § 24, 14
§ 34: § 33, 18

Gesetz zur Vereinheitlichung der Rechtsverhältnisse bei Bodenschätzen v. 15. 4. 1996
allg.: § 30, 8

Gewerbeordnung
§ 26: § 25, 32

GmbH-Gesetz
§ 15: § 58, 17; § 60, 9
§ 31: § 39, 59
§ 32 a: § 39, 59

Grundbuchbereinigungsgesetz
§§ 1 ff.: § 36, 128
§§ 5 ff.: § 32, 17 (Fn.); § 34, 16; § 35, 22
§ 8: § 33, 36 (Fn.)
§ 9: § 34, 16
§ 10: § 36, 128

Grundbuchdokumentationsordnung (DDR)
§ 7: § 63, 12
§ 8: § 63, 12
§ 9: § 63, 12
§ 16: § 63, 12

Grundbuchordnung
allgemein: § 18, 14
§ 1: § 15, 2, 5, 10, 15, 47
§ 2: § 15, 17, 19; § 39, 21
§ 3: § 14, 10; § 15, 15, 20, 27, 47
§ 3 a. F.: § 15, 47 (Fn.)
§ 4: § 15, 20, 52
§ 5: § 15, 22, 25
§ 6: § 15, 23, 25
§ 6 a: § 15, 26
§ 7: § 15, 19
§ 9: § 33, 32
§ 10: § 15, 57

869

Paragraphenregister Zahlen = Paragraphen und zugehörige Randnummern

§ 12: § 15, 55, 57
§ 12 c: § 15, 11
§ 13: § 15, 3; § 16, 7 f., 13, 16; § 22, 15
§ 14: § 16, 13 f.; § 40, 31
§ 15: § 16, 10; § 40, 50
§ 16: § 16, 9; § 22, 7, 9
§ 17: § 15, 4, 13; § 16, 15; § 17, 15 f., 23; § 18, 5; § 19, 34; § 22, 12; § 23, 38; § 63, 53
§ 18: § 16, 7, 12, 36, 59, 64 f.; § 18, 16; § 20, 30; § 22, 29
§ 19: § 14, 9; § 16, 20, 22, 25; § 17, 39 f.; § 19, 47, 49; § 20, 28, 36; § 22, 15; § 46, 16
§ 20: § 16, 36, 60; § 22, 3, 15; § 29, 39
§ 21: § 19, 49
§ 22: § 16, 37, 54; § 17, 17; § 18, 30 f., 42 (Fn.); § 20, 5 (Fn.), 54; § 23, 43; § 33, 41; § 36, 103, 119; § 38, 12; § 40, 31
§ 23: § 20, 5 (Fn.), 25 (Fn.)
§ 25: § 18, 30 f.
§ 26: § 16, 37
§ 27: § 16, 35; § 18, 5; § 19, 45; § 36, 114, 122; § 40, 22; § 41, 2; § 44, 28
§ 28: § 16, 20; § 37, 15
§ 29: § 14, 9; § 16, 18, 20, 44 f., 47 f., 57; § 17, 40; § 18, 30 f., 41; § 19, 17; § 22, 3, 15; § 29, 36 (Fn.); § 36, 119; § 37, 35; § 45, 13; § 46, 16
§ 30: § 16, 18, 47
§ 31: § 16, 13, 47
§§ 32 ff.: § 16, 46
§ 32: § 16, 37 (Fn.), 57
§ 35: § 16, 41, 46
§ 38: § 16, 11, 37, 48; § 63, 26
§ 39: § 16, 14, 33, 39, 42; § 18, 47; § 36, 119; § 46, 21, 26
§ 40: § 16, 41; § 23, 20
§ 41: § 38, 46
§ 44: § 16, 50
§ 45: § 15, 4, 13; § 16, 15 f., 51; § 17, 15 f., 23 f.; § 18, 5
§ 46: § 16, 52; § 18, 5; § 19, 48; § 23, 8

§ 47: § 15, 45, 50
§ 48: § 39, 23; § 43, 16
§ 49: § 16, 38; § 35, 2
§ 50: § 42, 32
§ 51: § 16, 58
§ 52: § 16, 58
§ 53: § 15, 8; § 16, 12, 54 ff., 58; § 17, 17 (Fn.), 20 f., 26, 39; § 18, 16; § 22, 20; § 23, 15
§§ 55 ff.: § 16, 53
§ 56: § 37, 30
§ 57: § 37, 30
§ 58: § 37, 30; § 38, 45
§ 60: § 37, 29, 33, 35
§ 61: § 37, 44; § 38, 12
§ 62: § 37, 30; § 38, 46
§ 63: § 37, 30
§ 68: § 38, 46
§ 71: § 15, 4, 7 f., 11, 13, 59; § 16, 12, 59
§ 72: § 15, 6
§ 76: § 16, 12; § 20, 30
§ 78: § 15, 9
§ 79: § 15, 9
§ 81: § 15, 6
§§ 82 ff.: § 16, 12
§§ 126 ff.: § 15, 47
§§ 132 ff.: § 15, 56
§ 132: § 15, 56
§ 133: § 15, 56, 60
§ 134: § 15, 56
§ 143: § 15, 5 (Fn.)
§ 144: § 15, 5

Grundbuchverfügung
§ 1: § 15, 5
§ 4: § 15, 48
§ 6: § 15, 17, 49
§ 7: § 15, 49
§ 9: § 15, 50
§ 10: § 15, 51
§ 11: § 15, 51
§ 12: § 18, 19; § 20, 32, 48
§ 15: § 15, 37, 45
§ 18: § 17, 24, 39
§ 19: § 18, 19
§ 24: § 15, 57
§§ 39 ff.: § 16, 53
§ 43: § 15, 55
§ 46: § 15, 57
§§ 47 ff.: § 37, 30 (Fn.)
§§ 54 ff.: § 15, 26
§§ 87 ff.: § 37, 30 (Fn.)

Grundgesetz
Art. 1: § 63, 41
Art. 2: § 27, 34; § 29, 64
Art. 3: § 63, 41
Art. 12: § 27, 34
Art. 14: § 1, 1 f.; § 2, 7; § 13, 13 ff., 20, 26, 29; § 21, 23 (Fn.); § 24, 7, 9 ff., 13 f.; § 26, 23, 26 f.; § 27, 32, 34, 53; § 29, 64, 67; § 30, 5; § 50, 1; § 60, 1; § 63, 41
Art. 15: § 30, 2
Art. 19: § 13, 13 f., 26 f.
Art. 20: § 36, 37; § 63, 41
Art. 31: § 2, 13
Art. 34: § 13, 19; § 15, 12, 14
Art. 74: § 27, 44
Art. 75: § 27, 44
Art. 79: § 63, 41
Art. 89: § 27, 44
Art. 92: § 15, 11 (Fn.)
Art. 135 a: § 63, 18
Art. 143: § 27, 32; § 63, 18, 41

Grundstücksverkehrsgesetz
allg.: § 27, 5 ff., 9
§ 1: § 27, 6 (Fn.)
§ 6: § 27, 7
§ 7: § 18, 17
§ 9: § 27, 6 (Fn.), 22
§§ 13 ff.: § 27, 21

Grundstücksverkehrsverordnung
allg.: § 63, 32
§ 2: § 63, 32

Haftpflichtgesetz
§ 1: § 13, 9

Handelsgesetzbuch
§ 1: § 50, 8
§ 22: § 23, 21; § 28, 2, 4, 6; § 54, 2
§ 23: § 28, 2
§ 25: § 22, 23; § 28, 2, 4, 8 (Fn.), 14 f.; § 54, 2; § 61, 22
§ 27: § 28, 2, 4
§ 28: § 28, 14 (Fn.)
§ 37: § 12, 3; § 28, 16
§§ 54 ff.: § 52, 39
§ 54: § 8, 8

Zahlen = Paragraphen und zugehörige Randnummern

Paragraphenregister

§ 56: § 51, 41
§§ 84 ff.: § 28, 2
§§ 105 ff.: § 3, 27
§ 105: § 50, 8; § 58, 10; § 60, 7; § 62, 53
§ 124: § 7, 80
§ 125: § 3, 27
§ 135: § 62, 53
§ 140: § 29, 18
§ 142: § 29, 18
§§ 161 ff.: § 3, 27
§ 354 a: § 4, 22 (Fn.); § 58, 16 (Fn.); § 60, 7
§ 357: § 62, 6
§ 363: § 42, 30
§ 365: § 52, 48
§ 366: § 11, 50; § 31, 9 (Fn.); § 52, 29, 31, 54; § 53, 85; § 55, 19, 40; § 59, 28
§ 367: § 52, 52; § 55, 18 (Fn.), 19; § 52, 29 (Fn.)
§ 368: § 55, 42
§ 372: § 52, 49
§ 373: § 52, 49
§ 384: § 51, 30
§ 392: § 57, 14; § 58, 16
§ 397: § 11, 50; § 55, 2, 36, 44
§ 398: § 55, 2, 42
§ 441: § 55, 36, 44
§§ 444 ff.: § 51, 40
§ 444: § 51, 40
§ 446: § 51, 40
§ 448: § 51, 40
§ 464: § 55, 36
§ 467: § 50, 10
§ 469: § 50, 10; § 53, 12
§ 475 b: § 55, 36
§ 475 g: § 51, 40
§§ 642 ff.: § 51, 40
§ 647: § 51, 40; § 55, 8
§ 756: § 62, 7
§ 758: § 62, 7

HausratsVO
§ 8: § 51, 29
§ 9: § 51, 29
§ 18 a: § 51, 29

Haustürgeschäftewiderrufsgesetz
allg.: § 45, 17 ff., 22
§§ 1 ff.: § 37, 52
§ 1: § 37, 52; § 45, 18
§ 2: § 37, 52; § 45, 18

§ 3: § 37, 52; § 45, 18
§ 6: § 45, 18

Heimstättengesetz
§ 11: § 21, 35
§§ 14 ff.: § 21, 35

Höfeordnung
allg.: § 27, 14 ff.
§ 7: § 27, 16, 17 (Fn.)
§ 8: § 27, 18
§ 13: § 27, 19

Höfeordnung für die britische Zone
allg.: § 27, 14

HöfeVfO – Verfahrensordnung für Höfesachen
§ 3: § 27, 15

Hypothekenbankgesetz
§ 1: § 36, 28
§§ 5 a ff.: § 36, 28
§ 6: § 36, 28, 54
§ 11: § 36, 41
§ 12: § 36, 42
§ 34 a: § 36, 28
§ 35: § 36, 28

Insolvenzordnung
§ 21: § 15, 31; § 19, 37
§ 23: § 15, 31; § 16, 11; § 23, 7, 44
§ 32: § 15, 31; § 16, 11; § 23, 44
§ 38: § 40, 63
§ 39: § 40, 63
§ 43: § 40, 64
§ 44: § 40, 64
§ 47: § 2, 10; § 3, 13; § 45, 101; § 53, 23; § 57, 14, 31, 39; § 59, 15, 26
§ 48: § 57, 14; § 59, 28
§§ 49 ff.: § 2, 10
§ 49: § 36, 3; § 39, 27 (Fn.); § 40, 60
§§ 50 ff.: § 4, 8
§ 50: § 55, 1, 37, 45; § 57, 3, 31; § 59, 29
§ 51: § 57, 31; § 59, 29
§ 52: § 40, 60, 63 f.
§ 80: § 15, 31; § 23, 7
§ 81: § 15, 31, 31 (Fn.); § 19, 36, 41; § 23, 44; § 52, 30

§ 91: § 19, 36; § 23, 45 f.; § 53, 60
§§ 94 ff.: § 45, 71
§§ 103 ff.: § 40, 4 (Fn.)
§ 103: § 53, 62; § 56, 10; § 59, 15, 27
§ 106: § 20, 9, 45
§ 107: § 59, 15
§§ 108 ff.: § 56, 10
§ 108: § 6, 5; § 29, 79, 81; § 53, 62
§§ 110 ff.: § 53, 62
§ 110: § 6, 5; § 29, 79, 81; § 39, 55
§ 111: § 6, 5; § 29, 79, 81
§§ 129 ff.: § 19, 48; § 51, 25; § 57, 30, 33
§§ 130 ff.: § 23, 44 f.
§ 131: § 23, 46
§ 135: § 39, 59
§ 143: § 39, 59
§ 147: § 23, 44
§ 148: § 8, 4 (Fn.)
§§ 156 ff.: § 28, 2
§ 165: § 39, 27 (Fn.); § 40, 60
§ 166: § 55, 45; § 57, 31
§§ 170 ff.: § 57, 29 f., 31 f.
§ 170: § 40, 62; § 55, 45
§ 171: § 40, 62
§ 217: § 38, 65 (Fn.); § 40, 65; § 57, 31 b.
§§ 218 ff.: § 57, 31 b.
§ 222: § 38, 65 (Fn.); § 40, 65, 67
§ 223: § 38, 65 (Fn.); § 40, 65, 67
§ 224: § 40, 67
§ 226: § 40, 67
§ 228: § 40, 67
§§ 235 ff.: § 40, 65
§ 238: § 38, 65 (Fn.)
§ 243: § 40, 65
§ 244: § 40, 65
§ 245: § 40, 65, 67 f.
§ 251: § 40, 65, 67 f.
§ 254: § 38, 65; § 58, 17 (Fn.)
§§ 270 ff.: § 40, 61

Investitionserleichterungs- und Wohnbaulandgesetz
Art. 14: § 29, 6

871

Paragraphenregister

Zahlen = Paragraphen und zugehörige Randnummern

Investitionsvorranggesetz
allg.: § 63, 33
§ 16: § 63, 33

KAGG – Gesetz über Kapitalanlagegesellschaften
§ 6: § 50, 12
§ 11: § 50, 12
§ 18: § 50, 12

Konkursordnung
§ 3: § 40, 59
§ 4: § 4, 8; § 40, 56; § 55, 45
§ 6: § 15, 31; § 23, 7; § 52, 31
§ 7: § 15, 31; § 19, 36, 41; § 23, 44; § 52, 30
§ 15: § 19, 36; § 23, 45 f.; § 52, 19 (Fn.); § 53, 60
§ 17: § 20, 45 (Fn.); § 40, 4 (Fn.); § 53, 62; § 59, 15 (Fn.)
§ 19: § 56, 10
§ 20: § 56, 10
§ 21: § 6, 5; § 20, 41; § 29, 79, 81; § 39, 55; § 53, 62; § 56, 10
§ 24: § 20, 9, 45
§ 26: § 59, 27
§§ 29 ff.: § 51, 25; § 57, 33
§§ 30 ff.: § 23, 45
§ 30: § 23, 44, 46; § 57, 33
§ 31: § 19, 48; § 23, 44
§ 32: § 19, 48
§ 32 a: § 39, 59
§ 37: § 39, 59
§ 42: § 23, 44
§ 43: § 2, 10; § 3, 13; § 45, 101; § 53, 23; § 57, 14, 31, 39; § 59, 26
§ 46: § 57, 14; § 59, 28
§§ 47 ff.: § 2, 10; § 38, 65 (Fn.)
§ 47: § 36, 3; § 40, 56
§ 48: § 55, 1, 45; § 57, 3, 33
§ 49: § 55, 37, 45
§§ 53 ff.: § 45, 71
§ 58: § 57, 29 f.
§ 60: § 57, 29 f.
§ 64: § 40, 57, 59
§ 68: § 40, 59
§ 106: § 15, 31
§ 113: § 15, 31; § 16, 11; § 23, 7, 44
§ 117: § 8, 4 (Fn.); § 40, 57
§ 126: § 40, 57

§ 127: § 55, 45; § 57, 31 (Fn.)
§ 173: § 40, 59
§ 193: § 38, 65; § 40, 59

Landpachtgesetz
allg.: § 27, 8

Landpachtverkehrsgesetz
allg.: § 2, 12; § 27, 5, 8, 38, 40, 42
§ 4: § 27, 40

Landwirtschaftsanpassungsgesetz
allg.: § 27, 34
§§ 23 ff.: § 63, 23
§ 23 a: § 63, 23
§ 34: § 63, 23
§§ 43 ff.: § 63, 24
§ 46: § 63, 23
§ 64: § 63, 24
§ 64 a: § 63, 24

Lastenausgleichsgesetz
§ 96: § 36, 53

LPG-Gesetz (DDR)
§ 18: § 63, 23
§ 19: § 63, 7 (Fn.)
§ 27: § 63, 8, 24, 62

Luftverkehrsgesetz
§ 1: § 26, 18
§ 11: § 25, 32; § 26, 18
§§ 12 ff.: § 26, 18

LwVG – Gesetz über das gerichtliche Verfahren in Landwirtschaftssachen
allg.: § 27, 7
§ 1: § 27, 41
§ 9: § 27, 41
§ 48: § 27, 41

Markengesetz
§ 27: § 60, 6

Marktstrukturgesetz
allg.: § 27, 33

Miethöhegesetz
§ 1: § 29, 72
§§ 2 ff.: § 29, 72
§ 11: § 29, 83
§§ 12 ff.: § 29, 83

Nordrh.-Westf. Fischereigesetz
§§ 21 f.: § 27, 70 (Fn.)

Nutzungsverleihungsgesetz (DDR)
§ 1: § 63, 7 (Fn.)

Pachtkreditgesetz
§§ 9 ff.: § 55, 42

Patentgesetz
§ 15: § 4, 19; § 28, 8; § 60, 6; § 62, 13, 21
§ 139: § 12, 3; § 62, 22

Personenbeförderungsgesetz
§ 30: § 26, 26

Pfandbriefgesetz
allg.: § 36, 29
§§ 1 ff.: § 36, 28
§ 2: § 36, 28
§ 3: § 36, 28
§ 5: § 36, 28
§ 6: § 36, 28

Preuss. ALR – Einleitung
§ 74: § 13, 21
§ 75: § 13, 21

Produkthaftungsgesetz
allg.: § 4, 4
§ 1: § 13, 9

Rechtspflegergesetz
§ 2: § 15, 11
§ 3: § 15, 11
§ 5: § 15, 11
§ 9: § 15, 11
§ 11: § 15, 11, 13

Reichsheimstättengesetz
allg.: § 27, 24

Reichsjagdgesetz
allg.: § 27, 65

Reichssiedlungsgesetz
allg.: § 2, 12, § 27, 26 ff.
§§ 4 ff.: § 21, 34
§ 20: § 21, 36
§ 21: § 21, 36

Zahlen = Paragraphen und zugehörige Randnummern

Paragraphenregister

Reichsumlegungsordnung
allg.: § 2, 13

Sachenrechtsänderungsgesetz
Art. 2 § 6: § 18, 48

Sachenrechtsbereinigungsgesetz
§ 1: § 63, 54
§ 3: § 63, 54
§§ 4 ff.: § 63, 54
§ 9: § 63, 54
§§ 14 ff.: § 63, 54
§ 15: § 63, 54
§ 16: § 63, 54
§§ 19 ff.: § 63, 55
§§ 21 ff.: § 63, 55
§ 29: § 63, 54
§§ 32 ff.: § 63, 54
§§ 33 ff.: § 63, 57
§§ 39 ff.: § 63, 57
§§ 42 ff.: § 63, 57
§ 43: § 63, 57
§§ 44 ff.: § 63, 57
§ 52: § 63, 57
§ 53: § 63, 57
§§ 61 ff.: § 63, 54, 56
§§ 62 ff.: § 63, 56
§ 68: § 63, 56
§§ 69 ff.: § 63, 56
§ 73: § 63, 56
§ 78: § 63, 56
§§ 81 ff.: § 63, 54
§ 85: § 63, 55
§§ 87 ff.: § 63, 58
§ 98: § 63, 58
§ 99: § 63, 58

SachenrechtsdurchführungsVO
allg.: § 34, 16

Scheckgesetz
Art. 21: § 52, 48

Schiffsrechtegesetz
allg.: § 2, 12; § 31, 1 ff., 14
§ 2: § 31, 7, 10
§ 3: § 31, 5, 8
§ 8: § 31, 3, 11
§ 9: § 31, 3
§§ 10 ff.: § 31, 3
§§ 15 ff.: § 31, 7
§ 15: § 31, 4, 9 (Fn.)

§ 16: § 31, 4, 9 (Fn.)
§ 17: § 31, 4
§ 18: § 31, 4
§ 21: § 31, 4
§ 22: § 31, 3
§§ 24 ff.: § 31, 11
§ 57: § 31, 12
§ 64: § 31, 12
§ 78: § 31, 5

Schiffsregisterdurchführungsverordnung
allg.: § 31, 1 (Fn.)

Schiffsregisterordnung
allg.: § 31, 1 (Fn.)

Schuldrechtsanpassungsgesetz
§ 1: § 63, 60
§ 6: § 63, 60
§ 11: § 63, 60
§§ 12 ff.: § 63, 60
§ 20: § 63, 60
§§ 23 ff.: § 63, 60
§ 35: § 63, 60
§§ 38 ff.: § 63, 60
§ 49: § 63, 60
§ 51: § 63, 60
§ 57: § 63, 60

Strafgesetzbuch
§ 136: § 52, 54; § 55, 48
§ 180 a: § 37, 50
§ 203: § 5, 7
§ 242: § 7, 10 f.; § 13, 2
§ 246: § 7, 11; § 13, 2
§ 249 ff.: § 13, 2
§ 259: § 13, 2
§ 263: § 5, 8
§§ 303 ff.: § 13, 2
§ 323 c: § 25, 8

Straßenverkehrsgesetz
allg.: § 4, 4
§ 7: § 4, 5; § 7, 29; § 13, 9

Teilzeit-Wohnrechte-Gesetz
§ 2: § 29, 96
§ 3: § 29, 96
§ 4: § 29, 96
§ 5: § 29, 96
§ 7: § 29, 96
§ 8: § 29, 97

Telekommunikationsgesetz
§§ 50 ff.: § 26, 19

Transplantationsgesetz
allg.: § 3, 3 (Fn.)
§ 4: § 3, 3 (Fn.)

Treuhandgesetz
allg.: § 27, 34
§ 1: § 63, 19
§ 2: § 63, 19
§ 11: § 63, 19, 25
§ 23: § 63, 19

UmsatzsteuerdurchführungsVO
§ 51: § 57, 29 f.

Umsatzsteuergesetz
§ 18: § 57, 29 f.

Umwandlungsgesetz
§ 1: § 28, 11
§§ 2 ff.: § 28, 11
§ 2: § 23, 21
§ 5: § 28, 11
§§ 123 ff.: § 28, 11
§ 125: § 28, 11

Umwelthaftungsgesetz
allg.: § 4, 4
§ 1: § 27, 57
§ 6: § 27, 57
§ 18: § 27, 57

Urheberrechtsgesetz
§ 97: § 12, 3
§ 98: § 12, 3

UWG – Gesetz gegen den unlauteren Wettbewerb
§ 1: § 20, 2; § 28, 16, 18
§ 16: § 12, 3; § 28, 16

Verbraucherkreditgesetz
allg.: § 37, 53; § 45, 17, 20 ff.
§ 1: § 36, 45; § 37, 53; § 45, 20; § 59, 21, 42 (Fn.)
§ 3: § 36, 45 f.; § 37, 53; § 45, 20 f.; § 48, 3, 5; § 59, 42 (Fn.)
§ 4: § 36, 45 f.; § 37, 53; § 45, 20 f.; § 48, 3
§ 6: § 36, 45 f.; § 37, 28, 53; § 45, 20 f.
§ 7: § 48, 3

873

Paragraphenregister Zahlen = Paragraphen und zugehörige Randnummern

§ 9: § 48, 3; § 59, 25
§ 11: § 36, 56 (Fn.)
§ 12: § 40, 4 (Fn.); § 48, 3; § 59, 22
§ 13: § 59, 21 ff., 27, 43
§ 18: § 36, 45

Vergleichsordnung
§ 6: § 56, 4 (Fn.)
§ 26: § 38, 65 (Fn.)
§ 27: § 40, 54; § 50, 53
§ 33: § 40, 55
§ 47: § 50, 53
§ 59: § 19, 37
§ 60: § 19, 37
§ 82: § 38, 65; § 40, 54 f.

Vermögensgesetz
allg.: § 27, 32
§ 1: § 27, 32; § 63, 28, 30, 41, 45
§ 3: § 63, 32 f.
§ 3 c: § 63, 33
§ 4: § 63, 30, 37, 38 (Fn.)
§ 5: § 63, 30
§§ 6 ff.: § 63, 28
§ 6: § 63, 34
§ 7: § 63, 28, 35
§ 8: § 63, 29, 34
§ 9: § 63, 29
§§ 16 ff.: § 63, 28
§§ 18 ff.: § 63, 28
§§ 22 ff.: § 63, 31
§ 30: § 63, 31
§ 30 a: § 63, 31
§ 34: § 63, 28

Vermögenszuordnungsgesetz
§§ 2 ff.: § 63, 26
§ 3: § 63, 26
§ 4: § 63, 26
§ 8: § 63, 26
§ 9: § 63, 26
§ 10: § 63, 26

VO über den Geschäftsbetrieb der gewerbl. Pfandleiher
§ 5: § 55, 8
§ 6: § 55, 8

VO über die Bewertung bebauter Grundstücke
allg.: § 36, 42

VO über Grundsätze für die Ermittlung des Verkehrswertes von Grundstücken
allg.: § 36, 40 (Fn.), 42

VO über Nutzungsrechte f. Arbeitergenossenschaften (DDR)
§ 7: § 63, 7 (Fn.)

Versicherungsvertragsgesetz
§ 39: § 40, 4 (Fn.)
§ 97: § 39, 62
§ 98: § 39, 62
§§ 99 ff.: § 39, 60
§ 99: § 39, 62
§ 102: § 39, 61
§ 103: § 39, 61
§ 151: § 28, 2

Verwaltungsgerichtsordnung
§ 40: § 1, 2; § 13, 27, 29; § 50, 5
§ 42: § 1, 2; § 4, 4 f.; § 13, 27
§ 43: § 13, 27

Verwaltungsverfahrensgesetz
§§ 43 ff.: § 52, 44
§ 48: § 13, 29
§ 74 f.: § 26, 17, 20

Währungsgesetz
§ 3: § 37, 17

Wasserhaushaltsgesetz
allg.: § 27, 46, 51 ff., 55
§ 1: § 27, 48
§ 1 a: § 27, 53
§ 2: § 27, 51
§ 3: § 27, 48 (Fn.), 51
§ 5: § 27, 51
§ 7: § 27, 51
§ 8: § 27, 51
§ 12: § 27, 51
§§ 15 ff.: § 27, 52
§ 19: § 27, 53
§§ 19 a ff.: § 27, 53
§ 22: § 27, 53
§ 23: § 27, 52
§ 24: § 27, 52

§ 26: § 40, 12
§ 32 a: § 27, 48 (Fn.)
§ 32 b: § 27, 48 (Fn.)
§ 33: § 27, 52
§ 34: § 27, 53; § 40, 12
§ 35: § 25, 32 (Fn.); § 27, 53
§ 37: § 27, 52

Wassersicherstellungsgesetz
allg.: § 27, 46

Wasserverbandsgesetz
allg.: § 27, 47
§ 2: § 27, 54
§ 7: § 27, 54
§ 9: § 27, 54
§ 10: § 27, 54
§ 22: § 27, 54
§§ 72 ff.: § 27, 54

Wechselgesetz
Art. 13: § 52, 48
Art. 16: § 52, 48
Art. 19: § 62, 36
Art. 20: § 53, 39

Weimarer Reichsverfassung
Art. 97: § 27, 44
Art. 153: § 1, 1; § 27, 23
Art. 156: § 30, 2

Wohnungsbaugesetz
§ 12 a: § 29, 53 (Fn.)
§§ 62 a ff.: § 29, 53 (Fn.)

II. Wohnungsbaugesetz
§§ 54 ff.: § 36, 36

Wohnungsbauprämiengesetz
§ 36, 33 (Fn.)

WohnungsbindungsG
§ 2 a: § 29, 6
§ 2 b: § 21, 35; § 29, 6

Wohnungseigentumsgesetz
allg.: § 2, 12; § 3, 29; § 29, 5 ff.
§ 1: § 29, 8
§ 3: § 29, 9, 19 ff.
§ 4: § 29, 9 f., 19, 23 f.

Zahlen = Paragraphen und zugehörige Randnummern   **Paragraphenregister**

§ 5: § 9, 21; § 29, 8
§ 6: § 29, 9, 23
§§ 7 ff.: § 15, 26
§ 7: § 15, 26; § 29, 9, 19, 23
§ 8: § 29, 9, 20 ff.
§§ 10 ff.: § 29, 13
§ 10: § 29, 15, 21
§ 12: § 4, 22; § 15, 39; § 29, 10, 39
§ 13: § 29, 10
§ 14: § 29, 10, 14
§ 15: § 29, 10, 14 f.
§ 16: § 29, 17
§ 17: § 29, 26
§ 18: § 29, 18, 26
§ 19: § 29, 18, 26
§§ 20 ff.: § 29, 21
§ 20: § 29, 13
§ 21: § 29, 14, 16 f.
§§ 23 ff.: § 29, 13
§ 25: § 29, 13 (Fn.), 87
§§ 26 ff.: § 29, 13
§ 28: § 29, 17
§ 30: § 29, 48
§§ 31 ff.: § 29, 47, 54
§ 31: § 6, 9 (Fn.); § 29, 47, 88
§ 32: § 29, 55
§ 33: § 29, 55
§ 35: § 15, 39; § 29, 55
§ 36: § 29, 55, 59
§ 38: § 29, 56
§ 39: § 29, 57
§ 40: § 29, 58
§§ 43 ff.: § 29, 25
§ 43: § 7, 84; § 16, 63; § 29, 10 (Fn.), 26
§ 44: § 29, 25
§ 61: § 29, 10 (Fn.)

Wohnungsrechtsvereinfachungsgesetz
Art. 1: § 29, 53 (Fn.)

Württ. Wassergesetz
Art. 16: § 27, 50

Zivilgesetzbuch DDR
§ 6: § 63, 6
§§ 17 ff.: § 63, 2
§ 18: § 63, 3
§ 19: § 63, 3
§§ 22 ff.: § 63, 2
§ 23: § 63, 4
§ 94: § 29, 83 (Fn.)

§ 97: § 29, 83 (Fn.)
§ 103: § 29, 83 (Fn.)
§ 121: § 29, 83 (Fn.)
§ 122: § 29, 83 (Fn.)
§ 285: § 63, 11
§§ 287 ff.: § 63, 7, 12, 50
§ 289: § 63, 7, 11
§ 290: § 63, 7
§§ 291 ff.: § 63, 7, 12, 50
§ 293: § 63, 7, 11
§ 294: § 63, 7
§ 295: § 63, 7
§ 296: § 63, 8, 50
§ 297: § 63, 10 ff.
§§ 306 ff.: § 63, 10
§ 306: § 63, 11 f.
§§ 312 ff.: § 63, 8, 50
§ 312: § 63, 11
§ 321: § 32, 29; § 34, 16; § 35, 22; § 63, 10, 12
§ 322: § 32, 29; § 34, 16; § 35, 22; § 63, 10 ff.
§§ 452 ff.: § 36, 128; § 63, 10
§ 452: § 63, 7
§ 453: § 63, 11 f.
§ 456 ff.: § 63, 10
§ 459: § 63, 8, 12, 50

Zivilprozeßordnung
§ 13: § 40, 35
§ 24: § 40, 33
§ 25: § 40, 34 f.
§ 29: § 40, 35
§ 33: § 9, 18
§ 36: § 40, 35
§ 58: § 53, 75 f.
§§ 59 ff.: § 40, 35
§ 139: § 11, 26; § 16, 65
§§ 181 ff.: § 38, 61
§ 181: § 62, 43
§ 253: § 11, 7
§ 264: § 11, 46
§ 265: § 11, 46; § 12, 24; § 18, 42
§ 287: § 57, 29 d
§ 323: § 25, 14; § 35, 9 (Fn.)
§ 325: § 11, 46; § 18, 42
§ 445: § 23, 30
§ 448: § 23, 30
§ 546: § 15, 9
§ 620: § 7, 85
§ 621: § 51, 29
§ 621 a: § 51, 29
§ 704: § 40, 28

§ 717: § 40, 45 (Fn.)
§ 721: § 9, 19, 34; § 29, 70 (Fn.)
§ 725: § 40, 50
§ 726: § 40, 36, 44
§ 727: § 11, 46; § 18, 42; § 38, 132; § 40, 31
§ 732: § 40, 40 f.
§ 737: § 61, 23
§ 738: § 61, 23
§ 739: § 7, 82; § 51, 25
§ 740: § 40, 31 (Fn.)
§ 750: § 40, 36, 50
§ 751: § 40, 36
§ 759: § 40, 36
§ 765 a: § 9, 19, 34; § 11, 42; § 29, 70 (Fn.)
§ 766: § 9, 41; § 53, 65; § 56, 10
§ 767: § 38, 65 (Fn.); § 40, 37, 42; § 42, 13 (Fn.); § 45, 20
§ 771: § 2, 10; § 4, 8; § 5, 46; § 7, 82; § 8, 3; § 9, 40 ff.; § 12, 29; § 20, 46; § 29, 91; § 39, 34; § 40, 30, 31 (Fn.); § 45, 101; § 48, 13; § 49, 5; § 51, 25; § 53, 65; § 55, 51; § 56, 10; § 57, 3, 32, 40; § 58, 2; § 59, 30, 34, 41 f., 48
§ 773: § 59, 48
§ 777: § 55, 9, 24
§ 787: § 53, 75 f.
§ 788: § 59, 41 (Fn.)
§ 792: § 16, 14 (Fn.)
§ 793: § 9, 41
§ 794: § 5, 23; § 37, 55; § 40, 28, 36, 44, 48; § 42, 20; § 45, 13, 15
§ 794 a: § 29, 70 (Fn.)
§ 795: § 40, 37, 44
§ 796: § 40, 50
§ 797: § 40, 42, 44
§ 798: § 40, 36 f.
§ 800: § 5, 23; § 15, 8; § 23, 9; § 37, 28 (Fn.), 55; § 40, 36, 38, 44; § 45, 15; § 46, 8 (Fn.)
§§ 803 ff.: § 55, 2; § 62, 40
§ 803: § 55, 45
§ 804: § 38, 129; § 55, 45, 47
§ 805: § 49, 5; § 53, 65; § 55, 1, 37; § 57, 32, 40

Paragraphenregister

Zahlen = Paragraphen und zugehörige Randnummern

§§ 808 ff.: § 39, 18; § 55, 30, 46
§ 808: § 6, 41; § 7, 10, 12; § 9, 40 ff.; § 52, 54; § 53, 65; § 55, 17; § 57, 32; § 59, 30, 41 f.
§ 809: § 7, 10; § 9, 42; § 56, 10
§ 810: § 53, 65; § 55, 10
§ 811: § 11, 42; § 55, 10; § 57, 43; § 59, 42; § 62, 39
§§ 814 ff.: § 52, 49; § 55, 27, 30, 45, 47, 51
§ 817: § 52, 49
§ 825: § 3, 11; § 55, 30, 51; § 59, 43
§§ 828 ff.: § 39, 18; § 55, 46; § 62, 40
§§ 829 ff.: § 62, 40
§ 829: § 38, 126 f.; § 39, 45; § 45, 91; § 46, 12; § 55, 11; § 59, 41; § 62, 21, 23, 41, 43, 52, 56
§ 830: § 19, 2 (Fn.); § 38, 20 f., 61, 126 f., 130 f.; § 46, 13; § 62, 41, 52
§ 835: § 38, 21, 39, 128; § 45, 91; § 46, 9; § 55, 11, 31; § 62, 21, 43, 45, 47, 52
§ 836: § 38, 130; § 62, 43
§ 837: § 38, 21, 61, 129; § 46, 9
§ 842: § 62, 46
§ 844: § 62, 21, 54
§ 845: § 38, 21
§§ 847 ff.: § 62, 48
§ 847: § 59, 41; § 62, 48
§ 848: § 19, 18; § 23, 8; § 36, 70; § 42, 8; § 62, 48
§ 851: § 18, 47; § 60, 7; § 62, 41
§ 857: § 17, 33; § 19, 2 (Fn.), 16, 18; § 44, 30; § 45, 90 f.; § 46, 12 f.; § 59, 41; § 60, 4, 14; § 62, 21, 40 f., 51, 54, 56
§ 859: § 60, 7; § 62, 53, 56
§§ 864 ff.: § 29, 12; § 37, 8
§ 864: § 31, 13
§ 865: § 3, 17; § 39, 27, 39, 63; § 50, 51; § 55, 10

§§ 866 ff.: § 40, 50; § 42, 6; § 46, 5
§ 866: § 1, 7; § 31, 13; § 38, 131
§ 867: § 16, 14; § 19, 2 (Fn.); § 31, 13; § 40, 50; § 43, 15
§ 868: § 2, 10; § 46, 5
§ 870 a: § 31, 13
§ 883: § 9, 7; § 11, 42; § 57, 43
§ 885: § 11, 42
§ 887: § 12, 24; § 40, 11
§ 888: § 12, 24
§ 890: § 12, 27
§ 894: § 2, 10; § 5, 9, 34; § 11, 42; § 18, 41, 47; § 20, 36; § 22, 4; § 51, 11
§ 895: § 18, 15; § 20, 31
§ 896: § 16, 14 (Fn.)
§ 897: § 52, 50
§ 898: § 2, 10; § 23, 22; § 52, 5; § 52, 50
§ 920: § 18, 15
§ 926: § 9, 18
§ 932: § 42, 6; § 46, 5
§§ 935 ff.: § 18, 15
§ 936: § 9, 18; § 18, 15
§ 938: § 5, 9; § 7, 84 f.; § 15, 31; § 19, 14; § 20, 67 (Fn.); § 63, 32
§ 940: § 7, 84 f.
§ 940 a: § 7, 85; § 29, 70 (Fn.)
§ 941: § 16, 11
§§ 977 ff.: § 53, 87
§ 1044 b: § 22, 2 (Fn.); § 40, 48

Zwangsversteigerungsgesetz
allg.: § 37, 8; § 40, 60
§ 10: § 36, 3, 72; § 37, 7; § 40, 27
§ 12: § 35, 19
§ 17: § 40, 31
§ 20: § 15, 31; § 22, 22; § 39, 13 ff., 39, 43; § 48, 13
§ 21: § 22, 22; § 39, 14 ff., 27, 45, 63
§ 23: § 19, 36; § 39, 8, 31, 42
§ 30 c: § 40, 58

§ 37: § 39, 34; § 43, 7; § 48, 13
§ 44: § 20, 46; § 35, 19, 21; § 36, 116; § 41, 6; § 45, 32, 52; § 46, 10
§ 48: § 18, 24
§ 49: § 45, 32, 52; § 46, 10
§ 52: § 20, 46; § 35, 21; § 36, 115 f., 118; § 41, 6; § 43, 7, 19; § 45, 32, 52; § 46, 8, 10
§ 55: § 39, 17, 34, 43; § 48, 13
§ 56: § 35, 21
§ 57: § 6, 5, 7; § 20, 41; § 29, 78 f., 81
§§ 57 a ff.: § 29, 78
§ 57 a: § 6, 5, 7; § 29, 78; § 38, 106
§ 57 b: § 39, 55
§ 57 c: § 6, 5, 7; § 29, 78; § 38, 106; § 39, 56
§ 57 d: § 6, 5, 7
§ 90: § 19, 2; § 20, 46; § 23, 22; § 39, 17, 43; § 46, 10; § 48, 13
§ 91: § 20, 46; § 35, 21; § 41, 6
§ 92: § 35, 18; § 43, 7; § 45, 51
§ 114: § 45, 50
§ 114 a: § 40, 49
§ 122: § 43, 6
§ 128: § 43, 15
§ 130: § 43, 15
§ 145 a: § 37, 15
§ 146: § 15, 31; § 39, 16, 31, 39
§ 148: § 39, 9, 13 ff., 27, 32, 45
§ 158 a: § 37, 15
§§ 172 ff.: § 40, 57

Zwangsversteigerungsgesetz (1999)
§ 10: § 39, 27 (Fn.); § 40, 61
§§ 30 ff.: § 40, 61
§§ 30 d ff.: § 39, 27 (Fn.)
§ 30 d: § 40, 63
§ 30 e: § 40, 63
§ 153 b: § 39, 27 (Fn.); § 40, 61
§ 153 c: § 39, 27 (Fn.); § 40, 61

Sachregister

Die Zahlen verweisen jeweils auf die Paragraphen und die Randnummern des Buches. Die Randnummern umfassen auch die dazugehörigen Fußnoten. Hauptfundstellen sind fett gedruckt.

Abbaurecht 30.1 ff.
Abfindungsanspruch im Höferecht 27.19
Abfindungshypothek 36.22
Abgeleiteter Besitzerwerb 7.17 ff.
Abgeschlossenheitsbescheinigung 29.20
Abhandenkommen 9.27 ff., 52.7, 52.36 ff.; Einfluß staatlicher Hoheitsakte 52.44; und lastenfreier Erwerb 52.52 f.; Willensmängel 52.43
Abkauf der Rente 25.13
Ablieferungspflicht des Finders 53 .80
Ablösung durch Besitzer 6.7 f.; des Grundpfandrechts 36.110, 38.95, 38.105, 38.108 ff.; der Grundschuld 38.114, 44.26; der Hypothek 37.14, 38.105 ff., 40.16 ff.; beim Pfandrecht 55.23; der Reallast 35.18; der Rentenschuld 47.9; durch Vormerkungsberechtigten 20.46
Abschlußfreiheit 1.7
Abschreibung von Grundstücken 15.19; und Hypothekenhaftung 39.21
Abschriften aus dem Grundbuch 15.57
Absolutes Recht 2.2, 12.3; Veräußerungsverbot 20.68 f.
Absolutes Veräußerungsverbot 20.68 f., 52.30
Absolutheit 2.2, **4.3 ff.**
Absonderungsrecht und Eigentumsvorbehaltskauf 59.29; und Sicherungsübereignung 57.31, 59.29
Abspaltung des Nutzungsrechts 62.1; von Teilrechten 60.4 ff.; –sverbot und Nießbrauch 61.5
„Abstrakte Hypothek" 40.38, 42.23
Abstraktes Besitzkonstitut 7.47, 51.22
Abstraktes Schuldversprechen 5.23, 36.76, 42.23, 45.15 f., 53 .40, 58.24; und Grundschuldbestellung 46.17; Vollstreckungsunterwerfung für – 5.23, 40.36 ff.
Abstraktheit 4.23, **5.40 ff.**, 53 .59
Abstraktionsprinzip 5.40 ff., 19.7, 51.3 f., 51.41, 51.44; Durchbrechung 5.50 ff.; und EU 36.129; und Grunderwerb in der ehem. DDR 63.2 ff.; und grundbuchrichterliche Prüfungspflicht 16.59; in rechtsvergleichender Sicht 5.43, 36.129; und Rechtssicherheit 5.23
Abtrennungsrecht 53.35, s. a. Trennung
Abtretbarkeit der Sicherungsgrundschuld **45.56 ff.**, 45.98; der Sicherungshypothek 36.84
Abtretung Ausschluß der – 4.20 ff., 38.1, 45.59, 45.98, 58.16; Blanko– s. Zession; Erklärung 38.10 f., 38.32 ff.; des Erlangten 11.42; einer Forderung 11.44, 36.75, 42.27; des Grundbuchberichtigungsanspruchs 18.45 ff.; des Herausgabeanspruchs 7.54, 11.44, 37.32, 51.3, 51.35 ff., 52.20 ff.; bei der Höchstbetragshypothek 42.27; der Hypothek 36.88 f.; von Hypothekenzinsen und -nebenleistungen **38.79 ff.**, 38.118; im Sachenrecht 11.44; Sicherungsabtretung s. dort; bei der Sicherungshypothek 42.16 f.; Teil– 62.41; Verbot der – 58.16; s. a. Sicherungsabtretung, Globalzession, Zession
Abwasser 27.43 ff.
Abwehranspruch bei Immissionen 25.34
Abwehrklausel und Eigentumsvorbehalt 59.12
Abwehr- und Beseitigungsanspruch 12.1 ff.,12.20 ff.; vor Pfandreife 55.21
Abzahlungsgeschäft s. Teilzahlungskauf
Abzahlungsgesetz (abgelöst durch VerbrKrG, s. dort) 59.20
Abzahlungshypothek 36.58
actio negatoria s. Eigentumsfreiheitsklage
Änderung des Inhalts dinglicher Rechte 19.42 f.; der Rechtszuständigkeit 19.40; der tatsächlichen Verhältnisse bei der Grunddienstbarkeit 33.30
Änderungsbewilligung 16.32, 18.43
Aggressiver Notstand 25.5 ff.
Agrarrecht 26.20 f.
Akkreditiv 55.8
Akzessorietät bei der Gesamthypothek 43.14; des Grundbuchberichtigungsanspruchs 18.45; der Grundpfandrechte 36.4, 36.59, **36.73 ff.**; der Grundschuld **36.77 ff.**, **44.1 ff.**; des Pfändungspfandrechts 55.49 f.; des Pfandrechts 55.4, 55.12,

877

Sachregister

55.31, 55.37; des Pfandrechts an Rechten 62.11; der Sicherungshypothek 36.85, 36.91, **42.1 ff.**; der Sicherungsübereignung 57.10; der Vormerkung 20.11
Alleinbesitz 7.21, 7.76; der Ehegatten 51.25
Alleineigentum 3.25, 50.7, 53 .8
Allgemeine Geschäftsbedingungen und AGBG und Abstraktionsprinzip 5.51 f.; Anwendbarkeit im Sachenrecht 5.19 ff.; im Bereich der Sicherungsrechte 56.8; der Banken 45.57, 55.8, 55.13, 55.17, 60.14, 62.4 ff., 62.35; und Eigentumsvorbehalt 5.21, 59.7, 59.12; und EU-Richtlinie 5.23, 45.22; Gewährleistungsausschluß durch – 21.22; und notarieller Vertrag 5.23; Prüfung durch das Grundbuchamt 5.24, 16.61 ff.; und Sicherungsabtretung 5.22, 58.9; und Sicherungsgrundschuld 45.13 ff., 45.31 ff., 45.45; und Sicherungsübereignung 57.22 f., 57.25; Verpfändung im Rahmen von – 60.14; und Vollstreckungsunterwerfung 40.43 ff.; widersprechende – 59.12
Allgemeiner Teil des BGB Anwendbarkeit 5.5 ff., 19.10 ff.
Allzweckhypothek 36.23
Altenteil 3.41, 29.45 ff., 35.2, 35.9 f.
Alterspriorität und Rang 17.7
Altertumsfunde 53 .84
Altrechtliche(r) Dienstbarkeiten 23.12 f., 33.36, 34.16; Grunddienstbarkeit 33.36; Grundpfandrechte 36.128, 63.12, 63.51; Nießbrauch 32.29; Waldgerechtigkeit 27.63
Amortisationshypothek 36.53 ff.
Amtsempfangsbedürftige Willenserklärung 16.27
Amtsermittlung in WEG-Sachen 29.25
Amtsgericht als Grundbuchamt 15.3 f.
Amtshaftung 13.19, 15.12 ff., 17.16
Amtslöschung 16.12, 16.55
Amtspflichtverletzung 13.19; und Enteignung 13.19; von Grundbuchbeamten 15.12 ff.
Amtsverwaltung und Eintragungsbewilligung 16.34
Amtsvormerkung 16.64 ff., 20.30
Amtswiderspruch 16.12, **16.64 ff.**, 17.20, 17.39, 18.16, 22.20; Beschwerde 16.57
Anbaubeschränkungen 26.20 f.
Anderweitige Ersatzmöglichkeit 13.19
Aneignung herrenloser Sachen 53.67 ff.; von Tieren 27.65 f.
Aneignungsgestattung 53 .54 ff.; und Eigentumsvorbehaltssache 53 .55; Fruchterwerb kraft – 53.54 ff.; durch Nichtberechtigte 53.66; und Rechtsnachfolge 53.62; Rechtsnatur 53.56 ff.; Widerruf 53.61
Aneignungsrecht 3.42, 27.65 f., 30.4 f., 53.71 ff.; des Fiskus 53.75; als sonstiges Recht 53.73
Aneignungstheorie 53.57
Anerbenrecht 27.13 ff.
Anerkenntnis bei Briefhypothek 40.21
Anfechtbarkeit der Eintragungsbewilligung 16.28; wegen Willensmangels 23.30; 52.25
Anfechtung in der Insolvenz 23.44 ff.
Anfechtungsklage 13.27
Anfechtungsrecht 57.30, 57.33
Ankaufsrecht 20.6, 21.4, **21.38 f.**; bedingtes – 20.22
Anlage auf fremdem Grundstück 12.14; gefährliche – 25.40; störende – 12.14, 25.38
Anlagekredit 36.4, 36.13 f., 44.5, 45.4, 45.48 f.
Anlandung 27.49
Anlieger –beitrag 26.9; –gebrauch 27.52; Nutzungsrecht der – 26.16 ff.; im Wasserrecht 27.48, 27.52
Annuität 36.53
Anrechnungsvereinbarung und Sicherungsgrundschuld 45.44 ff.
Anschlußsicherung 57.45
Ansichnehmen 53.79; Wiederansichnahme s. dort
Ansprüche dingliche – 2.4, 11.43; petitorische – 9.27 ff.; possessorische – 9.17 ff.; relative – 2.4
Anteil an einer GmbH, Belastung 60.1, 60.6; an einer OHG, Sicherungsabtretung 58.10; an einer Personalgesellschaft, Nießbrauch 61.5; Pfändung 62.53, 62.56; s. a. Miterbenanteil
Antezipierte Einigung 51.20, 51.31
Antezipiertes Besitzkonstitut 7.38 f., 7.52, **51.31**, 51.53, 57.7
Antichrese 32.6, 62.32
Antrag s. Eintragungsantrag
Antragsberechtigung 16.13, 16.59; Verwirkung der – 16.19; Verzicht auf – 16.13
Antragsprinzip im Grundbuchrecht 16.7 ff.
Anwachsung Besitzerwerb durch – 8.4; Grundbuchberichtigung nach – 18.31, 18.39; und Grundbuchsystem 19.3 ff.
Anwartschaft aus Auflassung 19.15 ff.
Anwartschaftsrecht 3.44 ff., 17.17, 59.3; bei Aneignungsgestattung 53.57; und Auf-

hebung des Kaufvertrages 21.9; des Finders 53.82; als Gegenstand der Sicherungsübereignung 57.11; gesetzliches Pfandrecht 55.41; des Grundstückserwerbers 19.15 ff.; Verpfändung 62.26; am Grundstückszubehör 39.35 ff.; als „sonstiges Recht" 13.8, 19.20, 59.45; des Vorbehaltskäufers s. Anwartschaftsrecht des –

Anwartschaftsrecht des Vorbehaltskäufers 3.44 f., 49.5, 55.41, 59.3 f., **59.32 ff.**; Aufhebung 39.41, 40.10, 59.37; Drittwiderspruchsklage 59.48; Erwerb vom Nichtberechtigten 59.38 ff.; als Gegenstand der Sicherungsübereignung 57.11; Inhaltsänderung 59.36; Pfändung 59.30, **59.41 ff.**; Rechtsnatur 59.4 f.; Rechtsstellung 59.3; Schutz 3.46, 19.20, 55.41, 59.44 ff.; Übertragung 59.34 ff.; s. a. Anwartschaftsrecht

Anwendbarkeit des Allgemeinen Teils 5.5 ff., 19.10 ff.; des Schuldrechts 5.25 ff., 11.43 ff.

Anzeige der Verpfändung an Besitzmittler 55.6, 55.17; von Forderungen 60.11, 62.14, 62.17, **62.25 f.**

Anzeigepflicht des Finders 53.81 f.

Arbeitskraft als „Verwendung" 11.55

Arbeitsplatz Recht am – 7.73

Arbeitsverhältnis Übergang 28.12

Arglist 21.12; und Besitzaufgabe 52.43; – einrede bei Doppelinanspruchnahme 45.83

Arresthypothek 42.6, 46.5

Arrestvollziehung 20.40

Atypische Sicherungsgeschäfte 56.1 ff.; Ausformung 56.5 ff.; wirtschaftliche Tatsachen 56.9

Aufbauhypothek nach ZGB 63.10

Aufgabe des Besitzes 51.13 f., 53.69; beweglicher Sachen 5.4; des Eigentums 5.4; 53.69; des Grundeigentums 5.4; eines Rechts 19.45 ff.

Aufgabe der Polizei 12.33

Aufgabewillen bei Dereliktion 53.69

Aufgebotsverfahren 46.4; Ausschluß des Eigentümers 53.87

Aufgedrängte Bereicherung 53.33

Aufhebung der Bruchteilsgemeinschaft 3.28; des Dauerwohnrechts 29.59; dinglicher Rechte 16.35; der einstweiligen Verfügung bei der Vormerkung 20.57; des Erbbaurechts 29.43; der Grunddienstbarkeit 33.39; der Grundschuld 44.28, 45.24 ff.; des Grundstückskaufvertrags 21.9; von Grundstücksrechten 19.44 ff.; der Hypothek 19.45, 36 113, 38.92, 41.2 f.; des Pfandrechts an Rechten 62.20; der Reallast 35.16; der Vormerkung 20.55 f.; des Wohnungseigentums 29.24; des Wohnungsrechts 29.52; Zustimmung Dritter 19.49; s. a. Verzicht

Auflassung 3.45, 16.36, 19.11, 20.2, **22.1 ff.**; –sanwartschaft 19.15 ff., 22.12, 62.26; Auslegung der – 22.15; Bindungswirkung der – 22.11; in den neuen Bundesländern 22.30; Form 22.2 ff.; Genehmigungspflicht 26.5; Grundgedanke 22.1; Wirkung 22.22 f.; s. a. Rückauflassung

Auflassungsanspruch Verpfändung und Pfändung 19.18; 62.26

Auflassungsvormerkung 18.6 f., 18.39, 19.15 f., 19.36, 20.4 ff., 20.68 f.; ranggleiche 20.49; vorrangige 20.46, 39.65

Auflösende Bedingung s. Bedingung

Aufopferung 13.19 ff., 25.29, 25.32 f.; im Nachbarrecht 25.29

Aufopferungsanspruch 13.19 ff., 25.29, 26.17 f., 53.23; privatrechtlicher – 25.32

Aufopferungstheorie 13.20 f.

Aufschiebende Bedingung s. Bedingung

Aufschrift des Grundbuchs Anhang 1

Aufwendungsersatzanspruch des Besitzers 11.15 ff., 11.54 ff.; des Finders 53.80; des Pfandgläubigers 55.20; bei Rücktritt nach § 455 BGB 59.19

Auseinandersetzung der Personengesellschaft 18.39

Ausfall – des Bürgen 38.100 ff.; –hypothek 37.9

Ausfertigung vollstreckbare – der vollstreckbaren Urkunde 40.36

Ausgesuchte Ware 51.33

Ausgleich des Rechtsverlustes 53 .23 ff.

Ausgleichsanspruch aus enteignungsgleichem Eingriff 25.32; im Nachbarrecht 25.29, 25.32, 25.34

Ausgleichspflicht – zwischen Bürge und Grundschuldschuldner 45.84 f.; – zwischen Bürge und Hypothekenschuldner 38.100 ff.; – zwischen Bürge und Pfandeigentümer 55.23; – mehrerer Pfandeigentümer 55.23

Ausgrabungsgesetze 53.84

Aushändigung des Hypothekenbriefes 40.20

Aushändigungsabrede 37.33 ff.; Form 37.33 ff.

Auskunftsvertrag 58.24

Aussaugung 57.4

Ausscheiden aus dem Haftungsverband Bestandteile 39.28 ff.; Miet- und Pachtzinsforderungen 39.44 ff.; Versicherungsforderungen 39.64; Zubehör 39.40 ff.

Sachregister

Zahlen = Paragraphen und Randnummern

Ausschließungsrecht des Eigentümers eines Waldes 27.63
Ausschluß der Brieferteilung 36.87; des Eigentümers 53.87; der Forderungsabtretung 58.16; aus BGB-Gesellschaft 18.31; der Pfandrechtsübertragung 55.31; der Übertragbarkeit 4.21 f.; des Wegnahmerechts 53.35
Ausschlußurteil 20.58; 53.87
Außerordentliche Kündigung des Darlehensvertrags 36.51; der Hypothek 36.47 ff., 40.4; im Mietrecht 29.21
Aussonderungsrecht und Eigentumsvorbehaltskauf 59.26; bei der Sicherungsabtretung 58.2; bei der Sicherungsübereignung 57.31, 57.39
Ausübung des Nießbrauchs Pfändung 60.4
Auszug s. Altenteil

Banken Pfandrecht 55.8; s. a. Allgemeine Geschäftsbedingungen und AGBG, und Banken
Bankier Redlichkeit 52.52
Bankkonto Pfändung 62.44
Bankkredit Sicherung 57.7
Bargebot 20.46, 45.32, 46.10
Bargeschäfte des täglichen Lebens 51.43
Bau auf fremdem Grundstück 11.55
Baubeschränkung 21.19
Baufluchtlinie 15.40
Baufreiheit 26.2
Baugeldhypothek 36.16 f., 37.41 ff.
Baugenehmigung 1.2, 25.43 ff., 26.2
Baugesetzbuch 21.34, 26.3
Bauhandwerkerhypothek 42.7
Bauhandwerkersicherung 53.6
Baukostenzuschuß 29.45, 29.78, 39.54 ff.
Baulandkammer 26.10
Baulandsachen Kammer für – 13.29
Baulast 33.3; nach Vormerkung 20.44
Bauleitplan 26.5
Bauplan 26.3
Bauplanung 26.3, 26.12, 33.3
Baurecht 26.1 f.; und Nachbarrecht 25.43 ff.
Bausparkasse 17.4, 36.9, 36.32 f., 37.45
Bausperre 13.18; 26.5
Bauverbot 29.19
Bauwerkvertrag 21.4
Bebauungsplan 26.6
Bedingte Forderung und Grundpfandrecht 37.19 ff.; Forderung und Hypothek 37.19 ff.; Übereignung 51.9; s. a. Bedingung
Bedingter Anspruch und Vormerkung 20.22 f.

Bedingung 16.8 f., 23.33; bei der Auflassung 22.6 ff.; auflösende – 37.19 ff., 51.9, 58.2, 58.5; aufschiebende – 37.19 ff., 51.9, 53.41; bei der Einigung 19.12; beim Erbbaurecht 29.36; beim Eigentumsvorbehalt 59.1; bei der Hypothekenforderung 37.19 ff.; bei Rechtsgeschäften 5.11; bei der Sicherungsabtretung 5.54, 58.2, 58.5; bei der Sicherungsgrundschuld 45.40; bei der Sicherungsübereignung 5.54, 57.2, 57.45; bei der Übereignung 51.9; beim Vorkaufsrecht 21.28
Bedingungszusammenhang 5.53 f.
Beeinträchtigung des Eigentums 12.5 ff., 25.27 f.
Beeinträchtigungen Ausgleichsanspruch 25.29; Beseitigung der – als Schaden 12.7; ortsübliche – 25.19, 25.25, 25.28, 25.34; unwesentliche – 25.19, 25.25, 25.27, 25.34; durch Vorsorgeverwaltung 12.26; wesentliche – 25.19, 25.28, 25.34; s. a. Beeinträchtigung des Eigentums
Beendigung s. Erlöschen
Befriedigung des Grundpfandgläubigers 36.115 f.; des Grundschuldinhabers 44.29; vorzugsweise – 53.65
Befristung 16.8 f., 53.41; bei der Auflassung 22.6 ff.; bei der Einigung 19.12; des Erbbaurechts 29.36; beim Vorkaufsrecht 21.28
Beglaubigung, öffentliche 16.6, 16.44 f., 37.33, 38.15
Beharrungsinteresse 53.85
Behördliche Genehmigung im Gewerberecht 25.30 ff.; im Landwirtschaftsrecht 16.68, 27.6 ff.; s. a. Genehmigung
Bekanntmachung der Eintragung 16.53
Belastetes Grundstücksrecht Aufhebung 19.49
Belastung des Erbbaurechts 29.40 ff.; und Grundstücksverbindung 15.22 ff.; der Hypothek 38.18 ff.; mit einer Hypothek 37.2 ff.; öffentlich-rechtlicher Leistungsansprüche 60.15; von Rechten 60.1 ff.; des Wohnungseigentums 29.11
Belastungsobjekt der Hypothek 37.2 ff.
Belastungsvorbehalt 21.39
Beleihungsgrenze 36.41 ff.
Benachrichtigung 16.53, 38.99
beneficium excussionis realis 55.9
Berechtsamsbuch 30.7
Bereicherung und Aneignungsgestattung 53.59; aufgedrängte – 53.33; ungerechtfertigte – s. dort
Bereicherungsanspruch nach § 951 BGB 53.23 ff.; Inhalt 53.32 ff.; Rechtsnatur

Zahlen = Paragraphen und Randnummern   **Sachregister**

55.24; Umfang 53.32 f.; Voraussetzungen 53.26 ff.; Wertberechnung 53.33
Bergbaufreiheit 30.2
Bergbauhoheit 30.2
Bergbaurecht 30.1 ff.; der neuen Bundesländer 30.8
Bergregal 30.2
Bergschaden 30.6
Bergwerkseigentum 30.1 ff., 53.67; Begriff 30.3 ff.; Berechtsamsbuch 30.7; Bewilligung 30.3; Entstehung 30.3; Feld 30.3; Geschichte 30.2; und Grundeigentum 30.4; Inhalt 30.4 f.
Berichtigung des Grundbuchs s. Grundbuchberichtigungsanspruch; des Schiffsregisters 31.7, 31.10
Berichtigungsbewilligung 16.21 f., 16.33, 18.28, 18.41 ff., 40.20 f.; und Schadensersatzpflicht 46.45
Beschlagnahme Begriff 39.13; von Bestandteilen 39.27; von Miet- und Pachtzinsforderung 39.44 f.; von Rechten 62.41; von Versicherungsforderungen 39.63; von Zubehör 39.39; in der Zwangsversteigerung 15.31, 19.35, 39.4 ff., 40.51
Beschränkte dingliche Rechte 3.35 ff., 4.6, 29.29, 29.76; an beweglichen Sachen 49.4, 54.1; und Deliktsschutz 13.8; Entstehung in der ehem. DDR 63.7, 63.10; der ehem. DDR, Fortbestand 63.50 f., 63.54; an Rechten 60.1 ff.
Beschränkte persönliche Dienstbarkeit 3.38, 29.46, 33.1, **34.1 ff.**; Abgrenzung zum Nießbrauch 34.3; Anwendungsbereich 34.7 ff.; Begriff 34.1; in den neuen Bundesländern 34.16; Eigentümer(grund)dienstbarkeit 33.34, 34.14; Fernwärmedienstbarkeit 34.9; Inhalt 34.2 f.; juristische Person als Berechtigte 34.1; Überlassung der Ausübung 34.13; Übertragbarkeit 34.1, 34.12; Vererblichkeit 34.12 ff.; Wettbewerbsverbot 34.9; Wohnungsbesetzungsrecht 34.9; Wohnungsrecht 29.46, 34.15
Beschränkung des Mobiliareigentums 50.5 f.
Beschränkung der Verfügungsbefugnis s. Verfügungsbeschränkung
Beschwerde in Grundbuchsachen 15.7 f., 16.59
Beseitigungs- und Schadensersatzanspruch 12.20 f.; Beeinträchtigung durch Naturkräfte 12.15 ff.; bei Rechtsnachfolge 12.15 ff.; Rechtswidrigkeit bei – 12.8 f.; nach Wegfall des Rechtfertigungsgrundes 12.15 ff.; s. a. Beeinträchtigungen

Beseitigungs- (und Unterlassungs-) anspruch 12.1 ff., 55.21; im Prozeß 12.24, 12.27; und Schadensersatzanspruch 12.20
Beseitigungsklage s. Eigentumsfreiheitsklage
Besitz 3.24, 4.9 ff., **6.1 ff.**; Alleinbesitz 7.76; und Aneignungsgestattung 53.60; Arten 7.1 ff.; Aufgabe 7.26, 51.13 ff., 53.69; und Bau auf fremdem Grundstück 11.55; an beweglichen Sachen 4.12 ff., 29.62; Buch- 18.35, **23.1 ff.**; Eigen– 6.9, 7.92 ff., 11.27, 11.31 ff., 11.53, 53.51, 53.88; und Eigentum 3.24 ff., 53.88; bei Eigentumsvorbehaltssachen 57.12 f.; des Erben 8.2 f., 52.40; Erbschafts– 53.89; Erhaltungsfunktion 6.3 ff.; Erwerb 7.13 ff.; 51.16; fehlerhafter – 9.8; Fremd– 7.88 ff., 11.53, 11.56 f.; –gebäude 59.35; und Gewahrsam 7.10; Gutglaubenswirkung 4.15 f.; juristischer Personen 7.70; –konstitut s. dort; mehrstufiger – 7.41, 7.80, 51.39; Mit– 7.78 ff., s. a. dort; mittelbarer – s. dort; Neben– 7.59, 52.24, 59.35; Nutzungs– 53.50 ff.; Ober– 7.38 ff.; offener – 7.21; Publizitätsfunktion 6.10; rechtmäßiger – 11.24 ff.; Rechts– 7.9, 33.43; Schutzfunktion 6.2; –stufen 7.41, 7.80, 51.39; Teil– s. dort; Überlassung des – 53.63; Übertragungswirkung 4.10 f.; und unerlaubte Handlung 6.2, 9.31 ff.; unmittelbarer – 7.5 ff.; Verlust des – 7.25 ff., 59.23; Vermutungswirkung 4.12 ff., 7.81 f.; Vorenthaltung des – 4.4; – des Wertpapiernießbrauchers 61.20; –wille des Ehegatten 7.16
Besitzbegründungswille 7.17 f.
Besitzdiener 7.35, **7.61 ff.**; und Besitzverlust 52.39; Einigung und Übergabe durch – 51.13 ff., 52.32; Gewaltrechte gegen Dritte 7.73; Rechtsfolgen 7.71 ff.; und Übereignung 51.10, 51.41; Unredlichkeit des – 5.15; Unterschied zum Besitzmittler 7.65 f.
Besitzentziehung 4.4, 9.3 ff., 9.10 ff.
Besitzentziehungsanspruch 9.16 ff.
Besitzer Buch– 18.35, **23.1 ff.**; eigenmächtiger – 11.11, 11.14, 11.20; Haftung des – 11.9 ff.; poenaler – 11.11, 11.14, 11.20; redlicher – 11.9, 11.12, 11.18; unredlicher – 11.10, 11.13, 11.19; Verzug des – 11.10
Besitzergreifung Aneignung 53.71 ff.
Besitzerwerb abgeleiteter (derivativer) 7.13, 7.17 ff.; und Eigentumsvermutung 10.11 ff.; bei generellem Besitzwillen 7.16; durch Gesamtrechtsnachfolge 8.2 ff.; guter Glaube bei – 8.8; mittelbarer – 7.51 ff.;

881

Sachregister

originärer – 7.15 f.; rechtsgrundloser – 11.38; durch Stellvertreter 8.5 f.
Besitzgebäude 7.41, 59.35
Besitzkehr 9.10 ff.
Besitzkonstitut 7.30 ff., 37.32, 51.3, 51.20 ff., 52.17 ff., 56.1; abstraktes – 7.47, 51.22; antezipiertes – s. dort; und Belastung von Rechten 60.10; durch Beschlagnahme 7.49; gesetzliches – 51.24 ff.; durch Insichgeschäft 51.30; konkretes – 7.47 ff., 51.22, 57.9; rechtsgültiges – 7.45 f., 51.23; und Sicherungsübereignung 56.1 ff., 57.8 ff.; Verpfändung durch – 55.6, 55.16
Besitzlage bei Eigentumsvorbehaltssachen 59.35
Besitzlosigkeit 53.70, 53.78; bei Pfandrechten 55.6, 55.38
Besitzmittler 7.4, 7.30, 51.13
Besitzmittlungsverhältnis s. Besitzkonstitut
Besitzmittlungswille Aufgabe des – 7.58 f.
Besitzpfandrechte 55.36
Besitzrecht 6.4, 11.25; Ende des – 11.28 ff.; des Nießbrauchers 32.15; Überschreitung des – 11.27; des Vorbehaltskäufers 59.47; des Wohnrechtsinhabers 29.51
Besitzrechtsableitung 7.37 ff.
Besitzschutz 6.2, 8.2, **9.1 ff.**; beim Anwartschaftsrecht 59.46 f.; deliktischer – 9.31 ff.; bei Getrenntleben 9.18; des Mieters 29.62; in der nichtehelichen Lebensgemeinschaft 7.85; s. a. Besitzschutzrechte
Besitzschutzrechte 7.4, 7.61, 7.87, **9.1 ff.**, 29.62; petitorische 9.27 f.; possessorische 9.17 ff.; und Präklusion 9.19
Besitzstörung 9.1 ff.; und industrielle Immission 9.21; –sklage des Mieters 29.62; und Postwurfsendung 9.22
Besitzstufen s. Mehrstufiger Besitz
Besitzverhältnisse unter Ehegatten 7.48, 7.81 f., 51.25 ff.; an der ehelichen Wohnung 7.81 f.; bei der OHG und KG 7.80
Besitzverlust 7.25 ff., 7.56 ff.; durch Besitzdiener 52.39; des Erben 52.40; und gesetzliches Pfandrecht 55.44; und Pfandrecht 55.34; durch staatlichen Hoheitsakt 52.44; unfreiwilliger – 7.27 f., 9.27 ff., 52.7, 52.37 ff.; und Willensmängel 52.39
Besitzübertragungswille 51.18
Besitzverschaffung bei Übereignung beweglicher Sachen 51.1 f.
Besitzverschaffungspflicht 21.16
Besitzwehr 9.10 ff.
Besonderes Gewaltverhältnis 7.68
Bestandsschutz bei Wohnraummiete 29.64 ff.

Bestandsverändernde Einwendungen bei der Grundschuld 44.17; bei der Hypothek 38.64
Bestandsvernichtende Einwendungen bei der Grundschuld 44.17; bei der Hypothek 38.64
Bestandsverzeichnis 15.48
Bestandteile 3.5 ff., 33.32, 36.8, 36.65; des Erbbaurechts 29.29; gestohlener Sachen 53.53; von Grundstücken 39.28; gutgläubiger Erwerb beschlagnahmter – 39.30 ff.; und Hypothekenhaftung 39.24 ff.; sonstige – 53.47, 53.50; Übereignung 3.10, 22.22 f.; Verpfändung 55.10; wesentliche – 3.10, 29.29, 53.4 ff., 53.47, 53.50
Bestimmbarkeit 51.8; bei der Sicherungsabtretung 58.19; bei der Sicherungsübereignung 57.12 f.; beim verlängerten Eigentumsvorbehalt 53.22
Bestimmtheitsgrundsatz 4.17 ff.; und Besitzmittlungsverhältnis 51.22, 51.31; und Anwartschaftsrecht 59.38; und Eigentumserwerb 51.8; Eigentumsvorbehaltssachen 59.38; Pfandrecht an beweglichen Sachen 55.5; und zu sichernde Forderung 62.10 ff.; und Grundpfandrechte 36.64 ff.; und Hypothekeneintragung 37.25 ff.; Pfandrecht an Rechten 62.11 ff.; bei der Sicherungsabtretung 58.9; bei der Sicherungsübereignung 51.31, 57.12; Übertragung von Unternehmen 28.8 ff.; und Vollstreckungsunterwerfung 40.38. Warenlager 51.8; und Zinssatz bei Hypothek 37.25 ff.
Betreuung des Volljährigen 5.38, 5.52, 7.53; und Grunderwerb 19.32, 19.39; und Erwerb vom Nichtberechtigten 23.35
Betriebseinstellung 25.30
Betriebsübergang 28.12
Betroffener 16.32 ff.
Beurkundung, öffentliche 16.3, 16.44 ff., 21.6 ff.; s. a. Form und Grundbuchrecht
Bewegliche Rangordnung 17.8 ff.; s. a. Rang
Bewegliche Sachen 2.15, 3.5; Anwendung des § 906 BGB auf – 25.35; Eigentumserwerb 51.1 ff.; Pfändung 55.45 ff.; Übereignung zugunsten Dritter 5.28; Verpfändung 55.10
Bewertung von Sicherheiten 57.25 ff.
Beweislast 2.9; bei Emissionen 25.30 ff.; beim gutgläubigen Erwerb 52.26; bei der Sicherungsgrundschuld 45.14, 45.43; bei der Sicherungshypothek 42.12; –umkehr 40.37; nach UmwelthaftungsG 25.2 ff.,

25.13 ff.; bei Vollstreckungsgegenklage 40.37, 40.42, 40.45, 40.47
Beweisurkunde 51.40
Bewilligung 16.4, **16.20 ff.**; der Eintragung 16.21 ff., 18.2; bei Grundbuchberichtigung 18.28; der Löschung 18.26, 20.55 f.; der Vormerkung 20.28 ff., 20.63 f.; des Widerspruchs 18.14
Bewilligungsgrundsatz 16.4, 16.20 ff.
Bewirtschaftung des Waldes 27.60 f.
Bezirksnotar 15.5
Bezugnahme auf Eintragungsbewilligung 16.38, 19.23 ff., 33.38, 37.25 ff.
Bienenflug als Immission 25.37
Bienenrecht 53.74
Bindung des Eigentums 12.8, 24.6 f., 25.16 ff., 26.1 ff., 50.1 ff.
Bindung der Einigung 5.11, 5.33 ff., 19.13 f., 19.32 ff., 51.11; bei Übereignung beweglicher Sachen 5.36 f., 51.11; bei Immobiliarübereignung 5.33 ff.
Bindungswirkung der Auflassung 5.33, 22.11; der Eintragung 16.54
Binnengewässer 27.49
Binnenschiffe 31.2
Binnenschiffsregister 31.2
Blankoindossierung 61.17
Blankozession 38.11, 58.9
Bodenrecht 2.12
Bodenreform 27.25 ff.; in der ehem. DDR 63.5
Bodenschätze bergfreie 30.3; grundeigene 30.3; im Küstengebiet 53.67; s. a Bergrecht und Schatzfund
Bösgläubigkeit s. Gutgläubiger Erwerb
Bordellkauf 37.50
Brandmauer 25.38
brevi manu traditio 37.32, 51.3, **51.20 ff.**, 52.16; bei der Verpfändung 55.17
Briefgrundpfandrechte 36.87 ff.
Briefgrundschuld 44.6; und Sicherungsabtretung 58.10
Briefhypothek 36.87 ff., 37.22 ff.; Abtretung 38.11 ff.; Begründung 37.22 ff.; Briefübergabe 37.29 ff., 38.12 ff.; Divergenz von Buch und Brief 38.41 ff.; Erwerb von Nichtberechtigten 38.31 ff.; Geltendmachung 38.53 ff.; Kündigung 40.15; Pfändung 38 125 ff.; Übertragung 38.10 ff.; Umwandlung 37.40; Verpfändung 60.9 ff.; s. a. Hypothek
Briefrentenschuld 36.87
Briefübergabe bei der Grundschuld 44.7; bei der Hypothek 37.29 ff., 38.12 ff., 38.32, 38.38

Bruchteilseigentum 7.87, 29.8, 45.29
Bruchteilsgemeinschaft 3.28
Bruttonießbrauch 32.8
Buchberechtigter 18.39
Buchbesitzer 18.35, **23.1 ff.**
Buchersitzung 6.9, 7.92, 53.87
Buchgrundpfandrechte 36.86
Buchgrundschuld 36.86, 44.9
Buchhypothek 36.86, 36.93; Begründung 37.38 f.; Divergenzfälle 37.39; Geltendmachung 38.52; bei Schiffen 31.11; Form der Übertragung 38.17; Umwandlung 37.40
Buchposition Herausgabe der – 18.32
Buchrentenschuld 36.86
Buchungsfreie Grundstücke 15.27
Buchungsvorgänge 16.1 ff., 16.49 ff.
Bürge Leistung durch – 38.101 ff., 45.84 f., 55.23; Pfandrecht der Banken gegenüber – 62.6
Bürgerliches Recht und ZVG 39.16 f.
Bürgschaft 36.74; Ausfall– 38.104; Ausgleich 38.100 ff., s. a. dort; und Gesamthypothek 43.34 f.; Zusammentreffen mit Grundschuld 45.84 f.; Zusammentreffen mit Hypothek 38.100 ff.
Bundesfernstraßengesetz Eigentumsbeschränkungen durch – 26.17
Bundesleistungsgesetz 50.5
Bundeswasserstraßen 27.45

Casum sentit dominus 51.33
Causa 5.40 ff.
Constitutum possessorium 7.32, 51.3, 51.21 ff.; s. a. Besitzkonstitut
Contratabularersitzung 53.87

Damnum 17.4
Darlehensbuchhypothek 38.30
Darlehensurkunde, Muster Anhang 5
Daseinsvorsorge 1.1
Datenschutzrecht und Grundbucheinsicht 15.60
Datenträger 3.2
Dauernutzungsrecht 29.47; und Time-Sharing 29.94
Dauerschuldverhältnis Miete 29.65 ff.
Dauerwohnrecht 29.47, 29.54 ff.; und Time-Sharing 29.88 f.
DDR, ehemalige s. neue Bundesländer; Grundstücksrecht der 63.2 ff.
Defensivnotstand 25.5
Deliktsschutz 4.4 f., 9.31 ff., 11.33 ff., 13.2 f., 19.20, 53.25; und beschränkt dingliche Rechte 13.7 f.
Denkmalschutz 26.13 f., 53.84

Sachregister

Zahlen = Paragraphen und Randnummern

Depot 7.58, 55.17; s. ferner Wertpapiere
Dereliktion 5.4, 53.69 f.; von Grundstücken 53.75; Willensmängel 53.70
Derivativer Besitzerwerb s. abgeleiteter –
Diebstahl 7.11
Dienstbarkeit 3.36 ff., **33.1 ff.**, **34.1 ff.**; Abgrenzung zum Nießbrauch 32.12, 33.31; und Abstraktionsprinzip 5.50 ff.; altrechtliche – 23.12, 63.51; Begriff 33.1; beschränkte persönliche – 3.38, 25.22, 29.46, 33.1, 34.1 ff.; und Fruchterwerb 53.49; Fernwärme– 33.17; Wettbewerbs– 33.13 ff.; s. a. Grunddienstbarkeit und beschränkte persönliche Dienstbarkeit
Differenz Einigung – Eintragung s. Divergenz
Dinglich Nutzungsberechtigter Fruchterwerb des – 53.45, 53.49
Dingliche Einigung 19.15, 19.28 ff.; s. a. Einigung
Dingliche Rechte 2.16; beschränkte – 3.35 ff., 3.39 ff., 13.8, 29.81; Eintragungsfähigkeit 15.29 f.; Gliederung 3.23 ff.; als Nutzungsrechte 29.81, 30.4, 34.8, 53.51; Rechtsschutz 10.1 ff.; Schadensersatz bei Beeinträchtigung – 13.2 ff., s. a. Deliktsschutz; Schutz im öffentlichen Recht 13.12 ff.; Schutz im Privatrecht 13.2 ff.; Sicherung 18.20; Wirkung 2.1 ff.
Dingliche Rechtsänderungen 3.11; bei der Gesamthypothek 43.36
Dingliche Schuld Theorie der – 36.68
Dingliche Surrogation 57.14; s. a. Surrogation
Dinglicher Anspruch 11.43; s. a. Ansprüche
Dinglicher Titel 23.9, 37.55, 40.27 f., 44.14
Dinglicher Vertrag **5.2 ff.**; zugunsten Dritter 5.28; anwendbare Vorschriften 5.5 ff.
Dingliches Recht Mangel des – 38.23 ff., 36.108
Dingliches Rechtsgeschäft **5.1 ff.**; Abstraktheit 5.40 ff.; und Grundpfandrecht 36.108
Dingliches Verwertungsrecht 36.62, 54.1
Dingliches Vorkaufsrecht 3.42, 15.39, **21.23 ff.**; nach ZGB-DDR 63.10, 63.51; s. a. Vorkaufsrecht
Disagio 17.4
Diskontkredit 42.18
Dispositionsmaxime 16.49
Dispositionsnießbrauch 32.5, 32.14, 54.2

Divergenz bei der Buchhypothek 37.39; von Buchlage und „wahrer" Rechtslage, s. Unrichtigkeit des Grundbuchs; von Eigentum und Besitz 53.87; von Einigung und Eintragung 18.3, 19.8, 19.30 ff.; von Hypothekenbrief und Grundbuch 38.41 ff.; von Schuldner und Grundstückseigentümer 37.13 f., 45.72 ff.
Dividendenrecht 61.19 f.
Dokumentenakkreditiv 55.8
Doppelbuchung im Grundbuch 23.14
Doppelkondiktion 53.31
Doppelleistung 38.51
Doppelmangel 53.31
Doppelpfändung 55.41, **59.27**
Doppelsicherung Verbot im Hypothekenrecht 37.9
Doppeltilgung bei Sicherungsgrundschuld 45.46
Dreigliedriges Verhältnis 11.25
Drittschadensliquidation durch Grundstücksverkäufer 19.20
Drittschützendes Baurecht 25.43, 25.46
Drittschuldner 58.23 ff.; Zahlungsverbot 62.41
Drittverschulden Haftung für – 5.13 ff.
Drittwiderspruchsklage 9.40 ff., 12.29, 20.46, 51.25, 53.65, 55.51, 57.32, 57.40, 58.2, 59.20, 59.24, 59.27; des Anwartschaftsberechtigten 59.32
Drittwirkung der Grundrechte 24.7
Drohende Schädigung 12.7, 12.25
Drohung Besitzaufgabe unter – 52.43
Duldung der Haftungsverwirklichung 38.66, 40.24 ff.; der Zwangsvollstreckung 55.30; s. a. Duldungstitel
Duldungspflicht im Nachbarrecht 9.16, 12.9, 25.16 ff.; öffentlich-rechtliche 12.10
Duldungstitel 40.27 f., 55.30, 62.18
Durchgangseigentum 51.43, 52.19, 59.21, 59.24
Durchgriff 5.48, 53.28
Durchgriffserinnerung 15.11
Durchsetzung des durch die Vormerkung geschützten Anspruchs 20.35 ff.

Effektenkommission Eigentumserwerb 51.30
Ehegatten Besitzschutz bei Getrenntlebenden 9.18; Gesellschaft des BGB 3.27; Gütergemeinschaft 3.27; Übereignungsvorgänge 51.26; Verfügungen von – 22.17 ff., 51.25
Ehewohnung Besitzverhältnisse 7.81 f.

Zahlen = Paragraphen und Randnummern **Sachregister**

Eigenbedarfskündigung 29.68; in den neuen Bundesländern 29.83
Eigenbesitz 6.9, **7.88 ff.**, 11.53; des Erben 8.3; des Ersitzers 53.88; Fruchterwerb 53.51; unberechtigter 11.27
Eigene Sache Pfändung 55.49, 59.14, **59.42 f.**; Pfändungspfandrecht 59.42
Eigengrenzüberbau 25.12
Eigenmacht, verbotene 7.70, 9.10, 11.5, 11.11
Eigenständige Sicherungsabtretung 58.7
Eigentümer-Besitzerverhältnis 11.4 ff.; Anspruchskonkurrenzen im − 11.33 ff.; und Deliktsrecht 13.3 ff.; Ersatz der Nutzungen 11.12 ff., 11.51 ff.; Ersatz der Verwendungen 11.15 ff., 11.54 ff., 53.35; Haftung 11.9 f.; Rechtsnachfolge im − 11.40, 11.58; Schadensersatzanspruch im − 11.48 ff.
Eigentümerbezogene Einreden bei der Grundschuld 44.18; bei der Hypothek 38.67, 38.70
Eigentümererbbaurecht 29.38
Eigentümergebrauch im Wasserrecht 27.52
Eigentümergrunddienstbarkeit 33.34, 34.14
Eigentümergrundpfandrecht 17.10, 36.96 ff., **46.1 ff.**; Besonderheiten 36.117 ff.; Entstehung 36.104 ff.; Rechtszuständigkeit 36.120 ff.; Rechtsnatur 36.124; und Zinsen 36.119; und Zwangsvollstreckung 36.118; s. a. Eigentümergrundschuld
Eigentümergrundschuld 17.32, 17.40, 31.12, 36.100 ff., 37.21, 37.23, 37.47, 38.89 ff., 44.8, 45.26, **46.1 ff.**; Anwendungsbereich 46.1 ff.; Begriff 46.2; Bestellung durch Eigentümer 46.15 ff.; in den neuen Bundesländern 36.128; und Eigentümerhypothek 36.97, 36.99, 45.72 ff., 46.2; endgültige − 36.101, 46.2; Entstehung 36.120 ff., 46.2 ff.; Gesamteigentümergrundschuld 43.18, 43.20 f.; Konsolidation 46.2; künftige − 46.19 ff.; und Löschungsvormerkung 46.14, 46.34 f.; nachträgliche − 36.102, 46.2; offene − 36.103, 46.2; Pfändung 46.11 ff.; und Schiffshypothek 31.12; durch Tilgung 46.2; Umwandlung 46.18; ursprüngliche − 36.101, 46.2; verdeckte − 36.103, 46.2; Verdrängung des Rangvorbehalts 17.32; Verfügung über die − 46.20 ff.; Verwertung 46.14; vorläufige − 17.39, 36.101, 46.2, 46.19 ff.; Zinsen 46.8; Zwangsvollstreckung 36.115 f., 46.7 ff.

Eigentümerhypothek 36.97, 36.100, 38.95, 40.17, 46.2, 46.18
Eigentümernießbrauch 32.7
Eigentümerpfand 55.6, 55.12, 55.33
Eigentum 1.1 ff., 24.1 ff.; i. S. v. Art. 14 GG 13.13 ff.; Aufgabe des − 53.75; Beeinträchtigung 12.1 ff., 25.16 ff., s. a. dort; Begriff 24.1 ff.; Bergwerks− 30.1 ff., 53.67, s. a. dort; Beschränkungen des − 25.2 ff.; und Besitz 3.24, 51.1; Bindung des − 12.8, 13.12 ff., 24.6, 50.5 ff.; nach Bruchteilen 29.8 f.; Divergenz von − und Besitz 53.87; Durchgangs− 51.43, 52.19, 59.21, 59.24; Eingriff, rechtswidriger 25.6; an beweglichen Sachen s. Mobiliareigentum; an Früchten 3.20; Garantie des − 1.1, 13.13, 24.1, 24.7, 24.9; geteiltes − in den neuen Bundesländern 63.7 ff.; Gesamthands− 3.26; Gewährleistung 13.13; Grund− 2.16, 24.1 ff., 25.1 ff., 26.1 ff., s. a. Grundeigentum; Inhaltsbegrenzung 1.3; Inhaltsbestimmung 24.1 ff.; an Körperteilen 3.3; an Meeresgrund und -ufer 27.48; Mit− s. dort; und Nießbrauch 32.20 ff.; an Nutzungen 3.20; öffentlich-rechtliches 26.1 ff.; öffentliches − 2.7, 27.47; und Pfandrecht, Vereinigung 55.4; Pflichtgehalt 24.6; Recht der früheren DDR 63.2 ff.; relatives − 3.32 ff.; an Sachen 24.4 f., s. a. Mobiliareigentum; an Sachgesamtheiten 24.4; an Sachinbegriffen 24.4; Schiffs− 31.5 ff.; an Schuldurkunden 53.37 ff.; Schutzbereich 13.7; Sonder− 3.29, 29.8 f.; Sozialbindung 24.6, 24.11; Sozialbezogenheit 24.6, 24.11; verfassungsrechtliches − 24.8 ff.; am Vermögen 24.4; Verzicht auf − 19.44; Wohnungs− 3.31, 29.5 ff., s. a. dort; zivilrechtliches − 24.3 ff.
Eigentum in der ehemaligen DDR DDR-Bodenreform 63.5; s. a. neue Bundesländer, persönliches Eigentum, Vermögen in der ehem. DDR, Volkseigentum
Eigentumsähnliche Rechte 3.31
Eigentumsanwartschaft s. Anwartschaftsrecht
Eigentumsaufgabe 5.4, 19.44, 53.69
Eigentumsbeschränkungen durch öffentliches Recht 26.1 ff.; durch Privatrecht 25.2 ff.
Eigentumsschranken 13.24
Eigentumsbindung 24.4, 24.11, 26.1 ff.
Eigentumsentziehung s. Enteignung
Eigentumserwerb Abtretung des Herausgabeanspruchs 51.35 ff.; Besitzverschaffung 51.35 ff.; an beweglichen Sachen **51.1 ff.**;

885

Sachregister Zahlen = Paragraphen und Randnummern

Einigung 51.6 ff.; Einigung und Übergabe 51.12; durch Ersitzung 53.85 ff.; vom Nichtberechtigten 52.1 ff.; des Finders 53.81 f.; des Fiskus 53.83; Gattungskauf 51.33; an Grundstücken **22.1 ff.**; an Grundstücken in der ehem. DDR 19.50, 21.40; originärer – 53.1 ff., 53.77; Rückerwerb des Nichtberechtigten 52.34; beim Spezieskauf 51.33; durch Stellvertreter 51.41 f.; und Übergabe 51.1, 51.12; ursprünglicher – 53.1 ff.; durch Verarbeitung 53.13 ff.; durch Verbindung 53.4 ff., 53.8 ff.; durch Vermengung 53.11 f.; durch Vermischung 53.11 f.; durch Zuschlag s. dort; in zweigliedriger Gesellschaft 2.15

Eigentumsfreiheitsklage 4.4, 9.16, 10.2, 12.1 ff., 13.1, 13.5; analoge Anwendung 12.4; und Aufwendungsersatz 12.22; Beschränkungen im Nachbarrecht 25.17 ff.; Beseitigungsanspruch 12.20 ff.; und deliktischer Schadensersatzanspruch 13.5; Duldungspflicht 13.5; des Grunddienstbarkeitsberechtigten 33.42; Inhalt 12.20 ff.; und polizeiliches Einschreiten 12.30; und Schadensersatzanspruch 12.20; Unterlassungsanspruch 12.25 ff.; Verfahrensrechtliches 12.24, 12.27; Voraussetzungen 12.2, 12.20, 12.25 f.

Eigentumsgarantie 1.1 f., 13.13 ff., 24.1 ff.

Eigentumsherausgabeanspruch 4.4, 9.12, 10.12, **11.1 ff.**, 13.4, 29.62; Abgrenzung 11.24 ff.; Anspruchsgegner 11.39; Anwendung des § 816 BGB 11.36; Anwendung des § 817 S. 2 BGB 5.29; Anwendungsbereich 11.24 ff.; und Deliktsrecht 11.27, 11.31 f., 11.35; und Eingriffskondiktion 11.36 f.; Ersatzanspruch wegen Verschlechterung 11.9 ff.; Erstattung der Verwendungen 11.15 ff., 11.54 ff.; Herausgabe der Nutzungen 11.12 ff., 11.51 ff.; Konkurrenzfragen 11.33 ff.; Rechtsnatur 11.43 ff.; und Schadensersatz 11.48 f.; Verjährung 11.47; Verwirklichung 11.41 f.

Eigentumsschutz 1.1 f., 11.1 ff., 12.1 ff., 13.1 ff., 24.9 ff., 60.1; verfassungsrechtlicher 13.13 ff.

Eigentumsverhältnisse, ungeklärte und Grundbuchverfahren 63.26, 63.31 ff.; Neubestellung von Grundpfandrechten 36 128

Eigentumsvermutung bei Besitz der Ehegatten 7.81 f., 51.25 ff.; im Mobiliarsachenrecht 2.9, 4.12 ff., 7.81 f., 7.93, 10.5 ff.; bei früherem Besitz 10.7; im Grundstücksrecht 2.9, 4.12 ff., 10.11 ff.; im öffentlichen Recht 10.14 f.

Eigentumsverzicht s. Eigentumsaufgabe

Eigentumsvorbehalt 3.45, 7.49, 49.6, 51.9, 56.4, 56.5 ff., **59.1 ff.**; und Absonderungsrecht 59.29; und Abstraktionsprinzip 5.43; und Allgemeine Geschäftsbedingungen 5.21, 59.7, 59.12; Anwartschaftsrecht 59.2 ff., 59.13, 59.32, s. a. dort; und Aussonderungsrecht 59.26; Beendigung 59.13 ff.; Begriff 59.1 ff.; Besitzlage 57.12 f., 59.35; einfacher – 59.6; Entstehung 59.9 ff.; Erfüllungsproblem 59.15 ff.; Ersatzaussonderung 59.28; erweiterter – 59.6; Erwerb vom Nichtberechtigten 52.15; Formen 59.6; und Fruchterwerb 53.55; Gefahrübergang 59.16; Geschäftsbedingungen, allgemeine 59.7, 59.12; Grundgedanke 59.1 ff.; bei Grundstückszubehör 39.35 ff.; in der Insolvenz des Vorbehaltskäufers 59.86 ff.; in der Insolvenz des Vorbehaltsverkäufers 59.15; Kaufpreisforderung, Verjährung 59.14; Knebelung 59.50 ff.; und Insolvenz 59.26 ff.; Kontokorrentvorbehalt 59.6; Konzernvorbehalt 59.6; nachgeschalteter – 59.6; nachträglicher – 51.34, 59.11; Pfändung 59.14, 59.30; und Pfandrechtspublizität 55.6; Rücktrittsproblem 59.18 ff.; Rücktritt des Verkäufers 59.18 ff.; sachenrechtliche Seite 59.26 ff.; schuldrechtliche Seite 59.15 ff.; Sicherungsfunktion 59.2; und Sicherungsübereignung 52.19; Übersicherung 59.33 ff.; Verarbeitung 59.14; und Verbindung 53.9; und Verbraucherkreditgesetz 59.20 ff.; Verfallklauseln 59.23; Verjährung der Kaufpreisforderung 59.14; verlängerter – 4.19, 53.15, 53.22, 56.7, 58.8, 58.18, **59.6**, 59.28, **59.49 ff.**, s. a. dort; Verwertungsfunktion 59.2; Verzicht 59.14; Vorbehaltskäufer, gesetzlicher Schutz 59.20 ff.; Vorbehaltskäufer, Insolvenz 59.15, 59.26 ff.; Vorbehaltsklausel 59.12; Vorbehaltsverkäufer, Insolvenz 59.15; weitergeleiteter – 59.6, 59.7; Weiterveräußerung 59.13

Eigentumswohnung s. Wohnungseigentum

Eigenurkunde des Notars 16.30

Einbringung der Sache 55.38; und Pfandrecht 55.38

Einfacher Eigentumsvorbehalt 59.6

Eingang eines Schriftstücks beim Grundbuchamt 16.25

Eingerichteter und ausgeübter Gewerbebetrieb 12.3, Schutz des – 28.16 ff.

Zahlen = Paragraphen und Randnummern

Sachregister

Eingriff deliktischer – 13.5, 53.24; enteignungsgleicher – 13.16 ff., 26.22 ff.; Vermögens– s. dort

Eingriffskondiktion 6.2, 9.39, 11.36 f., 13.10, 17.17, 17.27, 19.19, 20.42, 39.65, 53.25, 53.26 ff., 53.91, 55.51

Einheit des Rechtsgeschäfts 5.55 ff.; s. a. Geschäftseinheit

Einigung 4.10, **5.1 ff.**, 19.1 ff., 19.9 ff., 19.28 ff.; antezipierte – 51.20, 51.42; Bedingung, Befristung 19.12; Beschränkung der Verfügungsbefugnis 19.35 ff.; Bindung an – 5.33 ff., 51.11; Bindungswirkung 5.33 ff., 19.13 f., 51.11; Divergenz mit Eintragung 18.3, 19.8, **19.30 ff.**; und Eintragung 18.3, 19.1 ff., 19.30 ff., 21.27, 37.24 ff., s. a. dort; bei Erwerb beweglicher Sachen 51.6 ff.; bei Grundstücksrechten 19.9 ff.; bei der Nießbrauchbestellung an Mobilien 54.3; bei der Pfandrechtsbestellung 55.16; Rechtszuständigkeit, Wechsel 19.33 f.; bei Schiffseigentumsübertragung 31.5; Stellvertretung 51.41 f.; Tod 5.38 f.; und Übergabe 51.33 ff., 52.12 ff., 53.38, 54.3, 55.16; bei dinglichem Vorkaufsrecht 21.27; Widerruf 5.33 ff., 19.13 f.; zugunsten Dritter 5.28, 19.21

Einigung und Eintragung 18.3, 19.1 ff., 19.8, **19.28 ff.**; Begründung der Hypothek 37.24 ff.; Divergenz 18.3, 19.8, 19.28 ff.; bei der Grundschuld 44.7 f.; im Insolvenzfall 23.44 ff.; bei Rechtsänderungen an Grundstücken 19.8, 19.28 ff.; bei Übereignung eines Schiffes 31.5; beim Vorkaufsrecht 21.27; s. a. Einigung

Einigungsvertrag und Grundbuchrecht 63.18

Einkaufskommission 51.30

Einreden Beschränkungen bei Wertpapieren 51.40; gegen die Grundschuld 44.17 ff., 45.73, 45.76 ff.; des Grundstückseigentümers gegen die Hypothek 38.63 ff.; gegen die Sicherungsgrundschuld 45.9 ff, III 45.56 ff.; gegen die Sicherungshypothek 42.14; gegen die Vormerkung 20.37

Einrichtung Wegnahme einer – 53.34

Einseitige Rechtsgeschäfte 5.4

Einsichtsrecht in das Grundbuch 15.55 ff.

Einstellung des Betriebs 25.30

Einstweilige Verfügung 5.9, 5.47, 9.16, 15.31 f., 16.11, 18.10, 19.14, 20.31, 20.57

Einteilung des Grundbuchs 15.44 ff., in den neuen Bundesländern 15.61, 63.11 f.

Eintragung 3.45, 5.1, 5.30, 15.28 ff., 16.49 ff., 19.1 ff., 19.22 ff., 63.32 f.; Auslegung 18.3; Bekanntmachung 16.53; Divergenz von Einigung und – 19.30 ff.; des Erben 16.41; fehlende Bewilligung 16.37; Eintragungsunterlagen 16.6; der Grunddienstbarkeit 33.32, 33.38; und Rangbildung 17.8 ff., **17.13 ff.**; des Rechtshängigkeitsvermerks 18.42; des Schiffseigentums 31.2, 31.7 ff.; der Sicherungsabrede 45.36; unzulässige – 23.15; der Vollstreckungsunterwerfung 23.9; der Vormerkung 20.32; des Zinssatzes 37.25 ff.; s. a. Einigung

Eintragungsantrag 16.7 ff., 19.35 f.; Ablehnung des – 16.59 ff.; Auslegung des – 16.9; Berechtigung 16.13 f.; und Eintragungsbewilligung 16.18; Form 16.47; materiellrechtliche Wirkung 16.17; und Rang 17.14 ff.; Wirksamwerden 16.15 f.

Eintragungsbedürftigkeit 15.42 f.; von DDR-Altrechten 63.51 ff.

Eintragungsbewilligung 16.4, 16.18 ff., **16.20 ff.**, 17.39, 19.22 ff.; Bewilligungsberechtigter 16.32; Bezugnahme auf die – 16.38, 19.23, 37.28; Eintragung ohne – 16.37; und materiellrechtliche Willenserklärung 16.17; Nichtigkeit 16.28; Rechtsnatur 16.25 ff.

Eintragungsfähige Rechte **15.28 ff.**, 63.12, 63.50 f.; nicht – 15.35 ff.

Eintragungsfähige Personen 15.45

Eintragungsfähigkeit von Einreden 38.73; rangleicher Auflassungsvormerkungen 20.49; von Verfügungsbeschränkungen und Erwerbsverboten 15.31 f.

Eintragungsunterlagen Form 16.44 ff.

Eintragungsverfahren im Grundbuch 16.1 ff., 16.49 ff.; Beschwerdeberechtigung 16.59; Bindung des Grundbuchrichters 16.54; in den neuen Bundesländern 63.11 f., 63.26, 63.31 f., 63.49 ff.; Verfahrensmaximen 16.49; Zwischenverfügung 16.49, 16.64 ff.

Eintragungszwang für Schiffe 31.3, 31.7 ff.

Einverleibung 54.6

Einwendungen bestandsverändernde – 44.17; bestandsvernichtende – 44.17; gegen den Grundbuchberichtigungsanspruch 18.37 ff.; gegen die Grundschuld 44.17 ff.; des Grundstückeigentümers gegen die Hypothek 38.22, **38.63 ff.**; petitorische 9.17; gegen die Vormerkung 20.35 ff.

Einwendungsdurchgriff nach VerbrKrG 59.25

Einwirkungen auf Nachbargrundstück 25.17 ff., 25.25 ff.; s. a. Immissionen

887

Sachregister
Zahlen = Paragraphen und Randnummern

Einzelzwangsvollstreckung und gesetzliches Pfandrecht 55.37; s. a. Zwangsvollstreckung
Einziehungsermächtigung 11.44, 58.3 f., 58.16; kraft Richterakts 62.46
Einziehungsrecht bei Nießbrauch an Forderungen 61.12 ff.
Eisenbahnverkehr 25.32, 26.20
Elterliche Sorge 7.49, 7.68
Empfangsbedürftige Willenserklärung Aneignungsgestattung 53.56 ff.
Entdeckung beim Schatzfund 53.84
Enteignender Eingriff 13.16 f.
Enteignung 13.14, 19.2, 24.14 f., **26.22 ff.**; im Baurecht 26.7; Begriff 26.23; und Bodenreform 27.29; Entschädigung 13.14, 13.20, 26.7; von Grundstücken 26.24, 26.26 f.; „im klassischen Sinn" 26.23 f.; und Inhaltsbestimmung 24.14 f.; und Umlegung 26.8, 26.24, **27.12**; des Unternehmens 28.16; Verfahren 26.27; zugunsten Privater 26.26; Rückerwerbsrecht 26.7, 26.27; s. a. Vermögenseingriffe
Enteignungsentschädigung 13.14, 13.20, 26.7; salvatorische Entschädigungsklausel 27.53
Enteignungsgleicher Eingriff 13.16, 13.18, 13.20 25.32, 26.23; und nachbarrechtlicher (privatrechtlicher) Ausgleichsanspruch 25.32
Entfernung vom Grundstück 39.28 ff.
Enthaftung der Miet- und Pachtzinsforderungen 39.44 ff.; des Zubehörs 39.33 ff.
Enthaftungsvereinbarung 39.5
Entlassung aus der Pfandhaft 39.23
Entleiher Wegnahmerecht 53.34
Entschädigungsanspruch **12.12**, 24.1 ff.; Art und Ausmaß 13.14; – in den neuen Bundesländern 63.29, 63.34 f., 63.43; des Erbbauberechtigten 29.43; nach dem BLG 50.5; im Prozeß 13.22, 13.26 ff.; Umfang 13.29
Entwidmung 2.7
Entziehungssurrogation 57.14
Entzug des Mobiliareigentums 50.5
Erbbaugrundbuch 15.26, 29.1
Erbbaurecht 3.31, 15.26, 23.17, **29.1 ff.**; Anwendungsbereich 29.30 f., 29.35; Aufhebung 29.43; Begriff 29.1; Begründung 29.36 ff.; Belastung 29.40 ff., 37.2; in den neuen Bundesländern 29.44; Erlöschen 29.43; Heimfall 29.37 f., 29.43; und Sachenrechtsbereinigung 63.54, 63.57; Schutz 29.29; Übertragung 29.39; Wohnungs– 29.48

Erbbauzins 29.32 ff.
Erbbauzinsreallast 29.32, 35.9, 35.13
Erbe Ausnahme vom Voreintragungsgrundsatz 16.41; weichender – 27.19
Erbenbesitz 8.1 ff., 52.20
Erbengemeinschaft 3.27, 19.5
Erbfolge 19.2; und Anerben- bzw. Höferecht 27.13 ff.; Besitzerwerb durch – 8.1 ff.; und Grundbuch 23.20; Nachweis 16.46; und Unternehmen 28.4
Erbschaft Nießbrauch an – 61.21 f.
Erbschaftsanspruch 8.3, 11.45
Erbschaftsbesitz 53.89
Erbschaftsteuer 50.4
Erbschein 8.3, 16.14, 16.46, 23.20, 52.40
Erbteilungshypothek 36.22
Erdoberfläche 25.3
Erdrosselungssteuer 50.4
Erfüllung 11.45; und Eigentumsvorbehalt 59.15; s. a. Tilgung
Erfüllungsbereitschaft 59.31
Ergänzungspfleger bei Nießbrauchbestellung 32.4
Erinnerung gegen Entscheidungen des Rechtspflegers 15.11; nach § 766 ZPO 53.65
Erkennbarmachung s. Kundbarmachung
Erlaß der gesicherten Forderung 36.111
Erlaubnis im Wasserrecht 27.51 f.; s. a. Genehmigung
Erlös beim Pfandverkauf 55.24, 55.29
Erlösklausel bei der Sicherungsabtretung 58.21
Erlöschen des Dauerwohnrechts 29.59; des Erbbaurechts 29.43; des Eigentumsvorbehalts 59.13 ff.; der gesicherten Forderung 36.109, 38.90; der Gesamthypothek 43.19; des gesetzlichen Pfandrechts 55.44; der Grunddienstbarkeit 33.39 ff.; der Hypothek 36.113 ff., **41.1 ff.**; des Pfandrechts 55.31, 55.33 ff., 60.12; der Reallast 35.16; der Vormerkung 20.54 ff.; des Wohnungsrechts 29.52
Ermächtigung 5.6, 16.10, 19.17, 19.20; zum Verbrauch 59.13; zur Weiterveräußerung 59.13; s. ferner Fundstellen bei § 185 BGB
Ermessensentscheidung im Gewerberecht 25.30 f.
Ersatz von Nutzungen 11.12 ff.; von Verwendungen 11.15 ff., 11.54 ff., 32.24
Ersatz von Aufwendungen des Finders 53.80; bei Rücktritt nach § 455 BGB 59.19; vom Störer 12.22; s. a. Verwendungen

Zahlen = Paragraphen und Randnummern

Sachregister

Ersatzabsonderung 59.29
Ersatzaussonderung 59.28
Ersatzvornahme gem. § 887 ZPO zugunsten des Hypothekengläubigers 40.11
Ersatzzustellung an nichtehelichen Lebensgefährten 62.44
Erschließungsbeitrag 26.9
Erschließungsvertrag 26.9
Erschöpfung des Rechtswegs 13.28
Ersitzung 6.9, 7.88, **53.85 ff.**; und Ansprüche aus Vertrag 53.91; Anwendungsbereich 53.85; von beweglichen Sachen 6.9, 7.88, 7.92; Buchersitzung 6.9, 7.92, 53.87; Contratabularersitzung 53.87; Divergenz Eigentum – Besitz 53.87; Frist 53.89; Grundgedanken 53.85; von Grundstücken s. Tabularersitzung; Hemmung der Frist 53.89; der Lastenfreiheit 53.90; Voraussetzungen 53.38 ff.; Wirkung 53.90 ff.
Ersitzungsfrist s. Ersitzung
Ersuchen um Eintragungsvornahme 16.48
Erweiterter Eigentumsvorbehalt 59.6
Erwerb des Besitzes **7.13 ff.**, 51.16; von Früchten 53.45 ff.; kraft Gesetzes 23.20 f.; lastenfreier – 52.51 ff.; vom Nichtberechtigten s. dort; nach § 898 ZPO 52.50; in sonstiger Weise 13.10; durch Stellvertreter 23.35 f., 52.32; unentgeltlicher – 11.12, 23.28; in der Versteigerung 52.49; in der Zwangsvollstreckung 23.22
Erwerb vom Nichtberechtigten des Anwartschaftsrechts 59.38 ff.; des Nießbrauchs an beweglichen Sachen 54.3; im Mobiliarsachenrecht **52.1 ff.**; der Hypothek 23.17, **38.22 ff.**, **38.31 ff.**; s. a. Guter Glaube; gutgläubiger Erwerb; öffentlicher Glaube des Grundbuchs
Erwerbspreis als „Verwendung" 11.55
Erwerbsrechte 3.42
Erwerbsverbot 15.31 f., 19.19, 19.35, 20.69
Erwerbswille 7.17
Erzeugnisse 53.45 ff.; gestohlen Sachen 53.53; Haftung 39.24 ff.
Eurohypothek 36.129
Europäische Gemeinschaft Grundpfandrechte und – 36.129; kartellrechtliche Kontrolle von Dienstbarkeiten 33.18
Exzeß des Fremdbesitzers 11.27, 11.50

Factoring 58.11 ff., 59.56 ff., Befugnis des Vorbehaltskäufers 58.15; echtes – 58.12; unechtes – 58.13; und verlängerter Eigentumsvorbehalt 59.57 ff.; –globalzession und Sicherungsglobalzession 59.63

Fälligkeit der gesicherten Forderung 55.20, 62.30 ff.; der Grundschuld 45.80
Fälligkeitsbedingungen bei der Gesamthypothek 43.37; bei der Hypothek 36.44 ff.
Fälligkeitshypothek 36.47 ff.
Fälligkeitsnachweis Verzicht auf – im Klauselerteilungsverfahren nach Vollstreckungsunterwerfung 40.44, 45.15
Fahrlässigkeit grobe – 11.6, 13.6, 23.30, 52.26, 53.88
falsa demonstratio 5.31, 18.3, 21.8
Falschbezeichnung 5.31, 21.8; s. a. falsa demonstratio
Falschparkfälle und Besitzschutz 9.15
Familienfideikommisse 27.23
Familienhabe Schutz 51.28
Faustpfand 55.2
Fehlerhafter Besitz 9.8
Fehleridentität 5.51 f.
Fernwärme –dienstbarkeit 33.17, 34.9; –reallast 35.12
Feststellungsklage auf Fortbestand der BGB-Gesellschaft 18.31; verwaltungsgerichtliche – 13.27
Feuerversicherung 39.60 ff.; –spflicht 39.61
Fideikommisse s. Familienfideikommisse
fides, possessio, tempus 53.86
Fiduziarische Rechtsübertragung 3.34, 4.8, 4.22, 38.77
Fiktion und öffentlicher Glaube des Grundbuchs 23.32, s. a. dort
Finanzierung durch Grundpfandrechte 36.27 ff., 39.49 ff.
Finanzierung aus einer Hand 36.38
Finanzierungsleasing 56.10
Finder 53.79; Aufwendungsersatz 53.80; -lohn 53.80; Pflichten 53.77, 53.80; Zurückbehaltungsrecht 53.80
Firma 12.4; Fortführung 28.14; Nichtfortführung 28.15
Fischereiberechtigter 53.71
Fischereirecht **27.70**, 53.71 f.
Flächennutzungsplan 26.5
Flaschenpfand 55.5
floating charge 36 129
Flurbereinigung s. Umlegung
Flurstück 15.17
Forderung 3.2, 28.8; Auswechslung 38.97 f.; bedingte – 37.19 ff., 55.13, 62.11; und Grundpfandrecht 36 104 ff., 37.5 ff.; künftige – 37.19 ff., 55.13, 62.11; Mangel der – 38.22 ff.; Nichtabtretbarkeit der – und Hypothek 4.21 f.; nichtige – und Hypothek 37.47 ff.; öffentlich-rechtliche 37.7 f.;

889

Sachregister Zahlen = Paragraphen und Randnummern

Pfändung von – 62.38 ff.; und Pfandrecht 55.12 ff.; Sicherung künftiger – 55.38; Sicherungszession 36.6, **58.1 ff.**, s. a. Forderungsabtretung; Verpfändung 36.6, 36.11
Form der Abtretung von Hypothekenzinsen 38.85 f.; der Begründung des Ankaufsrechts 21.38 f.; der Belastung von Rechten 60.8 ff.; der Bestellung des dinglichen Vorkaufsrechts 21.29; der Eigenschaftszusicherung 21.20; der Einigung 19.11, 51.7; der Eintragungsunterlagen 16.8, **16.44 ff.**; des Grundstückskaufvertrages **21.2 ff.**; der Rentenschuld 47.6; der Sicherungsabtretung 58.17; der Übertragung der Briefhypothek 38.10 ff.; der Übertragung der Buchhypothek 38.17; des Verbraucherkreditvertrags 36.45 f.; der Verpflichtung zur (Nicht-)Veräußerung eines Grundstücks 21.4; der Einräumung eines Vorkaufsrechts 21.4
Formale Bindungswirkung 16.54
Formelle(s) Grundbuchrecht 14.7 ff., Anhang; Konsensprinzip 16.20, 18.2; Publizität 15.55 ff.
Forstrecht 27.56 ff.; und Landwirtschaftsrecht 27.58
Forstwirtschaft Genehmigung 27.59
Fortfall des Rechtfertigungsgrundes 12.15
Fossilien Fund 53.84
Fotografie, unerlaubte 12.6
Frachtbriefdoppel 51.40
Freigabeanspruch 57.21, **57.24 ff.**; und Geltendmachung 57.29 b, 57.29 d; realisierbarer Wert der Sicherheit 57.25 ff.
Freigabeklausel 57.19 ff., s. a. Verzichtsklausel; und billiges Ermessen 5.22, 57.19; bei der Grundschuld 45.31, 45.33; qualifizierte – 57.19
Freigewordene Gegenstände s. Gegenstände
Freihändiger Verkauf des Pfandes 55.26 f., 62.34 f.; des Sicherungsgutes 57.41, 57.44
Freiwerden der Erzeugnisse von der Pfandhaftung 53.48
Freiwerden von der Hypothekenhaftung Bestandteile 39.28 ff.; Miet- und Pachtzinsforderungen 39.46 ff.; Versicherungsforderungen 39.64; Zubehör 39.40 ff.
Freiwillige Gerichtsbarkeit 15.2
Freiwilligkeit der Pfandrückgabe 55.34
Fremdbesitz 7.41, **7.88 ff.**, 11.53, 11.56 f.; Haftung 11.27 ff.
Fremdbesitzerexzeß 11.27, 11.32, 11.35, 11.48

Fremdgrundpfandrechte 36.96 f.
Fremdhypothek 37.48
Fristlose Kündigung des Vermieters 29.71
Fruchterwerb 7.92, **53.45 ff.**; kraft Aneignungsgestattung 53.54 ff.; Abgrenzungsfragen 53.46 f.; des dinglich Nutzungsberechtigten 53.49; Eigentumslage 53.46; des redlichen Eigen- und Nutzungsbesitzers 53.60 ff.; und Eigentumsvorbehaltssache 53.55; Grundlagen 53.45 ff.; des Nutzungsberechtigten 53.49; bei gestohlenen Sachen 53.63
Früchte 3.19 ff., 11.12 ff.; Erwerb s. Fruchterwerb; auf dem Halm 53.65, 55.10; Pfandrechte an der Muttersache 53.49
Fundrecht 53.77 ff.; Besitzverhältnisse 7.90

Garantenstellung 12.16
Gattungskauf 51.33
Gebäude 3.9, 29.1, 29.5, 29.49
Gebäudeeigentum nach ZGB 21.40, 22.30, 23.47, 29.27, 32.29, 63.7 ff., 63.13 f.; Fortbestand 63.50
Gebäudeversicherung 39.60 ff.
Gebrauchsvorteil 3.21
Gefährdungshaftung 13.9, 27.53
Gefährliche Anlage 25.40
Gefahr gegenwärtige beim Notstand 25.5; Preis– 51.33 Übergang der – s. Gefahrübergang
Gefahrengemeinschaft 53.12
Gefahrübergang beim Eigentumsvorbehaltskauf 59.16; beim Grundstückskauf 21.14 f.; Preisgefahr 51.33
Gegenstände des ehelichen Haushalts 51.27; freigewordene – 39.14; körperliche – 3.2; mithaftende – 39.1 ff., 40.51; der Sicherungsübereignung 57.11
Gehaltspfändung 62.38 f.
Geheimhaltungsinteresse bei der Sicherungsübereignung 56.3
Geheißerwerb 51.15, 51.17, 52.13
Gehör, rechtliches 15.59, 16.69
Geld Begriff 37.15, 52.47 f.; gutgläubiger Erwerb 52.7, 52.47
Geldforderung und Hypothek 37.5 ff.; öffentlich-rechtliche – und Hypothek 37.7 f.; Pfändung und Verwertung 62.38 ff.
Geldvindikation 11.42
Geldwertvindikation 11.42
Gelöschte Verfügungsbeschränkung 10.12
Geltendmachung der Hypothek 38.52 ff; der persönlichen Forderung 38.50 f.; der Grundschuld 44.16

Zahlen = Paragraphen und Randnummern **Sachregister**

Gemeingebrauch 2.7, 26.15 ff., 27.50; im Forstrecht 27.63
Gemeinschaftsordnung 29.15, s. a. Wohnungseigentum
Gemeinschaftsverhältnis nachbarliches – 25.36; und Eigentumsverzicht 19.44; Haftung aus – 5.16; der Wohnungseigentümer 29.13 ff.
Genehmigung der Aneignungsgestattung 53.62; nach BauGB 15.19, 22.28 f.; im Gewerberecht 25.30 ff.; im Grundstücksrecht der früheren DDR 63.11, 26.20 f.; bei Grundstücksteilung 22.29; bei Grundstücksübereignung 22.24 ff.; der Landwirtschaftsbehörde 16.68, 26.21, 27.6 ff.; im Recht der neuen Bundesländer 22.30, 63.32; staatliche – und Vorkaufsrecht 21.32
Generalhypothek 4.19, 36.66
Generalklausel verwaltungsgerichtliche – 13.27
Generalpfandrecht 55.5, 62.12
Genossenschaft 36.34; –sbanken 36.34; der ehem. DDR 63.3, 63.22 ff.; und Time-Sharing 29.93
Gerechtigkeit, deutschrechtliche 33.2, 35.8, s. a. Dienstbarkeit
Gerichtsbarkeit, freiwillige 15.2
Gerichtsvollzieher 55.51, 62.48
Geringstes Gebot 20.46, 35.21, 41.6, 45.32, 46.10
Geruchsbelästigung 25.32, s. a. Immissionen
Gesamtberechtigung 3.30
Gesamteigentümergrundschuld 43.18, 43.33
Gesamtgläubiger der Hypothek 37.12
Gesamtgrundschuld 36 127
Gesamthänderischer Mitbesitz 55.16; am Schließfach 7.79
Gesamthandsrechtsverhältnisse 3.30, 19.3 ff.
Gesamthandseigentum 3.26 ff., 19.3 ff.; an beweglichen Sachen 50.8
Gesamthandsvermögen 3.27
Gesamthypothek 36.67, 36.126 f., **43.1 ff.**; Akzessorietät 43.14; Anwendungsbereich 43.8 ff.; Begriff 43.1; Besonderheiten 43.17 ff.; Bestellung 43.9; und Bürgschaft 43.34 f; und dingliche Rechtsänderung 43.36; Entstehung 43.8 ff.; Erlöschen 43.17 ff.; und Fälligkeitsvereinbarungen 43.37; Gesamtzwangshypothek 43.15; Leistung des Schuldners bzw. Eigentümers 43.17 ff.; und Löschungsanspruch 46.44; Regreß bei der – 43.17 ff.; Tilgung

43.17 ff.; Verzicht auf Haftung einzelner Grundstücke 43.33; und Zwangsvollstreckung 43.27 f.
Gesamtpfandrecht 55.5
Gesamtrechtsnachfolge und Grundbuch 8.4, 19.2; Besitzerwerb 8.2 ff.; gesellschaftsrechtliche – 23.21
Gesamtschuldnerische Haftung nach gescheiterter Schuldübernahme 35.21; gleichrangiger Sicherungsgeber 38 101 ff., 45.84 f.; mehrerer Störer 25.35
Gesamtzwangshypothek 43.15
Geschäft wen es angeht 51.43, 52.32
Geschäfte des täglichen Lebens 51.43
Geschäftsanmaßung 53.25
Geschäftsbanken 36.34
Geschäftsbedingungen der Banken 55.13, 55.17, 62.4 ff., 62.35, s. a. Allgemeine Geschäftsbedingungen
Geschäftsbeschränktheit 19.32, s. a. Geschäftsfähigkeit
Geschäftseinheit 51.41; und Abstraktionsprinzip 5.55 ff.; und Sicherungsgrundschuld 45.39; von schuldrechtlichem Geschäft und Sicherungsabrede 5.57
Geschäftsfähigkeit 5.6 f., 5.38, 16.23, 16.25, 16.36, 19.32, 53.58
Geschäftsführung ohne Auftrag 9.15, 9.37, 11.19, 11.50, 13.10, 53.34, 53.77; als Besitzkonstitut 7.49
Geschäftsherr Haftung für Dritte 5.15
Geschäftsübernahme 61.22
Geschäftsunfähigkeit 5.6 f., 5.38, 19.32
Geschäftsverbindlichkeit 28.14 f.
Gesellschaft des Bürgerlichen Rechts 18.31, 19.3 ff., 50.8, 62.53
Gesetzeskonkurrenz 2.13
Gesetzesvorbehalt 13.13
Gesetzlicher Hypothekenübergang 38.89 ff.; gutgläubiger Erwerb 38.108 ff.
Gesetzliches Pfandrecht 11.50, 55.2, **55.36 ff.**; am Anwartschaftsrecht 55.41; und Besitzverlust 55.44; Entstehung 55.38 ff.; des Frachtführers 55.44; Grundlagen 55.36 f.; gutgläubiger Erwerb 55.40; des Kommissionärs 55.36, 55.42, 55.44; an Rechten 62.7; Übertragung 55.43; Untergang 55.44; des Vermieters 55.40; des Verpächters 55.42; Verwertung 55.42
Gesetzliches Schuldverhältnis 5.26 f.; Eigentümer – Besitzer s. dort; Eigentümer – Nießbraucher 32.20 ff.; Verlierer – Finder 53.80; Verpfänder – Pfandgläubiger 55.9, 55.22
Gestaltungsfreiheit 1.7

891

Sachregister

Zahlen = Paragraphen und Randnummern

Gestattung 12.8; der Aneignung 53.54 ff.; s. a. Aneignungsgestattung
Gestohlene Sache 52.7; Fruchterwerb 53.53; gutgläubiger Erwerb 52.36 ff.
Gestreckter Erwerb 3.44 ff.; 53.56
Gestufter Mitbesitz 7.80
Gewährleistung des Eigentums 1.1, 13.13, 24.1 f.
Gewährleistungspflicht 21.16 ff.; Freizeichnung 21.22
Gewässer Eigentümernutzung 27.50; geschlossene – 27.48; oberirdische – 27.48 ff.; öffentliche – 27.47, 27.49; private – 27.49; Reinhaltung der – 27.53
Gewahrsam 7.10 ff.
Gewaltrechte beim Besitz 9.10 ff.; und Hausverbot 9.14
Gewerbebetrieb eingerichteter und ausgeübter 12.3, 28.16; Schutz 28.16 ff.
Gewerberecht 25.30 ff.; Genehmigungsverfahren 25.30
Gewinnbeteiligung 53.20
Gezähmte wilde Tiere 53.68
Giebelmauer und Nachbarrecht 5.16
Girokonto Pfändung 62.44
Gläubiger Rangordnung 36.2; Sicherungsbedürfnis 5.47; Benachteiligung der – 5.51
Gläubigergefährdung 57.17, 57.35 ff.
Gläubigermehrheit bei Anwartschaftsrechtsverletzung 19.20, 59.45; und Hypothek 37.54
Gläubigerschutz durch Abstraktionsprinzip 5.43
Gläubigervertreter 42.35
Gläubigerverzug 11.45
Globalsicherheiten Bestimmtheit und Übersicherung 5.22, 57.19, 57.22; s. a. Freigabeanspruch; Freigabeklausel; Sicherungsvertrag bei der Sicherungsübereignung; Übersicherung
Globalzession und AGB 5.22, 56.8, 58.9; und verlängerter Eigentumsvorbehalt 59.49 ff.; Factoring– 59.57 ff.; Doppelsicherung 59.64; und Übersicherung 5.22
Glockengeläute kirchliches 12.26; 25.16 ff.
GmbH-Anteil 60.1, 60.6; Nießbrauch am – 61.6; Anteilschein 53.40; kapitalersetzende Leistung 39.59; Pfändung, Verpfändung 60.9
Grenzeinrichtungen 5.16
Grenzmauer 25.39, s. a. Giebelmauer
Grenzregelung 26.8
Grenzzeichen 25.11

Grobe Fahrlässigkeit 11.6, 13.6, 23.30, 23.32, 52.25, 53.88
Grundabtretung 30.4
Grundakten 15.57, 16.38
Grundbuch 14.1 ff., **15.1 ff.**, Anhang 1, 2; Abschriften 15.57; Abteilung I–III 15.50 f.; Amtshaftung 15.12 ff.; Amtslöschung 16.12, 16.55, s. a. dort; Amtswiderspruch 16.12, 16.56 f., 18.16, s. a. dort; Antragsprinzip 16.2; Aufbau in den neuen Bundesländern 15.61, 63.11 f., 63.26, 63.32, 63.52 f.; Aufschrift Anhang 1; Berichtigungsbewilligung 18.29; Bestandsverzeichnis 15.48 ff., 15.52; Eigentumsvermutung 4.12 ff., 10.11 ff.; Einsichtsrecht 15.55 ff.; Einteilung 15.44 ff.; Eintragungsverfahren 16.1 ff.; Form, äußere 15.44 ff.; Funktion des – 14.1 ff.; geschichtliche Entwicklung 14.2, 14.6; Grundsatz der Voreintragung 16.5, **16.39 ff.**; Inhalt 15.44 ff., 16.38; öffentlicher Glaube 14.11, 15.7, 15.54, 18.21, **23.1 ff.**, s. a. dort; Personalfolium 15.52, Anhang 2; Publizität 15.53 ff.; Realfolium 15.52, Anhang 1; und Sicherungshypothek 42.4; –sperre 18.11, 20.34; Unrichtigkeit des – 16.37, 17.17, **18.1 ff.**, s. a. dort; Vermutung der Richtigkeit 14.11 f.; Voreintragung 16.5, 16.39 ff.; Widerspruch gegen die Richtigkeit des – 14.12, 18.10 ff., s. a. dort
Grundbuchamt 15.2 ff., 22.27; Prüfungspflicht 16.3 ff., 16.49, 16.59 ff., 22.1, **22.13 ff.**, 33.31; Rechtsmittel gegen Entscheidungen 15.6 ff.; Überlastung der – in den neuen Bundesländern 63.52 f.; Überleitungsrecht der neuen Bundesländer 63.26, 63.17 ff.; Versagen des – 18.5; Zuständigkeit, funktionelle 15.10 f.; Zuständigkeit, örtliche und sachliche 15.3 ff.
Grundbuchberichtigung 16.1, **18.27 ff.**, 19.5, 36.103, 38.12, 38.126, 45.25; in den neuen Bundesländern 15.61, 18.48, 63.37 f.; und Übergangsrecht der neuen Bundesländer 63.11, 63.26, 63.28, 63.37 f., 63.42
Grundbuchberichtigungsanspruch 5.26 f., 12.28, 14.12, 15.7, 17.20, 17.26, 18.9, **18.27 ff.**, 21.17, 33.18, 38.29, 45.25 a, 45.35; Abtretbarkeit 18.45 f.; Akzessorietät 18.45 f.; Anspruchsberechtigter 18.34; Anspruchsverpflichteter 18.35 f.; und Bewilligungsgrundsatz 18.28; Grundsätze 18.27 ff.; Inhalt 18.41 ff.; Pfändbarkeit 18.47; schuldrechtlicher Anspruch 18.32 f.; Verjährung 18.45; Verwirkung 18.45

892

Grundbuchbezirk 15.5
Grundbuchblatt 15.15, 15.47 ff.; neue Bundesländer 15.61, 63.50
Grundbuchfähigkeit 15.45
Grundbuchheft Anhang 2
Grundbuchrecht der ehem. DDR 63.7, 63.10, 63.12; formelles und materielles – 14.7 ff.; der neuen Bundesländer 15.61, 17.44, 18.48, 63.53; Rechtsgrundlagen 14.1 ff.
Grundbuchrichter Prüfungspflicht 16.3 ff., 16.36, 16.59 ff., **22.13**, 33.33; Richterprivileg bei Amtshaftung 15.12
Grundbuchsachen Zuständigkeit in – 15.2 ff.
Grundbuchsperre 18.11, 20.34
Grundbuchsystem 14.1 ff., 19.1 ff.
Grundbuchvertreter 42.34 f.
Grunddienstbarkeit 3.38, 20.44, **33.1 ff.**; Abgrenzung zum Nießbrauch 33.31; Änderung des Inhalts oder Umfangs 33.20 f.; Änderung der Verhältnisse 33.20 f.; altrechtliche – 33.36; Anwendungsbereich 33.5 ff.; Ausübung 33.8, 33.26 f.; in den neuen Bundesländern 33.44; Eigentümergrunddienstbarkeit 33.34; Entstehung 33.32 ff.; Erlöschen 33.39 ff; und Fruchterwerb 53.49; Fernwärmedienstbarkeit 33.17; bei Grundstücksteilung 33.28; Inhalt 33.8 ff.; Löschung 33.39 ff.; im Nachbarrecht 25.22, 33.5 ff.; Schutz 33.42 f.; Sicherungs– 33.18 f.; Sonderformen 33.4; Überschreitung 33.27; und Wettbewerbsverbot oder Vertriebsbindungen 33.13 ff.; und Wohnungseigentum 33.10
Grundeigentum 14.1, **24.1 ff.**; Aufgabe des – 5.4; und Bergwerkseigentum 30.6; Erstreckung 25.1; Immissionsrecht 25.1; Inhaltsgestaltung durch das öffentliche Recht 26.1 ff.; und Jagdausübung 27.65 f.; landwirtschaftliches – 27.1 ff.; Überbau 25.11 ff.; s. a. Eigentum
Grunderwerbsrecht 21.34
Grunderwerbsteuer 22.26
Grundgeschäft 18.32; und Fruchtziehung 53.59; und Reallast 35.14; Wegfall des – 5.40 ff.; s. a. Verpflichtungsgeschäft
Grundkredit 36.3
Grundpfandrechte 36.1 ff.; abgesonderte Befriedigung nach der InsO 40.60 ff.; altrechtliche s. dort; Bedeutung 36.3; neue Bundesländer 36.128, 63.51; dogmatische Grundlagen 36.59 ff.; Einteilung nach Akzessorietät 36.73 ff.; Einteilung nach Grad der Zirkulationsfähigkeit 36.86 ff.; Einteilung nach der Person des Gläubigers 36.95 ff.; Einteilung nach Zahl der haftenden Grundstücke 36 125 ff.; Grundschuld 44.1 ff., 45.1 ff.; Hypothek 37.1 ff., s. a. dort; Hypothek und Grundschuld 36.59 ff., 44.1 ff.; in der Insolvenz 40.52 ff.; mündelsichere – 29.41; Umwandlung 36.94; und VerbrKrG 36.45 f.; Verwertungsrecht, dingliches 36.62 ff.; vorzeitige Tilgung 36.50; nach ZGB-DDR 63.10, 63.50; s. a. Grundschuld, Hypothek
Grundrechte 13.13 ff., 25.1 ff., 26.1 ff.
Grundsätze des Sachenrechts 4.1 ff.
Grundschuld 3.40, 36.85, 36 113 f., **44.1 ff.**; Ablösung durch Dritte 44.26; Abtretbarkeit, Ausschluß der 4.22, 45.59; Akzessorietät 36.77 ff., 44.1; Anwendungsbereich 44.5 f.; Aufhebung 44.28, 45.28, 45.32; Befriedigung des Grundschuldinhabers 44.14, 44.29; Begriff 44.1 ff.; – bestellungsurkunde Anhang 4, 4 a; Brief– 44.8 f.; Buch– 44.9; Eigentümer– s. dort; Einreden und Einwendungen gegen die – 44.17 ff.; Eintragung 44.8; Entstehung 44.8 ff.; Gesamteigentümer– 43.18, 43.33; Gesamt– 43.24; gutgläubig einredefreier Erwerb 38.71 ff., 38.114, 44.20 f., 45.61 ff.; Haftungsumfang 44.14; Haftungsverwirklichung 44.14; Legitimation des Gläubigers 44.16; Pfändung 44.30; Rechtsstellung des Zessionars 44.20 ff.; und Sicherungs– 44.2, 44.6, **45.1 ff.**, s. a. dort; Tilgung 44.23 ff.; Treuhand– 45.8; Übertragung 44.13; Umwandlung 44.9; Unterschied zur Hypothek 36.59 ff., **44.1 ff.**; und Verbraucherschutzgesetze 45.17 ff.; Verjährung der gesicherten Forderung 45.37; Verpfändung 44.31; Verzicht 44.27, 45.24 f.; Verzinsung 44.12; vormerkungswidrige – 20.42; Zusammentreffen mit Bürgschaft 45.84; Zwangsvollstreckung 44.30; und Zwischenfinanzierung 37.46; s. a. Eigentümergrundschuld, Grundpfandrechte, Hypothek, Rückgewähranspruch, Sicherungsgrundschuld
Gründerorganisation Grundbuchfähigkeit der – 15.45
Grundstück 2.15, 3.5, **15.15 ff.**; Abschreibung 39.21; Auflassung 22.1 ff.; Begriff 15.15 ff.; Beleihungsgrenze 36.41 ff.; buchungsfreies – 15.27; Dereliktion 53.78; Genehmigungserfordernisse 22.24 ff., s. a. Genehmigung; gewerbliches – 3.16; Hypothekenhaftung 39.1 ff., 39.21 ff.; Kaufvertrag 21.2 ff.; landwirtschaftliches – 3.16;

893

Sachregister

Zahlen = Paragraphen und Randnummern

der öffentlichen Hand 15.27; Sicherungsübereignung 40.25 f.; Teilung 15.19, 22.29, 26.5, 33.28; s. a. Abschreibung; Übereignung **22.1 ff.**; –sveräußerung und Miete 29.73 ff.; Vereinigung 15.22, 17.9, 39.22 f.; Verkehrswert 26.7, 36.40; Verschuldensgrenze 36.40; Zusammenschreibung 15.20 f.; Zuschreibung 15.23 ff., 39.22
Grundstücksgleiche Rechte 15.26; Belastung 37.2 f.
Grundstückskaufvertrag 21.1 ff.; Aufhebung 21.9; Beurkundung 21.11; Form 21.2 ff.; Gefahrtragung 21.14 f.; Rechtsmängelhaftung 21.16 ff.; Sachmängelhaftung 21.20 ff.
Grundstücksmiete 2.5
Grundstücksparzellierung s. Parzellierung
Grundstücksrecht 2.5 f., 14.1 ff.; Aufhebung 19.44 ff.; Beeinträchtigungen (§ 1004 BGB) 12.5 ff.; Begründung 19.9 ff.; der neuen Bundesländer 63.1 ff.; der früheren DDR 63.2 ff.; Inhaltsänderung 19.42 f.; Konkurrenz mehrerer – 17.1 f.; Rang des – s. dort; Übertragung 19.9 ff.
Grundstücksverbindung 53.4 f.; und Wegnahmerecht 53.34 ff.
Grundstücksverkehrsrecht 27.4 ff.; der früheren DDR 63.11
Grundwasser 27.43, 27.48 f., 27.51, 27.53 f.
Grundwasserspiegel Senkung 25.41 f.
Güterabwägung und Eigentumsbegriff 25.1
Gütergemeinschaft 3.27, 7.81, 19.4
Güterrecht 15.37; Prüfung durch Grundbuchamt 22.16
Gütertrennung 7.81, 51.25
Guter Glaube und Beweislast 23.2; im Mobiliarsachenrecht 52.1 ff., 52.25 ff.; im Liegenschaftsrecht 18.21 ff., 23.1 ff.; an die Verfügungsbefugnis 52.54, 55.19, 55.40; s. a. Redlichkeit
Gutgläubiger Besitz 11.5
Gutgläubiger Erwerb 1.11 ff., 14.11; Ausschluß durch Widerspruch 18.10 ff.; beschlagnahmter Grundstücksbestandteile oder Zubehör 39.30 ff., 39.42; und Besitzdiener 8.8; in den neuen Bundesländern 23.47; einredefreier Erwerb der Grundschuld 38.71 ff., 38.114, 44.20 f., 45.61 ff.; im Mobiliarsachenrecht 52.1 ff.; des gesetzlichen Pfandrechts 55.40; und Grundstücksteilung 22.29; der Hypothek 23.17, 38.22 f.; beim Hypothekenübergang kraft Gesetzes 38.108 ff.; im Liegenschaftsrecht 18.8 ff., **23.1 ff.**; des Pfandrechts 55.18, 55.32; des Rechtsnießbrauchs 61.7; Rückabwicklung nach – 23.28; der Sicherungshypothek 42.13; der Vormerkung 20.29, 20.62 ff.; des Vorrangs 55.19; s. a. Guter Glaube
Gutglaubenswirkung 4.15 f., 15.54; des Grundbuchs, s. a. öffentlicher Glaube; im Mobiliarsachenrecht 52.1 ff.; bei der Hypothek 38.22 ff.; im Liegenschaftsrecht 23.1 ff.; im Recht der ehem. DDR 63.12; Umfang 15.54, 23.6 ff.

Haftung für Bauunternehmer 25.41 f.; des Besitzers 5.15, 11.4 ff.; des Finders 53.80; Freizeichnung bei Kaufgewährleistung 21.22; des Fremdbesitzers 11.31; des Geschäftsherrn 5.15; für Geschäftsverbindlichkeiten 28.13 ff.; des Grundstücks 39.21 ff.; der Grundstücksbestandteile 39.24 ff.; der Grundstückserzeugnisse 39.24 ff.; des Handlungsstörers 12.2, 25.35; aus nachbarlichem Gemeinschaftsverhältnis 5.16; für die Reallast 35.17 ff.; bei der Rentenschuld 47.5, 47.8; für Verschulden Dritter 5.13 ff.; des Zustandsstörers 12.2
Haftungsverband s. Hypothekenhaftung
Halbscheidige Giebelmauer 5.16
Hand wahre Hand 52.8
Hand- und Spanndienste 33.2, 33.29, 35.8
Handelsgeschäft Nießbrauch am – 54.2; Übertragung 28.6 ff.
Handlung polizeiwidrige – 12.30
Handlungshaftung 12.2, 12.13, 12.30
Handlungsstörer s. Handlungshaftung
Hauptsache 53.9
Haushaltsgegenstände 51.26
Hausrat Surrogation 51.25 ff.; Besitz am 7.68, 7.81 f.; nach Ehetrennung und Ehescheidung 51.28; Verfügung über 51.25 ff.
Haustiere und Herrenlosigkeit 53.68
Haustürwiderrufsgesetz und Grundschuld 45.17 ff.
Heimfallanspruch 29.37, 29.55
Heimliches Pfandrecht 36.70, 56.6, 59.5
Heimstätte 27.24
Hemmung der Ersitzungsfrist 53.89
Herausgabe der Buchposition 18.32; des Erlangten 11.41 f.; der Nutzungen 11.51 ff., 55.21
Herausgabeanspruch Abtretung 11.44, 37.32, 51.2, 51.35 f.; des früheren Besitzers 9.27 ff.; s. a. Eigentumsherausgabeanspruch
Herausgabeklage s. Eigentumsherausgabeanspruch

Zahlen = Paragraphen und Randnummern **Sachregister**

Herausgabepflicht des Finders 53.80
Herrenlosigkeit 27.66, 53.68
Hersteller 53.13; beim Werkvertrag 53.20 f.
Historische Legitimation 44.22
Hochspannungsleitung 13.17, 34.8
Höchstbetragshypothek 36.18, 36.64, 37.9, 37.15, **42.18 ff.**, 45.5; Abtretung der Forderung 42.27; Anwendungsbereich 42.20; als Ausfallhypothek 37.9; Begriff 42.18 f.; Begründung 42.24; neue Bundesländer 36 128; Feststellung der Forderung 42.25 f.; Geldsumme, bestimmte 42.18; Kautionshypothek 42.18; Rechtsnatur 42.19; als Sicherungshypothek 42.24, s. a. dort; Umwandlung 42.28; verdeckte – 42.22; Vollstreckungsunterwerfung für – 40.38
Höchsthypothek s. Höchstbetragshypothek
Höferecht 27.13 ff.
Hofübergabe 23.27, 27.14
Hofzuweisung 27.21 f.
Hoheitlicher Eingriff 12.26, 13.16 ff.; rechtswidriger 13.18
Hoheitsbetrieb 25.32
Hypothek 3.40, 36.1 ff., **37.1 ff.**; Abfindungshypothek 36.22; Ablösung 38.89, 38.95, 40.17; „abstrakte" – 40.46, 42.23; Abtretung 37.22, **38.1 ff.**; Abtretung von Nebenleistungsansprüchen 38.16; Abtretung von Zinsen und Nebenleistungen 38.79 ff.; öffentlich beglaubigte Abtretungserklärung 38.15, 38.32 ff.; Abzahlungs– 36.58; Akzessorietät 36.59, 36.61, 36.74 ff., 38.89, 40.46, s. a. dort; Allzweck– 36.23; Amortisations– 36.52 ff.; Arrest– 42.6, 46.5; Aufhebung 19.45, 36 111, 41.2 ff.; Ausfall– 37.9; Aushändigungsabrede 37.33 ff.; Bauhandwerker– 42.7; bedingte – 37.21; Begriff 37.1; Begründung 37.1 ff.; Belastung 38.18 ff.; Belastungsobjekt 37.2 ff.; Bereicherungsanspruch, Sicherung des 37.48; dingliche Bestellung 37.22 ff., Anhang 3; Bezugnahme auf Eintragungsbewilligung 37.26 f.; Bordellkauf 37.50 f.; Brief– 36.87 ff., **37.22 ff.**, 37.39, 38.10 ff., s. a. dort; Briefübergabe 37.29 f., 38.12 ff.; Buch– 36.86, 37.38 ff., s. a. dort; neue Bundesländer 36 128; Darlehensbuch– 38.30; Divergenz von Forderung und – 37.13 f.; Doppelsicherung 37.9; Eigentümer– 36.97, 38.95, 40.21, 46.2, 46.18, s. a. dort; Einigung und Eintragung 37.24 ff.; Einreden und Einwendungen des Eigentümers 38.63 ff.; Einreden gegen den Erwerber bei Brief– 38.41 ff.; Einreden und Einwendungen des Schuldners 38.65 f.; Eintragungsfähigkeit von Einreden 38.71 ff.; Enthaftungsvereinbarung 39.5; Erbteilungs– 36.22; Erlöschen 36 113 ff., **41.1 ff.**; Erwerb vom Nichtberechtigten 23.17, **38.22 ff.**, 38 108 ff.; Euro– 36 129; Fälligkeit 40.2 f.; Fälligkeits– 36.47; und Forderung 4.22, 37.5 ff., 37.47 ff.; Forderungsauswechselung 37.9, 38.97 f.; freigewordene Gegenstände 39.14; Fremd– 37.48; Gefährdung 40.9 ff.; Gegenstände der Haftung 39.4 ff.; Geldsumme, bestimmte 37.15 ff.; Geltendmachung der – 38.52 ff.; Geltendmachung der persönlichen Forderung 38.50 f.; General– 4.19, 36.66; Gesamt– 36.67, **36 126 f.**, 37.9, s. a. dort; Gesamtgläubiger 37.12; Gesamtzwangs– 43.15; Gläubigermehrheit 37.54; und Grundschuld 36.59 ff.; gutgläubiger Erwerb bei gesetzlichem –enübergang 38.108 ff.; Haftungsumfang 39.1 ff., s. a. Hypothekenhaftung; Höchstbetrags– 36.18, 36.64, 37.9, 37.15, **42.18 ff.**, s. a. dort; –enbrief s. dort; Inhaber der – 37.11 f.; Kautions– 42.18; Kontokorrent– 36.18; Kündigung 36.19, 40.6; Kündigungs– 36.48 ff.; Legitimation des Gläubigers 38.47 ff.; Leistung an den Nichtberechtigten 38.58 ff.; Löschungsanspruch 36.98; Mangel des dinglichen Rechts 38.22 ff.; Mangel der Forderung 38.22 ff.; mithaftende Gegenstände 39.13 ff.; Nebenleistungsabtretung 38.79 ff.; und Nichtabtretbarkeit der Forderung 4.22; nichtige Forderung 37.47 ff.; Nießbrauch an der – 38 119; öffentlich beglaubigte Abtretungserklärung 38.15 f., 38.32; Papier– 36.92; Pfändung 38.20 f., 38 125 ff.; Pfandreife 40.2 ff.; Rangänderung 17.39, 38.12; Rechtsnachfolge 39.5; an Schiffen s. Schiffs(bau)–; Schuldner der – 37.13 f.; schuldnerbestimmte Einreden 38.65 f.; Schuldnermehrheit 37.54; Sicherungsabtretung 38 124; Sicherungs– 42.1 ff., s. a. dort; Tilgungsfond– 36.57; Tilgungs– 36.52 ff.; Übergang auf Dritte 38 100 ff.; Übergang auf den Eigentümer 38.90 ff.; Übergang kraft Gesetzes 38.89 ff.; Übergang auf den Schuldner 38.97 ff.; Übernahme s. Schuldübernahme; Übertragung 38.1 ff.; Umwandlung 37.40; Unterschied zur Grundschuld 44.1 ff.; Unterwerfung unter die sofortige Zwangsvollstreckung 37.55, 40.28, 40.36 ff.; Verbot der Doppelsicherung 37.9; Ver-

895

Sachregister

Zahlen = Paragraphen und Randnummern

braucherschutz 37.52 f.; verdeckte Höchstbetrags– 42.22; Verpfändung 38.19, 38.19 ff.; Verschlechterung des Grundstücks 40.9 ff.; Verzicht 36.111, 41.4; in ausländischer Währung 37.15; Wert der – 36.39 ff.; wertbeständige – 37.17; Wucherdarlehen 37.51; Zinsabtretung 38.79 ff.; Zinssatz, Eintragung 37.25, 37.28; zugunsten Dritter 5.28, 37.12, 37.25; Zusammentreffen mit Bürgschaft 38.100 ff.; Zwangs– 40.50, 46.5; Zwischenkredit 37.41 ff.; s. a. Briefhypothek; Grundpfandrecht; Verkehrshypothek; Grundschuld

Hypothek nach dem ZGB 36.128, 63.7, 63.10, 63.51

Hypothekenbank 36.28

Hypothekenbrief 36.30, 37.29 ff., 38.10 ff.; Inhalt 37.30; öffentlicher Glaube 38.31 ff.

Hypothekenhaftung 3.12, 36.65 ff., **39.1 ff.**; und Anwartschaftsrecht 39.35 ff.; Beschlagnahme 39.6 ff., 40.51; Bestandteile 39.24 ff.; bei Eigentumsvorbehaltssachen 39.35 ff.; Erzeugnisse 39.24 ff.; Freiwerden 39.14, 39.28 ff., 39.40 ff.; Grundstück 39.21 ff.; Miet- und Pachtzinsforderungen 39.44 ff.; Versicherungsforderungen 39.60 ff.; Verwirklichung 40.1 ff.; Vollstreckungstitel 40.27 ff.; Zubehör 39.33 ff.; und Zuschlagsumfang bei Vereinbarung 39.43; Zwangsversteigerung, Zwangsverwaltung 39.6; Zwangsvollstreckung 39.6 ff., 40.24 ff.

Hypothekenpfandbrief 36.28 ff.

Ideeller Miteigentumsanteil Belastung mit Hypothek 37.3

Immaterialgüterrecht 28.8

Immissionen 9.16, 9.22, 12.4, 25.1, 25.17 ff., 25.25 ff.; bei beweglichen Sachen 25.37; ideelle – 9.20, 25.26; öffentlichrechtliche – 25.23 f.; summierte – 25.37

Immissionsschutz 25.16 ff.; s. a. Immissionen

Immissionsschutzrecht 25.16 ff.

Immobiliarsicherheiten und Abstraktionsprinzip 5.43

Immobilienleasing 48.6 ff.

Impfschäden 13.21

Imponderabilien s. Immissionen

Inbesitznahme Aneignung 53.71 ff., 53.79

Indossament 51.40, 53.38, 61.16 f., 62.36

Industriereallast 35.9

Informationspflicht des gutgläubigen Erwerbers 52.26; des Grundschuldzessionars 45.63 ff.

Inhaberbriefgrundschuld 36.93

Inhabergrundschuld 47.2 f.

Inhabermarken 52.48

Inhaberpapiere 52.7, 52.47 f., 53.37 f.; Nießbrauch an – 61.17 ff.; Verpfändung 55.11, 62.34 f.

Inhaberschuldverschreibung 36.30, 36.92, 42.29 ff., 52.48, 53.38; und Sicherungshypothek 42.30; Verpfändung 55.11

Inhalt des Grundbuchs 15.47 ff., 16.38

Inhaltsänderung dinglicher Rechte **19.42 ff.**, 19.50; Zustimmung Dritter 19.49

Inhaltsbegrenzung des Eigentums 1.4 f., 24.1 ff.

Inhaltskontrolle von AGB 5.19 ff., 37.28, 40.43 ff., 45.13 ff., 45.31 ff.; nach Art. 85 EWGV 33.18; durch den Grundbuchrichter 16.61 ff.; von Individualverträgen 21.22

Insichgeschäft 5.12, 7.39, 19.46, 22.5, 22.16, 51.30, 51.42

Insichkonstitut 51.42

Insolvenz und Erwerb vom Nichtberechtigten 23.44 ff.; des Sicherungsgebers oder –nehmers 57.31, 57.39; und Sicherungsübereignung 57.30; des Vermieters 29.79; des Vorbehaltskäufers 59.15, 59.26 ff.; des Vorbehaltsverkäufers 59.15; Wahlrecht des –verwalters 59.15

Insolvenzeröffnung 15.31, 23.44 ff.

Insolvenzplan 57.31

Insolvenzvermerk 16.11, 17.29, 23.7

Insolvenzverschleppung 5.51

Insolvenzverwalter und Aneignungsgestattung 53.62; Besitzlage 8.4, 51.24; Verfügung des – 20.40; Wahlrecht des – 59.15

Institutsgarantie 13.13, 24.15, 50.1

Institutskredit 36.27

Internationales Privatrecht 2.14

Interventionsklage s. Drittwiderspruchsklage

Inventar und Nießbrauch 54.6; Pfandrecht am – des Pächters 55.6, 55.42

Inventarverpfändung nach dem Pachtkreditgesetz 14.5

Investitionsbescheinigung nach Investitionsgesetz 63.33

Investitionshemmnisse in den neuen Bundesländern 63.33

Investmentgesellschaft 50.12

Irreguläres Pfandrecht 55.5

ius ad rem s. Relatives Eigentum

Zahlen = Paragraphen und Randnummern **Sachregister**

Jagdausübungsberechtigter 27.67 f.
Jagdausübungsrecht 27.67 f.
Jagdberechtigter 27.66, 53.73
Jagdgenossenschaft 27.67 f.
Jagdpacht 27.68
Jagdrecht 27.65 ff., 30.1, 53.67
Junktimklausel 13.14, 27.53
Juristische Person Besitz 7.70., 52.39; Grundrechtsqualität des Eigentums von – des öffentlichen Rechts 2.7; Übertragbarkeit der beschränkten persönlichen Dienstbarkeit 4.20; Spaltung 28.11; Verschmelzung 28.11

Kabelpfandrecht 14.5, 55.6
Kammer für Baulandsachen 13.29
Kapitalanlagegesellschaft 50.12
Kapitalerhaltungsregeln gesellschaftsrechtliche 39.59
Kapitalverkehr (EG) und Grundpfandrechte 36 129
Kataster 15.16
Kauf bricht nicht Miete 29.73
Kaufeigenheim 36.36
Kaufgeldhypothek s. Restkaufpreishypothek
Kaufvertrag über Grundstück 21.1 ff.; Beurkundungsverfahren 21.11; Form 21.2 ff.; Gefahrtragung 21.14 ff.; Rechtsmängelhaftung 21.16 ff.; Rückabwicklung wegen Formmangels 21.13; Sachmängelhaftung 21.20 ff.
Kaufvertrag und Eigentumsvorbehalt 59.1 ff.
Kaufzwangklausel 29.31
Kausalgeschäft s. Verpflichtungsgeschäft
Kausalität 25.10; überholende – 25.10, s. a. Beweis der –
Kaution 55.5
Kautionshypothek 42.18
Kenntnis der Organe juristischer Personen 23.36; des Stellvertreters 5.13 ff., 23.35 f.; im Falle des § 419 BGB a. F. 20.43
Kettenauflassung 19.17, 20.7; Entbehrlichkeit der Voreintragung 16.43
Kettenhandel 51.17
Klauselerteilungsverfahren nach Vollstreckungsunterwerfung 40.36, 40.47
Kleinfund 53.81
Kleingartenrecht 27.31
Kleinkredit 55.8, 56.9
Kollision von Sicherungsrechten 59.50 ff.; Factoringglobalzession und Sicherungsglobalzession 59.63; verlängerter Eigentumsvorbehalt und Factoringglobalzession

59.57 ff.; Vermieterpfandrecht und Raumsicherungsübereignung 59.65; Waren- und Geldkreditgeber 59.50 ff.
Knebelung 57.4, 57.17, 57.36, 59.50 ff.
Körperliche Gegenstände 3.2
Kommanditgesellschaft Besitzverhältnisse 7.80
Kondiktion s. Bereicherung, Doppel-, Eingriffs-, Leistungskondiktion, Ungerechtfertigte Bereicherung
Konfusion 55.33
Konkretes Besitzkonstitut s. Besitzkonstitut
Konkretes Besitzmittlungsverhältnis s. Besitzkonstitut
Konkurrenz Gesetzes– im Sachenrecht 2.13; Grundbuchberichtigungsanspruch 18.32 f.; mehrerer Sicherungsrechte 56.7
Konkurs s. Insolvenz
Konkurseröffnung s. Insolnvenzeröffnung
Konkursvermerk s. Insolvenzvermerk
Konkursverschleppung s. Insolvenzverschleppung
Konkursverwalter s. Insolvenzverwalter
Konnossement 51.40
Konsensprinzip formelles – 16.20; materielles – 16.20; vs. Abstraktionsprinzip 5.43
Konsolidation 36.112, 55.33
Konsortialkredit 45.8
Konstitut s. Besitzkonstitut
Kontaminierung von Grundstücken und Ausgleichsanspruch 25.25 ff.; und Störerhaftung 12.14
Kontinuitätsfunktion des Besitzes 6.3 ff.
Kontokorrent Pfändung 62.44; Hypothek für –kredit 36.18, 42.18
Kontokorrentkredit 36.18, 42.18; 62.24
Kontokorrentvorbehalt 59.6; und AGB 59.7; zwischen Kaufleuten 59.7
Kontratabularersitzung 53.87
Konzernvorbehalt 59.6
Koppelung mehrerer Sicherungsrechte 56.7
Kostentragungspflicht des Wohnungseigentümers 29.17
Kraftfahrzeugbrief 51.40, 52.25, 53.40
Kredit 36.15 ff.; Diskont– 42.18; Konsortial– 45.8; Kontokorrent– 42.18; Waren– 36.4, 45.26 f.
Kreditkarten 53.38
Kredittäuschung 57.36 f.
Kreditvertrag 45.4, 45.47 ff., 59.9 ff.; s. a. Sicherungsvertrag, Verbraucherkreditgesetz
Kündigung außerordentliche – s. dort; des Darlehensvertrages 36.49 ff., 45.27, 45.36;

Sachregister

des Dauerwohnrechts 29.59; der Hypothek 36.19, 40.4 ff.; des Mietverhältnisses 29.65 ff.; ordentliche – s. dort
Kündigungshypothek 36.47 ff.
Kündigungsschutz im Mietrecht 29.6, **29.65 ff.**
Künftige Eigentümergrundschuld 46.29 ff.
Künftige Forderung und Grundpfandrecht 37.19 ff.; und Pfandrecht 62.11; Sicherung 55.33; bei Sicherungsabtretung 58.18
Künftige Rechte 62.12 f.
Künftige Sache 57.13, 62.12 f.
Künftiger Anspruch und Vormerkung 20.22 ff.
Küstenfischerei 27.70
Küstengewässer 27.48
Kundbarmachung der antezipierten Einigung 51.31; der Aufhebung 19.48; der Eigentumsaufgabe 53.70; des dinglichen Rechtsgeschäfts 5.30 ff.; der Widerspruchseintragung 18.19
„Kurzer Hand" Übereignung, s. brevi manu traditio

Ladeschein 51.40
Lärm 12.16, 13.5; durch Volksfest 25.26
Lärmbekämpfung 25.25 ff.
Lästige Anlage 25.40
Lagerschein 51.40
Landbeschaffung 27.29
Landesrecht 2.13; im Nachbarrecht 25.39
Landpacht 27.8, 27.35 ff.
Landwirtschaftliche Produktionsgenossenschaften 27.34, 63.3, 63.23 f., 63.62
Landwirtschaftlicher Betrieb 27.1; Sicherung **27.4 ff.**; Statistik 27.33 f.
Landwirtschaftliches Grundstück Belastung 27.8; Veräußerung 27.4 ff.; Verpachtung 27.8, 27.35 ff.
Landwirtschaftsbehörde Genehmigung 16.68, 22.24, 27.7
Landwirtschaftsgericht 27.7, 27.15, 27.41
Landwirtschaftsrecht 15.38, 19.29, 27.1 ff.; und Forstrecht 27.58
Landzuteilung 27.30
Lasten öffentliche 21.19
Lastenfreier Erwerb 52.51 ff.; gutgläubiger – bei Rechtsnießbrauch 61.10
Lastenfreiheit 21.16 ff., 52.6, 61.10; Ersitzung der – 53.90
Latente Sicherungsrechte 56.6
Laub Überfall von – 25.37
Leasing 48.1 ff., 56.10 ff.
Lebensgemeinschaft eheliche – als Besitzkonstitut 7.49; nichteheliche – 3.27, 7.85,

29.50, 29.80, 51.25, und Ersatzzustellung 62.43
Legalschuldverhältnis s. gesetzliches Schuldverhältnis
Legitimation bei Hypothek 38.8, 38.47 ff.; des Grundschuldgläubigers 44.15 f.; durch Traditionspapiere 51.40
Legitimationspapiere 52.48, 53.39; qualifizierte 53.39; Verpfändung 62.37
Leibgeding s. Altenteil
Leibzucht s. Altenteil
Leihe einer Wohnung 29.82
Leistung an Nichtberechtigten 38.57 ff.
Leistungsklage 9.7, 13.27
Leistungskondiktion 5.44, 6.2, 9.38 f., 18.32 f., 19.19, 53.29, 53.91, 57.15; s. a. Bereicherung, Ungerechtfertigte Bereicherung
Leitungen Versorgungs– 3.15, 26.3, 26.9, 34.8
lex commissoria 55.24
Lieferschein 51.40
Liegenschaften 2.15 ff.
Liegenschaftsrecht 2.15 ff.; Rechtsgrundlagen 14.1 ff.; und Schiffseigentum 31.1 ff.
Locusprinzip 17.13, 17.20
Löschung von Amts wegen 16.12, 16.55; der Grunddienstbarkeit 33.22; von Grundpfandrechten 18.40, 20.56; eines Rechts im Grundbuch 16.12, 16.22, 16.35, 19.48; der Vormerkung 20.55 f.
Löschungsanspruch 46.33 ff.; und Rückgewähranspruch 46.48 ff.; in der Zwangsversteigerung 46.53; s. a. Löschungsvormerkung
Löschungsbewilligung 16.22, 18.25 f., 19.47, 38.92; und Schadensersatzpflicht 46.45
Löschungsfähige Quittung 40.22
Löschungsvermerk 16.52, 19.48
Löschungsvormerkung 17.11, 20.4 f., 36.98, 36.114, 41.3, 46.14, **46.33 ff.**; Entstehung 46.46 f.; bei Sicherungsgrundschuld 45.100; Übergangsregelung 46.38; Wirkung 46.48 ff.; in der Zwangsversteigerung 46.53; Zweck 46.34
Lösungsanspruch 52.35
Lohnpfändung 62.43
Lombarddarlehen (Lombardkredit) 55.8, 62.38
Luftfahrzeuge Pfandrechte an – 14.5, 55.6
Luftverkehrsgesetz 25.3, 26.18

Mangel des dinglichen Rechts 38.23 ff.; der Forderung 38.22 ff.
Mantelzession 58.9

Zahlen = Paragraphen und Randnummern

Sachregister

Maßgebender Zeitpunkt für Kenntnis nach § 419 BGB a. F. 20.43; für Kenntnis nach § 1365 BGB 22.19
Marken Rechte an – 60.6
Materielle(s) Beweislast 52.25; Publizität 15.58; Grundbuchrecht 14.7 f.; Konsensprinzip 16.20; Recht 2.8
Maximalhypothek s. Höchstbetragshypothek
Meeresgrund Eigentum am – 27.48
Meeresufer Eigentum am – 27.48
Mehrzahl von Gläubigern 9.35, 19.20; von Mitberechtigten 3.28; von Rechtsinhabern 3.25 ff.; von Schuldnern 35.21; von Störern 12.19, 25.35; von Haftenden 25.35
Mehrstufiger Besitz 7.41, 7.80, 51.39
Miete in den neuen Bundesländern 29.83; Erhöhung der – 29.72; von Grundstücken 2.5; und Nießbrauch 32.17, 32.28; und Veräußerung des Grundstücks 29.73 ff.; und Wegnahmerecht 53.34 ff.; von Wohnungen 29.60 ff.
Mieterschutz 2.5, 6.6, 29.6, 29.62 ff.; und Grundgesetz 29.64, 29.67
Mietpreisschutz 29.72
Miet- und Pachtzinsforderungen 39.3, 39.12, 39.44 ff.
Mietvertrag 29.61
Minderjähriger Besitzer Haftung 11.7
Mineralien 25.3, 30.1
Mißglückte Rangvereinbarung 17.25 ff.
Mitbenutzungsrechte nach ZGB 32.29, 33.44, 34.16, 35.22, 63.10, 63.51
Mitberechtigung mehrerer 3.25 ff.
Mitbesitz 7.77 ff.; Arten 7.78 ff.; Besitzschutz 7.87, 9.36; der Ehegatten 7.81 f., 51.25; gesamthänderischer – 7.79 f.; qualifizierter gesamthänderischer – 55.16; gestufter – 7.80; rechtliche Behandlung 7.83 ff.; schlichter – 7.78; Traditionsprinzip 7.87; Verhältnis mehrerer Mitbesitzer 7.83 ff.; Verlust des – 52.38
Mitbestimmung 28.18, 53.20
Miteigentum 3.25 ff.; Aufhebung 3.28; Belastung des ideellen –santeils 37.2 f.; nach Bruchteilen 50.8; unter Ehegatten 3.27, 22.16, 51.25; Entstehung kraft Gesetzes 50.10; und Gesamthypothek 43.11 ff.; Rechte gegen Dritte 3.28; beim Schatzfund 53.84; an Urkunden 53.42; durch Verbindung 53.8; Verfügung über 3.28, 7.87, 50.7 ff.; Verpfändung 55.10; Verwaltung und Benutzung 3.28; Verzicht auf – 19.44; bei Wertpapiersammelverwahrung 62.35; des Wohnungseigentümers 29.8 f.

Miterbenanteil, Pfändung 62.56
Mitgliedschaftsrechte Urkunde 53.40
Mithaftende Gegenstände 39.4 ff., 40.51
Mitlaufgebot 38.3
Mittelbare Sachfrüchte 3.22, 53.47
Mittelbare Stellvertretung 51.42
Mittelbarer Besitz 7.4, **7.30 ff.**; und Abtretung des Herausgabeanspruchs 51.35 ff.; des Aneignungsberechtigten 53.63; Eigenbesitz 53.83; Erwerb 7.51 ff.; Herausgabeanspruch bei – 7.43 ff.; Nebenbesitz 7.59, 52.24, 59.34; als „sonstiges Recht" 9.36; Übertragung 7.54 f.; Verlust 7.56 ff.
Mitverschluß 55.17
Mitverursachung 12.21
Mobiliareigentum 50.1 ff.; Arten 50.7 ff.; Beschränkungen 50.5 ff.; Ersitzung s. dort; Erwerb vom Berechtigten 51.1 ff.; Erwerb vom Nichtberechtigten 52.1 ff.; Inhalt 50.1 ff.
Mobiliarsachenrecht 2.15, 14.1, **49. 1 ff.**
Mobiliarzwangsvollstreckung 39.27, 39.39, 40.51, 44.14; s. a. Zwangsvollstreckung
Mobilie 2.15; Verpfändung 55.1 ff.; s. a. Mobiliareigentum, Mobiliarsachenrecht
Mobilienleasing 56.10 ff.
Motor 3.14, 53.9
Mündelsicherheit 29.41, 36.29, 36.43
Mündelvermögen 17.5
Muttersache Trennung von – 53.45, Pfandrechte an – 53.49

Nachbarliches Gemeinschaftsverhältnis 25.36 ff., **25.36 ff.**; Haftung aus – 5.16, 25.36 ff.
Nachbarklage öffentlich-rechtliche – 25.53 ff.
Nachbarrecht 1.4, 14.1, **25.1 ff.**; Ausgleichsanspruch 25.29; und Baurecht 25.43; beschränkte persönliche Dienstbarkeit 25.22, 33.2 f., 34.9 f.; Duldungspflichten im – 12.8 ff.; Genehmigungsverfahren 25.30 ff.; Grunddienstbarkeit 25.22, 33.2 f.; Grundgedanken 25.17 ff.; Haftung aus – 5.16; Immissionen 25.18 ff., 25.25 ff., 25.37; Imponderabilien 25.18 ff., 25.25 ff.; öffentliches – 25.43 ff.; Ortsüblichkeit 25.19, 25.28, 25.34; Sonderbestimmungen 25.39; Überhang 25.20; Vertiefungen 25.20; 25.41 f.
Nachbarschützende Vorschriften 25.46
Nacherbenvermerk 17.29, 23.43
Nacherbschaft 15.31
Nachgeschalteter Eigentumsvorbehalt 59.6

899

Sachregister

Zahlen = Paragraphen und Randnummern

Nachlaß Nießbrauch am – 61.21 ff.
Nachlaßverwaltung 15.31
Nachprüfungspflicht des gutgläubigen Erwerbers 52.26; des Grundbuchbeamten 16.3 ff., 16.36, 16.59 ff., **22.1, 22.13 ff.**; s. a. Prüfungspflicht
Nachträglich unberechtigter Eigenbesitz 11.28 f.
Nachträglicher Eigentumsvorbehalt 51.34, 59.11
Nachverpfändung 43.10; 55.17
Näherprinzip 59.54
Namensaktie Nießbrauch 61.16
Namensrecht 12.3
nantissement du fond de commerce 36.129
Naßauskiesungsentscheidung des BVerfG 13.13 ff., 13.22, 24.11 ff.
Naturalrestitution 11.14, 12.21, 13.6
Naturkräfte Eigentumsbeeinträchtigung durch – 12.15
Naturschutz 26.13 f.
Nebenbesitz 7.59, 52.24, 59.34
Nebenleistungen der Hypothek Abtretung 38.79 ff.
Negativattest (nach BauGB) 22.28
nemini res sua servit 33.34
nemo plus iuris . . . 4.15, 52.1
Neubau auf fremdem Grundstück 11.55
Neue Bundesländer 63.1 ff.; Auflassung in den – 22.30; Bergrecht 30.8; Bodenreformgrundstücke 27.32, 63.39 ff.; Eintragungsverfahren in den – 63.53 f.; Erbbaurechte in den – 29.44; Fortbestand des DDR-Sachenrechts 63.49 ff.; Grundbuchberichtigung 18.48; Grundbuchrecht der – 15.61, 63.52 f.; Grundpfandrechte 36.128; Grundstückskauf 21.40; Grundstücksrecht 63.1 ff.; Grundstücksverkehrsrecht 27.9; gutgläubiger Erwerb 23.47; Investitionshemmnisse 63.33; Landpacht 27.42; Landwirtschaft 27.33; Mauergrundstücke 63.63; Meliorationsanlage 63.62; Nießbrauch 32.29; Rang in den – 17.44; Reallast 35.22; Rechtsänderungen in den – 19.50; Restitutionsanspruch s. dort; Neuordnung des Sachenrechts 63.18 ff.; Neuordnung und EU-Recht 63.44; und faktische Sachenrechtsordnung der ehem. DDR 63.13 ff.; Schiffseigentum 31.14; Schuldrechtsanpassung 63.60; Statistik der Wirtschaftsfläche 27.34; Treuhandgesetz 63.19 f.; Übergangsrecht der ehem. DDR 63.17; Vermögen der öffentlichen Hand 63.21 ff.; Vermögenszuordnungsgesetz

63.26; Vorkauf 21.40; Wohnraummietrecht 29.83; Wohnungseigentum 29.27; Wohnungsmarkt 29.4
Nichtberechtigter Aneignungsgestattung durch – 53.66; Erwerb vom – 5.14, s. a. dort; Verfügung eines – 5 .6, 5.8, 5.10 s. a. dort
Nichteintragungsfähige Rechte 15.35 ff.
Nichtigkeit nach Anfechtung 5.8; Auslegung der Verbotsnorm 5.7; Doppel– 18.33, 18.39; der Eintragungsbewilligung 16.28, 20.28; wegen Formmangels 21.6 ff., 22.4; wegen Gesetzesverstoßes 5.7; des Sicherungsvertrags 57.15, 57.17, 57.19, 57.22 f.; teilweise – 5.55 f., 17.26; nach VerbrKrG 36.46, 37.28
Nichtstörer 12.30, 25.8
Nichtvaluüerung der Sicherungsgrundschuld 45.26
Nießbrauch 3.27, 15.35, 16.60, **32.1 ff.**, 38.118 f., **61.1 ff.**; Abgrenzung zur Dienstbarkeit 32.12 f., 33.31, 34.3; Arten 32.5 ff.; Beendigung 32.27; Begriff 32.1 f.; Bestellung 32.3 f., 61.7, 61.18; in den neuen Bundesländern 32.29; Dispositions– 32.14, 54.2; Ersitzung 54.3; Erwerb vom Nichtberechtigten 54.2, 61.7; an Forderungen 60.12, 61.12 ff.; an Forderungen und Schuldnerschutz 61.11; am Gewinnanspruch bzw. -stammrecht 61.5; am Grundpfandrecht 61.15; an Grundstücken 32.1 f.; am Grundstückszubehör 54.2; am Handelsgeschäft 54.2; an der Hypothek 38.119; und Hypothekenhaftung 39.25 f., 39.57; an Inhaberpapieren 61.17 ff.; Inhalt 32.10 ff.; und Mietverhältnisse 32.17, **33.28**; an Mobilien s. Nießbrauch an beweglichen Sachen; am Nachlaß 61.21 ff.; am Personalgesellschaftsanteil 61.5; Pfändung der Ausübung 60.4; Pfändung des – 60.7; an Rechten 61.1 ff., s. a. Rechtsnießbrauch; an einer Sachgesamtheit 54.2; an Schiffen 31.3; Schutz 32.16; Sicherungs– 32.6, 39.57; am Sondervermögen 61.1; und Spezialitätsgrundsatz 61.21; steuerliche Behandlung 32.8; Übertragbarkeit bei juristischen Personen (§ 1059 a ff. BGB) 32.19; Übertragung des – 32.17 ff., 33.28; am Unternehmen 54.2; Veränderung der Sache 32.22; Verhältnis zum Eigentümer 32.20 ff.; –vermächtnis 32.5; am Vermögen 49.4, 54.2, 61.1, **61.21 ff.**; Versorgungs– 32.5, 54.2, 61.1; und Vorerbschaft 32.5, 54.6; Wegnahmerecht 53.34 ff.; an Wertpapieren 61.16 ff.

Zahlen = Paragraphen und Randnummern **Sachregister**

Nießbrauch an beweglichen Sachen 49.4, **54.1 ff.**; Anwendungsbereich 54.2; Bestellung 54.3; Ersitzung 54.3; redlicher Erwerb 54.3; Grundlagen 54.1 f.; an verbrauchbaren Sachen 54.2
Normatives Unrecht 13.18
Notar 15.5, 16.10, 16.30, 22.2, 22.7
Notarieller Formularvertrag 5.23
Notstand 12.9, 25.5 ff.; aggressiver 25.5 ff.; defensiver 25.5 ff.; polizeilicher 25.8
Notverkauf 55.22
Notweg 12.33, **25.15**, 33.4
Notwehrrecht 7.73, 9.10 ff., 25.5
Notwendige Verwendungen 11.15, 11.18, 53.34
Nützliche Verwendungen 11.16, 11.18
numerus clausus der beschränkten dinglichen Rechte 31.3; der Sachenrechte 1.7, 15.35, 49.4, 59.33
Nutzteilung 61.4
Nutzungen 3.19 ff.; und Bereicherungsanspruch 53.33; Haftung der – 36.65, 39.3, 39.44; Herausgabe 11.12 ff., 55.21; des Nießbrauchers 32.10 ff.
Nutzungsausfall als immaterieller Schaden 13.7
Nutzungsberechtigter dinglicher 53.45 ff., 53.49
Nutzungsbesitzer Fruchterwerb 53.50 ff.
Nutzungsmöglichkeit Verlust 59.23
Nutzungspfandrecht 15.35, 32.6, 53.49
Nutzungsrecht 3.36 ff., 29.81, 30.1 ff., 34.8; des Anliegers 26.16 ff.; des Bergbauberechtigten 30.4; beschränkte dingliche – 30.1; an Grundstücken 32.1 ff.; Konkurrenz mehrerer – 17.1 f.; an Mobilien 54.1; Überschreitung des – 11.27, 11.48, 53.52; des Wohnungseigentümers 29.17; nach ZGB-DDR 23.47, 63.7, 63.10, 63.12 ff, 63.50, 63.54 ff.; Zuwendung eines – 5.28

Oberbesitz 7.38 ff.
Oberfläche s. Erdoberfläche
Objektive Klagenhäufung 40.34
Obligatorische Rechte Eintragungsfähigkeit 15.36
Öffentliche Abgaben 21.19; Baurecht 25.43, 26.2 ff.; Beglaubigung 16.6, 16.44 f., 37.33, 38.15, 38.32 ff.; Beurkundung 16.6, 16.44 f.; Eigentum 2.7, 27.47; Grundstücke 15.27; Lasten 21.19; (Pfand-)Versteigerung 55.24 ff., 55.42, 55.51, 62.31, 62.34; s. a. Versteigerung; Recht s. Öffentlich-rechtliche; Sache 2.7, **26.15 ff.**; Urkunde 16.44 f.; Versteigerung 52.49 s. a. dort

Öffentlicher Glaube des Grundbuchs 14.11 ff., 15.8 f., 18.8 ff., **23.1 ff.**, 38.7 f., 38.22 ff.; in Ansehung der Forderung 36.80 ff.; maßgeblicher Buchbestand 23.39 ff.; Doppelbuchung 23.14; geschützte Rechtsvorgänge 23.16 ff.; bei gesetzlichem Hypothekenübergang 38.108 ff.; Grundlagen 23.1 ff.; Redlichkeit 23.29 ff.; Schutzbereich 23.6 ff.; Stellvertretung 23.35 f.; Umfang 15.54, 16.58, 23.6 ff.; und Vormerkung 20.62 ff.; Widerspruch 18.21 ff., 23.37 f.; Wirkung 23.39 ff.
Öffentlich-rechtliche Belastungen 15.40; Beschränkungen 23.12; Duldungspflichten 12.10; Eigentumsvermutung 10.11 ff.; Sicherung von – Geldforderungen 37.7 f.; Genehmigung 20.25, s. a. dort; Jagdausübungsbeschränkung 27.69; Belastung von – Leistungsansprüchen 60.15; Nachbarklage 25.53 ff.; nachbarschützende Vorschriften 25.46; Rechtsverhältnisse 15.40; Streitigkeit 13.27; Verfügung 20.44
Offene Handelsgesellschaft Besitz 7.80, 52.39; Übertragung von Grundstücksrechten 19.3 ff.; Sicherungsabtretung des Anteils 58.10
Offener Besitz 7.21
Offenes Pfandindossament 62.36
Offenkundigkeit 4.9 ff.
Okkupation 53.71 ff.
Olim possessor . . . 53.89
Option 20.6, 21.4, 21.38 f.
Ordentliche Kündigung im Mietrecht 29.68 ff.
Orderlagerschein 51.40
Orderpapier 51.40, 53.38 f.; Nießbrauch 61.16 ff.; als Grundpfandbrief 36.92; als Traditionspapier 51.40; Übertragung 53.38; Verpfändung 58.11, 62.36
Ordnungsvorschriften beim Pfandverkauf 55.28
Originärer Besitzerwerb 7.15 f.; Eigentumserwerb **53.1 ff.**, 53.77
Ortsüblichkeit 12.9, **25.19 ff.**, 25.25 ff.

Pacht einer Jagd 27.68; landwirtschaftlicher Grundstücke 27.8, 27.35 ff.; und Hypothekenhaftung 39.25; Wegnahmerecht bei der – 53.34
Pachtkreditgesetz 14.5
Pachtrecht 20.18; Land– 27.35 ff.; und Hypothekenhaftung 39.25; Pfandrecht am Inventar 55.6; Wegnahmerecht 53.34
Pachtzinsforderungen Haftung bei Hypothek 39.44 ff.

Sachregister

Zahlen = Paragraphen und Randnummern

Papierhypothek s. Wertpapierhypothek
par conditio creditorum 56.9
Parken und Besitzschutz 9.15
Parteien des Vollstreckungsprozesses 40.35
Parteivernehmung 23.30
Partner nichteheliche – 3.27, 7.82, 29.50, 29.80, 51.25; und Ersatzzustellung 62.43
Parzelle 15.17
Parzellierungsverträge 19.17, 20.7, 22.29
Patent Verpfändung 62.21; Pfändung 62.54
Persönliche Dienstbarkeit s. Dienstbarkeit
Persönliche Verhältnisse im Grundbuch 15.37, 23.11
Persönlichkeitsrecht 12.3, 28.10
Personalfolium 15.52
Personalkredit 36.4, 55.1, 56.9
Persönlichkeitsschutz negatorischer 12.3
Petitorische Einwendungen 9.17
Petitorischer Besitzschutzanspruch 9.27 ff.
Pfändung des Anwartschaftsrechts 3.44, 19.16, 19.18, 55.41, 59.30, **59.41 ff.**; beweglicher Sachen 55.45 ff.; BGB-Gesellschafteranteil 60.7, 62.53; eigener Sachen 55.49, 59.14, **59.42 f.**; der Eigentümergrundschuld 46.11 ff., 46.25 f., 46.31; von Früchten auf dem Halm 53.58, 55.10; des Grundbuchberichtigungsanspruchs 18.47; der Grundschuld 44.30; der Hypothek 38.20 f., 38.125 ff.; des Nießbrauchs 60.4; von Rechten 60.7; **62.38 ff.**; –vermerk 62.29
Pfändungs- und Überweisungsbeschluß bei der Hypothek 38.20 f., 38 125 ff.; bei der Eigentümergrundschuld 46.11 ff.; bei Rechten 62.15, **62.41 ff.**
Pfändungspfandrecht 39.39, 55.2, **55.45 ff.**; Akzessorietät 55.49; an eigenen Sachen 59.42 f.; an Eigentümergrundschuld 45.90 ff.; Erlöschen 55.50; in der Insolvenz 55.45; und lastenfreier Erwerb 52.51 ff.; an Rechten 62.8, **62.38 ff.**; Rechtsgrundlagen 55.45; Rechtsnatur 55.47; Übergang 38 126; Verwertung 55.51, 62.48
Pfandbrief 36.28 f., Anhang 6
Pfandhalter 55.17
Pfandhaltervertrag 55.17
Pfandindossament 62.36
Pfandleihanstalt 55.8
Pfandrecht 3.40, **55.1 ff., 62.1 ff.**; Ablösungsrechte 55.23; Akzessorietät 55.4, 55.12, 55.31, 62.11; Anwendungsbereich 55.8 ff.; der Banken 55.8, 62.4 ff.; und Bedeutung neben Globalsicherheiten 62.6; Besitz– 55.36; besitzloses – 55.6; an beweglichen Sachen s. dort; an Edelmetallen 55.8; an „eigener Schuld" 62.6; Einbringungs– 55.36 ff.; Erlöschen 55.31, 55.33 ff., 60.12, 62.20; und Forderung 55.12 ff.; Freiwerden der Erzeugnisse 53.48; an Früchten 53.48; General– 55.5, 62.12; Gesamt– 55.5; gesetzliches – 55.2, **55.36 ff.**, 62.7, s. a. dort; an Grundstücken 3.40; gutgläubiger Erwerb 55.18; heimliches – 36.70, **56.6**, 59.5; an der Hypothek 38.20 f.; an Inhaberpapieren 62.34 f.; am Inventar des Pächters 55.6; irreguläres – 55.5; an Kabeln 14.5, 55.6; an Luftfahrzeugen 14.5, 55.6; an der Muttersache 53.49; Pfandreife 55.20 ff.; –prinzipien 36.62 ff., 55.1 ff., 62.9 ff.; Prioritätsgrundsatz 55.7; –privileg 36.72; Publizität 55.6, 62.14; Rang des – 62.11; an Rechten 36.6, **62.1 ff.**; Rückgabe 55.34; an Sachgesamtheiten 55.5; Spezialität 55.5, 62.12; bei Trennung von der Muttersache 53.49; Übergabe 55.16 f.; Übertragung 55.31 f.; Vereinigung mit Eigentum 55.4; Verkauf 55.26; Verwirklichung 55.24 ff., 55.42, 62.18 f., 62.30 ff.; Verzicht 55.34; an Waren und Wertpapieren 55.8; s. a. Vertragspfandrecht
Pfandrecht an beweglichen Sachen 3.40, 36.5, 49.4, **55.1 ff.**; Ablösungsrechte 55.23; Akzessorietät 55.4, 55.12, 55.31, 55.33; Anwendungsbereich 55.8; der Banken 55.8; besitzloses – 55.6; Bestellung 55.10 ff., 55.16 ff.; Entstehungsarten 55.2; Erlöschen 55.31, 55.33 ff.; und Forderung 55.12; Generalpfandrecht 55.5; Gesamtpfandrecht 55.5; gesetzliches – 11.50, 55.36 ff., s. a. dort; Grundgedanken 55.1 ff.; gutgläubiger Erwerb 55.18; irreguläres Pfand 55.5; Pfandreife 55.20 f.; Pfandrückgabe 55.6, 55.34; Prioritätsgrundsatz 55.7; Publizität 55.6; Rückgabe 55.6, 55.34; an Sachgesamtheiten 55.5; Spezialität 55.5; bei Trennung 53.49; Übergabe 55.16 ff.; Übertragung 55.31 ff.; Vereinigung mit Eigentum 55.33; Verkauf 55.26; Verwirklichung 55.24 ff.; Verzicht 55.34; an Waren und Wertpapieren 55.8, 55.11, 55.17; Zahlung des Erlöses 55.29; s. a. Vertragspfandrecht, Pfandrecht, Flaschenpfand
Pfandrechtsprinzipien 36.62 ff., 55.1 ff., 62.9 ff.
Pfandrechtsprivilegien 36.72
Pfandrechtsregister 14.5 f.

Pfandreife bei beweglichen Sachen 55.20 ff.; bei Grundpfandrechten 36.63; **40.2 ff.**; bei Rechten 58.4, **62.27 ff.**
Pfandschein 53.40, 55.8
Pfandverkauf 55.8, **55.25 ff.**, 55.42; Mindestvoraussetzungen 55.27; Ordnungsvorschriften 55.28; Rechtmäßigkeitsvoraussetzungen 55.27, 55.48 ff.; Sonderfälle 55.30; Verwertungsmodalitäten 55.30
Pfandverwertung 55.24 ff.
pignora tacita 36.70, 56.6, 59.5
Pipeline 34.8
Planungsschadensrecht 26.5
Planwirtschaft 26.21, 50.3
Polizei Aufgaben 12.33; Subsidiarität des —schutzes 12.33
Polizeilicher Notstand 12.30, 25.8
Polizeipflichtigkeit 12.32, 26.2
Polizeirecht 12.30 f., 25.8
Polizeiwidrigkeit 12.30 ff.
Popularklage 13.27
Positive Vertragsverletzung 21.21
possessio, tempus, fides 53.85 f.
Possessorischer Anspruch 9.1, 9.16 ff.
Postsparbuch 53.39
Präklusion beim Vorkauf nach BauGB 22.28; beim Vorkauf nach ZGB 21.40, 63.10
praedio utilis 33.7, 33.12, 34.2
Präventionsprinzip s. Prioritätsprinzip
Preisbindung im Wohnungsmietrecht 29.83
Preisgefahr 21.14, 51.33, 59.16
prior tempore, potior iure 17.7
Prioritätsprinzip 17.7, 17.21, in den neuen Bundesländern 17.40, 63.10, 63.51, Grundpfandrechte und – 36.72; bei Pfandrechten an beweglichen Sachen 55.7, 55.45, 56.9, **59.53**
Private Rechte Schutz 12.33
Privateigentum 1.1, s. a. Eigentum
Privatrecht 2.1 f.
Privatrechtlicher Aufopferungsanspruch 25.32
Privatverkauf des Pfandes 55.25 f., 55.42, 62.34 f., s. a. Pfandverkauf
Produktionsprinzip 53.48
Produktivkredit 36.15 ff.
Prozeßbesitzer 11.7, 11.13
Prozeßstandschaft 18.46, 58.4; gewillkürte – des Grundschuldgläubigers 45.92
Prozessualer Anspruch aus vollstreckbarer Urkunde 40.36 ff.
Prozessualer Rechtsschutz im öffentlichen Recht 13.26 ff.
Prüfungspflicht des Grundbuchamtes 16.3, 16.20, 16.36, 16.39, 22.1, **22.13 ff.**,

33.31; Bindung an Vermutungswirkung (§ 891 BGB) 16.60; bei Vormerkungseintragung 20.17
Publizität 4.9 ff.; bei Belastung von Rechten 60.10 f.; beim Besitz 6.10; formelle – 15.55 ff.; der Grundpfandrechte 36.10, 36.70 f.; im Grundstücksrecht 14.5 f., 14.11; materielle – 15.53 f.; und Pfändung der Eigentumsanwartschaften 59.41; beim Pfandrecht an beweglichen Sachen 55.6, 56.1, 56.4; und Pfandrecht an Rechten 62.14; des Schiffsregisters 31.4; und Sicherungsrechte 56.3, 57.12 f.; bei der Sicherungsübereignung 57.13

Qualifizierte Legitimationspapiere 53.39
Qualifizierter Mitbesitz 55.16
Quelldienstbarkeit 33.30
Quittung löschungsfähige 40.23
Quotennießbrauch 32.13

Räumliche Rangfolge 17.20, 17.22
Rang 17.1 ff.; –änderung 17.12, 17.38 ff.; –aufspeicherung 46.6; Ausnahmetatbestände 17.23 ff.; Bedeutung 17.1 ff., 17.6; in den neuen Bundesländern 17.44, 63.51, 63.10; dinglicher Rechte an Grundstücken 16.17, **17.1 ff.**, 38.12; Einigung 17.19; Eintragung 17.14 ff.; –entstehung 17.14 ff.; –folge 17.22; –gleichheit 17.13; bei Inhaltsänderung 19.42; –ordnung **17.13 ff.**; des Pfandrechts 62.11; Prinzip der beweglichen –ordnung 17.8 ff.; –sicherung 40.50; Rechtsnatur 17.6; –rückgewähr 46.6; –rücktritt 17.40; s. a. Rangänderung; Sonderfälle 17.20 f.; feste 36.98; –tausch 17.38, 17.42; –unfähigkeit 17.29; –vereinbarung 17.23 ff.; –verlust 17.28; –vermerk 17.12, 17.39; –vorbehalt 17.12, **17.31 ff.**; des Vorkaufsrechts 21.28; Wirkung bei Vormerkung 20.9, **20.48 f.**
Rangordnung mehrerer Gläubiger 36.3
Rangwirkung der Eintragung 17.14 ff.; der Löschungsvormerkung 46.53; der Vormerkung 20.9, **20.48 f.**
Raumordnung 26.12
Raumsicherungsvertrag 57.13
Realakt Verarbeitung 53.17
Realfolium 15.52, Anhang 1
Realisierungsmöglichkeiten der Hypothekenhaftung 40.16 ff.
Realkredit 36.4, 55.1
Reallast 3.41, **35.1 ff.**; Ablösung 35.16; Altenteilsrecht 35.2; Anwendungsbereich 35.8 ff.; Begriff 35.1 ff.; in den neuen Bun-

Sachregister

desländern 35.22, 63.10, 63.57; Entstehung 35.13; Erbbauzins– 29.32 f., 35.9, 35.13; Erlöschen 35.16; Fernwärme– 35.12; und Grundgeschäft 35.14, 35.21; Haftung 35.17 ff.; Industrie– 35.9; Inhalt 35.1 ff.; Inhaltsänderung 19.42; Rechtsnatur 35.1; Renten– 35.9; und Time-Sharing 29.90; Übertragbarkeit 35.13; Vererblichkeit 35.13; Wertsicherungsklausel 35.9; Zwangsversteigerung 35.18 ff.
Realobligation Theorie der – 36.68
Recht am Arbeitsplatz und Besitzrecht 7.73
Recht zum Besitz 11.24 ff.; beim Besitzmittlungsverhältnis 7.33; des Vorbehaltskäufers 59.17; des Wohnungsberechtigten 29.51
Rechte absolute – 2.2, 12.3, 62.1; Anwartschafts– s. dort; beschränkte dingliche – 3.35 ff.; an beweglichen Sachen 49.1 ff.; dingliche – 2.2 ff., 3.23 ff., 60.3; eigentumsähnliche – 3.31; an eigener Sache 3.43, 36.95 ff.; eintragungsfähige – 15.28 ff.; nicht eintragungsfähige – 15.35 ff.; grundstücksgleiche – 3.31, 15.26; an Marken 60.6; materielle – 2.8; des Pfandgläubigers vor bzw. nach Pfandreife 40.9 ff., 40.16 ff.; an Rechten s. dort; relative – 2.2 ff., 60.2 f., 62.1; sonstige – i. S. v. § 823 Abs. 1 BGB 6.2, 9.31 ff., 28.16, 59.45, s. a. dort; subjektive – 2.2 ff.; subjektive öffentliche – 13.13
Rechte an Rechten 60.1 ff.; Belastungsobjekt 60.6 f.; Form der Belastung 60.8 ff.; Grundlagen 60.1 ff.; Rechtsnatur 60.2 ff.
Rechtfertigungsgründe Eigentumsbeeinträchtigung 12.8, 12.15
Rechtmäßiger Besitz 11.24 ff.
Rechtmäßiger hoheitlicher Eingriff 13.17
Rechtmäßigkeitsvoraussetzungen des Pfandverkaufs 55.27
Rechtsänderung dingliche 3.11; bei der Gesamthypothek 43.36
Rechtsänderungen an Grundstücken 14.11 ff., **19.1 ff.**; Aufhebung eines Rechts 19.44 ff.; Begründung 19.9 ff.; in den neuen Bundesländern 19.50, 63.49 ff.; Einigung und Eintragung 19.8; innerhalb von Gesamthandsrechtsverhältnissen 19.3 f.; kraft Gesetzes 18.4; Inhaltsänderung 19.42 f.; Übertragung 19.9 ff.
Rechtsbedingung 22.10
Rechtsbesitz 7.9, 33.43
Rechtsfähigkeit 5.6
Rechtsfrüchte 3.22, 32.11, 53.47

Rechtsgeschäft dingliches **5.1 ff.**; Abstraktheit 5.40 ff.; bedingtes – 5.11; einseitiges und zweiseitiges – 5.4; Kundbarmachung 5.30 ff., s. a. dort; über das Vermögen im Ganzen 22.17 ff.
Rechtsgeschäftliche(s) Pfandrecht 55.2; Veräußerungsverbot 40.14; Verfügung beim Erwerb vom Nichtberechtigten 23.16 ff.; Verfügungsbeschränkung 15.39
Rechtsgrundloser Besitzerwerb 11.38
Rechtshängigkeitsvermerk 18.42
Rechtsharmonisierung und Abstraktionsprinzip 5.43, 36.129; und Grundpfandrechte 36.129
Rechtsinhaber mehrere 3.25 ff.
Rechtsmängelhaftung beim Grundstückskauf 21.16 ff.
Rechtsmittel in Grundbuchsachen 15.6 ff.
Rechtsnachfolge und Aneignungsgestattung 53.62; bei Bruchteilsgemeinschaft 3.28 f.; im Eigentümer-Besitzverhältnis 11.58; und Eigentumsbeeinträchtigung 12.15 ff.; und Ersitzung 53.89; und Hypothek 39.5; im Mietverhältnis 29.64 ff.; Rechtskraftwirkung 18.42
Rechtsnießbrauch 61.1 ff; Anwendungsbereich 61.1; Belastungsobjekt 61.2 ff.; Bestellung 61.7 ff., 61.18; an Forderungen 61.12 ff.; am Gesellschaftsanteil 61.5 f.; gutgläubiger Erwerb 61.10; Nutzbarkeit des Rechts 61.2 f.; Übertragbarkeit des Rechts 61.4; Umfang 61.8 ff.; an Wertpapieren 61.16 ff.
Rechtspfändung 59.41 ff.
Rechtspfleger und Grundbuchsachen 15.10 f.
Rechtsschein 23.4, 23.30 ff., 52.3, 53.66
Rechtsschutz 1.2, 4.3; deliktischer – 13.2 ff.; dinglicher Rechte 10.1 ff.; prozessualer – 13.26 ff.; vorbeugender – 40.11
Rechtsstellungsgarantie verfassungsrechtliche 24.14
Rechtsteilung 59.1, 59.3, 60.4
Rechtsübergang und Schuldurkunde 53.43
Rechtsvergleichung und Abstraktionsprinzip 5.43, 36.129; und Grundpfandrechte 36.129
Rechtsverletzungen bei dinglicher Rechten 4.3 ff.; i. S. der VwGO 13.27
Rechtsverlust schuldrechtlicher Ausgleich 53.23 ff.; nach §§ 946 ff. BGB 13.10, 53.3 ff.
Rechtsweg Erschöpfung des – 13.28; Garantie des – 13.26 ff.

Zahlen = Paragraphen und Randnummern   **Sachregister**

Rechtswidrigkeit der Eigentumsbeeinträchtigung 12.8 ff.; bei § 1004 BGB 12.8 ff.; Ausschluß der – bei § 904 BGB 25.5 ff.
Rechtszuständigkeit Änderung der – 5.1
Redlicher Erwerb nach § 898 ZPO 52.50; s. a. gutgläubiger Erwerb
Redlichkeit des Bankiers 52.52; des Besitzers 11.9; des Eigen- und Nutzungsbesitzers 53.51; des Ersitzers 53.88; bei Erwerb beweglicher Sachen nach §§ 932 ff. BGB 52.25 ff.; und Freiwerden von der Hypothekenhaftung 39.30 ff.; bei § 419 BGB 22.19; bei Grundstücksgeschäften nach § 892 BGB 23.29 ff.; maßgebender Zeitpunkt bei § 892 BGB 23.33 f.; bei § 932 BGB 52.25 ff.; bei Stellvertretung 23.35 f., 52.32; Vermutung der – bei § 932 BGB 52.25; und Widerspruch 18.21 ff.
Refinanzierung 55.17
Registergericht Zeugnis 16.46, 16.66
Registerpfandrecht 14.6, 55.6; bei Schiffen 14.6, 31.2, 31.9 f., 31.11
Registrierung von Schiffen 31.2
Regreßbehinderungsverbot 38.99
rei vindicatio s. Eigentumsherausgabenanspruch
Reinhaltung der Gewässer 27.53
Rektapapiere 53.39; Nießbrauch 61.16; Verpfändung 62.37
Relative(s) Eigentum 3.32 ff.; Rechte 2.2 ff., 60.3, 62.1; Unwirksamkeit 20.9 ff., 20.34 ff.; Veräußerungsverbot 20.67, 39.8, 39.30 ff., 52.30, 62.41; Verfügungsbeschränkung 5.6, 5.9
Rente Abkauf 25.13; beim Überbau 25.11, 25.13
Rentenreallast 35.8, 35.21
Rentenschuld 3.40, 36.93, **47.4 ff.**; Ablösung 47.9; Anwendungsbereich 47.4 f.; Begriff 47.4 f.; und Reallast 47.5
Reservierungsvereinbarung 21.4
Restitutionsanspruch (nach VermögensG) 22.30, 23.47, 27.32 ff., **63.27 ff.**, 63.31 ff.; und Entschädigung 63.27 ff.; grundbuchrechtliche Sicherung 15.61, 63.27 ff., 63.7 ff.
Restkaufpreishypothek 17.43, 36.20, 37.50
Richterprivileg Grundbuchrichter 15.12
Richtigkeit des Grundbuchs s. Vermutung für Grundbuchrichtigkeit
Richtwerte (für Emissionen) 25.27
Rückabwicklung 5.44, 5.48 f., 11.30, 37.4, 52.34; nach Anfechtung 5.8; und Fruchterwerb 53.50; nach gutgläubigem Erwerb 23.28; des Sicherungsvertrags 44.8

Rückauflassung 18.33, 20.5, 22.20, 22.22, 22.24
Rückenteignung 26.7, 26.27
Rückerstattung s. Restitutionsanspruch
Rückerwerb des Nichtberechtigten s. Rückabwicklung
Rückerwerbsrecht (nach Enteignung) 26.7, 26.27
Rückgabe der Pfandsache 55.5, 55.22, 55.34, 55.44
Rückgewähranspruch bei Fortfall oder Fehlen des Sicherungsvertrags 45.24 f., 46.48, 57.10, 57.15, 57.45
Rückgewähranspruch bei der Grundschuld 45.24 ff., 45.41 ff., 45.68 ff., 45.73 ff., 46.34; formularmäßiges Abtretungsverbot 45.98; Beweis- und Darlegungslast 45.30; Freigabeklausel 45.31 ff.; Schutz nachrangiger Gläubiger 46.48 ff.; Vormerkung für – 45.97, 46.48; in der Zwangsversteigerung 45.50 ff., 46.53
Rückkaufsrecht bedingtes 20.22
Rücktritt vom Vertrag 59.1; des Vorbehaltsverkäufers 59.18
Rücktrittsrecht bei der Sicherungsgrundschuld 45.26; Wirkung der Ausübung 5.49
Rückübereignung des Sicherungsgutes 57.45
Rückübertragungsanspruch s. Rückgewähranspruch
Rückwirkung bei Anfechtung 5.8, 5.49; fehlende – bei Ausübung des Rücktrittsrechts 5.49

Sache 3.2 ff., 53.45; Beeinträchtigung durch Immissionen 25.19; Besitzlosigkeit 53.78; bewegliche – 3.5; gestohlene – 52.7; Haupt– 53.9; herrenlose – 53.69; künftige – 57.9; Mutter– 53.45; neue – 53.18; öffentliche – 2.7, **26.15 ff.**; zum persönlichen Gebrauch 51.25; Pfändung s. dort; verbrauchbare – 3.18; vertretbare – 3.18; verlorene – 52.7, 53.78; Verpfändung 55.1 ff.
Sachenrecht Bedeutung 1.1 ff.; der ehemaligen DDR 63.2 ff.; Grundsätze 4.1 ff.; im objektiven Sinn 2.1; Prinzipien 4.2 ff.; im subjektiven Sinn 2.2 ff.; Überleitung in den neuen Bundesländern 63.17 ff.; Übertragbarkeit von Sachenrechten 4.20 ff.; Vorschriften außerhalb des BGB 2.10 ff.
Sachfrüchte 3.19 ff., 32.10, 53.46 ff.
Sachgesamtheit 3.6, 24.4; und Bestimmtheitsgrundsatz 51.8; Nießbrauch an –

905

Sachregister

54.3 ff.; Pfandrecht an – 55.5; und Sicherungsübereignung 57.11
Sachherrschaft 7.1, 9.4
Sachmängelhaftung beim Grundstückskauf 21.20 ff.
Sachpfändung 59.41
Safe-Inhalt Verpfändung 55.17
Sale-and-Lease-Back 59.13
Salvatorische Entschädigungsklausel 27.53
Sammelgut Bereitstellung 53.69
Sammellagerung 53.12
Sammelverwahrung von Wertpapieren 50.10, 53.12, 55.17
Schaden als Beeinträchtigung 12.7
Schadensersatzanspruch und actio negatoria 13.5; und Beseitigungsanspruch 12.20 f.; gegen den Besitzer 11.9 ff., 11.48 ff.; bei Besitzrechtsverletzung 9.24, 9.31 ff., 11.24 ff.; des Eigentümers 11.9 ff., 11.48 ff.; und Grundbuchberichtigungsanspruch 18.39; und Herausgabeanspruch 11.48 ff.; des Hypothekars 39.65, **40.10**; des Pfandgläubigers 45.91, 55.21; bei sittenwidriger Schädigung s. dort; Verhältnis zu § 1004 BGB 13.5 ff.; bei Verletzung des Anwartschaftsrechts 13.8, 19.20, 59.45; bei abredewidriger Verwertung 45.71, 45.78
Schadenspauschalierung durch Zinserhöhung 37.28
Schadloshaltung nach § 14 BImSchG 25.30 ff.
Schädigung drohende 12.25; sittenwidrige 20.2
Schatzfund 25.3, **53.84**
Scheck Übertragung 53.38
Scheckkarten 53.38
Scheinbestandteil 3.15, 53.47; Hypothekenhaftung 39.24
Schenkung unter Nießbrauchsvorbehalt 32.4; auf den Todesfall 20.15
Schiffsbauhypothek 31.5
Schiffsbauwerkregister 31.2
Schiffseigentum 31.5 ff.; in den neuen Bundesländern 31.14; Übertragung 31.6 ff.
Schiffshypothek 31.3, 31.5, 31.11 ff.
Schiffsregister 14.5, 31.2
Schikane 25.2
Schlüsselgewalt 51.27
Schrankfach 55.17
Schürfen 30.2
Schuldanerkenntnis, abstraktes Sicherung durch Grundschuld 5.23, 45.13, s. a. abstraktes Schuldversprechen
Schuldbeitritt 28.14

Zahlen = Paragraphen und Randnummern

Schuldhaft-rechtswidriger Eingriff 13.18
Schuldlos-rechtswidriger Eingriff 13.18
Schuldnerbestimmte Einreden bei Hypothek 8.65
Schuldnermehrheit und Hypothek 37.54
Schuldnerschutz 36.27, 40.49; bei Forderungsverpfändung 62.20
Schuldnerverzug 11.10
Schuldrecht Anwendbarkeit 5.25 ff., 11.43 ff.
Schuldschein 53.37 ff.
Schuldübernahme und Aneignungsgestattung 53.54 ff.; und Fortführung der Firma 28.14 f.; kumulative bzw. privative – und Hypothekenübergang auf den Eigentümer 36.69, 37.14, 38.94, 38.98, 46.3; und Sicherungsreallast 35.21; und Verzicht auf die Hypothek 38.94, 46.3; und Vormerkung 20.53
Schuldurkunden Eigentum an – 53.37 ff.
Schuldverhältnis 1.10; 5.40 ff.
Schuldverschreibung auf den Inhaber Bestellung einer Sicherungshypothek für – 36.92; und Inhaberbriefgrundschuld 36.92; Inhaberpapier 53.37 f.; als Mittel der Geldbeschaffung 36.28 ff.; Papierhypothek 36.92, 42.29 ff.; Pfandbrief 36.28 ff.; und Sicherungshypothek 36.92, 42.30, 42.32; als Wertpapier 53.37 f.; Wertpapierhypothek 36.92, 42.29 ff.; verkörpertes Forderungsrecht 53.37 ff.
Schuldversprechen 53.40; abstraktes – 5.23, 37.76, 40.38, 40.44 f., 58.24, s. a. dort
Schutz des Erbbaurechts 29.29; der Familienhabe 59.28; des Mieters s. Mieterschutz; des Nachbarn im öffentlichen Recht 25.43 ff.; privater Rechte durch die Polizei 12.33; des Verbrauchers s. Verbraucherkreditgesetz; der Vormerkung 20.42
Schutzgesetz i. S. v. § 823 Abs. 2 BGB 9.36, 13.2
Schutzrechte bei Bruchteilsgemeinschaft 3.28
Schwarzkäufe 21.7
Seeschiffsregister 31.2
Selbsthilfe 9.11 ff.; des Vermieters 55.42
Selbstkontrahieren 7.39, 51.30
Sequestration 32.24
servitus in faciendo consistere nequit 33.29
Servitut 33.2
Sicherung dinglicher Rechte 18.20
Sicherung künftiger Forderungen 55.38
Sicherungsabrede bei der Grundschuld 36.79, 44.8, **45.9 ff.**; und abstraktes

Schuldversprechen 45.15 ff.; und AGBG 45.13 ff.; Eintragung 45.36; Fehlen der – 45.24 f.; Freigabeklausel 45.31, 45.33; Nichtbestehen 45.24 f.; und Nichtvalutierung 45.26 f.; Rechte des Eigentümers 45.24 f., 45.72 ff.; und Rückgewähranspruch 45.26 ff., 45.73 ff., 45.90 ff.; Schadensersatz wegen Verletzung der – 45.59; und ungerechtfertigte Bereicherung 45.24, 45.34; und Verbraucherschutzgesetze 45.17 ff.; Verwertungsverbot aus der – 45.59; Vollstreckungsunterwerfung 45.13, 45.15; Zinsen 44.12, 45.11; und Zwangsvollstreckung 45.50 ff.

Sicherungsabtretung 36.6, **58.1 ff.**; und Abtretungsausschluß 58.16; und AGB 5.19 ff.; Anwendungsbereich 58.6 ff.; auflösend bedingte – 5.54, 58.2, 58.5; Aussonderungsrecht 58.2; Begriff 58.1; und Bestimmtheitsgrundsatz 58.18 ff.; Drittschuldner 58.23 f.; eigenständige – 58.7; und Factoring 58.11; Form 58.17; Gegenstand 58.10; Global– 5.22, 56.7, 58.9, 58.18 ff., 59.49 ff.; Grundgedanken 58.1; der Hypothek 38 124; Koppelung 58.8; Mantelzession 58.9; Singularabtretung 58.9; Wegfall des Sicherungszwecks 58.5; Widerspruchsklage 58.2

Sicherungsdienstbarkeit 33.18 f.

Sicherungseigentum s. Sicherungsübereignung

Sicherungsgeschäfte, atypische 56.1 ff.; Ausformung 56.5 f.; Koppelung 56.7; wirtschaftliche Tatsachen 56.9

Sicherungsglobalzession s. Globalzession

Sicherungsgrundschuld 36.59, 44.2, 44.10, 44.21, **45.1 ff.**; Abtretung von Forderung und Grundschuld 45.54 ff.; Abtretungsausschluß 45.59; Anspruch auf Mitübertragung 45.69; und Abtretung der gesicherten Forderung 45.82 f.; Anwendungsbereich 45.4 ff.; Begriff 45.1 ff.; Divergenzfälle auf der Passivseite 45.72 ff.; Einreden aus dem Sicherungsvertrag 45.26 ff., 45.73; Einreden gegen den Zessionar 45.61 ff.; einredefreier Erwerb 45.61 ff.; Eintragungsfähigkeit 45.36; Fälligkeit 45.80; Informationspflicht des Zessionars 45.64; Leistung durch Dritte 44.26; Leistung durch Eigentümer 45.82 f.; Leistung durch Schuldner 45.86 ff.; Leistungsberechtigung 45.80 ff.; Löschungsvormerkung 45.100; Nichtvalutierung 45.26; Rückübertragungsanspruch 44.23 ff., 45.26 ff., 45.56, 45.68, 45.70, 45.72, 45.90 ff., 45.100; 46.34; und Sicherungsabrede **45.9 ff.**, s. a. dort; Teilvalutierung 45.51 ff.; Tilgung 45.42 ff.; Tilgungsvereinbarung 45.44 ff.; Trennung von Forderung und – 45.68; Treuhandgrundschuld 45.8; und ungerechtfertigte Bereicherung 45.24 f., 45.66 f.; in der Zwangsversteigerung 45.50 ff.; Zweckgemeinschaft 45.2; s. a. Grundschuld

Sicherungshypothek 36.83 f., 40.50, **42.1 ff.**; Abtretbarkeit 36.84; Akzessorietät 42.1 ff.; Anwendungsbereich 42.5 ff.; Arresthypothek 42.6, 42.9, 46.5; Arten 42.4; Begriff 42.3; Besonderheiten 42.10 ff.; und Beweislast 42.12 ff.; in den neuen Bundesländern 19.50, 63.49 ff.; Einreden gegen die – 42.14; Entstehung 42.5 ff.; redlicher Erwerb 42.10 f.; und Forderungsabtretung 42.16 f.; kraft Gesetzes 42.6, 62.27 ff., 62.48 f.; im Grundbuch 42.4; als Höchstbetragshypothek 42.9, 42.18 ff., s. a. dort; Kündigung der Forderung 42.15; an Schiffen 31.11; Übergang auf den Eigentümer 42.10 f.; bei Verpfändung des Auflassungsanspruches 62.27 ff.; Wertpapierhypothek 36.92, 42.29 ff., s. a. dort; Zwangshypothek 40.50, 42.6, 46.5

Sicherungskredit 36.4

Sicherungsnießbrauch 32.6, 39.57

Sicherungsobjekt bei der Sicherungsübereignung 57.11

Sicherungsrechte an beweglichen Sachen 55.1 ff.; an Grundstücken 36.1 ff, 37.1 ff., 42.1 ff., 43.1 ff., 44.1 ff., 45.1 ff., 46.1 ff., 47.1 ff.; Koppelung 56.7; Konkurrenz 56.7; nichtpfandrechtliche – 56.1 ff.

Sicherungsschein 57.15

Sicherungstreuhand 3.34; 57.15

Sicherungsübereignung 49.5 f., 56.2, **57.1 ff.**; Absonderungsrecht 57.31; Abstraktionsprinzip 5.43; Akzessorietät 57.10; Anfechtung 57.33; eines Anwartschaftsrechts 57.11; Anwendungsbereich 57.7; auflösend bedingte 57.2, 57.10; Aussonderungsrecht 57.39; Begriff 57.1 ff.; und Besitzkonstitut 7.48, 51.31 ff., 56.1; Bestimmbarkeit der Sicherungsobjekte 57.13; Bestimmtheitsgrundsatz 4.19, 57.13; Deckungsgrenze 57.24 ff.; und Eigentumsvorbehalt 52.19; Geheimhaltungsinteresse 56.3; Gläubiger des Sicherungsgebers 57.30 ff.; Gläubiger des Sicherungsnehmers 57.38 ff.; und ungesicherte Gläubiger des Sicherungsgebers 57.30 ff.; und Gläubigergefährdung 57.35; Vergleich mit Grund-

Sachregister

pfandrechten 36.11; von Grundstücken 40.25 f.; Interessenlage 57.5 f.; und Knebelung 57.4, 57.17, 57.36, 59.20 ff.; und Insolvenz 57.31, 57.39; und Kredittäuschung 57.36 f.; „künftiger" Sachen 57.11; mittelbarer Besitz 7.51; Nichtigkeit 57.15; und Pfandrechtspublizität 55.6; Rückübereignung 57.45; Sachgesamtheiten 57.11; Schuldner und Gläubiger des Sicherungsnehmers 57.38 ff.; bei Schaffung des BGB 56.1; Sicherungsobjekt 57.11 ff.; und Sittenwidrigkeit 5.51, 57.4, 57.17, 57.22, 57.30, 57.35 f.; Übereignungstatbestand 57.8 ff.; Übersicherung 5.22, 57.18 ff., s. a. dort; Umsatzsteuer bei der Verwertung 57.29 f., 57.41; Verfallklausel 57.42; verlängerte – 57.7, 58.8; und Vermögensübernahme 57.34; Verwertungsrecht 57.41 ff.; von Warenlagern 57.11; in der Zwangsvollstreckung 57.32
Sicherungsvertrag bei der Grundschuld 45.9 ff.; und AGB 45.13 ff.
Sicherungsvertrag bei der Sicherungsabtretung 58.3
Sicherungsvertrag bei der Sicherungsgrundschuld s. Sicherungsabrede
Sicherungsvertrag bei der Sicherungsübereignung 57.15 ff., 57.45; Nichtigkeit 57.15; Sittenwidrigkeit 57.17; und Verwertungsrecht 57.41 ff.; Wegfall des – 57.15; s. a. Freigabeanspruch; Freigabeklausel; Übersicherung
Sicherungswirkung der Vormerkung 20.34 ff.
Sicherungszweck Wegfall des – bei der Sicherungsabtretung 58.5, bei der Sicherungsgrundschuld 45.26 ff., 45.42 ff.
Sicherungszweckerklärung 45.9 ff.
Siedlung 27.25 ff.; Träger der – 27.28; –sunternehmen 21.36; –szweck 27.27
Siedlungsgesellschaft 33.34, 34.9
Singularabtretung 58.9
Sittenwidrige Schädigung 20.2, 57.35 f.
Sittenwidrigkeit 5.51, 20.2, 57.17, 57.35 f.; des Sicherungsdienstbarkeitsvertrags 33.18; des Sicherungsübereignungsvertrags 5.51, 57.4, 57.17, 57.22, 57.30, 57.35 f.
Sofortige Zwangsvollstreckung Unterwerfung unter – 37.55, 40.36 ff., s. a. Vollstreckungsunterwerfung
Sondereigentum 3.29, 29.8 f.
Sondergesetze sachenrechtliche – 2.11 ff.
Sonderopfer 12.10, 13.16 ff.; im Enteignungsrecht 13.16 f., 25.3, 26.23, 27.12; im Nachbarrecht 25.3

„Sonstiges Recht" Anwartschaftsrecht als – 13.8, 19.20, 59.45; Besitz als – 6.2, 9.31 ff., 29.63; Besitzrecht des Mieters als – 29.63; deliktischer Schutz dinglicher Rechte 13.2 ff.; bei Eigentumsverletzungen 13.2 ff.; eingerichteter und ausgeübter Gewerbebetrieb als – 28.16 ff.
Soziale Bindung 24.6, 24.14
Sozialer Wohnungsbau 17.4, 17.43, 36.35
Soziales Mietrecht 29.65 ff.; Wohnrecht 29.3
Sozialisierung 30.2
Sozialistisches Eigentum der ehem. DDR 63.2 ff.; s. a. Volkseigentum
Sozialklausel im Mietrecht 29.70
Sparkasse 17.5, 36.31
Sparkassenbuch 53.37 ff.; Verpfändung 55.11
Spatzenbrett 51.27
Spezialitätsgrundsatz s. Bestimmtheitsgrundsatz
Spezieskauf 51.33
Spezifikation s. Verarbeitung
splendor familiae 27.23
Staatlicher Hoheitsakt und Besitzverlust 52.44
Staatshaftung s. Amtshaftung, Amtspflichtverletzung
Städtebauförderung 26.4, 26.11
Stellvertretung 5.12; bei Besitzerwerb 8.5 ff.; bei der Einigung 51.10; beim Eintragungsantrag 16.10; bei der Eintragungsbewilligung 16.30; bei gutgläubigem Erwerb 5.14, 23.35 f.; beim Erwerb beweglicher Sachen 51.41 f.; „Kennenmüssen" bei – 5.14; mittelbare – 51.42
Steuerforderung Sicherung durch Hypothek 37.8
Stille Zession 58.4
Stillschweigende Abtretung 51.38
Stockwerkseigentum 3.29, 29.5
Störer 12.2, **12.12 ff.**; Besitzschutz gegen – 7.4, 9.1 ff.; Haftung 25.35; Kreditgeber als – 40.12; mehrere – 12.19, 25.35; mittelbarer – 12.14; im Polizeirecht 12.30 ff.; s. a. Handlungshaftung, Zustandshaftung
Störung durch Anlagen 12.14, 25.20
Straßenbaulast 15.40
Straßenlärm 25.32
Straßenverkehr und Eigentumsbeschränkungen 26.15 ff.; und Nachbarrecht 25.32
Streckengeschäft 51.17
Streitgenossenschaft einfache – 40.35
Streitigkeiten öffentlich-rechtliche – 13.27
Stückeverzeichnis 51.30

Zahlen = Paragraphen und Randnummern

Sachregister

Subjektives öffentliches Recht 13.13
Subsidiarität der Bürgenhaftung 45.84 f.; der Eingriffskondiktion 53.29; des Polizeischutzes 12.33
Sukzessionsschutz 50.11
Summierte Immissionen 25.35
superficies solo cedit 3.29, 25.11, 29.2
Surrogation 51.26 ff., 54.6; dingliche – bei der Sicherungsübereignung 57.14; bei Einziehung der Forderung 62.27 ff.; Entziehungs– 57.14; beim verlängerten Eigentumsvorbehalt 59.6, 59.49, 59.54; gesetzliche – 52.32, 61.13, 62.27 ff.; bei Haushaltsgegenständen 51.26 ff.; beim Pfandverkauf 55.29; bei der Sicherungsübereignung 57.14

Tabularersitzung 53.87; Contra– 53.87
Täuschung arglistige – und Besitzaufgabe 52.43
Tatsächliche Angaben im Grundbuch 10.12, 15.54, 23.10
Tatsächliche Verhältnisse Änderung bei Grunddienstbarkeit 33.23 ff.
Teilbesitz 7.8, 7.76, 29.62, 53.63; des Aneignungsberechtigten 53.63
Teile 3.3; abgetrennte – 3.3, 3.8; menschliche – 3.3
Teileigentum 29.5
Teilfläche 15.18; 22.15
Teilhypothekenbrief Muster Anhang 3 a
Teilnichtigkeit 17.26, 33.18
Teilrechte Abspaltung 60.4
Teilung des Grundstücks 15.19, 22.29, 26.5, 33.28; im Wohnungseigentumsrecht 16.63, 19.43, 29.20
Teilungsprinzip 59.55
Teilverzichtsklausel 59.52
Teilzahlungskauf 56.10, 59.21
Teilzeit-Wohnrechte-Gesetz s. Time-Sharing
Telegraphenwege 26.19
tempus, fides, possessio 53.85 f.
Tempusprinzip 17.13
Testament 16.41, 16.41; –svollstreckervermerk 23.7
Testamentsvollstreckung 15.31, 23.7, 51.24
Tiere 3.4; wilde – 53.68; „gezähmte" wilde – 53.68; Haus– 53.68; Nachbarrecht 25.16 ff.
Tierschutz 3.4
Tilgung Ausgleichspflicht bei Schulden– 38.100 ff.; der Forderung und Folge für Schuldurkunde 53.44; der gesicherten Forderung 36 109, 45.26 ff., 45.42 ff.; der Gesamtgrundschuld 43.22 ff.; der Grundschuld 44.23 ff., 45.42 ff.; Teilleistungen 36.56, 40.17, 44.24, 45.59; –svereinbarung 45.44 ff.
Tilgungsfondhypothek 36.57
Tilgungshypothek 36.52 ff.
Time-Sharing 29.84 ff., 29.3, 29.55; Rechtsnatur 29.86 ff.; Teilzeit-Wohnrechte-Gesetz 29.95
Titel dinglicher 23.9, 37.55, 40.27 f., 44.36, 44.38
Traditionspapiere 51.40
Traditionsprinzip 19.1, 31.7, 51.3 f., 51.44; beim Mitbesitz 7.87
Transparenzgebot nach AGBG 36.56; nach VerbrKrG 36.45
Trennung von Erzeugnissen und Bestandteilen 53.45; Hypothekenhaftung von Erzeugnissen und Bestandteilen nach – 39.24 ff.; von Sachen 53.45
Trennungsprinzip 5.40, 51.1 ff., 51.44; und Rechtssicherheit 5.23
Treu und Glauben 5.26, 18.38, 33.3, 45.83
Treuhand 3.34; eigennützige – 45.13; und Time-Sharing 29.91; s. a. fiduziarische Rechtsübertragung
Treuhandanstalt 63.19 ff.; s. a. neue Bundesländer
Treuhandgrundschuld 45.8
Typenbeschränkung 1.7, 1.9, 49.4; s. a. numerus clausus der Sachenrechte
Typenfixierung 1.7
Typenzwang 1.7, 56.1

Überbau 25.11 ff., 53.7; Haftung für Dritte 5.17 f.; Rente 25.11
Übereignung durch Abtretung des Herausgabeanspruchs 51.35 ff., 52.20 ff.; an den, den es angeht 51.43 f., 52.32; bedingte – 5.53 f., 51.9; durch Besitzkonstitut 51.21 ff., 52.17 ff.; Besitzverschaffung 51.2, 51.12 ff.; beweglicher Sachen 5.36 f., **51.1 ff.**; zugunsten Dritter 5.28; zwischen Ehegatten 51.25; fiduziarische – 3.34; von Grundstücken 5.33 ff., 16.36, **22.1 ff.**; kurzer Hand 51.3, **51.20**, 52.16; von Schiffen 31.6 ff.; Sicherungs– 57.1 ff., s. a. dort; und Spezialität 4.17 ff.; durch oder an Stellvertreter 51.41 ff.; Übergabe 51.1 f., 51.12 ff.; von Zubehör 3.17
Überfahrtsrecht 33.5
„Überfall" 25.37
Übergabe 5.1, 51.1 f., 51.12 ff.; i. S. v. § 933 BGB 51.18; kurzer Hand s. brevi manu

Sachregister

traditio; und Stellvertretung 51.10, 51.41 ff.; bei der Verpfändung 55.16; s. a. Übereignung
Übergabesurrogate und Hypothekenbrief 37.32 ff.; s. a. Übereignung
Übergabevertrag Hof– 27.14, 27.16
Übergang der Gefahr s. Gefahrübergang
Übergang der Hypothek kraft Gesetzes 38.89 ff.
Übergangsrecht s. neue Bundesländer
Überhang 25.39
Überlassung der Ausübung der beschränkten persönlichen Dienstbarkeit 34.13; des Besitzes und Fruchterwerb 53.56 ff.
Überlastung der Grundbuchämter in den neuen Bundesländern 63.53
Übermaßfrüchte 11.12
Übernahme des Betriebes 28.11; Einzelhandelsgeschäftes 23.21; des Gesamtvermögens 28.15; des Unternehmens 28.6 ff.; von Unternehmensverbindlichkeiten 28.15; der Verkehrssicherungspflicht 33.30; s. a. Schuldübernahme
Übernahmeprinzip 41.6
Überschreitung des Besitzrechts 11.27; der Befugnisse aus der Dienstbarkeit 33.27; der Grenzen des dinglichen Nutzungsrechts 53.52
Übersicherung 57.4, **57.18 ff.**, 58.9, 59.8, 59.33 ff.; anfängliche – 57.29e; und Deckungsgrenze 57.24 ff.; und AGB bei Globalsicherheiten 5.22, 57.19, 57.22; bei der Grundschuld 45.31 ff.; nachträgliche – 57.18, 57.22 f., 57.29e; und Nichtigkeit 5.51, 57.15; und Umsatzsteuerbelastung 57.29f
Übertragbarkeit von Vermögensrechten 4.20 ff.
Übertragung des Anwartschaftsrechts 59.34 ff.; der beschränkten persönlichen Dienstbarkeit 34.12; der Briefhypothek 38.10 ff.; der Buchhypothek 38.17; des Erbbaurechts 29.39; von Grundstücksrechten 19.9 ff.; der Reallast 35.13; des Unternehmens 28.6 ff.; der Verkehrshypothek 38.1 ff.; der Vormerkung 20.51 ff.; von Wertpapieren 53.38 f.; des Wohnungseigentums 29.10
Übertragungstheorie bei der Aneignungsgestattung 53.57
Übertragungswirkung 4.10 f., 15.58
Überweisung zur Einziehung 62.46; an Zahlungs Statt 62.47
Überweisungsbeschluß und Hypothekenerwerb vom Nichtberechtigten 38.39 f.; Inhalt 62.45 ff.; anstelle öffentlich beglaubigter Abtretungserklärung 38.39 f.; Pfändung von Rechten 62.41 ff.; und Pfändungsbeschluß 38.20, 38.39 f., 38.61, 62.41; Verwertung der gepfändeten Hypothek 38.21; Zwangsvollstreckung in Rechte 62.38 ff.
Umbildung s. Verarbeitung
Umlauffähigkeit der Hypothek 36.80 ff.; von Wertpapieren 53.38 f.
Umlegung 26.24, **27.10 ff.**; im Baurecht 26.8; und Enteignung 26.24, 27.12
Umschreibungsbewilligung 19.45
Umwandlung der beschränkten persönlichen Dienstbarkeit 33.1; der Eigentümergrundschuld 46.18; eines Grundpfandrechts 36.94, 37.40; der Grundschuld 44.9; der Höchstbetragshypothek 42.28; einer Hypothek 37.40
Umweltschutzrecht Umwelteinwirkung 25.25 ff., 25.30; Zustandshaftung und Hypothek 40.12
Unbedenklichkeitsbescheinigung 22.26
Unbestimmter Rechtsbegriff im Gewerberecht 25.30
Unentgeltlicher Erwerb 11.12, 23.28
Unerlaubte Handlung und Besitz 6.2, 9.31 ff.
Unfreiwilliger Besitzverlust 7.27 f., 9.29, 52.7, 52.36, 52.41; durch Besitzdiener 52.39; des Erben 52.40; und gesetzliches Pfandrecht 55.44; durch Hoheitsakt 52.44; und Pfandrecht 55.34; Willensmängel 52.41 ff.
Ungerechtfertigte Bereicherung und Abstraktionsgrundsatz 5.41 und Anwartschaftsrecht 19.19; Besitz als Gegenstand des Anspruchs aus – 9.38 f.; als dinglicher Rechtsschutz 13.10; und Ersitzung 53.91; und Erwerb vom Nichtberechtigten 52.6, 52.33; fehlende causa bei Reallast 35.14; im Fundrecht 53.82; bei Grundschuldbestellung ohne wirksamen Sicherungsvertrag 45.24 f., 45.66; und Hypothek bei nichtiger Forderung 37.48; nach § 951 BGB s. Bereicherungsanspruch; Rangvereinbarung 17.27; Rückauflassung als Gegenstand des Anspruchs aus – 20.2, 37.4; bei Schwarzkauf 21.13; bei unentgeltlichem Erwerb 52.6; s. a. Eingriffskondiktion, Leistungskondiktion
Unmittelbare Rechtsfrüchte 53.47
Unmittelbarer Besitz 7.5 ff.; Erwerb 7.13 ff.; Verlust 7.25 ff.; s. a. Besitz

Zahlen = Paragraphen und Randnummern **Sachregister**

Unpfändbarkeit von Rechten 60.7; von Sachen 55.38
Unredlichkeit 11.5, 18.21, 52.25, 52.52 ff.; des Besitzers 5.15; s. a. Redlichkeit
Unrichtigkeit des Grundbuchs 16.21 f., 16.54, 16.56 f., 17.18, 17.20 f., 17.28, 17.39, **18.1 ff.**, 20.12, 20.25 f., 20.29, 20.54, 22.26, 23.1 ff.; Abhilfe 18.9 ff.; Begriff 18.6 f.; in den neuen Bundesländern 18.48; Divergenz von Einigung und Eintragung 18.3; Entstehungsgründe 18.1 ff.; und vormerkungswidrige Verfügung 18.7; Wirkungen 18.8; s. a. Grundbuchberichtigung, öffentlicher Glaube
Unschädlichkeitszeugnis 39.23
Unterbrechung der Ersitzungsfrist 53.89
Unterlassungsanspruch 12.1 ff.; Allgemeines 10.2, 12.1 ff.; Anspruchsgegner 12.2; entsprechende Anwendung 12.3; Beeinträchtigung als Voraussetzung des – 12.5 ff.; und § 14 BImSchG 25.34; bei Briefkastenwerbung 9.22; bei hoheitlichem Eingriff 12.26; Inhalt 12.25; im Prozeß 12.27; und Schadensersatzanspruch 12.20; Störer 12.12 ff.; verwandte Rechtsinstitute 12.28 ff.; bei abredewidriger Verwertung 45.75; Voraussetzungen 12.2, 12.25; s. a. Eigentumsfreiheitsklage
Unterlassungsklage 12.1 ff.; bei Unternehmen 28.16 ff.; vorbeugende – 12.25, 25.40, 28.16; s. a. Eigentumsfreiheitsklage
Untermietverträge 9.33, 11.27, 11.37
Unternehmen 28.1 ff., Eigentum am – 28.1 ff.; Haftung 28.13 ff.; Nießbrauch am – 54.2; 32.5; 61.1; Schutzproblem 28.16 ff.; als „sonstiges Recht" i. S. v. § 823 Abs. 1 BGB 28.16; Übernahme 61.22; Übertragung 28.6 ff.
Unternehmerpfandrecht 55.36, 55.38 ff.
Unterschlagung 7.10 f.
Untersuchungsgrundsatz 10.14
Untervermietung unberechtigte – 11.27, 11.37
Unterwerfungsklausel 5.23, 23.9, 37.55, 38.26, **40.36 ff.**; s. a. Vollstreckungsunterwerfung
Unwägbare Immissionen s. Immissionen
Unwesentliche Beeinträchtigung 25.19, 25.27, 25.34
Unwiderrufliche Vollmacht bei Grundstücksveräußerung 21.4
Urhebereigentum 60.1
Urkunde Eigentum 53.37 ff.; gerichtliche – 37.55; Miteigentum 53.42; über Mitgliedschaftsrechte 53.40; notarielle – 21.1 ff.; 37.55; öffentliche – 16.44 ff.; vollstreckbare – s. dort
Ursprünglicher Eigentumserwerb s. originärer Eigentumserwerb
Urteil als Vollstreckungstitel 40.29 ff.

Veränderungsnachweis 22.15
Veränderungssperre 26.5
Veräußerlichkeit der beschränkten persönlichen Dienstbarkeit 33.1, **34.12 f.**; des Nießbrauchs 32.17 ff.; der Reallast 35.13 ff.; des Wohnungseigentums 29.10
Veräußerung von Grundstücksbestandteilen 39.28 ff.; forstwirtschaftlicher Grundstücke 27.59; landwirtschaftlicher Grundstücke 27.4 ff.; des Pfandgegenstandes 55.24 ff.
Veräußerungsverbot absolutes – 4.21 f., 15.38, 20.68, 52.30; kraft Beschlagnahme 39.8, 39.30 ff., 62.41 ff.; dingliches – 29.10; kraft einstweiliger Verfügung 3.33, 5.9, 5.47, 15.31, 19.14, 19.36, 20.67; Eintragung im Grundbuch 15.31, 15.38, 20.68; gerichtliches – 19.14, 19.36, 20.67; gesetzliches – s. absolutes Veräußerungsverbot; durch Insolvenzeröffnung 23.44 ff.; durch Pfändung 62.41 ff., s. a. Beschlagnahme; rechtsgeschäftliches – 5.21 f., 40.14; relatives – 3.33, 15.31, 19.36, 20.67 ff., 39.8, 39.30 ff., 52.30; und Vormerkung 20.67 ff.; bei Wohnungseigentum 29.10; s. a. Erwerbsverbot; Verfügungsbeschränkung
Verarbeitung 13.10, **53.13 ff.**; der Eigentumsvorbehaltssache 59.14; und verlängerter Eigentumsvorbehalt 53.22; Grundgedanken 53.13; Hersteller 53.20 f.; Rechtsnatur 53.15; Voraussetzungen 53.17 ff.; Wertverhältnis 53.19
Verarbeitungsklausel 53.22, 56.7
Verbietungsrecht bei Immissionen 25.17
Verbindung 13.10, 53.1 ff.; von beweglichen Sachen 53.8; Wegnahmerecht 53.34 ff.
Verbot der Doppelsicherung 37.9
Verbotene Eigenmacht 5.15, **9.2 ff.**, 11.5, 11.8
Verbraucherkreditgeschäft 45.17, 45.20, 45.22 f.
Verbraucherkreditgesetz 59.20 ff.; Einwendungsdurchgriff 59.25; Geltungsbereich 59.21; Grundschuld 45.17 ff.; Leasingvertrag 48.3; Mobilienleasing 56.10; Rückabwicklungsverhältnisse (Überblick) 11.57; Rücktritt 59.23 f.; Transparenzgebot 36.45 f.; Verzug 59.22

Sachregister

Zahlen = Paragraphen und Randnummern

Verdeckte Höchstbetragsgrundpfandrechte 42.21 ff.
Verdecktes Pfandindossament 62.36
Verdinglichung obligatorischer Rechte 3.47, 6.4 ff., 29.3, 29.45, 29.60, 50.11
Verein Grundbuchfähigkeit des nichtrechtsfähigen – 19.5; und Time-Sharing 29.93
Vereinbarte Vinkulierung 4.21 f.
Vereinfachungsprinzip 51.35
Vereinheitlichung s. Rechtsharmonisierung
Vereinigung von beschränktem dinglichen Recht und Eigentum 3.43, 17.9; von Eigentum und Pfandrecht 55.4; von Grundstücken 15.22; von Hypothek und Eigentum 36.112, 38.96; und Hypothekenhaftung 39.22 f.
Vererblichkeit der beschränkten persönlichen Dienstbarkeit 33.1, 34.12 ff.; des Nießbrauchs 32.17; der Reallast 35.13
Verfallklausel 55.24; bei Sicherungsübereignung 57.41 f.
Verfallpfand 55.24
Verfassungsbeschwerde 13.28
Verfügung 5.1 ff.; Aneignungsgestattung als – 53.59; anwendbare Vorschriften 5.5 ff.; Baulastbestellung als – 20.44, 33.3; eines Ehegatten 22.17 ff., 51.25; einstweilige – s. dort; des Insolvenzverwalters 20.40; über künftige Eigentümergrundschuld 46.29 ff.; über Miet- und Pachtzinsforderungen 39.49 ff.; eines Nichtberechtigten 5.6, 5.10, 13.10, 22.5; relativ unwirksame – s. Veräußerungsverbot, relatives; – im Schuldrecht 5.58; verbotswidrige – 20.67 ff.; über vorläufige Eigentümergrundschuld 46.20 ff.; und Vormerkung 20.35 ff., 20.44; im Wege der Zwangsvollstreckung 20.40
Verfügungsbefugnis und Antragsberechtigung 16.17; und Beschlagnahme 19.35 ff., 39.4 ff.; Beschränkung der – s. Verfügungsbeschränkung; bei Bruchteilsgemeinschaft 3.28; guter Glaube an die – 52.29, 52.54, 55.19, 55.40; Umfang 5.10; Zeitpunkt des Vorliegens 5.31, 19.33 f.
Verfügungsbeschränkung absolute – 4.21 f., 15.38 f., 22.18; nach Abtretung 4.21; durch Beschlagnahme 15.31 f.; 19.35 ff.; und bindende Einigung 5.34; des Ehegatten 15.38, 51.25; gelöschte – 10.12; durch Gesetz 52.30; durch gerichtliche Anordnung 52.30; im Grundbuch 15.38, 18.4; durch Insolvenzeröffnung 19.35 f.; im Landwirtschaftsrecht 15.38; relative – 5.6, 5.9, 15.31, 19.36, 20.67 ff., 23.6 ff., 39.8,

39.30 ff., 52.30, 62.42; Schutz des guten Glaubens 52.29 f.
Verfügungsgeschäft Abstraktheit 5.40 ff.
Verfügungsmacht s. Verfügungsbefugnis
Verfügungsverbot des Vollstreckungsschuldners 62.41 ff.
Vergleich anwaltlicher 22.2, 40.48; gerichtlicher 22.2, 40.48
Verhandlungsmaxime 16.49
Verjährung des Eigentumsherausgabeanspruchs 11.47; der gesicherten Forderung bei der Grundschuld 45.37; der gesicherten Forderung bei der Sicherungsübereignung 57.15; der Kaufpreisforderung beim Eigentumsvorbehaltskauf 59.14; von Mängelansprüchen 21.21 f.
Verkauf des Pfandes s. Pfandverkauf
Verkaufsermächtigung 59.13
Verkauf unter Eigentumsvorbehalt 59.1 ff.
Verkehrsanschauung 3.16
Verkehrsfähigkeit der Hypothek 36.80
Verkehrsfund 53.83
Verkehrsgeschäft 23.24 ff.
Verkehrshypothek s. Hypothek, Briefhypothek
Verkehrsimmissionen 13.18, 25.30 ff.
Verkehrslärm 25.32
Verkehrssicherungspflicht 26.2; Übernahme der – 33.30
Verkehrsunternehmen 25.32
Verkehrswert von Grundstücken 36.42 f.
Verlängerter Eigentumsvorbehalt 4.19, 53.22, 56.7, 58.8, **59.7**, 59.28; und Globalzession 59.49 ff.
Verleihung von Bergwerkseigentum 30.3
Verlierer Verhältnis zum Finder 53.80
Verlorene Sache 52.7, **53.78**
Verlust der Nutzungsmöglichkeit 59.23
Vermächtnisanspruch und Vormerkung 20.15
Vermengung 53.11 f.
Vermerk über die Nacherbschaft 17.29, 23.43
Vermieter Insolvenz des – 29.79
Vermieterpfandrecht 55.39 ff.
Vermischung 13.10, 53.11 f.
Vermögen 1.1, 3.25 ff.; Eigentum 24.10; Nießbrauch 61.1, 61.21 ff.; Übernahme des – 57.30, 57.34, 61.22
Vermögen im ganzen Hypothek am – 36.66; Verpflichtung und Verfügung über – 22.17 ff.
Vermögen in der ehem. DDR 63.2 ff.; Rückgabe von enteignetem – 63.27 ff.; s. a. Restitutionsanspruch

Zahlen = Paragraphen und Randnummern **Sachregister**

Vermögensgesetz 63.27 ff.
Vermögensinbegriff 36.66
Vermögensrecht Übertragbarkeit 4.20 ff.
Vermögensübernahme 20.43, 23.21, 28.15, 57.34
Vermutung 2.9, 15.58; für den Besitzer beweglicher Sachen 4.12 f., 7.81 f., 7.93, 10.5 ff.; der Briefübergabe 37.37; für den Eigentumsvorbehalt 59.1; für die Grundbuchrichtigkeit 4.14, 10.11 ff., 14.11, 16.39, 18.8, 23.1 ff.; –swirkung des Grundbuchs und Bindung des Grundbuchamts 16.60; im öffentlichen Recht 10.14 f.; beim Pfandbesitz 55.34; der Redlichkeit 52.25 ff., 52.52 ff.; für die Richtigkeit des Schiffsregisters 31.4
Verpachtung landwirtschaftlicher Grundstücke 27.35 ff.
Verpfändung durch Abtretung des Herausgabeanspruchs 55.6, 55.16 f.; Anzeige 60.11, 62.25; des Auflassungsanspruchs 62.26, 62.28 f.; der Auflassungsanwartschaft 62.26; durch Besitzkonstitut 55.6, 55.16 f.; von Forderungen 58.1, 62.23 ff.; von Grundpfandrechten 62.24; der Grundschuld 44.31; der Hypothek 38 118 ff.; öffentlich-rechtlicher Leistungsansprüche 60.15; des Inventars des Pächters 14.5; von Rechten 60.1 ff., **62.4 ff.**; von Sachgesamtheiten 55.11; des Safe-Inhalts 55.17; –svermerk 62.26; von Wertpapieren 55.11, 55.17, 56.9, **62.38 ff.**; s. a. Sicherungsabtretung
Verpflichtung zur (Nicht-)Veräußerung eines Grundstücks, Form 21.2 ff.; zur Grundstücksveräußerung an Vereinsmitglieder durch Satzung 21.4
Verpflichtungsgeschäft eines Ehegatten 51.28
Verpflichtungs- und Verfügungsgeschäft 5.40 ff., 22.17 ff.; bei Ehegatten 51.28; Durchbrechung der Abstraktion 5.50 ff.; s. a. Abstraktionsprinzip
Verpflichtungsklage 13.27
Verschlechterung des Grundstücks 18.39
Verschmelzung juristischer Personen 28.11
Verschuldungsgrenze 36.40
Versicherung als Kreditgeber 36.34
Versicherungsforderungen 20.42, Hypothekenhaftung 39.3, **36.60 ff.**
Versionsklage 53.28
Versorgungsleitungen 3.15, 26.3, 34.1, 34.8
Versorgungsnießbrauch 32.5, 54.2, 61.1

Versteigerung 52.49; Erwerb in der – 52.49; beim Notverkauf 55.22; des Pfandes 55.26, 55.42, 55.51, 62.51; des Verkehrsfundes 53.83; Vormerkung in der – 20.46; des verpfändeten Wertpapiers 62.34 f.
Verstrickung 55.48, 59.42, 62.42 ff.
Verstrickungsbruch 55.48
Verteidigungsnotstand 25.5
Vertiefungen des Nachbargrundstücks 25.20; gefahrbringende – 25.41 f.
Vertrag s. Dinglicher Vertrag
Vertrag zugunsten Dritter dinglicher – 5.28; und Hypothek 37.12; und Vormerkung 20.19
Vertragsbruchtheorie 59.54
Vertragsfreiheit 1.7
Vertragspfandrecht 55.9 ff.; Ablösungsrechte 55.23; Akzessorietät 55.12, 55.31; Begründung 55.10 ff., 62.16 f., 62.25 f.; Belastungsobjekt 55.10 f.; Beteiligte 55.9; Erlöschen 55.31, 55.33 ff., 62.22; gutgläubiger Erwerb 55.18, 55.32; und zu sichernde Forderung 55.12 ff.; an Forderungen 62.23 ff.; vor Pfandreife 55.21; an Rechten **62.1 ff.**; Rückgabe 55.34; an Sachgesamtheiten 55.11; Schuldverhältnis, gesetzliches 55.22; Übergabe 55.16 f.; Übertragung 55.31; Verwertung 55.24 ff.; Verzicht 55.34; an Wertpapieren 62.38 ff.; s. a. Pfandrecht, Pfandrecht an beweglichen Sachen
Vertragsprinzip 51.2; s. a. Dinglicher Vertrag
Vertragsübernahme im Mietverhältnis 29.74, 29.80; im Arbeitsverhältnis 28.12
Vertrauensschutz negativer und positiver 23.40 ff.
Vertreter ohne Vertretungsmacht 22.5
Vertretung 5.12; bei Besitzerwerb 5.12, **8.5 f.**; Eigentumserwerb 51.41 ff.; bei der Verarbeitung 53.17; s. a. Stellvertretung
Verwahrung als Besitzmittlungsverhältnis 7.48
Verwahrungspflicht des Finders 53.80; des Pfandgläubigers 55.22
Verwalter des Wohnungseigentums 29.13
Verwaltung bei Bruchteilsgemeinschaft 3.28 f.
Verwaltungsakt 1.2, 13.15, 13.27; und Besitzverlust 52.44; mit Doppelwirkung 25.44; gebundener 30.3
Verwaltungsgerichtliche Generalklausel 13.27
Verwaltungstreuhand 3.34

913

Sachregister

Zahlen = Paragraphen und Randnummern

Verwendungen Arbeitskraft als – 11.55; außerordentliche – 11.15; Begriff 11.55; zur Bestreitung von Lasten 11.55; Ersatz von – s. Verwendungsersatz; Erstattung von – und Eigentumsherausgabeanspruch s. Verwendungsersatz; Erwerbspreis als – 11.55; Geltendmachung 11.22; gewöhnliche – 11.15; nicht wertsteigernde – 11.16, 11.18; notwendige – 11.15, 11.18, 53.34; sonstige – 11.16 ff.; und Wegnahmerecht 53.34 f.; wertsteigernde 11.16, 11.18; s. a. Verwendungsersatz

Verwendungsersatz bei Berichtigung des unrichtigen Grundbuchs 18.39; des Finders 53.80; Geltendmachung des Ersatzanspruchs 11.22; und Herausgabeanspruch 11.4 ff., **11.15 ff.**, **11.54 ff.**; des Nießbrauchers 32.24 ff.; des Pfandgläubigers 55.22; vom Störer 12.22; gegenüber dem Vormerkungsgeschützten 20.42; und Wegnahmerecht 53.34 f.; s. a. Verwendungen

Verwertung des Pfandes 55.24 ff., 55.42, 62.18 f., 62.27 ff., 62.45; nach gerichtlicher Anordnung 55.30; nach Parteivereinbarung 55.30; durch Privatverkauf 55.26 ff., 62.34 f.; nach Vollstreckungsrecht 55.30, 62.34 f., 62.51

Verwertungsrecht 3.39 ff.; dingliches – 36.62 ff., 45.39, 55.1; des Insolvenzverwalters 57.31; des Sicherungsnehmers 45.57 ff., 57.41 ff.; Zuwendung eines – 5.28

Verwertungsverbot in Sicherungsabrede 45.58 ff.

Verwirklichung der Hypothekenhaftung 40.1 ff.

Verzicht auf Eigentum 5.4; auf Eigentum an beweglichen Sachen 53.69; auf Eigentum an Grundstücken **19.44 ff.**; Eigentumsvorbehalt 59.14; die gesicherte Forderung 36.111; Gesamthypothek 43.33; auf Ausübung von Eigentumsrechten in Grunddienstbarkeit 33.11; Grundschuld 44.27, 45.24; Hypothek 36 111, 38.91 ff., 41.4, 46.2; Pfandrecht 55.34; s. a. Aufhebung

Verzichtsklausel 5.22, 59.52; s. a. Freigabeklausel

Verzug des Besitzers 11.10; des Gläubigers 11.45; des Mieters 29.71; im Sachenrecht 11.45; des Schuldners 11.45; des Vorbehaltskäufers 59.18

Vindikation s. Eigentumsherausgabeanspruch

Vindikationslage 11.23 ff.

Vinkulationsgeschäft 55.8

Vinkulierung vereinbarte 4.21 f.

Völkerrecht und Fischerei 27.70

Volkseigentum in der ehem. DDR 63.2 ff.; und Eigenbesitz 7.92; Privatisierung des – 63.17 ff.; Umwandlung des – 63.17 ff.

Volksfestlärm 25.26

Vollmacht unwiderrufliche 21.4

Vollstreckbare Urkunde 5.23, 23.9, 37.55, 38.26, 40.36 ff.

Vollstreckung des Beseitigungsanspruchs 12.24; des Unterlassungsanspruchs 12.27

Vollstreckungsgegenklage 40.37

Vollstreckungsprozeß 40.29 ff.

Vollstreckungsschutz 11.42

Vollstreckungstitel bei Hypothek 40.27 ff.

Vollstreckungsunterwerfung 5.23, 15.8, 23.9, 37.28, 40.36 ff.; für abstraktes Anerkenntnis 5.23, 40.38, 45.15 f.; in AGB 5.23, 40.43 ff.; Fälligkeitsnachweis bei Klauselerteilung 40.36, 40.42, 45.15; für Höchstbetragshypotheken 40.38; s. a. Unterwerfungsklausel

Vollwirkung der Vormerkung 20.9, 20.45 ff., 20.68

Vorausabtretung 57.7, 58.21, 59.50 ff.

Vorausverfügungen des Vermieters 39.51 ff.

Vorbehalt des Gesetzes 13.13

Vorbehaltskauf s. Eigentumsvorbehalt

Vorbehaltskäufer gesetzlicher Schutz 59.20 ff.; Insolvenz 59.15, 59.26 ff.

Vorbehaltsklausel 59.12

Vorbehaltsverkäufer Insolvenz 59.15

Vorbeugende Unterlassungs- und Beseitigungsklage 12.25, 25.40, 28.16, 40.11

Vorbeugender Rechtsschutz für Hypothekengläubiger 40.11

Voreintragung 16.5, **16.39 ff.**, 19.17, 36.119; Ausnahmen 16.41 ff.; und Briefgrundpfandrechte 16.42, 36.119; des Erben 16.41; und Kettenauflassung 16.43, 19.17

Vorerbe Verfügung des – 15.31; Wegnahmerecht 53.34

Vorerbschaft und Nießbrauch 32.5, 54.3

Vorfälligkeitsentschädigung 36.50

Vorhand 21.39

Vorkaufsrecht Arten 21.23 ff.; nach BauGB 21.34, 26.7; in den neuen Bundesländern 63.10, 63.51; dingliches – 3.42, 21.23 ff.; Entstehung 21.27 f.; Form 21.4, 21.25, 21.27; bei forstwirtschaftlichen Grundstücken 27.59; gesetzliches – 21.34 f., 27.59; Grundgedanken 21.23 ff.; landesrechtliches

914

– 30.5; persönliches – 20.7, 21.24, 21.27; bei Umwandlung in Wohnungseigentum 29.6, 29.69; verwandte Institute 21.38 f.; Wirkung 21.29 ff.; nach Wohnungsbindungs G 29.6; nach ZGB-DDR 63.10
Vorläufige Eigentümergrundschuld 36 101, **46.19 ff.**
Vormerkung 19.14 ff., **20.1 ff.**; Ablösungsrecht des Vormerkungsberechtigten 20.47; und Abstraktionsgrundsatz 5.47; Akzessorietät 20.50; von Amts wegen 16.65 f., 20.30; Anspruch auf Übertragung künftiger Eigentümergrundschuld 46.32; Anwendungsbereich 20.1 f.; Bedingtheit 20.59; Begriff 20.1 ff.; Bewilligung 20.28 f.; Durchsetzung des geschützten Anspruchs 20.35 ff.; Einreden und Einwendungen gegen die – 20.37; Eintragung 15.34, 20.32; Erlöschen 20.54 ff.; Gegenstand 20.14 ff.; gutgläubiger Erwerb der – 20.29, 20.62 ff.; und Insolvenz 20.40; Löschung zu Unrecht eingetragener – 20.63; Löschungs– s. dort; Nichtbestehen des Anspruchs 20.25, 20.37, 20.63; Rechtsgrund 20.15; Rechtsnatur 3.42, 20.61; und Rückübertragungsanspruch 5.48, 20.23, 40.25 f., 45.36, 45.97, 45.100; 46.48 f.; im Schiffsregister 31.3; Schutz der – 20.42; Übertragung 20.51 ff.; Umdeutung der – 20.13; und Unrichtigkeit des Grundbuchs 18.7; Veräußerungsverbot 20.67 ff.; Voraussetzungen 20.27 ff.; und Vorvertrag 20.6; und Widerspruch 20.12 f.; Wirkung 20.12 f., **20.33 ff.**, 20.67 ff.; Zweck 20.9 ff.; s. a. Auflassungsvormerkung
Vormundschaftsgericht Genehmigung im Liegenschaftsrecht 22.25
Vorpfändung der Buchhypothek 38.21
Vorrang gutgläubiger Erwerb 55.19; im Grundstücksrecht **17.1 ff.**; s. a. Rang
Vorratsteilung 29.20
Vorsorgeverwaltung Beeinträchtigung durch – 12.26
Vorvertrag 20.6, 21.4
Vorzugsweise Befriedigung 53.65

Währungsklausel 37.17; s. a. Wertsicherungsklausel
Wahlrecht des Insolvenzverwalters 59.15
Wald 27.57 ff.; Ausschließungsrecht des Eigentümers 27.57, 27.63; Bewirtschaftung 27.60 f.; Eigentum am – 27.57; Erhaltung 27.62; Gemeingebrauch 27.63; Genehmigung zur Veräußerung 27.59; –gerechtigkeit 27.63; –recht in den neuen Bundesländern 27.64; –schäden 13.17, 25.31, 27.57; Vorkaufsrecht 27.59
Warenkredit Sicherung 45.6, 59.50 ff.
Warenlager Pfandrecht am – 55.5; Sicherungsübereignung 51.31, 57.12; Verpfändung 55.15
Wasserbuch 27.52
Wasserhaushalt 27.43
Wasserläufe 27.48
Wasserleitungsrecht 33.8
Wassernutzung 27.50 ff.
Wasserrecht **27.43 ff.**; Rechtsquellen 27.44 ff.
Wasser- und Bodenverband 27.54
Wechsel Übertragung 53.38
Wegerecht 3.38, 33.5
Wegfall der Geschäftsgrundlage 27.39, 29.34; des Rechtfertigungsgrundes 12.15; des Sicherungszwecks bei der Sicherungsabtretung 58.5; des Sicherungszwecks bei der Sicherungsgrundschuld 45.26 f., 45.43, 45.56, 45.70, 45.75 f.
Wegnahmerecht des Besitzers 11.18; als Rechtsfortwirkungsrecht 53.36; nach § 951 BGB 53.34 ff.; des Wohnungsberechtigten 53.34
Weisungsgebundenheit des Besitzdieners 7.64 ff.
Weitere Beschwerde in Grundbuchsachen 15.9
Weitergeleiteter Eigentumsvorbehalt 59.6 f.
Weiterveräußerung der Eigentumsvorbehaltsware 59.13
Werklieferungsvertrag 53.15, 53.21
Werkmängelrechte im Wohnungseigentumsrecht 29.16
Werkunternehmer gesetzliches Pfandrecht 55.39; Verwendungsersatz 11.24
Werkvertrag Hersteller 53.21 f.
Wertberechnung bei aufgedrängter Bereicherung 53.33
Wertbeständige Hypothek 37.17; Unterwerfungsklausel 40.36
Wertpapiere Einredebeschränkung 51.40; Nießbrauch 61.16 ff.; Pfandrecht der Banken 55.8, 62.5; Sammelverwahrung 50.10, 53.12, 62.35; Übertragung 53.38; Verpfändung 55.11, 55.17, **62.38 ff.**; s. a. Inhaberpapiere, Orderpapiere
Wertpapierhypothek 36.92, **42.29 ff.**; Bestellung 42.32; Besonderheiten 42.31 ff.; Gläubigervertreter 42.34 f.; Grundbuchvertreter 42.34 f.

Sachregister

Zahlen = Paragraphen und Randnummern

Wertpapiersammelbank s. Wertpapiere, Sammelverwahrung
Wertsicherungsklausel 29.32 ff., 35.9; s. a. Währungsklausel
Wesensgehaltsperre 13.13
Wesentliche Beeinträchtigung 25.19, 25.28, 25.34
Wesentlicher Bestandteil 3.7 ff., 29.29, 36.8, 36.65, 39.1, 53.4, 53.47; Verpfändung 55.10
Wettbewerbsdienstbarkeit 33.14 ff.
Wettbewerbsverbot 28.7, 33.14 ff., 34.8, 37.19
Wichtiger Grund Gesellschafterausschluß aus – 18.31; Kündigung aus – 29.71
Widerruf der Aneignungsgestattung 53.59; der Einigung 5.33 ff., 19.13, 51.11
Widerrechtlichkeit 9.6 f., 13.5, s. a. Rechtswidrigkeit
Widerspruch gegen die Richtigkeit des Grundbuchs 18.10 ff.; Allgemeines 14.1 ff., 18.9, 18.10 ff., 23.37 f.; von Amts wegen 16.12, 16.56 ff., 18.16, s. a. Amtswiderspruch; Beschwerde 16.59 f., Bewilligung 18.14; in den neuen Bundesländern 18.48; bei einredebehafteter Grundschuld 45.35 f.; einstweilige Verfügung 18.15; Eintragung 15.33, 18.6; und Erwerb vom Nichtberechtigten 23.37 f., 38.29 f.; und Hypothekenerwerb 18.21, 38.29 f.; Kundbarmachung 18.19; Löschung 18.25 f.; Rangordnung 17.29; und Rechtsnachfolger 18.41 ff.; Rechtsnatur 18.12; und Vormerkung 18.20, 20.12 f.; Wesen 18.12 f., 20.12 f.; Wirkung 18.21 f., 23.37 f.; Zweck 18.10; s. a. Grundbuchberichtigungsanspruch
Widerspruch gegen die Richtigkeit des Schiffsregisters 31.4
Widerspruchsklage s. Drittwiderspruchsklage
Widmung 2.7, 26.15
Wiederansichnahme 59.23
Wiederkaufsrecht 21.36 f.; Vormerkung 20.5
Wiederkehrende Leistungen Reallast 35.1 ff.
Wilde Tiere Herrenlosigkeit 53.68 ff.; s. a. Tiere
Willenserklärung 5.5 ff., 16.8, 16.26 ff.; amtsempfangsbedürftige – 16.27; und Aneignungsgestattung 53.58
Willensmängel 5.6 ff.; bei der Aneignung 53.72; beim Besitzverlust 52.39; bei der Dereliktion 53.70

Wirtschaftsfähigkeit des Anerben (Hoferben) 27.16
Wirtschaftsheimstätte 27.24
Wirtschaftslenkung 26.21, 50.6
Wirtschaftsplan 27.61; nach WEG 29.17
Wo Du Deinen Glauben gelassen hast, ... 52.8
Wohnbesitzwohnung 29.53
Wohnheimstätte 27.24
Wohnraumbewirtschaftung 29.66
Wohnrecht 19.31, **29.45 ff.**; Wegnahmerecht 53.34 ff.
Wohnungsbau der öffentlichen Hand 36.35 ff.
Wohnungsbaugenossenschaften 36.36
Wohnungsbaugesellschaften 36.36
Wohnungsbesetzungsrecht 34.9
Wohnungseigentümer Rechtsbeziehungen untereinander 29.13 ff.
Wohnungseigentümerversammlung 29.13
Wohnungseigentum 3.29, 15.26, 21.22, **29.5 ff.**, 36.36; Anwendungsbereich 29.5 f.; Aufhebung 29.24; Begriff 29.5 f.; Belastung 29.11, 29.23; in den neuen Bundesländern 29.27, 63.7 ff., 63.22, 63.50 ff.; Entstehung 29.19 ff.; und Grunddienstbarkeit 33.10; Teilung 16.63, 29.20 ff.; und Time-Sharing 29.87; Übertragung 22.28, 29.23; Veräußerlichkeit 29.10, 29.23; Verfahrensrecht 29.25 f.; Verwaltung 29.15; Zwangsvollstreckung 29.12
Wohnungserbbaurecht 29.48
Wohnungsgrundbuch 15.26, 29.19
Wohnungsmiete s. Miete
Wohnungsrecht des § 1093 BGB 3.38, **29.49 ff.**; als Altenteil 35.2
Wohnungsstatistik 29.4
Wucher 5.51; –darlehen 37.51

Zahlungsverbot für Drittschuldner 62.41
Zeitpunkt der Antragstellung 16.15; der Eintragung 17.16 ff.; der Gutgläubigkeit 52.28; des Vorliegens der rechtsgeschäftlichen Voraussetzungen 5.38 f.
Zession Blanko– 38.11; stille – 58.4; s. a. Abtretung, Sicherungsabtretung, Globalzession
Zeugnis des Registergerichts 16.46, 16.66
Zinsen Abtretung der Hypotheken– 38.79 ff., 38 119; der Eigentümergrundschuld 46.8; der Grundschuld 45.53; Nießbrauch an Forderungen 61.14 f.; rückständige – 38.86
Zinssatz Eintragung 37.25 ff., **37.28**

Zinserhöhungsklausel 37.28
Zirkulationsfähigkeit der Grundpfandrechte 36.86 ff.
Zivilgerichte Enteignungsentschädigung 13.29
Zubehör 3.16 f.; Entfernung oder Verschlechterung 40.10; Haftung bei Grundpfandrechten 36.65 ff.; Hypothekenhaftung 39.33 ff.; Rückschaffungspflicht 40.10; Übereignung 22.23; Verpfändung 55.10
Zufallshaftung 11.11
Zugewinngemeinschaft 3.27, 7.81; Schutz der Familienhabe 51.28; Übereignung zwischen Ehegatten 51.25 ff.; Verfügungen 22.17 ff.
Zurechnung des Verhaltens Dritter 5.13 ff.
Zurückbehaltungsrecht 11.22, 11.59 f., 18.38 f.; des Finders 53.80
Zusammenschreibung 15.20 f., 15.52
Zuschlag 19.2, 20.46, 39.17, 39.34, 41.6 f., 45.51 f., 46.10, 47.53; und Besitzerwerb an Mobilien 51.18; beim Pfandverkauf 55.26
Zuschreibung 15.23 ff.; und Hypothekenhaftung 39.22 f.
Zuständigkeit in Grundbuchsachen 15.2 ff.; im Vollstreckungsverfahren 40.33 ff.
Zustand polizeiwidriger 12.32
Zustandshaftung 7.62, 12.2, 12.14, 12.30, 26.2; umweltrechtliche – 40.12
Zustandsstörer s. Zustandshaftung
Zustimmung zu Verfügungen Nichtberechtigter 5.6, 5.10; durch Vormerkungsberechtigten 20.37, 20.44
Zustimmungsbedürftigkeit des Rechtsgeschäfts eines Ehegatten 51.28 f.
Zuwendung zugunsten Dritter 5.28
Zwangshypothek 40.50, **42.6**, 46.5
Zwangsversteigerung Beschlagnahme durch Anordnung der – 39.6 ff.; und Dauerwohnrecht 29.57; Erlöschen nachfolgender Rechte in der – 36 115; Gestattung der Vorwegbefriedigung in der – 17.41; Grundschuld in der – 44.14, 45.50 ff.; des Grundstücks 36.1, 40.49, 44.14, 62.49; Hypothek in der – 39.1 ff.; und Mietverhältnis 29.78; Pfändungspfandrecht an Rückgewähranspruch in der – 45.92; Reallast in der – 35.18; und rechtsgeschäftliche Rechtsänderung 19.2; von Schiffen 31.13; Verfügungsbeschränkungen im Wege der –, Eintragung im Grundbuch 15.31; Wirkung der Vormerkung in der – 20.46; s. a. Zwangsverwaltung, Zwangsvollstreckung
Zwangsversteigerungsgesetz Verhältnis zum BGB 39.16 f.
Zwangsverwaltung Gestattung der Vorwegbefriedigung 17.41; des Grundstücks 36.1, 40.49, 44.14; Hypothek in der – 39.6 ff.; Reallast in der – 35.19; Eintragung im Grundbuch 15.31
Zwangsvollstreckung in das bewegliche Vermögen 55.45 ff.; Duldung der – 55.30; aus der Eigentümergrundschuld 46.8 ff.; Erlöschen nachfolgender Rechte in der – 36.115 f.; Erwerb in der – 23.22, 39.43, 52.49 f.; Erwerb im Wege der – und § 878 BGB 19.37; aus der Gesamthypothek 43.27 f.; in die Grundschuld 44.30; in Grundstücke 40.24, 40.49 ff., 43.27 f.; auf Herausgabe der Sache 11.42; aus der Hypothek 39.6 ff., 40.24 ff.; Mobiliar– s. dort; in die Pfandsache 55.30; aus der Schiffshypothek 31.13; und Sicherungsübereignung 57.32, 57.40; Unterwerfungsklausel 37.55, 40.36 ff.; und Vormerkung 20.40; Wirkung der Vormerkung in der – 20.46; in Wohnungseigentum 29.12; s. a. Zwangsversteigerung, Zwangsverwaltung
Zweckerklärung bei Grundschuld 5.9 ff.
Zweckgemeinschaft 45.2 f.
Zweigliedriges Verhältnis 11.25
Zweiseitige Rechtsgeschäfte 5.4
Zwischenfinanzierung s. Zwischenkredit
Zwischenkredit Sicherung eines – 36.17, 37.41 ff., 46.22 ff., 62.26
Zwischenmiete gewerbliche – 29.69
Zwischenrechte und Rangänderung 17.43
Zwischenverfügung 16.64 ff.

Buchanzeigen

Larenz/Canaris

Schuldrecht II/2

Lehrbuch des Schuldrechts
Band I: Allgemeiner Teil. 14., neubearbeitete Auflage. 1987. XX, 668 Seiten. In Leinen DM 68,–
ISBN 3-406-31997-1

Band II: Besonderer Teil/1. Halbband. 13., völlig neubearbeitete Auflage. 1986. XVIII, 480 Seiten. In Leinen DM 58,–
ISBN 3-406-09824-X

Allgemeiner Teil des deutschen Bürgerlichen Rechts
7., neubearbeitete Auflage. 1989. XVIII, 675 Seiten. In Leinen DM 62,–.
ISBN 3-406-33414-8

Rundum kompetent machen Sie die großen Lehrbücher von C. H. Beck. Diese Werke stehen für höchste Präzision und profunde Darstellung. Hier bleibt keine Frage offen, kein Problem ungelöst. Ein Gewinn für Ausbildung, Praxis, ja die ganze Wissenschaft vom Recht!

Das berühmte Lehrbuch des Schuldrechts liegt mit diesem Halbband zum besonderen Schuldrecht wieder komplett vor. Das Werk wurde völlig neu geschrieben. Es arbeitet die Grundgedanken klar heraus, zeigt Zusammenhänge, bietet fundierte Begründungen. Besondere Akzente setzen die eingehenden Analysen der höchstrichterlichen Rechtsprechung und die meinungsfreudige Darstellung. Das schult die juristische Argumentation für Klausur, Hausarbeit und Examen, das erlaubt ausgefeilte Falllösungen.

Sie brauchen das Werk
- als Student, um sich gezielt aufs Examen vorzubereiten
- als Referendar, weil die Schlacht auch hier im materiellen Recht gewonnen wird
- als Richter und Rechtsanwalt, um schwierige Fragen gezielt nachzuschlagen und das passende Argument rasch zur Hand zu haben.

Die Schwerpunkte dieser Auflage liegen auf dem Deliktsrecht und dem Bereicherungsrecht. Beide Rechtsgebiete sind in beiden Staatsexamen außerordentlich wichtig. Am Bereicherungsrecht läßt sich zudem methodisches Vorgehen und konkrete Falllösung besonders gut trainieren. Für die Praxis bedeutsam ist die eingehende Darstellung wirtschaftsrelevanter und bankrechtsnaher Materialien wie Bürgschaft, Schuldversprechen, Garantie, Factoring und Finanzierungsleasing.

Inhalt
- Bürgschaft, Schuldversprechen und Schuldanerkenntnis, Anweisung
- Gesetzlich nicht geregelte Vertragstypen, z. B. gemischte Schenkung, partiarische Verträge, Garantie, Factoring, Leasing
- Bereicherungsrecht
- Haftung für unerlaubte Handlungen
- Gefährdungs- und Aufopferungshaftung
- Negatorische Haftung: Beseitigungs-, Widerrufs- und Unterlassungsanspruch

Verlag C. H. Beck · 80791 München
Internetadresse: http://www.beck.de

Larenz/Wolf

Allgemeiner Teil des Bürgerlichen Rechts

Begründet von Dr. Karl Larenz †, weiland o. Professor an der Universität München. Fortgeführt von Dr. Manfred Wolf, o. Professor an der Universität Frankfurt a. M., Richter am OLG.

8., neubearbeitete und erweiterte Auflage. 1997. XXXVI, 1022 Seiten. **In Leinen DM 79,–**
ISBN 3-406-42351-5

Das Standardwerk für das juristische Studium behandelt umfassend, gleichzeitig aber leicht lesbar nicht nur die Normen des Allgemeinen Teils des BGB, sondern zeigt insgesamt System und Grundlagen des geltenden Privatrechts auf. Es bildet so den Schlüssel für ein vertieftes Verständnis des Bürgerlichen Rechts.

Dazu bringt das Werk nicht nur zahlreiche, oft der aktuellen Rechtsprechung entnommene Beispiele. Vielmehr werden grundsätzliche Probleme nicht isoliert, sondern in ihrem rechtssystematischen Zusammenhang behandelt. Bei Klausuren und Hausarbeiten bietet das Lehrbuch wichtige Argumentationshilfen.

Für die Neuauflage wurde das Lehrbuch grundlegend überarbeitet und um die Behandlung aktueller Rechtsentwicklungen erweitert. Schwerpunkte der 8. Auflage bilden u. a.:

– Eine neue, verständliche Systematisierung des Werkes,
– die aktuellen Einflüsse des Verbraucherschutzrechts auf das Vertragsrecht,
– die Auswirkungen moderner Kommunikationsformen auf die Rechtsgeschäftslehre,
– die Grundzüge der Vertragsgestaltung sowie Probleme des vertraglichen Verhandlungsprozesses,
– Auswirkungen der europäischen Rechtsharmonisierung und der Internationalisierung des Vertragsrechts.

Von diesem Werk profitieren Studenten und Referendare, die Wert auf fundierte Kenntnisse des Pflichtfachstoffs im Bürgerlichen Recht legen. Von Bedeutung ist das Werk aber auch für Rechtsanwälte, Notare und Richter, die sich mit komplexen Themen aus dem Bereich des Allgemeinen Teils des BGB zu befassen haben.

Verlag C. H. Beck · 80791 München
Internetadresse: http://www.beck.de